〔後晉〕劉昫等　撰

舊唐書

中華書局

二十四史

舊唐書

後晉 劉昫 等撰

第一册

卷一至卷一〇（紀）

中華書局

中華書局

出版說明

五代後晉時官修的舊唐書，是現存最早的系統記録唐代歷史的一部史籍。本書原稱唐書，後來爲了區别於北宋歐陽修、宋祁等人編撰的新唐書，故稱舊唐書。全書分本紀、志、列傳三部分，共二百卷。

還在後唐時期，就對舊唐書的修撰做了不少準備工作，但直到後晉高祖天福六年（公元九四一年）才正式開始編修，到出帝開運二年（公元九四五年）修成，歷時四年多。舊唐書原來是由宰相趙瑩監修的。他在組織人員、收集史料和確定體例上，提出了不少建議和規劃。以後的宰相桑維翰、劉昫也相繼擔任監修。而在具體編撰舊唐書時，出力最多的是張昭遠、賈緯等人。但當舊唐書修成時，恰好是劉昫監修唐史，由他奏上，所以題「劉昫撰」。

舊唐書的作者離唐代很近，有機會接觸到大量唐代史料，特别是唐代前期的史料。重要的有吳兢、韋述、于休烈、令狐峘等人相繼纂述的唐書一百三十卷，它對唐初至唐代宗時期的歷史事件敍述比較完整。還有唐高祖至唐文宗的各朝實録。唐代後期的史料則掌

握較少，只有武宗實録一卷和其他零碎材料。舊唐書成書時間短促，大抵抄撮唐代史料成書，書中不少地方用了「今上」、「我」等字眼，都是沿襲唐代國史或實録的舊文。「今上」指唐代史官撰述時的當代皇帝，「我」指唐朝。論贊中常出現「臣」字，也是唐代史官當時的稱謂。在材料的占有與剪裁、體例的完整、文字的乾净等方面，後期大不如前。穆宗以後的本紀内容繁瑣冗雜；曆志、經籍志敍述僅至玄宗時代；列傳中對唐代末期人物缺漏較多，還存在着一人兩傳、一文複見等現象。這些都説明舊唐書比較粗糙。

但是，舊唐書敍述史實比較詳細，保存史料比較豐富，便於讀者瞭解歷史事件的過程和具體情況，因而受到後代的重視。唐穆宗以後的本紀，雖然内容比較蕪雜，爲後人所譏議，但也保存了不少有價值的史料。如龐勛起義、黄巢起義，在懿宗本紀、僖宗本紀中都有比較詳細的記載，由於列傳部分龐勛無傳、黄巢傳簡略，這些記載就更爲可貴。昭宗、哀帝兩紀，對某些藩鎮、宦官的囂張跋扈，敍述頗爲詳細，反映了唐王朝覆滅時的某些具體情景。宋司馬光著資治通鑑的唐紀部分，大抵採用舊唐書，就是因爲它記事比較詳細明白的緣故。舊唐書還採録了不少富有史料價值的文章。如吕才傳、盧藏用傳，分别登載了兩人反迷信的重要論文。賈耽傳登載了他進奏所編地理圖志的兩篇表。這些都是在中國思想史和地理學史上有地位的文獻。又如，在傅奕、狄仁傑、姚崇等人的傳中，登載了他們反對

佛教的文章，從中可以考見唐代佛教盛行對政治、經濟、社會的重大影響，以及世俗地主反對佛教的鬥爭。這類文章其中有些是舊唐書最早保存下來的。繼舊唐書之後出現的新唐書，雖然在史料上作了許多補充，特別是志、表、唐代後期的列傳部分比較突出，但新唐書行文和記事往往過於簡略，使讀者不易瞭解具體情況。對舊唐書登載的大量文章，新唐書有的删去，有的壓縮成簡短的片段，甚至因厭惡駢文，竟改寫成散文，改變歷史文獻的原來面貌。相形之下，舊唐書在保存史料方面就具有新唐書所不能替代的價值。

我們這次點校舊唐書，以清道光年間揚州岑氏懼盈齋刻本（簡稱懼盈齋本）爲工作本，并參校了以下幾種主要版本：

一、南宋紹興年間越州刻本（簡稱殘宋本），全書已佚，殘存六十七卷，百衲本二十四史中的舊唐書即用此殘本與聞人詮本配補而成。

二、明嘉靖年間聞人詮刻本（簡稱聞本）。

三、清乾隆年間武英殿刻本（簡稱殿本）。

四、清同治年間浙江書局刻本（簡稱局本）。

五、清同治年間廣東陳氏葄古堂刻本（簡稱廣本）。

點校中文字不主一本，擇善而從。凡是根據以上幾種版本改正文字的，一律不出校

記。而根據唐會要、太平御覽、册府元龜等書校改的地方，都在每卷末尾作校勘記說明。關於前人校勘成果，除參考清人羅士琳等人的舊唐書校勘記（簡稱校勘記）外，還吸收了近人張森楷舊唐書校勘記、龔道耕舊唐書補校等幾種稿本的某些成果。

本書先由劉節同志點校，後來又交由陳乃乾同志負責點校。「文革」前標點初稿基本完成，但只寫出了部分校記。一九七一年，舊唐書和新唐書、舊五代史、新五代史、宋史等五史決定由上海人民出版社古籍編輯室組織力量在上海繼續進行工作。本書的點校由復旦大學完成。參加點校的，有復旦大學中文、歷史兩系的朱東潤、吴文祺、陳守實、張世禄、劉季高、胡裕樹、王運熙、蘇乾英、顧易生、徐鵬、徐連達、許寶華、周斌武、陳允吉、周維德、丁錫根、張萬起、葉盼雲同志。中國歷史地理研究所和中文系的譚其驤、吴應壽、王天良、朱東潤、徐鵬、陳允吉，以及胡菊興、嵇超、錢林書、鄭寶恒、張修桂、孔祥珠參加了本書點校稿的審校工作。參加全書最後定稿的有朱東潤、胡裕樹、蘇乾英、徐鵬、周斌武、王天良、陳允吉同志。參加全書編輯整理工作的有周中民、陸楓、李聖傳、葉亞廉、馮菊年、劉德權、周琪生同志（以上名單及排列順序均由各單位提供）。

這次重印，就已經發現的問題和可能條件作了少量的修正。

中華書局編輯部

舊唐書目錄

二十四史

中華書局

卷一百五十　列傳第一百

德宗順宗諸子

卷一百五十一　列傳第一百一

卷一百五十二　列傳第一百二

卷一百五十三　列傳第一百三

卷一百五十四　列傳第一百四

卷一百五十五　列傳第一百五

卷一百五十六　列傳第一百六

卷一百八十四　列傳第一百三十四

宦官

卷一百八十五上　列傳第一百三十五上

良吏上

卷一百八十五下　列傳第一百三十五下

良吏下

卷一百八十六上　列傳第一百三十六上

酷吏上

卷一百八十六下　列傳第一百三十六下

酷吏下

卷一百八十七上　列傳第一百三十七上

忠義上

卷一百九十上 列傳第一百四十上

文苑上

卷一百九十中 列傳第一百四十中

文苑中

卷一百九十下 列傳第一百四十下

文苑下

卷一百九十一 列傳第一百四十一

舊唐書卷一

本紀第一

高祖

高祖神堯大聖大光孝皇帝姓李氏，諱淵。其先隴西狄道人，涼武昭王暠七代孫也。暠生歆。歆生重耳，仕魏爲弘農太守。重耳生熙，爲金門鎮將，領豪傑鎮武川，因家焉。儀鳳中，追尊宣皇帝。熙生天錫，仕魏爲幢主。大統中，贈司空。儀鳳中，追尊光皇帝。皇祖諱虎，後魏左僕射，封隴西郡公，與周文帝及太保李弼、大司馬獨孤信等以功參佐命，當時稱爲「八柱國家」，仍賜姓大野氏。周受禪，追封唐國公，謚曰襄。至隋文帝作相，還復本姓。武德初，追尊景皇帝，廟號太祖，陵曰永康。皇考諱昞，周安州總管、柱國大將軍，襲唐國公，謚曰仁。武德初，追尊元皇帝，廟號世祖，陵曰興寧。

高祖以周天和元年生於長安，七歲襲唐國公。及長，倜儻豁達，任性眞率，寬仁容衆，

無貴賤咸得其歡心。隋受禪，補千牛備身。文帝獨孤皇后，卽高祖從母也，由是特見親愛，累轉譙、隴、岐三州刺史。有史世良者，善相人，謂高祖曰：「公骨法非常，必爲人主，願自愛，勿忘鄙言。」高祖頗以自負。

大業初，爲滎陽、樓煩二郡太守，徵爲殿內少監。九年，遷衞尉少卿。遼東之役，督運於懷遠鎮。及楊玄感反，詔高祖馳驛鎮弘化郡，兼知關右諸軍事。高祖歷試中外，素樹恩德，及是結納豪傑，衆多款附。時煬帝多所猜忌，人懷疑懼。會有詔徵高祖詣行在所，遇疾未謁。時甥王氏在後宮，帝問曰：「汝舅何遲？」王氏以疾對，帝曰：「可得死否？」高祖聞之益懼，因縱酒沉湎，納賄以混其迹焉。十一年，煬帝幸汾陽宮，命高祖往山西、河東黜陟討捕。師次龍門，賊帥母端兒帥衆數千薄於城下〔一〕。高祖從十餘騎擊之，所射七十發，皆應弦而倒，賊乃大潰。十二年，遷右驍衞將軍。

十三年，爲太原留守，郡丞王威、武牙郎將高君雅爲副〔二〕。羣賊蜂起，江都阻絕，太宗與晉陽令劉文靜首謀，勸舉義兵。俄而馬邑校尉劉武周據汾陽宮舉兵反，太宗與王威、高君雅將集兵討之。高祖乃命太宗與劉文靜及門下客長孫順德、劉弘基各募兵，旬日間衆且一萬，密遣使召世子建成及元吉于河東。威、君雅見兵大集，恐高祖爲變，相與疑懼，請高祖祈雨於晉祠，將爲不利。晉陽鄉長劉世龍知之，以告高祖，高祖陰爲之備。五月甲子，高

中華書局

祖與威、君雅視事，太宗密嚴兵於外，以備非常。遣開陽府司馬劉政會告威等謀反，即斬之以徇，遂起義兵。甲戌，遣劉文靜使於突厥始畢可汗，令率兵相應。

六月甲申，命太宗將兵徇西河，下之。癸巳，建大將軍府，并置三軍，分為左右：以世子建成為隴西公、左領大都督，左統軍隸焉；太宗為燉煌公、右領大都督，右統軍隸焉。裴寂為大將軍府長史，劉文靜為司馬，石艾縣長殷開山為掾，劉政會為屬，長孫順德、劉弘基、竇琮等分為左右統軍。開倉庫以賑窮乏，遠近響應。

秋七月壬子，高祖率兵西圖關中，以元吉為鎮北將軍、太原留守。癸丑，發自太原，有兵三萬。丙辰，師次靈石縣，營於賈胡堡。隋武牙郎將宋老生屯霍邑以拒義師。會霖雨積旬，餽運不給，高祖命旋師，太宗切諫乃止。有白衣老父詣軍門曰：「余為霍山神使謁唐皇帝曰：『八月雨止，路出霍邑東南，吾當濟師。』」高祖曰：「此神不欺趙無恤，豈負我哉！」八月辛巳，高祖引師趣霍邑，斬宋老生，平霍邑。丙戌，進下臨汾郡及絳郡。癸巳，至龍門，突厥始畢可汗遣康稍利率兵五百人、馬二千匹，與劉文靜會于麾下。隋驍衛大將軍屈突通鎮河東，津梁斷絕，關中向義者頗以為阻。河東水濱居人，競進舟楫，不謀而至，前後數百人。

九月壬寅，馮翊賊帥孫華、土門賊帥白玄度各率其眾送款，并具舟楫以待義師。高祖

令華與統軍王長諧、劉弘基引兵渡河。屈突通遣其武牙郎將桑顯和率眾數千，夜襲長諧，義師不利。太宗以遊騎數百掩其後，顯和潰散，義軍復振。丙辰，馮翊太守蕭造以郡來降。戊午，高祖親率眾圍河東，屈突通自守不出，乃命攻城，不利而還。文武將吏請高祖領太尉，加置僚佐，從之。華陰令李孝常以永豐倉來降。庚申，高祖率軍濟河，舍于長春宮。三秦士庶至者日以千數，高祖禮之，咸過所望，人皆喜悅。丙寅，遣隴西公建成、司馬劉文靜屯兵永豐倉，兼守潼關，以備他盜。太宗率劉弘基、長孫順德等前後數萬人，自渭北徇三輔，所至皆下。高祖從父弟神通起兵鄠縣，柴氏婦舉兵於司竹，至是并與太宗會。鄠縣賊帥丘師利、李仲文，盩厔賊帥何潘仁等，合眾數萬來降。乙亥，命太宗自渭汭屯兵阿城，隴西公建成自新豐趣霸上。高祖率大軍自下邽西上，經煬帝行宮園苑，悉罷之，宮女放還親屬。

冬十月辛巳，至長樂宮，有眾二十萬。京師留守刑部尚書衞文昇、右翊衞將軍陰世師、京兆郡丞滑儀挾代王侑以拒義師。高祖遣使至城下，諭以匡復之意，再三皆不報。諸將固請圍城。十一月丙辰，攻拔京城。衞文昇先已病死，以陰世師、滑儀等拒義兵，並斬之。癸亥，率百僚，備法駕，立代王侑為天子，遙尊煬帝為太上皇，大赦，改元為義寧。甲子，隋帝詔加高祖假黃鉞、使持節、大都督內外諸軍事、大丞相，進封唐王，總錄萬機。以武德殿為丞相府，改教為令。以隴西公建成為唐國世子；太宗為京兆尹，改封秦公；姑臧公元吉為

齊公。

十二月癸未，丞相府置長史、司錄已下官僚。金城賊帥薛舉寇扶風，命太宗為元帥擊之。遣趙郡公孝恭招慰山南，所至皆下。癸巳，太宗大破薛舉之眾於扶風。屈突通自潼關奔東都，劉文靜等追擒於閿鄉，虜其眾數萬。河池太守蕭瑀以郡降。丙午，遣雲陽令詹俊、武功縣正李仲袞徇巴蜀，下之。

二年春正月戊辰，世子建成為撫寧大將軍〔三〕、東討元帥，太宗為副，總兵七萬，徇地東都。二月，清河賊帥竇建德僭稱長樂王。吳興人沈法興據丹陽起兵。三月丙辰，右屯衞將軍宇文化及弒隋太上皇於江都宮，立秦王浩為帝，自稱大丞相。徙封太宗為趙國公。戊辰，隋帝進高祖相國，總百揆，備九錫之禮。唐國置丞相以下，立皇高祖已下四廟於長安通義里第。

夏四月辛卯，停竹使符，頒銀菟符於諸郡。戊戌，世子建成及太宗自東都班師。五月乙巳，天子詔高祖冕十有二旒，建天子旌旗，出警入蹕。王后、王女爵命之號，一遵舊典。戊午，隋帝詔曰：

天禍隋國，大行太上皇遇盜江都，酷甚望夷，釁深驪北。憫予小子，奄造丕愆，哀號永感，心情糜潰。仰惟荼毒，仇復靡申，形影相弔，罔知啓處。相國唐王，膺期命世，

扶危拯溺，自北徂南，東征西怨。致九合於諸侯，決百勝於千里。糾率夷夏，大庇甿黎，保乂朕躬，繄王是賴。德侔造化，功格蒼旻，兆庶歸心，曆數斯在，屈為人臣，載違天命。在昔虞、夏，揖讓相推，苟非重華，誰堪命禹。當今九服崩離，三靈改卜，大運去矣，請避賢路。兆謀布德，顧己莫能，私僮命駕，須歸藩國。予本代王，及予而代，天之所廢，豈其如是！庶憑稽古之聖，以誅四凶；幸值惟新之恩，預充三恪。雪冤恥於皇祖，守禋祀為孝孫，朝聞夕殞，及泉無恨。今遵故事，遜于舊邸，庶官羣辟，改事唐朝。宜依前典，趨上尊號，若釋重負，感泰兼懷。假手真人，俾除醜逆，濟濟多士，明知朕意。仍敕有司，凡有表奏，皆不得以聞。

遣使持節、兼太保、刑部尚書、光祿大夫、梁郡公蕭造，兼太尉、司農少卿裴之隱奉皇帝璽綬于高祖。高祖辭讓，百僚上表勸進，至于再三，乃從之。隋帝遜于舊邸。改大興殿為太極殿。

甲子，高祖即皇帝位於太極殿，命刑部尚書蕭造兼太尉，告於南郊，大赦天下，改隋義寧二年為唐武德元年。官人百姓，賜爵一級。義師所行之處，給復三年。罷郡置州，改太守為刺史。丁卯，宴百官于太極殿，賜帛有差。東都留守官共立隋越王侗為帝。壬申，命相國長史裴寂等修律令。

六月甲戌，太宗爲尚書令，相國府長史裴寂爲尚書右僕射，相國府司馬劉文靜爲納言，隋民部尚書蕭瑀、相國府司錄竇威並爲內史令。廢隋大業律令，頒新格。己卯，備法駕，迎皇高祖宣簡公已下神主，祔於太廟。追謚妃竇氏爲太穆皇后，陵曰壽安。庚辰，立世子建成爲皇太子。封太宗爲秦王，齊國公元吉爲齊王。封宗室蜀國公孝基爲永安王，柱國道玄爲淮陽王，長平公叔良爲長平王，鄭國公神通爲永康王，安吉公神符爲襄邑王，柱國德良爲長樂王〔四〕，上開府道素爲竟陵王，上柱國博乂爲隴西王，奉慈爲渤海王。諸州總管加號使持節。癸未，封隋帝爲酅國公。薛舉寇涇州，命秦王爲西討元帥征之。改封永康王神通爲淮安王。壬辰，加秦王雍州牧，餘官如故。辛丑，內史令竇威卒。

秋七月丙午，刑部尚書蕭造爲太子太保。追封皇子玄霸爲衞王。西突厥遣使內附。秦王與薛舉大戰於涇州，我師敗績。

八月壬午，薛舉死，其子仁杲復僭稱帝，命秦王爲元帥以討之。丁亥，詔曰：「隋太常卿高熲、上柱國賀若弼，並抗節不阿，矯枉無撓；司隸大夫薛道衡、刑部尚書宇文弼、左翊衞將軍董純，並懷忠抱義，以陷極刑：宜從褒飾，以慰泉壤。熲可贈上柱國、郯國公，弼贈上柱國、杞國公，各令有司加謚；道衡贈上開府、臨河縣公，弼贈上開府、平昌縣公，純贈柱國、狄道縣公。」又詔曰：「隋右驍衞大將軍李金才、左光祿大夫李敏，並鼎族高門，元功世胄，橫

受屠殺，朝野稱冤。然李氏將興，天祚有應，冥契深隱，妄肆誅夷。朕受命君臨，志存刷蕩，申冤旌善，無忘寤寐。金才可贈上柱國、申國公，敏可贈柱國、觀國公。又前代酷濫，子孫被流者，並放還鄉里。」涼州賊帥李軌以其地來降，拜涼州總管，封涼王。

九月乙巳，親錄囚徒，改銀菟符爲銅魚符。辛未，追謚隋太上皇爲煬帝。宇文化及至魏州，鴆殺秦王浩，僭稱天子，國號許。

冬十月壬申朔，日有蝕之。李密率衆來降。封皇從父弟襄武公琛爲襄武王，黃臺公瑗爲廬江王。癸巳，詔行傅仁均所造戊寅曆。

十一月己酉，以京師穀貴，令四面入關者，車馬牛驢各給課米，充其自食。秦王大破薛仁杲於淺水原，降之，隴右平。乙巳，涼王李軌僭稱天子於涼州。詔頒五十三條格，以約法緩刑。

十二月壬申，加秦王太尉、陝東道大行臺。丁丑，封上柱國李孝常爲義安王。庚子，李密反於桃林，行軍總管盛彥師追討斬之。

二年春正月乙卯，初令文官遭父母喪者聽去職。黃門侍郎陳叔達兼納言。

二月丙戌，詔天下諸宗人無職任者，不在徭役之限，每州置宗師一人，以相統攝。丁酉，竇建德攻宇文化及于聊城，斬之，傳首突厥。

閏月辛丑，劉武周侵我并州。己酉，李密舊將徐世勣以黎陽之衆及河南十郡降，授黎州總管，封曹國公，賜姓李氏。庚戌，上徼行都邑，以察甿俗，即日還宮。甲寅，賊帥朱粲殺我使散騎常侍段確，奔洛陽。

夏四月乙巳，王世充篡越王侗位，僭稱天子，國號鄭。辛亥，李軌爲其僞尚書安興貴所執以降，河右平。突厥始畢可汗死。

五月己卯，酅國公薨，追崇爲隋帝，謚曰恭。

六月戊戌，令國子學立周公、孔子廟，四時致祭，仍博求其後。癸亥，尚書右僕射裴寂爲晉州道行軍總管，以討劉武周。

秋七月壬申，置十二軍，以關內諸府分隸焉。王世充遣其將羅士信侵我穀州，士信率其衆來降。西突厥葉護可汗及高昌並遣使朝貢。

九月辛未，賊帥李子通據江都，僭稱天子，國號吳。沈法興據毗陵，僭稱梁王。丁丑，和州賊帥杜伏威遣使來降，授和州總管、東南道行臺尚書令，封楚王。裴寂與劉武周將宋金剛戰於介州，我師敗績，右武衞大將軍姜寶誼死之。并州總管、齊王元吉懼武周所逼，奔於京師，并州陷。乙未，京師地震。

冬十月己亥，封幽州總管羅藝爲燕郡王，賜姓李氏。黃門侍郎楊恭仁爲納言。殺民部尚書、魯國公劉文靜。乙卯，秦王世民討劉武周，軍于蒲州，爲諸軍聲援。壬子，劉武周進圍晉州。甲子，上親祠華岳。

十一月丙子，竇建德陷黎陽，盡有山東之地。淮安王神通、左武候大將軍李世勣皆沒於賊。

十二月丙申，永安王孝基、工部尚書獨孤懷恩、總管于筠爲劉武周將宋金剛掩襲，並沒焉。甲辰，狩于華山。壬子，大風拔木。

三年春正月辛巳，幸蒲州，命祀舜廟。癸巳，至自蒲州。甲午，李世勣於竇建德所自拔歸國。建德僭稱夏王。

二月丁酉，京師西南地有聲如山崩。庚子，幸華陰。工部尚書獨孤懷恩謀反，伏誅。

三月癸酉，西突厥葉護可汗、高昌王麴伯雅遣使朝貢。突厥貢條支巨鳥。己卯，改納言爲侍中，內史令爲中書令，給事郎爲給事中。甲戌，內史侍郎封德彝兼中書令。封賊帥劉孝眞爲彭城王，賜姓李氏。

夏四月壬寅，至自華陰。於益州置行臺尚書省。甲寅，加秦王益州道行臺尚書令。秦

王大破宋金剛於介州，金剛與劉武周俱奔突厥，遂平并州。僞總管尉遲敬德、尋相以介州降。

六月壬辰，徙封楚王杜伏威爲吳王，賜姓李氏，加授東南道行臺尚書令。丙午，親錄囚徒。封皇子元景爲趙王，元昌爲魯王，元亨爲酆王；皇孫承宗爲太原王，承道爲安陸王，承乾爲恆山王，恪爲長沙王，泰爲宜都王。

秋七月壬戌，命秦王率諸軍討王世充。遣皇太子鎭蒲州，以備突厥。丙申，突厥殺劉武周於白道。

冬十月庚子，懷戎賊帥高開道遣使降，授蔚州總管，封北平郡王，賜姓李氏。

四年春正月丁卯，竇建德行臺尚書令胡大恩以大安鎭來降，封定襄郡王，賜姓李氏。辛巳，命皇太子總統諸軍討稽胡。

三月，徙封宜都王泰爲衞王。竇建德來援王世充，攻陷我管州。

夏四月甲寅，封皇子元方爲周王，元禮爲鄭王，元嘉爲宋王，元則爲荆王，元茂爲越王。初置都護府官員。

五月己未，秦王大破竇建德之衆於武牢，擒建德，河北悉平。丙寅，王世充舉東都降，

河南平。

秋七月甲子，秦王凱旋，獻俘於太廟。丁卯，大赦天下。廢五銖錢，行開元通寶錢。斬竇建德於市；流王世充於蜀，未發，爲讎人所害。甲戌，建德餘黨劉黑闥據漳南反(五)。置山東道行臺尚書省於洺州。

八月，兗州總管徐圓朗舉兵反，以應劉黑闥，僭稱魯王。

冬十月己丑，加秦王天策上將，位在王公上，領司徒、陝東道大行臺尚書令；齊王元吉爲司空。乙巳，趙郡王孝恭平荆州，獲蕭銑。

十一月甲申，於洛州置大行臺。廢洛州都督府。庚寅，焚東都紫微宮乾陽殿。會稽賊帥李子通以其地來降。

十二月丁卯，命秦王及齊王元吉討劉黑闥。壬申，徙封宋王元嘉爲徐王。

五年春正月丙申，劉黑闥據洺州，僭稱漢東王。

三月丁未，秦王破劉黑闥於洺水上，盡復所陷州縣，黑闥亡奔突厥。蔚州總管、北平王高開道叛，寇易州。

夏四月庚戌，秦王還京師，高祖迎勞於長樂宮。壬申，代州總管、定襄郡王大恩爲虜所敗，戰死。

六月，劉黑闥引突厥寇山東。置諫議大夫官員。

秋七月丁亥，吳王伏威來朝。隋漢陽太守馮盎以南越之地來降，嶺表悉定。

八月辛亥，以洺、荆、并、幽、交五州爲大總管府。改封恆山王承乾爲中山王。葬隋煬帝於揚州。丙辰，突厥頡利寇雁門。己未，進寇朔州。遣皇太子及秦王討擊，大敗之。

冬十月癸酉，遣齊王元吉擊劉黑闥於洺州。時山東州縣多爲黑闥所守，所在殺長吏以應之。行軍總管、淮陽王道玄與黑闥戰于下博，道玄敗沒。

十一月甲申，命皇太子率兵討劉黑闥。丙申，幸宜州，簡閱將士。

十二月丙辰，校獵於華池。庚申，至自宜州。皇太子破劉黑闥於魏州，斬之，山東平。

六年春正月，吳王杜伏威爲太子太保。

二月辛亥，校獵於驪山。

三月乙未，幸昆明池，宴百官。

夏四月己未，舊宅改爲通義宮，曲赦京城繫囚，於是置酒高會，賜從官帛各有差。癸酉，以尚書右僕射、魏國公裴寂爲左僕射，中書令、宋國公蕭瑀爲右僕射，侍中、觀國公楊恭

仁爲吏部尚書。

秋七月，突厥頡利寇朔州，遣皇太子及秦王屯并州以備之。

八月壬子，東南道行臺僕射輔公祏據丹陽反，僭稱宋王，遣趙郡王孝恭及嶺南道大使、永康縣公李靖討之。丙寅，吐谷渾內附。

九月丙子，突厥退，皇太子班師。改東都爲洛州。高開道引突厥寇幽州。

冬十月，幸華陰。

十一月，校獵於沙苑。

十二月乙巳，以奉義監爲龍躍宮，武功宅爲慶善宮。甲寅，至自華陰。

七年春正月己酉，封高麗王高武爲遼東郡王，百濟王扶餘璋爲帶方郡王，新羅王金眞平爲樂浪郡王。

二月，高開道爲部將張金樹所殺，以其地降。丁巳，幸國子學，親臨釋奠。改大總管府爲大都督府。吳王伏威薨。

三月戊寅，廢尚書省六司侍郎，增吏部郎中秩正四品，掌選事。戊戌，趙郡王孝恭大破輔公祏，擒之，丹陽平。

夏四月庚子，大赦天下，頒行新律令。以天下大定，詔遭父母喪者聽終制。

五月，造仁智宮於宜州之宜君縣。李世勣討徐圓朗，平之。

六月辛丑，幸仁智宮。

秋七月甲午，至自仁智宮。巂州地震山崩，江水咽流。

八月戊辰，突厥寇并州，京師戒嚴。壬午，突厥退。乙未，京師解嚴。

冬十月丁卯，幸慶善宮。癸酉，幸終南山，謁老子廟。

十一月戊辰，校獵於高陵。庚午，至自慶善宮。

八年春二月己巳，親錄囚徒，多所原宥。

夏四月，造太和宮於終南山。

六月甲子，幸太和宮。突厥寇定州，命皇太子往幽州，秦王往并州，以備突厥。

八月，并州道總管張公謹與突厥戰於太谷，王師敗績，中書令温彥博沒於賊。九月，突厥退。

冬十月辛巳，幸周氏陂校獵，因幸龍躍宮。

十一月辛卯，幸宜州。庚子，講武於同官縣。改封蜀王元軌爲吳王，漢王元慶爲陳王。

加授秦王中書令，齊王元吉侍中。天策上將府司馬宇文士及權檢校侍中。

十二月辛酉，至自宜州。

九年春正月丙寅，命州縣修城隍，備突厥。尙書左僕射、魏國公裴寂爲司空。

二月庚申，加齊王元吉爲司徒。戊寅，親祠社稷。

三月辛卯，幸昆明池。

夏五月辛巳，以京師寺觀不甚清淨，詔曰：

釋迦闡教，清淨爲先，遠離塵垢，斷除貪欲。所以弘宣勝業，修植善根，開導愚迷，津梁品庶。是以敷演經教，檢約學徒，調懺身心，捨諸染著，衣服飲食，咸資四輩。

自覺王遷謝，像法流行，末代陵遲，漸以虧濫。乃有猥賤之侶，規自尊高；浮惰之人，苟避徭役。妄爲剃度，託號出家，嗜慾無厭，營求不息。出入閭里，周旋闤闠，驅策田產，聚積貨物。耕織爲生，估販成業，事同編戶，迹等齊人。進違戒律之文，退無禮典之訓。至乃親行劫掠，躬自穿窬，造作妖訛，交通豪猾。每罹憲網，自陷重刑，黷亂眞如，傾毀妙法。譬茲稂莠，有穢嘉苗；類彼淤泥，混夫清水。又伽藍之地，本曰淨居，栖心之所，理尙幽寂。近代以來，多立寺舍，不求閑曠之境，唯趣喧雜之方。繕采崎嶇，棟宇殊拓，錯舛隱匿，誘納姦邪。或有接延鄽邸，鄰近屠酤，埃塵滿室，羶腥盈道。徒長輕慢之心，有虧崇敬之義。且老氏垂化，本貴沖虛〔六〕，養志無爲，遺情物外。全眞守一，是謂玄門，驅馳世務，尤乖宗旨。

朕膺期馭宇，興隆教法，志思利益，情在護持。欲使玉石區分，薰蕕有辨，長存妙道，永固福田，正本澄源，宜從沙汰。諸僧、尼、道士、女冠等，有精勤練行、守戒律者，並令大寺觀居住，給衣食，勿令乏短。其不能精進、戒行有闕、不堪供養者，並令罷遣，各還桑梓。所司明爲條式，務依法教，違制之事，悉宜停斷。京城留寺三所，觀二所。其餘天下諸州，各留一所。餘悉罷之。

事竟不行。

六月庚申，秦王以皇太子建成與齊王元吉同謀害己，率兵誅之。詔立秦王爲皇太子，繼統萬機，大赦天下。

八月癸亥，詔傳位于皇太子。尊帝爲太上皇，徙居弘義宮，改名太安宮。

貞觀八年三月甲戌，高祖讌西突厥使者於兩儀殿，顧謂長孫無忌曰：「當今蠻夷率服，古未嘗有。」無忌上千萬歲壽。高祖大悅，以酒賜太宗。太宗又奉觴上壽，流涕而言曰：「百

姓獲安，四夷咸附，皆奉遵聖旨，豈臣之力！」於是太宗與文德皇后互進御膳，并上服御衣物，一同家人常禮。是歲，閱武於城西，高祖親自臨視，勞將士而還。置酒於未央宮，三品已上咸侍。高祖命突厥頡利可汗起舞，又遣南越酋長馮智戴詠詩，既而笑曰：「胡、越一家，自古未之有也。」太宗奉觴上壽曰：「臣早蒙慈訓，教以文道；爰從義旗，平定京邑。重以薛舉、武周、世充、建德，皆上稟睿算，幸而剋定。三數年間，混一區宇。天慈崇寵，遂蒙重任。今上天垂祐，時和歲阜，被髮左衽，並爲臣妾。此豈臣智力，皆由上稟聖算。」高祖大悅，羣臣皆呼萬歲，極夜方罷。

九年五月庚子，高祖大漸，下詔：「既殯之後，皇帝宜於別所視軍國大事。其服輕重，悉從漢制，以日易月。園陵制度，務從儉約。」是日，崩於太安宮之垂拱前殿，年七十。羣臣上諡曰大武皇帝，廟號高祖。十月庚寅，葬於獻陵。高宗上元元年八月，改上尊號曰神堯皇帝。天寶十三載二月，上尊號神堯大聖大光孝皇帝。

史臣曰：有隋季年，皇圖板蕩，荒主燀燎原之焰，羣盜發逐鹿之機，殄暴無厭，橫流靡救。高祖審獨夫之運去，知新主之勃興，密運雄圖，未伸龍躍。而屈己求可汗之援，卑辭答李密之書，決神機而速若疾雷，驅豪傑而從如偃草。洎謳謠允屬，揖讓受終，刑名大剗于煩

苛，爵位不踰於適軸。由是攫金有恥，伏莽知非，人懷漢道之寬平，不責高皇之慢罵。然而優柔失斷，浸潤得行，誅文靜則議法不從，酬裴寂則曲恩太過。姦佞由之貝錦，嬖幸得以擾蜂。獻公遂間於申生，小白寧懷於召忽。一旦兵交愛子，矢集申孫。匈奴尋犯於便橋，京邑咸憂於左衽。不有聖子，王業殆哉！

贊曰：高皇創圖，勢若摧枯。國運神武，家難聖謨。言生牀笫，禍切肌膚。鴟鴞之詠，無損於吾。

校勘記

〔一〕母端兒　「母」字資治通鑑（以下簡稱通鑑）卷一八二作「毋」，胡注：「毋，音無，姓也。」

〔二〕高君雅爲副　「副」下各本原有「將」字，據冊府元龜（以下簡稱冊府）卷七删。新唐書（以下簡稱新書）卷一高祖紀作「副留守」。

〔三〕撫寧大將軍　本書卷六四隱太子建成傳作「撫軍大將軍」。

〔四〕柱國德良爲長樂王　冊府卷二六五作「新興王德良武德初封」、「長樂王幼良武德初封」，通鑑卷一八五作「柱國德良爲新興王」。

〔五〕據潼南反　「南」字各本原無，據太平御覽（以下簡稱御覽）卷一〇八、新舊唐書合鈔（以下簡稱合鈔）卷一高祖紀補。

〔六〕本貴沖虛　「貴」字各本原作「實」，據廣弘明集卷二五改。

舊唐書卷二

本紀第二

太宗上

太宗文武大聖大廣孝皇帝諱世民，高祖第二子也。母曰太穆順聖皇后竇氏。隋開皇十八年十二月戊午，生於武功之別館。時有二龍戲於館門之外，三日而去。高祖之臨岐州，太宗時年四歲。有書生自言善相，謁高祖曰：「公貴人也，且有貴子。」見太宗，曰：「龍鳳之姿，天日之表，年將二十，必能濟世安民矣。」高祖懼其言泄，將殺之，忽失所在，因採「濟世安民」之義以爲名焉。太宗幼聰睿，玄鑒深遠，臨機果斷，不拘小節，時人莫能測也。

大業末，煬帝於鴈門爲突厥所圍，太宗應募救援，隸屯衞將軍雲定興營。將行，謂定興曰：「必齎旗鼓以設疑兵。且始畢可汗舉國之師，敢圍天子，必以國家倉卒無援。我張軍容，令數十里幡旗相續，夜則鉦鼓相應，虜必謂救兵雲集，望塵而遁矣。不然，彼衆我寡，悉

軍來戰，必不能支矣。」定興從焉。師次崞縣，突厥候騎馳告始畢曰：「王師大至。」由是解圍而遁。及高祖之守太原，太宗時年十八。有高陽賊帥魏刀兒，自號歷山飛，來攻太原，高祖擊之，深入賊陣。太宗以輕騎突圍而進，射之，所向皆披靡，拔高祖於萬衆之中。適會步兵至，高祖與太宗又奮擊，大破之。

時隋祚已終，太宗潛圖義舉，每折節下士，推財養客，羣盜大俠，莫不願効死力。及義兵起，乃率兵略徇西河，克之。拜右領大都督，右三軍皆隸焉，封燉煌郡公。

大軍西上賈胡堡，隋將宋老生率精兵二萬屯霍邑，以拒義師。會久雨糧盡，高祖與裴寂議，且還太原，以圖後舉。太宗曰：「本興大義以救蒼生，當須先入咸陽，號令天下；遇小敵即班師，將恐從義之徒一朝解體。還守太原一城之地，此爲賊耳，何以自全！」高祖不納，促令引發。太宗遂號泣於外，聲聞帳中。高祖召問其故，對曰：「今兵以義動，進戰則必克，退還則必散。衆散於前，敵乘於後，死亡須臾而至，是以悲耳。」高祖乃悟而止。八月己卯，雨霽，高祖引師趣霍邑。太宗恐老生不出戰，乃將數騎先詣其城下，舉鞭指麾，若將圍城者，以激怒之。老生果怒，開門出兵，背城而陣。高祖與建成合陣於城東，太宗及柴紹陣於城南。老生麾兵疾進，先薄高祖，而建成墜馬，老生乘之，高祖與建成軍咸卻。太宗自南原率二騎馳下峻坂，衝斷其軍，引兵奮擊，賊衆大敗，各捨仗而走。懸門發，老生引繩欲上，遂斬

之，平霍邑。

至河東，關中豪傑爭走赴義。太宗請進師入關，取永豐倉以賑窮乏，收羣盜以圖京師，高祖稱善。太宗以前軍濟河，先定渭北。三輔吏民及諸豪猾詣軍門請自効者日以千計，扶老攜幼，滿於麾下。收納英俊，以備僚列，遠近聞者，咸自託焉。師次于涇陽，勝兵九萬，破胡賊劉鷂子，并其衆。留殷開山、劉弘基屯長安故城。太宗自趣司竹，賊帥李仲文、何潘仁、向善志等皆來會，頓于阿城，獲兵十三萬。長安父老齎牛酒詣旌門者不可勝紀，勞而遣之，一無所受。軍令嚴肅，秋毫無所犯。尋與大軍平京城。高祖輔政，受唐國內史，改封秦國公。會薛舉以勁卒十萬來逼渭濱，太宗親擊之，大破其衆，追斬萬餘級，略地至于隴坻。

義寧元年十二月，復爲右元帥，總兵十萬徇東都。及將旋，謂左右曰：「賊見吾還，必相追躡。」設三伏以待之。俄而隋將段達率萬餘人自後而至，度三王陵，發伏擊之，段達大敗，追奔至于城下。因於宜陽、新安置熊、穀二州，戍之而還。徙封趙國公。高祖受禪，拜尚書令、右武候大將軍，進封秦王，加授雍州牧。

武德元年七月，薛舉寇涇州，太宗率衆討之，不利而旋。九月，薛舉死，其子仁杲嗣立。太宗又爲元帥以擊仁杲，相持於折墌城，深溝高壘者六十餘日。賊衆十餘萬，兵鋒甚銳，數來挑戰，太宗按甲以挫之。賊糧盡，其將牟君才、梁胡郎來降。太宗謂諸將軍曰：「彼氣衰

矣，吾當取之。」遣將軍龐玉先陣於淺水原南以誘之，賊將宗羅睺併軍來拒，玉軍幾敗。既而太宗親御大軍，奄自原北，出其不意。羅睺望見，復迴師相拒。太宗將驍騎數十入賊陣，於是王師表裏齊奮，羅睺大潰，斬首數千級，投澗谷而死者不可勝計。太宗率左右二十餘騎追奔，直趣折墌以乘之。仁杲大懼，嬰城自守。將夕，大軍繼至，四面合圍。詰朝，仁杲請降，俘其精兵萬餘人、男女五萬口。

既而諸將奉賀，因問曰：「始大王野戰破賊，其主尚保堅城，王無攻具，輕騎騰逐，不待步兵，徑薄城下，咸疑不克，而竟下之，何也？」太宗曰：「此以權道迫之，使其計不暇發，以故克也。羅睺恃往年之勝，兼復養銳日久，見吾不出，意在相輕。今喜吾出，悉兵來戰，雖擊破之，擒殺蓋少。若不急躡，還走投城，仁杲收而撫之，則便未可得矣。且其兵衆皆隴西人，一敗披退，不及迴顧，敗歸隴外，則折墌自虛，我軍隨而迫之，所以懼而降也。此可謂成算，諸君盡不見耶？」諸將曰：「此非凡人所能及也。」獲賊兵精騎甚衆，還令仁杲兄弟及賊帥宗羅睺、翟長孫等領之。太宗與之遊獵馳射，無所間然。賊徒荷恩懾氣，咸願効死。時李密初附，高祖令密馳傳迎太宗於豳州。密見太宗天姿神武，軍威嚴肅，驚悚歎服，私謂殷開山曰：「眞英主也。不如此，何以定禍亂乎？」凱旋，獻捷於太廟。拜太尉、陝東道行臺尚書令，鎮長春宮，關東兵馬並受節度。尋加左武候大將軍、涼州總管。

宋金剛之陷澮州也，兵鋒甚銳。高祖以王行本尚據蒲州，呂崇茂反於夏縣，晉、澮二州相繼陷沒，關中震駭，乃手敕曰：「賊勢如此，難與爭鋒，宜棄河東之地，謹守關西而已。」太宗上表曰：「太原王業所基，國之根本，河東殷實，京邑所資。若舉而棄之，臣竊憤恨。願假精兵三萬，必能平殄武周，克復汾、晉。」高祖於是悉發關中兵以益之，又幸長春宮親送太宗。

二年十一月，太宗率衆趣龍門關，履冰而渡之，進屯柏壁，與賊將宋金剛相持。尋而永安王孝基敗於夏縣，于筠、獨孤懷恩、唐儉並爲賊將尋相、尉遲敬德所執，將還澮州。太宗遣殷開山、秦叔寶邀之於美良川，大破之，相等僅以身免，悉虜其衆，復歸柏壁。於是諸將咸請戰，太宗曰：「金剛懸軍千里，深入吾地，精兵驍將，皆在於此。武周據太原，專倚金剛以爲捍。士卒雖衆，內實空虛，意在速戰。我堅營蓄銳以挫其鋒，糧盡計窮，自當遁走。」

三年二月，金剛竟以衆餒而遁，太宗追之至介州。金剛列陣，南北七里，以拒官軍。太宗遣總管李世勣、程齩金、秦叔寶當其北，翟長孫、秦武通當其南。諸軍戰小卻，爲賊所乘。太宗率精騎擊之，衝其陣後，賊衆大敗，追奔數十里。敬德、相率衆八千來降，還令敬德督之，與軍營相參。屈突通懼其爲變，驟以爲請。太宗曰：「昔蕭王推赤心置人腹中，並能畢命，今委任敬德，又何疑也。」於是劉武周奔於突厥，并、汾悉復舊地。詔就軍加拜益州道行臺尚書令。

七月，總率諸軍攻王世充於洛邑，師次穀州。世充率精兵三萬陣於慈澗，太宗以輕騎挑之。時衆寡不敵，陷於重圍，左右咸懼。太宗命左右先歸，獨留後殿。世充驍將單雄信數百騎夾道來逼，交搶競進，太宗幾爲所敗。太宗左右射之，無不應弦而倒，獲其大將燕頎。世充乃拔慈澗之鎮歸於東都。太宗遣行軍總管史萬寶自宜陽南據龍門，劉德威自太行東圍河內，王君廓自洛口斷賊糧道。又遣黃君漢夜從孝水河中下舟師襲迴洛城，克之。黃河已南，莫不響應，城堡相次來降。大軍進屯邙山。九月，太宗以五百騎先觀戰地，卒與世充萬餘人相遇，會戰，復破之，斬首三千餘級，獲大將陳智略，世充僅以身免。其所署筠州總管楊慶遣使請降，遣李世勣率師出轘轅道安撫其衆。滎、汴、洧、豫九州相繼來降。世充遂求救於竇建德。

四年二月，又進屯靑城宮。營壘未立，世充衆二萬自方諸門臨穀水而陣。太宗以精騎陣於北邙山，令屈突通率步卒五千渡水以擊之，因誡通曰：「待兵交卽放煙，吾當率騎軍南下。」兵纔接，太宗以騎衝之，挺身先進，與通表裏相應。賊衆殊死戰，散而復合者數焉。自辰及午，賊衆始退。縱兵乘之，俘斬八千人，於是進營城下。世充不敢復出，但嬰城自守，以待建德之援。太宗遣諸軍掘塹，匝布長圍以守之。吳王杜伏威遣其將陳正通、徐召宗率精兵二千來會於軍所。僞鄭州司馬沈悅以武牢降，將軍王君廓應之，擒其僞荊王王行本。

會竇建德以兵十餘萬來援世充，至于酸棗。蕭瑀、屈突通、封德彝皆以腹背受敵，恐非萬全，請退師穀州以觀之。太宗曰：「世充糧盡，內外離心，我當不勞攻擊，坐收其斃。建德新破孟海公，將驕卒惰，吾當進據武牢，扼其襟要。賊若冒險與我爭鋒，破之必矣。如其不戰，旬日間世充當自潰。若不速進，賊入武牢，諸城新附，必不能守。二賊併力，將若之何？」通又請解圍就險以候其變，太宗不許。於是留通輔齊王元吉以圍世充，親率步騎三千五百人趣武牢。

建德自滎陽西上，築壘於板渚，太宗屯武牢，相持二十餘日。諜者曰：「建德伺官軍芻盡，候牧馬於河北，因將襲武牢。」太宗知其謀，遂牧馬河北以誘之。詰朝，建德果悉衆而至，陳兵氾水，世充將郭士衡陣於其南，綿亙數里，鼓譟，諸將大懼。太宗將數騎升高丘以望之，謂諸將曰：「賊起山東，未見大敵。今度險而囂，是無政令；逼城而陣，有輕我心。我按兵不出，彼乃氣衰，陣久卒饑，必將自退，追而擊之，無往不克。吾與公等約，必以午時後破之。」建德列陣，自辰至午，兵士饑倦，皆坐列，又爭飲水，逡巡斂退。太宗曰：「可擊矣！」親率輕騎追而誘之，衆繼至。建德迴師而陣，未及整列，太宗先登擊之，所向皆靡。俄而衆軍合戰，囂塵四起。太宗率史大奈、程嚙金、秦叔寶、宇文歆等揮幡而入，直突出其陣後，張我旗幟。賊顧見之，大潰。追奔三十里，斬首三千餘級，虜其衆五萬，生擒建德於陣。太宗

數之曰：「我以干戈問罪，本在王世充，得失存亡，不預汝事，何故越境，犯我兵鋒？」建德股慄而言曰：「今若不來，恐勞遠取。」高祖聞而大悅，手詔曰：「隋氏分崩，崤函隔絕。兩雄合勢，一朝清蕩。兵既克捷，更無死傷。無愧爲臣，不憂其父，並汝功也。」

乃將建德至東都城下。世充懼，率其官屬二千餘人詣軍門請降，山東悉平。太宗入據宮城，令蕭瑀、竇軌等封守府庫，一無所取，令記室房玄齡收隋圖籍。於是誅其同惡段達等五十餘人，枉被囚禁者悉釋之，非罪誅戮者祭而誄之。大饗將士，班賜有差。高祖令尚書左僕射裴寂勞於軍中。

六月，凱旋。太宗親披黃金甲，陳鐵馬一萬騎，甲士三萬人，前後部鼓吹，俘二僞主及隋氏器物輦輅獻于太廟。高祖大悅，行飲至禮以享焉。高祖以自古舊官不稱殊功，乃別表徽號，用旌勳德。十月，加號天策上將、陝東道大行臺，位在王公上。增邑二萬戶，通前三萬戶。賜金輅一乘，衮冕之服，玉璧一雙，黃金六千斤，前後部鼓吹及九部之樂，班劍四十人。于時海內漸平，太宗乃銳意經籍，開文學館以待四方之士。行臺司勳郎中杜如晦等十有八人爲學士，每更直閣下，降以温顏，與之討論經義，或夜分而罷。

未幾，竇建德舊將劉黑闥舉兵反，據洺州。十二月，太宗總戎東討。五年正月，進軍肥鄉，分兵絕其糧道，相持兩月。黑闥窘急求戰，率步騎二萬，南渡洺水，晨壓官軍。太宗親率精騎，擊其馬軍，破之，乘勝躡其步卒，賊大潰，斬首萬餘級。先是，太宗遣堰洺水上流使淺，令黑闥得渡。及戰，乃令決堰，水大至，深丈餘，賊徒既敗，赴水者皆溺死焉。黑闥與二百餘騎北走突厥，悉虜其衆，河北平。時徐圓朗阻兵徐、兗，太宗迴師討平之，於是河、濟、江、淮諸郡邑皆平。十月，加左右十二衞大將軍。

七年秋，突厥頡利、突利二可汗自原州入寇〔一〕，侵擾關中。有說高祖云：「祇爲府藏子女在京師，故突厥來，若燒卻長安而不都，則胡寇自止。」高祖乃遣中書侍郎宇文士及行山南可居之地，即欲移都。蕭瑀等皆以爲非，然終不敢犯顏正諫。太宗獨曰：「霍去病，漢廷之將帥耳，猶且志滅匈奴。臣忝備藩維，尚使胡塵不息，遂令陛下議欲遷都，此臣之責也。幸乞聽臣一申微效，取彼頡利。若一兩年間不係其頸，徐建移都之策，臣當不敢復言。」高祖怒，仍遣太宗將三十餘騎行剗。還日，固奏必不可移都，高祖遂止。八年，加中書令。

九年，皇太子建成、齊王元吉謀害太宗。六月四日，太宗率長孫無忌、尉遲敬德、房玄齡、杜如晦、宇文士及、高士廉、侯君集、程知節、秦叔寶、段志玄、屈突通、張士貴等於玄武門誅之。甲子，立爲皇太子，庶政皆斷決。太宗乃縱禁苑所養鷹犬，并停諸方所進珍異，政尚簡肅，天下大悅。又令百官各上封事，備陳安人理國之要。己巳，令曰：「依禮，二名不偏諱。近代已來，兩字兼避，廢闕已多，率意而行，有違經典。其官號、人名、公私文籍，有『世民』兩

字不連續者，並不須諱。」罷幽州大都督府。辛未，廢陝東道大行臺，置洛州都督府；廢益州道行臺，置益州大都督府。壬午，幽州大都督廬江王瑗謀逆，廢爲庶人。乙酉，罷天策府。

七月壬辰，太子左庶子高士廉爲侍中，右庶子房玄齡爲中書令，尚書右僕射蕭瑀爲尚書左僕射，吏部尚書楊恭仁爲雍州牧，太子左庶子長孫無忌爲吏部尚書，右庶子杜如晦爲兵部尚書，太子詹事宇文士及爲中書令，封德彝爲尚書右僕射。

八月癸亥，高祖傳位於皇太子，太宗即位於東宮顯德殿。遣司空、魏國公裴寂柴告于南郊。大赦天下。武德元年以來責情流配者並放還。文武官五品已上先無爵者賜爵一級，六品已下加勳一轉。天下給復一年。癸酉，放掖庭宮女三千餘人。甲戌，突厥頡利、突利寇涇州。乙亥，突厥進寇武功，京師戒嚴。丙子，立妃長孫氏爲皇后。己卯，突厥寇高陵。辛巳，行軍總管尉遲敬德與突厥戰於涇陽，大破之，斬首千餘級。癸未，突厥頡利至于渭水便橋之北，遣其酋帥執失思力入朝爲覘，自張形勢，太宗命囚之。親出玄武門，馳六騎幸渭水上，與頡利隔津而語，責以負約。俄而衆軍繼至，頡利見軍容既盛，又知思力就拘，由是大懼，遂請和，詔許焉。即日還宮。乙酉，又幸便橋，與頡利刑白馬設盟，突厥引退。

九月丙戌，頡利獻馬三千匹、羊萬口，帝不受，令頡利歸所掠中國戶口。丁未，引諸衞騎兵統將等習射于顯德殿庭，謂將軍已下曰：「自古突厥與中國，更有盛衰。若軒轅善用五

兵，即能北逐獯鬻，周宣驅馳方、召，亦能制勝太原。至漢、晉之君，逮於隋代，不使兵士素習干戈，突厥來侵，莫能抗禦，致遣中國生民塗炭於寇手。我今不使汝等穿池築苑，造諸淫費，農民恣令逸樂，兵士唯習弓馬，庶使汝鬬戰，亦望汝前無橫敵。」於是每日引數百人於殿前教射，帝親自臨試，射中者隨賞弓刀、布帛。朝臣多有諫者，曰：「先王制法，有以兵刃至御所者刑之，所以防萌杜漸，備不虞也。今引裨卒之人，彎弧縱矢於軒陛之側，陛下親在其間，正恐禍出非意，非所以爲社稷計也。」上不納。自是後，士卒皆爲精銳。壬子，詔私家不得輒立妖神，妄設淫祀，非禮祠禱，一皆禁絕。其龜易五兆之外，諸雜占卜，亦皆停斷。長孫無忌封齊國公，房玄齡邢國公，尉遲敬德吳國公，杜如晦蔡國公，侯君集潞國公。

冬十月丙辰朔，日有蝕之。癸亥，立中山王承乾爲皇太子。癸酉，裴寂食實封一千五百戶，長孫無忌、王君廓、尉遲敬德、房玄齡、杜如晦一千三百戶，長孫順德、柴紹、羅藝、趙郡王孝恭一千二百戶，侯君集、張公謹、劉師立一千戶，李世勣、劉弘基九百戶，高士廉、宇文士及、秦叔寶、程知節七百戶，安興貴、安修仁、唐儉、竇軌、屈突通、蕭瑀、封德彝、劉義節六百戶，錢九隴、樊世興、公孫武達、李孟常、段志玄、龐卿惲、張亮、李藥師、杜淹、元仲文四百戶，張長遜、張平高、李安遠、李子和、秦行師、馬三寶三百戶。

十一月庚寅，降宗室封郡王者並爲縣公。

十二月癸酉，親錄囚徒。

是歲，新羅、龜茲、突厥、高麗、百濟、党項並遣使朝貢。

貞觀元年春正月乙酉，改元。辛丑，燕郡王李藝據涇州反，尋爲左右所斬，傳首京師。庚午，以僕射竇軌爲益州大都督。

三月癸巳，皇后親蠶。尚書左僕射、宋國公蕭瑀爲太子少師。丙午，詔：「齊故尚書僕射崔季舒、給事黃門侍郎郭遵、尚書右丞封孝琰等，昔仕鄴中，名位通顯，志存忠讜，抗表極言，無救社稷之亡，遂見龍逢之酷。其季舒子剛、遵子雲、孝琰子君遵，並以門遭時譴，淫刑濫及。宜從褒獎，特異常倫，可免內侍，量才別敍。」

夏四月癸巳，涼州都督、長樂王幼良有罪伏誅。

六月辛巳，尚書右僕射、密國公封德彝薨。壬辰，太子少師宋國公蕭瑀爲尚書左僕射〔二〕。

是夏，山東諸州大旱，令所在賑恤，無出今年租賦。

秋七月壬子，吏部尚書、齊國公長孫無忌爲尚書右僕射。

八月戊戌，貶侍中、義興郡公高士廉爲安州大都督。戶部尚書裴矩卒。是月，關東及河南、隴右沿邊諸州霜害秋稼。

九月辛酉，命中書侍郎溫彥博、尚書右丞魏徵等分往諸州賑恤。中書令、郢國公宇文士及爲殿中監。御史大夫、檢校吏部尚書、參預朝政、安吉郡公杜淹署位。

十二月壬午，上謂侍臣曰：「神仙事本虛妄，空有其名。秦始皇非分愛好，遂爲方士所詐，乃遣童男女數千人隨徐福入海求仙藥，方士避秦苛虐，因留不歸。始皇猶海側踟躕以待之，還至沙丘而死。漢武帝爲求仙，乃將女嫁道術人，事既無驗，便行誅戮。據此二事，神仙不煩妄求也。」尚書左僕射、宋國公蕭瑀坐事免。戊申，利州都督義安王孝常、右武衞將軍劉德裕等謀反，伏誅。

是歲，關中饑，至有鬻男女者。

二年春正月辛丑，尚書右僕射、齊國公長孫無忌爲開府儀同三司。徙封漢王恪爲蜀王，衞王泰爲越王，楚王祐爲燕王。復置六侍郎，副六尚書事，并置左右司郎中各一人。前安州大都督、趙王元景爲雍州牧，蜀王恪爲益州大都督，越王泰爲揚州大都督。

二月丙戌，靺鞨內屬。

三月戊申朔，日有蝕之。丁卯，遣御史大夫杜淹巡關內諸州。出御府金寶，贖男女自

賣者還其父母。庚午，大赦天下。

夏四月己卯，詔骸骨暴露者，令所在埋瘞。丙申，契丹內屬。初詔天下州縣並置義倉。

夏州賊帥梁師都爲其從父弟洛仁所殺，以城降。

五月，大雨雹。

六月庚寅，皇子治生，宴五品以上，賜帛有差，仍賜天下是日生者粟。辛卯，上謂侍臣曰：「君雖不君，臣不可以不臣。裴虔通，煬帝舊左右也，而親爲亂首。朕方崇獎敬義，豈可猶使宰民訓俗。」詔曰：

天地定位，君臣之義以彰；卑高既陳，人倫之道斯著。是用篤厚風俗，化成天下。雖復時經治亂，主或昏明，疾風勁草，芬芳無絕，剖心焚體，赴蹈如歸。夫豈不愛七尺之軀，重百年之命？諒由君臣義重，名教所先，故能明大節於當時，立清風於身後。至如趙高之殞二世，董卓之鴆弘農，人神所疾，異代同憤。況凡庸小豎，有懷凶悖，遐觀典策，莫不誅夷。辰州刺史、長蛇縣男裴虔通，昔在隋代，委質晉藩，煬帝以舊邸之情，特相愛幸。遂乃志蔑君親，潛圖弒逆，密伺間隙，招結羣醜，長戟流矢，一朝竊發。天下之惡，孰云可忍！宜其夷宗焚首，以彰大戮。但年代異時，累逢赦令，可特免極刑，除名削爵，遷配驩州。

秋七月戊申，詔：「萊州刺史牛方裕、絳州刺史薛世良、廣州都督府長史唐奉義、隋武牙郎將高元禮〔三〕，並於隋代俱蒙任用，乃協契宇文化及，構成弒逆。宜依裴虔通，除名配流嶺表。」太宗謂侍臣曰：「天下愚人，好犯憲章，凡赦宥之恩，唯及不軌之輩。古語曰：『小人之幸，君子之不幸。』『一歲再赦，好人喑啞。』凡養稂莠者傷禾稼，惠姦宄者賊良人。昔文王作罰，刑茲無赦。又蜀先主嘗謂諸葛亮曰：『吾周旋陳元方、鄭康成間，每見啓告理亂之道備矣，曾不語赦也。』夫小人者，大人之賊，故朕有天下已來，不甚放赦。今四海安靜，禮義興行，非常之恩，施不可數，將恐愚人常冀僥倖，唯欲犯法，不能改過。」

八月甲戌朔，幸朝堂，親覽冤屈。自是，上以軍國無事，每日視膳於西宮。癸巳，公卿奏曰：「依禮，季夏之月，可以居臺榭。今隆暑未退，秋霖方始，宮中卑濕，請營一閣以居之。」帝曰：「朕有氣病，豈宜下濕。若遂來請，糜費良多。昔漢文帝將起露臺，而惜十家之產。朕德不逮于漢帝，而所費過之，豈謂爲民父母之道也。」竟不許。是月，河南、河北大霜，人饑。

九月丙午，詔曰：「尚齒重舊，先王以之垂範；還章解組，朝臣於是克終。釋菜合樂之儀，東膠西序之制，養老之義，遺文可覩。朕恭膺大寶，憲章故實，乞言尊事，彌切深衷。然情存今古，世踵澆季，而策名就列，或乖大體。至若筋力將盡，桑榆且迫，徒竭夙興之勤，

未悟夜行之罪。其有心驚止足，行堪激勵，謝事公門，收骸閭里，能以禮讓，固可嘉焉。內外文武羣官年高致仕，抗表去職者，參朝之日，宜在本品見任之上。」丁未，謂侍臣曰：「婦人幽閉深宮，情實可愍。隋氏末年，求採無已，至於離宮別館，非幸御之所，多聚宮人，皆竭人財力，朕所不取。且灑掃之餘，更何所用？今將出之，任求伉儷，非獨以惜費，亦人得各遂其性。」於是遣尚書左丞戴胄、給事中杜正倫等，於掖庭宮西門簡出之。

冬十月庚辰，御史大夫、安吉郡公杜淹卒。戊子，殺瀛州刺史盧祖尚。

十一月辛酉，有事於圜丘。

十二月壬午，黃門侍郎王珪爲侍中。

三年春正月辛亥，契丹渠帥來朝。戊午，謁太廟。癸亥，親耕籍田。辛未，司空、魏國公裴寂坐事免。

二月戊寅，中書令、邢國公房玄齡爲尚書左僕射，兵部尚書、檢校侍中、蔡國公杜如晦爲尚書右僕射，刑部尚書、檢校中書令、永康縣公李靖爲兵部尚書，右丞魏徵爲守秘書監，參預朝政。

夏四月辛巳，太上皇徙居大安宮。甲午，太宗始於太極殿聽政。

五月，周王元方薨。

六月戊寅，以旱，親錄囚徒。遣長孫無忌、房玄齡等祈雨於名山大川，中書舍人杜正倫等往關內諸州慰撫。又令文武官各上封事，極言得失。己卯，大風折木。

秋八月己巳朔，日有蝕之。薛延陀遣使朝貢。

九月癸丑，諸州置醫學。

冬十一月丙午，西突厥、高昌遣使朝貢。庚申，以并州都督李世勣爲通漢道行軍總管，兵部尚書李靖爲定襄道行軍總管，以擊突厥。

十二月戊辰，突利可汗來奔。癸未，杜如晦以疾辭位，許之。癸丑，詔建義以來交兵之處，爲義士勇夫殞身戎陣者各立一寺，命虞世南、李伯藥、褚亮、顏師古、岑文本、許敬宗、朱子奢等爲之碑銘，以紀功業。

是歲，戶部奏言：中國人自塞外來歸及突厥前後內附、開四夷爲州縣者，男女一百二十餘萬口。

校勘記

〔一〕突厥頡利突利二可汗　「突利」二字各本原無，據本書卷一九四上突厥傳、合鈔卷二太宗紀上補。

〔二〕太子少師　「師」字各本原作「保」，據本卷上文及本書卷六三蕭瑀傳、册府卷七二、通鑑卷一九二改。

〔三〕高元禮　新書卷二太宗紀同。十七史商榷卷七〇云：「考隋書煬帝紀及通鑑第一百八十五卷，虎賁郎將元禮與司馬德戡、裴虔通同弒帝，無所謂『高元禮』者，高字衍。下文貞觀七年正月，禁錮宇文化及等詔，仍作元禮。」

舊唐書卷三

本紀第三

太宗下

四年春正月乙亥，定襄道行軍總管李靖大破突厥，獲隋皇后蕭氏及煬帝之孫正道，送至京師。癸巳，武德殿北院火。

二月己亥，幸温湯。甲辰，李靖又破突厥于陰山，頡利可汗輕騎遠遁。丙午，至自温湯。甲寅，大赦，賜酺五日。民部尚書戴胄以本官檢校吏部尚書，參預朝政。太常卿蕭瑀爲御史大夫，與宰臣參議朝政。

三月庚辰，大同道行軍副總管張寶相生擒頡利可汗，獻於京師。甲申，尚書右僕射、蔡國公杜如晦薨。甲午，以俘頡利告於太廟。

夏四月丁酉，御順天門，軍吏執頡利以獻捷。自是西北諸蕃咸請上尊號爲「天可汗」，

於是降璽書册命其君長，則兼稱之。

秋七月甲子朔，日有蝕之。上謂房玄齡、蕭瑀曰：「隋文何等主？」對曰：「克己復禮，勤勞思政，每一坐朝，或至日昃。五品已上，引之論事。宿衞之人，傳餐而食。雖非性體仁明，亦勵精之主也。」上曰：「公得其一，未知其二。此人性至察而心不明。夫心暗則照有不通，至察則多疑於物。自以欺孤寡得之，謂羣下不可信任，事皆自決，雖勞神苦形，未能盡合於理。朝臣既知上意，亦復不敢直言，宰相已下，承受而已。朕意不然。以天下之廣，豈可獨斷一人之慮？朕方選天下之才，爲天下之務，委任責成，各盡其用，庶幾於理也。」因令有司：「詔敕不便於時，即宜執奏，不得順旨施行。」

八月丙午，詔三品已上服紫，五品已上服緋，六品七品以綠，八品九品以青；婦人從夫色。甲寅，兵部尚書、代國公李靖爲尚書右僕射〔一〕。

九月庚午，令收瘞長城之南骸骨，仍令致祭。壬午，令自古明王聖帝、賢臣烈士墳墓無得芻牧，春秋致祭。

冬十月壬辰，幸隴州，曲赦隴、岐二州，給復一年。辛丑，校獵於貴泉谷。甲辰，校獵於魚龍川，自射鹿，獻於大安宮。

十一月甲子，至自隴州。戊寅，制決罪人不得鞭背，以明堂孔穴針灸之所。兵部尚書侯君集參議朝政。

十二月辛亥，開府儀同三司、淮安王神通薨。甲寅，高昌王麴文泰來朝。

是歲，斷死刑二十九人，幾致刑措。東至于海，南至于嶺，皆外戶不閉，行旅不齎糧焉。

五年春正月癸酉，大蒐於昆明池，蕃夷君長咸從。丙子，親獻禽於大安宮。己卯，幸左藏庫，賜三品已上帛，任其輕重。癸未，朝集使請封禪。

二月己酉，封皇弟元裕爲鄶王，元名爲譙王，靈夔爲魏王，元祥爲許王，元曉爲密王。庚戌，封皇子愔爲梁王，貞爲漢王，惲爲郯王，治爲晉王，愼爲申王，囂爲江王，簡爲代王。

夏四月壬辰，代王簡薨。以金帛購中國人因隋亂沒突厥者男女八萬人，盡還其家屬。

六月甲寅，太子少師、新昌縣公李綱薨。

秋八月甲辰，遣使毀高麗所立京觀，收隋人骸骨，祭而葬之。戊申，初令天下決死刑必三覆奏，在京諸司五覆奏，其日尚食進蔬食，內教坊及太常不舉樂。

九月乙丑，賜羣官大射於武德殿。

冬十月，右衞大將軍、順州都督、北平郡王阿史那什鉢苾卒。

十二月壬寅，幸温湯。癸卯，獵於驪山。丙午，賜新豐高年帛有差。戊申，至自温湯。

六年春正月乙卯朔，日有蝕之。

二月丙戌，置三師官員。戊子，初置律學。

三月戊辰，幸九成宮。

六月己亥，鄷王元亨薨。辛亥，江王囂薨。

冬十月乙卯，至自九成宮。

十二月辛未，親錄囚徒，歸死罪者二百九十人于家，令明年秋末就刑。其後應期畢至，詔悉原之。

是歲，党項羌前後內屬者三十萬口。

七年春正月戊子，詔曰：「宇文化及弟智及、司馬德戡、裴虔通、孟景、元禮、楊覽、唐奉義、牛方裕、元敏、薛良、馬舉、元武達、李孝本、李孝質、張愷、許弘仁、令狐行達、席德方、李覆等，大業季年，咸居列職，或恩結一代，任重一時；乃包藏凶慝，罔思忠義，爰在江都，遂行弑逆，罪百閻、趙，釁深梟獍。雖事是前代，歲月已久，而天下之惡，古今同棄，宜置重典，以勵臣節。其子孫並宜禁錮，勿令齒敍。」是日，上製破陣樂舞圖。辛丑，賜京城酺三

日。丁卯，雨土。乙酉，薛延陀遣使來朝。庚寅，秘書監、檢校侍中魏徵爲侍中。癸巳，直太史、將仕郎李淳風鑄渾天黃道儀，奏之，置於凝暉閣。

夏五月癸未，幸九成宮。

八月，山東、河南三十州大水，遣使賑恤。

冬十月庚申，至自九成宮。

十一月丁丑，頒新定五經。壬辰，開府儀同三司、齊國公長孫無忌爲司空。

十二月丙辰，狩于少陵原，詔以少牢祭杜如晦、杜淹、李綱之墓。

八年春正月癸未，右衞大將軍阿史那吐苾卒。辛丑，右屯衞大將軍張士貴討東、西五洞反獠，平之。壬寅，命尚書右僕射李靖、特進蕭瑀楊恭仁、禮部尚書王珪、御史大夫韋挺、鄜州大都督府長史皇甫無逸、揚州大都督府長史李襲譽、幽州大都督府長史張亮、涼州大都督李大亮、右領軍大將軍竇誕、太子左庶子杜正倫、綿州刺史劉德威、黃門侍郎趙弘智使于四方，觀省風俗。

二月乙巳，皇太子加元服。丙午，賜天下酺三日。

三月庚辰，幸九成宮。

五月辛未朔，日有蝕之。丁丑，上初服翼善冠，貴臣服進德冠。

七月，始以雲麾將軍階爲從三品。隴右山崩，大蛇屢見。山東、河南、淮南大水，遣使賑恤。

八月甲子，有星孛于虛、危，歷于氐，十一月上旬乃滅。

九月丁丑，皇太子來朝。

冬十月，右驍衞大將軍、褒國公段志玄擊吐谷渾，破之，追奔八百餘里。甲子，至自九成宮。

十一月辛未，右僕射、代國公李靖以疾辭官，授特進。丁亥，吐谷渾寇涼州[二]。己丑，吐谷渾拘我行人趙德楷。

十二月辛丑，命特進李靖、兵部尚書侯君集、刑部尚書任城王道宗、涼州都督李大亮等爲大總管，各帥師分道以討吐谷渾。壬子，越王泰爲雍州牧。乙卯，帝從太上皇閱武於城西。

是歲，龜茲、吐蕃、高昌、女國、石國遣使朝貢。

九年春三月，洮州羌叛，殺刺史孔長秀。壬午，大赦。每鄉置長一人，佐二人。乙酉，鹽澤道總管高甑生大破叛羌之衆。庚寅，敕天下戶立三等，未盡升降，置爲九等。

夏四月壬寅，康國獻獅子。

閏月丁卯，日有蝕之。癸巳，大總管李靖、侯君集、李大亮、任城王道宗破吐谷渾於牛心堆。

五月乙未，又破之於烏海，追奔至柏海。副總管薛萬均、薛萬徹又破之於赤水源，獲其名王二十人。庚子，太上皇崩於大安宮。壬子，李靖平吐谷渾於西海之上，獲其王慕容伏允。以其子慕容順光降[三]，封爲西平郡王，復其本國。

秋七月甲寅，增修太廟爲六室。

冬十月庚寅，葬高祖太武皇帝於獻陵。戊申，祔于太廟。辛丑，左僕射、魏國公房玄齡加開府儀同三司，餘如故。

十二月甲戌，吐谷渾西平郡王慕容順光爲其下所弒，遣兵部尚書侯君集率師安撫之，仍封順光子諾曷鉢爲河源郡王，使統其衆。右光祿大夫、宋國公蕭瑀依舊特進，復令參預朝政。

十年春正月壬子，尚書左僕射房玄齡、侍中魏徵上梁、陳、齊、周、隋五代史，詔藏于秘

閣。癸丑，徙封趙王元景爲荊王，魯王元昌爲漢王，鄭王元禮爲徐王，徐王元嘉爲韓王，荊王元則爲彭王，滕王元懿爲鄭王，吳王元軌爲霍王，豳王元鳳爲虢王，陳王元慶爲道王，魏王靈夔爲燕王，蜀王恪爲吳王，越王泰爲魏王，燕王祐爲齊王，梁王愔爲蜀王，郯王惲爲蔣王，漢王貞爲越王，申王慎爲紀王。

夏六月，以侍中魏徵爲特進，仍知門下省事。壬申，中書令溫彥博爲尚書右僕射。甲戌，太常卿、安德郡公楊師道爲侍中。己卯，皇后長孫氏崩于立政殿。

冬十一月庚寅，葬文德皇后於昭陵。

十二月壬申，吐谷渾河源郡王慕容諾曷鉢來朝。乙亥，親錄京師囚徒。

是歲，關內、河東疾病，命醫齎藥療之。

十一年春正月丁亥朔，徙鄶王元裕爲鄧王，譙王元名爲舒王。癸巳，加魏王泰爲雍州牧、左武候大將軍。庚子，頒新律令於天下。作飛山宮。甲寅，房玄齡等進所修五禮，詔所司行用之。

二月丁巳，詔曰：

夫生者天地之大德，壽者修短之一期。生有七尺之形，壽以百齡爲限，含靈稟氣，

莫不同焉，皆得之於自然，不可以分外企也。是以禮記云：「君卽位而爲椑。」莊周云：「勞我以形，息我以死。」豈非聖人遠鑒，通賢深識？末代已來，明辟蓋寡，靡不矜黃屋之尊，慮白駒之過，並多拘忌，有慕遐年。謂雲車易乘，羲輪可駐，異軌同趣，其蔽甚矣。

有隋之季，海內橫流，豺狼肆暴，吞噬黔首。朕投袂發憤，情深拯溺，扶翼義師，濟斯塗炭。賴蒼昊降鑒，股肱宣力，提劍指麾，天下大定。此朕之宿志，於斯已畢。猶恐身後之日，子子孫孫，習於流俗，猶循常禮，加四重之櫬，伐百祀之木，勞擾百姓，崇厚園陵。今預爲此制，務從儉約，於九嵕之山，足容棺而已。積以歲月，漸而備之。木馬塗車，土桴葦籥，事合古典，不爲時用。

又佐命功臣，或義深舟楫，或謀定帷幄，或身摧行陣，同濟艱危，克成鴻業，追念在昔，何日忘之！使逝者無知，咸歸寂寞；若營魂有識，還如疇曩，居止相望，不亦善乎！漢氏使將相陪陵，又給以東園秘器，篤終之義，恩意深厚，古人豈異我哉！自今已後，功臣密戚及德業佐時者，如有薨亡，宜賜塋地一所，及以秘器，使窀穸之時，喪事無闕。所司依此營備，稱朕意焉。

甲子，幸洛陽宮，命祭漢文帝。

三月丙戌朔，日有蝕之。丁亥，車駕至洛陽。丙申，改洛州爲洛陽宮。辛亥，大蒐於廣

城澤。癸丑，還宮。

夏四月甲子，震乾元殿前槐樹。丙寅，詔河北、淮南舉孝悌淳篤，兼閑時務；儒術該通，可爲師範；文辭秀美，才堪著述；明識政體，可委字人：并志行修立，爲鄉閭所推者，給傳詣洛陽宮。

六月甲寅，尚書右僕射、虞國公溫彥博薨。丁巳，幸明德宮。己未，定制諸王爲世封刺史。戊辰，定制勳臣爲世封刺史。改封任城王道宗爲江夏郡王，趙郡王孝恭爲河間郡王。己巳，改封許王元祥爲江王。

秋七月癸未，大霪雨。穀水溢入洛陽宮，深四尺，壞左掖門，毀宮寺十九所；洛水溢，漂六百家。庚寅，詔以災命百官上封事，極言得失。丁酉，車駕還宮。壬寅，廢明德宮及飛山宮之玄圃院，分給遭水之家，仍賜帛有差。丙午，修老君廟於亳州，宣尼廟於兗州，各給二十戶享祀焉。涼武昭王復近墓二十戶充守衞，仍禁芻牧樵採。

九月丁亥，河溢，壞陝州河北縣，毀河陽中潬。幸白司馬坂以觀之，賜遭水之家粟帛有差。

冬十一月辛卯，幸懷州。乙未，狩於濟源。丙午，車駕還宮。

十二月辛酉，百濟王遣其太子隆來朝。

十二年春正月乙未，吏部尚書高士廉等上氏族志一百三十卷。壬寅，松、叢二州地震，壞人廬舍，有壓死者。

二月乙卯，車駕還京。癸亥，觀砥柱，勒銘以紀功德。甲子，夜郎獠反，夔州都督齊善行討平之。乙丑，次陝州，自新橋幸河北縣，祀夏禹廟。丁卯，次柳谷頓，觀鹽池。戊寅，以隋鷹揚郎將堯君素忠於本朝，贈蒲州刺史，仍錄其子孫。

閏二月庚辰朔，日有蝕之。丙戌，至自洛陽宮。

夏五月壬申，銀青光祿大夫、永興縣公虞世南卒。

六月庚子，初置玄武門左右飛騎。

秋七月癸酉，吏部尚書、申國公高士廉爲尚書右僕射。

冬十月己卯，狩于始平，賜高年粟帛有差。乙未，至自始平。己亥，百濟遣使貢金甲雕斧。

十二月辛巳，右武候將軍上官懷仁大破山獠於壁州。

十三年春正月乙巳朔，謁獻陵。曲赦三原縣及行從大辟罪。丁未，至自獻陵。戊午，

加房玄齡爲太子少師。

二月丙子，停世襲刺史。

三月乙丑，有星孛于畢、昴。

夏四月戊寅，幸九成宮。甲申，阿史那結社爾犯御營，伏誅。壬寅，雲陽石燃者方丈，晝如灰，夜則有光，投草木於上則焚，歷年而止。自去冬不雨至于五月。甲寅，避正殿，令五品以上上封事，減膳罷役，分使賑恤，申理冤屈，乃雨。

六月丙申，封皇弟元嬰爲滕王。

秋八月辛未朔，日有蝕之。庚辰，立右武候大將軍、化州都督、懷化郡王李思摩爲突厥可汗，率所部建牙于河北。

冬十月甲申，至自九成宮。

十一月辛亥，侍中、安德郡公楊師道爲中書令。

十二月丁丑，吏部尚書、陳國公侯君集爲交河道行軍大總管，帥師伐高昌。乙亥，封皇子福爲趙王。壬午，巂州都督王志遠有罪伏誅。詔於洛、相、幽、徐、齊、并、秦、蒲等州並置常平倉。己丑，吐谷渾河源郡王慕容諾曷鉢來逆女。壬辰，狩于咸陽。

是歲，滁州言：「野蠶食槲葉，成繭大如柰，其色綠，凡六千五百七十石。」高麗、新羅、西突厥、吐火羅、康國、安國、波斯、疏勒、于闐、焉耆、高昌、林邑、昆明及荒服蠻酋，相次遣使朝貢。

十四年春正月庚子，初命有司讀時令。甲寅，幸魏王泰宅。赦雍州及長安獄大辟罪已下。

二月丁丑，幸國子學，親釋奠，赦大理、萬年繫囚，國子祭酒以下及學生高第精勤者加一級，賜帛有差。庚辰，左驍衞將軍、淮陽王道明送弘化公主歸于吐谷渾。壬午，幸温湯。辛卯，至自温湯。乙未，詔以梁皇侃、褚仲都，周熊安生、沈重，陳沈文阿、周弘正、張譏〔四〕，隋何妥、劉焯、劉炫等前代名儒，學徒多行其義，命求其後。

三月戊午，置寧朔大使，以護突厥。

夏五月壬戌，徙封燕王靈夔爲魯王。

六月乙酉，大風拔木。己丑，薛延陀遣使求婚。乙未，滁州野蠶成繭，凡收八千三百石。

八月庚午，新作襄城宮。癸巳，交河道行軍大總管侯君集平高昌，以其地置西州。

九月癸卯，曲赦西州大辟罪。乙卯，於西州置安西都護府。

冬十月己卯，詔以贈司空、河間元王孝恭，贈陝東道大行臺尚書右僕射、鄖節公殷開山，贈民部尚書、渝襄公劉政會等配饗高祖廟庭。

閏月乙未，幸同州。甲辰，狩于堯山。庚戌，至自同州。丙辰，吐蕃遣使獻黃金器千斤以求婚。

十一月甲子朔，日南至，有事于圓丘。

十二月丁酉，交河道旋師。吏部尚書、陳國公侯君集執高昌王麴智盛，獻捷于觀德殿，行飲至之禮，賜酺三日。乙卯，高麗世子相權來朝。

十五年春正月丁卯，吐蕃遣其國相祿東贊來逆女。丁丑，禮部尚書、江夏王道宗送文成公主歸吐蕃。辛巳，幸洛陽宮。

三月戊申，幸襄城宮。庚午，廢襄城宮〔五〕。

夏四月辛卯，詔以來年二月有事泰山，所司詳定儀制。

五月壬申，并州僧道及老人等抗表，以太原王業所因，明年登封已後，願時臨幸。上於武成殿賜宴，因從容謂侍臣曰：「朕少在太原，喜羣聚博戲，暑往寒逝，將三十年矣。」時會中有舊識上者，相與道舊以爲笑樂。因謂之曰：「他人之言，或有面諛。公等朕之故人，實以告朕，即日政教，於百姓何如？人間得無疾苦耶？」皆奏：「即日四海太平，百姓歡樂，陛下力也。臣等餘年，日惜一日，但眷戀聖化，不知疾苦。」因固請過并州。上謂曰：「飛鳥過故鄉，猶躑躅徘徊；況朕於太原起義，遂定天下，復少小遊觀，誠所不忘。岱禮若畢，或冀與公等相見。」於是賜物各有差。丙子，百濟王扶餘璋卒。詔立其世子扶餘義慈嗣其父位，仍封爲帶方郡王。

六月戊申，詔天下諸州，舉學綜古今及孝悌淳篤、文章秀異者，並以來年二月總集泰山。己酉，有星孛于太微，犯郎位。丙辰，停封泰山，避正殿以思咎，命尚食減膳。

秋七月甲戌，孛星滅。

冬十月辛卯，大閱於伊闕。壬辰，幸嵩陽。辛丑，還宮。

十一月壬戌，廢鄉長。壬申，還京師。癸酉，薛延陀以同羅、僕骨、迴紇、靺鞨、霫之衆度漠，屯于白道川。命營州都督張儉統所部兵壓其東境；兵部尚書李勣爲朔方行軍總管，右衞大將軍李大亮爲靈州道行軍總管，涼州都督李襲譽爲涼州道行軍總管，分道以禦之。

十二月戊子朔，至自洛陽宮。甲辰，李勣及薛延陀戰于諸眞水，大破之，斬首三千餘級，獲馬萬五千匹，薛延陀跳身而遁。勣旋破突厥思結於五臺縣，虜其男女千餘口，獲羊馬稱是。

十六年春正月辛未，詔在京及諸州死罪囚徒，配西州爲戶；流人未達前所者，徙防西州。兼中書侍郎、江陵子岑文本爲中書侍郎，專知機密。

夏六月辛卯，詔復隱王建成曰隱太子，改封海陵剌王元吉曰巢剌王。

秋七月戊午，司空、趙國公無忌爲司徒，尚書左僕射、梁國公玄齡爲司空。

九月丁巳，特進、鄭國公魏徵爲太子太師，知門下省事如故。

冬十一月丙辰，狩于岐山。辛酉，使祭隋文帝陵。丁卯，宴武功士女於慶善宮南門。酒酣，上與父老等涕泣論舊事，老人等遞起爲舞，爭上萬歲壽，上各盡一杯。庚午，至自岐州。

十二月癸卯，幸温湯。甲辰，狩于驪山，時陰寒晦冥，圍兵斷絕。上乘高望見之，欲捨其罰，恐虧軍令，乃迴轡入谷以避之。

是歲，高麗大臣蓋蘇文弒其君高武，而立武兄子藏爲王。

十七年春正月戊辰，右衞將軍、代州都督劉蘭謀反，腰斬。太子太師、鄭國公魏徵薨。

戊申，詔圖畫司徒、趙國公無忌等勳臣二十四人於凌煙閣。

三月丙辰，齊州都督齊王祐殺長史權萬紀(六)、典軍韋文振，據齊州自守，詔兵部尙書李勣、刑部尙書劉德威發兵討之。兵未至，兵曹杜行敏執之而降，遂賜死于內侍省。丁巳，熒惑守心前星，十九日而退。

夏四月庚辰朔，皇太子有罪，廢爲庶人。漢王元昌、吏部尙書侯君集並坐與連謀，伏誅。丙戌，立晉王治爲皇太子，大赦，賜酺三日。丁亥，中書令楊師道爲吏部尙書。己丑，加司徒、趙國公長孫無忌太子太師，司空、梁國公房玄齡太子太傅；特進、宋國公蕭瑀太子太保，兵部尙書、英國公李勣爲太子詹事，仍同中書門下三品。庚寅，上親謁太廟，以謝承乾之過。癸巳，魏王泰以罪降爵爲東萊郡王。

五月乙丑，手詔舉孝廉茂才異能之士。

六月己卯朔，日有蝕之。壬午，改葬隋恭帝。丁酉，尙書右僕射高士廉請致仕，詔以爲開府儀同三司、同中書門下三品。

閏月戊午，薛延陁遣其兄子突利設獻馬五萬匹、牛駝一萬、羊十萬以請婚，許之。丙子，徙封東萊郡王泰爲順陽王。

秋七月庚辰，京城訛言云：「上遣棖棖取人心肝，以祠天狗。」遞相驚悚。上遣使遍加宣

諭，月餘乃止。丁酉，司空、太子太傅、梁國公房玄齡以母憂罷職。

八月，工部尙書、鄖國公張亮爲刑部尙書，參預朝政。

九月癸未，徙庶人承乾于黔州。

冬十月丁巳，房玄齡起復本職。

十一月己卯，有事于南郊。壬午，賜天下酺三日。以涼州獲瑞石，曲赦涼州，并錄京城及諸州繫囚，多所原宥。

十八年春正月壬寅，幸溫湯。

夏四月辛亥，幸九成宮。

秋八月甲子，至自九成宮。丁卯，散騎常侍清苑男劉洎爲侍中，中書侍郎江陵子岑文本、中書侍郎馬周並爲中書令。

九月，黃門侍郎褚遂良參預朝政。

冬十月辛丑朔，日有蝕之。甲辰，初置太子司議郎官員。甲寅，幸洛陽宮。安西都護郭孝恪帥師滅焉耆，執其王突騎支送行在所。

十一月壬寅，車駕至洛陽宮。庚子，命太子詹事、英國公李勣爲遼東道行軍總管，出柳城，禮部尙書、江夏郡王道宗副之；刑部尙書、鄖國公張亮爲平壤道行軍總管，以舟師出萊州，左領軍常何、瀘州都督左難當副之。發天下甲士，召募十萬，並趣平壤，以伐高麗。

十二月辛丑，庶人承乾死。

十九年春二月庚戌，上親統六軍發洛陽。乙卯，詔皇太子留定州監國；開府儀同三司、申國公高士廉攝太子太傅，與侍中劉洎、中書令馬周、太子少詹事張行成、太子右庶子高季輔五人同掌機務；以吏部尙書、安德郡公楊師道爲中書令。贈殷比干爲太師，謚曰忠烈，命所司封墓，葺祠堂，春秋祠以少牢，上自爲文以祭之。

三月壬辰，上發定州，以司徒、太子太師兼檢校侍中、趙國公長孫無忌，中書令岑文本、楊師道從。

夏四月癸卯，誓師於幽州城南，因大饗六軍以遣之。丁未，中書令岑文本卒于師。癸亥，遼東道行軍大總管、英國公李勣攻蓋牟城，破之。

五月丁丑，車駕渡遼。甲申，上親率鐵騎與李勣會圍遼東城，因烈風發火弩，斯須城上屋及樓皆盡，麾戰士令登，乃拔之。

六月丙辰，師至安市城。丁巳，高麗別將高延壽、高惠眞帥兵十五萬來援安市，以拒王

師。李勣率兵奮擊，上自高峯引軍臨之，高麗大潰，殺獲不可勝紀。延壽等以其衆降，因名所幸山爲駐蹕山，刻石紀功焉。賜天下大酺二日。

秋七月，李勣進軍攻安市城，至九月不克，乃班師。

冬十月丙辰，入臨渝關，皇太子自定州迎謁。戊午，次漢武臺，刻石以紀功德。

十一月辛未，幸幽州。癸酉，大饗，還師。

十二月戊申，幸并州。侍中、清苑男劉洎以罪賜死。

是歲，薛延陁眞珠毗伽可汗死。

二十年春正月，上在并州。丁丑，遣大理卿孫伏伽、黃門侍郎褚遂良等二十二人，以六條巡察四方，黜陟官吏。庚辰，曲赦并州，宴從官及起義元從，賜粟帛，給復有差。

三月己巳，車駕至京師。己丑，刑部尙書、鄖國公張亮謀反(七)，誅。

閏月癸巳朔，日有蝕之。

夏四月甲子，太子太師、趙國公長孫無忌，太子太傅、梁國公房玄齡，太子太保、宋國公蕭瑀各辭調護之職，詔許之。

六月，遣兵部尙書、固安公崔敦禮，特進、英國公李勣擊破薛延陁於鬱督軍山北，前後

斬首五千餘級，虜男女三萬餘人。

秋八月甲子，封皇孫忠爲陳王。己巳，幸靈州。庚午，次涇陽頓。鐵勒迴紇、拔野古、同羅、僕骨、多濫葛、思結、阿趺、契苾、跌結、渾、斛薛等十一姓各遣使朝貢，奏稱：「延陁可汗不事大國，部落烏散，不知所之。奴等各有分地，不能逐延陁去，歸命天子，乞置漢官。」詔遣會靈州。

九月甲辰，鐵勒諸部落俟斤、頡利發等遣使相繼而至靈州者數千人，來貢方物，因請置吏，咸請至尊爲可汗。於是北荒悉平，爲五言詩勒石以序其事。辛亥，靈州地震有聲。

冬十月，前太子太保、宋國公蕭瑀貶商州刺史。丙戌，至自靈州。

二十一年春正月壬辰，開府儀同三司、申國公高士廉薨。丁酉，詔以來年二月有事泰山。甲寅，賜京師酺三日。

二月壬申，詔以左丘明、卜子夏、公羊高、穀梁赤、伏勝、高堂生、戴聖、毛萇、孔安國、劉向、鄭衆、杜子春、馬融、盧植、鄭康成、服子慎、何休、王肅、王輔嗣、杜元凱、范甯等二十一人，代用其書，垂於國胄，自今有事於太學，並命配享宣尼廟堂。丁丑，皇太子於國學釋菜。

夏四月乙丑，營太和宮於終南之上，改爲翠微宮。

五月戊子，幸翠微宮。

六月癸亥，司徒、趙國公無忌加授揚州都督。

秋七月庚子，建玉華宮於宜君縣之鳳凰谷。庚戌，至自翠微宮。

八月壬戌，詔以河北大水，停封禪。辛未，骨利幹國遣使貢名馬。丁酉，封皇子明爲曹王。

冬十一月癸卯，徙封順陽王泰爲濮王。

十二月戊寅，左驍衞大將軍阿史那社爾、右驍衞大將軍契苾何力、安西都護郭孝恪、司農卿楊弘禮爲崑山道行軍大總管，以伐龜茲。

是歲，墮婆登、乙利、鼻林送、都播、羊同、石、波斯、康國、吐火羅、阿悉吉等遠夷十九國，並遣使朝貢。又於突厥之北至于迴紇部落，置驛六十六所，以通北荒焉。

二十二年春正月庚寅，中書令馬周卒。司徒、趙國公無忌兼檢校中書令，知尚書門下二省事〔八〕。己亥，刑部侍郎崔仁師爲中書侍郎，參知機務。戊戌，幸溫湯。戊申，還宮。

二月，前黃門侍郎褚遂良起復黃門侍郎。中書侍郎崔仁師除名，配流連州。癸丑，西番沙鉢羅葉護率衆歸附，以其俟斤屈裴祿爲忠武將軍，兼大俟斤。戊午，以結骨部置堅昆都督。乙亥，幸玉華宮，乙卯，賜所經高年篤疾粟帛有差。己卯，蒐于華原。

四月甲寅，磧外蕃人爭牧馬出界，上親臨斷決，然後咸服。丁巳，右武候將軍梁建方擊松外蠻，下其部落七十二所。

五月庚子，右衞率長史王玄策擊帝那伏帝國〔九〕，大破之，獲其王阿羅那順及王妃、子等，虜男女萬二千人、牛馬二萬餘以詣闕。使方士那羅邇娑婆於金飈門造延年之藥。吐蕃贊普擊破中天竺國，遣使獻捷。

六月癸酉，特進、宋國公蕭瑀薨。

秋七月癸卯，司空、梁國公房玄齡薨。

八月己酉朔，日有蝕之。

九月己亥，黃門侍郎褚遂良爲中書令。

十月癸亥，至自玉華宮。

十一月戊戌，眉、邛、雅三州獠反，右衞將軍梁建方討平之。庚子，契丹帥窟哥、奚帥可度者並率其部內屬。以契丹部爲松漠都督，以奚部置饒樂都督。

十二月乙卯，增置殿中侍御史、監察御史各二員，大理寺置平事十員。

閏月丁丑朔，崑山道總管阿史那社爾降處密、處月，破龜茲大撥等五十城，虜數萬口，

執龜茲王訶黎布失畢以歸，龜茲平，西域震駭。副將薛萬徹脅于闐王伏闍信入朝。癸未，新羅王遣其相伊贊千金春秋及其子文王來朝〔一〇〕。

是歲，新羅女王金善德死，遣册立其妹眞德爲新羅王。

二十三年春正月辛亥，俘龜茲王訶黎布失畢及其相那利等，獻于社廟。

二月丙戌，置瑤池都督府，隸安西都護府。丁亥，西突厥肆葉護可汗遣使來朝。

三月丙辰，置豐州都督府〔一一〕。自去冬不雨，至于此月己未乃雨。辛酉，大赦。丁卯，敕皇太子於金液門聽政。是月，日赤無光。

四月己亥，幸翠微宮。

五月戊午，太子詹事、英國公李勣爲疊州都督。辛酉，開府儀同三司、衞國公李靖薨。己巳，上崩於含風殿，年五十二。遺詔皇太子卽位於柩前，喪紀宜用漢制。秘不發喪。庚午，遣舊將統飛騎勁兵從皇太子先還京，發六府甲士四千人，分列於道及安化門，翼從乃入；大行御馬輿，從官侍御如常。壬申，發喪。

六月甲戌朔，殯于太極殿。

八月丙子，百僚上諡曰文皇帝，廟號太宗。庚寅，葬昭陵。上元元年八月，改上尊號曰

文武聖皇帝。天寶十三載二月，改上尊號爲文武大聖大廣孝皇帝。

史臣曰：臣觀文皇帝，發迹多奇，聰明神武。拔人物則不私於黨，負志業則咸盡其才。所以屈突、尉遲，由仇敵而願傾心膂；馬周、劉洎，自疎遠而卒委鈞衡。終平泰階，諒由斯道。嘗試論之：礎潤雲興，蟲鳴螽躍。雖堯、舜之聖，不能用檮杌、窮奇而治平；伊、呂之賢，不能爲夏桀、殷辛而昌盛。君臣之際，遭遇斯難，以至抉目剖心，蟲流筋擢，良由遭值之異也。以房、魏之智，不踰于丘、軻，遂能尊主庇民者，遭時也。

或曰：以太宗之賢，失愛於昆弟，失教於諸子，何也？曰：然，舜不能仁四罪，堯不能訓丹朱，斯前志也。當神堯任讒之年，建成忌功之日，苟除畏逼，孰顧分崩，變故之興，間不容髮，方懼「毀巢」之禍，寧虞「尺布」之謠？承乾之愚，聖父不能移也。若文皇自定儲於哲嗣，不騁志於高麗；用人如貞觀之初，納諫比魏徵之日。況周發、周成之世襲，我有遺妍；較漢文、漢武之恢弘，彼多慚德。迹其聽斷不惑，從善如流，千載可稱，一人而已！

贊曰：昌、發啓國，一門三聖。文定高位，友于不令。管、蔡既誅，成、康道正。貞觀之風，到今歌詠。

校勘記

〔一〕尙書右僕射　「右」字各本原作「左」，據本卷下文、本書卷六七李靖傳改。

〔二〕涼州　各本原作「源州」，按唐代無「源州」，據新書卷二太宗紀、通鑑卷一九四改。

〔三〕慕容順光　本書卷一九八吐谷渾傳、通典卷一九〇、唐會要卷九四、御覽卷七九四、冊府卷一六四皆作慕容順。

〔四〕張譏　「譏」字各本原作「機」，據陳書卷三三張譏傳、南史卷七一張譏傳、新書卷二太宗紀改。

〔五〕廢襄城宮　「廢」字各本原作「發」，通鑑卷一九六云：「地旣煩熱，復多毒蛇；庚午，罷襄城宮。」今據葉石君校本（以下簡稱葉校本）改。

〔六〕齊王祐殺長史權萬紀　「殺」字各本原無，據冊府卷一二二補。

〔七〕鄖國公　「鄖」字各本原作「鄭」，據本卷上文及本書卷六九張亮傳改。

〔八〕知尙書門下二省事　「尙書」各本原作「中書」，據冊府卷七二、新書卷二太宗紀、通鑑卷一九八改。

〔九〕右衞率長史　「率」字各本原無，據冊府卷一二、通鑑卷一九九補。

〔一〇〕伊贇千　隋書卷八一新羅傳、北史卷九四新羅傳，云其官有「伊尺干」，「伊贇」乃「伊尺」之異譯，「千」係「干」之訛。

〔一一〕豐州都督府　「豐」字各本原作「酆」，據本書卷三八地理志、新書卷三七地理志、通鑑卷一九九改。

舊唐書卷四

本紀第四

高宗上

高宗天皇大聖大弘孝皇帝，諱治，太宗第九子也　母曰文德順聖長孫皇后。以貞觀二年六月，生於東宮之麗正殿。五年，封晉王。七年，遙授幷州都督。幼而岐嶷端審，寬仁孝友。初授孝經於著作郎蕭德言，太宗問曰：「此書中何言爲要？」對曰：「夫孝，始於事親，中於事君，終於立身。君子之事上，進思盡忠，退思補過，將順其美，匡救其惡。」太宗大悅曰：「行此，足以事父兄，爲臣子矣。」及文德皇后崩，晉王時年九歲，哀慕感動左右，太宗屢加慰撫，由是特深寵異。尋拜右武候大將軍。

十七年，皇太子承乾廢，魏王泰亦以罪黜，太宗與長孫無忌、房玄齡、李勣等計議，立晉王爲皇太子。太宗每視朝，常令在側，觀決庶政，或令參議，太宗數稱其善。十八年，太宗將伐高麗，命太子留鎭定州。及駕發有期，悲啼累日，因請飛驛遞表起居，幷遞敕垂報，並許之。飛表奏事，自此始也。及軍旋，太子從至幷州。時太宗患癰，太子親吮之，扶輦步從數日。

二十三年五月己巳，太宗崩。庚午，以禮部尙書、兼太子少師、黎陽縣公于志寧爲侍中，太子少詹事、兼尙書左丞張行成爲兼侍中、檢校刑部尙書，太子右庶子、兼吏部侍郎、攝戶部尙書高季輔爲兼中書令、檢校吏部尙書，太子左庶子、高陽縣男許敬宗兼禮部尙書。辛未，還京。

六月甲戌朔，皇太子卽皇帝位，時年二十二。詔曰：「大行皇帝奄棄普天，痛貫心靈，若置湯火。思遵大孝，不敢滅身，永慕長號，將何逮及。粵以孤眇，屬當元嗣，思勵空薄，康濟黎元。敬順惟新，仰昭先德，宜布凱澤，被乎億兆。可大赦天下。內外文武賜勳官一級。諸年八十以上賚以粟帛。雍州及諸州比年供軍勞役尤甚之處，並給復一年。」辛巳，改民部尙書爲戶部尙書。疊州都督、英國公勣爲特進、檢校洛州刺史，仍於洛陽宮留守。癸未，詔司徒、揚州都督、趙國公無忌爲太尉兼檢校中書令，知尙書門下二省事，餘並如故，賜物三千段。癸巳，特進、英國公勣爲開府儀同三司、同中書門下三品。

秋七月丙午，有司請改治書侍御史爲御史中丞〔一〕，諸州治中爲司馬，別駕爲長史，治禮郎爲奉禮郎，以避上名。以貞觀時不諱先帝二字，不許〔三〕，有司奏曰：「先帝二名，禮不偏諱。上既單名，臣子不合指斥。」上乃從之。己酉，于闐王伏闍信來朝。

八月癸酉朔，河東地震，晉州尤甚，壞廬舍，壓死者五千餘人。三日又震。詔遣使存問，給復二年，壓死者賜絹三匹。以開府儀同三司、英國公勣爲尚書左僕射、同中書門下三品。僕射始帶同中書門下。庚寅，葬太宗於昭陵。

九月甲寅，加授鄜州刺史、荆王元景爲司徒，前安州都督、吳王恪爲司空兼梁州刺史。丙寅，贈太尉、梁國公玄齡，贈司徒、申國公士廉，贈左僕射、蔣國公屈突通，並可配食太宗廟庭。

冬十一月甲子，以瑤池都督阿史那賀魯爲左驍衞大將軍。乙丑，晉州地又震。是冬無雪。

永徽元年春正月辛丑朔，上不受朝，詔改元。壬寅，御太極殿，受朝而不會。丙午，立妃王氏爲皇后。丁未，以陳王忠爲雍州牧。

二月辛卯，封皇子孝爲許王，上金爲杞王，素節爲雍王。

夏四月己巳朔，晉州地又震。

五月丁未，上謂羣臣曰：「朕謬膺大位，政教不明，遂使晉州之地屢有震動。良由賞罰失中，政道乖方。卿等宜各進封事，極言得失，以匡不逮。」吐火羅遣使獻大鳥如駝，食銅鐵，上遣獻于昭陵。吐蕃贊普死，遣右武衞將軍鮮于匡濟齎璽書往弔祭。

六月庚辰，晉州地震。

秋七月丙寅，以旱，親錄京城囚徒。

九月癸卯，右驍衞郎將高侃執車鼻可汗詣闕，獻于社廟及昭陵。己未，尚書左僕射、英國公勣固請解職，許之，令以開府儀同三司同中書門下三品。

十一月己未，中書令、河南郡公褚遂良左授同州刺史。

十二月，瑤池都督、沙鉢羅葉護阿史那賀魯以府叛，自稱可汗，總有西域之地。

是歲，雍、絳、同等九州旱蝗，齊、定等十六州水。

二年春正月戊戌，詔曰：「去歲關輔之地，頗弊蝗螟，天下諸州，或遭水旱，百姓之間，致有罄乏。此由朕之不德，兆庶何辜？矜物罪己，載深憂惕。今獻歲肇春，東作方始，糧廩或空，事資賑給。其遭蟲水處有貧乏者，得以正、義倉賑貸。雍、同二州，各遣郎中一人充使存問，務盡哀矜之旨，副朕乃眷之心。」乙巳，黃門侍郎、平昌縣公宇文節加銀青光祿大夫，依舊同中書門下三品。守中書侍郎柳奭爲中書侍郎，依舊同中書門下三品。

夏四月乙酉，秩太廟令及獻、昭二陵令從五品，丞從七品。

五月壬辰，開府儀同三司及京官文武職事四品、五品，並給隨身魚。

六月辛酉，開府儀同三司、襄邑王神符薨。

秋七月丁未，賀魯寇陷金嶺城、蒲類縣，遣武候大將軍梁建方、右驍衞大將軍契苾何力爲弓月道總管以討之。

八月乙丑，大食國始遣使朝獻。己巳，侍中、燕國公于志寧爲尚書左僕射，侍中兼刑部尚書、北平縣公張行成爲尚書右僕射〔五〕，並同中書門下三品，猶不入銜。中書令兼檢校吏部尚書、蓨縣公高季輔爲侍郎〔四〕。

九月癸巳，改九成宮爲萬年宮，廢玉華宮以爲佛寺。

閏月辛未，頒新定律、令、格、式於天下。

冬十月辛卯，晉州地震。

十一月辛酉，有事於南郊。戊辰，定襄地震。丁丑，以高昌故地置安西都護府。白水蠻寇麻州，命左領軍將軍趙孝祖討平之。

三年春正月癸亥，以去秋至于是月不雨，上避正殿，降天下死罪及流罪遞減一等，徒以下咸宥之。弓月道總管梁建方、契苾何力等大破處月朱耶孤注於牢山，斬首九千級，虜帥六千，俘生口萬餘，獲牛馬雜畜七萬。丙寅，太尉、趙國公無忌以旱請遜位，不許。己巳，同州刺史、河南郡公褚遂良爲吏部尚書、同中書門下三品〔六〕。丙子，親祠太廟。丁亥，籍于千畝，賜羣官帛有差。

三月辛巳，黃門侍郎、平昌縣公宇文節爲侍中，中書侍郎柳奭爲中書令。庚申，幸觀德殿，賜文武羣官大射。

夏四月庚寅，左領軍將軍趙孝祖大破白水蠻大勃律。甲午，澧州刺史、彭王元則薨。

五月庚辰，詔以周司沐大夫裴融，齊侍中崔季舒、給事黃門侍郎裴澤、尚書左丞封孝琰，隋儀同三司豆盧毓、御史中丞游楚客等，並門挺忠鯁，其子孫各宜甄擢。

秋七月丁巳，立陳王忠爲皇太子，大赦天下，五品已上子爲父後者賜勳一轉，大酺三日。乙丑，左僕射于志寧兼太子少師，右僕射張行成兼太子少傅，侍中高季輔兼太子少保，侍中宇文節兼太子詹事。丁丑，上問戶部尚書高履行：「去年進戶多少？」履行奏稱：「進戶總一十五萬。」又問曰：「隋日有幾戶？今見有幾戶？」履行奏：「隋開皇中有戶八百七十萬，即今見有戶三百八十萬。」

九月丁巳，改太子中允爲內允，中書舍人爲內史舍人，諸率府中郎將改爲旅賁郎將[六]，以避太子名。

冬十月戊戌，幸同安大長公主第，又幸高陽長公主第，即日還宮。

十一月乙亥，駮馬國遣使朝貢。庚寅，弘化長公主自吐谷渾來朝。

十二月癸巳，濮王泰薨。

四年春正月癸丑朔，上臨軒，不受朝，以濮王泰在殯故也。丙子，新除房州刺史、駙馬都尉房遺愛，司徒、秦州刺史、荆王元景，司空、安州刺史、吳王恪，寧州刺史、駙馬都尉薛萬徹，嵐州刺史、駙馬都尉柴令武謀反。

二月乙酉，遺愛、萬徹、令武等並伏誅；元景、恪、巴陵高陽公主並賜死。左驍衞大將軍、安國公執失思力配流巂州，侍中兼太子詹事、平昌縣公宇文節配流桂州，特進、太常卿、江夏王道宗配流象州，恪母弟蜀王愔廢爲庶人。己亥，絳州刺史、徐王元禮加授司徒，開府儀同三司、英國公勣爲司空。

三月壬子朔，頒孔穎達五經正義於天下，每年明經令依此考試。丙辰，上御觀德殿，陳逆人房遺愛等口馬資財爲五垜，引王公、諸親、蕃客及文武九品已上射。

夏四月戊子，林邑國王遣使來朝，貢馴象。壬寅，以旱，避正殿，減膳，親錄繫囚，遣使分省天下冤獄，詔文武官極言得失。

八月己亥，隕石十八于同州之馮翊，有聲如雷。

九月壬寅，尚書右僕射、北平縣公張行成薨。甲戌，吏部尚書、河南郡公褚遂良爲尚書右僕射，依舊知政事。

冬十月庚子，幸新豐之温湯。甲辰，曲赦新豐。乙巳，至自温湯。戊申，睦州女子陳碩眞舉兵反，自稱文佳皇帝，攻陷睦州屬縣。婺州刺史崔義玄、揚州都督府長史房仁裕各率衆討平之。

十一月癸丑，兵部尚書、固安縣公崔敦禮爲侍中。頒新律疏於天下。

十二月庚子，侍中兼太子少保、蓨縣公高季輔卒。

五年春三月戊午，幸萬年宮。辛未，曲赦所經州縣繫囚。以工部尚書閻立德領丁夫四萬築長安羅郭。

夏四月，守黃門侍郎潁川縣公韓瑗、守尚書侍郎來濟，並加銀青光祿大夫，依舊同中書門下三品。

閏五月丁丑夜，大雨，水漲暴溢，漂溺麟遊縣居人及當番衞士，死者三千餘人。

六月，恆州大雨，滹沱河泛溢，溺五千餘家。癸丑，蒲州汾陰縣暴雨，漂溺居人，浸壞廬舍。

癸亥，中書令柳奭兼吏部尚書。丙寅，河北諸州大水。

七月辛巳，有小鳥如雀，生大鳥如鳩於萬年宮皇帝舊宅。

八月，大理奏決死囚，總管七十餘人。辛亥，詔自今已後，五品已上有薨亡者，隨身魚並不須追收。辛未，吐蕃使人獻馬百匹及大拂廬可高五丈[七]，廣袤各二十七步。

九月丁酉，至自萬年宮。

冬十一月癸酉，築京師羅郭，和雇京兆百姓四萬一千人，板築三十日而罷，九門各施觀。

十二月癸丑，倭國獻琥珀、碼碯，琥珀大如斗，碼碯大如五斗器。戊午，發京師謁昭陵，在路生皇子賢。己未，敕二年一定戶。

六年春正月壬申朔，親謁昭陵，曲赦醴泉縣民，放今年租賦。陵所宿衞將軍、郎將進爵一等，陵令、丞加階賜物。甲戌，至自昭陵。於陵側建佛寺。庚寅，封皇子弘爲代王，賢爲潞王。

二月乙巳，皇太子忠加元服，內外文武職事五品已上爲父後者，賜勳一級。大酺三日。

三月，營州都督程名振破高麗於貴端水。嘉州辛道讓妻一產四男。壬戌，昭儀武氏著內訓一篇。

夏五月癸未，命左屯衞大將軍、盧國公程知節等五將軍帥師出葱山道以討賀魯。黃門侍郎、潁川郡公韓瑗爲侍中，中書侍郎、南陽男來濟爲中書令。兼吏部尚書、河東縣男柳奭貶遂州刺史。

六月，大食國遣使朝貢。

秋七月乙亥，侍中、固安縣公崔敦禮爲中書令。乙酉，均天下州縣公廨。

八月，尚藥奉御蔣孝璋員外特置，仍同正。員外同正，自蔣孝璋始也。己酉，大理更置少卿一員。先是大雨，道路不通，京師米價暴貴，出倉粟糶之，京師東西二市置常平倉。

九月庚午，尚書右僕射、河南郡公褚遂良以諫立武昭儀，貶授潭州都督。乙酉，洛州大水，毀天津橋。

冬十月己酉，廢皇后王氏爲庶人，立昭儀武氏爲皇后，大赦天下。

十一月丁卯朔，臨軒，命司空勣、左僕射志寧册皇后，文武羣官及番夷之長，奉朝皇后於肅義門。十一月己巳，皇后見于廟。癸酉，追贈后父故工部尙書、應國公、贈幷州都督武士彠爲司空。丙子，淄州高苑縣吳文威妻魏氏一產四男，三見育。癸巳，應國夫人楊氏改封代國夫人。

十二月，遣禮部尙書、高陽縣男許敬宗每日待詔於武德殿西門。

七年春正月辛未，廢皇太子忠爲梁王，立代王弘爲皇太子。壬申，大赦，改元爲顯慶。文武九品已上及五品已下子爲父後者，賜勳官一轉。大酺三日。甲子，尙書左僕射兼太子少師、燕國公于志寧兼太子太傅，侍中韓瑗、中書令來濟、禮部尙書許敬宗，並爲太子賓客、始有賓客也。御玄武門，餞葱山道大總管程知節。

二月庚寅，名破陣樂爲神功破陣樂。辛亥，贈司空武士彠爲司徒、周國公。

三月辛巳，皇后祀先蠶于北郊。丙戌，戶部侍郞杜正倫爲守黃門侍郞、同中書門下三品。

夏四月戊申，御安福門，觀僧玄奘迎御製幷書慈恩寺碑文，導從以天竺法儀，其徒甚盛。

五月己卯，太尉長孫無忌進史官所撰梁、陳、周、齊、隋五代史志三十卷。弘文館學士

許敬宗進所撰東殿新書二百卷，上自製序。

六月，岐州刺史、潞王賢爲雍州牧。

秋七月癸未，中書令兼檢校太子詹事、固安縣公崔敦禮爲太子少師、同中書門下三品。改戶部尙書爲度支尙書，侍郞亦然。

八月丙申，太子少師崔敦禮卒。左衞大將軍程知節與賀魯所部歌邏祿獲剌頡發及處月預支俟斤等戰於榆幕谷，大破之，斬首千餘級，獲駝馬牛羊萬計。

九月癸酉，初詔戶滿三萬已上爲上州，二萬已上爲中州；先爲上州、中州者各依舊。皇后製外戚誡。庚辰，括州海水泛溢，壞安固、永嘉二縣，損四千餘家。辛巳，初制都督及上州各置執刀十五人，中州、下州十人。癸未，初置驃騎大將軍，官爲從一品。程知節與賀魯男咥運戰，斬首數千級，進至怛篤城，俘其部落戶口及貨物鉅積。

冬十一月乙丑，皇子顯生，詔京官、朝集使各加勳級〔八〕。

十二月乙酉，置算學。左屯衞大將軍程知節坐討賀魯逗留，追賊不及，減死免官。罷蘭州都督，鄯州置都督。

二年春正月庚寅，幸洛陽。命右屯衞將軍蘇定方等四將軍爲伊麗道將軍，帥師以討賀魯。

二月辛酉，入洛陽宮，曲赦洛州。庚午，封皇第七子顯爲周王，徙封許王素節爲郇王。

三月甲子，中書侍郞李義府爲中書令兼檢校御史大夫，黃門侍郞杜正倫兼度支尙書，依舊同中書門下三品。

夏五月丙申，幸明德宮。

秋七月丁亥，還洛陽宮。

八月丁卯，侍中、穎川縣公韓瑗左授振州刺史，中書令兼太子詹事、南陽侯來濟左授台州刺史，皆坐諫立武昭儀爲皇后，救褚遂良之貶也。禮部尙書、高陽郡公許敬宗爲侍中，以立武后之功也。

九月庚寅，度支尙書杜正倫爲中書令。

冬十月戊戌，親講武於許、鄭之郊，曲赦鄭州。遣使祭鄭大夫國僑、漢太丘長陳寔墓。

十二月乙卯，還洛陽宮。庚午，改「昬」「葉」字〔九〕。丁卯，手詔改洛陽宮爲東都，洛州官員階品並准雍州。廢穀州，以福昌等四縣，幷懷州河陽、濟源、溫，鄭州汜水並隸洛州。己巳，中書省置起居舍人兩員，品同起居郞。庚午，以周王顯爲洛州牧。壬午，分散騎常侍爲

左右各兩員，其右散騎常侍隸中書省。

三年春正月戊子，太尉、趙國公無忌等脩新禮成，凡一百三十卷，二百五十九篇，詔頒於天下。

二月丁巳，車駕還京。壬午，親錄囚徒，多所原宥。蘇定方攻破西突厥沙鉢羅可汗賀魯及咥運、闕啜。賀魯走石國，副將蕭嗣業追擒之，收其人畜前後四十餘萬。甲寅，西域平，以其地置濛池、崑陵二都護府〔一〇〕。復於龜茲國置安西都護府，以高昌故地爲西州。置懷化大將軍正三品，歸化將軍從三品，以授初附首領，仍分隸諸衞。

六月，程名振攻高麗。

九月，廢書、算、律學。有司奏請造排車七百乘，擬行幸載排城；上以爲勞民，乃於舊頓置院牆焉。

冬十一月乙酉，兼中書令、皇太子賓客兼檢校御史大夫、河間郡公李義府左授普州刺史，兼中書令、皇太子賓客、襄陽郡公杜正倫左授橫州刺史。中書侍郞李友益除名，配流嶲州。戊戌，侍中許敬宗權檢校中書令。戊子，侍中、皇太子賓客、權檢校中書令、高陽郡公許敬宗爲中書令〔一一〕，賓客已下如故；大理卿辛茂將爲侍中。鴻臚卿蕭嗣業於石國取賀魯

至，獻於昭陵。甲辰，開府儀同三司、鄂國公尉遲敬德薨。

四年春二月乙亥，上親策試舉人，凡九百人，惟郭待封、張九齡五人居上第，令待詔弘文館，隨仗供奉。

三月，以左驍衞大將軍、郕國公契苾何力往遼東經略。

夏四月己未，太子太傅、尚書左僕射、燕國公于志寧爲太子太師，仍同中書門下三品。乙丑，黃門侍郎許圉師同中書門下三品。丙戌，太子太師、同中書門下三品、燕國公于志寧免官，放還私第。戊戌，太尉、揚州都督、趙國公無忌帶揚州都督於黔州安置，依舊準一品供給。

五月丙申，兵部尚書任雅相、度支尚書盧承慶並參知政事。

秋七月壬子，普州刺史李義府爲吏部尚書，同中書門下三品。

冬十月乙巳，皇太子加元服，大赦天下，文武五品已上子孫爲父祖後者加勳官一級，大酺三日。

閏十月戊寅，幸東都，皇太子監國。戊戌，至東都。

十一月，以中書侍郎許圉師爲散騎常侍、檢校侍中。戊午，兼侍中辛茂將卒。癸亥，以

邢國公蘇定方爲神丘道總管，劉伯英爲嵎夷道總管。

五年春正月甲子，幸幷州。二月辛巳，至幷州。丙戌，宴從官及諸親、幷州官屬父老，賜帛有差。曲赦幷州及管內諸州。義旗初職事五品已上身亡殁墳墓在幷州者，令所司致祭。佐命功臣子孫及大將軍府僚佐已下今見存者，賜階級有差，量才處分。起義之徒職事一品已下，賜物有差。年八十已上，版授刺史、縣令。佐命功臣食別封身已殁者，爲後子孫各加兩階。賜酺三日。甲午，祠舊宅，以武士彠、殷開山、劉政會配食。

三月丙午，皇后宴親族鄰里故舊於朝堂，命婦婦人入會於內殿，及皇室諸親賜帛各有差，及從行文武五品以上。制以皇后故鄉幷州長史、司馬各加勳級。又皇后親預會，每賜物一千段，期親五百段，大功已下及無服親、鄰里故舊有差。城內及諸婦女年八十已上，各版授郡君，仍賜物等。己酉，講武於幷州城西，上御飛閣，引羣臣臨觀。辛亥，發神丘道軍伐百濟。丁巳，左右領始改左右千牛。

夏四月戊寅，車駕還東都，造八關宮于東都苑內。癸亥，至自幷州。

五月壬戌，幸八關宮，改爲合璧宮。

六月庚午朔，日有蝕之。辛卯，詔文武五品已上四科舉人。甲午，駕還東都。

秋七月乙巳，廢梁王忠爲庶人，徙於黔州。戊辰，度支尚書、同中書門下三品盧承慶以罪免。

八月庚辰，蘇定方等討平百濟，面縛其王扶餘義慈。國分爲五部，郡三十七，城二百，戶七十六萬，以其地分置熊津等五都督府。曲赦神丘、嵎夷道總管已下，賜天下大酺三日。

九月戊午，賜英國公勣墓塋一所。

冬十月丙子，代國夫人楊氏改榮國夫人，品第一，位在王公母妻之上。

十一月戊戌朔，邢國公蘇定方獻百濟王扶餘義慈、太子隆等五十八人俘於則天門，責而宥之。乙卯，狩於許、鄭之郊。

十二月己卯，至自許州。

六年春正月乙卯，於河南、河北、淮南六十七州募得四萬四千六百四十六人，往平壤帶方道行營。

二月乙未，以益、綿等州皆言龍見，改元。曲赦洛州。

龍朔元年三月丙申朔，改元。壬戌，幸合璧宮。

夏五月丙申，命左驍衞大將軍、涼國公契苾何力爲遼東道大總管，左武衞大將軍、邢國

公蘇定方爲平壤道大總管，兵部尚書、同中書門下三品、樂安縣公任雅相爲浿江道大總管，以伐高麗。

六月庚寅，中書令許敬宗等進累璧六百三十卷，目錄四卷。甲子晦，日有蝕之。

秋七月癸卯，車駕還東都。

八月丙戌，令諸州舉孝行尤著及累葉義居可以勵風俗者。

九月甲辰，以河南縣大女張年百三歲，親幸其第。又幸李勣之第。天宮寺是高祖潛龍時舊宅，上周歷殿宇，感愴久之，度僧二十人。皇后至許圉師第。壬子，徙封潞王賢爲沛王。是日，以雍州牧、幽州都督、沛王賢爲揚州都督、左武候大將軍，牧如故。以洛州牧、周王顯爲幷州都督。是日，敕中書門下五品已上諸司長官、尚書省侍郎幷諸親三等已上，並詣沛王宅設宴禮，奏九部樂。禮畢，賜帛雜綵等各有差。

冬十月丁卯，狩于陸渾。癸酉，還宮。

是歲，新羅王金春秋卒，其子法敏嗣立。

二年春正月乙巳，太府寺更置少卿一員，分兩京檢校。丙午，東都初置國子監，幷加學生等員，均分於兩都教授。

二月甲子，改京諸司及百官名：尚書省爲中臺，門下省爲東臺，中書省爲西臺，左右僕射爲左右匡政，左右丞爲肅機，侍中爲左相，中書令爲右相，自餘各以義訓改之。又改六宮內職名。甲戌，司戎太常伯、浿江道總管、樂安縣公任雅相卒於軍。

三月甲申，自東都還京。癸丑，幸同州。蘇定方破高麗于葦島，又進攻平壤城，不克而還。

夏四月庚申朔，至自東都。辛巳，造蓬萊宮成，徙居之。

五月丙申，左侍極許圉師爲左相。乙巳，復置律、書、算三學。

六月己未朔，皇子旭輪生。乙丑，初令道士、女冠、僧、尼等，並盡禮致拜其父母。乙亥，制蓬萊宮諸門殿亭等名。

秋七月丁亥朔，以東宮誕育滿月，大赦天下，賜酺三日。

八月甲午，右相許敬宗乞骸骨。壬寅，許敬宗爲太子少師，同東西臺三品，仍知西臺事。

九月，司禮少常伯孫茂道奏稱：「八品、九品舊令著青，亂紫，非卑品所服，望令著碧。」詔從之。戊寅，前吏部尚書、河間郡公李義府起復爲司列太常伯，同東西臺三品。

冬十月丁酉，幸溫湯，皇太子弘監國。丁未，至自溫湯。庚戌，西臺侍郎上官儀同東西臺三品。

十一月辛未，左相許圉師下獄。癸酉，封皇第四子旭輪爲殷王。

十二月辛丑，改魏州爲冀州大都督府〔二〕，改冀州爲魏州。又以并、揚、荆、益四都督府並爲大都督府。沛王賢爲揚州大都督，周王顯爲并州大都督，殷王旭輪遙領冀州大都督。左相許圉師解見任。

三年春正月，左武衞大將軍鄭仁泰等帥師討鐵勒餘種，盡平之。乙丑，司列太常伯李義府爲右相。

二月丙戌，隴、雍、同、岐等一十五州戶口，徵修蓬萊宮。癸巳，置太子左右諭德及桂坊大夫等官員，改司經局爲桂坊館，崇賢館罷隸左春坊。丁酉，減京官一月俸，助修蓬萊宮。庚戌，詔曰：「天德施生，陽和在節，言念幽圄，載惻分宵。雖復每有哀矜，猶恐未免枉濫。在京繫囚應流死者，每日將二十人過。」於是親自臨問，多所原宥，不盡者令皇太子錄之。詔以書學隸蘭臺，算學隸秘閣，律學隸詳刑寺。改燕然都護府爲瀚海都護府，瀚海都護府爲雲中都護府。

二月，前左相許圉師左遷虔州刺史。太子弘撰瑤山玉彩成，書凡五百卷。

夏四月乙丑，右相李義府下獄。戊子，李義府除名，配流嶲州。丙午，幸蓬萊宮新起含元殿。

秋八月癸卯，彗星見於左攝提。戊申，詔百僚極言正諫。命司元太常伯竇德玄、司刑太常伯劉祥道等九人爲持節大使，分行天下。仍令內外官五品已上各舉所知。

冬十月丙申，絳州麟見于介山。丙午，含元殿前麟趾見。

十一月癸酉，雨冰。

十二月庚子，詔改來年正月一日爲麟德元年。

麟德元年春正月甲子，改雲中都護府爲單于大都護府，官品同大都督府。

二月丁亥，加授殷王旭輪單于大都護。戊子，幸萬年宮。

三月辛亥，展大射禮〔三〕。丁卯，長女追封安定公主，諡曰思，其鹵簿鼓吹及供葬所須，並如親王之制，於德業寺遷于崇敬寺。

夏四月，衞州刺史、道王元慶薨。

五月，許王孝薨。乙卯，於昆明之弄棟川置姚州都督府。

秋八月丙子朔，至自萬年宮，便幸舊宅。己卯，降萬年縣繫囚，因幸大慈恩寺。壬午，還蓬萊宮。戊子，兼司列太常伯、檢校沛王府長史、城陽縣侯劉祥道兼右相〔四〕，大司憲竇

德玄兼司元太常伯、檢校左相。

九月己卯，詔曰：「周京兆尹、左右宮伯大將軍、司衞上將軍、少冢宰、廣陵郡公宇文孝伯，忠亮存心，貞堅表志。淫刑既逞，方納諫而求仁；忍忌將加，甘捐軀而徇節。年載雖久，風烈猶生，宜峻徽章，式旌胤胄。其孫左威衞長史思純，可加授朝散大夫。」

十二月丙戌，殺西臺侍郎上官儀。戊子，庶人忠坐與儀交通，賜死。右相、城陽縣侯劉祥道爲司禮太常伯。太子右中護檢校西臺侍郎樂彥瑋、西臺侍郎孫處約同知政事。

是冬無雪。

二年春正月壬午，幸東都。丁酉，幸合璧宮。戊子，慮雍、洛二州及諸司囚。甲子，以發向泰山，停選。

三月甲寅，兼司戎太常伯、永安郡公姜恪同東西臺三品。辛未，東都造乾元殿成。

閏月癸酉，日有蝕之。

四月丙午，曲赦桂、廣、黔三都督府管內大辟罪已上。丙寅，講武邙山之陽，御城北樓觀之。戊辰，左侍極、仍檢校大司成、嘉興縣子陸敦信爲檢校右相，其大司成宜停。西臺侍郎孫處約、樂彥瑋並停知政事。

五月辛卯，以秘閣郎中李淳風造曆成，名麟德曆，頒之。以司空、英國公李勣，少師、高陽郡公許敬宗，右相、嘉興縣子陸敦信，左相、鉅鹿男竇德玄爲檢校封禪使。

六月，鄜州大水，壞城邑。

秋七月，鄧王元裕薨。

冬十月戊午，皇后請封禪，司禮太常伯劉祥道上疏請封禪。癸亥，高麗王高藏遣其子福男來朝。丁卯，將封泰山，發自東都。是歲大稔，米斗五錢，麰麥不列市。

十一月丙子，次于原武，以少牢祭漢將紀信墓，贈驃騎大將軍。庚寅，華州刺史、燕國公于志寧卒。

十二月丙午，御齊州大廳。乙卯，命有司祭泰山。丙辰，發靈巖頓。

校勘記

〔一〕有司請改治書侍御史爲御史中丞　「有司請」三字各本原無，據冊府卷三補。

〔二〕不許　各本原作「詔」字，據冊府卷三改。

〔三〕尚書右僕射　「右」字各本原作「左」，據本卷上下文及本書卷七八于志寧傳、冊府卷七二、通鑑卷一九九改。

〔四〕侍郎　十七史商榷卷七〇云：「季輔爲侍中，非侍郎。」本卷下文及本書卷七八高季輔傳亦作「侍中」。

〔五〕同中書門下三品　「同中書」各本原無，據冊府卷七二、新書卷三高宗紀補。

〔六〕旅賁郎將　「將」字各本原無，據通典卷三〇補。

〔七〕大拂廬　「拂廬」二字各本原作「驢」，據本書卷一九六上吐蕃傳、冊府卷九七〇改。

〔八〕京官朝集使　「京」字各本原作「宗」，據新書卷三高宗紀改。冊府卷八〇作「京職事九品以上及朝集使」。

〔九〕改昬葉字　「字」字各本原作「宮」，十七史商榷卷七〇云：「校本『宮』字作『字』。以意揣之，必是昬字之上民字，葉字之中世字犯諱，故改昬從氏，改葉從冊。校本是。」今從葉校本改。

〔一〇〕濛池崑陵二都護府　「護」字各本原作「督」，據本書卷四〇地理志、卷一九四下突厥傳及新書卷四三下地理志、卷二一五下突厥傳改。

〔一一〕高陽郡公　「郡」字各本原作「縣」，據本卷上下文及合鈔卷四高宗紀改。

〔一二〕冀州大都督府　「冀州」二字各本原無，據本書卷五高宗紀、卷三九地理志補。

〔一三〕展大射禮　「射」字各本原作「赦」，據唐會要卷二六、御覽卷一一〇改。

〔一四〕城陽縣侯　本書卷八一劉祥道傳作「陽城縣侯」。

舊唐書卷五

本紀第五

高宗下

麟德三年春正月戊辰朔，車駕至泰山頓。是日親祀昊天上帝於封祀壇，以高祖、太宗配饗。己巳，帝升山行封禪之禮。庚午，禪於社首，祭皇地祇，以太穆太皇太后、文德皇太后配饗；皇后爲亞獻，越國太妃燕氏爲終獻。辛未，御降禪壇。

壬申，御朝覲壇受朝賀。改麟德三年爲乾封元年，諸行從文武官及朝覲華戎岳牧、致仕老人朝朔望者，三品已上賜爵二等，四品已下、七品以上加階，八品已下加一階，勳一轉。諸老人百歲已上版授下州刺史，婦人郡君；九十、八十節級。齊州給復一年半，管嶽縣二年。所歷之處，無出今年租賦。乾封元年正月五日已前，大赦天下，賜酺七日。癸酉，宴羣臣，陳九部樂，賜物有差，日昳而罷。丙子，皇太子弘設會。丁丑，以前恩薄，普進爵及階勳

等，男子賜古爵。兗州界置紫雲、仙鶴、萬歲觀，封巒、非煙、重輪三寺。天下諸州置觀、寺一所。丙戌，發自泰山。甲午，次曲阜縣，幸孔子廟，追贈太師，增修祠宇，以少牢致祭。其褒聖侯德倫子孫，並免賦役。

二月己未，次亳州。幸老君廟，追號曰太上玄元皇帝，創造祠堂；其廟置令、丞各一員。改谷陽縣爲眞源縣，縣內宗姓特給復一年。

夏四月甲辰，車駕至自泰山，先謁太廟而後入。

五月庚寅，改鑄乾封泉寶錢。

六月壬寅，高麗莫離支蓋蘇文死。其子男生繼其父位，爲其弟男建所逐，使其子獻誠詣闕請降，詔左驍衞大將軍契苾何力率兵以應接之。

秋七月乙丑，徙封殷王旭輪爲豫王。庚午，左侍極、檢校右相、嘉興子陸敦信緣老病乞辭機揆，拜大司成，兼知左侍極。大司憲兼檢校右中護劉仁軌兼右相、檢校右中護。

八月辛丑，兼司元太常伯、兼檢校左相、鉅鹿男竇德玄卒。丁未，殺司衞少卿武惟良、淄州刺史武懷運，仍改姓蝮氏。

冬十月己酉，命司空、英國公勣爲遼東道行軍大總管，以伐高麗。

二年春正月丁丑，以去冬至于是月無雨雪，避正殿，減膳，親錄囚徒。罷乾封錢，復行開元通寶錢。

二月戊戌，涪陵郡王愔薨。辛丑，改萬年宮依舊名九成宮。

夏六月乙卯，西臺侍郎楊武，西臺侍郎、道國公、檢校太子左中護戴至德，正諫議大夫、檢校東臺侍郎、安平郡公李安期，東臺侍郎張文瓘，並同東西臺三品。

秋八月己丑朔，日有蝕之。丙辰，東臺侍郎李安期出爲荊州大都督府長史。

三年春正月庚寅，詔繕工大監兼瀚海都護劉審禮爲西域道安撫大使。壬子，以右相劉仁軌爲遼東道副大總管。

二月戊午，遼東道破薛賀水五萬人，陣斬首五千餘級，獲生口三萬餘人，器械牛馬不可勝計。

丙寅，以明堂制度歷代不同，漢、魏以還，彌更訛舛，遂增損古今，新制其圖。下詔大赦，改元爲總章元年。二月戊寅，幸九成宮。己卯，分長安、萬年置乾封、明堂二縣，分理於京城之中。癸未，皇太子弘釋奠於國學，贈顏回太子少師，曾參太子少保。

夏四月丙辰，有彗星見於畢、昴之間。乙丑，上避正殿，減膳，詔內外羣官各上封事，極

言過失。於是羣臣上言：「星雖孛而光芒小，此非國眚，不足上勞聖慮，請御正殿，復常饌。」帝曰：「朕獲奉宗廟，撫臨億兆，謫見于天，誠朕之不德也，當責躬修德以禳之。」羣臣復進曰：「星孛于東北，此高麗將滅之徵。」帝曰：「高麗百姓，卽朕之百姓也。既爲萬國之主，豈可推過於小蕃！」竟不從所請。乙亥，彗星滅。辛巳，西臺侍郎楊武卒。

秋八月癸酉，至自九成宮。

九月癸巳，司空、英國公勣破高麗，拔平壤城，擒其王高藏及其大臣男建等以歸。境內盡降，其城一百七十，戶六十九萬七千，以其地爲安東都護府，分置四十二州。

二年春正月，封諸王嫡子皆爲郡王。

二月，東臺侍郎、同東西臺三品兼知左史事張文瓘署位，始入銜。

三月，東臺侍郎郝處俊同東西臺三品。癸酉，皇后親祀先蠶。

夏四月乙酉，幸九成宮。置司列少常伯、司戎少常伯各兩員。

五月庚子，移高麗戶二萬八千二百，車一千八十乘，牛三千三百頭，馬二千九百匹，駝六十頭，將入內地，萊、營二州般次發遣，量配於江、淮以南及山南、并、涼以西諸州空閑處安置。

六月戊申朔，日有蝕之。括州大風雨，海水泛溢永嘉、安固二縣城郭，漂百姓宅六千八百四十三區，溺殺人九千七十，牛五百頭，損田苗四千一百五十頃。冀州大水，漂壞居人廬舍數千家。並遣使賑給。

秋七月，劍南益、瀘、巂、茂、陵、邛、雅、綿、翼、維、始、簡、資、榮、隆、果、梓、普、遂等一十九州旱，百姓乏絕，總三十六萬七千六百九十戶，遣司珍大夫路勵行存問賑貸。癸巳，冀州大都督府奏，自六月十三日夜降雨，至二十日水深五尺，其夜暴水深一丈已上，壞屋一萬四千三百九十區，害田四千四百九十六頃。遣右衞大將軍、涼國公契苾何力爲鴉海道行軍大總管。

秋八月甲戌，改瀚海都護府爲安北都護府。

九月己亥，發自九成宮。壬寅，停華林頓，大蒐于岐。乙巳，至岐州。高祖初仕隋爲扶風太守，故曲赦岐州管內。高祖時胥徒隨材擢用，賜高年衣物粟帛各有差。

冬十月丁巳，至自九成宮。

十一月庚辰，發九州人夫，轉發太原倉米粟入京。丁亥，徙封豫王旭輪爲冀王，仍令單名輪。

十二月戊申，司空、太子太師、英國公勣薨。

是冬無雪。

三年春正月丁丑，右相、樂成男劉仁軌致仕。辛卯，列遼東地爲州縣。

二月戊申，以旱，親錄囚徒，祈禱名山大川。癸丑，日色出如赭。

三月甲戌朔，大赦天下，改元爲咸亨元年。三月丁丑，改蓬萊宮爲含元殿。壬辰，太子少師、同東西臺三品許敬宗致仕。

夏四月，吐蕃寇陷白州等一十八州，又與于闐合衆襲龜茲撥換城，陷之。罷安西四鎭。辛亥，以右威衞大將軍薛仁貴爲邏娑道行軍大總管，右衞員外大將軍阿史那道眞、左衞將軍郭待封爲副，領兵五萬以擊吐蕃。庚午，幸九成宮。雍州大雨雹。

五月丙戌，詔曰：「諸州縣孔子廟堂及學館有破壞并先來未造者，遂使生徒無肄業之所，先師闕奠祭之儀，久致飄露，深非敬本。宜令所司速事營造。」

六月壬寅朔，日有蝕之。

秋七月戊子，前西臺侍郎李敬玄起復本職，仍依舊同東西臺三品。薛仁貴、郭待封至大非川，爲吐蕃大將論欽陵所襲，大敗，仁貴等並坐除名。吐谷渾全國盡沒，唯慕容諾曷鉢及其親信數千帳內屬，仍徙於靈州界。

八月甲子，至自九成宮。梁州都督、趙王福薨。丙寅，以久旱，避正殿，尙食減膳。

九月甲申，衞國夫人楊氏薨，贈魯國夫人，謚曰忠烈。

閏月壬子，故贈司徒、周忠孝公士彠贈太尉、太子太師、太原郡王，贈魯國忠烈太夫人贈太原王妃。甲寅，葬太原王妃，京官文武九品已上及外命婦，送至便橋宿次。

冬十月癸酉，大雪，平地三尺餘，行人凍死者贈帛給棺木。令雍、同、華州貧窶之家，有年十五已下不能存活者，聽一切任人收養爲男女，充驅使，皆不得將爲奴婢。丙申，太子右中護兼攝正諫大夫、同東西臺三品趙仁本爲左肅機，罷知政事。

十二月庚寅，諸司及百官各復舊名。

是歲，天下四十餘州旱及霜蟲，百姓飢乏，關中尤甚。詔令任往諸州逐食，仍轉江南租米以賑給之。

二年春正月乙巳，幸東都。留皇太子弘於京監國，令侍臣戴至德、張文瓘、李敬玄等輔之。唯以閻立本、郝處俊從。甲子，至東都。

二月丁亥，雍州人梁金柱請出錢三千貫賑濟貧人。

夏四月戊子，大風折木。

六月戊寅，左散騎常侍兼檢校秘書、太子賓客、周國公武敏之以罪復本姓賀蘭氏，除名，流雷州。丁亥，以旱，親錄囚徒。

秋九月，地震。司徒、潞州刺史、徐王元禮薨。

冬十月，搜揚明達禮樂之士。

十一月甲午朔，日有蝕之。庚戌，幸許、汝等州教習。癸酉，冬狩，校獵於許州葉縣昆水之陽。

十二月丙戌，還東都。

三年春正月辛丑，發梁、益等一十八州兵募五千三百人，遣右衞副率梁積壽往姚州擊叛蠻。辛未，制雍、洛二州人聽任本州官。

二月己卯，侍中、永安郡公姜恪卒於河西鎭守。

夏四月戊寅，幸合璧宮。壬午，於水南教旗。上問中書令閻立本、黃門侍郎郝處俊：「伊尹負鼎俎干湯，應是補緝時政，不知鑄鼎所緣，復在何國？將爲國之重器，歷代傳寶？」閻立本以古義對。

五月乙未，五品已上改賜新魚袋，並飾以銀；三品已上各賜金裝刀子、礪石一具。

六月丙子，於洛州柏崖置倉。

八月壬子，特進、高陽郡公許敬宗卒。

九月乙卯，冀州大都督府復爲魏州，魏州復爲冀州。壬寅，沛王賢徙封雍王。

冬十月己未，皇太子監國。壬戌，車駕還京師。乙亥，中書侍郎、同中書門下三品、道國公戴至德加兼戶部尙書，黃門侍郎、同中書門下三品張文瓘檢校大理卿，黃門侍郎、甑山縣公、同中書門下三品郝處俊爲中書侍郎，兼檢校吏部侍郎、同中書門下三品李敬玄爲吏部侍郎，並依舊同中書門下三品。

十一月戊子朔，日有蝕之。甲辰，至自東都。

十二月癸卯，太子左庶子劉仁軌同中書門下三品。

是冬，左監門大將軍高侃大敗新羅之衆於橫水。

四年春正月甲午，詔咸亨初收養爲男女及驅使者，聽量酬衣食之直，放還本處。丙辰，絳州刺史、鄭王元懿薨。

二月壬午，以左金吾將軍裴居道女爲皇太子弘妃。

夏四月丙子，幸九成宮。

閏五月丁卯，燕山道總管李謹行破高麗叛黨於瓠盧河之西，高麗平壤餘衆遁入新羅。

秋七月庚午，九成宮太子新宮成，上召五品已上諸親宴太子宮，極歡而罷。辛巳，婺州暴雨，水泛溢，漂溺居民六百家，詔令賑給。

八月辛丑，上痁疾，令太子受諸司啓事。己酉，大風毁太廟鴟吻。

冬十月壬午，中書令、博陵縣子閻立本卒。乙未，皇太子弘納妃畢，曲赦岐州，大酺三日。庚子，還京師。乙巳，至自九成宮。

十一月丙寅，上製樂章，有上元、二儀、三才、四時、五行、六律、七政、八風、九宮、十洲、得一、慶雲之曲，詔有司，諸大祠享卽奏之。

十二月丙午，弓月、疎勒二國王入朝請降。

五年春二月壬午，遣太子左庶子、同中書門下三品劉仁軌爲雞林道大總管，以討新羅，仍令衞尉卿李弼、右領大將軍李謹行副之。

三月辛亥朔，日有蝕之。己巳，皇后祀先蠶。

夏四月辛卯，以尙輦奉御、周國公武承嗣爲宗正卿。

五月己未，詔：「春秋二社，本以祈農，如聞此外別爲邑會。此後除二社外，不得聚集，有司嚴加禁止。」

六月壬寅，太白入東井。

秋八月壬辰，追尊宣簡公爲宣皇帝，懿王爲光皇帝，太祖武皇帝爲高祖神堯皇帝，太宗文皇帝爲文武聖皇帝，太穆皇后爲太穆神皇后，文德皇后爲文德聖皇后。皇帝稱天皇，皇后稱天后。改咸亨五年爲上元元年，大赦。戊戌，敕文武官三品已上服紫，金玉帶；四品深緋，五品淺緋，並金帶；六品深綠，七品淺綠，並銀帶；八品深青，九品淺青，鍮石帶；庶人服黃，銅鐵帶。一品已下文官，並帶手巾、算袋、刀子、礪石，武官欲帶亦聽之。

九月辛亥，百僚具新服，上宴之於麟德殿。癸丑，追復長孫無忌官爵，仍以其曾孫翼襲封趙國公，許歸葬於昭陵先造之墳。

十一月丙午朔，幸東都。己酉，狩於華山之曲武原。戊辰，至東都。

十二月，蔣王惲薨。戊子，于闐王伏闍雄來朝。辛卯，波斯王卑路斯來朝。壬寅，天后上意見十二條，請王公百僚皆習老子，每歲明經一準孝經、論語例試於有司。又請子父在爲母服三年。虢王鳳薨。

二年春正月甲寅，熒惑犯房。壬戌，支汗郡王獻碧玻璃。丙寅，以于闐爲毗沙都督府，

以尉遲伏闍雄爲毗沙都督，分其境內爲十州，以伏闍雄有擊吐蕃功故也。庚午，龜茲王白素稽獻銀頗羅。辛未，吐蕃遣其大臣論吐渾彌來請和，不許。

二月，雞林道行軍大總管大破新羅之衆於七重城，斬獲甚衆。新羅遣使入朝獻方物，伏罪；赦之，復其王金法敏官爵。

三月丁未，日色如赭。丁巳，天后親蠶於邙山之陽。時帝風疹不能聽朝，政事皆決於天后。自誅上官儀後，上每視朝，天后垂簾於御座後，政事大小皆預聞之，內外稱爲「二聖」。帝欲下詔令天后攝國政，中書侍郎郝處俊諫止之。

夏四月，分括州永嘉、永固二縣置溫州，析臨海縣爲樂安、永寧二縣。辛巳，周王顯妃趙氏以罪幽死。己亥，皇太子弘薨于合璧宮之綺雲殿。時帝幸合璧宮，是日還東都。

五月己亥，追謚太子弘爲孝敬皇帝。

六月戊寅，以雍王賢爲皇太子，大赦。

秋七月辛亥，洛州復置緱氏縣，以管孝敬皇帝恭陵。慈州刺史、杞王上金坐事，於澧州安置。

八月庚子，太子左庶子、同中書門下三品、樂成侯劉仁軌爲左僕射，依舊監修國史，中書門下三品，大理卿張文瓘為侍中；中書侍郎、同三品、甑山公郝處俊爲中書令，監修國史如故；吏部侍郎、檢校太子左庶子、監修國史李敬玄吏部尚書兼太子左庶子、同中書門下三品，依前監修國史；左丞許圉師爲戶部尚書。

九月丙午，宰相劉仁軌、戴至德、張文瓘、郝處俊並兼太子賓客。

冬十月，析永州營道、江華、唐興三縣置道州。壬午，星孛於角、亢之南，長五尺。

十二月丁亥，龜茲王白素稽獻名馬。

三年春正月戊戌，徙封冀王輪爲相王。

二月甲戌，移安東都護府於遼東。乙亥，堅昆獻名馬。丁亥，幸汝州之溫湯。

三月癸卯，黃門侍郎來恆、中書侍郎薛元超並同中書門下三品。甲辰，還東都。

閏三月己巳朔〔一〕，吐蕃入寇鄯、廓、河、芳等四州。乙酉，洛州牧、周王顯爲洮州道行軍元帥〔二〕，領工部尚書劉審禮等十二總管；幷州都督、相王輪爲涼州道行軍元帥，領左衞將軍契苾何力等軍，以討吐蕃。二王竟不行。戊午，敕制比用白紙，多爲蟲蠹，今後尚書省下諸司、州、縣，宜並用黃紙。其承制敕之司，量爲卷軸，以備披檢。庚寅，車駕還京。

夏四月戊申，至自東都。甲寅，中書侍郎李義琰同中書門下三品。戊午，幸九成宮。

六月癸丑，黃門侍郎高智周同中書門下三品。

秋七月，彗起東井，指北河，漸東北，長三丈，掃中台，指文昌宮，五十八日方滅。

八月乙未，吐蕃寇疊州。庚子，以星變，避殿，減膳，放京城繫囚，令文武官各上封事言得失。壬寅，置南選使，簡補廣、交、黔等州官吏。青、齊等州海泛溢，又大雨，漂溺居人五千家，遣使賑卹之。

九月甲子朔，車駕還京。丙申，郇王素節削戶三分之二，於袁州安置。癸丑，於北京置金鄰州〔三〕。

十一月丁卯，敕新造上元舞，圓丘、方澤、享太廟用之，餘祭則停。壬申，以陳州言鳳凰見於宛丘，改上元三年曰儀鳳元年，大赦。庚寅，吏部尚書李敬玄爲中書令。

十二月丙申，皇太子賢上所注後漢書，賜物三萬段。戊午，遣使分道巡撫：宰相來恆河南道，薛元超河北道，左丞崔知悌等江南道。

二年春正月乙亥，上躬籍田於東郊。庚辰，京師地震。壬辰，幸司竹園，即日還宮。

二月丁巳，工部尚書高藏授遼東都督，封朝鮮郡王，遣歸安東府，安輯高麗餘衆；司農卿扶餘隆熊津州都督，封帶方郡王，令往安輯百濟餘衆。仍移安東都護府於新城以統之。

夏四月，以河南、河北旱，遣使賑給。

八月，徙封周王顯爲英王，改名哲。乙巳，太白犯軒轅。

十二月乙卯，敕關內、河東諸州召募勇敢，以討吐蕃。詔京文武職事官三品已上，每年各舉文武才能堪任將帥牧守者一人。

是冬無雪。

三年四月丁亥朔，以旱，避正殿，親錄囚徒，悉原之。戊申，大赦，改來年正月一日爲通乾。癸丑，涇州獻二小兒，連心異體，年四歲。

五月壬戌，幸九成宮。以相王輪爲洛州牧。

秋七月丁巳，宴近臣諸親於咸亨殿。上謂霍王元軌曰：「去冬無雪，今春少雨，自避暑此宮，甘雨頻降，夏麥豐熟，秋稼滋榮。又得敬玄表奏，吐蕃入龍支，張虔勗與之戰，一日兩陣，斬馘極多。又太史奏，七月朔，太陽合虧而不虧。此蓋上天垂祐，宗社降靈，豈虛薄所能致此！又男輪最小，特所留愛，比來與選新婦，多不稱情；近納劉延景女，觀其極有孝行，復是私衷一喜。思與叔等同爲此歡，各宜盡醉。」上因賦七言詩效柏梁體，侍臣並和。

九月丁巳，還京師。辛酉，至自九成宮。癸亥，侍中張文瓘卒。丙寅，洮河道行軍大總

管中書令李敬玄、左衞大將軍劉審禮等與吐蕃戰于青海之上，王師敗績，審禮被俘。上以蕃寇爲患，問計於侍臣中書舍人郭正一等，咸以備邊不深討爲上策。

十月丙午，徐州刺史、密王元曉薨。

閏十月戊寅，熒惑犯鉤鈐。

十一月乙未，昏霧四塞，連夜不解。丙申，雨木冰。壬子，黃門侍郎、同中書門下三品來恆卒。

十二月，詔停明年「通乾」之號，以反語不善故也。

四年正月辛未，戶部尙書、平恩縣公許圉師卒。己酉，幸東都。庚戌，尙書右僕射、道國公戴至德薨。

二月壬戌，吐蕃贊普卒，遣使弔祭之。乙丑，東都饑，官出糙米以救饑人。

夏四月戊午，熒惑入羽林星。左丞崔知悌爲戶部尙書，中書令郝處俊爲侍中。

五月壬午，盜殺正諫大夫明崇儼。丙戌，皇太子賢監國。戊戌，造紫桂宮於澠池之西。

六月辛亥，制大赦天下，改儀鳳四年爲調露元年。

秋七月己卯朔，詔以今年冬至有事嵩岳，禮官學士詳定儀注。

八月丁巳，侍中郝處俊、左庶子高智周、黃門侍郎崔知溫、給事中劉景先兼脩國史。

九月壬午，吏部侍郎裴行儉討西突厥，擒其十姓可汗阿史那都支及別帥李遮匐以歸。

冬十月，單于大都護府突厥阿史德溫傅及奉職二部相率反叛，立阿史那泥熟匐爲可汗，二十四州首領並叛。遣單于大都護長史蕭嗣業、將軍花大智、李景嘉等討之。與突厥戰，爲賊所敗。嗣業配流桂州。壬子，令將軍曹懷舜率兵往恆州守井陘，崔獻往絳州守龍門，以備突厥。庚申，前詔封嵩山，宜停。癸亥，吐蕃文成公主遣其大臣論塞調傍來告喪，請和親，不許。遣郎將宋令文使吐蕃，會贊普之葬。

十一月戊寅朔，左庶子、同三品高智周罷知政事。癸未，以吏部侍郎裴行儉爲禮部尙書，賞擒都支、遮匐之功也。甲辰，裴行儉爲定襄道大總管，與營州都督周道務等兵十八萬，并西軍程務挺、東軍李文暕等，總三十萬以討突厥。甲寅，臨軒試應岳牧舉人。

二年春正月乙酉，宴諸王、諸司三品已上、諸州都督刺史於洛城南門樓，奏新造六合還淳之舞。

二月丙午，詔曰：「故符璽郎李延壽撰正典一部，辭殫雅正，雖已淪亡，功猶可錄，宜賜其家絹五十疋。」壬子，霍王元軌率文武百僚，請出一月俸料助軍，以討突厥。癸丑，幸汝州

溫湯。丁巳，至少室山。戊午，親謁少姨廟。賜故玉清觀道士王遠知謚曰昇眞先生，贈太中大夫。又幸隱士田遊巖所居。己未，幸嵩陽觀及啓母廟，並命立碑。又幸逍遙谷道士潘師正所居。甲子，自溫湯還東都。

三月，裴行儉大破突厥於黑山，擒其首領奉職。僞可汗泥熟匐爲其部下所殺，傳首來降。

夏四月乙丑，幸紫桂宮。戊辰，黃門侍郎裴炎崔知溫、中書侍郎王德眞並同中書門下三品。

五月癸未，熒惑犯輿鬼。丁酉，太白經天。

秋七月，吐蕃寇河源，屯于良非川。河西鎭撫大使李敬玄與吐蕃將贊婆戰于湟中，官軍敗績。時左武衞將軍黑齒常之力戰，大破蕃軍，遂擢爲河源軍經略大使；令李敬玄鎭鄯州，爲之援。丙申，江王元祥薨。是月，突厥餘衆圍雲州，中郎將程務挺擊破之。

八月丁未，自紫桂宮還東都。丁巳，鄯州都督李敬玄左遷衡州刺史。甲子，廢皇太子賢爲庶人，幽於別所。

乙丑，立英王哲爲皇太子。改調露二年爲永隆元年，赦天下，大酺三日。太子左庶子、同中書門下三品張大安坐庶人左遷普州刺史。

九月，河南、河北諸州大水，遣使賑卹，溺死者官給棺櫬，其家賜物七段。

冬十月壬寅，蘇州刺史曹王明封零陵郡王，於黔州安置，坐附庶人賢也。己酉，自東都還京。

十一月朔，日有蝕之。洛州饑，減價官糶，以救饑人。

二年春正月，突厥寇原、慶等州。乙亥，命將軍李知十、王杲等分兵禦之。癸巳，遣禮部尚書裴行儉爲定襄道大總管，率師討突厥溫傅部落。己亥，詔雍、岐、華、同民戶宜免兩年地稅，河南、河北遭水處一年。上詔雍州長史李義玄曰：「朕思還淳返朴，示天下以質素。如聞游手墮業，此類極多，時稍不豐，便致饑饉。其異色綾錦，并花間裙衣等，糜費既廣，俱害女工。天后，我之匹敵，常著七破間裙，豈不知更有靡麗服飾，務遵節儉也。其紫服赤衣，閭閻公然服用；兼商賈富人，厚葬越禮。卿可嚴加捉搦，勿使更然。」

二月丙午，皇太子親行釋奠禮。

三月辛卯，左僕射、同三品劉仁軌兼太子少傅。侍中郝處俊爲太子少保，罷知政事。

五月丙戌，定襄道總管曹懷舜與突厥史伏念戰於橫水，官軍大敗。懷舜減死，配流嶺南。

六月壬子，故江王元祥男晫以犯名教，斬於大理寺後園。

七月，太平公主出降薛紹，赦京城繫囚。

閏七月丁未，黃門侍郎裴炎爲侍中；黃門侍郎崔知溫、中書侍郎薛元超並爲中書令。庚申，上以服餌，令皇太子監國。丙寅，雍州大風害稼，米價騰踊。是月，裴行儉大破突厥史伏念之衆，伏念爲程務挺急追，遂執溫傅來降，行儉於是盡平突厥餘黨。行儉執伏念、溫傅，振旅凱旋。

八月丁卯朔，河南、河北大水，許遭水處往江、淮已南就食。丁亥，戶部尚書崔知悌卒。辛卯，改交州爲安南都護府。

九月丙申，彗星見於天市，長五尺。

冬十月丙寅朔，日有蝕之。乙丑，改永隆二年爲開耀元年。曲赦定襄軍及緣征突厥官吏兵募等。丙寅，斬阿史那伏念及溫傅等五十四人於都市。丁亥，新羅王金法敏薨，仍以其子政襲位。

十一月癸卯，徙庶人賢于巴州。

十二月，吐火羅獻金衣一領，上不受。辛未，太子少保、甑山縣公郝處俊薨。

永淳元年正月乙未朔，以年饑，罷朝會。關內諸府兵，令於鄧、綏等州就穀。

二月癸未，以太子誕皇孫滿月，大赦。改開耀二年爲永淳元年，大酺三日。戊午，立皇孫重照爲皇太孫，欲開府置僚屬。吏部郎中王方慶曰：「按周禮，有嫡子無嫡孫。漢、魏已來，皇太子在，不立太孫，但封王耳。晉立愍懷太子子彧爲太孫，齊立文惠太子子昭業爲太孫，便居東宮；而皇太子在而立太孫，未有前例。」上曰：「自我作古，可乎？」曰：「可。」然竟不立府僚。

是春，關內旱，日色如赭。

四月甲子朔，日有蝕之。丙寅，幸東都。皇太子京師留守，命劉仁軌、裴炎、薛元超等輔之。上以穀貴，減扈從兵，士庶從者多殍踣於路。辛未，以裴行儉爲金牙道行軍大總管，與將軍閻懷旦等三總管兵分道討十姓突厥阿史那車薄。行儉未行而卒。安西副都護王方翼破車薄、咽麪，西域平。戊寅，次澠池之紫桂宮。乙酉，至東都。丁亥，黃門侍郎郭待舉、兵部侍郎岑長倩、中書侍郎郭正一、吏部侍郎魏玄同並同中書門下同承受進止平章事。上謂參知政事崔知溫曰：「待舉等歷任尚淺，且令預聞政事，未可卽與卿等同名稱。」自是外司四品已下知政事者，遂以平章爲名。

五月壬寅，置東都苑總監。自丙午連日澍雨，洛水溢，壞天津及中橋、立德、弘敎、景行諸坊，溺居民千餘家。

六月，關中初雨，麥苗澇損，後旱，京兆、岐、隴螟蝗食苗並盡，加以民多疫癘，死者枕藉於路，詔所在官司埋瘞。丁丑，以岐州刺史蘇良嗣爲雍州長史。京師人相食，寇盜縱橫。

秋七月己亥，造奉天宮於嵩山之陽，仍置嵩陽縣。又於藍田造萬全宮。庚申，零陵王明薨。

是秋，山東大水，民饑。吐蕃寇柘、松、翼等州。

冬十月甲子，京師地震。丙寅，黃門侍郎劉景先同平章事。

十二月，南天竺、于闐各獻方物。突厥餘黨阿史那骨篤祿等招合殘衆，據黑沙城，入寇并州北境。

二年春正月甲午朔，幸奉天宮，遣使祭嵩岳、少室、箕山、具茨等山，西王母、啓母、巢父、許由等祠。

二月甲午，洛州長史李仲玄爲宗正卿。庚午，突厥寇定州、嬀州之境。己卯，左領軍衞大將軍薛仁貴卒。

三月庚寅，突厥阿史那骨篤祿、阿史德元珍等圍單于都護府。丙午，彗見五車北，二十五日而滅。癸丑，中書令崔知溫卒。

夏四月己巳，還東都。甲申，綏州部落稽白鐵余據城平縣反〔四〕，命將軍程務挺將兵討之。

五月庚寅，幸芳桂宮，阻雨，還東都。突厥寇蔚州，殺刺史李思儉，豐州都督崔智辯率師出朝那山掩擊之，爲賊所敗，遂寇嵐州。

秋七月己丑，封皇孫重福爲唐昌郡王。甲辰，相王輪改封豫王，更名旦。己丑，令唐昌郡王重福爲京留守，劉仁軌副之。召皇太子至東都。己巳，河水溢，壞河陽城，水面高於城內五尺，北至鹽坎，居人廬舍漂沒皆盡，南北並壞。庚戌，熒惑入輿鬼，犯質星。

十一月，皇太子來朝。癸亥，幸奉天宮。時天后自封岱之後，勸上封中岳。每下詔草儀注，即歲饑、邊事警急而止。至是復行封中岳禮，上疾而止。上苦頭重不可忍，侍醫秦鳴鶴曰：「刺頭微出血，可愈。」天后帷中言曰：「此可斬，欲刺血於人主首耶！」上曰：「吾苦頭重，出血未必不佳。」即刺百會，上曰：「吾眼明矣。」戊戌，命將軍程務挺爲單于道安撫大使，以招討總管討山賊元珍、骨篤祿、賀魯等〔五〕。詔皇太子監國，裴炎、劉齊賢、郭正一等於東宮同平章事。丁未，自奉天宮還東都。上疾甚，宰臣已下並不得謁見。

十二月己酉，詔改永淳二年爲弘道元年。將宣赦書，上欲親御則天門樓，氣逆不能上

馬，遂召百姓於殿前宣之。禮畢，上問侍臣曰：「民庶喜否？」曰：「百姓蒙赦，無不感悅。」上曰：「蒼生雖喜，我命危篤。天地神祇若延吾一兩月之命，得還長安，死亦無恨。」是夕，帝崩於眞觀殿，時年五十六。宣遺詔：「七日而殯，皇太子即位于柩前。園陵制度，務從節儉。軍國大事有不決者，取天后處分。」羣臣上謚曰天皇大帝，廟號高宗。文明元年八月庚寅，葬於乾陵。天寶十三載，改謚曰天皇大弘孝皇帝。

史臣曰：大帝往在藩儲，見稱長者；暨升旒扆，頓異明哉。虛襟似納於觸鱗，下詔無殊於扇暍。既蕩情於帷薄，遂忽怠於基扃。惑麥斛之佞言，中宮被毒；聽趙師之誣說，元舅銜冤。忠良自是脅肩，姦佞於焉得志。卒致盤維盡戮，宗社爲墟。古所謂一國爲一人興，前賢爲後愚廢，信矣哉！

贊曰：藉文鴻業，僅保餘位。封岱禮天，其德不類。伏戎于寢，構堂終墜。自蘊禍胎，邦家殄瘁。

校勘記

〔一〕閏三月　「閏」字各本原無，據新書卷三高宗紀、通鑑卷二〇二、合鈔卷五高宗紀補。

〔二〕洮州道　本書卷八四劉仁軌傳、新書卷三高宗紀作「洮河道」。

〔三〕於北京置金鄰州　此句疑有訛誤。按新書卷四三下地理志：金鄰州，儀鳳元年置，隸安南都護府。

〔四〕部落稽　「落稽」二字各本原無，據新書卷三高宗紀、通鑑卷二〇三補。通鑑「部」作「步」。

〔五〕討山賊　「討」字各本原作「村」，據冊府卷一一九改。

舊唐書卷六

本紀第六

則天皇后

則天皇后武氏諱曌，并州文水人也。父士彠，隋大業末爲鷹揚府隊正。高祖行軍於汾、晉，每休止其家。義旗初起，從平京城。貞觀中，累遷工部尚書、荆州都督，封應國公。

初，則天年十四時，太宗聞其美容止，召入宮，立爲才人。及太宗崩，遂爲尼，居感業寺。大帝於寺見之，復召入宮，拜昭儀。時皇后王氏、良娣蕭氏頻與武昭儀爭寵，互讒毁之，帝皆不納。進號宸妃。永徽六年，廢王皇后而立武宸妃爲皇后。高宗稱天皇，武后亦稱天后。后素多智計，兼涉文史。帝自顯慶已後，多苦風疾，百司表奏，皆委天后詳決。自此內輔國政數十年，威勢與帝無異，當時稱爲「二聖」。

弘道元年十二月丁巳，大帝崩，皇太子顯即位，尊天后爲皇太后。既將篡奪，是日自臨朝稱制。庚午，加授澤州刺史、韓王元嘉爲太尉，豫州刺史、滕王元嬰爲開府儀同三司，絳州刺史、魯王靈夔爲太子太師，相州刺史、越王貞爲太子太傅，安州都督、紀王慎爲太子太保。元嘉等地尊望重，恐其生變，故進加虛位，以安其心。甲戌，劉仁軌爲尚書左僕射，岑長倩爲兵部尚書，魏玄同爲黃門侍郎，並依舊知政事。劉齊賢爲侍中，裴炎爲中書令。

嗣聖元年春正月甲申朔，改元。

二月戊午，廢皇帝爲廬陵王，幽于別所，仍改賜名哲。己未，立豫王輪爲皇帝，令居於別殿。大赦天下，改元文明。皇太后仍臨朝稱制。庚午，廢皇太孫重照爲庶人。太常卿兼豫王府長史王德眞爲侍中，中書侍郎、豫王府司馬劉禕之同中書門下三品。

三月，庶人賢死于巴州。

夏四月，滕王元嬰薨。改封畢王上金爲澤王，葛王素節爲許王。丁丑，遷廬陵王哲於均州。

閏五月，禮部尚書武承嗣同中書門下三品。

秋七月，突厥骨咄祿、元珍寇朔州，命左威衞大將軍程務挺拒之。彗星見西北方，長二丈餘，經三十三日乃滅。

九月，大赦天下，改元爲光宅。旗幟改從金色，飾以紫，畫以雜文。改東都爲神都，又改尚書省及諸司官名。初置右肅政御史臺官員。故司空李勣孫柳州司馬徐敬業僞稱揚州司馬，殺長史陳敬之，據揚州起兵，自稱上將，以匡復爲辭。

冬十月，楚州司馬李崇福率所部三縣以應敬業。命左玉鈐衞大將軍李孝逸爲大總管，率兵三十萬以討之。殺內史裴炎。丁酉，追削敬業父祖官爵，復其本姓徐氏。

十二月，前中書令薛元超卒。殺左威衞大將軍程務挺。

垂拱元年春正月，以敬業平，大赦天下，改元。劉仁軌薨。

三月，遷廬陵王哲於房州。頒下親撰垂拱格於天下。

夏四月，內史騫味道左授青州刺史。

五月，秋官尚書裴居道爲內史，納言王德眞配流象州，冬官尚書蘇良嗣爲納言。詔內外文武九品已上及百姓，咸令自舉。

是夏大旱。

二年春正月，皇太后下詔，復政於皇帝。以皇太后既非實意，乃固讓。皇太后仍依舊臨朝稱制，大赦天下。初令都督、刺史並準京官帶魚。

三月，初置匭於朝堂，有進書言事者聽投之，由是人間善惡事多所知悉。

夏四月，岑長倩爲內史。

六月，蘇良嗣爲文昌左相，天官尚書韋待價爲文昌右相，並同鳳閣鸞臺三品。右肅政御史大夫韋思謙爲納言。

三年春正月，封皇子成義爲恆王，隆基爲楚王，隆範爲衞王，隆業爲趙王。

二月，韋思謙請致仕，許之。

夏四月，裴居道爲納言，夏官侍郎張光輔爲鳳閣侍郎、同鳳閣鸞臺平章事。庚午，劉禕之賜死於家。

秋八月，地官尚書魏玄同檢校納言。

四年春二月，毁乾元殿，就其地造明堂。山東、河南甚飢乏，詔司屬卿王及善、司府卿歐陽通、冬官侍郎狄仁傑巡撫賑給。

夏四月，魏王武承嗣僞造瑞石，文云：「聖母臨人，永昌帝業。」令雍州人唐同泰表稱獲之洛水。皇太后大悅，號其石爲「寶圖」，擢授同泰游擊將軍。

五月，皇太后加尊號曰聖母神皇。

秋七月，大赦天下。改「寶圖」曰「天授聖圖」，封洛水神爲顯聖，加位特進，并立廟。就水側置永昌縣。天下大酺五日。

八月壬寅，博州刺史、琅邪王沖據博州起兵，命左金吾大將軍丘神勣爲行軍總管討之。庚戌，沖父豫州刺史、越王貞又舉兵於豫州，與沖相應。

九月，命內史岑長倩、鳳閣侍郎張光輔、左監門大將軍鞠崇裕率兵討之。丙寅，斬貞及沖等，傳首神都，改姓爲虺氏。曲赦博州。韓王元嘉、魯王靈夔、元嘉子黃國公譔、靈夔子左散騎常侍范陽王藹、霍王元軌及子江都王緒、故虢王元鳳子東莞公融坐與貞通謀，元嘉、靈夔自殺，元軌配流黔州，譔等伏誅，改姓虺氏。自是宗室諸王相繼誅死者，殆將盡矣。其子孫年幼者咸配流嶺外，誅其親黨數百餘家。

十二月己酉〔一〕，神皇拜洛水，受「天授聖圖」，是日還宮。明堂成。

永昌元年春正月，神皇親享明堂，大赦天下，改元，大酺七日。

三月，張光輔爲內史，武承嗣爲納言。

夏四月，誅蔣王惲、道王元慶、徐王元禮、曹王明等諸子孫，徙其家屬於巂州。

五月，命文昌右相韋待價爲安息道大總管以討吐蕃。

六月，令文武官五品已上各舉所知。

秋七月，紀王慎被誣告謀反，載以檻車，流于巴州，改姓虺氏。韋待價坐遲留不進，士卒多飢饉而死，配流繡州。

八月，左肅政御史大夫王本立同鳳閣鸞臺三品。辛巳，誅內史張光輔。

九月，納言魏玄同賜死于家。

冬十月，春官尚書范履冰、鳳閣侍郎邢文偉並同鳳閣鸞臺平章事。改羽林軍百騎爲千騎。

載初元年春正月，神皇親享明堂，大赦天下。依周制建子月爲正月，改永昌元年十一月爲載初元年正月〔二〕，十二月爲臘月，改舊正月爲一月，大酺三日。神皇自以「曌」字爲名，遂改詔書爲制書。

春一月，蘇良嗣爲特進，武承嗣爲文昌左相，岑長倩爲文昌右相，裴居道爲太子少傅，並依舊同鳳閣鸞臺三品。鳳閣侍郎武攸寧爲納言，邢文偉爲內史。

秋七月，殺豫章王亶，遷其父舒王元名於和州。有沙門十人僞撰大雲經，表上之，盛言神皇受命之事。制頒於天下，令諸州各置大雲寺，總度僧千人。丁亥，殺隨州刺史澤王上金、舒州刺史許王素節并其子數十人。

九月九日壬午，革唐命，改國號爲周。改元爲天授，大赦天下，賜酺七日。乙酉，加尊號曰聖神皇帝，降皇帝爲皇嗣。丙戌，初立武氏七廟於神都。追尊神皇父贈太尉、太原王士彠爲孝明皇帝。兄子文昌左相承嗣爲魏王，天官尚書三思爲梁王，堂姪懿宗等十二人爲郡王。司賓卿史務滋爲納言，鳳閣侍郎宗秦客爲內史。給事中傅游藝爲鸞臺侍郎，仍依舊知鳳閣鸞臺平章事。令史務滋等十人分道存撫天下。改內外官所佩魚並作龜。

冬十月，改并州文水縣爲武興縣，依漢豐、沛例，百姓子孫相承給復。

二年正月，親祀明堂。

春三月，改唐太廟爲享德廟。

夏四月，令釋教在道法之上，僧尼處道士女冠之前。

六月，命岑長倩率諸軍討吐蕃。左肅政御史大夫格輔元爲地官尚書，鸞臺侍郎樂思晦

並同鳳閣鸞臺平章事。

秋七月，徙關內雍、同等七州戶數十萬以實洛陽。分京兆置鼎、稷、鴻、宜四州。夏官尚書歐陽通知納言事。

九月，傅游藝下獄死。右羽林衛大將軍、建昌王攸寧爲納言，洛州司馬狄仁傑爲地官侍郎、同鳳閣鸞臺平章事。

冬十月，制官人者咸令自舉。殺文昌左相岑長倩、納言歐陽通、地官尚書格輔元。

三年正月，親祀明堂。

春一月，冬官尚書楊執柔同鳳閣鸞臺平章事。

三月，五天竺國並遣使朝貢。

四月，大赦天下，改元爲如意，禁斷天下屠殺。

秋七月，大雨，洛水泛溢，漂流居人五千餘家，遣使巡問賑貸。

八月，魏王承嗣爲特進，建昌王攸寧爲冬官尚書，楊執柔爲地官尚書，並罷知政事。秋官侍郎崔元琮爲鸞臺侍郎，夏官侍郎李昭德爲鳳閣侍郎，檢校天官侍郎姚璹爲文昌左丞，地官侍郎李元素爲文昌右丞，並同鳳閣鸞臺平章事。

九月，大赦天下，改元爲長壽。改用九月爲社，大酺七日。并州改置北都。

冬十月，武威軍總管王孝傑大破吐蕃，復龜茲、于闐、疏勒、碎葉鎮。

二年春一月〔三〕，親享明堂。癸亥，殺皇嗣妃劉氏、竇氏。

臘月，改封皇孫成器爲壽春郡王，恆王成義爲衡陽郡王，隆基爲臨淄郡王，衛王隆範爲巴陵郡王，隆業爲彭城郡王。

春二月，尚方監裴匪躬坐潛謁皇嗣，腰斬於都市。

秋九月，上加金輪聖神皇帝號，大赦天下，大酺七日。辛丑，司賓卿豆盧欽望爲內史，文昌右丞韋巨源同鳳閣鸞臺平章事，秋官侍郎陸元方爲鸞臺侍郎、同鳳閣鸞臺平章事。

三年春一月，親享明堂。

三月，鳳閣侍郎李昭德檢校內史，鸞臺侍郎蘇味道同鳳閣鸞臺平章事。韋巨源爲夏官侍郎，依舊知政事。

四月，夏官尚書王孝傑同鳳閣鸞臺三品。

五月，上加尊號爲越古金輪聖神皇帝，大赦天下，改元爲延載，大酺七日。

秋八月，司賓少卿姚璹爲納言。左肅政御史中丞楊再思爲鸞臺侍郎，洛州司馬杜景儉爲鳳閣侍郎，仍並同鳳閣鸞臺平章事。梁王武三思勸率諸蕃酋長奏請大徵斂東都銅鐵，造天樞於端門之外，立頌以紀上之功業。

九月，內史李昭德左授欽州南賓縣尉。

冬十月，文昌右丞李元素爲鳳閣鸞臺平章事。

證聖元年春一月，上加尊號曰慈氏越古金輪聖神皇帝，大赦天下，改元，大酺七日。戊子，豆盧欽望、韋巨源、杜景儉、蘇味道、陸元方並左授趙、鄜、集、綏等州刺史。丙申夜，明堂災，至明而並從煨燼。庚子，以明堂災告廟，手詔責躬，令內外文武九品已上各上封事，極言正諫。

春二月，上去慈氏越古尊號。

秋九月，親祀南郊，加尊號天冊金輪聖神皇帝，大赦天下，改元爲天冊萬歲，大辟罪已下及犯十惡常赦所不原者，咸赦除之，大酺九日。

萬歲登封元年臘月甲申，上登封于嵩嶽，大赦天下，改元，大酺九日。丁亥，禪于少室山。己丑，又制內外官三品已上通前賜爵二等，四品已下加兩階。洛州百姓給復二年，登封、告成縣三年。癸巳，至自嵩嶽。甲午，親謁太廟。

春三月，重造明堂成。

夏四月，親享明堂，大赦天下，改元爲萬歲通天，大酺七日。以天下大旱，命文武官九品以上極言時政得失。

五月，營州城傍契丹首領松漠都督李盡忠與其妻兄歸誠州刺史孫萬榮殺都督趙文翽〔四〕，舉兵反，攻陷營州。盡忠自號可汗。乙丑，命鷹揚將軍曹仁師、右金吾大將軍張玄遇、右武威大將軍李多祚、司農少卿麻仁節等二十八將討之。

秋七月，命春官尚書、梁王三思爲安撫大使，納言姚璹爲之副。制改李盡忠爲盡滅，孫萬榮爲萬斬。

秋八月，張玄遇、曹仁師、麻仁節與李盡滅戰于西硤石黃麞谷，官軍敗績，玄遇、仁節並爲賊所虜。

九月，命右武衞大將軍、建安王攸宜爲大總管以討契丹。并州長史王方慶爲鸞臺侍郎〔五〕，與殿中監李道廣並同鳳閣鸞臺平章事。吐蕃寇涼州，都督許欽明爲賊所執。庚申，王方慶爲鳳閣侍郎，仍依舊知政事。李盡滅死，其黨孫萬斬代領其衆。

冬十月，孫萬斬攻陷冀州，刺史陸寶積死之。

十一月〔六〕，又陷瀛州屬縣。

二年正月，親享明堂。鳳閣侍郎李元素、夏官侍郎孫元亨坐與綦連耀謀反，伏誅。原州都督府司馬婁師德爲鳳閣侍郎、同鳳閣鸞臺平章事。

春二月，王孝傑、蘇宏暉等率兵十八萬與孫萬斬戰于硤石谷，王師敗績，孝傑沒於陣，宏暉棄甲而遁。

夏四月，鑄九鼎成，置于明堂之庭，前益州大都督府長史王及善爲內史。

五月，命右金吾大將軍、河內王懿宗爲大總管，右肅政御史大夫婁師德爲副大總管，右武威衞大將軍沙吒忠義爲前軍總管，率兵二十萬以討孫萬斬。

六月，內史李昭德、司僕少卿來俊臣以罪伏誅。孫萬斬爲其家奴所殺，餘黨大潰。魏王承嗣、梁王三思並同鳳閣鸞臺三品。

秋八月，納言姚璹爲益州大都督府長史。

九月，以契丹李盡滅等平，大赦天下，改元爲神功，大酺七日。婁師德爲納言。

冬十月，前幽州都督狄仁傑爲鸞臺侍郎，司刑卿杜景儉爲鳳閣侍郎，並同鳳閣鸞臺平章事。

聖曆元年正月，親享明堂，大赦天下，改元，大酺九日。

春三月，召廬陵王哲於房州。

夏五月，禁天下屠殺。突厥默啜上言，有女請和親。

秋七月，令淮陽王武延秀往突厥，納默啜女爲妃。遣右豹韜衞大將軍閻知微攝春官尚書，赴虜庭。

八月，突厥默啜以延秀非唐室諸王，乃囚於別所，率衆與閻知微入寇媯、檀等州。命司屬卿高平王重規、右武威衞大將軍沙吒忠義、幽州都督張仁亶、右羽林衞大將軍李多祚等率兵二十萬逆擊，乃放延秀還。己丑，默啜攻陷定州，刺史孫彥高死之，焚燒百姓廬舍，遇害者數千人。魏王承嗣卒。庚子，梁王三思爲內史，狄仁傑爲納言。

九月，建昌王攸寧同鳳閣鸞臺平章事。默啜攻陷趙州，刺史高叡遇害。丙子，廬陵王哲爲皇太子，令依舊名顯，大赦天下，大酺五日。令納言狄仁傑爲河北道行軍元帥。辛巳，皇太子謁太廟。天官侍郎蘇味道鳳閣侍郎、同鳳閣鸞臺平章事。癸未，默啜盡殺所掠趙、定州男女萬餘人，從五迴道而去，所至殘害，不可勝紀。

冬十月，夏官侍郎姚元崇、麟臺少監李嶠並同鳳閣鸞臺平章事。是月，閻知微自突厥叛歸，族誅之。

二年春二月，封皇嗣旦爲相王。初爲寵臣張易之及其弟昌宗置控鶴府官員，尋改爲奉宸府，班在御史大夫下。左肅政御史中丞魏元忠爲鳳閣侍郎，吉頊爲天官侍郎，並同鳳閣鸞臺平章事。戊子，幸嵩山，過王子晉廟。丙申，幸緱山。丁酉，至自嵩山。

夏四月，吐蕃大論贊婆來奔。

秋七月，上以春秋高，慮皇太子、相王與梁王武三思、定王武攸寧等不協，令立誓文於明堂。

八月，王及善爲文昌左相，豆盧欽望爲文昌右相，仍並同鳳閣鸞臺三品。

冬十月乙亥，幸福昌縣。王及善薨。

三年正月戊寅，梁王三思爲特進，天官侍郎吉頊配流嶺表。

臘月辛巳，封皇太子男重潤爲邵王。狄仁傑爲內史。戊寅，幸汝州之温湯。甲戌，至自溫湯。造三陽宮于嵩山。

春三月，李嶠爲鸞臺侍郎，知政事如故。

夏四月戊申，幸三陽宮。

五月癸丑，上以所疾康復，大赦天下，改元爲久視，停金輪等尊號，大酺五日。

六月，魏元忠爲左肅政御史大夫，仍舊知政事。

是夏大旱。

秋七月，至自三陽宮。天官侍郎張錫爲鳳閣侍郎、同鳳閣鸞臺平章事；其甥鳳閣鸞臺平章事李嶠爲成均祭酒，罷知政事。壬寅，制曰：「隋尚書令楊素，昔在本朝，早荷殊遇。稟凶邪之德，有諂佞之才，惑亂君上，離間骨肉。搖動冢嫡，寧唯掘蠱之禍(七)；誘扇後主，卒成請蹯之釁。隋室喪亡，蓋惟多僻，究其萌兆，職此之由。生爲不忠之人，死爲不義之鬼，身雖幸免，子竟族誅。斯則姦逆之謀，是爲庭訓；險薄之行，遂成門風。刑戮雖加，枝胤仍在，何得肩隨近侍，齒列朝行？朕接統百王，恭臨四海，上嘉賢佐，下惡賊臣。常欲從容於萬機之餘，褒貶於千載之外，況年代未遠，耳目所存者乎！其楊素及兄弟子孫已下，並不得令任京官及侍衞。」

九月，內史狄仁傑卒。

冬十月甲寅，復舊正朔，改一月爲正月，仍以爲歲首，正月依舊爲十一月，大赦天下。

韋巨源爲地官尚書，文昌左丞韋安石爲鸞臺侍郎，同鳳閣鸞臺平章事。丁卯，幸新安，曲赦其縣。壬申，至自新安。

十二月，開屠禁，諸祠祭令依舊用牲牢。

大足元年春正月，制改元。

二月，鸞臺侍郎李懷遠同鳳閣鸞臺平章事。

三月，姚元崇爲鳳閣侍郎，依舊知政事。丙申，鳳閣侍郎張錫坐贓配循州。

夏五月，幸三陽宮。命左肅政御史大夫魏元忠爲總管以備突厥。天官侍郎顧琮同鳳閣鸞臺平章事。

六月，夏官侍郎李迥秀同鳳閣鸞臺平章事。辛未，曲赦告成縣。

秋七月甲戌，至自三陽宮。

九月，邵王重潤爲易之讒構，令自死。

冬十月，幸京師，大赦天下，改元爲長安。

二年春正月，突厥寇鹽、夏等州，殺掠人吏。

秋九月乙丑，日有蝕之，不盡如鉤，京師及四方見之。

冬十月，日本國遣使貢方物。

十一月，相王旦爲司徒。戊子，親祀南郊，大赦天下。

三年春三月壬戌，日有蝕之。

夏四月庚子，相王旦表讓司徒，許之。改文昌臺爲中臺。李嶠知納言事。

六月，寧州雨，山水暴漲，漂流二千餘家，溺死者千餘人。

秋七月，殺右金吾大將軍唐休璟〔八〕。

秋九月，正諫大夫朱敬則同鳳閣鸞臺平章事。戊申，相王旦爲雍州牧。是月，御史大夫兼知政事、太子右庶子魏元忠爲張昌宗所譖，左授端州高要尉。京師大雨雹，人畜有凍死者。

冬十月丙寅，駕還神都。乙酉，至自京師。

四年春正月，造興泰宮於壽安縣之萬安山。天官侍郎韋嗣立爲鳳閣侍郎、同鳳閣鸞臺平章事。朱敬則請致仕，許之。

三月，進封平恩郡王重福爲譙王，夏官侍郎宗楚客同鳳閣鸞臺平章事。

夏四月，韋安石知納言事，李嶠知內史事。丙子，幸興泰宮。

六月，天官侍郎崔玄暐同鳳閣鸞臺平章事；李嶠爲國子祭酒，知政事如故。

七月丙戌，楊再思爲內史。甲午，至自興泰宮。宗楚客左授原州都督。

八月，姚元崇爲司僕卿，知政事；韋安石檢校揚州大都督府長史。

冬十月，秋官侍郎張柬之同鳳閣鸞臺平章事。

十一月，李嶠爲地官尚書，張柬之爲鳳閣鸞臺平章事。自九月至於是，日夜陰晦，大雨雪，都中人有飢凍死者，令官司開倉賑給。

神龍元年春正月，大赦，改元。上不豫，制自文明元年已後得罪人，除揚、豫、博三州及諸逆魁首，咸赦除之。癸亥，麟臺監張易之與弟司僕卿昌宗謀反，皇太子率左右羽林軍桓彥範、敬暉等，以羽林兵入禁中誅之。甲辰，皇太子監國，總統萬機，大赦天下。是日，上傳皇帝位于皇太子，徙居上陽宮。戊申，皇帝上尊號曰則天大聖皇帝。

冬十一月壬寅，則天將大漸，遺制祔廟、歸陵，令去帝號〔九〕，稱則天大聖皇后；其王、蕭二家及褚遂良、韓瑗等子孫親屬當時緣累者，咸令復業。是日，崩于上陽宮之仙居殿，年八十三，謚曰則天大聖皇后。二年五月庚申，祔葬于乾陵。睿宗卽位，詔依上元年故事，號爲天后，未幾，追尊爲大聖天后，改號爲則天皇太后。太后嘗召文學之士周思茂、范履冰、衞敬業，令撰玄覽及古今內範各百卷，青宮紀要、少陽政範各三十卷，維城典訓、鳳樓新誡、孝子列女傳各二十卷，內範要略、樂書要錄各十卷，百僚新誡、兆人本業各五卷，臣軌兩卷，垂拱格四卷，并文集一百二十卷，藏于秘閣。

史臣曰：治亂時也，存亡勢也。使桀、紂在上，雖十堯不能治；使堯、舜在上，雖十桀不能亂；使懦夫女子乘時得勢，亦足坐制羣生之命，肆行不義之威。觀夫武氏稱制之年，英才接軫，靡不痛心於家索，扼腕於朝危，竟不能報先帝之恩，衞吾君之子。俄至無辜被陷，引頸就誅，天地爲籠，去將安所？悲夫！昔掩鼻之讒，古稱其毒；人彘之酷，世以爲寃。武后奪嫡之謀也，振喉絕襁褓之兒，葅醢碎椒塗之骨，其不道也甚矣，亦姦人妒婦之恆態也。然猶泛延讜議，時禮正人，初雖牝雞司晨，終能復子明辟，飛語辯元忠之罪，善言慰仁傑之心，尊時憲而抑幸臣，聽忠言而誅酷吏。有旨哉，有旨哉！

贊曰：龍漦易貌，丙殿昌儲。胡爲穹昊，生此夔魖？奪攘神器，穢褻皇居。窮妖白首，降鑒何如。

校勘記

〔一〕十二月己酉　「己酉」二字各本原無，據新書卷四武后紀、通鑑卷二〇四補。

〔二〕載初元年正月　「正月」二字各本原無，據通鑑卷二〇四補。

〔三〕二年春一月　載初元年改十一月爲正月，十二月爲臘月，舊正月爲一月。此處「春一月」在臘月之前，當爲「正月」之誤，通鑑卷二〇五、合鈔卷六則天紀作「正月」，是。下文長壽三年及證聖元年兩處「春一月」，亦是「正月」之誤。

〔四〕歸誠州　「歸」字各本原作「嬀」，據新書卷四則天紀、通鑑卷二〇五改。

〔五〕鸞臺侍郎　「鸞臺」，各本原作「鳳閣」，據本書卷八九王方慶傳、合鈔卷六則天紀改。

〔六〕十一月　按當時以十一月爲正月，無十一月之稱，通鑑卷二〇五攻瀛州事繫于十月。

〔七〕寧唯掘蠱之禍　「掘」字各本原作「握」，據本書卷七七楊纂傳、唐大詔令集卷一一四改。

〔八〕殺右金吾大將軍唐休璟　據本書卷九三唐休璟傳，休璟卒于睿宗延和元年，未有被殺事，此處當有脫誤。

〔九〕令去帝號　「號」字各本原無，據御覽卷一一〇、通鑑卷二〇八補。

舊唐書卷七

本紀第七

中宗　睿宗

中宗大和聖昭孝皇帝諱顯,高宗第七子,母曰則天順聖皇后,顯慶元年十一月乙丑,生於長安。明年封周王,授洛州牧。儀鳳二年,徙封英王,改名哲,授雍州牧。永隆元年,章懷太子廢,其年立爲皇太子。弘道元年十二月,高宗崩,遺詔皇太子柩前卽帝位。皇太后臨朝稱制,改元嗣聖。元年二月,皇太后廢帝爲廬陵王,幽於別所。其年五月,遷於均州,尋徙居房陵。聖曆元年,召還東都,立爲皇太子,依舊名顯。時張易之與弟昌宗潛圖逆亂。神龍元年正月,鳳閣侍郎張柬之、鸞臺侍郎崔玄暐、左羽林將軍敬暉、右羽林將軍桓彥範、司刑少卿袁恕己等定策率羽林兵誅易之、昌宗,迎皇太子監國,總司庶政。大赦天下。鳳閣侍郎韋承慶、正諫大夫房融、司禮卿崔神慶等下獄(一)。甲辰,命地官侍郎樊忱往京師告廟陵。

司刑少卿兼相王府司馬袁恕己爲鳳閣鸞臺平章事(二)。

乙巳,則天傳位於皇太子。丙午,卽皇帝位於通天宮,大赦天下,唯易之黨與不在原限。爲周興、來俊臣所枉陷者,咸令雪免。內外文武官加兩階,三品已上加爵二等,入五品等特減四考。大酺五日。以并州牧相王旦及太平公主有誅易之兄弟功,相王加號安國相王,進拜太尉、同鳳閣鸞臺三品;公主加號鎭國太平公主,仍賜實封,通前滿五千戶。皇親先被配沒者,子孫令復屬籍,仍量敍官爵。出宮女三千。

丁未,天后徙居上陽宮。庚戌,鳳閣侍郎同鳳閣鸞臺平章事張柬之爲夏官尙書、同鳳閣鸞臺三品,封漢陽郡公;鸞臺侍郎兼檢校太子右庶子、同鳳閣鸞臺平章事崔玄暐爲守內史,封博陵郡公;袁恕己同鳳閣鸞臺三品,封南陽郡公;敬暉爲納言、平陽郡公;桓彥範爲納言、譙郡公:並加銀青光祿大夫,賜實封五百戶。右羽林大將軍、遼國公李多祚進封遼陽郡王,賜實封六百戶;內直郎、駙馬都尉王同皎爲雲麾將軍、右千牛將軍、琅邪郡公,食實封五百戶。並賞誅張易之兄弟功。其餘封各有差。上天后尊號爲則天大聖皇帝。

二月甲寅,復國號,依舊爲唐。社稷、宗廟、陵寢、郊祀、行軍旗幟、服色、天地、日月、寺宇、臺閣、官名,並依永淳已前故事。神都依舊爲東都,北都爲并州大都督府,老君依舊爲玄元皇帝。諸州百姓免今年租稅,房州百姓給復三年。改左右肅政臺爲左右御史臺。韋承慶貶高要尉,房融配流欽州(三)。中書令楊再思爲戶部尙書、同中書門下三品、京留守;太僕卿、同中書門下三品姚元之出爲亳州刺史。己未,封堂兄左金吾將軍、鬱林郡公千里爲成紀郡王,左金吾衞大將軍,實封五百戶。令貢舉人停習臣軌,依舊習老子。甲子,立妃韋氏爲皇后,大赦天下,內外官陪位者賜勳一轉,大酺三日。后父故豫州刺史玄貞爲上洛郡王,后母崔氏贈上洛郡王妃。初,韓王元嘉、霍王元軌等自垂拱以來皆遭非命,是日追復官爵,令備禮改葬,有胤嗣者卽令承襲,無胤嗣者聽取親爲後。詔九品已上及朝集使極言朝政得失,兼舉賢良方正直言極諫之士。

丙寅,左散騎常侍、譙王重福貶濮州員外刺史,不知州事。特進、太子賓客、梁王武三思爲司空、同中書門下三品,加實封五百戶,通前一千五百戶。丁卯,右散騎常侍、定安郡王、駙馬都尉武攸暨封定王,爲司徒,更加實封四百戶,通前一千戶。辛未,上往觀風殿朝天后。太尉、安國相王旦固讓太尉及知政事,遂從其請。甲戌,國子祭酒祝欽明同中書門下三品。黃門侍郎、知侍中事韋安石爲刑部尙書,罷知政事。丙子,諸州置寺、觀一所,以「中興」爲名。丁丑,武三思固讓司空、同中書門下三品,武攸暨固讓司徒、封王,許之。改封義興郡王重俊爲衞王,北海郡王重茂爲溫王。

三月辛巳,追復故司空、英國公李勣官爵,令所司爲起墳改葬。甲申,制文明已來破家

臣僚所有子孫,並還資蔭。其揚州構逆徒黨,唯徐敬業一房不在免限,餘並原宥。丁亥,廢左右司員外郎。其酷吏劉光業、王德壽、王處貞、屈貞筠、劉景陽等五人,雖已身死,官爵並宜追奪;景陽見在,貶祿州樂單尉。丘神勣、來子珣,萬國俊、周興、來俊臣、魚承曄、王景昭、索元禮、傅遊藝、王弘義、張知默、裴籍、焦仁亶、侯思立、郭霸、李敬仁、皇甫文備、陳嘉言等雖已身死,並宜除名。唐奉一配流,李秦授、曹仁哲並改與嶺南遠惡處。

己丑,中書侍郎兼檢校相王府長史、南陽郡公袁恕己爲中書令,兼檢校安國相王府長史。詔曰:「君臣朝序,貴賤之禮斯殊;兄弟大倫,先後之儀亦異。聖人之制,率由斯道。朕臨茲寶極,位在崇高。負扆當陽,雖受宗枝之敬;退朝私謁,仍用家人之禮。近代以來,罕遵軌度,王及公主(四),曲致私情,姑叔之尊,拜於子姪,違法背禮,情用惻然。自今已後,宜從革弊。安國相王某及鎭國太平公主更不得輒拜衞王重俊兄弟及長寧公主姊妹等。宜告宗屬,知朕意焉。」先是,諸王及公主皆以親爲貴,天子之子,諸姑叔見之必先致拜,若致書則稱爲啓事。上志欲敦睦親族,故下制革之。

庚寅,衞王重俊上洛州牧。王乘駟馬車,鹵簿從;諸王公已下、中書門下五品已上及諸親並祖送,禮儀甚盛。事畢,賜物有差。辛卯,以故司僕少卿徐有功執法平恕,追贈越州都督,并授一子官。戊戌,左右千牛衞各置大將軍一員。罷奉宸府官員。以安北大都護、

安國相王旦爲左右千牛大將軍，每大朝會內供奉。丙午，改秋社依舊用仲秋。戊申，相王旦於太常廳上。王公諸親祖送，衞尉張設，光祿造食。禮畢，賜物如衞王上洛州牧之儀。

夏四月乙丑，端州尉魏元忠爲衞尉卿、同中書門下三品。甲戌，左庶子韋安石爲吏部尚書，太子賓客李懷遠爲右散騎常侍，右庶子唐休璟爲輔國大將軍，右庶子崔玄暐爲特進、檢校益州大都督府長史、判都督事，右庶子、西留守、戶部尚書、弘農郡公楊再思爲檢校揚州大都督府長史、判都督事，少詹事兼侍讀、國子祭酒祝欽明爲刑部尚書：並依前知政事，以上在春宮故僚也。乙亥，張柬之爲中書令。戊寅，追贈邵王重潤爲懿德太子。同官縣大雨雹，燕雀多死，漂溺居人四百家，遣使賑給。

五月壬午，遷武氏七廟神主于西京崇尊廟。東都創置太廟社稷。戊子，制依舊以周、隋爲二王後。壬辰，封成紀郡王千里爲成王。癸巳，侍中敬暉封爲平陽郡王；侍中桓彥範扶陽郡王，賜姓韋氏；中書令張柬之漢陽郡王；中書令袁恕己南陽郡王；特進崔玄暐海陵郡王：並加授特進，罷知政事。吏部尚書韋安石爲兼中書令，兵部尚書魏元忠爲兼侍中。丙申，皇后表請天下士庶爲出母爲三年服，年二十二成丁，五十九免役。癸卯，降梁王武三思爲德靜郡王，定王武攸暨爲樂壽郡王，河內王武懿宗等十餘人並降爲國公。甲辰，特進、芮

國公豆盧欽望爲尚書左僕射，輔國大將軍、酒泉郡公唐休璟爲尚書右僕射：依舊同中書門下三品。丙午，制以鄒魯之邑百戶爲太師、隆道公宣尼采邑，用供薦享。又授裔孫褒聖侯崇基朝散大夫，仍許子孫傳襲。

六月丁巳，河北十七州大水，漂沒人居。癸亥，尚書左僕射豆盧欽望，軍國重事中書門下可共平章；檢校中書令韋安石中書令，兼檢校吏部尚書；檢校侍中魏元忠兼檢校兵部尚書；楊再思兼戶部尚書，兼檢校中書令。丁卯，祔孝敬皇帝神主於太廟，廟號義宗，非禮也。戊辰，洛水暴漲，壞廬舍二千餘家，溺死者甚衆。

秋七月辛巳，太子賓客韋巨源同中書門下三品。乙未，以特進、漢陽郡王張柬之爲襄州刺史，仍不知州事。

八月戊申，以水災，令文武官九品以上直言極諫。河南洛陽百姓被水兼損者給復一年。甲子，追册故妃趙氏爲恭皇后，尊孝敬妃裴氏爲哀皇后〔三〕。乙亥，上親祔太祖景皇帝、獻祖光皇帝、世祖元皇帝、高祖神堯皇帝、皇祖太宗文武皇帝、皇考高宗天皇大帝、皇兄義宗孝敬皇帝神主于太廟。皇后廟見。丁丑，御洛城南門觀鬬象。

九月壬午，親祀明堂，大赦天下。禁化胡經及婚娶之家父母親亡停喪成禮。天下大酺三日。戊戌，太子賓客韋巨源爲禮部尚書，依舊知政事。

冬十月癸亥，幸龍門香山寺。乙丑，幸新安。改弘文館爲修文館。辛未，魏元忠爲中書令，楊再思爲侍中。

十一月戊寅，加皇帝尊號曰應天，皇后尊號曰順天。壬午，皇帝、皇后親謁太廟，告受徽號之意，大赦天下，賜酺三日。己丑，御洛城南門樓觀潑寒胡戲。辛丑，衞王重俊爲左衞大將軍，遙領揚州大都督；溫王重茂爲右衞大將軍，遙領并州大都督。

十二月壬寅，則天皇太后崩。

二年春正月丙申，護則天靈駕還京。戊戌，吏部尚書李嶠同中書門下三品，中書侍郎于惟謙同中書門下平章事。

閏月丙午朔，置公主府官員。乙卯，以特進敬暉、桓彥範、袁恕己等三人爲滑、洛、豫刺史。

二月乙未，刑部尚書韋巨源同中書門下三品。遣十使巡察風俗。丙申，僧會範、道士史崇玄等十餘人授官封公，以賞造聖善寺功也。

三月甲辰，中書令韋安石爲戶部尚書，罷知政事。戶部尚書蘇瓌爲侍中、京留守。乙巳，黃霧四塞。唐休璟請致仕，許之。庚戌，殺光祿卿、駙馬都尉王同皎。壬子，洛陽城東

七里許，地色如水，側近樹木、往來車馬歷歷影見水中，經月餘乃滅。是月，大置員外官，自京諸司及諸州佐凡二千餘人，超授閹官七品已上及員外者千餘人。壬戌，贈后父韋玄貞太師、益州都督。

夏四月甲戌，又贈玄貞爲酆王，玄貞弟四人並贈郡王。己卯，左散騎常侍、同中書門下三品李懷遠請致仕，許之。辛巳，洛水暴漲，壞天津橋。

六月戊寅，特進、朗州刺史、平陽郡王敬暉貶崖州司馬，特進、亳州刺史、扶陽郡王桓彥範瀧州司馬，特進、郢州刺史袁恕己竇州司馬，特進、均州刺史、博陵郡王崔玄暐白州司馬，特進、襄州刺史、漢陽郡王張柬之新州司馬，並員外置，長任，舊官封爵並追奪。

秋七月丙午，立衞王重俊爲皇太子。丙寅，中書令兼檢校兵部尚書齊國公魏元忠爲尚書右僕射兼中書令，仍知兵部事；吏部尚書李嶠爲中書令；刑部尚書韋巨源爲吏部尚書，依舊同中書門下三品。庚午，禮部尚書祝欽明爲中丞蕭至忠所劾。前左散騎常侍李懷遠爲左散騎常侍、同中書門下三品、東都留守。

九月，祝欽明貶青州刺史。壬寅，幸白馬寺。戊午，左散騎常侍李懷遠卒。壬寅，置戶部侍郎一員。

冬十月己卯，車駕還京師。戊戌，至自東都。

中華書局

十一月乙巳，大赦天下，行從文武官賜勳一轉。改河南爲合宮，洛陽爲永昌，嵩陽爲登封〔六〕，陽城爲告成。戊午，兼祕書鄭普思坐妖逆配流儋州，其黨與皆伏誅。

十二月己卯，突厥默啜寇靈州鳴沙縣，靈武軍大總管沙吒忠義逆擊之，官軍敗績，死者三萬。丁巳，突厥進寇原、會等州，掠隴右牧馬萬餘而去。甲申，募能斬默啜者，封授諸大衞大將軍〔七〕。丙戌，以突厥犯邊，京師亢旱，令減膳徹樂。河北水，大飢，命侍中蘇瓌存撫賑給。丙申，特進、尚書左僕射、兼安國相王府長史、芮國公豆盧欽望爲開府儀同三司，依舊平章軍國重事；尚書右僕射兼中書令、知兵部事、齊國公魏元忠爲尚書左僕射兼中書令，仍兼知兵部事。

是冬，牛大疫。

三年春正月庚子朔，不受朝會，喪未再期也。庚戌，以默啜寇邊，制募猛士武藝超絕者，各令自舉，內外羣官各進破滅突厥之策。丙辰，以旱，親錄囚徒。己巳，遣武攸暨、武三思往乾陵祈雨于則天皇后，既而雨降，上大感悅。

二月辛未，制武氏崇恩廟依舊享祭，仍置五品令、七品丞；其昊陵、順陵置令、丞如廟。壬午，贈太師、鄅王廟號褒德，陵號榮先，置六品令、八品丞。庚寅，改中興寺、觀爲龍興，內

外不得言「中興」。辛卯，幸安樂公主宅。

三月丙子，吐蕃贊普遣大臣悉董熱獻方物。

是春，自京師至山東疾疫，民死者衆。河北、河南大旱。

夏四月辛巳，以嗣雍王守禮女爲金城公主，出降吐蕃贊普。庚寅，幸薦福寺，曲赦雍州。

五月戊戌，左屯衞大將軍兼檢校洛州長史張仁亶爲朔方道大總管〔八〕，以備突厥。丙午，突厥默啜殺我行人臧思言。

六月丁卯朔，日有蝕之。戊子，姚嶲道討擊使、侍御史唐九徵擊姚州叛蠻，破之，俘虜三千計，遂於其處勒石紀功焉。

是夏，山東、河北二十餘州旱，飢饉疾疫死者數千計，遣使賑卹之。

秋七月庚子，皇太子重俊與羽林將軍李多祚等，率羽林千騎兵三百餘人，誅武三思、武崇訓，遂引兵自肅章門斬關而入。帝惶遽登玄武樓，重俊引兵至下，上自臨軒諭之，衆遂散去，殺李多祚。重俊出奔至鄠縣，爲部下所殺。癸卯，大赦天下。

八月丙子，改玄武門爲神武門，樓爲制勝樓。丙戌，左僕射兼中書令魏元忠請致仕，授特進。

九月丁酉，兵部尚書、郢國公宗楚客，左衞將軍兼太府卿紀處訥並同中書門下三品；吏部侍郎兼左御史臺中丞蕭至忠爲黃門侍郎兼左御史中丞、同中書門下三品；中書侍郎、東海郡公于惟謙國子祭酒，罷知政事。庚子，上皇帝尊號曰應天神龍，皇后尊號曰順天翊聖，大赦天下，改元爲景龍。兩京文武官，三品已上賜爵一級，四品已下加一階，外官賜勳一轉。

景龍元年九月甲辰，特進魏元忠左授務川尉，言與重俊通謀也。庚辰，侍中兼左御史臺大夫楊再思爲中書令，吏部尚書韋巨源、太府卿紀處訥並爲侍中，侍中蘇瓌爲吏部尚書。壬戌，改左右羽林衞千騎爲萬騎，仍分爲左右。

冬十月壬午，彗見于西，月餘而滅。壬午，皇后上神武頌，令兩京及四大都督府皆刻之於石。

十二月乙丑朔，日有蝕之。丁丑，京師雨土。

二年春正月丙申，滄州雨雹，大如雞卵。

二月辛未，幸左金吾大將軍、陳國公陸頌宅。皇后自言衣箱中裙上有五色雲起，令畫

工圖之，以示百僚，乃大赦天下。癸未夜，天保星隕西南，有聲如雷，野雉皆雊。乙酉，帝以后服有慶雲之瑞，大赦天下。內外五品已上母妻各加邑號一等，無妻者聽授女；天下婦人八十已上，版授鄉、縣、郡等君。

三月丙子，朔方道大總管張仁亶築受降城於河上。

夏四月庚午，左散騎常侍、樂壽郡王、駙馬都尉武攸暨讓郡王，改封楚國公。癸未，修文館增置大學士八員，直學士十二員。己丑，幸長樂公主莊，即日還宮。

六月丁亥，改太史局爲太史監，罷隸祕書省。

秋七月辛卯，台州地震。癸巳，左屯衞大將軍、攝右御史臺大夫、朔方道行營大總管、韓國公張仁亶同中書門下三品。有赤氣竟天，其光燭地，經三日乃止。

九月甲戌，黃霧昏濁。

冬十一月庚申，突厥首領娑葛叛，自立爲可汗，遣弟遮努率衆犯塞。己卯，以安樂公主出降，假皇后仗出於禁中以盛其儀，帝及后御安福樓以觀之。禮畢，大赦天下，賜酺三日。癸未，安西都護牛師獎與娑葛戰于火燒城，師獎敗績，沒于陣。

是冬，西京吏部置兩侍郎銓試，東都又置兩銓，恣行囑請。又有斜封授官，預用秋闕。

三年春正月丁卯，黃霧四塞。癸酉，幸薦福寺。乙亥，宴侍臣及近親於梨園亭。

二月己丑，幸玄武門，與近臣觀宮女大酺，既而左右分曹，共爭勝負。上又遣宮女爲市肆，鬻賣衆物，令宰臣及公卿爲商賈，與之交易，因爲忿爭，言辭猥褻。上與后觀之，以爲笑樂。壬寅，侍中、舒國公韋巨源爲尚書左僕射，並同中書門下三品[九]。戊午，兵部尚書、郢國公宗楚客中書令，中書侍郎、酇國公蕭至忠爲侍中，太府卿韋嗣立爲兵部尚書、同中書門下三品，中書侍郎、檢校吏部侍郎崔湜同中書門下平章事，兵部侍郎趙彥昭爲中書侍郎、同中書門下平章事。庚申，日赤紫色，無光。戊寅，禮部尚書兼揚州大都督、曹國公韋溫爲太子少保兼揚州大都督、同中書門下三品。太常少卿兼檢校吏部侍郎鄭愔同中書門下平章事。

夏五月丙戌，崔湜、鄭愔坐贓，湜貶襄州刺史，愔貶江州司馬。

六月癸丑，太白晝見于東井。庚子，以經籍多缺，使天下搜括。壬寅，以旱，避正殿，減膳，親錄囚徒。癸卯，尚書右僕射楊再思薨。

秋七月乙卯朔，鎮軍大將軍、右驍衛將軍、兼知太史事迦業至忠配流柳州。丙辰，娑葛遣使來降。辛酉，幸梨園亭，宴侍臣學士。皇后表請諸婦人不因夫子而加邑號者，許同見任職事官，聽子孫用蔭，從之。壬戌，安福門外設無遮齋，三品已上行香。癸亥，御承慶殿，

錄囚徒。壬午，遣使册驍衛大將軍、兼衛尉卿、金河王突騎施守忠爲歸化可汗。

八月乙酉，特進、行中書令、趙國公李嶠爲特進、同中書門下三品，侍中、酇國公蕭至忠爲中書令，特進、鄖國公韋安石爲侍中。庚寅，諸州各置司田參軍一員。吐蕃贊普遣使勃祿星奉進國信、贊普祖婆進物，及上中宮、安國相王、太平公主有差。壬辰，遣十使巡察天下。有星孛于紫宮。令特進佩魚。散職佩魚，自此始也。乙未，親送朔方軍總管、韓國公張仁亶於通化門外，上製序賦詩。乙巳，幸安樂公主山亭，宴侍臣、學士，賜繒帛有差。

九月壬戌，幸九曲亭子，宴侍臣、學士。戊辰，吏部尚書、懷縣公蘇瓌爲尚書右僕射、同中書門下三品。

冬十月庚寅，幸安樂公主金城新宅，宴侍臣、學士。

十一月乙丑，親祀南郊，皇后登壇亞獻，左僕射舒國公韋巨源爲終獻。大赦天下，見繫囚徒及十惡咸赦除之，雜犯流人並放還。京文武三品已上賜爵一等，四品已下加一階，京官及應襲岳牧入三品五品減考，高年版授。大酺三日。壬申，幸見子陵。甲戌，開府儀同三司、芮國公豆盧欽望薨。吐蕃贊普遣其大臣尚贊吐來逆女。

十二月壬戌，前尚書右僕射、宋國公唐休璟爲太子少師、同中書門下三品。甲子，上幸新豐之溫湯。庚子，幸兵部尚書韋嗣立莊，封嗣立爲逍遙公，上親製序賦詩，便游白鹿觀。

甲辰，曲賜新豐縣，百姓給復一年，行從官賜勳一轉。是日幸驪山[一〇]。乙巳，至自溫湯。乙酉，令諸司長官向醴泉坊看潑胡王乞寒戲。

四年春正月乙卯，於化度寺門設無遮大齋。丙寅上元夜，帝與皇后微行觀燈，因幸中書令蕭至忠之第。是夜，放宮女數千人看燈，因此多有亡逸者。丁卯夜，又微行看燈。丁丑，命左驍衛大將軍、河源軍使楊矩爲送金城公主入吐蕃使。己卯，幸始平，送金城公主歸吐蕃。

二月壬午，曲赦咸陽、始平，改始平爲金城縣[一一]。癸未，至自金城。庚戌，令中書門下供奉官五品已上、文武三品已上幷諸學士等，自芳林門入集於梨園毬場，分朋拔河，帝與皇后、公主親往觀之。

三月甲寅，幸臨渭亭修禊飲，賜羣官柳棬以辟惡。丙辰，游宴桃花園。庚申，京師雨木冰，井溢。壬戌，賜宰臣已下內樣巾子[一二]。

夏四月丁亥，上游櫻桃園，引中書門下五品已上諸司長官學士等入芳林園嘗櫻桃，便令馬上口摘，置酒爲樂。乙未，幸隆慶池，結綵爲樓，宴侍臣，泛舟戲樂，因幸禮部尚書竇希宅。

五月辛酉，祕書監、嗣虢王邕改封汴王。乙丑，皇后請加嗣王三品。丁卯，前許州司兵參軍燕欽融上書，言皇后干預國政，安樂公主、武延秀、宗楚客等同危宗社。帝怒，召欽融廷見，撲殺之。時安樂公主志欲皇后臨朝稱制，而求立爲皇太女，自是與后合謀進鴆。

六月壬午，帝遇毒，崩于神龍殿，年五十五[一三]。祕不發喪，皇后親總庶政。癸未，以刑部尚書裴談、工部尚書張錫並同中書門下三品，依舊東都留守。吏部尚書張嘉福、中書侍郎岑羲、吏部侍郎崔湜並同中書門下平章事。又命左右金吾衛大將軍趙承恩、右監門大將軍薛簡帥兵五百人往均州，備譙王重福。立溫王重茂爲皇太子。甲申，發喪于太極殿，宣遺制。皇太后臨朝，大赦天下，改元爲唐隆。見繫囚徒常赦所不免者咸赦除之，長流任放歸田里，負犯痕瘕咸從洗滌。內外官三品已上賜爵一級，四品已下加一階。以安國相王旦爲太子太師。進封雍王守禮爲邠王，壽春郡王成器爲宋王。宗正卿晉封新興王。丁亥，皇太子即帝位於柩前，時年十六。皇太后韋氏臨朝稱制，大赦天下，常赦所不原者咸赦除之。內外兵馬諸親掌，仍令韋溫總知。時召諸府折衝兵五萬人分屯京城，列爲左右營，諸韋子姪分統之。壬辰，遣使諸道巡撫，紀處訥關內道，張嘉福河北道，岑羲河南道。庚子夜，臨淄王諱舉兵誅諸韋、武，皆梟首於安福門外，韋太后爲亂兵所殺。

九月丁卯，百官上謚曰孝和皇帝，廟號中宗。十一月己酉，葬于定陵。天寶十三載二

月，改謚曰大和大聖大昭孝皇帝。

史臣曰：廉士可以律貪夫，賢臣不能輔孱主。誠以志昏近習，心無遠圖，不知創業之難，唯取當年之樂。孝和皇帝越自負扆，遷于房陵，崎嶇瘴癘之鄉，契闊幽囚之地。所以張漢陽徘徊于克復，狄梁公哽咽以奏論，遂得生還，庸非己力。洎滌除金虎，再握璿衡，不能罪己以謝萬方，而更漫游以隳八政。縱豔妻之煽黨，則桒、楀爭衡；信妖女以撓權，則彝倫失序。桓、敬由之覆族，節愍所以興戈，竟以元首之尊，不免齊眉之禍。比漢、晉之惠、盈輩爲優，苟非繼以命世之才，則土德去也。

睿宗玄眞大聖大興孝皇帝諱旦，高宗第八子，中宗母弟，龍朔二年六月己未，生於長安。其年封殷王，遙領冀州大都督、單于大都護、右金吾衛大將軍。及長，謙恭孝友，好學，工草隸，尤愛文字訓詁之書。乾封元年，徙封豫王。總章二年，徙封冀王。上初名旭輪，至是去「旭」字。上元二年，徙封相王，拜右衛大將軍。儀鳳三年，遷洛牧；改名旦，徙封

豫王。嗣聖元年，則天臨朝，廢中宗爲廬陵王，立豫王爲皇帝，仍臨朝稱制。及革命，改國號爲周，降帝爲皇嗣，令依舊名輪，徙居東宮，其具儀一比皇太子。聖曆元年，中宗自房陵還。帝數稱疾不朝，請讓位於中宗。則天遂立中宗爲皇太子，封帝爲相王，又改名旦，授太子右衛率。長安中，拜司徒、右羽林衛大將軍。自則天初臨朝及革命之際，王室屢有變故，帝每恭俭退讓，竟免于禍。神龍元年，以誅張易之昆弟功，進號安國相王，遷太尉，加實封。其年立爲皇太弟，固辭不受。

景龍四年夏六月，中宗崩，韋庶人臨朝，引用其黨，分握政柄，忌帝望實素高，潛謀危害。庚子夜，臨淄王諱與太平公主子薛崇簡、前朝邑尉劉幽求、長上果毅麻嗣宗、苑總監鍾紹京等率兵入北軍，誅韋溫、紀處訥、宗楚客、武延秀、馬秦客、葉靜能、趙履溫、楊均等，諸韋、武黨與皆誅之。辛丑，帝挾少帝御安福門樓慰諭百姓，大赦天下，見繫囚徒常赦所不免者咸赦除之。內外文武官三品已上賜爵一級，四品已下加一階，親皇三等已上加兩階〔四〕，四等已下及諸親賜勳三轉，天下百姓免今年田租之半。進封臨淄王爲平王，以薛崇簡爲立節郡王。鍾紹京爲中書侍郎，劉幽求爲中書舍人，並參知機務，加實封。其餘封賞有差。遣使分行諸道宣諭，仍令往均州慰勞譙王。壬寅，左千牛中郎將、宋王成器爲左衛大將軍，司農少卿同正員、衡陽王成義爲右衛大將軍，太府少卿同正員、巴陵王隆範爲左羽林衛大將軍〔五〕，太僕少卿同正員、彭城王隆業爲右羽林衛大將軍。黃門侍郎李日知同中書門下三品。癸卯，殿中兼知內外閑廐、檢校龍武右軍、仍押左右廂萬騎平王諱同中書門下三品。中書侍郎、潁川郡公鍾紹京爲中書令。中書令、酇國公蕭至忠爲許州刺史，兵部尙書、逍遙公韋嗣立爲宋州刺史，中書侍郎趙彥昭爲絳州刺史，蕭、韋、趙特置位。誅吏部尙書張嘉福於懷州。其日，王公百僚上表，咸以國家多難，宜立長君，以帝衆望所歸，請卽尊位。

甲辰，少帝詔曰：「自古帝王，必有符命，兄弟相及，存諸典禮。朕以孤藐，遭家艱難，顧茲蒙識，未洽治途。茫茫四海，將何所屬，累聖丕基，若墜于地。王室多難，義擇長君，思與羣公，推崇明聖。叔父相王，高宗之子，昔以天下，讓于先帝，孝友寬簡，彰信兆人。神龍之初，已有明旨，將立太弟，以爲副君。爲王懇辭，未行册命，所以東宮虛位，至于歷年。徹綴在辰，禍變倉卒，後掖稱制，計立沖人〔六〕。欽奉前懷，願遵理命。上申天聖之旨，下遂蒼生之心；俯稽圖緯之文，仰跂祖宗之烈。擇今日，請叔父相王卽皇帝位。朕退守本藩，歸于舊邸。凡百卿士，敬承朕言，克贊我天人之休期，光我有唐之勳業。布告遐邇，咸使聞知。」相王上表，讓曰：「臣以宗社事重，家國情深，誅鋤巨逆，奉戴嗣主。今承制旨，猥推宸極。在臣虛薄，不敢祗膺。循環震驚，無任感哽！」制答曰：「皇極大寶，天下至公，王者臨之，蓋非獲已。王先聖舊意，蒼生推仰，龍光紫宸，貴允係望。請遵前旨，勿或推讓。」于是少帝遜

于別宮。是日卽皇帝位，御承天門樓，大赦天下，常赦所不免並原之。內外官四品已上加一階，相王府官吏加兩階。流人長流、長任未還者並放還。立功人王承曄已下千餘人，賜爵秩有差。封少帝爲溫王。其日，景雲見。

乙巳，中書令鍾紹京爲戶部尙書、越國公，實封五百戶；中書舍人劉幽求爲尙書左丞、徐國公，實封五百戶：並依前知政事。左衛大將軍、宋王成器爲太子太師、雍州牧、揚州大都督，加實封二百戶。宮人比來取百姓子女入宮者，放還其家。丙午，新除太常少卿薛稷爲黃門侍郎，參知機務。丁未，許州刺史、梁縣侯姚元之爲兵部尙書、同中書門下三品，兵部尙書韋嗣立爲中書令。追削武三思、武崇訓官爵。戊申，蕭至忠、韋嗣立、趙彥昭、崔湜並停刺史。衡陽王成義封申王，巴陵王隆範封岐王，彭城王隆業封薛王。己酉，鎭國太平公主加實封五百戶，通前一萬戶。

秋七月癸丑，兵部侍郎兼知雍州長史崔日用爲黃門侍郎，參知機務。丙辰，則天大聖皇后依舊號爲天后。追謚雍王賢爲章懷太子，庶人重俊曰節愍太子。復敬暉、桓彥範、崔玄暐、張柬之、袁恕己、成王千里、李多祚等官爵。丁巳，河南、洛陽、華州並依舊名。以洛州長史宋璟爲檢校吏部尙書、同中書門下三品，中書侍郎岑羲爲右散騎常侍。壬戌，以蕭至忠爲晉州刺史，韋嗣立爲許州刺史，趙彥昭爲宋州刺史，兵部尙書姚元之兼太子右庶子，吏

部尚書宋璟兼太子左庶子。癸亥，吏部侍郎崔湜爲尚書右丞，罷知政事。甲子，右僕射許國公蘇瓌、兵部尚書姚元之、吏部尚書宋璟、右常侍判刑部尚書岑羲並充使册定陵。丙寅，姚元之兼中書令。丁卯，蘇瓌爲尚書左僕射，仍舊同中書門下三品。宋國公唐休璟致仕。右武衛大將軍、攝右御史大夫、同中書門下三品、韓國公張仁亶右衛大將軍。戊辰，崔日用爲雍州長史，薛稷爲右散騎常侍，並停知機務。特進、同中書門下三品、趙國公李嶠爲懷州刺史。廢司田參軍。

己巳，册平王爲皇太子。大赦天下，改元爲景雲。內外官九品已上及子爲父後者各加勳一轉，自神龍以來直諫枉遭非命者咸令式墓，天下州縣名目天授以來改爲「武」字者並令復舊。廢武氏崇恩廟，其昊陵、順陵並去陵名。

景雲元年七月己巳，制自今授左右僕射、侍中、中書令、六尚書已上官聽讓，其餘停讓。追廢皇后韋氏爲庶人，安樂公主爲悖逆庶人。丁丑，改太史監爲太史局，隸祕書省。

八月癸巳，新除集州刺史、譙王重福潛入東都構逆，州縣討平之。先是，中宗時官爵渝濫，因依妃、主墨敕而授官者，謂之斜封，至是並令罷免。癸卯，改門下坊爲左春坊，典書坊爲右春坊，左右羽林衛依舊爲左右羽林軍。

九月庚戌，封皇太子男嗣直爲許昌郡王〔七〕，嗣謙爲眞定郡王。

冬十月甲申，詔孝敬皇帝神主先祔太廟，有違古義，於東都別立義宗廟。丁未，姚元之爲中書令，兼檢校兵部尚書。

十一月己酉，葬孝和皇帝于定陵。辛亥，太子太師、宋王成器爲尚書左僕射。蘇瓌爲太子少傅，侍中、鄖國公韋安石爲太子少保，改封郇國公，並罷知政事。戊辰，宋王成器爲司徒，兼領揚州大都督。庚午，太子少傅蘇瓌薨。

是歲，韋庶人、悖逆庶人並以禮改葬，武三思父子剖棺戮屍。

二年春正月丁未朔，以山陵日近，不受朝賀。癸丑，改泉州爲閩州，置都督府，改武榮州爲泉州〔八〕。突厥默啜遣使請和親，許之。己未，太僕卿郭元振、中書侍郎張說並同中書門下平章事。甲子，改封溫王重茂爲襄王，遷于集州。乙丑，追尊皇后劉氏爲肅明皇后，墓曰惠陵；德妃竇氏爲昭成皇后，墓曰靖陵。

二月丁丑，令皇太子監國。甲辰，姚元之左授申州刺史，宋璟左授楚州刺史。韋安石爲侍中。丙戌，劉幽求爲戶部尚書，罷知政事。戊子，詔中宗時斜封官並許依舊。庚申，復置太子左右諭德、太子左右贊善，各置兩員。戊戌，郭元振爲兵部尚書，仍依舊同中書門下平章事。己未，改修文館爲昭文館。黃門侍郎李日知爲左臺御史大夫，依舊同中書門下三品。

夏四月庚辰，張說爲兵部侍郎，依舊同中書門下平章事。癸未，分瀛州置鄚州。詔以釋典玄宗，理均迹異，拯人化俗，教別功齊。自今每緣法事集會，僧尼、道士、女冠等宜齊行道集。甲申，韋安石爲中書令；宋王成器爲太子賓客，仍依舊遙領揚州大都督。丙申，李日知爲侍中。壬寅，大赦天下，重福徒黨放雪。京官四品已下加一階，外官賜勳一轉，三品已上各賜爵一級。天下濫度僧尼、道士、女冠並依舊。又令內外官依上元元年九品已上文武官咸帶手巾算袋，武官咸帶七事鞊韘並足。其腰帶一品至五品並用金，六品七品並用銀，八品九品並用鍮石。魚袋着紫者金裝，着緋者銀裝。景龍三年已前逋懸並放免。天下大酺五日。

五月庚戌，復武氏昊陵、順陵，仍量置官屬，太平公主爲武攸暨請也。庚申，韋安石加開府儀同三司。辛丑，改西城公主爲金仙公主，昌隆公主爲玉眞公主，仍置金仙、玉眞兩觀。壬戌，殿中監竇懷貞爲左臺御史大夫、同中書門下平章事。

六月壬午，依漢代故事，分置二十四都督府。

閏六月，初置十道按察使。

秋七月，新置都督府並停。唯雍洛州長史、揚益荊并四大都督府長史階爲三品。

八月乙卯，詔以興聖寺是高祖舊宅，有柿樹，天授中枯死，至是重生，大赦天下。其謀

殺、劫殺、造僞頭首並免死配流嶺南，官典受贓者特從放免。天下大酺三日。丁巳，皇太子釋奠于太學。己巳，韋安石爲尚書右僕射、同中書門下三品兼太子賓客，禮部尚書竇希玠爲太子少傅。庚午，改左右屯衛爲左右威衛，左右宗衛率府爲左右司禦府，渾儀監爲太史監。

九月丁卯，竇懷貞爲侍中。

冬十月甲辰，吏部尚書劉幽求爲侍中，散騎常侍魏知古同中書門下三品，太子詹事崔湜爲中書侍郎、同中書門下三品，中書侍郎陸象先同中書門下平章事。韋安石爲尚書左僕射、東都留守，侍中李日知爲戶部尚書，兵部尚書郭元振爲吏部尚書，侍中兼檢校左臺御史大夫竇懷貞爲左臺御史大夫，兵部侍郎兼左庶子張說爲尚書左丞：罷知政事。

十一月戊寅，改太史監爲太史局，依舊隸祕書省。改王師爲傅。

三年春正月辛未朔，親謁太廟。癸酉，上始釋慘服，御正殿受朝賀。甲戌，并、汾、絳三州地震，壞人廬舍。辛巳，南郊。戊子，躬耕籍田。己丑，大赦天下，改元爲太極。內外官四品已下加一階，三品已上加爵一級。孔宣父祠廟，本州取側近三十戶以供灑掃。天下大酺五日，特賜老人九十已上緋衫牙笏，八十已上綠衫木笏。乙未，戶部尚書岑羲、左臺御史大夫竇懷貞並同中書門下三品。

二月丁酉，祕書增少監一員，光祿、大理、鴻臚、太府、衞尉、宗正各增置少卿一員；少府監、將作監增置少監一員，國子監增置司業一員，左右臺各增置中丞一員。雍洛二州、幷益荆揚四大都督府各增置司馬一員，仍分爲左右司馬。丁亥，皇太子釋奠於國學。追贈顏回爲太子太師，曾參爲太子太保。每年春秋釋奠，以四科弟子、曾參從祀，列于二十二賢之上〔九〕。辛酉，廢右御史臺官員。己巳，頒新格式於天下。

夏四月辛丑，制曰：

朕聞措刑由於用刑，去殺存乎必殺。明罰峻典，自古而然；立制齊人，於是乎在。自我朝建國，僅將百年，天下和平，其來已久。往承隋季，守法頗專；比襲時安，持綱日緩。況朕薄德，甚莫逮先；惟人難理，遠不如昔。粤從守位，三載于茲，庶務煩勞，不損晷景。嘗謂自我作則，感而成化；痛乎迷俗忘返，不感罔懲。將至純風，先歸重典。比者贓賄不息，渝濫公行，放心未寧，禁犯無懼。此焉暫革，期於承平，遂割小慈，以崇大體。自今已後，造僞頭首者斬，仍沒一房資財，同用臕者並停奪。非頭首者絞。其承前造僞人，限十日內首使盡。官典主司枉法受贓一匹已上，先決杖一百。其緣贓及惡狀被解及與替者，非選時不得輒入京城。縱家貫在京，不得輒至朝堂，妄有披訴。如有此色，並決杖仍加貶斥。其先在京城者，限三日內勒還。上下官僚輒緣

私情相囑者，其受囑人宜封狀奏聞。成器已下，朕自決罰。其餘王公已下，並解見任官，三五年間不須齒錄。其進狀人別加褒賞。御史宜令分察諸司。

五月戊寅，親祀北郊。辛未，大赦天下，改元爲延和。桓彥範、敬暉、崔玄暐、張柬之、袁恕己等，特還其子孫實封二百戶。天下大酺五日。

六月癸丑，戶部尚書岑羲爲侍中。乙卯，追尊則天皇后曰天后聖帝。庚申，幽州都督孫佺率左驍衞將軍李楷洛、左威衞將軍周以悌等，將兵三萬，與奚首領李大輔戰于硎山，爲賊所敗，佺沒於陣。壬戌，魏知古爲戶部尚書，仍依舊同中書門下三品。

秋七月庚午，竇懷貞爲尚書右僕射，平章軍國重事。己卯，上觀樂於安福門，以燭繼晝，經日乃止。

八月庚子，帝傳位于皇太子，自稱太上皇帝，五日一度受朝於太極殿，自稱曰朕，三品已上除授及大刑獄，並自決之，其處分事稱誥、令。皇帝每日受朝於武德殿，自稱曰予，三品已下除授及徒罪並令決之〔一〇〕，其處分事稱制、敕。甲辰，大赦天下，改元爲先天。

八月戊申，皇帝子許昌王嗣直改封郯王，眞定王嗣謙爲郢王。己酉，以宋王成器爲司空，依舊遙領揚州大都督。庚戌，竇懷貞爲尚書左僕射、同中書門下三品，仍兼御史大夫；劉幽求爲尚書右僕射，依舊同中書門下三品；魏知古爲侍中；崔湜爲中書令；並監修國

史。丁巳，立皇帝妃王氏爲皇后〔一一〕。癸亥，劉幽求配流封州。

九月丁卯朔，日有蝕之。甲申，封皇帝子嗣昇爲陝王。

冬十月庚子，皇帝親謁太廟，禮畢，御延喜門，大赦天下。壬寅，祔昭成皇后、肅明皇后神主於儀坤廟。癸卯，皇帝幸新豐之温湯，校獵於渭川。

十二月丁未，誥禁人屠殺犬雞。戊午，改箕州爲儀州。

二年春正月，敕江北諸州團結兵馬，皆令本州刺史押掌。乙亥，吏部尚書兼太子右諭德、鄭國公蕭至忠爲中書令。上元日夜，上皇御安福門觀燈，出內人連袂踏歌，縱百僚觀之，一夜方罷。

二月丙申，改隆州爲閬州，始州爲劍州。分冀州置深州。初，有僧婆陀請夜開門然燈百千炬，三日三夜。皇帝御延喜門觀燈縱樂，凡三日夜。左拾遺嚴挺之上疏諫之，乃止。

三月辛卯，皇后祀先蠶。癸巳，制敕表狀、書奏、牋牒年月等數，作一十、三十、四十字。

夏六月丙辰，兵部尚書、朔方道行軍大總管郭元振加同中書門下三品。

秋七月甲子，太平公主與僕射竇懷貞、侍中岑羲、中書令蕭至忠、左羽林大將軍常元楷等謀逆，事覺，皇帝率兵誅之。窮其黨與，太子少保薛稷、左散騎常侍賈膺福、右羽林將軍李

慈李欽、中書舍人李猷、中書令崔湜、尚書左丞盧藏用、太史令傅孝忠、僧惠範等皆誅之。兵部尚書郭元振從上御承天門樓，大赦天下，自大辟罪已下，無輕重咸赦除之。翌日，太上皇誥曰：「朕將高居無爲，自今後軍國刑政一事以上，並取皇帝處分。」

開元四年夏六月甲子，太上皇帝崩于百福殿，時年五十五。秋七月己亥，上尊謚曰大聖貞皇帝，廟曰睿宗。冬十月庚午，葬于橋陵。天寶十三載二月，改謚曰玄眞大聖大興孝皇帝。

史臣曰：法不一則姦僞起，政不一則朋黨生，上旣啓其泉源，下胡息於奔競。觀夫天后之時，雲委於二張之第；孝和之世，波注於三王之門。獻奇則除設盈庭，納賄則斜封滿路，咸以進趨相軌，姦利是圖，如火投泉，安得無敗？洎景龍繼統，汚俗廓清，然猶投杼於乘輿之間，抵掌於太平之日。以至書頻告變，上不自安，宮臣致禦魅之科，天子慊巡邊之詔。彼旣彎弓而射我，我則號泣以行刑。此雖鎭國之尤，亦是臨軒之失。夫君人孝愛，錫之以典刑，納之於軌物，俾無僭逼，下絕覬覦，自然治道惟新，亂階不作。孝和旣已失之，玄眞亦未爲得。

贊曰：孝和、玄眞，皆有先人。率情背禮，取樂於身。夷塗不履，覆轍攸遵。扶持聖嗣

頗有賢臣。

校勘記

〔一〕崔神慶　各本原作「韋慶」，據本書卷七七崔義玄傳、通鑑卷二〇八改。

〔二〕相王府　「相」字各本原無，據本書卷九一袁恕己傳補。

〔三〕房融配流欽州　通鑑卷二〇八作：「正諫大夫、同平章事房融除名，流高州；司禮卿崔神慶流欽州。」

〔四〕王及公主　「王」字各本原作「上」，據冊府卷三九改。

〔五〕孝敬妃裴氏爲哀皇后　「孝」「哀」二字各本原無，據本書卷八六孝敬皇帝弘傳、通鑑卷二〇八補。

〔六〕登封　各本原作「乾封」，據本書卷三八地理志改。

〔七〕封授諸大衞大將軍　本書卷一九四上突厥傳作：「封國王，授諸衞大將軍。」

〔八〕洛州長史　「洛」字各本原作「潞」，據本書卷九三張仁愿傳改。

〔九〕侍中舒國公韋巨源爲尚書左僕射並同中書門下三品　冊府卷七二作「侍中韋巨源爲左僕射，同中書門下三品」，無「並」字。通鑑卷二〇九作「韋巨源爲左僕射，楊再思爲右僕射，並同中書門下三品」。

〔一〇〕是日　各本原作「是月」，據葉校本改。

〔一一〕改始平爲金城縣　「改始平」三字各本原無，據本書卷三八地理志、合鈔卷七中宗紀補。

〔一二〕內樣巾子　「樣」字各本原作「宴」，據本書卷四五輿服志、唐會要卷三一改。

〔一三〕年五十五　各本原作「年五十」。按中宗生於高宗顯慶元年，死於景龍四年，年五十五歲。據御覽卷一一〇、新書卷四中宗紀改。

〔一四〕親皇　合鈔卷七睿宗紀作「皇親」。

〔一五〕隆範　各本原作「進範」，據本書卷九五惠文太子範傳、通鑑卷二〇九改。下同。

〔一六〕後掖稱制計立沖人　各本原作「然後稱制許立沖人」，據冊府卷一〇、唐大詔令集卷三八改。

〔一七〕嗣直　局本作「嗣眞」，餘各本均作「嗣貞」，今據本卷下文及本書卷一〇七靖德太子琮傳改。

〔一八〕置都督府改武榮州爲泉州　「置」「府」「武」三字各本原無，據本書卷四〇地理志補。

〔一九〕二十二賢　各本原作「七十二賢」，據本書卷二四禮儀志、御覽卷一一〇改。據禮儀志，二十二賢指左丘明至范寧、賈逵等二十二人。

〔二〇〕徒罪　各本原作「重罪」，據本書卷八玄宗紀、御覽卷一一〇改。

〔二一〕皇帝妃　「皇帝」下各本原有「子」字，據合鈔卷七睿宗紀刪。

舊唐書卷八

本紀第八

玄宗上

玄宗至道大聖大明孝皇帝諱隆基，睿宗第三子也，母曰昭成順聖皇后竇氏。垂拱元年秋八月戊寅，生於東都。性英斷多藝，尤知音律，善八分書。儀範偉麗，有非常之表。三年閏七月丁卯，封楚王。天授三年十月戊戌，出閣，開府置官屬，年始七歲。朔望車騎至朝堂，金吾將軍武懿宗忌上嚴整，訶排儀仗，因欲折之。上叱之曰：「吾家朝堂，干汝何事？敢迫吾騎從！」則天聞而特加寵異之。尋却入閤。長壽二年臘月丁卯，改封臨淄郡王。聖曆元年，出閤，賜第於東都積善坊。大足元年，從幸西京，賜宅於興慶坊。長安中，歷右衞郎將、尙輦奉御。

神龍元年，遷衞尉少卿。景龍二年四月，兼潞州別駕。十二月，加銀青光祿大夫。州

境有黃龍白日昇天。嘗出畋，有紫雲在其上，後從者望而得之。前後符瑞凡一十九事。四年，中宗將祀南郊，來朝京師。將行，使術士韓禮筮之，蓍一莖孑然獨立。禮驚曰：「蓍立，奇瑞非常也，不可言。」屬中宗末年，王室多故，上常陰引材力之士以自助。上所居宅外有水池，浸溢頃餘，望氣者以爲龍氣。四年四月，中宗幸其第，因遊其池，結綵爲樓船，令巨象踏之。

至六月，中宗暴崩，韋后臨朝稱制。韋溫、宗楚客、紀處訥等謀傾宗社，以睿宗介弟之重，先謀不利。道士馮道力、處士劉承祖皆善於占兆，詣上布誠款。上所居里名隆慶，時人語訛以「隆」爲「龍」；韋庶人稱制，改元又爲唐隆，皆符御名。上益自負，乃與太平公主謀之，公主喜，以子崇簡從。上乃與崇簡、朝邑尉劉幽求、長上折衝麻嗣宗、押萬騎果毅葛福順、李仙鳧、寶昌寺僧普潤等定策誅之。或曰：「先啓大王。」上曰：「我拯社稷之危，赴君父之急，事成福歸於宗社，不成身死於忠孝，安可先請，憂怖大王乎！若請而從，是王與危事；請而不從，則吾計失矣。」遂以庚子夜率幽求等數十人自苑南入，總監鍾紹京又率丁匠百餘以從。分遣萬騎往玄武門殺羽林將軍韋播、高嵩，持首而至，衆歡叫大集。攻白獸、玄德等門，斬關而進，左萬騎自左入，右萬騎自右入，合於淩煙閣前。時太極殿前有宿衞梓宮萬騎，聞譟聲，皆披甲應之。韋庶人惶惑走入飛騎營，爲亂兵所害。於是分遣誅韋氏之黨，比

明，內外討捕，皆斬之。乃馳謁睿宗，謝不先啓請之罪。睿宗遽前抱上而泣曰：「宗社禍難，由汝安定，神祇萬姓，賴汝之力也。」拜殿中監、同中書門下三品，兼押左右萬騎，進封平王。

睿宗即位，與侍臣議立皇太子，僉曰：「除天下之禍者，享天下之福；拯天下之危者，受天下之安。平王有聖德，定天下，又聞成器已下咸有推讓，宜膺主鬯，以副羣心。」睿宗從之。丙午，制曰：

舜去四凶而功格天地，武有七德而戡定黎人，故知有大勳者必受神明之福，仗高義者必爲匕鬯之主。朕恭臨寶位，亭育寰區，以萬物之心爲心，以兆人之命爲命。雖承繼之道，咸以冢嫡居尊；而無私之懷，必推功業爲首。然後可保安社稷，永奉宗祧。比以朕居藩邸，虔守國彝，貴戚中人，都無引接。第三子平王基孝而克忠，義而能勇。羣邪害正，兇黨實繁，利口巧言，讒說罔極。韋溫、延秀，朋黨競起；晉卿、楚客，交搆其間。潛結回邪，排擠端善，潛貯兵甲，將害朕躬。基密聞其期，先難奮發，推身鞠弭，衆應如歸，呼吸之間，凶渠殄滅。安七廟於幾墜，拯羣臣於將殞。方舜之功過四，比武之德逾七。靈祇望在，昆弟樂推。一人元良，萬邦以定。爲副君者，非此而誰？可立爲皇太子。有司擇日，備禮册命。

七月己巳，睿宗御承天門，皇太子詣朝堂受册。是日有景雲之瑞，改元爲景雲，大赦天下。

二年，又制曰：「惟天生烝人，牧以元后；維皇立國，副以儲君。將以保綏家邦，安固後嗣者也。朕纂承洪業，欽奉寶圖，夜分不寢，日昃忘倦。茫茫四海，懼一人之未周；烝烝萬姓，恐一物之失所。雖卿士竭誠，守宰宣化，緬懷庶域，仍未小康。是以求下人之變風，遵先朝之故事。皇太子基仁孝因心，溫恭成德，深達禮體，能辨皇猷，宜令監國，俾爾爲政。其六品以下除授及徒罪已下，並取基處分。」

延和元年六月，兇黨因術人聞睿宗曰：「據玄象，帝座及前星有災，皇太子合作天子，不合更居東宮矣。」睿宗曰：「傳德避災，吾意決矣。」七月壬午，制曰：

朕以寡昧，虔奉鴻休，本殊王季之賢，早達延陵之節。昔在聖曆，已讓皇嗣之尊；爰暨神龍，終辭太弟之授。豈唯衣冠所覩，抑亦兆庶咸知。頃屬國步不夷，時艱主幼，大業有綴旒之懼，寶位深墜地之憂，議迫公卿，遂司契篆，日慎一日，以至于今。一紀之勞，勤亦至矣；萬方之俗，化漸行矣。將成宿願，脫屣寰區。昔堯之禪舜，唯能是與，禹以命啓，匪私其親，神器之重，允歸公授。皇太子基有大功於天地，定阽危於社稷，溫文既習，聖敬克躋。委之監國，已移歲年，時政益明，庶工惟序。朕之知子，庶不負時，曆數在躬，宜陟元后。可令即皇帝位，有司擇日授册。朕方比迹洪古，希風太皇，神與

化遊，思與道合，無爲無事，豈不美歟！王公百僚，宜識朕意。

上意惶懼，馳見叩頭，請所以傳位之旨。睿宗曰：「吾因汝功業得宗社。今帝座有眚，思欲遜避，唯聖德大勳，始轉禍爲福。易位於汝，吾知晚矣。」上始居武德殿視事，三品以下除授及徒罪皆自決之。

先天二年七月三日，尚書左僕射竇懷貞、侍中岑羲、中書令蕭至忠崔湜、雍州長史李晉、左羽林大將軍常元楷、右羽林將軍李慈等與太平公主同謀，期以其月四日以羽林軍作亂。上密知之，因以中旨告岐王範、薛王業、兵部尚書郭元振、將軍王毛仲，取閑廐馬及家人三百餘人，率太僕少卿李令問、王守一、內侍高力士、果毅李守德等親信十數人，出武德殿，入虔化門。梟常元楷、李慈於北闕。擒賈膺福、李猷於內客省以出，執蕭至忠、岑羲於朝，皆斬之。睿宗明日下詔曰：「朕將高居無爲，自今軍國政刑一事已上，並取皇帝處分。」上御承天門樓，下制曰：

朕承累聖之洪休，荷重光之積慶。昔因多難，內屬搆屯，寶位深墜地之憂，神器有綴旒之懼。事殷家國，義感神祇，吟嘯風雲，龔行雷電，致君親於堯、舜，濟黔首於休和。遂以孟秋，允昇儲貳；旋承內禪，繼體宸居。拜首之請空勤，讓立之誠莫展，恭臨億兆，二載于茲。上稟聖謨，下凝庶績，八荒同軌，瀛海無波。不謂姦慝潛謀，蕭牆竊

發。逆賊竇懷貞等並以庸妄，權齒朝廷，毫髮之効未申，丘山之釁仍積，共成梟獍，將肆姦回。太上皇聖斷宏通，英謀獨運，命朕率岐王範、薛王業等躬事誅鉏。齊斧一麾，凶渠盡殪。太陽朗耀，澄氛霧於天衢；高風順時，厲肅殺於秋序。神靈協贊，夷夏相歡，四族之慝既清，七百之祚方永〔一〕。爰承後命，載闡休期，總軍國之大猷，施雲雨之鴻澤。承乾之道，既光被於無垠；作解之恩，思式覃於品物。當與億兆，同此惟新。可大赦天下，大辟罪已下咸赦除之。加邠王守禮實封三百戶，宋王成器、申王成義各加實封一千戶，岐王範、薛王業各加實封七百戶。文武官三品以下賜爵一級，四品已下各加一階。內外官人被諸道按察使及御史所摘伏，咸宜洗滌，還日依次敍用。

丁卯，崔湜、盧藏用除名，長流嶺表。壬申，王琚爲銀青光祿大夫、戶部尚書〔二〕，封趙國公，實封三百戶；姜皎銀青光祿大夫、工部尚書，封楚國公，實封五百戶；李令問銀青光祿大夫、殿中監，實封三百戶；王毛仲輔國大將軍、左武衞大將軍、檢校內外閑廐兼知監牧使、霍國公，實封五百戶；王守一銀青光祿大夫、太常卿同正員，進封晉國公，實封五百戶：並賞其定策功。琚、皎、令問固讓。癸丑，中書侍郎陸象先爲益州大都督府長史兼劍南道按察兵馬使，尚書左丞張說爲檢校中書令。甲戌，令毀天樞，取其銅鐵充軍國雜用。庚辰，王琚爲中書侍郎，加實封二百戶；姜皎殿中監，仍充內外閑廐使，加實封二百戶；李令問

殿中少監、知尚食事，加實封二百戶。己丑，周孝明高皇帝依舊追贈太原王，宜去帝號；孝明皇后宜稱太原王妃；昊陵、順陵並稱太原王及妃墓。

八月壬辰，封州流人劉幽求爲尚書左僕射、知軍國重事，徐國公，仍依舊實封七百戶。制曰：「凡有刑人，國家常法。掩骼埋胔，王者用心。自今已後，輒有屠割刑人骨肉者，依法科殘害之罪。」

九月，司空兼揚州大都督、宋王成器爲太尉兼揚州大都督，益州大都督兼右金吾大將軍、申王成義爲司徒兼益州大都督，單于大都護兼左金吾大將軍、邠王守禮爲司空。癸丑，封華嶽神爲金天王。九月丁卯，宋王成器爲開府儀同三司，尚書左僕射劉幽求同中書門下三品，檢校中書令、燕國公張說爲中書令，特進王仁皎爲開府儀同三司。己卯，宴王公百僚於承天門，令左右於樓下撒金錢，許中書門下五品已上官及諸司三品已上官爭拾之，仍賜物有差。郭元振兼御史大夫。丙戌，又置右御史臺。

冬十一月甲申，幸新豐之温湯。癸卯，講武於驪山。兵部尚書、代國公郭元振坐虧失軍容，配流新州；給事中、攝太常少卿唐紹以軍禮有失，斬於纛下。甲辰，畋獵於渭川。同州刺史、梁國公姚元之爲兵部尚書、同中書門下三品。乙巳，至自温湯。十一月乙丑，幽求兼知侍中。戊子，上加尊號爲開元神武皇帝。

十二月庚寅朔，大赦天下，改元爲開元，內外官賜勳一轉。改尚書左、右僕射爲左、右丞相，中書省爲紫微省，門下省爲黃門省，侍中爲監。雍州爲京兆府，洛州爲河南府，長史爲尹，司馬爲少尹〔三〕。國初以來宰相及食實封功臣子孫，一應沈翳未承恩者，令量才擢用。開元元年十二月己亥，禁斷潑寒胡戲。癸丑，尚書左丞相兼黃門監劉幽求爲太子少保，罷知政事；紫微令張說爲相州刺史。甲寅，門下侍郎盧懷愼同紫微黃門平章事。

二年春正月，關中自去秋至于是月不雨，人多饑乏，遣使賑給。制求直諫昌言弘益政理者〔四〕。名山大川，並令祈祭。丙寅，紫微令姚崇上言請檢責天下僧尼，以僞濫還俗者二萬餘人。甲申，幷州大都督府長史兼檢校左衞大將軍薛訥同紫微黃門三品，仍總兵以討奚、契丹。

二月，突厥默啜遣其子同俄特勤率衆寇北庭都護府〔五〕，右驍衞將軍郭虔瓘擊敗之，斬同俄於城下。己酉，以旱，親錄囚徒。改太史監罷隸秘書省。

閏月癸亥，令道士、女冠、僧尼致拜父母。丁卯，復置十道按察使。己未，突厥默啜妹壻火拔頡利發石失畢與其妻來奔，封燕山郡王，授左衞員外大將軍。紫微侍郎、趙國公王琚左授澤州刺史，賜實封一百戶，餘並停。丁亥，劉幽求爲睦州刺史。

三月甲辰，靑州刺史、郇國公韋安石爲沔州別駕；太子賓客、逍遙公韋嗣立爲岳州別駕；特進致仕李嶠先隨子在袁州，又貶滁州別駕：並員外置。去年九月有詔毀天樞，至今春始〔六〕。

夏五月辛亥，黃門監魏知古工部尚書，罷知政事。

六月丁巳，開府儀同三司、宋王成器爲岐州刺史，司徒、申王成義爲幽州刺史，司空、邠王守禮爲虢州刺史：委務於上佐。內出珠玉錦繡等服玩，又令於正殿前焚之。乙丑，兵部尚書致仕、韓國公張仁愿卒。

七月，薛訥與副將杜賓客、崔宣道等總兵六萬自檀州道遇賊於灤河，爲賊所敗。訥等屏甲遁歸，減死，除名爲庶人。辛未，光祿卿竇希瑊爲太子太傅。房州刺史、襄王重茂薨於梁州，諡曰殤帝。丙午，昭文館學士柳沖、太子左庶子劉子玄刊定姓族系錄二百卷，上之。諸王傅並停。京官所帶跨巾算袋，每朝參日着，外官衙日着，餘日停。吐蕃寇臨洮軍，又遊寇蘭州、渭州，掠羣牧，起薛訥攝左羽林將軍、隴右防禦使，率杜賓客、郭知運、王晙、安思順以禦之。太常卿、岐王範爲華州刺史，秘書監、薛王業爲同州刺史。

八月戊午，西天竺國遣使獻方物。

九月戊申，幸新豐之温泉。甲寅，制曰：「自古帝王皆以厚葬爲誡，以其無益亡者，有損生業故也。近代以來，共行奢靡，遞相仿效，浸成風俗，既竭家產，多至凋弊。然則魂魄歸天，明精誠之已遠；卜宅於地，蓋思慕之所存。古者不封，未爲非達。且墓爲眞宅，自便有房，今乃別造田園，名爲下帳，又冥器等物，皆競驕侈。失禮違令，殊非所宜；戮屍暴骸，實由於此。承前雖有約束，所司曾不申明，喪葬之家，無所依准。宜令所司據品令高下，明爲節制：冥器等物，仍定色數及長短大小；園宅下帳，並宜禁絕；墳墓塋域，務遵簡儉；凡諸送終之具，並不得以金銀爲飾。如有違者，先決杖一百。州縣長官不能舉察，並貶授遠官。」

冬十月戊午，至自温泉。薛訥破吐蕃於渭州西界武階驛，斬首一萬七十級，馬七萬七匹，牛羊四萬頭。豐安軍使郎將、判將軍王海賓先鋒力戰，死之。

十一月庚寅，葬殤帝於武功西原。

十二月乙丑，封皇子嗣眞爲鄫王，嗣初爲鄂王，嗣玄爲鄄王。時右威衞中郎將周慶立爲安南市舶使，與波斯僧廣造奇巧，將以進內。監選使、殿中侍御史柳澤上書諫，上嘉納之。

三年春正月丁亥，立郢王嗣謙爲皇太子，降死罪已下，大酺三日。癸卯，黃門侍郎盧懷愼爲檢校黃門監。甲辰，工部尚書魏知古卒。

二月，禁斷天下採捕鯉魚。十姓部落左廂五咄六啜、右廂五弩失畢五俟斤〔八〕，及高麗莫離支高文簡、都督跌跌思太等〔九〕，各率其衆自突厥相繼來奔，前後總二千餘帳。析許州、唐州置仙州。

夏四月，岐王範兼虢州刺史，薛王業兼幽州刺史。

六月，山東諸州大蝗，飛則蔽景，下則食苗稼，聲如風雨。紫微令姚崇奏請差御史下諸道，促官吏遣人驅撲焚瘞，以救秋稼，從之。是歲，田收有穫，人不甚饑。

秋七月，刑部尚書李日知卒。

冬十月甲寅，制曰：「朕聽政之暇，常覽史籍，事關理道，實所留心，中有闕疑，時須質問。宜選耆儒博學一人，每日入內侍讀。」以光祿卿馬懷素爲左散騎常侍，與右散騎常侍褚无量並充侍讀〔一〇〕。甲子，幸郿縣之鳳泉湯。

十一月己卯，至自鳳泉湯。乙酉，幸新豐之溫湯。丁亥，妖賊崔子嵒等入相州作亂。戊子，州司討平之。甲午，至自溫湯。

十二月庚午，以軍器使爲軍器監，置官員。

是冬無雪。

四年春正月癸未，尚衣奉御長孫昕恃以皇后妹壻，與其妹夫楊仙玉毆擊御史大夫李傑，上令朝堂斬昕以謝百官。以陽和之月不可行刑，累表陳請，乃命杖殺之。丁亥，宋王成器、申王成義以「成」字犯昭成皇后諡號，於是成器改名憲，成義改爲撝。刑部尚書、中山郡公李乂卒。

二月丙辰，幸新豐之溫湯。丁卯，至自溫湯。以關中旱，遣使祈雨于驪山，應時澍雨。

夏六月庚寅，月蝕既。癸亥，太上皇崩于百福殿。辛未，京師、華、陝三州大風拔木。癸酉，突厥可汗默啜爲九姓拔曳固所殺，斬其首送于京師。默啜兄子小殺繼立爲可汗。

是夏，山東、河南、河北蝗蟲大起，遣使分捕而瘞之。其迴紇、同羅、霫、勃曳固、僕固五部落來附，於大武軍北安置。

秋七月丙申，分巂、雅二州置黎州。

冬十月癸丑，戶部尚書、新除太子詹事畢構卒。庚午，葬睿宗大聖貞皇帝于橋陵。以同州蒲城縣爲奉先縣，隸京兆府。

十一月丁亥，徙中宗神主于西廟。甲午，尚書左丞源乾曜爲黃門侍郎、同紫微黃門平章事。辛丑，黃門監兼吏部尚書盧懷愼卒。

十二月乙卯，幸新豐之溫湯。其夜，定陵寢殿災。乙丑，至自溫湯。尚書、廣平郡公宋璟爲吏部尚書兼黃門監，紫微侍郎、許國公蘇頲同紫微黃門平章事。兵部尚書兼紫微令、梁國公姚崇爲開府儀同三司，黃門侍郎、安陽男源乾曜守京兆尹，並罷知政事。停十道採訪使。

五年春正月壬寅朔，上以喪制不受朝賀。癸卯寅時，太廟屋壞，移神主于太極殿，上素服避正殿，輟朝五日，日躬親祭享。辛亥，幸東都。戊辰，昏霧四塞。

二月甲戌，至自東都，大赦天下，唯謀反大逆不在赦限，餘並宥之。河南百姓給復一年，河南、河北遭澇及蝗蟲處，無出今年地租。武德、貞觀以來勳臣子孫無位者，訪求其後奏聞；有嘉遯幽棲養高不仕者，州牧各以名薦。

三月庚戌，於柳城依舊置營州都督府。丁巳，以辛景初女封爲固安縣主，妻于奚首領饒樂郡王大酺。

夏四月己丑，皇帝第九子嗣一薨，追封夏王，謚曰悼。甲午，以則天拜洛受圖壇及碑文幷顯聖侯廟，初因唐同泰僞造瑞石文所建，令即廢毀。

六月壬午，鞏縣暴雨連月，山水泛濫，毀郭邑廬舍七百餘家，人死者七十二。汜水同日漂壞近河百姓二百餘家。

秋七月甲子，詔曰：「古者操皇綱執大象者，何嘗不上稽天道，下順人極，或變通以隨時，爰損益以成務。且衢室創制，度堂以筵。因之以禮神，是光孝德；用之以布政，蓋稱視朔，先王所以厚人倫感天地者也。少陽有位，上帝斯歆，此則神貴於不黷，禮殷於至敬。今之明堂，俯鄰宮掖，比之嚴祝，有異肅恭，苟非憲章，將何軌物？由是禮官博士公卿大臣廣參羣議，欽若前古，宜存露寢之式，用罷辟雍之號。可改爲乾元殿，每臨御依正殿禮。」

九月壬寅，改紫微省依舊爲中書省，黃門省爲門下省，黃門監爲侍中。

冬十月丙子，京師修太廟成。丁丑，詔以故越王貞死非其罪，封故許王男琳爲嗣越王，以繼其後。戊寅，祔神主于太廟。

十一月己亥，契丹首領松漠郡王李失活來朝，以宗女爲永樂公主以妻之。司徒兼鄧州刺史、申王撝兼虢州刺史。

六年春正月丙辰朔，以未經大祥，不受朝賀。辛酉，禁斷天下諸州惡錢，行二銖四分已上好錢，不堪用者並即銷破覆鑄。將作大匠韋湊上疏，請遷孝敬神主，別立義宗廟。以太子少師兼許州刺史、岐王範兼鄭州刺史。

二月甲戌，禮幣徵嵩山隱士盧鴻。

夏五月乙未，孝敬哀皇后祔于恭陵。契丹松漠郡王李失活卒。

六月甲申，瀍水暴漲，壞人廬舍，溺殺千餘人。乙酉，制以故侍中桓彥範、敬暉、故中書令兼吏部尚書張柬之、故特進崔玄暐、故中書令袁恕己配饗中宗廟庭，故司空蘇瓌、故左丞相太子少保郴州刺史劉幽求配饗睿宗廟庭。

秋七月己未，秘書監馬懷素卒。

九月乙未，遣工部尚書劉知柔持節往河南道存問。

冬十月丙申，車駕還京師。

十一月辛卯，至自東都。丙申，親謁太廟，迴御承天門，詔：「七廟元皇帝已上三祖枝孫有失官序者，各與一人五品京官。內外官三品已上有廟者，各賜物三十匹，以備修祭服及俎豆。」賜文武官有差。乙巳，傳國八璽依舊改稱寶，符璽郎爲符寶郎。

十二月，以開府儀同三司兼澤州刺史、宋王憲爲涇州刺史，司徒兼虢州刺史、申王撝爲絳州刺史，以太子少師兼鄭州刺史、岐王範爲岐州刺史，以太子少保兼衞州刺史、薛王業爲虢州刺史。

七年春正月，吐蕃遣使朝貢。

三月丁酉，左武衞大將軍、霍國公王毛仲加特進。渤海靺鞨郡王大祚榮死，其子武藝嗣位。

夏四月癸酉，開府儀同三司王仁皎薨。

五月己丑朔，日有蝕之。

秋七月丙辰，制以亢陽日久，上親錄囚徒，多所原免。諸州委州牧、縣宰量事處置。

八月癸丑，敕：「周公制禮，歷代不刊；子夏爲傳，孔門所受。逮及諸家，或變例。與其改作，不如好古。諸服紀宜一依舊文。」

九月甲子，改昭文館依舊爲弘文館。宋王憲徙封寧王。

冬十月，於東都來庭縣廨置義宗廟。辛卯，幸新豐之温湯。癸卯，至自温湯。戊寅，皇太子詣國學行齒胄禮，陪位官及學生賜物有差。

十二月丙戌，置弘文、崇文兩館讎校書郎官員。

八年春正月甲子朔，皇太子加元服。乙丑，皇太子謁太廟。丙寅，會百官於太極殿，賜物有差。壬申，右散騎常侍、舒國公褚无量卒。己卯，侍中宋璟爲開府儀同三司，中書侍郎蘇頲爲禮部尚書，並罷知政事。京兆尹源乾曜爲黃門侍郎，并州大都督府長史張嘉貞爲中書侍郎，並同中書門下平章事。

二月丁酉，皇子敏薨〔一一〕，追封懷王，謚曰哀。

夏五月丁卯，源乾曜爲侍中，張嘉貞爲中書令。南天竺國遣使獻五色鸚鵡。

六月壬寅夜，東都暴雨，穀水泛漲。新安、澠池、河南、壽安、鞏縣等廬舍蕩盡，共九百六十一戶，溺死者八百一十五人。許、衞等州掌閑番兵溺者千一百四十八人。

秋九月，突厥欲谷寇甘、涼等州〔一二〕，涼州都督楊敬述爲所敗，掠契苾部落而歸。以御史大夫王晙爲兵部尚書兼幽州都督，黃門侍郎韋抗爲御史大夫、朔方總管以禦之。甲子，太子少師兼岐州刺史、岐王範兼太子太傅〔一三〕，太子少保兼虢州刺史、薛王業爲太子太保，餘並如故。

冬十月辛巳，幸長春宮。壬午，畋于下邽。

十一月乙丑，至自長春宮。辛未，突厥寇涼州，殺人掠羊馬數萬計而去。

九年春正月丙辰，改蒲州爲河中府，置中都。丙寅，幸新豐之温湯。

夏四月庚寅，蘭池州叛胡顯首僞稱葉護康待賓、安慕容，爲多覽殺大將軍何黑奴〔一四〕，僞將軍石神奴、康鐵頭等，據長泉縣〔一五〕，攻陷六胡州。兵部尚書王晙發隴右諸軍及河東九姓掩討之。甲戌，上親策試應制舉人於含元殿，謂曰：「古有三道，今減二策。近無甲科〔一六〕，朕將存其上第，務收賢俊，用寧軍國。」仍令有司設食。

秋七月戊申，罷中都，依舊爲蒲州。己酉，王晙破蘭池州叛胡，殺三萬五千騎。丙辰，揚、潤等州暴風，發屋拔樹，漂損公私船舫一千餘隻。先天中，重修三九射禮，至是，給事中許景先抗疏罷之。

九月己巳朔，日有蝕之。丁未，開府儀同三司、梁國公姚崇薨。丁巳，御丹鳳樓，宴突厥首領。庚申，幸中書省。癸亥，右羽林將軍、權檢校幷州大都督府長史、燕國公張說爲兵部尚書、同中書門下三品。

冬十一月丙辰，左散騎常侍元行沖上羣書目錄二百卷，藏之內府。庚午冬至，大赦天下，內外官九品已上加一階，三品已上加爵一等。自六月二十日、七月三日匡衞社稷食實封功臣，坐事削除官爵，中間有生有死，並量加收贈。致仕官合佩魚者聽其終身。賜酺三日。

十二月乙酉，幸新豐之温湯。壬午，至自温湯。

是冬無雪。

十年春正月丁巳，幸東都。甲子，省王公已下視品官參佐及京三品已上官伏身職員。乙丑，停天下公廨錢，其官人料以稅戶錢充，每月准舊分例數給。戊申，內外官職田，除公廨田園外，並官收，給還逃戶及貧下戶欠丁田。

二月戊寅，至東都。

三月戊申，詔自今內外官有犯贓至解免已上，縱逢赦免，並終身勿齒。

夏四月丁酉，封契丹首領松漠都督李鬱于爲松漠郡王，奚首領饒樂都督李魯蘇爲饒樂郡王。

五月，東都大雨，伊、汝等水泛漲，漂壞河南府及許、汝、仙、陳等州廬舍數千家，溺死者甚衆。

閏五月壬申，兵部尚書張說往朔方軍巡邊。戊寅，敕諸番充質宿衞子弟，並放還國。

六月辛丑，上訓注孝經，頒于天下。癸卯，以餘姚縣主女慕容氏爲燕郡公主，出降奚首領饒樂郡王李魯蘇[八]。己巳，增置京師太廟爲九室，移孝和皇帝神主以就正廟。

秋八月丙戌，嶺南按察使裴伷先上言安南賊帥梅叔鸞等攻圍州縣，遣驃騎將軍兼內侍

楊思勗討之。丁亥，遣戶部尚書陸象先往汝、許等州存撫賑給。丙申，博、棣等州黃河堤破，漂損田稼。

九月，張說擒康願子於木盤山。詔移河曲六州殘胡五萬餘口於許、汝、唐、鄧、仙、豫等州，始空河南朔方千里之地。甲戌，秘書監、楚國公姜皎坐事，詔杖之六十，配流欽州，死於路。都水使者劉承祖配流雷州。乙亥，制曰：「朕君臨宇內，子育黎元。內修睦親，以敍九族；外協庶政，以濟兆人。勳戚加優厚之恩，兄弟盡友于之至。務崇敦本，克慎明德。今小人作孽，已伏憲章，恐不逞之徒，猶未能息。凡在宗屬，用申懲誡，自今已後，諸王、公主、駙馬、外戚家，除非至親以外，不得出入門庭，妄說言語。所以共存至公之道，永協和平之義，克固藩翰，以保厥休。貴戚懿親，宜書座右。」又下制，約百官不得與卜祝之人交遊來往。乙卯夜，京兆人權梁山僞稱襄王男，自號光帝，與其黨權楚璧，以屯營兵數百人，自景風、長樂等門斬關入宮城構逆。至曉兵敗，斬梁山，傳首東都。廢河陽柏崖倉。

冬十月癸丑，乾元殿依舊題爲明堂。甲寅，幸壽安之故興泰宮，畋獵于上宜川。庚申，至自興泰宮。波斯國遣使獻獅子。

十一月乙未，初令宰相共食實封三百戶。

十二月，停按察使。

十一年春正月丁卯，降都城見禁囚徒，流、死罪減一等，餘並原之。己巳，北都巡狩，敕所至處存問高年、鰥寡惸獨、征人之家；減流、死罪一等，徒以下放免。庚辰，幸并州、潞州，宴父老，曲赦大辟罪已下，給復五年。別改其舊宅爲飛龍宮。辛卯，改并州爲太原府，官吏補授，一準京兆、河南兩府。百姓給復一年，貧戶復二年，元從戶復五年。武德功臣及元從子孫，有才堪文武未有官者，委府縣搜揚，具以名薦。上親制起義堂頌及書，刻石紀功于太原府之南街。戊申，次晉州。壇場使、中書令張嘉貞貶爲幽州刺史。壬子，祠后土于汾陰之脽上，昇壇行事官三品已上加一爵，四品已上加一階，陪位官賜勳一轉。改汾陰爲寶鼎縣。癸亥，兵部尚書張說兼中書令。

三月庚午，車駕至京師，制所經州、府、縣無出今年地稅，京城見禁囚徒並原免之。

夏四月丙辰，遷祔中宗神主于太廟。癸亥，張說正除中書令，吏部尚書、中山公王晙爲兵部尚書、同中書門下三品。

五月己巳，北都置軍器監官員。王晙爲朔方節度使，兼知河北郡、隴右、河西兵馬使。

六月，王晙赴朔方軍。

秋八月戊申，尊八代祖宣皇帝廟號獻祖，光皇帝廟號懿祖，始祔于太廟之九室。

九月己巳，頒上撰廣濟方於天下，仍令諸州各置醫博士一人。春秋二時釋奠，諸州宜依舊用牲牢，其屬縣用酒酺而已。

冬十月丁酉，幸新豐之温泉宮。甲寅，至自温泉。

十一月戊寅，親祀南郊，大赦天下，見禁囚徒死罪至徒流已下免除之。昇壇行事及供奉官三品已上賜爵一級，四品轉一階。武德以來實封功臣、知政宰輔淪屈者[九]，所司具以狀聞。賜酺三日，京城五日。是月，自京師至于山東、淮南大雪，平地三尺餘。丁亥，廢軍器監官員，少府監加置少監一人以充之。

十二月甲午，幸鳳泉湯。戊申，至自鳳泉湯。庚申，王晙授蘄州刺史。

十二年春正月。

夏四月，封故澤王上金男義珣爲嗣澤王。嗣許王瓘左授鄂州別駕，以弟璆爲上金嗣故也。癸卯，嗣江王禕降爲信安郡王，嗣蜀王褕爲廣漢郡王，嗣密王徹爲濮陽郡王，嗣曹王臻爲濟國公，嗣趙王琚爲中山郡王，武陽郡王堪爲澧國公。禕等並自神龍之後外繼爲王[一〇]，以瓘利澤王之封，盡令歸宗改封焉。

秋七月壬申，月蝕既。己卯，廢皇后王氏爲庶人。后弟太子少保、駙馬都尉守一貶爲

澤州別駕，至藍田，賜死。戶部尚書、河東伯張嘉貞貶台州刺史。

冬十一月庚申，幸東都，至華陰，上制岳廟文，勒之于石，立于祠南之道周。戊寅，至自東都。庚辰，司徒、申王撝薨，追謚曰惠莊太子。五溪首領覃行璋反，遣鎮軍大將軍兼內侍楊思勗討平之。

閏十二月丙辰朔，日有蝕之。

十三年春正月乙酉，以幽州都督府爲大都督府。戊子，降死罪從流，流已下罪悉原之。分遣御史中丞蔣欽緒等往十道疏決囚徒。

二月戊午，幸龍門，卽日還宮。乙亥，初置彍騎，分隸十二司。丙子，改豳州爲邠州，鄭州爲莫州，梁州爲褒州，沅州爲巫州，舞州爲鶴州，泉州爲福州，以避文相類及聲相近者。

三月甲午，皇太子嗣謙改名鴻；郯王嗣直改名潭，徙封慶王；陝王嗣昇改名浚，徙封忠王；鄫王嗣眞改名洽，徙封棣王；鄂王嗣初改名涓，徙封郎王；嗣玄改名滉，封榮王。又第八子滘封爲光王，第十二男濰封爲儀王，第十三男澐封爲潁王，第十六男澤封爲永王，第十八男淸封爲壽王，第二十男洄封爲延王，第二十一男沭封爲盛王，第二十二男溢封爲濟王。丙申，御史大夫程行諶奏：「周朝酷吏來子珣、萬國俊、王弘義、侯思止、郭霸、焦仁亶、

張知默、李敬仁、唐奉一、來俊臣、周興、丘神勣、索元禮、曹仁哲、王景昭、裴籍、李秦授、劉光業、王德壽、屈貞筠、鮑思恭、劉景陽、王處貞等二十三人，殘害宗枝，毒陷良善，情狀尤重，子孫不許仕宦。陳嘉言、魚承曄、皇甫文備、傅遊藝四人，情狀雖輕，子孫不許近任。請依開元二年二月五日敕。」

夏四月丁巳，改集仙殿爲集賢殿，麗正殿書院改集賢殿書院；內五品已上爲學士，六品已下爲直學士。癸酉，令朝集使各舉所部孝悌文武，集於泰山之下。

五月庚寅，妖賊劉定高率其黨夜犯通洛門，盡擒斬之。

六月乙亥，廢都西市。

冬十月癸丑，新造銅儀成，置於景運門內，以示百官。辛酉，東封泰山，發自東都。

十一月丙戌，至兗州岱宗頓〔三二〕。丁亥，致齋於行宮。己丑，日南至，備法駕登山，仗衞羅列嶽下百餘里。詔行從留於谷口，上與宰臣、禮官昇山。庚寅，祀昊天上帝於上壇，有司祀五帝百神于下壇。禮畢，藏玉册於封祀壇之石磩，然後燔柴。燎發，羣臣稱萬歲，傳呼自山頂至嶽下，震動山谷。上還齋宮，慶雲見，日抱戴。辛卯，祀皇地祇於社首，藏玉册於石磩，如封祀壇之禮。壬辰，御帳殿受朝賀，大赦天下，流人未還者放還。內外官三品已上賜爵一等，四品已下賜一階，登山官封賜一階，褒聖侯量才與處分。封泰山神爲天齊王，禮秩加三公一等，近山十里，禁其樵採。賜酺七日〔三三〕。侍中源乾曜爲尚書左丞相兼侍中，中書令張說爲尚書右丞相兼中書令。甲午，發岱嶽。丙申，幸孔子宅，親設奠祭。

十二月己巳，至東都。時累歲豐稔，東都米斗十錢，青、齊米斗五錢。

是冬，分吏部爲十銓，敕禮部尚書蘇頲、刑部尚書韋抗、工部尚書盧從愿等分掌選事。

十四年春正月癸亥，改封契丹松漠郡王李召固爲廣化王，奚饒樂郡王李魯蘇爲奉誠王，封宗室外甥女二人爲公主，各以妻之。

二月庚戌朔，邕州獠首領梁大海、周光等據賓、橫等州叛，遣驃騎大將軍兼內侍楊思勗討之。

三月壬寅，以國甥東華公主降于契丹李召固。

夏四月癸丑，御史中丞宇文融與御史大夫崔隱甫彈尚書右丞相〔三四〕、兼中書令張說，鞫於尚書省。丁巳，戶部侍郎李元紘同中書門下平章事。庚申，張說停兼中書令。丁卯，太子少師、岐王範薨，册贈惠文太子。辛丑，於定、恆、莫、易、滄等五州置軍以備突厥。

五月癸卯，戶部進計帳，今年管戶七百六萬九千五百六十五，管口四千一百四十一萬九千七百一十二。

六月戊午，大風，拔木發屋，毀端門鴟吻，都城門等及寺觀鴟吻落者殆半。上以旱、暴風雨，命中外羣官上封事，指言時政得失，無有所隱。

秋七月癸丑夜，瀍水暴漲入漕，漂沒諸州租船數百艘，溺者甚衆。

九月己丑，檢校黃門侍郎兼磧西副大都護杜暹同中書門下平章事。

是秋，十五州言旱及霜，五十州言水，河南、河北尤甚，蘇、同、常、福四州漂壞廬舍，遣御史中丞宇文融檢覆賑給之。

冬十月，廢麟州。庚申，幸汝州廣成湯。己巳，還東都。

十一月甲戌，突厥遣使來朝。辛丑，渤海靺鞨遣其子義信來朝，并獻方物。

十二月丁巳，幸壽安之方秀川。己未，日色赤如赭。壬戌，還東都。

十五年春正月戊寅，制草澤有文武高才，令詣闕自舉。庚子，太史監復爲太史局，依舊隸秘書省。辛丑，涼州都督王君㚟破吐蕃於青海之西，虜輜車、馬羊而還。

二月，遣左監門將軍黎敬仁往河北賑給貧乏。時河北牛畜大疫。己巳，尚書右丞相張說、御史大夫崔隱甫、中丞宇文融以朋黨相構，制說致仕，隱甫免官侍母，融左遷魏州刺史。

夏五月，晉州大水，漂損居人廬舍。癸酉，以慶王潭爲涼州都督兼河西諸軍節度大使，

中華書局

忠王浚爲單于大都護、朔方節度大使，棣王洽爲太原冀北牧、河北諸軍節度大使，鄂王涓爲幽州都督、河北節度大使，榮王滉爲京兆牧、隴右節度大使，光王涺爲廣州都督、五府節度大使，儀王濰爲河南牧，潁王澐爲安東都護、平盧軍節度大使，永王澤爲荆州大都督，壽王清爲益州大都督、劍南節度大使，延王洄爲安西大都護、磧西節度大使，盛王沐爲揚州大都督，並不出閤。

秋七月甲戌，雷震興教門樓兩鴟吻，欄檻及柱災。禮部尚書蘇頲卒。庚寅，鄜州洛水泛漲，壞人廬舍。辛卯，又壞同州馮翊縣廨宇，及溺死者甚衆。丙申，改武臨縣爲潁陽縣。

九月丙子，吐蕃寇瓜州，執刺史田元獻及王君㚟父壽，殺掠人吏，盡取軍資倉糧而去。己亥，赦都城繫囚，死罪降從流，徒已下罪悉免之。

丙戌，突厥毗伽可汗使其大臣梅錄啜來朝。

閏月庚子，突騎施蘇祿[三四]、吐蕃贊普圍安西，副大都護趙頤貞擊走之[三五]。庚申，車駕發東都，還京師。迴紇部落殺王君㚟于甘州之鞏筆驛。制檢校兵部尚書蕭嵩兼判涼州事，總兵以禦吐蕃。

是秋，六十三州水，十七州霜旱；河北饑，轉江淮之南租米百萬石以賑給之。

冬十月己卯，至自東都。

十二月乙亥，幸溫泉宮。丙戌，至自溫泉宮。

十六年春正月庚子，始聽政于興慶宮。春、瀧等州獠首領瀧州刺史陳行範、廣州首領馮仁智、何遊魯叛[三六]，遣驃騎大將軍楊思勗討之。壬寅，安西副大都護趙頤貞敗吐蕃于曲子城[三七]。甲子，黑水靺鞨遣使來朝獻。

秋七月，吐蕃寇瓜州，刺史張守珪擊破之。乙巳，檢校兵部尚書蕭嵩、鄯州都督張志亮攻拔吐蕃門城，斬獲數千級，收其資畜而還。丙辰，新羅王金興光遣使貢方物。

八月己巳，特進張說進開元大衍曆，詔命有司頒行之。辛卯，蕭嵩又遣杜賓客擊吐蕃于祁連城，大破之，獲其大將一人，斬首五千級。

九月丙午，以久雨，降死罪從流，徒以下原之。

冬十月己卯，幸溫泉宮。己丑，至自溫泉宮。

十一月癸巳朔，檢校兵部尚書、河西節度判涼州事蕭嵩爲兵部尚書、同中書門下平章事，餘如故。

十二月丁卯，幸溫泉宮。丁丑，至自溫泉宮。

十七年二月丁卯，嶲州都督張審素攻破蠻，拔昆明城及鹽城，殺獲萬人。庚子，特進張說復爲尚書左丞相，同州刺史陸象先爲太子少保。甲寅，禮部尚書、信安王褘帥衆攻拔吐蕃石堡城。

夏四月癸亥，令中書門下分就大理、京兆、萬年、長安等獄疏決囚徒。制天下繫囚死罪減一等，餘並宥之。丁亥，大風震電，藍田山崩。

五月癸巳，復置十道按察使。右散騎常侍徐堅卒。

六月甲戌，尚書左丞相源乾曜停兼侍中，黃門侍郎杜暹爲荆州大都督府長史，中書侍郎李元紘爲曹州刺史。兵部尚書蕭嵩兼中書令。戶部侍郎兼鴻臚卿宇文融爲黃門侍郎，兵部侍郎裴光庭爲中書侍郎，並同中書門下平章事。

秋七月辛丑，工部尚書張嘉貞卒。

八月癸亥，上以降誕日，讌百僚于花萼樓下。百僚表請以每年八月五日爲千秋節，王公已下獻鏡及承露囊，天下諸州咸令讌樂，休暇三日，仍編爲令，從之。丙寅，越州大水，漂壞廨宇及居人廬舍。己卯，中書侍郎裴光庭兼御史大夫，依舊知政事。乙酉，尚書右丞相、開府儀同三司兼吏部尚書宋璟爲尚書左丞相，尚書左丞相源乾曜爲太子少傅。

九月壬子，宇文融左遷汝州刺史，俄又貶昭州平樂尉。壬寅，裴光庭爲黃門侍郎，依舊知政事。

冬十月戊午朔，日有蝕之，不盡如鈎。癸未，睦州獻竹實。庚申，前太子賓客元行沖卒。

十一月庚申，親饗九廟。辛卯，發京師。丙申，謁橋陵。上望陵涕泣，左右並哀感。制奉先縣同赤縣，以所管萬三百戶供陵寢，三府兵馬供宿衞，曲赦縣內大辟罪已下。戊戌，謁定陵。己亥，謁獻陵。壬寅，謁昭陵。乙巳，謁乾陵。戊申，車駕還宮。大赦天下，流移人並放還，左降官移近處。百姓無出今年地稅之半。每陵取側近六鄉供陵寢。內外官三品已上加爵一等，四品已下賜一階，五品已上清官父母亡者[三八]，依級賜官及邑號。

十二月辛酉，幸溫泉宮。乙丑，校獵渭濱。壬申，至自溫泉宮。

是冬無雪。

十八年春正月辛卯，黃門侍郎裴光庭爲侍中，依舊兼御史大夫。左丞相張說加開府儀同三司。丙午，幸薛王業宅，即日還宮。

二月丙寅，大雨雪，俄而雷震，左飛龍廄災。

三月辛卯，改定州縣上中下戶口之數，依舊給京官職田。

夏四月乙卯，築京城外郭城，凡十月而功畢。壬戌，幸寧親公主第，即日還宮。乙丑，裴光庭兼吏部尚書。是春，命侍臣及百僚每旬暇日尋勝地讌樂，仍賜錢，令所司供帳造食。丁卯，侍臣已下讌于春明門外寧王憲之園池，上御花萼樓邀其迴騎，便令坐飲，遞起爲舞，頒賜有差。

五月，契丹衙官可突干殺其主李召固，率部落降于突厥，奚部落亦隨西叛。奚王李魯蘇來奔，召固妻東華公主陳氏及魯蘇妻東光公主韋氏並奔投平盧軍。制幽州長史趙含章率兵討之。

六月庚申，命左右丞相、尚書及中書門下五品已上官，舉才堪邊任及刺史者。甲子，彗星見于五車。癸酉，有星孛于畢、昴。丙子，命單于大都護、忠王浚爲河北道行軍元帥，御史大夫李朝隱、京兆尹裴伷先爲副，率十八總管以討契丹及奚等，事竟不行。壬午，東都瀍、洛泛漲，壞天津、永濟二橋及提象門外仗舍，損居人廬舍千餘家。

閏月甲申，分幽州置薊州。己丑，令范安及、韓朝宗就瀍、洛水源疏決，置門以節水勢。辛卯，禮部奏請千秋節休假三日，及村閭社會，並就千秋節先賽白帝，報田祖，然後坐飲，從之[三九]。秋七月庚辰，幸寧王憲第，即日還宮。

八月丁亥，上御花萼樓，以千秋節百官獻賀，賜四品已上金鏡、珠囊、縑綵，賜五品已下束帛有差。上賦八韻詩，又制秋景詩。辛亥，幸永穆公主宅，即日還宮。

九月，先是高戶捉官本錢；乙卯，御史大夫李朝隱奏請薄稅百姓一年租錢充，依舊高戶及典正等捉，隨月收利，供官人稅錢。

冬十月，吐蕃遣其大臣名悉獵獻方物請降，許之。庚寅，幸岐州之鳳泉湯。癸卯，至自鳳泉湯。

十一月丁卯，幸新豐温泉宮。

十二月戊子，豐州刺史袁振坐妖言下獄死。戊申，尚書左丞相、燕國公張說薨。

是歲，百僚及華州父老累表請上尊號內請加「聖文」兩字，並封西嶽，不允。

十九年春正月壬戌，開府儀同三司、霍國公王毛仲貶爲瀼州別駕，中路賜死，黨與貶黜者十數人。辛卯，遣鴻臚卿崔琳入吐蕃報聘。丙子，親耕於興慶宮龍池。己卯，禁採捕鯉魚。天下州府春秋二時社及釋奠，停牲牢，唯用酒酺，永爲常式。

二月甲午，以崔琳爲御史大夫。

三月乙酉朔，崔琳使于吐蕃。

夏四月壬午，於京城置禮院。丙申，令兩京及天下諸州各置太公尚父廟，以張良配饗，春秋二時仲月上戊日祭之。

五月壬戌，五嶽各置老君廟。

六月乙酉，大風拔木。

秋八月辛巳，降天下死罪從流，徒已下悉原之。

九月辛未，吐蕃遣其國相論尚他硉來朝。

冬十月丙申，幸東都。

十一月丙辰，至自東都。甲子，太子少傅源乾曜薨。

十二月，巂州都督張審素以劫制使監察御史楊汪伏誅。

是多，浚苑內洛水六十餘日而罷。戊戌，裴光庭上瑤山往則、維城前軌各一卷，上令賜太子、諸王各一本。

二十年春正月乙卯，以禮部尚書、信安王禕率兵討契丹。丁巳，幸薛王業宅；乙丑，幸長芬公主宅，並即日還宮。

二月己未，敕文武選人，承前例三月三十日爲例，然開選門，比團甲進官至夏來[四〇]。自今已後，選門並正月內開，團甲二月內訖。分命宰相錄京城諸獄繫囚。

三月，信安王禕與幽州長史趙含章大破奚、契丹於幽州之北山。

夏四月乙亥，讌百僚於上陽東州，醉者賜以牀褥，肩輿而歸，相屬于路。癸巳，改造天津橋，毀皇津橋，合爲一橋。

五月癸卯，寒食上墓，宜編入五禮，永爲恆式。辛亥，金仙長公主薨。戊辰，信安王獻奚、契丹之俘，上御應天門受之。

六月丁丑，單于大都護、河北東道行軍元帥、忠王浚加司徒，都護如故；副大使信安王禕加開府儀同三司。庚寅，幽州長史趙含章坐盜用庫物，左監門員外將軍楊元方受含章饋餉，並於朝堂決杖，流瀼州，皆賜死于路。其月，遣范安及於長安廣花萼樓，築夾城至芙蓉園。

秋七月戊辰，幸寧王憲宅，即日還宮。

八月辛未朔，日有蝕之。己卯，戶部尚書王晙卒。

九月乙巳，中書令蕭嵩等奏上開元新禮一百五十卷，制所司行用之。渤海靺鞨寇登州，殺刺史韋俊，命左領軍將軍蓋福順發兵討之。

冬十月丙戌，命巡幸所至，有賢才未聞達者舉之。仍令中書門下疏決囚徒。辛卯，至潞州之飛龍宮，給復三年，兵募丁防先差未發者，令改出餘州。辛丑，至北都。癸丑，曲赦太原，給復三年。

十一月庚午，祀后土於脽上，大赦天下，左降官量移近處。內外文武官加一階，開元勳臣盡假紫及緋。大酺三日。

十二月壬申，至京師。

其年戶部計戶七百八十六萬一千二百三十六，口四千五百四十三萬一千二百六十五。

二十一年春正月庚子朔，制令士庶家藏老子一本，每年貢舉人量減尚書、論語兩條策，加老子策。乙巳，遷祔肅明皇后神主于廟，毀儀坤廟。丁巳，幸溫泉宮。己未，命工部尚書李暠使于吐蕃。癸亥，至自溫泉宮。

三月乙巳，侍中裴光庭薨。甲寅，尚書右丞韓休爲黃門侍郎、同中書門下平章事。

閏月，幽州道副總管郭英傑等討契丹，爲所敗於都山之下，英傑死之。

夏四月丁巳，以久旱，命太子少保陸象先、戶部尚書杜暹等七人往諸道宣慰賑給，及令黜陟官吏，疏決囚徒。丁酉，寧王憲爲太尉，薛王業爲司徒，慶王潭爲太子太師，忠王浚爲開府儀同三司，棣王洽爲太子少傅，鄂王涓爲太子太保。

五月甲申，皇太子納妃薛氏。制天下死罪降從流，流已下釋放。京文武官賜勳一轉。

秋七月乙丑朔，日有蝕之。

九月壬午，封皇子溢爲濟王，沔爲信王，泚爲義王，漼爲陳王，澄爲豐王，潓爲恆王，漎

爲涼王，滔爲深王。

冬十月庚戌，幸溫泉宮。

十一月戊子，尚書右丞相宋璟以年老請致仕，許之。

十二月丁未，兵部尚書、徐國公蕭嵩爲尚書右丞相，黃門侍郎韓休爲兵部尚書，並罷知政事。京兆尹裴耀卿爲黃門侍郎，前中書侍郎張九齡起復舊官，並同中書門下平章事。

是歲，關中久雨害稼，京師饑，詔出太倉米二百萬石給之。

二十二年春正月癸亥朔，制古聖帝明皇、嶽瀆海鎮用牲牢，餘並以酒酺充奠。己巳，幸東都。辛未，太府卿嚴挺之、戶部侍郎裴寬於河南存問賑給。乙酉，懷、衞、邢、相等五州乏糧，遣中書舍人裴敦復巡問，量給種子。己丑，至東都。

二月壬寅，秦州地震，廨宇及居人廬舍崩壞殆盡，壓死官吏以下四十餘人，殷殷有聲，仍連震不止。命尚書右丞相蕭嵩往祭山川，並遣使存問賑恤之，壓死之家給復一年，一家三人已上死者給復二年。辛亥，初置十道採訪處置使。徵恆州張果先生，授銀青光祿大夫，號曰通玄先生。

三月，沒京兆商人任令方資財六十餘萬貫。壬午，欲令不禁私鑄錢，遣公卿百僚詳議可否。衆以爲不可，遂止。

四月乙未，伊西、北庭且依舊爲節度。廢太廟署，以太常寺奉宗廟。庚子，唐州界准勝州例立表，測候日晷影長短。乙巳，詔京都見禁囚徒，令中書門下及留守檢校覆降罪，天下諸州委刺史。丁未，眉州鼎皇山下江水中得寶鼎。甲寅，北庭都護劉渙謀反，伏誅。

五月戊子，黃門侍郎裴耀卿爲侍中，中書侍郎張九齡爲中書令，黃門侍郎李林甫爲禮部尚書、同中書門下平章事。關中大風拔木，同州尤甚。

是夏，上自於苑中種麥，率皇太子已下躬自收穫，謂太子等曰：「此將薦宗廟，是以躬親，亦欲令汝等知稼穡之難也。」因分賜侍臣，謂曰：「比歲令人巡檢苗稼，所對多不實，故自種植以觀其成；且春秋書麥禾，豈非古人所重也！」

六月乙未，遣左金吾將軍李佺於赤嶺與吐蕃分界立碑。

七月己巳，司徒、薛王業薨，追謚爲惠宣太子。甲申，遣中書令張九齡充河南開稻田使。

八月，先是駕至東都，遣侍中裴耀卿充江淮、河南轉運使，河口置輸場。壬寅，於輸場東置河陰縣。又遣張九齡於許、豫、陳、亳等州置水屯。

九月壬申，改饒樂都督府爲奉誠都督府。辛巳，移登州平海軍於海口安置。

冬十月甲辰，試司農卿陳思問以贓私配流瀼州。

十二月戊子朔，日有蝕之。乙巳，幽州長史張守珪發兵討契丹，斬其王屈烈及其大臣可突干於陣，傳首東都，餘叛奚皆散走山谷。立其酋長李過折爲契丹王。

是歲，突厥毗伽可汗死。斷京城乞兒。

二十三年春正月己亥，親耕籍田，上加至九推而止，卿已下終其畝。大赦天下。京文武官及朝集採訪使三品已下加一爵，四品已下加一階，外官賜勳一轉。其才有霸王之略、學究天人之際、及堪將帥牧宰者，令五品已上清官及刺史各舉一人。致仕官量與改職，依前致仕。賜酺三日。

三月丁卯，殿中侍御史楊萬頃爲讎人所殺。

夏五月戊寅，宗子請率月俸於興慶宮建龍池，上聖德頌。

秋七月丙子，皇太子鴻改名瑛，慶王潭已下十四王並改名。又封皇子玼爲義王，珪爲陳王，珙爲豐王，琪爲恆王，璿爲涼王，璥爲汴王。其榮王琬已下並開府置官屬，各食實封二千戶。

八月戊子，制鰥寡惸獨免今年地稅之半，江淮已南有遭水處，本道使賑給之。

九月戊申，移泗州就臨淮縣置。

冬十月辛亥，移隸伊西、北庭都護屬四鎮節度。突騎施寇北庭及安西撥換城。

十一月壬申朔，日有蝕之。

十二月，新羅遣使朝獻。

二十四年春正月，吐蕃遣使獻方物。北庭都護蓋嘉運率兵擊突騎施，破之。

三月乙未，始移考功貢舉，遣禮部侍郎掌之。

夏六月丙午，京兆醴泉妖人劉志誠率衆爲亂，將趣京城，咸陽官吏燒便橋以斷其路，俄而散走，京兆府盡擒斬之。

是夏大熱，道路有暍死者。

秋七月庚子，太子太保陸象先卒。辛丑，李林甫爲兵部尚書，依舊知政事。己巳，初置壽星壇，祭老人星及角、亢等七宿。

八月戊申朔，加親舅小功服，舅母緦麻服，堂舅袒免。己亥，深王滔薨。

九月壬午，改尚書主爵曰司封。

冬十月戊申，車駕發東都，還西京。甲子，至華州，曲赦行在繫囚。丁丑，至自東都。

十一月壬寅，侍中裴耀卿爲尚書左丞相，中書令張九齡爲尚書右丞相，並罷知政事。

兵部尚書李林甫兼中書令，殿中監牛仙客兵部尚書、同中書門下三品。尚書右丞相蕭嵩爲太子太師，工部尚書韓休爲太子少保。

十二月戊申，太子太師、慶王琮爲司徒。丙寅，牛仙客知門下省事。

校勘記

〔一〕七百之祚方永　各本原作「七日之祚方永」，據唐大詔令集卷二改。

〔二〕戶部尚書　「戶」字各本原作「工」，據本書卷一〇六王琚傳、冊府卷一二八改。

〔三〕長史爲尹司馬爲少尹　「尹司馬爲」四字各本原無，據本書卷四四職官志、通鑑卷二一〇補。

〔四〕直諫昌言　「昌」字各本原無，據冊府卷一四四補。

〔五〕同俄特勤　「特勤」各本原誤作「特勒」。按特勤者，可汗子弟之稱謂，婁師德涼國公契苾明碑、唐玄宗闕特勤碑、柳公權神策軍碑均稱爲「特勤」，今據改。以下史文中，「特勤」誤爲「特勒」者，均予改正。

〔六〕至今春始　局本「始」下有「畢」字，十七史商榷卷七二云：「始下脫畢字。」

〔七〕以興慶里舊邸爲興慶宮　「興慶里舊邸爲」六字各本原無，據唐會要卷三〇、冊府卷一四補。

〔八〕五弩失畢　「弩」字各本原在「五」字上，據本書卷一九四上突厥傳互乙。

〔九〕跌跌思太　「跌」字各本原無，據本書卷一九四上突厥傳補。

〔一〇〕與右散騎常侍褚无量並充侍讀　「與右散騎常侍」六字各本原無，十七史商榷卷七二：「左散騎常侍下脫『與右散騎常侍』六字。」按通鑑卷二一一云：「以懷素爲左散騎常侍，使與右散騎常侍褚无量更日侍讀。」據補。

〔一一〕皇子敏薨　「皇」下各本原有「太」字，據本書卷一〇七懷哀王敏傳，敏未嘗爲皇太子，據刪「太」字。

〔一二〕甘涼等州　「涼」字各本原作「源」，據通鑑卷二一二改。

〔一三〕太子太傅　「太傅」各本原作「少傅」，據本書卷九五惠文太子傳改。

〔一四〕爲多覽殺　突厥集史卷九云：「『爲多覽殺』乃『僞多覽殺』之訛。」

〔一五〕石神奴康鐵頭等據長泉縣　「等據長」三字各本原作「得蒙貢」，據冊府卷九八六改。

〔一六〕近無甲科　「甲科」各本原作「科甲」，據御覽卷一一一互乙。

〔一七〕集諸酋長　「集」字各本原作「討」，通鑑卷二一二作「集四夷酋長」，據改。

〔一八〕奚首領饒樂郡王李魯蘇　據本書卷一九九下契丹傳、通鑑卷二一二，此處當作「契丹首領松漠郡王李鬱于。」

〔一九〕知政宰輔淪屈者　冊府卷一七三「宰輔」下有「有身無大故而亡官失封子孫」等十二字。

〔二〇〕外繼爲王　「外」字各本原作「相」，據葉校本改。

〔二一〕岱宗頓　「岱」字各本原作「大」，據御覽卷一一一改。

〔二二〕賜酺七日　各本原作「賜輔臣」，據御覽卷一一一改。

〔二三〕尚書右丞相　「相」字各本原無，據本卷上下文補。

〔二四〕突騎施　「突」下各本原有「厥」字，據本卷下文及通鑑卷二一三刪。

〔二五〕趙頤貞　「頤」字各本原作「歸」，據新書卷二〇〇趙冬曦傳、通鑑卷二一三改。

〔二六〕何遊魯叛　各本原作「何遊反魯叛」，葉校本作「何遊魯反叛」。十七史商榷卷七二云：「校本乙，愚謂當更衍『反』字。」據刪。通鑑卷二一三作「何遊魯反」。

〔二七〕曲子城　「曲」上各本原有「城」字，據冊府卷三五八、新書卷五玄宗紀、通鑑卷二一三刪。

〔二八〕五品已上清官父母亡者　「清官」各本原作「請」，據冊府卷八五改。

〔二九〕從之　各本原作「散之」，據冊府卷二改。

〔三〇〕承前例三月三十日爲例然開選門比團甲進官至夏來　唐會要卷七五作「承前三月三十日始畢，比團甲已至夏末。」

舊唐書卷九

本紀第九

玄宗下

開元二十五年春正月壬午，制：「朕猥集休運，多謝哲王，然而哀矜之情，小大必愼。自臨寰宇，子育黎烝，未嘗行極刑，起大獄。上玄降鑒，應以祥和，思協平邦之典，致之仁壽之域。自今有犯死刑，除十惡罪，宜令中書門下與法官詳所犯輕重，具狀奏聞。崇德尙齒，三代丕義；敦風勸俗，五教攸先。其曾任五品已上淸資官以禮去職者，所司具錄名奏，老疾不堪釐務者與致仕。道士、女冠宜隸宗正寺，僧尼令祠部檢校。百司每旬節休假，並不須入曹司，任遊勝爲樂。宣示中外，知朕意焉。」癸卯，道士尹愔爲諫議大夫、集賢學士兼知史館事。

二月，新羅王金興光卒，其子承慶嗣位，遣贊善大夫邢璹攝鴻臚少卿，往弔祭册立之。

壬子，加宗正丞一員。戊午，罷江淮運，停河北運。癸酉，張守珪破契丹餘衆於榛祿山，殺獲甚衆。

三月乙卯，河西節度使崔希逸自涼州南率衆入吐蕃界二千餘里。己亥，希逸至青海西郎佐素文子觜，與賊相遇，大破之，斬首二千餘級。

夏四月庚戌，陳、許、豫、壽四州開稻田。辛酉，監察御史周子諒上書忤旨，撲之殿庭，朝堂決杖死之。甲子，尙書右丞相張九齡以曾薦引子諒，左授荆州長史。乙丑，皇太子瑛、鄂王瑤、光王琚並廢爲庶人。太子妃兄駙馬都尉薛鏽長流瀼州，至藍田驛賜死。

六月壬戌，熒惑犯房，至心星越度而過。

秋七月己卯，大理少卿徐峤奏〔一〕：「天下今歲斷死刑五十八，幾致刑措，烏巢寺之獄。」上特推功元輔。庚辰，封李林甫爲晉國公，牛仙客爲豳國公。己卯，敕諸陵廟並隸宗正寺，其宗正寺官員，自今並以宗枝爲之。

九月壬申，頒新定令、式、格及事類一百三十卷於天下。

冬十月，制自今年每年立春日迎春於東郊，其夏及秋冬如常。以十二月朔日於正殿受朝，讀時令。

十一月壬申，幸溫泉宮。丁丑，開府儀同三司、廣平郡公宋璟薨。

十二月丙午，惠妃武氏薨，追謚爲貞順皇后，葬於敬陵。吐蕃使其大臣屬盧論莽藏來朝貢。

二十六年春正月乙亥，工部尙書牛仙客爲侍中。丁丑，親迎氣于東郊，祀靑帝。制天下繫囚，死罪流嶺南，餘並放免。鎭兵部還。京兆府新開稻田，並散給貧人。百官賜勳絹。長安、萬年兩縣各與本錢一千貫，收利供馹，仍付雜馹。天下州縣，每鄉一學，仍擇師資，令其教授。諸鄉貢每年令就國子監謁先師，明經加口試。內外八品已下及草澤有博學文辭之士，各委本司本州聞薦。

二月辛卯，以李林甫遙領隴右節度使。甲辰，禁大寒食以雞卵相饋送。庚申，葬貞順皇后于敬陵。乙卯，以牛仙客遙領河東道節度使。辛酉，廢仙州，分其屬縣隸許、汝等州。

三月己巳朔，減秘書省校書、正字官員。丙子，有星孛于紫微垣中，歷斗魁十餘日，因陰雲不見。己酉，河南、洛陽兩縣亦借本錢一千貫，收利充人吏課役。癸未，京兆地震。吐蕃寇河西，左散騎常侍崔希逸擊破之；鄯州都督杜希望又攻拔新羅城，制以其城爲威戎軍。

夏四月己亥朔，始令太常卿韋縚讀時令于宣政殿，百僚於殿上列坐而聽之。

五月乙酉，以李林甫遙領河西節度使，兼判梁州事。庚寅，幸咸宜公主宅。

六月庚子，立忠王璵爲皇太子。

秋七月己巳，册皇太子，大赦天下，常赦所不免者咸赦除之。內外文武官及五品已上爲父後者各賜勳一轉〔二〕。忠王府官及侍講加一階。賜酺三日。庚辰，分越州置明州。

九月丙申朔，日有蝕之。庚子，於舊六胡州地置宥州。益州長史王昱率兵攻吐蕃安戎城，爲賊所據，官軍大敗，昱棄甲而遁，兵士死者數千人。

冬十月戊寅，幸溫泉宮。

是歲，渤海靺鞨王大武藝死，其子欽茂嗣立，遣使弔祭册立之。

其冬，兩京建行宮，造殿宇各千餘間。潤州刺史齊澣開伊婁河於揚州南瓜洲浦。析左右羽林軍置左右龍武軍，以左右萬騎營隸焉。

二十七年春正月乙巳，大雨雪。

二月己巳，加尊號開元聖文神武皇帝，大赦天下，常赦所不免者咸赦除之，開元已來諸色痕累人咸從洗滌，左降官量移近處。百姓免今年租稅。三品已上賜爵一級，四品已上加一階。宗廟薦饗，自今已後並用宗子。賜酺五日。

夏四月丁丑，廢洮州隸蘭州，改臨州爲洮州。乙酉，太子少傅竇琁爲開府儀同三司，吏部尚書李暠爲太子少傅。丁酉，侍中牛仙客爲兵部尚書兼侍中；兵部尚書兼中書令李林甫爲吏部尚書，依舊兼中書令。以東宮内侍隸内侍省爲署。

五月癸卯，置龍武軍官員。先是，郯國公主之子薛諗與其黨李談、崔洽、石如山同於京城殺人，或利其財，或違其志，即白日椎殺，煑而食之。其夏事發，皆決殺於京兆府門，諗以國親流瀼州，賜死於城東驛。

六月甲戌，内常侍牛仙童坐贓，決殺之。幽州節度使、兼御史大夫張守珪以賄貶爲括州刺史。太子太師、徐國公蕭嵩以嘗賂仙童，左授青州刺史。

秋七月辛丑，熒惑犯南斗。北庭都護蓋嘉運以輕騎襲破突騎施於碎葉城，殺蘇祿，威震西陲。

八月，吐蕃寇白草、安人等。甲申，制追贈孔宣父爲文宣王，顏回爲兗國公，餘十哲皆爲侯，夾坐。後嗣褒聖侯改封爲文宣公。

九月，皇太子改名紹。汴州刺史齊澣請開汴河下流，自虹縣至淮陰北合于淮[三]，逾時而功畢。因棄沙壅舊路，行者弊之，尋而新河之水勢淙急，遂填塞矣。前刑部尚書致仕崔隱甫卒[四]。

冬十月，將改作明堂。譌言官取小兒埋於明堂之下，以爲厭勝。村野童兒藏於山谷，都城騷然，咸言兵至。上惡之，遣主客郎中王佶往東都及諸州宣慰百姓，久之定。

冬十月，毀東都明堂之上層，改拆下層爲乾元殿。戊戌，幸温泉宮。辛丑，至自温泉宮。

十二月，東都副留守、太子賓客崔沔卒。以益州司馬章仇兼瓊權劍南節度等使。是歲，蓋嘉運大破突騎施之衆，擒其王吐火仙，送于京師。

二十八年春正月，兩京路及城中苑内種果樹。癸巳，幸温泉宮。庚子，至自温泉宮。壬寅，以望日御勤政樓讌羣臣，連夜燒燈，會大雪而罷，因命自今常以二月望日夜爲之。

三月丁亥朔，日有蝕之。壬子，權判益州長史章仇兼瓊拔吐蕃安戎城，分兵鎮守之。

夏五月乙未，太子少師韓休、太子少傅李暠卒。

六月，懷州刺史、信安王禕爲太子少師。庚寅，太子賓客李尚隱卒。

秋七月壬寅，追尊宣皇帝陵名曰建初，光皇帝陵名曰啓運，仍置官員。

九月，魏州刺史盧暉開通濟渠，自石灰窠引流至州城而西，都注魏橋[五]。九月庚寅，封皇孫俶等十九人爲郡王。

冬十月甲子，幸温泉宮。辛巳，至自温泉宮。乙酉夜，東都新殿後佛光寺災。吐蕃寇安戎城。

十一月，牛仙客停遥兼朔方、河東節度使。

十二月乙卯，突騎施酋長莫賀達干率衆内屬。己未，禮部尚書杜暹卒。是歲，金城公主薨，吐蕃遣使來告喪。其時頻歲豐稔，京師米斛不滿二百，天下乂安，雖行萬里不持兵刃。

二十九年春正月丁丑，制兩京、諸州各置玄元皇帝廟并崇玄學，置生徒，令習老子、莊子、列子、文子，每年准明經例考試。内外官有伯叔兄弟子姪堪任刺史、縣令，所司親自保薦。禁九品已下清資官置客舍邸店車坊、士庶厚葬[六]。

三月，吐蕃、突厥各遣使來朝。丙午，風霾，日色無影。

夏四月庚戌朔。丙辰，以太原裴伷先爲工部尚書。韋虛心卒。親王已下及内外官各賜錢令讌樂。壬午，以左右金吾大將軍裴寬爲太原尹、北都留守。

秋七月乙卯，洛水汎漲，毀天津橋及上陽宮仗舍。洛、渭之間，廬舍壞，溺死者千餘人。突厥登利可汗死。北州刺史王斛斯爲幽州節度使；幽州節度副使安祿山爲營州刺史，充

平盧軍節度副使，押兩番、渤海、黑水四府經略使。

九月，大雨雪，稻禾偃折，又霖雨月餘，道途阻滯。

是秋，河北博、洺等二十四州言雨水害稼，命御史中丞張倚往東都及河北賑恤之。壬申，御興慶門，試明四子人姚子產、元載等。

冬十月丙申，幸温泉宮。戊戌，分遣大理卿崔翹等八人往諸道黜陟官吏。

十一月庚戌，司空、邠王守禮薨。辛酉，至自温泉宮。己巳，雨木冰，凝寒凍冽，數日不解。辛未，太尉、寧王憲薨，謚爲讓皇帝，葬于惠陵。

十二月丁酉，吐蕃入寇，陷廓州達化縣及振武軍石堡城，節度使蓋嘉運不能守。女國王趙曳夫及佛逝國王、日南國王遣其子來朝獻。

天寶元年春正月丁未朔，大赦天下，改元，常赦不原咸赦除之。百姓所欠負租稅及諸色並免之。前資官及白身人有儒學博通、文辭秀逸及軍謀武藝者[七]，所在具以名薦。京文武官才堪爲刺史者各令封狀自舉。改黃鉞爲金鉞。内外官各賜勳兩轉。甲寅，陳王府參軍田同秀上言：「玄元皇帝降見于丹鳳門之通衢，告賜靈符在尹喜之故宅。」上遣使就函谷故關尹喜臺西發得之，乃置玄元廟於大寧坊。陝郡太守李齊物先鑿三門，辛未，渠成

放流。

二月丁亥，上加尊號爲開元天寶聖文神武皇帝。辛卯，親享玄元皇帝于新廟。甲午，親享太廟。丙申，合祭天地于南郊。制天下囚徒，罪無輕重並釋放。流人移近處，左降官依資敍用，身死貶處者量加追贈。枉法贓十五疋當絞，今加至二十疋。莊子號爲南華眞人，文子號爲通玄眞人，列子號爲沖虛眞人，庚桑子號爲洞虛眞人。其四子所著書改爲眞經。崇玄學置博士、助敎各一員，學生一百人。桃林縣改爲靈寶縣。改侍中爲左相，中書令爲右相，左右丞相依舊爲僕射，又黃門侍郎爲門下侍郎。東都爲東京，北都爲北京，天下諸州改爲郡，刺史改爲太守。陝州河北縣爲平陸縣。老幼版授〔九〕，文武官三品已上加一爵，四品已下加一階。庚子，平盧節度使安祿山進階驃騎大將軍。

夏六月庚寅，武功山水暴漲，壞人廬舍，溺死數百人。

秋七月癸卯朔，日有蝕之。辛未，左相、豳國公牛仙客卒。

八月丁丑，刑部尚書、兼御史大夫李適之爲左相。丁亥，突厥阿布思及默啜可汗之孫、登利可汗之女相與率其黨屬來降。壬辰，吏部尚書兼右相李林甫加尚書左僕射，左相李適之兼兵部尚書，左僕射裴耀卿爲尚書右僕射。

九月辛卯，上御花萼樓，出宮女讌毗伽可汗妻可登及男女等，賞賜不可勝紀。丙寅，改

天下縣名不穩及重名一百一十處。兩京玄元廟改爲太上玄元皇帝宮，天下准此。

冬十月丁酉，幸温泉宮。辛丑，改驪山爲會昌山，仍於秦坑儒之所立祠宇，以祀遭難諸儒。新成長生殿名曰集靈臺，以祀天神。

十一月己巳，至自温泉宮。

是歲，命陝郡太守韋堅引滻水開廣運潭於望春亭之東，以通河、渭；京兆尹韓朝宗又分渭水入自金光門，置潭於西市之兩衙，以貯材木。

是冬無冰。

其年，天下郡府三百六十二，縣一千五百二十八，鄉一萬六千八百二十九。戶部進計帳，今年管戶八百五十二萬五千七百六十三，口四千八百九十萬九千八百。

二年春正月丙辰，追尊玄元皇帝爲大聖祖玄元皇帝，兩京崇玄學改爲崇玄館，博士爲學士。

三月壬子，親祀玄元廟以册尊號。制追尊聖祖玄元皇帝父周上御史大夫敬曰先天太上皇，母益壽氏號先天太后，仍於譙郡本鄉置廟。尊咎繇爲德明皇帝。改西京玄元廟爲太清宮，東京爲太微宮，天下諸郡爲紫極宮。韋堅開廣運潭畢功〔九〕，盛陳舟艦。丙寅，上幸廣運樓以觀之，卽日還宮。

夏六月甲戌夜，雷震東京應天門觀災，延燒至左、右延福門，經日不滅。

七月癸丑，致仕禮部尚書王丘卒。丙辰，尚書右僕射裴耀卿薨。

九月，太子少保崔琳卒。辛酉，譙郡紫極宮改爲太清宮〔一〇〕。

冬十月戊辰，太子太保、信安王禕卒。戊寅，幸温泉宮。

十一月乙卯，至自温泉宮。

十二月己亥，東京應天門改爲乾元門。戊申，幸温泉宮。丙辰，至自温泉宮。十二月乙酉，太子賓客賀知章請度爲道士還鄉。

是冬無雪。

三載正月丙辰朔，改年爲載。赦見禁囚徒。庚子，遣左右相已下祖別賀知章於長樂坡，上賦詩贈之。壬寅，幸温泉宮。

二月己巳，還京。丁丑，封讓皇帝男琳爲嗣寧王，故邠王守禮男承寧爲嗣邠王，讓帝男璹爲嗣申王，惠宣太子男珍爲嗣岐王，瑱爲嗣薛王。庚寅，皇太子紹改名亨。是月，河南尹裴敦復卒〔一一〕。

閏月辛亥，有星如月，墜於東南，墜後有聲。京師訛言官遣棖捕人肝以祭天狗。人相恐，畿縣尤甚，發使安之。

三月庚午，武威郡上言：番禾縣天寶山有醴泉涌出，嶺石化爲瑞麪，遠近貧乏者取以給食。改番禾爲天寶縣。癸酉，制天下見禁囚徒死罪降流，流已下並原之。

夏四月，南海太守劉巨鱗擊破海賊吳令光，永嘉郡平。敕兩京、天下州郡取官物鑄金銅天尊及佛各一軀，送開元觀、開元寺。

五月戊寅，長安令柳升坐贓，於朝堂決殺之。

秋八月丙午，九姓拔悉密葉護攻殺突厥烏蘇米施可汗，傳首京師。庚申，內外文武官六品已下自今已後，赴任之後，計載終滿二百日已上，許其成考。

冬十月癸巳，幸温泉宮。丁未，改史國爲來威國。

十一月癸卯，還京。癸丑，每載依舊取正月十四日、十五日、十六日開坊市門燃燈，永以爲常式。玉眞公主先爲女道士，讓號及實封，賜名持盈。

十二月甲午，分新豐縣置會昌縣。甲寅，親祀九宮貴神於東郊，禮畢，大赦天下。百姓十八已上爲中男，二十三已上成丁。每歲庸調，八月起徵，可延至九月。詔天下民間家藏孝經一本。

四載春三月甲申，宴羣臣於勤政樓。壬申，封外孫獨孤氏女爲靜樂公主，出降契丹松漠都督李懷節；封外孫楊氏女爲宜芳公主，出降奚饒樂都督李延寵。

秋八月甲辰，册太眞妃楊氏爲貴妃。是月，河南睢陽、淮陽、譙等八郡大水。

九月，契丹及奚酋長各殺公主，舉部落叛。隴右節度使皇甫惟明與吐蕃戰于石堡城，官軍不利，副將褚直廉等死之。

冬十月，於單于都護府置金河縣，安北都護府置陰山縣。丁酉，幸温泉宮。壬子，以會昌縣爲同京縣。

十二月戊戌，還京。

五載春正月癸酉，刑部尙書韋堅貶括蒼太守；隴右節度使皇甫惟明貶播川太守，尋決死於黔中。乙亥，敕大小縣令並准畿官吏三選聽集。禮記月令改爲時令。封中嶽爲中天王，南嶽爲司天王，北嶽爲安天王。天下山水，名稱或同，義且不經，多因於里諺，宜令所司各據圖籍改定。丙子，遣禮部尙書席豫、左丞崔翹、御史中丞王鉷等七人分行天下，黜陟官吏。

夏四月庚寅，左相、渭源伯李適之爲太子少保，罷知政事。丁酉，門下侍郎陳希烈同中書門下平章事。

五月庚申，敕今後每至旬節休假，中書門下文武百僚不須入朝，外官不須衙集。癸卯，停郡縣差丁白直課錢。

六月，敕三伏內令宰相辰時還宅。

秋七月丙子，韋堅爲李林甫所構，配流臨封郡，賜死。堅妹皇太子妃聽離，堅外甥嗣薛王瑣貶夷陵郡別駕，女壻巴陵太守盧幼臨長流合浦郡。太子少保李適之貶宜春太守，到任，飲藥死。

八月，以戶部侍郎郭虛己爲御史大夫、劍南節度使。

九月壬子，於太清宮刻石爲李林甫、陳希烈像，侍於聖容之側。

冬十月丁酉，幸温泉宮。改臨淄郡爲濟南郡。

十一月己巳，還京。

十二月辛未，贊善大夫杜有鄰、著作郎王曾、左驍衞兵曹柳勣等爲李林甫所構，並下獄死。

六載正月辛巳朔，北海太守李邕、淄川太守裴敦復並以事連王曾、柳勣，遣使就殺之。丁亥，親享太廟。戊子，親祀圜丘，禮畢，大赦天下，除絞、斬刑，但決重杖。於京城置三皇、五帝廟，以時享祭。其章懷、節愍、惠莊、惠文、惠宣等太子，宜與隱太子、懿德太子同爲一廟。每日立仗食及設仗於庭，此後並宜停廢。五嶽既已封王，四瀆當昇公位，封河瀆爲靈源公，濟瀆爲清源公，江瀆爲廣源公，淮瀆爲長源公。

三月戊戌，南海太守彭果坐贓，決杖，長流溱溪郡，死于路。

夏四月戊午，門下侍郎陳希烈爲左相兼兵部尙書。癸酉，復置軍器監。自五月不雨至秋七月。乙酉，以旱，命宰相、臺寺、府縣錄繫囚，死罪決杖配流，徒已下特免。庚寅始雨。

冬十月戊申，幸温泉宮，改爲華清宮。

十一月乙亥，戶部侍郎楊愼矜及兄少府少監愼餘與弟洛陽令愼名，並爲李林甫及御史中丞王鉷所構，下獄死。

十二月丙辰，工部尙書陸景融卒。壬戌，還京。

七載春正月己卯，禮部尙書席豫卒。己亥，韋縚奏御案褥袱帷等望去紫用赤黃，從之。

三月乙酉，大同殿柱產玉芝，有神光照殿。羣臣請加皇帝尊號曰開元天寶聖文神武應道，許之。

夏四月辛丑，以高力士爲驃騎大將軍。

五月壬午，上御興慶宮，受册徽號，大赦天下，百姓免來載租庸。三皇以前帝王，京城置廟，以時致祭。其歷代帝王肇跡之處未有祠宇者，所在各置一廟。忠臣、義士、孝婦、烈女德行彌高者，亦置祠宇致祭。賜酺三日。

六月，范陽節度使安祿山賜實封及鐵券。

秋八月己亥朔，改千秋節爲天長節。壬子，改萬年縣爲咸寧縣。

冬十月庚午，幸華清宮，封貴妃姊二人爲韓國、虢國夫人。

十二月戊戌，言玄元皇帝見于華清宮之朝元閣，乃改爲降聖閣。改會昌縣爲昭應縣，會昌山爲昭應山；封山神爲玄德公，仍立祠宇。辛酉，還京。

八載春正月甲申，賜京官絹，備春時遊賞。

二月戊申，引百官於左藏庫縱觀錢幣，賜絹而歸。

三月，朔方節度使張齊丘於中受降城北築橫塞城〔三〕。

夏四月，咸寧太守趙奉璋決杖而死，著作郎韋子春貶端溪尉，李林甫陷之也。幸華清宮觀風樓。

五月辛巳，於開遠門外作振旅亭。戊子，南海太守劉巨鱗坐贓，決死之。

六月，大同殿又産玉芝一莖。隴右節度使哥舒翰攻吐蕃石堡城，拔之。

閏月己丑，改石堡城爲神武軍。劍南索磨川新置都護府，宜以保寧爲名。丙寅，上親謁太清宮，册聖祖玄元皇帝尊號爲聖祖大道玄元皇帝。高祖、太宗、高宗、中宗、睿宗五帝，皆加「大聖皇帝」之字；太穆、文德、則天、和思、昭成皇后，皆加「順聖皇后」之字。羣臣上皇帝尊號爲開元天地大寶聖文神武應道皇帝[三]。丁卯，上御含元殿受册，大赦天下。自今後每至禘祫，並於太清宮聖祖前序昭穆。初，太白山人李渾言太白山金星洞有帝福壽玉版石記，求得之，乃封太白山爲神應公，金星洞爲嘉祥公，所管華陽縣爲貞符縣。戊辰，太子太師、徐國公蕭嵩薨。丁亥，南衙立仗馬宜停，省進馬官。

秋八月戊子，郡別駕宜停，下郡置長史。

冬十月丙寅，幸華清宮。

十一月丁巳，幸御史中丞楊釗莊。

九載春正月庚寅朔，與歲次同始，受朝於華清宮。己亥，還京。庚戌，羣臣請封西嶽，從之。

二月壬午，御史中丞宋渾坐贓及姦，長流高要郡。

三月庚戌，改匭使爲獻納。辛亥，西嶽廟災。時久旱，制停封西嶽。

夏五月庚寅，以旱，錄囚徒。乙卯，安祿山進封東平郡王。節度使封王，自此始也。

秋七月己亥，國子監置廣文館，領生徒爲進士業者。

九月乙卯，處士崔昌上五行應運曆，以國家合承周、漢，請廢周、隋不合爲二王後。

冬十一月庚寅，幸華清宮。己丑，制自今告獻太清宮及太廟改爲朝獻，巡陵爲朝拜，告宗廟爲奏，天地享祀文改昭告爲昭薦，以告者臨下之義故也。辛卯，幸楊國忠亭子。辛丑，立周武王、漢高祖廟於京城，司置官吏。

十二月乙亥，還京。

十載春正月乙酉朔。壬辰，朝獻太清宮。癸巳，朝饗太廟。甲午，有事于南郊，合祭天地，禮畢，大赦天下。太廟置內官，供灑掃諸陵廟。己亥，改傳國寶爲承天大寶。丁未，李林甫領安北副大都護、朔方節度使。庚戌，大風，陝郡運船失火，燒米船二百餘隻，人死者五百計。癸丑，分遣嗣吳王祇等十三人祭嶽瀆海鎮。

二月丁巳，安祿山兼雲中太守、河東節度使。

夏四月，劍南節度使鮮于仲通將兵六萬討雲南，與雲南王閤羅鳳戰于瀘川，官軍大敗，死於瀘水者不可勝數。

五月丁亥，改諸衞幡旗緋色者爲赤黃，以符土運。

秋八月乙卯，廣陵郡大風，潮水覆船數千艘。丙辰，京城武庫災，燒器械四十七萬事。是秋，霖雨積旬，牆屋多壞，西京尤甚。

冬十月辛亥，幸華清宮。

十一月乙未，幸楊國忠宅。丙午，兵部侍郎、兼御史中丞楊國忠兼領劍南節度使。

十一載春正月辛亥，還京。

二月癸酉，禁惡錢，官出好錢以易之。既而商旅不便，訴於國忠，乃止之。

三月，朔方節度副使、奉信王阿布思與安祿山同討契丹，布思與祿山不協，乃率其部下叛歸漠北。丙午，制今後每月朔望，宜令薦食於太廟，每室一牙盤，仍五日一開室門灑掃。改吏部爲文部，兵部爲武部，刑部爲憲部，其部內諸司有部字者並改，將作大匠、少匠爲大、少

二監。

夏四月，御史大夫兼京兆尹王鉷賜死，坐弟銲與兇人邢縡謀逆故也。楊國忠兼京兆尹。

五月戊申，慶王琮薨，贈靖德太子。

六月戊子，東京大風，拔樹發屋。

八月己丑，幸左藏庫，賜羣臣帛有差。

九月甲寅，改諸衞士爲武士。

冬十月戊寅，幸華清宮。

十一月乙卯，尚書左僕射兼右相、晉國公李林甫薨於行在所。庚申，御史大夫兼蜀郡長史楊國忠爲右相兼文部尚書。

十二月甲戌，楊國忠奏請兩京選人銓日便定留放，無長名。己亥，還京。

十二載春正月壬子，楊國忠於尚書省注官，注訖，於都堂對左相與諸司長官唱名。

二月庚辰，選人鄭愻等二十餘人以國忠銓注無滯，設齋於勤政殿下，立碑於尚書省門。癸未，追削故右相李林甫在身官爵，男將作監岫、宗黨李復道等五十人皆流貶，國忠誣奏林

甫陰結叛胡阿布思故也。

夏五月乙酉，以魏、周、隋依舊爲三恪及二王後，復封韓、介、酅等公。辛亥，太廟諸陵署依舊隸太常寺。

七月壬子，天下齊人不得鄉貢，須補國子學生然後貢舉。

八月，京城霖雨，米貴，令出太倉米十萬石，減價糶與貧人。仍令中書門下就京兆、大理疏決囚徒。

九月己亥朔，隴右節度使、涼國公哥舒翰進封西平郡王，食實封五百戶。

冬十月戊申，幸華清宮。和雇京城丁戶一萬三千人築興慶宮牆，起樓觀。

至十二月，改橫塞城爲天德軍。庚寅，行從官憲部尚書張筠等請上尊號爲開元天地大寶聖文神武孝德證道皇帝。

十三載春正月丁酉朔，上御華清宮之觀風樓，受朝賀。己亥，安慶緒獻俘于行在，帝引見於禁中，賞賜鉅萬。乙巳，加安祿山尚書左僕射，賜實封千戶，奴婢十房，莊、宅各一區；又加閑廐、五坊、宮苑、隴右羣牧都使，以武部侍郎吉温爲副。丙午，還京。

二月癸酉，上親朝獻太清宮，上玄元皇帝尊號曰大聖祖高上大道金闕玄元天皇大帝。

甲戌，親饗太廟，上高祖諡曰神堯大聖大光孝皇帝，太宗諡曰太宗文武大聖大廣孝皇帝，高宗諡曰高宗天皇大聖大弘孝皇帝，中宗諡曰中宗太和大聖大昭孝皇帝，睿宗諡曰睿宗玄眞大聖大興孝皇帝。乙亥，御興慶殿受徽號，禮畢，大赦天下。左降官遭父母憂，放歸。獻陵等五署改爲臺，令丞各升一階。文武三品已上賜爵一級，四品已下加一階。賜酺三日。戊寅，右相兼文部尚書楊國忠守司空，餘如故。甲申，司空楊國忠受册，天雨黃土，霑於朝服。祿山奏前後討契丹立功將士跳盪等，請超三資，告身仍望好寫；於是超授將軍者五百餘人，中郎將者二千餘人。

三月丁酉，太常卿張垍貶盧溪郡司馬，垍兄憲部尚書均貶建安太守。丙午，御躍龍殿門張樂宴羣臣，賜右相絹一千五百疋，綵羅三百疋，綵綾五百疋；左相絹三百疋，綵羅綾各五十疋；餘三品八十疋，四品五品六十疋，六品七品四十疋，極歡而罷。壬戌，御勤政樓大酺。北庭都護程千里生擒阿布思獻于樓下，斬之於朱雀街。乙丑，左羽林上將軍封常清權北庭都護、伊西節度使。萬春公主出降楊朏。

夏五月，熒惑守心五十餘日。

六月乙丑朔，日有蝕之，不盡如鈎。侍御史、劍南留後李宓率兵擊雲南蠻於西洱河，糧盡軍旋，馬足陷橋，爲閣羅鳳所擒，舉軍皆沒。廢濟陽郡，以所領五縣隸東平郡。

秋八月丁亥，以久雨，左相、許國公陳希烈爲太子太師，罷知政事；文部侍郎韋見素爲武部尚書，同中書門下平章事。

是秋，霖雨積六十餘日，京城垣屋頹壞殆盡，物價暴貴，人多乏食，令出太倉米一百萬石，開十場賤糶以濟貧民。東都瀍、洛暴漲，漂沒一十九坊。上御勤政樓試四科制舉人，策外加詩賦各一首。制舉加詩賦，自此始也。

冬十月壬寅，幸華清宮。貶河東太守韋陟爲桂嶺尉，武部侍郎吉温爲澧陽郡長史。乙巳，開府儀同三司、畢國公竇琬薨。戊午，還京。

其載，戶部計今年見管州縣戶口：管郡總三百二十一，縣一千五百三十八，鄉一萬六千八百二十九；戶九百六十一萬九千二百五十四，三百八十八萬六千五百四不課，五百三十萬一千四十四課；口五千二百八十八萬四百八十八，四千五百二十一萬八千四百八十不課，七百六十六萬二千八百課。

十四載春三月丙寅，宴羣臣於勤政樓，奏九部樂，上賦詩敩柏梁體。癸未，遣給事中裴士淹等巡撫河南、河北、淮南等道。

八月壬辰，上親錄囚徒。

冬十月壬辰，幸華清宮。甲午，頒御注老子并義疏於天下。

十一月戊午朔，始寧太守羅希奭以停止張博濟決杖而死，吉温自縊於獄。丙寅，范陽節度使安祿山率蕃、漢之兵十餘萬，自幽州南向詣闕，以誅楊國忠爲名，先殺太原尹楊光翽於博陵郡。壬申，聞於行在所。癸酉，以郭子儀爲靈武太守、朔方節度使。封常清自安西入奏，至行在。甲戌，以常清爲范陽、平盧節度使，兼御史大夫，令募兵三萬以禦逆胡。戊寅，還京。以羽林大將軍王承業爲太原尹，以衞尉卿張介然爲陳留太守、河南節度採訪使，以金吾將軍程千里爲潞州長史，並令討賊。甲申，以京兆牧、榮王琬爲元帥，命高仙芝副之，於京城召募，號曰天武軍，其衆十萬。丙戌，高仙芝等進軍，上御勤政樓送之。

十二月丙戌朔，祿山於靈昌郡渡河。辛卯，陷陳留郡，殺太守崔無詖。丙申，封常清與賊戰于成皋甖子谷，官軍敗績，常清奔於陝郡。丁酉，祿山陷東京，殺留守李憕、中丞盧奕、判官蔣清。時高仙芝鎮陝郡，棄城西保潼關。常山太守顏杲卿與長史袁履謙、賈深等殺賊將李欽湊，執賊將何千年、高邈送京師。辛丑，詔皇太子統兵東討。以永王璘爲山南節度使，以江陵長史源洧副之；潁王璬爲劍南節度使，以蜀郡長史崔圓副之。二王不出閣。丙午，斬封常清、高仙芝于潼關，以哥舒翰爲太子先鋒兵馬元帥，領河、隴兵募守潼關以拒之。辛亥，榮王琬薨，贈靖恭太子。

中華書局

十五載春正月乙卯，御宣政殿受朝。其日，祿山僭號於東京。庚申，以李光弼爲雲中太守、河東節度使。壬戌，賊將蔡希德陷常山郡，執太守顏杲卿、長史袁履謙，殺民吏萬餘，城中流血。甲子，哥舒翰進位尚書左僕射、同中書門下平章事。乙丑，賊將安慶緒犯潼關，哥舒翰擊退之。乙巳，加平原太守顏眞卿戶部侍郎，獎守城也。

二月丙戌，李光弼、郭子儀將兵東出井陘，與賊將史思明戰，大破之，進取郡縣十餘。丙辰，誅工部尚書安思順。

三月壬午朔，以河東節度使李光弼爲御史大夫、范陽節度使。乙酉，以平原太守顏眞卿爲河北採訪使。己亥，改常山郡爲平山郡，房山縣爲平山縣，鹿泉縣爲獲鹿縣，鹿城縣爲東鹿縣。

夏四月丙午，以贊善大夫來瑱爲潁川太守、招討使。

五月戊午，南陽太守魯炅與賊將武令珣戰于滍水上，官軍大敗，爲賊所虜，進寇我南陽。詔嗣虢王巨自藍田出師救南陽。

六月癸未朔，顏眞卿破賊將袁知泰於堂邑，北海太守賀蘭進明收信都。庚寅，哥舒翰將兵八萬與賊將崔乾祐戰于靈寶西原，官軍大敗，死者十六七。其日，李光弼與賊將史思

明戰于常山東嘉山，大破之，斬獲數萬計。辛卯，哥舒翰至潼關，爲其帳下火拔歸仁以左右數十騎執之降賊，關門不守，京師大駭，河東、華陰、上洛等郡皆委城而走。

甲午，將謀幸蜀，乃下詔親征，仗下後〔二四〕，士庶恐駭，奔走于路。乙未，凌晨，自延秋門出，微雨霑濕，扈從惟宰相楊國忠韋見素、內侍高力士及太子、親王，妃主、皇孫已下多從之不及。平明渡便橋，國忠欲斷橋。上曰：「後來者何以能濟？」命緩之。辰時，至咸陽望賢驛置頓，官吏駭散，無復儲供。上憩於宮門之樹下，亭午未進食。俄有父老獻麨，上謂之曰：「如何得飯？」於是百姓獻食相繼。俄又尚食持御膳至，上頒給從官而後食。是夕次金城縣，官吏已遁，令魏方進男允招誘，俄得智藏寺僧進芻粟，行從方給。

丙辰，次馬嵬驛，諸衞頓軍不進。龍武大將軍陳玄禮奏曰：「逆胡指闕，以誅國忠爲名，然中外羣情，不無嫌怨。今國步艱阻，乘輿震蕩，陛下宜徇羣情，爲社稷大計，國忠之徒，可置之于法。」會吐蕃使二十一人遮國忠告訴於驛門，衆呼曰：「楊國忠連蕃人謀逆！」兵士圍驛四合，及誅楊國忠、魏方進一族〔二五〕，兵猶未解。上令高力士詰之，迴奏曰：「諸將既誅國忠，以貴妃在宮，人情恐懼。」上卽命力士賜貴妃自盡。玄禮等見上請罪，命釋之。

丁酉，將發馬嵬驛，朝臣唯韋見素一人，乃命見素子京兆府司錄諤爲御史中丞，充置頓使。議其所向，軍士或言河、隴，或言靈武、太原，或言還京爲便。韋諤曰：「還京，須有捍賊之備，兵馬未集，恐非萬全，不如且幸扶風，徐圖所向。」上詢于衆，咸以爲然。及行，百姓遮路乞留皇太子，願勠力破賊，收復京城，因留太子。

戊戌，次扶風縣。己亥，次扶風郡。軍士各懷去就，咸出醜言，陳玄禮不能制。會益州貢春綵十萬匹，上悉命置于庭，召諸將諭之曰：「卿等國家功臣，陳力久矣，朕之優奬，常亦不輕。逆胡背恩，事須迴避。甚知卿等不得別父母妻子，朕亦不及親辭九廟。」言發涕流。又曰：「朕須幸蜀，路險狹，人若多往，恐難供承。今有此綵，卿等卽宜分取，各圖去就。朕自有子弟中官相隨，便與卿等訣別。」衆咸俯伏涕泣曰：「死生願從陛下。」上曰：「去住任卿。」自此悖亂之言稍息。

庚子，以司勳郎中、劍南節度留後崔圓爲蜀郡長史、劍南節度副大使。以潁王璬爲劍南節度大使，以監察御史宋若思爲御史中丞充置頓使，韋諤充巡閣道使，並令先發。辛丑，發扶風郡，是夕，次陳倉。壬寅，次散關。分部下爲六軍，潁王璬先行，壽王瑁等分統六軍，前後左右相次。丙午，次河池郡，崔圓奏劍南歲稔民安，儲供無闕，上大悅，授圓中書侍郎、同中書門下平章事，蜀郡長史、劍南節度如故。以前華州刺史魏犀爲梁州長史。

秋七月癸丑朔。壬戌，次益昌縣，渡吉柏江，有雙魚夾舟而躍，議者以爲龍。甲子，次普安郡，憲部侍郎房琯自後至，上與語甚悅，卽日拜爲吏部尚書、同中書門下平章事。丁

卯，詔以皇太子諱充天下兵馬元帥，都統朔方、河東、河北、平盧等節度兵馬，收復兩京；永王璘江陵府都督，統山南東路、黔中、江南西路等節度大使；盛王琦廣陵郡大都督，統江南東路、淮南、河南等路節度大使；豐王珙武威郡都督，領河西、隴右、安西、北庭等路節度大使。初，京師陷賊，車駕倉皇出幸，人未知所向，衆心震駭，及聞是詔，遠近相慶，咸思效忠於興復。庚午，次巴西郡，太守崔渙奉迎。卽日以渙爲門下侍郎、同中書門下平章事。以韋見素爲左相。庚辰，車駕至蜀郡，扈從官吏軍士到者一千三百人，宮女二十四人而已。

八月癸未朔，御蜀都府衙，宣詔曰：「朕以薄德，嗣守神器，每乾乾惕厲，勤念生靈，一物失所，無忘罪己。聿來四紀，人亦小康，推心于人，不疑于物。而姦臣兇豎，棄義背恩，割剝黎元，擾亂區夏，皆朕不明之過也。今巡撫巴蜀，訓厲師徒，仍令太子諸王蒐兵重鎭，誅夷兇醜，以謝昊穹；思與羣臣重弘理道，可大赦天下。」癸巳，靈武使至，始知皇太子卽位。丁酉，上用靈武册稱上皇，詔稱誥。己亥，上皇臨軒册肅宗，命宰臣韋見素、房琯使靈武，册命曰：「朕稱太上皇，軍國大事先取皇帝處分，後奏朕知。候克復兩京，朕當怡神姑射，偃息大庭。」

明年九月，郭子儀收復兩京。十月，肅宗遣中使啖廷瑤入蜀奉迎。丁卯，上皇發蜀郡。

十一月丙申，次鳳翔郡。肅宗遣精騎三千至扶風迎衞。十二月丙午，肅宗具法駕至咸陽望賢驛迎奉。上皇御宮之南樓，肅宗拜慶樓下，嗚咽流涕不自勝，爲上皇徒步控轡，上皇撫背止之，即騎馬前導。丁未，至京師，文武百僚、京城士庶夾道歡呼，靡不流涕。即日御大明宮之含元殿，見百僚，上皇親自撫問，人人感咽。時太廟爲賊所焚，權移神主於大內長安殿，上皇謁廟請罪，遂幸興慶宮。

三載二月，肅宗與羣臣奉上皇尊號曰太上至道聖皇帝。乾元三年七月丁未，移幸西內之甘露殿。時閹宦李輔國離間肅宗，故移居西內。高力士、陳玄禮等遷謫，上皇寖不自懌。上元二年四月甲寅，崩于神龍殿，時年七十八。羣臣上謚曰至道大聖大明孝皇帝，廟號玄宗。初，上皇親拜五陵，至橋陵，見金粟山崗有龍盤鳳翥之勢，復近先塋，謂侍臣曰：「吾千秋後宜葬此地，得奉先陵，不忘孝敬矣。」至是，追奉先旨以創寢園。以廣德元年三月辛酉葬于泰陵。

史臣曰：孔子稱「王者必世而後仁」。李氏自武后移國三十餘年，朝廷罕有正人，附麗無非險輩。持苞苴而請謁，奔走權門；效鷹犬以飛馳，中傷端士。以致斲喪王室，屠害宗枝，骨鯁大臣，屢遭誣陷，舞文酷吏，坐致顯榮。禮儀無復興行，刑政壞於犬馬，端揆出阿黨之

語，冕旒有和事之名，朋比成風，廉耻都盡。

我開元之有天下也，糾之以典刑，明之以禮樂，愛之以慈儉，律之以軌儀。黜前朝徼倖之臣，杜其姦也；焚後庭珠翠之玩，戒其奢也；禁女樂而出宮嬪，明其教也；賜酺賞而放哇淫，懼其荒也；敍友于而敦骨肉，厚其俗也；蒐兵而責帥，明軍法也；朝集而計最，校吏能也。廟堂之上，無非經濟之才；表著之中，皆得論思之士。而又旁求宏碩，講道藝文。昌言嘉謨，日聞於獻納；長轡遠馭，志在於昇平。貞觀之風，一朝復振。于斯時也，烽燧不驚，華戎同軌。西蕃君長，越繩橋而競款玉關；北狄酋渠，捐毳幕而爭趨鴈塞。象郡、炎州之玩，雞林、鯷海之珍，莫不結轍於象胥，駢羅於典屬。膜拜丹墀之下，夷歌立仗之前，可謂冠帶百蠻，車書萬里。天子乃覽雲臺之義，草泥金之札，然後封日觀，禪雲亭，訪道於穆清，怡神於玄牝，與民休息，比屋可封。於時垂髫之倪，皆知禮讓；戴白之老，不識兵戈。虜不敢乘月犯邊，士不敢彎弓報怨。「康哉」之頌，溢于八紘。所謂「世而後仁」，見於開元者矣。年踰三紀，可謂太平。

於戲！國無賢臣，聖亦難理；山有猛虎，獸不敢窺。得人者昌，信不虛語。昔齊桓公行同禽獸，不失霸主之名；梁武帝靜比桑門，竟被臺城之酷。蓋得管仲則淫不害霸，任朱异則善不救亡。開元之初，賢臣當國，四門俱穆，百度唯貞，而釋、老之流，頗以無爲請見。上乃務清淨，事薰修，留連軒后之文，舞詠伯陽之說，雖稍移於勤倦，亦未至於怠荒。俄而朝野怨咨，政刑紕繆，何哉？用人之失也。自天寶已還，小人道長。如山有朽壞，雖大必虧；木有蠹虫，其榮易落。以百口百心之讒諂，蔽兩目兩耳之聰明，苟非鐵腸石心，安得不惑！而獻可替否，靡聞姚、宋之言；妬賢害功，但有甫、忠之奏。豪猾因茲而睥睨，明哲於是乎卷懷，故祿山之徒，得行其僞。厲階之作，匪降自天，謀之不臧，前功併棄。惜哉！

贊曰：開元握圖，永鑒前車。景氣融朗，昏氛滌除。政纔勤倦，妖集廷除。先民之言，「靡不有初」。

校勘記

〔一〕徐岵　本書卷五〇刑法志作「徐嶠」。

〔二〕五品以上　「上」字各本原作「下」，據冊府卷八五改。

〔三〕自虹縣至淮陰　「虹縣」下各本原有「隋清」二字，據冊府卷四九七、新書卷三八地理志刪。

〔四〕崔隱甫　「隱」字各本原作「德」，據本書卷一八五下崔隱甫傳改。

〔五〕自石灰窠引流至州城而西卻注魏橋　「窠」「注」各本原作「巢」「涯」，據冊府卷四九七、新書卷三九地理志改。

〔六〕士庶厚葬　「厚」字各本原作「奪」，據新書卷五玄宗紀改。

〔七〕文辭秀逸　「逸」字各本原作「英」，御覽卷一一一、冊府卷六四五作「逸」，冊府同卷記玄宗時同一年事又云：「是年有舉文詞秀逸科。」據改。

〔八〕老幼版授　校勘記卷四云：按「幼」當作「人」，諸帝紀中言老人版授者多。

〔九〕廣運潭　「運」字各本原作「濟」，據本卷上文、冊府卷一一四、新書卷三七地理志改。

〔一〇〕紫極宮　「極」字各本原作「徵」，據冊府卷五四改。

〔一一〕裴敦復卒　按裴敦復被殺，事具見本卷天寶六載。通鑑卷二一五記天寶三載夏四月，「裴敦復破吳令光，擒之」。此處不當言卒，疑有脫文。

〔一二〕中受降城　「中」字各本原作「東」，據新書卷三七地理志、通鑑卷二一六改。

〔一三〕開元天地大寶聖文神武應道皇帝　「地大」二字各本原無，據冊府卷一六、通鑑卷二一六補。

〔一四〕仗下後　「後」字各本原作「從」，據御覽卷一一一改。

〔一五〕及誅楊國忠魏方進一族　各本「及」字原作「乃」，「魏方進」作「衆方退」，據御覽卷一一一改。

舊唐書卷十

本紀第十

肅宗

肅宗文明武德大聖大宣孝皇帝諱亨，玄宗第三子，母曰元獻皇后楊氏。景雲二年乙亥生〔一〕。初名嗣昇，二歲封陝王，五歲拜安西大都護、河西四鎮諸蕃落大使。上仁愛英悟，得之天然；及長，聰敏強記，屬辭典麗，耳目之所聽覽，不復遺忘。

開元十五年正月，封忠王，改名浚。五月，領朔方大使、單于大都護。十八年，奚、契丹犯塞，以上爲河北道元帥，信安王禕爲副，帥御史大夫李朝隱、京兆尹裴伷先等八總管兵以討之〔二〕。仍命百僚設次於光順門，與上相見。左丞相張說退謂學士孫逖、韋述曰：「嘗見太宗寫眞圖，忠王英姿穎發，儀表非常，雅類聖祖，此社稷之福也。」二十年〔三〕，諸將大破奚、契丹，以上遙統之功，加司徒。二十三年，改名璵。二十五年，皇太子瑛得罪。二十六

年六月庚子，立上爲皇太子，改名紹。後有言事者云：紹與宋太子名同，改今名。初，太子瑛得罪，上召李林甫議立儲貳，時壽王瑁母武惠妃方承恩寵，林甫希旨，以瑁對。及立上爲太子，林甫懼不利己，乃起韋堅、柳勣之獄，上幾危者數四。後又楊國忠依倚妃家，恣爲褻穢，懼上英武，潛謀不利，爲患久之。

天寶十三載正月，安祿山來朝，上嘗密奏，云祿山有反相，玄宗不聽。十四載十一月，祿山果叛，稱兵詣闕。十二月丁未，陷東京。辛丑，制太子監國，仍遣上親總諸軍進討。時祿山以誅楊國忠爲名，由是軍民切齒於楊氏。國忠懼，乃與貴妃謀間其事，上遂不行。乃召河西節度使哥舒翰爲皇太子前鋒兵馬元帥，令率衆二十萬守潼關。

明年六月，哥舒翰爲賊所敗，關門不守，國忠諷玄宗幸蜀。丁酉，至馬嵬頓，六軍不進，請誅楊氏。於是誅國忠，賜貴妃自盡。車駕將發，留上在後宣諭百姓，衆泣而言曰：「逆胡背恩，主上播越，臣等生於聖代，世爲唐民，願勠力一心，爲國討賊，請從太子收復長安。」玄宗聞之曰：「此天啓也。」乃令高力士與壽王瑁送太子內人及服御等物，留後軍廐馬從上。令力士口宣曰：「汝好去！百姓屬望，愼勿違之。莫以吾爲意。且西戎北狄，吾嘗厚之，今國步艱難，必得其用，汝其勉之！」

上迴至渭北，便橋已斷，水暴漲，無舟楫；上號令水濱百姓，歸者三千餘人。渭水可涉，又遇潼關散卒，誤以爲賊，與之戰，士衆多傷。乃收其餘衆北上〔四〕，軍既濟，其後皆溺，上喜，以爲天之佑。時從上惟廣平、建寧二王及四軍將士，纔二千人。自奉天而北，夕次永壽，百姓遮道獻牛酒。有白雲起西北，長數丈，如樓閣之狀，議者以爲天子之氣。戊戌，至新平郡。時晝夜奔馳三百餘里，士衆器械亡失過半，所存之衆，不過一旅。己亥，至安定郡，斬新平太守薛羽、保定太守徐瑴，以其棄郡也。庚子，至烏氏驛，彭原太守李遵謁見，率兵士奉迎，仍進衣服糗糧。上至彭原，又募得甲士四百，率私馬以助軍。辛丑，至平涼郡，蒐閱監牧公私馬，得數萬疋，官軍益振。時賊據長安，知上治兵河西，三輔百姓皆曰：「吾太子大軍卽至！」賊望西北塵起，有時奔走。戊申，扶風人康景龍殺賊宣慰使薛總等二百餘人，陳倉令薛景仙率衆收扶風郡守之。由是關輔豪右皆謀殺賊，賊故不敢侵軼。

上在平涼，數日之間未知所適，會朔方留後杜鴻漸、魏少遊、崔漪等遣判官李涵奉牋迎上，備陳兵馬招集之勢，倉儲庫甲之數，上大悅。鴻漸又發朔方步騎數千人於白草頓奉迎。時河西行軍司馬裴冕新授御史中丞赴闕〔五〕，遇上於平涼，亦勸上治兵於靈武以圖進取，上然之。上初發平涼，有彩雲浮空，白鶴前引，出軍之後，有黃龍自上所憩屋騰空而去。上行至豐寧南，見黃河天塹之固，欲整軍北渡，以保豐寧，忽大風飛沙，跬步之間，不辨人物，及迴軍趨靈武，風沙頓止，天地廓淸。

七月辛酉，上至靈武，時魏少遊預備供帳，無不畢備。裴冕、杜鴻漸等從容進曰：「今寇逆亂常，毒流函谷，主上倦勤大位，移幸蜀川。江山阻險，奏請路絕，宗社神器，須有所歸。萬姓顒顒，思崇明聖，天意人事，不可固違。伏願殿下順其樂推，以安社稷，王者之大孝也。」上曰：「俟平寇逆，奉迎鑾輿，從容儲闈，侍膳左右，豈不樂哉！公等何急也？」冕等凡六上牋，辭情激切，上不獲已，乃從。

是月甲子，上卽皇帝位於靈武。禮畢，冕等跪進曰：「自逆賊憑陵，兩京失守，聖皇傳位陛下，再安區宇，臣稽首上千萬歲壽。」羣臣舞蹈稱萬歲。上流涕歔欷，感動左右。卽日奏其事於上皇。是日，御靈武南門，下制曰：

朕聞聖人畏天命，帝者奉天時。知皇靈眷命，不敢違而去之；知曆數所歸，不獲已而當之。在昔帝王，靡不由斯而有天下者也。乃者羯胡亂常，京闕失守，天未悔禍，羣兇尙扇。聖皇久厭大位，思傳眇身，軍興之初，已有成命，予恐不德，罔敢祗承。今羣工卿士僉曰：「孝莫大於繼德，功莫盛於中興。」朕所以治兵朔方，將殄寇逆，務以大者，本其孝乎。須安兆庶之心，敬順羣臣之請，乃以七月甲子，卽皇帝位於靈武。敬崇徽號，上尊聖皇曰上皇天帝，所司擇日昭告上帝。朕以薄德，謬當重位，既展承天之禮，宜覃率土之澤，可大赦天下，改元曰至德。內外文武官九品已上加兩階、賜兩轉，

三品已上賜爵一級。

以朔方度支副使、大理司直杜鴻漸爲兵部郎中，朔方節度判官崔漪爲吏部郎中，並知中書舍人。以御史中丞裴冕爲中書侍郎、同中書門下平章事。河西兵馬使周佖爲河西節度使，隴右兵馬使彭元暉爲隴右節度使，前蒲州刺史呂崇賁爲關內節度使兼順化郡太守。以陳倉縣令薛景仙爲扶風太守，以隴右節度使郭英乂爲天水郡太守。改靈武郡爲大都督府，上縣爲望，中縣爲上。丁卯，逆胡害霍國長公主、永王妃侯莫陳氏、義王妃閻氏、陳王妃韋氏、信王妃任氏、駙馬楊朏等八十餘人於崇仁之街。甲戌，賊黨同羅部五千餘人自西京出降朔方軍〔六〕。己卯，京兆尹崔光遠、長安令蘇震等率府縣官吏大呼於西市，殺賊數千級，然後來赴行在。詔改扶風爲鳳翔郡。

八月壬午，朔方節度使郭子儀、范陽節度使李光弼破賊於常山郡之嘉山。上以治兵收京城，詔子儀等旋師，子儀、光弼率所統步騎五萬至自河北〔七〕。詔以子儀爲兵部尚書，依前靈州大都督府長史；光弼爲戶部尚書，兼太原尹、北京留守：同中書門下平章事。迴紇、吐蕃遣使繼至，請和親，願助國討賊，皆宴賜遣之。是日，上皇至成都，大赦。癸巳，上所奉表始達成都。丁酉，上皇遜位稱誥〔八〕，遣左相韋見素、文部尚書房琯、門下侍郎崔渙等奉册書赴靈武。

九月戊辰，上南幸彭原郡。封故邠王守禮男承寀爲燉煌王，令使迴紇和親，册迴紇可汗女爲毗伽公主，仍令僕固懷恩送承寀至迴紇部。內官邊令誠背上皇投賊，至是復來見，上命斬之。丙子，至順化郡，韋見素、房琯、崔渙等自蜀郡齎上册書及傳國寶等至。己卯，斬潼關敗將李承光於纛下。

十月辛巳朔，日有蝕之，既。癸未，彭原郡以軍興用度不足，權賣官爵及度僧尼。上素知房琯名，至是琯請爲兵馬元帥收復兩京，許之，仍令兵部尚書王思禮爲副。分兵爲三軍，楊希文、劉貴哲、李光進等各將一軍，其衆五萬。辛丑，琯與賊將安守忠戰于陳濤斜，官軍敗績，楊希文、劉貴哲等降於賊，琯亦奔還。平原太守顏眞卿以食盡援絕，棄城渡河，於是河北郡縣盡陷於賊。

十一月辛亥，河西地震有聲，圮裂廬舍，張掖、酒泉尤甚。戊子，迴紇引軍來赴難，與郭子儀同破賊黨同羅部三千餘衆於河上。詔宰相崔渙巡撫江南，補授官吏。

十二月戊子，以王思禮爲關內節度。彭原郡百姓給復二載，郡同六雄，縣升緊、望。以秦州都督郭英乂爲鳳翔太守，諫議大夫高適爲廣陵長史、淮南節度兼採訪使。賊將阿史那承慶攻陷潁川郡，執太守薛愿、長史龐堅。甲辰，江陵大都督府永王璘擅領舟師下廣陵。

二載春正月庚戌朔，上在彭原受朝賀。是日通表入蜀賀上皇。上皇在蜀，每得上表疏，訊其使者，知上涕戀晨省，乃下誥曰：「至和育物，大孝安親，古之哲王，必由斯道。朕往在春宮，嘗事先后，問安靡闕，視膳無違。及同氣天倫，聯華棣蕚，居嘗共被，食必分甘。今皇帝奉而行之，未嘗失墜，每有銜命而來，戒途將發，必肅恭拜跪，涕泗漣洏，左右侍臣，罔不感動。間者抱戴、赤雀、白狼之瑞，接武荐臻，此皆皇帝聖敬之符，孝友之感也。故能誕敷德教，橫于四海，信可以光宅寰宇，永綏黎元者哉！其天下有至孝友悌行著鄉閭堪旌表者，郡縣長官採聽聞奏，庶孝子順孫沐于玄化也。」甲寅，以襄陽太守李峘爲蜀郡長史、劍南節度使，將作少監魏仲犀爲襄陽、山南道節度使，永王傅劉彙爲丹陽太守兼防禦使。以憲部尚書李麟同中書門下平章事。上皇遣平章事崔圓奉誥赴彭原。乙卯，逆胡安祿山爲其子慶緒所殺。辛酉，於江寧縣置金陵郡，仍置軍，分人以鎮之。甲子，幸保定郡。丙寅，武威郡九姓商胡安門物等叛，殺節度使周佖，判官崔稱率衆討平之。是日，蜀郡健兒賈秀等五千人謀逆，上皇御蜀郡南樓，將軍席元慶等討平之。

二月戊子，幸鳳翔郡。文城太守武威郡九姓齊莊破賊五千餘衆〔九〕。上議大舉收復兩京，盡括公私馬以助軍。給事中李廙署云「無馬」，大夫崔光遠劾之，貶廙江華太守。節度使李光弼大破賊將蔡希德之衆於城下，斬虜七萬，軍資器仗稱是。朔方節度使郭子儀大破

賊將崔乾祐於潼關，收河東郡。永王璘兵敗，奔於嶺外，至大庾嶺，爲洪州刺史皇甫侁所殺。

三月癸亥，河西自去冬地震，至是方止。辛酉，以左相韋見素、平章事裴冕爲左右僕射，並罷知政事。以前憲部尚書致仕苗晉卿爲左相。吐蕃遣使和親，遣給事中南巨川報命。癸亥大雨，至癸酉不止，詔疏理刑獄，甲戌方止。

夏四月戊寅朔，以郭子儀爲司空，兼副元帥，統諸節度；李光弼爲司徒。乙酉，太史奏歲星、太白、熒惑集于東井。

五月癸丑，郭子儀與賊將安守忠戰于清渠，官軍敗績，子儀退保武功。丁巳，房琯爲太子少師，罷知政事。以諫議大夫張鎬爲中書侍郎、同中書門下平章事。以武部侍郎杜鴻漸爲河西節度。庚申，詔追贈故妃楊氏爲元獻皇太后，上母也。甲子，郭子儀以失律讓司空，許之。

七月庚戌夜，蜀郡軍人郭千仞謀逆，上皇御玄英樓，節度使李峘討平之。丁巳，賊將安武臣陷陝郡，民無遺類。

八月甲申，以黃門侍郎崔渙爲餘杭太守、江東採訪防禦使。己丑，以平章事張鎬兼河南節度、採訪處置等使。靈昌太守許叔冀爲賊所攻，援兵不至，拔衆投睢陽郡。癸巳，大閱

諸軍，上御城樓以觀之。丁酉，改雍縣爲鳳翔縣，陳倉爲寶雞縣。

閏八月辛未，賊將遞寇鳳翔，崔光遠行軍司馬王伯倫、判官李椿率衆捍賊。賊退，乘勝至中渭橋，殺賊守橋衆千人，追擊入苑中。時賊大軍屯武功，聞之燒營而去。伯倫與賊血戰而死，李椿力窮被執，然自是賊不敢西侵。

九月丁丑，上黨節度使程千里與賊挑戰，爲賊將蔡希德所擒。燉煌王承寀自迴紇使還，拜宗正卿；納迴紇公主爲妃，迴紇封爲葉護，持四節，與迴紇葉護太子率兵四千助國討賊。葉護入見，宴賜加等。丁亥，元帥廣平王統朔方、安西、迴紇、南蠻、大食之衆二十萬，東向討賊。壬寅，與賊將安守忠、李歸仁等戰于香積寺西北，賊軍大敗，斬首六萬級，賊帥張通儒棄京城東走。癸卯，廣平王收西京。甲辰，捷書至行在，百僚稱賀，卽日告捷于蜀。上皇遣裴冕入京，啓告郊廟社稷。

冬十月乙巳朔，以崔光遠爲京兆尹。詔曰：「緣京城初收，要安百姓，又灑掃宮闕，奉迎上皇。以今月十九日還京，應緣供頓，務從減省。」吐蕃寇陷西平郡。癸丑，賊將尹子奇陷睢陽，害張巡、姚訚、許遠。賊自香積之敗，悉衆保陝郡，廣平王統郭子儀等進攻，與賊戰于陝西之新店，賊衆大敗，斬首十萬級，橫屍三十里。庚申，安慶緒與其黨奔河北。壬戌，廣平王入東京，陳兵天津橋南，士庶歡呼路側。陷賊官僞署侍中陳希烈、中書令張垍等三百餘

人素服待罪。癸亥，上自鳳翔還京，仍遣太子太師韋見素入蜀迎上皇，鳳翔郡給復五載。丙寅，至望賢宮，得東京捷書至，上大喜。丁卯，入長安。士庶涕泣拜忭曰：「不圖復見吾君！」上亦爲之感惻。九廟爲賊所焚，上素服哭於廟三日，入居大明宮。是日，上皇發蜀郡。己巳，文武脅從官免冠徒跣，朝堂待罪，禁之府獄，命中丞崔器劾之。迴紇葉護自東京還，宴之于宣政殿，便辭還蕃。乃封葉護爲忠義王，約每年送絹二萬疋，至朔方王便交授。

十一月壬申朔，上御丹鳳樓，下制曰：「我國家出震乘乾，立極開統。謳歌曆數，啓聖千齡；文物聲名，握圖六葉。安祿山夷羯賤類，粗立邊功，遂肆兇殘，變起倉卒，而毒流四海，塗炭萬靈。朕興言痛憤，提戈問罪，靈武聚一旅之衆，至鳳翔合百萬之師，親總元戎，掃清羣孽。廣平王俶受委元帥，能振天聲；郭子儀決勝無前，克成大業。兼迴紇葉護、雲南子弟、諸蕃兵馬，力戰平兇，勢若摧枯，易同破竹。朕早承聖訓，嘗讀禮經，義切奉先，恐不克荷。今復宗廟於函洛，迎上皇於巴蜀；導鑾輿而反正，朝寢門而問安；寰宇載寧，朕願畢矣。且復人將有主，敬當天地之心；興豈在予，實憑社稷之祐。今兩京無虞，三靈通慶，可以昭事，宜在覃恩，待上皇到日，當取處分。」是時河南、河東諸郡縣皆平。宮省門帶「安」字者改之。僞御史大夫嚴莊來降。新成九廟神主，上親告享。

十二月丙午，上皇至自蜀，上至望賢宮奉迎。上皇御宮南樓，上望樓辟易，下馬趨進樓前，再拜蹈舞稱慶。上皇下樓，上匍匐捧上皇足，涕泗嗚咽，不能自勝。遂扶侍上皇御殿，親自進食；自御馬以進，上皇上馬，又躬攬轡而行，止之後退。上皇曰：「吾享國長久，吾不知貴，見吾子爲天子，吾知貴矣。」上乘馬前導，自開遠門至丹鳳門，旗幟燭天，綵棚夾道。士庶舞忭路側，皆曰：「不圖今日再見二聖！」百僚班於含元殿庭，上皇御殿，左相苗晉卿率百辟稱賀，人人無不感咽。禮畢，上皇詣長樂殿謁九廟神主，卽日幸興慶宮。上請歸東宮，上皇遣高力士再三慰譬而止。受賊僞署左相陳希烈、達奚珣等二百餘人並禁於楊國忠宅鞫問。

甲寅，以左相苗晉卿爲中書侍郎、同中書門下平章事。十二月戊午朔，上御丹鳳門，下制大赦。蜀郡靈武元從功臣太子太師、豳國公韋見素，內侍、齊國公高力士，右龍武大將軍陳玄禮，各加實封三百戶。田長文、張崇俊、杜休祥各加二百戶。右僕射裴冕冀國公，殿中監李輔國成國公，宗正卿李遵鄭國公，兼進封邑。廣平王俶封楚王，加實封二千戶。左僕射、朔方節度郭子儀加司徒，進封代國公，實封一千戶。兵馬使僕固懷恩封豐國公，右金吾將軍李嗣業封虢國公，司徒兼太原尹李光弼薊國公，關內節度王思禮霍國公，淮南節度來瑱潁國公，南陽太守魯炅岐國公，仍並加實封。京兆尹崔光遠鄴國公，開府李光進

范陽郡公，左相苗晉卿爲侍中、封韓國公，憲部尚書、平章事李麟褒國公，中書侍郎崔圓爲中書令、趙國公，中書侍郎張鎬南陽縣公。近日所改百司額及郡名官名，一依故事。改蜀郡爲南京〔一〇〕，鳳翔府爲西京，西京改爲中京，蜀郡改爲成都府。鳳翔府官僚並同三京名號。其李憕、盧弈、顏杲卿、袁履謙、許遠、張巡、張介然、蔣清、龐堅等卽與追贈，訪其子孫，厚其官爵。文武三品已上賜爵一級，四品已下加一階。賜酺五日。進封南陽王係爲趙王，新城王僅爲彭王，潁川王僴爲兗王。第七男侹爲涇王，第九男僙封襄王，第十男佋封興王，第十一男倕封杞王〔一一〕，第十二男侗封定王。甲子，上皇御宣政殿，授上傳國璽，上於殿下涕泣而受之。

己丑，賊將僞范陽節度使史思明以其兵衆八萬之籍，與僞河東節度使高秀巖並表送降。庚午，制：「人臣之節，有死無二；爲國之體，叛而必誅。況乎委質賊廷，宴安逆命，躭受寵祿，淹延歲時，不顧恩義，助其効用，此其可宥，法將何施？達奚珣等或受任台輔，位極人臣；或累葉寵榮，姻聯戚里；或歷踐臺閣，或職通中外。夫以犬馬微賤之畜，猶知戀主；龜蛇蠢動之類，皆能報恩。豈曰人臣，曾無感激？自逆胡作亂，傾覆邦家，凡在黎元，皆含怨憤，殺身殉國者，不可勝數。此等黔首，猶不背國恩。受任於梟獍之間〔一二〕，咨謀於豺虺之輩，靜言此情，何可放宥。達奚珣等一十八人，並宜處斬；陳希烈等七人，並賜自盡；前

大理卿張均特宜免死，配流合浦郡。」是日斬達奚珣等於子城西南隅獨柳樹，仍集百僚往觀之。

三載正月甲戌朔。戊寅，上皇御宣政殿，册皇帝尊號曰光天文武大聖孝感皇帝。上以徽號中有「大聖」二字，上表固讓，不允。乙酉，敕：「因亂所失庫物，先差使搜檢，如聞下吏因便擾人，其搜檢使一切並停，務令安輯。」內出宮女三千人。庚寅，大閱諸軍於含元殿庭，上御棲鸞閣觀之。庚子，册良娣張氏爲淑妃。

二月癸卯朔，賊將僞淄青節度能元皓以其地請降，用爲河北招討使，并其子昱並授官爵。乙巳，上御興慶宮，奉册上皇徽號曰太上至道聖皇大帝。丁未，御明鳳門，大赦天下，改至德三載爲乾元元年。成都、靈武扈從功臣三品已上與一子官，五品已下與一子出身，六品已下量與改轉。死王事、陷賊不受僞命而死者，並與追贈。陷賊官先推鞫者，例減罪一等。今後醫卜入仕者，同明法例處分。

三月癸酉朔。甲戌，元帥楚王俶改封成王。乙亥，山南東道、河南、淮南、江南皆置節度使。辛卯，以歲饑，禁酤酒，麥熟之後，任依常式〔三三〕。太史監爲司天臺，取承寧坊張守珪宅置，仍補官員六十人。

夏四月癸卯，以太子少師、嗣虢王巨爲東京留守、河南尹，充京畿採訪處置使。己酉，册淑妃張氏爲皇后。辛亥，九廟成，備法駕自長安殿迎九廟神主入新廟。甲寅，上親享九廟，遂有事於圓丘，卽日還宮。翌日，御明鳳門，大赦天下。戊辰，上進鍊石英金竈於興慶宮〔三四〕。

五月壬申朔，迴紇、黑衣大食各遣使朝貢，至閤門爭長，詔其使各從左右門入。壬午，詔：「近緣狂寇亂常，諸道分置節度，蓋總管內徵發、文牒往來，仍加採訪，轉滋煩擾。其諸道先置採訪、黜陟二使宜停。」癸未夜，月掩心前星。戊子，以河南節度、中書侍郎、平章事張鎬爲荆州大都督府長史、本州防禦使，以禮部尚書崔光遠爲河南節度。庚寅，立成王俶爲皇太子。以荆州長史季廣琛赴河南行營會計討賊於河北。己未，中書令崔圓爲太子少師，刑部尚書、同平章事李麟爲太子少傅，並罷知政事。以太常少卿、知禮儀事王璵爲中書侍郎、同中書門下平章事。丙申，燉煌王承寀薨。

六月辛丑朔，吐火羅、康國遣使朝貢。己酉，初置太一神壇於圓丘東。是日，命宰相王璵攝行祠事。癸丑夜，月入南斗魁。戊午，詔〔三五〕：「三司所推劾受賊僞官等，恩澤頻加，科條遞減，原其事狀，稍近平人，所推問者，並宜釋放。」

秋七月辛未朔，吐火羅葉護烏利多并九國首領來朝，助國討賊，上令赴朔方行營。丙戌，初鑄新錢，文曰「乾元重寶」，用一當十，與開元通寶同行用。丁亥，制上第二女寧國公主出降迴紇英武威遠毗伽可汗〔三六〕。

八月壬寅，以青徐等五州節度使季廣琛兼許州刺史，河南節度使崔光遠兼汴州刺史。以青州刺史許叔冀兼滑州刺史，充青滑六州節度使。甲辰，上皇誕節，上皇宴百官於金明門樓。朔方節度使郭子儀、河東節度使李光弼、關內節度使王思禮來朝，加子儀中書令，光弼侍中，思禮兵部尚書，餘如故。

九月庚午朔，右羽林大將軍趙泚爲蒲州刺史、蒲同虢三州節度使，貝州刺史能元皓爲齊州刺史、齊兗鄆等州防禦使。庚寅，大舉討安慶緒於相州。命朔方節度郭子儀、河東節度李光弼、關內潞州節度使王思禮、淮西襄陽節度魯炅、興平節度李奐、滑濮節度許叔冀、平盧兵馬使董秦、北庭行營節度使李嗣業、鄭蔡節度使季廣琛等九節度之師，步騎二十萬，以開府魚朝恩爲觀軍容使。癸巳，廣州奏大食國、波斯國兵衆攻城，刺史韋利見棄城而遁。

十月乙未，以鳳翔尹李齊物爲刑部尚書，以濮州刺史張方須爲廣州都督、五府節度使。郭子儀奏破賊十萬於衞州，獲安慶緒弟慶和，進收衞州。甲寅，上皇幸華清宮，上送於灞上。許叔冀奏：「衞州婦人侯四娘、滑州婦人唐四娘、某州婦人王二娘相與歃血，請赴行營討賊。」皆補果毅。壬申，王思禮破賊二萬於相州。

十一月丁丑，郭子儀收魏州，得僞署刺史蕭華於州獄，詔復以華爲刺史。是日，上皇至自華清宮，上迎於灞上。上自控上皇馬轡百餘步，誥止之，乃已。

十二月癸卯，以河南節度崔光遠爲魏州刺史，遣蕭華赴相州行營。甲辰，以昇州刺史韋黃裳爲蘇州刺史、浙西節度使。庚戌，以戶部尚書李峘充淮南、浙西觀察使，處置節度使。丙寅，立春，上御宣政殿，讀時令，常參官五品已上升殿序坐而聽之。時王師圍相州，慶緒食盡，求於史思明率衆來援。丁卯，思明復陷魏州，刺史崔光遠出奔。

二年春正月己巳朔，上御含元殿，受尊號曰乾元大聖光天文武孝感皇帝。是日，史思明自稱燕王於魏州，僭立年號。丁丑，上親祀九宮貴神，齋宿於壇所。戊寅，有事於籍田，上行九推，禮官奏太過，上曰：「朕勸農率下，所恨不終千畝耳。」癸未夜，月掩歲星。乙丑，以御史中丞崔寓都統浙江、淮南節度處置使。丙申，開府儀同三司、衞尉卿、懷州北庭行營節度使、虢國公李嗣業卒于相州行營。庚子，以太子少師崔圓充東京留守，判尚書省事。

二月壬子望，月蝕既。百官請加皇后張氏尊號曰「翊聖」，上以月蝕陰德不修而止。貶東京留守、嗣虢王巨以遂州刺史〔三七〕，苛政也。丙辰，月犯心大星。壬戌，遣侍中苗晉卿、王璵分錄囚徒。

三月丁卯朔。己巳，皇后祀先蠶於苑中。壬申，相州行營郭子儀等與賊史思明戰，王師不利，九節度兵潰，子儀斷河陽橋，以餘衆保東京。辛卯，以衞尉卿荔非元禮爲懷州刺史，權鎮西、北庭行營節度使；以滑州刺史許叔冀充滑、汴、曹、宋等州節度使。甲午，以兵部侍郎呂諲同中書門下平章事，以太子賓客薛景仙爲鳳翔尹、本府防禦使。乙未，侍中苗晉卿爲太子太傅，平章事王璵爲刑部尚書，並罷知政事。以京兆尹李峴爲吏部尚書，禮部侍郎李揆爲中書侍郎，與戶部侍郎第五琦等並同中書門下平章事。丙申，以郭子儀爲東畿、山南東〔六〕、河南等道節度、防禦兵馬元帥，權東京留守，判尚書省事。以河西節度副使來瑱爲陝州刺史，充虢華節度、潼關防禦團練等使。

四月丁酉朔，王思禮奏於潞城縣東直千嶺破賊萬人。壬寅，詔以寇孽未平，務懷撝挹，「自今以後，朕常膳及服御等物，並從節減，諸作坊造坊並停」。「比緣軍國務殷，或宣口敕處分。令後非正宣，並不得行用，中外諸務，各歸有司。英武軍及六軍諸使，比因論竟便行追攝。今後須經臺府，如處斷不平，具狀聞奏。自文武五品已上正官各舉賢良方正、直言極諫一人，任自封進。兩省官十日一上封事。御史臺欲彈事，不須進狀，仍服豸冠。殘妖未殄，國步猶艱，共體至公，以康庶政。朕推誠御物，與衆共之，思與蒼生，臻夫至道。宣

示中外，知朕意焉」。甲辰，以鄧州刺史魯炅爲鄭州刺史，充陳、鄭、潁、亳節度使；以徐州刺史尚衡爲青州刺史，充青、淄、密、登、萊、沂、海等州節度使；以商州刺史、興平軍節度李奐兼豫、許、汝等州節度使。乙巳，第五琦依舊判度支、租庸等使。史思明僭號於魏州。貶季廣琛宣州刺史。崔光遠爲太子少保。癸亥，以久旱徙市，雩祈雨。

五月辛巳，貶宰相李峴蜀州刺史。丁亥，上御宣政殿試文經邦國等四科舉人。乃以汝州刺史劉展爲滑州刺史，以平盧軍節度都知兵馬使董秦爲濮州刺史。

六月乙未朔，以右僕射裴冕爲御史大夫、成都尹，持節充劍南節度副大使、本道觀察使；以邠州刺史房琯爲太子賓客；以饒州刺史顏眞卿爲昇州刺史，充浙江西道節度使。己巳，以明州刺史呂延之爲越州刺史，充浙江東道節度使；以右羽林大將軍彭元曜爲鄭州刺史，充陳、鄭、申、光、壽等州節度使。

秋七月乙丑朔，以禮部尚書韋陟充東京留守。太子少傅、兗國公李麟卒。辛巳，制以趙王係爲天下兵馬元帥，司空兼侍中李光弼爲副。丁亥，以兵部尚書、潞州大都督府長史、潞沁節度、霍國公王思禮兼太原尹，充北京留守、河東節度副大使；刑部尚書王璵爲蒲州刺史，充蒲、同、絳三州節度使。

八月乙亥，襄州偏將康楚元逐刺史王政，據城自守。丙辰，寧國公主自迴紇還宮。副元帥李光弼兼幽州大都督府長史、河北節度等使。

九月甲午，襄州賊張嘉延襲破荆州，澧、朗、復、郢、硤、歸等州官吏皆棄城奔竄。戊辰，新鑄大錢，文如乾元重寶，而重其輪，用一當五十，以二十二斤成貫。丁亥，以太子少保崔光遠充荆、襄等州招討使，右羽林大將軍王仲昇充申、安、沔等州節度使，右羽林將軍李抱玉爲鄭州刺史、鄭陳潁亳四州節度使。庚寅，逆胡史思明陷洛陽，副元帥李光弼守河陽，汝、鄭、滑等州陷賊。

冬十月丁酉，制親征史思明，竟不行。乙巳，李光弼奏破賊於城下。壬戌，宰相呂諲起復，依前平章事。

十一月甲子朔，商州刺史韋倫破康楚元，荆襄平。庚午，戶部侍郎、同平章事第五琦貶忠州長史，御史大夫賀蘭進明貶溱州司馬。

十二月癸巳朔，神策將軍衞伯玉破賊於陝東疆子坂。甲寅，以御史大夫史翽爲襄州刺史，充山南東道節度、觀察處置等使。

三年春正月癸亥朔。辛巳，李光弼進位太尉、兼中書令，餘如故。以杭州刺史侯令儀爲昇州刺史，充浙江西道節度兼江寧軍使。戊子，以朔方節度使郭子儀兼邠寧、鄜坊兩道

節度使。

二月癸巳朔，以右丞崔寓爲蒲州刺史，充蒲、同、晉、絳等州節度使。庚戌，第五琦除名，長流夷州。癸丑，以太子少保崔光遠爲鳳翔尹、秦隴節度使。

三月壬申，以京兆尹李若幽爲成都尹、劍南節度使。甲申，以蒲州爲河中府，其州縣官吏所置，同京兆、河南二府。

四月甲午，李光弼奏破賊於懷州、河陽。甲辰，以禮部尚書、東京留守韋陟爲吏部尚書，太子賓客房琯爲禮部尚書。以太子賓客、平章事張鎬爲左散騎常侍，太子賓客崔渙爲大理卿。是歲饑，米斗至一千五百文。戊申，襄州軍亂，殺節度使史翽，部將張維瑾據州叛。丁巳夜，彗出東方，在婁、胃間，長四尺許。戊午，以右丞蕭華爲河中尹、兼御史中丞，充同、晉、絳等州節度、觀察處置使。己未，以陝州刺史來瑱爲襄州刺史，充山南東道襄鄧等十州節度、觀察處置等使。庚申，以右羽林大將軍郭英乂爲陝州刺史、陝西節度、潼關防禦等使。

閏四月辛酉朔，彗出西方，其長數丈。壬戌，以禮部尚書房琯爲晉州刺史。甲子，制彭王僅充河西節度大使，兗王僴北庭節度大使，涇王侹隴右節度大使，杞王倕陝西節度大使，興王佋鳳翔節度大使，蜀王佀邠寧節度大使，並不出閤。丁卯，太原尹王思禮進位司空。甲戌，天下兵馬元帥、趙王係改封越王。

己卯，以星文變異，上御明鳳門，大赦天下，改乾元爲上元。追封周太公望爲武成王，依文宣王例置廟。時大霧，自四月雨至閏月末不止。米價翔貴，人相食，餓死者委骸于路。

壬午，以刑部尚書王璵爲太常卿，右散騎常侍韓擇木爲禮部尚書。

五月庚寅朔。丙午，以太子太傅、韓國公苗晉卿爲侍中。壬子，黃門侍郎、同中書門下三品呂諲爲太子賓客，罷知政事。癸丑，以河南尹劉晏爲戶部侍郎，勾當度支、鑄錢、鹽鐵等使。是夜，月掩昴。

六月乙丑，詔先鑄重稜錢一當五十，宜減當三十文；開元宜一當十。

七月己丑朔。丁未，上皇自興慶宮移居西內。丙辰，開府高力士配流巫州；內侍王承恩流播州，魏悅流溱州；左龍武大將軍陳玄禮致仕。丙辰，御史大夫崔器卒。

八月辛未，吏部尚書韋陟卒。丁丑，以太子賓客呂諲爲荊州大都督府長史、澧朗硤忠五州節度觀察處置等使。己卯，以將作監王昂爲河中尹、本府晉絳等州節度使。丁亥，贈故興王佋爲恭懿太子。

九月甲午，以荊州爲南都，州曰江陵府，官吏制置同京兆。其蜀郡先爲南京，宜復爲蜀郡。

十月壬申，以廬州刺史趙良弼爲越州刺史，充浙江東道節度使；青州刺史殷仲卿爲淄州刺史、淄沂滄德棣等州節度使。甲申，以兵部侍郎尙衡爲靑州刺史、靑登等州節度使。

十一月乙巳，李光弼奏收懷州。宋州刺史劉展赴鎮揚州，揚州長史鄧景山以兵拒之，爲展所敗，展進陷揚、潤、昇等州。

十二月庚辰，以右羽林軍大將軍李鼎爲鳳翔尹、興鳳隴等州節度使。癸未夜，歲星掩房。

二年春正月丁亥朔。辛卯，溫州刺史季廣琛爲宣州刺史，充浙江西道節度使。甲午，上不康，皇后張氏刺血寫佛經。甲寅，詔府縣、御史臺、大理疏理繫囚，死罪降從流，流已下並釋放。乙卯，平盧軍兵馬使田神功生擒劉展，揚、潤平。

二月己未，党項寇寶雞，入散關，陷鳳州，殺刺史蕭怏，鳳翔李鼎邀擊之。癸亥，以鳳翔尹崔光遠爲成都尹、劍南節度度支營田觀察處置等使，以太子詹事、趙國公崔圓爲揚州大都督府長史、淮南節度觀察等使。辛未夜，月有蝕之，既。戊寅，李光弼率河陽之軍五萬，與史思明之衆戰於北邙，官軍敗績。光弼、僕固懷恩走保聞喜，魚朝恩、衞伯玉走保陝州，河陽、懷州共陷賊，京師戒嚴。癸未，中書侍郎、同中書門下三品李揆貶爲袁州長史。以前河中尹蕭華爲中書侍郎、同平章事、集賢殿崇文館大學士，兼修國史。

三月甲子，史朝義率衆夜襲我陝州，衞伯玉逆擊敗之。戊戌，史思明爲其子朝義所殺。李光弼以失律讓太尉、中書令，許之，授侍中、河中尹、晉絳等州節度觀察使。

夏四月乙亥朔，嗣岐王珍得罪，廢爲庶人，於溱州安置。連坐竇如玢、崔昌處斬，駙馬都尉楊洄、薛履謙賜自盡，左散騎常侍張鎬貶辰州司戶長任。己未，以吏部侍郎裴遵慶爲黃門侍郎、同中書門下平章事。靑州刺史尙衡、兗州刺史能元皓並奏破賊。壬午，梓州刺史段子璋叛，襲破遂州，殺刺史嗣虢王巨。東川節度使李奐戰敗，奔成都。

五月甲午，思明僞將滑州刺史令狐彰以滑州歸朝，授彰御史中丞，依前滑州刺史、滑魏德貝相六州節度使。乙未，劍南節度使崔光遠率師與李奐擊敗段子璋於綿州，擒子璋殺之，綿州平。李光弼來朝，進位太尉、兼侍中，充河南副元帥，都統河南、淮南、山南東道五道行營節度，鎮臨淮。北京留守、守司空、太原尹、河東節度副大使、霍國公王思禮卒。辛丑，以鴻臚卿、趙國公管崇嗣爲太原尹、兼御史大夫，充北京留守、河東節度副大使。壬子，太子少傅、宗正卿李齊物卒。

六月癸丑朔。己卯，以鳳翔尹李鼎爲鄯州刺史、隴右節度營田等使。

秋七月癸未朔，日有蝕之，既。大星皆見。甲辰，延英殿御座梁上生玉芝，一莖三花，上製玉靈芝詩。

八月癸丑朔，以中官李輔國守兵部尙書，於尙書省上，命宰臣百官送之，酣宴竟日。自七月霖雨，至是方止，牆宇多壞，漉魚道中。辛巳，以殿中監李若幽爲戶部尙書，充朔方鎮西北庭陳鄭等州節度使，鎮絳州，賜名國貞。

九月壬午朔。壬辰，以太子賓客、集賢殿學士、昌黎伯韓擇木爲禮部尙書。壬寅，制：朕獲守丕業，敢忘謙冲，欲垂範而自我，亦去華而就實。其「乾元大聖光天文武孝感」等尊崇之稱，何德以當之？欽若昊天，定時成歲，春秋五始，義在體元，惟以紀年，更無潤色。至于漢武，飾以浮華，非前王之茂典，豈永代而作則。自今已後，朕號唯稱皇帝，其年號但稱元年，去上元之號。其以今北庭潞儀隰等州行營〔一四〕、本管節度觀察等事，移鎮絳州。壬申，嗣寧王琳薨。癸酉，河南副元帥李光弼破賊於許州城下，收復許州。

建辰月庚辰朔。壬午，詔天下見禁繫囚，無輕重一切釋放。丙戌夜，月有白冠。癸巳，以襄州刺史來瑱爲安州刺史，充淮西申、安、蘄、黃、沔等十六州節度使。甲午，党項奴剌寇梁州，刺史李勉棄郡走。丙申，党項寇奉天。上不康，百僚於佛寺齋僧。丁未，詔左降官、流人一切放還。戊申，中書侍郎、平章事、徐國公蕭華爲禮部尙書，罷知政事。以尙書戶部侍郎元載同中書門下平章事，以禮部尙書韓擇木爲太子太保。

建巳月庚戌朔。壬子，楚州刺史崔侁獻定國寶玉十三枚：一曰玄黃天符，如笏，長八寸，闊三寸，上圓下方，近圓有孔，黃玉也；二曰玉雞，毛文悉備，白玉也，徑可五六寸，其文粟粒無雕鐫之迹；四曰西王母白環，二枚，白玉也，徑六七寸；五曰碧色寶，圓而有光；六曰如意寶珠，形圓如雞卵，光如月；七曰紅靺鞨，大如巨栗，赤如櫻桃；八曰琅玕珠，二枚，長一寸二分；九曰玉玦，形如玉環，四分缺一；十曰玉印，大如半手，斜長，理如鹿形，陷入印中，以印物則鹿形著焉；十一曰皇后採桑鉤，長五六寸，細如筯，屈其末，似眞金，又似銀；十二曰雷公石斧，長四寸，闊二寸，無孔，細緻如青玉。十三寶置于日中，皆白氣連天。佐表云：「楚州寺尼眞如者，恍惚上升，見天帝。帝授以十三寶，曰：『中國有災，宜以第二寶鎭之。』」甲寅，太上至道聖皇天帝崩於西內神龍殿。上自仲春不豫，聞上皇登遐，不勝哀悸，因茲大漸。乙丑，詔皇太子監國。又曰：「上天降寶，獻自楚州，因以體元，叶乎五紀。其元年宜改爲寶應，建巳月爲四月，餘月並依常數，仍依舊以正月一日爲歲首。」丁卯，宣遺詔。是日，上崩于長生殿，年五十二。羣臣上諡曰文明武德大聖大宣孝皇帝，廟號肅宗。寶應二年三月庚午，葬于建陵。

史臣曰：臣每讀詩至許穆夫人聞宗國之顚覆，周大夫傷宮室之黍離，其辭情於邑，賦諭

勤懇，未嘗不廢書興歎。及覩天寶失馭，流離奔播，又甚於詩人之於邑也。當其戎羯負恩，奄爲豨突，豺豕遽興於轂下，胡越寧慮於舟中，借人之戈，持之反刺，變生於不意也。所幸太王去國，豳人不忘於周君；新莽據圖，黔首仍思於漢德。是以宣皇帝蒙六聖之遺業，因百姓之樂推。號令朔方，旬日而車徒雲合；旋師右輔，期月而關、隴砥平。故兩都再復於鑾輿，九廟復歆於黍稷。觀其迎上皇於蜀道，陳拜慶於望賢，父子於是感傷，行路爲之隕涕。昔太公迎子，或從家令之言；而西伯事親，靡怠寢門之問。曾參、孝己，足以擬倫。然而道屈知幾，志徼遠略。殘妖未殄，宜先恢復之謀；餘燼纔收，何暇昇平之禮。方聽王璵伏奏，輔國贊成，紺幰躬籍于春郊，翠幰先蠶於繭館，或御殿曉宣時令，或登壇宿禮貴神，禮卽宜然，時何暇給。鍾懸未移於簨簴，思明已陷於洛陽，是知祝史噂人，安能及遠。猶賴大臣宣力，諸將効忠，旆頭終隕於三川，杲日重明於六合。比平王之遷洛，我則英雄；論元帝之渡江，彼誠么麼。寧親復國，肅哉休哉！

贊曰：犬羊犯順，鑾輅播遷。兇徒竟斃，景祚重延。星馳蜀道，雨泣望賢。孝宣之諡，誰曰不然？

校勘記

〔一〕景雲二年乙亥生　冊府卷二作「景雲二年九月三日乙亥生」。

〔二〕八總管兵　「總」上各本原有「人」字，據御覽卷一一二、新書卷六肅宗紀刪。

〔三〕二十年　「十」字各本原無，據本書卷八玄宗紀、御覽卷一一二補。

〔四〕乃收其餘衆北上　「北」字各本原作「比」。御覽卷一一二作「乃收其餘衆以北上」，冊府卷二〇作「乃收其餘衆濟渭而北」，據改。

〔五〕御史中丞　各本原作「御史大夫」，據本卷上下文及通鑑卷二一八改。

〔六〕西京　「京」字各本原無，據本書卷一二一僕固懷恩傳補。

〔七〕至自河北　「自」字各本原作「屯」，據本書卷一二〇郭子儀傳改。

〔八〕上皇遜位稱誥　「位」字各本原無，據御覽卷一一二補。

〔九〕文城太守武威郡九姓齊莊破賊　此處史文疑有訛舛，校勘記卷五謂應作「交城守捉使齊莊破武威郡九姓賊」。

〔一〇〕南京　各本原作「南陽」，據冊府卷一四、新書卷六肅宗紀改。

〔一一〕僅爲彭王……僙封襄王……倕封杞王　各本「彭王」原作「彭城王」，「僙」原作「倕」，「倕」原作「偲」，據新書卷六肅宗紀、通鑑卷二二〇改。

〔一二〕受任於梟獍之間　唐大詔令集卷一二六此上有「豈有列在崇班，荷茲祿位，不思君親之分，唯與凶逆同心」二十二字。

〔一三〕麥慹之後任依常式　各本原作「麥依常式」，據唐大詔令集卷一一二、全唐文卷四四補。

〔一四〕金竈　各本原作「金龜」，據冊府卷二七改。

〔一五〕詔　各本原作「諸」，據冊府卷四一改。

〔一六〕制上第二女　「上」下各本原有「皇」字，據本書卷一九五迴紇傳、通鑑卷二二〇刪。

〔一七〕遂州刺史　「遂」字各本原作「陝」，據本書卷一一二李巨傳、新書卷七九虢莊王傳改。

〔一八〕山南東　「南」字各本原無，據本書卷一二〇郭子儀傳、新書卷六肅宗紀改。

〔一九〕其以今北庭潞儀隰等州行營　「其以今」下疑脫文，冊府卷一五作「其以今年十一月爲歲首，便數建丑建寅，每月以所建爲數」。又「北庭」上據本書卷一二〇郭子儀傳、新書卷六肅宗紀、通鑑卷二二二疑脫「建卯月庚午，郭子儀知朔方、河中」等字。

舊唐書

後晉　劉　昫　等撰

第　二　册

卷一一至卷一八下（紀）

中　華　書　局

舊唐書卷十一

本紀第十一

代宗

代宗睿文孝武皇帝諱豫，肅宗長子。母曰章敬皇太后吳氏，以開元十四年十二月十三日生于東都上陽宮。初名俶，年十五封廣平王。玄宗諸孫百餘，上爲嫡皇孫。宇量弘深，寬而能斷，喜慍不形於色。仁孝温恭，動必由禮，幼而好學，尤專禮、易，玄宗鍾愛之。

祿山之亂，京城陷賊，從肅宗蒐兵靈武，以上爲天下兵馬元帥。時朝廷草創，兵募寡弱，上推心示信，招懷流散，比至彭原，兵衆數萬。及肅宗迴幸鳳翔，時房琯、郭子儀繼戰不利，賊鋒方銳，屢來寇襲。上選求勇幹，頻挫其鋒，聖慮遑寧，士心大振。及師進討，百官辭送，步出闕門，方始乘馬。迴紇葉護王子率兵入助，勇冠諸蕃，上接以優恩，結爲兄弟，故香積之戰，賊徒大敗，遂委西京而遁。雖子儀、嗣業之奮命，由上恩信結於士心，故人思自效。

既收京城，令行禁止，民庶按堵，秋毫不犯，耆老歡迎，對之歔欷。聞賊殘衆猶保陝郊，即日長驅，東趨虢洛。新店之役〔一〕，一戰大捷，慶緒之黨，十殲七八。數旬之間，河南底定，兩都恢復，二聖迴鑾，統率之功，推而不受。肅宗還京，大赦，改封楚王。

乾元元年三月，改封成王，四月庚寅，立爲皇太子，改名豫。上元末年，兩宮不豫，太子往來侍疾，躬嘗藥膳，衣不解帶者久之，及承監國之命，流涕從之。

寶應元年四月，肅宗大漸，所幸張皇后無子，后懼上功高難制，陰引越王係於宮中，將圖廢立。乙丑，皇后矯詔召太子。中官李輔國、程元振素知之，乃勒兵於凌霄門，俟太子至，即衞從太子入飛龍廐以俟其變。是夕，勒兵於三殿，收捕越王係及內官朱光輝、馬英俊等禁錮之，幽皇后於別殿。丁卯，肅宗崩，元振等始迎上於九仙門，見羣臣，行監國之禮。己巳，即皇帝位於柩前。甲戌，詔：「國之大事，戎馬爲先，朝有舊章，親賢是屬。故求諸必當，用制於中權；存乎至公，豈慚於內舉。特進、奉節郡王适可天下兵馬元帥。」乙亥，以兵部尚書、判元帥行軍、閑廐等使李輔國進號尚父，飛龍閑廐副使程元振爲右監門將軍。流宦官朱光輝、啖庭瑤、陳仙甫等於黔中。

五月己卯朔，以李輔國爲司空兼中書令，餘如故。辛卯，制曰：「三年之喪，天下達禮，苟或變革，何以教人？朕遘此閔凶，攀號罔極，公卿固請，俾聽朝務，斬焉縗經，痛貫心靈，豈可使議公除，遽移諒闇。昨見所司儀注，今月十三日大祥，十五日從吉。仰遵遺制，又欲抑予，竊惟哀思，深謂未可。其百僚並以此釋服，朕將繼武丁之道，素冠之詩，恭默再周，不忍權奪。凡庶在位，宜悉哀懷。」宰臣苗晉卿等三上表請依遺制〔二〕，方聽政。丙戌，嗣魯王字改封鄭王，奉節郡王适進封魯王，李光弼進封臨淮王。貶禮部尚書蕭華爲陝州司馬。改行乾元錢，重稜小錢一當二，重稜大錢一當三。丙申，以戶部侍郎元載同中書門下平章事，充度支轉運使。改乾元大小錢並一當一。丁酉，御丹鳳樓，大赦。子儀、光弼、李光進諸道節度使並加實封，四月十七日立功人並號「寶應功臣」。內外文武官三品已上進爵，四品已下加階。諸州防禦使並停。內外官三考一轉。益昌郡王邈進封鄭王，延慶郡王迥進封韓王。故庶人皇后王氏、故庶人太子瑛、鄂王瑤、光王琚並宜復封號。棣王琰、永王璘並與昭雪。建昌王追封齊王，崇恩王追封衞王，靈昌王追封鄆王。壬寅，以來瑱復爲襄州刺史、山南東道節度使。

六月己酉朔，百僚臨于西宮，上不視朝。自是每朔望皆如之，迄于山陵。凡人臣有事辭見，先臨西宮，然後詣朝。改豫州爲蔡州，避上名也。侍中苗晉卿以老疾，請三日一入中書，從之。己未，罷尚父李輔國判元帥行軍及兵部尚書、閑廄等使。輔國請遜位。辛酉，以輔國爲博陸王〔三〕，罷中書令，許朝朔望。壬申，以通州刺史劉晏爲戶部侍郎、兼御史大夫、

京兆尹，充度支轉運鹽鐵諸道鑄錢等使。

秋七月己卯朔。辛巳，觀軍容使魚朝恩封馮翊郡開國公，宦官程元振爲鎮軍大將軍、保定郡開國公。乙酉，襄州刺史裴茙長流費州〔四〕，賜死於藍田驛。庚寅，詔不許匭使閱投匭人文狀。賜道州司馬敬羽自盡。來瑱自襄州來朝，郭子儀自河中來朝。

八月己酉朔。自七月不雨，至此月癸丑方雨。庚午夜，西北有赤光亙天，貫紫微，漸移東北，彌漫半天。貶太子少傅李遵爲袁州刺史。台州賊袁晁陷台州，連陷浙東州縣。

九月丁丑朔，魯王适改封雍王。以山南東道節度使來瑱爲兵部尚書、同中書門下平章事，節度如故。程元振進封邠國公。丙申，右僕射、山陵使裴冕貶施州刺史。戊戌，迴紇登里可汗率衆來助國討逆，令御史大夫尚衡宣慰之。甲午，太州至陝州二百餘里黃河清，澄澈見底。甲午，祕書監韓穎、中書舍人劉烜配流嶺表，尋賜死，坐狎昵李輔國也。

冬十月辛酉，詔天下兵馬元帥雍王統河東、朔方及諸道行營、迴紇等兵十餘萬討史朝義，會軍於陝州。加朔方行營節度使、大寧郡王僕固懷恩同中書門下平章事。丁卯夜，盜殺李輔國於其第，竊首而去。戊辰，元帥雍王率諸軍進發，留郭英乂、魚朝恩鎮陝州。壬申，王師次洛陽北郊。甲戌，戰于橫水，賊大敗，俘斬六萬計。史朝義奔冀州。乙亥，雍王奏收東京、河陽、汴、鄭、滑、相、魏等州。乙酉，陝西節度使郭英乂權知東京留守。丁酉，僞恆州節度使張忠志以趙、定、深、恆、易五州歸順，以忠志檢校禮部尚書、恆州刺史，充成德軍節度使，賜姓名曰李寶臣。於是河北州郡悉平。賊范陽尹李懷仙斬史朝義首來獻，請降。

十二月庚戌，太子太師、邢國公韋見素薨。辛未，僕固懷恩爲尚書左僕射、兼中書令、靈州大都督府長史、河北副元帥。邛州新置鎮南軍。

是歲，江東大疫，死者過半。吐蕃陷我臨、洮、秦、成、渭等州。

二年春正月丁亥朔。甲午，戶部尚書、兼御史大夫、都統淮南節度觀察等使、越國公李峘卒。國子祭酒、兼御史大夫、京兆尹劉晏爲吏部尚書、同中書門下平章事，度支諸使如故。壬寅，制開府儀同三司、行兵部尚書、同中書門下平章事、充山南東道節度觀察處置等使、上柱國、潁國公來瑱削在身官爵，長流播州，尋賜死于路。

閏月戊申，以史朝義下降將李寶臣爲檢校禮部尚書，兼御史大夫、恆州刺史、清河郡王，充成德軍節度使；薛嵩爲檢校刑部尚書、相州刺史、相衞等州節度使；李懷仙檢校兵部尚書，兼侍中、武威郡王、幽州節度使；田承嗣檢校戶部尚書、魏州刺史、鴈門郡王、魏博等州都防禦使。

二月甲午，迴紇登里可汗辭歸蕃。

三月甲辰朔，襄州右兵馬使梁崇義殺大將李昭，據城自固，乃授崇義襄州刺史、山南東道節度使。丁未，袁傪破袁晁之衆於浙東。玄宗、肅宗歸祔山陵。自三月一日廢朝，至於晦日，百僚素服詣延英門通名起居。

四月戊寅朔，太州依舊爲華州，太陰縣爲華陰縣。庚辰，河南副元帥李光弼奏生擒袁晁，浙東州縣盡平。辛巳，羣臣請上尊號。

五月癸卯朔。丙寅，尚書省試制舉人，命左右丞、侍郎對試，賜食如舊儀。太常卿杜鴻漸奏：「婚葬合給鹵簿，望於國立大功及二等已上親則給，餘不在給限。」從之。

六月癸酉朔。癸未，以陳鄭澤潞節度使李抱玉檢校司空，封武威郡王；河中節度使王昂檢校刑部尚書，封邛國公；同華節度使李懷讓檢校工部尚書：同日入省，宰相送上。甲申，以前淮西節度使王仲昇爲右羽林大將軍，兼御史大夫。六軍將軍兼大夫，自仲昇始也。甲午，觀軍容使魚朝恩自陝州入朝。上御達禮門，命公卿百僚觀兵馬。同華節度使李懷讓自殺，爲程元振所構。

秋七月壬寅朔。戊申，羣臣上尊號曰寶應元聖文武皇帝，御含元殿受册。壬子，御宣政殿宣制，改元曰廣德，大赦天下，常赦不原者咸赦除之。安祿山、史思明親族應在諸道，一切原免不問。民戶三丁免一丁庸，租稅依舊每畝二升。男子二十成丁，五十入老。元

帥雍王兼尚書令，河北副元帥僕固懷恩加太保，迴紇登里可汗進徽號。功臣皆賜鐵券，藏名太廟，畫像凌烟閣。刺史、縣令自今後改轉，刺史以三年爲限，縣令四年爲限，員外及攝試，不得釐務。丁巳，僕固瑒兼御史大夫，充朔方行營節度。是月，吐蕃大寇河、隴，陷我秦、成、渭三州，入大震關，陷蘭、廓、河、鄯、洮、岷等州，盜有隴右之地。

八月，以荊南節度使李峴爲宗正卿。

九月壬戌朔，僕固懷恩拒命於汾州，遣宰臣裴遵慶往宣撫之。己丑，吐蕃寇涇州，刺史高暉以城降，因爲吐蕃鄉導。

冬十月庚午朔。辛未，高暉引吐蕃犯京畿，寇奉天、武功，盩厔等縣。蕃軍自司竹園渡渭，循南山而東。丙子，駕幸陝州。上出苑門，射生將王獻忠率四百騎叛，脅豐王已下十王歸京。從官多由南山諸谷赴行在。郭子儀收合散卒，屯於商州。丁丑，次華州，官吏藏竄，無復儲擬。會魚朝恩領神策軍自陝來迎駕，乃幸朝恩軍。戊寅，吐蕃入京師，立廣武王承宏爲帝，仍逼前翰林學士于可封爲制封拜。辛巳，車駕至陝州。子儀在商州，會六軍使張知節、烏崇福、長孫全緒等率兵繼至，軍威遂振。舊將王甫誘聚京城惡少，齊擊街鼓於朱雀街，蕃軍震懾，狼狽奔潰。庚寅，子儀收京城。壬辰，以宰臣元載判天下元帥行軍司馬，京兆尹、兼吏部侍郎嚴武爲黃門侍郎，朗州刺史第五琦爲京兆尹、兼御史大夫。癸巳，以郭子

儀爲京留守。高暉聞吐蕃潰，以三百騎東奔至潼關，爲關守李伯越所殺。

十一月辛丑朔，太常博士柳伉上疏，以蕃寇犯京師，罪由程元振，請斬之以謝天下。上甚嘉納，以元振有保護之功，削在身官爵，放歸田里。

十二月甲辰，宦官市舶使呂太一逐廣南節度使張休，縱下大掠廣州。丁亥，車駕發陝郡還京。辛卯，鄂州大風，火發江中，焚船三千艘，焚居人廬舍二千家。甲午，上至自陝州。乙未，以侍中苗晉卿爲太保，黃門侍郎、同平章事裴遵慶爲太子少傅，並罷知政事；宗正卿、梁國公李峴爲黃門侍郎、同中書門下平章事。丙申，放廣武王承宏于華州，一切不問。丁酉，朔方行營節度使僕固瑒爲帳下梟首來獻。懷恩聞瑒死，燒營遁入吐蕃。朝臣稱賀，上不悅，曰：「朕之涼德，信不及人，致勳臣顛覆，用增愧恧，何至賀焉！」程元振自三原縣衣婦人服入京城，京兆府擒之以聞，乃下御史臺鞫問。吐蕃陷松州、維州、雲山城、籠城。

二年春正月己亥朔。壬寅，御史臺以程元振獄狀聞，配流溱州。既行，追念舊勳，特矜遐裔，令於江陵府安置。甲辰，復置京畿觀察使，以御史中丞領之。癸卯，尚書右丞顏眞卿爲刑部尚書、兼御史大夫，充朔方宣慰使。癸亥，吏部尚書、同平章事、度支轉運使劉晏爲太子賓客，黃門侍郎、同平章事李峴爲太子詹事，並罷知政事。以前右散騎常侍王縉爲黃門侍郎，太常卿杜鴻漸爲兵部侍郎，並同中書門下平章事。罷度支使，以戶部侍郎第五琦專判度支及諸道鹽鐵、轉運、鑄錢等使。甲子，元帥、尚書令雍王三上章讓皇太子。第五琦奏諸道置常平倉使司，量置本錢和糴，許之。丁卯，司徒、兼中書令郭子儀充河東副元帥、河中等處觀察，兼雲州大都督、單于鎮北大都護。

二月己巳朔，冊天下兵馬元帥、尚書令、雍王适爲皇太子。癸酉，上親薦獻太清宮、太廟。乙亥，祀昊天上帝於圓丘，卽日還宮。戊寅，以澧州刺史裴冕爲左僕射兼御史大夫，充東都、河南、江南、淮南轉運使。乙未，第五琦開決汴河。

五月丁酉朔。戊午，敕中書、門下兩省加置散騎常侍四員，官爲正三品。庚申，罷歲貢孝悌力田、童子等科。甲子，禁鈿作珠翠等，委所司切加捉搦。癸未，制：「太保、兼中書令、靈州大都督府長史、單于鎮北副大都護、充朔方節度、關內度支營田鹽池押諸蕃部落副大使、知節度事、六城水運使、河北副元帥、上柱國、大寧郡王僕固懷恩，先任靈州大都督府長史、單于鎮北副元帥、朔方節度使宜並停，其太保、兼尚書令、大寧郡王如故。」

七月己酉，河南副元帥、太尉、兼侍中、臨淮王李光弼薨於徐州，廢朝三日。判度支第五琦兼京兆尹、御史大夫。

八月丁卯，宰臣王縉爲侍中，持節都統河南、淮西、淮南、山南東道節度行營事，進封太

原郡公。固讓侍中，從之。宰相杜鴻漸判門下省事。癸巳，王縉兼領東京留守。

九月乙未朔。丙申，詔徵河中兵討吐蕃，將發，是夜軍衆諠譟，劫節度使崔寓家財及民家財產殆盡，皆重裝而行，吏不能禁。自七月大雨未止，京城米斗值一千文。蝗食田。丙午，河東節度使辛雲京檢校尚書右僕射、同中書門下平章事、太原尹、北京留守。己酉，江南西道觀察、洪州刺史張鎬卒。辛亥，河東副元帥、中書令、汾陽郡王郭子儀加太尉，充北道邠寧、涇原、河西已東通和吐蕃及朔方招撫使；陳鄭、澤潞節度使李抱玉進位司徒，充南道通和吐蕃使、鳳翔秦隴臨洮已東觀察使。子儀三表懇讓太尉，許之。己未，劍南節度嚴武攻拔吐蕃當狗城，破蕃軍七萬。尚書左丞楊綰知東京選，禮部侍郎賈至知東都舉，兩都分舉選，自此始也。辛酉，以太子詹事李峴爲吏部尚書、兼御史大夫，知江南東西及福建道選事，并觀農宣慰使；仍命洪州刺史李勉副知選事。

是秋，蝗食田殆盡，關輔尤甚，米斗千錢。

冬十月丙寅，僕固懷恩引吐蕃二萬寇邠州，節度使白孝德閉城拒守。丁卯，寇奉天，京師戒嚴。先鋒郭晞斬賊營於邠州西，俘斬數百計。子儀屯涇陽，蕃軍挑戰，子儀不出。甲申，河南尹蘇震卒。劍南嚴武奏收吐蕃鹽川城。

十一月乙未，懷恩與蕃軍自潰，京師解嚴。丁未，子儀自涇陽入覲，詔宰臣百僚迎之於

開遠門，上御安福寺待之。

十二月乙丑，加子儀關內、河中副元帥兼尚書令，吏部侍郎暢璀爲左散騎常侍、河中尹。子儀三表讓尚書令，詞情懇切，優詔從之。丁卯夜，星流如雨。戊辰，子儀於都省領副元帥事，宰臣百僚送，仍令射生五百騎戎服自光範門送至省門，右僕射郭英乂以樂迎之。是日便赴奉天。

是歲，戶部計帳，管戶二百九十三萬三千一百二十五，口一千六百九十二萬三百八十六。

永泰元年春正月癸巳朔，制曰：

叶五紀者，建號以體元；授四時者，布和而順氣。天心可見，人欲是從，爰立大中之道，式受惟新之命。朕嗣膺下武，獲主萬方，顧以薄德，乘玆艱運，戎麾問罪，今已十年。飲至策勳，惟凶渠之授首；勞師黷武，豈人主之用心。軍役屢興，干戈未戢，茫茫士庶，斃于鋒鏑。皇穹以朕爲子，蒼生以朕爲父，至德不能被物，精誠不能動天。俾我生靈，淪於溝壑，非朕之咎，孰之過歟？朕所以馭朽懸旌，坐而待曙，勞懷罪己之念，延想安人之策。亦惟羣公卿士，百辟庶僚，咸聽朕命，協宣乃力，履清白之道，還淳素之

風。率是黎元，歸于仁壽，君臣一德，何以尚玆。酒者刑政不修，惠化未洽，既盡財力，良多抵犯，靜惟哀矜，實軫于懷。今將大振綱維，益明懲勸，肇舉改元之典，弘敷在宥之澤，可大赦天下，改廣德三年爲永泰元年。

是日雪盈尺。戊申，澤潞李抱玉兼鳳翔隴右節度使，兼南道通和吐蕃、鳳翔秦隴臨洮已東觀察處置等使，仍命四鎮行營節度使馬璘爲副和吐蕃使。癸丑，罷岐州之鳳翔縣，併入天興縣。乙卯，左散騎常侍高適卒。戊午，劍南節度使嚴武加檢校吏部尚書，山南節度使張獻誠加檢校工部尚書。以前太子少保王璵爲太子少師，前袁州刺史李遵爲太子少保，聽朝朔望。

二月甲子夜，雷霆震擊。丁丑，內出宮女千人，品官六百人守洛陽宮。戊寅，党項羌寇富平，焚定陵寢殿。庚辰，儀王璲薨。諸陵署復隸太常寺。戊子，河西党項永、定等十二州部落內屬，請置宜、芳等十五州，許之。

三月壬辰朔，詔左僕射裴冕、右僕射郭英乂、太子少傅裴遵慶、檢校太子少保白志貞、太子詹事臧希讓、左散騎常侍暢璀、檢校刑部尚書王昂高昇、檢校工部尚書崔渙、吏部侍郎李季卿王延昌、禮部侍郎賈至、浬王傅吳令瑤等十三人，並集賢院待詔。上以勳臣罷節制者，京師無職事，乃合於禁門書院，間以文儒公卿，寵之也。仍特給飧本錢三千貫。庚子夜，降霜，木有冰。歲饑，米斗千錢，諸穀皆貴。丙午，鳳翔李抱玉讓司徒，從之，授左僕射、同平章事。庚戌，吐蕃請和。詔宰臣元載、杜鴻漸與蕃使同盟于興唐寺。辛亥，大風拔木。

是春大旱，京師米貴，斛至萬錢。

夏四月己巳，乃雨。戊子，太保致仕苗晉卿薨。庚寅，劍南節度使、檢校吏部尚書嚴武卒。

五月癸丑，以尚書右僕射、定襄郡王郭英乂爲成都尹、御史大夫，充劍南節度使。是月麥稔。判度支第五琦奏請十畝稅一畝，效古什一而徵，從之。

六月癸亥，吏部尚書李峴南選迴，至江陵，貶衢州刺史。自春無雷，至此月甲申，大風而雷。代州置代北軍，平州置柳城，析通州石鼓縣置巴渠縣。

秋七月辛卯朔，淄青節度使侯希逸爲副將李懷玉所逐。制以鄭王邈爲平盧、淄青節度大使，令懷玉權知留後事。以久旱，遣近臣分錄京城諸獄繫囚。甲午，昇平公主出降駙馬都尉郭曖。庚子，雨。時久旱，京師米斗一千四百，他穀食稱是。

八月乙亥，河南道副元帥、涇原節度使馬璘封扶風郡王。

九月辛卯，太白經天。丁酉，僕固懷恩死于靈州之鳴沙縣。時懷恩誘吐蕃數十萬寇邠州，客將尚品息贊磨、尚悉東贊等寇奉天、醴泉，党項羌、渾、奴剌寇同州及奉天，逼鳳翔府、

盩厔縣，京師戒嚴。時以星變，羌虜入寇，內出仁王佛經兩輿付資聖、西明二佛寺，置百尺高座講之。及奴虜寇逼京畿，方罷講。己酉，郭子儀自河中至，進屯涇陽，李忠臣屯東渭橋，李光進屯雲陽，馬璘、郝玉屯便橋，駱奉仙、李伯越屯盩厔，李抱玉屯鳳翔，周智光屯同州，杜冕屯坊州。上親率六軍屯苑內。庚戌，下詔親征。內官魚朝恩上言，請括私馬，京城男子悉皁衣團結，塞京城二門之一。士庶大駭，有踰垣鑿竇出城者，吏不能禁。自丙午至甲寅大雨，平地水流。丁巳，吐蕃大掠京畿男女數萬計，焚廬舍而去。同華節度周智光以兵追擊于澄城，破賊萬計。

冬十月己未，復講仁王經於資聖寺。吐蕃至邠州，與迴紇相遇，復合從入寇。辛酉，逼奉天。癸亥，党項攻同州，焚州民廬舍。丁丑，郭子儀說諭迴紇，令與吐蕃疑貳。庚辰，子儀先鋒將白元光合迴紇軍擊吐蕃之衆於靈臺縣之西原，斬首五萬級，俘獲人畜凡三百里不絕。辛巳，京師解嚴。壬午，僕固懷恩大將僕固名臣以千騎來降。詔稅百官錢，市絹十萬以賞迴紇。乙酉，迴紇首領胡祿都督來朝。癸卯，朔方將李迴方奏收靈武郡。丁亥，分宣、饒、歙戶口於秋浦縣置池州，分信州弋陽置貴溪縣。

閏十月辛卯，以京兆少尹黎幹爲京兆尹。丙午，封朔方大將孫守亮等九人爲異姓王，李國臣等十三人爲同姓王。丁未，百僚上表，以軍興急於糧餉，請納職田以助費，從之。戊

申，進封渭北節度使李光進爲武威郡王；以刑部侍郎路嗣恭檢校工部尚書、兼御史大夫、靈州大都督府長史，充關內副元帥，兼知朔方節度等使。劍南節度使郭英乂爲其檢校西山兵馬使崔旰所殺，邛州柏茂林、瀘州楊子琳、劍南李昌巙皆起兵討旰，蜀中亂。

十一月，宰臣河南都統王縉請減諸道軍資錢四十萬貫修洛陽宮，從之。

十二月己酉，敕：「如聞諸州承本道節度、觀察使牒，科役百姓，致戶口凋弊，此後委轉運使察訪以聞。」

二年春正月丁巳朔，大雪平地二尺。壬申，減子孫襲實封者半租，永爲常式。乙酉，制：

治道同歸，師氏爲上，化人成俗，必務于學。俊造之士，皆從此途，國之貴遊，罔不受業。修文行忠信之教，崇祇庸孝友之德，盡其師道，乃謂成人。然後揚于王庭，敷以政事，徵之以理，任之以官，置於周行，莫匪邦彥，樂得賢也，其在茲乎！朕志承理體，尤重儒術，先王設教，敢不虔行。頃以戎狄多虞，急於經略，太學空設，諸生蓋寡。絃誦之地，寂寥無聲，函丈之間，殆將不掃，上庠及此，甚用閔焉。今宇縣乂寧，文武並備，方投戈而講藝，俾釋菜以行禮。使四科咸進，六藝復興，神人以和，風化浸美，日用

此道，將無間然。其諸道節度、觀察、都防禦等使，朕之腹心，久鎮方面，眷其子弟，爲奉義方，修德立身，是資藝業。恐干戈之後，學校尚微，僻居遠方，無所咨稟，負經來學，宜集京師。其宰相朝官、六軍諸將子弟，欲得習學，可並補國子學生。其中身雖有官，欲附學讀書者亦聽。其學官委中書門下選行業堪爲師範者充。其學生員數，所習經業，供承糧料，增修學館，委本司條奏以聞。

丙戌，以戶部尚書劉晏充東都京畿、河南、淮南、江南東西道、湖南、荆南、山南東道轉運、常平、鑄錢、鹽鐵等使，以戶部侍郎第五琦充京畿、關內、河東、劍南西道轉運、常平、鑄錢、鹽鐵等使。至是天下財賦，始分理焉。

二月丁亥朔，釋奠於國學，賜宰臣百官飧錢五百貫，於國學食。壬辰，鎮南都護依舊爲安南都護府。乙未，貶刑部尚書顏眞卿爲峽州員外別駕，以不附元載，載陷之於罪也。壬子，命黃門侍郎、同平章事杜鴻漸兼成都尹，持節充山南西道、劍南東川等道副元帥，仍充劍南西川節度使，以平郭英乂之亂也。以四鎮行營節度使馬璘兼邠州刺史。癸丑，以山南西道節度使、梁州刺史張獻誠兼充劍南東川節度觀察使；邛州刺史柏茂林充邛南防禦使，劍南西山兵馬使崔旰爲茂州刺史、充劍南西山防禦使，從杜鴻漸請也。

三月辛未，張獻誠與崔旰戰于梓州，爲旰所敗，僅以身免。

夏四月辛亥，詔尚書省郎中授中州刺史，員外郎授下州刺史，爲定制。

五月丙辰，稅青苗地錢使、殿中侍御史韋光裔諸道稅地迴，是歲得錢四百九十萬貫。自乾元已來，天下用兵，百官俸錢折，乃議於天下地畝青苗上量配稅錢，命御史府差使徵之，以充百官俸料。每年據數均給之，歲以爲常式。

六月戊戌，以淮南節度使崔圓檢校尚書右僕射。自春旱，此月庚子始雨。丁未，日重輪。其夜，月重輪。

秋七月辛酉，檢校兵部尚書、衢州刺史李峴卒。自五月大雨，洛水泛溢，漂溺居人廬舍二十坊。河南諸州水。加荆南節度使衞伯玉檢校工部尚書。癸未，太廟二室芝草生。

八月丁亥，國子監釋奠復用牲牢。上元二年，詔諸祠獻熟，至是魚朝恩請復舊制。壬寅，以茂州刺史崔旰爲成都尹、兼御史大夫、劍南西川節度行軍司馬，邛南防禦使、邛州刺史柏茂林爲邛南節度使，從杜鴻漸所請也。癸卯，太子少保裴遵慶爲吏部尚書，吏部尚書崔寓爲太子少傅。甲辰，以開府儀同三司、右監衞大將軍、觀軍容宣慰處置使、神策軍兵馬使、上柱國、馮翊郡開國公魚朝恩加內侍監、判國子監事，充鴻臚禮賓等使，進封鄭國公。辛亥，以檢校禮部尚書裴士淹充禮儀使。

九月庚申，京兆尹黎幹以京城薪炭不給，奏開漕渠，自南山谷口入京城，至薦福寺東

街，北抵景風、延喜門入苑，闊八尺，深一丈。渠成，是日上幸安福門以觀之。丙子，宣州刺史李佚坐贓二十四萬貫，集衆杖死，籍沒其家。

冬十月癸未朔。己丑，宗正卿吳王祇奏上皇室永泰新論二十卷，太常博士柳芳撰。和蕃使楊濟與蕃使論位藏等來朝。丙申，令宰臣宴論位藏於中書省。

十一月甲寅，乾陵令於陵署得赤兔以獻。丙辰，詔：

古者量其國用，而立稅典，必於經費，由之重輕。公田之籍，可謂通制；履畝而稅，斯誠弊法。所期折中，以便於時。億兆不康，君孰與足？故愛人之體，先以博施；富國之源，必均節用。朕自臨宸極，比屬艱難，嘗欲闡淳朴之風，守冲儉之道，每念黎庶，思致和平。而邊事猶殷，戎車屢駕，軍興取給，皆出邦畿。九伐之師，尙勤王略；千金之費，重困吾人。乃者遵冉有之言，守周公之制，什而稅一，務於行古。今則編戶流亡，而墾田減稅，計量入之數，甚倍征之法，納隍之懼，當宁軫懷。慮失三農，憂深萬姓，務從省約，稍冀蠲除，用申勤卹之懷，以救惸嫠之弊。京兆府今年合徵八十二萬五千石數內，宜減放一十七萬五千石，青苗地頭錢宜三分取一。在京諸司官員久不請俸，頗聞艱辛。其諸州府縣官，及折衝府官職田，據苗子多少，三分取一，隨處糶貨，市輕貨以送上都，納青苗錢庫，以助均給百官。

甲子，日長至，上御含元殿，下制大赦天下，改永泰二年爲大曆元年。

十二月己亥，彗起匏瓜，其長尺餘，犯宦者星。癸卯，同華節度使周智光專殺陝州監軍張志斌、前虢州刺史龐充，據華州謀叛。

是冬無雪。

二年春正月壬子朔。丁巳，密詔關內、河東副元帥郭子儀治兵討周智光。壬戌，貶智光爲澧州刺史。甲子，以兵部侍郎張仲光爲華州刺史、潼關防禦使，大理卿敬括爲同州刺史、長春宮等使。是日，周智光帳下將斬智光并子元耀、元幹三首，傳之以獻。己巳，詔潼關置兵三千。癸酉，詔：

天文著象，職在於疇人；讖緯不經，蠹深於疑衆。蓋有國之禁，非私家所藏。雖裨竈明徵，子產尚推之人事；王彤必驗，景略猶置於典刑。況動皆訛謬，率是矯誣者乎！故聖人以經籍之義，資理化之本，側言曲學，實紊大猷，去左道之亂政，俾彝倫而攸敍。自四方多故，一紀于茲，或有妄庸，輒陳休咎，假造符命，私習星曆。共肆窮鄉之辯，相傳委巷之譚，作僞多端，順非僥澤。熒惑州縣，詿誤閭閻，壞紀挾邪，莫逾於此。其玄象器局、天文圖書、七曜曆、太一雷公式等，私家不合輒有。今後天下諸州府，切宜禁

斷，本處分明牓示，嚴加捉搦。先藏蓄此等書者，敕到十日內送官，本處長吏集衆焚毀。限外隱藏爲人所告者，先決一百，留禁奏聞。所告人有官即與超資注擬，無官者給賞錢五百貫。兩京委御史臺處分。各州方面勳臣，洎百僚庶尹，罔不誠亮王室，簡于朕心，無近憸人，慎乃有位，端本靜末，其誡之哉！

丁丑，升魏州爲大都督府。戊寅，敕：「同、華兩州，頃因盜據，民力凋殘，宜給復二年，一切蠲免。」庚辰，禁王公宗子郡縣主之家，不得與軍將婚姻交好，委御史臺察訪彈奏。

二月壬午，幸昆明池踏青。丙戌，封華州牙將姚懷爲感義郡王，李延俊爲承化郡王，以斬智光之功也。郭子儀自河中來朝。癸卯，宰臣元載王縉、左僕射裴冕、戶部侍郎第五琦、京兆尹黎幹各出錢三十萬，置宴於子儀之第。

三月辛亥夜，大風。丁巳，河中府獻玄狐。汴宋節度使田神功來朝。戊辰，貶太子少保李遵永州司馬，坐贓也。甲戌，魚朝恩宴子儀、宰相、節度、度支使、京兆尹於私第。乙亥，子儀亦置宴于其第。戊寅，田神功宴于其第。時以子儀元臣，寇難漸平，蹈舞王化，乃置酒連宴。酒酣，皆起舞。公卿大臣列坐於席者百人。子儀、朝恩、神功一宴費至十萬貫。

夏四月己亥，以江南西道都團練觀察等使、洪州刺史李勉爲京兆尹(五)，刑部侍郎魏少遊爲洪州刺史、兼御史大夫、江西觀察團練等使。庚子，宰臣內侍魚朝恩與吐蕃同盟於興唐寺(六)。丙午，加田神功檢校右僕射。癸酉，以工部侍郎徐浩爲廣州刺史、嶺南節度觀察使。

六月戊戌，山南、劍南副元帥杜鴻漸自蜀入朝。壬寅，荊南節度使衛伯玉封城陽郡王。癸卯，御史大夫王翊卒。

秋七月戊申朔，以右散騎常侍于休烈爲檢校工部尚書、知省事。時方面勳臣升八座者多非正員，朝命正員者以知省事爲名。以中書舍人張延賞檢校河南尹。丙寅，以劍南西川節度行軍司馬崔旰爲劍南西川節度觀察等使，遂州刺史杜濟爲劍南東川節度觀察等使。以杭州刺史張伯儀爲安南都護。癸酉，析道州延唐縣置大曆縣。甲戌酉時，有白氣竟天。

八月庚辰，鳳翔節度使李抱玉來朝。壬午，月入氐。丙戌，渤海朝貢。辛卯，潭、衡水災。丙申，月犯畢。壬寅，太常卿、駙馬都尉姜慶初得罪，賜自盡。敕陵廟署復隸宗正寺。

九月戊申朔，歲星守東井七日。甲寅，吐蕃寇靈州，進寇邠州。詔子儀率師三萬，自河中鎮涇陽，京師戒嚴。戊午夜，白霧起西北竟天。子儀移鎮奉天。乙丑晝，有大流星出于午，沒于亥。命左丞李涵宣慰河北。熒惑犯南斗。辛未，靺鞨使來朝。桂州山獠陷州城，刺史李良遁去。

十月戊寅，靈州奏破吐蕃二萬，京師解嚴。甲申，減京官職田三分之一，給軍糧。乙酉，醴泉出于櫟陽，飲之愈疾。迴紇、党項使來朝。癸卯，上御紫宸殿，策試茂才異行、安貧

樂道、孝悌力田、高蹈不仕等四科舉人。

十一月庚申，改黃門侍郎依舊爲門下侍郎。詔曰：「春秋以九命作上公，而謂之宰臣者，三公之職。漢制，中書令出納詔命，典司樞密；侍中上殿稱制，參議政事。魏、晉已還，益重其任。職有關於公府，事不係於尚書，雖陳啓沃之謀，未專宰臣之稱，所以委遇斯大，品秩非崇。至于國朝，實執其政，當左輔右弼之寄，總代天理物之名，典領百僚，陶鎔景化。豈可具瞻之地，命數不加，固當進以等威，副其僉屬。其侍中、中書令宜升入正二品，門下、中書侍郎升入正三品。」壬戌夜，月暈南北河、東井，鎮星入輿鬼，久之方散。甲子，月去軒轅一尺。己丑，率百官京城士庶出錢以助軍。壬申，京師地震，自東北來，其聲如雷。

十二月甲申，鳳翔李抱玉來朝。丁酉，太原節度使辛雲京來朝。熒惑入壘壁。戊戌，黑氣如塵，竟北方。

是秋，河東、河南、淮南、浙江東西、福建等道五十五州奏水災。

三年春正月丙午朔。辛亥，劍南西山置乾州(七)，管招武、寧遠二縣。壬子夜，月掩畢。甲子，冊新羅國王金乾運母爲太妃。甲戌，以工部侍郎蔣渙爲尚書左丞，浙西團練觀察使、蘇州刺史韋元甫爲尚書右丞，左丞李涵、右丞賈至並爲兵部侍郎。乙亥，永和公主薨。

二月己卯，以常州刺史李栖筠爲蘇州刺史、兼御史中丞、浙西團練觀察使。壬午，邠寧節度使馬璘來朝。

三月乙巳朔，日有蝕之。壬申，割恆州行唐縣置泜州〔六〕，以靈壽、恆陽隸之。

夏四月戊寅，以山南西道節度使、鄧國公張獻誠爲檢校戶部尚書，以疾辭位也。右羽林將軍張獻恭爲梁州刺史、兼御史中丞，充山南西道節度觀察使，兄獻誠所薦也。壬寅，渭亳節度使令狐彰加檢校工部尚書。劍南西川節度使、兼御史大夫崔旰來朝。

五月戊申，加崔旰檢校右散騎常侍。乙卯，追諡故齊王倓爲承天皇帝，興信公主亡女張氏爲恭順皇后，祔葬。辛酉，改桂州臨源縣爲全義縣。癸酉，以左散騎常侍崔昭爲京兆尹。是日地震。戊辰，以劍南西川節度使崔旰檢校工部尚書，改名寧。寧爲柏茂林、楊子琳所攻，寧既入朝，子琳乘虛襲據成都府。朝廷憂之，即日詔寧還成都。庚午，以邛州刺史鮮于叔明爲梓州刺史，充劍南東川節度使。

六月戊子，承天皇帝祔奉天皇帝廟，同殿異室。庚寅，太子少師王璵卒。壬辰，幽州節度使、檢校侍中、幽州大都督府長史李懷仙爲麾下兵馬使朱希彩所殺。庚子，淮南節度使、檢校尚書左僕射、知省事、揚州大都督府長史、趙國公崔圓卒。

閏月己酉，郭子儀加司徒。庚申，宰臣充河南副元帥王縉兼幽州節度使。以尚書右丞

韋元甫揚州大都督府長史、兼御史大夫，充淮南節度觀察等使。丁卯，以幽州節度副使、試太常卿朱希彩知幽州留後。遣兵部侍郎李涵兼御史大夫，使河北宣慰，以幽州亂故也。庚午，相州薛嵩、魏州田承嗣、恆州李寶臣並加左右僕射。

七月壬申，崔寧弟寬攻破楊子琳，收復成都府。是月，五星並聚於東井，占曰：中國之利也。乙亥，王縉赴鎭州。

八月己未，月掩畢。辛酉，月入東井。壬戌，吐蕃十萬寇靈武。癸惑犯太微垣。丁卯，吐蕃寇邠州，京師戒嚴。戊辰，邠寧節度使馬璘破吐蕃二萬於邠州。御史大夫崔渙爲稅地青苗錢使，給百官俸錢不平，詔尚書左丞蔣渙按鞫，貶崔渙爲道州刺史。庚午，河東節度使、檢校左僕射、太原尹、同中書門下平章事辛雲京卒。門下侍郎、同中書門下平章事、兼幽州長史、持節、河南副元帥、都統河南淮西山南東道諸節度行營、兼幽州盧龍等軍節度使、太微宮使、弘文館大學士、兼東都留守、齊國公王縉兼太原尹、北都留守，充河東軍節度，餘官使並如故。辛未，以門下侍郎、同中書門下平章事、山劍副元帥、太淸宮使、崇玄館大學士杜鴻漸兼東都留守。

九月壬申，郭子儀自河中移鎭奉天。歲星入輿鬼。丁丑，濟王環薨。熒惑入太微垣。壬午，吐蕃寇靈州。甲申，以尚書左丞蔣渙爲華州刺史，充鎭國軍潼關防禦使。丙戌，檢校戶部尚書、知省事、鄧國公張獻誠卒。丁亥，工部尚書趙國珍卒。庚寅，以前華州刺史張重光爲尚書左丞。壬辰，靈州將白元光破吐蕃二萬於靈武。戊戌，靈武奏破吐蕃六萬，百僚稱賀，京師解嚴。

冬十月甲寅，朔方留後、靈武大都督府長史常謙光加檢校工部尚書。乙未，以京兆尹李勉爲廣州刺史，充嶺南節度使。丁卯，子儀自奉天來朝。

十一月丁亥，幽州留後朱希彩爲幽州長史，充幽州盧龍節度使。癸巳，加廊下百官廚料，增舊五分之一。

十二月壬寅，道州刺史崔渙卒。己酉，以邠寧節度使馬璘爲涇原節度，移鎭涇州，其邠寧割隸朔方軍。邠州將吏以燒馬坊爲亂，兵馬使段秀實斬其兇首八人，方定。

四年春正月庚午朔。甲戌，大風。乙亥，大雪，平地盈尺。甲申，日有蝕之。子儀回河中。戊子，敕有司定王公士庶每戶稅錢，分上、中、下三等。宗室潁州刺史李岵專殺，法司以議親，宜賜自盡。乙未，福建觀察使李承昭請徙汀州於長汀縣之白石村，從之。黑衣大食國使朝貢。

二月乙巳，以瀘州刺史楊子琳爲陝州刺史。乙卯，宰臣杜鴻漸讓山劍副元帥，從之。丙

辰夜，地震，有聲如雷者三。辛酉，以湖南都團練觀察使、衡州刺史韋之晉爲潭州刺史，因是徙湖南軍於潭州。江西團練使魏少遊來朝。

三月壬申，詔：

夫計人而置官，度事而賦任，因時立制，損益在焉。吏足以理人，人足以奉吏，則官稱其祿，祿當其秩，然後上下相樂，公私不匱。昔漢光武時及魏太和中，並減吏員，兼省鄉邑，致理之道，此其一隅。今連歲治戎，天下凋瘵，京師近甸，煩苦尤重，比屋流散，念之惻然。人寡吏多，困於供費，欲其蘇息，不可得也。設令廉恥守分，以奉科條，猶有祿廩之煩，役使之弊；而況貪猾縱欲，而動踰典章，作威以虐下，厚斂以潤己者乎！古者縣置大夫一員，足以爲治，奚必貳佐分掌而後治耶？且京畿戶口，減耗大半，職員如舊，何以堪之？豈可以重困之人，供不給之費。使人不倦，其在變通，制事之宜，式從省便。其京兆府長安、萬年宜各減丞一員、尉兩員，餘縣各減丞、尉一員。餘委吏部條件處分。

吏部尚書裴遵慶爲右僕射，劉晏改吏部尚書。庚寅，江西團練使魏少遊封趙國公。丙申，復置仙州。

夏四月壬寅，陝州虞邑縣復爲安邑縣，虢州天平縣復爲湖城縣。

五月丙戌，京師地震。辛卯，以僕固懷恩女爲崇徽公主，嫁迴紇可汗，仍令兵部侍郎李涵往册命。

六月丁酉，以太子詹事臧希讓檢校工部尚書，充渭北節度；以渭北節度李光進爲太子太保。辛亥，升辰州爲都督府，析辰、巫、溪、錦、業等州置團練觀察使。

秋七月己巳，以澧州刺史崔瓘爲潭州刺史、湖南都團練觀察使。癸未，以天下刑官濫刑，詔：

至理之代，先德後刑，上歡然以臨下，下欣然而奉上，禍亂不作，法令可施。去聖久遠，薄於敎化，簡書塡委，獄訟煩興。苛吏舞文，冤人致辟，思欲刷恥改行，厥路無由，豈天地父母慈愛之意也！朕主三靈之重，託羣后之上，夕惕若厲，不敢荒寧。內訪卿士，外咨方岳，日不暇給，八年于兹，而大道淳風，鬱而不振。四郊多壘，連歲備邊，師旅在外，役費尤廣，賦役轉輸，疾耗吾人，困竭無聊，竊斯濫矣。下庶暗昧，不見刑網，戎士在軍，未習法令，犯禁抵罪，其徒實繁。狴犴之間，未詳事實，吏議不決，動淹時月，傷沮和氣，屢彰咎徵。此皆朕之不明，敎之未至，上失其道而繩下以刑，敢不罪己以答災眚。人者君之支體，害之則君有所傷；刑者敎之輔助，失之則人無所措。慮有冤濫，慘然憂傷，用明愼罰之典，俾弘在宥之澤。其天下見禁囚，死罪降從流，流已

下釋放，左降、流人、移隸等，委所司奏聽進止。如聞州縣官比來率意恣行粗杖，不依格令，致使殞斃，深可哀傷。頻有處分，仍聞乖越。自今已後，非灼然蠹害，不得輒加非理，所司嚴加糾察以聞。

先是皇姨弟薛華因酒色之忿，手刃三人，棄屍於井，事發繫獄，賜自盡，故有是詔。

八月丙申朔。自夏四月連雨至此月，京城米斗八百文。官出米二萬石，減估而糶，以惠貧民。己卯，虎入長壽坊元載家廟，射生將周皓引弩斃之。

冬十月乙卯，以汝州刺史孟皥爲京兆尹。

十一月辛未，禁畿內弋獵。乙亥，門下侍郎、同中書門下平章事、衞國公杜鴻漸卒。丙子，以左僕射、冀國公裴冕同中書門下平章事，充東都留守、河南淮南淮西山南東道副元帥。

十二月乙未，敕左右補闕、拾遺、內供奉員左右各置兩員，餘罷之。戊戌，裴冕卒。辛酉，敕京兆府稅宜分作兩等，上等每畝稅一斗，下等稅六升，能耕墾荒地者稅二升。

五年春正月乙丑朔。辛卯，以陝州節度使皇甫溫判鳳翔尹，充鳳翔、河隴節度使；鳳翔節度使李抱玉判梁州事，充山南西道節度使。壬申，河南尹張延賞兼御史大夫，充東都留守。罷河南、淮西、淮南、山南東道副元帥，所管軍隸東都留守。

二月戊戌，李抱玉移鎭盩厔，鳳翔軍忿，縱兵大掠，數日乃止。己亥，廢仙州，以襄城、葉縣隸汝州。詔罷魚朝恩觀軍容使。己巳，朝恩自縊而死。戊寅，詔定京兆府戶稅。夏稅，上田畝稅六升，下田四升。秋稅，上田畝五升，下田三升。荒田開墾者二升。己丑，敕：

唐虞之際，內有百揆，庶政惟和。至于宗周，六卿分職，以倡九牧。書曰：龍作納言，帝命惟允。詩云：仲山甫，王之喉舌。皆尚書之任也。雖西漢以二府分理，東京以三公總務；至于領錄天下之綱，綜覈萬事之要，邦國善否，出納之由，莫不處正於會府也。令、僕以綜詳朝政，丞、郎以彌綸國典，法天地而分四序，配星辰而統五行，元本於是乎在。九卿之職，亦中臺之輔助，小大之政，多所關決。自王室多難，一紀于兹，東征西伐，略無寧歲。內外荐費，徵求調發，皆迫於國計，切於軍期，率於權便裁之，新書從事，且救當時之急，殊非致理之道。今外虞既平，罔不率俾，天時人事，表裏相符。將明畫一之法，大布惟新之命，陶甄化源，去末歸本。

魏、晉有度支尚書，校計軍國之用，國朝但以郎官署領，辦集有餘。時艱之後，方立使額，參佐既衆，簿書轉煩，終無弘益，又失事體。其度支使及關內、河東、山南西道、劍南西川轉運常平鹽鐵等使宜停。禮儀之本，職在奉常，往年置使，因循未改，有乖舊制，實曠司存。委太常卿自舉本職，其使宜停。漢朝丞相與公卿已下五日一決事，帝

親斷可否。且國之安危，不獨注於將相；政之理亂〔九〕，固亦在於庶官。尚書、侍郎、左右丞及九卿，參領要重，朕所親倚，固當朝夕進見，以之匡益也。並宜詳校所掌，具陳損益，如非時宜，須有奏議，亦聽詣閤請對，當親覽其意，擇善而從。

朕受昊天之成命，承累聖之鴻業，齊心滌慮，夙夜憂勞。顧以不敏不明，薄於德化，致使舊章多廢，至理未弘，其心愧恥，終食三歎。雖詔書屢下，以申振卹，且朝典未舉，猶深鬱悼。思與百辟卿士，勵精於理，俾國經王道，可舉而行，各宜承式，以恭爾位。諸州置屯亦宜停。

于是悉以度支之務委於宰相。辛卯，以兵部侍郎賈至爲京兆尹。以京西兵馬使李忠臣爲鳳翔尹，代皇甫溫；溫移鎭陝州。

夏四月庚子，湖南都團練使崔瓘爲其兵馬使臧玠所殺，玠據潭州爲亂。澧州刺史楊子琳、道州刺史裴虬、衡州刺史楊濟出軍討玠。乙巳夜，歲星入軒轅。丙午，復置先農、馬祖壇，祀之。丁未，封幽州節度使朱希彩爲高密郡王。己未夜，彗起五車，長三丈。庚申，宰臣太原尹王縉入朝。

五月辛未，刑部侍郎黎幹爲桂州刺史、桂管防禦經略招討觀察等使。己卯夜，彗起北方，其色白。庚辰，貶禮儀使、禮部尚書裴士淹爲虔州刺史，戶部侍郎、判度支第五琦爲饒

州刺史，皆魚朝恩黨也。元載既誅朝恩，下制罷使，仍放黜之。癸未，以羽林大將軍辛京杲爲潭州刺史、湖南觀察使。甲申，西北白氣竟天。徙置當、悉、柘、靜、恭五州於山險要害地〔10〕，備吐蕃也。

六月己未，彗星始滅，赦天下見禁囚徒。

秋七月丁卯，以浙東觀察使、越州刺史、御史大夫薛兼訓爲檢校工部尚書、太原尹、北都留守，充河東節度使。是月，京城斗米千文。

八月辛卯，宰臣元載上疏請置中都於河中府，秋杪行幸，春中還京，以避蕃戎侵寇之患。疏入不報。載疏大旨以關輔、河東等十州戶稅入奉京師，創置精兵五萬，以威四方，辭多捭闔，欲權歸於己也。

九月丁丑，以宣歙池等州都團練觀察使、宣州刺史、兼御史中丞陳少遊充浙江東道團練觀察使。吐蕃寇永壽。汴州田神功來朝。

十二月乙未，改巫州爲溆州，業州爲獎州。

六年春正月己未朔。戊寅，於鄜州之鄜城置肅戎軍〔11〕。二月乙酉，御史大夫敬括卒。夏四月丁巳，上御宣政殿試制舉人，至夕，策未成者，令太官給燭，俾盡其才。己未，澧

州刺史楊子琳來朝，賜名猷。丁丑，改果州爲充州。戊寅，詔：「纂組文繡，正害女紅。今師旅未息，黎元空虛，豈可使淫巧之風，有虧常制。其綾錦花文所織盤龍、對鳳、麒麟、獅子、天馬、辟邪、孔雀、仙鶴、芝草、萬字、雙勝、透背，及大繝綿、竭鑿、六破已上，並宜禁斷。其長行高麗白錦、大小花綾錦，任依舊例織造。有司明行曉諭。」

五月癸卯，以河南尹張延賞爲御史大夫。

秋七月乙巳，月掩畢。

八月乙卯，淮南節度使韋元甫卒。丙辰，以東都副留守常休明爲檢校左散騎常侍、河陽三城使。夏旱，此月己未始雨。庚午，以御史大夫張延賞爲揚州大都督府長史、淮南節度使。丙午，以蘇州刺史、浙江觀察使李栖筠爲御史大夫。丁丑，獲白兔於太極殿之內廊。庚辰夜，月入紫微垣。

九月壬辰夜，熒惑犯哭星。自八月連雨，害秋稼。戊申，於輪臺置靜塞軍。辛亥，熒惑入壘壁。

冬十月壬午，滄州置橫海軍。

十一月己亥，文單國王婆彌來朝，獻馴象一十一。壬寅夜，月入太微，又掩氐。

十二月己未，江西觀察使、檢校刑部尚書魏少遊卒。庚午，制以文單王婆彌爲開府儀同三司、試殿中監。

是歲春旱，米斛至萬錢。

七年春正月癸未朔。戊子，於魏州頓丘縣置澶州。以頓丘縣之觀城店置觀城縣，以張之清豐店置清豐縣，幷割魏州之臨黃縣，並隸澶州。以貝州臨清縣之張橋店置永濟縣。乙未，月犯軒轅。庚子，以檢校戶部尚書路嗣恭爲洪州刺史、兼御史大夫、江西觀察使。辛丑，太常卿楊綰兼充禮儀使。甲辰，迴紇使出鴻臚寺劫掠坊市，吏不能禁止，復三百騎犯金光、朱雀等門。是日皇城諸門皆閉，慰諭之方止。

二月甲寅，以兵部侍郎李涵爲蘇州刺史、兼御史中丞，充浙西觀察使。鎮星臨太微。戊午夜，月掩天關。

三月壬辰，詔諫議大夫置四員爲定。

夏四月甲寅，迴紇王子李秉義卒，歸國宿衛賜名也。

五月乙酉，雨雹，大風折樹。丙戌夜，月入太微。辛卯，徙忻州之七聖容於太原府之紫極宮。乙未，詔：

躋於道者，化淳而刑措；善於理者，綱擧而網疏。朕涉道未弘，燭理多昧，常亦遐想太古，高挹玄風，保合太和，在宥天下，蓋德薄而未臻也。是用因時以設教，便俗以立防，務盡平恕，用申哀卹，又化淺而多犯也。加以邊虞未戢，徭賦適繁，荒廢之際，寇攘斯起。遂令圜土嘉石之下，積有縶囚；竹章牙簡之中，困於法吏。屬盛陽之候，大暑方蒸，仍念狴牢，何堪鬱灼？所以汨傷和氣，感致咎徵，天道人事，豈相遠也！如聞天下諸州，或愆時雨，首種不入，宿麥未登。哀我矜人，何時不恐？皆由朕過，益用懼焉。惕然憂嗟，深自省責。所以減膳徹樂，別居齋宮，禱于神明，冀獲嘉應。仲夏之月，靜事無爲，以助晏陰，以弘長養。斷薄決小，已過於麥秋，繼長增高，宜順乎天意。可大赦天下，見禁囚徒，罪無輕重，一切釋放。

癸亥，以檢校禮部尚書蔣渙充東都留守。

六月庚戌朔，有司言日蝕，陰雲不見。丁丑，詔誡薄葬，不得造假花果及金手脫寶鈿等物。

秋七月癸巳，迴紇蕃客奪長安縣令邵說所乘馬，人吏不能禁。

八月庚戌，賜北庭都護曹令忠姓名曰李元忠。

九月乙未，工部尚書于休烈卒。

冬十月壬子，上畋于苑中，矢一發貫二兔，從臣皆賀。辛未，以權知幽州盧龍節度留後

朱泚檢校左散騎常侍，充幽州盧龍節度使。丙子，以太府卿呂崇賁爲廣州都督，充嶺南節度使。

十一月庚辰，詔：自頃蕃戎入寇，巴南屢多征役，其巴、蓬、渠、集、壁、充、通、開等州，宜放二年租庸。甲申，以福建觀察使李承昭爲禮部尚書，華州刺史李琦爲福州刺史、福建都團練觀察使。辛卯，以嶺南節度李勉爲工部尚書。

十二月丙寅，雨土。是夜，長星出於參。辛未，滑州置永平軍。壬子，禁鑄銅器。癸酉，大雪。

是秋稔。迴紇、吐蕃、大食、渤海、室韋、靺鞨、契丹、奚、牂柯、康國、石國並遣使朝貢。

八年春正月丁丑朔。壬午，昭義軍節度、檢校右僕射、相州刺史薛嵩卒。癸卯，赦天下青苗地頭錢每畝十五文，率京畿三十文，自今一例十五文。京官三品已上郎官御史，每年各舉一人堪爲刺史縣令者。

二月甲子，御史大夫李栖筠彈吏部侍郎徐浩〔三〕。丁卯，幽州節度使朱泚加檢校戶部尚書，封懷寧郡王。徐浩、薛邕違格，並停知選事。壬申，永平軍節度使、檢校右僕射、滑州刺史、霍國公令狐彰卒，遺表薦劉晏、李勉代已。

三月丙子，以工部尚書李勉兼御史大夫、滑州刺史，充永平軍節度、滑亳觀察等使。

夏四月戊申，乾陵上仙觀天尊殿有雙鵲銜紫泥補殿之隙缺〔四〕，凡十五處。戊午，以太僕卿吳仲孺爲鄂州刺史、鄂岳沔等州團練觀察使。

五月乙酉，貶吏部侍郎徐浩明州別駕，薛邕歙州刺史，京兆尹杜濟杭州刺史，皆坐典選也。以太府卿于頎爲京兆尹。辛卯，鄭王邈薨，贈昭靖太子。壬辰，曲赦京城繫囚。癸卯，詔赦天下繫囚，死罪降從流，流已下並放。

六月，隴州華亭縣置義寧軍。癸亥，戶部侍郎、判度支韓滉奏安邑鹽池生乳鹽。

是夏，城奉天以備蕃寇。

秋七月己卯，太白入東井。乙未，月掩畢。

八月甲寅，詔吏部尚書劉晏知三銓選事。己未，吐蕃寇靈武。庚午，靈武奏蕃軍退去。辛未，幽州節度使朱泚弟滔率五千騎來朝，請河西防秋。詔千騎迓於國門，許自皇城南面出開遠門，赴涇州行營。

九月癸酉，臨晉公主薨。壬午，嶺南節度使、廣州刺史呂崇賁爲部將哥舒晃所殺。癸未，晉州男子郇謨以麻辮髮，持竹筐及葦席，哭於東市，請進三十字，如不稱旨，請裹尸於席筐。上召見，賜衣，館之禁中。內二字曰「監團」，欲去諸道監軍、團練使也。丁亥，貶左巡

使、殿中侍御史楊護，以其抑郇謨而不上聞也。戊子，詔京官五品以上各上封事，言政得失。己丑夜，太白入太微。甲午，東都留守蔣渙兼知東都貢舉。戊戌，以辰錦觀察使李昌巙爲桂州刺史、桂管防禦觀察使。大鳥見武功，肉翅狐首，四足有爪，爪長四尺三寸，毛赤如蝙蝠，羣鳥隨而噪之。神策將張日芬射斃以獻。

冬十月癸卯，魏博田承嗣加同平章事。丁巳夜，月掩畢。吐蕃寇涇州、邠州。甲子，子儀先鋒將渾瑊與吐蕃戰于宜祿，我師不利。瑊與涇原馬璘極力追躡，蕃軍潰去。乙丑，以江西觀察使路嗣恭爲廣州刺史，充嶺南節度使，封翼國公。以浙東觀察使、越州刺史陳少遊爲揚州大都督府長史，充淮南節度使。戊辰，郭子儀奏破吐蕃十萬，百僚稱賀。己卯夜，月入羽林。癸巳，月入太微。

十一月壬寅朔。庚戌，汴宋節度使田神功來朝。辛酉，淮西節度使李忠臣來朝。

十二月癸酉，月入羽林。

是冬無雪。

是歲大有年。

九年春正月庚子朔。壬寅，汴宋節度使、太子少師、檢校尚書右僕射、兼御史大夫、

汴州刺史田神功卒。澧朗兩州鎮遏使、澧州刺史楊猷擅浮江而下，至鄂州。詔許赴汝州，遂泝漢而上，復、郢、襄等州皆閉城拒之。

二月己丑，以田神功弟神玉權知汴宋留後。癸巳，郭子儀自邠州來朝，李抱玉自鳳翔來朝。

三月丙午，禁畿內漁獵採捕，自正月至五月晦，永爲常式。戊子，以澧州刺史楊猷爲洮州刺史。

夏四月丁丑，月入太微。己卯，以桂管觀察使黎幹爲京兆尹、兼御史大夫。甲申，中書舍人常袞率兩省官一十八人詣閣請論事，詔三人各盡所懷。乙酉，詔郭子儀等大閱兵師以備吐蕃。壬辰，詔赦大辟以下繫囚，無輕重釋放。乙未，華陽公主薨，上悲惜之，累日不聽朝，宰臣抗疏陳請。

五月庚戌，廢泜州。庚申，詔度支使支七十萬貫、轉運使五十萬貫和糴，歲豐穀賤也。

乙丑，詔：

四海之內，方協大寧，西戎無厭，獨阻王命，不可忘戰，尚勞邊事。朕頃以兵革之後，軍國空耗，躬率節儉，務勤農桑。上玄儲休，仍歲大稔，益用多愧，不知其然。雖屬此人和，近於家給，而邊穀未實，戎備猶虛。因其天時，思致豐積，將設平糴，以之餽

軍。然以中都所供，內府不足，粗充常入之數，豈齊倍餘之收。其在方面藎臣，戍茲大計，共佐公家之急，以資塞下之儲。每道歲有防秋兵馬，其淮南四千人，浙西三千人，魏博四千人，昭義二千人，成德三千人，山南東道三千人，荆南二千人，湖南三千人，山南西道二千人，劍南西川三千人，東川二千人，鄂岳一千五百人，宣歙三千人，福建一千五百人。其嶺南、浙東、浙西，亦合準例。恐路遠往來增費，各委本道每年取當使諸色雜錢及迴易利潤、贓贖錢等，每人計二十貫。每道據合配防秋人數多少，都計錢數，市輕貨送納上都，以備和糴，仍以秋收送畢。

涇原節度使馬璘來朝。丙寅，加馬璘尚書左僕射、知省事。璘諷將士進狀求宰相，故有是授。幽州節度使朱泚遣弟滔奉表請自入朝，兼自率五千騎防秋。許之，詔所司築第待之。

六月己卯，月掩南斗。庚辰，月入太微。

秋七月甲辰，月掩房，又入羽林。久旱，京兆尹黎幹歷禱諸祠，未雨。又請禱文宣廟，上曰：「丘之禱久矣。」

八月辛未，以虢州刺史宋晦爲同州刺史，充長春宮營田等使。戊寅，以陝州大都督府長史皇甫溫爲越州刺史，充浙東觀察使。辛卯，月掩軒轅。

九月庚子，幽州節度使朱泚來朝。乙巳，渭北節度使、坊州刺史臧希讓卒。

是秋大雨。

冬十月壬申，信王瑝薨。乙亥，梁王璿薨。以前宣州刺史季廣琛爲右散騎常侍。

十一月戊戌，大雪，平地盈尺。庚子，以商州刺史李國清爲陝州大都督府長史，充陝州觀察使。

十二月庚寅，以中書舍人楊炎、祕書少監韋肇並爲吏部侍郎，中書舍人常袞爲禮部侍郎。壬辰，赦京繫囚，死罪降從流，流已下並釋放。

十年春正月乙未朔。己酉，昭義牙將裴志清逐其帥薛㟧。薛㟧奔洺州，上章待罪。志清率衆歸田承嗣。壬寅，壽王瑁薨。乙未，朱泚抗表乞留京師，西征吐蕃，請以弟滔權爲幽州留後，許之。以昭義將薛擇爲相州刺史，薛雄爲衞州刺史，薛堅爲洺州刺史，皆嵩之族人也。戊申，遣使慰諭田承嗣，令各守封疆，承嗣不奉詔。壬子，充州復爲果州。癸丑，田承嗣盜取洺州，又破衞州。

二月乙丑，盜殺衞州刺史薛雄。丙寅，罷辰、錦、溪、獎、溆五州經略使〔四〕，復隸黔中。辛未，制第四子述封睦王，充嶺南節度度支營田、五府經略觀察處置等大使。第五子逾可封郴王，充渭北鄜坊等州節度大使。第六子連封恩王。第七子韓王迥可充汴宋節度大使。第八子遘可封鄜王。第十三子造封忻王，充昭義節度大使。第十四子暹封韶王。十五子運封嘉王。十六子遇封端王。十七子遹封循王。十八子通封恭王。十九子逵封原王。二十子逸封雅王。並可開府儀同三司，不出閤。丙子，以華州刺史李承昭爲相州刺史，知昭義兵馬留後。時田承嗣盡盜入相、衞所管四州之地，自署長吏。是日河陽軍亂，逐城使常休明，迫牙將王惟恭爲留後，軍士大掠數日。休明奔東都。甲申，以平盧淄青節度觀察海運押新羅渤海兩蕃等使、檢校工部尚書、青州刺史李正已檢校尚書左僕射；前隴右節度副使、隴州刺史馬燧爲商州刺史，充本州防禦使。

三月甲午，陝州軍亂，逐觀察使李國清，縱兵大掠。國清卑詞遍拜將士，方免禍，一夕而定。乙巳，薛㟧、常休明至闕下，素服待罪。丁未，以左散騎常侍孟皥爲華州刺史，充潼關防禦使。庚戌，熒惑入壘壁。

四月，太常寺奏：諸州府所用斗秤，當寺給銅斗秤，州府依樣製造而行。從之。乙丑，制：魏博節度使、開府儀同三司、太尉、檢校尚書左僕射、同中書門下平章事、魏州大都督府長史、上柱國、鴈門郡王田承嗣可貶永州刺史。仍詔河東、鎭冀、幽州、淄青、淮西、滑亳、汴宋、澤潞、河陽道出師進討。甲申，大雨雹，暴風拔樹，飄屋瓦，落鴟吻，人震死者十之二，京畿損稼者七縣。

五月乙未，田承嗣部將霍榮國以磁州歸。癸卯，劍南置昌州。罷兩都貢舉，都集上都，停童子科。

六月辛未，田承嗣遣其黨裴志清攻圍冀州，爲李寶臣所敗。

秋七月己未，戶部尚書暢璀卒。杭州大風，海水翻潮，溺州民五千家，船千艘。

八月丁卯，田承嗣上表請束身歸朝。戊子夜，月入太微。己丑，田承嗣將盧子期攻磁州。

九月戊戌，荆南節度使衞伯玉來朝。壬寅，宥京城繫囚。戊申，迴紇白晝殺人於市，吏捕之，拘於萬年獄。其首領赤心持兵入縣，劫囚而出，斫傷獄吏。月暈，熒惑犯昴、五車、參、東井等星。癸丑，吐蕃寇隴州，鳳翔李抱玉擊退之。戊午，幽州節度使朱泚鎭奉天。

冬十月辛酉，日有蝕之。癸亥，以商州刺史馬燧檢校左散騎常侍、河陽三城使。甲子，昭義節度使李承昭與盧子期戰於磁州淸水縣，大破之，生擒子期以獻。丙寅，貴妃獨孤氏薨，追贈曰貞懿皇后。己丑，尚書右僕射裴遵慶卒。十一月辛卯，新平公主薨。丁酉，田承嗣所署瀛州刺史吳希光以城降。丁未，路嗣恭攻破廣州，擒哥舒晃，斬首以獻。

十一年春正月庚寅朔，田承嗣上表請罪。壬辰，遣諫議大夫杜亞使魏州宣慰，許其自新。辛亥，劍南節度使崔寧奏大破吐蕃二十萬，斬首萬級，生擒首領一千一百五十人，獻于闕下。

二月癸亥，荆南節度使衞伯玉卒于京師。戊子，河陽軍復亂，大掠三日，監軍使冉廷蘭率兵斬其亂首，方定。戊申，昌樂公主薨。辛亥，御史大夫李栖筠卒。

夏四月戊午朔。丙子，以浙西觀察使、蘇州刺史、御史大夫李涵知臺事，充京畿觀察使。己卯，以前淮南節度使、揚州大都督府長史、御史大夫張延賞爲江陵尹、兼御史大夫，充荆南節度使。

五月癸巳，以永平軍節度使李勉爲汴州刺史，充汴宋等八州節度觀察留後。時汴將李靈耀專殺濮州刺史孟鑒，北連田承嗣，故命勉兼領汴州。授靈耀濮州刺史，靈耀不受詔。

六月戊戌，以李靈耀爲汴州刺史，充節度留後。

秋七月戊子夜，暴澍雨，平地水深盈尺，溝渠漲溢，壞坊民千二百家。庚寅，田承嗣兵寇滑州，李勉拒戰而敗。

八月丙寅，幽州節度使朱泚加同中書門下平章事。李靈耀據汴州叛。甲申，命淮西李忠臣、滑州李勉〔二四〕、河陽馬燧三鎮兵討之。

閏月丁酉，太白經天。

九月乙丑，李忠臣等兵進營鄭州，靈耀之衆來薄戰。淮西兵亂，乃退軍於滎澤。戊辰，

淄青李正己奏取鄆、濮二州。

冬十月乙酉，忠臣等軍破賊於中牟，進軍，又敗賊於汴州郭外，乃攻之。乙丑，承嗣遣姪悅率兵三萬援靈耀。丙午，淮西、河陽之師合擊田悅營，其衆大敗，悅脫身北走。靈耀聞悅之敗，棄城遁走。汴州平。丁未，滑將杜如江生擒靈耀而獻。

十二月丁亥，加平盧淄青節度使、檢校尚書左僕射、青州刺史、饒陽王李正己爲檢校司空、同中書門下平章事，成德軍節度使、太子太傅、檢校尚書左僕射、隴西郡王李寶臣檢校司空、同中書門下平章事。庚寅，涇原節度使、檢校尚書左僕射、知省事、扶風郡王馬璘卒。丁酉，以涇原節度副使、試太常卿、張掖郡王段秀實權知河東節度留後〔二五〕，北都留守薛兼訓病故也。昭義節度使李承昭抗表稱疾，以澤潞行軍司馬李抱眞權知磁、邢兵馬留後。庚戌，加淮西節度、檢校右僕射、安州刺史、西平郡王李忠臣檢校司空、同中書門下平章事，仍兼汴州刺史。

十二年春正月甲寅朔。辛酉，以四鎮北庭涇原節度副使、知節度使事、張掖郡王段秀實爲涇州刺史、兼御史大夫，充本州團練使。月掩軒轅。渤海使獻日本國舞女十一人。癸酉夜，月掩心前大星，又入南斗魁。京師旱，分命祈禱。

二月戊子，淄青節度使李正己之子納爲青州刺史，充淄青節度留後。丁未，以朗州刺史李國清爲黔州刺史、經略招討觀察使。

三月乙卯，河西隴右副元帥、鳳翔懷澤潞秦隴等州節度觀察等使、兵部尚書、同中書門下平章事、潞州大都督府長史、知鳳翔府事、上柱國、涼國公李抱玉卒。壬戌，月入太微。癸亥，以太原少尹、河東節度行軍司馬〔二七〕、權知河東留後鮑防爲太原尹、御史大夫，充北都留守、河東節度使。戊辰夜，月逼心前星。庚午，左降官永州刺史田承嗣復授魏博節度使，官並如故。承嗣姪悅、子綰緒綸並復舊官。庚辰，宰相元載、王縉得罪下獄，命吏部尚書劉晏訊鞫之。辛巳，制：中書侍郎、平章事元載賜自盡，門下侍郎、平章事王縉貶括州刺史。

夏四月壬午，以朝議大夫、守太常卿、兼修國史楊綰爲中書侍郎，尚書禮部侍郎、集賢院學士常衮爲門下侍郎，並同中書門下平章事。癸未，以右庶子潘炎爲禮部侍郎。貶吏部侍郎楊炎爲道州司馬，元載黨也。諫議大夫、知制誥韓洄王定包佶徐璜，戶部侍郎趙縱，大理少卿裴冀，太常少卿王紞，起居舍人韓會等十餘人，皆坐元載貶官也。給事中杜亞使魏州，賜田承嗣鐵券。癸巳，以前祕書監李揆爲睦州刺史。揆故宰相，爲元載所忌，二十年流落丐食江湖間，載誅，方得爲郡。又召顏眞卿於湖州，亦載所忌斥外也。乙未，月掩心前星。丁酉，西川破吐蕃於望漢城，擒蕃將大籠官論器然以獻。壬寅，以前商州刺史烏崇福

爲安南都護、本管經略使。渤海、奚、契丹、室韋、靺鞨並遣使朝貢。己酉，加京官料錢，文武班諸司共二千七百九十六員，文官一千八百五十四員，武官九百四十二員，歲加給一十五萬六千貫，幷舊給凡二十六萬貫。以關內副元帥、兵馬使渾瑊兼邠州刺史。

五月辛亥，罷天下州團練守捉使名。甲寅，諸道邸務在上都名曰留後，改爲進奏院。丙辰夜，月入太微。辛酉，貶刑部尚書王昂連州刺史，昂至萬州卒。庚午，敕毀元載祖、父墳，剖棺棄骸，焚毀私廟主於大寧里。甲戌，以前安南都護張伯儀爲廣州刺史、兼御史大夫，充嶺南節度使。

六月癸巳，時小旱，上齋居祈禱，聖體不康，是日不視朝。

秋七月戊午，罷潤州丹陽軍、蘇州長洲軍〔二八〕。己巳，中書侍郎、同中書門下平章事、集賢殿崇文館大學士、兼修國史楊綰卒。

八月癸巳，賜東川節度使鮮于叔明姓李氏。癸卯，宰臣讓賜食。先是元載、王縉輔政，每日賜食，因爲故事。至是，常衮等上表云：「飧錢已多，更頒御膳，胡顏自安，乞停賜食。」從之。甲辰，以湖州刺史顏眞卿爲刑部尚書。乙巳，以久雨宥常參百僚，不許御史點班。

九月乙卯，許以庶人禮葬元載。辛酉，以涇原節度副使段秀實爲四鎮北庭行營、涇原鄭潁等節度使。庚午，吐蕃寇坊州，掠党項羊馬而去。

是秋，宋、亳、陳、滑等州水。

冬十月丁亥，戶部侍郎、判度支韓滉言解縣兩池生瑞鹽，乃置祠，號寶應靈慶池。壬寅夜，月掩昴，又入太微。乙巳，以滑州牙將劉洽爲宋州刺史。京兆尹黎幹奏水損田三萬一千頃。度支使韓滉奏所損不多。兼渭南令劉藻曲附滉，亦云部內田不損。差御史趙計檢渭南田，亦附滉云不損。上曰：「水旱咸均，不宜渭南獨免。」復命御史朱敖檢之，渭南損田三千頃。上歎息曰：「縣令職在字人，不損亦宜稱損，損而不聞，豈有卹隱之意耶！」劉藻、趙計皆貶官。

十一月癸丑，太白臨哭星。乙卯夜，月入羽林。癸酉，以右散騎常侍蕭昕爲工部尚書。刑部尚書顏眞卿獻所著韻海鏡源三百六十卷。

十二月丁亥，西川崔寧奏於西山破吐蕃十萬，斬首八千，生擒九百人。己亥，天下仙洞靈迹禁樵捕。庚子，以幽州節度使朱泚兼隴右節度副大使，權知河西、澤潞行營兵馬事。京兆尹請修六門堰，許之。

十三年春正月戊申朔。辛酉，壞白渠碾磑八十餘所，以奪農溉田也。壬戌，刑部尚書、魯郡公顏眞卿三抗章乞致仕，不允。淄青節度使李正己請附屬籍，從之。戊辰，迴紇寇太原，鮑防與之戰，我師不利。朱泚徙封遂寧郡王。

二月庚辰，代州都督張光晟擊迴紇，戰于羊武谷，破之，北人乃安。己亥，吐蕃寇靈武。甲辰，太僕寺佛堂有小脫空金剛右臂忽有黑汗滴下，以紙承之，色類血。

三月甲戌，河陽將士刧迴紇輜重，因與相鬬，縱兵大掠，久之方定。

四月丁亥，以浙西觀察留後李道昌爲蘇州刺史、兼御史中丞，充浙西都團練觀察使。己丑，以前浙西觀察使李涵爲御史大夫。甲辰，吐蕃寇靈州，朔方留後常謙光擊敗之。

五月戊午，宦官劉清潭賜名忠翼。

六月戊戌，隴右節度使朱泚於軍士趙貴家得貓鼠同乳不相害，籠而獻之。

秋七月壬子，中書舍人崔祐甫知吏部選事。癸丑，劍南節度使崔寧加檢校司空，東川李叔明加檢校工部尚書。辛未，吐蕃寇鹽州、慶州。

八月甲戌朔，成德軍節度使李寶臣抗章請復本姓張氏，從之。

冬十月丁酉，葬貞懿皇后於莊陵。

十一月丁卯，日長至，有司祀昊天上帝於南郊，上不視朝故也。

十二月丙戌，以吏部尚書劉晏爲左僕射，判使如故。以給事中杜亞爲洪州刺史、兼御史中丞，充江西觀察使。以江西觀察使路嗣恭爲兵部尚書。

是歲，郴州黃芩山崩〔二九〕，壓死者有數百人。

十四年春正月壬寅朔。壬戌，以楚州刺史李泌爲澧州刺史。

二月癸未，魏博七州節度使、太尉、檢校尚書左僕射、同中書門下平章事、魏州大都督府長史田承嗣卒。甲申，以魏博中軍兵馬使、左司馬田悅兼御史中丞，充魏博節度留後。

三月丁未，汴宋節度使李忠臣爲麾下將族姪李希烈所逐，忠臣狼狽歸朝。上以忠臣立功於國，乃授檢校司空、同平章事。庚戌，以河南尹嚴郢爲京兆尹，河中少尹、知府事趙惠伯爲河南尹。辛酉，以前容管經略使、容州刺史王翃爲河中少尹、知府事。

夏四月癸未，成德軍節度使張寶臣復請姓李，從之。

五月癸卯，上不康，至辛亥，不視朝。北都留守鮑防以北庭歸朝〔三〇〕。辛酉，詔皇太子監國。是夕，上崩于紫宸之內殿。遺詔皇太子柩前卽位。壬戌，遷神柩于太極殿，發喪。

八月庚申，羣臣上尊謚曰睿文孝武皇帝，廟號代宗。

十月己酉，葬於元陵。十二月丁酉，祔於太廟。

史臣曰：嗚呼，治道之失也，若河決金隄，火炎崑崗，雖神禹之乘四載，玄冥之灑八瀛，亦不能堙洪濤而撲烈焰者，何也？良以勢既壞而不能遽救也。觀夫開元之治也，則橫制六合，駿奔百蠻；及天寶之亂也，天子不能守兩都，諸侯不能安九牧。是知有天下者，治道其可忽乎！明皇之失馭也，則祿山暴起於幽陵；至德之失馭也，則思明再陷於河洛；大曆之失馭也，則懷恩鄉導於犬戎。自三盜合從，九州羹沸，軍士膏於原野，民力殫於轉輪，室家相弔，人不聊生，而子儀號泣於用兵，元載殷憂於避狄。然而代宗皇帝少屬亂離，老於軍旅，識人間之情僞，知稼穡之艱難，內有李、郭之効忠，外有昆戎之幸利。遂得兇渠傳首，叛黨革心，關輔載寧，獯戎漸弭。至如稔輔國之惡，議元振之罪，去朝恩之權，不以酷刑，俾之自咎，亦立法念功之旨也。罪己以傷僕固，徹樂而悼神功，懲縉、載之姦回，重衮、綰之儒雅，脩己以禳星變，側身以謝咎徵，古之賢君，未能及此。而猶有李靈耀作梗，田承嗣負恩，命將出軍，勞師弊賦者，蓋陽九之未泰，豈君道之過歟！

贊曰：羣盜方梗，諸戎競侵。猛士嘗膽，忠臣痛心。掃除沴氣，敷衍德音。延洪納祉，帝慮何深。

校勘記

〔一〕新店之役　「役」字各本原作「後」，據御覽卷一一二改。

〔二〕三上表　「上」字各本原作「十」，據合鈔卷一一代宗紀改。冊府卷一一作「表三上」。

〔三〕博陸王　「陸」字各本原作「陵」，據本書卷一八四李輔國傳、通鑑卷二二二改。

〔四〕裴莪　各本原作「裴義」，據本書卷一一四裴莪傳、新書卷六代宗紀、通鑑卷二二二改。

〔五〕李勉　各本原作「李冕」，據本書卷一三一李勉傳改。

〔六〕興唐寺　各本原作「唐興寺」，據本卷上文、通鑑卷二二三改。

〔七〕置乾州　「置」字各本原作「罷」，據新書卷四二地理志改。

〔八〕割恆州行唐縣置泜州　「行唐」各本原作「衞唐」。唐會要卷七一：「泜州，大曆三年八月割恆州行唐縣置。」新書卷三九地理志鎮州行唐下云：「大曆三年，以縣置泜州。」據改。

〔九〕攷之理亂　「攷」字全唐文卷四八作「政」。

〔一〇〕徙置當悉柘靜恭五州　「柘」字各本原作「相」，據冊府卷九九二改。校勘記卷五云：「所置皆在劍南道，相當作柘。」

〔一一〕於鄜州之鄜城置肅戎軍　「鄜城」各本原作「析城」，「戎」字原作「戍」，新書卷三七地理志鄜州注云：「有肅戎軍，大曆六年置，在鄜城。」據改。

〔一二〕徐浩　「浩」字各本原闕，據本書卷一三七徐浩傳補。

〔一三〕天尊殿　「天」字各本原作「之」，據御覽卷九二一、冊府卷三七改。冊府卷二五作「三尊殿」。

〔一四〕辰錦溪獎溆　「溆」字各本原無，本卷上文大曆四年六月云：「升辰州爲都督府，析辰、巫、溪、錦、業等州置團練觀察使。」大曆五年十二月云：「改巫州爲溆州，業州爲獎州。」據補「溆」字。

〔一五〕滑州　各本原作「渭州」，據冊府卷一二二、合鈔卷一一代宗紀改。

〔一六〕以涇原節度副使試太常卿張掖郡王段秀實權知河東節度留後　此處有脫文。廿二史考異卷五七云：「權知河東留後者乃鮑防，非秀實矣。蓋秀實由節度副使除知節度事，鮑防以河東行軍司馬權知留後，皆十一年十二月事。馬璘薨而以秀實代之，薛兼訓病而以防代之，兩事本不相涉，中有脫文，後人誤連屬之。」

〔一七〕河東節度行軍司馬　「河東」各本原作「河南」，據通鑑卷二二五改。

〔一八〕蘇州長洲軍　「長洲軍」各本原作「常州軍」，新書卷四一地理志蘇州下云：「有長洲軍，乾元二年置，大曆十二年廢。」據改。

〔一九〕黃芩山崩　「芩」字各本原無，據新書卷六代宗紀、合鈔卷一一代宗紀補。

〔二〇〕鮑防以北庭歸朝　合鈔卷一一代宗紀「鮑防」下注云：「下闕文」；校勘記卷五云：「以北庭三字直衍文。」

舊唐書卷十二

本紀第十二

德宗上

德宗神武孝文皇帝諱适，代宗長子，母曰睿眞皇后沈氏。天寶元年四月癸巳，生於長安大內之東宮。其年十二月，拜特進，封奉節郡王。代宗即位之年五月，以上爲天下兵馬元帥，改封魯王。八月，改封雍王。時史朝義據東都，十月，遣上會諸軍於陝州，大舉討賊。十一月，破賊於洛陽，進收東都，河南平定。朝義走河北，分命諸將追之，俄而賊將李懷仙斬朝義首以獻，河北平。以元帥功拜尙書令，食實封二千戶，與郭子儀等八人圖形凌煙閣。廣德二年二月，立爲皇太子。

大曆十四年五月辛酉，代宗崩。癸亥，即位於太極殿。

閏月壬申，貶中書舍人崔祐甫爲河南少尹。甲戌，貶門下侍郎、平章事常衮爲潮州刺

史。召崔祐甫爲門下侍郎、同中書門下平章事。丙子，詔諸州府、新羅、渤海歲貢鷹鷂皆停。戊寅，詔山南枇杷、江南柑橘，歲一貢以供宗廟，餘貢皆停。庚寅，以兵部尙書路嗣恭爲東都留守，以常州刺史蕭復爲潭州刺史、湖南團練觀察使。辛巳，罷邕府歲貢奴婢。癸未，改括州爲處州，括蒼縣爲麗水縣。停梨園使及伶官之冗食者三百人，留者皆隸太常。劍南歲貢春酒十斛，罷之。甲申，以司徒、兼中書令、河中尹、靈州大都督、單于鎮北大都護充關內河東副元帥、朔方節度、關內支度鹽池六城水運大使〔一〕、押諸蕃部落、管內及河陽等道觀察使、上柱國、汾陽郡王、山陵使、食實封一千九百戶郭子儀可加號尙父，守太尉，餘官如故，加實封通前二千戶，月給一千五百人糧、馬二百匹草料。以朔方都虞候李懷光爲河中尹，邠、寧、慶、晉、絳、慈、隰等州節度觀察使；以朔方右留後常謙光兼靈州大都督，西受降城、定遠軍、天德、鹽、夏、豐節度等使；以朔方左留後、單于副都護渾瑊爲單于大都護，振武軍、東中二受降城、鎭北及綏、銀、麟、勝等軍州節度營田使。丙戌，詔禁天下不得貢珍禽異獸，銀器勿以金飾。丁亥，詔文單國所獻舞象三十二，令放荆山之陽，五坊鷹犬皆放之，出宮女百餘人。己丑，以右羽林大將軍吳希光檢校散騎常侍、兼御史中丞，充渭北鄜坊丹延都團練觀察使。辛卯，以河陽三城鎭遏使馬燧檢校工部尙書，兼太原尹、御史大夫、北都留守、河東節度使。壬辰，以河東節度留後鮑防爲京畿觀察使；陳州刺史李芃檢

校太常少卿，爲河陽三城鎭遏使。癸巳，以壽州刺史杜亞爲江西觀察使。甲午，册太尉子儀。自開元以來，册禮多廢，天寶中楊國忠册司空，至是行子儀之册。以江西觀察使杜亞爲陝州長史，充轉運使。丙申，詔兵部侍郎黎幹害若豺狼，特進劉忠翼掩義隱賊，並除名長流。既行，俱賜死。丁酉，以京畿觀察使鮑防爲福州刺史、福建都團練觀察使。以戶部侍郎、判度支韓滉爲太常卿，吏部尚書劉晏判度支鹽鐵轉運等使。初，晏與滉分掌天下財賦，至是晏都領之。

六月己亥朔，御丹鳳樓，大赦天下，罪無輕重，咸赦除之。內外文武三品已上賜爵一級，四品已下加一階，致仕官同見任，百姓爲戶者賜古爵一級。加李正己司徒〔二〕、太子太傅，崔寧、李勉本官同平章事。天下進獻，事緣郊祀陵廟所須，依前勿闕，餘並停。諸州刺史上佐今後准式入計。諸州刺史、常參官，父在未有官，量與五品致仕官；父亡歿，與追贈。自至德已來別敕，或因人奏，或臨事頒行，差互不同，使人疑惑，中書門下與詳定官決，取堪久長行用者編入格條。自今更不得奏置寺觀及度人。庚子，封元子誦爲宣王，次子謨爲舒王，諶爲通王，諒爲虔王，詳爲肅王，並加開府儀同三司。乙巳，封皇弟迺爲益王，迅爲隨王。丙午，舉先天故事，非供奉侍衞之官，自文武六品已上清望官，每日二人更直待制，以備顧問，仍以延英南藥院故地爲廨。癸丑，詔皇族五服等已上居四方者，家一人赴山陵，縣

次給食。己未，揚州每年貢端午日江心所鑄鏡，幽州貢麝香，皆罷之。辛酉，罷宣歙池、鄂岳沔二都團練觀察使，陝虢都防禦使，以其地分隸諸道。復置東都京畿觀察使，以御史中丞爲之。壬戌，處州刺史王縉、湖州刺史第五琦皆爲太子賓客，睦州刺史李揆爲國子祭酒，並留司東都。中官邵光超送淮西旌節，李希烈遺縑七百匹，事發，杖六十，配流。由是中官不敢受賂。癸亥，詔中書門下、御史臺五品已上，諸司三品已上長官，各舉可任刺史縣令者一人，中書門下量才進擬，有犯坐舉主。

秋七月戊辰朔，日有蝕之。禮儀使、吏部尚書顏眞卿奏：「列聖謚號，文字繁多，請以初謚爲定。」兵部侍郎袁傪議云：「陵廟玉册已刻，不可輕改。」罷。傪妄奏，不知玉册皆刻初謚而已。庚午，詔：邕州所奏金坑，誠爲潤國，語人以利，非朕素懷。其坑任人開採，官不得禁。辛未，以吏部侍郎房宗偃爲御史中丞、東都畿觀察使。罷右銀臺門客省歲給廪料萬二千斛。自永泰已來，或四方奏計未遣者，或上書言事忤旨者，及蕃客未報者，常數百人，於客省給食，横費已甚，故罷之。壬申，毀元載、馬璘、劉忠翼之第，以其雄侈踰制也。癸酉，減宮中服御常貢者千數。丁丑，復置廐馬隨仗於月華門外。己卯，詔王公卿士不得與民爭利，諸節度觀察使於揚州置迴易邸，並罷之。庚辰，詔鴻臚寺，蕃客入京，各服本國之服。罷商州歲貢穉膠。辛卯，罷天下榷酒。丁酉，詔國用未給，其宣王已下開府俸料皆罷給。

八月甲辰，以門下侍郎、平章事崔祐甫爲中書侍郎、平章事，以道州司馬同正楊炎爲門下侍郎、平章事，以懷州刺史喬琳爲御史大夫、同平章事、京畿觀察使。乙巳，遣太常少卿韋倫使吐蕃，以蕃俘五百人還之，修好也。癸亥，詔人死亡於外以棺柩還城者勿禁。

九月甲戌，以淮西節度爲淮寧軍。辛巳，以檢校刑部尚書白孝德爲太子少傅。丙戌，秘書少監邵說爲吏部侍郎，給事中劉迺爲兵部侍郎，中書舍人令狐峘爲禮部侍郎。

冬十月丁酉朔，吐蕃合南蠻之衆號二十萬，三道寇茂州、扶、文、黎、雅等州，連陷郡邑。發兵四千助蜀，大破之。己酉，葬代宗於元陵。戊午，九成宮貢立獸炭鑪，襄州貢種蔗蕭之工，皆罷之。散官豢豬三千頭給貧民。

十一月辛未，以鴻臚卿賈耽爲梁州刺史、山南西道節度觀察使。丁丑，以陝州長史杜亞爲河中尹、河中晉絳慈隰都防禦觀察使。壬午，御史大夫、平章事喬琳爲工部尚書，罷知政事。加劍南西川節度觀察度支營田等使、檢校司空、平章事、成都尹崔寧兼御史大夫、京畿觀察使。癸巳，加崔寧兼靈州大都督、單于鎭北大都護、朔方節度等使，出鎭坊州。以荆南節度使、檢校禮部尚書、兼江陵尹、御史大夫張延賞檢校兵部尚書兼成都尹、御史大夫、劍南西川節度度支營田觀察等使。以朔方節度虞候杜希全爲靈州留後；以鄜州刺史張光晟單于振武軍使、東中二受降城綏銀鄜勝等軍州留後；延州刺史李建爲鄜坊丹延留後。

楊炎素惡崔寧，雖授以三鎭，仍署此三人爲留後，奪寧之權也，人皆憤之。

十二月己亥，南選使可以專達，勿復以御史臨之。乙卯，制：宣王某可立爲皇太子。丙寅晦，日有蝕之。詔元日朝會不得奏祥瑞事。

建中元年春正月丁卯朔，御含元殿，改元建中，羣臣上尊號曰聖神文武皇帝。己巳，上朝太清宮。庚午，謁太廟。辛未，有事於郊丘。是日還宮，御丹鳳門，大赦天下。自艱難以來，徵賦名目頗多，今後除兩稅外，輒率一錢，以枉法論。常參官、諸道節度觀察防禦等使、都知兵馬使、刺史、少尹、畿赤令、大理司直評事等，授訖三日內，於四方館上表讓一人以自代。其外官委長吏附送其表，付中書門下。每官闕，以舉多者授之。王府六品以上官及諸州縣有司可併省及諸官減者，量事廢省。天下子爲父後者賜勳兩轉。己巳，福建觀察使鮑防、湖南觀察使蕭復讓憲官，從之。自兵興已來，方鎭重任必兼臺省長官，以至外府僚佐，亦帶臺省銜。至是除韓滉蘇州刺史，杜亞河中少尹，而領都團練觀察使，不帶臺省兼官。自是諸道非節度而兼憲官者皆讓。甲午，詔：「東都河南江淮山南東道等轉運租庸青苗鹽鐵等使、尙書左僕射劉晏，頃以兵車未息，權立使名，久勤元老，集我庶務，悉心瘁力，垂二十年。朕以征稅多門，鄉邑凋耗，聽于羣議，思有變更，將置時和之理，宜復有司之制。晏所領

使宜停，天下錢穀委金部、倉部，中書門下揀兩司郎官，准格式調掌。」是月，浚豐州陵陽渠。

二月丙申，遣黜陟使一十一人分行天下。癸卯，以戶部郎中韓洄爲諫議大夫，以涇原節度使段秀實爲司農卿。己酉，貶尚書左僕射劉晏爲忠州刺史。癸丑，昭義軍節度留後李抱眞爲本道節度使。甲寅，貶史館修撰、禮部侍郎令狐峘郴州司馬，右補闕柳冕巴州司戶[三]。日本國朝貢。癸亥，朱泚兼四鎮北庭行軍、涇原節度使。

三月丙寅，禮儀使奏東都太廟闕木主，請造。詔下議之，不決。庚午，監察御史張著以法冠彈中丞嚴郢浚陵陽渠匿詔不行，削郢官，著賜緋魚。辛未，左散騎常侍、翰林學士張涉放歸田里。甲戌，以前司農卿庾準爲江陵尹、兼御史中丞、荆南節度使。癸巳，以諫議大夫韓洄爲戶部侍郎、判度支。時將貶劉晏，罷使名，歸尚書省本司。今又命洄判度支，令金部郎中杜佑權勾當江淮水陸運使，一如劉晏、韓滉之則，蓋楊炎之排晏也。

夏四月乙未朔，涇原裨將劉文喜據城叛。己亥，地震。辛未，命江西觀察使崔昭册命迴紇可汗。戊申，以福建觀察使鮑防爲洪州刺史、江西團練觀察使。癸丑，上誕日，不納中外之貢，唯李正己、田悅各獻縑三萬匹，詔付度支。妃父王景先、駙馬高怡獻金銅像，上曰，「有何功德？非吾所爲。」退還之。壬戌，以衡州刺史、嗣曹王皐爲潭州刺史、湖南團練觀察使，御史中丞元全柔爲杭州刺史。

五月甲子朔。戊辰，以太常少卿韋倫爲太常卿，復使吐蕃。己卯，右金吾衞大將軍李通爲黔州刺史、黔中經略招討觀察鹽鐵等使，潮州刺史常衮爲福建觀察使。涇州將劉光國殺劉文喜降，涇州平。

六月甲午朔，中書侍郎、同中書門下平章事崔祐甫卒。辛丑，築奉天城。加試殿中監劉海賓兼御史中丞，封樂平郡王。海賓涇州將，賞殺劉文喜也。乙卯，京兆尹源休使迴紇，册武義成功可汗。

秋七月丁丑，罷內出盂蘭盆，不命僧爲內道場。壬申，以鴻臚寺左右威遠營隸金吾。己丑，忠州刺史劉晏賜自盡。

八月甲午，振武軍使張光晟殺領蕃迴紇首頗突董統等千人[四]，收駝馬千餘、繒錦十萬匹。乃徵光晟歸朝，以彭令芳代之。乙未，河中晉絳觀察使杜亞爲睦州刺史。丁未，加朱泚中書令，餘官使並如故。以舒王誼爲涇原節度大使，尚書右丞孟皞爲涇州刺史、知留後。東爨烏蠻守來朝貢[五]。丁巳，遙尊上母沈氏曰皇太后。戊午，以吏部尚書顏眞卿爲太子少師，依前禮儀使。改封嗣舒王藻爲嗣郢王。

九月戊辰，判度支韓洄奏請於商州紅崖冶洛源監置十鑪鑄錢，江淮七監每鑄一千費二千文，請皆罷，從之。己卯，雷。

冬十月甲午，貶尚書左丞薛邕爲連山尉，坐贓也。乙巳，太子少傅、昌化郡王白孝德卒。庚寅，以睦王述爲奉迎皇太后使，工部尚書喬琳爲副。

十一月辛酉朔，朝集使及貢使見於宣政殿。兵興已來，四方州府不上計、內外不朝會者二十有五年，至此始復舊制。州府朝集者一百七十三人，詔每令分番二人待詔。乙丑，贈敬暉等五王官，又贈張九齡司徒，鍾紹京太子太傅。戊寅，諸王有官者初令出閤就班。又出嫁岳陽等一十縣主，皆在諸王院久而未適人者，上悉命以禮出降。

十二月辛卯，韋倫使迴，與吐蕃宰相論欽明思等五十五人同至，獻方物，修好也。丁酉，令詳定國初以來將相功臣房玄齡等一百八十七人[六]，據功績分爲三等。

是歲，戶部計帳，戶總三百八萬五千七十有六，賦入一千三百五萬六千七十貫，鹽利不在此限。

二年春正月庚申朔。戊辰，成德軍節度、恆定等州觀察使、司空、兼太子太傅、同中書門下平章事、恆州刺史、隴西郡王李寶臣卒。丙子，以汴宋滑亳陳潁泗節度觀察使、檢校吏部尚書、同平章事李勉爲永平軍節度、汴滑陳等州觀察等使；以兵部尚書、東都留守路嗣恭爲鄭汝陝河陽三城節度、東畿觀察等使；以宋州刺史劉洽爲宋亳潁節度使。以鄭州隸

永平軍。自去年十月無雪，至甲申方雨雪。丁亥，檢校戶部尚書張獻恭爲東都留守，以河南尹趙惠伯爲河中尹、河中晉絳慈隰都防禦觀察使，以前鄭州刺史于頎爲河南尹。

二月乙未，以御史中丞盧杞爲御史大夫、京畿觀察使，以桂管觀察使李昌巙爲江陵尹、兼御史大夫、荆南節度等使，以前荆南節度使庾準爲左丞。甲辰，以容州刺史盧嶽爲桂州防禦觀察使。乙巳，以門下侍郎楊炎爲中書侍郎、同中書門下平章事，以御史大夫盧杞爲門下侍郎、同中書門下平章事。丙午，以宋亳節度爲宣武軍。丁未，以御史中丞袁高爲京畿觀察使。乙卯，振武軍亂，殺其帥彭令芳、監軍劉惠光。

三月庚申朔，築汴州城。初，大曆中李正己有淄、青、齊、海、登、萊、沂、密、德、棣、曹、濮、徐、兗、鄆十五州之地[七]，李寶臣有恆、定、易、趙、深、冀、滄七州之地，田承嗣有魏、博、相、衞、洺、貝、澶七州之地，梁崇義有襄、鄧、均、房、復、郢六州之地，各聚兵數萬。始因叛亂得位，雖朝廷寵待加恩，心猶疑貳，皆連衡盤結以自固。朝廷增一城，浚一池，便飛語有辭，而諸盜完城繕甲，略無寧日。至是田悅初稟命，劉文喜殄除，羣兇震懼。又奏計者還，都無賜與，既歸，皆構怨言。先是汴州以城隘不容衆，請廣之。至是築城，正己、田悅移兵於境爲備，故詔分汴、宋、滑爲三節度，移京西防秋兵九萬二千人以鎮關東。又於郾城置溵州。辛巳，以汾州刺史王翃爲振武軍使、東中二受降城鎮北綏銀麟勝等州留後。以萬年令崔漢

衡爲殿中少監，使吐蕃。

夏四月己酉朔，省沔州。庚寅，襄州梁崇義兼同中書門下平章事。己亥，省燕州、順化州。乙卯，併平琴州爲黨州。丁巳，貶禮部侍郎于召桂州刺史，御史中丞袁高韶州長史。

五月丙寅，以軍興十一而稅。己巳，以淮寧軍節度使李希烈充漢南北諸道都知兵馬招撫處置等使，封南平王。庚寅，以浙江西道爲鎮海軍，加蘇州刺史韓滉檢校禮部尚書、潤州刺史，充鎮海軍節度使、浙江東西道觀察等使。以御史中丞一員爲理匭使，諫議大夫一員知匭使，給事中、中書舍人爲監考使。辛丑，尚父、中書令、汾陽郡王郭子儀薨。丙午，以檢校秘書少監鄭叔則爲御史中丞、東都畿觀察使。壬子，以懷鄭河陽節度副使李芃爲河陽三城、懷州節度使，仍割東畿五縣隸焉。

秋七月戊子朔，詔曰：「二庭四鎮，統任西夏五十七蕃、十姓部落，國朝以來，相奉率職。自關、隴失守，東西阻絕，忠義之徒，泣血相守，慎固封略，奉遵禮教，皆侯伯守將交修共理之所致也。伊西北庭節度觀察使李元忠可北庭大都護，四鎮節度留後郭昕可安西大都護、四鎮節度觀察使。」自河、隴陷虜，伊西北庭爲蕃戎所隔，間者李嗣業、荔非元禮、孫志直、馬璘輩皆遙領其節度使名。初，李元忠、郭昕爲伊西北庭留後，隔絕之後，不知存亡，至是遣使歷迴紇諸蕃入奏，方知音信，上嘉之。其伊西北庭將士敍官，仍超七資。庚申，以中書侍

郎、平章事楊炎爲左僕射，以前永平軍節度使張鎰爲中書侍郎、同中書門下平章事。司空、淮陽郡王侯希逸卒。丁丑，以河中尹關播爲給事中，同州刺史李承爲河中尹、晉絳都防禦觀察使。辛巳，以邠寧節度使李懷光兼靈州大都督、單于鎮北大都護、朔方節度使。以鄜坊丹延觀察留後李建徽爲坊州刺史、鄜坊丹延都團練觀察使。壬午，以幽州隴右節度使、中書令朱泚爲太尉。田悅攻寇臨洺，守將張伾城守。

八月辛卯，平盧淄青節度觀察使、司徒、太子太保、同中書門下平章事李正己卒。庚戌，以中書舍人衞晏爲御史中丞、京畿觀察使。壬子，淮寧軍節度使李希烈攻襄陽，誅梁崇義，斬其同惡三十餘人。

九月辛酉，以易州刺史張孝忠爲恆州刺史，充成德軍節度觀察使。壬戌，加李希烈同中書門下平章事。癸亥，兵部尚書、翼國公路嗣恭卒。甲子，以晉絳觀察使李承爲襄州刺史、山南東道節度觀察等使〔八〕。戊辰，以杭州刺史元全柔爲黔中經略招討觀察等使。

冬十月乙酉，尚書左僕射楊炎貶崖州司馬，尋賜死。戊申，加宣武軍節度使劉洽御史大夫。徐州刺史李洧棄其帥李納，以州來降。

十一月辛未，宣武節度劉洽與神策將曲環大破李納之衆於徐州。己巳，詔：「成德軍節度都知兵馬使、恆州刺史、襲隴西郡王李惟岳〔九〕，以其父寶臣有忠勞於王室，惟岳隳墜父業，蔑棄國恩，縗絰之中，擅掌戎務。外結兇黨，益固姦謀，不孝不忠，宜肆原野。削爾在身官爵。」乙亥，貶戶部侍郎、判度支韓洄蜀州刺史，以江淮轉運使、度支郎中杜佑代判度支、戶部事。丁丑，以陝州長史李齊爲河中尹，充河中晉絳防禦觀察使；以商州刺史姚明敭爲陝州長史、本州防禦、陸運使；以權鹽鐵使、戶部郎中包佶充江淮水陸運使。李納將海州刺史王涉以州降。

十二月庚寅，河中節度使馬燧檢校左僕射，澤潞節度使李抱眞檢校兵部尚書，賞破田悅之功也。丙申，太子賓客王縉卒。

三年春正月乙卯朔。丙寅，幽州節度使朱滔、張孝忠破李惟岳之兵於束鹿〔一〇〕。辛未，詔供御及太子諸王常膳有司宜減省之，於是宰臣上言，減堂廚百官月俸，請三分省一以助軍，從之。庚辰，追封皇叔僙爲宋王，贈皇弟選荆王。

閏月丙申，以文宣王三十七代孫齊賢爲兗州司功，襲文宣公。辛丑，復置具員簿。甲辰，成德軍兵馬使王武俊殺李惟岳，傳首京師。庚戌，馬燧、李抱眞、李芃破田悅兵於洹水，進攻魏州。

二月戊午，惟岳將定州刺史楊政義以州降。加朱滔檢校司徒，以張孝忠檢校兵部尚

書、易定滄三州節度使，以檢校太子賓客王武俊檢校秘書監、恆州刺史、恆冀都團練觀察使，康日知爲趙州刺史、深趙都團練觀察使。

三月丁亥，贈故衞尉卿顏杲卿司徒，故常山太守袁履謙左散騎常侍，故許州長史龐堅右散騎常侍，故鞏縣主簿蔣清禮部侍郎。贈故驍衞將軍、代國公安金藏兵部尚書，授其子承恩廬州長史。乙未，以徐州刺史李洧爲徐沂海團練觀察使。戊戌，田悅洺州刺史田昂以城降。以嶺南節度使張伯儀檢校兵部尚書，兼江陵尹、御史大夫、荆南節度等使；以容管經略使元琇爲廣州刺史、嶺南節度使。丙午，貶京兆尹盧慸爲撫州長史。

夏四月，李納守德州將李士眞、守棣州將李長卿皆以城降。庚申，先陷蕃僧尼將士八百人自吐蕃而還。壬戌，封朱滔爲通義郡王。朱滔、王武俊與田悅合從而叛。太常博士韋都賓、陳京以軍興庸調不給，請借京城富商錢，大率每商留萬貫，餘並入官，不一二十大商，則國用濟矣。判度支杜佑曰：「今諸道用兵，月費度支錢一百餘萬貫，若獲五百萬貫，纔可支給數月。」甲子，詔京兆尹、長安萬年令大索京畿富商，刑法嚴峻，長安令薛苹荷校乘車，於坊市搜索，人不勝鞭笞，乃至自縊。京師囂然，如被盜賊。搜括既畢，計其所得纔八十萬貫，少尹韋禛又取僦櫃質庫法拷索之，纔及二百萬。丁丑，彭王傅徐浩卒，贈太子少師。戊寅，以中書侍郎、平章事張鎰兼鳳翔尹、隴右節度使，以代朱泚。加泚實封五百戶，賜竇氏名

園、涇水上腴田及錦綵金銀器，以安其意，時滔叛故也。壬午，貶御史大夫嚴郢爲費州長史，杖殺左巡使、殿中侍御史鄭詹。郢歲餘卒〔二〕。

五月丙戌，增兩稅、鹽榷錢，兩稅每貫增二百，鹽每斗增一百。丁亥，貶太子詹事邵說歸州刺史，卒於貶所。辛卯，詔朔方節度使李懷光率神策及朔方軍東討。丙申，詔：「故伊西北庭節度使楊休明、故河西節度使周鼎、故西州刺史李琇璋、故瓜州刺史張銑等，寄崇方鎮，時屬殷憂，固守西陲，以抗戎虜。歿身異域，多歷歲年，以迨于茲，旅櫬方旋，誠深追悼，宜加寵贈，以賁幽泉。休明可贈司徒，鼎贈太保，琇璋贈戶部尚書，銑贈兵部侍郎。」皆隴右牧守，至德已來陷吐蕃而歿故，至是西蕃通和，方得歸葬也。丁酉，加河東節度使、檢校左僕射馬燧同平章事，澤潞李抱眞檢校右僕射，河陽李艽檢校兵部尚書，神策營招討使李晟右散騎常侍，賞破田悅功也。乙巳，貶戶部侍郎、判度支杜佑爲蘇州刺史，以中書舍人趙贊爲戶部侍郎、判度支。辛亥，易定節度賜名義武軍。

六月丁巳，尚書左丞庾準卒。甲子，京師地震。以左散騎常侍李涵爲入迴紇弔祭使，京兆少尹源休爲光祿卿。戊寅，以前衢州刺史趙涓爲尚書左丞，右庶子柳載爲右丞。辛未，朱滔、王武俊兵救田悅，至魏州北。是日李懷光兵亦至，馬燧、抱眞、李艽等盛軍容迓懷光。朱滔等慮其掩襲，遽出兵，懷光與之接戰於連篋山之西，王師不利，各還營壘。賊乃壅

河決水，絕我糧道。

秋七月甲申，以前振武軍使王翃爲京兆尹，以兵部郎中楊眞爲御史中丞、京畿觀察使。以括率商戶，人情不安，癸巳，詔除已收納入庫外，一切停，已貯納者仍明置簿曆，各給文牒，後准元數卻還。甲午，以前同州刺史蕭復爲兵部侍郎。庚子，馬燧、李懷光、李抱眞、李艽等四節度兵退保魏橋。朱滔、王武俊、田悅之衆亦屯於魏橋東南，與官軍隔河對壘。自五月不雨，甲辰始雨。宣武節度李勉爲檢校司徒，懷寧李希烈檢校司空，邠寧李懷光同平章事，李艽封開陽郡王。

八月丁未，初分置汴東西水陸運兩稅鹽鐵事，從戶部侍郎、判度支趙贊奏也。戊午，太子賓客第五琦卒于位。辛酉，以涇原節度留後姚令言爲涇原節度使。戊辰，以江淮鹽鐵使、太常少卿包佶爲汴東水陸運兩稅鹽鐵使。己巳，加劍南西川節度使張延賞檢校吏部尚書。甲戌，以大理少卿崔縱爲汴西水陸運兩稅鹽鐵使〔三〕。丁丑，以禮儀使、太子少師顏眞卿爲太子太師。庚辰，徐海沂都團練使李洧卒。江淮訛言有毛人捕人，食其心，人情大恐。

九月丁亥，以李洧部將高承宗爲徐州刺史、徐海沂都團練使。判度支趙贊上言，請爲兩都、江陵、成都、揚、汴、蘇、洪等州署常平輕重本錢，上至百萬貫，下至十萬貫，收貯斛斗匹段絲麻，候貴則下價出賣，賤則加估收糴，權輕重以利民。從之。贊乃於諸道津要置吏稅商貨，每貫稅二十文，竹木茶漆皆什一稅一，以充常平之本。己亥夜，有猛獸入宣陽里，傷二人，詰朝獲之。

冬十月辛亥，以湖南觀察使嗣曹王皐爲洪州刺史、江西節度使。丙辰，以吏部侍郎關播爲中書侍郎、同平章事。都官員外郎樊澤使吐蕃迴，與蕃相尚結贊約來年正月望日會盟清水。丙子，肅王詳薨。

十一月己卯，以山南西道節度使賈耽檢校工部尚書，兼襄州刺史、御史大夫、山南東道節度使，以興鳳團練使嚴震爲梁州刺史、山南西道節度使。甲午，以前山南東道節度使李承爲潭州刺史、湖南觀察使。是月，朱滔、田悅、王武俊於魏縣軍壘各相推獎，僭稱王號。滔稱大冀王，武俊稱趙王，悅稱魏王。又勸李納稱齊王。僭署官名如國初親王行臺之制。丁丑，李希烈自稱天下都元帥、太尉、建興王，與朱滔等四盜膠固爲逆。

四年春正月戊寅朔。丁亥，鳳翔節度使張鎰與吐蕃宰相尚結贊同盟于清水。庚寅，李希烈陷汝州，執州將李元平而去〔四〕，東都震駭。甲午，遣顏眞卿宣慰李希烈軍。戊戌，以龍武大將軍哥舒曜爲東都畿汝節度使，率鳳翔、邠寧、涇原等軍，東討希烈。丙午，福建觀察使常袞卒。

二月戊申，於河陽三城置河陽軍節度。乙卯，哥舒曜收汝州。丁丑，以工部侍郎蔣鎭充禮儀使。

三月己卯，復置沔州。癸未，以左散騎常侍孟皥爲福建都團練觀察使。辛卯，嗣曹王皐擊李希烈將陳質之衆，敗之，收復黃州。丁酉，荆南張伯儀與賊戰，敗績。嗣曹王收復蘄州。

夏四月庚申，以永平宣武河陽等軍節度都統、檢校司徒、平章事李勉爲淮西招討使，襄陽帥賈耽、江西嗣曹王等爲之副。甲子，京師地震，生黃白毛，長尺餘。丙子，哥舒曜進軍至潁橋，大震雷，人死者十之三四，乃退保襄城。

五月辛巳夜，京師地震。乙酉，潁王璬薨。乙巳，滑、濮二州黃河清。滑州馬生角。

六月庚戌，初稅屋間架、除陌錢。時馬燧、李懷光、李抱眞、李艽屯魏縣，李晟屯易定，李勉、陳少遊、哥舒曜屯懷汝間，神策諸軍皆臨賊境。凡諸道之軍出境，仰給於度支，謂之食出界糧，月費錢一百三十萬貫，判度支趙贊巧法聚斂，終不能給。至是又稅屋，所由吏秉筆持算〔五〕，入人廬舍而抄計，峻法繩之，愁嘆之聲，徧於天下。

秋七月甲申，以國子祭酒李揆爲禮部侍郎，復其爵。甲午，以李揆爲左僕射、兼御史大夫，爲入吐蕃會盟使。

八月丁未，李希烈率衆三萬攻哥舒曜於襄城。湖南觀察使李承卒。

九月戊寅，龍見於汝州之城濠。丙戌，李勉將唐漢臣、劉德信喪師於扈澗，汴軍自此不振，東都危急。

冬十月丙午，詔涇原節度使姚令言率涇原之師救哥舒曜。丁未，涇原軍出京城，至滻水，倒戈謀叛，姚令言不能禁。上令載繒綵二車，遣晉王往慰諭之，亂兵已陣于丹鳳闕下，促神策軍拒之，無一人至者。與太子諸王妃主百餘人出苑北門，右龍武軍使令狐建方教射於軍中，聞難，聚射士得四百人扈從。其夕至咸陽，飯數匕而過。戊申，至奉天。己酉，元帥都虞候渾瑊以子弟家屬至，乃以瑊爲行在都虞候，神策軍使白志貞爲行在都知兵馬使，以令狐建爲中軍鼓角使，金吾將軍侯仲莊爲奉天防城使。亂兵既剽京城，屯於白華，乃於晉昌里迎朱泚爲帥，稱太尉，居含元殿。上以奉天隘，欲幸鳳翔，壬子，鳳翔軍亂，殺節度使張鎰，乃止。癸丑，李希烈陷襄城，哥舒曜走洛陽。乙卯，賜檢校司空崔寧死。丁巳，以吏部尙書蕭復、刑部侍郎劉從一、諫議大夫姜公輔並以本官同中書門下平章事。邠寧節度韓遊瓌與論惟明率兵三千至，纔入奉天，賊軍亦至，乃出拒之，王師不利。賊乘勝攻門，自卯至午，殺傷殆半，會有草車在門外，渾瑊令焚之，賊衆遂退。癸巳，泚賊三面攻城，渾瑊力戰禦之，方退，大將呂希倩死之。賊自丁未攻城，至己巳二十餘日，矢石不絕。

十一月乙亥，以隴右節度判官、隴州留後、殿中侍御史韋皐爲隴州刺史、兼御史大夫、奉義軍節度使。靈武留後杜希全、鹽州刺史戴休顏、夏州刺史時常春合兵六千來援〔二五〕，至漠谷，爲賊所敗而退。賊由是攻城愈急，矢石雨下，死傷者衆，人心危蹙，上與渾瑊對泣。朱泚據乾陵作樂，下瞰城中，詞多侮慢。戊子，賊造雲橋，攻東北隅，兵仗不能及，城中憂恐，相顧失色。渾瑊預爲地道，及雲橋傅城，脚陷不得進，瑊命焚之，風迴焰轉，橋焚而賊退。朔方節度李懷光遣兵馬使張韶奉表，言大軍將至，乃令昇韶巡城，叫呼歡聲動地，賊不之測，疑懼緩攻。癸巳，懷光軍次醴泉，是夜賊解圍而去。神策將李晟自定州率師赴難，軍於渭橋。甲午，以商州都虞候王仙鶴權商州防禦使。

十二月壬戌，貶門下侍郎、平章事盧杞爲新州司馬，貶行在都知兵馬使白志貞爲恩州司馬，戶部侍郎、判度支趙贊爲播州司馬。癸亥，以京兆少尹裴腆判度支。甲子，以湖南觀察留後趙憬爲湖南觀察使。乙丑，以祠部員外郎陸贄爲考功郎中，金部員外郎吳通微爲職方郎中，翰林學士並如故。以侍御史吳通玄爲起居舍人，充翰林學士。己巳，以河中尹李齊運爲宗正卿。庚午，李希烈陷汴州。以右庶子崔縱爲京兆尹。癸酉，以中書侍郎、平章事關播爲刑部尙書，司封郎中杜黃裳爲給事中。命給事中孔巢父淄青宣慰，華州刺史董晉河北宣慰。

興元元年春正月癸酉朔，上在奉天行宮受朝賀，詔曰：

立政興化，必在推誠；忘己濟人，不吝改過。朕嗣服丕構，君臨萬邦，失守宗祧，越在草莽。不念率德，誠莫追於既往；永言思咎，期有復於將來。明徵其義，以示天下。小子懼德不嗣，罔敢怠荒。然以長於深宮之中，暗於經國之務，積習易溺，居安忘危，不知稼穡之艱難，不恤征戍之勞苦。致澤靡下究，情不上通，事既壅隔，人懷疑阻。猶昧省己，遂用興戎，徵師四方，轉餉千里。賦車籍馬，遠近騷然；行賫居送，衆庶勞止。力役不息，田萊多荒。暴令峻於誅求，疲民空於杼軸，轉死溝壑，離去鄉里，邑里丘墟，人煙斷絕。天譴于上而朕不寤，人怨于下而朕不知。馴致亂階，變起都邑，賊臣乘釁，肆逆滔天，曾莫愧畏，敢行凌逼。萬品失序，九廟震驚，上累於祖宗，下負于蒸庶。痛心靦面，罪實在予，永言愧悼，若墜泉谷。賴天地降祐，人祇協謀，將相竭誠，爪牙宣力，羣盜斯屏，皇維載張。將弘遠圖，必布新令。朕晨興夕惕，惟省前非。乃者公卿百僚用加虛美，以「聖神文武」之號，被蒙暗寡昧之躬，固辭不獲，俯遂羣議。昨因內省，良所瞿然。自今已後，中外書奏不得言「聖神文武」之號。

今上元統曆，獻歲發祥，宜革紀年之號，式敷在宥之澤，可大赦天下，改建中五年

爲興元元年。李希烈、田悅、王武俊、李納，咸以勳舊，繼守藩維，朕撫馭乖方，致其疑懼，皆由上失其道而下罹其災。一切並與洗滌，復其爵位，待之如初，仍卽遣使宣諭。朱滔以泚連坐，路遠必不同謀，永念舊勳，務存弘貸，如能效順，亦與惟新。朱泚反易天常，盜竊名器，暴犯陵寢，所不忍言，獲罪祖宗，朕不敢赦。除泚外，並從原宥。應赴奉天幷進收京城將士，並賜名「奉天定難功臣」，身有過犯，減罪三等，子孫過犯，減罪二等。先稅除陌、間架等錢，竹木茶漆等稅，並停。奉天升爲赤縣。

分命朝臣諸道宣諭。以奉天行營都團練使楊惠元檢校工部尙書〔二六〕。丙戌，以吏部侍郎蕭復爲門下侍郎、同平章事，以吏部侍郎盧翰爲兵部侍郎、同平章事。戊子，命宰臣蕭復往山南、荊南、湖南、江西、鄂岳、浙江東西、福建等道宣慰。己丑，以京兆尹裴腆爲戶部侍郎、判度支。丙申，以山南東道行軍司馬樊澤爲襄州刺史、山南東道節度使；以渾瑊爲行在都知兵馬使；以前趙州觀察使康日知兼同州刺史，充奉誠軍節度使。辛丑，詔六軍各置統軍一員，秩從二品；左右常侍各加一員；太子賓客加四員。

二月戊寅，詔故司農卿張掖王段秀實贈太尉，諡曰忠烈，賜實封五百戶。贈滑州兵馬使賈隱林左僕射，以滑州刺史李澄兼汴州刺史、汴滑節度使。是日，李晟自咸陽移兵東渭

橋，避懷光也。晟以懷光反狀已明，請上幸蜀。王武俊効順，加中書門下平章事，兼幽州節度使，令討朱滔。吐蕃遣使來朝，請以兵助國討逆，乃令御史大夫于頎入蕃宣諭之。甲子，加李懷光太尉，仍賜鐵券，赦三死罪。懷光怒曰：「凡人臣反逆，乃賜鐵券，今賜懷光，是反必矣！」乃投之於地。上命翰林學士陸贄曉諭之。是日人心恐駭。懷光奪楊惠元、李建徽所將兵，惠元被害。丁卯，車駕幸梁州，留戴休顏守奉天，以御史中丞齊映爲沿路置頓使。李晟大集兵賦，以收復爲己任。李懷光患之，移軍涇陽，連朱泚，欲同滅晟。晟卑詞厚意，致書諭之，冀其感悟，懷光頗增愧懼。

三月甲申，以秘書監崔漢衡爲上都留守，右散騎常侍于頎爲京兆尹。是日，懷光燒營，走歸河中。其將孟涉、段威勇等千人奔歸李晟。丙戌，以前饒州刺史杜佑爲廣州刺史、嶺南節度使，加神策節度使李晟兼京畿渭北鄜坊丹延節度觀察使。庚寅，車駕次城固。唐安公主薨，上愛女，悼惜之甚。壬申，至梁州。丁丑，宣武節度使劉洽加同平章事。己亥，以行在都知兵馬使渾瑊檢校左僕射、同平章事、靈州大都督，充朔方節度使、邠寧振武永平奉天行營副元帥。是日，詔授李懷光太子太保，其餘官職並罷。涇州亂，牙將田希鑒殺其帥馮河清，自稱留後。

四月辛丑朔。時將士未給春衣，上猶夾服，漢中早熱，左右請御暑服，上曰：「將士未易

多服，獨御春衫可乎！」俄而貢物繼至，先給諸軍而始御之。壬寅，詔奉天隨從將士並賜號「元從功臣」。以邠寧兵馬使韓遊瓌爲邠寧節度使。尚書左丞趙涓卒。己巳，以陝虢防遏使唐朝臣爲河中尹、河中同晉絳節度使，御史大夫李齊運兼京兆尹。魏博行軍司馬田緒殺其帥田悅，詔贈悅太尉，以緒爲魏州長史、魏博節度觀察使。甲寅，以諫議大夫、平章事姜公輔爲左庶子，加劍南節度使張延賞同平章事，以前山南東道節度使賈耽爲工部尚書。甲子，入蕃使、左僕射李揆卒於鳳州。乙丑，渾瑊與吐蕃將論莽羅之衆破賊將韓旻之衆於武功，斬首萬級。丙寅，加李納平章事。丁卯，義王玼薨。

五月，淮南節度使陳少遊加檢校司徒，東川節度使李叔明太子太傅，鎮海軍韓滉檢校右僕射。癸酉，涇王侹薨。徐沂海團練使高承宗卒，以其子明應知徐州事。丙子，李抱眞、王武俊破朱滔於經城東南〔七〕，斬首三萬級，擒僞相朱良祐、李俊以獻。朱滔遁歸幽州。癸未，岳州李兼、黔南元全柔、桂管盧嶽加御史大夫，嶽加中丞〔八〕。庚寅，李納上章稟命，乃贈李正己太尉。壬辰，商州尙可孤破賊於藍田。乙未，安西四鎭節度使郭昕、北庭都護李元忠加左右僕射。是夜，李晟自渭北移軍於光泰門外。賊來薄，我軍爭奮擊，大敗之，蹙入光泰門，斬馘數千計，賊黨慟哭而入白華。戊辰，列陣於光泰門外。遣騎將史萬頃往神麚村，開苑牆二百餘步，賊樹柵當之。我軍爭柵，雲合電擊，與賊血戰，賊黨大敗，追擊至白華，朱泚、姚令言率衆萬餘遁去。晟收復京城。是日，渾瑊與戴休顏亦破賊三千於咸陽，韓遊瓌追朱泚於涇州。

六月庚子朔，升恆州爲大都督府。癸卯，贈神策兵馬使楊惠元右僕射。是日，李晟上收京城露布，上覽之，涕下霑襟。涇州田希鑒斬姚令言，幽州軍士韓旻於彭原斬朱泚，並傳首至行在。乙巳，遣吏部侍郎班宏入京宣諭。己酉，加李晟司徒、兼中書令，實封一千戶；駱元光、尙可孤加檢校左右僕射，皆實封五百戶。以涇州將田希鑒爲涇州刺史、涇原節度使。癸丑，詔以梁州爲興元府，南鄭縣爲赤畿〔九〕，官名品制視京兆、河南，百姓給復二年，見任官員加兩階，耆老與版授，南鄭縣令賜緋。加興元尹嚴震檢校右僕射，賜實封一百戶。加渾瑊侍中，實封八百戶；韓遊瓌檢校左僕射，實封四百戶；戴休顏檢校右僕射，實封二百戶。考功郎中、知制誥陸贄，司封郎中、知制誥吉中孚，並爲諫議大夫；水部員外郎顧少連爲禮部郎中：並依前充翰林學士。行在左右廂兵馬使令狐建、時常春並加散騎常侍。丙辰，斬僞相李忠臣，籍沒其家。李晟奏受賊僞署同惡抵法之家，所沒財物、牛馬、奴婢，請以賞軍士。從之。戊午，車駕還京，發興元，是日大雨，及入斜谷，晴霽，從官將士懽然以爲天助。

秋七月丙子，車駕次鳳翔府。詔放管內今年秋稅；耆壽侍老八十已上，各與版授刺史，

賜紫，其餘版授上佐，賜緋；府、縣置頓官，考滿日放選。受僞署官喬琳、蔣鎭、張光晟、李通、蔣鑑伏誅。朱泚害郡王、王子、王孫七十七人於馬璘宅，丁丑，令所司具凶禮收殮於淨域寺。庚辰，詔：

李懷光往因職任，頗著幹能，朕嗣位之初，首加拔擢，託爲心膂，授以節旄。頃歲河朔不寧，俾令征討，任兼將相，恩極丘山。及朱泚猖狂，擾亂京邑，懷光迴軍赴難，宗社再寧，保佑朕躬，厥功甚茂。故元帥、河中之權，太尉、中書之秩，仍加實封，爰及宗親，人臣之榮，孰可爲比？非朕於懷光不厚，豈朕報懷光不崇！賊寇未除，猜嫌已構，朕志在推誠，事皆掩覆，禮遇轉厚，委任益隆。懷光都不改圖，愈深不軌。敕書慰問將士，懷光並不令宣；三軍咸欲收城，懷光並不令出。自云已共朱泚定約，不能更事國家。朕以眇身，獲承鴻業，務全大計，移幸山南，倉皇之間，備歷危險。據其罪狀，情實難容，然以解圍奉天，其功不細，昨又遣男璀謝罪，請束身歸朝。朕憫其知過之心，念其赴難之効，以功贖罪，務在優恩。今遣給事中孔巢父賷先授懷光太子太保敕牒，往河中宣諭，三日內便與懷光同赴上都，如欲家口同行，亦聽懷光自便。朕必能保全終始，寵待如初。

朔方將士，嘗立大功，子儀再收京城，咸是此軍之効，昨遠從河朔，赴難奉天，逆賊畏威，望風奔遁，永言勞績，朕不暫忘。將士各竭忠謀，中遭迫脅，朕每念及，痛心自咎。比者君臣阻隔，只爲懷光一人，懷光既請入朝，尚捨其罪，況諸將士並是功臣，各宜坦然，勿更憂慮。先賜官封，一切如舊。

壬午，至自興元。時渾瑊、韓遊瓌、戴休顏以其衆扈從，李晟、駱元光、尚可孤以其衆奉迎，步騎十餘萬，旌旗連亙數十里，都民僧道，歡呼感泣。李晟見於三橋，自陳收城遲晚之咎，伏地請罪，上慰勞遣之。丁亥，河中宣慰使孔巢父、中官啖守盈並爲懷光所害。辛卯，御丹鳳樓，大赦天下。賜李晟永崇里第，女樂八人。甲午，命宰臣諸將送晟入新賜第，教坊樂〔一〇〕，京兆府供帳食饌，鼓吹導從，京城以爲榮觀。

八月辛丑，詔所司爲贈太尉段秀實樹碑立廟。淄青節度使承前帶陸海運、押新羅渤海兩蕃等使，宜令李納兼之。癸卯，加司徒、中書令、合川郡王李晟兼鳳翔尹，充鳳翔隴右節度等使、涇原四鎮北庭行營兵馬副元帥，改封西平郡王。河東保寧軍節度使、太原尹、北都留守、檢校司徒、平章事、北平郡王馬燧爲奉誠軍晉絳慈隰節度行營兵馬副元帥；以靈鹽節度使、侍中、兼靈州大都督、樓煩郡王渾瑊爲河中尹、晉絳節度使、河中同陝虢等州及管內行營兵馬副元帥，改封咸寧郡王〔一一〕。時方命瑊與馬燧各出師討懷光故也。甲辰，以金吾

大將軍杜希全爲靈州大都督、西受降城天德軍靈鹽豐夏節度營田等使；以同絳節度使唐朝臣爲鄜坊丹延等州節度使；以保義軍節度使、鳳翔尹李楚琳爲金吾大將軍；以奉義軍節度使、隴州刺史韋皐爲左金吾衞大將軍。戊申，以奉天行營節度戴休顏爲左龍武統軍。己酉，以延王玢、隨王迅、西平長公主薨，廢朝。己未，前湖州刺史袁高爲給事中。

九月庚午，宗正卿李琬卒。賜渾瑊大寧里第，并女樂五人，詔宰臣諸將賜樂饋贈如送李晟入第故事。壬午，贈故右僕射致仕李涵太子太保。乙亥，王武俊加檢校司徒，李抱眞檢校司空，並賜實封五百戶，賞破朱滔之功也。甲申，以前嶺南節度使元琇爲戶部侍郎、判度支。丁亥，上顧謂宰臣曰：「今大盜雖除，時猶多難，宜廣延納，以達下情。近日諫官都無論奏，自今每正衙及延英坐日，常令朝臣三兩人面奏時政得失，庶有弘益也。」

是秋，螟蝗蔽野，草木無遺。

冬十月乙丑，馬燧收絳州。戊辰，令中官竇文場、王希遷監左右神策軍都知兵馬使。

閏月庚午，詔：「朕臨御萬方，失於君道，兵革不息，于今五年。閔衆庶之勞，悔征伐之事。而李希烈蔑義棄德，反道虐人。朕哀彼生靈，陷于塗炭，苟存拯物，不憚屈身。故於歲首特布新令，赦其殊死，待以至誠。使臣纔及於郊圻，巨猾已聞其僭竊，酷烈滋甚，吞噬無厭。將相大臣，咸懷憤激，繼陳章疏，固請討除。朕以所行天誅，本去人害，兵戈既接，玉石難分。

言念勳臣，橫遭脅制，雖思改革，厥路無由。受汚終身，銜冤沒代，淪胥以逞，誠可痛傷。豈孽自一夫，而毒流萬姓，爲人父母，寧不愧懷！宜令諸道節度使明行曉諭，罪止元兇，脅制之徒，一切不問。」唐朝臣奏收永樂縣。癸酉，以右龍武大將軍李觀爲涇州刺史、涇原節度使。乙亥，詔宋亳、淄青、澤潞、河東、恆冀、幽、易定、魏博等八節度，螟蝗爲害，蒸民饑饉，每節度賜米五萬石，河陽、東畿各賜三萬石，所司般運，於楚州分付。丁丑，李晟至涇州，誅節度使田希鑒，罪其殺馮河清也。戊子，希烈將李澄以滑州歸國。甲午，以李澄爲汴州刺史、汴滑節度使，封武威郡王。神策行營節度使、檢校尚書右僕射、馮翊郡王尚可孤卒。

十一月癸卯，宋亳節度使劉洽與曲環破希烈之衆於陳州，俘斬三萬級，生擒賊將翟崇暉以獻。戊午，劉洽大破希烈之衆，擒其僞相鄭賁等五人以獻。希烈遁歸蔡州，汴州平。乙丑，宰相蕭復三上章乞罷免，許之。

十二月乙亥，淮南節度使、檢校司空、平章事陳少遊卒。贈蕭定太子太師。以壽州刺史張建封爲濠壽都團練使。庚辰，以刑部侍郎杜亞爲揚州長史、淮南節度使。戊子，以吏部郎中崔造爲給事中。辛卯，以諫議大夫陸贄爲中書舍人，依前翰林學士。詔翰林學士朝服班序，宜同諸司官知制誥例。

貞元元年正月丁酉朔，御含元殿受朝賀，禮畢，宣制大赦天下，改元貞元。戊戌，大風雪，寒。去秋螟蝗，冬旱，至是雪，寒甚，民饑凍死者踣於路。丁未，以饒州刺史盧惎爲福州刺史、福建觀察使。癸丑，始聞太子太師、魯郡公顏眞卿爲希烈所害〔一二〕，追贈司徒，廢朝五日，謚曰文忠。仍特授男頵、碩等官。壬戌，以吉州長史盧杞爲澧州別駕，尋卒。

二月丙寅朔，遣工部尚書賈耽、侍郎劉太眞分往東都、兩河宣慰。河南、河北饑，米斗千錢。癸未，李抱眞、嚴震來朝。寒食節，上與諸將擊鞠於內殿。丙戌，以檢校秘書監金良相爲檢校太尉、使持節、大都督、雞林州刺史、寧海軍使，襲封新羅王。辛卯，大雨。

三月丙申朔，以蜀州刺史韓洄爲兵部侍郎，以汴東水陸運等使、左庶子包佶爲刑部侍郎。辛丑，戶部侍郎、判度支元琇兼諸道水陸運使。丁未，李希烈陷南陽，殺守將黃金嶽。甲寅，詔宰臣宣諭御史，今後上封彈奏，人自陳論，不得羣署章疏。戊午，宣武帥劉洽檢校司空；以汴滑節度使李澄爲滑州刺史，充鄭滑節度使。加李納司空。

夏四月乙丑朔，普王誼改封舒王。癸酉，鄂岳觀察使李謙爲洪州刺史、江西都團練觀察使。丁丑，以江西節度使嗣曹王皐爲江陵尹、荊南節度使。己卯，改滑州永平軍名曰義成。江陵度支院失火，燒租賦錢穀百餘萬。時關東大饑，賦調不入，由是國用益窘。關中饑民蒸蝗蟲而食之。汴帥劉洽賜名玄佐。

五月癸卯，分命朝臣禱羣神以祈雨。蝗自海而至，飛蔽天，每下則草木及畜毛無復孑遺。穀價騰踊。辛酉，以河陽都知兵馬使雍希顥爲河陽懷都團練使。

六月丙子，以兵部侍郎韓洄爲京兆尹。辛巳，劉玄佐兼汴州刺史。壬午，以工部尚書賈耽兼御史大夫、東都留守、都畿汝州防禦使，以汴州刺史薛珏爲河南尹。辛卯，以左金吾衞大將軍韋皋檢校戶部尚書，兼成都尹、御史大夫、劍南西川節度觀察使。以國子祭酒董晉爲左金吾衞大將軍。幽州朱滔卒，贈司徒。

秋七月甲午朔，河東節度使馬燧自河中行營來朝。庚子，大風拔樹。辛丑，以左散騎常侍李泌爲陝州長史、陝虢都防禦觀察陸運使。丙午，以鎭海軍、浙江東西道節度使韓滉檢校尚書左僕射、同平章事、江淮轉運使，以河南尹薛珏爲河南水陸運使。戊申，馬燧還行營。辛亥，加檢校工部尚書王士眞爲德棣都團練觀察使。壬子，以前涿州刺史、兼御史中丞劉怦爲幽州長史、御史大夫、幽州盧龍節度副大使，兼知節度管理度支營田觀察〔二〕、押奚契丹經略盧龍等軍使。丁巳，以左散騎常侍柳渾爲兵部侍郎。庚申，以諫議大夫高參爲中書舍人。關中蝗食草木都盡，旱甚，灞水將竭，井多無水。有司計度支錢穀，纔可支七旬。甲子，詔：「夫人事失於下，則天變形於上，咎徵之作，必有由然。自頃已來，災沴仍集，雨澤不降，綿歷三時，蟲蝗繼臻，彌亙千里。菽粟翔貴，稼穡枯瘁，嗷嗷蒸人，聚泣田畝，興言及

此，實切痛傷。徧祈百神，曾不獲應，方悟禱祠非救災之術，言詞非謝譴之誠。憂心如焚，深自刻責。得非刑法舛繆，忠良鬱湮，暴賦未蠲，勞師靡息。事或無益，而重爲煩費；任或非當，而横肆侵蠹。有一於茲，足傷和氣。本其所以，罪實在予，萬姓何辜，重罹饑殍。所宜出次貶食，節用緩刑，側身增修，以謹天戒。朕自今視朝不御正殿，有司供膳並宜減省，不急之務，一切停罷。除諸軍將士外，應食糧人諸色用度，本司本使長官商量減罷，以救兇荒。俟歲豐登，即令復舊。」

甲子，李懷光大將尉珪以焦籬堡降。丁卯，懷光將徐庭光以長春宮兵六千人降。甲戌，朔方大將牛名俊斬李懷光，傳首闕下。馬燧收復河中。丁丑，始雨。己卯，詔：「朕誠信未著，撫御失宜，致使功臣陷於誅戮，謂之克敵，能不愧心！然以懷光一家，在法無捨；念其昔居將相，嘗寄腹心，罪雖挂於刑書，功已藏於王府。以干紀之迹，固合滅身；以赴難之勳，所宜有後。宜以懷光男一人爲嗣，賜莊宅各一區。仍還懷光屍首，任其收葬。懷光妻、諸兒女，遞送澧州，委李皋逐便安置，使得存立。其出嫁女、諸親並釋放。陷賊將士，一切並與洗雪。河中、絳百姓，給復一年。北平王馬燧、咸寧王渾瑊並與一子五品正員官。燧可侍中，瑊可檢校司空。駱元光、韓遊瓌、唐朝臣各賜實封二百戶，與一子六品正員官。昨河中行營將士，共賜二十萬端匹以充宴賞，放歸本道。」新除中書侍郎、平章事張延賞爲尚書左僕射。時宰相劉從一病，詔徵延賞。李晟與延賞有隙，自鳳翔上表論之。延賞罷鎭西川，還，行至興元，改授左僕射。戊子，前河陽節度使、檢校尚書左僕射、開陽郡王李芃卒〔三〕。

九月己亥，幽州節度劉怦病，請以子濟權知軍州事，從之。癸卯，以牛名俊爲丹州刺史。御史大夫崔縱奏：「准制勘會內外官員，商量併省停減，詳議聞奏者。伏以兵戎未息，仕進頗多，在官者既合序遷，有功者又須褒賞。比來每至選集，不免擬闕留人，嘗歎遺才，仍招怨望。況有恩詔，甄錄功勞，諸道敍優，人數甚廣，見須處置，不可稽留。今若停減吏員，實恐未便於事，非但承優者無官可授，抑又敍進者無路可容，本冀便人，翻成斂怨。事仍舊貫，以適時宜，更待事平，然後經度。」制從之。乙巳，上御正殿，策賢良方正、能直言極諫等三科舉人。辛亥，宰相劉從一以疾辭任，授戶部尚書。庚申，劉從一卒。幽州節度使劉怦卒。辛巳，以權知幽州盧龍軍府事劉濟爲幽州長史、兼御史大夫、幽州盧龍節度觀察、押奚契丹兩蕃等使。丙戌，渾瑊自河中來朝。

十一月癸巳朔，山南嚴震來朝。癸卯，上親祀昊天上帝於圓丘。時河中渾瑊、澤潞李抱眞、山南嚴震、同華駱元光、邠寧韓遊瓌、鄜坊唐朝臣、奉誠康日知等大將侍祠。郊壇畢，還宮，御丹鳳樓，大赦天下。丁丑，詔文武常參官共賜錢七百萬貫，以歲凶穀貴，衣冠窮乏故也。

十二月戊辰，詔延英視事日，令常參官七人引對，陳時政得失。自是羣官互進，有不達理道者，因多詆訐，不適事宜，上亦優容遣之。

二年春正月壬辰朔，以歲饑罷元會，禮也。丙申，詔以民饑，御膳之費減半，宮人月共糧米都一千五百石，飛龍馬減半料；臺郎御史與兼官出爲畿赤令。庚子，大雪，平地尺餘。壬寅，以散騎常侍劉滋、給事中崔造、中書舍人齊映並守本官，同中書門下平章事。門下侍郎、平章事盧翰爲太子賓客。丁未，以禮部侍郎鮑防爲京兆尹，京兆尹韓洄爲刑部侍郎，國子祭酒包佶知禮部貢舉。以江陵少尹李復爲容州刺史、本管經略使。癸丑，以御史大夫崔縱爲吏部侍郎。諫議大夫、知制誥、翰林學士吉中孚爲戶部侍郎、判度支兩稅，元琇判諸道鹽鐵、榷酒。詔宰相齊映判兵部，李勉判刑部，劉滋判吏部、禮部，崔造判戶部、工部。甲寅，詔天下兩稅錢物，委本道觀察使、刺史差人送上都；其先置諸道水陸轉運使及度支巡院、江淮轉運等使並停。時崔造專政，改易錢穀，職事多隳敗；造尋以憂病歸第。

二月癸亥，山南樊澤奏破希烈將杜文朝之衆五千，擒文朝以獻。乙丑，鹿入含元殿，衞士執之。甲戌，戶部侍郎元琇爲尚書左丞，京兆少尹李竦爲戶部侍郎、判鹽鐵榷酒。

三月壬寅，滑州李澄奏破希烈之衆於鄭州。乙巳，以司農卿李模爲黔中觀察使。

四月丙寅，淮西李希烈爲其牙將陳仙奇所酖，幷誅其妻子，仙奇以淮西歸順。戊辰，以前黔中觀察使元全柔爲湖南觀察使。辛巳，陝州觀察使李泌奏盧氏山冶出瑟瑟，請禁以充貢奉。上曰：「瑟瑟不產中土，有則與民共之，任人採取。」甲申，詔以淮西牙將陳仙奇爲蔡州刺史、淮西節度使，都統劉玄佐、李澄、曲環、李皐、賈耽、張建封各與一子正員官，賞平淮、蔡功也。丁未，以劍南東川節度使李叔明爲太子太傅，以東川兵馬使王叔邕爲梓州刺史、劍南東川節度使。

五月丙申，自癸巳大雨至於茲日，饑民俟夏麥將登，又此霖澍，人心甚恐，米斗復千錢。丁酉，以伊西北庭節度留後楊襲古爲北庭大都護、伊西北庭節度度支營田瀚海等使。己亥，百僚請上復常膳；是時民久饑困，食新麥過多，死者甚衆。伊西北庭節度使李元忠卒，贈司空。辛酉，大風雨，街陌水深數尺，人有溺死者。癸未，橫海軍使、滄州刺史程日華卒，以其子懷直權知軍州事。

秋七月戊子，黔中觀察使理所復在黔州。辛卯，以開州別駕白志貞爲果州刺史。乙未，福建觀察盧惎卒。己酉，以虔王諒爲申光隨蔡節度大使，以淮西兵馬使吳少誠爲蔡州刺史、知節度留後，加東都留守賈耽東都畿唐汝鄧都防禦觀察使，以隴右行營節度使曲環爲陳許節度使。戊午，以鄜坊節度唐朝臣爲單于大都護、振武綏銀節度使，右金吾大將軍

論惟明爲鄜州刺史、鄜坊都防禦觀察使。己巳，以金吾大將軍董晉爲尚書右丞。庚辰，右散騎常侍蔣沇卒。丙戌，吐蕃寇涇、隴、邠、寧，諸鎮守閉壁自固，京師戒嚴。遣河中節度駱元光鎮咸陽[三三]。

九月，詔：「左右金吾及十六衞將軍，故事皆擇勳臣，出鎮方隅，入居侍從。自天寶艱難之後，衞兵雖然廢闕，將軍品秩尤高。此誠文武勳臣出入轉遷之地，宜增祿秩，以示優崇。並宜加給料錢及隨身糧課，仍舉故事，置武班朝參，其廊下食亦宜加給。其十六衞各置上將軍一人，秩從二品；左右金吾上將軍，俸料次於六統軍支給。欲求致理，必藉兼才，文武遞遷，不全限隔。自今內外文武缺官，於文武班中量才望相參敍用。仍依故事，於本衞量置衞兵。所司條件以聞。」丁酉，義成軍節度、鄭滑觀察等使、檢校尚書左僕射、滑州刺史、武威郡王李澄卒。以東都畿唐鄧汝等防禦觀察使賈耽檢校尚書右僕射，兼滑州刺史、義成軍節度、鄭滑等州觀察使。戊戌，以吏部侍郎崔縱檢校禮部尚書、東都留守、東都畿唐鄧汝防禦觀察使。己亥，敕左右衞上將軍、大將軍並於衞內宿。乙巳，吐蕃寇好畤，京師戒嚴。李晟部將王佖擊吐蕃於汧陽城，敗其中軍。辛亥，寇鳳翔，李晟出師禦之，一夕而退。

冬十月壬午，奏關內、河中、河南等道秋夏兩稅、青苗等錢，悉折納粟麥，兼加估收糴以便民，從之。是月，李晟破吐蕃摧沙堡。

十一月甲午，册淑妃王氏爲皇后。乙未，兩浙節度使韓滉來朝。丁酉，册皇后王氏；是日后崩，謚曰昭德。辛丑，吐蕃陷鹽州。壬寅，劉玄佐、曲環、鄂岳盧玄卿並來朝。

十二月丁巳，以韓滉兼度支、諸道鹽鐵轉運使。吐蕃陷夏州，又陷銀州。庚申，以給事中、同平章事崔造爲右庶子。貶尚書右丞、度支元琇爲雷州司戶，爲韓滉誣奏，人以爲非罪，諫官屢論之。辛未，鳳翔李晟來朝。壬申，京城畿內榷酒，每斗榷錢一百五十文，蠲酒戶差役，從度支奏也。

三年春正月丙戌朔。壬寅，以左僕射張延賞同中書門下平章事。乙巳，禮部侍郎薛播卒。辛亥，以戶部侍郎李竦爲鄂岳觀察使。壬子，以兵部侍郎柳渾同中書門下平章事；劉滋守本官，罷知政事；中書舍人、平章事齊映貶夔州刺史。戊寅，度支鹽鐵轉運使、鎮海軍節度、浙江東西道觀察等使、檢校左僕射、同中書門下平章事、晉國公韓滉卒，贈太傅。以果州刺史白志貞爲潤州刺史、兼御史大夫、浙西觀察使，宣州刺史皇甫政爲越州刺史、浙東觀察使。

三月庚寅，詔今年朝集使宜停。丙午，鳳翔隴右元帥副兵馬使吳詵爲福建觀察使，鳳翔都虞候邢君牙爲鳳翔尹、本府團練使。丁未，制鳳翔隴右涇原四鎮北庭管內兵馬副元

帥、鳳翔隴右道節度使、奉天靖難功臣、司徒兼中書令、鳳翔尹、上柱國、西平郡王、食實封一千五百戶李晟可太尉兼中書令。庚戌，以晟甥元帥兵馬使王佖爲右威衞上將軍。辛亥，河東馬燧來朝。時蕃相尚結贊使大將論頰熱卑辭厚意告馬燧，請兩國同盟和好，上疑其不誠，不允，故燧自將論頰熱入朝，盛言蕃相請盟，可以保信。上乃從之，許盟于平涼。

夏四月庚申，詔：「蕃寇雖退，疆理猶虞，安邊之策，必有良算，宜令常參官各陳邊事，隨所見封進以聞。」入蕃使崔翰奏於蕃中誘問給役者，求蕃國人馬眞數，云凡五萬九千餘人，馬八萬六千匹，可戰者僅三萬人，餘悉老幼。庚午，御麟德殿，試定難樂曲，馬燧所獻。

五月丁亥，以侍中渾瑊爲吐蕃清水會盟使，兵部尚書崔漢衡副之；瑊與駱元光率師二萬往會盟所。丁酉，以左丞暢悅爲湖南觀察使。戊戌，左右神策、左右龍武各加將軍一員。丙午，以嶺南節度使杜祐爲尚書右丞，以容管經略使李復爲廣州刺史、嶺南節度使。蕃相尚結贊請改會盟之所於原州之土梨樹，神策將馬有麟奏：「土梨地多險阨，恐蕃軍隱伏；不如平涼川，其地坦平，又近涇州。」乃改盟於平涼川。十月[三五]，東都、河南、江陵、汴州、揚州大水，漂民廬舍。

閏月乙卯，以國子司業裴胄爲潭州刺史、湖南觀察使。戊午，陝虢李泌獻瑞麥，一莖五穗。庚申，詔省州縣官員，上州留上佐、錄事、參軍、司戶、司士各一員，中州上佐、錄事、參

軍、司戶、司兵各一員，下州上佐、錄事、司戶各一員，京兆河南兩府司錄、判司及四赤丞、簿、尉量留一半，諸赤畿縣留令、丞、尉各一員。時宰相張延賞請減官收俸料以助軍討吐蕃故也。壬戌，日有黑暈，自辰及申方散。癸亥，以荊南節度使、檢校戶部尚書、嗣曹王皐爲襄州刺史、山南東道節度、襄鄧郢安隨唐等州觀察使，以山南東道節度使樊澤爲江陵尹、荊南節度使。辛未，侍中渾瑊與吐蕃宰相尙結贊同盟于平涼，爲蕃兵所劫，瑊狼狽遁而獲免，崔漢衡已下將吏陷沒者六十餘人。癸酉，遣使齎書以讓結贊，蕃界不受。戊寅，枉矢墜于虛危。辛巳，以少府監盧嶽爲陝虢觀察使。是月，太白晝見，凡四十餘日。

六月丙戌，以檢校司徒、侍中馬燧爲司徒兼侍中，以贊吐蕃之盟失策而罷兵柄也。以陝虢觀察使李泌爲中書侍郞、平章事，以左龍武將軍李自良爲檢校工部尚書、太原尹、河東節度使。乙巳，浙西觀察使白志貞卒。是月，吐蕃驅鹽、夏二州居民，焚其州城而去。

七月甲寅，渾瑊自盟所來，素服待罪，釋之。乙卯，詔：「朕頃緣興師備邊，資用不給，遂權議減官，以務集事。近聞授官者皆已隨牒之任，扶老攜幼，盡室而行。俸祿未請，歸還無所，衣冠之弊，流寓何依？其先敕所減官員，並宜仍舊。」初既減員，內外咨怨張延賞，李泌初入相，乃諷諫官論之，乃下此詔。丙辰，平涼陷蕃官員崔漢衡已下各與一子正員官。以左羽林大將軍韓潭爲夏州刺史、夏綏銀等州節度使。壬申，賜駱元光姓曰李元諒〔二七〕。尙

書左僕射、同中書門下平章事張延賞薨，贈太保。癸酉，復置吏部小選。

八月辛巳朔，日有蝕之。丁亥，陷蕃兵部尚書崔漢衡得還。己丑，以兵部侍郞、平章事柳渾爲散騎常侍，罷知政事。壬申，以給事中王緯爲潤州刺史、浙西觀察使〔二八〕，常州刺史劉贊爲宣州刺史、宣歙池觀察使。戊戌，貶前門下侍郞、同平章事蕭復爲太子左庶子，饒州安置，坐宗人位、佩、儒、偲、鼎等連郜國長公主姦蠱事也。戊辰，吐蕃犯塞，諸軍戒嚴。

九月丁巳，吐蕃大掠汧陽、吳山、華亭界民庶，徙於安化峽西。庚申，左庶子崔造卒。癸亥，迴紇可汗遣使合闕將軍請昏於我，許以咸安公主降之〔二九〕。丙寅，吐蕃陷華亭，又陷涇州之連雲堡。甲戌，吐蕃退，俘掠邠、涇、隴等州民戶殆盡。自是蕃寇常至涇、隴。

冬十月，吐蕃修原州城，屯據之。丁亥，太子太傅李叔明卒。丙戌，神策將魏循上言：「射生將韓欽緒等十餘人與資敬寺妖僧李廣弘同謀不軌，廣弘自言當爲人主，約十月十日大舉，已署置將相名目。」詔捕劾之，連坐死者百餘人；欽緒，遊瓌之子，特赦之。是月，復降魚書停刺史務。

十一月丁丑，以湖南觀察使趙憬爲給事中。是夜，京師地震者三，鳥巢散落。壬申，禁商人不得以口馬兵械市於党項。辛丑，鄜坊節度使論惟明卒。是歲，作玄英觀於大明宮北垣。

校勘記

〔一〕關內支度鹽池六城水運大使 「度」字各本原無，據唐大詔令集卷六一補。

〔二〕加李正己司徒 冊府卷八九「司徒」下有「兼太子太保寶臣爲司空兼」十一字。

〔三〕柳冕 各本原作「柳晃」，據新書卷一三二柳冕傳改。

〔四〕首顛 局本作「首歸」，合鈔卷一二德宗紀作「首領」。

〔五〕東䝉烏蠻守 冊府卷九七二作「東爨烏蠻守慈等」。蠻書名類卷云：「西爨，白蠻也。東爨，烏蠻也。」

〔六〕國初以來 「初」字各本原無，據唐會要卷四五、冊府卷一三三改。下文「據功績分爲三等」，唐會要、冊府「三等」均作「二等」。

〔七〕淄青齊海登萊沂密德棣曹濮徐兗鄆十五州之地 「徐」字各本原無，據本書卷一二四李正己傳補。

〔八〕山南東道 「東道」二字各本原無，據本書卷一一五李承傳、通鑑卷二二七補。

〔九〕襲隴西郡王 「隴西」，各本原作「高麗朝鮮」，據本書卷一四二李寶臣傳改。

〔一〇〕幽州節度使朱滔張孝忠 合鈔卷一二德宗紀「朱滔」下有「成德軍節度使」六字。

〔一一〕郾歲餘卒 「郾」字各本原作「尹」，據本卷上文、新書卷一四五嚴郢傳改。

〔一二〕汴西水陸運兩稅鹽鐵使 「陸」字各本原無，據本書卷一〇八崔渙傳、唐會要卷八四補。

〔一三〕李元平 各本原作「李元吉」，據本書卷一三〇關播傳、新書卷七德宗紀、通鑑卷二二八改。

〔一四〕所由吏 「由」字各本原無，據本書卷四九食貨志、冊府卷五一〇補。

〔一五〕時常春 「時」字各本原無，據本卷下文、通鑑卷二二九補。

〔一六〕楊惠元 本書卷一四四陽惠元傳作「陽惠元」。

〔一七〕經城 各本原作「京城」，據本書卷一三二李抱眞傳、新書卷七德宗紀改。

〔一八〕岳州李彙黔南元全柔桂管盧嶽加御史大夫嶽加中丞 校勘記卷六說：「加御史大夫當在桂管上，下嶽字衍。」

〔一九〕南鄭縣 「南」字各本原無，據本書卷三九地理志、陸宣公翰苑集卷四改。下同。

〔二〇〕教坊樂 本書卷一三三李晟傳作「賜敎坊樂具」。

〔二一〕自「河東保寧軍節度使」至「改封咸寧郡王」一段內，先云馬燧爲「晉絳慈隰節度」，後又云渾瑊爲「晉絳節度使」，明顯有矛盾。據唐大詔令集卷五九所記，馬燧當是「晉慈隰節度」，渾瑊當是「河中絳州節度」。

〔二二〕魯郡公 「公」字各本原作「王」，據本書卷一二八顏眞卿傳、唐會要卷八〇改。

〔二三〕劉怦爲幽州長史御史大夫幽州盧龍節度副大使兼知節度　局本原作「劉怦爲幽州御史大夫幽州盧龍節度副大使長史兼知節度」，餘各本「使」字在「兼」字下。今據本書卷一四三劉怦傳改。

〔二四〕開陽郡王　「開陽」，各本原作「開封」，據本卷上文、合鈔卷一二德宗紀改。

〔二五〕遣河中節度駱元光鎮咸陽　「河中節度駱元光」中有脫誤，新書卷二一六下吐蕃傳作「河中渾瑊、華州駱元光」。

〔二六〕十月　合鈔卷一二德宗紀作「是月」。十七史商榷卷七三亦云：「此十月當作是月。」

〔二七〕賜駱元光姓曰李元諒　通鑑卷二三二、合鈔卷一二德宗紀「姓」下有「名」字。

〔二八〕浙西觀察使　「浙西」，各本原作「江西」，據本書卷一四六王緯傳改。

〔二九〕咸安公主　「咸」字各本原作「盛」，據冊府卷九七九、新書卷八三德宗十一女傳改。

舊唐書卷十三

本紀第十三

德宗下

貞元四年春正月庚戌朔，上御丹鳳樓，制曰：「朕以非薄，託於王公之上，恭承天地之序，虔奉祖宗之訓，遐想至理，思臻大和。而誠不感物，化不柔遠，聲教猶鬱，征賦仍繁。頃者務於安人，不憚屈己，與西蕃結好，申以齊盟。而戎心不厭，背義虧信，劫脅士庶，屢犯封疆。元元何辜，皆朕之失。乃者輦轂之下，兇狂結構，上帝垂祐，悉自伏誅，刑以止殺，諒非獲已。今三陽布和，萬物資始，思與羣公兆庶，惟新政理，宜敷在宥之澤，以覃作解之恩。可大赦天下，大辟已下罪咸赦除之。」是日質明，含元殿前階基欄檻壞損三十餘間，壓死衞士十餘人。京師地震，辛亥又震，壬子又震。壬戌，以左龍武大將軍王栖曜爲鄜州刺史、鄜坊丹延節度使。丁卯，京師地震，戊辰又震，庚午又震。以宣武軍行營節度使劉昌爲涇州刺

史、四鎮北庭行軍涇原等州節度使。癸酉，京師地震。甲戌，以華州潼關節度使李元諒兼隴右節度使、臨洮軍使。乙亥，地震，金、房尤甚，江溢山裂，廬舍多壞，居人露處。陳留雨木如大指，長寸餘，有孔通中，下而植於地，凡十里許。辛巳，李泌以京官俸薄，請取中外給用除陌錢，及闕官俸外一分職田、額內官俸，及刺史執刀司馬軍事等錢，令戶部別庫貯之，以給京官月俸，令御史中丞竇參專掌之。歲得錢三百萬貫，謂之戶部別處錢，朝臣歲支不過五十萬，常有二百餘萬以資國用。壬午，地震，甲申又震，乙酉又震，丙申又震。甲辰，太僕郊牛生犢六足，又豕生兩首四足。築延喜門北複道屬永春門。涇原劉昌復築連雲堡。戊辰，鹿入京師市門。甲寅，地震。宴羣臣於麟德殿，設九部樂，內出舞馬，上賦詩一章，羣臣屬和。己未，地震。丁卯，有司條奏省官，其左右常侍、太子賓客請依前置四員，從之。庚午，地震。詔涇原劉昌於平涼會盟所收被害將士骸骨，葬於淺水原，爲二冢，立石堠志之，題曰懷忠冢。辛未，地震。中書省梧樹有鵲以泥爲巢。癸巳，以太子左庶子暢悅爲桂管觀察使。改左右射生爲左右神威軍。福建兵亂，逐觀察使吳詵。丁未，隴右李元諒築良原城。丁巳，右龍武統軍張伯儀卒。辛酉，以吉州刺史張庭爲安南都護、本管經略使。升鄆州爲大都督府。壬戌，加置諫議大夫八員，分中書四員爲右，門下四員爲左。檢校左庶子蕭復卒於饒州。丙寅，地震，丁卯又震。月犯歲星。辛未，太子賓客吳湊爲福建觀察使。乙

亥，熒惑、歲、鎭三星聚營室，凡二十日。是月，吐蕃寇涇、邠、寧、慶、鄜等州，焚彭原縣，邊將閉城自固。賊驅人畜三萬計，凡二旬而退。吐蕃入寇以秋冬，今盛暑而來，華人陷蕃者道之也。

六月丁丑，鄂岳觀察使李竦卒。乙酉，以尚書左丞杜祐爲陝州長史、陝虢觀察使。徵夏縣處士先除著作郎陽城爲諫議大夫。城以褐衣詣闕，上賜之章服而後召。乙丑，桂管都防禦觀察使暢悅卒。乙未，以諫議大夫何士幹爲鄂岳沔蘄黃等州都團練觀察使。乙亥，封皇子、皇弟邕王謜等七人爲王，兼卿、監、祭酒等官。癸卯，熒惑退行入羽林。

秋七月庚戌，以左金吾將軍張獻甫爲邠寧節度使；陳許防禦兵馬使韓全義檢校工部尚書，充長武城及諸軍行營節度使。癸丑，邠寧軍因韓遊瓌受代，憚張獻甫之嚴，乘其無帥，縱兵大掠，仍脅監軍楊明義奏請范希朝爲帥。都虞候楊朝晟斬其亂首二百餘人，方定。朝命仍以希朝副獻甫。己未，奚、室韋寇振武軍。壬戌，詔以太尉、中書令、西平郡王李晟長子愿爲銀青光祿大夫、太子賓客，賜勳上柱國，與晟門並列戟。乙丑，以前撫州刺史戴叔倫爲容州刺史、兼御史中丞、本管經略使。丁丑，以兵部尚書崔漢衡爲晉州刺史、晉慈隰觀察使。壬申，詔：「嗣王、郡王朝會，班位在本官班之上。左右庶子准令在左右丞侍郎之下、諸司四品之上，今在少卿之下，非也，宜改之。」乙亥，以蘇州刺史孫晟爲桂州刺史、桂管觀

察使。荆河自陝州至河陰，水色如墨，流入汴口，至汴州，一宿而復。又汴鄭管內烏皆入田緒、李納之境，銜柴爲城，方十餘里，高二三尺，緒、納惡而去之，信宿復如之，烏口皆流血。

八月，以權判吏部侍郎吉中孚爲中書舍人。乙酉，檢校司徒、兼太子太師、汧國公李勉薨。甲午，京師地震，其聲如雷。

九月丙午，詔：「比者卿士內外，左右朕躬，朝夕公門，勤勞庶務。今方隅無事，烝庶小康，其正月晦日、三月三日、九月九日三節日，宜任文武百僚選勝地追賞爲樂。每節宰相及常參官共賜錢五百貫文，翰林學士一百貫文，左右神威、神策等軍每廂共賜錢五百貫文，金吾、英武、威遠諸衞將軍共賜錢二百貫文，客省奏事共賜錢一百貫文，委度支每節前五日支付，永爲常式。」戊申，晉慈隰觀察使崔漢衡加都防禦使名。癸丑，賜百僚宴於曲江亭，仍作重陽賜宴詩六韻賜之。羣臣畢和，上品其優劣，以劉太眞、李紓爲上等，鮑防、于邵爲次等，張濛、殷亮等二十人又次之，唯李晟、馬燧、李泌三宰相之詩不加優劣。庚申，吐蕃寇邠、寧、坊等州。

冬十月，詔中書門下選常參官曾爲牧宰有理行者以名聞。宰臣奏于頎、董晉等十二人前任有治迹，詔頎等於左右丞廳各言政要，左右丞條奏，上乃御宣政殿親試其言而後用之。

丙戌，以右神策將軍李長榮爲河陽三城懷州團練使，仍賜名元。戊子，迴紇公主將妾媵六十餘人、馬二千匹來迎咸安公主，命刑部尚書關播送公主歸蕃。

十二月辛巳，少府監李觀卒。

五年春正月壬辰朔。乙卯，詔：「四序嘉辰，歷代增置，漢崇上巳，晉紀重陽。或說禳除，雖因舊俗，與衆共樂，咸合當時。朕以春方發生，候及仲月，勾萌畢達，天地和同，俾其昭蘇，宜助暢茂。自今宜以二月一日爲中和節，以代正月晦日，備三令節數，內外官司休假一日。」宰臣李泌請中和節日令百官進農書，司農獻穜稑之種，王公戚里上春服，士庶以刀尺相問遺，村社作中和酒，祭勾芒以祈年穀，從之。丁卯，右散騎常侍宜城縣子柳渾卒。

二月己丑，貶京兆尹鄭叔則爲永州長史。戊戌，以滄景留後程懷直爲滄景觀察使。庚子，以大理卿董晉爲門下侍郎、同中書門下平章事；以御史中丞竇參爲中書侍郎、平章事，兼轉運使；以戶部侍郎班宏爲戶部尚書，依前度支轉運副使。

三月甲辰，中書侍郎、同平章事李泌卒。乙卯，以兵部郎中姚南仲爲御史中丞，司農卿薛珏爲京兆尹，以大理卿李速爲黔州刺史、黔州觀察使。癸亥，以資州刺史龐復爲安南都護、本管經略使。丙寅，貶禮部侍郎劉太眞爲信州刺史。以給事中杜黃裳爲河南尹。戊辰，

詔以李懷光外孫燕八八爲左衞率府胄曹參軍，賜姓名曰李承緒，仍賜錢千貫，俾自營居業。

夏四月乙未，以太子少師蕭昕爲工部尚書，致仕，給半祿、料，永爲常式。初，致仕官只給半祿，無料，上加之以待老臣，半料自昕始也。

五月戊辰，宋州麥一莖九岐者百餘本。

六月乙未，以光祿卿裴腆爲桂管觀察使。

秋七月，以嗣滕王湛然爲太子賓客、入迴紇使。

八月辛未，以同州刺史竇覦爲戶部侍郎。

九月壬戌，詔以褚遂良已下至李晟等二十七人，圖形於凌煙閣，以繼國初功臣之像。

冬十月丙午，西川韋皐奏與東蠻合力大破吐蕃於故巂州，擒其將臧遮遮。自是吐蕃挫銳，竟復巂州。庚午，百僚請復徽號，不允。己丑，易定節度使、檢校司空、平章事張孝忠以擅出兵襲蔚州，降檢校司空爲左僕射。桂管觀察、御史中丞孫晟卒。癸巳，以戶部侍郎竇覦爲揚州長史、兼御史大夫、淮南節度使。

十二月庚午，迴紇汨咄祿長壽天親毗伽可汗卒。辛未，以淮南節度使杜亞爲東都留守、畿汝州都防禦使，兵部侍郎裴諝爲河南尹，司農卿李翼爲陝虢都防禦觀察使。壬申，以陝虢觀察使杜祐檢校禮部尚書，兼揚州長史、淮南節度使。

六年春正月戊辰朔。戊申，大雪。

二月戊辰朔，百僚會宴於曲江亭，上賦中和節羣臣賜宴七韻。是日，百僚進兆人本業三卷，司農獻黍粟各一斗。岐州無憂王寺有佛指骨寸餘，先是取來禁中供養，乙亥，詔送還本寺。丙戌，以中書舍人陸贄權兵部侍郎。甲午，以吏部侍郎劉滋爲吏部尚書。丁酉，王武俊守棣州將趙鎬以郡歸李納，武俊怒，以兵攻之。

三月庚子，百僚宴于曲江亭，上賦上巳詩一篇賜之。壬寅，渾瑊自河中來朝。戊午，牂柯蠻來朝。甲子，以旱，日色如血，無光。

夏四月甲辰，大風雷。

閏月庚申，太白、辰星聚東井。戊午，始雨。

五月丙寅朔，上御紫宸受朝。上以是月一陰生，臣子道長，父子必以是朔面焉，故取朔日受朝。壬午，以寧州刺史范希朝爲單于大都護、麟勝節度使。

是夏，淮南、浙東西、福建等道旱，井泉多涸，人渴乏，疫死者衆。

秋七月丙寅，淮南節度使竇覦卒。癸酉，復呼親王母曰太妃，公主母曰太儀。

八月丁未，工部尚書致仕鮑防卒。

九月乙丑，收諸道進奏院官印，悉毀之。己卯，詔：「十一月八日，有事於南郊太廟，行從官吏將士等，一切並令自備食物。其諸司先無公廚者，以本司闕職物充。其王府官，度支量給廩物。其儀仗禮物，並仰御史撿節處分。」

冬十月己亥，文武百僚京城道俗抗表請徽號，上曰：「朕以春夏亢旱，粟麥不登，朕精誠祈禱，獲降甘雨，既致豐穰，告謝郊廟。朕倘因禋祀而受徽號，是有爲爲之。勿煩固請也。」辛亥，迴紇弔祭使、鴻臚卿郭鋒復命，迴紇遣達北勒梅錄將軍來，告九姓迴紇登里邏沒密施俱錄忠貞毗伽可汗之喪。

十一月庚午，日南至，上親祀昊天上帝於郊丘。禮畢還宮，御丹鳳樓宣赦，見禁囚徒減罪一等。立仗將士及諸軍兵，賜十八萬段匹。今後刺史、縣令以四考爲限。青州李納以棣州還王武俊，并其兵士三千。

是歲，吐蕃陷我北庭都護府，節度使楊襲古奔西州。迴紇大相頡干迦斯紿襲古，請合軍收復北庭，乃殺襲古，安西因是阻絕，唯西州猶固守之。迴紇亦爲吐蕃所逼，取浮圖川，乃還部落羊馬於牙帳之南以避之。

七年春正月壬戌朔。己巳，襄王僙薨。庚辰，以湖南觀察使裴胄爲洪州刺史、江西觀察使，以常州刺史李衡爲潭州刺史、湖南觀察使。蔡州置汝南縣。黑衣大食遣使朝貢。以中書舍人韓皐爲御史中丞。

二月己巳，涇原帥劉昌復築平涼城。城去故原州一百五十里，本原之屬縣，地當禦戎之衝要。昌復浹辰而功畢，分兵戍之，邊患稍弭。庚子，侍中渾瑊自河中來朝。

三月辛酉，陳許節度使曲環奏請權停當道冗官，待一二年後，民力稍給，則復之。壬戌，左龍武統軍戴休顏卒。甲子，涇原節度使劉昌築胡谷堡，改名彰義堡。堡在平涼西三十五里，亦禦戎之要地。壬申，詔：「頃來賜衣，文彩不常，非制也。朕今思之，宜有定制，節度使宜以鶻銜綬帶，觀察使宜以鴈銜威儀。」威儀，瑞草也。關輔牛疫死，十亡五六。上遣中使以諸道兩稅錢買牛，散給畿民無牛者。辛巳，詔神威、神策六軍將士自相訟，軍司推劾；與百姓相訟，委府縣推劾；小事移牒，大事奏取處分，軍司、府縣不得相侵。癸未，義武軍節度使、檢校司空、平章事張孝忠卒。

夏四月庚子，太子少師致仕蕭昕卒。汴州獻白烏。戊午，詔：「仲夏之時，萬物敷暢，陽德方茂，陰事始承。昔者覩于法象，因天地交會之序，爲父子相見之儀，沿習成風，古今不易。王者制事，在於因人，酌其情而用中，順其俗以爲禮。咸覲之義，既行於父子之間；賫事之情，豈隔於君臣之際。申恩卿士，自我爲初。起今年五月朔，御正殿，召見文武百官，

外官因朝奏，咸聽就列。仍編禮式，以爲常典。」己未，安南首領杜英翰叛〔一〕，攻都護府，都護高正平憂死。

五月庚申朔，上御宣政殿見百官，從新制也。辛未，置柔遠軍於安南都護府。甲申，端王遇薨。許州獻白烏。戊子，以衡州刺史齊映爲桂管觀察使。

六月庚子朔。乙巳，太常卿崔縱卒。

秋七月庚午，以信州刺史鄭叔則爲福建觀察使。癸酉，上幸章敬寺，賦詩九韻，皇太子與羣臣畢和，題之寺壁。戊寅，以邕王謜爲義武軍節度使、易定觀察等大使，以定州刺史張昇雲爲留後。庚辰，以虔州刺史趙昌爲安南都護、經略招討使。

八月己丑，以翰林學士歸從敬爲工部尚書。甲午，給事中鄭瑜爲中書舍人。丙申，貶宗正卿李翰爲雅王傅；翰林學士陸贄爲兵部侍郎，罷學士。庚戌，夏州奏開延化渠，引烏水入庫狄澤，溉田二百頃。

九月庚申，兵部尚書致仕馬炫卒。

冬十月癸丑，每御延英令諸司官長二人奏本司事。尋又敕常參官每一日二人引對，訪以政事，謂之巡對。

十一月乙丑，令常參官趨朝入閤，不得奔走。周親已下喪者禁慘服，朝會須服本色綾

袍金玉帶。丁酉，以前福建觀察使吳湊爲陝州長史、陝虢觀察使。

是冬無雪。

八年春正月丙辰朔。癸酉，罷桂管經略招討使。

二月丁亥，許州人李狗兒持杖入含元殿，擊欄檻，又格擒者。誅之。庚子，京師雨土。己酉，吏部尙書李紓卒。乙丑，山南東道節度使、檢校戶部尙書嗣曹王皐薨。庚午，宣武軍節度使、司徒、平章事劉玄佐卒。癸酉，劍南西川節度使韋皐奏請，有當道閑員官吏，增其俸祿，從之。己亥，以湖南觀察使李衡爲洪州刺史、江西觀察使。襄州軍亂，掠府庫民財殆盡，都將徐誠斬其亂首楊淸潭，方止。丙子，以荆南節度使樊澤爲襄州刺史、山南東道節度使，以江西觀察使裴胄爲江陵尹、荆南節度使。以戶部尙書班宏判度支，戶部侍郎張滂爲諸道鹽鐵轉運使。己卯，以陝虢觀察使吳湊爲汴州刺史、宣武軍節度、汴宋等州觀察使。辛巳，以同州刺史姚南仲爲陝虢觀察使。壬午，以左庶子李充爲京兆尹〔二〕，以蘇州刺史齊抗爲潭州刺史、湖南觀察使。

夏四月丁丑，貶左金吾大將軍嗣虢王則之爲昭州司馬，左諫議大夫、知制誥吳通玄爲泉州司馬，給事中竇申道州司馬。戊子，以雅王傅李翰爲金吾衞大將軍。翰前爲竇參所惡

貶官，至是參敗，上遽召翰，口授將軍，便令金吾仗上事；翌日除書方下。庚寅，以汴州長史劉士寧爲汴州刺史、宣武軍節度使。時吳湊行次汜水，聞其有變而還。乙未，貶中書侍郎、平章事竇參爲郴州別駕，竇申景州司戶。尋杖殺申。諸竇皆貶。以尙書左丞趙憬、兵部侍郎陸贄爲中書侍郎、同中書門下平章事。丁酉，韋皐請十二而稅，以給官吏，從之。丙午，以東都、河南、淮南、江南、嶺南、山南東道兩稅等物，令戶部侍郎張滂主之；以河內〔三〕、河東、劍南、山南西道等財，戶部尙書、判度支班宏主之。一遵大曆故事，如劉晏、韓滉分掌焉。給事中韋夏卿左遷常州刺史，坐交諸竇也。是月，吐蕃寇靈州〔四〕。

五月乙卯朔，上御宣政殿受朝。丙辰，初增稅京兆靑苗畝三錢，以給掌閑彍騎。戊午，以光祿少卿崔穆爲黔州觀察使。己未，大風，吹壞廬舍、門闕。丙寅，以大理卿王翃爲福建觀察使。戊辰，初令授臺省官者各具舉主於授官詔。先是郎官缺，左右丞舉之，御史缺，大夫、中丞舉之，詔書不具所舉。及趙憬、陸贄爲相，建議郎官不宜專於左右丞，宜令尙書、丞、郎各舉其可，詔書具所舉官名，御史亦如之，異日考殿最以舉主能否。從之。癸酉，平盧淄靑節度使、檢校司徒、平章事李納卒。癸未，前太僕少卿劉士幹有罪賜死，劉玄佐養子也。

六月，吐蕃寇涇州。

秋七月甲寅朔，戶部尙書、判度支蕭國公班宏卒。以桂管觀察使齊映爲洪州刺史、江西觀察使；以翰林學士歸崇敬爲兵部尙書，致仕。辛巳，大雨。

八月乙丑，以天下水災，分命朝臣宣撫賑貸。河南、河北、山南、江淮凡四十餘州大水，漂溺死者二萬餘人。辛卯，以靑州刺史李師古爲鄆州大都督府長史、平盧淄靑等州節度觀察海運陸運、押新羅渤海兩蕃等使。丁未，詔以歲凶罷九日賜宴。

九月丁巳，韋皐攻吐蕃之維州，獲蕃將論莽熱以獻。貶太子賓客于邵江州別駕，尋卒。乙亥，以太子賓客薛珏爲嶺南節度使。

冬十月己亥，追封故皇弟遐爲均王。庚戌，復命金吾置門籍。

十一月壬子朔，日有蝕之。己巳 貶右庶子姜公輔泉州別駕。嚴震奏破吐蕃於芳州。壬申，詔自今死刑勿決，先杖。

十二月庚寅，詔賜遭水縣乏絕戶米三十萬石。丁未，以給事中李巽爲潭州刺史、湖南觀察使。

閏月癸酉 門下省奏：「郵驛條式，應給紙券。除門下外，諸使諸州不得給往還券，至所詣州府納之 別給俾還朝。常參官在外除授及分司假寧往來，並給券。」從之。甲戌，牂柯、室韋、靺鞨皆遣使朝貢。

九年春正月庚辰朔，朝賀畢，上賦退朝觀仗歸營詩。乙酉，劍南東川節度使王叔邕來朝。癸卯，初稅茶，歲得錢四十萬貫，從鹽鐵使張滂所奏。茶之有稅，自此始也。甲辰，禁賣劍銅器。天下有銅山，任人採取，其銅官買，除鑄鏡外，不得鑄造。

二月庚戌朔。先是宰相以三節賜宴，府縣有供帳之弊，請以宴錢分給，各令諸司選勝宴會，從之。是日中和節，宰相宴于曲江亭，諸司隨便，自是分宴焉。易定留守張昇雲爲義武軍節度使。辛酉，詔復築鹽州城。貞元三年，城爲吐蕃所毀，自是塞外無堡障，犬戎入寇，既城之後，邊患息焉。

三月己亥，以駕部郎中、知制誥張式爲虢州刺史。

夏四月辛酉，地震，有聲如雷，河中、關輔尤甚，壞城壁廬舍，地裂水涌。

五月庚申，廢諸州府執刀。甲辰，以義成軍節度使、檢校右僕射賈耽爲左僕射、同中書門下平章事，以尙書左丞盧邁本官同平章事。以鄭州刺史李融爲滑州刺史、義成軍節度使。乙巳，韋皐奏，遣軍出西山，破吐蕃峨和城、定廉城、通鶴軍，凡平堡五十餘所。是日以蕃俘器仗來獻。丙戌，以門下侍郎、平章事董晉爲禮部尙書，罷知政事。甲寅，加韋皐檢校右僕射，以司農少卿裴延齡爲戶部侍郎、判度支。庚申，以給事中李衡爲戶部侍郎、諸道鹽

鐵轉運使。

秋七月乙未，敕縣令以四考爲限，無替者宜至五考。庚子，以信州刺史孫公器爲邕管經略使。故事，宰相秉筆決事，每人十日一易。至是賈耽、趙憬、陸贄、盧邁同平章政事，百僚有所關白，更相讓而不言。始詔令旬日秉筆，後詔每日更秉筆。劍南西山羌女國王湯立志[五]、哥鄰王董臥庭、白狗王羅陀忽、弱水王董避和、逋租王弟鄧告知、南水王姪尙悉曩等六國君王，自來朝貢。六國初附吐蕃，韋皐出西山討吐蕃，故六蠻內附，各授官秩遣之。

八月庚戌，太尉、中書令、西平郡王李晟薨，贈太師，廢朝五日。己巳，皇太子長男廣陵王淳納妃郭氏。

九月己卯，罷九日宴，以太師晟喪也。

冬十月己酉，侍中馬燧對于延英。燧足疾，詔令不拜，行仆於地，命宦者扶持之。上謂之曰：「前日卿與太尉晟俱來，今公獨至。」因歔欷泣下。及燧退，上送及階。癸酉，環王國獻犀牛，上令見于太廟。

十一月乙酉，日南至，上親郊圜丘。是日還宮，御丹鳳樓，制曰：「朕以寡德，祗膺大寶，勵精理道，十有五年。夙夜惟寅，罔敢自逸，小大之務，莫不祗勤。皇靈懷顧，宗社垂祐，年穀豐阜，荒服會同，遠至邇安，中外咸若。永惟多祐，實荷玄休。是用虔奉禮章，躬薦郊廟，

克展因心之敬，獲申報本之誠。慶感滋深，悚惕惟勵，大福所賜，豈獨在予，思與萬方，均其惠澤，可大赦天下。」辛卯，華州潼關鎮國軍、隴右節度使李元諒卒於良原，以其部將阿史那敍統元諒之衆，戍良原。壬寅，河南尹、東都留守裴諝卒。甲辰，制以多薦官[六]，宜令尙書丞、郎於都堂訪以理術，試時務狀，考其通否及歷任考課事迹，定爲三等，并舉主姓名。仍令御史一人爲監試。如授官後政事能否，委御史臺、觀察使以聞，而殿最舉主。

十二月丙午朔，制：「今後使府判官、副使、行軍已下，使罷後，如是檢校試五品以上官，不合集於吏部選，任準罷使郎官、御史例，多季聞奏。」丙辰，宣武軍亂，逐節度使劉士寧。壬戌，以通王諶爲宣武軍節度使，以宣武軍節度副使李萬榮爲汴州刺史、宣武軍節度、汴宋等州觀察留後。朔方靈鹽節度副大使、太子少師、檢校左僕射、餘姚郡王杜希全卒。

十年春正月乙亥朔。乙酉，以虔王諒爲朔方靈鹽豐節度大使，以朔方等道行軍司馬李欒爲留後。壬辰，南詔異牟尋大破吐蕃於神川，使來獻捷。己亥，昭義節度使、檢校司空、平章事李抱眞請降官，乃授檢校左僕射。時抱眞病，巫祝言宜降爵，故有是請。

二月丙午，以瀛州刺史劉澭爲秦州刺史、隴右經略軍使，理普潤縣，仍以普潤軍爲名。乙卯，以給事中齊抗爲河南尹。乙丑，義成軍節度使、鄭滑觀察使李融卒。丁卯，詔：「君臣

之際，義莫重焉，每聞薨殂，良深悼惻。應文武朝臣薨卒者，其月俸、料宜全給，仍更准本官一月俸、料，以爲賻贈。」

三月乙亥，黃霧四塞，日無光。以華州刺史李復爲滑州刺史、義成軍節度使。滄州程懷直來朝，賜安業坊宅，妓一人，復令還鎮。庚辰，南詔異牟尋攻收吐蕃鐵橋已東城壘一十六，擒其王五人，降其民衆十萬口。壬申，以同州刺史盧徵爲華州刺史、潼關防禦、鎮國軍等使。辛丑，以延州刺史李如暹所部蕃落賜名曰安塞軍，以如暹爲軍使。

夏四月戊辰，地震，癸丑復震。恆州奏見巨人迹。以雲南告捷使高細龍爲左武衞將軍。是月，太白晝見。有大鳥飛集宮中，食雜骨。

是春霖雨，罕有晴日。

六月壬寅朔，昭義軍節度使、檢校左僕射、同中書門下平章事、義陽王李抱眞卒，詔以其將王延貴權知昭義軍事。癸丑，以祠部郎中袁滋兼御史中丞，爲册南詔使。甲寅，以辰州刺史房孺復爲容管經略使。丙寅，韋皐奏西山峨和城擊破吐蕃城柵，斬首二千八百級。庚午，度支使裴延齡兼靈、鹽等州鹽池井榷使。辛未晦，有水鳥集於左藏庫，是夜暴雨，大風折木。

秋七月壬申朔，以邕王源爲昭義軍節度使，以昭義軍押衙王延貴爲潞府左司馬，充昭

義節度留後，賜名虔休。抱眞別將權知洺州事元誼不悅虔休爲留後，據洺州叛，陰結田緒。庚辰，賜南詔異牟尋金印銀窠，其文曰「貞元册南詔印」。先是，吐蕃以金印授南詔，韋皐因其舊而請之。汴州軍亂，攻節度留後李萬榮，不勝而潰，萬榮悉捕斬其孥。己亥，前汴州節度使劉士寧宜於郴州安置。欽州守鎮黃少卿叛，攻邕管經略使孫公器，又陷欽、橫、潯、貴等州。吐蕃大將論乞髯、陽沒藏、悉諾硉以其家內附，授歸義將軍。因置四品已下武官，以授四夷歸附者，仍定懷化大將軍已下俸錢。

九月辛未朔，以袁州刺史董鎭爲邕管經略使。戊子，賜百僚九日宴，上賦詩賜之。辛卯，南詔獻鐸槊、浪人劍、吐蕃印八紐。戊戌，定州張昇雲改名茂昭[七]。

冬十月癸卯，御宣政殿，試賢良方正、能直言極諫等舉人。壬戌，刑部尙書劉滋卒。

十一月乙酉，諸道鹽鐵轉運使張滂爲衞尉卿，以浙西觀察使王緯爲諸道鹽鐵轉運使。

十二月庚子朔。壬戌，貶中書侍郎、平章事陸贄爲太子賓客。
庚寅，秘書監致仕穆寧卒。

十一年春正月庚午朔。乙亥，嶺南節度使薛珏卒。乙未，以秘書少監王礎爲黔中經略觀察使，衞尉少卿武少儀爲邕管經略使。丙申，以邕管經略使王鍔爲廣州刺史[八]、嶺南節

度使。

二月癸卯，以衢州刺史李若初爲福建觀察使。乙巳，册渤海大欽茂之子嵩爲渤海郡王、忽汗州都督。乙卯，於涇州彰信堡置潘原縣。甲子，九姓迴紇骨咄祿毗伽奉誠可汗卒。

三月庚午，司徒兼侍中馬燧以疾請罷侍中，不許。辛未，賜宰臣兩省供奉官宴於曲江亭。乙丑，以吏部侍郎鄭瑜爲河南、淮南水陸轉運使。丙申，諸州準例薦隱居丘園不求聞達蔡廣成等九人，各授試官，令給公乘，到京日量才敍用。

夏四月，旱。壬戌，貶太子賓客陸贄爲忠州別駕，京兆尹李充信州長史〔九〕，衛尉卿張滂汀州長史。癸亥，以兵部侍郎韓皐爲京兆尹。甲子，賜南詔敕書，始列中書三官奉宣行，復舊制也。丙寅，幽州劉濟奏大破奚王啜刺等六萬餘衆。

五月丁卯朔。庚午，命有司慮囚，旱故也。丁丑，以宣武留後李萬榮爲汴州刺史、宣武節度副使、知節度事。以昭義軍節度留後王虔休爲潞州大都督府長史、昭義軍節度副大使、知節度事、管內度支營田、潞澤磁邢洛觀察使。又以朔方留後李欒爲靈州大都督府長史、朔方靈鹽豐夏四州受降定遠城天德軍節度副大使、知節度事、管內度支營田觀察押蕃落等使。甲申，河東節度使、檢校工部尚書、太原尹李自良卒。庚寅，遣使册九姓迴紇騰里羅羽錄沒密施合胡六骨咄祿毗伽懷信可汗。癸巳，以通王諶爲河東節度使，以河東行軍

司馬李悅爲河東節度營田觀察留後、北都副留守。甲午，初鑄河東監軍印。監軍有印，自王定遠始也。

六月，河陽獻白烏。甲辰，晉慈隰觀察使崔漢衡卒。癸丑，以絳州刺史姚齊梧爲晉慈隰都防禦觀察使。

秋七月丙寅朔，右諫議大夫陽城爲國子司業。河東監軍王定遠配流崖州，坐專殺也。

八月辛亥，司徒兼侍中、北平郡王馬燧薨，贈太傅。丙辰，以楚州刺史路寰爲洪州刺史、江西觀察使、洪州刺史齊映卒。

閏月己丑，國子司業裴澄表上乘輿月令十二卷，禮典十二卷。

九月己卯，賜宰臣兩省供奉官宴於曲江，賦詩六韻賜之。丁巳，加韋皐統押近界諸蠻及西山八國、雲南安撫等使。滄州大將程懷信逐其帥程懷直。

冬十月丁丑，以虔王諒爲橫海軍節度大使，以兵馬使程懷信爲留後。

十一月丙申，日南至，不受朝賀，以司徒馬燧葬也。辛丑，太常定馬燧謚曰「景武」，上曰：「景，太祖謚，改莊武可也。」己酉，潭州獻赤烏。

十二月戊辰，上獵苑中，戒多殺，止行三驅之禮，勞士而還。

十二年春正月甲午朔。庚子，元誼、李文通率洺州兵五千、民五萬家東奔田緒。壬子，以前滄州節度使程懷直爲左龍武統軍。乙丑，成德軍節度使、檢校司徒、兼侍中渾瑊兼中書令〔一〇〕；興元節度使嚴震、魏博田緒、西川韋皐並加檢校左右僕射、同中書門下平章事。於是方鎮皆敍進兼官。上制貞元廣利藥方五百八十六首，頒降天下。

三月癸巳朔。甲午，韋皐奏收降蠻七千戶，得吐蕃所賜金字告身五十五片。乙巳，以戶部侍郎裴延齡爲戶部尚書。戊申，以兵部尚書董晉充東都留守、判東都尚書省、東畿汝州都防禦使。

四月壬戌朔。戊辰，左右十軍使奏：去年冬車駕幸諸營，欲於銀臺亭子門外立碑以紀聖迹。從之。庚午，魏博節度使、度支營田觀察使、檢校左僕射、平章事、魏州長史、駙馬都尉、鴈門郡王田緒卒。庚辰，上降誕日，命沙門、道士加文儒官討論三教，上大悅。

五月辛卯朔。丙申，邠寧節度使張獻甫卒。甲辰，以邠寧都虞候楊朝晟爲邠州刺史、邠寧慶節度使。銀夏節度使韓潭讓所授禮部尚書，乞雪崔寧，許其家收葬。丁巳，駙馬郭曖、王士平、曖弟煦暄，坐代宗忌辰飲宴，貶官歸第。

六月壬戌，故隴州司戶竇參，許其家收葬。乙丑，初置左右護軍中尉監、中護軍監，以

授宦官。以左右神策軍使竇文場、霍僊鳴爲左右神策護軍中尉監，以左右神威軍使張尚進、焦希望爲左右神威中護軍監。辛巳，宣歙觀察使、宣州刺史劉贊卒。

七月乙未，以東都留守、兵部尚書董晉檢校左僕射、同中書門下平章事、汴州刺史、宣武軍節度使、宋亳潁觀察使。時李萬榮病，萬榮子迺自署爲兵馬使，軍人又逐迺，汴州亂，故命董晉帥之。以太子賓客王翃爲東都留守、判東都尚書省事、東畿汝都防禦使。是日，汴州節度使李萬榮卒。

八月辛未朔，日有蝕之。己巳，以前魏博節度副使田季安爲魏州長史、魏博節度觀察等使。庚午，增修望仙門，廣夾城、十王宅、六王宅。癸酉，以虢州刺史崔衍爲宣歙池觀察使，以乞臂子湯忠義爲歸德將軍。丙子，以汝州刺史陸長源爲宣武行軍司馬。丙戌，門下侍郎、平章事趙憬薨。

九月甲午，以河東行軍司馬李景略爲豐州刺史、天德軍豐州西受降城都防禦使。丙午，戶部尚書、判度支裴延齡卒。庚戌，幸魚藻宮，即日還內。壬子，吐蕃寇慶州。

冬十月壬戌，詔以京畿旱，放租稅。甲戌，諫議大夫崔損、給事中趙宗儒並同中書門下平章事，俱賜金紫。以少府監崔穆爲晉州刺史、晉慈隰觀察使。

十一月辛卯，昭義王虔休造誕聖樂曲以獻。

十二月己未，大雪平地二尺，竹柏多死。環王國所獻犀牛，甚珍愛之，是冬亦死。上著刑政箴一首。癸未，迴紇、南詔、劍南西山國女國王並來朝賀。

十三年春正月戊子朔。庚寅，太子少師致仕關播卒。壬寅，吐蕃贊普遣使修好，塞上以聞，上以犬戎負約，不受其使。東都尚書省火。

二月丁巳，賜宰臣、兩省供奉官宴於曲江亭。乙亥，度支郎中蘇弁爲戶部侍郎、判度支，兵部郎中王紹判戶部〔二〕。

三月戊子，造會慶亭於麟德殿前。乙巳，以福建都團練使李若初爲明州刺史、浙東觀察使，以婺州刺史柳冕爲福建觀察使。

夏四月壬戌，上幸興慶宮龍堂祈雨。乙丑，大雪。庚午，義成軍節度使、鄭滑觀察營田、檢校左僕射、滑州刺史李復卒。己卯，以大理卿于頔爲陝州長史、陝虢觀察使。庚辰，以陝虢都防禦觀察轉運等使姚南仲爲滑州刺史、義成軍節度、鄭滑觀察使。

五月丙戌朔，韋皋收復巂州，畫圖來上。壬子，以庫部郎中、翰林學士鄭餘慶爲工部侍郎、知吏部選事。

六月己卯朔，以衡州刺史陳雲爲邕管經略使。辛巳，引龍首渠水自通化門入，至太清

宮前。壬午，韋皋奏於巂州破吐蕃，生擒大籠官七人〔三〕，馬畜器械不可勝紀。

秋七月丙戌，宰相盧邁請告累月，四表避相位，是日，命宰臣問疾於盧邁私第。己丑，右神策中尉霍僊鳴病，賜馬十匹，令於諸寺齋僧。壬辰，浚湖渠、魚藻池，深五尺。乙未，地震。甲辰，以兵部郎中、判戶部王紹爲戶部侍郎。乙丑，詔今後嗣王薨葬，所司並供鹵簿，永爲常式。

八月丁巳，詔京兆尹韓皋修昆明池石炭、賀蘭兩堰兼湖渠。壬午，容管經略使房孺復卒。

九月己丑，盧邁懇讓相位，乃授太子賓客。辛卯九日，宴宰臣百官於曲江，上賦詩以賜之。己未，江西觀察使路寰卒。甲辰，升定州爲大都督府。以湖南觀察使李巽爲江州刺史、江西觀察使，以禮部侍郎呂渭爲潭州刺史、湖南觀察使。

冬十月癸丑朔，以前滁州刺史房濟爲容管經略使。丙辰，黔中觀察使奏：「溪州人戶訴，被前刺史魏從琚於兩稅外，每年加進朱砂一千觔、水銀二百馱，戶民疾苦，請停。」從之。淮西吳少誠擅開淘刁河〔四〕、汝河，詔使不能禁。癸酉，宰相賈耽以疾避相位，不允。丁丑，徐泗節度使張建封來朝，上嘉之，次日於延英召對。癸巳，贈太傅馬燧祔廟，命所司供少牢祭，仍給鹵簿，從宅至廟。

十二月庚辰，右龍武統軍韓遊瓌卒。

十四年春正月壬午朔。庚寅，詔諸道州府應貞元八年至十一年兩稅及榷酒錢，在百姓腹內者，總五百六十萬七千貫，並除放。甲午，敕：「比來朝官或相過從，金吾皆上聞。其間如是親故，或嘗同僚，伏臘歲時，須有還往，亦人倫常禮，今後不須奏聞。」因張建封奏議也。

二月壬子朔。戊午，上御麟德殿，宴文武百僚，初奏破陣樂，徧奏九部樂，及宮中歌舞妓十數人列於庭。先是上制中和樂舞曲，是日奏之，日晏方罷。比詔二月一日中和節宴，以雨雪，改用此日。上又賦中春麟德殿宴羣臣詩八韻，羣臣頒賜有差。乙亥，賜光蔡節度曰彰義軍。

三月丙申，右神策行營節度、鳳翔隴右觀察使、檢校尚書右僕射、鳳翔尹邢君牙卒。以右神策將軍張昌爲鳳翔尹、右神策行營節度、鳳翔隴右節度使，仍改名敬則。

夏四月乙丑，以左諫議大夫、平章事崔損爲修奉八陵使。先是昭陵寢殿爲火所焚，至是獻、昭、乾、定、泰五陵各造屋三百八十間，橋、元、建三陵據闕補造。

五月庚辰朔。甲午，前東都留守、東畿汝都防禦使、檢校吏部尚書杜亞卒。丙午，戶部侍郎、判度支蘇弁爲太子詹事。上特召度支郎中于頎于延英，兼御史中丞，賜金紫，令判度

支。

閏月庚申，以左神策行營節度韓全義爲夏州刺史，兼鹽夏綏銀節度使，以代韓潭。甲子，貶太子詹事蘇弁爲汀州司戶，兄贊善大夫袞爲永州司戶，前京兆府士曹冕爲信州司戶。

六月癸卯，太子賓客盧邁卒。乙巳，以旱儉，出太倉粟賑貸。

秋七月，以吉州刺史杜春爲邕管經略使。乙卯，貶京兆尹韓皋爲撫州司馬。召右金吾將軍吳湊于延英，面授京兆尹，即令入府視事。

是夏，熱甚。壬申，以給事中、同中書門下平章事趙宗儒爲太子左庶子，以左諫議大夫、平章事崔損爲門下侍郎、平章事，以工部侍郎鄭餘慶爲中書侍郎、同平章事。左神策護軍中尉霍僊鳴卒。丁丑，以宦者第五守亮代僊鳴爲中尉。己卯，左右神策置統軍，品秩奉給視六軍統軍例。甲午，崔損修奉八陵寢宮畢，羣臣於宣政殿行稱賀。浙西觀察使、潤州刺史王緯卒。

九月丁未朔。己酉，山南東道節度使、檢校尚書右僕射、襄州刺史樊澤卒。乙卯，以同州刺史崔宗爲陝州大都督府長史、陝虢觀察水陸轉運使，以浙東觀察李若初爲潤州刺史、浙西觀察使及諸道鹽鐵轉運使，又以常州刺史裴肅爲越州刺史、浙東觀察使。丙辰，以陝虢觀察使于頔爲襄州刺史、山南東道節度使。丁卯，杞王倕薨。以太常卿杜確爲同州刺史、

本州防禦、長春宮使。癸酉，諫議大夫田登奏言：「兵部武舉人持弓挾矢，數千百人入皇城，恐非所宜。」上聞之瞿然，乃命停武舉。

多十月癸酉，以歲凶穀貴，出太倉粟三十萬石，開場糶以惠民。庚子，夏州韓全義奏破吐蕃鹽州。

十一月己未，韋皐進開西南蠻事狀十卷，敍開復南詔之由。

十二月戊子，太子少師致仕郢國公韋倫卒。癸酉，出東都含嘉倉粟七萬石，開場糶以惠河南饑民。己亥，南詔異牟尋遣使賀正旦。明州鎭將栗鍠殺刺史盧雲。

十五年春正月丙午朔。甲寅，雅王逸薨。甲戌，浙西觀察使李若初卒。

二月，罷中和節宴會，年凶故也。丁丑，宣武軍節度使、檢校左僕射、平章事、汴州刺史董晉卒。乙酉，以行軍司馬陸長源檢校禮部尚書、汴州刺史、御史大夫、宣武軍節度度支營田、汴宋亳潁觀察等使。以常州刺史李錡爲潤州刺史、浙西觀察使及諸道鹽鐵轉運使。是日，汴州軍亂，殺陸長源及節度判官孟叔度、丘潁，軍人臠而食之。監軍俱文珍以宋州刺史劉逸準久爲汴之大將，以書招之，俾靜亂。乙丑，以宋州刺史劉逸準檢校工部尚書、兼汴州刺史、宣武軍節度使，仍賜名全諒。乙未，裴肅奏於台州擒栗鍠以獻，斬於獨柳樹。癸卯，

罷三月羣臣宴賞，歲饑也。出太倉粟十八萬石，糶於京畿諸縣。

三月甲寅，吳少誠寇唐州，殺監軍邵國朝，掠居民千餘而去。丁巳，以度支郎中、兼中丞于頔爲戶部侍郎，依前判度支。戊午，昭義軍節度使、檢校工部尚書王虔休卒。戊辰，以河陽三城節度使李元爲潞州長史、昭義軍節度、澤潞磁邢洺觀察使，以河陽節度押衙衡濟爲懷州刺史、河陽三城懷州節度使。辛未，太子少師致仕于頎卒。壬申，於易州滿城縣置永清軍。癸酉，令江淮歲運米二百萬石。雖有是命，然歲運不過四十萬石。

四月丁丑，以久旱，令陰陽人法術祈雨。壬午，內侍省加置內給事二員。癸未，以安州刺史伊愼爲安黃節度營田觀察使。庚寅，應京城內外諸軍縣鎭職員官，見共五萬八千二百七十一人，宜令每人賜粟一石。乙未，特進、兵部尚書歸崇敬卒。

五月甲辰朔。戊辰，宗正卿嗣吳王巘薨。

六月己卯，黔中觀察使、御史中丞王礎卒。癸巳，山南西道節度使、檢校尚書左僕射、平章事嚴震卒。

秋七月乙巳，以興州刺史、興元都虞候嚴礪爲興元尹、兼御史大夫、山南西道節度度支營田觀察等使。丙午，故唐安公主賜謚曰莊穆。公主賜謚，自唐安始也。丁未，以王礎卒，廢朝一日。觀察使卒廢朝，自礎始也。戊午，貶諫議大夫苗拯萬州刺史，左拾遺李繁播州參軍，以私議除拜嚴礪不當而無章疏，而僞言累上疏故也。鄭、滑大水。

八月壬申朔。丙申，陳許節度使、檢校尚書右僕射、許州刺史曲環卒。丁酉，以洋州刺史韋士宗爲黔中觀察使。丙午，以陳許兵馬使、前陳州刺史上官涗爲許州刺史、陳許節度使。吳少誠謀逆漸甚，陷臨潁，進圍許州。庚戌，宣武軍節度使、檢校工部尚書、汴州刺史劉全諒卒。丙辰，制：「吳少誠非次擢用，授以節旄，秩居端揆之榮，任總列城之重。期申報效，奉我典章，而秉心匪彝，自底不類。兇狡成性，扇搆多端，擅動甲兵，暴越封壤。壽州茶園，輒縱凌奪；唐州詔使，潛搆殺傷。干犯國章，罪在無赦。朕以王者之德，在乎好生；人君之體，務於含垢。寧屈己以宥罪，不殘人以興師。以上稽宗社之威，外抑忠賢之請，庶有悛革，尙議優容。幸鄰境之喪，逞貪亂之志，焚略縣邑，殘暴吾民。朕尤冀知非，爲之忍恥，亟頒恩命，未許出師。至乃攻逼許州，肆其蠆毒，恣行殺戮，流害黎蒸。惡稔禍盈，人神同棄，興言致討，實悼于懷。宜令諸道各出師徒，犄角齊進。吳少誠在身官爵，並宜削奪。」己巳，自今中和、重陽二節，每節只禁屠一日。辛酉，以大理評事宣武軍都知兵馬使韓弘檢校工部尚書，兼汴州刺史、御史大夫、宣武軍節度使。

多十月己丑，邕王謜薨。吏部侍郎奚陟卒。

十一月乙巳，冬至，罷朝會，兵興也。壬子，襄州于頔奏，于朗山破淮西賊三千人。

十二月庚午，朔方等道副元帥、河中絳州節度使、檢校司徒、兼奉朔中書令渾瑊薨〔一四〕。乙未，戰淮西賊於小溵河，王師不利，諸軍自潰。丁酉，以同州刺史杜確爲河中尹、河中絳州觀察使。

十六年春正月庚子朔。乙巳，恆冀、定州、許、河陽四鎭之師與賊戰，皆不利而退。南詔獻奉聖樂舞曲，上閱於麟德殿前。

二月己酉，以左神策行營、銀夏節度等使韓全義爲蔡州行營招討使，陳許節度使上官涗副之。己丑，左龍武統軍程懷直卒。己酉，華州刺史、潼關防禦、鎭國軍使盧徵卒。壬子，以尙書右丞袁滋爲華州刺史、潼關防禦、鎭國軍使。

夏四月丁亥，黔中知宴設吏傅近逐觀察使韋士宗。己丑，以義成軍節度使姚南仲爲右僕射〔一五〕。以權知新羅國事金俊邕襲祖開府檢校太尉、雞林州都督、新羅國王。辛卯，以義成軍行軍司馬盧羣爲滑州刺史、兼御史中丞、義成軍節度使。壬申，檢校兵部尚書、京兆尹吳湊卒。

五月戊戌朔，以雨罷朝。庚戌，韓全義與蔡賊將吳少誠戰於溵水南，王師敗績。徐泗濠節度使、檢校尚書右僕射、徐州刺史張建封卒。壬子，徐州軍亂，不納行軍司馬韋夏卿，

迫建封子愔爲留後。丙寅，韋士宗却入黔州。丁卯，以吏部侍郎顧少連爲京兆尹。

六月丙午，鄆州李師古、淮南杜祐並加同平章事，以祐兼領徐泗濠節度，以前虢州參軍張愔起復驍衞將軍，兼徐州刺史、御史中丞、本州團練使、知徐州留後。

秋七月，湖南觀察使呂渭卒。

八月癸酉，以河中尹王□爲潭州刺史、湖南觀察使。

九月，宥吳少誠。駙馬都尉郭曖卒。義成軍節度使盧羣卒。丙午，前太常卿裴郁卒。戊辰，以左丞李元素爲滑州刺史[16]、兼御史大夫、義成軍節度使。庚戌，貶中書侍郎、同中書門下平章事鄭餘慶爲郴州司馬，戶部侍郎、判度支于頔爲泉州司戶。以戶部侍郎王紹判度支，以戶部郎中崔從質爲戶部侍郎。癸酉，吳少誠賊迫官軍溵水砦下營，韓全義退保陳州，諸軍散還本道，官軍不振。以河南少尹張式爲河南尹、水陸轉運使。庚申，以太常卿齊抗爲中書侍郎、同平章事。癸亥，以虔王諒爲徐州節度使，張愔爲留後。

冬十月辛未，興元嚴礪希監軍旨，誣奏流人通州別駕崔河圖，長流崖州，賜死，人士傷之。吳少誠引兵歸蔡州，上表待罪。戊子，詔雪吳少誠，復其官爵。乙丑，河東節度使、檢校禮部尙書、太原尹、兼御史大夫、北都留守李悅卒。甲午，以河東行軍司馬鄭儋檢校工部尙書、太原尹、河東節度使。

十一月癸卯，泗州、濠州宜隸淮南觀察使。戊申，以太府卿韋渠牟爲太常寺卿。

十二月戊寅，罷吏部復考判官及禮部別頭貢舉[17]。

十七年春正月甲午朔。甲寅，韓全義自蔡州行營還，詔歸鎭華州。

二月癸巳朔，賜羣臣宴於曲江亭，上賦中和節賜宴曲江詩六韻賜之。丁酉，雨雹。己亥，雨霜。戊申夜，雷震，雨雹。庚戌，大雨雪兼雹。

三月乙丑，賜羣臣宴於曲江亭。己巳，黔中觀察使韋士宗復爲三軍所逐。癸酉，衢州刺史鄭式瞻進絹五千匹，銀二千兩，上曰：「式瞻犯贓，已詔御史按問，所進宜付左藏庫。」丁丑，省天下州府別駕、司馬、田曹、參軍；京兆、河南、太原三府外，諸府判司雙曹者省一。

夏四月丁未，始命駙馬及郡縣主壻無子者，養男不用母蔭。辛亥，以諫議大夫裴佶爲黔中觀察使。

五月壬戌朔，日有蝕之。乙酉，邠寧節度使、檢校工部尙書、邠州刺史楊朝晟卒。丙戌，以工部侍郎趙植爲廣州刺史、兼御史大夫、嶺南節度使。

六月戊戌，以定平鎭兵馬使李朝宋檢校工部尙書，兼邠州刺史、朔方邠寧慶節度使；以中官楊志廉爲右神策護軍中尉。浙西人崔善眞詣闕上書，論浙西觀察使李錡罪狀。上覽奏不悅，令械善眞送於李錡。爲鑿坑待善眞，既至，和械推而埋之。由是錡恣橫叛。己酉，以邠寧兵馬使高固爲邠州刺史、兼御史大夫、邠寧慶節度使。丁巳，成德軍節度使、恆冀深趙德棣觀察等使、恆州大都督府長史、檢校太尉、中書令、琅邪郡王王武俊薨，贈太師，謚曰忠烈。

秋七月戊寅，吐蕃寇鹽州。辛巳，以前成德軍節度副使、檢校工部尙書、知恆府事、清河郡王王士眞起復授恆州長史，充成德軍節度使。乙酉，太常卿韋渠牟卒。己丑，吐蕃陷麟州，殺刺史郭鋒，毀城壘而去。

八月戊午，以河東行軍司馬嚴綬檢校工部尙書、兼太原尹、御史大夫、河東節度使。

九月壬戌，韋皐奏大破吐蕃於雅州。戊辰，羣臣宴曲江，上賦九日賜宴曲江亭詩六韻賜之。丁丑，禮部尙書李齊運卒。

冬十月，加韋皐檢校司徒、中書令，封南康郡王，賞破吐蕃功也。戊午，鹽州刺史杜彥先委城奔慶州。辛未，宰相賈耽上海內華夷圖及古今郡國縣道四夷述四十卷。甲戌，翰林待詔戴少平死十六日復生。庚戌，以京兆尹顧少連爲吏部尙書，以吏部侍郎韋夏卿爲京兆尹。淮南節度使杜祐進通典，凡九門，共二百卷。

十八年春正月戊午朔，大雨雪，罷朝賀。乙丑，驃國王遣使悉利移來朝貢，并獻其國樂十二曲與樂工三十五人。乙亥，韋皐以所擒蕃相論莽熱來獻。庚辰，以常州刺史賈全爲越州刺史、浙東觀察使。

二月戊子朔，賜羣臣宴於馬璘之山池。

三月癸未，以劍南東川行軍司馬李康爲梓州刺史、兼御史大夫、劍南東川節度使。乙丑，賜羣臣宴於馬璘之山池。己巳，以蘄州刺史鄭紳爲鄂州刺史、鄂岳蘄沔觀察使。癸酉，以浙東團練副使齊總爲衢州刺史，總以橫賦進奉希恩，給事中許孟容封還制書。丙戌，以河中行軍司馬鄭元爲河中尹、兼御史大夫、河中絳節度使。

五月癸亥，以竇羣爲左拾遺。庚辰，以祠部員外郎裴泰爲檢校兵部郎中，充安南都護、本管經略使。

六月癸巳，以吏部尙書顧少連爲兵部尙書、東都留守、東都畿汝防禦使。前東都留守、檢校禮部尙書王翃卒。

秋七月庚辰，蔡、申、光三州春水夏旱，賜帛五萬段，米十萬石，鹽三千石。

八月壬寅，以邕管經略使徐申爲廣州刺史[18]、嶺南節度使。甲辰，以嶺南節度掌書記、試大理評事張正元爲邕州刺史、御史中丞、邕管經略使，給事中許孟容以非次遷授[19]、封還詔書。丁未，以戶部侍郎、判度支王紹爲戶部尚書、判度支。

九月乙卯朔，以太常少卿楊憑爲潭州刺史、湖南觀察使。癸亥，賜羣臣宴於馬璘山池，上賦九日賜宴詩六韻賜之。

冬十月丁亥，以刑部尚書王鍔爲淮南節度副使兼行軍司馬。己酉，鄜坊丹延節度使、檢校禮部尚書王栖耀卒。

十一月丙辰，以同州刺史劉公濟爲鄜州刺史、鄜坊丹延節度使。

十二月乙巳，貶大理卿李正臣爲衞尉少卿，正臣爲御史彈劾下獄，不堪其辱而死。戊申，黎州蠻、牂柯使入朝。

十九年春正月癸丑朔。

二月壬午朔，賜宴馬璘山池。丁亥，修含元殿。賜安黃節度曰奉義軍。丙申，以桂管留後韋武爲桂州刺史、桂管觀察使。己亥，安南經略使裴泰爲州將王季元所逐。甲辰，淮南節度使杜祐來朝。

三月壬子朔，以杜祐檢校司空、同中書門下平章事、太淸宮使。以淮南行軍司馬王鍔檢校尚書右僕射，兼揚州大都督府長史、淮南節度使。丁卯，以今年孟夏禘饗，前議太祖、

懿、獻之位未決，至此禘祭，方正太祖東向之位，已下列序昭穆。其獻祖、懿祖祔于德明、興聖之廟，每禘祫年就本室饗之。乙亥，以司農卿李實爲京兆尹。

夏四月乙未，涇原節度使劉昌奏請移行原州於平涼城，從之。戊戌，百官以祔廟畢，蹈舞稱賀。

五月辛亥，荆南節度使、檢校工部尚書、江陵尹裴冑卒。乙未，以荆南行軍司馬裴鍔爲江陵尹、兼御史大夫、荆南節度使。甲子，四鎭北庭行軍涇原節度使、檢校右僕射、涇州刺史劉昌卒。甲戌，以涇原節度留後段佑爲涇州刺史、兼御史大夫、四鎭北庭行軍涇原節度使。乙亥，吐蕃遣使論頰熱入朝。甲辰，以陳許行軍司馬劉昌裔檢校工部尚書，兼許州刺史、陳許節度使。自正月至是未雨，分命祈禱山川。

秋七月戊午，以關輔饑，罷吏部選、禮部貢舉。己未，中書侍郎、平章事齊抗爲太子賓客，病免也。甲戌，始雨。乙亥，尚書右僕射姚南仲薨。貸京畿民麥種。

八月乙未，大雨霖。

冬十月乙未，以太子賓客韋夏卿爲東都留守、東都畿汝都防禦使。

閏月丁巳，門下侍郎、同平章事崔損卒。

十一月戊寅朔，以鹽州兵馬使李興幹爲鹽州刺史，許專達于上，不隸夏州。丙午，振武麟勝節度使范希朝來朝。戊午，以振武行軍司馬閻巨源檢校工部尚書，兼單于大都護、振武麟勝節度使。庚申，以太常卿高郢爲中書侍郎、同中書門下平章事。壬申，監察御史崔薳入臺近，不練故事，違式入右神策軍；上怒，笞四十，配流崖州。

二十年春正月丁丑朔。丙申，天德軍防禦團練使、豐州刺史李景略卒，以其判官任迪簡代領其任。己亥，以鄜坊丹延節度使劉公濟爲工部尚書，以其行軍司馬裴玢代領其任。

二月丙午朔，罷中和節宴，歲儉也。庚戌，大雷震，雨雹。

三月甲申，以吐蕃贊普卒，廢朝。己亥，以國子祭酒趙昌爲安南都護、御史大夫、本管經略使。

夏四月辛酉，太子賓客齊抗卒。丙寅，吐蕃使臧河南觀察使論乞冉等五十四人來朝貢。陳許節度賜號忠武軍。

五月甲戌朔，罷御宣政殿〔三〇〕。乙亥，以史館修撰、秘書監張薦爲工部侍郎、兼御史大夫，充入吐蕃弔祭使。

七月癸酉朔，大雨雹。辛卯，福建觀察使柳冕奏置萬安監牧於泉州界，置羣牧五，悉索部內馬牛羊近萬頭匹，監吏主之。

八月戊申，以房州刺史鄭士美爲黔中觀察使。己未，以昭義兵馬使盧從史爲檢校工部尚書，兼潞州長史、昭義軍節度、澤潞磁邢洺觀察使。

九月庚辰，賜羣臣宴於馬璘山池。

冬十月甲辰，於景州南皮縣置唐昌軍。辛亥，易定節度使張茂昭來朝。

十一月丁酉，以監察御史李程、秘書正字張聿、藍田縣尉王涯並爲翰林學士。

十二月，吐蕃、南詔、日本國並遣使朝貢。庚午，以桂管防禦使顏証爲桂州刺史、桂管觀察使。

二十一年春正月辛未朔，御含元殿受朝賀〔三一〕。是日，上不康。丙子，以浙東觀察判官凌準爲翰林學士。癸巳，會羣臣於宣政殿，宣遺詔：皇太子宜於柩前即位。是日，上崩於會寧殿，享壽六十四。甲午，遷神柩於太極殿。丙申，發喪，羣臣縞素。皇太子即位。永貞元年九月丁卯，羣臣上謚曰神武孝文，廟號德宗。十月己酉，葬于崇陵，昭德皇后王氏祔焉。

史臣曰：德宗皇帝初總萬機，勵精治道。思政若渴，視民如傷。凝旒延納於讜言，側席思求於多士。其始也，去無名之費，罷不急之官；出永巷之嬪嬙，放文單之馴象；減太官之

黷，誠服玩之奢；解鷹犬而放伶倫，止榷酤而絕貢奉。百神咸秩，五典克從，御正殿而策賢良，輟廷臣而治畿甸。此皆前王之能事，有國之大猷，率是而行，夫何敢議。加以天才秀茂，文思雕華。灑翰金鑾，無愧淮南之作；屬辭鉛槧，何慙隴坻之書。文雅中興，敻高前代，二南三祖，豈盛於茲。然而王霸迹殊，淳醨代變，揆時而理，斟酌斯難。苟於交喪之秋，輕取鄙夫之論，歷觀近世，靡不敗亡。德宗在藩齒胄之年，曾爲統帥；及出震承乾之日，頗負經綸。故從初罷郭令戎權，非次聽楊炎謬計，遂欲混同華裔，束縛奸豪，南行襄漢之誅，北舉恆陽之伐。出車雲擾，命將星繁，罄國用不足以餽軍，竭民力未聞于破賊。一旦德音掃地，愁歎連甍，果致五盜僭擬於天王，二朱憑陵於宗社。奉天之窘，可爲涕零，罪己之言，補之何益。所賴忠臣戮力，否運再昌。雖知非竟逐於楊炎，而受佞不忘於盧杞。用延賞之私怨，奪李晟之兵符；取延齡之奸謀，罷陸贄之相位。知人則哲，其若是乎！貞元之辰，吾道窮矣。

贊曰：聰明文思，惟睿作聖。保姦傷善，聽斷不令。御曆三九，適逢天幸。賜宴之辰，徒矜篇咏。

校勘記

〔一〕杜英翰　「翰」字各本原作「輪」，據新書卷七德宗紀、通鑑卷二三三改。

〔二〕李充　各本原作「李允」，據本書卷一三五裴延齡傳及卷一三九陸贄傳、通鑑卷二三五改。

〔三〕河內　校勘記卷六云：影宋本作關內。

〔四〕靈州　各本原作「雲州」，據本書卷一九六下吐蕃傳、通鑑卷二三四改。

〔五〕劍南西山羌女國王湯立志　「山」字各本原作「川」，「湯」字原作「楊」，據本書卷一四〇韋皐傳及卷一九七東女國傳、通鑑卷二三四改。

〔六〕制以冬薦官　「以」字各本原無，「冬」字原在「制」上，今據冊府卷六三〇補改。

〔七〕張昇雲　各本原作「張雲昇」，據本卷上文及本書卷一四一張孝忠傳改。

〔八〕邕管　本書卷一五一王鍔傳作「容管」。

〔九〕李充　各本原作「李元」，據本書卷一三五裴延齡傳及卷一三九陸贄傳、通鑑卷二三五改。

〔一〇〕成德軍節度使檢校司徒兼侍中渾瑊兼中書令　校勘記卷六云：「按此有脫文。冊府一七六以成德軍節度檢校司徒王武俊兼中書令，下乃云河中絳州節度檢校司徒兼侍中渾瑊中書令。」

〔一一〕王紹　各本原作「王召」，據本書卷一二三王紹傳改。下同。

〔一二〕七人　各本原作「士人」，據本書卷一九六下吐蕃傳改。

〔一三〕淮西　各本原作「淮南」，據本書卷一二德宗紀、卷一四五吳少誠傳改。

〔一四〕兼奉朔中書令　合鈔卷一三德宗紀無「奉朔」二字。

〔一五〕義成軍　各本原作「昭義軍」，據本卷上文、通鑑卷二三五改。

〔一六〕李元素　「元」字各本原作「光」，據本書卷一三二李澄傳、新書卷一四七李元素傳改。

〔一七〕別頭貢舉　「頭」字各本原作「項」，據唐會要卷七六、冊府卷六四〇改。

〔一八〕徐申　各本原作「徐中」，據新書卷一四三徐申傳改。

〔一九〕非次遷授　各本原作「非先賜授」，據唐會要卷五四改。十七史商榷卷七三云：「當作非次越授。」

〔二〇〕罷御宣政殿　「罷」字各本原無，據冊府卷一〇七補。

〔二一〕受朝賀　「賀」字各本原作「貢」，據御覽卷一一三、冊府卷一〇七補。

舊唐書卷十四

本紀第十四

順宗　憲宗上

順宗至德大聖大安孝皇帝諱誦，德宗長子，母昭德皇后王氏。上元二年正月生於長安之東內。大曆十四年六月，封宣王。建中元年正月丁卯，立爲皇太子。

貞元二十一年正月癸巳，德宗崩，丙申，卽位於太極殿。上自二十年九月風病，不能言，暨德宗不豫，諸王親戚皆侍醫藥，獨上臥病不能侍。德宗彌留，思見太子，涕咽久之。大行發喪，人情震懼。上力疾衰服，見百僚於九仙門。既卽位，知社稷有奉，中外始安。庚子，羣臣上書請聽政。

二月辛丑朔。甲申，以河陽三城行軍司馬元韶爲懷州刺史、河陽懷州節度使。丙午，罷翰林醫工、相工、占星、射覆、冗食者四十二人。己酉，以易定張茂昭兼同平章事，以來

朝，故寵之。是夜，太白犯昴。辛卯，以吏部郎中韋執誼爲尙書左丞〔一〕、同中書門下平章事。辛酉，貶京兆尹李實通州長史，尋卒。壬子，淄青李師古以兵寇滑之東鄙，聞國喪也。甲寅，釋仗內囚嚴懷志、呂温等一十六人。平涼之盟陷蕃，久之得還，以習蕃中事，不欲令出外，故囚之仗內，至是方釋之。日本國王幷妻還蕃，賜物遣之。壬寅，以太子侍書、翰林待詔王伾爲左散騎常侍，充翰林學士。以前司功參軍、翰林待詔王叔文爲起居舍人，充翰林學士。以鴻臚卿王權爲京兆尹。甲子，御丹鳳樓，大赦天下。諸道除正敕率稅外，諸色榷稅並宜禁斷；除上供外，不得別有進奉。百姓九十已上，賜米二石，絹兩匹，版授上佐、縣君，仍令本部長吏就家存問；百歲已上，賜米五石，絹二匹，綿一屯，羊酒，版授下州刺史、郡君。戊辰，以開府儀同三司、檢校太尉、使持節、大都督雞林州諸軍事、雞林州刺史、上柱國、新羅王金重熙兼寧海軍使，以重熙母和氏爲太妃，妻朴氏爲妃。

三月庚午，出宮女三百人于安國寺，又出掖庭教坊女樂六百人于九仙門，召其親族歸之。戊寅，以韋皐兼檢校太尉，李師古、劉濟兼檢校司空，張茂昭司徒。丙戌，檢校司空、同平章事杜佑爲度支鹽鐵使。戊子，徐州節度賜名武寧軍。蔡州吳少誠兼同平章事。以翰林學士王叔文爲度支鹽鐵轉運使副，杜佑雖領使名，其實叔文專總。宰相賈耽兼檢校司空，鄭珣瑜吏部尙書，高郢刑部尙書，韋執誼中書侍郎，鎭冀王士眞、淮南王鍔、魏博田季安皆

檢校司空。癸巳，詔册廣陵郡王淳爲皇太子，改名純。

夏四月壬寅，制第十弟諤封欽王，第十一弟諴封珍王。男建康郡王渙封郯王，改名經；洋川郡王沔封均王，改名緯；臨淮郡王洵封漵王〔二〕，改名縱；弘農王浼封莒王，改名紓；漢東郡王泳封密王，改名綢；晉陵郡王混封郇王，改名總；高平郡王溆封邵王，改名約；雲安郡王滋封宋王，改名結；宣城郡王𣸣封集王，改名緗；德陽郡王湑封冀王，改名絿；河東郡王浥封和王，改名綺。十七男絢封衡王，十九男纁封會王，二十男綰封福王，二十一男紘封撫王，二十三男緄封岳王，二十四男紳封袁王，二十五男綸封桂王，二十七男繟封翼王。彌臣國嗣王道勿禮封彌臣國王。西平郡王晟男左羽林大將軍愿襲封岐公，食邑三千戶。戊申，詔以册太子禮畢，赦京城繫囚，大辟降從流，流以下減一等。以給事中陸質、中書舍人崔樞並爲太子侍讀。庚戌，封太子男寧、寬、宥、察、寰、寮等六人爲郡王，並食邑三千戶。癸丑，贈入吐蕃使、工部侍郎、兼御史大夫張薦禮部尙書。丙寅，罷萬安監牧。戊辰，以杭州刺史韓皐爲尙書右丞。

五月己巳，以右金吾衞大將軍范希朝爲右神策統軍，充左右神策、京西諸城鎭行營兵馬節度使。丁丑，以邕管經略使韋丹爲河南少尹，以萬年縣令房啓爲容管經略招討使。癸未，以郴州司馬鄭餘慶爲尙書左丞。甲辰，以檢校司空、忽汗州都督、渤海國王大嵩璘檢校

司徒。承徽王氏、趙氏可昭儀，崔氏、楊氏可充儀，王氏可昭媛，王氏可昭容，牛氏可修儀，張氏可美人。以右丞韓皐爲鄂岳沔蘄都團練觀察使。丁亥，升襄州爲大都督府。臨漢縣仍徙于鄧城。

六月丙申，詔二十一年十月已前百姓所欠諸色課利、租賦、錢帛，共五十二萬六千八百四十一貫、石、匹、束，並宜除免。

七月戊辰朔，吐蕃使論悉諾來朝貢。丙子，鄆州李師古加檢校侍中。贈故忠州別駕陸贄兵部尙書，謚曰宣；贈故道州刺史陽城爲左散騎常侍。戊寅，以戶部侍郎潘孟陽爲度支鹽鐵轉運使副。丙戌，關東蝗食田稼。癸巳，橫海軍節度使、滄州刺史程懷信卒，以其子副使執恭起復滄州刺史、橫海軍節度使。甲午，度支使杜佑奏：「太倉見米八十萬石，貯來十五年，東渭橋米四十五萬石，支諸軍皆不悅。今歲豐阜，請權停北河轉運，於濱河州府和糴二百萬石，以救農傷之弊。」乃下百僚議，議者同異不決而止。乙未，詔：「朕承九聖之烈，荷萬邦之重。顧以寡德，涉道未明，虔恭寅畏，懼不克荷。恐上墜祖宗之訓，下貽卿士之憂，夙夜祗勤，如臨淵谷。而積疾未復，至于經時，怡神保和，常所不暇。永惟四方之大，萬務之殷，不躬不親，慮有曠廢。加以山陵有日，霖潦踰旬，是用儆于朕心，以答天戒。其軍國政事，宜令皇太子勾當。」時上久疾，不復延納宰臣共論大政。事無巨細皆決于李忠

書，王伾、王叔文。物論喧雜，以爲不可。藩鎮屢上牋於皇太子，指三豎之撓政，故有是詔。以太常卿杜黃裳爲門下侍郎，左金吾衞大將軍袁滋爲中書侍郎，並同中書門下平章事；鄭珣瑜爲吏部尚書，高郢刑部尚書，並罷知政事。皇太子見百僚於朝堂。丙申，皇太子於麟德殿西亭見奏事官。

八月丁酉朔。庚子，詔：「惟皇天佑命烈祖，誕受方國，九聖儲祉，萬邦咸休。肆予一人，獲纘丕業，嚴恭守位，不遑暇逸。而天佑不降，疾恙無瘳，將何以奉宗廟之靈，展郊禋之禮！疇咨庶尹，對越上玄，內愧于朕心，上畏于天命。夙夜祗慄，深惟永圖。一日萬機，不可以久曠；天工人代，不可以久違。皇太子純睿哲温文，寬和仁惠，孝友之德，愛敬之誠，通乎神明，格于上下。是用法皇王至公之道〔三〕，遵父子傳歸之制，付之重器，以撫兆人。必能宣祖宗之重光，荷天地之休命，奉若成憲，永綏四方。宜令皇太子卽皇帝位，朕稱太上皇，居興慶宮，制稱誥。」辛丑，誥：「有天下傳歸於子，前王之制也。欽若大典，斯爲至公，式揚耿光，用體文德。朕獲奉宗廟，臨御萬方，降疾不瘳，庶政多闕。乃命元子，代予守邦，爰以令辰，光膺册禮，宜以今月九日册皇帝於宣政殿。國有大命，恩俾惟新，宜因紀元之慶，用覃在宥之澤。宜改貞元二十一年爲永貞元年。自貞元二十一年八月五日已前，天下死罪降從流，流以下遞減一等。」誥立良娣王氏爲太上皇后，良媛董氏爲太上皇德妃。壬寅，貶右散

騎常侍王伾爲開州司馬，前戶部侍郎、度支鹽鐵轉運使王叔文爲渝州司戶。

元和元年正月丙寅朔，皇帝率百僚上太上皇尊號曰應乾聖壽。甲申，太上皇崩於興慶宮之咸寧殿，享年四十六歲。六月乙卯，皇帝率羣臣上大行太上皇謚曰至德大聖大安孝皇帝，廟號順宗。秋七月壬申，葬于豐陵。

史臣韓愈曰：順宗之爲太子也，留心藝術，善隸書。德宗工爲詩，每賜大臣方鎮詩制，必命書之。性寬仁有斷，禮重師傅，必先致拜。從幸奉天，賊泚逼迫，常身先禁旅，乘城拒戰，督勵將士，無不奮激。德宗在位歲久，稍不假權宰相。左右倖臣如裴延齡、李齊運、韋渠牟等，因間用事，刻下取功，而排陷陸贄、張滂輩，人不敢言，太子從容論爭，故卒不任延齡、渠牟爲相。嘗侍宴魚藻宮，張水嬉，綵艦雕靡，宮人引舟爲櫂歌，絲竹間發，德宗歡甚，太子引詩人「好樂無荒」爲對。每於敷奏，未嘗以顏色假借宦官。居儲位二十年，天下陰受其賜。惜乎寢疾踐祚，近習弄權；而能傳政元良，克昌運祚，賢哉！

憲宗上

憲宗聖神章武孝皇帝諱純，順宗長子也，母曰莊憲王太后。大曆十三年二月生于長安之東內。六七歲時，德宗抱置膝上，問曰：「汝誰子，在吾懷？」對曰：「是第三天子。」德宗異而憐之。貞元四年六月，封廣陵王。順宗卽位之年四月，册爲皇太子。七月乙未，權勾當軍國政事。

八月丁酉朔，受內禪。乙巳，卽皇帝位於宣政殿。先是，連月霖雨，上卽位之日晴霽，人情欣悅。丙午，昇平公主進女口十五人，上曰：「太上皇不受獻，朕何敢違！其還郭氏。」丁未，始御紫宸對百僚。己酉，以道州刺史路恕爲邕管經略使。庚戌，荆南獻龜二，詔曰：「朕以寡昧，纂承丕業，永思理本，所寶惟賢。至如嘉禾神芝，奇禽異獸，蓋王化之虛美也。所以光武形於詔令，春秋不書祥瑞，朕誠薄德，思及前人。自今已後，所有祥瑞，但令准式申報有司，不得上聞；其奇禽異獸，亦宜停進。」癸丑，劍南西川節度使、檢校太尉、中書令、南康郡王韋皐薨。甲寅，以常州刺史穆贊爲宣歙池觀察使，以前宣歙觀察使崔衍爲工部尚書。己未，以中書侍郎、平章事袁滋爲劍南東西兩川、山南西道安撫大使，時韋皐卒，劉闢

據蜀邀節鉞故也。辛酉，太上皇誥册良娣王氏爲太上皇后。癸亥，以朝請大夫、守尚書左丞、輕車都尉、賜紫金魚袋鄭餘慶同中書門下平章事。丙寅，以饒州刺史李吉甫爲考功郎中，夔州刺史唐次爲吏部郎中，並知制誥。

九月丁卯朔。己巳，罷教坊樂人授正員官之制。辛未，河陽三城節度使元韶卒。癸酉，以陳州刺史孟元陽爲懷州刺史、河陽三城孟懷節度使。丙子，敕中光蔡、陳許兩道比遭亢旱，宜加賑恤，中光蔡賑米十萬石，陳許五萬石。丁丑，前戶部侍郎蔡弁卒。襄州于頔進鷹，詔還之。己卯，京西神策行營節度行軍司馬韓泰貶撫州刺史，司封郎中韓曄貶池州刺史，禮部員外郎柳宗元貶邵州刺史，屯田員外郎劉禹錫貶連州刺史，坐交王叔文也。辛巳，給事中陸質卒。

冬十月丙申朔。丁酉，集百僚發曾太皇太后沈氏哀於肅章門外。檢校司空兼右僕射、同中書門下平章事、魏國公賈耽卒。戊戌，以宰臣劍南安撫使袁滋檢校吏部尚書、同中書門下平章事、成都尹、劍南西川節度觀察等使，以西川行軍司馬劉闢爲給事中。舒王誼薨。庚子，南詔使趙迦寬來赴山陵。浙東觀察使賈全卒。辛丑，吐蕃使論乞縷貢助山陵金銀衣服。太常上大行曾太皇太后沈氏謚曰睿眞皇后。丙午，以華州刺史楊於陵爲越州刺史、浙東觀察使。丁未，改桂州純化縣爲慕化縣，蒙州純義縣爲正義縣。己酉，葬德宗皇帝于崇

陵。甲寅，以刑部尚書高郢爲華州刺史、潼關防禦、鎮國軍使，御史中丞李鄘爲京兆尹。貶京兆尹王權爲雅王傅。久雨，京師鹽貴，出庫鹽二萬石，糶以惠民。乙巳，祔睿眞皇后神主、德宗皇帝神主于太廟。壬申，貶正議大夫、中書侍郎、平章事韋執誼爲崖州司馬，以交王叔文也。潤、池、揚、楚、湖、杭、睦、江等州旱。貶劍南西川節度使袁滋爲吉州刺史，以其慰撫三川逗留不進故也。以左驍衞將軍李演爲夏州刺史、夏綏銀等州節度使，以右庶子武元衡爲御史中丞。己卯，再貶撫州刺史韓泰爲虔州司馬，河中少尹陳諫台州司馬，邵州刺史柳宗元爲永州司馬，連州刺史劉禹錫朗州司馬，池州刺史韓曄饒州司馬，和州刺史凌準連州司馬，岳州刺史程异郴州司馬，皆坐交王叔文。初貶刺史，物議罪之，故再加貶竄。辛巳，宣、撫、和、郴、鄂、袁、衢七州旱。壬午，吏部尚書鄭珣瑜卒。甲申，以湖南觀察使楊憑爲洪州刺史、江西觀察使，以虢州刺史薛苹爲潭州刺史、湖南觀察使。鄂、岳、婺、衡等州旱。癸巳，宣歙觀察使穆贊卒。

十二月丙申朔。庚子，以東都留守韋夏卿爲太子少保，以兵部尚書王紹爲東都留守。壬寅，改淳州爲睦州，還淳縣爲清溪縣[四]，淳風縣爲從化縣，姓淳于者改姓于。甲辰，襄陽于頔加平章事。丙申，月犯畢。己酉，以新除給事中、西川行軍司馬劉闢爲成都尹、劍南西川節度使。歲星犯太微西垣。庚戌，金州復析漢陰縣置石泉縣。壬子，以右諫議大夫韋丹

爲梓州刺史，充劍南東川節度使，以常州刺史路應爲宣州刺史、宣歙池觀察使。壬戌，以朝請大夫、守中書舍人、翰林學士、上柱國鄭絪爲中書侍郎、同平章事、集賢殿學士。以考功郎中、知制誥李吉甫爲中書舍人，以考功員外郎裴垍爲考功郎中、知制誥，並充翰林學士。

元和元年春正月丙寅朔，皇帝率羣臣於興慶宮奉上太上皇尊號曰應乾聖壽太上皇。丁卯，御含元殿受朝賀。禮畢，御丹鳳樓，大赦天下，改元曰元和。自正月二日昧爽已前，大辟罪已下，常赦不原者，咸赦除之。辛未，以鄂岳沔觀察使韓皐爲鄂岳蘄安黃等州節度使。丁丑，太子少保韋夏卿卒。辛巳，以興元元從功臣、右神策護軍使副薛盈珍爲右神策護軍中尉。壬午，成德軍節度使、檢校司空王士眞同中書門下平章事。癸未，詔以太上皇舊恙愆和，親侍藥膳，起今月十六日已後，權不聽政。以左神策長武城防秋都知兵馬使高崇文檢校工部尚書，充神策行營節度使。甲申，太上皇崩于興慶宮，遷殯于太極殿，發喪。乙酉，宰相杜佑攝冢宰，杜黃裳爲禮儀使，右僕射伊愼大明宮留守，視事於尚書省。壬辰，復置斜谷路館驛。戊子，制：「劍南西川，疆界素定，藩鎮守備，各有區分。頃因元臣薨謝，鄰藩不睦，劉闢乃因虛構隙，以忿結讎，遂勞王軍，兼害百姓。朕志存含垢，務欲安人，遣使諭宣，委之旄鉞。如聞道路擁塞，未息干戈，輕肆攻圍，擬圖吞併。爲君之體，義在勝殘，命將興師，蓋非獲已。宜令興元嚴礪、東川李康掎角應接，神策行營節度使高崇文、神策兵馬使李元奕率步騎之師，與東川、興元之師類會進討。其糧料供餉，委度支使差官以聞。」甲午，高崇文之師由斜谷路，李元奕之師由駱谷路，俱會于梓潼。辛卯，羣臣請聽政。

二月乙未朔，以度支郎中敬寬爲山劍行營糧料使。嚴礪奏收劍州。乙丑，入朝奚王梅落可銀青光祿大夫、檢校司空，封饒樂郡王，放還蕃。癸卯，贈宣武軍節度使陸長源爲右僕射，贈故吉州刺史姜公輔禮部尚書。甲辰，以錢少，禁用銅器。癸丑，以魏博田季安同平章事。戊戌，謂宰臣曰：「前代帝王，或怠于聽政，或躬決繁務，其道如何？」杜黃裳對曰：「帝王之務，在於修己簡易，擇賢委任，宵旰以求民瘼，捨己從人以厚下，固不宜怠肆安逸。然事有綱領小大，當務知其遠者大者；至如簿書訟獄，百吏能否，本非人主所自任也。昔秦始皇自程決事，見嗤前代；諸葛亮王霸之佐，二十罰以上皆自省之，亦爲敵國所誚，知不久堪；魏明帝欲省尚書擬事，陳矯言其不可；隋文帝日旰聽政，令衞士傳餐，文皇帝亦笑其煩察。爲人主之體固不可代下司職，但擇人委任，責其成効，賞罰必信，誰不盡心。傳稱帝舜之德曰：『夫何爲哉？恭己南面而已！』誠以能舉十六相，去四兇也。豈與勞神疲體自任耳目之主同年而語哉！但人主常勢，患在不能推誠，人臣之弊，患在不能自竭。由是上疑下詐，禮貌或虧，欲求致理，自然難致。苟無此弊，何患不至於理。」上稱善久之。以京兆尹李

鄘爲尚書右丞，以金吾大將軍鄭雲逵爲京兆尹。

三月乙丑朔。戊辰，詔常參官寒食拜墓，在畿內聽假日往還，他州府奏取進止。辛未，御史中丞武元衡奏：「中書門下御史臺五品已上官、尚書省四品已上、諸司正三品已上、從三品職事官、東都留守、轉運鹽鐵節度觀察使、團練防禦招討經略等使、河南尹、同華州刺史、諸衞將軍三品已上官除授，皆入閤謝，其餘官許於宣政南班拜訖便退。」詔曰：「如此例中有加使及職掌並准此。」又「兵部、吏部、禮部貢院官員，每舉選限內，有十月至二月不奉朝參。若稱事繁，則中書門下、御史臺、度支、京兆府公事至重，朝謁如常。況旬節已賜歸休，又許分日，一月之內，纔奉十日朝參，甚暑甚寒，又蒙矜放。臣求故實，以爲王顏任中丞日嘗論其事，舉對甚詳。伏請准貞元十二年四月二十七日敕，永爲常式。」從之。丙子，嚴礪收梓州。丁丑，制削奪劉闢在身官爵。先是，韓全義入朝，令其甥楊惠琳知留後，俄有詔除李演爲節度，代全義。演赴任，惠琳據城叛，詔發河東、天德兵誅之。辛巳，夏州兵馬使張承金斬惠琳，傳首以獻。壬辰，大行太上皇德妃董氏卒。以右神策行營節度高崇文檢校兵部尚書、梓州刺史、劍南東川節度。

戊戌，以安南經略副使張舟爲安南都護、本管經略使。己亥，以前劍南東川節度使韋丹爲晉絳觀察使。壬寅，以前安南經略使趙昌爲廣州刺史、嶺南節度使。癸卯，前嶺南節

度使徐申卒。丙午，命宰臣監試制舉人於尚書省，以制舉人先朝所徵，不欲親試也。丁未，以檢校司空、平章事杜佑爲司徒，所司備禮册拜，平章事如故；罷領度支、鹽鐵、轉運等使，從其讓也，仍以兵部侍郎李巽代領其任。戊申，以隴右經略使、秦州刺史劉澭爲保義軍節度使。賑浙東米十萬石。己未，武元衡奏，常參官兼御史大夫、中丞者，准檢校省官例，立在本品同類之上。壬戌，邵王約薨。武元衡奏：「正衙待制官，本置此官以備問。比來正衙多不奏事。自今後請以尚書省六品以上職事官、東宮師傅賓詹、王傅等，每坐日令兩人待制〔五〕，退朝，詔於延英候對。」從之。

五月甲子朔。丁卯，京兆尹鄭雲逵卒。辛未，以兵部侍郎韋武爲京兆尹兼御史大夫。壬申，貶劍南東川節度使李康爲雷州司馬。陳、許、蔡等州旱。以橫海軍留後程執恭橫海軍節度使。庚辰，左丞、同平章事鄭餘慶爲太子賓客，罷知政事。辛卯，册太上皇后王氏爲皇太后。

六月癸巳朔，以册太后禮畢，赦天下繫囚，死罪降從流，流以下遞減一等。文武內外官加母邑號，太后諸親，量與優給。丙申，册德宗充容武氏爲崇陵德妃。大風折樹。丁酉，高崇文破賊萬人於鹿頭關。加幽州劉濟侍中，淄青李師古檢校司徒。癸卯，高崇文收漢州。

閏六月壬子朔，淄青李師古卒。戊辰，以祕書監董叔經爲京兆尹。壬午，諫議大夫去

左、右字，只置四員。以前司封員外郎韋況爲諫議大夫。甲申，吐蕃論勃藏來朝貢。

秋七月壬辰朔。壬寅，葬順宗于豐陵。己酉，太子少保致仕韓全義卒。

八月辛酉朔。癸亥，以左衞大將軍李愿檢校禮部尚書、夏州刺史，充夏綏銀節度使。甲子，郇王母王昭儀、宋王母趙昭儀、郯王母張昭訓、衡王母閻昭訓等，各以其王並爲太妃。以許氏爲美人，尹氏、段氏爲才人。潯陽公主母崔昭訓爲太妃。韓全義子進女樂八人，詔還之。丁卯，封王子平原郡王寧爲鄧王，同安郡王寬爲澧王，建安郡王宥爲遂王〔六〕，彭城郡王祭爲深王，高密郡王寰爲洋王，文安郡王寮爲絳王，第十男審爲建王。己巳，以建王審爲鄆州大都督、平盧淄青節度使；以節度副使李師道權知鄆州事，充節度留後。乙亥，册妃郭氏爲貴妃。靈武李欒奏，黃河岸塲處得古錢三千三百，其形小，方孔，三足。壬午，左降官韋執誼、韓泰、陳諫、柳宗元、劉禹錫、韓曄、凌準、程异等八人，縱逢恩赦，不在量移之限。癸未，京兆尹董叔經卒。甲申，御史臺奏，常參官在城未上及在外未到、假故等，在外未到，計水陸程外，滿百日，並停解，從之。丙戌，以尚書右丞李鄘爲京兆尹。

九月辛卯朔。癸卯，詔自今後兩省官每坐日一人對。丙午，以太子賓客鄭餘慶爲國子祭酒。辛亥，高崇文奏收成都，擒劉闢以獻。癸丑，以山人李渤爲左拾遺，徵不至。甲子，易定張茂昭來朝。丙寅，以劍南東川節度使、檢校兵部尚書、梓州刺史、封渤海郡王高崇文檢校司空，兼成都尹、御史大夫，充劍南西川節度副大使、知節度事、管內度支營田觀察使、處置統押近界諸蠻及西山八國兼雲南安撫等使，仍改封南平郡王，食邑三千戶。戊戌，以山南西道節度使嚴礪爲梓州刺史、劍南東川節度使；以將作監柳晟檢校工部尚書，兼興元尹，充山南西道節度使。庚辰，以吉州刺史袁滋爲御史大夫，充義成軍節度使。壬午，以淄青節度使留後李師道檢校工部尚書，兼鄆州大都督府長史，充平盧淄青節度副大使、知節度事。丙戌，以渤海國王大嵩璘檢校太尉。戊子，斬劉闢并子超郎等九人於獨柳樹下。

十一月庚寅朔。己巳，以簡王傅王權爲河南尹。丁未，以司農卿李上公爲陝州大都督府長史，充陝虢觀察使。甲申，以武寧軍節度張愔爲工部尚書，以東都留守王紹檢校右僕射，兼徐州刺史、武寧軍節度使、徐泗濠等州觀察等使。庚戌，以吏部侍郎趙宗儒爲東都留守、東畿汝防禦使，以國子祭酒鄭餘慶爲河南尹。甲寅，以給事中劉宗經爲華州刺史、潼關防禦、鎮國軍等使。丙辰，以內常侍吐突承璀爲神策護軍中尉。

十二月丙申朔，太常奏隱太子、章懷、懿德、節愍、惠莊、惠文、惠宣〔七〕、靖恭、昭靖以下九太子陵，代數已遠，官額空存，今請陵戶外並停。乙亥，工部尚書張愔卒。丙戌，新羅、渤海、牂柯、迴紇各遣使朝貢。

二年春正月己丑朔，上親獻太清宮、太廟。辛卯，祀昊天上帝于郊丘，是日還宮，御丹鳳樓，大赦天下。先是，將及大禮，陰晦浹辰，宰臣請改日，上曰：「郊廟事重，齋戒有日，不可遽更。」享獻之辰，景物晴霽，人情欣悅。丁酉，司徒杜佑辭知政事，詔令每月三度入朝，便於中書商量政事。庚子，迴紇請于河南府、太原府置摩尼寺，許之。乙巳，以門下侍郎、同平章事、南陽郡開國公杜黃裳檢校司空、同平章事，兼河中尹、河中晉絳等州節度使。停諸陵留守。己卯，以戶部侍郎、賜緋魚袋武元衡爲門下侍郎、同平章事、賜紫金魚袋，以中書舍人、翰林學士李吉甫爲中書侍郎、同平章事。丁巳，停中和、重陽二節賜宴；其上巳宴，仍舊賜之。

二月辛酉，詔僧尼道士全隸左右街功德使，自是祠部司封不復關奏。丙寅，左右羽林軍應管月番飛騎總五千六百一十三人，並停。己巳，起居舍人鄭隨次對，面受進止；令宜與兩省供奉官，自今已後，有事即進狀，次對官宜停。庚午，司天造新曆成，詔題爲元和觀象曆。壬申夜，月掩歲星。丁丑，寒食節，宴羣臣於麟德殿，賜物有差。壬午，以第五國珍爲右神策軍中尉。

三月辛卯，賜羣臣宴於曲江亭。癸卯，判度支李巽爲兵部尚書，依前判度支鹽鐵轉運使。

夏四月甲子，禁鉛錫錢。以右金吾衞大將軍范希朝爲檢校司空、靈州長史、朔方靈鹽節度使。戊寅，近置英武軍額，宜停。庚辰，嶺南節度使趙昌進瓊管儋、振、萬安六州六十二洞歸降圖。

六月丁巳朔，始置百官待漏院於建福門外。故事，建福、望仙等門，昏而閉，五更而啓，與諸坊門同時。至德中有吐蕃囚自金吾仗亡命，因敕晚開門，宰相待漏於太僕寺車坊。至是始令有司據班品置院。戊午，鳳翔節度使張敬則卒。乙丑，五坊色役戶及中書門下兩省納課陪廚戶及捉錢人，並歸府縣色役。己巳，停舒、廬、滁、和四州團練使額。癸酉，東都莊宅使織造戶，並委府縣收管。乙亥，停潤州丹陽軍額。丙子，左神策軍新築夾城，置玄化門晨耀樓。辛巳，以京兆尹李鄘爲鳳翔尹、鳳翔隴右節度使。蔡州水，平地深七八尺。

秋七月丙戌朔，敕刑部侍郎許孟容等刪定開元格後敕。丁亥，敕外命婦朝謁皇太后，多有前却，今後諸親委宗正寺，百官母妻委臺司，如有違越者，夫子奪一月俸，頻不到，有司具狀奏聞。戊子，錄配享功臣之後，得蘇瓌孫繫，用爲京兆府司錄；崔玄暐孫元方、張說孫嵒，並爲監察御史；狄仁傑後玄範，爲右拾遺；敬暉孫元亮、袁恕己孫德師，相次敍用。癸巳，太僕寺丞令狐丕進亡父峘所撰代宗實錄四十卷，詔贈峘工部尚書。

八月丙辰朔。辛酉，宰相武元衡兼判戶部事。壬戌，刑部奏改律卷第八爲鬬競律。甲

子，以職方員外郎王潔爲嶺南選補使，監察御史崔元方監之。甲戌，中書奏：「先停諸道奏祥瑞。伏以所獻祥瑞，皆緣臘饗、告廟、元會奏聞，今後諸大瑞隨表聞奏，中瑞、下瑞申有司，其元日奏祥瑞，請依令式。」從之。辛巳，封杜黃裳爲邠國公，于頔爲燕國公。沒蕃僧惟良闡等四百五十人自蕃中還。

九月乙酉，密王綢薨。

十月己酉，以浙西節度使李錡爲左僕射；以御史大夫李元素爲潤州刺史、鎮海軍、浙西節度使。庚申，李錡據潤州反，殺判官王澹、大將趙琦。時錡詐請入朝，署澹爲留後，因諷兵士亂，殺澹、琦，遂令蘇、常、杭、湖、睦五州戍將殺刺史，修石頭故城，謀欲僭逆。壬戌，詔：「李錡屬列宗枝，任居方伯，竊赫奕之貴，飽綢繆之恩。待以親賢，報之以逆節；授其師旅，用之以亂常。累獻表章，亟請朝會，初則詐疾，後乃縱兵。僚佐以獻規受屠，王臣以傳命見脅。朕切於含垢，未忍發明，累降中人，令遵前旨。無軺車之戒路，有沴氣之滔天，加以日逞淫刑，月興暴賦。朕爲人父母，聞甚惻然，顧惟紀綱，焉敢廢墜！李錡在身官爵，並宜削奪。」以淮南節度使王鍔充諸道行營招討使，內官薛尚衍爲監軍，率汴、徐、鄂、淮南、宣歙之師，取宣州路進討。丁卯，以門下侍郎、平章事武元衡檢校吏部尚書、兼門下侍郎、平章事、成都尹，充劍南西川節度使，仍封臨淮郡公。將行，上御安福門慰勞之。癸酉，潤州大將張子良[八]、李奉僊等執李錡以獻。辛巳，錡從父弟宋州刺史銛、通事舍人銑坐貶嶺外。

十一月甲申，斬李錡於獨柳樹下，削錡屬籍。丙戌，以擒李錡潤州牙將張子良爲左金吾衞將軍，封南陽郡王；田少卿、李奉僊等爲羽林將軍，並封公。甲辰，詔司徒杜佑筋力未衰，起今後每日入中書視事。

十二月甲寅，宰相李吉甫封贊皇侯。丙辰，上謂宰臣曰：「朕覽國書，見文皇帝行事，少有過差，諫臣論諍，往復數四。況朕之寡昧，涉道未明，今後事或未當，卿等每事十論，不可一二而止。」丁巳，東都國子監增置學生一百人。癸亥，御史臺奏：「文武常參官准乾元元年三月十四日敕，如有朝堂相弔慰及跪拜、待漏行立失序，語笑諠譁；入衙入閤，執笏不端，行立遲慢；立班不正，趨拜失儀，言語微諠，穿班穿仗，出入閤門，無故離位；廊下飲食，行坐失儀諠鬧；入朝及退朝不從正衙出入；非公事入中書等：每犯奪一月俸。班列不肅，所由指摘，猶或飾非，即具聞奏貶責。臣等商量，於舊條每罰各減一半，所貴有犯必舉。」從之。丙寅，以劍南西川節度使高崇文檢校司空、同平章事，兼邠州刺史、邠寧慶節度使，充京西諸軍都統。壬申，禮部舉人，罷試口義，試墨義十條，五經通五，明經通六，即放進士。舉人曾爲官司科罰，曾任州縣小吏，雖有辭藝，長吏不得舉送，違者舉送官停任，考試官貶黜。丙子，令宰臣宣敕：百僚遊宴過從餞別，此後所由不得奏報，務從歡泰。保義軍節度使劉澭

卒。己卯，史官李吉甫撰元和國計簿，總計天下方鎮凡四十八，管州府二百九十五，縣一千四百五十三，戶二百四十四萬二百五十四。其鳳翔、鄜坊、邠寧、振武、涇原、銀夏、靈鹽、河東、易定、魏博、鎮冀、范陽、滄景、淮西、淄青十五道，凡七十一州，不申戶口。每歲賦入倚辦，止於浙江東西、宣歙、淮南、江西、鄂岳、福建、湖南等八道，合四十九州，一百四十四萬戶。比量天寶供稅之戶，則四分有一。天下兵戎仰給縣官者八十三萬餘人[九]，比量天寶士馬，則三分加一，率以兩戶資一兵。其他水旱所損，徵科發斂，又在常役之外。吉甫都纂其事，成書十卷。

是歲，吐蕃、迴紇、奚、契丹、渤海、牂牁、南詔並朝貢。

三年春正月癸未朔。癸巳，羣臣上尊號曰睿聖文武皇帝。御宣政殿受册，禮畢，移仗御丹鳳樓，大赦天下。庚子，涇原段祐請修臨涇城，在涇州北九十里，扼犬戎之衝要，詔從之。戊申，罷左右神威軍，合爲一，號天威軍。

二月丙申，宰相李吉甫進封趙國公。己丑，以武昌軍節度使韓皐爲潤州刺史、鎮海軍節度、浙西觀察使[十]。辛未，贈故布衣崔善貞睦州司馬，忠諫而死於李錡也。癸丑，以鄜坊節度使裴玢爲興元尹、山南西道節度使。丙子，以右金吾衞大將軍路恕爲鄜州刺史、鄜

坊節度使。戊寅，咸安大長公主卒於迴紇。

三月癸巳，郇王總薨。庚子，以定平鎮兵馬使朱士明爲四鎮北庭涇原等州節度使。乙巳，御宣政殿試制科舉人。

夏四月癸丑，中使郭里旻酒醉犯夜，杖殺之，金吾薛伾、巡使韋纁皆貶逐。賜朱士明名曰忠亮。乙丑，貶翰林學士王涯虢州司馬，時涯甥皇甫湜與牛僧孺、李宗閔並登賢良方正科第三等，策語太切，權倖惡之，故涯坐親累貶之。壬申，大風毀含元殿欄檻二十七間。乙亥，以嶺南節度使趙昌爲江陵尹、荊南節度使，以戶部侍郎楊於陵爲廣州刺史、嶺南節度使。丁丑，以荊南節度使裴均爲右僕射、判度支。敕五月一日御殿受朝賀禮宜停。己卯，裴均於尚書省都堂上僕射。其送印及呈孔目唱案授案（二），皆尚書郎爲之，文武三品已上升階列坐，四品五品及郎官、御史拜於廳下，然後召御史中丞、左右丞、侍郎升階答拜。雖修故事行之，議者論其太過。

五月壬辰，兵部請復武舉，從之。甲午，敕東都畿汝州都防禦使及副使宜停，所管將士三千七百三十人，隨畿汝界分留守及汝州防禦使分掌之。辛丑，右僕射裴均請取荊南雜錢萬貫修尚書省，從之。丙午，正衙冊九姓迴紇可汗爲登囉里汨密施合毗伽保義可汗。

六月戊辰，詔以錢少，欲設畜錢之令，先告諭天下商賈畜錢者，並令逐便市易，不得畜

錢。天下銀坑，不得私採。癸亥，以邕管將黃少卿爲歸順州刺史，弟少高、少溫並授官，西原蠻酋也，貞元中屢寇邕管，至是歸款。乙丑，罷江淮私堰埭二十二，從轉運使奏也。甲戌，以河南尹鄭餘慶爲東都留守。丁丑，沙陀突厥七百人攜其親屬歸振武節度使范希朝，乃授其大首領葛勒河波陰山府都督。

秋七月辛巳朔，日有蝕之。己亥，復以度支安邑、解縣兩池留後爲榷鹽使。丁未，涪州復隸黔中道。

八月庚申，復置東都防禦兵七百人。

九月己丑，淮南節度使王鍔來朝。庚寅，以山南東道節度使于頔守司空、同平章事；以右僕射裴均檢校左僕射、同平章事、襄州長史，充山南東道節度使；加宣武韓弘同平章事。丙申，以戶部侍郎裴垍爲中書侍郎、同平章事。戊戌，以中書侍郎、平章事李吉甫檢校兵部尚書、兼中書侍郎、平章事、揚州大都督府長史、淮南節度使。以淮南節度使王鍔檢校司徒、河中尹、河中晉絳慈隰節度使。河中節度使、檢校司空、同平章事邠國公杜黃裳卒。

是秋，京師大雨。

十月己酉朔。癸亥，以太常卿高郢爲御史大夫。甲子，以御史中丞竇羣爲湖南觀察使，既行，改爲黔中觀察使。羣初爲李吉甫擢用，及持憲，反傾吉甫，吉甫劾其陰事，故貶

之。丁卯，度支使下判案官，以四員爲定。

十一月甲午，橫海軍節度使程執恭來朝。

十二月庚戌，以臨涇縣爲行原州，命鎮將郝玼爲刺史（三）。自玼鎮臨涇，西戎不敢犯塞。甲子，南詔異牟尋卒。辛未，以諫議大夫段平仲使南詔弔祭，仍立其子驃信苴蒙閤勸爲南詔王（三）。

是歲，淮南、江南、江西、湖南、山南東道旱。

夏四月丙子朔。戊寅，國子祭酒馮伉卒。壬午，裴均進銀器一千五百兩，以違敕，付左藏庫。甲申，令皇太子居少陽院。武功人張英奴撰迴波辭惑衆，杖殺之。丙申，撫州山人張洪騎牛冠履，獻書於光順門，書不足採，遣之。庚子，制故太尉、西平郡王李晟宜編附屬籍。以太常卿李元素爲戶部尚書、判度支，以商州刺史元義方爲福建觀察使。甲辰，以兵部侍郎權德輿爲太常卿，仍賜金紫。以御史大夫高郢爲兵部尚書，以刑部郎中、侍御史知雜李夷簡爲御史中丞。

五月丙午朔。辛酉，刑部尚書鄭元卒。丁卯，鹽鐵使、吏部尚書李巽卒。

六月乙亥朔。丁丑，以河東節度使李鄘爲刑部尚書，充諸道鹽鐵轉運使；以靈鹽節度

使范希朝爲太原尹、北都留守、河東節度使；以右衞上將軍王佖爲靈州大都督府長史（四）、靈鹽節度使。辛丑，五嶺已北銀坑任人開採，禁錢不過嶺南。

秋七月乙巳朔，御制前代君臣事迹十四篇，書於六扇屏風。是月，出書屏以示宰臣，李藩等表謝之。丁未，渭南暴水，壞廬舍二百餘戶，溺死六百人，命府司賑給。乙卯，右羽林統軍高固卒。壬戌，御史中丞李夷簡彈京兆尹楊憑前爲江西觀察使時贓罪，貶憑臨賀尉。戊辰，以尚書右丞許孟容爲京兆尹，賜金紫。

八月甲戌朔。癸未，兗州魚臺縣移置於黃臺市。丙申，安南都護張舟奏破環王國三萬餘人，獲戰象、兵械，幷王子五十九人。癸卯，贈太師裴冕宜配享代宗廟庭，贈太尉段秀實宜配享德宗廟庭。

九月甲辰朔。庚戌，以成德軍都知兵馬使、鎮府右司馬王承宗起復檢校工部尚書，充成德軍節度使；以德州刺史薛昌朝檢校左常侍，充保信軍節度、德棣等州觀察等使。昌朝，薛嵩之子，婚於王氏，時爲德州刺史。朝廷以承宗難制，乃割二州爲節度，以授昌朝。制纔下，承宗以兵虜昌朝歸鎮州。丁卯，邠寧節度使、檢校司空、同平章事高崇文卒。

冬十月癸酉朔，以右羽林統軍閻巨源爲邠州刺史、邠寧慶節度使，以少府監崔頲爲同州刺史、本州防禦、長春宮等使。癸未，詔：「成德軍節度使王承宗頃在苫廬，潛窺戎鎮。而

內外以事君之禮，叛而必誅；分土之儀，專則有辟。朕念其先祖嘗有茂勳，貸以私恩，抑於公議。使臣旁午以告諭，孽童俯伏以陳誠，願獻兩州，期無二事。朕亦收其後効，用以曲全，授節制於舊疆，齒勳賢於列位。況德、棣本非成德所管，昌朝又是承宗懿親，俾撫近鄰，斯誠厚澤，外雖兩鎮，內是一家。而承宗象恭懷姦，肖貌稔惡，欺裴武於得位之後，囚昌朝於授命之中。加以表疏之間，悖慢斯甚，義士之所興嘆，天地之所不容。恭行天誅，蓋示朝典，承宗在身官爵，並宜削奪。」以神策左軍中尉吐突承璀爲鎮州行營招討處置等使，以龍武將軍趙萬敵爲神策先鋒將，內官宋惟澄、曹進玉、馬朝江等爲行營館驛糧料等使。京兆尹許孟容與諫官面論，征伐大事，不可以內官爲將帥，補闕獨孤郁其言激切。詔旨祇改處置爲宣慰，猶存招討之名。己丑，詔軍進討，其王武俊、士眞墳墓，軍士不得樵採，其士平、士則各守本官，仍令士則各襲武俊之封〔一五〕。庚寅，册鄧王寧爲皇太子。癸巳，以册儲，肆赦繫囚，死罪降從流，流以下遞降一等。文武常參官、外州府長官子爲父後者，賜勳兩轉。工部侍郎歸登、給事中呂元膺爲皇太子諸王侍讀。己亥，吐突承璀軍發京師，上御通化門勞遣之。

十一月癸卯朔，浙西蘇、潤、常州旱儉，賑米二萬石。甲子，河南尹杜兼卒。己巳，彰義軍節度使、檢校司空、同平章事吳少誠卒。

十二月壬申朔，以戶部侍郎張弘靖爲陝府長史、陝虢觀察陸運等使，賜金紫。以陝虢

觀察使房式爲河南尹。中丞李夷簡奏：「諸州府於兩稅外違格科率，請諸道鹽鐵、轉運、度支巡院察訪報臺司，以憑舉奏。」從之。

五年春正月壬寅朔。己巳，浙西觀察使韓皐以杖決安吉令孫澥致死，有乖典法，罰一月俸料。

二月辛未朔。戊子，禮院奏東宮殿閣名及宮臣姓名，與太子名同者改之，其上臺官列、王官爵士無例輒改，從之。東臺監察御史元稹攝河南尹房式於臺，擅令停務，貶江陵府士曹參軍。

三月辛丑朔，宰相杜佑與同列宴於樊川別墅，上遣中使賜酒饌。乙巳，以御史中丞李夷簡爲戶部侍郎、判度支，以兵部侍郎王播爲御史中丞。癸巳，以太子賓客鄭絪檢校禮部尚書、廣州刺史、嶺南節度使。己未，制以遂王宥爲彰義軍節度使，以申州刺史吳少陽爲申光蔡節度留後。甲子，大風折木。丁卯，宰相于頔請依杜佑例一月三朝，從之。

夏四月庚午朔。癸酉，戶部尚書李元素卒。甲申，鎮州行營招討使吐突承璀執昭義節度使盧從史，載從史送京師。丁亥，河東范希朝奏破賊於木刀溝。福州復置侯官、長樂二縣，建州置將樂縣。壬申，以昭義都知兵馬使、潞州左司馬烏重胤爲懷州刺史、河陽三城懷州節度使，以河陽節度使孟元陽爲潞州長史、昭義軍節度、澤潞磁邢洺觀察使。戊戌，貶前昭義節度使盧從史爲驩州司馬。

五月庚子朔。乙巳，昭義軍三千人夜潰奔魏州。右神策軍使殷祐卒。庚申，吐蕃使論思邸熱朝貢，并歸鄭叔矩、路泌之柩。

六月庚午朔。戊寅，以太府卿李少和爲洪州刺史、江西觀察使。奚、迴紇、室韋寇振武。癸巳，應給食實封例，節度使兼宰相，每食實封百戶，歲給八百端匹；若是絹，加給綿六百兩；節度使不兼宰相，每百戶給四百端匹〔一六〕；軍使諸衞大將軍，每百戶給三百五十端匹。

秋七月己亥朔。庚子，王承宗遣判官崔遂上表自首，請輸常賦，朝廷除授官吏。丁未，詔昭洗王承宗，復其官爵，待之如初。諸道行營將士，共賜物二十八萬四百三十端匹。時招討非其人，諸軍解體，而藩鄰觀望養寇，空爲逗撓，以弊國賦。而李師道、劉濟亟請昭雪，乃歸罪盧從史而宥承宗，不得已而行之也。幽州劉濟加中書令，魏博田季安加司徒，淄青李師道加僕射，並以罷兵加賞也。乙卯，幽州節度使劉濟爲其子總鴆死。庚申，以虔州刺史馬總爲安南都護、本管經略使。

八月乙巳朔。乙亥，上顧謂宰臣曰：「神仙之事信乎？」李藩對曰：「神仙之說，出於道

家；所宗老子五千文爲本。老子指歸，與經無異。後代好怪之流，假託老子神仙之說。故秦始皇遣方士載男女入海求仙，漢武帝嫁女與方士求不死藥，二主受惑，卒無所得。文皇帝服胡僧長生藥，遂致暴疾不救。古詩云：『服食求神僊，多爲藥所誤。』誠哉是言也。君人者，但務求理，四海樂推，社稷延永，自然長年也。」上深然之。以浙東觀察使薛苹爲潤州刺史、浙西觀察使，以常州刺史李遜爲越州刺史、浙東觀察使。以都官郎中韋貫之爲中書舍人，起居舍人裴度爲司封員外郎、知制誥。癸巳，以鄧州刺史崔詠爲邕州刺史、本管經略使。

九月戊戌朔。辛亥，以吐突承璀復爲左軍中尉。諫官以承璀建謀討伐無功，請行朝典。上宥之，降承璀爲軍器使。乃以內官程文幹爲左軍中尉。壬戌，以瀛州刺史劉總起復受幽州長史，充幽州盧龍軍節度使。癸亥，以兵部尚書高郢爲右僕射致仕。丙寅，制以正議大夫、守太常卿、上柱國、襄武縣開國侯、賜紫金魚袋權德輿可守禮部尚書、同中書門下平章事。丁卯，翰林學士獨孤郁守本官起居，以妻父權德輿在中書，避嫌也。

冬十月戊辰朔，以京兆尹許孟容爲兵部侍郎，以中丞王播代孟容，又以呂元膺代播。昇平大長公主薨。庚辰，宰相裴垍進所撰德宗實錄五十卷，賜垍錦綵三百匹、銀器等，史官蔣武、韋處厚等頒賜有差。辛巳，定州將楊伯玉誘三軍爲亂，拘行軍司馬任迪簡。別將張佐

元殺伯玉，迪簡謀歸朝，三軍懼，乃殺佐元。壬辰，制以迪簡檢校工部尚書、定州長史，充義武軍節度觀察、北平軍等使。甲午，以前義武軍節度、檢校太尉、兼太子太傅、同平章事張茂昭檢校太尉、兼中書令、河中尹，充河中晉絳慈隰節度使。

十一月戊戌朔，浙西奏當鎮舊有丹陽軍，今請併爲鎮海軍，從之。庚子，右金吾衞大將軍伊慎降爲右衞將軍，以行賂三十萬與中尉第五從直，求爲河東節度故也。甲辰，會王纁薨。庚戌，以前河中節度使王鍔檢校司空、兼太子太傅、太原尹、北都留守、河東節度使。以代州刺史阿跌光進爲單于大都護、振武麟勝節度度支營田觀察押蕃落等使。庚申，以中書侍郎、平章事裴垍爲兵部尚書。以前保信軍節度使、德州刺史薛昌朝爲右武衞將軍，前爲王承宗虜之，囚於鎮州，至是歸朝故也。丙寅，吏部郎中柳公綽獻太醫箴，上深喜納，遣中使撫勞之。

十二月丁卯朔。癸酉，諸道鹽鐵轉運使、刑部尚書李鄘檢校吏部尚書，兼揚府長史，充淮南節度使。以河南尹房式爲宣州刺史、宣歙池觀察、采石軍等使。以前宣歙觀察使盧坦爲刑部侍郎，充諸道鹽鐵轉運使。壬午，以吏部郎中柳公綽爲御史中丞。以前御史中丞呂元膺爲鄂州刺史、鄂黃岳沔蘄安黃等州觀察使。以鄂岳觀察使郗士美爲河南尹。新授諫議大夫蔣武請改名乂。以吏部侍郎崔邠爲太常卿。

六年春正月丙寅朔。丙申，以彰義軍留後吳少陽檢校工部尚書，充彰義軍節度、申光蔡等州觀察使。敕諫議大夫孟簡、給事中劉伯芻、工部侍郎歸登、右補闕蕭俛等於醴泉寺翻譯大乘本生心地觀音經。庚申，以淮南節度使、中書侍郎、同平章事、趙國公李吉甫復知政事、集賢殿大學士、監修國史。

二月丙寅朔。壬申，門下侍郎、同平章事李藩爲太子詹事。藩與吉甫不叶，吉甫既用事，故罷藩相位。丙子，河中節度使、檢校太尉、中書令張茂昭卒。以太府卿裴次元爲福建觀察使。己丑，忻王造薨。癸巳，以陝虢觀察使張弘靖檢校禮部尚書、河中尹、晉絳慈等州節度使，以右丞衞次公爲陝府長史、陝虢觀察使。以中書舍人、翰林學士李絳爲戶部侍郎。以京畿民貧，貸常平義倉粟二十四萬石，諸道州府依此賑貸。

三月乙未朔，以河南尹郗士美檢校工部尚書，兼潞府長史、昭義軍節度使。丁未，以檢校右僕射嚴綬爲江陵尹、荊南節度使。河東舊使錫錢，民頗爲弊，宜於蔚州置五鑪鑄錢。乙卯，畿內軍鎮牧放，駙馬貴族畧獲，並不得帶兵仗，恐雜盜也。

夏四月乙丑朔。戊辰，兵部尚書裴垍爲太子賓客。以諫議大夫裴堪爲同州防禦使。庚午，以戶部侍郎、判度支李夷簡檢校禮部尚書、襄州大都督府長史、山南東道節度使；以刑部侍郎、鹽鐵轉運使盧坦爲戶部侍郎、判度支；京兆尹王播爲刑部侍郎，充諸道鹽鐵轉運使；以福建觀察使元義方爲京兆尹。癸酉，以張茂昭家妓四十七人歸定州。己卯，月近房。以前荊南節度使趙宗儒爲刑部尚書。東都留守鄭餘慶爲兵部尚書，依前留守。王播奏：江淮河嶺已南、兗鄆等鹽院，元和五年都收賣鹽價錢六百九十八萬五千五百貫。校量未改法已前四倍擡估，虛錢一千七百四十六萬三千七百貫。除鹽本外，付度支收管。從之。辛卯，戶部奏置巡官。

五月甲午朔，取受王承宗錢物人品官王伯恭杖死。庚子，以左金吾衞將軍李惟簡檢校戶部尚書、鳳翔尹、隴右節度使。丙午，前山南東道節度使、檢校左僕射、平章事裴均卒。壬子，以振武節度阿跌光進夙彰誠節，久立茂勳，宜賜姓李氏。弟洺州刺史光顏，已從別敕處分。

六月甲子朔，減教坊樂人衣糧。丁卯，中書門下奏：

官省則事省，事省則人清；官煩則事煩，事煩則人濁。清濁之由，在官之煩省。國家自天寶已後，中原宿兵，見在軍士可使者八十餘萬。其餘浮爲商販，度爲僧道，雜入色役，不歸農桑者，又十有五六。則是天下常以三分勞筋苦骨之人，奉七分坐衣待食之輩。今內外官給俸料者不下一萬餘員，其間有職出異名，奉離本局，府寺曠廢，簪

組因循者甚衆。況斂財日寡而授祿至多，設官有限而入色無數，九流安得不雜，萬物安得不煩。漢初置郡不過六十，文景醲化，百王莫先，則官少不必政紊，郡多不必事理。今天下三百郡，一千四百縣。故有一邑之地，虛設羣司，一鄉之甿，徒分縣職，所費至廣，所制全輕。伏請敕吏兵部侍郎、郎中、給事中、中書舍人各一人，錯綜利病，詳定廢置，吏員可併省者併省之，州縣可併合者併合之，每年入仕者可停減者停減之。此則利廣而易求，官少而易理，稍減冗食，足寬疲甿。又國家舊章，依品制俸，官一品月俸三十千，其餘職田祿米，大約不過千石，自一品以下，多少可知。艱難已來，禁網漸弛，於是增置使額，厚請俸錢。故大曆中權臣月俸有至九千貫者，列郡刺史無大小給皆千貫。常袞爲相，始立限約，至李泌又量其閑劇，隨事增加，時謂通濟，理難減削。然猶有名存職廢，額去俸存，閑劇之間，厚薄頓異。將爲永式，須立常規。

從之。乃命給事中段平仲、中書舍人韋貫之、兵部侍郎許孟容、戶部侍郎李絳等詳定減省。甲申，以御史中丞柳公綽爲湖南觀察使。丁亥，太白近右執法。戊子，賜御史中丞竇易直緋魚袋。

秋七月癸巳朔，尚書右僕射致仕高郢卒。庚申，贈銀青光祿大夫、太子賓客裴垍太子少傅。

八月癸亥朔，戶部侍郎李絳奏：「諸州闕官職田祿米，及見任官抽一分職田，請所在收貯，以備水旱賑貸。」從之。乙丑，以天德軍防禦使張煦爲夏州刺史、夏綏銀等州節度使。丁卯，荊南先制永安軍，宜停。辛巳，以常州刺史崔芃爲洪州刺史、江西觀察使。

九月癸巳朔，以蜀州刺史崔能爲黔中觀察使。戊戌，富平縣人梁悅爲父復仇，殺秦杲，投獄請罪。特敕免死，決杖一百，配流循州。職方員外郎韓愈獻議執奏之。減諸司流外總一千七百六十九人。貶黔中觀察使竇羣爲開州刺史，以爲政煩苛，辰、錦二州蠻叛故也。

冬十月，以前夏州節度使李愿檢校兵部尚書、徐州刺史，充武寧軍節度使。戊辰，以戶部尚書韓皋爲東都留守，判東都尚書省事。以太子詹事李藩爲華州刺史、潼關防禦、鎮國軍使。以東都留守鄭餘慶爲吏部尚書。己巳，詔：「朕於百執事、羣有司，方澄源流，以責實效。轉運重務，專委使臣，每道有院，分督其任；今陝路漕引悉歸中都，而尹守職名尚仍舊貫。又諸道都團練使，足修武備以靖一方；而別置軍額，因加吏祿，亦既虛設，頗爲浮費。思去煩以循本，期省事以便人。其河南水陸運、陝府陸運、潤州鎮海軍、宣州采石軍、越州義勝軍〔七〕、洪州南昌軍〔八〕、福州靖海軍等使額，並宜停。所收使已下俸料一事已來，委本道充代百姓闕額兩稅，仍具數奏聞。」戊寅，詔：

王者之牧黎元也，愛之如子，視之如傷。苟或風雨不時，稼穡不稔，則必除煩就

簡，惜力重勞，以圖便安，以阜生業。況邦畿之內，百役所叢，雖勤卹之令亟行，而供億之制猶廣。重以經夏炎暵，自秋霖澍，南畝虧播植之功，西成失豐登之望。內乏口食，外牽王徭，豈惟轉輸之虞，慮有餒殍之患。斯蓋理道猶鬱，和氣未通，永言於茲，良所咎歎。京兆府每年所配折糴粟二十五萬石宜放。於百姓有粟情愿折納者，時估外特加優饒。今春所貸義倉粟，方屬歲饑，容至豐熟歲送納。元和五年已前諸色逋租並放。百官職田，其數甚廣，今緣水潦，諸處道路不通，宜令所在貯納，度支支用，令百官據數于太倉請受。遭水旱處，通計所損，便與除破，不得檢覆。爲理之本，在乎安人。咨爾尹京宰邑之臣，實爲親人阜俗之寄，必當詢其疾苦，奉我詔條。恤隱爲心，無怠於事，罔或徇利以剝下，吐剛而茹柔，使閭井咸安，惸嫠獲濟。各勉忠孝，宜悉朕懷。

丙戌，以諫議大夫孔戣爲皇太子諸王侍讀。

十一月壬辰朔。癸巳，新授華州刺史李藩卒。乙巳，以工部尚書趙昌檢校兵部尚書，兼華州刺史，充潼關防禦、鎮國軍等使。

十二月癸亥朔。壬申，詔委宗正卿選人門嫁十六宅諸王女，仍封爲縣主。甲申，京兆尹元義方、戶部侍郎判度支盧坦以違令立戟，罰一月俸，收奪所請門戟。己丑，制以朝議郎、守尚書戶部侍郎、驍騎尉、賜紫金魚袋李絳爲朝議大夫、守中書侍郎、同中書門下平章事。

閏十二月辛卯朔，右衞上將軍伊慎卒。辛亥，皇太子寧薨，諡曰惠昭，廢朝三日。國典無太子薨禮，國子司業裴茝精禮學，特賜於西內定儀。

校勘記

〔一〕尚書左丞　「左丞」，各本原作「右丞相」，據本書卷一三五韋執誼傳、新書卷七順宗紀改。

〔二〕臨淮郡王洵　「洵」字局本作「詢」，餘各本均作「洞」，據本書卷一五〇溆王縱傳改。

〔三〕是用法皇王至公之道　「法」字各本原無，據御覽卷一一三補。唐大詔令集卷三〇作「舉」字。

〔四〕清溪縣　「清」字各本原作「青」，據本書卷四〇地理志、寰宇記卷九五、册府卷三三改。

〔五〕令兩人待制　「制」字各本原無，據册府卷一〇七、新書卷七憲宗紀補。

〔六〕建安郡王　「建」字各本原作「延」，據本書卷一一六穆宗紀、唐會要卷一改。

〔七〕惠宣　「宣」字各本原無，據本書卷九五惠宣太子業傳補。

〔八〕張子良　「子」字各本原作「文」，據本書卷一二二李國貞傳、御覽卷一一四、通鑑卷二三七改。下同。

〔九〕天下兵戎　十七史商榷卷七四云：「戎當作戍。」

〔一〇〕浙西　各本原作「浙江」，據本卷下文及本書卷四〇地理志改。

〔一一〕其逡印及呈孔目唱案授案　「及」字各本原爲闕文，據唐會要卷五七補。

〔一二〕郝玼　各本原作「郝玭」，據本書卷一五二郝玼傳、新書卷一七〇高固傳、通鑑卷二三七改。下同。

〔一三〕爲南詔王　聞本無「王」字，餘各本原皆作「等爲王」，今據唐會要卷九九改。

〔一四〕王佖　各本原作「王泌」，據本書卷一三三李晟傳、新書卷一五四李晟傳改。

〔一五〕仍令士則各襲武俊之封　册府卷一六五作「其武俊實封仍特賜士則承襲」。

〔一六〕四百端匹　「四」「端」二字各本原無，據册府卷五〇七補。

〔一七〕義勝軍　「勝」字各本原作「成」，據唐會要卷七八、新書卷四一地理志改。

〔一八〕南昌軍　「軍」字各本原作「府」，據唐會要卷七八、新書卷四一地理志改。

舊唐書卷十五

本紀第十五

憲宗下

元和七年春正月辛酉朔。己巳，以刑部尚書趙宗儒檢校吏部尚書、興元尹、山南西道節度使。庚午，以兵部尚書王紹判戶部事。辛未，以京兆尹元義方爲鄜州刺史、鄜坊丹延觀察使，以司農卿李銛爲京兆尹。是夜，月掩熒惑。壬申，廢信州永豐縣、越州山陰縣、衢州盈川縣。癸酉，振武河溢，毀東受降城。

二月庚寅朔。壬辰，詔以去秋旱歉，賑京畿粟三十萬石；其元和六年春賑貸百姓粟二十四萬石，並宜放免。辛丑，尚書省重定左、右僕射上事儀注。壬寅，以兵部侍郎許孟容爲河南尹。辛亥，山南西道節度使裴玢卒。癸丑，入蕃使不得與私覿正員官，量別支給以充私覿。舊使絕域者，許賣正員官十餘員，取貨以備私覿，雖優假遠使，殊非典法，故革之。

敕：「錢重物輕，爲弊頗甚。詳求適變，將以便人。所貴緡貨通行，里閭寬恤。宜令羣臣各隨所見利害狀以聞。」

三月己未朔。辛酉，以惠昭太子葬，罷曲江上巳宴。庚午，以旱，敕諸司疏決繫囚。

夏四月戊子朔。癸巳，敕天下州府民戶，每田一畝，種桑二樹，長吏逐年檢計以聞。

五月戊午朔。庚申，上謂宰臣曰：「卿等累言吳越去年水旱，昨有御史自江淮迴，言不至爲災，人非甚困。」李絳對曰：「臣得兩浙、淮南狀，繼言歉旱。方隅授任，皆朝廷信重之臣。御史非良，或容希媚，此正當姦佞之臣。況推誠之道，君人大本，任大臣以事，不可以小臣言間之。伏望明示御史姓名，正之典刑。」上曰：「卿言是也。朝廷大體，以恤人爲本，一方不稔，卽宜賑救，濟其饑寒，況可疑之也！向者不思而有此問，朕言過矣。」絳等拜賀。辛亥，鹽鐵使王播奏元和六年賣鹽鐵，除峽內井鹽外，計收六百八十五萬九千二百貫。癸亥，熒惑近太微右執法。

六月丁亥朔　舒州桐城梅天陂內，有黃白二龍，自陂中乘風雷躍起，高二百尺，行六里，入浮塘陂。癸巳，以金紫光祿大夫、守司徒、同平章事、崇文館大學士、太淸宮使、上柱國、岐國公杜佑爲光祿大夫、守太保致仕，宜朝朔望，佑累表懇請故也。己亥，月近南斗魁第四星。鎭州甲仗庫一十三間災，兵仗都盡。王承宗常畜叛謀，至是始懼天罰，兇氣稍奪，仍殺主庫吏百餘人。乙丑，以兵部員外郎王涯知制誥。乙亥，制立遂王宥爲皇太子，改名恆。己卯，以新羅大宰相金彥昇爲開府儀同三司、檢校太尉、使持節、大都督雞林州諸軍事、雞林州刺史，兼寧海軍使、上柱國，封新羅國王；仍册彥昇妻貞氏爲妃。

八月丁亥朔，新除新羅國大宰相金崇斌等三人，宜令本國准例賜戟。戊戌，魏博節度使田季安卒。辛丑，廢蓬州宕渠縣。甲辰，宣歙觀察使房式卒。丙午，以蘇州刺史范傳正爲宣歙觀察使。戊申，制：「諸州府五品已上官替後，委本道長官量其才行、官業、資歷，每年冬季一度聞薦。其罷使郎官、御史，許朝臣每年冬季准此聞薦。諸使府參佐、檢校官，從元授官月日計，如是五品已上官及臺省官，經三十箇月外，任與轉改；餘官經三十六箇月奏轉改。如未經考便有事故及停替官，本限之外更加十箇月，卽任申奏。」辛亥，以左龍武大將軍薛平爲滑州刺史、義成軍節度使。

冬十月乙未，魏博三軍舉其衙將田興知軍州事。時田季安死，子懷諫年十一，爲副大使、知軍府事，軍政一決於家僮蔣士則，數易大將，軍情不安。因田興入衙，兵環而劫請，興頓仆於地，軍衆不散。興曰：「欲聽吾命，勿犯副大使。」衆曰：「諾。」但殺蔣士則等十數人而止。卽日移懷諫於外，令朝京師。甲辰，以魏博都知兵馬使、兼御史中丞、沂國公田興爲銀青光祿大夫、檢校工部尚書，兼魏州大都督府長史，充魏博節度使。庚戌，澧王寬改名惲，

深王察改名悰，洋王寰改名忻，絳王寮改名悟，建王審改名恪〔一〕。以鄭滑節度使袁滋爲戶部尚書。

十一月丙辰朔。乙丑，詔：「田興以魏博請命，宜令司封郎中、知制誥裴度往彼宣慰，賜三軍賞錢一百五十萬貫，以河陰院諸道合進內庫物充。六州百姓給復一年，兼赦管內見繫囚徒。」及度至魏州，田興禮待甚恭，仍請度至六州諸縣宣達朝旨。辛未，太保致仕杜佑卒。東川觀察使潘孟陽奏龍州武安縣嘉禾生，有麟食之。麟之來，羣鹿環之，光彩不可正視。使畫工圖之以獻。乙亥，以給事中李逢吉、司勳員外郎李巨並充皇太子諸王侍讀。戊寅，吏部尚書鄭餘慶請復置吏部考官三員，吏部郎中楊於陵執奏以爲不便。乃詔考官韋顗等三人祇考及第科目人，其餘吏部侍郎自定。己卯，江西觀察使崔芃卒。辛巳，以前魏博節度副使田懷諫爲右監門衛將軍，賜宅一區、芻粟等。甲申，以同州刺史裴堪爲江西觀察使。

十二月丙戌朔，以吏部尚書鄭餘慶爲太子少傅。丙辰，左拾遺楊歸厚以自娶婦，進狀借禮會院，貶國子主簿分司。戊戌，以京兆尹裴向爲同州防禦使。己亥，魏博奏管內州縣官員二百五十三員，請吏部銓注。

八年春正月乙卯朔。庚午，册大言義爲渤海國王，授秘書監、忽汗州都督。辛未，制以

正議大夫、守禮部尙書、同平章事、上柱國、扶風郡開國公權德輿守禮部尙書，罷知政事。癸未，以山南東道節度使李夷簡檢校戶部尙書、成都尹，充劍南西川節度使。以戶部尙書袁滋檢校兵部尙書、襄州刺史，充山南東道節度使。

二月乙酉朔。辛卯，田興改名弘正。宰相李吉甫進所撰元和郡國圖三十卷，又進六代略三十卷，又爲十道州郡圖五十四卷。宰相于頔男太常丞敏專殺梁正言奴，棄溷中。事發，頔與男季友素服待罪。貶頔恩王傅。于敏長流雷州，錮身發遣。殿中少監、駙馬都尉于季友詿罔公主，藏隱內人，轉授兇兄，移貯外舍，傷風黷禮，莫大於玆，宜削奪所任官，令在家修省。贊善大夫于正、秘書丞于方並停見任，皆頔之子也。捕獲受于頔賂爲致出鎭人梁正言，及交構權貴僧鑒虛，並付京兆府杖死。甲子，以劍南西川節度使、銀青光祿大夫、檢校吏部尙書、兼門下侍郎、同平章事、上柱國、臨淮郡開國公、食邑二千戶武元衡復入中書知政事，兼崇玄館大學士、太淸宮使。辛未，上以久旱，親於禁中求雨，是夜，澍雨霑足。丙子，大風壞崇陵寢殿鴟尾，折門戟六。

夏四月癸未朔。乙酉，以邕管經略使房啓爲桂管觀察使，以開州刺史竇羣爲邕管經略使〔二〕。丙戌，以錢重貨輕，出庫錢五十萬貫，令兩常平倉收市布帛，每段匹於舊估加十之一。鄜坊觀察使元義方卒。辛卯，以將作監薛伾爲鄜坊觀察使。乙未，長安西市豕生三

耳八足二尾。僧鑒虛爲高崇文納賂四萬五千貫與宰相杜黃裳，共引致人永樂縣令吳憑，付錢與黃裳男載。敕吳憑配流昭州，黃裳、崇文已薨歿，所用錢不須勘問，杜載釋放。辛亥，賜魏博田弘正錢二十萬貫，收市軍糧。庚申，河中尹張弘靖奏修古舜城。

六月辛巳朔。時積雨，延英不開十五日。是日，上謂宰臣曰：「今後每三日，雨亦對來。」乙酉，工部尙書致仕裴佶卒。丙戌，以東都留守韓皋檢校吏部尙書，兼許州刺史，充忠武軍節度使。庚寅，京師大風雨，毀屋飄瓦，人多壓死。所在川瀆暴漲，行人不通。辛丑，出宮人二百車，任從所適，以水災故也。壬寅，宰臣武元衡李吉甫李絳、舊相鄭餘慶權德輿，各奉詔令進舊詩。

秋七月辛亥朔。癸丑，以權德輿檢校吏部尙書、東都留守。丁卯，以振武節度使李光進爲靈州大都督府長史、靈武節度使。癸酉，命中尉彭中獻修興唐觀，壯其規制，北拒禁城，開複道以通行幸。是夜，月近五諸侯。丁丑，新授桂管觀察使房啓降爲太僕少卿。啓初拜桂管，啓吏賂吏部主者，私得官告以授啓。俄有詔命中使賫告牒與啓，曰：「受之五日矣。」上怒，杖吏部令史，罰郎官，啓亦卽降之。以安南都護馬總爲桂管觀察使，以江州刺史張勔爲安南都護、本管經略招討使。鄜坊觀察使薛伾卒。

八月辛巳朔。癸未，以蘄州刺史裴行立爲安南都護、本管經略招討使，以張勔耄年也。

丁亥，以司農卿裴武爲鄜坊觀察使。庚寅，詔毀家徇國故徐州刺史李洧等一十家子孫，並宜甄奬。甲午，太白近軒轅。辛丑，以東川節度使潘孟陽爲戶部侍郎、判度支，盧坦爲梓州刺史、劍南東川節度使。乙巳，廢天武軍，併入神策軍。

九月庚戌朔。丙辰〔三〕，淄靑李師道進鶻十二，命還之。戊午，賜羣臣宴於曲江。乙丑，詔：「比聞嶺南五管幷福建、黔中等道，多以南口餉遺，及於諸處博易，骨肉離析，良賤難分。此後嚴加禁止，如違，長吏必當科罰。」淮西吳少陽獻馬三百匹。丙寅，詔：「減死戍邊，前代美政，量其遠邇，亦有便宜。今後兩京、關內、河南、河東、河北、淮南、山南東西道州府，除大辟罪外，輕犯不得配流天德五城。」戊辰，以給事中竇易直爲陝虢防禦使，仍賜金紫。壬申，以恩王傅于頔爲太子賓客。以前朔方靈鹽節度使王佖爲右衞將軍〔四〕。將相出入，翰林草制，謂之白麻。至佖，奏罷中書草制，因爲例也。太常習樂，始復用大鼓。

冬十月庚辰朔。己丑，熒惑近太微西垣南首星。庚寅，以湖南觀察使柳公綽爲岳鄂沔蘄安黃觀察使。辛卯，涇原節度使朱忠亮卒。壬辰，汴州韓弘進所撰聖朝萬歲樂譜〔五〕，共三百首。己巳，以宗正少卿李道古爲黔中觀察使，以蘇州刺史張正甫爲湖南觀察使。丙申，以大雪放朝，人有凍踣者，雀鼠多死。戊戌，以神策普潤鎭使蘇光榮爲涇州刺史、四鎭北庭行軍涇原節度使。翰林學士、司封員外郎韋弘景守本官，以草光榮詔漏敍功勳故也。

壬辰，振武奏迴紇千騎至鸊鵜泉。

十一月庚戌朔。丙辰，以福建觀察使裴次元爲河南尹。丙寅，以鹽州隸夏州。自夏州至豐州，初置八驛。丁卯，以泗州刺史薛謇爲福建觀察使。右龍武統軍劉昌裔卒。癸酉，昭義郗士美奏諸軍就食于臨洺。京畿水、旱、霜，損田三萬八千頃。

十二月庚辰朔，以京兆尹李銛爲鄜坊觀察使，以代裴武入爲京兆尹。辛巳，敕：「應賜王公、公主、百官等莊宅、碾磑、店鋪、車坊、園林等，一任貼典貨賣，其所緣稅役，便令府縣收管。」敕：「張茂昭立功河朔，舉族歸朝，義烈之風，史册收載。如聞身歿之後，家無餘財，追懷舊勳，特越常典，宜歲賜絹二千匹，春秋二時支給。」羣臣上表，請立德妃郭氏爲皇后。丙戌，以桂管觀察使馬總爲廣州刺史、嶺南節度使，以邕管經略使崔詠爲桂管觀察使。庚寅，以夔州刺史馬平陽爲邕管經略使。振武軍亂，逐其帥李進賢，屠其家。乃以夏州節度使張煦代進賢，率兵二千赴鎭，許便宜擊斷。丙午，以金吾衞將軍田進爲夏州刺史、夏綏銀節度使。以河溢浸滑州羊馬城之半，滑州薛平、魏博田弘正徵役萬人，於黎陽界開古黃河道，南北長十四里，東西闊六十步，深一丈七尺，決舊河水勢，滑人遂無水患。

九年春正月己酉朔。乙卯，大霧而雪。李吉甫累表辭相位，不許。乙亥，張煦入單于

都護府，誅作亂軍士蘇國珍等二百五十二人。

二月己卯朔，戶部侍郎、判度支潘孟陽兼京北五城營田使。丁丑，貶前振武節度使李進賢爲通州刺史，監軍駱朝見配役于定陵〔六〕。丁未，詔以歲飢，放關內元和八年已前逋租錢粟，賑常平義倉粟三十萬石。丙申，賜振武軍絹二萬匹。丁酉，月近心大星。癸卯，制朝議大夫、守中書侍郎、同平章事、上柱國、高邑男李絳守禮部尙書，累表辭相位故也。

三月己酉朔。丙辰，嶲州地震，晝夜八十震，壓死者百餘人。庚申，妖人梁叔高自廣州來，授書與吏部侍郎楊於陵，使爲己輔。於陵執之以告，殺之。辛酉，以太子少傅鄭餘慶檢校右僕射、興元尹、山南西道節度使，代趙宗儒爲御史大夫。丁卯，隕霜殺桑。召大理卿裴堂棣男損、前昭應令杜式方男悰見于麟德殿前，各賜緋，許尙公主。

夏四月戊寅朔。庚寅，詔贈太師咸寧王渾瑊宜配享德宗廟庭。

五月丁未朔，以嶺南節度使鄭絪爲工部尙書。庚申，移宥州於經略軍，郭下置延恩縣，隸夏州觀察使。是月旱，穀貴，出太倉粟七十萬石，開六場糶以惠飢民。乙丑，桂王綸薨。以旱，免京畿夏稅十三萬石、青苗錢五萬貫。

六月丙子朔。戊寅，以天德軍經略使周懷乂卒，廢朝一日。經略使廢朝，自懷乂始也。

庚辰，以義武軍節度副使渾鎬檢校工部尙書，兼定州大都督府長史，充義武軍節度使、易定

觀察使、北平軍等使。丙戌，以左龍武將軍燕重旰爲豐州刺史、天德軍豐州西城中城都防禦押蕃落等使。乙未，置禮賓院於長興里之北。丙申，以左丞孔戣爲華州刺史、潼關防禦、鎭國軍等使。壬寅，制河中晉絳慈隰等州節度使張弘靖守刑部尙書、同中書門下平章事。

秋七月丙午朔。乙未，以御史大夫趙宗儒檢校尙書右僕射，兼河中尹、河中晉絳等州節度使。戊辰，以太子司議郎杜悰爲銀青光祿大夫、殿中少監、駙馬都尉，尙岐陽公主。

閏八月乙巳朔。辛酉，以河陽節度使烏重胤兼汝州刺史。壬戌，以中書舍人王涯、屯田郎中韋綬爲皇太子諸王侍讀。己巳，加田弘正檢校右僕射，賞三軍錢二十萬貫。

九月甲戌朔，以洺州刺史李光顏爲陳州刺史、忠武軍都知兵馬使。丙戌，以山南東道節度使袁滋檢校兵部尙書，兼江陵尹、荆南節度使。以荆南節度使嚴綬檢校司空、襄州刺史、山南東道節度使。己丑，月掩軒轅。淮西節度使吳少陽卒，其子元濟匿喪，自總兵柄，乃焚劫舞陽等四縣。朝廷遣使弔祭，拒而不納。壬辰，眞臘國朝貢。戊戌，加河東節度使王鍔檢校司空、同平章事，以給事中孟簡爲越州刺史、浙東觀察使，贈吳少陽尙書右僕射。

冬十月甲辰朔。丙午，金紫光祿大夫、中書侍郎、同平章事、集賢大學士、監修國史、上柱國、趙國公李吉甫卒。甲寅，以刑部員外郎令狐楚爲職方員外郎、知制誥。壬戌，以忠武軍節度使韓皋爲吏部尙書，以忠武軍節度副使兼陳州刺史李光顏爲許州刺史、忠武軍節度

使。甲子，制：「朕嗣膺寶位，于茲十年。每推至誠，以御方夏，庶以仁化，臻于太和，宵衣旰食，意屬於此。今淮西一道，未達朝經，擅自繼襲，肆行寇掠。將士等迫於受制，非是本心。思去三面之羅，庶遵兩階之義。宜以山南東道節度使嚴綬兼充申光蔡等州招撫使。」仍命內常侍崔潭峻爲監軍。戊辰，以尙書左丞呂元膺檢校工部尙書、東都留守。舊例，命留守賜旗甲與方鎭同，及元膺受命，不賜。諫官授華、汝、壽三州例有賜，居守之重，不宜獨闕，上曰：「此三處亦宜停賜。」

十一月甲戌朔。甲申，以吏部尙書韓皋爲太子賓客。甲午，以御史中丞胡証爲單于大都護、振武麟勝等軍節度使。丁酉，太子太傅范希朝卒。戊戌，以中書舍人裴度爲御史中丞；以左金吾大將軍郭釗檢校工部尙書、邠州刺史，充邠寧節度使；以職方員外郎、知制誥令狐楚爲翰林學士。

十二月甲辰朔。丁未，振武節度使張煦卒。辛亥，邠寧節度使、檢校右僕射閻巨源卒。癸丑，兵部尙書王紹卒。己未，右羽林統軍孟元陽卒。丙寅，太子少保趙昌卒。戊辰，制以中大夫、守尙書右丞、上騎都尉、賜紫金魚袋韋貫之本官同中書門下平章事。

十年春正月癸酉朔。乙酉，宣武軍節度使韓弘守司徒，平章事並如故。丙申，嚴綬帥

師次蔡州界。己亥，制削奪吳元濟在身官爵。庚子，桂管奏移富州治於故城。

二月癸卯朔。甲辰，嚴綬軍爲賊所襲，敗於磁丘，退守唐州。田弘正子布、韓弘子公武各率師隸李光顏討賊。辛亥，以禮部尙書李絳爲華州潼關防禦鎭軍等使。壬戌，河東防秋將劉輔殺豐州刺史燕重旰。己巳，以羽林將軍李彙爲涇原節度使。

三月壬申朔，以右金吾將軍李奉仙爲豐州刺史、天德軍西城中城都防禦使。己卯，以劍南西川節度行軍司馬李程爲兵部郎中、知制誥。乙酉，以虔州司馬韓泰爲漳州刺史，以永州司馬柳宗元爲柳州刺史，饒州司馬韓曄爲汀州刺史，朗州司馬劉禹錫爲播州刺史，台州司馬陳諫爲封州刺史。御史中丞裴度以禹錫母老，請移近處，乃改授連州刺史。贈故太常卿崔邠禮部尙書。李光顏破賊於南頓。辛亥，盜焚河陰轉運院，凡燒錢帛二十萬貫匹、米二萬四千八百石、倉室五十五間。防院兵五百人營於縣南，盜火發而不救，呂元膺召其將殺之。自盜火發河陰，人情駭擾。壬戌，以長安縣令徐俊爲邕管經略使。

五月辛未朔。辛巳，御史中丞裴度兼刑部侍郎。時度自淮西行營宣慰還，所言軍機，多合上旨，故以兼官寵之。丙申，李光顏大破賊黨於洄曲。自徵兵討賊，凡十餘鎭之師，環於申、蔡，未立戰功。裴度使還，奏曰：「臣觀諸將，惟光顏見義能勇，必能立功。」至是告捷，京師相賀，上尤賞度之知人。

六月辛丑朔。癸卯，鎭州節度使王承宗遣盜夜伏於靖安坊，刺宰相武元衡，死之；又遣盜於通化坊刺御史中丞裴度，傷首而免。是日，京城大駭，自京師至諸門加衞兵；宰相導從加金吾騎士，出入則彀弦露刃，每過里門，訶索甚諠；公卿持事柄者，以家僮兵仗自隨。武元衡死數日，未獲賊。兵部侍郎許孟容請見，奏曰：「豈有國相橫屍路隅，不能擒賊！」因灑泣極言，上爲之憤歎。乃詔京城諸道，能捕賊者賞錢萬貫，仍與五品官，敢有蓋藏，全家誅戮。乃積錢二萬貫於東西市。京城大索，公卿節將複壁重橑者皆搜之。庚戌，神策將士王士則、王士平以盜名上言，且言王承宗所使，乃捕得張晏等八人誅之。乙丑，制以朝議郎、守御史中丞、兼刑部侍郎、飛騎尉、賜紫金魚袋裴度爲朝請大夫、守刑部侍郎、同中書門下平章事。

秋七月庚午朔，靈武節度使李光進卒。辛未，以神策軍長武城使杜叔良爲朔方靈鹽定遠城節度觀察使。甲戌，詔：「成德軍節度使王承宗，自滌瑕疵，累加獎拔，列在維藩之任，待以忠正之徒。謂懷君父之恩，克勵人臣之節。而動思棄命，恣逞非心，傲狠反常，橫辱無畏。以其先祖，嘗立忠勳，每念含容，庶聞悛革。曾不知陰謀逆狀，久則逾彰；凶德禍機，盈而自覆。乃敢輕肆指斥，妄陳表章，潛遣姦人，內懷兵刃，賊殺元輔，毒傷憲臣，縱其兇殘，無所顧望。推窮事迹，罪狀昭明，周覽讞詞，良用驚歎。宜令絕其朝貢，其所部博野、

樂壽兩縣本屬范陽，宜却隸劉總。駙馬都尉王承系、太子贊善王承迪、丹王府司馬王承榮等，並宜遠郡安置。」先是，承宗上表怨咎武元衡，留中不報。又肆指斥，上使持其表以示百官，羣臣皆請問罪。丙戌，涇原節度使李彙卒，以將作監王潛爲涇州刺史、四鎭北庭涇原節度使。乙未，以京兆尹裴武爲司農卿，以捕賊弛慢故也。

八月己亥朔，日有蝕之。丙寅，訶陵國遣使獻僧祇僮及五色鸚鵡、頻伽鳥并異香名寶。丁未，淄靑節度使李師道陰與嵩山僧圓淨謀反，勇士數百人伏於東都進奏院，乘洛城無兵，欲竊發焚燒宮殿而肆行剽掠。小將楊進、李再興告變，留守呂元膺乃出兵圍之，賊突圍而出，入嵩岳，山棚盡擒之。訊其首，僧圓淨主謀也。僧臨刑歎曰：「誤我事，不得使洛城流血！」

九月癸酉，以宣武軍節度使韓弘充淮西行營兵馬都統。丁酉，以太子賓客韓皐爲兵部尚書。

冬十月庚子，始析山南東道爲兩節度，以戶部侍郎李遜爲襄州刺史，充襄復郢均房節度使；以右羽林將軍高霞寓爲唐州刺史，充唐隨鄧節度使。刑部尚書權德輿奏請行用新刪定敕格三十卷，從之。壬子，以太子賓客于頔爲戶部尚書。

十一月戊辰，詔出內庫繒絹五十五萬匹供軍。乙亥，以山南東道節度使嚴綬爲太子少保。戊寅，盜焚獻陵寢宮。詔發振武兵二千，會義武軍以討王承宗。

十二月壬寅夜，太白犯鎭星。甲辰，李愿擊敗李師道之衆九千，斬首二千級。壬子，東都留守呂元膺請募置三河子弟以衞宮城〔七〕。甲寅，越州復置山陰縣。庚申，新造指南車、記里鼓。出宮人七十二人置京城寺觀，有家者歸之。乙丑，河東節度使王鍔卒。是歲，渤海、新羅、奚、契丹、黑水、南詔、牂柯並遣使朝貢。

十一年春正月丁卯朔，以宿師于野，不受朝賀。己巳，以中書侍郎、平章事張弘靖檢校吏部尚書，兼太原尹、北都留守、河東節度使。戊寅，詔羣臣曰：「今用兵已久，利害相半。其攻守之宜，罰宥之要，宜各具議狀以聞。」庚辰，翰林學士錢徽、蕭俛各守本官，以上疏請罷兵故也。癸未，削奪王承宗在身官爵，所襲封邑賜武俊子金吾將軍士平。令河東、河北道諸鎭加兵進討。甲申，盜斷建陵門戟四十七竿。甲子，李光顏奏破賊。

二月癸卯，吐蕃贊普卒。以中書舍人、權知禮部貢舉、賜緋魚袋李逢吉爲門下侍郎、同平章事，賜紫金魚袋。以內庫絹四萬匹賞幽、魏將士。甲寅，以華州刺史李絳爲兵部尚書。丙辰，月掩心。戊午，南詔蠻酋龍蒙盛卒〔八〕。

三月庚午，皇太后崩于興慶宮之咸寧殿。是日，羣臣發喪於西宮兩儀殿，以宰臣裴度

爲禮儀使，吏部尚書韓皐爲大明宮留守，設次于中書。辛未，敕諸司公事，宜權取中書門下處分。癸酉，分命朝臣告哀于天下。甲戌，見羣臣于紫宸門外廡下。己卯，以宰臣李逢吉充大行皇太后山陵使，出內庫繒帛五萬匹充奉山陵。己丑，月近鎭星。

夏四月壬寅，西川節度使李夷簡遣使告哀於南詔。后喪，邊鎭告四夷，舊制也。庚戌，貶戶部侍郎、判度支楊於陵爲郴州刺史，坐供軍有闕也。丁巳，以徐、宿飢，賑粟八萬石。

五月丁卯夜，辰、歲二宿合于東井。宥州軍亂，逐刺史駱怡。壬申，李光顏破賊于凌雲柵。

六月甲辰，高霞寓敗于鐵城，退保新興柵，是日人情恟駭，宰相奏對，多請罷兵。上曰：「勝負兵家常勢，不可以一將失利，便沮成計。今但議用兵方略，朝廷庶務，制置可否耳。」是夜，月掩心後星。庚戌，田弘正軍討王承宗，次于南宮。辛酉，羣臣上大行皇太后謚曰莊憲。

秋七月丁丑，貶隨唐節度使高霞寓爲歸州刺史。以河南尹鄭權爲襄州刺史，充山南東道節度使；以荆南節度使袁滋爲唐州刺史、彰義軍節度使、申光唐蔡隨鄧州觀察使，權以唐州爲理所；以華州刺史裴武爲江陵尹，充荆南節度使。戊寅，以隨州刺史楊旻爲唐州刺史，充行營都知兵馬使。以滋儒者，故復以旻將其兵。壬午，宣武軍奏破賊。

八月壬寅，以宰臣韋貫之爲吏部侍郎，罷知政事。貫之以淮西、河北兩處用兵，勞於供餉，請緩承宗而專討元濟，與裴度爭論上前故也。戊申，容州奏颶風海水毀州城。甲申，祔莊憲皇后於豐陵。

九月丁卯，饒州奏浮梁、樂平二縣，五月內暴雨水溢，失四千七百戶，溺死者一百七十人。丙子，新除吏部侍郎韋貫之再貶湖南觀察使。辛未，貶吏部侍郎韋顗爲陝州刺史，刑部郎中李正辭爲金州刺史，度支郎中薛公幹爲房州刺史，屯田郎中李宣爲忠州刺史，考功郎中韋處厚爲開州刺史，禮部員外郎崔韶爲果州刺史，並爲補闕張宿所搆，言與貫之朋黨故也。乙酉，蔡州軍前奏拔凌雲柵。

冬十月丁巳，以刑部尚書權德輿檢校吏部尚書，兼興元尹，充山南西道節度使。丙寅，幽州劉總加平章事，鄆州李師道加檢校司空。師道聞拔凌雲柵，乃懼，僞貢款誠，故有是命。庚午，以司農卿王遂爲宣州刺史、宣歙池觀察使，以京兆尹李翛爲潤州刺史、浙西觀察使。以遂、翛常歷計司，能聚斂，方藉供軍，故有斯授。壬申，敕諸道奏事官，非急切不得乘驛馬。丁丑，出內庫錢五十萬貫供軍。戊寅夜，月犯歲。辛巳，命內常侍梁守謙監淮西行營諸軍，仍以空名告身五百通及金帛付之。戊子夜，土、火合于虛、危。

十二月丙午，以易州刺史陳楚爲定州刺史、義武軍節度使。丁未，以翰林學士、尚書工

部侍郎、知制誥王涯爲中書侍郎、同平章事。甲寅，以閑廄宮苑使李愬檢校左散騎常侍，兼鄧州刺史，充唐隨鄧等州節度使。初置淮潁水運使，運揚子院米，自淮陰泝流至壽州，四十里入潁口，又泝流至潁州沈丘界，五百里至于項城，又泝流五百里入溵河，又三百里輸于郾城。得米五十萬石，茭一千五百萬束。省汴運七萬六千貫。己未，邕管奏黃洞賊屠巖州。未央宮及飛龍草場火。京畿水害田，潤、常、湖、衢、陳、許大水。

是歲冬雷，桃、杏花。迴鶻、靺鞨、奚、契丹、牂柯、渤海等朝貢。

十二年春正月辛酉朔，以用兵不受朝賀。癸未，貶義武軍節度使渾鎬爲循州刺史，坐討賊失律也。甲申，貶唐鄧節度袁滋爲撫州刺史，以上疏請罷兵故也。乙酉夜，星見而雨。戊子夜，彗出畢南，長丈餘，指西南，凡三日，南近參旗而沒。

二月壬申，出內庫絹布六十九萬段匹、銀五千兩，付度支供軍。庚子，敕京城居人五家相保，以搜姦慝。時王承宗、李師道欲阻用兵之勢，遣人折陵廟之戟，焚芻藁之積，流矢飛書，恐駭京國，故搜索以防姦。及賊平，復得淄青簿領，中有賞蒲潼關吏案，乃知容姦者關吏也，搜索不足以爲防。庚申，敕宜於許汝行營側近置行郾城，以處賊中歸降人戶。甲寅，岳鄂團練使李道古師攻申州，克羅城，賊力戰，道古之衆大敗。

三月壬戌，昭義郗士美兵敗於柏鄉，兵士死者千人。戊辰，滄州程執恭改名權。太常定李吉甫謚曰「敬憲」，度支郎中張仲方非之。上怒，貶爲遂州司馬。賜吉甫謚曰忠〔九〕。丁丑，月犯心後星。癸未，賊將吳秀琳以文城柵兵三千降李愬。

夏四月辛卯，李光顏破賊三萬於郾城，殺其卒什二三，獲馬千匹、器甲三萬。辛丑，駙馬都尉于季友居嫡母喪，與進士劉師服歡宴夜飲。季友削官爵，笞四十，忠州安置；師服笞四十，配流連州；于頔不能訓子，削階。己酉，出太倉粟二十五萬石糶于西京，以惠飢民。庚戌，敕改蔡州吳房縣爲遂平縣，移置於文城柵南新城內。丁卯，賊郾城守將鄧懷金與縣令董昌齡以郾城降。甲戌，渭南雨雹，中人有死者。丙子，詔權罷河北行營，專討淮蔡。

五月庚寅朔。癸巳，隨唐節度使李愬奏敗賊於吳房，獲賊將李佑。己亥，以尚書左丞許孟容爲東都留守〔一〇〕，充都畿防禦使。時東畿民戶供軍尤苦，車數千乘相錯于路，牛皆饋軍，民戶多以驢耕。己酉，作蓬萊池周廊四百間。

六月己未朔，以衛尉卿程异爲鹽鐵使，代王播。時异爲鹽鐵使副，自江南收拾到供軍錢一百八十五萬以進，故得代播。壬戌，賊吳元濟上表，請束身歸朝。時連破三柵，賊勢迫蹙，實欲歸朝，而制於左右，故不果行。乙酉，京師大雨，含元殿一柱傾，市中水深三尺，壞坊民二千家。

秋七月戊子朔。壬辰，詔以定州飢，募人入粟受官及減選、超資。河北水災，邢、洺尤甚，平地或深二丈。甲辰，戶部尚書于頔請致仕，不允。嶺南節度使崔詠卒。乙酉，敕：「今後左降官及責授正員官等，宜從到任經五考滿，許量移；如未滿五考遇恩赦者，從節文處分；如犯十惡大逆、贓賄緣坐，奏取進止。」庚戌，以國子祭酒孔戣爲廣州刺史、嶺南節度使。丙辰，制以中書侍郎、平章事裴度守門下侍郎、同平章事、使持節蔡州諸軍事、蔡州刺史，充彰義軍節度、申光蔡觀察處置等使，仍充淮西宣慰處置使。以朝散大夫、守尚書戶部侍郎、上護軍、賜紫金魚袋崔羣爲中書侍郎、同中書門下平章事。以刑部侍郎馬總兼御史大夫，充淮西行營諸軍宣慰副使；以太子右庶子韓愈兼御史中丞，充彰義軍行軍司馬；以司勳員外郎李正封、都官員外郎馮宿、禮部員外郎李宗閔皆兼侍御史，爲判官書記：從度出征。詔以郾城爲行蔡州治所。

八月戊午朔。庚申，裴度發赴行營，敕神策軍三百人衛從，上御通化門勞遣之。度望門再拜，銜涕而辭，上賜之犀帶。以河南尹辛秘爲潞府長史、昭義軍節度使，代郗士美。以士美爲工部尚書，孟簡爲戶部侍郎。戊辰，以同州刺史張正甫爲河南尹。甲申，裴度至郾城。

九月丁亥朔。戊子，出內庫羅綺、犀玉、金帶之具，送度支估計供軍。甲午，御史臺奏：

「同制除官，承前以名字高下爲班位先後。或名在前身在外，及到，却在舊人之上。今請以上日爲先後。」敕曰：「名在前，上日在後，未逾月，不在此限。行立班次，卽宜以敕內前後爲定。」戊戌，劍南東川節度盧坦卒。己亥，貶京兆尹竇易直爲金州刺史，以鞫獄得贓不實故也。辛丑，以御史中丞爲京兆尹〔一一〕。壬寅，以湖南觀察使韋貫之爲太子詹事分司〔一二〕。乙巳，以刑部郎中知雜崔元略爲御史中丞。丁未，以朝議大夫、門下侍郎、同平章事李逢吉檢校兵部尚書、使持節梓州諸軍事、梓州刺史，充劍南東川節度副大使，知節度事。庚子，以撫州刺史袁滋爲湖南觀察使。

冬十月壬申，裴度往沱口觀板築五溝，賊遽至，注弩挺刃將及度，而李光顏、田布扼其歸路，大敗之。是日，度幾陷。癸酉，內出元和辯謗略三卷付史館。甲申，以淮南節度使、檢校左僕射李鄘爲門下侍郎、同中書門下平章事，以左丞衞次公代鄘爲淮南節度使。己卯，隨唐節度使李愬率師入蔡州，執吳元濟以獻，淮西平。甲申，詔：「淮西立功將士，委韓弘、裴度條疏奏聞。淮西軍人，一切不問。宜準元敕給復二年。」

十一月丙戌朔，御興安門受淮西之俘。以吳元濟徇兩市，斬於獨柳樹；妻沈氏，沒入掖庭；弟二人、子三人，配流，尋誅之；判官劉協等七人處斬。錄平淮西功：隨唐節度使、檢校左散騎常侍李愬檢校尚書左僕射、襄州刺史，充山南東道節度、襄鄧隨唐復郢均房等州觀

察等使；加宣武軍節度使韓弘兼侍中；忠武軍節度使李光顏、河陽節度使烏重胤並檢校司空。以宣武軍都虞候韓公武檢校左散騎常侍、鄜州刺史、鄜坊丹延節度使，以魏博行營兵馬使田布爲右金吾衞將軍，皆賞破賊功也。甲午，恩王連薨。以蔡州郾城爲溵州，析上蔡、西平、遂平三縣隸焉。戊申，以淮西宣慰副使、刑部侍郎馬總爲彰義軍節度留後。

十二月壬戌，以彰義軍節度、淮西宣慰處置使、門下侍郎、同平章事裴度守本官，賜上柱國、晉國公、食邑三千戶；以蔡州留後馬總檢校工部尚書、蔡州刺史、彰義軍節度使、溵州潁陳許節度使。丙子，以右庶子韓愈爲刑部侍郎。

是歲，河南、河北水。

十三年春正月乙酉朔，御含元殿受朝賀，禮畢，御丹鳳樓，大赦天下。己丑，以文宣王三十八代孫孔惟晊襲文宣公。庚寅，敕李師道頻獻表章，披露懇誠，宜令諫議大夫張宿往彼宣慰。辛亥，以禮部尚書王播爲成都尹、劍南西川節度使。

二月乙亥，御麟德殿，宴羣臣，大合樂，凡三日而罷，頒賜有差。

三月庚寅，以前劍南西川節度使李夷簡爲御史大夫。丙申，以同州刺史鄭絪爲東都留守、都畿汝防禦使。庚子，以御史大夫李夷簡爲門下侍郎、同平章事。宰相李鄘守戶部尚書，罷知政事。丁未，以太子少師鄭餘慶爲左僕射。辛亥，詔：「百司職田，多少不均，爲弊日久，宜令逐司各收職田草粟都數，自長官以下，除留闕官物外分給〔一三〕。」至銀臺待罪，請獻德、棣二州，兼入管內租稅〔一四〕。壬戌，前東都留守許孟容卒。庚辰，詔復王承宗官爵。以華州刺史鄭權爲德州刺史、橫海軍節度、德棣滄景等州觀察使。

五月乙酉，鳳翔節度使李惟簡卒。乙未，月近心後星。丙辰，以忠武軍節度使李光顏爲滑州刺史、義成軍節度使，以彰義軍節度使馬總爲許州刺史、忠武軍節度使、陳許溵蔡觀察等使。戊戌，以山南東道節度使李愬爲鳳翔尹、鳳翔隴右節度使。辛丑，知渤海國務大仁秀檢校秘書監、忽汗州都督，册爲渤海國王。丙午，以戶部侍郎孟簡檢校工部尚書、襄州刺史、山南東道節度使。

六月癸丑朔，日有食之。乙丑，湖南觀察使袁滋卒。丁丑，以滄景節度使程權爲邠州刺史、邠寧節度使。出內庫絹三十萬匹、錢三十萬貫，付度支供軍。

秋七月癸未，以新除鳳翔節度使李愬爲徐州刺史、武寧軍節度使。甲申，以田弘正檢校司空。乙酉，詔削奪淄青節度使李師道在身官爵，仍令宣武、魏博、義成、武寧〔一五〕、橫海等五鎭之師，分路進討。辛丑，以門下侍郎、同平章事李夷簡檢校左僕射、同平章事、揚州大都督府長史、淮南節度使。己酉，詔諸道節度使先帶度支營田使名者，並罷之。庚戌，以左

僕射鄭餘慶爲鳳翔隴右節度使。

八月壬子，以中書侍郎平章事王涯爲兵部侍郎，罷知政事。戊午，以尙書右丞崔從爲興元尹、山南西道節度使。甲戌，太白近左執法。乙亥，敕應同司官有大功已上親者，但非連判及勾檢之官幷官長，則不在迴避改換之限。時刑部員外郎楊嗣復以父於陵除戶部侍郎，遂以近例避嫌，請出省，不從，因有是敕。丁丑，木、金、水三宿聚於軫。戊寅，前山南西道節度使權德輿卒。

九月甲申，以左衞將軍高霞寓爲單于大都護、振武麟勝節度使。甲辰，以戶部侍郎、判度支皇甫鎛同中書門下平章事，依前判度支。以衞尉卿充諸道鹽鐵轉運使程异爲工部侍郎、同中書門下平章事，依前充使。是時，上切於財賦，故用聚斂之臣居相位。詔下，羣情驚駭，宰臣裴度、崔羣極諫，不納。二人請退。熒惑近哭星。丁未，出內庫絹十萬匹給東軍。

冬十月甲寅，吐蕃寇宥州。壬戌，靈武奏破吐蕃二萬於定遠城。癸亥，前淮南節度使衞次公卒。甲子，平涼鎭遏兵馬使郝玼奏收復原州，破吐蕃二萬。是夜，月近昴。丙子，以左金吾衞大將軍薛平檢校刑部尚書、滑州刺史，充義成軍節度使；以義成軍節度使李光顏爲許州刺史，充忠武軍節度使、陳許觀察等使。

十一月辛巳朔，夏州破吐蕃五萬。靈武奏攻破吐蕃長樂州羅城。丁亥，以山人柳泌爲台州刺史，爲上於天台山採仙藥故也。制下，諫官論之，不納。壬寅，以河陽節度使烏重胤爲滄州刺史、橫海軍節度、滄景德棣觀察等使。丁未，以華州刺史令狐楚爲懷州刺史，充河陽三城懷孟節度使。

十二月辛亥，敕左右龍武軍六軍及威遠營應納課戶共一千八百人衣糧並停，仍付府縣收管。戊寅，軍前擒到李師道將夏侯澄等四十七人，詔並釋付魏博及義成軍收管，要還賊中者，則量事優給放還。上顧謂宰臣曰：「人臣事君，但力行善事，自致公望，何乃好樹朋黨？朕甚惡之！」裴度對曰：「君子小人，未有無徒者。君子之徒，則同心同德；小人之徒，是爲朋黨。」上曰：「他人之言，亦與卿等相似，豈易辯之哉？」度曰：「君子小人，觀其所行，當自區別矣。」上曰：「凡好事口說則易，躬行則難。卿等既言之，須行之，勿空口說。」度等謝曰：「陛下處分，可謂至矣，臣等敢不激勵。然天下之人，從陛下所行，不從陛下所言〔一〇〕，臣等亦願陛下每言之則行之。」上頗欣納。

是歲，迴紇、南詔蠻、渤海、高麗、吐蕃、奚、契丹、訶陵國並朝貢。

十四年春正月庚辰朔，以東師宿野，不受朝賀。壬午，復置仗內教坊於延政里。丁亥，

徐州軍破賊二萬於金鄉。迎鳳翔法門寺佛骨至京師，留禁中三日，乃送詣寺，王公士庶奔走捨施如不及。刑部侍郎韓愈上疏極陳其弊。癸巳，貶愈爲潮州刺史。丙申，魏博軍破賊五萬於東阿。辛巳，斬前滄州刺史李宗奭於獨柳樹。朝廷初除鄭權滄州，宗奭拒詔不受代，既而爲三軍所逐，乃入朝，故誅之。癸卯夜，月近南斗魁。丙午，魏博軍破賊萬人於陽穀。

二月己酉朔，以商州刺史嚴謨爲黔中觀察使。乙卯，敕淄青行營諸軍，所至收下城邑，不得妄行傷殺，及焚燒廬舍，掠奪民財，開發墳墓。宜嚴加止絕。以鎮、冀水災，賜王承宗綾絹萬匹。辛酉，襄陽節度使孟簡舉鄖鄉鎮遏使趙潔爲鄖鄉縣令，有虧常式，罰一月俸料。壬戌，田弘正奏，今月九日，淄青都知兵馬使劉悟斬李師道并男二人首請降，師道所管十二州平。甲子，上御宣政殿受賀。己巳，上御興安門受田弘正所獻賊俘，羣臣賀於樓下。庚午，制以淄青兵馬使、金紫光祿大夫、試殿中監、兼監察御史劉悟檢校工部尚書、滑州刺史，充義成軍節度使，封彭城郡王，食邑三千戶，賜錢二萬貫、莊宅各一區。癸酉，田弘正加檢校司徒、同中書門下平章事。

三月己卯朔。丁酉，上以齊、魯初平，宴羣臣於麟德殿，賜物有差。戊子，以華州刺史馬總鄆濮曹等州觀察等使；己丑，以義成軍節度使薛平爲青州刺史，充平盧軍節度、淄青齊登萊等州觀察等使；以淄青四面行營供軍使王遂爲沂州刺史，充沂海兗密等州都團練觀察等使：析李師道所據十二州爲三鎮也。庚寅，浙西觀察使李翛卒。辛卯，李師道妻魏氏并男沒入掖庭，堂弟師賢師智、姪弘巽配流。乙未，以中書舍人衞中行華州刺史、潼關防禦、鎮國軍等使。辛丑，上顧謂宰臣曰：「聽受之間，大是難事。推誠選任，所謂委寄，必合盡心；及至所行，臨事不無偏黨。朕臨御已來，歲月斯久，雖不明不敏，然漸見物情，每於行爲，務欲詳審。比令學士集前代昧政之事，爲辯謗略，每欲披閱，以爲鑒誡耳。」崔羣對曰：「無情曲直，辯之至易；稍懷欺詐，審之實難。故孔子有衆好衆惡之論，浸潤膚受之說，蓋以曖昧難辯故也。若擇賢而任之，待之以誠，糾之以法，則人自歸公，孰敢行僞？陛下詳觀載籍，以廣聰明，實天下幸甚。」丁未，以撫州司馬令狐通爲右衞將軍。給事中崔植封還制書，言通前刺史壽州，用兵失律，未宜獎用。上令宰臣諭植，以通父彰有功，不忍遂棄其子。其制方行。

夏四月戊申朔。乙卯，太白順行近東井。戊午，以刑部尚書李愿爲鳳翔尹，充鳳翔隴右節度使。丙寅，詔：「諸道節度、都團練、防禦、經略等使所管支郡，除本軍州外，別置鎮遏、守捉、兵馬者，並合屬刺史。如刺史帶本州團練、防禦、鎮遏等使，其兵馬額便隸此使。如無別使，即屬軍事。其有邊於谿洞連接蕃蠻之處，特建城鎮，不關州郡者，不在此限。」辛

未，工部侍郎、同平章事、諸道鹽鐵轉運等使程异卒。丙子，制金紫光祿大夫、門下侍郎、同中書門下平章事，兼弘文館大學士、上柱國、晉國公、食邑三千戶裴度可檢校左僕射，兼門下侍郎、平章事、太原尹、北都留守，充河東節度觀察處置等使。

五月戊寅朔，以刑部侍郎柳公綽充鹽鐵轉運等使。庚辰，以楚州刺史李聽爲夏州刺史、夏綏銀宥等州節度使。丙戌，以河東節度使、檢校吏部尚書、同平章事張弘靖爲吏部尚書；以忠武軍節度使李光顏爲邠寧慶節度使，仍以忠武軍六千人赴鎮。庚寅，以工部尚書鄰士美檢校刑部尚書、許州刺史，充忠武軍節度使。是夜，月近心大星。己亥，置臨海監牧，命淮南節度使兼之。敕李師古妻裴氏、女宜娘於鄧州安置，李宗奭妻韋氏放出掖庭：坐李師道族人籍沒，上愍之，宥以輕典。以宣歙觀察使竇易直爲潤州刺史，充浙西觀察使。韓弘進助平淄青絹二十萬匹，女樂十人。女樂還之。

六月丁未朔。癸丑，以福建觀察使元錫爲宣州刺史、宣歙池觀察使。庚申，以戶部侍郎歸登爲工部尚書。以鄭州刺史裴乂爲福州刺史、福建觀察使。辛酉，敕定州大都督府復上州。甲子，以前兵部尚書李絳檢校吏部尚書、河中尹，充河中晉絳慈隰觀察使。癸酉，詔左金吾大將軍胡証充京西北巡邊使，所經鎮戍，與守將審量利害，具事實奏聞。

秋七月丁丑朔。戊寅，汴州韓弘來朝。己卯，左散騎常侍致仕薛苹卒。乙酉夜，月掩

心大星。辛巳，羣臣上尊號曰元和聖文神武法天應道皇帝。是日，御宣政殿受册，禮畢，御丹鳳樓，大赦天下。京畿今年秋稅、青苗、榷酒等錢，每貫量放四百文；元和五年已前逋租賦並放。甲午，韓弘進絁絹二十八萬匹，銀器二百七十事。丁酉，以河陽三城懷州節度使、朝議郎、使持節懷州諸軍事、守懷州刺史、兼御史大夫、賜紫金魚袋令狐楚可朝議大夫、守中書侍郎、同中書門下平章事。壬寅，以永州刺史韋正武爲邕管經略使。癸卯，以前黔中觀察使魏義通爲懷州刺史、河陽三城懷孟節度使。沂州軍亂，殺節度使王遂。甲辰，以棣州刺史曹華爲沂州刺史，充沂海兗密等州都團練觀察使。乙巳，罷晉州防禦使。

八月丁未朔。己酉，制宣武軍節度副大使、知節度事、汴宋亳潁等州觀察處置等使、開府儀同三司、守司徒、兼侍中、汴州刺史、上柱國、許國公、食邑三千戶韓弘可守司徒、兼中書令，弘堅辭戎鎮故也。癸丑，以吏部尚書張弘靖爲檢校尚書左僕射、同平章事、汴州刺史、宣武軍節度使。甲寅，於襄州穀城縣置臨漢監以牧馬，仍令山南東道節度使兼充監牧使。戊午，王承宗進位檢校左僕射。己未，田弘正來朝。上謂宰臣曰：「天下事重，一日不可曠廢。若遇連假不坐，有事卽詣延英請對。」崔羣以殘暑方甚，目同列將退。上止之曰：「數日一見卿等，時雖暑熱，朕不爲勞。」久之方罷。丁亥，宴田弘正與大將判官二百人於麟德殿，賜物有差。戊辰，陳許節度使、檢校刑部尚書郗士美卒。

九月丙子朔。戊寅，考功郎中蕭祐進古書、古畫二十卷。斬沂州亂首王弁于東市。癸未，以國子祭酒李遜檢校禮部尚書、許州刺史、忠武軍節度、陳許溵蔡等觀察使。庚寅，貶右衞大將軍田縉爲衡王傅。縉前鎮夏州，私用軍糧四萬石，強取党項羊馬，致党項引吐蕃入寇故也。甲午，以太子少師鄭餘慶兼判國子祭酒。辛丑，以田弘正兄相州刺史田融檢校刑部尚書，兼太子賓客，分司東都。甲辰，以魏博節度使、光祿大夫、檢校司徒、同平章事、兼魏州大都督長史、上柱國、沂國公、食邑三千戶田弘正依前檢校司徒、兼侍中，賜實封三百戶。時弘正三上表乞留闕庭，不許。乙巳，上顧謂宰臣曰：「朕讀玄宗實錄，見開元初銳意求理，至十六年已後，稍似懈倦，開元末又不及中年，何也？」崔羣對曰：「玄宗少歷民間，身經迍難，故卽位之初，知人疾苦，躬勤庶政。加之姚崇、宋璟、蘇頲、盧懷慎等守正之輔，孜孜獻納，故致治平。及後承平日久，安於逸樂，漸遠端士，而近小人。宇文融以聚斂媚上心，李林甫以奸邪惑上意，加之以國忠，故及於亂。願陛下以開元初爲法，以天寶末爲戒，卽社稷無疆之福也。」時皇甫鎛以諂刻欺蔽在相位，故羣因奏以諷之。

冬十月丙午朔。壬戌，安南軍亂，殺都護李象古，并家屬、部曲千餘人皆遇害。丙寅，以唐州刺史桂仲武爲安南都護，潮州刺史韓愈爲袁州刺史。是月，吐蕃寇鹽州。

十一月乙亥朔，以戶部尚書李鄘爲太子賓客、東都留守。辛卯，靈武大將史敬奉破吐蕃於鹽州城下〔一七〕，賜敬奉實封五十戶賞之。丁酉，以原王傅鄭權爲右金吾大將軍，充右街使。上服方士柳泌金丹藥，起居舍人裴潾上表切諫，以「金石含酷烈之性，加燒鍊則火毒難制。若金丹已成，且令方士自服一年，觀其效用，則進御可也」。上怒。己亥，貶裴潾爲江陵令。

十二月乙巳朔。庚戌，國子祭酒鄭餘慶奏見任文官一品至九品，外使兼京正員官者，每月於所請料錢每貫抽十文，修國子監，從之。乙卯，以諫議大夫、守中書侍郎、同中書門下平章事、上柱國、賜紫金魚袋崔羣爲潭州刺史、兼御史大夫，充湖南觀察使。爲皇甫鎛所譖。及羣被貶，人皆切齒於鎛。

十五年春正月甲戌朔，上以餌金丹小不豫，罷元會。庚辰，鎮冀觀察使王承宗奏鎮冀深趙等州，每州請置錄事參軍一員，判司三員，每縣請置令一員，從之。壬午，以前湖南觀察使崔倰權知戶部侍郎、判度支。丙戌，沂海四州觀察使府移置於兗州，改觀察使曹華爲兗州刺史。乙未，命邠寧李光顏修築鹽州城。此月七日已後，晝常陰晦，微雨雪；夜則晴明，凡十七日方澄霽。丙申，月犯心大星，光彩相及。廢齊州豐齊縣入長清，廢全節縣入歷城，廢亭山縣入章丘縣〔一八〕。義成軍節度使劉悟來朝。戊戌，上對悟於麟德殿。上自服藥不佳，數不視朝，人情恟懼，及悟出道上語，京城稍安。庚子，以少府監韓璀爲鄜州刺史、鄜

坊丹延節度使。是夕，上崩於大明宮之中和殿，享年四十三。時以暴崩，皆言內官陳弘志弒逆，史氏諱而不書。辛丑，宣遺詔。壬寅，移仗西內。

五月丁酉，羣臣上謚曰聖神章武孝皇帝，廟號憲宗。庚申，葬于景陵。

史臣蔣係曰：憲宗嗣位之初，讀列聖實錄，見貞觀、開元故事，竦慕不能釋卷，顧謂丞相曰：「太宗之創業如此，玄宗之致理如此，既覽國史，乃知萬倍不如先聖。當先聖之代，猶須宰執臣僚同心輔助，豈朕今日獨能爲理哉！」自是延英議政，晝漏率下五六刻方退。自貞元十年已後，朝廷威福日削，方鎭權重。德宗不委政宰相，人間細務，多自臨決，姦佞之臣，如裴延齡輩數人，得以錢穀數術進，宰相備位而已。及上自藩邸監國，以至臨御，訖于元和，軍國樞機，盡歸之於宰相。由是中外咸理，紀律再張，果能剪削亂階，誅除羣盜。睿謀英斷，近古罕儔，唐室中興，章武而已。任异、鎛之聚斂，逐羣、度於藩方，政道國經，未至衰紊。惜乎服食過當，閹豎竊發，苟天假之年，庶幾于理矣！

贊曰：貞元失馭，羣盜箕踞。章武赫斯，削平嘯聚。我有宰衡，耀德觀兵。元和之政，聞于頌聲。

校勘記

〔一〕建王審　「審」字各本原作「密」，據本書卷一七五憲宗二十子傳改。

〔二〕以邕管經略使房啓爲桂管觀察使以開州刺史竇羣爲邕管經略使　據本書卷一五五竇羣傳、新書卷一三九房琯傳、韓愈唐國子司業竇公墓誌銘，此處兩見「邕管」均當作「容管」。本卷下文又云：「邕管奏黃洞賊屠巖州。」按巖州屬容管，通鑑卷二三九「邕管」作「容管」，是。

〔三〕丙辰　各本原作「景辰」，史文係避唐高祖父李昺諱改「丙」爲「景」，今改回。

〔四〕右衞將軍　「將軍」二字各本原無，據唐會要卷五七補。

〔五〕汴州韓弘　「韓」字各本原作「劉」，據冊府卷五六九、合鈔卷一五憲宗紀改。

〔六〕路朝見　通鑑卷二三九作「駱朝寬」。

〔七〕三河子弟　據唐會要卷六七、通鑑卷二三九，「三河」疑當作「山棚」。

〔八〕龍蒙盛　各本原作「晟龍盛」，據本書卷一九七南詔蠻傳、冊府卷九六五改。

〔九〕賜吉甫諡曰忠　「忠」字本書卷一四八李吉甫傳作「忠懿」，唐會要卷八〇作「恭懿」。

〔一〇〕東都留守　「東都」各本原作「河東」，據本書卷一五四許孟容傳、新書卷一六二許孟容傳改。

〔一一〕以御史中丞爲京兆尹　「中丞」下無人名，當是脫文。

〔一二〕湖南觀察使　「南」字各本原作「廣」，據本書卷一五八韋貫之傳、新書卷一六九韋貫之傳改。

〔一三〕除留闕官物外分給　各本原作「除留守」，據冊府卷五〇七補改。唐會要卷九二與冊府同，唯無「物」字。

〔一四〕至銀臺待罪請獻德棣二州彙入管內租稅　此句上有脫文。此處當是敍述王承宗遣其子及牙將詣闕請罪事，具見本書卷一四二王武俊傳、通鑑卷二四〇。

〔一五〕武寧　各本原作「義寧」，據通鑑卷二四〇、合鈔卷一五憲宗紀改。

〔一六〕不從陛下所言　「不」字各本原無，據御覽卷一一四補。

〔一七〕史敬奉　各本原作「史奉敬」，據本書卷一五二史敬奉傳、新書卷一七〇史敬奉傳改。下同。

〔一八〕廢亭山縣入章丘縣　各本原作「廢章丘縣入亭山縣」。本書卷三八地理志：「亭山，元和十五年以戶口凋殘，并入章丘縣，因廢亭山。」唐會要卷七〇、寰宇記卷一九所記同，據改。

舊唐書卷十六

本紀第十六

穆宗

穆宗睿聖文惠孝皇帝諱恆，憲宗第三子，母曰懿安皇后郭氏。貞元十一年七月，生於大明宮之別殿。初名宥，封建安郡王。元和元年八月，進封遂王。五年三月，領彰義軍節度大使。七年十月，册爲皇太子，改今諱。

十五年正月庚子，憲宗崩。丙午，卽皇帝位於太極殿東序。是日，召翰林學士段文昌、杜元穎、沈傳師、李肇、侍讀薛放、丁公著對於思政殿，並賜金紫。丁未，集羣臣班於月華門外。貶門下侍郎、同平章事皇甫鎛爲崖州司戶。戊申，上見宰臣於紫宸門外。辛亥，以朝議郎、守御史中丞、飛騎尉、襲徐國公、賜緋魚袋蕭俛爲朝散大夫、守中書〔一〕；舍人、翰林學士、武騎尉、賜紫金魚袋段文昌爲中書侍郎：同平章事。上始御延英對宰臣。詔曰：「山人柳泌

輕懷左道，上惑先朝。固求牧人，貴欲疑衆，自知虛誕，仍更遁逃。僧大通醫方不精，藥術皆妄。既延禍釁，俱是姦邪。邦國固有常刑，人神所宜共棄，付京兆府決杖處死。」金吾將軍李道古貶循州司馬。憲宗末年，銳於服餌，皇甫鎛與李道古薦術人柳泌、僧大通待詔翰林。泌於台州爲上鍊神丹，上服之，日加躁渴，遽棄萬國。甲寅，二王後介國公宇文仲達卒，有司舉舊典葬祭之。以監察御史李德裕、右拾遺李紳、禮部員外郎庾敬休並守本官，充翰林學士。丁巳，以劍南東川節度使李逢吉爲襄州刺史，充山南東道節度使；以吏部侍郎王涯檢校禮部尚書、梓州刺史，充劍南東川節度使。己未，改恆岳爲鎭岳，恆州爲鎭州，定州恆陽縣爲曲陽縣。恆王房子孫改爲泜王房。丙寅，以右神策大將軍張維清爲單于大都護，充振武麟勝節度使。丁卯，上及羣臣皆釋服從吉。戊辰，羣臣始朝於宣政衙。是夜地震。庚午，册大行皇帝貴妃郭氏爲皇太后。貶諫議大夫李景儉爲建州刺史。

二月癸酉朔。丁丑，御丹鳳樓，大赦天下。宣制畢，陳俳優百戲於丹鳳門內，上縱觀之。丁亥，幸左神策軍觀角抵及雜戲，日昃而罷。癸巳，罷邕管經略使，所管州縣隸邕府。甲午，以桂管觀察使裴行立爲安南都護，充本管經略使。乙未，以太僕卿杜式方爲桂州刺史，充桂管觀察使。丙申，丹王逾薨。丁酉，敕入迴紇使宜與私覿正員官十三員，入吐蕃使與八員。庚子，太子賓客呂元膺卒。辛丑，以戶部侍郎楊於陵爲戶部尚書。壬寅，敕舉賢

良方正、直言極諫等科目人，宜令中書門下尙書省四品已上於尙書省同試。

三月癸卯朔，贈皇太后父郭曖太傅，母虢國大長公主贈齊國大長公主。壬子，召侍講學士韋處厚、路隨於太液亭講毛詩關雎、尙書洪範等篇。旣罷，並賜緋魚袋。左右軍中尉馬進潭、梁守謙、魏弘簡等請立門戟，從之。以太子詹事分司東都韋貫之爲河南尹。丁巳，御史中丞崔植奏：「元和十二年敕，御史臺三院御史據除拜上日爲先後，未上日不得計月數。又准其年九月十七日敕，踰一箇月不在此限，行立班次，卽宜以敕內先後爲定。臣觀此後敕未便事宜，請自今後三院御史職事行立，一切依敕文先後爲定，除拜上日便爲月數。」從之。戊午，吏部尙書趙宗儒奏：「先奉敕，先朝所放制科舉人，令與中書門下四品已上官同於尙書省就試者。臣伏以制科所設，本在親臨，南省策試，亦非舊典。今覃恩旣畢，庶政惟新，況山陵日近，公務繁迫，待問之士，就試非多。臣等商量，恐須停罷。」從之。罷申州歲貢茶。乙丑，以皇太后兄司農卿郭釗爲刑部尙書兼司農卿，右金吾衞大將軍郭鏦檢校工部尙書。丁卯，貶太子賓客留司東都孟簡爲吉州員外司馬。戊辰夜，大風雹。

夏四月壬申朔。丁丑，澧王寬薨。乙酉，三恪酅國公楊造卒。丁亥，敕：「內侍省見管高品官白身，都四千六百一十八人，除官員一千六百九十六人外，其餘單貧，無屋室居止，宜每人加衣糧半分。」

五月壬寅朔。癸卯，詔：「以國用不足，應天下兩稅、鹽利、榷酒、稅茶及戶部闕官、除陌等錢，兼諸道雜榷稅等，應合送上都及留州、留使、諸道支用、諸司使職掌人課料等錢，並每貫除舊墊陌外，量抽五十文。仍委本道、本司、本使據數逐季收計。其諸道錢便差綱部送付度支收管，待國用稍充，卽依舊制。其京百司俸料，文官已抽修國學，不可重有抽取；武官所給校薄，亦不在抽取之限。」壬子，詔：「入景陵玄宮合供千味食，魚肉肥鮮，恐致薰穢，宜令尙藥局以香藥代食。」庚申，葬憲宗於景陵。

六月辛未朔。丁丑，以司徒、兼中書令韓弘爲河中尹，充河中晉絳慈隰等州節度使。安南都護桂仲武奏誅賊首楊清，收復安南府。戊寅，以金吾將軍李佑檢校左散騎常侍，兼夏州刺史，充夏綏銀宥節度使，代李聽；以聽爲靈州大都督府長史，充朔方靈鹽節度使。以中書舍人王仲舒爲洪州刺史、御史中丞，充江西觀察使。己卯，放京兆府今年夏青苗錢八萬三千五百六十貫，宜委令狐楚，以楚山陵用不盡綾絹，准實估付京兆府，代所放青苗錢。庚辰，加邠寧慶節度使李光顏特進，以城鹽州之功也。以考功員外郎、史館修撰李翺爲朗州刺史，坐與李景儉相善故也。癸未，併兗州萊蕪縣入乾封縣。己丑，工部尙書歸登卒。壬辰，詔：「帝王所重者國體，所切者人情。苟得其體，必臻於大和；如失其情，是由於小利。況設官求理，頒祿責功，敎旣有常，寧宜就減。近以每歲經費，量入數少，外官俸料，據數收

貫。朕再三思度，終所未安。今則歲屬豐登，兵方偃息，自宜克己以足用，何得剝下以爲謀。臨軒軫懷，實所增愧。其今年五月敕應給用錢每貫抽五十文，都計一百五十萬貫，宜併停抽。」仍出內庫錢三十七萬五千貫，付度支給用。初，憲宗用兵，擢皇甫鎛爲相，苛斂剝下，人皆咎之，以至譴逐。至是宰臣創抽貫之利，制下，人情不悅，故罷之。癸巳，皇太后移居興慶宮，皇帝與六宮侍從大合宴于南內，迴幸右軍，頒賜中尉等有差。自是凡三日一幸左右軍及御宸暉、九仙等門，觀角抵、雜戲。

秋七月辛丑朔。壬寅，以河中晉絳觀察使李絳爲兵部尙書。甲辰，以大理卿孔戣爲潭州刺史、湖南觀察使。乙巳，詔：「皇太后就安長樂，朝夕承顏，慈訓所加，慶感兼極。今月六日是朕載誕之辰，奉迎皇太后於宮中上壽。朕旣深歡慰，欲與臣下同之。其日，百僚、命婦宜於光順門進名參賀，朕於光順門內殿與百僚相見，永爲常式。」非典也。鄆曹濮等州節度賜號天平軍，從馬總奏也。丙午，敕：乙巳詔書載誕受賀儀宜停。先是，左丞韋綬奏行之，宰臣以古無降誕受賀之禮，奏罷之。丁未，苑內假山毁，壓死役者七人。自五月不雨，至此月壬子始雨。甲寅，御新成永安殿觀百戲，極歡而罷。乙卯，敕自今後新除節度、觀察使到任日，具見在錢帛、斛斗、器械數目分析以聞。安南都護裴行立卒。是日，上幸安國寺觀盂蘭盆。邕管經略使楊旻卒。平盧軍新加押新羅、渤海兩蕃使，賜印一面，許置巡官一人。新作寶慶殿。庚申夜，熒惑入羽林。壬戌，盛飾安國、慈恩、千福、開業、章敬等寺，縱吐蕃使者觀之。丙寅，以新成永安殿，與中宮貴主密宴以樂之，嬪妃皆預。丁卯，以門下侍郎、平章事令狐楚爲宣州刺史、兼御史大夫，充宣歙池觀察使。楚爲山陵使，縱吏于翬刻下，不給工徒價錢，積留錢十五萬貫，爲羨餘以獻，故及于貶。

八月庚午朔。辛未，兵部尙書楊於陵總百僚錢貨輕重之議，取天下兩稅、榷酒、鹽利等，悉以布帛任土所產物充稅，並不徵見錢，則物漸重，錢漸輕，農人見免賤賣匹段。請中書門下、御史臺諸司官長重議施行。從之。癸酉，太子少傅致仕李鄘卒。甲戌，安南都護桂仲武斬叛將楊清首以獻，收復安南府。乙亥，賜敎坊錢五千貫，充息利本錢。御勤政樓，問人疾苦。前江西觀察使裴次元卒。己卯，月掩牽牛。同州雨雪害秋稼。京兆府戶曹參軍韋正牧專知景陵工作，刻削廚料充私用，計贓八千七百貫文；石作專知官奉仙縣令于翬刻削，計贓一萬三千貫，並宜決重杖處死。壬辰，幸魚藻池，發神策軍二千人浚魚藻池。戊戌，以朝議郎、守御史中丞、武騎尉、賜紫金魚袋崔植爲朝散大夫、守中書侍郎、同中書門下平章事。己亥，宣歙觀察使令狐楚再貶衡州刺史。

九月庚子朔，改河北稅鹽使爲榷鹽使。辛丑，大合樂於魚藻宮，觀競渡。又召李愬、李光顏入朝，欲於重陽日宴羣臣。拾遺李珏等上疏諫云：「元朔未改，園陵尙新。雖易月之

期，俯從人欲；而三年之制，猶服心喪。夫遏密弛禁，蓋爲齊人；合樂內庭，事將未可。」不聽。乙巳，以駕部郎中、知制誥李宗閔爲中書舍人。宋州大水，損田六千頃。戊申，以重陽節曲宴郭釗兄弟、貴戚、主壻等於宣和殿。己酉，大雨三日，至是雨雪，樹木無風而摧仆者十五六。以吏部侍郎崔羣爲御史大夫。滄、景水，損田。戊午，加河東節度使、金紫光祿大夫、檢校尚書右僕射、兼門下侍郎、同平章事、太原尹、北都留守、上柱國、晉國公、食邑三千戶裴度守司空、門下侍郎、同平章事。以邠寧節度使、檢校司空、邠州刺史、上柱國、武威郡開國公、食邑二千戶李光顏並同中書門下平章事。又以武寧軍節度、徐泗濠等州觀察等使、檢校尚書左僕射、徐州刺史、上柱國、涼國公、食邑三千戶李愬爲同中書門下平章事、潞州大都督府長史，充昭義軍節度、澤潞磁邢洺觀察處置等使。夏州奏移宥州于長澤縣置。辛酉，宴李光顏、李愬於麟德殿，頒賜優厚。以袁州刺史韓愈爲朝散大夫、守國子祭酒，復賜金紫。丙寅，以御史大夫崔羣檢校兵部尚書、徐州刺史，充武寧軍節度、徐泗宿濠觀察等使；以將作監崔能爲廣州刺史，充嶺南節度使。丁卯，以兵部尚書李絳爲御史大夫。戊辰，以前嶺南節度使孔戣爲吏部侍郎。

冬十月庚午朔，闍婆國遣使朝貢。庚辰，宰相與吐蕃使於中書議事。京百司共賜錢一萬貫，仰御史臺據司額大小、公事閒劇均之。成德軍節度使王承宗卒，其弟承元上表請朝

廷命帥，遣起居舍人柏耆宣慰之。辛巳，金公亮修成指南車、記里鼓車。壬午，吐蕃寇涇州，命中尉梁守謙將神策軍四千人及八鎮兵赴援。乙酉，以魏博等州節度觀察等使、光祿大夫、檢校司徒、兼侍中、魏博大都督府長史、上柱國、沂國公、食邑三千戶、實封三百戶田弘正可檢校司徒、兼中書令、鎮州大都督府長史、成德軍節度、鎮冀深趙等州觀察處置等使。以鎮冀深趙等觀察度支使、朝議郎、試金吾左衞冑曹參軍、兼監察御史王承元可銀青光祿大夫、檢校工部尚書、使持節滑州諸軍事、守滑州刺史、御史大夫，充義成軍節度、鄭滑等州觀察等使。以昭義節度使、檢校尚書左僕射、同中書門下平章事李愬可本官，爲魏州大都督府長史，充魏博等州節度、觀察等使。以義成軍節度使劉悟依前檢校右僕射、兼潞州大都督府長史，充昭義節度、澤潞邢洺磁等州觀察等使。以左金吾將軍田布爲檢校左散騎常侍、兼懷州刺史、御史大夫，充河陽三城懷孟節度使。乙酉，涇州奏吐蕃退去。時夏州節度使田縉貪猥，侵刻党項羌，羌引西蕃入寇，賴郝玭〔三〕、李光顏奮命拒之，方退。丁亥，西川奏吐蕃侵雅州，令發兵鎮守。東川節度使王涯陳破吐蕃策，言以厚賂北蕃，俾入西蕃，據地得人多少賞之。

十一月乙亥朔。癸卯，制：「朕聞帝王丕宅四海，子育羣生，如天無不覆，如日無不燭。乃睠冀方，初喪戎帥，念乎三軍之事，洎于四州之人。或懷忠積誠，而思用莫展；或災荒兵役，而望恤何階。今則昌運一開，誠節咸著。王承元首陳章疏，願赴闕庭。永念父兄之忠，克固君臣之義，已加殊獎，別委重藩。又念成德軍將士等，叶謀向義，丹款載申，咸欲効其器能，各宜列之爵秩。大將史重歸、牛元翼已超授寵榮，今更都加厚賜。宜令諫議大夫鄭覃往鎮州宣慰，賜錢一百萬貫。王澤所洽，天網方恢，宥過釋冤，與人休泰。其管內見禁囚徒，罪無輕重，並宜釋放。朕以武俊之勳勞，光于彝鼎；士眞之恭恪，繼被節旄。承宗感恩，亦克立効。永言十代之宥，俾賜一門之榮。承宗兄弟已授官爵，其承宗葬事亦差官監視，務令周厚。」丁未，封王承宗祖母李氏爲晉國太夫人。辛亥，田弘正奏王承元以今月九日領兵二千人赴鎮滑州。成德軍徵賞錢頗急，乃命柏耆先往諭之。以華州刺史衞中行爲陝州長史，充陝虢觀察使；以宗正卿李翺爲華州刺史〔三〕、潼關防禦、鎮國軍使。乙卯，上幸金吾將軍郭鏦城南莊，鏦以莊爲獻。戊午，詔曰：「朕來日暫往華清宮，至暮却還。」御史大夫李絳、常侍崔元略已下伏延英門切諫。上曰：「朕已成行，不煩章疏。」諫官再三論列。是日，田弘正奏今月十六日入鎮州訖。己未，上由複道出城幸華清宮，左右中尉掛仗，六軍諸使、諸王、駙馬千餘人從，至晚還宮。癸亥，檢校司徒、兼太子少師鄭餘慶卒。以渭州刺史、涇原行營兵馬使、保定郡王郝玭爲慶州刺史。玭勇將，深入吐蕃接戰，朝廷恐失勇將，故移之內地。

十二月己巳朔。戊寅，召故女學士宋若華妹若昭入宮掌文奏。壬午，幸右軍擊鞠，遂畋於城西。丙戌，前昭義軍節度使辛秘卒。己丑，以庫部郎中、知制誥牛僧孺爲御史中丞。嶺南奏崖州司戶參軍皇甫鎛卒。丙申，以司門員外郎白居易爲主客郎中、知制誥。

是歲，計戶帳，戶總二百三十七萬五千四百，口總一千五百七十六萬。定、鹽、夏、劍南東西川、嶺南、黔中、邕管、容管、安南合九十七州不申戶帳。

長慶元年正月己亥朔，上親薦獻太清宮、太廟。是日，法駕赴南郊。日抱珥，宰臣賀於前。辛丑，祀昊天上帝於圓丘，即日還宮，御丹鳳樓，大赦天下。改元長慶。內外文武及致仕官三品已上賜爵一級，四品已下加一階，陪位白身人賜勳兩轉，應緣大禮移仗宿衞御樓兵仗將士，普恩之外，賜勳爵有差。仍准舊例，賜錢物二十萬四千九百六十端匹。禮畢，羣臣於樓前稱賀。仗退，上朝太后於興慶宮。壬寅，夏州節度使奏浙東、湖南等道防秋兵不習邊事，請留其兵甲，歸其人。靈武節度使李聽奏請於淮南、忠武、武寧等道防秋兵中取三千人衣賜月糧，賜當道自召募一千五百人馬驍勇者以備邊。仍令五十人爲一社，每一馬死，社人共補之，馬永無闕。從之。癸卯，以河陽懷節度使田布爲涇州刺史，充四鎮北庭行營、涇原節度使；以刑部尚書兼司農卿郭釗檢校戶部尚書、懷州刺史，充河陽三城懷節度使；

以涇原節度使王潛檢校兵部尚書、江陵尹，充荆南節度使。乙巳，鄜坊節度使韓璀改名充[四]。己酉，以前檢校大理少卿、駙馬都尉劉士涇爲太僕卿。給事中韋弘景、薛存慶封還詔書，上諭之曰：「士涇父昌有邊功，久爲少列十餘年，又以尚雲安公主，朕欲加恩，制官敕下[五]。」制命始行。翰林學士、司勳員外郎李德裕上疏曰：「臣見國朝故事，駙馬國之親密，不合與朝廷要官往來，開元中禁止尤切。近日駙馬多至宰相及要官宅，此輩無他才可以延接，唯是漏洩禁密，交通中外。伏望宣示駙馬等，今後有事任至中書見宰臣，此外不得至宰臣及臺省官私第。」從之。戊午夜，星孛于翼。壬戌，制朝議大夫、守門下侍郎、同中書門下平章事徐國公蕭俛爲尚書右僕射，累表乞罷政事故也。癸亥，以左散騎常侍崔元略爲黔州刺史，充黔中觀察使。丁卯，星孛於辰，近太微西垣南第一星。

二月戊辰朔。癸酉，以尚書右僕射蕭俛爲吏部尚書。甲戌，以檢校右僕射兼吏部尚書韓皐守右僕射。乙亥夜，太白犯昴。丙子，上觀雜伎樂於麟德殿，歡甚，顧謂給事中丁公著曰：「比聞外間公卿士庶時爲歡宴，蓋時和民安，甚慰予心。」公著對曰：「誠有此事。然臣之愚見，風俗如此，亦不足嘉。百司庶務，漸恐勞煩聖慮。」上曰：「何至於是？」對曰：「夫賓宴之禮，務達誠敬，不繼以淫。故詩人美『樂且有儀』，譏其屢舞[六]。前代名士，良辰宴聚，或清談賦詩，投壺雅歌，以杯酌獻酬，不至於亂。國家自天寶已後，風俗奢靡，宴席以諠譁沉

湎爲樂。而居重位、秉大權者，優雜倨肆於公吏之間，曾無愧恥。公私相效，漸以成俗，由是物務多廢。獨聖心求理，安得不勞宸慮乎！陛下宜頒訓令，禁其過差，則天下幸甚。」時上荒于酒樂，公著因對諷之，頗深嘉納。己卯，幽州節度使劉總奏請去位落髮爲僧。又請分割幽州所管郡縣爲三道，請支三軍賞設錢一百萬貫。壬申，以中書侍郎、平章事段文昌檢校刑部尚書、同平章事、成都尹，充劍南西川節度等使。以朝散大夫、尚書戶部侍郎、知制誥、翰林學士、上柱國、建安縣開國男杜元穎守本官、同中書門下平章事。以劍南西川節度使王播爲刑部尚書，充鹽鐵轉運使。乙酉，天平軍節度使馬總奏：「當道見管軍士三萬三千五百人，從去年正月已後，情願居農者放，逃亡者不捕。」先是，平定河南，及王承元去鎮州，宰臣蕭俛等不顧遠圖，乃獻銷兵之議，請密詔天下軍鎮，每年限百人內破八人逃死，故總有是奏。丁亥夜，月犯歲星，在尾十三度。辛卯，寒食節，宴羣臣於麟德殿，頒賜有差。壬辰，刑部侍郎李建卒。癸巳，九姓迴紇毗伽保義可汗卒。

三月丁酉朔，浙東奏移明州於鄮縣置。劉總進馬一萬五千匹。甲辰，鄭滑節度使王承元祖母晉國太夫人李氏來朝，既見上，令朝太后於南內。丁未，宗正寺奏：「准貞元二十一年敕，宗子陪位，放五百七十人出身。准今年赦放三百人。伏緣人數至多，不霑恩澤，乞降特恩，更放二百人出身。」從之。平盧薛平奏：海賊掠賣新羅人口於緣海郡縣，請嚴加禁絕，俾異俗懷恩。從之。戊申，罷京西、京北和糴使，擾人故也。罷河北榷鹽法，許約計課利都數付榷鹽院。庚戌，以左丞韋綬爲禮部尚書。是夜，太白近五車。辛亥，命給事中韋弘慶充幽州宣慰使，左拾遺狄兼謨副之。鹽鐵使王播奏江淮鹽估每斗加五十文，兼舊三百文。癸丑，以幽州盧龍軍節度副大使、知節度事、押奚契丹兩蕃經略等使、檢校司空、同中書門下平章事、楚國公劉總可檢校司徒、兼侍中、天平軍節度、鄆曹濮等州觀察等使。以宣武軍節度使、檢校右僕射、同平章事張弘靖爲檢校司空、同平章事、兼幽州大都督府長史，充幽州盧龍軍節度使。從劉總所奏故也。以鳳翔節度使李愿檢校司空、汴州刺史，充宣武軍節度使；以邠寧節度使李光顏爲鳳翔尹，依前檢校司空、平章事，充鳳翔隴右節度使；以右衞大將軍高霞寓檢校工部尚書、邠州刺史，充邠寧節度使。諫官上疏論霞寓敗軍左謫，未宜拜方鎮，不從。乙卯，以權知京兆尹盧士玫爲瀛州刺史，充瀛莫等州都團練觀察使，從劉總奏析置也。丁巳，制：「劉總已極上台，仍移重鎮，兄弟子姪，各授官榮，大將賓僚，亦宜超擢。幽州百姓給復一年，賜三軍賞設錢一百萬貫。令宣慰使薛存慶與弘靖計會支給。」戊午，封皇弟憬爲鄜王，悅爲瓊王，恂爲沔王，懌爲婺王，愔爲茂王，怡爲光王，協爲淄王，憺爲衢王，忱爲澶王；皇子湛爲景王，涵爲江王，湊爲漳王，溶爲安王，瀍爲潁王。以兵部侍郎柳公綽爲京兆尹、兼御史大夫。己未，以屯田員外郎李德裕爲考功郎中，左補闕李紳爲司

勳員外郎，並依前知制誥、翰林學士。敕今年錢徽下進士及第鄭朗等一十四人，宜令中書舍人王起、主客郎中知制誥白居易等重試以聞。甲子，劉總請以私第爲佛寺，乃遣中使賜寺額曰報恩。幽州奏劉總堅請爲僧，又賜以僧衣，賜號大覺。總是夜遁去，幽州人不知所之。乙丑，以潭州刺史韓泰爲郴州刺史，汀州刺史韓曄爲永州刺史，循州刺史陳諫爲道州刺史，量移也。

夏四月丙寅朔，授劉總弟約及總男等一十一人官，內五人爲刺史，餘朝班環衞。庚午，易定奏劉總已爲僧，三月二十七日卒于當道界，贈太尉。甲戌，祕書監蔣乂卒。丙子，以前天平軍節度使馬總復爲天平節度使。丁丑，詔：「國家設文學之科，本求才實，苟容僥倖，則異至公。訪聞近日浮薄之徒，扇爲朋黨，謂之關節，干擾主司，每歲策名，無不先定。永言敗俗，深用興懷。鄭朗等昨令重試，意在精覈藝能，不於異常之中，固求深僻題目，貴令所試成就，以觀學藝淺深。孤竹管是祭天之樂，出於周禮正經，閱其呈試之文，都不知其本事，辭律鄙淺，蕪累何多。亦令宣示錢徽，庶其深自懷愧。誠宜盡棄，以警將來。但以四海無虞，人心方泰，用弘寬假，式示殊恩。孔溫業、趙存約、竇洵直所試粗通，與及第；盧公亮等十一人可落下。自今後禮部舉人，宜准開元二十五年敕，及第人所試雜文幷策，送中書門下詳覆。」貶禮部侍郎錢徽爲江州刺史，中書舍人李宗閔爲劍州刺史，右補闕楊汝士爲開州

開江令。戊寅，宰臣崔植、杜元穎奏請，坐日所有君臣獻替，事關禮體，便隨日撰錄，號爲聖政紀，歲終付史館。從之。事亦不行。丙戌，正衙命使冊九姓迴紇爲登羅羽錄沒密施句主錄毗伽可汗。辛卯，以衡州刺史令狐楚爲郢州刺史，吉州司馬孟簡爲睦州刺史。壬辰，詔百辟卿士宜各徇公，勿爲朋黨。甲午，以張弘靖入幽州，受朝賀。中書門下奏燕、薊八州平，准禮宜告陵廟，從之。

五月丙申朔。戊戌，以刑獄淹滯，立程：凡大事，大理寺三十五日詳斷訖，申刑部，三十日聞奏；中事，大理寺三十日，刑部二十五日；小事，大理寺二十五日，刑部二十日。所斷罪二十件已上爲大，十件已上爲中，十件已下爲小。刑部四覆官、大理六丞每月常須二十日入省寺，其廚料令戶部加給。從中丞牛僧孺奏也。己亥，貶考功員外郎李渤爲虔州刺史，以前書宰相考辭太過，宰相杜元穎等奏貶之。癸卯，幽州大將李參已下十八人並爲刺史及諸衞將軍。己酉，右散騎常侍致仕柳登卒。辛亥，造百尺樓於宮中。壬子，加茶榷，舊額百文，更加五十文，從王播奏。拾遺李珏上疏論其不可，疏奏不報。丙辰，建王審薨。丁巳，滄州先置景州於弓高縣，置歸化縣於福城草市〔七〕，並宜停廢。壬戌，幽州宣慰使給事中薛存慶卒於鎮州。癸亥，敕先置瀛州於鄚城，宜廢；其鄚城上蔡、西平、遂平兩縣復隸蔡州〔八〕。皇妹太和公主出降迴紇登羅骨沒施合毗伽可汗。甲子，命金吾大將軍胡証充送公主入迴

紇使，兼冊可汗，又以太府卿李銳爲入迴紇婚禮使。

六月乙丑朔。辛未，吐蕃犯青塞堡。甲申，賜御史中丞牛僧孺金紫。

秋七月乙未朔。壬寅，月掩房次相。壬子，羣臣上尊號曰文武孝德皇帝。是日，上受冊於宣政殿，禮畢，御丹鳳樓，大赦天下。甲寅，幽州監軍使奏：「今月十日軍亂，囚節度使張弘靖別館，害判官韋雍、張宗元、崔仲卿、鄭塤。軍人取朱滔子洄爲留後。」丁巳，貶張弘靖爲太子賓客分司。己未，再貶弘靖爲吉州刺史。朱洄自以年老，令軍人立其子克融爲留後。初劉總歸朝，籍其軍中素難制者送歸闕庭，克融在籍中。宰相崔植、杜元穎素不知兵，心無遠慮，謂兩河無虞，不復禍亂矣，遂奏劉總所籍大將並勒還幽州，故克融爲亂，復失河北矣。庚申，以昭義軍節度使劉悟檢校司空，兼幽州大都督府長史，充幽州盧龍軍節度副大使、知節度事。以國子祭酒韓愈爲兵部侍郎。辛酉，太和長公主發赴迴紇，上以半仗御通化門臨送，羣臣班於章敬寺前。

八月甲子朔。己巳，鎮州監軍宋惟澄奏：七月二十八日夜軍亂，節度使田弘正幷家屬將佐三百餘口並遇害。軍人推衙將王廷湊爲留後。辛未，以左金吾將軍楊元卿爲涇州刺史，充四鎮北庭行軍、涇原節度使。敕公卿大臣至中書議幽、鎮討伐之謀。癸酉，王廷湊遣盜殺冀州刺史王進岌，據其郡。乙亥，以前涇原節度使田布起復檢校工部尚書，兼魏州大都督府長史，充魏博節度使。己卯，以深州刺史、本州團練使牛元翼充深冀節度使。辛巳夜，太白近軒轅左角。冀州刺史吳暐潛爲幽州兵所逐。瀛州兵亂，囚觀察使盧士玫。瀛州尋爲幽州兵所據。乙丑，以河東節度裴度充幽、鎮兩道招撫使。庚寅，以建州刺史李景儉爲諫議大夫。壬辰夜，太白近太微西垣。癸巳，鎮州出兵圍深州。

九月甲午朔。丁酉，廢興州鳴水縣。戊戌夜，太白近太微右執法。壬寅，大雨震雷。乙巳，相州兵亂，殺刺史邢楚。丙午，令內常侍段文政監領鄭滑、河東、許三道兵，救援深州。吐蕃請盟，許之。辛亥夜，月近天關。壬子，幽州賊掠易州淶水、遂城、滿城。癸丑，以前魏博節度使李愬爲太子少保。癸酉，魏博節度使田布奏，出師五千赴貝州行營。

冬十月甲子朔。丙寅，太中大夫、守刑部尚書、騎都尉王播可中書侍郎、同中書門下平章事，依前充鹽鐵轉運使。以河東節度使裴度充鎮州四面行營都招討使；以左領軍衞大將軍杜叔良充深冀諸道行營節度使。戊辰，以深冀節度使牛元翼爲鎮州大都督府長史，充成德軍節度、鎮冀深趙等州節度使。辛未，以中書舍人、知貢舉王起爲禮部侍郎，兵部郎中楊嗣復爲庫部郎中、知制誥。壬申，以東都留守鄭絪爲吏部尚書；以吏部尚書李絳檢校右僕射，判東都尚書省事、東都留守、都畿防禦使。以工部尚書丁公著檢校左散騎常侍，兼越州刺史、御史中丞，充浙東觀察使。乙亥，沂州刺史王智興爲武寧軍節度副使。丁丑，裴度

奏，自將兵取故關路進討。朱克融兵寇蔚州。戊寅，王廷湊兵寇貝州。易州刺史柳公濟奏，於白石嶺破燕軍三千。滄州烏重胤奏，於饒陽破賊。工部尚書韋貫之卒。壬午，以尚書主客郎中、知制誥白居易爲中書舍人。河東節度使裴度三上章，論翰林學士元稹與中官知樞密魏弘簡交通，傾亂朝政。以稹爲工部侍郎，罷學士；弘簡爲弓箭庫使。甲申，以京兆尹、御史大夫柳公綽爲吏部侍郎。丙戌，以深冀行營節度使杜叔良爲滄州刺史、橫海軍節度使，以代烏重胤；授重胤檢校司徒、興元尹，充山南西道節度使。時上急於誅賊，杜叔良出征日面辭，奏云：「臣必旦夕破賊。」重胤善將知兵，以賊勢未可卒平，用兵稍緩，故有是拜。丁亥，前浙東觀察使薛戎卒。戊子，魏博田布奏，自率全師進討。太子少保李愬卒。己丑，以戶部侍郎、判度支崔倰爲工部尚書、判度支；以山南西道節度使崔從爲尚書左丞；以祕書監許季同爲華州刺史，充潼關防禦、鎮國軍使。辛卯，昭義劉悟奏，自將兵次臨城。

十一月甲午朔，裴度奏破賊於會星鎮。朱克融兵大寇定州，節度使陳楚出師拒戰，破賊二萬。乙巳，徐州崔羣奏，遣節度副使王智興率師赴行營。戊申，以司農卿裴武爲鎮州行營供軍使。戊午，上御宣政殿，試制科舉人。辛酉，淄青牙將馬廷崟謀逆，節度使薛平覺其謀而誅之。詔中書舍人白居易、繕部郎中陳岵、考功員外郎賈餗同考制策。

十二月甲子朔。丙寅，以前容管經略使留後嚴公素爲容州刺史、容管經略使。丁卯，

貶諫議大夫李景儉爲楚州刺史。庚午，杜叔良之軍與賊戰於博野，爲賊所敗，七千人陷賊，叔良僅免。乙亥，敕諸道除上供外，留州留使錢內每貫割二百文以助軍用，賊平後仍舊。定州陳楚破朱克融賊二萬於望都。戊寅，以鳳翔節度使李光顏爲忠武軍節度使，代李遜，仍兼深冀行營節度；以李遜爲鳳翔節度使。貶員外郎獨孤朗韶州刺史，起居舍人温造朗州刺史，司勳員外郎李肇澧州刺史，刑部員外郎王鎰郢州刺史，坐與李景儉於史館同飲，景儉乘醉見宰相謾罵故也。兵部郎中知制誥馮宿、庫部郎中知制誥楊嗣復各罰一季俸料，亦坐與景儉同飲，然先起，不貶官。辛巳，李光顏赴鎮，百僚餞於章敬寺。上御通化門臨送，賜玉帶名馬。仍敕神策副使楊承和充深冀行營都監押。壬午，出內庫錢五萬貫以助軍。乙酉，以幽州都知兵馬使朱克融檢校右散騎常侍，充幽州盧龍軍節度使，其拘囚張弘靖、殺害府僚之罪，一切釋放。時朝議以克融能保全弘靖，王廷湊殺害弘正，可赦燕而誅趙，故有是詔。

是歲，天下戶計二百三十七萬五千八百五，口一千五百七十六萬二千四百三十二，元不進戶軍州不在此內。

二年春正月癸巳朔，以用兵罷元會。乙未，以夔州刺史王承弁爲安南都護、本管經略

招討使。丁酉，朱克融陷滄州弓高縣，賊攻下博，兼邀餉道車六百乘而去。庚子，魏博兵自潰於南宮縣。戊申，魏博牙將史憲誠奪帥，田布伏劍而卒。己酉，以魏博中軍先鋒兵馬使史憲誠檢校工部尚書，兼魏州大都督府長史，充魏博節度使。是日，大風霾。庚戌，以德州刺史王日簡爲滄州刺史，充橫海軍節度、滄德棣觀察等使，以代叔良。壬子，貶叔良爲歸州刺史，以獻計誅幽鎮無功，而兵敗喪所持旌節也。甲寅，以工部尚書、判度支崔倰檢校禮部尚書，兼鳳翔尹，充鳳翔隴節度使。以鴻臚卿、兼御史大夫張平叔判度支。復以弓高縣爲景州。青州奏海溗二百里。乙卯，以前鳳翔節度使李遜爲刑部尚書。己未，刑部尚書李遜卒。庚子，以兗沂密觀察使曹華爲節度使；以天德軍防禦使李進誠兼靈州刺史，充朔方靈鹽定遠城等州節度使；以晉州刺史李岵爲豐州刺史，充天德軍豐州東西受降城都防禦使。內出繒帛八萬匹以助軍。權停嶺南、黔中今年選補。

二月癸亥朔。甲子，詔雪王廷湊，仍授鎮州大都督府長史、御史大夫，充成德軍節度、鎮冀深趙等州觀察等使。三軍將士，待之如初。仍令兵部侍郎韓愈往彼宣諭。以前吉州刺史張弘靖爲撫州刺史。弘靖初貶官，尚在幽州，拘留半歲，克融授節，始得還，故有是命。丙寅，以前成德軍節度使牛元翼檢校工部尚書、襄州刺史，充山南東道節度觀察、臨漢監牧等使。丁卯，以考功郎中、知制誥李德裕爲中書舍人，依前翰林學士。癸酉，以鄜坊節度使韓充爲義成軍節度使，以代王承元；以承元爲鄜坊節度使。甲戌夜，火、木星相近。滄州節度使王日簡賜姓名李全略。辛巳，以正議大夫、守中書侍郎、同中書門下平章事、武騎尉、賜紫金魚袋崔植爲刑部尚書，罷知政事；以工部侍郎元稹守本官、同平章事。以翰林學士、中書舍人李德裕爲御史中丞；司勳員外郎、知制誥李紳爲中書舍人，依前翰林學士。右庶子王仲周以奉使緩命，貶台州刺史。癸未，以深冀行營諸軍節度、忠武軍節度使李光顏爲滄州刺史、橫海軍節度使，兼忠武軍節度、深冀行營並如故；以橫海軍節度使李全略爲德州刺史、德棣等州節度。丙戌，以兵部郎中、知制誥馮宿檢校左庶子，充山南東道節度副使，權知襄州軍府事，以牛元翼在深州重圍故也。丁亥，以河東節度使、司空、兼門下侍郎、平章事裴度守司徒、平章事，充東都留守，判東都尚書省事、都畿汝防禦使、太微宮等使；以前靈武節度使李聽爲太原尹、北都留守、河東節度使。

三月壬辰朔，詔曰：「武班之中，淹滯頗久。又諸薦送大將，或隨節度使歸朝。自今已後，宜令神策六軍軍使及南衙常參武官，各具歷任送中書門下，素立大功及有才器者，量加奬擢。常參官依月限改轉，諸道軍府帶監察已上官者，限三周年即與改轉。軍士死王事者，三周年內不得停衣糧。先於留州留使錢內每貫割二百文助軍，今後不用抽取。」上於馭軍之道，未得其要，常云宜姑息戎臣。故卽位之初，傾府庫頒賞之，長行所獲，人至鉅萬，非

時賜與，不可勝紀。故軍旅益驕，法令益弛，戰則不克，國祚日危。洎頒此詔，方鎮多以大將文符鬻之富賈，曲爲論奏，以取朝秩者，疊委於中書矣。名臣扼腕，無如之何。癸巳，以兵部尚書蕭俛爲太子少保，以前山南東道節度使李逢吉爲兵部尚書。壬寅，左驍衞上將軍張奉國卒。以鴻臚卿、判度支張平叔爲戶部侍郎充職。平叔以曲承恩顧，上疏請官自賣鹽，可以富國強兵，陳利害十八條。詔下其疏，令公卿詳議。中書舍人韋處厚隨條詰難，固言不可，事遂不行。朱克融、王廷湊合兵攻深州，不解。裴度與書諭之，克融還鎮，廷湊攻城亦緩，乃並加檢校工部尚書。戊申，裴度來朝，對於麟德殿，伏奏龍墀，因敍河北用兵，嗚咽流涕，上改容慰勞之。壬子，以新授東都留守裴度爲揚州大都督府長史，充淮南節度使。癸丑，徐州節度使崔羣爲其副使王智興所逐，智興自專軍務。甲寅，以右僕射韓皐爲左僕射，以前淮南節度使李夷簡爲右僕射。前東都留守李絳復拜舊官。丙辰，守司徒裴度正衙受册訖，謁太廟，赴尚書省上，宰臣百僚皆送。丁巳，以左丞崔從檢校禮部尚書、鄜州刺史、鄜坊節度使，以代王承元；以承元爲鳳翔隴節度使。戊午，司徒裴度復入中書知政事。以中書侍郎、平章事王播檢校右僕射，兼揚州大都督府長史，充淮南節度使，依前兼諸道鹽鐵轉運使；以鳳翔節度使崔倰爲河南尹。牛元翼率十餘騎突圍出深州來朝，深州大將臧平等一百八十人皆爲王廷湊所殺。己未，以武寧軍節度副使王智興檢校工部尚書〔九〕、兼徐州

刺史，充武寧軍節度使；以德棣節度使李全略復爲滄州節度使，仍合滄景德棣爲一鎮。李光顏還鎮許州。

夏四月辛酉朔，日有蝕之。甲子，左僕射韓臯赴省上，中使賜酒饌，宰臣百僚送，一如近式。雲陽縣角抵力人張莅負羽林官騎康憲錢，憲往徵之。莅乘醉打憲將殞，憲男買德年十四，持木鍾擊莅首破，三日而卒。刑部奏覆，敕曰：「買德尚在童年，能知子道。雖殺人當死，爲父可哀。若從沉命之科，恐失原情之意。可減死罪一等。」忻州刺史李寰守博野，王廷湊攻之不下。其李寰所領兵宜割屬右神策，以寰爲軍使，仍以忻州軍爲名。庚辰，桂管觀察使杜式方卒。癸未，以武寧軍節度使崔羣爲祕書監，分司東都。翰林侍講學士韋處厚、路隨進所撰六經法言二十卷，賜錦綵二百匹、銀器二百事，處厚改中書舍人，隨改諫議大夫，並賜金紫。丁亥，以祕書監嚴謩爲桂管觀察使。是夜，東北有流星，光彩燭地，殷殷有聲，出天市垣，至郎位滅。

五月辛卯朔。以德州刺史李景儉爲諫議大夫。癸丑，太子少傅嚴綬卒。戊午，幽州朱克融上表進馬萬匹、羊十萬口，先請其價賞軍。隴山有異獸如猴，腰尾皆長，色青赤而猛鷙，見蕃人則躍而食之，遇漢人則否。

六月庚申朔。甲子，司徒、平章事裴度守尚書右僕射，工部侍郎、平章事元稹爲同州刺

史。以正議大夫、守兵部尚書、輕車都尉李逢吉爲門下侍郎、同中書門下平章事。乙丑，大風震電，墜太廟鴟吻，霹御史臺樹。丁卯，以易州刺史柳公濟爲定州刺史、義武軍節度使。壬申，諫官論責裴度太重，元稹太輕，乃追稹制書，削長春宮使。戊寅，以前右僕射李夷簡爲太子少保，分司東都。戊子，復置邕管，以安南副使崔結爲邕管經略使。

秋七月己丑朔。丙申，宋王結薨，廢朝。戊戌，汴州軍亂，逐節度使李愿，立牙將李㝏爲留後。好時縣山水漂溺居人三百家。陳、許、蔡等州水。壬寅，出中書舍人白居易爲杭州刺史。乙巳，詔南北省五品已上官議討李㝏。丙午，貶李愿爲隨州刺史。以鄭滑節度使韓充爲汴州刺史、宣武軍節度使、汴宋亳潁觀察等使，鄭滑如故；以宣武軍節度押衙李㝏爲右金吾衞將軍。丁未，內出綾絹五十萬匹付度支，以供軍用。陳、許水災，賑粟五萬石。己酉，中使楊再昌使鎮州。王廷湊奏：「奉詔取牛元翼家族，請至秋末發遣。其田弘正骸骨，尋訪不知所在。」辛亥，以贈司徒、忠烈公李憕子源爲諫議大夫，賜緋魚袋。乙卯，敕：「員外郎知制誥二年後轉郎中，又二年後轉前行郎中，又一年即正除；諫議大夫知同前郎中；給事中幷翰林學士別宣知者，不在此限。」以前義武軍節度使陳楚爲東都留守、判尚書省事、東畿汝防禦使。本朝故事，東都留守罕用武臣，今用楚，以李㝏擾汴宋故也。

八月己未朔，以絳州刺史崔弘禮爲河南尹，兼東畿防禦副使。給事中韋顥以弘禮望

輕，封還詔書，上遣中使諭之，乃下。詔陳許李光顏將兵收汴州。戊辰，以左僕射韓臯爲東都留守、判尚書省事、東畿汝防禦使。以東都留守陳楚爲河陽懷節度使。癸酉，韓充奏今月六日發軍入汴州界，營于千塔。丙子，汴州監軍姚文壽與兵馬使李質同謀斬李㝏及其黨薛志忠、秦鄰等。丁丑，韓充入汴州。以前東都留守李絳爲華州刺史，充潼關防禦、鎮國軍等使。浙東處州大水，溺居民。以兗海沂密節度使曹華爲滑州刺史〔一〇〕，充義成軍節度、鄭滑潁等州觀察等使；以宋州刺史高承簡爲兗州刺史、兗海沂密等州節度使；以汴州防城兵馬使李質爲右金吾衞將軍。潁州棣鄭滑觀察使〔一一〕。鹽鐵轉運使王播進開潁口圖。

九月戊子朔，浙西大將王國清謀叛，觀察使竇易直討平之，同惡二百餘人並誅之。韓充送李㝏男道源、道樞、道瀹等三人，斬於西市；㝏妻馬氏、小男道本、女汴娘配於掖庭。壬子，太子少師李夷簡卒，贈太子太保。癸卯，以前河陽節度使郭釗爲河中尹，兼河中絳隰等州節度使。御史中丞李德裕爲潤州刺史、兼御史大夫、浙江西道都團練觀察處置等使，以代竇易直；以易直爲吏部侍郎。加晉州刺史李寰爲晉慈等州都團練觀察使。乙巳，敕團練防禦州置判官一員，其副使推巡並停。辛亥，以吏部侍郎柳公綽爲御史大夫。先有詔廣芙蓉苑南面，居人廬舍墳墓並移之，羣情駭擾。癸丑，降敕罷之。德州軍亂，害刺史王稷，盡剽其家財奴僕。丁巳，以萬州刺史李元喜爲安南都護。陰山府沙陁突厥兵馬使朱耶執

宜來朝貢，賜官誥、錦綵、銀器。

冬十月戊午朔。壬戌，前河中晉絳慈隰等州節度使、開府儀同三司、守司徒、中書令、河中尹、上柱國、許國公韓弘可守司徒、兼中書令。甲子夜，月掩牽牛中星。戊辰，興元節度使烏重胤來朝，移授天平軍節度使。己卯，以工部侍郎鄭權爲工部尚書，以前華州刺史許季同爲工部侍郎。

閏十月戊子朔，入迴紇使金吾大將軍胡証、副使光祿卿李憲、婚禮使衞尉卿李銳、副使宗正少卿李子鴻等，送太和公主自蕃中迴。庚寅，以吏部尚書鄭絪爲太子少傅；以太常卿趙宗儒爲吏部尚書；韋綬爲興元尹，充山南西道節度使。壬辰，右驍衞大將軍韓公武卒，廢朝。以戶部尚書楊於陵爲太常卿。丙申，迴紇可汗遣使獻國信四牀、女口六人、葛祿口四人。己亥，敕翰林侍講學士諫議大夫路隨、中書舍人韋處厚，兼充史館修撰憲宗實錄，仍更日入史館。實錄未成，且許不入內署，仍放朝參。甲寅，詔：「江淮諸州旱損頗多，所在米價不免踊貴，眷言疲困，須議優矜。宜委淮南、浙西東、宣歙、江西、福建等道觀察使，各於當道有水旱處，取常平義倉斛斗，據時估減半價出糶，以惠貧民。」丙辰，以太子賓客令狐楚爲陝虢觀察使。

十一月丁巳朔。丁卯，尚書左丞庾承宣爲陝虢觀察使。令狐楚復爲太子賓客，分司東

都。楚巳至陝州視事一日，追改之。庚午，命景王率禁軍五百騎，侍從皇太后幸華清宮，又幸石甕寺。辛未，以前安南都護桂仲武爲邕管經略使。癸酉，上幸華清宮迎太后，巡狩于驪山下，卽日馳還，太后翌日方還。丙子，集王緗薨。庚辰，上與內官擊鞠禁中，有內官欻然墜馬，如物所擊。上恐，罷鞠升殿，遽足不能履地，風眩就牀。自是外不聞上起居者三日。是夜，月近房。

十二月丁亥朔，詔五坊鷹隼並解放，獵具皆毀之。庚寅，宰臣李逢吉率百僚至延英門請見，上不許。中外與度等三上疏，請立皇太子。是夜，司徒、中書令韓弘卒。辛卯，上於紫宸殿御大繩牀見百官，李逢吉奏景王成長，請立爲皇太子，左僕射裴度又極言之。癸巳，詔景王爲皇太子。淮南奏和州飢，烏江百姓殺縣令以取官米。甲午，內出絹二百匹，賑兩市癃殘窮者。己未，兩軍容內司公主戚屬之家，並以上疾痊平，諸寺爲僧齋。仍敕在京諸司疏放繫囚。丙午，上御宣政殿册皇太子。受册畢，百僚謁太子於東宮，太子舉簾，執笏答拜，宮僚拜則受之。丁未，判度支、戶部侍郎張平叔貶通州刺史。是夜，月掩左角。己酉，以前天平軍節度使馬總檢校左僕射、守戶部尚書。庚戌，以吏部侍郎竇易直爲戶部侍郎、判度支。癸丑，以太子册禮畢，宣制赦囚徒。以前黔中觀察使崔元略爲鄂岳蘄黃安等州觀察使。太子賓客孟簡卒。乙卯，以前陝虢觀察使衞中行爲尙書右丞。

是冬十月頻雪，其後恆燠，水不冰凍，草木萌發，如正二月之後。

三年正月丁巳朔，上以疾不受朝賀。是日大風，昏翳竟日。嗣鄆王佐宜於崖州安置，坐妄傳禁中語也。敕不得買新羅人爲奴婢，已在中國者卽放歸其國。禮部侍郎王起奏：當司所試貢舉人，試訖申送中書，候覆訖下當司，然後大字放牓。從之。

二月，天平軍監軍奏：節度使烏重胤病，牙將王贊割股肉以療。河陽節度使陳楚奏：移使府於三城，未有門戟，欲移懷州門戟於河陽。從之。諫議大夫殷侑奏禮部貢舉請置三傳三史科，從之。戶部尙書崔倰卒。

三月丁巳，宰臣百僚賜宴於曲江亭。敕應御服及器用在淮南、兩浙、宣歙等道合供進者，并端午誕節常例進獻者，一切權停。其鷹犬之類，除備蒐狩外，並令解放。以牛僧孺同中書門下平章事。日晡晚後，有賊入通化門，鬭死者一人，傷者六人。賜宣徽院供奉官錢自一百二十貫文已下有差。

五月，山南西道奏移成州於寶井堡。山南東道節度使牛元翼卒。祕書少監李隨奏請造當司圖書印一面，從之。

六月，宰相監修國史杜元穎奏：史官沈傳師除鎭湖南，其本分修史，便令將赴本任修撰。從之。敕京兆尹、御史大夫韓愈宜放臺參，後不得爲例。

七月，國子祭酒韋乾度卒。

八月，鄭滑節度使曹華卒。檢校尙書右僕射、戶部尙書馬總卒。興元節度使韋綬卒。上由複道幸興慶宮，至通化門，賜持盂僧絹二百匹，因幸五方，賜從官金銀鋌有差。

九月，澤潞節度使劉悟進位平章事。賜宰臣百僚重九宴于曲江亭。南詔王丘佺進金碧文絲十有六品。

十月，以京兆尹韓愈爲兵部侍郎，以御史中丞李紳爲江西觀察使。宰相李逢吉與李紳不協，紳有時望，恐用爲相。及紳爲中丞，乃除韓愈爲京兆尹、兼御史大夫，仍放臺參。紳性峭直，屢上疏論其事，遂與愈辭理往復，逢吉乃兩罷之，然紳出而愈留。宰相杜元穎罷知政事，除成都尹、劍南西川節度使。龍武統軍陳楚卒。以兵部侍郎韓愈爲吏部侍郎，新除江西觀察使李紳爲戶部侍郎。紳既罷除江西，上令中使就第賜玉帶，紳因除敍泣而請留，中使具奏，故與愈俱改官。召翰林學士龐嚴對，因賜金紫。賜內園使公廨本錢一萬貫〔三〕，軍器使三千貫。杜元穎赴鎭蜀，上御安福門餞，因賜皇城留守及金吾衞率等帛有差。

十一月，上御通化門，觀作毗沙門神，因賜絹五百匹。停浙東貢甜菜、海蚶。

十二月，浙西觀察使李德裕奏去管內淫祠一千一十五所。

四年正月辛亥朔，上御殿受朝如常儀。上餌金石之藥，處士張皐上疏切諫，上悅，召之，求皐不獲。澤潞判官賈直言新授諫議大夫，劉悟上表乞留，從之。禮部尙書致仕孔戣卒。辛未，上大漸，詔皇太子監國。壬申，上崩於寢殿，時年三十。羣臣上諡曰睿聖文惠孝皇帝，廟號穆宗。十一月庚申，葬于光陵。

史臣曰：臣觀五運之推遷，百王之隆替，亦無常治，亦無常亂，在人而已，匪降自天。當軒黃御宇之秋，則百年無事；及商辛握圖之日，則四海橫流。昔章武皇帝痛國命之不行，惜朝綱之將墜，乃求賢俊，總攬英雄，果能扼大盜之喉，制姦臣之命。五十載已終之土，復入提封；百萬戶受弊之甿，重蘇景化。元和之政，幾致昇平。鴟梟方革於好音，龍鼎俄傷於短祚。苟或時有平、勃之佐，繼以文、景之才，則廷湊、克融，自縮螳螂之臂；智興、李岕，敢萌狗鼠之謀？强盜寧窺孟賁之金，餓隸不拾嬰兒之餌。觀夫孱主，可謂痛心，不知創業之艱難，不恤黎元之疾苦。謂威權在手，可以力制萬方；謂旒冕在躬，可以坐馳九有。曾不知聚則萬乘，散則獨夫，朝作股肱，暮爲讎敵。仲長子所謂「至於運徙勢去，獨不覺悟者，豈非富貴生不仁，沉溺致愚疾」。存亡以之迭代，治亂從此周復」，誠哉是言也！

贊曰：惠王不令，敗度亂政。驕僻偶全，實賴遺慶。皇皇上帝，爲民立正。此何人哉，遽主鼎命。

校勘記

〔一〕蕭俛爲朝散大夫守中書　據冊府卷七三，蕭俛爲朝散大夫守中書侍郎；下文段文昌所署官「舍人」，當爲中書舍人。疑史文「中書」下脫「侍郎中書」四字。

〔二〕郝玭　「玭」字各本原作「玼」，據本書卷一五二郝玭傳、新書卷一七〇高固傳改。下同。

〔三〕李翺　合鈔卷一六穆宗紀注云：「案翺是年六月坐李景儉貶朗州，不應即遷華州也。且翺傳亦無爲華州文。又案李宗閔傳，宗閔父𤫸自宗正卿出爲華州刺史，計其時當在元和末，此疑作李𤫸。」

〔四〕韓璀　「璀」字各本原作「瓘」，據本書卷一五憲宗紀、新書卷一五八韓弘傳改。

〔五〕制官敕下　十七史商榷卷七四：「制官敕下當作制宜放下。」

〔六〕譏其屢舞　「譏其」，各本原作「憐異」，據唐會要卷五四改。

〔七〕置歸化縣於福城草市　「城」字各本原作「壽」，據唐會要卷七一、寰宇記卷六四改。「置」上當有「德州」二字。

〔八〕其郾城上蔡西平遂平兩縣復隸蔡州　唐會要卷七〇作「其先割屬溵州上蔡西平遂平等三縣依隸屬蔡州」。

〔九〕武寧軍節度副使　「副」字各本原無，據本卷上文及本書卷一五六王智興傳、合鈔卷一六穆宗紀補。

〔一〇〕滑州刺史　「滑州」，各本原作「華州」，據本書卷一六二曹華傳改。

〔一一〕潁州隸鄭滑觀察使　「隸」字合鈔卷一六穆宗紀作「隸」。

〔一二〕賜內園使公廨本錢一萬貫　「賜」字各本原無，據冊府卷五〇七補。

舊唐書卷十七上

本紀第十七上

敬宗　文宗上

敬宗睿武昭愍孝皇帝諱湛，穆宗長子，母曰恭僖太后王氏。元和四年六月七日，生於東內之別殿。長慶元年三月，封景王。二年十二月，立爲皇太子。四年正月壬申，穆宗崩。癸酉，皇太子即位柩前，時年十六。甲戌，左僕射韓皋卒。丙子，羣臣準遺詔奏皇帝寶冊，禮畢，詔賞神策諸軍士人絹十四、錢十千，畿內諸軍鎮絹十四、錢五千，其餘軍鎮頒給有差。內出綾絹三百萬段以助賞給。穆宗初即位，在京軍士人獲五十千，在外軍鎮差降無幾。至是，宰臣奏議請量國力頒賞，故差減於先朝，物議是之。羣臣五上章請聽政，從之。

二月辛巳朔，上縗服見羣臣於紫宸門外。壬午，渤海送備宿衞大聰叡等五十人入朝。癸未，貶戶部侍郎李紳爲端州司馬。丙戌，貶翰林學士、駕部郎中、知制誥龐嚴爲信州刺

史，翰林學士、司封員外郎、知制誥蔣防爲汀州刺史，皆紳之引用者。以右拾遺吳思爲殿中侍御史，充入蕃告哀使。李紳之貶，李逢吉受賀，羣官至中書，而思獨不往，逢吉怒而斥爲遠使。戊子，河北告哀使、諫議大夫高允恭卒於東都。辛卯，敕沒掖庭宮人、先配內園宮人，並宜放出，任其所適。己亥，冊大行皇帝皇太后爲太皇太后。庚子，西川節度使杜元穎進罨畫打毬衣五百事，非禮也。辛丑，上始御紫宸殿受朝。既退，幸飛龍院，厚賜內官等物有差。以米貴，出太倉粟四十萬石，於兩市賤糶，以惠貧民。癸未夜，太白犯東井北轅。乙巳，上率羣臣詣光順門冊皇太后。丁未，御中和殿擊毬，賜教坊樂官綾絹三千五百匹。戊申，擊毬於飛龍院。己酉，大合樂於中和殿，極歡而罷，內官頒賜有差。

三月庚戌朔，貶司農少卿李肜吉州司馬，以前爲鄧州刺史，坐贓百萬，仍自刻德政碑故也。壬子，上御丹鳳樓，大赦天下。京畿夏青苗錢並放，秋青苗錢每貫放二百文。天下常貢之外不得進獻。六宅、十宅諸王女，宜令每年於選人中選擇降嫁。今後戶帳田畝，五年一定稅。是日，風且雨。甲寅，始於延英對宰臣。丙辰，以尚書右丞韋顗爲戶部侍郎。戊午，禮儀使奏：「外命婦正旦及四始日舊行起居之禮，伏以禮煩則瀆，請停。」從之。庚申，工部尚書胡証檢校戶部尚書、京兆尹。甲子，故山南東道節度使牛元翼家爲王廷湊所害，上惜其寃橫，傷悼久之，仍歎宰執非才，縱姦臣跋扈。翰林學士韋處厚奏曰：「理亂之本，非有

他術，順人則理，違人則亂。陛下當食歎息，恨無蕭曹。今有一裴度，尚不能用，此馮唐所以感悟漢文，雖有頗牧不能用也。」以太子少保張弘靖爲太子少師，分司東都太子賓客令狐楚爲河南尹。丁卯，以刑部尚書段文昌判左丞事。戊辰，羣臣入閤，日高猶未坐，有不任立而踣者。諫議大夫李渤出次白宰相，俄而始坐。班退，左拾遺劉栖楚極諫，頭叩龍墀血流，上爲之動容，仍賜緋魚袋。編甿徐忠信闌入浴堂門，杖四十，配流天德。庚午，賜內教坊錢一萬貫，以備遊幸。是夜，太白犯東井北轅。甲戌，夏州節度使李祐奏：於塞外築烏延、宥州、臨塞、陰河、陶子等五城，以備蕃寇。又以党項爲盜，於蘆子關北木瓜嶺築壘，以扼其衝。乙亥，幸教坊，賜伶官綾絹三千五百匹。

夏四月庚辰朔。甲申，以御史大夫王涯爲戶部尚書，兼御史大夫，充鹽鐵轉運等使。壬辰，兵部侍郎武儒衡卒。丙申，賊張韶等百餘人至右銀臺門，殺閽者，揮兵大呼，進至清思殿，登御榻而食，攻弓箭庫。左神策軍兵馬使康藝全率兵入宮討平之。是日，上聞其變，急幸左軍。丁酉，上還宮，羣臣稱慶。諫議大夫李渤以上輕易致盜，言甚激切。己亥，九仙門等監共三十五人，並笞之。辛丑，染坊使田晟、段政直流天德，以張韶染坊役夫故也。詔雪吐突承璀之罪，令男士曄改葬之。丙午，宰臣李逢吉封涼國公，牛僧孺封奇章縣子。

五月己酉朔。乙卯，制以正議大夫、尚書吏部侍郎、上柱國、渭源縣開國男、食邑三百

戶、賜紫金魚袋李程守本官、同中書門下平章事。以朝議郎、守尚書戶部侍郎、兼御史大夫、判度支、上柱國、賜紫金魚袋竇易直爲朝散大夫，本官同中書門下平章事，判度支、戶部侍郎韋顗賜金紫。己未，割富平縣之豐水鄉、下邽縣之翟公鄉、澄城縣之撫道鄉、白水縣之會賓鄉，以奉景陵。癸亥，以鹽州刺史傅良弼爲夏州節度使。東都、江陵監大轉運留後並改爲知院官，從其使王涯請也。

六月己卯朔，以左神策大將康藝全爲鄜坊節度使。辛巳，敕以霖雨命疏決京城繫囚。庚辰，大風吹壞延喜、景風等門。工部侍郎張惟素卒。壬辰，以左金吾衞大將軍李愿檢校司空，兼河中尹、御史大夫，充河中絳隰等州節度使。丙申，山南西道節度使、守司空裴度加同中書門下平章事。度之拜興元也，爲宰相李逢吉所排，不帶平章事，李程、韋處厚日爲度論於上前，故有是命。加陳許節度使李光顏守司徒。癸卯，太保張弘靖卒。己巳，浙西水壞太湖堤，水入州郭，漂民廬舍。丁未，以吏部尚書趙宗儒爲太常卿，兵部尚書鄭絪爲吏部尚書。

秋七月戊申朔。己酉，睦州清溪等六縣大雨〔一〕，山谷發洪水泛溢，漂城郭廬舍。庚辰，以前河中節度使郭釗爲兵部尚書。戊午，太子賓客許季同卒。辛酉，疏靈州特進渠，置營田六百頃。乙丑，鄆、曹、濮暴雨水溢，壞城郭廬舍。丁卯，敕以穀貴，凡給百官俸內一半合給匹段，今宜給粟，每斗折錢五十文。辛未，以大理卿崔元略爲京兆尹、兼御史大夫。甲戌，左金吾衞大將軍李祐進馬二百五十匹。御史溫造於閤內奏彈祐違敕進奉，祐趨出待罪，詔宥之。襄、均、復等州漢江溢，漂民廬舍。丙子，浙西觀察使李德裕奏：「詔令當道造盝子二十具，計用銀一萬三千兩，金一百三十兩。昨已進兩具，用銀一千三百兩，當道在庫貯備銀無二三百兩，皆百計收市，方成此兩具。臣當道唯有留使錢五萬貫，每事節儉支費，猶欠十三萬貫不足。臣若因循不奏，則負陛下任使之恩；若分外誅求，又累陛下慈儉之德。伏乞宣令宰臣商議，何以遣臣得上不違宣索，下不闕軍須，不困疲人，不斂物怨。」時有詔罷進奉，故德裕有是奏。

八月丁酉朔。是夜，火犯土星。妖賊馬文忠與品官季文德等凡一千四百人，將圖不軌，皆杖一百處死。癸未，火犯東井。甲寅，詔於關內、關東折糴和糴粟一百五十萬石。陳、許、蔡、鄆、曹、濮等州水害秋稼。丁亥，火入東井。己丑，以李憕孫宏爲河南府兵曹參軍，蔣清孫鄗爲伊陽令，錄忠臣後也。是夜，金犯軒轅右角。壬辰，江王府長史段釗上言，稱前任龍州刺史，近郭有牛心山，山上有仙人李龍遷祠，頗靈應，玄宗幸蜀時，特立祠廟。上遣高品張士謙往龍州檢行，迴奏牛心山有掘斷處。羣臣言宜須修築。時方沍寒，役民數萬計，東川節度使李絳表訴之。甲子，以太常卿趙宗儒爲太子少師。乙巳，宣武軍節度韓

充卒。

九月丙午朔。丁未，波斯大商李蘇沙進沉香亭子材，拾遺李漢諫云：「沉香爲亭子，不異瑤臺、瓊室。」上怒，優容之。庚戌，以河南尹令狐楚檢校禮部尚書、汴州刺史、宣武軍節度、宋汴亳觀察等使。乙卯，罷理匭使。以諫議大夫李渤知匭，奏請置胥吏、添課料故也。戊午，加朱克融檢校司空。詔浙西織造可幅盤條繚綾一千匹。觀察使李德裕上表論諫，不奉詔，乃罷之。己巳，以兵部侍郎王起爲河南尹。甲子，吐蕃遣使求五臺山圖。己巳，浙西、淮南各進宣索銀粧奩三具。

冬十月丙子朔，宗正寺選倘縣主壻和元亮等二十五人，各賜錢三十萬，令備吉禮。辛巳，以吏部侍郎崔從爲太常卿。庚子，嶺南節度使鄭權卒。辛丑，吐蕃貢犛牛、鑄成銀犀牛羊鹿各一。壬寅，以鄂岳觀察使、檢校兵部尚書崔植檢校吏部尚書，兼廣州刺史、御史大夫，充嶺南節度觀察經略使。以戶部侍郎韋顗爲御史中丞，兼戶部侍郎；以御史中丞鄭覃權知工部侍郎；以刑部侍郎韋弘景爲吏部侍郎；以權知禮部侍郎李宗閔權知兵部侍郎；以工部侍郎于敖爲刑部侍郎。

十一月丙午朔。戊申，安南都護李元喜奏：黃家賊與環王國合勢陷陸州，殺刺史葛維。蘇、常、湖、岳、吉、潭、郴等七州水傷稼。庚申，葬穆宗于光陵。

十二月乙亥朔。癸未，迴紇、吐蕃、奚、契丹遣使朝貢。襄州柳公綽、滄州李全略、晉州李寰、滑州高承簡並自尚書加檢校右僕射。以前起居舍人劉栖楚爲諫議大夫。淮南節度使王播厚賂貴要，求領鹽鐵使，諫議大夫獨孤朗張仲方、起居郎孔敏行柳公權宋申錫、補闕韋仁實劉敦儒、拾遺李景讓薛廷老等伏延英抗疏論之。戊子夜，月掩東井。庚寅，加天平軍節度使烏重胤同平章事。乙未，徐泗王智興請置僧尼戒壇，浙西觀察使李德裕奏狀論其姦幸。時自憲宗朝有敕禁私度戒壇，智興冒禁陳請，蓋緣久不興置，由是天下沙門奔走如不及。智興邀其厚利，由是致富，時議醜之。丁酉，宰相牛僧孺進封奇章郡公，李程彭原郡公，竇易直晉陽郡公，並食邑三千戶。吏部侍郎韓愈卒。

寶曆元年春正月乙巳朔。辛亥，親祀昊天上帝于南郊。禮畢，御丹鳳樓，大赦，改元寶曆元年。先是，鄠縣令崔發坐課辱中官下獄，是日，與諸囚陳於金雞竿下俟釋放。忽有內官五十餘人，環發而毆之，發破面折齒，臺吏以蓆蔽之，方免。有詔復繫於臺中，宰相救之，方釋。宰相牛僧孺累表乞解機務，帝許以郊禮後。乙卯，以僧孺檢校禮部尚書、同平章事、鄂州刺史，充武昌軍節度、鄂岳觀察使。淮南節度使王播兼諸道鹽鐵轉運使。於鄂州特置武昌軍額，寵僧孺也。壬申，以給事中李渤爲桂州刺史、兼御史中丞、桂管防禦觀察使。李

德裕獻丹扆箴六首，上深嘉之，命學士韋處厚優其答詔。辛卯，以前禮部郎中李翺爲廬州刺史，以求知制誥，面數宰相李逢吉過故也。辛丑，江西觀察使薛放卒。癸卯，以職方郎中、知制誥王璠爲御史中丞。

三月乙巳朔，以兵部尚書郭釗爲梓州刺史、劍南東川節度使。壬子，宴羣臣於三殿。戊辰夜，有流星長三丈，出紫微，入濁滅。辛未，以前桂管觀察使殷侑爲江西觀察使。上御宣政殿試制舉人二百九十一人，以中書舍人鄭涵、吏部郎中崔琯、兵部郎中李虞仲並充考制策官。

夏四月甲戌朔，宰相涼國公李逢吉進封鄭國公。以右神策大將軍康志睦檢校工部尚書，兼青州刺史、平盧軍節度使。宣中書，以諫議大夫劉栖楚爲刑部侍郎。丞郎宣授，自栖楚始也。鄭涵等考定制舉人，敕下後數日，上謂宰相曰：「韋端符、楊魯士皆涉物議，宜與外官。」乃授端符白水尉，魯士城固尉。宰臣請其罪名，不報。癸巳，羣臣上徽號曰文武大聖廣孝皇帝，御宣政殿受册。禮畢，御丹鳳樓，大赦天下，大辟罪已下，無輕重咸赦除之。時李紳貶官，李逢吉惡紳，不欲紳量移，乃於赦書節文內，但言左降官已經量移，宜與量移近處，不言未量移者宜與量移。翰林學士韋處厚上疏論列云：「不可爲李紳一人與逢吉相惡，遂令近年流貶官皆不得量移，則乖曠蕩之道也。」帝遽命追赦書添改之。乙亥，以劍南東川節

度、檢校司空李絳爲左僕射。御史蕭徹彈京兆尹、兼御史大夫崔元略違詔徵畿內所放錢萬七千貫，付三司勘鞫不虛。辛丑，敕削元略兼御史大夫。

五月甲辰朔，以前平盧軍節度使薛平檢校左僕射、兼戶部尚書。賜振武軍錢一十四萬貫，修築東受降城。庚戌，幸魚藻宮觀競渡。庚申，正衙命使册九姓迴紇登里囉汨沒密施毗伽昭禮可汗。丙寅，太子少傅致仕閻濟美卒。丁卯，湖南觀察使沈傳師奏：「當道先配吐蕃羅沒等一十七人，準赦放還本國，今各得狀，不愿還。」從之。庚午，以右金吾將軍李文悅爲豐州刺史、天德軍防禦使。安南李元喜奏移都護府於江北岸。

六月壬申朔。乙酉，詔公主、郡主並不得進女口。丙戌，將作監張武均出爲洋州刺史，坐贓犯也。諸司白身馮志謀等三百九人，並賜祿。丁亥，命品官田務豐領國信十二車賜迴紇可汗及太和公主。己丑，河中節度使、檢校司空李愿卒。乙未，以檢校左僕射、兼戶部尚書薛平檢校司空、河中尹、河中節度使。

秋七月癸卯朔，以忠武軍節度使、守司徒、兼侍中李光顔爲太原尹、北京留守、河東節度使，以兗海節度使王沛爲許州刺史、忠武軍節度使。熒惑犯右執法。甲辰，鹽鐵使王播進羨餘絹一百萬匹，仍請日進二萬，計五十日方畢。播自掌鹽鐵，以正入錢進奉，以希寵固位，託稱羨餘，物議欲鳴鼓而攻之。乙酉，鄜坊水壞廬舍。癸丑，以右金吾衞大將軍張茂宗

爲兗海沂密節度使。乙卯，正衙命使册司徒李光顔。丙辰，淄王傅分司元錫卒。己未，詔王播造競渡船二十隻供進，仍以船材京內造。時計其功，當半年轉運之費。諫議大夫張仲方切諫，乃改進十隻。辛酉，萬年縣典賈鎮誣告故統軍王俛男正謨等七人謀亂，詔杖殺之。甲子夜，月犯畢。乙丑，侍講學士崔郾、高重進纂要十卷，賜錦綵二百匹。丁卯，以戶部侍郎韋顗爲吏部侍郎，京兆尹崔元略爲戶部侍郎。奉天縣水壞廬舍。辛未，以左散騎常侍胡証爲戶部尚書、判度支。太子賓客分司盧士玫卒。

閏七月壬午朔，以權知工部侍郎鄭覃爲京兆尹。甲申，拾遺李漢、舒元褒、薛廷老於閤內論曰：「伏見近日除授，往往不由中書進擬，多是內中宣出。臣恐紀綱寖壞，姦邪恣行，伏希詳察。」上然之。詔度支進銅三千斤、金薄十萬翻，修清思院新殿及昇陽殿圖障。丙戌，戶部尚書致仕裴堪卒。戊子，以給事中盧元輔爲工部侍郎。壬辰，以前河東節度使李聽爲義成軍節度使。戊戌，以刑部尚書段文昌爲兵部尚書，依前判左丞事。

八月辛丑朔。戊申，以鄜國公楊造男元湊襲鄜國公，食邑三千戶。兩京、河西大稔，敕度支和糴折糴粟二百萬石。乙卯夜，太白近房。戊午，遣中使往湖南、江南等道及天台山採藥。時有道士劉從政者，說以長生久視之道，請於天下求訪異人，冀獲靈藥。仍以從政爲光祿少卿，號昇玄先生。

秋九月辛未朔。丁丑，衞尉卿劉遵古役人安再榮告前袁王府長史武昭謀害宰相李逢吉，詔三司鞫之。壬午，昭義節度使劉悟卒。癸未夜，太白犯南斗。丙戌夜，月犯右執法。丁酉，華州暴水傷稼。徐州王智興奏，大將武華等四百人謀亂，並伏誅。

十月庚子朔，河南尹王起奏，盜銷錢爲佛像者，請以盜鑄錢論。丁巳，振武節度使張惟淸以東受降城濱河，歲久雉堞摧壞，乃移置於綏遠烽南，及是功成。己未，以崖州安置人嗣郢王佐爲潁王府長史，分司東都，仍賜金紫。壬戌夜，太白近哭星。甲子，三司鞫武昭獄得實，武昭及弟槀、役人張少騰宜付京兆府決，河陽節度掌書記李仲言配流象州，槀流崖州，太學博士李涉流康州，皆坐武昭事也。

十一月庚午朔。辛未，以御史中丞王璠爲工部侍郎，以諫議大夫獨孤朗爲御史中丞。癸酉，鎭星近東井。癸未，以殿中少監嚴公素爲容管經略使。是夜，月犯東井。庚寅，車駕幸溫湯，卽日還宮。壬辰，以刑部侍郎劉栖楚爲京兆尹。丙申，詔封皇子普爲晉王。丁酉，吏部侍郎韋顗卒。

十二月己亥朔。辛丑，以晉王普爲昭義軍節度副大使；以劉悟子將作監主簿從諫起復雲麾將軍、守金吾衞大將軍同正、檢校左散騎常侍、兼御史大夫，充昭義節度留後。戊申夜，月犯畢。其夜，北方有霧起，須臾遍天，霧上有赤氣，久而方散。甲子，以左僕射李絳〔二〕

太子少師，分司東都。戊辰，敕：「農功所切，實在耕牛，疲甿多乏，須議給賜。委度支往河東、振武、靈、夏等州市耕牛一萬頭，分給畿內貧下百姓。」

是歲，淮南、浙西、宣、襄、鄂、潭、湖南等州旱災傷稼。

二年春正月己巳朔。庚午，貶殿中侍御史王源植爲昭州司馬。時源植街行，爲敎坊樂伎所侮，導從呵之，遂成紛競。京兆尹劉栖楚決責樂伎，御史中丞獨孤朗論之太切，上怒，遂貶源植。辛未，湖南觀察使沈傳師奏：奉詔校尋葉靖能、羅光遠文案，檢尋不獲。癸酉，右贊善大夫李光現與品官李重實爭忿，以笏擊重實流血，上以宗屬，罰兩月俸料。甲戌，以諸軍丁夫二萬入內穿池修殿。辛巳，興元節度使裴度奏修斜谷路及館驛皆畢功。壬辰，裴度來朝。甲午，以衞尉卿劉遵古爲湖南觀察使，以國子祭酒衞中行爲福建觀察使。丙申，鹽鐵使王播奏：「揚州城內，舊漕河水淺，舟船澀滯，輸不及期程。今從閶門外古七里港開河，向東屈曲，取禪智寺橋，東通舊官河，計長一十九里。其功役所費，當使自方圓支遣。」從之。

二月己亥朔。辛丑，容管經略使嚴公素奏：「當州普寧等七縣，請同廣、昭、桂、賀四州例北選。」從之。丙午夜，月犯畢。丁未，以山南西道節度觀察處置等使、光祿大夫、守司

空、同中書門下平章事、興元尹、上柱國、晉國公裴度守司空、同平章事，復知政事。丁巳寒食節，三殿宴羣臣，自戊午至庚申方止。丙寅，正册司空裴度。丁卯，以禮部尚書王涯檢校左僕射，爲山南西道節度使。

三月戊辰朔，命興唐觀道士孫準入翰林待詔。辛未，江西觀察使殷侑請於洪州寶曆寺置僧尼戒壇，敕殷侑故違制令，擅置戒壇，罰一季俸料。甲戌，賜宰臣百僚上巳宴于曲江亭。乙亥，右散騎常侍李翺卒。戊寅，幸魚藻宮觀競渡。辛巳，以同州刺史蕭俛爲太子少保分司。壬午，以工部尚書裴武爲同州刺史。癸未，嶺南節度使崔植奏：「廣、湖、封、雷、潘、辯等七州戍軍，除折衝別將外，並請停。」從之。丙戌，昆明夷遣使朝貢。丁亥，敕册才人郭氏爲貴妃。丙申，以吏部侍郎韋弘景爲陝虢觀察使。

四月戊戌朔，橫海軍節度使李全略卒。壬寅，以右金吾衞大將軍高承簡爲邠寧慶節度使。丙午，王廷湊檢校司空。戊申，昭義節度使留後劉從諫檢校工部尚書，充昭義節度副大使、知節度事。庚戌，鄂岳觀察使牛僧孺奏：「當道沔州與鄂州隔江相對，纔一里餘，其州請併省，其漢陽、汊川兩縣隸鄂州〔三〕。」從之。丙辰，右金吾衞大將軍高霞寓卒。丙寅，先是王廷湊請於當道立聖德碑，是日，內出碑文賜廷湊。

五月戊辰朔，上御宣和殿，對內人親屬一千二百人，並於敎坊賜食，各頒錦綵。辛未，

秘書省著作郎韋公肅注太宗所撰帝範十二篇進，特賜錦綵百匹。甲戌，以涇原節度楊元卿爲河陽三城懷州節度使，以金吾衞大將軍李祐爲涇原節度使。是夜，月近太微星。浙西送到絕粒女道士施子微。戊寅，幸魚藻宮觀競渡。庚辰，中使自新羅取鷹鷂迴。幽州軍亂，殺其帥朱克融及男延齡，軍人立其第二子延嗣爲留後。辛巳，神策軍苑內古長安城中修漢未央宮，掘獲白玉牀一張，長六尺。癸未，山人杜景先於光順門進狀，稱有道術；令中使押杜景先往淮南及江南、湖南、嶺南諸州求訪異人。甲申，以右丞丁公著爲兵部侍郎，以前湖南觀察使沈傳師爲尚書左丞。辛卯，贈朱克融司徒。甲午夜，熒惑犯昴。賜興唐觀道士劉從政修院錢二萬貫。

六月丁酉朔，賜御史中丞獨孤朗金紫。丁巳，減放苑內役人二千五百。帝性好土木，自春至冬，興作相繼。庚申，鄆州進驢打毬人石定寬等四人。是夜，太白犯昴。辛酉，幸凝碧池，令兵士千餘人，於池中取大魚長大者送入新池。癸亥，以旱，命京城諸司疏理繫囚。以延康坊官宅一區爲諸王府司局。甲子，上御三殿，觀兩軍、敎坊、內園分朋驢鞠、角抵。戲酣，有碎首折臂者，至一更二更方罷。

秋七月丙寅朔。乙亥，河中進力士八人。癸未，衡王絢薨。癸巳，敕鄠縣渼陂尚食管係，太倉廣運潭復賜司農寺。

八月丙申朔，以司空、平章事裴度判度支；以工部侍郎王播爲河南尹，代王起；以起爲吏部侍郎；以前福州觀察使徐晦爲工部侍郎。是夜，太白近太微。令供奉道士二十人隨浙西處士周息元入內宮之山亭院，上問以道術，言譏張果、葉靜能。浙西觀察使李德裕上疏言息元誕妄，無異於人。庚戌，以太府卿李憲爲江西觀察使。丁丑夜，月犯輿鬼。加京兆尹劉栖楚兼御史大夫。癸丑，以太常卿崔從檢校吏部尚書、判東都尚書省事、兼御史大夫、東都留守、東畿汝都防禦使。

九月丁丑朔，大合宴於宣和殿，陳百戲，自甲戌至丙子方已。戊寅，河東節度使、守司徒、兼侍中李光顏卒。出內庫錢萬貫，令內園召募力士。幽州監軍奏：都知兵馬使李再義與弟再寧同殺朱延嗣并其家屬三百餘人，推再義爲留後。壬申，宰相李程爲北都留守、河東節度使。敕戶部所管同州長春宮莊宅，宜令內莊宅使管係。

冬十月乙未朔。乙亥，以幽州衙前都知兵馬使李再義檢校戶部尚書，充盧龍軍節度副大使、知節度事，仍賜名載義。壬戌，以中書舍人崔郾爲禮部侍郎。

十一月甲子朔，以太清宮道士趙歸眞充兩街道門都教授博士。帝好深夜自捕狐狸，宮中謂之「打夜狐」。中官許遂振、李少端、魚弘志以侍從不及削職。壬申，以戶部尚書胡証檢校兵部尚書，兼廣州刺史，充嶺南節度使。甲申，以右僕射、同平章事李逢吉檢校司空、同

平章事，兼襄州刺史，充山南東道節度使、臨漢監牧使。乙酉，同州刺史裴武卒。己丑，詔朝官及方鎮人家不得置私白身。癸巳，以前東都留守楊於陵爲太子少傅。中官李夆義、王惟直、成守貞各杖三十，分配諸陵；宣徽使閻弘約、副使劉弘逸各杖二十。

十二月甲午朔。辛丑，帝夜獵還宮，與中官劉克明、田務成、許文端打毬，軍將蘇佐明、王嘉憲、石定寬等二十八人飲酒。帝方酣，入室更衣，殿上燭忽滅，劉克明等同謀害帝，即時殂於室內，時年十八。羣臣上謚曰睿武昭愍孝皇帝，廟號敬宗。大和元年七月十三日，葬于莊陵。

史臣曰：古人謂堯無子，舜無父，言其賢不肖之相遠也。以文惠驕誕之性，繼之以昭愍，固其宜也。而昭獻、昭肅，英特不羣，文足以緯邦家，武足以平禍亂。三子之操行頓異，其何道哉？寶曆不君，國統幾絕，天未降喪，幸賴裴度，復任弼諧。彼狡童兮，夫何足議！

文宗元聖昭獻孝皇帝諱昂，穆宗第二子，母曰貞獻皇后蕭氏。元和四年十月十日生。長慶元年封江王。初名涵。寶曆二年十二月八日，敬宗遇害，賊蘇佐明等矯制立絳王勾當軍國事。樞密使王守澄、中尉梁守謙率禁軍討賊，誅絳王，迎上于江邸。癸卯，見宰臣于閤內，下教處分軍國事。甲辰，僧惟眞、齊賢、正簡，道士趙歸眞，並配流嶺南，擊毬軍將于登等六人令本軍處置。宰臣百僚三上表勸進。乙巳，即位於宣政殿。丙午，上赴西宮成服。丁未，宰臣百僚上表請聽政，三表，許之。道士紀處玄、楊沖虛，伎術人李元戢、王信等，並配流嶺南。戊申，尊聖母爲皇太后。己酉，敕鳳翔、淮南先進女樂二十四人，並放歸本道。庚戌，以正議大夫、尚書兵部侍郎、知制誥、充翰林學士、柱國、賜紫金魚袋韋處厚爲中書侍郎、同中書門下平章事。以翰林學士路隨承旨，侍講學士宋申錫充書詔學士。丙辰，以山南東道節度使柳公綽爲刑部尚書。丁巳，爲絳王舉哀，廢朝三日。庚申，詔：

君天下者，莫尚乎崇澹泊，子困窮，遵道以端本，推誠而達下。故聖祖之誡，以慈儉爲寶；大易明訓，垂簡易之文。未有上約而下不豐，欲寡而求不給。朕以眇薄，遭逢內難，刷君父之讎恥，攄億兆之哀冤。而股肱大臣，羣卿庶士，引義抗請，至于再三。以圖宗社之安，以答華夷之望，俯從衆欲，夙夜震兢。思所以克己復禮，修政安人，宵興匪寧，旰食勞慮。夫儉過則酌之以禮，文勝則矯之以質。庶乎俗登太古，道洽生靈，儀刑家邦，以化天下。內庭宮人非職掌者，放三千人，任從所適。長春宮斛斗諸物，依

前戶部收管。鄠縣渼陂、鳳翔府駱谷地還府縣。教坊樂官、翰林待詔、伎術官并總監諸色職掌內冗員者共一千二百七十人，並宜停廢。總監中一百二十四人先屬諸軍，並各歸本司。餘七百三人，勒納牒身，放歸本管。先供教坊衣糧一百分，廂家及諸司新加衣糧三千分，並宜停給。五方鷹鷂並解放。今年新宜附食度支衣糧小兒一百人，並停給。別詔宣索纂組雕鏤不在常貢內者，並停。度支、鹽鐵、戶部及州府百司應供禁年支一物已上，並準貞元元額爲定。先造供禁中牀榻以金筐瑟瑟寶鈿者，悉宜停造。東頭御馬坊、毬場，宜卻還龍武軍。其殿及亭子，所司毀拆，餘舍賜本軍。應行從處張陳，不得用花蠟結綵華飾。今年已來諸道所進音聲女人，各賜束帛放還。城外墳塋先有開斸以備行幸處，宜曉示百姓，任其修塞。其大逆魁首蘇佐明等二十八人，並已處斬，宗族籍沒。妖妄僧惟貞、道士趙歸眞等或假於卜筮，或託以醫方，疑衆挾邪，已從流竄。其情非姦惡，迹涉詿誤者，一切不問。兇徒既殄，寰宇佇康，載舉令猷，用弘庶績。布告中外，知朕意焉。

帝在藩邸，知兩朝之積弊，此時釐革，並出宸衷，士民相慶，喜理道之復興矣。壬戌，以前江西觀察使殷侑爲大理卿。

大和元年春正月癸亥朔。庚午，以御史中丞獨孤朗爲戶部侍郎，以兵部尚書、權判左丞事段文昌爲御史大夫。是夜，月掩畢大星。戊寅，以左散騎常侍李益爲禮部尚書致仕，以京兆尹劉栖楚爲桂管觀察使。以前戶部侍郎于敖爲宣歙觀察使，代崔羣；以羣爲兵部尚書。癸未，以吏部侍郎庾承宣爲京兆尹、兼御史大夫。丙申，復置兩輔、六雄、十望、十緊、三十四州別駕。其諸色在京及內外諸軍使等職事，並不在挾名限。己亥，以右散騎常侍、集賢殿學士、判院事張正甫爲工部尚書。辛丑，以前廣州節度使崔植爲戶部尚書，以太子少師、分司東都李絳檢校司空，兼太常卿。乙巳，御丹鳳樓，大赦，改元大和。甲寅，敕諸道節度觀察使去任日，宜具交割狀，仍限新使到任一月分析聞奏，以憑殿最。丙辰，以華州刺史錢徽爲尚書右丞，以前河陽節度使崔弘禮爲華州鎭國軍使。己未，以太子少保分司蕭俛爲檢校右僕射，兼禮部尚書。庚申，以虔州刺史韓約爲安南都護。

三月庚戌朔，右軍中尉梁守謙請致仕，以樞密使王守澄代之。戊寅，以前蘇州刺史白居易爲秘書監，仍賜金紫。壬午，幽州李載義奏故張弘靖判官家屬凡一百九十人，並送赴闕。

四月壬辰朔。癸巳，以太子少傅楊於陵守右僕射致仕，俸料全給。甲午，鳳翔築臨汧城於汧陽縣西北八十里。壬寅，毀昇陽殿東放鴨亭；戊申，毀望仙門側看樓十間：並敬宗

所造也。以前亳州刺史張遵爲邕管經略使。乙卯，以禮部尚書蕭俛爲太子少師分司。己未，忠武軍節度使王沛卒。庚申，以太僕卿高瑀檢校左散騎常侍，充忠武軍節度。己巳，貶山南東道節度副使李續爲涪州刺史，山南東道行軍司馬張又新爲汀州刺史，李逢吉黨也。

五月壬戌朔。戊辰，詔：「元首股肱，君臣象類，義深同體，理在坦懷。夫任則不疑，疑則不任。然自魏、晉已降，參用霸制，虛議搜索，因習尚存。朕方推表大信，置人心腹，庶使諸侯方嶽，鼓洽道化，夷貊飛走，暢泳治功。況吾台宰，又何間焉。自今已後，紫宸坐朝，衆僚既退，宰臣復進奏事，其監搜宜停。」丙子，以天平軍節度使、守司徒、同中書門下平章事烏重胤爲橫海軍節度使；以前攝橫海軍節度副使、檢校國子祭酒、侍御史李同捷檢校左散騎常侍，兼兗州刺史，充兗海沂密等州節度使。就加魏博史憲誠同平章事。甲申，淮南節度、鹽鐵、轉運等使王播來朝。丙戌夜，熒惑犯右執法。

六月辛卯朔，敕文武常參官朝參不到，據料錢多少，每貫罰二十五文。癸巳，以淮南節度副大使、知節度事、管內營田觀察處置臨海監牧等使〔三〕，兼諸道鹽鐵轉運等使、銀青光祿大夫、檢校司空、同中書門下平章事、揚州大都督府長史、上柱國、太原縣開國伯、食邑七百戶王播可尚書左僕射、同中書門下平章事，依前充諸道鹽鐵轉運使。以御史大夫段文昌代播爲淮南節度使。丙申，左司郎中、兼侍御史知雜溫造權知御史中丞。癸卯，詔：「元和、長慶中，皆因用兵，權以濟事，所下制敕，難以通行。宜令尚書省取元和已來制敕，參詳刪定訖，送中書門下議定聞奏。」甲寅，以旱放繫囚。

七月辛酉朔。癸亥，太常卿李絳進封魏國公〔四〕。李同捷除兗海，不受詔，結幽鎭謀叛。癸酉，葬敬宗于莊陵。辛巳，敕今年權于東都置舉。徐州王智興請全軍討李同捷。

八月庚寅朔，以工部侍郎獨孤朗爲福建觀察使，以太府卿裴弘泰爲黔中經略使、觀察使。左僕射致仕楊於陵讓全給俸料，許之。庚子，詔削奪李同捷在身官爵，復以張茂宗爲兗海沂密節度使。辛丑，邠寧節度使高承簡卒〔五〕。壬寅，以刑部尚書柳公綽檢校左僕射，充邠寧節度使。戊申，以諫議大夫張仲方爲福建觀察使。癸丑，前福建觀察使獨孤朗卒。

九月庚申朔。癸亥，以左神策軍將軍、知軍事何文哲爲鄜坊丹延節度使。甲戌，以左神策大將軍、知軍事李泳爲單于都護，充振武麟勝節度使。丁丑，浙西觀察使李德裕、浙東觀察使元稹就加檢校禮部尚書。壬午，桂管觀察使劉栖楚卒。丙戌，以諫議大夫蕭裕爲桂管觀察使。癸丑，兗州復置萊蕪縣。

十一月己未朔。丙申，河中薛平奏虞鄉縣有白虎入靈峯觀。天平橫海等軍節度使、守司徒、同中書門下平章事烏重胤卒。庚辰，以保義軍節度、晉慈等州觀察處置等使李寰爲橫海軍節度使。癸巳，以晉州、慈州復隸河中。癸巳，以左丞錢徽爲華州刺史。丁酉，右金

吾衞大將軍王公亮爲潭州刺史、湖南觀察使。

二年春正月戊午朔。壬申，以右散騎常侍孔戣爲京兆尹。

二月丁亥朔，以兵部侍郎王起爲陝虢觀察使，代韋弘景；以弘景爲尚書左丞。乙巳，以刑部侍郎盧元輔爲兵部侍郎，秘書監白居易爲刑部侍郎。庚戌，敕李絳所進則天太后刪定兆人本業三卷，宜令所在州縣寫本散配鄉村。

三月丁巳朔，度支奏：「京兆府奉先縣界鹵池側近百姓，取水柏柴燒灰煎鹽，每一石灰得鹽一十二斤一兩，亂法甚於鹹土，請行禁絕。今後犯者據灰計鹽，一如兩池鹽法條例科斷。」從之。辛巳，上御宣政殿親試制策舉人。以左散騎常侍馮宿、太常少卿賈餗、庫部郎中龐嚴爲考制策官。

閏三月丙戌朔，內出水車樣，令京兆府造水車，散給緣鄭白渠百姓，以溉水田。

夏四月丙辰朔。壬午，以邕管經略使王茂元爲容管經略使。

五月乙酉朔。丁巳，命中使於漢陽公主及諸公主第宣旨：今後每遇對日，不得廣插釵梳，不須著短窄衣服。乙未，以吏部侍郎丁公著爲禮部尚書。庚子，敕：「應諸道進奉內庫，四節及降誕進奉金花銀器并纂組文纈雜物，並折充鋌銀及綾絹。其中有賜與所須，待五年

後續有進止。」帝性恭儉，惡侈靡，庶人務敦本，故有是詔。帝與侍講學士許康佐語及取蚺蛇膽，生剖其腹，爲之惻然。乃詔度支曰：「每年供進蚺蛇膽四兩，桂州一兩、賀州二兩、泉州一兩，宜於數內減三兩，桂、賀、泉三州輪次歲貢一兩。」帝自撰集尚書中君臣事迹，命畫工圖於太液亭，朝夕觀覽焉。王廷湊出兵侵鄰藩，欲撓王師以援李同捷，昭義劉從諫請出軍討之。

六月乙卯朔，晉王普薨，贈爲悼懷太子。陳州水，害秋稼。癸亥，四方館請賜印，其文以「中書省四方館」爲名。辛酉，以吏部尚書鄭絪爲太子少保。辛巳，以靈武節度使李進誠爲邠寧節度使，以天德軍使李文悅爲靈武節度使。乙酉，以前邠寧節度使柳公綽檢校左僕射，兼刑部尚書。甲辰，詔宰臣集三署四品已上常參官，議討王廷湊可否。是夜，彗西出攝提南，長二尺。

八月甲寅朔。丁巳，以兵部侍郎盧元輔爲華州鎮國軍使，以代錢徽；以徽爲吏部尚書致仕。壬戌，京畿奉先等十七縣水。

九月甲申朔。丁亥，王智興拔棣州。以新除橫海軍節度使李寰爲夏州節度使。甲午，詔削奪王廷湊在身官爵，鄰道接界隨便進討。以前夏州節度使傅良弼爲橫海軍節度使。庚戌，安南軍亂，逐都護韓約。

冬十月癸丑朔。丁巳，罷揚州海陵監牧。以戶部尚書崔植爲華州刺史、鎮國軍使。丙寅，嶺南節度使胡証卒。辛未，以江西觀察使李憲爲嶺南節度使。癸酉，以尚書右僕射、同平章事竇易直檢校左僕射、同平章事，充山南東道節度使、臨漢監牧等使，代李逢吉；以逢吉爲宣武軍節度使，代令狐楚；以楚爲戶部尚書。以右丞沈傳師爲江西觀察使。己卯，以河南尹王璠爲右丞，以左散騎常侍馮宿爲河南尹。

十一月癸未朔。乙酉，以右金吾衞大將軍李祐爲橫海軍節度使，新除傅良弼赴鎮，卒於陝州故也。甲辰，禁中巳時昭德寺火，直宣政殿之東，至午未間，北風起，火勢益甚，至暮稍息。

十二月壬子朔。乙丑，魏博行營都知兵馬使亓志紹率所部兵馬二萬人謀叛，欲殺史憲誠父子。壬申，中書侍郎、同平章事韋處厚暴卒。戊寅，詔以兵部侍郎、知制誥、充翰林學士路隨爲中書侍郎、同平章事。

三年春正月壬午朔。丙戌，亓志紹率兵迴據永濟縣，其衆分散入諸縣邑。史憲誠告難，詔滄州行營兵士赴之。丁亥，京兆尹孔戢卒。庚寅，吏部尚書致仕錢徽卒。庚子，李聽殺敗亓志紹兵，志紹北走鎮州。甲辰，以太常卿李絳檢校司空，兼興元尹、山南西道節度

使。華州刺史、鎮國軍潼關防禦使崔植卒。己酉，以前山南西道節度使王涯爲太常卿。

二月辛亥朔，以兵部尚書崔羣爲荊南節度使。甲寅，荊南節度使王潛卒。

三月辛巳朔，以戶部尚書令狐楚爲東都留守。乙酉，敕兵戈未息，教坊每日祗候樂人宜權停。壬辰，易定節度使柳公濟卒。以前東都留守崔從爲戶部尚書。

夏四月庚午，王智興奏部下將石雄搖扇軍情，請行朝典，乃長流白州。

五月己卯朔。甲申，柏耆斬李同捷於將陵，滄景平，李祐入滄州。丁亥，御興安樓，受滄州所獻。李祐送李同捷母、妻及男元達等赴闕，詔並宥之，令於湖南安置。貶滄德宣慰使、諫議大夫柏耆循州司戶，宣慰判官、殿中侍御史沈亞之虔州南康尉，以擅入滄州取李同捷，諸鎮所怒，奏論之也。丙申，橫海軍節度使李祐卒。以涇原節度使李岵爲齊、德等州節度使，改名有裕。丁酉，以前義武軍節度使傅毅爲滄州刺史、橫海軍節度使。辛丑，以右金吾衞大將軍張惟清檢校司空，充涇原節度使；以左金吾衞大將軍劉遵古爲邠寧節度使。

六月己酉朔。辛亥，以魏博節度使史憲誠檢校司徒、兼侍中、河中尹，充河中晉絳節度使；以義成軍節度使李聽兼充魏博節度使；以魏博節度副使、檢校工部尚書史孝章爲相衞節度使。壬申，敕：「元和四年敕禁鉛錫錢皆納官，許人糾告，一錢賞百錢，此爲太過。此後以鉛錫錢交易者，一貫以下，州府常行杖決脊杖二十；十貫以下決六十，徒三年；過十貫已上，集衆決殺。能糾告者，一貫賞錢五十文。」

秋七月己卯朔。癸未，中使劉弘逸送史憲誠旌節自魏州還，稱六月二十六日夜，魏博軍亂，殺史憲誠，立大將何進滔爲留後，其新節度使李聽入城不得。乙丑，河中節度使薛平依前河中節度使。乙未，嶺南節度使李憲卒。兵部侍郎盧元輔卒。丁酉，以京兆尹崔護爲御史大夫、廣南節度使。戊戌，以大理卿李諒爲京兆尹。乙巳，以禮部尚書、翰林侍講學士丁公著檢校戶部尚書，兼潤州刺史，充浙江西道觀察使；以前浙西觀察使、檢校禮部尚書李德裕爲兵部侍郎。辛亥，魏博何進滔奏：準詔割相、衞三州[七]，三軍不受。壬子，詔以魏博衙內都知兵馬使何進滔檢校左散騎常侍，充魏博節度使。癸丑，以衞尉卿殷侑檢校工部尚書，爲齊德滄節度使。辛酉，京畿、奉先等九縣旱，損田。播州流人衞中行卒。宋、亳水，害稼。壬申，詔雪王廷湊，復官爵。甲戌，以吏部侍郎李宗閔同中書門下平章事。

九月戊寅朔。辛巳，敕兩軍、諸司、內官不得著紗縠綾羅等衣服。帝性儉素，不喜華侈。駙馬韋處仁戴夾羅巾，帝謂之曰：「比慕卿門地清素，以之選尚。如此巾服，從他諸戚爲之，唯卿非所宜也。」壬辰，以兵部侍郎李德裕檢校戶部尚書，兼滑州刺史、義成軍節度使。戊戌，以前睦州刺史陸亘爲越州刺史、浙東觀察使，代元稹；以稹爲尚書左丞，代韋弘景；以弘景爲禮部尚書。

多十月戊申朔。己酉，江西沈傳師奏：皇帝誕月，請爲僧尼起方等戒壇。詔曰：「不度僧尼，累有敕命。傳師忝爲藩守，合奉詔條，誘致愚妄，庸非理道，宜罰一月俸料。」丙辰，以前義成軍節度使李聽爲太子少師。癸亥，以戶部侍郎崔元略爲戶部尙書、判度支。以中書舍人韋辭爲湖南觀察使。

十一月丁丑朔。庚辰，太子太傅鄭絪卒。丙戌，敕前亳州刺史李繁於京兆府賜死。甲申，帝親祀昊天上帝於南郊，禮畢，御丹鳳門，大赦。節文禁止奇貢，云：「四方不得以新樣織成非常之物爲獻，機杼纖麗若花絲布繚綾之類，並宜禁斷。敕到一月，機杼一切焚棄。刺史分憂，得以專達。事有違法，觀察使然後奏聞。」丙申，西川奏南詔蠻入寇。甲辰，王智興來朝。乙巳，以智興守太傅，依前平章事、武寧軍節度使，進封鴈門郡王。

十二月丁未朔，南蠻逼戎州，遣使起荆南、鄂岳、襄鄧、陳許等道兵赴援蜀川。以劍南東川節度使郭釗爲西川節度使，仍權東川事。壬子，貶劍南西川節度使杜元穎爲韶州刺史。遣中使楊文端齎詔賜南蠻王蒙豐佑。蠻軍陷邛、雅等州。戊午，以右領軍衞大將軍董重質充神策西川行營都知兵馬使。西川奏蠻軍陷成都府。東川奏蠻軍入梓州西郭門下營。又詔促諸鎭兵救援西川。己丑，以東都留守令狐楚檢校右僕射、天平軍節度使，代崔弘禮爲東都留守。丁卯，貶杜元穎循州司馬。乙巳，郭釗奏蠻軍抽退，遣使賜蠻帥蒙嵯巔國信。辛未，以太子少師李聽爲邠寧節度使。癸酉，以中丞溫造爲右丞，吏部郎中宇文鼎爲中丞。

校勘記

〔一〕清溪　「淸」字各本原作「靑」，據本書卷四〇地理志、寰宇記卷九五改。

〔二〕汶川　各本原作「汝川」，據本書卷四〇地理志、新書卷四一地理志改。

〔三〕臨海監牧等使　「海」字各本原作「漢」。本書卷一五憲宗紀元和十四年五月，「置臨海監牧，命淮南節度使兼之」，而臨漢監當屬山南東道節度治域，此處是淮南節度治內，應爲「臨海監牧」，故改。

〔四〕魏國公　據本書卷一六四李絳傳作「趙郡開國公」，新書卷一五二李絳傳作「趙郡公」。

〔五〕高承簡　「承」字各本原作「崇」，據本書卷一五一高崇文傳、新書卷一七〇高崇文傳改。

〔六〕準詔割相衞三州　「三州」，局本作「二州」，餘各本作「三州」，新書卷八文宗紀作「相衞澶三州」。

舊唐書卷十七下

本紀第十七下

文宗下

大和四年春正月丙子朔。辛卯，武昌軍節度使牛僧孺來朝。丙戌，以左神策軍大將軍丘直方爲鄜坊節度使。戊子，詔封長男永爲魯王。辛卯，以武昌節度使、鄂岳蘄黃安申等觀察處置等使、金紫光祿大夫、檢校吏部尙書、同中書門下平章事、上柱國、奇章郡開國公牛僧孺爲兵部尙書、同中書門下平章事。壬辰，以兵部侍郎崔鄲爲陝虢觀察使。封魯王母王氏爲昭儀。癸巳，以前邠寧節度使劉遵古爲劍南東川節度使。甲午，守左僕射、同平章事、諸道鹽鐵轉運使王播卒。丙申，以太常卿王涯爲吏部尙書，充諸道鹽鐵轉運使。辛丑，以尙書左丞元稹檢校戶部尙書，充武昌軍節度、鄂岳蘄黃安申等州觀察使。癸卯，以前陝虢觀察使王起爲左丞。

二月丙午朔。戊午，興元軍亂，節度使李絳舉家被害，判官薛齊、趙存約死之。庚申，以左丞溫造爲興元節度使。辛未，夏州節度使李賨卒。壬申，以神策行營節度使董重質爲夏綏銀宥節度使。

三月乙亥，以河東節度使李程檢校左僕射、同平章事，兼河中尹、晉絳慈隰等州節度使，以刑部尙書柳公綽檢校左僕射、太原尹、北都留守、河東節度使。丁丑，以前河中節度使薛平爲太子太保。丁亥，以衞尉卿桂仲武爲福建觀察使。興元溫造奏：「害李絳賊首丘鉴、丘鑄及官健千人，並處斬訖。其親刃絳者斬一百段，號令者三段，餘並斬首。內一百首祭李絳，三十首祭死王事官僚，其餘屍首並投於漢江。」己丑，詔興元監軍使楊叔元宜配流康州百姓，錮身遞於配所。丁酉，監修國史、中書侍郎、平章事路隨進所撰憲宗實錄四十卷，優詔答之，賜史官等五人錦綵銀器有差。癸卯，以淮南節度使段文昌檢校尙書左僕射、同中書門下平章事，兼江陵尹，充荊南節度使；以前太子賓客崔從檢校右僕射、揚州大都督府長史、淮南節度使。甲辰，以前荊南節度使崔羣檢校右僕射、兼太常卿。以中書舍人李虞仲爲華州刺史，代嚴休復；以休復爲右散騎常侍。

夏四月乙巳朔。丙午，以右散騎常侍、翰林侍講學士鄭覃爲工部尙書。丁未，兵部尙書致仕張賈卒。丁巳，貶前齊德滄景等州節度使李有裕爲永州刺史，馳驛赴任。庚申，以尚書左丞王起爲戶部尚書、判度支，代崔元略；以元略檢校吏部尚書，爲東都留守。辛酉夜，月掩南斗第二星。壬戌，詔曰：「儉以足用，令出惟行，著在前經，斯爲理本。朕自臨四海，愍元元之久困，日昃忘食，宵興疚懷。雖絕文繡之飾，尚愧茅茨之儉。亦諭卿士，形于詔條。如聞積習流弊，餘風未革。車服第室，相高以華靡之制；資用貨寶，固啓于貪冒之源。有司不禁，侈俗滋扇。蓋朕教導之未敷，使兆庶昧於恥尚也。其何以足用行令，臻于致理歟！永念慚歎，追茲申敕。自今內外班列職位之士，各務素朴，弘茲國風。有僭差尤甚者，御史糾上。主者宣示中外，知朕意焉。」文宗承長慶、寶曆奢靡之風，銳意懲革，躬行儉素，以率厲之。辛未，以前東都留守崔弘禮爲刑部尚書。鎭州王廷湊請修建初、啓運二陵，從之。

五月甲戌朔。丁丑，以旱命京城諸司疏理繫囚。己卯，通化南北二門鎖不可開，鑰入，如有持之者。上令鐵工破鎖，時日已及辰矣。丁亥，改鄆州東平縣爲天平縣。戊子，敕度支每歲於西川織造綾羅錦八千一百六十七匹，令數內減二千五百十匹。

六月癸卯朔。丁未，以守司徒、門下侍郎、平章事、上柱國、晉國公、食邑三千戶、食實封三百戶裴度爲守司徒、平章軍國重事；待疾損日，每三日、五日一度入中書。辛未夜，自一更至五更，大小星流旁午，觀者不能數。壬申，詔：如聞諸司刑獄例多停滯，委尚書左右

丞及監察御史糾舉以聞。

秋七月癸酉朔。癸未，詔以朝議郎、尚書右丞、上柱國、賜紫金魚袋宋申錫爲正議大夫、行尚書右丞、同中書門下平章事。乙酉，敕：「前行郎中知制誥者，約滿一周年，即與正授；從諫議大夫知者，亦宜準此；餘依長慶二年七月二十七日敕處分。」振武置雲伽關，加鎭兵千人。以吏部侍郎王璠爲京兆尹、兼御史大夫，代李諒爲桂管觀察使。太原饑，賑粟三萬石。賜十六宅諸王綾絹二萬匹。丁酉，守司徒裴度上表辭册命，言：「臣此官已三度受册，有靦面目。」從之。

八月壬寅朔。丙辰，鄜州水，溺居民三百餘家。太原柳公綽奏雲、代、蔚三州山谷間石化爲麵，人取食之。己未，宣歙觀察使于敖卒。甲子，內出綾絹三十萬匹，付戶部充和糴。戊辰，幸梨園亭，會昌殿奏新樂。

九月壬申朔。丁丑，以大理卿裴誼檢校右散騎常侍，充江西觀察使，代沈傳師；以傳師爲宣歙觀察使。內出綾三千匹，賜宥州築城兵士。戊寅，舒州太湖、宿松、望江三縣水，溺民戶六百八十，詔以義倉賑貸。庚辰，吏部尚書王涯爲右僕射，依前鹽鐵轉運使。壬午，以守司徒、平章軍國重事、晉國公裴度守司徒、兼侍中，充山南東道節度使。以投來奚王茹羯爲右驍衛將軍同正。丙戌，以前山南東道節度使竇易直爲尚書左僕射。戊子，吏部尚書致仕裴向卒。己丑，淮南天長等七縣水，害稼。丁酉，前豐州刺史、天德軍使渾鐬坐贓七千貫，貶袁州司馬。

冬十月壬寅朔。戊申，以東都留守崔元略檢校吏部尚書，兼滑州刺史、義成軍節度使，代李德裕；以德裕檢校兵部尚書，兼成都尹，充劍南西川節度使。己酉，京師有熊入莊嚴寺。庚戌，以前刑部尚書崔弘禮爲東都留守。甲寅，以前劍南西川節度使、檢校司空郭釗爲太常卿，代崔羣爲吏部尚書。丁卯，御史中丞宇文鼎奏：「今月十三日，宰臣宣旨，今後羣臣延英奏事，前一日進狀入來者。臣以尋常公事，不暇面論，但見表章，足以陳露。儻臨時忽有公務，文字不足盡言，則咫尺天聽，無路聞達。更俟後坐，動踰數辰，處置之間，便有不及。伏乞重賜宣示，限以狀入者，並在卯前；如在卯後，聽不收覽。自然人各遵守，禮亦得中。」從之。

十一月辛未朔。是夜，熒惑近左執法。癸巳，以左丞康承宣爲兗海沂密等州節度使。淮南大水及蟲霜，並傷稼。

十二月辛丑朔，滄州殷侑請廢景州爲景平縣。己酉，義成軍節度使崔元略卒。壬子，以左金吾衛大將軍段嶷爲義成軍節度使。癸丑，湖南觀察使韋辭卒。丙辰，以工部侍郎崔琯爲京兆尹，代王璠爲尚書左丞。癸亥，東都留守崔弘禮卒。以同州刺史高重爲潭州刺

史、兼御史中丞，充湖南觀察使。甲子，左僕射致仕楊於陵卒，贈司空。丙寅，以前河南尹馮宿爲工部侍郎。戊辰，以太子賓客分司白居易爲河南尹，以代韋弘景；以弘景守刑部尚書、東都留守。

閏十二月辛未朔。壬申，太常卿郭釗卒，贈司徒。壬辰，廢齊州歸化縣地入臨邑縣。廢景州，其縣隸滄州刺史。

是歲，京畿、河南、江南、荆襄、鄂岳、湖南等道大水，害稼，出官米賑給。

五年春正月庚子朔，以積陰浹旬，罷元會。丁巳，賜滄德節度使曰義昌軍。太原旱，賑粟十萬石。己未，詔方鎭節度觀察使請入覲者，先上表奏聞，候允則任進程。庚申，幽州軍亂，逐其帥李載義，立後院副兵馬使楊志誠爲留後。癸亥，詔端午節辰，方鎭例有進奉，其雜綵匹段，許進生白綾絹。己丑，以權知渤海國務大彝震檢校秘書監、忽汗州都督、渤海國王。

二月庚午朔。壬辰，以盧龍軍節度使、守太保、同平章事李載義守太保、同中書門下平章事。時載義失守入朝，賜第於永寧里，給賜優厚。丙申，以桂管觀察使李諒爲嶺南節度使。戊戌，神策中尉王守澄奏得軍虞候豆盧著狀，告宰相宋申錫與漳王謀反。即令追捕。

庚子，詔貶宋申錫爲太子右庶子。壬寅，左常侍崔玄亮及諫官等十四人伏奏玉階：「北軍所告事，請不於內中鞫問，乞付法司。」帝曰：「吾已謀於公卿矣，卿等且退。」崔玄亮泣涕陳諫久之，帝改容勞之曰：「朕卽與宰臣商議。」玄亮等方退。癸卯，詔漳王湊可降爲巢縣公，右庶子宋申錫開州司馬同正〔一〕。初，京師恟恟，以宰相實聯親王謀逆，三四日後，方知誣搆。人士側目於守澄、鄭注，故諫官號泣論之，申錫方免其禍。己酉，敕以李載義入朝，於曲江亭賜宴，仍命宰臣百僚赴會。辛酉，以黔中觀察使裴弘泰爲桂管經略使，以前安州刺史陳正儀爲黔中觀察使。丁卯，紫宸奏事，宰相路隨至龍墀，仆于地，令中人掖之。翌日，上疏陳退，識者嘉之。

夏四月己巳朔。甲戌，以新羅王嗣子金景徽爲開府儀同三司、檢校太保，使持節雞林州諸軍事、雞林州大都督、寧海軍使、上柱國，封新羅王；仍封其母朴氏爲新羅國太妃。丁亥，詔：「史官記事，用戒時常，先朝舊制，並得隨仗。其後宰臣撰時政記，因循斯久，廢墜實多。自今後宰臣奏事，有關獻替及臨時處分稍涉政刑者，委中書門下丞一人隨時撰錄，每季送史館，庶警朕闕，且復官常。」己丑，以李載義爲山南西道節度，依前守太保、同平章事，代溫造；以造爲兵部侍郎。以幽州盧龍節度留後楊志誠檢校工部尚書，爲幽州盧龍節度使。

五月戊戌朔，太廟第四室、第六室破漏，有司不時修葺，各罰俸。上命中使領工徒及以禁中修營材葺之。右補闕韋溫上疏論曰：「宗廟不葺，罪在有司弛慢，宜加重責。今有司止於罰俸，便委內臣葺修，是許百司之官公然廢職。以宗廟之重，爲陛下所私，則羣官有司，便同委棄，此臣竊爲聖朝惜也。事關宗廟，皆書史册，苟非舊典，不可率然。伏乞更下詔書，復委所司營葺，則制度不紊，官業各修矣。」疏奏，帝嘉之，乃追止中使，命有司修奉。戊午，西川李德裕奏：南蠻放還先虜掠百姓、工巧、僧道約四千人還本道。辛酉，東都留守、刑部尚書韋弘景卒。丙寅，以京兆尹崔琯爲尚書左丞。太常少卿龐嚴權知京兆尹。

六月丁卯朔。戊寅，以霖雨涉旬，詔疏理諸司繫囚。辛卯，蘇、杭、湖南水害稼。甲午，東川奏：玄武江水漲二丈，梓州羅城漂人廬舍。

秋七月丁酉朔。庚子，贈太子賓客李渤禮部尚書。辛丑，以兵部侍郎溫造檢校戶部尚書，爲東都留守。甲辰，以太子少師分司、上柱國、襲徐國公蕭俛守左僕射致仕。劍南東、西兩川水，遣使宣撫賑給。己未，以給事中羅讓爲福建觀察使。

八月丙寅朔。庚午，武昌軍節度使、檢校戶部尚書元稹卒。辛未，貶刑部員外郎舒元輿爲著作郎。元輿累上表請自效，并進文章，朝議責其躁進也。壬申，以河陽三城懷州節度使楊元卿爲宣武軍節度使，代李逢吉；以逢吉檢校司徒、兼太子太師，充東都留守，代溫造；以溫造爲河陽三城懷州節度使。戊寅，以陝虢觀察使崔鄲爲鄂岳安黃觀察使。甲申，以中書舍人崔咸爲陝州防禦使。詔陝州舊有都防禦觀察使額宜停，兵馬屬本州防禦使。丙戌，京兆尹龐嚴卒。庚寅，以司農卿、駙馬都尉杜悰爲京兆尹。

九月丙申朔。甲辰，貶太子左庶子郭求爲婺王府司馬，以其心疾，與同僚忿競也。翰林學士薛廷老、李讓夷皆罷職守本官。廷老在翰林，終日酣醉無儀檢，故罷。讓夷常推薦廷老，故坐累也。己未，以左僕射竇易直判太常卿。西川李德裕奏收復吐蕃所陷維州，差兵鎮守。

冬十月乙丑朔，以前綿州刺史鄭綽爲安南都護。戊寅，蠻寇嶲州，陷二縣。辛巳，滄州移淸池縣於南羅城內置。

十一月乙未朔。庚戌，鳳翔節度使王承元來朝。己未，以承元檢校司空、靑州刺史，充平盧軍節度使。癸亥，以尚書左僕射、判太常卿事竇易直檢校司空，爲鳳翔隴右節度使。

十二月乙丑朔。戊寅，以左丞王璠兼判太常卿事。甲申，貶新除桂管觀察使裴弘泰爲饒州刺史，以除鎮淹程不進，爲憲司所糾故也。癸巳，以鄭州刺史李翺爲桂管觀察使。

是歲，淮南、浙江東西道、荆襄、鄂岳、劍南東川並水，害稼，請蠲秋租。是冬，京師大雨雪。

六年春正月乙未朔，以久雪廢元會。戊戌，振武李泳招收得黑山外契苾部落四百七十三帳。壬子，詔：「朕聞『天聽自我人聽，天視自我人視』。朕之菲德，涉道未明，不能調序四時，導迎和氣。自去冬已來，踰月雨雪，寒風尤甚，頗傷于和。念茲庶甿，或罹凍餒，無所假貸，莫能自存。中宵載懷，旰食興歎，怵惕若厲，時予之辜。思弘惠澤，以順時令。天下死罪囚，除官典犯贓、故意殺人外，并降從流〔二〕，流已下遞降一等。應京畿諸縣，宜令以常平義倉斛斗賑恤。京城內鰥寡癃殘無告不能自存者，委京兆尹量事濟恤，具數以聞。言念赤子，視之如傷。天或警予，示此陰沴，撫躬夕惕，予甚悼焉。」羣臣拜表上徽號。甲寅，司徒致仕薛平卒。

二月甲子朔，以前義昌軍節度使殷侑檢校吏部尚書，充天平軍節度、鄆曹濮等州觀察使，代令狐楚；以楚檢校右僕射，兼太原尹、北都留守、河東節度使。戊寅，蘇、湖二州水，賑米二十二萬石，以本州常平義倉斛斗給。庚辰，戶部尚書、判度支王起請於邠寧、靈武置營田務，從之。己丑，寒食節，上宴羣臣於麟德殿。是日，雜戲人弄孔子，帝曰：「孔子，古今之師，安得侮瀆。」亟命驅出。

三月甲午朔。辛丑，以武寧軍節度使、守太傅、同平章事王智興兼侍中，充忠武軍節度、陳許蔡觀察等使。以邠寧節度使李聽爲武寧軍節度、徐泗濠觀察等使；以金吾衞大將軍孟友亮爲邠寧節度使。以前河東節度使柳公綽爲兵部尚書。辛酉，以前忠武軍節度使高瑀檢校右僕射，充武寧軍節度、徐泗濠觀察等使。

夏四月癸亥朔。乙丑，兵部尚書柳公綽卒。戊寅，以新除武寧軍節度使李聽爲太子太保。

五月癸巳朔。甲辰，西川修邛崍關城，又移嶲州於臺登城。壬子，浙西丁公著奏杭州八縣災疫，賑米七萬石。丁巳，以鹽州刺史王晏平檢校左散騎常侍、御史大夫，充靈鹽節度使。己未，興平縣人上官興因醉殺人而亡竄，官捕其父囚之，興歸，待罪有司。京兆尹杜悰、中丞宇文鼎以興自首免父之囚，其孝可獎，請免死。詔兩省參議，皆言殺人者死，古今共守，興不可免。上竟從悰等議免死，決杖八十，配流靈州。庚申，詔：「如聞諸道水旱害人，疾疫相繼，宵旰罪己，興寢疚懷。今長吏奏申，札瘥猶甚。蓋教化未感於蒸人，精誠未格於天地，法令或爽，官吏爲非。有一於茲，皆傷和氣。並委中外臣僚，一一具所見聞奏，朕當親覽，無憚直言。其遭災疫之家，一門盡歿者，官給凶器。其餘據其人口遭疫多少，與減稅錢。疫疾未定處，官給醫藥。諸道既有賑賜，國費復慮不充，其供御所須及諸公用，量宜節減，以救凶荒。」

六月壬戌朔。丙寅，京兆尹杜悰兼御史大夫。戊寅，右僕射王涯奉敕，准令式條疏士庶衣服、車馬、第舍之制度。敕下後，浮議沸騰。杜悰於敕內條件易施行者寬其限，事竟不行，公議惜之。

秋七月辛卯朔。甲午，以諫議大夫王彥威、戶部郎中楊漢公、祠部員外郎蘇滌、右補闕裴休並充史館修撰。故事，史官不過三員，或止兩員，今四人並命，論者非之。戊申，原王逵薨。癸丑，以前靈武節度使李文悅爲兗海沂密節度使。己未，以河中節度使李程爲左僕射；以戶部尚書、判度支王起檢校吏部尚書，充河中晉慈隰節度使；以御史中丞、兼刑部侍郎宇文鼎爲戶部侍郎、判度支。

八月辛酉朔，吏部尚書崔羣卒。以駕部郎中、知制誥李漢爲御史中丞。乙丑，以尚書右丞、判太常卿王璠檢校禮部尚書、潤州刺史、浙西觀察使。庚午，山南東道節度使裴度來朝。壬申，以前浙西觀察使丁公著爲太常卿。甲戌，御史中丞李漢奏論僕射上事儀，不合受四品已下官拜。時左僕射李程將赴省上故也。詔曰：「僕射上儀，近定所緣拜禮，皆約令文，已經施行，不合更改，宜準大和四年十一月十六日敕處分。」

九月庚寅朔，淄青初定兩稅額，五州一十九萬三千九百八十九貫，自此淄青始有上供。庚子，以太傅趙宗儒守司空致仕。辛丑，涿州置新城縣，古督亢之地也。丁未，太常卿丁公著卒。庚戌，司空致仕趙宗儒卒。壬子，以右金吾衞將軍史孝章爲鄜州刺史、鄜坊丹延節度使。

冬十月庚子朔。甲子，詔魯王永宜册爲皇太子。壬午，以左金吾衞將軍李昌言檢校左散騎常侍，充夏綏銀宥節度使。甲申，以諫議大夫王彥威爲河中少尹，以其論上官興獄太徵訐故也。

十一月己丑朔。丁未，淮南節度使、檢校右僕射崔從卒。乙卯，以荆南節度使段文昌爲劍南西川節度使，依前檢校左僕射、同平章事。

十二月己未朔。乙丑，以中書侍郎、同平章事牛僧孺檢校右僕射、同平章事、揚州大都督府長史，充淮南節度使。戊辰，內養王宗禹渤海使迴，言渤海置左右神策軍、左右三軍一百二十司，畫圖以進。以尚書右丞崔琯爲江陵尹、荆南都團練觀察使。珍王誠薨〔三〕。乙亥，昭義節度使劉從諫來朝。丁未，以前西川節度使李德裕爲兵部尚書。責授循州司馬杜元穎卒，贈湖州刺史。

七年春正月乙丑朔，御含元殿受朝賀。比年以用兵、雨雪，不行元會之儀。故書〔四〕，吳、蜀貢新茶，皆於冬中作法爲之，上務恭儉，不欲逆其物性，詔所供新茶，宜於立春後造。甲

午，加劉從諫同平章事。襄州裴度奏請停臨漢監牧，從之。此監元和十四年置，馬三千二百四，廢百姓田四百餘頃，停之爲便。乙亥，以太府卿崔珙爲廣州刺史、嶺南節度使。壬子，詔：「朕承上天之睠佑，荷列聖之丕圖，宵旰憂勞，不敢暇逸，思致康乂，八年于茲。而水旱流行，疫疾作沴，兆庶艱食，札瘥相仍。蓋德未動天，誠未感物，一類失所，其過在予。載懷罪己之心，深軫納隍之歎。如聞關輔、河東，去年亢旱，秋稼不登，今春作之時，農務又切，若不賑救，懼至流亡。京兆府賑粟十萬石，河南府、河中府、絳州各賜七萬石，同、華、陝、虢、晉等州各賜十萬石，並以常平義倉物充。」以新除嶺南節度使崔珙檢校工部尚書，充武寧軍節度使；以右金吾衞將軍王茂元爲嶺南節度使。丙辰，以前武寧軍節度使高瑀爲刑部尚書。嶺南五管及黔中等道選補使，宜權停一二年。

二月己未朔。己巳，以吏部侍郎庾承宣爲太常卿。癸酉，以宗正卿李詵爲陝州防禦使，代崔咸；以咸爲右散騎常侍。己卯，麟德殿對吐蕃、渤海、牂柯、昆明等使。辛巳，御史臺奏：「均王傅王堪男禛，國忌日於私第科決罰人。」詔曰：「準令，國忌日禁飲酒、舉樂。決罰人吏，都無明文。起今後從有此類，不須舉奏。王禛宜釋放。」丙戌，詔以銀青光祿大夫、守兵部尚書、上柱國、贊皇縣開國伯、食邑七百戶李德裕以本官同中書門下平章事。

三月戊子朔。庚寅，以前戶部侍郎楊嗣復爲尚書左丞。壬辰，以左散騎常侍張仲方爲

太子賓客分司。仲方爲郎中時，常駁故相李吉甫謚，德裕秉政，仲方請告，因授之。己亥，嶺南節度使李諒卒。辛丑，和王綺薨。復於埇橋置宿州，割徐州符離縣、蘄縣，泗州虹縣隸之，以東都鹽鐵院官吳季眞爲宿州刺史。癸卯，以京兆尹、駙馬都尉杜悰檢校禮部尚書，充鳳翔隴右節度。己酉，安南奏：蠻寇寇當管金龍州，當管生獠國、赤珠落國同出兵擊蠻，敗之。庚戌，出給事中楊虞卿爲常州刺史，中書舍人張元夫汝州刺史。以太府卿韋長爲京兆尹。丙辰，以散騎常侍嚴休復爲河南尹。丁巳，以給事中蕭澣爲鄭州刺史。

夏四月戊午朔。辛酉，九姓迴紇可汗卒。癸亥，前鳳翔節度使、檢校司空竇易直卒。癸酉，以同州刺史吳士智爲江西觀察使〔五〕，以吏部侍郎高釴爲同州刺史。庚辰，以工部侍郎李固言爲右丞，中書舍人楊汝士爲工部侍郎。壬子，以河南尹白居易爲太子賓客，分司東都。甲申，以江西觀察使裴誼爲歙池觀察使，代沈傳師；以傳師爲吏部侍郎。以右金吾衞將軍唐弘實使迴紇，册九姓迴紇愛登里羅汨沒施合句錄毗伽彰信可汗。

五月丁亥朔。丁酉，以李聽爲鳳翔隴右節度使，依前檢校司徒、兼太子太保。癸卯，興元李載義來朝。癸丑，以前邛州刺史劉旻爲安南都護。

六月丁巳朔。乙巳，以山南西道節度使李載義爲太原尹、北都留守、河東節度使，依前守太保、同平章事。壬申，以御史中丞李漢爲禮部侍郎，以工部尙書、翰林侍講學士鄭覃爲

御史大夫。甲戌，以刑部尙書高瑀爲太子少保分司。乙亥，以中書侍郎、平章事李宗閔檢校禮部尙書、同平章事，兼興元尹、山南西道節度使。丁丑，以左金吾衞將軍李從易爲桂管觀察使。己卯，以右神策大將軍李用爲邠寧節度使。河陽修防口堰，役工四萬，溉濟源、河內、温縣、武德、武陟五縣田五千餘頃。癸未，涇原節度使張惟清卒。乙酉，以前河東節度使令狐楚檢校右僕射，兼吏部尙書。

秋七月丙戌朔。丁亥，以右龍武統軍康志睦爲四鎭北庭行軍、涇原節度使。壬寅，以金紫光祿大夫、守尙書右僕射、諸道鹽鐵轉運使、上柱國、代郡公、食邑二千戶王涯可同中書門下平章事，領使如故。甲辰，右丞李固言等奏狀，論僕射省中上事，不合受四品已下拜。敕旨宜準大和四年十一月十六日敕處分。乙巳，虢州刺史崔玄亮卒。以左丞楊嗣復檢校禮部尙書，充劍南東川節度使；以戶部侍郎庾敬休爲左丞。己酉，以旱，命京城諸司疏決繫囚。壬子，敕應任外官帶一品正京官者，縱不知政事，其俸料宜兼給。癸丑，以左僕射李程檢校司空，兼汴州刺史、宣武軍節度使。甲寅，以旱徙市。左降官開州司馬宋申錫卒，詔許歸葬。

閏七月乙卯朔，詔曰：「朕嗣守丕圖，覆嫗生類，兢業寅畏，上承天休。而陰陽失和，膏澤愆候，害我稼穡，災于黔黎。有過在予，敢忘咎責。從今避正殿，減供膳，停教坊樂，廄馬量減芻粟，百司廚饌亦宜權減。陰陽鬱堙，有傷和氣，宜出宮女千人。五坊鷹犬量須減放。內外修造事非急務者，並停。」時久無雨，上心憂勞。詔下數日，雨澤霑洽，人心大悅。乙丑，以前宣武軍節度楊元卿爲太子太保。戊戌，以給事中崔戎爲華州刺史。癸未，以太子賓客李紳檢校左散騎常侍，兼越州刺史，充浙東觀察使，代陸亘；以亘爲宣歙觀察使。

八月甲申朔，御宣政殿，册皇太子永。是日降詔：「應犯死降從流〔六〕，流已下遞減一等。諸王自今年後相次出閤，授緊望已上州刺史佐。其十六宅諸縣主，委吏部於選人中簡擇配匹，具以名聞。皇太子方從師傅傳授六經，一二年後，當令齒胄國庠，以興墜典。宜令國子選名儒，置五經博士各一人〔七〕。其公卿士族子弟，明年已後，不先入國學習業，不在應明經進士限。其進士舉宜先試帖經，并略問大義，取經義精通者放及第。卿大夫者，下人之所視，遠方之所傚，若非恭儉克己，廉直任人，而望其服從，固不可得。況朕不寶珠玉，不御纖華，逮于六宮，皆務儉薄。卿大夫得不叶朕此志，率先兆人？比年所頒制度，皆約國家令式，去其甚者，稍謂得中。而士大夫苟自便身，安於習俗，因循未革，以至于今。百官士族，起今年十月，其衣服輿馬，並宜準大和六年十月七日敕。如有固違，重加黜責。文武常參官及諸州府長官子爲父後者，賜勳兩轉。」癸巳，太子太保楊元卿卒。戊申，以京兆尹韋長兼御史大夫，以刑部尙書高瑀爲忠武軍節度使。

九月甲寅朔。丙寅，侍御史李款閤內奏彈前邠州行軍司馬鄭注，曰：「注內通敕使，外連朝官，兩地往來，卜射財貨，晝伏夜動，干竊化權。人不敢言，道路以目。請付法司推勠情款。」旬日之中，諫章數十上，由是授注通王府司馬、兼侍御史，充神策軍判官，中外駭歎。甲寅，以前忠武軍節度使王智興依前守太傅、兼侍中、河中尹、河中晉絳慈隰節度使，代王起；以起爲兵部尙書。

冬十月癸未朔，揚州江都等七縣水，害稼。壬辰，上降誕日，僧徒、道士講論於麟德殿。翌日，御延英，上謂宰臣曰：「降誕日設齋，起自近代。朕緣相承已久，未可便革，雖置齋會，唯對王源中等暫入殿，至僧道講論，都不臨聽。」宰相路隨等奏：「誕日齋會，誠資景福，本非中國教法。臣伏見開元十七年張說、源乾曜請以誕日爲千秋節，內外宴樂，以慶昌期，頗爲得禮。」上深然之，宰臣因請十月十日爲慶成節，上誕日也。從之。辛酉，潤、常、蘇、湖四州水，害稼。

十一月癸丑朔。乙亥，涇原節度使康志睦卒。己卯，以左神策長武城使朱叔夜爲涇州刺史，充涇原節度使。壬午，於銀州置監牧。

十二月癸未朔。己亥，刑部詳定大理丞謝登新編格後敕六十卷，令删落詳定爲五十卷。庚子，幸望春宮，聖體不康。癸卯，平盧軍節度〔九〕、檢校司空王承元卒。丁未，以河

南尹嚴休復檢校禮部尚書，充平盧軍節度、淄青登萊棣觀察等使。戊申，以給事中王質權知河南尹。以河東節度副使李石爲給事中。

八年春正月癸丑朔。丁巳，聖體痊平，御太和殿見內臣。甲子，御紫宸殿見羣臣。丙寅，修太廟。令太常卿庾承宣攝太尉，偏告九室，遷神主於便殿。癸酉，揚、楚、舒、廬、壽、滁、和七州去年水，損田四萬餘頃。

二月壬午朔，日有蝕之。庚寅，詔以聖躬痊復，赦繫囚，放逋賦，移流人。己亥，蔚州飛狐鎮置鑄錢院。

三月壬子朔。甲寅，上巳，賜羣臣宴於曲江亭。庚午，以山南東道節度使裴度充東都留守，依前守司徒、兼侍中；以東都留守李逢吉檢校司徒，兼右僕射。癸酉，兗海節度使李文悅卒。丙子，以右丞李固言爲華州刺史，代崔戎；以戎爲兗海觀察使。

四月壬午朔。壬辰，集賢學士裴潾撰通選三十卷，以擬昭明太子文選，潾所取偏僻，不爲時論所稱。甲午，以宿州刺史吳季眞爲邕管經略使。乙巳，翰林學士、兵部侍郎王源中辭內職，乃以源中爲禮部尚書。

五月辛亥朔。己巳，修奉太廟畢，以吏部尚書令狐楚攝太尉，偏告神主，復正殿。飛龍

神駒中廐火。

六月庚辰朔。辛巳，徙市。壬午，大理卿劉遵古卒。壬辰，陳許節度使高瑀卒。甲午，以旱，詔諸司疏決繫囚。丙申，以前鳳翔節度使、駙馬都尉杜悰起復檢校戶部尚書，充忠武軍節度使。戊戌，宰臣王涯、路隨奏請依舊制讀時令。庚子，兗海觀察使崔戎卒。辛丑，同州刺史高銖卒。戊申，以將作監、駙馬都尉崔杞爲兗海沂密觀察使。

秋七月庚戌朔。丙辰，以工部侍郎楊汝士爲同州刺史。戊午，奉先、美原、櫟陽等縣雨，損夏麥。辛酉，定陵臺大雨，震東廊，廊下地裂一百三十尺，詔宗正卿李仍叔啓告修塞。癸亥，鄭王經薨。己巳夜，月犯昴。壬申，以右金吾衞大將軍段百倫檢校工部尚書，充福建觀察使。堂帖中外臣僚，各舉善周易學者。

八月己卯朔，右龍武統軍董重質卒。庚寅，太白犯熒惑。辛卯，詔故澧王大男漢可封東陽郡王，第二男源可封安陸郡王，第三男演可封臨安郡王；故深王大男潭可封河內郡王，第二男淑可封吳興郡王；故絳王大男洙可封新安郡王，第二男滂可封高平郡王；故洋王大男沛可封潁川郡王；淄王大男瀞可封許昌郡王；沔王大男瀛可封晉陵郡王；鄜王大男溥可封平陽郡王：仍並賜光祿大夫。丙申，罷諸色選舉，歲旱故也。己亥，御寫周易義五道示羣臣，有人明此義者，三日內聞奏。時李仲言以易道惑上，及下其義，人皆竊笑，卒無進言者。

九月乙酉朔。辛亥夜，彗起太微，近郎位，西指，長丈餘，西北行，凡九夜，越郎位西北五尺滅。癸丑，月入南斗。乙亥，宣州觀察使陸亘卒。己未，宰臣李德裕進御臣要略及柳氏舊聞三卷。隨州刺史杜師仁前刺吉州，坐贓計絹三萬匹，賜死于家。故江西觀察使裴誼乖於廉察，削所贈工部尚書。庚申，右軍中尉王守澄宣召鄭注，對于浴堂門，仍賜錦綵銀器。是夜，彗出東方，長三尺，輝耀甚偉。辛酉，以權知河南尹王質爲宣歙觀察使。吏部尚書致仕張正甫卒。癸亥，以尚書吏部侍郎鄭澣爲河南尹。甲子，鄭注進藥方一卷。庚午，安王溶、潁王瀍皆檢校兵部尚書。宰相路隨册拜太子太師。辛巳，幽州節度使楊志誠、監軍李懷仵悉爲三軍所逐，立其部將史元忠爲留後。陝州、江西旱，無稼。己丑，秘書監崔戚卒。庚寅，以山南西道節度使、檢校禮部尚書、同平章事、上柱國、襄武縣開國侯、食邑一千戶李宗閔可中書侍郎、同中書門下平章事。辛卯，以中使田全操充皇太子見太師禮儀使。壬辰，召國子四門助教李仲言對於思政殿，賜緋。河南府、鄭州、同州、揚州並奏旱蟲傷損秋稼。甲午，以銀青光祿大夫、守中書侍郎、平章事李德裕檢校兵部尚書、同平章事、興元尹，充山南西道節度使。以助教李仲言爲國子周易博士，充翰林侍講學士。皇太子見太師路隨於崇明門。丙申，諫官上疏論李仲言不合獎任，上令中使宣諭諫官曰：「朕留仲言禁

中，顧問經義，敕命已行，不可遽改。」淮南、兩浙、黔中水爲災，民戶流亡，京師物價暴貴。庚子，詔鄭注對於太和殿。以御史大夫鄭覃爲戶部尚書。壬寅，翰林院宴李仲言，賜法曲弟子二十人奏樂以寵之。丙午，以新除興元節度使李德裕爲兵部尚書。

十一月丁未朔。庚戌，以尚書左僕射致仕蕭俛爲太子太傅。辛亥，以左金吾衞大將軍蕭洪爲河陽三城節度使。襄州水，損田。壬子，滁州奏清流等三縣四月雨至六月，諸山發洪水，漂溺戶萬三千八百。癸丑，以禮部尚書王源中檢校戶部尚書，充山南西道節度使；以戶部侍郎李漢爲華州刺史、鎮國軍潼關防禦使。成德軍節度使王廷湊卒。以前河陽節度使溫造爲御史大夫〔九〕。己卯，幽州節度使楊志誠被逐入朝，下御史臺訊鞫。志誠在幽州，被服皆爲龍鳳，乃流之嶺外，至商州殺之。乙亥，以兵部尚書李德裕檢校右僕射，充鎮海軍節度、浙江西道觀察等使。丙子，李仲言奏請改名訓，從之。

十二月丁丑朔。己卯，以昭義節度副使、檢校庫部員外郎、賜紫金魚袋鄭注爲太僕卿。辛巳，以棣州刺史韓威爲安南都護。癸未，以通王爲幽州盧龍節度使，以權勾當幽州兵馬史元忠爲留後。甲申，許太子太傅蕭俛致仕。是夜，月掩昴。己丑，以太子賓客分司張仲方爲左散騎常侍，常州刺史楊虞卿爲工部侍郎。己亥，以尚書左僕射李逢吉守司徒致仕。以宗正卿李仍叔爲湖南觀察使，代李翺；以翺爲刑部侍郎，代裴潾；以潾爲華州鎮國軍潼

關防禦使。昭成寺火。

九年春正月丁未朔。乙卯，以鎭州左司馬王元逵起復定遠將軍、守左金吾衞大將軍、檢校工部尚書，充成德軍節度使、鎭冀深趙觀察等使。以太常卿庾成宣檢校吏部尚書，充天平軍節度使，代殷侑；以侑爲刑部尚書。癸亥，巢縣公湊薨，追封齊王。壬申，司徒致仕李逢吉卒。癸酉，以右散騎常侍舒元輿爲陝州防禦觀察使。以前棣州刺史田早爲安南都護〔一〇〕。

二月丙子朔。甲申，以司農卿王彥威兼御史大夫，充平盧軍節度使。丁亥，發神策軍一千五百人修淘曲江。如諸司有力，要於曲江置亭館者，宜給與閑地。辛丑，冀王絿薨。癸卯，京師地震。甲辰，以幽州留後史元忠爲盧龍節度使。乙巳，劍南西川節度使〔一一〕、檢校左僕射、同平章事段文昌卒。庚申，以劍南東川節度使楊嗣復檢校戶部尚書，兼成都尹、西川節度使。乙丑，以歲饑，河北尤甚，賜魏博六州粟五萬石，陳許、鄆、曹濮三鎭各賜糙米二萬石。庚午，左丞庾敬休卒，廢朝一日。詔曰：「官至丞、郎，朕所親委，不幸云亡者，宜爲之廢朝。自今丞、郎宜準諸司三品官例，罷朝一日。」

夏四月丙子朔。丙戌，以桂管觀察使李從易爲廣州刺史、嶺南節度使。以鎭海軍節度

使、浙西觀察等使李德裕爲太子賓客，分司東都。辛卯，以京兆尹賈餗爲浙西觀察使；以工部侍郎楊虞卿爲京兆尹，仍賜金紫。以給事中韓佽爲桂管觀察使。丙申，以太子太師、門下侍郎、平章事路隨爲鎭海軍節度、浙西觀察等使。戊戌，詔以新浙西觀察使賈餗爲中書侍郎、同中書門下平章事。庚子，詔銀青光祿大夫、守太子賓客分司東都、上柱國、贊皇縣開國伯、食邑七百戶李德裕貶袁州長史。辛丑，大風，含元殿四鴟吻並皆落，壞金吾仗舍。廢樓觀城四十餘所。壬寅，吏部侍郎沈傳師卒。

五月乙巳朔。丁未，以浙東觀察使李紳爲太子賓客，分司東都。乙卯，以給事中高銖爲浙東觀察使。戊午，以御史大夫溫造爲禮部尚書，以吏部侍郎李固言爲御史大夫。辛酉，太和公主進馬射女子七人、沙陀小兒二人。戊辰，以金吾大將軍李玭爲黔中觀察使，以尚書右丞王璠爲戶部尚書、判度支。己巳，以戶部尚書鄭覃爲秘書監。辛未，宰相王涯册拜司空。癸酉，以河中節度使王智興爲宣武軍節度使，依前守太傅、兼侍中。

六月乙亥朔，西市火。以前宣武軍節度使李程爲河中節度使。庚寅夜，月掩歲。癸巳，以吏部尚書令狐楚爲太常卿。丁酉，禮部尚書溫造卒。京兆尹楊虞卿家人出妖言，下御史臺。虞卿弟司封郎中漢公幷男知進等八人撾登聞鼓稱冤，敕虞卿歸私第。己亥，以右神策大將軍劉沔爲涇原節度使。壬辰，詔以銀青光祿大夫、守中書侍郎、同平章事、襄武縣開國侯、食邑一千戶李宗閔貶明州刺史。時楊虞卿坐妖言人歸第，人皆以爲冤誣，宗閔於上前極言論列，上怒，面數宗閔之罪，叱出之，故坐貶。

秋七月甲申朔，貶京兆尹楊虞卿爲虔州司馬同正。丙午，以給事中李石權知京兆尹。戊申，塡龍首池爲鞠場，曲江修紫雲樓。辛亥，詔以御史大夫李固言爲門下侍郎、同平章事。壬子，再貶李宗閔爲處州長史。癸丑，以右司郎中、兼侍御史、知雜事舒元輿爲御史中丞。貶吏部侍郎李漢爲汾州刺史，刑部侍郎蕭澣爲遂州刺史。丁巳，詔不得度人爲僧尼。戊午，貶工部侍郎、充皇太子侍讀崔侑爲洋州刺史，貶吏部郎中張諷爲夔州刺史，考功郎中、皇太子侍讀蘇滌忠州刺史，戶部郎中楊敬之連州刺史。辛酉，以鄂岳觀察使崔郾充浙西觀察使，以國子祭酒高重爲鄂岳觀察使。壬戌，鎭海軍節度使路隨卒。癸亥，貶侍御史李甘爲封州司馬，殿中侍御史蘇特爲潘州司戶。甲子，以周易博士李訓爲兵部郎中、知制誥，依前充翰林侍講學士。丁卯，天平軍節度使庾承宣卒。以大理卿羅讓爲散騎常侍，以汝州刺史郭行餘爲大理卿。戊辰，以刑部尚書殷侑爲天平軍節度使，以吉州刺史裴泰爲邕管經略使。

八月甲戌朔，以戶部侍郎李翺檢校禮部尚書，充山南東道節度使，代王起；以起爲兵部尚書，判戶部事。丙子，又貶處州長史李宗閔爲潮州司戶。丁丑，以太僕卿鄭注爲工部

尚書，充翰林侍講學士。上幸左軍龍首殿，因幸梨園，含元殿大合樂。戊寅，以秘書監鄭覃爲刑部尚書。貶翰林學士、守尚書戶部侍郎、知制誥李珏爲江州刺史，以鄜坊節度使史孝章爲義成軍節度使。甲申，以左神策軍大將軍趙儋爲鄜坊節度使。甲午，貶中書舍人權璩爲鄭州刺史。丙申，內官楊承和於驩州安置〔一二〕，韋元素象州安置，王踐言思州安置，仰錮身遞送。言李宗閔爲吏部侍郎時，託駙馬沈𧨏於宮人宋若憲處求宰相，承和、踐言、元素居中導達故也。宗閔黨楊虞卿、李漢〔一三〕、蕭澣皆再貶。壬寅，貶中書舍人高元裕爲閬州刺史。元裕爲鄭注除官制，說注醫藥之功，注銜之故也。以蘇州刺史盧周仁爲湖南觀察使。

九月癸卯朔，奸臣李訓、鄭注用事，不附己者，卽時貶黜，朝廷悚震，人不自安。是日，下詔曰：「朕承天之序，燭理未明，勞虛襟以求賢，勵寬德以容衆。頃者台輔乖弼諧之道，而具僚扇朋比之風，翕然相從，實斁彝憲。致使薰蕕共器，賢不肖並馳，退迹者咸後時之夫，登門者有迎吠之客。繆盭之氣，堙鬱未平，而望陰陽順時，疵癘不作，朝廷清肅，班列和安，自古及今，未嘗有也。今既再申朝典，一變澆風，掃清朋附之徒，匡飭貞廉之俗，凡百卿士，惟新令猷。如聞周行之中，尙蓄疑懼，或有妄相指目，令不自安，今玆曠然，明喩朕意。應與宗閔、德裕或新或故及門生舊吏等，除今日已前放黜之外，一切不問。」辛亥，以太子賓客分司東都白居易爲同州刺史，代楊汝士；以汝士爲駕部侍郎。乙亥，以涇原節度使劉

沔爲振武麟勝節度使。丙辰，以權知御史中丞舒元輿爲御史中丞，兼判刑部侍郎。庚申，以鳳翔節度使李聽爲忠武軍節度使。癸亥，令內養齊抱眞將杖於青泥驛決殺前襄州監軍陳弘志，以有弑逆之罪也。丁卯，以門下侍郎、同平章事李固言爲興元尹、山南西道節度使；以翰林侍講學士、工部尚書鄭注檢校右僕射，充鳳翔隴右節度使。戊辰，以右軍中尉王守澄爲左右神策觀軍容使，兼十二衞統軍。己巳，詔以朝議郎、守御史中丞、兼刑部侍郎、賜紫金魚袋舒元輿本官同中書門下平章事。朝議郎、守兵部郎中、知制誥、充翰林侍講學士、賜緋魚袋李訓可守尚書禮部侍郎〔四〕、同中書門下平章事，仍賜金紫。壬申，以刑部郎中、兼侍御史、知雜李孝本權知御史中丞。

冬十月癸酉朔。乙亥，杜悰復爲陳許節度使，李聽爲太子太保分司。內出曲江新造紫雲樓彩霞亭額，左軍中尉仇士良以百戲於銀臺門迎之。時鄭注言秦中有災，宜興土功厭之，乃濬昆明、曲江二池。上好爲詩，每誦杜甫曲江行云：「江頭宮殿鎖千門，細柳新蒲爲誰綠？」乃知天寶已前，曲江四岸皆有行宮臺殿、百司廨署，思復昇平故事，故爲樓殿以壯之。王涯獻榷茶之利，乃以涯爲榷茶使。茶之有榷稅，自涯始也。京兆、河南兩畿旱。以吏部尚書令狐楚爲左僕射，以刑部尚書鄭覃爲右僕射。辛巳，遣中使李好古齎酖賜王守澄，是日，守澄卒。壬午，賜羣臣宴於曲江亭。癸未，以前廣州節度使王茂元爲涇原節度

使。丁亥，禮部郎中錢可復、兵部員外郎李敬彝、駕部員外郎盧簡能、主客員外郎蕭傑、左拾遺盧茂弘等皆授鳳翔使府判官，從鄭注奏請也。乙未，以新授同州刺史白居易爲太子少傅分司，以汝州刺史劉禹錫爲同州刺史。己亥，以前河陽節度使蕭洪爲鄜坊節度使。淄青觀察使王彥威請停管內縣丞一十九員，從之。庚子，東都留守、特進、守司徒、侍中裴度進位中書令，餘如故。以前山南西道節度使王源中爲刑部尚書。

十一月壬寅朔。乙巳，令內養馮叔良殺前徐州監軍王守涓於中牟縣。以左神策將軍胡沐爲容管經略使，以大理卿郭行餘爲邠寧節度使。丁未，鄜坊節度使趙儋卒。乙酉，左金吾衞大將軍崔鄯卒。癸丑，以左僕射令狐楚判太常卿事，右僕射鄭覃判國子祭酒事。丁巳，以戶部尚書、判度支王璠爲太原尹、北都留守、河東節度使。戊午，以京兆尹李石爲戶部侍郎、判度支，以京兆少尹羅立言權知府事。己未，以太府卿韓約爲左金吾衞大將軍。壬戌，中尉仇士良率兵誅宰相王涯、賈餗、舒元輿、李訓，新除太原節度王璠，郭行餘、鄭注、羅立言、李孝本、韓約等十餘家，皆族誅。時李訓、鄭注謀誅內官，詐言金吾仗舍石榴樹有甘露，請上觀之。內官先至金吾仗，見幕下伏甲，遽扶帝輦入內，故訓等敗，流血塗地。京師大駭，旬日稍安。癸亥，詔以銀青光祿大夫、尚書左僕射、上柱國、滎陽郡開國公鄭覃以本官同中書門下平章事。乙丑，詔以朝議郎、守尚書戶部侍郎、判度支李石可朝議大夫、本官

同平章事。丁卯，以左神策大將軍陳君奕爲鳳翔節度使。戊辰，以給事中李翊爲御史中丞，左右軍中尉仇士良、魚志弘並兼上將軍。

十二月壬申朔，諸道鹽鐵轉運榷茶使令狐楚奏榷茶不便於民，請停，從之。癸丑，太子太保張茂宗卒。甲子，敕左右省起居齎筆硯及紙於螭頭下記言記事。丙子，以刑部尚書王源中爲天平軍節度使。丁丑，敕諸道府不得私置曆日板。己卯，鳳翔監軍奏鄭注判官錢可復等四人並處斬訖。庚辰，上御紫宸，謂宰相曰：「坊市之間，人漸安未？」李石奏曰：「人情雖安，然刑殺過多，致此陰沴。又聞鄭注在鳳翔招致兵募不少，今皆被刑戮，臣恐乘此生事，切宜原赦以安之。」上曰：「然。」鄭覃又陳理道。上曰：「我每思貞觀、開元之時，觀今日之事，往往憤氣塡膺耳。」癸未，儀仗使田全操巡邊迴，馳馬入金光門，街市訛言相驚，縱橫散走。賴金吾大將軍陳君賞以其徒立望仙門下，至晚方定。丁亥，以權知京兆尹張仲方爲華州防禦使，以司農卿薛元賞權知京兆。左僕射令狐楚奏：「方鎮節度使等，具帑抹，帶器仗，就尚書省兵部參辭，伏乞停罷。如須參謝，令具公服。」從之。時楚引訓、注奸謀，用王璠、郭行餘兵仗，遂云不宜以兵仗入省參辭，殊乖事體也。物議尤之。先是，宰相武元衡被害，憲宗出內庫弓箭、陌刀賜左右街使，俟宰相入朝，以爲翼從，及建福門退。至是亦停之。辛卯，置諫院印。

開成元年正月辛丑朔，帝常服御宣政殿受賀，遂宣詔大赦天下，改元開成。乙巳，御紫宸殿，宰臣李石奏曰：「陛下改元御殿，人情大悅，全放京兆一年租賦，又停四節進奉，恩澤所該，實當要切。」帝曰：「朕務行其實，不欲崇長空文。」石曰：「赦書須內留一本，陛下時看之。又十道黜陟使發日，更付與公事根本，令向外與長吏詳擇施行，方盡利害之要。」丁未，以秘書監韋績爲工部尚書。敕：「楊承和、韋元素、王踐言、崔潭峻頃遭誣陷，每用追傷，宜復官爵，聽其歸葬。」以銀州刺史劉源爲夏綏銀宥節度使。丙辰望，日有蝕之。

二月辛未朔，以左散騎常侍羅讓爲江西觀察使。乙亥夜四更，京師地震，屋瓦皆墜。丙申，左武衞大將軍朱叔夜賜死於藍田關。天德奏生退渾部落三千帳來投豐州。

三月庚子朔。壬寅，以袁州長史李德裕爲滁州刺史。庚申，幸龍首池，觀內人賽雨，因賦暮春喜雨詩。昭義節度使劉從諫三上疏，問王涯罪名，內官仇士良聞之惕懼。是日，從諫遣焦楚長入奏，於客省進狀，請面對。上召楚長慰諭遣之。

夏四月庚午朔，以河南尹鄭澣爲左丞，以太子賓客分司東都李紳爲河南尹。癸酉，以亳州刺史裴弘泰爲義成軍節度使，以諫議大夫李讓夷兼權知起居舍人事。己卯，以潮州司戶李宗閔爲衡州司馬，以江州刺史李珏爲太子賓客分司。癸未，吏部侍郎李虞仲卒。辛

卯，淄王協薨。甲午，詔以山南西道節度使、檢校兵部尚書李固言爲門下侍郎、同中書門下平章事；以左僕射、諸道鹽鐵轉運使令狐楚檢校左僕射，爲山南西道節度使。丙申，李固言判戶部事；李石判度支，兼諸道鹽鐵轉運使。

五月乙亥朔。癸卯，以翰林學士歸融爲御史中丞。丁未，以給事中郭承嘏爲華州防禦使。給事中盧載以承嘏公正守道，屢有封駁，不宜置之外郡，乃封還詔書。翊日，復以承嘏爲給事中，乃以給事中盧鈞代嘏守華州。乙卯，御紫宸，上謂宰臣曰：「爲政之道，自古所難。」李石對曰：「朝廷法令行，則易。」丁巳，以尚書右丞鄭肅爲陝虢都防禦觀察使。前罷觀察，復置之。以中書舍人唐扶爲福建觀察使。庚申，判國子祭酒宰臣鄭覃奏：「太學新置五經博士各一人，請依王府官例，賜以祿粟。」從之。丙寅，昭義奏開夷儀山路，通太原、晉州，從之。

閏五月己巳朔。甲申，以河中節度使李程爲左僕射、判太常卿事。乙酉，以太子太保分司李聽爲河中節度使。丙戌，烏集唐安寺，逾月方散。己丑，以神策大將軍魏仲卿爲朔方靈鹽節度。湖南觀察使盧周仁進羨餘錢二萬貫、雜物八萬段；不受，還之，使貸貧下戶征稅。

六月戊戌朔。癸亥，以河南尹李紳檢校禮部尚書、汴州刺史，充宣武軍節度使。

秋七月戊辰朔，御史臺奏：「秘書省管新舊書五萬六千四百七十六卷，長慶二年已前，並無文案。大和五年已後，並不納新書。今請創立簿籍，據闕添寫卷數，逐月申臺。」從之。辛未，以左金吾衞將軍傅毅爲鄜坊節度使。癸酉，宣武軍節度使王智興卒。辛卯，刑部尚書殷侑檢校右僕射，充山南東道節度使。壬午，以滁州刺史李德裕爲太子賓客。甲午，以金吾衞大將軍陳君賞爲平盧軍節度使，代王彥威；以彥威爲戶部侍郎、判度支。丙申，湖南觀察使盧周仁進羨餘錢一十萬貫，御史中丞歸融彈其違制進奉，詔以周仁所進錢於河陰院收貯。

八月戊戌朔。甲辰，詐稱國舅人前鄜坊節度使蕭洪宜長流驩州。戊申，以皇太后親弟蕭本爲右贊善大夫。

九月丁卯朔。庚辰，詔復故左降開州司馬宋申錫正議大夫、尚書右丞、同平章事，仍以其子愼徽爲城固尉。以饒州刺史馬植爲安南都護。辛巳，以壽州刺史高承恭爲邕管經略使。辛卯，敕秘書省，集賢院應欠書四萬五千二百六十一卷，配諸道繕寫。

冬十月丁酉朔。己酉，揚州江都七縣水旱，損田。

十一月丙寅朔。庚辰，浙西觀察使崔鄲卒。以太子賓客分司東都李德裕檢校戶部尚書，充浙西觀察使。壬午，以兵部尚書、皇太子侍讀王起兼判太常卿。甲申，以左僕射李程兼吏部尚書。忠武帥杜悰、天平帥王源中奏：當道常平義倉斛斗，除元額外，請別置十萬石。

十二月丙申朔，以京兆尹、兼御史大夫薛元賞爲武寧節度、徐泗宿濠觀察等使，以戶部侍郎、兼御史中丞歸融爲京兆尹，以給事中狄兼謨爲御史中丞。己酉，嶺南節度使李從易卒。庚戌，以華州刺史盧鈞爲廣州刺史，充嶺南節度使；以中書舍人崔龜從爲華州防禦使。辛亥，劍南東川節度使馮宿卒。壬子，太僕卿段伯倫卒。癸丑，以兵部侍郎楊汝士檢校禮部尚書，充劍南東川節度使。己未，潊王縱薨。

二年春正月乙丑朔。丙寅，宣州觀察使王質卒。乙亥，以吏部侍郎崔鄲爲宣歙觀察使，以右丞鄭澣爲刑部尚書、判左丞事。庚寅，戶部侍郎、判度支王彥威進所撰供軍圖，略序曰：「至德、乾元之後，迄于貞元、元和之際，天下有觀察者十，節度二十有九，防禦者四，經略者三。掎角之師，犬牙相制，大都通邑，無不有兵，約計中外兵額至八十餘萬。長慶戶口凡三百三十五萬，而兵額又約九十九萬，通計三戶資奉一兵。今計天下租賦，一歲所入，總不過三千五百餘萬，而上供之數三之一焉。三分之中，二給衣賜，自留州留使兵士衣食之外，其餘四十萬衆，仰給度支焉。」

二月乙未朔。丙申，刑部侍郎郭承嘏卒。丙午夜，彗出東方，長七尺，在危初，西指。戊申，王彥威進所撰唐典七十卷，起武德，終永貞。庚戌，均王緯薨。辛酉夜，彗長丈餘，直西行，稍南指，在虛九度半。壬戌夜，彗長二丈餘，廣三尺，在女九度，自是漸長闊。

三月甲子朔，內出音聲女妓四十八人，令歸家。乙丑夜，彗星長五丈，歧分兩尾，其一指氐，其一掩房。丙寅，罷曲江宴。是夜，彗長六丈，尾無歧，在亢七度。敕尚食使，自今每一日御食料分爲十日，停內修造。戊辰夜，彗長八丈有餘，西北行，東指，在張十四度。辛未，宣徽院法曲樂官放歸。壬申，詔曰：

朕嗣丕構，對越上玄，虔恭寅畏，于今一紀。何嘗不宵衣念道，昃食思愆，師周文之小心，慕易乾之夕惕，懼德不類，貽列聖羞。將欲俗致和平，時無殃咎。然誠未格物，謫見於天，仰愧三靈，俯慚庶彙，思獲攸濟，浩無津涯。昔宋景發言，星因退舍；魯僖納諫，飢不害人。取鑒往賢，深惟自勵。載軫在予之責，宜降恤辜之恩，式表殷憂，冀答昭誡。天下死罪降從流，流已下並釋放，唯故殺人、官典犯贓、主掌錢穀賊盜，不在此限。諸州遭水旱處，並蠲租稅。中外修造並停，五坊鷹隼悉解放。朕今素服避殿，徹樂減膳。近者內外臣僚，繼貢章表，欲加徽號。夫道大爲帝，朕膺此稱，祗愧已多，矧鍾星變之時，敢議名揚之美？非懲既往，且儆將來，中外臣僚，更不得上表奏請。

表已在路，並宜速還。在朝羣臣，方岳長吏，宜各上封事，極言得失，弼違納誨，副我虛懷。

甲戌，以左僕射李程爲山南東道節度使。壬午，以楚州刺史嚴謩爲桂管觀察使。甲申，以山南東道節度使殷侑爲太子賓客分司。貞興門外鵲巢于古冢。丁亥，邠寧節度使李用卒。戊子，以河南尹李珏爲戶部侍郎。己丑，以金吾大將軍李直臣爲邠寧節度使。壬辰，桂管觀察使韓佽卒。以兵部侍郎裴潾爲河南尹。

夏四月甲午朔。戊戌，詔將仕郎、守尚書工部侍郎、知制誥，充翰林學士，兼皇太子侍讀、上騎都尉、賜紫金魚袋陳夷行可本官同中書門下平章事。丙子，以中書舍人敬昕爲江西觀察使。戊申，前江西觀察使羅讓卒。己酉，秘書監張仲方卒。丁卯，宰相李石奏定長定選格。庚申，太原節度使李載義卒。辛酉，詔置終南山神祠。蓬州復置蓬池、朗池二縣。

五月癸亥朔。乙丑，以東都留守裴度爲太原尹、北都留守、河東節度使，依前守司徒、中書令。丙寅，戶部侍郎李珏判本司事。以浙西觀察使李德裕檢校戶部尚書，兼揚州大都督府長史，充淮南節度使。辛未，詔以前淮南節度使牛僧孺爲檢校司空、東都留守，以蘇州刺史盧商爲浙西觀察使。壬申，上幸十六宅，與諸王宴樂。決十六宅宮市內官范文喜等三人，以供諸王食物不精故也。

六月癸巳朔。丁酉，以成德軍節度使王元逵爲駙馬都尉，尚壽安公主。己亥，以鴻臚卿李逵爲天德軍都防禦使。庚子，吏部奏長定選格，請加置南曹郎中一人，別置印一面，以「新置南曹之印」爲文，從之。丙午，河陽軍亂，逐節度使李泳。戊申，以左金吾衛將軍李執方爲河陽三城懷州節度使。庚戌，以右金吾衛大將軍崔珙爲京兆尹。魏、博、澤、潞、淄、青、滄、德、兗、海、河南府等州並奏蝗害稼。鄆州奏蝗得雨自死。丁亥，以御史中丞狄兼謨爲刑部侍郎，以前京兆尹歸融爲秘書監，以給事中李翊爲湖南觀察使。

秋七月壬戌朔。乙亥，以久旱徙市，閉坊門。甲申，以太府卿張賈爲兗海觀察使。詔除河北三鎭外，諸州府不得以試銜奏官。鄆州奏：「當州先廢天平、平陰兩縣，請復置平陰縣，以制盜賊。」從之。乙酉，以蝗旱，詔諸司疏決繫囚。己丑，遣使下諸道巡覆蝗蟲。是日，京畿雨，羣臣表賀。外州李紳奏蝗蟲入境〔二三〕，不食田苗，詔書褒美，仍刻石于相國寺。

八月壬辰朔。丁酉，彗出虛、危之間。振武奏突厥入寇營田。庚戌，詔昭儀王氏册爲德妃，昭容楊氏册爲賢妃。又詔：「敬宗皇帝第二子休復、第三子執中、第四子言揚、第六子成美等，宜開列土之封，用申睦族之典。休復可封梁王，執中可封襄王，言揚可封紀王，成美可封陳王。皇第二男宗儉可封蔣王。」乙丑，房州刺史盧行簡坐贓杖殺。己巳，以前湖南觀察使盧行術爲陝虢觀察使。甲申，詔曰：「慶成節朕之生辰，天下錫宴，庶同歡泰。不欲屠宰，用表好生，非是信尚空門，將希無妄之福。恐中外臣庶不諭朕懷，廣置齋筵，大集僧衆，非獨凋耗物力，兼恐致惑生靈。自今宴會蔬食，任陳脯醢〔二六〕，永爲常例。」又敕：「慶成節宜令京兆尹准上巳、重陽例，於曲江會文武百僚，延英奉觴宜權停。」戊子，以尚書戶部侍郎、判度支王彥威爲衞尉卿，分司東都。

冬十月辛卯朔，詔改天后所撰三教珠英爲海內珠英。戊戌，詔嘉王運、循王遹、通王諶並可光祿大夫、檢校司空，賜勳上柱國，仍依百官例給料錢。安王溶、潁王瀍並給料錢。庚子，慶成節，賜羣臣宴于曲江，上幸十六宅，與諸王宴樂。癸卯，宰臣判國子祭酒鄭覃進石壁九經一百六十卷。時上好文，鄭覃以經義啓導，稍折文章之士，遂奏置五經博士，依後漢蔡伯喈刊碑列于太學，創立石壁九經，諸儒校正訛謬。上又令翰林勒字官唐玄度復校字體，又乖師法，故石經立後數十年，名儒皆不窺之，以爲蕪累甚矣。戊申，以門下侍郎、同平章事李固言爲劍南西川節度使，依前同門下侍郎、平章事。甲寅，敕鹽鐵、戶部、度支三使下監院官，皆郎官、御史爲之，使雖更改，院官不得移替，如顯有曠敗，即具事以聞。己未，以前西川節度使楊嗣復爲戶部尚書，充諸道鹽鐵轉運使。

十一月辛酉朔。壬戌，以太子賓客分司東都殷侑爲忠武軍節度使。癸亥，狂病人劉

德廣突入含元殿，付京兆府杖殺。乙丑，京師地震。丁丑，興元節度使令狐楚卒。丁亥，以刑部尚書鄭澣爲山南西道節度使。己丑，契丹朝貢。

十二月庚寅朔。丙申，閤內對左右史裴素等。上自開成初復故事，每入閤，左右史執筆立於螭頭之下，君臣論奏，得以備書，故開成政事最詳於近代。壬寅，以前忠武軍節度使杜悰爲工部尚書、判度支。時悰既除官，久未謝恩，戶部侍郎李珏奏杜悰爲岐陽公主服假內。珏因言：「比來駙馬爲公主行服三年，所以士族之家不願爲國戚者以此。」帝大駭其奏，即日詔曰：「制服輕重，必資典禮，如聞往者駙馬爲公主行服三年，緣情之義，殊非故實，違經之制，今乃聞知。宜行期周，永爲定制。」

三年春正月庚申朔。甲子，宰臣李石遇盜於親仁里，中劍，斷其馬尾，又中流矢，不甚傷。是時，京城大恐，捕盜不獲，既而知仇士良所爲。乙丑，常參官入朝者九人而已，餘皆潛竄，累日方安。丁卯，詔故齊王湊贈懷懿太子。戊申，以諸道鹽鐵轉運使、正議大夫、守戶部尚書、上柱國、宏農郡開國伯、食邑七百戶、賜紫金魚袋楊嗣復可本官同中書門下平章事，朝議郎、戶部侍郎、判戶部事、上柱國、賜紫金魚袋李珏可本官同中書門下平章事，依前判戶部事。丙子，以中書侍郎、同中書門下平章事李石爲荊南節度使，依前中書侍郎、平

章事。丁丑，以前荊南節度使韋長爲河南尹。癸未，詔去秋蝗蟲害稼處放逋賦，仍以本處常平倉賑貸。是日大雪。

二月己丑朔。乙未，上謂宰臣曰：「李宗閔在外數年，可別與一官。」鄭覃、陳夷行曰：「宗閔養成鄭注，幾覆朝廷，其奸邪甚於李林甫。」楊嗣復、李珏奏曰：「大和末，宗閔、德裕同時得罪，二年之間，德裕再量移爲淮南節度使，而宗閔尙在貶所。凡事貴得中，不可但徇私情。」上曰：「與一郡可也。」丁酉，以衡州司馬李宗閔爲杭州刺史。庚子，吏部奏：「去年所修長定選格，或乖往例，頗不便人，不可久行，請却用舊格。」從之。乙巳，詔僕射、尙書、侍郎、左右丞、大卿監每遇坐日，宜令兩人循次進對。丁未，以同州刺史孫簡爲陝虢觀察使，代盧行術；以術爲福王傅，分司東都。乙酉，禮部尙書許康佐卒。辛亥，左丞盧載爲同州防禦使。

三月己未朔。庚午，封故陳王第十九男儼爲宣城郡王，故襄王第三男宋爲樂平郡王。

夏四月戊子朔。己丑，禮部尙書致仕徐晦卒。辛卯，戶部侍郎崔龜從判本司事。詔曰：「戶部侍郎兩員，今後先授上者，宜令判本司錢穀；如帶平章事〔一七〕，判鹽鐵度支，兼中丞學士不在此限。」壬辰，以給事中裴衮爲華州防禦使。己酉，改法曲爲仙韶曲，仍以伶官所處爲仙韶院。兵部侍郎裴潾卒。癸丑，屯田郎中李衢、汭王府長史林贇等進所修皇唐玉

牒一百五十卷。

五月丁巳朔，敕禮部，貢院進士、舉人，歲限放三十人及第。辛酉，詔：前江西觀察使吳士規坐贓〔一八〕，長流端州。庚午，月犯天心大星。癸未，以吏部侍郎高鍇爲鄂岳觀察使，代高重；以重爲兵部侍郎。

六月丁未朔。辛酉，出宮人四百八十，送兩街寺觀安置。廢晉州平陽院礬官，並歸州縣。癸丑，上御紫宸，對宰臣曰：「幣輕錢重如何？」楊嗣復曰：「此事已久，不可遽變其法，法變則擾人。但禁銅器，斯得其要。」

秋七月丙辰朔。壬戌，陳許節度使殷侑卒。甲子，以衞尉卿王彥威檢校禮部尙書，充忠武軍節度使；以右金吾衞大將軍史孝章爲邠寧節度使。戊辰，西川節度使李固言再上表，讓門下侍郎及檢校右僕射。

八月丙戌朔。甲午，山南東道諸州大水，田稼漂盡。丁酉，詔：「大河而南，幅員千里，楚澤之北，連亙數州。以水潦暴至，隄防潰溢，既壞廬舍，復損田苗。言念黎元，罹此災沴，或生業蕩盡，農功索然，困餒彫殘，豈能自濟。宜令給事中盧弘宣往陳許、鄭滑、曹濮等道宣慰，刑部郎中崔瑨往山南東道、鄂岳、蘄黃道宣慰。」己亥，嘉王運薨。魏博六州蝗食秋苗並盡。

九月丙辰朔。辛酉，荊南李石讓中書侍郎，乃改授檢校兵部尙書。壬戌，上以皇太子慢遊敗度，欲廢之，中丞狄兼謨垂涕切諫。是夜，移太子於少陽院，殺太子宮人左右數十人。戊辰，詔梁王等五人，先於北內，可却歸十六宅。辛未，易定節度使張璠卒。壬申，以易州刺史李仲遷爲定州刺史，充義武軍節度使。戊寅，以東都留守牛僧孺爲左僕射。辛巳，詔皇太子侍讀竇宗直隔日入少陽院。

冬十月乙酉朔，以尙書左丞崔琯檢校戶部尙書，充東都留守。易定軍亂，不納新使李仲遷，立張璠子元益爲留後。己丑，以少府監張沼爲黔中觀察使。壬辰，以右金吾衞將軍高霞寓爲夏綏銀宥節度使〔一九〕。癸巳，以中書舍人李景讓爲華州防禦使。甲午慶成節，命中人以酒酺、仙韶樂賜羣臣宴於曲江亭。丁酉，夏州節度使劉源卒。庚子，皇太子薨於少陽院，諡曰莊恪。乙巳，以左金吾將軍郭旼爲邠寧慶節度使。是夜，彗起於軫，其長三丈，東西指。己酉，前邠寧節度使史孝章卒。

十一月乙卯朔，是夜，彗孛東西竟天。壬戌，詔曰：「上天蓋高，感應必由乎人事；寰宇雖廣，理亂盡繫於君心。從古已來，必然之義。朕嗣膺寶位，十有三年，常克己以恭虔，每推誠於衆庶。將以導迎休應，漸致緝熙，期克荷於宗祧，思保寧於華夏。而德有所未至，信有所未孚，災氣上騰，天文謫見，再周期月，重擾星躔。當求衣之時，覩垂象之變，兢懼惕

厲，若蹈泉谷。是用舉成湯之六事，念宋景之一言，詳求讜告之端，採聽銷禳之術。必有精理，蘊於衆情，冀屈法以安人，爰恤刑而原下。應京城諸道見繫囚，自十二月八日已前，死罪降流，已下遞減一等，十惡大逆、殺人劫盜、官典犯贓不在此限。今年遭水蝗蟲處，並宜存撫賑給。」以滄州節度使李彥佐爲鄆曹濮節度使，以德州刺史、滄景節度副使劉約爲義昌軍節度使。癸亥，以宋州刺史唐弘實爲邕管經略使。乙丑，天平軍節度使王源中卒。庚午，以翰林學士丁居晦爲御史中丞。壬申，以蔡州刺史韓威爲定州刺史、義武軍節度、北平軍等使。

十二月乙酉朔。辛丑，詔以河東節度使、開府儀同三司、守司徒、兼中書令、太原尹、北都留守、上柱國、晉國公、食邑三千戶裴度可守司徒、中書令。以兵部侍郎狄兼謨爲河東節度使。丙午，守太子太師、尙書右僕射、門下侍郎、國子祭酒、同平章事鄭覃罷太子太師，仍三五日入中書。日本國貢珍珠絹。

四年春正月甲寅朔。丁巳，熒惑太白辰聚於南斗。丁卯夜，於咸泰殿觀燈作樂，三宮太后諸公主等畢會。上性節儉，延安公主衣裾寬大，即時斥歸，駙馬竇澣待罪。詔曰：「公主入參，衣服踰制，從夫之義，過有所歸。澣宜奪兩月俸錢。」

閏月甲申朔，以吏部侍郎鄭肅檢校禮部尙書、河中晉絳慈隰等州節度使，以蘇州刺史李道樞爲浙東觀察使，以諫議大夫高元裕爲御史中丞。丙申，以前河中節度使李聽爲太子太保。己亥，裴度自太原至，上令中人就第問疾。辛丑，以司農卿李玘爲福建觀察使，諫官論其不可，乃罷之。丙午，以大理卿盧貞爲福建觀察使。丁未，興元節度使鄭澣卒。戊申，闍婆國朝貢。

二月癸酉朔。辛酉，以吏部侍郎歸融檢校禮部尙書，充山南西道節度使。丙寅，寒食節，上御通化門以觀遊人。戊辰，幸勤政樓觀角抵、蹴鞠。

三月癸未朔。乙酉，賜羣臣上巳宴於曲江。是夜，月掩東井第三星。丙申，司徒、中書令裴度卒。癸酉，浙東觀察使李道樞卒。以戶部侍郎崔龜從爲宣歙觀察使，代崔鄲；以鄲爲太常卿。以楚州刺史蕭俶爲浙東觀察使。

夏四月壬子朔，以右羽林統軍李昌言爲鄜坊節度使。壬戌，有彗出太廟。

五月辛丑朔。丁亥，閤內上謂宰臣曰：「新修開元政要如何？」楊嗣復曰：「臣等未見。陛下欲以此書傳示子孫，則宜付臣等，參定可否。緣開元政事與貞觀不同，玄宗或好畋遊，或好聲色，選賢任能，未得盡美。撰述示後，所貴作程，豈容易哉！」丙申，鄭覃、陳夷行罷知政事，覃守左僕射，夷行爲吏部侍郎。丙午，邠寧節度使郭旼卒。天平、魏博、易定等管

內蝗食秋稼。

六月辛亥朔，以長武城使苻澈爲邠寧節度使。庚申，上幸十六宅安王、潁王院宴樂，賜與頗厚。戊辰，以久旱，分命祠禱，每憂動於色。宰相等奏曰：「水旱時數使然，乞不過勞聖慮。」上改容言曰：「朕爲人主，無德及天下，致兹災旱，又譴見於天。若三日不雨，當退歸南內，更選賢明以主天下。」宰臣嗚咽流涕，各請策免。是夜，大雨霑霈。丁丑，襄陽山竹結實，其米可食。

秋七月庚辰朔，西蜀水，害稼。乙未夜，月犯熒惑。壬寅，以河南尹韋長爲平盧軍節度使，以刑部侍郎高鍇爲河南尹。甲辰，以大中大夫、守太常卿、上柱國、賜紫金魚袋崔鄲可本官同中書門下平章事。滄景、淄青大水。

八月庚戌朔，以給事中姚合爲陝虢觀察使。辛亥，鄜王憬薨。丙辰，邢州廢青山縣，磁州移昭義縣於固鎮驛。癸亥，以左僕射牛僧孺檢校司空、同平章事，兼襄州刺史，充山南東道節度使。辛未夜，流星出羽林，尾長八十餘尺，滅後有聲如雷。壬申，鎮、冀四州蝗食稼，至於野草樹葉皆盡。

九月己卯朔。辛卯，以劍南東川節度楊汝士爲吏部侍郎。丁酉夜，月掩東井第三星。辛丑，以吏部侍郎陳夷行爲華州鎮國軍防禦使，以蘇州刺史李穎爲江西觀察使，以諫議大夫馮定爲桂管觀察使〔三〕。甲辰，以京兆尹鄭復爲劍南東川節度使。丙午，以前江西觀察使敬昕爲京兆尹。

冬十月己酉朔。戊午，慶成節，賜羣臣宴於曲江亭。辛酉夜，星入斗魁。前桂管觀察使嚴謩卒〔三〕。丙寅，制以敬宗第六男陳王成美爲皇太子。丁丑，太子太保李聽卒。

十一月己卯朔。壬申，前福建觀察使唐扶卒。己亥，曲赦京城繫囚。

十二月己酉朔。癸丑，貶光祿卿、駙馬都尉韋讓爲澧州長史。乙卯，乾陵火。以杭州刺史李宗閔爲太子賓客，分司東都。辛酉，上不康，百僚赴延英起居。乙亥，宰臣入謁，見上于太和殿。

是歲，戶部計見管戶四百九十九萬六千七百五十二。

五年春正月戊寅朔，上不康，不受朝賀。己卯，詔立親弟潁王瀍爲皇太弟，權勾當軍國事。皇太子成美復爲陳王。辛巳，上崩於大明宮之太和殿，壽享三十三。羣臣謚曰元聖昭獻皇帝，廟號文宗。其年八月十七日，葬于章陵。

史臣曰：昭獻皇帝恭儉儒雅，出於自然，承父兄奢弊之餘，當閽寺撓權之際，而能以治

易亂，化危爲安。大和之初，可謂明矣。初，帝在藩時，喜讀貞觀政要，每見太宗孜孜政道，有意于兹。洎卽位之後，每延英對宰臣，率漏下十一刻。故事，天子隻日視事，帝謂宰輔曰：「朕欲與卿等每日相見，其輟朝、放朝，用雙日可也。」時憲宗郭后居興慶宮，曰太皇太后，敬宗母寶曆太后及上母蕭太后，時呼「三宮太后」。帝性仁孝，三宮問安，其情如一。嘗內園進櫻桃，所司啓曰：「別賜三宮太后。」帝曰：「太后宮送物，焉得爲賜。」遽取筆改賜爲奉。宗正寺以祭器朽敗，請易之，及有司呈進，命陳於別殿，具冠帶而閱之，容色悽然。尤勤於政理，凡選內外羣官，宰府進名，帝必面訊其行能，然後補除。中書用鴻臚卿張賈爲衢州刺史，賈好博，朝辭日，帝謂之曰：「聞卿善長行。」對曰：「政事之餘，聊與賓客爲戲，非有所妨。」帝曰：「豈有好之而無妨也！」內外聞之悚息。而帝以累世變起禁闈，尤側目於中官，欲盡除之。然訓、注狂狡之流，制御無術，矢謀旣誤，幾致顚危。所謂「有帝王之道，而無帝王之才」，雖旰食焦憂，不能弭患，惜哉！

贊曰：昭獻統天，洪惟令德。心憤讎恥，志除凶慝。未殄夔魖，又生鬼蜮。天未好治，亂何由息。

校勘記

〔一〕右庶子　「右」字各本原作「左」，據本卷上文、通鑑卷二四四改。

〔二〕並降從流　「從」字各本原作「徙」，據御覽卷一一五、册府卷九〇改。

〔三〕珍王誠　「誠」字各本原作「諴」，據本書卷一五〇德宗諸子傳、唐會要卷五改。

〔四〕故書　合鈔卷一八文宗紀作「故事」。

〔五〕吳士智　本書卷八九狄仁傑傳、新書卷一一五狄仁傑傳作「吳士矩」。

〔六〕應犯死降從流　「從」字各本原作「徙」，據御覽卷一一五、册府卷九〇改。

〔七〕置五經博士各一人　「置」字各本原作「宜」，據册府卷九〇改。

〔八〕平盧軍　各本原作「天平軍」，據本卷上文及本書卷一四二王武俊傳改。

〔九〕河陽　各本原作「揚州」，據本卷上文、本書卷一六五溫造傳、新書卷九一溫大雅傳改。

〔一〇〕田早　疑當作田旱。

〔一一〕劍南西川節度使　「西川」，各本在「使」下，據本書卷一六七段文昌傳、合鈔卷一八文宗紀改。

〔一二〕驪州　各本原作「權州」，據新書卷二〇八王守澄傳、通鑑卷二四五改。

〔一三〕李漢　各本原作「李翰」，據本卷上文及本書卷一七一李漢傳改。

〔一四〕李訓　各本原作「李順」，據本書卷一六九李訓傳、新書卷一七九李訓傳、通鑑卷二四五改。

〔一五〕外州李紳奏　十七史商榷卷七五：「外」當作「汴」。後懿宗紀咸通十一年十一月，以鄭從讜檢校戶部尚書兼汴州刺史，亦誤作「外州」。

〔一六〕任陳脯醢　「脯」字各本原作「酺」，據册府卷二、全唐文卷七三改。

〔一七〕如帶平章事　「如」字各本原作「加」，據唐會要卷五八改。

〔一八〕吳士規　本書卷八九狄仁傑傳、新書卷一一五狄仁傑傳作「吳士矩」。

〔一九〕以右金吾衛將軍高霞寓爲夏綏銀宥節度使　按本書卷一七上敬宗紀載高霞寓卒於寶曆二年四月，卷一六二高霞寓傳所記卒年亦同，此處文字疑有誤。

〔二〇〕馮定　本書卷一六八馮宿傳、合鈔卷一八文宗紀作「馮審」。

〔二一〕嚴謩　本卷上文、合鈔卷一八文宗紀均作「嚴譽」。

舊唐書卷十八上

本紀第十八上

武宗

武宗至道昭肅孝皇帝諱炎，穆宗第五子，母曰宣懿皇后韋氏。元和九年六月十二日，生於東宮。長慶元年三月，封潁王，本名瀍。開成中加開府儀同三司、檢校吏部尚書，依百官例，逐月給俸料。

初，文宗追悔莊恪太子殂不由道，乃以敬宗子陳王成美爲皇太子，開成四年冬十月宣制，未遑册禮。五年正月二日，文宗暴疾，宰相李珏、知樞密劉弘逸奉密旨，以皇太子監國。兩軍中尉仇士良、魚弘志矯詔迎潁王於十六宅，曰：「朕自嬰疾疹，有加無瘳，懼不能躬總萬機，日釐庶政。稽於謨訓，謀及大臣，用建親賢，以貳神器。親弟潁王瀍昔在藩邸，與朕常同師訓，動成儀矩，性稟寬仁。俾奉昌圖，必諧人欲。可立爲皇太弟，應軍國政事，便令權勾

當。百辟卿士，中外庶臣，宜竭迺心，輔成予志。陳王成美先立爲皇太子，以其年尚沖幼，未漸師資，比日重難，不遑册命，迴踐朱邸，式協至公，可復封陳王。」是夜，士良統兵士於十六宅迎太弟赴少陽院，百官謁見於東宮思賢殿。三日，仇士良收捕仙韶院副使尉遲璋殺之，屠其家。四日，文宗崩，宣遺詔：皇太弟宜於柩前卽皇帝位，宰相楊嗣復攝冢宰。十四日，受册於正殿，時年二十七。陳王成美、安王溶殂於邸第。初，楊賢妃有寵於文宗，而莊恪太子母王妃失寵怨望，爲楊妃所譖，王妃死，太子廢。及開成末年，帝多疾無嗣，賢妃請以安王溶嗣，帝謀於宰臣李珏，珏非之，乃立陳王。至是，仇士良立武宗，欲歸功於己，乃發安王舊事，故二王與賢妃皆死。

二月，制穆宗妃韋氏追諡宣懿皇太后，帝之母也。上御正殿，降德音，以開府、右軍中尉仇士良封楚國公，左軍中尉魚弘志爲韓國公，太常卿崔鄲、戶部尚書判度支崔珙並本官同中書門下平章事。敕二月十五日玄元皇帝降生日宜爲降聖節，休假一日。

三月，詔宮人劉氏、王氏並爲妃。敕朔望入閣對刑法官，是日非便，宜停。

五月，中書奏：六月十二日，皇帝載誕之辰，請以其日爲慶陽節。祔宣懿太后于太廟。初，武宗欲啓穆宗陵祔葬，中書門下奏曰：「園陵已安，神道貴靜。光陵二十餘載，福陵則近又修崇。竊惟孝思，足彰嚴奉。今若再因合祔，須啓二陵，或慮聖靈不安，未合先旨。又以

陰陽避忌，亦有所疑。不移福陵，實協典禮。」乃止。就舊墳增築，名曰福陵。又奏：「准今年二月八日赦文，應京諸司勒留官，令本處剋留手力雜給與攝官者。臣等檢詳，諸道正官料錢絕少，雜給手力即多，今正官勒留，亦管公事，料錢少於雜給，剋下事未得中。臣等商量，其正官料錢雜給等錢，望每貫割留二百文與攝官，餘並如舊。」從之。

秋七月，制檢校禮部尚書、華州刺史陳夷行復爲中書侍郎、同平章事。

八月十七日，葬文宗皇帝于章陵。知樞密劉弘逸、薛季稜率禁軍護靈駕至陵所，二人素爲文宗獎遇，仇士良惡之，心不自安，因是掌兵，欲倒戈誅士良、弘志。鹵簿使兵部尚書王起、山陵使崔稜覺其謀〔一〕，先諭鹵簿諸軍。是日弘逸、季稜伏誅。門下侍郎、同平章事楊嗣復檢校吏部尚書、潭州刺史，充湖南都團練觀察使；中書侍郎、同平章事李珏檢校兵部尚書、桂州刺史，充桂管防禦觀察等使；御史中丞裴夷直爲杭州刺史：皆坐弘逸、季稜黨也。易定軍亂，逐節度使陳君賞。君賞鳩合豪傑數百人，復入城，盡誅謀亂兵士，軍城復安。

九月，以淮南節度使、檢校尚書左僕射李德裕爲吏部尚書、同中書門下平章事，尋兼門下侍郎；以宣武軍節度使、檢校吏部尚書、汴州刺史李紳代德裕鎮淮南。帝在藩時，頗好道術修攝之事，是秋，召道士趙歸眞等八十一人入禁中，於三殿修金籙道場，帝幸三殿，於

九天壇親受法籙。右拾遺王哲上疏，言王業之初，不宜崇信過當，疏奏不省。

十一月，鹽鐵轉運使奏江淮已南請復稅茶，從之。魏博節度使何進滔卒，三軍推其子重霸知留後事。

會昌元年正月壬寅朔。庚戌，有事於郊廟，禮畢，御丹鳳樓，大赦，改元。

二月壬寅，以淮南節度使、檢校吏部尚書李紳爲中書侍郎、同平章事。中書奏：「南宮六曹皆有職分，各責官業，即事不因循。近者戶部度支，多是諸軍奏請，本司郎吏，束手閑居。今後請祗令本行分判，委中書門下簡擇公幹才器相當者轉授。」從之。車駕幸昆明池。賜仇士良紀功碑，詔右僕射李程爲其文。

三月，貶湖南觀察使楊嗣復潮州司馬，桂管觀察使李珏端州司馬，杭州刺史裴夷直驩州司戶。宰臣李德裕進位司空。三月壬申，宰相李德裕、陳夷行、崔珙、李紳等奏：「憲宗皇帝有恢復中興之功，請爲百代不遷之廟。」帝曰：「所論至當。」續議之，事竟不行。贈故中書令、晉國公裴度太師。山南東道蝗害稼。造靈符應聖院於龍首池。

四月辛丑，敕：「憲宗實錄舊本未備，宜令史官重修進內。其舊本不得注破，候新撰成同進。」時李德裕先請不遷憲宗廟，爲議者沮之，復恐或書其父不善之事，故復請改撰實錄，

朝野非之。

五月辛未，中書門下奏：「據六典，隋置諫議大夫七人，從四品上〔二〕。大曆二年，升門下侍郎爲正三品，兩省遂闕四品。建官之道，有所未周。詩云『袞職有闕，仲山甫補之』。周、漢大臣，願入禁闥，補過拾遺。張衡爲侍郎，常居帷幄，從容諷諫。此皆大臣之任，故其秩峻，其任重，則敬其言而行其道。況謇諤之地，宜老成之人，秩未優崇，則難用耆德。其諫議大夫望依隋氏舊制，升爲從四品，分爲左右，以備兩省四品之闕。向後與丞郎出入迭用，以重其選。又御史中丞爲大夫之貳，緣大夫秩崇，官不常置，中丞爲憲臺之長。今寺監、少卿、少監、司業、少尹並爲寺署之貳，皆爲四品。中丞官名至重，見秩未崇，望升爲從四品。」從之。

六月，有禿鶖鳥集於禁苑。庚子夜五更，小流星五十餘旁午流散。制以魏博兵馬留後何重霸檢校工部尚書、魏州大都督府長史，充天雄軍節度使，仍賜名重順。中書奏請依姚璹故事，宰相每月修時政記送史館，從之。以衡山道士劉玄靖爲銀青光祿大夫，充崇玄館學士，賜號廣成先生，令與道士趙歸眞於禁中修法籙。左補闕劉彥謨上疏切諫，貶彥謨爲河南府戶曹。敕：「自前中外上封論事，有所糾舉，則請留中。今後並云『請付御史臺』，不得云『留中不下』。如事關軍國，理須宥密，不在此限。如臺司勘當後，若得事實，必獎奉公。

苟涉加誣，必當反問。告示中外，明知此意。」

七月己巳，北方有流星，經天良久。關東大蝗傷稼。襄郢江左大水。彗復出室壁之間。

八月，迴鶻烏介可汗遣使告難，言本國爲黠戛斯所攻，故可汗死，今部人推爲可汗。緣本國破散，今奉太和公主南投大國。時烏介至塞上，大首領嗢沒斯與赤心宰相相攻，殺赤心，率其部下數千帳近西城。天德防禦使田牟以聞。烏介又令其相頡干迦斯上表，借天德城以安公主，仍乞糧儲牛羊供給。詔金吾大將軍王會、宗正少卿李師偃往其牙宣慰，令放公主入朝，賑粟二萬石。

九月，幽州軍亂，逐其帥史元忠，推牙將陳行泰爲留後。三軍上章請符節，朝旨未許。

十月，幽州雄武軍使張絳遣軍吏吳仲舒入朝，言行泰慘虐，不可處將帥之任，請以鎭軍加討，許之。十月，誅行泰，遂以絳知兵馬使。車駕校獵咸陽。

十一月丁酉朔。壬寅夜，大星東北流，其光燭地，有聲如雷，山崩石隕。其彗起於室，凡五十六日而滅。太和公主遣使入朝，言烏介自稱可汗，乞行策命，緣初至漠南，乞降使宣慰，從之。

十二月，中書門下奏修實錄體例：「舊錄有載禁中之言。伏以君上與宰臣、公卿言事，

皆須衆所聞見，方可書於史册。且禁中之語，在外何知，或得之傳聞，多涉於浮妄，便形史筆，實累鴻猷。今後實錄中如有此色，並請刊削。又宰臣與公卿論事，行與不行，須有明據。或奏請允愜，必見褒稱；或所論乖僻，因有懲責。在藩鎮上表，必有批答，居要官啓事者，自有著明，並須昭然在人耳目。或取捨存於堂案，或與奪形於詔敕，前代史書所載奏議，罔不由此。近見實錄多載密疏，言不彰於朝聽，事不顯於當時，得自其家，未足爲信。今後實錄所載章奏，並須朝廷共知者，方得紀述，密疏並請不載。如此則理必可法，人皆向公，愛憎之志不行，褒貶之言必信。」從之。李德裕奏改修憲宗實錄所載吉甫不善之迹，鄭亞希旨削之，德裕更此條奏，以掩其迹。搢紳謗議，武宗頗知之。

二年春正月丙申朔，以撫王紘爲開府儀同三司、幽州大都督府長史，充幽州盧龍節度大使。以雄武軍使張絳檢校左散騎常侍，兼幽州左司馬，知兩使留後，仍賜名仲武〔三〕。中書奏百官議九宮壇本大祠，請降爲中祠。宰相崔珙、陳夷行奏定左右僕射上事儀注。

二月丙寅，中書奏：「准元和七年敕，河東、鳳翔、鄜坊、邠寧等道州縣官，令戶部加給課料錢歲六萬二千五百貫。吏部出得平留官數百員，時以爲當。自後戶部支給零碎不時，觀察使乃別將破用，徒有加給，不及官人，所以選人憚遠，不樂注受。伏望令部都與實物，及

時支遣〔四〕。諸道委觀察判官知給受，專判此案，隨月支給，年終計帳申戶部。又赴選官人多京債，到任塡還，致其貪求，罔不由此。今年三銓，於前件州府得官者，許連狀相保，戶部各借兩月加給料錢〔五〕，至支時折下。所冀初官到任，不帶息債，衣食稍足，可責淸廉。」從之。太子太師致仕蕭俛卒。牂牁、南詔蠻遣使入朝。

三月，遣使册迴紇烏介可汗。以振武麟勝節度使、銀青光祿大夫、檢校尚書右僕射、單于大都護、兼御史大夫、彭城郡開國公、食邑二千戶劉沔可檢校右僕射，兼太原尹、北京留守，充河東節度、管內觀察處置等使，代苻澈。時迴紇在天德，命沔以太原之師討之。

四月乙丑朔，光祿大夫、守司空、兼門下侍郎、平章事李德裕，銀青光祿大夫、守右僕射、門下侍郎、平章事崔珙，銀青光祿大夫、中書侍郎、同平章事李紳，金紫光祿大夫、檢校司徒、兼太子太保牛僧孺等上章，請加尊號曰仁聖文武至神大孝皇帝。戊寅，御宣政殿受册。是月九日雨，至十四日轉甚，乃改用二十三日。時有纖人告中尉仇士良，言宰相作赦書，欲減削禁軍衣糧馬草料。士良怒曰：「必若有此，軍人須至樓前作鬧。」宰相李德裕等知之，請開延英訴其事。帝曰：「奸人之詞也。」召兩軍中尉諭之曰：「赦書出自朕意，不由宰相，況未施行，公等安得此言？」士良惶恐謝之。是日晴霽。中書奏：「元日御含元殿，百官就列，唯宰相及兩省官皆未開扇前立於欄檻之內，及扇開，便侍立於御前。三朝大慶，萬邦

稱賀，唯宰相侍臣同介冑武夫，竟不拜至尊而退，酌於禮意，事未得中。臣等請御殿日昧爽，宰相、兩省官鬬班於香案前，俟扇開，通事贊兩省官再拜，拜訖，升殿侍立。」從之。天德奏，迴紇族帳侵擾部內。敕：「勸課種桑，比有敕命，如能增數，每歲申聞。比知並無遵行，恣加翦伐，列於鄽市，賣作薪蒸。自今州縣所由，切宜禁斷。」

五月，敕慶陽節百官率醵外，別賜錢三百貫，以備素食合宴，仍令京兆府供帳，不用追集坊市樂人〔六〕。天德軍使田牟奏：迴紇大將嗢沒斯與多覽將軍將吏二千六百人請降，遣中人齎詔慰勞之。宰相李德裕兼守司徒。太子太師致仕鄭覃卒。

六月甲子朔，火星犯木。丙寅，太白犯東井。迴紇降將嗢沒斯將吏二千六百餘人至京師。制以嗢沒斯檢校工部尚書，充歸義軍使，封懷化郡王，仍賜姓名曰李思忠；以迴紇宰相受耶勿爲歸義軍副使、檢校右散騎常侍，賜姓名曰李弘順。

七月，嵐州人田滿川據郡叛，劉沔誅之。

八月，迴紇烏介可汗過天德，至杷頭烽北〔七〕，俘掠雲、朔北川，詔劉沔出師守鴈門諸關。迴紇首領屈武降幽州〔八〕，授左武衞將軍同正。詔以迴紇犯邊，漸侵內地，或攻或守，於理何安？令少師牛僧孺、陳夷行與公卿集議可否以聞。僧孺曰：「今百僚議狀，以固守關防，伺其可擊則用兵。」宰相李德裕議：「以迴紇所恃者嗢沒、赤心耳，今已離叛，其強弱之勢

可見。戎人獷悍，不顧成敗，以失二將，乘忿入侵，出師急擊，破之必矣。守險示弱，虜無由退。擊之爲便。」天子以爲然。乃徵發許、蔡、汴、滑等六鎮之師，以太原節度使劉沔爲迴紇南面招討使；以張仲武爲幽州盧龍節度使、檢校工部尚書，封蘭陵郡王，充迴紇東面招討使；以李思忠爲河西党項都將，迴紇西南面招討使：皆會軍於太原。制以皇子峴爲益王，岐爲兗王，皇長女爲昌樂公主，第二女爲壽春公主，第三女永寧公主。上御麟德殿，見室韋首領督熱論等十五人。太原奏迴紇移帳近南四十里，索叛將嗢沒斯，昨至橫水俘虜，兼公主上表言食盡，乞賜牛羊事。賜烏介詔曰：

朕自臨寰區，爲人父母，唯以好生爲德，不願黷武爲名。故自彼國不幸爲黠戛斯所破〔九〕，來投邊境，已歷歲年，撫納之間，無所不至。初則念其饑歉，給以糧儲；旋則知其破傷，盡還馬價。前後遣使勞問，交馳道途。小小侵擾，亦盡不計。今可汗尚此近塞，未議還蕃。朝廷大臣，四方節鎭，皆懷疑忿，盡請興師，雖朕切務含弘，亦所未諭。一昨數使迴來，皆言可汗只待馬價，及令付之次，又聞所止屢遷，或侵掠雲、朔等州，或劫奪羌、渾諸部，未知此意，終欲如何？若以未交馬價，須近塞垣，行止之間，亦宜先告邊將。豈有倏來忽往，遷徙不常。雖云隨逐水草，動皆逼近城柵。遙揣深意，似恃姻好之情；每覩蹤由，實爲馳突之計。況到橫水柵下，殺戮至多。蕃、渾牛羊，豈吝馳

掠；黎庶何罪，皆被傷夷。所以中朝大臣皆云：「迴紇近塞，已是違盟；更戮邊人，實背大義。」咸願因此翦逐，以雪殂謝之冤。然朕志在懷柔，情深屈己，寧可汗之負德，終未忍於幸災。石戒直久在京城，備知人實憤惋，發於誠懇，固請自行。嘉其深見事機，不能違阻。可汗審自問遂，速擇良圖，無至不悛，以貽後悔。

詔太原起室韋沙陀三部落、吐渾諸部，委石雄爲前鋒。易定兵千人守大同軍，契苾通、何清朝領沙陀、吐渾六千騎趨天德，李思忠率迴紇、党項之師屯保大柵。

十月，吐蕃贊普卒，遣使論普熱入朝告哀，詔將作少監李璟入蕃弔祭。帝幸涇陽，校獵白鹿原。諫議大夫高少逸、鄭朗等於閤內論：「陛下校獵太頻，出城稍遠，萬機廢弛，星出夜歸，方今用兵，且宜停止。」上優勞之。諫官出，謂宰相曰：「諫官甚要，朕時聞其言，庶幾減過。」

三年春正月，以宿師于野，罷元會。敕新授銀州刺史、本州押蕃落、銀川監牧使何清朝可檢校太子賓客、左龍武大將軍，令分領沙陀、吐渾、党項之衆赴振武，取劉沔處分。

二月，先詔百官之家不得於京城置私廟者，其皇城南向六坊不得置，其閒僻坊曲卽許依舊置。太原劉沔奏：「昨率諸道之師至大同軍，遣石雄襲迴鶻牙帳，雄大敗迴鶻於殺胡

山，烏介可汗被創而走。已迎得太和公主至雲州。」是日，御宣政殿，百僚稱賀。制曰：

夫天之所廢，難施繼絕之恩；人之所棄，當用侮亡之道。朕每思前訓，豈忘格言。迴鶻比者自恃兵強，久爲桀驁，淩虐諸部，結怨近鄰。黠戛斯潛師彗掃，穹居瓦解，種族盡膏於原野，區落遂至於荆榛。今可汗逃走失國，竊號自立，遠踰沙漠，寄命邊陲。朕念其衰殘，尋加賑卹。每陳章表，多詐諛之詞；接我使臣，如全盛之日。無傷禽哀鳴之意，有困獸猶鬬之心。去歲潛入朔川，大掠牛馬；今春掩襲振武，逼近城池。可汗皆自率兵，首爲寇盜，不恥破敗，莫顧姻親。河東節度使劉沔料敵伐謀，乘機制勝，發胡貉之騎以爲前鋒，奪翎侯之旗伐彼在穴。短兵鏖於帳下，元惡抶於轂中。況乘匪六飛，衆纔一旅，儲備已竭，計日可擒。太和公主居處不同，情義久絕。懷土多思，亟聞黃鵠之歌；失位自傷，寧免綠衣之歎。念其羈苦，常軫朕心。今已脫於豺狼，再見宮闕，上以攄宗廟之宿憤，次以慰太皇太后之深慈，永言歸寧，良用欣感。其迴紇既以破滅，義在翦除，宜令諸道兵馬使同進討。河東立功將士已下，優厚賞給，續條疏處分。應在京外宅及東都修功德迴紇，並勒冠帶，各配諸道收管。其迴紇及摩尼寺莊宅、錢物等，並委功德使與御史臺及京兆府各差官點檢收抽，不得容諸色人影占。如犯者並處極法，錢物納官。摩尼寺僧委中書門下條疏聞奏。

以麟州刺史、天德行營副使石雄爲銀青光祿大夫、檢校左散騎常侍、豐州刺史、御史大夫，充豐州西城中城都防禦、本管押蕃落等使。劉沔檢校尚書左僕射，張仲武檢校尚書右僕射，餘並如故。黠戛斯使注吾合素入朝，獻名馬二匹，言可汗已破迴鶻，迎得太和公主歸國，差人送公主入朝，愁迴鶻殘衆奪之於路。帝遂遣中使送注吾合素往太原迎公主。時烏介可汗中箭，走投黑車子，詔黠戛斯出兵攻之。

三月，太和公主至京師，百官班于章敬寺迎謁，仍令所司告憲宗、穆宗二室。

四月，昭義節度使劉從諫卒，三軍以從諫姪稹爲兵馬留後，上表請授節鉞。尋遣使齎詔潞府，令稹護從諫之喪歸洛陽。稹拒朝旨。詔中書門下兩省尚書御史臺四品已上、武官三品已上，會議劉稹可誅可宥之狀以聞。

五月，敕諸道節度使置隨身不得過六十人，觀察使不得過四十人，經略、都護不得過三十人。築望仙觀於禁中。宰臣百僚進議狀：「以昆戎未殄，塞上用兵，不宜中原生事，潞府請以親王遙領，令稹權知兵馬事，以俟邊上罷兵。」獨李德裕以爲澤潞內地，前時從諫許襲，已是失斷，自後跋扈難制，規脅朝廷。以稹豎子，不可復踐前車，討之必殄。武宗性雄俊，曰：「吾與德裕同之，保無後悔。」自是諫官上疏言不可用兵相繼。

六月，西內神龍寺災。左軍中尉楚國公仇士良卒。

秋七月戊子，宰相奏：「秋色已至，將議進軍，幽州須早平迴鶻，鎭、魏須速誅劉稹，各須遣使諭旨，兼偵三鎭軍情。今日延英面奉聖旨〔一〇〕，欲遣張賈充使。臣等續更商量，張賈幹濟有才，甚諳軍中體勢，然性剛負氣，慮不安和，不如且命李回。若以臺綱闕人，卽兵部侍郎鄭涯久爲征鎭判官，情甚精敏，雖無詞辯，言事分明，官重事閑，最似相稱。」上曰：「不如令李回去。」卽遣回奉使三鎭。

八月壬戌，火星自七月蒼赤色，動搖井中，至是月十六日犯輿鬼。萬年縣東市火。黠戛斯使諦德伊斯難珠入朝。以右僕射、平章事陳夷行檢校司空，兼河中尹、御史大夫，充河中節度、晉絳慈隰觀察等使。

九月，制：

定天下者，致風俗於大同；安生人者，齊法度於畫一。雖晉之欒、趙，家有舊勳；漢之韓、黥，身爲佐命。至于干亂紀律，罔不梟夷，禁暴除殘，古今大義。故昭義節度劉悟，頃居海岱，嘗列爪牙。屬師道阻兵，王師問罪，三面開網，一境離心，乘此危機，遂能歸命。憲宗嘉其誠款，授以南燕；穆宗待以腹心，委之上黨。招致死士，固護一方，迨于末年，已虧臣節。劉從諫生稟戾氣，幼習亂風。因跋扈之資，以專封壤；恃紀綱之力，以襲兵符。暫展執珪之儀，終無上綬之請。隙駒爲喻，魏豹姑務

於絕河；井蛙自居，孫迹頗聞于恃險。誘受亡命，妄作妖言，中罔朝廷，潛圖左道。接壞戎帥，屢奏陰謀，顧髫齔之所矜，豈淵魚之是察。洎乎沈痼，曾靡哀鳴，猶駐將盡之魂，恣行邪僻之志，罔或奮拔，自樹狡童。中使授醫，莫覩其朝服；近臣銜命，不入於壘門。逆節甚明，人神共棄。其贈官及先所授官爵，并劉稹在身官爵，宜並削奪。成德軍節度使王元逵、魏博節度使何弘敬，或姻連王室，或任重藩維，懇陳一至之誠，願暘九伐之命〔二〕。吳漢任職，受詔而初無辦嚴；卜式朴忠，未戰而義形於色。況成德軍嘗以梟騎橫陣，首破朱滔。戰氣方酣，再迴魯陽之日；鼓音不息，三周不注之山。魏博軍頃以大旆涉河，竟殲師道。建十二郡之旗鼓，以列降人；削六十年之厲階，盡歸皇化。士傳餘勇，軍有雄名，必能稟鄭侯之指縱，成葛亮之心伐。咨爾二帥，朕所注懷，元逵可本官充北面招討澤潞使，弘敬充東面招討澤潞使。

曩者列祖在藩，先天啓聖。符瑞昭晰，彩繪煥於泗亭；鑾輅巡遊，金石刻於代邸。實謂可封之俗，久爲仁壽之鄉。寇難以來，頗著誠節，必非同惡，咸許自新。其昭義舊將士及百姓等，如保初心，並赦而不問。如能捨逆效順，以州郡兵衆歸降者，必厚加封賞。如能擒送劉稹者，別授土地，以報勳庸。頃隨劉悟鄆州舊將校子孫，既有義心，宜思改悔。如能感喻劉稹，束身歸朝，必當待之如初，特與洗雪。爾等舊校，亦並酬勞。

仍委夷行、劉沔、王茂元各進兵同力攻討。其諸道進軍，並不得焚燒廬舍，發掘墳墓，擒執百姓以爲俘囚。桑麻田苗，各許本戶爲主。罪止元惡，務拯生靈。於戲！藩維大臣，抗疏於外；髦俊舊老，昌言於朝。戒朕以祖宗之法，不可私一族；刑賞之柄，所以正萬邦。宜用甲兵，陳於原野。雖朕以恩不聽，而羣臣以義固爭，詢自僉謀，諒非獲已。布告中外，明體朕懷。

仍以徐泗節度使李彥佐爲澤潞西南面招討使。河陽節度使王茂元以本軍屯萬善。彥佐制下後踰月未出師，朝廷疑其持重，乃以天德軍石雄爲彥佐之副。劉稹牙將李丕降，用爲忻州刺史。以陳許節度使王宰充澤潞南面招討使。河陽節度使王茂元卒，贈司徒。王宰代茂元總萬善之師。

十月，宰相監修國史李紳、兵部郎中史館修撰判館事鄭亞進重修憲宗實錄四十卷，頒賜有差。晉絳行營副招討石雄奏收賊砦五。以河東節度使劉沔檢校司空，兼滑州刺史、御史大夫，充義成軍節度、鄭滑濮觀察等使。以荆南節度使、檢校右僕射、同平章事李石可檢校司空、平章事，兼太原尹、北都留守，充河東節度、管內觀察等使。

十一月，敕：「中外官員，過爲繁冗，量宜減省，以便軍民。宜令吏部條疏合減員數以聞。」

十二月，王宰奏收天井關。楡社行營都將王逢奏兵少，乞濟師，詔太原軍二千人赴之。初劉沔破迴鶻，留三千人戍橫水，至是，李石以太原無兵，抽橫水戍卒一千五百人以赴王逢。是月二十八日，橫水軍至太原，請出軍優給。舊例每一軍絹二疋，時劉沔交代後，軍庫無絹。石以己絹益之，方可人給一疋，便催上路。軍人以歲將除，欲候過歲，期既速，軍情不悅。都頭楊弁乘士卒流怨，激之爲亂。

四年春正月乙酉朔，以澤潞用兵，罷元會。其日，楊弁逐太原節度使李石。敕：「齋月斷屠，出於釋氏，國家創業，猶近梁、隋，卿相大臣，或沿茲弊。鼓刀者既獲厚利，糾察者潛受請求。正月以萬物生植之初，宜斷三日。列聖忌斷一日。仍准開元二十二年敕，三元日各斷三日，餘月不禁。」壬子，河東監軍使呂義忠收復太原，生擒楊弁，盡斬其亂卒，百僚稱賀。

二月甲寅朔。丁巳，制河中晉絳慈隰等州節度觀察等使、中散大夫、檢校左散騎常侍、河中尹、御史大夫、上柱國、博陵縣開國男、食邑三百戶崔元式可檢校禮部尚書，兼太原尹、北都留守，充河東節度觀察等使。戊午夜，太白犯鎮星。辛酉，太原送楊弁與其同惡五十四人來獻，斬於狗脊嶺。

三月，以晉絳副招討石雄爲澤潞西面招討，以汾州刺史李丕爲副。以道士趙歸眞爲左右街道門教授先生。時帝志學神仙，師歸眞。歸眞乘寵，每對，排毁釋氏，言非中國之教，蠹耗生靈，盡宜除去，帝頗信之。

四月，王宰進軍攻澤州。

五月，以司農卿薛元賞爲京兆尹。

六月，金紫光祿大夫、尚書右僕射、中書侍郎、同平章事、判度支崔珙貶澧州刺史。癸丑，敕：「諫官論事，所見不同，連狀署名，事同糾率。此後凡論公事，各隨己見，不得連署姓名。如有大政奏論，即可連署。」制追削故左軍中尉仇士良先授官及贈官，其家財並籍沒。士良死後，中人於其家得兵仗數千件，兼發士良宿罪故也。敕責授官銀青光祿大夫、澧州刺史、上柱國、安平郡開國公、食邑二千戶崔珙再貶恩州司馬員外置，以珙領鹽鐵時欠宋滑院鹽鐵九十萬貫。帝令度支、鹽鐵、轉運合爲一使。

七月，以淮南節度使、檢校司空杜悰守尚書右僕射、兼門下侍郎、同平章事，仍判度支，充鹽鐵轉運等使。又制銀青光祿大夫、守尚書右僕射、兼門下侍郎、同平章事、監修國史、上柱國、趙郡開國公、食邑二千戶李紳可檢校司空、平章事、揚州大都督府長史、淮南節度副大使、知節度事。吏部條奏中外合減官員一千一百一十四員。王元逵奏邢州刺史裴問、別將高元武以城降。洺州刺史王釗、磁州刺史安玉以城降何弘敬。山東三州平。潞州大將郭誼、張谷、陳揚廷遣人至王宰軍，請殺稹以自贖。王宰以聞，乃詔石雄率軍七千入潞州，誼斬劉稹首以迎雄，澤、潞等五州平。

八月戊戌，王宰傳稹首與大將郭誼等一百五十人，露布獻於京師，上御安福門受俘，百僚樓前稱賀。以魏博節度使、檢校尚書右僕射、同平章事何弘敬進封廬江郡開國公，食邑二千戶；以成德軍節度使王元逵檢校司空、兼太子太師、同平章事，進封太原郡開國公，食邑二千戶。宰相李德裕守太尉，進封衞國公，加食邑一千戶。以兵部侍郎、翰林學士承旨崔鉉爲中書侍郎、同平章事。河東節度使陳夷行卒。

九月，以天德軍使、晉絳行營招討使石雄檢校兵部尙書、河中尹、兼御史大夫、河中晉絳慈隰等州節度使。以前山南東道節度使盧鈞檢校尙書左僕射、潞州大都督府長史，充昭義軍節度使、澤潞邢洺觀察等使。以忠武軍節度、陳許蔡等州觀察處置等使、河陽行營諸軍招討使、金紫光祿大夫、檢校尙書右僕射、兼御史大夫、上柱國、太原郡開國公、食邑二千戶王宰檢校司空、太原尹、北都留守，充河東節度、管內觀察處置等使。制曰：「逆賊郭誼等，狐鼠之妖，依丘穴而作固；牛羊之力，得水草而逾兇。久從叛臣，皆負逆氣。劉從諫背德反義，掩賊藏姦，積其怙亂之謀，無非親吏之計。劉公直、安全慶等各憑地險，屢抗王師，

每肆悖言，罔懷革面〔三〕。況郭誼、王協聞邢、洺歸款，懼義旅覆巢，賣孽童以圖全，據堅城而請命。昔伍被詣吏，不免就誅；延岑出降，終亦夷族。致之大辟，無所愧懷。」郭誼、劉公直、王協、安全慶、李道德、李佐堯、劉稹、稹母阿裴、稹弟曹九滿郎君郎、妹四娘五娘、從兄洪卿漢卿周卿魯卿匡堯、張谷男涯、解愁、陳揚廷弟宣、男醜奴、張溢男歡郎三寶、門客甄戈、伎術人郭諗蔣黨、李訓兄仲京、王涯姪孫羽、韓約男茂章茂實、王璠男珪等，並處斬于獨柳。敕以河陽三城鎭遏使爲孟州，割澤州隸焉，與懷、孟、澤爲節度，號河陽。制以皇子惸爲開府儀同三司、夏州刺史、朔方軍節度大使，時党項叛，命親王以制之。

十月，車駕幸鄠縣。

十一月，幸雲陽。

十二月，敕：「郊禮日近，獄囚數多，案款已成，多有翻覆。其兩京天下州府見繫囚，已結正及兩度翻案伏款者，並令先事結斷訖申。」時左僕射王起頻年知貢舉，每貢院考試訖，上榜後，更呈宰相取可否。後人數不多，宰相延英論言：「主司試藝，不合取宰相與奪。比來貢舉艱難，放人絕少，恐非弘訪之道。」帝曰：「貢院不會我意。不放子弟，卽太過，無論子弟、寒門，但取實藝耳。」李德裕對曰：「鄭肅、封敖有好子弟，不敢應舉。」帝曰：「我比聞楊虞卿兄弟朋比貴勢，妨平人道路。昨楊知至、鄭朴之徒，並令落下，抑其太甚耳。」德裕曰：「臣無名第，不合言進士之非。然臣祖天寶末以仕進無他伎，勉強隨計，一舉登第。自後不於私家置文選，蓋惡其祖尙浮華，不根藝實。然朝廷顯官，須是公卿子弟。何者？自小便習舉業，自熟朝廷間事，臺閣儀範，班行准則，不敎而自成。寒士縱有出人之才，登第之後，始得一班一級，固不能熟習也。則子弟成名，不可輕矣。」

五年春正月己酉朔，敕造望僊臺於南郊壇。時道士趙歸眞特承恩禮，諫官上疏，論之延英。帝謂宰臣曰：「諫官論趙歸眞，此意要卿等知。朕宮中無事，屛去聲技，但要此人道話耳。」李德裕對曰：「臣不敢言前代得失，只緣歸眞於敬宗朝出入宮掖，以此人情不願陛下復親近之。」帝曰：「我爾時已識此道人，不知名歸眞，只呼趙鍊師。在敬宗時亦無甚過。我與之言，滌煩爾。至於軍國政事，唯卿等與次對官論，何須問道士。非直一歸眞，百歸眞亦不能相惑。」歸眞自以涉物論，遂舉羅浮道士鄧元起有長年之術，帝遣中使迎之。由是與衡山道士劉玄靖及歸眞膠固，排毀釋氏，而拆寺之請行焉。宰臣李德裕杜悰李讓夷崔鉉、太常卿孫簡等率文武百僚上徽號曰仁聖文武章天成功神德明道皇帝。辛亥，有事於郊廟，禮畢，御承天門，大赦天下。庚申，義安太后崩，敬宗之母也。遺令皇帝三日聽政，十三日小祥，二十五日大祥，二十七日釋服。兵部尙書歸融奏：「事貴得中，禮從順變，配祔之禮，宜

有等差。請降服期，以日易月，十二日釋服。內外臣僚，亦請以其日釋服。陵園制度，請無降殺。」從之。以前太原節度使、檢校司空李石以本官充東都留守。

二月戊寅朔，太白掩昴之北側。諫議大夫、權知禮部貢舉陳商選士三十七人中第，物論以爲請託，令翰林學士白敏中覆試，落張濆、李玗、薛忱、張覯、崔凜、王諶、劉伯芻等七人。

三月，崔鉉罷知政事，出爲陝虢觀察使。以御史中丞、兼兵部侍郎李回本官同平章事。

夏四月，皇第四女封延慶公主，第五女封靖樂公主。敕祠部檢括天下寺及僧尼人數，大凡寺四千六百，蘭若四萬，僧尼二十六萬五百。宰相杜悰罷知政事。以戶部侍郎、判戶部崔元式同平章事。

六月丙子，敕：「漢、魏已來，朝廷大政，必下公卿詳議，博求理道，以盡羣情。所以政必有經，人皆向道。此後事關禮法，羣情有疑者，令本司申尙書都省，下禮官參議。如是刑獄，亦先令法官詳議，然後申刑部參覆。如郎官、御史有能駁難，或據經史故事，議論精當，卽擢授遷改以奬之。如言涉浮華，都無經據，不在申聞。」神策奏修望僊樓及廊舍五百三十九間功畢。

秋七月庚子，敕併省天下佛寺。中書門下條疏聞奏：「據令式，諸上州國忌日官吏行香

於寺，其上州望各留寺一所，有列聖尊容，便令移於寺內；其下州寺並廢。其上都、東都兩街請留十寺，寺僧十人。」敕曰：「上州合留寺，工作精妙者留之；如破落，亦宜廢毀。其合行香日，官吏宜於道觀。其上都、下都每街留寺兩所，寺留僧三十人。上都左街留慈恩、薦福，右街留西明、莊嚴。」中書又奏：「天下廢寺，銅像、鐘磬委鹽鐵使鑄錢，其鐵像委本州鑄爲農器，金、銀、鍮石等像銷付度支。衣冠士庶之家所有金、銀、銅、鐵之像，敕出後限一月納官，如違，委鹽鐵使依禁銅法處分。其土、木、石等像合留寺內依舊。」又奏：「僧尼不合隸祠部，請隸鴻臚寺。其大秦穆護等祠，釋教既已釐革，邪法不可獨存。其人並勒還俗，遞歸本貫充稅戶。如外國人，送還本處收管。」

八月，制：

朕聞三代已前，未嘗言佛，漢、魏之後，像教寖興。是由季時，傳此異俗，因緣染習，蔓衍滋多。以至於蠹耗國風，而漸不覺；誘惑人意，而衆益迷。洎於九州山原，兩京城闕，僧徒日廣，佛寺日崇。勞人力於土木之功，奪人利於金寶之飾，遺君親於師資之際，違配偶於戒律之間。壞法害人，無逾此道。且一夫不田，有受其飢者；一婦不蠶，有受其寒者。今天下僧尼，不可勝數，皆待農而食，待蠶而衣。寺宇招提，莫知紀極，皆雲構藻飾，僭擬宮居。晉、宋、齊、梁，物力凋瘵，風俗澆詐，莫不由是而致也。況

我高祖、太宗，以武定禍亂，以文理華夏，執此二柄，足以經邦，豈可以區區西方之教，與我抗衡哉！貞觀、開元，亦嘗釐革，剷除不盡，流衍轉滋。朕博覽前言，旁求輿議，弊之可革，斷在不疑。而中外誠臣，協予至意，條疏至當，宜在必行。懲千古之蠹源，成百王之典法，濟人利衆，予何讓焉。其天下所拆寺四千六百餘所，還俗僧尼二十六萬五百人，收充兩稅戶，拆招提、蘭若四萬餘所，收膏腴上田數千萬頃，收奴婢爲兩稅戶十五萬人。隸僧尼屬主客，顯明外國之教。勒大秦穆護、祆三千餘人還俗〔三〕，不雜中華之風。於戲！前古未行，似將有待；及今盡去，豈謂無時。驅游惰不業之徒，已踰十萬；廢丹雘無用之室，何啻億千。自此清淨訓人，慕無爲之理；簡易齊政，成一俗之功。將使六合黔黎，同歸皇化。尙以革弊之始，日用不知，下制明廷，宜體予意。

制第六女封樂温公主，第七女封長寧公主。中書奏：「伏見公主上表稱『妾某者』，伏以臣妾之義，取其賤稱；家人之禮，卽宜區別。臣等商量，公主上表，請如長公主之例，並云『某邑公主幾女上表』，郡、縣主亦望依此例稱謂。」從之。

九月，火星犯上將。

十月乙亥，中書奏：「汜水縣武牢關是太宗擒王世充、竇建德之地，關城東峯有二聖塑容，在一堂之內。伏以山河如舊，城壘猶存，威靈皆盛於軒臺，風雲疑還於豐沛。誠宜百代

嚴奉，萬邦式瞻。西漢故事，祖宗嘗行幸處，皆令邦國立廟。今緣定覺寺例合毀拆，望取寺中大殿材木，於東峯以造一殿，四面置宮牆，伏望名爲昭武廟，以昭聖祖武功之盛。委懷孟節度使差判官一人勾當。緣聖像年代已久，望令李石於東都揀好畫手，就增嚴飾。初興功日，望令東都差分司官一員薦告。」從之。

十一月甲辰，敕：「悲田養病坊，緣僧尼還俗，無人主持，恐殘疾無以取給，兩京量給寺田賑濟。諸州府七頃至十頃，各於本管選耆壽一人勾當，以充粥料。」

十二月，車駕幸咸陽。給事中韋弘質上疏，論中書權重，三司錢穀不合相府兼領。宰相奏論之曰：

臣等昨於延英對，恭聞聖旨常欲朝廷尊，臣下肅，此是陛下深究理本也。臣按管子云：「凡國之重器，莫重於令。令重則君尊，君尊則國安。故國安在於尊君，尊君在於行令。君人之理，本莫要于出令。故曰：虧令者死，益令者死，不行令者死，不從令者死。又曰：令行于上，而下論可不可，是上失其威，下繫於人也。」自大和已來，其風大弊，令出于上，非之於下。此弊不除，無以理國也。

昨韋弘質所論宰相不合兼領錢穀，臣等輒以事體陳聞。昔匡衡所以云：「大臣者，國家之股肱，萬姓所瞻仰，明王所愼擇。」傳曰：「下輕其上，賤人圖柄，則國家搖動，而

人不靜。」弘質受人教導，輒獻封章，是則賤人圖柄矣。蕭望之漢朝名儒重德，爲御史大夫，奏云：「今首歲日月少光，罪在臣等。」上以望之意輕丞相，乃下侍中御史詰問。貞觀中，監察御史陳師合上書云：「人之思慮有限，一人不可兼總數職。」太宗曰：「此人妄有毀謗，欲離間我君臣。」流師合於嶺外。賈誼云：「人主如堂，羣臣如陛，陛高則堂高。」亦由將相重則君尊〔四〕，其勢然也。如宰相姦謀隱匿，則人人皆得上論。至於制置職業，固是人主之柄，非小人所得干議。古者朝廷之上，各守其官，思不出位。弘質賤人，豈得以非所宜言上瀆明主，此是輕宰相撓時政也。昔東漢處士橫議，遂有黨錮事起，此事深要懲絕。伏望陛下詳其姦詐，去其朋徒，則朝廷安靜，制令肅然。臣等不勝感憤之至。

弘質坐貶官。又奏曰：「天寶已前，中書除機密遷授之外，其他政事皆與中書舍人同商量。自艱難已來，務從權便，政頗去於臺閣，事多繫於軍期，決遣萬機，不暇博議。臣等商量，今後除機密公事外，諸侯表疏、百僚奏事、錢穀刑獄等事，望令中書舍人六人，依故事先參詳可否，臣等議而奏聞。」從之。李德裕在相位日久，朝臣爲其所抑者皆怨之。自崔鉉、杜悰罷相後，中貴人上前言德裕太專，上意不悅，而白敏中之徒，教弘質論之，故有此奏。而德裕結怨之深，由此言也。

六年春正月癸卯朔。丁巳，左散騎常侍致仕馮定卒，贈工部尚書。己未，南詔、契丹、室韋、渤海、牂柯、昆明等國遣使入朝，對于麟德殿。兵部侍郎、判度支盧商奏：「諸道兵討伐党項，今差度支郎官一人往所在有糧料州郡，先計度支給。」從之。己丑，渤海王子大之萼入朝。東都太微宮修成玄元皇帝、玄宗、肅宗三聖容，遣右散騎常侍裴章往東都薦獻。監察元壽奏前彭州刺史李鉠買本州龍興寺婢爲乳母，違法，貶隨州長史。

二月壬申朔。癸酉，以時雨愆候，詔：「京城天下繫囚，除官典犯贓、持仗劫殺、忤逆十惡外，餘罪遞減一等，犯輕罪者並釋放〔一四〕。征党項行營兵士，不得濫有殺傷。」丁丑，左拾遺王龜以父興元節度使起年高，乞休官侍養，從之。是夜，月犯畢大星，相去三寸。庚辰，以夏州節度使米暨充東北道招討党項使。壬午，右庶子呂讓進狀：「亡兄温女，大和七年嫁左衞兵曹蕭敏，生二男。開成三年，敏心疾乖忤，因而離婚。今敏日愈，却乞與臣姪女配合。」從之。乙酉，前太子少保劉沔可太子太保致仕。前壽州刺史王鎮貶潞州長史。丁亥夜，月色少光，至一更一點，犯熒惑，相去四寸。後良久，其光燭地，在軫七度。壬辰，以翰林學士、起居郎孫瞉爲兵部員外郎充職。以旱，停上巳曲江賜宴。敕：「比緣錢重幣輕，生人轉困，今新加鼓鑄，必在流行，通變救時，莫切於此。宜申先甲之令，以儆居貨之徒。京

城諸道，宜起來年正月已後，公私行用，並取新錢。其舊錢權停三數年。如有違犯，同用鉛錫錢例科斷。其舊錢並沒納。」又敕：「諸道鑄錢，已有次第，須令舊錢流布，絹價值稍增。文武百僚俸料，起三月一日，並給見錢一半。先給疋段，對估時價，皆給見錢。」貶舒州刺史蘇滌爲連州刺史。滌李宗閔黨，前自給事中爲德裕所斥，累年郡守，至是李紳言其無政故也。以邠寧節度使高承恭充西南面招討党項使。丙申夜，月掩牛南星，又犯歲星。丁酉，新羅使金國連入朝。辛丑夜，東北流星如桃，色赤，其光燭地，尾迹入大角，西流穿紫微垣。

三月壬寅，上不豫，制改御名炎。帝重方士，頗服食修攝，親受法籙。至是藥躁，喜怒失常，疾既篤，旬日不能言。宰相李德裕等請見，不許。中外莫知安否，人情危懼。是月二十三日，宣遺詔以皇太叔光王柩前即位。是日崩，時年三十三。謚曰至道昭肅孝皇帝，廟號武宗，其年八月，葬于端陵，德妃王氏祔焉。

史臣曰：開成中，王室寖卑，政由閽寺。及綴衣將變，儲位遽移。昭肅以孤立維城，副茲當璧。而能雄謀勇斷，振已去之威權；運策勵精，拔非常之俊傑。屬天驕失國，潞孽阻兵，不惑盈庭之言，獨納大臣之計。戎車既駕，亂略底寧，紀律再張，聲名復振，足以蹈章武出師之迹，繼元和戡亂之功。然後迂訪道之車，築禮神之館，棲心玄牝，物色幽人，將致俗於大

庭，欲希蹤於姑射。於是削浮圖之法，懲游惰之民，志欲矯步丹梯，求珠赤水。徒見蕭衍、姚興之謬學，不悟秦王、漢武之非求，蓋惑於左道之言，偏斥異方之說。況身毒西來之教，向欲千祀，蚩蚩之民，習以成俗，畏其教甚於國法，樂其徒不異登仙。如文身祝髮之鄉，久習而莫知其醜；以吐火吞刀之戲，乍觀而便以爲神。安可正之以咸韶，律之以章甫。加以階融、何充之佞，代不乏人，非荀卿、孟子之賢，誰興正論。一朝隳殘金狄，燔棄胡書，結怨於膜拜之流，犯怒於鄙夫之口。哲王之舉，不駭物情，前代存而勿論，實爲中道。欲革斯弊，以俟河清，昭肅明照，聽斯弊矣。

校勘記

〔一〕崔稜　通鑑卷二四六考異引舊書史文及賈緯唐年譜錄皆作「崔鄲」。

〔二〕從四品上　本書卷四三職官志作「從四品下，今正五品上」。

〔三〕以雄武軍使張絳檢校左散騎常侍兼幽州左司馬知兩使留後仍賜名仲武　案本書卷一八〇張仲武傳、新書卷二一二張仲武傳、通鑑卷二四六所記，張絳與張仲武係兩人，此處記載有誤。

〔四〕及時支遣　「遣」字各本原作「還」，據唐會要卷九二、冊府卷五〇八改。

〔五〕戶部各借兩月加給料錢　「借」字各本原作「備」，據唐會要卷九二、冊府卷五〇八改。

〔六〕不用追集坊市樂人　「不」字各本原無，據冊府卷二補。

〔七〕杷頭烽　聞本原作「杞賴烽」，殿本、懼盈齋本、廣本作「杞賴峯」，局本作「杞頭烽」。通鑑卷二四六作「杷頭烽」，考異引實錄亦作「杷頭烽」，據改。

〔八〕幽州　各本原作「幽王」，據冊府卷九九四改。

〔九〕黠戛斯　各本原作「嘔沒斯」，本卷上文有云：「本國爲黠戛斯所攻」，本書卷一九五迴紇傳作「黠戛斯」，據改。

〔一〇〕面奉聖旨　「奉」字各本原作「奏」，據冊府卷一三六改。

〔一一〕顯揚九伐之命　「命」字各本原作「戰」，據冊府卷一二三、唐大詔令集卷一二〇改。

〔一二〕罔懷革面　「罔」字各本原作「常」，據唐大詔令集卷一二七改。

〔一三〕祆　各本原作「祓」，據唐會要卷四七、通鑑卷二四八改。

〔一四〕亦由將相重則君尊　「則君尊」，各本原作「君臣尊」，據李文饒文集卷一〇、全唐文卷七〇六改。

〔一四〕餘罪遞減一等犯輕罪者並釋放　「餘」、「犯輕罪者」，各本原無，據冊府卷九一補。

舊唐書卷十八下

本紀第十八下

宣宗

宣宗聖武獻文孝皇帝諱忱，憲宗第十三子，母曰孝明皇后鄭氏。元和五年六月二十二日，生於大明宮。長慶元年三月，封光王，名怡。會昌六年三月一日，武宗疾篤，遺詔立爲皇太叔，權勾當軍國政事。翌日，柩前卽帝位，改今名，時年三十七。帝外晦而內朗，嚴重寡言，視瞻特異。幼時宮中以爲不慧。十餘歲時，遇重疾沈綴，忽有光輝燭身，蹶然而興，正身拱揖，如對臣僚。乳媪以爲心疾，穆宗視之，撫其背曰：「此吾家英物，非心憊也。」賜以玉如意、御馬、金帶。常夢乘龍昇天，言之於鄭后，乃曰：「此不宜人知者，幸勿復言。」歷大和、會昌朝，愈事韜晦，羣居游處，未嘗有言。文宗、武宗幸十六宅宴集，強誘其言，以爲戲劇，謂之「光叔」。武宗氣豪，尤不爲禮。及監國之日，哀毀滿容，接待羣僚，決斷庶務，人方

見其隱德焉。

四月辛未，釋服，尊母鄭氏曰皇太后。以兵部侍郎、翰林學士承旨白敏中守本官、同中書門下平章事；以特進、守太尉、門下侍郎、同平章事、上柱國、衞國公、食邑二千戶李德裕檢校太尉、同平章事、江陵尹、荆南節度使；以中散大夫、大理卿馬植爲金紫光祿大夫、刑部侍郎，充諸道鹽鐵等使。以成德軍節度使王元逵檢校太保，山南西道節度使王起檢校司空，魏博節度使何弘敬、淮南節度使李紳並檢校司空，劍南西川節度使崔鄲檢校尚書右僕射，同中書門下平章事並如故。東都留守李石奏修奉太廟畢，所司迎奉太微宮神主祔廟訖〔一〕。東都太廟者，本武后家廟，神龍中中宗反正，廢武氏廟主，立太祖已下神主祔之。安祿山陷洛陽，以廟爲馬廐，棄其神主，而協律郎嚴郢收而藏之。史思明再陷洛陽，尋又散失。賊平，東京留守盧正己又募得之，廟已焚毀，乃寄主於太微宮。大曆十四年，留守路嗣恭奏重修太廟，以迎神主。詔百官參議，紛然不定，禮儀使顏眞卿堅請歸祔，不從。會昌五年，留守李石因太微宮正殿圮隧，以廢弘敬寺爲太廟，迎神主祔之。又下百僚議，皆言准故事，無兩都俱置之禮，唯禮部侍郎陳商議云：「周之文、武，有鎬、洛二廟，令兩都異廟可也。然不宜置主於廟，主宜依禮瘞於廟之北墉下。」事未行而武宗崩。宣宗卽位，因詔有司迎太微宮寓主，祔廢寺之新廟，而知禮者非之。制皇長男溫可封鄆王，二男涇可封雍王，第三男

滋可封蘄王，第四男沂可封慶王。

五月，左右街功德使奏：「准今月五日赦書節文，上都兩街舊留四寺外，更添置八所〔二〕。兩所依舊名興唐寺〔三〕、保壽寺。六所請改舊名，寶應寺改爲資聖寺，青龍寺改爲護國寺，菩提寺改爲保唐寺，淸禪寺改爲安國寺，法雲尼寺改爲唐安寺，崇敬尼寺改爲唐昌寺。右街添置八所。西明寺改爲福壽寺，莊嚴寺改爲聖壽寺，舊留寺。二所舊名，千福寺改爲興元寺〔四〕。化度寺改爲崇福寺，永泰寺改爲萬壽寺，溫國寺改爲崇聖寺，經行寺改爲龍興寺，奉恩寺改爲興福寺。」敕旨依奏。誅道士劉玄靖等十二人，以其說惑武宗，排毀釋氏故也。今月五日赦書節文，吏部三銓選士，祇憑資考，多匪實才，許觀察使、刺史有奇才異政之士，聞薦試用。又觀察使、刺史交代之時，册書所交戶口如能增添至千戶，卽與超遷；如逃亡至七百戶，罷後三年內不得任使。又徙流人在天德、振武者，管中量借糧種，俾令耕田以爲業。以劍南東川節度使、檢校禮部尚書盧商爲兵部侍郎、同平章事。

六月，以戶部侍郎、充諸道鹽鐵轉運使馬植本官同平章事。

七月，以兵部尚書李讓夷爲劍南東川節度使。

十月，敕：「太廟祫享，合以功臣配。其憲宗廟，以裴度、杜黃裳、李愬、高崇文等配享。」以荆南節度使李德裕爲東都留守。

十一月，有司享太廟，其穆宗室文曰「皇兄」。太常博士閔慶之奏：「夫禮有尊尊，而不敍親親。祝文稱弟未當，請改爲『嗣皇帝』。」從之。京兆府奏：「京師百司職田斛斗，請准會昌三年例，許人戶自送納京師，所冀州縣無得欺隱。」從之。以江西觀察使周墀爲義成軍節度使、鄭滑觀察等使。

十二月，刑部尚書、判度支崔元式奏：「准七月二日敕，綾紗絹等次弱疋段，並同禁斷，不得織造。臣欲與鹽鐵戶部三司同條疏，先勘左藏庫，令分析出次弱疋段州府，卽牒本道官搜索狹小機杼，令焚毀。其已納到次弱疋段，具數以聞。」上從之。

大中元年春正月戊戌朔，宮苑使奏：「皇帝致齋行事，內諸宮苑門共九十四所，並令鎖閉，鑰匙進內。候車駕還宮，則請領。」從之。戊申，皇帝有事於郊廟，禮畢，御丹鳳門，大赦，改元，制條曰：「古者郎官出宰，卿相治郡，所以重親人之官，急爲政之本。自澆風久扇，此道稍消，頡頏淸途，便臻顯貴。治人之術，未嘗經心；欲使究百姓艱危，通天下利病，不可得也。爲政之始，思厚儒風，軒墀近臣，蓋備顧問，如其不知人疾苦，何以膺朕眷求？今後諫議大夫、給事中、中書舍人未曾任刺史、縣令，或在任有贓累者，宰臣不得擬議。守宰親人，職當撫字，三載考績，著在格言。貞元年中，屢下明詔，縣令五考，方得改移。近者因

循，都不遵守，諸州或得三考〔三〕，畿府罕及二年。以此字人，若爲成政？道塗郡吏有迎送之勞，鄉里庶民無蘇息之望。自今須滿三十六箇月，永爲常式。」

二月丁卯，制憲宗第十七子愓封彭王，第十八子惴爲棣王；皇第五子澤爲濮王，第六子潤爲鄂王。敕修百福殿。以檢校太尉、東都留守李德裕爲太子少保，分司東都；以給事中鄭亞爲桂州刺史、御史中丞、桂管防禦觀察等使。二月丁酉，禮部侍郎魏扶奏：「臣今年所放進士三十三人，其封彥卿、崔琢、鄭延休等三人，實有詞藝，爲時所稱，皆以父兄見居重位，不得令中選。」詔令翰林學士承旨、戶部侍郎韋琮重考覆，敕曰：「彥卿等所試文字，並合度程，可放及第。有司考試，祇在至公，如涉請託，自有朝典。今後但依常例放牓，不得別有奏聞。」帝雅好儒士，留心貢舉。有時微行人間，採聽輿論，以觀選士之得失。每山池曲宴，學士詩什屬和，公卿出鎮，亦賦詩餞行。凡對臣僚，肅然拱揖，鮮有輕易之言。大臣或獻章疏，即燒香盥手而覽之。當時以大中之政有貞觀之風焉。又敕：「自今進士放牓後，杏園任依舊宴集，有司不得禁制。」武宗好巡遊，故曲江亭禁人宴聚故也。

閏三月，敕：「會昌季年，併省寺宇。雖云異方之教，無損致理之源。中國之人，久行其道，釐革過當，事體未弘。其靈山勝境、天下州府，應會昌五年四月所廢寺宇，有宿舊名僧，復能修創，一任住持，所司不得禁止。」

四月，積慶太后蕭氏崩，謚曰貞獻，文宗母也。

六月，以義成軍節度使周墀爲兵部侍郎、判度支。冊黠戞斯王子爲英武誠明可汗，命鴻臚卿李業入蕃冊拜。以金紫光祿大夫、守太子少保分司東都、上柱國、奇章郡開國公、食邑二千戶牛僧孺守太子太師，銀青光祿大夫、行太子賓客、上柱國、隴西郡開國公、食邑二千戶李彥佐爲太子太保，並依前分司。以左諫議大夫庾簡休爲虢州刺史，以正議大夫、行尙書考功郎中、知制誥、上柱國崔璵爲中書舍人，以中散大夫、前湖州刺史、彭陽縣開國男、食邑三百戶令狐綯行尙書考功郎中、知制誥。

秋七月，制以正議大夫、尙書戶部侍郎、知制誥、翰林學士承旨、柱國、賜紫金魚袋韋琮以本官同中書門下平章事。以太子少保分司東都、衞國公李德裕爲人所訟，貶潮州司馬員外置同正員。

八月，工部尙書、中書侍郎、平章事盧商出爲鄂岳觀察使。神策軍奏修百福殿成，名其殿曰雍和殿，樓曰親親樓，凡廊舍屋宇七百間，以會諸王子孫。

九月，前永寧縣尉吳汝納詣闕稱冤，言：「弟湘會昌四年任揚州江都縣尉，被節度使李紳誣奏湘贓罪，宰相李德裕曲情附紳，斷臣弟湘致死。」詔下御史臺鞫按。

二年春正月壬戌，宰臣率文武百僚上徽號曰聖敬文思和武光孝皇帝，御宣政殿受冊訖，宣德音。神策軍修左銀臺門樓、屋宇及南面城牆，至睿武樓。

二月，制劍南西川節度、光祿大夫、檢校吏部尙書、同平章事、成都尹、上柱國、隴西郡開國公、食邑二千戶李回責授湖南觀察使，桂州刺史、御史中丞、桂管防禦觀察使鄭亞貶循州刺史，前淮南觀察判官魏鉶貶吉州司戶，陸渾縣令元壽貶韶州司戶，殿中侍御史蔡京貶澧州司馬。御史臺奏：

據三司推勘吳湘獄，謹具逐人罪狀如後：揚州都虞候盧行立、劉羣，於會昌二年五月十四日，於阿顏家喫酒，與阿顏母阿焦同坐，羣自擬收阿顏爲妻，妄稱監軍使處分，要阿顏進奉，不得嫁人，兼擅令人監守。其阿焦遂與江都縣尉吳湘密約，嫁阿顏與湘。劉羣與押軍牙官李克勳卽時遮欄不得，乃令江都百姓論湘取受，節度使李紳追湘下獄，計贓處死。具獄奏聞。朝廷疑其冤，差御史崔元藻往揚州按問，據湘雖有取受，罪不至死。李德裕黨附李紳，乃貶元藻嶺南，取淮南元中文案，斷湘處死。今據三司使追崔元藻及淮南元推判官魏鉶并關連人款狀，淮南都虞候劉羣、元推判官魏鉶、典孫貞高利錢倚黃嵩、江都縣典沈頒陳宰、節度押牙白沙鎭遏使傅義、左都虞候盧行立、天長縣令張弘思、典張洙淸陳迴、右廂子巡李行璠、典臣金弘舉、送吳湘妻女至澧州取受

錢物人潘宰、前揚府錄事參軍李公佐、元推官元壽吳珙翁恭、太子少保分司李德裕、西川節度使李回、桂管觀察使鄭亞等，伏候敕旨。

其月，敕：

李回、鄭亞、元壽、魏鉶已從別敕處分。李紳起此冤訴，本由不眞，今旣身歿，無以加刑。粗塞衆情，量行削奪，宜追奪三任官告，送刑部注毀。其子孫稽於經義，罰不及嗣，並釋放。李德裕先朝委以重權，不務絕其黨庇，致使冤苦，直到于今，職爾之由，能無恨歎！昨以李威所訴，已經遠貶，俯全事體，特爲從寬，宜準去年敕令處分。張弘思、李公佐卑吏守官，制不由己，不能守正，曲附權臣，各削兩任官。崔元藻曾受無辜之貶，合從洗雪之條，委中書門下商量處分。李恪詳驗款狀，蠹害最深，以其多時，須議減等，委京兆府決脊杖十五，配流天德。李克勳欲收阿顏，決脊杖二十，配流硤州。劉羣據其款狀，合議痛刑，曾効職官，不欲決脊，決臀杖五十，配流岳州。其盧行立及諸典吏，委三司使量罪科放訖聞奏。

三月己酉，兵部侍郎、判度支周墀本官平章事。以禮部尙書、鹽鐵轉運使馬植本官同平章事。日本國王子入朝貢方物，王子善碁，帝令待詔顧師言與之對手。

五月己未，日有蝕之。

六月己丑，太皇太后郭氏崩，諡曰懿安，憲宗妃，穆宗之母也。戶部侍郎、兼御史大夫、判度支崔龜從奏：「應諸司場院官請却官本錢後，或有欺隱欠負，徵理須足，不得苟從恩蕩，以求放免。今後凡隱盜欠負，請如官典犯贓例處分。縱逢恩赦，不在免限。」從之。

七月戊午，以前山南西道節度使高元裕爲吏部尚書。

八月戊子，朝散大夫、中書舍人、充翰林學士、上柱國、平陰縣開國男、食實封三百戶、賜紫金魚袋畢諴爲刑部侍郎。

九月，敕：「比有無良之人，於街市投匿名文書，及於箭上或旗幡上縱爲奸言，以亂國法。此後所由切加捉搦，如獲此色，便仰焚瘞，不得上聞。」

十一月，兵部侍郎、判戶部事魏扶奏：「天下州府錢物、斛斗、文簿，並委錄事參軍專判，仍與長史通判，至交代時具數申奏。如無懸欠，量與減選注擬。」敕：「路隨等所修憲宗實錄舊本，却仰施行。其會昌新修者，仰並進納。如有鈔錄得，敕到並納史館，不得輒留，委州府嚴加搜捕。」以戶部侍郎、判度支崔龜從本官同平章事。銀青光祿大夫、門下侍郎、兼禮部尚書、同平章事韋琮爲太子詹事，分司東都。

三年春正月丙寅，涇原節度使康季榮奏，吐蕃宰相論恐熱以秦、原、安樂三州及石門等

七關之兵民歸國。詔太僕卿陸耽往喻旨，仍令靈武節度使朱叔明、邠寧節度使張君緒〔六〕，各出本道兵馬應接其來。以太常卿封敖檢校兵部尚書，爲興元尹、山南西道節度使。

三月乙卯，敕待詔官宜令與刑法官、諫官次對。銀青光祿大夫、中書侍郎、同平章事、監修國史、上柱國、汝南縣開國子、食邑五百戶周墀檢校刑部尚書、梓州刺史，充劍南東川節度使。

四月，以正議大夫、守中書侍郎、同平章事、集賢殿大學士、賜紫金魚袋馬植爲太子賓客，分司東都；以正議大夫、守御史大夫、上柱國、博陵縣開國子、食邑五百戶、賜紫金魚袋崔鉉可中書侍郎、平章事；正議大夫、行兵部侍郎、判戶部事、上柱國、鉅鹿縣開國男、食邑五百戶、賜紫金魚袋魏扶可本官、平章事。

五月，幽州節度使、檢校司徒、平章事張仲武卒，三軍以其子直方知留後事。

六月癸未，五色雲見于京師。敕：先經流貶罪人，不幸歿於貶所，有情非惡逆，任經刑部陳牒，許令歸葬，絕遠之處，仍量事官給棺櫝。康季榮奏收復原州、石門驛藏木峽制勝六盤石峽等六關訖。邠寧張君緒奏，今月十三日收復蕭關。御史臺奏，義成軍節度使韋讓於懷眞坊侵街造屋九間，已令毀拆訖。敕於蕭關置武州，改長樂爲威州。

七月，三州七關軍人百姓，皆河、隴遺黎，數千人見於闕下。上御延喜門撫慰，令其解辮，賜之冠帶，共賜絹十五萬疋。

八月，鳳翔節度使李玭奏收復秦州，制曰：

自昔皇王之有國也，曷嘗不文以守成，武以集事，參諸二柄，歸乎大寧。朕猥荷丕圖，思弘景運，憂勤庶政，四載于茲。每念河、湟土疆，緜亙遐闊。自天寶末，犬戎乘我多難，無力禦姦，遂縱腥膻，不遠京邑。事更十葉，時近百年。進士試能，靡不竭其長策；朝廷下議，皆亦聽其直詞。盡以不生邊事爲永圖，且守舊地爲明理，荏苒於是，收復無由。今者天地儲祥，祖宗垂佑，左衽輸款，邊壘連降，刷恥建功，所謀必克。實樞衡妙算，將帥雄稜，副玄元不爭之文，絕漢武遠征之悔。甌脫頓空於內地，斥堠全據於新封，莫大之休，指期而就。

況將士等櫛沐風雨，暴露郊原，披荊棘而刁斗夜嚴，逐豺狼而穹廬曉破。勳皆如意，古無與京，念此誠勤，宜加寵賞。涇原宜賜絹六萬疋，靈武五萬疋，鳳翔、邠寧各四萬疋，並以戶部產業物色充，仍待季榮、叔明、李玭、君緒各迴戈到鎮，度支差脚支送。四道立功將士，各具名銜聞奏，當議甄酬。其秦、威、原三州及七關側近，訪聞田土肥沃，水草豐美，如百姓能耕墾種蒔，五年內不加稅賦。五年已後重定戶籍，便任爲永業。溫池鹽利，可贍邊陲，委度支制置聞奏。鳳翔、邠寧、靈武、涇原守鎮將士，如能於

本戍處耕墾營田，即度支給賜牛糧子種，每年量得斛斗，便充軍糧，亦不限約定數。三州七關鎮守官健，每人給衣糧兩分，一分依常年例支給，一分度支加給，仍二年一替換。其家口委長吏切加安存。官健有莊田戶籍者，仰州縣放免差役。秦州至隴州已來道路，要置堡柵，與秦州應接，委李玭與劉皐即便計度聞奏。如商旅往來，官健父兄子弟通傳家信，關司並不得邀詰阻滯。三州七關刺史、關使，將來訓練捍防有効能者，並與超序官爵。劍南西川沿邊沒蕃州郡，如力能收復，本道亦宜接借。三州七關創置戍卒，且要務靜。如蕃人求市，切不得通；有來投降者，申取長吏處分。

嗚呼！七關要害，三郡膏腴，候館之殘趾可尋，唐人之遺風尚在。追懷往事，良用興嗟。夫取不在廣，貴保其金湯；得必有時，詎計於遲速。今則便務修築，不進干戈，必使足食足兵，有備無患，載洽亭育之道，永致生靈之安。中外臣僚，宜體朕意。

九月辛亥，西川節度使杜悰奏收復維州。制曰：

朕祗荷丕業，思平泰階，將分邪正之源，冀使華夷胥悅。其有常登元輔，久奉武宗，深苞禍心，盜弄國柄。雖已行譴斥之典，而未塞億兆之言，是議再舉朝章，式遵彝憲。守潮州司馬員外置同正員李德裕，早藉門地，叨踐清華，累居將相之榮，唯以姦

傾爲業。當會昌之際，極公台之榮，騁諛佞而得君，遂恣橫而持政，專權生事，妬賢害忠。動多詭異之謀，潛懷僭越之志。秉直者必棄，向善者盡排。誣貞良造朋黨之名，肆讒構生加諸之釁。計有踰於指鹿，罪實見其欺天。屬者方處鈞衡，曾無嫌避，委國史於愛壻之手，寵秘文於弱子之身，洎參信書，亦引親昵。恭惟元和實錄乃不刊之書〔七〕，擅敢改張，罔有畏忌。奪他人之懿績，爲私門之令猷。又附李紳之曲情，斷成吳湘之冤獄。凡彼簪纓之士，遏其取捨之途。驕居自夸，狡蠹無對，擢爾之髮，數罪未窮。載閱罔上之由，益驗無君之意。使天下之人，重足一迹，皆讋懼奉面，而慢易在心。爲臣若斯，於法何逭。於戲！朕務全大體，久爲含容，雖黜降其官榮，尚蓋藏其醜狀。而睥睨未已，兢惕無聞，積惡既彰，公議難抑。是宜移投荒服，以謝萬邦。中外臣僚，當知予意。可崖州司戶參軍，所在馳驛發遣，縱逢恩赦，不在量移之限。以起居郎庾道蔚、禮部員外郎李文儒並充翰林學士。

十月辛巳，京師地震，河西、天德、靈夏尤甚，戍卒壓死者數千人。

十一月，東川節度使鄭涯、鳳翔節度使李玭奏修文川谷路，自靈泉至白雲置十一驛，下詔褒美。經年爲雨所壞，又令封敖修斜谷舊路。以刑部侍郎韋有翼爲御史中丞，以職方員外郎鄭處誨兼御史知雜。幽州軍亂，逐其留後張直方，軍人推其衙將周綝爲留後。

十二月，追諡順宗曰至德大聖大安孝皇帝，憲宗曰昭文章武大聖孝皇帝。初以河、湟收復，百僚請加徽號，帝曰：「河、湟收復，繼成先志，朕欲追尊祖宗，以昭功烈。」白敏中等對曰：「非臣愚昧所能及。」至是，上御宣政殿行事，及册出，俯僂目送，流涕嗚咽。崖州司戶參軍李德裕卒於貶所。

四年春正月，以追尊二聖，御正殿，大赦天下。徒流比在天德者，以十年爲限，既遇鴻恩，例減三載。但使循環添換，邊不闕人，次第放歸，人無怨苦。其秦、原、威、武諸州、諸關，先准格徒流人，亦量與立限，止於七年，如要住者，亦聽。諸州府縣官如請工假，一月已下，權差諸廳判官；一月已上，即准勾當例，其課料等據數每貫刻二百文，與見判案官添給。有故意殺人者，雖已傷未死、已死更生，意欲殺傷，偶然得免，並同已殺人條處分。

二月，皇女萬壽公主出降右拾遺鄭顥，以顥爲銀青光祿大夫、行起居郎、駙馬都尉。

三月己卯，刑部奏：「監臨主守，應將官物私自貸使并貸借人，及以己物中納官司者，并專知別當主掌所由有犯贓，並同犯入己贓，不在原赦之限。」從之。以幽州節度副大使、檢校工部尚書張直方爲左金吾衞將軍。

四月，敕：「法司用刑，或持巧詐，分律兩端，遂成其罪。既奸吏得計，則黎庶何安？自今後應書罪定刑，宜直指其事，不得舞文，妄有援引。」又刑部奏：「准今年正月一日赦節文，據會昌元年三月二十六日敕，竊盜贓至一貫文處死；宜委所司重詳定條目奏聞。臣等檢校，並請准建中三年三月二十四日敕，竊盜贓滿三疋已上決殺，如贓數不充，量請科放。」從之。

七月丙子，大理卿劉濛奏：「古者懸法示人，欲使人從善遠罪，至於不犯，以致刑措。准大和二年十月二十六日刑部侍郎高釴條疏，准勘節目一十一件，下諸州府粉壁書於錄事參軍食堂，每申奏罪人，須依前件節目。歲月滋久，文字湮淪，州縣推案，多違漏節目。今後請下諸道，令刻石置於會食之所，使官吏起坐觀省，記憶條目，庶令案牘周詳。」從之。

八月，刑部侍郎、御史中丞魏謩奏：「諸道州府百姓詣臺訴事，多差御史推勘，臣恐煩勞州縣，先請差度支、戶部、鹽鐵院官帶憲銜者推勘。又各得三司使申稱，院官人數不多，例專掌院務，課績不辦。今諸道觀察使幕中判官，少不下五六人，請於其中帶憲銜者委令推勘。如累推有勞，能雪冤滯，御史臺闕官，便令奏用。」從之。

九月，以朝請大夫、檢校禮部尚書、孟州刺史、河陽三城節度使李拭爲太原尹、北都留守、河東節度等使。幽州節度使周綝卒，軍人立其牙將張允伸爲留後。

十月，中書侍郎、平章事魏扶罷知政事。

十一月己亥，敕：「收復成、維、扶等三州，建立已定，條令制置，一切合同。其已配到流人，宜准秦、原、威、武等州流例，七年放還。」以戶部侍郎、判本司事令狐綯爲兵部侍郎、同平章事。

十二月，以華州刺史周敬復爲光祿大夫、檢校左散騎常侍，兼洪州刺史、江南西道團練觀察使，賜金紫。

五年春正月甲戌，制皇第七子洽封懷王，第八子汭爲昭王，第九子汶爲康王。敕兩京天下州府，起大中五年正月一日已後，三年內不得殺牛。如郊廟享祀合用者，即以諸畜代。

二月，戶部侍郎裴休充諸道鹽鐵轉運等使。

四月癸卯，刑部侍郎劉瑑奏：據今年四月十三日已前，凡二百二十四年〔八〕，雜制敕計六百四十六門，二千一百六十五條，議輕重，名曰大中刑法統類，欲行用之。

五月，以太原尹、河東節度使李拭爲鳳翔節度使；李業檢校戶部尚書、太原尹、北都留守，充河東節度使；守司空、門下侍郎、太原郡開國伯、食邑一千戶白敏中檢校司徒、同平章事、邠州刺史，充邠寧節度觀察、東面招討党項等使；以戶部侍郎、判戶部事魏謩本官同平章事。

七月，宰相監修國史崔龜從續柳芳唐曆二十二卷上之。

八月，敕：「公主邑司，擅行文牒，恐多影庇，有紊條章。今後公主除緣徵封外[九]，不得令邑司行文書牒府縣，如緣公事，令邑司申宗正寺，與酌事體施行。」沙州刺史張義潮遣兄義澤以瓜、沙、伊、肅等十一州戶口來獻，自河、隴陷蕃百餘年，至是悉復隴右故地。以義潮爲瓜沙伊等州節度使。

九月，敕：「條疏刺史交代，須一一交割公事與知州官，方得離任。准會昌元年敕，刺史只禁科率官吏抑配人戶，至於使州公廨及雜利潤，天下州府皆有規制，不敢違越。緣未有明敕處分，多被無良人吏致使恐嚇，或致言訟。起今後應刺史下擔什物，及除替後資送錢物，但不率斂官吏，不科配百姓，一任各守州縣舊例色目支給。如無公廨，不在資送之限。若輒有率配，以入己贓論。」以正議大夫、兵部侍郎、諸道鹽鐵轉運使、上柱國、河東縣開國子裴休守禮部尚書，進階金紫；以前宣歙觀察使、太中大夫、檢校左散騎常侍裴諗權知兵部侍郎。

十月己亥，京兆尹韋博奏：「京畿富戶爲諸軍影占，苟免府縣色役，或有追訴，軍府紛然。請准會昌三年十二月敕，諸軍使不得強奪百姓入軍。」從之。

十一月，中書侍郎、兼吏部尚書、平章事崔龜從檢校尚書左僕射、汴州刺史，充宣武軍節

度使。沙州置歸義軍，以張義潮爲節度使。太子詹事姚康獻帝王政纂十卷；又撰統史三百卷，上自開闢，下盡隋朝，帝王美政、詔令、制置、銅鹽錢穀損益、用兵利害，下至僧道是非，無不備載，編年爲之。國子祭酒馮審奏：「文宣王廟，始太宗立之，睿宗書額，武后竊政之日，改篆題『大周』二字，請削之。」從之。

十二月，盜斫景陵神門戟，京兆尹韋博罰兩月俸，貶宗正卿李文舉睦州刺史，陵令吳閱岳州司馬，奉先令裴讓隋州司馬。

是歲，湖南大饑。

六年春正月戊辰，以隴州防禦使薛逵爲秦州刺史、天雄軍使，兼秦、成兩州經略使[一〇]。

二月，右衞大將軍鄭光以賜田請免租稅。宰相魏謩奏曰：「鄭光以國舅之親，賜田可也，免稅無以勸蒸民。」敕曰：「一依人戶例供稅。」

三月，隴州刺史薛逵奏修築定成關工畢[一一]。

四月丁酉，敕：「常平義倉斛斗，每年檢勘，實水旱災處，錄事參軍先勘人戶多少，支給先貧下戶，富戶不在支給之限。」以禮部尚書、諸道鹽鐵轉運等使裴休可本官同平章事。

五月，敕：「天下軍府有兵馬處，宜選會兵法能弓馬等人充教練使，每年合教習時，常令教習。仍於其時申兵部。」御史臺奏：「諸色刑獄有關連朝官者，尚書省四品已上、諸司三品已上官，宜先奏取進止。如取諸色官狀，即申中書取裁。」從之。

秋七月丙辰，前淮南節度使、金紫光祿大夫、檢校尚書左僕射、兼揚州大都督府長史、御史大夫、上柱國、贊皇郡開國公、食邑一千五百戶李珏卒，贈司空。敕犯贓人平贓，據律以當時物價上旬估。請取所犯之處，其月內上旬時估平之。從之。檢校司空、太子少師、上柱國、范陽郡開國公、食邑二千戶盧鈞可太原尹、北都留守、河東節度使。

九月，敕起居郎轉官月限，宜以二十箇月。

七年春正月壬辰，金紫光祿大夫、守太子少傅分司、上柱國、晉陵郡開國公、食邑二千戶歸融卒，贈右僕射。宗正卿李文舉貶睦州刺史[一二]。

四月，以御史大夫鄭朗爲中書侍郎、同平章事。

五月，左衞率府倉曹張戣集律令格式條件相類一千二百五十條，分一百二十一門，號曰刑法統類，上之。

七月，以正議大夫、尚書左丞、上柱國、賜紫金魚袋崔璪爲刑部尚書，以銀青光祿大夫、行兵部侍郎、知制誥、充翰林學士蘇滌爲尚書左丞，權知戶部侍郎崔璵可權知兵部侍郎。

十月，尚書左僕射、門下侍郎、平章事、太清宮使、弘文館大學士崔鉉進續會要四十卷，修撰官楊紹復、崔瑑、薛逢、鄭言等，賜物有差。

八年春正月，陝州黃河清。

二月，南蠻進犀牛，詔還之。

三月，敕以旱詔使疏決繫囚。宰相監修國史魏謩修成文宗實錄四十卷上之；修史官給事中盧耽、太常少卿蔣偕、司勳員外郎王渢、右補闕盧吉，頒賜銀器、錦綵有差。以山南東道節度使、檢校戶部尚書、襄州刺史、上柱國、酒泉縣開國子、食邑三百戶李景讓爲吏部尚書。

五月，以中書舍人、翰林學士韋澳爲京兆尹；以戶部侍郎、翰林學士承旨、上柱國、武功縣開國子、食邑三百戶蘇滌檢校兵部尚書，兼江陵尹、御史大夫，充荊南節度管內觀察處置等使。

七月，銀青光祿大夫、守門下侍郎、同平章事魏謩兼戶部尚書。

八月，以司農卿鄭助爲檢校左散騎常侍，兼夏州刺史、御史大夫、上柱國、滎陽縣開國男、食邑三百戶，夏綏銀宥等州節度營田觀察處置押蕃落安撫平夏党項等使。

九年春正月辛巳，銀青光祿大夫、秘書監、許昌縣開國男陳商卒，贈工部尚書。

二月，中書侍郎、兼禮部尚書、同平章事裴休檢校吏部尚書，兼汴州刺史、御史大夫，充宣武軍節度使、汴宋亳潁觀察處置等使。

三月，試宏詞舉人，漏泄題目，爲御史臺所劾，侍郎裴諗改國子祭酒，郎中周敬復罰兩月俸料，考試官刑部郎中唐枝出爲處州刺史，監察御史馮顓罰一月俸料。其登科十人並落下。其吏部東銓委右丞盧懿權判。以吏部侍郎鄭涯檢校禮部尚書，兼定州刺史、御史大夫，充義武軍節度、易定州觀察處置、北平軍等使。御史臺據正月八日禮部貢院捉到明經黃續之、趙弘成、全質等三人僞造堂印、堂帖，兼黃續之僞著緋衫，將僞帖入貢院，令與舉人虞蒸、胡簡、党贇等三人及第，許得錢一千六百貫文。據勘黃續之等罪款，具招造僞，所許錢未曾入手，便事敗。奉敕並准法處死。主司以自獲姦人，並放。

七月，以河東節度使、檢校司空、太原尹、北都留守、上柱國、范陽郡開國公、食邑二千戶盧鈞守尚書右僕射。

八月，以門下侍郎、守尚書右僕射、監修國史、博陵縣開國伯、食邑一千戶崔鉉檢校司空、同平章事，兼揚州大都督府長史，充淮南節度副大使、知節度使事。宣宗宴餞，賦詩以

賜之。

九月，昭義節度使、檢校禮部尚書，兼潞州大都督府長史、御史大夫、上柱國、賜紫金魚袋鄭涓檢校刑部尚書、太原尹、北都留守、御史大夫，充河東節度、管內觀察處置等使。

十一月，以河南尹劉瑑檢校工部尚書、汴州刺史、兼御史大夫，充宣武軍節度、宋亳汴潁觀察處置等使。以中書舍人鄭顥爲禮部侍郎。

十年春正月乙巳，以正議大夫、華州刺史、潼關防禦、鎭國軍等使、上柱國、隴西縣開國男、食邑三百戶、賜紫金魚袋李訥檢校左散騎常侍，兼越州刺史、御史大夫、浙江東道都團練觀察等使。

三月，中書門下奏：「據禮部貢院見置科目，開元禮、三禮、三傳、三史、學究、道舉、明算、童子等九科，近年取人頗濫，曾無實藝可採，徒添入仕之門。須議條疏，俾精事業。臣已於延英面論，伏奉聖旨，將文字來者。其前件九科，臣等商量，望起大中十年，權停三年[三]，滿後，至時赴科試者，令有司據所舉人先進名，令中書舍人重覆問過。如有本業稍通，堪備朝廷顧問，即作等第進名，候敕處分。如有事業荒蕪，不合送名數者，考官即議朝責。其童子近日諸道所薦送者，多年齒已過，僞稱童子，考其所業，又是常流。起今日後，望令天

下州府薦送童子，並須實年十一、十二已下，仍須精熟一經，問皆全通，兼自能書寫者。如違制條，本道長吏亦議懲法。」從之。

四月癸丑，以刑部郎中盧搏爲廬州刺史，以給事中、渤海郡開國公、食邑二千戶高少逸檢校禮部尚書、華州刺史、潼關防禦、鎭國軍等使。

六月，以兵部郎中裴夷直爲蘇州刺史。

九月，以中書舍人杜審權知禮部貢舉。

十月，以邠寧慶節度使、檢校禮部尚書、邠州刺史、上柱國、賜紫金魚袋畢諴爲檢校兵部尚書、潞州大都督府長史、御史大夫，充昭義節度副大使、知節度使、潞邢洺等州觀察使。桂管觀察使令狐定卒，贈禮部尚書。

十一年春正月，以銀青光祿大夫、守吏部尚書、上柱國、酒泉縣開國男、食邑三百戶李景讓爲御史大夫；以朝請大夫、守御史中丞，兼尚書右丞、上柱國、賜紫金魚袋夏侯孜爲戶部侍郎、判戶部事；以朝散大夫、守京兆尹、上柱國、扶風縣開國男、食邑三百戶、賜紫金魚袋韋澳檢校工部尚書、孟州刺史、御史大夫，充河陽三城節度、孟懷澤觀察處置等使。先是，車駕將幸華淸宮，兩省官進狀論奏，詔曰：「朕以驪山近宮，眞聖廟貌，未嘗修謁，自謂闕

然。今屬陽和氣淸，中外事簡，聽政之暇，或議一行。蓋崇禮敬之心，非以逸游爲事。雖申敕命，兼慮勞人。卿等職備禁闈，志勤奉上，援據前古，列狀上章，載陳懇到之詞，深覩盡忠之節。已允來請，所奏咸知[四]。」以劍南西川節度副大使、知節度事、管內觀察處置統押近界諸蠻及西山八國雲南安撫等使、特進、檢校司徒、同中書門下平章事、兼成都尹、上柱國、太原郡開國公、食邑二千戶白敏中以本官兼江陵尹，充荆南節度、管內觀察處置等使。

二月，以夏綏銀宥節度使、通議大夫、檢校左散騎常侍、夏州刺史、御史大夫、上柱國、滎陽縣開國男、食邑三百戶、賜紫金魚袋鄭助爲檢校工部尚書、邠州刺史，充邠寧慶節度、管內營田觀察處置，兼充慶州南路救援、鹽州及當道沿路鎭寨糧料等使；以右金吾衞將軍田在賓檢校右散騎常侍，兼夏州刺史，代鄭助爲夏綏銀宥節度等使。以荆南節度使、銀青光祿大夫、檢校兵部尚書，兼江陵尹、御史大夫、上柱國、武功郡開國男、食邑三百戶蘇滌爲太常卿。以銀青光祿大夫、守門下侍郎、兼戶部尚書、同平章事、監修國史、上柱國魏謩檢校戶部尚書、同平章事，兼成都尹，充劍南西川節度副大使、知節度事。以太中大夫、守工部尚書、上柱國、賜紫金魚袋崔愼由爲中書侍郎、同平章事。以成德軍節度、鎭冀深趙觀察處置等使、起復雲麾將軍、守左金吾衞大將軍同正、檢校兵部尚書、鎭州大都督府長史王紹鼎爲銀青光祿大夫、檢校尚書右僕射，餘官如故。以通議大夫、守中書門下侍郎、兼禮部尚

書、同平章事、集賢殿大學士、上柱國、賜紫金魚袋鄭朗可監修國史。太中大夫、守工部尚書、同平章事、上柱國、賜紫金魚袋崔慎由可集賢院大學士。

三月，起復朝請大夫、深州刺史、御史大夫，兼成德軍節度判官王紹懿可檢校左散騎常侍、鎮府左司馬、知府事，充成德軍節度副使，兼充都知兵馬使。以成德軍中軍兵馬使、銀青光祿大夫、檢校太子賓客、兼監察御史、上柱國王景胤可本官、深州刺史、本州團練守捉使。檢校左散騎常侍、右神武大將軍知軍事王紹孚可落起復，依前右神武大將軍。紹懿、紹孚，鎮州王紹鼎之弟也。景胤，紹鼎子也。以朝請大夫、檢校刑部尚書、華州刺史、上柱國、鄭縣開國男、食邑三百戶、賜紫金魚袋蕭俶爲太子賓客，分司東都。

四月，以職方郎中、知制誥裴坦爲中書舍人。以朝議大夫、權知京兆尹崔郢爲濮王傅，分司東都，以決殺府吏也；以江西觀察使、洪州刺史、御史中丞、上柱國、賜紫金魚袋張毅夫爲京兆尹。以鳳翔節度使、正議大夫、檢校戶部尚書，兼鳳翔尹、上柱國、襲晉國公、食邑三千戶、襲實封一百五十戶裴識可許州刺史，充忠武軍節度、陳許蔡觀察等使；以吏部侍郎盧懿檢校工部尚書，兼鳳翔尹、御史大夫、鳳翔隴右節度使；以中書舍人鄭憲爲洪州刺史、御史中丞、江南西道都團練觀察處置等使，仍賜紫金魚袋。以安南宣慰使、右千牛衞大將軍宋涯爲安南都護、御史中丞、本管經略招討處置等使。以幽州節度使張允伸弟允中爲淵

州刺史〔三〕，允千檀州刺史，允辛安塞軍使，允皐納降軍使，並兼御史中丞。以前邠寧節度使、朝議大夫、檢校工部尚書、邠州刺史、上柱國、賜紫金魚袋柳憙可檢校禮部尚書、河南尹。

五月，以職方郎中李玄爲壽州刺史。

六月，以朔方靈武定遠等城節度使、朝散大夫、檢校左散騎常侍、靈州大都督府長史、上柱國、賜紫金魚袋劉潼爲鄭州刺史，馳驛赴任，以給邊兵糧不及時也。以安南都護宋涯爲容州刺史、容管經略招討處置等使。制皇第三男灌封衞王，第十一男滋封廣王。以朝散大夫、守尚書兵部侍郎、判度支、上柱國、彭城縣開國男、食邑三百戶、賜紫金魚袋蕭鄴本官同平章事、判度支。以右監門將軍、知內府省事、清河公崔巨淙爲淮南監軍。以特進、檢校司空、兼太子太傅分司東都、上柱國、扶風郡開國公、食邑二千戶杜悰本官判東都尚書省，兼御史大夫，充東都留守、東畿汝都防禦使。

七月，以飛龍使、宮闈局令王歸長守內侍省內常侍，知省事，充內樞密使。責授邠州員外司馬張直方爲右驍衞大將軍。

八月，成德軍節度使、檢校尚書右僕射王紹鼎卒，贈司空，賻布帛三百段。以皇子昭王汭爲開府儀同三司、守鎮州大都督府長史、成德軍節度、鎮冀深趙觀察等大使；以成德軍

節度副使、都知兵馬使、左司馬、知府事、御史中丞王紹懿爲成德軍副使留後。以義武軍節度、易定觀察等使、檢校禮部尚書、定州刺史、上柱國、滎陽縣開國男、食邑三百戶鄭涯檢校戶部尚書，汴州刺史、上柱國，充宣武軍節度副大使、知節度事、宋亳觀察、亳州太淸宮等使；以四鎮北庭行軍、涇原渭武節度使、銀青光祿大夫、檢校右散騎常侍、涇州刺史、御史大夫、上柱國、范陽縣開國男、食邑三百戶盧簡求可檢校工部尚書、定州刺史、義武節度使、易定觀察、北平軍等使〔六〕；以鹽州防禦押蕃落諸軍防秋都知兵馬使、度支烏池榷稅等使、檢校右散騎常侍、鹽州刺史、上柱國、賜紫金魚袋陸耽代簡求爲涇原節度使。以翰林學士、朝散大夫、中書舍人、賜紫金魚袋曹確權知河南尹。汝州防禦使令狐緒有善政，郡人詣闕請立德政碑頌。緒以弟綯在中書，上表乞寢，從之。以太常卿蘇滌爲兵部尚書、權知吏部銓事，以銀青光祿大夫、守散騎常侍、上柱國、渤海郡開國伯、食邑七百戶封敖爲太常卿。是月，熒惑犯東井。

九月，以秦州刺史李承勛爲朝散大夫、檢校工部尚書、涇州刺史，充四鎮北庭涇原渭武節度等使；以禮部郎中楊知溫充翰林學士；以中散大夫、尚書禮部侍郎、上柱國、賜紫金魚袋杜審權爲陝州大都督府長史、兼御史大夫、陝虢都防禦觀察處置等使；以銀青光祿大夫、檢校司空、兼太子太師、上柱國、范陽郡開國公、食邑二千戶盧鈞爲檢校司空、同中書門

下平章事、興元尹，充山南西道節度等使。右補闕陳嘏、左拾遺王譜、右拾遺薛廷傑上疏諫遣中使往羅浮山迎軒轅先生。詔曰：「朕以萬機事繁，躬親庶務，訪聞羅浮山處士軒轅集，善能攝生，年齡亦壽，乃遣使迎之，或冀有少保理也。朕每觀前史，見秦皇、漢武爲方士所惑，常以之爲誡。卿等位當論列，職在諫司，閱示來章，深納誠意。」仍謂崔慎由曰：「爲吾言於諫官，雖少翁、欒大復生，不能相惑。如聞軒轅生高士，欲與之一言耳。」宰相鄭朗累月請告，三章求免。是月乙未，彗出於房初度，長三尺。

十月，制通議大夫、守中書侍郎、禮部尚書、同平章事、監修國史、上柱國、賜紫金魚袋鄭朗可檢校尚書右僕射，兼太子少師〔七〕。以山南西道節度使、中散大夫、檢校禮部尚書、興元尹、上柱國、賜紫金魚袋蔣係權知刑部尚書。宰相崔慎由兼修國史，蕭鄴兼集賢殿大學士。以華州刺史高少逸爲左散騎常侍，以蘇州刺史裴夷直爲華州刺史、潼關防禦、鎮國軍等使，以太常少卿崔鈞爲蘇州刺史。入迴鶻册禮使、衞尉少卿王端章貶賀州司馬，副使國子禮記博士李潯爲郴州司馬，判官河南府士曹李寂永州司馬。端章等出塞，黑車子阻路而迴故也。以成德軍觀察留後、御史中丞、賜紫金魚袋王紹懿檢校工部尚書，兼鎮州大都督府長史、御史大夫，充成德軍節度、鎮冀深趙觀察等使。以中書舍人李藩權知禮部貢院。

十一月，太子少師鄭朗卒，贈司空。銀青光祿大夫、檢校尚書左僕射、兼太子太保、充

右羽林統軍、御史大夫、上柱國、滎陽縣開國男、食邑三百戶鄭光卒，輟朝三日，贈司徒，仍令百官奉慰，上之元舅也。宰相崔愼由爲中書侍郎兼禮部尙書，尙書蕭鄴兼工部尙書，餘並如故。

十二月，以昭義軍節度使、朝議大夫、檢校工部尙書、上柱國、平陰縣開國男、食邑三百戶畢諴爲太原尹、北都留守、河東節度使；朝議大夫、檢校禮部尙書、兼太原尹、北都留守、上柱國、賜紫金魚袋劉瑑爲尙書戶部侍郎、判度支。以翰林學士承旨、通議大夫、守尙書戶部侍郎、知制誥、上護軍、賜紫金魚袋蔣伸爲兵部侍郎，充職。以金紫光祿大夫、守太子少保分司東都、上柱國、河東縣開國男、食邑五百戶裴休檢校戶部尙書　兼潞州大都督府長史、昭義軍節度副大使、知節度事、潞磁邢洺觀察等使。以正議大夫、行尙書兵部侍郎、上柱國、河東縣開國男、食邑三百戶、賜紫金魚袋柳仲郢本官兼御史大夫，充諸道鹽鐵轉運使。以正議大夫、檢校戶部尙書、兼太子賓客、上柱國、賜紫金魚袋孔溫業本官分司東都，以病請告故也。禮部郎中楊知溫本官知制誥，充翰林學士。以幽州中軍使、檢校國子祭酒、幽府左司馬、知府事、御史中丞張簡眞檢校右散騎常侍，允伸之子也。以中散大夫、權知刑部尙書、上柱國、賜紫金魚袋蔣係檢校戶部尙書、鳳翔尹、御史大夫、鳳翔隴右節度觀察處置等使。

是歲，舒州吳塘堰有衆禽成巢，闊七尺，高七丈，而水禽、山鳥、鷹隼、燕雀之類，無不馴狎。又有鳥人面綠毛，爪喙皆紺色，其聲曰「甘」，人呼爲「甘蟲」。

十二年春正月，以晉陽令鄭液爲通州刺史。羅浮山人軒轅集至京師，上召入禁中，謂曰：「先生遐壽而長生可致乎？」曰：「徹聲色，去滋味，哀樂如一，德施周給，自然與天地合德，日月齊明，何必別求長生也。」留之月餘，堅求還山。以前鄉貢進士于琮爲秘書省校書郎，尙皇女廣德公主，改銀青光祿大夫、守右拾遺、駙馬都尉。以安南本管經略招討處置使、朝散大夫、檢校左散騎常侍、安南都護、御史大夫、賜紫金魚袋李弘甫爲宗正卿。以中大夫、守京兆尹、上柱國、賜紫金魚袋張毅夫爲鄂州刺史、御史大夫、鄂岳蘄黃申等州都團練觀察使。以太中大夫、福州刺史、御史中丞、上柱國、賜紫金魚袋楊發檢校右散騎常侍、廣州刺史、御史大夫，充嶺南東道節度觀察處置等使。以朝散大夫、守康王傅分司東都、上柱國、襄魏郡開國公、食邑二千戶、賜紫金魚袋王式爲安南都護、兼御史中丞，充安南本管經略招討處置等使。以朝請大夫、前守太子賓客分司東都、上柱國、鄭縣開國男、食邑三百戶、賜紫金魚袋蕭俶守太子少保分司。以朝請大夫、檢校左散騎常侍、右金吾大將軍、充右街使、上柱國、襄太原郡開國公、食邑二千戶、賜紫金魚袋王鎭爲檢校左散騎常侍、使持節、都督福州諸軍事，兼福州刺史、御史大夫，充福建等州都團練觀察處置等使。以翰林學士、朝議郎、守尙書司勳郎中、知制誥、賜緋魚袋孔溫裕爲中書舍人，充職。以右驍衞上將軍李正源守大內皇城留守。以朝議大夫、守尙書戶部侍郎、判度支、上柱國、賜紫金魚袋劉瑑本官同平章事，依前判度支。以太中大夫、守中書侍郎、兼禮部尙書、同平章事、監修國史、上柱國、賜紫金魚袋崔愼由檢校禮部尙書、梓州刺史、御史大夫、劍南東川節度副大使、知節度事，代韋有翼；以有翼爲吏部侍郎。

二月，以前邕管經略招討處置使、朝議郎、邕州刺史、御史中丞、賜紫金魚袋段文楚爲昭武校尉、右金吾衞將軍；以朝議郎、守中書舍人、權知禮部貢舉、上柱國、賜緋魚袋李藩爲尙書戶部侍郎。以朝散大夫、守工部尙書、同平章事、充集賢殿大學士、上柱國、彭城縣開國男、食邑三百戶、賜紫金魚袋蕭鄴爲監修國史。以朝議大夫、守戶部侍郎、同平章事、判度支、上柱國、賜紫金魚袋劉瑑可充集賢院學士。以渤海國王弟權知國務大虔晃爲銀青光祿大夫、檢校秘書監、忽汗州都督，册爲渤海國王。以兵部侍郎柳仲郢爲刑部尙書。以朝議大夫、守尙書戶部侍郎、判戶部事、上柱國、賜紫金魚袋夏侯孜爲兵部侍郎，充諸道鹽鐵轉運使；以朝請大夫、權知刑部侍郎、賜紫金魚袋杜勝爲戶部侍郎、判戶部事。以光祿大夫、守左領軍衞大將軍分司東都、上柱國、會稽縣開國公、食邑一千五百戶康季榮可檢校

尙書右僕射，兼左衞上將軍分司。貶前利州刺史杜倉爲賀州司戶，蔡州刺史李叢邵州司馬。以工部郎中、知制誥于德孫，庫部郎中、知制誥苗恪，並可中書舍人，依前翰林學士。以前右金吾衞將軍鄭漢璋，前鴻臚少卿鄭漢卿，並起復授本官，國舅光之子也。以銀青光祿大夫、行給事中、駙馬都尉衞洙爲工部侍郎，前濮王傅分司皇甫權爲康王傅分司。以庫部員外郎、史館修撰李渙爲長安令。

閏二月，以司農少卿盧籍爲代州刺史，前江陵少尹杜惲爲司農少卿。以河東馬步都虞候段威爲朔州刺史，充天寧軍使，兼興唐軍沙陀三部落防遏都知兵馬使。

五月，以兵部侍郎、鹽鐵轉運使夏侯孜本官同平章事。

六月，南蠻攻安南府。

八月，洪州賊毛合、宣州賊康全大攻掠郡縣，詔兩浙兵討平之。

十二月，太子少保魏謩卒，贈司徒。

十三年春正月，以虢陝觀察使杜審權爲戶部侍郎、判戶部事。

三月，宰相蕭鄴罷知政事，守吏部尙書。

四月，以翰林學士承旨、兵部侍郎、知制誥蔣伸本官同平章事。

五月，上不豫，月餘不能視朝。

八月七日，宣遺詔立鄆王爲皇太子，勾當軍國事。是日，崩于大明宮，聖壽五十。詔門下侍郎、平章事令狐綯攝冢宰。羣臣上謚曰聖武獻文孝皇帝，廟號宣宗。十四年二月，葬於貞陵。

史臣曰：臣嘗聞黎老言大中故事，獻文皇帝器識深遠，久歷艱難，備知人間疾苦。自寶曆已來，中人擅權，事多假借，京師豪右，大擾窮民。洎大中臨馭，一之日權豪斂迹，二之日姦臣畏法，三之日閽寺讋氣。由是刑政不濫，賢能效用，百揆四嶽，穆若清風，十餘年間，頌聲載路。上宮中衣澣濯之衣，常膳不過數器，非母后侑膳，輒不舉樂，歲或小饑，憂形於色。雖左右近習，未嘗見怠惰之容。與羣臣言，儼然煦接，如待賓僚，或有所陳聞，虛襟聽納。舊時人主所行，黃門先以龍腦、鬱金藉地，上悉命去之。宮人有疾，醫視之，既瘳，即袖金賜之，誡曰：「勿令敕使知，謂予私於侍者。」其恭儉好善如此。季年風毒，召羅浮山人軒轅集，訪以治國治身之要，其伎術詭異之道，未嘗措言。集亦有道之士也。十三年春，堅求還山。上曰：「先生少留一年，候於羅浮山別創一道館。」集無留意，上曰：「先生捨我亟去，國有災乎？朕有天下，竟得幾年？」集取筆寫「四十」字，而十字挑上，乃十四年也。興替有數，其若是乎！而帝道皇猷，始終無缺，雖漢文、景不足過也。惜乎簡籍遺落，舊事十無三四，吮墨揮翰，有所慊然。

贊曰：李之英主，實惟獻文。粃粺盡去，淑慝斯分。河、隴歸地，朔漠消氛。到今遺老，歌詠明君。

校勘記

〔一〕所司迎奉　「司」字各本原無，據冊府卷三一補。

〔二〕更添置八所　通鑑卷二四八作上京兩街「更各增置八寺」。「更」字下疑脫「各」字。

〔三〕兩所依舊名　據唐會要卷四八、通鑑卷二四八胡注，「兩所」上疑脫「左街」兩字。本卷下文云「右街添置八所」，此處當有「左街」爲宜。

〔四〕千福寺改爲興元寺　據唐會要卷四八、通鑑卷二四八胡注，此處之千福寺爲僧寺，興元寺（通鑑作興聖寺）乃尼寺，爲新添八寺中之二寺，均「依舊名」。又下文「興福寺」下，兩書均有「尼寺一所」，「萬善寺改爲延唐寺」之文，正合添置八寺之數。疑此處「改爲」兩字爲衍文。

〔五〕諸州或得三考　「三」字各本原作「五」，據冊府卷六三六、英華卷四三〇改。

〔六〕張君緒　「君」字各本原作「景」，據本卷下文及通鑑卷二四八改。

〔七〕元和實錄　「實」字各本原作「寶」，據唐大詔令集卷五八改。

〔八〕二百二十四年　各本原作「三百四十四年」，據本書卷五〇刑法志、唐會要卷三九、殘宋本冊府卷六一三改。

〔九〕今後公主除緣徵封外　「緣」字各本原作「錄」，據唐會要卷六改。

〔一〇〕兼秦成兩州經略使　「秦成」下各本原有「階」字，據新書卷六七方鎮表刪。

〔一一〕定戍關　新書卷三七地理志隴州汧源縣下云：「西有安戎關，在隴山，本大震關，大中六年防禦使薛逵徙築更名。」疑此「定戍關」爲「安戎關」之誤。

〔一二〕宗正卿李文舉貶睦州刺史　此事已見本卷上文，此處複出。

〔一三〕權停三年　「停」字各本原無，據唐會要卷七七、冊府卷六四一補。

〔一四〕所奏咸知　「咸知」二字各本原無，據冊府卷一〇一、全唐文卷八〇補。

〔一五〕以幽州節度使張允伸弟允中爲荆州刺史　校勘記卷九云：「以幽州所轄考之，或當爲薊，斷非荆也。」

〔一六〕北平軍等使　各本原作「北都天平軍等使」，據本書卷一六三盧簡辭傳刪。

〔一七〕兼太子少師　「師」字各本原作「保」，據本卷下文、本書卷一七三鄭覃傳、新書卷一六五鄭珣瑜傳改。

二十四史

舊唐書

第三冊

卷一九上至卷二七(紀志)

後晉 劉昫 等撰

中華書局

舊唐書卷十九上

本紀第十九上

懿宗

懿宗昭聖恭惠孝皇帝諱漼，宣宗長子，母曰元昭皇太后晁氏。大和七年十一月十四日，生於藩邸。會昌六年十月，封鄆王，本名溫。大中十三年八月七日，宣遺詔立爲皇太子監國，改今名。十三日，柩前卽帝位，年二十七。帝姿貌雄傑，有異稠人。藩邸時常經重疾，郭淑妃侍醫藥，見黃龍出入於臥內。旣間，妃以異告，帝曰：「愼勿復言。」又嘗大雪數尺，而帝寢室之上獨無，人皆異之。宣宗制泰邊陲樂曲詞有「海岳晏咸通」之句〔一〕。又大中末，京城小兒疊布漬水，紐之向日，謂之拔暈。帝果以鄆王卽大位，以咸通爲年號。

九月，釋服，追尊母后晁氏爲太后，謚曰元昭。

十月癸未，制以門下侍郎、守左僕射、同平章事令狐綯守司空，門下侍郎、兵部尙書、同

平章事蕭鄴兼尙書右僕射，中書侍郎、禮部尙書、平章事夏侯孜兼兵部尙書，中書侍郎、平章事蔣伸兼工部尙書，並依前知政事。又以兵部侍郞鄭顥爲河南尹。以昭義軍節度、潞邢磁洺觀察等使、光祿大夫、檢校吏部尙書、兼潞州大都督府長史、上柱國、河東縣開國子、食邑五百戶裴休爲太原尹、北都留守、河東節度管內觀察處置等使；以河中節度使、檢校尙書左僕射畢諴爲汴州刺史，充宣武軍節度、宋亳觀察等使。以中書舍人裴坦權知禮部貢舉。

十二月，以戶部侍郞、翰林學士杜審權爲檢校禮部尙書、河中晉絳節度等使。

咸通元年春正月，上御紫宸殿受朝，對室韋使。

二月，葬宣宗皇帝於貞陵。以右拾遺劉鄴充翰林學士。以河中節度使杜審權爲兵部侍郎、判度支，尋以本官同平章事；以門下侍郎、守司徒、同平章事令狐綯檢校司徒、同平章事，出鎭河中；尙書左僕射、諸道鹽鐵轉運使杜悰同平章事。浙東觀察使王式斬草賊仇甫，浙東郡邑皆平。

八月，以河東節度使裴休爲鳳翔尹、鳳翔隴右節度使，以鳳翔隴右節度使、銀靑光祿大夫、檢校刑部尙書盧簡求爲太原尹、北都留守、河東節度使。

中華書局

十一月丙午朔。丁未，上有事於郊廟，禮畢，御丹鳳門，大赦，改元。以中書舍人薛眈權知貢舉。

二年春二月，吏部尚書蕭鄴檢校尚書右僕射、太原尹、北都留守、河東節度觀察等使。鄭滑節度使、檢校工部尚書李福奏：「屬郡潁州去年夏大雨，沈丘、汝陰、潁上等縣平地水深一丈，田稼、屋宇淹沒皆盡，乞蠲租賦。」從之。以中書侍郎兼工部尚書蔣伸兼刑部尚書，右僕射、門下侍郎杜悰爲左僕射，依前知政事。

四月，以前婺州刺史裴閎爲潁州刺史，充本州團練鎮遏等使。以駕部郎中王鐸本官知制誥。

八月，以中書舍人衞洙爲工部侍郎。尋改銀青光祿大夫、檢校禮部尚書，兼滑州刺史、御史大夫、駙馬都尉，充義成軍節度、鄭滑潁觀察處置等使。洙奏狀稱：「蒙恩除授滑州刺史，官號內一字與臣家諱音同，雖文字有殊，而聲韻難別，請改授閑官者。」敕曰：「嫌名不諱，著在禮文，成命已行，固難依允。」以兵部侍郎曹確判度支，以兵部員外郎楊知遠、司勳員外郎穆仁裕試吏部宏詞選人。

九月，以前兵部侍郎、判度支畢諴爲工部尚書、同平章事。蔣伸罷知政事。林邑蠻寇

安南府，遣神策將軍康承訓率禁軍及江西、湖南之兵赴援。

三年春正月，左僕射、門下侍郎、平章事杜悰率百僚上徽號曰睿文明聖孝德皇帝。

五月，敕：「嶺南分爲五管，誠已多年。居常之時，同資禦捍，有事之際，要別改張。邕州西接南蠻，深據黃洞，控兩江之獷俗，居數道之游民。比以委人太輕，軍威不振，境連內地，不並海南。宜分嶺南爲東、西道節度觀察處置等使，以廣州爲嶺南東道，邕州爲嶺南西道，別擇良吏，付以節旄。其所管八州，俗無耕桑，地極邊遠，近罹盜擾，尤甚凋殘。將盛藩垣，宜添州縣。宜割桂州管內龔州、象州，容州管內藤州、巖州，並隸嶺南西道收管。」宰臣杜悰兼司空，畢諴兼兵部尚書。駕部郎中、知制誥王鐸爲中書舍人。以邕管經略使鄭愚爲廣州刺史，充嶺南東道節度、觀察處置等使；將軍宋戎爲嶺南西道節度使。夏，淮南、河南蝗旱，民饑。南蠻陷交阯，徵諸道兵赴嶺南。詔湖南水運，自湘江入澪渠，江西造切麪粥以饋行營〔二〕。湘、灕泝運，功役艱難，軍屯廣州乏食。潤州人陳磻石詣闕上書，言：「江西、湖南，泝流運糧，不濟軍師，士卒食盡則散，此宜深慮。臣有奇計，以饋南軍。」天子召見，磻石因奏：「臣弟聽思曾任雷州刺史，家人隨海船至福建，往來大船一隻，可致千石，自福建裝船，不一月至廣州。得船數十艘，便可致三萬石至廣府矣。」又引劉裕海路進軍破盧循故

事。執政是之，以磻石爲鹽鐵巡官，往楊子院專督海運。於是康承訓之軍皆不闕供。

七月，徐州軍亂，以浙東觀察使王式檢校工部尚書、徐州刺史、御史大夫、武寧軍節度、徐泗濠觀察等使。初，王智興得徐州，召募凶豪之卒二千人，號曰銀刀、鵰旗、門槍、挾馬等軍，番宿衙城。自後寖驕，節度使姑息不暇。田牟鎮徐日，每與驕卒雜坐，酒酣撫背，時把板爲之唱歌。其徒日費萬計。每有賓宴，必先厭食飫酒，祁寒暑雨，巵酒盈前，然猶諠譟邀求，動謀逐帥。前年壽州刺史温璋爲節度使，驕卒素知璋嚴酷，深負憂疑。璋開懷撫諭，終爲猜貳，給與酒食，未嘗瀝口，不期月而逐璋。上是以式代璋。時式以忠武、義成之師三千平定仇甫，便詔式率二鎮之師渡淮。徐卒聞之，懼其勢，無如之何。至大彭館，方來迎謁。居三日，犒勞兩鎮兵令還，既擐甲執兵，卽命環驕卒殺之。徐卒三千餘人，是日盡誅，由是凶徒悉殄。

九月，以戶部侍郎李晦檢校工部尚書，兼興元尹、山南西道節度使。

十一月，遣將軍蔡襲率禁軍三千，會諸道之師赴援安南。以吏部侍郎鄭處誨蕭倣、吏部員外郎楊嚴、戶部員外郎崔彥昭等試宏詞選人。

十二月，以吏部侍郎蕭倣權知禮部貢舉。

四年春正月甲子朔。庚午，上有事于圓丘，禮畢，御丹鳳樓，大赦。中外官宜准建中元年敕，授官後三日舉一人自代。州牧令錄上佐官，在任須終三考。河東節度使、檢校刑部尚書盧簡求以病求罷，詔以太子少師致仕歸東都。以昭義節度使、檢校禮部尚書、上柱國、賜紫金魚袋劉潼爲太原尹、北都留守、御史大夫，充河東節度觀察處置等使。

二月，以左散騎常侍李荀檢校工部尚書、滑州刺史、義成軍節度、鄭滑觀察等使。

三月，以兵部侍郎、判度支楊收本官同平章事；以刑部侍郎曹汾爲河南尹；以戶部侍郎李蠙檢校禮部尚書、潞州大都督府長史，充昭義節度、觀察處置等使。

四月，敕徐州罷防禦使，爲支郡〔三〕，隸兗州。

七月朔，制：「安南寇陷之初，流人多寄溪洞。其安南將吏官健走至海門者人數不少，宜令宋戎〔四〕、李良瑍察訪人數，量事救卹。安南管內被蠻賊驅劫處，本戶兩稅、丁錢等量放二年，候收復後別有指揮。其安南溪洞首領，素推誠節，雖蠻寇竊據城壁，而酋豪各守土疆。如聞溪洞之間，悉藉嶺北茶藥，宜令諸道一任商人興販，不得禁止往來。廉州珠池，與人共利。近聞本道禁斷，遂絕通商，宜令本州任百姓採取，不得止約。其徐州銀刀官健，其中先有逃竄者，累降敕旨，不令捕逐。其今年四月十八日，草賊頭首已抵極法，其餘徒黨各自奔逃，所在更勿捕逐。」是月，東都、許、汝、徐、泗等州大水，傷稼。初，大中末，安南都護李

琢貪暴，侵刻獠民，羣獠引林邑蠻攻安南府。三年，大徵兵赴援，天下騷動。其年冬，蠻竟陷交州，赴安南諸軍並令抽退，分保嶺南東、西道。

十一月，長安縣尉、集賢校理令狐滈爲左拾遺。制出，左拾遺劉蛻、起居郎張雲上疏，論滈父綯秉權之日，廣納賂遺，受李琢賄，除安南，致生蠻寇，滈不宜居諫諍之列。時綯在淮南，上表論訴，乃貶雲興元少尹，蛻華陰令，滈改詹事司直。以中書舍人王鐸權知禮部貢舉，以兵部侍郎、判度支曹確同平章事，以中書侍郎、平章事畢諴檢校吏部尚書、河中尹、晉絳慈隰節度使。就加幽州張允伸檢校司徒。以兵部侍郎高璩本官同平章事，以戶部侍郎裴寅判本司事。

五年春正月戊午朔，以用兵罷元會。諫議大夫裴坦上疏，論天下徵兵，財賦方匱，不宜過興佛寺，以困國力。優詔答之。

二月，以兵部尚書牛叢檢校兵部尚書，兼成都尹、劍南西川節度副大使、知節度事。徐州處置觀察防禦使〔五〕。以門下侍郎、兵部尚書、平章事杜審權爲潤州刺史、浙江西道節度使。

三月，以兵部郎中高湜、員外于懷試吏部，平判選人。

四月，右僕射、平章事夏侯孜增爵五百戶。以中書舍人王鐸爲禮部侍郎，以晉州刺史孟球檢校工部尚書，兼徐州刺史。南蠻寇邕管，以秦州經略使高駢率禁軍五千赴邕管，會諸道之師禦之。

五月丁酉，制：

朕以寡昧，獲承高祖、太宗之丕構，六載於茲矣。罔敢遊是娛，罔聲色是縱，罔刑戮是濫，罔邪佞是惑。夙夜悚惕，以憂以勤，庶幾乎八表用康，兆人以泰。而西戎款附，北狄懷柔，獨惟南蠻，姦宄不率。侵陷交阯，突犯朗寧，爰及嶲州，亦用攘寇。勞我士卒，興吾甲兵，騷動黎元，役力飛輓，每一軫念，閔然疚懷。顧惟生人，罹此愁苦，宜布自天之澤，俾垂及物之仁。如聞湖南、桂州，是嶺路係口，諸道兵馬綱運，無不經過，頓遞供承，動多差配，凋傷轉甚，宜有特恩。潭、桂兩道各賜錢三萬貫文，以助軍錢，亦以充館驛息利本錢。其江陵、江西、鄂州三道，比於潭、桂，徭配稍簡，宜令本道觀察使詳其閑劇，准此例與置本錢〔六〕。邕州已西黎、嶲界內，昨因蠻寇，互有殺傷，宜令本道收拾埋瘞，量設祭酹。

徐州土風雄勁，甲士精強，比以制馭乖方，頻致騷擾。近者再置使額，卻領四州，勞逸既均，人心甚泰。但聞比因罷節之日，或有被罪奔逃，雖朝廷頻下詔書，並令一切不問，猶恐尚懷疑懼，未委招攜，結聚山林，終成詿誤。況邊方未靜，深藉人才，宜令徐泗團練使選揀召募官健三千人，赴邕管防戍。待嶺外事寧之後，卽與替代歸還。仍令每召滿五百人，卽差軍將押送，其糧料賞給，所司準例處分。

淮南、兩浙海運，虜隔舟船，訪聞商徒，失業頗甚，所由縱捨，爲弊實深。亦有搬貨財委於水次，無人看守，多至散亡，嗟怨之聲，盈於道路。宜令三道據所搬米石數，牒報所在鹽鐵巡院，令和雇入海舶船，分付所司。通計載米數足外，輒不更有隔奪，妄稱貯備。其小舸短船到江口，使司自有船，不在更取商人舟船之限。如官吏妄行威福，必議痛刑。於戲！萬方靡安，寧忘於罪己；百姓不足，敢怠於責躬。用伸欽恤之懷，式表憂勤之旨。

壬寅，制以中書侍郎、平章事楊收爲門下侍郎、兼刑部尚書，以中書侍郎、平章事曹確兼工部尚書，兵部侍郎、平章事高璩爲中書侍郎、知政事，餘並如故。

秋七月壬子，延資庫使夏侯孜奏：

鹽鐵戶部先積欠當使咸通四年已前延資庫錢絹三百六十九萬餘貫匹。內戶部每年合送錢二十六萬四千一百八十貫匹，從大中十二年至咸通四年九月已前，除納外，欠一百五十萬五千七百一十四萬貫匹。當使緣戶部積欠數多，先具申奏，請於諸道州

府場監院合納戶部所收八十文除陌錢內，割一十五文，屬當使自收管。敕命雖行，送納稽緩。今得戶部牒稱，所收管除陌錢絹外，更有諸雜物貨，延資庫徵收不便，請起今年合納延資庫錢絹一時便足。其已前積欠，候物力稍充，積漸塡納。其所割一十五文錢，卽當司仍舊收管。又緣累歲以來，嶺南用兵，多支戶部錢物。當使不欲堅論舊欠，請依戶部商量，合納今年一年額色錢絹須足，明年卽依舊制，三月、九月兩限送納畢。其以前積欠，仍令戶部自立塡納期限者。

敕旨依之。

十月丙辰，以中書舍人李蔚權知禮部貢舉。

十一月乙酉，以大同軍防禦使盧簡方檢校工部尚書、滄州刺史、御史大夫，充義昌軍節度、滄濟德觀察等使。乙未，以兵部侍郎蕭寘本官同中書門下平章事。

六年正月癸未朔。丁亥，制以河東節度使、檢校刑部尚書孔溫裕爲鄆州刺史、天平軍節度、鄆曹棣觀察處置等使。

二月，制以御史中丞徐商爲兵部侍郎、同平章事。高璩罷知政事。以吏部尚書崔慎由、吏部侍郎鄭從讜、吏部侍郎王鐸、兵部員外郎崔謹張彥遠等考宏詞選人；金部員外郎

張乂思、大理少卿董慶試拔萃選人。以給事中楊嚴爲工部侍郎，尋召爲翰林學士。

四月，西川節度使牛叢奏於蠻界築新城、安城、遏戎州功畢〔七〕。時南詔蠻入寇姚、嶲，陳許大將顏復成嶲州新築二城。其年秋，六姓蠻攻遏戎州，爲復所敗，退去。兵部侍郎、平章事徐商、蕭寘轉中書侍郎、知政事。

五月，以左丞楊知温爲河南尹〔八〕，以神策大將軍馬舉爲秦州經略招討使，以右金吾大將軍李宴元爲夏州刺史、朔方節度等使。安南都護高駢奏於邕管大敗林邑蠻。

七月，以右衞大將軍薛綰檢校工部尚書、徐州刺史，充徐泗團練觀察防禦等使。

九月，以中書舍人趙隲權知禮部貢舉；以吏部侍郎蕭倣檢校禮部尚書、滑州刺史、御史大夫，充義成軍節度、鄭滑潁觀察等使。

十二月，太皇太后鄭氏崩，謚曰孝明。

是歲秋，高駢自海門進軍破蠻軍，收復安南府。自李琢失政，交阯淪沒十年，蠻軍北寇邕容界，人不聊生，至是方復故地。

七年春正月戊寅朔，以太皇太后喪罷元會。

三月，成德軍節度、鎮冀深趙等州觀察處置等使、金紫光祿大夫、檢校司空、鎮州大都

督府長史、御史大夫、太原縣開國伯、食邑七百户、襲食實封一百户王紹懿卒，贈司徒。紹鼎之弟，俱壽安公主之子也。三軍推紹鼎子景崇知兵馬留後事。就加幽州張允伸兼太保、平章事，進封燕國公。以吏部侍郎鄭從讜檢校禮部尚書、兼太原尹、北都留守、御史大夫、上柱國、滎陽縣開國男、食邑三百户，充河東節度管內觀察處置等使。

四月，壽安公主上表請入朝，詔曰：「志興奏汝以景崇未降恩命，欲來朝覲事，具悉。景崇素聞孝悌，頗有義方，洽三軍愛戴之情，荷千里折衝之寄。纘迺舊服，綽有令猷，朝廷獎能，續有處分。緣孝明太后園寢有日，庶事且停，候祔廟禮成，當允誠請。」

七月，沙州節度使張義潮進甘峻山青骹鷹四聯、延慶節馬二匹、吐蕃女子二人。僧曇延進大乘百法門明論等。

八月，鎮州王景崇起復忠武將軍、左金吾衞將軍同正、檢校右散騎常侍，兼鎮州大都督府左司馬、知府事、御史中丞，充成德軍節度觀察留後。上柱國、賜紫金魚袋、中書侍郎、平章事徐商兼工部尚書。

十月，沙州張義潮奏：差迴鶻首領僕固俊與吐蕃大將尚恐熱交戰，大敗蕃寇，斬尚恐熱，傳首京師。右僕射、門下侍郎、平章事夏侯孜檢校司空、平章事，兼成都尹、劍南西川節度等副大使、知節度事。安南高駢奏蠻寇悉平。

十一月十日，御宣政殿，大赦，以復安南故也。以翰林學士承旨、户部侍郎路巖爲兵部侍郎、同平章事。義成軍節度蕭倣就加檢校兵部尚書，褒能政也。以禮部郎中李景温、吏部員外郎高湘試拔萃選人。

八年春正月壬寅朔。丁未，河中、晉、絳地大震，廬舍壓仆傷人，有死者。

三月，安南高駢奏：「南至邕管，水路湍險，巨石梗途，令工人開鑿訖，漕船無滯者。」降詔褒之。制以門下侍郎、兼户部尚書、平章事、上柱國、晉陽縣開國男、食邑三百户、賜紫金魚袋楊收檢校兵部尚書，充浙江西道觀察使；以浙西觀察使杜審權守尚書左僕射；以兵部侍郎于悰本官同平章事。

九月丁酉，延資庫使曹確奏：

户部每年合送當使三月、九月兩限絹二十一萬四千一百匹，錢萬貫，自大中八年已後，至咸通四年，積欠一百五十萬五千七百餘貫匹。前使杜悰申奏，請起咸通五年正月以後，於諸道州府場監院合送户部八十文除陌錢內，割十五文當使收管，以塡積欠。續據户部牒稱，州府除陌錢有折色零碎，請起咸通五年所合送延資庫錢絹，逐年兩限須足，其除陌十五文，當司仍舊收管。前使夏侯孜具事由申奏，且請依户部論請

期限。其咸通五年錢絹，户部已送納。自六年至八年，其錢絹依前不旋送納〔九〕，又積欠三十六萬五千五百七貫匹者。伏以所置延資庫，初以備邊爲名，至大中三年始改今號。若財貨不充，則名額虛設。當制置之時，所令三司逐年分減送當使收管。元敕只有錢數，但令本司減割送庫，不定色目。以此因循，漸隳舊制，年月既久，積欠漸多。既無計以徵收，乃指色以取濟，稍稱備邊名號，得遵元敕指揮。乃割户部除陌八十文內十五文收管，及户部請逐年送庫，須且稟從。今既積欠又多，終慮不及期限。臣今酌量諸道州府場監院合送户部錢絹內分配，令勒留下合送延資庫數目，令本處別爲綱運，與户部綱同送上都，直納延資庫，則户部免有逋懸，不至累年積欠。

從之。

十月丙寅，户部侍郎〔一〇〕、判度支崔彥昭奏：「當司應收管江、淮諸道州府咸通八年已前兩稅榷酒及支米價，并二十文除陌諸色屬省錢，準舊例逐年商人投狀便換。自南蠻用兵已來，置供軍使，當司在諸州府場監錢，猶有商人便換，齎省司便換文牒至本州府請領，皆被諸州府稱准供軍使指揮占留。以此商人疑惑，乃致當司支用不充。乞下諸道州府場監院依限送納及給還商人，不得託稱占留者。」敕旨從之。宰相、門下侍郎、禮部尚書路巖兼户部尚書，中書侍郎、工部尚書徐商兼刑部尚書，兵部尚書、門下侍郎、工部尚書曹確兼吏部

侍郎、平章事于悰爲中書侍郎。以中書舍人劉允章權知禮部貢舉，以吏部侍郎盧匡、吏部侍郎李蔚、兵部員外郎薛崇、司勳員外郎崔殷夢考吏部宏詞選人。

九年春正月丙申，以吏部侍郎李蔚檢校刑部尚書、汴州刺史、御史大夫，充宣武節度、汴宋亳觀察處置等使。幽州節度使張允伸就加檢校太傅。以兵部員外郎焦瀆、司勳員外郎李嶽考宏詞選人。

七月戊戌，白虹橫亙西方。其月，徐州赴桂林戍卒五百人，官健許佶、趙可立殺其將王仲甫，以糧料判官龐勛爲都頭，剽掠湘潭、衡山兩縣，有衆千人，擅還本鎮。

九月辛卯朔。甲午，龐勛陷宿州，知州判官焦璐奔歸于徐。乙未，龐勛陷徐州，殺節度使崔彥曾，判官焦璐、李稅、温延皓、崔藴、韋廷乂，惟免監軍張道謹。遂出徐、宿官庫錢帛，召募兇徒，不旬日其徒五萬。勛抗表請罪，仍命羣兇邀求節鉞。上遣中使因而撫之。賊令別將梁伾守宿州，以姚周爲柳子寨主，又遣劉行及、丁景琮、吳迥攻圍泗州。

十月，詔徵河南、河東、山南諸道之師。貶浙西觀察使楊收爲端州司馬同正，收弟前浙東觀察使、越州刺史、御史中丞嚴爲韶州刺史，檢校工部尚書、洪州刺史、鎮南節度、江南西道觀察處置等使嚴譔長流嶺南。賊攻泗州勢急，淮南節度使令狐綯慮失泗口，爲賊奔衝，

乃令大將李湘赴援，爲賊所誘，示弱乞降，乘其無備，爲賊所襲，舉軍皆沒。湘與都監郭厚本俱爲賊所執，送徐州。

十一月庚寅朔。丁酉戌時，妖星初出，如匹練亙空，化爲雲，沒在楚分。吳迥既執李湘，乃令小將張行簡、吳約攻滁州。城內無兵，有淮南遊奕兵三百人在州界，見賊至，徑來奔郡，賊乘之，遂陷滁州。張行簡執刺史高錫望，手刃之，屠其城而去。行簡又進攻和州，刺史崔雍登城樓謂吳迥曰：「城中玉帛、女子不敢惜，只勿取天子城池。」賊許之，遂剽城中居民，殺判官張琢，以琢浚城壕故也。龐勛又令將劉贇攻濠州，陷之，囚刺史盧望回於迴車館，望回鬱憤而死，僕妾數人皆爲賊蒸而食之。

十二月庚辰朔，將軍戴可師率沙陀、吐渾部落二萬人，於淮南與賊轉戰，賊黨屢敗，盡棄淮南之守。

是歲，江、淮蝗食稼，大旱。龐勛奏：「當道先發戍嶺南兵士三千人春冬衣，今欲差人送赴邕管。」鄂岳觀察使劉允章上書言：「龐勛聚徒十萬，今若遣人達嶺表，如戍卒與勛合勢，則禍難非細。」尋詔龐勛止絕，兼令江、淮諸道紀綱捕之。

十年春正月己未朔，以徐州用兵罷元會。癸亥，以右拾遺韋保衡爲銀青光祿大夫、守

起居郎、駙馬都尉，尚皇女同昌公主，出降之日，禮儀甚盛。以神武大將軍王晏權檢校工部尚書、徐州刺史、御史大夫，充武寧軍節度、徐泗濠觀察，兼徐州北路行營招討等使，智興之從子也；以將軍朱克誠充北路招討都虞候；王有北路招討前軍使。以翰林學士、戶部侍郎劉瞻守本官同平章事。中書侍郎、兼戶部尚書、平章事蔣伸爲太子太保，罷知政事，病免也。以門下侍郎、兼刑部尚書、同平章事徐商檢校兵部尚書、江陵尹、荊南節度使。以右神策大將軍、知軍使、兼御史大夫、上柱國、龍陽縣開國伯、食邑一千戶康承訓可金紫光祿大夫、檢校刑部尚書、兼右神策大將軍、御史大夫、上柱國、扶風郡開國公、食邑一千五百戶，充徐泗行營都招討使；又以將軍李邵爲徐州南路行營招討都虞候；以將軍史忠用爲潁州行營都知兵馬使；將軍馬濬爲徐州行營都知兵馬使；將軍董濤充廬州行營都知兵馬使；將軍戴可師充曹州行營招討使；將軍朱邪赤心充太原行營招討使、沙陀三部落等軍使；將軍王建充淮泗行營招討使；將軍曹翔充兗海節度行營招討使；將軍馬舉爲揚州都督府司馬，充淮南行營招討使；將軍高羅銳爲楚州刺史、本州行營招討使；將軍秦匡謨爲濠州刺史、本州行營招討使；將軍李播爲宿州刺史，赴廬州行營招討使；以將軍孟彪爲太僕卿，充都糧料使。凡十八將，分董諸道之兵七萬三千一十五人，正月一日進軍攻徐州。魏博何弘敬奏當道點檢兵馬一萬三千赴行營。時賊將劉行及、丁景琮、吳迥攻圍泗州，可師

乘勝救之，屯於石梁驛。賊自退去，可師追擊，生擒劉行及，賊保都梁城，乃斷行及之指，懸於城下以示賊。賊登城拜曰：「見與都頭謀歸朝。」可師既知其窘，乃退軍五里。其城西面有水，三面大軍，賊乃夜中涉水而遁。明早開城門，惟病嫗數人而已。王師入壘未整，翌日詰旦重霧，賊軍大至，可師方大醉，單馬奔出，爲虹縣人郭眞所殺，一軍盡沒，惟忠武、太原、沙陀之騎軍保全而退。副將王健爲賊所擒，劉行及卻爲賊將吳迥所得，吳迥乃進軍復圍泗州。自是梯衝雲合，內外不通。龐勛恃其驟勝，遣人上表，詞語不恭，又與康承訓書，指斥朝政。王晏權者，智興之猶子也，故授以武寧節制以招之，以冀招懷。徐人怨王式之誅，相扇構亂，數月招攜，啗之以利，民□卒無革心者。康承訓大軍攻宿州，賊將梁伾出戰屢敗，乃授承訓檢校尚書右僕射，兼滑州刺史、義成軍節度使。責授端州司馬楊收長流驩州，與嚴譔並賜死於路；其黨楊公慶、嚴季實、楊全益、史明、廉遂、何師玄、李孟勳、馬全祐、李羽、王彥復等長流儋、崖、播等州；判官朱侃、常潾、閻均等配流嶺南。以河中節度使、開府儀同三司、檢校司徒、平章事、上柱國、譙郡開國公、食邑二千戶夏侯孜爲太子少保，分司東都。時南平蠻寇西川，責孜在蜀日失政也。

二月己丑，龐勛急攻泗州，遣牙將李員入城見刺史杜慆曰：「留後知中丞名族，不敢令軍士失禮，但開城門，令百姓存活，無相疑也。」慆執而殺之。詔司農卿薛瓊使淮南廬、壽、

楚等州，點集鄉兵以自固。

四月，康承訓奏大敗柳子寨賊，詔監軍楊玄价與康承訓商量，拔汴河水以灌宿州。

六月丁亥朔。戊戌，制曰：

動天地者莫若精誠，致和平者莫若修政。朕顧惟庸昧，託于王公之上，于茲十一年矣。祗荷丕構，寅畏小心，慕唐堯之欽若昊天，遵周王之昭事上帝。念茲夙夜，靡替虔恭，同馭朽之憂勤，思納隍之軫慮。內戒奢靡，外罷畋遊，匪敢期於雍熙，所自得於清淨，止望寰區無事，稼穡有年。然而燭理不明，涉道唯淺，氣多堙鬱，誠未感通。旱暵是虞，蟲螟為害，蠻蜑未賓於遐裔，寇盜復蠹於中原。尚駕戎車，益調兵食，俾黎元之重困，每宵旰而忘安。今盛夏驕陽，時雨久曠，憂勤兆庶，旦夕焦勞。內修香火以虔祈，外罄牲玉以精禱。仰俟玄貺，必致甘滋。而油雲未興，秋稼闕望，因茲愆亢，軫于誠懷。主剗復暴政煩刑，強官酷吏，侵漁蠹耗，陷害孤煢，致有冤抑之人，構成災沴之氣。主守長吏，無忘奉公。伐叛興師，蓋非獲已，除奸討逆，必使當辜，苟或陷及平人，自然風雨愆候。凡行營將帥，切在審詳，昭示惻憫之心，敬聽勤卹之旨。應京城天下諸州府見禁囚徒，除十惡忤逆、官典犯贓、故意殺人、合造毒藥、放火持仗、開劫墳墓及關連徐州逆黨外，並宜量罪輕重，速令決遣，無久繫留。雷雨不同〔二〕，田疇方瘁，誠宜愍物，

以示好生。其京城未降雨間，宜令坊市權斷屠宰。昨陝虢中使迴，方知蝗旱有損處，諸道長史，分憂共理，宜各推公，共思濟物。內有饑歉，切在慰安，哀此蒸人，毋俾艱食。徐方寇孽未殄，師旅有征，凡合誅鋤，審分淑慝，無令脅從橫死，元惡偷生。宜申告伐之文，使知逆順之理。於戲！每思禹、湯之罪己，其庶成、康之措刑。孰謂德信未孚，教化猶梗。咨爾多士，俾予一人，既引過在躬，亦漸幾于理。布告中外，稱朕意焉。

賊將鄭鎰急攻壽州，詔南面招討使馬舉救之，賊解圍而去。康承訓悉兵攻賊小睢寨，不利而退。

七月，康承訓攻賊柳子寨，垂克而賊將王弘立救至，王師大敗，承訓退保宋州。龐勛乘勝自率徐州勁卒併攻泗州，留其都將許佶守徐州。詔南面招討使馬舉為行營都招討使，代承訓率諸軍以援泗州。

八月，和州防虞行官石倖等一百三十人狀訴刺史崔雍，稱：「賊初劫烏江縣，雍令步奏官二人探知，雍猶不信，二人並被枷杻。續差人探見賊已去州十里。賊尋逼州城，崔雍與賊頭吳約於鼓角樓上飲酒，許與賊州。又認軍事判官李譙為親弟，表狀驅使官張立為男，只乞二人并身，其餘將士一任處置。便令押衙李詞等各脫下衣甲，防虞官健束手被斬者八百餘人。行官石瓊脫衣甲稍遲，便被崔雍遣賊處斬。其崔雍所有料錢并家口，累差人押送往采石，今在潤州。豈有將一千人兵士之命，贖拔己之一身，不惟辜其神明，實亦生負聖主。兼科配軍州官吏修葺城池，妄稱出料錢修城者。」敕曰：「臣子之節，無如盡忠；士人之風，宜當遠恥。崔雍任居牧守，賊犯州城，禦扞曾不發言，從容乃與命酒。況石瓊未脫衣甲，志在當鋒，不能獎其赤誠，翻令擒送賊所。原其深意，與賊通和，臣節全虧，情狀可見，欲行朝典，宜更推窮。其崔雍家口並在宣州，宜令宣歙觀察使追崔雍收禁速勘，逐具事由申奏。」是月，馬舉率師解泗州之圍，賊黨遁去。敕曰：「當崔雍守郡之日，是龐勛肆逆之初。屬狂寇奔衝，望風和好，置酒以邀賊將，啓關而納兇徒。城內不許持兵，皆令解甲，致使三軍百姓，抆血相視，連頭受誅。初聞奏陳，深駭觀聽。錫望守城而死，已有追榮；杜慆孤壘獲全，尋加殊獎。既褒忠節，難赦罪人，玉石固分，懲勸斯在。將垂誡於四海，當何愛於一夫。其崔雍宜差內養孟公度專往宣州，賜自盡。」公度至，雍死於陵陽館，其男黨兒、歸僧配流康州，錮身遞送。司勳郎中崔原貶柳州司戶，比部員外郎崔福昭州司戶，長安縣令崔朗澧州司戶，左拾遺崔庚連州司戶，荊南觀察支使崔序衡州司戶，皆雍之親黨也。

九月，賊宿州守將張玄稔以城降，有兵萬人，馬舉率師赴之。龐勛聞之，以其衆將攻玄稔。玄稔，賊之勁將也〔三〕，遂與舉合勢，急圍徐州。許佶登城拒守者三日，佶敗走出。玄

稔收復徐州，龐勛方來赴援，聞城已拔，欲南趨濠州，馬舉追及渙河〔四〕，擊敗之，勛溺水而死。蕭縣主將又斬許佶首來降，徐寇悉平。初，龐勛據徐州，倉庫素無貯蓄，乃令群兇四出，於揚、楚、廬、壽、滁、和、兗、海、沂、密、曹、濮等州界剽牛馬輓運糧糗，以夜繼晝。招致亡命，有衆二十萬，男女十五已上，皆令執兵，其人皆舒鋤鉤為兵，號曰「霍錐」。首尾周歲，十餘郡生靈，受其酷毒，至是盡平。與玄稔詔曰：「去歲災興分野，毒起徐方，蕞爾庸夫，稱兵犯命，招諭不復，猖狂罔悛，脅從三州之人，汚染萬姓之俗。逆順之理，邪正坐分，果有忠臣，悉殲逆黨，再清郡邑，不舉干戈。此皆衆人協心，闔州受福。但以首尾周歲，取制兇威，里閭不安，農桑失業，言念於此，倍積憂懷。已有詔指揮，今授玄稔銀青光祿大夫、檢校右散騎常侍、兼右驍衛大將軍、御史大夫，賜分帛五千匹、金榼一枚、盞椀一具、金腰帶一條。軍將張皐已下二十人，等第優給。今差高品李志承押領宣賜。」制曰：

朕以眇身，獲承丕業，虔恭惕厲，十一載于茲。況荷十七聖之鴻休，紹三百年之慶祚，將求理本，敢忘宵衣。雖誠信未孚，而寅畏不怠，既絕意於苑囿，固無心於畋遊，業業兢兢，日慎一日。休徵罔應，沴氣潛生，南蠻將罷於戰爭，徐寇忽孤於惠養。招諭不至，虐暴滋深，竊弄干戈，擅攻州鎮。將邀符印，輒恣兇殘，不畏神祇，自貽覆滅。股肱之臣，以罪惡之難捨；腹心之衆，謂悖逆之可誅。爰徵甲兵，用救塗炭，上將宣力，內臣

協心。選用皆得於良材，掃蕩纔及於周歲，誅干紀反常之噍類，懲亂臣賊子之奸謀。

今則已及偃戈，重康黎庶。疇庸之典，在絲髮以無私；懋賞之時，貴纖毫之必當。其四面行營節度使，既成茂勳，宜加酬奬，並取別敕處分。應諸道行營都將已下節級軍將〔一四〕，各委本道具功勞名銜，分析聞奏，當續有處分。被堅執銳，冒涉寒暄，解甲櫜弓，還鄉復業，頒繒帛之賜，免差役之征。應四面行營將士，今既平寧，宜令次第放歸本道。其賞賜匹段，已從別敕處分，到本道後，仍令節度使各犒宴放歸私第，便令歇息，未用差使。如行營人，並免差科色役；如本廂本將，今後有節級員闕，且以行營軍健量材差置，用酬征伐之勤。臨敵用命，力屈殞身，須慰傷魂，以彰忠節。超與職事，仍加任使。如無父兄子弟，卽有妻女者，卽委州使厚加贈卹，常令安撫。如是都將至都虞候陣亡者，與贈官。應陣亡將士有父兄子弟願入軍者，便令本道塡替。如無父兄子弟，仍且與給衣糧三年。因戰陣傷損手足永廢者，終身不得停給。如將士被賊殺害者，委所在州縣量事救接，重與改瘞，勿令暴露，兼與設祭。

王者以仁恕爲本，拯濟是謀，元惡旣已誅鋤，脅從宜從寬宥。除龐勛親屬及桂州迴戈逆黨，爲賊脅從及因戰陣拒敵官軍，招諭不悛，懼法逃走，皆非本惡，蓋鋒刃所驅，今並釋放，一切不問。應舊軍將軍吏節級所由〔一五〕，既已歸還，征賦先宜蠲免。其

徐、宿、濠、泗等州應合徵秋夏兩稅及諸色差科色役，一事已上，宜放十年，已後蠲放三年，待三年後續議條疏處分。編甿失業，丘井無人，桑柘枌榆，鞠爲茂草，應行營處百姓田宅產業爲賊殘毀燒焚者，今既平寧，並許識認，各還本主，諸色人不得妄有侵占。九原可作，千載不忘，尙禁樵蘇，寧傷丘壠。應有先賢墳墓碑記爲人所知，被賊毀廢者，卽與掩藏，仍量致祭。自用兵已來，郡邑皆罹攻劫，遠念驚撓，尤在慰安。今遣右散騎常侍劉異、兵部郎中薛崇等往彼宣撫。於戲！朕以四海爲家，兆人爲子。一物失所，每軫納隍之憂；一方未寧，常負阽危之戒。今元兇就戮，逆黨誅夷，載戢干戈，永銷氛祲，庶平妖氣，允洽嘉祥。退邇臣僚，當體予意。

制以徐州南面招討使、檢校尙書左僕射、右神武大將軍、權知淮南節度事、扶風縣開國伯、食邑一千戶馬舉可檢校司空，兼揚州大都督府長史、淮南節度副大使、知節度事；以右武衞大將軍、徐州東南面招討使曹翔檢校兵部尙書，兼徐州刺史、御史大夫、徐泗濠團練防禦等使；以前淮南節度使、檢校司空、平章事、上柱國、涼國公、食邑三千戶令狐綯爲太子太保，分司東都。魏博節度使、檢校太傅、同平章事何弘敬卒，三軍立其子全皞爲兵馬留後。

十一月，南詔蠻驃信坦綽酋龍率衆二萬寇巂州。定邊軍節度都頭安再榮守清溪關，爲

賊所攻，再榮退保大渡河，北去清溪關二百里，隔水相射，凡九日八夜。定邊軍節度使竇滂勒兵拒之。

十二月，驃信遣清平官十餘人來僞和，與竇滂語次，蠻軍船栰競渡，忠武、武寧軍兵士結陣抗之，接戰自午及申，蠻軍稍却。竇滂自縊于帳中，徐州將苗全緒解之，謂滂曰：「都統何至於是，但安心，全緒與再榮、弘節等血戰取勝。」全緒三人率兵而出，滂乃單騎宵遁。其夜，蠻軍營於山下。全緒等謀曰：「彼衆我寡，若明日對陣，吾屬敗矣。可夜擊之，令其軍亂，自解去。」忠武、武寧之師乃夜入蠻軍，弓弩亂發，蠻衆大駭，全緒等三將保軍而去。蠻軍乘勝進攻西川城，朝廷以顏慶復爲大渡河制置、劍南應接等使，宋威爲行營都知兵馬使，將兵數萬，與忠武、武寧之師合，與蠻軍戰于漢州之毗橋，大捷，解西川之圍。明日，蠻軍遁走，西川平。以蜀王佶爲開府儀同三司、成都尹、劍南西川節度副大使、知節度事，不出閤；以盧眈知節度事。詔河東節度使鄭從讜赴闕。以義成軍節度使、光祿大夫、檢校尙書左僕射、同平章事、滑州刺史、上柱國、會稽縣開國伯、食邑二千戶康承訓以本官兼太原尹、北都留守，充河東軍節度使。以吏部侍郎楊知溫、吏部侍郎于德孫李玄考官；司封員外郎盧蕘、刑部侍郎楊戴考試宏詞選人；以虞部郎中宋震、前昭應主簿胡德融考科目舉人。詔以兵戈纔罷，且務撫寧，其禮部貢舉，宜權停一年，付中書行敕指揮，其兩省官等，不用論

奏。敕荆南節度使杜悰：「據司天奏，有小孛星氣經歷分野，恐有外夷兵水之患。緣邊藩鎭，最要隄防，宜訓習師徒，增築城堡。凡關制置，具事以聞。」制以魏博節度使何全皞起復檢校司空、同平章事。

十一年春正月甲寅朔，制尙書右僕射杜審權爲檢校司徒、河中尹、絳慈隰節度觀察處置等使。丙午，制宰相、門下侍郎、吏部尙書曹確可兼尙書左僕射，門下侍郎、戶部尙書路巖可兼右僕射，中書侍郎于悰可兼戶部尙書，平章事劉瞻可中書侍郎、知政事。餘並如故。己酉，制：「河東節度使康承訓，將門瑣質，戎壘微才，曾不知兵，謬膺重祿。憂韜鈐以効任〔一六〕，畜奸惡以事君，幾授鉞於戎藩，嘗執金以徼道，謂其盡節，委以專征。屬者徐部匪寧，敢干紀律，俾護諸將，坐覆危巢。罄國幣以佐軍，頒王爵而賞士，而玩寇莫戰，按甲不前，立法未學於穰苴，申令頓虧於孫子。況部伍不戰，逗撓無謀〔一七〕，人數空多，軍威何振。使農夫釋耒，工女下機，始凝望於天誅，翻有思於賊至。洎元兇自潰，玄稔効忠，彭門洞開，爾功何有！而負恩已甚，濱貨是求，叨榮苟幸於一時，遺患遂逾於積歲。爰行國典，俾傅戎藩，可蜀王傅，分司東都。」再貶恩州司馬同正，馳驛發遣。以檢校左散騎常侍、泗州刺史杜慆檢校工部尙書、滑州刺史、義成軍節度、鄭滑觀察等使。以河東行營沙陀三部落羌渾諸

部招討使、檢校太子賓客、監察御史朱邪赤心爲檢校工部尙書、單于大都護、御史大夫、振武節度、麟勝等州觀察等使，仍賜姓名曰李國昌。以吏部尙書蕭鄴、吏部侍郎于德孫、吏部侍郎楊知溫考官；司勳員外郎李耀、禮部員外郎崔瀆等考試應宏詞選人。以河陽三城節度、孟懷澤觀察使、中散大夫、檢校禮部尙書、孟州刺史、御史大夫崔彥昭爲金紫光祿大夫、檢校刑部尙書、太原尹、北都留守、河東節度觀察等使。以兵部侍郎、翰林學士承旨、扶風縣開國子、食邑五百戶、駙馬都尉韋保衡本官同平章事。以兵部侍郎劉鄴判度支。左僕射、門下侍郎、同平章事曹確以病求免，授檢校司空、同平章事，兼潤州刺史，充浙江西道觀察等使。魏博節度使何全皞酷政，爲衙軍所殺，推其大將韓君雄爲留後。

四月癸未朔。戊子，敕：「去年屬以用軍之際，權停貢舉一年，今既去戈，却宜仍舊。來年宜別許三十人及第，進士十人，明經二十人，已後不得援例。」

八月辛巳朔。己酉，同昌公主薨，追贈衞國公主，謚曰文懿。主，郭淑妃所生，主以大中三年七月三日生，咸通九年二月二日下降。上尤鍾念，悲惜異常。以待詔韓宗紹等醫藥不効，殺之，收捕其親族三百餘人，繫京兆府。宰相劉瞻、京兆尹溫璋上疏論諫行法太過，上怒，叱出之。

九月丙辰，制以正議大夫、守中書侍郎、兼刑部尙書、同平章事、充集賢殿大學士、上柱

國、彭城縣開國侯、食邑一千戶、賜紫金魚袋劉瞻檢校刑部尙書、同平章事，兼江陵尹，充荆南節度等使。翰林學士、戶部侍郎、知制誥、上柱國、賜紫金魚袋鄭畋爲梧州刺史；正議大夫、御史中丞、上柱國、賜紫金魚袋孫瑝爲汀州刺史；將仕郎、右諫議大夫、柱國、賜紫金魚袋高湘爲高州刺史；中散大夫、比部郎中、知制誥、柱國、賜紫金魚袋楊知至爲瓊州司馬；將仕郎、守禮部郎中魏簹爲春州司馬；朝議大夫、行兵部員外郎、判度支案、柱國張顏爲播州司戶；朝議大夫、行刑部員外郎、柱國崔顏融爲雷州司戶：並坐劉瞻親善，爲韋保衡所逐也。京兆尹溫璋貶振州司馬，制出之夜，璋仰藥而死。劉瞻再貶康州刺史。

十月，以給事中薛能爲京兆尹，以中書舍人高湜權知禮部貢舉。

十一月己酉朔。辛亥，制以禮部尙書王鐸本官同平章事。丁卯，敕：「徐州地當沛野，軍本驍雄，實爲壯國之都，固協建侯之制。況山河素異，土俗甚殷，豈欲削卑，挫其繁盛。蓋緣比因稔禍，或至亂常，罪由已招，孽非天作。桂林叛卒，繼有逆謀，塗炭生靈，首尾周歲。殺傷黎庶，汚染忠良，所不忍言，尋加翦滅，是以卑其鎭額，隸彼藩方。近屬大兵已來，饑年荐至，且聞軍人百姓，深恥前非，願行舊規，却希建節。朕每深軫念，思致小康，特示渥恩，復其軍額。宜賜宣徽庫綾絹十萬匹，助其宴犒，必獲周豐。其徐州都團練使改爲感化軍節度、徐宿濠泗等州觀察處置等使。」以吏部侍郎鄭從讜檢校戶部尙書，兼汴州刺史、御史大夫，充宣武軍節度使，代李蔚；以蔚檢校吏部尙書、揚州大都督府長史，兼淮南節度副大使、知節度事。

十二年春正月戊申，宰相路巖率文武百僚上徽號曰睿文英武明德至仁大聖廣孝皇帝，御含元殿，册禮畢，大赦。辛酉，葬衞國公主於少陵原。先是，詔百僚爲挽歌詞，仍令韋保衡自撰神道碑，京兆尹薛能爲外監護，供奉楊復璟爲內監護，威儀甚盛，上與郭淑妃御延興門哭送。幽州節度使張允伸病，請以子簡會爲節度副大使、權知兵馬事，詔從之。

三月，以吏部尙書蕭鄴、吏部侍郎歸仁晦李當考官；司封郎中鄭紹業、兵部員外郎陸勳等考試宏詞選人。

四月，以左僕射、門下侍郎、同平章事路巖檢校司徒，兼成都尹、劍南西川節度等使。

五月庚申，敕：「愼恤刑獄，大易格言。語曰：如得其情，卽哀矜而勿喜。而獄吏苛刻，務在舞文，守臣因循，罕聞視事。以此械繫之輩，溢於狴牢；追捕之徒，繁於簡牘。實傷和氣，因致沴氣。況時屬熇蒸，化先茂育，並赦罪戾，式順生成。應天下所禁繫罪人，除十惡忤逆、故意殺人、合造毒藥、持仗行劫、開發墳墓外，餘並宜疏理釋放。或信任人吏，多有生情繫留，續察訪得知，本道觀察使判官、州府本曹官必加懲譴，以誡慢易。到後十日內，速

疏理分析聞奏。」上幸安國寺，賜講經僧沉香高座。

七月辛丑，中書門下奏：

准今年六月十二日敕，釐革諸道及在京諸司奏官幷請章服事者。其諸道奏州縣官司錄、縣令、錄事、參軍，或見任公事，敗闕不理，切要替換，及前任實有勞効，幷見有闕員，卽任各舉所知。每道奏請，仍不得過兩人。其河東、潞府、邠寧、涇原、靈武、鹽夏、振武、天德、鄜坊、滄德、易定、三川等道觀察防禦等使及嶺南五管，每道每年除令、錄外，許量奏簿、尉及中下州判司及縣丞共三人。福州不在奏州縣官限。其黔中所奏州縣官及大將管內官，卽任準舊例處分。在京諸司及諸道帶職奏官，或非時僉替，考限未滿，並卻與本資官。諸道節度及都團練防禦使下將校奏轉試官及憲御等，令諸節度事每年量許五人，都團練防禦量許三人爲定，不得更於其外奏請。其御史中丞已下，卽準敕文條疏，須有軍功，方可授任。自今後如顯立戰伐功勞者，任具事績申奏，如檢勘不虛，當別與商量處分，以外輒不得更有奏請。其幽、鎭、魏三道望且準承前舊例處分。

敕旨從之。

十二月，以檢校戶部尙書、汴州刺史、御史大夫、宣武軍節度使鄭從讜爲廣州刺史、嶺

南東道節度觀察處置等使。

十三年春正月壬寅朔。甲戌，制以兵部侍郎、判度支劉鄴本官同平章事。幽州盧龍等軍節度使、檢校司徒、同平章事、幽州大都督府長史、上柱國、燕國公、食邑三千戶張允伸卒，贈太尉，謚曰忠烈。允伸鎮幽州二十三年。

二月，幽州牙將張公素奪留後張簡會軍政，自稱留後。丁巳，制以尚書右僕射、門下侍郎、同平章事于琮檢校司空、襄州刺史，充山南東道節度觀察處置等使；以御史中丞趙隱爲戶部侍郎、本官同平章事。

三月，以吏部尚書蕭鄴、吏部侍郎獨孤雲考官，職方郎中趙蒙、駕部員外郎李超考試宏詞選人。試日，蕭鄴替，差右丞孔溫裕權判。

五月庚午朔。辛未，敕檢校尚書左僕射、守左羽林軍統軍、御史大夫張直方貶康州司馬同正，以其部下爲盜故也。乙亥，國子司業韋殷裕於閤門進狀，論淑妃弟郭敬述陰事。上怒甚，卽日下京兆府決殺殷裕，籍沒其家。殷裕妻崔氏，音聲人鄭羽客、王燕客，婢微娘、紅子等九人配入掖庭。閤門使田獻銛奪紫，配於橋陵，閤門司閽敬直決十五，配南衙，爲受殷裕文狀故也。給事中杜裔休貶端州司馬。中書舍人崔沆循州司戶，殷裕妻兄也；太僕少

卿崔元應州司戶，殷裕妻父也；前河陰院官韋君卿爲愛州崇平尉〔一〇〕，殷裕季父也。以前大理正万俟鎔爲國子司業，前興元少尹馮彭爲普州刺史，前大理正陽琯爲昌州刺史。丙子，制開府儀同三司、檢校尚書左僕射、兼襄州刺史、御史大夫、充山南西道節度觀察等使于琮可正議大夫、守普王傅，分司東都。辛巳，敕尚書左丞李當貶道州刺史，吏部侍郎王渢貶漳州刺史，左散騎常侍李郁貶賀州刺史，前中書舍人封彥卿貶潮州司戶，翰林學士承旨、兵部侍郎、知制誥張裼貶封州司馬，右諫議大夫楊塾貶和州司戶，工部尙書嚴祁貶郴州刺史，給事中李貺蘄州刺史，給事中張鐸藤州刺史，左金吾衞大將軍、充左街使李敬仲儋州司戶，前靑州刺史、平盧軍節度使于涓爲涼王府長史，分司東都；前湖南觀察使于瓌爲袁州刺史〔一一〕。涓、瓌，琮之兄也。于蕘、于戭亦配流。自李當已下，皆于琮之親黨也，爲韋保衡所逐。以天德防禦使、檢校左散騎常侍段文楚爲雲州刺史、大同軍防禦使。

六月，義成軍節度使、檢校工部尙書杜慆奏：當管潁州僧道百姓擧留刺史宗回，敕曰：「回淸幹臨人，自有月限，方藉綏輯，未議替移。」六月，中書門下奏：

今月十七日，延英面奉聖旨，令誠約天下州府，應有逃亡戶口，其賦稅差科，不得攤配見在人戶上者。伏以諸道州府，或兵戈之後，災沴之餘，戶口逃亡，田疇荒廢，天不敷佑，人多艱危。鄉閭屢困於征徭，帑藏因茲而耗竭，遂使從來經費色額，太半空系

簿書。緩徵斂則闕於供須，促期限則迫於貧苦。言念凋弊，勞乃憂勤，不降明文，孰知聖念。其逃亡戶口賦稅及雜差科等，須有承佃戶人，方可依前應役。如將闕稅課額，攤於見在人戶，則轉成逋債，重困黎元。或富者有連阡之田，貧者無立錐之地，欲令均一，固在公平。若令狡猾之徒，得以升降由己，望其完葺，不亦難乎！全由長吏竭誠，方使疲甿漸泰。臣等商量，令諸道州府準此條疏，應有逃亡戶口稅賦幷雜色差科等，並不得輒更攤配於見存人戶之上。務設法招攜，多方撫御，乘茲豐稔，重獲昭蘇。苟致安寧，自當遷陟，不遵詔令，必擧典刑。

從之。

七月，以前義昌軍節度使盧簡方爲太僕卿。

十二月，以振武節度李國昌爲檢校右僕射、雲州刺史、大同軍防禦等使。國昌恃功頗橫，專殺長吏，朝廷不能平，乃移鎭雲中。國昌稱病辭軍務，乃以太僕卿盧簡方檢校刑部尙書、雲州刺史，充大同軍防禦等使。上召簡方於思政殿，謂之曰：「卿以滄州節鎭，屈轉大同。然朕以沙陀、羌、渾撓亂邊鄙，以卿曾在雲中，惠及部落，且忍屈爲朕此行，具達朕旨，安慰國昌，勿令有所猜嫌也。」是月，李國昌小男克用殺雲中防禦使段文楚，據雲州，自稱防禦留後。制追謚宣宗爲元聖至明成武獻文睿智章仁神聰懿道大孝皇帝。

十四年春正月丙寅朔。御史中丞韋蟾奏：「應諸州刺史除授，正衙辭謝後託故陳牒請假，實爲容易。自今後如實有故爲衆所知者，三日外不在陳牒之限。應內外除官入京，合便朝謝，如遇假日，且合在都亭驛。近日多因請假，便歸私家，旣犯條章，頗乖禮敬。自今已後，望準故事，如未朝謝，須於都亭驛。如違越，臺司勘當申奏。」從之。辛未，以雲、朔暴亂，代北騷動，賜盧簡方詔曰：「李國昌久懷忠赤，顯著功勞，朝廷亦三授土疆，兩移旄節，其爲寵遇，實寡比倫。昨者徵發兵師，又令克讓將領，惟嘉節義，同絕嫌疑。近知大同軍不安，殺害段文楚，推國昌小男克用主領兵權。事雖出於一時，心豈忘於長久？段文楚若實刻剝，自結怨嫌，但可申論，必行朝典。遽至傷殘性命，刳剔肌膚，慘毒憑淩，殊可驚駭。況忠烈之後，節義之門，致茲横亡，尤悚觀聽。若克用暫勿主兵務，束手待朝廷除人，則事出權宜，不足猜慮。若便圖軍柄，欲奄有大同，則患繫久長，故難依允。料國昌輸忠効節，必當已有指揮。知卿兩任雲中，恩及國昌父子，敬憚懷感，不同常人。宜悚與書題，深陳禍福，殷勤曉喩，劈析指宜。切令大節無虧，勿使前功併棄。」簡方準詔諭之，國昌不奉詔。乃詔太原節度使崔彥昭、幽州節度使張公素帥師討之。

三月，以新除大同軍使盧簡方爲單于大都護、振武節度、麟勝等州觀察等使。時李國

昌據振武，簡方至嵐州而卒。自是沙陀侵掠代北諸軍鎮。庚午，詔兩街僧於鳳翔法門寺迎佛骨，是日天雨黃土徧地。

四月八日，佛骨至京，自開遠門達安福門，綵棚夾道，念佛之音震地。上登安福門迎禮之，迎入內道場三日，出於京城諸寺。士女雲合，威儀盛飾，古無其比。制曰：「朕以寡德，纘承鴻業，十有四年。頃屬寇猖狂，王師未息。朕憂勤在位，愛育生靈，遂乃尊崇釋教，至重玄門，迎請眞身，爲萬姓祈福。今觀覩之衆，隘塞路岐。載念狴牢，寢興在慮，嗟我黎人，陷於刑辟。況漸當暑毒，繫於縲紲，或積幽凝滯，有傷和氣，或關連追擾，有妨農務。京畿及天下州府見禁囚徒，除十惡忤逆、故意殺人、官典犯贓、合造毒藥、放火持仗、開發墳墓外，餘罪輕重節級遞減一等。其京城軍鎮，限兩日內疏理訖聞奏；天下州府，敕到三日內疏理聞奏。」以吏部侍郎蕭倣爲兵部侍郎、同平章事。

六月，帝不豫。

七月癸亥朔。戊寅，疾大漸。庚午，制立普王儼爲皇太子〔一〇〕，權勾當軍國政事。辛巳，遺詔曰：

朕祗事九廟，君臨四海，夕惕如厲，宵分靡寧，必求政化之源，思建大中之道。至於懷柔夷貊，偃戢干戈，皆以德綏，亦自馴致，冀清淨之爲理，庶治平之可臻。自秋已

來，忽爾嬰瘵，坐朝既闕，踰旬未瘳。六疾斯侵，萬機多曠，醫和無驗，以至彌留。嗚呼！數哉有窮，聖賢之所必同，明於斯言，是爲達節。載申顧命，式叶典謨。皇太子權勾當軍國事儼，性稟寬和，生知忠孝，德苞睿哲，聖表徇齊，必能揚祖宗之重光，荷邦家之丕構。宜令所司具禮，於柩前即皇帝位。以司空、門下侍郎、平章事韋保衡攝冢宰。軍國務殷，豈可久曠，況易月之制，行之自古，皇帝宜三日而聽政，二十七日釋服。文武常參官朝晡之臨，十五舉音。宮中當臨者，非時無得擅哭。天下人吏百姓告哀後出臨三日，皆釋服，勿禁食肉、飲酒、婚姻、祭祀，釋服之後無禁當舉。薄葬之禮，宜遵漢魏之文。其山陵制度，切在儉約，並不得以金銀錦繡文飾喪具。五坊鷹犬等，除蒐狩外，餘並解放。其醫官段璲、趙玘、符虔休、馬及等並釋放。咨爾將相卿士、中外臣僚，竭力盡忠，匡予令嗣，送往事居，無違朕志。

是日，崩于咸寧殿，聖壽四十一。百僚上謚曰睿文昭聖恭惠孝皇帝，廟號懿宗。十五年二月，葬于簡陵。

史臣曰：臣常接咸通耆老，言恭惠皇帝故事。當大中時，四海承平，百職修舉，中外無

粃政，府庫有餘貲，年穀屢登，封疆無擾。恭惠始承丕構，頗亦勵精，延納讜言，尊崇耆德，數稔之內，洋洋頌聲。然器本中庸，流於近習，所親者巷伯，所昵者桑門。以蠱惑之侈言，亂驕淫之方寸，欲無怠忽，其可得乎！及釁結蠻陬，奸生戍卒。發五嶺之轉輸，寰海動搖；徵二蜀之捍防，蒸人盪覆。徐寇雖殄，河南幾空。然猶削軍賦而飾伽藍，困民財而修淨業，以諛佞爲愛己，謂忠諫爲妖言。爭趨險詖之途，罕勵貞方之節。見豕負塗之愛豎，非次寵升；爇頭爛額之輔臣，無辜竄逐。是以干戈布野，蟲旱彌年，佛骨纔入於應門，龍輴已泣於蒼野，報應無必，斯其驗歟！土德淩夷，禍階於此。雖有文、景之英繼，難以興焉，自茲龜玉之不昌，固其宜矣。黃髮遺叟，言之涕零。

贊曰：邦家治亂，在君聽斷。恭惠驕奢，賢良貶竄。凶豎當國，憸人滿朝。奸雄乘釁，貽謀道消。

校勘記

〔一〕海岳晏咸通　「岳」字各本原無，據御覽卷一一五、冊府卷二一補。

〔二〕江西造切麪粥以餽行營　「江」字各本原無，「切」字各本原作「地」，據冊府卷四九八補改。

〔三〕爲支郡　「支郡」，各本原作「文都」，據唐會要卷七八改。

〔四〕宋戎　各本原作「宋式」，據本卷上文、冊府卷一四七改。

〔五〕徐州處置觀察防禦使　合鈔卷二一懿宗紀「徐州」上有「復置」二字。

〔六〕准此例與置本錢　「與」字各本原作「興」，據御覽卷一一五、冊府卷四八四改。

〔七〕新城安城遏戎州　通鑑卷二五〇作「新安城、遏戎城」。

〔八〕左丞楊知溫　「左丞」下各本原有「相」字，按是時無左丞相之官，據本書卷一七六楊虞卿傳刪。

〔九〕其錢絹依前不旋送納　「不旋送納」，各本原作「旋納」，據冊府卷四八四補。

〔一〇〕戶部侍郎　「戶」字各本原作「兵」，據本書卷一七八崔彥昭傳、冊府卷四八四、新書卷一八三崔彥昭傳改。

〔一一〕雷雨不同　全唐文卷八四作「雷雨不周」。

〔一二〕賊之勁將也　「也」字各本原作「出」，據御覽卷一一五改。

〔一三〕渙河　各本原作「濆河」，據御覽卷一一五、通鑑卷二五一改。

〔一四〕節級軍將　各本原作「節度及軍將」，據唐大詔令集卷一二五、全唐文卷八三改。

〔一五〕節級所由　「級」字各本原作「及」，據唐大詔令集卷一二五、全唐文卷八三改。

〔一六〕憂韜鈐以効任　「憂」字葉校本作「豢」，全唐文卷八三作「竊」。

〔一七〕逼撓無謀　「逼」字合鈔卷二一懿宗紀作「逗」。

〔一八〕愛州崇平尉　「崇」字各本原作「宋」，據本書卷四一地理志、通鑑卷二五二考異引續寶運錄改。

〔一九〕于瓌　各本原作「于環」，據本書卷一四九于休烈傳、新書卷一〇四于志寧傳改。

〔二〇〕普王儼　「普」字各本原作「晉」，據本書卷一九下僖宗紀、唐會要卷二、御覽卷一一五改。

舊唐書卷十九下

本紀第十九下

僖宗

僖宗惠聖恭定孝皇帝諱儇，懿宗第五子，母曰惠安皇后王氏。咸通三年五月八日生於東內。初封普王，名儼。十四年七月，懿宗大漸。其月十八日，制曰：「朕守大器之重，居兆人之上，日愼一日，如履如臨。旰昃勞懷，寢興思理，涉道猶淺，導化未孚。而攝養乖方，寒暑成癘，實有慮於闕政，且無暇於怡神。恙未少瘳，日加寖劇，萬務凡總，須有主張。考思舊章，謀于卿士，思闡鴻業，式建皇儲。第五男普王儼改名儇，孝敬溫恭，寬和博厚，日新令德，天假英姿，言皆中規，動必由禮。俾崇邦本，允協人心，宜立爲皇太子，權勾當軍國政事。咨爾中外卿士，洎于腹心之臣，敬保予胤，輔成予志，各竭乃心，以安黎庶。布告中外，知朕意焉。」是日，懿宗崩。二十日，卽皇帝位于柩前，時年十二。左軍中尉劉行深、右軍中尉

韓文約居中執政，並封國公。

八月，皇帝釋服。冊聖母王氏爲皇太后。河南大水，自七月雨不止，至釋服後方霽。

九月，守司空、門下侍郎、平章事韋保衡貶賀州刺史。以岳州刺史于琮爲太子少傅，緣琮貶逐者並放還。循州司戶崔沆復爲中書舍人，前戶部侍郎、知制誥、翰林學士承旨鄭畋爲左散騎常侍，前兵部侍郎、知制誥、翰林學士張裼爲太子賓客，前諫議大夫高湘復爲諫議大夫，前宣歙觀察使楊嚴復爲給事中。

十月，左僕射、門下侍郎、平章事劉鄴檢校左僕射、同平章事，兼揚州大都督府長史，充淮南節度觀察副大使、知節度事。

十一月，以光祿大夫、守太子少傅、駙馬都尉于琮檢校尙書左僕射，兼襄州刺史、御史大夫，充山南東道節度觀察等使。

十二月，雷震。義成軍節度使、檢校刑部尙書杜慆就加兵部尙書。

乾符元年春正月辛酉朔。乙丑，左僕射、門下侍郎、平章事蕭倣兼右僕射。門下侍郎、吏部尙書、平章事王鐸檢校吏部尙書、同平章事，兼汴州刺史，充宣武軍節度、宋亳觀察等使。

二月，葬懿宗于簡陵。

三月，以河東節度使、檢校尚書右僕射崔彥昭爲尚書兵部侍郎，充諸道鹽鐵轉運等使。以銀青光祿大夫、京兆尹、上柱國、岐山郡開國公、食邑三千戶竇滂檢校戶部尚書、太原尹、北都留守、御史大夫，充河東節度管內觀察處置等使。以中書侍郎、刑部尚書、同平章事趙隱檢校吏部尚書、潤州刺史、浙江西道都團練觀察等使。

四月，崔彥昭本官同平章事，領使如故。以前淮南節度使李蔚爲吏部尚書。以天平軍節度使、檢校尚書右僕射、兼鄆州刺史高駢檢校司空，兼成都尹，充劍南西川節度副大使、知節度事。以右散騎常侍韋荷爲吏部侍郎。前同州刺史崔璞爲右散騎常侍。右領軍衞上將軍渾偘檢校吏部尚書、左千牛衞上將軍。以侍御史盧胤征爲司封員外郎，判戶部案。

五月，以吏部侍郎鄭畋爲兵部侍郎、同平章事，戶部侍郎、知制誥、翰林學士、賜紫金魚袋盧攜本官同平章事。太子右庶子李嶧爲太僕卿，侍御史裴渥爲起居郎。以嶺南東道節度使、檢校刑部尚書鄭從讜爲刑部尚書，以吏部侍郎韋荷檢校禮部尚書、廣州刺史、嶺南東道節度使。

七月，以禮部侍郎裴瓚爲檢校左散騎常侍、潭州刺史、御史大夫、湖南觀察使；故湖南觀察使李庾贈禮部尚書。

十月，以中書舍人崔沆爲中書侍郎，右諫議大夫崔胤爲給事中。

十一月丙戌朔。庚寅，上有事於宗廟，禮畢，御丹鳳門，大赦，改元爲乾符。宰相蕭倣兼司空、弘文館大學士、太淸宮使，兵部侍郎崔彥昭爲中書侍郎，兵部侍郎鄭畋爲集賢殿大學士。以宣慰沙陀六州部落、檢校兵部尚書李鈞爲靈武節度，制曰：「朕以沙陀驍勇，重累戰功，六州蕃、渾，沐浴王化。念其出於猜貳，互有傷殘，而克璋報仇，其意未已。被我君臨之德，軫吾子育之心，爰擇良能，俾之宣撫。惟爾先正，嘗鎭北門，待國昌以雄傑之才，置國昌於濟活之地。既藉奕葉之舊，又懷任士之觀。是用付以封疆，委之軍旅，必集王事，無墜家聲。」初鈞父業鎭太原，能安集代北部落。時李國昌父子據大同、振武，吐渾、契苾、幽州諸道之軍攻之不利，故假鈞靈武節鉞，率師招諭之。以長安令李壓爲諫議大夫，以吏部員外郎徐彥若爲長安令。兵部郎中盧鄴爲楚州刺史。

十二月，党項、迴鶻寇邊。以左司郎中崔原爲兵部郎中，江州刺史李可仁爲右司郎中。權知工部尚書牛蔚爲禮部尚書，太子賓客于涙爲工部尚書。是冬，南詔蠻寇蜀，詔河西、河東、山南西道、東川徵兵赴援。西川節度使高駢奏：「奉敕抽發長武、鄜州、河東等道兵士赴劍南行營者。伏以西川新軍舊軍差到已衆，況蠻蠻小醜，必可枝梧。今以道路崎嶇，館驛窮困，更有軍頓，立見流移，所謂望一處完全而百處俱破。且兵不在衆而在於和，其左右神策長武鎭、鄜州〔一〕、河東所抽甲馬兵士，人數不少，況備辦軍食，費損尤多。又緣三道藩鎭，盡扼羌戎，邊鄙未寧，望不差發。如已在道路，並請降敕勒迴。」詔答曰：「蠻蠻如尚憑陵，固須倍兵禦敵；若已奔退，即要併力追擒。方藉北軍，助平南寇，其三處兵士，宜委高駢俟到蜀日分布驅使。具務多多之辦，寧亂整整之師。其河東一千二百人，令竇滂不要差發。」時駢扞蠻已退，長武兵士竟至蜀而還，議者惜其勞費而虛邀出入之賞也。右軍中尉韓文約以疾乞休致，從之。

二年春正月乙酉朔。己丑，宰相崔彥昭率文武百僚上尊號，上御正殿受册。以知內樞密田令孜爲右軍中尉。南蠻驃信遣使乞盟，許之。以鳳州刺史郭弘業爲左金吾衞將軍。庫部郎中韋岫爲泗州刺史，都官員外郎李頻爲建州刺史。

二月，以兵部侍郎、充諸道鹽鐵轉運使王凝爲秘書監，以所補吏職罪也。以吏部侍郎裴坦爲兵部侍郎，充諸道鹽鐵轉運使。以翰林學士崔澹爲中書舍人；翰林學士徐仁嗣爲司封郎中，學士如故。以容管經略招討使高秦檢校戶部尚書，太府卿李嶧爲宗正卿，湖州刺史張搏爲廬州刺史，庫部員外郎楊堪爲吏部員外郎。

三月，以右補闕鄭勸爲起居郎，度支推官牛徽爲右補闕。以戶部郎中崔彥融爲長安

令，都官郎中楊知退爲戶部郎中。左司員外郎唐嶠爲刑部郎中，刑部員外郎畢紹顏爲左司員外郎，侍御史鄭頊爲刑部員外郎。

四月，海賊王郢攻剽浙西郡邑。以殿中侍御史李燭爲禮部員外郎。以太子賓客張裼爲吏部侍郎。前淮南節度使李蔚爲太常卿，成德軍節度使王景崇加開府儀同三司。秘書監蕭倪爲國子祭酒。汝州刺史崔彥沖爲太子賓客分司。新除吏部侍郎張裼爲京兆尹。東川點檢兵馬使吳行魯可金紫光祿大夫、檢校兵部尚書，兼梓州刺史、御史大夫，充劍南東川節度等使。以東川節度使、檢校戶部尚書崔充爲河南尹；河南尹李晦檢校左散騎常侍，兼福州刺史、福建都團練觀察使。以鳳翔隴西節度使、檢校司徒、同平章事、上柱國、涼國公、食邑三千戶令狐綯進封趙國公。

五月，濮州賊首王仙芝聚於長垣縣，其衆三千，剽掠閭井，進陷濮州，俘丁壯萬人。鄆州節度使李種出兵擊之〔二〕，爲賊所敗。以殿中少監薛瑺爲衞州刺史，國子司業裴拙爲洋州刺史，中書舍人崔沆爲禮部侍郎，兵部郎中裴虔餘爲太常少卿。

六月，以司勳員外郎薛邁爲兵部郎中，戶部員外郎鄭就爲司勳員外郎，倉部員外郎鄭綮爲戶部員外郎，主客員外郎王鐐爲倉部員外郎。

秋七月，以大理卿蔡行爲豐州刺史、天德軍都防禦使，大理卿張彥遠爲大理卿〔三〕。以

京兆尹張裼檢校戶部尚書，兼鄆州刺史、御史大夫，充天平軍節度、鄆曹濮觀察等使。以左司勳員外郎杜貞符爲都官郎中[四]，吏部員外郎牛循爲金州刺史，司封員外郎盧胤征爲吏部員外郎。

十月，以秘書少監李晛爲諫議大夫。以前大同軍及雲朔都防禦營田供軍等使李瓚檢校左散騎常侍、豐州刺史，充天德軍豐州西城中城都防禦使、本管押蕃落等使。以考功員外郎趙蘊爲吏部員外郎，戶部員外郎盧莊爲起居員外郎，禮部員外郎蕭遘爲考功員外郎。

十一月，以起居郎劉崇龜爲禮部員外郎，殿中侍御史孔綸爲戶部員外郎。是月，雷震電。左僕射王鐸兼門下侍郎、同平章事，復輔政。

三年春正月己卯朔，司空、門下侍郎、同平章事蕭倣以病求免，罷爲太子太傅。浙西奏誅王郢徒黨。以左金吾衞大將軍、右街使齊克讓檢校兵部尚書，兼兗沂海等州節度使。

三月，以吏部尚書歸仁晦、吏部侍郎孔晦、吏部侍郎崔蕘試宏詞選人[五]，考功郎中崔庾、考功員外郎周仁舉爲考官。以太常卿李蔚本官同平章事。奉天鎮上言金龍晝見，自河升天。門下侍郎崔彥昭太淸宮使、弘文館大學士，中書侍郎、刑部尚書、平章事鄭畋監修國史。以右武衞大將軍墨冲議爲左金吾衞大將軍，以黎州刺史杜岡爲雅州刺史。

五月，以江西觀察使獨孤雲爲太子少傅，金州刺史東鄉勵爲嘉州刺史。

六月，敕福建觀察使李播、荆州刺史楊權古、蔚州刺史王龜範、壁州刺史張贇、濮州刺史韋浦、施州刺史婁傳會、邢州刺史王回、撫州刺史崔理、黃州刺史許信卿等：「刺史親人之官，苟不諳詳，豈宜除授。比爲朕養百姓，非獨榮爾一身，每念疲羸，實所傷歎。李播等九人授官之時，衆詞不可；王回等三人到郡無政，惟務貪求。實汚方州，並宜停任。」以檢校右散騎常侍、衞尉卿李鐸爲太府卿，以涼王傅分司裴思謙爲衞尉卿，撫王府長史劉允章涼王傅。主客郎中崔福爲汾州刺史，荆南節度副使王慥爲主客郎中。六月，以門下侍郎、刑部尚書、平章事、太淸宮使、弘文館大學士、判度支崔彥昭兼左僕射，中書侍郎鄭畋兼門下侍郎，太常卿、平章事李蔚爲中書侍郎。以歙州刺史蕭蘧爲右司員外郎，右司員外郎崔潼爲歙州刺史。

七月，草賊王仙芝寇掠河南十五州，其衆數萬。是月，賊逼潁、許，攻汝州，下之，虜刺史王鐐。刑部侍郎劉承雍在郡，爲賊所害。賊遂南攻唐、鄧、安、黃等州。時關東諸州府兵不能討賊，但守城而已。以戶部郎中李節爲駕部郎中，金部郎中王慥爲戶部郎中，主客郎中鄭諴爲金部郎中，金部員外郎張譙爲主客郎中，屯田員外郎竇玔爲金部員外郎，京兆司錄趙曄爲屯田員外郎。工部侍郎崔朗爲同州刺史，左軍擗仗使、左監門衞上將軍西門思恭爲

右威衞上將軍。以右諫議大夫、知制誥魏簹爲中書舍人。

九月，以右丞崔蕘權知吏部侍郎，禮部侍郎崔沆爲尚書右丞，中書舍人高湘權知禮部侍郎，京兆尹楊知至爲工部侍郎。兵部尚書、兼太常卿李瓚檢校尚書右僕射、太常；衞尉卿蕭寬爲鴻臚卿，充閑廄使。以宰相崔彥昭男保謙爲秘書省校書郎。右僕射、門下侍郎、平章事崔彥昭加特進；門下侍郎、禮部尚書、平章事鄭畋可特進。太中大夫、平章事盧攜可銀青光祿大夫；銀青光祿大夫、平章事李蔚可金紫光祿大夫。以太府卿李嶧檢校工部尚書、滑州刺史、御史大夫，充義成軍節度、鄭滑潁觀察處置等使。雅州自六月地震至七月未止，壓傷人頗衆。詔河南藩鎮舉兵討賊。以刑部郎中李磎爲戶部郎中，分司東都；戶部郎中鄭諴爲刑部郎中。戶部郎中、知制誥、翰林學士王徽爲中書舍人，戶部員外郎、翰林學士蕭遘爲戶部郎中，學士並如故。諫議大夫趙蒙爲給事中，商州刺史張同爲諫議大夫。

十一月，以司門員外郎鄭蕘爲池州刺史，水部員外郎樊充爲工部員外郎，汴宋度支使杜孺休爲水部員外郎。太常少卿崔渾貶康州刺史，揚州左司馬鄭祥爲澧州刺史，度支分巡院使李仲章爲建州刺史。

十二月，以右金吾衞將軍張簡會爲左金吾大將軍，充右街使；右龍武將軍李彀爲右金吾將軍。前陝西虢觀察使陸墉爲太子賓客。

四年春正月癸酉朔。丁丑，降制赦天下繫囚及徙流人放還。以諫議大夫李湯爲給事中，以兵部郎中崔厚爲諫議大夫。大理少卿王承顏爲鹽州刺史，明州刺史殷僧辯爲大理卿。以吏部尚書鄭從讜、吏部侍郎孔晦、吏部侍郎崔蕘考宏詞選人。

三月，以開府、行內侍監致仕劉行深爲內侍省觀軍容、守內侍監致仕。以判鹽鐵案、檢校考功郎中鄭溵爲司封員外郎，充轉運判官。兵部員外郎裴渥爲蘄州刺史，職方員外郎盧澄爲兵部員外郎。以草賊大寇河南、山南，詔曰：

亂常干紀，天地所不容；伐罪弔人，帝王之大典。歷觀往代，徧數前朝，其有怙衆稱兵，憑凶構孽，或疑迷於郡縣，或殘害於生靈。初則狐假鴟張，自謂驍雄莫敵；旋則鳥焚魚爛，無非破敗而終。蓋以逆順相懸，幽明共怒。近者龐勛拒命，王郢擬災，結聚至多，猖狂頗甚，尋則身膏原野，家受誅夷。亦有方從叛亂，能自徊翔，移吉凶於反掌之間，變禍福於立談之際。則諸葛爽今爲刺史[六]，朱實見存將軍，弘霸郎受職於禁營，宋再雄策名於淮海，莫不身名光顯，家族輝榮。近準諸道奏報，草賊稍多，江西、淮南，宋、亳、曹、潁，或攻郡縣，或掠鄉村。雖命兵師，且令招撫。朕以寬弘爲理，慈愍居心，每念蒼生，皆同赤子。恨不能均其衣食，令致荒饑，寧忍迫以鋒鋩，斷其身首。如

王仙芝及諸賊頭領能洗心悔過，散卒休兵，所在州府投降，便令具名聞奏，朝廷當議獎升。如諸賊頑傲不悛，凶強自恃，即宜令諸道兵師犄角誅翦。若諸軍全捕得一火草賊數至三百人已上者，超授將軍，賞錢一千貫。如鄉村有幹勇才略，而能率合義徒，驅除草寇者，本處以聞，亦與重賞。如鄭鎰、湯羣之輩，已爲刺史，朝廷故不食言。敕到，宜令諸道明行宣諭，令知朕意。

青州節度使宋威上表：「請步騎五千，特爲一使，兼率本道兵士，所在討賊，必立微功以酬聖獎。」優詔嘉之，乃授威諸道招討草賊使，仍給禁兵三千，甲馬五百匹。仍諭河南方鎮曰：「王仙芝本爲鹽賊，自號草軍，南至壽、廬，北經曹、宋。半年燒劫，僅十五州；兩火轉鬭，踰七千衆。諸道發遣將士，同共討除，日月漸深，煙塵未息。蓋以遞相觀望，虛費糇糧，州縣罄於供承，鄉村泣於侵暴。今平盧軍節度使宋威深憤萑蒲，請行誅討。朕以威前時蜀部，破南詔之全軍；比歲徐州，摧龐勛之大陣。官階甚貴，可以統諸道之都頭；驍勇素彰，足以破伏戎之草寇。今已授指揮諸道兵馬招討草賊使，候宋威到本道日，供給犒設，並取上供錢支給。仍命指揮都頭，凡攻討進退，取宋威處分。」時賊渠王仙芝、尚君長在安州，宋威自青州與副使曹全晸進軍攻討，所在破賊。是月，寃朐賊黃巢聚萬人攻鄆州，陷之，逐節度使薛崇。

五月，幽州節度使李茂勳上表乞致仕，以其男可舉權知兵馬事。制以壽王傑爲開府儀同三司、幽州經略盧龍等軍節度觀察押奚契丹等使；以幽州節度副使、權知兵馬事李可舉檢校左散騎常侍、幽州大都督府左司馬，充幽州兵馬留後。制以幽州盧龍節度使、檢校工部尚書李茂勳守尚書左僕射致仕。以前綿州刺史皇甫鏞爲秘書少監，以陳州刺史許珂爲睦州刺史，以右衞將軍程可復爲左衞大將軍。黃巢賊陷沂州。

六月，以宣歙觀察使高駢檢校司空，兼潤州刺史、鎮海軍節度、蘇常杭潤觀察處置、江淮鹽鐵轉運、江西招討等使。以汝州防禦使李鈞檢校尚書右僕射、潞州大都督府長史，充昭義軍節度、潞邢洺磁觀察等使。幽州留後李可舉請以本軍討沙陀三部落，從之。

七月，黃巢自沂、海，其徒數萬，趨潁、蔡，入查牙山，遂與王仙芝合。

八月，賊陷隨州，執刺史崔休徵。羣賊屯於白湫。是月，江州賊首柳彥璋聚徒陷江州，殺刺史陶祥。

九月，以中書舍人崔澹權知貢舉。沙陀大寇雲、朔。

十月，詔昭義節度李鈞、幽州李可舉、吐渾赫連鐸白義誠、沙陀安慶薛葛部落合兵討李國昌父子於蔚州。

十一月，賊王仙芝率衆渡漢，攻江陵，節度使楊知溫嬰城拒守。知溫本非禦侮之才，城無宿備，賊急攻之。

十二月，賊陷江陵之郛，知溫窮蹙，求援於襄陽，山南東道節度使李福悉其師援之。時沙陀軍五百騎在襄陽，軍次荆門，騎軍擊賊，敗之。賊盡焚荆南郛郭而去。

五年春正月丁酉朔，沙陀首領李盡忠陷遮虜軍。太原節度使竇澣遣都押衙康傳圭率河東土團二千人屯代州，將發，求賞呼譟，殺馬步軍使鄧虔。竇澣自入軍中安慰，仍借率富戶錢五萬貫以賞之。朝廷以澣非禦侮才，以前昭義節度使曹翔檢校尚書右僕射，兼太原尹、北都留守、河東節度使；又以左散騎常侍支詳爲河東節度副使。

二月，王仙芝餘黨攻江西，招討使宋威出軍屢敗之，仍宣詔書諭仙芝。仙芝致書於威，求節鉞，威僞許之。仙芝令其大將尚君長、蔡溫玉奉表入朝，威乃斬君長、溫玉以徇。仙芝怒，急攻洪州，陷其郛。宋威赴援，與賊戰，大敗之，殺仙芝，傳首京師。尚君長弟尚讓爲黃巢黨，以兄遇害，乃大驅河南、山南之民，其衆十萬，大掠淮南，其鋒甚銳。侍中、晉國公王鐸請自督衆討賊，天子以宋威失策殺君長，乃以王鐸檢校司徒、兼侍中、門下侍郎、江陵尹、荆南節度使，充諸道兵馬都統。

三月，王鐸奏兗州節度使李係爲統府左司馬，兼潭州刺史，充湖南都團練觀察使。黃

巢之衆再攻江西，陷虔、吉、饒、信等州，自宣州渡江，由浙東欲趨福建，以無舟船，乃開山洞五百里，由陸趨建州，遂陷閩中諸州。以吏部尚書鄭從讜、吏部侍郎崔沆考宏詞選人。

七月，滑州、忠武、昭義諸道之師會于太原，大同軍副使支詳爲前鋒，先趨行營。

八月，沙陀陷岢嵐軍，曹翔自率軍赴忻州。翔至軍，中風而卒，諸軍皆退。太原大懼，閉城門，昭義兵士爲亂，劫坊市。

九月，門下侍郎、吏部尚書、平章事李蔚檢校尚書左僕射，充東都留守；以吏部尚書鄭從讜本官同平章事。

十月，司空、平章事崔彥昭罷爲太子太傅。

十一月，制以河東宣慰使、權知代北行營招討崔季康檢校戶部尚書，兼太原尹、北都留守，充河東節度、代北行營招討使。沙陀攻石州，崔季康救之。

十二月，季康與北面行營招討使李鈞，與沙陀李克用戰于岢嵐軍之洪谷，王師大敗，鈞中流矢而卒。戊戌，至代州〔七〕，昭義軍亂，爲代州百姓所殺殆盡。以中書舍人張讀權知禮部貢舉。

六年春正月辛卯朔，河東節度使崔季康自靜樂縣收合餘衆迴軍，軍亂，殺孔目官石裕。

季康委衆遁歸行營，衙將張鍇、郭朏率其衆歸太原，兵士鼓譟，攻東陽門，入使衙，季康父子皆被害。

三月，以吏部侍郎崔沆、崔瀣試宏詞選人，駕部郎中盧蕰、刑部郎中鄭頊爲考官。制以邠寧節度使李侃檢校戶部尚書，兼太原尹、北都留守，充河東節度等使。

四月，黃巢陷桂管。

五月，賊圍廣州，仍與廣南節度使李巖〔八〕、浙東觀察使崔璆書，求保薦，乞天平節鉞。璆、巖上表論之，詔公卿議其可否。宰相鄭畋、盧攜爭論於中書，詞語不遜，俱罷爲太子賓客，分司東都。以吏部侍郎崔沆爲戶部侍郎，戶部侍郎、翰林學士豆盧瑑爲兵部侍郎〔九〕，並本官同平章事。黃巢陷廣州，大掠嶺南郡邑。

八月，制以特進、檢校司空、東都留守李蔚爲檢校司徒、同平章事，兼太原尹、北都留守、河東節度觀察，兼代北行營招討供軍等使。

十月，制以鎮海軍節度、浙江西道觀察處置等使高駢檢校司徒、同平章事、揚州大都督府長史，充淮南節度副大使、知節度事、江淮鹽鐵轉運、江南行營招討等使，進封燕國公，食邑三千戶。初，駢在浙西，遣大將張璘、梁纘等大破黃巢於浙東，賊進寇福建，踰嶺表，故移鎮揚州。時賊北踰大庾嶺，朝廷授駢諸道行營兵馬都統。太原節度使李蔚卒。以禮部侍

郎張讀權知左丞事。

十一月，制以銀青光祿大夫、檢校右散騎常侍、河東行軍司馬、鴈門代北制置等使、石嶺鎮北兵馬、代北軍等使、上柱國康傳圭檢校工部尚書，兼太原尹、北都留守、河東節度使。時傳圭已率兵在代州，是月自行營赴任，兩都虞候張鍇、郭朏迎於烏城驛，並殺之，軍中震悚。又制以神策大將軍周寶檢校尚書左僕射，兼潤州刺史、鎮海軍節度、浙江西道觀察等使。以定州已來制置內閑廐宮苑等使、金紫光祿大夫、檢校刑部尚書、上柱國、太原縣開國伯、食邑七百戶王處存檢校戶部尚書，兼定州刺史，充義武軍節度、易定觀察處置、北平軍等使。

十二月，制以河東馬步軍都虞候朱玫爲代州刺史。以太子賓客分司盧攜爲兵部尚書、同平章事；太子賓客鄭畋檢校左僕射、鳳翔尹，充鳳翔節度使。

廣明元年春正月乙卯朔，上御宣政殿，制曰：

朕祗膺寶祚，嗣守宗祧，夙夜一心，勤勞八載，實欲驅黎元於仁壽，致華夏之昇平。而國步猶艱，羣生寡遂，災沴荐起，寇孼仍臻。竊弄干戈，連攻郡邑，雖輸降款，未息狂謀。江右、海南，瘡痍既甚，湖湘荆漢，耕織屢空。言念疲羸，良深軫惻，我心未濟，天道如何。賴近者嚴敕師徒，稍聞勝捷，皆明聖之潛祐，寧非德以言功。屬節變三陽，日當首歲，乃御正殿，爰命改元，況及發生，是宜在宥。自古繼業守文之主，握圖御宇之君，必自正月吉辰，發號施令。所以垂千年之懿範，固萬代之洪基，莫不由斯道也。可改乾符七年爲廣明元年。

近日東南州府，頻奏草賊結連。本是平人，迫於饑饉，驅之爲盜，情不願爲。委所在長吏子細曉諭，如自首歸降，保非詐僞，便須撫納，不要勘問。如未倒戈，即登時剪撲。東南州府遭賊之處，農桑失業，耕種不時。就中廣州、荆南、湖南，盜賊留駐，人戶逃亡，傷夷最甚，自廣明已前諸色稅賦，宜令十分減四。其河中府、太原府遭賊寇掠處，亦宜準此。

吏部選人粟錯及除駁放者〔一〇〕，除身名渝濫欠考外，並以比遠殘闕收注。入仕之門，兵部最濫，全無根本，頗壞紀綱。近者武官多轉入文官，依資除授，宜懲僭倖，以辨品流。自今後武官不得轉入文官選改，所冀輪轅各適，秩序區分，其內司不在此限。

沙陀部落踰鴈門關，進逼忻州。

二月，沙陀逼太原，陷大谷。康傳圭遣大將伊釗、張彥球、蘇弘軫分兵拒之於秦城驛，爲沙陀所敗。傳圭怒，斬蘇弘軫。張彥球部下兵士爲亂，倒戈攻太原，殺傳圭，監軍使周從寓

安慰方定。是月，制以開府儀同三司、門下侍郎、兼兵部尚書、同平章事、充太清宮使、弘文館大學士、延資庫使、上柱國、滎陽郡開國公、食邑三千戶鄭從讜檢校司空、同平章事，兼太原尹、北都留守，充河東節度、管內觀察處置兼行營招討供軍等使。黃巢賊軍自衡、永州下，頻陷湖南、江西屬郡。時都統王鐸前鋒都將李係守潭州，有衆五萬，并諸團結軍號十萬。賊自桂陽編木爲栰數千，其衆乘暴水沿湘而下，徑至潭州，急攻其城，一日而陷。李係僅以身免，兵士五萬皆爲賊所殺，流屍塞江。賊將尚讓乘勝沿流而下，進逼江陵。王鐸聞係軍敗，乃棄城奔襄陽。別將劉漢宏大掠江陵之民，剽剝不勝其酷，士民亡竄山谷，江陵焚剽殆盡。半月餘，賊衆方至江陵。

三月，賊悉衆欲寇襄陽，江西招討使曹全晸與襄陽節度使劉巨容謀拒之。時營於荆門，賊軍一萬屯於團林驛。全晸命巨容悉以精甲陣於林薄之中，自以騎軍挑戰，僞不勝而遁。賊大乘之，比至荆門，其徒不成列，巨容發伏擊之，賊大潰而走。全晸鐵騎急追之，比至江陵，十俘七八。黃巢、尚讓以餘衆徒濟江。全晸方渡江襲賊，遽詔至，以段彥謨爲江西節度使〔一一〕，全晸乃還。賊遂率舟軍東下，攻鄂州，陷其郛。全晸救至，賊遂轉戰江西，陷江西饒〔一二〕、信、杭、衢、宣、歙、池等十五州。全晸在江西。朝廷以王鐸統衆無功，乃授淮南節度使高駢爲諸道兵馬行營都統。駢令大將張璘渡江討賊，屢捷。賊衆疫癘，其將李罕之以

一軍捘淮南，其衆稍沮。是月，沙陀寇忻、代，詔以汝州防禦使諸葛爽爲北面行營副招討，率東都防禦兵士赴代州。

四月甲申朔，大雨雹，大風拔兩京街樹十二三，東都長夏門內古槐十拔七八，宮殿鴟尾皆落。丁酉，制以檢校吏部尚書、前太常卿、上柱國、隴西郡開國公、食邑三千戶李琢爲光祿大夫、檢校尚書右僕射、御史大夫，充蔚朔等州諸道行營都招討使；應東北面行營李孝昌、李元禮、諸葛爽、王重盈、朱玫等兵馬及忻、代州土團，並取琢處分。以內常侍張存禮充都糧料使，判官崔鋋充制置副使。

六月，代北行營招討使李琢、幽州節度使李可舉、吐渾首領赫連鐸等軍討李克用於雲州。時克用令其大將軍傅文達守蔚州，高文集守朔州。吐渾赫連鐸遣人說高文集令歸國，文集與沙陀首領李友金、薩葛都督米海萬、安慶都督史敬存以前蔚州歸款於李琢。時克用率衆禦燕軍於雄武軍。

七月，沙陀三部落李友金等開門迎大軍，克用聞之，亟來赴援，爲李可舉之兵追擊，大敗於藥兒嶺。李琢、赫連鐸又擊敗于蔚州，降文達，李克用部下皆潰，獨與國昌及諸兄弟北入達靼部。乃以吐渾都督赫連鐸爲雲州刺史、大同軍防禦使，吐渾白義誠爲蔚州刺史，薩葛米海萬爲朔州刺史，加李可舉檢校司徒、同平章事。

八月，黃巢之衆渡江寇淮南。是歲春末，賊在信州疫癘，其徒多喪。淮南將張璘急擊之，賊懼，以金啗璘，仍致書高駢乞保命歸國。駢信之，厚待其使，許求節鉞。時昭義、武寧、義武等軍兵馬數萬赴淮南，駢欲收功於己，乃奏賊已將殄，不假諸道之師[13]，並遣還北。賊知諸軍已退，以求節鉞不獲，暴怒，與駢絕，請戰。駢怒，令張璘整軍擊之，爲賊所敗，臨陣殺璘。賊遂乘勝渡江，攻天長、六合等縣，駢不能拒，但泱陳登水自固而已。朝廷聞賊復振，大恐[14]，詔河南諸道之師屯于溵水。官軍大集，賊未北渡。時兗州節度使齊克讓屯汝州。

九月，徐州兵三千人赴溵水，途經許。許州節度使薛能前爲徐帥，得軍民情。徐軍吏至，請館，能以徐軍懷惠，令館於州內。許軍懼徐人見襲，許州大將周岌自溵水以其戍卒還，逐薛能，自據其城。徐軍已至河陰，聞許軍亂，徐將時溥亦以戍兵還徐，逐節度使支詳。齊克讓懼兵見襲，亦還兗州。溵水諸軍皆散。賊聞之，十月，乃悉衆渡淮。黃巢自號率土大將軍，其衆富足，自淮已北整衆而行，不剽財貨，惟驅丁壯爲兵耳。

十一月辛亥朔。己巳，賊陷東都，留守劉允章率分司官屬迎謁之，賊供頓而去，坊市晏然。壬申，陷虢州。丙子，攻潼關，守關諸將望風自潰。

十二月庚辰朔。辛巳，賊據潼關。時左軍中尉田令孜專政，宰相盧攜曲事之，相與誤謀，以至傾敗。令孜恐衆罪加己，請貶攜官，命學士王徽、裴徹爲相。甲申，宣制以戶部侍郎、翰林學士王徽、裴徹本官同平章事。貶右僕射、門下侍郎、平章事盧攜爲太子賓客。攜聞賊至，仰藥而死。是日，上與諸王、妃、后數百騎，自子城由含光殿金光門出幸山南，文武百官僚不之知，並無從行者，京城晏然。是日晡晚，賊入京城，時右驍衞大將張直方率武官十餘迎黃巢於坡頭。壬辰，黃巢據大內，僭號大齊，稱年號金統。悉陳文物，據丹鳳門僞赦。以太常博士皮日休、進士沈雲翔爲學士。爲僞赦書云：「揖讓之儀，廢已久矣，竄遁之迹，良用憮然。朝臣三品已上並停見任，四品已下宜復舊位。」以趙璋爲中書令，尚讓爲太尉，崔璆爲中書侍郎、平章事。時宰相豆盧瑑、崔沆、故相左僕射劉鄴、太子少師裴諗、御史中丞趙蒙、刑部侍郎李溥、故相于琮皆從駕不及，匿於閭里，爲賊所捕，皆遇害。將作監鄭綦、庫部郎中鄭係義不臣賊，舉家雉經而死。

中和元年春正月庚戌朔，車駕在興元。以翰林學士承旨、尚書戶部侍郎、知制誥蕭遘爲兵部侍郎，充諸道鹽鐵轉運等使；尋以本官同平章事，領使如故。以宿州刺史劉漢宏爲越州刺史、鎮東軍節度[15]、浙江東道觀察處置等使。詔太原節度使鄭從讜發本道之師，與北面行營招討副使諸葛爽、代州刺史北面行營馬步都虞候朱玫、夏州將李思恭等行營諸

軍，並赴京師討賊。河中馬步都虞候王重榮逐其帥李都[16]，自稱留後。

二月，代州北面行營都監押陳景思率沙陀、薩葛、安慶等三部落與吐渾之衆三萬赴援關中，次絳州。沙陀首領翟稽俘掠絳州叛還，景思知不可用，遣使詣行在，請赦李國昌父子，令討賊以贖罪，從之。

三月，陳景思齎詔入達靼，召李克用軍屯蔚州，克用因大掠鴈門已北軍鎮。以鳳翔節度使鄭畋守司空、門下侍郎、同平章事，充京西諸道行營都統，與涇原節度使程宗楚、秦州經略使仇公遇、鄜延節度使李孝昌[17]、夏州節度使拓拔思恭等同盟起兵，傳檄天下。黃巢遣大將林言、尚讓率衆數萬寇鳳翔，鄭畋率師逆擊，大敗賊衆於龍尾陂。

四月，以前大同軍防禦使李克用檢校工部尚書，兼代州刺史、鴈門已北行營兵馬節度等使。

五月，李克用赴代州，遂率蕃、漢兵萬人南出石嶺關，稱準詔赴難長安。丁巳，沙陀軍至太原，鄭從讜供給糧料。辛酉，沙陀求發軍賞錢，從讜與錢千貫，米千石。克用怒，縱兵大掠。從讜求援於振武，契苾通自率兵來赴，與沙陀戰於晉王嶺。沙陀敗走，陷楡次、陽曲而退。是日大風，天雨土。特進、尚書右僕射趙隱卒，贈司空。

六月，沙陀退還代州。車駕幸成都府，西川節度使陳敬瑄自來迎奉。

七月丁未朔。乙卯，車駕至西蜀。丁巳，御成都府廨，改廣明二年爲中和元年，大赦天下。以兵部侍郎、判度支韋昭度本官同平章事。以侍中王鐸檢校太尉、中書令，兼滑州刺史、義成軍節度、鄭滑觀察處置，兼充京城四面行營都統；以太子太保崔安潛爲副。觀軍容使西門思恭爲天下行營兵馬都監押；中書侍郎、平章事、諸道鹽鐵轉運等使韋昭度爲供軍使。時淮南節度使高駢爲諸道行營都統，自車駕出幸，中使相繼促駢起軍，駢託以周寶、劉漢宏不利於己，遷延半歲，竟不出軍，乃以鐸爲都統。以河中節度使王重榮爲京城北面都統，義武軍節度使王處存爲京城東面都統，鄜延節度使李孝昌爲京城西面都統，朔方軍節度使拓拔思恭爲京城南面都統。以忠武監軍使楊復光爲天下行營兵馬都監，代西門思恭。許王鐸以便宜從事。遣郎官、御史分行天下，徵兵赴關內。

八月，代北行營兵馬使諸葛爽、朱玫、拓拔思恭等軍屯渭橋。朱玫屯興平，爲賊將王播所擊，退保奉天。諸葛爽降賊，僞署爽河陽節度使。許州牙將秦宗權奏破賊於汝州，乃授宗權蔡州防禦使。昭義節度使高潯與賊將李詳戰于石橋，爲賊所敗，退歸河中。賊乘勝陷同州。

九月，澤潞高潯牙將劉廣擅還據潞州。是月，潯天井關戍將孟方立率戍卒攻劉廣，殺之。方立遂自稱留後，仍移軍鎮於邢州。制以京城四面催陣使、守兵部尚書王徽檢校左僕

射，兼潞州大都督府長史、昭義節度、潞邢洺磁觀察等使。貶高潯端州刺史。楊復光、王重榮以河西、昭義、忠武、義成之師屯武功。鳳翔節度使鄭畋以病徵還行在，以鳳翔大將李昌言代畋爲節度使，兼京城西面行營都統。

十月，青州軍亂，逐節度使安師儒，立其行營將王敬武爲留後。

十二月，行營都統王鐸率禁軍、山南東川之師三萬至京畿，屯於盩厔。

二年春正月甲辰朔，天下勤王之師，雲會京畿，京師食盡。賊食樹皮，以金玉買人於行營之師，人獲數百萬。山谷避亂百姓，多爲諸軍之所執賣。

二月，涇原大將唐弘夫大敗賊將林言於興平，俘斬萬計。王處存率軍二萬，徑入京城，賊僞遁去。京師百姓迎處存，歡呼叫譟。是日軍士無部伍，分占第宅，俘掠妓妾。賊自灞上分門復入，處存之衆蒼黃潰亂，爲賊所敗。黃巢怒百姓歡迎處存，凡丁壯皆殺之，坊市爲之流血。自是諸軍退舍，賊鋒愈熾。

三月，前蔚州刺史蘇祐爲沙陀所敗，棄郡投鎮州，至靈壽，部人爲盜，祐爲王景崇所殺。

七月辛丑朔。丙午夜，西北方赤氣如絳虹竟天。賊將尙讓攻宜君砦，雨雪盈尺，甚寒，賊兵凍死者十二三。

八月庚子，賊同州防禦使朱温殺其監軍嚴實，與大將胡眞、謝瞳等來降，王鐸承制拜華州刺史、潼關防禦、鎭國軍等使。魏博節度韓簡自率軍三萬攻河陽，僞署節度使諸葛爽棄城而去，簡遣大將守河橋而還。

九月，賊以黃鄴爲華州刺史。初，賊以李詳守華州，詳與朱温素善，及温歸河中，黃巢遣閹官後冗率功臣馬千四至華殺詳，以鄴代歸〔三〕。太原諸山桃杏有花實。

十月，西北方無雲而雷，名「天狗墜」。以嵐州刺史湯羣爲懷州刺史，時羣倚沙陀爲援，朝廷疑而易之。鄭從讜遣人傳官告授羣，羣怒，殺使者，據城，內沙陀。魏博節度使韓簡以兵攻鄆州，節度使曹全晸拒之，爲簡所敗，執而殺之。全晸大將朱瑄以餘衆保鄆州，乞和於簡，簡捨之而去。

十一月，沙陀李克用監軍陳景思以部落之衆一萬七千騎自嵐石州路赴河中。賊將李詳下牙隊斬華州守將歸明，王鐸用其部將王遇爲華州刺史。

十二月己亥朔。庚戌，成德軍節度、鎭冀深趙觀察處置等使、開府儀同三司、檢校太尉、中書令、上柱國、常山郡王、食邑六千戶王景崇卒，贈太傅，諡曰忠穆。遺表請以子鎔繼戎事，遂以鎔爲兵馬留後。

三年春正月戊辰朔，車駕在成都府。鴈門節度使、檢校工部尙書李克用率師至河中。己巳，沙陀軍進屯沙苑之乾坑。

二月，沙陀攻華州，刺史黃鄴出奔至石堤谷，追擒之。魏博節度使韓簡再興兵討河陽，諸葛爽遣大將李罕之拒之於武陟，逆擊之，魏軍大敗而還。大將樂彥禎先據魏州，韓簡爲部下所殺，推彥禎爲留後。就加李克用檢校尙書左僕射、忻代雲蔚等州觀察處置等使。

三月丁卯朔。壬申，沙陀軍與賊將趙章、尙讓戰于成店，賊軍大敗，追奔至良天坡，橫屍三十里；王重榮築屍爲京觀。

四月丁酉朔。庚子，沙陀、忠武、義成、義武等軍趨長安，賊悉衆拒之於渭橋，大敗而還；李克用乘勝追之。己卯，黃巢收其殘衆，由藍田關而遁。庚辰，收復京城。天下行營兵馬都監楊復光上章告捷行在，曰：

頃者妖興霧市，嘯聚叢祠，而岳牧藩侯，備盜不謹。謂大同之運，常可容姦；謂無事之秋，縱其長惡。賊首黃巢，因得充盈窟穴，蔓延萑蒲，驅我烝黎，徇其凶逆。展鉏耰以成鋒刃，殺耕牛以恣燔炮，魑魅晝行，虺蜴夜噬。自南海失守，湖外喪師，養虎災深，馴梟逆大。物無不害，惡靡不爲，豺狼貽朝市之憂，瘡痏及腹心之痛。遂至毒流萬

姓，盜汚兩京，衣冠銜塗炭之悲，郡邑起丘墟之歎。萬方共怒，十道齊攻，仗九廟之威靈，殄積年之凶醜。河中節度使王重榮神資壯烈，天賦機謀，誓立功名，志安家國。至於屯田待敵，率士當衝，收百姓十萬餘家，降賊黨三萬餘衆。法能持重，功遂晚成，久稽原野之刑，未決雷霆之怒。自收同、華，進逼京師，夕烽高照於國門，遊騎頻臨於灞岸。既知四隅斷絕，百計奔衝，如窮鳥觸籠，似飛蛾赴焰。鴈門節度使李克用神傳將略，天付忠貞，機謀與武藝皆優，臣節共本心相稱。殺賊無非手刃，入陣率以身先，可謂雄才，得名飛將。統領本軍南下，與臣同力前驅，雖在寢興，不忘寇孽。今月八日，遣衙隊將前鋒楊守宗〔九〕、河中騎將白志遷、橫野軍使滿存、躡雲都將丁行存、朝邑鎮將康師貞、忠武黃頭軍使龐從等三十二都，隨李克用自光泰門先入京師，力摧凶逆。又遣河中將劉讓王瓌冀君武孫珙〔一〇〕、忠武大將喬從遇、鄜滑將韓從威、荊南大將申屠悰、滄州大將賈滔、易定大將張仲慶、壽州大將張行方、天德大將顧彥朗、左神策弩手甄君楚公孫佐、橫衝軍使楊守亮、躡雲都將高周彝、忠順都將胡貞、絳州監軍毛宣伯聶弘裕等七十都繼進。賊尚爲堅陣，來抗官軍。李克用率勵驍雄，整齊金革，叫譟而鼙將動瓦，喑嗚而氣欲吞沙。寬列戈矛，鏖軍夾擊，自卯至申，凶徒大敗。自望春宮殪殺，至昇陽殿合圍，戈不濫揮，矢無虛發。其賊卽時奔遁，散入商山，徒延漏刃之生，佇作

飲頭之器。伏自收平京國，三面皆立大功，若破敵摧鋒，鴈門實居其首。其餘將佐，同効驅馳，兼臣所部二萬餘人，數歲櫛風沐雨，旣茲盪定，並錄以聞。

報至，從官稱賀。

五月，制以河中節度使、檢校尚書右僕射王重榮檢校司空、同平章事，餘如故。鴈門已北行營節度、忻代蔚朔等州觀察處置等使、檢校尚書左僕射、代州刺史、上柱國、食邑七百戶李克用檢校司空、同平章事，兼太原尹、北京留守，充河東節度、管內觀察處置等使。義武軍節度使、檢校司空王處存檢校司徒、同平章事，餘如故。以檢校尚書右僕射、華州刺史、潼關防禦等使朱溫檢校司空，兼汴州刺史、御史大夫，充宣武節度觀察等使，仍賜名全忠。京城西北面行營都統、金紫光祿大夫、檢校司空、邠州刺史、邠寧節度使朱玫就加同平章事，進封吳興縣侯，食邑一千戶。鄜坊節度使、金紫光祿大夫、檢校尚書右僕射東方逵就加同平章事。王鐸罷行營都統，依前檢校太師、中書令，進封晉國公，加食邑二千戶，節度觀察使如故。時中尉田令孜用事，自負帷幄之功，以鐸用兵無功，而由楊復光建策召沙陀成破賊之効，欲權歸北司，乃黜王鐸而悅復光也。就加諸道行營兵馬都監楊復光開府儀同三司、弘農郡開國公，食邑三千戶，充同華等州管內制置使，仍賜號「資忠耀武匡國平難功臣」。

六月乙未朔。甲子，楊復光卒於河中，其部下忠武八都都頭鹿晏弘、晉暉、王建、韓建等各以其衆散去。時復光兄復恭知內樞密，田令孜以復光立破賊功，憚而惡之，故賊平賞薄。及聞復光死，甚悅，復擯復恭，罷樞密爲飛龍使。是月，黃巢圍陳州，營於州北五里。初，賊出藍田關，遣前鋒將孟楷攻蔡州，刺史秦宗權以兵逆戰，爲楷所敗，宗權勢窘，與賊通和。孟楷移兵攻陳州，刺史趙犨示弱，伏兵擊之，臨陣斬楷。楷，賊之愛將，深惜之。黃巢怒，悉衆攻陳州。時黃巢與宗權合從，縱兵四掠，遠近皆罹其酷。時仍歲大饑，民無積聚，賊俘人爲食，其炮炙處謂之「舂磨寨」，白骨山積，喪亂之極，無甚於斯。賊攻城急，徐州節度使時溥、許州周岌、汴州朱全忠皆出師護援之。

七月，制以西川節度使、開府儀同三司、守太尉、同平章事、成都尹、上柱國、潁川郡王、食邑三千戶、實封四百戶陳敬瑄賜鐵券。詔鄭從讜赴行在。

八月，李克用赴鎭太原。制以前振武節度、檢校司空、兼單于都護、御史大夫李國昌爲檢校司徒、代州刺史、鴈門已北行營節度、蔚朔等州觀察等使。

十月，李國昌卒。

十一月，蔡賊秦宗權圍許州。

十二月，詔河東李克用赴援陳許。忠武大將鹿晏弘陷興元，逐節度使牛勗〔一一〕，自爲

留後。

四年春正月癸亥朔，車駕在成都府。

二月，河東節度使李克用將出師援陳許，河陽節度使諸葛爽以兵屯澤州拒之。

三月壬戌朔。甲戌，克用移軍自河中南渡，東下洛陽。

四月辛卯朔。甲寅，沙陀軍次許州，節度使周岌、監軍田從異以兵會戰。賊將尚讓屯太康，黃鄴屯西華，稍有芻粟。己未，沙陀分兵攻太康、西華賊砦。庚申，尚讓、黃鄴遁去，官軍得其芻粟，黃巢亦退保郾城。以兵部侍郎、判度支鄭昌圖以本官同平章事〔一二〕。

五月辛酉朔。癸亥，沙陀追黃巢而北。丁卯，次尉氏。戊辰，大雨，平地水深三尺，溝河漲溢。賊至中牟，臨汴河欲渡，沙陀遽至，賊大駭，其黨分潰，殺傷溺死殆半。尚讓一軍降時溥，別將楊能、李讜、霍存、葛從周、張歸霸等降朱全忠，李周、楊景彪以殘衆走封丘。己巳，沙陀渡汴河，趣封丘，黃巢兄弟悉力拒戰，李克用擊敗之。獲所俘男女五萬口，牛馬萬餘，并僞乘輿、法物、符印、寶貨、戎仗等三萬計。得巢幼子，年六歲。黃巢既敗，以其殘衆東走。庚午，李克用急躡黃巢，一日夜行二百里，馬疲乏死者殆半。宿冤朐，糧運不及，騎軍至寡，乃與忠武監軍田從異班師。甲戌，次汴州，節度使朱全忠館克用于上源驛。全忠以

克用兵力寡弱，大軍在遠，乃圖之。是夜，置酒郵舍，克用既醉，全忠以兵圍驛，縱火燒之。雷雨驟作，平地水深尺餘，克用踰垣僅免。其部下三百餘人及監軍使史敬思、書記任珪皆被害。丙子，克用至許州，率本軍還太原。庚辰，徐州將李師悅、陳景思率兵萬人追黃巢於兗州。

六月，鄆州節度使朱瑄奏大敗賊於合鄉。

秋七月己未朔。癸酉，賊將林言斬黃巢、黃揆、黃秉三人首級降時溥。初，徐將李師悅與賊戰于瑕丘，賊殊死戰，其衆殆盡。林言與巢走至太山狼虎谷之襄王村，懼追至併命，乃斬賊降師悅。壬午，捷書至行在，從官稱賀。河東節度使李克用累表訴屈，請討汴州。天子優詔和解之，就加克用階特進，封隴西郡王以悅之。自是全忠、克用有尋戈之怨。

九月，山南西道節度使鹿晏弘爲禁軍所討，棄城擁衆東出襄、鄧，大掠許州。晏弘大將王建、韓建、張造、晉暉、李師泰各率本軍歸朝，田令孜以建等楊復光故將，薄之，皆授諸衞將軍，惟以王建爲壁州刺史。

十月，關東諸鎮上章請車駕還京。

十一月，鹿晏弘陷許州，殺周岌，自稱留後，尋爲秦宗權所攻。制以義成軍節度、檢校太師、中書令、上柱國、晉國公王鐸爲滄州刺史、義昌軍節度、滄德觀察處置等使。

十二月丁亥朔，大明宮留守、權知京兆尹、御史大夫、京畿制置等使王徽與留司百官上表，請車駕還宮。詔以來年正月還京。新除滄德節度使王鐸，爲魏博節度使樂彥禎害之於漳南縣之高雞泊，行從三百餘人皆遇害。

光啓元年春正月丁巳朔，車駕在成都府。己卯，僖宗自蜀還京。

二月丁亥朔。丙申，車駕次鳳翔。

三月丙辰朔。丁卯，車駕至京師。己巳，御宣政殿，大赦，改元光啓。時李昌符據鳳翔，王重榮據蒲、陝，諸葛爽據河陽、洛陽，孟方立據邢、洺，李克用據太原、上黨，朱全忠據汴、滑，秦宗權據許、蔡，時溥據徐、泗，朱瑄據鄆、齊、曹、濮，王敬武據淄、青，高駢據淮南八州，秦彥據宣、歙，劉漢宏據浙東，皆自擅兵賦，迭相吞噬，朝廷不能制。江淮轉運路絕，兩河、江淮賦不上供，但歲時獻奉而已。國命所能制者，河西、山南、劍南、嶺南西道數十州。大約郡將自擅，常賦殆絕，藩侯廢置，不自朝廷，王業於是蕩然。蔡賊秦宗權侵寇藩鄰，制以徐州節度使時溥爲鉅鹿王，充蔡州四面行營兵馬都統。宗權將秦賢攻汴、鄭不已，以汴州刺史朱全忠爲沛郡王，充蔡州西北面行營都統。杭州刺史董昌大敗劉漢宏之衆，進攻越、婺、台、明等州，下之。遂以昌爲越州刺史、鎮東軍節度、浙江東道觀察等使，以杭州大將錢鏐爲杭州刺史。

閏三月，鎮冀節度使王鎔獻耕牛千頭，農具九千，兵仗十萬。

四月乙卯朔，以開府儀同三司、右金吾衞上將軍、左街功德使、齊國公田令孜爲左右神策十軍使。時自蜀中護駕，令孜招募新軍五十四都，都千人，左右神策各二十七都，分爲五軍，令孜總領其權。時軍旅既衆，南衙北司官屬萬餘，三司轉運無調發之所，度支惟以關畿稅賦，支給不充，賞勞不時，軍情咨怨。舊日安邑、解縣兩池榷鹽稅課，鹽鐵使特置鹽官以總其事。自黃巢亂離，河中節度使王重榮兼領榷務，歲出課鹽三千車以獻朝廷。至是令孜以親軍闕供，計無從出，乃舉廣明前舊事，請以兩池榷務歸鹽鐵使，收利以贍禁軍。詔下，重榮上章論訴，言河中地窘，悉籍鹽課供軍。

五月，制以河中節度使、檢校司徒、同平章事、河中尹、上柱國、琅邪郡王王重榮爲檢校太傅、同平章事，兼兗州刺史、兗沂海節度觀察處置等使，代齊克讓。以克讓檢校司徒，兼定州刺史、御史大夫，充義武節度觀察、北平軍等使，代王處存。以處存依前檢校太傅、同平章事、河中尹、河中晉慈隰節度觀察等使。是月，宰臣蕭遘率文武百僚上徽號曰至德光烈孝皇帝，御宣政殿受册，大赦。

六月甲寅朔。丙辰，定州王處存奏：「幽州節度使李可舉、鎮州節度使王鎔各令大將率

領兵士侵攻當道，臣並已殺退。」時李可舉乘天子播越，中原大亂，以河朔三鎮，休戚事同，惟易、定二郡爲朝廷所有，乃同議攻處存以分其地。會燕將李全忠有奪帥之志，軍情相疑。全忠方圍易州，處存出奇騎以擊之，燕軍大敗。是月，全忠收合殘衆攻幽州，李可舉舉室登樓自焚而死，全忠自稱留後。滄州軍亂，逐其帥楊全玫，立衙將盧彥威爲留後。制以保鑾都將、檢校司徒，兼黔州刺史、黔中節度觀察等使曹誠檢校太保，兼滄州刺史，充義昌軍節度、滄德觀察等使。河中王重榮累表論列，數令孜離間方鎮，令孜遣邠寧節度使朱玫會鄜、延、靈、夏之師討河中。

九月，朱玫屯沙苑。王重榮求援於太原。

十月，李克用率太原軍南出陰地關。

十一月，河中、太原之師與禁軍對壘於沙苑。

十二月辛亥朔。癸酉，官軍合戰，爲沙陀所敗，朱玫走還邠州。神策軍潰散，遂入京師肆掠。乙亥，沙陀逼京師，田令孜奉僖宗出幸鳳翔。初，黃巢據京師，九衢三內，宮室宛然。及諸道兵破賊，爭貨相攻，縱火焚剽，宮室居市閭里，十焚六七。賊平之後，令京兆尹王徽經年補葺，僅復安堵。至是，亂兵復焚，宮闕蕭條，鞠爲茂草矣。

二年春正月辛巳朔，車駕在鳳翔。李克用旋師河中，與朱玫、王重榮同上表，請駕駐蹕鳳翔，仍數田令孜之罪。乃以飛龍使楊復恭復知內樞密事。戊子，田令孜迫乘輿請幸興元。庚寅，車駕次寶雞。授刑部尚書孔緯兼御史大夫，令率從官赴行在。時車駕夜出，宰相蕭遘、裴徹、鄭昌圖及文武百僚不之知，扈從不及，故令孔緯促之。蕭遘惡令孜弄權，再亂京國，因邠州奏事判官李松年至鳳翔，乃令亟召朱玫迎奉。癸巳，朱玫引步騎五千至鳳翔。令孜聞邠州軍至，奉帝入散關，令禁軍守靈壁。玫至，禁軍潰散，遂長驅追駕至尊途驛。嗣襄王熅疾，爲玫所得。時興元節度使石君涉聞車駕入關，乃毀徹棧道，栅絕險要，車駕由他道僅達，爲邠州軍躡後，崎嶇危殆者數四。

二月辛亥朔，以十軍觀軍容使、開府田令孜爲劍南西川節度監軍，以內樞密使楊復恭爲神策左軍中尉。

三月庚辰朔。壬午，興元節度使石君涉棄城入朱玫軍內。丙申，車駕至興元。戊辰，以翰林學士承旨、兵部尚書、知制誥杜讓能爲兵部侍郎；刑部尚書、御史大夫孔緯爲兵部侍郎，充諸道鹽鐵轉運等使：並以本官同平章事。保鑾都將李鋋、楊守亮、楊守宗等敗邠州軍於鳳州〔三三〕。

四月庚戌朔，是夜熒惑犯月角。壬子，朱玫、李昌符迫宰相蕭遘等於鳳翔驛舍〔三四〕，請

嗣襄王熅權監軍國事。玫自爲大丞相，兼左右神策十軍使。遂驅率文武百僚奉襄王還京師。

五月己卯朔。庚辰，襄王僭即皇帝位，年號建貞。以蕭遘初沮襄王監國之命，罷知政事，爲太子少師。以朱玫爲侍中、諸道鹽鐵轉運使。以裴徹爲門下侍郎、右僕射、同平章事、判度支。中書侍郎、刑部尚書、平章事鄭昌圖判戶部事。蕭遘移疾歸河中之永樂。僞制加諸侯官爵。以淮南節度使、檢校太尉、兼侍中高駢爲太師、中書令、江淮鹽鐵轉運、諸道行營兵馬都統。又以淮南右都押衙、和州刺史呂用之檢校兵部尚書，兼廣州刺史、嶺南東道節度使。令戶部侍郎柳涉往江淮宣諭，戶部侍郎夏侯潭河北宣諭，諸藩節將多授其僞署，惟定州、太原、宣武、河中拒而不受。是月，星孛於箕尾，歷北斗攝提。荆南、襄陽仍歲蝗旱，米斗三十千，人多相食。楊復恭兄弟於河中、太原有破賊連衡之舊，乃奏遣諫議大夫劉崇望齎詔宣諭，達復恭之旨。王重榮、李克用欣然聽命，尋遣使貢奉，獻縑十萬匹，願殺朱玫自贖。崇望使還，君臣相賀。

六月己酉朔，以扈蹕都將楊守亮爲金州刺史、金商節度、京畿制置使。守亮率師二萬趨金州，與王重榮、李克用掎角進軍。時朱玫遣將王行瑜率邠寧、河西之師五萬屯鳳州，保鑾都將李鋋、李茂貞、陳珮等抗之於大唐峯。

七月戊寅朔，蔡賊秦宗權陷許州，殺鹿晏弘。以金商節度使楊守亮檢校司徒，兼興元尹，充山南西道節度等使。王行瑜急攻興州，守亮出師擊敗之。

八月，幽州節度使李全忠卒，三軍立其子匡威爲留後。

九月，楊守亮復敗邠州軍於鳳州，軍容楊復恭密遣人說王行瑜，令謀歸國。

十月壬子朔，滑州軍亂，逐其帥安師儒，推衙將張驍主留後軍務。師儒奔汴州，朱全忠殺之，遂以兵攻滑，斬張驍以告行在，朝廷以汴帥全忠兼領義成軍節度使。壬辰夜，白虹見西方。

十一月，蔡賊孫儒陷鄭州，刺史李璠遁免。儒引軍攻河陽。

十二月乙巳朔。是月，朱玫愛將王行瑜受密詔，自鳳州率衆還長安。辛酉，行瑜斬朱玫及其黨與數百人，縱兵大掠。是冬苦寒，九衢積雪，兵入之夜，寒冽尤劇，民吏剽剝之後，僵凍而死蔽地。裴徹、鄭昌圖及百官奉襄王奔河中，王重榮紿稱迎奉，執李熅斬之，械裴徹、鄭昌圖於獄，文武官僚遭戮者殆半。重榮函襄王首赴行在。刑部奏請御興元城南門，閱俘馘受賀，下禮院定儀注。博士殷盈孫奏曰：

伏以僞熅違背宗社，僭竊乘輿，欺天之禍既盈，盜國之罪斯重，果至覆敗，以就誅夷。九重之妖祲既除，萬國之生靈共慶，宜陳賀禮，以顯皇猷。然物議之間，有所未

允。臣按禮經，公族有罪，獄既具，有司閱於公曰：「某之罪在大辟。」君曰：「赦之。」如是者三，有司走出致刑，君復使謂之曰：「雖然，固當赦之。」有司曰：「不及矣！」君爲之素服不樂三月。左傳：衞君在晉，衞臣元咺立衞君之弟叔武，衞君入國，叔武爲前驅所殺，衞君哭之，左氏書焉。今僞熅，皇族也，雖犯殊死之罪，宜就屠戮，其可以朝羣臣而受賀乎？臣以爲熅胤係金枝，名標玉牒，迫脅之際，不能守節効死，而乃甘心逆謀，罪實滔天，刑不可赦。已爲軍前處置，宜即黜爲庶人，絕其屬籍，其首級仍委所在以庶人禮收葬。大捷之慶，當以朱玫首級到日稱賀，爲得其宜。上不軫于宸衷，下無傷於物體，協禮經之旨，袪中外之疑。

遂罷賀禮。及朱玫傳首至，乃御樓受俘馘。是月，蔡賊孫儒陷河陽，諸葛仲方奔歸汴州〔三五〕，別將李罕之出據澤州，張全義據懷州。

三年春正月乙亥朔，車駕在興元府。制以邠州都將王行瑜檢校刑部尚書，兼邠州刺史、邠寧慶節度使。保鑾都將李鋋檢校司空、黔州刺史、黔中節度觀察使；扈蹕都頭李茂貞爲檢校尚書左僕射、洋州刺史、武定軍節度使；扈蹕都頭楊守宗爲金州刺史、金商節度等使；保鑾都將陳珮檢校尚書右僕射，爲宣州刺史、宣歙觀察使。兵部侍郎、諸道租庸使

張濬本官同平章事。

二月乙巳朔，潤州牙將劉浩、度支使薛朗同謀逐其帥周寶，劉浩自稱留後。

三月乙亥朔。甲申，車駕還京，次鳳翔。以宮室未完，節度使李昌符請駐蹕，以俟畢工。河中械送僞宰相裴澈、鄭昌圖，命斬之於岐山縣。太子少師致仕蕭遘賜死於永樂縣。以特進、監修國史、門下侍郎、吏部尚書、平章事孔緯領諸道鹽鐵轉運使。以集賢殿大學士、中書侍郎、兵部尚書、平章事杜讓能進封襄陽郡公，增食邑三千戶。

四月甲辰朔，揚州牙將畢師鐸自高郵率戍兵攻揚州，下之，囚高駢於別室，自總軍政。蔡賊秦賢攻汴州，周列三十六砦。朱全忠乞師於兗鄆，朱瑾率師來赴，屯封禪寺，朱瑄屯靜戎鎮。

五月甲戌朔。乙亥，秦宗權自率衆來應秦賢。壬午，鄆、兗、汴三鎮之師大破蔡賊於邊孝村，宗權退走。孫儒聞秦賢敗，盡驅河陽之人殺之，投尸於河，焚燒閭井而去。王師收孟、洛、許、汝、懷、鄭、陝、虢等州。詔以扈駕都頭楊守宗權知許州事，汴將孟從益權知鄭州事。諸葛爽舊將李罕之自澤州收河陽，懷州刺史張全義收洛陽。揚州牙將畢師鐸召宣州觀察使秦彥入揚州，推爲節度使。

六月癸卯朔。戊申，天威軍都頭楊守立與李昌符爭道，麾下相毆。上命中使諭之，不

止，是夜嚴兵爲備。己酉，守立以兵攻昌符，戰于通衢。昌符兵敗，出保隴州，命扈駕都將李茂貞攻之。甲寅，河中牙將常行儒殺其帥王重榮，推重榮兄重盈爲兵馬留後。丙辰，太常禮院奏：「太廟十一室，并祧廟八室，孝明太后等別廟三室，自車駕再幸山南，並經焚毀，神主失墜。今大駕還京，宜先葺宗廟神主，然後還宮。」遂詔修奉太廟使宰相鄭延昌修奉。是時，宮室未完，國力方困，未暇舉行舊制，延昌請權以少府監大廳爲太廟。太廟凡十一室，二十三間，間十一架，今監五間，請添造成十一間，以備十一室之數。敕曰：「敬依典禮。」

七月壬申朔，隴州刺史薛知籌以城降李茂貞，遂拔隴州，斬李昌符、昌仁等，傳首獻于行在。丙子，制以武定軍節度使、檢校尚書左僕射，兼洋州刺史、御史大夫、上柱國、隴西郡公、食邑一千五百戶李茂貞檢校司空、同平章事，兼鳳翔尹、鳳翔隴右節度等使。

九月辛未朔，淮南節度使高駢爲其牙將畢師鐸所殺。楊行密急攻廣陵，蔡賊秦宗權遣其將孫儒將兵三萬渡淮，爭揚州，城中食盡。

十一月，秦彥、畢師鐸潰圍奔于孫儒軍，行密入據揚州。秦彥引孫儒之兵攻廣陵，行密遣使求援于朱全忠。制授全忠檢校太尉、侍中，兼揚州大都督府長史，充淮南節度觀察等使、行營兵馬都統。汴將李璠率師至淮口以援之。

十二月己巳朔，東川節度使顧彥朗、壁州刺史王建連兵五萬攻成都，陳敬瑄告難于朝，詔中使諭之。

文德元年春正月己亥朔，車駕在鳳翔。制故鳳翔隴右節度觀察處置等使、檢校司徒、同平章事，兼鳳翔尹、上柱國、滎陽郡開國公、食邑三千戶鄭畋贈司徒，謚曰文昭。蔡賊孫儒斬秦彥、畢師鐸于高郵。

二月己巳朔。壬午，車駕在鳳翔至京師。魏博軍亂，逐其帥樂彥禎。彥禎子相州刺史從訓率衆攻魏州，牙軍立其小校羅宗弁爲留後〔二六〕，出兵拒之。從訓求援於汴，朱全忠遣將朱珍渡河赴之。戊子，上御承天門，大赦，改元文德。宰相韋昭度兼司空，孔緯、杜讓能加左右僕射，進階開府儀同三司，並賜號「持危啓運保乂功臣」。張濬兼兵部尚書，進階開府儀同三司。左右神策十軍觀軍容使、左金吾衞上將軍、左右街功德使、上柱國、弘農郡開國公楊復恭進封魏國公，加食邑七千戶，賜號「忠貞啓聖定國功臣」。以保鑾都將、黔中節度使李鋋檢校司徒、平章事，保鑾都將陳珮檢校司空、廣州刺史、嶺南東道節度使。藩鎮諸侯，進秩有差。

宰臣韋昭度率文武百僚上徽號曰聖文睿德光武孝皇帝。

三月戊戌朔，正殿受册。庚子，上暴疾。壬寅，大漸。癸卯，宣制立弟壽王傑爲皇太

弟，勾當軍國事。是夕，崩於武德殿，聖壽二十七，羣臣上謚曰惠聖恭定孝皇帝，廟號僖宗。其年十二月，葬于靖陵。

史臣曰：恭帝冲年纘曆，政在宦臣，惕勵虔恭，殷憂重慎。屬世道交喪，海縣橫流，赤眉搖蕩於中原，黃屋流離於遐徼，黔黎塗炭，宗社丘墟。而猶藩垣多仗義之臣，心腹有盡忠之輔，驅駕豪傑，號令軍戎，終誅伏莽之徒，大雪失邦之恥。而令孜一爲謬計，幾喪丕圖，雖如綫之僅存，固棼絲之莫救。茫茫禹迹，空悲文命之艱難；赫赫宗周，竟墜文王之基業。非僖皇失道之過，其土運之窮歟？悲夫！

贊曰：運曆將窮，人君幼冲。塵飛巨盜，波駭羣雄。天既降喪，人罕輸忠。迴鑾返正，禁旅之功。

校勘記

〔一〕鄜州　各本原作「鄜川」，據殘宋本册府卷九八七、合鈔卷二二僖宗紀改。

〔二〕鄆州　各本原作「鄭州」，據御覽卷一一六改。

〔三〕大理卿張彥遠　校勘記卷一〇云「大理卿」三字有誤，或「大理」下脫「少」字。

〔四〕左司勳員外郎　合鈔卷二二僖宗紀注云：「左字衍。」

〔五〕吏部侍郎崔蕘　本卷下文謂「九月，以右丞崔蕘權知吏部侍郎」，又本書卷一一七崔寧傳謂蕘「乾符中自尚書右丞遷吏部侍郎」，此處「吏部侍郎」疑爲「尚書右丞」之誤。

〔六〕諸葛爽　「爽」字各本原作「爰」，據本書卷一八二諸葛爽傳、唐大詔令集卷一二〇、全唐文卷八七改。

〔七〕至代州　「至」字各本原無，據通鑑卷二五三考異引舊書史文補。

〔八〕李巖　本書卷一七八盧攜傳作「李岩」。

〔九〕以吏部侍郎崔沆爲戶部侍郎戶部侍郎翰林學士豆盧瑑爲兵部侍郎　「崔沆爲戶部侍郎」，各本原作「崔沆爲兵部侍郎」，豆盧瑑下「爲兵部侍郎」五字各本原無，據新書卷九僖宗紀及卷六三宰相世系表、通鑑卷二五三補改。

〔一〇〕除駁放者　唐會要卷七五、冊府卷九一、全唐文卷八七作「長名駁放者」。

〔一一〕段彥謨爲江西節度使　「謨」字各本原作「謀」，「江西」原作「江南」，據新書卷二二五下黃巢傳、通鑑卷二五三改。

〔一二〕江西　御覽卷一一六作「江南」。

〔一三〕不假諸道之師　「假」字各本原作「在」，據通鑑卷二五三考異引舊書史文改。

〔一四〕大恐　各本原作「大怒」，據通鑑卷二五三考異引舊書史文改。校勘記卷一〇云：「怒影宋本作恐。」

〔一五〕鎮東軍　「鎮」字各本原作「領」，據本卷下文、合鈔卷二二僖宗紀改。

〔一六〕李都　各本原作「李郁」，據新書卷九僖宗紀、通鑑卷二五四改。

〔一七〕李孝昌　「昌」字各本原作「恭」，據新書卷二二一上党項傳、通鑑卷二五四改。

〔一八〕黃巢遣閹官後冗率功臣馬千四至華殺詳以鄴代歸　校勘記卷一〇云：「後冗率三字不可解，當作率冗從，歸當作之。」葉校本「後」字作「徐」。

〔一九〕楊守宗　「楊」字各本原無，據本書卷二〇〇下黃巢傳、冊府卷四三四補。

〔二〇〕冀君武　「君」字各本原作「軍」，據本書卷二〇〇下黃巢傳、冊府卷四三四改。

〔二一〕牛勗　各本原作「牛蔚」，新書卷九僖宗紀、通鑑卷二五五均作「牛勗」。案本書卷一七二牛僧孺傳，牛蔚咸通末爲興元尹、山南西道節度使，在鎮三年被代。黃巢入長安，奔山南，以尚書左僕射致仕卒。此時不應仍爲山南西道節度使，故據新書、通鑑改爲「牛勗」。

〔二二〕鄭昌圖　「圖」字各本原作「凝」，據本卷下文、冊府卷七四改。

〔二三〕楊守宗　各本原作「楊宗守」，據本卷上下文改。

〔二四〕李昌符　「符」字各本原作「言」，據新書卷二二四下朱玫傳、通鑑卷二五六改。

〔二五〕諸葛仲方　各本原作「諸葛爽」，據本書卷一八二諸葛爽傳、新書卷九僖宗紀、通鑑卷二五六改。

〔二六〕羅宗弁　據本書卷一八一樂彥禎傳、新書卷九僖宗紀、通鑑卷二五七當作「羅弘信」。案本書樂彥禎傳：「彥禎危懼而卒，衆推都將趙文玠知留後事。從訓自相州領兵三萬餘人至城下，文玠按兵不出。衆懷疑懼，復害文玠，推羅弘信爲帥。弘信以兵出戰，敗之。」此處誤作羅宗弁，通鑑胡三省注謂「蓋并趙文玠、羅弘信姓名爲一人」。

舊唐書卷二十上

本紀第二十上

昭宗

昭宗聖穆景文孝皇帝諱曄，懿宗第七子，母曰惠安太后王氏。以咸通八年二月二十二日生於東內。十三年四月，封壽王，名傑。乾符四年，授開府儀同三司、幽州大都督〔一〕、幽州盧龍等軍節度、押奚契丹、管內觀察處置等使。帝於僖宗，母弟也，尤相親睦。自艱難播越，嘗隨侍左右；握兵中要，皆奇而愛之。文德元年二月，僖宗暴不豫。時初復宮闈，人心傾矚，遽聞被疾，軍民駭愕。及大漸之夕，而未知所立。羣臣以吉王最賢，又在壽王之上，將立之，唯軍容楊復恭請以壽王監國。三月六日，宣遺詔立爲皇太弟。八日，柩前卽位，時年二十二。以司空韋昭度攝冢宰。已丑，見羣臣，始聽政。帝攻書好文，尤重儒術，神氣雄俊，有會昌之遺風。以先朝威武不振，國命寖微，而尊禮大臣，詳延道術，意在恢張舊業，號

令天下。卽位之始，中外稱之。

四月戊辰朔。庚午，追謚聖母惠安太后曰恭獻。乙亥，河南尹張全義以兵襲李罕之於河陽，罕之出據澤州。魏博衙軍殺其帥樂彥禎於龍興寺，又擊樂從訓，敗之。從訓以殘衆保洹水，爲羅宗弁陷其城而殺之。壬午，蔡賊孫儒陷揚州，楊行密潰圍而出，據宣州。孫儒自稱淮南節度，仍率其衆攻宣州。

五月丁酉朔，制以宣武軍節度使、檢校侍中、沛郡王朱全忠爲蔡州四面行營兵馬都統。蔡賊自秦賢、石璠敗後，蔡賊漸弱，時溥方爲全忠所攻，故移溥都統之命授全忠。壬寅，蔡賊將僞署荆襄節度使趙德諲遣使歸朝，願討賊自効，乃以德諲爲蔡州四面行營副都統，德諲遂以荆襄之兵屬全忠。

六月丁卯朔，以川賊王建大亂，劍南陳敬瑄告難，制以開府儀同三司、守司空、門下侍郎、同平章事、太淸宮使、弘文館大學士、延資庫使、上柱國、扶陽郡開國公、食邑二千戶韋昭度檢校司徒、門下侍郎、平章事，兼成都尹，充劍南西川節度副大使、知節度事，兼兩川招撫制置等使。蔡州行營奏大破賊於龍陂，進軍以逼賊城。

七月丙申朔，澤州刺史李罕之引太原之師攻河陽，爲汴將丁會所敗，退還高平。

九月乙未，汴將朱珍敗時溥之師于埇橋，遂陷宿州，自是溥嬰城不敢復出。汴將胡元琮急攻蔡州。

十二月甲子朔，蔡州牙將申叢執秦宗權，撾折其足，乞降。詔中使宣諭，便以叢權知留後。比中使至，別將郭璠殺申叢，篡宗權，縶送汴州。蔡、申、光等州平。詔賜蔡州行營兵士錢二十五萬貫，令度支逐近支給。是月，葬僖宗於靖陵。

龍紀元年春正月癸巳朔，上御武德殿受朝賀，宣制大赦，改元。中外文武臣僚進秩頒爵有差。以劍南西川節度、兩川招撫制置使韋昭度檢校司空，爲東都留守；以翰林學士承旨、兵部侍郎、知制誥劉崇望本官同平章事；以刑部侍郎孫揆爲京兆尹。

二月癸亥朔。己丑，汴州行軍司馬李璠監送逆賊秦宗權幷妻趙氏以獻，上御延喜門受俘，百僚稱賀，以之徇市，告廟社，斬於獨柳，趙氏笞死。初，自諸侯收長安，黃巢東出關，與宗權合。巢賊雖平，而宗權之兇徒大集，西至金、商、陝、虢，南極荆、襄，東過淮甸，北侵徐、兗、汴、鄭，幅員數十州。五六年間，民無耕織，千室之邑，不存一二，歲旣凶荒，皆膾人而食，喪亂之酷，未之前聞。宗權旣平，而朱全忠連兵十萬，吞噬河南，兗、鄆、靑、徐之間，血戰不解，唐祚以至於亡。中書奏請以二月二十二日爲嘉會節，從之。

三月壬辰朔，以右僕射、門下侍郎、同平章事孔緯守司空、太淸宮使、弘文館大學士、延

資庫使、領諸道鹽鐵轉運等使，以右僕射、門下侍郎、集賢殿大學士杜讓能爲左僕射、監修國史、判度支，以中書侍郎、戶部尙書、同平章事張濬爲集賢殿大學士、判戶部事。

四月壬戌朔，以宣武淮南等節度副大使、知節度事、管內營田觀察處置等使、開府儀同三司、檢校太傅、兼侍中、揚州大都督府長史、汴州刺史、充蔡州四面行營都統、上柱國、沛郡王、食邑四千戶朱全忠爲檢校太尉、中書令，進封東平王，仍賜賞軍錢十萬貫。

五月壬辰朔，漢州刺史王建陷成都府，遷陳敬瑄于雅州，建自稱西川兵馬留後。復用田令孜爲監軍。

六月辛酉朔，邢洺節度使孟方立卒，三軍推其弟洺州刺史遷爲留後，太原李克用出軍攻之。

七月，詔於杭州置武勝軍〔二〕，以鏐爲本軍防禦觀察等使。杭州刺史錢鏐攻宣州，下之，擒劉浩，剖心以祭周寶。

十月己未朔，靑州節度使王敬武卒。制以特進、太子少師、博陵郡開國侯、食邑一千戶崔安潛檢校太傅、兼侍中、靑州刺史、平盧軍節度觀察、押新羅渤海兩蕃等使。靑州三軍以敬武子師範權知兵馬事。

十一月己丑朔，將有事於圓丘。改御名曰曄。辛亥，上宿齋於武德殿，宰相百僚朝服于位。時兩軍中尉楊復恭及兩樞密皆朝服侍上，太常博士錢珝、李綽等奏論之曰：「皇帝赴

齋宮，內臣皆服朝服。臣檢國朝故事及近代禮令，並無內官朝服助祭之文。伏惟皇帝陛下承天御曆，聖祚中興，祗見宗祧，克陳大禮。皆稟高祖、太宗之成制，必循虞、夏、商、周之舊經，軒冕服章，式遵彝憲。禮院先准大禮使牒稱得內侍省牒，要知內臣朝服品秩，禮院已准禮令報訖。今參詳近朝事例，若內官及諸衞將軍必須製冠服，即各依所兼正官，隨資品依令式服本官之服。事存傳聽，且可俯從，然亦不分明著在禮令。乞聖慈允臣所奏。」狀入，至晚不報。錢珝又進狀曰：「臣今日巳時進狀，論內官冠服制度，未奉聖旨。伏以陛下虔事郊禋，式遵彝範，凡關典禮，必守憲章。今陛下行先王之大禮，而內臣遂服先王之法服。來日朝獻大聖祖，臣贊導皇帝行事，若侍臣服章有違制度，是爲非禮，上瀆祖宗，臣期不奉敕。臣謬當聖代，叨備禮官，獲正朝儀，死且不朽，脂膏泥滓，是所甘心。」狀入，降朱書御札曰：「卿等所論至當，事可從權。勿以小瑕，遂妨大禮。」於是內四臣遂以法服侍祠。甲寅，圓丘禮畢，御承天門，大赦。

十二月戊午，宰臣杜讓能兼司空。

大順元年春正月戊子朔，御武德殿受朝賀。宰臣百僚上徽號曰聖文睿德光武弘孝皇帝，禮畢，大赦，改元大順。

二月丁巳，宰臣兼國子祭酒孔緯以孔子廟經兵火，有司釋奠無所，請內外文臣自觀察使、制使下及令佐，於本官料錢上緡抽十文，助修國學，從之。宣武節度使朱全忠進位守中書令，加食邑千戶，餘如故。太原都將安金俊攻圍邢州歷年，城中食盡，邢洺觀察使孟遷以城降，乃以孟遷之族歸太原。克用以大將安建爲邢洺留後。

三月丁亥朔，朱全忠上表：「關東藩鎮，請除用朝廷名德爲節度觀察使。如藩臣固位不受代，臣請以兵誅之。如王徽、裴璩、孔晦、崔安潛等皆縉紳名族，踐歷素高，宜用爲徐鄆青兗等道節度使。」從之。昭義節度使李克修卒，太原帥克用之弟也，三軍推克修弟克恭知留後事。

四月丙辰朔，李克用遣大將安金俊率師攻雲州。赫連鐸求援於幽州，李匡威出兵援之，戰于蔚州，太原軍大敗，燕軍執安金俊，獻之于朝。李匡威、赫連鐸、朱全忠等上表：「請因沙陀敗亡，臣與河北三鎮及臣所鎮汴滑河陽之兵平定太原，願朝廷命重臣一人都總戎事。」昭宗以太原於艱難時立興復大功，心疑其事，下兩省、御史臺、尚書省四品已上官議。唯黨全忠者言其可伐，不可者十之七，宰臣杜讓能、劉崇望深以爲不可。惟張濬議曰：「先朝再幸興元，實沙陀之罪。比慮河北諸侯與之膠固，無以滌除。今兩河大藩皆願誅討，不因其離貳而除之，是當斷失斷也。」孔緯曰：「濬言是也。」軍容楊復恭曰：「先朝蒙犯霜露，播越草

莽，七八年間，寢不安席，雖賊臣搖蕩於外，亦由失制於中。陛下纘承，人心忻戴，不宜輕舉干戈，爲國生事。望優詔報全忠，且以柔服爲辭。」上然之。全忠密遣濬之親黨賂濬，濬恃全忠之援，論奏不已，天子僶俛從之。

五月，制特進、中書侍郎、兵部尚書、同平章事、集賢殿大學士、上柱國、河間郡開國伯、食邑七百戶張濬爲太原四面行營兵馬都統；京兆尹孫揆副之。以華州節度使韓建爲北面行營招討都虞候、供軍等使；以宣武節度使朱全忠爲太原東南面招討使；成德軍節度使王鎔爲太原東面招討使；幽州節度使李匡威爲太原北面招討使，雲州防禦使赫連鐸副之。丙午，潞州軍亂，殺其帥李克恭。監軍使薛績本函克恭首獻之于朝，濬方起兵，朝廷稱賀。壬子，都招討使張濬、孫揆率神策諸軍三千赴行營，昭宗御安喜門臨送，誡誓之。

六月乙卯，李克用大將權知邢洺兵馬留後安建上表，請以三州歸順，遣中使往勞之。制以德州刺史、權知滄州兵馬留後盧彥威檢校尚書右僕射，兼滄州刺史、御史大夫，充義昌軍節度、滄德觀察處置等使。彥威，光啓初逐其帥楊全玫，求旄節，朝廷以扈蹕都將曹誠爲滄德節度使，誠雖不至任，而彥威之請不行。至是，王鎔、羅弘信因張濬用兵，爲彥威論請，故有斯授。以京兆尹、行營兵馬副招討孫揆檢校兵部尚書，兼潞州大都督府長史，充昭義節度副大使、知節度事。張濬會諸軍於晉州，朱全忠選汴卒三千爲張濬牙隊。

秋七月乙酉朔，王師屯于陰地，太原大將康君立以兵拒戰。朱全忠遣大將葛從周率千騎入潞州，從周權充兵馬留後。朱全忠奏已差兵士守潞州，請節度使孫揆赴鎮。時中使韓歸範押揆旌節、官告送至行營。丙申，揆建節，率兵二千，自晉州赴鎮昭義。戊申，至長子縣山谷中。太原騎將李存孝伏兵執揆與韓歸範牙兵五百，俘送太原，餘兵悉爲存孝所殺。

九月甲申，幽州、雲州蕃、漢兵三萬攻鴈門，太原將李存信、薛阿檀擊敗之。汴將葛從周棄上黨，康君立入據之，克用以君立爲澤潞兵馬留後。

十一月癸丑朔，太原將邢州刺史李存孝自恃擒孫揆功，合爲昭義帥，怨克用授康君立。存孝自晉州率行營兵歸邢州，據城上表歸朝，仍致書與張濬、王鎔求援。克用遣大將李存信、薛阿檀拒王師于陰地，三戰三捷，由是河西鄜、夏、邠、岐之軍渡河西歸。韓建以諸軍保平陽，存信追之，建軍又敗，建退保絳州。張濬以汴卒、禁軍萬人在晉州，存信攻之三日，相與謀曰：「張濬宰相，俘之無益，天子禁兵，不宜加害。如得平陽，於我無利。」遂退舍五十里而軍。

十二月壬午朔，張濬、韓建拔晉、絳遁去，李存信收晉、絳，大掠河中四郡。丙寅，制特進、中書侍郎、平章事、太原四面行營都統張濬可檢校兵部尚書，兼鄂州刺史、御史大夫，充

鄂岳觀察使。以開府儀同三司、守司徒、門下侍郎、同平章事、上柱國、魯國公、食邑三千戶、充諸道鹽鐵轉運等使孔緯檢校司徒，兼江陵尹、荊南節度觀察處置使。庚午，新除鄂岳觀察使張濬責授連州刺史，新除荊南節度使孔緯責授均州刺史，並馳驛赴任。太原軍屯晉州，李克用遣中使韓歸範還朝，因上表訴冤，言：「被賊臣張濬依倚朱全忠離間功臣，致削奪臣官爵。」朝廷欲令釋憾，下羣臣議其可否。左僕射韋昭度等議曰：

賞功罰否，前聖之令猷；含垢匿瑕，百王之垂訓。是以雷解而義文象德，網開而湯化歸仁，用彼懷柔，式存彝範。上自軒農之代，下臻文武之朝，罔不允洽寬弘，以流霈澤。況國家德祖守成之日，憲宗致理之時，車軌一同，桑麻萬里。燭龍外野，悉在梯航；火鼠窮郊，咸歸正朔。然猶王承宗擁兵鎮、冀，詔范希朝討之，仍歲無功，卒行赦宥。而又朱滔以幽州之衆，結田悅、李納、王武俊之強，遣馬燧等征之不克，旋又寬之。以累聖之典謨睿哲，大朝之紀律文明，非不欲厲彼風驅，快其電掃。然且考春秋之義，稽楚、鄭之文，或退而許平，或服而更捨，存於舊史，載彼新書。

李克用代漠強宗，陰山貴胤，呼吸而風雲作氣，指麾而草樹成形。仰天指心，誓獻秩訾之首；伏弢歐血，屢親都護之營。所謂勇多上人，自匪窮來歸我。及陛下聖考懿宗皇帝之朝，彭門失守，親驅銳卒，首建殊功。而先帝郎位之初，洛宮大擾，復提義旅，

克靜妖氛。其後封豕長蛇，荐食上國，繼以子朝之亂，皆因重耳之盟，保大朝之宗祧，垂中興於簡册。蓋聖王之御天下也，有勳可書，有績可載，宥過不忘於十代，念功豈止於一時。天高聽卑，請事斯語。且四海之內，創痏猶殷，九貢之邦，綱條未理。昨者遽起邠、岐之衆，尋已退還；又徵燕、薊之師，倏聞內變。出於饟饋失職，賚屏絕供，致此投戈，是乖借箸。蓋下計之未熟，非聖謀之不臧。儻宸斷重離，天機間出，錄茲成款，散彼師徒，虛其念舊之懷，待以如初之禮。臣等所議，實以在斯。

抑又聞往者漢將趙充國欲因邊境衰弱，出兵擊之，於是魏相上書，晝陳利害，且曰：「恃國家之大，矜人物之衆，欲見威於敵者，謂之驕兵。兵驕者滅，非但人事，乃天道也。」又曰：「臣不知此兵何名者也。」兵出無名，事乃不成，漢宣納之，竟罷其伐。伏惟皇帝陛下鑒往古用師之難，採列聖遷善之美，恩加區宇，信及豚魚，則臣等不勝懇願。

況今汴、魏猶艱，幽、定方困，縱遣之調發，豈能集事！虛行號令，徒召寇讎，將以勤人，非唯辱國。且黠戛斯舉勤王之衆，推効命之誠，未能虜騎獨攻，所望漢兵同力。令茲數鎮，奔命不遑，難致濟師，恐又生事。論其漸當暑熱，非利戎旃，悉力頒霑，遣還蕃部。重盈陳五郡之卒，益謹關防；王珙振兩河之雄，更嚴旗鼓。然後獎其上表，

哀以自陳，錄彼前勞，責之後効。徵神爵之往典，還日逐之故封。論其已斥王恭，不使更疑晉帝，凡百臣子，實切乃誠。其克用在身官爵，並請卻還，仍依前編入屬籍。

從之。以翰林學士承旨、兵部侍郎崔昭緯本官同平章事，御史中丞徐彥若爲戶部侍郎、同平章事。尚書右僕射王徽卒，贈司空，謚曰貞。

二年春正月壬子朔，李克用急攻邢州。李存孝求援於王鎔，鎔出軍援之，屯于堯山。克用自太原至，擊敗之，進圍邢州。司徒、門下侍郎、平章事杜讓能進位太尉、太清宮使、弘文館大學士、延資庫使、領諸道鹽鐵轉運等使。以中書侍郎、吏部尚書、平章事劉崇望爲門下侍郎、監修國史、判度支事，工部侍郎、平章事崔昭緯判戶部事。

二月辛巳，李克用復檢校太師、中書令、太原尹、北都留守、河東節度觀察處置等使。時張濬、韓建兵敗後，爲太原將李存信等所追，至是方自含山踰王屋，出河清，達于河陽。屬河溢，無舟楫，建壞人廬舍〔三〕，爲木罌數百，方獲渡，人多覆溺，休其徒於司徒廟。是役也，朝廷倚朱全忠及三鎮兵。全忠方連兵徐鄆，乃求兵糧于鎮、魏，全忠終不至行營。鎮、魏倚太原爲扞蔽，如破太原郡，恐危鎮、魏，王鎔、羅弘信亦不出師。唯邠、岐、華、鄜、夏烏合之衆會晉州。兵未交而孫揆擒，燕卒敗，所以河西、岐下之師望風潰散，而濬、建至敗。全忠

以鎮、魏不助兵糧觀望，遣龐師古將兵討魏，陷十縣，羅弘信乞盟，乃退。棣州刺史張蟾爲青州將王師範所敗。新授平盧節度使崔安潛自棣州歸朝，復授太子少師。

三月辛亥朔，以青州權知兵馬留後王師範檢校兵部尚書，兼青州刺史、御史大夫，充平盧軍節度觀察、押新羅渤海兩蕃等使。淮南節度孫儒爲宣州觀察使楊行密所殺。初，行密揚州失守，據宣州，孫儒以兵攻圍三年。是春，淮南大飢，軍中疫癘死者十三四。是月，孫儒亦病，爲帳下所執，降行密。行密乃併孫儒之衆，復據廣陵。

六月，王鎔出軍援李存孝，克用大舉討鎮州。

七月，太原軍出井陘，屯於常山鎮，大掠鎮、趙、深諸郡。幽州節度使李匡威自率步騎三萬援王鎔。

八月，克用班師。

九月丁未朔。乙卯，天子賜左軍中尉楊復恭几杖，以大將軍致仕。復恭怒，稱病不受詔。

十月丁丑朔。甲申，天威軍使李順節率禁兵討楊復恭，復恭假子玉山軍使楊守信以兵拒之，列陣于昌化里。昭宗登延喜樓，陳兵自衞以俟變。相持至晚，不戰而退。是夜，守信乃擁其衆衞復恭出京師，且戰且行，出通化門，由七盤路之商州，又令義兒張綰爲後殿。永

安都頭安權追及綰，擒之而還。

十一月，朱全忠上表，請移時溥節鎮。是月，汴軍陷宿州，乃授溥太子太師。溥將劉知俊降汴軍。鎮州王鎔、幽州李匡威復謀攻定州以分其地，王處存求援於太原。

十二月丙子朔，以光祿大夫、門下侍郎、右僕射、平章事、監修國史、判度支、上柱國、彭城縣開國男劉崇望檢校司空、同平章事，兼徐州刺史，充武寧軍節度、徐宿觀察制置使。時李順節恃恩恣横，出入以兵仗自隨，兩軍中尉劉景宣、西門君遂懼其窺圖非望。丁亥，兩中尉傳詔召順節，順節以甲士三百自隨，至銀臺門，門司傳詔止從者。兩中尉在仗舍邀順節，坐次，令部將嗣光審斫順節，頭隨劍落。其部下知順節死，大譟出延喜門。是日，天威、捧日、登封三都亂，剽永寧里，至晚方定。戶部尚書鄭延昌爲中書侍郎、平章事、判度支。

景福元年春正月丙午朔，上御武德殿受朝賀，大赦，改元景福。鳳翔李茂貞、邠州王行瑜、華州韓建、同州王行約、秦州李茂莊等上表疏興元楊守亮納叛臣楊復恭，請同出本軍討伐，兼自備供軍糧料，不取給於度支，只請加茂貞山南招討使名。內臣皆不可其奏，昭宗亦以茂貞得山南之後有問鼎之志，詔久之不下。茂貞怒，與王行瑜不俟進止，發兵攻興元。累請招討之命，兼與宰相杜讓能、中尉西門君遂書，詞語詬詈，凌蔑王室，昭宗心不能容。

二月丙子朔。庚寅，太原、易定之兵合勢攻鎮州，王鎔復告難於幽州，李匡威率步騎三萬赴之。時太原之衆軍於常山鎮，易定之衆軍堅固鎮，燕、趙之卒分拒之。

三月，克用、處存斂軍而退。

四月乙亥，左軍中尉西門君遂殺天威軍使賈德晟。時德晟與李順節俱掌天威軍，順節死，中尉惡德晟，誣奏殺之。是日，德晟部下千餘騎出奔鳳翔，自是岐軍益盛。

五月甲辰，制以河南尹張全義檢校司徒、同平章事，兼孟州刺史，充河陽三城節度、孟懷澤觀察等使。

七月，燕、趙之卒合勢援邢州，太原大將李存信率軍拒於堯山，王鎔大敗而還。

十一月辛丑，鳳翔、邠寧之衆攻興元府，陷之。山南西道節度使楊守亮與前左軍中尉楊復恭、判官李巨川突圍而遁，將奔太原。李茂貞表其子繼密權知興元府事。

十二月辛未朔，華州節度使韓建奏於乾元縣遇興元潰散兵士，擊敗之。其楊守亮、楊復恭並已處斬訖，皆傳首京師。

二年春正月辛丑朔，制以權知劍南東川兵馬留後顧彥暉檢校尚書右僕射，兼梓州刺史、御史大夫，充劍南東川節度觀察等使。時王建連年攻彥暉，李茂貞欲與建爭東川，故表請彥暉正授旄鉞，示修好也。

二月庚午朔，太原李克用以兵攻鎮州，師出井陘，王鎔懼，再求救于幽州。甲申，李匡威復來赴援，太原之軍還邢州。

三月庚子，制以捧日都頭陳珮爲廣州刺史、嶺南東道節度使，扈蹕都頭曹誠爲黔州刺史、黔中節度使，耀德都頭李鋋爲潤州刺史、鎮海軍節度使，宣威都頭孫惟晟爲江陵尹、荊南節度使，並加特進、同平章事。各令赴鎮，並落軍權。時朝議以茂貞傲侮王命，武臣難制，欲用杜讓能及親王典禁兵，故罷五將之權，兼以平章事悅其心。太尉杜讓能册拜，加食邑至六千戶。是月，幽州節度使李匡威弟匡籌據幽州，自稱留後，以符追行營兵，兵皆還幽州。匡威既無歸路，遣判官李貞抱入奏，請朝覲。王鎔感匡威援助之惠，乃築第於恆州，迎匡威處之。

四月己巳，汴將王重師、牛存節陷徐州，節度使時溥舉家自燔而死。朱全忠遣將龐師古守徐州。

六月丁酉朔。乙卯，幽州節度使李匡威謀害王鎔而奪其帥，恆州三軍攻匡威，殺之。戊午，制太尉、門下侍郎、平章事、晉國公杜讓能加食邑至九千戶。門下侍郎、吏部尚書、平章事崔昭緯進階光祿大夫，中書侍郎、平章事鄭延昌兼刑部尚書，並加食邑至千戶。以祠部

郎中、知制誥陸扆爲中書舍人，依前翰林學士。幽州節度使李匡籌遣使檄王鎔，訊殺匡威之罪。二藩結怨，朱全忠遣判官韋震使幽州和解之。

七月，李克用興兵攻鎮州，敗王鎔軍於平山。鎔懼，乞盟，請以兵糧助攻邢州，許之，克用遂旋軍襄國。癸未，制以鳳翔隴州節度使、檢校太尉、中書令、鳳翔尹、上柱國、岐王、食邑四千五百戶李茂貞爲興元尹、山南西道節度等使。以中書侍郎、同平章事徐彥若檢校尚書左僕射、同平章事，兼鳳翔尹，充鳳翔隴州節度使。時茂貞恃兵求兼領山南節度，昭宗久之不行，茂貞表章不遜，深詆時政，上不能容，將加兵問罪，故以彥若代之。

八月丙申朔，以嗣覃王爲京西招討使，神策大將軍李鐬副之。

九月丙寅朔，以武勝軍防禦使錢鏐爲鎮海軍節度、浙江西道觀察處置等使，仍移鎮海軍額於杭州。乙亥，覃王率扈駕五十四軍進攻岐陽，屯于興平。李茂貞以兵逆戰，屯于盩厔。壬午，岐軍進迫興平，王師自潰。茂貞乘勝逼京師，進屯三橋。甲申，昭宗御安福門，斬觀軍容使西門君遂、內樞密使李周潼，遣中使賜茂貞詔，令收兵歸鎮。茂貞陳兵臨皋驛，數宰臣杜讓能之罪，請誅之。制貶太尉、平章事、晉國公杜讓能爲雷州司戶。

十月乙未，賜杜讓能自盡，其弟戶部侍郎弘徽坐讓能賜死。

十一月，制以鳳翔節度使李茂貞守中書令，進封秦王，兼興元尹、山南西道節度使。邠

州節度使王行瑜賜號「尙父」，賜鐵券。以門下侍郎、吏部尙書、平章事、監修國史崔昭緯兼尙書左僕射，充諸道鹽鐵轉運等使；以特進、行右僕射韋昭度爲司空、門下侍郎、同平章事、弘文館大學士、太淸宮使、延資庫使。中書侍郎、刑部尙書、平章事、判度支鄭延昌罷知政事，守尙書左僕射，以病求罷故也。以新除鳳翔節度使徐彥若復知政事。戶部侍郎、判戶部事王摶本官同平章事。

乾寧元年春正月乙丑朔，上御武德殿受朝，宣制大赦，改元乾寧。鳳翔李茂貞來朝，大陳兵衞，獻妓女三十人，宴之內殿，數日還藩。時茂貞有山南梁、洋、興、鳳、岐、隴、秦、涇、原等十五餘郡，甲兵雄盛，凌弱王室，頗有問鼎之志。

二月，汴人大敗兗、鄆之軍於東阿，瑄、瑾勢蹙，求援於太原，李克用出師援之。

三月甲子朔，太原軍攻邢州，陷之，執其逆將李存孝，檻送太原，裂之。克用以大將馬師素權知邢洺團練事。

五月，蔡賊孫儒部將劉建鋒攻陷潭州，自稱湖南節度使。以翰林學士、中書舍人陸扆爲戶部侍郎、知制誥，充職。

六月壬辰，李克用攻陷雲州，執大同防禦使赫連鐸，以其牙將薛志勤守雲中。

十月庚寅，以中書侍郎、平章事王摶爲湖南節度使。以翰林學士承旨、禮部尙書、知制誥李磎爲戶部侍郎、同平章事。宣制之日，水部郎中、知制誥劉崇魯出班而泣，言磎姦邪，黨附內官，不可居輔弼之地，由是制命不行。戊申，制御史中丞崔胤爲兵部侍郎、同平章事。是月，李克用以太原之衆進攻幽州。

十二月，幽州節度使李匡籌潰圍而遁。克用陷幽州，以李匡威故將劉仁恭爲幽州兵馬留後。是月，李匡籌南奔赴闕〔四〕，至景城，爲滄州節度使盧彥威所殺。

二年春正月己未朔，河中節度使、檢校太師、中書令、河中尹、上柱國、琅邪郡王王重盈卒〔五〕，三軍立重榮子行軍司馬珂知留後事。

二月己丑朔，王重盈子陝州節度使珙〔六〕、絳州刺史瑤舉兵討王珂，兼上章訴珂冒姓，非重榮子。珂、珙爭爲蒲帥，上遣中使慰勞。

三月，制以中書侍郎、同平章事、河中尹，充河中節度、晉絳慈隰觀察處置等使。浙東節度使董昌僭號稱羅平國，年稱大聖，用婺州刺史蔣瓌爲宰相，仍僞署官員。鎭海軍節度使錢鏐請以本軍進討，從之。以翰林學士承旨、兵部侍郎、知制誥趙光逢爲尙書左丞，依前充職。太原李克用上章言王重榮有功於國，其子珂宜承襲，請賜節鉞。邠州王行瑜、鳳翔李茂貞、華州韓建各上章，言珂螟蛉，不宜纘襲，請以王珂爲陝州，王珙爲河中。天子以先允克用之奏，久之不下。

五月丁巳朔。甲子，李茂貞、王行瑜、韓建等各率精甲數千人入覲，京師大恐，人皆亡竄，吏不能止。昭宗御安福門以俟之，三帥既至，拜舞樓下，昭宗臨軒自諭之曰：「卿等藩侯，宜存臣節，稱兵入朝，不由奏請，意在何也？」茂貞、行瑜汗流洽背，不能對，唯韓建陳敍入覲之由。上並召升樓，賜之巵酒，宴之於同文殿。茂貞、行瑜極言南北司相傾，深蠹時政，請誅其太甚者。乃貶宰相韋昭度、李磎，尋殺之於都亭驛，殺內官數人而去。王行瑜留弟行約，茂貞留假子閻圭，各以兵二千人宿衞。時三帥同謀廢昭宗立吉王，聞太原起軍乃止，留兵宿衞而還。壬申，以責授均州司戶孔緯、繡州司戶張濬並爲太子賓客。以翰林學士、戶部侍郎、知制誥陸扆爲兵部侍郎，充職。

六月丁亥朔，以京兆尹、嗣薛王知柔兼戶部尙書、判度支，兼諸道鹽鐵轉運等使。壬辰，以太子賓客孔緯爲吏部尙書，尋復開府儀同三司、守司空、門下侍郎、同平章事、弘文館大學士、太淸宮延資庫使、上柱國、魯郡開國公，食邑四千戶、食實封二百戶，仍號「持危啓運保乂功臣」。時緯在華州，尋屬太原軍至而止。以太子賓客張濬復光祿大夫、行兵部尙書、上柱國、河間郡開國侯、食邑二千戶。濬在長水，亦不至京師。復以王摶爲中書侍郎、平章事。

七月丙辰朔，李克用舉軍渡河，以討王行瑜、李茂貞、韓建等稱兵詣闕之罪。庚申，同州節度使王行實棄郡入京師，謂兩軍中尉駱全瓘、劉景宣曰：「沙陀十萬至矣！請奉車駕幸邠州，且有城守。」時景宣附鳳翔，癸亥夜，閻圭與劉景宣子繼晟、同州王行實縱火剽東市，請上出幸。上聞亂，登承天門，遣諸王率禁兵禦之。捧日都頭李筠率本軍侍衞樓上。閻圭以鳳翔之卒攻李筠，矢及御座之樓扉。上懼，下樓與親王、公主、內人數百幸永興坊李筠營。扈蹕都頭李君實以兵繼至〔七〕，乃與筠兩都兵士侍衞出啓夏門，憩於華嚴寺，以俟內人繼至。其日晚，幸莎城鎭。京師士庶從幸者數十萬，比至南山谷口，暍死者三之一。至暮，爲盜寇掠，慟哭之聲，殷動山谷。權令京兆尹知柔中書事及隨駕置頓使〔八〕。信宿，宰相徐彥若、王摶、崔胤三人至，乃移石門鎭之佛宮。仍令知樞密劉光裕、薛王知柔歸京師制置，合禁軍以備宮禁。丙寅，李克用遣牙將閻諤奉表奔問，奏屯軍河中，候進止發赴邠州。丁卯，上遣內官張承業傳詔克用軍，使令監太原行營兵馬，發赴新平。又令內官郄廷立傳詔涇州，令張鐇起涇原之師會克用軍。上在南山半月餘，克用仍在河中，未至渭北。上懼鳳翔兵士劫遷，乃令延王將御服、鞍馬、玉器等至河中，宣諭曰：「朕以景宣、全瓘、行實、繼鵬爲表裏之姦謀，縱干戈於雙闕，煙塵倏忽，劫殺縱橫。朕偶脫鋒鋩，遂移輦輅，所爲巡幸，止在近郊。蓋知卿統領雄師，駐臨蒲坂，累飛書詔，繼遣使人。期卿以社稷爲憂，君親在念，必思響應，速議襲行。豈謂將涉兩旬，未有來表，憂虞是切，寢食不遑。豈忠義不切疚懷，而道途或有阻滯？今則專令親信，懇託勳賢，故遣延王戒丕、丹王允與供奉官王魯紆等宣示。卿宜便董貔貅，徑臨邠鳳，蕩平妖穴，以拯阽危，是所望也。」

八月乙酉朔，延王至河中，克用已發前鋒至渭北，又令史儼率五百騎赴行在侍衞。己丑，克用自至渭橋砦。癸巳，於梨園殺邠軍數千，獲其大將王令陶以獻。又詔鄜州節度使李思孝本軍進討。丁酉，制以河東節度使、開府儀同三司、守太師、中書令，兼太原尹、北都留守、上柱國、隴西郡王李克用爲邠寧四面行營都招討使。夏州節度使李思諫充邠寧東北面招討使，涇原節度使張鐇充邠寧西面招討使，河中節度使王珂充行營供軍糧料使。李茂貞聞之懼，斬閻圭、武秃子，傳首行在，上章請罪。辛丑，制削奪王行瑜在身官爵。改授李克用邠寧四面行營都統。其大將蓋寓李存信閻鍔、判官王讓李襲吉等，並降詔錫賚。又以河中都監袁季貞充邠寧四面行營兵馬都監押。壬寅，李克用遣子存貞奉表行在，請車駕還宮。答詔曰：「昨延王迴，言卿憂時體國，執禮輸忠，接遇之間，周旋盡節。備知肺腑，識我恩榮，靜惟尊主之心，果契知臣之分。朕欲取今月二十四日卻復都城，冀寧兆庶，倚我勳德，有若長城，速伸翦盪之謀，以慰黔黎之望。」癸卯，又令延王傳詔，令克用發騎軍三千赴

三橋屯駐，以備迴鑾。辛亥，車駕還宮。壬子，司空、門下侍郎、平章事、監修國史、諸道鹽鐵轉運使崔昭緯罷知政事，爲太子賓客。以河中兵馬留後王珂檢校司空，兼河中尹、御史大夫，充護國軍節度、河中晉絳慈隰觀察等使；以幽州兵馬留後劉仁恭檢校司空，兼幽州大都督府長史，充幽州盧龍軍節度、押奚契丹等使；以故左軍中尉楊復恭開府、魏國公：並從克用奏請也。

九月甲寅朔。丙辰，制光祿大夫、守尚書左僕射、門下侍郎、同平章事、監修國史、上柱國、東莞郡公徐彥若爲司空、門下侍郎、同平章事、太清宮修奉太廟等使、弘文館大學士、延資庫使，充諸道鹽鐵轉運等使。正議大夫、中書侍郎、同平章事王摶爲金紫光祿大夫、戶部尚書、門下侍郎、監修國史、判度支；正議大夫、中書侍郎、同平章事崔胤爲金紫光祿大夫、兼禮部尚書、集賢殿大學士、判戶部事。並賜號「扶危匡國致理功臣」。癸亥，司空、門下侍郎、平章事、太清宮修奉太廟等使、弘文館大學士、延資庫使、上柱國、魯郡開國公孔緯卒，贈太尉。

十月甲申朔，王師破賊梨園砦，俘斬萬計，行瑜由是嬰城自固。丁亥，制赦繫囚，其節文曰：「其有任崇柱石〔九〕，位重台衡，或委以軍權，或參諸宥密。竟因連謗，終至禍名，鬱我好生，嗟乎強死。應大順已來，有非罪而加削奪者，並復官資。其杜讓能、西門君遂、李周

潼已下，並與昭雪，還其爵秩。韋昭度頃處台司，每伸相業，王行瑜求尚書令，獨能抑之，致於沉冤，諒由此事。李磎文章宏贍，迴出輩流，竟以朋黨之間，擠於死地，凡在有識，孰不咨嗟。宜並與昭洗，仍復官爵。」又敕：「太子賓客崔昭緯責授梧州司馬，水部郎中、知制誥劉崇魯貶崖州司戶。」又詔邠州行營都統曰：「邠州節度副使崔鋋，破賊之時，勿令漏網。鋋與昭緯去年朋黨，交結行瑜，構合禍胎，原由此賊。付四面行營知委。」是月，四面行營大集邠州。

十一月癸未朔。壬寅，王行瑜與其妻子部曲五百餘人潰圍出奔，至慶州，行瑜爲部下所殺，并其家二百口，並詣行營乞降，李克用遣牙將閻鍔獻于京師。

十二月甲申朔，昭宗御延喜門受俘馘，百僚樓前稱賀。制以李克用守太師、中書令，進封晉王，食邑九千戶，改賜「忠貞平難功臣」。是月，克用班師太原。制：皇第三子祤封棣王，第五子禊封虔王，第六子禋封沂王，第七子禕封遂王。

三年春正月癸丑朔，制以特進、戶部尚書、兼京兆尹、嗣薛王知柔檢校司徒，兼廣州刺史、御史大夫，充清海軍節度、嶺南東道觀察處置等使。以尚書右丞崔澤爲鳳州刺史。魏博羅弘信擊敗太原軍於莘縣。初，兗鄆求援于太原，克用令蕃將史完府、何懷寶等千騎赴

之。至是又令大將李存信屯于莘縣，魏人常假其道，存信戢軍不謹，或侵撓魏民。弘信怒，伏兵擊之，其軍宵潰。自是弘信南結于梁，與太原絕，兗鄆已至俱陷。

二月壬子朔，制以通王滋爲開府儀同三司，判侍衞諸道軍事。以銀青光祿大夫、戶部尚書、嘉興縣子、食邑五百戶陸扆爲兵部尚書。

三月壬子朔，以考功員外郎、集賢殿學士杜德祥爲工部郎中、知制誥。

四月壬午朔，湖南軍亂，殺其帥劉建鋒，三軍立其部將權知邵州刺史馬殷爲兵馬留後。鎮海軍節度使錢鏐攻越州，下之，斬董昌，平浙東。制加錢鏐檢校太尉、中書令。

五月辛巳，責授梧州司馬崔昭緯賜自盡。制金紫光祿大夫、戶部尚書、門下侍郎、平章事、監修國史、上柱國、太原郡開國公王摶爲檢校尚書左僕射、同平章事，兼越州刺史，充鎮東軍節度、浙江東道觀察處置等使。

六月庚戌，李克用率沙陀、并、汾之衆五萬攻魏州，及其郛，大掠於其六郡，陷成安、洹水、臨漳十餘邑〔一〇〕，報莘之怨也。鳳翔李茂貞怨國家有朱玫之討，絕朝貢，謀將犯闕，天子命覃王治兵以俟變。是月，茂貞上章，請以兵師入覲。上令通王、覃王、延王分統安聖、捧宸、保寧、宣化等四軍，以衞近畿。丙寅，鳳翔軍犯京畿，覃王拒之於婁館，接戰不利。

秋七月庚辰朔。壬辰，岐軍逼京師，諸王率禁兵奉車駕將幸太原。癸巳，次渭北。華

州韓建遣子充奉表起居，請駐蹕華州，乃授建京畿都指揮、安撫制置、催促諸道綱運等使。詔謂建曰：「啓途之行，已在河東，今且幸鄜畤。」甲午，次富平。韓建來朝，泣奏曰：「藩臣倔強，非止茂貞。雖太原勤王，無宜巡幸。臣之鎮守，控扼關畿，兵力雖微，足以自固。陛下若輕捨近畿，遠巡極塞，去園陵宗廟，寧不痛心；失魏闕金湯，又非良算。若輿駕渡河，必難再復，謀苟不臧，悔之寧及。願陛下且駐三峯，以圖恢復。」上亦泣下曰：「朕難奈茂貞，忿不思難。卿言是也。」乙未，次下邽。丙申，駐蹕華州，以衙城爲行宮。時岐軍犯京師，宮室廛閭，鞠爲灰燼，自中和已來葺構之功，掃地盡矣。乙巳，制以金紫光祿大夫、中書侍郎、兼禮部尚書、同平章事、集賢殿大學士、判戶部事、上柱國、博陵縣開國伯崔胤檢校尚書左僕射，兼廣州刺史、御史大夫，充清海軍節度、嶺南東道觀察處置等使。丙午，制以翰林學士承旨、尚書左丞、知制誥、嘉興縣開國子、食邑五百戶陸扆爲戶部侍郎、同平章事。

八月己酉朔。甲寅，新除鎭東軍節度使錢鏐權領浙江東道軍州事[二]。戊午，制以戶部侍郎、平章事陸扆爲中書侍郎，兼判戶部事。

九月己卯朔，汴州朱全忠、河南尹張全義與關東諸侯俱上表，言秦中有災，請車駕遷都洛陽。全忠、全義言臣已表率諸藩，繕治洛陽宮室。優詔答之。乙未，制新除清海軍節度使崔胤復知政事。胤之出鎭，朱全忠再表請論奏，言胤不宜去相位，故有是命。丁酉，制中書

侍郎、集賢殿大學士、判戶部事陸扆責授硤州刺史，崔胤怒扆代己，誣奏扆黨庇茂貞故也。丙午，制以鎭國軍節度使韓建檢校太尉，兼中書令，充修復宮闕、京畿制置、催促諸道綱運等使。以京兆尹孫偓爲兵部侍郎、同平章事。

十月戊申朔，以中書舍人、權知禮部貢舉薛昭緯爲禮部侍郎。壬子，制以兵部侍郎、平章事孫偓爲中書侍郎，充鳳翔行營招討使。甲寅，偓於驛舍會諸將，以議進軍。戊午，李茂貞上表章請罪，願改事君之禮，繼修職貢，仍獻錢十五萬，助修京闕。韓建左右之，師遂不行。

十一月丁丑朔，以韓建兼領京兆尹、京城把截使。

十二月丁未，李克用縱兵俘剽魏博諸郡邑。以前翰林學士承旨、尚書左丞、知制誥趙光逢爲御史中丞。太常禮院奏權立行廟，以備告饗，從之。

四年春正月丁丑朔，車駕在華州行宮，受羣臣朝賀。癸未，汴將龐師古陷鄆州，節度使朱瑄與妻榮氏潰圍，瑄至中都，爲野人所殺，榮氏俘於汴軍。朱全忠署龐師古爲鄆州兵馬留後。宰相孫偓罷知政事，守兵部尚書。

二月丙午朔。戊申，汴將葛從周攻兗州，陷之，節度使朱瑾奔楊行密，其將康懷貞降從

周，朱全忠署從周爲兗州兵馬留後。自是鄆、齊、曹、棣、兗、沂、密、徐、宿、陳、許、鄭、滑、濮等州皆沒於全忠，唯王師範守青州，亦納款於汴。己未，制朝議大夫、守右散騎常侍、上柱國、滎陽縣男鄭綮爲禮部侍郎、同平章事。癸丑，責授硤州刺史陸扆爲工部尚書。甲寅，華州防城將花重武告睦王已下八王欲謀殺韓建，移車駕幸河中。帝聞之駭然，召韓建諭之，建辭疾不敢行。帝卽令通王已下詣建治所自陳。建奏曰：「今日未時，睦王、濟王、韶王、通王、彭王、韓王、儀王、陳王等八人到臣治所，不測事由。臣酌量事體，不合與諸王相見，兼恐久在臣所，於事非宜。況睦王等與臣中外事殊，尊卑禮隔，至於事柄，未有相侵，忽然及門，意不可測。」又引晉室八王撓亂天下事，「請依舊制，令諸王在十六宅，不合典兵。其殿後捧日、扈蹕等軍人，皆坊市無賴之徒，不堪侍衞，伏乞放散，以寧衆心。」昭宗不得已，皆從之。是日，囚八王於別第，殿後侍衞四軍二萬餘人皆放散，殺捧日都頭李筠於大雲橋下，自是天子之衞士盡矣。丙辰，韓建上表，請封拜皇太子、親王，以爲維城之計。己未，制德王裕宜册爲皇太子。辛酉，制第八男祕可封景王，第九男祚可封輝王，第十男祺可封祁王[三]，第十一男禛可封雅王，第十二男祥可封瓊王。

三月丙子朔。戊寅，制韓建進封昌黎郡王，改賜「資忠靖國功臣」。以光祿大夫、兵部尚書、上柱國、河間郡開國侯、食邑二千戶張濬爲尚書左僕射，依前充租庸使。

四月丙午朔，就加福建節度使王潮檢校尚書右僕射。韓建獻封事十條，其三，太子、諸王請置師傅教導。乃以太子賓客王牘爲諸王侍讀。宰相鄭綮以病乞骸，乃罷知政事。

五月乙亥朔，以國子博士朱朴爲右諫議大夫、同平章事。

七月甲戌，帝與學士、親王登齊雲樓，西望長安，令樂工唱御製菩薩蠻詞，奏畢，皆泣下霑襟，覃王已下並有屬和。

八月甲辰朔，以工部尚書陸扆爲兵部尚書。韓建與邠、岐三鎭素有無君之迹，及李克用誅行瑜，心常切齒。去歲車駕將幸河東，乃令延王戒丕使太原，見克用，陳省方之意。是月，延王自太原還。韓建奏曰：「自陛下卽位已來，與近輔交惡，皆因諸王典兵，兇徒樂禍，遂致輿駕不安。比者臣奏罷兵權，實慮有不測之變。今聞延王、覃王尚苞陰計，願陛下宸斷不疑，制於未亂，卽社稷之福也。」上曰：「豈至是耶！」居數日，以上無報，乃與知樞密劉季述矯制發兵，圍十六宅。諸王懼，披髮沿垣而呼曰：「官家救兒命！」或登屋沿樹。是日，通王、覃王已下十一王并其侍者，皆爲建兵所擁，至石堤谷，無長少皆殺之，而建以謀逆聞。尋殺太子詹事馬道殷、將作監許巖士，貶平章事朱朴，皆上所寵昵者。

九月癸酉朔，以御史中丞狄歸昌爲尚書右丞。以刑部侍郎楊涉爲吏部侍郎。制以鎭海軍節度使錢鏐爲鎭海軍節度、浙江東西道觀察處置等使、杭州越州刺史、上柱國、吳王。

冬十月癸卯朔，以華州節度使韓建兼同州刺史、匡國軍節度使。朱全忠遣其將權徐州兵馬留後龐師古、兗州留後葛從周率兗、鄆、曹、濮、徐、宿、滑等兵士七萬渡淮討楊行密。制以太中大夫、前御史中丞裴贄爲禮部尙書、知貢舉。幽州節度使劉仁恭大敗沙陀於安塞，李克用單騎僅免。

十一月壬申朔。癸酉，淮南大將朱瑾潛出舟師襲汴軍於淸口，龐師古舉軍皆沒，師古被執。時葛從周自霍丘渡淮，至濠州，聞師古敗，乃退軍，信宿至淠河，方渡而朱瑾至。是日殺傷溺死殆盡，還者不滿千人，唯牛存節一軍先渡獲免。比至潁州，大雪寒凍，死者十五六。自古喪師之甚，無如此也。由是行密據有江、淮之間。以檢校司空、權知兗州兵馬事葛從周爲兗州刺史，充泰寧軍節度使；以潁州刺史王敬蕘檢校尙書左僕射，兼徐州刺史，充武寧軍節度使：從全忠奏也。

光化元年春正月辛未朔，車駕在華州。以兵部侍郎崔遠爲戶部侍郎、同平章事。諸道貢修宮闕錢，命京兆尹韓建入京城計度。朱全忠遣判官韋震奏事，求兼領鄆州。時全忠軍敗之後，欲自大其權，以扼鄰藩之變。幽州節度使劉仁恭恃安塞之捷，欲呑噬河朔，是月遣其子守文將兵襲滄州，節度使盧彥威棄城而遁，守文遂據之，自稱留後。

四月庚子，制淑妃何氏宜册爲皇后。上幸陟岵寺，宴從官於韓建所獻御莊。

五月己巳朔，以立后大赦。汴將葛從周率衆攻李克用邢、洺、磁等州，陷之。全忠署從周爲三州兵馬留後。

六月己亥，帝幸西溪觀競渡。天下藩牧、文武百僚上表，請車駕還京。

七月，汴將氏叔琮陷趙匡凝之隨、唐、鄧等州。敕升華州爲興德府，刺史爲尹，左右司馬爲少尹，鄭縣爲次赤，官員資望一同五府。封華嶽廟爲佑順侯。

八月戊戌朔。己未，車駕自華還京師。甲子，御端門，大赦，改元光化。

九月戊辰朔，以御史中丞狄歸昌爲尙書左丞。制以鎭國、匡國等軍節度使韓建守太傅、中書令、興德尹，封潁川郡王，賜鐵券，幷御寫「忠貞」以遺之。建累上表辭王爵，乃改封許國公。魏博節度使羅弘信進封臨淸郡王。是月，弘信卒，贈太師，諡曰莊肅。衙軍立其子副大使紹威知兵馬事，尋賜之節鉞。

十月丁酉朔，河南尹張全義就加侍中。汴將朱友恭自江西行營還，過安州，殺刺史武渝，遣部將守之。汴將張存敬以兵襲蔡州，刺史崔洪納款，請以弟賢質于汴，許之。

十二月丙寅，李克用將潞州節度使薛志勤死，澤州刺史李罕之乘其無帥，襲潞取之，遣其子顥乞降于汴，全忠表罕之爲節度使。

二年春正月乙未朔。丁未，以兵部尙書陸扆爲兵部侍郎、同平章事。

二月，蔡州刺史崔洪爲衙兵所迫，同竄淮南。時洪以弟賢質于汴，汴人遣賢還蔡，徵兵三千出征。蔡兵亂，殺賢，遂擁洪渡淮。朱全忠令其子友裕守蔡州。幽州節度使劉仁恭驅燕軍十萬，將兼趙、魏。是月陷貝州，人無少長皆屠之，投尸淸水，爲之不流。遂進攻魏州。羅紹威求救于汴。

三月，朱全忠遣大將張存敬率師援之，屯于內黃。葛從周自邢、洺率勁騎八百入魏州。燕將劉守文、單可及聞汴軍在內黃，引軍往擊之。存敬設伏內黃東，大敗燕軍，俘斬三萬，生擒單可及。劉守文以餘衆還魏州，爲存敬、從周所乘，燕軍復敗，仁恭父子僅免。汴、魏合兵躡之，趙人復邀之東境，自魏至滄五百里間，僵屍相枕。

是春，有白氣竟天如練，自西南徹東北，而旋有燕卒之敗。

四月，汴將氏叔琮由上黨進軍攻太原，出石會，爲沙陀擒其前鋒將陳章，叔琮乃退去。

六月，制以昭義節度使、檢校太尉、兼太師、侍中、潞州大都督府長史、隴西郡開國公、食邑三千戶李罕之爲孟州刺史，充河陽三城節度、孟懷觀察等使；以檢校司徒、孟州刺史、河陽節度使丁會爲澤、潞等節度使：從全忠奏也。丁丑，李罕之至懷州，卒于傳舍。陝州軍

亂，殺其帥王珙，立都將軍李璠爲留後。丁亥，制以前太常卿劉崇望爲吏部尙書，兵部侍郎裴樞爲吏部侍郎，戶部侍郎薛昭緯爲兵部侍郎。

七月，靑州守海州將牛從毅擁郡人投淮南，行密遂有海州。

十一月，陝州衙將朱簡殺李璠，自稱留後，降汴，全忠表簡爲帥守。

三年春正月庚子朔，以禮部尙書裴贄爲刑部尙書。癸卯，朱全忠奏：「本貫宋州碭山縣，蒙恩升爲輝州，其地卑濕，難葺廬舍，請移輝州治所於單父縣。」從之，仍賜號爲崇德軍。

四月戊午，汴、魏合軍攻滄州，以報入郛之役，葛從周連陷滄德郡邑，王鎔遣使和解于全忠，令劉仁恭修好，汴、魏班師。辛未，皇后、太子謁九廟。

六月丁巳，朱全忠表陝州兵馬留後朱簡鄉里同宗，改名友謙，乞眞授節鉞。從之。戊辰，特進、司空、門下侍郎、平章事、監修國史王摶貶崖州司戶，尋賜死於藍田驛。樞密使宋道弼、景務修並死。爲崔胤所誣，言三人中外相結也。

七月丁亥朔，兵部尙書劉崇望卒，贈司空。甲午，兵部郎中薛正表爲右諫議大夫。以許州刺史朱友恭檢校司徒，爲潁州刺史；以左武衛將軍趙霖檢校左僕射，爲許州刺史；宣武押衙劉知俊檢校右僕射，爲鄭州刺史：從全忠奏也。戊申，制以武貞軍節度、澧朗敘等州

觀察處置等使、開府儀同三司、檢校司徒、同平章事、朗州刺史、上柱國、馮翊郡開國侯、食邑一千五百戶雷滿檢校太保，封馮翊郡王，餘如故。以武泰軍節度、黔中觀察處置等使、光祿大夫、檢校尚書左僕射、黔州刺史、御史大夫、上柱國趙崇封天水縣開國子，食邑五百戶。庚戌，制昭義節度留後、光祿大夫、檢校司空、上柱國孟遷爲檢校司徒，兼潞州大都府長史，充昭義節度副大使、知節度事、潞磁邢洺等州觀察處置使，仍封平昌縣男，食邑三百戶，從李克用奏也。以金紫光祿大夫、守兵部尚書、上柱國、樂安郡開國公、食邑一千五百戶孫儲守兵部尚書，兼京兆尹。乙卯，制忠烈衞聖鎮國功臣、劍南西川節度副大使、知節度事、管內營田觀察處置統押近界諸蠻兼西山八國雲南安撫制置等使、開府儀同三司、檢校太尉、中書令、成都尹、上柱國、琅邪郡王、食邑三千戶、實封一百戶王建可兼劍南東川、武信軍兩道都指揮制置等使，加食邑一千戶，餘如故。時建攻下梓州顧彥暉，兼有東川洋、果、閬等州故也。又以忠義軍節度、山南東道管內觀察處置三司水陸發運等使、開府儀同三司、檢校太尉、中書令、兼襄州刺史、上柱國、南平王、食邑三千戶趙匡凝可檢校太師、兼中書令，加實封一百戶。

八月丙辰朔，朱全忠奏：「先割汝州隸許州，請卻還東都。河陽先管澤州，今緣蕃戎占據，得失不常，請權割河南府王屋、清河、鞏三縣隸河陽。」從之。癸亥，制忠貞平難功臣、

河東節度、管內觀察處置等使、開府儀同三司、守太師、兼中書令、北都留守、太原尹、上柱國、晉王、食邑九千戶、食實封七百戶李克用加實封一百戶。丁卯，以朝請大夫、虞部郎中、知制誥、上柱國、賜紫金魚袋顏蕘爲中書舍人。己巳，制前歸義軍節度副使、權知兵馬留後、銀青光祿大夫、檢校國子祭酒、監察御史、上柱國張承奉爲檢校左散騎常侍，兼沙州刺史、御史大夫，充歸義節度、瓜沙伊西等州觀察處置押蕃落等使。庚辰，太原大將李嗣昭攻洺州，下之，執汴將朱紹宗。汴將葛從周率師赴之，嗣昭棄城而去。從周邀之於青山口，晉軍大敗，從周乘勝攻鎮州。壬午，制荆南節度、忠萬歸夔涪峽等州觀察處置水陸催運等使、開府儀同三司、檢校太尉、兼中書令、江陵尹、上柱國、上谷郡王、食邑三千戶成汭可檢校太師、中書令，餘如故。甲申，制扶危匡國致理功臣、特進、行尚書左僕射、兼門下侍郎、同平章事、監修國史、判度支、上柱國、清河郡開國公、食邑二千戶崔胤可開府儀同三司，進封魏國公，加食邑一千戶，餘如故。

九月丙戌朔，朱全忠引三鎮之師攻鎮州，王鎔懼，遣判官周式、副大使王昭祚、主事梁公儒子弟爲質于汴，出犒師絹十五萬匹求盟，許之。張存敬遂自深、冀進軍，攻瀛、莫，下郡邑二十，阻雨泥濘，不及幽州。遂西行略祁州，大敗中山將王處直軍於沙河北，進屯懷德驛。遂攻定州，節度使王郜奔太原，衙將王處直斬孔目官梁汶，出縑二十萬乞盟，許之。全

忠遂署王處直爲義武軍留後。乙巳，制扶危匡國致理功臣、開府儀同三司、守太保、兼門下侍郎、平章事，充太清宮使、修奉太廟使、弘文館大學士、延資庫使、諸道鹽鐵轉運等使、上柱國、齊國公、食邑五千戶、食實封一百戶徐彥若可檢校太尉、同平章事，充清海軍節度、嶺南東道管內觀察處置供軍糧料等使。丙午，制光祿大夫、中書侍郎、兼吏部尚書、同平章事、充集賢殿大學士、判戶部事、博陵郡開國公、食邑二千戶崔遠罷知政事，守本官。戊申，制左僕射、門下侍郎、平章事、監修國史、判度支崔胤充太清宮使、修奉太廟使、弘文館大學士、延資庫使，依前判度支，兼充諸道鹽鐵轉運等使。光祿大夫、中書侍郎，兼戶部尚書、同平章事、上柱國、吳郡開國公、食邑一千五百戶陸扆爲門下侍郎、戶部尚書、監修國史。以正議大夫、守刑部尚書、上柱國、河東縣開國男、食邑三百戶、賜紫金魚袋裴贄爲中書侍郎，兼刑部尚書、同平章事，充集賢殿大學士。以銀青光祿大夫、行尚書吏部侍郎、上柱國裴樞爲中書侍郎、同平章事，判戶部事。辛亥，以光祿大夫、尚書右僕射、租庸使張濬罷租庸使，守本官。

十月丙辰朔。辛酉，以前清海軍節度副使、朝散大夫、檢校左散騎常侍、御史大夫、上柱國王溥守左散騎常侍，充鹽鐵副使。癸未，制以保義軍節度留後、銀青光祿大夫、檢校戶部尚書、兼御史大夫、上柱國朱友謙爲金紫光祿大夫、檢校尚書右僕射，兼陝州大都督府長

史、御史大夫，充保義軍節度、陝虢觀察處置等使。

十一月乙酉朔。庚寅，左右軍中尉劉季述、王仲先廢昭宗，幽於東內問安宮，請皇太子裕監國。時昭宗委崔胤以執政，胤恃全忠之助，稍抑宦官。而帝自華還宮後，頗以禽酒肆志，喜怒不常，自宋道弼等得罪，黄門尤懼。至是，上獵苑中，醉甚，是夜，手殺黄門、侍女數人。庚寅，日及辰巳，內門不開。劉季述詣中書謂宰相崔胤曰：「宮中必有不測之事，人臣安得坐觀？我等內臣也，可以便宜從事。」即以禁兵千人破關而入，問訊中人，具知其故。即出與宰臣謀曰：「主上所爲如此，非社稷之主也。廢昏立明，具有故事，國家大計，非逆亂也。」即召百官署狀，崔胤等不獲已署之。季述、仲先與汴州進奏官程巖等十三人請對，對訖，季述上殿待罪次。左右軍將士齊唱萬歲聲，遂突入宣化門，行至思政殿，便行殺戮，徑至乞巧樓下。帝遽見兵士，驚墮牀下，起而將去，季述、仲先掖而令坐。何皇后遽出拜曰：「軍容長官護官家，勿至驚恐，有事取軍容商量〔一四〕。」季述即出百官合同狀，曰：「陛下倦臨寶位，中外羣情，願太子監國，請陛下頤養於東宮。」帝曰：「吾昨與卿等懽飲，不覺太過，何至此耶！」皇后曰：「聖人依他軍容語。」即於御前取國寶付季述，即時帝與皇后共一轝，并常所侍從十餘內人赴東宮。入後，季述手自扃鎖院門，日於窗中通食器。是日，迎皇太子監國，矯宣昭宗命稱上皇。甲午，宣上皇制，太子登皇帝位，宰臣、百僚、方鎮加爵進秩，又賜

百僚銀一千五百兩、絹千四、綿萬兩充救接，皆季述求媚於朝也。時朱全忠在定州行營，崔胤與前左僕射張濬告難於全忠，請以兵問罪，全忠自行營還大梁。

十二月乙卯朔。癸未夜，護駕鹽州都將孫德昭、周承誨、董彥弼以兵攻劉季述、王仲先，殺仲先，攜其首詣東宮門，呼曰：「逆賊王仲先已斬首訖，請陛下出宮慰諭兵士。」宮人破鑰，帝與皇后方得出。

天復元年春正月甲申朔，昭宗反正，登長樂門樓，受朝賀。班未退，孫德昭執劉季述至樓前，上方詰責，已爲亂棒擊死，乃尸之於市。乙酉，制以孫德昭檢校司空，充靜海軍節度使。丙戌，宰相崔胤進位司空。己丑，朱全忠械程巖，折足檻送京師，戮之於市。制皇太子裕降爲德王，改名祐。庚寅，制以孫德昭爲安南節度、檢校太保。以周承誨爲邕州刺史、邕管節度經略使，以董彥弼爲容州刺史、容管節度等使，並檢校太保、同平章事。殺神策軍使李師虔、徐彥回。敕曰：「朕臨御已來，十有四載，常慕好生之德，固無樂殺之心。昨季述等幽辱朕躬，迫脅太子。李師虔是逆賊親厚，選來東內主持，動息之間，俾其偵伺。每有須索，皆不供承。要紙筆則恐作詔書，索錐刀則慮爲利器，凌辱萬狀，出入搜羅。朕所御之衣，晝服夜濯，凝冽之際，寒苦難勝。嬪嬙公主，衾裯皆闕。緡錢則貫百不入，繒帛則尺寸

難求。六輩同其主張，五人權其威勢。若言狀罪，輸墨難窮，若許生全，是爲貸法，宜並處斬。」時朱全忠既服河朔三鎭，欲窺圖王室簒代之謀，以李克用在太原，懼其角逐。是月，全忠令大將張存敬率兵三萬，由含山襲河中王珂。晉州刺史張漢瑜、絳州刺史陶建不意賊至，城守無備，皆以郡降。存敬移兵圍河中，王珂求救於太原，克用不能救，乃嬰城謂存敬曰：「吾與汴王有舊，俟王至卽降。」

二月甲寅朔。戊辰，朱全忠至河中，遂移王珂及兄璘、弟瓚舉室徙於汴，以張存敬守河中。是月，制以全忠檢校太師、守中書令，進封梁王。

三月癸未朔，全忠引軍歸汴，奏：「河中節度使歲貢課鹽三千車，臣今代領池場，請加二千車，歲貢五千車。俟五池完葺，則依平時供課額。」從之。

四月癸丑朔，汴軍大舉攻太原，氏叔琮以兵三萬由天井關進攻澤潞，節度使孟遷以上黨降。叔琮長驅出圍柏，營于洞渦驛。葛從周率趙、魏、中山之兵由土門入，陷承天軍，與叔琮會。時屬大雨，芻糧不給，汴將保衆而還。甲戌，天子有事於宗廟。是日，御長樂門，大赦天下，改元天復。李茂貞自鎭來朝，賜宴於壽春殿，進錢數萬緡。時中尉韓全誨及北司與茂貞相善，宰相崔胤與朱全忠相善，四人各爲表裏。全忠欲遷都洛陽，茂貞欲迎駕鳳翔，各有挾天子令諸侯之意。

五月壬午朔。庚子，制門下侍郎、戶部尙書、平章事陸扆加兵部尙書，進階特進。壬寅，制以朱全忠兼河中尹、河中節度、晉絳慈隰觀察處置、安邑解縣兩池榷鹽制置等使。

閏六月辛巳朔，制以河陽節度丁會依前檢校司徒，兼潞州大都督府長史、昭義節度等使，代孟遷；以遷檢校司徒，爲河陽節度。全忠奏也。仍請於昭義節度官階內落下邢、洺、磁三州，卻以澤州爲屬郡，其河陽節度只以懷州爲屬郡，從之。全忠又奏請以齊州隸鄆州，從之。

十月己卯朔。戊戌，全忠引四鎭之師七萬赴河中，京師聞之大恐，豪民皆亡竄山谷。

十一月己酉朔。壬子，中尉韓全誨與鳳翔護駕都將李繼誨奉車駕出幸鳳翔。是日，汴軍陷同州，執州將司馬鄴，華州節度使韓建遣判官李巨川送款。甲寅，汴軍駐靈口。乙卯，全忠知帝出幸，乃迴兵攻華州。大軍駐赤水，全忠以親兵駐西溪。韓建出降，乃署爲忠武軍節度使，以陳州爲理所。丁巳，宰相崔胤令戶部侍郎王溥至赤水砦，促全忠以兵迎駕。戊午，全忠自赤水趨長安，崔胤率文武百僚太子太師盧知猷已下迎全忠於坡頭。庚申，汴軍趨鳳翔。戊辰，至岐下。全忠令判官李擇、裴鑄入城奏事，言：「臣在河中，得崔胤書，言奉密詔令臣以兵士迎駕，臣不敢擅自迎鑾。」昭宗怒胤矯命，連詔全忠以兵士還鎭。辛未，全忠引軍離鳳翔，退攻邠州。甲戌，制扶危致理功臣、開府儀同三司、守司空、門下侍郎、平

章事、充太清宮使、弘文館大學士、延資庫使、諸道鹽鐵轉運等使、判度支、上柱國、魏國公、食邑五千戶、食實封二百戶崔胤可責授朝散大夫、守工部尙書。乙亥，邠州節度使李繼徽以城降，全忠乃舍其孥於河中，以繼徽從軍。以汴軍營於三原。

十二月己卯，崔胤自長安至三原砦，與全忠謀攻鳳翔。

二年春正月戊申朔，車駕在鳳翔。全忠在三原，李克用遣大將周德威攻慈、隰、晉等州。全忠歸河中，令其將朱友寧率衆五萬屯絳州，大敗太原軍於蒲縣西北，友寧乘勝追奔，陷汾州，進圍太原。天子遣諫議大夫張顗至晉州諭全忠，令與太原通和。屬友寧再戰不利，乃還關西。

四月丁丑，朱友寧總大軍屯於興平。

五月，岐軍出戰，大敗於武功南之漠谷。全忠聞捷，自引汴軍五萬西征。

六月，進營虢縣。丁亥，進圍鳳翔，遣判官入城迎駕。

九月，岐軍出戰，又敗。

十一月，鄜州節度使李周彝率衆救鳳翔。

十二月癸酉，汴將孔勍乘虛襲下鄜州，獲周彝妻子，周彝卽以兵士來降。於是邠、寧、

鄜、坊等州皆陷於汴軍。茂貞懼，謀誅內官以解。

三年春正月癸卯朔，車駕在鳳翔。甲辰，天子遣中使到全忠軍，茂貞亦令軍將郭啓奇來達上欲還京之旨。丙午，青州牙將劉鄩陷全忠之兗州，又令牙將張厚入奏，是日，亦竊發於華州，殺州將婁敬思。上又令戶部侍郎韓偓、趙國夫人寵顏宣諭於全忠軍。辛亥，全忠令判官李振入奏，上令翰林學士姚洎傳宣，令全忠喚崔胤令率文武百僚來迎駕。癸丑，上令禮部尚書蘇循傳詔，賜全忠玉帶，仍令全忠處分蔣玄暉侍帝左右。丁巳，蔣玄暉與中使同押送中尉韓全誨、張弘彥已下二十人首級，告諭四鎮兵士迴鑾之期。戊午，遣中使走馬華州，追崔胤，胤託疾不至。甲子巳時，車駕出鳳翔，幸全忠軍。全忠素服待罪，泣下不自勝，上親解玉帶賜之。乙丑，次扶風〔四〕，令朱友倫總兵侍衞。丙寅，次武功。丁卯，次興平，宰臣崔胤率百官迎謁。即日降制，以崔胤守司空、門下侍郎、平章事，復太清宮使、弘文館大學士、延資庫使、諸道鹽鐵轉運使、判度支，魏國公封邑如故。戊辰，次咸陽。己巳，入京師。天子素服哭于太廟，改服衮旒，謁九廟。禮畢，御長樂樓，大赦，百僚稱賀。全忠處左軍。辛未，宴全忠於內殿，內弟子奏樂。是日，制內官第五可範已下七百人並賜死於內侍省，其諸道監軍及小使，仰本道節度使處斬訖奏，從全忠、崔胤所奏也。帝悲惜之，自爲奠

文祭之。

二月壬申朔。甲戌，制賜全忠「迴天再造竭忠守正功臣」名。己卯，制以輝王祚充諸道兵馬元帥。又制以迴天再造竭忠守正功臣、宣武宣義天平護國等軍節度使、汴宋亳輝河中晉絳慈隰鄭滑潁鄆齊曹等州觀察處置等使、太清宮修葺宮闕制置度支解縣池場等使、開府儀同三司、檢校太師、守中書令、河中尹、汴滑鄆等州刺史、上柱國、梁王、食邑九千戶、食實封六百戶朱全忠可守太尉、中書令，充諸道兵馬副元帥，進邑三千戶。以宰臣崔胤守司徒、兼侍中，判六軍十二衞。以吏部尚書、平章事裴樞檢校右僕射、同平章事，兼廣州刺史、清海軍節度、嶺南東道觀察等使。甲戌，制以門下侍郎、兵部尚書、同平章事、監修國史陸扆責授沂王傅分司。己丑，上宴全忠於壽春殿。又令全忠與茂貞書，取平原公主。同州節度使趙翊、陝州節度使朱友謙來朝。制以朱友裕爲華州刺史，充感化軍節度使。乙未，會鞠於保寧殿，全忠得頭籌，令內弟子送酒，仍面賜副元帥官告。以新除廣州節度使裴樞爲門下侍郎、吏部尚書、平章事、監修國史；以戶部侍郎王溥同平章事。戊戌，全忠歸大梁，上宴之內殿，置酒於延喜門。是日，全忠與四鎮判官皆預席，上臨軒泣別，又令中使走送御製楊柳枝詞五首賜之。辛丑，平原公主至京師。

三月壬寅朔，全忠引四鎮之兵征王師範。先是，大將朱友寧、楊師厚前軍臨淄、青，師

範求援于淮南，楊行密遣將王景仁帥衆萬人赴之。

四月辛未朔，西川王建以兵攻秦、隴，乘茂貞之弱也，仍遣判官韋莊入貢，修好于全忠。

五月，制鳳翔隴右四鎮北庭行軍、彰義軍節度、涇原渭武觀察處置押蕃落等使、開府儀同三司、守尚書令、兼侍中、鳳翔尹、上柱國、秦王李茂貞可檢校太師、守中書令。初，茂貞凌弱王室，朝廷姑息，加尚書令，及是全忠方守太尉，茂貞懼，乞罷尚書令故也。崔胤奏：「六軍十二衞名額空存，實無兵士。京師侍衞，亦藉親軍。請每軍量召募一千一百人，共置六千六百人。」從之。乃令六軍諸衞副使、京兆尹鄭元規立格招收於市。制以潁州刺史朱友恭檢校司空，兼徐州刺史，充武寧軍節度使，從全忠奏也。

六月，青州、淮南軍與汴人戰于臨淄，汴軍大敗，朱友寧戰死，傳首淮南。

九月，汴將楊師厚大敗青州軍於臨朐。荆南節度使成汭以舟師赴援鄂州，澧朗雷彥恭承虛襲陷江陵。汭軍士聞之潰歸，汭憤怒投水而死。趙匡凝遂以兵襲荆州，據之。辛巳，汴州護駕都將朱友倫擊鞠墜馬卒，全忠怒，殺同鞠將校數人。

十一月丁酉朔，王師範以青州降楊師厚，全忠復令師範知青州事。邠州、鳳翔兵士逼京畿。汴軍屯河中。青州牙將劉鄩以兗州降葛從周，稟師範命也。全忠嘉之，署爲元帥府都押衙，權知鄜州留後事。

十二月丁卯朔。辛巳，制以禮部尚書獨孤損爲兵部侍郎、同平章事。丙申，制守司徒、侍中、太清宮使、弘文館大學士、延資庫使、判六軍十二衞事、諸道鹽鐵轉運使、判度支、上柱國、魏國公、食邑四千五百戶崔胤責授太子賓客，守刑部尚書、兼京兆尹、六軍諸衞副使鄭元規責授循州司戶。是日，汴州扈駕指揮使朱友諒殺胤及元規、皇城使王建勳、飛龍使陳班、閤門使王建襲、客省使王建乂、前左僕射上柱國河間郡公張濬。全忠將逼車駕幸洛陽，懼胤、濬立異也。

天祐元年春正月丁酉朔，以翰林學士、左拾遺柳璨爲右諫議大夫、同平章事，賜紫金魚袋。己亥，制以兵部尚書崔遠爲中書侍郎、同平章事、集賢殿大學士。己酉，全忠率師屯河中，遣牙將寇彥卿奉表請車駕遷都洛陽。全忠令長安居人按籍遷居，徹屋木，自渭浮河而下，連甍號哭，月餘不息。秦人大罵於路曰：「國賊崔胤，召朱溫傾覆社稷，俾我及此，天乎！天乎！」丁巳，車駕發京師。

二月丙寅朔。乙亥，全忠辭赴洛陽，親督工作。

四月丙寅朔。癸巳，帝遣晉國夫人可證傳詔諭全忠，言中宮誕蓐未安，取十月入洛陽宮。全忠意上遲留俟變，怒甚，謂牙將寇彥卿曰：「亟往陝州，到日便促官家發來！」

閏四月乙未朔。丁酉，車駕發陝州。壬寅，次穀水行宮。時崔胤所募六軍兵士，胤死後亡散並盡，從上東遷者，唯諸王、小黃門十數，打毬供奉內園小兒共二百餘人。全忠在陝，仍慮此輩爲變，欲盡去之，以汴卒爲侍衞。至穀水頓，全忠令醫官許昭遠告內園等謀變，因會設幄，酒食次並坑之，乃以謀逆聞。由是帝左右前後侍衞職掌，皆汴人也。甲辰，車駕由徽安門入，朱全忠、張全義、宰相裴樞獨孤損前導。是日大風雨土，跬步不辨物色，日暝稍止。上謁太廟，禮畢還宮，御正殿宣勞從官衞士，受賀。乙巳，上御光政門，大赦，制曰：

乃睠中州，便侯伯會朝之路；運逢百六，順古今禳避之宜。況建鼎舊京，我家二宅，轘轅通其左，郟、鄏引其前。周平王之東遷，更延姬姓；漢光武之定業，克茂劉宗。肇葺新都，祈天永命，皆因否運，復啓昌期。或西避於戎狄，或載殲於妖孽。朕遭家不造，布德不明，十載已來，三罹播越。亦屬災纏秦、雍，釁起邠、岐。始幸石門，以避衞兵之亂；載遷華嶽，仍驚畿邑之侵。憂危則矢及車輿，凌脅則火延宮廟。迨至逆連宮豎，構結姦凶，致劉季述幽朕於下宮，韓全誨劫予於右輔。莫匪兵圍內殿，焰亙九重，皆思假武以容身，唯効指鹿而威衆。矯宣天憲，欺蔑外藩，行書詔以任情，欲忠良而獲罪。雖羣方嶽牧，協力匡扶，拘戎律於阻修，報朝恩而隔越。副元帥、梁王全忠以兼鎮近

輔，總兵四藩，遠赴岐陽，躬迎大駕。辛勤百戰，盡剿凶渠，營野三年，竟迴鑾輅。咸、鎬載新其宮闕，讓、珪絕類於闒徒，方崇再造之功，以正中興之運。又邠岐結釁，巴蜀連兵，上負國恩，下隳鄰好。焚宮烈火，更延爇於親鄰；卻駕凶鋒，復延侵於禁苑。抑又太一遊處，併集六宮，罰星熒惑，久纏東井，玄象荐災於秦分，地形無過於洛陽。爰有一二藎臣，洎四方同志，竭心王室，共贊嘉謀。魏鎮定燕，航大河而畢至；陳徐潞蔡，輦巨軸以偕來。披荊棘而立朝廷，剗灰燼而化輪奐。左郊祧而右社稷，肅爾崇嚴；前廣殿而後重廊，藹然華邃。公卿僉議，龜筮協從。甲子令年，孟夏初吉，備法駕而離陝分，列百官而入洛郊，觀此殷繁，良多嘉慰。謝罪太廟，憂惕驚懷；登御端門，軫惻興感。蓋以一人寡祐，致萬姓靡寧，工役艱疲，忠良盡瘁，克建再遷之業，冀延八百之基。宜覃渙汗之恩，俟此雍熙之慶，滌瑕盪垢，咸與惟新。可大赦天下，改天復四年爲天祐元年。於戲！肆眚閭閻，卽安宮闈。雖九廟几筵，已閟於新室；而諸陵松柏，遙隔於舊都。將務乂寧，難申綣慕。文武百辟，執事具僚，從我千里而來，端爾一心莅政。恩罪既往，効責從新，方當開國之初，必舉慢官之罰。

戊申，敕今後除留宣徽兩院、小馬坊、豐德庫、御廚、客省、閤門、飛龍、莊宅九使外，其餘並停。內園冰井公事委河南尹，仍不差內夫人傳宣。殺醫官閻祐之、國子博士歐陽特，言星讖也。宰相裴樞兼右僕射、諸道鹽鐵轉運等使、監修國史，戶部尚書、門下侍郎、平章事獨孤損判度支，中書侍郎、平章事柳璨判戶部事。

五月乙丑朔。丙寅，制河陽節度使張漢瑜同平章事。宴百僚於崇勳殿，上贊述全忠之功業，因言御樓前一日所司亡失赦書，賴元帥府收得副本施行，幾失事矣，中書不得無過。裴樞等起待罪。中飲，帝更衣，召全忠曲宴閣中，全忠懇辭。帝曰：「朕以全忠功業崇高，欲齋中款曲，以表庇賴耳。全忠既不欲來，卽令敬翔來，朕與之言。」全忠令敬翔私退，奏曰：「敬翔亦醉而出矣。」己巳，全忠辭赴大梁，宴于崇勳殿，是日雨甚。乙酉，翰林學士、左諫議大夫、知制誥沈棲遠守本官，以病陳乞故也。丁亥，敕河南府畿縣先減尉一員，可准京兆府例，復置縣尉一員。癸巳，中書奏：准今年四月十一日赦文，陝州都督府改爲興唐府，其都督府長史宜改爲尹，左右司馬爲少尹，錄事爲司錄，陝縣爲次赤，餘爲次畿。從之。

六月甲午朔，邢州楊崇本侵掠關內，全忠遣朱友裕屯軍於百仁村。丙申，通議大夫、中書舍人、賜紫金魚袋楊注可充翰林學士。庚子，三佛齊國入朝使蒲訶粟可寧遠將軍。丁未，制金紫光祿大夫、太子少傅盧紹可太子太保致仕。銀青光祿大夫、太子少師、天水男、食邑三百戶趙崇可檢校右僕射。甲寅，以京兆少尹鄭韜光爲太常少卿，前侍御史韋說爲右司員外郎，前進士姚顗爲校書郎，前進士趙頎、劉明濟、竇專並可秘書省校書郎正字，從柳

璨奏也。荊南襄州忠義軍節度、開府儀同三司、檢校太師、中書令、江陵尹、襄州刺史、上柱國、楚王、食邑六千戶趙匡凝宜備禮册命。

七月癸亥朔，全忠率師討邠、鳳。甲子，自汴至洛陽，宴於文思毬場。全忠入，百官或坐於廊下，全忠怒，笞通引官何凝。丙寅，制金紫光祿大夫、行御史中丞、上柱國韓儀責授棣州司馬，侍御史歸藹責授登州司戶，坐百官慠全忠也。甲戌，制以中大夫、中書舍人、上柱國、賜紫金魚袋杜彥林爲太中大夫、守御史中丞。丁丑，制以兵部郎中蕭頎爲吏部郎中，戶部郎中徐綰爲兵部郎中，司勳員外郎張茂樞爲禮部郎中，監察御史郄殷象爲右補闕。己卯，制武昌軍節度、鄂岳蘄黃等州觀察處置兼三司水陸發運淮南西面行營招討等使、開府儀同三司、檢校太師、中書令、西平王、食邑三千戶杜洪加食邑一千戶，實封二百戶。庚寅，中書奏：「西京舊有凌煙閣，圖畫功臣，今遷都洛陽，合議修建。副元帥梁王勳庸冠世，請凌煙閣之側別創一閣，以表殊勳。」從之。

八月壬辰朔。壬寅夜，朱全忠令左龍武統軍朱友恭、右龍武統軍氏叔琮、樞密使蔣玄暉弒昭宗於椒殿。自帝遷洛，李克用、李茂貞、西川王建、襄陽趙匡凝知全忠篡奪之謀，連盟舉義，以興復爲辭。而帝英傑不羣，全忠方事西討，慮變起於中，故害帝以絕人望。帝自離長安，日憂不測，與皇后、內人唯沉飲自寬。是月壬寅，全忠令判官李振自河中至洛陽，

與友恭等圖之。是夜二鼓，蔣玄暉選龍武衙官史太等百人叩內門，言軍前有急奏面見上。內門開，玄暉每門留卒十人，至椒殿院，貞一夫人啓關，謂玄暉曰：「急奏不應以卒來。」史太執貞一殺之，急趨殿下。玄暉曰：「至尊何在？」昭儀李漸榮臨軒謂玄暉曰：「院使莫傷官家，寧殺我輩。」帝方醉，聞之遽起。史太持劍入椒殿，帝單衣旋柱而走，太追而弒之。漸榮以身護帝，亦爲太所殺。復執何皇后，將害之。后求哀於玄暉，玄暉以全忠止令害帝，釋后而去。帝殂，年三十八，羣臣上謚曰聖穆景文孝皇帝，廟號昭宗。二年二月二十日，葬于和陵。

校勘記

〔一〕幽州大都督　「幽州」上各本原有「同」字，據御覽卷一一六、冊府卷一一刪。

〔二〕武勝軍　「勝」字各本原作「威」，據新書卷六八方鎮表、通鑑卷二五九改。下同。

〔三〕建壞人廬舍　「建」字各本原作「逮」，通鑑卷二五八考異引實錄作「建」，據改。

〔四〕李匡籌南奔赴闕　「闕」字合鈔卷二三昭宗紀作「闕」，本書卷一八〇李全忠傳此處作「將赴京師」。

〔五〕王重盈卒　「盈」字各本原作「榮」，據新書卷一〇昭宗紀、通鑑卷二六〇改。

〔六〕王重盈子　「盈」字各本原作「榮」，據本書卷一八二王重榮傳、通鑑卷二六〇改。

〔七〕李君實以兵繼至　「兵」字各本原無，據御覽卷一一六補。

〔八〕知柔中書事及隨駕置頓使　通鑑卷二六〇、合鈔卷二三昭宗紀「中書事」上有「知」字。

〔九〕其有任崇柱石　「其有」，各本原作「某」，據冊府卷九一、全唐文卷九〇改。

〔一〇〕成安　各本原作「城安」，據本書卷三九地理志、新書卷三九地理志改。

〔一一〕新除鎮東軍節度使錢鏐權領浙江東道軍州事　此處紀事與冊府卷七一、通鑑卷二六〇不合，疑有脫文。校勘記卷一〇謂「錢鏐」上當補「王摶復知政事以鎮海軍節度使」十三字。

〔一二〕第十男祺　「祺」字各本原作「禖」，據本書卷一七五昭宗十子傳、新書卷八二十一宗諸子傳改。

〔一三〕有事取軍容商量　「軍」字各本原無，據通鑑卷二六二、合鈔卷二三昭宗紀補。

〔一四〕次扶風　「次」字各本原無，據御覽卷一一六補。

舊唐書卷二十下

本紀第二十下

哀帝

哀皇帝諱柷，昭宗第九子，母曰積善太后何氏。景福元年九月三日，生於大內。乾寧四年二月，封輝王，名祚。天復三年二月，拜開府儀同三司，充諸道兵馬元帥。天祐元年八月十二日，昭宗遇弒。翌日，蔣玄暉矯宣遺詔，曰：「我國家化隋爲唐，奄有天下，三百年之盛業，十八葉之耿光。朕自纘丕圖，垂將二紀，雖恭勤無怠，屬運數多艱。致寰宇之未寧，覩兵戈之屢起，賴勳賢協力，宗社再安。豈意宮闈之間，禍亂忽作，昭儀李漸榮、河東夫人裴貞一潛懷逆節，輒肆狂謀，傷疻既深，已及危革。萬機不可以久曠，四海不可以乏君，神鼎所歸，須有纘繼。輝王祚幼彰岐嶷，長實端良，裒然不羣，予所鍾愛，必能克奉丕訓，以安兆人。宜立爲皇太子，仍改名柷，監軍國事。於戲！孝愛可以承九廟，恭儉可以安萬邦，無樂

逸遊，志康寰宇。百辟卿士，佑兹沖人，載揚我高祖、太宗之休烈。」是日遷神柩于西宮，文武百僚班慰於延和門外。其日午時，又矯宣皇太后令曰：「予遭家不造，急變爰臻，禍生女職之徒，事起宮奚之輩。皇帝自罹鋒刃，已至彌留，不及顧遺，號慟徒切。定大計者安社稷，纂丕圖者擇賢明，議屬未亡人，須示建長策。承高祖之寶運，繄元勳之忠規，伏示股肱，以匡沖昧。皇太子柷宜於柩前即皇帝位，其哀制並依祖宗故事，中書門下准前處分。於戲！送往事居，古人令範，行今報舊，前哲格言。抆淚敷宣，言不能喻。」帝時年十三，乞且監國，柩前即位，宜差太常卿王溥充禮儀使，又令太子家令李能告哀於十六宅。丙午，大行皇帝大殮，皇太子柩前即皇帝位。己酉，矯制曰：「昭儀李漸榮、河東夫人裴貞一，今月十一日夜持刃謀逆，懼罪投井而死，宜追削爲悖逆庶人。」蔣玄暉夜既弒逆，詰旦宣言於外曰：「夜來帝與昭儀博戲，帝醉，爲昭儀所害。」歸罪宮人，以掩弒逆之跡。然龍武軍官健備傳二夫人之言於市人。尋用史太爲棣州刺史，以酬弒逆之功。

庚戌，羣臣上表請聽政。甲寅，中書奏：「皇帝九月三日降誕，請以其日爲乾和節。」從之。乙丑，百僚赴西宮，殯訖，釋服。皇帝見羣臣於崇勳殿西廊下。中書帖：今月二十四日釋服後，三日一度進名起居。丙辰，敕：「朕奉太后慈旨，以兩司綱運未來，百官事力多闕，旦夕霜冷，深軫所懷。令於內庫方圓銀二千一百七十二兩，充見任文武常參官救接，委御

史臺依品秩分俵。」是日，皇帝聽政。丁巳，敕：乾和節方在哀疚，其內道場宜停。戊午，遣刑部尚書張禕告哀於河中，全忠號哭盡哀。庚申，敕：「乾和節文武百僚諸軍諸使諸道進奏官准故事於寺觀設齋，不得宰殺，只許酒果脯醢。」辛酉，敕：「三月二十三日嘉會節。伏以大行皇帝仙駕上昇，靈山將卜，神既遊於天際，節宜輟於人間。准故事，嘉會節宜停。」

九月壬戌朔，百官素服赴西內臨，進名奉慰。戊辰，大行皇帝大祥，百官素服赴西內臨。己巳，敕右僕射、門下侍郎、禮部尚書、平章事裴樞宜充大行皇帝山陵禮儀使，門下侍郎、平章事獨孤損宜充大行皇帝山陵使，兵部侍郎李燕充鹵簿使，權知河南尹韋震充橋道使，宗正卿李克勤充按行使。庚午，皇帝釋服從吉。中書門下奏：「伏以陛下光繼寶圖，纂承丕緒，敎道克申於先訓，保任實自於慈顏。今則正位宸居，未崇徽號。伏以大行皇帝皇后母臨四海，德冠六宮，推尊宜正於鴻名，敬上式光於睿孝，望上尊號曰皇太后。」奉敕宜依。又敕輝王府官屬宜停。辛巳，山陵橋道使改差權河南尹張廷範，其頓遞陵下應接等使，並令廷範兼之。庚寅，中書奏：太常寺止鼓兩字「敔」上字犯御名，請改曰「𪔗」。從之。

十月辛卯朔，日有蝕之，在心初度。壬辰，全忠自河中來朝，赴西內臨祭訖，對於崇勳殿。甲午，敕檢校太保、左龍武統軍朱友恭可復本姓名李彥威，貶崖州司戶同正。檢校司徒、右龍武統軍氏叔琮可貶貝州司戶同正。又敕：「彥威等主典禁兵，妄爲扇動，既有彰於

物論，兼亦繫於軍情。謫掾遐方，安能塞責？宜配充本州長流百姓，仍令所在賜自盡。」河南尹張廷範收彥威等殺之。臨刑，大呼曰：「賣我性命，欲塞天下之謗，其如神理何！操心若此，欲望子孫長世，可乎？」呼廷範，謂曰：「公行當及此，勉自圖之。」是日，全忠歸大梁。丙申，制天平軍節度使、檢校太師、中書令，兼鄆州刺史、上柱國、東平王、食邑七千戶張全義本官兼河南尹、許州刺史、忠武軍節度觀察等使，判六軍諸衞事。皇帝即位行事官、左丞楊涉進封開國伯，加食邑四百戶。吏部侍郎趙光逢進開國公，加食邑三百戶。右散騎常侍竇回、給事中孫續、戶部郎中知制誥封舜卿等加勳階。禮儀使、太常卿王溥與一子八品正員官。書寶册官吏部尚書陸扆、刑部尚書張禕，扆與一子八品正員官，禕加階。太子太保盧紹卒。魏博羅紹威進救接百官絹千匹、綿三千兩。

十一月辛酉朔。癸酉午時，日有黃白暈，旁有青赤紉。楊行密攻光州，又急攻鄂州，杜洪遣使求援，全忠率師五萬自潁州渡淮，至霍丘大掠以紓之，行密分兵來拒。乙酉，敕：「據太常禮院奏，於十二月內擇日册太后者。朕近奉慈旨，以山陵未畢，哀感方纏。凡百有司，且虔充奉，吉凶之禮，難以並施。太后册禮，宜俟山陵畢日。庶得橋山攀慕，彰盡節於羣臣；蘭殿承榮，展盛儀於朕志。情既獲遂，禮實宜之。付所司。」己丑，嶺南東道辨州宜改爲勳州。

十二月辛卯朔。癸卯，權知河南府尹、和王傅張廷範宜復本官。光祿大夫、檢校司徒、河東縣開國子、食邑五百戶、充山陵副使、權知河南尹、天平軍節度副使韋震權知鄆州軍州事。

二年春正月庚申朔，楊行密陷鄂州，執節度使杜洪，斬於揚州市。鄂、岳、蘄、黃等州入行密。全忠自霍丘還大梁。甲子，太常卿王溥上大行皇帝諡號、廟號，乃敕右僕射、平章事裴樞撰諡册，中書侍郎柳璨撰哀册。辛未，敕：「朕祗荷丕圖，仰惟先訓，方迫遺弓之痛，俯臨同軌之期。將展孝思，親扶護衞。皇太后義深鳴鳳，痛切攀龍，亦欲專奉靈輿，躬及園寢，兼盡追攀之道，用終克敬之儀。其大行皇帝山陵發引日，朕隨太后親至陵所，付中書門下，宜體至懷。」羣臣三表論諫，乃止。

二月庚寅朔。壬辰，制以前知鄆州軍州事、檢校尚書左僕射劉鄩爲右金吾衞大將軍，充右街使。檢校左僕射朱漢賓爲右羽林統軍。丙申，羣臣告諡於西宮。己亥，敕：「今月十一日，大行皇帝啓攢宮。准故事，坊市禁音樂，至二十日掩玄宮畢，如舊。」庚子，啓攢宮，文武百僚夕臨於西宮。丁未，靈駕發引，濮王已下從，皇帝、太后長樂門外祭畢歸大內。己酉，葬昭宗皇帝於和陵。庚戌，制以太常卿王溥爲工部尚書。壬子，制以汝州刺史裴迪爲刑部

尚書。泰寧軍節度、檢校司空、兗州刺史、御史大夫葛從周檢校司徒、兼右金吾上將軍致仕，從周病風，不任朝謁故也。以左金吾上將軍盧彥威爲左威衞上將軍。是月社日，樞密使蔣玄暉宴德王裕已下九王於九曲池，既醉，皆絞殺之，竟不知其瘞所。丙辰，左僕射裴贄等議遷廟，合遷順宗一室，從之。己未，昭宗皇帝神主祔太廟，禮院奏昭宗廟樂，曰咸寧之舞。

三月庚申朔。壬戌，制以前平盧軍節度使、檢校太傅、同平章事、兼青州刺史、上柱國、琅邪郡公、食邑二千五百戶王師範爲孟州刺史、河陽三城懷孟節度觀察等使，從全忠奏也。甲子，制以特進、尚書右僕射、門下侍郎、同平章事、太淸宮使、弘文館大學士、延資庫使、諸道鹽鐵轉運使、判度支、上柱國、河東郡開國公、食邑二千戶裴樞可守尚書左僕射。光祿大夫、門下侍郎、戶部尚書、同平章事、監修國史、河南縣開國子、食邑五百戶獨孤損可檢校尚書左僕射、同平章事，兼安南都護，充靜海軍節度、安南管內觀察處置等使。以光祿大夫、中書侍郎、同平章事、集賢殿大學士、上柱國、博陵郡開國公、食邑一千五百戶崔遠可守尚書右僕射。以正議大夫、中書侍郎、同平章事，判戶部事、上柱國、河東縣男、食邑三百戶柳璨爲門下侍郎、兼戶部尚書、同平章事、太淸宮使、弘文館大學士、延資庫使、諸道鹽鐵轉運等使。以正議大夫、尚書吏部侍郎、上柱國、賜紫金魚袋張文蔚爲中書侍郎、同平章事、監

修國史，判度支。以銀青光祿大夫、行尚書左丞、上柱國、弘農縣伯、食邑七百戶楊涉爲中書侍郎、同平章事、集賢殿大學士、判戶部事。庚午，敕：「朕以宰臣學士，文武百僚，常拘官局，空逐遊從。今膏澤不愆，豐年有望，當茲韶景，宜示優恩。自今月十二日後至十六日，各令取便選勝追遊。付所司。」壬申，以檢校司徒、和王傅張廷範爲太常卿。丁亥，敕：「翰林學士、戶部侍郎楊注是宰臣楊涉親弟，兄既秉於樞衡，弟故難居宥密，可守本官，罷內職。」

四月己丑朔。壬辰，敕河南府緱氏縣令宜兼充和陵臺令〔一〕，仍升爲赤縣。癸巳，敕曰：「文武二柄，國家大綱，東西兩班，官職同體。咸匡聖運，共列明廷，品秩相對於高卑，祿俸皆均於厚薄。不論前代，祇考本朝。太宗皇帝以中外臣僚，文武參用，或自軍衞而居臺省，亦由衣冠而秉節旄，足明於武列文班，不令分清濁優劣。近代浮薄相尚，凌蔑舊章，假偃武以修文，競棄本而逐末。雖藍衫魚簡，當一見而便許升堂；縱拖紫腰金，若非類而無令接席。以是顯揚榮辱，分別重輕，遽失人心，盡隳朝體。致其今日，實此之由，須議改更，漸期通濟。文武百官，自一品以下，逐月所給料錢，並須均勻，數目多少，一般支給。兼差使諸道，亦依輪次，既就公平，必期開泰。凡百臣庶，宜體朕懷。」和王傅張廷範者，全忠將吏也，以善音律，求爲太常卿，全忠薦用之。宰相裴樞以廷範非樂卿之才，全忠怒，罷樞相位。柳璨希旨，又降此詔斥樞輩，故有白馬之禍。丙午，前棣州刺史劉仁遇檢校司空、兼兗

州刺史、御史大夫，充泰寧軍節度使。乙未，制左僕射裴樞、新除清海軍節度使獨孤損、河南尹張全義、工部尚書王溥、司空致仕裴贄、刑部尚書張禕，並賜一子八品正員官，以奉山陵之勞也。敕曰：「朕以宿麥未登，時陽久亢，慮闕粢盛之備，軫予宵旰之懷。所宜避正位於宸居，減珍羞於常膳，諒惟眇質，深合罪躬。自今月八日已後，不御正殿，減常膳。付所司。」辛丑，侍御史李光庭郗殷象、殿中丞張昇崔昭矩、起居舍人盧仁炯盧鼎蘇楷、吏部員外郎崔協、左補闕崔咸休、右補闕杜承昭羅兗、右拾遺韋彖路德延，並宜賜緋魚袋；兵部郎中韋乾美、比部郎中楊煥，皆賜紫金魚袋：並以奉山陵之勞也。壬寅，敕：「朕獲荷丕圖，仰遵慈訓，爰崇徽號，已定禮儀，冀申爲子之心，以展奉親之敬。昨所司定今月二十五日行皇太后册禮。再奉慈旨，以宮殿未停工作，蒸暑不欲勞人，宜改吉辰，固難違命。册禮俟修大內畢功日，所司以聞。」癸卯，太清宮使柳璨奏修上清宮畢，請改爲太清宮，從之。

甲辰夜，彗起北河，貫文昌，其長三丈，在西北方。丁未，敕：「設官分職，各有司存，銓衡既任於吏曹，除授寧煩於宰職。但所司注擬申到，中書過驗酌量，苟或差舛，難可盡定〔二〕。近年除授，其徒實繁，占選部之闕員，擇公當之優便，遂致三銓注擬之時，皆曠職務。且以宰相之任，提舉百司，唯務公平無私，方致漸臻有道。應天下州府令錄，並委吏部三銓注擬。自天祐二年四月十一日已後，中書並不除授，或諸薦奏量留，即度可否施行。庶

各司其局，免致紊隳，宰相提綱，永存事體。付所司。」辛亥，以彗孛謫見，德音放京畿軍鎮諸司禁囚，常赦不原外，罪無輕重，遞減一等，限三日內疏理聞奏。壬子，敕：「朕以沖幼，克嗣丕基，業業兢兢，勤恭夕惕。彗星謫見，罪在朕躬。雖已降赦文，特行恩宥，起今月二十四日後，避正殿，減常膳，以明思過。付所司。」丙辰，敕：「准向來事例，每貫抽除外，以八百五十文爲貫，每陌八十五文。如聞坊市之中，多以八十爲陌，更有除折，頓爽舊規。付河南府，市肆交易，並以八十五文爲陌，不得更有改移。」戊午，敕：「東上閤門，西上閤門，比常出入〔三〕，以東上爲先。大忌進名，即西上閤門爲便。比因閹官擅權，乃以陰陽取位，不思南面，但啓西門。邇來相承，未議更改，詳其稱謂，似爽舊規。自今年五月一日後，常朝出入，取東上閤門，或遇奉慰，即開西上閤門，永爲定制。付所司。」又敕：「朕以上天謫見，避殿責躬，不宜朔會朝正殿。其五月一日朝會，宜權停。」

五月己未朔，以星變不視朝。敕曰：「天文變見，合事祈禳，宜於太清宮置黃籙道場，三司支給齋料。」壬戌，敕：「法駕遷都之日，洛京再建之初，慮懷土有類於新豐，權更名以變於舊制。妖星既出於雍分，高閎難効於秦餘，宜改舊門之名，以壯卜年之永。延喜門改爲宣仁門，重明門改爲興教門，長樂門改爲光政門，光範門曰應天門，乾化門曰乾元門，宣政門曰敷政門，宣政殿曰貞觀殿，日華門曰左延福門，月華門曰右延福門，萬壽門曰萬春門，積

慶門曰興善門，含章門曰膺福門，含清門曰延義門，金鑾門曰千秋門，延和門曰章善門，保寧殿曰文思殿。其見在門名，有與西京門同名者，並宜復洛京舊門名。付所司。」乙酉夜，西北彗星長六七十丈，自軒轅大角及天市西垣，光輝猛怒，其長竟天。丙寅，有司修皇太后宮畢。中書奏：「皇太后慈惠臨人，寬仁馭物，早叶俔天之兆，克彰誕聖之符。今輪奐新宮，規摹舊典，崇訓既徵於信史，積善宜顯於昌期。太后宮請以積善爲名。」從之。又以將卜郊禋，預調雅樂，宜以太常卿張廷範充修樂懸使。丁卯，荆襄節度使趙匡凝奏爲故使成汭立祠宇，從之。己巳，太清宮使柳璨奏：「近敕改易宮殿門名，竊以玄元皇帝廟，西京曰太清宮，東京曰太微宮，其太清宮請復爲太微宮，臣便給入官階。」從之。庚午，敕：「所司定今年十月九日有事郊丘，其修製禮衣祭服宜令宰臣柳璨判，祭器宜令張文蔚、楊涉分判，儀仗車輅宜令太常卿張廷範判。」

壬申，制新除靜海軍節度使、銀青光祿大夫、檢校尚書左僕射、同平章事、兼安南都護、河南郡開國侯、食邑一千戶獨孤損可責授朝散大夫、棣州刺史，仍令御史臺發遣出京訖聞奏。敕曰：「朕謬將眇質，叨荷丕圖，常懷馭朽之心，每軫泣辜之念。諒於黜責，豈易施行。左僕射裴樞、右僕射崔遠，雖罷機衡，尚居揆路，既處優崇之任，未傷進退之規。不能秉志安家，但恣流言謗國，頗興物論，難抑朝章。須離八座之榮，尚付六條之政，勉思咎己，無至

尤人。樞可責授朝散大夫、登州刺史，遠可責授朝散大夫、萊州刺史，便發遣出京。」兵部郎中韋乾美貶沂州司戶。甲戌，敕中書舍人封渭貶齊州司戶，右補闕鄭賁貶密州莒縣尉，兵部員外盧協祁州司戶，並員外置。乙亥，敕吏部尚書陸扆貶濮州司戶，工部尚書王溥淄州司戶。司天奏：「旬朔已前，星文變見，仰觀垂象，特軫聖慈。自今月八日夜已後，連遇陰雨，測候不得。至十三日夜一更三點，天色暫晴，景緯分明，妖星不見於碧虛，災沴潛消於天漢者。」敕曰：「上天譴見，下土震驚，致夙夜之沈憂，恐生靈之多難。不居正殿，盡輟常羞，益務齋虔，以申禳禱。果致玄穹覆祐，孛彗消除，豈罪己之感通，免貽人於災沴。式覩陳奏，深慰誠懷。」丙子，敕戶部郎中李仁儉貶和王府咨議，起居舍人盧仁炯安州司戶，壽安尉、直弘文館盧晏滄州東光尉。丁丑，陳許節度使張全義奏：「得許州留後狀申，自多事以來，許州權爲列郡，今特創鼓角樓訖，請復爲軍額。」敕旨依舊置忠武軍牌額。戊寅，宴羣臣於崇勳殿，全忠與王鎔、羅紹威買宴也[四]。庚辰，敕特進、檢校司徒、守太保致仕趙崇可曹州司戶，銀青光祿大夫、兵部侍郎王贊可濮州司戶。辛巳，敕責授登州刺史裴樞可隴州司戶，責授棣州刺史獨孤損可瓊州司戶，責授萊州刺史崔遠可白州司戶。壬午，敕司勳員外韋甄責授和王友，洛陽縣令李光序責授左春坊典設郎。甲申，祕書監崔仁魯可密州司戶，國子祭酒崔澄陳州司戶，太府少卿裴鉞徐州司戶，衞尉少卿裴紓曹州南華尉，左補闕崔咸休寧

陵尉，司封員外薛滈輝州司戶，前鹽鐵推官獨孤憲臨沂尉，祕書少監裴鉥鄆州司戶，長安尉、直史館裴格符離尉，兵部郎中李象鄭州司戶，刑部員外盧鷹范縣尉。丙戌，潁州汝陰縣人彭文妻產三男。丁亥，敕以翰林學士、尚書職方郎中張策兼充史館修撰，修國史。

六月戊子朔，敕：「責授隴州司戶裴樞、瓊州司戶獨孤損、白州司戶崔遠、濮州司戶陸扆、淄州司戶王溥、曹州司戶趙崇、濮州司戶王贊等，皆受國恩，咸當重任。罔思罄竭，唯貯姦邪，雖已譴於遐方，尚難寬於國典。委御史臺差人所在州縣各賜自盡。」時樞等七人已至滑州，皆併命於白馬驛，全忠令投屍於河。己丑，敕：「君臣之間，進退以禮，矧於求舊，欲保初終，苟自掇於悔尤，亦須行於黜責。特進、守司空致仕、上柱國、河東縣開國公、食邑二千戶裴贄早以公望，常踐台司，靡聞竭力以匡時，每務養恬而避事。洎從請老，不謂無恩，合愼樞機，動循規矩。雖云勇退，乃有後言，自爲薄從之僉，頗失人臣之禮。謫居郡掾，用正朝綱，可責授青州司戶。刑部郎中李煦可萊州司戶。」辛卯，太微宮使柳璨奏：「前使裴樞充宮使日，權奏請玄元觀爲太清宮，又別奏在京弘道觀爲太清宮，至今未有制置。伏以今年十月九日陛下親事南禋，先謁聖祖廟，弘道觀既未修葺，玄元觀又在北山，若車駕出城，禮非便穩。今欲只留北邙山上老君廟一所，其玄元觀請拆入都城，於清化坊內建置太微宮，以備車駕行事。」從之。壬辰，敕：「諸道節度、觀察、防禦、刺史等，部內有新除朝官、前資朝

官，敕到後三日內發遣赴闕，仍差人監送。所在州縣不得停住，苟或稽違，必議貶黜。付所司。」癸巳，敕：「衞尉少卿敬沼是裴贄之甥，常累於舅，或以明經撓文柄，或以私事竊化權。贄已左遷，爾又何逭！可貶徐州蕭縣尉。」丙申，敕：「福建每年進橄欖子，比因閹豎出自閩中，牽於嗜好之間，遂成貢奉之典。雖嘉忠藎，伏恐煩勞。今後只供進蠟面茶[五]，其進橄欖子宜停。」戊戌，敕：密縣令裴練貶登州牟平尉，長水令崔仁略淄州高苑尉，福昌主簿陸珣沂州新泰尉，泥水令獨孤韜范縣尉，並員外置，皆裴樞、崔遠、陸扆宗黨也。壬寅，湖南馬殷奏，岳州洞庭、青草之側，有古祠四所，先以荒圮，臣復修廟了畢，乞賜名額者。敕旨黃陵二妃祠曰懿節，洞庭君祠曰利涉侯，青草祠曰安流侯[六]；三閭大夫祠，先以澧朗觀察使雷滿奏，已封昭靈侯，宜依天祐元年九月二十九日敕處分。丙午，全忠奏：「得宰相柳璨記事，欲拆北邙山下玄元觀移入都內，於清化坊取舊昭明寺基，建置太微宮，准備十月九日南郊行事。緣延資庫鹽鐵並無物力，令臣商量者。臣已牒判六軍諸衞張全義指揮工作訖。」優詔嘉之。丁未，敕：「太子賓客柳遜嘗爲張濬租庸判官，又王溥監修日奏充判官，授工部侍郎，又與趙崇、裴贄爲刎頸之交。昨裴樞等得罪之時，合當連坐，尚矜暮齒，且俾懸車，可本官致仕。」戊申，敕前司勳員外郎、賜緋魚袋李延古責授衞尉寺主簿。

七月戊午朔。辛酉，賜全忠迎鑾記功碑文，立於都內。全忠進助郊禮錢三萬貫。癸亥，

再貶柳遜曹州司馬。辛巳，敕全忠請鑄河中、晉、絳諸縣印，縣名內有「城」字並落下，如密、鄭、絳、蒲例，單名爲文。壬午，宰臣柳璨、禮部尚書蘇循充皇太后册禮使。是日，於積善宮行禮畢，帝乘輦赴太后宮稱賀。丙戌，太常禮院奏：「每月朔望，皇帝赴積善宮起居，文武百官於宮門進名起居。」從之。

八月丁亥朔。戊子，制中書舍人姚洎可尚書戶部侍郎，充元帥府判官，從全忠奏也。洛苑使奏轂水屯地內嘉禾合穎。乙未，敕：僞稱官階人泉州晉江縣應鄉貢明經陳文巨招伏罪款，付河南府決殺。庚子，敕：「漢代元勳，鄧禹冠諸侯之上；晉朝重位，王導居百辟之先。皆道著匡扶，功宣寰宇，其於崇寵，迥異等倫。朕獲以眇躬，重興丕運，凡關制度，必法舊章，實仗勳賢，永安宗社。副元帥梁王正守太尉、中書令，忠武軍節度使、河南尹張全義亦正守中書令，俱深倚注，咸正台衡。其朝廷册禮、告祀天地宗廟，其司空則差官攝行，太尉、侍中、中書令卽宰臣攝行。今太尉副元帥任冠藩垣，每遇行禮之時，或不在京國，卽事須差攝太尉行事。全義見居闕下，任正中樞，不可更差別官又攝中書令事。其太尉官，如梁王朝覲在京，便委行事，如卻赴鎭，卽依前攝行。所合差中書令，便委全義以本官行禮。其侍中、司空、司徒卽臨時差官。付所司。」壬寅，敕：「前太中大夫、尚書兵部侍郎、賜紫金魚袋司空圖俊造登科，朱紫升籍，既養高以傲代，類移山而釣名。志樂漱流，心輕食祿。匪

夷匪惠，雖居公正之朝；載省載思，當銜幽棲之志。宜放還中條山。」癸卯，敕太常卿張廷範宜充南郊禮儀使。丁未，制削奪荊襄節度使趙匡凝在身官爵。是月乙未，全忠遣大將楊師厚討匡凝，收唐、鄧、復、郢、隨等州，全忠自率親軍赴之。荊襄之軍，陣於漢水之陰。

九月丁巳朔。辛酉，楊師厚於襄州西六十里陰谷江口伐竹木爲浮梁。癸亥，梁成，引軍渡江。甲子，趙匡凝率勁兵二萬，陣於江之湄。師厚一戰敗之，遂乘勝躡之，陣於城下。是夜，匡凝挈其孥潰圍遁去。乙丑，師厚入襄陽。丙寅，全忠繼至。壬申，匡凝牙將王建武遣押牙常賨以荊南降。言權知荊南軍府事趙匡明今月十一日棄城上峽〔七〕，奔蜀川。敕曰：「梁王躬臨貔武，收復荊、襄，拔峴首若轉丸，平荊門如沃雪，連收兩鎮，併走二兇。乃睠勳庸，載深嘉注，宜賜詔獎飾。」內出宣旨：「孀婆楊氏可賜號昭儀，孀婆王氏可封郡夫人，第二孀婆王氏先帝已封郡夫人〔八〕，准楊氏例改封。」中書奏議言：「乳母古無封夫人賜內職之例，近代因循，殊乖典故。昔漢順帝以乳母宋氏爲山陽君，安帝乳母王氏曰野王君，當時朝議非之。今國祚中興，禮宜求舊。臣等商量，楊氏望賜號安聖君，王氏曰福聖君，第二王氏曰康聖君。」從之。己巳，敕武成王廟宜改爲武明王。乙酉，敕先擇十月九日有事郊丘，備物之間，有所未辦，宜改用十一月十九日。

十月丙戌朔，制梁王全忠可充諸道兵馬元帥，別開府幕，加食邑通前一萬五千戶，實封

一千五百戶。金州馮行襲奏當道昭信軍額內一字，與元帥全忠諱字同，乃賜號戎昭軍。制削奪荊南留後趙匡凝官爵〔九〕。丁亥，敕：「洛城坊曲內，舊有朝臣諸司宅舍，經亂荒榛。張全義葺理已來，皆已耕墾，既供軍賦，即係公田。或恐每有披論，認爲世業，須煩按驗，遂啓倖門。其都內坊曲及畿內已耕植田土，諸色人並不得論認。如要業田，一任買置。凡論認者，不在給還之限。如有本主元自差人勾當，不在此限。如荒田無主，即許識認。付河南府。」甲午，起居郎蘇楷駁昭宗諡號曰：「帝王御宇，由理亂以審汙隆；宗祀配天，資諡號以定升降。故臣下君上皆不得而私也。伏以陛下順考古道，昭彰至公，既當不諱之朝，寧阻上言之路。伏以昭宗皇帝睿哲居尊，恭儉垂化，其於善美，孰敢蔽虧。然而否運莫興，至理猶鬱，遂致四方多事，萬乘頻遷。始則閹豎猖狂，受幽辱於東內；終則嬪嬙悖亂，罹夭閼於中闈。其於易名，宜循考行。有司先定尊諡曰聖穆景文孝皇帝，廟號昭宗，敢言溢美，似異直書。按後漢和、安、順帝，緣非功德，遂改宗稱，以允臣下之請。今郊禋有日，祫祭惟時。將期允愜列聖之心，更下詳議新廟之稱。庶使叶先朝罪己之德，表聖主無私之明。」楷，禮部尚書循之子，凡劣無藝。乾寧二年應進士登第後，物論以爲濫，昭宗命翰林學士陸扆、祕書監馮渥覆試黜落，永不許入舉場，楷負愧銜怨。至是，全忠弒逆君上，柳璨陷害朝臣，乃與起居郎羅袞、起居舍人盧鼎連署駁議。楷目不知書，手僅能執筆，其文羅袞作也。時政

出賊臣，哀帝不能制。太常卿張廷範改諡曰恭靈莊閔孝皇帝，廟號曰襄宗。全忠雄猜物鑒，自楷駁諡後，深鄙之，既傳代之後，循、楷父子皆斥逐，不令在朝。丁未，所司改題昭宗神主，輟朝一日。癸丑，敕成德軍宜改爲武順，管內稾城縣曰稾平，信都曰堯都，欒城曰欒氏，阜城曰漢阜，臨城爲房子，避全忠祖、父名也。

十一月乙卯朔，敕潞州潞城縣改爲潞子，黎城曰黎亭。全忠平荊襄後，遂引軍將攻淮南。行次棗陽，阻雨，比至光州，道險塗潦，人馬饑乏。休止十餘日，乃趨固始。進軍距壽州三十里，壽人閉壁不出，左右言師老不可用。是月丙辰，全忠自正陽渡淮而北，至汝陰。全忠深悔此行無益。丁卯，至大梁。時哀帝以此月十九日親祠圜丘，中外百司禮儀法物已備。戊辰，宰相已下於南郊壇習儀，而裴迪自大梁迴，言全忠怒蔣玄暉、張廷範、柳璨等謀延唐祚，而欲郊天改元。玄暉、柳璨大懼。庚午，敕曰：「先定此月十九日親禮南郊，雖定吉辰，改卜亦有故事。宜改取來年正月上辛。付所司。」辛巳，制：迴天再造竭忠守正功臣、諸道兵馬元帥、宣武宣義天平護國等軍節度觀察處置、修宮闕制置、度支解縣池場、亳州太清宮等使、開府儀同三司、守太尉、中書令、河中尹、汴滑鄆等州刺史、上柱國、梁王、食邑一萬五千戶、實封一千五百戶朱全忠可授相國，總百揆，其以宣武宣義天平護國天雄武順忠武佑國河陽義武昭義保義戎昭武定泰寧平盧匡國鎮國武寧忠義荊南二十一道爲魏國，仍

進封魏王，依前充諸道兵馬元帥、太尉、中書令、宣武宣義天平護國等軍節度觀察處置等使，加食邑五千戶，實封八千五百戶，入朝不趨，劍履上殿，贊拜不名，兼備九錫之命，仍擇日備禮册命。又制以楊師厚爲襄州兵馬留後，左龍武統軍張慎思爲武寧軍兵馬留後。壬午，中書門下奏：「相國魏王總百揆，百司合呈納本司印。其中書門下印，堂候王仁珪呈納，中書公事，權追中書省印行遣。」從之。甲申，敕河南告成縣改爲陽邑，蔡州襄城改爲苞孚，同州韓城改爲韓原，絳州翼城改爲澮川，鄆州鄆城改爲萬安，慈州文城改爲屈邑，澤州晉城改高都，陽城改爲濩澤，安州應城改爲應陽，洪州豐城改爲吳高。全忠令判官司馬鄴讓相國總百揆之命。

十二月乙酉朔。戊子，詔蔣玄暉齎手詔赴魏國，不許陳讓錫命。辛卯，制：正議大夫、門下侍郎、兼戶部尚書、同平章事、太微宮使、弘文館大學士、延資庫使、充諸道鹽鐵轉運等使、上柱國、河東縣開國男、食邑三百戶柳璨可光祿大夫、守司空、兼門下侍郎、同平章事、太微宮使、弘文館大學士、延資庫使、充諸道鹽鐵轉運等使，進封河東縣開國伯，通前食邑七百戶，充魏國册禮使。制：相國魏王曾祖贈太傅茂琳追封魏王，諡宣憲；祖贈太師信追封魏王，諡武元；父贈尚書令誠追封魏王，諡文明。敕右常侍王鉅、太常卿張廷範、給事中崔沂、工部尚書李克助、祠部郎中知制誥張茂樞、膳部員外知制誥杜曉、吏部郎中李光嗣、

駕部郎中趙光胤、戶部郎中崔協、比部郎中楊煥、左常侍孔拯、右諫議蕭頎、左拾遺裴璵、右拾遺高濟、職方郎中牛希逸、主客郎中蕭蘧等，隨册禮使柳璨魏國行事。先是，北院宣徽使王殷使壽州行營，構蔣玄暉於全忠，全忠怒，急歸大梁。上令刑部尚書裴迪齎詔慰勞全忠，全忠忿恨，語極不遜，故行相國百揆之命以悅其心。蔣玄暉自至大梁陳訴，全忠怒猶不解。帝憂之。甲午，上召三宰相議其事，柳璨曰：「人望歸元帥，陛下揖讓釋負，今其時也。」帝曰：「運祚去唐久矣，幸爲元帥所延。今日天下，非予之天下，神器大寶，歸於有德，又何疑焉。他人傳予意不盡，卿自往大梁，備言此懷。」乃賜璨茶、藥，便令進發。乙未，敕：樞密使蔣玄暉宜削在身官爵，送河南府處斬。豐德庫使應頊、尚食使朱建武送河南府決殺。

庚子，敕：樞密使及宣徽南院北院並停。其樞密公事，令王殷權知。其兩院人吏，並勒歸中書。其諸司諸道人，並不得到宣徽院，凡有公事，並於中書論請。其延義、千秋兩門，只差小黃門三人勾當，其官健勒歸本軍。敕：「魏王堅辭寵命，過示撝謙。朕以國史所書元帥之任，並以天下爲名，爰自近年，改爲諸道，既非舊制，須在正名。宜追制改爲天下兵馬元帥，餘准詔旨處分。」辛丑，敕：「漢宣帝中興，五日一聽朝，歷代通規，永爲常式。近代不循舊儀，輒隳制度，既姦邪之得計，致臨視之失常，須守舊規，以循定制。宜每月只許一、五、九日開延英，計九度。其入閤日，仍於延英日一度指揮；如有大段公事，中書門下具牓子

奏請開延英，不計日數。付所司。」又敕：「宮嬪女職，本備內任，近年已來，稍失儀制。宮人出內宣命，寀御參隨視朝，乃失舊規，須爲永制。今後每遇延英坐朝日，只令小黃門祗候引從，宮人不得擅出內門，庶循典儀，免至紛雜。」壬寅，戎昭軍奏收復金州，兵火之後，井邑殘破，請移理所於均州，從之。仍改爲武定軍。

乙巳，汴州別駕蔣仲伸決殺，玄暉季父也。又敕：「蔣玄暉身居密近，擅弄威權，鬻爵賣官，聚財營第，而苞藏悖逆，稔浸姦邪。雖都市已處於極刑，而屈法尚慊於衆怒，更示焚棄之典，以懲顯負之蹤。宜追削爲凶逆百姓，仍委河南府揭屍於都門外，聚衆焚燒。」玄暉死後，王殷、趙殷衡等又譖於全忠云：「內人相傳，玄暉私侍積善宮，與柳璨、張廷範爲盟誓之交，求興唐祚。」戊申，全忠令知樞密王殷害皇太后何氏于積善宮，又殺宮人阿秋、阿虔，言通導蔣玄暉。己酉，敕以太后喪，廢朝三日。百官奉慰訖。又敕曰：「皇太后位承坤德，有愧母儀。近者凶逆誅夷，宮闈詞連醜狀，尋自崩變，以謝萬方。朕以幼沖，君臨區宇，雖情深號慕，而法難徇私，勉循秦、漢之規，須示追降之典。其遣黃門收所上皇太后寶册，追廢爲庶人，宜差官告郊廟。」庚戌，敕：「朕以謬荷丕圖，禮合親謁郊廟，先定來年正月上辛用事。今以宮闈內亂，播于醜聲，難以慚恧之容，入於祖宗之廟。其明年上辛親謁郊廟宜停。」壬子，敕積善宮安福殿宜廢。癸丑，敕光祿大夫、守司空、門下侍郎、平章事、太微宮使、弘文館大學士、延資庫使、諸道鹽鐵轉運使柳璨責授朝議郎，守登州刺史。又敕：「太常卿張廷範、太常少卿裴磵、温鑾、祠部郎中知制誥張茂樞等，蔣玄暉在樞密之時，與柳璨、張廷範共爲朋扇，日相往來，假其遊宴之名，別貯傾危之計。苟安重位，酷陷朝臣，既此陰謀，難寬大辟。柳璨已從別敕處分，廷範可責授萊州司戶。裴磵等常同聚會，固共苞藏，磵可青州北海尉，鑾臨淄尉，茂樞博昌尉，並員外置。」甲寅，敕：「責授登州刺史柳璨，素矜憸巧，每務回邪。幸以庸才，驟居重位，曾無顯效，孤負明恩。詭譎多端，苞藏莫測，但結連於凶險，獨陷害於賢良。罪既貫盈，理須竄殛。可貶密州司戶，再貶長流崖州百姓，委御史臺賜自盡。」是日斬于上東門外。又敕：「張廷範性唯庸妄，志在回邪，不能保慎寵榮，而乃苞藏凶險。密交柳璨，深結玄暉，晝議宵行，欺天負地。神祇共怒，罪狀難原。宜除名，委河南府於都市集衆，以五車分裂。温鑾、裴磵、張茂樞並除名，委於御史臺所在賜自盡。柳璨弟瑀、瑊，送河南府決殺。」

三年春正月乙卯朔，全忠以四鎮之師七萬，會河北諸軍，屯于深州樂城〔10〕。戊午，敕右拾遺柳瑗貶洺州雞澤尉，璨疎屬也。乙丑，全忠自汴河赴魏州。丙寅，制：「定亂安國功臣、鎮海鎮東軍節度、浙江東西道觀察處置等使、淮南東面行營招討營田安撫兩浙鹽鐵制

置發運等使、開府儀同三司、守侍中、兼中書令、杭越兩州刺史、上柱國、吳王、食邑九千戶、實封五百戶錢鏐，總臨兩鎮，制撫三吳。道途阻艱，未行册命，宜令所司擇日備禮。」己巳夜，魏博節度使羅紹威殺其衙內親軍八千人。戊午，全忠自內黃入魏州。是月，魏博衙外兵五萬自歷亭還，分據紹威貝、博等州，汴軍攻圍之。壬申，敕：「相國總百揆魏王頃辭册命，宜令所司再行册禮。」辛巳，國子監奏：「奉去年十一月五日敕文，應國學每年與諸道等一例解送兩人，今監生郭應圖等六十人連狀論訴。」敕旨：「取士之科，明經極重，每年人數，已有舊規，去夏條疏，蓋防渝濫。今國子監、河南府俱有論奏，所試明經，宜令准常年例解送禮部，放人多少，酌量施行。但不徇囑求，無致僥倖。付所司。」

二月甲申朔，魏博節度使羅紹威宜許於本鎮置三代私廟。癸卯，敕今年禮部所放進士，據依去年人數外，更放兩人。

三月甲寅朔。甲戌，敕：「河中、昭義管內，俱有慈州，地里相去不遠，稱謂時聞錯悞，其昭義管內慈州宜改爲惠州。」壬戌，全忠奏河中判官劉崇子匡圖，今年進士登第，遽列高科，恐涉羣議，請禮部落下。戊寅，制元帥梁王可兼領諸道鹽鐵轉運等使，判度支戶部事，充三司都制置使。辛巳，敕貶西都留守判官、左諫議大夫鄭賨崖州司戶，尋賜死。

四月甲申朔，日有蝕之，在胃十二度。戊申，魏博羅紹威奏：「臣當管博州聊城縣、武陽

莘縣武水博平高堂等五縣，皆於黃河東岸，其鄉村百姓渡河輸稅不便，與天平軍管界接連，請割屬鄆。」從之。

五月癸酉朔，追贈故荊南節度使成汭、鄂岳節度使杜洪官爵，仍於本州立祠廟，從全忠奏也。丙申，敕：「天祐二年九月二十日於金州置戎昭軍，割均、房二州爲屬郡。比因馮行襲叶贊元勳，克宣丕績，用奬濟師之効，遂行割地之權。今命帥得人，疇庸有秩，其戎昭軍額宜停，其均、房二州却還山南東道收管。」

六月癸未朔。甲申，敕：「襄州近因趙匡凝作帥，請別立忠義軍額，既非往制，固是從權。忠義軍額宜停廢，依舊爲山南東道節度使。」己亥，權知唐州事衞審符奏，州郭凋殘，又不居要路，請移理所於泌陽縣，從之。制以京兆尹、佑國軍節度使韓建爲青州節度使，代王重師；以重師代建爲京兆尹。壬寅，敕：「文武百僚每月一度入閤於貞觀殿。貞觀大殿，朝廷正衙，遇正至之辰，受羣臣朝賀。比來視朔，未正規儀，今後於崇勳殿入閤。付所司。」左拾遺、充史館修撰裴璟以堂叔母危疾在濟源，無兄弟侍疾，乞假寧省，從之。

七月壬子朔。己未，全忠始自魏州歸大梁，魏博六州平定。檢校工部尚書、守宗正卿、嗣邠王震停見任，落下襲封，以請告於外也。辛未，皇妹永明公主薨，罷朝三日。

八月甲辰，全忠復自汴州北渡河，攻滄州。乙未，魏博奏割貝州永濟、廣宗，相州臨河、內黃、洹水、斥丘等六縣隸魏州，從之。

九月辛亥朔。丁卯，全忠大軍至滄州，軍於長蘆。是月積陰霖雨不止，差官禜都門。

十月乙未，兩浙錢鏐請於本鎮立三代私廟，從之。

十一月庚戌朔。丙子，廢牛羊司。御廚肉河南府供進，所有進到牛羊，便付河南府收管。

十二月己卯朔，淮南僞署宣歙觀察使、檢校司徒王茂章可金紫光祿大夫、檢校太保，從錢鏐奏也。茂章背楊渥，以宣州降錢鏐故也。己丑，全忠奏文武兩班一、五、九朝日，元帥府排比廊飧。敕曰：「百官入朝，兩廊賜食，遷都之後，有司官闕供。元帥梁王欲整大綱，復行故事，俾其班列，益認優隆〔二〕，宜賜詔奬飾。」甲辰，河陽節度副使孫乘貶崖州司戶，尋賜自盡。

閏十二月己酉朔，福建百姓僧道詣闕，請爲節度使王審知立德政碑，從之。乙丑，華州鎮國節度觀察處置等使額及興德府名，並宜停廢，復爲華州刺史，充本州防禦使，仍隸同州爲支郡，所管華、商兩州諸縣，先升次赤、次畿並罷，宜依舊名。西都佑國軍作鎮已來，未有屬郡，其金州、商州宜隸爲屬郡。京兆府奉先縣本屬馮翊，櫟陽連接下邽，奉先縣宜卻隸同州，櫟陽宜隸華州。丙寅，奪西川節度使王建在身官爵。戊辰，李克用與幽州之衆同攻潞州，全忠守將丁會以澤、潞降太原，克用以其子嗣昭爲留後。甲戌，全忠燒長蘆營旋軍，聞潞州陷故也。乙亥，貶興唐府少尹孫祕長流愛州，尋賜死，孫乘弟也。

四年春正月戊寅朔。壬寅，全忠自長蘆至大梁，天子遣御史大夫薛貽矩齎詔慰勞。全忠自弒昭宗之後，岐、蜀、太原，連兵牽制，關西日削。幸羅紹威殺牙軍，全獲魏博六州。將行篡代，欲威臨河朔，乃再興師臨幽、滄，冀仁恭父子乞盟，則與之相結，以固王鎔、紹威之心。而自秋迄冬，攻滄州無功，及聞丁會失守，燒營遽還。路由魏州，羅紹威知失勢，恐兵襲己，深贊篡奪之謀，他日如王受禪，必罄六州軍賦以助大禮，全忠深感之。至大梁，會薛貽矩來，乃以臣禮見全忠。貽矩承間密陳禪代之謀，全忠心德之。貽矩還奏曰：「元帥有受代意，陛下深體時事，去茲重負。」帝曰：「此吾素懷也。」乃降詔元帥以二月行傳禪之禮，全忠僞辭。

二月壬子，詔文武百官以今月七日齊赴元帥府。癸丑，宰相百官辭，全忠以未斷表爲詞。

三月戊寅朔，全忠令大將李思安率兵三萬，合魏博之衆，攻掠幽州。思安頓兵臨其郛，會仁恭子守光率兵赴援，思安乃還。庚寅，詔薛貽矩再使大梁，達傳位之旨。甲辰，詔曰：

敕宰臣文武百辟，藩岳庶尹，明聽朕言。夫大寶之尊，神器之重，儻非德充宇宙，功濟黔黎，著重華納麓之功，彰文命導川之績，允熙帝載，克代天工，則何以統御萬邦，照臨八極。元帥梁王，龍顏瑞質，玉理奇文，以英謀睿武定寰瀛，以厚澤深仁撫華夏。神功至德，絕後光前，緹油罕紀其鴻勳，謳誦顯歸於至化。二十年之功業，億兆衆之推崇，邇無異言，遠無異望。朕惟王聖德，光被八紘，宜順玄穹，膺茲寶命。況天文符瑞，雜沓宜明，虞夏昌期，顯于圖籙。萬機不可以久曠，天命不可以久違，神祇叶心，歸于有德。朕敬以天下，傳禪聖君，退居舊藩，以備三恪。今敕宰臣張文蔚、楊涉等率文武百僚，備法駕奉迎梁朝，勉厲肅恭，尊戴明主。沖人釋茲重負，永爲虞賓，獲奉新朝，慶泰兼極。中外列辟，宜體朕懷。

乙酉，乃以中書侍郎、平章事張文蔚充册使，禮部尚書蘇循爲副。中書侍郎、平章事楊涉押傳國寶使，翰林學士、中書舍人張策爲副。御史大夫薛貽矩爲押金寶使，左丞趙光逢爲副。甲午，文蔚押文武百僚赴大梁。甲子，行事。册曰：

皇帝若曰：咨爾天下兵馬元帥、相國總百揆梁王，朕每觀上古之書，以堯舜爲始者，蓋以禪讓之典，垂於無窮。故封泰山，禪梁父，略可道者七十二君，則知天下至公，非一姓獨有。自古明王聖帝，焦思勞神，惴若納隍，坐以待旦，莫不居之則兢畏，去之則逸安。且軒轅非不明，放勳非不聖，尚欲遊於姑射，休彼大庭。矧乎曆數尋終，期運久謝，屬於孤藐，統御萬方者哉！況自懿祖之後，變幸亂朝，禍起有階，政漸無象。天網幅裂，海水橫流，四紀于茲，羣生無庇。洎乎喪亂，誰其底綏。洎于小子，粵以幼年，繼茲衰緒。豈茲沖昧，能守洪基？惟王明聖在躬，體于上哲。奮揚神武，戡定區夏，大功二十，光著册書。北越陰山，南踰瘴海，東至碣石，西暨流沙，懷生之倫，罔不悅附。矧予寡昧，危而獲存。今則上察天文，下觀人願，是土德終極之際，乃金行兆應之辰。況十載之間，彗星三見，布新除舊，厥有明徵，謳歌所歸，屬在睿德。今遣持節、銀青光祿大夫、守中書侍郎、同中書門下平章事張文蔚等，奉皇帝寶綬，敬遜于位。於戲！天之曆數在爾躬，允執其中，天祿永終。王其祇顯大禮，享茲萬國，以肅膺天命。

全忠建國，奉帝爲濟陰王，遷於曹州，處前刺史氏叔琮之第。時太原、幽州、鳳翔、西川猶稱天祐正朔。天祐五年二月二十一日，帝爲全忠所害，時年十七，仍諡曰哀皇帝，以王禮葬於濟陰縣之定陶鄉。中興之初，方備禮改卜，遇國喪而止。明宗時就故陵置園邑，有司請諡曰昭宣光烈孝皇帝，廟號「景宗」。中書覆奏少帝行事，不合稱宗，存諡而已。知禮者亦以宣、景之諡非宜，今只取本諡，載之于紀。

史臣曰：悲哉！土運之將亡也，五常殆盡，百怪斯呈，宇縣瓜分，皇圖瓦解。昭宗皇帝英猷奮發，志憤陵夷，旁求奇傑之才，欲拯淪胥之運。而世途多僻，忠義俱亡，極爵位以待賢豪，罄珍奇而託心腹。殷勤國士之遇，罕有託孤之賢，豢豐而犬豕轉獰，肉飽而虎狼逾暴。五侯九伯，無非問鼎之徒；四岳十連，皆畜無君之迹。雖蕭屏之臣扼腕，巖廊之輔痛心，空銜毀室之悲，寧救喪邦之禍？及扶風西幸，洛邑東遷，如寄珠於盜跖之門，蓄水於尾閭之上，往而不返，夫何言哉！至若川竭山崩，古今同歎；虎爭龍戰，興替無常。縱胠篋之不仁，亦攫金之有道。曹操請刑於椒壼，蓋迫陰謀；馬昭拒命於凌雲，窘於見討。誠知醜迹，得以爲詞，而全忠所行，止於殘忍。況自岐遷洛，天子塊然，六軍盡斥於秦人，四面皆環於汴卒。晃旒如寄，纖芥爲疑，迎鑾未及於崇朝，傳刃已聞於塗地。立嗣君於南面，斃母后於中闈，黃門與禁旅皆殲，宗室共衣冠並殪。復又盜鐘掩耳，嫁禍於人。何九六之數窮，偶天人之道盡，目擊斯亂，言之傷心。哀帝之時，政由凶族。雖揖讓之令，有類於山陽；而凌逼之權，過踰於侯景。人道凌薄，陰騭難徵，然以此受終，如何延永！

贊曰：勛華受命，揖讓告終。逆取順守，仁道已窮。暴則短祚，義則延洪。虞賓之禍，非止一宗。

校勘記

〔一〕宜稱充和陵臺令　「和」字各本原作「知」，據册府卷三一改。

〔二〕難可蕆定　「蕆」字各本原作「書」，據全唐文卷九三改。

〔三〕比常出入　「常」字各本原作「帝」，册府卷六一、全唐文卷九三此句均作「至於常事」，合鈔卷二四哀帝紀作「比常出入」，究其上下文意，「帝」字當作「常」，今據合鈔改。

〔四〕買宴　「買」字各本原作「置」，據册府卷一一一改。

〔五〕蠟面茶　「蠟」字各本原作「臘」。十七史商榷卷七六：「臘當作蠟」。蠟面茶亦稱蠟茶，唐宋人詩文中屢見其名。據改。

〔六〕安流侯　聞本、懼盈齋本、局本作「安侯」，殿本作「安口」，廣本作「安流」，今據册府卷三四改。

〔七〕權知荆南軍府事趙匡明　「明」字各本原作「凝」，據新書卷一〇哀帝紀、通鑑卷二六五改。

〔八〕第二孀婆王氏　「王氏」，各本原無，據册府卷三八補。

〔九〕荆南留後趙匡凝　校勘記卷一〇云：「削奪荆襄節度使趙匡凝官，前已書於八月，且其官節度，非留後也。據匡凝傳（舊五代史卷一七），成汭敗，匡凝表匡明爲荆南節度留後，當爲匡明。」

〔一〇〕深州樂城　通鑑卷二六五胡注：「樂城恐當作樂壽。」案本書卷三九地理志作「樂壽」，云：「漢樂城縣。後魏移縣東北，近古樂壽亭，因改爲樂壽。」

〔一一〕益謚優隆　「謚」字册府卷一〇八、全唐文卷九三均作「任」。

中華書局

舊唐書卷二十一

志第一

禮儀一

記曰：「人生而靜，天之性也；感物而動，性之欲也。」欲無限極，禍亂生焉。聖人懼其邪放，於是作樂以和其性，制禮以檢其情，俾俯仰有容，周旋中矩。故肆覲之禮立，則朝廷尊；郊廟之禮立，則人情肅；冠婚之禮立，則長幼序；喪祭之禮立，則孝慈著；蒐狩之禮立，則軍旅振；享宴之禮立，則君臣篤。是知禮者，品彙之璿衡，人倫之繩墨，失之者辱，得之者榮，造物已還，不可須臾離也。

五帝之時，斯爲治本。類帝禋宗，吉禮也；遏音陶瓦，凶禮也；班瑞肆覲，賓禮也；誅苗殛鯀，軍禮也；釐降嬪虞，嘉禮也。故曰，修五禮五玉，堯、舜之事也。時代猶淳，節文尙簡。及周公相成王，制五禮六樂，各有典司，其儀大備。暨幽、厲失道，平王東遷，周室寖

微，諸侯侮法。男女失冠婚之節，野麕之刺興焉；君臣廢朝會之期，踐土之譏著矣。葬則奢儉無算，軍則狙詐不仁。數百年間，禮儀大壞。雖仲尼自衞返魯，而有定禮之言，蓋舉周公之舊章，無救魯邦之亂政。仲尼之世，禮教已亡。遭秦燔煬，遺文殆盡。

漢興，叔孫通草定，止習朝儀。至於郊天祀地之文，配祖禋宗之制，拊石鳴球之備物，介丘壓水之盛猷，語則有之，未遑措思。及世宗禮重儒術，屢訪賢良，河間博洽古文，大搜經籍，有周舊典，始得周官五篇，士禮十七篇。王又鳩集諸子之說，爲禮書一百四十篇。后倉二戴，因而删擇，得四十九篇，此曲臺集禮，今之禮記是也。然數百載不見舊儀，諸子所書，止論其意。百家縱胸臆之說，五禮無著定之文。故西漢一朝，曲臺無制。郊上帝於甘泉，祀后土於汾陰。宗廟無定主，樂懸闕金石。巡狩非勛、華之典，封禪異陶匏之音。光武受命，始詔儒官，草定儀注，經邦大典，至是粗備。漢末喪亂，又淪沒焉。而衞宏、應仲遠、王仲宣等掇拾遺散，裁志條目而已。東京舊典，世莫得聞。

自晉至梁，繼令條纘。鴻生鉅儒，銳思綿蕝，江左學者，髣髴可觀。隋氏平陳，寰區一統，文帝命太常卿牛弘集南北儀注，定五禮一百三十篇。煬帝在廣陵，亦聚學徒，修江都集禮〔一〕。由是周、漢之制，僅有遺風。

神堯受禪，未遑制作，郊廟宴享，悉用隋代舊儀。太宗皇帝踐祚之初，悉興文教，乃詔

中書令房玄齡、祕書監魏徵等禮官學士，修改舊禮，定著吉禮六十一篇，賓禮四篇，軍禮二十篇，嘉禮四十二篇，凶禮六篇，國恤五篇，總一百三十八篇，分爲一百卷。

玄齡等始與禮官述議，以爲月令蜡祭，唯祭天宗，謂日月而下。近代蜡五天帝、五人帝、五地祇〔二〕，皆非古典，今並除之。又依禮，有益於人則祀之。神州者國之所託，餘八州則義不相及。近代通祭九州，今除八州等八座，唯祭皇地祇及神州，以正祀典。又漢建武中封禪，用元封時故事，封泰山於圜臺上，四面皆立石闕，並高五丈。有方石再累，藏玉牒書。石檢十枚，於四邊檢之，東西各三，南北各二。外設石封，高九尺，上加石蓋。周設石距十八，如碑之狀，去壇二步，其下石跗入地數尺。今案封禪者，本以成功告於上帝。天道貴質，故藉用槀秸，罇以瓦甒。此法不在經誥，又乖醇素之道，定議除之。近又案梁甫是梁陰，代設壇於山上，乃乖處陰之義。今定禪禮改壇位於山北。又皇太子入學及太常行山陵、天子大射、合朔、陳五兵於太社、農隙講武、納皇后行六禮、四孟月讀時令、天子上陵、朝廟、養老於辟雍之禮，皆周、隋所闕〔三〕，凡增多二十九條。餘並準依古禮，旁求異代，擇其善者而從之。太宗稱善，頒于內外行焉。

高宗初，議者以貞觀禮節文未盡，又詔太尉長孫無忌、中書令杜正倫李義府、中書侍郎李友益、黃門侍郎劉祥道許圉師、太子賓客許敬宗、太常少卿韋琨、太學博士史道玄、符璽

郎孔志約、太常博士蕭楚才孫自覺賀紀等重加緝定，勒成一百三十卷。至顯慶三年奏上之，增損舊禮，幷與令式參會改定，高宗自爲之序。時許敬宗、李義府用事，其所損益，多涉希旨，行用已後，學者紛議，以爲不及貞觀。上元三年三月，下詔令依貞觀年禮爲定。儀鳳二年，又詔顯慶新修禮多有事不師古，其五禮並依周禮行事。自是禮司益無憑準，每有大事，皆參會古今禮文，臨時撰定。然貞觀、顯慶二禮，皆行用不廢。時有太常卿裴明禮、太常少卿韋萬石相次參掌其事，又前後博士賀敳、賀紀、韋叔夏、裴守眞等多所議定。

則天時，以禮官不甚詳明，特詔國子博士祝欽明及叔夏，每有儀注，皆令參定。叔夏卒後，博士唐紹專知禮儀，博學詳練舊事，議者以爲稱職。先天二年，紹爲給事中，以講武失儀，得罪被誅。其後禮官張星、王琇又以元日儀注乖失，詔兔官歸家學問。

開元十年，詔國子司業韋縚爲禮儀使，專掌五禮。十四年，通事舍人王嵒上疏，請改撰禮記，削去舊文，而以今事編之。詔付集賢院學士詳議。右丞相張說奏曰〔四〕：「禮記漢朝所編，遂爲歷代不刊之典。今去聖久遠，恐難改易。今之五禮儀注，貞觀、顯慶兩度所修，前後頗有不同，其中或未折衷。望與學士等更討論古今，删改行用。」制從之。初令學士右散騎常侍徐堅及左拾遺李銳、太常博士施敬本等檢撰，歷年不就。說卒後，蕭嵩代爲集賢院學士，始奏起居舍人王仲丘撰成一百五十卷，名曰大唐開元禮。二十年九月，頒所

司行用焉。

昊天上帝、五方帝、皇地祇、神州及宗廟爲大祀，社稷、日月星辰、先代帝王、岳鎭海瀆、帝社、先蠶、釋奠爲中祀，司中、司命、風伯、雨師、諸星、山林川澤之屬爲小祀。大祀，所司每年預定日奏下。小祀，但移牒所由。若天子不親祭享，則三公行事；若官缺，則職事三品已上攝三公行事。大祀散齋四日，致齋三日。中祀散齋三日，致齋二日。小祀散齋二日，致齋一日。散齋之日，晝理事如舊，夜宿於家正寢，不得弔喪問疾，不判署刑殺文書，不決罰罪人，不作樂，不預穢惡之事。致齋惟爲祀事得行，其餘悉斷。若大祀，齋官皆於散齋之日，集於尙書省受誓戒，太尉讀誓文。致齋之日，三公於尙書省安置；餘官各於本司，若皇城內無本司，於太常郊社、太廟署安置。皆日未出前至齋所。至祀前一日，各從齋所晝漏上水五刻向祠所。接神之官，皆沐浴給明衣。若天子親祠，則於正殿行致齋之禮。文武官服袴褶，陪位於殿庭。車駕及齋官赴祠祭之所，州縣及金吾清所行之路，不得見諸凶穢及縗絰者，哭泣之聲聞於祭所者權斷，訖事依舊。齋官至祠所，太官惟設食。祭訖，依班序餕，訖，均胙，貴者不重，賤者不虛。中祀已下，惟不受誓戒，自餘皆同大祀之禮。

武德初，定令：

每歲冬至，祀昊天上帝於圓丘，以景帝配。其壇在京城明德門外道東二里。壇制四成，各高八尺一寸，下成廣二十丈，再成廣十五丈，三成廣十丈，四成廣五丈。每祀則昊天上帝及配帝設位于平座，藉用藁秸，器用陶匏。五方上帝、日月、內官、中官、外官及衆星，並皆從祀。其五方帝及日月七座，在壇之第二等；內五星已下官五十五座[五]，在壇之第三等；二十八宿已下中官一百三十五座，在壇之第四等；外官百十二座，在壇下外壝之內；衆星三百六十座，在外壝之外。其牲，上帝及配帝用蒼犢二，五方帝及日月用方色犢各一，內官已下加羊豕各九。

夏至，祭皇地祇于方丘，亦以景帝配。其壇在宮城之北十四里。壇制再成，下成方十丈，上成五丈。每祀則地祇及配帝設位於壇上，神州及五嶽、四鎭、四瀆、四海、五方、山林、川澤、丘陵、墳衍、原隰，並皆從祀。神州在壇之第二等。五嶽已下三十七座，在壇下外壝之內。丘陵等三十座，在壝外。其牲，地祇及配帝用犢二，神州用黝犢一，岳鎭已下加羊豕各五。

孟春辛日，祈穀，祀感帝于南郊，元帝配，牲用蒼犢二。

孟夏之月，雩祀昊天上帝於圓丘，景帝配，牲用蒼犢二。五方上帝、五人帝、五官並從祀，用方色犢十。

季秋，祀五方上帝於明堂[六]，元帝配，牲用蒼犢二。五人帝、五官並從祀，用方色犢十。

孟冬，祭神州於北郊，景帝配，牲用黝犢二。

貞觀初，詔奉高祖配圓丘及明堂北郊之祀，元帝專配感帝，自餘悉依武德。永徽二年，又奉太宗配祀于明堂，有司遂以高祖配五天帝，太宗配五人帝。

顯慶元年，太尉長孫無忌與禮官等奏議曰：

臣等謹尋方册，歷考前規，宗祀明堂，必配天帝，而伏羲五代，本配五郊[七]，預入明堂，自緣從祀。今以太宗作配，理有未安。伏見永徽二年七月，詔建明堂，伏惟陛下天縱聖德，追奉太宗，已遵嚴配。時高祖先在明堂，禮司致惑，竟未遷祀，率意定儀，遂便著令。乃以太宗皇帝降配五人帝，雖復亦在明堂，不得對越天帝，深乖明詔之意，又與先典不同。

謹案孝經云：「孝莫大於嚴父，嚴父莫大於配天。昔者周公宗祀文王於明堂，以配上帝。」伏惟詔意，義在於斯。今所司行令，殊爲失旨。又尋漢、魏、晉、宋歷代禮儀，並無父子同配明堂之義。唯祭法云：「周人禘嚳而郊稷，祖文王而宗武王。」鄭玄注云：「禘、郊、祖、宗，謂祭祀以配食也。禘謂祭昊天於圓丘，郊謂祭上帝於南郊，祖、宗謂祭

五帝、五神於明堂也。」尋鄭此注，乃以祖、宗合爲一祭，又以文、武共在明堂，連衽配祀，良爲謬矣。故王肅駁曰：「古者祖有功而宗有德，祖、宗自是不毀之名，非謂配食於明堂者也。審如鄭義，則孝經當言祖祀文王於明堂，不得言宗祀也。凡宗者，尊也。周人既祖其廟，又尊其祀，孰謂祖於明堂者乎？」鄭引孝經以解祭法，而不曉周公本意，殊非仲尼之義旨也。又解「宗武王」云：「配勾芒之類，是謂五神，位在堂下。」武王降位，失君敍矣。

又案六韜曰：「武王伐紂，雪深丈餘，五車二馬，行無轍迹，詣營求謁。武王怪而問焉，太公對曰：『此必五方之神，來受事耳。』遂以其名召入，各以其職命焉。既而克殷，風調雨順。」豈有生來受職，歿則配之，降尊敵卑，理不然矣。故春秋外傳曰[八]：「禘、郊、祖、宗、報五者，國之典祀也。」傳言五者，故知各是一事，非謂祖、宗合祀於明堂也。

臣謹上考殷、周，下洎貞觀，並無一代兩帝同配於明堂。南齊蕭氏以武、明昆季並於明堂配食，事乃不經，未足援據。又檢武德時令，以元皇帝配於明堂，兼配感帝。至貞觀初緣情革禮，奉祀高祖配於明堂，奉遷世祖專配感帝。此卽聖朝故事已有遞遷之典，取法宗廟，古之制焉。

伏惟太祖景皇帝構室有周，建絕代之丕業；啓祚汾、晉，創歷聖之洪基。德邁發生，

道符立極。又世祖元皇帝潛鱗韞慶，屈道事周，導濬發之靈源，肇光宅之垂裕。稱祖清廟，萬代不遷。請停配祀，以符古義。伏惟高祖太武皇帝躬受天命，奄有神州，創制改物，體元居正，爲國始祖，抑有舊章。昔者炎漢高帝，當塗太祖，皆以受命，例並配天。請遵故實，奉祀高祖於圓丘，以配昊天上帝。伏惟太宗文皇帝道格上元，功清下瀆，拯率土之塗炭，協大造於生靈，請準詔書，宗祀於明堂，以配上帝。又請依武德故事，兼配感帝作主。斯乃二祖德隆，永不遷廟；兩聖功大，各得配天。遠協孝經，近申詔意。

二年七月，禮部尚書許敬宗與禮官等又奏議：

據祠令及新禮，並用鄭玄六天之議，圓丘祀昊天上帝，南郊祭太微感帝，明堂祭太微五帝。謹按鄭玄此義，唯據緯書，所說六天，皆謂星象，而昊天上帝，不屬穹蒼。故注月令及周官，皆謂圓丘所祭昊天上帝爲北辰星曜魄寶。又說孝經「郊祀后稷以配天」及明堂嚴父配天，皆爲太微五帝。考其所說，舛謬特深。按周易云：「日月麗於天，百穀草木麗於地。」又云：「在天成象，在地成形。」足明辰象非天，草木非地。毛詩傳云：「元氣昊大，則稱昊天。遠視蒼蒼，則稱蒼天。」此則蒼昊爲體，不入星辰之例。且天地各一，是曰兩儀。天尚無二，焉得有六？是以王肅羣儒，咸駁此義〔九〕。又檢太史

圓丘圖，昊天上帝座外，別有北辰座，與鄭義不同。得太史令李淳風等狀，昊天上帝圖位自在壇上，北辰自在第二等，與北斗並列，爲星官內座之首，不同鄭玄據緯書所說。此乃羲和所掌，觀象制圖，推步有徵，相沿不謬。

又按史記天官書等，太微宮有五帝者，自是五精之神，五星所奉。以其是人主之象，故況之曰帝。亦如房心爲天王之象，豈是天乎！周禮云：「兆五帝於四郊。」又云：「祀五帝則掌百官之誓戒。」惟稱五帝，皆不言天。此自太微之神〔一〇〕，本非穹昊之祭。又孝經惟云「郊祀后稷」，無別祀圓丘之文。王肅等以爲郊卽圓丘，圓丘卽郊，猶王城、京師，異名同實。符合經典，其義甚明。而今從鄭說，分爲兩祭，圓丘之外，別有南郊，違棄正經，理深未允。且檢吏部式，惟有南郊陪位，更不別載圓丘。式文既遵王肅，祠令仍行鄭義，令、式相乖，理宜改革。

又孝經云「嚴父莫大於配天」，下文卽云：「周公宗祀文王於明堂，以配上帝。」則是明堂所祀〔一一〕，正在配天，而以爲但祭星官，反違明義。又按月令：「孟春之月，祈穀於上帝。」左傳亦云：「凡祀，啓蟄而郊，郊而後耕。故郊祀后稷，以祈農事。」然則啓蟄郊天，自以祈穀，謂爲感帝之祭，事甚不經。今請憲章姬、孔，考取王、鄭，四郊迎氣，存太微五帝之祀；南郊明堂，廢緯書六天之義。其方丘祭地之外，別有神州，謂之北郊，

分地爲二，既無典據，理又不通，亦請合爲一祀，以符古義。仍並條附式令，永垂後則。

敬宗等又議籩、豆之數曰：「按今光祿式，祭天地、日月、岳鎮、海瀆、先蠶等，籩、豆各四。祭宗廟，籩、豆各十二。祭社稷、先農等，籩、豆各九。祭風師、雨師，籩、豆各二。尋此式文，事深乖謬。社稷多於天地，似不貴多。風雨少於日月，又不貴少。且先農、先蠶，俱爲中祭，或六或四，理不可通。又先農之神，尊於釋奠，籩、豆之數，先農乃少，理既差舛，難以因循。謹按禮記郊特牲云：『籩、豆之薦，水土之品，不敢用褻味而貴多品，所以交於神明之義也。』此卽祭祀籩、豆，以多爲貴。宗廟之數，不可踰郊。今請大祀同爲十二，中祀同爲十，小祀同爲八，釋奠準中祀。自餘從座，並請依舊式。」詔並可之，遂附于禮令。

乾封初，高宗東封迴，又詔依舊祀感帝及神州。司禮少常伯郝處俊等奏曰：

顯慶新禮，廢感帝之祀，改爲祈穀。昊天上帝，以高祖太武皇帝配。檢舊禮，感帝以世祖元皇帝配。今既奉敕依舊復祈穀爲感帝，以高祖太武皇帝配神州，又高祖依新禮見配圓丘昊天上帝及方丘皇地祇，若更配感帝神州，便恐有乖古禮。按禮記祭法云：「有虞氏禘黃帝而郊嚳，夏后氏亦禘黃帝而郊鯀，殷人禘嚳而郊冥，周人禘嚳而郊稷。」鄭玄注云：「禘謂祭昊天於圓丘也。祭上帝於南郊曰郊」〔一二〕。又按三禮義宗云，「夏正郊天者，王者各祭所出帝於南郊」，卽大傳所謂「王者禘其祖之所自出，以其祖配之」

是也。此則禘須遠祖，郊須始祖。今若禘郊同用一祖，恐於典禮無所據。其神州十月祭者，十月以陰用事，故以此時祭之，依檢更無故實。按春秋「啓蟄而郊」，鄭玄注禮云：「三王之郊，一用夏正。」又三禮義宗云：「祭神州法，正月祀於北郊。」請依典禮，以正月祭者。請集奉常博士及司成博士等總議定奏聞。其靈臺、明堂，檢舊禮用鄭玄義，仍祭五方帝，新禮用王肅義。

又下詔依鄭玄義祭五天帝，其雩及明堂，並準敕祭祀。於是奉常博士陸遵楷、張統師、權無二、許子儒等議稱：「北郊之月，古無明文。漢光武正月辛未，始建北郊。咸和中議，北郊同用正月，然皆無指據。武德來禮令卽用十月，爲是陰用事，故於時祭之。請依舊十月致祭。」

乾封二年十二月，詔曰：

夫受命承天，崇至敬於明祀；膺圖纂籙，昭大孝於嚴配。是以薦鰷鱨於清廟，集振鷺於西雍，宣雅頌於太師，明肅恭於考室。用能紀配天之盛業，嗣積德之鴻休，永播英聲，長爲稱首。周京道喪，秦室政乖，禮樂淪亡，典經殘滅。遂使漢朝博士，空說六宗之文；晉代鴻儒，爭陳七祀之議。或同昊天於五帝，分感帝於五行。自茲以降，遞相祖述，異論紛紜，是非莫定。

朕以寡薄，嗣膺丕緒，肅承禋祀，明發載懷，虔奉宗祧，寤寐興感。每惟宗廟之重，尊配之儀，思革舊章，以申誠敬。高祖太武皇帝撫運膺期，創業垂統，拯庶類於塗炭，寘懷生於仁壽。太宗文皇帝德光齊聖，道極幾神，執銳被堅，櫛風沐雨，勞形以安百姓，屈己而濟四方，澤被區中，恩覃海外。乾坤所以交泰，品物於是咸亨。掩玄闕而開疆，指青丘而作鎮。巍巍蕩蕩，無得名焉。禮曰：「化人之道，莫急於禮。禮有五經，莫重於祭。祭者，非物自外至也，自內生於心也。是以惟賢者乃能盡祭之義。」況祖功宗德，道冠百王；盡聖窮神，業高千古。自今以後，祭圓丘、五方、明堂、感帝、神州等祠，高祖太武皇帝、太宗文皇帝崇配，仍總祭昊天上帝及五帝於明堂。庶因心致敬，獲展虔誠，宗祀配天，永光鴻烈。

儀鳳二年七月，太常少卿韋萬石奏曰：「明堂大享，准古禮鄭玄義〔一三〕，祀五天帝，王肅義，祀五行帝。貞觀禮依鄭玄義祀五天帝，顯慶已來新修禮祀昊天上帝。奉乾封二年敕祀五帝，又奉制兼祀昊天上帝。伏奉上元三年三月敕，五禮並依貞觀年禮爲定。又奉去年敕，並依周禮行事。今用樂須定所祀之神，未審依古禮及貞觀禮，爲復依見行之禮？」時高宗及宰臣並不能斷，依違久而不決。尋又詔尚書省及學者詳議，事仍不定。自此明堂大享，兼用貞觀、顯慶二禮。

則天臨朝，垂拱元年七月，有司議圓丘、方丘及南郊、明堂嚴配之禮。成均助教孔玄義奏議曰：

謹按孝經云：「孝莫大於嚴父，嚴父莫大於配天。」明配尊大，昊天是也。物之大者，莫若於天，推父比天，與之相配，行孝之大，莫過於此，以明尊配之極也。又易云：「先王以作樂崇德，殷薦之上帝，以配祖考。」鄭玄注：「上帝，天帝也。」故知昊天之祭，合祖考並配。請奉太宗文武聖皇帝、高宗天皇大帝配昊天上帝於圓丘，義符孝經、周易之文也。神堯皇帝肇基王業，應天順人，請配感帝於南郊，義符大傳之文。又祭法云：「祖文王而宗武王。」祖，始也；宗，尊也。所以名祭爲尊始者，明一祭之中，有此二義。又孝經云：「宗祀文王於明堂。」文王言祖，而云宗者，亦是通武王之義。故明堂之祭，配以祖考。請奉太宗文武聖皇帝、高宗天皇大帝配祭於明堂，義符周易及祭法之文也。

太子右諭德沈伯儀曰：

謹按禮：「有虞氏禘黃帝而郊嚳，祖顓頊而宗堯。夏后氏禘黃帝而郊鯀，祖顓頊而宗禹。殷人禘嚳而郊冥，祖契而宗湯。周人禘嚳而郊稷，祖文王而宗武王。」鄭玄注云：「禘、郊、祖、宗，謂祭祀以配食也。禘謂祭昊天於圓丘，祭上帝於南郊曰郊，祭五帝、五神於明堂曰祖、宗。」伏尋嚴配之文，於此最爲詳備。虞、夏則退顓頊而郊嚳，殷人

則捨契而郊冥。去取既多，前後乖次。得禮之序，莫尚於周。禘嚳郊稷，不聞於二王；明堂宗祀，始兼於兩配。咸以文王、武王父子殊別〔一四〕，文王爲父，上主五帝；武王對父，下配五神。孝經曰：「嚴父莫大於配天，則周公其人也。昔者周公宗祀文王於明堂，以配上帝。」不言嚴武王以配天〔一五〕，則武王雖在明堂，理未齊於配祭；既稱宗祀，義獨主於尊嚴。雖同兩祭，終爲一主。故孝經緯曰「后稷爲天地主，文王爲五帝宗」也。必若一神兩祭便，則五祭十祠，薦獻頻繁，禮虧於數。此則神無二主之道，禮崇一配之義。竊尋貞觀、永徽，共尊專配；顯慶之後，始創兼尊。必以順古而行，實謂從周爲美。高祖神堯皇帝請配圓丘、方澤；太宗文武聖皇帝請配南郊、北郊。高宗天皇大帝德邁九皇，功開萬宇，制禮作樂，告禪升中，率土共休，普天同賴，竊惟莫大之孝，理當總配五天。

鳳閣舍人元萬頃、范履冰等議曰：

伏惟高祖神堯皇帝鑿乾構象，闢土開基。太宗文武聖皇帝紹統披元，循機闡極。高宗天皇大帝弘祖宗之大業，廓文武之宏規。三聖重光，千年接旦。神功叡德，罄圖牒而難稱；盛烈鴻猷，超古今而莫擬。豈徒錙銖堯、舜，糠粃殷、周而已哉！謹案見行禮，昊天上帝等祠五所，咸奉高祖神堯皇帝、太宗文武聖皇帝兼配。今議者引祭法、周

易、孝經之文，雖近稽古之辭，殊失因心之旨。但子之事父，臣之事君，孝以成志，忠而順美。竊以兼配之禮，特稟先聖之懷，爰取訓於前規，遂申情於大孝。詩云：「昊天有成命，二后受之。」易曰：「殷薦之上帝，以配祖考。」敬尋厥旨，本合斯義。今若遠摭遺文，近乖成典，拘常不變，守滯莫通，便是臣黜於君，遽易郊丘之位，下非於上，靡遵弓劍之心。豈所以申太后哀感之誠，徇皇帝孝思之德！愼終追遠，良謂非宜。嚴父配天，寧當若是？伏據見行禮，高祖神堯皇帝、太宗文武聖皇帝，今既先配五祠，理當依舊無改。高宗天皇大帝齊尊曜魄，等邃含樞，闡三葉之宏基，開萬代之鴻業。重規疊矩，在功烈而無差；享帝郊天，豈祀配之有別。請奉高宗天皇大帝歷配五祠。

制從萬頃議。自是郊丘諸祠皆以三祖配。

及則天革命，天册萬歲元年，加號爲天册金輪大聖皇帝，親享南郊，合祭天地。以武氏始祖周文王追尊爲始祖文皇帝，后考應國公追尊爲無上孝明高皇帝，亦以二祖同配，如乾封之禮。其後長安年，又親享南郊，合祭天地及諸郊丘，並以配焉。

中宗卽位，神龍元年九月，親享昊天上帝于東都之明堂，以高宗天皇大帝崇配，其儀亦依乾封故事。至景龍三年十一月，親祀南郊，初將定儀注，國子祭酒祝欽明希旨上言后亦合助祭，遂奏議曰：「謹按周禮：『天神曰祀，地祇曰祭，宗廟曰享。』又內司服：『職掌王后之

六服，凡祭祀，供后之衣服。』又祭統曰：『夫祭也者，必夫婦親之。』據此諸文，即知皇后合助皇帝祀天神祭地祇明矣。望請別修助祭儀注同進。」上令宰相與禮官議詳其事。太常博士唐紹、蔣欽緒建議云：「皇后南郊助祭，於禮不合。但欽明所執，是祭宗廟禮，非祭天地禮。按漢、魏、晉、宋及後魏、齊、梁、隋等歷代史籍，興王令主，郊天祀地，代有其禮，史不闕書，並不見皇后助祭之事。又高祖神堯皇帝、太宗文武聖皇帝、高宗天皇大帝南郊祀天，並無皇后助祭之禮。」尚書右僕射韋巨源又協同欽明之議，上遂以皇后爲亞獻，仍補大臣李嶠等女爲齋娘，執籩豆焉。

時十一月十三日乙丑冬至，陰陽人盧雅、侯藝等奏請促冬至就十二日甲子以爲吉會。時右臺侍御史唐紹奏曰：「禮所以冬至祀圓丘於南郊，夏至祭方澤於北郊者，以其日行躔次，極於南北之際也。日北極當晷度循半，日南極當晷度環周。是日一陽爻生，爲天地交際之始。故易曰：『復，其見天地之心乎！』即冬至卦象也。一歲之內，吉莫大焉。甲子但爲六旬之首，一年之內，隔月常遇，既非大會，晷運未周，唯總六甲之辰，助四時而成歲。今欲避環周以取甲子，是背大吉而就小吉也。」太史令傅孝忠奏曰：「準漏刻經[二六]，南陸北陸並日校一分，若用十二日，即欠一分。未南極，即不得爲至。」上曰：「俗諺云『冬至長於歲』，亦不可改。」竟依紹議以十三日乙丑祀圓丘。

睿宗太極元年正月，初將有事南郊，有司立議，惟祭昊天上帝而不設皇地祇位。諫議大夫賈曾上表曰：

微臣詳據典禮，謂宜天地合祭。謹按禮祭法曰：「有虞氏禘黃帝而郊嚳，夏后氏禘黃帝而郊鯀。」傳曰：大祭曰禘。然則郊之與廟，俱有禘祭。禘廟，則祖宗之主俱合於太祖之廟；禘郊，則地祇羣望俱合於圓丘，以始祖配享。皆有事而大祭，異於常祀之義。禮大傳曰：「不王不禘。」故知王者受命，必行禘禮。虞書曰：「月正元日，舜格于文祖，肆類于上帝，禋于六宗，望于山川，徧于羣神。」此則受命而行禘禮者也。言「格于文祖」，則餘廟之享可知矣。言「類于上帝」，則地祇之合可知矣。且山川之祀，皆屬于地，羣望尚徧，況地祇乎！周官「以六律、六呂、五聲、八音、六舞、大合樂，以致神祇，以和邦國，以諧萬人」。又「凡六樂者，六變而致象物及天神」，此則禘郊合天神、地祇、人鬼而祭之樂也。

三輔故事漢祭圓丘儀：昊天上帝位正南面，后土位兆亦南面而少東。又東觀漢記云：「光武即位，爲壇於鄗之陽，祭告天地，採用元始故事。二年正月，於洛陽城南依鄗爲圓壇，天地位其上，皆南向西上。」按兩漢時自有后土及北郊祀，而此已於圓丘設地位，明是禘祭之儀。又春秋說云：「王者一歲七祭，天地合食於四孟，別於分、至。」此復

天地自常有同祭之義。王肅云：「孔子言兆圓丘於南郊，南郊即圓丘，圓丘即南郊也。」又云：「祭天而地配。」此亦郊祀合祭之明說。惟鄭康成不論禘當合祭，而分昊天上帝爲二神，專憑緯文，事匪經見。又其注大傳「不王不禘」義，則云：「正歲之首，祭感帝之精，以其祖配。」注周官大司樂圓丘，則引大傳之禘以爲冬至之祭[二七]。遞相矛盾，未足可依。

伏惟陛下膺籙居尊，繼文在曆，自臨宸極，未親郊祭。今之南郊，正當禘禮，固宜合祀天地，咸秩百神，答受命之符，彰致敬之道。豈可不崇盛禮，同彼常郊，使地祇無位，未從禘享！今請備設皇地祇并從祀等座，則禮得稽古，義合緣情。然郊丘之祀，國之大事，或失其情，精禋將闕。臣術不通經，識慚博古，徒以昔謬禮職，今忝諫曹，正議是司，敢陳忠讜。事有可採，惟斷之聖慮。

制令宰臣召禮官詳議可否。禮官國子祭酒褚无量、國子司業郭山惲等咸請依曾所奏。時又將親享北郊，竟寢曾之表。

玄宗即位，開元十一年十一月，親享圓丘。時中書令張說爲禮儀使，衞尉少卿韋縚爲副，說建議請以高祖神堯皇帝配祭，始罷三祖同配之禮。

至二十年，蕭嵩爲中書令，改撰新禮。祀天一歲有四，祀地有二。冬至，祀昊天上帝於

圓丘，高祖神堯皇帝配，中官加爲一百五十九座，外官減爲一百四座。其昊天上帝及配帝二座，每座籩、豆各用十二，簠、簋、㽅、俎各一。上帝則太樽、著樽、犧樽、象樽、壺樽各二，山罍六。配帝則不設太樽及壺樽，減山罍之四，餘同上帝。五方帝座則籩、豆各十，簠、簋、㽅、俎各一，太樽二。大明、夜明，籩、豆各八，餘同五方帝。內官每座籩、豆二，簋、俎各一。內官已上設樽於十二階之間。內官每道間著樽二，中官犧樽二，外官著樽二，衆星壺樽二。正月上辛，祈穀，祀昊天上帝於圓丘，以高祖配，五方帝從祀。其上帝、配帝，籩、豆等同冬至之數。五方帝，太樽、著樽、犧樽、山罍各一，籩、豆等亦同冬至之數。孟夏，雩祀昊天上帝於圓丘，以太宗配，五方帝及太昊等五帝、勾芒等五官從祀。其上帝、配帝、五方帝，籩、豆各八，簠、簋、㽅、俎各一。五官每座籩、豆各二，簠、簋及俎各一。季秋，大享于明堂，祀昊天上帝，以睿宗配，其五方帝、五人帝、五官從祀。籩、豆之數，同于雩祀。夏至，禮皇地祇于方丘，以高祖配，其從祀神州已下六十八座，同貞觀之禮。地祇、配帝，籩、豆如圓丘之數。神州，籩、豆各四，簠、簋、㽅、俎各一。五岳、四鎮、四海、四瀆、五方、山林、川澤等三十七座，每座籩、豆各二，簠、簋各一。五方五帝、丘陵、墳衍、原隰等三十座，籩、豆、簠、簋、㽅、俎各一。立冬，祭神州于北郊，以太宗配。二座籩、豆各十二，簠、簋、㽅、俎各一。自冬至圓丘已下，餘同貞觀之禮。

時起居舍人王仲丘既掌知修撰，乃建議曰：

按貞觀禮，正月上辛，祀感帝於南郊，顯慶禮，祀昊天上帝於圓丘以祈穀。左傳曰：「郊而後耕。」詩曰：「噫嘻，春夏祈穀于上帝。」禮記亦曰：「上辛祈穀于上帝。」則祈穀之文，傳於歷代，上帝之號，允屬昊天。而鄭康成云：「天之五帝遞王，王者之興，必感其一，因其所感，別祭尊之。故夏正之月，祭其所生之帝於南郊，以其祖配之。故周祭靈威仰，以后稷配之，因以祈穀。」據所說祀感帝之意，本非祈穀。先儒所說，事恐難憑。今祈穀之禮，請準禮修之。且感帝之祀，行之自久。記曰：「有其舉之，莫可廢也。」請於祈穀之壇，遍祭五方帝。夫五帝者，五行之精。五行者，九穀之宗也。今請二禮並行，六神咸祀。

又按貞觀禮，孟夏雩祀五方上帝、五人帝、五官於南郊，顯慶禮，則雩祀昊天上帝於圓丘。且雩祀上帝，蓋爲百穀祈甘雨。故月令云：「命有司大雩帝，用盛樂，以祈穀實。」鄭玄云：「雩上帝者，天之別號，允屬昊天，祀於圓丘，尊天位也。」然雩祀五帝既久，亦請二禮並行，以成大雩帝之義。

又貞觀禮，季秋祀五方帝、五官於明堂，顯慶禮，祀昊天上帝於明堂。準孝經曰：「郊祀后稷以配天，宗祀文王於明堂，以配上帝。」先儒以爲天是感精之帝，即太微五

帝，此即皆是星辰之例。且上帝之號，皆屬昊天，鄭玄所引，皆云五帝。周禮曰：「王將旅上帝，張氈案，設皇邸。祀五帝，張大次小次。」由此言之，上帝之與五帝，自有差等，豈可混而爲一乎！孝經云：「嚴父莫大於配天。」其下文即云：「宗祀文王於明堂，以配上帝。」鄭玄注云：「上帝者，天之別名。神無二主，故異其處。」孔安國云：「帝，亦天也。」然則禋享上帝，有合經義。而五方皆祀，行之已久，有其舉之，難於即廢。亦請二禮並行，以成月令大享帝之義。

天寶十載五月已前，郊祭天地，以高祖神堯皇帝配座，故將祭郊廟，告高祖神堯皇帝室。寶應元年，杜鴻漸爲太常卿禮儀使，員外郎薛頎、歸崇敬等議：以神堯爲受命之主，非始封之君，不得爲太祖以配天地。太祖景皇帝始受封於唐，即殷之契，周之后稷也。請以太祖景皇帝郊祀配天地，告請宗廟，亦太祖景皇帝酌獻。諫議大夫黎幹議，以太祖景皇帝非受命之君，不合配享天地。二年五月，幹進議狀爲十詰十難，曰：

集賢校理潤州別駕歸崇敬議狀及禮儀使判官水部員外郎薛頎等稱：禘謂冬至祭天於圓丘，周人則以遠祖帝嚳配，今欲以景皇帝爲始祖，配昊天於圓丘。

臣幹詰曰：國語曰：「有虞氏、夏后氏俱禘黃帝，商人禘舜，周人禘嚳。」俱不言祭昊天於圓丘，一也。詩商頌曰：「長發，大禘也。」又不言祭昊天於圓丘，二也。詩周頌曰：「雍，禘太祖也。」又不言祭昊天於圓丘，三也。禮記祭法曰：「有虞氏、夏后氏俱禘黃帝，殷人、周人俱禘嚳。」又不言祭昊天於圓丘，四也。禮記大傳曰：「不王不禘。王者禘其祖之所自出，以其祖配之。」又不言祭昊天於圓丘，五也。爾雅釋天曰：「禘，大祭也。」又不言祭昊天於圓丘，六也。家語云：「凡四代帝王之所郊，皆以配天也。其所謂禘者，皆五年大祭也。」又不言祭昊天於圓丘，七也。盧植云：「禘，祭名。禘者諦也，事尊明諦，故曰禘。」又不言祭昊天於圓丘，八也。王肅云：「禘謂於五年大祭之時。」又不言祭昊天於圓丘，九也。郭璞云：「禘，五年之大祭。」又不言祭昊天於圓丘，十也。

臣幹謂禘是五年宗廟之大祭，詩禮經傳，文義昭然。今略舉十詰以明之。臣惟見禮記祭法及禮記大傳、商頌長發等三處鄭玄注，或稱祭昊天，或云祭靈威仰。臣精詳典籍，更無以禘爲祭昊天於圓丘及郊祭天者。審如禘是祭之最大，則孔子說孝經爲萬代百王法，稱周公大孝，何不言禘祀帝嚳於圓丘以配天，而反言「郊祀后稷以配天」？是以五經俱無其說，聖人所以不言。輕議大典，亦何容易。猶恐不悟，今更作十難。

其一難曰：周頌：「雍，禘祭太祖也。」鄭玄箋云：「禘，大祭。太祖，文王也。」商頌云：「長發，大禘也。」玄又箋云：「大禘，祭天也。」夫商、周之頌，其文互說。或云禘太祖，或云大禘，俱是五年宗廟之大祭，詳覽典籍，更無異同。惟鄭玄箋長發，乃稱是郊

祭天。詳玄之意，因此商頌禘如大傳云大祭[二九]，如春秋「大事于太廟」，爾雅「禘大祭」，雖云大祭，亦是宗廟之祭，可得便稱祭天乎？若如所說，大禘即云郊祭天，稱禘即是祭宗廟。又祭法說虞、夏、商、周禘黃帝與嚳，大傳「不王不禘」，禘上俱無大字，玄何因復稱祭天乎？又長發文亦不歌嚳與感生帝，故知長發之禘，而非禘嚳及郊祭天明矣。殷、周五帝之大祭[三〇]，羣經衆史及鴻儒碩學，自古立言著論，序之詳矣，俱無以禘爲祭天。何棄周、孔之法言，獨取康成之小注，便欲違經非聖，誣亂祀典，謬哉！

其二難曰：大傳稱「禮，不王不禘，王者禘其祖之所自出，以其祖配之，諸侯及其太祖」者，此說王者則當禘。其謂祭法，虞、夏、殷、周禘黃帝及嚳，「不王則不禘，所當禘其祖之所自出」，謂虞、夏出黃帝，殷、周出帝嚳，以近祖配而祭之。自出之祖，既無宗廟，即是自外至者，故同之天地神祇，以祖配而祀之。自出之說，非但於父，在母亦然。左傳子產云：「陳則我周之自出。」此可得稱出於太微五帝乎？故曰「不王不禘，王者禘其祖之所自出，以其祖配之」，此之謂也[三〇]。及諸侯之禘，則降於王者，不得祭自出之祖，只及太祖而已。故曰「諸侯及其太祖」，此之謂也。鄭玄錯亂，分禘爲三：注祭法云「禘謂祭昊天於圓丘」，一也。注大傳稱「郊祭天[三一]，以后稷配靈威仰」，箋商頌又稱「郊祭天」，二也。注周頌云「禘大祭，大於四時之祭，而小於祫，太祖謂文王」，三也。禘

是一祭，玄析之爲三，顚倒錯亂，皆率胸臆，曾無典據，何足可憑。

其三難曰：虞、夏、殷、周已前，禘祖之所自出，其義昭然。自漢、魏、晉已還千餘歲，其禮遂闕。又鄭玄所說，其言不經，先儒棄之，未曾行用。愚以爲錯亂之義，廢棄之注，不足以正大典。

其四難曰：所稱今三禮行於代者，皆是鄭玄之學，請據鄭學以明之。曰雖云據鄭學〔三〕，今欲以景皇帝爲始祖之廟以配天，復與鄭義相乖。何者？王制云：「天子七廟。」玄云：「此周禮也。」七廟者，太祖及文、武之祧與親廟四也。殷則六廟，契及湯與二昭二穆也。據鄭學，夏不以鯀及顓頊、昌意爲始祖，昭然可知也。而欲引稷、契爲例，其義又異是。爰稽邃古洎今，無以人臣爲始祖者，惟殷以契，周以稷。夫稷、契者，皆天子元妃之子，感神而生。昔帝嚳次妃簡狄，有娀氏之女，吞玄鳥之卵，因生契。契長而佐禹治水，有大功。舜乃命契作司徒，百姓既和，遂封於商。故詩曰：「天命玄鳥，降而生商，宅殷土芒芒。」此之謂也。后稷者，其母有邰氏之女曰姜嫄，爲帝嚳妃，出野履巨跡，歆然有孕，生稷。稷長而勤於稼穡，堯聞，舉爲農師，天下得其利，有大功。舜封於邰，號曰后稷。唐、虞、夏之際，皆有令德。故詩曰：「履帝武敏歆，居然生子，即有邰家室。」此之謂也。舜、禹有天下，稷、契在其間，量功比德，抑其次也。舜授職，則播

百穀，敷五教。禹讓功，則平水土，宅百揆。故國語曰：「聖人之制祀也，功施於人則祀之，以死勤事則祀之。」契爲司徒而人輯睦，稷勤百穀而死，皆居前代祀典，子孫有天下，得不尊而祖之乎？

其五難曰：既遵鄭說，小德配寡，遂以后稷只配一帝，尚不得全配五帝。今以景皇帝特配昊天，於鄭義可乎？

其六難曰：衆難臣云：上帝與五帝，一也。所引春官：祀天旅上帝，祀地旅四望。旅訓衆，則上帝是五帝。臣曰，不然。旅雖訓衆，出於爾雅，及爲祭名，春官訓陳，注有明文。若如所言，旅上帝便成五帝，則季氏旅於泰山，可得便是四鎭耶？

其七難曰：所云據鄭學，則景皇帝親盡，廟主合祧，卻欲配祭天地，錯亂祖宗。夫始祖者，經綸草昧，體大則天，所以正元氣廣大，萬物之宗尊，以長至陽氣萌動之始日，俱祀於南郊也。夫萬物之始，天也。人之始，祖也。日之始，至也。掃地而祭，質也。器用陶匏，性也。牲用犢，誠也。兆於南郊，就陽位也。至尊至質，不敢同於先祖，禮也。故白虎通曰：「祭天歲一，何？天至尊至質，事之不敢褻黷，故因歲之陽氣始達而祭之。」今國家一歲四祭之，黷莫大焉。上帝、五帝，其祀遂闕，怠亦甚矣。黷與怠，皆禮之失，不可不知。夫親有限，祖有常，聖人制禮，君子不以情變易。國家重光累聖，

歷祀百數，豈不知景皇帝始封于唐。當時通儒議功度德，尊神堯克配彼天，宗太宗以配上帝。神有定主，爲日已久。今欲黜神堯配含樞紐，以太宗配上帝，則紫微五精，上帝佐也，以子先父，豈禮意乎！非止神祇錯位，亦以祖宗乖序，何以上稱皇天祖宗之意哉！若夫神堯之功，太宗之德，格于皇天上帝，臣以爲郊祀宗祀，無以加焉。

其八難曰：欲以景皇帝爲始祖，既非造我區宇，經綸草昧之主，故非夏始祖禹、殷始祖契、周始祖稷、漢始祖高帝、魏始祖武皇帝、晉始祖宣帝、國家始祖神堯皇帝同功比德，而忽升于宗祀圜丘之上，爲昊天匹，曾謂圜丘不如林放乎？

其九難曰：昨所言魏文帝丕以武帝操爲始祖，晉武帝炎以宣帝懿爲始祖者。夫孟德、仲達者，皆人傑也。擁天下之強兵，挾漢、魏之微主，專制海內，令行草偃，服袞冕，陳軒縣，天子決事於私第，公卿列拜於道左，名雖爲臣，勢實凌君。後主因之而業帝，前王由之而禪代，子孫尊而祖之，不亦可乎？

其十難曰：所引商、周、魏、晉，既不當矣，則景皇帝不爲始祖明矣。我神堯拔出羣雄之中，廓淸隋室，拯生人於塗炭，則夏禹之勳不足多；成帝業於數年之間，則漢祖之功不足比。夏以大禹爲始祖，漢以高帝爲始祖，則我唐以神堯爲始祖，法夏則漢，於義何嫌？今欲革皇天之祀，易太祖之廟，事之大者，莫大於斯，曾無按據，一何寡陋，不

愧于心，不畏于天乎！

以前奉詔，令諸司各據禮經定議者。臣幹忝竊朝列，官以諫爲名，以直見知，以學見達，不敢不罄竭以裨萬一。昨十四日，具以議狀呈宰相，宰相令朝臣與臣論難。所難臣者，以臣所見獨異，莫不騰辭飛辯，競欲碎臣理，鉗臣口。剖析毫釐，分別異同，序墳典之凝滯，指子傳之乖謬，事皆歸根，觸物不礙。但臣言有宗爾，豈辯者之流也。又歸崇敬、薛頎等援引鄭學，欲蕪祀典，臣爲明辯，迷而不復。臣輒作十詰十難，援據墳籍，昭然可知。庶郊禘事得其眞，嚴配不失其序，皇靈降祉，天下蒙賴。臣亦何顧不蹈鼎鑊？謹敢聞達，伏增悚越。

議奏，不報。

至二年春夏旱。言事者云：太祖景皇帝追封於唐，高祖實受命之祖，百神受職，合依高祖。今不得配享天地，所以神不降福，以致愆陽。代宗疑之，詔百僚會議。太常博士獨孤及獻議曰：

禮，王者禘其祖之所自出，以其祖配之。凡受命始封之君，皆爲太祖。繼太祖已下六廟，則以親盡迭毀。而太祖之廟，雖百代不遷。此五帝、三王所以尊祖敬宗也。故受命于神宗，禹也，而夏后氏祖顓頊而郊鯀。纘禹黜夏，湯也，而殷人郊冥而祖契。革

命作周，武王也，而周人郊稷而祖文王。則明自古必以首封之君，配昊天上帝。唯漢氏崛起豐沛，豐公太公，皆無位無功，不可以爲祖宗，故漢以高皇帝爲太祖，其先細微也。非足爲後代法。

伏惟太祖景皇帝以柱國之任，翼周弼魏，肇啓王業，建封于唐。高祖因之，以爲有天下之號，天所命也。亦如契之封商，后稷之封邰。禘郊祖宗之位，宜在百代不遷之典。郊祀太祖，宗祀高祖，猶周之祖文王而宗武王也。今若以高祖創業，當躋其祀，是棄三代之令典，尊漢氏之末制，黜景皇帝之大業，同豐公太公之不祀，反古違道，失孰大焉？夫追尊景皇，廟號太祖，高祖、太宗所以崇尊之禮也。若配天之位既異，則太祖之號宜廢，祀之不修，廟亦當毀。尊祖報本之道，其墜于地乎！漢制，擅議宗廟，以大不敬論。今武德、貞觀憲章未改，國家方將敬祀事，和神人，禘郊之間，恐非所宜。臣謹稽禮文，參諸往制，請仍舊典。

竟依歸崇敬等議，以太祖配享天地。

廣德二年正月十六日，禮儀使杜鴻漸奏：「郊、太廟，大禮，其祝文自今已後，請依唐禮，板上墨書。其玉簡金字者，一切停廢。如允臣所奏，望編爲常式。」敕曰：「宜行用竹簡。」

貞元元年十一月十一日，德宗親祀南郊。有司進圖，敕付禮官詳酌。博士柳冕奏曰：

「開元定禮，垂之不刊。天寶改作，起自權制。此皆方士謬妄之說，非禮典之文，請一準開元禮。」從之。

其年十月二十七日，詔：「郊祀之義，本於至誠。制禮定名，合從事實，使名實相副，則尊卑有倫。五方配帝，上古哲王，道濟烝人，禮著明祀。論善計功，則朕德不類，統天御極，朕位攸同。而於祝文稱臣以祭，既無益於誠敬，徒有瀆於等威。前京兆府司錄參軍高佩上疏陳請，其理精詳。朕重變舊儀，訪于卿士，申明大義，是用釋然。宜從改正，以敦至禮。自今已後，祀五方配帝祝文，並不須稱臣。其餘禮數如舊。」

六年十一月八日，有事于南郊。詔以皇太子爲亞獻，親王爲終獻。上問禮官：「亞獻、終獻合受誓誡否？」吏部郎中柳冕曰：「準開元禮，獻官前七日於內受誓誡。辭云：『各揚其職，不供其事，國有常刑。』今以皇太子爲亞獻，請改舊辭，云『各揚其職，肅奉常儀』。」從之。

十五年四月，術士匡彭祖上言：「大唐土德，千年合符，請每於四季月郊祀天地。」詔禮官儒者議。歸崇敬曰：「準禮，立春日迎春於東郊，祭青帝。立夏日迎夏於南郊，祭赤帝。立秋後十八日〔二三〕，迎黃靈於中地，祭黃帝。秋、冬各於其方。黃帝於五行爲土，王在四季，土生於火，用事於木，而祭於秋〔二四〕，三季則否。漢、魏、周、隋，共行此禮。國家土德乘時，亦以每歲六月土王之日，祀黃帝於南郊，以后土配，合於典禮。彭祖憑候緯之說，據陰陽之書，事涉不經，恐難行用。」乃寢。

元和十五年十二月，將有事於南郊。穆宗問禮官：「南郊卜日否？」禮院奏：「伏準禮令，祠祭皆卜。自天寶已後，凡欲郊祀，必先朝太清宮，次日饗太廟，又次日祀南郊。相循至今，並不卜日。」從之。及明年正月，南郊禮畢，有司不設御榻，上立受羣臣慶賀。及御樓仗退，百僚復不於樓前賀，乃受賀於興慶宮。二者闕禮，有司之過也。

校勘記

〔一〕修江都集禮　「集禮」各本原作「禮集」，據本書卷四六經籍志、新書卷五八藝文志改。

〔二〕五人帝五地祇　各本「人帝」上「五」字原無，「祇」字原作「極」，據通典卷四四、唐會要卷三七補改。

〔三〕皆周隋所闕　「隋」字各本原無，據唐會要卷三七補。

〔四〕右丞相張說奏曰　「相」字各本原無，據唐會要卷三七、冊府卷五六四補。張森楷校勘記云：「丞下當有相字，說傳及宰相表可證。說於景雲中爲左丞，未嘗爲右丞也。」

〔五〕內五星已下官　文字似有舛誤。合鈔卷二五禮志作「內官五星以下」。大唐開元禮卷四作「五星十二辰河漢及內官五十五座」。

〔六〕祀五方上帝於明堂　「方」字下各本原有「天」字，通典卷四四、合鈔卷二五禮志均無，校勘記卷一一引閣本考證謂「天」字衍，據刪。

〔七〕宗祀明堂必配天帝而伏羲五代本配五郊　「天帝而伏羲五代本配」各本原無，據通典卷四四、唐會要卷一二、冊府卷五八六補。

〔八〕故春秋外傳曰　「外」「曰」，各本原無，據唐會要卷一二、英華卷七六四、冊府卷五八六補。

〔九〕咸駁此義　「義」字各本原作「議」，據通典卷四三、冊府卷五八五改。

〔一〇〕此自太微之神　「此自」，閣本作「自」，殿本、懼盈齋本、局本、廣本作「此」，據通典卷四三、合鈔卷二五禮志補。

〔一一〕則是明堂所祀　「則是」下各本原有「上帝即是」四字，據通典卷四三、冊府卷五八五刪。

〔一二〕禘謂祭昊天於圜丘也祭上帝於南郊曰郊　各本原作「禘謂祭上帝於南郊」，據禮記祭法鄭注原文補。

〔一三〕准古禮鄭玄義　「准」字各本原作「惟」，據唐會要卷一二、冊府卷五八六改。

〔一四〕文王武王　「武王」，各本原無，據通典卷四三及四四、冊府卷五八六補。

〔一五〕嚴武王　「嚴」字下各本原有「父」字，據通典卷四四、冊府卷五八六刪。

〔一六〕準漏刻經　「刻」字各本原無，據隋書卷三四經籍志、冊府卷五八七補。

〔二七〕則引大傳之禘 「之」字各本原作「五」，據冊府卷五八八改。

〔二八〕如大傳云大祭 冊府卷五九〇作「加大字便云祭天」，新書卷一四五黎幹傳作「加大因曰祭天」。

〔二九〕殷周五帝之大祭 校勘記卷一一云：「按五帝宜作五年。」

〔三〇〕此之謂也 「此之」，各本原無，據冊府卷五九〇補。

〔三一〕注大傳稱郊祭天 「大傳」，各本原作「左傳」，據禮記大傳鄭注改。

〔三二〕曰雖云據鄭學 「曰」字冊府卷五九〇作「議」。

〔三三〕立秋後十八日 聞本、殿本、懼盈齋本、廣本同，局本、本書卷一四九歸崇敬傳作「先立秋十八日」。按後漢書祭祀志中：「先立秋十八日，迎黃靈於中兆，祭黃帝后土。」大唐開元禮卷十六、十七均謂「季夏土王日祀黃帝於南郊」。

〔三四〕用事於木而祭於秋 本書卷一四九歸崇敬傳作「故火用事之末而祭之」。「火用事之末」指夏末，卽指「先立秋十八日」。此條與上條均以歸崇敬傳爲是。

舊唐書卷二十二

志第二

禮儀二

隋文帝開皇中，將作大匠宇文愷依月令造明堂木樣以獻。帝令有司於京城安業里內規兆其地，方欲崇建，而諸儒爭論不定，竟議罷之。煬帝時，愷復獻明堂木樣幷議狀，屬遷都興役，事又不就。終於隋代，季秋大享，恆在雩壇設祀。

高祖受禪，不遑創儀。太宗平定天下，命儒官議其制。貞觀五年，太子中允孔穎達以諸儒立議違古，上言曰：「臣伏尋前敕，依禮部尚書盧寬、國子助教劉伯莊等議〔一〕，以爲『從崑崙道上層祭天』。又尋後敕云：『爲左右閣道，登樓設祭。』臣檢六藝羣書百家諸史，皆名基上曰堂，樓上曰觀，未聞重樓之上而有堂名。孝經云：『宗祀文王於明堂。』不云明樓、明觀，其義一也。又明堂法天，聖王示儉，或有翦蒿爲柱，葺茅作蓋。雖復古今異制，不可恆然，猶依

大典，惟在朴素。是以席惟稾秸，器尙陶匏，用繭栗以貴誠，服大裘以訓儉。今若飛樓架道，綺閣淩雲，考古之文，實堪疑慮。按郊祀志：漢武明堂之制，四面無壁，上覆以茅。祭五帝於上座，祀后土於下防。臣以上座正爲基上，下防惟是基下。旣云無四壁，未審伯莊以何知上層祭神〔二〕，下有五室？且漢武所爲，多用方士之說，違經背正，不可師祖。又盧寬等議云：『上層祭天，下堂布政，欲使人神位別，事不相干。』臣以古者敬重大事，與接神相似，是以朝覲祭祀〔三〕，皆在廟堂，豈有樓上祭祖，樓下視朝？閣道升樓，路便窄隘，乘輦則接神不敬〔四〕，步往則勞勤聖躬。侍衞在旁，百司供奉。求之典誥，全無此理。臣非敢固執愚見，以求己長。伏以國之大典，不可不愼。乞以臣言下羣臣詳議。」

侍中魏徵議曰：「稽諸古訓，參以舊圖，其上圓下方，複廟重屋，百慮一致，異軫同歸。洎當塗膺籙，未遑斯禮；典午聿興，無所取則。裴頠以諸儒持論，異端蜂起，是非舛互，靡所適從，遂乃以人廢言，止爲一殿。宋、齊卽仍其舊，梁、陳遵而不改。雖嚴配有所，祭享不匱，求之典則，道實未弘。夫孝因心生，禮緣情立。心不可極，故備物以表其誠；情無以盡，故飾宮以廣其敬。宣尼美意，其在茲乎！臣等親奉德音，令參大議，思竭塵露，微增山海。凡聖人有作，義重隨時，萬物斯覩，事資通變。若據蔡邕之說，則至理失於文繁；若依裴頠所爲，則又傷於質略。求之情理，未允厥中。今之所議，非無用捨。請爲五室重屋，上

圓下方，既體有則象，又事多故實。下室備布政之居，上堂爲祭天之所，人神不雜，禮亦宜之。其高下廣袤之規，几筵尺丈之制，則並隨時立法，因事制宜。自我而作，何必師古。廓千載之疑議，爲百王之懿範。不使泰山之下，惟聞黃帝之法；汶水之上，獨稱漢武之圖。則通乎神明，庶幾可俟，子來經始，成之不日。」議猶未決。

十七年五月，秘書監顏師古議曰：

明堂之制，爰自古昔，求之簡牘，全文莫覩。始之黃帝，降及有虞，彌歷夏、殷，迄于周代，各立名號，別創規模。衆說舛駮，互執所見，巨儒碩學，莫有詳通，斐然成章，不知裁斷。究其指要，實布政之宮也。徒以戰國縱橫，典籍廢棄；暴秦酷烈，經禮湮亡。今之所存，傳記雜說，用爲準的，理實蕪昧。

然周書之敍明堂，紀其四面，則有應門、雉門，據此一堂〔五〕，固是王者之常居耳。其青陽、總章、玄堂、太廟及左个、右个，與四時之次相同，則路寢之義，足爲明證。又文王居明堂之篇：「帶以弓韣，禮于高禖。下九門磔禳以禦疾疫，置梁除道以利農夫，令國有酒以合三族。」凡此等事，皆合月令之文。觀其所爲，皆在路寢者也。戴禮：「昔周公朝諸侯于明堂之位，天子負斧扆南向而立。明堂也者，明諸侯之尊卑也。」周官又云〔六〕：「周人明堂，度九尺之筵，東西九筵，堂一筵〔七〕。」據其制度，卽大寢也。尸子亦曰〔八〕：

「黃帝曰合宮，有虞氏曰總章，殷曰陽館，周曰明堂。」斯皆路寢之徵，知非別處。大戴所說，初有近郊之言，復稱文王之廟，進退無據，自爲矛盾。原夫負扆受朝，常居出入，既在皋庫之內，亦何云於郊野哉？孝經傳云「在國之陽」，又無里數。

漢武有懷創造，詢於搢紳，言論紛然，終無定據，乃立於汶水之上而宗祀焉，明其不拘遠近，無擇方面。孝成之代，表行城南，雖有其文，厥功靡立。平帝元始四年，大議營創。孔牢等乃以爲明堂、辟雍、太學，其實一也，而有三名。金褒等又稱經傳無文，不能分別同異。中興之後，蔡邕作論，復云明堂太廟，一物二名。鄭玄則曰：「在國之陽，三里之外。」淳于登又云：「三里之外，七里之內，丙巳之地。」潁容釋例亦云：「明堂太廟，凡有八名，其體一也。」苟立同異，競爲巧說，並出自胸懷，曾無師祖。

審夫功成作樂，理定制禮，草創從宜，質文遞變。旌旗冠冕，古今不同，律度權衡，前後不一，隨時之義，斷可知矣。假如周公舊章，猶當擇其可否；宣尼彝則，尚或補其闕漏。況鄭氏臆說，淳于謏聞，匪異守株，何殊膠柱？愚謂不出墉雉，邇接宮闈，實允事宜，諒無所惑。但當上遵天旨，祗奉德音，作皇代之明堂，永貽範於來葉。區區碎議，皆略而不論。

又上表曰：「明堂之制，陛下已發德音，久令詳議。但以學者專固，人人異言，損益不同，是非莫定。臣愚以爲五帝之後，兩漢已前，高下方圓，皆不相襲。惟在陛下聖情創造，卽爲大唐明堂，足以傳於萬代，何必論戶牖之多少〔九〕，疑階庭之廣狹？若恣儒者互說一端，久無斷決，徒稽盛禮。昔漢武欲草封禪儀，博望諸生，所說不同，莫知孰是。唯御史大夫倪寬勸上自定制度，遂成登封之禮。臣之愚誠，亦望陛下斟酌繁省，爲其節文，不可謙拒，以淹大典。」尋以有事遼海，未暇營創。

永徽二年七月二日，敕曰：「上玄幽贊，處崇高而不言；皇王提象，代神功而理物。是知五精降德，爰應帝者之尊；九室垂文，用紀配天之業。且合宮、靈府，創鴻規於上代；太室、總章，標茂範於中葉。雖質文殊制，奢儉異時，然其立天中〔一〇〕，作人極，布政施教，其歸一揆。朕嗣膺下武，丕承上烈，思所以答眷上靈，聿遵孝享，而法宮曠禮，明堂寢構。今國家四表無虞，人和歲稔，作範垂訓，今也其時。宜令所司與禮官學士等考覈故事，詳議得失，務依典禮，造立明堂。庶曠代闕文，獲申於茲日；因心展敬，永垂於後昆。其明堂制度，令諸曹尚書及左右丞侍郎、太常、國子秘書官、弘文館學士同共詳議。」

於是太常博士柳宣依鄭玄義，以爲明堂之制，當爲五室。內直丞孔志約據大戴禮及盧植、蔡邕等義，以爲九室。曹王友趙慈皓、秘書郎薛文思等各造明堂圖。諸儒紛爭，互有不同。上初以九室之議爲是，乃令所司詳定形制及辟雍門闕等。

明年六月，內出九室樣，仍更令有司損益之。有司奏言：

內樣：堂基三重，每基階各十二。上基方九雉，八角，高一尺。中基方三百尺，高一筵。下基方三百六十尺，高一丈二尺。上基象黃琮，爲八角，四面安十二階。請從內樣爲定。基高下仍請準周制高九尺，其方共作司約準一百四十八尺。中基下基，望並不用。

又內樣〔一一〕：室各方三筵，開四闥、八窗。屋圓楣徑二百九十一尺。按季秋大饗五帝，各在一室，商量不便，請依兩漢季秋合饗，總於太室。若四時迎氣之祀，則各於其方之室。其安置九室之制，增損明堂故事，三三相重。太室在中央，方六丈。其四隅之室，謂之左右房，各方二丈四尺。當太室四面，青陽、明堂、總章、玄堂等室，各長六丈，以應太室；闊二丈四尺，以應左右房。室間並通巷，各廣一丈八尺。其九室并巷在堂上，總方一百四十四尺，法坤之策。屋圓楣、楯、檐，或爲未允。請據鄭玄、盧植等說，以前梁爲楣，其徑二百一十六尺，法乾之策。圓柱旁出九室四隅，各七尺，法天以七紀。柱外餘基，共作司約準面別各餘一丈一尺。內樣〔一二〕：室別四闥、八窗，檢與古同，請依爲定。其戶依古外設而不開〔一三〕。內樣〔一四〕：外有柱三十六，每柱十梁。內有七間，柱根以上至梁高三丈，梁以上至屋峻起，計高八十一尺。上圓下方，飛檐應規，請依內樣爲定。其屋蓋形制，仍望據考工記改爲四阿，并依禮加重檐，準太廟安鴟尾。堂四向五色，請依周禮白盛爲便。其四向各隨方色。請施四垣及四門。

辟雍，按大戴禮及前代說，辟雍多無水廣、內徑之數。蔡邕云：「水廣二十四丈，四周於外。」三輔黃圖云「水廣四周」，與蔡邕不異，仍云「水外周堤」。又張衡東京賦稱「造舟爲梁」。禮記明堂位、陰陽錄云：「水左旋以象天。」商量水廣二十四丈，恐傷於闊，今請減爲二十四步，垣外量取周足。仍依故事造舟爲梁，其外周以圓堤，并取陰陽「水行左旋」之制〔二五〕。

殿垣，按三輔黃圖，殿垣四周方在水內，高不蔽日，殿門去殿七十二步。準今行事陳設，猶恐窄小。其方垣四門去堂步數，請準太廟南門去廟基遠近爲制。仍立四門八觀，依太廟門別各安三門，施玄閫，四角造三重巍闕。

此後羣儒紛競，各執異議。尚書左僕射于志寧等請爲九室，太常博士唐晙等請爲五室。高宗令於觀德殿依兩議張設，親與公卿觀之。帝曰：「明堂之禮，自古有之。議者不同，未果營建。今設兩議，公等以何者爲宜？」工部尚書閻立德對曰：「兩議不同，俱有典故。九室似闇，五室似明。取捨之宜，斷在聖慮。」上以五室爲便，議又不定，由是且止。

至乾封二年二月，詳宜略定，乃下詔曰：「朕以寡薄，忝承丕緒。奉二聖之遺訓，撫億

兆以初臨，馭朽兢懷，推溝在念。而上玄垂祐，宗社降休，歲稔時和，人殷俗阜。車書混一，文軌大同。檢玉泥金，升中告禪，百蠻執贄，萬國來庭，朝野懽娛，華夷胥悅。但爲郊禋嚴配，未安太室，布政施行，猶闕合宮。朕所以日昃忘疲，中宵輟寢，討論墳籍，錯綜羣言，採三代之精微，探九皇之至賾，斟酌前載，製造明堂。棟宇方圓之規，雖兼故實；度筵陳俎之法，獨運財成。宜諸內外，博考詳議，求其長短，冀廣異聞。而鴻生碩儒，俱稱盡善，搢紳士子，並奏該通。創此宏模，自我作古。因心既展，情禮獲伸，永言宗祀，良深感慰。宜命有司，及時起作，務從折中，稱朕意焉。」於是大赦天下，改元爲總章，分萬年置明堂縣。

明年三月，又具規製廣狹，下詔曰：

合宮聽朔，闡皇軒之茂範；靈府通和，敷帝勛之景化。殷人陽館，青珪備禮；姬氏玄堂，彤璋合獻。雖運殊驪翰，時變質文，至於立天中，建皇極，軌物施教，其歸一揆。考圖汶上，僅存公玉之儀；度室圭躔，才紀中元之製。屬炎精墜馭，瑤宮毀籥，四海淪於沸鼎，九土陷於塗原。高祖太武皇帝杖鉞唐郊，收鈐雍野，納祥符於蒼水，受靈命於丕山。飛沈泳沫，動植游源。太宗文皇帝盟津光誓，協降火而登壇；豐谷斷蛇，應屯雲而鞠旅。封金岱嶺，昭累聖之鴻勳；勒石丸都，成文考之先志。固可以作化明堂，顯庸太室。傍羅八柱，周建四門〔二六〕，木工不琢，土事無文，豐約折衷，經始勿

亟，闕文斯備，大禮聿修。

其明堂院每面三百六十步，當中置堂。按周易乾之策二百一十有六，坤之策一百四十有四，總成三百六十，故方三百六十步。當中置堂，處二儀之中，定三才之本，構茲一宇，臨此萬方。自降院每面三門，同爲一宇，徘徊五間。按尚書，一期有四時，故四面各一所開門；每時有三月，故每一所開三門；一期十有二月，故周迴總十二門。所以面別一門，應茲四序，既一時而統三月，故於一舍而置三門。又周易三爲陽數，二爲陰數，合而爲五，所以每門舍五間。院四隅各置重樓，其四墉各依本方色。按淮南子，地有四維，故四樓。又按月令，水、火、金、木、土五方各異色，故其牆各依本方之色。

基八面，象八方。按周禮，黃琮禮地。鄭玄注：琮者，八方之玉，以象地形，故以祀地。則知地形八方。又按漢書，武帝立八觚壇以祀地。登地之壇，形象地，故令爲八方之基，以象地形。基高一丈二尺，徑二百八十尺。按漢書，陽爲六律，陰爲六呂。陽與陰合，故高一丈二尺。又按周易，三爲陽數，八爲陰數。三八相乘，得二百四十尺。按漢書，九會之數有四十，合爲二百八十，所以基徑二百八十尺。故以交通天地之和，錯綜陰陽之數。以明陽不獨運，資陰和以助成；陰不孤行，待陽唱而方應。陰陽兩

順，天地咸亨，則百寶斯興，九疇攸序。基每面三階，周迴十二階，每階爲二十五級。按漢書，天有三階，故每面三階；地有十二辰，故周迴十二階。又按文子，從凡至聖，有二十五等，故每階二十五級。所以應符星而設階，法台耀以疏陛；上擬霄漢之儀，下則地辰之數。又列茲重級，用準聖凡。象皇極之高居，俯庶類而臨耀。

基之上爲一堂，其宇上圓。按道德經：天得一以清，地得一以寧，侯王得一以爲天下貞。又曰：道生一，一生二，二生三，三生萬物。又按漢書：太極元氣，函三爲一。又曰：天子以四海爲家。故置一堂以象元氣，并取四海爲家之義。又按周禮，蒼璧禮天。鄭玄注：璧圓以象天。故爲宇上圓。堂每面九間，各廣一丈九尺。按尚書，地有九州，故立九間。又按周易，陰數十，故間別一丈九尺，所以規模厚地，準則陰陽，法二氣以通基，置九州於一宇。堂周迴十二門，每門高一丈七尺，闊一丈三尺。按禮記，一歲有十二月，所以置十二門。又按周易，陰數十，陽數七，故高一丈七尺；又曰陽數五，陰數八，故闊一丈三尺。所以調茲玉燭，應彼金輝，叶二氣以循環，逐四序而迎節。堂周迴二十四窗，高一丈三尺，闊一丈一尺，二十三櫺，二十四明。按史記，天有二十四氣，故置二十四窗。又按書，一年十二月，并象閏，故高一丈三尺。又按周易，天數一，地數十，故闊一丈一尺；又天數九，地數十，并四時成二十三，故二十三櫺。又按周易，

八純卦之本體，合二十四爻，故有二十四明。列牖疏窗，象風候氣，遠周天地之數，曲準陰陽之和。

堂心八柱，各長五十五尺。按河圖，八柱承天，故置八柱。又按周易，大衍之數五十有五，故長五十五尺。犖茲八柱，承彼九間，數該大衍之規，形符立極之制。且柱爲陰數，天實陽元，柱以陰氣上升，天以陽和下降，固陰陽之交泰，乃天地之相承。堂心之外，置四柱爲四輔。按漢書，天有四輔星，故置四柱以象四星。內以八柱承天，外象四輔明化，上交下泰，表裏相成，叶台耀以分輝，契編珠而拱極。八柱四輔之外，第一重二十柱。按周易，天數五，地數十，并五行之數合而爲二十，故置二十柱。體二儀而立數，叶五位以裁規，式符立極之功，允應剛柔之道。八柱四輔之外，第二重二十八柱。按史記，天有二十八宿，故有二十八柱。所以仰則乾圖，上符景宿，考編珠而紀度，觀列宿以迎時。八柱四輔之外，第三重三十二柱。按漢書，有八節、八政、八風、八音，四八三十二柱。調風御節，萬物資以化成；布政流音，九區仰而貽則。外面周迴三十六柱。按漢書，一期三十六旬，故法之以置三十六柱。所以象歲時而致用，順寒暑以通徵，璿璣之度無愆，玉曆之期永契。八柱之外，修短總有三等。按周易，天、地、人爲三才，故置柱長短三等。所以擬三才以定位，高下相形；體萬物以資生，長短兼運。

八柱之外，都合一百二十柱。按禮記，天子置三公、九卿、二十七大夫、八十一元士，合爲一百二十，是以置一百二十柱。分職設官，翊化資於多士；開物成務，構廈藉於羣材。其上檻周迴二百四柱。按周易，坤之策一百四十有四，又漢書，九會之數有六十，故置二百四柱。所以採坤策之玄妙，法甲乙之精微，環迴契辰象之規，結構準陰陽之數。又基以象地，故叶策於坤元；柱各依方，復規模於甲子。

重楣，二百一十六條。按周易，乾之策二百一十有六，故置二百一十六條。所以規模易象，擬法乾元，應大衍之深玄，叶神策之至數。大小節級栱，總六千三百四十五。按漢書，會月之數，六千三百四十五，故置六千三百四十五枚。所以遠採三統之文，傍符會月之數，契金儀而調節，偶璇曆以和時。重幹，四百八十九枚。按漢書，章月二百三十五，閏月周迴二百五十四，總成四百八十九，故置四百八十九枚。所以法履端之奧義，象舉正之芳猷，規模曆象，發明章、閏。下枊，七十二枚。按易緯，有七十二候，故置七十二枚。所以式模芳節，取規貞候，契至和於昌曆，偶神數於休期。上枊，八十四枚。按漢書，九會之數有七十八〔七〕。又按莊子，六合之外，聖人存而不論。司馬彪注：天地四方爲六合。總成八十四，故置八十四枚。所以模範二儀，包羅六合，準會陰陽之數，周通氣候之源。枅，六十枚。按漢書，推太歲之法有六十，故置六十枚。所以兼該曆數，包括陰陽，採甲乙之深微，窮辰子之玄奧。連栱，三百六十枚。按周易，當期之日，三百有六十，故置三百六十枚。所以叶周天之度，準當期之日，順平分而成歲，應晷運以循環。小梁，六十枚。按漢書，有六十甲子，故置六十枚。構此虹梁，遐規鳳曆，傍竦四宇之製，遙符六甲之源。榫，二百二十八枚。按漢書，章中二百二十八，故置二百二十八枚。所以應長曆之規，象中月之度，廣綜陰陽之數，傍通寒暑之和。方衡，一十五重。按尚書，五行生數一十有五，故置十五重。結棟分間，法五行而演秘；疏楹疊構，叶生數以成規。南北大梁，二根。按周易，太極生兩儀，故置二大梁。軌範乾坤，模擬天地，象玄黃之合德，表覆載以生成。陽馬，三十六道。按易緯，有三十六節，故置三十六道。所以顯茲嘉節，契此貞辰，分六氣以變陰陽，環四象而調風雨。椽，二千九百九十根。按漢書，月法二千三百九十二，通法五百九十八，共成二千九百九十。所以偶推步之規，合通法之數。是知疏椽構宇，則大壯之架斯隆；積月成年，則會曆之規無爽。大梠，兩重，重別三十六條，總七十二。按淮南子，太平之時，五日一風，一年有七十二風，故置七十二條。所以通規瑞曆，叶數祥風，遙符淳俗之年，遠則休徵之契。飛檐椽，七百二十九枚。按漢書，從子至午，其數七百二十九，故置七百二十九枚〔八〕。所以採辰象之宏模，法周天之至數。且午爲陰本，子實陽源，子午分時，則生成之道自著；陰陽合德，則覆載之義茲隆。

堂檐，徑二百八十八尺。按周易，乾之策二百一十六，易緯云，年有七十二候，合爲二百八十八，故徑二百八十八尺。所以仰叶乾策，遠承貞候，順和氣而調序，擬圓蓋以照臨。堂上棟，去基上面九十尺。按周易，天數九，地數十，以九乘十，數當九十，故去基上面九十尺。所以上法圓清，下儀方載，契陰陽之至數，叶交泰之貞符。又以茲天九，乘於地十，象陽唱而陰和，法乾施而坤成。檐，去地五十五尺。按周易，大衍之數五十有五，故去地五十五尺。所以擬大易之嘉數，通惟神之至賾，道合萬象，理貫三才。上以淸陽玉葉覆之。按淮南子，淸陽爲天，合以淸陽之色。

詔下之後，猶羣議未決。終高宗之世，未能創立。

則天臨朝，儒者屢上言請創明堂。則天以高宗遺意，乃與北門學士議其制，不聽羣言。垂拱三年春，毀東都之乾元殿，就其地創之。四年正月五日，明堂成。凡高二百九十四尺，東西南北各三百尺。有三層：下層象四時，各隨方色；中層法十二辰，圓蓋，蓋上盤九龍捧之；上層法二十四氣，亦圓蓋。亭中有巨木十圍，上下通貫，栭、櫨、欂、㮰，藉以爲本，亙之以鐵索。蓋爲鸑鷟，黃金飾之，勢若飛翥。刻木爲瓦，夾紵漆之。明堂之下施鐵渠，以爲辟雍之象。號萬象神宮。因改河南縣爲合宮縣。詔曰：

黃軒御曆，朝萬方於合宮；丹陵握符，咨四岳於衢室。有虞輯瑞，總章之號既存；大禹錫珪，重屋之名攸建。殷人受命，置陽館以辨方；周室凝圖，立明堂以經野。用能範圍三極，幽贊五神，展尊祖之懷，申宗祀之典。爰從漢、魏，迨及周、隋，經始之制雖興，修廣之規未備。

朕以庸昧，虔膺厚託，受寄於綴衣之夕，荷顧於仍几之前。伏以高宗往年，已屬意於陽館，故京輔之縣，預紀明堂之名，改元之期，先著總章之號。朕於乾封之際，已奉表上塵，雖簡宸心，未遑營構。今以鼎郊勝壤，圭邑奧區，處天地之中，順陰陽之序，舟車是湊，貢賦攸均，爰藉子來之功，式遵奉先之旨。

夫明堂者，天子宗祀之堂，朝諸侯之位也。開乾坤之奧策，法氣象之運行，故能使災害不生，禍亂不作。眷言盛烈，豈不美歟！比者鴻儒禮官，所執各異，咸以爲明堂者，置之三里之外，七里之內，在國陽明之地。今既俯邇宮掖，恐黷靈祇，誠乃布政之居，未爲宗祀之所。朕乃爲丙巳之地，去宮室遙遠，每月所居，因時饗祭，常備文物，動有煩勞，在於朕懷，殊非所謂。今故裁基紫掖，闢宇彤闈，經始肇興，成之匪日。但敬事天地，神明之德乃彰；尊祀祖宗，嚴恭之志方展。若使惟云布政，負扆臨人，則茅宇土階，取適而已，豈必勞百姓之力，制九筵而御哉！誠以獲執蘋蘩，虔奉宗廟故也。時

既沿革，莫或相遵，自我作古，用適於事。今以上堂爲嚴配之所，下堂爲布政之居，光敷禮訓，式展誠敬。來年正月一日，可於明堂宗祀三聖，以配上帝。宜令禮官、博士、學士、內外明禮者，詳定儀禮，務從典要，速以奏聞。

永昌元年正月元日，始親享明堂，大赦改元。其月四日，御明堂布政，頒九條以訓于百官。文多不載。翌日，又御明堂，饗羣臣，賜縑纁有差。自明堂成後，縱東都婦人及諸州父老入觀，兼賜酒食，久之乃止。吐蕃及諸夷以明堂成，亦各遣使來賀。載初元年冬正月庚辰朔，日南至，復親饗明堂，大赦改元，用周正。翼日，布政于羣后。其年二月，則天又御明堂，大開三教。內史邢文偉講孝經，命侍臣及僧、道士等以次論議，日昃乃罷。

天授二年正月乙酉，日南至，親祀明堂，合祭天地，以周文王及武氏先考、先妣配，百神從祀，並於壇位次第布席以祀之。於是春官郎中韋叔夏奏曰：「謹按明堂大享，唯祀五帝。故月令云：『是月也，大享帝。』則曲禮所云『大享不問卜』，鄭玄注云『謂徧祭五帝於明堂，莫適卜』是也。又按祭法云：『祖文王而宗武王。』鄭玄注云：『祭五帝、五神於明堂曰祖、宗。故孝經云：宗祀文王於明堂，以配上帝。』據此諸文，明堂正禮，唯祀五帝，配以祖宗及五帝、五官神等〔九〕，自外餘神，並不合預。伏惟陛下追遠情深，崇禋志切，於明堂享祀，加昊天上帝、皇地祇，重之以先帝、先后配享〔一〇〕，此乃補前王之闕典，弘嚴配之虔誠。往以神都郊壇

未建，乃於明堂之下，廣祭衆神，蓋義出權時，非不刊之禮也。謹按禮經：其內官、中官、五岳、四瀆諸神，並合從祀於二至。明堂總奠，事乃不經。然則宗祀配天之親，雜與小神同薦，於嚴敬之道，理有不安。望請每歲元日，惟祀天地大神，配以帝后。其五岳以下，請依禮於冬、夏二至，從祀方丘、圜丘，庶不煩黷。」從之。

時則天又於明堂後造天堂，以安佛像，高百餘尺。始起建構，爲大風振倒。俄又重營，其功未畢。證聖元年正月丙申夜，佛堂災，延燒明堂，至曙，二堂並盡。尋時又無雲而雷，起自西北。則天欲責躬避正殿。宰相姚璹曰：「此實人火，非是天災。至如成周宣榭，卜代逾長；漢武建章，盛德彌永。今明堂是布政之所，非宗祀也。」則天乃御端門觀酺宴，下詔令文武九品已上各上封事，極言無有所隱。左拾遺劉承慶上疏曰：

臣聞自古帝王，皆有美惡，休祥所以昭其德，災變所以知其咎，天道之常理，王者之常事。然則休祥屢臻，不可矜功而自滿；災變奄降，不可輕忽而靡驚。故殷宗以桑穀生朝，懷懼而自省，妖不勝德，遂立中興之功；辛紂以雀生大鳥〔一一〕，恃福而自盈，祥不勝驕，終致傾亡之禍。故知災變之生，將以覺悟明主〔一二〕，扶持大業，使盛而不衰。理須祇畏神心，警懼天誡，飭身正事，業業兢兢，則凶往而吉來，轉禍而爲福。昔殷湯禱身而降雨，成王省事以反風，宋公憂熒惑之災，而應三舍之壽，高宗懲雊鼎之異，而

享百年之福，此其類也。

自陛下承天理物，至道事神，美瑞嘉祥，洊臻狎委，非臣所能盡述。日者變生人火，損及神宮，驚惕聖心，震動黎庶。臣謹按左傳曰：「人火曰火，天火曰災。」人火因人而興，故指火體而爲稱；天火不知何起，直以所災言之。其名雖殊，爲害不別。又漢書五行志曰：「火失性則自上而降，及濫餤妄起，災宗廟，燒宮館。」自上而降，所謂天火；濫餤妄起〔一三〕，所謂人火。其來雖異，爲患實同。王者舉措營爲，必關幽顯。幽爲天道，顯爲人事，幽顯迹通，天人理合。今工匠宿藏其火，本無放燎之心；明堂教化之宮，復非延火之所。孽煨潛扇，倏忽成災，雖則因人，亦關神理。臣愚以爲火發既先從廡主〔一四〕，後及總章，意將所營佛舍，恐勞而無益。但崇其教，即是津梁，何假紺宮，方存汲引？既僻在明堂之後，又前逼牲牢之筵，兼以厥構崇大，功多難畢。立像弘法，本擬利益黎元；傷財役人，却且煩勞家國。承前大風摧木，天誡已顯；今者毒餤冥熾，人孽復彰。聖人動作，必假天人之助，一興功役，二者俱違，厥應昭然，殆將緣此。

臣以爲明堂是正陽之位，至尊所居，展禮班常，崇化立政，玉帛朝會，神靈依憑。營之可曰大功，損之實非輕事，既失嚴禋之所，復傷孝理之情。陛下昨降明制，猶申寅畏之旨，羣僚理合兢畏震悚，勉力司存，豈合承恩耽樂，安然酺宴？又下人感荷聖德，覩

變愴惶[三五]，神體克寧，豈非深悅。但以火氣初止，尚多驚懼，餘憂未息，遽以歡事遏之。臣恐憂喜相爭，傷於情理。故傳曰：「可憂而爲樂，取憂之道。」又古者有火，祭四墉。四墉，積陰之氣，祈之以禳火災。火，陽之氣，歡樂陽事，火氣方勝，不可復興陽事。

臣聞災變之興，至聖不免，聿修其德，來患可禳。陛下垂制博訪，許陳至理。而左史張鼎以爲「今既火流王屋，彌顯大周之祥」，通事舍人逢敏奏稱，「當彌勒初成佛道時，有天魔燒宮，七寶臺須臾散壞」。斯實諂妄之邪言，實非君臣之正論。晻昧王化，無益萬機。夫天道雖高，其察彌近；神心雖寂，其聽彌聰。交際皇王，事均影響。今大風烈火，譴告相仍，實天人丁寧，匡諭聖主，使鴻基益固，天祿永終之意也。伏願陛下乾乾在慮，翼翼爲懷，若涉巨川，如承大祭，審其致災之理，詳其降眚之由，無瞢天人之心，而興不急之役。則兆人蒙賴，福祿靡窮，幸甚，幸甚。

則天尋令依舊規制重造明堂，凡高二百九十四尺，東西南北廣三百尺。上施寶鳳，俄以火珠代之。明堂之下，圜遶施鐵渠，以爲辟雍之象。天冊萬歲二年三月，重造明堂成，號爲通天宮。四月朔日，又行親享之禮，大赦，改元爲萬歲通天。翼日，則天御通天宮之端扆殿，命有司讀時令，布政于羣后。

其年，鑄銅爲九州鼎，既成，置於明堂之庭，各依方位列焉。神都鼎高一丈八尺[三六]，受

一千八百石。冀州鼎名武興，雍州鼎名長安，兗州名日觀，青州名少陽，徐州名東原，揚州名江都，荊州名江陵，梁州名成都。其八州鼎高一丈四尺，各受一千二百石。司農卿宗晉卿爲九鼎使，都用銅五十六萬七百一十二斤。鼎上圖寫本州山川物產之像，仍令工書人著作郎賈膺福、殿中丞薛昌容、鳳閣主事李元振、司農錄事鍾紹京等分題之，左尚方署令曹元廓圖畫之。鼎成，自玄武門外曳入，令宰相、諸王率南北衙宿衞兵十餘萬人[三七]，并仗內大牛、白象共曳之。則天自爲曳鼎歌，令相唱和。其時又造大儀鐘，斂天下三品金，竟不成。九鼎初成，欲以黃金千兩塗之。納言姚璹曰：「鼎者神器，貴於質朴，無假別爲浮飾。臣觀其狀，光有五彩輝煥錯雜其間，豈待金色爲之炫燿？」乃止。其年九月，又大享於通天宮。以契丹破滅，九鼎初成，大赦，改元爲神功。

聖曆元年正月，又親享及受朝賀。尋制：每月一日於明堂行告朔之禮。司禮博士辟閭仁諝奏議曰：

謹按經史正文，無天子每月告朔之事。惟禮記玉藻云：「天子聽朔於南門之外。」周禮天官太宰：「正月之吉，布政于邦國都鄙。」干寶注云：「周正建子之月，告朔日也。」此卽玉藻之聽朔矣。今每歲首元日，於通天宮受朝，讀時令，布政事，京官九品以上、諸州朝集使等咸列於庭，此則聽朔之禮畢，而合于周禮、玉藻之文矣。而鄭玄注玉藻

「聽朔」，以秦制月令有五帝五官之事，遂云：「凡聽朔，必特牲告其時帝及其神，配以文王、武王。」此鄭注之誤也。故漢魏至今莫之用。按月令云「其帝太昊，其神勾芒」者，謂宣布時令，告示下人，其令詞云其帝其神耳。所以爲敬授之文，欲使人奉其時而務其業。每月有令，故謂之月令，非謂天子月朔日以祖配帝而祭告之。其每月告朔者，諸侯之禮也。故春秋左氏傳曰：「公既視朔，遂登觀臺。」又鄭注論語云：「禮，人君每月告朔於廟，有祭謂之朝享。魯自文公始不視朔。」是諸侯之禮明矣。今王者行之，非所聞也。按鄭所謂告其帝者卽太昊等五人帝，其神者卽重黎等五行官。雖並功施於人，列在祀典，無天子每月拜祭告朔之文。

臣等謹檢禮論及三禮義宗、江都集禮、貞觀禮、顯慶禮及祠令，並無天子每月告朔之事。若以爲代無明堂，故無告朔之禮，則江都集禮、貞觀禮、顯慶禮及祠令，著祀五方上帝於明堂，卽孝經「宗祀文王於明堂」也。此則無明堂而著其享祭，何爲告朔獨闕其文？若以君有明堂卽合告朔，則周、秦有明堂，而經典正文，無天子每月告朔之事。臣等歷觀今古，博考載籍，既無其禮，不可習非。望請停每月一日告朔之祭，以正國經。竊以天子之尊，而用諸侯之禮，非所謂頒告朔、令諸侯、使奉而行之之義也[三八]。

鳳閣侍郎王方慶又奏議曰：

謹按明堂，天子布政之宮也。蓋所以順天氣，統萬物，動法於兩儀，德被於四海者也。夏曰世室，殷曰重屋，姬曰明堂，此三代之名也。明堂，天子太廟，所以宗祀其祖，以配上帝。東曰青陽，南曰明堂，西曰總章，北曰玄堂，中曰太室。雖有五名，而以明堂爲主。漢代達學通儒，咸以明堂、太廟爲一。漢左中郎將蔡邕立議，亦以爲然。取其宗祀，則謂之清廟；取其正室，則謂之太室；取其向陽，則謂之明堂；取其建學，則謂之太學；取其圜水，則謂之辟雍：異名而同事，古之制也。天子以孟春正月上辛日，於南郊總受十二月之政，還藏於祖廟，月取一政班於明堂。諸侯孟春之月，朝於天子，受十二月之政藏於祖廟，月取一政而行之。蓋所以和陰陽、順天道也。如此則禍亂不作，災害不生矣。故仲尼美而稱之曰：「明王之以孝理天下也。」人君以其禮告廟，則謂之告朔；聽視此月之政，則謂之視朔，亦曰聽朔。雖有三名，其實一也。

今禮官議稱「經史正文無天子每月告朔之事」者。臣謹按春秋：「文公六年閏十月，不告朔。」穀梁傳曰：「閏，附月之餘日[三九]，天子不以告朔。」左氏傳云：「閏月不告朔，非禮也。閏以正時，時以作事，事以厚生，生人之道，於是乎在矣。不告閏朔，棄時政也。」臣據此文，則天子閏月亦告朔矣。寧有他月而廢其禮者乎？博考經籍，其文甚著。何以明之？周禮太史職云：「頒告朔於邦國。閏月，告王居門終月。」又禮記玉藻

云：「閏月則闔門左扉，立于其中。」並是天子閏月而行告朔之事也。

禮官又稱：「玉藻，『天子聽朔於南門之外。』周禮天官太宰，『正月之吉，布政于邦國都鄙。』干寶注云，『周正建子之月，告朔日也。』此卽玉藻之聽朔矣。今每歲首元日，通天宮受朝，讀時令，布政事，京官九品以上、諸州朝集使等咸列於庭，此聽朔之禮畢，而合于周禮、玉藻之文矣。禮論及三禮義宗、江都集禮、貞觀禮、顯慶禮及祠令，無王者告朔之事」者。臣謹按玉藻云：「玄冕而朝日於東門之外，聽朔於南門之外。」鄭注云：「朝日，春分之時也。東門、南門〔三〇〕，皆謂國門也。明堂在國之陽，每月就其時之堂而聽朔焉〔三一〕，卒事，反宿於路寢。凡聽朔，必以特牲告其時帝及其神，配以文王、武王。」臣謂今歲首元日，通天宮受朝，讀時令及布政，自是古禮孟春上辛，受十二月之政藏於祖廟之禮耳，而月取一政〔三二〕，班於明堂，其義昭然，猶未行也。卽如禮官所言，遂闕其事。

臣又按禮記月令，天子每月居青陽、明堂、總章、玄堂，卽是每月告朔之事。先儒舊說，天子行事，一年十八度入明堂：大享不問卜，一入也；每月告朔，十二入也；四時迎氣，四入也；巡狩之年，一入也。今禮官立議，王惟歲首一入耳，與先儒既異，臣不敢同。鄭玄云：「凡聽朔告其帝。」臣愚以爲告朔之日，則五方上帝之一帝也。春則靈威仰，夏則赤熛怒，秋則白招拒，冬則叶光紀，季月則含樞紐也，並以始祖而配之焉。人帝及神，列在祀典，亦於其月而享祭之。魯自文公始不視朔，子貢見其禮廢，欲去其羊，孔子以羊存猶可識其禮，羊亡其禮遂廢，故云：「爾愛其羊，我愛其禮。」

漢承秦滅學，庶事草創，明堂、辟雍，其制遂闕。漢武帝封禪，始造明堂於太山，既不立於京師，所以無告朔之事。至漢平帝元始中，王莽輔政，庶幾復古，乃建明堂、辟雍焉。帝祫祭於明堂，諸侯王、列侯、宗室子弟九百餘人助祭畢，皆益戶、賜爵及金帛、增秩、補吏各有差。漢末喪亂，尙傳其禮。爰至後漢，祀典仍存。明帝永平二年，郊祀五帝於明堂，以光武配，祭牲各一犢，奏樂如南郊。董卓西移，載籍湮滅，告朔之禮，於此而墜。曁于晉末，戎馬生郊，禮樂衣冠，掃地總盡。元帝過江，是稱狼狽，禮樂制度，南遷蓋寡，彝典殘缺，無復舊章，軍國所資，臨事議之。旣闕明堂，寧論告朔。宋朝何承天纂集其文，以爲禮論，雖加編次，事則闕如。梁代崔靈恩撰三禮義宗，但捃摭前儒，因循故事而已。隋大業中，煬帝命學士撰江都集禮〔三三〕，只抄撮禮論，更無異文。貞觀、顯慶禮及祠令不言告朔者，蓋爲歷代不傳，其文遂闕，各有由緒，不足依據。今禮官引爲明證，在臣誠實有疑。

陛下肇建明堂，聿遵古典，告朔之禮，猶闕舊章，欽若稽古，應須補葺。若每月聽政於明堂，事亦煩數，孟月視朔，恐不可廢。

上又命奉常廣集衆儒，取方慶、仁諝所奏，議定得失。當時大儒成均博士吳揚吾、太學博士郭山惲曰：「臣等謹按周禮、禮記及三傳，皆有天子告朔之禮。秦政焚滅詩、書，由是告朔禮廢。今明堂肇建，總章新立，紹百王之絕軌，樹萬代之鴻規，上以嚴配祖宗，下以敬授人時，使人知禮樂，道適中和，災害不生，禍亂不作。今若因循頒朔，每月依行，禮貴隨時，事須沿革。望依王方慶議，用四時孟月日及季夏於明堂修復告朔之禮，以頒天下。其帝及神，亦請依方慶用鄭玄義，告五時帝於明堂上。則嚴配之道，通於神明；至孝之德，光於四海。」制從之。

長安四年，始制：元日明堂受朝，停讀時令。

中宗卽位，神龍元年九月，親享明堂，合祭天地，以高宗配。禮畢，曲赦京師。明年駕入京，於季秋大享，復就圜丘行事，迄于睿宗之世。

開元二年八月，太子賓客薛謙光獻九鼎銘。其蔡州鼎銘，天后御撰，曰：「羲、農首出，軒、昊膺期。唐、虞繼踵，湯、禹乘時。天地光宅，域中雍熙。上天降鑒，方建隆基。」紫微令姚崇奏曰：「聖人啓運，休兆必彰。請宣付史館。」從之。

五年正月，幸東都，將行大享之禮。太常少卿王仁忠、博士馮宗、陳貞節等議，以武氏所造明堂，有乖典制，奏議曰：

明堂之建，其所從來遠矣！自天垂象，聖人則之。蒿柱茅簷之規，上圓下方之制，考之大數，不踰三七之間，定之方中，必居丙巳之地者，豈非得房心布政之所，當太微上帝之宮乎？故仰叶俯從，正名定位，人神不雜，各司其序，則嘉應響至，保合太和。

昔漢氏承秦，經籍道息，旁求湮墜，詳究難明。孝武初，議立明堂於長安城南，遭竇太后不好儒術，事乃中廢。孝成之代，又欲立於城南，議其制度，莫之能決。至孝平元始四年，始創造於南郊，以申嚴配。光武中元元年〔三四〕，立於國城之南。自魏、晉迄於梁朝，雖規制或殊，而所居之地，常取丙巳者，斯蓋百王不易之道也。

高宗天皇大帝纂承平之運，崇朴素之風，四夷來賓，九有咸乂。永徽三年，詔禮官學士議明堂制度，羣儒紛競，各執異端，久之不決，因而遂止者，何也？非謂財不足、力不堪也。將以周、孔旣遙，禮經且紊，事不師古，或爽天心，難用作程，神不孚祜者也。

則天太后總禁闈之政，藉軒臺之威，屬皇室中圮之期，躡和熹從權之制。以爲乾元大殿，承慶小寢，當正陽亭午之地，實先聖聽斷之宮。表順端闈，儲精營室，爰從朝享，未始臨御。乃起工徒，挽令摧覆。旣毁之後，雷聲隱然，衆庶聞之，或以爲神靈感動之象也。於是增土木之麗，因府庫之饒，南街北闕，建天樞大儀之制，乾元遺趾，興重閣層樓之業。煙焰蔽日，梁柱排雲，人斯告勞，天實貽誡。煨燼甫爾，遽加修復。況乎地殊丙巳，未答靈心，跡匪膺期，乃申嚴配。事昧彝典，神不昭格。此其不可者一也。又明堂之制，木不鏤，土不文。今體式乖宜，違經紊禮，雕鐫所及，窮侈極麗。此其不可者二也。高明爽塏，事資虔敬，密邇宮掖，何以祈天？人神雜擾，不可放物。此其不可者三也。況兩京上都，萬方取則，而天子闕當陽之位，聽政居便殿之中，職司其憂，豈容沉默。當須審考歷之計，擇煩省之宜，不便者量事改修，可因者隨宜適用，削彼明堂之號，克復乾元之名，則當宁無偏，人識其舊矣。

詔令所司詳議奏聞。刑部尚書王志愔等奏議，咸以此堂所置，實乖典制，多請改削，依舊造乾元殿。乃下詔曰：「古之操皇綱、執大象者，何嘗不上稽天道，下順人極，或變通以隨時，爰損益以成務。且禰室創制，度堂以筵，用之以禮神，是光孝享，用之以布政，蓋稱視朔，先王所以厚人倫、感天地者也。少陽有位，上帝斯歆，此則神貴於不黷，禮殷於至敬。今之明堂，俯鄰宮掖，此之嚴祀，有異肅恭，苟非憲章，將何軌物？由是禮官博士、公卿大夫，廣參羣議，欽若前古，宜存露寢之式，用罷辟雍之號。可改爲乾元殿，每臨御宜依正殿禮。」自是駕在東都，常以

元日冬至於乾元殿受朝賀〔一五〕。季秋大享祀，依舊於圜丘行事。

十年，復題乾元殿爲明堂，而不行享祀之禮。二十五年，駕在西京，詔將作大匠康䛒素往東都毀之。䛒素以毀拆勞人，乃奏請且拆上層，卑於舊制九十五尺。又去柱心木，平座上置八角樓，樓上有八龍，騰身捧火珠。又小於舊制，周圍五尺，覆以眞瓦，取其永逸。依舊爲乾元殿。

校勘記

〔一〕依禮部尚書盧寬國子助教劉伯莊等議　「盧寬國子助教」，各本原無，據唐會要卷一一、冊府卷五八五補。新舊唐書合鈔補正卷二云：「劉伯莊，兩書皆在儒學傳，以弘文館學士累除國子助教，遷國子博士，未嘗爲禮部尚書。此謁合兩人爲一人。」

〔二〕以何知　各本原作「如何」，據唐會要卷一一、冊府卷五八五改。

〔三〕是以朝覲祭祀　「是」字各本原無，據唐會要卷一一、冊府卷五八五補。

〔四〕乘鑾則接神不敬　「則」字各本原作「相儀」，據唐會要卷一一、冊府卷五八五改。

〔五〕據此一堂　「堂」字各本原作「塗」，據唐會要卷一一、英華卷七六二、唐文粹卷四〇改。

〔六〕周官又云　「周官」各本原無，據唐會要卷一一、英華卷七六二、唐文粹卷四〇補。

〔七〕東西九筵堂一筵　案周禮考工記匠人，「堂」上有「南北七筵」一句，「堂」下有「崇」字，通典卷四四記周明堂制度同考工記，此處疑有脫文。

〔八〕尸子亦曰　「尸子」，各本原無，據唐會要卷一一、英華卷七六二、唐文粹卷四〇補。

〔九〕何必論戶牖之多少　「必」字各本原作「以」，據唐會要卷一一改。

〔一〇〕然其立天中　「其」字各本原作「則」，據御覽卷五三三、冊府卷五六四改。

〔一一〕又內樣　「樣」字各本原無，據冊府卷五八五、通考卷七三補。

〔一二〕內樣　「樣」字各本原無，據冊府卷五八五、通考卷七三補。

〔一三〕其戶依古外設而不開　「開」字聞本、殿本、懼盈齋本、廣本同，局本、通典卷四四、冊府卷五八五作「閉」，未詳孰是。

〔一四〕內樣　「樣」字各本原無，據殘宋本冊府卷五八五、通考卷七三補。

〔一五〕并取陰陽水行左旋之制　校勘記卷一一云：「張本陰陽下有錄字，云：本脫錄字，據上引禮記明堂陰陽錄補之。」此處疑有脫文。

〔一六〕周建四門　「門」字冊府卷五六四作「墉」。

〔一七〕九會之數有七十八　「八」字各本原無，據通典卷四四補。

〔一八〕故置七百二十九枚　「故置七百二十九」，各本原無，新舊唐書合鈔補正卷二謂依上下文義應

有，據補。

〔一九〕配以祖宗　「祖宗」，各本原作「宗祖」，據唐會要卷一二、英華卷七六二、殘宋本冊府卷五八六改。

〔二〇〕重之以先帝先后配享　「先帝」，各本原無，據唐會要卷一二、英華卷七六二補。

〔二一〕辛紂以雀生大鳥　「雀」字各本原作「省」，據冊府卷五四三改。

〔二二〕將以覺悟明主　「以」字各本原作「自」，據冊府卷五四三改。

〔二三〕災宗廟燒宮館自上而降所謂天火濫餤妄起　以上十八字各本原無，據漢書卷二七上五行志、冊府卷五四三補。

〔二四〕廟主　聞本、殿本、懼盈齋本、廣本同。局本、冊府卷五四三作「廟主」。

〔二五〕覩變愴惶　「愴」字疑誤，冊府卷五四三作「悚」，全唐文卷二〇三作「增」。

〔二六〕神都鼎　通典卷四四、唐會要卷一一作「蔡州鼎名永昌」，通鑑卷二〇五胡注作「神都鼎曰豫州」。蔡州鼎即豫州鼎，避代宗諱追改。神都（洛陽）地處豫州，故鼎亦曰豫州鼎或蔡州鼎。此處「神都鼎」下疑有脫文。

〔二七〕令宰相諸王率南北衙宿衞兵十餘萬人　「率」字各本原無，據通典卷四四、唐會要卷一一補。

〔二八〕使奉而行之之義也　各本原只一「之」字，據唐會要卷一二、英華卷七六二補。

〔二九〕附月之餘日　「之」字各本原無，據唐會要卷一二、冊府卷五八七、英華卷七六二及穀梁傳原

文補。

〔三〇〕東門南門 「南門」，各本原無，據禮記玉藻鄭注原文補。

〔三一〕每月就其時之堂而聽朔焉 「堂」字各本原作「帝」，據唐會要卷一二、英華卷七六二、冊府卷五八七及禮記玉藻鄭注原文改。

〔三二〕嚴於祖廟之禮耳而月取一政 以上十二字各本原無，據唐會要卷一二、英華卷七六二、冊府卷五八七補。

〔三三〕江都集禮 「集禮」，各本原作「禮集」，據本卷上文、本書卷四六經籍志、唐會要卷一二、英華卷七六二、冊府卷五八七改。

〔三四〕光武中元元年 上「元」字各本原作「興」，據後漢書卷一下光武帝紀、全唐文卷二八一改。

〔三五〕於乾元殿受朝賀 「殿」字各本原無，據通典卷四四、唐會要卷一二補。

舊唐書卷二十三

志第三

禮儀三

封禪之禮，自漢光武之後，曠世不修。隋開皇十四年，晉王廣率百官抗表，固請封禪。文帝令牛弘、辛彥之、許善心等創定儀注。至十五年，行幸兗州，遂於太山之下，爲壇設祭，如南郊之禮，竟不升山而還。

貞觀六年，平突厥，年穀屢登，羣臣上言請封泰山。太宗曰：「議者以封禪爲大典。如朕本心，但使天下太平，家給人足，雖闕封禪之禮，亦可比德堯、舜；若百姓不足，夷狄內侵，縱修封禪之儀，亦何異於桀、紂？昔秦始皇自謂德洽天心，自稱皇帝，登封岱宗，奢侈自矜。漢文帝竟不登封，而躬行儉約，刑措不用。今皆稱始皇爲暴虐之主，漢文爲有德之君。以此而言，無假封禪。禮云：『至敬不壇』，掃地而祭，足表至誠，何必遠登高山，封數尺之土

也！」侍中王珪對曰：「陛下發德音，明封禪本末，非愚臣之所及。」秘書監魏徵曰：「隋末大亂，黎民遇陛下，始有生望。養之則至仁，勞之則未可。升中之禮，須備千乘萬騎，供帳之費，動役數州。戶口蕭條，何以能給？」太宗深嘉徵言，而中外章表不已。上問禮官兩漢封山儀注，因遣中書侍郎杜正倫行太山上七十二帝壇迹。是年兩河水潦，其事乃寢。

至十一年，羣臣復勸封山，始議其禮。於是國子博士劉伯莊、睦州刺史徐令言等，各上封祀之事，互設疑議，所見不同。多言新禮中封禪儀注，簡略未周。太宗敕秘書少監顏思古、諫議大夫朱子奢等，與四方名儒博物之士參議得失。議者數十家，遞相駁難，紛紜久不決。於是左僕射房玄齡、特進魏徵、中書令楊師道，博採衆議堪行用而與舊禮不同者奏之。

其議昊天上帝壇曰：「將封先祭，義在告神，且備謁敬之儀，方展慶成之禮。固當於壇下趾，預申齋潔。贊饗已畢，然後登封。既表重慎之深，兼示行事有漸。今請祭於泰山下，設壇以祀上帝，以景皇帝配享。壇長一十二丈，高一丈二尺。」

又議制玉牒曰：「金玉重寶，質性貞堅，宗祀郊禋，皆充器幣，豈嫌華美，實貴精確。況乎三神壯觀，萬代鴻名，禮極殷崇，事資藻縟。玉牒玉檢，式韞靈奇，傳之無窮，永存不朽。今請玉牒長一尺三寸，廣厚各五寸。玉檢厚二寸，長短闊狹一如玉牒〔一〕。其印齒請隨璽大小，仍纏以金繩五周。」

又議玉策曰：「封禪之祭，嚴配作主，皆奠玉策，肅奉虔誠。今玉策四枚，各長一尺三寸，廣一寸五分，厚五分。每策五簡，俱以金編。其一奠上帝，一奠太祖座，一奠皇地祇，一奠高祖座。」

又議金匱曰：「登配之策，盛以金匱，歸格藝祖之廟室。今請長短令容玉策，高廣各六寸。形制如今之表函。纏以金繩，封以金泥，印以受命璽。」

又議方石再累曰：「舊藏玉牒，止用石函，亦猶盛書篋笥，所以或呼石篋。今請方石三枚，以爲再累。其十枚石檢，刻方石四邊而立之。纏以金繩，封以石泥，印以受命璽。」

又議泰山上圓壇曰：「四出開道，壇場通義，南面入升，於事爲允。今請介丘上圓壇廣五丈，高九尺，用五色土加之。四面各設一階。御位在壇南，升自南階，而就上封玉牒。」

又議圓壇上土封曰[二]：「凡言封者，皆是積土之名。利建分封，亦以班社立號。謂之封禪，厥義可知。今請於圓壇之上，安置方石，璽緘既畢，加土築以爲封。高一丈二尺，而廣二丈，以五色土益封，玉牒藏於其內。祀禪之土，其封制亦同此。」

又議玉璽曰：「謹詳前載方石緘封，玉檢金泥，必資印璽，以爲秘固。今請依令用受命璽以封石檢。其玉檢既與石檢大小不同，請更造璽一枚，方一寸二分，文同受命璽，以封玉牒。石檢形制，依漢建武故事。」

又議立碑曰：「勒石紀號，顯揚功業，登封降禪，肆覲之壇，立碑紀之。」

又議設告至壇曰：「既至山下，禮行告至，柴于東方上帝，望秩遍禮羣神。今請其壇方八十一尺，高三尺，陛仍四出。其禪方壇及餘儀式，請從今禮。仍請柴祭、望秩，同時行事。」

又議廢石闕及大小距石曰：「距石之設，意取牢固，本資實用，豈云雕飾。今既積土厚封，足與天長地久。其小距環壇，石闕迴建，事非經誥，無益禮義，煩而非要，請從減省。」

太宗從其議，仍令附之於禮。

十五年，下詔，將有事於泰山，復令公卿諸儒詳定儀注。太常卿韋挺、禮部侍郎令狐德棻爲封禪使，參考其議。時論者又執異見，顏師古上書申明前議。太宗覽其奏，多依師古所陳爲定。車駕至洛陽宮，會有彗星之變，乃下詔罷其事。

高宗即位，公卿數請封禪，則天既立爲皇后，又密贊之。麟德二年二月，車駕發京，東巡狩，詔禮官、博士撰定封禪儀注：

有司於乾封元年正月戊辰朔。先是，有司齋戒。於前祀七日平旦，太尉誓百官於行從中臺，云：「來月一日封祀，二日登封泰山，三日禪社首，各揚其職。不供其事，國有常刑。」上齋於行宮四日，致齋三日。近侍之官應從升者，及從事羣官、諸方客使，各

本司公館清齋一宿。前祀一日，諸衛令其屬，未後一刻，設黃麾半仗於外壝之外，與樂工人俱清齋一宿。

有司於太嶽南四里爲圓壇，三成、十二階，如圓丘之制。壇上飾以青，四面各依方色，幷造燎壇及壝三重。又造玉策三枚，皆以金繩連編玉簡爲之。每簡長一尺二寸，廣一寸二分，厚三分，刻玉塡金爲字。又爲玉匱一，以藏正座玉策，長一尺三寸。幷玉檢方五寸，當繩處刻爲五道，當封璽處刻深二分，方一寸二分。又爲金匱二，以藏配座玉策，制度如玉匱。又爲黃金繩以纏金玉匱[三]，各五周。爲金泥、玉匱、金匱[四]。爲玉璽一枚，方一寸二分，文同受命璽，封玉匱、金匱。又爲石𥖁，以藏玉匱[五]。用方石再累，各方五尺，厚一尺。刻方石中令容玉匱。𥖁旁施檢處，皆刻深三寸三分，闊一尺。當繩處皆刻深三分，闊一寸五分。爲石檢十枚，以檢石𥖁，皆長三尺，闊一尺，厚七寸。皆刻爲印齒三道，深四寸。當封璽處方五寸，當通繩處闊一寸五分。皆有小石蓋，制與檢刻處相應，以檢擫封泥。其檢立於𥖁旁，南方、北方各三，東方、西方各二，去𥖁隅皆七寸。又爲金繩以纏石𥖁，各五周，徑三分。爲石泥以泥石𥖁，其泥，末石和方色土爲之。爲距石十二枚[六]，分距𥖁隅，皆再累，各闊二尺，長一丈，斜刻其首，令與𥖁隅相應。

泰山之上，設登封之壇，上徑五丈，高九尺，四出陛。壇上飾以青，四面依方色。一壝，隨地之宜。其玉牒、玉匱、石𥖁、石檢、距石，皆如封祀之制。又爲降禪壇於社首山上[七]，方壇八隅，一成八陛，如方丘之制。壇上飾以黃，四面依方色。三壝，隨地之宜。其玉策、玉匱、石𥖁、石檢、距石等，亦同封祀之制。

至其年十二月，車駕至山下。及有司進奏儀注，封祀以高祖、太宗同配，禪社首以太穆皇后、文德皇后同配，皆以公卿充亞獻、終獻之禮。於是皇后抗表曰：

伏尋登封之禮，遠邁古先，而降禪之儀，竊爲未允。其祭地祇之日，以太后昭配，至於行事，皆以公卿。以妾愚誠，恐未周備。何者？乾坤定位，剛柔之義已殊；經義載陳，中外之儀斯別。瑤壇作配，既合於方祇；玉豆薦芳，實歸於內職。況推尊先后，親饗瓊筵，豈有外命宰臣，內參禋祭？詳於至理，有紊徽章。但禮節之源，雖興於昔典；而升降之制，尚缺於遙圖。且往代封嶽，雖云顯號，或因時省俗，意在尋仙；或以情覬名，事深爲己。豈如化被乎四表，推美於神宗；道冠乎二儀，歸功於先德。寧可仍遵舊軌，靡創彝章？

妾謬處椒闈，叨居蘭掖。但以職惟中饋，道屬於蒸、嘗；義切奉先，理光於蘋、藻。罔極之思，載結於因心；祗肅之懷，實深於明祀。但妾早乖定省，已闕侍於晨昏；今

屬崇禋，豈敢安於帷帟。是故馳情夕寢，睠嬴里而翹魂；疊慮宵興，仰梁郊而聳念。伏望展禮之日，總率六宮內外命婦，以親奉奠。冀申如在之敬，式展虔拜之儀。積此微誠，已淹氣序。旣屬鑾輿將警，奠璧非賒，輒効丹心，庶裨大禮。冀聖朝垂則，永播於芳規；螢燭末光，增輝於日月。

於是祭地祇、梁甫，皆以皇后爲亞獻，諸王大妃爲終獻。

丙辰，前羅文府果毅[八]李敬貞論封禪須明水實樽：「淮南子云：『方諸見月，則津而爲水。』高誘注云：『方諸，陰燧，大蛤也。熟摩拭令熱，以向月，則水生。以銅盤受之，下數石。』王充論衡云：『陽燧取火於日，方諸取水於月，相去甚遠，而火至水來者，氣感之驗也。』漢舊儀云[九]：『八月飲酎，車駕夕牲，以鑑諸取水於月，以陽燧取火於日。』周禮考工記云：『金有六齊。金錫半，謂之鑑燧之齊。』鄭玄注云：『鑑燧，取水火於日月之器也。』準鄭此注，則水火之器，皆以金錫爲之。今司宰有陽燧，形如圓鏡，以取明火；陰鑑形如方鏡，以取明水。但比年祠祭，皆用陽燧取火，應時得；以陰鑑取水，未有得者，常用井水替明水之處[一〇]。」奉敕令禮司研究。敬貞因說先儒是非，言及明水，乃云：「周禮金錫相半，自是造陽燧法，鄭玄錯解以爲陰鑑之制。依古取明水法，合用方諸，引淮南子等書，用大蛤也。」又稱：「敬貞曾八九月中，取蛤一尺二寸者依法試之。自人定至夜半，得水四五斗。」奉常奏

曰：「封禪祭祀，即須明水實樽[一一]。敬貞所陳，檢有故實。」又稱：「先經試驗確執，望請差敬貞自取蚌蛤，便赴太山與所司對試。」

是日，制曰：「古今典制，文質不同，至於制度，隨世代沿革，唯祀天地，獨不改張，斯乃自處於厚，奉天以薄。又今封禪，即用玉牒金繩，器物之間，復有瓦罇秸席，一時行禮，文質頓乖，駁而不倫，深爲未愜。其封祀、降禪所設上帝、后土位，先設槀秸、瓦甒、瓢杯等物，並宜改用裀褥罍爵，每事從文。其諸郊祀，亦宜準此。」於是昊天上帝之座褥以蒼，皇地祇褥以黃，配帝及后褥以紫，五方上帝及大明、夜明席皆以方色，內官已下席皆以莞。

三年正月，帝親享昊天上帝于山下，封祀之壇，如圓丘之儀。祭訖，親封玉策，置石䃭，聚五色土封之。圓徑一丈二尺，高九尺。其日，帝率侍臣已下升泰山。翌日，就山上登封之壇封玉策訖，復還山下之齋宮。其明日，親祀皇地祇於社首山上，降禪之壇，如方丘之儀。皇后爲亞獻，越國太妃燕氏爲終獻。翌日，上御朝覲壇以朝羣臣，如元日之儀。禮畢，讌文武百僚，大赦改元。初，上親享于降禪之壇，行初獻之禮畢，執事者皆趨而下。宦者執帷，皇后率六宮以升，行禮。帷帟皆以錦繡爲之。百僚在位瞻望，或竊議焉。於是詔立登封、降禪、朝覲之碑，各於壇所。又詔名封祀壇爲舞鶴臺，介丘壇爲萬歲臺，降禪壇爲景雲臺，以紀當時所見之瑞焉。

高宗既封泰山之後，又欲遍封五岳。至永淳元年，於洛州嵩山之南，置崇陽縣。其年七月，敕其所造奉天宮。二年正月，駕幸奉天宮。至七月，下詔將以其年十一月封禪於嵩岳。詔國子司業李行偉、考工員外郎賈大隱、太常博士韋叔夏裴守貞輔抱素等詳定儀注。於是議：

立封祀壇，如圓丘之制。上飾以玄，四面依方色。爲圓壇，三成，高二丈四尺，每等高六尺。壇上徑一十六步，三等各闊四步。設十二陛，陛皆上闊八尺，下闊一丈四尺。爲三重壝，距外壝三十步，內壝距五十步。燎壇在壇東南外壝之內，高三尺，方一丈五尺，南出陛。

登封壇，圓徑五丈，高九尺。四出陛，爲一壝，飾以五色，準封祀。

禪祭壇，上飾以金，四面依方色，爲八角方壇，再成，高一丈二尺，每等高四尺。壇上方十六步，每等廣四步，設八陛。其上壇陛皆廣八尺，中等陛皆廣一丈，下等陛皆廣一丈二尺。爲三重壝之大小，準封祀。爲埋埳，在壇之未地外壝之內，方深取足容物，南出陛。

朝覲壇，於行宮之前爲壇。宮方三分。壝二，在南。壇方二十四丈，高九尺，南面兩陛，餘三面各一陛。

封祀、登封，五色土封石䃭爲圓封，上徑一丈二尺，下徑三丈，高九尺。禪祭，五色土封爲八角方封，大小準封祀制度。所用尺寸，準歷東封，並用古尺。諸壇並築土爲之，禮無用石之文。並度影以定方位。登封、降禪，四出陛各當四方之中，陛各上廣七尺，下廣一丈二尺。

封祀玉帛料，有蒼璧，四圭有邸，圭璧。禪祭有黃琮，兩圭有邸，無圭璧。

又定登封、降禪、朝覲等日。準禮，冬至祭天於圜丘，其封祀請用十二日。準東封祀故事，十二日登封，十三日禪祭，十四日朝覲。若有故，須改登封已下期日，在禮無妨。

又輦輿料云：封祀、登封，皇帝出乘玉輅，還乘金輅。皇太子往還金輅。禪祭，皇帝、太子如封祀。

又衣服料云：東封祠祭日，天皇服衮冕，近奉制，依貞觀禮服大裘。又云：衮冕服一具，齋服之；通天冠服一具，迴服之；翼善冠服一具，馬上服之。皇太子衮冕服。又齋則服遠遊冠，受朝則公服遠遊冠服，馬上則進德冠服。

當時又令詳求射牛之禮。行偉、守貞等議曰：「據周禮及國語，郊祀天地，天子自射其牲。漢武唯封太山，令侍中儒者射牛行事[一二]。至於餘祀，亦無射牲之文。但親舂射牲，雖是古禮，久從廢省。據封禪禮[一三]，祀日，未明十五刻，宰人以鑾刀割牲，質明而行事。比

鑾駕至時，牢牲總畢，天皇唯奠玉酌獻而已。今若祀前一日射牲，事即傷早。祀日方始射牲，事又傷晚。若依漢武故事，即非親射之儀，事不可行。」詔從之。尋屬高宗不豫，遂罷封禪之禮。

則天證聖元年，將有事於嵩山，先遣使致祭以祈福助，下制，號嵩山爲神岳，尊嵩山神爲天中王，夫人爲靈妃。嵩山舊有夏啓及啓母、少室阿姨神廟，咸令預祈祭。至天册萬歲二年臘月甲申，親行登封之禮。禮畢，便大赦，改元萬歲登封，改嵩陽縣爲登封縣，陽成縣爲告成縣。粤三日丁亥，禪于少室山。又二日己丑，御朝覲壇朝羣臣，咸如乾封之儀。則天以封禪日爲嵩岳神祇所祐，遂尊神岳天中王爲神岳天中皇帝，靈妃爲天中皇后，夏后啓爲齊聖皇帝；封啓母神爲玉京太后，少室阿姨神爲金闕夫人；王子晉爲昇仙太子，別爲立廟。登封壇南有槲樹，大赦日於其杪置金雞樹〔一四〕。則天自制昇中述志碑，樹於壇之丙地。

玄宗開元十二年，文武百僚、朝集使、皇親及四方文學之士，皆以理化昇平，時穀屢稔，上書請修封禪之禮并獻賦頌者，前後千有餘篇。玄宗謙沖不許。中書令張說又累日固請，乃下制曰：

自古受命而王者，曷嘗不封泰山，禪梁父，答厚德，告成功。三代之前，罔不由此。越自魏、晉，以迄周、隋，帝典闕而大道隱，王綱弛而舊章缺，千載寂寥，封崇莫嗣。物

極而復，天祚我唐，武、文二后，應圖受籙。洎于高宗，重光累盛，承至理，登介丘，懷百神，震六合，紹殷、周之統，接虞、夏之風。中宗弘懿鑠之休，睿宗沐粹精之道，巍巍蕩蕩，無得而稱者也。

朕昔戡多難，稟略先朝，虔奉慈旨，嗣膺丕業。是用創九廟以申孝敬，禮二郊以展嚴禋，寶菽粟於水火，捐珠玉於山谷。兢兢業業，非敢追美前王；日愼一日，實以奉遵遺訓。至於巡狩大典，封禪鴻名，顧惟寡薄，未遑時邁，十四載于茲矣。今百穀有年，五材無眚，刑罰不用，禮義興行，和氣氤氳，淳風澹泊。蠻夷戎狄，殊方異類，重譯而至者，日月於闕廷；奇獸神禽，甘露嘉醴，窮祥極瑞，朝夕於林籞。王公卿士，罄乃誠於中；鴻生碩儒，獻其書於外。莫不以神祇合契，億兆同心。斯皆烈祖聖考，垂裕餘慶。故朕賴宗廟之介福，敢以眇身，顓其克讓。是以敬奉羣議，弘此大猷，以光我高祖之丕圖，以紹我高祖之鴻烈。永言陟配，追感載深。可以開元十三年十一月十日，式遵故實，有事太山。所司與公卿諸儒詳擇典禮，預爲備具，勿廣勞人，務存節約，以稱朕意。

於是詔中書令張說、右散騎常侍徐堅、太常少卿韋縚、秘書少監康子元、國子博士侯行果等，與禮官於集賢書院刊撰儀注。玄宗初以靈山好靜，不欲喧繁，與宰臣及侍講學士對議，用山下封祀之儀。於是張說

謂徐堅、韋縚等曰：「乾封舊儀，禪社首，享皇地祇，以先后配饗。王者父天而母地，當今皇母位，亦當往帝之母也，子配母饗，亦有何嫌？而以皇后配地祇，非古之制也。天監孔明，福善如響。乾封之禮，文德皇后配皇地祇，天后爲亞獻，越國太妃爲終獻。宮闈接神，有乖舊典。上玄不祐，遂有天授易姓之事，宗社中圮，公族誅滅，皆由此也。景龍之季，有事圓丘，韋氏爲亞獻，皆以婦人升壇執籩豆，褻黷穹蒼，享祀不潔。未及踰年，國有內難，終獻皆受其咎〔一五〕，掌座齋郎及女人執祭者，多亦夭卒。今主上尊天敬神，事資革正。斯禮以睿宗大聖貞皇帝配皇地祇，侑神作主。」乃定議奏聞。上從之。

舊禮：郊祀既畢，收取玉帛牲體，置於柴上，然後燔於燎壇之上，其壇於神壇之左。顯慶中，禮部尚書許敬宗等因修改舊禮，乃奏曰：

謹按祭祀之禮，周人尚臭，祭天則燔柴，祭地則瘞血，宗廟則焫蕭灌鬯，皆貴氣臭，同以降神。禮經明白，義釋甚詳。委柴在祭神之初，理無所惑。是以三禮義宗等並云：「祭天以燔柴爲始，然後行正祭。祭地以瘞血爲先，然後行正祭。」又禮論說太常賀循上言：「積柴舊在壇南，燎祭天之牲，用犢左胖，漢儀用頭，今郊用脅之九个。太宰令奉牲脅，太祝令奉圭璧，俱奠燎薪之上。」此即晉氏故事，亦無祭末之文〔一六〕。既云漢儀用牲頭，頭非神俎之物，且祭末俎皆升右胖之脅。唯有三禮、賀循既云用祭天之牲左

胖，復云今儀用脅九个，足明燔柴所用，與升俎不同。是知自在祭初，別燔牲體，非於祭末，燒神餘饌。此則晉氏以前，仍遵古禮。唯周、魏以降，妄爲損益。緣告廟之幣，事畢瘞埋，因改燔柴，將爲祭末。事無典實，禮闕降神。

又燔柴、正祭，牲、玉皆別。蒼璧蒼犢之流，柴之所用；四圭騂犢之屬，祀之所須。故郊天之有四圭，猶祀廟之有圭瓚。是以周官典瑞，文勢相因，並事畢收藏，不在燔例。而今新禮引用蒼璧，不顧圭瓚，遂亦俱燔，義既有乖，理難因襲。

又燔柴作樂，俱以降神，則處置之宜，須相依準。柴燔在左，作樂在南，求之禮情，實爲不類。且禮論說積柴之處在神壇之南，新禮以爲壇左，文無典故。請改燔爲祭始，位樂懸之南，外壝之內。其陰祀瘞埋，亦請準此。

制可之。自是郊丘諸祀，並先焚而後祭。

及玄宗將作封禪之禮，張說等參定儀注，徐堅、康子元等建議曰：

臣等謹按顯慶年修禮官長孫無忌等奏改燔柴在祭前狀稱「祭祀之禮，必先降神。周人尚臭，祭天則燔柴」者。臣等按禮，迎神之義，樂六變則天神降，八變則地祇出，九變則鬼神可得而禮矣。則降神以樂，周禮正文，非謂燔柴以降神也。案尚臭之義，不爲燔之先後。假如周人尚臭，祭天則燔柴，容或燔臭先以迎神。然則殷人尚聲，祭天亦

燔柴，何聲可燔先迎神乎？又按顯慶中無忌等奏稱「晉氏之前，猶遵古禮〔一七〕。周、魏以降，妄爲損益」者。今按郭璞晉南郊賦及注爾雅：「祭後方燔。」又按宋志所論〔一八〕，亦祭後方燔。又檢南齊、北齊及梁郊祀，亦飲福酒後方燔。又檢後周及隋郊祀，亦先祭後燔。據此，卽周遵後燔，晉不先燎。無忌之事，義乃相乖。

又按周禮大宗伯職：「以玉作六器，以禮天地四方。」注云：「禮爲始告神時薦於神座也。」下文云：「以蒼璧禮天，以黃琮禮地，皆有牲幣，各如其器之色。」又禮器云：「有以少爲貴者，祭天特牲。」是知蒼璧之與蒼牲，俱各奠之神座，理節不惑。又云：「四圭有邸，以祀天、旅上帝。」卽明祀昊天上帝之時，以旅五方天帝明矣。其青圭、赤璋、白琥、玄璜，自是立春、立夏、立秋、立冬之日，各於其方迎氣所用，自分別矣。今按顯慶所改新禮，以蒼璧與蒼牲、蒼幣，俱用先燔。蒼璧既已燔矣，所以遂加四圭有邸，奠之神座。蒼牲既已燔矣，所以更加騂牲，充其實俎。混昊天於五帝，同用四圭；失特牲之明文，加爲二犢。深乖禮意，事乃無憑。

考功員外郎趙冬曦、太學博士侯行果曰：「先焚者本以降神，行之已久。若從祭義，後焚爲定〔一九〕。」中書令張說執奏曰：「徐堅等所議燔柴前後，議有不同。據祭義及貞觀〔二〇〕。顯慶已後，既先燔，若欲正失禮，求祭義，請從貞觀禮。如且因循不改，更請從顯慶禮。凡祭者，

本以心爲主，心至則通於天地，達於神祇。既有先燔、後燎，自可斷於聖意，聖意所至〔二一〕，則通於神明。燔之先後，臣等不敢裁定。」玄宗令依後燔及先奠之儀。是後太常卿寧王憲奏請郊壇時祭，並依此先奠璧而後燔柴、瘞埋，制從之。

時又有四門助教施敬本駁奏舊封禪禮八條，其略曰：

舊禮，侍中跪取匜沃盥，非禮也。夫盥手洗爵，人君將致潔而尊神，故能使小臣爲之〔二二〕。今侍中，大臣也，而沃盥於人君〔二三〕；太祝，小臣也，乃詔祝於天神。是接天神以小臣，奉人君以大臣，故非禮。按周禮大宗伯曰：「鬱人，下士二人，贊祼事。」則沃盥此職也。漢承秦制，無鬱人之職，故使近臣爲之。魏、晉至今，因而不改。然則漢禮，侍中行之則可矣，今以侍中爲之，則非也。漢侍中，其始也微。高帝時籍孺爲之，惠帝時閎孺爲之，留侯子辟強年十五爲之。至後漢，樓堅以議郎拜侍中，邵闓自侍中遷步兵校尉，秩千石，少府卿之屬也。少府卿秩中二千石，丞秩千石，侍中與少府丞班同。魏代蘇則爲之。舊侍中親省起居，故謂之「執獸子」。吉茂見謂之曰：「仕進不止執獸子」，是言其爲褻臣也。今侍中，名則古官，人非昔任，掌同燮理，寄實鹽梅，非復漢、魏「執獸子」之班，異乎周禮鬱人之職。行舟不息，墜劍方遙，驗刻而求，可謂謬矣。

夫祝以傳命，通主人之意以薦於神明，非賤職也。故兩君相見，則卿爲上儐。況天人之際〔二四〕，其肅恭之禮，以兩君爲喻，不亦大乎！今太祝，下士也，非所以重命而尊神之義也。然則周、漢太祝，是禮矣。何者？按周禮大宗伯曰：「太祝，下大夫二人，上士四人，掌六祝之辭。」大宗伯爲上卿，今禮部尚書、太常卿比也；小宗伯中大夫，今侍郎、少卿比也；太祝下大夫，今郎中、太常丞比也；上士四人，今員外郎、太常博士之比也。故可以處天人之際，致尊極之辭矣。又漢太祝令，秩六百石，與太常博士同班。梁太祝令，與南臺御史同班。今太祝下士之卑，而居下大夫之職〔二五〕，斯又刻舟之論，不異於前矣。

又曰：

舊禮，謁者引太尉升壇亞獻，非禮也。謁者已賤，升壇已重，是微者用之於古，而大體實變之於今也〔二六〕。按漢官儀：尚書御史臺官屬有謁者僕射一人，秩六百石，銅印青綬；謁者三十五人，以郎中滿歲稱給事，未滿歲稱灌謁者〔二七〕。又按漢書百官公卿表：光祿勳官屬有郎中、員外，秩比二千石；有謁者，掌賓讚受事，員七十人，秩比六百石。古之謁者，秩異等，今謁者班微，以之從事，可謂疏矣。

又曰：

舊禮，尚書令奉玉牒，今無其官，請以中書令從事。按漢武帝時，張安世爲尚書

令，遊宴後宮，以宦者一人出入帝命，改爲中書謁者令。至成帝，罷宦者，用士人。魏黃初改秘書，置中書監令。舊尚書幷掌制誥，既置中書官，而制誥樞密皆掌焉。則自魏以來，中書是漢朝尚書之職。今尚書令奉玉牒〔二八〕，是用漢禮，其官既闕，故可以中書令主之。

議奏，玄宗令張說、徐堅召敬本與之對議詳定。說等奏曰：「敬本所議，其中四條，先已改定。有不同者，望臨時量事改攝。」制從之。

十三年十一月丙戌，至泰山，去山趾五里，西去社首山三里。丁亥，玄宗服衮冕於行宮，致齋於供帳前殿。己丑，日南至，大備法駕，至山下。玄宗御馬而登，侍臣從。先是玄宗以靈山清潔，不欲多人上，欲初獻於山上壇行事，亞獻、終獻於山下壇行事。因召禮官學士賀知章等入講儀注，因問之，知章等奏曰：「昊天上帝，君位；五方時帝，臣位；帝號雖同，而君臣異位。陛下享君位於山上，羣臣祀臣位於山下，誠足以垂範來葉，爲變禮之大者也。禮成於三，初獻、亞、終，合於一處。」玄宗曰：「朕正欲如是，故問卿耳。」於是敕三獻於山上行事，其五方帝及諸神座於山下壇行事。玄宗因問：「玉牒之文，前代帝王，何故秘之？」知章對曰：「玉牒本是通於神明之意。前代帝王，所求各異，或禱年算，或思神仙，其事微密，是故莫知之。」玄宗曰：「朕今此行，皆爲蒼生祈福，更無秘請。宜將玉牒出示百僚，使

知朕意。」其辭曰：「有唐嗣天子臣某，敢昭告于昊天上帝。天啓李氏，運興土德。高祖、太宗，受命立極。高宗升中，六合殷盛。中宗紹復，繼體不定。上帝眷祐，錫臣忠武。底綏內難，推戴聖父。恭承大寶，十有三年。敬若天意，四海晏然。封祀岱岳，謝成于天。子孫百祿，蒼生受福。」

庚寅，祀昊天上帝于山上封臺之前壇，高祖神堯皇帝配享焉。邠王守禮亞獻，寧王憲終獻。皇帝飲福酒。癸巳，中書令張說進稱：「天賜皇帝太一神策，周而復始，永綏兆人。」帝拜稽首。山上作圓臺四階，謂之封壇。臺上有方石再累，謂之石䃭。玉牒、玉策，刻玉填金爲字，各盛以玉匱，束以金繩，封以金泥，皇帝以受命寶印之。納二玉匱於䃭中，金泥䃭際，以「天下同文」之印封之。壇東南爲燎壇，積柴其上。皇帝就望燎位，火發，羣臣稱萬歲，傳呼下山下，聲動天地。山下壇祀，羣臣行事已畢，皇帝未離位，命中書門下曰：「朕以薄德，恭膺大寶。今封祀初建，雲物休祐，皆是卿等輔弼之力〔三九〕。君臣相保，勉副天心，長如今日，不敢矜怠。」中書令張說跪言：「聖心誠懇，宿齋山上。昨夜則息風收雨，今朝則天清日暖，復有祥風助樂，卿雲引燎，靈迹盛事，千古未聞。陛下又思慎終如初，長福萬姓，天下幸甚。」

先是車駕至岳西來蘇頓，有大風從東北來，自午至夕，裂幕折柱，衆恐。張說倡言曰：

「此必是海神來迎也。」及至岳下，天地清晏。玄宗登山，日氣和煦。至齋次日入後，勁風偃人，寒氣切骨。玄宗因不食，次前露立，至夜半，仰天稱：「某身有過，請即降罰。若萬人無福，亦請某爲當罪。兵馬辛苦，乞停風寒。」應時風止，山氣温暖。時從山上布兵至于山壇，傳呼辰刻及詔命來往，斯須而達。夜中燃火相屬，山下望之，有如連星自地屬天。其日平明，山上清迴，下望山下，休氣四塞，登歌奏樂，有祥風自南而至，絲竹之聲，飄若天外。及行事，日揚火光，慶雲紛郁，遍滿天際。羣臣並集于社首山帷宮之次，以候鑾駕，遙望紫煙憧憧上達，內外歡譟。玄宗自山上便赴社首齋次，辰巳間至，日色明朗，慶雲不散。百辟及蕃夷爭前迎賀。

辛卯，享皇地祇于社首之泰折壇，睿宗大聖貞皇帝配祀。五色雲見，日重輪。藏玉策於石䃭，如封壇之儀。

壬辰，玄宗御朝覲之帳殿，大備陳布。文武百僚，二王後，孔子後，諸方朝集使，岳牧舉賢良及儒生、文士上賦頌者，戎狄夷蠻羌胡朝獻之國，突厥頡利發，契丹、奚等王，大食、謝䫻、五天十姓，崑崙、日本、新羅、靺鞨之侍子及使，內臣之番，高麗朝鮮王，百濟帶方王〔四〇〕，十姓摩阿史那興昔可汗，三十姓左右賢王，日南、西竺〔四一〕、鑿齒、雕題、牂柯、烏滸之酋長，咸在位。制曰：

朕聞天監唯后，后克奉天，既合德以受命，亦推功而復始。厥初作者七十二君，道洽跡著，時至符出，皆用事于介丘，升中於上帝。人神之望，蓋有以塞之，皇王之序，可得而言。朕接統千歲，承光五葉，惟祖宗之德在人，惟天地之靈作主。往者內難，幽贊而集大勳；間無外虞，守成而纘舊服。未嘗不乾乾終日，思與公卿大夫上下協心，聿求至理，以弘我烈聖，其庶乎馨香。今九有大寧，羣氓樂業，時必敬授而不奪，物亦順成而無夭。懋建皇極，幸致太和。洎乃幽遐，率由感被。戎狄不至，唯文告而來庭；麟鳳已臻，將覺情而在藪。以故凡百執事，亟言大封。顧惟不德，切欲勿議。伏以先聖儲祉，與天同功，荷傳符以在今，敢侑神而無報。大篇斯在，朕何讓焉。遂奉遵高宗之舊章，憲乾封之令典，時邁東土，柴告岱岳。精意上達，肸蠁來應，信宿行事，雲物呈祥。登降之禮斯畢，嚴配之誠獲展。百神羣望，莫不懷柔，四方諸侯，莫不來慶，斯是天下之介福，邦家之耿光也。無窮之休祉，豈獨在予；非常之惠澤，亦宜逮下。可大赦天下。封泰山神爲天齊王，禮秩加三公一等。仍令所管崇飾祠廟，環山十里，禁其樵採。給近山二十戶復，以奉祠神。

玄宗製紀太山銘，御書勒于山頂石壁之上。其辭曰：

朕宅帝位，十有四載〔四二〕，顧惟不德，懵于至道，任夫難任，安夫難安。兹朕未知獲

戾于上下，心之浩盪，若涉大川。賴上帝垂休，先后儲慶，宰相庶尹，交修皇極，四海會同，五典敷暢，歲云嘉熟，人用大和。百辟僉謀，唱余封禪，謂孝莫大於嚴父，禮莫盛于告天，天符既至，人望既積，固請不已，固辭不獲。肆余與夫二三臣，稽虞典，繹漢制，張皇六師，震讋九宇。旌旗有列，士馬無譁，肅肅邕邕，翼翼溶溶，以至岱宗，順也。

爾雅曰：「泰山爲東岳。」周官曰：「兗州之鎮山。」實萬物之始〔四三〕，故稱岱焉；其位居五岳之伯，故稱宗焉。自昔王者受命易姓，於是乎啓天地，薦成功，序圖錄，紀氏號。朕統承先王，兹率厥典，實欲報玄天之眷命，爲蒼生而祈福，豈敢高視千古，自比九皇哉！故設壇場於山下，受羣方之助祭；躬封燎於山上，冀一獻之通神。斯亦因高崇天，就廣增地之義也。

乃仲冬庚寅，有事東岳，類于上帝，配我高祖。在天之神，罔不畢降。粵翌日，禪於社首，佑我聖考，祀於皇祇。在地之神，罔不咸舉。

暨壬辰，覲羣后，上公進曰：「天子膺天符，納介福。羣臣拜稽首，呼萬歲。慶合歡同，乃陳誠以德。大渾協度，彝倫攸敍，三事百揆，時乃之功。萬物由庚，兆人允植，列牧衆宰，時乃之功。一二兄弟，篤行孝友，錫類萬國，時唯休哉！我儒制禮，我史作樂，天地擾順，時唯休哉！蠻夷戎狄，重譯來貢，累聖之化，朕何慕焉。五靈百寶，日來月

集，會昌之運，朕何惑焉。凡今而後，儆乃在位，一王度，齊象法，權舊章，補缺政，存易簡，去煩苛。思立人極，乃見天則。

於戲！天生蒸人，惟后時乂，能以美利利天下，事天明矣。地德載物，惟后時相，能以厚生生萬人，事地察矣。天地明察，鬼神著矣。惟我藝祖文考，精爽在天，其曰「懿爾幼孫，克享上帝。惟帝時若，馨香其下」，丕乃曰「有唐氏文武之曾孫隆基，誕錫新命，纘我舊業，永保天祿，子孫其承之」。余小子敢對揚上帝之休命，則亦與百執事尙綏兆人，將多于前功，而毖彼後患。一夫不獲，萬方其罪予。一心有終，上天其知我。朕惟寶行三德，曰慈、儉、謙。慈者，覆無疆之言；儉者，崇將來之訓；自滿者人損，自謙者天益。苟如是，則軌迹易循，基構易守。磨石壁，刻金石，冀後人之聽辭而見心，觀末而知本。銘曰：

維天生人，立君以理，維君受命，奉天爲子。代去不留，人來無已，德涼者滅，道高斯起。赫赫高祖，明明太宗，爰革隋政，奄有萬邦。罄天張宇，盡地開封，武稱有截，文表時邕。高宗稽古，德施周溥，茫茫九夷，削平一鼓。禮備封禪，功齊舜禹，巖巖岱宗，衞我神主。中宗紹運，舊邦惟新，睿宗繼明，天下歸仁〔三四〕。恭已南面，氤氳化淳，告成之禮，留諸後人。緬余小子，重基五聖，匪功伐高，匪德矜盛。欽若祀典，

丕承永命，至誠動天，福我萬姓。古封太山，七十二君，或禪亭亭，或禪云云。其迹不見，其名可聞，祇遹文祖，光昭舊勳。方士虛誕，儒書不足，佚后求仙，誣神檢玉。秦災風雨，漢汙編錄，德未合天，或承之辱。道在觀政，名非從欲，銘心絕巖，播告羣岳。

於是中書令張說撰封祀壇頌、侍中源乾曜撰社首壇頌、禮部尙書蘇頲撰朝覲壇頌以紀德。

玄宗乙酉歲生，以華岳當本命。先天二年七月正位，八月癸丑，封華岳神爲金天王。開元十年，因幸東都，又於華岳祠前立碑，高五十餘尺。又於嶽上置道士觀，修功德。至天寶九載，又將封禪於華岳，命御史大夫王鉷開鑿險路以設壇場，會祠堂災而止。

校勘記

〔一〕長短闊狹一如玉牒　「狹」字各本原無，據通典卷五四、唐會要卷七、冊府卷三五補。

〔二〕又議圓壇上土封曰　「壇」字各本原作「丘」，據通典卷五四、唐會要卷七、冊府卷三五改。

〔三〕又爲黃金繩以纏金玉匱　下「金」字各本原無，據御覽卷八〇五補。

〔四〕爲金泥玉匱金匱　此句疑有脫誤。通典卷五四作「爲金泥以金泥之」，御覽八〇五作「爲金泥以泥之」。

〔五〕以藏玉匱　「以藏」，各本原無，據大唐開元禮卷六三、通典卷五四補。

〔六〕爲距石十二枚　「距」字各本原作「砠」，據大唐開元禮卷六三、通典卷五四改。

〔七〕又爲降禪壇於社首山上　「禪」字各本原無，據通典卷五四補。

〔八〕羅文府果毅　「文」字各本原作「舍」，據唐會要卷七改。校勘記卷一一云：「今按新書（卷三七）地理志華州下注云，有府二十，其十二爲羅文，是舍爲文之誤也。」

〔九〕漢舊儀　「舊」字各本原作「書」，據冊府卷五八六改。

〔一〇〕常用井水替明水之處　此處疑有脫誤。冊府卷五八六作：「嘗用井水代之，請準淮南、論衡以方諸取之，則禮神之物備矣。」

〔一一〕奉常奏曰封禪祭祀即須明水實樽　以上十四字各本原無，據冊府卷五八六補。

〔一二〕侍中儒者　「儒者」，各本原作「謁者」，據漢書卷二五上郊祀志、通典卷五四、英華卷七六一、冊府卷三六改。

〔一三〕據封禪禮　「禮」字各本原無，據英華卷七六一補。

〔一四〕於其杪置金雞樹　校勘記卷一一云：「按樹字疑衍。」

〔一五〕終獻皆受其胙　此處疑有脫誤。通典卷五四作「亞獻終獻皆受其胙」，冊府卷三六作「亞獻皆受其胙」。

〔一六〕亦無祭末之文　「末」字各本原作「天」，據下文「祭末俎」語、全唐文卷一五二改。

〔一七〕猶遵古禮　「猶」字各本原作「獨」，據英華卷七六一、冊府卷三六改。

〔一八〕宋志所論　「志」字各本原作「忠」，據通典卷五四、英華卷七六一、冊府卷三六改。「宋志」指宋書禮志。

〔一九〕若從祭義後焚爲定　此處疑有誤。通典卷五四此二句作：「若設祭後燔，則神無由降矣。」合鈔卷二七禮志小注云：「冬曦、行果皆主先燔以駁徐堅之議者，如舊書所云，則亦從後燔矣。疑當從通典爲長。」冊府卷三六無此二句。

〔二〇〕據祭義及貞觀　合鈔卷二七禮志小注、殿本考證、校勘記卷一一，皆謂「貞觀」下有脫文。殿本考證云：「『貞觀』二字下有闕文，意謂貞觀所行，合于祭義，顯慶後乃失也。」新舊唐書合鈔補正卷二云：「按上文『後燔爲定』句疑當在『貞觀』下。」

〔二一〕自可斷於聖意聖意所至　「聖意」，各本原不重，據通典卷五四、冊府卷三六補。

〔二二〕故能使小臣爲之　「能」字疑衍。通典卷五四無「能」字，冊府卷三六無「能使」二字。

〔二三〕而沃盥於人君　「沃盥」，各本原作「盥沃」，據通典卷五四、冊府卷三六改。

〔二四〕況天人之際　「際」字各本原作「祭」，據通典卷五四、唐會要卷八、冊府卷三六改。

〔二五〕而居下大夫之職　冊府卷三六「居」下有「古」字。

〔二六〕是徵者用之於古而大體實變之於今也　二句文字疑有誤。「徵者」，聞本、殿本、懼盈齋本、廣本

同，局本、通典卷五四作「徵名」。冊府卷三六此處作：「是徵名用之，欲合於古，而不知戾於古而變於今也。」

〔二七〕未滿歲稱灌謁者　「灌」字各本原作「權」。張森楷校勘記云：「權當作灌，漢志可證。（案見後漢書百官志二。）東西京官無權稱也。」據改。

〔二八〕今尙書令奉玉牒　「令奉」，各本原無，據冊府卷三六補。

〔二九〕皆是卿等輔弼之力　「等」字各本原無，據唐會要卷八、冊府卷三六補。

〔三〇〕百濟帶方王　「百」字各本原作「伯」，據唐會要卷八改。

〔三一〕西竺　各本原作「西二」，據唐會要卷八改。

〔三二〕朕宅帝位十有四載　各本「帝」字原無，「十有四載」原作「有十載」，據唐文粹卷一九下、全唐文卷四一改。

〔三三〕實萬物之始　冊府卷三六、唐文粹卷一九下、全唐文卷四一，「實」字下尙有「惟天帝之孫羣靈之府其方處」十二字。

〔三四〕睿宗繼明天下歸仁　以上八字各本原無，據唐文粹卷一九下、全唐文卷四一補。合鈔卷二七禮志小注云：「上文自高祖、太宗而下，歷敍功德，不應頌中宗而反遺睿宗。且上下各以四韻，宜當有此二句。」

舊唐書卷二十四

志第四

禮儀四

武德、貞觀之制，神祇大享之外，每歲立春之日，祀青帝於東郊，帝宓羲配，勾芒、歲星、三辰、七宿從祀。立夏，祀赤帝於南郊，帝神農氏配，祝融、熒惑、三辰、七宿從祀。季夏土王日，祀黃帝於南郊，帝軒轅配，后土、鎮星從祀。立秋，祀白帝於西郊，帝少昊配，蓐收、太白、三辰、七宿從祀。立冬，祀黑帝於北郊，帝顓頊配，玄冥、辰星、三辰、七宿從祀。每郊帝及配座，用方色犢各一，籩、豆各四，簠、簋各二，甑、俎各一。勾芒已下五星及三辰、七宿，每宿牲用少牢，每座籩、豆、簠、簋、甑、俎各一。孟夏之月，龍星見，雩五方上帝於雩壇，五帝配於上，五官從祀於下。牲用方色犢十，籩豆已下，如郊祭之數。

帝嚳，祭於頓丘〔一〕。唐堯，契配，祭於平陽。虞舜，咎繇配，祭於河東。夏禹，伯益配，

祭於安邑。殷湯，伊尹配，祭於偃師。周文王，太公配，祭於酆。周武王，周公、召公配，祭於鎬。漢高祖，蕭何配，祭於長陵。三年一祭，以仲春之月。牲皆用太牢。祀官以當界州長官，有故，遣上佐行事。

五嶽、四鎮、四海、四瀆，年別一祭，各以五郊迎氣日祭之。東嶽岱山，祭於兗州；東鎮沂山，祭於沂州；東海，於萊州；東瀆大淮，於唐州。南嶽衡山，於衡州；南鎮會稽，於越州；南海，於廣州；南瀆大江，於益州。中嶽嵩山，於洛州。西嶽華山，於華州；西鎮吳山，於隴州；西海、西瀆大河，於同州。北岳恆山，於定州；北鎮醫無閭山，於營州；北海、北瀆大濟，於洛州〔二〕。其牲皆用太牢，籩、豆各四。祀官以當界都督刺史充。

仲春、仲秋二時戊日，祭太社、太稷，社以勾龍配，稷以后稷配。社、稷各用太牢一，牲色並黑，籩、豆、簠、簋各二，鉶、俎各三。春分，朝日於國城之東；秋分，夕月於國城之西。各用方色犢一，籩、豆各四，簠、簋、甑、俎各一。孟春吉亥，祭帝社於藉田，天子親耕；季春吉巳，祭先蠶於公桑，皇后親桑。並用太牢，籩、豆各九。將蠶日，內侍省預奉移所司所事。諸祭祀卜日，皆先卜上旬；不吉，次卜中旬、下旬。筮日亦如之。其先蠶一祭，節氣若晚，即於節氣後取日。立春後丑，祀風師於國城東北；立夏後申，祀雨師於國城西南；立秋後辰，祀靈星於國城東南；立冬後亥，祀司中、司命、司人、司祿於國城西北。各用羊一，籩、

豆各二，簠、簋各一。季冬晦，堂贈儺，磔牲於宮門及城四門，各用雄雞一。仲春，祭馬祖；仲夏，祭先牧；仲秋，祭馬社；仲冬，祭馬步。並於大澤，用剛日。牲各用羊一，籩、豆各二，簠、簋各一。季冬藏冰，仲春開冰，並用黑牡、秬黍，祭司寒之神於冰室，籩、豆各二，簠、簋、俎各一。其開冰，加以桃弧棘矢，設於神座。

季冬寅日，蜡祭百神於南郊。大明、夜明，用犢二，籩、豆各四，簠、簋、甄、俎各一。神農氏及伊耆氏，各用少牢一，籩、豆各四，簠、簋、甄、俎各一。后稷及五方、十二次、五官、五方田畯、五嶽、四鎮、四海、四瀆以下，方別各用少牢一，當方不熟者則闕之。其日祭井泉於川澤之下，用羊一。卯日祭社稷於社宮〔三〕，辰日臘享於太廟，用牲皆準時祭。井泉用羊二〔四〕。二十八宿，五方之山林、川澤，五方之丘陵、墳衍、原隰，五方之鱗、羽、臝、毛、介，五方之水墉、坊，郵表畷，五方之貓、於菟及龍、麟、朱鳥、白虎、玄武，方別各用少牢一，各座籩、豆、簠、簋、俎各一。蜡祭凡一百八十七座。當方年穀不登，則闕其祀。蜡祭之日，祭五方井泉於山澤之下，用羊一，籩、豆各二，簠、簋及俎各一。蜡之明日，又祭社稷于社宮，如春秋二仲之禮。

顯慶中，更定籩、豆之數，始一例。大祀籩、豆各十二，中祀各十，小祀各八。

京師孟夏以後旱，則祈雨，審理冤獄，賑恤窮乏，掩骼埋胔。先祈嶽鎮、海瀆及諸山川

能出雲雨，皆於北郊望而告之。又祈社稷，又祈宗廟，每七日皆一祈。不雨，還從嶽瀆。旱甚，則大雩，秋分後不雩。初祈後一旬不雨〔五〕，即徙市，禁屠殺，斷繖扇，造土龍。雨足，則報祀。祈用酒醢，報準常祀，皆有司行事。已齊未祈而雨，及所經祈者，皆報祀。若霖雨不已，禜京城諸門，門別三日，每日一禜。不止，乃祈山川、嶽鎮、海瀆；三日不止，祈社稷、宗廟。其州縣，禜城門；不止，祈界內山川及社稷〔六〕。三禜、一祈，皆準京式，並用酒脯醢。國城門報用少牢，州縣城門用一特牲。

太宗貞觀三年正月，親祭先農，躬御耒耜，藉於千畝之甸。初，晉時南遷，後魏來自雲、朔，中原分裂，又雜以獯戎，代歷周、隋，此禮久廢，而今始行之，觀者莫不駭躍。於是秘書郎岑文本獻藉田頌以美之。初，議藉田方面所在，給事中孔穎達曰：「禮，天子藉田於南郊，諸侯於東郊。晉武帝猶於東南。今於城東置壇，不合古禮。」太宗曰：「禮緣人情，亦何常之有。且虞書云『平秩東作』，則是堯、舜敬授人時，已在東矣。又乘青輅、推黛耜者，所以順於春氣，故知合在東方。且朕見居少陽之地，田於東郊，蓋其宜矣。」於是遂定。自後每歲常令有司行事。

則天時，改藉田壇爲先農。神龍元年，禮部尚書祝欽明與禮官等奏曰：「謹按經典，無先農之文。禮記祭法云：『王自爲立社，曰王社。』先儒以爲社在藉田，詩之載芟篇序云『春

藉田而祈社稷』是也。永徽年中猶名藉田，垂拱已後刪定，改爲先農。先農與社，本是一神，頻有改張，以惑人聽。其先農壇請改爲帝社壇，以應禮經王社之義。其祭先農既改爲帝社壇，仍準令用孟春吉亥祠后土，以勾龍氏配。」制從之。於是改先農爲帝社壇，於壇西立帝稷壇，禮同太社、太稷，其壇不備方色，所以異於太社也。

睿宗太極元年，親祀先農，躬耕帝藉。禮畢，大赦，改元。

玄宗開元二十二年冬，禮部員外郎王仲丘又上疏請行藉田之禮。二十三年正月〔七〕，親祀神農於東郊，以勾芒配。禮畢，躬御耒耜于千畝之甸。時有司進儀注：「天子三推，公卿九推，庶人終畝。」玄宗欲重勸耕藉，遂進耕五十餘步，盡壠乃止。禮畢，輦還齋宮，大赦。侍耕、執牛官皆等級賜帛。玄宗開元二十六年，又親往東郊迎氣，祀青帝，以勾芒配，歲星及三辰七宿從祀。其壇本在春明門外，玄宗以祀所隘狹，始移於滻水之東面，而值望春宮。其壇一成，壇上及四面皆青色。勾芒壇在東南。歲星已下各爲一小壇，在青帝壇之北。親祀之時，有瑞雪，壇下侍臣及百僚拜賀稱慶。

肅宗乾元二年春正月丁丑〔八〕，將有事於九宮之神，兼行藉田禮。自明鳳門出，至通化門，釋軷而入壇，行宿齋於宮。戊寅，禮畢，將耕藉，先至於先農之壇。因閱耒耜，有彫刻文飾，謂左右曰：「田器，農人執之，在於朴素，豈文飾乎？」乃命徹之。下詔曰：「古之帝王，臨

御天下，莫不務農敦本，保儉爲先，蓋用勸身率下也。屬東耕啓候，爰事藉田，將欲勸彼蒸人，所以執茲耒耜。如聞有司所造農器，妄加雕飾，殊匪典章〔九〕。況紺轅縹軏，固前王有制，崇奢尚靡，諒爲政所疵。竫言思之，良用歎息，豈朕法堯舜、重茅茨之意耶！其所造彫飾者宜停。仍令有司依農用常式，即別改造，庶萬方黎庶，知朕意焉。」翌日己卯，致祭神農氏，以后稷配享。肅宗冕而朱紘，躬秉耒耜而九推焉。禮官奏陛下合三推，今過禮。肅宗曰：「朕以身率下，自當過之，恨不能終於千畝耳。」既而佇立久之，觀公卿、諸侯、王公已下耕畢。

太宗貞觀十四年春正月庚子，命有司讀春令，詔百官之長，升太極殿列坐而聽之。開元二十六年，玄宗命太常卿韋縚每月進月令一篇。是後每孟月視日，玄宗御宣政殿，側置一榻，東面置案，命韋縚坐而讀之。諸司官長，亦升殿列座而聽焉。歲餘，罷之。乾元元年十二月丙寅立春，肅宗御宣政殿，命太常卿于休烈讀春令。常參官五品已上正員，並升殿預坐而聽之。

舊儀，嶽瀆已下，祝版御署訖，北面再拜。證聖元年，有司上言曰：「伏以天子父天而母地，兄日而姊月，於禮應敬，故有再拜之儀。謹按五嶽視三公，四瀆視諸侯，天子無拜公侯之禮，臣愚以爲失尊卑之序。其日月已下，請依舊儀。五嶽已下，署而不拜。」制可，從

之〔10〕。

貞觀之禮，無祭先代帝王之文。顯慶二年六月，禮部尚書許敬宗等奏曰：「謹案禮記祭法云：『聖王之制祀也，法施於人則祀之，以死勤事則祀之，以勞定國則祀之，能禦大災則祀之，能捍大患則祀之。』又『堯、舜、禹、湯、文、武，有功烈於人，及日月星辰，人所瞻仰；非此族也，不在祀典』。準此，帝王合與日月同例，常加祭享，義在報功。爰及隋代，並遵斯典。漢高祖祭法無文，但以前代迄今，多行秦、漢故事。始皇無道，所以棄之。漢祖典章，法垂於後。自隋已下，亦在祠例。伏惟大唐稽古垂化，網羅前典，唯此一禮，咸秩未申。今請聿遵故事，三年一祭。以仲春之月，祭唐堯于平陽，以契配；祭虞舜于河東，以咎繇配；祭夏禹于安邑，以伯益配；祭殷湯于偃師，以伊尹配；祭周文王于酆，以太公配；祭武王於鎬，以周公、召公配；祭漢高祖于長陵，以蕭何配〔11〕。」

玄宗開元二十二年正月，詔曰：「古聖帝明王、嶽瀆海鎮，用牲牢，餘並以酒脯充奠祀。」二十三年正月，詔：「自今已後，明衣絹布，並祀前五日預給。」丁酉，詔：「自今已後，有大祭，宜差丞相、特進、開府、少保、少傅、尚書、御史大夫攝行事。」天寶六載正月，詔：「三皇、五帝，於京城置令、丞。」七載五月，詔：「三皇已前帝王，宜於京城共置廟官。歷代帝王肇跡之處，德業可稱者，忠臣義士、孝婦烈女，所在亦置一祠宇。晉陽眞人等並追贈，得道

昇仙處，度道士永修香火。」九載九月，處士崔昌上大唐五行應運曆，以王者五十代而一千年，請國家承周、漢，以周、隋爲閏。十一月，敕：「唐承漢後，其周武王、漢高祖同置一廟并官吏。」十二載九月，以魏、周、隋依舊爲三王後，封韓公、介、酅公等，依舊五廟〔12〕。

天寶六載正月，詔大祭祀騂犢，量減其數。肅宗上元元年閏四月，改元，制以歲儉，停中小祠享祭。至其年仲秋，復祠文宣於太學。永泰二年，春夏累月亢旱，詔大臣裴冕等十餘人，分祭川瀆以祈雨。禮儀使右常侍于休烈請依舊祠風伯、雨師於國門舊壇，復爲中祠，從之。

高祖武德二年，國子立周公、孔子廟。七年二月己酉，詔：「諸州有明一經已上未被升擢者，本屬舉送，具以名聞，有司試策，皆加敍用。其吏民子弟，有識性明敏，志希學藝，亦具名申送，量其差品，並即配學。州縣及鄉，並令置學。」丁酉，幸國子學，親臨釋奠。引道士、沙門有學業者，與博士雜相駁難，久之乃罷。

貞觀十四年三月丁丑，太宗幸國子學，親觀釋奠。祭酒孔穎達講孝經，太宗問穎達曰：「夫子門人，曾、閔俱稱大孝，而今獨爲曾說，不爲閔說，何耶？」對曰：「曾孝而全，獨爲曾能

達也。」制旨駮之曰：「朕聞家語云：曾晳使曾參鋤瓜，而誤斷其本，晳怒，援大杖以擊其背，手仆地〔13〕，絕而復蘇。孔子聞之，告門人曰：『參來勿內。』既而曾子請焉，孔子曰：『舜之事父母也，使之，常在側；欲殺之，乃不得。小箠則受，大杖則走。今參於父，委身以待暴怒，陷父於不義，不孝莫大焉。』由斯而言，孰愈於閔子騫也？」穎達不能對。太宗又謂侍臣：「諸儒各生異意，皆非聖人論孝之本旨也。孝者，善事父母，自家刑國，忠於其君，戰陣勇，朋友信，揚名顯親，此之謂孝。具在經典，而論者多離其文，迥出事外，以此爲教，勞而非法，何謂孝之道耶！」

二十一年，詔曰：「左丘明、卜子夏、公羊高、穀梁赤、伏勝、高堂生、戴聖、毛萇、孔安國、劉向、鄭衆、杜子春、馬融、盧植、鄭玄、服虔、何休、王肅、王弼、杜預、范甯、賈逵總二十二座，春秋二仲，行釋奠之禮。」初，以儒官自爲祭主，直云博士姓名，昭告于先聖。又州縣釋奠，亦以博士爲主。敬宗等又奏曰：

按禮記文王世子：「凡學，春官釋奠於其先師〔14〕。」鄭注云：「官，謂詩、書、禮、樂之官也。」彼謂四時之學，將習其道，故儒官釋奠，各於其師。既非國學行禮，所以不及先聖。至於春、秋二時合樂之日，則天子視學，命有司典秩，即總祭先聖、先師焉。秦、漢釋奠，無文可檢。至於魏武，則使太常行事。自晉、宋已降，時有親行，而學官主祭，全

無典實。且名稱國學，樂用軒懸，樽俎威儀，蓋皆官備，在於臣下，理不合專。況凡在小神，猶皆遣使行禮，釋奠既準中祀，據理必須稟命。今請國學釋奠，令國子祭酒爲初獻，祝辭稱「皇帝謹遣」，仍令司業爲亞獻，國子博士爲終獻。其州學，刺史爲初獻，上佐爲亞獻，博士爲終獻。縣學，令爲初獻，丞爲亞獻，博士既無品秩，請主簿及尉通爲終獻。若有闕，並以次差攝。州縣釋奠，既請各刺史、縣令親獻主祭，望準祭社，同給明衣。修附禮令，以爲永則。

高宗顯慶二年七月，禮部尚書許敬宗等議：「依令，周公爲先聖，孔子爲先師。又禮記云：『始立學，釋奠於先聖。』鄭玄注云：『若周公、孔子也。』且周公踐極，功比帝王，請配武王。以孔子爲先聖。」二年〔15〕，廢書、算、律學。龍朔二年正月，東都置國子監丞、主簿、錄事各一員，四門助教博士、四門生三百員，四門俊士二百員。二月〔16〕，復置律及書、算學。三年，以書隸蘭臺，算隸秘閣局，律隸詳刑寺。乾封元年正月，高宗東封還，次鄒縣頓，祭宣父，贈太師。總章元年二月，皇太子弘幸國學，釋奠，贈顏回太子少師，曾參太子少保。儀鳳三年五月，詔：「自今已後，道德經並爲上經，貢舉人皆須兼通。其餘經及論語，任依常式。」則天天授三年，追封周公爲褒德王，孔子爲隆道公。則天長壽二年，自製臣軌兩卷，令貢舉人爲業，停老子。神龍元年，停臣軌，復習老子。以鄒、魯百戶封隆道公，謚曰文宣。

睿宗景雲二年八月丁巳，皇太子釋奠于太學。太極元年正月，詔：「孔宣父祠廟，令本州修飾，取側近三十戶以供灑掃。」

開元七年十月戊寅，皇太子詣國學，行齒胄之禮。開元十一年，春秋二時釋奠，諸州宜依舊用牲牢，其屬縣用酒脯而已。十九年正月，春秋二時社及釋奠，天下州縣等停牲牢，唯用酒脯，永爲常式。二十四年三月，始移貢舉，遣禮部侍郎姚奕請進士帖左傳、禮記通五及第[一七]。二十五年三月，敕：「明經自今已後，帖十通五已上；口問大義十條，取通六已上；仍答時務策三道，取粗有文理者及第。進士停帖小經，宜準明經例試大經，帖十通四，然後試雜文及策，訖，封所試雜文及策，送中書、門下詳覆。」二十六年正月，敕：「諸州鄉貢見訖，令引就國子監謁先師，學官爲之開講，質問疑義，有司設食。弘文、崇文兩館學生及監內得舉人，亦聽預焉。」其日，祀先聖已下，如釋奠之禮。青宮五品已下及朝集使[一八]，就監觀禮。遂爲常式，每年行之至今。

初，開元八年，國子司業李元瓘奏稱：「先聖孔宣父廟，先師顏子配座，今其像立侍，配享合坐。十哲弟子，雖復列像廟堂，不預享祀。謹檢祠令：何休、范甯等二十二賢[一九]，猶霑從祀，望請春秋釋奠，列享在二十二賢之上。七十子，請準舊都監堂圖形于壁，兼爲立贊，庶敦勸儒風，光崇聖烈。曾參等道業可崇，獨受經於夫子，望準二十二賢預饗。」敕改顏生

等十哲爲坐像，悉預從祀。曾參大孝，德冠同列，特爲塑像，坐於十哲之次。圖畫七十子及二十二賢於廟壁上。以顏子亞聖，上親爲之贊，以書于石。閔損已下，令當朝文士分爲之贊。

二十七年八月，又下制曰：

弘我王化，在乎儒術。孰能發揮此道，啓迪含靈，則生人已來，未有如夫子者也。所謂自天攸縱，將聖多能，德配乾坤，身揭日月。故能立天下之大本，成天下之大經，美政教，移風俗，君君臣臣，父父子子，人到于今受其賜。不其猗歟！於戲！楚王莫封，魯公不用，俾夫大聖，纔列陪臣，棲遲旅人，固可知矣。年祀寖遠，光靈益彰，雖代有褒稱，而未爲崇峻，不副於實，人其謂何？

朕以薄德，祗膺寶命，思闡文明，廣被華夏。時則異於今古，情每重於師資。既行其教，合旌厥德。爰申盛禮，載表徽猷。夫子既稱先聖，可追謚爲文宣王。宜令三公持節册命，應緣册及祭，所司速擇日，并撰儀注進。其文宣陵并舊宅立廟[二〇]，量加人灑掃，用展誠敬。其後嗣可封文宣公。至如辨方正位，著自禮經，苟非得所，何以示則？昔緣周公南面，夫子西坐，今位既有殊，坐豈如舊，宜補其墜典，永作成式。自今已後，兩京國子監，夫子皆南面而坐，十哲等東西列侍。天下諸州亦准此。

且門人三千，見稱十哲，包夫衆美，實越等夷。暢玄聖之風規，發人倫之耳目，並宜褒贈，以寵賢明。顏子淵既云亞聖，須優其秩，可贈兗公。閔子騫可贈費侯，冉伯牛可贈鄆侯，冉仲弓可贈薛侯，冉子有可贈徐侯，仲子路可贈衞侯，宰子我可贈齊侯，端木子貢可贈黎侯，言子游可贈吳侯，卜子夏可贈魏侯。又夫子格言，參也稱魯，雖居七十之數，不載四科之目。頃雖異於十哲，終或殊於等倫，允稽先旨，俾循舊位。庶乎禮得其序，人焉式瞻，宗洙泗之丕烈，重膠庠之雅範。

又贈曾參、顓孫師等六十七人皆爲伯。於是正宣父坐於南面，內出王者袞冕之服以衣之。遣尚書左丞相裴耀卿就國子廟册贈文宣王。册畢，所司奠祭，亦如釋奠之儀，公卿已下預觀禮。又遣太子少保崔琳就東都廟以行册禮，自是始用宮縣之樂。春秋二仲上丁，令三公攝行事。

天寶元年，明經、進士習爾雅。九載七月，國子監置廣文館，知進士業，博士、助教各一人，秩同太學博士。十二載七月，詔天下舉人不得充鄉貢，皆補學生。四門俊士停。

寶應二年六月，敕令州縣每歲察秀才孝廉，取鄉閭有孝悌廉恥之行薦焉。委有司以禮待之，試其所通之學，五經之內，精通一經，兼能對策，達於理體者，並量行業授官。其明經、進士並停。國子學道舉，亦宜準此。因楊綰之請也。詔下朝臣集議，中書舍人賈至議，

請依綰奏。有司奏曰：「竊以今年舉人等，或舊業既成，理難速改，或遠州所送，身已在途，事須收奬。其今秋舉人中有情願舊業舉試者，亦聽。明年已後，一依新敕。」後綰議竟不行。

自至德後，兵革未息，國學生不能廩食，生徒盡散，堂墉頹壞，常借兵健居止。至永泰二年正月，國子祭酒蕭昕上言：「崇儒尚學，以正風教，乃王化之本也。」其月二十九日，敕曰：

理道同歸，師氏爲上，化人成俗，必務於學。俊造之士，皆從此途，國之貴遊，罔不受業。修文行忠信之教，崇祗庸孝友之德，盡其師道，乃謂成人。兼復揚于王廷，考以政事，徵之以禮，任之以官。寘于周行，莫匪邦彥，樂得賢也，其在茲乎！

朕志求理體，尤重儒術，先王大教，敢不底行。頃以戎狄多難，急於經略，太學空設，諸生蓋寡。絃誦之地，寂寥無聲，函丈之間，殆將不掃。上庠及此，甚用憫焉。今宇縣攸寧，文武兼備，方投戈而講藝，俾釋菜而行禮。四科咸進，六藝復興，神人以和，風化寖美。日用此道，將無間然。

其諸道節度、觀察、都防禦使等，朕之腹心，久鎮方面。眷其子弟，各奉義方，修德立身，事資括羽[二一]。恐干戈之後，學校尚微，僻居遠方，無所諮稟。山東寡學，質疑必就於馬融；關西盛名，尊儒乃稱於楊震。負經來學，當集京師。并宰相、朝官及神策

六軍軍將子弟欲習業者，自今已後，並令補國子生。欲其業重籝金，器成琢玉，日新厥德，代不乏賢。其中身雖有官，欲附學讀書者，亦聽。其學官，委中書、門下即簡擇行業堪爲師範者充。學生員數多少，所習經業，考試等第，并所供糧料，及學館破壞，要量事修理，各委本司作條件聞奏。務須詳悉，稱朕意焉。

及二月朔上丁釋奠，蕭昕又奏：諸宰相元載、杜鴻漸、李抱玉及常參官、六軍軍將就國子學聽講論，賜錢五百貫。令京兆尹黎幹造食。集諸儒、道、僧，質問竟日。此禮久廢，一朝能舉。八月，國子學成祠堂、論堂、六館院及官吏所居廳宇，用錢四萬貫，拆曲江亭子瓦木助之。四日，釋奠，宰相、常參官、軍將盡會於講堂，京兆府置食，講論。軍容使魚朝恩說易，又於論堂畫周易鏡圖。自至德二載收兩京，唯元正含元殿受朝賀，設宮懸之樂，雖郊廟大祭，祗有登歌樂，亦無文、武二舞。其時軍容使魚朝恩知監事，廟庭乃具宮懸之樂於講堂前，又有教坊樂府雜伎，竟日而罷。

二十五日〔三二〕，詔曰：「古者設官分土，所以崇德報功。總內署之綱，事密於清禁；弘上庠之教，德潤於鴻業。賦開千乘，禮序九賓。必資兼濟之能，用協至公之選。開府儀同三司、兼右監門衞大將軍、仍知觀軍容宣慰處置使、知內侍省事、內飛龍閑廐使、內弓箭庫使、知神策軍兵馬使、上柱國、馮翊郡開國公魚朝恩，溫良恭儉，寬柔簡廉，長才博達，敏識高妙。學究儒玄之秘，謀窮遁甲之精。百行資身，一心奉上。自王室多故，雲雷經始，五原之北，以先啓行；三河之表，爰整其旅。成師必勝，每合於韜鈐；料敵無遺，可徵於著蔡。關洛既定，幽燕復開，海外有截，厥功惟茂。歷事三聖，始終竭力。頃東都扈蹕，釋位勤王，時當綴旒，節見披棘，下江助我，甲令先書，社稷之衞，邦家是賴。及邊陲罷警，戎務解嚴，方獎勵於易象。才兼文武，所謂勳賢，亦既任能，斯焉命賞，宜膺朝典，式副公議。可行內侍監，判國子監事，充鴻臚禮賓等使，封鄭國公，食邑三千戶。」

二十四日，於國子監上。詔宰相及中書門下官、諸司常參官、六軍軍將送上。京兆府造食，內教坊音樂、竿木渾脫，羅列於論堂前。朝恩辭以中官不合知南衙曹務，宰相僕射大夫皆勸之，朝恩固辭，乃奏之。宰相引就食，奏樂，中使送酒及茶果，賜充宴樂，竟日而罷。元載奏狀。又使中使宣敕云：「朝恩既辭不止，但任知學生糧料。」是日，宰相軍將已下子弟三百餘人，皆衣紫衣，充學生房，設食於廊下。貸錢一萬貫，五分收錢，以供監官學生之費。俄又請青苗地頭取百文資課以供費同〔三三〕。舊例，兩京國子監生二千餘人，弘文館、崇文館、崇玄館學生，皆廩飼之。十五載，上都失守，此事廢絕。乾元元年，以兵革未息，又詔罷州縣學生，以俟豐歲。

則天垂拱四年四月〔三四〕，雍州永安人唐同泰僞造瑞石於洛水，獻之。其文曰：「聖母臨人，永昌帝業。」於是號其石爲「寶圖」，賜百官宴樂，賜物有差。授同泰爲游擊將軍。其年五月下制，欲親拜洛受「寶圖」。先有事於南郊，告謝昊天上帝。令諸州都督、刺史并諸親，並以拜洛前十日集神都。於是則天加尊號爲聖母神皇。大赦天下。改「寶圖」爲「天授聖圖」，洛水爲永昌〔三五〕。封其神爲顯聖侯，加特進，禁漁釣，祭享齊於四瀆。所出處號曰聖圖泉，於泉側置永昌縣。又以嵩山與洛水接近，因改嵩山爲神嶽，授太師、使持節、神嶽大都督、天中王，禁斷芻牧。其天中王及顯聖侯，並爲置廟。又先於汜水得瑞石，因改汜水縣爲廣武縣。至其年十二月，則天親拜洛受圖，爲壇於洛水之北，中橋之左。皇太子皆從，內外文武百僚、蠻夷酋長，各依方位而立。珍禽奇獸，並列於壇前。文物鹵簿，自有唐已來，未有如此之盛者也。禮畢，即日還宮。神都父老勒碑於拜洛壇前，號曰「天授聖圖之表」。開元五年，左補闕盧履冰上言曰：「則天皇后拜洛受圖壇及碑文，云垂拱四年唐同泰得石，文云『聖母臨人，永昌帝業』之所建。因改元爲永昌，仍置永昌縣。縣既尋廢，同泰亦已貶官，唯碑壇獨立。準天樞、頌臺之例，不可更留。」始令所司毀之，其顯聖侯廟亦尋毀拆。

開元二十九年正月己丑，〔三六〕詔兩京及諸州各置玄元皇帝廟一所，并置崇玄學。其生徒令習道德經及莊子、列子、文子等，每年準明經例舉送。至閏四月，玄宗夢京師城南山趾有天尊之像，求得之於盩厔樓觀之側。至天寶元年正月癸丑，陳王府參軍田同秀稱於京永昌街空中見玄元皇帝，以「天下太平，聖壽無疆」之言傳於玄宗，仍云桃林縣故關令尹喜宅傍有靈寶符。發使求之，十七日，獻於含元殿。於是置玄元廟於太寧坊，東都於積善坊舊邸。二月丁亥，御含元殿，加尊號爲開元天寶聖文神武皇帝。辛卯，親祔玄元廟。丙申，詔：古今人表〔三七〕，玄元皇帝升入上聖。莊子號南華眞人，文子號通玄眞人，列子號沖虛眞人，庚桑子號洞虛眞人。改莊子爲南華眞經，文子爲通玄眞經，列子爲沖虛眞經，庚桑子爲洞虛眞經。亳州眞源縣先天太后及玄元廟各置令一人。兩京崇玄學各置博士、助教，又置學生一百員。桃林縣改爲靈寶縣。田同秀與五品官。四月，詔崇文習道德經。七月，隴西李氏燉煌、姑臧、絳郡、武陽四房隸於宗正寺。九月，兩京玄元廟改爲太上玄元廟，天下準此。十月，改新豐驪山爲會昌山，仍於秦坑儒之所立祠宇。新作長生殿改爲集靈臺。

二年正月丙辰，加玄元皇帝尊號「大聖祖」三字，崇玄學改爲崇玄館，博士爲學士，助教爲直學士，更置大學士員。三月壬子，親謁玄元宮，聖祖母益壽氏號先天太后，仍於譙郡置廟。尊臯繇爲德明皇帝，涼武昭王爲興聖皇帝。西京玄元廟爲太清宮，東京爲太微宮，天下諸州爲紫極宮。九月，譙郡紫極宮宜準西京爲太清宮，先天太皇及太后廟亦並改爲宮。

三載三月，兩京及天下諸郡於開元觀、開元寺，以金銅鑄玄元等身天尊及佛各一軀。七載二月，於大同殿修功德處，玉芝兩莖生於柱礎上。五月，玄宗御興慶殿，授册尊號曰開元天寶聖文神武應道皇帝。十二月，以玄元皇帝見於朝元閣，改爲降聖閣。改會昌縣爲昭應縣，改會昌山爲昭應山。封昭應山神爲玄德公，立祠宇。

初，太清宮成，命工人於太白山採白石，爲玄元聖容，又採白石爲玄宗聖容，侍立於玄元之右。皆依王者衮冕之服，繒綵珠玉爲之。又於像設東刻白石爲李林甫、陳希烈之形。及林甫犯事，又刻石爲楊國忠之形，而瘞林甫之石。及希烈、國忠貶，盡毀瘞之。

八載六月，玉芝產於大同殿。先是，太白山人李渾稱於金星洞仙人見，語老人云，有玉版石記符「聖上長生久視」。令御史中丞王鉷入山洞，求而得之。閏六月四日，玄宗朝太清宮，加聖祖玄元皇帝尊號曰聖祖大道玄元皇帝，高祖、太宗、高宗、中宗、睿宗尊號並加「大聖」字，皇后並加「順聖」字。五日，玄宗御含元殿，加尊號曰開元天寶聖文神武應道皇帝。大赦。自今已後，每至禘祫，並於太清宮聖祖前設位序昭穆。太白山封神應公，金星洞改嘉祥洞，所管華陽縣改爲眞符縣。兩京及十道一大郡，置眞符玉芝觀。

九載十月，先是，御史大夫王鉷奏稱太白山人王玄翼見玄元皇帝於寶山洞中。乃遣王鉷、張均、王倕、韋濟、王翼、王嶽靈於洞中得玉石函上清護國經、寶券、紀籙等，獻之。

十一月，制：「承前宗廟，皆稱告享。自今已後，每親告獻太清、太微宮，改爲朝獻，有司

行事爲薦獻。親告享宗廟改爲朝享，有司行事爲薦享。親巡陵改爲朝陵，有司行事爲拜陵。應諸事告宗廟者，並改爲表。其郊天、后土及享祠祝文云『敢昭告』者，並改爲『敢昭薦』。」

十載正月，有事于南郊，於壇所大赦。制：「自今已後，攝祭南郊，薦獻太清宮，薦享太廟，其太尉行事前一日，於致齋所具羽儀鹵簿，公服引入，親授祝版，乃赴清齋所。」

汾陰后土之祀，自漢武帝後廢而不行。玄宗開元十年，將自東都北巡，幸太原，便還京，乃下制曰：「王者承事天地以爲主，郊享泰尊以通神。蓋燔柴泰壇，定天位也；瘞埋泰折，就陰位也。將以昭報靈祇，克崇嚴配。爰逮秦、漢，稽諸祀典，立甘泉於雍畤，定后土於汾陰，遺廟巋然，靈光可燭。朕觀風唐、晉，望秩山川，肅恭明神，因致禋敬，將欲爲人求福，以輔昇平。今此神符，應於嘉德。行幸至汾陰，宜以來年二月十六日祠后土，所司準式。」

先是，脽上有后土祠，嘗爲婦人塑像，則天時移河西梁山神塑像，就祠中配焉。至是，有司送梁山神像於祠外之別室，內出錦繡衣服，以上后土之神，乃更加裝飾焉。又於祠堂院外設壇，如皇地祇之制。及所司起作，獲寶鼎三枚以獻。十一年二月，上親祠于壇上，亦如方丘儀。禮畢，詔改汾陰爲寶鼎。亞獻邠王守禮、終獻寧王憲已下，頒賜各有差。二十年，車駕又從東都幸太原，還京。中書令蕭嵩上言：「去十一年親祠后土，爲祈穀，自是神明昭格，累年豐登。有祈必報，禮之大者。且漢武親祠脽上，前後數四，伏請準舊祀后土，行賽之禮〔三〇〕。」上從之。其年十一月至寶鼎，又親祠以申賽謝。禮畢，大赦。仍令所司刊石祠所，上自爲其文。

開元二十四年七月乙巳，初置壽星壇，祭老人星及角、亢等七宿。天寶三年，有術士蘇嘉慶上言：「請於京東朝日壇東，置九宮貴神壇，其壇三成，成三尺，四階。其上依位置九壇，壇尺五寸。東南曰招搖，正東曰軒轅，東北曰太陰，正南曰天一，中央曰天符，正北曰太一，西南曰攝提，正西曰咸池，西北曰青龍。五爲中，戴九履一，左三右七，二四爲上，六八爲下，符於遁甲。四孟月祭，尊爲九宮貴神，禮次昊天上帝，而在太清宮太廟上。用牲牢、璧幣，類于天地神祇。」玄宗親祀之。如有司行事，即宰相爲之。肅宗乾元三年正月，又親祀之。初，九宮神位，四時改位，呼爲飛位。乾元之後，不易位。

大和二年八月，監察御史舒元輿奏：「七月十八日，祀九宮貴神，臣次合監祭，職當檢察禮物。伏見祝版九片，臣伏讀既竟，竊見陛下親署御名及稱臣於九宮之神。臣伏以天子之尊，除祭天地、宗廟之外，無合稱臣者。王者父天母地，兄日姊月，此以九宮爲目〔三一〕，是宜分方而守其位。臣又觀其名號，乃太一、天一、招搖、軒轅、咸池、青龍、太陰、天符、攝提也。此九神，於天地猶子男也，於日月猶侯伯也。陛下尊爲天子，豈可反臣於天之子男耶？臣

竊以爲過。縱陰陽者流言其合祀，則陛下當合稱皇帝遣某官致祭于九宮之神，不宜稱臣與名。臣實愚瞽，不知其可。伏緣行事在明日鷄初鳴時，成命已行，臣不敢滯。伏乞聖慈異日降明詔禮官詳議，冀明萬乘之尊，無所虧降，悠久憪典，因此可正。」詔都省議，皆如元輿之議。乃降爲中祠，祝版稱皇帝，不署。

會昌元年十二月，中書門下奏：「準天寶三載十月六日敕，『九宮貴神，實司水旱，功佐上帝，德庇下人。冀嘉穀歲登，災害不作。每至四時初節，令中書門下往攝祭』者。準禮，九宮次昊天上帝，壇在太清宮、太廟上，用牲牢、璧幣，類於天地。天寶三載十二月，玄宗親祠。乾元二年正月，肅宗親祀。伏自累年已來，水旱愆候，恐是有司禱請，誠敬稍虧。今屬孟春，合修祀典，望至明年正月祭日，差宰臣一人禱請。向後四時祭，並請差僕射、少師、少保、尚書、太常卿等官，所冀稍重其事，以申嚴敬。臣等十一月二十五日已於延英面奏，伏奉聖旨令檢儀注進來者。今欲祭時，伏望令有司崇飾舊壇，務於嚴潔。」敕旨依奏。

二年正月四日，太常禮院奏：「準監察御史關牒：『今月十三日，祀九宮貴神，已敕宰相崔珙攝太尉行事，合受誓誡，及有司徒、司空否？』伏以前件祭本稱大祠，準大和三年七月二十四日敕，降爲中祠。昨據敕文，祇稱崇飾舊壇，務於嚴潔，不令別進儀注，更有改移。伏恐不合却用大祠禮料，伏候裁旨。」中書門下奏曰：

臣準天寶三載十月六日敕，「九宮貴神，實司水旱」。臣等伏覩，既經兩朝親祠，必是祈請有徵。況自大和已來，水旱愆候，陛下常憂稼穡，每念烝黎。臣等合副聖心，以修墜典。伏見大和三年禮官狀云：「縱司水旱兵荒，品秩不過列宿。今者五星悉是從祀，日月猶在中祀。」竊詳其意，以星辰不合比於天官。曾不知統而言之，則爲天地，在於辰象，自有尊卑。謹按後魏王鈞志：「北辰第二星，盛而常明者，乃爲元星露寢，天帝常居，始由道奧而爲變通之迹。又天皇大帝，其精曜魄寶，蓋萬神之秘圖，河海之命紀皆稟焉。」據茲說即昊天上帝也[三〇]。天一掌八氣、九精之政令，以佐天極。徵明而有常，則陰陽序，大運興。太一掌十有六神之法度，以輔人極。徵明而得中，則神人和而王道昇平。又北斗有權、衡二星，天一、太一參居其間，所以財成天地，輔相神道也。若一概以列宿論之，實爲淺近。按漢書曰：「天神貴者太一，佐曰五帝。」古者天子以春秋祭太一，列於祀典，其來久矣。今五帝猶爲大祀，則太一無宜降祀，稍重其祀，固爲得所。劉向有言曰：「祖宗所立神祇舊典，誠未易動。」又曰：「古今異制，經無明文，至尊至重，難以疑說正也。」其意不欲非祖宗舊典。以劉向之博通，尚難於改作，況臣等學不究於天人，識尤懵於祀典，欲爲參酌，恐未得中。伏望更令太常卿與學官同詳定，庶獲明據。

從之。

檢校左僕射太常卿王起、廣文博士盧就等獻議曰：

伏以九宮貴神，位列星座，往因致福，詔立祠壇。降至尊以稱臣，就東郊以親拜。在祀典雖云過禮，庇羣生豈患無文，思福黔黎，特申嚴奉，誠聖人屈己以安天下之心也。厥後祝史不明，精誠亦怠，禮官建議，降處中祠。今聖德憂勤，期臻壽域，兵荒水旱，痻瘵軫懷，爰命台臣，緝興墜典。

伏惟九宮所稱之神，即太一、攝提、軒轅、招搖、天符、青龍、咸池、太陰、天一者也。謹按黃帝九宮經及蕭吉五行大義：「一宮，其神太一，其星天蓬，其卦坎，其行水，其方白。二宮，其神攝提，其星天芮，其卦坤，其行土，其方黑。三宮，其神軒轅，其星天衝，其卦震，其行木，其方碧。四宮，其神招搖，其星天輔，其卦巽，其行木，其方綠。五宮，其神天符，其星天禽，其卦離，其行土，其方黃。六宮，其神青龍，其星天心，其卦乾，其行金，其方白。七宮，其神咸池，其星天柱，其卦兌，其行金，其方赤。八宮，其神太陰，其星天任，其卦艮，其行土，其方白。九宮，其神天一，其星天英，其卦離，其行火，其方紫。」觀其統八卦，運五行，土飛於中，數轉於極，雖敬事迎釐，不聞經見，而範圍亭育，有助昌時，以此兩朝親祀而臻百祥也。然以萬物之精，上爲列星，星之運行，必繫於物。貴而居者，則必統八氣，總萬神，斡權化於混茫，賦品彙於陰隲，與天地日月，誠相參也。豈得緊賴於敷祜，而屈降於等夷？

又據太尉攝祀九宮貴神舊儀：前七日，受誓誡於尚書省，散齋四日，致齋三日。牲用犢。祝版御署，稱嗣天子臣。圭幣樂成。比類中祠，則無等級。今據江都集禮及開元禮[三一]：蜡祭之日，大明、夜明二座及朝日、夕月，皇帝致祝，皆率稱臣。若以爲非泰壇配祀之時，得主日報天之義。卑緣厭屈，尊用德伸，不以著在中祠，取類常祀。此則中祠用大祠之義也。又據太社、太稷，開元之制，列在中祠。天寶三載二月十四日敕，改爲大祠，自後因循，復用前禮。長慶三年正月，禮官獻議，始準前敕，稱爲大祠。唯御署祝文，稱天子謹遣某官某昭告。文義以爲殖物粒人，則宜增秩，致祝稱禱，有異方丘，不以伸爲大祠，遂屈尊稱。此又大祠用中祠之禮也。參之日月既如彼，考之社稷又如此，所謂功鉅者因之以殊禮，位稱者不敢易其文，是前聖後儒陟降之明徵也。

今九宮貴神，既司水旱，降福穰災，人將賴之，追舉舊章，誠爲得禮。然以立祠非古，宅位有方，分職既異其司存，致祝必參乎等列。求之折中，宜有變通，稍重之儀，有以爲比。伏請自今已後，却用大祠之禮，誓官備物，無有降差。唯御署祝文，以社稷爲本[三二]，伏緣已稱臣於天帝，無二尊故也。

敕旨依之，付所司。

天寶十載四月二十九日，移黃帝壇於子城內坤地，將親祠祭，壇成而止。

玄宗先天二年，封華嶽神爲金天王。開元十三年，封泰山神爲天齊王。天寶五載，封中嶽神爲中天王，南嶽神爲司天王，北嶽神爲安天王。六載，河瀆封靈源公，濟瀆封清源公，江瀆封廣源公，淮瀆封長源公。十載正月，四海並封爲王。遣國子祭酒嗣吳王祇祭東嶽天齊王，太子家令嗣魯王宇祭南嶽司天王，秘書監崔秀祭中嶽中天王，國子祭酒班景倩祭西嶽金天王，宗正少卿李成裕祭北嶽安天王；衞尉少卿李澣祭江瀆廣源公，京兆少尹章恆祭河瀆靈源公，太子左諭德柳偡祭淮瀆長源公[三三]，河南少尹豆盧回祭濟瀆清源公；太子率更令嗣道王鍊祭沂山東安公，吳郡太守趙居貞祭會稽山永興公，大理少卿李稹祭吳嶽山成德公，潁王府長史甘守默祭霍山應聖公，范陽司馬畢炕祭醫無閭山廣寧公；太子中允李隨祭東海廣德王，義王府長史張九章祭南海廣利王，太子中允柳奕祭西海廣潤王，太子洗馬李齊榮祭北海廣澤王。取三月十七日一時禮冊。

玄宗御極多年，尚長生輕舉之術。於大同殿立真仙之像，每中夜夙興，焚香頂禮。天下名山，令道士、中官合鍊醮祭，相繼於路。投龍奠玉，造精舍，採藥餌，真訣仙蹤，滋於歲月。及上元二年[三五]，肅宗至德二載春，在鳳翔，改汧陽郡吳山爲西嶽[三四]，增秩以祈靈助。

聖躬不康，術士請改吳山爲華山，華山爲泰山，華州爲泰州，華陽縣爲太陰縣。寶應元年，復舊。

則天長安三年，令天下諸州宜教人武藝，每年準明經進士例申奏。開元十九年，於兩京置太公尚父廟一所，以漢留侯張良配饗。天寶六載，詔諸州武舉人上省，先謁太公廟，拜將帥亦告太公廟。至肅宗上元元年閏四月，又尊爲武成王，選歷代良將爲十哲。

高宗顯慶元年三月辛巳，皇后武氏有事於先蠶。玄宗先天二年三月辛卯，皇后王氏祀先蠶。肅宗乾元二年三月己巳，皇后張氏祠先蠶於苑內，內外命婦同採焉。

舊儀，大祭祀，宮懸、軒懸奏於庭，登歌於堂上。自至德二載克復兩京後，樂工不備，時又艱食，諸壇廟祭享，空有登歌，無壇下、庭中樂及二舞。

舊儀，凡祭享，有司行事，則太尉奠瓚幣，司徒捧俎，司空掃除，太尉初獻，太常卿亞獻，光祿卿終獻。自上元後，南郊、九宮神壇、太廟，備此五官，餘卽太常卿攝司空，光祿卿攝司徒，貴省於事。

舊儀，有協律郎立於阼階上，麾竿以節樂。今無協律之位。

舊儀，光祿欲爲祭饌，將陽燧望日取火，謂之明火。太牢皆棧飼於廩犧署，以至充腯。

臨祭視其充瘦，謂之省牲。肅宗上元二年九月，改元爲元年，詔：「圜丘方澤，依恆存一太牢。皇廟諸祠，臨時獻熟。」今昊天上帝、太廟，一牢，羊豕各三，餘祭盡隨事辦供以備禮。明火、棧飼之禮，亦不暇矣。

校勘記

〔一〕帝嚳祭於頓丘　「祭」上各本原有「配」字。通典卷一〇六無「配」字。大唐開元禮卷五〇所載祭先代帝王祝文，堯、舜、禹、湯、文、武、漢高均有配座祝文，惟帝嚳無。合鈔卷二八禮志謂「配」字衍。據刪。

〔二〕北海北瀆大濟於洛州　「洛州」，殿本、懼盈齋本、局本、廣本作「洺州」，此據聞本。案大唐開元禮卷三六作「河南府」，通典卷四六作「洛州」，又卷一〇六作「河南府」，新書卷一五禮樂志作「河南」，當作「洛州」。

〔三〕當方不熟者則闕之其日祭井泉於川澤之下用羊一卯日祭社稷於社宮　此數句與下文複見，疑有舛誤。合鈔卷二八禮志刪之，而補以「籩豆各二簠簋及俎各一」。

〔四〕辰日臘享於太廟用牲皆準時祭井泉用羊二　合鈔卷二八禮志刪「井泉用羊二」句而移「辰日」二句於下文「如春秋二仲之禮」句下。

〔五〕旱甚則大雩秋分後不雩初祈後一旬不雨　「旱甚」至「初祈」十二字各本原無，據通典卷四三補。

〔六〕不止祈界內山川及社稷　「不止祈」，各本原作「其」，據通典卷一〇八改。

〔七〕二十三年正月　「正月」，各本原作「二月」，據本書卷八玄宗紀、通鑑卷二一四改。

〔八〕乾元二年　「二年」，各本原作「三年」，據本書卷一〇肅宗紀、新書卷一四禮樂志改。

〔九〕爰事耤田將欲勸彼蒸人所以執茲耒耜如聞有司所造農器妄加雕飾殊匪典章　「耤田」至「殊匪」二十八字各本原無，據冊府卷五六、唐大詔令集卷七四、全唐文卷四二補。

〔一〇〕制可從之　唐會要卷二二作「制可」，合鈔卷二八禮志作「制從之」，此處疑有衍文。

〔一一〕以蕭何配　句下唐會要卷二二有「詔可」二字。

〔一二〕以魏周隋依舊爲二王後封韓公介酅公等依舊五廟　此處文字疑有脫誤。「五」疑「立」字之誤。唐會要卷二四作：「魏、周、隋依舊爲三恪及二王後，復封韓、介、酅等公。其周、漢、魏、晉、齊、梁帝王廟，依舊制。」

〔一三〕手仆地　此句文字疑有誤。冊府卷四〇作「應手仆地」，合鈔卷二八禮志作「身仆地」。

〔一四〕凡學春官釋奠於其先師　「春官」，各本原作「官春」，據禮記文王世子原文改。

〔一五〕二年　本書卷四高宗紀作「三年」。

〔一六〕二月　本書卷四高宗紀作「五月」。

〔一七〕遣禮部侍郎姚奕請進士帖左傳禮記通五及第　此處文字疑有脫誤。唐會要卷七六作：「禮部侍郎姚奕請進士帖左氏傳、周禮、儀禮，通五與及第。」

〔一八〕青宮五品已下　「青宮」疑爲「清官」之誤。

〔一九〕何休范甯等二十二賢　此句及下文「列享在二十二賢之上」句中之「二十二」，各本原作「二十」，據通典卷五三、唐會要卷三五補「二」字。

〔二〇〕其文宣陵并舊宅立廟　「立」字冊府卷五〇無，疑爲衍文。

〔二一〕事資括羽　「括羽」，冊府卷五〇、唐大詔令集卷一〇五、全唐文卷四六均作「藝業」。

〔二二〕二十五日　張森楷校勘記云：「案五當作三，觀下有二十四日可見。」

〔二三〕以供費同　校勘記卷一一謂依文義「同」字應作「用」。

〔二四〕垂拱四年　「四年」，各本原作「五年」，據本書卷六則天皇后紀、通鑑卷二〇四改。按垂拱僅四年，次年正月卽改元永昌。下文盧履冰上言中「垂拱五年」同改。

〔二五〕洛水爲永昌　「永昌」，通鑑卷二〇四作「永昌洛水」。

〔二六〕開元二十九年　「九」字各本原無，據本書卷九玄宗紀補。

〔二七〕古今人表　各本原作「史記古今人表」，據唐會要卷五〇刪「史記」二字。

〔二八〕行賽之禮　通典卷四五「賽」上有「報」字，合鈔卷二八禮志作「行賽謝之禮」。

〔二九〕此以九宮爲目　「此」字各本原作「比」，據冊府卷五九一改。

〔三〇〕據茲說即昊天上帝也　「茲」字各本原作「玄」，據冊府卷五九二改。

〔三一〕今據江都集禮及開元禮　「及」字各本原作「又」，據冊府卷五九二改。

〔三二〕以社稷爲本　「本」字冊府卷五九二作「準」，似當作「準」。

〔三三〕太子左諭德柳偡　「左」字各本原無，據冊府卷三三補。

〔三四〕改汧陽郡吳山爲西嶽　唐會要卷四七：「至德二年十二月十五日敕：吳山宜改爲吳嶽，祠享官屬，幷準五嶽故事。」此處「西嶽」似當從會要作「吳嶽」。

〔三五〕上元二年　聞本、殿本、懼盈齋本、廣本作「上元年」，局本作「上元元年」，此據唐會要卷四七改。案本書卷一〇肅宗紀謂帝自上元二年仲春起有疾，作「二年」爲是。

舊唐書卷二十五

志第五

禮儀五

唐禮：四時各以孟月享太廟，每室用太牢。季冬蜡祭之後，以辰日臘享於太廟，用牲如時祭。三年一祫，以孟冬。五年一禘，以孟夏。又時享之日，修七祀於太廟西門內之道南：司命、戶以春，竈以夏，門、厲以秋，行以冬，中霤則於季夏迎氣日祀之。若品物時新堪進御者，所司先送太常，與尙食相知，簡擇精好者，以滋味與新物相宜者配之。太常卿奉薦於太廟，不出神主。仲春薦冰，亦如之。

武德元年五月，備法駕迎宣簡公、懿王、景皇帝、元皇帝神主，祔於太廟，始享四室。

貞觀九年，高祖崩，將行遷祔之禮，太宗命有司詳議廟制。諫議大夫朱子奢建議曰：

按漢丞相韋玄成奏立五廟，諸侯亦同五。劉子駿議開七祖，邦君降二。鄭司農踵

玄成之轍，王子雍揚國師之波，分塗並驅，各相師祖，咸㪍其所習，好同惡異。遂令歷代祧祀，多少參差，優劣去取，曾無畫一。傳稱「名位不同，禮亦異數」。易云「卑高以陳，貴賤位矣」。豈非別嫌疑，愼微遠，防陵僭，尊君卑佐，升降無舛，所貴禮者，義在茲乎！若使天子諸侯，俱立五廟，便是賤可以同貴，臣可以濫主，名器無準，冠屨同歸，禮亦異數，義將安設？戴記又稱：「禮有以多爲貴者，天子七廟，諸侯五廟。」若天子五廟，纔與子男相埒，以多爲貴，何所表乎？愚以爲諸侯立高祖以下，幷太祖五廟，一國之貴也。天子立高祖以上，幷太祖七廟，四海之尊也。降殺以兩，禮之正焉。前史所謂「德厚者流光，德薄者流卑」，此其義也。伏惟聖祖在天，山陵有日，祔祖嚴配，大事在斯。宜依七廟，用崇大禮。若親盡之外，有王業之所基者，如殷之玄王，周之后稷，尊爲始祖。倘無其例，請三昭三穆，各置神主，太祖一室，考而虛位。將待七百之祚，遞遷方處，庶上依晉、宋，傍愜人情。

於是八座奏曰：

臣聞揖讓受終之后，革命創制之君，何嘗不崇親親之義，篤尊尊之道，虔奉祖宗，致敬郊廟。自義乖闕里，學滅秦庭，儒雅既喪，經籍湮殄。雖兩漢纂修絕業，魏、晉敦尙斯文，而宗廟制度，典章散逸，習所傳而競偏說，執淺見而起異端。自昔迄茲，多歷

年代，語其大略，兩家而已。祖鄭玄者則陳四廟之制，述王肅者則引七廟之文，貴賤混而莫辯，是非紛而不定。

陛下至德自然，孝思罔極，孺慕踰匹夫之志，制作窮聖人之道，誠宜定一代之宏規，爲萬世之彝則。臣奉遵睿旨，討論往載，紀七廟者實多，稱四祖者蓋寡。校其得失，昭然可見。春秋穀梁傳及禮記王制祭法禮器、孔子家語，並云：「天子七廟，諸侯五廟，大夫三廟，士二廟。」尚書曰：「七世之廟，可以觀德。」至於孫卿、孔安國、劉歆、班彪父子、孔晁、虞憙、干寶之徒〔一〕，或學推碩儒，或才稱博物，商較今古，咸以爲然。故其文曰：「天子三昭三穆，與太祖之廟而七。」晉、宋、齊、梁，皆依斯義，立親廟六，豈非有國之茂典，不刊之休烈乎？若使違羣經之明文，從累代之疑議，背子雍之篤論，尊康成之舊學，則天子之禮，下偪於人臣，諸侯之制，上僭於王者，非所謂尊卑有序，名位不同者也。況復禮由人情，自非天墜，大孝莫重於尊親，厚本莫先於嚴配。數盡四廟，非貴多之道；祀逮七世，得加隆之心。是知德厚者流光，乃可久之高義；德薄者流卑，實不易之令範。臣等參議，請依晉、宋故事，立親廟六，其祖宗之制，式遵舊典。庶承宗之道，興於理定之辰；尊祖之義，成於孝治之日。

制從之。於是增修太廟，始崇祔弘農府君及高祖神主，并舊四室爲六室。

二十三年，太宗崩，將行崇祔之禮，禮部尚書許敬宗奏言：「弘農府君廟應迭毀。謹按舊儀，漢丞相韋玄成以爲毀主瘞埋。但萬國宗饗，有所從來，一旦瘞埋，事不允愜。晉博士范宣意欲別立廟宇，奉征西等主安置其中。方之瘞埋，頗叶情理，事無典故，亦未足依。又議者或言毀主藏於天府，祥瑞所藏，本非斯意。今謹準量，去祧之外，猶有壇墠，祈禱所及，竊謂合宜。今時廟制，與古不同，共基別室，西方爲首。若在西夾之中，仍處尊位，祈禱則祭，未絕祗享，方諸舊儀，情實可安〔二〕。弘農府君廟遠親殺，詳據舊章，禮合迭毀。臣等參議，遷奉神主，藏於夾室，本情篤教，在理爲弘。」從之。其年八月庚子，太宗文皇帝神主祔於太廟。

文明元年八月，奉高宗神主祔於太廟中，始遷宣皇帝神主於夾室。垂拱四年正月，又於東都立高祖、太宗、高宗三廟，四時享祀，如京廟之儀。別立崇先廟以享武氏祖考。則天尋又令所司議立崇先廟室數，司禮博士、崇文館學士周悰希旨，請立崇先廟爲七室，其皇室太廟，減爲五室。春官侍郎賈大隱奏曰：「臣竊準秦、漢皇太后臨朝稱制，并據禮經正文，天子七廟，諸侯五廟。蓋百王不易之義，萬代常行之法，未有越禮違古而擅裁儀注者也。今周悰別引浮議，廣述異文，直崇臨朝權儀，不依國家常度，升崇先之廟而七，降國家之廟而五。臣聞皇圖廣闢，寔崇宗社之尊；帝業弘基，實等山河之固。伏以天步多艱，時逢遏密，代天理物，自古有之。伏惟皇太后親承顧託，憂勤黎庶，納孝慈之請，垂矜撫之懷，實所謂光顯大猷，恢崇聖載。其崇先廟室，合同諸侯之數，國家宗廟，不合輒有移變。臣之愚直，並依正禮，周悰之請，實乖古儀。」則天由是且止。

天授二年，則天既革命稱帝，於東都改制太廟爲七廟室，奉武氏七代神主，祔於太廟。改西京太廟爲享德廟，四時唯享高祖已下三室，餘四室令所司閉其門，廢其享祀之禮。又改西京崇先廟爲崇尊廟，其享祀如太廟之儀。萬歲登封元年臘月，封嵩山迴，親謁太廟。明年七月，又改京崇尊廟爲太廟，仍改太廟署爲淸廟臺，加官員，崇其班秩。聖曆二年四月，又親祀太廟，曲赦東都城內。

中宗卽位，神龍元年正月，改享德廟依舊爲京太廟。五月，遷武氏七廟神主於西京之崇尊廟，東都創置太廟。太常博士張齊賢建議曰：

昔孫卿子云：「有天下者事七代，有一國者事五代。」則天子七廟，古今達禮。故尚書稱「七代之廟，可以觀德」。祭法稱「王立七廟，一壇一墠」。王制云：「天子七廟，三昭三穆，與太祖之廟而七〔三〕。」莫不尊始封之君，謂之太祖。太祖之廟，百代不遷。祫祭之禮，毀廟之主，陳於太祖，未毀廟之主，皆升合食於太祖之室。太祖東向，昭南向，穆北向。太祖者〔四〕，商之玄王、周之后稷是也。太祖之外，更無始祖。但商自玄王以後，十有四代，至湯而有天下。周自后稷已後，十有七代，至武王而有天下。其間代數既遠，遷

廟親廟，皆出太祖之後，故得合食有序，尊卑不差。其後漢高祖受命，無始封祖，卽以高皇帝爲太祖。太上皇高帝之父〔五〕，立廟享祀，不在昭穆合食之列，爲尊於太祖故也。魏武創業，文帝受命，亦卽以武帝爲太祖。其高皇、太皇、處士君等並爲屬尊〔六〕，不在昭穆合食之列。晉宣創業，武帝受命，亦卽以宣帝爲太祖。其征西、豫章、潁川、京兆府君等並爲屬尊，不在昭穆合食之列。歷茲已降，至於有隋，宗廟之制，斯禮不改。故宇文氏以文皇帝爲太祖，隋室以武元皇帝爲太祖。國家誕受天命，累葉重光。景皇帝始封唐公，實爲太祖。中間代數既近，列在三昭三穆之內，故皇家太廟，唯有六室。其弘農府君、宣、光二帝，尊於太祖，親盡則遷，不在昭穆合食之數。

今皇極再造，孝思匪寧。奉二月二十九日敕：「七室已下，依舊號尊崇。」又奉三月一日敕：「既立七廟，須尊崇始祖，速令詳定」者。伏尋禮經，始祖卽是太祖，太祖之外，更無始祖。周朝太祖之外〔七〕，以周文王爲始祖，不合禮經。或有引白虎通義云「后稷爲始祖，文王爲太祖，武王爲太宗」，及鄭玄註詩雍序云「太祖謂文王」以爲說者。其義不然。何者？彼以禮「王者祖有功，宗有德，周人祖文王而宗武王」，故謂文王爲太祖耳，非祫祭羣主合食之太祖。

今之議者，或有欲立涼武昭王爲始祖者，殊爲不可。何者？昔在商、周，稷、禼始

封，湯、武之興，祚由稷、禼，故以稷、禼爲太祖，即皇家之景帝是也。涼武昭王勳業未廣，後主失國，土宇不傳。景皇始封，實基明命。今乃捨封唐之盛烈，崇西涼之遠構，考之前古，實乖典禮。魏氏不以曹參爲太祖，晉氏不以殷王卬爲太祖，宋氏不以楚元王爲太祖，齊、梁不以蕭何爲太祖，陳、隋不以胡公、楊震爲太祖，則皇家安可以涼武昭王爲太祖乎？漢之東京，大議郊祀，多以周郊后稷，漢當郊堯。制下公卿議，議者多同，帝亦然之。杜林正議，獨以爲「周室之興，祚由后稷。漢業特起，功不緣堯。祖宗故事，所宜因循」。竟從林議。又傳稱，「欲知天上，事問長人」，以其近之。武德、貞觀之時，主聖臣賢，其去涼武昭王，蓋亦近於今矣。當時不立者，必不可立故也。今既年代寖遠，方復立之，是非三祖二宗之意。實恐景皇失職而震怒，武昭虛位而不答，非社稷之福也。

宗廟事重，禘祫禮崇，先王以之觀德。或者不知其說，既灌而往，孔子不欲觀之。今朝命惟新，宜應慎禮，祭如神在，理不可誣。請準敕加太廟爲七室，享宣皇帝以備七代，其始祖不合別有尊崇。

太常博士劉承慶、尹知章又議云：

謹按王制：「天子七廟，三昭三穆，與太祖之廟而七。」此載籍之明文，古今之通制。

皇唐稽考前範，詳採列辟，崇建宗靈，式遵斯典。但以開基之主，受命之君，王迹有淺深，太祖有遠近。湯、文祚基稷、禼，太祖代遠，出乎昭穆之上，故七廟可全。若夏繼唐、虞，功非由鯀；漢除秦、項，力不因堯。及魏、晉經圖，周、隋撥亂，皆勛隆近代，祖業非遠，受命始封之主，不離昭穆之親，故肇立宗祊，罕聞全制。夫太祖以功建，昭穆以親崇，有功百代而不遷，親盡七葉而當毀。或以太祖代淺，廟數非備，更於昭穆之上，遠立合遷之君，曲從七廟之文，深乖迭毀之制。

皇家千齡啓旦，百葉重光。景皇帝濬德基唐，代數猶近，號雖崇於太祖，親尚列於昭穆，且臨六室之位，未申七代之尊。是知太廟當六，未合有七。故先朝惟有宣、光、景、元、神堯、文武六代親廟。大帝登遐，神主升祔於廟室，以宣皇帝代數當滿，準禮復遷。今止有光皇帝已下六代親廟，非是天子之廟數不當有七，本由太祖有遠近之異，故初建有多少之殊。敬惟三后臨朝，代多儒雅，神祊事重，禮豈虛存，規模可沿，理難變革。宣皇既非始祖，又廟無祖宗之號，親盡既遷，其廟不合重立。若禮終運往，建議復崇，實違王制之文，不合先朝之旨。請依貞觀之故事，無改三聖之宏規，光崇六室，不虧古議。

時有制令宰相更加詳定，禮部尚書祝欽明等奏言：「博士三人，自分兩議：張齊賢以始同太祖〔八〕，不合更祖昭王；劉承慶以王制三昭三穆，不合重崇宣帝。臣等商量，請依張齊賢以景皇帝爲太祖，依劉承慶尊崇六室。」制從之。尋有制以孝敬皇帝爲義宗，升祔於太廟。其年八月，崇祔光皇帝、太祖景皇帝、代祖元皇帝、高祖神堯皇帝、太宗文武聖皇帝、皇考高宗天皇大帝、皇兄義宗孝敬皇帝於東都之太廟，躬行享獻之禮。

二年，駕還京師，太廟自是亦崇享七室，仍改武氏崇尊廟爲崇恩廟〔九〕。明年二月，復令崇恩廟一依天授時享祭。時武三思用事，密令安樂公主諷中宗，故有此制。尋又特令武氏崇恩廟齋郎取五品子充。太常博士楊孚奏言：「太廟齋郎，承前只七品已下子。今崇恩廟齋郎既取五品子，即太廟齋郎作何等級？」上曰：「太廟齋郎亦準崇恩廟置。」孚奏曰：「崇恩廟爲太廟之臣，太廟爲崇恩廟之君，以臣準君，猶爲僭逆，以君準臣，天下疑懼。孔子曰：『名不正則言不順，言不順則事不成，事不成則禮樂不興，禮樂不興則刑罰不中，刑罰不中則人無所措手足。故君子名之必可言也。』伏願無惑邪言，以爲亂始。」其事乃寢。崇恩廟至睿宗踐祚，乃廢毀之。

景雲元年冬，將葬中宗孝和皇帝於定陵，中書令姚元之、吏部尚書宋璟奏言：「準禮，大行皇帝山陵事終，即合祔廟。其太廟第七室，先祔皇兄義宗孝敬皇帝、哀皇后裴氏神主。伏以義宗未登大位，崩後追尊，神龍之初，乃特令遷祔。春秋之義，國君即位未踰年者，不合

列敍昭穆。又古者祖宗各別立廟，孝敬皇帝恭陵既在洛州，望於東都別立義宗之廟，遷祔此神主，望入夾室安置。伏願陛下以禮斷恩。」制從之。及既葬，祔中宗孝和皇帝、和思皇后趙氏神主於太廟。其義宗即於東都從善里建廟享祀。時又追尊昭成、肅明二皇后，於親仁里別置儀坤廟，四時享祭。

開元四年，睿宗崩，及行祔廟之禮，太常博士陳貞節、蘇獻等奏議曰：「謹按孝和皇帝在廟，七室已滿。今睿宗大聖眞皇帝是孝和之弟，甫及仲冬，禮當祔遷。但兄弟入廟，古則有焉，遞遷之禮，昭穆須正。謹按禮論，太常賀循議云：『兄弟不相爲後也。故殷之盤庚，不序於陽甲，而上繼於先君；漢之光武，不嗣於孝成，而上承於元帝。』又曰：『晉惠帝無後，懷帝承統，懷帝自繼於世祖，而不繼於惠帝。其惠帝當同陽甲、孝成，別出爲廟。』又曰：『若兄弟相代，則共是一代，昭穆位同。至其當遷，不可兼毀二廟。』此蓋禮之常例也。荀卿子曰，『有天下者事七代』，謂從禰已上也。尊者統廣，故恩及遠祖。若傍容兄弟，上毀祖考，此則天子有不得全事於七代之義矣。孝和皇帝有中興之功，而無後嗣，請同殷之陽甲、漢之成帝，出爲別廟，時祭不虧，大祫之辰，合食太祖。奉睿宗神主升祔太廟，上繼高宗，則昭穆永貞，獻祼長序。」制從之。初令以儀坤廟爲中宗廟，尋又改造中宗廟於太廟之西。

貞節等又以肅明皇后不合與昭成皇后配祔睿宗，奏議曰：「禮，宗廟父昭子穆，皆有配座，每室一帝一后，禮之正儀。自夏、殷而來，無易茲典〔一〇〕。伏惟昭成皇后，有太姒之德，已配食於睿宗；則肅明皇后，無啓母之尊，自應別立一廟。謹按周禮云『奏夷則，歌小呂，以享先妣』者，姜嫄是也。姜嫄是帝嚳之妃，后稷之母，特爲立廟，名曰閟宮。又禮論云，晉伏系之議云：『晉簡文鄭宣后既不配食，乃築宮於外，歲時就廟享祭而已。』今肅明皇后無祔配之位，請同姜嫄、宣后，別廟而處，四時享祭如舊儀。」制從之。於是遷昭成皇后神主祔於睿宗之室，惟留肅明神主於儀坤廟。

時太常卿姜皎復與禮官上表曰：「臣聞敬宗尊祖，享德崇恩，必也正名，用光時憲，禮也。伏見太廟中則天皇后配高宗天皇大帝，題云『天后聖帝武氏』。伏尋昔居寵秩，親承顧託，因攝大政，事乃從權。神龍之初，已去帝號。岑義等不閑政體，復題帝名。若又使帝號長存，恐非聖朝通典。夫七廟者，高祖神堯皇帝之廟也。父昭子穆，祖德宗功，非夫帝子天孫，乘乾出震者，不得升祔於斯矣。但皇后祔廟，配食高宗，位號舊章，無宜稱帝。今山陵日近，升祔非遙，請申陳告之儀，因除『聖帝』之字，直題云『則天皇后武氏』。」詔從之。

時既別造義宗廟，將作大匠韋湊上疏曰：「臣聞王者制禮，是曰規模；規模之興，實資師古；師古之道，必也正名；惟名與實，固當相副。其在宗廟，禮之大者，豈可失哉！禮，

祖有功而宗有德，祖宗之廟，百代不毀。故殷太甲曰太宗，太戊曰中宗，武丁曰高宗。周宗文王、武王。漢則文帝爲太宗，武帝爲世宗。其後代有稱宗，皆以方制海內，德澤可宗，列於昭穆，期于不毀。祖宗之義，不亦大乎！況孝敬皇帝位止東宮，未嘗南面，聖道誠冠於儲副，德教不被於寰瀛，立廟稱宗，恐非合禮。況別起寢廟，不入昭穆，稽諸祀典，何義稱宗？而廟號義宗，稱之萬代。以臣庸識，竊謂不可。望更令有司詳定，務合於禮。」於是太常請以本謚「孝敬」爲廟稱，從之。

五年正月，玄宗將行幸東都，而太廟屋壞，乃奉七廟神主於太極殿。玄宗素服避正殿，輟朝三日，親謁神主于太極殿，而後發幸東都。乃敕有司修太廟。明年，廟成，玄宗還京，行親祔之禮。時有司撰儀注，以祔祭之日車駕發宮中，玄宗謂宋璟、蘇頲曰：「祭必先齋，所以齊心也。據儀注，祭之日發大明宮，又以質明行事，縱使侵星而發，猶是移辰方到，質明之禮，其可及乎？又朕不宿齋宮，即安正殿，情所不敢。宜於廟所設齋宮，五日赴行宮宿齋，六日質明行事，庶合於禮。」璟等稱聖情深至，請即奉行。詔有司改定儀注。六日〔一一〕，玄宗自齋宮步詣太廟，入自東門，就立位。樂奏九成，升自阼階，行祼獻之禮。至睿宗室，俯伏嗚咽，侍臣莫不流涕。

有河南府人孫平子詣闕上言：「中宗孝和皇帝既承大統，不合遷於別廟。」玄宗令宰相

召平子與禮官對定可否，太常博士蘇獻等固執前議。平子口辯，所引咸有經據，獻等不能屈。時蘇頲知政事，以獻是其從祖之兄，頗黨助之，平子之議竟不得行。平子論竟不已，遂謫平子爲康州都城尉，仍差使領送至任，不許東西。平子之任，尋卒。時雖貶平子，議者深以其言爲是。

至十年正月，下制曰：「朕聞王者乘時以設教，因事以制禮，沿革以從宜爲本，取舍以適會爲先。故損益之道有殊，質文之用斯異。且夫至德之謂孝，所以通乎神明；大事之謂祀，所以虔乎宗廟。國家握紀命曆，重光累盛，四方由其繼明，七代可以觀德。朕嗣守丕業，祗奉睿圖，聿懷昭事，罔不卹祀。嘗覽古典，詢諸舊制，遠則夏、殷事異，近則漢、晉道殊，雖禮文之不一，固嚴敬之無二。朕以爲立愛自親始，教人睦也；立敬自長始，教人順也。是知朕率於禮，緣於情，或教以道存，或禮從時變，將因宜以創制，豈沿古而限今。況恩以降殺而疏，廟以遷毀而廢。雖式瞻古訓，禮則不違；而永言孝思，情所未足。享嘗則止，豈愛崇而禮備；有禱而祭，非德盛而流永。其祧室宜列爲正室，使親而不盡，遠而不祧，廟以貌存，宗猶尊立。俾四時式薦，不間於毀主；百代靡遷，匪惟於始廟。所謂變以合禮，動而得中，嚴配之典克崇，肅雍之美茲在。又兄弟繼及，古有明文。今中宗神主，猶居別處，詳求故實，當宁不安，移就正廟，用章大典。仍創立九室，宜令所司擇日啓告移遷。」

十一年春，玄宗還京師，下制曰：「崇建宗廟，禮之大者；聿追孝饗，德莫至焉。今宗以立尊，親無遷序，永惟嚴配，致用蠲潔，棟宇式崇，祼奠斯授。顧茲薄德，獲承禋祀，不躬不親，曷展誠敬？宜用八月十九日祗見九室。」於是追尊宣皇帝爲獻祖，復列於正室，光皇帝爲懿祖，并還中宗神主於太廟。及將親祔，會雨而止。乃令所司行事。其京師中宗舊廟，便毀拆之。東都舊廟，始移孝敬神主祔焉。其從善里孝敬舊廟，亦令毀拆。二十一年，玄宗又特令遷肅明皇后神主祔於睿宗之室，仍以舊儀坤廟爲肅明觀。

大曆十四年十月，代宗神主將祔，禮儀使顏眞卿以元皇帝代數已遠，準禮合祧，請遷於西夾室。其奏議曰：

王制：「天子七廟，三昭三穆，與太祖之廟而七。」又禮器云：「有以多爲貴者，天子七廟。」又伊尹曰：「七代之廟，可以觀德。」此經典之明證也。七廟之外，則曰「去祧爲壇，去壇爲墠」。故歷代儒者，制迭毀之禮，皆親盡宜毀。伏以太宗文皇帝，七代之祖；高祖神堯皇帝，國朝首祚，萬葉所承；太祖景皇帝，受命於天，始封於唐，元本皆在不毀之典。代祖元皇帝，地非開統，親在七廟之外。代宗皇帝升祔有日，元皇帝神主，禮合祧遷。

或議者以祖宗之名，難於迭毀。昔漢朝近古，不敢以私滅公，故前漢十二帝，爲祖

宗者四而已。至後漢漸違經意，子孫以推美爲先。自光武已下，皆有廟號，則祖宗之名，莫不建也。安帝信讒，害大臣，廢太子，及崩，無上宗之奏，後自建武以來無毀者，因以陵號稱宗。至桓帝失德，尙有宗號。故初平中，左中郎蔡邕以和帝以下，功德無殊，而有過差，不應爲宗。餘非宗者，追尊三代，皆奏毀之。是知祖有功，宗有德，存至公之義，非其人不居，蓋三代立禮之本也。自東漢已來，則此道衰矣。魏明帝自稱烈祖，論者以爲逆自稱祖宗。故近代此名悉爲廟號，未有子孫踐祚而不祖宗先王者。以此明之，則不得獨據兩字而爲不合祧遷之證。假令傳祚百代，豈可上崇百代以爲孝乎？請依三昭三穆之義，永爲通典。

寶應二年，升祔玄宗、肅宗，則獻祖、懿祖已從迭毀。伏以代宗睿文孝皇帝卒哭而祔，則合上遷一室。元皇帝代數已遠，其神主準禮當祧，至禘祫之時，然後享祀。於是祧元皇帝於西夾室，祔代宗神主焉。

永貞元年十一月，德宗神主將祔，禮儀使杜黃裳與禮官王涇等請遷高宗神主於西夾室。其議曰：「自漢、魏已降，沿革不同。古者祖有功，宗有德，皆不毀之名也。自東漢、魏、晉，迄於陳、隋，漸違經意，子孫以推美爲先，光武已下，皆有祖宗之號。故至於迭毀親盡，禮亦迭遷。國家九廟之尊，皆法周制。伏以太祖景皇帝受命於天，始封元本，德同周之

后稷也。高祖神堯皇帝國朝首祚，萬葉所承，德同周之文王也。太宗文皇帝應天靖亂，垂統立極，德同周武王也。周人郊后稷而祖文王、宗武王，聖唐郊景皇帝、祖高祖而宗太宗，皆在不遷之典。高宗皇帝今在三昭三穆之外，謂之親盡，新主入廟，禮合迭遷，藏於從西第一夾室，每至禘祫之月，合食如常。」於是祧高宗神主於西夾室，祔德宗神主焉。

元和元年七月，順宗神主將祔〔二二〕，有司疑於遷毀，太常博士王涇建議曰：

禮經「祖有功，宗有德」，皆不毀之名也。惟三代行之。漢、魏已降，雖曰祖宗，親盡則遷，無功亦毀，不得行古之道也。昔夏后氏十五代，祖顓頊而宗禹。殷人十七代〔二三〕，祖契而宗湯。周人三十六王，以后稷爲太祖，祖文王而宗武王。聖唐德厚流廣，遠法殷、周，奉景皇帝爲太祖，祖高祖而宗太宗，皆在百代不遷之典。故代宗升祔，遷代祖也；德宗升祔，遷高宗也。今順宗升祔，中宗在三昭三穆之外，謂之親盡，遷於太廟夾室，禮則然矣。

或諫者以則天太后革命，中宗復而興之，不在遷藏之例，臣竊未諭也。昔者高宗晏駕，中宗奉遺詔，自儲副而陟元后。則天太后臨朝，廢爲廬陵王。聖曆元年，太后詔復立爲皇太子。屬太后聖壽延長，御下日久，奸臣擅命，紊其紀度。敬暉、桓彥範等五臣，俱唐舊臣，匡輔王室，翊中宗而承大統。此乃子繼父業，是中宗得之而且失之；母授子位，是中宗失之而復得之。二十年間，再爲皇太子，復踐皇帝位，失之在己，得之在己，可謂革命中興之義殊也〔二四〕。

又以周、漢之例推之，幽王爲犬戎所滅，平王東遷，周不以平王爲中興不遷之廟，其例一也。漢呂后專權，產、祿秉政，文帝自代邸而立之，漢不以文帝爲中興不遷之廟，其例二也。霍光輔宣帝，再盛基業，而不以宣帝爲不遷之廟〔二五〕，其例三也。伏以中宗孝和皇帝，於聖上爲六代伯祖，尊非正統，廟亦親盡。爰及周、漢故事，是與中興功德之主不同，奉遷夾室，固無疑也。

是月二十四日，禮儀使杜黃裳奏曰：「順宗皇帝神主已升祔太廟，告祧之後，即合遞遷。中宗皇帝神主，今在三昭三穆之外，準禮合遷於太廟從西第一夾室〔二六〕，每至禘祫之日，合食如常。」於是祧中宗神主於西夾室，祔順宗神主焉。

有司先是以山陵將畢，議遷廟之禮。有司以中宗爲中興之君，當百代不遷之位。宰臣召史官蔣武問之，武對曰：「中宗以弘道元年於高宗柩前即位，時春秋已壯矣。及母后篡奪，神器潛移。其後賴張柬之等同謀，國祚再復。此蓋同於反正，恐不得號爲中興之君。凡非我失之，自我復之，謂之中興，漢光武、晉元帝是也。自我失之，因人復之，晉孝惠、孝安是也。今中宗於惠、安二帝事同，即不可爲不遷之主也。」有司又云：「五王有再安社稷之功，

今若遷中宗廟，則五王永絕配享之例。」武曰：「凡配享功臣，每至禘祫年方合食太廟，居常即無享禮。今遷中宗神主，而禘祫之年，毀廟之主並陳於太廟，此則五王配食，與前時如一也。」有司不能答。

十五年四月，禮部侍郎李建奏上大行皇帝謚曰聖神章武孝皇帝，廟號憲宗。先是，河南節度使李夷簡上議曰：「王者祖有功，宗有德。大行皇帝戡翦寇逆，累有武功，廟號合稱祖。陛下正當決在宸斷，無信齷齪書生也。」遂詔下公卿與禮官議其可否。太常博士王彥威奏議：「大行廟號，不宜稱祖，宜稱宗。」從之。

其月，禮部奏：「準貞觀故事，遷廟之主，藏於夾室西壁南北三間。第一間代祖室，第二間高宗室，第三間中宗室。伏以山陵日近，睿宗皇帝祧遷有期，夾室西壁三室外，無置室處。準江都集禮：『古者遷廟之主，藏於太室北壁之中。』今請於夾室北壁，以西爲上，置睿宗皇帝神主石室。」制從之。

長慶四年正月〔二七〕，禮儀使奏：「謹按周禮：『天子七廟，三昭三穆，與太祖之廟而七〔二八〕。』荀卿子曰：『有天下者祭七代，有一國者祭五代。』則知天子上祭七廟，典籍通規。祖功宗德，不在其數。國朝九廟之制，法周之文。太祖景皇帝，始爲唐公，肇基天命，義同周之后稷。高祖神堯皇帝，創業經始，化隋爲唐，義同周之文王。太宗文皇帝，神武應期，造

有區夏，義同周之武王。其下三昭三穆，謂之親廟，四時常饗，自如禮文。今以新主入廟，玄宗明皇帝在三昭三穆之外[29]，是親盡之祖，雖有功德，禮合祧遷，禘祫之歲，則從合食。」制從之。

開成五年，禮儀使奏：「謹按天子七廟，祖功宗德，不在其中。國朝制度，太廟九室。伏以太祖景皇帝受封於唐，高祖、太宗，創業受命，有功之主，百代不遷。今文宗元聖昭獻皇帝升祔有時，代宗睿文孝武皇帝是親盡之祖，禮合祧遷，每至禘祫，合食如常。」從之。

會昌元年六月，制曰：「朕近因載誕之日，展承顏之敬，太皇太后謂朕曰：『天子之孝，莫大於丕承；人倫之義，莫大於嗣續。穆宗睿聖文惠孝皇帝厭代已久，星霜屢遷，禰宮曠合食之禮，惟帝深濡露之感。宣懿皇太后，長慶之際，德冠後宮，夙表沙麓之祥，實茂河洲之範。先朝恩禮之厚，中壼莫偕。況誕我聖君，纘承昌運，已協華於先帝，方延祚於後昆。思廣貽謀，庶弘博愛，爰從舊典，以慰孝思。當以宣懿皇太后祔太廟穆宗睿聖文惠孝皇帝之室。率是彝訓，其敬承之。』朕祗奉慈旨，載深感咽。宜令宣示中外，咸使聞知。」

會昌六年五月，禮儀使奏：

武宗昭肅皇帝祔廟，并合祧遷者。伏以自敬宗、文宗、武宗兄弟相及，已歷三朝。昭穆之位，與承前不同。所可疑者，其事有四：一者，兄弟昭穆同位，不相爲後；二者，

已祧之主，復入舊廟；三者，廟數有限，無後之主，則宜出置別廟；四者，兄弟既不相爲後，昭爲父道，穆爲子道，則昭穆同班，不合異位。

據春秋「文公二年，躋僖公」。何休云：「躋，升也，謂西上也。惠公與莊公當同南面西上，隱、桓與閔、僖當同北面西上[30]。」孔穎達亦引此義釋經。又賀循云：「殷之盤庚，不序陽甲；漢之光武，上繼元帝。」晉元帝、簡文，皆用此義毀之，蓋以昭穆位同，不可兼毀二廟故也。尚書曰：「七代之廟，可以觀德。」且殷家兄弟相及，有至四帝，不及祖禰，何容更言七代，於理無矣[31]。

二者，今已兄弟相及，同爲一代，矯前之失，則合復祔代宗神主於太廟。或疑已祧之主，不合更入太廟者。按晉代元、明之時，已遷豫章、潁川矣，及簡文即位，乃元帝之子，故復豫章、潁川二神主於廟。又國朝中宗已祔太廟，至開元四年，乃出置別廟，至十年，置九廟，而中宗神主復祔太廟。則已遷復入，亦可無疑。

三者，廟有定數，無後之主，出置別廟者。按魏、晉之初多同廟，蓋取上古清廟一宮，尊遠神祇之義。自後晉武所立之廟，雖云七主，而實六代，蓋景、文同廟故也。又按魯立姜嫄、文王之廟，不計昭穆，以尊尚功德也。晉元帝上繼武帝，而惠、懷、愍三帝，時賀循等諸儒議，以爲別立廟，親遠義疏，都邑遷異，於理無嫌也。今以文宗棄代

纔六七年，武宗甫遷復土，遽移別廟，不齒祖宗，在於有司，非所宜議。

四者，添置廟之室。按禮論，晉太常賀循云：「廟以容主爲限，無拘常數。」故晉武帝時，廟有七主六代。至元帝、明帝，廟皆十室。及成、康、穆三帝[32]，皆至十一室。自後雖遷故祔新，大抵以七代爲準，而不限室數。伏以江左大儒，通曉禮奧，事有明據，固可施行。今若不行是議，更以迭毀爲制，則當上不及高曾未盡之親，下有忍臣子恩義之道。

今備討古今，參校經史，上請復代宗神主於太廟，以存高曾之親。下以敬宗、文宗、武宗同爲一代，於太廟東間添置兩室，定爲九代十一室之制，以全臣子恩敬之義，庶協大順之宜，得變禮之正，折古今之紛互，立羣疑之杓指。俾因心廣孝，永燭於皇明；昭德事神，無虧於聖代。

敕曰：「宗廟事重，實資參詳。宜令尚書省、兩省、御史臺四品以上官、大理卿、京兆尹等集議以聞。」尚書左丞鄭涯等奏議曰：「夫禮經垂則，莫重於嚴配，必參損益之道，則合典禮之文。況有明徵，是資折衷。伏自敬宗、文宗、武宗三朝嗣位，皆以兄弟，考之前代，理有顯據。今謹詳禮院所奏，並上稽古文，旁摭史氏，協於通變，允謂得宜。臣等商議，請依禮官所議。」從之。

大中三年十一月，制追尊憲宗、順宗謚號，事下有司。太常博士李稠奏請別造憲宗、順宗神主，改題新謚。上疑其事，詔都省集議。右司郎中楊發、都官員外郎劉彥模等奏：「考尋故事，無別造神主改題之例。」事在楊發傳。時宰臣奏：「改造改題，並無所據，酌情順理，題則爲宜。況今士族之家，通行此例，雖尊卑有異，而情理則同。望就神主改題，則爲通允。」依之。

黃巢犯長安，僖宗避狄於成都府。中和元年夏四月，有司請享太祖已下十一室，詔公卿議其儀。太常卿牛叢與儒者同議其事。或曰：「王者巡狩，以遷廟主行。如無遷廟之主，則祝奉幣帛皮珪告於祖禰，遂奉以出，載於齋車，每舍奠焉。今非巡狩，是失守宗廟。夫失守宗廟，則當罷宗廟之事。」叢疑之。將作監王儉、太子賓客李匡乂、虞部員外郎袁皓建議同異。及左丞崔厚爲太常卿，遂議立行廟。以玄宗幸蜀時道宮玄元殿之前，架幄幕爲十一室。又無神主，題神版位而行事。達禮者非之，以爲止之可也。明年，乃特造神主以祔行廟。

光啓元年十二月二十五日，僖宗再幸寶雞。其太廟十一室并祧廟八室及孝明太皇太后等別廟三室等神主，緣室法物，宗正寺官屬奉之隨駕鄠縣，爲賊所劫，神主、法物皆遺失。三年二月，車駕自興元還京，以宮室未備，權駐鳳翔。禮院奏：皇帝還宮，先謁太廟。

今宗廟焚毀，神主失墜，請準禮例修奉者。禮院獻議曰：「按春秋：『新宮災，三日哭。』傳曰：『新宮，宣公廟也。三日哭，禮也。』按國史，開元五年正月二日，太廟四室摧毀，時神主皆存，迎奉於太極殿安置，玄宗素服避正殿。寶應元年，肅宗還京師，以宗廟爲賊所焚，於光順門外設次，向廟哭。歷檢故事，不見百官奉慰之儀。然上既素服避殿，百官奉慰，亦合情禮。竊循故事，比附參詳，恐須宗正寺具宗廟焚毀及神主失墜事由奏，皇帝素服避殿，受慰訖，輟朝三日，下詔委少府監擇日依禮新造列聖神主。如此方似合宜。伏緣採栗須十一月，漸恐遲晚。」修奉使宰相鄭延昌具議，中書門下奏曰：「伏以前年冬再有震驚，俄然巡幸，主司宗祝，迫以蒼黃。伏緣移蹕鳳翔，未敢陳奏。今則將迴鑾輅，皆舉典章，淸廟再營，孝思咸備。伏請降敕，命所司參詳典禮修奉。」敕曰：「朕以涼德，祗嗣寶圖，不能上承天休，下正人紀，兵革競興於宇縣，車輿再越於藩垣，宗廟震驚，忝嘗廢闕。敬修典禮，倍切哀摧。宜付所司。」

又修奉太廟使宰相鄭延昌奏：「太廟大殿十一室、二十三間、十一架，功績至大，計料支費不少。兼宗廟制度有數，難爲損益。今不審依元料修奉，爲復更有商量？請下禮官詳議。」太常博士殷盈孫奏議言：「如依元料，難以速成，況帑藏方虛，須資變禮。竊以至德二年，以新修太廟未成，其新造神主，權於長安殿安置，便行饗告之禮，如同宗廟之儀，以俟廟

成，方爲遷祔。今京城除充大內及正衙外，別無殿宇。伏聞先有詔旨，欲以少府監大廳權充太廟。其廳五間，伏緣十一室於五間之中陳設隘狹，請更接續修建，成十一間，以備十一室薦饗之所。其三太后廟，卽於少府監取西南屋三間，以備三室告饗之所。」敕旨從之。

大順元年，將行禘祭，有司請以三太后神主祔饗於太廟。三太后者，孝明太皇太后鄭氏，宣宗之母也；恭僖皇太后王氏，敬宗之母也；貞獻皇太后蕭氏〔三三〕，文宗之母也。三后之崩，皆作神主，有故不當入太廟。當時禮官建議，並置別廟，每年五享，及三年一祫，五年一禘，皆於本廟行事，無奉神主入太廟之文。至是亂離之後，舊章散失，禮院憑曲臺禮，欲以三太后祔享太廟。博士殷盈孫獻議非之，曰：

臣謹按三太后，憲宗、穆宗之后也。二帝已祔太廟，三后所以立別廟者，不可入太廟故也。與帝在位，皇后別廟不同。今有司悞用王彥威曲臺禮，禘別廟太后於太廟，乖戾之甚。臣竊究事體，有五不可。

曲臺禮云：「別廟皇后，禘祫於太廟，祔於祖姑之下。」此乃皇后先崩，已造神主，夫在帝位，如昭成、肅明、元獻、昭德之比。昭成、肅明之崩也，睿宗在位。元獻之崩也，玄宗在位。昭德之崩也，肅宗在位。四后於太廟未有本室，故創別廟，當爲太廟合食之主，故禘祫乃奉以入饗。其神主但題云「某謚皇后」，明其後太廟有本室，卽當遷祔，帝方在位，故皇后暫立別廟耳。本是太廟合食之祖，故禘祫乃升，太廟未有位，故祔祖姑之下。今恭僖、貞獻二太后，皆穆宗之后。恭僖，會昌四年造神主，合祔穆宗廟室。時穆宗廟已祔武宗母宣懿皇后神主，故爲恭僖別立廟，其神主直題云皇太后，明其終安別廟，不入太廟故也。貞獻太后，大中元年作神主，立別廟，其神主亦題爲太后，並與恭僖義同。孝明，咸通五年作神主，合祔憲宗廟室。憲宗廟已祔穆宗之母懿安皇后，故孝明亦別立廟，是懿宗祖母，故題其主爲太皇太后。與恭僖、貞獻亦同，帝在位，后先作神主之例〔三四〕。今以別廟太后神主，禘祭升享太廟，一不可也。

曲臺禮別廟皇后禘祫於太廟儀注云：「內常侍奉別廟皇后神主，入置於廟庭，赤黃褥位。奏云『某謚皇后禘祫祔享太廟』，然後以神主升。」今卽須奏云「某謚太皇太后」。且太廟中皇后神主二十一室，今忽以太皇太后入列於昭穆〔三五〕，二不可也。

若但云「某謚皇后」，卽與所題都異，神何依憑？此三不可也。

古今禮要云：「舊典，周立姜嫄別廟，四時祭薦，及禘祫於七廟，皆祭。惟不入太祖廟爲別配。魏文思甄后，明帝母，廟及寢依姜嫄之廟，四時及禘皆與諸廟同。」此舊禮明文，得以爲證。今以別廟太后禘祫於太廟，四不可也。

所以置別廟太后，以孝明不可與懿安並祔憲宗之室，今禘享乃處懿安於舅姑之上，此五不可也。

且祫，合祭也。合猶不入太祖之廟，而況於禘乎？竊以爲並皆禘於別廟爲宜。且恭僖、貞獻二廟，比在朱陽坊，禘、祫赴太廟，皆須備法駕，典禮甚重，儀衞至多。咸通之時，累遇大饗，耳目相接，歲代未遙，人皆見聞，事可詢訪，非敢以臆斷也。

或曰：以三廟故禘、祫於別廟，或可矣，而將來有可疑焉。謹案睿宗親盡已祧，今昭成、肅明二后同在夾室，如或後代憲宗、穆宗親盡而祧，三太后神主其得不入夾室乎？若遇禘、祫，則如之何？對曰：此又大悞也。三太后廟若親盡合祧，但當閟而不享，安得處於夾室。禘、祫則就別廟行之，歷代已來，何嘗有別廟神主復入太廟夾室乎？禘、祫，禮之大者，無宜錯失。

宰相孔緯曰：「博士之言是也。昨禮院所奏儀注，今已敕下，大祭日迫，不可遽改，且依行之。」於是遂以三太后祔祫太廟。達禮者譏其大謬，至今未正。

會昌六年十一月，太常博士任疇上言：「去月十七日，饗德明、興聖廟，得廟直候論狀〔三六〕，稱懿祖室在獻祖室之上，當時雖以爲然，便依行事，猶牒報監察使及宗正寺，請過

祭詳窺玉牒〔三七〕，如有不同，即相知聞奏。爾後伏檢高祖神堯皇帝本紀，伏審獻祖爲懿祖之昭，懿祖爲獻祖之穆，昭穆之位，天地極殊。今廟室奪倫，不即陳奏，然尙爲苟且，罪不容誅。仍敕脩撰朱儔、檢討王皞研精詳覆，得報稱：『天寶二年，制追尊咎繇爲德明皇帝，涼武昭王爲興聖皇帝。十載，立廟。至貞元十九年，制從給事中陳京、右僕射姚南仲等一百五十人之議，以爲禘、祫是祖宗以序之祭。凡有國者必尊太祖。今國家以景皇帝爲太祖，太祖之上，施於禘、祫，不可爲位。請按德明、興聖廟共成四室，祔遷獻、懿二祖。』謹尋儔等所報，即當時表奏，並獻居懿上。伏以國之大事，宗廟爲先，禘、祫之禮，不當失序〔三八〕。四十餘載，理難尋詰。伏祈聖鑒，即垂詔敕，具禮遷正。」

其月，疇又奏曰：「伏聞今月十三日敕，以臣所奏獻、懿祖二室倒置事，宜令禮官集議聞奏者。臣去月十七日，緣遇太廟祫饗太祖景皇帝已下羣主，準貞元十九年所祔獻、懿祖於德明廟，共爲四室。準元敕，各於本室行享禮。審知獻祖合居懿祖之上，昭穆方正。其時親見獻祖之室，倒居懿祖之下。於後遍校圖籍，實見差殊，遂敢聞奏。今奉敕宜令禮官集議聞奏者。臣得奉禮郎李岡、太祝柳仲年、協律郎諸葛畋李瀍、檢討官王皞、修撰朱儔、博士閔慶之等七人狀稱：『謹按高祖神堯皇帝本紀及皇室圖譜，并武德、貞觀、永徽、開元已來諸禮著在甲令者，並云獻祖宣皇帝是神堯之高祖，懿祖光皇帝是神堯皇帝之曾祖，以高

曾辨之，則獻祖是懿祖之父，懿祖是獻祖之子。即博士任疇所奏倒祀不虛。臣等伏乞即垂詔敕，具禮遷正。』」其事遂行。

僖宗自興元還京，夏四月，將行禘祭，有司引舊儀：「禘德明、興聖二廟，及懿祖、獻祖神主祔興聖、德明廟，通爲四室。」黃巢之亂，廟已焚毀，及是將禘，俾議其儀。博士殷盈孫議曰：「臣以德明等四廟，功非創業，義止追封，且於今皇帝年代極遙，昭穆甚遠。可依晉韋泓『屋毀乃已』之例〔三九〕，因而廢之。」敕下百僚都省會議，禮部員外薛昭緯奏議曰：

伏以禮貴從宜，過猶不及，祀有常典，理當據經。謹按德明追尊，實爲遐遠，徵諸歷代，莫有其倫。自古典禮該詳，無踰周室。后稷實始封之祖，文王乃建極之君，且不聞后稷之前，別議立廟。以至二漢則可明徵劉累，梁、魏則近有蕭、曹，稽彼簡書，並無追號。迨于興聖，事非有據。蓋以始王於涼，遂列爲祖。類長沙於後漢之代，等楚元於宋高之朝，悉無尊祀之名，足爲憲章之驗。重以獻祖、懿祖，皆非宗有德而祖有功，親盡宜祧，理當毀瘞，遷於二廟，亦出一時。且武德之初，議宗廟之事，神堯聽之，太宗參之，碩學通儒，森然在列，而不議立皋陶、涼武昭之廟，蓋知其非所宜立也。尊太祖、代祖爲帝，而以獻祖爲宣簡公，懿祖爲懿王，卒不加帝號者，謂其親盡則毀明矣。春秋左氏傳：「孔子在陳，聞魯廟災。曰：『其桓僖乎？』已而果然。」蓋以親盡不毀，宜致天災，炯然之徵，不可忽也。據太常禮院狀所引至德二年克復後不作弘農府君廟神主，及晉韋泓「屋朽乃已」之議，頗爲明據，深協禮經。其興聖等四室，請依禮院之議。

奉敕敬依典禮，付所司。

開元二十二年正月，制以籩、豆之薦，或未能備物，宜令禮官學士詳議具奏。太常卿韋縚請「宗廟之奠，每室籩、豆各加十二。又今之酌獻酒爵，制度全小，僅無一合，執持甚難，請稍令廣大。其郊祀奠獻，亦準此。仍望付尚書省集衆官詳議，務從折衷」。於是兵部侍郎張均及職方郎中韋述等建議曰：

謹按禮祭統曰：「凡天之所生，地之所長，苟可薦者，莫不咸在。水草陸海，三牲八簋，昆蟲之異，草木之實，陰陽之物，皆備薦矣。」聖人知孝子之情深，而物類之無限，故爲之節制，使祭有常禮，物有其品，器有其數。上自天子，下至公卿，貴賤差降，無相踰越，百代常行無易之道也。又按周禮膳夫，「掌王之食飲膳羞：食用六穀，膳用六牲，飲用六清，羞用百有二十品，珍用八物，醬用百有二十甕」，則與祭祀之物，豐省本殊。左傳曰：「享以訓恭儉，宴以示慈惠，恭儉以行禮，慈惠以布政。」又曰：「享有體薦，宴有

折俎。」杜預曰：「享有體薦，爵盈而不飲，豆乾而不食，宴則相與食之。」享之與宴，猶且異文，祭奠所陳，固不同矣。又按周禮，籩人、豆人，各掌四籩、四豆之實，供祭祀與賓客，所用各殊。據此數文，祭奠不同常時，其來久矣。

且人之嗜好，本無憑準，宴私之饌，與時遷移。故聖人一切同歸於古，雖平生所嗜，非禮亦不薦也；平生所惡，是禮即不去也。楚語曰：「屈到嗜芰，有疾，召宗老而屬曰：『祭我必以芰。』及卒，宗老將薦芰，屈建命去之，曰：『祭典有之，國君有牛享，大夫有羊饋，士有豚犬之奠，庶人有魚炙之薦，籩豆脯醢，則上下安之。不羞珍異，不陳庶侈，不以私欲干國之典。』遂不用。」此則禮外之食，前賢不敢薦也。今欲取甘旨之物，肥濃之味，隨所有者皆充祭用，苟踰舊制，其何限焉。雖籩豆有加，豈能備也？

傳曰：「大羹不致，粢食不鑿，昭其儉也。」書曰：「黍稷非馨，明德惟馨。」事神在於虔誠，不求厭飫。三年一禘，不欲黷也。三獻而終，禮有成也。風有采蘋、采蘩，雅有行葦、泂酌，守以忠信，神其捨諸！若以今之珍饌，平生所習，求神無方，何必師古。簠簋可去，而盤盂杯案當在御矣；韶頀可息，而箜篌笛笙當在奏矣。凡斯之流，皆非正物，或興於近代，或出於蕃夷，耳目之娛，本無則象，用之宗廟，後嗣何觀？欲爲永式，恐未可也。且自漢已降，諸陵皆有寢宮，歲時朔望，薦以常饌，此既常行，亦足盡至孝

之情矣。宗廟正禮，宜依典故，率情變革，人情所難。

又按舊制，一升曰爵，五升曰散。禮器稱：「宗廟之祭，貴者獻以爵，賤者獻以散。」此明貴小賤大，示之節儉。又按國語，觀射父曰：「郊禘不過繭栗，蒸嘗不過把握。」夫神，以精明臨人者也，所求備物，不求豐大。苟失於禮，雖多何爲？豈可捨先王之遺法，徇一時之所尚，廢棄禮經，以從流俗。裂冠毀冕，將安用之！且君子愛人以禮，不求苟合，況在宗廟，敢忘舊章。請依古制，庶可經久。

禮部員外郎楊仲昌議曰：「謹按禮曰：『夫祭不欲煩，煩則黷；亦不欲簡，簡則怠。』又鄭玄云：『人生尙褻食，鬼神則不然。』神農時雖有黍稷，猶未有酒醴。及後聖作爲醴酪，猶存玄酒，示不忘古。春秋曰：『蘋蘩薀藻之菜，潢汙行潦之水，可羞於王公，可薦於鬼神。』又曰：『大羹不和，粢食不鑿。』此明君人者，有國奉先，敬神嚴享，豈肥濃以爲尙，將儉約以表誠。則陸海之物，鮮肥之類，既乖禮文之情，而變作者之法，皆充祭用，非所詳也。易曰：『樽酒簋貳，用缶〔三〇〕，納約自牖。』此明祭存簡易，不在繁奢。所以一樽之酒，貳簋之奠，爲明祀也。抑又聞之，夫義以出禮，禮以體政，違則有紊，是稱不經。薦肥濃則褻味有登，加籩豆則事非師古。與其別行新制，寧如謹守舊章？」

時太子賓客崔沔、戶部郎中楊伯成〔三一〕、左衞兵曹劉秩等皆建議以爲請依舊禮，不可改易。於是宰臣等具沔、秩等議以奏。玄宗曰：「朕承祖宗休德，至於享祀粢盛，實思豐潔，禮物之具，諒在昭忠。其非芳潔不應法制者，亦不可用。」以是更令太常量加品味。韋縚又奏：「請每室加籩、豆各六，每四時異品，以當時新果及珍羞同薦。」制可之。又酌獻酒爵，玄宗令用龠升一升，合於古義，而多少適中。自是常依行焉〔三二〕。

後漢世祖光武皇帝葬于原陵，其子孝明帝追思不已。永平元年，乃率諸侯王、公卿，正月朝于原陵，親奉先后陰氏粧奩篋笥悲慟，左右侍臣，莫不嗚咽。梁武帝父丹陽尹順之，追尊爲太祖文帝，先葬丹徒，亦尊爲建陵。武帝即大位後，大同十五年，亦朝于建陵〔三三〕，有紫雲蔭覆陵上，食頃方滅。梁主著單衣介幘，設次而拜，望陵流哭，淚之所霑，草皆變色。陵傍有枯泉，至時而水流香潔。因謂侍臣曰，陵陰石虎，與陵俱創二百餘年〔三四〕，恨小，可更造碑石柱麟，并二陵中道門爲三闔。園陵職司，並賜一級。奉辭諸陵，哭踴而拜。周太祖文帝葬於成陵，其子明帝初立，元年十二月，謁于成陵。

高祖神堯葬於獻陵，貞觀十三年正月乙巳，太宗朝于獻陵。先是日，宿衞設黃麾仗周衞陵寢〔三五〕，至是質明，七廟子孫及諸侯百僚、蕃夷君長皆陪列于司馬門內。皇帝至小次，降輿納履，哭於闕門，西面再拜，慟絕不能興。禮畢，改服入于寢宮，親執饌，閱視高祖及先后服御之物，匍匐牀前悲慟。左右侍御者莫不歔欷。初，甲辰之夜，大雨雪。及皇帝入陵院，悲號哽咽，百辟哀慟，是時雪益甚，寒風暴起，有蒼雲出於山陵之上，俄而流布，天地晦冥。至禮畢，皇帝出自寢宮，步過司馬門北，泥行二百餘步，於是風靜雪止，雲氣歇滅，天色開霽。觀者竊議，以爲孝感之所致焉。是日曲赦三原縣及從官衞士等，大辟已下，已發覺，未發覺，皆釋其罪。免民一年租賦。有八十已上，及孝子順孫、義夫節婦、鰥寡孤獨、有篤疾者，賜物各有差。宿衞陵邑中郎將、衞士齋員及三原令以下〔三六〕，各賜爵一級。丁未，至自獻陵。己酉，朝于太極殿。庚子，會羣臣，奏功成慶善及破陣之樂。

玄宗開元十七年十一月丙申，親謁橋陵。皇帝望陵涕泣，左右並哀感。進奉先縣同赤縣，以所管萬三百戶供陵寢〔三七〕，三府兵馬供衞，曲赦縣內大辟罪已下。戊戌，謁定陵。己亥，謁獻陵。壬寅，謁昭陵。己巳，謁乾陵。戊申，車駕還宮。大赦天下，流移人並放還，左降官移近處，百姓無出今年地稅之半。每陵取側近六鄉以供陵寢。皇帝初至橋陵，質明，柏樹甘露降，曙後祥煙遍空。皇帝謁昭陵，陪葬功臣盡來受饗，風吹颼颼，若神祇之所集。陪位文武百僚皆聞先聖嘆息、功臣蹈舞之聲，皆以爲至孝所感。天寶二年八月，制：「自今已後，每至九月一日，薦衣於陵寢。」十三載，改獻、昭、乾、定、橋五陵署爲臺，其署令改爲臺令，加舊一級。

校勘記

〔一〕虞嘉　「嘉」字通典卷四七、唐會要卷一二、冊府卷五八五作「喜」。晉書卷九一儒林傳有虞喜傳。此處「嘉」字疑誤。

〔二〕情實可安　「安」字各本原作「知」，據通典卷四八、唐會要卷一二、冊府卷五八五改。

〔三〕一壇一墠王制云天子七廟三昭三穆與太祖之廟而七　「一墠」至「太祖」十六字各本原無，據唐會要卷一二、英華卷七六三、冊府卷五八七補。英華「一墠」誤作「二墠」。

〔四〕太祖者　此三字各本原無，據唐會要卷一二、英華卷七六三補。

〔五〕太上皇高帝之父　「高」字各本原無，據唐會要卷一二、英華卷七六三補。

〔六〕其高皇太皇處士君　「高皇」，各本原作「高祖」，據本書卷二六禮儀志、通典卷五〇、唐會要卷一三改。按通典卷四七謂魏文帝高祖處士（曹萌）、曾祖高皇（曹騰）、祖太皇帝（曹嵩）共一廟，則「高祖」與「處士君」爲一人，此處作「高祖」誤。

〔七〕周朝太祖之外　「周朝」，通典卷四七作「後周」。

〔八〕張齊賢以始同太祖　通典卷四七、唐會要卷一二同。殘宋本冊府卷五八七作「張齊賢以景帝始封，爲唐太祖」。合鈔卷二九禮志「始」下有「祖」字。

〔九〕仍改武氏崇尊廟爲崇恩廟　「爲崇恩廟」，各本原無，據通典卷四七補。

〔一〇〕無易玆典　「玆典」二字各本原無，據唐會要卷一九、英華卷七六三、冊府卷五八八補。

〔一一〕六日　各本原作「景雲中」，據唐會要卷一三改。校勘記卷一二云：「按景雲爲睿宗年號，此文承開元六年下，不宜羼入景雲中三字。以上文六日質明行事考之，唐會要是，當從之。」

〔一二〕順宗神主將祔　「將祔」，各本原作「祧」，據唐會要卷一五、冊府卷五九一改。

〔一三〕殷人十七代　「十」字各本原無，據唐會要卷一五、冊府卷五九一補。

〔一四〕可謂革命中興之義殊也　唐會要卷一五「可謂」作「實興」。

〔一五〕霍光輔宣帝再盛基業而不以宣帝爲不遷之廟　「宣帝」至「爲不」十三字各本原無，據唐會要卷一五、冊府卷五九一補。

〔一六〕準禮合遷於太廟從西第一夾室　「遷」字各本原無，據唐會要卷一五補。

〔一七〕長慶四年正月　舊唐書補校云：「冊府元龜五九一載此事，云牛僧孺爲禮儀使，長慶四年七月奏。會要作五月。穆宗以其年正月辛未崩，不得于正月卽議其遷祔，疑五月近是。」

〔一八〕與太祖之廟而七　「與」字各本原無，據冊府卷五九一及禮記王制原文補。

〔一九〕謂之親廟四時常饗自如禮文今以新主入廟玄宗明皇帝在三昭三穆之外　「謂之」至「三穆」二十八字各本原無，據殘宋本冊府卷五九一補。唐會要卷一五、明本冊府同，惟「入廟」作「立廟」。

〔二〇〕當同南面西上……當同北面西上　兩「面」字各本原無，據唐會要卷一二、冊府卷五九二及公羊傳何休注原文補。

〔二一〕於理無矣　「無」下唐會要卷一二、冊府卷五九二有「疑」字。

〔二二〕及成康穆三帝　「成康穆」，各本原作「穆簡」，據唐會要卷一二、冊府卷五九二改。

〔二三〕貞獻皇太后蕭氏　「蕭」字各本原作「韋」，據本書卷五二穆宗貞獻皇后蕭氏傳改。

〔二四〕帝在位后先作神主之例　此句疑有脫誤。合鈔卷二九禮志「帝」上有「不同」二字。

〔二五〕太皇太后　「皇」上「太」字各本原無，據冊府卷五九三補。

〔二六〕得廟直候論狀　「得」字各本原作「德」，據唐會要卷一六、冊府卷五九二改。

〔二七〕請過祭祥禫玉牒　唐會要卷一六「過祭」作「遇禮」，冊府卷五九二「過」亦作「遇」。

〔二八〕國之大事宗廟爲先禘祫之禮　以上十二字各本原作「德尊謚爲孝君臣嚴敬有司愼恪是歲以遷」，據唐會要卷一六、冊府卷五九二改。校勘記卷一二云：「按此因獻昭懿穆，懿祖之室，反在獻祖之上，昭穆失序，故有此議。『德尊謚爲孝』云云，文義舛錯，當從會要。」

〔二九〕韋泓　聞本、殿本、局本、廣本作「韋弘」，懼盈齋本避清諱作「韋宏」，此據唐會要卷一四、冊府卷五九三改。下文同改。

〔三〇〕樽酒簋貳用缶　「用缶」二字各本原無，據唐會要卷一七、冊府卷五八九及易坎卦原文補。

〔三一〕戶部郎中楊伯成　廿二史考異卷五九云：「王晙傳有戶部郎中楊伯誠，禮儀志有戶部郎中楊伯成，蓋卽一人而字各異。今西安府學有大智禪師碑陰記，河南少尹陽伯成撰，當據碑爲正。」

〔三二〕自是常依行焉　「常」字各本原作「帝」，據通典卷四七、唐會要卷一七、冊府卷五八九改。

〔三三〕大同十五年亦朝于建陵　按梁書卷三武帝紀：「大同十年三月，輿駕幸蘭陵，謁建寧陵。」大同僅十一年，此處「十五年」誤，「五」字當是衍文。

〔三四〕與陵俱創二百餘年　校勘記卷一二謂「二百」當爲「五十」之誤，云：「按本紀（指梁書武帝紀），大同十年，謁建寧陵。下於壬寅載詔曰：『自朕違桑梓，五十餘年。』按隆昌元年，歲在甲戌，下距甲子（指大同十年）五十年，而順之之卒在隆昌前，正與五十餘年合，是二百爲五十字誤。」

〔三五〕宿衞設黃麾仗周衞陵寢　「宿」下「衞」字各本原無，據唐會要卷二〇補。冊府卷三〇亦有「衞」字，但脫「設」字。大唐開元禮卷四四作「諸衞量設黃麾大仗於陵寢陳布」。

〔三六〕衞士　「衞」字各本原無，據冊府卷八四補。

〔三七〕以所管萬三百戶供陵寢　「萬」字各本原作「陵」，據唐會要卷二〇、冊府卷三〇改。

舊唐書卷二十六

志第六

禮儀六

建中元年三月，禮儀使上言：「東都太廟闕木主，請造以祔。」初，武后於東都立高祖、太宗、高宗三廟。至中宗已後，兩京太廟，四時並饗。至德亂後，木主多亡缺未祔。於是議者紛然，而大旨有三：其一曰，必存其廟，遍立羣主，時饗之。其二曰，建廟立主，存而不祭，若皇輿時巡，則就饗焉。其三曰，存其廟，瘞其主，駕或東幸，則飾齋車奉京師羣廟之主以往。議者皆不決而罷。

貞元十五年四月，膳部郎中歸崇敬上疏：「東都太廟，不合置木主。謹按典禮，虞主用桑，練主用栗，重作栗主，則埋桑主。所以神無二主，猶天無二日，土無二王也。今東都太廟，是則天皇后所建，以置武氏木主。中宗去其主而存其廟，蓋將以備行幸遷都之所也。且

殷人屢遷，前八後五，前後遷都一十三度，不可每都而別立神主也。議者或云：『東都神主，已曾虔奉而禮之，豈可以一朝廢之乎？』且虞祭則立桑主而虔祀，練祭則立栗主而埋桑主，豈桑主不曾虔祀，而乃埋之？又所闕之主，不可更作，作之不時，非禮也。」

長慶元年二月，分司官庫部員外郎李渤奏：「太微宮神主，請歸祔太廟。」敕付東都留守鄭絪商量聞奏。絪奏云：「臣謹詳三代典禮，上稽高祖、太宗之制度，未嘗有並建兩廟、並饗二主之禮。天授之際，祀典變革。中宗初復舊物，未暇詳考典章，遂於洛陽創宗廟。是行遷都之制，實非建國之儀。及西歸上都，因循未廢。德宗嗣統，墜典克修，東都九廟，不復告饗。謹按禮記，仲尼答曾子問曰：『天無二日，土無二王，嘗、禘、郊、社，尊無二上。』所以明二主之非禮也。陛下接千載之大統，揚累聖之耿光，憲章先王，垂法後嗣。況宗廟之禮，至尊至重，違經黷祀，時謂不欽。特望擇三代令典，守高祖、太宗之憲度，鑒神龍權宜之制，遵建中矯正之禮，依經復古，允屬聖明。伏以太微宮光皇帝三代、睿宗聖文孝武皇帝神主〔一〕，參考經義，不合祔饗。至於遷置神主之禮，三代以降，經無明文。伏望委中書門下與公卿禮官質正詳定。」敕付所司。

太常博士王彥威等奏議曰：

謹按國初故事，無兩都並建宗廟、並行饗祭之禮。伏尋周書召誥、洛誥之說，實有祭告豐廟、洛廟之文，是則周人兩都並建宗祧，至則告饗。然則兩都皆祭祖考，禮祀並興。自神龍復辟，中宗嗣位，廟既偕作，饗亦並行。天寶末，兩都傾陷，神主亡失。肅宗既復舊物，但建廟作主於上都。其東都神主，大曆中始於人間得之，遂寓於太微宮，不復祔饗。

臣等謹按經傳，王者之制，凡建居室，宗廟爲先，廟必有主，主必在廟。是則立廟兩都，蓋行古之道，主必在廟，實依禮經。今謹參詳〔二〕，理合升祔。謹按光皇帝是追王〔三〕，高宗、中宗、睿宗是祧廟之主，其神主合藏於太廟從西第一夾室。景皇帝是始封不遷之祖，其神主合藏於太廟從西第一室〔四〕。高祖、太宗、玄宗、肅宗、代宗是創業有功親廟之祖。伏準江都集禮：『正廟之主，藏於太室之中。』禮記：『羣廟之主，有故則聚而藏諸祖廟。』伏以德宗之下，神主未作，代宗之上，后主先亡，若歸本室，有虛神主〔五〕。事雖可據，理或未安。今高祖已下神主，並合藏於太祖之廟，依舊準故事不饗。如陛下肆覲東后，移幸洛陽，自非祧主，合歸本室。其餘闕主，又當特作，而祔饗時祭、禘、祫如儀。

臣又按國家追王故事，太祖之上，又有德明、興聖、懿祖別廟。今光皇帝神主，即懿祖也。伏緣東都先無前件廟宇，光皇帝神主今請權祔於太廟夾室，居元皇帝之上。

如駕在東都，即請準上都式營建別廟，作德明、興聖、獻祖神主，備禮升祔。又於太廟夾室奉迎光皇帝神主歸別廟第四室〔六〕，禘、祫如儀。

或問曰：禮，作栗主，瘞桑主。漢、魏並有瘞桑之議，大曆中亦瘞孝敬皇帝神主，今祔而不瘞，如之何？答曰：作主依神，理無可埋，漢魏瘞藏，事非允愜。孝敬尊非正統，廟廢而主獨存，從而瘞藏，爲叶情理。

又問：古者巡狩，必載遷主，今東都主又祔于廟〔七〕。答曰：古者師行以遷主，無則主命，自非遷祖之主，別無出廟之文。凡邑有宗廟先君之主曰都，則兩都宗廟，各宜有主。

又問曰：古者作主，必因虞、練，若主必歸祔，則室不可虛，則當補已亡之主〔八〕，創當祔之主。禮經無說，如之何？答曰：虞、練作主，禮之正也。非時作主，事之權也。王者遭時爲法，因事制宜，苟無其常，則思其變。如駕或東幸，廟仍虛主，即準肅宗廣德二年上都作主故事，特作闕主而祔。蓋主不可闕，故禮貴從宜，春秋之義，變而正之者。臣伏思祖宗之主，神靈所憑，寓於太微，不入宗廟，據經復本，允屬聖明。

至是下尚書省集議，而郎吏所議，與彥威多同。丞郎則各執所見，或曰「神主合藏於太微宮」；或云「並合埋瘞」；或云「闕主當作」；或云「輿駕東幸，即載上都神主而東」。咸以意

中華書局

言〔九〕，不本經據。竟以紛議不定，遂不舉行。

會昌五年八月，中書門下奏：「東都太廟九室神主，共二十六座，自祿山叛後，取太廟爲軍營，神主棄於街巷，所司潛收聚，見在太微宮內新造小屋之內。其太廟屋室並在，可以修崇。大和中，太常博士議，以爲東都不合置神主，車駕東幸，即載主而行。至今因循，尚未修建。望令尚書省集公卿及禮官、學官詳議。如不要更置，須有收藏去處。如合置，望以所拆大寺材木修建。既是宗室宮居守，便望令充修東都太廟使，勾當修繕。」奉敕宜依。

六年三月，太常博士鄭路等奏：「東都太微宮神主二十座〔一〇〕，去年二月二十九日禮院分析聞奏訖。伏奉今月七日敕，『此禮至重，須遵典故，宜令禮官、學官同議聞奏』者。臣今與學官等詳議訖，謹具分析如後：獻祖宣皇帝、宣莊皇后、懿祖光皇帝、光懿皇后、文德皇后、高宗天皇大帝、則天皇后、中宗大聖大昭孝皇帝、和思皇后、昭成皇后、孝敬皇帝、孝敬哀皇后已前十二座，親盡迭毀，宜遷諸太廟，祔於興聖廟。禘祫之歲，乃一祭之。東都無興聖廟可祔，伏請且權藏於太廟夾室。未題神主十四座，前件神主既無題號之文，難伸祝告之禮。今與禮官等商量，伏請告遷之日，但瘞於舊太微宮內空閑之地。恭酌事理〔一一〕，庶協從宜。」制可。

太常博士段瓌等三十九人奏議曰：

禮之所立，本於誠敬；廟之所設，實在尊嚴。既曰薦誠，則宜統一。昔周之東西有廟，亦可徵其所由。但緣卜洛之初，既須營建，又以遷都未決，因議兩留。酌其事情，匪務於廣，祭法明矣。

伏以東都太廟，廢已多時，若議增修，稍乖前訓。何者？東都始制寢廟於天后，中宗之朝，事出一時，非貞觀、開元之法。前後因循不廢者，亦踵鎬京之文也。記曰：「祭不欲數，數則煩。」天寶之中，兩京悉爲寇陷，西都廟貌如故，東都因此散亡。是知九廟之靈，不欲歆其煩祀也。自建中不葺之後，彌歷歲年。今若廟貌惟新，即須室別有主。舊主雖在，大半合祧，必几筵而存之，所謂宜祧不祧也。孔子曰，「當七廟五廟，無虛主也」，謂廟不得無主者也。舊主如有留去，新廟便合創添。謹按左傳云：「祔練作主。」又戴聖云〔一二〕：「虞而立几筵。」如或過時成之，便是以凶干吉。創添既不典，虛廟又非儀。考諸禮文，進退無守。

或曰「漢於郡國置宗廟凡百餘所，今止東西立廟，有何不安」者。當漢氏承秦焚燒之餘，不識典故，至於廟制，率意而行。比及元、成二帝之間，貢禹、韋玄成等繼出，果有正論，竟從毀除。足知漢初不本於禮經，又安可程法也？或曰「几筵不得復設，廟寢何妨修營，候車駕時巡，便合於所載之主」者〔一三〕。究其終始，又得以論之。昨者

降敕參詳，本爲欲收舊主，主既不立，廟何可施？假令行幸九州，一一皆立廟乎？愚以爲廟不可修，主宜藏瘞，或就瘞於埳室，或瘞於兩階間，此乃百代常行不易之道也。

其年九月敕：「段瓌等詳議，東都不可立廟。李福等別狀，又有異同。國家制度，須合典禮，證據未一，則難建立。宜並令赴都省對議，須歸至當。」

工部尚書薛元賞等議：

伏以建中時，公卿奏請修建東都太廟，當時之議，大旨有三：其一曰，必存其廟〔一四〕，備立其主，時饗之日，以他官攝行。二曰，建廟立主，存而不祭，皇輿時巡，則就饗焉。三曰，存其廟，瘞其主。臣等立其三議，參酌禮經，理宜存廟，不合置主。

謹按禮祭義曰：「建國之神位，右社稷而左宗廟。」禮記云：「君子將營宮室，宗廟爲先。」是知王者建邦設都，必先宗廟、社稷。況周武受命，始都于豐，成王相宅，又卜于洛，烝祭歲於新邑，册周公于太室。故書曰：「戊辰，王在新邑，烝祭歲。王入太室祼。」成王厥後復立于豐〔一五〕，雖成洛邑，未嘗久處。逮于平王，始定東遷。則周之豐、鎬〔一六〕，皆有宗廟明矣。

又按曾子問「廟有二主」，夫子對以「天無二日，土無二王，嘗、禘、郊、社，尊無二上，未知其爲禮」者。昔齊桓公作二主，夫子譏之，以爲僞主。是知二主不可並設，亦

明矣。夫聖王建社以厚本，立廟以尊祖，所以京邑必有宗社。今國家定周、秦之兩地，爲東西之兩宅，闢九衢而立宮闕，設百司而嚴拱衞，取法玄象，號爲京師。既嚴帝宅，難虛神位，若無宗廟，何謂皇都？然依人者神，在誠者祀，誠非外至，必由中出，理合親敬，用交神明。位宜存於兩都，廟可偕立；誠難專於二祭，主不並設。

或以禮云「七廟五廟無虛主」，是謂不可無主。所以天子巡狩，亦有所尊，尚飾齋車，載遷主以行。今若修廟瘞主，則東都太廟，九室皆虛，既違於經，須徵其說。臣復探賾禮意，因得盡而論之。所云「七廟五廟無虛主」，是謂見饗之廟不可虛也。今之兩都，雖各有廟，禘祫饗獻，斯皆親奉於上京，神主几筵，不可虛陳於東廟。且禮云：「唯聖人爲能饗帝，孝子爲能饗親。」昔漢韋玄成議廢郡國祀，亦曰：「立廟京師，躬親承事，四海之內，各以其職來祭。」人情禮意，如此較然。二室既不並居，二廟豈可偕祔？但所都之國，見饗之廟，既無虛室，則叶通經議者，又欲置主不饗，以俟巡幸。昔魯作僖公之主，不於虞、練之時，春秋書而譏之。合祔之主，作非其時，尚爲所譏。今若置不合祔之主，不因時而作，違經越禮，莫甚於此。豈有九室合饗之主，而有置而不饗之文？兩廟始創於周公，二主獲譏於夫子。自古制作，皆範周孔，舊典猶在，足可明徵。臣所以言東都廟則合存，主不合置。今將修建廟宇，誠不虧於典禮。其見在太微宮

中六主，請待東都建修太廟畢，具禮迎置於西夾室，閟而不饗，式彰陛下嚴祀之敬，以明聖朝尊祖之義。

吏部郎中鄭亞等五人議：「據禮院奏，以爲東都太廟既廢，不可復修，見在太微宮神主，請瘞於所寓之地。有乖經訓，不敢雷同。臣所以別進議狀，請修祔主，並依典禮，兼與建中元年禮儀使顏眞卿所奏事同。臣與公卿等重議，皆以爲廟固合修，主不可瘞，卽與臣等別狀意同。但衆議猶疑東西二廟，各設神主，恐涉廟有二主之義，請修廟虛室，以太微宮所寓神主藏於夾室之中。伏以六主神位，內有不祧之宗，今用遷廟之儀，猶未合禮。臣等猶未敢署衆狀，蓋爲闕疑。」

太學博士直弘文館鄭遂等七人議曰：「夫論國之大事，必本乎正而根乎經，以臻于中道。聖朝以廣孝爲先，以得禮爲貴，而臣下敢不以經對。三論六故，已詳於前議矣。再捧天問，而陳乎諸家之說，求于典訓，考乎大中，廟有必修之文，主無可置之理。何則？正經正史，兩都之廟可徵。禮稱『天子不卜處太廟』，『擇日卜建國之地，則宗廟可知』。則廢廟之說，恐非所宜廢。謹按詩、書、禮三經及漢朝兩史，兩都並設廟，而載主之制，久已行之。敢不明徵而去文飾，援據經文，不易前見。東都太廟，合務修崇，而舊主當瘞，請于太微宮所藏之所[二七]。皇帝有事于洛，則奉齋車載主以行。」

太常博士顧德章議曰：

夫禮雖緣情[二八]，將明厥要，實在得中，必過禮而求多，則反虧於誠敬。伏以神龍之際，天命有歸，移武氏廟於長安，卽其地而置太廟，以至天寶初復，不爲建都。而設議曰：「中宗立廟於東都，無乖舊典。」徵其意，不亦謬乎？

又曰「東都太廟，至於睿宗、玄宗，猶奉而不易」者。蓋緣嘗所尊奉，不敢輒廢也。今則廢已多時，猶循莫舉之典也[二九]。

又曰「雖貞觀之始，草創未暇，豈可謂此事非開元之法」者。謹按定開元六典敕曰：「聽政之暇，錯綜古今，法以周官，作爲唐典。覽其本末，千載一朝。春秋謂考古之法也，行之可久，不曰然歟？」此時東都太廟見在，六典序兩都宮闕，西都具太廟之位，東都則存而不論，足明事出一時，又安得曰「開元之法」也？又三代禮樂，莫盛於周。昨者論議之時，便宜細大，取法于周，遷而立廟。今立廟不因遷，何美之而不能師之也？

又曰「建國神位，右社稷而左宗廟，君子將營宮室，宗廟爲先」者。謹按六典，永昌中則天以東都爲神都。爾後漸加營構[三〇]，宮室百司，於是備矣。今之宮室百司，乃武氏改命所備也。上都已建國立宗廟，不合引言。

又曰「東都洛陽祭孝宣等五帝，長安祭孝成等三帝」。以此爲置廟之例，則大非也。當漢兩處有廟，所祭之帝各別。今東都建廟作主，與上都盡同，概而論之，失之甚者。

又曰「今或東洛復太廟，有司同日侍祭，以此爲數，實所未解」者。謹按天寶三載詔曰：「頃四時有事於太廟，兩京同日。自今已後，兩京各宜別擇日。」載在祀典，可得而詳。且立廟造主，所以祭神，而曰存而勿祀，出自何經？「當七廟五廟無虛主」，而欲立虛廟，法於何典？前稱廟貌如故者，卽指建中之中，就有而言，以爲國之先也。前以非時不造主者，謂見有神主，不得以非時而造也。若江左至德之際，主並散亡，不可拘以例也。

或曰「廢主之瘞，請在太微宮」者。謹按天寶二年敕曰：「古之制禮，祭用質明，義兼取於尙幽，情實緣於旣沒。我聖祖澹然常在，爲道之宗，既殊有盡之期，宜展事生之禮。自今已後，每至聖祖宮有昭告，宜改用卯時」者。今欲以主瘞於宮所，卽與此敕全乖。

又曰「主不合瘞，請藏夾室」者。謹按前代藏主，頗有異同。至如夾室，宜用以序昭穆也[三一]。今廟主俱不中禮，則無禘祫之文。

又曰君子將營宮室，以宗廟爲先，則建國營宮室而宗廟必設。東都既有宮室，而太廟不合不營。凡以論之，其義斯勝。而西周、東漢，並曰兩都，其各有宗廟之證，經史昭然，又得以極思於揚搉。詩曰：「其繩則直，縮板以載，作廟翼翼。」大雅「瓜瓞」，言豐廟之作也。又曰：「於穆淸廟，肅雍顯相。」洛邑旣成，以率文王之祀。此詩言洛之廟也。書曰：「成王既至洛，烝祭歲，文王騂牛一，武王騂牛一。」又曰「祼于太室」，康王又居豐，「命畢公保釐東郊」。豈有無廟而可烝祭，非都而設保釐？則書東西之廟也。逮于後漢卜洛，西京之廟亦存。建武二年，於洛陽立廟，而成、哀、平三帝祭於西京。一十八年，親幸長安，行禘禮。當時五室列於洛都，三帝留於京廟，行幸之歲，與合食之期相會，不奉齋車，又安可以成此禮？則知兩廟周人成法，載主以行，漢家通制。或以當虛一都之廟爲不可，而引「七廟無虛主」之文。禮言一都之廟，室不虛主，非爲兩都各廟而不可虛也。既聯出征之辭[三二]，更明載主之意，因事而言，理實相統，非如詩人更可斷章以取義也[三三]。古人求神之所非一，奉神之意無二，故廢桑主，重作栗主，既事埋之，以明其一也。

或又引左氏傳築郿凡例，謂「有宗廟先君之主曰都」，而立建主之論。按魯莊公二十八年冬，築郿，左傳爲築發凡例，穀梁譏因藪澤之利，公羊稱避凶年造邑之嫌。三傳異同，左氏爲短。何則？當春秋二百年間，魯凡城二十四邑，唯郿一邑稱築[三四]，其二十三邑，豈皆有宗廟先君之主乎[三五]？執此爲建主之端，又非通論。

或又曰：「廢主之瘞，何以在於太微宮所藏之所？宜舍故依新，前已列矣。」按瘞主之位有三：或於北牖之下，或在西階之間，廟之事也。其不當立之主，但隨其所以瘞之。夫主瘞乎當立之廟，斯不然矣。以在所而言，則太微宮所藏之所，與漢之寢園無異。歷代以降，建一都者多，兩都者少。今國家崇東西之宅，極嚴奉之典，而以各廟爲疑，合以建都故事，以相質正，卽周、漢是也。今詳議所徵，究其年代，率皆一都之時，豈可以擬議，亦孰敢獻酬於其間？詳考經旨，古人謀寢必及於廟，未有設寢而不立廟者。國家承隋氏之弊，草創未暇，後雖建於垂拱，而事有所合。其後當干戈寧戢之歲，文物大備之朝，歷于十一聖，不議廢之。豈不以事雖出於一時，廟有合立之理，而不可一一革也？今洛都之制，上自宮殿樓觀，下及百辟之司，與西京無異。鑾輿之至也，雖厮役之賤，必歸其所理也。豈先帝之主，獨無其所安乎？時也，虞主尙瘞，廢主宜然〔三〇〕。或以馬融、李舟二人稱「寢無傷於偕立，廟不妨於暫虛」，是則馬融、李舟，可法於宣尼矣。以此擬議，乖當則深〔三一〕。

或稱「凡邑有宗廟先君之主曰都，無曰邑，邑曰築，都曰城」者。謹按春秋二百四十年間，惟郿一邑稱築。如城郎、費之類，各有所因，或以他防，或以自固，謂之盡有宗廟，理則極非。

或稱「聖主有復古之功，簡册有考文之美，五帝不同樂，三王不同禮，遭時爲法，因事制宜」。此則改作有爲，非有司之事也。如有司之職，但合一一據經；變禮從時，則須俟明詔也。

凡不修之證，略有七條：廟立因遷，一也；已廢不舉，二也；廟不可虛，三也；非時不造主，四也；合載遷主行，五也；尊無二上，六也；六典不書，七也。謹按文王遷豐立廟，武王遷鎬立廟，成王遷洛立廟。今東都不因遷而欲立廟，是違因遷立廟也。謹按禮記曰：「凡祭，有其廢之，莫敢舉也。有其舉之，莫敢廢也。」今東都太廟，廢已八朝，若果立之，是違已廢不舉也。謹按禮記曰：「當七廟五廟無虛主。」今欲立虛廟，是違廟不可虛也。謹按左傳：「丁丑，作僖公主。書不時也。」記又曰：「過時不祭，禮也。」合禮之祭，過時猶廢，非禮之主，可以作乎？今欲非時作主，是違非時不作主也。謹按曾子問：「古者師行以遷廟主行乎？孔子曰：天子巡狩，必以遷廟主行，載於齋車，言必有尊也。今也取七廟之主以行，則失之矣。」皇氏云：「遷廟主者，載遷一室之主也。」今欲載羣廟之主以行，是違載遷之主也。謹按禮記曰：「天無二日，土無二王。嘗、禘、郊、社，尊無二上也。」今欲兩都建廟作主，是違尊無二上也。謹按六典序兩都宮闕及廟宇，此時東都有廟不載，是違六典不書也。遍考書傳，並不合修。寢以武德、貞觀之中，作法垂範之日，文物大備，儒彥畢臻，若可修營，不應議不及矣。記曰：「樂由天作，禮以地制。天之體，動也。地之體，止也。」此明樂可作，禮難變也。伏惟陛下誠明載物，莊敬御天，孝方切於祖宗，事乃求於根本。再令集議，俾定所長。臣實職司，敢不條白以對。

德章又有上中書門下及禮院詳議兩狀，並同載於後。其一曰：

伏見八月六日敕，欲修東都太廟，令會議事。此時已有議狀，準禮不合更修。尙書丞郎已下三十八人，皆同署狀。德章官在禮寺，實忝司存，當聖上嚴禋敬事之時，會相公尙古黜華之日，脫國之祀典，有乖禮文，豈唯受責於曠官，竊懼貽恥於明代。所以懃懃懇懇，將不言而又言也。

昨者異同之意，盡可指陳。一則以有都之名，便合立廟；次則欲崇修廟宇，以俟時巡。殊不知廟不合虛，主惟載一也。謹按貞觀九年詔曰：「太原之地，肇基王業，事均豐、沛，義等宛、譙，約禮而言，須議立廟。」時祕書監顏師古議曰：「臣傍觀祭典，遍考禮經，宗廟皆在京師，不於下土別置。昔周之豐、鎬，實爲遷都，乃是因事便營，非云一時別立。」太宗許其奏，卽日而停。由是而言，太原豈無都號，太原爾時猶廢，東都不立可知。且廟室惟新，卽須有主，主既藏瘞，非虛而何？是有都立廟之言，不攻而自破

矣。又按曾子問曰：「古者師行，必以遷廟主行乎？孔子曰：天子巡狩，必以遷廟主行，載于齋車，言必有尊也。今也取七廟之主以行，則失矣。」皇氏云：「遷廟主者，惟載新遷一室之主也。」未祧之主，無載行之文。假使候時巡，自可修營一室，議構九室，有何依憑？

夫宗廟，尊事也，重事也，至尊至重，安得以疑文定論。言苟不經，則爲擅議。近者敕旨，凡以議事，皆須一一據經。若無經文，任以史證。如或經史皆不據者，不得率意而言。則立廟東都，正經史無據，果從臆說，無乃前後相違也。書曰：「三人占，則從二人之言。」會議者四十八人，所同者六七人耳，比夫二三之喻，又何其多也！夫堯、舜之爲帝，迄今稱詠之者，非有他術異智者也，以其有賢臣輔翼，能順考古道也。故堯之書曰「若稽古帝堯」。孔氏傳曰〔三八〕：「能順考古道〔三九〕。」傅說佐殷之君，亦曰「事不師古，匪說攸聞」。考之古道既如前，驗以國章又如此，將求典實，無以易諸。伏希必本正經，稍抑浮議，踵皋、夔之古道，法周、孔之遺文，則天下守貞之儒，實所幸甚。其餘已具前議。

其二曰：

夫宗廟之設，主於誠敬，旋觀典禮，貳則非誠。是以匪因遷都，則不別立廟宇。記曰：「天無二日，土無二王，嘗、禘、郊、社，尊無二上。」又曰：「凡祭，有其廢之，莫敢舉

也。有其舉之，莫敢廢也。」則東都太廟，廢已多時，若議增修，稍違前志。何者？聖曆、神龍之際，武后始復明辟，中宗取其廟易置太廟焉，本欲權固人心，非經久之制也。伏以所存神主，既請祧藏，今廟室惟新，即須有主。神主非時不造，廟寢又無虛議，如修復以俟時巡，惟載一主〔三〇〕，備在方册，可得而詳。又引經中義有數等，或是弟子之語，或是他人之言。今廟不可虛，尊無二上，非時不造主，合載一主行，皆大聖祖及宣尼親所發明者，比之常據，不可同塗。又丘明修春秋，悉以君子定褒貶，至陳泄以忠獲罪，晉文以臣召君，於此數條，不復稱君子〔三一〕，將評得失，特以宣尼斷之。傳曰：「危疑之理，須聖言以明也。」或以東都不同他都，地有壇社宮闕，欲議權葺〔三二〕，似是無妨。此則酌於意懷，非曰經據也。但以遍討今古，無有壇社立廟之證，用以爲說，實所未安。謹按上自殷、周，傍稽故實，除因遷都之外，無別立廟之文。制曰：「自古議禮〔三三〕，皆酌人情。必稷嗣知幾，賈生達識，方可發揮大政，潤色皇猷，其他管窺，蓋不足數。公卿之議，實可施行，德章所陳，最爲淺近，豈得苟申獨見，妄有異同？事貴酌中，理宜從衆。宜令有司擇日修崇太廟，以留守李石充使勾當。」六年三月，擇日既定，禮官既行，旋以武宗登遐，其事遂寢。宣宗即位，竟迎太微宮神主祔東都太廟，禘祫之禮，盡出神主合食於太祖之前。

貞觀禮，祫享，功臣配享於廟庭，禘享則不配。當時令文，祫禘之日，功臣並得配享。貞觀十六年，將行禘祭，有司請集禮官學士等議，太常卿韋挺等一十八人議曰：「古之王者，富有四海，而不朝夕上膳於宗廟者，患其禮過也。故曰：『春秋祭祀，以時思之。』至於臣有大功享祿，其後孝子率禮〔三四〕，潔粢豐盛，禴、祀、烝、嘗，四時不輟，國家大祫，又得配焉。所以昭明其勳，尊顯其德，以勸嗣臣也。其禘及時享，功臣皆不應預。故周禮六功之官，皆配大烝而已。先儒皆取大烝爲祫祭。高堂隆、庾蔚之等多遵鄭學，未有將爲時享。又漢、魏祫祀，皆在十月，晉朝禮官，欲用孟秋殷祭，左僕射孔安國啓彈，坐免者不一。梁初誤禘功臣，左丞何佟之駁議，武帝允而依行。降洎周、齊，俱遵此禮。竊以五年再殷，合諸天道，一大一小，通人雅論，小則人臣不預，大則兼及功臣。今禮禘無功臣，誠謂禮不可易。」乃詔改令從禮。至開元中改修禮，復令禘祫俱以功臣配饗焉。

高宗上元三年十月，將祫享于太廟。時議者以禮緯「三年一祫，五年一禘」，公羊傳云「五年而再殷祭」，議交互莫能斷決。太學博士史璨等議曰：「按禮記正義引鄭玄禘祫志云：『春秋：僖公三十三年十二月薨。文公二年八月丁卯，大享于太廟。公羊傳云：大享者何？祫也。』是三年喪畢，新君二年當祫，明年當禘于羣廟。僖公、宣公八年皆有禘〔三五〕，則後禘去前禘五年。以此定之，則新君二年祫，三年禘。自爾已後，五年而再殷祭，則六年當祫，八年當禘。又昭公十年，齊歸薨，至十三年喪畢當祫，爲平丘之會，多，公如晉。至十四年祫，十五年禘，傳云『有事於武宮』是也〔三六〕。至十八年祫，二十年禘。二十三年祫，二十五年禘。昭公二十五年『有事於襄宮』是也。如上所云，則禘已後隔三年祫，已後隔二年禘。此則有合禮經，不違傳義。」自此依璨等議爲定。

開元六年秋，睿宗喪畢，祫享于太廟。自後又相承三年一祫，五年一禘，各自計年，不相通數。至二十七年，凡經五禘、七祫。其年夏禘訖，多又當祫。太常議曰：

禘祫二禮，俱爲殷祭，祫爲合食祖廟，禘謂諦序尊卑。申先君逮下之慈，成羣嗣奉親之孝，事異常享，有時行之。然而祭不欲數，數則黷；亦不欲疏，疏則怠。故王者法諸天道，制祀典焉。烝嘗象時，禘祫如閏。五歲再閏，天道大成，宗廟法之，再爲殷祭者也。謹按禮記王制、周官宗伯，鄭玄注解，高堂所議，並云「國君嗣位，三年喪畢，祫于太祖。明年禘于羣廟。自爾已後，五年再殷，一祫一禘。」漢、魏故事，貞觀實錄，並用此禮。又按禮緯及魯禮禘祫注云，「三年一祫，五年一禘，所謂五年而再殷祭也。又按白虎通及五經通義、許慎異義、何休春秋、賀循祭議，並云三年一禘。何也？以爲三年一閏，天道小備，五年再閏，天道大備故也。此則五年再殷，通計其數，一祫一禘，

迭相乘矣。今太廟禘祫〔三七〕，各自數年，兩岐俱下，不相通計。或比年頻合，或同歲再序，或一禘之後，併爲再祫，或五年之內，驟有三殷。法天象閏之期，既違其度；五歲再殷之制，數又不同。求之禮文，頗爲乖失。

說者或云：「禘祫二禮，大小不侔，祭名有殊，年數相弁〔三八〕。祫以三紀，抵小而合〔三九〕；禘以五斷，至十而周。有茲參差，難以通計。」竊以三祫五禘之說，本出禮緯，五歲再殷之數，同在其篇，會通二文，非相詭也。蓋以禘後置祫，二周有半，舉以全數〔四〇〕，謂之三年，譬如三年一閏〔四一〕，只用三十二月也。其禘祫異稱，各隨四時，秋多爲祫，春夏爲禘。祭名雖異，爲殷則同，譬如礿、祠、烝、嘗，其體一也。鄭玄謂祫大禘小，傳或謂祫小禘大，肆陳之間，或有增減，通計之義，初無異同。蓋象閏之法〔四二〕，相傳久矣。惟晉代陳舒有三年一殷之議，自五年、八年又十一、十四，尋其議文所引，亦以象閏爲言。且六歲再殷，何名象閏〔四三〕？五年一禘，又奚所施？矛盾之說，固難憑也。

夫以法天之度，既有指歸，稽古之理，若茲昭著。禘祫二祭，通計明矣。今請以開元二十七年己卯四月禘，至辛巳年十月祫，至甲申年四月又禘，至丙戌年十月又祫，至己丑年四月又禘，至辛卯年十月又祫。自此五年再殷，周而復始。又禘祫之說，非

唯一家，五歲再殷之文，既相師矣，法天象閏之理，大抵亦同。而禘後置祫，或近或遠，盈縮之度，有二法焉：鄭玄宗高堂，則先三而後二；徐邈之議，則先二而後三。謹按鄭氏所注，先三之法，約三祫五禘之文，存三歲五年之位。以爲甲年既禘，丁年當祫，己年又禘，壬年又祫，甲年又禘，丁年又祫，周而復始，以此相承。祫後去禘，十有八月而近，禘後去祫，三十二月而遙，分析不均，粗於算矣。假如攻乎異端，置祫於秋，則三十九月爲前，二十一月爲後，雖小有愈，其間尚偏。竊據本文，皆云象閏，二閏相去，則平分矣，兩殷之序，何不等耶？且又三年之言，本舉全數，二周有半，實准三年，於此置祫，不違文矣，何必拘滯隔三正乎？蓋千慮一失，通儒之蔽也。徐氏之議，有異於是，研覈周審，最爲可憑。以爲二禘相去，爲月六十，中分三十，置一祫焉。若甲年夏禘，丙年冬祫，有象閏法，毫釐不偏。三年一祫之文，既無乖越；五歲再殷之制，疏數有均。校之諸儒，義實長久。今請依據以定二殷，預推祭月，周而復始。

禮部員外郎崔宗之駁下太常，令更詳議，令集賢學士陸善經等更加詳覈，善經亦以其議爲允。於是太常卿韋縚奏曰：「禮有禘祫，俱稱殷祭，二法更用，鱗次相承。或云五歲再殷，一禘一祫。或云三年一祫，五年一禘。法天象閏，大趣皆同。皆以太廟禘祫，計年有差，考於經傳，微有所乖。頃在四月，已行禘享〔四三〕，今指孟冬，又申祫儀，合食禮頻，恐違先典。

伏以陛下能事畢舉，舊物咸甄，宗祏祗慎之時，經訓申明之日。臣等忝在持禮，職司討論，輒據舊文，定其倫序。請以今年夏禘，便爲殷祭之源，自此之後，禘、祫相代，五年再殷，周而復始。其今年冬祫，準禮合停，望令所司，但行時享，卽嚴禋不黷，庶合舊儀。」制從之。

舊儀〔四四〕，天寶八年閏六月六日敕文：「禘祫之禮，以存序位，質文之變，蓋取隨時。國家系本仙宗，業承聖祖，重熙累盛，既錫無疆之休，合享登神，思弘不易之典。自今已後，每禘祫並於太清宮聖祖前設位序正，上以明陟配之禮，欽若玄象，下以盡虔祭之誠，無違至道。比來每緣禘祫，時享則停，事雖適於從宜，禮或虧於必備。已後每緣禘祫，其常享以素饌，三焚香以代三獻。」

建中二年九月四日，太常博士陳京上疏言：「今年十月，祫享太廟，并合饗遷廟獻祖、懿祖二神主。春秋之義〔四五〕，毀廟之主，陳于太祖，未毀廟之主，皆升合食于太祖。太祖之位，在西而東向，其下子孫，昭穆相對，南北爲別，初無毀廟遷主不享之文。徵是禮也，自於周室，而國朝祀典，當與周異。且周以后稷配天，爲始封之祖，而下乃立廟。廟毀主遷，皆在太祖之後。禘祫之時，無先於太廟太祖者。正太祖東向之位，全其尊而不疑。然今年十月祫饗太廟〔四六〕，伏請據魏、晉舊制爲比，則構築別廟。東晉以征西等四府君爲別廟，至禘祫之時，則於太廟正太祖之位以申其尊，別廟祭高皇、太皇、征西等四府君以敍其親。伏

以國家若用此義，則宜別爲獻祖、懿祖立廟，禘祫祭之，以重其親；則太祖於太廟遂居東向，以全其尊。伏以德明、興聖二皇帝，曩立廟，至禘祫之時，常用饗禮，今則別廟之制，便就興聖廟藏祔爲宜。」敕下尚書省百僚集議。

禮儀使太子少師顏眞卿議曰：「議者或云獻祖、懿祖親遠廟遷，不當祫享，宜永閟於西夾室。又議者云，二祖宜同祫享，於太祖並昭穆，而空太祖東向之位。又議者云，二祖若同祫享，卽太祖之位永不得正，宜奉遷二祖神主祔藏於德明皇帝廟。臣伏以三議俱未爲允。且禮經殘缺，既無明據，儒者能方義類，斟酌其中，則可舉而行之，蓋協於正也。伏惟太祖景皇帝以受命始封之功，處百代不遷之廟，配天崇享，是極尊嚴。且至禘祫之時，暫居昭穆之位，屈己申孝，敬奉祖宗，緣齒族之禮，廣尊先之道，此實太祖明神烝烝之本意，亦所以化被天下，率循孝悌也。請依晉蔡謨等議，至十月祫享之日，奉獻祖神主居東向之位，自懿祖、太祖洎諸祖宗，遵左昭右穆之列。此有彰國家重本尚順之明義，足爲萬代不易之令典也。又議者請奉二祖神主於德明皇帝廟，行祫祭之禮。夫祫，合也。故公羊傳云：『大事者何？祫也。』若祫祭不陳於太廟而享於德明廟，是乃分食也，豈謂合食乎？名實相乖，深失禮意，固不可行也。」

貞元七年十一月二十八日，太常卿裴郁奏曰：「禘、祫之禮，殷、周以遷廟皆出太祖之

後，故得合食有序，尊卑不差。及漢高受命，無始封祖〔四八〕，以高皇帝爲太祖。太上皇，高帝之父，立廟享祀，不在昭穆合食之列，爲尊於太祖故也。魏武創業，文帝受命，亦卽以武帝爲太祖。其高皇、太皇、處士君等〔四九〕，並爲屬尊，不在昭穆合食之列。晉宣創業，武帝受命，亦卽以宣帝爲太祖。其征西、潁川等四府君，亦爲屬尊，不在昭穆合食之列。國家誕受天命，累聖重光。景皇帝始封唐公，實爲太祖。中間世數既近，於三昭三穆之內，故皇家太廟，惟有六室。其弘農府君、宣、光二祖，尊於太祖，親盡則遷，不在昭穆之數。著在禮志，可舉而行。開元中，加置九廟，獻、懿二祖皆在昭穆，是以太祖景皇帝未得居東向之尊。今二祖已祧，九室惟序，則太祖之位又安可不正？伏以太祖上配天地，百代不遷，而居昭穆，獻、懿二祖，親盡廟遷，而居東向，徵諸故實，實所未安。請下百僚僉議。」敕旨依。

八年正月二十三日，太子左庶子李嶸等七人議曰：

王制：「天子七廟，三昭三穆，與太祖而七。」周制也。七者，太祖及文王、武王之祧，與親廟四也。太祖，后稷也。殷則六廟，契及湯與二昭二穆。夏則五廟，無太祖，禹與二昭二穆而已〔五〇〕。晉朝博士孫欽議云：「王者受命太祖及諸侯始封之君，其已前神主，據已上數過五代卽毀其廟，禘祫不復及也。禘祫所及者，謂受命太祖之後，迭毀主升藏於二祧者也〔五一〕。雖百代，禘祫及之。」伏以獻、懿二祖，太祖以前親盡之主

也。擬三代以降之制，則禘祫不及矣。代祖神主，則太祖已下毀廟之主，則公羊傳所謂「已毀廟之主，陳于太祖」者是也。謹按漢永光四年詔，議罷郡國廟及親盡之祖，丞相韋玄成議太上、孝惠廟，皆親盡宜毀，太上廟主宜瘞於園〔五二〕，孝惠主遷於太祖廟。奏可。太上，則太祖已前之主，瘞于園，禘祫不及故也，則今獻、懿二祖之比也。孝惠遷於太祖廟，明太祖已下子孫，則禘祫所及，則今代祖元皇帝神主之比也。自魏、晉及宋、齊、陳、隋相承〔五三〕，始受命之君皆立廟〔五四〕，虛太祖之位。自太祖之後至七代君，則太祖東向位，乃成七廟。太祖以前之主，魏明帝則遷處士主置於園邑，歲時使令丞奉薦，世數猶近故也。至東晉明帝崩，以征西等三祖遷入西除，名之曰祧，以準遠廟。至康帝崩，穆帝立，於是京兆遷入西除〔五五〕，同謂之祧，如前之禮，並禘祫所不及。

國朝始饗四廟，宣、光並太祖、世祖神主祔于廟。貞觀九年，將祔高祖于太廟，朱子奢請準禮立七廟，其三昭三穆，各置神主。太祖，依晉宋以來故事，虛其位，待遞遷方處之東嚮位。於是始祔弘農府君及高祖爲六室，虛太祖之位而行禘祫。至二十三年，太宗祔廟，弘農府君乃藏於西夾室。文明元年，高宗祔廟，始遷宣皇帝于西夾室。開元十年，玄宗特立九廟，於是追尊宣皇帝爲獻祖，復列於正室，光皇帝爲懿祖，以備九室。禘祫猶虛太祖之位。祝文於三祖不稱臣，明全廟數而已。至德二載克復後，新

作九廟神主，遂不造弘農府君神主，明禘祫不及故也。至寶應二年，祔玄宗、肅宗於廟，遷獻、懿二祖於西夾室，始以太祖當東嚮位，以獻、懿二祖爲是太祖以前親盡神主，準禮禘祫不及，凡十八年。

至建中二年十月，將祫饗，禮儀使顏眞卿狀奏：合出獻、懿二祖神主行事，其布位次第及東面尊位，請準東晉蔡謨等議爲定。遂以獻祖當東嚮，以懿祖於昭位南嚮，以太祖於穆位北嚮，以次左昭右穆，陳列行事。且蔡謨當時雖有其議，事竟不行，而我唐廟祧，豈可爲準？竊伏以嘗、禘、郊、社，尊無二上，瘞毀遷藏，禮有義斷。以獻、懿爲親盡之主，太祖已當東嚮之尊，一朝改移，實非典故。謂宜復先朝故事，獻、懿神主藏于西夾室，以類祭法所謂「遠廟爲祧，去祧爲壇，去壇爲墠，壇、墠有禱則祭，無禱乃止」。太祖既昭配天地，位當東嚮之尊。庶上守貞觀之首制，中奉開元之成規，下遵寶應之嚴式，符合經義，不失舊章。

吏部郎中柳冕等十二人議曰：

天子受命之君，諸侯始封之祖，皆爲太祖。故雖天子，必有尊也，是以尊太祖焉；故雖諸侯，必有先也，亦以尊太祖焉。故太祖已下，親盡而毀。洎秦滅學，漢不及禮，不列昭穆，不建迭毀。晉失之，宋因之。於是有違五廟之制，於是有虛太祖之位。夫

不列昭穆，非所以示人有序也；不建迭毀，非所以示人有殺也；違五廟之制，非所以示人有別也；虛太祖之位，非所以示人有尊也。此禮之所由廢。按禮：「父爲士，子爲天子，祭以天子〔五六〕，葬以士。」今獻祖祧也，懿祖亦祧也，唐未受命，猶士禮也。是故高祖、太宗以天子之禮祭之，不敢以太祖之位易之。今而易之，無乃亂先王之序乎？昔周有天下，追王太王、王季以天子之禮，及其祭也，親盡而毀之。漢有天下，尊太上皇以天子之禮，及其祭也，親盡而毀之。唐有天下，追王獻、懿二祖以天子之禮，及其祭也，親盡而毀之。則不可代太祖之位明矣。

又按周禮有先公之祧，有先王之祧。先公之遷主，藏乎后稷之廟，其周未受命之祧乎？先王之遷主，藏乎文王之廟，其周已受命之祧乎？故有二祧，所以異廟也。今獻祖已下之祧，猶先公也；太祖已下之祧，猶先王也。請築別廟以居二祖，則行周之禮，復古之道。故漢之禮，因於周也；魏之禮，因於漢也；隋之禮，因於魏也。皆立三廟，有二祧。又立私廟四於南陽，亦後漢制也。以爲人之子，事大宗降其私親，故私廟所以奉本宗也，太廟所以尊正統也。雖古今異時，文質異禮，而知禮之情，與問禮之本者，莫不通其變，酌而行之。故上致其崇，則太祖屬尊乎上矣；下盡其殺，則祧主親盡於下矣；中處其中，則王者主祧於中矣。

工部郎中張薦等議曰：「昔殷、周以稷、卨始封，爲不遷之祖，其毀廟之主，皆稷、卨之後〔五七〕，所以昭、穆合祭，尊卑不差。如夏后氏以禹始封，遂爲不遷之祖。故夏五廟，禹與二昭二穆而已。據此則鯀之親盡，其主已遷。左氏既稱『禹不先鯀』，足明遷廟之主，雖屬尊於始封祖者，亦在合食之位矣。又據晉、宋、齊、梁、北齊、周、隋史，其太祖已下，並同禘祫，未嘗限斷遷毀之主。伏以南北八代，非無碩學巨儒，宗廟大事，議必精博，驗於史册，其禮僉同。又詳魏、晉、宋、齊、梁、北齊、周、隋故事，及貞觀、顯慶、開元禮所述〔五八〕，禘祫並虛東嚮。既行之已久，實羣情所安。且太祖處淸廟第一之室，其神主雖百代不遷，永歆烝嘗，上配天地，於郊廟無不正矣。若至禘、祫之時，暫居昭穆之列，屈己申孝，以奉祖禰，豈非伯禹烝烝敬鯀之道歟？亦是魏、晉及周、隋之太祖，不敢以卑厭尊之義也。議者或欲遷二祖於興聖廟，及請別置櫱室，至禘祫年饗之。夫祫，合也。此乃分食，殊乖禮意。又欲藏於西夾室，永不及祀，無異漢代瘞園，尤爲不可。輒敢徵據正經，考論舊史，請奉獻、懿二祖與太祖並從昭穆之位，而虛東嚮。」

司勳員外郎裴樞議曰：「禮之必立宗子者，蓋爲收其族人，東向之主，亦猶是也〔五九〕。若祔於遠廟，無乃中有一間，等上不倫。西位常虛，則太祖永厭於昭穆；異廟別祭，則祫饗何主乎合食？永閟比於姜嫄，則推祥禖而無事。禮云：『親親故尊祖，尊祖故敬宗，敬宗故收

族，所以宗廟嚴，社稷重。』由是言也，太祖之上復有追尊之祖，則親親尊祖之義，無乃乖乎？太廟之外，輕置別祭之廟，則宗廟無乃不嚴，社稷無乃不重乎？且漢丞相韋玄成請瘞於園，晉徵士虞喜請瘞于廟兩階之間。喜又引左氏說，古者先王日祭於祖考，月祀於曾高，時享及二祧，歲祫及壇墠，終禘及郊宗石室。是謂郊宗之上，復有石室之祖〔六〇〕，斯最近矣。但當時議所居石室，未有準的〔六一〕。喜請於夾室中，愚以爲石室可據，所以處之之道未安〔六二〕。何者？夾室謂居太祖之下毀主〔六三〕，非是安太祖之上藏主也。未有卑處正位，尊在傍居。考理卽心，恐非允協。今若建石室於園寢，遷神主以永安，採漢、晉之舊章，依禘祫之一祭，修古禮之殘缺，爲國朝之典故，庶乎春秋變禮之正，勤也中者焉。」

考功員外郎陳京議曰：「京前爲太常博士，已於建中二年九月四日，奏議祫饗獻、懿二祖所安之位，請下百僚博採所疑。其時禮儀使顏眞卿因是上狀，與京議異，京議未行。伏見去年十一月二十八日詔下太常卿裴郁所奏，大抵與京議相會。伏以興聖皇帝，則獻祖之曾祖，懿祖之高祖。夫以曾孫祔列於曾、高之廟，豈禮之不可哉？實人情之大順也。」

京兆少尹韋武議曰：「凡三年一祫，五年一禘。祫則羣廟大合，禘則各序其祧。謂主遷彌遠，祧室既修，當祫之歲，當以獻祖居于東嚮，而懿祖序其昭穆，以極所親。若行禘禮，則太祖復筵于西，以衆主列其左右。是則於太祖不爲降屈，於獻祖無所厭卑。考禮酌情，謂當

行此爲勝。」

同官縣尉仲子陵議曰：「今儒者乃援『子雖齊聖，不先父食』之語，欲令已祧獻祖，權居東向，配天太祖，屈居昭穆，此不通之甚也。凡左氏『不先食』之言，且以正文公之逆祀，儒者安知非夏后廟數未足之時，而言禹不先鯀乎！且漢之禘、祫，蓋不足徵。魏、晉已還，太祖皆近。是太祖之上，皆有遷主。歷代所疑，或引閟宮之詩而永閟，或因虞主之義而瘞園，或緣遠廟爲祧以築宮，或言太祖實卑而虛位。惟東晉蔡謨憑左氏『不先食』以爲說，欲令征西東嚮。均之數者，此最不安。且蔡謨此議，非晉所行。前有司不本謨改築之言，取征西東嚮之一句爲萬代法，此其不可甚也。臣又思之，永閟瘞園，則臣子之心有所不安；權虛正位，則太祖之尊無時而定。則別築一室，義差可安。且興聖之於獻祖，乃曾祖也，昭穆有序，饗祀以時。伏請奉獻、懿二祖遷於德明、興聖廟，此其大順也。或以祫者合也，今二祖別廟，是分食也，何合之爲？臣以爲德明、興聖二廟，每禘祫之年，亦皆饗薦，是亦分食，奚疑於二祖乎？」

其月二十七日，吏部郎中柳冕上禘祫義證，凡一十四道，以備顧問，并議奏聞。

至三月十二日，祠部奏郁等議狀。至十一年七月十二日，敕：「于頎等議狀，所請各殊〔六四〕，理在討論，用求精當。宜令尚書省會百僚與國子監儒官，切磋舊狀，定可否，仍委所司具事件聞奏。」其月二十六日，左司郎中陸淳奏曰：「臣尋七年百僚所議，雖有一十六狀，總其歸趣，三端而已。于頎等一十四狀，並云復太祖之位。張薦狀則云並列昭穆，而虛東饗之位。韋武狀則云當祫之歲，獻祖居于東嚮，行禘之禮，太祖復筵于西。謹按禮經及先儒之說，復太祖之位，位既正也，義在不疑。太祖之位既正，懿、獻二主，當有所歸。詳考十四狀，其意有四：一曰藏諸夾室，二曰置之別廟，三曰遷于園寢，四曰祔于興聖。藏諸夾室，是無饗獻之期，異乎周人藏於二祧之義，禮不可行也。置之別廟，始於魏明之說，實非禮經之文。晉義熙九年，雖立此義，已後亦無行者。遷於園寢，是亂宗廟之儀，既無所憑，殊乖經意，不足徵也。惟有祔于興聖之廟，禘祫之歲乃一祭之，庶乎亡於禮者之禮，而得變之正也。」

十九年三月，給事中陳京奏：「禘是大合祖宗之祭，必尊太祖之位，以正昭穆。今年遇禘，伏恐須定向來所議之禮。」敕曰：「禘祫之禮，祭之大者，先有衆議，猶未精詳，宜令百僚會議以聞。」時左僕射姚南仲等獻議狀五十七封，詔付都省再集百僚議定聞奏。戶部尚書王紹等五十五人奏議：「請奉遷獻祖、懿祖神主祔德明、興聖廟，請別增兩室奉安神主。緣二十四日禘祭，修廟未成，請於德明、興聖廟垣內權設幕屋爲二室，暫安神主。候增修廟室成，準禮遷祔神主入新廟。每至禘祫年，各於本室行饗禮。」從之。是月十五日，遷獻祖、懿

祖神主權祔德明、興聖廟之幕殿。二十四日，饗太廟。自此景皇帝始居東向之尊，元皇帝已下依左昭右穆之列矣。

二祖新廟成，敕曰：「奉遷獻祖、懿祖神主，正太祖景皇帝之位，虔告之禮，當任重臣。宜令檢校司空平章事杜佑攝太尉，告太清宮；門下侍郎平章事崔損攝太尉，告太廟。」又詔曰：「國之大事，式在明禋。王者孝饗，莫重於禘祭，所以尊祖而正昭穆也。朕承列聖之休德，荷上天之睠命，虔奉牲幣，二十五年。永惟宗廟之位，禘嘗之序，夙夜祗慄，不敢自專。是用延訪公卿，稽參古禮，博考羣議，至于再三。敬以令辰，奉遷獻祖宣皇帝神主、懿祖光皇帝神主，祔于德明、興聖皇帝廟。太祖景皇帝正東向之位。宜令所司循禮，務極精嚴，祗肅祀典，載深感惕。咨爾中外，宜悉朕懷。」

會昌六年十月，太常禮院奏：「禘祫祝文稱號，穆宗皇帝、宣懿皇后韋氏、敬宗皇帝、文宗皇帝、武宗皇帝，緣從前序親親，以穆宗皇帝室稱爲皇兄，未合禮文。得修撰官朱儔等狀稱：『禮敍尊尊，不敍親親。陛下於穆宗、敬宗、武宗三室祝文，恐須但稱嗣皇帝臣某昭告于某宗。』臣等同考禮經，於義爲允。」從之。

貞元十二年，祫祭太廟。近例，祫祭及親拜郊，皆令中使一人引伐國寶至壇所，所以昭示武功。至是上以伐國大事，中使引之非宜，乃令禮官一人，就內庫監領至太廟焉。

舊儀，高祖之廟，則開府儀同三司淮安王神通、禮部尚書河間王孝恭、陝東道大行臺右僕射鄖國公殷開山、吏部尚書渝國公劉政會配饗。太宗之廟，則司空梁國公房玄齡、尚書右僕射萊國公杜如晦〔三六〕、尚書左僕射申國公高士廉配饗。高宗之廟，則司空英國公李勣、尚書左僕射北平縣公張行成、中書令高唐縣公馬周配饗。中宗之廟，則侍中平陽郡王敬暉、侍中扶陽郡王桓彥範、中書令南陽郡王袁恕己配享。睿宗之廟，則太子太傅許國公蘇瓌、尚書左丞相徐國公劉幽求配饗。

天寶六載正月，詔：京城章懷、節愍、惠莊、惠文、惠宣太子，與隱太子、懿德太子同爲一廟，呼爲七太子廟，以便於祀享。太廟配饗功臣，高祖室加裴寂、劉文靜，太宗室加長孫無忌、李靖、杜如晦，高宗室加褚遂良、高季輔、劉仁軌，中宗室加狄仁傑、魏元忠、王同皎等十一人。大祭祀，罇籩減數。十載，太廟置內官。十一載閏三月，制：「自今已後，每月朔望日，宜令尚食造食，薦太廟，每室一牙盤，內官享薦。仍五日一開室門灑掃。」

其後又有玄宗子靜德太子廟，肅宗子恭懿太子廟。孝敬廟在東京太廟院內，貞順皇后、讓皇帝廟在京中。餘皆四時致祭。

校勘記

〔一〕伏以太微宮光皇帝三代睿宗聖文孝武皇帝神主　各本「光」字原作「元」，「聖文孝武」原作「文武孝」，據唐會要卷一五、冊府卷五九一改。

〔二〕今謹參詳　「謹」字各本原作「按」，據唐會要卷一五、冊府卷五九一改。

〔三〕謹按光皇帝是追王　「光」字各本原作「元」，據唐會要卷一五改。

〔四〕其神主合藏於太廟從西第一室　唐會要卷一五「第一室」作「第二夾室」。合鈔卷三〇禮志刪去此句。校勘記卷一二云：「既云不遷，則與藏不合，他本刪之是。」

〔五〕有虛神主　唐會要卷一五、冊府卷五九一作「則有虛主」。

〔六〕歸別廟第四室　「別」字各本原無，據唐會要卷一五、冊府卷五九一補。

〔七〕答曰作主依神……今東都主又祔于廟　此五十六字各本原無，據唐會要卷一五補。冊府卷五九一文字更詳。

〔八〕則當補已亡之主　「補」字各本原作「祔」，據唐會要卷一五、冊府卷五九一改。

〔九〕咸以意言　「意」字各本原作「其」，據唐會要卷一五改。冊府卷五九一作「咸以意度」。

〔一〇〕東都太微宮神主二十座　合鈔卷三〇禮志「二十」下有「六」字。校勘記卷一二云：「按下云已前十二座，未題神主十四座，合之得二十六座，與上中書門下奏之共二十六座合，是十下殿六字也。」

〔一一〕恭酌事理　「恭」字唐會要卷一六、冊府卷五九二作「參」。

〔一二〕又戴聖云　「戴聖」，各本原作「載」，據冊府卷五九二改。校勘記卷一二云：「按此檀弓文，唐會要作大戴亦誤。」

〔一三〕便合於所載之主者　冊府卷五九二「合於」作「舍」。

〔一四〕必存其廟　「存」字各本原作「有」，據本卷上文、唐會要卷一六、冊府卷五九二改。

〔一五〕成王厥後復立于豐　「立」字唐會要卷一六、冊府卷五九二作「歸」。

〔一六〕則周之豐鎬　校勘記卷一二云：「按以上文文義求之，豐鎬宜作豐洛。」

〔一七〕請于太微宮所藏之所　「請」下唐會要卷一六、冊府卷五九二有「瘞」字。

〔一八〕夫禮雖緣情　唐會要卷一六此下尚有「事貴合道」一句。

〔一九〕猶循莫舉之典也　「猶」字唐會要卷一六、冊府卷五九二作「宜」。

〔二〇〕爾後漸加營構　各本「爾」字原作「邇」，又無「營」字，據唐會要卷一六改補。冊府卷五九二亦有「營」字。

〔二一〕宜用以序昭穆也　「宜」字各本原作「儀」，據唐會要卷一六改。

〔二二〕既聯出征之辭　「既」字各本原無，據唐會要卷一六、冊府卷五九二補。

〔二三〕非如詩人更可斷章以取義也　自「又曰君子將營宮室」句起至此一段疑爲錯簡。校勘記卷一二云：「按德章之議，主於東都不應復立廟，此段似他處錯簡，俟考。」

〔二四〕唯郿一邑稱築　「築」下各本原有「城」字，據冊府卷五九二刪。

〔二五〕豈皆有宗廟先君之主乎　「有」字各本原無，據唐會要卷一六、冊府卷五九二補。冊府無「豈」字。

〔二六〕時也虞主尙瘗廢主宜然　殿本考證云：「『時也』三句，于上下文不屬，似錯簡。」

〔二七〕以此擬議乖當則深　按此段議論與德章主張相反，疑亦屬錯簡。

〔二八〕孔氏傳曰　此句上唐會要卷一六有「舜之書曰若稽古帝舜」九字。

〔二九〕能順考古道　此五字各本原無，據冊府卷五九二補。

〔三〇〕惟載一主　「惟」上唐會要卷一六、冊府卷五九二均有「則時巡」三字。

〔三一〕不復稱君子　「不」字各本原無，據唐會要卷一六、冊府卷五九二補。

〔三二〕欲議權茸　「權」字唐會要卷一六、冊府卷五九二作「構」。

〔三三〕自古議禮　「禮」字各本原作「理」，據唐會要卷一六、冊府卷五九二改。

〔三四〕孝子率禮　「孝子」，通典卷五〇、唐會要卷一八、冊府卷五八五均作「子孫」。

〔三五〕僖公宣公八年皆有禘　各本「僖公」上原有「又宣公八年禘」六字，「僖公」下有「也」字，據通典卷五〇、唐會要卷一三、冊府卷五八六刪。

〔三六〕至十四年祫十五年禘傳云有事於武宮是也　此十八字各本原無，據通典卷五〇、唐會要卷一三、冊府卷五八六補。

〔三七〕今太廟禘祫　「太」字各本原無，據通典卷五〇、唐會要卷一三補。

〔三八〕年數相弁　「弁」字各本原作「去」，據唐會要卷一三、冊府卷五八九改。

〔三九〕抵小而合　聞本、殿本、懼盈齋本、廣本同，局本「小」作「九」。「抵小」，唐會要卷一三作「殺六」，殘宋本冊府卷五八九作「投小」。「小」當是「六」字之誤。

〔四〇〕舉以全數　「舉」字各本原作「數」，據唐會要卷一三、冊府卷五八九改。

〔四一〕譬如三年一閏　「譬如三年」各本原無，據唐會要卷一三補。

〔四二〕蓋象閏之法　「閏」字各本原作「天」，據唐會要卷一三及本篇下文改。

〔四三〕亦以象閏爲言且六歲再殷何名象閏　自「爲言」至「象閏」十一字各本原無，據唐會要卷一三補。

〔四四〕頃在四月已行禘享　「行」字各本原作「前」，據唐會要卷一三改。通典卷七四云：「五年一禘，以孟夏。」是禘祭在四月，不在四月前，當作「行」。

〔四五〕舊儀　唐會要卷一三無此二字，疑爲衍文。

〔四六〕春秋之義　「義」字各本原作「意」，據通典卷五〇、唐會要卷一三、冊府卷五八九改。

〔四七〕祫饗太廟　「祫」字各本原作「禘」，據通典卷五〇改。校勘記卷一二云：「按上文所引春秋之義，

正據祫祭。又禘在四月，祫在十月。通典是也。」按陳京疏首亦云「今年十月祫饗太廟」。

〔四八〕無始封祖　「封」字各本原無，據通典卷五〇、唐會要卷一三、冊府卷五九〇補。

〔四九〕其高皇太皇處士君等　「太皇」，各本原作「太祖」，據本書卷二五禮儀志、通典卷五〇、唐會要卷一三改。

〔五〇〕禹與二昭二穆而已　「已」字各本原無，據通典卷五〇、唐會要卷一三補。

〔五一〕迭毀主升藏於二祧者也　「迭」字各本原作「未」，據通典卷五〇改。唐會要卷一三、冊府卷五九〇作「夫」，係「迭」字之誤。按：升藏於二祧之神主爲毀廟之主，作「未」字誤。

〔五二〕太上廟主宜瘞於園　「於」字各本原無，據唐會要卷一三、冊府卷五九〇補。

〔五三〕自魏晉及宋齊陳隋相承　「陳隋」，各本原作「隋陳」，據通典卷五〇、唐會要卷一三改。

〔五四〕皆立廟　通典卷五〇、唐會要卷一三「立」下有「六」字。

〔五五〕於是京兆遷入西除　「是」字各本原無，據通典卷五〇、唐會要卷一三補。

〔五六〕祭以天子　此四字各本原無，據通典卷五〇、唐會要卷一三及禮記喪服小紀原文補。

〔五七〕昔殷周以稷卨始封爲不遷之祖其毀廟之主皆稷卨之後　自「始封」至「皆稷卨」十五字各本原無，據通典卷五〇、唐會要卷一三補。唐會要「爲」上更有「遂」字。

〔五八〕及貞觀顯慶開元禮所述　「禮」「述」二字各本原無，據通典卷五〇補。唐會要卷一三「所」下亦有「述」字。

〔五九〕禮之必立宗子者蓋爲收其族人東向之主亦猶是也　自「必立」至「東向之」十四字各本原無，據通典卷五〇、唐會要卷一三、冊府卷五九〇補。通典「其」作「是」，冊府「禮」下無「之」字。

〔六〇〕是謂郊宗之上復有石室之祖　「之上復有石室」六字各本原無，據通典卷五〇、唐會要卷一三補。通典「是謂」作「是爲」。

〔六一〕未有準的　「的」字各本原作「酌」，據通典卷五〇、唐會要卷一三、冊府卷五九〇改。

〔六二〕所以處之之道未安　各本原只一「之」字，據通典卷五〇、唐會要卷一三、冊府卷五九〇補。

〔六三〕夾室謂居太祖之下毀主　「居」字各本原無，據通典卷五〇、唐會要卷一三、冊府卷五九〇補。

〔六四〕所請各殊　「請」字各本原作「謂」，據唐會要卷一三、冊府卷五九〇改。

〔六五〕尙書右僕射萊國公杜如晦　按唐會要卷一八載天寶六載敕，太宗廟以長孫無忌、李靖、杜如晦配享，與本志下文所記相合，此處不當有杜如晦。

舊唐書卷二十七

志第七

禮儀七

貞觀十四年，太宗因修禮官奏事之次，言及喪服，太宗曰：「同爨尚有緦麻之恩，而嫂叔無服。又舅之與姨，親疏相似，而服紀有殊，理未爲得。宜集學者詳議。餘有親重而服輕者，亦附奏聞。」於是侍中魏徵、禮部侍郎令狐德棻等奏議曰：

臣聞禮所以決嫌疑，定猶豫，別同異，明是非者也。非從天降，非從地出，人情而已矣。夫親族有九，服術有六，隨恩以薄厚，稱情以立文。然舅之與姨，雖爲同氣，論情度義，先後實殊。何則？舅爲母之本族，姨乃外戚他族，求之母族，姨不在焉，考之經典，舅誠爲重。故周王念齊，每稱舅甥之國；秦伯懷晉，實切渭陽之詩。在舅服止一時，爲姨居喪五月，徇名喪實，逐末棄本。蓋古人之情，或有未達，所宜損益，實在

茲乎！

記曰：「兄弟之子，猶子也，蓋引而進之也；嫂叔之不服，蓋推而遠之也。」禮：繼父同居，則爲之朞；未嘗同居，則不爲服。從母之夫，舅之妻，二夫人相爲服。或曰，同爨緦。然則繼父之徒，並非骨肉，服重由乎同爨，恩輕在乎異居。故知制服雖繫於名，亦緣恩之厚薄者也。或有長年之嫂，遇孩童之叔，劬勞鞠養，情若所生，分饑共寒，契闊偕老。譬同居之繼父，方他人之同爨，情義之深淺，寧可同日而言哉！在其生也，愛之同於骨肉；及其死也，則曰推而遠之。求之本原，深所未諭。若推而遠之爲是，則不可生而共居；生而共居之爲是，則不可死同行路。重其生而輕其死，厚其始而薄其終，稱情立文，其義安在？且事嫂見稱，載籍非一。鄭仲虞則恩禮甚篤，顏弘都則竭誠致感，馬援則見之必冠，孔伋則哭之爲位。此並躬踐教義，仁深孝友，察其所尙之旨，豈非先覺者歟？但于其時，上無哲王，禮非下之所議，遂使深情鬱乎千載，至理藏於萬古，其來久矣，豈不惜哉！

今屬欽明在辰，聖人有作，五禮詳洽，一物無遺。猶且永念愼終，凝神遐想。以爲尊卑之敍，雖煥乎大備；喪紀之制，或情理未周。爰命秩宗，更詳考正。臣等奉遵明旨，觸類旁求，採摭羣經，討論傳記。或引兼名實〔一〕，無文之禮咸秩，敦睦之情畢

舉〔二〕，變薄俗於既往，垂篤義於將來，信六籍所不能談，超百王而獨得者也。諸儒所守，互有異同，詳求厥中，申明聖旨。

謹按曾祖父母舊服齊衰三月，請加爲齊衰五月。嫡子婦舊服大功，請加爲朞。衆子婦小功，今請與兄弟子婦同爲大功九月。嫂叔舊無服，今請服小功五月報。其弟妻及夫兄，亦小功五月。舅服緦麻，請與從母同服小功。

制可之。

顯慶二年九月，修禮官長孫無忌等又奏曰：「依古喪服，甥爲舅緦麻，舅報甥亦同此制。貞觀年中，八座議奏：『舅服同姨，小功五月。』而今律疏，舅報於甥，服猶三月。謹按旁尊之服，禮無不報，已非正尊，不敢降也。故甥爲從母五月，從母報甥小功，甥爲舅緦麻，舅亦報甥三月，是其義矣。今甥爲舅使同從母之喪，則舅宜進甥以同從母之報。修律疏人不知禮意，舅報甥服，尙止緦麻，於例不通，禮須改正。今請修改律疏，舅報甥亦小功〔三〕。」又曰：「庶母古禮緦麻，新禮無服。謹按庶母之子，卽是己昆季，爲之杖朞〔四〕，而已與之無服。同氣之內，吉凶頓殊，求之禮情，深非至理。請依典故，爲服緦麻。」制又從之。

龍朔二年八月，所司奏：「司文正卿蕭嗣業〔五〕，嫡繼母改嫁身亡，請申心制。據令，繼母改嫁及爲長子，並不解官。」既而有敕：「雖云嫡母，終是繼母，據禮緣情，須有定制。付所司

議定奏聞。」司禮太常伯隴西郡王博乂等奏稱：

緬尋喪服，母名斯定，嫡、繼、慈、養，皆在其中。惟出母制，特言出妻之子，明非生己，則皆無服。是以令云母嫁，又云出妻之子。出言其子，以著所生，嫁卽言母，通包養、嫡，俱當解任，並合心喪。其不解者，惟有繼母之嫁。繼母爲名，正據前妻之子；嫡於諸孼，禮無繼母之文。甲令今既見行，嗣業理申心制。然奉敕議定，方垂永則，令有不安〔六〕，亦須釐正。竊以嫡、繼、慈、養，皆非所生，並同行路〔七〕。嫁雖比出稍輕，於父終爲義絕。繼母之嫁，既殊親母；慈、嫡義絕，豈合心喪？望請凡非所生，父卒而嫁，爲父後者無服，非承重者杖朞，並不心喪，一同繼母。有符情禮，無玷舊章。

又心喪之制，惟施服屈〔八〕，杖朞之服，不應解官。而令文三年齊斬，亦入心喪之例；杖朞解官，又有妻喪之舛。又依禮，庶子爲其母緦麻三月。既是所生母服〔九〕，準例亦合解官。令文漏而不言，於事終須修附。既與嫡母等嫁同一令條〔一〇〕，總議請改，理爲允愜者。

依集文武官九品已上議。得司衞正卿房仁裕等七百三十六人議，請一依司禮狀，嗣業不解官。得右金吾衞將軍薛孤吳仁等二十六人議，請解嗣業官，不同司禮狀者。母非所生，出嫁義絕，仍令解職，有紊緣情。杖朞解官，不甄妻服，三年齊斬，謬曰心

喪。庶子爲母緦麻，漏其中制。此並令文疏舛，理難因襲。依房仁裕等議，總加修附，垂之不朽。其禮及律疏有相關涉者，亦請準此改正。嗣業既非嫡母改醮〔一〕，不合解官。

詔從之。

上元元年，天后上表曰：「至如父在爲母服止一朞，雖心喪三年，服由尊降。竊謂子之於母，慈愛特深，非母不生，非母不育。推燥居濕，咽苦吐甘，生養勞瘁，恩斯極矣！所以禽獸之情，猶知其母，三年在懷，理宜崇報。若父在爲母服止一朞，尊父之敬雖周，報母之慈有闕〔二〕。且齊斬之制，足爲差減，更令周以一朞，恐傷人子之志。今請父在爲母終三年之服。」高宗下詔，依議行焉。

開元五年，右補闕盧履冰上言：「准禮，父在爲母一周除靈，三年心喪。則天皇后請同父沒之服，三年然始除靈。雖則權行，有紊彝典。今陛下孝理天下，動合禮經，請仍舊章，庶叶通典。」於是下制令百官詳議。刑部郎中田再思建議曰：

乾尊坤卑，天一地二，陰陽之位分矣，夫婦之道配焉。至若死喪之威，隆殺之等，禮經五服之制，齊斬有殊，考妣三年之喪，貴賤無隔，以報免懷之慈，以酬罔極之恩

者也。

稽之上古，喪期無數，暨乎中葉，方有歲年。禮云：「五帝殊時，不相沿樂；三王異代，不相襲禮。」白虎通云：「質文再而變，正朔三而復。」自周公制禮之後，孔父刊經已來，爰殊厭降之儀，以標服紀之節。重輕從俗，斟酌隨時。故知禮不從天而降，不由地而出也，在人消息，爲適時之中耳。春秋諸國，魯最知禮，以周公之後，孔子之邦也。晉韓起來聘，言「周禮盡在魯矣」。齊仲孫來盟，言「魯猶秉周禮」。尙有子張問高宗諒陰三年，子思不聽其子服出母，子游謂同母異父昆弟之服大功，子夏謂合從齊衰之制。此等並四科之數，十哲之人，高步孔門，親承聖訓，及遇喪事，猶此致疑，即明自古已來，升降不一者也。

三年之制，說者紛然。鄭玄以爲二十七月，王肅以爲二十五月。又改葬之服，鄭云服緦三月，王云訖葬而除。又繼母出嫁，鄭云皆服，王云從于繼育〔三〕，乃爲之服。又無服之殤，鄭云子生一月，哭之一日；王云以哭之一日易服之月〔四〕。鄭、王祖經宗傳，各有異同；荀摯采古求遺，互爲損益。方知去聖漸遠，殘缺彌多。故曰會禮之家，名爲聚訟，寧有定哉！而父在爲母三年，行之已踰四紀，出自高宗大帝之代，不從則天皇后之朝。大帝御極之辰，中宮獻書之日，往時參議，將可施行，編之於格，服之已

久。前王所是，疏而爲律；後王所是，著而爲令。何必乖先帝之旨，阻人子之情，虧純孝之心，背德義之本？有何妨於聖化，有何紊於彝倫，而欲服之周年，與伯叔母齊焉，與姑姊妹同焉？夫三年之喪，如白駒之過隙，君子喪親，有終身之憂，何況再周乎！

夫禮者，體也，履也，示之以迹。孝者，畜也，養也，因之以心。小人不恥不仁，不畏不義。服之有制，使愚人企及；衣之以衰，使見之摧痛。以此防人，人猶有朝死而夕忘者；以此制人，人猶有釋服而從吉者。方今漸歸古朴，須敦孝義，抑賢引愚，理資寧戚，食稻衣錦，所不忍聞。

若以庶事朝儀，一依周禮，則古之人臣見君也，公卿大夫贄羔鴈、珪璧，今何故不依乎？周之用刑也，墨、劓、宮、刖，今何故不行乎？周則侯、甸、男、衞，朝聘有數，今何故不行乎？周則不五十不仕，七十不入朝，今何故不依乎？周則井、邑、丘、甸，以立征稅，今何故不行乎？周則分土五等，父死子及，今何故不行乎？周則冠冕衣裘，乘車而戰，今何故不行乎？周則三老五更，膠序養老，今何故不行乎？諸如此例，不可勝述。何獨孝思之事，愛一年之服於其母乎？可爲痛心，可爲慟哭者！

詩云：「哀哀父母，生我劬勞。」禮云：「父之親子也，親賢而下無能；母之親子也，賢則親之，無能則憐之。」阮嗣宗晉代之英才，方外之高士，以爲母重於父。據齊斬升

數，麤細已降，何忍服之節制，減至於周？豈後代之士，盡慚於古。循古未必是，依今未必非也。

又同爨服緦，禮經明義。嫂叔遠別，同諸路人。引而進之，觸類而長。猶子咸衣萁枲〔五〕，季父不服緦麻，推遠之情有餘，睦親之義未足。又母之昆弟，情切渭陽，翟酺訟舅之冤，甯氏宅甥之相，我之出也，義亦殷焉。不同從母之尊，遂降小功之服，依諸古禮，有爽俗情。今貶舅而宗姨，是陋今而榮古。此並太宗之制也，行之百年矣，輒爲刊復，實用有疑。

於是紛議不定。履冰又上疏曰：「禮：父在，爲母十一月而練，十三月而祥，十五月而禫，心喪三年。上元中，則天皇后上表，請同父沒之服，亦未有行。至垂拱年中，始編入格，易代之後，俗乃通行。臣開元五年，頻請仍舊。恩敕并嫂叔舅姨之服，亦付所司詳議。諸司所議，同異相參。所司惟執齊斬之文，又曰亦合典禮。竊見新修之格，猶依垂拱之僞，致有祖父母安存，子孫之妻亡沒，下房筵几，亦立再周，甚無謂也。據周易家人卦云：『利女貞，女正位于內，男正位于外。男女正，天地之大義。家人有嚴君焉，父母之謂也。父父、子子、兄兄、弟弟、夫夫、婦婦，家道正而天下正矣。』禮：『女在室，以父爲天；出嫁，以夫爲天。』又：『在家從父，出嫁從夫，夫死從子。』本無自專抗尊之法。即喪服四制云：『天無二

日，土無二王，國無二君，家無二尊，以一理之也。故父在爲母服周者，避二尊也。』伏惟陛下正持家國，孝理天下，而不斷在宸衷，詳正此禮，無隨末俗，顧念兒女之情。臣恐後代復有婦奪夫政之敗者。」

疏奏未報。履冰又上奏曰：

臣聞夫婦之道，人倫之始。尊卑法於天地，動靜合於陰陽[26]，陰陽和而天地生成，夫婦正而人倫式序。自家刑國，牝雞無晨，四德之禮不愆，三從之義斯在。即喪服四制云：「天無二日，土無二王，國無二君，家無二尊，以一理之也。」故父在爲母服周者，見無二尊也。」準舊儀，父在爲母一周除靈，再周心喪。父必三年而後娶者，達子之志焉。豈先聖無情於所生，固有意於家國者矣[27]。

原夫上元肇年，則天已潛秉政，將圖僭篡，預自崇先。請升慈愛之喪，以抗尊嚴之禮，雖齊斬之儀不改，而几筵之制遂同。數年之間，尙未通用。天皇晏駕，中宗蒙塵。垂拱之末，果行聖母之僞符；載初之元，遂啓易代之深釁。孝和非意暴崩，韋氏旋卽稱制。不蒙陛下英算，宗廟何由克復？易云：「臣弑其君，子弑其父，非一朝一夕之故。」其斯之謂矣。臣謹尋禮意，防杜實深，若不早圖刊正，何以垂戒於後？所以溥言禮敎，請依舊章，恩敕通明，蒙付所司詳議。

且臣所獻者，蓋請正夫婦之綱，豈忘母子之道。諸議多不討其本源，所非議者，大凡祇論罔極之恩；喪也寧戚；禽獸識母而不識父；秦燔書後禮經殘缺，後儒纘集，不足可憑；豈得與伯叔母服同，豈得與姑姊妹制等；三王不相襲禮，五帝不相沿樂；齊斬足爲升降，歲年何忍不同。此並道聽途說之言，未習先王之旨，又安足以議經邦理俗之禮乎？臣請據經義以明之。所云「罔極之恩」者，春秋祭祀，以時思之。君子有終身之憂，霜露之感，豈止一二周之服哉！故聖人恐有朝死而夕忘，曾鳥獸之不若，爲立中制，使賢不肖共成文理而已。所云「喪也寧戚」者，孔子答林放之問。至如太奢太儉，太易太戚，皆非禮中。苟不得中，名爲俱失，不如太儉太戚焉。毀而滅性，猶愈於朝死夕忘焉。此論臨喪哀毀之容，豈比於同宗異姓之服？所云「禽獸識母而不識父」者，禽獸羣居而聚麀，而無家國之禮，少雖知親愛其母，長不解尊嚴其父。引此爲諭，則亦禽獸之不若乎！所云「秦燔書後禮經殘缺，後儒纘集，不足可憑」者，人間或有遺逸，豈亦家戶到而燔之？假若盡燔，苟不可信，則墳典都謬，庠序徒立，非聖之談，復云安屬？所云「與伯叔姑姊服同」者，伯叔姑姊有筵杖之制[28]、三年心喪乎？所云「五帝不相沿樂，三王不相襲禮」，誠哉是言！此是則天懷私苞禍之情，豈可復相沿樂襲禮乎？所云「齊斬足爲升降」者，母齊父斬，不易之禮。

按三年問云：「將由修飾之君子與[29]，三年之喪，若駟之過隙，遂之，則是無窮也。然則何以周也？曰：至親以周斷。是何也？曰：天地則已易矣，四時則已變矣，其在天地之中者，莫不更始焉，以是象之也。然則何以三年？曰：加重焉耳。」故父加至再周，父在爲母加三年心喪。今者還同父沒之制，則尊厭之律安施？喪服四制又曰：「凡禮之大體，體天地，法四時，則陰陽，順人情，故謂之禮。」訾之者是不知禮之所由生。非徒不識禮之所由制，亦恐未達孝子之通義。

臣謹按孝經，以明陛下孝治之合至德要道，請論世俗訾禮之徒。夫至德謂孝悌，要道謂禮樂。「移風易俗，莫善於樂，安上治民，莫善於禮。」又禮有「無體之禮，無聲之樂」。按孝經援神契云：「天子孝曰就，就之爲言成也。天子德被天下，澤及萬物，始終成就，則其親獲安，故曰就也。諸侯孝曰度，度者法也。諸侯居國，能奉天子法度，得不危溢，則其親獲安，故曰度也。卿大夫孝曰譽，譽之爲言名也。卿大夫言行布滿，能無惡稱，譽達遐邇，則其親獲安，故曰譽也。士孝曰究，究者以明審爲義。士始升朝，辭親入仕，能審資父事君之禮，則其親獲安，故曰究也。庶人孝曰畜，畜者含畜爲義。庶人含情受朴，躬耕力作，以畜其德，則其親獲安，故曰畜也。」陛下以韋氏構逆，中宗降禍，宸衷哀憤，睿情卓烈。初無一旅之衆，遂殄九重之妖，定社稷於阽危，

拯宗枝於塗炭。此陛下孝悌之至，通於神明，光於四海，無所不通。使諸侯得守其法度，卿大夫得盡其言行，士得資親以事君，庶人得用天而分地。此陛下無體之禮，以安上理人也。上元以來，政由武氏[30]，文明之後，法在凶人。賊害宗親，誅滅良善，勳階歲累，酺赦年頻。倖之則榮華，正之則遷謫。神龍、景雲之際，其事尤繁；先天、開元之間，斯弊都革。此陛下之無聲之樂，以移風易俗也。

臣前狀單略，議者未識臣之懇誠。謹具狀重進，請付中書門下商量處分。臣言若讜，然敢側足於軒墀；臣言不忠，伏請竄跡於荒裔。

左散騎常侍元行沖奏議曰：「天地之性，惟人最靈者，蓋以智周萬物，惟睿作聖，明貴賤，辨尊卑，遠嫌疑，分情理也。是以古之聖人，徵性識本，緣情制服，有申有厭。天父、天夫，故斬衰三年，情理俱盡者，因心立極也。生則齊體，死則同穴，比陰陽而配合，同兩儀而成化。而妻喪杖期，情禮俱殺者，蓋以遠嫌疑，尊乾道也。父爲嫡子三年斬衰，而不去職者，蓋尊祖重嫡，崇禮殺情也。資於事父以事君，孝莫大於嚴父。故父在，爲母罷職齊周而心喪三年，謂之尊厭者，則情申而禮殺也。斯制也，可以異於飛走，別於華夷。羲、農、堯、舜，莫之易也；文、武、周、孔，同所尊也。今若捨尊厭之重，虧嚴父之義，略純素之嫌，貽非聖之責，則事不師古，有傷名教矣。姨兼從母之名，卽母之女黨，加於舅服，有理存焉。嫂叔

不服，避嫌疑也。若引同爨之緦，以忘推遠之跡，既乖前聖，亦謂難從。謹詳三者之疑，並請依古爲當。」自是百僚議竟不決〔三一〕。

至七年八月，下敕曰：「惟周公制禮，當歷代不刊；況子夏爲傳，乃孔門所受。格條之內，有父在爲母齊衰三年，此有爲而爲，非尊厭之義。與其改作，不如師古，諸服紀宜一依喪服文。」自是卿士之家，父在爲母行服不同：或旣周而禫，禫服六十日釋服，心喪三年者；或有既周而禫，禫服終三年者；或有依上元之制，齊衰三年者。時議者是非紛然，元行沖謂人曰：「聖人制厭降之禮，豈不知母恩之深也，以尊祖貴禰，欲其遠別禽獸，近異夷狄故也。人情易搖，淺識者衆。一紊其度，其可止乎！」二十年，中書令蕭嵩與學士改修定五禮，又議請依上元敕，父在爲母齊衰三年爲定。及頒禮，乃一依行焉。

二十三年，藉田禮畢，下制曰：「服制之紀，或有所未通，宜令禮官學士詳議聞奏。」太常卿韋縚奏曰：「謹按儀禮喪服：舅，緦麻三月。從母，小功五月。傳曰：何以小功，以名加也。堂姨舅、舅母，恩所不及。外祖父母，小功五月。傳曰：何以小功，以尊加也。舅，緦麻三月，並是情親而服屬疏者也。外祖正尊，同於從母之服。姨舅一等，服則輕重有殊。堂姨舅親即未疏，恩絕不相爲服。親舅母來承外族，同爨之禮不加。竊以古意猶有所未暢者也。且爲外祖小功，此則正尊情甚親而服屬疏者也，請加至大功九月。姨舅儕類〔三二〕，親既無

別，服宜齊等，請爲舅加至小功五月〔三三〕。堂姨舅疏降一等，親舅母從服之例，先無制服之文，並望加至袒免。臣聞禮以飾情，服從義制，或有沿革，損益可明。事體既大，理資詳審。望付尚書省集衆官吏詳議，務從折衷，永爲典則。」

於是太子賓客崔沔建議曰：「竊聞大道既隱，天下爲家。聖人因之，然後制禮。禮敎之設，本爲正家，家道正而天下定矣。正家之道，不可以貳，總一定議，理歸本宗。父以尊崇，母以厭降，豈忘愛敬，宜存倫序。是以內有齊斬，外服皆緦麻，尊名所加，不過一等，此先王不易之道也。前聖所志，後賢所傳，其來久矣。昔辛有適伊川，見被髮而祭於野者，曰：『不及百年，此其戎乎？其禮先亡矣！』貞觀修禮，時改舊章，漸廣渭陽之恩，不遵洙、泗之典。及弘道之後，唐隆之間，國命再移於外族矣。禮亡徵兆，儻或斯見，天人之際，可不誡哉！開元初，補闕盧履冰嘗進狀論喪服輕重，敕令僉議。于時羣議紛拏，各安積習，太常禮部，奏依舊定。陛下運稽古之思，發獨斷之明，至開元八年，特降別敕，一依古禮。事符故實，人知向方，式固宗盟，社稷之福。更圖異議，竊所未詳。願守八年明旨，以爲萬代成法。」

職方郎中韋述議曰：

天生萬物，惟人最靈。所以尊尊親親，別生分類，存則盡其愛敬，沒則盡其哀戚。緣情而制服，考事而立言，往聖討論，亦已勤矣。上自高祖，下至玄孫，以及其身，謂之九族。由近而及遠，稱情而立文，差其輕重，遂爲五服。雖則或以義降，或以名加，敎有所從，理不踰等。百王不易，三代可知，日月同懸，咸所仰也。自微言既絕，大義復乖，雖文質有遷，而必遵此制。

謹按儀禮喪服傳曰：「外親之服皆緦麻。」鄭玄謂：「外親，異姓。正服不過緦麻。」外祖父母，小功五月，以尊加也。從母，小功五月，以名加也。舅甥外孫、中外昆弟，依本服緦麻三月。若以匹敵，外祖則祖也，舅則伯叔父之別也。姨舅伯叔，則父母之恩不殊，而獨殺於外氏，聖人之心，良有以也。喪服傳曰：「禽獸知母而不知父。」野人曰，父母何算焉。都邑之士，則知尊禰矣。大夫及學士，則知尊祖也。諸侯及其太祖，天子及其始祖。聖人究天道而厚於祖禰，繫姓族而親其子孫，近則別其賢愚，遠則異於禽獸。由此言之，母黨比於本族，不可同貫明矣。

且家無二尊，喪無二斬，人之所奉，不可貳也。特重於大宗者，降其小宗；爲人後者，減其父母之服；女子出嫁，殺其本家之喪〔三四〕。蓋所存者遠，所抑者私也。今若外祖及舅更加服一等，堂舅及姨列於服紀之內，則中外之制，相去幾何？廢禮徇情，所務者末。古之制作者知人情之易搖，恐失禮之將漸，別其同異，輕重相懸，欲使後來之人，永不相雜。微旨斯在，豈徒然哉！

且五服有上殺之義，必循源本，方及條流。伯叔父母本服大功九月，從父昆弟亦大功九月，並以上出於祖，其服不得過於祖也。從祖祖父母、從祖父母、從祖昆弟，皆小功五月，以出於曾祖，服不得過於曾祖也。族祖祖父母、族祖父母、族祖昆弟，皆緦麻三月，以其出於高祖，其服不得過於高祖也。堂舅姨既出於外曾祖，若爲之制服，則外曾祖父母及外伯叔祖父母，亦宜制服矣。外祖加至大功九月，則外曾祖合至小功，外高祖合至緦麻。若舉此而捨彼，事則不均；棄親而錄疏，理則不順。推而廣之，是與本族無異矣。服皆有報，則堂外甥、外曾孫、姪女之子，皆須制服矣。

聖人豈薄其骨肉，背其恩愛。情之親者，服制乃輕，蓋本於公者薄於私，存其大者略其細，義有所斷，不得不然。苟可加也，亦可減也，往聖可得而非，則禮經可得而隳矣。先王之制，謂之彝倫，奉以周旋，猶恐失墜，一紊其敍，庸可止乎？且舊章淪胥，爲日已久矣。所存者無幾，又欲棄之，雖曰未達，不知其可。請依儀禮喪服爲定。

禮部員外郎楊仲昌議曰：「謹按儀禮曰：『外服皆緦。』又曰：『外祖父母以尊加，從母以名加，並爲小功五月。』其爲舅緦，鄭文貞公魏徵已議同從母例，加至小功五月訖。今之所加，豈異前旨？雖文貞賢也，而周、孔聖也，以賢改聖，後學何從？堂舅姨、堂舅母，並升爲袒免，則何以祖述禮經乎？如以外祖父母加至大功，則豈無加報於外孫乎？如外孫爲報，

服大功，則本宗庶孫，何同等而相淺乎？儻必如是，深所不便。竊恐內外乖序，親疏奪倫，情之所沿，何所不至，理必然也。昔子路有姊之喪而不除，孔子問之，子路對曰：『吾寡兄弟而不忍也。』子曰：『先王制禮，行道之人皆不忍也。』子路聞而除之。此則聖人因言以立訓，援事抑情之明例也。禮不云乎，無輕議禮。明其蟠於天地，並彼日月，賢者由之，安敢小有損益也！況夫喪服之紀，先王大猷，奉以周旋，以匡人道。一辭寧措，千載是遵，涉於異端，豈曰弘敎。伏望各依正禮，以厚儒風。太常所謂增加，愚見以爲不可。」又戶部郎中楊伯成、左監門錄事參軍劉秩並同是議，與沔等略同。

議奏，上又手敕侍臣等曰：「朕以爲親姨舅既服小功，則舅母於舅有三年之服，服是受我而厚〔二五〕，以服制情，則舅母之服，不得全降於舅也，宜服緦麻。堂姨舅古今未制服，朕思敦睦九族，引而親之，宜服袒免。又鄭玄注禮記云『同爨緦』，若比堂姨舅於同爨，親則厚矣。又喪服傳云，『外親之服皆緦』，是亦不隔於堂姨舅也。若以所服不得過本，而須爲外曾祖父母及外伯叔祖父母制服，亦何傷乎？是皆親親敦本之意，卿等更熟詳之。」

侍中裴耀卿、中書令張九齡、禮部尙書李林甫等奏曰：「外族之親，禮無厭降。外甥既爲舅母制服，舅母還合報之。夫外甥既爲報服，則與夫之姨舅，以類是同，外甥之妻，不得無服。所增者頗廣，所引者漸疏。微臣愚蒙，猶有未達。」玄宗又手制答曰：「從服有六，此

其一也。降殺之制，禮無明文。此皆自身率親，用爲制服。所有存抑，盡是推恩。朕情有未安，故令詳議，非欲苟求變古，以示不同。卿等以爲『外族之親，禮無厭降，報服之制，所引甚疏』。且姨舅者，屬從之至近也，以親言之，則亦姑伯之匹敵也。豈有所引者疏，而降所親者服？又婦，從夫者也。夫之姨舅〔二六〕，夫既有服，從夫而服，由是睦親。實欲令不肖者企及，賢者俯就。卿等宜熟詳之。」耀卿等奏曰：「陛下體至仁之德，廣推恩之道，將弘引進，以示睦親，再發德音，更令詳議。臣等按大唐新禮：親舅加至小功，與從母同服。此蓋當時特命，不以輕重遞增，蓋不欲參於本宗，愼於變禮者也。今聖制親姨舅小功，更制舅母緦麻，堂姨舅袒免等服，取類新禮，垂示將來，通於物情，自我作則。羣儒風議，徒有稽留。並望準制施行。」制從之。

天寶六載正月，出嫁母宜終服三年。

校勘記

〔一〕或引彙名實　「名」字各本原無，據冊府卷五八五補。英華卷七六七此處作：「或損其有餘，益其不足。」

〔二〕敦睦之情畢舉　「畢舉」，各本原作「俾」，據英華卷七六七、冊府卷五八五改。

〔三〕舅報甥亦小功　「報」字各本原作「服」，據通典卷九二、唐會要卷三七、殘宋本冊府卷五八五改。

〔四〕爲之杖朞　「朞」字各本原作「齊」，據唐會要卷三七改。

〔五〕司文正卿蕭嗣業　「司」字各本原作「同」，據冊府卷五八六改。案本書卷四二職官志：高宗龍朔二年改百司及官名，改鴻臚卿爲司文正卿。

〔六〕令有不安　「令」字各本原作「今」，據唐會要卷三七、殘宋本冊府卷五八六改。

〔七〕並同行路　唐會要卷三七此句上有「出之與嫁」四字。

〔八〕惟施服屈　唐會要卷三七、冊府卷五八六「服屈」作「厭降」。

〔九〕既是所生母服　「母」字各本原作「無」，據通典卷八九、冊府卷五八六改。

〔一〇〕同一令條　「令」字各本原無，據通典卷八九、唐會要卷三七補。

〔一一〕嗣業既非嫡母改醮　「既非」，各本原無，據唐會要卷三七補。

〔一二〕報母之慈有闕　「報」字各本原作「服」，據唐會要卷三七、冊府卷五六四改。

〔一三〕從于繼育　聞本、殿本、懼盈齋本、廣本同。唐會要卷三七、冊府卷五八八、唐文粹卷四二、全唐文卷三〇三「于」作「子」。局本此句作「從母寄育」。

〔一四〕以哭之一日易服之月　唐會要卷三七、冊府卷五八八、全唐文卷三〇三均無「一」字，冊府「日」下有「爲」字。

〔一五〕猶子咸衣苴枲　「衣」字各本原作「依」，據冊府卷五八八、唐文粹卷四二、全唐文卷三〇三改。殘宋本冊府作「依」。

〔一六〕尊卑法於天地動靜合於陰陽　「天地動靜合於」，各本原無，據唐會要卷三七、冊府卷五八八、全唐文卷三三五補。

〔一七〕固有意於家國者矣　「家國」，各本原作「國家」，據唐會要卷三七、冊府卷五八八改。

〔一八〕所云與伯叔姑姊服同者伯叔姑姊有筵杖之制　二「姊」下冊府卷五八八均有「妹」字。

〔一九〕將由修飾之君子與　「與」字各本原作「喻」，據冊府卷五八八及禮記三年問原文改。

〔二〇〕政由武氏　殿本、懼盈齋本、局本、廣本同。聞本、冊府卷五八八、全唐文卷三三五「武氏」作「甯氏」。舊唐書補校謂「甯」字「當是原文，用左氏語」。

〔二一〕自是百僚議竟不決　「議」字各本原無，據通典卷八九、唐會要卷三七、冊府卷五八八補。

〔二二〕姨舅儕類　「類」字各本原無，據唐會要卷三七補。

〔二三〕請爲舅加至小功五月　「至」字各本原無，據唐會要卷三七、冊府卷五八九補。

〔二四〕殺其本家之喪　校勘記卷一二云：「本家當依唐會要作本宗。禮喪服云婦人必有歸宗，是也。」

〔二五〕服是受我而厚　通典卷九二、唐會要卷三七、冊府卷五八九無「服」字。

〔二六〕夫之姨舅　「之」字各本原作「以」，據唐會要卷三七、冊府卷五八九改。

二十四史

舊唐書

後晉 劉 昫 等撰

第 四 册

卷二八至卷三七（志）

中 華 書 局

舊唐書卷二十八

志第八

音樂一

樂者，太古聖人治情之具也。人有血氣生知之性，喜怒哀樂之情。情感物而動於中，聲成文而應於外。聖王乃調之以律度，文之以歌頌，蕩之以鐘石，播之以絃管，然後可以滌精靈，可以祛怨思。施之於邦國，則朝廷序；施之於天下，則神祇格；施之於賓宴，則君臣和；施之於戰陣，則士民勇。

三五之代，世有厥官，故虞廷振干羽之容，周人立絃誦之教。洎蒼精道喪，戰國塵飛，禮樂出於諸侯，雅、頌淪於衰俗。齊竽燕筑，俱非皦繹之音；東缶西琴，各寫哇淫之狀。乃至播鼗入漢，師摯寢絃，延陵有自鄶之譏，孔子起聞韶之歎。及始皇一統，傲視百王。鐘鼓滿於秦宮，無非鄭、衞；歌舞陳於漢廟，並匪咸、韶。而九成、六變之容，八佾、四懸之制，但存

其數，罕達其情。而制氏所傳，形容而已。武、宣之世，天子弘儒，采夜誦之詩，考從臣之賦，朝吟蘭殿，暮奏竹宮，乃命協律之官，始制禮神之曲。屬河間好古，遺籍充庭，乃約詩頌而制樂章，體周官而爲舞節。自茲相襲，代易其辭，雖流管磬之音，恐異莖、英之旨。其後臥聽桑、濮，雜以兜離，孤竹、空桑，無復旋宮之義；崇牙樹羽，惟陳備物之儀。煩手即多，知音蓋寡。

自永嘉之後，咸、洛爲墟，禮壞樂崩，典章殆盡。江左掇其遺散，尙有治世之音。而元魏、宇文，代雄朔漠，地不傳於清樂，人各習其舊風。雖得兩京工胥，亦置四廂金奏，殊非入耳之玩，空有作樂之名。隋文帝家世士人，銳興禮樂，踐祚之始，詔太常卿牛弘、祭酒辛彥之增修雅樂。弘集伶官，措思歷載無成，而郊廟侑神，黃鐘一調而已。開皇九年平陳〔一〕，始獲江左舊工及四懸樂器，帝令廷奏之，歎曰：「此華夏正聲也，非吾此舉，世何得聞。」乃調五音爲五夏、二舞、登歌、房中等十四調，賓、祭用之。隋氏始有雅樂，因置清商署以掌之。既而協律郎祖孝孫依京房舊法，推五音十二律爲六十音，又六之，有三百六十音，旋相爲宮，因定廟樂。諸儒論難，竟不施用。隋世雅音，惟清樂十四調而已。隋末大亂，其樂猶全。

高祖受禪，擢祖孝孫爲吏部郎中，轉太常少卿，漸見親委。孝孫由是奏請作樂，時軍國多務，未遑改創，樂府尙用隋氏舊文。武德九年，始命孝孫修定雅樂，至貞觀二年六月奏

之。太宗曰：「禮樂之作，蓋聖人緣物設教，以爲撙節，治之隆替，豈此之由？」御史大夫杜淹對曰：「前代興亡，實由於樂。陳將亡也，爲玉樹後庭花；齊將亡也，而爲伴侶曲，行路聞之，莫不悲泣，所謂亡國之音也。以是觀之，蓋樂之由也。」太宗曰：「不然，夫音聲能感人，自然之道也，故歡者聞之則悅，憂者聽之則悲。悲歡之情，在於人心，非由樂也。將亡之政，其民必苦，然苦心所感，故聞之則悲耳。何有樂聲哀怨，能使悅者悲乎？今玉樹、伴侶之曲，其聲具存，朕當爲公奏之，知公必不悲矣。」尚書右丞魏徵進曰：「古人稱：『禮云禮云，玉帛云乎哉！樂云樂云，鐘鼓云乎哉！』樂在人和，不由音調。」太宗然之。

孝孫又奏：陳、梁舊樂，雜用吳、楚之音；周、齊舊樂，多涉胡戎之伎。於是斟酌南北，考以古音，作爲大唐雅樂。以十二律各順其月，旋相爲宮。按禮記云，「大樂與天地同和」，故制十二和之樂，合三十一曲，八十四調。祭圜丘以黃鐘爲宮，方澤以林鐘爲宮，宗廟以太簇爲宮。五郊、朝賀、饗宴，則隨月用律爲宮。初，隋但用黃鐘一宮，惟扣七鐘，餘五鐘虛懸而不扣。及孝孫建旋宮之法，皆徧扣鐘，無復虛懸者矣。祭天神奏豫和之樂，地祇奏順和，宗廟奏永和。天地、宗廟登歌，俱奏肅和。皇帝臨軒，奏太和。王公出入，奏舒和。皇帝食舉及飲酒，奏休和。皇帝受朝，奏政和〔二〕。皇太子軒懸出入，奏承和。元日、冬至皇帝禮會登歌，奏昭和。郊廟俎入，奏雍和。皇帝祭享酌酒、讀祝文及飲福、受胙，奏壽和。五郊迎

氣，各以月律而奏其音。又郊廟祭享，奏化康、凱安之舞。周禮旋宮之義，亡絕已久，時莫能知，一朝復古，自此始也。

及孝孫卒後，協律郎張文收復採三禮，言孝孫雖創其端，至於郊禋用樂，事未周備。詔文收與太常掌禮樂官等更加釐改。於是依周禮，祭昊天上帝以圜鐘爲宮，黃鐘爲角，太簇爲徵，姑洗爲羽，奏豫和之舞。若封太山，同用此樂。若地祇方丘，以函鐘爲宮，太簇爲角，姑洗爲徵，南呂爲羽，奏順和之舞。禪梁甫，同用此樂。祫禘宗廟，以黃鐘爲宮，大呂爲角，太簇爲徵，應鐘爲羽，奏永和之舞。五郊、日月星辰及類于上帝，黃鐘爲宮，奏豫和之曲。大蜡、大報，以黃鐘、太簇、姑洗、蕤賓、夷則、無射等調奏豫和、順和、永和之曲。明堂、雩，以黃鐘爲宮，奏豫和之曲。神州、社稷、藉田，宜以太簇爲宮〔三〕，雨師以姑洗爲宮，山川以蕤賓爲宮，並奏順和之曲。饗先妣，以夷則爲宮，奏永和之舞。大饗讌，奏姑洗、蕤賓二調。皇帝郊廟、食舉，以月律爲宮，並奏休和之曲。皇帝郊廟出入，奏太和之樂，臨軒出入，奏舒和之樂，並以姑洗爲宮。皇帝大射，姑洗爲宮，奏騶虞之曲。皇太子奏貍首之曲。皇太子軒懸，姑洗爲宮，奏永和之曲。凡奏黃鐘，歌大呂；奏太簇，歌應鐘；奏姑洗，歌南呂；奏蕤賓，歌林鐘；奏夷則，歌中呂；奏無射，歌夾鐘。黃鐘蕤賓爲宮，其樂九變；大呂、林鐘爲宮，其樂八變；太簇、夷則爲宮，其樂七變；夾鐘、南呂爲宮，其樂六變；姑洗、無射爲宮，其樂五變；中呂、應鐘爲宮，其樂四變。天子十二鐘，上公九，侯伯七，子男五，卿六，大夫四，士三。及成，奏之，太宗稱善，於是加級頒賜各有差。

十四年，敕曰：「殷薦祖考，以崇功德，比雖加以誠潔，而廟樂未稱。宜令所司詳諸故實，制定奏聞。」八座議曰：「七廟觀德，義冠於宗祀；三祖在天，式章於嚴配。致敬之情允洽，大孝之道宜宣。是以八佾具陳，肅儀形於綴兆；四懸備展，被鴻徽於雅音。考作樂之明義，擇皇王之令典，前聖所履，莫大于茲。伏惟皇帝陛下，天縱感通，率由冥極。孝理昭懿，光被於八埏；愛敬純深，追崇於百葉。永言錫祚，斯弘頌聲。鐘律革音，播鏗鏘於饗薦；羽籥成列，申蹈厲於烝嘗。爰詔典司，乃加隆稱，循聲覈實，敬闡尊名。竊以皇靈滋慶，濬源長委，邁吞燕之生商，軼擾龍之肇漢，盛韜光於九二，漸發迹於三分。高祖縮地補天，重張區宇，反魂肉骨，再造生靈。恢恢帝圖，與二儀而合大；赫赫皇道，共七曜以齊明。雖復聖跡神功，不可得而窺測；經文緯武，敢有寄於名言。敬備樂章，式昭彝範。皇祖弘農府君、宣簡公、懿王三廟樂，請同奏長發之舞。太祖景皇帝廟樂，請奏大基之舞。世祖元皇帝廟樂，請奏大成之舞。高祖大武皇帝廟樂，請奏大明之舞。文德皇后廟樂，請奏光大之舞。七廟登歌，請每室別奏。」制可之。

二十三年，太尉長孫無忌、侍中于志寧議太宗廟樂曰：「易曰：『先王作樂崇德，殷薦之

上帝，以配祖考。』請樂名崇德之舞。」制可之。後文德皇后廟，有司據禮停光大之舞，惟進崇德之舞。

光宅元年九月〔四〕，高宗廟樂，以鈞天爲名。中宗廟樂〔五〕，奏太和之舞。開元六年十月敕，睿宗廟奏景雲之舞。

二十九年六月，太常奏：「準十二年東封太山日所定雅樂，其樂曰元和六變，以降天神；順和八變，以降地祇；皇帝行，用太和之樂。其封太山也，登歌、奠玉幣，用肅和之樂；迎俎，用雍和之樂；酌獻〔六〕、飲福，用壽和之樂〔七〕；送文、迎武，用舒和之樂；亞獻、終獻，用凱安之樂；送神，用夾鐘宮元和之樂。禪社首也，送神用林鐘宮順和之樂。享太廟也，迎神用永和之樂；獻祖宣皇帝酌獻用光大之舞，懿祖光皇帝酌獻用長發之舞，太祖景皇帝酌獻用大政之舞，世祖元皇帝酌獻用大成之舞，高祖神堯皇帝酌獻用大明之舞，太宗文皇帝酌獻用崇德之舞，高宗天皇大帝酌獻用鈞天之舞，中宗孝和皇帝酌獻用太和之舞，睿宗大聖貞皇帝酌獻用景雲之舞；徹豆，用雍和之舞；送神，用黃鐘宮永和之樂。臣以樂章殘缺，積有歲時。自有事東巡，親謁九廟，聖情慎禮，精祈感通，皆祠前累日考定音律〔八〕。請編入史冊，萬代施行。」下制曰：「王公卿士，爰及有司，頻詣闕上言，請以『唐樂』爲名者，斯至公之事，朕安得而辭焉。然則大咸、大韶、大濩、大夏，皆以大字表其樂章，今之所定，宜曰大唐

樂。」皇祖弘農府君至高祖大武皇帝六廟，貞觀中已詔顏師古等定樂章舞號。洎今太常寺又奏有司所定獻祖宣皇帝至睿宗聖貞皇帝九廟酌獻用舞之號。

天寶元年四月，命有司定玄元皇帝廟告享所奏樂，降神用混成之樂，送神用太一之樂。寶應二年六月[九]，有司奏：玄宗廟樂請奏廣運之舞，肅宗廟樂請奏惟新之舞。大曆十四年，代宗廟樂請奏保大之舞。永貞元年十月，德宗廟樂請奏文明之舞。元和元年，順宗廟樂請奏大順之舞。元和十五年，憲宗廟樂請奏象德之舞。穆宗廟樂請奏和寧之舞。敬宗廟樂請奏大鈞之舞。文宗廟樂請奏文成之舞。武宗廟樂請奏大定之舞[一〇]。

貞觀元年，宴羣臣，始奏秦王破陣之曲。太宗謂侍臣曰：「朕昔在藩，屢有征討，世間遂有此樂，豈意今日登於雅樂。然其發揚蹈厲，雖異文容，功業由之，致有今日，所以被於樂章，示不忘於本也。」尚書右僕射封德彝進曰：「陛下以聖武戡難，立極安人，功成化定，陳樂象德，實弘濟之盛烈，爲將來之壯觀。文容習儀，豈得爲比。」太宗曰：「朕雖以武功定天下，終當以文德綏海內。文武之道，各隨其時，公謂文容不如蹈厲，斯爲過矣。」德彝頓首曰：「臣不敏，不足以知之。」其後令魏徵、虞世南、褚亮、李百藥改制歌辭，更名七德之舞，增舞者至百二十人，被甲執戟，以象戰陣之法焉。

六年，太宗行幸慶善宮，宴從臣於渭水之濱，賦詩十韻。其宮卽太宗降誕之所。車駕臨幸，每特感慶，賞賜閭里，有同漢之宛、沛焉。於是起居郎呂才以御製詩等於樂府[一一]，被之管絃，名爲功成慶善樂之曲，令童兒八佾，皆進德冠、紫袴褶，爲九功之舞。冬至享讌，及國有大慶，與七德之舞偕奏于庭。

七年，太宗制破陣舞圖：左圓右方，先偏後伍，魚麗鵝貫，箕張翼舒，交錯屈伸，首尾迴互，以象戰陣之形。令呂才依圖教樂工百二十人，被甲執戟而習之。凡爲三變，每變爲四陣，有來往疾徐擊刺之象，以應歌節，數日而就，更名七德之舞。癸巳，奏七德、九功之舞，觀者見其抑揚蹈厲，莫不扼腕踴躍，凜然震竦。武臣列將咸上壽云：「此舞皆是陛下百戰百勝之形容。」羣臣咸稱萬歲。蠻夷十餘種自請率舞，詔許之，久而乃罷。

十四年，有景雲見，河水淸。張文收採古朱鴈、天馬之義，制景雲河淸歌，名曰讌樂，奏之管絃，爲諸樂之首，元會第一奏者是也。

永徽二年十一月，高宗親祀南郊，黃門侍郎宇文節奏言：「依儀，明日朝羣臣，除樂懸，請奏九部樂。」上因曰：「破陣樂舞者，情不忍觀，所司更不宜設。」言畢，慘愴久之。顯慶元年正月，改破陣樂舞爲神功破陣樂。

二年，太常奏白雪琴曲。先是，上以琴中雅曲，古人歌之，近代已來，此聲頓絕，雖有傳習，又失宮商，令所司簡樂工解琴笙者修習舊曲。至是太常上言曰：「臣謹按禮記、家語云：『舜彈五絃之琴，歌南風之詩。』是知琴操曲弄，皆合於歌。又張華博物志云：『白雪是大帝使素女鼓五十絃瑟曲名。』又楚大夫宋玉對襄王云：『有客於郢中歌陽春白雪，國中和者數十人。』是知白雪琴曲，本宜合歌，以其調高，人和遂寡。自宋玉以後，迄今千祀，未有能歌白雪曲者。臣今準敕，依於琴中舊曲，定其宮商，然後教習，並合於歌。輒以御製雪詩爲白雪歌辭。又按古今樂府，奏正曲之後[一三]，皆別有送聲，君唱臣和，事彰前史。輒取侍臣等奉和雪詩以爲送聲[一二]，各十六節，今悉教訖，並皆諧韻。」上善之，乃付太常編於樂府。六年二月，太常丞呂才造琴歌白雪等曲，上製歌辭十六首，編入樂府。

六年三月[一四]，上欲伐遼，於屯營教舞，召李義府、任雅相、許敬宗、許圉師、張延師、蘇定方、阿史那忠、于闐王伏闍[一五]、上官儀等，赴洛城門觀樂。樂名一戎大定樂。賜觀樂者雜綵有差。

麟德二年十月[一六]，制曰：「國家平定天下，革命創制，紀功旌德，久被樂章。今郊祀四懸，猶用干戚之舞，先朝作樂，韜而未伸。其郊廟享宴等所奏宮懸[一七]，文舞宜用功成慶善之樂，皆著履執拂，依舊服袴褶、童子冠。其武舞宜用神功破陣之樂，皆被甲持戟，其執纛之人，亦著金甲。人數並依八佾，仍量加簫、笛、歌鼓等，並於懸南列坐，若舞卽與宮懸合

奏。其宴樂內二色舞者，仍依舊別設。」

上元三年十一月敕：「供祠祭上元舞，前令大祠享皆將陳設，自今已後，圓丘方澤，太廟祠享，然後用此舞，餘祭並停。」

儀鳳二年十一月六日，太常少卿韋萬石奏曰：「據貞觀禮，郊享日文舞奏豫和、順和、永和等樂，其舞人著委貌冠服，並手執籥翟。其武舞奏凱安，其舞人並著平冕，手執干戚。奉麟德二年十月敕[一八]，文舞改用功成慶善樂，武舞改用神功破陣樂，并改器服等。自奉敕以來，爲慶善樂不可降神，神功破陣樂未入雅樂，雖改用器服，其舞猶依舊，迄今不改。事既不安，恐須別有處分者。」以今月六日錄奏，奉敕：「舊文舞、武舞既不可廢，并器服總宜依舊。若懸作上元舞日，仍奏神功破陣樂及功成慶善樂，并殿庭用舞，並須引出懸外作。其安置舞曲，宜更商量作安穩法。并錄凱安六變法象奏聞。」萬石又與刊正官等奏曰：

謹按凱安舞是貞觀中所造武舞，準貞觀禮及今禮，但郊廟祭享奏武舞之樂卽用之。凡有六變：一變象龍興參野，二變象克靖關中，三變象東夏賓服，四變象江淮寧謐，五變象獫狁讋伏，六變復位以崇，象兵還振旅。謹按貞觀禮，祭享日武舞惟作六變，亦如周之大武，六成樂止。按樂有因人而作者，則因人而止。如著成數者[一九]，數終卽止，不得取行事賒促爲樂終早晚，卽禮云三闋、六成、八變、九變是也。今禮奏武舞六

成，而數終未止，既非師古，不可依行。其武舞凱安，望請依古禮及貞觀禮，六成樂止。

立部伎內破陣樂五十二遍，修入雅樂，祇有兩遍，名曰七德。立部伎內慶善樂七遍〔三〇〕，修入雅樂，祇有一遍，名曰九功。上元舞二十九遍，今入雅樂，一無所減。每見祭享日三獻已終，上元舞猶自未畢，今更加破陣樂、慶善樂〔三一〕，兼恐酌獻已後，歌舞更長。其雅樂內破陣樂、慶善樂及上元舞三曲，並望修改通融，令長短與禮相稱，冀望久長安穩。

破陣樂有象武事，慶善樂有象文事。按古六代舞，有雲門、大咸、大夏、大韶，是古之文舞；殷之大濩，周之大武，是古之武舞。依古義，先儒相傳，國家以揖讓得天下，則先奏文舞；若以征伐得天下，則先奏武舞。望請應用二舞日，先奏神功破陣樂，次奏功成慶善樂。

先奉敕於圓丘、方澤、太廟祠享日，則用上元之舞。臣據見行禮，欲於天皇酌獻降復位已後，即作凱安，六變樂止〔三二〕。其神功破陣樂、功成慶善樂、上元之舞三曲，待修改訖，以次通融作之，即得與舊樂前後不相妨破。若有司攝行事日，亦請據行事通融。

從之。

三年七月，上在九成宮咸亨殿宴集，有韓王元嘉、霍王元軌及南北軍將軍等。樂作，太

常少卿韋萬石奏稱：「破陣樂舞者，是皇祚發跡所由，宣揚宗祖盛烈，傳之於後，永永無窮。自天皇臨馭四海，寢而不作，既緣聖情感愴，羣下無敢關言。臣忝職樂司，廢缺是懼。依禮，祭之日，天子親總干戚以舞先祖之樂，與天下同樂之也。今破陣樂久廢，羣下無所稱述，將何以發孝思之情？」上矍然改容，俯遂所請，有制令奏樂舞，既畢，上欷歔感咽，涕泗交流，臣下悲淚，莫能仰視。久之，顧謂兩王曰：「不見此樂，垂三十年，乍此觀聽，實深哀感。追思往日，王業艱難勤苦若此，朕今嗣守洪業，可忘武功？古人云：『富貴不與驕奢期，驕奢自至。』朕謂時見此舞，以自誡勗，冀無盈滿之過，非爲歡樂奏陳之耳。」侍宴羣臣咸呼萬歲。

調露二年正月二十一日，則天御洛城南樓賜宴，太常奏六合還淳之舞。

長壽二年正月，則天親享萬象神宮。先是，上自製神宮大樂，舞用九百人，至是舞於神宮之庭。

景龍二年，皇后上言：「自妃主及五品以上母妻，并不因夫子封者，請自今遷葬之日，特給鼓吹，宮官亦準此。」侍御史唐紹上諫曰：「竊聞鼓吹之作，本爲軍容，昔黃帝涿鹿有功，以爲警衞。故掆鼓曲有靈夔吼、鵰鶚爭、石墜崖、壯士怒之類。自昔功臣備禮，適得用之。丈夫有四方之功，所以恩加寵錫。假如郊祀天地，誠是重儀，惟有宮懸，本無案架。故知軍樂

所備，尚不洽於神祇；鉦鼓之音，豈得接於閨閫。準式，公主王妃已下葬禮，惟有團扇〔三三〕、方扇、綵帷、錦障之色，加至鼓吹，歷代未聞。又準令，五品官婚葬，先無鼓吹，惟京官五品，得借四品鼓吹爲儀。令特給五品已上母妻〔三四〕，五品官則不當給限，便是班秩本因夫子，儀飾乃復過之，事非倫次，難爲定制，參詳義理，不可常行。請停前敕，各依常典。」上不納。

延載元年正月二十三日，製越古長年樂一曲〔三五〕。

玄宗在位多年，善音樂，若讌設酺會，即御勤政樓。先一日，金吾引駕仗北衙四軍甲士，未明陳仗，衞尉張設，光祿造食。候明，百僚朝，侍中進中嚴外辦，中官素扇，天子開簾受朝，禮畢，又素扇垂簾，百僚常參供奉官、貴戚、二王後、諸蕃酋長，謝食就坐。太常大鼓，藻繪如錦，樂工齊擊，聲震城闕。太常卿引雅樂，每色數十人，自南魚貫而進，列於樓下。鼓笛雞婁，充庭考擊。太常樂立部伎、坐部伎依點鼓舞，間以胡夷之伎。日旰，即內閑廐引蹀馬三十匹，爲傾杯樂曲〔三六〕，奮首鼓尾，縱橫應節。又施三層板牀〔三八〕，乘馬而上，抃轉如飛。又令宮女數百人自帷出擊雷鼓，爲破陣樂、太平樂、上元樂〔三七〕，雖太常積習，皆不如其妙也。若聖壽樂，則迴身換衣，作字如畫。又五坊使引大象入場，或拜或舞，動容鼓振，中於音律，竟日而退。玄宗又於聽政之暇，教太常樂工子弟三百人爲絲竹之戲，音響齊發，有一聲誤，玄宗必覺而正之，號爲皇帝弟子，又云梨園弟子，以置院近於禁苑之梨園。太常又有

別教院，教供奉新曲。太常每淩晨，鼓笛亂發於太樂署。別教院廩食常千人〔三九〕，宮中居宜春院。玄宗又製新曲四十餘，又新製樂譜。每初年望夜，又御勤政樓，觀燈作樂，貴臣戚里，借看樓觀望。夜闌，太常樂府縣散樂畢，即遣宮女於樓前縛架出眺歌舞以娛之。若繩戲竿木，詭異巧妙，固無其比。

天寶十五載，玄宗西幸，祿山遣其逆黨載京師樂器樂伎衣盡入洛城。尋而肅宗克復兩京，將行大禮，禮物盡闕。命禮儀使太常少卿于休烈使屬吏與東京留臺領〔四〇〕，赴于朝廷，詔給錢，使休烈造伎衣及大舞等服，於是樂工二舞始備矣。

乾元元年三月十九日，上以太常舊鐘磬，自隋已來，所傳五聲，或有差錯，謂于休烈曰：「古者聖人作樂，以應天地之和，以合陰陽之序。和則人不夭札，物不疵癘。且金石絲竹，樂之器也。比親享郊廟，每聽樂聲，或宮商不倫，或鐘磬失度。可盡供鐘磬，朕當於內自定。」太常進入，上集樂工考試數日，審知差錯，然後令再造及磨刻。二十五日，一部先畢，召太常樂工，上臨三殿親觀考擊，皆合五音，送太常。二十八日，又於內造樂章三十一章，送太常，郊廟歌之。

貞元三年四月，河東節度使馬燧獻定難曲，御麟德殿，命閱試之。十二年十二月，昭義軍節度使王虔休獻繼天誕聖樂。十四年二月，德宗自製中和舞，又奏九部樂及禁中歌舞，

伎者十數人，布列在庭，上御麟德殿會百僚觀新樂詩〔三一〕，仍令太子書示百官。貞元十六年正月，南詔異牟尋作奉聖樂舞，因韋皋以進。十八年正月，驃國王來獻本國樂。大和八年十月，宜太常寺，準雲韶樂舊用人數，令於本寺閱習進來者。至開成元年十月，教成。三年，武德司奉宣索雲韶樂縣圖二軸進之。

大和三年八月，太常禮院奏：

謹按凱樂，鼓吹之歌曲也。周官大司樂：「王師大獻，則奏凱樂〔三二〕。」注云：「獻功之樂也。」又大司馬之職〔三三〕：「師有功，則凱樂獻于社。」注云：「兵樂曰凱。」司馬法曰：「得意則凱樂，所以示喜也。」左氏傳載晉文公勝楚，振旅凱入。魏、晉已來鼓吹曲章，多述當時戰功。是則歷代獻捷，必有凱歌。太宗平東都，破宋金剛，其後蘇定方執賀魯，李勣平高麗，皆備軍容凱歌入京師。謹檢貞觀、顯慶、開元禮書，並無儀注。今參酌今古，備其陳設及奏歌曲之儀如後。

凡命將征討，有大功獻俘馘者，其日備神策兵衞於東門外，如獻俘常儀。其凱樂用鐃吹二部，笛、篳篥、簫、笳、鐃、鼓，每色二人，歌工二十四人。樂工等乘馬執樂器，次第陳列，如鹵簿之式。鼓吹令丞前導，分行於兵馬俘馘之前。將入都門，鼓吹振作，迭奏破陣樂等四曲。破陣樂、應聖期兩曲，太常舊有辭。賀朝歡、君臣同慶樂，今撰補

之。破陣樂：「受律辭元首，相將討叛臣。咸歌破陣樂，共賞太平人。」應聖期：「聖德期昌運，雍熙萬宇清。乾坤資化育，海岳共休明。闢土忻耕稼，銷戈遂偃兵。殊方歌帝澤，執贄賀昇平。」賀朝歡：「四海皇風被，千年德水清。戎衣更不著，今日告功成。」君臣同慶樂：「主聖開昌曆，臣忠奏大猷。君看偃革後，便是太平秋。」候行至太社及太廟門〔三四〕，工人下馬，陳列於門外。按周禮大司樂注云：「獻于祖。」大司馬云：「先凱樂獻于社。」謹詳禮儀，則社廟之中，似合奏樂。伏以尊嚴之地，鐃吹諠譁，既無明文，或乖肅敬。今請並於門外陳設，不奏歌曲。候告獻禮畢，復導引奏曲如儀。至皇帝所御樓前兵仗旌門外二十步，樂工皆下馬徐行前進。兵部尚書介冑執鉞，於旌門內中路前導。周禮：「師有功，則大司馬左執律，右秉鉞，以先凱樂。」注云：「律所以聽軍聲，鉞所以爲將威。」今吹律聽聲，其術久廢，惟請秉鉞，以存禮文。次協律郎二人，公服執麾，亦於門下分導。鼓吹令丞引樂工等至位立定。太常卿於樂工之前跪，具官臣某奏事，請奏凱樂。協律郎舉麾，鼓吹大振作，遍奏破陣樂等四曲。樂闋，協律郎偃麾，太常卿又跪奏凱樂畢。兵部尚書、太常卿退，樂工等並出旌門外訖〔三五〕，然後引俘馘入獻及稱賀如別儀。別有獻俘馘儀注。俟俘囚引出方退。

請宣付當司，編入新禮，仍令樂工教習。

依奏。

校勘記

〔一〕開皇九年平陳　「九」字各本原作「八」，據隋書卷一五音樂志、通鑑卷一七七改。

〔二〕皇帝受朝奏政和　冊府卷五六九同。通典卷一四三、唐會要卷三二、樂府詩集卷四引本志「政」作「正」。廿二史考異卷五八云：「冊府元龜載後漢張昭改十二和爲十二成，議云：『皇帝受朝，皇后入宮，奏正和，請改爲扆成。』然則皇帝受朝下當有皇后入宮四字，此志脫去，又譌正爲政耳。」

〔三〕宜以太簇爲宮　唐會要卷三二、冊府卷五六九同。通典卷一四三「宜」作「並」。

〔四〕光宅元年九月　「元」字各本原作「三」，據冊府卷五六九改。校勘記卷一三云：「按則天紀及通鑑，其改元光宅，即在是年九月，至次年正月，則改元垂拱。是光宅但有元年，未嘗有三年。此志卷四云：『高宗天皇大帝酌獻用鈞天。』注云：『光宅元年造。』則此句三字爲元字之誤無疑。」

〔五〕中宗廟樂　此句上有脫文。冊府卷五六九上有「睿宗景雲元年有司奏」九字。

〔六〕酌獻　聞本作「酌福」，殿本、懼盈齋本、局本、廣本作「酌酒」，此據本書卷三〇音樂志、樂府詩集卷五引本志改。

〔七〕用壽和之樂　「壽」字各本原作「福」，據本書卷三〇音樂志、唐會要卷三二、樂府詩集卷五引本志改。

〔八〕累日　唐會要卷三二、冊府卷五六九作「累月」。

〔九〕寶應二年六月　「二」字各本原作「三」，據冊府卷五六九改。校勘記卷一三云：「按代宗紀及通鑑，皆言寶應二年七月，改元廣德。是寶應但有二年，無三年也。當從冊府。」

〔一〇〕穆宗廟樂……大定之舞　廿二史考異卷五八云：「案憲宗以前廟樂，俱載奏請之年，此穆宗四樂獨闕之。宣宗以後，幷樂舞名史家亦失之矣。」

〔一一〕等於樂府　聞本、殿本、懼盈齋本、局本同，廣本「等」作「編」，校勘記卷一三引閣本「等」作「著」。

〔一二〕奏正曲之後　「正」字各本原無，據本書卷七九呂才傳、通典卷一四五、唐會要卷三三、御覽卷五九一、殘宋本冊府卷五六九補。

〔一三〕輒取侍臣等奉和雪詩　「奉」字各本原作「奏」，據本書卷七九呂才傳、唐會要卷三三、御覽卷五九一、冊府卷五六九改。

〔一四〕六年三月　「六年」，唐會要卷三三、冊府卷五六九均作「龍朔元年」。按本書卷四高宗紀、通鑑卷二〇〇，顯慶六年二月，改元「龍朔」，則此處應作「龍朔元年」。

〔一五〕于闐王伏闍　「伏」字各本原作「休」，據唐會要卷三三、殘宋本冊府卷五六九改。校勘記卷一三云：「今考太宗紀及于闐傳，其王名伏闍信，通鑑同。會要雖不誤，而尚脫一信字也。」

〔一六〕麟德二年十月　「十月」，各本原作「七月」，據通典卷一四七、冊府卷五六九及本篇下文改。

〔一七〕其郊廟享宴等所奏宮縣　「郊廟」，各本原無，據通典卷一四七、唐會要卷三二、冊府卷五六九補。

〔一八〕奉麟德二年十月敕　「二年」，各本原作「三年」，據通典卷一四七、冊府卷五六九及本篇上文改。

按本書卷五高宗紀、通鑑卷二〇一，麟德三年正月，改元乾封，是此處應作「二年」。

〔一九〕如著成數者　唐會要卷三二、冊府卷五六九「如」字下尚有「禮云諸侯相見揖讓而入門入門而縣與揖讓而升堂升堂而樂闋是也有」二十九字。校勘記卷一三云：「聞本此頁少第一行，疑本有而脫去。」

〔二〇〕慶善樂七遍　「七遍」，通典卷一四七、新書卷二一禮樂志作「五十遍」。校勘記卷一三云：「以上五十二遍下二十九遍例之，疑五十是。」

〔二一〕今更加破陣樂慶善樂　「慶善樂」，各本原無，據通典卷一四七、唐會要卷三二、冊府卷五六九補。下句「象」字通典、會要、冊府均無。

〔二二〕六變樂止　「六」字各本原無，據通典卷一四七、唐會要卷三二、冊府卷五六九補。

〔二三〕惟有團扇　「惟」字各本原作「準」，據本書卷八五唐臨傳改。

〔二四〕令特給五品已上母妻　「令」字合鈔卷二七樂志、全唐文卷二七一作「今」，當是。

〔二五〕延載元年……越古長年樂一曲　校勘記卷一三云：「按延載係武后之年號，此條十八字當在長

壽二年條後，景龍二年條前。若如今本，則是武后在位時事反在後，中宗復位時事反在前矣。其爲錯簡無疑。」

〔二六〕爲傾杯樂曲　「爲」字各本原無，據通鑑卷二一八胡注引舊唐書補。

〔二七〕又施三層板牀　「板」字各本原作「校」，據通鑑卷二一八胡注引舊唐書、冊府卷五六九改。

〔二八〕太平樂上元樂　「太平樂」下冊府卷五六九有「慶善樂」。

〔二九〕別敎院廩食常千人　「別」字各本原在上句「署」字上，據本篇上文「太常又有別敎院」句及冊府卷五六九改。

〔三〇〕使屬吏與東京留臺領　冊府卷五六九「與」作「於」，「領」上有「押」字。

〔三一〕上御麟德殿會百僚觀新樂詩　此句有脫誤。唐會要卷三三作「上製中春麟德殿會百僚觀新樂詩」，冊府卷五六九作「御麟德殿奏之幷製觀新樂詩」。

〔三二〕則奏凱樂　「凱」下各本原有「安」字，據唐會要卷三三、冊府卷五六九及周禮大司樂原文刪。

〔三三〕又大司馬之職　「職」字各本原作「班」，據唐會要卷三三、冊府卷五六九及周禮大司馬改。

〔三四〕候行至太社及太廟門　「廟」上「太」字各本原無，據唐會要卷三三、通考卷一四七補。

〔三五〕樂工等並出旌門外訖　「訖」上唐會要卷三三、通考卷一四七有「立」字。

舊唐書卷二十九

志第九

音樂二

高祖登極之後，享宴因隋舊制，用九部之樂，其後分爲立坐二部。今立部伎有安樂、太平樂、破陣樂、慶善樂、大定樂、上元樂、聖壽樂、光聖樂，凡八部。

安樂者，後周武帝平齊所作也。行列方正，象城郭，周世謂之城舞。舞者八十人，刻木爲面，狗喙獸耳，以金飾之，垂線爲髮，畫猰皮帽，舞蹈姿制，猶作羌胡狀。

太平樂，亦謂之五方師子舞。師子鷙獸，出於西南夷天竺、師子等國。綴毛爲之，人居其中，像其俛仰馴狎之容。二人持繩秉拂，爲習弄之狀。五師子各立其方色，百四十人歌太平樂，舞以足〔一〕，持繩者服飾作崑崙象。

破陣樂，太宗所造也。太宗爲秦王之時，征伐四方，人間歌謠秦王破陣樂之曲。及即

位，使呂才協音律，李百藥、虞世南、褚亮、魏徵等製歌辭。百二十人披甲持戟，甲以銀飾之。發揚蹈厲，聲韻慷慨，享宴奏之，天子避位，坐宴者皆興。

慶善樂，太宗所造也。太宗生於武功之慶善宮，既貴，宴宮中，賦詩，被以管絃。舞者六十四人〔二〕，衣紫大袖裙襦，漆髻皮履。舞蹈安徐，以象文德洽而天下安樂也。

大定樂，出自破陣樂。舞者百四十人，被五彩文甲，持槊。歌和云，「八紘同軌樂」，以象平遼東而邊隅大定也。

上元樂，高宗所造。舞者百八十人，畫雲衣，備五色，以象元氣，故曰「上元」。

聖壽樂，高宗武后所作也。舞者百四十人，金銅冠，五色畫衣。舞之行列必成字，十六變而畢。有「聖超千古，道泰百王，皇帝萬年，寶祚彌昌」字。

光聖樂，玄宗所造也。舞者八十人，烏冠，五綵畫衣，兼以上元、聖壽之容，以歌王跡所興。

自破陣舞以下，皆雷大鼓，雜以龜茲之樂，聲振百里，動蕩山谷。大定樂加金鉦，惟慶善舞獨用西涼樂，最爲閑雅。破陣、上元、慶善三舞，皆易其衣冠，合之鐘磬，以享郊廟。以破陣爲武舞，謂之七德；慶善爲文舞，謂之九功。自武后稱制，毀唐太廟，此禮遂有名而亡實。

安樂等八舞，聲樂皆立奏之，樂府謂之立部伎，其餘總謂之坐部伎。則天、中宗之代，大增造坐立諸舞，尋以廢寢。

坐部伎有讌樂、長壽樂、天授樂、鳥歌萬壽樂、龍池樂、破陣樂，凡六部。

讌樂，張文收所造也。工人緋綾袍，絲布袴。舞二十人，分爲四部：景雲樂，舞八人，花錦袍，五色綾袴，雲冠，烏皮靴；慶善樂，舞四人〔三〕，紫綾袍，大袖，絲布袴，假髻；破陣樂，舞四人，緋綾袍，錦衿褾，緋綾褲；承天樂，舞四人，紫袍，進德冠，並銅帶。樂用玉磬一架，大方響一架，搊箏一，臥箜篌一，小箜篌一，大琵琶一，大五絃琵琶一，小五絃琵琶一，大笙一，小笙一，大篳篥一，小篳篥一，大簫一，小簫一，正銅拔一，和銅拔一，長笛一，短笛一，楷鼓一〔四〕，連鼓一，鞉鼓一，桴鼓一，工歌二。此樂惟景雲舞僅存，餘並亡。

長壽樂，武太后長壽年所造也。舞十有二人，畫衣冠。

天授樂，武太后天授年所造也。舞四人，畫衣五采，鳳冠。

鳥歌萬歲樂，武太后所造也。武太后時，宮中養鳥能人言，又常稱萬歲，爲樂以象之。舞三人，緋大袖，並畫鸜鵒，冠作鳥像。今案嶺南有鳥，似鸜鵒而稍大，乍視之，不相分辨，籠養久，則能言，無不通，南人謂之吉了，亦云料。開元初，廣州獻之，言音雄重如丈夫，委曲識人情，慧於鸚鵡遠矣，疑卽此鳥也。漢書武帝本紀書南越獻馴象，能言鳥。注漢書者，

皆謂鳥爲鸚鵡。若是鸚鵡，不得不舉其名，而謂之能言鳥。鸚鵡秦、隴尤多，亦不足重。所謂能言鳥，卽吉了也。北方常言鸜鵒踰嶺乃能言，傳者誤矣。嶺南甚多鸜鵒，能言者非鸜鵒也。

龍池樂，玄宗所作也。玄宗龍潛之時，宅在隆慶坊，宅南坊人所居，變爲池，望氣者亦異焉。故中宗季年，汎舟池中。玄宗正位，以坊爲宮，池水逾大，瀰漫數里，爲此樂以歌其祥也。舞十有二人〔五〕，人冠飾以芙蓉。

破陣樂〔六〕，玄宗所造也。生於立部伎破陣樂。舞四人，金甲冑。

自長壽樂已下皆用龜茲樂，舞人皆著靴。惟龍池備用雅樂，而無鐘磬，舞人躡履。

清樂者，南朝舊樂也。永嘉之亂，五都淪覆，遺聲舊制，散落江左。宋、梁之間，南朝文物，號爲最盛；人謠國俗，亦世有新聲。後魏孝文、宣武，用師淮、漢，收其所獲南音，謂之清商樂。隋平陳，因置清商署，總謂之清樂，遭梁、陳亡亂，所存蓋鮮。隋室已來，日益淪缺。武太后之時，猶有六十三曲，今其辭存者，惟有白雪、公莫舞、巴渝、明君、鳳將雛〔七〕、明之君、鐸舞、白鳩、白紵、子夜、吳聲四時歌、前溪、阿子及歡聞、團扇、懊憹、長史、督護、讀曲、烏夜啼、石城、莫愁、襄陽、棲烏夜飛、估客、楊伴、雅歌、驍壺、常林歡、三洲〔八〕、採桑、春江花月夜、玉樹後庭花、堂堂、泛龍舟等三十二曲。明之君、雅歌各二首，四時歌四首，合三十七首。又七曲有聲無辭，上林、鳳雛、平調、清調、瑟調、平折、命嘯，通前爲四十四曲存焉。

白雪，周曲也。

平調、清調、瑟調，皆周房中曲之遺聲也。漢世謂之三調。

公莫舞，晉、宋謂之巾舞。其說云：漢高祖與項籍會於鴻門，項莊劍舞，將殺高祖。項伯亦舞，以袖隔之，且云公莫害沛公也。漢人德之，故舞用巾，以象項伯衣袖之遺式也。

巴渝，漢高帝所作也。帝自蜀漢伐楚，以版楯蠻爲前鋒，其人勇而善鬭，好爲歌舞，高帝觀之曰：「武王伐紂歌也。」使工習之，號曰巴渝。渝，美也。亦云巴有渝水，故名之。魏、晉改其名，梁復號巴渝，隋文廢之。

明君，漢元帝時，匈奴單于入朝，詔王嬙配之，卽昭君也。及將去，入辭，光彩射人，聳動左右，天子悔焉。漢人憐其遠嫁，爲作此歌。晉石崇妓綠珠善舞，以此曲教之，而自製新歌曰：「我本漢家子，將適單于庭，昔爲匣中玉，今爲糞土英。」晉文王諱昭，故晉人謂之明君。此中朝舊曲，今爲吳聲，蓋吳人傳受訛變使然。

鳳將雛，漢世舊歌曲也。

明之君，本漢世鞞舞曲也。梁武時，改其辭以歌君德。

鐸舞，漢曲也。

白鳩，吳朝拂舞曲也。楊泓拂舞序曰：「自到江南，見白符舞，或言白鳧鳩，云有此來數十年。察其辭旨，乃是吳人患孫皓虐政，思屬晉也。」隋牛弘請以鞞、鐸、巾、拂等舞陳之殿庭，帝從之，而去其所持巾拂等。

白紵，沈約云：紵本吳地所出，疑是吳舞也。梁帝又令約改其辭〔九〕，其四時白紵之歌〔一〇〕，約集所載是也。今中原有白紵曲，辭旨與此全殊。

子夜，晉曲也。晉有女子夜造此聲，聲過哀苦，晉日常有鬼歌之。

前溪，晉車騎將軍沈玩所制。

阿子及歡聞，晉穆帝升平初，歌畢，輒呼「阿子汝聞否」〔一一〕，後人演其聲以爲此曲〔一二〕。

團扇，晉中書令王珉與嫂婢有情，愛好甚篤。嫂捶撻婢過苦，婢素善歌，而珉好捉白團扇，故云：「團扇復團扇，持許自遮面。憔悴無復理，羞與郎相見。」

懊憹，晉隆安初民間訛謠之曲。歌云：「春草可攬結，女兒可攬擷。」齊太祖常謂之中朝歌。

長史變，晉司徒左長史王廞臨敗所制。

督護，晉、宋間曲也。彭城內史徐逵之爲魯軌所殺，徐，宋高祖長婿也。使府內直督護丁旿殯斂之。其妻呼旿至閣下，自問斂逵之事，每問輒歎息曰：「丁督護！」其聲哀切，後人因其聲廣其曲焉。今歌是宋孝武帝所製，云：「督護上征去，儂亦惡聞許。願作石尤風，四面斷行旅。」

讀曲，宋人爲彭城王義康所製也，有死罪之辭。

烏夜啼，宋臨川王義慶所作也。元嘉十七年，徙彭城王義康於豫章。義慶時爲江州，至鎭，相見而哭，爲帝所怪，徵還宅，大懼。妓妾夜聞烏啼聲，扣齋閤云：「明日應有赦。」其年更爲南兗州刺史，作此歌。故其和云：「籠窗窗不開，烏夜啼，夜夜望郎來。」今所傳歌似非義慶本旨。辭曰：「歌舞諸少年，娉婷無種跡。菖蒲花可憐，聞名不相識。」

石城，宋臧質所作也。石城在竟陵，質嘗爲竟陵郡，於城上眺矚，見羣少年歌謠通暢，因作此曲。歌云：「生長石城下，開門對城樓。城中美年少，出入見依投。」

莫愁樂，出於石城樂。石城有女子名莫愁，善歌謠，石城樂和中復有「莫愁」聲，故歌云：「莫愁在何處？莫愁石城西。艇子打兩槳，催送莫愁來。」

襄陽樂，宋隨王誕之所作也〔一三〕。誕始爲襄陽郡，元嘉二十六年，仍爲雍州，夜聞諸女歌謠，因作之。故歌和云：「襄陽來夜樂。」其歌曰：「朝發襄陽來，暮至大堤宿。大堤諸女兒，

花豔驚郎目。」裴子野宋略稱：「晉安侯劉道彥爲雍州刺史，有惠化，百姓歌之，號襄陽樂。」其辭旨非也。

棲烏夜飛，沈攸之元徽五年所作也。攸之未敗之前，思歸京師，故歌和云：「日落西山還去來！」

估客樂，齊武帝之製也。布衣時常遊樊、鄧，追憶往事而作歌曰〔一四〕：「昔經樊、鄧役，阻潮梅根渚。感憶追往事，意滿情不敍。」使太樂令劉瑤教習，百日無成。或啓釋寶月善音律，帝使寶月奏之，便就。敕歌者常重爲感憶之聲。梁改其名爲商旅行。

楊伴，本童謠歌也。齊隆昌時，女巫之子曰楊旻，旻隨母入內，及長，爲后所寵。童謠云：「楊婆兒，共戲來。」而歌語訛，遂成楊伴兒。歌云：「暫出白門前，楊柳可藏烏。歡作沉水香，儂作博山爐。」

驍壺，疑是投壺樂也。投壺者謂壺中躍矢爲驍壺，今謂之驍壺者是也。

常林歡，疑是宋、梁間曲。宋、梁世，荆、雍爲南方重鎭，皆皇子爲之牧，江左辭詠，莫不稱之，以爲樂土，故隨王作襄陽之歌，齊武帝追憶樊、鄧。梁簡文樂府歌云：「分手桃林岸，送別峴山頭。若欲寄音信，漢水向東流。」又曰：「宜城投酒今行熟，停鞍繫馬暫栖宿。」桃林在漢水上，宜城在荆州北。荆州有長林縣。江南謂情人爲歡。「常」「長」聲相近，蓋樂人誤

謂「長」爲「常」。

三洲，商人歌也。商人數行巴陵三江之間，因作此歌。

採桑，因三洲曲而生此聲也。

春江花月夜、玉樹後庭花、堂堂，並陳後主所作。叔寶常與宮中女學士及朝臣相和爲詩，太樂令何胥又善於文詠，採其尤豔麗者以爲此曲。

汎龍舟，隋煬帝江都宮作。

餘五曲，不知誰所作也。

其辭類皆淺俗，而綿世不易，惜其古曲，是以備論之。其他集錄所不見，亦闕而不載。

當江南之時，巾舞、白紵、巴渝等衣服各異。梁以前舞人並二八，梁舞省之，咸用八人而已。令工人平巾幘，緋袴褶。舞四人，碧輕紗衣，裙襦大袖，畫雲鳳之狀，漆鬟髻，飾以金銅雜花，狀如雀釵，錦履。舞容閑婉，曲有姿態。沈約宋書志江左諸曲哇淫〔一五〕，至今其聲調猶然。觀其政已亂，其俗已淫，既怨且思矣，而從容雅緩，猶有古士君子之遺風，他樂則莫與爲比。樂用鐘一架，磬一架，琴一，三絃琴一，擊琴一，瑟一，秦琵琶一，臥箜篌一，筑一，箏一，節鼓一，笙二，笛二，簫二，篪二，葉二，歌二。

自長安已後，朝廷不重古曲，工伎轉缺，能合于管絃者，唯明君、楊伴、驍壺、春歌、秋

歌、白雪、堂堂、春江花月等八曲。舊樂章多或數百言，武太后時，明君尚能四十言，今所傳二十六言，就之訛失〔一六〕，與吳音轉遠。劉貺以爲宜取吳人使之傳習。以問歌工李郎子，李郎子北人，聲調已失，云學於俞才生。才生，江都人也。今郎子逃〔一七〕，清樂之歌闕焉。又聞清樂唯雅歌一曲〔一八〕，辭典而音雅，閱舊記，其辭信典。漢有盤舞，今隸散樂部中。又有幡舞、扇舞，並亡。

自周、隋已來，管絃雜曲將數百曲，多用西涼樂，鼓舞曲多用龜茲樂，其曲度皆時俗所知也。惟彈琴家猶傳楚、漢舊聲，及清調、瑟調，蔡邕雜弄，非朝廷郊廟所用，故不載。

西涼樂者，後魏平沮渠氏所得也。晉、宋末，中原喪亂，張軌據有河西，苻秦通涼州，旋復隔絕。其樂具有鐘磬，蓋涼人所傳中國舊樂，而雜以羌胡之聲也。魏世共隋咸重之。工人平巾幘，緋褶。白舞一人，方舞四人。白舞今闕。方舞四人，假髻，玉支釵，紫絲布褶，白大口袴，五綵接袖，烏皮靴。樂用鐘一架，磬一架，彈箏一，搊箏一，臥箜篌一，豎箜篌一，琵琶一，五絃琵琶一，笙一，簫一，篳篥一，小篳篥一，笛一，橫笛一，腰鼓一，齊鼓一，檐鼓一，銅拔一，貝一。編鐘今亡。

周官：「韎師掌教韎樂，祭祀則帥其屬而舞之，大享亦如之。」韎，東夷之樂名也。舉東

中華書局

方，則三方可知矣。又有「鞮鞻氏掌四夷之樂，與其聲歌，祭祀則龡而歌之，讌亦如之」。作先王樂者，貴能包而用之。納四夷之樂者，美德廣之所及也。東夷之樂曰韎離，南蠻之樂曰任，西戎之樂曰禁，北狄之樂曰昧。離，言陽氣始通，萬物離地而生也。任，言陽氣用事，萬物懷任也。禁，言陰氣始通，禁止萬物之生長也。昧，言陰氣用事，萬物衆形暗昧也。其聲不正，作之四門之外，各持其方兵，獻其聲而已。自周之衰，此禮尋廢。

後魏有曹婆羅門，受龜茲琵琶於商人，世傳其業，至孫妙達，尤爲北齊高洋所重，常自擊胡鼓以和之。周武帝聘虜女爲后，西域諸國來媵，於是龜茲、疏勒、安國、康國之樂，大聚長安。胡兒令羯人白智通教習，頗雜以新聲。張重華時，天竺重譯貢樂伎，後其國王子爲沙門來遊，又傳其方音。宋世有高麗、百濟伎樂。魏平馮跋[19]，亦得之而未具。周師滅齊，二國獻其樂。隋文帝平陳，得清樂及文康禮畢曲，列九部伎，百濟伎不預焉。煬帝平林邑國，獲扶南工人及其匏琴，陋不可用，但以天竺樂轉寫其聲，而不齒樂部。西魏與高昌通，始有高昌伎。我太宗平高昌，盡收其樂，又造讌樂，而去禮畢曲。今著令者，惟此十部。雖不著令，聲節存者，樂府猶隸之。德宗朝，又有驃國亦遣使獻樂。

高麗樂，工人紫羅帽，飾以鳥羽，黃大袖，紫羅帶，大口袴，赤皮靴，五色縚繩。舞者四人，椎髻於後，以絳抹額，飾以金璫。二人黃裙襦，赤黃袴[20]，極長其袖，烏皮靴，雙雙並立

而舞。樂用彈箏一，搊箏一，臥箜篌一，竪箜篌一，琵琶一，義觜笛一，笙一，簫一，小篳篥一，大篳篥一，桃皮篳篥一，腰鼓一，齊鼓一，檐鼓一，貝一。武太后時尚二十五曲，今惟習一曲，衣服亦寖衰敗，失其本風。

百濟樂，中宗之代，工人死散。岐王範爲太常卿，復奏置之，是以音伎多闕。舞二人，紫大袖裙襦，章甫冠，皮履。樂之存者，箏、笛、桃皮篳篥、箜篌、歌。

此二國，東夷之樂也[21]。

扶南樂，舞二人，朝霞行纏，赤皮靴。隋世全用天竺樂，今其存者，有羯鼓、都曇鼓、毛員鼓、簫、笛、篳篥、銅拔、貝。

天竺樂，工人皂絲布頭巾，白練襦，紫綾袴，緋帔。舞二人，辮髮，朝霞袈裟，行纏，碧麻鞋。袈裟，今僧衣是也。樂用銅鼓、羯鼓、毛員鼓、都曇鼓、篳篥、橫笛、鳳首箜篌、琵琶、銅拔、貝。毛員鼓、都曇鼓今亡。

驃國樂，貞元中，其王來獻本國樂，凡一十二曲，以樂工三十五人來朝。樂曲皆演釋氏經論之辭。

此三國，南蠻之樂。

高昌樂，舞二人[22]，白襖錦袖，赤皮靴，赤皮帶，紅抹額。樂用答臘鼓一，腰鼓一，雞婁

鼓一，羯鼓一，簫二，橫笛二，篳篥二，琵琶二，五絃琵琶二，銅角一，箜篌一。箜篌今亡。

龜茲樂，工人皂絲布頭巾，緋絲布袍，錦袖，緋布袴。舞者四人，紅抹額，緋襖，白袴帑，烏皮靴。樂用竪箜篌一[23]，琵琶一，五絃琵琶一，笙一，橫笛一，簫一，篳篥一，毛員鼓一，都曇鼓一，答臘鼓一，腰鼓一，羯鼓一，雞婁鼓一，銅拔一，貝一。毛員鼓今亡。

疏勒樂，工人皂絲布頭巾，白絲布袴，錦襟褾。舞二人，白襖，錦袖，赤皮靴，赤皮帶。樂用竪箜篌、琵琶、五絃琵琶、橫笛、簫、篳篥、答臘鼓、腰鼓、羯鼓、雞婁鼓。

康國樂，工人皂絲布頭巾，緋絲布袍，錦領。舞二人，緋襖，錦領袖，綠綾渾襠袴[24]，赤皮靴，白袴帑。舞急轉如風，俗謂之胡旋。樂用笛二，正鼓一，和鼓一，銅拔一。

安國樂，工人皂絲布頭巾，錦褾領，紫袖袴。舞二人，紫襖，白袴帑，赤皮靴。樂用琵琶、五絃琵琶、竪箜篌[25]、簫、橫笛、篳篥、正鼓、和鼓、銅拔、箜篌。五絃琵琶今亡。

此五國，西戎之樂也。

南蠻、北狄國俗，皆隨髮際斷其髮，今舞者咸用繩圍首，反約髮杪，內於繩下。又有新聲河西至者，號胡音聲，與龜茲樂、散樂俱爲時重，諸樂咸爲之少寢。

北狄樂，其可知者鮮卑、吐谷渾、部落稽三國，皆馬上樂也。鼓吹本軍旅之音，馬上奏之，故自漢以來，北狄樂總歸鼓吹署。後魏樂府始有北歌[26]，卽魏史所謂眞人代歌是也。

代都時，命掖庭宮女晨夕歌之。周、隋世，與西涼樂雜奏。今存者五十三章，其名目可解者六章：慕容可汗、吐谷渾、部落稽、鉅鹿公主、白淨王太子、企喻也。其不可解者，咸多可汗之辭。按今大角[27]，此卽後魏世所謂簸邏迴者是也，其曲亦多可汗之辭。北虜之俗，呼主爲可汗。吐谷渾又慕容別種，知此歌是燕、魏之際鮮卑歌，歌辭虜音[28]，竟不可曉。梁有鉅鹿公主歌辭，似是姚萇時歌，其辭華音[29]，與北歌不同。梁樂府鼓吹又有大白淨皇太子、小白淨皇太子、企喻等曲。隋鼓吹有白淨皇太子曲，與北歌校之，其音皆異。開元初，以問歌工長孫元忠，云自高祖以來，代傳其業。元忠之祖，受業於侯將軍，名貴昌，并州人也，亦世習北歌。貞觀中，有詔令貴昌以其聲教樂府。元忠之家世相傳如此，雖譯者亦不能通知其辭，蓋年歲久遠，失其眞矣。絲桐，惟琴曲有胡笳聲大角，金吾所掌[30]。

散樂者，歷代有之，非部伍之聲，俳優歌舞雜奏。漢天子臨軒設樂，舍利獸從西方來，戲於殿前，激水成比目魚，跳躍嗽水，作霧翳日，化成黃龍，修八丈，出水遊戲，輝耀日光。繩繫兩柱，相去數丈，二倡女對舞繩上[31]，切肩而不傾。如是雜變，總名百戲。江左猶有高絙紫鹿、跂行鼈食、齊王捲衣、笮鼠、夏育扛鼎、巨象行乳、神龜抃戲背負靈嶽、桂樹白雪、畫地成川之伎。晉成帝咸康七年[32]，散騎侍郎顧臻表曰：「末世之樂，設外方之觀[33]，逆行

連倒。四海朝覲帝庭，而足以蹈天，頭以履地，反天地之順，傷彝倫之大。」乃命太常悉罷之。其後復高絙紫鹿。後魏、北齊，亦有魚龍辟邪、鹿馬仙車、吞刀吐火、剝車剝驢〔三四〕、種瓜拔井之戲。周宣帝徵齊樂並會關中。開皇初，散遣之。大業二年，突厥單于來朝洛陽宮，煬帝爲之大合樂，盡通漢、晉、周、齊之術，胡人大駭。帝命樂署肄習，常以歲首縱觀端門內。

大抵散樂雜戲多幻術，幻術皆出西域，天竺尤甚。漢武帝通西域，始以善幻人至中國。安帝時，天竺獻伎，能自斷手足，刳剔腸胃，自是歷代有之。我高宗惡其驚俗，敕西域關令不令入中國。苻堅嘗得西域倒舞伎。睿宗時，婆羅門獻樂，舞人倒行，而以足舞於極銛刀鋒，倒植於地，低目就刃，以歷臉中，又植於背下，吹篳篥者立其腹上，終曲而亦無傷。又伏伸其手，兩人躡之，旋身繞手，百轉無已。漢世有橦木伎，又有盤舞。晉世加之以柸，謂之柸盤舞。樂府詩云「妍袖陵七盤」，言舞用盤七枚也。梁謂之舞盤伎。梁有長蹻伎、擲倒伎、跳劍伎、吞劍伎，今並存。又有舞輪伎，蓋今戲車輪者。透三峽伎，蓋今透飛梯之類也。高絙伎，蓋今之戲繩者是也。梁有獼猴幢伎，今有緣竿，又有獼猴緣竿，未審何者爲是。又有弄椀珠伎、丹珠伎。

歌舞戲，有大面、撥頭、踏搖娘、窟礧子等戲。玄宗以其非正聲，置教坊於禁中以處之。婆羅門樂，與四夷同列。婆羅門樂用漆篳篥二，齊鼓一。

散樂，用橫笛一，拍板一，腰鼓三。其餘雜戲，變態多端，皆不足稱。

大面出於北齊。北齊蘭陵王長恭，才武而面美，常著假面以對敵。嘗擊周師金墉城下，勇冠三軍，齊人壯之，爲此舞以效其指麾擊刺之容，謂之蘭陵王入陣曲。撥頭出西域。胡人爲猛獸所噬，其子求獸殺之，爲此舞以像之也。踏搖娘，生於隋末。隋末河內有人貌惡而嗜酒，常自號郎中，醉歸必毆其妻。其妻美色善歌，爲怨苦之辭。河朔演其曲而被之絃管，因寫其妻之容。妻悲訴，每搖頓其身，故號踏搖娘。近代優人頗改其制度，非舊旨也。窟礧子，亦云魁礧子，作偶人以戲。善歌舞，本喪家樂也。漢末始用之於嘉會。齊後主高緯尤所好。高麗國亦有之。

八音之屬，協於八節。匏，瓠也，女媧氏造。列管於匏上，內簧其中，爾雅謂之巢。大者曰竽，小者曰和。竽，煦也，立春之音，煦生萬物也。竽管三十六，宮管在左。和管十三，宮管居中。今之竽、笙，並以木代匏而漆之，無復音矣。荊、梁之南，尚存古制云。

管三孔曰籥，春分之音，萬物振躍而動也。簫，舜所造也。爾雅謂之茭。音交　大曰管，二十三管，修尺四寸。

笛，漢武帝工丘仲所造也。其元出於羌中。短笛，脩尺有咫。長笛、短笛之間，謂之中管。

篪，吹孔有觜如酸棗。橫笛，小篪也。漢靈帝好胡笛，五胡亂華，石遵玩之不絕音。宋書云：有胡篪出於胡吹，則謂此。梁胡吹歌云：「快馬不須鞭，反插楊柳枝。下馬吹橫笛，愁殺路傍兒。」此歌辭元出北國。之橫笛皆去觜〔三五〕，其加觜者謂之義觜笛。

篳篥，本名悲篥，出於胡中，其聲悲。亦云：胡人吹之以驚中國馬云。

柷，衆也。立夏之音，萬物衆皆成也。方面各二尺餘，傍開員孔，內手於中，擊之以舉樂。敔，如伏虎，背皆有鬣二十七，碎竹以擊其首而逆刮之，以止樂也。

舂牘，虛中如筩，無底，舉以頓地如舂杵，亦謂之頓相〔三六〕。相，助也，以節樂也。或謂梁孝王築睢陽城，擊鼓爲下杵之節。睢陽操用舂牘，後世因之。

拍板，長闊如手，厚寸餘，以韋連之，擊以代抃。

琴，伏羲所造。琴，禁也，夏至之音，陰氣初動，禁物之淫心。五絃以備五聲，武王加之爲七絃。琴十有二柱〔三七〕，如琵琶。擊琴，柳惲所造。惲嘗爲文詠，思有所屬，搖筆誤中琴絃，因爲此樂。以管承絃，又以片竹約而束之，使絃急而聲亮，舉竹擊之，以爲節曲。

瑟，昔者大帝使素女鼓五十絃瑟，悲不能自止，破之爲二十五絃。大帝，太昊也。

箏，本秦聲也。相傳云蒙恬所造，非也。制與瑟同而絃少。案京房造五音準，如瑟，十三絃，此乃箏也。雜樂箏並十有二絃，他樂皆十有三絃。軋箏，以片竹潤其端而軋之〔三八〕。

筑，如箏，細頸，以竹擊之，如擊琴。清樂箏，用骨爪長寸餘以代指〔三九〕。

琵琶，四絃，漢樂也。初，秦長城之役，有弦鼗而鼓之者。及漢武帝嫁宗女於烏孫，乃裁箏、筑爲馬上樂，以慰其鄉國之思。推而遠之曰琵，引而近之曰琶，言其便於事也。今清樂奏琵琶，俗謂之「秦漢子」，圓體修頸而小，疑是弦鼗之遺制。其他皆充上銳下，曲項，形制稍大，疑此是漢制。兼似兩制者，謂之「秦漢」，蓋謂通用秦、漢之法。梁史稱侯景之將害簡文也，使太樂令彭雋齎曲項琵琶就帝飲，則南朝似無。曲項者，亦本出胡中。五絃琵琶，稍小，蓋北國所出。風俗通云：以手琵琶之，因爲名。案舊琵琶皆以木撥彈之，太宗貞觀中始有手彈之法〔四〇〕，今所謂搊琵琶者是也。風俗通所謂以手琵琶之，乃非用撥之義，豈上世固有搊之者耶？

阮咸，亦秦琵琶也，而項長過於今制，列十有三柱。武太后時，蜀人蒯朗於古墓中得之，晉竹林七賢圖阮咸所彈與此類，因謂之阮咸。咸，晉世實以善琵琶知音律稱。

箜篌，漢武帝使樂人侯調所作，以祠太一。或云侯暉所作，其聲坎坎應節，謂之坎侯，聲訛爲箜篌。或謂師延靡靡樂，非也。舊說亦依琴制，今按其形，似瑟而小，七絃，用撥彈之，如琵琶。豎箜篌，胡樂也，漢靈帝好之。體曲而長，二十有二絃，豎抱於懷，用兩手齊奏，俗謂之擘箜篌。鳳首箜篌，有項如軫。

七絃，鄭善子作，開元中進。形如阮咸，其下缺少而身大，傍有少缺，取其身便也。絃十三隔，孤柱一，合散聲七，隔聲九十一，柱聲一，總九十九聲，隨調應律。

太一，司馬縚開元中進。十二絃，六隔，合散聲十二，隔聲七十二。絃散聲應律呂，以隔聲旋相爲宮，合八十四調。今編入雅樂宮縣內用之。

六絃，史盛作，天寶中進。形如琵琶而長，六絃，四隔，孤柱一，合散聲六，隔聲二十四，柱聲一，總三十一聲，隔調應律。

天寶樂，任偃作，天寶中進。類石幢，十四絃，六柱。黄鍾一均足倍七聲，移柱作調應律。

塤，曛也，立秋之音，萬物將曛黄也。埏土爲之，如鵝卵，凡六孔，銳上豐下。大者爾雅謂之曰嘂。

缶，如足盆，古西戎之樂，秦俗應而用之。其形似覆盆，以四杖擊之。秦、趙會於澠池，秦王擊缶而歌。八缶，唐永泰初司馬縚進廣平樂，蓋八缶具黄鍾一均聲。

鍾，黄帝之工垂所造。鍾，種也，立秋之音，萬物種成也。大曰鎛，鎛亦大鍾也，爾雅謂之鏞。小而編之曰編鍾，中曰剽，小曰棧〔三一〕。

錞于，圜如碓頭，大上小下，縣以籠牀，芒鐘將之以和鼓。沈約宋書云，「今人間時有之」，則宋日非廟庭所用。後周平蜀獲之，斛斯徵觀曰：「錞于也。」依干寶周禮注試之，如其言。

鐃，木舌，搖之以和鼓〔三二〕。

梁有銅磬，蓋今方響之類。方響，以鐵爲之，修八寸，廣二寸，圓上方下。架如磬而不設業，倚於架上以代鍾磬。人間所用者纔三四寸。

銅拔，亦謂之銅盤，出西戎及南蠻。其圓數寸，隱起若浮漚，貫之以韋皮，相擊以和樂也。南蠻國大者圓數尺。或謂南齊穆士素所造，非也。

鉦，如大銅疊，縣而擊之，節鼓。

銅鼓，鑄銅爲之，虛其一面，覆而擊其上。南夷扶南、天竺類皆如此。嶺南豪家則有之，大者廣丈餘。

磬，叔所造也。磬，勁也，立多之音，萬物皆堅勁。書云，「泗濱浮磬」，言泗濱石可爲磬；今磬石皆出華原，非泗濱也。登歌磬，以玉爲之，爾雅謂之毊。

鼓，動也，多至之音，萬物皆含陽氣而動。雷鼓八面以祀天，靈鼓六面以祀地，路鼓四面以祀鬼神。夏后加之以足，謂之足鼓；殷人貫之以柱，謂之楹鼓；周人縣之，謂之縣鼓；後世從殷制建之，謂之建鼓。晉鼓六尺六寸，金奏則鼓之。傍有鼓謂之應鼓，以和大鼓。小鼓有柄曰鞞，搖之以和鼓，大曰鞉。腰鼓，大者瓦，小者木，皆廣首而纖腹，本胡鼓也。石遵好之，與橫笛不去左右。齊鼓，如漆桶，大一頭，設齊於鼓面如麝臍，故曰齊鼓。檐鼓，如小甕，先冒以革而漆之。羯鼓，正如漆桶，兩手具擊，以其出羯中，故號羯鼓，亦謂之兩杖鼓。都曇鼓，似腰鼓而小，以槌擊之。毛員鼓，似都曇鼓而稍大。答臘鼓，制廣羯鼓而短，以指揩之，其聲甚震，俗謂之揩鼓。雞婁鼓，正圓，兩手所擊之處，平可數寸。正鼓、和鼓者，一以正，一以和，皆腰鼓也。節鼓，狀如博局，中間員孔，適容其鼓，擊之節樂也。

撫拍，以韋爲之，實之以糠，撫之節樂也。

金、石、絲、竹、匏、土、革、木，謂之八音。金木之音，擊而成樂。今東夷有管木者，桃皮是也。西戎有吹金者，銅角是也。長二尺，形如牛角。貝，蠡也，容可數升，並吹之以節樂，亦出南蠻。桃皮，卷之以爲篳篥。嘯葉，銜葉而嘯，其聲清震，橘柚尤善。四夷絲竹之量，國異其制，不可詳盡。爾雅：琴二十絃曰離，瑟二十七絃曰灑〔三三〕。漢世有洞簫，又有管，長尺圍寸而併漆之，宋世有繞梁，似臥箜篌，今並亡矣。今世又有篪，其長盈尋，曰七星，如箏稍小，曰雲和，樂府所不用。

周天子宮縣，諸侯軒縣，大夫曲縣，士特縣。故孔子之堂，聞金石之音；魏絳之家，有鍾磬之聲。秦、漢之際，斯禮無聞。漢丞相田蚡，前庭羅鍾磬，置曲旃。光武又賜東海恭王鍾簴之樂。卽漢世人臣，尙有金石。漢樂歌云，「高張四縣，神來讌饗」，謂宮縣也。制氏在太樂，能記鏗鏘鼓舞。河間王著樂記，八佾之舞與制氏不甚相遠，又舞八佾之明文也。漢儀云，高廟撞千石之鍾十枚，卽上林賦所謂「撞千石之鍾，立萬石之鋋鉅」者也。鍾當十二，而此十枚，未識其義。議者皆云漢世不知用宮縣，今案漢章、和世用旋宮，漢世羣儒，備言其義，牛弘、祖孝孫所由準的也。又河間王博採經籍，與制氏不殊，知漢世之樂，爲最備矣。魏、晉已來，但云四廂金石，而不言其禮，或八架，或十架，或十六架。梁武始用二十六架。貞觀初增三十六架〔三四〕，加鼓吹熊羆桉十二於四隅。後魏、周、齊皆二十六架。建德中，復梁三十六架。隋文省，煬帝又復之。

樂縣，橫曰簨，豎曰簴。飾簨以飛龍，飾趺以飛廉，鍾簴以摯獸，磬簴以摯鳥，上列樹羽，傍垂流蘇，周制也。縣以崇牙，殷制也。飾以博山，後世所加也。宮縣每架金博山五，軒縣三。鼓，承以花趺，覆以華蓋，上集翔鷺。隋氏二十架，先置建鼓於四隅，鎛鍾方面各三，依其辰位，雜列編鍾、磬各四架於其間。二十六架，則編鍾十二架，磬亦如之。軒縣九架，鎛鍾三架，在辰丑申地，編鍾、磬皆三架。設路鼓二於縣內戌巳地之北。設柷敔於四隅，舞人立於其中。錞于、鐃、鐸、撫拍、舂牘，列於舞人間。唐禮，天子朝廟用三十六架。高宗成蓬萊宮，充庭七十二架。武后遷都，乃省之。皇后廟及郊祭並二十架，同舞八佾。先聖廟及皇太子廟並九架，舞六佾。縣間設柷敔各一，柷於左，敔於右。錞于、撫拍、頓相、鐃、鐸，次列於路鼓南。舞人列於縣北。登歌二架，登於堂上兩楹之前。編鐘在東，編磬在西。登歌工人坐堂上，竹人立堂下，所謂「琴瑟在堂，竽笙在庭」也。殿庭加設鼓吹於四隅。大業讌享陳清樂、西涼樂〔四五〕。架對列於左右廂，設舞筵於其間。舊皇后庭但設絲管，隋大業尚侈，始置鐘磬，猶不設鎛鐘，以鎛磬代。武太后稱制，用鐘，因而莫革。樂縣，庭廟以五綵雜飾，軒縣以朱，五郊則各從其方色。每先奏樂三日，太樂令宿設縣於庭，其日率工人入居其次。協律郎舉麾，樂作；仆麾，樂止。文舞退，武舞進。若常享會，先一日具坐、立部樂名封上，請所奏御注而下。及會，先奏坐部伎，次奏立部伎，次奏蹀馬，次奏散樂而畢矣。

廣明初，巢賊干紀，輿駕播遷，兩都覆圮，宗廟悉爲煨燼，樂工淪散，金奏幾亡。及僖宗還宮，購募鐘縣之器，一無存者。昭宗卽位，將親謁郊廟，有司請造樂縣，詢於舊工，皆莫知其制度。修奉樂縣使宰相張濬悉集太常樂胥詳酌，竟不得其法。時太常博士殷盈孫深於典故，乃案周官考工記之文〔四六〕，究其欒、銑、于、鼓、鉦、舞、甬之法，沉思三四夕，用算法乘除，鎛鐘之輕重高低乃定。懸下編鐘，正黃鐘九寸五分，下至登歌倍應鐘三寸三分半，凡四十八等。口項之量，徑衡之圍，悉爲圖，遣金工依法鑄之，凡二百四十口。鑄成，張濬求知

聲者處士蕭承訓、梨園樂工陳敬言與太樂令李從周，令先校定石磬，合而擊拊之，八音克諧，觀者聳聽。濬既進呈，昭宗陳於殿庭以試之。時以宗廟焚毀之後，修奉不及，乃權以少府監廳爲太廟。其庭甚狹，議者論縣樂之架不同。濬奏議曰：

臣伏準舊制，太廟含元殿並設宮縣三十六架，太淸宮、南北郊、社稷及諸殿庭，並二十架。今修奉樂縣，太廟合造三十六架，臣今參議，請依古禮用二十架。伏自兵興已來，雅樂淪缺，將爲修奉，事實重難。變通宜務於酌中，損益當循於寧儉。

臣聞諸舊史，昔武王定天下，至周公相成王，始暇制樂。魏初無樂器及伶人，後稍得登歌食舉之樂〔四七〕。明帝太寧末，詔增益之。咸和中，鳩集遺逸，尙未有金石之音。至孝武太元中〔四八〕，四廂金石始備，郊祀猶不舉樂。宋文帝元嘉九年，初調金石。二十四年，南郊始設登歌，廟舞猶闕。孝武孝建中〔四九〕，有司奏郊廟宜設備樂，始爲詳定。故後魏孝文太和初，司樂上書，陳樂章有闕，求集羣官議定，廣修器數，正立名品。詔雖行之，仍有殘缺。隋文踐祚，太常議正雅樂，九年之後，惟奏黃鐘一宮，郊廟止用一調。據禮文，每一代之樂，二調並奏，六代之樂，凡十二調〔五〇〕。其餘聲律，皆不復通。高祖受隋禪，軍國多務，未遑改創，樂府尙用隋氏舊文。武德九年，命太常考正雅樂。貞觀二年，考畢上奏。蓋其事體大，故歷代不能速成。

伏以俯邇郊天，式修雅樂，必將集事，須務相時。今者帑藏未充，貢奉多闕，凡闕貨力，不易方圓，制度之間，亦宜撙節。臣伏惟儀禮宮懸之制，陳鎛鐘二十架，當十二辰之位。甲、丙、庚、壬，各設編鐘一架；乙、丁、辛、癸，各設編磬一架，合爲二十架。樹建鼓於四隅，當乾、坤、艮、巽之位，以象二十四氣。宗廟、殿庭、郊丘、社稷，皆用此制，無聞異同。周、漢、魏、晉、宋、齊六朝，並祇用二十架。隋氏平陳，檢梁故事，乃設三十六架。國初因之不改。高宗皇帝初成蓬萊宮，充庭七十二架，尋乃省之。則簨簴架數太多，本近於侈。止於二十架，正協禮經。兼今太廟之中，地位甚狹，百官在列，萬舞充庭，雖三十六架具存，亦施爲不得。廟庭難容，未易開廣，樂架不可重沓鋪陳。今請依周、漢、魏、晉、宋、齊六代故事，用二十架。

從之。古制，雅樂宮縣之下，編鐘四架，十六口。近代用二十四口，正聲十二，倍聲十二，各有律呂，凡二十四聲。登歌一架，亦二十四鐘。雅樂淪滅，至是復全。

校勘記

〔一〕舞以足　通典卷一四六、御覽卷五六八作「舞抃以從之」。

〔二〕舞者六十四人　「四」字各本原無。殿本考證云：「新書六十四人，通考亦作以童兒六十四人舞。」

校勘記卷一三云：「按此志上卷述慶善樂云，『令童兒八佾』，則此句本有『四』字可知矣。」據改。

〔三〕舞四人　各本原作「舞四十人」，通典卷一四六無「十」字。校勘記卷一三云：「按慶善、破陣、承天三舞各四人，合之景雲舞八人，正符上文二十人之數。」據刪「十」字。

〔四〕楷鼓一　「楷」字通典卷一四六作「揩」。

〔五〕舞十有二人　殿本考證云：「通典七十二人，通考舞者十二人爲列，應是其列有六，合之得七十二人也。」

〔六〕破陣樂　通典卷一四六、唐會要卷三三、冊府卷五六九、通考卷一四五作「小破陣樂」。加「小」字，蓋區別於唐太宗所製之破陣樂。

〔七〕鳳將雛　通典卷一四六所記三十二曲，名同本志，惟無鳳將雛曲。

〔八〕三洲　各本原作「三州」，據通典卷一四六、唐會要卷三三、新唐書卷二二禮樂志、樂府詩集卷四八改。下文同改。

〔九〕梁帝又令約改其辭　「梁帝」，通典卷一四五、樂府詩集卷五五引本志作「梁武帝」。

〔一〇〕其四時白紵之歌　「其」字通典卷一四五作「乃有」，樂府詩集卷五五引本志作「爲」。

〔一一〕輒呼阿子汝聞否　通典卷一四五、通考卷一四二此句下尙有「又呼歡聞否以爲送聲」九字。

〔一二〕後人演其聲以爲此曲　「曲」上通典卷一四五、通考卷一四二有「二」字。校勘記卷一三云：「按

上文既云『阿子及歡聞』，自當以有『二』字爲是。」

〔一三〕宋隨王誕　「隨」字各本原作「隋」，據通典卷一四五、樂府詩集卷四八引古今樂錄及宋書卷七九竟陵王誕傳改。下文同改。

〔一四〕追憶往事　「追」上通典卷一四五、樂府詩集卷四八引古今樂錄有「登祚以後」四字。通考卷一四二作「踐祚以後」。

〔一五〕沈約宋書志江左諸曲哇淫　「志」字通典卷一四六作「惡」。

〔一六〕就之訛失　此句疑有誤字。「就之」，通典卷一四六作「就中」，唐會要卷三三作「漸漸」。

〔一七〕今郎子逃　通典卷一四六作「自郎子亡後」，唐會要卷三三作「郎子亡後」，樂府詩集卷四四作「後郎子亡去」。

〔一八〕唯雅歌一曲　「雅」字各本原無，據通典卷一四六、樂府詩集卷四四補。

〔一九〕魏平馮跋　「馮」字各本原作「拓」，據通典卷一四六改。校勘記卷一三云：「拓跋即魏之姓，馮跋則北燕主也。」

〔二〇〕二人黃裙襦赤黃袴　通典卷一四六、通考卷一四八此句下尙有「二人赤黃裙襦袴」一句。按上文云「舞者四人」，下文云「雙雙並立而舞」，應有此一句。

〔二一〕此二國東夷之樂也　「二」字各本原作「三」，據通典卷一四六、唐會要卷三三改。

〔二二〕舞二人　「二」字各本原無，據通典卷一四六補。

〔二三〕樂用豎箜篌一　「樂用」，各本原無，據通典卷一四六補。

〔二四〕緣綾渾襠袴　「渾」字聞本空格，殿本、懼盈齋本、局本、廣本均無，據通典卷一四六補。

〔二五〕豎箜篌　「豎」字各本原無，據通典卷一四六、新唐書卷二一禮樂志補。

〔二六〕後魏樂府始有北歌　「後」字各本原無，據通典卷一四六、唐會要卷三三、御覽卷五六七、樂府詩集卷二五引本志補。

〔二七〕按今大角　此四字聞本空四格，殿本、懼盈齋本、局本、廣本均無，據通典卷一四六、唐會要卷三三、御覽卷五六七補。

〔二八〕歌辭虜音　各本原作「歌音辭虜」，通典卷一四六、樂府詩集卷二五引本志均作「其詞虜音」，據改。

〔二九〕其辭華音　「其」字各本原無，據通典卷一四六、樂府詩集卷二五引本志補。

〔三〇〕絲桐惟琴曲有胡笳聲大角金吾所掌　通典卷一四六同。唐會要卷三三作：「唯琴尙有笳聲大角者，金吾所掌，工人謂之角手，備鼓吹之列。」

〔三一〕二倡女對舞繩上　「繩」字各本原無，據御覽卷五六九補。

〔三二〕晉成帝咸康七年　「咸康」，各本原無，據通典卷一四六、通考卷一四七補。

〔三三〕設外方之觀　「外方」，宋書卷一九樂志、晉書卷二三樂志、通典卷一四六、通考卷一四七均作「禮外」，合鈔卷三八樂志作「方外」。似當作「禮外」。

〔三四〕剣車剣驢　「剣車」，疑有誤。隋書卷一五音樂志、通典卷一四六、通考卷一四七均作「殺馬」。

〔三五〕之橫笛皆去觜　「之」字疑誤。通典卷一四四作「今橫笛去觜」，當是。

〔三六〕亦謂之頓相　「謂」字各本原作「爲」，據通典卷一四四改。

〔三七〕琴十有二柱　通典卷一四四「琴」上有「一弦」二字，當是。

〔三八〕以片竹潤其端而軋之　校勘記卷一三云：「張（宗泰）本潤作撋，云依文義改正。」

〔三九〕清樂箏用骨爪長寸餘以代指　以上十二字合鈔卷三八樂志移在「筑如箏」句上，當是。通典卷一四四述清樂箏亦在箏小段，與筑小段區分。

〔四〇〕太宗貞觀中始有手彈之法　「中」字各本原無，據通典卷一四四補。

〔四一〕小臼棧　「棧」字各本原作「醆」，據通典卷一四四及爾雅釋樂原文改。

〔四二〕錞木舌搖之以和鼓　通典卷一四四作：「錞如編鐘而無舌，有柄，搖之以止鼓。」合鈔卷三八樂志作：「錞有柄無舌，搖之以止鼓。」與周禮鼓人「以金錞止鼓」（鄭注：「錞如鈴，無舌有秉」）相合。此處文字有誤。

〔四三〕瑟二十七絃曰灑　「灑」字各本原作「麗」。爾雅釋樂：「大瑟謂之灑，大琴謂之離。」通典卷一四四同爾雅。據改。

〔四四〕貞觀初增三十六架　「貞觀」二字有誤。校勘記卷一三云：「按後云復梁三十六架，則是所謂乃梁年號。」

〔四五〕讌享陳清樂西涼樂　「西涼樂」，各本原無，據通典卷一四四補。

〔四六〕乃案周官考工記之文　「工」字各本原作「功」，據唐會要卷三三、冊府卷五六九及周禮考工記原文改。

〔四七〕後稍得登歌食舉之樂　「食」字各本原作「會」。宋書卷一九樂志載：東晉初期「頗得登歌食舉之樂，猶有未備。明帝太寧末，又詔阮孚等增益之」。（晉書卷二三樂志同）據改。

〔四八〕至孝武太元中　「武」字各本原作「和」，據唐會要卷三三改。

〔四九〕孝武孝建中　「孝建」，各本原作「建元」。合鈔卷三八樂志作「孝建」。校勘記卷一三云：「按宋孝武帝之年號本是孝建，若建元，乃漢武帝、晉康帝、齊高帝之年號也，必當改正。」據改。

〔五〇〕凡十二調　各本原作「凡二十調」，據唐會要卷三三改。

舊唐書卷三十

志第十

音樂三

貞觀二年，太常少卿祖孝孫既定雅樂，至六年，詔褚亮、虞世南、魏徵等分制樂章。其後至則天稱制，多所改易，歌辭皆是內出。開元初，則中書令張說奉制所作，然雜用貞觀舊詞。自後郊廟歌工樂師傳授多缺，或祭用宴樂，或郊稱廟詞。二十五年，太常卿韋縚令博士韋逌、直太樂尙沖〔一〕、樂正沈元福、郊社令陳虔申懷操等，銓敍前後所行用樂章爲五卷以付太樂、鼓吹兩署，令工人習之。

時太常舊相傳有宮、商、角、徵、羽讌樂五調歌詞各一卷，或云貞觀中侍中楊恭仁妾趙方等所銓集，詞多鄭、衞，皆近代詞人雜詩，至縚又令太樂令孫玄成更加整比爲七卷。又自開元已來，歌者雜用胡夷里巷之曲，其孫玄成所集者，工人多不能通，相傳謂爲法曲。

今依前史舊例，錄雅樂歌詞前後常行用者，附於此志。其五調法曲，詞多不經，不復載之。

冬至祀昊天於圓丘樂章八首 貞觀二年，祖孝孫定雅樂。貞觀六年，褚亮、虞世南、魏徵等作此詞，今行用。

降神用豫和

上靈睠命兮膺會昌〔二〕，盛德殷薦叶辰良〔三〕。景福降兮聖德遠，玄化穆兮天曆長。

皇帝行用太和

穆穆我后，道應千齡。登三處大，得一居貞。禮唯崇德，樂以和聲。百神仰止，天下文明。

登歌奠玉帛用肅和

闓陽播氣，甄耀垂明。有赫圓宰，深仁曲成。日麗蒼璧，煙開紫營。聿遵虔享，式降鴻禎。

迎俎入用雍和

欽惟大帝，載仰皇穹。始命田燭，爰啓郊宮。雲門駭聽，雷鼓鳴空。神其介祀，景祚斯融。

酌獻飲福用壽和

八音斯奏，三獻畢陳。寶祚惟永，暉光日新。

送文舞出迎武舞入用舒和

疊璧凝影皇壇路，編珠流彩帝郊前。已奏黃鍾歌大呂，還符寶曆祚昌年。

武舞作用凱安

昔在炎運終，中華亂無象。酆郊赤烏見，邙山黑雲上。大賚下周車，禁暴開殷網。幽明同叶贊，鼎祚齊天壤。

送神用豫和

歌奏畢兮禮獻終，六龍馭兮神將昇。明德感兮非黍稷，降福簡兮祚休徵。

又郊天樂章一首 太樂舊有此辭，不詳所起。

送神用豫和

蘋蘩禮著，黍稷誠微。音盈鳳管，彩駐龍旂。洪歆式就，介福攸歸。送樂有闋，靈馭遄飛。

則天大聖皇后大享昊天樂章十二首 御撰

第一

太陰凝至化，貞耀蘊軒儀。德邁娥臺敞，仁高姒幄披。捫天遂啓極，夢日乃昇曦。

第二

瞻紫極，望玄穹。翹至懇，罄深衷。聽雖遠，誠必通。垂厚澤，降雲宮。

第三

乾儀混成沖邃，天道下濟高明。闓陽晨披紫闕，太一曉降黃庭。圓壇敢申昭報，方壓冀展

虔情。丹襟式敷衷懇，玄鑒庶察微誠。

第四

巍巍叡業廣，赫赫聖基隆。菲德承先顧，禎符萃眇躬。銘開武巖側，圖薦洛川中。微誠詎幽感，景命忽昭融。有懷慙紫極，無以謝玄穹。

第五

朝壇霧卷，曙嶺烟沉。爰設筐幣，式表誠心。筵輝麗璧，樂暢和音。仰惟靈鑒，俯察翹襟。

第六

昭昭上帝，穆穆下臨。禮崇備物，樂奏鏘金。蘭羞委薦，桂醑盈斟。敢希明德，聿罄莊心。

第七

鐏浮九醞，禮備三周。陳誠菲奠，契福神猷。

第八

奠璧郊壇昭大禮，鏘金拊石表虔誠。始奏承雲娛帝賞，復歌調露暢韶英。

第九

荷恩承顧託，執契恭臨撫。廟略靜邊荒，天兵曜神武。有截資先化，無爲遵舊矩。禎符降昊穹，大業光寰宇。

第十

肅肅祀典，邕邕禮秩。三獻已周，九成斯畢。爰撤其俎，載遷其實。或昇或降，唯誠唯質。

第十一

禮終肆類，樂闋九成。仰惟明德，敢薦非馨。顧慙非奠，久駐雲軿。瞻荷靈澤，悚戀兼盈。

第十二

式乾路，闢天扉。迴日馭，動雲衣。登金闕，入紫微。望仙駕，仰恩徽。

景龍三年中宗親祀昊天上帝樂章十首

降神用豫和

天之曆數歸睿唐，顧惟菲德欽昊蒼。選吉日兮表殷薦，冀神鑒兮降闓陽。

皇帝行用太和 圜鍾宮

恭臨寶位，肅奉瑤圖。恆思解網，每軫泣辜。德慙巢燧，化劣唐虞。期我良弼，式贊嘉謨。

告謝 圜鍾宮

得一流玄澤，通三御紫宸。遠叶千齡運，遐銷九域塵。絕瑞駢闐集，殊祥絡繹臻。年登慶西畝，稔歲賀盈囷。

登歌用肅和 無射均之林鍾羽

悠哉廣覆，大矣曲成。九玄著象，七曜甄明。珪璧是奠，醞酎斯盈。作樂崇德，爰暢咸英。

迎俎用雍和 圜鍾均之黃鍾羽

郊壇展敬，嚴配因心。孤竹簫管，空桑瑟琴。肅穆大禮，鏗鏘八音。恭惟上帝，希降靈歆。

酌獻用福和 圜鍾宮

九成爰奏，三獻式陳。欽承景福，恭託明禋。

中宮助祭昇壇用 函鍾宮

坤元光至德，柔訓闡皇風。芣苢芳聲遠，螽斯美化隆。叡範超千載，嘉猷備六宮。肅恭陪盛典，欽若薦禋宗。

亞獻用 函鍾宮

三靈降饗，三后配神。虔敷藻奠，敬展郊禋。

送文舞出迎武舞入用舒和 圜鍾均之中呂商

已陳粢盛敷嚴祀，更奏笙鏞協雅聲。璇圖寶曆欣寧謐，晏俗淳風樂太平。

武舞作用凱安 圜鍾均之無射徵

堂堂聖祖興，赫赫昌基泰。戎車盟津偃，玉帛塗山會。舜日啓祥暉，堯雲卷征旆。風猷被有截，聲教覃無外。

開元十一年玄宗祀昊天於圜丘樂章十一首

降神用豫和 圜鍾宮三成，黃鍾角一成，太簇徵一成，姑洗羽一成，已上六變詞同。

至矣丕構，蒸哉太平。授犧膺籙，復禹繼明。草木仁化，鳧鷖頌聲。祀宗陳德，無媿斯誠。

迎神用歆和〔四〕

崇禋已備，粢盛聿修。潔誠斯展，鐘石方遒。

皇祖光皇帝室酌獻用長發 黃鍾宮。詞同貞觀長發。

太祖景皇帝室酌獻用大基 太簇宮。詞同貞觀大基。

代祖元皇帝室酌獻用大成 姑洗宮。詞同貞觀大成。

高祖神堯皇帝室酌獻用大明 蕤賓宮。詞同貞觀大明。

太宗文武聖皇帝室酌獻用崇德 夷則宮。詞同貞觀崇德。

高宗天皇大帝室酌獻用鈞天 黃鍾宮。詞同光宅鈞天。

義宗孝敬皇帝室酌獻用承光〔五〕 黃鍾宮

金相載穆，玉裕重暉。養德清禁，承光紫微。乾宮候色，震象增威。監國方永，賓天不歸。孝友自衷，溫文性與。龍樓正啓，鶴駕斯舉。丹扆流念，鴻名式序。中興考室，永陳彝俎。

皇帝飲福用延和 黃鍾宮

巍巍累聖，穆穆重光。奄有區夏，祚啓隆唐。百蠻飲澤，萬國來王。本枝億載，鼎祚逾長〔六〕。

皇帝行用太和

郊壇齊帝，禮樂祠天。丹青寰宇，宮徵山川。神祇畢降，行止重旋。融融穆穆，納祉洪延。

登歌奠玉帛用肅和

止奏潛聆，登儀宿囀。大玉躬奉，參鍾首奠。簠簋聿昇，犧牲遞薦。昭事顒若，存存以俔。

迎俎入用雍和

爛雲普洽，律風無外。千品其凝，九賓斯會。禋樽晉燭，純犧滌汰。玄覆攸廣，鴻休汪濊。

皇帝酌獻天神用壽和

六變爰闋，八階載虔。祐我皇祚，於萬斯年。

酌獻配座用壽和

於赫聖祖，龍飛晉陽。底定萬國，奄有四方。功格上下，道冠農黃。郊天配享，德合無疆。

飲福酒用壽和

崇崇太畤，肅肅嚴禋。粢盛既潔，金石畢陳。上帝來享，介福爰臻。受釐合福，寶祚惟新。

送文舞出迎武舞入用舒和

祝史正辭，人神慶叶。福以德昭，享以誠接。六變云備，百禮斯浹。祀事孔明，祚流萬葉。

武舞用凱安

馨香惟后德，明命光天保。肅和崇聖靈，陳信表皇道。玉鍼初蹈厲，金匏既靜好。

禮畢送神用豫和

大號成命，思文配天。神光肸蠁，龍駕言旋。眇眇閶闔，昭昭上玄。俾昌而大，於萬斯年。

皇帝還大次用太和

六成既闋，三薦云終。神心具醉，聖敬愈崇。受釐皇邸，迴蹕帷宮。穰穰之福，永永無窮。

玄宗開元十三年封泰山祀天樂章十四首 中書令燕國公張說作，今行用。

降神用豫和六變 夾鍾宮之一

歆泰壇，柴泰清。受天命，報天成。竦皇心，薦樂聲。志上達，歌下迎。

夾鍾宮之二

億上帝，臨下庭。騎日月，陪列星。嘉祝信，大糦馨。澹神心，醉皇靈。

夾鍾宮之三

相百辟，貢八荒。九歌敍，萬舞翔。肅振振，鏘皇皇。帝欣欣，福穰穰。

黃鍾宮

高在上，道光明。物資始，德難名。承眷命，牧蒼生。寰宇謐，太階平。

太蔟徵

天道無親，至誠與鄰。山川徧禮，宮徵惟新。玉帛非盛，聰明會真。正斯一德，通乎百神。

姑洗羽

饗帝饗親，維孝維聖。緝熙懿德，敷揚成命。華夷志同，笙鏞禮盛。明靈降止，感此誠敬。

迎送皇帝用太和

孝敬中發，和容外彰。騰華照宇，如昇太陽。貞璧就奠，玄靈垂光。禮樂具舉，濟濟洋洋。

登歌奠玉帛用肅和 羽調

奠祖配天，承天享帝。百靈咸秩，四海來祭。植我蒼璧，布我玄製。華日徘徊，神靈容裔。

迎俎入用雍和 黃鍾宮調

俎豆有馝，潔粢豐盛。亦有和羹，既戒既平。鼓鍾管磬，肅唱和鳴。皇皇后祖，賚我思成。

酌獻用壽和

蒸蒸我后，享獻惟夤。躬酌鬱鬯，跪奠明神。孝莫孝乎配上帝以親，敬莫敬乎教天下爲臣。

皇帝飲福用壽和

皇祖嚴配，配享皇天。皇皇降嘏，天子萬年。

送文舞出迎武舞入用舒和 商調

六鍾翕協六變成，八佾倘佯八風生。樂九韶兮人神感，美七德兮天地清。

終獻亞獻用凱安

列祖順三靈，文宗威四海。黃鉞誅羣盜，朱旗掃多罪。戢兵天下安，約法人心改。大哉干羽意，長見風雲在。

送神用豫和 夾鍾宮調

禮樂終，烟燎上(七)。懷靈惠，結皇想。歸風疾，迴風爽。百福來，衆神往。

正月上辛祈穀於南郊樂章八首 貞觀中褚亮作，今行用。

降神用豫和 詞同冬至圓丘

皇帝行用太和 詞同冬至圓丘

登歌奠玉帛用肅和 貞觀禮，祀感帝用此詞，顯慶已後，詞同冬至圓丘。

履艮斯繩，居中體正。龍運垂祉，昭符啓聖。式事嚴禋，聿懷嘉慶。惟帝永錫，時皇休命。

迎俎用雍和

殷薦乘春，太壇臨曙。八簋盈和，六瑚登御。嘉稷匪歆，德馨斯飫。祝嘏無易，靈心有豫。

皇帝酌獻飲福酒用壽和 詞同冬至圓丘

送文舞出迎武舞入用舒和

玉帛犧牲申敬享，金絲戚羽盛音容。庶俾億齡禔景福，長欣萬宇洽時邕。

武舞用凱安 詞同冬至圓丘

送神用豫和 詞同冬至圓丘

季秋享上帝於明堂樂章八首 貞觀中褚亮等作，今行用。

降神用豫和 詞同冬至圓丘

皇帝行用太和 詞同冬至圓丘

登歌奠玉帛用肅和

象天御宇，乘時布政。嚴配申虔，宗禋展敬。樽罍盈列，樹羽交映。玉幣通誠，祚隆皇聖。

迎俎用雍和

八牖晨披，五精朝奠。霧凝璇篚，風清金縣。神滌備全，明粢豐衍。載潔彝俎，陳誠以薦。

皇帝酌獻飲福用壽和 詞同冬至圓丘

送文舞出迎武舞入用舒和

御扆合宮承寶曆，席圖重館奉明靈。偃武修文九圍泰，沉烽靜柝八荒寧。

武舞用凱安 詞同冬至圓丘

送神用豫和 詞同冬至圓丘

則天大聖皇后享明堂樂章十二首 御撰

外辦將出

總章陳昔典，衢室禮惟神。宏規則天地，神用叶陶鈞。負扆三春旦，充庭萬宇賓。顧己誠虛薄，空慙馭兆人。

皇帝行用黃鐘宮

仰膺曆數，俯順謳歌。遠安邇肅，俗阜時和。化光玉鏡，訟息金科。方興典禮，永戢干戈。

皇嗣出入昇降

至人光俗，大孝通神。謙以表性，恭惟立身。洪規載啓，茂典方陳。譽隆三善，祥開萬春。

迎送王公

千官肅事，萬國朝宗。載延百辟，爰集三宮。君臣得合，魚水斯同。睿圖方永，周曆長隆。

登歌 大呂均無射羽

禮崇宗祀，志表嚴禋。笙鏞合奏，文物惟新。敬遵茂典，敢擇良辰。潔誠斯著，奠謁方申。

配饗

笙鏞間鳴玉，文物昭清暉。粹影臨芳奠，休光下太微。孝思期有感，明潔庶無違。

宮音

履艮包羣望，居中冠百靈。萬方資廣運，庶品荷裁成。神功諒匪測，盛德實難名。藻奠申誠敬，恭祀表惟馨。

角音

出震位，開平秩。扇條風，乘甲乙。龍德盛，鳥星出。薦珪篚，陳誠實。

徵音

赫赫離精御炎陸，滔滔熾景開隆暑。冀延神鑒俯蘭罇，式表虔襟陳桂俎。

商音

律中夷則，序應收成。功宣建武，儀表惟明。爰申禮奠，庶展翹誠。九秋是式，百穀斯盈。

羽音

葭律肇啓隆冬，蘋藻攸陳饗祭。黃鐘既陳玉燭，紅粒方殷稔歲。

孟夏雩祀上帝于南郊樂章八首 貞觀中褚亮等作，今行用。

降神用豫和 詞同冬至圓丘

皇帝行用太和 詞同冬至圓丘

登歌奠玉帛用肅和

朱鳥開辰，蒼龍啓映。大帝昭饗，羣生展敬。禮備懷柔，功宣舞詠。旬液應序，年祥叶慶。

迎俎用雍和

紺筵分彩，瑤圖吐絢。風管晨凝，雲歌曉囀。肅事蘋藻，虔申桂奠。百穀斯登，萬箱攸薦。

皇帝酌獻飲福酒用壽和 詞同冬至圓丘

送文舞出迎武舞入用舒和

鳳曲登歌調令序，龍雩集舞泛祥風。綵旞雲迴昭睿德，朱干電發表神功。

武舞用凱安 詞同冬至圓丘

送神用豫和 詞同冬至圓丘

又雩祀樂章二首 太樂舊有此詞，不詳所起，或云開元初造。

降神用豫和

鳥緯遷序，龍星見辰。純陽在律，明德崇禋。五方降帝，萬宇安人。恭以致享，肅以迎神。

送神用豫和

祀遵經設，享緣誠舉。獻畢于樽，撤臨于俎。舞止干戚，樂停柷敔。歌以送神，神還其所。

祀五方上帝於五郊樂章四十首 貞觀中魏徵等作，今行用。

祀黃帝降神奏宮音

黃中正位，含章居貞。既彰六律，兼和五聲。畢陳萬舞，乃薦斯牲。神其下降，永祚休平。

皇帝行用太和 詞同冬至圓丘

登歌奠玉帛用肅和

眇眇方輿，蒼蒼圓蓋。至哉樞紐，宅中圖大。氣調四序，風和萬籟。祚我明德，時雍道泰。

迎俎用雍和

金縣夕肆，玉俎朝陳。饗薦黃道，芬流紫辰。迺誠迺敬，載享載禋。崇薦斯在，惟皇是賓。

皇帝酌獻飲福用壽和 詞同冬至圓丘

送文舞出迎武舞入用舒和

御徵乘宮出郊甸，安歌率舞遞將迎。自有雲門符帝賞，猶持雷鼓答天成。

武舞用凱安 詞同冬至圓丘

送神用豫和 詞同冬至圓丘

祀青帝降神用角音

鶴雲旦起，鳥星昏集。律候新風，陽開初蟄。至德可饗，行潦斯挹。錫以無疆，蒸人乃粒。

皇帝行用太和 詞同冬至圓丘

登歌奠玉帛用肅和

玄鳥司春，蒼龍登歲。節物變柳，光風轉蕙。瑤席降神，朱紘變帝。誠備祝嘏，禮殫珪幣。

迎俎用雍和

大樂稀音，至誠簡禮。文物斯建，聲名濟濟。六變有成，三登無體。酒眷豐潔，恩覃愷悌。

皇帝酌獻飲福用壽和 詞同冬至圜丘

送文舞出迎武舞入用舒和

笙歌籥舞屬年韶，鷺鼓鳧鐘展時豫。調露初迎綺春節，承雲遽踐蒼霄馭。

武舞用凱安 詞同冬至圜丘

送神用豫和 詞同冬至圜丘

祀赤帝降神用徵音

青陽告謝，朱明戒序。延長是祈，敬陳椒醑。博碩斯薦，笙鏞備舉。庶盡肅恭，非馨稷黍。

皇帝行用太和 詞同冬至圜丘

登歌奠玉帛用肅和

離位克明，火中宵見。峯雲暮起，景風晨扇。木槿初榮，含桃可薦。芬馥百品，鏗鏘三變。

迎俎用雍和

昭昭丹陸，奕奕炎方。禮陳牲幣，樂備篪簧。瓊羞溢俎，玉醑浮觴。恭惟正直，歆此馨香。

皇帝酌獻飲福用壽和 詞同冬至圜丘

送文舞出迎武舞入用舒和

千里温風飄絳羽，十枝炎景勝朱干。陳觴薦俎歌三獻，拊石摐金會七盤。

武舞用凱安 詞同冬至圜丘

送神用豫和 詞同冬至圜丘

祀白帝降神用商音

白藏應節，天高氣清。歲功既阜，庶類收成。萬方静謐，九土和平。馨香是薦，受祚聰明。

皇帝行用太和 詞同冬至圜丘

登歌奠玉帛用肅和

金行在節，素靈居正。氣肅霜嚴，林凋草勁。豺祭隼擊，潦收川鏡。九穀已登，萬箱流詠。

迎俎用雍和

律應西成，氣躔南吕。珪幣咸列，笙竽備舉。苾苾蘭羞，芬芬桂醑。式資宴貺，用調霜序。

皇帝酌獻飲福用壽和 詞同冬至圜丘

送文舞出迎武舞入用舒和

璿儀氣爽驚緹籥，玉吕灰飛含素商。鳴鞞奏管芳羞薦，會舞安歌葆旄揚。

武舞用凱安 詞同冬至圜丘

送神用豫和 詞同冬至圜丘

祀黑帝降神用羽音

嚴冬季月，星迴風厲。享祀報功，方祈來歲。

皇帝行用太和 詞同冬至圜丘

登歌奠玉帛用肅和

律周玉琯，星迴金度。次極陽烏，紀窮陰兔。火林霰雪，湯泉凝沍。八蜡已登，三農息務。

迎俎用雍和

陽月斯紀，應鐘在候。載潔牲牷，爰登俎豆。既高既遠，無聲無臭。静言格思，惟神保佑。

皇帝酌獻飲福用壽和 詞同冬至圜丘

送文舞出迎武舞入用舒和

執籥持羽初終曲，朱干玉鍼始分行。七德、九功咸已暢，明靈降福具穰穰。

武舞用凱安 詞同冬至圜丘

送神用豫和 詞同冬至圜丘

又五郊樂章十首 太樂舊有此詞，不詳所起。

黄郊迎神

朱明季序，黄郊王辰。厚以載物，甘以養人。毓金爲體，稟火成身。宫音式奏，奏以迎神。

送神

春末冬暮，徂夏杪秋。土王四月，時季一周。黍稷已享，籩豆宜收。送神有樂，神其賜休。

青郊迎神

緹幕移候，青郊啓蟄。淑景遲遲，和風習習。璧玉宵備，旌旄曙立。張樂以迎，帝神其入。

送神

文物流彩，聲明動色。人竭其恭，靈昭其飭。歆薦無已，垂禎不極。送禮有章，惟神還軾。

赤郊迎神

青陽節謝，朱明候改。靡草彫華，含桃流彩。籩列鐘磬，筵陳脯醢。樂以迎神，神其如在。

送神

炎精式降，蒼生攸仰。羞列豆籩，酒陳犧象。昭祀有應，宜其不爽。送樂張音，惟靈之往。

白郊迎神

序移玉律，節應金商。天嚴殺氣，吹警秋方。禋燎既積，稷奠並芳。樂以迎奏，庶降神光。

送神

祀遵五禮，時屬三秋。人懷肅敬，靈降禎休。奠歆旨酒，薦享珍羞。載張送樂，神其上遊。

黑郊迎神

玄英戒序，黑郊臨候。掌禮陳彝，司筵執豆。寒雰斂色，沍泉凝漏。樂以迎神，八音斯奏。

送神

北郊時冽，南陸輝處。奠本虔誠，獻彌恭慮。上延祉福，下承歡豫。廣樂送神，神其整馭。

祀朝日樂章八首 貞觀中作，今行用。

降神用豫和 詞同冬至圓丘

皇帝行用太和 詞同冬至圓丘

登歌奠玉帛用肅和

惟聖格天，惟明饗日。帝郊肆類，王宮戒吉。珪奠春舒，鏞歌曉溢。禮云克備，斯文有秩。

迎俎用雍和

晨儀式薦，明祀惟光。神物爰止，靈暉載揚。玄端肅事，紫幄興祥。福履攸假，於昭令王。

皇帝酌獻飲福用壽和 詞同冬至圓丘

送文舞出迎武舞入用舒和

崇牙樹羽延調露，旋宮扣律掩承雲。誕敷懿德昭神武，載集豐功表睿文。

武舞用凱安 詞同冬至圓丘

送神用豫和 詞同冬至圓丘

又祀朝日樂章二首 太樂舊有此辭，不詳所起。

迎神

太陽朝序，王宮有儀。蟠桃彩駕，細柳光馳。軒祥表合，漢曆彰奇。禮和樂備，神其降斯。

送神

五齊兼飭，百羞具陳。樂終廣奏，禮畢崇禋。明鑒萬宇，昭臨兆人。永流洪慶，式動曦輪。

祀夕月樂章八首 貞觀中作，今行用。

降神用豫和 詞同冬至圓丘

皇帝行用太和 詞同冬至圓丘

登歌奠玉帛用肅和

測妙爲神，通微曰聖。坎祀貽則，郊禋展敬。璧薦登光，金歌動映。以載嘉德，以流曾慶。

迎俎用雍和

朏晨爭舉，天宗禮闢。夜典涼秋，陰明湛夕。有薌斯旨，有牲斯碩。穆穆其暉，積積是積。

皇帝酌獻飲福用壽和 詞同冬至圓丘

送文舞出迎武舞入用舒和

合吹八風金奏動，分容萬舞玉鞘驚。詞昭茂典光前烈，夕曜乘功表盛明。

武舞用凱安 詞同冬至圓丘

送神用豫和 詞同冬至圓丘

蜡百神樂章八首 貞觀中作，今行用。

降神用豫和 詞同冬至圓丘

皇帝行用太和 詞同冬至圓丘

登歌奠玉帛用肅和

序迫歲陰，日躔星紀。爰稽茂典，聿崇清祀。綺幣霞舒，瑞珪虹起。百禮垂裕，萬靈薦祉。

迎俎用雍和

緹籥勁序，玄英晚候。姬蜡開儀，豳歌入奏。蕙馥彤俎，蘭芬玉酎。大饗明祇，永綏多祐。

皇帝酌獻飲福用壽和 詞同冬至圓丘

送文舞出迎武舞入用舒和

經緯兩儀文化洽，削平萬域武功成。瑤絃自樂乾坤泰，玉鍼長歡區縣寧。

武舞用凱安 詞同冬至圓丘

送神用豫和 詞同冬至圓丘

又蜡百神樂章二首 太樂舊有此詞，不詳所起。

迎神 今不行用

八蜡開祭，萬物咸祀。上極天維，下窮坤紀。鼎俎流馥，樽彝薦美。有靈有祇，咸希來止。

送神 今不行用

十旬歡洽，一日祠終。澄彝拂俎，報德酬功。慮虔容肅，禮縟儀豐。神其降祉，整馭隨風。

夏至祭皇地祇於方丘樂章八首 貞觀中褚亮等作

迎神用順和

萬物資以化，交泰屬昇平。易從業惟簡，得一道斯寧。具儀光玉帛，送舞變咸英〔八〕。黍稷良非貴，明德信惟馨。

皇帝行用太和 詞同冬至圓丘

登歌奠玉帛用肅和

至矣坤德，皇哉地祇。開元統紐，合大承規。九宮肅列，六典相儀。永言配命，長保無虧。

迎俎用雍和

柔而能方，直而能敬。厚載以德，大亨以正。有滌斯牷，有馨斯盛。介茲景福，祚我休慶。

皇帝酌獻飲福用壽和 詞同冬至圜丘

送文舞出迎武舞入用舒和

玉幣牲牷分薦享，羽旄干鉞遞成容。一德惟寧兩儀泰，三才保合四時邕。

武舞用凱安 詞同冬至圜丘

送神用順和

陰祇叶贊，厚載方貞。牲幣具舉，簫管備成。其禮惟肅，其德惟明。神之聽矣，式鑒虔誠。

則天皇后永昌元年大享拜洛樂章十五首 御撰

設禮用昭和

九玄眷命，三聖基隆。奉成先旨，明臺畢功。宗祀展敬，冀表深衷。永昌帝業，式播淳風。

致和

神功不測兮運陰陽。包藏萬宇兮孕八荒。天符既出兮帝業昌。願臨明祀兮降禎祥。

咸和

坎澤祠容備舉，坤壇祭典爰伸。靈睠遙行祕躅，嘉貺薦委殊珍。肅禮恭禋載展，翹襟懇志逾殷。方期交際懸應，末一句逸。

乘輿初行用九和

祇荷坤德，欽若乾靈。慙惕罔寘，興居匪寧。恭崇禮則，肅奉儀形。惟憑展敬，敢薦非馨。

拜洛用顯和

菲躬承睿顧，薄德忝坤儀。乾乾遵後命，翼翼奉先規。撫俗勤雖切，還淳化尚虧。未能弘至道，何以契明祇？

受圖用顯和

顧德有慙虛菲，明祇屢降禎符。汜水初呈祕象，溫洛薦表昌圖。玄澤流恩載洽，丹襟荷渥增愉。

登歌用昭和

舒陰至養，合大資生。德以恆固，功由永貞。升歌薦序，垂幣翹誠。虹開玉照，鳳引金聲。

迎俎用敬和

蘭俎既昇，蘋羞可薦。金石載設，咸英已變。林澤斯總，山川是遍。敢用敷誠，實惟忘倦。

酌獻用欽和 〔九〕

送文舞出迎武舞入用齊和

沉潛演貺分三極，廣大凝禎總萬方。既薦羽旌文化啓，還呈干鏚武威揚。

武舞用德和

夕惕司龍契，晨兢當鳳扆。崇儒習舊規，偃霸循先旨。絕壤飛冠蓋，遐區麗山水。幸承三聖餘，忻屬千年始。

撤俎用禋和

百禮崇容，千官肅事。靈降舞兆，神凝有粹。奠享咸周，威儀畢備。奏夏登列，歌雍撤肆。

辭神用通和

皇皇靈睠，穆穆神心。暫動凝質，還歸積陰。功玄樞紐，理寂高深。銜恩佩德，聳志翹襟。

送神用歸和

言旋雲洞兮躡烟途，永寧中宇兮安下都。苞涵動植兮順榮枯，長貽寶貺兮贊璇圖。

又歸和

調雲闋兮神座興，騕雲駕兮儼將昇。騰絳霄兮垂景祜，翹丹懇兮荷休徵。

睿宗太極元年祭皇地祇於方丘樂章八首 不詳撰者

迎神用順和 黃鐘宮三變，太簇角一變，姑洗徵一變，南呂羽一變。

坤厚載物，德柔垂祉。九域咸雍，四溟爲紀。敬因良節，虔修陰祀。廣樂式張，靈其降止。

金奏 新加太簇宮

坤元至德，品物資生。神凝博厚，道叶高明。列鎮五嶽，環流四瀆。于何不載，萬寶斯成。

皇帝行用太和 詞同貞觀冬至圜丘，黃鐘宮。

登歌奠玉帛用肅和 詞同貞觀太廟肅和，應鐘均之夷則。

迎俎及酌獻用雍和 詞同貞觀太廟雍和

送文舞出迎武舞入用舒和 詞同皇帝朝羣臣舒和

武舞用凱安 詞同貞觀冬至圜丘

送神用順和 林鐘宮

樂備金石，禮光樽俎。大享爰終，洪休是舉。雨零感節，雲飛應序。縟紋載辭，皇靈具舉。

玄宗開元十一年祭皇地祇於汾陰樂章十一首

迎神用順和 林鐘以下各再變 林鐘宮 黃門侍郎韓思復作

大樂和暢，殷薦明神。一降通感，八變必臻。有求斯應，無德不親。降靈酢止，休徵萬人。

太簇角 中書侍郎盧從愿作

坤元載物，陽樂發生。播殖資始，品彙咸亨。列俎棊布，方壇砥平。神歆禋祀，后德惟明。

姑洗徵 司勳郎中劉晃作

大君出震，有事郊禋。齋戒既肅，馨香畢陳。樂和禮備，候暖風春。恭惟降福，實賴明神。

南呂羽 禮部侍郎韓休作

於穆濬哲，維清緝熙。肅事昭配，永言孝思。滌濯靜嘉，馨香在茲。神之聽之，用受福釐。

皇帝行用太和　黃鍾宮　吏部尚書王晙作

於穆聖皇，六葉重光。太原刻頌，后土疏場。寶鼎呈符，歊雲降祥。禮樂備矣，降福穰穰。

登歌奠玉帛用肅和　甤賓均之夾鍾羽　刑部侍郎崔玄暐作〔一〇〕

聿修嚴配，展事禋宗。祥符寶鼎，禮備黃琮。祝詞以信，明德惟聰。介茲景福，永永無窮。

迎俎用雍和　黃鍾均之南呂羽　徐州刺史賈曾作

獨我餴饎，潔我膋薌。有豆孔碩，爲羞既臧。至誠無昧，精意惟芳。神其醉止，欣欣樂康。

酌獻飲福用壽和　黃鍾宮　禮部尚書蘇頲作

禮物斯備，樂章乃陳。誰其作主，皇考聖眞。對越在天，聖明佐神。窅然汾上，厚澤如春。

送文舞出迎武舞入用舒和　太簇宮　太常少卿何鸞作

樂奏云闋，禮章載虔。禋宗于地，昭假于天。惟馨薦矣，既醉歆焉。神之降福，永永萬年。

武舞用凱安　黃鍾均之林鍾徵　主爵郎中蔣挺作

維歲之吉，維辰之良。聖君紱冕，肅事壇場。大禮已備，大樂斯張。神其醉止，降福無疆。

送神用順和　尙書右丞源光裕作

方丘既臆，嘉饗載謐。齊敬畢誠，陶匏貴質。秀簠豐薦，芳俎盈實。永永福流，其昇如日。

玄宗開元十三年禪社首山祭地祇樂章八首

迎神用順和　太常少卿賀知章作

至哉含柔德，萬物資以生。常順稱厚載，流謙通變盈。聖心事能察，增廟陳厥誠〔一一〕。黃祇儼如在，泰折俟咸亨。

皇帝行用太和

肅我成命，於昭黃祇。裘冕而祀，陟降在斯。五音克備，八變聿施。緝熙肆靖，厥心匪離。

登歌奠玉帛用肅和

黃祇是祇，我其夙夜。奮畏誠潔，匪遑寧舍。禮以琮玉，薦厥茅藉。念茲降康，胡寧克暇。

迎俎入用雍和

夙夜宥密，不敢寧宴。五齊既陳，八音在縣。粢盛以潔，房俎斯薦。惟德惟馨，尙茲克徧。

皇帝酌獻用壽和

惟以明發，有懷載殷。樂盈而反，禮順其禋。立清以獻，薦欲是親。於穆不已，裒對斯臻。

皇帝飲福用福和

穆穆天子，告成岱宗。大裘如濡，執珽有顒。樂以平志，禮以和容。上帝臨我，云胡肅邕。

皇帝還宮用太和

昭昭有唐，天俾萬國。列祖應命，四宗順則。申錫無疆，宗我同德。曾孫繼緒，享神配極。

迎神用靈具醉　代順和，侍中源乾曜作。

靈具醉，杳熙熙。靈將往，眇禗禗。顧明德，吐正詞。爛遺光，流禎祺。

祭神州于北郊樂章八首　貞觀中褚亮作

送神用順和　詞同夏至方丘

皇帝行用太和　詞同冬至圜丘

登歌奠玉帛用肅和

大矣坤儀，至哉神縣。包含日域，牢籠月竁。露潔三淸，風調六變。皇祇届止，式歆恭薦。

迎俎用雍和

泰折嚴享，陰郊展敬。禮以導神，樂以和性。黝牲在列，黃琮俯映。九土既平，萬邦貽慶。

皇帝酌獻飲福用壽和　詞同冬至圜丘

送文舞出迎武舞入用舒和

坤道降祥和庶品，靈心載德厚羣生。水土既調三極泰，文武畢備九區平。

武舞用凱安　詞同冬至圜丘

送神用順和　詞同冬至圜丘

又祭神州樂章二首　太樂舊有此詞，不詳所起。

迎神

黃輿厚載，赤寰歸德。含育九區，保安萬國。誠敬無怠，禋祀有則。樂以迎神，其儀不忒。

送神

神州陰祀，洪恩廣濟。草樹霑和，飛沉沐惠。禮修鼎俎，奠歆瑤幣。送樂有章，靈軒其逝。

祭太社樂章八首　貞觀中褚亮等作

迎神用順和　詞同夏至方丘

皇帝行用太和　詞同冬至圜丘

登歌奠玉帛用肅和

后土凝德，神功叶契。九域底平，兩儀交際。戊期應序，陰墉展幣。靈車少留，俯歆樽桂。

迎俎用雍和

美報崇本，嚴恭展事。受露疏壇，承風啓地。潔粢登俎，醇犧入饋。介福遠流，羣生畢遂。

皇帝酌獻飲福用壽和　詞同冬至圜丘

送文舞出迎武舞入用舒和

神道發生敷九稼，陰陽乘仁暢八埏。緯武經文陶景化，登祥薦祉啓豐年。

武舞用凱安　詞同冬至圜丘

送神用順和　詞同冬至圜丘

又太社樂章二首　太樂舊有此詞，不詳所起。

迎神

烈山有子，后土有臣。播種百穀，濟育兆人。春官緝禮，宗伯司禋。戊爲吉日，迎享茲辰。

送神

告祥式就，酬功載畢。親地尊天，禮文經術。既徵令序，福流初日。神馭爰歸，祠官其出。

享先農樂章　貞觀中褚亮等作

迎神用咸和

粒食伊始，農之所先。古今攸賴，是曰人天。耕斯帝藉，播厥公田。式崇明祀，神其福焉。

皇帝行用太和　詞同冬至圜丘

登歌奠玉帛用肅和

尊彝既列，瑚簋有薦。歌工載登，幣禮斯奠。肅肅享祀，顒顒纓弁。神之聽之，福流寰縣。

迎俎用雍和

前夕親牲，質明奉俎。沐芳整弁，其儀式序。盛禮畢陳，嘉樂備舉。歆我懿德，非馨稷黍。

皇帝酌獻飲福用壽和　詞同冬至圜丘

送文舞出迎武舞入用舒和

羽籥低昂文綴已，干鍼蹈厲武行初。望歲祈農神所聽，延祥介福豈云虛。

武舞用凱安　詞同冬至圜丘

送神用承和

又享先農樂章一首　太樂舊有此詞，不詳所起。

送神用承和

三推禮就，萬庾祈凝。賓賓志遠，薦裘惟興。降歆肅薦，垂祜祗膺。送神有樂，神其上昇。

享先蠶樂章五首　顯慶中，皇后親蠶，奉敕內出此詞。

迎神用永和　亦曰順德

芳春開令序，韶苑暢和風。惟靈申廣祜，利物表神功。綺會周天宇，黼黻藻寰中。庶幾承慶節，歆奠下帷宮。

皇后昇壇用肅和

明靈光至德，深功掩百神。祥源應節啓，福緒逐年新。萬宇承恩覆，七廟佇恭禋。于茲申至愨，方期遠慶臻。

登歌奠幣用展敬

霞莊列寶衛，雲集動和聲。金卮薦綺席，玉幣委芳庭。因心罄丹款，先已勵蒼生。所冀延明福，於茲享至誠。

迎俎用潔誠

桂筵開玉俎，蘭圃薦瓊芳。八音調鳳律，三獻奉鸞觴。潔粢申大享，庭宇冀降祥。神其覃有慶，錫福永無疆。

飲福送神用昭慶

仙壇禮既畢，神駕儼將昇。佇屬深祥啓，方期庶績凝。虔誠資宇內，務本勗黎蒸。靈心昭備享，率土洽休徵。

皇太子親釋奠樂章五首

迎神用承和　亦曰宣和

聖道日用，神機不測。金石以陳，絃歌載陟。爰釋其菜，匪馨于稷。來顧來享，是宗是極。

皇太子行用承和

萬國以貞光上嗣，三善茂德表重輪。視膳寢門遵要道，高闢崇賢引正人。

登歌奠幣用肅和

粵惟上聖，有縱自天。傍周萬物，俯應千年。舊章允著，嘉贊孔虔。王化茲首，儒風是宣。

迎俎用雍和

堂獻瑤篚，庭敷璆縣。禮備其容，樂和其變。肅肅親享，雍雍執奠。明禮惟馨，蘋蘩可薦。

送文舞出迎武舞入用舒和

隼集龜開昭聖列，龍蹲鳳跱肅神儀。尊儒敬業宏圖闡，緯武經文盛德施。

武舞用凱安　詞同冬至圜丘

送神用承和　詞同迎神

又享孔廟樂章二首　太樂舊有此詞，不詳所起。

迎神

通吳表聖，問老探貞。三千弟子，五百賢人。億齡規法，萬載祠禋。潔誠以祭，奏樂迎神。

送神

醴溢犧象，羞陳俎豆。魯壁類聞，泗川如覯。里校覃福，胄筵承祐。雅樂清音，送神其奏。

享龍池樂章十首

第一章　紫微令姚崇作也

恭聞帝里生靈沼，應報明君鼎業新。既叶翠泉光寶命，還符白水出眞人。此時舜海潛龍躍，北地堯河帶馬巡〔一三〕。獨有前池一小雁，叨承舊惠入天津。

第二章　左拾遺蔡孚作

帝宅王家大道邊，神馬龍龜涌聖泉。昔日昔時經此地，看來看去漸成川。歌臺舞榭宜正月，柳岸梅洲勝往年。莫言波上春雲少，祇爲從龍直上天。

第三章　太府少卿沈佺期作

龍池躍龍龍已飛，龍德先天天不違。池開天漢分黃道，龍向天門入紫微。邸第樓臺多氣色，君王鳧雁有光輝。爲報寰中百川水，來朝上地莫東歸。

第四章　黃門侍郎盧懷愼作

代邸東南龍躍泉，淸漪碧浪遠浮天。樓臺影就波中出，日月光疑鏡裏懸。雁沼迴流成舜海，龜書薦祉應堯年。大川旣濟慙爲楫，報德空思奉細涓。

第五章　殿中監姜皎作

龍池初出此龍山，常經此地謁龍顏。日日芙蓉生夏水，年年楊柳變春灣。堯壇寶匣餘烟霧，舜海漁舟尙往還。願以飄颻五雲影，從來從去九天間。

第六章　吏部尙書崔日用作

龍興白水漢興符，聖主時乘運斗樞。岸上菶茸五花樹，波中的皪千金珠。操環昔聞迎夏

啓，發匣先來瑞有虞。風色雲光隨隱見，赤雲神化象江湖。

第七章　紫微侍郎蘇頲作

西京鳳邸躍龍泉，佳氣休光鍾在天。軒后霧圖今已得，秦王水劍昔常傳。恩魚不似昆明釣，瑞鶴長如太液仙。願侍巡遊同舊里，更聞簫鼓濟樓船。

第八章　黃門侍郎李乂作

星分邑里四人居，水洊源流萬頃餘。魏國君王稱象處，晉家藩邸化龍初。青蒲暫似遊梁馬〔一四〕，綠藻還疑宴鎬魚。自有神靈滋液地，年年雲物史官書。

第九章　工部侍郎姜晞作

靈沼縈迴邸第前，浴日涵春寫曙天。始見龍臺升鳳闕，應如霄漢起神泉。石匱渚傍還啓聖，桃李初開更有仙。欲化帝圖從此受，正同河變一千年。

第十章　兵部郎中裴璀作

乾坤啓聖吐龍泉，泉水年年勝一年。始看魚躍方成海，即覩龍飛利在天。洲渚遙將銀漢接，樓臺直與紫微連。休氣榮光常不散，懸知此地是神仙。

校勘記

〔一〕直太樂尙沖　「尙沖」上通典卷一四七有「李」字，唐會要卷三二、册府卷五六九有「季」字。

〔二〕上靈睠命兮膺會昌　唐文粹卷一〇、樂府詩集卷四無「兮」字。

〔三〕盛德殷薦叶辰良　唐會要卷九「叶」上有「兮」字。

〔四〕迎神用歆和　「神」字樂府詩集卷一〇作「俎」，校勘記卷一四謂應作「俎」。

〔五〕義宗孝敬皇帝室酌獻用承光　「義」字各本原作「懿」，據本書卷八六孝敬皇帝傳改。「光」字各本原作「和」，樂府詩集卷一〇作「光」。校勘記卷一四云：「按下文明言承光紫微，則當以光字爲是。孝敬皇帝廟樂注所引正作光，今本蓋涉上下文諧和字而誤。」據改。

〔六〕迎神用歆和……鼎祚逾長　據樂府詩集卷一〇引本志，自歆和至延和九章，應在本志下卷中宗孝和皇帝神龍元年享太廟樂章二十首虔和章之後，同和章之前，此處錯簡。校勘記卷一四有詳細考訂，此從略。

〔七〕烟燎上　「烟」字唐文粹卷一〇、樂府詩集卷五作「禋」。祭天曰「禋」，此處據文義似當作「禋」。

〔八〕送舞變咸英　合鈔卷三九樂志謂「送」字「疑作迭」。

〔九〕酌獻用欽和　校勘記卷一四云：「按此章但有樂名而無樂詞。上文總數係十五章，若無此章，則止得十四章。據樂府所引，與今本同，則宋本已脫矣。」

〔一〇〕刑部侍郎崔玄暐　「暐」字唐文粹卷一〇作「同」，樂府詩集卷七作「童」。校勘記卷一四云：「按崔玄暐係中宗時人，歿於神龍二年，安得於開元中尙作樂章，況其人並未爲刑部侍郎，則暐爲誤字無疑。惟童與同未知孰是。」

〔一一〕層廟陳厥誠　「層廟」，唐文粹卷一〇、樂府詩集卷七作「增廣」。校勘記卷一四云：「按此係禪祉首之樂章，行禪禮者爲壇於平地，無所謂層廟也。當以增廣爲是。」

〔一二〕北地堯河帶馬巡　聞本、殿本、懼盈齋本、廣本同。局本、樂府詩集卷七「北地」作「此地」。

〔一四〕青蒲暫似遊梁馬　「暫似」，各本原作「似暫」，據樂府詩集卷七改。唐文粹作「似騁」，下句「還疑」作「疑游」。

舊唐書卷三十一

志第十一

音樂四

享太廟樂章十三首 貞觀中魏徵褚亮等作

迎神用永和 黃鍾宮三成，大呂角二成，太蔟徵二成，應鍾羽二成，總九變同用。

於穆烈祖，弘此丕基。永言配命，子孫保之。百神既洽，萬國在茲。是用孝享，神其格思。

皇帝行用太和 詞同冬至圓丘

登歌酌鬯用肅和 夾鍾均之黃鍾羽

大哉至德，允茲明聖。格於上下，聿遵誠敬。喜樂斯登，鳴球以詠。神其降止，式隆景命。

迎俎用雍和

崇茲享祀，誠敬兼至。樂以感靈，禮以昭事。粢盛咸潔，牲牷孔備。永言孝思，庶幾不匱。

皇祖宣簡公酌獻用長發 無射宮

濬哲惟唐，長發其祥。帝命斯祜，王業克昌。配天載德，就日重光。本枝百代，申錫無疆。

皇祖懿王酌獻用長發 同前詞，黃鍾宮。

太祖景皇帝酌獻用大基 太蔟宮

猗歟祖業，皇矣帝先。翦商德厚，封唐慶延。在姬猶稷，方晉踰宣。基我鼎運，於萬斯年。

世祖元皇帝酌獻用大成 姑洗宮

周稱王季，晉美帝文。明明盛德，穆穆齊芬。藏用四履，屈道三分。鏗鏘鐘石，載紀鴻勳。

高祖大武皇帝酌獻用大明 蕤賓宮

五紀更運，三正遞昇。勛華既沒，禹湯勃興。神武命代，靈睠是膺。望雲彰德，察緯告徵。上紐天維，下安地軸。徵師涿野，萬國咸服。偃伯靈臺，九官允穆。殊域委贄，懷生介福。大禮既飾，大樂已和。黑章擾囿，赤字浮河。功宣載籍，德被詠歌。克昌厥後，百祿是荷。

皇帝飲福用壽和

八音斯奏，三獻畢陳。寶祚惟永，暉光日新。

送文舞出迎武舞入用舒和

聖敬通神光七廟，靈心薦祚和萬方。嚴禋克配鴻基遠，明德惟馨鳳曆昌。

武舞用凱安 詞同冬至圓丘

徹俎用雍和

於穆清廟，聿修嚴祀。四縣載陳，三獻斯止。籩豆徹薦，人祇介祉。神惟格思，錫祚不已。

送神用永和

肅肅清祀，蒸蒸孝思。薦享昭備，虔恭在茲。雍歌徹俎，祝嘏陳辭。用光武志，永固鴻基。

又享太廟樂章五首 永徽已後續撰，不詳撰者。

太宗文皇帝酌獻用崇德 夷則宮，永徽元年造。

五運改卜，千齡啓聖。彤雲曉聚，黃星夜映。葉闡珠囊，基開玉鏡。後爲圖開。下臨萬宇，上齊七政。霧開三象，塵清九服。海溓星暉，遠安邇肅。天地交泰，華夷輯睦。翔泳歸仁，中外禔福。積驗豳夏，勳高翦商。武陳七德，刑設三章。祥禽巢閣，仁獸遊梁。卜年惟永，景福無疆。

高宗天皇大帝酌獻用鈞天 黃鍾宮，光宅元年造。

承天撫籙，纂聖登皇。遐清萬宇，仰協三光。功成日用，道濟時康。璇圖載永，寶曆斯昌。日月揚暉，烟雲爛色。河岳修貢，神祇效職。舜風攸偃，堯曦先就。睿感通寰，孝思浹宙。奉揚先德，虔遵曩狩。展義天扃，飛英雲岫。化逸王表，神凝帝先。乘雲厭俗，馭日登玄。

中宗孝和皇帝酌獻用太和 太蔟宮，景雲元年造。

廣樂既備，嘉薦既新。述先惟德，孝饗惟親。七獻具舉，五齊畢陳。錫茲祚福，於萬斯春。

睿宗大聖眞皇帝酌獻用景雲 黃鍾宮，開元四年造。

惟睿作聖，惟聖登皇。精感耀魄，時膺會昌。舜甝大孝，堯推讓王。能事斯極，振古誰方。文明履運，車書同軌。巍巍赫赫，盡善盡美。衢室凝旒，大庭端扆。釋負之寄，事光復子。脫屣高天，登遐上玄。龍湖超忽，象野芊綿。遊衣複道，薦果初年。新廟奕奕，明德配天。

皇祖宣皇帝酌獻用光大 無射宮，舊樂章宣、光二宮同用長發，其詞亦同。開元十年，始定宣皇帝用光大，詞更別造。

又享太廟樂章三首 太樂舊有此詞，不詳所起。

迎神 黃鍾宮、太呂角、太蔟徵、應鍾羽，並同此詞。

大業龍祉，徽音駿奪。潛居皇德，赫嗣天昆。展儀宗祖，重誠孝孫。春秋無極，享奏存存。

金奏 無射宮，次迎神。

七廟觀德，百靈攸仰。俗荷財成，物資含養。道光執契，化籠提象。肅肅雍雍，神其來享。

送神

肅肅清廟，巍巍盛唐。配天立極，累聖重光。樂和管磬，禮備蒸嘗。永惟來格，降福無疆。

五聲備奏，三獻終祠。車移鳳輦，旆轉紅旗。禮周籩豆，誠效虔祇。皇靈徙蹕，簪紳拜辭。

則天皇后享清廟樂章十首

第一〔一〕

建清廟，贊玄功。擇吉日，展禋宗。樂已變，禮方崇。望神駕，降仙宮。

第二

隆周創業，寶命惟新。敬宗茂典，爰表虔禋。聲明已備，文物斯陳。肅容如在，懇志方申。

第三登歌

肅敷大禮，上謁尊靈。敬陳筐幣，載表丹誠。

第四迎神

敬奠蘋藻，式罄虔襟。潔誠斯展，佇降靈歆。

第五飲福

爰陳玉醴，式奠瓊漿。靈心有穆，介福無疆。

第六送文舞

帝圖草創，王業初開。功高佐命，業贊雲雷。

第七迎武舞

赫赫玄功被穹壤，皇皇至德洽生靈。開基撥亂祆氛廓，佐命宣威海內清。

第八武舞作

荷恩承顧託，執契恭臨撫。廟略靜邊荒，天兵耀神武。

第九徹俎

登歌已闋，獻禮方周。欽承景福，肅奉鴻休。

第十送神

大禮言畢，仙衞將歸。莫申丹懇，空瞻紫微。

中宗孝和皇帝神龍元年享太廟樂章二十首　不詳所撰

迎神用嚴和　黃鍾宮三成，大呂角三成，太簇徵三成，應鍾羽二成，同用此詞。

肅肅清廟，赫赫玄猷。功高萬古，化奄十洲。中興丕業，上荷天休。祗奉先構，禮被懷柔。

皇帝行用昇和　黃鍾宮

顧惟菲薄，纂曆應期。中外同軌，夷狄來思。樂用崇德，禮以陳詞。夕惕若厲，欽奉宏基。

登歌祼鬯用虔和　大呂均之無射羽

禮標薦鬯，肅事祠庭。敬申如在，敢託非馨。

送文舞出迎武舞入用同和〔二〕　太簇羽

惟聖配天敷盛禮，惟天爲大闡洪名。恭禋展敬光先德，蘋藻申虔表志誠。

武舞用寧和　林鍾徵

炎馭失天綱，土德承天命。英猷被寰宇，懿躅隆邦政。七德已綏邊，九夷咸底定。景化覃遐邇，深仁洽翔泳。

徹俎用恭和　大呂均之無射羽

禮周三獻，樂闋九成。肅承靈福，悚惕兼盈。

送神用通和　黃鍾宮

祠容既畢，仙座爰興。停停鳳舉，靄靄雲昇。長隆寶運，永錫休徵。福覃貽厥，恩被黎蒸。

皇后助享皇后行用正和　黃鍾宮，詞同貞觀中宮朝會正和。

登歌奠鬯用昭和　大呂均之無射羽

道洽二儀交泰，時休四宇和平。環珮肅於庭實，鐘石揚乎頌聲。

皇后酌獻飲福用誠敬　黃鍾宮

顧惟菲質，忝位椒宮。虔奉蘋藻，肅事神宗。敢申誠潔，庶罄深衷。睟容有裕，靈享無窮。

徹俎用肅和　大呂均之無射羽

月禮已周，雲和將變。爰獻其爵，載遷其奠。明德逾隆，非馨是薦。澤霑動植，仁覃宇縣。

送神用昭感　黃鍾羽

鏗鏘韶濩，肅穆神容。洪規赫赫，祠典雍雍。已周三獻，將乘六龍。虔誠有託，懇志無從。

玄宗開元七年享太廟樂章十六首〔三〕　特進、行尚書左丞相燕國公張說作。

迎神用永和三章

肅九室，諧八音。歌皇慕，動神心。禮宿設，樂妙尋。聲明備，祼奠臨。

律迓氣，音入玄。依玉几，御黼筵。聆愾息，僾周旋。九韶遍，百福傳。

信工祝，永頌聲。來祖考，聽和平。相百辟，貢九瀛。神休委，帝孝成。

皇帝行用太和一章

時文聖后，清廟肅邕。致誠勤薦，在貌思恭。玉節肆夏，金鏘五鐘。繩繩雲步，穆穆天容。

登歌酌瓚用肅和一章

天子孝享，工歌溥將。躬祼鬱鬯，乃焚膋蕭。臭以達旨，聲以求陽。奉時烝嘗，永代不忘。

迎俎用雍和二章

在滌嘉豢，麗碑敬牲。角握之牡，色純之騂。火傳陽燧，水溉陰精。太公胖俎，傅說和羹。

俎豆有馥，齋盛絜豐。亦有和羹，既戒既平。鼓鐘管磬，肅唱和鳴。皇皇后祖，賚我思成。

皇帝酌醴齊用文舞一章

聖善九德，眞言五千。慶集昌胄，符開帝先。高文杖鉞，克配彼天。三宗握鏡，六合煥然。

帝其承祀，率禮罔愆。圖書霧出，日月淸懸。舞形德類，詠諗功傳。黃龍蜿蟺，綵雲蹁躚。

五行氣順，八佾風宣。介此百祿，於皇萬年。

獻祖宣皇帝室奠獻用光大之舞一章

肅肅藝祖，滔滔濬源。有雄玉劍，作鎭金門。玄王貽緖，后稷謀孫。肇禋九廟，四海來尊。

懿祖光皇帝室奠獻用長發之舞一章

具禮崇德，備樂承風。魏推幢主，周贈司空。不行而至，無成有終。神興王業，天歸帝功。

太祖景皇帝室奠獻用大政之舞一章

於赫元命，權輿帝文。天齊八柱，地半三分。宗廟觀德，笙鏞樂勳。封唐之兆，成天下君。

代祖元皇帝室奠獻用大成之舞一章

帝舞季歷，襲聖生昌。后歌有嬌〔四〕，胎炎孕黃。天地合德，日月齊光。肅邕孝享，祚我萬方。

高祖神堯皇帝室奠獻用大明之舞一章

赤精亂德，四海困窮。黃旗舉義，三靈會同。旱望春雨，雲披大風。溥天來祭，高祖之功。

太宗文武聖皇帝室奠獻用崇德之舞一章

皇合一德，朝宗百神。削平天下，大拯生人。上帝配食，單于入臣。戎歌陳舞，曄曄震震。

高宗天皇大帝室奠獻用鈞天之舞一章

高皇邁道，端拱無爲。化懷獯鬻，兵戢句驪。禮尊封禪，樂盛來儀。合位媧后，同稱伏羲。

中宗孝和皇帝室奠獻用太和之舞一章

退居江水，鬱起丹陵。禮物還舊，朝章中興。龍圖友及，駿命恭膺。鳴球秉瓚，大糦是承。

睿宗大聖眞皇帝室奠獻用景雲之舞一章

景雲霏爛，告我帝符。噫帝沖德，與天爲徒。笙鏞遙遠，俎豆虛無。春秋孝獻，迴復此都。

又享太廟樂章十四首

玄宗至道大聖大明孝皇帝室奠獻用廣運之舞一章　司徒兼中書令、汾陽郡王郭子儀撰。

於赫皇祖，昭明有融。惟文之德，惟武之功。河海靜謐，車書混同。虔恭孝饗，穆穆玄風。

肅宗文明武德大聖大宣孝皇帝室奠獻用惟新之舞一章　吏部尚書、平章事、彭城郡公劉晏撰。

漢祚惟永，神功中興。夙驅氛祲，天覆黎蒸。三光再朗，庶績其凝。重熙累葉，景命是膺。

皇帝飲福受脤用福和一章〔五〕

備禮用樂，崇親致尊。誠通慈降，敬徹愛存。獻懷稱壽，啐感承恩。皇帝孝德，子孫千億。

大包天域，長亙不極。

送文舞出迎武舞入用舒和一章

六鐘翕協六變成，八佾倘佯八風生。樂九韶兮人神感，美七德兮天地淸。

亞獻終獻行事武舞用凱安四章

瑟彼瑤爵，亞維上公。室如屛氣，門不容躬。禮殷其本，樂執其中。聖皇永慕，天地幽通。

禮匝三獻，樂遍九成。降循軒陛，仰欷皇情。福與仁合，德因孝明。百年神畏，四海風行。

總總干戚，填填鼓鐘。奮揚增氣，坐作爲容。離若鷙鳥，合如戰龍。萬方觀德，肅肅邕邕。

烈祖順三靈，文宗威四海。黃鉞誅羣盜，朱旗掃多罪。戢兵天下安，約法人心改。大哉干

羽意，長見風雲在。

徹豆登歌一章

止笙磬，徹豆籩。廓無響，窅入玄。主在室，神在天。情餘慕，禮罔愆。喜黍稷，屢豐年。

送神用永和一章

眇嘉樂，授靈爽。感若來，思如往。休氣散，迴風上。返寂寞，還惚怳。懷靈駕，結空想。

代宗睿文孝武皇帝室奠獻用保大之舞一章　尙父郭子儀撰

於穆文考，聖神昭彰。簫勺羣慝，含光遠方。萬物茂遂，九夷賓王。愔愔雲韶，德音不忘。

德宗神武孝文皇帝室奠獻用文明之舞一章　尙書左丞平章事鄭餘慶撰

開邸除暴，時邁勛尊。三元告命，四極駿奔。金枝翠葉，煇燭瑤琨。象德億載，貽慶湯孫。

順宗至德大聖大安孝皇帝室奠獻用大順之舞一章　中書侍郎、平章事鄭絪撰。

於穆時文，受天明命。允恭玄默，化成理定。出震嗣德，應乾傳聖。猗歟緝熙，千億流慶。

憲宗聖神章武孝皇帝室奠獻用象德之舞一章　中書侍郎、平章事段文昌撰。

肅肅淸廟，登顯至德。澤周八荒，兵定四極。生物咸遂，羣盜滅息。明聖欽承，子孫千億〔六〕。

儀坤廟樂章十二首

迎神用永和　林鐘宮，散騎常侍、昭文館學士徐彥伯作。

猗若淸廟，肅肅熒熒。國薦嚴祀，坤輿淑靈。有几在室，有樂在庭。臨茲孝享，百祿惟寧。

金奏　夷則宮，不詳作者。一本無此章。

陰靈效祉，軒曜降精。祥符淑氣，慶集柔明。瑤俎既列，雕桐發聲。徽猷永遠，比德皇英。

皇帝行用太和　黃鍾宮，左諭德、昭文館學士邱說撰。

孝哉我后，沖乎邇聖。道映重華，德輝文命。慕深視篋，情殷撫鏡。萬國移風，兆人承慶。

酌獻登歌用肅和　中呂均之太簇羽，一云蕤賓均之夾鐘羽，太子洗馬、昭文館學士張齊賢撰。

祼圭既濯，鬱鬯既陳。畫羃雲舉，黃流玉醇。儀充獻酌，禮盛衆禋。地察惟孝，愉焉饗親。

迎俎用雍和　姑洗羽，太中大夫、昭文館學士鄭善玉作。

酌鬱既灌，取蕭方爇。籩豆靜嘉，簠簋芬飶。魚腊薦美，牲牷表潔。是戢是將，載迎載列。

肅明皇后室酌獻用昭升 林鍾宮，禮部尚書、昭文館學士薛稷作。
陽靈配德，陰魄昭升。堯壇鳳下，漢室龍興。俔天作對，前旒是凝。化行南國，道盛西陵。
造舟集灌，無德而稱。我粢既潔，我醴既澄。陰陰靈廟，光靈若憑。德馨惟饗，孝思蒸蒸。
昭成皇后室酌獻用坤貞 不詳作者
乾道既亨，坤元以貞。肅雍攸在，輔佐斯成。外睦九族，內光一庭。克生叡哲，祚我休明。
欽若徽範，悠哉淑靈。建茲清宮，于彼上京。縮茅以獻，潔秬惟馨。實受其福，期乎億齡。
飲福用壽和 黃鍾宮，太子詹事、崇文館學士徐堅作。
於穆清廟，肅雍嚴祀。合福受釐，介以繁祉。
送文舞出迎武舞入用舒和 南呂商，銀青光祿大夫、崇文館學士胡雄作。
送文迎武遞參差，一始一終光聖儀。四海生人歌有慶，千齡孝享肅無虧。
武舞用安和 太簇徵，祕書少監、崇文館學士劉子玄作。
妙算申帷幄，神謀出廟庭。兩階文物備，七德武功成。校獵長楊苑，屯軍細柳營。將軍獻凱入，歌舞溢重城。
徹俎用雍和 蕤賓均之夾鍾羽，銀青光祿大夫、崇文館學士員半千作。
孝享云畢，維徹有章。雲感玄羽，風悽素商。瞻望神座，祗戀匪遑。禮終樂闋，肅雍鏘鏘。

送神用永和 林鍾宮，金紫光祿大夫、崇文館學士祝欽明作。
閟宮實實，清廟徽徽。降格無象，馨香有依。式昭纂慶，方融嗣徽。明禋是享，神保聿歸。
又儀坤廟樂章二首 太樂又有一本，與前本略同，二章不同如左，不詳撰者。
迎神 一本有此章而無徐彥伯之詞
月靈降德，坤元授光。娥英比秀，任姒均芳。瑤臺薦祉，金屋延祥。迎神有樂，歆此嘉薌。
送神 一本有此章而無祝欽明之詞
玉帛儀大，金絲奏廣。靈應有孚，冥徵不爽。降彼休福，歆茲禋享。送樂有章，神麾其上。
昭德皇后室酌獻用坤元樂章九首〔七〕 內出
迎神用永和
穆清廟，薦嚴禋。昭禮備，和樂新。望靈光，集元辰。祚無極，享萬春。
登歌酌鬯用肅和
誠心達，娛樂分。升蕭膋，鬱氛氳。茅既縮，鬯既薰。后來思，福如雲。
迎俎用雍和
我將我享，盡明而誠。載芬黍稷，載滌犧牲。懿矣元良，萬邦以貞。心乎愛敬，若覩容聲。
酌獻用坤元

於穆先后，儷聖稱崇。母臨萬宇，道被六宮。昌時協慶，理內成功。殷薦明德，傳芳國風。
送文舞出迎武舞入用舒和〔八〕
金枝羽部徹清歌，瑤堂肅穆笙磬羅。諧音遍響合明意，萬類昭融靈應多。
武舞用凱安
辰位列四星，帝功參十亂。進賢勤內輔，扈蹕清多難。承天厚載均，並曜宵光燦。留徽藹前躅，萬古披圖煥。
徹俎用雍和
公尸既起，享禮載終。稱歌進徹，盡敬由衷。澤流惠下，大小咸同。
送神用永和
昭事終，幽享餘。移月御，返仙居。璇庭寂，靈幄虛。顧徘徊，感皇儲。
孝敬皇帝廟樂章九首
迎神用永和 詞同貞觀太廟永和
皇帝行用太和 詞同貞觀太廟太和
登歌酌鬯用肅和 詞同貞觀太廟肅和
迎俎用雍和 詞同貞觀太廟雍和

酌獻用承光 詞同中宗享孝敬承光
送文舞出迎武舞入用舒和 詞同太廟
武舞用凱安 詞同太廟
徹俎用雍和 詞同迎俎
送神用永和 詞同太廟
享隱太子廟樂章六首 貞觀中撰
迎神用誠和
道閟鶴關，運纏鳩里。門集大命〔九〕，俾歆嘉祀。禮亞六瑚，誠殫二簋。有誠顒若，神斯戾止。
登歌奠玉帛用肅和
歲肇春宗，乾開震長。瑤山既寂，戾園斯享。玉肅其事，物昭其象。絃誦成風，笙歌合響。
迎俎用雍和
明典肅陳，神居邃啓。春伯聯事，秋官相禮。有來雍雍，登歌濟濟。緬惟主鬯，庶歆芳醴。
送文舞出迎武舞入用舒和
三縣已判歌鐘列，六佾將開羽鍼分。尙想燕飛來蔽日，終疑鶴影降凌雲。
武舞用凱安

天步昔將開，商郊初欲踐。撫戎金陣廓，貳極瑤圖闡。鷄戟遂崇儀，龍樓期好善。弄兵隳震業，啓聖隆祠典。

送神用誠和 詞同迎神

又隱太子廟樂章二首 太樂舊有此詞，不詳所出。

迎神

蒼震有位，黃離蔽明。江充禍結，戾據災成。銜冤昔痛，贈典今榮。享靈有秩，奉樂以迎。

送神

皇情悼往，祀儀增設。鐘鼓鏗鍠，羽旄昭晰。掌禮云備，司筵告徹。樂以送神，靈其鑒閔。

章懷太子廟樂章六首 神龍初作

迎神第一 姑洗宮

副君昭象，道應黃離。銅樓備德，玉裕成規。仙氣靄靄，靈從師師。前驅戾止，控鶴來儀。

登歌酌鬯第二 南呂均之蕤賓羽

忠孝本著，羽翼先成。寢門昭德，馳道爲程。幣帛有典，容衞無聲。司存既肅，廟享惟清。

迎俎及酌獻第三 大呂羽

通三錫胤，明兩承英。太山比赫，伊水聞笙。宗祧是寄，禮樂其亨。嘉辰薦俎，以發聲明。

送文舞出迎武舞入第四 蕤賓商

羽籥崇文禮以畢，干鍼奮武事將行。用捨由來其有致，壯志宜威樂太平。

武舞作第五 夷則角

綠林熾炎曆，黃虞格有苗。沙塵驚塞外，帷幄命嫖姚。七德干戈止，三邊雲霧消。寶祚長無極，歌舞盛今朝。

送神第六 詞同隱廟

懿德太子廟樂章六首 神龍初作

迎神第一 姑洗宮

甲觀昭祥，畫堂昇位。禮絕羣后，望尊儲貳。啓誦慙德，莊丕掩粹。伊浦鳳翔，緱峯鶴至。

登歌酌鬯第二 南呂均之蕤賓羽

謇閳元儲，寄崇明兩。玉裕雖晦，銅樓可想。絃誦輟音，笙歌罷響。幣帛言設，禮容無爽。

迎俎酌獻第三 大呂羽

雍雍盛典，肅肅靈祠。賓天有聖，對日無期。飄颻羽服，掣曳雲旗。眷言主鬯，心乎愴兹。

送文舞出迎武舞入第四 蕤賓商

八音協奏陳金石，六佾分行整禮容。滄溟赴海還稱少，素月開輪卽是重。

武舞作第五 夷則角

隋季昔云終，唐年初啓聖。纂戎將禁暴，崇儒更敷政。威略靜三邊，仁恩覃萬姓。

送神第六 詞同隱廟

節愍太子廟樂章六首 景雲中作

迎神第一 姑洗宮

儲后望崇，元良寄切。寢門是仰，馳道不絕。仙袂雲會，靈旗電晰。煌煌而來，禮物攸設。

登歌酌鬯第二 南呂均之蕤賓羽

灼灼重明，仰承元首。既賢且哲，惟孝與友。惟孝雖遙，靈規不朽。祀因誠致，備潔玄酒。

迎俎及酌獻第三 大呂羽

嘉薦有典，至誠莫愆。畫梁雲亙，雕俎星聯。樂器周列，禮容備宜。依俙如在，若未賓天。

送文舞出迎武舞入第四 蕤賓商

邕邕闡化憑文德，赫赫宣威藉武功。既執羽旄先拂吹，還持玉鍼更揮空。

武舞作第五 夷則角

武德諒雄雄，由來掃寇戎。劍光揮作電，旗影列成虹。霧廓三邊靜，波澄四海同。睿圖今巳盛，相共舞皇風。

送神第六 詞同隱太子廟

則天大聖皇后崇先廟樂章一首 御撰

先德謙撝冠昔，嚴規節素超今。奉國忠誠每竭，承家至孝純深。追崇懼乖尊意，顯號恐玷徽音。既迫王公屢請，方乃俯遂羣心。有限無由展敬，奠醑每闕親斟。大禮虔中典册，蘋藻敬薦翹襟。

褒德廟樂章五首 神龍中爲皇后韋氏祖考所立，詞並內出。

迎神用昭德 姑洗宮二成

道赫梧宮，悲盈蒿里。爰暢徽烈，載敷嘉祀。享洽四時，規陳二簋。靈應昭格，神其戾止。

登歌用進德 南呂均之蕤賓羽

塗山懿戚，嬀汭崇姻。祠筵肇啓，祭典方申。禮以備物，樂以感神。用隆敦敍，載穆彝倫。

俎入初獻用褒德 大呂角

家著累仁，門昭積善。瑤篚既列，金縣式展。

武舞作

昭昭竹殿開，奕奕蘭宮啓。懿範隆丹掖，殊榮闢朱邸。六佾薦徽容，三簋陳芳醴〔10〕。萬古覃貽厥，分珪崇祖禰。

亞獻及送神用彰德

名隆五岳，秩映三台。嚴祠已備，睟影方迴。

校勘記

〔一〕第一　此下疑有脫文。校勘記卷一四云：「按自第三登歌至第十送神，皆先言篇數，後言儀節，惟第一第二但言篇數，未言儀節，殊爲不類。以上下文之例推之，第一下當有迎神二字，第二下當有皇帝行三字，至於第四下之迎神，則迎俎之訛耳。迎俎在登歌之後，若作迎神，則不應在登歌後矣。」

〔二〕送文舞出迎武舞入用同和　樂府詩集卷一〇引本志，此章前尚有歆和、長發、大基、大成、大明、崇德、鈞天、承光、延和各一章。校勘記卷一四云：「按此（歆和等）九章及嚴和以下之十二章，合計二十一章。今本總數內脫去一字，又脫去此九章，而誤列於開元十一年圜丘樂章之內，遂覺前後不合。當據樂府補正。」

〔三〕玄宗開元七年　校勘記卷一四云：「據玄宗紀及張說傳，開元七年爲幷州長史，十七年始爲左丞相。則七字上當補十字，方與注文相合。」

〔四〕后歌有蟜　唐文粹卷一〇「有蟜」作「有媧」。御覽卷七八引帝王世紀：「神農母任姒，有喬氏之

女，名登。」似「蟜」字不誤。

〔五〕福和一章　此章及下舒和、凱安、登歌、永和共八章，樂府詩集卷一〇引本志，歸入上載張說所作享太廟樂章內，次序在景雲舞之後。唐文粹一〇亦列入張說所作開元樂章，次序同樂府詩集。校勘記卷一四謂當從文粹、樂府，今本舊唐書樂志錯簡。

〔六〕子孫千億　此章下，樂府詩集卷一一尚有穆宗和寧舞、武宗大定舞、宣宗舞、懿宗舞、昭宗咸寧舞各一章。校勘記卷一四謂今本舊唐書樂志脫文。又云：「據會要（卷三三）及通考（卷一四二），敬宗、文宗之舞號及撰人均尚可考，僖宗之舞號及撰人雖無可考，亦存其謚於懿宗、昭宗之間。……蓋修舊書時樂章全備，及修會要時已逸去三章之詞。」

〔七〕昭德皇后室酌獻用坤元樂章九首　樂府詩集卷一一題作唐昭德皇后廟樂章，「酌獻用坤元」與下第四章題名重，疑爲衍文。合鈔卷四〇樂志刪去此五字，「室」亦作「廟」。

〔八〕送文舞出迎武舞入用舒和　據樂府詩集卷一一引本志，此章前尚有「飲福用壽和」一章，加之始合九首之數。

〔九〕門集大命　校勘記卷一四謂「門」字誤，依文義當作「用」。

〔10〕三簋陳芳醴　殘宋本、聞本、殿本、懼盈齋本、廣本、樂府詩集卷一二同。局本「三」作「二」。校勘記卷一四云：「依迎神章規陳二簋句，三當改二。」

舊唐書卷三十二

志第十二

曆一

太古聖人，體二氣之權輿，賾三才之物象，乃創紀以窮其數，畫卦以通其變，而紀有大衍之法，卦有推策之文，由是曆法生焉。殷人用九疇、五紀之書，周禮載馮相、保章之職，所以辨三辰之躔次，察九野之吉凶。歷代疇人，迭相傳授，蓋推步之成法，協用之舊章。暨秦氏焚書，遺文殘缺，漢興作者，師法多門，雖同徵鍾律之文，共演蓍龜之說，而建元或異，積蔀相懸，旁取證於春秋，強乩疑於繫、象，靡不揚眉抵掌，謂甘、石未稱日官；運策播精，言裨、梓不知天道。及至清臺晷祲，黃道考祥，言縮則盈，少中多否，否則矯云差算，中則自負知時。章、亥不生，憑何質證？

高齊天保中，六月日當蝕朔，文宣先期問候官蝕何時，張孟賓言蝕申，鄭元偉、董峻言

蝕辰，宋景業言蝕巳。是日蝕於申酉之間，言皆不中時，景業造天保曆則疏密可知矣。昔鄧平、洛下閎造漢太初曆，非之者十七家。後劉洪、蔡伯喈、何承天、祖沖之，皆數術之精粹者，至於宣考曆書之際，猶爲橫議所排。斯道寂寥，知音蓋寡。所以張胄玄佩印而沸騰，劉孝孫輿棺而慟哭，俾諸後學，益用爲疑。以臣折衷，無如舊法。

高祖受隋禪，傅仁均首陳七事，言戊寅歲時正得上元之首，宜定新曆，以符禪代，由是造戊寅曆。祖孝孫、李淳風立理駁之，仁均條答甚詳，故法行於貞觀之世。高宗時，太史奏舊曆加時寖差，宜有改定。乃詔李淳風造麟德曆。初，隋末劉焯造皇極曆，其道不行。淳風約之爲法，時稱精密。天后時，瞿曇羅造光宅曆。中宗時，南宮說造景龍曆。皆舊法之所棄者，復取用之。徒云革易，寧造深微，尋亦不行。開元中，僧一行精諸家曆法，言麟德曆行用既久，晷緯漸差。宰相張說言之，玄宗召見，令造新曆。遂與星官梁令瓚先造黃道游儀圖，考校七曜行度，準周易大衍之數，別成一法，行用垂五十年。肅宗時，韓穎造至德曆。代宗時，郭獻之造五紀曆。德宗時，徐承嗣造正元曆。憲宗時，徐昂造觀象曆。其法今存，而元紀蔀章之數〔一〕，或異前經；而蔡斂啓閉之期，何殊舊法。至論徵驗，罕及研精。綿代流行，示存經法耳。

前史取傅仁均、李淳風、南宮說、一行四家曆經，爲曆志四卷。近代精數者，皆以淳風、

一行之法，歷千古而無差，後人更之，要立異耳，無踰其精密也。景龍曆不經行用，世以爲非，今略而不載。但取戊寅、麟德、大衍三曆法，以備此志，示於疇官爾。

戊寅曆經

已上闕文曰。自入立秋，初日加四千八十分，後日減七十六分，置初日所加之分，計後日減之數以減之。訖，餘以行分法約之，爲日數。及加平見日及分，滿行分法，又去之，從日一，爲定見日及分。後皆放此。畢於秋分。自入寒露，日減一百二十七分，減若不足，即一日加行分法，反減之，爲定見日及分。後皆放此。畢於立冬。自入小雪，畢於大雪，均減八日。初見去日十四度。

熒惑

平見：入冬至，初日減一萬六千三百五十四分，後日減五百四十五分，畢於小寒。自入大寒，日加四百二十六分，畢於啓蟄。自入雨水，畢於穀雨，均加二十九日。入立夏，初日加一萬九千三百九十二分，後日減二百一十三分，畢於大暑。自入立秋，依平。自入處暑，日減一百八十四分，畢於立冬。自入小雪，畢於大雪，均減二十五日。初見去日十七度。

鎮星

平見：入冬至，初日減四千八百一十四分，後日加七十九分，畢於氣盡。自入小寒，畢於大寒，均減九日。入立春，均減八日。入啓蟄，均減七日。入雨水，均減六日。入春分，均減五日。入清明，均減四日。入穀雨，畢芒種，均減三日。入夏至，畢十日內，均減二日。十日外，入小暑，畢五日內，均減一日。五日外，畢於氣盡，依平。自入大暑，日加一百八十一分，畢於立秋。自入處暑，均加九日。自入白露，初日加六千二分，後日減一百三十三分，畢於寒露。自入霜降，日減七十九分，畢於大雪。初見去日十七度。

太白

晨平見：入冬至，依平。自入小寒，日加六十六分，畢於大寒。自入立春，畢於立夏，均加三日。自入小滿，初日加一千九百六十四分，後日減六十六分，畢於芒種。自入夏至，依平。自入小暑，減六十分，畢於大暑。自入立秋，畢於立冬，均減三日。自入小雪，初日減一千九百六十四分，後日減六十六分，畢大寒。

夕平見：入冬至，日減一百分，畢於立春。自入啓蟄，畢於春分，均減九日。自入清明，初日減五千九百八十六分，後日減一百分，畢於小滿。自入芒種，依平。自入夏至，日加一百分，畢於立秋。自入處暑，畢於秋分，均加九日。自入寒露，初日加五千九百八十六分，後日減一百分，畢於小雪。自入大雪，依平。初見去日十一度。

辰星

晨平見：入冬至，均減四日。自入小寒，畢於大寒，依平。自入立春，畢啓蟄，減三日。自入雨水，畢於立夏，應見不見。其在啓蟄氣內，去日一十八度外、四十度內，晨無木、土、金一星已上者，不見也。其在立夏氣內，去日度如前，晨有木、火、土、金一星已上者，亦見之。自入小滿，畢於寒露，依平。自入霜降，畢於立冬，加一日。自入小雪，畢於大雪十二日，依平。若在大雪十三日，即減一日；在十四日，減二日；在十五日，減三日；在十六日，減四日。

夕平見：入冬至，畢於清明，依平。自入穀雨，畢於芒種，減二日。自入夏至，畢於大暑，依平。自入立秋，畢於霜降，應見不見。其在立秋及霜降二氣之內，夕有星去日如前晨者，亦見。自入立冬，畢於大雪，依平。初見去日十七度。

行五星法

各置星定見之前夜半日所在宿度算及分，各以定見去朔日算及一分加之。小分滿法十四分，從行分一。行分滿法六百七十六分，從度一。又以星初見去日度數，晨減夕加之，命度以次，即星初見所在度及分。自此已後，皆棄此小分也。

求次日術

各加一日所行度及分。其火、金之行而有小分者，各以日率爲母。小分滿其母，去從行分一。行分滿法，去從度一。其行有益疾遲者，副置一日行分。各以其分疾益遲損，乃加之。留者因前，退則減之，伏不注度。順行出斗去其分，行入斗先加分〔三〕。訖，皆以二十六副行分爲度分。

歲星

初見：順，日行一百七十六分五十秒，日益遲一分。一百一十四日行十九度二百九分。而留，二十八日。乃退，日九十七分。八十四日退十二度五十分。又留，二十六日五百九十六，小分七四分。即以初定見日分而加之，若滿行分法，即去之，從月去之，從一日。乃順，初日行六十分，日益疾一分。一百十四日行十九度四百三十七分而伏。

熒惑

初見：入冬至，初率二百四十一日行一百六十三度。已後二日損日及度各一。盡一百二十八日，率一百七十七日行九十九度。畢一百六十一日皆同。已後三日損日及度各一。盡一百八十二日，率一百七十日行九十二度。畢一百八十八日皆同。已後三日益日及度各一。盡二百二十七日，率一百八十三日行一百五度。已後二日益日及度各一。盡二百四十九日，率一百九十四日行一百一十六度。已後一日益日及度各一。盡三百一十日，率二百五十五日行一百七十七度。畢三百三十七日皆同。已後二日損〔三〕。盡三百六十五日，復二百四十一日行一百六十三度。

初見：入小寒已後，三日去日率一，畢於啓蟄。自入雨水，畢於立夏，均去日率二十。自入小滿，初去日率二十。以次三日去十九，日日去十八〔四〕。以次三日去一日，畢於小暑，即依平，爲定日之率。若入處暑，畢於秋分，皆去度率六，各依多至後日數而損益之，又依所入之氣以減之，名爲前疾。日數及度數之率，若初行。入大寒，畢於大暑，皆差行，日益遲一分。其餘皆平行。若入白露，畢於秋分，初日行半度，四十日行二十度。即去日率四十，度率二十，別爲半度之行，訖，然後求平行之分以續之。平行分者，置定行度率，以分法乘之，以定日率除之，所得即平行一日之分，不盡爲小分。求差行者，置日率之數，減一。訖，又半之，加平行一日之分，爲初日行分。各盡其日度而遲。初日行三百二十六分，日益遲一分半，六十日行二十五度五分。其前疾去度六者，此遲初日加六十七分、小分三十六。小分滿六十，去之，從行分一，即六十日行三十一度，分同。而留，十二日。前去日分日於二留，奇後從後留〔五〕。乃退，日一百九十二分，六十日退十七度二十八分。又留，十二日六百二十六分、小分三十分。亦如初定見之分，滿去如前。又順，後遲，初日行二百三十八分，日益疾一分半，六十日行二十五度三十五分。此遲在立秋至秋分者，加一日，行六十七、小分三十六。滿去如前，即六十日行三十一度。分同也。而後疾。入多至，初率二百一十四日行一百三十六度。已後一日損日及度各一。盡三十七日，率一百七十七日行九十九度。已後二日損日及度各一。盡五十

七日，率一百六十七日行八十九度。畢七十九日皆同。已後三日益日及度各一。盡一百三十日，率一百八十四日行一百六十度。已後二日益日及度各一。盡一百四十四日，率一百九十一日行一百一十三度。已後一日益日及度各一。盡一百九十日，率二百三十七日行一百五十九度。已後一日益日及度各一。盡二百一十日，率二百六十七日行一百八十九度。畢二百五十九日皆同。已後二日損日及度各一。盡三百六十五日，復率二百一十四行一百三十六度。後遲加六度者，此後疾去度率六，爲定度。各依多至後日數而損益之，爲後疾日及度之率。若入立夏，於夏至〔六〕，日行半度，盡六十日，行三十度。若入小暑，於大暑〔七〕，盡四十日，行二十度。皆去日及度之率，別爲半度之行，訖，然後求平行之分以續之。各盡其日度而伏。

鎭星

初見：順，日行六十分，八十三日行七度二百四十八分。而留，三十八日。乃退，日四十一分，一百日退六度四十四分。又留，三十七日六十一分小分四。亦以初定見日分加之。滿去如前。乃順，日行六十分，八十三日行七度二百四十八分而伏。

太白

晨初見：乃退，日一度半，十日退十五度。而留，九日。乃順遲，差行。先遲，日益疾八分，四十日行三十度。若此遲入大雪已後，畢於小滿，即依此爲定而求行分。自入芒種，十日減一度爲定度，畢於夏至。自入小暑，畢於霜降，均減三度。自入立冬，初日減三度，後十日減一度，畢於霜降、小雪，皆爲定度。求一日行分者，以行分法乘定度，以四十餘之，爲平分，不盡爲小分。又以四乘三十九，以減平分，爲初日行分〔八〕。平行，日一度，十五日行十五度。若此平行入小寒後，十日益日及度各一，畢於啓蟄。自入雨水之氣，皆二十一日行二十一度。自入春分後，十日減一，畢於立夏，即十五日。自入處暑，畢於寒露，即無此平行。自入霜降，即四日益一，畢於大雪，後十五日行十五度。疾，百七十日行二百四度〔九〕。前順遲減度者，計所減之數，以益此度爲定度。求一日行度及分者，以百七十日減度數，餘行以分法乘，以百七十餘之，所得爲之日平行度分〔一〇〕。晨伏東方。

夕初見：順疾，百七十日行二百。畢於立夏，依此順疾。入多至已後，畢於立夏，依此率爲定。自入小滿，六日加一度。自入大暑初，畢於芒種，自入夏至，畢於小暑，均五度〔一一〕。自入大暑，初加五度，後三日減一度，畢於氣盡。自入立秋，畢於大雪，還依本率。從白露畢春分，皆差行。先疾，日益遲一分半。自入清明，畢於處暑，並平行，同晨疾。求差行者，半一百六十九，乃以一分半乘之，以加平行分，爲初日行度分也。平行，日一度，十五日行十五度。此平行入多至後，十日減日及度各一，畢於立春。自入啓蟄，畢於芒種，皆均九日行九度。自入夏至後，五日益一，畢於小暑。自入大暑，畢於氣盡，皆十五日行十五度。自入立秋後，六日一〔一二〕，畢於小雪。自入大雪，畢於氣盡，皆十五日行十五度者也。順遲，差行。先疾，日益遲八分，四十日行三十度。前加度者，此依數減之，求一日行分，如晨遲準減者爲加之。又留，九日。乃退，日半度，十日退五度，而夕伏西方。

辰星

晨初見：留，六日。順遲，日行一百六十九分，四日行一度。若初見入大寒，畢於啓蟄之內，即不須此遲行。平行，日一度，十日行十度。此平行若入大寒已後，二日去日及度各一，畢於二十日，日及度俱盡，即無此平行。疾，日行一度六百九十分，十日行十九度六分。前無遲行者，此疾日減二百三分，十日行十七度四分。晨伏東方。

夕初見：順疾，日行一度六百九分，十日行十九度六分。此疾者，入小暑畢於處暑之內，日減二百三分，十日行十六度四分。平行，日一度，十日行十度。此平行若入大暑已後，於二日去日及度各一。畢於二十日，日及度俱盡，即無此平行。遲，日行一百六十九分，四日行一度。若疾減二百三分者，即不須此遲行。又留，六日九分。夕伏西方。

推交會

交會法：一千二百七十四萬一千二百五分。

交分法：六百三十七萬六百二十九分。

朔差：一百八萬五千四百九十二分。

望分：六百九十一萬三千三百五十分。

交限：五萬八十二萬七千八百五十八分。

望差：五十四萬二千七百四十七一分。

外限：六百七十六萬七百八十二九分。

中限：一千二百三十五萬一千二十五八分。

內限：一千二百一十九萬八千四百五十八七分。

交時法：二萬九千一十八。

推交分術

置入上元已來積月，以交會法去之。餘，以朔差乘之，滿交會法，又去之。仁均本術，武德年加交差七百七十五萬五千一百六十四分。餘爲所求年天正朔入平交分。求望平交分術，以望分加之，滿去如前，爲平分。次月平分術，其朔望，入多至氣內，依平爲定。若入小寒已後，日加氣差一千六百五十分，畢於立春。自入啓蟄，畢於淸明，均加七萬六千一百分。後日減一千六百五十分，畢於小滿。置初日所加之分，計後日減之數以減之，餘以加平交分。自入芒種，畢於夏至，依平爲定。加之，滿交會法，卽去。餘爲定交分。其朔入災交〔一三〕，若入小寒，畢於雨水，及立夏，畢於小滿，値盈二時已下，皆半氣差而加之。二時已上，皆不加。其朔入時交分，如望差分已下，外限已上，有星伏，木土去見十日外，火去見四十日外，金星伏去見二十二日外〔一四〕。有一星者，不加氣差。其朔望，入小暑已後，日減氣差一千二百分，畢於處暑。自入白露，畢於霜降，均減九萬五千八百二十分。自入

立多，初日減六萬三千三百分，後日減二千一百一十分，畢於小雪。置初日所減之分，計後日減之數以減之，餘以減平交分也。自入大雪，亦依平爲定。減若不足者，加交會法，乃減之。餘爲定交分。其朔入交分，如交限內限已上，交分中限已下，有星伏如前者，不減氣差。

推道在內外及先後去交術其定交分不滿交分法者，爲在外道。滿去之，餘爲在內道。其餘如望差已下，卽是去先交分。以時法約之得一，爲去先交時數。交限已上，卽以減交分法。餘爲去後交分，亦以時法約之，爲時數。望則月蝕也。其朔在內道者，朔則日蝕。或雖在內道去交而遠〔一五〕，在外道去交而近，亦爲蝕也。

推月蝕加時術

置有蝕之望定小餘。若入曆一日，卽減二百八十。入十五日，卽加之。若入十四日，卽加五百五十。入二十八日，卽減之。自入諸日，値盈皆加二百八十，値縮皆減之，爲定餘。乃以十二乘之，以時法六千五百三除之，所得爲半辰之數。命以子半起算外，卽所在辰。初命子半以一算，自後皆以二算爲一辰。不盡爲時餘。若時餘在辰半之前者，乃倍之；如法無所得，爲辰初。又以三因之，如法得一，名爲強；若得強，若得二強，卽名少弱。若倍之，如法得一，爲少。凡四分一爲少，二爲半，三爲太。不盡者，又三之，如法得一，名爲強；若得二強者，卽名爲半弱。若時餘在辰半之後者亦倍之；如法無所得，爲正在辰半〔一六〕。以三因之，如法得二，名爲強，卽名半強〔一七〕；若得二強，卽名太弱。若倍之，如法得一〔一八〕，爲太。不盡者，又三之，如法得一，爲強，卽名太強；若得者，又二強者，爲辰末，亦可前辰名之。月在闇上蝕，日出後入前各一時半外，不注蝕。

推日蝕加時術

置有蝕之朔定小餘。若入曆一日，卽減三百。入十五日，卽加之。若入十四日，卽加五百五十。入二十八日，卽減之以爲定。自後不入四時加減之限。春三月，內道，去交四時已上，入曆，値盈加二百八十，値縮反減之。夏三月，內道，値盈加二百八十，値縮反減之。秋三月，內道，去交十一時已下，値盈加二百八十，値縮不加；十一時已上，値盈加五百五十，値縮不加一百八十〔一九〕。多三月，內道，去交五時已下，値盈加二百八十，縮不加。皆爲定餘。乃以十二乘之，以時法除之，所得半辰之數，命以子半起算外，卽所在辰。命辰如前法。不盡爲時餘，別置爲副。若入仲辰半前，卽以副減法，餘爲差率。若在半後，卽退其半辰，還以法加餘，卽以副爲差率。若入季辰半前，卽以法加副，而爲差率。若在半後，卽其半辰，還以法加餘，乃倍法以加副，而爲差率。若入孟辰半前，卽三因其法，而以副減之，餘爲差率。若半後，卽退其半辰，還以法加餘，又以法加副，乃三因其法而以副減之，爲差率。又置去交時數，三已下加三，六已下加二〔二〇〕，九已下加一，九已上依數，十二以上從十二，以乘差率，若在季辰半後，孟

辰半前，去交六時以上者，皆從其六，以乘差率。六時已下，自依數，不須加。如十四得一，爲時差。子至卯半，午至酉半，以時餘加之；卯至午半，酉至子半〔二一〕，以減時餘。加之若滿時法者，乃去之，加於辰，卽進之於前也。減之若不足者，減半辰，加時法，乃減之，卽退之於後也。餘爲定時餘。乃如月蝕法，子午卯酉爲仲，辰戌丑未爲季，寅申巳亥爲孟。日出前後各一時半外，不注日蝕。

推內道日不蝕術

夏五月朔，加時在南方三辰，先交十三時外，六月朔，後交十三時外者，不蝕。啓蟄畢淸明，先交十三時外，値縮，加時在未巳西者，亦不蝕。入處暑，畢寒露，後交十三時，値盈，加時在巳巳東者，亦不蝕。

推外道日蝕術

不問交之先後，但去交一時內者，皆蝕也。若先交二時內者，値盈二時外者〔二二〕，亦蝕。若後交二時內〔二三〕，値縮二時外者，亦蝕。其夏去交二時在南方三辰者，亦蝕。若去分至十二時內，去交六時內者，亦蝕。若去交春分三日內〔二四〕，後交二時內者，亦蝕。秋分三日內〔二五〕，先交二時內者，亦蝕。諸去交三時內〔二六〕，星伏如前者，亦蝕。

推月蝕分術

置去交分。其在冬，先後交皆去不蝕分二時之數〔三七〕。若在於春，先交去半時，後交去二時。夏即依定。若在於秋，先交去二時，後交去半時。若不足去者，蝕既，乃以三萬六千一百八十三爲法除之，所得爲不蝕分。不盡者，半法已上爲半強，已下爲半弱，而以減十五，餘爲蝕之大分。

推月蝕所起術

若在外道，初起東北，蝕甚西北。若在內道，初起東南，蝕甚西南。十三分已上，正東起。推皆據正南而言。

推日蝕分術

置去交分。若入冬至已後，畢於立春，皆均減十二萬八百〔三八〕，餘爲不蝕分。不足減者，反以交分減之〔三九〕，餘爲不蝕分。亦減望差爲定法。其後交值縮者，直以望差爲定法，不須減之。自入啓蟄，初日減二十二萬八百分，後日減一千八百一十分，置初日所減之分，計後日減之數以減之，餘以減交分。畢於芒種。自入夏至，日減二千四百分，畢於白露。自入秋分，畢於大雪，皆均減二十二萬八百分。但不足減者，皆如前，反以交分減之，訖，皆爲不蝕〔四〇〕。若入冬至，畢於小寒，不蝕分依定。若入大寒，畢於立夏，後去交五時外，皆去不蝕分一時。時差值減者，先交減之，後交加之。不足減者，蝕既。時差值加者，先交加之，

後交減之。不足減者，蝕既。乃爲定分，以十五乘之，以定法除之，所得爲不蝕分。不盡者，半法已上爲半強，已下爲半弱，而以減十五，餘爲蝕之大分也。

推日蝕所起術

若在外道，初起西南，蝕甚東南。若在內道，初起西北，蝕甚東北。十三度已上，正西起。亦據正南而言之。

	日出	日入
冬至	辰 二十四分之二十〔四一〕	申 七刻十二分
小寒	辰 十三分	申 七刻十九分
大寒	卯 八刻七分	酉 一分
立春	卯 七刻十一分	酉 二十一分
啓蟄	卯 六刻十分	酉 一刻二十二分
雨水	卯 五刻五分	酉 三刻三分
春分	卯 三刻二十二分	酉 四刻十分
清明	卯 二刻十五分	酉 五刻十七分
穀雨	卯 一刻十一分	酉 六刻二十一分
立夏	卯 十二分	酉 七刻二十分
小滿	寅 八刻一分	戌 七分
芒種	寅 七刻十四分	戌 十八分
夏至	寅 七刻十二分	戌 二十分
小暑	寅 七刻	戌 十八分
大暑	寅 八刻	戌 闕
立秋	卯 十一分	酉 七刻二十一分
處暑	卯 一刻十一分	酉 六刻二十一分
白露	卯 七刻十分	酉 一刻二十二分〔四二〕
立冬	卯 七刻十一分	酉 二十分
小雪	卯 七刻七分	酉 一分
大雪	辰 十三分	申 七刻十九分

求日出入所在術

以所入氣辰刻及分，與後氣辰刻及分相減。餘乘入氣日算，以十五除之。所得以加減所入氣爲定日出入。從冬至至夏至，日出減之，日入加之。從夏至至多至，日出加之，日入

減之。入餘爲定刻及分。

武德九年五月二日校曆人前曆博士臣南宮子明
校曆人前曆博士臣薛　弘疑
校曆人算曆博士臣王　孝通
監校曆大理卿清河縣公崔　善爲

夜漏半

右依武德元年經，加於漏刻日出沒二十四氣下。

推月蝕加時術

右加有蝕之望，以百刻乘定小餘，日法而一，以課所近氣不滿夜半者，命日以甲子算上注曆。

推月蝕虧初復滿先造每箭更籌用刻

倍月蝕日所入氣夜漏半，二十五而一，爲籌刻分，亦注於曆下。

月蝕分用刻率　置月蝕分

蝕一分用三刻	二分用四刻	三分用五刻	四分用六刻	五分用八刻
六分用九刻	七分用十刻	八分用十一刻	九分用十三刻	十分用十四刻
十一分用十五刻	十二分用十六刻	十三分用十八刻	十四分用十九刻	既用二十二刻

推日月蝕加時定刻術

置日月蝕加時定餘。在辰半後者，加時法於時餘，以二十五乘之，三萬九千一十八而一刻，命刻算外，卽所入辰刻。

求虧初復滿術

置蝕分，用刻率副之，以乘所入曆損益率，四千五十七而一。值盈反其損益〔三二〕，值縮依其損益，副爲蝕定用刻數，乃六乘之，十而一，以減蝕加時辰刻，爲虧初。丈四乘餘之用刻數〔三三〕，十而一，以加蝕加時辰刻，爲復滿。

求所蝕夜初甚末更籌刻術

因其日日所入辰殘刻及分，依次加辰刻及分，至蝕初辰刻及分，減二刻十二分，從其更用刻及分除之，不滿更，卽初蝕更籌。依所求得至甚刻加之，命卽甚。依求得甚後刻數加之，命卽末更籌刻及分。日出前復滿，日入後初虧，皆不注蝕。

二十四氣	日出	日入	夜漏半	一更	一籌
冬至	辰二十四分之二十	申七刻十二分	二十七刻十二分	十一刻	二刻四分
小寒同大雪	辰十三分	申七刻十九分	二十七刻五分	十刻二十一分	二刻四分
大寒同小雪	卯八刻七分	酉入一分	二十六刻十五分	十刻十五分	二刻二分
立春同立冬	卯七刻十一分	酉二十一分	二十五刻十九分	十刻七分	二刻一分
啓蟄同霜降	卯六刻十分	酉二十二分	二十四刻十八分〔三四〕		
雨水同寒露	卯五刻五分	酉三分	二十三刻十三分	九刻十分	一刻二十三分
春分同秋分	卯三刻二十二分	酉四刻十分	二十二刻十分	八刻二十一分	一刻十八分
清明同白露	卯二刻十五分	酉五刻十七分	二十刻二十二分	八刻八分	一刻十六分
穀雨同處暑	卯一刻十分	酉六刻二十一分	十九刻十九分	七刻二十一分	一刻十四分
立夏同立秋	卯十分	酉七刻二十一分	十八刻	闕刻〔三五〕十六分	一刻十二分
小滿同大暑	寅八刻一分	戌七分	十八刻一分	七刻五分	一刻
芒種同小暑	寅七刻十四分	戌十八分	十七刻十四分	七刻	一刻九分
夏至	寅七刻十二分	戌二十分	十七刻十二分	七刻	一刻九分

校勘記

〔一〕而元紀蔀章之數　「元紀」，各本原作「無計」。後漢書律曆志下：「至朔同日謂之章，同在日首謂之蔀，蔀終六旬謂之紀，歲朔又復謂之元。」「無計」誤，當作「元紀」，據改。

〔二〕行入斗先加分　新書卷二五曆志（以下簡稱新志）「行」上有「退」字。

〔三〕二日損　據上文及校勘記卷一五，「損」下當補「日及度各一」五字。

〔四〕日日　據術，似當作「三日」。

〔五〕前去日分日於二留奇後從後留　新志作「前疾去日者分日於二留，奇從後留」。

〔六〕於夏至　新志作「畢夏至」。

〔七〕於大暑　新志作「畢大暑」。

〔八〕爲初日行分　「分」字各本原作「日」，據新志及術改。

〔九〕行二百四度　殘宋本作「行二日四度」，殿本、懼盈齋本、局本、廣本作「行二十四度」，據新志及術改。

〔一〇〕餘行以分法乘以百七十餘之所得爲之日平行度分　據術，「行以」當作「以行」，「餘之」當作「除之」，「爲」下「之」字疑衍。

〔一一〕均五度　新志作「均加五度」。

〔一二〕六日一　新志作「六日加一」。句下新志尙有：「畢秋分，二十五日行二十五度。入寒露，六日減一。」

〔一三〕其朔入災交　校勘記卷一五云：「災字乃交字衍文之誤。」

〔一四〕金星伏去見二十二日外　「金星」，新志作「金晨」。

〔一五〕去交而遠　新志作「去交遠亦不蝕」。

〔一六〕若時餘在辰半之後者亦倍之如法無所得爲正在辰半　「後者」二字各本原無，以下十三字各本原作小字。校勘記卷一五云：「『半之』下脫『後者』二字。此下大字誤作注。」據此說及術改。

〔一七〕名爲強卽名半強　「爲強」以下六字各本原作小字，校勘記卷一五云：「六字誤作注。」據此說及術改。

〔一八〕如法得一　「如」字各本原無，據上下文例及術補。

〔一九〕值縮不加一百八十　新志作「縮加二百八十」。

〔二〇〕三巳下加三六巳下加二　各本原作「三巳下加二三六巳下加」，據新志及術改。

〔二一〕子至卯半午至酉半以時餘加之卯至午半酉至子半　各本原作「子半至卯半至酉半以加餘加之若滿卯半午酉半子半」。校勘記卷一五云：「據術，參以新志，當從張氏（宗泰）作子至卯半午至酉半以時餘加之卯至午半酉至子半。」據改。

〔二二〕值盈二時外者　「時」字各本原無，據下文及新志補。

〔二三〕若後交二時內　「二」字各本原無，據上文及新志補。

〔二四〕交春分三日內　「日」字各本原無，據新志補。

〔二五〕秋分三日內　「三」字各本原無，據新志補。

〔二六〕諸去交三時內　「時」字各本原無，據新志補。

〔二七〕先後交皆去不蝕分二時之數　校勘記卷一五云：「按句有誤字錯簡。據新志，參以文義，當作先後交皆去二時，餘爲不蝕分。」

〔二八〕皆均減十二萬八百　新志作「均減二十二萬八百分」。數値下當有「分」字。

〔二九〕反以交分減之　「反」字各本原作「及」，新志作「不足減，反相減」，據改。

〔三〇〕皆爲不蝕　新志「蝕」下有「分」字。

〔三一〕二十四分　「二」字各本原作「一」。按戊寅曆以二十四分爲一刻，本志下文亦作「二」，二是，據改。

〔三二〕酉一刻二十二分　此下各本均脫秋分、寒露、霜降三氣，對照春分、雨水、啓蟄，當補：

秋分　卯三刻二十二分　酉四刻十分

寒露　卯五刻五分　酉三刻三分

霜降　卯六刻十分　酉一刻二十二分

〔三三〕値盈反其損益　各本原作「値盈惑損加」，新志作「値盈反其損益」，與下文「値縮依其損益」句法相稱，與術合，據改。

〔三四〕丈四乘餘之用刻數　新志作「又四乘之」（之，指蝕定用刻數）。此句疑當作「又四乘蝕定用刻數」，「丈」與「又」、「餘之」與「蝕定」，俱形近而誤。

〔三五〕二十四刻十八分　校勘記卷一五謂此下脫「九刻二十一分　一刻二十五分」。

〔三六〕闕刻十六分　校勘記卷一五謂當作「七刻十六分」。

舊唐書卷三十三

志第十三

曆二

麟德甲子元曆

上元甲子，距今大唐麟德元年甲子，歲積二十六萬九千八百八十算。

推法〔一〕：一千三百四十。

期實：四十八萬九千四百二十八。

旬周：六十。

推氣序術

置入甲子元積算距今所求年，以期乘之，爲期總。滿法得一爲積日，不滿爲小餘。旬去積日，不盡爲大餘。命大餘起甲子算外，卽所求年天正中氣多至恆日及大小餘。天正建子，律氣所由，故陰陽發斂，皆從其時爲自。

求恆次氣術

因多至大小餘，加大餘十五〔二〕、小餘二百九十二、小分六之五〔三〕。小分滿，從小餘；小餘滿總法之〔四〕，從大餘一。大餘滿旬周之〔五〕。以次轉加，而命各得其所求。他皆放此。凡氣餘朔大餘爲日〔六〕，小餘爲辰也。

求土王

置清明、小暑、寒露、小寒大寒小餘〔七〕，各加大餘十二、小餘二百四十四、小分八。五乘氣小分通之，加八。若滿三十，去，從小餘一。凡分餘相并不同者〔八〕，互乘而并之。母相乘爲法〔九〕。其并滿法一爲全，此卽齊同之術。小餘滿總法，從命如前，卽各其氣從土王日。

沒日法：一千七百五十七。

沒分：十二萬二千三百五十七。

求沒日術

以九十乘有沒氣小餘，十五乘小分，從之，以減沒分，餘，法得一，爲日。不盡，餘，以日數加其氣大餘。去命如前，卽其氣內沒日也。小氣餘一千四十已上，其氣有沒者，勿推也。沒餘皆盡者爲減。求次沒：因前沒加日六十九，餘一千一百四，餘滿從沒日一〔一〇〕：因而命之，以氣別日。

盈朔實：三萬九千九百三十三。

朒朔實：三萬九千二百二十。

恆朔實：三萬九千五百七十一。

推朔端

列期總，以恆朔實除之爲積月，不滿爲閏餘。滿總法爲閏日，不滿爲閏辰。以閏日減冬至大餘，辰減小餘，卽所求年天正月恆朔大小餘〔一一〕。命大餘以甲子算外，卽其日也。天正者，日南至之月也。恆朔者，不朒不盈之常數也。凡減者，小餘不足減，退大餘一，如總法而減之。大餘不足減者，加旬周，乃減之。其須減分奇者，退分餘一，如其法而減，以其在宿度遊實不足減者，加在宿過周連餘及奇〔一三〕，乃減之。以天正恆朔小餘加閏餘〔一二〕，以減期總，餘爲總實。

求恆弦望術

因天正恆朔大小餘，加大餘十，小餘五百一十二太，凡四分一爲少，二爲半，三爲太。滿法者，去命如前，卽天正上弦恆日及大小餘。以次轉加，得望下弦及來月朔。以次轉加，去命如前，合得所求。他皆放此。因朔徑求望，加大餘十四，小餘一百二十五分半。因朔徑求下弦，加大餘二十

二，小餘一百九十八少。因朔徑次朔，加大餘二十九，小餘七百十一。半總：六百七十。辰率：三百三十五。

檢律候氣日術

中氣	律名	日中影	陟降率	初候	次候	末候
冬至	黃鍾	一丈二尺七寸五分	陟四寸一分	虎始交	芒始生	荔挺出
小寒		一丈二尺二寸八分	陟三尺一寸三分	蚯蚓結	麋角解	水泉動
大寒	大呂	一丈一尺一寸五分	陟一尺五寸二分	雁北鄉	鵲始巢	雉始雊
立春		九尺六寸二分	陟一尺五寸五分	雞始乳	東風解凍	蟄蟲始振
啓蟄	太簇	八尺七寸	陟一尺五寸三分	魚上冰	獺祭魚	鴻雁來
雨水		六尺五寸四分	陟二尺二寸一分	始雨水	桃始花	倉庚鳴
春分	夾鍾	五尺三寸三分	陟一尺九分	鷹化爲鳩	玄鳥至	雷始發聲
穀明		四尺三寸四分	陟九寸四分	始雷	蟄蟲咸動〔一四〕	
穀雨	姑洗	三尺三寸	陟八寸一分	桐始華	田鼠化爲鴽	虹始見
立夏		三尺四寸九分	陟五寸一分	萍始生	戴勝降于桑	螻蟈鳴

小滿	中呂	一尺九寸八分	陟三寸四分	蚯蚓出	王瓜生	苦菜秀
芒種		一尺六寸四分	陟一寸五分	靡草死	小暑至	螳螂生
夏至	蕤賓	一尺四寸九分	降一寸五分	鵙始鳴	反舌無聲	鹿角解
小暑		一尺六寸四分	降三寸四分	蟬始鳴	半夏生	木槿榮
大暑	林鍾	一尺九寸八分	降五寸一分	溫風至	蟋蟀居壁	鷹乃學習
立秋		二尺四寸九分	降八寸一分	腐草爲螢	土潤溽暑	涼風至
處暑	夷則	三尺三分	降九寸四分	白露降	寒蟬鳴	鷹祭鳥
白露		四尺三寸四分	降一尺九分	天地始肅	暴風至	鴻雁來
秋分	南呂	五尺三寸三分	降一尺二寸一分	玄鳥歸	羣鳥養羞	雷始收聲
寒露		六尺五寸四分	降一尺五寸三分	蟄蟲坏戶	陰氣方盛	陽氣始衰
霜降	無射	八尺七分	降一尺五寸五分	水始涸	鴻雁來賓	雀入水爲蛤
立冬		九尺六寸二分	降一尺五寸三分	菊有黃花	豺祭獸	水始冰
小雪	應鍾	一丈一尺一寸五分	降一尺一寸三分	地始凍	野雞入水爲蜃	虹藏不見
大雪		一丈二寸八分	降四寸七分	冰益壯	地始坼	鶡鳥不鳴

求恆氣初日影汎差術

見所求氣陟降率，并後氣率，半之，十五而一，爲汎末率。又二率相減，餘，十五而一，爲總差。前少，以總差減汎末率；前多，以總差加汎末率。加減汎末率訖，卽爲汎初率。其後氣無同率，因前末率卽爲汎初率。以總差減初率，餘爲汎末率。

求恆氣初日影定差術

十五除總差，爲別差爲限〔一五〕。前少者，以限差加汎初末率；前多者，以限差減汎初末率。加減汎初末率訖，卽爲定初末率，卽恆氣初日影定差。

求次日影差術

以別定差，前少者加初日影定差，前多者減初日影定差。加減初日影定差訖，卽爲次日影定差。以次積累歲，卽各得所求。每氣皆十五日爲限。其有皆以十六除取汎末率及總差別差。

求恆氣日中影定數術

置其恆氣小餘，以半總減之，餘爲中後分。不足減者反減半總，餘爲中前分。置前後分，影定差乘之，總法而一，爲變差。冬至後，午前以變差加氣影，午後以變差減氣影。夏至後，午前以變差減氣影，午後以變差加氣影。冬至一日，有減無加。夏至一日，有加無減。加減訖，各其恆氣日中定影。

求次日中影術

迭以定差陟減降加恆氣日中定影，各得次日中影。後漢及魏宋曆，冬至日中影一丈三尺，夏至一尺五寸，於今並短。各須隨時影校其陟降，及氣日中影應二至率。他皆倣此。前求每日中影術，古曆並無，臣等創立斯法也。

求律呂應日及加時術

十二律各以其月恆中氣日加時，應列其氣小餘，六乘之，辰率而一，爲半總之數，不盡，爲辰餘。命時起子算半，爲加時所在辰。六乘辰餘，如法得一爲初，二爲少弱，三爲少，四爲少強，五爲半弱。若在辰半後者，得一爲半強，二爲太弱，三爲太，四爲太強，五爲辰末。

求七十二候術

恆氣日，卽初候日也。加其大餘五，小餘九十七，小分十一。三乘氣小分加十一，滿十八從小餘一。滿法，去命如前，卽次候日。以次轉加，得末候日。

求次氣日檢盈虛術

進綱一十六　退紀一十七

汎差一十一　總辰一十二六十並平閏

秋分後春分前日行速，春分後秋分前日行遲(一六)。速爲進綱，遲爲退紀。若取其數，綱爲名；

用其時，春分爲至。進日分前，退日分後。凡用綱紀，皆準此例。

氣月中節	躔差率	消息總	先後率	盈朒積
冬至子月中	益七百二十二	息初	先五十四	盈初
小寒丑月節	益六百七十六	息七百二十二	先四十六	盈五十四
大寒丑月中	益五百一十四	息一千三百四十	先三十八	盈一百
立春寅月節	益五百一十四度七十分一十四	息一千八百五十四	先三十八	盈一百三十八
啓蟄寅月中	益六百一十八	息二千二百六十八	先四十六	盈一百七十六
雨水卯月節	益七百二十二	息二千九百八十六	先五十四	盈二百二十二
春分卯月中	損七百二十二	息三千七百八	先五十四	盈二百七十六
清明辰月節	損六百一十八	息二千九百八十六	後四十八	盈二百三十二
穀雨辰月中	損五百七十四	息二千三百六十八	後三十八	盈一百七十六
立夏巳月節	損五百一十四	息一千八百五十四	後三十八	盈一百三十六
小滿巳月中	損六百一十八	息一千三百三十	後四十六	盈一百
芒種午月節	損七百七十分二十二秒	息七百二十二	後五十四	盈五十四
夏至午月中	益七百二十二	消初	先五十四	朒本
小暑未月節	益六百一十八	消七百二十二	先四十六	朒五十四
大暑未月中	益五百一十四	消一千三百四十	先三十八	朒一百
立秋申月節	益五百一十四	消一千八百五十四	先三十八	朒一百三十八
處暑申月中	益六百一十八	消一千三百六十八	先四十六	朒一百七十六
白露酉月節	益七百二十二	消二千九百八十六	先五十四	朒二百二十三
秋分酉月中	損七百二十二	消三千七百八(一七)	後五十四	朒二百一十六
寒露戌月節	損六百一十八	消二千九百八十六	後四十六	朒二百二十二
霜降戌月中	損五百一十四	消二千三百六十八	後三十八	朒一百七十六
立冬亥月節	損五百一十四	消一千八百五十四	後三十八	朒一百三十八
小雪亥月中	損六百一十八	消一千三百四十	後四十六	朒一百
大雪子月節	損七百二十二	消七百二十二	後五十四	朒五十四

見所在氣躔差率，并後氣率，半之，總辰乘之，綱紀而一，得氣末率。各以汎差通其綱紀，以同差辰也。又二率相減，餘以總辰乘而紀除之(一八)，爲別差率。辰之綱紀除之(一八)，爲別差率。前少者，以總差減末率；前多者，以總差加末率(一九)。加減訖，皆爲其氣初日損益率。前多者，以別差率減；前少者，以別差率加(二〇)。加減氣初日損益率訖，卽次日損益率。亦名每日躔差率。

以次加減，得每日所求。各累所損益，隨曆定氣損益消息總，各爲其日消息數。其後氣無同率，及有數同者，皆因前少，以前末率爲初率(二一)，加總差爲末率，別差漸加初率，爲每日率。前多者，總差減初率爲末率，別差漸減爲日率(二二)。其有氣初末計會及綱紀所校多少不叶者，隨其增損調而御之，使際會相準。

求氣盈朒所入日辰術

冬夏二至，卽以恆氣爲定。自外，各以氣下消息數，息減消加其恆氣小餘，滿若不足，進退其日。卽其氣朒日辰(二三)。亦因別其日，命以甲子，得所求。加之爲盈氣，減之爲朒氣，定其盈朒所在，故日定。凡推日月度及推發斂，皆依定氣推之。若注曆，依恆氣日。

求定氣恆朔弦望夜半後辰數術

各置其小餘，三乘，如辰率而一，爲夜半後辰數。

求每日盈朒積術

各置其氣先後率與盈朒積，乃以先率後率加躔差率，盈朒積加消息總，亦如求消息法，卽得每日所入盈朒及先後之數。

求朔弦望恆日恆所入盈縮數術

各以總辰乘其所入定氣日算朒朔弦望夜半後辰數，乃以所入定氣夜半後辰數減之，餘爲辰總。其恆朔弦望與定氣同日而辰多者，其朔弦望即在前氣氣末，而辰總時有多於進綱紀通數者〔三四〕，疑入後氣之初也。以乘其氣前多之末率、前少之初率，總辰而一，爲總率。凡須相乘有分餘者，毋必通全子乘訖報毋，異者齊同也。其前多者，辰總減紀乘總差，綱紀而一，爲差。并於總率差，辰總乘之，倍總辰除之，以加總率。前少者，辰總再乘別差，總辰自辰乘〔三五〕，倍而除之，以加總率，皆爲總數。乃以先加後減其氣盈朒爲定積〔三六〕，凡分餘不成全而更不復須者，過半更不後夜無氣也。以盈朒定積，盈加朒減其日小餘，滿若不足，進退之，各其入盈朒日及小餘。若非朔望有交從者速粗舉者，以所入定氣日算乘先後率，加十五而一，先加減盈朒爲定積。入氣日十五算者，加十六而一。

曆變周：四十四萬三千七十七。

變奇率：十二。

曆變日：二十七；變餘：七百四十三；變奇：一。

月程法：六十三。

推曆變術

以曆變周去總實，餘，以變奇率乘之，滿變周又去之。不滿者，變奇率約之，爲變分。不盡，爲變奇。分滿總法爲日，不滿爲餘。命日算外，即所求年天正恆朔夜半入變日及餘，以天正恆朔小餘加之，即經辰所入。

求朔弦望經辰所入

因天正經辰所入日餘奇〔三七〕，加日七、餘五百一十二、奇九。奇滿率成餘。餘，如總法爲日，得上弦經辰所入。以次轉加，得望、下弦及來月朔。所入滿變日及餘奇〔三八〕，則去之。凡相連去者，皆倣於此。徑求望者，加朔所入日十四、餘一千二十五、奇六。徑求次朔，加一日、餘一千三百七、奇十一。

求朔望弦盈朒減辰所入術〔三九〕

各以其日所入盈朒定積，盈加朒減其恆經辰所入，餘即各所求。

變日	離程	離差〔四〇〕	增減率	遲速積
一日	九百八十五	退十一	增一百三十四	速初
二日	九百七十四	退十二	增一百一十七	速一百三十四
三日	九百六十二	退十四	增九十九	速二百五十一
四日	九百四十八	退十五	增七十八	速三百五十
五日	九百三十三	退十五	增五十六	速四百二十八
六日	九百一十八	退十六	增三十三	速四百八十四
七日	九百二	退十六	增九初增九末減隱	速五百一十七
八日	八百八十六	退十六	減十四	速五百二十七
九日	八百七十	退十六	減三十八	速五百一十二
十日	八百五十四	退十五	減六十二	速四百七十四
十一日	八百四十九	退十二	減八十五	速四百一十七
十二日	八百二十六	退十一	減一百四	速三百二十七
十三日	八百十五	退七	減一百二十七	速二百二十三
十四日	八百八	進二	初減一百二末增二十九〔四一〕	速百二
十五日	八百十	進九	增一百二十八	遲二十九
十六日	八百一十九	進十三	增一百一十五	遲一百五十七
十七日	八百三十二	進十四	增九十五	遲二百七十二
十八日	八百四十六	進十五	增七十四	遲三百六十七
十九日	八百六十一	進十六	增五十二	遲四百四十一
二十日	八百七十七	進十六	增二十八	遲四百九十三
二十一日	八百九十三	進十六	增四初增四末減隱	遲五百二十一
二十二日	九百九	進十六	增二十〔四二〕	遲五百二十五

二十三日	九百二十五	進十六	減四十四	遲五百二十
二十四日	九百四十一	進十四	減六十八	遲四百六十一
二十五日	九百五十五	進十三	減八百九	遲三百九十三
二十六日	九百六十八	進十一	減一百八	遲三百四
二十七日	九百七十九	進六	減一百二十五	遲一百九十六
二十八日	九百八十五	平進五退五	減一百四十四初減七十一末增入徵〔四三〕	遲七十七

求朔弦望盈朒日辰入變遲速定數術

各列其所入日增減率，并後率而半之，爲通率。又二率相減，餘爲率差。增者，以入餘減總法，餘乘率差，總法而一，并率差而半之。減者，半入餘乘率差，亦總法而一〔四四〕，並以加於通率，入餘乘之，總法而一，所得爲經辰變轉半經辰變。速減遲加盈朒經辰所入餘〔四五〕，爲轉餘。應增者，減法；應減者，因餘。皆以乘率差，總法而一，加於通率。變率乘之，總法而一，以速減遲加變率爲定率。乃以定率增減遲速積爲定。此法微密至當，以示算理通途。若非朔望有交及欲考校速要者，但以入餘乘增減率，總法而一，增減速爲要耳。其後無同率者，亦因前率，應增者以通率爲初數，半率差而減之；應減入餘進退日者分爲二日，隨餘初末，如法求之。所得并以加減變率爲定〔四六〕。

七日	初八分	末一分	初一千一百九十一	末一百四十九
十四日	初七分	末二分	初一千四百十二	末二百九十八
二十一日	初六分	末三分	初八百九十二	末四百四十六
二十八日	初五分	末四分	初七百四十三	末五百九十七

其入前件日餘，如初數已下者爲初，已上者以初數減總法，餘爲末之數。增減相反，約以九分爲限。初雖少弱，而末微強，餘差不多，理況兼舉，皆今有雜差，各隨其數。若恆算所求，七日與二十一日得初率，而末之所減，隱而不顯。且數與平行正算，亦初末有數，而恆算所無。其十四日、二十八日既初末數存，而虛差亦減其數，數當去恆法不見。

求朔弦望盈朒所入日名及小餘術

各以其所入變曆速定數速減遲加其盈朒小餘[三七]。滿若不足，進退其日。命以甲子算外，各其盈朒日反餘。加其恆日，餘者爲盈；減其恆日，餘者爲朒。其日不動者，依恆朔日而定其小餘，推擬日月行度。其定小餘二十四已下，一千三百一十六已上者，其入氣盈朒、入曆遲速，皆須覆依本術推算，不得從粗舉速要之限。乃前朔後朔，迭相推校。盈朒之課，據實爲準。損不侵朒，益不過盈。

求定朔月大小術

凡朔盈朒日名，卽爲定朔日名。其定朔日名，十干與來月同者大，不同者小。其月

無中氣者爲閏月。其正月朔有定加時正月者，消息前後各一兩月，以定月之大小。合蔀在晦二者，弦望亦隨事消息。凡置月朔，盈朒之極，不過頻三。其或過者，觀定小餘近夜半者量之。

檢宿度術

斗二十六及分　牛八　女十二　虛十　危十七　室十六　壁九北方九十八度

奎十六　婁十二　胃十四　昴十一　畢十八　觜一　參九西方八十度

井三十　鬼三　柳十四　星七　張十八　翼十八　軫十七南方一百一十二度

角十三　亢九　氐十六　房五　心五　尾十八　箕十一東方七十五度

前件周天二十八宿，相距三百六十五度，前漢唐都以渾儀赤道所量。其數常定，紘帶天中，儀圖所準。日月往來，隨交損益。所入宿度，進退不同。

黃道宿度左中郎將賈逵檢日月所去赤道不同，更鑄黃道渾儀所檢者。

斗二十四度　牛七度　女十一度　虛十二度　危十六度　室十八度　壁十一度北方九十六度宿分三百二十八

奎十七度　婁十三度　胃十四度　昴十一度　畢十六度　觜一度　參九度西方八十三度

井三十度　鬼三度　柳十四度　星七度　張十六度　翼十九度　軫十八度南方一百九度

角十三度　亢九度　氐十六度　房五度　心五度　尾十八度　箕十度東方七十九度

臣等今所修撰討論，更造木渾圖交絡調賦黃赤二道三百六十五度有奇，校量大率，與此符會。今曆以步日行月及五星出入循此。其月行交絡黃道，進退亦宜有別。每交輒差，不可詳盡。今亦依黃道推步。

推日躔術

置多至初日躔差率，加總法[三八]，乘多至小餘，如總法而一，以減天宿度分。其餘命起黃道斗十二度，宿次去之，經斗去宿分度，不滿宿算外，卽所求年多至夜半所在宿度算及分。

求每定氣初日夜半日所在定度術

各以其定氣初日躔差率，乘氣定餘，總法而一，進加退減餘爲分，以減定氣日度及分，命以宿次如前，卽其夜半度及春秋二分定氣初日爲進退之始，當平行一度。自餘依進加退減度之。

求次日夜半日所在定度術

各因定氣夜半所在爲本，加度一。又以其日躔差率，進加退減度分。滿若不足，並依前例。去命如上，卽得所求。其定朔弦望夜半日度，各臨定氣，以其日月名亦直而分別之。勘右依恆有餘，從定恆行度，不用躔差。

求朔弦望定日夜辰所加日度術[三九]

各以其定小餘爲平分。又定小餘乘其日所躔差率，總法而一，乃進加退減其平分，以加其夜半日度，卽各定辰所加。其與五星加減者，半其分；消息月朔者，應推月度所須，皆依本朔大小。若注曆，依甲子乙丑各擬入。

推月離術　求朔望定日辰月所在度術

各置朔弦望定辰所加日度及分。凡朔定辰所加爲合朔，日月同度。上弦加度九十一、分四百一十七。望加度一百八十三、分八百三十四。下弦加度二百七十三、分一千二百五十一。訖，各半而十退之，爲程度分。

求次月定朔夜半入變曆術[四〇]

置天正恆朔夜半所入變日及餘。定朔有進退一日者，進退一日，爲定朔夜半所入。月大加二日，月小加一日。餘皆五百九十六、奇十六。

求次日夜半所入變曆術

因定朔夜半所入日算，加日一，滿皆如前。其弦皆依前定日所在求之。

求變日定離程術

各以其日夜半入變餘，乘離差，總法而一，爲見差。以進加退減其日離程，爲月每日所離定程。

求朔弦望之定日夜半月所在度術

各以其日定小餘，乘所入變日離定程，總法而一，爲夜半後分。滿程法爲度，餘爲度分。以減其日加辰所在度及分，命以黃道宿度，卽其所求。次日夜半，各以離定程加朔弦望夜半所在分，滿程法從度，去命以黃道宿度算外，則次日夜半月度。求晨昏度，以其日離定程乘其日夜刻，二百而一，爲昏分，滿程法爲度。望前以昏，後以晨，加夜半度，得所求。其弦望以五乘定小餘，程法一，爲刻，卽各其辰所入刻數。皆減其晨前刻，不滿晨前刻者，從前日注曆，伺候推。

總刻：一百。

辰刻：分十一〔二〕。

刻分法：七十二。

定氣	晨前刻	昏去中度	定氣日度及分	黃道去極度	屈伸率	發斂差	朒
冬至	三十刻	八十二度二分	斗十二度	一百一十五度三分	伸一三分	益十六	朒
小寒	二十九刻五十四分	八十三度	牛二度一千三百四十分	一百一十三度一分	伸三七分	益十六	朒

大寒	二十九刻十八分	八十四度八分	女十一度二百五十七分四	一百一十度七分	伸六一分	益二十二	朒
立春	二十八刻三十三分	八十七度七分	危五度五百五十三分	一百七度九分	伸九四分	益九	朒
啓蟄	二十七刻三十分	九十一度六分	室四度八百四十三分二	一百二度九分	伸十七分半	益七	朒
雨水	二十六刻十八分	九十五度九分	壁一度一千一百四十六分一	九十七度三分	伸十一八分	益三	朒
春分	二十五刻四分	一百度四分	奎七度八十分	九十一度三分	伸十二二分半	損三	朒
清明	二十三刻五十四分	一百四度九分	婁五度三百八十一分五	八十五度三分	伸十一八分	損七	朒
穀雨	二十二刻四十二分	一百九度二分	胃七度六百七十四分四	七十九度七分	伸十七分半	損九	朒
立夏	二十一刻三十九分	一百一十三度一分	昴七度九百六十九分二	七十四度七分	伸九四分	損二十三	朒
小滿	二十刻五十四分	一百一十六度	畢十一度一千二百六十分三	七十度九分	伸六一分	損十六	朒
芒種	二十刻十八分	一百一十七度八分	參八度二百一十三分一	六十八度五分	伸三七分	損十六	朒
夏至	二十刻	一百一十八度七分	井十五度五百六分	六十七度三分	屈一三分	益十六	盈
小暑	二十刻十八分	一百一十九度八分	井三十度七百九十八分五	六十八度五分	屈七分	益十六	盈
大暑	二十刻五十四分	一百一十六度	柳十一度一千九十一分四	七十度九分	屈六一分	益二十二	盈
立秋	二十一刻三十九分	一百一十三度一分	張六度三十四分三	七十四度一分	屈九二分	益九	盈
處暑	二十一刻四十二分	一百九度三分	翼四度三百三十七分二	七十七度七分	屈十七分半	益七	盈

白露	二十三刻五十四分	一百四度九分	翼十九度六百四十分一	八十五度三分	屈十一八分	益三	盈
秋分	二十五刻	一百度四分	軫十五度九百二十三	九十一度三分	屈十二二分半	損三	盈
寒露	二十六刻十八分	九十五度九分	角十三度一千二百一十五分五	九十七度三分	屈十一八分	損九	盈
霜降	二十七刻三十分	九十一度六分	氐五度一百六十八分四	一百二度九分	屈十十分半	損九	盈
立冬	二十八刻三十三分	八十七度七分	房四度四百六十一分三	一百七度	屈九四分	損二十三	盈
小雪	二十九刻十六分	八十四度八分	尾九度七百五十四分二	一百一十一度十分	屈六一分	損十六	盈
大雪	二十九刻五十四分	八十三度	箕六度一千三十七分一	一百一十四度二分	屈三七分	損十六	盈

求定氣日晝夜漏刻及日出沒術

倍其氣晨前刻及分，滿法從刻，爲日不見漏。以減百刻，餘爲日見漏。五刻晝漏刻〔三〕。以晝漏刻減百刻，餘爲夜漏刻。以四刻十二分加晨前漏刻，命起子初刻算外，卽日出辰刻。以日見漏加日出刻辰，以次如前，卽日沒所在辰刻。以二十五除從夜漏，得每更一籌之數。以二刻三十六分加日沒辰刻，卽甲辰刻，又以更籌數加之，得甲夜一籌數。以次累加，滿辰去命之，卽五更夜籌所以當辰刻及也，以配二十一箭漏之法也。

求每日並屈申數術

每氣準爲一十五日，各置其氣屈申率。每以發斂差損益之，差滿十從分，分滿十從率

一，卽各每日屈申率。各累計屈申率爲刻分，乃以一百八十乘刻分，汎差十一乘綱紀而除之，得爲刻差，滿法爲刻。隨氣所在，以申減屈加不見漏而半之，爲晨前定刻。每求次日，各如前法。時加其如始，隨加辰日晚，以率課之。

求黃道去極每日差術

置刻差，三十而一爲度。不滿三約爲分。申減屈加其氣初黃道度，卽每日所求。

求昏旦去中星度術

每日求其晝漏刻數，以乘期實，二百乘總法而除之，得昏去中星度。以減周天度，餘爲晨去中星度。以昏旦去中星度，加其辰日所在，卽各其日中宿度。其梗概粗舉者，加其夜半日度，各其日中星宿度。

因求次日者，各置其四刻差，七十二乘之，二百八十八而一度。冬至後加，夏至後減。隨日加，各得每日去中度。晨昏所距日在黃道中星準度，以赤道計之。其赤道同太初星距。

推遊交術

終率：一千九十三萬九千三百一十三。奇率：三百。

約終：三萬六千四百六十四　奇一百一十三。

交中：一萬八千二百三十二　奇五十六半。

交中日〔四三〕：二十七　餘二百八十四　奇一百一十三。

中日：十三　餘八百一十二　奇五十六半。

虧朔：三千一百六　奇一百八十七。

實望：一萬九千七百八十五　奇一百五十。

後準：一百五十二　奇九百三半。

前準：一萬六千六百七十八　奇二百六十三。

求月行入交表裏術

置總實，以終率去之。不足去者，奇率乘之。滿終率，又去之。不滿者，奇率約之，爲天正恆朔夜半入交分。不盡，爲奇。以總法約入交分，爲日。不盡，爲餘。命日算外，即天正恆朔夜半入交日算及餘、奇。天正定朔有進退日者，依所進退一日，爲朔所入。日不滿中日及餘、奇者，爲月在外；滿，去之，餘皆一爲月在內。大月加二日，小月加一日，餘皆一千五十五、奇一百八十七。求次日，加一日，滿中日者，皆去之，餘爲入次。一表一裏，迭互入之。

交日	去交差	差積
一日	進十四	積元
二日餘二百一十四已下者，入蝕限。	進十三	十四
三日	進十一半	二十七
四日	進十一半	三十八半
五日	進七	四十八
六日	進四	五十五
七日	進二退二五分四進強一退弱	五十七
八日	退二	六十六十又一分，一分當日退。
九日	退五	五十八
十日	退八	五十三
十一日	退十半	四十五
十二日	退十二半	三十四半
十三日餘五百九十九已上，入蝕限。	退十三半	二十二
十四日	退十四少三退強三退弱	八半

求月入交去日道遠近術

置所入日差，并後差半之，爲通率。進，以入日餘減總法，以乘差，總法而一，并差以半之。退者，半入餘，以乘差，總法而一。皆加通率，爲交定率。乃以入餘乘定總法。乃進退差積，滿十爲度，不滿爲分，即各其日月去日道度數。每求日道宿度去極數，其入七日，餘一千七十六、奇二十八少已下者，進，已上，盡全；餘二百六十三、奇二百七十一大者，退入十四日，如交餘奇已下者〔四四〕，退；其入已上，盡全；餘五百二十七、奇二百四十二半者，進。而終其要爲五分。初則七日四分，十四日三分；末則七日後一分，十四日後二分。雖初強末弱，差率有檢，月道一度半強已下者，爲沾黃道。當朔望，則有虧。遇五星在黃道者，則相侵掩。

求所在宿術

求夜半入交日十三算者及餘，以減中日及餘，不盡者，以乘其日離定程，總法而一，爲離分，滿程爲度，以加其日夜半月所在宿度算及分，求次交準此，各得其定交所在度。置前後定交所宿度算及分，半之，即各表裏極所在宿度及分。

求恆朔望汎交分野〔四五〕

因天正恆朔夜半入交分，以天正恆朔汎交分求望汎交，以實望加之。又加，得次月恆朔汎交分。滿約終及奇，去之。次求次朔，以虧望加之。

求朔望入常交分術

以入氣盈朒定積，盈加朒減其恆汎交分，滿若不足，進退約終。即其常分交〔四六〕。

求朔望定交分術〔四七〕

以六十乘定遲速，以七百七十七降除之，所得爲限數。速減遲加如常〔四八〕。其數朔入交月在日道裏者，以所入限數減定遲速，餘以速減遲加其定交分〔四九〕。而出日道表者，爲變交分。加減不出日道表，即依定交分求蝕分。其變交分出日道表三時半內者，檢其前後月望入交分數多少，依月虧初復末定蝕術，注消息，以定蝕不〔五〇〕。

求入蝕限術

其入交定分，如交中已下者，爲月在外道；交中已上者，以交中減之，餘爲月在內。其分如後準已下、前準已上者，爲入蝕限〔五一〕。望則月蝕〔五二〕，朔入限，月在裏者，日蝕。入限如後準已下者，爲交後分；前準已上者，反減交中〔五三〕，餘爲交前分〔五四〕。以一百一十二約之，爲交時。

求月蝕所在辰術

置望日不見刻，六十七乘之，十而一，所得，若蝕望定小餘與之等已下，又以此得減總法餘與之等已爲蝕正見數定小餘。如求律氣應加時法，得加時所在辰月在衝辰蝕，若非正見者，於日出後日沒前十二刻半內，求其初末以候之。又以半總減蝕定小餘，不足減者半總加減訖，以六乘之，如辰率而一，命起子半算外，即月蝕所在辰。

求日蝕所在辰術

置有蝕朔定小餘副之，以辰率除之，所得以艮、坤、巽、乾爲次，命退算外〔五五〕。不滿法者，半法減之。無可減者，爲初；所減之餘，爲末。初則減法，各爲差率。月在內道者，乃以十加去交時數而三除之，以乘差率〔五六〕，十四而一，爲差。其朔在二分前後一氣內，即以差爲定。近冬至以去寒露雨水、近夏至以去清明白露氣數倍之，又三除去交時數增之。近冬至，艮巽以加，坤乾以減；近夏至，艮巽以減、坤乾以加其差，爲定差。艮坤加副，巽乾減副。月在外道者，三除去交時數，以乘差率，十四而一，爲之差。艮坤以減副，巽乾以加副，各加減副訖，爲定副小餘。如求律氣應加時術，即日蝕所在辰及少太。其求入辰刻，以半辰刻乘朔，辰率而一，得刻及分。若蝕近朔夕者，以朔所入氣日出沒刻校蝕所在，知蝕見不之多少，所在辰爲正見日月蝕既，在起復初末，亦或變常退於見前後十二刻半候之。

求月起復依蝕分後術

求月在日道表朔不應蝕準。朔在夏至初日，準去交前後二百四十八分爲初準；已下，加時在午正前後七刻內者，食。朔去夏至前後，每一日損初準二分，畢於前後九十四日，各

爲每日變準。其朔去交如變準已下，加時如前者，蝕。

又以末準六十減初準及變準，餘以十八約之，爲刻準。以并午正前後七刻數爲時準。加時準內去交分〔五七〕，如末準已下，並蝕。又置末準，每一刻加十八，爲差準。每加時刻，去午前後如差準刻已下，去交分如差已下者，並蝕。自秋分至春分，去交如末準已下，加時南方三辰者，亦蝕。凡定交分在辰前後半時外者，雖入蝕準前爲蝕。求月在日道裏朔應蝕而不蝕準。朔在夏至日，去交一千三百七十三，爲初準；已上，加時在午正前後十八刻內者，或不蝕。朔去夏至前後，每一日益初準一分半，畢於前後九十四日，各爲每日變準。以初減變，餘十而一，爲刻準。以刻減午正前後十八刻，餘，十而一爲時準。其去交在變準已上，加時在準內者，或不蝕。

求月蝕分術

置去交前後定分，多交前後〔五八〕，皆去二百二十四。春交後去一百，交前去二百。夏不問前後，去五十。秋交後去二百，交前去一百。不足去者，蝕既。有餘者，以減後準，一百四而一。餘半已下，爲半弱；半已上，爲半強。命以十五爲限，得月蝕之大分。

求月蝕所起術

月在內道：蝕東方三辰，虧自月下邪南上，月從西而漸北，自東而漸南。蝕南方三辰，虧起左下，甚於正南，復於右下。蝕西方三辰。虧自南而漸東，月從北而漸西，起於月上，邪南而下。月在外道：蝕東方三辰，虧起自月下，邪北而上，虧起東而漸北，月從西漸南。蝕南方三辰，虧起左上，甚於正北，復於右上。蝕西方三辰。虧自北而漸東，月從南而漸西，起於月上，邪北而上。凡蝕十二分已上，皆隨黃道所在起復，於正傍逆順上下每過其分。又道有升降，每各不同，各隨時取正。

求日蝕分術

月在內道者，朔入冬至，畢腒雨水，及盈秋分，畢大雪〔五九〕，皆以五百五十八爲蝕差。自入腒春分已後，日損六分，畢於白露〔六〇〕。置蝕去交前後定分，皆以蝕差減之。但去交分不足減者，皆反以減蝕差爲不蝕餘〔六一〕。自入腒小滿，畢盈小暑，加時在午正前後七刻外者，皆去不蝕餘一時〔六二〕；三刻內，加不蝕餘一時。腒大寒畢腒立春，交前五時外，大暑畢盈立多〔六四〕，交後五時外，皆去不蝕餘一時〔六三〕，五時內加一時。諸加時蝕差應減者，交後減之，交前加之。應加者，交後加之，交前減之。但不足減去者，蝕既。加減入不蝕限者，或不蝕。其月在外道者，多至初日無蝕差。自後日益六分，累計以爲蝕差，畢於腒雨水。自入腒春分，畢於盈白露，皆以五百二十二爲蝕差。自入盈秋分已後，日損六分，畢於大雪。所損之餘，爲蝕差。以蝕差加去交定分，爲蝕分。以減後準，餘爲不蝕分。各置其朔蝕差，十五約之，以減一百四，餘爲定法。不蝕分餘，各如定法得一分。餘半法已上，爲半強；已下，爲半弱。減十五，餘爲蝕之

大分。

求日蝕所起術

日在內道：日蝕東方三辰，虧自日上近北而邪下，月漸西北，日漸東南。日蝕南方三辰，虧起右下，甚正北，復左下。月在南而漸東，日在北而漸西。日蝕西方三辰。月漸東北，日漸西南，虧自日下近西而邪上。日在外道：日蝕東方三辰，虧自日上近南而邪下，月漸東南，日漸西北。日蝕南方三辰，虧起右下，甚正北，復左下。月在南而漸東，日在北而漸西。日蝕西方三辰。月漸西南，日漸東北，虧自日下近南而邪上。凡蝕十二分已上，起於正傍。各據黃道升降，以準其體。隨其所處，每各不同。蝕有初末，動涉其時，隨便益損，以定虧復所在之方也。

求日月蝕虧初及復末時刻術

置朔望所蝕大分數爲率。四分已上，因增二。五分已上，因增三。九分已上，因增四。十三分已上，因增五。各爲汎用刻率，副之。以乘所入率，副之。以乘所入變增減率，總法而一，應速增損、減加，應遲依其增減副，訖，爲蝕定用刻數。乃四乘之，十而一，以減蝕甚辰刻，爲虧初。又六乘之，十而一，加蝕甚辰刻，爲復末。依其定加時所在辰刻加減命之，各其辰、其月蝕甚初末更籌。因其日月所入辰刻及分，依前定氣所遇夜刻更籌術，求其初末及甚時更籌。

迦葉孝威等天竺法，先依日月行遲疾度，以推入交遠近日月蝕分加時，日月蝕亦爲十五分。去交十五度、十四度、十三度，影虧不蝕法(六五)，自此已下，乃依驗蝕。十二度十五分，蝕二分少強，以漸差降，自五度半已上，蝕既，十四分強。若五度無餘分已下，皆蝕盡。又用前蝕多少，以定後蝕分餘。若既，其後蝕度及分，即加七度以爲蝕度。若望月蝕既，來月朔日雖入而不注蝕。若蝕半已下，五分取一分；若半已上，三分取一分，以加來月朔蝕度及分。若今歲日餘度及分，然後可驗蝕度分數多少。又云：六月依節一蝕。是月十五日是月蝕節(六六)，黑月盡是月蝕節(六七)，亦以吉凶之象，警告王者奉順正法，蒼生福盛，雖時應蝕，由福故也，其蝕即退。更經六月，欲蝕之前，皆有先兆。月欲有蝕，先月形搖振，狀若驚懼，月兔及側月色黃如有憂狀。自常暈，月初生時，光不顯盛，或極細微。日欲有蝕，先日形搖振，極如驚懼狀。或光色微昧，不赫盛，或黎慘。日月蝕先同候，光隕墜，或旦暮際有赤色起，如火燒，金銀珠玉諸寶失光。或有鬬盡如雲入日，或有黑盡入月(六八)，鳥聲細隱，烏不顯亮，雲交擾擾，光景渾亂，忽極令諸乳卒竭，月溼如汗狀，日形段裂無光，犬嗥猫叫，虹見有聲，三辰失鬬，月時有缺，水赤色有膩。十四日、十五日，辟鳥圓集者，亦是蝕之先候。此等與中國法數稍殊，自外梗概相似也。

步五星術

五星（奇率皆百）	總率	奇	伏分	奇
歲星木精	五十三萬四百八十三	奇三十五	伏分三萬四千三十一	奇二十二半
熒惑火精	一百四萬五千八十	奇六十	伏分九萬七千九十	奇三十
鎭星土精	五十萬六千六百二十三	奇二十九	伏分二萬四千八百三十一	奇六十四半
太白金精	七十八萬四百四十九	奇九	伏分五萬六千二百二十四	奇五十四半
辰星水精	一十五萬五千二百七十八	奇六十六	伏分一萬一千六百九十九	奇三十三

五星終日	餘	奇
木終日：三百九十八	餘：一千一百六十三	奇：四十五
火終日：七百七十七	餘：一千二百二十	奇：六十
土終日：三百七十八	餘：一百三	奇：二十九
金終日：五百八十三	餘：一千二百二十九	奇：九夕見伏二百五十六日，晨見伏三百二十七日，餘、奇同終分奇。
水終日：一百一十五	餘：一千一百七十六	奇：六十六夕見伏五十二日，晨見伏六十三日，餘、奇同終分奇。

求五星平見術

各以伏分減總實，餘以其星總率去之。不足去者，反減其餘總率(六九)。餘以總法約之，爲日，不盡爲餘奇，即所求年天正恆朔夜半後星晨夕平見日算及餘奇。天正定朔進退日者，進減退加一日爲定朔夜半後星平見日及餘奇。其金水二星，先得夕平見，其滿見伏日及餘者去之，餘爲晨平見日及餘奇。命見日天正曆月大小，以次去之，不滿月者爲入其月，命日算外，即晨夕平見所在月日及餘奇。

求後平見在月日術

各以其星終日算及餘奇，如前平見所在月日算及餘奇(七〇)。奇滿奇率，從餘。餘滿總法，爲日。去命如前，即後平見所在月日及餘奇，其金水二星，加夕得晨，加晨得夕。各半見餘，以同半總。

求五星常見術

各依其星平見所入恆氣，計日損益。分滿半總爲日，不滿爲分，以損益所加減。訖，餘以加減訖平見日及分(七一)，即其常見日及分。星日初見去日度，平見入氣曆。加減日。損益率。

歲星初見，去日十四度。見入冬至，畢小寒，均減六日。自入大寒已後，日損六十七分。見入春分初日，依平。自後日加八十九分(七二)。入立夏，畢小滿，均加六日。自入芒種已後，日損八十九分(七三)。入夏至，畢立秋，均加四日。自入處暑已後，日損一百七十八分。入白露，初日依平均，自後日減五十二分。入小雪，畢大雪，均減六日。

熒惑初見，去日十七度。見入冬至，初日減二十七日。自後日損六百三分。入大寒，初日依平。自後日加四百二分。入雨水，畢穀雨，均加二十七日。入自立夏已後，日損一百九十八分。入立秋，依平。自入處暑已後，日減一百九十分。入小雪，畢大寒，均減二十七日。

鎭星初見，去日十七度。見入冬至，初日減四日。自後日益八十九分。入大寒，畢春分，均減八日。自入清明已後，日損五十九分。入小暑，初日依平。自後日加八十九分。入白露，初日加八日。自後日損一百七十八分。入秋分，均加四日。自入寒露已後，日損五十九分。入小雪，初日依平。自平後日減八十九分。

太白初見，去日十一度。夕見：入冬至，初日依平。自後日減一百分。入啓蟄，畢春分，均減九日。自入清明已後，日損一百分。入芒種，依平。自入夏至已後，日加一百分。入處暑，畢秋分，均加九日。自入寒露已後，日損一百分。入大雪，依平。晨見：入冬至，依平。自入小寒已後，日加六十七分。入立春，畢立夏，均加三日。自入小滿已後，日損六十七分。入夏至，依平。自入小暑已後，日減六十七分。入立秋，畢立冬，均減三日(七四)。自入小雪已後，日損六十七分。

辰星初見，去日十七度。夕見：入冬至，畢清明，依平。入穀雨，畢芒種，均減二日。入夏至，畢大暑，依平。入立秋，畢霜降，應見不見。其在立秋及霜降二氣之內，夕去日十八度外(七五)，三十六度內，有木火土金一星已上者亦見(七六)。入立冬，畢大雪，依平。晨見：入多至，均減四日。入小寒，畢大寒，依平。入立春，畢啓蟄，均減三日。其在啓蟄氣內，去日度如前，晨無木火土金，一星已上者不見[七七]。入雨水，畢立夏，應見不見。其在立夏氣內，去日度如前，晨有木火土金一星已上者，亦見。入小滿，畢寒露，依平。入霜降，畢立冬，均加一日。入小雪，畢大雪，依平。

求五星定見術

各置其星常見日消息定數半之，息減消加常見日[七八]，即爲定見日及分。五星休王光不同，喜怒盛衰大小尤異。苟變於常見或先後，今依日躔遲速考其行，度其格，以去日爲之定準。

求星見所在度術

置星定見日夜半日所在宿度算及分，半其日躔差，乘定見餘[七九]，半總而一，進加退減定見餘，以加夜半度分，乃以其星初見去日度數，晨減夕加之，即星初見辰所在宿度等及分行星術

各置其星初見日消息定數，半之，息加消減，其星初見行留日率。其土木二星不須加減[八〇]，即依本術。其加減不滿日者，與見通之。過半從一日[八一]，無半不從論[八二]。乃依行星日度之率，求日之行分。

求初見日後夜半星所在術

置其星定見餘，以減半總，以其星初見行分乘之，半總而一，以順加逆減星初見定辰所在度分。加之滿法，減之不足，進退一度。依前命之算外，即星見後夜半所在宿度及分。

自此已後，每依其星計日行度，所至日度及益疾，皆從夜半爲始。辰有少，隨所近也。

轉求次日夜半星行所至術

各以其星一日所行度及分，順逆加減之。其行有小分者，以日率爲母。小分滿母，去之，從行分一。行分滿半總，去之，從度一。其行有益疾益遲者，副置一日行分。各以其差遲損疾加之，留者因前，逆則依減。順行出斗去其分，逆行入斗先加分。訖，皆以程法約行分爲度分，各得每日所至。其五星後順留退所終日度，各依伏度，求其去日遠近，消息日度之所在，以定伏日所在。若注曆，其日度及金水等星，皆棄其分也。

求平行度及分術

置定度率，以半總乘之[八三]，以有分者從之，以日率除之，所得，爲一日行分。不盡小分滿其行分。滿半總爲度。即是一日所行度及行分、小分。置定日率，減一日，以所差分乘之，二而一，爲差率。益疾者以差率減平行分，益遲者以差率加平行分，即是初日所行度及分。

星名星行變日初行入氣曆行日率行度及度分率[八四]：損益率。

歲星：初順，差行一百一十四日，行十八度五百九遲一分先疾，日益十四日[八五]。前留，二十六日。旋退西行，差行三十日，退六度十二分。先遲，日益疾二分。又退西行，差行四十二日，退六度十二分。先疾，日益遲二分。後留，二十五日。後順，差行一百一十四日，行十八度五百九。先遲遲，日益疾分日盡而夕伏十四日[八六]。

熒惑：初順，入冬至初日，率二百四十三日行一百六十五度。自後三日損日及度各三。小寒初日，二百三十五日行一百五十四度。自後二日損日及度各三。穀雨四日，平，畢小滿九日。一百七十八日行一百度。自入小滿九日已後，二日益日及度各一。夏至初日，平，畢六日。一百七十一日行九十三度。自入夏至六日已後，三日益日及度各一。立秋初日，一百八十四日行一百六度。自後一日益日及度各一。白露初日，二百一十四日行一百三十六度。自後五日益日及度各一。秋分初日，二百三十二日行一百五十四度。自後一日益日及度各一。寒露初日，二百四十七日行一百六十九度。自後五日益日及度各二。霜降五日，平，畢立冬十三日。二百五十九日行一百八十一度。自入立冬十三日已後，二日損日及度各一。復冬至初日，二百四十三日行一百六十五度。各依所入恆氣，平者依率，自餘計日損益，名爲前疾日度定率。其前遲及留退入氣有損益日度者，計日損益，皆同此疾之法，以爲遲留旋退定日度之率也。

求變日率術：此疾，入大寒六日，損日率一，畢雨水。入春分，畢立夏，減日率十。入小滿初，減日率十。後三日損所減一。畢芒種，依平。若入立秋，三日益日率一，畢處暑。入白露，畢秋分，均加率十。入寒露初，加率十。後一日半損所加一。畢氣盡，依平。

求變度率術：此疾，若入大寒，畢於啓蟄，立夏至大暑氣盡，霜降畢小雪，皆加度率四。清明畢穀雨，加率度十二。初行入處暑，減日率六十，度率三十。別爲初遲半度之行，行盡此日度，及來所減之餘日度之率續爲疾[八七]。入白露，畢秋分，四十四日行二十二度。皆爲初遲半度之率。初行入大寒，畢大暑，差行，先疾，日益遲一分。各如上法，求其行分。其前遲後日率[八八]，既有增損，而益遲益疾若分[八九]，皆檢括前疾末日行分，爲前遲初日行分。以前遲平行分減之，餘爲前遲總差。後疾日分，爲後遲末日行分。爲後遲日行分減之，餘爲後總差[九〇]。減爲後別日差分。其不滿者，皆調爲小分。遲疾之際，行分衰殺不倫。所差多者，依此推算。若所差不多者，各依本法。

前遲：順，差行，入冬至，六十日行二十五度。先疾，日益。自入小寒已後，二遲二分，日損日及度各一[九一]。大寒初日，五十五日行二十度。自後三日益日及度各一。立春初日平。畢清明，六十日行二十五度。自穀雨氣別減一氣。立夏初日平。畢小滿，六十日行二十二度。自入芒種，別益一度。夏至初日平。畢處暑，六十日行二十五度。自入白露已後，三日損一度。秋分初日，六十日行二十五度。自後一日益一，日半益一度。寒露初日[九二]，六十日行二十五度。自後二日損一度。立冬一日平。畢氣，六十日行十七度。自大雪已後[九三]，五日益一度。大雪初日，六十日行二十度。自後三日益一度。

前留：十三日。前疾減日率一度[九四]，以其數分益此留及後遲日率。前疾加日率者[九五]，以其數分遲日

率〔九六〕。旋退，西行。入冬至初日，六十三日退二十一度。自後四日益一度。小寒一日，六十三日退二十六度。自入小寒已後，三日半損一度。立春三日平。畢啓蟄，六十二日退十七度。自入雨水已後，二日益日及度各一。雨水八日平。畢氣盡，六十七日退二十一度。自入春分已後，一日損日及度各一。春分四日平。畢芒種，六十三日退七十度。自入夏至已後，六日損日及度各一。大暑初日平。畢氣盡，五十八日退十二度。立秋初日平。畢氣盡，五十七日退十一度。自入白露已後，二日益日及度各一。白露十二日平。畢秋分，六十三日退七十度。自入寒露已後，三日益日及度各一。寒露九日平。畢氣盡，六十六日退二十度。自入霜降已後，三日損日及度各一。霜降六日平。畢氣盡，六十三日退十七度。自立冬已後，三日益日及度各一。立冬十一日平。畢氣盡，六十七日退二十一度。自入小雪已後，二日損日及度各一。小雪八日平。畢氣盡，六十三日退十七度。自入大雪已後，三日益一度。

後留：冬至留十三日。自後二日半益一日。大寒初平，畢氣盡，留二十五日。自入立春已後，二日半日損一〔九七〕。雨水初，留十三日。自後三日益一日。清明初，留二十三日。自後一日損一日。清明十日平，畢氣盡，留十五日。自入白露已後，二日損一日益一日。秋分十一日，無留。自入秋分十一日已後，一日益一日。霜降初日，留十九日。自後三日損一日。立冬三日平，畢大雪，留十三日。

後遲：順，差行六十日行二十五度。先疾，日益疾二日。前後疾加度者〔九八〕，此遲依數減之爲定度；前

疾無加度者，此遲入秋分至立冬，減三度，入冬至減五度，後留定日朒十三日者〔九九〕，以所朒日數〔一〇〇〕，加此遲日率也。

後疾：冬至初日，率二百一十一日行一百三十一度。自後一日損日及度各一。大寒八日，一百七十二日行九十四度。自入大寒八日已後，一日損日及度各一。啓蟄，平。畢氣盡，一百六十一日行八十三度。自入雨水已後，三日益日及度各一。穀雨三日，一百七十七日行九十九度。自入穀雨後，三日益日及度各一。芒種十四日平。畢夏至，二百三十三日行一百五十度。自入夏至已後，十日益日及度各一〔一〇一〕。小暑五日，二百五十三日行一百七十五度。自入小暑已後，五日益日及度各一。大暑初日平，畢處暑，二百六十三日行一百八十五度。自入白露已後，二日損日及度各一。秋分一日，二百五十五日行一百七十七度。自入秋分一日已後，一日半復日及度各一。大雪初日，二百五十日行一百二十度。自入秋分，三日益日及度各一〔一〇二〕。冬至初日，復二百一十日行一百二十七度。其入恆氣日度之率有損益者，計日損益，並同前疾之法，以爲後疾定度之率。

求變日率術：其前遲定日朒六十，及退行定日朒六十三者，皆以所朒日數加此疾定日率〔一〇三〕，前遲定日盈六十三，後留定日盈十三者〔一〇四〕，皆以所盈日數減此疾定日率。加減訖，即變日率。

求變度率術〔一〇五〕：其前遲定度朒二十五，退行定度盈十七〔一〇六〕，後遲入秋分至冬至減度者〔一〇七〕，皆以所盈朒度數〔一〇八〕，加此疾定度率。前遲定度盈二十五，及退行定度朒十七者，

皆以所盈朒度數，減此疾定度率。加減訖，即變度率。初行，入春分，畢穀雨，差行。先遲〔一〇九〕，日益疾一分。初行，入立夏，畢夏至〔一一〇〕，日行半度。六十六日行二十二度。小暑〔一一一〕，五十日行二十五度。立秋畢氣盡，二十日行十度，減率續行，並同前疾初遲法。損益依前，求其行分。各盡度而夕伏。

鎮星：初順，差行，八十三日行七度二百九十分。先疾，日益遲半分。前留，三十七日。旋退，西行，差行，五十一日退三十分〔一一二〕。先遲，日益疾少半。

太白：夕見，順，入冬至畢立夏，入立秋畢大雪。一百七十二日行二百六度。自入小滿後，十日益一度，爲定疾〔一一三〕。初入白露，畢春分，差行。疾，日益遲二分。自餘平行。夏至畢小暑，一百七十二日行二百九度。自入大暑已後，五日損一度，畢氣盡。平行：入冬至初日及大暑，各畢氣盡。一十三日行一十三度。自入冬至後，十日損一，畢已後立春〔一一四〕，入立秋，日益一，畢秋分。啓蟄畢芒種，七日行七度。自入夏至後，五日益一，畢於小雪〔一一五〕。寒露初日，三十三日行二十二度。自後六日損一，畢於小雪。順遲：差行，三十二日行三十度。先疾，日益遲八分。前疾加度〔一一六〕過二百六度者，準數損此度。夕留，七日。夕退，西行，一十日退五度。日盡而夕伏。晨初退，西行，十日退五度。日退半度。晨留，七日。順遲，差行，冬至畢立夏，大雪畢氣盡。三十二日〔一一七〕，先遲，日益疾八分。自入小滿已後，率十日損一度，畢芒種〔一一八〕。平行，冬至畢氣盡，立夏畢氣盡。一十三日行一十三度。日行一度。自入小寒已後，六日益日及度各一，畢於

啓蟄。入小滿後，七日損日度各一〔一一九〕，畢立秋。雨水初日，二十三日行二十三度。自後六日損日及度各一，畢於穀雨。處暑畢寒露，無此平行。自入霜降後，五日益日及度各一，畢大雪。前遲行損度不滿三十度者，此疾依數益之〔一二〇〕。疾行，一百七十二日行二百六度。處暑畢寒露，差行，先遲，日益疾一分。餘平行，行日盡而晨伏。

辰星：夕見，順疾，一十二日行二十一度六分。日行一度五百三分。大暑畢處暑，一十二日行一十七度二分。日行一度二百八十分。平行，七日行七度。自入大暑後，二日損日及度各一。入立秋，無此平行。順遲行，六日行二度四分。日行二百二十四分，前疾行十一度者，無此遲行。日盡而夕伏〔一二一〕。夕留，五日。晨見，留五日。順遲行，六日行二度四分。日行二百二十四分。自入大寒，畢於啓蟄，無此遲行。平行，七日行七度。日行一度。大寒已後，二日損日及度各一。入立春，無此平行〔一二二〕。順疾行，一十二日行二十一度六分。日行一度五百三分。前無遲行者，一十三日行十七度十分。日行一度二百八十分。各日盡而晨伏。

凡五星終日分奇，皆於伏分消遁，故於行星更不別見。

武太后稱制，詔曰：「頃者所司造曆，以臘月爲閏。稽考史籍，便紊舊章，遂令去歲之中，晦仍月見。重更尋討，果差一日。履端舉正，屬在於茲。宜改曆於惟新，革前非於既

往。可以今月爲閏十月，來月爲正月。」是歲得甲子合朔冬至。於是改元聖曆，以建子月爲正，建丑爲臘，建寅爲一月。命太史瞿曇羅造新曆。至三年，復用夏時，光宅曆亦不行用。中宗反正，太史丞南宮說奏：「麟德曆加時寖疏。又上元甲子之首，五星有入氣加時，非合璧連珠之正也。」乃詔說與司曆徐保乂、南宮季友，更治乙巳元曆。至景龍中，曆成，詔令施用。俄而睿宗卽位，景龍曆寢廢不行。麟德曆經〔二三〕今略載其法大端。

母法一百。兩大衍之數爲母法。

旬周六十。六甲之終數爲旬周。

辰法八刻；分，三十三少半。以十二辰數除一百刻，得辰法。

期周三百六十五日；餘，二十四；奇，四十八。一期之總日及餘奇數爲期周。

氣法十五日；餘，二十一；奇，八十五少半。以二十四氣分期周，得氣法。

候法五日；餘，七；奇，二十八；小分，四。以七十二候分期周，得候法。

月法二十九日；餘，十三；奇。爲月法〔二四〕。

日法日舒月遠乃舒一合朔之及餘奇爲日法〔二五〕。

望法十四日；餘，七十六；奇，五十三。因爲陰後限。二分月法得望法。亦是月行陰曆，後與朔望會交限。

弦法七日；餘，三十八；奇，二十六半。四分月法，得弦法。

閏差十日；餘，八十七；奇，七十六。月法去期周，餘得閏差。

沒數九十一；餘，三十一；奇，十二。四分期周，餘四分之得沒數〔二六〕。

沒法一；餘，三十一；奇，十二。以旬周去期周，餘四分之，得沒法。

月周法二十七日；餘，五十五；奇，四十五；小分，五十九。月行遲疾一周之數，爲月周法。

月差法一日；餘，九十七；奇，六十；小分，四十一。以月周減月法，餘得月差。

周天法三百六十五度；餘，二十五；奇，七十一；小分，十三。二十八宿總度數、相距總數及餘奇，爲周天法。

交周法二十七日；餘，二十一；奇，二十二；小分，十六七分。日行陰陽一周交於是日之數，爲交周法。

交差法二日；餘，三十一；奇，八十三；小分，八十三分。以交周法減月法，得交差法。

交中法十三日；餘，六十；奇，六十一；小分，三分半。二分交周，得交中法。

陽前限十二日；餘，四十四；奇，六十九；小分，十六七分〔二七〕。月行陽曆，與朔望會之限。

陽後限一日；餘，十五；奇，九十一；小分，九十一六分半〔二八〕。月行陽曆，後與朔望會之限。

陰前限二十六日；餘，五；奇，三十；小分，二十五半分〔二九〕。月行陰曆，先與朔望會之限。

木歲星合法三百九十八日；餘，八十六；奇，七十九；小分，八十。

火熒惑合法七百七十九日；餘，九十；奇，五十五；小分，四十五。

土鎭星合法三百七十八日；餘，八；奇，四；小分，八十。

金太白合法五百八十三日；餘，九十一；奇，七十七；小分，七十。

水辰星合法一百一十五日；餘，八十七；奇，九十五；小分，七十。

太極上元，歲次乙巳，十一月甲子朔旦冬至之日，黃鍾之始，夜半之時，斗衡之末建於子中，日月如合璧，五星若連珠，俱起於星紀牽牛之初蹤。今大唐神龍元年，復歲次於乙巳，積四十一萬四千三百六十算外。上驗往古，年減一算。下求將來，年加一算。乙巳元曆法積數，大約如此。其算經不錄。

校勘記

〔一〕推法　新志「推」作「總」。

〔二〕加大餘十五　「大餘」上各本原有「五」字，新志作「累加日十五」。校勘記卷一六云，「加下衍五字」，據刪。

〔三〕小分六之五　「六之五」各本原無，新志有，校勘記卷一六云：「兩小分中脫六之五。」據補。

〔四〕小餘滿總法之　校勘記卷一六云：「法下脫去字。」

〔五〕大餘滿旬周之　校勘記卷一六云：「旬周下脫去字。」

〔六〕凡氣餘朔　校勘記卷一六謂「餘」字衍文。

〔七〕置清明小暑寒露小寒大寒小餘　自清明至小寒四節氣至土王用事之初，太陽黃經相差均爲十二度，「大」下「寒」字當刪。

〔八〕凡分餘相并不同者　「相并」下據術當補「而母」二字。

〔九〕母相乘爲法　「乘」字各本原作「承」，據上文及術改。

〔一〇〕餘滿從沒日一　「從」字各本原在「沒」下，校勘記卷一六云，「從」字當在「沒」上。案謂滿日法進位爲一日，據改。

〔一一〕卽所求年天正月　「天」字各本原無，據本節注文補。

〔一二〕加在宿過周連餘及奇　「加」字各本原作「如」，據上文及術改。

〔一三〕天正恆朔　「朔」字各本原作「用」，據上文及術改。

〔一四〕蟄蟲咸動　下「末候」項內缺文，隋書卷一八律曆志中作「蟄蟲啓戶」。

〔一五〕爲別差爲限　據下文及合鈔卷四二曆志，下「爲」字衍文，當刪。

〔一六〕秋分前　「前」字各本原作「後」，據術參考上文改。

〔一七〕損七百二十二　消三千七百八　各本原作「消三千七百八　損七百二十二」，據新志改。

〔一八〕餘以總辰乘而紀除之爲總差辰之綱紀除之　文字疑有誤，校勘記卷一六謂據術，當作：「以總辰乘之，綱紀除之，爲總差，又以辰差乘總差。」

〔一九〕以總差加末率　各本原脫「加末率」三字，據術及文義，參考新志補。
〔二〇〕前多者以別差率減前少者以別差率加　二「率」字各本原作「日」，據上文及術改。
〔二一〕以前末率爲初率　「初率」各本原無，據新志補。
〔二二〕別差漸減爲日率　據術，「減」下脫「初率」二字，「日」上脫「每」字。
〔二三〕即其氣朒日辰　據術及文義，「氣」下當有「盈」字。
〔二四〕有多於進綱紀通數者　據術及文義，「綱」下當有「退」字。
〔二五〕總辰自辰乘　校勘記卷一六說，「自辰乘」當作「自乘辰總」。
〔二六〕乃以先加後減其氣盈朒爲定積　「盈朒」，各本原作「其朒」，據下文及新志改。
〔二七〕因天正經辰所入日餘奇　據新志及術，「天正」下當補「恆朔」二字。
〔二八〕所入滿變日及餘奇　「所入」，各本原作「所日」，據下文改。
〔二九〕求朔望弦盈朒減辰所入術　「望弦」，據上下文當作「弦望」。「減」字殿本、懼盈齋本、局本、廣本同。殘宋本、聞本此處闕字。疑當作「經」。
〔三〇〕離程　離差　各本原作「離差　離程」，據新志及術改。
〔三一〕進二　初減一百二末增二十九　各本「一百二」原作「一百二十」，「增」字原無，據新志改補。校勘記卷一六謂注文十字誤在「進二」下。今移正。校勘記又云：「注上據前後例，似脫『減一百二』四

字。」據此，當作：「進二　減一百二初減一百二，末增二十九。」
〔三二〕增二十　新志作「減二十」。
〔三三〕減一百四十四初減七十一末增入徵　「減一百四十四」，各本原作注文，小字。校勘記卷一六：「減一百四十四依上例似屬大字。」據改。「徵」，新志作「後」。
〔三四〕亦總法而一　「法」字各本原無，據新志及文義補。
〔三五〕速減遲加　「減」下各本原有「法」字，據新志及文義刪。
〔三六〕所得并以加減變率爲定　各本原作「所得并以減率」，據新志及文義補。
〔三七〕曆速定數速減遲加　新志「曆速」作「遲速」。「速減遲加」原作「減除加」，據新志補改。
〔三八〕加總法　據術，疑是下文「如總法」而衍。
〔三九〕求朔弦望定日夜辰所加日度術　據下文及術，「夜」字當是衍文。
〔四〇〕求交月定朔夜半入變曆術　「曆」字各本原作「宿」，據下文及術改。
〔四一〕辰刻分十一　殿本、懼盈齋本、局本、廣本同。殘宋本作「辰刻八，辰刻分十二」，聞本作「辰刻八，辰刻分十一」。新志作「辰刻八分二十四」。
〔四二〕五刻晝漏刻　合鈔卷四二曆志云：「上下有闕文。」
〔四三〕交中日　新志「中」作「終」。按下文「中日十三，餘八百一十二」，倍之得交終日，似當作「終」。
〔四四〕如交　據術，「如交」下當有「中日」二字。
〔四五〕求恆朔望汎交分野　據文義，「野」字疑當作「術」。
〔四六〕即其常分交　「常分交」疑當作「常交分」。
〔四七〕求朔望定交分術　「交」字各本原無，據上文及術補。
〔四八〕速減遲加如常　「加」字各本原無，據新志補。
〔四九〕餘以速減遲加其定交分　「速」字各本原無，據新志補。
〔五〇〕以定蝕不　「以」字各本原作「心」，據新志及文義改。
〔五一〕其分如後準已下前準已上者爲入蝕限　各本「其」字原作「外」，「限」字原作「陽」，據新志及文義改。
〔五二〕望則月蝕　「望」字各本原無，據新志及文義補。
〔五三〕反減交中　「反」字各本原作「及」，據新志改。
〔五四〕餘爲交前分　「前」下各本原有「後」字，據新志及術改。
〔五五〕命退算外　據術，當作「命起艮算外」。
〔五六〕以乘差率　「率」字各本原無，據上下文補。
〔五七〕內去交分　「分」字各本原無，據下文補。

〔五八〕冬交前後　「冬交」殘宋本、聞本作「交冬」，殿本、懼盈齋本、局本、廣本作「交分」，據新志及文義改。
〔五九〕畢大雪　「畢」下各本原有「五十八秋分畢」六字。「五十八」涉下而衍，「秋分畢」涉上而衍。據上下文及新志刪。
〔六〇〕日損六分畢於白露　據新志及術，「日損六分」下當補「畢於芒種。自入夏至日益六分」十二字。
〔六一〕以減蝕差爲不蝕餘　「蝕差」下各本原有「蝕」字，據新志及術刪。
〔六二〕皆去不蝕餘　殘宋本、聞本作「皆不去蝕餘」，殿本、懼盈齋本、局本、廣本作「皆不餘蝕餘」，據上下文改。
〔六三〕大暑畢盈立冬　校勘記卷一六謂「大暑」上脫「盈」字。
〔六四〕皆去不蝕餘一時　「去」字各本原作「云」，「蝕」重文，據上下文改。
〔六五〕影虧不蝕法　殿本、懼盈齋本、局本、廣本同，殘宋本、聞本作「不法蝕」。校勘記卷一六謂據文義，「法」字衍文。
〔六六〕是月十五日是月蝕節　上「是」字殘宋本、聞本作「日」，殿本、懼盈齋本、局本、廣本作「是」。校勘記卷一六謂「是」當作「凡」。
〔六七〕黑月盡是月蝕節　校勘記卷一六謂下「月」字當作「日」。

〔六八〕或有闕盡如雲入日或有黑盡入月　校勘記云：「兩盡字俱當作氣字，上闕字疑當作黑字。」
〔六九〕反減其餘總率　據術，「餘」字疑爲衍文。
〔七〇〕如前平見所在月日算及餘奇　據術，「如」字當作「加」。
〔七一〕餘以加減訖平見日及分　「訖」字涉上而誤，據術，當刪。
〔七二〕自後日加八十九分　此句各本原在「日損六十七分」之後，據新志及術移下。
〔七三〕日損八十九分　「損」下各本原有「益」字，據新志及術刪。
〔七四〕入立秋畢立冬均減三日　「立冬均減」，各本原作「均加」，據術及上文「入立春畢立夏」句補改。
〔七五〕夕去日十八度外　「夕」字各本原作「多」，據新志及術改。
〔七六〕有木火土金一星已上者亦見　「亦見」二字各本原無，據新志及術補。
〔七七〕其在晷蟄氣內去日度如前晨無木火土金一星已上者不見　各本「內去日度如前」原在「金」字下，「木」原作「水」，「者」字原無。據新志及術改補。
〔七八〕息減消加常見日　「消加」，各本原作「消息如」，據新志及術刪改。
〔七九〕半其日躔差乘定見餘　「乘」字各本原作「率」，據新志及術改。
〔八〇〕其土木二星　各本原作「其土木三日出」，校勘記卷一六云：「二字誤作三，星字誤離爲日出二字。」新志作「其歲星鎮星」。據改。

〔八一〕過半從一日　「從」字各本原作「後」，據新志及術改。
〔八二〕無半不從論　「從」字各本原作「後」，據上文改。
〔八三〕以半總乘之　「半」字各本原無。新志有「半」字。按麟德曆以半總爲度母，本節亦言「滿半總爲度」，據補。
〔八四〕入氣曆　據術，「曆」當作「率」。
〔八五〕五百九遲一分先疾日益十四日　新志作「五百九分日益遲一分」。
〔八六〕五百九先進遲日益疾分日盡而夕伏十四日　文字疑有舛誤，新志作：「五百九分。日益疾一分，日益而夕伏。」
〔八七〕行盡此日度及來所減之餘日度之率續爲疾　新志作：「盡此日度，乃求所減之餘日度率續之爲疾。」此處「及來」當作「乃求」，形近而誤。
〔八八〕其前遲後日率　新志「後」下有「遲」字。
〔八九〕而益遲益疾若分　「若分」，新志作「差分」。
〔九〇〕餘爲後總差　新志作「餘爲後遲總差」。
〔九一〕先疾日益自入小寒已後二遲二分日損日及度各一　殘宋本、聞本、殿本、局本同。廣本「二遲」作「益遲」。新志作：「先疾日益遲二分入小寒三日損一。」

〔九二〕寒露初日　新志句下有「率七十五日行三十度，乃每日損日一，三日損度一。霜降初日率」。
〔九三〕自大雪已後　新志作「入小雪」。
〔九四〕前疾減日率一度　新志「一度」作「一者」。
〔九五〕前疾加日率者　「加日率者」，各本原作「以日率右」，據新志改。「加日」與上文「減日」相對，「右」「者」形近而誤。
〔九六〕以其數分遲日率　新志作「以其數分減此留及後遲日率」。
〔九七〕二日半日損一　校勘記卷一六謂「日損一」當作「損一日」。
〔九八〕後留定日朒十三日者　「後」字各本原作「復」，「朒」原作「納」，形近而誤，據新志改。
〔九九〕前後疾加度者　新志無「後」字。
〔一〇〇〕以所朒日數　「以所」，各本原作「所以」，據新志改。
〔一〇一〕十日益日及度各一　新志作「乃每日益一」。
〔一〇二〕自入秋分三日益日及度各一　新志「秋分」作「大雪」。
〔一〇三〕加此疾定日率　「加」字各本原作「如」，形近而誤，據新志改。
〔一〇四〕前遲定日盈六十三後留定日盈十三者　新志作：「前遲定日盈六十，退行定日盈六十三，後留定日盈十三者。」

〔一〇五〕求變度率術　「率」字各本原無，據下文補。
〔一〇六〕退行定度盈十七　「度」字各本原無，據新志補。
〔一〇七〕後遲入秋分至冬至減度者　「後」字各本原無，據新志補。
〔一〇八〕皆以所盈朒度數　「盈朒」下各本原有「減度者皆以所盈朒減」九字，係衍文。據新志刪。
〔一〇九〕先遲　「遲」字各本原作「進」，據下文及術改。
〔一一〇〕畢夏至　「夏」字各本原脫，據新志及術補。
〔一一一〕小暑　新志句下有「畢大暑」三字。
〔一一二〕退三十分　新志作「退二度四百九十一分」。
〔一一三〕爲定疾　新志「疾」作「度」。
〔一一四〕已後立春　新志無「已後」二字。
〔一一五〕畢於小雪　新志「小雪」作「小暑」。
〔一一六〕前疾加度　此下各本原重「疾加度」三字，據新志刪。
〔一一七〕三十二日　新志作「四十二日行三十度」。
〔一一八〕畢芒種　「畢」字各本原無，據新志及文義補。
〔一一九〕七日損日度各一　「度」字各本原無，據新志及文義補。

〔二〇〕前遲行損度不滿三十度者此疾依數益之　此十七字，新志在下文「疾行一百七十二日，行二百六度」句下。

〔二一〕日盡而夕伏　此句，新志在下文「夕留五日」下。

〔二二〕入立春無此平行　「入」字各本原作「又」，據新志及文義改。

〔二三〕麟德曆經　校勘記卷一六謂此四字衍文，云：「麟德曆經四字已於卷首著之，以下所載，皆其曆之經也，不應卷末於光宅等兩曆又及之，殆衍文耳。」

〔二四〕月法二十九日餘十三奇爲月法　據術，「餘十三奇」當作「餘五十三奇六」。

〔二五〕日法　此條及注文疑有脫誤。

〔二六〕餘四分之得沒數　據術，「餘四分之」四字，疑涉下而誤衍。

〔二七〕小分十六七分　據術，「十六七」當作「十七」。

〔二八〕小分九十一六分半　據術，當作「小分九十一分半」。

〔二九〕小分二十五半分　據術，當作「小分二十五分半」。

舊唐書卷三十四

志第十四

曆三

開元大衍曆經

演紀上元閼逢困敦之歲，距今開元十二年甲子歲，歲積九千六百六十六萬一千七百四十算。

大衍步中朔第一

大衍通法：三千四十。

策實：一百一十一萬三百四十三。

揲法：八萬九千七百七十三。

減法：九萬一千三百〔一〕。

策餘：一萬五千九百四十三。

用差：一萬七千一百二十四。

掛限：八萬七千一十八。

三元之策：一十五；餘，六百六十四；秒，七。

四象之策：二十九；餘，一千六百一十三。

中盈分：一千三百二十八；秒，十四。

爻數：六十。

象統：二十四。

推天正中氣　以策實乘入元距所求積算，命曰中積分。盈大衍通法得一，爲積日。不盈者，爲小餘。爻數去積日，不盡日爲大餘。數從甲子起算外，卽所求年天正中氣冬至日及小餘也。

求次氣　因天正中氣大小餘，以三元之策及餘秒加之。其秒盈象統，從小餘。小餘滿大衍通法，從大餘。大餘滿爻數，去之。命如前，即次氣恆日及餘秒。凡率相因加者，下有餘秒，皆以類相從。而滿其法，則迭進之，用加上位。日盈爻數，去之也。

推天正合朔　以揲法去中積分〔二〕。其所不盡，曰歸餘之卦。以減中積分，餘爲朔積分。迺如大衍通法而一，爲日。不盡，爲小餘。日盈爻數，去之。不盈者，爲大餘。命以甲子算外，即所求年天正合朔經日及小餘也。

求次朔及弦望　因天正經朔大小餘，以四象之策及餘加之。數除如法，即次朔經日及餘也。又自經朔加一象之日七及餘一千一百六十三少，得上弦。倍之，得望。參之，得下弦。四之，是謂一揲，復得後月之朔。凡四分一爲少，二爲半，三爲太，四爲全。加滿其前數，去之，從上位。綜中朔盈虛分〔三〕，累益歸餘之卦，每其月閏衰。凡歸餘之卦五萬六千七百六十以上，其歲有閏。因考其閏衰，滿卦限以上，其月及合置閏。或有進退，皆以定朔無中氣裁焉。

推沒日　置有沒之氣恆小餘，以象統乘之，內秒分，參而伍之，以減策實。餘滿策餘，爲日。不滿，爲沒餘。命起也〔四〕。凡恆氣小餘，不滿大衍通法，如中盈分半法已下，爲有沒之氣。

推滅日　以有滅之朔經小餘，減大衍通法。餘，倍參伍乘之，用減滅法。餘，滿朔虛分，爲日。不滿，爲滅餘。命起經朔初日算外，即合朔後滅日也。凡經朔小餘不滿朔虛分者，爲有滅之朔。

大衍步發斂術第二

天中之策：五；餘，二百二十二；秒，三十一。秒法：七十二。

地中之策：十八；餘，一百六十五；秒，八十六。秒法：一百二十。

貞悔之策：三；餘，一百三十二；秒，一百三。秒法：如前。

辰法：七百六十。

刻法：三百四。

推七十二候　各因中節大小餘命之，即初候日也。以天中之策及餘秒加之，數除如法，即次候日。又加，得末候日。凡發斂，皆以恆氣。

推六十卦　各因中氣大小餘命之，公卦用事日也。以地之策及餘秒累加之，數除如法，各次卦用事日。若以貞悔之策加諸候卦，得十二節之初外卦用事日。

推五行用事　各因四立大小餘命之，即春木、夏火、秋金、冬水首用事日也。以貞悔之策及餘秒，減四季中氣大小餘，即其月土始用事日。凡抽加減而有秒者〔五〕，母若不齊，當令母互乘子。乃加減之。母相乘爲法。

恆氣 月中節 四正卦	初候	次候	末候	始卦	中卦	終卦
冬至 十一月中 坎初六	蚯蚓結	麋角解	水泉動	公中孚	辟復	侯屯卦內
小寒 十二月節 坎九二	鴈北鄉	鵲始巢	野雞始雊	侯屯卦外	大夫謙	卿睽
大寒 十二月中 坎六三	雞始乳	鷙鳥厲疾	水澤腹堅	公升	辟臨	侯小過卦內
立春 正月節 坎六四	東風解凍	蟄蟲始振	魚上冰	侯小過卦外	大夫蒙	卿益
雨水 正月中 坎九五	獺祭魚	鴻鴈來	草木萌動	公漸	辟泰	侯需卦內
驚蟄 二月節 坎上六	桃始華	倉庚鳴	鷹化爲鳩	侯需卦外	大夫隨	卿晉
春分 二月中 震初九	玄鳥至	雷乃發聲	始電	公解	辟大壯	侯豫卦內
清明 三月節 震六二	桐始華	田鼠化爲鴽	虹始見	侯豫卦外	大夫訟	卿蠱
穀雨 三月中 震六三	萍始生	鳴鳩拂羽	戴勝降桑	公革	辟夬	侯旅卦內
立夏 四月節 震九四	螻蟈鳴	蚯蚓出	王瓜生	侯旅卦外	大夫師	卿比
小滿 四月中 震六五	苦菜秀	靡草生	小暑至	公小畜	辟乾	侯大有卦內
芒種 五月節 震上六	螳螂生	鵙始鳴	反舌無聲	侯大有卦外	大夫家人	卿井
夏至 五月中 離初九	鹿角解	蜩始鳴	半夏生	公咸	辟姤	侯鼎卦內
小暑 六月節 離六二	溫風至	蟋蟀居壁	鷹乃學習	侯鼎卦外	大夫豐	卿渙
大暑 六月中 離九三	腐草爲螢	土潤溽暑	大雨時行	公履	辟遯	侯恆卦內
立秋 七月節 離九四	涼風至	白露降	寒蟬鳴	侯恆卦外	大夫節	卿同人
處暑 七月中 離六五	鷹祭鳥	天地始肅	禾乃秀	公損	辟否	侯巽卦內
白露 八月節 離上九	鴻鴈來	玄鳥歸	羣鳥養羞	侯巽卦外	大夫萃	卿大畜
秋分 八月中 兌初九	雷乃收聲	蟄蟲坯戶	水始涸	公賁	辟觀	侯歸妹卦內
寒露 九月節 兌九二	鴻鴈來賓	雀入大水爲蛤	菊有黃花	侯歸妹卦外	大夫无妄	卿明夷
霜降 九月中 兌六五	豺乃祭獸	草木黃落	蟄蟲咸俯	公困	辟剝	侯艮卦內
立冬 十月節 兌九四	水始冰	地始凍	野雞入大水爲蜃	侯艮卦外	大夫既濟	卿噬嗑
小雪 十月中 兌九五	虹藏不見	天氣上騰地氣下降	閉塞成冬	公大過	辟坤	侯未濟卦內
大雪 十一月節 兌上六	鶡鳥不鳴	虎始交	荔挺出	侯未濟卦外	大夫蹇	卿頤

推發斂去朔　各置其月閏衰，以大衍通法約之，爲日。不盡爲餘，即其月中氣去經朔日算及餘秒也。求卦候者，各以天地之策及餘秒累加減之；中氣之前以減，中氣之後以加。得去經朔日算及餘秒。

推發斂加時　各置其小餘，以六爻乘之，如辰法而一，爲半辰之數。不盡者，五之，三刻法除之，爲刻。又不盡者，三約爲分。此分滿刻法爲刻，若令滿象積爲刻者〔六〕，即置不盡之數，十之，十九而一，爲分。命辰起子半算外，各其加時所在辰刻及分也。

大衍步日躔術第三

乾實：一百一十一萬三百七十九太。

周天度：三百六十五。虚分七百七十九太。

歲差：三十六太。

定氣	辰數	盈縮分	前後數	損益率	朓朒積
冬至	一百七十三分三	盈二千三百五十三	先端	益一百七十八	朒初
小寒	一百七十五分三	盈一千八百四十五	先二千三百五十三	益一百三十八	朒一百七十六
大寒	一百七十七分一	盈一千三百九十	先四千一百九十八	益一百四	朒三百一十四
立春	一百七十八分八	盈九百七十六	先五千五百八十八	益七十三	朒四百一十八
雨水	一百八十分三	盈五百八十八	先六千五百六十四	益四十四	朒四百九十一
驚蟄	一百八十一分八	盈二百一十四	先一千一百五十二	益十六	朒五百三十五

定氣	辰數	盈縮分	前後數	損益率	朓朒積
春分	一百八十三分五	縮二百一十四	先七千三百六十六	損十六	朒五百五十一
清明	一百八十四分九	縮五百八十八	先七千一百五十二	損四十四	朒五百四十五
穀雨	一百八十六分五	縮九百七十六	先六千五百六十四	損七十三	朒四百九十一
立夏	一百八十八分一	縮一千三百九十	先五千五百八十八	損一百四	朒四百十八
小滿	一百八十九分九	縮一千八百四十五	先四千一百九十八	損一百三十八	朒三百十四
芒種	一百九十一分九	縮一千三百五十二	先二千三百五十三	損一百七十六	朒一百七十六
夏至	一百九十一分九	縮二千三百五十三	後端	益一百七十六	朓初
小暑	一百八十九分九	縮一千八百四十五	後二千三百五十三	益一百三十八	朓一百七十六
大暑	一百八十八分一	縮一千三百九十	後四千一百九十八	益一百四	朓三百一十四
立秋	一百八十六分五	縮九百七十六	後五千五百八十八	益七十三	朓四百一十八
處暑	一百八十四分九	縮五百八十八	後六千五百六十四	益四十四	朓四百九十一
白露	一百八十三分五	縮二百一十四	後七千一百五十二	益十六	朓五百三十五
秋分	一百八十一分八	盈二百一十四	後七千三百六十六	損十六	朓五百五十一
寒露	一百八十分三	盈五百八十八	後七千一百五十二	損四十四	朓五百四十五
霜降	一百七十八分八	盈九百七十六	後六千五百六十四	損七十三	朓四百九十一
立冬	一百七十七分一	盈一千三百九十	後五千五百八十八	損一百四	朓四百一十八
小雪	一百七十五分三	盈一千八百四十五	後四千一百九十八	損一百三十八	朓三百一十四
大雪	一百七十三分三	盈一千八百五十三	後二千三百五十三	損一百七十六	朓一百七十六

求每日先後定數　以所入氣并後氣盈縮分，倍六爻乘之，綜兩氣辰數除，入之，爲末率。又列二氣盈縮分，皆倍六爻乘之，各如辰數而一，以少減多〔七〕，餘爲氣差。加減末率，至後以差加，分後以差減。爲初率。倍氣差，亦六爻乘之〔八〕，復綜兩氣辰數以除之，爲日差。半之，以加減初末，各爲定率。以日差累加減氣初定率，至後以差減，分後以差加。爲每日盈縮分。迺馴積之，隨所入氣日加減氣下先後數，各其日定〔九〕。冬至後爲陽復，在盈加之，在縮減之。夏至後爲陰復，在縮加之，在盈減之。距四正前一氣，在陰陽變革之際〔一〇〕，不可相并，皆因前末爲初率。以氣差至前加之，分前減之，爲末率。餘依前率，各得所求。其朓朒亦放此求之，各得每日定數。其分不滿全數，母又每氣不同，當退法除之，用百爲母，半已上從一，已下棄之。下求軌漏〔一一〕，餘分不滿准此。

推二十四氣定日　冬夏至皆在天地之中，無有盈縮。餘各以氣下先後數，先減後加恆氣小餘。滿若不足，進退其日。命從甲子算外，各其定日及餘秒也。凡推日月行度及軌漏交蝕，竝依定氣。若注曆〔一二〕即依恆氣也。

推平朔四象　以定氣相距置朔弦望經日大小餘，以所入定氣大小餘及秒分減之，各其

所入定氣日算及餘秒也。若大餘少不足減者，加交數，然後減之。其弦望小餘有少半太，當以爻乘之，乃以氣秒分減，退一加象統。小餘不足減，退日算一，加大衍通法也。

求朔弦望經日入朓朒　各置其所入定氣日算及餘秒。減日算一，各以日差乘而半之，前少，加之；前多，減之。以加減其氣初定率，以乘其所入定氣日算及餘秒。凡除者，先以母通全，內子，乃相乘，母相乘除之也。若忽微之數煩多而不甚相校者，過半收爲全，不盈半法，棄之。所得以損益朓朒積〔一三〕，各爲其日所入朓朒定數。若非朔望有交者，以十二乘所入日算。三其小餘，辰法除而從之。以乘損益率，如定氣辰數而一。所得以損益朓朒積〔一四〕，各爲定數也。

赤道宿度

斗二十六　牛八　女十二　虚十及分　危十七　室十六　壁九

右北方七宿九十八度虚分七百七十九太

奎十六　婁十二　胃十四　昴十一　畢十七　觜一　參十

右西方七宿八十一度

井三十三　鬼三　柳十五　星七　張十八　翼十八　軫十七

右南方七宿一百一十一度

角十二〔二五〕　亢九　氐十五　房五　心五　尾十八　箕十一

右東方七宿七十五度

前皆赤道度。其畢、觜、參及輿鬼四宿度數，與古不同，今並依天以儀測定，用爲常數。紘帶天中，儀極攸憑，以格黃道也。推黃道，准冬至歲差所在，每距冬至前後各五度爲限。初數十二，每限減一，盡九限，數終於四。殷二立之際，一度少強，依平。乃距春分前、秋分後，初限起四，每限增一，盡九限，終於十二，而黃道交復。計春分後、秋分前，亦五度爲限，初數十二，盡九限，數終於四。殷二立之際，一度少強，依平。乃距夏至前後，初限起四，盡九限，終於十二。皆累裁之，以數乘限度，百二十而一，得度。不滿者，十二除爲分。若以十除〔二六〕，則大分。十二爲母，命以太半少及強弱。命曰黃赤道差數。二至前後，各九限，以差減赤道度，爲黃道度。二分前後，各九限，以差加赤道度，爲黃道度。若從黃道度反推赤道，二至前後各加之，二分前後須減之。

黃道宿度

斗二十三半　牛七半　女十一少　虛十反差　危十七太　室十七少　壁九太

右北方九十七度六虛之差十九太

奎十七半　婁十二太　胃十四太　昴十一　畢十六少　觜一　參九少

右西方八十二度半

井三十　鬼二太　柳十四少　星六太　張十八太　翼十九少　軫十八太

右南方一百一十度半

角十三　亢九半　氐十五太　房五　心四太　尾十七　箕十少

右東方七十五度少

前皆黃道度。其步日行月與五星出入，循此。求此宿度，皆有餘分。前後輩之成少、半、太，准爲全度〔二七〕。若上考古下驗將來，當據歲差。每移一度，各依術算，使得當時宿度及分〔二八〕，然可步日月五星〔二九〕，知其犯守也。

推日度　以乾實去中積分。不盡者，盈大衍通法爲度。不滿，爲度餘。命起赤道虛九，去分。不滿宿算外，卽所求年天正冬至加時日所在度及餘也。以三元之策累加之，命宿次如前，各得氣初日加時赤道宿度。

求黃道日度　以度餘減大衍通法。餘以冬至日躔之宿距度所入限乘之，爲距前分。置距度下黃赤道差，以大衍通法乘之，減去距前分。餘，滿百二十除，爲定差。不滿者，以象統乘之。復除，爲秒分。乃以定差及秒減赤道宿度。餘，依前命之，卽天正冬至加時所在黃道宿度及餘也。

求次定氣　置歲差，以限數乘之，滿百二十除，爲秒分。不盡爲小分。以加於三元之策秒分，因累而裁之，命以黃道宿次去之，各得定氣加時日躔所在宿及餘也。

求定氣初日夜半日所在度〔三〇〕　各置其氣定小餘，副之，以乘其日盈縮分，滿大衍通法而一，盈加縮減其副，用減其日時度餘〔三一〕，命如前，各其日夜半日躔行在。求次日，各因定氣初日夜半度，累加一策，乃以其日盈縮分，盈加縮減度餘〔三二〕，命以宿次，卽半日所在度及餘也。

大衍步月離術第四

轉終分：六百七十萬一千二百七十九。

轉終日：二十七；餘，一千六百八十五；秒，七十九。

轉法：七十六。

轉秒法：八十〔三三〕。

推天正經朔入轉　以轉終分去朔積分，不盡，以秒法乘，盈轉終分又去之，餘如秒法一而入轉分〔三四〕。不盡爲秒。入轉分滿大衍通法，爲日。不滿爲餘。命日算外，卽所求年天正經朔加時入轉日及餘秒。

求次朔入轉　因天正所入轉差日一、轉餘二千九百六十七、秒分一，盈轉終日餘秒者去之。數除如前，卽次日經朔加時所入。考上下弦望，如求經朔四象術，循變相加，若以經朔望小餘減之〔三五〕，各其日夜半所入轉日及餘秒。

終日〔三六〕	轉分	列衰	轉積度	損益率	朓朒積
一日	九百一十七	進十三	度初	益二百九十七	朓初
二日	九百三十	進十三	十二度五	益二百五十九	朓二百九十七
三日	九百四十三	進十三	二十四度二十五	益二百二十	朓五百五十六
四日	九百五十六	進十四	三十六度五十四	益一百八十	朓七百七十六
五日	九百七十	進十四	四十九度二十二	益一百三十九	朓九百五十六
六日	九百八十四	進十六	六十二度四	益九十七	朒一千九十五
七日	一千	進十八	七十五度	生初益四十八 損末六〔三七〕	朒一千一百九十二
八日	一千一十八	進十九	八十八度二十	損六十四	朒一千二百三十四
九日	一千三十七	進十四	一百一度四十二	損一百六	朒一千一百七十
十日	一千五十一	進十四	一百十五度五十	損一百四十八	朒一千六十四

十一日	一千六十五	進十四	一百二十九度二	損一百八十八	朒九百十六
十二日	一千七十九	進十三	一百四十二度三	損一百二十九	朒七百二十七
十三日	一千九十二	進十三	一百五十七度十八	損一百六十七	朒四百九十八
十四日	一千一百五十	進十退三	一百七十一度四十六	初損二百四十一末益六十六	朒二百三十一
十五日	一千一百一十二	退十三	一百八十度十一	益二百八十九	朓六十六
十六日	一千九十九	退十三	二百度五十九	益二百五十	朓二百五十五
十七日	一千八十六	退十三	二百一十五度十八	益二百一十一	朓六百五
十八日	一千七十三	退十四	二百二十九度十四	益一百七十二	朓八百一十六
十九日	一千五十九	退十四	二百四十三度四十九	益一百三十	朓九百八十七
二十日	一千四十五	退十七	二百五十七度四十四	益八十七	朓一千一百一十七
二十一日	一千二十八	退十八	一百七十一度二十五	初益三十六末損一十八	朓一千二百四
二十二日	一千一十	退十八	二百八十四度六十五	損七十三	朓一千二百二十三
二十三日	九百九十二	退十四	二百九十八度十一	損一百一十六	朓一千一百四十九
二十四日	九百七十八	退十四	三百一十一度十五	損一百五十七	朓一千三十三
二十五日	九百六十四	退十四	三百二十四度十五	損一百九十八	朓八百七十六

二十六日	九百五十	退十三	三百三十六度五十七	損二百三十七	朓六百七十八
二十七日	九百三十七	退十三	三百三十九度十九	損二百七十六	朓四百四十一
二十八日	九百二十四	退七進六	三百六十一度四十四	初損一百六十五末益入後	朒一百六十五

求朔弦望入朓朒定數　各朔其所入日損益而半之〔二八〕，爲通率。又二率相減爲率差。前多者，以入餘減大衍通法，餘乘率差，盈大衍通法得一，并率差而半之。前少者，半入餘，乘率差，亦以大衍通法除之〔二九〕，爲加時轉率。乃半之，以損益加時所入，餘爲轉餘。其轉餘，應益者，減法；應損者，因餘。皆以乘率差，盈大衍通法得一，加於通率〔三〇〕。轉率乘之，大衍通法約之，以朓減朒加轉率爲定率〔三一〕。乃以定率損益朓朒積爲定數。其後無同率者，亦因前率，益者以通率爲初數，半率差而減之。應通率〔三二〕，其損益入餘〔三三〕進退日者，分爲二日，隨餘初末如法求之，所得並以損益轉率。此術本出皇極曆，以究算術之微變。若非朔望有交者，直以入餘乘損益，如大衍通法而一，以損益朓朒爲定數，各得所求。

七日初：二千七百一，約爲大分八。末：三百三十九，約爲大分一。

十四日初：二千三百六十三，約爲大分七。末：六百七十七〔三四〕，約爲大分二。

二十一日初：二千二十四〔三五〕，約爲大分六。末：一千一十六，約爲大分三。

二十八日初：一千六百八十六，約爲大分五。末：一千三百五十四，約爲大分四。

右以四象約轉終日及餘，均得六日二千七百一分。就全數約爲大分，是爲之八分。以減法，餘爲末數。乃四象馴變相加，各其所當之日初末數也。視入轉餘，如初數以下者，加減損益，因循前率；如初數以上，則反其衰，歸于後率云。

求朔弦望定日及餘　以入氣、入轉朓朒定數，同名相從，異名相消。乃以朓減朒加四象經小餘。滿若不足，進大餘〔三六〕。命以甲子算外，各其定日及小餘。干名與後朔叶同者，月大。不同者，小；無中氣者，爲閏月。凡言夜半者，皆起晨前子正之中。若注曆觀弦望定小餘，不盈晨初餘數者〔三七〕，退一日。其望，小餘雖滿此數，若有交蝕，虧初起在晨初已前者，亦如之。又月行九道遲疾，則三大二小。以日行盈縮，累增損之，則容有四大三小〔三八〕，理數然也。若循常儀，當察加時早晚，隨其所近而進退之，使不過三小〔三九〕。其正月朔，若有交加時正見者〔四〇〕，消息前後一兩月，以定大小，令虧在晦二。

推定朔弦望夜半日所在度　各隨定氣次日以所直日度及餘分命焉。若以五星相加減者，以四約度餘。乃列朔弦望小餘，副之，以乘其日盈縮分，如大衍通法而一，盈加縮減其副，以加其日夜半度餘，命如前，各其日加時日躔所次。

推月九道度　凡合朔所交，冬在陰曆，夏在陽曆，月行青道。冬、夏至後，青道半交在春分之宿，殷黃道東〔四一〕。立冬、夏後，青道半交在立春之宿，殷黃道東南。至所衝之宿亦如之也。冬在陽曆，夏在陰曆，月行白道。冬至夏至後，白道半交在秋分之宿〔四二〕，殷黃道西。立北〔四三〕。至所衝之宿亦如之也。春在陽曆，秋

在陰曆，月行朱道。春、秋分後，朱道半交在夏至之宿〔四四〕，殷黃道南。立春立秋後，朱道半交在立夏之宿〔四五〕，殷黃道西南〔四六〕。至所衝之宿亦如之也。春在陰曆，秋在陽曆，月行黑道。春、秋分後，黑道半交在冬至之宿，殷黃道北。立春立秋後，黑道半交在立冬之宿，殷黃道東北〔四七〕。至所衝之宿亦如之也。四序離爲八節，至陰陽之始交，皆以黃道相會，故月有九行。各視月交所入七十二候，距交初黃道日每五度爲限。交初交中同。亦初數十二，每限減一，數終於四，乃一度強，依平。更從四起，每限增一，終於十二，而至半交，其去黃道六度。又自十二，每限減一，數終於四，亦一度強，依平。更從四起，每限增一，終於十二，復與日軌相會。各累計其數，以乘限度，二百四十而一，得度。不滿者，二十四除，爲分。若以二十除之，則大分。十二爲母，命以半太及強弱也。爲月行與黃道差數〔四八〕。距半交前後各九限〔四九〕，以差數爲減；距正交前後各九限，以差數爲加。此加減是出入六度，單與黃道相交之數也。若交赤道，則隨氣遷變不恆。計去冬至夏至以來候數，乘黃道所差，十八而一，爲月行與赤道差數〔五〇〕。凡日以赤道內爲陰，赤道外爲陽；月以黃道內爲陰，黃道外爲陽。故月行宿度入春分交後行陰曆，秋分交後行陽曆，皆爲同名；若入春分交後行陽曆，秋分交後行陰曆，皆爲異名。其在同名，以差數加者加之，減者減之；若在異名，以差數爲加者減之，減者加之。皆以增損黃道度爲九道定度。

推月九道平交入氣　各以其月恆中氣，去經朔日算及餘秒，加其月經朔加時入交汎日

及餘秒，乃以減交終日及餘秒，其餘卽各平交入其月恆中氣日算及餘秒也。滿三元之策及餘秒則去之，其餘卽平交入後月恆節氣日算及餘秒。因求次交者，以交終日及餘秒加之〔三一〕。滿三元之策及餘秒，去之。不滿者，爲平交入其氣日算及餘秒。各以其氣初先後數先加、後減其入餘。滿若不足，進退日算，卽平交入定氣日算及餘秒也。

求平交入氣朓朒定數　置所入定氣日算，倍六爻乘之，三其小餘，辰法除而從之，以乘其氣損益率，如定氣辰數而一，所得以損益其氣朓朒積爲定數也。

求平交入轉朓朒定數　置所入定氣餘，加其日夜半入轉餘，以乘其日損益率，滿大衍通法而一，所得以損益其日朓朒積，乃以交率乘之，交數而一，爲定數。

求正交入氣　置平交入氣及入轉朓朒定數，同名相從，異名相消。乃以朓減、朒加平交入氣餘，滿若不足，進退日算，卽爲正交入定氣日算及餘也〔三二〕。

求正交加時黃道宿度　置正交入定氣餘，副之，乘其日盈縮分，滿大衍通法而一，所得以盈加縮減其副，以加其日夜半日度，卽正交加時所在黃度及餘也。

求正交加時月離九道宿度　以正交加時度餘，減大衍通法。餘以正交之宿距度所入限數乘之，爲距前分。置距度下月道與黃道差，以大衍通法乘之，減去距前分，餘滿二百四十除，爲定差。不滿者，一退爲秒。以定差及秒加黃道度，餘，仍計去冬至夏至以來候數，乘

定差〔三三〕，十八而一，所得依名同異而加減之，滿若不足，進退其度，命如前，卽正交加時月離所在九道宿度及餘也。

推定朔弦望加時月所在度　各置其日加時日躔所在，變從九道，循次相加。凡合朔加時月行潛在日下，與太陽同度，是爲離象。凡置朔弦望加時黃道日度，以正交加時所在黃道宿度減之，餘以加其正交九道宿度，命起正交宿度算外，卽朔弦望加時所當九道宿度也。其合朔加時若非正交，則日在黃道，月在九道，各入宿度，雖多少不同，考其去極，若應準繩，故云月行潛在日下，與太陽同度。以一象之度九十一、餘九百五十四、秒二十二半爲上弦，兌象。倍之而與日衝，得望，坎象。參之，得下弦，震象。各以加其所當九道宿度，秒盈象統從餘，餘滿大衍通法從度。命如前，各其日加時月所在度及餘秒也。綜五位成數四十，以約度餘，爲分。不盡者，因爲小分也。

推定朔夜半入轉　恆視經朔夜半所入，若定朔大餘有進退者，亦加減轉日〔三四〕，否則因經朔爲定。徑求次定朔夜半入轉，因前定朔夜半所入，大月加轉差日二，小月加日一，轉餘皆一千三百五十四秒分一。數除如前，卽次月定朔夜半所入。

求次日　累加一日，去命如〔三五〕，各其夜半所入轉日及餘秒。

求每日月轉定度　各以夜半入轉餘，乘列衰，如大衍通法而一，所得以進加退減其日轉分，爲月每所轉定分〔三六〕，滿轉法爲度也。

求朔弦望定日前夜半月所在度　各半列衰，減轉分。退者，定餘乘衰，以大衍通法除，幷衰而半之；進者，半定餘乘衰，定以大衍通法除，皆加所減。乃以定餘乘之，盈大衍通法得一，以減加時月度及分。因夜半准此求轉分以加之，亦得加時月度。若非朔望有交，直以定小餘乘所入日轉交分〔三七〕，如大衍通法而一，以減其日時月度，亦得所求。

求次日夜半月度　各以其日轉定分加之，分滿轉法從度，命如前，卽次日夜半月所在度及分。

推月晨昏度　各以所入轉定分乘其日夜漏，倍百刻除，爲晨分。以減轉定分，餘爲昏分。以加夜半度，望前以昏加，望後以晨加。各得其日晨昏月所在度及分。

大衍步軌漏第五

爻統：一千五百二十。

象積〔三八〕：四百八十。

辰刻：八；刻分：一百六十。

昏明刻：各二；刻分：二百四十。

定氣	陟降率	消息衰	陽城日晷	漏刻	黃道去極度	距中宿度
冬至	降七十八	息空六十四	一丈二尺七寸一分五十	二十七刻二百四十	一百一十七度二十	八十二度二十七
小寒	降七十二	息十一九十一	一丈二尺三寸七十七	二十七刻一百三十五	一百一十四度	八十三度九十一
大寒	降五十三	息二十二四十二	一丈一尺二寸一分八十二	二十六刻三百八十	一百一十一度九十	八十四度七十七
立春	降三十四	息三十二十五	九尺七寸三分五十一	二十五刻四百七十五	一百八度	八十七度七十
雨水	降初限七十八	息三十五七十八	八尺二寸一分六	二十四刻四百八十	一百三度二十	九十一度三十九
驚蟄	降一	息三十九五十	六尺七寸三分八十四	二十三刻三百六十	九十七度三十	九十五度八十八
春分	陟五	息三十九六十五	五尺四寸三分十九	二十二刻二百三十	九十一度三十	一百度四十四五十
清明	陟初限	息三十八八十九	四尺三寸一分十一	二十一刻一百二十	八十五度三十	一百五度
穀雨	陟三十二	息三十三五十六	三尺三寸四十	二十刻十	七十九度四十	一百九度五十
立夏	陟五十二	息二十八三十八	二尺五寸三十	十九刻五	七十四度五十五	一百一十三度十九
小滿	陟六十三	息二十十一	一尺九寸五分七十六	十八刻一百	七十度七十	一百一十一度十二
芒種	陟六十四	息十十二	一尺六寸三	十七刻三百五十四	六十八度二十四	一百一十八度九十
夏至	陟六十四〔三九〕	消空五十一	一尺四寸七分七十九	十七刻二百五十	六十七度四十	一百一十八度六十三
小暑	降六十三	消十七十六	一尺六寸三	十七刻三百五十五	六十八度二十五	一百一十七度九十八

大暑	降五十二	消二十七十五	一尺九寸五分	十八刻一百	七十八度七十	一百一十六度十二
立秋	降三十二	消二十八九十	二尺五寸三分三十一	十九刻五	七十四度五十五	一百一十三度十九
處暑	降初限九十九	消二十四七十六	三尺三寸三十七	二十刻十	七十九度三十	一百九度五十
白露	降五	消三十八九十	四尺三寸二分十一	二十一刻一百二十	八十五度三十	一百五度
秋分	陟一	消三十九六十六	五尺四寸三分十九	二十刻二百四十	九十一度	一百度四十四五十
寒露	陟初限一	消三十九五十	六尺七寸三分八十四	二十三刻三百六十	九十七度三十	九十五度八十八
霜降	陟三十四	消二十四九十八	八尺二寸一分六	二十四刻四百七十一	一百三度二十	九十一度三十九
立冬	陟五十三	消二十九七十二	九尺七寸三分五十一	二十五刻四百七十五	一百八度五	八十七度
小雪	陟七十二	消二十一七十	一丈一尺二寸一分八十二	二十六刻三百八十	一百一十一度九十	八十四度七十
大雪	陟七十八	消十一十三	一丈二尺二寸二分七十七	二十七刻二百四十五	一百一十四度	八十二度九十一

求每日消息定衰　各置其氣消息衰，依定氣日數，每日以陟降率陟減降加其分，滿百從衰，不滿爲分。各得每日消息定衰及分。其距二分前後各一氣之外，陟降不等，各每以三日爲一限，損益如後。

雨水初日，降七十八。初限每日損十二，次限每日損八，次限每日損三，次限每日損二，末限每日損一。

清明初日，陟一。初限每日益一，次限每日益二，次限每日益三，次限每日益八，末限每日益十九。

處暑初日，降九十九。初限每日損十九，次限每日損八，次限每日損三，次限每日損二，末限每日損一。

寒露初日，陟一。初限每日益一，次限每日益二，次限每日益三，次限每日益八，末限每日益十二。

求前件四氣　置初日陟降率(六〇)，每日依限次損益之，各爲每日率。乃遞以陟減降加其氣初日消息衰分，亦得每日定衰及分也。

推戴日之北每度晷數　南方戴日之下，正中無晷。自戴日之北一度，乃初數一千三百七十九。從此起差，每度增一，終於二十五度。又每度增二，終於四十度。又每度增六，終於四十四度，增六十八。每度增二(六一)，終於五十五度。又每度增十九，終於六十度，度增一百六十。又每度增三十三，終於六十五度。又每度增三十六，終於七十度。又每度增三十九，終於七十二度，增二百六十。又度增四百四十，又度增一千六十，又度增一千八百六十，又度增二千八百四十，又度增四千，又度增五千三百四十，而各爲每度差。因累其差以遞加初數，滿百爲分，分滿十爲寸，各爲每度晷差。又每度晷差數(六二)。

求陽城日晷每日中常數　各置其氣去極度，以極去戴日下度五十六，盈分八十二減半之(六三)，各得戴日之北度數及分。各以其消息定衰戴日北所直度分之晷差，滿百爲分，分滿十爲寸，各爲每日晷差。乃遞以息減消加其氣初晷數，得每日中晷常數也。

求每日中晷定數　各置其日所在氣定小餘，以爻統減之，餘爲中後分(六四)。置前後分，

以其日晷差乘之，如大衍通法而一，爲變差。乃以變差加減其日中晷常數，冬至後，中前以差減，中後以差加。夏至後，中前以差加，中後以差減。冬至一日有減無加，夏至一日有加無減。各得每日中晷定數。

求每日夜半漏定數　置消息定衰，滿象積爲刻，不滿爲分。各遞以息減消加其氣初夜半漏，各得每日夜半漏定數。

求晨初餘數　置夜半定漏全刻，以九千一百二十乘之，十九乘刻分從之，如三百而一，所得爲晨初餘數，不盡爲小分。

求每日晝夜漏及日出入所在辰刻　各倍夜半之漏，爲夜刻。以減百刻，餘爲晝刻。減晝五刻以加夜，即晝爲見刻，夜爲沒刻。半沒刻以半辰刻加之，命起子初刻算外，即日出辰刻。以見刻加之，命如前，即日入辰刻。置夜刻以五除之，得每更差刻，又五除之(六五)，得每籌差刻。以昏刻加日入辰刻，得甲夜初刻(六六)。又以更籌差加之，得次更一籌之數。以次累加，滿辰刻去之，命如前，即得五夜更籌所當辰及分也。其夜半定漏，亦名晨初夜刻。

求每日黃道去極定數　置消息定衰，滿百爲度，不滿爲分，各遞以息減消加其氣初去極度，各得每日去極定數。

求每日距中度定數　置消息定衰，以一萬二千三百八十六乘之，如一萬六千二百七十七而一，爲每日度差(六七)。差滿百爲度，不滿爲分。各遞以息加消減其氣初距中度，各得每

日距中度定數。倍距中度以減周天度，五而一，所得爲每更度差。

求每日昏明及每更中宿度所臨　置其日所在赤道宿度，以距中度加之，命宿次如前，即得其日昏中所臨宿度。以每更差度加之，命如前，即乙夜初中所臨宿度及分也。

求九服所在每氣初日中晷常數　置氣去極度數相減，各爲每氣消息定數，因測所在多夏至日晷長短，但測至即得，不必要須多至。於其戴日之北度及分晷數中，校取長短，同者便爲所在戴日北度數及分。氣各以消定數加減之，因多至後者每氣以減，因夏至後者每氣以加。各得每氣戴日北度數及分。各因其氣所直度分之晷數長短，即各爲所在每定氣初日中晷常數。其測晷有在表南者，亦據其晷尺寸長短，與戴日北每度晷數同者，因取其所直之度，去戴日北度數，反之，爲去戴日南度，然後以消息定數加減。

求九服所在晝夜漏刻　多夏至各於所在下水漏，以定當處晝夜刻數。乃相減，爲多夏至差刻(六八)。半之，以加減二至晝夜刻數，加夏至、減多至。爲春秋分定日晝夜刻數。乃置每氣消息定數，以當處二至差刻數乘之，如二至去極差度四十七分(六九)、八十而一，所得依分前後加減二分初日晝夜漏刻(七〇)，春分前秋分後，加夜減晝；春分後秋分前，加晝減夜。各得所在定氣初日晝夜漏刻數。求次日者，置每日消息定衰，亦以差刻乘之，差度而一，所得以息減消加其氣初漏刻，各得所求。其求距中度及昏明中宿日出入所在，皆依陽城法求，仍以差度而今有之，即得也(七一)。

又術　置所在春秋分定日中晷常數(七二)，與陽城每日晷數校取同者，因其日夜半漏，即爲所在定春秋分初日夜半漏。求餘氣定日，每以消息定數，依分前後加減刻分。春分前以加，分後以減；秋分前以減，分後以加。滿象積爲刻，不滿爲分，各爲所在定氣初日夜半定漏。

求次日　以消息定衰依陽城法求之，即得。此術究理，大體合通。但高山平川，視日不等。校其日晷，長短乃同。考其日漏，多少懸別。以玆參課，前術爲審也(七三)。

大衍步交會術第六

交終：八億二千七百二十五萬一千三百二十二。

交中：四萬一千三百六十二；秒，五千六百六十一。

終日：二十七；餘，六百四十五；秒，一千三百二十二。

中日：十三；餘，一千八百四十二；秒，五千六百六十一。

朔差日：二；餘，九百六十七；秒，八千六百七十八。

望差日：一；餘，四百八十三；秒，九千三百三十九。

望數日：十四；餘，二千三百二十六；秒，五十。

交限日：十二；餘，一千三百五十八；秒，六千三百二十二。

交率：三百四十三。

交數：四千三百六十九。

辰法：七百六十。

秒分法：一萬。

推天正經朔入交　以交終去朔積分(七四)，不盡，以秒分法乘。盈交終，又去之。餘如秒法而一，爲入交分。不盡，爲秒。入交分滿大衍通法，爲日；不滿，爲餘。命日算外，即所求年天正經朔加時入交汎日及餘秒。

求次朔入交　因天正所入，加朔差日及餘秒，盈終日及餘秒者，去之。數除如前，即次月經朔加時所入。

求望　以望數日及餘秒加之(七五)，去命如前，即得所求。若以經朔望小餘減之，各其日夜半所入交汎日及餘秒。

求定朔夜半入交　恆視經朔望夜半所入，定朔望大餘。有進退者，亦加減交日。否則，因經爲定，各得所求。求次定朔夜半入交：因前定朔夜半所入，大月加交差日二，月小加日一，餘皆二千三百九十四、秒八千六百七十八。求次日：累加一日，數除如前，各其夜半所入交汎日及餘秒。

求朔望入交常日　各以其日入氣朓朒定數，朓減朒加其入交汎，餘滿大衍通法從日，即爲入交常及餘秒。

求朔望入交定日　各置其日入轉朓朒定數，以交率乘之，如交數而一。所得以朓減朒加入交常(七六)，餘數如前，即爲入交定日及餘秒。

求月交入陰陽曆　恆視其朔望入交定日及餘秒，如中日及餘秒已下者，爲月入陽曆，已上者，以中日及餘秒去之，餘爲月入陰曆。

陰陽曆	爻目	加減率	陰陽積	月去黃道度
少陽少陰	初	加一百八十七	陰陽初	空
少陽少陰	二	加一百七十一	陰陽一百八十七	一度六十七分
少陽少陰	三	加一百三十七	陰陽三百五十八	二度一百一十八分
少陽少陰	四	加一百一十五	陰陽五百五	四度二十五分
少陽少陰	五	加七十五	陰陽六百二十	五度二十八分
少陽少陰	上	加二十七	陰陽六百九十五	五度九十五分
老陽老陰	初	減二十七	陰陽七百二十二	六度二分
老陽老陰	二	減七十五	陰陽六百九十五	五度九十五分
老陽老陰	三	減一百一十五	陰陽六百二十	五度二分
老陽老陰	四	減一百四十七	陰陽五百五	四度二十五分
老陽老陰	五	減一百七十一	陰陽三百五十八	三度一百十八分
老陽老陰	上	減一百八十七	陰陽一百八十七	一度六十七分

求四象六爻每度加減分及月去黃道定數　以其爻加減率與後爻加減率相減，爲前差。又以後爻率與次後爻率相減，爲後差。二差相減，爲中差。置所在爻并後爻加減率，半中差以加而半之，十五而一，爲爻末率，因爲後爻初率。每以本爻初末率相減，爲爻差(七七)。十五而一，爲度差。半之，以加減初率，少象減之，老象加之。爲定初率。每次度差累加減之，少象以差減，老象以差加。各得每度加減定分。乃循積其分，滿百二十爲度，各爲每度月去黃道度數及分(七八)。其四象，初爻無初率(七九)，上爻無末率，皆倍本爻加減率，十五而一。所得各以初末率減之，皆互得其率。餘依術算，各得所求。

求朔望夜半月行入陰陽度數　各置其日夜半入轉日及餘秒，餘以其日夜半入交定日及餘秒減之也(八〇)，其秒母不等，當循率相通，然後減之；如不足減，即轉終日及一餘秒(八一)，然後減之。餘爲定交初日夜半入轉日及餘秒。乃以定交初日夜半入餘與其日夜半入餘，各乘其日轉定分，如大衍通法而一。所得滿轉法爲度，不滿爲分。各以加其日轉積度及分，乃相減，其餘卽爲其夜半月行入陰陽度數及分也。轉求次日，但以其日轉定分加之〔六二〕，滿轉法爲度，卽得。

求朔望夜半月行入四象度數　置其日夜半入陰陽度數及分，以一象之度九十除之。若以小象除之，則兼除差度一、度分一百六、大分十三、小分十四，訖，然以次象除之。所得以少陽、老陽、少陰、老陰爲次，命起少陽算外，卽其日夜半所入象度數及分也。先以三十乘陰陽度分，十九而一，爲度分〔六三〕。乘又除，爲小分。然以象度及分除之。

求朔望夜半月行入六爻度數　置其日夜半所入象度數及分，以一爻之度一十五除之。所得命起其象初爻算外，卽以其日夜半所入爻度數及分也〔六四〕。其月行入少象初爻之內〔六五〕，皆爲沾近黃道度。當朔望則有虧蝕。

求入蝕限：其入交定日及餘秒，如望差已下交限已上者，爲入蝕限。望入蝕限，則月蝕；朔入蝕限〔六六〕，月在陰曆則日蝕。入限，如望差已下，爲交後。交限已上者，以減中日及餘，爲交前。置交前後定日及餘秒通之〔六七〕，爲去交前後定分。置去交定分，以十一乘之，如二千六百四十三除之，爲去交度數。不盡，以大衍通法乘之，復除爲餘。大抵去交十三度以上，雖入蝕限，爲涉交數微，光影相接，或不見蝕。

求月蝕分　其去交定分七百七十九已下者，皆蝕既。已上者，以交定分減望差，餘以一百八十三約之。盡半已下，爲半弱；已上，爲半強。命以十五爲限，得月蝕之大分。

求月蝕所起　月在陰曆，初起東南，甚於正南，復於西南。月在陽曆，初起東北，甚於正北，復於西北。其蝕十二分已上者，皆起於正東，復於正西。此皆據南方正午而論之，若蝕於餘方者，各隨方面所在，准此取正，而定其蝕起復也。

求月蝕用刻　置月蝕之大分。五已下，因增三。十已下，因增四。十已上，因增五。其去交定分五百二十已下，又增半。二百六十已下，又增半。各爲汎用刻率。

定氣	增損差	差積	定氣	增損差	差積
冬至	增十	積初	小寒	增十五	積十
大寒	增二十	積二十五	立春	增二十五	積四十五
雨水	增三十	積七十	驚蟄	增三十五	積一百
春分	增四十	積一百三十五	清明	增四十五	積一百七十五
穀雨	增五十	積二百二十	立夏	增五十五	積二百七十
小滿	增六十	積三百二十五	芒種	增六十五	積三百八十五
夏至	損六十五	積四百五十	小暑	損六十	積三百八十五
大暑	損五十五	積三百二十五	立秋	損五十	積二百七十
處暑	損四十五	積二百二十	白露	損四十	積一百七十五
秋分	損三十五	積一百三十五	寒露	損三十	積一百
霜降	損二十五	積七十	立冬	損二十	積四十五
小雪	損十五	積二十五	大雪	損十	積十

求每日差積定數　以所入氣并後氣增損差，倍六爻乘之，綜兩氣辰數除之，爲氣末率。又列二氣增損差，皆倍六爻乘之，各如辰數而一。少減多，餘爲氣差。加減末率，多至後以差減，夏至後以差加。爲初率。倍氣差，亦倍六爻乘之，復綜兩氣辰數以除之，爲日差。半之，以加減初末，各爲定率。以日差累加減氣初定率，多至後以差加，夏至後以差減。爲每日增損差。乃循積之，隨所入氣日加減氣下差積，各其日定數。其二至之前一氣，皆後無同差，不可相并，各因前末爲初率。以氣差多至前減，夏至前加，爲末率。餘依算術，各得所求也。

陰曆：

蝕差：一千二百七十五。

蝕限：二千五百二十四。

或限：三千六百五十九。

陽曆：

蝕限：一百三十五。

或限：九百七十四。

求蝕差及諸限定數　各置其差、限，以蝕朔所入氣日下差積，陰曆減之，陽曆加之，各爲蝕定差及定限。

求陰曆陽曆的蝕或蝕　其陰曆去交定分滿蝕定差已上，爲陰曆蝕。不滿者，雖在陰曆，皆類同陽曆蝕也。其去交定分滿蝕定限已下者，其蝕的見。或限以下者，其蝕或見或不見。

求日蝕分　陰曆蝕者，置去交定分，以蝕定差減之，餘一百四已下者，皆蝕既。已上者，以一百四減之，其餘以一百四十三約之，其入或限者，以一百五十二約之。半已下爲半弱，半已上爲半強，以減十五，餘爲日蝕之大分。其同陽曆蝕者，但去交定分，少於蝕定差六十已下者，皆蝕既。六十已上者，置去交定分，以陽曆蝕定限加之，以九十約之。其陽曆蝕者，直置去交定分，亦以九十約之。其入或限者，以一百四十三約之。半已下爲半弱，半已上爲半強，命以十五爲限，亦得日蝕之大分。

求日蝕所起　月在陰曆，初起西北，甚於正北，復於東北。月在陽曆，初起西南，甚於正南，復於東南。其蝕十二分已上，皆起正西，復於正東。此亦據南方正午而論之。

求日蝕用刻　置所蝕之大分，皆因增二。其陰曆去交定分多於蝕定差七十已上者，又增三十五；已下者，又增半；四十已下者，又增半少。各爲汎月刻半率。

求日月蝕甚所在辰　置去交定分，以交率乘之，二十乘交數除之，所得爲差。其月道與黃道同名者，以差加朔望定小餘；異名，以差減朔望定小餘[八八]，置蝕定餘。如求發斂加時術入之，卽蝕甚所在辰刻及分也。其望甚辰月當衡蝕[八九]。

求虧初復末　置日月蝕汎用刻率，副之，以乘其日入轉損益率，如大衍通法而一。所得應朒者，依其損益；應朓者，損加益減其副[九〇]，爲定用刻數。半之，以減蝕甚辰刻，爲虧初；以加蝕甚辰刻[九一]，爲復末。其月蝕求入更籌者，置月蝕定用刻數，以其日每更差刻除，爲更數；不盡，以每籌差刻除，爲籌數。綜之爲定用更籌。乃累計日入至蝕甚辰刻置之[九二]，以昏刻加日入辰刻減之，餘以更籌差刻除之。所得命以初更籌外，卽蝕甚籌。半定用更籌減之，爲虧初；以加之，爲復末。按天竺僧俱摩羅所傳斷日蝕法，其蝕朔日度躔於鬱車宮者，的蝕。諸斷不得其蝕，據日所在之宮，有火星在前三後一之宮幷伏在日下，並不蝕。若五星總出，幷水見，又水在陰曆，及三星已上同聚一宿，亦不蝕。凡星與日別宮或別宿則易斷，若同宿則難斷。更有諸斷，理多煩碎，略陳梗概，不復具詳者。其天竺所云十二宮，則中國之十二次也。曰鬱車宮者，卽中國降婁之次也。十二次宿度，首尾具載曆儀分野卷中也。

求九服所在蝕差　先測所在冬、夏至及春分定日中晷長短、陽城每日中晷常數，校取同者，各因其日蝕差，卽爲所在冬、夏至及春秋分定日蝕差[九三]。

求九服所在每氣蝕差　以夏至差減春分差，以春分差減冬至差[九四]，各爲率。幷二率半之，六而一，爲夏率。二率相減，六一爲差[九五]。置總差，六而一，爲氣。半氣差，以加夏率，又以總差減之，爲冬率。冬率卽是冬至之率也。每以氣差加之各氣，爲每氣定率。乃循其率，以減冬至蝕差，各得每氣初日蝕差。求每日，如陽城求之，若戴日之北[九六]，當計其所在，皆反之，卽得。

大衍步五星術第七

歲星

終率：一百二十一萬二千三百七十九；秒，十八。

終日：三百九十八；餘，二千六百五十九；秒，六。

變差算[九七]：空；餘，三十四；秒，十四。

象算：九十一；餘，二百三十八；秒，五十七十二。

爻算：十五；餘，一百六十六；秒，四十六十二。

鎮星[九八]

終率：一百一十四萬九千三百九十九；秒，九十八。

終日：三百七十八；餘，二百七十九；秒，九十八。

變差算：空；餘，二十二；秒，九十二。

象算：九十二；餘，二百三十七；秒，八十七。

爻算：十五；餘，一百六十六；秒，三十一。

太白

終率：一百七十七萬五千三十；秒，十二。

終日：五百八十三；餘，二千七百一十一；秒，十二。

中合日：二百九十一；餘，二千八百七十五；秒，六。

變差算：空；餘，三十；秒，五十三。

象算：九十二；餘，二百三十八；秒，三十四五十四。

爻算：十五；餘，一百六十六；秒，三十九九。

辰星

終率：三十五萬二千二百七十九；秒，七十二。

終日：一百一十五；餘，二千六百七十九；秒，七十二。

中合日：五十七；餘，二千八百五十九；秒，八十六。

變差算：空；餘，一百三十六；秒，七十八六十。

象算：九十一；餘，二百四十四；秒，九十八六十。

爻算：十五；餘，一百六十七；秒，三十九七十四。

辰法：七百六十。

秒法：一百。

徵分法：九十六。

推五星平合　置中積分，以天正冬至小餘減之，各以其星終率去之，不盡者，返以減終率，滿大衍通法爲日，不滿爲餘，卽所求年天正冬至夜半後星平合日算及餘秒也。

求平合入爻象曆　置積年，各以其星變以差乘之，滿乾實去之，不滿者，以大衍通法約之，爲日。不盡爲餘秒。以減其星冬至夜半後平合日算及餘秒，卽平合入曆算數及餘秒也。各四約其餘，同其辰法也。

求平合入四象　置曆算數及秒，以一象之算及餘秒除之，所得，依入爻象次命起少陽算外，卽平合所入象算數及餘秒也。

求平合入六爻　置所入象算數及餘秒，以一爻之算及餘秒除之，所得，命起其象初爻算外，即平合所入爻算數及餘秒也。

星名	爻目	損益率	進退積
歲星	少陽少陰　初	益七百七十三	進退　空
	少陽少陰　二	益七百二十一	進退　七百七十三
	少陽少陰　三	益六百三十	進退　一千四百九十四
	少陽少陰　四	益五百	進退　二千一百二十四
	少陽少陰　五	益三百三十一	進退　二千六百二十四
	少陽少陰　上	益一百二十三	進退　二千九百五十五
	老陽老陰　初	損一百二十三	進退　三千七十八
	老陽老陰　二	損三百三十一	進退　二千二百五十五
	老陽老陰　三	損五百	進退　二千六百二十四
	老陽老陰　四	損六百三十	進退　二千一百二十四
	老陽老陰　五	損七百二十一	進退　一千四百九十四
	老陽老陰　上	損七百七十三	進退　七百七十三
熒惑	少陽少陰　初	益一千二百三十七	進退　空
	少陽少陰　二	益一千一百四十三	進退　一千二百三十七
	少陽少陰　三	益九百九十一	進退　二千三百八十
	少陽少陰　四	益九百八十一	進退　三千三百七十一
	少陽少陰　五	益五百一十三	進退　四千一百五十二
	少陽少陰　上	益一百八十七	進退　四千六百六十五
	老陽老陰　初	損一百八十七	進退　四千八百五十二
	老陽老陰　二	損五百一十三	進退　四千六百六十五
	老陽老陰　三	損七百八十一	進退　四千一百五十二
	老陽老陰　四	損九百九十一	進退　三千三百七十一
	老陽老陰　五	損一千一百四十三	進退　二千三百八十
	老陽老陰　上	損一千二百三十七	進退　一千二百三十七
鎭星	少陽少陰　初	益一千六百八十四	進退　空
	少陽少陰　二	益一千五百四十四	進退　一千六百八十四
	少陽少陰　三	益一千三百三十	進退　三千二百二十八
	少陽少陰　四	益一千四十二	進退　四千五百五十八
	少陽少陰　五	益六百八十	進退　五千六百
	少陽少陰　上	益二百四十四	進退　六千二百八十
	老陽老陰　初	損二百四十四	進退　六千五百二十四
	老陽老陰　二	損六百八十	進退　六千二百八十
	老陽老陰　三	損一千四百三	進退　五千六百
	老陽老陰　四	損一千三百三十	進退　四千五百五十八
	老陽老陰　五	損一千五百四十四	進退　三千二百二十八
	老陽老陰　上	損一千六百八十四	進退　一千六百八十四
太白	少陽少陰　初	益二百五十五	進退　空
	少陽少陰　二	益二千三十一	進退　二百五十五
	少陽少陰　三	益一百九十八	進退　四百八十六
	少陽少陰　四	益一百五十六	進退　六百八十四
	少陽少陰　五	益一百五	進退　八百四十
	少陽少陰　上	益四十五	進退　九百四十五
	老陽老陰　初	損四十五	進退　四百九十
	老陽老陰　二	損一百五	進退　九百四十五
	老陽老陰　三	損一百五十六	進退　八百四十
	老陽老陰　四	損一百九十八	進退　六百八十四
	老陽老陰　五	損二百三十一	進退　四百八十六
	老陽老陰　上	損二百五十五	進退　二百五十五
辰星	少陽少陰　初	益六百四十三	進退　空
	少陽少陰　二	益五百八十五	進退　六百四十三
	少陽少陰　三	益五百一	進退　一千二百二十八
	少陽少陰　四	益三百九十	進退　一千七百二十九
	少陽少陰　五	益三百五十五	進退　二千一百二十
	少陽少陰　上	益九十三	進退　二千三百七十五
	老陽老陰　初	損九十三	進退　二千四百六十八
	老陽老陰　二	損二百五十五	進退　二千三百七十五
	老陽老陰　三	損三百九十一	進退　二千一百二十
	老陽老陰　四	損五十一	進退　一千七百二十九

老陽老陰	五	損五百八十五	進退一千二百二十九
老陰老陽	上	損六百四十三	退進六百四十三

求四象六爻每算損益及進退定數　以所入爻與後爻損益率相減爲前差，又以後爻與次後爻損益率相減爲後差，前後差相減爲中差。置所入爻并後爻損益率，半中差以加之，九之，二百七十四而一，爲爻末率〔九九〕，因爲後爻初率。皆因前爻末率，以爲後爻初率。初末之率相減，爲爻差。倍爻差，九之，二百七十四而一爲算差。半之，加減初末，各爲定率。以算差累加減爻初定率，少象以差減，老象以差加。爲每損益率〔一〇〇〕。循累其率，隨所入爻，損益其下進退〔一〇一〕，即各得其算定〔一〇二〕。其四象初爻無初率，上爻無末率，皆置本爻損益〔一〇三〕，四而九之，二百七十四而一〔一〇四〕，各以初末率減之，皆互得其率。餘依術算，各得所求。

求平合入進退定數　各置其星平合所入爻之算差，半之，以減其所入算損益率。損者，以所入餘乘限差，辰法除，并差而半之；益者，半入餘乘差，亦辰法除。加所減之率〔一〇五〕，乃以入餘乘之，辰法而一，所得以損益其算下進退，各爲平合所入進退定數。此法微密，用算稍繁。若從省求之，亦可置其所入算餘，以乘其下損益率，如辰法而一，所得以損益其算下進退，各爲定數。

求常合　置平合所入進退定數，金星則倍置之。各以合下乘數乘之，除數除之，所得滿辰法爲日，不滿爲餘，以進加退減平合日算及餘秒〔一〇六〕，先以四約平合餘，然以進加退減也。即爲冬

至夜半後常合日算及餘也。

求定合　置常合日先後定數，四而一，所得滿辰法爲日，不滿爲餘。乃以先減後加常合算及餘，即爲冬至夜半後定合日算及餘也。

求定合度　置其日盈縮分，四而一，以定合餘乘之，滿辰法而一，所得以盈加縮減其定餘，以加其日夜半日度餘，先四約夜半日度餘以加之。滿辰法從度。依前命之算外，即爲定合加時度及餘也。

求定合月日　置冬至夜半後定合日算及餘秒，以天正冬至大小餘加之，天正經朔大小餘減之。其至、朔小餘，皆以四約之，然用加減。若至大餘少於經朔大餘者，又以爻數加之，然以經朔大小餘減之。其餘滿四象之策及餘，除之，爲月數〔一〇七〕，不盡者，爲入朔日算及餘。命月數起天正日算起經朔算外，即定所在日月也。其定朔大餘有進退，進減退加一日，爲在其日月定及餘也〔一〇八〕。

求定合入爻　置常合及定合應加減定數，同名相從，異名相消。乃以加減其平合入爻算餘，滿若不足，進退其算，即爲定合入爻算數及餘也。

求變行初日入爻　置定合入爻算數及餘，以合後伏下變行度常率加之，滿爻率去之，命爻次如前，即次變初日入爻算數及餘也。更求次變入爻變入，但以其下行度常加之，去命如上節。

求變行初日入進退定數　各置其變行初日入爻算數及餘，如平合求進退術入之，即得變行初日所入進退定數也。置進退定數，各以其下乘數乘之，除數除之，所得各爲進退變率。

星名	變行目	變行日中率	變行度中率	差行損益率	變行度常率	變行乘數　變行除數
歲星	合後伏	十七日三百三十二	行三度三百三十三	先遲二日　益疾九分	行一度三百五十七	乘數三百五十　除數二百八十
	前順	一百一十日	行一十八度六十五	先疾五日　益遲六分	行九度三百五十七	乘數三百一十　除數二百八十一
	前留	二十七日			行二度二百二十〔一〇九〕	乘數二百六十七　除數一百二十二
	前退	四十三日	退五度三百六十九	先疾六日　益疾十一分〔一一〇〕	行三度四百七十五	乘數四百七十　除數四百三
	後退	四十三日	退五度三百六十九	先疾六日　益遲十一分	行三度四百七十五	乘數五百一十　除數四百六十七
	後留	二十七日			行三度二百一十	乘數二百七十　除數四百六十七
	後順	一百一十二日	行一十八度六十五	先遲五日　益疾六分	行九度三百三十七	乘數二百六十七　除數二百二十七
	合前伏	十七日	行三度三百三十三	先疾二日　益遲九分	行一度三百五十八	乘數三百五十　除數二百八十
熒惑	合後伏	七十一日七百二十五	行五十四度七百三十五	先疾五日　益遲七分	行三十八度二百一	乘數一百二十七　除數三十
	前疾	二百一十四日	行一百三十六度	先疾九日　益遲四分	行一百一十三度五百九十六	乘數一百三十　除數三十一

星名	變行目	變行日中率	變行度中率	差行損益率	變行度常率	變行乘數　變行除數
	前遲	六十日	行二十五度	先疾日　益遲四分	行三十一日六百八十五	乘數三百三十　除數五十四
	前留	一十三日			行六度六百九十三	乘數二百三　除數五十四
	前退	三十一日	退八度四百七十二	先遲六日　益疾五分	行一十六度三百六十七	乘數二百三　除數四十八
	後退	三十一日	退八度四百七十三	先疾六日　益遲五分	行一十六度二百六十七	乘數二百三　除數四十八
	後留	一十三日			行六度六百九十三	乘數二百三　除數四十八
	後遲	六十日	行二十五度	先遲日　益疾四分	行三十一度六百八十五	乘數二百三　除數五十四
	後疾	二百一十四日	行三十六度	先遲九日　益疾四分	行一百一十三度五百九十六〔一一一〕	
	合前伏	七十一日七百三十六	行五十四度七百三十六	先遲五日二百二　益疾七分〔一一二〕		乘數一百二十七　除數三十
鎮星	合後伏	十八日四百一十五	行一度四百一十五	先遲一日　益疾九分	行度空四百八十	乘數十二　除數十一
	前順	八十三日	行七度二百四十二	先遲二日〔一一三〕　益遲五分	行二度六百二十三	乘數十三　除數十一
	前留	三十七日三百八十			行一度二百八	乘數十　除數九
	前退	五十日	退二度二百三十四	先遲七日　益疾一分	行一度五百三十一	乘數二十　除數十七

後退	五十日	退二度三百三十四	先疾七日 益遲一分	行一度五百三十一	乘數五 除數四
後留	三十七日三百八十			行一度二百八	乘數二十 除數一十七
後順	八十三日	行七度二百三十一	先遲六日 益疾五分	行二度六百二十三	乘數十 除數九
合前伏	十八日四百一十五	行一度四百一十五	先疾二日 益遲九分	行度空四百八十	乘數十二 除數十一
太白 晨合後伏[二四]	四十一日七百一十九	行五十二度七百一十九	先遲三日 益疾十六分	行三十一度七百一十九	乘數七百九十七 除數二百九
夕疾行	一百七十一日	行二百六十度	先疾五日 益遲九分	行一百七十一度	乘數七百九十一 除數二百九
夕平行	十二日			行一十二度	乘數五百一十五 除數一百三十七
夕遲行	四十二日	行三十一度	先疾日 益遲十分	行四十三度	乘數五百一十五 除數一百三十一
夕留	八日			行八度	乘數五百一十五 除數九十二
夕退	十日	退五度	先遲日 益疾九分	行十度	乘數五百一十五 除數八十六
夕合前伏	六日	退五度	先遲日 益疾八十五	行六度	乘數五百一十五 除數八十四
夕合後伏	六日	退五度	先疾日 益遲八十五分	行六度	乘數五百一十五 除數八十三

晨退	十日	退五度	先疾日 益遲九分	行十度	乘數五百一十五 除數八十四
晨留	八日			行八度	乘數五百一十五 除數八十六
晨遲行	四十二日	行四十一度	先遲日 益疾十分	行四十二度	乘數五百一十五 除數九十二
晨平行	十二日			行十二度	乘數五百一十五 除數一百三十七
晨疾行	一百七十一日	行二百六度	先遲五日 益疾九分	行一百七十度	乘數五百一十五 除數一百五十六
晨合前伏	四十一日七百一十九	行五十二度七百一十九	先疾三日 益遲十六分	行四十一度七百一十九	乘數七百一十七 除數二百九
辰星 晨合後伏	十六日七百一十五	行三十二度七百一十五	先遲日 益疾二十二分	行十六度七百一十五	乘數二百八十六 除數二百八十七
夕疾行	十二日	行十七度	先疾日 益遲五十分	行十二度	乘數二百八十六 除數二百八十七
夕平行	九日			行九度	乘數四百九十五 除數一百九十四
夕遲行	六日	行四度	先疾日 益遲七十六分	行六度	乘數四百九十六 除數一百九十五
夕留	三日			行三度	乘數四百九十七 除數一百九十六

夕合前伏	十一日	退六度	先遲日 益疾三十一分	行十一度	乘數四百九十八 除數一百九十七
夕合後伏	十一日	退六度	先疾日 益遲三十一分	行十一度	乘數五百 除數一百九十八
晨留	三日			行三度	乘數四百九十八 除數一百九十八
晨遲行	六日	行四度	先遲日 益疾七十六分	行六度	乘數四百九十七 除數一百九十六
晨平行	九日			行九度	乘數四百九十五 除數一百九十五
晨疾行	十二日	行十七度	先遲日 益疾五十分	行十二度	乘數四百九十五 除數一百九十四
晨合前伏	十六日七百一十五	行二十三度七百一十五	先疾日 益遲二十二分	行十六度	乘數二百八十六 除數二百八十七

求變行日度率　置其本進退變率與後變率，同名者，相消爲差。在進前少，在退前多，各以差爲加；在進前多，在退前少，各以差爲減。異名者，相從謂并。前退後進，各以并爲加；前進後退[二五]，各以并爲減。逆行度率則反之[二六]。皆以差及并，加減日度中率，各爲日度變率。其水星疾行，直以差以并加減度之中率，爲變率。其日直因中率爲變率，不煩加減也。

求變行日度定率　以定合日與後變初日先後定數，同名相消爲差，異名者相從爲并。

四而一，所得滿辰法爲度。乃以盈加縮減其合後伏度之變率及合前伏日之變率。金水夕合日度，加減反之。其二留日之變率[二七]，若差於中率者，即以所差之數爲度，各加減本遲度之變率[二八]。謂以多於中率之數加之，少於中率之數減之。以下加減准此。退行度變率，若差於中率者[二九]，即倍所差之數，各加減本疾度之變率[三〇]。其木土二星，既無遲疾，即加減前後順行度之變率。其水星疾行度之變率，若差於中率者，即以所差之數爲日，各加減留日變率。其留日變率若少不足減者，即侵減遲日變率也。各加減變率訖，皆爲日度定率。其日定率有分者，前後輩之。輩，配也。以少分配多分，滿全爲日，有餘轉配。其諸變率不加減者，皆依變率爲定率[三一]。

求定合後夜半星所在度　置其星定合餘，以減辰法，餘以其星初日行分乘之，辰法而一，以加定合加時度餘，滿辰法爲度。依前命之算外，即定合後夜半星所在宿及餘。自此以後，各依其星，計日行度所至，皆從夜半爲始也。轉求次日夜半星行至：各以其星一日所行度分，順加退減之。其行有小分者，各滿其法從行分一。行分滿辰法，從度一。合之前後，伏不注度，留者因前，退則依減[三二]。順行出虛，去六虛之差；退行入虛，先加此差。先置六虛之差，四而一，然用加減。訖，皆以轉法約行分爲度分，各得每日所至。其三星之行日度定率，或加或減，益疾益遲[三三]，每日漸差，難爲預定，今且略據日度中率商量置之。其定率既有盈縮，即差數合隨而增損[三四]，當先檢括諸變定率與中率相近者，因用其差，求其初末之日行分爲主。自餘變因此消息，加減其差，各求初末行分[三五]。循環比校，使際會參合，衰殺相循。其金水皆以平行爲主，前後諸變，亦准此求之。其合前伏雖有日度定率，如至合而與後算計却不叶者，皆從後算爲定。其五星初見伏之度，去日不等，各以日度與星度相校。木去日十四度，金十一度，火土水各十七度，皆見；各減一度皆伏。其木火土三星前順之初，後順之末，又金水疾行、留、退初末，皆是見伏之初日，注曆消息定之。其金水及日月等度，並棄其分也。

求每日差　置所差分爲實，以所差日爲法。實如法而一，所得爲行分，不盡者爲小分。卽是也每日差所行分及小分也(二六)。其差若全，不用此術。

求平行度及分　置度定率，以辰法乘之，有分者從之，如日定率而一，爲平行分(二七)。不盡，爲小分。其行分滿辰法爲度，卽是一日所行度及分。

求差行初末日行度及分　置日定率減一，以差分乘之。二而一，爲差率(二八)，以加減平行分。益疾者，以差率減平爲初日，加平爲末日。益遲者(二九)，以差率加平爲初日，減平爲末日也。加減訖，卽是初末日所行度及分。其差不全而與日相合者(三〇)，先置日定率減一(三一)，以所差分乘之，爲實。倍所差日爲法。實如法而一，爲行分。不盡者，因爲小分，然爲差率。

求差行次日行度及分　置初日行分，益遲者，以每日差減之；益疾者，以每日差加之，卽爲次日行度及分也。其每日差、初日行皆有小分，母既不同，當令同之。然用加減，轉求次日，准此各得所求也。

徑求差行餘日行度及分　置所求日減一，以每日差乘之，以加減初日行分，益遲減之，益疾加之。滿辰法爲度，不滿爲行分，卽是所求日行度及分也。

求差行，先定日數，徑求積度及分　置所求日減一，次每日差乘之，二而一，所得，以加減初日行分。益遲減之，益疾加之。以所求日乘之，如辰法而一，爲積度。不盡者，爲行分。卽是從初日至所求日積度及分也。

求差行，先定度數，徑求日數　置所求行度，以辰法乘之，有分者從之。八之，如每日差而一，爲積。倍初日行分，以每日差加減之。益遲者加之，益疾者減之。如每日差而一，爲率。今自乘，以積加減之，益遲者以積減之，益疾者以積加之。開方除之。所得，以率加減之。益遲者以率加之，益疾者以率減之。乃半之，卽所求日數也。其開方除者，置所開之數爲實，借一算於實之下，名曰下法。步之，超一位，置商於上方，副商於下法之上，名曰方法。命上商以除實，畢，倍方法一折，下法再折，乃置後商於下法之上，名曰隅法。副隅幷方，命後商以除實(三二)，畢，隅從方法折下就除，如前開之。訖除，依上術求之卽得也。

求星行黃道南北　各視其星變行入陰陽爻而定之。其前變入陽爻爲黃道北，入陰爻爲黃道南；後變入陽爻爲黃道南，入陰爻爲黃道北。其金水二星，以爻變爲前變(三三)，各計其變行，起初日入爻之算，盡老象上爻末算之數，不滿變行度常率者，因置其數，以變行日定率乘之(三四)，如變行度常率而一，爲日。其入變日數，與此日數以下者，星在黃道南北，依本所入陰陽爻爲定。過此日數之外者，黃道南北則返之。

校勘記

(一)減法　「減」字各本原作「滅」，據新志及術改。

(二)以揲法去中積分　「去」字各本原無，據新志及文義補。

(三)綜中朔盈虛分　新志作「綜中盈朔虛分」。

(四)命起也　新志作：「命常氣初日算外，得沒日。」校勘記卷一七云：「按起下有脫文，據術補作：不滿爲沒餘，命起恆氣初日算外，卽合朔後沒日也。」

(五)凡抽加減而有秒者　「抽」字新志作「相」。

(六)此分滿刻法爲刻若令滿象積爲刻者　各本「法爲刻」三字原無，「爲刻者」原作「爲刻爲刻者」，據新志及術補刪。

(七)各如辰數而一以少減多　殘宋本無「以」字，其餘各本無「一」字，據新志及術補。

(八)亦六爻乘之　新志「六爻」上有「倍」字。

(九)各其日定　新志「定」下有「數」字。

(一〇)在陰陽變革之際　「陰」字各本原無，據新志及文義補。

(一一)下求軌漏　「漏」字各本原作「滿」，據下文及術改。

(一二)若注曆　「注」字各本原無，據新志及文義補。

(一三)所得以損益朓朒積　「朓」字各本原無，據新志及術補。

(一四)所得以損益朓朒積　「朒」字各本原無，據新志及術補。

(一五)角十二　「二」字各本原作「三」，據東方七宿七十五度及新志改。

(一六)若以十除　「十」字各本原作「下」，據新志及術改。

(一七)前後輩之成少半太准爲全度　各本「成」字原無，「全」原作「令」，據新志及術補改。

(一八)使得當時宿度及分　「度」字各本原無，據上下文補。新志作「使得當時度分」。

(一九)然可步日月五星　「日」字各本原無。新志作「然後可以步三辰矣」，「三辰」卽「日月五星」，據補日字。

(二〇)求定氣初日夜半日所在度　上「日」字各本原無，據下文及術補。

(二一)用減其日時度餘　新志「其日」下有「加」字。

(二二)盈加縮減度餘　「加」字各本原無，據新志及文義補。

(二三)轉秒法　「法」字各本原無，據新志及術補。

(二四)餘如秒法一而入轉分　校勘記卷一七云：「此處有脫文，據術，當作餘如秒法而一爲入轉分。」

(二五)若以經朔望小餘減之　新志「若」字作「各」，「朔」下有「弦」字。

(二六)終日　新志作「轉日」。

〔二七〕生初益四十八損末六　新志作「初益四十八末損六」。

〔二八〕各朔其所入日損益而半之　新志作「各置朔弦望所入轉日損益率幷後率而半之」。

〔二九〕亦以大衍通法除之　各本「以」字原作「如」，「之」字原無，新志作「亦以通法除之」，據改「如」作「以」，補「之」字。

〔三〇〕加於通率　「率」字各本原作「法」，據下文及新志改。

〔三一〕朓減朒加　「減」字各本原無，據新志及術補。

〔三二〕應通率　新志作「應損者卽爲通率」。

〔三三〕其損益入餘　「損」字各本原作「轉」，據新志及術改。

〔三四〕末六百七十七　「六百」各本原作「六千」，據新志及術改。

〔三五〕初二千二十四　句下各本原有「日分」二字，據「七日」「十四日」「二十八日」例，刪「日分」二字。新志無。

〔三六〕進大餘　據文義及術，「進」下當有「退」字。

〔三七〕不盈晨初餘數者　「不」字各本原作「又」，據新志及術改。

〔三八〕則容有四大三小　「容」字各本原作「各」，「各」爲「容」之爛文，據新志及文義改。

〔三九〕使不過三小　「三小」新志作「三大三小」，據術，當作「三大二小」。

〔四〇〕若有交加時正見者　「者」字各本原無，據新志及文義補。

〔四一〕般黃道東　「黃」字各本原無，據新志及術補。

〔四二〕白道半交在秋分之宿　「交」字各本原作「立」，據新志及術改。

〔四三〕立北　此處有脫誤。新志作「立冬立夏後，白道半交在立秋之宿，當黃道西北。」

〔四四〕朱道半交在夏至之宿　「交」「之」各本原無。據新志補。

〔四五〕朱道半交在立夏之宿　「交」「之」各本原無，據新志補。

〔四六〕般黃道西南　句下各本原有「立」字，據新志及術刪。

〔四七〕般黃道東北　「黃」字各本原無，據新志及術補。

〔四八〕爲月行與黃道差數　「爲」字殿本、懼盈齋本、局本、廣本均作「推」，殘宋本「爲月行」作「月爲月」，據新志及術改。

〔四九〕距半交前後各九限　「交」字各本原無，據新志及術補。

〔五〇〕爲月行與赤道差數　「月」字各本原無，據新志及術補。

〔五一〕以交終日及餘秒加之　「秒」字各本原無，據上下文及術補。

〔五二〕卽爲正交入定氣日算及餘也　「入」字各本原無，據上下文及新志補。

〔五三〕乘定差　各本原重「定」字，據新志及術刪。

〔五四〕亦加減轉日　「加」字各本原作「如」，形近而誤，據新志及術改。

〔五五〕去命如　據術及文義，「如」下當有「前」字。

〔五六〕爲月每所轉定分　據術及文義，「所」字當作「日」。

〔五七〕直以定小餘乘所入日轉交分　據術，「交」字疑衍。

〔五八〕象積　「積」字各本原作「損」，據新志及術改。

〔五九〕陟六十四　新志作「降六十四」。

〔六〇〕置初日陟降率　「降」字各本原無，據新志及術補。

〔六一〕每度增二　新志作「又每度增二，終於五十度。又每度增七」。

〔六二〕又每度晷差數　新志作「又累其晷差，得戴日之北每度晷數」。

〔六三〕盈分八十二減半之　新志作「及分八十二半減之」。

〔六四〕餘爲中後分　新志句下尙有「不足減，反相減，爲中前分」。

〔六五〕又五除之　以上四字各本原無，據新志及術補。

〔六六〕以昏刻加日入辰刻得甲夜初刻　各本原作「以昏刻加日入卽早夜初」，據新志及術補改。

〔六七〕如一萬六千二百七十七而一爲每日度差　「一爲」各本原無，據新志及術補。

〔六八〕爲冬夏至差刻　「爲」字各本原無，據新志及術補。

〔六九〕如二至去極差度　「去」字各本原無，據新志及術補。

〔七〇〕加減二分初日晝夜漏刻　「加」字各本原作「各」，據下注文、新志及術改。

〔七一〕仍以差度而今有之卽得也　新志作「仍以差刻乘之，差度而一，爲今有之數」。

〔七二〕置所在春秋分定日中晷常數　「秋」字各本原無，據下注文、新志及術補。下文「春秋分」同。

〔七三〕以茲參課前術爲審也　「前」字各本原無，據新志及術補。

〔七四〕以交終去朔積分　「交」字各本原無，據下文及術補。新志作「交數」。

〔七五〕以望數日及餘秒加之　「望」字各本原無，據新志及術補。

〔七六〕所得以朓減朒加入交常　「減」字各本原無，據新志補。

〔七七〕爲爻差　「爲」字各本原無，據新志及術補。

〔七八〕各爲每度月去黃道度數及分　「去」字各本原無，據新志及術補。

〔七九〕初爻無初率　下「初」字各本原無，據新志及術補。

〔八〇〕餘以其日夜半入交定日及餘秒減之也　句上「餘」字疑涉上而衍。新志無。

〔八一〕卽轉終日及一餘秒　「卽」字疑當作「加」，「一」字疑衍。

〔八二〕但以其日轉定分加之　「加」字各本原無，據新志及術補。

〔八三〕爲度分　新志句下有「不盡以十五乘十九除爲大分不盡者又」等字。

〔八四〕即以其日夜半所入爻度數及分也　據術及文義，「以」字疑衍。
〔八五〕其月行入少象初爻之內　新志句下有「及老象上爻之中」七字。
〔八六〕望入蝕限則月蝕朔入蝕限　「則月蝕朔入蝕限」各本原無，據新志及術補。
〔八七〕置交前後定日及餘秒通之　各本「置交前」三字原無，「秒」下原有「蝕」字，據新志及術補刪。
〔八八〕以差減朔望　「望」字各本原無，據新志及術補。
〔八九〕其望甚辰月當衝蝕　疑有脫誤。校勘記卷一七謂當作「其望正月當衝辰蝕」。
〔九〇〕應朒者依其損益應朓者損加益減其副　「依其」下「損益應朓者」五字各本原無，據新志及術補。
〔九一〕以加蝕甚辰刻　「蝕」字各本原作「餘」，據新志及術改。
〔九二〕乃累計日入至蝕甚辰刻　「累」下各本原有「日」字，據新志及術刪。
〔九三〕及春秋分定日蝕差　「秋」字各本原無，據新志及文義補。
〔九四〕以春分差減冬至差　各本原作「減冬至」，據新志及術補。
〔九五〕六一爲差　新志作「六而一爲總差」。
〔九六〕若戴日之北　新志作「若戴日之南」。
〔九七〕變差算　「變」上各本原有「終」字，據下文及新志刪。
〔九八〕鎮星　此上各本原脫熒惑一段，新志所載如下：

熒惑

終率：二百三十七萬一千三；秒，八十六。
終日：七百七十九；餘，二千八百四十三；秒，八十六。
變差：三十二；秒，二。
象算：九十一；餘，二百三十八；秒，四十三；微分，八十四。
爻算：十五；餘，百六十六；秒，四十；微分，六十二。

〔九九〕爲爻末率　「爲」字各本原無，據新志及文義補。
〔一〇〇〕爲每損益率　新志作「爲每算損益率」。
〔一〇一〕損益其下進退　新志句下有「積」字。
〔一〇二〕即各得其算定　新志句下有「數」字。
〔一〇三〕皆置本爻損益　新志「損益」下有「率」字。
〔一〇四〕二百七十四而一　句末各本原有「所」字，據新志及文義刪。
〔一〇五〕加所減之率　新志句上有「皆」字。
〔一〇六〕以進加退減平合日算及餘秒　「加」字各本原無，據新志及文義補。
〔一〇七〕除之爲月數　「除」字各本原作「附」，據新志及術改。

〔一〇八〕爲在其日月定及餘也　據文義及術，「在」字當爲衍文。
〔一〇九〕行二度二百二十　此句原在「變行日中率」欄內，校勘記卷一七云：「既日留，則無日中率及度中率，此行度乃度常率。」據移在「變行度常率」欄內。下文尚有多處從「變行日中率」移至「變行度常率」，不再出校。
〔一一〇〕先疾六日　新志作「先遲六日」。
〔一一一〕行一百一十三度五百九十六　句下欄內，新志作「乘數二百三，除數五十四」。
〔一一二〕益疾七分二百二　句下欄內，新志作「曆三十八度二百一分」。
〔一一三〕先遲二日　新志作「先疾六日」。
〔一一四〕晨合後伏　各本原作「晨合伏後」，據新志及術改。
〔一一五〕各以并爲加前進後退　以上九字各本原無，據新志及術補。
〔一一六〕逆行度率則反之　以上七字各本原無，據新志及術補。
〔一一七〕其二留日之變率　「二」下各本原有「日」字，據新志及術刪。
〔一一八〕各加減本遲度之變率　「變」字各本原無，據新志及術補。
〔一一九〕若差於中率者　「差」字各本原無，據新志及術補。

〔一二〇〕各加減本疾度之變率　「度」字各本原無，據新志及術補。
〔一二一〕皆依變率爲定率　上「率」字各本原無，據新志及術補。
〔一二二〕退則依減　「減」字各本原無，據新志及術補。
〔一二三〕益疾益遲　下「益」字各本原無，據新志及文義補。
〔一二四〕即差數合隨而增損　「損」字各本原無，據新志及文義補。
〔一二五〕各求初末行分　「行」字各本原無，據新志及術補。
〔一二六〕即是也每日差所行分及小分也　據文義，「是」下「也」字當是衍文。
〔一二七〕爲平行分　「平」字各本原無，據新志及術補。
〔一二八〕爲差率　「率」字各本原無，據新志及術補。
〔一二九〕益遲者　「益」下各本原有「加」字，據新志及術刪。
〔一三〇〕其差不全而與日相合者　「日」下各本原有「月」字，據新志及術刪。
〔一三一〕先置日定率減一　「減」字各本原無，據新志及術補。
〔一三二〕命後兩以除實　「以」字各本原作「之」，據新志及術改。
〔一三三〕以爻變爲前變　新志作「以夕爲前變，晨爲後變」。
〔一三四〕以變行日定率乘之　「以」字各本原作「行」，據新志及文義改。

舊唐書卷三十五

志第十五

天文上

易曰：「觀乎天文以察時變。」是故古之哲王，法垂象以施化，考庶徵以致理，以授人時，以考物紀，脩其德以順其度，改其過以慎其災，去危而就安，轉禍而爲福者也。夫其五緯七紀之名數，中官外官之位次，凌歷犯守之所主，飛流彗孛之所應，前史載之備矣。

武德年中，薛頤、庾儉等相次爲太史令，雖各善於占候，而無所發明。貞觀初，將仕郎直太史李淳風始上言靈臺候儀是後魏遺範，法制疏略，難爲占步。太宗因令淳風改造渾儀，鑄銅爲之，至七年造成。淳風因撰法象志七卷，以論前代渾儀得失之差，語在淳風傳。其所造渾儀，太宗令置於凝暉閣以用測候，既在宮中，尋而失其所在。玄宗開元九年，太史頻奏日蝕不效，詔沙門一行改造新曆。一行奏云，今欲創曆立

元，須知黃道進退，請太史令測候星度。有司云：「承前唯依赤道推步，官無黃道游儀，無由測候。」時率府兵曹梁令瓚待制於麗正書院，因造游儀木樣，甚爲精密。一行乃上言曰：「黃道游儀，古有其術而無其器。以黃道隨天運動，難用常儀格之，故昔人潛思皆不能得。今梁令瓚創造此圖，日道月交，莫不自然契合，既於推步尤要，望就書院更以銅鐵爲之，庶得考驗星度，無有差舛。」從之，至十三年造成。又上疏曰：

按舜典云：「在璿樞玉衡，以齊七政。」說者以爲取其轉運者爲樞，持正者爲衡，皆以玉爲之，用齊七政之變，知其盈縮進退，得失政之所在，卽古太史渾天儀也。

自周室衰微，疇人喪職，其制度遺象，莫有傳者。漢興，丞相張蒼首創律曆之學。至武帝詔司馬遷等更造漢曆，乃定東西、立晷儀、下漏刻，以追二十八宿相距星度，與古不同。故唐都分天部，洛下閎運算轉曆，今赤道曆星度，則其遺法也。

後漢永元中，左中郎將賈逵奏言：「臣前上傅安等用黃道度日月，弦望多近。史官壹以赤道度之，不與天合，至差一日以上。願請太史官日月宿簿及星度課[一]，與待詔星官考校。奏可。問典星待詔姚崇等十二人，皆曰：『星圖有規法，日月實從黃道，官無其器，不知施行。』甘露二年，大司農丞耿壽昌奏，以圓儀度日月行，考驗天運。日月行赤道，至牽牛、東井[二]，日行一度，月行十三

度，此前代所共知也。」是歲永元四載也。明年，始詔太史造黃道銅儀。冬至，日在斗十九度四分度之一[三]，與赤道定差二度。史官以校日月弦望，雖密近，而不爲望日[四]。儀[五]，黃道與度運轉，難候，是以少終其事。其後劉洪因黃道渾儀，以考月行出入遲速。而後代理曆者不遵其法，更從赤道命文，以驗賈逵所言，差謬益甚，此理曆者之大惑也。

今靈臺鐵儀，後魏明元時都匠解蘭所造[六]，規制朴略，度刻不均，赤道不動，乃如膠柱，不置黃道，進退無準。此據赤道月行以驗入曆遲速，多者或至十七度，少者僅出十度，不足以上稽天象，敬授人時。近祕閣郎中李淳風著法象志，備載黃道渾儀法，以玉衡旋規，別帶日道，傍列二百四十九交，以攜月游，用法頗雜，其術竟寢。

臣伏承恩旨，更造游儀，使黃道運行，以追列舍之變，因二分之中以立黃道，交於軫、奎之間，二至陟降各二十四度。黃道之內，又施白道月環，用究陰陽朓朒之數，動合天運，簡而易從，足以制器垂象，永傳不朽。

於是玄宗親爲製銘，置之於靈臺以考星度。其二十八宿及中外官與古經不同者，凡數十條。又詔一行與梁令瓚及諸術士更造渾天儀，鑄銅爲圓天之象，上具列宿赤道及周天度數。注水激輪，令其自轉，一日一夜，天轉一周。又別置二輪絡在天外，綴以日月，令得運

行。每天西轉一帀，日東行一度，月行十三度十九分度之七，凡二十九轉有餘而日月會，三百六十五轉而日行帀。仍置木櫃以爲地平，令儀半在地下，晦明朔望，遲速有準。又立二木人於地平之上，前置鐘鼓以候辰刻，每一刻自然擊鼓，每辰則自然撞鐘。皆於櫃中各施輪軸，鉤鍵交錯，關鎖相持。既與天道合同，當時共稱其妙。鑄成，命之曰水運渾天俯視圖，置於武成殿前以示百僚。無幾而銅鐵漸澀，不能自轉，遂收置於集賢院，不復行用。

今錄游儀制度及所測星度異同，開元十二年分遣使諸州所測日晷長短，李淳風、僧一行所定十二次分野，武德已來交蝕及五星祥變，著于篇。

黃道游儀規尺寸：

旋樞雙環：外一丈四尺六寸一分，竪八分，厚三分，直徑四尺五寸九分，卽古所謂旋儀也。南北斜兩極，上下循規各三十四度，兩面各畫周天度數。一面加釘，並用銀飾，使東西運轉如渾天游儀。中旋樞軸至兩極首內，孔徑大兩度半，長與旋環徑齊，並用古尺四分爲度。

玉衡望筒：長四尺五寸八分，廣一寸二分，厚一寸，孔徑六分，古用玉飾之。玉衡，衡施於軸中，旋運持正，用闚七曜及列星之闊狹，外方內圓，孔徑一度半，周日輪也。

陽經雙環：外一丈七尺三寸，內一丈四尺六寸四分，廣四寸，厚四分，直徑五尺四寸四分，置於子午。左右用八柱相固，兩面畫周天度數，一面加釘，並銀飾之。半出地上，半入地下，雙間挾樞軸及玉衡望筒，旋環於中也。

陰緯單環：外內廣厚周徑，皆準陽經，與陽經相銜各半，內外俱齊。面平上爲天，以下爲地，橫周陽環，謂之陰渾也。面上爲兩界，內外爲周天百刻。平上御製銘序及書，並金爲字。

天頂單環：外一丈七尺三寸，豎廣八分，厚三分，直徑五尺四寸四分。當中國人頂之上，東西當卯酉之中，稍南，使見日出入，令與陽經、陰緯相固，如轂之裹黃。南去赤道三十六度，去黃道十二度，去北極五十五度，去南北平各九十一度強。

赤道單環：外一丈四尺五寸九分〔七〕，橫八分，厚三分，直徑四尺九寸。赤道者，當天之中，二十八宿之列位也。其本，後魏解蘭所造也〔八〕。因著雙規，不能運動。臣今所造者，上列周天星度，使轉運隨天，仍度穿一穴，隨穴退交，不有差謬。即知古者秋分，日在角五度，今在軫十三度；冬至，日在牽牛初，今在斗十度。擬隨差却退，故置穴也。傍在卯酉之南，上去天頂三十六度而橫置之。

黃道單環：外一丈五尺四寸一分，橫八分，厚四分，直徑四尺八寸四分。日之所行，故

名黃道。古人知有其事，竟無其器，遂使太陽陟降，積歲有差。月及五星，亦隨日度出入，規制不知準的，斟量爲率，疏闊尤多。臣今創置此環，置於赤道環內，仍開合使隨轉運，出入四十八度，而極晝兩方，東西列周天度數，南北列百刻，使見日知時，不有差謬。上列三百六十策，與用卦相準，度穿一穴，與赤道相交。

白道月環：外一丈五尺一寸五分，橫度八分，厚三分，直徑四尺七寸六分。月行有迂曲遲疾，與日行緩急相反。古無其器，今創置於黃道環內，使就黃道爲交合，出入六十度〔九〕，以測每夜行度。上畫周天度數，穿一穴，擬移交會，並用銅鐵爲之。

李淳風法象志說有此日月兩環，在旋儀環上。既用玉衡，不得遂於玉衡內別安一尺望筒。運用既難，其器已澀。

游儀四柱，龍各高四尺七寸。水槽、山各高一尺七寸五分。槽長六尺九寸，高廣各四寸。水池深一寸，廣一寸五分。龍者能興雲雨，故以飾柱。柱在四維，龍下有山雲，俱在水平槽上，並銅爲之。

游儀初成，太史所測二十八宿等與經同異狀：

角二星，十二度。赤道黃道度與古同。舊經去極九十一度，今則九十三度半。星經云：「角去極九十一度，距星正當赤道，其黃道在赤道南，不經角中。」今測角在赤道南二度半，黃道復經角中，即與天象符合。

亢四星，九度。舊去極八十九度，今九十一度半。

氐四星，十六度。舊去極九十四度，今九十八度。

房四星，五度。舊去極一百八度，今一百一十度半。

心三星，五度。舊去極一百八度，今一百一十一度。

尾九星，十八度。舊去極一百二十度，一云一百四十一度〔一〇〕，今一百二十四度。

箕四星，十一度。舊去極一百一十八度，今一百二十度。

南斗六星，二十六度。舊去極一百一十六度，今一百一十九度。

牽牛六星，八度。舊去極一百六度，今一百四度。

須女四星，十二度。舊去極一百度，今一百一度。

虛二星，十度。舊去極一百四度，今一百一度。北星舊圖入虛宿，今測在須女九度。

危三星，十七度。舊去極九十七度，今九十七度。北星舊圖入危宿，今測在虛六度半。

室二星，十六度。舊去極八十五度，今八十三度。

東壁二星，九度。舊去極八十六度，今八十四度。

奎十六星，十六度。舊去極七十六度，一云七十度，今七十三度。東壁九度，奎十六

度〔一一〕，此錯以奎西大星爲距，即損壁二度，加奎二度，今取西南大星爲距，即奎、壁各不失本度。

婁三星，十三度。舊去極八十度，今七十七度。

胃三星，十四度。

昴七星，十一度。舊去極七十四度，今七十二度。

畢八星，十七度。舊去極七十八度，今七十六度。

觜觿三度，舊去極八十四度，今八十二度。畢赤道與黃道度同。觜赤道二度，黃道三度。其二宿俱當黃道斜虛。畢有十六度，尚與赤道度同。觜總二度，黃道損加一度，此即承前有誤。今測畢有十七度半，觜觿半度，並依天正。

參十星，舊去極九十四度，今九十二度。

東井八星，三十三度。舊去極七十度，今六十八度。

輿鬼五星，舊去極六十八度，今古同也。

柳八星，十五度。舊去極七十七度，一云七十九度，今八十度半。柳，合用西頭第三星爲距，比來錯取第四星，今依第三星爲正。

七星十度，舊去極九十一度，一云九十三度，今九十三度半。

張六星，十八度。舊去極九十七度，今一百度。張六星，中央四星爲朱鳥嗉，外二星爲翼。比來不取膺前爲距，錯取翼星，卽張加二度半，七星欠二度半。今依本經爲定。

翼二十二星，十八度。舊去極九十七度，今一百三度。

軫四星，十七度。舊去極九十八度，今一百度。

文昌，舊二星在鬼，四星在井；今四星在柳，一星在鬼，一星在井。

北斗，魁第一星舊在七星一度，今在張十三度。第二星舊在張二度，今在張十二度半。第三星舊在翼二度，今在翼十三度。第四星舊在翼八度，今在翼十七度太。第五星舊在軫八度，今在軫十度半。第六星舊在角七度，今在角四度少。第七星舊在亢四度，今在角十二度少。

天關，舊在黃道南四度，今當黃道。

天江，舊在黃道外，今當黃道。

天囷，舊在赤道外，今當赤道。

三台：上台舊在井，今測在柳；中台舊在七星，今在張。

建星，舊去黃道北半度，今四度半。

天苑，舊在昴、畢，今在胃、昴。

王良，舊五星在壁，今四星在奎，一星在壁外。

屛，舊在觜，今在畢宿。

雲雨，舊在黃道外，今在黃道內七度。

雷電，舊在赤道外五度，今在赤道內二度〔一二〕。

霹靂，舊五星並在赤道外四度，今四星在赤道內，一星在外。

土公吏，舊在赤道外，今在赤道內六度。

虛梁，舊在黃道內四度〔一三〕。

外屛，舊在黃道外三度，今當黃道。

八魁，舊九星並在室，今五星在壁，四星在室。

長垣，舊當黃道，今在黃道北五度。

軍井，準經在玉井東南二度半〔一四〕。

天桴，舊在黃道北，今當黃道。

天高，舊在黃道外，今當黃道。

狗國，舊在黃道外，今當黃道。

羅堰，舊當黃道，今在黃道北。

黃道，春分之日與赤道交於奎五度太；秋分之日交於軫十四度少；冬至之日於斗十度，去赤道南二十四度；夏至之日於井十三度少，去赤道北二十四度。其赤道帶天之中，用分列宿之度；黃道斜運，以明日月之行。其冬至，洛下閎起於牛初，張衡等遷於斗度，由每歲差分不及舊次也。

日晷：周禮大司徒，常「以土圭之法測土深，正日景，以求地中。日東則景夕多風，日西則景朝多陰。日至之景尺五寸，謂之地中，天地之所合也，四時之所交也，風雨之所會也，陰陽之所合也。然則百物阜安，乃建王國焉」。鄭氏以爲「凡日景於地，千里而差一寸。「景尺有五寸者，南戴日下萬五千里，地與星辰四游升降於三萬里之中，是以半之，得地之中焉」。鄭司農云：「土圭之長尺有五寸，以夏至之日立八尺之表，其景適與土圭等〔一五〕，謂之地中。今潁川陽城爲然。

謹按南越志：「宋元嘉中，南征林邑，以五月立表望之，日在表北，影居表南。交州日影覺北三寸，林邑覺九寸一分，所謂開北戶以向日也。」交州，大略去洛九千餘里，蓋水陸曲折，非論圭表所度，惟直考實，其五千乎！開元十二年，詔太史交州測景，夏至影表南長三寸三分，與元嘉中所測大同。然則距陽城而南，使直路應弦，至於日下，蓋不盈五千里也。測影使者大相元太云：「交州望極，纔出地二十餘度。以八月自海中南望老人星殊高。老人星下，環星燦然，其明大者甚衆，圖所不載，莫辨其名。大率去南極二十度以上，其星皆見。乃古渾天家以爲常沒地中，伏而不見之所也。」

又按貞觀中，史官所載鐵勒、迴紇部在薛延陁之北，去京師六千九百里。又有骨利幹居迴紇北方瀚海之北，草多百藥，地出名馬，駿者行數百里。北又距大海，晝長而夕短，既日沒後，天色正曛，煑一羊胛纔熟，而東方已曙。蓋近日出入之所云。凡此二事，皆書契所未載也。

開元十二年，太史監南宮說擇河南平地，以水準繩，樹八尺之表而以引度之。始自滑州白馬縣，北至之晷，尺有五寸七分。自滑州臺表南行一百九十八里百七十九步，得汴州浚儀古臺表，夏至影長一尺五寸微強。又自浚儀而南百六十七里二百八十一步，得許州扶溝縣表，夏至影長一尺四寸四分。又自扶溝而南一百六十里百一十步，至豫州上蔡武津表，夏至影長一尺三寸六分半。大率五百二十六里二百七十步，影差二寸有餘。而先儒以爲王畿千里，影移一寸，又乖舛而不同矣。

今以句股圖校之，陽城北至之晷，一尺四寸八分弱；冬至之晷，一丈二尺七寸一分半；春秋分，其長五尺四寸三分。以覆矩斜視，北極出地三十四度四分。凡度分皆以十分爲法。自滑臺表視之，高三十五度三分。差陽城九分。自浚儀表視之，高三十四度八分。差陽城四分。自武津表視之，高三十三度八分。差陽城九分。雖秒分稍有盈縮，難以目校，然大率五百二十六里二百七十步而北極差一度半，三百五十一里八十步而差一度。樞極之遠近不同，則黃道之軌景固隨而遷變矣。

自此爲率，推之比歲朗州測影，夏至長七寸七分，冬至長一丈五寸三分，春秋分四尺三寸七分半。以圖測之，定氣長四尺四寸七分。按圖斜視，北極出地二十九度半。差陽城五度二分。蔚州橫野軍測影，夏至長二尺二寸九分，冬至長一丈五尺八寸九分，春秋分長六尺四寸四分半。以圖測之，定氣六尺六寸三分半。按圖斜視，北極出地四十度。差陽城五度二分。凡南北之差十度半，其徑三千六百八十里九十步。自陽城至朗州，一千八百二十六里百九十六步，自陽城至蔚州橫野軍，一千八百六十一里二百一十四步。北至之晷，差一尺五寸三分，自陽城至朗州，差七寸二分，自陽城至橫野軍，差八寸。南至之晷，差五尺三寸六分。自陽城至朗州，差二尺一寸八分，自陽城至橫野軍，差三尺一寸八分。率夏至與南方差少，冬至與北方差多。又以圖校安南，日在天頂北二度四分，北極高二十度四分，冬至影長七尺九寸四分，定春秋分影長二尺九寸三分。差陽城十四度三分，其徑五千二十三里。至林邑國〔二六〕，日在天頂北六度六分強，北極之高十七度四分，周圓三十五度，常見不隱，冬至影長六尺九寸〔二七〕，其徑六千一百一十二里。假令距陽城而北，至鐵勒之地亦十七度四分，合與林邑正等，則五月日在天頂南二十七度四分〔二八〕，北極之高五十二度，周圓一百四度，常見不隱。北至之晷四尺一寸三分，南至之晷二丈九尺二寸六分。定春秋分影長九尺八寸七分。北方其沒地纔十五度餘，昏伏於亥之正西，晨見於丑之正東，以里數推之，已在迴紇之北，又南距洛陽九千八百一十里，則五月極長之日，其夕常明，然則骨利幹猶在其南矣。

又先儒以南戴日下萬五千里爲句股，邪射陽城爲弦，考周徑之率以揆天度，當一千四百六里二十四步有餘。今測日影，距陽城五千餘里，已居戴日之南，則一度之廣，皆宜三分去二，計南北極相去纔八萬餘里，其徑五萬餘里，宇宙之廣，豈若是乎？然則王蕃所傳，蓋以管窺天，以蠡測海之義也。

古人所以恃句股之術，謂其有徵於近事。顧未知目視不能遠，浸成微分之差，其差不已，遂與術錯。如人游於大湖，廣不盈百里，而覩日月朝夕出入湖中。及其浮于巨海，不知幾千萬里，猶覩日月朝出其中，夕入其中。若於朝夕之際，俱設重差而望之，必將小大同術而不可分矣。

夫橫既有之，縱亦宜然。假令設兩表，南北相距十里，其崇皆數十里，若置火炬於南表之端，而植八尺之木於其下，則當無影。試從南表之下，仰望北表之端，必將積微分之差，漸與南表參合。表首參合，則置炬於其上，亦當無影矣。又置火炬於北表之端，而植八尺之木於其下，則當無影。試從北表之下，仰望南表之端，又將積微分之差，漸與北表參合。表首參合，則置炬於其上，亦當無影矣。復於二表之間，相距各五里，更植八尺之木，仰而望之，則表首環屈而相會。若置火炬於兩表之端，皆當無影。夫數十里之高與十里之廣，然則邪射之影與仰望不殊。今欲求其影差以推遠近高下，猶尚不可知也；而況稽周天積里之數於不測之中，又可必乎！假令學者因二十里之高以立句股之術，尚不知其所以然，況八尺之木乎！

原人所以步圭景之意〔二九〕，將欲節宣和氣，輔相物宜，而不在於辰次之周徑；其所以重曆數之意，將欲敬授人時，欽若乾象，而不在於渾、蓋之是非。若乃述無稽之談於視聽之所不及，則君子闕疑而不質，仲尼愼言而不論也。而或者各守所傳之器以述天體，謂渾元可任數而測，大象可運算而闚，終以六家之說，迭爲矛盾。今誠以爲蓋天，則南方之度漸狹；以爲渾天，則北方之極浸高。此二者，又渾、蓋之家未能有以通其說也。由是而觀，則王仲任、葛稚川之徒，區區於異同之辨，何益人倫之化哉！

又凡日晷差，冬夏至不同，南北亦異，而先儒一以里數齊之，喪其事實。沙門一行因修大衍圖，更爲覆矩圖，自丹穴以暨幽都之地，凡爲圖二十四，以考日蝕之分數，知夜漏之短長。今載諸州測景尺寸如左：

林邑國〔三〇〕，北極高十七度四分。冬至影在表北六尺九寸。定春秋分影在表北二尺八寸五分，夏至影在表南五寸七分。

安南都護府，北極高二十六度六分〔三一〕。冬至影在表北七尺九寸四分。定春秋分影在表北二尺九寸三分，夏至影在表南三寸三分。

朗州武陵縣，北極高二十九度五分。冬至影在表北一丈五寸三分。定春秋分影在表北四尺三寸七分半〔三二〕，夏至影在表北七寸七分。

襄州。恆春分影在表北四尺八寸。

蔡州上蔡縣武津館，北極高三十三度八分。冬至影在表北一丈二尺三寸八分。定春秋分影在表北五尺二寸八分，夏至影在表北一尺三寸六分半。

許州扶溝，北極高三十四度三分。冬至影在表北一丈二尺五寸三分。定春秋分影在表北五尺三寸七分，夏至影在表北一尺四寸四分〔三三〕。

汴州浚儀太岳臺，北極高三十四度八分。冬至影在表北一丈二尺八寸五分。定春秋分影在表北五尺五寸，夏至影在表北一尺五寸三分。

滑州白馬，北極高三十五度三分。冬至影在表北一丈三尺。定春秋分影在表北五尺三寸六分，夏至影在表北一尺五寸七分。

太原府。恆春分影在表北六尺。

蔚州橫野軍，北極高四十度〔三四〕。冬至影在表北一丈五尺八寸九分。定春秋分影在表北六尺六寸三分，夏至影在表北二尺二寸九分。

校勘記

〔一〕願請太史官日月宿簿及星度課　「宿」字各本原作「星」，據後漢書律曆志中、唐會要卷四二改。

〔二〕至牽牛東井　「至」字各本原無，據後漢書律曆志中、唐會要卷四二補。

〔三〕日在斗十九度四分度之一　下「度」字各本原無，據後漢書律曆志中、唐會要卷四二補。

〔四〕而不爲望日　「望」字後漢書律曆志中作「注」。

〔五〕儀　唐會要卷四二「儀」上有「銅」字。

〔六〕都匠解蘭　「解」字新書卷三一天文志作「斛」。

〔七〕外一丈四尺五寸九分　「外」下各本原有「以」字，據新書卷三一天文志及文義删。

〔八〕後魏解蘭　殿本、懼盈齋本、局本、廣本同，聞本「解」作「斛」。

〔九〕出入六十度　新書卷三一天文志作「出入六度」。

〔一〇〕一云一百四十一度　校勘記卷一八云：「據術，當作一百二十一度。」

〔一一〕東壁九度奎十六度　校勘記卷一八云：「東上脱舊字，又七度誤作九度，十八度誤作十六度。」

〔一二〕今在赤道內二度　「內」字各本原無，據新書卷三一天文志補。

〔一三〕虛梁舊在黃道內四度　新書卷三一天文志作：虛梁，舊經在黃道外，今測在黃道內四度。合鈔卷五〇天文志作：「虛梁，舊在黃道外，今在黃道內四度。」

〔一四〕準經在玉井東南二度半　「度」字各本原作「斗」，據合鈔卷五〇天文志、十七史商榷卷七七改。

〔一五〕立八尺之表其景適與土圭等　「之表」「土圭」四字各本原無，據周禮大司徒鄭氏注原文改。

〔一六〕至林邑國　「國」字各本原作「圖」，據唐會要卷四二及文義改。

〔一七〕冬至影長六尺九寸　「冬至」二字各本原無，據唐會要卷四二、新書卷三一天文志補。

〔一八〕則五月日在天頂南二十七度四分　「南」字各本原無，據新書卷三一天文志補。

〔一九〕原人所以步圭景之意　新書卷三一天文志「人」上有「古」字。

〔二〇〕林邑國　「國」字各本原作「圖」，據唐會要卷四二及十七史商榷卷七七改。

〔二一〕二十六度六分　唐會要卷四二作「二十一度六分」，又本志上文及新書卷三一天文志均謂安南北極高二十度四分，此處數字疑有誤。

〔二二〕四尺三寸七分半　各本原作「四寸七分」，據上文改。唐會要卷四二作「四尺四寸七分」。

〔二三〕一尺四寸四分　「一尺」，各本原作「五尺」，據上文及唐會要卷四二改。

〔二四〕北極高四十度　「四」字各本原作「三」，據上文及唐會要卷四二改。

舊唐書卷三十六

志第十六

天文下

天文之爲十二次，所以辨析天體，紀綱辰象，上以考七曜之宿度，下以配萬方之分野，仰觀變謫，而驗之於郡國也。傳曰：「歲在星紀，而淫于玄枵。」「姜氏、任氏，實守其地。」及七國交爭，善星者有甘德、石申，更配十二分野，故有周、秦、齊、楚、韓、趙、燕、魏、宋、衞、魯、鄭、吳、越等國。張衡、蔡邕，又以漢郡配焉。自此因循，但守其舊文，無所變革。且懸象在上，終天不易，而郡國沿革，名稱屢遷，遂令後學難爲憑準。貞觀中，李淳風撰法象志，始以唐之州縣配焉。至開元初，沙門一行又增損其書，更爲詳密。既事包今古，與舊有異同，頗裨後學，故錄其文著于篇。并配武德以來交蝕淺深及注蝕不虧，以紀日月之變云爾。

須女、虛、危，玄枵之次。子初起女五度，二千三百七十四分，秒四少。中虛九度，終危十二度。其分野：自濟北郡東踰濟水，涉平陰至于山茌〔一〕，漢太山郡山茌縣，屬齊州西南之界。東南及高密，漢高密國，今在密州北界。自此以上，玄枵之分。東盡東萊之地，漢之東萊郡及膠東國，今爲萊州、登州也。又得漢之北海、千乘、淄川、濟南、齊郡，今爲淄、青、齊等州，及濟州東界。及平原、渤海，盡九河故道之南，濱于碣石。今爲德州、棣州，滄州其北界。自九河故道之北，屬析木分也。

營室、東壁，陬訾之次。亥初起危十三度，二千九百二十六分太。中室十二度，五百五十分，秒二十一半。終奎一度。其分野：自王屋、太行而東，盡漢河內之地，今爲懷州、洛、衞州之西境。北負漳、鄴，東及館陶、聊城，漢地自黎陽、內黃及鄴、魏、武安，東至館陶、元城，皆屬魏郡；自頓邱、三城、武陽〔二〕，東至聊城，皆屬東郡。今爲相、魏、衞州。東盡漢東郡之地，漢東郡、清河，西南至白馬、濮陽，東至東河、須昌，濱濟，至于鄆城。今爲滑州、濮州、鄆州。其須昌、濟東之地，屬降婁，非豕韋也。

奎、婁及胃，降婁之次。戌初起奎二度，一千二百一十七分，秒十七少。中婁一度，一千八百八十三。終胃三度。其分野：南屆鉅野，東達梁父，以負東海。又東至于呂梁〔三〕，乃東南抵淮水，而東盡于徐夷之地。東爲降婁之次。得漢東平、魯國〔四〕。漢東平國在任城、平陸，今在兗州。奎爲大澤，在陬訾之下流，濱于淮、泗，東北負山，爲婁、胃之墟。蓋中國膏腴之地，百穀之所阜也。胃星得馬牧之氣，與冀之北土同占。

昴、畢，大梁之次。畢酉初起胃四度〔五〕，二千五百四十九分，秒八太。中昴六度，一百七十四分半。終畢九度。其分野：自魏郡濁漳之北，得漢之趙國、廣平、鉅鹿、常山，東及清河、信都，北據中山、眞定。今爲洺、趙、邢、恆、定、冀、貝、深八州。又分相、魏、博之北界，與瀛州之西，全趙之分。又北盡漢代郡、鴈門、雲中、定襄之地，與北方羣狄之國，皆大梁分也。

觜觿、參伐，實沈之次也。申初起畢十度，八百四十一分，十五太。中參七度，一千五百二十六，終井十一度。其分野：得漢河東郡，今爲蒲、絳、晉州，又得澤州及慈州界也。及上黨、今爲澤、潞、儀、沁也。太原，今爲并、汾州。盡西河之地。今爲隰州、石州、嵐州，西涉河，得銀州以北也。又西河戎狄之國，皆實沈分也。今河東郡永樂、芮城、河北縣及河曲豐、勝、夏州，皆爲實沈之次，東井之分也。參伐爲戎索，爲武政，故殷河東，盡大夏之墟。上黨次居下流，與趙、魏相接，爲觜觿之分。

東井、輿鬼，鶉首之次也。未初起井十二度，二千一百七十二秒，十五太。中井二十七度，二千八百二十八分，秒一半。終柳六度。其分野：自漢之三輔及北地、上郡、安定，西自隴坻至河西，西南盡巴、蜀、漢中之地，及西南夷犍爲、越巂、益州郡，極南河之表，東至牂柯，皆鶉首分也。鶉首之分，得禹貢雍、梁二州，其郡縣易知，故不詳載。狼星分野在江、河上源之西，弧矢、犬、雞，皆徼外之象。今之西羌、吐蕃、蕃渾，及西南徼外夷，皆狼星之象。

柳、星、張，鶉火之次。午初起柳七度，四百六十四，秒七少。中七星七度〔六〕，一千一百三。終張十

四度。其分野：北自滎澤、滎陽，並京、索，暨山南，得新鄭、密縣，至於方陽〔七〕。方陽之南得漢之潁川郡陽翟〔八〕、崇高、郟城、襄城，南盡鄢縣。今爲鄭、汝、唐、仙四州界。又漢南陽郡，北自宛、葉，南盡漢東申、隨之地，大抵以淮源桐柏、東陽爲限。今之唐州、隨州屬鶉火，申州屬壽星。又自洛邑負河之南〔九〕，西及函谷南紀〔一〇〕，達武當漢水之陰，盡弘農郡。漢弘農盧氏、陝縣，今爲虢、陝二州。上洛、商洛爲商州。丹水爲均州。宜陽、澠池、新安、陸渾，今屬洛州。古成周、虢、鄭、管、鄶、東虢〔一一〕、密、滑、焦、唐、申、鄧，皆鶉火分也，及祝融氏之都。新鄭爲祝融氏之墟，屬鶉火。其東鄙則入壽星。舊說皆在函谷〔一二〕，非也。柳、星、輿鬼之東，又接漢源，故殷商、洛之陽，接南河之上流。七星上係軒轅，得土行之正位，中岳象也，故爲河南之分。張星直河南漢東〔一三〕，與鶉尾同占。

翼、軫，鶉尾之次。巳初起張十五度，一千七百九十五，秒二十二少。中翼十二度，二千四百六十一，秒八半。終軫九度。其分野：自房陵、白帝而東，盡漢之南郡、南郡：巫縣，今在夔州〔一四〕。秭歸在西，夷陵在峽州。襄、鄀、郢、申在襄、郢界，餘爲荊州。江夏，江夏：竟陵今爲復州，安、鄂、蘄、沔、黃五州，皆漢江夏界。東達廬江南郡〔一五〕。漢廬江之尋陽，今在江州，於山河之像，宜屬鶉尾也。濱彭蠡之西，得漢長沙、武陵、桂陽、零陵郡。零陵今爲道州、永州。桂陽今爲郴州。大抵自沅、湘上流，西通黔安之左，皆楚之分也。又逾南紀，盡鬱林、合浦之地。鬱林縣今在貴州。定林縣今在廉州。合浦縣今爲桂州。今自富、昭、蒙、龔、繡、容、白、罕八州以西〔一六〕，皆屬鶉尾之墟也。荊、楚、鄖、鄀、羅、權、巴、夔與南方蠻貊，殷河南之南〔一七〕。其中一星主長沙國，逾嶺徼而南，皆甌東、青丘之分。今安南諸州，在雲漢上源之東，宜屬鶉火〔一八〕。

角、亢，壽星之次。辰初起軫十度，八十七，秒十四半。中角八度，七百五十，秒三十。終氐一度。其分野：自原武、管城，濱河、濟之南，東至封丘、陳留，盡陳、蔡、汝南之地，逾淮源至于弋陽。漢陳留郡，自封丘、陳留已東，皆入大火之分。漢汝南，今爲豫州。西華、南頓、項城縣今爲陳州。汝陰縣今在潁州。弋陽縣在光州。西涉南陽郡，至于桐柏，又東北抵嵩之東陽。漢南陽郡舂陵、湖陽、蔡陽，後分爲舂陵郡，後魏以爲南荊州，今有舊義陽郡，在中國之東界，今爲申州。按中國地絡，在南北河之間〔一九〕，故申、隨、光三州，皆屬禹貢豫州之分，宜屬鶉火、壽星。非南方負海之地。古陳、蔡、隨、許，皆屬壽星分也。氐星涉壽星之次，故其分野殷雒邑衆山之東，與亳土相接。

氐、房、心，大火之次也。卯初起氐二度，一千四百一十九分，秒五太。中房二度，二千八百五十五分，秒一半。終尾六度。其分野：得漢之陳留縣，自雍丘、襄邑、小黃而東，循濟陰，界于齊、魯，右泗水，達於呂梁，乃東南抵淮，西南接太昊之墟，盡濟陰、山陽、楚國、豐、沛之地。濟陰郡之定陶〔二〇〕、冤句、乘氏，今在東郡〔二一〕。大抵曹、宋、徐、亳及鄆州西界，皆屬大火分。自商、亳以負北河，陽氣之所升也，爲心分。自豐、沛以負南河，陽氣之所布也，爲房分。故其下流皆與尾星同占，西接陳、鄭，爲氐星之分。

尾、箕，析木之次也。寅初起尾七度，二千七百五十分，秒二十一少。中箕星五度，三百七十分，秒六十七。終斗八度。其分野：自渤海九河之北，盡河間、涿郡、廣陽國，漢渤海郡浮陽，今爲清池縣，屬滄州。涿郡之饒陽，今屬瀛州。涿縣、良鄉與廣陽國薊縣，今在幽州。及上谷、漁陽、右北平、遼東、樂浪、玄菟，漁陽在幽州。右北平在白狼無終縣，隋代爲漁陽郡，古孤竹國，後置北平郡，今爲平州。遼東在無慮縣，即周禮醫無閭山。樂浪在朝鮮縣，玄菟在高句驪縣，今皆在東夷也。古之北燕、孤竹、無終及東方九夷之國，皆析木之分也，尾得雲漢之末流，北紀之所窮也。箕與南斗相近，故其分野在吳、越之東。

南斗、牽牛，星紀之次也。丑初起斗九度，一千四十二十分，秒二太。中斗二十四度，一千一百分，秒八半。終女四度。其分野：自廬江、九江，負淮水之南，盡臨淮、廣陵，至于東海，廬〔二二〕、壽、和、滁、揚，皆屬星紀也。又逾南河，得漢丹陽、會稽、豫章郡，西濱彭蠡，南涉越州，盡蒼梧、南海。又逾嶺表，自韶、廣、封、梧、藤、羅、雷州，南及珠崖自北以東爲星紀〔二三〕，其西皆屬鶉尾之次。古吳、越及東南百越之國，皆星紀分也。南斗在雲漢之下流，當淮、海之間，爲吳分。牽牛去南河寖遠，故其分野自豫章東達會稽，南逾嶺徼，爲越分。島夷蠻貊之人，聲教之所不洎，皆係于狗國。李淳風刊定隋志，郡國頗爲詳悉，所注郡邑多依用。其後州縣又隸管屬不同〔二四〕，但據山河以分耳。

災異

武德元年十月壬申朔，四年八月丙戌朔，六年十二月壬寅朔，九年十月丙辰朔。

貞觀元年閏三月癸丑朔，九月庚戌朔，二年三月戊申朔，三年八月己巳朔，四年閏正月丁卯朔〔二五〕，六年正月乙卯朔，九年閏四月丙寅朔，十一年三月丙戌朔，十二年閏二月庚辰朔，十三年八月辛未朔，十七年六月己卯朔，十八年十月辛丑朔，二十年閏三月癸巳朔，二十二年八月己酉朔。

高宗顯慶五年六月庚午朔。乾封二年八月己酉朔〔二六〕。總章二年六月戊申朔。咸亨元年六月壬寅朔，二年十一月甲午朔，三年十一月戊子朔。上元元年三月辛亥朔，二年九月壬寅朔。調露二年四月乙巳朔，十一月壬寅朔〔二七〕。開耀元年十月丙寅朔。永淳元年四月甲子朔，十一月庚申朔〔二八〕。

則天垂拱二年二月辛未朔，四年六月丁亥朔。天授二年四月壬寅朔。如意元年四月丙申朔。長壽二年九月丁亥朔，三年九月壬午朔〔二九〕。延載元年九月壬午朔。證聖元年二月己酉朔。聖曆三年五月乙酉朔〔三〇〕。久視元年五月己酉朔。長安二年九月乙丑朔，三年三月壬戌朔，九月庚寅朔。

中宗神龍三年六月丁卯朔。景龍元年十二月乙丑朔。

睿宗太極元年二月丁卯朔。

玄宗先天元年九月丁卯朔。開元三年七月庚辰朔，六年五月乙丑朔〔三一〕，九年五月乙巳朔〔三二〕，十二年閏十二月壬辰朔〔三三〕，十七年十月丙午朔〔三四〕，二十年二月癸酉朔，二十一年七月乙丑朔，二十二年十二月戊子朔，二十三年閏十一月壬午朔，二十六年九月丙申朔，二十八年三月丁亥朔。天寶元年七月癸卯朔，五載五月壬子朔，十三載六月乙丑朔。

肅宗至德元載十月辛巳朔。上元二年七月癸未朔，蝕既，大星皆見。

代宗大曆三年三月乙巳朔，四年正月十五日甲午蝕〔三五〕。十三年甲戌〔三六〕，有司奏合蝕不蝕。十四年二月丙寅朔〔三七〕。

德宗貞元三年八月辛巳朔〔三八〕，日蝕。有司奏，准禮請伐鼓于社，不許。太常卿董晉諫曰：「伐鼓所以責羣陰，助陽德，宜從經義。」竟不報。六年正月戊戌朔，有司奏合蝕不蝕，百僚稱賀。七年六月庚寅朔，有司奏蝕，是夜陰雲不見，百官表賀。八年十一月壬子朔，先是司天監徐承嗣奏：「據曆，合蝕八分，今退蝕三分。准占，君盛明則陰匿而潛退。請書于史。」從之。十年四月癸卯朔，有司奏太陽合虧，巳正後刻蝕之既〔三九〕，未正後五刻復滿。太常奏，准禮上不視朝。其日陰雲不見，百官表賀。十七年五月壬戌蝕〔四〇〕。

元和三年七月癸巳蝕〔四一〕。憲宗謂宰臣曰：「昨司天奏太陽虧蝕，皆如其言，何也？又素服救日，其儀安在？」李吉甫對曰：「日月運行，遲速不齊。日凡周天三百六十五度有餘，日行一度，月行十三度有餘，率二十九日半而與日會。又月行有南北九道之異，或進或退，若晦朔之交，又南北同道，即日爲月之所掩，故名薄蝕。雖自然常數可以推步，然日爲陽精，人君之象，若君行有緩有急，即日爲之遲速。稍踰常度，爲月所掩，即陰浸於陽。亦猶人君行或失中，應感所致。故禮云：『男教不修，陽事不得，謫見于天，日爲之蝕。』古者日蝕，則天子素服而修六官之職，月蝕，則后素服而修六宮之職，皆所以懼天戒而自省惕也。人君在民物之上，易爲驕盈，故聖人制禮，務乾恭兢惕，以奉若天道。苟德大備，天人合應，百福斯臻。陛下恭己向明，日慎一日，又顧憂天譴，則聖德益固，升平何遠。伏望長保睿志，以永無疆之休。」上曰：「天人交感，妖祥應德，蓋如卿言。素服救日，自貶之旨也，朕雖不德，敢忘兢惕。卿等當匡吾不逮也。」十年八月己亥朔，十三年六月癸丑朔。

長慶二年四月辛酉朔，三年九月壬子朔。

大和八年二月壬午朔。開成二年十二月庚寅朔〔四二〕，當蝕，陰雲不見。

會昌三年二月庚申朔，四年二月甲寅朔，五年七月丙午朔，六年十二月戊辰朔，皆蝕。

武德九年二月二十三日夜，星孛于胃、昴間，凡二十八日〔四三〕，又孛于卷舌。

貞觀八年八月二十三日，星孛于虛、危，歷于玄枵，凡十一日而滅。太宗謂侍臣曰：「是何妖也？」虞世南對曰：「齊景公時，有彗星。晏子對曰：『公穿池畏不深，築臺恐不高，行刑恐不重，是以彗爲誡耳。』景公懼而修德，十六日而星滅。臣聞若德政不修，麟鳳數見，無所補也；苟政教無闕，雖有災慝，何損於時。伏願陛下勿以功高古人而矜大〔四四〕，勿以太平日久而驕逸，慎終如始，彗何足憂。」帝深嘉之。十三年三月二十二日夜，星孛于畢、昴。十五年六月十九日，星孛於太微，犯郎位。七月甲戌滅。

總章元年四月，彗見五車，上避正殿，減膳，令內外五品已上上封事，極言得失。許敬宗曰：「星雖孛而光芒小，此非國眚，不足上勞聖慮，請御正殿，復常膳。」不從。敬宗又進曰：「星孛于東北，王師問罪，高麗將滅之徵。」帝曰：「我爲萬國主，豈移過於小蕃哉！」二十二日星滅。上元二年十月，彗見于角、亢南，長五尺。三年七月二十一日，彗見東井，指南河、積薪，長三尺餘，漸向東北，光芒益爨，長三丈，掃中台，指文昌，經五十八日而滅。永隆二年九月一日，萬年縣女子劉凝靜，乘白馬，著白衣，男子從者八九十人，入太史局，升令廳牀坐，勘問比有何災異。太史令姚玄辯執之以聞。是夜彗見西方天市中，長五尺，漸小，向東行，出天市，至河鼓右旗，十七日滅。永淳二年三月十八日，彗見五車之北，凡二十五日而滅。

文明元年七月二十二日，西方有彗，長丈餘，凡四十九日滅。

光宅元年九月二十九日，有星如半月，見西方。

景龍元年十月十八日，彗見西方，凡四十三日而滅。二年二月，天狗墜于西南，有聲如雷，野雉皆雊。七月七日，星孛胃、昴之間。三年八月八日，星孛于紫宮。

太極元年七月四日，彗入太微。

開元十八年六月十一日，彗見五車；三十日，星孛于畢、昴。二十六年三月八日，星孛于紫微垣，歷斗魁，十餘日，陰雲不見。

武德元年六月三日，熒惑犯左執法。八年九月二十二日，熒惑入太微。九年五月，傅奕奏：「太白晝見于秦，秦國當有天下。」高祖以狀授太宗。及太宗卽位，召奕謂曰：「汝前奏事幾累我，然而今後但須悉心盡言，無以前事爲慮。」

貞觀十三年五月，熒惑犯右執法。十五年二月十五日，熒惑逆犯太微東藩上相。十七年三月七日，熒惑守心前星，十九日退。其月二十二日，熒惑犯句陳。九月二十九日，熒惑

犯太微西藩上將。十九年九月二十四日，太白在太微，犯左執法，光芒相及。

永徽三年六月二日，熒惑犯右執法；三日，太白入太微，犯右執法。顯慶五年二月三日，熒惑入南斗。龍朔元年九月十四日，太白犯太微左執法。乾封二年五月，熒惑入軒轅。咸亨元年十二月，熒惑入太微。上元二年正月九日，熒惑犯房星。儀鳳四年四月九日，熒惑犯羽林。調露二年五月二十四日，太白經天。

長安四年，熒惑入月及鎮星，犯天關。太史令嚴善思奏：法有亂臣伏罪，臣下謀上之變。歲餘，誅二張，五王立中宗。

景龍三年六月八日〔三六〕，太白晝見于東井。

景雲二年三月二十七日，太白入羽林。太極元年三月三日，熒惑入東井；四月十二日，熒惑與太白守東井。

先天元年八月十四日夜，月蝕盡，有星入月魄中。十六日，太白襲月。開元十年七月二十九日，熒惑入南斗。天寶十三載五月，熒惑守心五十餘日。

至德元載十一月二十六日，熒惑、太白同犯昴。

武德二年三月二十七日，太白、辰、鎮聚于東井。九年六月十八日，辰、歲會于東井。二十三日，辰、歲、太白又會于東井。

貞觀十八年五月，太白、辰合于東井。

景雲二年七月，太白、鎮同在張宿。

武德三年十月三十日，有流星墜於東都城內，殷殷有聲。高祖謂侍臣曰：「此何祥也？」起居舍人令狐德棻曰：「昔司馬懿伐遼，有流星墜于遼東梁水上，尋而公孫淵敗走，晉軍追之，至其星墜處斬之。此王世充滅亡之兆也。」

貞觀十八年五月，有流星大如斗，五日出東壁，光照地〔三七〕，聲如雷。

咸亨三年二月三日，有流星如雷。

景龍二年二月十九日，大星墜于西南，聲如雷，野雉皆雊。

景雲二年八月十七日，東方有流星出五車，至于上台。

天寶三載閏二月十七日，星墜于東南，有聲。京師訛言官遣棖棖捕人肝以祭天狗，人相恐，畿內尤甚。

景龍元年九月十八日，有赤氣竟天，其光燭地，經三日乃止。九月四日，黃霧昏。

唐隆元年六月八日，虹蜺竟天。

災異編年　至德後

至德元年三月乙酉，歲、太白、熒惑合于東井。十月辛丑朔，日有食之〔三八〕。十一月壬戌五更，有流星大如斗，流于東北，長數丈，蛇行屈曲，有碎光迸空。乾元元年四月，熒惑、鎮、太白合於營室。太史南宮沛奏：所合之處戰不勝，大人惡之，恐有喪禍。明年多〔三九〕，郭子儀等九節度之師自潰於相州。五月癸未夜一更三籌，月掩心前星，二更四籌方出。六月癸丑〔四〇〕，月入南斗魁。二年二月丙辰，月犯心前大星，相去三寸。三年四月丁巳夜五更，彗出東方，色白，長四尺，在婁、胃間，疾行向東北角，歷昴、畢、觜、參、井、鬼、柳、軒轅，至太微右執法七寸所，凡五十餘日方滅。閏四月辛酉朔，妖星見于南方，長數丈。是時自四月初大霧大雨，至閏四月末方止。是月，逆賊史思明再陷東都，米價踊貴，斗至八百文，人相食，殍尸蔽地。上元元年十二月癸未夜，歲掩房星。二年七月癸未朔，日有蝕之，大星皆見。司天秋官正瞿曇譔奏曰：「癸未太陽虧，辰正後六刻起虧，巳正後一刻既，午前一刻復滿。虧於張四度，周之分野。甘德云，『日從巳至午蝕爲周』，周爲河南，今逆賊史思明據。乙巳占曰，『日蝕之下有破國』。」其年九月，制去上元之號，單稱元年，月首去正、二、三之次，以「建」

冠之。其年建子月癸巳亥時一鼓二籌後，月掩昴，出其北，兼白暈；畢星有白氣從北來貫昴。司天監韓穎奏曰：「按石申占，『月掩昴，胡王死』。又『月行昴北，天下福』。臣伏以三光垂象，月爲刑殺之徵。二石殲夷，史官常占。畢、昴爲天綱，白氣兵喪，掩其星則大破胡王，行其北則天下有福。巳爲周分，癸主幽、燕，當羯胡竊據之郊，是殘寇滅亡之地。」明年，史思明爲其子朝義所殺。十月，雍王收復東都。上元三年正月時去上元之號，今存之以正年。建辰月，肅宗病。是月丙戌，月上有黃白冠連成暈，東井、五諸侯、南北河、輿鬼皆在中。建巳月，以楚州獻定國寶，乃改元寶應，月復以正、二、三爲次。其月，肅宗崩。

代宗即位。其月壬子夜，西北方有赤光見，炎赫亙天，貫紫微，漸流于東，瀰漫北方，照耀數十里，久之乃散。辛未夜，江陵見赤光貫北斗，俄僕固懷恩叛。明年十月，吐蕃陷長安，代宗避狄幸陝州。廣德二年五月丁酉朔，日當蝕不蝕，羣臣賀。十二月三日夜，星流如雨，自亥及曉。永泰元年九月辛卯，太白經天，是月吐蕃逼京畿。二年六月丁未，日重輪，其夜月重輪，是年大水。大曆元年十二月己亥(三一)，彗星出匏瓜，長尺餘，犯宦者星。二年七月癸亥，熒惑色赤黃，順行入氐。乙丑夜，鎮星色黃，近辰星，在東井初度。丙寅申時，有青赤氣長四十餘尺，見日旁，久之乃散。己巳夜，歲星順行去司怪七寸。庚午夜，月逼天關。壬申十二月，赤氣長二丈亙日上(三二)。甲戌酉時，白氣亙天。八月壬午，月入氐。

戊子，月犯牽牛，相去九寸。己丑夜，月犯畢，相去四寸。九月戊申朔，歲星守東井，凡七日。乙卯，吐蕃入寇，至邠寧。戊午夜，白霧起尾西北，瀰漫亙天。乙丑晝，有流星大如一升器，其色黃明，尾迹長六七十尺，出于午，流于丑。戊辰夜，熒惑去南斗五寸。乙亥，青赤氣亙于日旁。十一月辛酉夜，月去東井一尺。甲子夜，月去軒轅一尺。壬戌，京師地震，有聲如雷，自東北來。十二月丁酉夜，熒惑入壘壘。戊戌，有黑氣如霧，亙北方，久之方散。三年正月壬子夜，月掩畢。丁巳巳時，日有黃冠，青赤珥。三月乙巳朔，日有蝕之，自午虧，至後一刻，凡蝕十分之六分半。癸丑夜，太白去天罇八寸。癸酉夜，太白順行，去歲星二尺。七月壬申夜，五星並列東井(三三)。占云：「中國之利。」八月己酉，月入畢。辛酉，月入東井。壬戌，火星去太白四寸。庚午夜，太白犯左執法，相去一尺。九月壬申夜，歲星入輿鬼。乙亥夜，大星如斗，自南流北，其光燭地。丁丑夜，熒惑入太微垣。己卯夜，太白犯左執法(三四)，相去六寸。戊子夜，歲星去輿鬼一尺。己丑夜，月犯東井，去五寸。庚戌，熒惑去太微五寸，太白去進賢四寸。癸巳，月去靈臺一尺。四年正月十五日，日有蝕之(三五)。二月丙午夜，熒惑有芒角，去房星二尺所。丙辰夜，地震，有聲如雷者三。三月壬午，熒惑有芒角，入氐。癸未，月去氐一尺。戊子夜，鎮星近輿鬼。五月丙戌，京師地震。七月，熒惑犯次相星。九月丁卯，熒惑犯郎位。是歲自四月霖雨，至秋末方息，京師米斗八百文。五年

四月乙巳夜，歲星入軒轅。己未夜，彗出五車，蓬孛，光芒長三丈。五月己卯夜(三六)，彗出北方，其色白。癸未夜，彗隨天東行，近八穀。甲申，西北方白氣竟天。六月丙申，月去太微左執法一寸。丁酉，月去哭星二寸。庚子，月去氐七寸。癸卯，彗去三公二尺。庚戌，太白入東井。甲寅，白氣出西北方，竟天。己未，彗星滅。七月，京師米價騰踊，斗千錢。六年七月乙巳夜，月掩畢，入昴畢中。壬子，月去太微二寸。八月庚辰，月入太微。九月壬辰，熒惑犯哭星，去二寸。庚子夜，火去泣星四寸，月掩畢。甲辰夜，西南流星大如一升器，有尾跡，光明照地，珠子散落，長五丈餘；出須女，入天市南垣滅。丁未，月入太微。辛亥，熒惑入壘壘。十月丁卯，月掩畢。甲戌，月入軒轅。十一月壬寅，月入太微。丙午夜，月掩氐。十二月己巳(三七)，月入太微。七年正月乙未夜，月近軒轅。二月戊午，月掩天關。辛酉，月逼輿鬼。己巳，熒惑逼天罇。三月辛卯，月逼靈臺。四月丁巳，熒惑入東井。辛未，歲星入東角。壬申，月入羽林。丙子，鎮星臨太微。五月丙戌，月入太微。六月乙亥，月臨東井。十二月甲子，太白入羽林。丙寅，雨土，是夜，長星出于參。八年五月庚辰，熒惑入羽林。六月戊辰，流星大如一升器，有尾跡，長三丈，流入太微。七月己卯，太白入東井，留七日而出。庚寅酉時，有氣三道竟天。辛卯，熒惑臨月。乙未，月掩畢中。八月戊午夜，熒惑臨月。其月，朱滔自幽州入朝。九月癸未，月入羽林。己丑，月入太微。十月癸卯，太白

臨鎮星。丙午夜，太白臨進賢。丁巳夜，月掩畢。壬戌夜，月入鬼中。庚午，月近太白，並入氐中。十一月己卯，月入羽林。壬午，鎮星逼進賢。癸未，太白掩房。癸巳，月入太微垣。閏十一月壬寅夜，太白、辰星會于危。癸丑，月掩天關。甲寅，月入東井。乙丑，月掩天關(三八)。丙寅，月入氐。十二月癸酉，月入羽林。九年正月癸丑，熒惑逼諸王星。三月丁未，熒惑入東井。四月乙亥，月臨軒轅。丁丑，月入太微。五月己酉，太白逼熒惑。乙未夜，太白入軒轅。辛酉，辰星逼軒轅。六月戊寅，月逼天綱。己卯，月掩南斗。庚辰，月入太微。戊子，太白臨左執法。七月甲辰，月掩房。辛亥，月入羽林。壬戌，月入輿鬼。八月辛卯，月掩軒轅。九月庚子，朱泚自幽州入朝，是夜，太白入南斗。甲子，熒惑入氐。十月戊子，木入南斗。十二月戊辰，月入羽林。十年正月，昭義軍亂，逐薛暠；田承嗣據河北叛。戊申，月逼軒轅。甲寅夜，熒惑、歲星合于南斗，並順行。二月，河陽軍亂，逐常休明。三月，陝州軍亂，逐李國青。庚戌，熒惑入壘壘。四月甲子，熒惑順行入羽林。庚午，月臨軒轅。六月癸亥，太白臨東井。乙丑夜，熒惑臨天囷。戊辰，月入太微。乙亥，月臨南斗。七月庚子，辰星、太白順行，同在柳。八月乙酉，熒惑順行，臨天高。戊子，月入太微。九月甲午，月臨房。十月辛酉朔，日有蝕之。十二月丙子夜，東方月上有白氣十餘道，如匹帛，貫五車、東井、輿鬼、觜、參、畢、柳、軒轅，三更後方散。十一年閏八月丁酉(三九)，太白晝見。其年七

月，李靈曜以汴州叛，十月，方誅之。十二年正月乙丑夜[六〇]，月掩軒轅。癸酉夜，月掩心前星。丙子，月入南斗魁中。二月乙未，鎮星入氐。辛亥夜，流星大如桃，尾長十丈，出匏瓜，入太微。三月壬戌，月入太微。戊辰，月逼心星。是月，宰臣元載誅，王縉黜。四月庚寅，月臨左執法。乙未夜，月掩心前星。五月丙辰，月入太微。六月戊戌，月入羽林。七月庚戌，月入南斗。癸丑，熒惑逼司怪。己巳，宰相楊綰卒。乙亥，熒惑順行，入東井。是歲，春夏旱，八月大雨，河南大水，平地深五尺。吐蕃入寇，至坊州。十月己丑，月臨歲星。壬辰，月掩昴。乙未，月臨五諸侯。庚子，月臨左執法，遂入太微垣。十一月癸丑，太白臨哭星。乙卯夜，月入羽林。戊辰，月臨左執法。十二月辛巳，鎮星臨關鍵[六一]。壬午，月入羽林。十四年五月十一日，代宗崩。

德宗即位。明年改元建中。至四年十月，朱泚亂，車駕幸奉天。貞元四年五月丁卯，月犯歲星。乙亥，熒惑、鎮、歲聚于營室三十餘日。八月辛卯朔，日有蝕之[六二]。十年三月乙亥，黃霧四塞，日無光。四月，太白晝見。

元和七年正月辛未，月掩熒惑。六月乙亥，月去南斗魁第四星西北五寸所。八年七月四日夜，月去太微東垣之南首星南一尺所。癸酉夜，月去五諸侯之西第四星南七寸所。十月己丑，熒惑順行，去太微西垣之南首星西北四寸所。九年二月丁酉，月去心大星東北七

寸所。四月辛巳，北方有大流星，跡尾長五丈，光芒照地，至右攝提南三尺所。九月己丑，月掩軒轅。十二年正月戊子，彗出畢南，長二尺餘，指西南，凡三日，近參旗沒。十三年正月乙未，歲星退行，近太微西垣之南第一星。八月己未，月近南斗魁。壬戌，太白順行，近太微。十四年正月己丑，月近東井北轅星。癸卯夜，月近南斗魁星。五月庚寅，月犯心前大星西南一尺所。十五年正月二十七日，憲宗崩。

穆宗即位。七月庚申，熒惑退行，入羽林。癸亥夜，大星出勾陳，南流至婁北滅。八月己卯，月掩牽牛。長慶元年正月丙午，月掩鉞星；二更後，月去東井南轅第一星南七寸。丙辰，南方大流星色赤，尾有跡，長三丈，光明燭地，出狼星北二尺所，東北流至七星三尺所滅。己未夜，星孛于翼。丁卯夜，星孛在辰上，去太微西垣南第一星七寸所。二月八日夜，太白犯昴東南五寸所。丁亥夜，月犯歲星南六寸所，在尾十三度。三月庚戌，太白犯五車東南七寸所。七月壬寅，月掩房次相星。乙丑夜，東方大流星，色黃，有尾跡，長六七丈，光明燭地，出參西北，向西流，至羽林東北滅。其月，幽州軍亂，囚其帥張弘靖，立朱克融。其月二十八日，鎮州軍亂，殺其帥田弘正王廷湊[六三]。元和末，河北三鎮皆以疆土歸朝廷；至是，幽、鎮俱失。俄而史憲誠以魏州叛，三鎮復爲盜據，連兵不息。八月辛巳夜，東北有大星自雲中出流，白光照地，前後長丈二尺五寸，西北入蜀滅；太白在軒轅左角西北一尺所。是

月壬辰夜，太白去太微垣南第一星一尺所。九月戊戌夜，太白順行，入太微，去左執法星西北一尺所。乙巳夜，去左執法二寸所。辛亥，月去天關西北八寸。二年正月戊申，魏帥田布伏劍死，史憲誠據郡叛。二月甲戌夜，熒惑在歲星南七寸所。四月辛酉朔，日有蝕之，在胃十二度，不盡者四之一，燕、趙見之既。七月丙子夜，東方大星西流，至昴滅，其聲如雷。十月甲子夜，月掩牽牛中星。乙丑夜，太白去南斗魁第四星西一寸所。十一月丁丑，月掩左角。庚辰，月去房一尺所。十二月丁亥，月掩左角。庚戌夜，月近房星。壬子五更後，月近太白，相去一尺所。四年正月二十二日，穆宗崩。

敬宗即位。二月癸卯，太白犯東井，近北轅。三月甲子，熒惑犯鎮星。壬申，太白犯東井，近北轅。四月十七日，染院作人張韶於柴草車中載兵器，犯銀臺門，共三十七人，入大內，對食於清思殿；其日禁兵誅之。七月乙卯夜，有大星出于天船，流犯斗魁第一星西南滅。八月丁亥，熒惑犯鎮星。癸未，熒惑入東井。己丑，太白犯軒轅右角。十二月戊子夜，月掩東井。甲午夜，西北有流星出閣道，至北極滅。寶曆元年七月乙酉，月犯西咸，去八寸所。甲子夜，月掩畢。閏七月癸巳夜，月去心，距九寸。庚子，流星去北極，至南斗柄滅。八月乙卯，太白犯房，相去九寸。九月癸未，太白犯南斗。丙戌，月犯畢。甲午，月犯太微左執法。十月辛卯，月犯天囷，相去七寸。癸亥，太白臨哭星，相去九寸。十一月庚辰，鎮星

犯東井，相去七寸。癸未夜，月去東井六寸。戊戌，西南大流星出羽林，入濁。十二月戊申夜，月犯畢。乙酉夜，西北方有霧起，須臾徧天。霧上有赤氣，其色或深或淺，久而方散。二年正月甲戌夜，北方大流星長五丈餘，出紫微，過軫滅。甲申，月犯右執法，相去五寸。二月丙午夜，月犯畢。三月己巳，流星出河鼓，東過天市，入濁滅。四月甲子夜，西方大流星長三丈，穿天市垣，至房星滅。其月十七日，白虹貫日連環，至午方滅。五月甲戌，月去太微八寸所。癸巳，西北方大流星長三丈，光明照地，入天市垣中滅。甲午五更，熒惑犯昴。六月庚申，太白犯昴。七月壬申，流星長二丈，出斗北，入濁滅。其夜，月初入，已上有流星向南滅[六四]。其夜，辰犯畢。八月丙申夜，北方大流星長四丈餘，出王良，流至北斗柄滅。甲辰夜，太白去太微八寸所。丁未夜，熒惑近鎮星西北。丁丑，熒惑去輿鬼七寸。十二月八日夜，敬宗爲內官劉克明所弒，立絳王。樞密使王守澄等殺絳王，立文宗。

大和元年九月戊寅，月掩東井南轅星。四年四月辛酉夜四更五籌後，月掩南斗第二星。十一月辛未朔，熒惑犯右執法西北五寸，五年二月，宰相宋申錫、漳王被誣得罪。八年二月朔，日有蝕之。六月辛巳五更，有六流星，赤色，有尾跡，光明照地，珠子散落，出河鼓北流，近天棓滅，有聲如雷。七月己巳夜，流星出紫微西北，長二丈，至北斗第一星滅。是夜五更，月犯昴。九月辛亥夜五更，太微宮近郎位有彗星，長丈餘，西指，西北行，凡九夜，

越郎位星西北五尺滅。癸丑，月入南斗。庚申，右軍中尉王守澄，宣召鄭注對於浴殿門。是夜，彗星出東方，長三尺，芒耀甚猛。十二月丙戌夜，月掩昴。九年三月乙卯，京師地震。四月辛丑，大風震雷，拔殿前古樹。六月庚寅夜，月掩歲星。丁酉夜一更至四更，流星縱橫旁午，約二十餘處，多近天漢。其年十一月，李訓謀殺內官，事敗，中尉仇士良殺王涯、鄭注、李訓等十七家，朝臣多有貶逐。開成元年正月甲辰，太白掩西建第一星。其月十五日，日有蝕之〔六五〕。二月乙亥夜四更，京師地震。二年二月丙午夜〔六六〕，彗出東方，長七尺餘，在危初度，西指。戊申夜，危之西南，彗長七尺，芒耀愈猛，亦西指。癸丑夜，彗在危八度〔六七〕。庚申夜，在虛三度半。辛酉夜，彗長丈餘，直西行〔六八〕，稍南指，在虛一度半。壬戌夜，彗長二丈，其廣三尺，在女九度。癸亥夜，彗愈長廣，在女四度。三月甲子朔，其夜，彗長五丈，歧分兩尾，其一指氐，其一掩房〔六九〕，在斗十度。丙寅夜，彗長六丈，尾無歧，北指，在亢七度〔七〇〕。文宗召司天監朱子容問星變之由，子容曰：「彗主兵旱，或破四夷，古之占書也。然天道懸遠，唯陛下修政以抗之。」乃敕尚食，今後每日御食料分爲十日。其夜彗長五丈，闊五尺，却西北行，東指。戊辰夜，彗長八丈有餘，西北行，東指，在張十四度。詔天下放繫囚，撤樂減膳，避正殿；先是，羣臣拜章上徽號，宜並停。癸未夜，彗長三尺，出軒轅之右，東指，在張七度。六月，河陽軍亂，逐李詠〔七一〕。是歲，夏蝗大旱。八月丁酉，彗出虛、危之間。

十月，地南北震。三年十月十九日，彗見，長二丈餘；二十日夜，長二丈五尺；二十一日夜，長三丈；二十二日夜，長三丈五尺：並在辰上，西指軫、魁。十一月乙卯朔，是夜彗出東方，東西竟天。五月五日，太白犯輿鬼。六月一日，太白犯熒惑。二十八日，太白犯右執法。十月七日，太白犯南斗〔七二〕。四年正月丁巳，熒惑、太白、辰聚于南斗。癸酉，彗出于西方，在室十四度。閏月二十三日，又見于卷舌北，凡三十三日，至二十六日夜滅〔七三〕。二月二十六日，自夜四更至五更，四方中央流星大小二百餘，並西流，有尾跡，長二丈。三月乙酉夜，月掩東井第三星。是歲，夏大旱，禱祈無應，文宗憂形于色。宰臣進曰：「星官言天時當爾，乞不過勞聖慮。」帝改容言曰：「朕爲人主，無德庇人，比年災旱，星文譴見。若三日內不雨，朕當退歸南內，卿等自選賢明之君以安天下。」宰相楊嗣復等嗚咽流涕不已。七月辛丑，月犯熒惑，河南大水。八月辛未，流星出羽林，有尾跡，長十丈，有聲如雷。十月辛酉，辰入南斗魁。五年正月，文宗崩。

武宗即位。會昌元年六月二十九日，從一鼓至五鼓，小流星五十餘，交橫流散。七月二日，北方流星光明照地，東北流星有聲如雷。九月癸巳，熒惑犯輿鬼。閏九月丁酉，熒惑貫鬼宿；戊戌，在鬼中。十一月六日，彗見西南，在室初度，凡五十六日而滅。其夜上方大流星光明燭地，東北流星有聲。二年六月乙丑，熒惑犯歲星。丙寅，太白犯東井。其夜，熒

惑蒼赤色〔七四〕，動搖於井中，至八月十六日，犯輿鬼。五年二月五日，太白掩昴北側，在昴宿一度。五月辛酉，太白入畢口，距星東南一尺。八月七日，太白犯軒轅大星。

舊儀：太史局隸秘書省，掌視天文曆象。則天朝，術士尚獻輔精於曆算，召拜太史令。獻輔辭曰：「臣山野之人，性靈散率，不能屈事官長。」天后惜其才，久視元年五月十九日，敕太史局不隸秘書省，自爲職局，仍改爲渾天監。至七月六日，又改爲渾儀監。長安二年八月，獻輔卒，復爲太史局，隸秘書省，緣進所置官員並廢〔七五〕。景龍二年六月，改爲太史監，不隸秘書省。景雲元年七月，復爲太史局，隸秘書省。八月，又改爲太史監。十一月，又改爲太史局。二年閏九月，改爲渾儀監。開元二年二月，改爲太史監。十五年正月，改爲太史局，隸秘書省。天寶元年，又改爲太史監。

乾元元年三月，改太史監爲司天臺，於永寧坊張守珪故宅置。敕曰：「建邦設都，必稽玄象；分列曹局，皆應物宜。靈臺三星，主觀察雲物；天文正位，在太微西南。今興慶宮，上帝廷也，考符之所，合置靈臺。宜令所司量事修理。」舊臺在秘書省之南。仍置五官正五人。司天臺內別置一院，曰通玄院。應有術藝之士，徵辟至京，于崇玄院安置。其官員：大監一

員，正三品。少監二人，正四品。丞三人，正六品。主簿三人，主事二人，五官正五人，五官副正五人，靈臺郎一人，五官保章正五人，五官挈壺正五人，五官司曆五人，五官司辰十五人，觀生、曆生七百二十六人。凡官員六十六人。寶應元年，司天少監瞿曇譔奏曰：「司天丞請減兩員，主簿減兩員，主事減一員，保章正減三員，挈壺正減三員，監候減兩員，司辰減七員，五陵司辰減五員。」從之。

天寶十三載三月十四日，敕太史監官除朔望朝外，非別有公事，一切不須入朝，及充保識，仍不在點檢之限。

開成五年十二月，敕：「司天臺占候災祥，理宜秘密。如聞近日監司官吏及所由等，多與朝官并雜色人交游，既乖慎守，須明制約。自今已後，監司官吏不得更與朝官及諸色人等交通往來，委御史臺察訪。」

校勘記

〔一〕至于山茌 「茌」字各本原作「在」，據後漢書郡國志三、新書卷三一天文志改。下注文同改。

〔二〕頓邱三城武陽 十七史商榷卷七七云：「三城當作觀城。」

〔三〕又東至于呂梁 殿本考證云：「當云南至於呂梁，非東也。」

〔四〕得漢東平魯國　殿本考證云：「以新志證之，魯國下當有琅邪、東海、泗水、城陽八字。」

〔五〕畢西初起胃四度　據上下文例，「畢」字疑爲衍文。

〔六〕中七星七度　上「七」字各本原作「柳」，涉上而誤，據新書卷三一天文志改。

〔七〕至於方陽　「方陽」，新書卷三一天文志作「外方」，校勘記卷一八云：「方陽當作外方。」

〔八〕陽翟　「陽」字各本原無，據漢書卷二八上地理志、後漢書郡國志二補。

〔九〕負河之南　新書卷三一天文志「河」上有「北」字。

〔一〇〕西及函谷南紀　新書卷三一天文志「南紀」上有「逾」字。

〔一一〕東虢　「虢」字各本原無，據新書卷三一天文志補。

〔一二〕舊說皆在函谷　葉校本「函谷」作「角亢」。

〔一三〕張星直河南漢東　新書卷三一天文志「河南」作「南陽」。

〔一四〕巫縣今在夔州　「夔」字聞本、殿本、懼盈齋本、廣本作「蘄」，局本作「歸」，據本書卷三九地理志改。

〔一五〕東達廬江南郡　「郡」字新書卷三一天文志作「部」，疑是。

〔一六〕富昭蒙龔繡容白罕八州　新書卷三一天文志「蒙」作「象」，「罕」作「廉」。十七史商榷卷七七云：「罕當作牢。」

〔一七〕荆楚郾鄀羅權巴夔與南方蠻貊殷河南之南　此處文字有脫誤。新書卷三一天文志作「古荆楚郾、鄀、羅、權、巴、夔與南方蠻貊之國，翼與咮張同象，當南河之北」。

〔一八〕宜屬鶉火　新書卷三一天文志此下尚有「而柳、七星、張皆當中州，不得連負海之地，故麗于鶉尾」。

〔一九〕在南北河之間　「在」下各本原有「河」字，據新書卷三一天文志刪。

〔二〇〕濟陰郡　「郡」字各本原作「縣」，據本書卷三八地理志改。

〔二一〕今在東郡　「東郡」，本書卷三八地理志作「曹州」。

〔二二〕廬　「廬」上聞本尚有「野」字，殿本、懼盈齋本、局本、廣本無。新書卷三一天文志作「羣舒」，疑「野」爲「舒」字之誤。

〔二三〕自韶廣封梧藤羅雷州南及珠崖自北以東爲星紀　此處文字疑有誤。新書卷三一天文志作「自韶、廣以西，珠崖以東，爲星紀之分也」。

〔二四〕又隸管屬不同　校勘記卷一八謂「又」字當作「分」。

〔二五〕四年閏正月丁卯朔　唐會要卷四二、朱文鑫歷代日食考均無「閏」字，陳垣二十史朔閏表貞觀四年正月不閏，「閏」字衍。

〔二六〕乾封二年八月己酉朔　唐會要卷四二、新書卷三二天文志、二十史朔閏表「己酉」均作「己丑」，此處干支誤。

〔二七〕十一月壬寅朔　新書卷三二天文志、歷代日食考、二十史朔閏表「壬寅」均作「壬申」，此處干支誤。（新書、日食考「調露二年」均作「永隆元年」，是年八月改元。）

〔二八〕十一月庚申朔　新書卷三二天文志、歷代日食考、二十史朔閏表「十一月」均作「十月」，此處月份誤。

〔二九〕（長壽）三年九月壬午朔　長壽三年五月改元延載，此句與下句「延載元年九月壬午朔」實指一事。

〔三〇〕聖曆三年五月乙酉朔　聖曆三年五月癸丑改元久視，此句與下句「久視元年五月己酉朔」實指一事。「乙酉」，據新書卷三二天文志、歷代日食考、二十史朔閏表，當作「己酉」。

〔三一〕六年五月乙丑朔　新書卷三二天文志、歷代日食考、二十史朔閏表均作「七年五月己丑朔」，此處紀年及干支誤。

〔三二〕九年五月乙巳朔　新書卷三二天文志、歷代日食考、二十史朔閏表「五月」均作「九月」，此處月份誤。

〔三三〕十二年閏十二月壬辰朔　新書卷三二天文志、歷代日食考、二十史朔閏表「壬辰」均作「丙辰」，此處干支誤。

〔三四〕十七年十月丙午朔　新書卷三二天文志、歷代日食考、二十史朔閏表「丙午」均作「戊午」，此處干支誤。

〔三五〕二十年二月癸酉朔　新書卷三二天文志、歷代日食考、二十史朔閏表「癸酉」均作「甲戌」，此處干支誤。

〔三六〕四年正月十五日甲午蝕　唐會要卷四二日蝕在「四年正月庚午朔」，日蝕不當在月望日，當從會要。（本書卷一一代宗紀：「四年正月甲申，日有食之。」亦誤在月望日。）

〔三七〕十三年甲戌　據歷代日食考、二十史朔閏表，此年八月甲戌朔。

〔三八〕十四年二月丙寅朔　通鑑卷二二六、新書卷三二天文志、歷代日食考均作「十四年十二月丙寅晦」，與二十史朔閏表合，此處「二」上脫「十」字，「晦」誤作「朔」。

〔三九〕貞元三年八月辛巳朔　「三年」各本原作「二年」，據本書卷一二德宗紀、唐會要卷四二、新書卷三二天文志、二十史朔閏表改。

〔四〇〕巳正後刻蝕之既　唐會要卷四二「刻」上有「五」字。

〔四一〕十七年五月壬戌蝕　唐會要卷四二、新書卷三二天文志、歷代日食考「蝕」均作「朔」，與二十史朔閏表合。

〔四二〕元和三年七月癸巳蝕　本書卷一四憲宗紀、新書卷三二天文志、歷代日食考「癸巳蝕」均作

「辛巳朔」，與二十史朔閏表合。此處干支誤。

〔四三〕開成二年十二月庚寅朔　「十二月」各本原無，據本書卷一七下文宗紀、唐會要卷四二、二十史朔閏表補。

〔四四〕凡二十八日　唐會要卷四二無「凡」字。新書卷三二天文志此處作「二月壬午，有星孛于胃、昴間。丁亥，孛于卷舌」。校勘記卷一八云：「計壬午至丁亥凡六日，與二十三至二十八合」，謂此處「凡」字當作「至」。

〔四五〕勿以功高古人而矜大　「矜」字各本原作「務」，據唐會要卷四三、冊府卷一四四改。

〔四六〕景龍三年六月八日　「三年」，各本原作「二年」，據本書卷七中宗紀、唐會要卷四三、新書卷三二天文志改。

〔四七〕光照地　「地」字各本原無，據唐會要卷四三補。

〔四八〕十月辛丑朔日有食之　此條又見前日蝕項，「辛丑」當作「辛巳」。

〔四九〕明年冬　據本書卷一〇肅宗紀、通鑑卷二二一，九節度之師潰於相州，事在乾元二年三月。此處「冬」字當作「春」。

〔五〇〕六月癸丑　「六」字各本原作「正」，據本書卷一〇肅宗紀、新書卷三三天文志改。

〔五一〕十二月己亥　「己亥」各本原無，據本書卷一一代宗紀、新書卷三二天文志補。唐會要卷四三作

「十二月十七日」。

〔五二〕壬申十二月赤氣長二丈亙日上　上文有「七月」，下文有「八月」，中間不得有「十二月」。新書卷三二天文志作「壬申日上有赤氣長二丈」。「十二月」當是衍文。

〔五三〕五星並列東井　「井」字各本原作「方」，據本書卷一一代宗紀、唐會要卷四三改。

〔五四〕太白犯左執法　「太白」，各本原作「太微」，據新書卷三三天文志、通考卷二八九改。

〔五五〕四年正月十五日日有蝕之　此條又見前日蝕項。日蝕不當在月望日，紀時有誤，參前校記。

〔五六〕五月己卯夜　「五月」各本原無，據本書卷一一代宗紀、新書卷三二天文志補。二十史朔閏表，己卯爲五月十七日。

〔五七〕十二月己巳　「二」字各本原作「一」，據新書卷三三天文志、通考卷二八九改。二十史朔閏表，己巳爲十二月十七日。

〔五八〕乙丑月掩天關　校勘記卷一八云：「按上云癸丑月掩天關，下距乙丑僅十二日，似月不得即行一周而復掩天關。似沿上衍。」新書卷三三天文志無此句。

〔五九〕十一年閏八月　「一」字各本原作「二」，據本書卷一一代宗紀、新書卷三三天文志改。

〔六〇〕十二年正月　「二」字各本原作「三」，據本書卷一一代宗紀、新書卷三三天文志改。

〔六一〕鎮星臨關鍵　校勘記卷一八云：「關鍵乃鍵閉之訛。」晉書天文志有鍵閉無關鍵。

〔六二〕八月辛卯朔日有蝕之　事在貞元三年，見上文日蝕項及本書卷一二德宗紀。「辛卯」當作「辛巳」。

〔六三〕殺其帥田弘正王廷湊　此處有脫文。本書卷一六穆宗紀作「節度使田弘正幷家屬將佐三百餘口並遇害，軍人推衙將王廷湊爲留後」。

〔六四〕其夜月初入巳上有流星向南滅　文字疑有誤。唐會要卷四三作「丙戌，日初入，有流星向南滅」。新書卷三二天文志同唐會要，惟「有」上有「東南」二字。

〔六五〕其月十五日日有蝕之　新書卷三二天文志、歷代日食考均作「正月辛丑朔」，此處「十五日」誤。本書卷一七下文宗紀作「丙辰望日有食之」，同誤。

〔六六〕二年二月丙午夜　「二月」各本原無，據本書卷一七下文宗紀、唐會要卷四三、新書卷三二天文志補。

〔六七〕癸丑夜彗在危八度　新書卷三二天文志作「癸丑在虛」。

〔六八〕直西行　「西」字各本原無，據本書卷一七下文宗紀補。新書卷三二天文志作「西行」。下「在虛一度半」，文宗紀作「在虛九度半」。

〔六九〕其一掩房　「房」字各本原作「月」，據本書卷一七下文宗紀、唐會要卷四三、新書卷三二天文志改。

〔七〇〕在亢七度　「亢」字各本原作「危」，據本書卷一七下文宗紀、新書卷三二天文志改。

〔七一〕逐李詠　本書卷一七下文宗紀、通鑑卷二四五「詠」作「泳」。

〔七二〕五月五日太白犯輿鬼……十月七日太白犯南斗　據紀事先後例，以上文字應在上文「三年」之後，「十月十九日」之前。

〔七三〕至二十六日夜滅　新書卷三二天文志、通考卷二八六作「二月己卯不見」，又據上「凡三十三日」，此處「二十六日」上當脫「二月」二字。

〔七四〕其夜熒惑蒼赤色　「蒼」字各本原作「舍」，據本書卷一八上武宗紀、唐會要卷四三、新書卷三三天文志改。又武宗紀、唐會要、新志此事均在三年七月，此處年月疑誤。

〔七五〕緣進所置官員並廢　唐六典卷一〇作「緣監置官及府史等並廢」，唐會要卷四四作「監官並廢」。校勘記卷一八云：「據唐六典，進當作監。張氏宗泰考證並同。」

舊唐書卷三十七

志第十七

五行

昔禹得河圖、洛書六十五字，治水有功，因而寶之。殷太師箕子入周，武王訪其事，乃陳洪範九疇之法，其一曰五行。漢興，董仲舒、劉向治春秋，論災異，乃引九疇之說，附于二百四十二年行事，一推咎徵天人之變。班固敍漢史，採其說五行志〔一〕。綿代史官，因而纘之。今略舉大端，以明變怪之本。

經曰：「水曰潤下，火曰炎上，木曰曲直，金曰從革，土爰稼穡。」又曰：「建用皇極。」傳曰：「畋獵不時，飲食不享，出入不節，奪民農時，及有姦謀，則木不曲直。棄法律，逐功臣，殺太子，以妾爲妻，則火不炎上。好治宮室，飾臺榭，內淫亂，犯親戚，侮父兄，則稼穡不成。好戰功，輕百姓，飾城郭，侵邊境，則金不從革。簡宗廟，不禱祠，廢祭祀，逆天時，則水不潤

下。」經曰「敬用五事」，謂「貌曰恭，言曰從，視曰明，聽曰聰，思曰睿。恭作肅，從作乂，明作哲，聰作謀，睿作聖。」又曰「建用皇極」，「皇建其有極」。傳曰：「貌之不恭，是謂不肅，厥咎狂，厥罰恆雨，厥極凶。時則有服妖，時則有龜孽，時則有雞禍，時則有下體生上之痾，時則有青眚青祥。凡草木之類謂之妖，蟲豸之類謂之孽，六畜謂之禍，及人謂之痾，甚則異物生謂之眚，身外而來謂之祥也。言之不從，是謂不乂，厥咎僭，厥罰恆暘，厥極憂。時則有詩妖，時則有介蟲之孽，時則有犬禍，時則有口舌之痾，時則有白眚白祥。視之不明〔二〕，是謂不哲，厥咎豫，厥罰恆燠，厥極疾。時則有草妖，時則有贏蟲之孽，時則有羊禍，時則有目痾，時則有赤眚赤祥。聽之不聰，是謂不謀，厥咎急，厥罰恆寒，厥極貧。時則有鼓妖，時則有魚孽，時則有豕禍，時則有耳痾，時則有黑眚黑祥。思之不睿，是謂不聖，厥咎蒙，厥罰恆風，厥極凶短折。時則有脂夜之妖，時則有華孽，時則有牛禍，時則有心腹之痾，時則有黃眚黃祥。皇之不極，是謂不建，厥咎眊，厥罰恆陰，厥極弱。時則有射妖，時則有龍蛇之孽，時則有馬禍，時則有下體代上之痾，時則有日月亂行、星辰逆行。」九疇名數十五，其要五行、皇極之說，前賢所以窮治亂之變，談天人之際，蓋本于斯。故先錄其言，以傳於事。

京房易傳曰：「臣事雖正，專必地震。其震，於水則波，於木則搖，於屋則瓦落，大經在辟而易臣，茲謂陰動。」又曰：「小人剝廬，厥妖山崩，茲謂陰乘陽，弱勝強。」劉向曰：「金木水沴土，地所以震。」春秋災異，先書地震、日蝕，惡陰盈也。

貞觀十二年正月二十二日，松、叢二州地震，壞人廬舍。二十年九月十五日，靈州地震，有聲如雷。二十三年八月一日，晉州地震，壞人廬舍，壓死者五十餘人。三日，又震。十一月五日，又震。

永徽元年四月一日，又震。六月十二日，又震。高宗顧謂侍臣曰：「朕政教不明，使晉州之地，屢有震動。」侍中張行成曰：「天，陽也；地，陰也。陽，君象；陰，臣象。君宜轉動，臣宜安靜。今晉州地震，彌旬不休，臣將恐女謁用事，大臣陰謀。且晉州，陛下本封，今地屢震，尤彰其應。伏願深思遠慮，以杜其萌。」帝深然之。

開元二十二年二月十八日，秦州地震。先是，秦州百姓聞州西北地下殷殷有聲，俄而地震，壞廨宇及居人廬舍數千間，地拆而復合，震經時不定，壓死百餘人。玄宗令右丞相蕭嵩致祭山川，又遣倉部員外郎韋伯陽往宣慰，存恤所損之家。

至德元年十一月辛亥朔，河西地震有聲，地裂陷，壞廬舍，張掖、酒泉尤甚。至二載六月始止。

大曆二年十一月壬申，京師地震，有聲自東北來，如雷者三。四年二月丙辰夜，京師地

震，有聲如雷者三。

貞元三年十一月己卯夜，京師地震，是夕者三，巢鳥皆驚，人多去室。東都、蒲、陝亦然。四年正月朔日，德宗御含元殿受朝賀。是日質明〔三〕，殿階及欄檻三十餘間，無故自壞，甲士死者十餘人。其夜，京師地震。二日又震，三日又震，十八日又震，十九日又震，二十日又震。帝謂宰臣曰：「蓋朕寡德，屢致后土震驚，但當修政，以答天譴耳。」二十三日又震，二十四日又震，二十五日又震，時金、房州尤甚，江溢山裂，屋宇多壞，人皆露處。至二月三日壬午，又震，甲申又震，乙酉又震，丙申又震。三月甲寅，又震，己未又震，庚午又震，辛未又震。京師地生毛，或白或黃，有長尺餘者。五月丁卯，又震。八月甲辰，又震，其聲如雷。九年四月辛酉，京師又震，有聲如雷。河中尤甚，壞城壘廬舍，地裂水涌。十年四月戊申，又震。十三年十月乙未日午時，震從東來，須臾而止。

元和七年八月，京師地震。憲宗謂侍臣曰：「昨地震，草樹皆搖，何祥異也？」宰臣李絳曰：「昔周時地震，三川竭，太史伯陽甫謂周君曰：『天地之氣，不過其序。若過其序，人亂也。人政乖錯，則上感陰陽之氣，陽伏而不能出，陰迫而不能升，于是有地震。』又孔子修春秋，所紀災異，先地震、日蝕，蓋地載萬物，日君象，政有感傷，天地見眚，書之示戒，用儆後王。伏願陛下體勵虔恭之誠，動以利萬物、綏萬方爲念，則變異自消，休徵可致。」九年三月

丙辰，嶲州地震，晝夜八十震方止，壓死者百餘人。

大和九年三月乙卯，京師地震。

開成元年二月乙亥夜四更，京師地震，屋瓦皆墜，戶牖之間有聲。二年十一月乙丑夜，地南北微震。

大中三年十月，京師地震，振武、天德、靈武、鹽、夏等州皆震，壞軍鎮廬舍。

武德六年七月二十日，嶲州山崩，川水咽流。

貞觀八年七月七日，隴右山崩，大蛇屢見。太宗問祕書監虞世南曰：「是何災異？」對曰：「春秋時梁山崩，晉侯召伯宗而問焉。對曰：『國主山川，故山崩川竭，君爲之不舉，降服出次，祝幣以禮焉。』晉侯從之，卒亦無害。漢文帝九年，齊、楚地二十九山同日崩。文帝出令，郡國無來獻，施惠于天下，遠近歡洽，亦不爲災。後漢靈帝時，青蛇見御座。晉惠帝時，大蛇長三百步，經市入廟。今蛇見山澤，蓋深山大澤，實生龍蛇，亦不足怪也。唯修德可以消變。」上然之。十七年八月四日，涼州昌松縣鴻池谷有石五[四]，青質白文，成字曰「高皇海出多子李元王八十年太平天子李世民千年太子李治書燕山人士樂太國主尙汪譚獎文仁邁千古大王五王六王七王十鳳毛才子七佛八菩薩及上果佛田天子文武貞觀昌大聖延四

方上下治示孝仙戈入爲善」。涼州奏。其年十一月三日，遣使祭之，曰：「嗣天子某，祚繼鴻業，君臨宇縣，夙興旰食，無忘于政，導德齊禮，愧於前修。天有成命，表瑞貞石，文字昭然，曆數唯永。既旌高廟之業，又錫眇身之祚。迨于皇太子治，亦降貞符，具紀姓氏，列于石言。仰瞻睿漢，空銘大造，甫惟寡薄，彌增寅懼。敢因大禮，重薦玉帛，上謝明靈之貺，以申祗慄之誠。」

永徽四年八月二十日，隕石十八于同州馮翊縣，光曜，有聲如雷。上問于志寧曰：「此何祥也？當由朕政之有闕。」對曰：「按春秋，隕石于宋五，內史過曰：『是陰陽之事，非吉凶所生。』自古災變，杳不可測，但恐物之自爾，未必關于人事。陛下發書誡懼，責躬自省，未必不爲福矣。」

永昌中，華州敷水店西南坡，白晝飛四五里，直抵赤水，其坡上樹木禾黍，宛然無損。則天時，新豐縣東南露臺鄉，因大風雨雹震，有山踊出，高二百尺，有池周三頃，池中有龍鳳之形、禾麥之異。則天以爲休徵，名爲慶山。荊州人俞文俊詣闕上書曰：「臣聞天氣不和而寒暑隔，人氣不和而疣贅生，地氣不和而堆阜出。今陛下以女主居陽位，反易剛柔，故地氣隔塞，山變爲災。陛下以爲慶山，臣以爲非慶也。誠宜側身修德，以答天譴。不然，恐災禍至。」則天怒，流于嶺南。

開元十七年四月五日，大風震電，藍田山開百餘步。

乾元二年六月，虢州閿鄉縣界黃河內女媧墓，天寶十三載因大雨晦冥，失其所在，至今年六月一日夜，河濱人家忽聞風雨聲，曉見其墓踊出，上有雙柳樹，下有巨石二，柳各長丈餘。郡守圖畫以聞，今號風陵堆。

大曆十三年，郴州黃芩山崩震，壓殺數百人。

建中初，魏州魏縣西四十里，忽然土長四五尺數畝，里人駭異之。明年，魏博田悅反，德宗命河東馬燧、潞州李抱眞討之，營于陘山。幽州朱滔、恆州王武俊帥兵救田悅，王師退保魏縣西。朱滔、武俊、田悅引軍與王師對壘。三年十一月，朱滔僭稱冀王，武俊稱趙王，田悅稱魏王。悅時壘正當土長之所，及僭署告天，乃因其長土爲壇以祭。魏州功曹韋稔爲益土頌以媚悅。馬燧聞之，笑曰：「田悅異常賊也。」

貞觀十一年七月一日，黃氣竟天，大雨，穀水溢，入洛陽宮，深四尺，壞左掖門，毀宮寺一十九；洛水暴漲，漂六百餘家。帝引咎，令羣臣直言政之得失。中書侍郎岑文本曰：「伏唯陛下覽古今之事，察安危之機，上以社稷爲重，下以億兆爲念。明選舉，愼賞罰，進賢才，退不肖。聞過卽改，從諫如流。爲善在於不疑，出令期於必信。頤神養性，省畋游之娛；去

奢從儉，減工役之費。務靜方內，不求闢土；載櫜弓矢，而無忘武備。凡此數者，願陛下行之不怠，必當轉禍爲福，化咎爲祥。況水之爲患，陰陽常理，豈可謂之天譴而繫聖心哉！」十三日，詔曰：「暴雨爲災，大水泛溢，靜思厥咎，朕甚懼焉。文武百僚，各上封事，極言朕過，無有所諱。諸司供進，悉令減省。凡所力役，量事停廢。遭水之家，賜帛有差。」二十日，詔廢明德宮及飛山宮之玄圃院，分給河南、洛陽遭水戶。九月，黃河泛溢，壞陝州河北縣及太原倉，毀河陽中潬，太宗幸白馬坂以觀之。

永徽五年六月，恆州大雨，自二日至七日。滹沱河水泛溢，損五千三百家。

總章二年七月，冀州奏[五]：六月十三日夜降雨，至二十日，水深五尺，其夜暴水深一丈已上，壞屋一萬四千三百九十區，害田四千四百九十六頃。九月十八日，括州暴風雨，海水翻上，壞永嘉、安固二縣城百姓廬舍六千八百四十三區，殺人九千七十、牛五百頭，損田苗四千一百五十頃。

咸亨元年五月十四日，連日澍雨，山水溢，溺死五千餘人。

永淳元年六月十二日，連日大雨，至二十三日，洛水大漲，漂損河南立德弘敬、洛陽景行等坊二百餘家，壞天津橋及中橋，斷人行累日。先是，頓降大雨，沃若懸流，至是而泛溢衝突焉。西京平地水深四尺已上，麥一束止得一二升，米一斗二百二十文，布一端止得一百

文。國中大饑，蒲、同等州沒徙家口并逐糧，飢餧相仍，加以疾疫，自陝至洛，死者不可勝數。西京米斗三百已下。二年三月，洛州黃河水溺河陽縣城，水面高於城內五六尺。自鹽坎已下至縣十里石灰〔六〕，並平流，津橋南北道無不碎破。

文明元年七月〔七〕，溫州大水，漂流四千餘家。長安三年，寧州大霖雨，山水暴漲，漂流二千餘家，溺死者千餘人，流屍東下。十七日，京師大雨雹，人有凍死者。四年，自九月至十月，晝夜陰晦，大雨雪。都中人畜，有餓凍死者。令開倉賑恤。

神龍元年七月二十七日，洛水漲，壞百姓廬舍二千餘家。詔九品已上直言極諫，右衞騎曹宋務光上疏曰〔八〕：

臣聞自昔后王，樂聞過，罔不興；拒忠諫，罔不亂。何者？樂聞過則下情通，下情通則政無缺，此其所以興也；拒忠諫則羣議壅，羣議壅則主孤立，此其所以亂也。伏見明敕，令文武九品已上直言極諫，大哉德音，其堯、舜之用心，禹、湯之責已也！

臣嘗讀書，觀天人相與之際，考休咎冥符之兆，有感必通，其間甚密。是以政失於此，變生於彼，亦猶影之像形，響之赴聲，動而輒隨，各以類應。故易曰：「天垂象，見吉凶，聖人象之。」竊見自夏已來，水氣悖戾，天下郡國，多罹其災。去月二十七日，洛水

暴漲，漂損百姓。謹按五行傳曰：「簡宗廟，廢祭祀，則水不潤下。」夫王者卽位，必郊祀天地，嚴配祖宗，是故鬼神歆饗，多獲福助。自陛下光臨寶極，綿歷炎涼，郊廟遲留，不得殷薦，山川寂寞，未議懷柔。暴水之災，殆因此發。臣又按，水者陰類，臣妾之道。陰氣盛滿，則水泉迸溢。加之虹蜺紛錯，暑雨滯淫，雖丁厥時，而汩恆度，亦陰勝之沴也。臣恐後庭近習，或有離中饋之職，干外朝之政。伏願深思天變，杜絕其萌。又自春及夏，牛多病死，疫氣浸淫，于今未息。謹按五行傳曰：「思之不睿，時則有牛禍。」意者萬機之事，陛下或未躬親乎？昔太戊有異木生于朝，伊陟戒以修德，厥妖用殄；高宗有飛雉雊于鼎，祖己陳以政事，殷道再興。此皆視履考祥，轉禍爲福之明鑑也。晁錯曰：「五帝其臣不及，則自親之。」今朝廷怪異，雖則多矣，然皆仰知陛下天光〔九〕。伏願勤思德容〔一〇〕，少凝大化，以萬方爲念，不以聲色爲娛，以百姓爲憂，不以犬馬爲樂。暫勞宵旰，用緝明良，豈不休哉！天下幸甚！

臣聞三王之朝，不能免淫亢；太平之時，不能無小孽。備禦之道，存乎其人。若細微之災，恬而不怪，及禍變成象，駭而圖之，猶水決而繕防，疾困而求藥，雖復僶俛，亦何救哉！夫災變應天，實繫人事，故日蝕修德，月蝕修刑。若乃雨暘或愆，則貌言爲咎，雩禁之法，在于禮典。今暫逢霖雨，卽閉坊門，弃先聖之明訓，遵後來之淺術，時

偶中之，安足神耶？蓋當屏翳收津，豐隆戢響之日也。豈有一坊一市，遂能感召皇靈；暫閉暫開，便欲發揮神道。必不然矣，何其謬哉！至今巷議街言，共呼坊門爲宰相，謂能節宣風雨，燮理陰陽。夫如是，則赫赫師尹，便爲虛設；悠悠蒼生，復何所望？

自數年已來，公私俱竭，戶口減耗。家無接新之儲，國無候荒之蓄。陛下不出都邑，近觀朝市，則以爲率土之人，既康且富〔一一〕。及至踐閭陌，視鄉亭，百姓衣牛馬之衣，食犬彘之食，十室而九空，丁壯盡於邊塞，孤孀轉於溝壑，猛吏淫威奮其毒，暴徵急政破其資。馬困斯跌，人窮乃詐，或起爲姦盜，或競爲流亡，從而刑之，良可悲也！臣觀今之甿俗，率多輕佻，人貧而奢不息，法設而僞不止。長吏貪冒，選舉私謁。樂多繁淫，器尚浮巧。稼穡之人少，商旅之人多。誠願坦然更化，以身先之，端本澄源，滌瑕蕩穢。接凋殘之後，宜緩其力役；當久弊之極，宜法訓敦龐。良牧樹風，賢宰垂化，十年之外，生聚方足，三代之美，庶幾可及。

臣聞太子者，君之貳，國之本，易有其卦，天有其星，今古相循，率由茲道。陛下自登皇極，未建元良，非所以守器承祧，養德贊業。離明不可輟曜，震位不可久虛。伏願早擇賢能，以光儲副，上安社稷，下慰黎元。且姻戚之間，謗議所集，假令漢帝無私於廣國，元規切讓於中書，天下之人，安可戶說。稽疑成患〔一二〕，憑寵生災，所謂愛之適足

以害之。至如武三思等，誠能輟其機務，授以清閑，厚祿以富其身，蕃錫以獎其意，家國俱泰，豈不優乎？

夫爵賞者，君之重柄。傳曰：「惟名與器，不可假人。」自頃官賞，頗亦乖謬，大勳未滿于人聽，高秩已越于朝倫，貪天之功，以爲己力。祕書監鄭普思、國子祭酒葉靜能，或挾小道以登朱紫，或因淺術以取銀黃，既虧國經，實悖天道。書曰：「制理於未亂，保邦於未危。」此誠理亂安危之時也。伏願欽祖宗之丕烈，傷王業之艱難，遠佞人，親有德，乳保之愛，妃主之家，以時接見，無令媟瀆。

凡此數者，當今急務，唯陛下留神採納，永保康寧。

疏奏不省。

右僕射唐休璟以霖雨爲害，咎在主司，上表曰：「臣聞天運其工，人代之而爲理；神行其化，爲政賚之以和。得其理則陰陽以調，失其和則災沴斯作。故舉才而授，帝唯其難；論道於邦，官不必備。頃自中夏，及乎首秋，郡國水災，屢爲人害。夫水，陰氣也，臣實主之。臣忝職右樞，致此陰沴，不能調理其氣，而乃曠居其官。雖運屬堯年，則無治水之用；位侔殷相，且闕濟川之功。猶負明刑，坐逃皇譴。皇恩不弃，其若天何？昔漢家故事，丞相以天災免職。臣竊遇聖時，豈敢靦顏居位。乞解所任，待罪私門，冀移陰咎之徵，復免夜行

之眚〔三〕。」

神龍二年三月壬子，洛陽東十里有水影，月餘乃滅。四月，洛水泛溢，壞天津橋，漂流居人廬舍，溺死者數千人。三年夏，山東、河北二十餘州大旱，饑饉死者二千餘人。

景龍二年正月，滄州雨雹，大如鷄卵。

開元五年六月十四日，鞏縣暴雨連日，山水泛漲，壞郭邑廬舍七百餘家，人死者七十二；汜水同日漂壞近河百姓二百餘戶。八年夏，契丹寇營州，發關中卒援之。軍次澠池縣之闕門，野營穀水上。夜半，山水暴至，二萬餘人皆溺死，唯行綱役夫樗蒱，覺水至，獲免逆旅之家，溺死死人漂入苑中如積。其年六月二十一日夜，暴雨，東都穀、洛溢，入西上陽宮，宮人死者十七八。畿內諸縣，田稼廬舍蕩盡。掌關兵士，凡溺死者一千一百四十八人。京城興道坊一夜陷爲池，一坊五百餘家俱失。其年，鄧州三鴉口大水塞谷，初見二小兒以水相潑，須臾，有大蛇十圍已上，張口向天，人或斫射之，俄而暴雷雨，漂溺數百家。十年二月四日，伊水泛漲，毀都城南龍門天竺、奉先寺，壞羅郭東南角，平地水深六尺已上，入漕河，水次屋舍樹木蕩盡。河南汝、許、仙、豫、唐、鄧等州，各言大水害秋稼，漂沒居人廬舍。十四年六月戊午，大風拔木發屋，端門鴟吻盡落，都城內及寺觀落者約半。七月十四日，瀍水暴漲，流入洛漕，漂沒諸州租船數百艘，溺死者甚衆，漂失楊、壽、光、和、廬、杭、瀛、棣租米

一十七萬二千八百九十六石，并錢絹雜物等。因開斗門決堰，引水南入洛，漕水燥竭，以搜漉官物，十收四五焉。七月甲子，懷、衞、鄭、滑、汴、濮、許等州澍雨，河及支川皆溢，人皆巢舟以居，死者千計，資產苗稼無孑遺。滄州大風，海運船沒者十一二，失平盧軍糧五千餘石，舟人皆死。潤州大風從東北，海濤奔上，沒瓜步洲，損居人。是秋，天下八十五州言旱及霜，五十州水，河南、河北尤甚。十五年七月甲寅，雷震興教門樓兩鴟吻，燒樓柱，良久乃滅〔四〕。二十日，鄜州雨，洛水溢入州城，平地丈餘，損居人廬舍，溺死者不知其數。二十一日，同州損郭邑及市，毀馮翊縣。八月八日，澠池縣夜有暴雨〔五〕，澗水、穀水漲合，毀郭邑百餘家及普門佛寺。是歲，天下六十三州大水損禾稼、居人廬舍，河北尤甚。十八年六月乙丑，東都瀍水暴漲，漂損揚、楚、淄、德等州租船。壬午，東都洛水泛漲，壞天津、永濟二橋及漕渠斗門，漂損提象門外助鋪及仗舍，又損居人廬舍千餘家。二十七年八月，東京改作明堂，訛言官取小兒埋于明堂下，以爲厭勝。村邑童兒藏于山谷，都城騷然，或言兵至〔六〕。玄宗惡之，遣主客郎中王佶往東都及諸州宣慰百姓，久之乃定。二十九年，暴水，伊、洛及支川皆溢，損居人廬舍，秋稼無遺，壞東都天津橋及東西漕；河南北諸州，皆多漂溺。

天寶十載，廣陵郡大風架海潮，淪江口大小船數千艘。十三載秋，京城連月澍雨，損秋稼。九月，遣閉坊市北門，蓋井，禁婦人入街市，祭玄冥大社，禜門。京城坊市牆宇，崩壞向盡。東方瀍、洛水溢隄穴，衝壞一十九坊。

上元二年，京師自七月霖雨，八月盡方止。京城宮寺廬舍多壞，街市溝渠中漉得小魚。

永泰元年，先旱後水。九月，大雨，平地水數尺，溝河漲溢。時吐蕃寇京畿，以水，自潰而去。二年夏，洛陽大雨，水壞二十餘坊及寺觀廨舍。河南數十州大水。

大曆四年秋，大雨。是歲，自四月霖澍，至九月。京師米斗八百文，官出太倉米賤糶以救饑人。京城閉坊市北門，門置土臺，臺上置壇及黃幡以祈晴。秋末方止。五年夏，復大雨，京城饑，出太倉米減價以救人。十二年秋，大雨。是歲，春夏旱，至秋八月雨，河南尤甚，平地深五尺，河決，漂溺田稼。

貞元二年夏，京師通衢水深數尺。吏部侍郎崔縱，自崇義里西門爲水漂浮行數十步，街鋪卒救之獲免；其日，溺死者甚衆。東都、河南、荆南、淮南江河泛溢，壞人廬舍。四年八月，連雨，灞水暴溢，溺殺渡者百餘人。八年秋，大雨，河南、河北、山南、江淮凡四十餘州大水，漂溺死者二萬餘人。時幽州七月大雨，平地水深二丈；鄭、涿、薊、檀、平五州〔七〕，平地水深一丈五尺。又徐州奏：自五月二十五日雨，至七月八日方止，平地水深一丈二尺，郭邑廬里屋宇田稼皆盡，百姓皆登丘塚山原以避之。

元和七年正月，振武界黃河溢，毀東受降城。五月，饒、撫、虔、吉、信五州山水暴漲，壞廬舍，虔州尤甚，水深處四丈餘。八年五月，許州奏：大雨摧大隗山，水流出，溺死者千餘人。六月庚寅，京師大風雨，毀屋揚瓦，人多壓死。水積城南，深處丈餘，入明德門，猶漸車輻。辛卯，渭水暴漲，毀三渭橋，南北絕濟者一月。時所在霖雨，百源皆發，川瀆不由故道。九年秋，淮南、宣州大水。十一年五月，京畿大雨，害田四萬頃，昭應尤甚，漂溺居人。衢州山水涌，深三丈，壞州城，民多溺死。浮梁、樂平溺死者一百七十人，爲水漂流不知所在者四千七百戶。潤、常、湖、陳、許等州各損田萬頃。十二年秋，大雨，河南北水，害稼。其年六月，京師大雨，街市水深三尺，壞廬舍二千家，含元殿一柱陷。十五年九月十一日至十四日，大雨兼雪，街衢禁苑樹無風而摧折、連根而拔者不知其數。仍令閉坊市北門以禳之。滄州大水。

長慶二年十月，好畤山水泛漲，漂損居人三百餘家，河南陳、許二州尤甚。詔賑貸粟五萬石，量人戶家口多少，等第分給。

大和三年四月，同官暴水，漂沒三百餘家。六年，徐州自六月九日大雨至十一日，壞民舍九百家〔八〕。四年夏，鄆、曹、濮雨，壞城郭田廬向盡。蘇、湖二州水，壞六堤，水入郡郭，溺

廬井。許州自五月大雨，水深八尺，壞郡郭居民大半〔二九〕。

會昌元年七月，襄州漢水暴溢，壞州郭。均州亦然。

則天時，宗秦客以佞幸爲內史，受命之日，無雲而雷聲震烈，未周歲而誅。

延和元年六月，河南偃師縣之李材村，有霹靂閃入人家，地震裂，闊丈餘，長十五里，測之無底。所裂之處，井廁相通，所衝之冢，棺柩出植平地無損，竟不知其故。

儀鳳三年十一月十四日，雨木冰。

開元十五年七月四日，雷震興教門兩鴟吻，欄檻及柱災。二十九年十一月二十二日，雨木冰，凝寒凍冽，數日不解。寧王見而歎曰：「諺云『樹稼達官怕』，必有大臣當之。」其月王薨。

乾元三年閏四月，大霧，大雨月餘。是月，史思明再陷東都，京師米斗八百文，人相食，殍骸蔽地。

永泰元年二月甲子夜，雷電震烈。三月，降霜爲木冰。辛亥，大風拔木。

大曆二年三月辛亥夜，京師大風發屋。十一月，紛霧如雪，草木冰。十年四月甲申夜，

志第十七　五行　一三六一

大雨雹，暴風拔樹，飄屋瓦，宮寺鴟吻飄失者十五六，人震死者十二，損京畿田稼七縣。七

舊唐書卷三十七　一三六二

月己未夜，杭州大風，海水翻潮，飄蕩州郭五千餘家，船千餘隻，全家陷溺者百餘戶，死者四百餘人；蘇、湖、越等州亦然。

貞元二年正月，大雨雪，平地深尺餘。雪上有黃色，狀如浮埃。四年正月，陳留十里許雨木，皆大如指，長寸餘，木有孔通中，所下立者如植。其年，宣州暴雨震電，有物墮地，猪首，手脚各有兩指，執一赤斑蛇食之。逡巡，黑雲合，不見。八年二月，京師雨土。五月己未，暴風破屋拔樹，太廟屋及諸門寺署壞者不可勝計。十年六月辛丑晦，有水鳥集於左藏庫。其夜暴雨，大風拔樹。十七年二月五日，大雨雹。七日，大霜。十六夜，大雨，震雷且電。十九日，大雨雪而雹〔三〇〕。

元和三年四月壬申，大風毀含元殿西闕欄檻二十七間。八年三月丙子，大風拔崇陵上宮衙殿西鴟尾，并上宮西神門六戟竿折，行牆四十間簷壞。

長慶元年九月壬寅，京師震電，大風雨。四年五月庚辰，大風吹壞延喜、景風二門。

大和八年六月癸未，暴風雷雨壞長安縣廨及經行寺塔。同、華大旱。七月辛酉，定陵臺大風雨，震，東廊之下地裂一百三十尺，其深五尺。詔宗正卿李仍叔啓告修之。九年四月二十六日夜，大風，含元殿四鴟吻皆落，拔殿前樹三，壞金吾仗舍，廢樓觀內外城門數處〔三一〕，光化門西城牆壞七十七步。是日，廢長生院，起內道場，取李訓言沙汰僧尼故也。

開成元年夏六月，鳳翔麟遊縣暴風雨，飄害九成宮正殿及滋善寺佛舍，壞百姓屋三百間，死者百餘人，牛馬不知其數。

長安四年九月後，霖雨并雪，凡陰一百五十餘日，至神龍元年正月五日，誅二張，孝和反正，方晴霽。

先天二年四月，陰，至六月一百餘日，至七月三日，誅竇懷貞等一十七家，方晴。

景龍中，東都霖雨百餘日，閉坊市北門，駕車者苦甚汚，街中言曰：「宰相不能調陰陽，致茲恆雨，令我汚行。」會中書令楊再思過，謂之曰：「於理則然，亦卿牛劣耳。」

貞元二十一年，順宗風疾，叔文用事，連月霖雨不霽。乃以憲宗爲皇太子，制出日即晴。傳所謂「皇之不極，厥罰恆陰」，皆此數也。

貞觀二年六月，京畿旱，蝗食稼。太宗在苑中掇蝗，呪之曰：「人以穀爲命，而汝害之，是害吾民也。百姓有過，在予一人，汝若通靈，但當食我，無害吾民。」將吞之，侍臣恐上致疾，遽諫止之。上曰：「所冀移災朕躬，何疾之避？」遂吞之。是歲蝗不爲患。

志第十七　五行　一三六三

舊唐書卷三十七　一三六四

開元四年五月，山東螟蝗害稼，分遣御史捕而埋之。汴州刺史倪若水拒御史，執奏曰：「蝗是天災，自宜修德。劉聰時，除既不得，爲害滋深。」宰相姚崇牒報之曰：「劉聰僞主，德不勝妖；今日聖朝，妖不勝德。古之良守，蝗蟲避境，若言修德可免，彼豈無德致然。今坐看食苗〔三二〕，忍而不救，因此饑饉，將何以安？」卒行埋瘞之法，獲蝗一十四萬〔三三〕，乃投之汴河，流者不可勝數〔三四〕。朝議喧然，上復以問崇，崇對曰：「凡事有違經而合道，反道而適權者，彼庸儒不足以知之。縱除之不盡，猶勝養之以成災。」帝曰：「殺蟲太多，有傷和氣，公其思之。」崇曰：「若救人殺蟲致禍，臣所甘心。」八月四日，敕河南、河北檢校捕蝗使狄光嗣、康瓘、敬昭道、高昌、賈彥璿等，宜令待蟲盡而刈禾將畢，即入京奏事。諫議大夫韓思復上言曰：「伏聞河北蝗蟲，頃日益熾，經歷之處，苗稼都盡。臣望陛下省咎責躬，發使宣慰，損不急之務，去至冗之人。上下同心，君臣一德，持此至誠，以答休咎。前後捕蝗使望並停之。」上出符疏付中書姚崇，乃令思復往山東檢視蟲災之所，及還，具以聞。二十五年，貝州蝗食苗，有白鳥數萬，羣飛食蝗，一夕而盡。明年，榆林關有虸蚄食苗，羣雀來食，數日而盡。

天寶三載，貴州紫蟲食苗〔三五〕，時有赤鳥羣飛，自東北來食之。

廣德元年秋，虸蚄食苗，關西尤甚，米斗千錢。

興元元年秋，關輔大蝗，田稼食盡，百姓饑，捕蝗爲食，蒸曝，颺去足翅而食之。明年夏，蝗尤甚，自東海西盡河、隴，羣飛蔽天，旬日不息。經行之處，草木牛畜毛，靡有孑遺。關輔已東，穀大貴，餓饉枕道。京師大亂之後，李懷光據河中，諸軍進討，國用磬竭。衣冠之家，多有殍殕者。旱甚，灞水將竭，井皆無水。有司奏國用裁可支七旬。德宗減膳，不御正殿。百司不急之費，皆減之。

元和元年夏，鎭、冀蝗，害稼。

長慶三年秋，洪州旱，螟蝗害稼八萬頃。

大和元年秋，旱[三六]，罷選舉。

開成二年，河南、河北旱，蝗害稼；京師旱尤甚，徙市，閉坊南門。四年六月，天下旱，蝗食田，禱祈無效，上憂形于色。宰臣曰：「星官奏天時當爾，乞不過勞聖慮。」文宗愀然改容曰：「朕爲天下主，無德及人，致此災旱。今又彗星謫見于上，若三日內不雨，當退歸南內，卿等自選賢明之君以安天下。」宰臣嗚咽流涕不能已。是歲，河南府界黑蟲食苗。河南、河北蝗，害稼都盡。鎭、定等州，田稼既盡，至于野草樹葉細枝亦盡。

會昌元年，山南鄧、唐等州蝗，害稼。

貞觀十三年四月二十九日，雲陽石燃方丈，晝如炭，夜則光見，投草木於其上則焚，歷年方止。

證聖元年正月十六日夜，明堂火，延及天堂，京城光照如晝，至曙並爲灰燼。則天欲避殿徹樂，宰相姚璹以爲火因麻主，人護不謹，非天災也，不宜貶損。乃勸則天御端門觀酺，引建章故事，令薛懷義重造明堂以厭勝之。

則天時，建昌王武攸寧置內庫，長五百步，二百餘間，別貯財物以求媚。一夕爲天災所燔，玩好並盡。

景龍中，東都淩空觀災，火自東北來，其金銅諸像，銷鑠並盡。

開元五年，洪、潭二州災，火延燒郡舍。郡人先見火精赤暾暾飛來，旋卽火發。十五年，衡州災，火延燒三四百家。郡人見物大如甕，赤如燭籠，此物所至，卽火發。十八年二月十八日，大雨雪，俄又雷震，飛龍廄災。

天寶二年六月七日，東都應天門觀災，延燒左右延福門，經日不滅。九載三月，華嶽廟災。十載正月，大風，陝州運船失火，燒二百一十五隻，損米一百萬石，舟人死者六百人，又燒商人船一百隻。其年八月六日，武庫災，燒二十八間十九架，兵器四十七萬件。

寶應元年十一月，迴紇焚東都宜春院，延及明堂，甲子日而盡。

廣德元年十二月二十五夜，鄂州失火，燒船三千艘，延及岸上居人二千餘家，死者四五千人。

大曆十年二月，莊嚴寺佛圖災。初有疾風，震雷薄擊，俄而火從佛圖中出，寺僧數百人急救之，乃止，棟宇無損。

貞元七年，蘇州火。十九年四月，家令寺火。二十年四月，開業寺火。

元和四年，御史臺舍火。七年，鎭州甲仗庫一十三間災，節度使王承宗殺主守，坐死者百餘人。承宗方拒天軍，而兵仗爲災所焚，天意嫉惡也。十年四月，河陰轉運院火。十一月，獻陵寢宮永巷火。十一年十二月，未央宮及飛龍草場火，皆王承宗、李師道謀撓用兵，陰遣盜縱火也。時李師道於鄆州起宮殿，欲謀僭亂。既成，是歲爲災並盡，俄而族滅。

大和元年十月甲辰，昭德宮火，延燒至宣政東垣及門下省，至晡方息。八年十二月，昭成宮火。九年六月乙亥朔，西市火。

會昌三年六月，萬年縣東市火，燒屋宇貨財不知其數。又西內神龍宮火。

大順二年七月，汴州相國寺佛閣災。是日晚，微雨，震電，寺僧見赤塊在三門樓藤網中，周遶一帀而火作。良久，赤塊北飛，越前殿飛入佛閣網中，如三門周遶轉而火作。如是三日不息，訖爲灰燼。

貞觀初，白鵲巢于殿庭之槐樹，其巢合歡如腰鼓，左右稱賀。太宗曰：「吾常笑隋文帝好言祥瑞。瑞在得賢，白鵲子何益於事？」命掇之，送于野。

高宗文明後，天下頻奏雌雉化爲雄，或半化未化，兼以獻之，則天臨朝之兆。

調露元年，突厥溫傅等未叛時[三七]，有鳴鷄羣飛入塞，相繼蔽野，邊人相驚曰：「突厥雀南飛，突厥犯塞之兆也。」至二年正月，還復北飛，至靈夏已北，悉墜地而死，視之，皆無頭。裴行儉問右史苗神客曰：「鳥獸之祥，乃應人事，何也？」對曰：「人雖最靈，而稟性含氣，同於萬類，故吉凶兆於彼，而禍福應於此。聖王受命，龍鳳爲嘉瑞者，和氣同也。故漢祖斬蛇而驗秦之必亡，仲尼感麟而知己之將死。夷羊在牧，殷紂已滅。鸜鵒來巢，魯昭出奔。鼠舞端門，燕剌誅死。大鳥飛集，昌邑以敗。是故君子虔恭寅畏，動必思義，雖在幽獨，如承大事，知神明之照臨，懼患難之及己。雉升鼎耳，殷宗側身以修德；鵩止坐隅，賈生作賦以敍命。卒以無患者，德勝妖也。」

大曆八年四月戊申，乾陵上仙觀天尊殿[三八]，有雙鵲銜泥及柴，補殿之隙壞，凡十五處。其年九月，大鳥見于武功縣[三九]，羣鳥隨而噪之。神策將軍張日芬射得之，肉翅狐首，四足，足有爪，其廣四尺三寸，其毛色赤，形類蝙蝠。十一年，渭州獲赤烏。十三年五月，左羽林軍鸛鴒乳雀。

貞元三年三月，中書省梧桐樹有鵲以泥爲巢。四年夏，汴、鄭二州羣鳥皆飛入田緒、李納境內〔三〇〕，銜木爲城，高二三尺，方十里。緒、納惡之，命焚之，信宿而復，烏口皆流血。十年四月，有大鳥飛集宮中，食雜骨數日，獲之，不食而死。六月辛未晦，水鳥集左藏庫。十四年秋，有鳥色青，類鳩鵲，息於宋郊，所止之處，羣鳥翼衞，朝夕嗛稻粱以哺之。睢陽之人適野聚觀者旬日，人不知其名，郡人李翺見之曰：「此鸑也，鳳之次。」

長慶元年六月，濮州雷澤縣人張憲家榆樹烏巢〔三一〕，因風墮二雛，別樹鵲引二烏雛於巢哺之。

開成二年六月，眞興門外野鵲巢於古塚。

永徽中，黑齒常之戍河源軍，有猨三頭，白晝入軍門，射之斃。常之懼，求代。將軍李謹代常之軍，月餘卒。

先天初，洛陽市人牽一羊，左肋下有人手，長尺許，以之乞丐。

開元二年，韶州鼠害稼，千萬爲羣。三年，有熊白晝入廣陵城，月餘，都督李處鑒卒。

永泰二年十一月，乾陵赤兔見。

大曆二年三月，河中獻玄狐。四年九月己卯，虎入京城長壽坊元載私廟，將軍周皓格殺之。六年八月丁丑，太極殿內廊下獲白兔。八年七月，白鼠出內侍〔三二〕。十二年六月，苑內獲白鼠。十三年六月戊戌，隴右汧源縣軍士趙貴家，貓鼠同乳，不相害，節度使朱泚籠之以獻。宰相常衮率百僚拜表賀，中書舍人崔祐甫曰：「此物之失性也。天生萬物，剛柔有性，聖人因之，垂訓作則。禮，迎貓，爲食田鼠也。然貓之食鼠，載在祀典，以其能除害利人，雖微必錄。今此貓對鼠，何異法吏不勤觸邪，疆吏不勤扞敵？據禮部式錄三瑞，無貓不食鼠之目。以此稱慶，理所未詳。以劉向五行傳言之，恐須申命憲司，察聽貪吏，誡諸邊境，無失儆巡，則貓能致功，鼠不爲害。」帝深然之。

建中四年五月，滑洲馬生角。

貞元四年二月，太僕寺郊牛生犢，六足，太僕卿周皓白宰相李泌，請上聞，泌笑而不答。又京師人家豕生子，兩首四足，有司以白御史中丞竇參，請上聞，參寢而不奏。三月癸丑，鹿入京師西市門，衆殺之。

元和七年十一月，龍州武安川畬田中嘉禾生〔三三〕，有麟食之，復生。麟之來，一鹿引之，羣鹿隨之，光華不可正視。使畫工圖麟及嘉禾來獻。八年四月，長安西市門家豕生子，三耳八足，自尾分爲二。

大和九年八月，易定監軍小將家馬，因飲水吐出寶珠一，獻之。

貞觀中，汾州言青龍見，吐物在空中，有光明如火。墮地，地陷，掘之得玄金，廣尺，長七寸。

大足元年，虔州別駕得六眼龜，一夕而失。

神龍中，渭河有蝦蟇，大如一石鼎，里人聚觀，數日而失。是歲，大水漂溺京城數百家，商州水入城門，襄陽水至樹杪。

先天二年六月，西京朝堂磚堦，無故自壞。磚下有大蛇長丈餘，蝦蟇大如盤，面目赤如火，相向鬭。俄而蛇入大樹，蝦蟇入于草。其年七月三日，玄宗誅竇懷貞、岑羲等十七家。

開元四年六月，郴州馬嶺山下，有白蛇長六七尺，黑蛇長丈餘。兩蛇鬭，白蛇吞黑蛇，至麤處，口眼流血，黑蛇頭穿白蛇腹出，俄而俱死。旬日內桂陽大雨，山水暴溢，漂五百家，殺三百餘人。

天寶中，洛陽有巨蛇，高丈餘，長百尺，出於芒山下。胡僧無畏見之，歎曰：「此欲決水注洛城。」卽以天竺法咒之，數日蛇死。祿山陷洛之兆也。

李揆作相前一月，有大蝦蟇如牀，見室之中，俄失所在。占者以爲蟇天使也，有福慶之事。

乾元二年九月，通州三岡縣放生池中，日氣下照，水騰波涌上，有黃龍躍出，高丈餘。又於龍旁數處，浮出明珠。

大曆八年，京師金天門外水渠獲毛龜。

貞元三年，李納獻毛龜。

元和七年四月，舒州桐城縣有黃〔三四〕、青、白三龍各一，翼風雷自梅天陂起，約高二百尺，凡六里，降于浮塘坡。九年四月，道州二青龍見于江中。

大和二年六月七日，密州卑產山北面有龍見。初，赤龍從西來，續有青龍、黃龍從南來，後有白龍、黑龍從山北來，並形狀分明。自申至戌，方散去。

天寶初，臨川郡人李嘉胤所居柱上生芝草，狀如天尊像，太守張景佚拔柱以獻。

上元二年七月甲辰，延英殿御座生白芝，一莖三花。肅宗製玉靈芝詩三篇，羣臣皆賀。占曰：「白芝主喪。」明年，上皇、肅宗俱崩。

永泰二年二月，京城槐樹有蟲食葉，其形類蠶。其年六月，太廟第二室芝草生。

大曆四年三月，潤州上元縣芝草生，一莖四葉，高七寸。八年，廬州廬江縣紫芝生，高一丈五尺。九年九月，晉州神山縣慶唐觀檜樹已枯重榮。十二年五月甲子，成都府人郭遠，因樵獲瑞木一莖，有文曰「天下太平」四字。其年十一月，蔡州汝陽縣芝草生，紫莖黃蓋。

興元元年八月，亳州眞源縣大空寺僧院李樹〔三五〕，種來十四年，纔長一丈八尺，今春枝忽上聳，高六尺，周圍似蓋，九尺餘〔三六〕。又先天太后墓槐樹上有靈泉漏出〔三七〕，今年六月，其上有雲氣五色，又黃龍再見于泉上。

元和十一年十二月雷，桃李俱花。

長慶三年十二月，水不冰，草萌芽，如正二月之候。

神龍二年三月，洛陽東七里有水影，側近樹木車馬之影，歷歷見水影中，月餘方滅。

乾元二年七月，嵐州合河關黃河水，四十里間，清如井水，經四日而後復。

寶應元年九月甲午，華州至陝州二百餘里，黃河清，澄澈見底。

大曆二年，醴泉出櫟陽，愈疾。

貞元四年七月，自陝州至河陰，河水色如墨，流入汴河，止于汴州城下，一宿而復。

寶曆二年，亳州言出聖水愈病。江淮已南，遠來奔湊求水。浙西觀察使李德裕奏論其妖。宰相裴度判汴州所申狀曰：「妖由人興，水不自作。」牒汴州觀察使塡塞訖申。

玄宗初即位，東都白馬寺鐵像頭無故自落於殿門外。後姚崇秉政，以僧惠範附太平亂政，謀汰僧尼，令拜父母，午後不出院，其法頗峻。

大曆十三年二月，太僕寺廨有佛堂，堂內小脫空金剛左臂上忽有黑汗滴下，以紙承之，色即血也。明年五月，代宗崩。

上元三年，楚州刺史崔侁獻定國寶十三：一曰玄黃天符，形如笏，長八寸，有孔，辟人間兵疫；二曰玉鷄毛〔三八〕，白玉也，以孝理天下則見；三曰穀璧，白玉也，粟粒，無雕鐫之跡，王者得之，五穀豐熟；四曰西王母白環二，所在處外國歸伏；五曰碧色寶，圓而有光〔三九〕；六曰如意寶珠，大如鷄卵；七曰紅靺鞨，大如巨栗；八曰琅玕珠二；九曰玉玦，形如玉環，四分缺一；十曰玉印，大如半手，理如鹿形，陷入印中；十一曰皇后採桑鉤，如箸，屈其末；十二曰雷公石斧，無孔；十三缺。凡十三寶。置之日中，白氣連天。初，楚州有尼曰眞如，忽有人接之升天，天帝謂之曰：「下方有災，令第二寶鎭之。」即以十三寶付眞如。時肅宗方不豫，以爲瑞，乃改元寶應，仍傳位皇太子，此近白祥也。

寶曆二年五月，神策軍修苑內古漢宮，掘得白玉牀，其長六尺，以獻。

大曆十年二月，京兆神策昭應婦人張氏，產一男二女。

貞元八年二月，許州人李狗兒持杖上含元殿，擊欄檻，又擊殺所擒卒，誅之。十年四月，巨人跡見常州。

元和二年，開紅崖冶役夫將化爲虎，衆以水沃之，化而不果。

長慶四年四月十七日，染坊作人張韶與卜者蘇玄明，於柴草車內藏兵仗，入宮作亂，二人對食於清思殿。是日，禁軍誅張韶等三十七人。

寶曆二年十二月，延州人賀文妻產三男。

大和九年，京師訛言鄭注爲主上合金丹，須小兒心肝，密旨捕小兒。或相告云，某處失幾兒。人家扃鎖小兒甚密。上恐，遣中使喻之，乃止。

開成二年十二月二十八日，狂人劉德廣入含元殿，詔付京兆府杖殺之。

隋末有謠云：「桃李子，洪水繞楊山。」煬帝疑李氏有受命之符，故誅李金才。後李密據洛口倉以應其讖。

隋文時，自長安故城東南移於唐興村置新都，今西內承天門正當唐興村門。今有大槐樹，柯枝森鬱，即村門樹也。有司以行列不正，將去之，文帝曰：「高祖嘗坐此樹下〔四〇〕，不可去也。」

調露中，高宗欲封嵩山，累草儀注，有事不行。有謠曰：「不畏登不得〔四一〕，但恐不得登。三度徵兵馬，旁道打騰騰。」高宗至山下遘疾，還宮而崩。

永徽末，里歌有桑條韋也、女時韋也樂。及神龍中，韋后用事，鄭愔作桑條歌十篇上之〔四二〕。

龍朔中，俗中飲酒令，曰「子母去離，連臺拗倒」。俗謂盃盤爲子母，又名盤爲臺，即中宗廢於房州之應也。時里歌有突厥鹽，及則天遣尚書閻知微送武延秀〔四三〕，立知微爲可汗，挾之入寇。

如意初，里歌云：「黃麞黃麞草裏藏，彎弓射爾傷。」後契丹李萬榮叛，陷營州，則天令總管曹仁師、王孝傑等將兵百萬討之，大敗於黃麞谷，契丹乘勝至趙郡。

垂拱已後，東都有契苾兒歌，皆淫豔之詞。後張易之兄弟有內嬖，易之小字契苾。

元和小兒謠云：「打麥打麥三三三」，乃轉身曰：「舞了也。」及武元衡爲盜所害，是元和十年六月三日。

五行傳所謂詩妖，皆此類也。

上元中爲服令，九品已上佩刀礪等袋，紛帨爲魚形，結帛作之，爲魚像鯉，強之意也。則天時此制遂絕，景雲後又佩之。

張易之爲母阿臧爲七寶帳，有魚龍鸞鳳之形，仍爲象牀、犀簟。則天令鳳閣侍郎李迥秀妻之，迥秀不獲已，然心惡其老，薄之。阿臧怒，出迥秀爲定州刺史。

中宗女安樂公主，有尙方織成毛裙，合百鳥毛，正看爲一色，旁看爲一色，日中爲一色，影中爲一色，百鳥之狀，並見裙中。凡造兩腰，一獻韋氏，計價百萬。又令尙方取百獸毛爲韉面，視之各見本獸形。韋后又集鳥毛爲韉面。安樂初出降武延秀，蜀川獻單絲碧羅籠裙，縷金爲花鳥，細如絲髮，鳥子大如黍米，眼鼻嘴甲俱成，明目者方見之。自安樂公主作毛裙，百官之家多效之。江嶺奇禽異獸毛羽，採之殆盡。開元初，姚、宋執政，屢以奢靡爲諫，玄宗悉命宮中出奇服，焚之於殿廷，不許士庶服錦繡珠翠之服。自是採捕漸息，風敎日淳。

韋庶人妹七姨，嫁將軍馮太和，權傾人主，嘗爲豹頭枕以辟邪，白澤枕以辟魅，伏熊枕以宜男。太和死，再嫁嗣虢王。及玄宗誅韋后，虢王斬七姨首以獻。

此總言服妖也。

校勘記

〔一〕採其說五行志　「說」下疑有脫文，衆校本有「爲」字。

〔二〕覩之不明　「明」字各本原作「見」，據本卷上文及漢書卷二七中之下五行志、御覽卷八七四、新書卷三四五行志改。

〔三〕是日質明　「質」字各本原作「賫」。本書卷一三德宗紀云：「是日質明，含元殿前階基欄檻，壞損三十餘間，壓死衞士十餘人。」據改。

〔四〕涼州昌松縣　「涼」字各本原作「原」，據本書卷四〇地理志、新書卷三五五行志改。下文「涼州奏」原作「原州奏」，同改。

〔五〕冀州奏　「冀」字各本原作「益」，據本書卷五高宗紀、新書卷三六五行志改。案本書高宗紀，此年七月益州旱，則此處不當作「益州」。

〔六〕石灰　合鈔卷五五五行志作「石灰堰」。

〔七〕文明元年七月　「七」字各本原作「十」，據唐會要卷四三、新書卷三六五行志改。校勘記卷一九云：「按通鑑，是年本爲嗣聖元年，二月戊午廢中宗，己未立豫王，改元文明，至九月又改光宅。是文明無十月，當從會要作七月。」

〔八〕宋務光　「光」字各本原作「先」，據唐會要卷四三、新唐書卷一一八宋務光傳改。

〔九〕今朝廷怪異雖則多矣然皆仰知陛下天光　廿二史考異卷五八云：「此語不可解，當有舛譌。據新史宋務光傳云，『今朝廷賢佐雖多，然莫能仰陛下淸光』，蓋用鼂錯之語也。」按漢書卷四九鼂錯傳原文爲：「今執事之臣，皆天下之選已，然莫能望陛下淸光。」又冊府卷五四四作：「今朝廷英佐雖多，皆莫能仰陛下天光。」

〔一〇〕伏願勤恩德容　「伏」字各本原作「大」，據冊府卷五四四、全唐文卷二六八改。又「德容」，冊府卷五四四作「法官」，新書卷一一八宋務光傳作「法宮」。案漢書卷四九鼂錯傳鼂錯對策有「處于法宮之中」語，顏注引如淳曰：「法宮，路寢正殿也。」此處似當從新書作「法宮」。冊府「官」字乃「宮」字形近之誤。

〔一一〕旣康且富　「康」字冊府卷五四四、新書卷一一八宋務光傳作「庶」。案論語子路章：「冉有曰：旣庶矣，又何加焉？曰：富之。」此用論語成語，似應作「庶」。

〔一二〕稽疑成患　「稽」字冊府卷五四四、新書卷一一八宋務光傳作「積」。

〔一三〕復免夜行之旹　「旹」字唐會要卷四三作「責」。

〔一四〕十五年七月甲寅雷震興敎門樓兩鴟吻燒樓柱良久乃滅　校勘記卷一九云：「按此條與上志水溢不類，又重見下雷震條，疑是錯簡。」

〔一五〕澠池縣夜有暴雨　「澠」字各本原作「沔」，據新書卷三六五行志、通考卷二九六改。

〔一六〕二十七年八月東京改作明堂……或言兵至　殿本考證云：「按前文俱志水溢，此條不類也，入訛言類中爲合。」

〔一七〕鄭涿薊檀平　「鄭」字各本原作「鄉」，據唐會要卷四四改。

〔一八〕六年徐州自六月九日大雨至十一日壞民舍九百家　校勘記卷一九云：「按此文錯亂，六年不應在四年上。」

〔一九〕壞郡郭居民大半　張森楷校勘記謂「居民」當作「民居」。

〔二〇〕十六夜大雨震雷且雹十九日大雨雪而雹　本書卷一三德宗紀作：「戊申夜，雷震雨雹。庚戌，大雨雪兼雹。」通考卷三〇五略同德宗紀。此處兩「雹」字似當作「雹」。

〔二一〕廢樓觀內外城門數處　「廢」字新書卷三五五行志、通考卷三〇六作「發」。

〔二二〕今坐看食苗　「看」字各本原作「爲」，據本書卷九六姚崇傳、唐會要卷四四改。

〔二三〕獲蝗一十四萬　本書卷九六姚崇傳、唐會要卷四四「萬」下均有「石」字，是。案下「乃投之汴河」句中「乃」字，姚崇傳、唐會要均無，疑本作「石」，屬上句。

〔二四〕流者不可勝數　本書卷九六姚崇傳、唐會要卷四四「流」下有「下」字。

〔二五〕貴州紫蟲食苗　貴州，新書卷三五五行志、通考卷三一四作「靑州」，疑是。

〔二六〕大和元年秋旱　本書卷一七文宗紀：「大和元年六月甲寅，以旱放繫囚。」又：「八年八月丙申，罷諸色選舉，歲旱故也。」此處「元年」疑爲「八年」之誤。

〔二七〕突厥溫傳　「溫傳」，各本原作「盟傳」，據本書卷五高宗紀、唐會要卷四四改。

〔二八〕天尊殿　「天」字各本原作「之」，據御覽卷九二一、冊府卷三七改。冊府卷二五作「三尊殿」。

〔二九〕武功縣　「縣」字各本原作「殿」，據御覽卷九一四改。

〔三〇〕羣鳥皆飛入田緒李納境內　此句及下文「鳥口皆流血」句中「鳥」字，本書卷一三德宗紀（貞元四年七月）、御覽卷九二〇、新書卷三四五行志作「烏」。似當作「烏」。

〔三一〕榆樹烏巢　「烏」字御覽卷九二〇作「鳥」。似當作「烏」。下文「二烏雛」御覽作「二雛」。

〔三二〕白鼠出內侍　校勘記卷一九引張宗泰云：「侍下當有省字。」

〔三三〕龍州武安川畬田中　「畬」字各本原作「會」，據冊府卷二五改。

〔三四〕舒州桐城縣　「舒」字各本原作「野」，據本書卷一五憲宗紀、唐會要卷四四改。

〔三五〕亳州眞源縣　「眞源」，各本原作「貞元」，據唐會要卷二八、御覽卷八七三改。

〔三六〕九尺餘　唐會要卷二八、御覽卷八七三作「九十餘尺」。

〔三七〕槐樹上有靈泉漏出　唐會要卷二八「上」作「下」，「漏」作「湧」。

〔三八〕二曰玉雞毛　校勘記卷一九云：「本紀（指本書卷一〇肅宗紀）作『玉雞毛文悉備白玉也』。據文義，『玉雞』爲句，『毛文悉備』爲句，志誤破句作『玉雞毛』。」

〔三九〕五曰碧色寶圓而有光　以上九字各本原無，據本書卷一〇肅宗紀補。

〔四〇〕文帝曰高祖嘗坐此樹下　案「文帝」二字疑有誤。葉校本「高祖」作「高頻」。

〔四一〕不長登不得　新書卷三五五行志、通考卷三〇九此句上尙有「嵩山凡幾層」一句。

〔四二〕鄭愔作桑條歌十篇上之　「愔」字各本原作「恆」，通鑑卷二〇九記中宗景龍中迦葉志忠奏上桑韋歌十二篇，「太常卿鄭愔又引而申之」。據改。

〔四三〕及則天遣尙書閣知微送武延秀　案此文有脫誤，十七史商榷卷七七云：「案送武延秀之下，有『使突厥突厥怒則天廢李氏乃囚延秀』十五字，原本近本並脫。」葉校本有此十五字。

後晉　劉　昫　等撰

舊唐書

第　五　冊

卷三八至卷四一（志）

中　華　書　局

中華書局

舊唐書卷三十八

志第十八

地理一

王者司牧黎元，方制天下。列井田而底職貢，分縣道以控華夷。雖皇墳、帝典之殊塗，禹貢、周官之異制，其於建侯胙土，頒瑞剖符，外湊百蠻，內親九牧，古之元首，咸有意焉。然子弟受封，周室竟貽於衰削；郡縣爲理，秦人不免於敗亡。蓋德業有淺深，制置無工拙。殷、周未爲得，秦、漢未爲非。摭實而言，在哲后守成而已。謹詳前代隆平之時，校今日耗登之數，存諸戶籍，以志休期。

昔秦幷天下，裂地爲四十九郡[一]，郡置守尉，以御史監之。其地西臨洮，而北沙漠，東縈南帶，皆際海濱。漢興，以秦郡稍大，析置郡國。武帝斥越攘胡，土宇彌廣。哀、平之季，凡郡國百有三，縣千三百一十四，道三十二，侯國二百四十一，而諸郡置十三部刺史分統

之。謂司隸、幷、荆、兗、豫、揚、冀、青、徐、益、交、涼、幽等十三州[二]。漢地東西九千三百二里，南北一萬二千三百六十八里。後漢郡國，百有五，縣道侯國千一百八十六。亦如西京之制，置十三州刺史以充郡守。其地廣袤，亦如前制。

曹魏之時，三分鼎峙，淮、漢之間，鞠爲鬬壤。洎太康混一，尋陷胡戎。南北分爭，何暇疆理？三百年間，廢置不一。及隋氏平陳，寰區一統。大業三年，改州爲郡，亦如漢制，置司隸、刺史，以糾郡守。大凡隋簿，郡百九十，縣一千二百五十五，戶八百九十萬七千五百三十六，口四千六百一萬九千九百五十六。其地東西九千三百里，南北一萬四千八百一十五里。東、南皆際大海，西至且末，北至五原，隋氏之極盛也。

及大業季年，羣盜蜂起，郡縣淪陷，戶口減耗。高祖受命之初，改郡爲州，太守並稱刺史。其緣邊鎭守及襟帶之地，置總管府，以統軍戎。至武德七年，改總管府爲都督府。

自隋季喪亂，羣盜初附，權置州郡，倍於開皇、大業之間。貞觀元年，悉令併省。始於山河形便，分爲十道：一曰關內道，二曰河南道，三曰河東道，四曰河北道，五曰山南道，六曰隴右道，七曰淮南道，八曰江南道，九曰劍南道，十曰嶺南道。至十三年定簿，凡州府三百五十八，縣一千五百五十一。至十四年平高昌，又增二州六縣。自北殄突厥頡利，西平高昌，北踰陰山，西抵大漠。其地東極海，西至焉耆，南盡林州南境，北接薛延陀界。凡東西九千五百一十里，南北萬六千九百一十八里。高宗時，平高麗、百濟，遼海已東，皆爲州，俄而復叛，不入提封。景雲二年，分天下郡縣，置二十四都督府以統之。議者以權重不便，尋亦罷之。

開元二十一年，分天下爲十五道，每道置採訪使，檢察非法，如漢刺史之職：京畿採訪使、理京師城內都畿、理東都城內關內、以京官遙領河南、理汴州河東、理蒲州河北、理魏州隴右、理鄯州山南東道、理襄州山南西道、理梁州劍南、理益州淮南、理揚州江南東道、理蘇州江南西道、理洪州黔中、理黔州嶺南理廣州。又於邊境置節度、經略使，式遏四夷。凡節度使十，經略守捉使三。大凡鎭兵四十九萬人，戎馬八萬餘疋。每歲經費：衣賜則千二十萬疋段，軍食則百九十萬石，大凡千二百一十萬。開元已前，每年邊用不過二百萬，天寶中至於是數。

安西節度使，撫寧西域，統龜茲、焉耆、于闐、疏勒四國。安西都護府治所，在龜茲國城內，管戍兵二萬四千人，馬二千七百疋，衣賜六十二萬疋段。焉耆治所，在安西府東八百里。于闐，在安西府南二千里。疏勒，在安西府西二千餘里。

北庭節度使，防制突騎施、堅昆、斬啜[三]，管瀚海、天山、伊吾三軍。北庭節度使所治，在北庭都護府，管兵二萬人，馬五千疋，衣賜四十八萬疋段。突騎施牙帳，在北庭府西北三千餘里。堅昆，在北庭府北七千里[四]。東北去斬啜千七百里。瀚海軍，在北庭府城內，管兵萬二千人，馬四千二百疋。天山軍，在西

州城內，管兵五千人，馬五百疋。伊吾軍，在伊州西北三百里甘露川，管兵三千人，馬三百疋。

河西節度使，斷隔羌胡，統赤水、大斗、建康、寧寇、玉門、墨離、豆盧、新泉等八軍，張掖、交城、白亭三守捉。河西節度使治，在涼州，管兵七萬三千人，馬萬九千四百疋，衣賜歲百八十萬疋段。赤水軍，在涼州城內，管兵三萬三千人，馬萬三千疋。大斗軍，在涼州西二百餘里，管兵七千五百人，馬二千四百疋。建康軍，在甘州西二百里[五]，管兵五千三百人，馬五百疋。寧寇軍，在涼州東北千餘里[六]。玉門軍，在肅州西二百里，管兵五千二百人，馬六百疋。墨離軍，在瓜州西北千里，管兵五千人，馬四百疋。豆盧軍，在沙州城內，管兵四千三百人，馬四百疋。新泉軍，在會州西北二百餘里，管兵千人。張掖守捉，在涼州南二里[七]，管兵五百人。交城守捉，在涼州西二百里，管兵千人。白亭守捉，在涼州西北五百里，管兵千七百人。

朔方節度使，捍禦北狄，統經略、豐安、定遠、西受降城、東受降城、安北都護、振武等七軍府。朔方節度使，治靈州，管兵六萬四千七百人，馬四千三百疋，衣賜二百萬疋段。經略軍，理靈州城內，管兵二萬七百人，馬三千疋。豐安軍，在靈州西黃河外百八十里，管兵八千人，馬千三百疋。定遠城，在靈州東北二百里黃河外，管兵七千人，馬三千疋。西受降城，在豐州北黃河外八十里[八]，管兵七千人，馬千七百疋。安北都護府治，在中受降城黃河北岸，管兵六千人，馬二千疋。東受降城，在勝州東北二百里，管兵七千人，馬千七百疋。振武軍，在單于東都護府城內[九]，管兵九千人，馬千六百疋。

河東節度使，掎角朔方，以禦北狄，統天兵、大同、橫野、岢嵐等四軍，忻、代、嵐三州，

雲中守捉。河東節度使，治太原府，管兵五萬五千人，馬萬四千疋，衣賜歲百二十六萬疋段，軍糧五十萬石。天兵軍，理太原府城內，管兵三萬人，馬五千五百疋。雲中守捉，在單于府西北二百七十里，管兵七千七百人，馬二千疋。大同軍，在代州北三百里，管兵九千五百人，馬五千五百疋。橫野軍，在蔚州東北一百四十里，管兵三千人，馬千八百疋。忻州，在太原府北百八十里，管兵七千八百人。代州，至太原府五百里，管兵四千人。嵐州，在太原府西北二百五十里，管兵三千人。岢嵐軍，在嵐州北百里，管兵一千人。

范陽節度使，臨制奚、契丹，統經略、威武、清夷、靜塞、恆陽、北平、高陽、唐興、橫海等九軍。范陽節度使，理幽州，管兵九萬一千四百人，馬六千五百疋，衣賜八十萬疋段，軍糧五十萬石。經略軍，在幽州城內，管軍三萬人，馬五千四百疋。威武軍，在檀州城內，管兵萬人，馬三百疋。清夷軍，在嬀州城內，管兵萬人，馬三百疋。靜塞軍，在薊州城內，管兵萬六千人，馬五百疋。恆陽軍，在恆州城東，管兵三千五百人。北平軍，在定州城西，管兵六千人。高陽軍，在易州城內，管兵六千人。唐興軍，在莫州城內，管兵六千人。橫海軍，在滄州城內，管兵六千人。

平盧軍節度使，鎮撫室韋、靺鞨，統平盧、盧龍二軍，榆關守捉，安東都護府。平盧軍節度使治，在營州，管兵萬七千五百人，馬五千五百疋。平盧軍，在營州城內，管兵萬六千人，馬四千二百疋。盧龍軍，在平州城內，管兵萬人，馬三百疋。榆關守捉，在營州城西四百八十里，管兵三百人，馬百疋。安東都護府，在營州東二百七十里，管兵八千五百人，馬七百疋。

隴右節度使，以備羌戎，統臨洮、河源、白水、安人、振威、威戎、莫門、寧塞、積石、鎮西等十軍〔一〇〕，綏和、合川、平夷三守捉。隴右節度使，在鄯州，管兵七萬人，馬六百疋，衣賜二百五十萬疋段。臨洮軍，在鄯州城內，管兵萬五千人，馬八千疋。河源軍，在鄯州西百二十里，管兵四千人，馬六百五十疋。白水軍，在鄯州西北二百三十里，管兵四千人，馬五百疋。安人軍，在鄯州界星宿川西，兵萬人，馬三百五十疋。振威軍，在鄯州西三百里，管兵千人，馬五百疋。威戎軍，在鄯州西北三百五十里，管兵千人，馬五十疋。綏和守捉，在鄯州西南二百五十里，管兵千人。合川守捉，在鄯州南百八十里，管兵千人。莫門軍，在洮州城內，管兵五千五百人，馬二百疋。寧塞軍，在廓州城內〔一一〕，管兵五百人，馬五十疋。積石軍，在廓州西百八十里〔一二〕，管兵七千人，馬三百疋。鎮西軍，在河州城內，管兵萬一千人，馬三百疋。平夷守捉，在河州西南四十里〔一三〕，管兵三千人。

劍南節度使，西抗吐蕃，南撫蠻獠，統團結營及松、維、蓬、恭、雅、黎、姚、悉等八州兵馬，天寶、平戎、昆明、寧遠、澄川、南江等六軍鎮。劍南節度使治，在成都府，管兵三萬九百人，馬二千疋，衣賜八十萬疋段，軍糧七十萬石。團結營，在成都府城內，管兵萬四千人，馬千八百疋。翼州，管兵五百人。茂州，管兵三百人。維州，管兵五百人。天寶軍，在恭州東南九十里，管兵千人。柘州，管兵五百人。松州，管兵二千八百人。平戎城，在恭州南八十里，管兵千人。雅州，管兵四百人。當州，管兵五百人。黎州，管兵千人。昆明軍，在嶲州南，管兵五千一百人，馬二百疋。寧遠城，在嶲州西，管兵三百人。姚州，管兵三百人。澄川守捉，在姚州東六百里，管兵二千人。悉州，管兵五千人。南江郡，管兵三百人。

嶺南五府經略使，綏靜夷獠，統經略、清海二軍，桂管、容管、安南、邕管四經略使。五府經略使治，在廣州，管兵萬五千四百人，輕稅本鎮以自給。經略軍，在廣州城內，管兵五千四百人。清海軍，在恩州城內〔一四〕，管兵二千人。桂管經略使，治桂州，管兵千人。容管經略使，治容州，管兵千一百人。安南經略使，治安南都護府，即交州，管兵四千二百人。邕管經略使〔一五〕，管兵七百人。

長樂經略使，福州刺史領之，管兵千五百人。

東萊守捉，萊州刺史領之，管兵千人。東牟守捉，登州刺史領之，管兵千人。

至德之後，中原用兵，刺史皆治軍戎，遂有防禦、團練、制置之名。要衝大郡，皆有節度之額〔一六〕；寇盜稍息，則易以觀察之號。

東都畿汝防禦觀察使。領汝州，東都留守兼之。

河陽三城節度使。治孟州，領孟、懷二州。

宣武軍節度使。治汴州，管汴、宋、亳、潁四州。

義成軍節度使。治滑州，管滑、鄭、濮三州。

忠武軍節度使。治許州，管許、陳、蔡三州。

天平軍節度使。治鄆州，管鄆、齊、曹、棣四州。

兗海節度使。治兗州，管兗、海、沂、密四州。

武寧軍節度使。治徐州，管徐、泗、濠、宿四州。

平盧軍節度使。治青州，管淄、青、登、萊四州。

陝州節度使。治陝州，管陝、虢二州。

潼關防禦鎮國軍使。華州刺史領之。

同州防禦長春宮使。同州刺史領之。

鳳翔隴節度使。治鳳翔府，管鳳翔府、隴州。

邠寧節度使。治邠州，管邠、寧、慶、鄜、坊、丹、延、衍等州。

涇原節度使。治涇州，管涇、原、渭、武四州。

朔方節度使。治靈州，管鹽、夏、綏、銀、宥、豐、會、麟、勝、單于府等州。

河中節度使。治河中府，管蒲、晉、絳、慈、隰等州。

昭義軍節度使。治潞州，領潞、澤、邢、洺、磁五州。

河東節度使。治太原府，管汾、遼、沁、嵐、石、忻、憲等州。

大同軍防禦使。雲州刺史領之，管雲、蔚、朔三州。

魏博節度使。治魏州，管魏、貝、博、相、澶、衛六州。

義昌軍節度使。治滄州，管滄、景、德三州。

成德軍節度使。治恒州，領恒、趙、冀、深四州。

義武軍節度使。治定州，領易、祁二州。

幽州節度使。治幽州，管幽、涿、瀛、莫、檀、薊、平、營、嬀、順等十州。

山南西道節度使。治興元府，管開、通、渠、興、集、鳳、洋、蓬、利、璧、巴、閬、果、金、商等州。

山南東道節度使。治襄州，管襄、復、均、房、鄧、唐、隨、郢等州。元和中，淮、蔡用兵，析鄧、唐二州別立一節度。

荆南節度使。治江陵府，管歸、夔、峽、忠、萬、澧、朗等州，使親王領之。

劍南西川節度使。治成都府，管彭、蜀、漢、眉、嘉、資、簡、維、茂、黎、雅、松、扶、文、龍、戎、翼、邛、嶲、姚、柘、恭、當、悉、奉、壘、靜等州，使親王領之。

劍南東川節度使。治梓州，管梓、綿、劍、普、榮、遂、合、渝、瀘等州。

武昌軍節度使。治鄂州，管鄂、岳、蘄、黃、安、申、光等州。

淮南節度使。治揚州，管揚、楚、滁、和、舒、壽、廬等州，使親王領之。

浙江西道節度使。治潤州，管潤、蘇、常、杭、湖等州。或爲觀察使。

浙江東道節度使。治越州，管越、衢、婺、溫、台、明等州。或爲觀察使。

福建觀察使。治福州，管福、建、泉、汀、漳等州。

宣州觀察使。治宣州，管宣、歙、池等州。

江南西道觀察使。治洪州，管洪、饒、吉、江、袁、信、虔、撫等州。喪亂後，時升爲節度使。

湖南觀察使。治潭州，管潭、衡、郴〔一七〕、連、道、永、邵等州。

黔中觀察使。治黔州，管涪、溪、思、費、辰、錦、播、施、珍、夷、業、溱、南、巫等州〔一八〕。

嶺南東道節度使。治廣州，管廣、韶、循、岡、恩、春、賀、潮、端、藤、康、封、瀧、高、義、新、勤、竇等州。

嶺南西道桂管經略觀察使。治桂州，管桂、昭、蒙、富、梧、潯、龔、鬱林、平琴、賓、澄、繡、象、柳、融等州。

邕管經略使。治邕州，管邕、貴、黨、橫、田、嚴、山、巒〔一九〕、羅、潘等州。

容管經略使。治容州，管容、辯、白、牢、欽、巖、禺、湯、瀼、古等州。

安南都護節度使。治安南府，管交、武峩、粵、芝、愛、福祿、長、峯、陸、廉、雷、籠、環、崖、儋、振、瓊、萬安等州〔二〇〕。

上元年後，河西、隴右州郡，悉陷吐蕃。大中、咸通之間，隴右遺黎，始以地圖歸國，又析置節度。

秦州節度使。治秦州，管秦、成、階等州。

涼州節度使。治涼州，管西、洮、鄯、臨、河等州。

瓜沙節度使。治沙州，管沙、瓜、甘、肅、蘭、伊、岷、廓等州。乾符之後，天下亂離。禮樂征伐，不自朝廷。禹迹九州，瓜分臠剖，或併或析，不可備書。

今舉天寶十一載地理。唐土東至安東府，西至安西府，南至日南郡，北至單于府。南北如前漢之盛，東則不及，西則過之。漢地東至樂浪、玄菟，今高麗、渤海是也。今在遼東，非唐土也。漢境西至燉煌郡，今沙州，是唐土。又龜茲，是西過漢之盛也。開元二十八年，戶部計帳，凡郡府三百二十有八〔二一〕，縣千五百七十有三。羈縻州郡，不在此數。戶八百四十一萬二千八百七十一，口四千八百一十四萬三千六百九，應受田一千四百四十萬三千八百六十二頃一十三畝。雖未盈兩漢之數，晉、魏以來，斯爲盛矣。永泰之後，河朔、隴西，淪於寇盜。元和掌計之臣，嘗爲版簿，二方不進戶口，莫可詳知。今但自武德已來，備書廢置年月。其前代沿革，略載郡邑之端。俾職方之臣，不殆於顧問耳。

十道郡國

關內道一　河南道二

關內道

京師　秦之咸陽，漢之長安也。隋開皇二年，自漢長安故城東南移二十里置新都，今京師是也。城東西十八里一百五十步，南北十五里一百七十五步。

皇城在西北隅，謂之西內〔二二〕。正門曰承天，正殿曰太極。太極之後殿曰兩儀。內別殿、亭、觀三十五所。京師西有大明、興慶二宮，謂之三內〔二三〕。有東西兩市。都內，南北十四街，東西十一街。街分一百八坊。坊之廣長，皆三百餘步。皇城之南大街曰朱雀之街，東五十四坊，萬年縣領之。街西五十四坊，長安縣領之。京兆尹總其事。東內曰大明宮，在西內之東北，高宗龍朔二年置。正門曰丹鳳，正殿曰含元，含元之後曰宣政。宣政左右，有中書門下二省、弘文史二館。高宗已後，天子常居東內，別殿、亭、觀三十餘所。南內曰興慶宮，在東內之南隆慶坊，本玄宗在藩時宅也。自東內達南內，有夾城複道，經通化門達南內。人主往來兩宮，人莫知之。宮之西南隅，有花萼相輝、勤政務本之樓。

禁苑，在皇城之北。苑城東西二十七里，南北三十里，東至灞水〔二四〕，西連故長安城，南連京城，北枕渭水。苑內離宮、亭、觀二十四所。漢長安故城東西十三里，亦隸入苑中。苑置西南監及總監，以掌種植。

京兆府　隋京兆郡，領大興、長安、新豐、渭南、鄭、華陰、藍田、鄠、盩厔、始平、武功、上宜、醴泉、涇陽、雲陽、三原、宜君、同官、華原、富平、萬年、高陵二十二縣。武德元年，改爲雍州。改大興爲萬年，萬年爲櫟陽，分櫟陽置平陵〔二五〕，以渭南縣屬華州，分醴泉置溫秀縣，分雲陽置石門縣。二年，分萬年置芷陽縣，分藍田置白鹿縣，分涇陽、始平置咸陽縣，分高陵置鹿苑縣，改平陵爲粟邑縣，分醴泉置好畤縣，分盩厔置終南縣。三年〔二六〕，改白鹿爲寧人縣，分藍田置玉山縣，分始平置醴泉縣〔二七〕。仍分武功、好畤、盩厔、扶風四縣置稷州，分溫秀、石門二縣置泉州。四年，改三原爲池陽。五年，復以華州之渭南來屬。六年，改池陽爲華池縣。七年，廢芷陽入萬年縣。貞觀元年，廢鹿苑入高陵縣，廢寧人、玉山入藍田縣，改雲陽爲池陽縣，改華池爲三原縣。廢稷州，以武功、好畤、盩厔三縣來屬。八年，廢粟邑入櫟陽縣，廢終南入盩厔縣，廢雲陽入池陽縣。仍改池陽爲雲陽縣。廢上宜入岐州之岐陽縣。十七年，罷宜州，以華原、同官二縣來屬。二十年，又置宜君縣。永徽二年，廢宜君縣。乾封元年，置明堂、乾封二縣。咸亨元年，置美原縣。文明元年，置奉天縣。天授元年，改雍州爲京兆郡，其年復舊。二年，分始平、武功、奉天、盩厔、好畤等縣置稷州；雲陽、涇陽、醴泉、三原、富平、美原等縣置宜州。大足元年罷，以鴻、宜、鼎、稷四州依舊爲縣，以始平等十七縣還隸雍州。長安二年，廢乾封、明堂二縣。景龍三年，以邠州之永壽、商州之安

業二縣來屬。景雲元年，復以永壽屬邠州，安業隸商州。開元元年，改雍州爲京兆府，復隋舊名。四年，改同州蒲城縣爲奉先縣，仍隸京兆府。天寶元年，以京師爲西京。七載，置眞符縣。十一年廢。舊領縣十八，戶二十萬七千六百五十，口九十二萬三千三百二十。天寶領縣二十三，戶三十六萬二千九百二十一，口一百九十六萬七千一百八十八。府理京城之光德坊。去東京八百里。

萬年　隋大興縣。武德元年，改爲萬年。乾封元年，分置明堂縣，治永樂坊。長安三年廢，復併萬年。天寶七載，改爲咸寧，乾元復舊也。

長安　隋縣。乾封元年，分爲乾封縣，治懷直坊。長安三年廢，復併長安。

藍田　隋縣。

渭南　隋縣。武德元年屬華州，五年復隸雍州。天授二年置鴻州，分渭南置鴻門縣，凡領渭南、慶山、高陵、櫟陽、鴻門五縣。尋廢鴻門縣，還入渭南。大足元年，廢鴻州入雍州也。

昭應　隋新豐縣，治古新豐城北。垂拱二年，改爲慶山縣。神龍元年，復爲新豐。天寶二年，分新豐、萬年置會昌縣。七載，省新豐縣，改會昌爲昭應，治溫泉宮之西北。

三原　隋縣。武德四年，移治淸谷南故任城〔二八〕，改爲池陽縣。六年，又移故所，改爲華池縣，仍分置三原縣，屬北泉州。貞觀元年，廢三原縣，仍改華池縣爲三原縣〔二九〕，屬雍州。九年，置高祖獻陵於縣之東南。天授元年，改隸鼎州。大足元年，隸京兆府。

富平　隋縣。天授二年，隸宜州。大足元年州廢，還隸雍州。景雲二年，置中宗定陵於縣界〔三〇〕。

櫟陽　隋萬年縣。武德元年，改爲櫟陽。二年，分置粟邑縣。貞觀八年，廢粟邑併櫟陽。天授三年，隸鴻州。大足元年，還隸雍州。

咸陽　隋廢縣。武德二年，復分涇陽置。初治鮑橋，其年，移治杜郵。天授二年，則天以其母順陵在其界，升爲赤，神龍初復。

高陵　隋縣。天授二年，隸鴻州。大足元年，還雍州。

涇陽　隋縣。天授二年，隸鼎州。大足元年，還雍州。

醴泉　隋寧夷縣，後廢。貞觀十年，置昭陵於九嵕山，因析雲陽、咸陽二縣置醴泉縣。天授元年，改隸鼎州。大足元年，還雍州。寶應二年，又置肅宗建陵，在縣北之㠇山。

雲陽　隋縣。武德元年，分置石門縣。三年，於石門縣置泉州，領石門、溫秀二縣。貞觀元年，廢泉州，改石門爲雲陽，改雲陽爲池陽，並屬雍州。八年，廢雲陽，改池陽復名雲陽。

興平　隋始平縣。天授二年，隸稷州。大足元年，還雍州。景龍四年，中宗送金城公主入蕃，別於此，因改金城縣。至德二年十月，改興平縣。

鄠　隋縣。

武功　隋縣。武德三年，分雍州之武功、好畤、盩厔、扶風四縣置稷州，因后稷封邰爲名。其年，割郇州之鄜〔三一〕、鳳泉二縣來屬。四年，又割岐州之圍川、鳳泉屬岐州〔三二〕，以盩厔、好畤、武功三縣屬雍州。天授二年，置稷州，領武功、始平、奉天、盩厔、好畤五縣。大足元年，還屬雍州。

好畤　武德二年，分醴泉縣置，因漢舊名，屬雍州。三年，改隸稷州。貞觀元年，復屬雍州。天授二年，復隸稷州。大足元年，還屬雍州。

盩厔　隋縣。武德三年，屬稷州。貞觀三年，還雍州。天授二年，屬稷州。大足元年，還雍州。天寶元年，改爲宜壽縣。至德二年三月十八日，復爲盩厔。

奉先　舊蒲城縣，屬同州。開元四年，以管橋陵，改京兆府，仍改爲奉先縣。十七年，制官員同赤縣。寶應二年，又置玄宗泰陵於縣東北。

奉天　文明元年，以管乾陵，分醴泉置。天授二年，隸稷州。大足元年，還雍州。

華原　舊宜州，領華原、宜君、同官、土門四縣。貞觀十七年，省宜州及土門縣，以華

原、同官屬雍州。宜君屬坊州。垂拱二年，改華原爲永安縣。天授二年，又置宜州，領永安、同官、富平、美原四縣。大足元年，廢宜州，縣還雍州。神龍元年，復爲華原縣。

美原　舊宜州土門縣，貞觀十七年廢。咸亨二年，又割富平、華原及同州之蒲城縣置，改爲美原縣。天授二年，又屬宜州。大足元年，還雍州。

同官　屬宜州，貞觀十七年，改屬雍州。天授二年，改屬宜州。大足元年，還屬雍州。

華州上輔　隋京兆郡之鄭縣。義寧元年，割京兆之鄭縣、華陰二縣置華山郡，因後魏郡名。武德元年，改爲華州，割雍州之渭南來屬。五年，改渭南還雍州。垂拱元年，割同州之下邽來屬。二年，改爲太州。神龍元年，復舊名。天寶元年，改爲華陰郡。乾元元年，復爲華州。上元元年十二月，改爲太州，華山爲太山。寶應元年，復爲華州。舊領縣二，戶一萬八千八百二十三，口八萬八千八百三十。天寶領縣三，戶三萬三千一百八十七，口二十一萬三千六百一十三。在京師東一百八十里，去東都六百七十里。

鄭　隋縣。

華陰　隋縣。垂拱二年，改爲仙掌縣。天授二年，分置同津縣於關口，長安中廢。神龍元年，復爲華陰。上元元年，改爲太陰縣。寶應元年復舊。

下邽　隋縣。舊屬同州，垂拱元年來屬。

同州上輔　隋馮翊郡。武德元年，改爲同州，領馮翊、下邽、蒲城、朝邑、澄城、白水、郃陽、韓城八縣。三年，分朝邑置河濱縣，分郃陽置河西縣，分澄城置長寧縣。仍割河西、韓城、郃陽三縣，於河西置西韓州。九年，分馮翊置臨沮縣。貞觀元年，省河濱、臨沮二縣。八年，省長寧縣，廢西韓州，以郃陽、河西二縣來屬。垂拱元年，割下邽屬華州。開元四年，割蒲城縣屬京兆府。天寶元年，改同州爲馮翊郡。乾元元年，復爲同州。乾元三年，以蒲州爲河中府；割朝邑縣入河中府，改河西縣爲夏陽縣，又屬河中府。舊領縣九，戶五萬三千三百一十五，口二十三萬二千一十六。天寶領縣六，戶六萬九百二十八，口四十萬八千七百五。在京師東北二百五十五里，至東都六百二里。

馮翊　隋縣。

郃陽　隋縣。武德三年，割屬西韓州。貞觀八年，復屬同州。

白水　隋縣。

澄城　隋縣。

韓城　隋縣。武德七年，割屬西韓州。八年，自河西縣移西韓州理於此，領韓城、郃陽、河西三縣。貞觀八年，廢西韓州，以韓城等三縣復還屬同州也。

夏陽　武德三年，分郃陽於此置河西縣。乾元三年，爲夏陽。

坊州上　隋上郡之內部縣。周天和七年，元皇帝作牧鄜州，於此置馬坊。武德二年，分鄜州置坊州，以馬坊爲名。天寶元年，改爲中部。乾元元年，復爲坊州。舊領縣二，戶七千五百七，口一萬一千六百七十一。天寶領縣四，戶二萬二千四百五十八，口十二萬二百八。在京師東北三百四十七里，去東都九百四十八里。

鄜城　隋縣。武德元年，屬鄜州。二年，改屬坊州。

中部　隋曰內部。武德元年，屬鄜州。二年，改爲中部，屬坊州。

宜君　舊屬宜州。貞觀十七年廢，二十年復置〔三〕，屬雍州，管玉華宮。永徽二年，復廢。龍朔三年，又割中部、同官兩縣地復置宜君縣，理古殺翮城北，屬坊州。

昇平　天寶十二年，分宜君縣置。

丹州下　隋延安郡之義川縣。義寧元年，於義川置丹陽郡。武德元年，改爲丹州，領縣五。二年，於州置總管府，北連、北廣二州。貞觀元年，罷都督府。天寶元年，改爲咸寧郡。乾元元年，復爲丹州。舊領縣五，戶三千一百九十四，口一萬七千二十。天寶，戶一萬五千一百五，口八萬七千六百二十五。在京師東北六百一十一里，去東都九百二十里。

義川　隋縣。

汾川　隋縣，治土壓堡。開元二十二年，移於今所。

咸寧　隋縣，治白水川。景龍二年，移治長松川。

雲巖　隋廢縣。武德元年，復分義川縣置，理迴城堡。咸亨四年，移治今所。

門山　隋廢縣。武德三年，分汾川縣置，治宋斯堡。總章二年，移治庫利川。

鳳翔府　隋扶風郡。武德元年，改爲岐州，領雍、陳倉、郿、虢、岐山、鳳泉等六縣。又割雍等三縣，置圍川縣。其年，割圍川屬稷州。貞觀元年，廢稷州，以圍川及鄜州之麟遊、普潤等三縣來屬。七年，又置岐陽縣。八年，改圍川爲扶風縣，省虢縣及鳳泉。天授二年，復置虢縣。天寶元年，改爲扶風郡。至德二年，肅宗自順化郡幸扶風郡，置天興縣，改雍縣爲鳳翔縣，並治郭下。初以陳倉爲鳳翔縣，乃改爲寶雞縣。其年十月，克復兩京。十二月，置鳳翔府，號爲西京，與成都、京兆、河南、太原爲五京。寶應元年，併鳳翔縣入天興縣，後罷京名。舊領縣八，戶二萬七千二百八十二，口十萬八千三百二十四。天寶領縣九，戶五萬八千四百八十六，口三十八萬四百六十三。在京師西三百一十五里，去東都一千一百七十里。

天興　隋雍縣。至德二年，分雍縣置天興縣。寶應元年，廢雍縣，併入天興。

扶風　武德三年，分岐山縣置圍川縣，取湋川爲名，俗訛改爲「圍」。四年，以圍川隸稷州。貞觀元年[三四]，爲扶風縣，復屬岐州。

寶雞　隋陳倉縣。至德二年二月十五日，改爲鳳翔縣，其月十八日，改爲寶雞。

岐陽　貞觀七年，割扶風、岐山二縣置[三五]，至二十一年廢，永徽五年復置。

岐山　隋縣。武德元年，移治張堡。七年，移治龍尾城。貞觀八年，移治猪驛南，即今治所是。仍省虢縣併入。

郿　隋縣。義寧二年，於縣界置郿城郡，領郿、鳳泉二縣。武德元年，罷郡，置郇州，領郿縣。三年，廢郇州，改屬稷州。七年，改屬岐州。

麟遊　義寧元年，於仁壽宮置鳳棲郡及麟遊縣。其郡領麟遊、上宜、普潤三縣。二年，改爲麟遊郡及靈臺縣，仍割安定郡之鶉觚來屬。武德元年，改麟遊郡爲麟州。貞觀元年，省靈臺縣入麟遊，又廢麟州，以普潤、麟遊二縣隸岐州，上宜隸雍州，鶉觚隸涇州。太宗改仁壽宮爲九成宮。

普潤　隋縣。本屬麟州，貞觀元年來屬。

虢　隋縣。貞觀八年，廢入岐山縣。天授二年，復分岐山置虢縣。

邠州上　隋北地郡之新平縣。義寧二年，割北地郡之新平、三水二縣置新平郡。武德元年，改爲豳州[三六]。二年，分新平置永壽縣。貞觀二年，又分新平置宜祿縣。開元十三年，改豳爲邠。天寶元年，改爲新平郡。乾元元年，復爲邠州。舊領縣四，戶一萬五千五百三十四，口六萬四千八百一十九。天寶，戶二萬二千九百七十七，口十三萬五千二百五十。去京師西北四百九十三里，至東都一千一百三十二里。

新平　隋縣。

三水　隋縣。

永壽　武德二年，分新平置。神龍三年，改屬雍州。景龍元年，復屬邠州。

宜祿　貞觀二年，分新平置宜祿縣，後魏廢縣名。

涇州上　隋安定郡。武德元年，討平薛仁杲，改名涇州。天寶元年，復爲安定郡。乾元元年，復爲涇州。舊領縣五，戶八千七百七十三，口三萬五千九百二十一。天寶，戶三萬一千三百六十五，口十八萬六千八百四十九。在京師西北四百九十三里，至東都一千三百八十七里。

安定　隋縣。

靈臺　隋鶉觚縣。天寶元年，改爲靈臺。

良原　隋陰盤縣。天寶元年，改爲潘原，縣界有潘原廢縣[三七]。

臨涇　隋縣。

隴州上　隋扶風郡之汧源縣。義寧二年，置隴東郡，領縣五。武德元年，改爲隴州，以南由縣屬含州。四年，廢含州，復以南由來屬。天寶元年，改爲汧陽郡。乾元元年，復爲隴州。舊領縣五，戶四千五百七十一，口一萬八千六百三。天寶，戶二萬四千六百五十二，口十萬一百四十八。在京師西四百九十六里，去東都一千三百二十五里。

汧源　隋縣。

汧陽　隋縣。

南由　隋縣。武德元年，置含州於此，領南由一縣。四年，廢含州，以縣屬隴州。

吳山　隋長蛇縣。貞觀元年，改爲吳山縣，治槐衙堡。上元元年，移治龍盤城。

華亭　隋縣。垂拱二年，改亭川。神龍元年，復舊。

寧州上　隋北地郡。義寧元年，領定安、羅川、襄樂、彭原、新平、三水六縣。二年，分定安置歸義縣，以新平、三水屬新平郡。武德元年，改北地郡爲寧州。其年，以彭原縣屬彭州。三年，分彭原置豐義縣，屬彭州。又分定安置定平縣。貞觀元年，廢彭州，以彭原、豐義二縣來屬。仍於寧州置都督府。四年，罷都督府。十七年，廢歸義縣。天寶元年，改爲彭原郡。乾元元年，復爲寧州。舊領縣七，戶一萬五千四百九十一，口六萬六千一百三十五。天寶，領縣六，戶三萬七千一百二十一，口二十二萬四千八百三十七。在京師西北四百四十六里，至東都一千三百二十四里。

定安　隋縣。

彭原　隋縣。武德元年，置彭州，領彭原一縣。二年，分置豐義縣。貞觀元年，廢彭州，以縣來屬寧州。

眞寧[三八]　隋羅川縣。天寶元年，改爲眞寧。

定平　武德二年，分定安縣置。貞觀十七年，廢歸義縣，併入定平。

襄樂　隋縣。

豐義　武德二年，分彭原縣置，屬彭州。貞觀元年廢彭州，來屬。

原州中都督府　隋平涼郡。武德元年，平薛仁杲，置原州。貞觀五年，置都督府，管原、慶、會、銀、亭、達、要等七州。十年，省亭、達、要三州，唯督四州。天寶元年，改爲平涼郡。乾元元年，復爲原州。舊領縣三，戶二千四百四十三，口一萬五百一十二。天寶領縣四，戶七千三百四十九，口三萬三千一百四十六。在京師西北八百里，至東都一千六百四十五里。

平高　隋縣。

平涼　隋縣，治陽晉川〔三九〕。開元五年，移治古塞城。

百泉　隋縣。

蕭關　貞觀六年，置緣州〔四〇〕，領突厥降戶，寄治於平高縣界他樓城〔四一〕。高宗時，於蕭關置他樓縣〔四二〕。神龍元年，廢他樓縣，置蕭關縣。大中五年，置武州。

慶州中都督府　隋弘化郡。武德元年，改爲慶州，領合水、樂蟠、三泉、馬嶺、弘化五縣。三年，改三泉爲同川縣。六年，置總管府，改合水爲合川縣，又置白馬、蟠交二縣。七年，改總

管爲都督府。貞觀元年，廢都督府及合川縣，仍割林州之華池縣來屬。二年，置洛源縣〔四三〕。四年，復置都督府及北永州，以洛源屬北永州。五年，又罷都督府，以慶州隸原州都督府。八年，又以廢北永州之洛源縣來屬〔四四〕。開元四年，復置都督府。二十六年，昇爲中都督府。天寶元年，改爲安化郡。至德元年，改爲順化郡。乾元元年，改爲慶州。舊領縣八，戶七千九百一十七，口三萬五千一十九。天寶領縣十，戶二萬三千九百四十九，口一十二萬四千三百三十六。在京師西北五百七十二里，至東都一千四百一十里。

安化　隋弘化縣，治弘州故城。武德六年，移治今所，與合水縣俱在州治。其年，改合水爲合川縣。貞觀元年，省合川縣併入。神龍元年，改爲安化縣。

樂蟠　義寧元年，分合水縣置。

合水　武德六年，分合水置蟠交縣。天寶元年廢，併入合水。

馬嶺　隋縣，治天家堡。貞觀八年，移理新城。以縣西有馬嶺坂。

方渠　景龍元年，分馬嶺置。

同川　義寧二年，廢北永州，分寧州彭原置於三泉縣故城。武德三年，復治同川城〔四五〕，改爲同川縣。

洛源　隋縣。大業十三年，爲胡賊所破，因廢。貞觀二年，復置。又自延州金城縣移

北永州治於此。八年，北永州廢，復以洛源縣屬慶州。

延慶　武德六年，分合水縣置白馬縣。天寶元年，改爲延慶縣。

華池　隋舊縣。大業十三年，爲胡賊所破，縣廢。武德四年復置，又於此置林州總管府，管永州。其林州領華池一縣。五年，改永州爲北永州。七年，罷林州總管府。貞觀元年，廢林州，華池隸慶州。

懷安　開元十年，檢括逃戶置，因名懷安。

芳池州都督府　寄在慶州懷安縣界，管小州十：靜、獯、王、濮、林、尹、位、長、寶、寧，並党項野利氏種落。

安定州都督府　寄在慶州界，管小州七：党、橋、烏、西戎州、野利州、米州、還州。

安化州都督府　寄在慶州界，管小州七：永利州、威州、旭州、莫州、西滄州、儒州、琮州。

鄜州上　隋上郡。武德元年，改爲鄜州，領洛交、洛川、三川、伏陸、內部、鄜城六縣。二年，以內部、鄜城隸坊州。三年，置直羅縣。貞觀二年，置都督府。六年，又改爲大都督府。九年，復爲都督府。天寶元年，改爲洛交郡。乾元元年，復爲鄜州。舊領縣五，戶一千七百三，口五萬一千二百一十六。天寶，戶二萬三千四百八十三，口十五萬三千七百十四。在京

師東北五百里，至東都九百二十五里。

洛交　隋縣。

洛川　隋縣。

三川　隋縣。以華池水、黑水、洛水三水會同，因名。

直羅　武德三年，分三川、洛交於直羅城置，以城枕羅水，其川平直故也。

甘泉　武德元年，分洛交縣置伏陸縣。天寶元年，改爲甘泉縣。

延州中都督府　隋延安郡。武德元年，改爲延州總管府，領膚施、豐林、延川三縣，管南平、北武、東夏三州。四年，又管丹、廣、達三州。貞觀元年，罷都督府。開元二年，復置都督府，領丹、綏、渾等州。天寶元年，改爲延安郡。乾元元年，復爲延州。舊領縣九，戶九千三百四，口一萬四千一百七十六。天寶，戶一萬八千九百五十四，口十萬四十。在京師東北六百三十一里，至東都一千一百五十一里。

膚施　隋縣。分豐林、金明二縣置。

延長　隋廢縣。武德二年，復於此置北連州，領義鄉、齊明二縣。貞觀二年，廢北連州及義鄉、齊明二縣，併入延安。廣德二年，改爲延長縣。

臨眞　隋縣。武德初，屬東夏州。貞觀二年，州廢來屬。

敷政　隋因城縣(三六)。武德二年，移治於金城鎮，改爲金城縣。又於界內置永州，領金城、洛盤、新昌、土塠四縣。貞觀四年，移永州於洛源縣。八年，廢洛盤等三縣(三七)，併入金城，屬延州。天寶元年，改金城爲敷政。

金明　隋廢縣。武德二年，置北武州，領開遠、金義、崇德、永定、安義五縣。復分膚施置金明縣。貞觀二年，廢北武州，以開遠等五縣併入金明縣。

豐林　隋舊縣。武德四年，於此僑置雲州及雲中、榆林、龍泉三縣。八年，廢雲州及三縣，以龍泉併入臨眞，以雲中、榆林併入豐林。

延水　武德二年，分延川縣置西和州，領安人、修文、桑原三縣。貞觀二年，廢西和州，以修文、桑原併入安人，屬北基州。八年，廢北基州入延川。二十三年，改爲弘風縣。神龍元年，改爲延水。

延川　隋舊縣。武德二年，置南平州，領義門縣。四年，廢南平州及縣，併入延川。

延昌　武德二年，置北平州。貞觀三年廢，十年於廢州置罷交縣。天寶元年，改名爲延昌縣。

渾州　寄治延安郡界，隸延州節度使。

綏州下　隋雕陰郡。武德三年，於延州豐林縣置綏州總管府，領西和、南平、北基、銀、雲、眞、上、殄、北吉、匡、龍等十一州。其綏州領上、大斌、城平、綏德、延福五縣。六年，移治所於延州延川縣界。七年，又移治城平縣界魏平廢城(三八)。貞觀二年，平梁師都，罷都督府，移州治上縣。天寶元年，改爲上郡。乾元元年，復爲綏州。舊領縣五，戶三千一百六十三，口一萬六千一百二十九。天寶，戶一萬八百六十七，口八萬九千一百一十一。在京師東北一千里，至東都一千八百一十九里。

龍泉　隋日上縣。天寶元年，改爲龍泉。

延福　隋縣。武德六年，置北吉州，領歸義、洛陽二縣，羅州領石羅、開善、萬福三縣；匡州領安定、源泉二縣。貞觀二年，三州及縣並廢，地併入延福。

綏德　隋廢縣。武德二年，復置。六年，又分置雲州，領信義、淳義二縣；龍州領風鄉、義良二縣。貞觀二年，二州及縣俱廢，地併入綏德。

城平　隋舊縣。武德三年，又置魏平縣，屬南平州。又置魏州，領安故、安泉二縣。七年，又於魏平城中置綏州總管府并大斌縣。貞觀二年，廢南平州、魏州及魏平、安故、安泉三縣(三九)，移綏州治於上縣，大斌治於今所。

大斌　武德七年置，治魏平。貞觀二年，移治今所。

銀州下　隋雕陰郡之儒林縣。貞觀二年，平梁師都，置銀州，隋舊名。天寶元年，改爲銀川郡。乾元元年，復爲銀州。舊領縣四，戶一千四百九十五，口七千七百二。天寶，戶七千六百二，口四萬五千五百二十七。在京師東北一千一百三十里(四〇)，至東都一千五百七十九里。

儒林　隋舊縣。

撫寧　隋縣。貞觀二年，屬綏州。八年，改屬銀州，治龍泉川。開元二年，移於今所。

眞鄉　隋縣。

開光　隋縣。貞觀二年，屬綏州。八年，改屬柘州。十三年，柘州廢，來屬銀州。

靜邊州都督府　舊治銀川郡界內，管小州十八。

歸德州　寄治銀州界，處降党項羌。

夏州都督府　隋朔方郡。貞觀二年，討平梁師都，改爲夏州都督府，領夏、綏、銀三州。其夏州，領德靜、巖綠(四一)、寧朔、長澤四縣。其年，改巖綠爲朔方縣。七年，於德靜縣置長州

都督府(四二)。八年，改北開州爲化州。十三年，廢化州及長州，以德靜、長澤二縣來屬。天寶元年，改爲朔方郡。乾元元年，復爲夏州。舊領縣四，戶二千三百二十三，口一萬二百八十六。天寶，戶九千二百一十三，口五萬三千一百四。在京師東北一千一百一十里，至東都一千六百八十里。

朔方　隋巖綠縣。貞觀二年，改爲朔方縣。永徽五年，分置寧朔縣，長安二年廢。開元四年又置，九年又廢，還併入朔方。

德靜　隋縣。貞觀七年，屬北開州。八年，改北開州爲化州。十三年，廢化州，以縣屬夏州。

寧朔　隋縣。武德六年，於此置南夏州。貞觀二年廢。

長澤　隋縣。貞觀七年，置長州都督府。十三年，廢長州，縣還夏州。

雲中都督府　党項部落，寄在朔方縣界，管小州五：舍利、思壁州、阿史那州、綽部州、白登州。戶一千四百三十，口五千六百八十一。

呼延州都督府　党項部落，寄在朔方縣界，管小州三：賀魯州、那吉州、䟦跌州。戶一百五十五，口六百五。

桑乾都督府　寄朔方縣界，管小州四：郁射州、藝失州(四三)、畢失州、叱略州。戶二百七十

四，口一千三百二十三。

定襄都督府　寄治寧朔縣界，管小州四：阿德州、執失州、蘇農州、拔延州。戶四百六十，口一千四百六十三。

達渾都督府　延陀部落，寄在寧朔縣界，管小州五：姑衍州、步訖若州、嵠彈州、鶻州、低粟州。戶一百二十四，口四百九十五。

安化州都督府　寄在朔方縣界。戶四百八十三，口二千五十三。

寧朔州都督府　寄在朔方縣界。戶三百七十四，口二千二十七。

僕固州都督府　寄在朔方縣界。戶一百二十二，口六百七十三。

靈州大都督府　隋靈武郡。武德元年，改爲靈州總管府，領迴樂、弘靜、懷遠、靈武、鳴沙五縣。二年，以鳴沙縣屬西會州。貞觀四年，於迴樂縣置迴、環二州，並屬靈武都督府(五四)。十三年，廢迴、環二州，靈州都督入靈、塡二州(五五)。二十年，鐵勒歸附，於州界置皐蘭、高麗、祁連三州，並屬靈州都督府。永徽元年，廢皐蘭等三州。調露元年，又置魯、麗、塞、含、依、契等六州，總爲六胡州。開元初廢，復置東皐蘭、燕然、燕山、雞田、雞鹿、燭龍等六州，並寄靈州界，屬靈州都督府。天寶元年，改靈州爲靈武郡。至德元年七月，肅宗卽位于

靈武，升爲大都督府。乾元元年，復爲靈州。舊領縣五，戶四千六百四十，口二萬一千四百六十二。天寶領縣六，戶一萬一千四百五十六，口五萬三千一百六十三。在京師西北一千二百五十里，至東都二千里。

迴樂　隋縣，在郭下。武德四年，分置豐安縣，屬迴州。十三年，州廢(五六)，併入迴樂。

鳴沙　隋縣。武德二年，置西會州，以縣屬焉。貞觀六年，廢西會州，置環州。九年，廢環州，縣屬靈州。神龍二年，移治廢豐安城。

靈武　隋縣。

懷遠　隋縣。界有隋五原郡。武德元年，改爲豐州，領九原縣。六年，州縣俱省入懷遠縣。儀鳳中，再築新城。縣有鹽池三所。

保靜　隋弘靜縣。神龍元年，改爲安靜。至德元年，改爲保靜。

溫池　神龍元年置。

燕然州　寄在迴樂縣界，突厥九姓部落所處。戶一百九十，口九百七十八。

雞鹿州　寄在迴樂縣界，突厥九姓部落所處。戶一百三十二，口五百五十六。

雞田州　寄在迴樂縣界，突厥九姓部落所處。戶一百四，口四百六十九。

東皐蘭州　寄在鳴沙界，九姓所處。戶一千三百四十二，口五千一百八十二。

燕山州　在溫池縣界，亦九姓所處。戶四百三十，口二千一百七十六。

燭龍州　在溫池界，亦九姓所處。戶一百一十七，口三百五十三。

鹽州下　隋鹽川郡。武德元年，改爲鹽州，領五原、興寧二縣。其年，移州及縣寄治靈州。貞觀元年，廢鹽州五原縣入靈州。二年，平梁師都，復於舊城置鹽州及五原、興寧二縣，隸夏州都督府。其年，改爲靈州都督府。天寶元年，改爲五原郡。乾元元年，改爲鹽州。永泰元年十一月，升爲都督府。元和八年，隸夏州。舊領縣二，戶九百三十二，口三千九百六十九。天寶，戶二千九百二十九，口一萬六千六百六十五。在京師西北一千一百里，至東都二千一十里。

五原　隋縣。武德元年，寄治靈州。貞觀元年省，二年復置。

興寧　龍朔三年置。

豐州下　隋文帝置，後廢。貞觀四年，以突厥降附，置豐州都督府，不領縣，唯領蕃戶。十一年廢(五七)，地入靈州。二十三年，又改豐州(五八)。天寶元年，改爲九原郡。乾元元年，復爲豐州。領縣二，戶二千八百一十三，口九千六百四十一。在京師北二千二百六里，至東都三

千四十四里。

九原　永徽四年置。

永豐　隋縣。武德六年省，永徽元年復置。

會州上　隋會寧鎭。武德二年，討平李軌，置西會州。天寶元年，改爲會寧郡。乾元元年，復爲會州。永泰元年，昇爲上州。領縣二，戶四千五百九十四，口二萬六千六百六十二。去京師一千一百里，至東都二千一百里。

會寧　隋涼川縣。武德二年，改爲會寧。

烏蘭　後周縣，置在會寧關東南四里。天授二年，移於關東北七里。

宥州　調露初，六胡州也。長安四年，併爲匡、長二州。神龍三年，置蘭池都督府，仍置六縣以隸之。開元十年，復分爲魯、麗、契、塞四州。十一年，克定康待賓後，遷其人於河南、江淮之地。十八年，又爲匡、長二州。二十六年，自江淮放回胡戶，於此置宥州及延恩、懷德、歸仁三縣。天寶元年，改爲寧朔郡。至德二年，又改爲懷德郡都督府。乾元元年，復爲宥州。寶應後廢。元和九年，復於經略軍置宥州，郭下置延恩縣。十五年，移治長澤縣，爲

吐蕃所破。長慶四年，夏州節度使李祐復置。領縣三，戶七千八十三，口三萬二千六百五十二。去京師二千一百里，去東都三千一百九十里。

延恩　開元二十六年，以廢匡州置，後隨州移徙。

歸仁　舊蘭池州之長泉縣。開元二十六年，置歸仁縣。

懷德　開元二十六年〔五九〕，以廢塞門縣置。

勝州下都督府　隋置勝州，大業爲榆林郡。武德中，平梁師都，復置勝州〔六〇〕。天寶元年，復爲榆林郡。乾元元年，復爲勝州。領縣二，戶四千一百八十七，口二萬九百五十二。去京師一千八百三十里，至東都一千九百五里。

榆林　隋舊。

河濱　隋榆林郡地。貞觀三年，置雲州于河濱，因置河濱縣。四年，改爲威州。八年廢，河濱屬勝州。

麟州下　天寶元年，王忠嗣奏請割勝州連谷、銀城兩縣置麟州，其年改爲新秦郡〔六一〕。乾元元年，復爲麟州。領縣三，戶二千四百二十八，口一萬九百三。去京師一千四百四十里，至

東都一千九百五里。

新秦　天寶元年，分連谷、銀城二縣地置。

連谷　舊屬勝州，天寶元年來屬。

銀城　舊屬勝州，天寶元年來屬。

安北大都護府。開元十年，分豐、勝二州界置瀚海都護府〔六二〕。總章中，改爲安北大都護府。北至陰山七十里，至迴紇界七百里。舊領縣一，戶二千六，口七千四百九十八。去京師二千七百里，至東都二千九百里。在黃河之北。

陰山　天寶元年置。

河南道

東都　周之王城，平王東遷所都也。故城在今苑內東北隅，自赧王已後及東漢、魏文、晉武，皆都於今故洛城。隋大業元年，自故洛城西移十八里置新都，今都城是也。北據邙山，南對伊闕，洛水貫都，有河漢之象。

都城南北十五里二百八十步，東西十五里七十步，周圍六十九里三百二十步。都內縱橫各十街，街分一百三坊、二市。每坊縱橫三百步，開東西二門。

宮城，在都城之西北隅。城東西四里一百八十步，南北二里一十五步。宮城有隔城四重。正門曰應天，正殿曰明堂。明堂之西有武成殿，即正衙聽政之所也。宮內別殿、臺、館三十五所。上陽宮，在宮城之西南隅。南臨洛水，西拒穀水，東即宮城，北連禁苑。宮內正門正殿皆東向，正門曰提象，正殿曰觀風。其內別殿、亭、觀九所。上陽之西，隔穀水有西上陽宮，虹梁跨穀，行幸往來。皆高宗龍朔後置。

禁苑，在都城之西。東抵宮城，西臨九曲，北背邙阜，南距飛仙。苑城東面十七里，南面三十九里，西面五十里，北面二十里。苑內離宮、亭、觀一十四所。

河南府　隋河南郡。武德四年，討平王世充，置洛州總管府，領洛、鄭、熊、穀、嵩、管、伊、汝、魯九州。洛州領河南、洛陽、偃師、鞏、陽城、緱氏、嵩陽、陸渾、伊闕等九縣。其年十一月，罷總管府，置陝東道大行臺。九年，罷行臺，置洛州都督府，領洛、懷、鄭、汝等四州，權於府置尚書省。貞觀元年，割穀州之新安來屬。七年，又割穀州之壽安來屬。八年，移治

所於河南縣之宣範坊。十八年，廢都督府，省緱氏、嵩陽二縣。顯慶二年，置東都，官員準雍州。是年，廢穀州，以福昌、長水、永寧、澠池等四縣，懷州之河陽、濟源、溫、王屋，鄭州之汜水來屬。龍朔二年，又以許州之陽翟，鄭州之密縣，絳州之垣縣來屬。乾封元年，以垣縣隸絳州。咸亨四年，又置柏崖、大基二縣。其年，省柏崖縣。上元元年，復置緱氏縣。永淳元年，復置嵩陽縣。光宅元年，改東都爲神都。垂拱四年，置永昌縣。載初元年，置武臨縣。天授元年，置武泰縣，尋廢。仍改鄭州之滎陽、武泰來屬。三年，置來廷縣。神龍元年，改神都復爲東都；廢永昌、來廷二縣；改武泰、滎陽還鄭州。先天元年，置伊闕縣。開元元年，改洛州爲河南府。二十二年，置河陰縣。天寶元年，改東都爲東京也。天寶，領縣二十六，戶十九萬四千七百四十六，口一百一十八萬三千九十三。在西京之東八百五十里。

河南　隋舊。武德四年，權治司隸臺。貞觀元年，移治所於大理寺。貞觀二年，徙理金墉城。六年，移治都內之毓德坊。垂拱四年，分河南、洛陽置永昌縣，治於都內之道德坊。永昌元年，改河南爲合宮縣。神龍元年，復爲河南縣，廢永昌縣。三年，復爲合宮縣。景龍元年，復爲河南縣。

洛陽　隋舊。武德四年，權治大理寺。貞觀元年，徙治金墉城。六年，移治都內之毓

德坊。垂拱四年，分置永昌縣。天授三年，又分置來廷縣，治於都內之從善坊。龍朔元年，廢來廷縣(六三)。神龍二年十一月，改洛陽爲永昌縣。唐隆元年七月，復爲洛陽。

偃師　隋縣。

鞏　隋縣。

緱氏　隋縣。貞觀十八年省(六四)。上元二年七月復置，管孝敬陵，舊縣治西北澗南。上元中，復置治所於通谷北，今治是。

告成　隋陽城縣。武德四年，割陽城、嵩陽、陽翟置康城縣，又置嵩州，治陽城。貞觀元年，割陽翟隸許州。三年，省嵩州及康城縣，以陽城、嵩陽屬洛州。登封元年，將有事嵩山，改爲告成縣。

登封　隋嵩陽縣。貞觀十七年省。永淳元年七月，復置。二年，又廢。光宅元年，又置。登封元年十二月，改爲登封縣。神龍元年二月，改爲嵩陽。二年十一月，復爲登封。

陸渾　隋縣。

伊闕　隋縣。

伊陽　先天元年十二月，割陸渾縣置。

壽安　隋縣。義寧元年，移治九曲城，屬熊州。貞觀七年，移今治，屬洛州。長安四

年，立興泰宮，分置興泰縣。神龍元年廢，併入壽安。

新安　隋縣。義寧二年，置新安郡。武德元年，改爲穀州，領新安、澠池、東垣三縣。四年，省東垣入新安。貞觀元年，移穀州治澠池，新安移入廢州城，改屬洛州。顯慶二年十二月，廢穀州，以福昌、新安、澠池、永寧，并懷州之河陽、濟源、溫、王屋，鄭州汜水，並隸洛州。

福昌　隋宜陽縣。義寧二年，置宜陽郡，領宜陽、澠池、永寧三縣；又於新安縣置新安郡，領新安一縣。武德元年，改宜陽郡爲熊州，新安爲穀州，割熊州之澠池又置東垣縣屬之，仍改熊州之宜陽爲福昌縣。三年，割熊州永寧置函州。四年，省東垣縣。八年，廢函州，復以永寧屬熊州。貞觀元年，省熊州，以永寧屬穀州，壽安屬洛州。顯慶二年，廢穀州，福昌隸洛州也。

澠池　隋舊，治大塢城。貞觀元年，移穀州治所於此，領福昌、澠池、永寧三縣。三年，縣南移於雙橋。其年，穀州又移治雙橋。六年，又移理於福昌。顯慶二年十二月，廢穀州，澠池隸洛州。

長水　隋長淵縣。義寧元年，改爲長水。武德元年，屬虢州。貞觀元年，屬穀州。顯慶二年，隸洛州。

永寧　隋熊耳縣所治。義寧二年，置永寧縣，治永固城，屬宜陽郡。武德元年，改屬熊州。三年，移治同軌城，改屬函州。八年，復屬熊州。貞觀元年，改屬穀州。十四年，移於今所。十七年，移治鹿橋。顯慶元年，穀州廢，改隸洛州。

密　隋縣。武德三年，置密州。四年廢，縣屬鄭州。龍朔二年，割屬洛州。

河清　咸亨四年，分河南、洛陽、新安、王屋、濟源、河陽置大基縣。先天元年，改爲河清。

潁陽　載初元年，析河南、伊闕、嵩陽三縣置武臨縣。開元十五年，改爲潁陽。

河陽　汜水　溫　河陰　已上縣，會昌三年，割屬孟州，陽翟還許州，濟源還懷州，王屋還懷州。

孟州上　本河南府之河陽縣(六五)，本屬懷州。顯慶二年，割屬河南府。以城臨大河，長橋架水，古稱設險。乾元中，史思明再陷洛陽，太尉李光弼以重兵守河陽。及雍王平賊，留觀軍容使魚朝恩守河陽，乃以河南府之河陽、河清、濟源、溫四縣(六六)租稅入河陽三城使。河南尹但總領其縣額。尋又以汜水軍賦隸之。會昌三年九月，中書門下奏：「河陽五縣，自艱難已來，割屬河陽三城使。其租賦色役，盡歸河陽，河南尹但總管名額而已，使歸一統，便爲

定制。既是雄鎮，足壯三城，其河陽望昇爲孟州，仍爲望，河陽等五縣改爲望縣。」尋有敕，割河陰隸孟州，河清還河南府。時河陽節度，以懷州爲理所。會昌四年，又割澤州隸河陽節度使，仍移治所於孟州，戶口籍帳入河南府。

河陽　隋縣。武德四年，於隋河陽宮置盟州，領河陽、集城、溫三縣。八年，廢盟州，省集城入河陽縣，以河陽、溫屬懷州。顯慶二年，以河陽、溫屬洛州。

汜水　隋縣。武德四年，分置成臯縣。貞觀元年，省入汜水，屬鄭州。顯慶二年，割屬洛州，仍移治武牢城。垂拱四年，改爲廣武。神龍元年，復爲汜水(六七)。開元二十九年，移治所於武牢。成臯府在縣北(六八)。

河陰　開元二十年，割汜水、滎澤二縣置，管河陰倉(六九)。

溫　舊屬懷州。顯慶二年，割屬洛州。

濟源　隋舊縣。武德二年，置西濟州，又分置溴陽、蒸川、邵原三縣。四年，廢西濟州及邵原、蒸川、溴陽三縣入濟源，改隸懷州。

鄭州　隋滎陽郡。武德四年，平王世充，置鄭州於武牢，領汜水、滎陽、滎澤、成臯、密五縣(七〇)。其年，又於管城縣置管州，領管城、須水、圃田、清池四縣。貞觀元年，廢管州及須

水、清池二縣，以廢管州之陽武、新鄭四縣屬鄭州〔二一〕。七年，自武牢移鄭州理所於管城。舊領縣八，戶一萬八千七百九十三，口九萬三千九百三十七。天寶領縣七，戶七萬六千六百九十四，口三十六萬七千八百八十一。至京師一千一百五里，至東都二百七十里〔二二〕。

管城　郭下，隋舊。

滎陽　隋縣。天授二年，分置武泰縣，隸洛州，又改滎陽爲武泰。萬歲通天元年，復爲滎陽，尋又爲武泰。神龍復。

滎澤　隋舊。

新鄭　隋舊。

中牟　隋圃田縣。武德元年，改爲中牟，屬汴州。龍朔二年，改屬鄭州。

原武　隋舊。

陝州大都督府　隋河南郡之陝縣。義寧元年，置弘農郡，領陝、崤、桃林、長水四縣。二年，省崤縣。武德元年，改爲陝州總管府，管陝、鼎、熊、函、穀五州，仍割長水屬虢州。其年，復立崤縣。二年，復割崤縣屬函州。三年，又置南韓州、嵩州，並屬陝府。四年，東都平，割熊、穀、嵩三州屬洛州總管府。其年，罷洛州總管，復以熊、穀、嵩三州來屬；仍省南韓州入

洛州。八年，廢函州，以崤縣來屬。貞觀元年，罷都督府，又以廢芮州芮城、河北二縣來屬〔二三〕。十四年，改崤縣爲峽石縣。大足元年，割絳州之夏縣來屬，尋却還絳州。天寶元年，改爲陝郡〔二四〕，置軍。至德二載十月，收兩京。乾元元年，復爲陝州〔二五〕，因割蒲州之解、安邑，絳州之夏縣來屬；仍改安邑爲虞邑。廣德元年十月，吐蕃犯京師，車駕幸陝州，仍以陝爲大都督府。天祐初，昭宗遷都洛陽，駐蹕陝州，改爲興德府，縣次畿赤〔二六〕。哀帝即位，省，復爲大都督府。舊領縣五，戶二萬一千一百七十一，口八萬一千九百一十九。天寶領縣七，戶三萬九百五十，口十七萬二百三十八。在京師東四百九十里，東至東都三百三十里。

陝　郭下。隋縣。

峽石　隋崤縣。義寧二年省。武德元年，復置。二年，割屬函州。三年，自石隝移治鴨橋。八年，改屬陝州。十四年〔二七〕，移治峽石隝，因改爲峽石縣。

靈寶　隋桃林縣。天寶元年，以堀得寶符，改爲靈寶縣。

芮城　隋縣。武德二年，置芮州，領芮城、河北二縣。貞觀元年，罷芮州，以芮城、河北屬陝州。

平陸　隋河北縣。義寧元年，置安邑郡，縣屬焉。天寶三載，太守李齊物開三門，石下得戟，大刃，有「平陸」篆字，因改爲平陸縣。

安邑　隋爲虞州，郭下置安邑縣，領安邑、解、夏、桐鄉四縣〔二八〕。貞觀十七年，廢虞州及桐鄉縣，以安邑、解縣屬蒲州，夏縣屬絳州。乾元元年，割屬陝州，改安邑爲虞邑。大曆四年，復爲安邑縣。

夏縣　舊屬虞州。貞觀十七年，改隸絳州。乾元元年，改屬陝州。

安邑、夏縣，天寶後，加管戶一萬八千五百。

虢州望　漢弘農郡。隋廢郡爲弘農縣，屬陝州。隋末復置郡。義寧元年，改爲鳳林郡，仍於盧氏置虢郡。武德元年，改爲虢州，改鳳林爲鼎州。貞觀八年，廢鼎州，移虢州於今治，屬河南道。開元初，以巡按所便，屬河東道。天寶元年，改爲弘農郡。乾元元年，復爲虢州，以弘農爲緊縣，盧氏、朱陽、玉城爲望縣。天寶領縣六，戶二萬八千二百四十九，口八萬八千四十五。西至京師四百三十里，東至東都五百五十三里。

弘農　漢縣，隋廢。大業三年，於今湖城縣西一里置，尋隨郡移於弘農川。神龍元年，改「弘」爲「恆」。開元十六年，復爲弘農，州所治也。

閿鄉　隋縣。

湖城　漢湖縣，後加「城」字。乾元元年，改爲天平縣。大曆四年，復爲湖城。

朱陽　隋縣。

玉城〔二九〕　隋縣，分盧氏置。

盧氏　隋縣。

汝州望　隋襄城郡。武德四年，平王世充，改爲伊州，領承休、梁、郟城三縣。貞觀元年，以廢魯州魯山縣來屬。其年，省梁縣，仍改承休爲梁縣。八年，改伊州爲汝州，領梁、郟城、魯山三縣。證聖元年，置武興縣。先天元年，置臨汝縣。開元二十六年，以仙州之葉縣來屬。天寶元年，以許州之襄城來屬，仍改爲臨汝郡。乾元元年，復爲汝州也。舊領縣三，戶三千八百八十四，口一萬七千五百三十四。天寶領縣七，戶六萬九千三百七十四，口二十七萬三千七百五十六。在京師東九百八十二里，至東都一百八十里。

梁　隋承休縣。貞觀元年，改爲梁縣〔三〇〕。

郟城　隋舊縣。

魯山　隋舊。武德四年，於縣置魯州，領魯山、滍陽二縣。貞觀元年，州廢，仍置滍陽縣〔三一〕，以魯山縣屬伊州。八年，改伊州爲汝州。

葉　隋縣。武德四年，置葉州。五年廢，縣屬許州。開元四年，置仙州，領葉、襄城、方城、西平、舞陽五縣。二十六年，廢仙州，以葉屬汝州，襄城、舞陽屬許州，方城還唐州，西平屬豫州。

襄城　隋舊縣。武德元年，於此置汝州，領襄城、汝墳、期城三縣。貞觀元年，廢汝州及汝墳、期城二縣，以襄城屬許州。開元四年，屬仙州。二十六年，還屬許州。其年，改屬汝州也。

龍興　證聖元年，分郟城、魯山置武興縣。神龍元年，改爲中興縣。其年，又改爲龍興。

臨汝　先天元年置。貞元八年〔八二〕，以梁縣西界二鄉益之，兼移縣於石壕驛。

許州望　隋潁川郡。武德四年，平王世充，改爲許州，領長社、長葛、許昌、繁昌、黃臺、潩強〔八三〕、臨潁七縣。貞觀元年，廢黃臺、繁昌、潩強三縣，以洧州之扶溝、鄢陵，汝州之襄城，嵩州之陽翟，北澧之葉縣來屬。十三年，改置都督府，管許、唐、陳、潁四州，而許州領長社、長葛、許昌、鄢陵、扶溝、臨潁、襄城、陽翟、葉九縣。十六年，罷都督府。顯慶二年，割陽翟屬洛州。開元四年，割葉、襄城置仙州。二十六年，仙州廢，以葉、襄城、陽翟來屬。其年，

又以葉、襄城屬汝州。二十八年〔八四〕，又以襄城來屬。是歲，又以葉屬汝州。天寶元年，改爲潁川郡。乾元元年，復爲許州。長慶三年，廢溵州爲郾城縣，屬許州。舊領縣九，戶一萬五千七百一十五，口七萬二千二百二十九。天寶領縣七，戶七萬三千二百四十七，口四十八萬七千八百六十四。在京師東一千二百里，至東都四百里。

長社　郭下。隋潁川縣。武德四年，改爲長社，取舊名。

長葛　隋分許昌縣置，取舊名。

許昌　舊縣〔八五〕。

鄢陵　隋置洧州，後廢爲縣，屬許州。

扶溝　隋縣。武德四年，置北陳州。其年，州廢，縣屬洧州。九年，洧州廢，來屬。

臨潁　隋舊縣。建中二年，隸溵州。貞元元年，州廢來屬。

舞陽　漢縣，治所在古城內，屬仙州。開元二十六年，隸許州。元和十三年，移治於吳城鎮。

郾城　本屬豫州。長慶元年來屬。

汴州上　隋滎陽郡之浚儀縣也。武德四年，平王世充，置汴州總管府，管汴、洧、杞、陳四州，領浚儀、新里、小黃、開封、封丘等五縣〔八六〕。七年，改爲都督府。廢開封、小黃〔八七〕、新里三縣入浚儀，復以廢杞州之雍丘、陳留，管州之中牟，洧州之尉氏來屬。龍朔二年，以中牟隸鄭州。延和元年，復置開封縣。天寶元年，改汴州爲陳留郡。乾元元年，復爲汴州。建中二年，築其羅城。舊領縣五：浚儀、雍丘、陳留、中牟、尉氏，戶五萬七千七百一，口八萬二千八百七十九。天寶領縣六，戶十萬九千八百七十六，口五十七萬七千五百七。在京師東一千三百五十里，東都四百一里。

浚儀　古縣，隋置，在今縣北三十里，爲李密所陷。縣人王要漢率豪族置縣於汴州之內，要漢自爲縣令。義寧元年，於縣復置汴州，以要漢爲刺史。武德四年，移縣於州北羅城內。貞觀元年，移於州西一里。延和元年六月，割浚儀十四鄉分置開封縣。

開封　漢縣，在今縣南五十里。貞觀元年省，併入浚儀。延和元年六月，析浚儀復置，並在郭下。

尉氏　隋縣，屬潁川郡。武德四年，於縣置洧州，領尉氏、扶溝、康陰、新汲、鄢陵、宛陵、歸化七縣。貞觀元年，廢洧州及康陰、宛陵、新汲、歸化四縣，以扶溝、鄢陵屬許州，尉氏屬汴州。

陳留　隋縣，屬汴州。武德四年〔八八〕，屬杞州。貞觀元年，廢杞州，陳留屬汴州。

封丘　隋縣。

雍丘　隋縣。武德四年，於縣置杞州，領雍丘、陳留、圉城、襄邑、外黃、濟陽六縣，權於州內以倉院置。貞觀元年〔八九〕，廢杞州及濟陽、圉城、外黃三縣，以襄邑屬宋州，陳留、雍丘屬汴州，而移縣入廢杞州。

蔡州上　隋汝南郡。武德四年四月〔九〇〕，平王世充，置豫州總管府，管豫、道、輿、息、舒五州〔九一〕。豫州領安陽、平輿、眞陽、吳房、上蔡五縣。七年，改爲都督府，廢輿、道、舒、息四州。貞觀元年，罷都督府，廢平輿、新蔡二縣〔九二〕，復以道州之郾城，息州之新息，朗州之朗山，舒州之褒信、新蔡五縣來屬。天授三年，又置平輿、西平兩縣。開元四年，以西平屬仙州。二十六年，省仙州，復以西平來屬。天寶元年，改爲汝南郡。乾元元年，復爲豫州。寶應元年，改爲蔡州。舊領縣十，戶一萬二千一百八十二，口六萬四百一十五。天寶領縣十一，戶八萬七百六十一，口四十六萬二百五。去京師一千五百四十里，至東都六百七十里。

汝陽　隋舊縣。治郭下。

朗山　漢安昌縣，隋改爲朗山。

遂平　隋吳房縣。元和十二年，討吳元濟於文城栅，置行吳房縣，權隸溵州。賊平，改爲遂平縣，隸唐州。長慶元年，復隸蔡州。

郾城　隋舊。武德四年，於此置道州，領郾城、邵陵、北武、西平四縣。貞觀元年，廢道州及北武、邵陵、西平三縣，以郾城屬豫州。本治溵水南。開元十一年，因大水，移治溵水北。元和十二年，於縣置溵州。長慶元年，廢溵州，以郾城隸許州。

上蔡　隋縣。

新蔡　隋舊。武德四年，於此置舒州，領新蔡、褒信二縣。貞觀元年，廢舒州，新蔡屬豫州。

褒信　後漢縣。

新息　隋縣。武德四年，於縣置息州，領新息、淮川、長陵三縣。貞觀元年，廢息州及淮川、長陵二縣，以新息屬豫州。

平輿　隋置。貞觀元年廢，天授二年復置。

西平　漢縣。貞觀元年廢。天授二年復置。元和十二年，隸溵州。州廢，隸蔡州。

眞陽　漢愼陽縣，隋爲眞陽。載初元年，改爲淮陽。神龍元年復。

滑州望　隋東郡。武德元年，改爲滑州，以城有古滑臺也。二年，陷賊。及平王世充，復置，領白馬、衞南、韋城、匡城、靈昌、長垣七縣(九三)。八年(九四)，廢長垣縣入匡城，以廢東梁州之酸棗縣來屬。天寶元年，改爲靈昌郡。乾元元年，復爲滑州。舊領縣七，戶一萬三千七百三十八，口六萬四千九百六十。天寶，戶七萬一千九百八十三，口四十二萬二千七百九十。去京師一千四百四十里，至東都五百三十里。

白馬　郭下。漢縣。

衞南　隋楚丘縣。後以曹有楚丘，乃改爲衞南縣，治古楚丘城。儀鳳元年，移治西北濆河之新城。永昌元年，又移於楚丘之城南。

韋城　隋分白馬縣置於古城韋氏之國城(九五)。

匡城　漢長垣縣，隋改爲匡城。

胙城　漢南燕縣，隋改爲胙城，隸滑州。

酸棗　漢縣。

靈昌　隋分酸棗縣置。靈昌者，河津之名。

陳州上　隋淮陽郡。武德元年，討平房憲伯，改爲陳州，領宛丘、箕城、扶樂、太康、新平五縣。貞觀元年，廢扶樂、箕城、新平三縣，復以沈州之項城、溵水二縣來屬(九六)。長壽元年，置武城縣。證聖元年，置光武縣。天寶元年，改陳州爲淮陽郡。乾元元年，復爲陳州。舊領縣四，戶六千三百六十七，口三萬九百六十一。天寶領縣六，戶六萬六千四百四十二，口四十萬二千四百八十六。在京師一千五百二十里，至東都七百一十七里。

宛丘　郭下。隋縣。

太康　漢陽夏縣，隋改太康，以縣東有太康城。

項城　隋舊。武德四年，於此置沈州，領項城、潁東、銅陽、南頓、溵水五縣。貞觀元年，廢沈州，以縣屬陳州。

溵水　漢汝陽縣。改爲溵水。建中二年，隸溵州。興元元年，廢溵州，縣隸陳州。

南頓　隋縣。武德六年，省入項城。證聖元年，割項城置光武縣，以縣有光武廟故也。景雲元年，改爲南頓，復古名也。

西華　漢縣。武德元年，改爲箕城縣。貞觀元年，省入宛丘。長壽元年，割宛丘置武城縣，以縣本楚武王所築故也。神龍元年，復爲箕城。景雲元年，改爲西華，復古名也。

亳州望　隋譙郡。武德四年，平王世充，改爲亳州，領譙、城父、谷陽、鹿邑、酇五縣。五年，置總管府，管譙、亳、宋、北荆、潁、沈六州。七年(九七)，改爲都督府。貞觀元年，罷都督府，亳州不改。十七年，廢譙州，以臨渙、永城、山桑三縣來屬。天寶元年，改爲譙郡。乾元元年，復爲亳州也。舊領縣八，戶五千七百九十，口三萬三千一百七十七。天寶，戶八萬八千九百六十，口六十七萬五千一百二十一。至京師一千七百里，至東都八百九十八里。

譙　郭下。貞觀十七年，自古譙城移入州城置。

酇　漢縣。隋屬沛郡。武德四年，改屬亳州。開元二十六年，移於汴城垣陽驛置。

城父　隋舊。

鹿邑　隋舊。

眞源　漢苦縣。隋爲谷陽。乾封元年，改爲眞源。載初元年，改爲仙源。神龍元年，復爲眞源。有老子祠。

臨渙　隋置譙州，領縣四。貞觀十七年省，以臨渙、永城、山桑屬亳州，蘄縣屬徐州。縣本治銍城(九八)，十七年移治所於廢譙州。元和九年，割屬宿州。

永城　隋縣，屬譙州。貞觀十七年廢(九九)，屬亳州。舊治於馬浦城東北三里，武德五年，移置於馬浦城。

蒙城　隋山桑縣，屬譙州。州廢，隸亳州。天寶元年，改爲蒙城。

潁州中　漢汝南郡。隋爲汝陰郡。武德四年，平王世充，於汝陰縣西北十里置信州，領汝陰、清丘、永安、高唐、永樂等六縣。六年，改爲潁州，移於今治，省高唐、永樂、永安三縣[100]。貞觀元年，省清丘縣。八年，又以廢渦州之下蔡縣來屬。天寶元年，改爲汝陰郡。乾元元年，復爲潁州。長慶二年，以潁州隸滑鄭節度使。舊領縣三，戶二千九百五，口一萬四千一百八十五。天寶領縣四，戶三萬七百七，口二十萬二千八百九十[101]。至京師一千八百二十里，至東都九百六十里。

汝陰　郭下。漢縣。

潁上　隋置治所於古鄭城。武德四年，移於今治。

下蔡　隋舊。武德四年，於縣置渦州，下蔡隸之。八年，州廢，縣屬潁州也。

沈丘　古曰寢丘，至隋不改。神龍二年，改爲沈丘。

宋州望　隋之梁郡。武德四年，平王世充，置宋州，領宋城、寧陵、柘城、穀熟、下邑、碭山、虞城七縣。其年，以虞城屬東虞州。五年，廢東虞州，仍以虞城來屬。貞觀元年，廢杞州，以襄邑縣來屬，仍省柘城縣。十七年，以廢戴州之單父、楚丘來屬。永淳元年，又置柘城縣。天寶元年，改宋州爲睢陽郡。乾元元年，復爲宋州。舊領縣七，戶一萬一千三百三，口六萬一千七百二十。天寶領縣十，戶一十二萬四千二百六十八，口八十九萬七千四百四十一。去京師一千五百四十里，至東都七百八十里。

宋城　郭下。治古睢陽城。漢睢陽縣，隋改爲宋城。

襄邑　隋置。武德二年，屬杞州。貞觀元年，屬宋州。

寧陵　漢縣，久廢。隋特置[102]。貞觀元年，併柘城縣入。

虞城　隋分下邑縣置。武德四年，屬宋州。其年，於縣置東虞州。五年，州廢，縣屬宋州。

碭山　舊安陽縣，隋改爲碭山，屬宋州。

下邑　漢縣。

穀熟　漢縣。武德二年，於縣置南穀州。四年，州廢，縣屬宋州。

單父　古邑。隋於縣置戴州，大業廢。武德五年，復置戴州。貞觀十七年，戴州廢，縣屬宋州。

楚丘　治古巳氏城[103]，屬戴州。貞觀十七年，屬宋州。

柘城　秦縣，久廢。隋復置。貞觀初廢。永淳元年，析穀熟、寧陵復置。

曹州上　隋濟陰郡。武德四年，改爲曹州，領濟陰、定陶、冤句、離狐、乘氏，并置蒙澤、普陽等七縣。其年，省普陽縣。五年，以廢梁州之考城來屬。貞觀元年，省定陶、蒙澤二縣入濟陰[104]。十七年，以廢戴州之成武來屬。天寶元年，改曹州爲濟陰郡。乾元元年，復爲曹州。舊領縣五，戶九千二百四十四，口五萬四千九百八十一。天寶領縣六，戶十萬三百五十二，口七十一萬六千八百四十八。在京師東北一千四百五十三里，至東都東北六百五十七里。

濟陰　郭下。隋縣。

考城　隋舊。武德四年，於縣置梁州，領考城縣。五年，州廢，以縣屬曹州。

冤句　漢縣。武德四年，分縣西界置濟陽縣，屬杞州。貞觀元年，廢濟陽，併入冤句。

乘氏　漢縣，春秋之重丘地也。

南華　漢離狐縣，累代不改。天寶元年，改爲南華。

成武　漢縣。隋屬戴州。州廢，屬曹州。

濮州上　隋東平郡之鄄城縣也。武德四年，置濮州，領鄄城、廩城、雷澤、臨濮、昆吾、濮陽、永定、安丘、長城九縣。五年，廢安丘、長城二縣。八年，廢昆吾、永定、廩城三縣。貞觀八年，割濟州之范縣來屬。天寶元年，改爲濮陽郡。乾元元年，復爲濮州。舊領縣五，戶八千六百二十八，口四萬四千一百三十五。天寶，戶五萬七千七百八十一，口四十萬六百四十八。在京師東北一千五百七十里，至東都七百三十五里。

鄄城　古縣。後漢於縣置兗州。武德四年，分置永定縣。八年，併入鄄城。

濮陽　隋舊。武德四年，分置昆吾縣。八年省，併入濮陽。

范　漢縣。武德二年，置范州，治昆吾城。五年，州廢，縣屬濟州。貞觀八年，改屬濮州。

雷澤　漢縣。武德四年，分置廩城縣。貞觀八年，省入雷澤。

臨濮　武德四年，分雷澤置。五年，省長城縣併入。

鄆州上　隋東平郡之須昌縣。武德四年，平徐圓朗，於鄆城置鄆州，領鄆城、須昌、宿城、鉅野、乘丘五縣。又以廢壽州之壽張來屬。其年，置總管府，管鄆、濮、兗、戴、曹五州。貞觀元年，罷都督府，仍以鉅野屬戴州。又廢宿城、乘丘二縣。八年，自鄆城移治須昌。景龍元年，又置宿城縣。天寶元年，改鄆州爲東平郡。乾元元年，復爲鄆州。舊領縣三：須昌、鄆城、壽張，戶四千一百四十一，口二萬一千六百九十二。天寶領縣五，戶四萬四千二百九十九，口二十八萬四千五百三十。天寶十三載，廢濟州，其所管五縣，並入鄆州。濟州舊領縣五，戶六千九百五，口三萬四千五百一十。天寶，領戶三萬八千七百四十九，口二十一萬六千九百七十九，並入鄆州。在京師東北一千六百九十七里，去東都東北九百七十三里。今領縣十。

壽張　隋縣。武德四年，於縣置壽州，領壽張、壽良二縣。五年，廢壽州，省壽良入壽張，屬鄆州。

鄆城　漢壽良縣。隋改爲萬安縣，仍於縣置鄆州，尋改萬安爲鄆城。貞觀八年，移鄆州治所於須昌縣。

鉅野　漢縣。隋縣升爲州。尋廢，屬戴州。貞觀十七年，戴州廢，鉅野來屬。

須昌　郭下。漢縣，故城在今鄆州東南三十二里〔一〇四〕。隋於故城置宿城縣，仍置須昌縣於今所。貞觀八年，州自鄆城移於須昌縣。後廢宿城縣。景雲三年十二月，復分須昌置宿城縣。貞元四年〔一〇五〕，改宿城爲東平縣，移就郭下。大和四年，改爲天平縣。六年七月，廢天平縣入須昌縣。

盧縣　漢舊。隋置濟北郡。武德四年，改濟州，領盧、平陰、長清、東阿、陽穀、范六縣。

又置昌城、濟北、穀城、孝感、冀丘、美政六縣。六年，廢美政、孝感、穀城、冀丘〔一〇六〕、昌城五縣。八年，割范縣屬濮州。貞觀元年，又廢濟北縣入長清。天寶元年，改爲濟陽郡。乾元元年，復爲濟州。十三載六月一日〔一〇七〕，廢濟州，盧、長清、平陰、東阿、陽穀等五縣並入鄆州。

平陰　漢肥城縣。隋爲平陰，屬濟州。天寶十三載，州廢，縣屬鄆州。大和六年，併入東阿縣。開成二年七月，節度使王源中，奏置平陰縣。

東阿　漢縣。隋屬濟州。州廢，屬鄆州。

陽穀　隋置，取縣界陽穀臺爲名，屬濟州。州廢，屬鄆州。

中都　漢平陸縣，本治殷密城，在今治西三十九里。天寶元年，改爲中都，移於今治。

泗州中　隋下邳郡。武德四年，置泗州，領宿預、徐城、淮陽三縣。貞觀元年，省淮陽縣入宿預，以廢邳州之下邳，廢連州之漣水來屬。八年，又以廢仁州之虹縣來屬。總章元年，割海州沭陽來屬。咸亨五年，沭陽還海州。長安四年，置臨淮縣。開元二十三年，自宿預移治所於臨淮。天寶元年，改爲臨淮郡。乾元元年，復爲泗州。舊領縣五，戶二千一百五十，口二萬六千九百二十。領宿預、漣水、徐城、虹、下邳。天寶領縣六，戶三萬七千五百二十六，口二十萬五千九百五十九。今領縣三：臨淮、漣水、徐城。其虹縣割隸宿州，宿預、下邳隸徐州。

臨淮　長安四年，割徐城南界兩鄉於沙熟淮口置臨淮縣。開元二十三年，移治郭下。

漣水　隋縣。武德四年，置漣州，仍分置金城縣。貞觀元年，廢漣州，並省金城縣，以縣屬泗州。總章元年，改爲楚州。咸亨五年，還屬泗州。

徐城　漢徐縣。隋爲徐城縣，屬泗州，治於大徐城。開元二十五年，移就臨淮縣。

海州中　隋東海郡。武德四年，置海州總管府，領海、漣、環、東楚四州〔一〇九〕。海州領朐山、龍沮、新樂、曲陽、沭陽、厚丘、懷仁、利城、祝其九縣。六年，改新樂爲祝其。七年，以東楚州屬揚府，又以沂州來屬。八年，廢環州及龍沮、祝其、曲陽、厚丘、利城六縣〔一一〇〕，仍以廢環州之東海來屬。九年，廢漣州。貞觀元年，罷都督府。天寶元年，以海州爲東海郡。乾元元年，復爲海州。舊領縣四：朐山、東海、沭陽、懷仁；戶八千九百九十九，口四萬三千六百九十三。天寶，戶二萬八千五百四十九，口十八萬四千九。在京師東二千五百七十里，至東都一千七百五十四里。

朐山　郭下。漢朐縣，後加「山」字。

東海　漢贛榆縣。武德四年，置環州，領東海、青山、石城、贛榆四縣。八年，廢環州，仍廢青山等三縣入東海縣，隸海州。縣治鬱州，四面環海。

沭陽　漢厚丘縣。後魏改沭陽。

懷仁　後魏置。

兗州上都督府　隋魯郡。武德五年，平徐圓朗，置兗州，領任城、瑕丘、平陸、龔丘、曲阜、鄒、泗水七縣。貞觀元年，省曲阜縣。其年，又省東泰州，以博城縣來屬。八年，復置曲阜縣。十四年，置都督府，管兗、泰、沂三州。十七年，以廢戴州之金鄉、方輿來屬。長安四年，置萊蕪縣。天寶元年，改兗州爲魯郡。乾元元年，復爲兗州。舊領縣八，戶九千三百六十六，口一萬五千四百二十八。天寶領縣十一，戶八萬八千九百八十七，口五十八萬六百八。中都割屬鄆州。在京師東一千八百四十三里，去東都一千七十里。

瑕丘　郭下。宋置兗州於魯瑕邑故治，隋因置瑕丘縣。

曲阜　隋縣。貞觀元年省，八年復置〔一一一〕。

乾封　隋博城縣。武德五年，於縣置東泰州，領博城、梁父、嬴、肥城、岱六縣〔一一二〕。貞觀元年，罷東泰州〔一一三〕，省梁父、嬴二縣入博城。仍以博城屬兗州，兼省肥城。乾封元年，高宗封泰山，改爲乾封縣。總章元年，復爲博城。神龍元年，又爲乾封。

泗水　漢卞縣。隋分汶陽縣於卞縣古城置泗水縣。

鄒　古邾國，魯穆公改爲鄒。

任城　漢縣。北齊於縣置高平郡。隋廢，縣屬兗州。

龔丘　北齊平原縣，隋改爲龔丘。

金鄉　後漢縣。武德四年，於縣置金州，領方興、金鄉二縣。五年，改金州爲戴州。貞觀十七年，州廢，以金鄉、方興屬兗州，以單父、楚丘屬宋州，成武屬曹州，鉅野屬鄆州。

魚臺　漢方與縣。隋屬戴州。貞觀十七年，戴州廢，縣入兗州。寶應元年，改爲魚臺，以城北有魯公觀魚臺。

萊蕪　漢縣，晉廢。後魏於古城置嬴縣。貞觀初，廢入博城縣。長安四年，於廢嬴縣置萊蕪縣。元和十五年(二四)，併入乾封縣，尋卻置，屬兗州。

徐州上　隋彭城郡。武德四年，平王世充，置徐州總管府，管徐、邳、泗、鄫、沂、仁六州。徐州領彭城、蕭、沛、豐、滕、符離、諸陽七縣。貞觀元年，廢諸陽縣入符離。二年，省鄫、邳二州，仍以譙州來屬。七年，以沂州屬海州都督。八年，廢仁州入譙州。其徐州都督，管徐、

泗、譙三州。十七年，罷都督府，以廢譙州之蘄縣來屬。天寶元年，改徐州爲彭城郡。乾元元年，復爲徐州。舊領縣六，戶八千一百六十二，口四萬五千五百三十七。天寶領縣七，戶六萬五千一百七十，口四十七萬八千六百七十六。在京師東二千六百里，至東都一千二百五十七里。

彭城　漢彭城郡治也。

蕭　漢縣。隋爲龍城縣，尋改爲蕭。

豐　漢縣。北齊置永昌郡，尋省爲豐縣。

沛　漢縣，隋廢。武德復置。

滕縣　古滕國，隋置縣。

宿遷　晉宿預縣，元魏於縣置徐州。州移彭城縣，隸泗州。寶應元年，以犯代宗諱，改「預」爲「遷」，仍隸徐州。

下邳　漢下邳郡。元魏置東徐州，周改邳州，隋廢。武德四年，復邳州，領下邳、郯、良城三縣。貞觀元年，廢邳州，仍省郯、良城二縣，以下邳屬泗州。元和中，復屬徐州。

宿州上　徐州之符離縣也。元和四年正月敕，以徐州之符離置宿州，仍割徐州之蘄、泗州之虹。九年，又割亳州之臨渙等三縣屬宿州。大和三年(二五)，徐泗觀察使崔羣，奏罷宿州，四縣各歸本屬。至七年敕，宜準元和四年正月敕，復置宿州於埇橋，在徐之南界汴水上，當舟車之要。其舊割四縣，仍舊來屬。州新置，元和已來，未計戶口。

符離　漢縣。隋治朝解城。貞觀元年，移治竹邑城(二六)。元和四年正月，置宿州，仍爲上州。

虹　漢縣。隋曰夏丘縣，武德四年，屬仁州。其年，分置虹縣於古虹城，屬仁州。六年，廢夏丘縣。貞觀八年，廢仁州，以虹縣屬泗州，移治夏丘故城。元和四年，割屬宿州。

蘄　漢縣。後魏加「城」，曰蘄城縣。隋去「城」字，屬北譙州。貞觀十七年，廢譙州，屬徐州。舊治穀城，顯慶元年，移於今所。元和四年，割屬宿州也。

臨渙　隋舊。屬譙州。州廢，隸亳州。大和元年，割屬宿州。

沂州中　漢東海郡之琅邪縣。武德四年，平徐圓朗，置沂州，領費、臨沂、顓臾三縣。又置蘭山、臨沭、昌樂三縣。六年，省蘭山、臨沭、昌樂三縣入臨沂。貞觀元年，省顓臾入費縣。其年，省鄫州，以承縣來屬(二七)。八年，又省莒州，以新泰、沂水二縣來屬(二八)。天寶元年，改爲琅邪郡(二九)。乾元元年，復爲沂州。舊領縣五，戶四千六百五十二，口二萬三千九百。

天寶，戶三萬三千五百一十，口十九萬五千七百三十七。在京師東二千二百五十四里，至東都一千四百三十里。

臨沂　漢縣，州所治。後魏置郯郡，又改爲北徐州，並在此縣。後周置沂州。

承　漢縣，隋蘭陵縣。武德四年，置鄫州，以蘭陵隸之，仍改爲承縣，別置蘭陵、鄫城二縣，屬鄫州。貞觀元年，鄫州與二縣俱廢，以承縣來屬沂州。

費　漢縣。春秋時費國。

新泰　漢東新泰縣，晉去「東」字。武德五年，屬莒州。貞觀八年(三〇)，莒州廢，縣屬沂州。

沂水　漢東莞縣。隋改爲東安縣，尋改爲沂水。武德五年，於縣置莒州，領沂水、新泰、莒三縣。貞觀八年，省莒州，縣屬密州，沂水、新泰屬沂州。

密州中　隋高密郡。武德五年，改爲密州，領諸城、安丘、高密三縣。貞觀八年，省莒州，以莒來屬。天寶元年，改爲高密郡。乾元元年，復爲密州。舊領縣四，戶三千五百八十，口二萬八千五百九十三。天寶，戶二萬八千二百九十二，口十四萬六千五百二十四。在京師東南二千五百三十里，至東都東一千八百六十九里。

諸城　州所治，本漢東武縣城也。隋移入廢高密郡城，因改爲諸城。

輔唐　漢安丘縣，屬北海郡。乾元二年，刺史殷仲卿奏請治於故昌安城，因改爲輔唐。

高密　漢縣。隋末大亂，廢之。武德三年，於義城堡置高密縣。六年，併高密、膠西兩縣，移就故夷安城。城，舊高密縣也。仍廢膠西縣。

莒　漢縣，屬東海郡。武德五年，於縣置莒州。州廢，以縣屬密州。

齊州上　漢濟南郡，隋爲齊郡。武德元年，改爲齊州，領歷城、山茌、祝阿、源陽、臨邑五縣。二年，置總管府，管齊、鄒、東泰、譚、淄、濟六州。貞觀元年，廢都督府及譚州，省源陽縣。又以廢譚州之平陵、臨濟、亭山、章丘四縣來屬。七年，又置都督府，管齊、青、淄、萊、密五州。天寶元年，改爲臨淄郡。五載，爲濟南郡。乾元元年，復爲齊州。舊領縣八，戶一萬一千五百九十三，口六萬一千七百七十一。天寶，戶六萬二千四百八十五，口三十六萬五千九百七十二。在京師東北二千六十九里，至東都東北一千二百四十四里。今管縣六，併三縣也。

歷城　漢縣，屬濟南郡。舊志有平陵縣。貞觀十七年，齊王祐起兵，平陵人不從順，遂改爲全節。元和十年正月，以戶口凋殘，併全節入歷城縣。

章丘　漢陽丘縣。隋爲章丘。武德二年，於平陵縣置譚州，領平陵、亭山、章丘、營城四縣。八年，廢營城入平陵，又以廢鄒州之臨濟來屬。貞觀元年，廢譚州爲平陵縣，屬齊州，章丘亦來屬。

亭山　隋縣。元和十五年，以戶口凋殘，併入章丘縣，因廢亭山。

臨邑　漢縣。武德元年，屬譚州。州廢來屬。

長清　隋置，屬濟州。貞觀十七年，屬齊州。舊志有豐齊縣，古山茌邑也。天寶元年，改爲豐齊。元和十五年，以戶口凋殘，併入長清縣。

禹城　漢祝阿縣。天寶元年，以爲禹城，以縣西有禹息故城。

臨濟　漢之菅縣[三一]。隋爲朝陽縣，尋改爲臨濟縣。武德元年，於縣置鄒州，領臨濟、蒲臺、高苑、長山、鄒平五縣。八年，廢鄒州，縣屬譚州。州廢，屬齊州。

青州上　隋北海郡。武德四年，置青州總管府，管青、濰、登、牟、莒、密、萊、乘八州。青州領益都、臨朐、臨淄、般陽[三二]、樂安、時水、安平等七縣。八年，省乘、濰、牟、登四州，以廢濰州之北海，廢乘州之千乘、壽光、博昌來屬，省般陽、樂安、時水、安平四縣。貞觀元年，罷都督府。天寶元年，改青州爲北海郡。乾元元年，復爲青州。舊領縣七，戶一萬六百五十八，口五萬六千三百一十七。天寶，戶七萬三千一百四十八，口四十萬二千七百四。在京師東北二千二百五十里，至東都一千五百七里。

益都　漢縣[三三]。在今壽光縣南十里故益都城是也。北齊移入青州城北門外爲治所。

臨淄　漢縣，治古齊國城。久廢，隋復置。

博昌　漢縣，治故郡城。樂安，隋縣[三四]。武德二年，屬乘州。州廢，屬青州。總章二年，移治於今所。

壽光　漢縣。隋移治所於博昌縣。初屬乘州，州廢來屬。

千乘　漢千乘國，後漢改爲樂安郡。宋、齊廢，隋置千乘縣。武德二年，於縣置乘州，領千乘、博昌、壽光、新河五縣[三五]。六年，廢新河縣。八年，乘州廢，千乘等縣隸青州。

臨朐　漢縣。隋爲逢山縣，尋復爲臨朐，屬北海郡。

北海　漢平壽縣。隋置北海郡。開皇三年罷郡，置下密縣於廢郡城。大業二年，改爲北海縣。武德二年，於縣置濰州，領北海、連水、平壽、華池、城都、下密、東陽、寒水、訾亭、濰水、汶陽、膠東、營丘、華宛、昌安、都昌、城平等十七縣。六年，唯留北海、營丘、下密三縣，餘十四縣並廢。八年，廢濰州，仍省營丘、下密二縣，以北海屬青州。

淄州上　隋齊郡之淄川縣。武德元年，置淄州，領淄川、長白、萊蕪三縣。六年，廢長白、萊蕪二縣。八年，又以廢鄒州之長山[三六]、高苑、蒲臺三縣來屬。天寶元年，復爲淄川郡。乾元元年，復爲淄州。景龍元年，分高苑置濟陽縣，又併高苑。又割蒲臺隸之，後割屬棣州。舊領縣五，戶六千三百二十三，口三萬四千四百二十五。天寶，戶四萬二千七百三十七，口二十萬三千八百二十一。在京師東北二千一百三十三里，東都東北一千四百二十五里。今管縣四，併濟陽入高苑。

淄川　郭下。漢般陽縣。武德初，屬淄州。

長山　漢於陵縣。武德初，屬鄒州。州廢，屬淄州。

高苑　隋置。初屬鄒州，州廢來屬。景龍元年，分置濟陽縣。元和十五年，併入高苑。

鄒平　漢縣。北齊爲平原縣。隋移治漢鄒平故城，因改爲鄒平。初屬譚州，州廢來屬。

棣州上　後漢樂安郡。隋渤海郡之厭次縣。武德四年，置棣州，領陽信、樂陵、滴河、厭次四縣，治陽信。六年，併入滄州。貞觀十七年，復置棣州於樂陵縣，領厭次、滴河、陽信三縣，又割淄州之蒲臺隸焉。而樂陵屬滄州。天寶元年，改爲樂安郡。上元元年，復爲棣州。領縣五，戶三萬九千一百五十，口二十三萬八千一百五十九。在京師東北二千二百一十里，東都東北一千三百七十里。

厭次　郭下。漢富平縣。隋屬滄州。武德四年，改屬棣州。六年，省棣州，復隸滄州。貞觀十七年，復置棣州，厭次還屬。

滴河　隋縣。

陽信　漢縣，屬渤海郡。貞觀十七年，改屬棣州。

蒲臺　漢溼沃縣。隸淄州。割屬棣州。

渤海　垂拱四年，析蒲臺、厭次置。

萊州中　漢東萊郡，隋因之。武德四年，討平綦順，置萊州，領掖、膠水、卽墨、盧鄉、昌陽、曲城、當利、曲臺、膠東九縣。六年，廢曲城、當利、曲臺、膠東四縣。貞觀元年，廢盧鄉，割登州之文登、廢牟州之黃來屬。麟德元年，置牟平縣。如意元年，割黃縣、文登、牟平置登州[二七]。天寶元年，改萊州爲東萊郡。乾元元年，復爲萊州。舊領縣六：掖、黃、文登、昌陽、

卽墨、膠水，戶一萬一千五百六十八，口六萬三千三百九十六。天寶領縣四，戶二萬六千九百九十八，口七萬一千五百。在京師東北二千五百九十九里，去東都一千八百五十二里。

掖　州治，漢東萊郡也。隋置掖縣[二八]，屬萊州。

昌陽　漢縣，置於古昌陽城。永徽元年，移古縣西北二十三里。

膠水　漢膠東國地。隋置縣於古光州，因改名膠水。

卽墨　漢不其邑也。隋置卽墨縣。

登州　漢東萊郡之黃縣。如意元年，分置登州，領文登、牟平、黃三縣，以牟平爲治所。神龍三年，改黃縣爲蓬萊縣，移州治於蓬萊。天寶元年，以登州爲東牟郡。乾元元年，復爲登州。天寶領縣四，戶二萬二百九十八，口一十萬八千九百。在京師東三千一百五十里，至東都二千七十一里。

蓬萊　漢黃縣，屬萊州。如意元年，於縣置登州[二九]。神龍三年，改爲蓬萊，移於今所[三〇]。

牟平　麟德二年，分文登置[三一]，屬萊州。如意元年，置登州，治牟平。神龍三年，移

治所於蓬萊縣。

文登　隋舊縣。武德四年，置登州，領文登、觀陽二縣。六年，以觀陽屬牟州，又置清陽、廓定二縣，屬登州。貞觀元年，登州及清陽、廓定二縣並廢，地入文登縣。

黃　漢舊縣。神龍三年[三二]，改爲蓬萊縣，屬登州，以爲州治。先天元年，又割蓬萊置黃縣。

校勘記

〔一〕四十九郡　通典卷一七一作「四十郡」。

〔二〕謂司隸……涼幽等十三州　「涼」字各本原作「梁」，據漢書地理志（以下簡稱漢志）、通典卷一七一改。

〔三〕斬啜　「啜」字各本原無，據通典卷一七二、元和郡縣志（以下簡稱元和志）卷四〇補。

〔四〕堅昆在北庭府北七千里　「昆」下各本原有「斬」字，據通典卷一七二、元和志卷四〇刪。

〔五〕在甘州西二百里　各本原作「在涼州百二里」，據通典卷一七二、元和志卷四〇改。

〔六〕寧寇軍在涼州東北千餘里　據通典卷一七二、元和志卷四〇，「涼州」應爲「甘州」之誤。

〔七〕在涼州南二里　通鑑卷二一五注「二里」作「二百里」，通典卷一七二、元和志卷四〇俱作「東去理所五百里」。

〔八〕八十里　「十」字各本原作「千」，據元和志卷四改。

〔九〕單于東都護府　按單于都護府不曾分東西，「東」字疑誤。

〔一〇〕十軍　各本原作「九軍」，據本卷上文及通典卷一七二、元和志卷三九改。

〔一一〕寧塞軍在廓州城內　「廓州」各本原作「鄯州」，據通典卷一七二、元和志卷四〇改。

〔一二〕積石軍在廓州西百八十里　「廓州」各本原作「鄯州」，據通典卷一七二、元和志卷三九、寰宇記卷一五五改。

〔一三〕四十里　「十」字各本原作「千」，據通典卷一七二、元和志卷三九改。

〔一四〕恩州城內　「恩州」各本原作「思州」，據元和志卷三四、唐會要卷七八改。

〔一五〕邕管經略使　「管」下各本原有「入」字，據本卷上下文及通典卷一七二、元和志卷三八刪。

〔一六〕皆有節度之額　「額」字各本原作「類」，十七史商榷謂當作「額」，葉校本作「額」，據改。

〔一七〕郴　各本原作「柳」，據本書卷四〇地理志、元和志卷二九改。

〔一八〕管涪……業溱南巫等州　「業」字各本原作「葉」，「溱」字聞、殿、懼盈齋、廣本作「奏」，局本作「湊」，「巫」字聞、殿、懼盈齋、廣本作「無」，局本作「舞」，據本書卷四〇地理志改。

〔一九〕嶲　各本原作「立」，據本書卷四一地理志、通典卷一八四改。

中華書局

〔二〇〕管交武峩粤芝愛福祿長……等州　「峩」下各本原有「川」字，「愛」下原有「日」字，「祿」下原有「州」字，據本書卷四一地理志刪。

〔二一〕三百二十有八　「三」字各本原作「二」，據通典卷一七二、新書地理志（以下簡稱新志）改。

〔二二〕皇城在西北隅謂之西內　據唐六典卷七、唐兩京城坊考卷一，「皇城」當作「宮城」。

〔二三〕京師西有大明興慶二宮謂之三內　據本卷上下文義，「京師」二字疑當在下文「有東西兩市」上。大明宮在西內之東北，興慶宮在東內之南隆慶坊，此二宮既以西內定位，「西」疑爲「東」字之誤。

〔二四〕東至灞水　「東」字各本原無，據長安志卷六補。

〔二五〕平陵　各本原作「平陽」，據本卷下文及太平寰宇記（以下簡稱寰宇記）卷二五改。

〔二六〕三年　「三」字各本原作「二」，按本卷上文已言二年，據寰宇記卷二五、新志改。

〔二七〕醴泉縣　據本卷上下文及寰宇記卷二五、新志，此處「醴泉」當作「扶風」。

〔二八〕清谷　各本原作「淸父」。嘉慶一統志卷二二八引舊唐書地理志作「淸谷」。寰宇記卷三一：「淸谷水，在縣西北雲陽縣界流入，一名鬼谷。」是「父」當爲「谷」之訛，據改。

〔二九〕仍改華池縣爲三原縣　「爲」字各本原作「屬」，據本卷上文改。

〔三〇〕定陵　各本原作「房陵」，據本書卷七中宗紀、元和志卷一、寰宇記卷三一改。

〔三一〕鄜　各本原作「郇」，據本卷下文及元和志卷二、新志改。

〔三二〕又割岐州之圍川鳳泉屬岐州　據本卷下文及元和志卷二、新志，「圍川」下當有脫誤。

〔三三〕二十年　「十」下各本原有「五」字，按貞觀無二十五年，據元和志卷三、寰宇記卷二五、新志刪。

〔三四〕貞觀元年　本卷上文及元和志卷二、寰宇記卷三〇、新志俱作「貞觀八年」。此處「元」當爲「八」字之訛。

〔三五〕岐山　各本原作「岐陽」，據元和志卷二、寰宇記卷三〇改。

〔三六〕豳州　各本原作「邠州」，據本卷下文及寰宇記卷三四改。

〔三七〕潘原隋陰盤縣天寶元年改爲潘原縣界有潘原廢縣　第一個「潘原」二字各本原無，「隋……廢縣」十九字各本在上文良原下。按元和志卷三、寰宇記卷一五一，良原、潘原各爲一縣，上文良原下脫去沿革，此處「隋」上又脫「潘原」二字，據補「潘原」二字。

〔三八〕眞寧　各本原作「貞寧」，據元和志卷三、寰宇記卷三四、新志改。下同。

〔三九〕陽晉川　「晉」字各本原作「音」，元和志卷三百泉沿革、寰宇記卷三三百泉沿革俱作「陽晉川」，據改。

〔四〇〕綏州　各本原作「銀州」，據本卷下文及寰宇記卷三三、新志改。

〔四一〕他樓城　「他樓」各本原作「地樓」，據寰宇記卷三三、新志改。

〔四二〕他樓縣　「他樓」，各本原作「地𨃩」，據寰宇記卷三三、新志改。下同。

〔四三〕洛源縣　「洛源」各本原作「洛原」，據本卷下文及隋書地理志（以下簡稱隋志）、寰宇記卷三三、新志改。下同。

〔四四〕北永州　「北」字各本原無，據本卷上文及寰宇記卷三三補。下文「北永州廢」句同例補「北」字。

〔四五〕同川城　「川」字各本原作「州」，據元和志卷三、寰宇記卷三三改。

〔四六〕因城縣　「因城」各本原作「固城」，據隋志、元和志卷三、寰宇記卷三六改。

〔四七〕廢洛盤等三縣　「洛盤」各本原作「樂盤」，據本卷上文及新志改。

〔四八〕城平縣界　「城平」，聞、殿、懼盈齋、局本作「平城」，廣本作「魏平」，據下文領縣作「城平」及元和志卷四、寰宇記卷三八改。

〔四九〕魏州　各本原作「淸州」，據上文及新志改。

〔五〇〕銀州……在京師東北一千一百三十里　「北」字各本原作「南」，按銀州不當在長安之南，元和志卷四作「西南至上都一千六百里」，寰宇記卷三八作「西南至長安一千一百六十里」，據改。

〔五一〕巖綠　各本原作「巖銀」，據元和志卷四、寰宇記卷三七改。下同。

〔五二〕於德靜縣置長州都督府　據本卷下文及新志，此處「德靜」當作「長澤」。

〔五三〕藝失州　「藝」字各本原作「執」，據寰宇記卷三七、新志改。

〔五四〕並屬靈武都督府　按靈武，隋爲郡。唐武德元年，改爲靈州總管府，至天寶元年，始改靈州爲靈武郡。本書卷六〇江夏王道宗傳、新書卷七八江夏王道宗傳，貞觀元年道宗爲靈州都督。此處「武」字當作「州」。

〔五五〕靈州都督入靈塡二州　按此處當有訛誤。校勘記卷二〇引張宗泰云：「文不可解，以上下例考之，當作『鳴沙、迴樂仍屬靈州都督府。』」

〔五六〕屬迴州十三年州廢　按武德無十三年，據本卷上文及新志，「屬」字上疑脫去「貞觀四年於迴樂縣置迴州以豐安」等字。

〔五七〕十一年廢　「十」上各本原有「二」字，據元和志卷四、寰宇記卷三九、新志刪。

〔五八〕又改豐州　據本卷上下文及元和志卷四、寰宇記卷三九，此處「改」當爲「置」字之誤。

〔五九〕開元二十六年　「六」字各本原作「二」，據本卷上文及寰宇記卷三九、新志改。

〔六〇〕武德中平梁師都復置勝州　元和志卷四勝州：「武德四年，郭子和歸國，其地又陷梁師都。貞觀二年，平師都，三年，仍隋舊理置勝州。」此處當有脫文。

〔六一〕新秦郡　「秦」字各本原作「泰」，據通典卷一七三、寰宇記卷三八改。下文所列縣名「新泰」同例改「泰」爲「秦」。

〔六二〕開元十年分豐勝二州界置瀚海都護府　「瀚」字各本原作「蒲」，據元和志卷四、寰宇記卷三八改。又據元和志、寰宇記，此處「開元十年」年代有誤。

〔六三〕天授三年又分置來廷縣……龍朔元年廢來廷縣　按龍朔在天授之前，此處當有訛誤。新志作：「天授三年，析洛陽、永昌置來庭縣，長安二年省。」

〔六四〕貞觀十八年省　「十八」，各本原作「六」，據本卷上文及寰宇記卷五、新志改。

〔六五〕河陽縣　「河陽」各本原作「河南」，據本卷下文及寰宇記卷五二、新志改。

〔六六〕河陽河清濟源溫四縣　「河陽」各本原無，據本卷下文及新志補。

〔六七〕汜水　各本原作「汜州」，據元和志卷五、寰宇記卷五二改。

〔六八〕開元二十九年移治所於武牢成皋府在縣北　按上文已言顯慶二年移治武牢城，此處當有訛誤。元和志卷五作：「開元二十九年，自虎牢城移於今理。」合鈔卷五八作：「開元二十九年，移治成皋故城，在縣北。」校勘記卷二〇引張宗泰云：「當作自虎牢移治所於成皋縣，在故縣北。」

〔六九〕河陰倉　各本原作「河陽倉」，據元和志卷五、新志改。

〔七〇〕領汜水滎陽滎澤成皋密五縣　「滎陽」各本原無，據寰宇記卷九補。

〔七一〕以廢管州之陽武新鄭四縣屬鄭州　據新志，此處「陽武」上疑脫「管城原武」四字。

〔七二〕二百七十里　「二百」，各本原無，據通典卷一七七、通鑑卷二一七注引舊唐書補。

〔七三〕又以廢芮州芮城河北二縣來屬　「芮州」，各本原無，據本卷下文及寰宇記卷六補。

〔七四〕陝郡　各本原作「陝府」，據寰宇記卷六、新志改。

〔七五〕陝州　各本原作「陝郡」，據寰宇記卷六改。

〔七六〕縣夾燚赤　「縣」字各本原作「爲」，據新志改。

〔七七〕十四年　按武德無十四年，據本卷上文及寰宇記卷六、新志，此處「十」上疑脫「貞觀」二字。

〔七八〕領安邑解夏桐鄉四縣　「夏」字各本原無，據本卷下文及新志補。

〔七九〕玉城　各本原作「王城」，據元和志卷六、寰宇記卷六、新志改。上文「虞氏朱陽王城爲望縣」句，照改「王」爲「玉」。

〔八〇〕梁縣　各本原作「梁郡」，據本卷上文及元和志卷六、寰宇記卷八改。

〔八一〕仍置滍陽縣　按滍陽縣武德時屬魯州，貞觀前未曾省廢，此言「仍置」當有訛誤。新志作「省」，疑此處「置」爲「省」字之誤。

〔八二〕貞元八年　「貞元」各本原作「貞觀」，按上文已言先天元年置，則益之不當在貞觀。元和志卷六作：「先天二年置。貞元七年，刺史陸長源奏請割梁縣西界二鄉以益之。」據改。

〔八三〕灃強　各本原作「德強」，據寰宇記卷七、新志改。下同。

〔八四〕二十八年　「八」字各本原無，按上文已言二十六年，此不當作二十年，據寰宇記卷七、新志補。

〔八五〕舊縣　「舊」字各本原無，據葉校本補。

〔八六〕領浚儀新里小黃開封封丘等五縣　「小黃」各本原無，據寰宇記卷一補。

〔八七〕小黃　各本原作「外黃」，據寰宇記卷一改。

〔八八〕武德四年　「四」字各本原作「元」，據本卷下文及元和志卷七、寰宇記卷一改。

〔八九〕貞觀元年　「元」字各本原作「六」，據本卷上文及元和志卷七、寰宇記卷一、新志改。

〔九〇〕武德四年　「四」字各本原作「三」，據本卷上下文及寰宇記卷一一、通鑑卷一八九改。

〔九一〕管豫道輿息舒五州　「道」下各本原有「眞」字，據寰宇記卷一一刪。

〔九二〕廢平輿新蔡二縣　按下文有「復以……舒州之褒信、新蔡五縣來屬」。新蔡既廢，何能來屬？據本卷上下文及寰宇記卷一一，此處「新蔡」當爲「上蔡」之誤。

〔九三〕領白馬衞南韋城匡城靈昌長垣七縣　按所舉縣名僅六，據本卷下文及元和志卷八、寰宇記卷九、新志，此處「匡城」下疑脫「胙城」二字。

〔九四〕八年　據寰宇記卷二、新志，此處「八」上疑脫「貞觀」二字。

〔九五〕置於古城韋氏之國城　元和志卷八韋城縣：「本漢白馬縣地，殷伯豕韋之國也。左傳范宣子曰……在商爲豕韋氏……隋開皇六年，分白馬縣南境置韋城縣。」寰宇記卷九略同。疑「城韋氏」爲「豕韋氏」之誤。

〔九六〕項城溵水二縣　「二」字各本原作「三」，據寰宇記卷一〇改。

〔九七〕七年　各本原作「十一年」，按武德無十一年，據寰宇記卷一二改。

〔九八〕鉅城　各本原作「經城」，據元和志卷七、寰宇記卷一七改。

〔九九〕貞觀十七年廢　元和志卷七、寰宇記卷一二作：「貞觀十七年，罷譙州，以縣屬亳州。」此處「廢」上疑脫「州」字。

〔一〇〇〕省高唐永樂永安三縣　「省」字各本原作「領」，據新志及葉校本改。

〔一〇一〕口二十萬　「十」字各本原無，據新志補。

〔一〇二〕隋特置　隋志：「寧陵，後齊廢，開皇六年復。」元和志卷七寧陵縣：「高齊省，隋開皇六年復置。」疑此處「特」爲「復」字之訛。

〔一〇三〕治古巳氏城　聞本「巳」字作「邑」，殿、懼盈齋、局、廣本「治古巳氏城」作「古邑」，據隋志、寰宇記卷一二改。

〔一〇四〕濟陰　各本原作「濟陽」，據本卷下文及寰宇記卷一三、新志改。

〔一〇五〕故城在今鄆州東南三十二里　「故城在今」各本原作「今故城」，據寰宇記卷一三、通鑑卷一八三注引舊唐書改。

〔一〇六〕貞元四年　「貞元」各本作「貞觀」，按上文已言景雲，此不當作貞觀，據寰宇記卷一三、新志改。

〔一〇七〕冀丘　各本原作「乘丘」，據上文及新志改。

〔一〇八〕天寶元年改爲濟陽郡乾元元年復爲濟州十三載六月一日　按天寶十三載不當在乾元之後，據寰宇記卷一四濟州沿革，此處當有訛誤。

〔一〇九〕領海漣環東楚四州　「海」字各本原無，據本卷下文及寰宇記卷二二補。

〔一一〇〕六縣　據此處縣名實數及寰宇記卷二二，「六」字當作「五」。

〔一一一〕貞觀元年省八年復置　各本原作「武德元年省貞觀八年復置」，據本卷上文及新志改。

〔一一二〕六縣　據上文領縣實數及新志，「六」字當作「五」。

〔一一三〕東泰州　「東」字各本原無，據本卷上文及寰宇記卷二一、新志補。

〔一一四〕元和十五年　「五」字各本原作「七」，按元和無十七年，據新志改。

〔一一五〕大和三年　「大和」各本原作「元和」，按上文已言元和四年，此不當作元和三年，據寰宇記卷一七、新志改。

〔一一六〕竹邑城　「竹」字各本原作「行」，據隋志、寰宇記卷一七改。

〔一一七〕承縣　各本原作「丞縣」，據漢志、元和志卷一一、寰宇記卷二三改。下同。

〔一一八〕沂水　「水」字各本原無，據本卷下文及寰宇記卷二三、新志補。

〔一一九〕琅邪郡　「郡」字各本原無，據寰宇記卷二三補。

〔一二〇〕貞觀八年　「八」字各本原作「元」，據本卷上下文及寰宇記卷二三、新志改。

〔一二一〕莒縣　各本原作「管縣」，據漢志、元和志卷一〇改。

〔一二二〕般陽　各本原作「殷陽」。新志作「般陽」，廿二史考異卷五八：「殷陽疑是般陽之譌。」據改。下文同改。

〔一二三〕益都漢縣　按漢無益都縣，據宋書州郡志（以下簡稱宋志）、元和志卷一〇、寰宇記卷一八，此處「漢」字當作「魏」。

〔一二四〕治故郡城樂安隋縣　據上下文義及元和志卷一〇、寰宇記卷一八，此處當有訛誤。

〔一二五〕五縣　據本卷上下文及新志，「五」字當作「四」。

〔一二六〕鄒州　各本原作「淄州」，據下文及寰宇記卷一九改。

〔一二七〕割黃縣文登牟平置登州　「縣」下各本原有「之」字，據本卷下文及寰宇記卷二〇刪。

〔一二八〕隋置掖縣　據隋志、元和志卷一一、寰宇記卷二〇，按縣非隋所置，疑「置」字當作「罷郡」。

〔一二九〕蓬萊漢黃縣屬萊州如意元年於縣置登州　據漢志、元和志卷一一，「萊州」當作「東萊郡」。又據本卷上文及寰宇記卷二〇，此處「如意元年於縣置登州」句疑有訛誤。

〔一三〇〕移於今所　據本卷上下文及寰宇記卷二〇，疑此處「移」下脫「州治」二字。

〔一三一〕文登　各本原作「牟平」，據元和志卷一一、寰宇記卷二〇改。

〔一三二〕神龍三年　「三」字各本原作「元」，據本卷上文及元和志卷一一、寰宇記卷二〇改。

舊唐書卷三十九

志第十九

地理二

河東道三　河北道四　山南道五

河東道

河中府　隋河東郡。武德元年，置蒲州，治桑泉縣，領河東、桑泉、猗氏、虞鄉四縣。二年，置蒲州總管府，管蒲、虞、泰、絳、邵、澮六州。三年，移蒲治河東縣，依舊總管府。其年，置温泉縣。九年，又置都督府，管蒲、虞、芮、邵、泰五州，仍省温泉縣。其年，罷都督府。貞觀八年，割虢州之永樂來屬。十七年，以廢虞州之安邑解縣、廢泰州之汾陰來屬。開元八年，

置中都，改蒲州爲河中府。其年，罷中都，依舊爲蒲州，又與陝、鄭、汴、懷、魏爲「六雄」。十二年，昇爲「四輔」。天寶元年，改爲河東郡。乾元元年，復爲蒲州，割安邑屬陝州。三年四月，置河中府，析同州之朝邑，於河西鹽坊置河西縣來屬。元年建卯月，又爲中都。元和三年，復爲河中府。舊領縣五，戶三萬六千四百九十九，口十七萬三千七百八十四。天寶領縣八，戶七萬八百，口四十六萬九千二百一十三。元和領縣十一。在京師東北三百二十四里，去東都五百五十里。

河東　隋縣，州理所。開元八年，分置河西縣。其年，罷中都，乃省，乾元三年，復置。

河西　舊朝邑縣，屬同州，管長春宮。乾元元年，置河中府，割朝邑來屬，改爲河西縣，以鹽坊爲理所。

臨晉　隋分猗氏置桑泉縣。武德三年，分置温泉縣。九年，省温泉併入桑泉。天寶十三年，改爲臨晉縣。

解　隋虞鄉縣。武德元年，改爲解縣，屬虞州。蒲州別置虞鄉縣。貞觀十七年，省解縣併入虞鄉。二十二年，復析置解縣，屬蒲州。

猗氏　漢縣，古郇國也。

虞鄉　漢解縣地，後魏分置虞鄉縣。貞觀十七年，省解縣，併入虞鄉縣。二十年，復置解縣，省虞鄉。天授二年，復分解縣置虞鄉縣。

永樂　武德元年，分芮城縣置〔一〕，屬芮州。九年，廢芮州，改屬鼎州。貞觀八年，改屬蒲州，又割屬虢州。神龍元年，復來屬。

寶鼎　漢汾陰縣。隋屬泰州。貞觀十七年，廢泰州，縣來屬。開元十一年，玄宗祀后土，獲寶鼎，因改爲寶鼎。

龍門　漢皮氏縣〔二〕，後魏改爲龍門。武德元年，於縣置泰州，領龍門、萬泉、汾陰四縣〔三〕。貞觀十七年，廢泰州及芮縣〔四〕，以龍門、萬泉屬絳州，汾陰屬蒲州。

聞喜　漢縣。隋爲桐鄉縣。武德元年，分置聞喜縣。

萬泉　武德三年，分稷山界於薛通城置萬泉縣，屬泰州。州廢，入絳州，後又隸河中府。

絳州　隋絳郡。武德元年，置絳州總管府，管絳、潞、蓋、建、澤、沁、韓、晉、呂、澮、泰、蒲、虞、芮、邵十五州。絳州領正平、太平、曲沃、聞喜、稷山五縣。三年，廢總管府。其年，以廢北澮州之翼城置翼城縣。領翼城、絳、小鄉三縣。武德元年，改爲澮州。二年，改爲北澮州。四年，州廢，三縣併入絳州〔五〕。置南絳州，又置絳縣。

曲沃　漢絳縣地，後魏置曲沃縣。

絳　漢聞喜縣，後魏置南絳州，又置絳縣。

稷山　後魏高涼縣，隋改名稷山。

垣　隋縣。義寧元年，置邵原，領垣、王屋，又置清廉、亳城，四縣。武德元年，改爲邵州。二年，又置長泉縣。五年，廢亳城。九年，省邵州，省清廉入垣縣，王屋屬懷州，垣屬絳州。

襄陵　後魏擒盛縣。改爲襄陵，取漢舊名。屬晉州。元和十四年，屬絳州。

晉州　隋臨汾郡。義旗初，改爲平陽郡，領臨汾、襄陵、岳陽、冀氏、楊五縣。其年，改楊縣爲洪洞。武德元年，改爲晉州，分襄陵置浮山縣，分洪洞置西河縣。三年，置總管府，管晉、絳、沁、呂四州。移治白馬城。改浮山爲神山縣。貞觀六年，廢都督。十二年，移治所於平陽古城。十七年，省西河縣，以廢呂州之霍邑、趙城、汾西三縣來屬。天寶元年，改州爲平陽郡。乾元元年，復爲晉州。元和十四年，割襄陵屬絳州。大和元年，改屬河中府。舊領縣七，戶二萬一千六百一十七，口九萬七千五百五。天寶領縣九，戶六萬四千八百三十六，口四十二萬九千二百二十一。元和領縣八。在京師東北七百二十五里，至東都七百三十九里。

臨汾　漢平陽縣，隋改爲臨汾。貞觀十七年，省西河縣，併入臨汾。

洪洞　漢楊縣，至隋不改。義寧元年，改爲洪洞，取縣北嶺名。

神山　武德二年，分襄陵置浮山縣。四年，改爲神山，以縣東南羊角山神見爲名。

岳陽　後魏安澤縣，隋改爲岳陽。

霍邑　漢彘縣，後漢改爲永安。隋於此置汾州，尋改爲呂州，領霍邑、趙城、汾西、靈石四縣。貞觀十七年，廢呂州，以霍邑等三縣來屬〔六〕，以靈石屬汾州。

趙城　國初，分霍邑縣置。

汾西　後漢汾西郡，隋廢爲縣，屬呂州。隋末陷賊。武德初，權於今城南五十里申村堡置。貞觀六年，移於今所。

冀氏　漢猗氏縣地，後於古猗氏縣地南置冀氏。

隰州下　隋龍泉郡。武德元年，改爲隰州，領隰川、温泉、大寧、石樓四縣。二年，置總管府，領隰、中、昌、南汾、東和、西德六州。三年，又置北温州屬焉〔七〕。貞觀元年，省中、昌、西德、北温四州〔八〕，又以廢昌州蒲縣來屬，仍督隰、南汾、東和三州。三年，廢都督府。又以廢東和州永和縣來屬。天寶元年，改爲大寧郡。乾元元年，復爲隰州。舊領縣六，戶八千二百二十二，口三萬八千三百九十五。天寶，戶一萬九千四百五十五，口十二萬四千四百二十。在京師東北九百六里，至東都八百八十里。

隰川　州所理。漢蒲子縣地，隋爲隰川縣。

蒲　漢縣。武德二年，置昌州，領蒲、仵城、常武、昌原四縣。貞觀元年，省昌州及昌原、仵城、常武三縣，以蒲屬隰州。

大寧　漢北屈縣地，隋爲仵城。武德二年，置中州於隋大寧故城，因改名大寧。貞觀元年，廢中州及大義、白龍二縣，以大寧隸隰州。

永和　漢狐讘縣，隋爲永和。武德二年，移治於仙芝谷西，屬東和州，又分置樓山縣。貞觀元年，廢東和州及樓山縣，以永和隸隰州。

石樓　漢土軍縣，隋改爲石樓。武德二年，於縣置西德州，領長壽、臨河、石樓三縣。貞觀元年，廢西德州，省長壽、臨河二縣，以石樓屬東和州。二年，又省東和州，以石樓來屬。

温泉　隋新城縣。武德二年，分置温泉縣，仍置北温州，領温泉、新城、高堂三縣，屬隰州總管府。貞觀元年，省北温州及新城、高堂二縣，以温泉來屬。

汾州上　隋西河郡。義旗初，依舊領隰城、介休、孝義、平遙四縣。其年，割介休、平遙二縣屬介休郡。武德元年，以介休郡爲介州，西河郡爲浩州。三年，改浩州爲汾州，仍割并州之文水來屬。貞觀元年，省介州，以介休、平遙二縣來屬。文水還并州。十七年，以廢呂州之靈石來屬。天寶元年，改爲西河郡。乾元元年，復爲汾州。舊領縣四，戶三萬四千九，口十萬六千三百八十四。天寶領縣五，戶五萬九千四百五十，口三十二萬二百三十三。去京師一千二百六里，東都九百三十七里。

西河　漢美稷縣，隋爲隰城縣。上元元年九月，改爲西河縣。

孝義　漢中陽縣，後魏曰永安。貞觀元年，改爲孝義。

介休　漢縣。武德元年，於縣置介州。貞觀元年，州廢，以介休、平遙屬汾州。

平遙　漢平陶縣。後魏廟諱，改「陶」爲「遙」。武德屬介州。州廢來屬。

靈石　隋分介休縣置，屬呂州。州廢來屬。

慈州下　元魏曰南汾州，隋改爲耿州，又爲文成郡。武德元年，改爲汾州。五年，改爲南汾州。八年(九)，改爲慈州，以郡近慈烏成故也。舊領縣五，戶五千二百四十五，口二萬二千

六百五十一。天寶，戶一萬一千六百一十六，口六萬二千四百八十六。在京師東北六百八十三里，去東都七百二十七里。

吉昌　隋縣。

文城　元魏曰斤城縣(一〇)，隋改爲文城。顯慶三年，移斤城縣東北文城村置。

昌寧　漢臨汾縣地，後魏分置太平縣，又分太平置昌寧縣。

呂香　義寧元年，分仵城縣置平昌縣。貞觀元年，改爲呂香，因舊鎮爲名。上元三年，移治所於故平昌府南置，今縣是也。

仵城　後魏置縣，取鎮戍名也。

潞州大都督府　隋上黨郡。武德元年，改爲潞州，領上黨、長子、屯留、潞城四縣。二年，置總管府，管潞、澤、沁、韓、蓋五州。四年，分上黨置壺關縣。貞觀元年，廢都督府。八年，置大都督府。十年，又改爲都督府。貞觀十七年，廢韓州，以所管襄垣等五縣屬潞州。開元十七年，以玄宗歷職此州，置大都督府，管慈、儀、石、沁四州。天寶元年，改爲上黨郡。乾元元年，依舊爲潞州大都督府。舊領縣五，戶一萬八千六百九十，口八萬三千四百五十五。舊於襄垣置韓州，領縣五，戶七千一十七，口三萬二千九百三十六。天寶領縣十，戶六萬八千三百九十一，口三十八萬八千六百六十。在京師東北一千一百里，至東都四百八十七里。

上黨　漢壺關縣。隋分置上黨，州所治。

壺關　武德四年，分上黨置，治於高望堡。貞觀十七年，移治進流川。

長子　漢縣。

屯留　隋舊。武德五年，自霍壁移於今所。

潞城　古邑。隋特置潞城縣。

襄垣　隋縣。武德元年，於縣置韓州，領襄垣、黎城、涉、銅鞮、武鄉五縣，又割并州之榆社來屬。三年，置甲水縣，仍以榆社屬榆州。六年，割沁州之銅鞮來屬。九年，省甲水縣。貞觀十七年，廢韓州，以襄垣等五縣隸潞州。

黎城　舊刈陵縣，隋改曰黎城州。

涉　漢縣。隋屬韓州。州廢來屬。

銅鞮　漢縣。隋屬韓州。武德元年，屬沁州。三年，分置甲水縣。五年，移治解水堡。六年，移於今所，屬韓州。省甲水縣。韓州廢，屬潞州。

武鄉　漢垣縣，後魏曰沮城(一一)，移治於南亭川。改爲鄉縣，屬韓州。州廢，屬潞州。則天加「武」字。神龍年，去「武」字，復爲鄉縣。後又加「武」字。

澤州上　隋長平郡。武德元年，改爲蓋州，領高平、丹川、陵川，又置蓋城四縣。又於濩澤縣置澤州，領濩澤、沁水、端氏三縣。三年，於今理置晉城縣。六年，廢建州，自高平移蓋州治之。八年，移澤州治端氏。九年，省丹川、蓋城。貞觀元年，廢蓋州，自端氏縣移澤州於今治。天寶元年，改澤州爲高平郡。乾元元年，復爲澤州。舊領縣六，戶一萬六百六十，口四萬六千七百三十二。天寶，戶二萬七千八百二十二，口二十五萬七千九十。在京師東北一千三十里，至東都六百六十七里。

晉城　漢高都縣，隋改爲丹川。武德元年，移丹川於源澤水北，屬蓋州。二年，於古高都城置晉城縣，屬建州。六年，廢建州，縣屬蓋州。九年，省丹川縣。貞觀元年，廢蓋州，縣屬澤州。

端氏　漢縣。武德八年，移澤州於此縣。貞觀元年，又移於晉城。

陵川　漢泫氏縣，隋改陵川。武德初，屬蓋州。貞觀元年，隸澤州。

陽城　隋濩澤縣。武德元年，於縣置澤州。八年，移州治於端氏。天寶元年，改爲陽城。

沁水　元魏置東永安縣〔二二〕，隋改爲沁水，屬蓋州。州廢來屬〔二三〕。

高平　漢泫氏縣地。武德元年，於縣置蓋州，領高平、丹川、陵川〔二四〕、蓋城四縣。貞觀元年，廢蓋州，來屬。

沁州下　隋上黨郡之沁源縣。義寧元年，置義寧郡，領沁源、銅鞮、綿上，仍分沁源置和川，凡四縣。武德元年，改爲沁州。二年，分沁源置招遠縣。三年，省招遠縣。六年，以銅鞮屬韓州。天寶元年，改沁州爲陽城郡〔二五〕。乾元元年，復爲沁州。舊領縣三，戶三千九百五十六，口一萬六千一百七。天寶，戶六千三百八，口三萬四千九百六十三。在京師東北一千二十五里，去東都六百三十五里。

沁源　漢穀遠縣。州所治。後魏改爲沁源。

和川　義寧元年，分沁源置。

綿上　隋分介休之南界，置綿上縣。

遼州　隋太原郡之遼山縣。武德三年，分并州之樂平、和順、平城、石艾四縣置遼州，治樂平。其年，置義興縣。六年，自樂平移於遼山，仍以石艾、樂平二縣屬受州，省義興

縣，以廢榆州之榆社、平城二縣來屬。八年，改遼州爲箕州。先天元年，又改爲儀州。天寶元年，改爲樂平郡。乾元元年，復爲儀州。中和三年八月，復爲遼州。舊領縣四，戶四千三百六十五，口八萬八千六百四十。天寶，戶九千八百八十二，口五萬四千五百八十。在京師東北一千四百五十九里，至東都七百九十七里。

遼山　漢垣縣地，魏改轑陽縣。隋改遼山縣，屬并州。武德三年，屬遼州。

榆社　晉武鄉縣。義寧元年，分置榆社縣。武德三年，於此置榆州，割并州平城來屬。仍置偃武縣。六年，廢榆州及偃武縣，以平城、榆社屬遼州。

和順　漢沾縣地。隋爲和順縣。武德初，屬并州，三年，改爲遼州。

平城　隋縣。武德初，屬并州。三年，改屬榆州，六年，改爲遼州。

北京太原府　隋爲太原郡。武德元年，改爲并州總管，領晉陽、太原、榆次、太谷、祁、陽直、壽陽、盂、樂平、交城、石艾、文水、遼山、平城、烏河、榆社十六縣。其年，置清源縣，仍以榆社屬韓州。三年，廢總管。其年，置汾陽〔二六〕；仍以盂、壽陽二縣置受州，治盂縣；樂平、遼山、平城、石艾四縣置遼州，治樂平；太谷、祁二縣置太州，治太谷；仍以文水屬汾州。四年，又置總管，管并、介、受、遼、太、榆、汾七州〔二七〕。其年，改爲上總管。五年，又改代、石二總管。其年，改上總管爲大總管。六年，又改朔州總管，仍割汾州之文水來屬。其年，廢太州，以太谷、祁二縣來屬。七年，改爲大都督府。其年，置羅陰縣，仍省陽直縣，改汾陽爲陽曲縣，又以文水屬汾州〔二八〕。貞觀元年，省烏河、羅陰二縣，又以文水來屬。八年，以廢受州之壽陽、盂、樂平、石艾，又割順州之燕然，凡五縣來屬。督并、汾、箕、嵐四州。十四年，廢燕然縣。龍朔二年，進爲大都督府。天授元年，置北都兼都督府。開元十一年，又置北都，改并州爲太原府。天寶元年，改北都爲北京。舊領縣十四，戶九萬七千八百七十四，口二十萬九百三十六。天寶領縣十三，戶十二萬八千九百五，口七十七萬八千二百七十八。在京師東北一千三百六十里，至東都八百八里。

太原　漢晉陽縣。隋文又移於州城內古晉陽城置，今州所治。

晉陽　隋新移於州內。

太谷　隋縣。武德三年，置太州〔二九〕。六年，州廢，以太谷、祁屬并州。

文水　隋縣。武德三年，屬汾州。六年，屬并州。七年，又屬汾州。貞觀初，還屬并州。天授元年，改爲武興縣，以天后鄉里縣，與太原、晉陽並爲京縣。神龍元年〔三〇〕，依舊爲文水。

榆次　漢縣。

盂　隋縣。武德三年，置受州，領盂、壽陽二縣。六年，移受州於壽陽。貞觀八年，省受州，盂復屬并州。

清源　隋於古梗陽城置清源縣，以水爲名。

交城　隋分晉陽縣置，取縣西北古交城爲名。初治交山，天授元年，移治郤波村。先天二年，於故縣分置靈川縣，開元二年後省。

陽曲　隋陽直縣。武德三年，分置汾陽縣。七年，省陽直縣，改汾陽爲陽曲縣，仍移治陽直廢縣。其年，又分置羅陰縣。貞觀元年省。十七年，又省燕然併入。

壽陽　隋舊縣。武德三年，屬受州〔三一〕。六年，移受州於此，領壽陽、盂二縣。其年，又割遼州之樂平、石艾二縣來屬。貞觀八年，廢受州，以所管四縣隸并州。

廣陽　漢上艾縣，後漢改爲石艾縣〔三二〕。武德三年，屬遼州。六年，屬受州。八年，州廢，屬并州。天寶元年，改爲廣陽。

樂平　隋縣。武德三年，於縣置遼州。六年，移遼州治於箕州〔三三〕，以樂平屬受州。州廢，縣來屬。

祁　漢縣，至隋不改。武德三年，屬太州，州廢來屬。

代州中都督府　隋爲鴈門郡。武德元年，置代州總管，管代、忻、蔚三州。代州領鴈門、繁畤、崞、五臺四縣。五年，廢總管。六年，又置，管代、蔚、忻、朔四州〔四〕。貞觀四年，又督靈州。六年，又督順州。十二年，省順州，以懷化縣來屬。今督代、忻、蔚、朔、靈五州。高宗廢懷化縣。證聖元年，置武延縣。天寶元年，改爲鴈門郡，依舊爲都督府。乾元元年，復爲代州。舊領縣五，戶九千二百五十九，口三萬六千二百三十四。天寶，戶二萬一千二百八十，口十萬三百五十。在京師東北一千五百五十里，去東都一千二百二十三里。

鴈門　漢廣武縣，隋爲鴈門縣。

五臺　漢慮虒縣，隋改爲五臺。

繁畤　漢縣。

崞　漢縣。東魏置廓州，又廢〔五〕。

唐林　證聖元年，分五臺、崞縣置武延縣〔六〕，唐隆元年，改唐林。

蔚州　隋鴈門郡之靈丘縣。武德四年，平劉武周。六年，置蔚州，寄治并州陽曲縣，仍置靈丘、飛狐二縣。七年，寄治忻州秀容之北恆州城。八年，又寄治代州繁畤縣。貞觀五年，移於今治。天寶元年，改爲安邊郡。至德二年九月，改爲興唐郡。乾元元年，置蔚州。舊領

縣二，戶九百四十二，口三千七百四十八。天寶領縣三，戶五千五十二，口二萬九百五十八。在京師東北一千八百一十里，去東都一千六百四十里。

靈丘　隋縣。隋末陷賊，寄治陽曲。自此，隨州寄治。貞觀五年，移於今所。

飛狐　隋縣，隋末陷賊。武德六年，復置，寄治於易州遂城縣。貞觀五年，移治於今所。

興唐　隋安邊縣。至德二年，改爲興唐。

忻州　隋樓煩郡之秀容縣。義旗初，置新興郡，領秀容一縣。武德元年，改爲忻州。四年，又置定襄縣。天寶元年，改爲定襄郡。乾元元年，復爲忻州。舊領縣二，戶四千九百八十七，口一萬七千一百三十。天寶，戶一萬四千八百六，口八萬二千三十二。在京師東北一千三百八十里，去東都一千六十三里。

秀容　漢汾陽縣地，治郭下。隋朝自秀容故城移於此，因改爲秀容縣。

定襄　漢陽曲縣地。後漢末，移陽曲於太原界置，乃於陽曲古城置定襄縣。復廢。武德四年，分秀容縣復置。

嵐州下　隋樓煩郡之嵐城縣。武德四年，平劉武周，置東會州，領嵐城縣；又以北和州之太和縣來屬。其年，分嵐城置合會、豐潤二縣，仍自故郡城移嵐州於廢東會州，置嵐州。舊領岢嵐一縣，縣移舊嵐州。其年，又以北管州之靜樂縣來屬。七年，置臨津縣。九年，省合會、岢嵐、太和三縣。貞觀元年，改臨津爲合河。三年，又置太和縣。八年，又省。天寶元年，復爲樓煩郡。乾元元年，復爲嵐州。舊領縣三，戶二千八百四十二，口一萬一千五百四十一。天寶領縣四，戶一萬六千七百四十八，口八萬四千六。在京師東北一千二百九十五里，去東都一千一百四十四里。

宜芳　隋嵐城縣。武德四年，改爲宜芳，屬東會州。四年，分置豐潤、合會二縣。五年，省豐潤併入。六年，改屬嵐州。九年，省合會併入。

靜樂　漢汾陽縣地，有隋汾陽宮。武德四年，置管州，領靜樂，又分置汾陽、六度二縣。五年，改管州爲北管州。六年，省北管州及汾陽、六度二縣。以靜樂屬嵐州。

合河　隋臨泉縣。武德四年，置臨津縣。貞觀元年，改爲合河。

嵐谷　舊岢嵐軍也，在宜芳縣北界。長安三年，分宜芳於岢嵐舊軍置嵐谷縣。神龍二年，廢縣置軍。開元十二年，復置縣。

憲州下　舊樓煩監牧也。先隸隴右節度使，至德後，屬內飛龍使。舊樓煩監牧，嵐州刺史兼領。貞元十五年〔七〕，楊鉥爲監牧使，遂專領監司，不係州司。龍紀元年，特置憲州於樓煩監，仍置樓煩縣。郡城，開元四年王毛仲築。州新置，未記戶口帳籍。

樓煩　龍紀元年，於監西一里置。

玄池　州東六十里置。

天池　州西南五十里置。本置於孔河館，乾元後移於安明谷口道人堡下。

石州　隋離石郡。武德元年，改爲石州。五年，置總管府，管石、北和、北管、東會、嵐、西定六州。貞觀二年，廢都督府。三年，復置都督。六年，又廢。天寶元年，改爲昌化郡。乾元元年，復爲石州。舊領縣五，戶三千七百五十八，口一萬七千四百二。天寶，戶一萬四千二百九十四，口六萬六千九百三十五。在京師東北一千二百九十一里，至東都一千二百二十八里。

離石　漢縣。周改爲昌化郡，隋復爲離石，州所治。

平夷　後周析離石縣置。

定胡　隋縣。武德三年，置西定州。貞觀二年廢，分置孟門縣。七年，廢孟門入定胡。

臨泉　隋太和縣。武德三年，置北和州，改太和縣爲臨泉縣〔三八〕。貞觀三年，省北和州，縣屬石州。

方山　隋縣。武德二年，置方州。三年，州廢，縣屬石州。

朔州　隋馬邑縣。武德四年，置朔州，領善陽、常寧二縣。其年，省常寧縣。天寶元年，改爲馬邑郡。乾元元年，復改爲朔州。舊領縣一，戶一千二百五十七，口四千九百一十三。天寶領縣二，戶五千四百九十三，口二萬四千五百三十三。在京師東北一千七百七十四里，至東都一千三百四十三里。

善陽　漢定襄地，有秦時馬邑城、武周塞。後魏置桑乾郡。隋爲善陽縣。

馬邑　秦漢舊名，久廢。開元五年，分善陽縣於大同軍城置。

雲州　隋馬邑郡之雲內縣界恆安鎮也。武德四年，平劉武周。六年，置北恆州。七年，州廢。貞觀十四年，自朔州北定襄城移雲州及定襄縣置於此。永淳元年，爲賊所破，因廢，乃移百姓於朔州。開元二十年，復爲雲州。天寶元年，改爲雲中郡。乾元元年，復爲雲州。領縣一，戶七十三，口五百六十一。在京師東北一千九百四十里，去東都一千六百四十二

里。

雲中　隋雲內縣之恆安鎮。武德六年，置北恆州〔三九〕。貞觀十四年，自朔州北定襄城移雲州於此置，因爲定襄縣。今治，卽後魏所都平城也。永淳元年，爲賊所破，因廢雲州及縣。開元二十年，與州復置。仍改定襄爲雲中縣。

單于都護府　秦漢時雲中郡城也。唐龍朔三年，置雲中都護府。麟德元年，改爲單于大都護府。東南至朔州三百五十七里〔四〇〕。振武軍在城內置。天寶，戶二千一百，口一萬三千。在京師東北二千三百五十里，去東都二千里。

金河　與府同置。

河北道

懷州雄　隋河內郡。武德二年，於濟源西南柏崖城置懷州，領大基、河陽、集城、長泉四縣。其年，於濟源立西濟州，於武德縣立北義州，修武縣東北故濁鹿城立陟州，置總管府，管懷、西濟、北義、陟四州。三年，懷州又置太行、忠義、紫陵、穀只、温五縣。四年，移懷州於今治野王城。其年，又於温縣置平州，以温縣屬之。又省穀只、太行、忠義、紫陵四縣。後省平州，仍於隋河陽宮置盟州，領河陽、集城、温三縣。又省西濟、北義、陟三州入懷州。又於獲嘉縣置殷州。其懷州總管，管懷、盟、殷三州。懷州領河內、武德、軹、濟源五縣〔四一〕。八年，廢盟州，省集城入河陽縣，以河陽、温二縣來屬。貞觀元年，罷都督府，以廢殷州修武、獲嘉、武陟，廢邵州之王屋四縣來屬。仍省懷、軹二縣。顯慶二年，割河陽、温、濟源、王屋四縣屬洛州。天授元年，改爲河內郡。乾元元年，復爲懷州。舊領縣九：河內、武德、修武、獲嘉、武陟、温、河陽、濟源、王屋。戶三萬九十，口十二萬六千九百一十六。天寶領縣五，戶五萬五千三百四十九，口三十一萬八千一百二十六。在京師東九百六十九里，至東都一百四十里。

河內　漢野王縣，隋爲河內縣。武德四年，省太行、忠義、紫陵三縣併入。

武德　隋爲安昌縣。武德三年，改爲武德。

武陟　漢懷縣地，故城在今縣西。

修武　漢山陽縣地。修武，古名也，隋因之。武德二年，李原德以縣東北濁鹿城歸順，因置陟州及修武縣。四年，賊平，改爲武陟，廢陟州〔四二〕，以修武屬殷州，仍移縣治於隋故

修武城。貞觀元年，省殷州，修武屬懷州。

獲嘉　漢縣名。武德四年，於縣置殷州，領獲嘉、武德、武陟、修武、新鄉、共城五縣。貞觀元年，省殷州，以獲嘉、武陟、修武屬懷州，新鄉、共城屬衛州。

衛州望　隋汲郡，本治衛縣。武德元年，改爲衛州。二年，陷竇建德。四年，賊平，仍舊領衛、清淇、湯陰三縣。其年，廢義州，以汲縣來屬。六年，以湯陰屬相州。貞觀元年，州移治於汲縣，又廢殷州，以共城、新鄉、博望三縣來屬。六年，廢博望縣。十七年，廢清淇縣。其年，又以廢黎州之黎陽縣來屬〔四三〕。天寶元年，改爲汲郡。乾元元年，復爲衛州。舊領縣五，戶一萬一千九百三，口四萬三千六百八十二。天寶，戶四萬八千五十六，口二十八萬四千六百三十。在京師東一千二百二十二里，去東都三百九十里。

汲　漢縣，隋因之。武德元年，置義州，領汲縣。四年，廢義州，縣屬衛州。貞觀元年，衛州自衛縣徙治所於汲縣。

新鄉　隋割汲、獲嘉二縣地，於古新樂城置新鄉縣。武德初，屬義州。州廢，來屬殷州。州廢，屬衛州。

衛　漢朝歌縣。紂所都朝歌城，在今縣西。隋大業二年，改爲衛縣，仍置汲郡於縣治。

貞觀初，移於汲縣。初屬義州。州廢，屬衞州。十七年，省清淇縣入衞縣。長安三年，又置清淇縣。神龍元年，又省入衞縣。

共城　漢共縣，隋因之。武德元年，置共州，領共城、凡城二縣。四年，廢共州，省凡城入共城縣。初屬殷州。貞觀初，來屬。

黎陽　隋黎陽縣。武德二年，置黎州總管府，管殷、衞、洹、澶四州。尋陷賊。四年，平竇建德，復置黎州，領臨河、內黃、湯陰、觀城、頓丘、繁陽、澶水八縣(三四)。其年，以澶水、觀城、頓丘三縣置澶州，又以湯陰屬相州。貞觀元年，省繁陽(三五)，又以澶水來屬。十七年，廢黎州及澶水縣，以黎陽屬衞州，內黃、臨河屬相州。

相州　漢魏郡也。後魏道武改爲相州，隋爲魏郡。武德元年，置相州總管府，領安陽、鄴、林慮、零泉、相、臨漳、洹水、堯城八縣。二年，割林慮置巖州。四年，廢總管府，仍省零泉縣。五年，廢巖州，以林慮來屬，仍省相縣。六年，割衞州之湯源來屬。其年，復置總管府，管磁、洺、黎、衞、邢六州(三六)。九年，廢都督府。貞觀元年，改湯源爲湯陰，以廢磁州之滏陽(三七)、成安二縣來屬。十年，復置都督，管相、衞、黎、魏、洺、邢、貝七州。十六年，罷都督府。十七年，以廢黎州之內黃、臨河來屬。天寶元年，改爲鄴郡。乾元元年，復爲相州。

舊領縣九，戶一萬一千四百九十，口七萬四千七百六十六。天寶縣十一，戶十萬一千一百四十二，口五十九萬一百九十六。在京師東北一千四百二十一里，至東都六百六里。

安陽　漢侯國，故城在湯陰東。曹魏時，廢安陽，併入鄴。後周移鄴，置縣於安陽故城，仍爲鄴縣。隋又改爲安陽縣，州所治。漢魏郡城，在縣西北七里。

鄴　漢縣，屬魏郡。後魏於此置相州，東魏改爲司州。周平齊，復爲相州。周大象二年，隋文輔政，相州刺史尉遲迥舉兵不順，楊堅令韋孝寬討迥，平之。乃焚燒鄴城，徙其居人，南遷四十五里。以安陽城爲相州理所，仍爲鄴縣。煬帝初，於鄴故都大慈寺置鄴縣。貞觀八年，始築今治所小城。

湯陰　漢蕩陰縣也，併入安陽。武德四年，分安陽置湯源縣，屬衞州。六年，改屬相州。貞觀元年，改爲湯陰。

林慮　漢隆慮縣。武德三年，置巖州，領林慮一縣。五年，巖州廢，縣屬相州。

堯城　隋縣。

洹水　漢長樂縣地，屬魏郡。周建德六年，分臨漳東北界置洹水縣。

臨漳　後周建德六年，分鄴縣置。

成安　漢斥丘縣，屬魏郡。後廢，北齊復置，改爲成安。

內黃　漢縣名。舊屬黎州，貞觀十七年，改屬相州。

臨河　隋分黎陽縣置。貞觀十七年，改屬相州，廢澶水縣併入。

魏州雄　漢魏郡元城縣之地。後魏天平二年，分館陶西界，於今州西北三十里古趙城置貴鄉縣。後周建德七年，以趙城卑濕，東南移三十里(三八)，就孔思集寺爲貴鄉縣。大象二年，於縣置魏州。隋改名武陽郡。武德四年，平竇建德，復爲魏州。又分置潬陰縣，領貴鄉(三九)、昌樂、元城、莘、武陽、臨黃、觀城、頓丘、繁水、魏、冠氏、館陶、潬陰十三縣。其年，割頓丘、觀城二縣置澶州，又割莘、臨黃、武陽三縣置莘州，又割冠氏、館陶置毛州。魏州置總管府，管魏、黎、澶、莘、毛五州(四〇)。魏州領貴鄉、昌樂、繁水、潬陰、元城、魏六縣(四一)。貞觀元年，罷都督府，仍省潬陰縣。其年，廢莘、毛、澶三州，盡以所領縣屬魏州。十七年，省元城、武陽、觀城三縣。十八年，省繁水縣。龍朔二年，改爲冀州大都督府，以冀王爲都督，管冀、貝、德、相、棣、滄、魏七州。咸亨三年，依舊爲魏州，罷都督府。永昌元年，置武聖縣。聖曆二年，又置元城縣。天寶元年，改爲魏郡。乾元元年，復爲魏州。舊領縣十三，戶三萬四百四十，口十三萬六千六百一十二。天寶領縣十，戶十五萬一千五百九十六，口一百一十萬九千八百七十。在京師東北一千五百九十里，去東都七百五十里。

貴鄉　後魏分館陶西界，置貴鄉縣於趙城。周建德七年，自趙城東南移三十里，以孔思集寺爲縣廨。大象二年，於縣置魏州。武德八年，移縣入羅城內。開元二十八年，刺史盧暉移於羅城西百步。大曆四年，又移於河南岸置。

元城　隋縣，治古殷城。貞觀十七年，併入貴鄉。聖曆二年，又分貴鄉、莘縣置，治王莽城。開元十三年，移治州郭下。古殷城，在朝城東北十二里。

魏　漢舊縣，在今縣南。天寶三年，移於今所。

館陶　漢縣，隋因之。武德五年，置毛州，割魏州之館陶、冠氏、堂邑，貝州之臨清、清水。又分置沙丘縣。貞觀元年，廢毛州，省沙丘、清水二縣。以堂邑屬博州，臨清屬貝州，館陶、冠氏屬魏州。

冠氏　春秋邑名。隋分館陶縣東界置。武德四年，屬毛州。州廢來屬。

莘　漢陽平縣地，隋置新州(四二)。武德五年，改爲莘州，領莘、臨黃、武陽、武水四縣。貞觀元年，廢莘州，以莘、臨黃、武陽屬魏州，武水屬博州。

臨黃　漢觀縣地，隋爲臨黃縣。武德四年，屬莘州。州廢來屬。

朝城　隋武陽縣。貞觀十七年，廢武陽入臨黃、莘二縣。開元七年復置，改爲朝城。

昌樂　晉置，屬陽平郡。後魏置昌州，今縣西古城是也。隋廢昌樂縣入繁水。武德五年復置，隸魏州。今治所，武德六年築也。

澶州　漢頓丘縣，屬東郡，今縣北古陰安城是也。武德四年，分魏州之頓丘、觀城置澶州，領頓丘、觀城，又特置澶水縣。貞觀元年，廢澶州，以澶水屬黎州，頓丘、觀城屬魏州。大曆七年正月敕，又於頓丘縣置澶州，領頓丘、清豐、觀城、臨黃四縣。州新置，元未計戶口帳籍。在京師東北一千四百八十五里，至東都六百八十五里。

頓丘　漢縣，屬東郡，後移治所於陰安城，隋屬魏郡，今縣地北陰安城是也。

清豐　大曆七年，割頓丘、昌樂二縣界四鄉置。以縣界有孝子張清豐門闕，魏州田承嗣請爲縣名。

觀城　隋縣。唐初，屬澶州。州廢，亦省觀城。大曆七年，割昌樂、臨黃二縣四鄉，置縣於舊觀城店。

臨黃　隋舊縣。武德四年，屬莘州。州廢，屬魏州。大曆七年，置澶州，割之來屬。

博州上　隋武陽郡之聊城縣。武德四年，平竇建德，置博州，領聊城、武水、堂邑、茌平，仍置莘亭、靈泉、清平、博平、高唐凡九縣[三三]。五年，省莘亭、靈泉二縣。貞觀元年，省茌平縣。天

寶元年，改爲博平郡。乾元元年，復爲博州。舊領縣六，戶七千六百八十二，口三萬七千三百九十四。天寶，戶五萬二千六百三十一，口四十萬八千二百五十二。在京師東北一千七百一里，至東都九百四十七里。

聊城　漢縣。治郭下。武德四年，分置茌平縣。貞觀元年，省入聊城。

博平　漢縣，隋因之。武德四年，分置靈縣。五年省，併入博平。貞觀十七年，省博平入聊城。天授二年，析聊城復置。

武水　漢陽平縣地，屬東郡。隋改爲清邑，又分清邑置武水縣。武德四年，屬莘州。貞觀元年，屬博州。

清平　漢貝丘縣。隋改爲清平，屬博州。

堂邑　漢縣，後魏廢。隋分清陽縣復置。初屬毛州，州廢，屬博州。

高唐　隋縣。長壽二年，改爲崇武。神龍元年，復爲高唐。

貝州　隋爲清河郡。武德四年，平竇建德，置貝州，領清河、武城、漳南、歷亭、清陽、鄃、夏津七縣。六年，移治所於歷亭。八年，還於舊治。九年，以廢宗州之宗城、經城來屬，又以廢毛州之臨清來屬。天寶元年，改爲清河郡。乾元元年，復爲貝州。舊領縣九，戶一萬七千七百一十九，口九萬七十九。天寶，戶十一萬一十五，口八十三萬四千七百五十七。在京師東北一千七百八十二里，至東都九百九十三里。

清陽　武德四年，分置夏津縣。九年，復省。舊治甘陵城。永昌元年，移治於孔橋。開元二十三年，移就州治。

清河　漢縣，後漢桓帝改爲甘陵，後省。隋復分置清河縣，在郭下。

武城　漢日東武城。舊治古夏城。調露元年，移於今治。

宗城　隋舊。武德四年，置宗州，領宗城、府城[三四]、南宮、斌強四縣。九年，廢宗州及府城、斌強二縣，以經城、宗城屬貝州，南宮屬冀州。

臨清　漢清泉縣，後魏改爲臨清。武德四年，屬毛州。州廢，屬貝州。

經城　漢縣。武德四年，屬宗州。州廢來屬。

漳南　漢東陽縣，後魏省。隋分棗強、清平二縣地，復置於古東陽城，仍改爲漳南縣。

歷亭　漢東陽地。隋分鄃縣置歷亭縣。

夏津　舊鄃縣。天寶元年，改爲夏津。

洺州望　隋武安郡。武德元年，改爲洺州，領永年、洺水、平恩、清漳四縣。二年，陷竇建德。四年，建德平，立山東道大行臺，又立曲周、雞澤二縣。五年，罷行臺，置洺州大總管府，管洺、衞、黎、相、磁、邢、趙八州[三五]。六年，罷總管府。以磁州之武安、臨洺、肥鄉三縣來屬。貞觀元年，又以廢磁州之邯鄲來屬。天寶元年，改爲廣平郡。乾元元年，復爲洺州。永泰之後，復以武安、邯鄲屬磁州。會昌元年，省清漳、洺水二縣入肥鄉、平恩、曲周等縣。舊領縣七，戶二萬二千九百三十三，口十萬一千三十。天寶領縣十，戶九萬一千六百六十六，口六十八萬三千二百八十。省清漳、洺水。今領縣六。在京師東北一千五百八十五里，至東都八百五十七里。

永年　州所治。本漢曲梁縣，屬廣平郡。改廣平爲永年。

平恩　漢縣。隋自斥漳城移於平恩故城置。

臨洺　漢易陽縣，隋改爲臨洺。武德元年，置紫州，領臨洺、武安、肥鄉、邯鄲等縣。四年，罷紫州，臨洺屬磁州。五年，改屬洺州。

雞澤　漢廣平縣地。武德四年，置雞澤縣。

肥鄉　漢邯溝縣地。曹魏立肥鄉縣，屬廣平郡。會昌三年，省清漳縣入。

曲周　隋廢縣。武德四年，復置。會昌三年，省洺水縣入[三六]。

磁州　隋魏郡之滏陽縣。武德元年，置磁州，領滏陽、臨水、成安三縣。四年，割洺州之臨洺、武安、邯鄲、肥鄉來屬。六年，置磁州總管府，領磁、邢、洺、黎、相、衞六州。其年，廢總管府。以臨洺、武安、肥鄉三縣屬洺州，磁州領滏陽、成安、邯鄲三縣[四七]。貞觀元年，廢磁州，以滏陽、成安屬相州，以邯鄲屬洺州。永泰元年六月，昭義節度使薛嵩，請於滏陽復置磁州，領滏陽、武安、昭義、邯鄲四縣。州新置，未計戶口帳籍。在京師東北一千四百八十五里，至東都六百六十五里。

滏陽　漢武安縣地。隋置滏陽縣，州所治。

邯鄲　漢縣，屬廣平郡。隋屬磁州。州廢，屬洺州。永泰初，復置磁州，來屬。

武安　漢縣。隋復置，隸磁州。

昭義　永泰元年，廉察使薛嵩，特置於滏口之右故臨水縣城。

邢州上　隋襄國郡。武德元年，改爲邢州總管府，管邢、温、和、封、蓬、東龍六州。邢州領龍岡、堯山、內丘三縣。四年，平竇建德，罷總管府。割內丘屬趙州，仍省和、温、封三州，以其所領南和、沙河、平鄉三縣來屬。又立任縣。五年，割趙州之內丘、柏仁來屬。天寶元年，改爲鉅鹿郡。乾元元年，復爲邢州。舊領縣九，戶二萬一千九百八十五，口九萬九百六

十。天寶，戶七萬一百八十九，口三十八萬二千七百九十八。在京師東北一千六百五十五里，至東都八百五十七里。

龍岡　漢襄國縣[四八]，隋改爲龍岡，州所治也。

沙河　隋分龍岡縣置。武德元年，置温州。四年，州廢，屬邢州。

南和　漢縣，後周置南和郡，隋廢州爲縣。武德元年，置和州。四年州廢，縣屬邢州。

鉅鹿　隋於漢南䜌故城置鉅鹿縣。武德元年，置起州并白起縣。四年，廢起州，鉅鹿屬趙州。仍省白起，併入鉅鹿。貞觀元年，屬邢州。舊治東府亭城。嗣聖元年，移於今所。

平鄉　漢鉅鹿郡，故郡城在今縣北十一里。古鉅鹿城，卽今治也。隋改平鄉縣。

任　漢南䜌地。晉置任縣，後廢。武德四年，復置。舊治苑鄉城。

堯山　漢柏仁縣，至隋不改。武德元年，置東龍州，領柏仁縣。四年，平竇建德，縣屬趙州。貞觀初，屬邢州。天寶元年，改爲堯山。

內丘　漢中丘縣。隋改爲內丘縣，屬趙州。貞觀初，還屬邢州。

趙州　漢平棘縣，故城在今縣南。後魏於昭慶縣置殷州[四九]，齊改爲趙州。隋廢，尋復置趙郡於平棘縣。武德元年，張志昂以郡歸國，改爲趙州，領平棘、高邑、贊皇、元氏、廮陶、欒城、大陸、柏鄉、房子、槀城、鼓城十二縣[五〇]。其年，以槀城屬廉州，以鼓城屬深州。四年，改大陸爲象城。天寶元年，改爲趙郡[五一]。乾元元年，復爲趙州。舊領縣九，戶二萬一千四百二十七，口八萬五千九百九十二。天寶，戶六萬三千四百五十四，口三十九萬五千二百三十八。去京師東北一千八百四十三里，至東都一千三十三里。

平棘　漢平棘縣，屬常山郡。隋自象城移趙州治所於縣置。

寧晉　漢楊氏縣，屬鉅鹿郡。今治卽楊氏城也。後改爲廮陶，元魏改爲廮遙，隋復爲廮陶[五二]。天寶元年，改爲寧晉。

昭慶　漢廣阿縣，屬鉅鹿郡。後魏置殷州，北齊改爲趙州。隋改廣阿爲大陸。武德四年，改爲象城。天寶元年，改爲昭慶，以有建初、啓運二陵故也。

柏鄉　漢縣，屬鉅鹿郡，故城在今縣西南十七里。後廢。隋於今治彭水之陽，復置。

高邑　漢鄗縣，屬常山郡。世祖更名高邑，晉代不改。

臨城　漢房子縣，屬常山郡。天寶元年，改爲臨城。

贊皇　古無其名，隋置，取贊皇山爲名。

元氏　漢常山郡所治，故城在今縣西。

鎭州　秦東垣縣。漢高改名眞定，置恆山郡，又爲眞定國。歷代爲常山郡。治元氏。後魏道武登常山郡，北望安樂壘美之，遂移郡治於安樂城，今州城是也。周、隋改爲恆州，後廢。義旗初，復置恆州，領眞定、石邑、行唐、九門、滋陽五縣，州治石邑。武德元年，陷竇建德。四年，賊平，徙治所於眞定，省滋陽縣，又割廉州之槀城來屬。天寶元年，改爲常山郡。乾元元年，復爲恆州。興元元年，昇爲都督府。元和十五年，改爲鎭州。舊領縣六，戶二萬六千一百一十三，口五萬四千五百四十三。天寶領縣九，戶五萬四千六百三十三，口三十四萬二千二百三十四。今領縣十一。在京師東北一千七百六十里，至東都一千一百三十六里。

眞定　隋屬高陽郡。武德四年，自石邑移恆州於縣爲治所。載初元年，改爲中山縣。神龍元年，復爲眞定縣。

槀城　漢縣。唐初，置鉅鹿郡，領槀城、桓肆、新豐、宜安四縣。武德元年，改爲廉州。其年，陷竇建德。四年，賊平，復置廉州，領槀城、鼓城、毋極四縣[五三]。省桓肆、新豐、宜安，併入槀城。貞觀元年，廢廉州，以鹿城屬深州，鼓城、毋極屬定州，槀城屬恆州。

石邑　漢縣，屬常山郡。

九門　漢縣，屬常山郡，至隋不改。國初置九門郡，領九門、新市、信義三縣。武德元年，改爲觀州。五年，州廢，省信義、新市二縣。以九門隸恆州。

靈壽　漢縣，屬常山郡。義寧元年，置燕州。武德四年，州廢，縣屬井州[五四]。七年州廢，屬恆州。

行唐　漢南行唐縣，屬常山郡。武德四年，置王城縣，屬常山郡。武德五年，省滋陽縣併入。長壽二年，改爲章武。神龍元年，復爲行唐。

井陘　漢縣，屬常山郡。義寧元年，置井陘郡，并葦澤縣。武德元年，改爲井州。四年，又以廢嶽州之房山、蒲吾二縣，恆州之鹿泉來屬。五年，又以恆州之靈壽來屬。貞觀元年，廢蒲吾、葦澤二縣入井陘。十七年，廢井州，以井陘等三縣屬恆州。

獲鹿　漢石邑縣地。隋置鹿泉縣，屬井州。貞觀十七年，來屬。至德元年，改爲獲鹿。

平山　漢蒲吾縣，屬常山郡。隋改爲房山縣。義寧元年，置房山郡。武德元年，置嶽州，領房山一縣。四年，廢嶽州，房山屬恆州。至德元年，改爲平山縣，仍以恆州爲平山郡。

鼓城　漢臨平、下曲陽兩縣之地，屬鉅鹿郡。隋分槀城於下曲陽故城東五里置昔陽縣，尋改爲鼓城。武德四年，屬廉州。州廢，屬定州。大曆三年，割屬恆州。

欒城　漢關縣，屬常山郡。後魏於關縣古城置欒城縣，屬趙州。大曆三年，割屬恆州。

冀州上　隋信都郡。武德四年，改爲冀州，領信都、衡水、武邑、棗強、南宮、堂陽、下博、武

強八縣。六年，置總管府，移治所於下博，管冀、貝、深、宗四州。貞觀元年，廢都督府，移州治於信都。又以下博、武強二縣屬深州。十七年，以廢深州之下博、武強、鹿城，廢觀州之阜城來屬。龍朔二年，改爲魏州都督府。咸亨三年，復舊。先天二年，割下博、武強、鹿城三縣屬深州。開元二年，復以下博、武強還冀州。天寶元年，改爲信都。乾元元年，復爲冀州。舊領縣六：信都、南宮、堂陽、棗強、武邑、衡水。戶一萬六千二十三，口七萬二千七百三十三。天寶領縣九，戶一十萬三千八百八十五，口八十三萬五百二十。在京師東北一千九百七十八里，至東都一千一百里。

信都　漢信都國城，今州所治也。後漢改爲樂成國[五五]，又改安平國。魏、晉後爲冀州所治。

南宮　漢縣，屬信都國，至隋不改。武德四年，屬宗州。貞觀元年，屬冀州。

堂陽　漢縣，屬鉅鹿郡。隋舊屬冀州。

棗強　漢縣，屬清河郡。隋舊也。

武邑　漢縣，屬信都國。隋舊。武德四年，分置昌亭縣，貞觀初省。

衡水　古無此名，隋開皇十七年，河北大使郎蔚之分信都北界、武邑西界、下博南界，置衡水縣，特築此城。

阜城　漢縣，屬渤海郡。隋屬冀州。故城在今縣東二十里，今城隋築。

蓚　漢縣，屬渤海郡。隋舊隸觀州。州廢，屬德州。故城在今縣南十里。貞觀元年，分置觀津縣，尋省。永泰後，屬冀州。

深州　武德四年，平竇建德，於河間郡之饒陽縣置深州，領安平、饒陽、蕪蔞三縣。初治安平，其年，移治饒陽。貞觀元年，割故廉州之鹿城，冀州之武強、下博來屬。省蕪蔞縣。十七年，廢深州，以饒陽屬瀛州，安平屬定州，鹿城、下博、武強屬冀州。先天二年，復割饒陽、安平、鹿城置深州，仍分置陸澤縣。天寶元年，改深州爲饒陽郡。乾元元年，復爲深州。舊領縣五，戶二萬一百五十六，口八萬七千。天寶，縣四，戶萬八千八百二十五，口三十四萬六千四百七十二。在京師東北二千一十三里，至東都一千二百五十里。

陸澤　先天二年，分饒陽、鹿城界置陸澤縣於古鄡城。鄡，漢縣，屬鉅鹿郡。

饒陽　漢縣，屬涿郡。武德四年，分置蕪蔞縣，貞觀元年省。十七年，割屬瀛州[五六]。先天二年，還深州。武德初，爲深州所治。

東鹿　漢安定侯國，今縣西七里故城是也。周、齊爲安定縣，隋改爲鹿城。唐至德元年[五七]，改爲東鹿。

下博　漢縣，屬信都國。隋舊。武德四年，屬冀州。貞觀元年，改屬深州。十七年，屬冀州。先天二年，還深州。

安平　漢縣，屬涿郡。武德初，置深州，以縣屬。十七年，州廢，屬定州。先天二年，來屬。

武強　漢武隧縣，屬河間國。晉改爲武強。武德四年，屬冀州。貞觀元年，屬深州。

博野　漢蠡吾縣，屬涿郡。後漢分置博陵縣，後魏改爲博野。武德五年，置蠡州[五八]，領博野、清苑，割定州之義豐三縣。八年，州廢，三縣各還本屬。九年，復立蠡州，領博野、清苑二縣。貞觀元年，廢蠡州，博野、清苑屬瀛州。永泰中，屬深州。

樂壽　漢樂成縣[五九]，屬河間國，城在今縣東南十六里。後魏移縣東北，近古樂壽亭，因改爲樂壽。隋屬河間郡。永泰中，割屬深州。

滄州上　漢渤海郡，隋因之。武德元年，改爲滄州，領清池、饒安、無棣三縣，治清池。其年，移治饒安。四年，平竇建德，分饒安置鬲津縣。五年，以清池屬東鹽州。六年，以觀州胡蘇縣來屬，州仍徙治之。其年，又省棣州，以滴河、厭次、陽信、樂陵四縣來屬。貞觀元年，以瀛州之景城，廢景州之長蘆、南皮、魯城三縣，廢東鹽州之鹽山、清池二縣，並來屬。又以滴河、厭次二縣屬德州，以胡蘇屬觀州，仍移治於清池。又省鬲津入樂陵，省無棣入陽

信。八年，復置無棣縣。十七年，以廢觀州之弓高、東光、胡蘇來屬。割陽信屬棣州。天寶元年，改爲景城郡。乾元元年，復爲滄州。舊領縣十，戶二萬五十二，口九萬五千七百九十六。天寶領縣十一，戶十二萬四千二十四，口八十二萬五千七百五。在京師東北二千二百一十八里，去東都一千三百八十二里。

清池　漢浮陽縣，渤海郡所治。隋改爲清池縣，治郭下。武德四年，屬景州。五年，改屬東鹽州。貞觀元年，改屬滄州。

鹽山　漢高城，古縣在南。隋改爲鹽山。武德四年，置東鹽州，領縣一。五年，又割景州之清池來屬，仍置浮水縣。貞觀元年，省東鹽州及浮水縣，以清池屬滄州。

南皮　漢縣，屬渤海郡，至隋不改。武德四年，屬景州。貞觀元年，改屬滄州。

長蘆　漢參戶縣，屬渤海郡。後周改爲長蘆。武德四年，割滄州之清池、南皮二縣，瀛州之魯城、平舒、長蘆三縣，於此置景州。其年，陷劉黑闥。五年，賊平，置景州總管府，管滄、瀛、東鹽、景四州〔六〇〕。又分清池縣屬東鹽州。貞觀元年，廢景州，以平舒屬瀛州，南皮、魯城、長蘆三縣屬滄州。舊治永濟河西，開元十六年，移於今治。

樂陵　漢舊縣，屬平原郡，隋不改。武德四年，屬棣州。六年，省棣州，以縣屬滄州。

饒安　漢千童縣，屬渤海郡。後漢改爲饒安，隋因之。武德元年，移治故千童城，仍移

州治於此。六年，州移治胡蘇。貞觀十二年，移縣治故浮水城。

無棣　漢陽信縣，屬渤海郡。改爲無棣。貞觀元年，併入陽信。八年，復置。大和二年，屬棣州，又復還滄州。

臨津　漢東光縣地。隋於故胡蘇亭置胡蘇縣。武德四年，屬觀州。貞觀十七年，屬滄州。天寶元年，改爲臨津。

乾符　隋魯城縣。武德四年，屬景州。貞觀元年，改屬滄州。乾符年，改爲乾符。

景州　漢鬲縣地，屬平原郡。隋置弓高縣，屬渤海郡。武德四年，於縣置觀州，領弓高、蓨、阜城、東光、安陵、胡蘇、觀津七縣。六年，以胡蘇屬滄州。貞觀元年，省觀津縣，復以胡蘇來屬。十七年，廢觀州，以東光、胡蘇屬滄州，蓨縣、安陵屬德州，阜城屬冀州。貞元二年〔六一〕，又於弓高縣置景州，又以弓高、東光、胡蘇來屬。長慶元年，廢景州，四縣亦還本屬。二年，復於弓高置景州。大和四年廢，縣屬滄州。景福元年，復於弓高置景州，管東光、安陵三縣〔六二〕。天祐五年，移州治於東光縣。領縣六，戶一萬一千三，口五萬七千五百三十二。在京師東北二千九百里，至東都一千三百里。

弓高　漢鬲縣，屬平原郡。隋置弓高縣，後於縣治置觀州、景州。興替不常，事在州

說中。

東光　漢縣，屬渤海郡。歷代不改。

安陵　隋宣府鎮。武德四年，置安陵縣，屬觀州。貞觀十七年，廢觀州，改屬德州。永徽二年，移治白社橋。景福元年，改屬景州。

德州　漢平原郡。隋置德州，又爲平原郡。武德四年，平竇建德後，置德州，領安德、般、平原、長河、將陵、平昌六縣。其年，置總管府，管博、德、棣、觀四州。貞觀元年，廢都督府，割滄州之滴河、厭次來屬。十七年，廢般縣，以滴河、厭次二縣屬棣州。又以廢觀州之蓨縣、安陵來屬。天寶元年，改爲平原郡。乾元元年，復爲德州。舊領縣八，戶一萬一百三十五，口五萬二千一百四十一。天寶領縣七，戶八萬三千二百一十一，口六十五萬九千八百五十五。至京師一千九百八十二里，去東都一千一百三十八里。

安德　漢縣，屬平原郡。今州治，至隋不改〔六三〕。

平原　漢舊平原郡所治，故城在今縣西南二十五里。今縣治城，北齊所築。

長河　漢廣川縣，屬信都國，後廢。隋於舊廣川縣東八十里置新縣，今治是也。尋改爲長河縣，爲水所壞。元和四年十月，移就白橋，於永濟河西岸置縣，東去故城十三里。十

年，又置河東小胡城。

將陵　漢安德縣。隋分安德於將陵故城置此縣。

平昌　漢縣，屬平原郡，故城在今縣東三十里。大和二年，割屬齊州，又還德州。

定州上　後漢中山國〔六四〕。後魏置安州，尋改爲定州。隋改博陵郡，又復爲高陽郡。武德四年，平竇建德，復置定州〔六五〕，領安喜、義豐、北平、深澤、毋極、唐昌、新樂、恆陽、唐、望都等十縣。其年，置總管府，領定、恆、井、滿、廉五州。六年，昇爲大總管府，管定、洺、相、磁、黎、冀、深、蠡、滄、瀛、魏、貝、景、博、趙、宗、觀、廉、井、邢、欒、德、衞、滿、幽、易、燕、檀、平、營等三十二州。七年，改爲都督府，管定、恆、滿、井、趙、廉、欒、蠡等八州。貞觀元年，以廢廉州之鼓城來屬。五年，廢都督府。十七年，以廢深州之安平來屬。先天二年，以安平還深州。天寶元年，改爲博陵郡。乾元元年，復爲定州。大曆三年，以鼓城隸恆州〔六六〕，曲陽隸洹州〔六七〕。九年，廢洹州，曲陽復來屬。貞元十三年，復爲大都督府，十四年廢，依舊爲上州。舊領縣十一，戶二萬五千六百三十七，口八萬六千八百六十九。天寶，戶七萬八千九十，口四十九萬六千六百七十六。在京師東北二千九百六里，至東都一千二百里。

安喜　漢盧奴縣，屬中山國。慕容垂改爲不連，北齊改爲安喜，隋改爲鮮虞縣。武

德四年，復爲安喜，州所治也。

義豐　漢安國縣，屬中山國。隋自鄚城移於鄚德堡置，今縣治。後仍改爲義豐。萬歲通天二年，契丹攻之不下，則天改爲立節縣。神龍中，復舊名。

北平　漢縣，屬中山國。萬歲通天二年，契丹攻之不下，乃改爲徇忠縣。神龍元年，復舊名。

望都　武德四年，分安喜、北平二縣置。初治安險故城，貞觀八年，移於今治。

安險　漢縣，屬中山國。

曲陽　漢上曲陽縣，屬常山郡。隋改爲恆陽。大曆三年，屬洹州。九年，復來屬。元和十五年，改爲曲陽。

陘邑　漢苦陘縣，屬中山國。章帝改爲漢昌，曹魏改爲魏昌，隋改爲隋昌。武德四年，改爲唐昌。天寶元年，改爲陘邑。

唐　漢縣，屬中山國。舊治古公城〔六八〕，聖曆元年，移於今所。

新樂　古鮮虞子國。漢新市縣，屬中山郡。隋改爲新樂。

祁州中　景福二年，定州節度使王處存，奏請於本部無極縣置祁州。州新置，未計戶口帳

籍。在京師東北二千二百一十里，至東都一千三百二十里。

無極　漢縣，屬中山國。「無」本作「毋」字。武德四年，屬廉州。貞觀元年，屬定州。萬歲通天二年，改「毋」字爲「無」。

深澤　漢縣，屬中山國。至隋不改，屬定州。隋徙治滹沱北，本縣治也，隋末陷賊。武德四年，復立縣。景福二年，割屬祁州。

易州中　隋上谷郡。武德四年，討平竇建德，改爲易州，領易、淶水、永樂、遂城、遒五縣。五年，割遒縣置北義州。州廢，以遒來屬。開元二十三年，分置五迴、樓亭、板城三縣。天寶元年，改爲上谷郡，復隋舊名。乾元元年，復爲易州。舊領縣五，戶一萬二千八百二十，口六萬三千四百五十七。天寶領縣八，戶四萬四千二百三十，口二十五萬八千七百七十九。今領縣六。在京師東北二千三百三十四里，至東都一千四百六十三里。

易　漢故安縣，屬涿郡。隋爲易縣。

容城　漢縣，屬涿郡。改爲遒縣。武德五年，置北義州，領遒，又割幽州之固安、歸義屬之。貞觀元年，廢北義州，三縣各還本屬。聖曆二年，契丹入寇，固守得全，因改名全忠縣。天寶元年，改爲容城。

遂城　漢北新城縣，屬中山國。後魏改爲新昌，隋末爲遂城。

淶水　漢遒縣，屬涿郡。隋屬上谷郡。

滿城〔六九〕　漢北平縣地，後魏置永樂縣，隋不改。天寶元年，改爲滿城。

五迴　開元二十三年，刺史盧暉奏分易縣置城於五迴山下，因名之。二十四年，遷於五公城〔七〇〕。暉又奏置樓亭、板城二縣。天寶後廢。

瀛州上　隋河間郡。武德四年，討平竇建德，改爲瀛州，領河間、樂壽、景城、文安、束城〔七一〕、豐利六縣。五年，又置武垣、任丘二縣。貞觀元年，省豐利入文安，省武垣入河間，割蒲州之高陽、鄚〔七二〕，故景州之平舒，故蠡州之博野、清苑五縣來屬。又以景城屬滄州。景雲二年，割鄚、任丘、文安、清苑四縣屬鄚州。天寶元年，改爲河間郡。乾元元年，復爲瀛州。舊領縣十：河間、高陽、樂壽、博野、清苑、鄚、任丘、文安、平舒、束城。景雲二年，分鄚、文安、任丘、清苑置鄚州。大曆後，割博野、樂壽隸深州。舊戶三萬五千六百五，口十六萬四千。天寶領縣六，戶九萬八千一十八，口六十六萬三千一百七十一。今領縣五。在京師東北二千二百里，至東都一千三百二里。

河間　漢州鄉縣地，屬涿郡。隋爲河間縣。

高陽　漢縣，屬涿郡。隋舊。武德四年，於縣置蒲州，領高陽、博野、清苑三縣。屬蠡州〔七三〕。八年，二縣又割屬蒲州。九年，復隸蠡州。貞觀元年，廢蒲州，以鄚、高陽二縣屬瀛州。

平舒　漢東平舒縣，屬渤海郡。後去「東」字，隋不改。武德四年，屬景州。貞觀元年，屬瀛州。

束城　漢東州縣，屬渤海郡。隋曰束城，屬河間郡。

景城　漢縣，屬渤海郡。武德四年，屬瀛州。貞觀元年，屬滄州。大中後，割屬瀛州。

莫州上　本瀛州之鄚縣。景雲二年，於縣置鄚州〔七四〕，割瀛州之鄚、任丘、文安、清苑，幽州之歸義等五縣屬之。其年，歸義復還幽州。開元十三年，以「鄚」字類「鄭」字，改爲莫。天寶元年，改爲文安郡。乾元元年，復爲莫州〔七五〕。管縣六：莫、文安、任丘、清苑、長豐、唐興。天寶領縣六，戶五萬三千四百九十三，口三十三萬九千九百七十二。去京師二千三百一十里，至東都一千四百三十里。

莫　漢縣，屬涿郡，至隋不改。武德四年，屬蒲州。貞觀元年，改屬瀛州。景雲二年，割屬莫州。

清苑　漢樂鄉縣，屬信都國。隋爲清苑。武德四年，屬蒲州。貞觀元年，改屬瀛州。景雲二年，屬莫州。

文安　漢縣，屬渤海郡，至隋不改，故城在今縣東北。舊屬瀛州，景雲二年來屬。

任丘　隋縣，後廢。武德五年，分莫縣復置。

長豐　開元十九年，分文安、任丘二縣置。

唐興　如意元年，分河間縣置武昌縣，屬瀛州。長安四年，改屬易州〔七六〕。其年，還隸瀛州。神龍元年，改爲唐興縣。景雲二年，改屬莫州。

幽州大都督府　隋爲涿郡。武德元年，改爲幽州總管府，管幽、易、平、檀、燕、北燕、營、遼等八州。幽州領薊、良鄉、潞、涿、固安、雍奴〔七七〕、安次、昌平等八縣。二年，又分潞縣置玄州，領一縣，隸總管。四年，竇建德平，固安縣屬北義州。六年，改總管爲大總管，管三十九州。七年，改爲大都督府，又改涿縣爲范陽。九年，改大都督爲都督，幽、易、景、瀛、東鹽、滄、蒲、蠡、北義、燕、營、遼、平、檀、玄、北燕等十七州。貞觀元年，廢玄州，以漁陽、潞二縣來屬。又廢北義州，以固安來屬。八年，又置歸義縣。都督幽、易、燕、北燕、平、檀六州。乾封三年，置無終縣。如意元年，分置武隆縣。景龍三年，分置三河縣。開元十三年，昇爲大

都督府。十八年，割漁陽、玉田、三河置薊州。天寶元年〔七八〕，改范陽郡，屬范陽、上谷、嬀川、密雲、歸德、漁陽、順義、歸化八郡〔七九〕。乾元元年，復爲幽州。舊領縣十〔八〇〕：薊、潞、雍奴、漁陽、良鄉、固安、昌平、范陽、歸義也。戶二萬一千六百九十八，口十萬二千七十九。天寶，縣十，戶六萬七千二百四十二，口十七萬一千三百一十二。今領縣九。在京師東北二千五百二十里，至東都一千六百里。

薊　州所治。古之燕國都。漢爲薊縣，屬廣陽國。晉置幽州，慕容儁稱燕，皆治於此。自晉至隋，幽州刺史皆以薊爲治所。

幽都　管郭下西界，與薊分理。建中二年，取羅城內廢燕州廨署，置幽都縣，在府北一里。

廣平　天寶元年，分薊縣置。三載復廢。至德後，復分置。

潞　後漢縣，屬漁陽郡，隋不改。武德二年，於縣置玄州，仍置臨泃縣。玄州領潞、臨泃、漁陽、無終四縣。貞觀元年，廢玄州，省臨泃、無終二縣，以潞、漁陽屬幽州。

武清　後漢雍奴縣，屬漁陽郡。歷代不改。天寶元年，改爲武清。

永清　如意元年，分安次縣置武隆縣。景雲元年，改爲會昌縣。天寶元年，改爲永清。

安次　漢縣，屬渤海郡，至隋不改。隋屬幽州。

良鄉　漢縣，屬涿郡，至隋不改。

昌平　後漢縣，屬廣陽國，故城在今縣東南。隋屬涿郡。

涿州　本幽州之范陽縣。大曆四年，幽州節度使朱希彩，奏請於范陽縣置涿州，仍割幽州之范陽、歸義、固安三縣以隸涿，屬幽州都督。州新置，未計戶口帳籍。至京師二千四百里，至東都一千四百八十里。

范陽　漢涿郡之涿縣也，郡所治。曹魏文帝改爲范陽郡。晉爲范陽國，後魏爲范陽郡，隋爲涿縣。武德七年，改爲范陽縣。大曆四年，復於縣置涿州。

新昌　漢縣名，後廢。大曆四年，復析固安縣置。

歸義　漢易縣地，屬涿郡。北齊省入鄚縣。武德五年，於縣置北義州。貞觀元年，與州同省。八年，復置，改屬幽州。分置涿州，又來屬。

固安　漢縣，屬涿郡。武德四年，屬北義州，移治章信城。貞觀元年，省義州，以縣屬幽州，乃移於今治。今治城，漢方城縣地，屬廣陽國。

新城　大曆四年，析置。

薊州　開元十八年，分幽州之三縣置薊州。天寶元年，改爲漁陽郡。乾元元年，復爲薊州。天寶領縣三，戶五千三百一十七，口二萬八千五百二十一。至京師二千八百二十三里，至東都一千二十三里。

漁陽　後漢縣，屬漁陽國。秦右北平郡所治也〔八一〕。隋爲漁陽縣。武德元年，屬幽州。二年，改屬玄州，又分置無終縣。貞觀元年，屬幽州，省無終。神龍元年，改屬營州。開元四年，還屬幽州。十八年於縣置薊州，乃隸之。

三河　開元四年，分潞縣置，屬幽州。十八年，改隸薊州。

玉田　漢無終縣，屬右北平郡。乾封二年，於廢無終縣置，名無終，屬幽州。萬歲通天二年，改爲玉田縣。神龍元年，割屬營州。開元四年，還屬幽州。八年，又割屬營州。十一年〔八二〕，又屬薊州。

檀州　後漢傂奚縣，屬漁陽郡。隋置安樂郡，分幽州燕樂、密雲二縣隸之。武德元年，改爲檀州。天寶元年，改爲密雲郡〔八三〕。乾元元年，復爲檀州。舊領縣二，戶一千七百三十七，口六千四百六十八。天寶，戶六千六十四，口三萬二百四十六。在京師東北二千六百五十七里，至東都一千八百四十四里。

密雲　隋縣。州所治。

燕樂　隋縣。後魏於縣置廣陽郡，後廢。舊治白檀故城，長壽二年，移治新城，即今治也。

嬀州　隋涿郡之懷戎縣。武德七年，討平高開道，置北燕州，復北齊舊名。貞觀八年，改名嬀州，取嬀水爲名。長安二年，移治舊清夷軍城。天寶元年，改名嬀川郡。乾元元年，復爲嬀州。舊領縣一，戶四百七十六，口二千四百九十。天寶，戶二千二百六十三，口一萬一千五百八十四。在京師東北二千八百四十二里，至東都一千九百一十里。

懷戎　後漢潘縣，屬上谷郡。北齊改爲懷戎。嬀水經其中，州所治也。

嬀川　天寶後析懷戎縣置，今所。

平州　隋爲北平郡。武德二年，改爲平州，領臨渝、肥如二縣。其年，自臨渝移治肥如，改爲盧龍縣，更置撫寧縣。七年，省臨渝、撫寧二縣。天寶元年，改爲北平郡。乾元元年，復爲平州。舊領縣一，戶六百三，口二千五百四十二。天寶領縣三，戶三千一百一十三，口二萬五千八十六。在京師東北二千六百五十里，至東都一千九百里。

盧龍　後漢肥如縣，屬遼西郡，至隋不改。武德二年，改爲盧龍縣，復開皇舊名。

石城　漢縣，屬右北平。貞觀十五年，於故臨渝縣城置臨渝。萬歲通天二年，改爲石城，取舊名。

馬城　開元二十八年，分盧龍縣置。

順州下　貞觀六年置，寄治營州南五柳城。天寶元年，改爲順義郡〔八四〕。乾元元年，復爲順州。舊領縣一，戶八十一，口二百一十九。天寶，戶一千六十四，口五千一百五十七。

賓義　郡所理，在幽州城內。

歸順州　開元四年置，爲契丹松漠府彈汗州部落。天寶元年，改爲歸化郡。乾元元年，復爲歸順州。天寶領縣一，戶一千三十七，口四千四百六十九。在京師二千六百里，至東都一千七百一十里。

懷柔　州所理也。

營州上都督府　隋柳城郡。武德元年，改爲營州總管府，領遼、燕二州，領柳城一縣。七年，改爲都督府，管營、遼二州。貞觀二年，又督昌州。三年，又督師、崇二州。六年，又督順州。十年，又督愼州。今督七州。萬歲通天二年，爲契丹李萬榮所陷。神龍元年，移府於幽州界置，仍領漁陽、玉田二縣。開元四年，復移還柳城。八年，又往就漁陽。十一年，又還柳城舊治。天寶元年，改爲柳城郡。乾元元年，復爲營州。舊領縣一，戶一千三十一，口四千七百三十二。天寶，戶九百九十七，口三千七百八十九。在京師東北三千五百八十九里，至東都二千九百一十里。

柳城　漢縣，屬遼西郡。室韋、靺鞨諸部，並在東北。遠者六千里，近者二千里。西北與奚接界，北與契丹接界。

燕州　隋遼西郡，寄治於營州。武德元年，改爲燕州總管府，領遼西、瀘河、懷遠三縣。其年，廢瀘河縣。六年，自營州南遷，寄治於幽州城內。貞觀元年，廢都督府，仍省懷遠縣。開元二十五年，移治所於幽州北桃谷山。天寶元年，改爲歸德郡。乾元元年，復爲燕州。舊領縣一，無實土戶。所領戶出粟皆靺鞨別種〔八五〕，戶五百。天寶，戶二千四十五，口一萬一千六百三。兩京道里，與幽州同。

遼西　州所治縣也。

威州　武德二年，置遼州總管，自燕支城徙寄治營州城內。七年，廢總管府。貞觀元年，改爲威州，隸幽州大都督。所領戶，契丹內稽部落。舊領縣一，戶七百二十九，口四千二百二十二。天寶，戶六百一十一，口一千八百六十九。兩京道里，與涿州同。

威化　後契丹陷營州乃南遷，寄治於良鄉縣石窟堡，爲威化縣，州治也〔八六〕。

愼州　武德初置，隸營州，領涑沫靺鞨烏素固部落。萬歲通天二年，移於淄、青州安置。神龍初，復舊，隸幽州。天寶領縣一，戶二百五十，口九百八十四。

逢龍　契丹陷營州後南遷，寄治良鄉縣之故都鄉城，爲逢龍縣，州所治也。

玄州　隋開皇初置，處契丹李去閭部落。萬歲通天二年，移於徐、宋州安置。神龍元年，復舊。今隸幽州。天寶領縣一，戶六百一十八，口一千三百三十三。

靜蕃　州治所，范陽縣之魯泊村。

崇州　武德五年，分饒樂郡都督府置崇州、鮮州，處奚可汗部落，隸營州都督。舊領縣一，戶一百四十，口五百五十四。天寶，戶二百，口七百一十六。

昌黎　貞觀二年，置北黎州，寄治營州東北廢陽師鎮。八年，改爲崇州，置昌黎縣。契丹陷營州，徙治於潞縣之古潞城，爲縣。

夷賓州　乾封中，於營州界內置，處靺鞨愁思嶺部落，隸營州都督。萬歲通天二年，遷於徐州。神龍初，還隸幽州都督。領縣一，戶一百三十，口六百四十八。

來蘇　自徐州還寄於良鄉縣之古廣陽城，爲縣。

師州　貞觀三年置，領契丹室韋部落，隸營州都督。萬歲通天元年，遷於青州安置。神龍初，改隸幽州都督。舊領縣一，戶一百三十八，口五百六十八。天寶，戶三百一十四，口三千二百一十五。

陽師　貞觀置州於營州東北廢陽師鎮，故號師州。神龍中，自青州還寄治於良鄉縣之故東閭城，爲州治，縣在焉。

鮮州　武德五年，分饒樂郡都督府奚部落置，隸營州都督。萬歲通天元年，遷於青州安

置。神龍初，改隸幽州。天寶領縣一，戶一百七，口三百六十七。

賓從　初置營州界，自青州還寄治潞縣之古潞城。

帶州　貞觀十九年，於營州界內置，處契丹乙失革部落，隸營州都督。萬歲通天元年，遷於青州安置。神龍初，放還，隸幽州都督。天寶領縣一，戶五百六十九，口一千九百九十。

孤竹　舊治營州界。州陷契丹後，寄治於昌平縣之清水店，爲州治。

黎州　載初二年，析慎州置，處浮渝靺鞨烏素固部落，隸營州都督。萬歲通天元年，遷於宋州管治。神龍初還，改隸幽州都督。天寶領縣一，戶五百六十九，口一千九百九十一。

新黎　自宋州還寄治於良鄉縣之故都鄉城。

沃州　載初中，析昌州置，處契丹松漠部落，隸營州。州陷契丹，乃遷於幽州，隸幽州都督。天寶領縣一，戶一百五十九，口六百一十九。

濱海　沃州本寄治營州城內，州陷契丹，乃遷於薊縣東南迴城，爲治所。

昌州　貞觀二年置，領契丹松漠部落，隸營州都督。萬歲通天二年，遷於青州安置。神龍初還，隸幽州。舊領縣一，戶一百三十二，口四百八十七。天寶，戶二百八十一，口一千八十八。

龍山　貞觀二年，置州於營州東北廢靜蕃戍。七年，移治於三合鎮。營州陷契丹，乃遷於安次縣古常道城，爲州治。

歸義州　總章中置，處海外新羅，隸幽州都督。舊領縣一，戶一百九十五，口六百二十四。

歸義　在良鄉縣之古廣陽城，州所治也。

瑞州　貞觀十年，置於營州界，隸營州都督，處突厥烏突汗達干部落。咸亨中，改爲瑞州。萬歲通天二年，遷於宋州安置。神龍初還，隸幽州都督。舊領縣一，戶六十，口三百六十五。天寶，戶一百九十五，口六百二十四。

來遠　舊縣在營州界。州陷契丹，移治於良鄉縣之故廣陽城。

信州　萬歲通天元年置，處契丹失活部落，隸營州都督。二年，遷於青州安置。神龍初還，隸幽州都督。天寶領縣一，戶四百一十四，口一千六百。

黃龍　州所治，寄治范陽縣。

青山州　景雲元年，析玄州置，隸幽州都督。領縣一，戶六百二十二，口三千二百一十五。

青山　寄治於范陽縣界水門村。

凜州　天寶初置於范陽縣界，處降胡。領縣一，戶六百四十八，口二千一百八十七。

安東都護府　總章元年九月，司空李勣平高麗。高麗本五部，一百七十六城，戶六十九萬七千。其年十二月，分高麗地爲九都督府，四十二州，一百縣，置安東都護府於平壤城以統之。用其酋渠爲都督、刺史、縣令，令將軍薛仁貴以兵二萬鎮安東府。上元三年二月，移安東府於遼東郡故城置。儀鳳二年，又移置於新城。聖曆元年六月，改爲安東都督府。神龍元年，復爲安東都護府。開元二年，移安東都護於平州置。天寶二年，移於遼西故郡城置。

至德後廢，初置領羈縻州十四，戶一千五百八十二。去京師四千六百二十五里，至東都三千八百二十里。

新城州都督府　遼城州都督府

哥勿州都督府　建安州都督府

南蘇州　木底州　蓋牟州　代那州　倉巖州

磨米州　積利州　黎山州　延津州　安市州

凡此十四州，並無城池。是高麗降戶散此諸軍鎮，以其酋渠爲都督、刺史羈縻之。天寶，領戶五千七百一十八，口一萬八千一百五十六。

自燕以下十七州，皆東北蕃降胡散諸處幽州、營州界內，以州名羈縻之，無所役屬。安祿山之亂，一切驅之爲寇，遂擾中原。至德之後，入據河朔，其部落之名無存者。今記天寶承平之地理焉。

山南道

山南西道

梁州興元府　隋漢川郡。武德元年，置梁州總管府，管梁、洋、集、興四州〔八七〕。梁州領南鄭、褒中、城固、西四縣。二年，改城固爲唐固，割西縣置褒州。三年，置白雲縣。七年，改總管爲都督，督梁、洋、集、興、褒五州。梁州領南鄭、褒中、白雲四縣〔八八〕。八年，廢褒州，以西、金牛二縣來屬。九年，省白雲縣入城固〔八九〕。貞觀三年，復改唐固爲城固。五年，改褒中爲褒城。六年，廢都督府。八年又置，依舊督梁、洋、集、壁四州。十七年又罷。顯慶元年，復置都督府，督梁、洋、集、壁四州。開元十三年，改梁州爲褒州，依舊都督府。二十年，又爲梁州。天寶元年，改爲漢中郡，仍爲都督府。乾元元年，復爲梁州。興元元年六月，昇爲興元府。官員資序，一切同京兆、河南二府。舊領縣五，戶六千六百二十五，口二萬七千五百七十六。天寶領縣六，戶三萬七千四百七十，口十五萬三千七百一十七。至京師一千二百二十三里，至東京二千七百八里。

南鄭　州所理。漢縣，屬漢中郡。隋不改。

褒城　漢褒中縣，屬漢中郡。義寧二年，改爲褒中〔九〇〕。貞觀三年，復爲褒城。

城固　隋舊。武德二年，改爲唐固。貞觀二年，復爲城固。

西　隋舊。武德二年，置褒州，割金牛來屬，領西、金牛二縣。八年，廢褒州，以縣屬梁州。

金牛　漢葭萌縣地。武德二年，分綿谷縣置，屬褒州。八年，州廢，屬梁州。

三泉　武德四年，分綿谷縣置南安州，領三泉、嘉平二縣。八年，廢南安州及嘉平縣，以三泉屬利州。天寶元年，改屬梁州，移治沙溪之東。

鳳州下　隋河池郡。武德元年，改爲鳳州。天寶元年，復爲河池郡。乾元元年，復爲鳳州。舊領縣四，戶一千九百五十七，口九千七百九十四。天寶，戶五千九百一十八，口二萬七千八百七十七。在京師西南六百里，至東都一千四百五十里。

梁泉　漢故道縣地。後魏置梁泉縣。晉仇池所處地。後魏廢帝於縣置鳳州。

兩當　漢故道縣地，晉改兩當，取水名。

河池　後漢縣，屬武都郡。以川爲名。

黃花　武德四年，分梁泉縣置，以川爲名。

興州下　隋順政郡。武德元年，改爲興州。天寶元年，改爲順政郡。乾元元年，復爲興州。舊領縣三，戶一千二百二十五，口四千九百一十三。天寶，戶二千二百二十四，口一萬一千四十六。至京師九百四十八里，至東都一千七百八十一里。

順政　漢沮縣，屬武都郡。後魏改爲略陽。晉置武興蕃以處互市，後魏於武興蕃置興州，仍以略陽爲順政。

長舉　漢沮縣地，隋爲長舉縣。本治槃頭城，貞觀三年移於今所。

鳴水　漢沮縣地，隋爲鳴水縣。舊治落蕃水南，永隆元年，移治水北。

利州下　隋義城郡。武德元年，改爲利州，領綿谷、葭萌、益昌、義清、岐坪、嘉川、景谷七縣。二年，置總管府，管利、龍、隆、始、蓬、靜六州。三年，割綿谷之東界置南安州。四年，割景谷縣置沙州。七年，又割岐坪、義清二縣置南平州。其年，改總管府爲都督府，督利、龍、隆、始、沙、南安〔九一〕、南平、靜八州。利州領綿谷、葭萌、益昌、嘉川四縣。八年，廢南安州，割三泉縣來屬。貞觀元年，廢沙州。二年，廢南平州，復以景谷、岐坪、義清等縣來屬。其年，以嘉川屬靜州。六年，罷都督府。以州當劍口，戶不滿萬，移爲中州，又降爲下州。天寶元年，改爲益昌郡，仍割三泉屬梁州。乾元元年，復爲利州。舊領縣七，戶九千六百二十八，口三萬一千九百十三。天寶領縣六，戶二萬三千九百一十，口四萬四千六百。在京師西南一千四百八十八里，至東都二千一百九十七里。

綿谷　漢葭萌縣地，蜀爲漢壽縣。晉改晉壽縣，又分晉壽置興安縣。隋改興安爲綿谷。南齊於壽縣置西益州，後梁改爲利州。

胤山　隋義清縣。天寶元年八月，改爲胤山。

嘉川　隋屬靜州。貞觀十七年，割屬利州。

葭萌　漢縣。蜀爲漢壽，晉改晉壽，江左改晉安。隋改爲葭萌，取漢舊名。

益昌　後魏分晉壽縣置京兆縣，後周改爲益昌。

景谷　漢白水縣地。宋置平興縣，隋改爲景谷。武德四年，置沙州，割龍州之方維來屬。沙州領景谷、方維二縣。貞觀元年，廢沙州，以景谷屬利州，仍省方維縣併入。

通州上　隋通川郡。武德元年，改爲通州，領通川、宣漢、三岡、石鼓、東鄉五縣。以宣漢屬南幷州。二年，置新寧、思來二縣(六二)。三年，以東鄉屬南石州(六三)。又爲通川總管府，管通、開、蓬、渠、萬、南幷、南石、南鄰八州。通州領通川、三岡、石鼓、新寧、思來五縣。八年，以廢南石州之東鄉縣來屬。貞觀元年，以廢南幷州之宣漢來屬(六四)，又省思來入通川。其年，廢萬州，以永穆來屬。貞觀五年，廢都督府爲下州。長安二年，昇爲中州。開元二十三

年，昇爲上州。天寶元年，改爲通川郡。乾元元年，復爲通州。舊領縣七，戶七千八百九十八，口三萬八千一百二十三。天寶，戶四萬七百四十三，口十一萬八百四。在京師西南二千三百里，去東都二千八百七十五里。

通川　漢宕渠縣地，分置宣漢縣，屬巴郡。後魏改爲石城縣。梁於縣置萬州，元魏改爲通州。隋爲通川縣。

永穆　宕渠地，梁置永康縣，隋改爲永穆。武德元年，屬巴州。二年，置萬州，蜀割巴州之歸仁(六五)，置諸水、廣納、太平、恆豐四縣，並屬萬州。七年，省諸水縣。貞觀元年，廢萬州，以歸仁屬巴州，廣納屬壁州，永穆屬通州。廢太平、恆豐二縣入永穆。

三岡　隋舊縣。

石鼓　後魏置。

東鄉　武德三年，置南石州，又分置下蒲(六六)、昌樂二縣屬之。八年，廢南石州，省昌樂入石鼓，下蒲入東鄉。

宣漢　隋舊。武德元年，置南幷州，又置東關縣隸之(六七)。貞觀元年，廢南幷州，省東關入宣漢。自和昌城移治新安，屬通州。

新寧　武德二年，分通川縣置，治新寧故城。貞觀八年，移治竇城。

巴渠　永泰元年六月，分石鼓縣四鄉置巴渠。

洋州下　隋漢川郡之西鄉縣。武德元年，割梁州三縣置洋州。四年，又置洋源縣。天寶元年，改爲洋川郡。乾元元年，復爲洋州。舊領縣四，戶二千二百二十六，口一萬八千六十。天寶領縣五，戶二萬三千八百四十九，口八萬八千三百二十七。在京師南八百里，至東都二千里。

西鄉　本漢成固縣地(六八)，蜀立西鄉縣。後魏於此置洋州，以水爲名。

黃金　漢安陽縣地，屬漢中郡。後魏置黃金縣，水名也。隋縣治巴嶺鎮，貞觀三年，移於今治。

興道　隋興勢縣。貞觀二十三年，改爲興道。

洋源　武德七年，分西鄉縣置。

眞符　開元十八年，分興道置華陽縣。天寶七年，改屬京兆，仍改爲眞符。十一年，還屬洋川郡。

合州中　隋涪陵郡。武德元年，改爲合州，領石鏡、漢初、赤水三縣。三年，又置新明縣。天

寶元年，改爲巴川郡。乾元元年，復爲合州。舊領縣四，戶一萬四千九百三十四，口五萬二百一十。天寶領縣六，戶六萬六千八百一十四，口十萬七千二百二十。在京師南二千四百五十里，至東都三千三百里。

石鏡　漢墊江縣，屬巴郡。宋改名宕渠，宋置東宕渠郡及石鏡縣(六九)。又改郡爲合州，涪、漢二水合流處爲名。

新明　武德二年，分石鏡置。

漢初　後魏清居縣，隋改漢初。

赤水　隋分石鏡置。

巴川　開元二十三年，割石鏡、銅梁二縣置。

銅梁　長安三年置。初治奴崙山南，開元三年，移治於武金坑。

集州下　隋漢川郡之難江縣。武德元年，置集州，仍割巴州之符陽、長池、白石三縣來屬。又置平桑縣，凡領五縣。八年，以符陽、白石屬壁州。貞觀元年，廢平桑縣。二年，又置。六年，又省平桑、長池二縣。八年，又割壁州之符陽來屬。十七年，又割廢靜州之地平來屬。天寶元年，改爲符陽郡。乾元元年，復爲集州。舊領縣一，戶一千一百二十六，口四千一十

七。天寶領縣三，戶四千三百五十三，口二萬五千七百二十六。在京師西南一千四百二十五里，至東都二千六百里。

難江　漢宕渠縣地，後周改爲難江。梁立東巴州，恭帝改爲集州。以水爲名。

符陽　漢縣。武德元年，屬集州。三年，改屬壁州。貞觀八年，復還集州。

地平　武德元年，分清化縣置狄平縣。二年，改狄平爲地平。其年，置靜州，領地平、嘉川、大牟、清化四縣。貞觀十七年，廢靜州，嘉川屬利州，大牟、清化屬巴州，地平屬集州。

巴州中　隋清化郡。武德元年，改爲巴州，領化城、清化、曾口、盤道、永穆、歸仁、始寧、奇章、安固、伏虞、恩陽、白石、符陽、長池十四縣。其年以符陽、長池[100]、白石屬集州，以安固、伏虞屬蓬州，清化屬靜州。二年，割歸仁、永穆置萬州。貞觀元年，廢萬州，以歸仁來屬。天寶元年，改爲清化郡。乾元元年，復爲巴州。舊領縣七，戶一萬九百三十三，口四萬七千八百九十。天寶領縣十，戶三萬二百一十，口九萬一千五十一。至京師二千三百六十里，至東都二千五百八十二里。

化城　後漢漢昌縣。梁改爲梁大縣，後周改爲化城縣。後魏置大谷郡。隋置巴州於縣理。

盤道　後魏置。

清化　隋屬巴州。武德元年，於清化縣界木門故地置靜州，領清化、大牟二縣。其年，又置地平縣。六年，移靜州於地平縣。又割利州之嘉川，皆隸靜州。貞觀十七年，廢靜州，以清化縣屬巴州。

曾口　梁置。隋縣治戴公山。神龍元年，移治曾溪。

歸仁　梁置平州，隋改爲歸仁縣。武德二年，屬萬州。貞觀元年，屬巴州。

始寧　梁置，以山爲名。

奇章　梁置，縣東八里有奇章山。

恩陽　梁置義陽縣，隋改爲恩陽。貞觀十七年廢。萬歲通天元年，復置。

大牟　武德元年，分清化縣置，縣東三里有大牟山。

七盤　久視元年，分置。

蓬州下　武德元年，割巴州之安固、伏虞，隆州之儀隴、大寅，渠州之宕渠[101]、咸安等六縣，置蓬州，因周舊名。三年，以儀隴屬萬州，尋復來屬。天寶元年，改爲咸安郡。至德二年，改爲蓬山郡。乾元元年，復爲蓬州。舊領縣六，戶九千二百六十八，口三萬五千五百六十六。天寶，縣七，戶一萬五千五百七十六，口五萬三千三百五十二。至京師二千二百一十里，至東都二千九百九十五里。

良山　漢宕渠地，梁置伏虞郡安固縣。後周改伏虞爲蓬州，安固爲良山。開元初，蓬州移治大寅縣，至後不改。

大寅　梁置。舊治斗子山，後移治關壇口，今爲蓬州所治。

儀隴　梁置。武德二年，屬萬州。州廢，還蓬州。舊領金城山[102]，開元二十三年，移治平溪。

伏虞　梁宣漢縣。隋改爲伏虞，屬蓬州。

宕渠　梁置，取漢縣名。舊治長樂山，長安三年，移治羅獲水。

咸安　梁置綏安縣，隋改爲咸安。至德二年，改爲蓬山。

大竹　久視元年，分宕渠縣置。至德二年，割屬灊山郡。

壁州下　武德八年，分巴州始寧縣，改置壁州幷諸水縣。又割集州之符陽、白石二縣來屬。貞觀元年，廢萬州，割廣納縣來屬。八年，復以符陽屬集州。天寶元年，改爲始寧郡。乾元元年，復爲壁州。舊領縣三，戶一千四百九十二，口七千四百四十九。天寶，縣四，戶一萬二千三百六十八，口五萬四千七百五十七。在京師西南一千八百二十二里，至東都二千九百四十二里。

諸水　後漢宣漢縣，梁分宣漢置始寧縣，元魏分始寧置諸水縣。武德八年，分巴州始寧之東境，置壁州及諸水縣。今州所治。

廣納　武德三年，割始寧、歸仁二縣地置，以廣納溪爲名。

白石　後魏置，以白石水爲名。武德初，屬巴州，又改屬集州。八年，還壁州。

巴東　開元二十三年六月，置太平縣。天寶元年八月二十四日，改爲巴東縣。

商州　隋上洛郡。武德元年，改爲商州。其年，於上津縣置上州。貞觀十年[103]，州廢，上津來屬。天寶元年，改爲上洛郡。乾元元年，復爲商州。舊領縣五，戶四千九百一，口二萬一千五十。天寶，縣六，戶八千九百二十六，口五萬二千八十。至京師二百八十一里，至東都八百八十六里。

上洛　漢縣，屬弘農郡。言在洛水之上，故爲縣名。隋於縣置上洛郡。

豐陽　漢商縣地。晉分商縣置豐陽，以川爲名。舊治吉川城，麟德元年，移理豐陽川。

洛南　漢上洛縣地。晉分置拒陽縣，隋改拒陽爲洛南。舊治拒陽川，顯慶三年，移治淸州〔一〇四〕。

商洛 漢商縣，屬弘農郡。隋文加「洛」字。

上津 漢長利縣地，屬漢中郡。梁置南洛州，後魏改爲上州，隋廢州爲上津縣。義寧二年，置上津郡。武德元年，改爲上州，領上津、豐利、黃土、長利四縣。貞觀初，省長利縣。十年，廢上州，以黃土屬金州，豐利屬均州，上津屬商州。

安業 萬歲通天元年，分豐陽置。景龍三年，改屬雍州。景雲元年，還屬商州。乾元元年正月，改爲乾元縣，割屬京兆府。

金州 隋西城郡。武德元年，改爲金州，領洵陽、石泉、安康等縣。其年，割洵陽、驢川二縣置洵州，領三縣。又置西安州。又立寧都、廣德二縣隸西安州。爲直州。三年，金州置總管府，管金、井、直、洵、洋、南豐、均、漸、遷、房、重、順十二州。七年〔一〇五〕，廢洵州，以洵城、洵陽、驢川三縣來屬。貞觀元年，廢直州，又省寧都、廣德，以安康來屬，仍省驢川縣。八年，省洵城縣〔一〇六〕，又以廢上州之黃土縣來屬。天寶元年，改爲安康郡。至德二年二月，改爲漢南郡。乾元元年，復爲金州。舊領縣六，戶一萬四千九十一，口五萬三千二十九。天寶，戶九千六百七十四，口五萬七千九百八十一。在京師南七百三十

七里，至東都一千七百里。

西城 州所理。漢西城縣，屬漢中郡。後魏置安康郡，尋改爲東梁州。又以其地出金，改爲金州。皆以西城爲治所。隋末廢。義寧二年，復置。

洵陽 漢縣名。武德元年，置洵州，又分洵陽置洵城、驢川二縣〔一〇七〕。七年，廢洵州，三縣屬金州。貞觀二年，省驢川。八年，省洵城，並入洵陽。

淯陽 後魏黃土縣。義寧二年，屬上州。貞觀八年，屬金州。天寶元年，改爲淯陽。

石泉 隋縣。聖曆元年，改爲武安。神龍初，復爲石泉。永貞元年，省入漢陰縣，復置。

漢陰 漢安陽縣，屬漢中郡。晉武改爲安康，置安康郡。隋改爲縣。武德元年，置西安州，立寧都、廣德二縣。改西安州爲直州。州廢，省寧都、廣德二縣入安康。至德二年二月，改爲漢陰縣。

平利 後周於平利川置吉陽縣，隋改爲安吉〔一〇八〕。武德元年，改爲平利。

開州 隋巴東郡之盛山縣。義寧二年，分置萬州，仍割巴東郡之新浦，通川郡之萬世、西流三縣來屬。武德元年，改爲開州，領四縣。貞觀初，省西流入盛山。天寶元年，改爲盛山郡。乾元元年，復爲開州。舊領縣三，戶二千一百二十二，口一萬五千五百四。天寶，戶五千六百六十，口三萬四百二十一。在京師南一千四百六十里，至東都二千六百七十里。

盛山 漢朐䏰縣，屬巴郡。蜀分置漢豐縣〔一〇九〕，周改漢豐爲永寧。隋改永寧爲盛山，以山爲名。

新浦 宋分漢豐縣置。

萬歲 後周之萬縣，隋加「世」字。貞觀二十三年，改萬世爲萬歲縣。

渠州下 隋宕渠郡。武德元年，改爲渠州，領流江、賨城、宕渠、咸安、潾水、墊江六縣。其年，改賨城爲始安。又分置賨城、義興、豐樂三縣。以宕渠、咸安二縣屬蓬州。又分潾水、墊江〔一一〇〕、潾山、鹽泉四縣置潾州。三年，割潾州之潾水來屬。八年，省義興、豐樂〔一一一〕、賨城三縣。其年，廢潾州，以潾山來屬。天寶元年，改爲潾山郡。乾元元年，復爲渠州。舊領縣四，戶九千七百二十六，口二萬一千五百五十二。天寶，戶九千九百五十七，口二萬六千五百二十四。在京師西南二千一百七十里，至東都三千一百九十里。

流江 漢宕渠縣地，屬巴郡。梁置渠州，周改爲北宕渠郡，又改爲流江郡。仍於郡內置流江縣。武德元年，改爲渠州。又併賨城、義興二縣入流江。

潾水 梁置。義寧元年，屬潾州。武德三年，屬渠州。

渠江 梁置始安縣，隋不改〔一一二〕。天寶元年八月，改爲渠江縣。

潾山 梁置。潾山，在縣西四十里，重疊潾比爲名〔一一三〕。隋末，縣廢。武德元年，分置潾山縣〔一一四〕，又置潾州。八年，州廢，縣隸渠州。

渝州 隋之巴郡。武德元年，置渝州，因開皇舊名，領江津、涪陵二縣。其年，以涪陵屬涪州。三年，置萬春縣。改萬春爲萬壽縣。貞觀十三年，以廢霸州之南平縣來屬。天寶元年，改爲南平郡。乾元初，復爲渝州。舊領縣四，戶一萬二千七百一十，口五萬七百一十三。天寶，戶六千九百九十五，口二萬七千六百八十五。在京師西南二千七百四十八里，至東都三千四百三十里。

巴 漢江州縣，屬巴郡。古巴子國地。梁置楚州〔一一五〕。隋改爲渝州，以水爲名。

江津 漢江州縣分置。

萬壽 武德三年，分江津縣置萬春縣。五年，改爲萬壽。

南平 貞觀四年，分巴縣置。於縣南界置南平州，領南平、淸谷、周泉、昆川、和山、白溪、瀛山七縣。八年，改南平州爲霸州。十三年，州廢，省淸谷等縣，以南平縣屬渝州。

山南東道

鄧州 隋南陽郡。武德二年，改爲鄧州，領穰縣、冠軍、深陽三縣。三年，立順陽縣。州置總管，管鄧、淅、酈、宛、淯〔二六〕、新、弘等七州。四年，廢總管，隸山南行臺。廢新州，以新野縣來屬。又置平晉縣。六年，省順陽入冠軍，省平晉入穰縣。八年，廢宛州，以南陽來屬，廢酈州，以新城來屬。貞觀元年，省冠軍入新城。天寶元年，改爲南陽郡。乾元元年，復爲鄧州。舊領縣六，戶三千七百五十四，口一萬八千二百一十二。天寶領縣七，戶四萬三千五十五，口十六萬五千二百五十七。在京師東南九百二十里，至東都六百七十里。

穰 漢縣，屬南陽郡。漢南陽郡以宛爲理所，後魏移治於穰。隋改爲南陽郡，尋改爲鄧州，取漢鄧縣爲名。

南陽 漢南陽郡所治宛縣也。武德三年，置宛州，領南陽、上宛、上馬、安固四縣，並寄治宛城。八年，州廢，以上馬入唐州，餘三縣入南陽縣，屬鄧州。

新野 漢縣，屬南陽郡。晉於縣置義州〔二七〕。武德四年，分置新州，領一縣。其年，新州廢，縣屬鄧州。

向城 漢西鄂縣地，屬鄧州〔二八〕。後魏於古向城置縣，乃改立。

臨湍 後魏割冠軍縣北境置新城縣。武德二年，移治虎遙城，屬酈州。八年，廢酈州，縣屬鄧州。貞觀三年，移治故臨湍聚。天寶元年，改爲臨湍縣。

內鄉 漢淅縣地，屬弘農郡。後周改爲中鄉，隋改爲內鄉。武德元年，置淅州，又分內鄉置默水縣，後復改爲內鄉。

菊潭 漢沮陽縣地。隋改沮水縣，後廢。開元二十四年，割新城復置，改爲菊潭。

唐州上 隋淮安郡。武德四年，改爲顯州，仍置總管，領顯、北澧、純三州。顯州領比陽〔二九〕、慈丘、平氏、顯岡四縣。五年，又分置唐州，屬顯州總管。七年，改爲都督府，州不改。貞觀元年，罷都督，仍以廢純州桐柏縣來屬。三年，省顯岡縣。九年，改顯州爲唐州，以廢唐州之棗陽、湖陽及廢魯州之方城三縣來屬。十年，以棗陽屬隋州。開元五年，以方城來屬僊州。十三年，置上馬縣。二十六年，以方城來屬。天寶元年，改爲淮安郡。乾元元年，復爲唐州。舊屬河南道，至德後，割屬山南東道。舊領縣六，戶四千七百二十六，口二萬二千二百九十九。天寶領縣七，戶四萬二千六百四十三，口十八萬三千三百六十。至京師一千四百八十里，至東都六百四十六里。

比陽 漢縣，屬南陽郡。後魏置東荊州於漢比陽古城，改爲淮州。隋改淮州爲顯州，取界內顯望岡爲名。貞觀元年，改爲唐州。比水出縣東〔三〇〕。今縣，州所治也。

慈丘 隋分比陽縣置，取界內慈丘山爲名。

桐柏 漢平氏縣地，屬南陽郡。梁置華州，西魏改淮州，又爲純州。後周爲大義郡，隋廢郡爲桐柏縣。

平氏 漢縣，屬南陽郡。

湖陽 漢縣，屬南陽郡。隋不改，屬舂陵郡。武德四年，於縣置湖州，領湖陽、上馬二縣。貞觀元年，廢湖州，省上馬，以湖陽屬唐州。

方城 前漢堵陽縣，屬南陽郡。後漢改爲順陽。隋改爲方城縣，屬淯陽郡。武德二年，於縣置北澧州，領方城、眞昌二縣。貞觀初，省眞昌縣。八年，改北澧州爲魯州，領縣不改。九年，省魯州，以方城屬唐州。

泌陽 後魏石馬縣，後訛爲上馬縣。貞觀元年廢。開元十三年，割湖陽復置上馬縣。天寶元年，改爲泌陽縣。

均州下 隋淅陽郡之武當縣。義寧二年，割淅陽之武當、均陽二縣置武當郡〔三一〕。又置平陵縣。武德元年，改爲均州。七年，省平陵縣。八年，省均陽入武當。其年，以南豐州之鄖鄉〔三二〕、堵陽、安福三縣來屬。貞觀元年，廢均州，又省堵陽、安福二縣。以武當、鄖鄉二縣屬淅州。八年，廢淅州，又以武當、鄖鄉二縣置均州。又廢上州，割豐利縣來屬。天寶元年，改爲武當郡。乾元元年，復爲均州。舊領縣三，戶二千八百二十九，口一萬二千五百九十三。天寶，戶九千六百九十八，口五萬八百九。在京師東南九百三十里，至東都九百一十七里。

武當 州所治。漢縣，南陽郡。梁置南始平郡，後魏改爲豐州，隋改爲均州，皆治武當縣。縣舊治延岑城，顯慶四年，移於今所。

鄖鄉 漢錫縣地，屬漢中郡。晉改爲鄖鄉。武德元年，置南豐州，領鄖鄉、安福、堵陽三縣。屬均州〔三三〕。貞觀元年，廢均州，以鄖鄉、武當屬淅州〔三四〕。又省安福、堵陽，並入鄖鄉。八年，復置均州，二縣來屬。

豐利 漢長利縣地。後魏置豐利郡，分錫縣置豐利縣。武德初，屬上州。州廢，屬均州。

房州下 隋房陵郡。武德元年，改爲遷州，領光遷、永淸，又置受陽、淅川、房陵，凡領五縣。

其年，又於竹山縣置房州，領竹山、上庸，又置武陵，凡領三縣。五年，廢遷州之淅川。七年，又廢房陵、受陽二縣。貞觀十年，廢遷州，自竹山移房州治於廢州城。其年，省武陵縣。改光遷爲房陵縣。天寶元年，改爲房陵郡。乾元元年，復爲房州。舊領縣四，戶四千五百三十三，口二萬一千五百七十九。天寶，戶一萬四千四百二十二，口七萬一千七百八。在京師南一千二百九十五里，至東都一千一百八十五里。

房陵　漢縣，屬漢中郡。後魏爲新城郡，又改爲光遷國。武德初，改爲遷州，置光遷縣。又改爲房州，兼改光遷爲房陵縣。

永清　後魏分房陵縣置大洪縣，周改爲永清。

竹山　分上庸縣置。武德元年，置房州。貞觀十年(三五)，州移治房陵縣。

上庸　漢縣，屬漢中郡。

隋州下　隋爲漢東郡。武德三年，改爲隋州，領隋縣、光化、安貴、平林、順義五縣。五年，省安貴縣。八年，省平林、順義二縣。貞觀十年，割唐州棗陽來屬。天寶元年，改爲漢東郡。乾元元年，復爲隋州。舊領縣三，戶二千三百五十三，口一萬一千八百九十八。天寶，縣四，戶二萬三千九百一十七，口十萬五千七百二十二。在京師東南一千三百八十八里，

至東都一千八里。

隋　漢縣，屬南陽郡。後魏於縣置隋州，隋爲漢東郡，皆治隋州。

光化　隋縣。

棗陽　漢春陵縣，屬南陽郡。隋置春陵郡。武德三年，改爲昌州，領棗陽、春陵、清潭、湖陽、上馬五縣。其年，分湖陽、上馬置湖州。五年，廢昌州及清潭縣。貞觀元年，省春陵入棗陽。其年，以廢湖州之上馬、湖陽來屬。九年，廢顯州。自此移唐州於廢顯州，仍屬焉。十年，改屬隋州。

唐城　開元二十六年，分棗陽置。

郢州　後魏置温州。武德四年，置郢州於長壽縣，置京山(三六)、藍水二縣屬焉。貞觀元年，省藍水入長壽。又廢郢州，以長壽屬都州(三七)，章山屬荆州(三八)。十七年，廢温州，依舊置郢州，治京山。天寶元年，改爲富水郡。乾元元年，復爲郢州。舊温州領縣三，戶一千五百八十，口七千一百七十三。天寶改郢州，戶一萬二千四十六，口五萬七千三百七十五(三九)。在京師東南一千四百四十里，至東都一千一百四十九里。

京山　隋縣，屬安陸郡。武德四年，置温州，因後魏。領京山、富水二縣。貞觀八年，

廢都州(四〇)，以長壽來屬。十七年，復於縣置郢州。

長壽　漢竟陵縣地，屬江夏郡。武德四年，於縣置郢州。貞觀元年，廢郢州，以長壽屬都州(四一)。八年，又屬温州。十七年，又屬郢州。

富水　隋舊。武德初，屬温州。州廢，屬郢州。

復州　隋沔陽郡。武德五年，改爲復州，治竟陵縣。貞觀七年，移治沔陽。天寶元年，改爲竟陵郡。乾元元年，復爲復州。舊領縣三，戶一千四百九十四，口六千二百一十八。天寶，戶八千二百一十，口四萬四千八百八十五。在京師東南一千八百里，至東都一千五百一十八里。

沔陽　漢竟陵縣地，屬江夏郡。隋置沔陽郡，武德初，改爲復州，皆治此縣。

竟陵　漢縣，後廢。晉復置，至隋不改。

監利　漢華容縣地，屬南郡。晉置監利縣。

襄州緊上　隋襄陽郡。武德四年，平王世充，改爲襄州，因隋舊名。領襄陽、安養、漢南、義清、南漳、常平六縣。州置山南道行臺，統交、廣、安、黄、壽等二百五十七州。五年，省鄭

州，以陰城、穀城二縣來屬。七年，罷行臺爲都督府，督襄、鄧、唐、均、淅、重七州。貞觀元年，廢重州，以荆山縣來屬。六年，廢都督府。八年，廢都州(四二)，以率道、樂鄉二縣來屬。又省常平入襄陽，省陰城入穀城，省南津入義清，省漢南入率道。天寶元年，改爲襄陽郡。十四載，置防禦使。乾元元年，復爲襄州。上元二年，置襄州節度使，領襄、鄧、均、房、金、商等州，自後爲山南東道節度使治所。舊領縣七，戶八千九百五十七，口四萬五千一百九十五。天寶，戶四萬七千七百八十，口二十五萬二千一。在京師東南一千一百八十二里，至東都八百五十三里。

襄陽　漢縣，屬南郡。建安十三年，置襄陽郡。晉入爲荆州治所。梁置南雍州，西魏改爲襄州，隋爲襄陽郡，皆以此縣爲治所。

鄧城　漢鄧縣，屬南陽郡，古樊城也。宋故安養縣。天寶元年，改爲臨漢縣。貞元二十一年，移縣古鄧城置，乃改臨漢爲鄧城縣。

穀城　漢筑陽縣地，屬南陽郡。隋爲穀城縣。

義清　漢中廬縣地，屬南郡。元魏改爲義清縣。舊治柘林，永徽元年，移治清良。

南漳　漢臨沮縣，屬南郡。晉立上黄縣，後魏改爲重陽縣，隋改爲南漳。武德二年，分南漳置荆山縣。又於縣治西一百五里置重州，領荆山、重陽、平陽、渠陽、土門、歸義六

縣。七年，省渠陽入荆山，省平陽入重陽，又省土門、歸義二縣併房州之永清〔一三三〕。貞觀元年，廢重州，以荆山屬襄州。移重陽入州城，改屬遷州。八年，省重陽入荆山。開元十八年，省荆山，移治於南漳故城，乃改爲南漳。

宜城　漢邔縣，屬南郡。宋立華山郡於大隄村，即今縣。後魏改爲宜城郡，分華山、新野置陽立率道縣〔一三四〕。周省宜城郡入率道縣〔一三五〕。武德四年，率道屬鄀州〔一三六〕。貞觀八年，改隸襄州。天寶七載，改爲宜城縣〔一三七〕。

樂鄉　漢鄀縣，屬南郡。晉於合城郡置樂鄉縣〔一三八〕。武德四年，置鄀州，領樂鄉、長壽、率道、上洪四縣〔一三九〕。貞觀元年，省上洪縣。八年，廢鄀州，以長壽屬温州，以樂鄉、率道屬襄州。

荆州江陵府　隋爲南郡。武德初，蕭銑所據。四年，平銑，改爲荆州，領江陵、枝江、長林、安興、石首、松滋、公安七縣。五年，荆州置大總管，管荆、辰、朗、澧、東松、沈、基、復、巴、睦、崇、硤、平等十三州，統潭、桂、交、循、夔、高、康、欽、尹九州。六年，改平州爲玉州，改巴州爲岳州。七年，廢基州入郢州。其年，改大總管爲大都督，督荆、辰、澧、朗、東松、岳、硤、玉八州，仍統潭、桂、交、夔、高、欽、尹等七州。其沈、復、睦、崇四州，循、康二州都督並不

統。八年，廢玉州，以當陽縣來屬。貞觀元年，廢郢州，以章山來屬〔一四〇〕。二年，降爲都督府，惟督前七州而已。其桂、潭等七州，不統也。八年，廢東松州入硤州，又省章山入長林。十年，辰州改隸黔州。都督硤、澧、朗、岳四州。都督從三品。荆州領江陵、枝江、當陽、長林、安興、石首、松滋、公安等八縣。龍朔二年，昇爲大都督，督硤、岳、復、郢四州。天寶元年，改爲江陵郡。乾元元年三月，復爲荆州大都督府。自至德後，中原多故，襄、鄧百姓，兩京衣冠，盡投江、湘，故荆南井邑，十倍其初，乃置荆南節度使。上元元年九月，置南都，以荆州爲江陵府，長史爲尹，觀察、制置，一準兩京。以舊相呂諲爲尹，充荆南節度使，領澧、朗、硤、夔、忠、歸、萬等八州，又割黔中之涪，湖南之岳、潭、衡、郴、邵、永、道、連八州，增置萬人軍，以永平爲名。二年，置長寧縣於郭內，與江陵並治。其年，省枝江縣入長寧。至德二年，江陵尹衞伯玉，以湖南闊遠，請於衡州置防禦使。自此，八州置使，改屬江南西道。舊領縣八，戶一萬二百六十，口四萬九百五十八。天寶領縣七，戶三萬一百九十二，口十四萬八千一百四十九。在京師東南一千七百三十里，至東都一千三百一十五里。

江陵　漢縣，南郡治所也。故楚都之郢城，今縣北十里紀南城是也。後治於郢，在縣東南。今治所，晉桓温所築城也。

長寧　上元元年，分江陵縣置，治郭下。二年，又廢枝江併入。

當陽　漢縣，屬南郡。武德四年，於縣置平州，領當陽、臨沮二縣。六年，改屬玉州。又省臨沮入當陽，屬荆州。

長林　晉分編縣置長林縣，以其有櫟林長阪故也。武德四年，於縣東北百二十里置基州及章山縣。七年，廢基州，以章山屬郢州。州廢，屬荆州。八年，省入長林。

石首　漢華容縣，屬南郡。武德四年，分華容縣置，取縣北石首山爲名。舊治石首山，顯慶元年，移治陽支山下。

松滋　漢高城縣地，屬南郡。松滋，亦漢縣名，屬廬江郡。晉時松滋縣人避亂至此，乃僑立松滋縣，因而不改。

公安　吳孱縣地〔一四一〕。漢末左將軍劉備，自襄陽來鎮此，時號左公，乃改名公安。

硤州下　隋夷陵郡。武德四年，平蕭銑〔一四二〕，置硤州，領夷陵、夷道、遠安三縣。貞觀八年，廢東松州，以宜都、長陽、巴山三縣來屬。其年，省夷道入宜都。九年，自下牢鎮移治陸抗故壘。天寶元年，改爲夷陵郡。乾元元年，復爲硤州。舊領縣五，戶四千三百，口一萬七千一百二十七。天寶，戶八千九十八，口四萬五千六十六。在京師東南一千八百八十八里，至東都一千六百四十六里。

夷陵　漢縣，屬南郡。有夷山在西北，因爲名。蜀置宜都郡，梁改爲宜州，後魏改爲拓州〔一四三〕，又改爲硤州。隋縣治石皐城。武德四年，移治夷陵府。貞觀九年，移治陸抗故壘。

宜都　漢夷道縣，屬南郡。陳改爲宜都，隋改爲宜昌，屬荆州。武德二年，置江州，領宜昌一縣，尋改爲宜都。六年，改江州爲東松州。八年，廢睦州，以長陽、巴山來屬。貞觀八年，廢東松州，盡以三縣屬硤州。

長陽　漢佷山縣，屬武陵郡。隋改爲長陽，以溪水爲名。隋屬荆州。武德四年，置睦州，領長陽、巴山二縣。八年，廢睦州，以二縣屬東松州。貞觀八年，屬硤州。

遠安　漢臨沮縣地，屬南郡。晉改高安縣。後周改爲遠安，屬硤州。

巴山　隋分佷山縣置巴山縣。武德二年，置江州〔一四四〕，領巴山、鹽水二縣。四年，廢江州及鹽水縣，以巴山屬睦州。八年，屬東松州。貞觀八年，屬硤州〔一四五〕。

歸州　隋巴東郡之秭歸縣。武德二年，割夔州之秭歸、巴東二縣，分置歸州。三年，分秭歸置興山縣，治白帝城。天寶元年，改爲巴東郡。乾元元年，復爲歸州。舊領縣三，戶三千五百三十一，口二萬一十一。天寶，戶四千六百四十五，口二萬三千四百二十七。在京師南二千二百六十八里，至東都一千八百四十三里。

秭歸　漢縣，屬南郡。魏改爲臨江郡，吳、晉爲建平郡。隋屬巴東郡。武德二年，置歸州。

巴東　漢巫縣地，屬南郡。周置樂鄉縣，隋改爲巴東縣。

興山　武德三年，分秭歸縣置。舊治高陽城，貞觀十七年，移治太清鎮，天授二年，移治古夔子城。

夔州下　隋巴東郡。武德元年，改爲信州，領人復、巫山、雲安、南浦、梁山、大昌、武寧七縣。二年，以武寧、南浦、梁山屬浦州。又改信州爲夔州，仍置總管，管夔、硤、施、業、浦、涪〔三六〕、渝、谷、南、智、務、黔、克、思、巫、平十九州。八年，以浦州之南浦、梁山來屬。九年，又以南浦、梁山屬浦州。貞觀十四年，爲都督府，督歸、夔、忠、萬、涪、渝、南七州。後罷都督府。天寶元年，改爲雲安郡。至德元年，於雲安置七州防禦使。乾元元年，復爲夔州。二年，刺史唐論請升爲都督府，尋罷之。舊領縣四，戶七千八百三十，口三萬九千五百五十。天寶，戶一萬五千六百二十九，口六萬五十。在京師南二千四百四十三里，至東都二千一百七十五里。

奉節　漢魚復縣，屬巴郡，今縣北三里赤甲城是也。梁置信州，周爲永安郡，隋爲巴東郡，仍改爲人復縣。貞觀二十三年，改爲奉節。

雲安　漢朐䏰縣，屬巴郡。故城曰萬戶城。縣西三十里，有鹽官。

巫山　漢巫縣，屬南郡。隋加「山」字，以巫山硤爲名。舊治巫子城。

大昌　晉分巫、秭歸縣置建昌縣，又改爲大昌。隋不改。

萬州　隋巴東郡之南浦縣。武德二年，割信州之南浦置南浦州，領南浦、梁山、武寧三縣。八年，廢南浦州，以南浦、梁山屬夔州，武寧屬臨州。其年，復立浦州，依舊領三縣。貞觀八年，改爲萬州。天寶元年，改爲南浦郡。乾元元年，復爲萬州。舊領縣三，戶五千三百九十六，口三萬八千八百六十七。天寶，戶五千一百七十九，口二萬五千七百四十六。在京師西南二千六百二十四里，至東都二千四百六十五里。

南浦　後魏分朐䏰縣置魚泉縣，周改爲萬川，隋改爲南浦。武德二年，置浦州。貞觀八年，改爲萬州，以此縣爲治所。

武寧　漢臨江縣地，周分置源陽縣，隋改爲武寧，治巴子故城。

梁山　後周分朐䏰縣置，治後魏萬川郡故城。

忠州　隋巴東郡之臨江縣。義寧二年，置臨州，又分置豐都縣。武德二年，分浦州之武寧置南賓縣，又分臨江置清水縣，並屬臨州。八年，又以浦州之武寧來屬。其年，又隸浦州〔三七〕。九年，以廢潾州之墊江來屬。貞觀八年，改臨州爲忠州。天寶元年，改爲南賓郡。乾元元年，復爲忠州。舊領縣五，戶八千三百一十九，口四萬九千四百七十八。天寶，戶六千七百二十二，口四萬三千二十六。在京師南二千二百二十二里，至東都二千七百四十七里。

臨江　漢縣，屬巴郡。後魏置萬川郡。貞觀八年，改臨州爲忠州，治於此縣。

豐都　漢枳縣地，屬巴郡。後漢置平都縣。義寧二年，分臨江置豐都縣。

南賓　武德二年，分武寧縣置。

墊江　漢縣，屬巴郡，後廢。後魏分臨江復置。周改爲魏安，隋復爲墊江。武德初，屬潾州。州廢，屬臨州。

桂溪　武德二年，分臨江置清水縣。天寶元年，改爲桂溪。

校勘記

〔一〕芮城縣　「城」字各本原無，據通典卷一七九、元和志卷一二、寰宇記卷四六補。

〔二〕皮氏縣　「皮氏」各本原作「艾氏」，據漢志、通典卷一七九、元和志卷一二、寰宇記卷四六改。

〔三〕領龍門萬泉汾陰四縣　據上下文及寰宇記卷四六，「四」當作「三」。

〔四〕廢泰州及芮縣　按「芮縣」當作「芮城縣」，據本書卷三八地理志、寰宇記卷六，貞觀十七年，芮城縣未廢，疑此處「及芮縣」三字爲衍文。

〔五〕其年以廢北澮州之翼城置翼城縣……三縣併入絳州　按此處有訛衍，據寰宇記卷四七、新志，「其年」應爲「義寧元年」，「廢北澮州」應作「絳州」，「翼城縣」應作「翼城郡」。

〔六〕霍邑　各本原作「靈石」，據本卷上下文及元和志卷一二、寰宇記卷四三改。

〔七〕北溫州　「溫」字各本原作「隰」，據寰宇記卷四八改。

〔八〕省中昌西德北溫四州　「溫」、「四」二字各本原作「隰」、「三」，據本卷上下文及寰宇記卷四八改。

〔九〕八年　元和志卷一二、寰宇記卷四八、新志，「八年」上有「貞觀」二字。

〔一〇〕斤城縣　「斤」字各本原作「伃」，據元和志卷一二、寰宇記卷四八改。本條下文「伃」字照改爲「斤」字。

〔一一〕後魏曰沮城　據魏書地形志（以下簡稱魏志）、隋志，「沮」字應爲「陽」字之譌。

〔一二〕東永安縣　「東」字各本原無，據魏志、元和志卷一五、寰宇記卷四四補。

〔一三〕屬蓋州州廢來屬　據本卷上下文及隋志，蓋州置於武德元年，隋無此州，沁水縣自隋至唐皆屬潭州，未嘗屬蓋州。

〔一四〕陵川　各本原作「陵武」，據本卷上文及寰宇記卷四四改。

〔一五〕陽城郡　「郡」字各本原作「縣」，據寰宇記卷五〇改。

〔一六〕汾陽　各本原作「沁陽」，據本卷下文及寰宇記卷四〇改。

〔一七〕仍以文水屬汾州……管幷……汾七州　二「汾」字各本原作「沁」，據本卷下文及寰宇記卷四〇改。

〔一八〕又以文水屬汾州　「屬」字各本原作「置」，據本卷下文及寰宇記卷四〇改。

〔一九〕太州　「太」下各本原有「原」字，據本卷上文及元和志卷一三、寰宇記卷四〇刪。

〔二〇〕神龍元年　「元」字各本原作「九」，按神龍無九年，據元和志卷一三、寰宇記卷四〇改。

〔二一〕受州　各本原作「遂州」，據本卷上下文及元和志卷一三、寰宇記卷四〇改。

〔二二〕後漢改爲石艾縣　「石艾」，後漢書郡國志（以下簡稱後漢志）、晉書地理志（以下簡稱晉志）作「上艾」，魏志始作「石艾」。按元和志卷一三、寰宇記卷五〇俱言後魏改爲石艾縣。疑「後漢」爲「後魏」之誤。

〔二三〕箕州　據本卷上文及寰宇記卷四四，「箕州」當作「遼山」。

〔二四〕管代蔚忻朔四州　「朔」字各本原無，據寰宇記卷四九補。

〔二五〕東魏置廓州又廢　此七字各本原在「繁畤　漢縣」下，據隋志、寰宇記卷四九改。

〔二六〕武延縣　「武延」各本原作「延武」，據元和志卷一四、寰宇記卷四九、新志改。

〔二七〕貞元十五年　「貞元」各本原作「貞觀」，據寰宇記卷四二改。

〔二八〕太和縣　「太和」各本原作「太初」，據本卷上文及元和志卷一四、寰宇記卷四二改。

〔二九〕北恆州　「北」字各本原無，據本卷上文及寰宇記卷四九補。

〔三〇〕東南至朔州三百五十七里　「南」、「三」二字各本原作「北」、「五」，據寰宇記卷四九改。

〔三一〕懷州領河內武德軹濟源五縣　寰宇記卷五三「五縣」作「四縣」。

〔三二〕改爲武陟廢陟州　「廢」上各本原有「隋」字，新志作「武德四年……更脩武曰武陟，別置脩武縣。是年，州廢。」此處「隋」字疑衍，據刪。

〔三三〕黎州　「黎」字各本原無，據本卷下文及寰宇記卷五六補。

〔三四〕領臨河內黃湯陰觀城頓丘繁陽澶水八縣　據本卷上下文及新志，「領」下應有「黎陽」二字。

〔三五〕省繁陽　據本卷下文及元和志卷一六、寰宇記卷五七，「繁陽」當作「澶州」。

〔三六〕管磁洺黎衞邢六州　「磁」字各本原作「慈」，據本卷下文及寰宇記卷五六有磁州，此處「慈」應作「磁」，據改。下同。以上下文觀之，此處當脫一「相」字。

〔三七〕滏陽　各本原作「安陽」，據本卷下文及寰宇記卷五五、新志改。

〔三八〕以趙城東南移三十里　「東」字各本原作「西」，據上文「於今州西北三十里古趙城置貴鄉縣」及下文貴鄉沿革改。

〔三九〕領貴鄉　「領」下各本原有「復爲」二字，據寰宇記卷五四刪。

〔四〇〕管魏黎澶莘毛五州　「魏」字各本原無，據本卷下文及寰宇記卷五四補。

〔四一〕領貴鄉昌樂繁水漳陰元城魏六縣　「魏」字各本原無，據寰宇記卷五四補。

〔四二〕隋置新州　據隋志、元和志卷一六，此處「新州」疑爲「莘州」之誤。

〔四三〕領聊城武水堂邑茌平仍置莘亭靈泉清平博平高唐凡九縣　「高唐」各本原無，據寰宇記卷五四補。「靈泉」，聞本及下文博平沿革作「靈」。

〔四四〕府城　據本卷上下文，此處「府城」疑爲「經城」之誤。

〔四五〕八州　據寰宇記卷五八，「八州」當作「七州」。

〔四六〕洺水縣　「洺水」各本原作「臨水」，據本卷上文及寰宇記卷五八改。

〔四七〕滏陽成安邯鄲三縣　「滏陽」二字各本原無，據本卷上下文及寰宇記卷五六補。

〔四八〕漢襄國縣　「縣」字各本原作「郡」，據漢志、隋志改。

〔四九〕後魏於昭慶縣置殷州　魏志：「殷州，孝昌二年，分定、相二州置，治廣阿。」元和志卷一七：「後魏明帝又於廣阿城置殷州。」下文昭慶沿革：「漢廣阿縣，後魏置殷州。」此處「昭慶」當爲「廣阿」之誤。

〔五〇〕十二縣　「十二」，寰宇記卷六〇作「十一」。

〔五一〕改爲趙郡　各本原作「隋郡」，據寰宇記卷六〇改。

〔五二〕隋復爲陶　元和志卷一七作「隋開皇六年，改爲廮陶，復漢舊名。」寰宇記卷六〇略同。按本卷上文亦作「廮陶」，疑此處「陶」上脫「廮」字。

〔五三〕領稾城鼓城毋極四縣　據本卷下文及新志，「四縣」上應有「鹿城」二字。

〔五四〕并州　各本原作「幷州」，據本卷下文及元和志卷一七、寰宇記卷六一改。

〔五五〕樂成國　「成」字各本原作「城」，據後漢志、元和志卷一七、寰宇記卷六三改。

〔五六〕瀛州　各本原作「定州」，據本卷上文及寰宇記卷六三、新志改。

〔五七〕唐至德元年　「元」字各本原作「六」，按至德無六年，據寰宇記卷六一改。

〔五八〕蠡州　「蠡」下各本原有「吾」字，據寰宇記卷六八、新志刪。

〔五九〕漢樂成縣　「成」字各本原作「城」，據漢志、寰宇記卷六三改。

〔六〇〕滄瀛東鹽景四州　各本「東」字原無，「州」字原作「縣」，據本卷上下文改補。

〔六一〕貞元二年　「貞元」各本原作「貞觀」，據元和志卷一八、寰宇記卷六八改。

〔六二〕東光安陵三縣　據本卷上下文，此處「東光」上疑脫「弓高」二字。

〔六三〕今州治至隋不改　此句當有訛誤，疑「今」「隋」二字互爲錯簡。

〔六四〕後漢中山國　「後漢」上各本原有「漢縣屬平原郡故城在今縣三十里」十四字，按此當爲涉上文德州平昌沿革而衍，據葉校本刪。

〔六五〕復置定州　「復」字各本原作「移」，據元和志卷一八改。

〔六六〕恆州　各本原作「鼓州」，據本卷上文及寰宇記卷六二改。

〔六七〕洹州　「洹」字聞本作「洹」，寰宇記卷六二作「泜」。

〔六八〕古公城　「古公」，聞本作「古人」，寰宇記卷六二唐縣：「按左人亭，卽今縣城是也。」

〔六九〕滿城　各本原作「蒲城」，據寰宇記卷六七、新志改。下同。

〔七〇〕五公城　各本原作「古公城」，據元和志卷一八、寰宇記卷六七改。

〔七一〕東城　各本原作「東城」，據本卷下文及寰宇記卷六六改。下同。

〔七二〕鄭　各本原作「蒲」，據本卷下文及寰宇記卷六六、新志改。

〔七三〕屬蠡州　新志：「武德五年，以博野、淸苑，定州之義豐置蠡州。」本卷上文深州博野沿革：「武德五年，置蠡州，領博野、淸苑。」本卷下文有「八年，二縣又割屬蒲州。」此處「屬」上疑有脫文。

〔七四〕鄭州　各本原作「莫州」，據本卷下文及寰宇記卷六六改。

〔七五〕天寶元年改爲文安郡乾元元年復爲莫州　「改爲文安郡乾元元年」各本原無，據寰宇記卷六六

改。

〔七六〕改屬易州　「易」字各本原無，新志作「長安四年，隸易州。」據補。

〔七七〕雍奴　各本原作「雄奴」，據寰宇記卷六九改。

〔七八〕天寶元年　「元年」，各本原作「九年」，據寰宇記卷六九改。

〔七九〕屬范陽上谷嬀川密雲歸德漁陽順義歸化八郡　合鈔卷五八地理志「屬」字作「管」。「郡」字據上下文義似當作「縣」。

〔八〇〕舊領縣十　據本卷上下文此下疑脫安次一縣。

〔八一〕秦右北平郡　「右」字各本原作「古」，據史記卷一一〇匈奴傳、水經卷一四鮑邱水注改。

〔八二〕十一年　本卷上文及寰宇記卷七〇、新志俱作開元十八年置薊州，則玉田縣十一年不可能屬薊州。寰宇記卷七〇玉田縣沿革作「十一年，又還屬幽州，十八年，隸薊州。」

〔八三〕改爲密雲郡　「爲」字各本原作「屬」，據寰宇記卷七一改。

〔八四〕順義郡　「順」下各本原有「漢」字，據寰宇記卷七一、新志刪。

〔八五〕出粟皆靺鞨別種　寰宇記卷七一作「領靺鞨，本粟末靺鞨別種。」

〔八六〕爲威化縣州治也　「州」上各本原有「幽」字，據寰宇記卷七一刪。

〔八七〕管粱洋集輿四州　「管」下各本原有「洪」字，據寰宇記卷一三三刪。

〔八八〕南鄭褒中白雲四縣　寰宇記卷一三三「褒中」下有「城固」二字。

〔八九〕城固　據本卷上下文及新志，城固此時當稱唐固。

〔九〇〕義寧二年改爲褒中　此處疑有脫誤。據隋志、元和志卷二二、寰宇記卷一三三，「義寧」上當脫「仁壽元年改爲褒城」等字。

〔九一〕南安　各本原無，據本卷上下文及寰宇記卷一三五補。

〔九二〕置新寧思來二縣　「置」字各本原作「屬」，據本卷下文及寰宇記卷一三七改。

〔九三〕南石州　「石」字各本原作「幷」，據本卷下文及寰宇記卷一三七改。

〔九四〕南幷州　「南」字各本原無，據本卷上文及寰宇記卷一三七補。

〔九五〕蜀割巴州之歸仁　按下文巴州沿革，似不當有「蜀」字。

〔九六〕下蒲　各本原作「下滿」，據寰宇記卷一三七、新志改。下同。

〔九七〕東關縣　「關」字各本原作「開」，據寰宇記卷一三七、新志改。下同。

〔九八〕成固縣　「成」字各本原作「城」，據漢志、元和志卷二二、寰宇記卷一三八改。

〔九九〕東宕渠郡　「宕」字各本原無，據元和志卷三三、寰宇記卷一三六補。

〔一〇〇〕十四縣其年以符陽長池　以上十字各本原無，據寰宇記卷一三九補。

〔一〇一〕渠州　各本原作「梁州」，據本卷下文及寰宇記卷一三九、新志改。

〔一〇二〕舊領金城山　校勘記卷二一：「領當作治。」按寰宇記卷一三九作「縣城元在金城山頂。」是「領」當爲「治」之誤。

〔一〇三〕貞觀十年　「十」下各本原有「五」字，據本卷下文及寰宇記卷一四一刪。

〔一〇四〕顯慶三年移治淸州　寰宇記卷一四一作「大業十一年，移于今理，俗謂之淸池川。」此處當有訛誤。

〔一〇五〕七年　各本原作「十年」，按武德無十年，據本卷下文及寰宇記卷一四一改。

〔一〇六〕洵城縣　「洵城」各本原作「洵陽」，據本卷下文及寰宇記卷一四一改。

〔一〇七〕二縣　各本原作「三縣」，據寰宇記卷一四一仝州沿革、新志改。

〔一〇八〕安吉　隋志作「吉安」。

〔一〇九〕蜀分置漢豐縣　「漢豐縣」各本原作「開州」，據寰宇記卷一三七改。

〔一一〇〕墊江　「江」下各本原有「置」字，據寰宇記卷一三八刪。

〔一一一〕豐樂　各本原作「豐洛」，據本卷上文及寰宇記卷一三八改。

〔一一二〕梁置始安縣隋不改　隋志：「賓城，舊曰始安，開皇十八年改焉。」寰宇記卷一三八：「始安縣……開皇……十八年，改爲賓城縣……武德元年，復改爲始安縣。」疑此處有脫誤。

〔一一三〕重疊濟比爲名　「比」字各本原作「北」，寰宇記卷一三八作「此山重疊，鄰比相夾爲名。」據改。

〔一一四〕灘山縣　「灘山」各本原作「灘水」，據本卷上文及寰宇記卷一三八、新志改。
〔一一五〕楚州　各本原作「㚇州」，據隋志、寰宇記卷一三六改。
〔一一六〕清　各本原作「溝」，據新志向城沿革、葉校本改。
〔一一七〕義州　據晉志、寰宇記卷一四二，「義州」疑爲「義陽郡」之誤。
〔一一八〕鄧州　據漢志、寰宇記卷一四二，「鄧州」疑爲「南陽郡」之誤。
〔一一九〕比陽　各本原作「北陽」，據漢志、隋志、寰宇記卷一四二改。下同。
〔一二〇〕比水　各本原作「北水」，據隋志、元和志卷二一、寰宇記卷一四二改。
〔一二一〕均陽　聞、殿、局、廣本作「淅陽」，懼盈齋本作「浙陽」，據本卷下文及寰宇記卷一四三改。
〔一二二〕南豐州　聞本作「澧州」，殿、懼盈齋、廣本作「灃州」，局本作「豐州」，據本卷下文及新志改。
〔一二三〕武德元年置南豐州領鄖鄉安福堵陽三縣屬均州　上文均州沿革及寰宇記卷一四三俱作：「武德八年，以鄖鄉、堵陽、安福三縣屬均州。」此處當有脫誤。
〔一二四〕武當　聞、殿、局、廣本作「浙川」，懼盈齋本作「淅川」，據本卷上文及寰宇記卷一四三均州沿革改。
〔一二五〕十年　各本「十」下原有「七」字，據本卷上文及寰宇記卷一四三、新志刪。
〔一二六〕京山　據本卷上下文及元和志卷二一、新志，武德四年，京山爲溫州治所，長壽爲郢州治所。此

處「京山」當爲「長壽」之誤。
〔一二七〕郡州　聞、殿、懼盈齋、廣本作「鄀州」，局本作「荆州」。據本卷下文及新志改。
〔一二八〕章山屬荆州　「章」字各本原作「京」，據本卷下文及寰宇記卷一四四改。
〔一二九〕天寶改郢州戶一萬……　按上文有「天寶元年，改爲富水郡。乾元元年，復爲郢州。」據唐制及本志體例，此處不當有「天寶改郢州」句，「改郢州」三字疑衍。
〔一三〇〕郡州　各本原作「郢州」，按郢州沿革及寰宇記卷一四四、新志，郢州貞觀元年廢，十七年始復，八年不當有郢州。據下文襄州樂鄉沿革改。
〔一三一〕郡州　各本原作「荆州」，據本卷下文及新志改。
〔一三二〕郡州　各本原作「鄧州」，據下文樂鄉沿革及新志改。
〔一三三〕省平陽入重陽又省土門歸義二縣併房州之永清　「平陽入重陽」各本原作「重陽入平陽」，「土門」上原有「重陽」二字，「二」字原作「三」，據本卷下文及新志刪改。
〔一三四〕分華山新野置陽立率道縣　寰宇記卷一四五作「分新野郡之池陽縣地，因立率道縣。」此處當有脫誤。
〔一三五〕周省宜城郡入率道縣　「入率道」三字各本原無，寰宇記卷一四五作「後周保定四年，省宜城郡入率道縣。」據補。

〔一三六〕郡州　各本原作「鄧州」，據下文樂鄉沿革及寰宇記卷一四五改。
〔一三七〕天寶七載改爲宜城縣　「改」上各本原有「三縣」二字，據元和志卷二一、寰宇記卷一四五刪。「七載」元和志、寰宇記作「元年」。
〔一三八〕晉於合城郡置樂鄉縣　按晉無合城郡，疑此處有訛誤。寰宇記卷一四五作「晉隆安五年，於今城戍置樂鄉縣。」
〔一三九〕武德四年置郡州領樂鄉長壽率道上洪四縣　按上文郢州沿革：「武德四年，置郢州於長壽縣。」新志樂鄉沿革：「武德四年，以樂鄉及襄州之率道上洪置鄀州。貞觀元年，又領長壽，省上洪。八年州廢，長壽隸溫州。」則武德四年郡州不當領有長壽縣，此處當有訛誤。
〔一四〇〕章山　各本原作「京山」，據寰宇記卷一四六改。下同。
〔一四一〕吳孱縣地　「孱」字，漢志、晉志俱作「孱陵」。
〔一四二〕武德四年平蕭銑　「四」字各本原作「二」，按平蕭銑當在武德四年，據本書卷一高祖紀、通鑑卷一八九改。
〔一四三〕拓州　各本原作「柘州」，據隋志、寰宇記卷一四七改。
〔一四四〕武德二年置江州　「二」字各本原作「四」，據本卷上下文及新志改。
〔一四五〕貞觀八年屬硤州　「八」字各本原作「元」，據本卷上文及寰宇記卷一四七改。

〔一四六〕涪　各本原作「洛」，據本卷下文及寰宇記卷一四八改。
〔一四七〕湔州　各本原作「湘州」，據本卷上文及寰宇記卷一四九萬州沿革改。

舊唐書卷四十

志第二十

地理三

淮南道六　江南道七　隴右道八

淮南道

揚州大都督府　隋江都郡。武德三年，杜伏威歸國，於潤州江寧縣置揚州，以隋江都郡爲兗州，置東南道行臺。七年，改兗州爲邗州。九年，省江寧縣之揚州，改邗州爲揚州，置大都督，督揚、和、滁、楚、舒、廬、壽七州〔一〕。貞觀十年，改大都督爲都督，督揚、滁、常、潤、和、宣、歙七州。龍朔二年，昇爲大都督府。天寶元年，改爲廣陵郡，依舊大都督府。乾元元

年，復爲揚州。自後置淮南節度使，親王爲都督，領使；長史爲節度副大使，知節度事。恆以此爲治所。舊領縣四：江都、六合、海陵、高郵。戶二萬三千一百九十九，口九萬四千三百四十七。天寶領縣七，戶七萬七千一百五，口四十六萬七千八百五十七。在京師東南二千七百五十三里，至東都一千七百四十九里。

江都　漢縣，屬廣陵國。隋爲江都郡。武德三年，改爲兗州，七年改爲邗州，九年改爲揚州都督府，皆以江都爲治所。

江陽〔二〕　貞觀十八年，分江都縣置，在郭下，與江都分理。

六合　漢堂邑縣，屬臨淮郡。晉置秦郡，北齊爲秦州〔三〕，後周爲方州，隋改爲兗州。武德七年，復爲方州，置六合縣。又分六合置石梁縣。貞觀元年，省方州，併石梁入六合，屬揚州。

海陵　漢縣，屬臨淮郡。至隋，屬南兗州。武德二年，屬揚州。景龍二年，分置海安縣。開元十年省，併入海陵。

高郵　漢縣，屬廣陵國，至隋不改。武德二年，屬兗州。州改，仍舊。

揚子　永淳元年，分江都縣置。

天長　天寶元年，割江都、六合、高郵三縣地置千秋縣，天寶七載，改爲天長。

楚州中　隋江都郡之山陽縣〔四〕。武德四年，臧君相歸附，立爲東楚州，領山陽、安宜、鹽城三縣。八年，廢西楚州，以盱眙來屬，仍去「東」字。天寶元年，改爲淮陰郡。乾元元年，復爲楚州。舊領縣四，戶三千三百五十七，口一萬六千二百六十二。天寶領縣五，戶二萬六千六十二，口十五萬三千。在京師西南二千五百一里，至東都一千六百六十里。

山陽　漢射陽縣地，屬臨淮郡。晉置山陽郡，改爲山陽縣。武德四年，置東楚州。八年，去「東」字，治於此縣。縣東南有射陽湖。

鹽城　漢鹽瀆縣地，屬臨淮郡。久無城邑，隋末，韋徹於此置射州，立射陽、安樂、新安三縣。武德四年歸國，因而不改。七年，廢射州及三縣，置鹽城縣於廢射州，仍屬楚州。

盱眙　漢縣，屬臨淮郡。武德四年，置西楚州。置總管，管東楚、西楚。領盱眙一縣。八年，廢西楚州，以盱眙屬楚州。

寶應　漢平安縣，屬廣陵國。武德四年，置倉州，領安宜一縣。七年，州廢，縣屬楚州。肅宗上元三年建巳月，於此縣得定國寶十三枚，因改元寶應，仍改安宜爲寶應。

淮陰　乾封二年，分山陽縣置於隋舊廢縣。

滁州下　隋江都郡之清流縣。武德三年，杜伏威歸國，置滁州，又以揚州之全椒來屬。天寶元年，改爲永陽郡。乾元元年，復爲滁州。舊領縣二，戶四千六百八十九，口二萬一千五百三十五。天寶領縣三，戶二萬六千四百八十六，口十五萬二千三百七十四。在京師東南二千五百六十四里，至東都一千七百四十六里。

清流　漢全椒縣地，屬九江郡。梁置南譙州，居桑根山之朝陽，在今縣西南八十里南譙州故城是也〔五〕。北齊自南譙故城經治於此新昌郡城〔六〕，今州治是也。隋改南譙爲滁州，後廢。武德三年復置，皆治於清流縣。

全椒　漢舊縣名。梁北譙郡，又改爲臨滁郡。隋改爲滁縣，煬帝復爲全椒。

永陽　景龍二年，分清流縣置。

和州　隋歷陽郡。武德三年，杜伏威歸國，改爲和州。天寶元年，改爲歷陽郡。乾元元年，復爲和州。舊領縣二，戶五千七百三十，口三萬三千四百一。天寶領縣三，戶二萬四千七百九十四，口十二萬一千一十三。在京師東南二千六百八十三里，至東都一千八百一十一里。

歷陽　漢縣，屬九江郡。東晉置歷陽郡。宋爲南豫州，北齊置和州。隋爲歷陽郡。國

初，復爲和州。皆治此縣。

烏江　漢東城縣之烏江亭，屬九江郡。北齊爲密江郡，陳爲臨江郡，後周爲問江郡，隋爲烏江郡，縣皆治此。

含山　武德六年置，八年廢。長安四年復，爲武壽縣。神龍元年，復爲含山。

濠州下　隋爲鍾離郡。武德三年，改爲濠州。又改臨濠爲定遠縣，化明爲招義縣。領鍾離、塗山、定遠、招義四縣。武德四年，省塗山入鍾離。天寶元年，改爲鍾離郡。乾元元年，復爲濠州。舊領縣三，戶二千六百六十，口一萬三千八百五十五。天寶，戶二萬一千八百六十四，口十萬八千三百六十一。在京師東南二千一百五十里，至東都一千三百一十三里。

鍾離　漢縣，屬九江郡。晉、宋、齊、梁，置徐州。隋初爲濠州，煬帝復爲鍾離郡。武德三年[七]，置濠州。皆治於此。武德七年，省塗山縣併入。

定遠　漢曲陽縣地，屬九江郡。隋置定遠縣。

招義　漢淮陵縣地，屬臨淮。宋置濟陰郡。武德七年，改爲招義。

廬州上　隋廬江郡。武德三年，改爲廬州，領合肥、廬江、愼三縣。七年，廢巢州爲巢縣來屬。天寶元年，改爲廬江郡。乾元元年，復爲廬州，自中升爲上。舊領縣四，戶五千三百五十八，口二萬七千五百一十三。天寶領縣五，戶四萬三千三百二十三，口二十萬五千三百九十六。在京師東南二千三百八十七里，至東都一千五百六十九里。

合肥　漢縣，屬九江郡。舊縣在北。夏水出城父東南，至此與肥水合，故曰合肥。梁置合州，隋初爲廬江郡，皆治此縣。

愼　漢浚遒縣，屬九江郡。古城在今縣南。隋爲愼縣。

巢　漢居巢縣，屬廬江郡。隋爲襄安縣。武德三年，置巢州，分襄安立開城、扶陽二縣。七年，廢巢州及開城、扶陽二縣，改襄安爲巢縣，屬廬州。

廬江　漢郡名。漢龍舒縣地，屬廬江郡。梁置湖州[八]，隋復舊也。

舒城　開元二十三年，分合肥、廬江二縣置，取古龍舒縣爲名。

壽州中　隋爲淮南郡。武德三年，杜伏威歸國，改爲壽州。七年，置都督府，督壽、蓼二州，領壽春、安豐、霍丘三縣。貞觀元年，廢都督府，又以廢霍州之霍山縣來屬。天寶元年，改爲壽春郡，又置霍山縣。乾元元年，復爲壽州。舊領縣四，戶二千九百九十六，口一萬四千七百一十八。天寶領縣五，戶三萬五千五百八十二，口十八萬七千五百八十七。在京師東南二千二百一十七里，至東都一千三百九里。

壽春　漢縣，屬九江郡。晉改爲壽陽。晉於此置揚州，齊置豫州，後魏置揚州，梁復爲豫州，後周置揚州。隋改壽州，煬帝爲淮南郡，武德爲壽州。皆以壽春爲治所。

安豐　漢六國[九]，故城在縣南。梁置安豐郡。縣界有芍陂，灌田萬頃，號安豐塘。隋因置縣。

霍山　漢灊縣[一〇]，屬廬江郡。隋置霍山應城三縣[一一]。貞觀元年，廢霍州，省應城、灊城二縣，以霍山屬壽州。

盛唐　舊霍山縣。神功元年，改爲武昌。神龍元年，復爲霍山。開元二十七年，改爲盛唐，仍移治於騶虞城。

霍丘　漢松滋縣地，屬廬江郡。武德四年，置蓼州，領霍丘一縣。七年，蓼州廢，霍丘屬壽州。縣北有安豐津，斬毌丘儉處。

光州緊中　隋弋陽郡。武德三年，改爲光州，置總管府，以定城縣爲弦州，殷城縣爲義州，以廢宋安郡爲谷州，凡管光、弦、義、谷、廬五州。光州領光山、樂安、固始三縣。武德七年，

改總管爲都督府。貞觀元年，罷都督府，省弦州及義州，以定城、殷城二縣來屬。又省谷州，以宋安併入樂安。天寶元年，改爲弋陽郡。乾元元年，復爲光州。舊領縣五，戶五千六百四十九，口二萬八千二百九十一。天寶，戶三萬一千四百七十三，口十九萬八千五百八十。至京師一千八百五十五里，至東都九百二十五里。

定城　漢弋陽地，屬汝南郡。南齊爲南弋陽縣，尋改爲定城。武德三年，於縣置弦州，領定城一縣。貞觀元年，廢弦州，以定城屬光州，州所理也。

光山　晉分弋陽置西陽縣，梁於縣置光州，隋爲弋陽郡。武德三年，復爲光州，治於光山縣。太極元年，移州理於定城。

仙居　漢軑縣[一二]，屬江夏郡，古城在縣北十里。宋分軑縣置樂安縣。天寶元載，改爲仙居。

殷城　漢期思縣地，屬汝南郡。宋置苞信縣。隋改爲殷城，取縣東古殷城爲名。

固始　漢寢縣，屬汝南郡，後漢改爲固始。

蘄州中　隋蘄春郡[一三]。武德四年，平朱粲，改爲蘄州，領蘄春、蘄水、羅田、黃梅、浠水五縣[一四]。其年，省蘄水入蘄春，又分蘄春立永寧，省羅田入浠水。又改浠水爲蘭溪，又於黃

梅縣置南晉州。八年，州廢，以黃梅來屬。天寶元年，改爲蘄春郡。乾元元年，復爲蘄州。舊領縣四，戶一萬六百一十二，口三萬九千六百七十八。天寶，戶二萬六千八百九，口十八萬六千八百四十九。至京師二千五百六十里，至東都一千八百二十四里。

蘄春　漢縣，屬江夏郡。吳爲蘄春郡。晉改爲西陽，又改爲蘄陽。周平淮南〔二五〕，改爲蘄州。

黃梅　漢蘄春縣地〔二六〕。宋分置新蔡郡。隋改爲黃梅。武德四年，置南晉州，領黃梅、義豐、長吉、塘陽、新蔡五縣。八年，廢州，仍省義豐等四縣，以黃梅來屬。

廣濟　漢蘄春縣地。武德四年，置永寧縣。天寶元年，改爲廣濟縣。

蘄水　漢蘄春縣地，宋置浠水縣。武德四年，改爲蘭溪。天寶元年，改爲蘄水。

申州中　隋義陽郡。武德四年，置申州，領義陽、鍾山二縣。八年，省南羅州，又以羅山來屬。天寶元年，改爲義陽郡。乾元元年，復爲申州。舊領縣三，戶四千七百二十九，口二萬三千六十一。天寶，戶二萬五千八百六十四，口十四萬七千七百五十六。至京師一千七百九十六里，至東都九百四十三里。

義陽　漢平氏縣之義陽鄉〔二七〕，屬南陽郡。魏分南陽立義陽郡。晉自石城徙居於仁

順，今州理也。宋置司州，後魏改爲郢州，隋改爲申州。

鍾山　漢鄳縣地，屬江夏郡。隋改鍾山縣。

羅山　漢鄳縣地，隋爲羅山縣。武德四年，置南羅州〔二八〕，領羅山一縣。八年廢，屬申州。

黃州下　隋永安郡。武德三年，改爲黃州，置總管，管黃、蘄、亭、南司四州〔二九〕。黃州領黃岡、木蘭、麻城、黃陂四縣。其年，省木蘭縣，分黃岡置堡城縣，分麻城置陽城縣。仍於麻城縣置亭州，於黃陂縣置南司州。七年，廢南司州及亭州，縣並屬黃州。仍省堡城入黃岡。貞觀元年，罷都督府。天寶元年，改爲齊安郡。乾元元年，復爲黃州。舊領縣三，戶四千八百九十六，口二萬二千六十。天寶，戶一萬五千五百一十二，口九萬六千三百六十八。在京師東南二千一百四十八里，至東都一千四百七十里。

黃岡　漢西陵縣地，江夏郡。北齊於舊城西南築小城，置衡州，領齊安一郡。隋改齊安爲黃州，治黃岡。

黃陂　漢西陵縣地。後周於古黃城西四十里獨家村置黃陂縣。武德三年，置南司州。七年，州廢，縣屬黃州。

麻城　漢西陵縣地。隋置麻城縣。武德三年，於縣置亭州，領麻城、陽城二縣。八年，州廢，仍省陽城入麻城，縣屬黃州。

安州中都督府　隋安陸郡。武德四年，平王世充，改爲安州，領安陸、雲夢、應陽、孝昌、吉陽、應山、京山、富水八縣。其年，於應山縣置應州，領應山一縣。於孝昌縣置濆州〔三〇〕，領孝昌一縣。以富水、京山二縣屬溫州。改應陽爲應城縣。安州置總管，管濆、應二州。七年州廢，濆、應二州縣屬安州。改爲大都督府，督安、申、陽、溫、復、沔、光、黃、蘄九州。六年，罷都督府〔三一〕。七年，又置，督安、隋、溫、沔、復五州。十二年，罷都督府。天寶元年，改爲安陸郡，依舊爲都督府，督安、隋、郢、沔四州。乾元元年，復爲安州。舊領縣六，戶六千三百三十八，口二萬六千五百一十九。天寶，戶二萬二千二百二十一，口十七萬一千二百二。在京師東南二千五十一里，至東都一千一百九十里。

安陸　漢縣，屬江夏郡。宋分江夏立安陸郡。武德四年，改爲安州，治於安陸。

孝昌　宋分安陸縣置。武德四年，置濆州，領孝昌、濆陽二縣。八年，州廢，以濆陽、孝昌屬安州。

雲夢　漢安陸縣地。後魏分安陸，於雲夢古城置雲夢縣。

應城　宋分安陸縣置應城縣，隋改爲應陽。武德四年，復爲應城。

吉陽　梁分安陸置平陽縣，後魏改爲京池。隋改爲吉陽，取山名。

應山　漢隋縣地，屬南陽郡。梁分隋縣置永陽縣。隋改爲應山，以縣北山爲名。

舒州下　隋同安郡。武德四年，改爲舒州，領懷寧、宿松、太湖、望江、同安五縣。其年，割宿松置嚴州。五年，又割望江置高州，又改高州爲智州。六年，舒州置總管府，管舒、嚴、智三州。七年，廢智州，望江屬嚴州。八年，又廢嚴州，以望江、宿松二縣來屬。貞觀元年，罷都督府。天寶元年，改爲同安郡。至德二年二月，改盛唐郡。乾元元年，復爲舒州。舊領縣五，戶九千三百六十一，口三萬七千五百三十八。天寶，戶三萬五千三百五十三，口十八萬六千三百九十八。在京師東南二千六百二十六里，至東京一千八百九十三里。

懷寧　漢皖縣地，晉於皖縣置懷寧縣。晉置晉熙郡。隋改爲熙州，又爲同安郡。武德四年，改爲舒州，以懷寧爲州治。

宿松　漢皖縣地，梁置高塘郡。隋罷郡，置宿松縣。武德四年，置嚴州，領宿松一縣。七年，廢智州，以望江來屬。八年，廢嚴州，二縣來屬舒州。

望江　漢皖縣地，晉置新冶縣〔三二〕。陳於縣置大雷郡。隋改新冶爲義鄉，尋改爲望江。

武德四年，置高州，尋改爲智州。七年，州廢，縣屬嚴州。八年，廢州，以縣屬舒州。

太湖　漢晥縣地，宋置太湖縣。

同安　漢樅陽縣，屬廬江郡。梁置樅陽郡。隋罷郡爲同安縣，取界內古城名。

江南道

江南東道

潤州上　隋江都郡之延陵縣。武德三年，杜伏威歸國，置潤州於丹徒縣〔三三〕，改隋延陵縣爲丹徒，移延陵還治故縣，屬茅州。六年，輔公祏反，復據其地。七年，平公祏，又置潤州，領丹徒縣。八年，廢簡州，以曲阿來屬。九年，揚州移理江都，以延陵、句容、白下三縣屬潤州。天寶元年，改爲丹陽郡。乾元元年，復爲潤州。永泰後，常爲浙江西道觀察使理所。舊領縣五，戶二萬五千三百六十一，口十二萬七千一百四。天寶領縣六，戶十萬二千三十三，口六十六萬二千七百六。在京師東南二千八百二十一里，至東都一千七百九十七里。

丹徒　漢縣，屬會稽郡。春秋吳朱方之邑地，吳爲京口戍。晉置南徐州。隋爲延陵

鎮，因改爲延陵縣。尋以蔣州之延陵、永年，常州之曲阿三縣置潤州，東潤浦爲名。皆治於丹徒縣。

丹陽　漢曲阿縣，屬會稽郡。又改名雲陽，後復爲曲阿。武德五年，於縣置簡州。八年，州廢，縣屬潤州。天寶元年，改爲丹陽縣，取漢郡名。

延陵　漢曲阿縣地，晉分置延陵郡〔三四〕。隋移郡丹徒〔三五〕。武德三年，移於今所，屬茅州。七年，廢茅州，以縣屬蔣州。八年，改蔣州爲揚州。九年，改屬潤州。

上元　楚金陵邑，秦爲秣陵。吳名建業，宋爲建康。晉分秣陵置臨江縣，晉武改爲江寧。武德三年，於縣置揚州，仍置東南道行臺。改江寧爲歸化。六年，輔公祏反，據其地。七年，公祏平，置行臺尚書省，改揚州爲蔣州。廢茅州，以句容二縣來屬蔣州〔三六〕。八年，罷行臺，改蔣州置揚州大都督府。改歸化縣爲金陵〔三七〕。揚州領金陵、句容、丹陽、溧陽、溧水六縣。九年，揚州移治江都，改金陵爲白下縣。以延陵、句容、白下三縣屬潤州，丹陽、溧陽、溧水三縣屬宣州。移白下治故白下城。貞觀七年，復移今所。九年，改爲江寧縣。至德二年二月，置江寧郡。乾元元年，於江寧置昇州，割潤州之句容江寧、宣州之當塗溧水四縣，置浙西節度使。上元二年，復爲上元縣，還潤州。當塗等三縣，各依舊屬。

句容　漢縣，屬丹陽郡。武德四年，於縣置茅州，領句容。七年，州廢，以縣屬蔣州。九年，屬潤州。乾元元年，屬昇州。寶應元年州廢，屬潤州。

金壇　垂拱四年，分延陵縣置也。

常州上　隋毗陵郡。武德三年，杜伏威歸化，置常州，領晉陵、義興、無錫、武進四縣。六年，復陷輔公祏。七年，公祏平，復置常州，於義興置南興州。八年，州廢，義興來屬，省武進入晉陵。天寶元年，改爲晉陵郡。乾元元年，復爲常州。舊領縣四，戶二萬一千一百八十二，口十一萬一千六百六。天寶領縣五，戶十萬二千六百三十一，口六十九萬六百七十三。在京師東南二千八百四十三里，至東京一千九百八十三里。

晉陵　漢毗陵縣，屬會稽郡，吳延陵邑也。晉改爲晉陵郡。隋省郡，於常熟縣置常州。武德中，移於今治。

武進　晉分曲阿縣置武進，梁改爲蘭陵，隋廢。垂拱二年，又分晉陵置，治於州內。

江陰　梁分蘭陵縣置。武德三年，於縣置暨州，領江陰、暨陽、利城三縣。九年，省暨陽、利城入江陰，屬常州。

義興　漢陽羨縣，屬會稽郡。晉立義興郡及縣。武德七年，置南興州，領義興、陽羨、臨津三縣。八年，廢南興州及陽羨、臨津二縣〔三八〕，義興復隸常州。

無錫　漢縣，屬會稽郡，隋屬常州。

蘇州上　隋吳郡，隋末陷賊。武德四年，平李子通，置蘇州。六年，又陷輔公祏。七年，平公祏，復置蘇州都督，督蘇、湖、杭、暨四州，治於故吳城，分置嘉興縣。八年，廢嘉興入吳縣。九年，罷都督。貞觀八年，復置嘉興縣。領吳城、崑山、嘉興、常熟四縣。天寶元年，改爲吳郡。乾元元年，復爲蘇州。舊領縣四，戶一萬一千八百五十九，口五萬四千四百七十一。天寶領縣六，戶七萬六千四百二十一，口六十三萬二千六百五十五。在京師東南三千一百九十九里，至東都二千五百里。

吳　春秋時吳都闔閭邑。漢爲吳縣，屬會稽郡。隋平陳，置蘇州，取州西姑蘇山爲名。

嘉興　漢由拳縣，屬會稽郡。吳改嘉興，隋廢。武德七年，復置，屬蘇州。八年，廢入吳。貞觀八年，復置，屬蘇州。

崑山　漢婁縣，屬會稽郡。梁分婁縣置信義縣。又分信義置崑山，取縣界山名。

常熟　晉分吳縣置海虞縣。梁改常熟縣，今崑山縣東一百三十里常熟故城是也。隋舊治南沙城，武德七年，移於今所治城。

長洲　萬歲通天元年，分吳縣置，在郭下，分治州界。

海鹽　漢縣，屬會稽郡。久廢。景雲二年，分嘉興縣復置。先天元年，復廢。開元五年，復置，治吳禦城。

湖州上　隋吳郡之烏程縣。武德四年，平李子通，置湖州，領烏程一縣。六年，復沒于輔公祏。七年平賊，復置。仍廢武州，以武康來屬。又省雉州，以長城縣來屬。天寶元年，改爲吳興郡。乾元元年，復爲湖州。舊領縣五，戶一萬四千一百三十五，口七萬六千四百三十。天寶領縣五，戶七萬三千三百六，口十七萬七千六百九十八。在京師東南三千四百四十一里，至東都二千六百四十四里。

烏程　漢縣，屬會稽郡。梁置震州，取震澤爲名。隋改湖州，取州東太湖爲名。皆治烏程。

武康　吳分烏程、餘杭二縣立永安縣，晉改爲永康，又改爲武康。武德四年，置武州。七年，州廢，縣屬湖州。

長城　晉分烏程置長城縣。武德四年，置雉州，領長城、原鄉二縣。七年，州廢及原鄉併入長城，屬湖州。

安吉　武德四年置，屬桃州。七年，廢入長城。麟德元年，復分長城縣置。

德清　天授二年，分武康置武原縣。景雲二年，改爲臨溪。天寶元年，改爲德清縣。

杭州上　隋餘杭郡。武德四年，平李子通，置杭州，領錢塘、富陽、餘杭三縣。六年，復沒于輔公祏。七年平賊，復置杭州。八年，廢潛州，以於潛縣來屬。貞觀四年，分錢塘置鹽官縣。天寶元年，改爲餘杭郡〔二九〕。乾元元年，復爲杭州。舊領縣五，戶三萬五百七十一，口十五萬三千七百二十。天寶領縣九，戶八萬六千二百五十八，口五十八萬五千九百六十三。在京師東南三千五百五十六里，至東都二千九百一十九里。

錢塘　漢縣，屬會稽郡。隋於餘杭縣置杭州，又自餘杭移州理錢塘。又移州於柳浦西，今州城是。貞觀六年，自州治南移於今所，去州十一里。又移治新城戍。開元二十一年，移治州郭下。二十五年，復還舊所。

鹽官　漢海鹽縣地，有鹽官，吳遂名縣。武德四年，屬東武州。七年，省入錢塘。貞觀四年，復分錢塘置。

餘杭　漢縣，屬會稽郡。隋置杭州，後徙治錢塘。

富陽　漢富春縣，屬會稽郡。晉改爲富陽。隋舊縣。

於潛　漢縣，屬丹陽郡。武德七年，置潛州，領於潛、臨水二縣。八年，廢潛州及臨水縣，於潛還杭州。

臨安　垂拱四年，分餘杭、於潛，置於廢臨水縣。

新城　永淳元年，分富陽置。

紫溪　垂拱二年，分於潛置。萬歲通天元年，改爲武隆。其年，依舊爲紫溪。

唐山　萬歲通天元年，分紫溪，又別置武隆縣。神龍元年，改爲唐山。

越州中都督府　隋會稽郡。武德四年，平李子通，置越州總管，管越、嵊、姚、鄞、浙、綱、衢、穀、麗、嚴、婺十一州。越州領會稽、諸暨、山陰三縣。七年，改總管爲都督，督越、婺、鄞、嵊、麗五州。越州領會稽、諸暨、山陰、餘姚四縣。八年，廢鄞州爲鄮縣，嵊州爲剡縣，來屬。麗州爲永康，屬婺州。省山陰縣。督越、婺二州。貞觀元年，更督越、婺、泉、建、台、括六州。天寶元年，改越州爲會稽郡。乾元元年，復爲越州。舊領縣五，戶二萬五千八百九十，口十二萬四千一十。天寶領縣七，戶九萬二百七十九，口五十二萬九千五百八十九。在京師東南三千七百二十里〔三〇〕，至東都二千八百七十里。

會稽　漢郡名。宋置東揚州，理於此，齊、梁不改。隋平陳，改東揚州爲吳州。煬帝改爲越州，尋改會稽郡，皆立于此縣。

山陰　垂拱二年，分會稽縣置，在州治，與會稽分理。

諸暨　漢縣，屬會稽郡。越王允常所都。

餘姚　漢縣，屬會稽郡。隋廢。武德四年，復置，仍置姚州。七年，州廢，縣屬越州。

剡　漢縣，屬會稽郡。武德四年，置嵊州及剡城縣。八年，廢嵊州及剡城，以剡縣來屬。

蕭山　儀鳳二年，分會稽、諸暨置永興縣。天寶元年，改爲蕭山。

上虞　漢縣，屬會稽郡。

明州上　開元二十六年，於越州鄮縣置明州。天寶元年，改爲餘姚郡。乾元元年，復爲明州，取四明山爲名。天寶領縣四，戶四萬二千二百二十七，口二十萬七千三十二。在京師東南四千一百里，至東都三千二百五十里。

鄮　漢縣，屬會稽郡。至隋廢。武德四年，置鄞州。八年，州廢爲鄮縣，屬越州。開元二十六年，於縣置明州。

奉化　慈溪　翁山　已上三縣，皆鄮縣地。開元二十六年，析置。

台州上　隋永嘉郡之臨海縣。武德四年，平李子通，置海州，領臨海、章安、始豐、樂安、寧海五縣。五年，改爲台州。六年，沒于輔公祏。七年平賊，仍置台州，省寧海入章安。八年，廢始豐、樂安二縣入臨海。貞觀八年，復分置始豐。舊管二縣。永昌元年，置寧海縣。神龍二年，置象山縣。天寶元年，改爲臨海郡。乾元元年，復爲台州。舊領縣二：臨海、始豐。戶六千五百八十三，口三萬五千三百八十三。天寶領縣六，戶八萬三千八百六十八，口四十八萬九千一十五。在京師東南四千一百七十七里，至東都三千三百三十里。

臨海　漢回浦縣，屬會稽郡。後漢改爲章安。吳分章安置臨海縣。武德四年，於縣置台州，取天台山爲名。

唐興　吳始平縣，晉改始豐，隋末廢。武德四年，復置。八年，又廢。貞觀八年，復爲始豐縣〔三二〕。上元二年，改爲唐興。

黄巖　上元二年，分臨海置。

樂安　廢縣。上元二年，分臨海置，徙治孟溪。

寧海　永昌元年，分臨海置。

象山　神龍二年，分寧海及越州鄮縣置。

婺州　隋東陽郡。武德四年，平李子通，置婺州，領華川、長山二縣。七年，廢綱州，義烏來屬。八年，廢麗州爲永康縣，衢州信安縣〔三三〕，並來屬。又廢穀州入信安，長山入金華縣。貞觀八年，復置龍丘縣。咸亨五年，置蘭溪、常山二縣。垂拱二年，分龍丘、信安、常山三縣置衢州，又置東陽縣。天授二年，又置武義縣。天寶元年，改婺州爲東陽郡。乾元元年，復爲婺州。舊領縣五，戶三萬七千八百一十九，口二十二萬八千九百九十。天寶領縣七，戶十四萬四千八十六，口七十萬七千一百五十二。在京師東南四千七十三里，至東都三千一百三十五里。

金華　漢烏傷縣，屬會稽郡。後漢分烏傷置長山縣。吳置東陽郡。隋改長山爲金華，取州界山爲名。

義烏　晉分烏傷縣置。武德四年，置綱州，仍分置華川縣。七年，廢綱州及華川縣，改烏傷爲義烏，以縣屬婺州。

永康　吳分烏傷縣置。武德四年，置麗州，又分置縉雲縣。八年，廢麗州及縉雲縣，以永康來屬。

東陽　垂拱二年，分烏傷縣〔三四〕，取舊郡名。

蘭溪　咸亨五年，析金華縣西界置，以溪水爲名。

武成　天授二年，分永康置武義縣，又改爲武成。

浦陽　新置。

衢州　武德四年，平李子通，於信安縣置衢州。七年陷賊，乃廢。垂拱二年，分婺州之信安、龍丘置衢州，取武德廢州名。天寶元年，改爲信安郡。乾元元年，復爲衢州，又割常山入信州。天寶領縣五，戶六萬八千四百七十二，口四十四萬四百一十一。在京師東南四千七百十三里，至東都三千一百四十五里。

信安　後漢新安縣，晉改爲信安。武德四年，置衢州，縣仍屬焉。又分置須江、定陽二縣。八年，廢衢州及須江、定陽二縣，以信安還屬婺州。

龍丘　漢太末縣，屬會稽郡。晉置龍丘縣，以山爲名，至隋廢。武德四年，置穀州及太末、白石二縣。八年，廢穀州及白石、太末二縣入信安縣。貞觀八年，分金華、信安二縣置龍丘縣，來屬婺州。垂拱二年，屬衢州。

須江　武德四年，分信安置，以城南有須江。八年廢。永昌元年，分信安復置。

盈川　如意元年，分龍丘置，縣西有刑溪，陳時士人留異惡「刑」字，改名盈川，因以爲縣名。

常山　咸亨五年，分信安置，屬婺州。垂拱二年，改屬衢州。乾元元年，屬信州，又還衢州。

信州上　乾元元年，割衢州之常山、饒州之弋陽、建州之三鄉、撫州之一鄉，置信州，又置上饒、永豐二縣。領縣四，戶四萬。在京師東南五千八百里，至東都二千九百五十里。

上饒　乾元元年置，州所理也。元和七年，省永豐縣入。

弋陽　舊屬饒州，乾元元年，來屬。

貴溪　永泰元年十一月，分弋陽西界置。

玉山　證聖二年，分常山、須江置，屬衢州。乾元元年，割屬信州。

睦州　隋遂安郡。武德四年，平汪華，改爲睦州，領雉山、遂安二縣。七年，廢嚴州之桐廬縣來屬，又改爲東睦州。八年，去「東」字。舊管縣三，治雉山。萬歲登封二年，移治建德。天寶元年，改爲新定郡。乾元元年，復爲睦州。舊領縣三：雉山、遂安、桐廬。戶一萬二千六十四，口五萬九千六百六十八。天寶領縣六，戶五萬四千九百六十一，口三十八萬二千五百一十三。在京師東南三千六百五十九里，至東都二千八百三十一里。

建德　漢富春縣地，屬會稽郡。吳分置建德縣，隋廢。永淳二年，復分桐廬、雉山置。萬歲通天二年，移州治建德縣。

清溪　漢歙縣地，屬丹陽郡。後分置新安縣，隋改爲雉山。文明元年，復爲新安。開元二十年，改爲還淳。永貞元年十二月，避憲宗名，改爲清溪。舊爲睦州治所，移建德。

壽昌　永昌元年七月，分雉山縣置。載初元年廢，神龍元年復。舊治白艾里，後移於今所。

桐廬　吳分富春縣置。武德四年，於縣置嚴州，領桐廬、分水、建德三縣。七年，廢州及分水、建德二縣。以桐廬屬睦州。舊治桐溪，開元二十六年，移治鍾山。

分水　如意元年，分桐廬縣之四鄉，置武盛縣〔三四〕。神龍元年，改爲分水。

遂安　後漢分歙縣南鄉安定里，置新定縣。晉改新定爲遂安。

歙州　隋新安郡。武德四年，平汪華，置歙州總管，管歙、睦、衢三州。貞觀元年，罷都督府。天寶元年，改爲新安郡。乾元元年，復爲歙州。舊領縣三，戶六千二十一，口二萬六千六百一十七。天寶領縣五，戶三萬八千三百三十，口二十六萬九千一百九。在京師東南三

千六百六十七里，至東都二千八百二十六里。

歙　漢縣，屬丹陽郡。縣南有歙浦，因爲名。隋於縣置新安郡。武德改爲歙州。

休寧　吳分歙縣置休陽縣，後改爲海陽。晉武改爲海寧，隋改爲休寧。

黟　漢縣，屬丹陽郡。晉同黟〔三五〕，縣南墨嶺山出石墨故也。縣置在黟川。

績溪　永徽五年，分置北野縣，後改爲績溪。

婺源　開元二十八年正月九日置。

處州　隋永嘉郡。武德四年，平李子通，置括州，置總管府，管松、嘉、台三州。括州領括蒼、麗水二縣。七年，改爲都督府。八年，廢松州爲松陽縣來屬。省麗水入括蒼。貞觀元年，廢都督府。省東嘉州〔三六〕，以永嘉、安固二縣來屬。天寶元年，改爲縉雲郡。乾元元年，復爲括州。大曆十四年夏五月，改爲處州，避德宗諱〔三七〕。舊領縣四，戶一萬二千八百九十九，口十萬一千六百六。天寶領縣五，戶四萬二千九百三十六，口二十五萬八千二百四十八。今縣六。在京師東南四千二百七十八里，至東都三千一十五里。

麗水　漢回浦縣地，屬會稽郡。光武更爲章安。隋平陳，改永嘉郡爲處州，尋改爲括州，又分松陽縣東界置括蒼縣。大曆十四年夏，改爲麗水縣，州所治。

松陽　後漢分章安之南鄉置松陽縣，縣東南大陽及松樹爲名。

縉雲　萬歲登封元年，分括蒼及婺州永康縣置。

青田　景雲二年，分括蒼置。

遂昌　舊縣。武德八年，併入松陽。景雲二年，分松陽縣復置。

龍泉　乾元二年，越州刺史獨孤峴奏請於括州龍泉鄉置縣，以龍泉爲名，從之。

溫州上　隋永嘉郡之永嘉縣。武德五年，置東嘉州，領永嘉、永寧、安固、樂成、橫陽五縣。貞觀元年，廢東嘉州，以縣屬括州。上元二年，分括州之永嘉、安固二縣置溫州。天寶元年，改爲永嘉郡。乾元元年，復爲溫州。天寶領縣四，戶四萬二千八百一十四，口二十四萬一千六百九十四。在京師東南四千七百三十七里，至東都三千九百四十里。

永嘉　後漢分章安縣之東甌鄉置永寧縣〔三八〕，屬會稽郡。晉置永嘉郡〔三九〕。隋改爲永嘉。上元二年，置溫州，治於此縣。

安固　後漢章安縣，晉改爲安固，隋廢。武德八年，分永嘉縣置，屬東嘉州。貞觀元年，廢東嘉州，安固屬括州。上元元年，屬溫州。

橫陽　武德五年，分安固縣置。貞觀元年廢，大足元年，復分安固置。

樂城　武德五年置，七年併入永嘉縣。載初元年，分永嘉復置也。

福州中都督府　隋建安郡之閩縣。貞觀初，置泉州。景雲二年，改爲閩州，置都督府，督閩、泉、建、漳、潮五州〔四〇〕。開元十三年，改爲福州，依舊都督府，仍置經略使。二十二年，罷漳、潮二州，令督福、建、泉、汀四州〔四一〕。舊屬嶺南道，天寶初，改屬江南東道。尋改爲長樂郡。乾元元年，復爲福州都督府。天寶領縣八，戶三萬四千八十四，口七萬五千八百七十六。在京師東南五千三百三十三里，至東都四千二百三十三里。

閩　漢冶縣，屬會稽郡。秦時爲閩中郡。漢高立閩越王，都於此。武帝誅東越，徙其人於江淮，空其地。其逃亡者，自立爲冶縣，後更名東冶縣。後漢改爲侯官都尉，屬會稽郡。晉置晉安郡。宋、齊因之〔四二〕，陳置閩州，又改爲豐州。隋平陳改爲泉州，煬帝改爲閩州，又爲建安郡。開元十三年，改爲福州。皆治閩縣。

侯官　隋縣，後廢。長安二年，又分閩縣置。

長樂　隋縣，後省。武德六年，分閩縣置新寧縣。其年，改爲長樂。

福唐　聖曆二年，分長樂置萬安縣。天寶元年，改爲福唐。

連江　武德六年，分閩縣置溫麻縣。其年，改爲連江。

長溪　武德六年置，其年併入連江。長安二年，分連江復置。
古田　開元二十九年，開山洞置。
永泰　永泰年分置。
梅青[四四]　新置。
泉州中　隋建安郡，又爲泉州。舊治閩縣，後移於南安縣[四五]。聖曆二年，分泉州之南安、莆田、龍溪三縣，置武榮州。三年，州廢，三縣還泉州。久視元年，又以三縣置武榮州。景雲二年，改爲泉州。開元二十九年，割龍溪屬漳州。天寶元年，改泉州爲清源郡[四六]。乾元元年，復爲泉州。天寶領縣四，戶二萬三千八百六，口十六萬二百九十五。在京師東南六千二百一十六里，至東都五千四百一十三里。
晉江　開元八年，分南安置，今爲州之治所。
南安　隋縣。武德五年，置豐州，領南安、莆田二縣。貞觀元年，廢豐州，縣屬泉州。聖曆二年，屬武榮州。州廢來屬。
莆田　武德五年，分南安縣置，屬豐州。州廢來屬。
仙遊　聖曆二年，分莆田置清源縣。天寶元年，改爲仙遊。

建州中　隋建安郡之建安縣。武德四年，置建州，領綏城、唐興[四七]、建陽、沙、將樂、邵武等縣。天寶元年，改爲建安郡。乾元元年，復爲建州。舊領縣二，戶一萬五千三百三十六，口二萬二千八百二十。天寶領縣六，戶二萬二千七百七十，口一十四萬三千七百七十四。在京師東南四千九百三十五里，至東都三千八百八十八里。
建安　漢冶縣地。吳置建安縣，州所治，以建溪爲名。
邵武　隋縣。
浦城　載初元年，分建安縣置唐興縣。天授二年，改爲武寧。神龍元年，復爲唐興。天寶元年，改爲浦城[四八]。
建陽　隋廢縣。垂拱四年，分建安置。
將樂　隋廢縣。垂拱四年五月，分邵武復置。
沙　隋廢縣。永徽六年，分建安置。
汀州下　開元二十四年，開福、撫二州山洞，置汀州。天寶元年，改爲臨汀郡。乾元元年，復爲汀州。天寶領縣三，戶四千六百八十，口一萬三千七百二。在京師東南六千一百七十三里[四九]，至東都五千三百七十里。
長汀　州治所。　龍巖　寧化　已上三縣，並開元二十四年，開山洞置。
漳州　垂拱二年十二月九日置。天寶元年，改爲漳浦郡。舊屬嶺南道，天寶割屬江南東道。乾元元年，復爲漳州。天寶領縣二，戶五千三百四十六，口一萬七千九百四十。在京師東南七千三百里，至東都六千五百里。
漳浦　垂拱二年十二月，與州同置。州所治。
龍溪　舊屬泉州。聖曆二年，屬武榮州。景雲二年，還泉州。開元二十九年，屬漳州。

江南西道

宣州　隋宣城郡。武德三年，杜伏威歸化，置宣州總管府，分宣城置懷安、寧國二縣。六年，陷輔公祏。七年賊平，改置宣州都督，督宣、潛、猷、池四州，廢桃州[五二]，以綏安來屬，省懷安、寧國二縣。宣州領宣城、綏安二縣[五〇]。八年，廢南豫州[五一]，以當塗來屬，廢猷州，以涇縣來屬。九年，移揚州於江都，以溧陽、溧水、丹陽來屬。貞觀元年，罷都督府。廢池州，

以秋浦、南陵二縣來屬。省丹陽入當塗縣。開元中，析置青陽、太平、寧國三縣。天寶元年，改爲宣城郡。至德二年，又析置至德縣。乾元元年，復爲宣州。永泰元年，割秋浦、青陽、至德三縣置池州。舊領縣八，戶二萬二千五百三十七，口九萬五千七百五十三。天寶領縣九，戶一十二萬一千二百四，口八十八萬四千九百八十五。今縣十。在京師東南三千五百五十一里，至東都二千五百一十里。
宣城　漢宛陵縣，屬丹陽郡。秦屬鄣郡[五三]。梁置南豫州，隋改爲宣州，煬帝又爲宣城郡，皆此治所。
當塗　漢丹陽縣地，屬丹陽郡。晉分丹陽置于湖縣。咸帝以江北當塗縣流人寓居于湖，乃改爲當塗縣，屬宣州。牛渚山，一名采石，在縣北四十五里大江中。武德三年，置南豫州，以縣屬。八年，省南豫州，縣屬宣州。
涇　漢涇縣，屬丹陽郡。武德三年，置猷州，領涇、南陽、安吳三縣。八年，廢猷州及南陽、安吳二縣。屬宣州。縣界有陵陽山。
廣德　漢故鄣縣，屬丹陽郡。宋分宣城之廣德、吳興之故鄣，置綏安縣。至德二年九月，改爲廣德，以縣界廣德故城爲名。
溧陽　漢縣，屬丹陽郡。上元元年十一月，割屬昇州。州廢來屬。

溧水　漢溧陽地。隋爲縣。武德三年，屬揚州。九年，屬宣州。乾元元年，屬昇州。州廢還屬。
南陵　漢春穀縣地，屬丹陽郡。梁置南陵縣。武德七年，屬池州。州廢來屬。舊治赭圻城，長安四年，移理青陽城。
太平　天寶十一載正月，析涇縣置。
寧國　隋縣。武德六年廢，天寶三載復置。
旌德　寶應二年二月，析太平縣置。

池州下　隋宣城郡之秋浦縣。武德四年，置池州，領秋浦、南陵二縣。貞觀元年，廢池州，以秋浦屬宣州。永泰元年，江西觀察使李勉，以秋浦去洪州九百里，請復置池州，仍請割青陽、至德二縣隸之，又析置石埭縣，並從之。後隸宣州。領縣四，戶一萬九千，口八萬七千九百六十七。
秋浦　州所治。漢石城縣，屬丹陽郡。隋分南陵置秋浦縣，因水爲名。
青陽　天寶元年，分涇〔五三〕、南陵、秋浦三縣置，治古臨城。
至德　至德二年析置。

石埭　永泰二年，割秋浦、浮梁、黟三縣置，治古石埭城。

饒州下　隋鄱陽郡。武德四年，平江左，置饒州，領鄱陽、新平、廣晉、餘干、樂平、長城、玉亭、弋陽、上饒九縣。七年，省上饒入弋陽，省玉亭入長城、餘干二縣。八年，又併長城入餘干，併新平、廣晉入鄱陽〔五四〕。舊領縣四，戶一萬一千四百，口五萬九千八百一十七。天寶，戶四萬八百九十九，口二十四萬四千三百五十。在京師東南三千二百六十三里，至東都二千四百一十三里。
鄱陽　漢縣，屬豫章郡。古城在今縣東界，有鄱江，今爲州所理。
餘干　漢餘干縣屬豫章郡，古所謂汗越也。汗音干。隋朝去「水」。
樂平　武德中置，九年省，後重置。
浮梁　武德中，廢新平縣。開元四年，分鄱陽置，後改新昌。天寶元年復置〔五五〕。

洪州上都督府　隋豫章郡。武德五年，平林士弘，置洪州總管府，管洪、饒、撫、吉、虔、南平六州，分豫章置鍾陵縣。洪州領豫章、豐城、鍾陵三縣。八年，廢孫州、南昌州〔五六〕、米州，以南昌、建昌、高安三縣來屬。省鍾陵、南昌二縣入豫章。貞觀二年，加洪、饒、撫、吉、虔、袁、江、鄂等八州。顯慶四年，督饒、鄂等州。洪州舊領縣四，永淳二年，置新吳縣。長安四年，置武寧縣，又督洪、袁、吉、虔、撫五州〔五七〕。天寶元年，改爲豫章郡。乾元元年，復爲洪州。舊領縣四：豫章、豐城、高安、建昌。戶一萬五千四百五十六，口七萬四千四十四。天寶領縣六，戶五萬五千五百三十，口三十五萬三千二百三十一。在京師東南三千九十里，至東都二千二百一十一里。
鍾陵　漢南昌縣，豫章郡所治也。隋改爲豫章縣，置洪州，煬帝復爲豫章郡。寶應元年六月，以犯代宗諱〔五八〕，改爲鍾陵，取地名。
豐城　吳分南昌縣置富城縣〔五九〕，晉改爲豐城。
高安　漢建城縣，屬豫章郡。武德五年，改爲高安，仍置靖州，領高安、望蔡、華陽三縣。七年，改靖州爲米州。其年，又改爲筠州。八年，廢筠州，省華陽、望蔡二縣，以高安屬洪州。
建昌　漢海昏縣，屬豫章郡。後漢分立建昌。武德五年，分置南昌州總管府，管南昌、西吳、靖、米、孫五州。南昌州領建昌、龍安、永修三縣。七年，罷都督爲南昌州。八年，廢南昌州及孫州，以南昌州新吳、永修、龍安入建昌縣，以孫州之建昌入豫章縣，而以建昌屬洪州。

新吳　舊廢縣。永淳二年，分建昌置。
武寧　長安四年，分建昌置武寧縣。景雲元年，改爲豫寧〔六〇〕。寶應元年，復爲武寧。
分寧　貞元十六年二月置。

虔州中　隋南康郡。武德五年，平江左，置虔州。天寶元年，改爲南康郡。乾元元年，復爲虔州。舊領縣四，戶八千九百九十四，口三萬九千九百一。天寶領縣六，戶三萬七千六百四十七，口二十七萬五千四百一十。今縣七。在京師東南四千一十七里，至東都三千四百里。
贛古暹反。　州所理。漢縣，屬豫章郡。漢分豫章立廬陵郡，晉改爲南康郡。隋初爲虔州，煬帝爲南康郡。皆治贛。
虔化　吳分贛立陽都縣，晉改爲寧都。隋平陳，改爲虔化，屬虔州。
南康　漢南野縣，屬豫章郡。吳分南野立南安縣，晉改爲南康。
雩都　漢縣，屬豫章郡。
信豐　永淳元年，分南康置南安縣。天寶元年，改爲信豐。
大庾〔六一〕　神龍元年，分南康置。

安遠　貞元四年八月四日置。

撫州中　隋臨川郡。武德五年，討平林士弘，置撫州，領臨川、南城、邵武、宜黃、崇仁、永城、東興、將樂八縣。七年，省東興、永城、將樂三縣，以邵武隸建州。八年，省宜黃縣。天寶元年，改爲臨川郡。乾元元年，復爲撫州。舊領縣三，戶七千三百五十四，口四萬六百八十五。天寶領縣四，戶三萬六百五，口十七萬六千三百九十四。在京師東南三千三百一十二里，至東都二千五百四十里。

臨川　州所理。漢南昌縣地。後漢分南昌置臨汝縣。吳置臨川郡，歷南朝不改。隋平陳，改臨川郡爲撫州，仍改臨汝縣爲臨川縣。州郡所理，皆此縣。

南城　漢縣，屬豫章郡。開元八年，分南城置〔六二〕。

崇仁　吳分臨汝置新建縣。梁改爲巴山縣，仍僑置巴山郡。隋平陳，改巴山爲崇仁縣。

南豐　開元八年，分南城置。

吉州上　隋廬陵郡。武德五年，討平林士弘，置吉州，領廬陵、新淦二縣。七年，廢潁州，以

安福縣來屬。八年，廢南平州，以太和縣來屬。天寶元年，改爲廬陵郡。乾元元年，復爲吉州。舊領縣四，戶一萬五千四十，口五萬三千二百八十五。天寶領縣五，戶三萬七千七百五十二，口三十三萬七千三十二。

廬陵　漢縣，屬豫章郡。後漢改爲西昌。隋復爲廬陵，州所治也。舊治子陽城，永淳元年，移於今所。

太和　隋縣。武德五年，置南平州，領太和、永新、廣興、東昌四縣。八年，廢南平州，以永新等三縣併太和，屬吉州。

安福　吳置安成郡於此。隋廢爲安復，後改爲安福。

新淦　漢舊縣，屬豫章郡。淦，音紺，又音甘。

永新　廢縣。顯慶二年，分太和置。

江州中　隋九江郡。武德四年，平林士弘，置江州，領湓城、潯陽、彭澤三縣。五年，置總管，管江、鄂、智、浩四州，并管昌、洪四總管府。又分湓城置楚城縣，分彭澤置都昌縣。八年，廢浩州及樂城縣入彭澤縣，又廢湓城入潯陽。貞觀元年，罷都督府。八年，廢楚城縣入潯陽〔六三〕。天寶元年，改爲潯陽郡。乾元元年，復爲江州。舊領縣三，戶六千三百六十，口二萬五千五百九十九。天寶，戶二萬九千二十五，口十五萬五千七百四十四。在京師東南二千九百四十八里，至東都二千一百九十七里。

潯陽　州所理。漢縣，屬廬江郡。晉置江州。隋改爲彭蠡縣，取州東南五十二里有彭蠡湖爲名。煬帝改爲湓城，取縣界湓水爲名。武德四年，復爲潯陽，潯水至此入江爲名。

都昌　武德五年，分彭澤置，屬浩州。八年，廢浩州，縣屬江州。

彭澤　漢縣，屬豫章郡。隋爲龍城縣。武德五年，置浩州，又分置都昌、樂城二縣。八年，罷浩州，以彭澤屬江州，仍省樂城入彭澤。

至德〔六四〕　至德二年九月，中丞宋若思奏置。

袁州下　隋宜春郡。武德四年，平蕭銑，置袁州。天寶元年，改爲宜春郡。乾元元年，復爲袁州。舊領縣三，戶四千六百三十六，口二萬五千七百一十六。天寶，戶二萬七千九十一，口一十四萬四千九十六。在京師東南三千五百八十里，至東都二千一百六十一里。

宜春　州所理。漢縣，屬豫章郡。吳爲安成郡，南朝不改。晉改爲宜陽。隋置袁州，煬帝爲宜春郡，復改爲宜春。宜春，泉水名，在州西。取此水爲酒，作貢。

萍鄉　吳分宜春置萍鄉縣，屬安成郡。

新喻　吳分宜春置新喻，屬安成郡。

鄂州上　隋江夏郡。武德四年，平蕭銑，改爲鄂州。天寶元年，改爲江夏郡。乾元元年，復爲鄂州。永泰後，置鄂岳觀察使，領鄂、岳、蘄、黃四州，恆以鄂州爲使理所。舊領縣四，戶三千七百五十四，口一萬四千六百一十五。天寶領縣五，戶一萬九千一百九十，口八萬四千五百六十三。後併沔州入鄂州，以漢陽、汊川來屬。在京師東南二千三百四十六里，至東都一千五百三十里。

江夏　漢郡名。本漢沙羨縣地，屬江夏郡。晉改沙羨爲沙陽。江、漢二水會於州西，春秋謂之夏汭，晉、宋謂之夏口。宋置江夏郡，治於此。隋不改。武德四年，改爲鄂州，取漢縣名。

永興　漢鄂縣地，屬江夏郡。吳分鄂置新陽縣，隋改爲永興。

武昌　漢鄂縣，屬江夏郡。吳、晉爲重鎮，以名將爲鎮守。

蒲圻　吳分沙羨縣置。

唐年　天寶二年，開山洞置。

漢陽　漢安陸縣地，屬江夏郡。晉置沌陽縣〔六五〕。隋初爲漢津縣，煬帝改爲漢陽。武德四

年，平朱粲，分沔陽郡置沔州，治漢陽縣。貞觀，戶一千五百一十七，口六千九百五十九。至太和七年，鄂岳節度使牛僧孺奏，沔州與鄂州隔江，都管一縣，請併入鄂州，從之。舊屬淮南道。

汊川　漢安陸縣地，後魏置汊川郡。武德四年，分漢陽縣置汊川縣，屬沔州。州廢，屬鄂州。

岳州下　隋巴陵郡。武德四年，平蕭銑，置巴州，領巴陵、華容、沅江、羅、湘陰五縣。六年，改爲岳州，省羅縣。天寶元年，改爲巴陵郡。乾元元年，復爲岳州。舊領縣四，戶四千二，口一萬七千五百五十六。天寶領縣五，戶一萬一千七百四十，口五萬二百九十八。在京師東南二千二百三十七里，至東都一千八百一十六里。

巴陵　漢下雋縣[六六]，屬長沙郡。吳置巴陵縣。晉置建昌郡，隋改爲巴州[六七]，煬帝改爲巴陵郡。武德置岳州，皆置巴陵縣[六八]。縣界有古巴丘。

華容　漢孱陵縣地[六九]，屬武陵郡。劉表改爲安南[七〇]。隋改爲華容。垂拱二年，去「華」字，曰容城。神龍元年，復爲華容。

沅江　漢益陽縣，屬長沙國。隋改爲安樂，又改爲沅江，屬岳州。

湘陰　漢羅縣，屬長沙國。宋置湘陰縣，縣界汨水，注入湘江。

昌江　神龍三年，分湘陰縣置。

潭州中都督府　隋長沙郡。武德四年，平蕭銑，置潭州總管府，管潭、衡、永、郴、連、南梁、南雲、南營八州。潭州領長沙、衡山、醴陵、湘鄉、益陽、新康六縣。七年，廢雲州，改南梁爲邵州，南營爲道州。省新康縣。督潭、衡、郴、連、永、邵、道等七州。天寶元年，改爲長沙郡[七一]。乾元元年，復爲潭州。舊領縣五，戶九千三十一，口四萬四百四十九。天寶領縣六，戶三萬二千二百七十二，口十九萬二千六百五十七。在京師南二千四百四十五里，至東都二千一百八十五里。

長沙　秦置長沙郡。漢爲長沙國，治臨湘縣。後漢爲長沙郡，吳不改。晉懷帝置湘州，至梁初不改。隋平陳，爲潭州，以昭潭爲名。煬帝改爲長沙郡，仍改臨湘爲長沙縣。武德復爲潭州。

湘潭　後漢湘南縣地，屬長沙郡。吳分湘南立衡陽縣，屬衡陽郡。隋廢郡，縣屬潭州。天寶八年，移治於洛口，因改爲湘潭縣。

湘鄉　漢鍾武縣，屬零陵郡。後漢改爲重安，永建三年，又名湘鄉，屬長沙郡。

益陽　漢縣，屬長沙國，故城在今縣東八十里。武德四年，分置新康縣。七年，省入。

醴陵　漢臨湘縣，界有醴陵，後漢立爲縣，屬長沙郡。隋廢。武德四年，分長沙置。

瀏陽　吳分長沙置瀏陽縣，隋廢。景龍二年，於故城復置。

衡州中　隋衡山郡。武德四年，平蕭銑，置衡州，領臨蒸、湘潭、耒陽、新寧、重安、新城六縣。七年，省重安、新城二縣。貞觀元年，以廢南雲州之攸縣來屬。天寶元年，改爲衡陽郡。乾元元年，復爲衡州。舊領縣五，戶七千三百三十，口三萬四千四百八十一。天寶領縣六，戶三萬三千六百八十八，口十九萬九千二百二十八。在京師東南三千四百三里，至東都二千七百六十里。

衡陽　漢蒸陽縣，屬長沙國。吳分蒸陽立臨蒸縣，吳末分長沙東界郡立湘東郡[七二]。宋、齊、梁不改。隋罷湘東郡爲衡州，改臨蒸爲衡陽縣。武德四年，復爲臨蒸。開元二十年，復爲衡陽。

常寧　吳分耒陽立新寧縣，屬湘東郡。舊治三洞，神龍二年，移治廨州。開元九年，治宜江。天寶元年，改爲常寧。

攸　漢縣，屬長沙國，縣北有攸溪故也。

茶陵　漢縣，屬長沙國。隋廢。聖曆元年，分攸縣置。

耒陽　漢縣，屬桂陽郡。隋改爲耒陰。武德四年，復爲耒陽。

衡山　吳分湘南縣置。舊屬潭州，後割屬衡州。

澧州下　隋澧陽郡。武德四年，平蕭銑，置澧州，領孱陵、安鄉、澧陽、石門、慈利、崇義六縣。貞觀元年，省孱陵縣。天寶元年，改爲澧陽郡。乾元元年，復爲澧州。天寶初，割屬山南東道。舊領縣五，戶三千四百七十四，口二萬五千八百二十六。天寶領縣四，戶一萬九千六百二十，口九萬三千三百四十九。在京師東南一千八百九十三里，至東都一千五百七十二里。

澧陽　漢零陽縣，屬武陵郡。吳分武陵西界置天門郡。晉末，以義陽流人集此，僑置南義陽郡。隋平陳，改南義陽爲澧州。皆治此縣。

安鄉　漢孱陵縣地，屬武陵郡。隋分立安鄉縣。貞觀元年，廢孱陵併入。

石門　吳分零陽縣於此置天門郡。隋平陳，廢天門郡，以廢州爲石門縣。

慈利　本漢零陽縣，隋改零陽爲慈利縣。麟德元年，省崇義併入。

朗州下　隋武陵郡。武德四年，平蕭銑，置朗州。天寶元年，改爲武陵郡。乾元元年，復爲朗州。天寶初，割屬山南東道。舊領縣二，戶二千一百四十九，口一萬九百一十三。天寶，戶九千三百六，口四萬三千七百十六。在京師東南二千一百五十九里，至東都一千八百五十八里。

武陵　漢臨沅縣地，屬武陵郡。秦屬黔中郡地。梁分武陵郡於縣置武州，陳改武州爲沅陵郡。隋平陳，復爲嵩州，尋又改爲朗州。煬帝爲武陵郡。武德復爲朗州。皆治於武陵縣。

龍陽　隋縣，取洲名。

永州中　隋零陵郡。武德四年，平蕭銑，置永州，領零陵、湘源、祁陽、灌陽四縣。七年，省灌陽。貞觀元年，省祁陽縣，四年，復置。天寶元年，改爲零陵郡。乾元元年，復爲永州。舊領縣三，戶六千三百四十八，口二萬七千五百八十三。天寶，戶二萬七千四百九十四，口十七萬六千一百六十八。在京師南三千二百七十四里，至東都三千六百六十五里。

零陵　漢泉陵縣地，屬零陵郡。漢郡治泉陵縣，故城在今州北二里。隋平陳，改泉陵

爲零陵縣，仍移於今理。梁、陳皆爲零陵郡，隋置永州，煬帝復爲零陵郡，皆治此縣。

祁陽　吳分泉陵縣，於今縣東北九十里置祁陽縣，今有古城。隋平陳，併入零陵。武德四年，復分置，移於今治。貞觀元年省，四年又置。石燕岡在祁陽西北一百一十里，此岡穴出石燕，充貢。湘水南自零陵界來。

湘源　漢零陵縣地，屬故城在今縣南七十八里(一三)。隋平陳，併零陵入湘源縣。

灌陽　漢零陵縣地。大業末，蕭銑析湘源縣置。武德七年廢。上元二年，荆南節度使呂諲奏，復於故城置灌陽縣。灌水在城西，今名灌源。

道州中　隋零陵郡之永陽縣。武德四年，平蕭銑，置營州，領營道、江華、永陽、唐興四縣。五年，改爲南營州。貞觀八年，改爲道州，仍省永陽縣。十七年廢，併入永州。上元二年，復析永州置(一四)。天寶元年，改爲江華郡。乾元元年，復爲道州。舊領縣三，戶六千六百一十三，口三萬一千八百八十。天寶領縣四，戶二萬二千五百五十一，口十三萬九千六十三。今領縣五。

弘道　漢營浦縣，屬零陵郡。吳置營陽郡，晉改爲永陽郡。隋平陳，改營浦爲永陽縣。武德四年，於縣置營州，改爲營道縣。五年，又加「南」字(一五)。貞觀八年，改爲道州。天寶元年，改營道爲弘道。

延唐　漢泠道縣，屬零陵郡，古城在今縣東界南四十里。隋平陳，廢泠道入營道縣，仍於泠道廢城置營道縣。武德四年，移營道縣於州郭置，仍於此置唐興縣。長壽二年，改名武盛。神龍元年，復爲唐興。天寶元年，改爲延唐(一六)。泠水，在今縣南六十里。

江華　漢馮乘縣(一七)，屬蒼梧郡。武德四年，析賀州馮乘縣置江華縣。貞觀十七年，改屬永州。上元二年，還道州。文明元年，改爲雲溪縣。神龍元年二月，復爲江華。

永明　隋改漢營浦縣爲永陽，置道州。後州郭內置營道縣，乃移永陽之名於州西南一百一十里置。貞觀八年省，地入營道。天授二年，復析營道置。天寶元年，改爲永明縣。

大曆　大曆二年，湖南觀察使韋貫之奏請析延唐縣，於道州東南二百二十里春陵侯故城北十五里置縣，因以大曆爲名。

郴州中　隋桂陽郡。武德四年，平蕭銑，置郴州，領郴、盧陽、義章、臨武、平陽、晉興六縣(一八)。七年，廢義章(一九)、平陽二縣。八年，省晉興。天寶元年，改爲桂陽郡。乾元元年，復爲郴州。舊領縣五，戶八千六百四十六，口四萬九千三百五十五。天寶領縣八，戶三萬一千三百三。在京師東南三千三百里，至東都三千五十七里。

郴　漢縣，屬桂陽郡，漢郡理所也。後漢郡理耒陽，尋還郴。宋、齊封子弟爲桂陽王，皆治於此。隋平陳，改爲郴州，煬帝爲桂陽郡，武德四年，改郴州，皆以郴爲理。

義章　大業末，蕭銑分郴置。武德七年省，八年復置。長壽元年，分義章南界置高平縣。開元二十三年，廢高平，仍移義章治高平廢縣。

義昌　晉分郴縣置汝城、晉寧二縣。陳廢二縣，立盧陽郡，領盧陽縣。開皇九年廢郡(二〇)，以盧陽屬郴州。天寶元年，改爲義昌。

平陽　晉分郴置平陽郡及縣。陳廢，後蕭銑復分郴置。武德七年省，八年復置。

資興　後漢分郴置漢寧縣。吳改爲陽安，晉改爲晉寧，隋改爲晉興。貞觀八年省，咸亨三年復置，改名資興。

高亭　漢便縣地，屬桂陽郡。晉省，陳復置。隋廢。開元十三年，宇文融析郴縣北界四鄉置安陵縣。天寶元年，改爲高亭，取縣東山名。

臨武　漢縣，屬桂陽郡，縣南臨武溪故也。

藍山　漢南平縣，屬桂陽郡。隋廢。咸亨二年，復置南平縣。天寶元年，改爲藍山。九疑山，在縣西五十里。

邵州　隋長沙郡之邵陽縣。武德四年，平蕭銑，置南梁州，領邵陵、建興、武岡三縣。七年，省建興入武岡，省邵陵併邵陽。貞觀十年，改名邵州。天寶元年，改爲邵陽郡。乾元元年，復爲邵州。舊領縣二，戶二千八百五十六，口一萬三千五百八十三。天寶，戶一萬七千七十三，口七萬一千六百四十四。在京師東南三千四百里，至東都二千二百六十八里。

邵陽　漢昭陵縣，屬長沙國。後漢改爲昭陽，晉改爲邵陽。隋平陳，移於今理。吳分零陵北部置邵陵郡。隋平陳，廢郡，以邵陽屬潭州，尋又於邵陽置建州。武德四年，改置南梁州〔八一〕，貞觀十年，改爲邵州，皆理邵陽縣。

武岡　漢都梁縣，屬零陵郡。晉分都梁置武岡縣。隋廢。武德四年，分邵陽復置。

連州　隋熙平郡。武德四年，平蕭銑，置連州。天寶元年，改爲連山郡。乾元元年，復爲連州。舊領縣三，戶五千五百六十三，口三萬一千九十四。天寶，戶三萬二千二百十，口一十四萬三千五百三十二。在京師南三千六百六十五里，至東都三千四百五里。

桂陽　漢縣，屬桂陽郡，今州理是也。隋開皇十年，於縣置連州，大業改爲熙平郡，武德四年，復爲連州，皆以桂陽爲理所。

陽山　漢縣，屬桂陽郡。後漢省。晉平吳，分洽滙縣復置。梁於洽滙縣西置陽山郡，

以縣屬之。隋廢郡，縣屬連州。神龍元年，移於滙水之北，今縣理是也。一名湟水。

連山　晉武分桂陽立廣惠縣，隋改爲廣澤。仁壽元年，改爲連山。

黔州下都督府　隋黔安郡。武德元年，改爲黔州，領彭水、都上、石城三縣。二年，又分置盈隆、洪杜〔八二〕、相永、萬資四縣。四年，置都督府〔八三〕，督務、施、業、辰、智、牂、充、應、莊等州。其年，以相永、萬資二縣置費州，以都上分置夷州。十年，以思州高富來屬。十一年，又以高富屬夷州，以智州信寧來屬。今督思、辰、施、牢、費、夷、巫、應、播、充、莊、牂、琰、池、矩十五州。其年，罷都督府。置莊州都督。景龍四年廢，以播州爲都督。先天二年廢，復以黔州爲都督。天寶元年，改黔州爲黔中郡，依舊都督施、夷、播、思、費、珍、溱、商九州〔八四〕。又領充、明、勞、義、福、犍、邦、琰、清、莊、峩、蠻、牂、鼓、儒、琳、鸞、令、那、暉、郝、總、敦、侯、晃、柯、樊、稜、添、普寧、功、亮、茂龍、延、訓、卿、雙、整、懸、撫水、矩、思源、逸、殷、南平、勳、姜、襲等五十州〔八五〕。皆羈縻，寄治山谷。乾元元年，復以黔中郡爲黔州都督府。舊領縣五，戶五千九百一十三，口二萬七千四百三十三。天寶縣六，戶四千二百七十，口二萬四千二百四。在京師南三千一百九十三里，至東都三千二百七十一里。

彭水　漢酉陽縣，屬武陵郡。吳分酉陽置黔陽郡。隋於郡置彭水縣。周置奉州，尋爲黔州。貞觀四年，於州置都督府。

黔江　隋分黔陽縣置石城縣。天寶元年，改爲黔江。

洪杜　武德二年，分置洪杜縣，治洪杜溪。麟德二年，移治龔湍。

洋水　武德二年，分彭水於巴江西置盈隆縣。先天元年，改爲盈川〔八六〕。天寶元年，改爲洋水。

信寧　隋置信安縣，取界內山名。武德二年，改爲信寧。武德五年，屬義州。州廢來屬。

都濡　貞觀二十年，分盈隆縣置。

辰州下　隋沅陵縣。武德四年，平蕭銑，置辰州，領沅陵等五縣。九年〔八七〕，分大鄉置大鄉五縣。五年，分辰溪置溆浦縣。貞觀九年，分大鄉置三亭縣。天授二年，分大鄉、三亭兩縣置溪州。景雲二年，置都督府，督巫、業、錦三州。開元二十七年，罷都督府。天寶元年，改爲盧溪郡。乾元元年，復爲辰州，取溪名。舊領縣七，戶九千二百八十三，口三萬九千二百二十五。天寶領縣五，戶四千二百四十一，口二萬八千五百五十四。在京師南徼東三千四百五里，至東都三千二百六十里。

沅陵　漢辰陽縣，屬武陵郡，本秦黔中郡縣也。隋改辰陽爲辰溪，仍分置沅陵縣，仍置

沅陵郡。武德四年，改爲辰州，以沅陵爲理所。

盧溪　武德三年，分沅陵縣置。

溆浦　漢義陵縣地，屬武陵郡〔八八〕。武德五年，分辰溪置。

麻陽　武德三年，分沅陵、辰溪二縣置。垂拱四年，分置龍門縣，尋廢。

辰溪　漢辰陽縣地，隋分置辰溪縣。

錦州下　垂拱二年，分辰州麻陽縣地并開山洞置錦州及四縣。天寶元年，改錦州爲盧陽郡。乾元元年，復爲錦州。天寶領縣五，戶二千八百七十二，口一萬四千三百七十四。至京師三千五百里，至東都三千七百里。

盧陽　招諭　渭陽　常豐　已上四縣，並垂拱三年與州同置。其常豐本名萬安，天寶元年，改爲常豐。

洛浦　天授二年，分辰州之大鄉置〔八九〕，屬溪州。長安四年〔九〇〕，改屬錦州。

施州下　隋清江郡之清江縣。義寧二年，置施州，領清江、開夷二縣。貞觀八年，廢業州，以建始縣來屬。麟德元年，廢開夷縣入清江。天寶元年，改爲清化郡。乾元元年，復爲施

州。舊領縣三，戶二千三百一十二，口一萬八百二十五。天寶領縣二，戶三千七百二，口一萬六千四百四十四。在京師南二千七百九里，至東都二千八百一十里。

清江　漢巫縣，南郡。吳分巫立沙渠縣。後周於縣立施州。隋爲清江縣，州所理也。

建始　後周分巫縣置建始縣。義寧二年，於縣置業州，領建始一縣。貞觀八年，廢業州，縣屬施州。

巫州下　貞觀八年，分辰州龍標縣置巫州。其年，置夜郎、朗溪、思徵三縣〔九一〕。九年，廢思徵縣。天授二年，改爲沅州，分夜郎渭溪縣〔九二〕。長安三年，割夜郎、渭溪二縣置舞州。先天二年，又置潭陽縣。開元十三年，改沅州爲巫州。天寶元年，改爲潭陽郡。乾元元年，復爲巫州。舊領縣三，戶四千三十二，口一萬四千四百九十五。天寶，戶五千三百六十八，口一萬二千七百三十八。在京師南三千一百五十八里，至東都三千八百三十三里。

龍標〔九三〕　武德七年置，屬辰州。貞觀八年，置巫州，爲理所也。

朗溪　貞觀八年置。

潭陽　先天二年，分龍標置。

業州下　長安四年，分沅州二縣置舞州。開元十三年，改爲鶴州。二十年，又改爲業州。天寶元年，改龍標郡。乾元元年，復爲業州。領縣三，戶一千六百七十二，口七千二百八十四。在京師南四千一百九十七里，至東都三千九百里。

峩山　貞觀八年〔九四〕，置夜郎縣，屬巫州。長安四年，置舞州。開元二十年，改夜郎爲峩山縣。

渭溪　天授二年，分夜郎置，屬沅州。長安四年，改業州。

梓薑　舊於縣置充州，天寶三年，以充州荒廢，以梓薑屬業州，其充州爲羈縻州。

夷州下　隋明陽郡之綏陽縣。武德四年，置夷州於思州寧夷縣，領夜郎、神泉、豐樂、綏養、雞翁、伏遠、明陽、高富、寧夷、思義、丹川、宣慈、慈岳等十三縣。六年，廢鷄翁縣。貞觀元年，廢夷州，省夜郎、神泉、豐樂三縣，以伏遠、明陽、高富、寧夷、思義、丹川六縣隸務州，宣慈、慈岳二縣隸溪州，以綏養隸智州。四年，復置夷州於黔州都上縣。六年，又置鷄翁縣。十一年，又以義州之綏陽、黔州之高富來屬。其年，又自都上移於今所。天寶元年，改爲義泉郡。乾元元年，復爲夷州。舊領縣四，戶二千二百四十一，口八千六百五十七。天寶縣五，戶一千二百八十四，口七千一十三。在京師南四千三百八十七里，至東都三千八百八十里。

綏陽　漢牂柯郡地。隋朝招慰置綏陽縣，古徼外夷也。武德三年，屬義州。貞觀十一年，改屬夷州。

都上　隋置。武德元年，屬黔州。貞觀四年，置夷州，爲理所。十一年，州移治綏陽縣。

義泉　隋舊。於縣置牢州。貞觀十七年，廢牢州，以義泉屬夷州。

洋川　武德二年置，舊屬牢州。貞觀十七年，屬夷州。

寧夷　舊屬思州。開元二十五年，屬夷州。

播州下　隋牂柯郡之牂柯縣。貞觀九年，分置郎州，領恭水、高山、貢山、柯盈、邪施、釋燕六縣。十一年，省郎州幷六縣。十三年〔九五〕，又於其地置播州及恭水等六縣。十四年，改恭水等六縣名。二十年，以夷州之芙蓉、琊川來屬。顯慶五年，廢舍月、胡江、羅爲三縣。景龍四年，廢莊州都督府，以播州爲都督府。先天二年，罷都督。開元二十六年，又廢胡刀、琊川兩縣。天寶元年，改爲播川郡。乾元元年，復爲播州。領縣三，戶四百九十，口二千一

百六十八。在京師南四千四百五十里，至東都四千九百六十里。

遵義　漢武開西南夷，置牂柯郡，秦夜郎郡之西南境也。貞觀九年〔九六〕，置恭水縣，屬郎州。十一年省，十三年復置，屬播州。十四年，改爲羅蒙。十六年，改爲遵義。顯慶五年，廢舍月併入。

芙蓉　舊屬牢州。貞觀十六年，改爲夷州，二十年，又改屬播州。開元二十六年，廢胡刀、琊川兩縣併入。

帶水　貞觀九年，置柯盈縣。十四年，改爲帶水。

思州下　隋巴東郡之務川縣。武德四年，置務州，領務川、涪川、扶陽三縣。貞觀元年，以廢夷州之伏遠、寧夷、思義、高富、明陽、丹川六縣，廢思州之丹陽、城樂、感化、思王、多田五縣來屬。其年，省思義、明陽、丹川三縣。二年，又省丹陽。四年，改務州爲思州。其年，以涪川、扶陽二縣割入費州。八年，又以多田、城樂二縣割入費州。其年，又廢感化縣。十年，以高富隸黔州。十一年，又省伏遠縣。天寶元年，改爲寧夷郡。乾元元年，復爲思州。舊領縣三，戶二千六百三，口七千五百九十九。天寶，戶一千五百九十九，口一萬二千二十一。在京師南三千八百三十九里，至東都三千五百九十六里。

務川　州所治。漢酉陽縣[九七]，屬武陵郡。隋朝招慰置務川縣。武德四年，招慰使冉安昌以務川當牂柯要路，請置務州[九八]。貞觀四年[九九]，改爲思州，以思邛水爲名[100]。

思王　武德三年置，屬思州。貞觀元年，改屬務州[101]。四年，改屬思州。

寧夷　隋置。武德四年，屬夷州。貞觀元年，屬思州。

思邛　開元四年，開生獠置。

費州下　隋黔安郡之涪川縣。貞觀四年，分思州之涪川、扶陽二縣置費州。其年，割黔州之萬資、相永二縣來屬。八年，又割思州之多田、城樂來屬。十一年，廢相永、萬資二縣。天寶元年，復爲涪川郡。乾元元年，復爲費州。舊領縣四，戶二千七百九，口六千九百五十。天寶，戶四百二十九，口二千六百九。在京師南四千七百里，至東都四千九百里。

涪川　漢牂柯郡之地，久不臣附。周宣政元年，信州總管、龍門公裕，招慰生獠王元殊、多質等歸國，乃置費州，以水爲名。武德四年，置務州[102]。貞觀四年，置費州治於此。

多田　武德四年，務州刺史奏置。以土地稍平，墾田盈畛，故以多田爲名。貞觀四年，屬思州。八年，改屬費州。

扶陽　隋仁壽四年，庸州刺史奏置，以扶陽水爲名。

城樂　武德四年，山南道大使趙郡王孝恭招慰生獠，始築城，人歌舞之，故曰城樂。

南州下　武德二年置，領隆陽、扶化、隆巫、丹溪、靈水、南川六縣。三年，改爲僰州。四年，復爲南州。貞觀五年，置三溪縣。七年，又置當山、嵐山、歸德、汶溪四縣。八年，又廢當山、嵐山、歸德、汶溪四縣。十一年，又廢扶化、隆巫、靈水三縣。天寶元年，改爲南川郡[103]。乾元元年，復爲南州。舊領縣三，戶三千五百八十三，口一萬三百六十六。天寶領縣二，戶四百四十三，口二千四十三。在京師南三千六百里，至東都三千七百里。

南川　武德二年，置隆陽縣。先天元年，改爲南川，州所治。

三溪　貞觀五年置。

溪州下　舊辰州之大鄉。天授二年，分置溪州。舊領縣二，又分置洛浦縣。長安四年，以洛浦屬錦州。天寶元年，改溪州爲靈溪郡。乾元元年，復爲溪州。領縣二，戶二千一百八十四，口一萬五千二百八十二。至京師二千八百九十三里，至東都二千六百九十六里。

大鄉　漢沅陵、遷陵二縣地[104]，屬武陵郡。梁分置大鄉縣。舊屬辰州，天授二年來屬，州所理也。

三亭　貞觀九年，分大鄉置，屬辰州。天授二年，改屬溪州。縣界有黔山，大酉、小酉二山。

溱州下　貞觀十六年，置溱州及榮懿、扶歡、樂來三縣。咸亨元年，廢樂來縣。天寶元年，改爲溱溪郡。乾元元年，復爲溱州。領縣二，戶八百七十九，口五千四十五。至京師三千四百八十里，至東都四千二百里。

榮懿　扶歡　已上二縣，並貞觀十六年，開山洞置。

珍州下　貞觀十六年置，天寶元年改爲夜郎郡。乾元元年，復爲珍州。領縣三，戶二百六十三，口一千三十四。至京師四千一百里，至東都三千七百里。

夜郎　漢夜郎郡之地。貞觀十七年，置於舊播州城，以縣界有隆珍山，因名珍州。

麗皐　樂源　並貞觀十六年，開山洞置。

牂州，領縣二。充州，領縣八。應州，領縣五。琰州，領縣四。牢州，領縣七。已上國初置，並屬黔中道羈縻州。永徽已後併省。

隴右道

秦州中都督府　隋天水郡。武德二年，平薛舉，改置秦州，仍立總管府，管秦、渭、岷、洮、疊、文、武、成、康、蘭、宕、扶等十二州。秦州領上邽、成紀、秦嶺、清水四縣。四年，分清水置邽州。六年，廢邽州，以清水來屬。八年，廢文州，又以隴城來屬。其年，又廢伏州，以伏羌來屬。九年，於伏羌廢城置鹽泉縣。貞觀元年，改鹽泉爲夷賓。二年，省夷賓縣。六年，省長川縣。十四年，督秦、成、渭、武四州，治上邽。十七年，廢秦嶺縣。開元二十二年，緣地震，移治所於成紀縣之敬親川。天寶元年，改爲天水郡。依舊都督府，督天水、隴西、同谷三郡。其年，復還治上邽。乾元元年，復爲秦州。舊領縣六，戶五千七百二十四，口二萬五千七十三。天寶領縣五，戶二萬四千八百二十七，口十萬九千七百。在京師西七百八十里，至東都一千六百五里。

上邽　漢縣，屬隴西郡。武帝分置天水郡。後漢分豲道立南安郡[105]。後魏改上邽爲上封。隋復於上邽置秦州。州前有湖水，四時增減[106]，故名天水郡。

成紀　漢縣，屬天水郡。舊治小坑川。開元二十二年，移治敬親川，成紀亦徙新城。天寶元年，州復移治上邽縣。

伏羌　漢冀縣，屬天水郡。晉於此置秦州。後魏改爲當亭縣，隋復爲冀城縣〔一〇七〕。武德三年，改爲伏羌縣，仍置伏州。八年，伏州廢，縣屬秦州。貞觀三年，廢夷賓縣，併入伏羌。

隴城　漢隴縣，屬天水郡。隋加「城」字。武德二年，置文州，以隴城隸之。八年文州廢，來屬。貞觀三年，省長川縣併入。

清水　漢縣，屬天水郡。武德四年，置邽州於清水。六年，廢邽州，以清水來屬。

成州下　隋漢陽郡。武德元年，置成州，領上祿、長道、潭水三縣。貞觀元年，以潭水屬宕州，又割廢康州之同谷縣來屬。州理楊難當所築建安城。天寶元年，改爲同谷郡。乾元元年，復爲成州。舊領縣三，戶一千五百四十六，口七千二百五十九。天寶，戶四千七百二十七，口二萬一千五百八。在京師西南九百六十里，至東都一千八百里。

上祿　漢縣，屬武都郡，白馬氐之所處。州南八十里仇池山，其上有百頃地，可處萬家。晉時，氐酋楊難當據仇池，即此山上也。晉朝招慰，乃置仇池郡，以難當爲守。梁置南

秦州，又改爲成州。隋以上祿爲倉泉縣，又復爲上祿。

長道　元魏分上祿置長道縣，於縣置天水郡。隋改天水爲漢陽郡，又改漢陽縣爲長道。

同谷　漢下辨步見反道，屬武都郡。後魏於此置廣業郡，領白石縣。又改白水爲同谷。

渭州下　隋隴西郡。武德元年，置渭州。天寶元年，改爲隴西郡。乾元元年，復爲渭州。四月，鄯州都督郭英乂，奏請以渭州、洮州爲都督府，後廢。舊領縣四，戶一千九百八十九，口九千二十八。天寶，戶六千四百二十五，口二萬四千五百二十。在京師西一千一百五十三里，至東都二千里。

襄武　漢縣，屬隴西郡。後魏於縣置渭州，以水爲名。

隴西　漢豲晉桓道地，屬天水郡。

鄣〔一〇八〕　後漢分武陽置鄣縣。天授二年，改爲武陽縣。神龍元年，復爲鄣縣。

渭源　漢首陽縣地，屬隴西郡。後魏分隴西置渭源郡，又改首陽爲渭源縣。上元二年，改首陽縣，仍於渭源故城分置渭源縣。儀鳳三年，廢首陽併入渭源。

鄯州下都督府　隋西平郡。武德二年，平薛舉，置鄯州，治故樂都城。貞觀中，置都督府。天寶元年，改爲西平郡。乾元元年，復爲鄯州。上元二年九月，州爲吐蕃所陷，遂廢。所管鄯城三縣，今河州收管。舊領縣二，戶一千八百七十五，口九千五百八十二。天寶領縣三，戶五千三百八十九，口二萬七千一十九。在京師西一千九百一十三里，至東都二千五百四十里。

湟水　漢破羌縣，屬金城郡。漢破匈奴，取西河地，開湟中處月氏，即此。湟水，俗呼湟河，又名樂都水，南涼禿髮烏孤始都此〔一〇九〕。後魏置鄯州，改破羌爲西都縣。隋改爲湟水縣。縣界有浩亹水。

龍支　漢允吾縣，屬金城郡。後漢改爲龍耆縣。後魏改爲金城縣，又改爲龍支。積石山，在今縣南。

鄯城　儀鳳三年置，漢西平郡故城在西。

蘭州下　隋金城郡。隋末，陷薛舉。武德二年，平賊，置蘭州。八年，置都督府，督蘭、河、鄯、廓四州。貞觀六年，又督西鹽州。十二年，又督涼州。今督蘭、鄯、儒、淳四州。領金城、狄道、廣武三縣。顯慶元年，罷都督府。天寶元年，改金城郡。二載，割狄道縣置狄道郡。

乾元元年，復爲蘭州。舊領縣三，戶一千六百七十五，口七千三百五。天寶領縣二，戶二千八百八十九，口一萬四千二百二十六。在京師西一千四百四十五里，至東都二千二百里。

五泉　漢金城縣，屬金城郡，西羌所處。後漢置西海郡，乞伏乾歸都此，稱涼〔一一〇〕。隋開皇初，置蘭州，以皐蘭山爲名。煬帝改金城郡。隋置五泉縣。咸亨二年，復爲金城。天寶元年，改爲五泉。

廣武　漢枝楊縣，屬金城郡。張駿置廣武郡。隋廢爲縣，屬蘭州。

臨州下都督府　天寶三載，分金城郡置狄道郡。乾元元年，改爲臨州都督府，督保塞州，羈縻之名也。領縣二，戶二千八百九十九，口一萬四千二百二十六。在京師西一千四百四十五里，至東都二千二百里。

狄道　漢縣，屬隴西郡。晉改爲武始縣。隋復爲狄道，屬蘭州。天寶三載復置。

長樂　舊安樂縣。乾元後，改爲長樂。

河州下　隋枹晉桴罕郡。武德二年，平李軌，置河州，領枹罕、大夏二縣。貞觀元年，廢大夏縣。五年復置。十年，省米州，以米川縣來屬。十一年，廢烏州，以其城置安鄉縣，來屬。

天寶元年，改爲安鄉郡。乾元元年，復爲河州。舊領縣三，戶三千三百九十一，口一萬二千六百五十五。天寶領縣三，戶五千七百八十二，口三萬六千八百八十六。在京師西一千四百一十五里，至東都二千二百七十里。

枹罕　漢縣，屬金城郡。張駿於縣置河州，至後魏不改，又名枹罕郡。隋初爲河州，煬帝爲枹罕郡。武德二年，改爲河州。皆治於枹罕。

大夏　漢縣，屬隴西郡。張駿於縣置大夏郡及縣，取西大夏水爲名。貞觀元年，廢入枹罕。五年又置。

鳳林　漢白石縣，屬金城郡。張駿改白石爲永固。貞觀七年，廢縣，置烏州。十一年州廢，於城內置安鄉縣。天寶元年，改爲鳳林，取關名也。

武州下　隋武都郡。武德元年，置武州，領將利、建威、覆津、盤堤四縣。貞觀元年，省建威入將利。天寶元年，改爲武都郡。乾元元年，復爲武州。舊領縣三，戶一千一百五十二，口五千三百八十一。天寶，戶二千九百二十三，口一萬五千三百一十三。在京師西一千二百九十里，至東都二千里。

將利　秦、漢白馬之地。漢置武都郡并縣。後魏改武都爲石門縣，置武州。後周改爲

將利縣，仍置武都郡。隋初廢，煬帝復爲郡，皆治將利縣。

覆津　後魏置武階郡，又於今縣東北三十里萬郡故城置覆津縣。隋廢武階郡，縣屬武都郡。

盤堤　漢河池縣地，屬武都郡。後魏於今縣東南百四十二里移盤堤縣於郡置武州。盤堤山爲名。

洮州下　隋臨洮郡。武德二年，置洮州。貞觀五年，移州治於洪和城，後復移還洮陽城，今州治也。永徽元年，置都督府。開元十七年廢，併入岷州。臨潭縣置臨州。二十七年，又改爲洮州。天寶元年，改爲臨洮郡，管密恭縣，党項部落也，寄治州界。乾元元年，復爲洮州。舊領縣二，戶二千三百六十三，口八千二百六十。天寶，戶三千七百，口一萬五千六十。在京師西一千五百六里，至東都二千三百九十里。

臨潭　秦、漢時羌地，本吐谷渾之鎮，謂之洪和城。後周攻得之，改爲美相縣，屬洮州〔二一〕。貞觀四年，洮州理於此。置臨潭縣，屬旭州。八年，廢旭州，來屬。其年，移理洮陽城，今州治也。仍於舊洪和城置美相縣，隸洮州。天寶中，廢美相併入。

岷州下　隋臨洮郡之臨洮縣。義寧二年，置岷州。武德四年，爲總管府，管岷、宕、洮、疊、旭五州。七年，加督芳州。九年，又督文、武、扶三州。貞觀元年，督岷、宕、洮、旭四州。六年，督橋、意二州。十二年，廢都督府。神龍元年，廢當夷縣。天寶元年，改爲和政郡。乾元元年，復爲岷州。舊領縣四，戶四千五百八十三，口一萬九千二百三十九。天寶，縣三，戶四千三百二十五，口二萬三千四百四十一。在京師西一千三百七十八里，至東都二千一百里。

溢樂　秦臨洮縣，屬隴西郡。今州西二十里長城，蒙恬所築。岷山，在縣南一里。崆峒山，縣西二十里。後魏置岷州，仍改臨洮爲溢樂。隋復改臨洮，義寧二年，改名溢樂。神龍元年，廢當夷縣併入。

祐川　後周置基城縣。先天元年，改爲祐川，避玄宗名。

和政　後周置洮城郡。保定元年，置和政縣。

廓州下　隋澆河郡。武德二年，置廓州。天寶元年，改爲寧塞郡。乾元元年，復爲廓州。舊領縣二，戶二千二十，口九千七百三十二。天寶，縣三，戶四千二百六十一，口二萬四千四百。在京師二千三十里〔二二〕，至東都二千七百七十二里。

廣威　後漢燒當羌之地，段熲破羌斬澆河大帥即此也。漢末，置西平郡，此地即南界也。前涼置湟河郡。後魏置石城郡。廢帝因縣內化隆谷改爲化隆縣。後周置廓州〔二三〕。先天元年，改爲化成縣。天寶元年，改爲廣威縣。縣界有拔延山。

達化　後周置達化郡並縣。吐渾澆河城，在縣西一百二十里。

米川　漢枹罕縣地，屬金城郡。貞觀五年，置米州及米川縣。十年，州廢，縣屬廓州。

疊州下都督府　隋臨洮郡之合川縣〔二四〕。武德二年，置疊州，領合川、樂川、疊川三縣。五年，又置安化〔二五〕、和同二縣，以處党項，尋省。疊川、樂川縣〔二六〕。十三年，置都督，督疊、岷、洮、宕、津、序、壹、枯、嶂、王、蓋、立、橋等州。永徽元年，罷都督府。天寶元年，改爲合川郡。乾元元年，復爲疊州。舊領縣一，戶一千八十三，口四千六十九。天寶領縣二，戶一千二百七十五，口七千六百七十四。在京師西南一千一百一十里，至東都二千五百六十里。

合川　秦、漢已來，爲諸羌保據。後周武帝逐諸羌，始有其地，置合川縣，仍於縣置疊州，取郡山重疊之義。舊治吐谷渾馬牧城，武德三年，移於交戍城。

常芬　隋同昌郡之常芬縣。武德元年，置芳州，領常芬、恆香、丹嶺三縣。神龍元年，

廢芳州爲常芬縣，隸疊州。

宕州下　隋宕昌郡。武德元年，置宕州，領懷道、良恭、和戎三縣。貞觀三年，省和戎入懷道。天寶元年，改爲懷道郡。乾元元年，復爲宕州。舊領縣二，戶一百四十，口一千四百六十一。天寶，戶一千一百九十，口七千一百九十九。在京師西南一千六百五十六里，至東都二千二百八十五里。

懷道　歷代諸羌所據，後魏始附爲蕃國。後周置宕昌郡及懷道、良恭二縣。隋爲宕昌郡。武德初，爲宕州，理懷道。

良恭　後周置陽宕縣，隋改爲良恭。

河西道此又從隴右道分出，不在十道之內。

貞觀元年，分隴坻已西爲隴右道。景雲二年，以江山闊遠，奉使者艱難，乃分山南爲東西道，自黃河以西，分爲河西道。

涼州中都督府　隋武威郡。武德二年，平李軌，置涼州總管府，管涼、甘、瓜、肅四州。涼州領姑臧、昌松、番禾三縣。三年，又置神烏縣。七年，改爲都督府，督涼、肅、甘、沙、瓜、伊、芳、文八州。貞觀元年，廢神烏縣。總章元年，復置。咸亨元年，爲大都督府，督涼、甘、肅、伊、瓜、沙、雄七州。上元二年，爲中都督府。神龍二年，置嘉麟縣。天寶元年，改爲武威郡，督涼、甘、肅三州。乾元元年，復爲涼州(二七)。舊領縣三，戶八千二百三十一，口三萬三千三十。天寶領縣五，戶二萬二千四百六十二，口十二萬二百八十一。在京師西北二千一十里，至東都二千八百七十里。

姑臧　漢縣，屬武威郡。所理，秦月氏戎所處。匈奴本名蓋藏城，語訛爲姑臧城。西魏復置涼州。晉末，張軌據姑臧，稱前涼。呂光又稱後涼。後入於元魏，爲武威郡。武德初，平李軌，置涼州。州界有猪野澤。

神烏　漢鸞鳥縣，屬武威郡。後魏廢。總章元年，復於漢武威城置武威縣。神龍元年，改爲神烏。於漢鸞鳥古城置嘉麟縣。

昌松　漢蒼松縣，屬武威郡。後涼呂光改爲昌松。

天寶　漢番音盤禾縣，屬張掖郡。縣南山曰天山，又名雪山。咸亨元年，於縣置雄州。調露元年，廢雄州，番禾還涼州。天寶三年，改爲天寶縣。

嘉麟　神龍二年，於漢鸞鳥古城置。景龍二年廢，先天二年復置。

吐渾部落　興昔部落　閤門府　皋蘭府　盧山府　金水州　蹛林州　賀蘭州　已上八州府，並無縣，皆吐渾、契苾、思結等部，寄在涼州界內，共有戶五千四十八，口一萬七千二百一十二。

甘州下　隋張掖郡。武德二年，平李軌，置甘州。天寶元年，改爲張掖郡。乾元元年，復爲甘州。舊領縣二，戶二千九百二十六，口一萬一千六百八十。天寶，戶六千二百八十四，口二萬二千九十二。在京師西北二千五百里，至東都三千三百一十里。

張掖　故匈奴昆邪王地，屬漢武開置張掖郡及觻音祿得縣，郡所治也，匈奴王號也。後魏置張掖軍，孝文改爲郡及縣，州置西涼州(二八)，尋改爲甘州，取州東甘峻山爲名。郡連山，在州西南二百里也。

删丹　漢縣，屬張掖郡。後漢分張掖置西海郡。晉分删丹置蘭池、萬歲、仙提三縣(二九)。煬帝廢，併入删丹。居延海，焉支山在縣界。删丹山，卽焉支山，語訛也。

肅州下　武德二年，分隋張掖郡置肅州。八年，置都督府，督肅、瓜、沙三州。貞觀元年，罷都督府。貞觀中，廢玉門縣。天寶元年，改爲酒泉郡。乾元元年，復爲肅州。舊領縣三，戶一千七百三十一，口七千一百一十八。天寶領縣三，戶二千三百三十，口八千四百七十六。在京師西北二千八百五十八里，至東都三千七百八十里。

酒泉　漢福祿縣，屬酒泉郡。郡城下有金泉，泉味如酒，故爲郡名。此月支地，爲匈奴所滅，匈奴令休屠、昆邪王守之。漢武時，昆邪來降，乃置酒泉郡。張軌、李暠、沮渠蒙遜皆都於此。後魏置酒泉軍，復爲郡，後周改爲甘州，隋分甘州置肅州，皆治酒泉。義寧元年，置酒泉縣。

福祿　漢舊縣，屬酒泉郡。今縣，漢樂涫縣地(三〇)，屬燉煌郡。武德二年，於樂涫古城置福祿縣。

瓜州下都督府　隋燉煌郡之常樂縣。武德五年，置瓜州，仍立總管府，管西沙、肅三州(三一)。八年，罷都督。貞觀中，復爲都督府。天寶元年，爲晉昌郡。乾元元年，復爲瓜州。舊領縣二，戶一千一百六十四，口四千三百二十二。天寶，戶四百七十七，口四千九百八十七。在京師西三千三百一十里，至東都四千三百六里。

晉昌　漢冥安縣，屬燉煌郡。冥，水名。置晉昌郡及冥安縣，周改晉昌爲永興〔三二〕。隋改爲瓜州，改冥安常樂〔三三〕。武德七年，復爲晉昌。

常樂　漢廣至縣，屬燉煌郡。魏分廣至置宜禾縣。李暠於此置涼興郡。隋廢，置常樂鎮。武德五年，改鎮爲縣。

伊州下　隋伊吾郡。隋末，西域雜胡據之。貞觀四年，歸化，置西伊州。六年，去「西」字。天寶元年，爲伊吾郡。乾元元年，復爲伊州。舊領縣三，戶一千三百三十二，口六千七百七十八。天寶領縣二，戶二千四百六十七，口一萬一百五十七。在京師西北四千四百一十六里，至東都五千三百三十里。

伊吾　在燉煌之北，大磧之外。秦、漢之際，戎居之。南去玉門關八百里，東去陽關二千七百三十里。漢宣帝時，以鄭吉爲都護，在玉門關〔三四〕。元帝時，置戊己校尉，皆治車師。後漢明帝時，取伊吾盧地，置宜禾都尉以屯田。竇憲、班超大破西域，始於此築城。班勇爲西域長史，居此地也。後魏、後周，鄯善戎居之。隋始於漢伊吾屯城之東築城，爲伊吾郡。隋末，爲戎所據。貞觀四年，款附，置西伊州始於此。天山，在州北一百二十里，一名白山，胡人呼折羅漫山〔三五〕。

柔遠　貞觀四年置，取縣東柔遠故城爲名。

納職　貞觀四年，於鄯善胡所築之城置納職縣。

沙州下　隋燉煌郡。武德二年，置瓜州。五年，改爲西沙州。貞觀七年，去「西」字。天寶元年，改爲燉煌郡。乾元元年，復爲沙州。舊領縣二，戶四千二百六十五，口一萬六千二百五十。在京師西北三千六百五十里，至東都四千三百九里。

燉煌　漢郡縣名。月氐戎之地，秦、漢之際來屬。漢武開西域，分酒泉置燉煌郡及縣。周改燉煌爲鳴沙縣，取縣界山名。隋復爲燉煌。武德三年，置瓜州，取春秋「祖吾離於瓜州」之義。五年，改爲西沙州。皆治於三危山，在縣東南二十里。鳴沙山，一名沙角山，又名神沙山，取州名焉，在縣七里。

壽昌　漢龍勒縣地，屬燉煌郡。縣南有龍勒山。後魏改爲壽昌縣。陽關，在縣西六里。玉門關，在縣西北一百一十八里。

西州中都督府　本高昌國。貞觀十三年，平高昌，置西州都督府〔三六〕，仍立五縣。顯慶三年，改爲都督府。天寶元年，改爲交河郡。乾元元年，復爲西州。舊領縣五，戶六千四百六十六。天寶領縣五，戶九千一十六，口四萬九千四百七十六。在京師西北五千五百一十六里，至東都六千二百一十五里。

高昌　漢車師前王之庭。漢元帝置戊己校尉於此。以其地形高敞，故名高昌。其故壘有八城。張駿置高昌郡，後魏因之。魏末爲蠕蠕所據，後麴嘉稱高昌王於此數代。貞觀十四年，討平之，以其地爲西州。其高昌國境，東西八百里，南北五百里。尋置都督府，又改爲金山都督府。

柳中　貞觀十四年置。

交河　縣界有交河，水源出縣北天山，一名祁連山，縣取水名。地本漢車師前王庭。

蒲昌　貞觀十四年，於始昌故城置，縣東南有蒲類海，胡人呼爲婆悉海。

天山　貞觀十四年置，取祁連山爲名。

北庭都護府　貞觀十四年，侯君集討高昌，西突厥屯兵於浮圖城，與高昌相響應。及高昌平，二十年四月，西突厥泥伏沙鉢羅葉護阿史那賀魯率衆內附，乃置庭州，處葉護部落。長安二年，改爲北庭都護府。自永徽至天寶，北庭節度使管鎮兵二萬人，馬五千匹；所統攝突騎施、堅昆、斬啜〔三七〕；又管瀚海、天山、伊吾三軍鎮兵萬餘人，馬五千匹。至上元元年，陷吐蕃。舊領縣一，戶二千三百。天寶領縣三，戶二千二百二十六，口九千九百六十四。在京師西北五千七百二十里，東至伊州界六百八十里，南至西州界四百五十里，西至突騎施庭一千六百里，北至堅昆七千里，東至迴鶻界一千七百里。

金滿　流沙州北，前漢烏孫部舊地〔三八〕，方五千里。後漢車師後王庭。胡故庭有五城，俗號「五城之地」。貞觀十四年平高昌後，置庭州以前，故及突厥常居之〔三九〕。

輪臺　取漢輪臺爲名。

蒲類　海名。

已上三縣，貞觀十四年與庭州同置。

瀚海軍　開元中，蓋嘉運置，在北庭都護府城內，管鎮兵萬二千人，馬四千二百匹。

天山軍　開元中，置西州城內〔四〇〕，管鎮兵五千人，馬五百匹。在都護府南五百里〔四一〕。

伊吾軍　開元中置，在伊州西北五百里甘露川，管鎮兵三千人，馬三百匹，在北庭府東南七百里。

鹽治州都督府　　　鹽祿州都督府　　　陰山州都督府

大漠州都督府　　　輪臺州都督府　　　金滿州都督府

玄池州　哥係州　咽麪州
金附州　孤舒州　西鹽州
東鹽州　叱勒州　迦瑟州
馮洛州　已上十六番州，雜戎胡部落〔三二〕，寄於北庭府界內，無州縣戶口，隨地治畜牧。

安西大都護府　貞觀十四年，侯君集平高昌，置西州都護府〔三三〕，治在西州。顯慶二年十一月，蘇定方平賀魯，分其地置濛池、崑陵二都護府。分其種落，列置州縣。於是，西盡波斯國，皆隸安西都護府。仍移安西都護府理所於高昌故地。三年五月，移安西府於龜茲國。舊安西府復爲西州。龍朔元年，西域吐火羅款塞，乃於于闐以西、波斯以東十六國，皆置都督，督州八十，縣一百一十，軍府一百二十六，仍立碑於吐火羅以志之。咸亨元年四月，吐蕃陷安西都護府。至長壽二年，收復安西四鎮，依前於龜茲國置安西都護府。至德後，河西、隴右戍兵皆徵集，收復兩京。上元元年，河西軍鎮多爲吐蕃所陷。有舊將李元忠守北庭，郭昕守安西府，二鎮與沙陀、迴鶻相依，吐蕃久攻之不下。建中元年，元忠、昕遣使間道奏事，德宗嘉之，以元忠爲北庭都護，昕爲安西都護。其後，吐蕃急攻沙陀、迴鶻部落，北庭、安西無援，貞元三年，竟陷吐蕃。

北庭都護府〔三四〕　本龜茲國。顯慶中，自西州移府治於此。東至焉耆鎮守八百里，西至疏勒鎮守二千里，南至于闐二千里，東北至北庭府二千里，南至吐蕃界八百里，北至突騎施界雁沙川一千里。安西都護府，鎮兵二萬四千人，馬二千七百匹。都護兼鎮西節度使。

安西都護所統四鎮

龜茲都督府　本龜茲國。其王姓白，理白山之南。去瓜州三千里，勝兵數千。貞觀二十二年，阿史那社尒破之，虜龜茲王而還，乃於其地置都督府，領蕃州之九。至顯慶三年，破賀魯，仍自西州移安西府置于龜茲國城。

毗沙都督府〔三五〕　本于闐國。在葱嶺北二百里，勝兵數千。俗多機巧。其王伏闍信，貞觀二十二年入朝〔三六〕。上元二年正月，置毗沙都督府，初管蕃州五。上元元年，分爲十〔三七〕。在安西都護府西南二千里。

疏勒都督府　本疏勒國。在白山之南，勝兵二千。去瓜州四千六百里。貞觀九年，遣使朝貢，自是不絕。上元中，置疏勒都督府，在安西都護府西南二千里。

焉耆都督府　本焉耆國。其王姓龍，名突騎支，常役於西突厥。俗有魚鱉之利。貞觀十八年，郭孝恪平之，由是臣屬。上元中，置都督府處其部落，無蕃州。在安西都護府東八百里。

西域十六都督州府

龍朔元年，西域諸國，遣使來內屬，乃分置十六都督府，州八十，縣一百一十，軍府一百二十六，皆隸安西都護府，仍於吐火羅國立碑以紀之。

月氏都督府　於吐火羅國所治遏換城置，以其王葉護領之〔三八〕。於其部內分置二十四州，都督統之。

太汗都督府　於嚈噠部落所治活路城置，以其王太汗領之。仍分其部置十五州，太汗領之〔三九〕。

條枝都督府　於訶達羅支國所治伏寶瑟顚城置，以其王領之。仍於其部分置八州。

大馬都督府　於解蘇國所治數瞞城置，以其王領之。仍分其部置三州。

高附都督府　於骨咄施國所治妖沙城置，以其王領之。仍分其部置三州。

修鮮都督府　於罽賓國所治遏紇城置，以其王領之。仍分其部置十一州。

寫鳳都督府　於失苑延國所治伏戾城置，以其王領之。仍分其部置四州。

悅般都督府　於石汗那國所治豔城置，以其王領之。仍分其部置雙縻州。

奇沙州　於護特健國所治遏密城置。仍分其部置沛薄、大秦二州。

和默州　於怛沒國所治怛城置，仍分置栗弋州。

拔抝州　於烏拉喝國所治摩竭城置。

崑墟州　於護密多國所治抵寶那城置。

至拔州　於俱密國所治措瑟城置。

鳥飛州　於護密多國所治摸廷城置。

王庭州　於久越得犍國所治步師城置。

波斯都督府　於波斯國所治陵城置。

右西域諸國，分置羈縻州軍府，皆屬安西都護統攝。自天寶十四載已前，朝貢不絕。今於安西府事末紀之，以表太平之盛業也。

校勘記

〔一〕督揚和滁楚舒廬壽七州　「督」下各本原有「越」字，據寰宇記卷一二三刪。

〔二〕江陽　「陽」字各本原作「陵」，據通典卷一八一、寰宇記卷一二三、新志改。

〔三〕晉置秦郡北齊爲秦州　二「秦」字各本原作「泰」，據隋志、寰宇記卷一二三改。

〔四〕山陽縣　「山」字各本原作「南」，據本卷下文及隋志、新志改。

〔五〕南譙州故城　「南」字各本原作「內」。按本卷下文及寰宇記卷一二八均作「南譙故城」，據改。

〔六〕北齊自南譙故城經治於此新昌郡城　寰宇記卷一二八作：「高齊至天保三年，徙南譙州于新昌郡。」此處「經」字疑當作「徙」。

〔七〕武德三年　「三」字各本原作「八」。按下文有武德七年，此不當作八年，據本卷上文及寰宇記卷一二八改。

〔八〕梁置湖州　按「湖」字疑誤。殿本隋志、通典卷一八一作「相」，百衲本隋志作「湘」。

〔九〕漢六國　寰宇記卷一二九安豐縣：「春秋時六國地……漢爲縣，屬六安國。」此處疑有訛誤。

〔一〇〕漢灊縣　「灊」下各本原有「城」字，據漢志、寰宇記卷一二九刪。

〔一一〕隋置霍山應城三縣　此處當有訛誤。據本卷下文及寰宇記卷一二九、新志，疑當作：「武德四年，以霍山、應城、灊城三縣置霍州。」

〔一二〕漢軑縣　「軑」字各本原作「軼」，據漢志、元和志卷九、寰宇記卷一二七改。下同。

〔一三〕隋蘄春郡　「蘄」字各本原作「宜」，據隋志、通典卷一八一、寰宇記卷一二七改。

〔一四〕浠水　各本原作「沛水」，據寰宇記卷一二七、新志改。下同。

〔一五〕周平淮南　「周」字各本原作「因」，據隋志、元和志卷二七改。

〔一六〕漢蘄春縣地　「地」下各本原有「屬」字，據通典卷一八一、寰宇記卷一二七、通鑑卷一八九注引

舊唐書刪。

〔一七〕漢平氏縣之義陽鄉　「縣」下各本原重一「縣」字，據元和志卷九、寰宇記卷一三二、通鑑卷八五注引舊唐書刪。

〔一八〕置南羅州　「南」字各本原無，據本卷上文及元和志卷九、寰宇記卷一三二補。

〔一九〕管黃蘄亭南司四州　「司」字各本原無，據本卷下文及寰宇記卷一三一補。

〔二〇〕灃州　各本原作「環州」，據隋志、新志改。下同。

〔二一〕六年罷都督府　按上文已言武德七年，此處不當又有六年。且下文有七年……十二年，而武德無十二年。合鈔卷六〇地理志「六年」上有「貞觀」二字，當是。

〔二二〕新冶縣　「冶」字各本原作「治」，據宋志、寰宇記卷一二五改。下同。

〔二三〕丹徒縣　「丹徒」，各本原作「丹陽」。據本卷下文及寰宇記卷八九改。

〔二四〕延陵郡　據晉志、元和志卷二五、寰宇記卷八九，「郡」字當作「縣」。

〔二五〕隋移郡丹徒　據本卷上文及寰宇記卷八九，「郡」字當作「治」。

〔二六〕以句容二縣　據本卷上文及新志，「句容」下當脫「延陵」二字。

〔二七〕金陵　「陵」字聞本作「隄」，殿、懼盈齋、局、廣本作「提」，據本卷下文及新志改。

〔二八〕廢南興州　「南」字各本原無，據本卷上文及寰宇記卷九二補。

〔二九〕改爲餘杭郡　「爲」字各本原作「屬」，據寰宇記卷九三改。

〔三〇〕三千七百二十里　「三」字各本原作「二」，據寰宇記卷九六改。

〔三一〕復爲始豐縣　「始豐」，各本原作「臨海」，據本卷上文及寰宇記卷九八改。

〔三二〕八年……廢衢州信安縣　據本卷下文，武德八年，信安縣未廢，應是廢衢州。此處「州」下疑脫「爲」字。

〔三三〕分烏傷縣　按武德七年已改烏傷爲義烏，此處烏傷當作義烏。又「縣」下疑脫「置」字。

〔三四〕置武盛縣　「武盛」各本原作「盛武」，據元和志卷二五、寰宇記卷九五、新志改。

〔三五〕晉同醫　各本原作「晉同醫」，據通鑑卷一八九注引舊唐書改。

〔三六〕省東嘉州　「東」字各本原無，據寰宇記卷九九、新志補。下同。

〔三七〕避德宗諱　「德宗」各本原作「代宗」，據本書卷一二德宗紀、元和志卷二六改。

〔三八〕永寧縣　「永寧」各本原作「永嘉」，據後漢志、通典卷一八二、寰宇記卷九九改。

〔三九〕永嘉郡　「永嘉」各本原作「永寧」，據通典卷一八二、元和志卷二六、寰宇記卷九九改。

〔四〇〕督閩泉建漳潮五州　「閩」字各本原無，據寰宇記卷一〇〇補。

〔四一〕令督福建泉汀四州　寰宇記卷一〇〇無「令」字，合鈔卷六〇地理志「令」作「今」。

〔四二〕宋齊因之　「因」字各本原作「分」，據通典卷一八二、寰宇記卷一〇〇改。

〔四三〕梅青　據寰宇記卷一〇〇、新志，「青」字當作「溪」。

〔四四〕後移於南安縣　各本「後」上原有「開元」二字，「移」下原有「治泉州治」四字，據寰宇記卷一〇二刪。

〔四五〕清源郡　「清源」各本原作「清溪」，據寰宇記卷一〇二改。

〔四六〕唐興　各本原作「吳興」，據寰宇記卷一〇一、新志改。

〔四七〕天寶元年改爲浦城　「城」下各本原有「隋廢縣名」四字，按天寶後不當有此四字，據隋志、寰宇記卷一〇一刪。

〔四八〕在京師東南六千一百七十三里　「東」字各本原作「西」，元和志卷二九：「西北至上都取建州路六千二百九十五里。」寰宇記卷一〇二：「西北至長安六千一百九十五里。」據改。

〔四九〕桃州　各本原作「姚州」，據寰宇記卷一〇三、新志改。

〔五〇〕領宣城綏安二縣　「宣城」各本原無，據本卷上文及寰宇記卷一〇三補。

〔五一〕南豫州　「豫」字各本原無，據本卷下文及新志補。

〔五二〕秦屬鄣郡　「鄣」字各本原作「漳」，據元和志卷二八、寰宇記卷一〇三改。下同。

〔五三〕涇　「涇」下各本原有「陽」字，據寰宇記卷一〇五、新志刪。

〔五四〕併新平廣晉入鄱陽　寰宇記卷一〇七「鄱陽」下有：「天寶元年，改爲鄱陽郡。乾元元年，復爲饒

州。」按本志體例當有此沿革，此處疑有脫文。

〔五五〕天寶元年復置　此處當有訛誤。元和志卷二八作「天寶元年改名浮梁」，新志作「天寶元年更名」。

〔五六〕孫州南昌州　「孫州南」三字各本原無，據本卷下文及寰宇記卷一〇六、新志補。

〔五七〕又督洪袁吉虔撫五州　「吉」下各本原有「虔」字，據寰宇記卷一〇六删。

〔五八〕以犯代宗諱　「代宗」，各本原作「肅宗」，據本書卷一一代宗紀改。

〔五九〕吳分南昌縣置富城縣　各本「置」字原無，「富」字原作「高」，據通典卷一八二、寰宇記卷一〇六補改。

〔六〇〕豫寧　各本原作「豫章」，據寰宇記卷一〇六、新志改。

〔六一〕大庾　各本原作「太康」，據通典卷一八二、元和志卷二八、寰宇記卷一〇八改。

〔六二〕開元八年分南城置　據本卷下文及元和志卷二八、寰宇記卷一一〇、新志，此處八字係重下文南豐沿革而衍。

〔六三〕楚城縣　「城」字各本原無，據本卷上文及寰宇記卷一一一補。

〔六四〕至德　按本卷上文池州已領有至德；又上文言江州領縣三，而實數四；通典卷一八二、元和志卷二八、新志，至德俱屬池州。是此處江州不當領有至德。

〔六五〕沌陽縣　「沌」字各本原作「池」，據水經卷二八沔水注、元和志卷二七、寰宇記卷一三一改。

〔六六〕漢下雋縣　「雋」字各本原作「嶲」，據漢志、通典卷一八三、元和志卷二七改。

〔六七〕隋改爲巴州　據隋志、通典卷一八三、元和志卷二七，「隋」字當作「梁」。

〔六八〕皆置巴陵縣　古逸叢書影印宋刻殘本（以下簡稱古殘本）寰宇記卷一一三：「自吳至唐，州皆理於此。」南氏本寰宇記卷一一三：「隋爲巴陵郡治，唐爲岳州治。」「置」當是「理」或「治」之誤。

〔六九〕漢孱陵縣地　「孱」字各本原作「潺」，據漢志、通典卷一八三、元和志卷二七改。下同。

〔七〇〕安南　各本原作「南安」，據隋志、古殘本寰宇記卷一一三改。

〔七一〕天寶元年改爲長沙郡　「元年」，各本原作「七年」，按唐制當作「元年」，據古殘本寰宇記卷一一三改。

〔七二〕分長沙東界郡　按元和志卷二九、古殘本寰宇記卷一一五均作「分長沙之東部」，此處「郡」字疑衍。

〔七三〕漢零陵縣地屬故城在今縣南七十八里　據通典卷一八三、元和志卷二九、古殘本寰宇記卷一一六，「零陵」當爲「洮陽」之誤，「屬」字疑衍或「屬」下脫「零陵郡」三字。

〔七四〕十七年廢併入永州上元二年復析永州置　各本原作「貞觀十七年廢永州併入上元二年復析置永州」，據南氏本寰宇記卷一一六、新志改。

〔七五〕五年又加南字　各本原作「武德四年置州又加南字」，據本卷上文及古殘本寰宇記卷一一六、南氏本寰宇記卷一一六改。

〔七六〕改爲延唐　「延唐」各本原作「延康」，據元和志卷二九、古殘本寰宇記卷一一六、新志改。

〔七七〕漢馮乘縣　「乘」字各本原作「溗」，據漢志、元和志卷二九改。下同。

〔七八〕領郴盧陽……六縣　「郴」字各本原無，據本卷下文及古殘本寰宇記卷一一七補。

〔七九〕義章　各本原作「章」，據本卷上下文及古殘本寰宇記卷一一七改。

〔八〇〕開皇九年　「開皇」各本原作「開元」，據隋志、古殘本寰宇記卷一一七改。

〔八一〕南梁州　「梁」字各本原無，據本卷上文及古殘本寰宇記卷一一五補。

〔八二〕洪杜　各本原作「洪社」，據元和志卷三〇、寰宇記卷一二〇、新志改。下同。

〔八三〕四年置都督府　據本卷下文「彭水……貞觀四年於州置都督府」，此處「四年」上當脫「貞觀」二字。

〔八四〕依舊都督施夷播思費珍溱商九州　「溱」字各本原作「湊」，據本卷下文及寰宇記卷一二〇改。按句云九州而實數僅八，當有訛誤。

〔八五〕又領充明……鍵……晃柯樊……茂龍延訓卿雙整懸撫水……襲等五十州　「鍵」、「晃」、「樊」、「茂龍」、「卿」、「撫水」、「襲」，各本原作「建」、「兒」、「契」、「筏龍」（聞本作茷龍）、「鄉」、「撫夾水」、「龍小」，據寰宇記卷一二〇、新志改。

〔八六〕改爲盌川　「盌川」各本原作「用川」，據元和志卷三〇、寰宇記卷一二〇、新志改。

〔八七〕九年　校勘記卷二二：「按上云四年，下云五年，此不應言九年。九字或其字之誤。」

〔八八〕屬武陵郡　「郡」字各本原作「縣」，據南氏本寰宇記卷一一九改。

〔八九〕辰州　各本原作「長州」，據本卷上文及新志改。

〔九〇〕長安四年　「長安」各本原無，按天授無四年，據下文溪州沿革及新志補。

〔九一〕朗溪　各本原作「渭溪」，據本卷下文及通典卷一八三、元和志卷三〇改。

〔九二〕分夜郎渭溪縣　據本卷下文及寰宇記卷一二二，「夜郎」下當脫「置」字。

〔九三〕龍標　各本原作「龍牱」，據本卷上文及通典卷一八三、元和志卷三〇、寰宇記卷一二二改。

〔九四〕貞觀八年　「八」字各本原作「五」，據本卷上文及寰宇記卷一二二改。

〔九五〕十三年　各本原作「十一年」，按上文已言十一年，此不當又重。據本卷下文及元和志卷三〇、寰宇記卷一二一、新志改。

〔九六〕貞觀九年　「九」字各本原作「元」，據本卷上文及寰宇記卷一二一改。

〔九七〕漢酉陽縣　「酉」字各本原作「西」，據漢志、元和志卷三〇、寰宇記卷一二二改。

〔九八〕武德四年……請置務州　各本「四」字原作「元」，「州」字原作「川」，據本卷上文及寰宇記卷一二二二思州沿革、新志改。

〔九九〕貞觀四年　「四」字各本原作「八」，據本卷上文及元和志卷三〇、寰宇記卷一二二思州沿革、新志改。

〔一〇〇〕以思邛水爲名　「邛」字各本原作「印」，據元和志卷三〇、寰宇記卷一二二改。下同。

〔一〇一〕改屬務州　「州」字各本原作「川」，據本卷上文及寰宇記卷一二二改。

〔一〇二〕置務州　「州」字各本原作「川」，據本卷上文及寰宇記卷一二二改。

〔一〇三〕改爲南川郡　「川」字各本原作「州」，據寰宇記卷一二二改。

〔一〇四〕遷陵　各本原作「零陵」，據漢志、元和志卷三〇、南氏本寰宇記卷一一九改。

〔一〇五〕獠道　各本原作「獠道」，據後漢志、寰宇記卷一五〇改。

〔一〇六〕州前有湖水四時增減　「湖」字各本原作「湘」，元和志卷三九作：「郡前有湖水，冬夏無增減。」寰宇記卷一五〇略同。據改「湘」爲「湖」，「增減」上疑脫「無」字。

〔一〇七〕冀城縣　「城」字各本原無，據隋志、元和志卷三九、寰宇記卷一五〇補。

〔一〇八〕鄣　「鄣」字各本原無，據元和志卷三九、寰宇記卷一五一補。

〔一〇九〕南涼禿髮烏孤　「南」下各本原有「有」字，據寰宇記卷一五一刪。

〔一一〇〕乞伏乾歸都此稱涼　據晉書卷一二五乞伏乾歸傳、元和志卷三九、寰宇記卷一五一，「涼」字應爲「秦」字之誤。

〔一一一〕屬洮州　「洮州」各本原無，據寰宇記卷一五四補。

〔一一二〕在京師二千三十里　按本卷上文渭州以下諸州沿革「京師」下均有「西」字，合鈔卷五九地理志亦有「西」字，此處疑脫。

〔一一三〕後周置廓州　「周」字各本原作「因」，據隋志、元和志卷三九、寰宇記卷一五五改。

〔一一四〕合川縣　「合川」各本原作「合州」，據下文及隋志改。

〔一一五〕安化　各本原作「安伏」，據寰宇記卷一五五、新志改。

〔一一六〕疊川樂川縣　按下文云「十三年置都督」，武德無十三年。據寰宇記卷一五五、新志，「疊川」上當脫「貞觀二年省」五字。

〔一一七〕天寶元年改爲武威郡督涼甘肅三州乾元元年復爲涼州　據唐制及本志體例，此處「督涼甘肅三州」疑有訛誤。

〔一一八〕州置西涼州　據隋志、通典卷一七四、寰宇記卷一五二，上「州」字當作「西魏」。

〔一一九〕仙提　「提」字聞、殿、懼盈齋、廣本作「堤」，局本作「隄」，據晉志、寰宇記卷一五二改。

〔一二〇〕漢樂涫縣地　「涫」字各本原作「綰」，據漢志、通典卷一七四、元和志卷四〇、寰宇記卷一五二改。下同。

〔一二一〕管西沙肅三州　合鈔卷五九地理志「管」下有「瓜」字。

〔一二二〕周改晉昌爲永興　「周」字各本原作「因」，據元和志卷四〇、寰宇記卷一五三改。

〔一二三〕改冥安常樂　據元和志卷四〇、寰宇記卷一五三，「冥安」下當脫「爲」字。

〔一二四〕以鄭吉爲都護在玉門關　寰宇記卷一五三伊州沿革作：「鄭吉爲都護南北道，居烏壘城。」漢書卷七〇鄭吉傳：「吉於是中西域而立莫府，治烏壘城。」此處「在玉門關」四字疑有訛誤。

〔一二五〕天山在州北一百二十里……胡人呼折羅漫山　各本「天山」原作「天水」，「一百」原無，「折」字原作「析」，據元和志卷四〇、寰宇記卷一五三改補。

〔一二六〕貞觀十三年平高昌置西州都督府　據本書卷三太宗紀下：貞觀十四年八月，「平高昌，以其地置西州。」九月，「於西州置安西都護府」此處疑有訛誤。

〔一二七〕斬啜　「啜」字各本原無，據元和志卷四〇補。

〔一二八〕前漢烏孫部舊地　「漢」字各本原作「後」，據通典卷一七四、寰宇記卷一五六改。

〔一二九〕故及突厥常居之　校勘記卷二二：「按故當作胡。」

〔一三〇〕置西州城內　「西州」各本原作「伊州」，據本書卷三八地理志總序、元和志卷四〇改。

〔一三一〕五百里　「百」字各本原無，據元和志卷四〇、寰宇記卷一五六補。

〔一三二〕雜戎胡部落　「雜」字各本原作「新」，據寰宇記卷一五六改。

〔一三三〕置西州都護府　據本卷下文及本書卷三太宗紀下、通典卷一七四、寰宇記卷一五六，「西州」當作「安西」。

〔一三四〕北庭都護府　按北庭都護府及其沿革已見上文，本段內容當屬安西大都護府。此處文字有舛誤。

〔一三五〕毗沙都督府　「毗」字各本原作「敗」，據寰宇記卷一五六、新志改。下同。

〔一三六〕其王伏闍信貞觀二十二年入朝　「貞觀」各本原作「開元」，據本書卷三太宗紀下、新志改。

〔一三七〕上元二年正月置毗沙都督府初管蕃州五上元元年分爲十　按新志云：「初置州五。高宗上元二年置府，析州爲十。」此處「上元元年」當有訛誤。

〔一三八〕以其王葉護領之　「領」字各本原無，據寰宇記卷一五六補。

〔一三九〕以其王太汗領之仍分其部置十五州太汗領之　「王」字各本原無，據本卷上下文諸都督府文例及寰宇記卷一五六補。上「太汗」二字及「州」下「太汗領之」四字，據下諸都督府州文例，疑爲衍文。

舊唐書卷四十一

志第二十一

地理四

劍南道東西道九　嶺南道五管十

劍南道

成都府　隋蜀郡。武德元年，改爲益州，置總管府，管益、綿、陵、遂、資、雅、嘉、瀘、戎、會、松、翼、嶲、南寧、昆、恭十七州。益州領成都、雒、九隴、郫、雙流、新津、晉原、青城、陽安、金水、平泉、玄武、綿竹等十三縣。又置唐隆、導江二縣。二年，分置邛、眉、普、榮、登五州，屬總管府。又置新都、什邡二縣。三年，罷總管，置西南道行臺。仍分綿竹、導江、九隴

三縣立濛州，陽安、金水、平泉三縣立簡州，割玄武屬梓州，又析置德陽、新繁、萬春三縣。九年，罷行臺，置都督府，督益、綿、簡、嘉、陵、眉、犍、邛十州〔一〕，并督嶲、南寧、會都督府〔二〕。貞觀二年，廢濛州之九隴、綿竹、導江來屬，仍改萬春爲温江。六年，罷南寧都督，更置戎州都督，屬益州。八年，兼領南金州都督。十年，又督益、綿、簡、嘉、陵、雅、眉、邛八州，茂、嶲二都督。十七年，置蜀縣。龍朔二年，升爲大都督府，仍置廣都縣。咸亨二年，置金堂。儀鳳二年〔三〕，又置唐昌、濛陽二縣。垂拱三年，分雒、九隴等十三縣置彭、蜀二州〔四〕。其年，又置犀浦縣。聖曆三年，又置東陽縣。天寶元年，改益州爲蜀郡，依舊大都督府，督劍南三十八郡。十五載，玄宗幸蜀，駐蹕成都。至德二年十月，駕迴西京，改蜀郡爲成都府，長史爲尹。又分爲劍南東川、西川各置節度使。廣德元年，黃門侍郎嚴武爲成都尹，復併東、西川爲一節度。自崔寧鎮蜀後，分爲西川，自後不改。舊領縣十六，戶十一萬七千八百八十九，口七十四萬三百一十二。漢朝蜀郡，戶二十六萬八千二百七十，口一百二十四萬。天寶領縣十，戶十六萬九百五十，口九十二萬八千一百九十九。在京師西南二千三百七十九里，至東都三千二百一十六里。

成都　漢縣，屬蜀郡。漢朝成都一縣，管戶一萬六千二百五十六。蜀，三代之時西南夷國，或臣或否。至秦惠王既霸西戎，欲廣其地，乃令其相張儀、司馬錯伐蜀。取其地，立

漢中、巴、蜀三郡。蜀王本都廣都之樊鄉，張儀平蜀後，自赤里街移治於少城，今州城是也。蜀城，張儀所築。

華陽　貞觀十七年，分成都縣置蜀縣，在州郭下，與成都分理。乾元元年二月，改爲華陽。

新都　漢縣，屬廣漢郡。

新繁　漢繁縣，屬蜀郡。劉禪時加「新」字。

犀浦　垂拱二年，分成都縣置。

雙流　漢廣都縣地，屬蜀郡。隋置雙流縣。

廣都　龍朔三年，分雙流置，取隋舊名。

郫　漢縣，屬蜀郡。隋置濛州，大業省爲郫縣。

温江　漢郫縣地，魏蜀郡治於此。隋爲萬春縣。貞觀元年，改爲温江。

靈池　久視元年，分蜀縣置東陽縣。天寶元年，改爲靈池。

漢州上　垂拱二年，分益州五縣置漢州。天寶元年，改爲德陽郡。乾元元年，復爲漢州。領縣五，戶六萬九千五，口三十萬八千二百三。至京師二千二百里，至東都三千一百一十六

里。

雒　漢縣，屬廣漢郡。後漢置益州，治於雒。晉置新都郡，宋、齊爲廣漢郡。垂拱二年，置漢州。皆治雒縣也。

德陽　後周廢縣。武德三年，分雒置。

什邡　漢縣，屬廣漢郡。後周改爲方寧。武德三年，改爲什邡。雍齒侯邑，在縣北四十步。

綿竹　漢縣，屬廣漢郡。隋開皇二年，置晉熙縣。十八年，又改爲孝水縣〔五〕。大業三年，改爲綿竹。武德三年，屬濛州。州廢，來屬之。

金堂　咸亨二年，分雒縣、新都置，屬益州。垂拱二年，來屬。

彭州上　垂拱二年，分益州四縣置彭州，天寶元年，改爲濛陽郡。乾元元年，復爲彭州。領縣四，戶五萬五千九百二十二，口三十五萬七千三百八十七。至京師二千三百三十九里，至東都三千一百六十九里。

九隴　州所治。漢繁縣地，宋置晉壽郡，古城在縣西北三里。梁置東益州。後魏爲天水郡，仍改爲九隴。初於縣東三里置濛州，大業省。武德三年，復置濛州，領九隴、綿竹、

導江三縣，置彭州之名也[六]。三縣置，屬益州[七]。垂拱二年，屬彭州。長壽二年，改爲周昌。神龍初復置。

濛陽　儀鳳二年，分九隴、雒、什邡三縣置，屬益州。垂拱三年，來屬。

導江　蜀置都安縣，後周改爲汶山。武德元年，改爲盤龍，尋改爲導江。三年，割屬濛州。州廢，屬益州。舊治灌口城，武德元年，移治導江郡[八]。垂拱二年，來屬。

蜀州　垂拱二年，分益州四縣置。天寶元年，改爲唐安郡。乾元元年，復爲蜀州也。領縣四，戶五萬六千五百七十七，口三十九萬六百九十四。至京師三千三百三十二里，至東都三千一百七十二里。

晉原　漢江源地，屬蜀州。李雄立江源郡，晉改爲多融縣，又改爲晉原。鶴鳴山，在西北十里。

青城　漢江源縣地。南齊置齊基縣，後周改爲青城。山在西北三十二里。舊「青」字加水，開元十八年，去「水」爲「青」。

唐安　本漢江源縣地，後魏於此立犍爲郡及僰道縣。隋省。武德元年復置，改爲唐隆。長壽二年，爲武隆。先天元年，改爲唐安。

新津　漢武陽縣，屬犍爲郡。後周改爲新津，屬益州。垂拱二年，屬蜀州也。

眉州上　隋眉山郡之通義縣。武德二年，割嘉州之通義、丹稜、洪雅、青神、南安五縣置眉州。五年，省南安。貞觀二年，置隆山縣[九]。天寶元年，改爲通義郡。乾元元年，復爲眉州也。舊領縣五，戶三萬六千九，口十六萬九千七百五十五。天寶，戶四萬三千五百二十九，口一十七萬五千二百五十六。至京師二千五百五十里，至東都三千二百八十九里。

通義　後漢置通義縣，屬齊通郡[一〇]。梁改爲青州，後魏改爲眉州。後改通義爲安洛，又復通義。隋初爲廣通[一一]，尋改爲通義。武德元年，於縣置唐眉州也。

彭山　漢武陽縣地[一二]，屬犍爲。晉於郡置西江陽郡。後魏增置隆山郡，以界內有鼎鼻山，地形隆故也。隋改爲陵州隆山縣。先天元年，改爲彭山也。

丹稜　本南齊齊樂郡[一三]，後周改爲洪雅縣。隋改爲丹稜，屬嘉州。武德二年，來屬也。

洪雅　後周洪雅鎮，隋改爲縣。武德九年，置犍州。貞觀初，州廢，屬眉州也。

青神　漢南安縣，屬犍爲郡。縣臨青衣江，西魏置青衣縣。本治思蒙水口，武德八年，移於今治，屬眉州也。

綿州上　隋金山郡。武德元年，改爲綿州，領巴西、昌隆、涪城、魏城、金山、萬安、神泉七縣。三年，分置顯武、龍安[一四]、文義、鹽泉四縣。七年，省金山縣。貞觀元年，又省文義縣。舊領縣九，戶四萬三千九百四，口十九萬五千五百六十三。天寶領縣九，戶六萬五千六十六，口二十六萬三千三百五十二。至京師二千五百九里，至東都三千二百五十九里。

巴西　漢涪縣，屬廣漢郡。晉置梓潼郡[一五]，西魏置潼州。隋改爲綿州，煬帝改爲金山郡。隋改涪爲巴西縣也。

涪城　漢涪縣地，東晉置始平郡。後魏改爲涪城及潼縣。隋改潼爲涪城。

昌明　漢涪縣地，晉置漢昌縣，後魏爲昌隆。先天元年，改爲昌明。舊有顯武縣，神龍元年，改爲興聖。開元二年廢，併入昌明，仍分巴西、涪城、萬安三縣地置興聖縣。二十七年廢，地各還本屬。

魏城　隋置。

羅江　漢涪縣地。晉於梓潼水尾萬安故城置萬安縣。後魏置萬安郡，隋廢。天寶元年，改萬安爲羅江。㾓泉、讓水，出縣北平地也。

神泉　漢涪縣地[一六]。晉置西充國縣[一七]，隋改爲神泉，以縣西泉能愈疾故也。

鹽泉　武德三年，分魏城置也[一八]。

龍安　隋金山縣[一九]。武德三年，復置，改爲龍安。

西昌　隋金山縣。隋末廢。永淳元年，復置，改爲西昌也。

劍州　隋普安郡。武德元年，改爲始州，領縣七。聖曆二年，置劍門縣。先天二年，改始州爲劍州。天寶五年，改爲普安郡。乾元元年，復爲劍州也。舊領縣七，戶三萬六千七百一十四，口十九萬九十六。天寶領縣八，戶二萬三千五百一十，口一十萬四百五十。至京師一千六百六十二里，至東都二千五百六十里。

普安　漢梓潼縣，廣漢郡治也。宋置南安郡，梁置南梁州[二〇]，又改爲安州。西魏改爲始州，兼置普安郡。武德元年[二一]，復爲始州。皆治於普安也。

黃安　梁分梓潼縣置梁安縣，尋改爲黃安。

永歸　隋分梓潼縣置。

梓潼　漢縣。蜀先分廣漢置梓潼，西魏改爲潼川郡，隋爲梓潼縣。後魏自涪縣移梓潼郡於今縣，屬始州，仍改郡爲縣也。

陰平　晉流人入蜀，於縣置北陰平郡。山北有十八隴山，山有隴十八也。

武連　漢梓潼縣地。宋置武都郡及下辨縣，又改下辨爲武功。後魏改爲武連也。

臨津　漢梓潼縣地。南齊置相厚縣，隋改爲臨津也。

劍門　聖曆二年，分普安、永歸、陰平三縣地，於方期驛城置劍門，縣界大劍山，即梁山也。其北三十里所，有小劍山。大劍山有劍閣道，三十里至劍處〔三二〕，張載刻銘之所。劍山東西二百三十一里。

梓州上　隋新城郡。武德元年，改爲梓州，領郪、射洪、鹽亭、飛烏四縣。三年，又以益州玄武來屬。四年，又置永泰縣。調露元年，置銅山縣。天寶元年，改爲梓潼郡。乾元元年，復爲梓州。乾元後，分蜀爲東、西川，梓州恆爲東川節度使治所。舊領縣七，戶四萬五千九百二十九，口二十四萬八千三百九十四。天寶領縣八，戶六萬一千八百二十四，口二十四萬六千六百五十二。至京師二千九十里〔三三〕，至東都二千九百里。

郪　漢縣，屬廣漢郡，歷晉、宋、齊不改。梁於縣置新州，西魏改爲昌城郡。隋改爲梓州，煬帝改爲新城郡。郡城左帶涪水〔三四〕，右挾中江，郪居水陸之要。梓州所治，以梓潼水爲名也。

射洪　漢郪縣地，後魏分置射洪縣。婁縷灘東六里，有射江，語訛爲「洪」。

通泉　漢廣漢縣地，隋縣也。

玄武　漢底道縣，屬蜀郡。晉改爲玄武。武德元年，屬益州。三年，割屬梓州也。

鹽亭　漢廣漢縣地，梁置鹽亭縣也。

飛烏　漢郪縣地，隋置飛烏鎮，又改爲縣，取飛烏山爲名也。

永泰　武德四年，分鹽亭、武安二縣置。

銅山　調露元年，分郪、飛烏二縣地置也。

閬州　隋巴西郡。武德元年，改爲隆州，領閬中、南部、蒼溪、南充、相如、西水、三城、奉國、儀隴、大寅十縣〔三五〕。其年，又立新井〔三六〕、思恭二縣。四年，以南充、相如屬果州〔三七〕，儀隴、大寅屬蓬州。又置新政。七年，又以奉國屬西平州。還以奉國來屬。又省思恭入閬中縣。先天元年，改爲閬州。天寶元年，改爲閬中郡。乾元元年，復爲閬州。舊領縣八，戶三萬八千九百四十九，口二十七萬三千五百四十三。今領縣九，戶二萬五千五百八十八，口十三萬二千一百九十二。至京師一千九百一十五里，至東都二千七百六十里。

閬中　漢縣，屬巴郡。梁置北巴州。西魏置隆州及盤龍郡。煬帝改爲巴西郡〔三八〕。武德爲隆州。皆治閬中。閬水迂曲經郡三面，故曰閬中，隋爲閬內也。

晉安　漢閬中縣地。梁置金遷二。又爲金遷郡〔三九〕。隋省郡，改爲晉城。武德改爲晉安也。

南部　後漢分閬中置充國縣〔四〇〕，屬巴郡。又分置南充國郡。梁改爲南充郡〔四一〕，隋改爲南部也。

蒼溪　後漢分宕渠置漢昌縣，屬巴郡。隋改漢昌爲蒼溪也。

西水　漢閬中縣地。梁置掌夫城，後周改爲西水縣。

奉國　後漢分閬中置。武德七年，屬西平州。貞觀元年，還屬隆州。

新井　漢充國縣地。武德元年，分南部、晉安二縣置。界內有鹽井。

新政　武德四年，分南部、相如兩縣置。

岐坪　舊屬利州，開元二十三年，來屬也。

果州中　隋巴西郡之南充縣。武德四年，割隆州之南充、相如二縣置果州，因果山爲名。又置西充、郎池二縣。天寶元年，爲南充郡。乾元元年，復爲果州也。舊領縣四，戶一萬三千五百一十，口七萬五千八百一十一。天寶領縣六，戶三萬三千九百四，口八萬九千二百二十五。至京師二千五百五十八里，至東都三千四百二十三里。

南充　漢安漢縣，屬巴郡。宋於安漢故城置南宕渠郡。隋改安漢爲南充。果山，在縣南八里。

相如　漢安漢縣地，梁置梓潼郡。周省郡，立相如縣，以縣城南二十里，有相如故宅二。相如坪，有琴臺。

流溪　開耀元年，析南充縣於溪水側置也。

西充　武德四年，分南充置。有西充山。

郎池　武德四年，分相如置。

岳池　萬歲通天二年，分南充、相如二縣置。初治思岳池，開元二十年，移治今所。

遂州中　隋遂寧郡。武德元年，改爲遂州，領方義、長江、青石三縣。二年，置總管府，管遂、梓、資、普四州。貞觀罷總管。十年，復置都督，督遂、果、普、合四州。十七年，罷都督府。天寶元年，改爲遂寧郡。乾元元年，復爲遂州。舊領縣三，戶一萬二千九百七十七，口六萬六千四百六十九。天寶領縣五，戶三萬五千六百三十二，口十萬七千七百一十六。至京師二千三百二十九里，至東京三千一百六十六里。

方義　漢廣漢縣〔四二〕，屬廣漢郡。宋置遂寧郡，齊、梁加「東」字。後周改東遂寧爲遂州。後魏改廣漢爲方義。

長江　東晉巴興縣，魏改爲長江。舊治靈鷲山，上元二年，移治白桃川也。

蓬溪　永淳元年，分方義縣置唐興縣。長壽二年，改爲武豐。神龍初，復。景龍二年，分唐興置唐安縣。先天二年，廢唐安縣，移唐安廢縣置。天寶元年，改唐興爲蓬溪也。

青石　東晉晉興縣〔三三〕。後魏改爲始興。隋改始興爲青石，以縣界有青石祠也。

遂寧　景龍元年分置。

普州中　隋資陽郡之安岳縣。武德二年，分資州之安岳〔三四〕、隆康、安居〔三五〕、普慈四縣置普州。三年，又置樂至、隆龕二縣。天寶元年，改爲安岳郡。乾元元年，復爲普州。舊領縣六，戶二萬五千八百四十，口六萬七千三百二十。天寶領縣四，戶二萬五千六百九十三，口七萬四千六百九十二。至京師二千三百六十里，至東都三千二百三里。

安岳　漢犍爲、巴郡地，資中、牛鞞、墊江三縣地〔三六〕。李雄亂後，爲獠所據。梁招撫之，置普慈郡。後周置普州，隋省。武德二年，復置，安岳爲治所。

安居　後周柔剛縣，屬安居郡。隋改柔剛爲安居。柔剛山，在縣東二十步。舊治柔剛山，天授二年，移理張栅也。

普康　後周永唐縣，隋改爲永康，移治伏強城，尋改爲隆康。先天元年，改爲普康也。

崇龕　後周隆龕城，隋隆龕縣。舊治整瀨川，久視元年，移治波羅川。先天元年，爲崇龕。隆龕山，在縣西三里也。

陵州中　隋隆山郡。武德元年，改爲陵州，領仁壽、貴平、井研、始建、隆山五縣。貞觀元年，割隆山屬眉州。天寶元年，改爲仁壽郡。乾元元年，復爲陵州也。舊領縣四，戶一萬七千四百四十一，口八萬一百一十。天寶領縣五，戶三萬四千七百二十八，口一十萬一百二十八。至京師二千五百一十里，至東都三千四百八十四里。

仁壽　漢武陽縣東境，屬犍爲郡。晉置西城戍，以爲井防。後魏平蜀，改爲普寧縣。後周置陵州，以州南陵井爲名。隋改普寧爲仁壽，所治也。

貴平　漢廣都縣之東南地，屬蜀郡〔三七〕。後魏置和仁郡，仍立平井、貴平、可曇三縣。舊治和仁城，開元十四年，移治祿川也。

井研　漢武陽縣地。東晉置西江陽郡〔三八〕。魏置蒲亭縣，隋改爲井研。武德四年，自擁思茫水移治今所也〔三九〕。

始建　漢武陽縣地。隋開皇十年，於此置始建鎮。大業五年，改鎮爲始建縣〔四〇〕。舊治擁思茫水，聖曆二年，移治榮祉山。

籍　梁席郡，一名漢陽戍。永徽四年，分貴平置。

資州上　隋資陽郡。武德元年，改爲資州，領盤石、內江、安岳、普慈、安居、隆康、資陽、大牢、威遠。其年〔四一〕，割大牢、威遠屬榮州。二年，分安居、隆康、普慈、安岳四縣屬普州。貞觀四年，置丹山縣。天寶元年，改爲資陽郡。乾元元年，復爲資州。乾元二年正月，分置昌州〔四二〕，尋廢也。舊領縣八，戶二萬九千三百四十七，口十五萬二千一百三十九。天寶，戶二萬九千六百三十五，口十萬四千七百七十五。至京師二千五百六十里，至東都三千五百一十里。

盤石　漢資中縣，屬犍爲郡。後周於今簡州陽安縣移資州於漢資中故城爲治所。仍改資中爲盤石，今州治。

資陽　後周分資中置縣，在資水之陽也。

牛鞞必尒反　漢資中縣爲盤地〔四三〕。隋分置牛鞞縣。漢有牛鞞縣，屬犍爲郡，此非也。洛水，一名牛鞞水。

內江　漢資中縣地，後漢於中江水濱置漢安戍〔四四〕。其年，改爲中江縣，因其北江，乃

云中。隋改爲內江。漢安故城，今縣治也。

月山　資中地，義寧二年置。

龍水　資中地，義寧二年置。

銀山　資中地，義寧二年置。

丹山　漢資中地，貞觀四年置。六年，併入內江。七年，又置。

榮州中　隋資陽郡之大牢縣〔四五〕。武德元年，置榮州，領大牢、威遠二縣。貞觀元年〔四六〕，置旭川、婆日、至如三縣。二年，割瀘州之隆越來屬。六年〔四七〕，自公井移州治大牢，仍割嘉州資官來屬。八年，又割瀘州之和義來屬。廢婆日、至如、隆越三縣。永徽二年，移州治旭川。天寶元年，改爲和義郡。乾元元年，復爲榮州。舊領縣六，戶一萬二千二百六十二，口五萬六千六百一十四。天寶，戶五千六百三十九，口一萬八千二十四。至京師二千九百七十二里，至東都二千七百四十九里。

大牢　漢南安縣，屬犍爲郡。隋置大牢鎮，尋改爲縣。武德元年，割資州之大牢、威遠二縣，於公井鎮置榮州，取界內榮德山爲名。又改公井爲縣。貞觀六年〔四八〕，自公井移州治於大牢縣也。

公井　漢江陽縣，屬犍爲郡。後周置公井鎮。武德元年，鎮置榮州，改爲公井縣。貞觀六年，治移於大牢也。

威遠　漢安縣地，屬犍爲郡。隋於舊威遠戍置縣[四九]。武德初，屬資州。其年，割屬榮州也。

旭川　貞觀元年，分大牢縣置。

資官　漢南安縣地，晉置資官縣。武德初，屬嘉州。貞觀六年[五〇]，來屬。

和義　漢安縣地[五一]，隋置和義縣。

簡州　隋蜀郡之陽安縣。武德三年，分益州置。天寶元年，改爲陽安郡。乾元元年，復爲簡州。舊領縣三，戶一萬三千八百五，口七萬五千一百三十三。天寶，戶二萬三千六十六，口十四萬三千一百九十。在京師西南二千七百里，至東都三千六百里。

陽安　漢牛鞞縣，屬犍爲郡。後魏置陽安縣，又分陽安、平泉、資陽三縣置簡州，取界內賴簡池爲名。

金水　漢新都縣，屬廣漢郡。晉將朱齡石，於東山立金泉戍。後魏立金泉郡[五二]，分置金泉、白牟二縣[五三]。隋改爲金潤，屬蜀郡。武德初，爲金水。三年，屬簡州。縣有金

堂山。

平泉　漢牛鞞縣地，後魏置婆潤縣。隋移縣治於賴黎池，仍改爲平泉縣，縣之旁地湧泉故也。

嘉州中　隋眉山郡。武德元年，改爲嘉州，領龍遊、平羌、夾江、峨眉、玉津、綏山、通義、洪雅、丹稜、青神、南安五縣置眉州[五四]。貞觀六年，改資官，屬榮州。上元元年，以戎州之犍爲來屬。天寶元年，改爲犍爲郡。乾元元年，復爲嘉州。三月，劍南節度使盧元裕，請升爲中都督府。尋罷。舊領縣六，戶二萬五千八十五，口七萬五千三百九十一。天寶領縣八，戶三萬四千二百八十九，口九萬九千五百九十一。至京師二千七百二十里，至東都三千五百里。

龍遊　漢南安縣地，屬犍爲郡。後周置平羌縣。隋初，爲峨眉縣，又改爲青衣縣。隋伐陳時，龍見於江中引舟，乃改爲龍遊縣也，州臨大江爲名。

平羌　後周置也。

峨眉　漢南安縣。隋置峨眉縣，取西山名也。

夾江　漢南安縣地。隋分龍遊、平羌三縣[五五]，於涇上置夾江縣[五六]。今北八十里，有夾江廢戍，即涇上地也。舊治涇上，武德元年，移於今治也。

玉津　漢南安縣地。隋置玉津縣，江中出璧故也。

綏山　隋招致生獠，於榮樂城置綏山縣，取旁山名也。

羅目　麟德二年，開生獠置沐州及羅目縣。上元三年，俱廢。儀鳳三年，又置，治淹和城，屬嘉州。如意元年，又自峨眉縣界移羅目治於今所也。

犍爲　本漢都[五七]，因山立名。舊屬戎州。上元元年，改屬嘉州。

邛州上　隋臨邛郡之依政縣。武德元年，割雅州之依政、臨邛、臨溪[五八]、蒲江、火井五縣，置邛州於依政縣。三年，又置安仁縣。顯慶二年，移州治於臨邛。天寶元年，改爲臨邛郡。乾元元年，復爲邛州。舊領縣六，戶一萬五千八百八十六，口七萬二千八百五十九。天寶領縣七，戶四萬二千一百七，口十九萬三百二十七。在京師西南二千五百一十五里，至東都三千三百七十一里。

臨邛　漢縣，屬蜀郡。邛水，出嚴道邛來山，入青衣江，故云臨邛。晉於益州唐隆縣置臨邛縣。後魏平蜀，自唐隆移臨邛縣治於漢臨邛縣西，立臨邛郡。隋罷郡，移臨邛縣於今所治。有火井、銅官山也。

依政　秦蒲陽縣。漢臨邛縣。梁置蒲口鎮及邛州[五九]。後魏改爲蒲陽郡，置依政縣。隋改爲臨邛郡，治依政。梁、魏邛州，在今縣西南二里，後周移治於今所，後移治於臨邛。

安仁　秦臨邛縣地。武德三年，置安仁縣。貞觀十七年廢。咸亨初，復置。

大邑　咸亨二年，分益州晉原縣置也。

蒲江　漢臨邛縣地。後魏置廣定縣，隋改爲蒲江，南枕蒲水故也。

臨溪　後魏分臨邛縣置也。

火井　漢臨邛縣地。周置火井鎮，隋改鎮爲縣也。

雅州下都督府　隋臨邛郡。武德元年，改爲雅州，領嚴道、名山、盧山、依政、臨邛、蒲江、臨溪、蒙陽、漢源、火井、長松、靈關、楊啓、嘉良、大利、陽山十六縣。其年，割依政、臨邛、蒲江、臨溪、火井五縣置邛州；漢源、陽山二縣置登州。二年，置榮經縣。六年，省嘉良、楊啓、大利、靈關、蒙陽、長松六縣。九年，廢登州，還以陽山、漢源來屬。貞觀二年，又以陽山、漢源屬嶲州。八年，又置百丈縣。永徽五年，以嶲州漢源來屬。儀鳳四年，置飛越、大渡二縣。大足元年，又割漢源、飛越二縣置黎州。神龍三年，廢黎州，漢源、飛越屬雅州。開

元三年，又割二縣置黎州，又置都督府。天寶元年，改爲盧山郡。乾元元年，復爲雅州，都督羈縻一十九州也。舊領縣五，戶一萬三百六十二，口四萬一千七百二十三。天寶，戶一萬八百九十二，口五萬四千四百一十九。在京師西南二千七百二十三里，至東都三千五百一里。

嚴道　漢縣，屬蜀郡。晉末大亂，夷獠據之。後魏開生獠於此置蒙山郡，領始陽、蒙山二縣。隋改始陽爲嚴道，蒙山爲名山。仁壽四年，置雅州，煬帝改爲嚴道。

盧山　漢嚴道地。隋置盧山鎮，又改爲縣。盧山，在縣西北六十里章盧山下，有山硤，口開三丈，長二百步，俗呼爲盧關。關外卽生獠也。

名山　嚴道縣地。魏置蒙山縣，隋改爲名山也。

百丈　漢嚴道縣地，在漢臨邛南百二十里。有百丈山。武德置百丈鎭。貞觀八年，改鎭爲縣。

榮經　漢嚴道縣地。武德三年，置榮經縣。縣界有邛來山、九折坂[六〇]、銅山也。

雅州，都督一十九州，並生羌、生獠羈縻州，無州縣。

嘉梁州[六一]　東石孔州　西石孔州[六二]　林波州　涉邛州　汶東州

金林州　費林州　徐渠州　會野州　雉州　中川州

鉗矢州　強雞州　長臂州　楊常州　林燒州　當仁州

當馬州

皆天寶已前，歲時貢奉。屬雅州都督。

黎州下　雅州之漢源縣。大足元年，割漢源、飛越二縣及巂州之陽山置黎州。天寶元年，改爲洪源郡。乾元元年，復爲黎州，領羈縻五十四州也。領縣三，戶一千七百三十一，口七千六百七十八。至京師二千九百五十里，至東都三千七百里。

漢源　越巂郡之地。隋漢源縣。長安四年，巡察使奏置黎州，後使宋乾徽奏廢入雅州。大足元年，又置黎州。神龍三年廢。開元三年，又置黎州，取蜀南沈黎地爲名，州所治。

飛越　儀鳳四年，分漢源於飛越水置縣，屬雅州。大足元年，屬黎州。長安二年，廢大渡縣，併入。神龍三年，屬雅州。開元三年，又屬黎州也。

通望　舊陽山縣，屬巂州。大足元年，屬黎州。神龍二年，又屬巂州。開元元年，卻屬黎州。天寶元年，改爲通望也。

黎州，統制五十四州，皆徼外生獠。無州，羈縻而已。

羅巖州　索古州　秦上州　輒榮州　劇川州　合欽州

蓬州　柏坡州　博盧州　明川州　胒胈州　蓬矢州

大渡州　米川州　木屬州　河東州　諾筰州　甫嵐州

昌明州　歸化州　象川州　叢夏州　和良州　和都州

附樹州　東川州　上貴州　滑川州　比川州　吉川州

甫葉州　比地州　蒼榮州　野川州　邛陳州　貴林州

護川州　牒琮州　浪彌州　郎郭州　上欽州　時蓬州

儼馬州　櫪查州　邛川州　護邛州　腳川州　開望州

上蓬州　比蓬州　剝重州　久護州　瑤劍州　明昌州

瀘州下都督府　隋瀘川郡。武德元年，改爲瀘州，領富世、江安、綿水、合江、來鳳、和義七縣[六三]。武德三年，置總管府，一州。九年，省來鳳。貞觀元年，置思隸、思逢、施陽三縣。仍置涇南縣[六四]。又省施陽縣。十三年，省思隸、思逢二縣。十七年，置溱、珍二州。儀鳳二年，又置晏、納、奉、浙、鞏、薛六州。載初二年，置順州[六五]。天授元年，置思峨州[六六]。久視元年，置淯州[六七]。二年罷州。並屬瀘州都督，凡十州。天寶元年，改爲瀘

川郡，依舊都督。乾元元年，復爲瀘州。舊領縣六，戶一萬九千一百一十六，口六萬六千八百二十八。天寶，戶一萬六千五百九十四，口六萬五千七百一十一。在京師西南三千三百里，至東都四千一百九十六里。

瀘川　漢江陽縣地，屬犍爲郡。梁置瀘州，故以江陽爲瀘川縣，州所治也。

富義　隋富世縣。貞觀二十三年，改爲富義縣。界有富世鹽井，井深二百五十尺，以達鹽泉，俗呼玉女泉。以其井出鹽最多，人獲厚利，故云富世。

江安[六八]　漢江陽縣地[六九]。晉時，生獠攻郡，破之，又置漢安縣。隋改爲江安也。

合江　漢符縣地[七〇]，屬犍爲郡。晉置安樂縣，後周改爲合江也。

綿水　漢江陽縣地。晉置綿水縣，當綿水入江之口也。

涇南[七一]　貞觀八年，分瀘川置，在涇水之南。

瀘州，都督十州，皆招撫夷獠置，無戶口、道里，羈縻州。

納州　儀鳳二年，開山洞置。天寶元年，改爲都寧郡。乾元元年，復爲納州，領縣八，並與州同置。

羅圍　播羅　施陽　都寧　羅當　羅藍　都㘙　胡茂

薛州　儀鳳二年，招生獠置。天寶元年，改爲黃池郡。乾元元年，復爲薛州也。領縣三，

與州同置。

枝江　黄池　播陵

晏州　儀鳳二年，開山洞置。天寶改爲羅陽郡。乾元元年，復爲晏州也。領縣七，與州同置。

思峨　柯陰　新賓　扶來　思晏　多岡　羅陽

鞏州　儀鳳二年，開山洞置。天寶改爲因忠郡。乾元元年，復爲鞏州也。領縣四，與州同置。

多樓　波員　比求　播郎

順州　載初二年置，領縣五，與州同置。

曲水　順山　靈巖　來猿　龍池

奉州　儀鳳二年置，領縣三，與州同置。

柯理　柯巴　羅蓬

思峨州　天授元年置〔三二〕，領縣二，與州同置。

多溪　洛溪

能州　大足元年置，領縣四，與州同置。

長寧　來銀　菊池　猿山

淯州　久視元年置，領縣四，與州同置。

新定　淯川　固城　居牢

浙州　儀鳳二年置，領縣四，與州同置。

浙源　越賓　洛川　鱗山

茂州都督府　隋汶山郡。武德元年，改爲會州，領汶山、北山、汶川、左封、通化、翼針、交川、翼水九縣〔三三〕。其年，割翼針、左封、翼水三縣置翼州，以交川屬松州。三年，置總管府，管會、翼二州。四年，改爲南會州。七年，改爲都督府，督南會、翼、向、維、塗、冉〔三四〕、穹、炎、徹、笮十州。貞觀八年，改爲茂州，以郡界茂濕山爲名。仍置石泉縣。天寶元年，改爲通化郡。乾元元年，復爲茂州也。舊領縣四，戶三千三百八十六，口五萬三千七百六十一。天寶，戶二千五百一十，口一萬三千二百四十二。至京師西南二千七百九十四里，至東都三千一十四里。

汶山　漢汶江縣，屬蜀郡。故城在今縣北二里，舊冉駹地〔三五〕。晉汶山郡，宋廣陽縣。周爲汶州，置汶山縣。隋初，改爲蜀州，又改爲會州。貞觀八年，改爲茂州。

汶川　漢綿虒縣地，屬蜀郡。晉置汶川縣，後周移汶川於廣陽縣齊州置，即今治也。玉壘山〔三六〕，在縣東北四里。石紐山，亦在縣界。永徽二年，廢汶川縣併入。

石泉　漢岷山縣，屬蜀郡。貞觀八年，置石泉縣也。

通化　漢廣柔縣地，屬蜀郡。後周置石門鎮，隋改爲金山鎮，尋改爲通化也。

茂州都督府，羈縻州十。維、翼兩州，後進爲正州。相次爲正者七，今附於都督之下。

翼州下　隋汶山郡之翼針縣。武德元年，分置翼州。六年，自左封移州治於翼針。咸亨三年，置都督府，移就悉州城內。上元二年，罷都督，移還舊治。天寶元年，改爲臨翼郡。乾元元年，復爲翼州也。舊領縣三，戶一千六百二，口三千八百九十八。天寶領縣二，戶七百一十一，口三千六百一十八。在京師西南二千九百三十里，至東都三千二百七十八里。

衞山　漢蠶陵縣，屬蜀郡。故城在縣西，有蠶陵山。隋改爲翼針縣，治七頃城。貞觀十七年，移治七里溪。天寶元年，改爲衞山縣。

翼水　漢蠶陵縣，隋置翼水縣也。

雞川　昭德二縣開生獠新置。

維州下　武德元年，白苟羌降附，乃於姜維故城置維州，領金川、定廉二縣。貞觀元年，羌叛，州縣俱罷。二年，生羌首領董屈占者〔三七〕，請吏復立維州〔三八〕，移治於姜維城東，始屬茂州，爲羈縻州。麟德二年，進爲正州。尋叛，羌降，爲羈縻州。垂拱三年，又爲正州。天寶元年，改爲維川郡。乾元元年，復爲維州。上元元年後，河西、隴右州縣，皆陷吐蕃。贊普更欲圖蜀川，累急攻維州，不下，乃以婦人嫁維州門者。二十年中，生二子。及蕃兵攻城，二子內應，城遂陷。吐蕃得之，號無憂城。累入兵寇擾西川。韋皋在蜀二十年，收復不遂。至大中末，杜悰鎮蜀，維州首領內附，方復隸西川。舊領縣三，戶二千一百四十二，無口。天寶領縣二，戶二千一百七十九，口三千一百九十八。至京師二千八百三十里，至東都三千五百六十三里。

薛城　漢已前，徼外羌冉駹之地。蜀劉禪時，蜀將姜維、馬忠等，討汶山叛羌，即此地也。今州城，即姜維故壘也。隋初，蜀師討叛羌，於其地置薛城戍。大業末，又沒於羌。武德七年，白苟羌酋鄧賢佐內附，乃於姜維城置維州，領金川、定廉二縣。貞觀元年，賢佐叛，罷郡縣。三年，左上封生羌酋董屈占等，舉族內附，復置維州及二縣。薛城，在州西南二百步也。

小封　咸亨二年，刺史董弄招慰生羌置也。

塗州下　武德元年，臨塗羌歸附，置塗州，領端源、婆覽二縣。貞觀二年，州縣俱省。五年，又分茂州之端源戍置塗州也。領縣三，與州同置。

端源　臨塗　悉憐

戶二千三百三十四，口四千二百六十一。至京師西南二千六百八十九里。

炎州下　貞觀五年，生羌歸附[二九]，置西封州。八年，改爲炎州。領縣三，與州同置。

大封　慕仙　義川

領戶五千七百，無口數。在京師西南三千三百七十六里。

徹州下　貞觀五年，西羌首領董凋貞歸化置。領縣三，與州同置。

文徹　俄耳　文進

領戶三千三百，無口數。在京師西南三千四百一十八里。

向州下　貞觀五年，生羌歸化置也。領縣二，與州同置。

貝左　向貳

領戶一千六百二，口三千八百九十八。在京師西南二千八百六十九里。

冉州下　本徼外斂才羌地。貞觀五年，置西冉州。九年，去「西」字。領縣四，與州同置。

冉山　磨山　玉溪　金水

領戶一千三百七十，無口。在京師西南三千七百三十九里。

穹州下　貞觀五年，生羌歸附，置西博州。八年，改爲穹州。領縣五，與州同置。

領戶三千四百三十六，無口。在京師西南三千二百六十七里。

筰州下　貞觀七年，白苟羌降附，置西恭州。八年，改爲筰州也。領縣三，與州同置。

遂都　亭勸　北思

無口戶。在京師西南二千九百四十五里。

右九州，皆屬茂州都督。永徽後，又析爲三十一州，今不錄其餘也。

戎州中都督府　隋犍爲郡。武德元年，改爲戎州，領僰道、犍爲、南溪、開邊、郁鄢五縣[三〇]。貞觀四年，以開邊屬南通州。於州置都督府[三一]，督戎、郎、昆、曲、協、黎、盤、會、鉤、擊、尹、匡、哀、宗、靡、姚、徽十七州[三二]。八年，置撫來縣。仍改南通州爲賢州，以開邊來屬。天寶元年，改爲南溪郡，依舊都督，羈縻三十六州[三三]，一百三十七縣。並荒梗，無戶口。乾元元年，復爲戎州。舊領縣六，戶三萬一千六百七十，口六萬一千二十六。天寶領縣五，戶四千三百五十九，口一萬六千三百七十五。在京師西南三千一百四里，至東都四千四百八十里。

僰道　漢縣，犍爲郡治所。故僰侯國，梁置戎州也。

南溪　漢南廣縣，屬犍爲郡。後周於廢郡置南武戍。隋改龍源戍，又置爲南溪縣也。

義賓　本漢南安縣，屬犍爲郡。隋改爲郁鄢縣。天寶元年，改爲義賓。

開邊　漢僰道地，隋置開邊縣也。

歸順　聖曆二年，分郁鄢縣置，以處生獠也。

戎州都督府，羈縻州十六，武德、貞觀後招慰羌戎開置也。

協州下　隋犍爲郡之地。古夜郎侯國。武德元年，開南中置也。領縣三，與州同置。

東安　西安　湖津

領戶三百二十九。在京師西南四千里。北接戎州。

曲州下　武德元年，開南中置恭州。八年，改爲曲州。領縣二，與州同置。

朱提　武德元年，置安上縣。七年，改爲朱提。

唐興

領戶一千九十四。在京師西南四千三百三十里。北接協州。

郎州下　武德元年，開南中置南寧州，乃立味、同樂、升麻、同起、新豐、隴隄、泉麻、梁水、降九縣。武德四年，置總管府，管南寧、恭、協、昆、尹、會、姚、西濮、西宗九州[三四]。五年，罷總管。其年多，復置，寄治益州。七年，改爲都督，督西寧、豫、西利、南雲、磨、南籠七州[三五]。并前九州，合十六州。仍割南寧州之降縣屬西寧州。八年，自益州移都督於今治。貞觀六年，罷都督，置刺史。八年，改南寧爲郎州也。領縣七。

味　隋廢同樂縣，武德元年復置，改名。

同樂　升麻　同起　新豐　隴隄　泉麻　並與州同置。

戶六千九百四十二。在京師西南五千六百七十里。北接曲州。

昆州下　漢益州郡地。武德初，招慰置。領縣四，與州同置。

益寧

晉寧　有滇池，周三百里。　安寧　秦臧　漢縣。

領戶一千二百六十七。在京師西南五千三百七十里。北接嶲州。

盤州下　武德七年，開置西平州。貞觀八年，改爲盤州。領縣三，與州同置。
附唐〔六六〕　平夷　盤水　卽舊興古郡也。
領戶一千九百六十。在京師西南五千三十里。北接郎州，南接交州。
黎州下　武德七年，析南寧州置西寧州。貞觀八年，改爲黎州。領縣二，二縣本屬南寧。
梁水　絳
領戶一千。至京師無里數。北接昆州。
匡州下　武德七年，開置南雲州。貞觀三年，改爲匡州也。領縣二，與州同置。
勃弄　匡川　縣界有永昌故城也。
領戶四千八百。在京師西南五千一百六十五里。
髳州下　武德四年，置西濮州。貞觀十一年，改爲髳州也。領縣四，與州同置。
濮水　青蛉　舊屬越嶲郡。　歧星　銅山
領戶一千三百九十。在京師西南四千八百五十里。南接姚州。
尹州下　武德四年置。領縣五，與州同置。
馬邑　天池　鹽泉　甘泉　涌泉
領戶一千七百。無里數。接髳州。

曾州下　武德四年置。領縣五，與州同置。
曾　三部　神泉　龍亭　長和
領戶一千二百七。在京師西南五千一百四十五里。西接匡州。
鈞州下　武德七年，置南龍州。貞觀十一年，改爲鈞州也。領縣二，與州同置。
望水　唐封
領戶一千。在京師西南五千六百五十里。北接昆州。
龐州下　武德七年，置西豫州。貞觀三年，改爲龐州。領縣二，與州同置。
磨豫　七部
領戶一千二百。在京師西南四千九百四十五里。南接姚州。
裒州下　武德四年置。領縣二，與州同置。
揚彼　強樂
領戶一千四百七十。在京師西南四千九百七十里。南接姚州。
宗州　武德四年，置西宗州。貞觀十一年，去「西」字。領縣三，與州同置。
宗居　石塔　河西
領戶一千九百三十。在京師西南五千一十里。北接姚州。

微州下　武德四年，置利州。貞觀十一年，改爲微州。領縣二，與州同置。
深利　十部
領戶一千一百五十。在京師西南四千九百七十里。東接龐州。
姚州　武德四年置，在姚府舊城北百餘步。漢益州郡之雲南縣。古滇王國。楚頃襄王使大將莊蹻泝沅水，出且蘭，以伐夜郎。屬秦奪楚黔中地，蹻無路能還，遂自王之。秦幷蜀，通五尺道，置吏。漢武開西南夷，置益州郡，雲南卽屬邑也。後置永昌郡，雲南、哀牢、博南皆屬邑也。蜀劉氏分永昌爲建寧郡，又分永昌、建寧置雲南郡，而治於弄棟。晉改爲晉寧郡，又置寧州。武德四年，安撫大使李英，以此州內人多姓姚，故置姚州，管州三十二。麟德元年，移姚州治於弄棟川。自是朝貢不絕。天寶末，楊國忠用事，蜀帥撫慰不謹，蠻王閤羅鳳不恭，國忠命鮮于仲通興師十萬，渡瀘討之，大爲羅鳳所敗。鎭蜀〔六七〕，蠻帥異牟尋歸國，遂以韋皋爲雲南安撫大使，命使册拜，謂之南詔。大和中，杜元穎鎭蜀，蠻王嵯顚侵蜀，自是或臣或否。咸通中，結構南海蠻，深寇蜀部。西南夷之中，南詔蠻最大也。領縣二〔六八〕。
瀘南　縣在瀘水之南。　長明
戶三千七百。至京師四千九百里。

右上十六州，舊屬戎州都督。天寶已前，朝貢不絕。
雟州中都督府　隋越雟郡。武德元年，改爲雟州，領越雟、邛部〔六九〕、可泉、蘇祁、臺登六縣〔七〇〕。二年，又置昆明縣。三年，置總管府，管一州。貞觀二年，割雅州陽山、漢源二縣來屬。八年，又置和集縣。天寶元年，越雟郡，依舊都督府。乾元元年，復爲雟州也。舊領縣十，戶二萬三千五十四，口五萬三千六百一十八。天寶領縣七，戶四萬七百二十一，口十七萬五千二百八十。在京師西南三千六百五十四里。
越雟　漢郡名，武帝置。今縣，漢邛都縣地，屬越雟郡。有越水、雟水。後周於越城置嚴州。隋改爲西寧州，尋改雟州，仍分邛都置越雟縣，州所治也。
邛部　後漢屬越雟郡。漢闌縣地，屬沈黎郡。後周置邛部縣也。
臺登　漢縣，屬越雟郡。
蘇祁　漢蘇夷縣，屬越雟郡。後周平南夷，於故城復置也。
西瀘　漢邛都縣地，梁置可泉縣。隋治姜磨戍。武德七年，移於今〔七一〕。天寶末年，改爲西瀘也。
昆明　漢定莋縣，屬越雟郡。後周置定莋鎭。武德二年，鎭爲昆明縣，蓋南接昆明之地故也〔九二〕。

會川　上元二年，移邛都縣於會川置，因改爲會川也。

松州下都督府　隋同昌郡之嘉誠縣。武德元年，置松州。貞觀二年，置都督府，督崌、懿、嵯、闊、麟、雅、叢、可、遠、奉、嚴、諸、峨〔九三〕、彭、軌、蓋、直、肆、位、玉、璋、祐、臺、橋、序二十五羈縻等州。永徽之後，生羌相繼忽叛，屢有廢置。儀鳳二年，復加整比，督文、扶、當、柘〔九四〕、靜、翼六州。都督羈縻三十州：研州、劍州、探那州、忛州、毘州、河州、幹州、瓊州、犀州、拱州、龕州、陪州、如州、麻州、霸州、彌州、光州、至涼州、蠶州、曄州、梨州、思帝州、戍州、統州、穀州、邛州、樂客州、達違州、卑州、慈州。據天寶十二載簿，松州都督府，一百四州，其二十五州有額戶口，但多羈縻逃散，餘七十九州皆生羌部落，或臣或否，無州縣戶口，但羈縻統之。天寶元年，改松州爲交川郡〔九五〕。乾元元年，復爲松州。據貞觀初分十道，松、文、扶、當、悉、柘、靜等屬隴右道。永徽之後，據梁州之境，割屬劍南道也。舊領縣三，戶六百一十二，口六千三百五。天寶，戶一千七十六，口五千七百四十二。南至翼州一百八十里，東至扶州三百三十八里，東至茂州三百里，西南至當州三百里，西北至吐蕃界九十里。至京師二千二百五十里，至東都三千五十里。

嘉誠　歷代生羌之地，漢帝招慰之，置護羌校尉，別無州縣。至後魏，白水羌象舒治自稱鄧至王〔九六〕，據此地。其子舒彭遣使朝貢，乃拜龍驤將軍、甘松縣子，始置甘松縣。魏末大亂，又絕。後周復招慰之，於此置龍涸防。天和六年，改置扶州，領龍涸郡。隋改甘松爲嘉誠縣，屬同昌郡。武德元年，於縣置松州，取州界甘松嶺爲名。

交川　後周置龍涸郡，隋廢爲交川縣也。

平康　垂拱元年，割交川及當州通軌、翼針三縣置平康縣，屬當州。天寶元年，改交川郡也。

文州　隋武都郡之曲水縣。義寧二年，置陰平郡，領曲水、長松、正西三縣。武德改文州。貞觀元年，省正西入曲水。天寶元年，改爲陰平郡。乾元元年，復爲文州。舊屬隴右道，隸松州都督。永徽中，改屬劍南道也。舊領縣二，戶一千九百八，口八千一百四十七。天寶，戶一千六百八十六，口九千二百五。在京師西南一千四百九十里，至東都二千二百九十里。

曲水　漢陰平道，屬廣漢。晉亂，楊茂搜據爲仇池，氐、羌相傳疊代。後魏平氐、羌，始置文州。隋爲曲水縣。武德後，置文州，治於曲水也。

長松　後魏置蘆北郡，郡置建昌縣。後周移郡縣於此置。隋廢郡，改縣爲長松。白馬水在縣北也。

扶州　隋同昌郡。武德元年，改爲扶州。天寶元年，復爲同昌郡。乾元元年，復爲扶州。舊屬隴右道，隸松州都督。永徽後，改爲劍南道。舊領縣四，戶一千九百二十八，口八千五百五十六。天寶，戶二千四百一十八，口一萬四千二百八十五。在京師西南一千六百九十里，至東都二千四百四十九里。

同昌　歷代吐谷渾所據。西魏逐吐谷渾，於此置鄧州及鄧寧郡，蓋以平定鄧至羌爲名。隋初，改置扶州及同昌縣。煬帝又爲同昌郡。流於此也。

帖夷　後魏置帖夷郡。隋罷爲縣。萬歲通天二年，改爲武進。神龍依舊爲帖夷。

萬全　後魏置武進郡，又改爲上安郡。隋廢郡爲尙安縣。舊治剌利村，長安二年，移治黑水堡。至德二年八月，改爲萬全也。

鉗川　後魏置鉗川郡。隋罷郡，復爲縣。

龍州下　隋平武郡。武德元年，改爲龍門郡。其年，加「西」字。貞觀元年，改爲龍州〔九七〕。

天寶元年，改爲江油郡〔九八〕。乾元元年，復爲龍州。舊屬隴右道，永徽後，割屬劍南也。舊領縣二，戶一千一十七，口六千一百四十九。天寶，戶二千九百九十二，口四千二百二十八。在京師西南二千六百六十里，至東都三千一十五里。

江油　秦、漢、曹魏爲無人之境。鄧艾伐蜀，由陰道景谷〔九九〕，行無人之地七百里，鑿山通道，攀木緣崖，魚貫而進，以至江油〔一〇〇〕，卽此城也。晉始置陰平郡，於此置平武縣。至梁有楊、李二姓大豪，分據其地。後魏平蜀，置龍州。隋初廢郡，改平武爲江油。縣界有石門山。

清川　後魏馬盤縣。天寶元年，改爲清川也。

當州下　本松州之通軌縣。貞觀二十一年，析置當州，以土出當歸爲名。州治利川，領通軌、左封二縣。顯慶二年，又析左封置悉州。儀鳳二年，移治逢臼橋。天寶元年，改爲江源郡〔一〇一〕。乾元元年，復爲當州。本屬隴右道也。領縣三，戶二千一百四十六，口六千七百一十三。至京師三千一百里，至東都三千九百里。東北至松州九百里。

通軌　本屬松州，歷代生羌之地。貞觀二十年，松州首領董和那蓬固守松府，特敕於通軌縣置當州，以蓬爲刺史。顯慶元年，蓬嫡子屈寧襲繼爲刺史。又置和利、谷利、平康三縣也〔101〕。

和利　顯慶二年，分通軌置。

谷利　文明元年，開生羌置也。

悉州　本翼州之左封縣。顯慶元年，置悉州，領悉唐、左封、識臼三縣，治悉唐城〔102〕。咸亨元年，移治左封。儀鳳二年，羌叛，又寄治當州城內，尋歸舊治。垂拱二年，置歸誠縣。載初元年，移治匪平川。天寶元年，改爲歸誠郡。割識臼屬臨翼郡。乾元元年，復爲悉州。舊屬隴右道松州都督，後屬劍南道。領縣二〔103〕，戶八百一十六，口三千九百一十四。至京師二千七百五十里，至東都三千八百里。至西靜州六十里，西北至當州八十里也。

左封　本屬翼州，在當州東南四十里。顯慶元年，生羌首領董係比射內附，乃於地置悉州，州在悉唐川故也〔104〕。以董係比射爲刺史，領左封、歸誠二縣。載初元年，又移州理東南五十里匪平川置也。

歸誠　垂拱二年，分左封置。

靜州　本當州之悉唐縣。顯慶元年，於縣置悉州。咸亨元年，於悉州置翼州都督府，移悉州理左封置。儀鳳二年，罷都督府，翼州卻還治於翼針縣，於悉唐縣置南和州。天授二年，改爲靜州，比屬隴右道，隸松州都督。後割屬劍南。領縣二，戶一千五百七十七，口六千六百六十九。東北至當州六十里，東至悉州八十里。至京師與當州道里數同也。

悉唐　縣置在悉唐川。舊屬當州，顯慶中，來屬也。

靜居　縣界有靜川也。

恭州下　開元二十四年，分靜州廣平縣置恭州，仍置博恭、烈山二縣。天寶元年，改爲恭化郡。乾元元年，復爲恭州。本屬隴右道，後割屬劍南。領縣三，戶一千一百八十九，口六千二百二十二。東至柘州一百里，東北至靜州界。至京師三千一百二十里。

和集　舊廣平縣，屬靜州。開元二十四年，於縣置恭州。天寶元年，改爲和集。

博恭　開元二十四年，分廣平置也。

烈山　開元二十四年，分廣平置。

柘州下　永徽後置。天寶元年，改爲蓬山郡。乾元元年，復爲柘州。本屬隴右道松州都督，後割屬劍南也。

保州下　本維州之定廉縣。開元二十八年，置奉州，以董晏立爲刺史。領定廉一縣。天寶元年，改爲雲山郡。八載，移治所於天保軍，乃改爲天保郡。乾元元年二月，西山子弟兵馬使嗣歸誠王董嘉俊以西山管內天保郡歸附，乃爲保州，以嘉俊爲刺史。領縣三〔105〕，戶一千二百四十五，口四千五百三十六。至京師二千九百四十里，至東都三千七百九十里。東至維州風流鎮四十五里也。

定廉　隋置定廉鎮。隋末陷羌。武德七年，招白苟羌，置維州及定廉縣，以界水名。永徽元年，廢鹽城併入。開元二十八年，改屬奉州。天寶八載，改爲天保郡也。

歸順　雲山　天寶八年，分定廉置此二縣也。

眞州下　天寶五載，分臨翼郡之昭德、雞川兩縣置昭德郡。乾元元年，改爲眞州，取眞符縣爲名也。領縣三，戶六百七十六，口三千一百四十七。至京師三千里，至東都三千八百五十里。

眞符　天寶五載，分雞川、昭德二縣置，州所治也。

雞川　先天二年，割翼州翼水縣置，屬翼州。天寶五載，改屬眞州。

昭德　本識臼縣，屬悉州。天寶元年，改屬翼州，仍改名昭德縣。五年，改屬眞州也。

霸州下　天寶元年，因招附生羌置靜戎郡。乾元元年，改爲霸州也。領縣一，戶一百七十一，口一千八百六十一。至京師二千六百三十二里，至東都三千二百七十一里。

安信〔106〕與郡同置，州所治也。

已上十二州，舊屬隴右道。永徽已後，割屬松州都督，入劍南道。諸州隸松州都督，相繼屬劍南也。

松州都督府，督羈縻二十五州。舊督一百四州〔107〕，領州，無縣戶口，惟二十五有名額，皆招撫生羌置也。

崌州下　貞觀元年，招慰党項置州處也。領縣二，與州同置。

江源　洛稽

領戶一百五十五。至京師西南二千二百四十六里。

懿州下　貞觀五年，置西吉州。八年，改爲懿州，處党項也。領縣二，與州同置。

吉當　唐位

無戶口。至京師西南二千二百五十里。

闊州下　貞觀五年置，處党項。領縣二，與州同置。

闊源　落吳

無戶口。至京師西南二千五百一十里。

麟州下　貞觀五年，置西麟州，處生羌歸附。八年，去「西」字。領縣七，與州同置。

硤川　和善　歛具　硤源　三交　利恭　東陵

無戶口。至京師四千五百里。

雅州下　貞觀五年，處生羌置西雅州。八年，去「西」字。領縣三，與州同置。

新城　三泉　石龍

無戶口。至京師西南二千六百六十里。

叢州　貞觀五年，党項歸附置也。領縣五，與州同置。

都流厥調湊般匐器邏率鍾，並爲諸羌部落，遙立，無縣。

寧遠　臨泉　臨河

無戶口。至京師西南一千八百里。

可州　貞觀四年，處党項，置西義州〔二六〕。八年，改爲可州也。領縣三，與州同置。

義誠　清化　靜方

無戶口。至京師西南一千四十里。

遠州　貞觀四年，生羌歸附置也。領縣二，與州同置。

羅水　小部川

無戶口。至京師西南二千三百六十里。

奉州　貞觀三年，處生羌置西仁州。八年，改爲奉州也。領縣三，與州同置。

奉德　思安　永慈

無戶口。至京師西南二千一百六里。

巖州　貞觀五年，置西金州。八年，改爲巖州。領縣三，與州同置。

金池　甘松　丹巖

無戶口。至京師西南二千一百里。

諾州　貞觀五年，處降羌置。領縣三，與州同置。

諾川　歸德　籬渭

無戶口。至京師西南二千六百四十三里。

蛾州　貞觀五年，處降羌置。領縣二，與州同置。

常平　那川

無戶口。至京師二千七百里。

彭州　貞觀三年，處降党項置洪州。七年，改爲彭州。領縣四，與州同置。

洪川　歸遠　臨津　歸正

無戶口。至京師西南二千七百八十里。

軌州都督府　貞觀二年，處党項置。領縣四，與州同置。

通川　玉城　金原　俄徹

無戶口。至京師西南二千三百九十里。

盍州　貞觀四年，置西唐州。八年，改爲盍州，處降羌也。領縣四，與州同置。

湘水　河唐　曲嶺　枯川

戶二百二十，無口。至京師西南二千六百三十里。

直州　貞觀五年，置西集州。八年，改爲直州，處降羌。領縣二，與州同置。

集川　新川

戶一百，無口。至京師二千五百里。

肆州　貞觀五年，處降羌置。領縣四，與州同置。

歸唐　芳叢　鹽水　磨山

無戶口。至京師二千六百里。

位州　貞觀四年，降生羌置西鹽州。八年，改爲位州。領縣二，與州同置。

位豐　西使

戶一百，無口。至京師二千四百一十里。

玉州　貞觀五年，處降羌置。領縣二，與州同置。

玉山　帶河

戶二百一十五，無口。至京師二千八百七十八里。

韓州　貞觀四年，處降羌置。領縣四，與州同置。

洛平　顯川　桂川　顯平

戶二百，無口。至京師二千九百里。

祐州　貞觀四年，處降羌置。領縣二，與州同置。

廓川　歸定

無戶口。至京師二千一百九十里。

臺州　貞觀六年，處党項置西滄州。八年，改爲臺州。無縣。至京師二千一百三十五里。

橘州　貞觀六年，處降羌置。無縣。至京師二千四百里。

序州　貞觀十年，處党項置。無縣。至京師二千四百里。

右二十五州，舊屬隴右道，隸松州都督府。貞觀中，招慰党項羌漸置。永徽已後，羌戎叛臣，制置不一。今存招降之始，以表太平之所至也。

嶺南道

南海節度使，領是十七州也。

廣州中都督府　隋南海郡。武德四年，討平蕭銑，置廣州總管府，管廣、東衡〔二〇〕、洭、南綏、岡五州，并南康總管。其廣州領南海、增城、清遠、政賓、寶安五縣。六年，又置高、循二總管，隸廣州。七年，改總管爲大都督。九年，廢南康都督，以端、封、宋、洭、瀧、建、齊、威、扶、義、勤十一州隸廣府。其年，又省勤州。貞觀改中都督府，省威、齊、宋、洭四州，仍以廢洭州之湞陽〔二一〕、浛洭二縣來屬〔二二〕。改東衡爲韶州，仍以南康州及崖州都督，並隸廣州。

二年，省循州都督，以循、潮二州隸廣府。八年，改建州爲藥州〔二三〕、南綏州爲湞州、南扶州爲竇州〔二四〕。十二年，改南康州〔二五〕。十三年，省湞州，以四會、化蒙、懷集、洊安四縣來屬。省岡州，以義寧、新會二縣並屬廣州。其年，又以義寧、新會二縣立岡州。今督廣、韶、端、康、封、岡、新、藥、瀧〔二六〕、竇、義、雷、循、潮十四州。永徽後，以廣、桂、容、邕、安南府，皆隸廣府都督統攝，謂之五府節度使，名嶺南五管。天寶元年，改爲南海郡。乾元元年，復爲廣州。州內有經略軍，管鎮兵五千四百人，其衣糧輕稅，本道自給。廣州刺史，充嶺南五府經略使。舊領縣十，戶一萬二千四百六十三，口五萬九千一百一十四。天寶領縣十三，戶四萬二千二百三十五。在京師東南五千四百四十七里，至東都四千九百里。

南海　五嶺之南，漲海之北，三代已前，是爲荒服。秦滅六國，始開越置三郡，曰南海、桂林、象郡，以讁戍守之。秦亡，南海尉任囂病且死，召南海龍川令趙佗，付以尉事。佗乃聚兵守五嶺，擊并桂林、象郡，自稱南越武王。子孫相傳，五代九十三年。漢武帝命伏波將軍路博德、樓船將軍楊僕兵臨嶺南，滅之。其地立九郡，曰南海、蒼梧、鬱林、合浦、交阯、九眞、日南、儋耳、珠崖。後漢廢珠崖、儋耳入合浦郡。交州刺史領七郡而已。今南海縣即漢番禺縣，南海郡。隋分番禺置南海縣。番山，在州東三百步。禺山，在北一里。貪泉，州西三十里。越王井，州北四里。

番禺　漢縣名，秦屬南海郡。後漢置交州，領郡七。吳置廣州。皆治番禺也。

增城　後漢番禺縣地。吳於縣置東官。有增江。

四會　漢縣，屬南海。武德五年，於縣治北置南綏州，領四會、化蒙、新招、化穆、化注五縣。貞觀元年，省新招、化注二縣，以廢威州之懷集、廢齊州之洊安二縣來屬。八年，改爲湞州。十三年，省州及化穆縣，以四會、化蒙、懷集、洊安四縣屬廣州也。

化蒙　隋縣。武德五年，屬南綏州。貞觀元年，省化注入。八年，改綏州爲湞州，縣仍屬。十三年，改屬廣州。

懷集　晉懷化縣，隋爲懷集。武德五年，於縣置威州，領興平、懷集、霍清、威成四縣。貞觀元年，州廢，以懷集屬南綏，省興平、霍清、威成三縣。八年，改綏州爲湞州，縣仍屬。十三年，屬廣州。

東莞　隋寶安縣。至德二年九月，改爲東莞。郡，於嶺外其爲名也〔二七〕。

清遠　隋縣。武德六年，廢政賓縣併入〔二八〕，所治也。

洊水　漢封陽縣，屬蒼梧郡。南齊改爲洊安。武德四年，於縣置齊州，領洊安、宣樂、宋昌三縣。貞觀元年，省齊州及宣樂、宋昌二縣，以洊安屬綏州。八年，改綏州爲湞州，縣仍屬。十三年，湞州廢，屬賓州。至德二年九月，改爲洊水也。

湞陽　漢縣，屬桂陽郡。隋爲眞陽〔二九〕。五年〔三〇〕，屬洭州。貞觀初，州廢，改眞陽湞陽，屬廣州。湞山，在縣北三十里。

韶州　隋南海郡之曲江縣。武德四年，平蕭銑，置番州，領曲江、始興、樂昌、臨瀧、良化五縣。貞觀元年，改爲韶州，仍割洭州之翁源來屬。八年，廢臨瀧、良化二縣。天寶元年，改爲始興郡。乾元元年，復爲韶州。舊領縣四，戶六千九百六十，口四萬四百一十六。天寶領縣六，戶三萬一千，口十六萬八千九百四十八。南至廣州八百里，西至郴州五百里，東南至虔州七百里。至京師四千九百三十二里，至東都四千一百四十二里。

曲江　漢縣，屬桂陽郡。在曲江川，州所治也。

始興　漢南野縣地，屬豫章郡。孫皓分南康郡之南鄉，始興縣置。縣界東嶠，一名大庾嶺，南越之北塞。漢討南越時，有將軍姓庾，城於此。五嶺之最東，故曰東嶠也。

樂昌　隋置。

翁源　翁水在縣界。隋縣。武德五年，置洭州。貞觀初廢，以屬韶州。

仁化　湞昌　已上二縣，天寶後新置。

循州　隋龍川郡。武德五年，改爲循州總管府，管循、潮二州。循州領歸善、河源、博羅、興寧、海豐、羅陽。省龍川入歸善〔三一〕，石城入河源，齊昌入興寧。貞觀二年，廢都督府。天寶元年，改爲海豐郡。乾元元年，復爲循州。舊領縣五，戶六千八百九十一，口三萬六千四百三十六。天寶領縣六，戶九千五百二十五，無口數。南至廣州四百里，東至潮州五百一十七里，北至虔州隔山嶺一千六百五十里。至東都四千八百里。

歸善　秦、漢龍川縣地，屬南海郡。宋置歸善縣，縣界羅浮山。貞觀元年，省龍川縣併入。

博羅　漢舊縣，屬南海郡也。

河源　隋縣。循江，一名河源水，自虔州雩都縣流入。龍川，在河源縣，云有龍穿地而出，卽水流，漢因置龍川縣。貞觀元年，省石城併入〔三二〕。

海豐　宋縣，屬東莞郡。南海在海豐縣南五十里〔三三〕，卽漲海，渺漫無際。武德五年，分置陸安縣。貞觀初，併入也。

興寧　漢龍川縣地。貞觀元年，省齊昌併入。

雷鄉　新置。

岡州　隋南海郡之新會縣。武德四年，平蕭銑，置岡州，領新會、封平、義寧三縣。貞觀五年，州廢，以新會、義寧屬廣州，省封平、封樂二縣。其年，又立岡州〔三四〕，割廣州之新會、義寧來屬。又立封樂縣。天寶元年，改爲義寧郡。乾元元年，復爲岡州也。舊領縣二，戶二千三百五十八，口八千六百六十二。天寶，戶五千六百五十，無口數。在京師西南六千三百五里。

新會　漢南海縣地。晉置新會郡。改置封州，又改爲允州〔三五〕，又改爲岡州。隋末廢，併入廣州。武德四年，復爲岡州。舊治盆源城。貞觀十三年，廢岡州，縣屬廣州。其年，復置州於今治也。

義寧　漢番禺縣地。宋置義寧縣，屬新會郡。

賀州　隋蒼梧郡之臨賀縣。武德四年，平蕭銑，置賀州。天寶元年，改爲臨賀郡。乾元元年，復爲賀州也。舊領縣五，戶六千七百一十三，口一萬八千六百二十八。天寶領縣六，戶四千五百，無口數。在京師東南四千一百三十里，至東都三千五百七十二里。東南至廣州八百七十六里，東至連州二百六十里，南至封州三百六十六里，北至道州四百里，北至富州三百二十里，西南至梧州四百二十二里也。

臨賀　州所治。漢縣，屬蒼梧郡。臨、賀水〔三六〕。吳置臨賀郡。宋改爲臨慶國，齊復爲臨賀郡。隋置賀州，隋末廢爲縣。武德四年，復置賀州。

桂嶺　漢臨賀縣地，隋舊也。

馮乘　漢縣，屬蒼梧郡。有荔平關。

封陽　漢縣，屬蒼梧郡。

富川　漢富川縣。天寶改爲富水，後復爲富川也。

蕩山　新置。

端州　隋信安郡。武德元年，置端州，領高要、樂城、銅陵、平興、博林五縣。其年，以樂城屬康州，銅陵屬春州。七年，置清泰縣。貞觀十三年，省博林、清泰二縣。天寶元年，爲高要郡。乾元元年，復爲端州。舊領縣二，戶四千四百九十一，口二萬四千三百三。天寶，戶九千五百，口二萬一千一百二十。東至廣州二百四十里，南至新州一百四十里，西至康州一百六里。至京師四千九百三十五里，至東都四千七百里。

高要　州所治。漢縣，屬蒼梧郡。宋、齊屬南海郡。陳置高要郡，隋置端州。縣北五里有石室山。縣西有鵠奔亭，卽漢交州刺史行部到鵠亭，夜，女子鬼訴冤之亭。

平興　漢高要縣地，隋分置。武德七年，分置清泰縣。貞觀十三年，省清泰併入。

新州　隋信安郡之新興縣。武德四年，平蕭銑，置新州。天寶元年，改爲新興郡〔三七〕。乾元元年，復爲新州。舊領縣四，戶七千三百八十八，口三萬五千二十五。天寶領縣三，戶九千五百。東至廣州義寧縣四十一里，北至端州一百四十里，西北至康州二百七十里，西南至勤州一百七十里。至京師五千五十二里，至東都五千里。

新興　漢臨允縣，屬合浦郡。晉置新寧郡，梁置新州。

索盧　武德四年，析新興縣置。

永順　新置。

康州　隋信安郡之端溪縣。武德四年，置康州都督府，督端、康、封、新、宋、瀧等州。九年，廢都督府及康州。貞觀元年，又置南康州。十一年廢，十二年又置康州。天寶元年，改爲晉康郡。乾元元年，復爲康州。舊領縣四，戶四千一百二十四，口一萬三千五百四。天寶，戶一萬五百一十，口一萬七千二百一十九。東北至廣州三百四十里，西南至梧州二百八十四里，東至端州一百六十里，南至瀧州二百三十里，西至封州一百三十里，南至新州二百七十里。至京師五千七百五十里，至東都五千一百五十里。

端溪　漢縣，屬蒼梧郡。晉於縣分置晉康郡。隋廢郡，併入信安郡。武德復置康州。縣界有端山，山下有溪也。

晉康　隋安遂縣〔一二八〕。至德二年，改爲晉康縣。

悅城　隋樂城縣。武德五年，屬端州。又割屬康州，改爲悅城。

都城　漢端溪縣。東百步有程溪，亦名零溪，溫嫗養龍之溪也。

封州下　隋蒼梧郡之封川縣。武德四年，平蕭銑，置封州。天寶元年，改爲臨封郡。乾元元年，復爲封州。舊領縣四，戶二千五百五十五，口一萬三千四百七十七。天寶領縣二，戶三千九百，口一萬一千八百二十七。東北至廣州九十五里，西北至梧州五十五里，東至康州一百三十里，北至賀州三百六十六里。至京師水陸四千五百一十里也。

封川　州所治。漢廣信縣地，屬蒼梧郡。在封水之陽。梁置梁信郡。隋平陳，改爲成州，又改爲封州。隋末，州廢爲封川縣，屬蒼梧郡。武德初，置封州。隋移州於封川口，即今縣治也。

開建　漢封陽縣地，屬蒼梧郡，隋舊也。

瀧州　隋永熙郡之瀧水縣。武德四年，平蕭銑，置瀧州。天寶元年，改爲開陽郡。乾元元年，復爲瀧州。舊領縣四，戶三千六百二十七，口九千四百三十九。天寶領縣五。

瀧水　州所治。漢端溪縣地，屬蒼梧郡。晉分端溪立龍鄉，即今州治。梁分廣熙郡置建州，又分建州之雙頭洞立雙州。隋改龍鄉爲平原縣，又改爲瀧水。

開陽　隋廢縣。武德四年，分瀧水置。

永寧　武德四年，於安遂縣置藥州，領安遂、永寧、安南、永業四縣。貞觀中，廢藥州，以永寧屬瀧州〔一二九〕。本隋永熙縣，武德五年，改爲永寧縣。

鎮南　隋安南縣。至德二年九月，改爲鎮南。

建水　新置。

恩州　隋高涼郡。武德四年，平蕭銑，置高州都督府，管高、春、羅、辯、雷、崖、儋、新八州。七年，割崖、儋、雷、新屬廣州。貞觀二十三年，廢高州都督府，置恩州。天寶元年，改爲恩平郡。乾元元年，復爲恩州，內有清海軍，管戍兵三千人也。領縣三，戶九千，無口數。至京師東南六千五百里。西北六十里接廣州界。

恩平　州所治。漢合浦郡也，隋置海安縣。武德五年，改爲齊安。至德二年九月，改爲恩平也。

杜陵　隋杜原縣〔一三〇〕。武德五年，改爲杜陵也。

陽江　隋舊置也。

春州　隋高涼郡之陽春縣。武德四年，平蕭銑，置春州。天寶元年，改爲南陵郡。乾元元年，復爲春州。舊領縣一，戶五千七百一十四，口二萬一千六十一。天寶領縣二，戶一萬一千二百一十八。至京師東南六千四百四十八里。東至廣州六百四十二里，南至恩州九十三里，西至高州三百三十里，東北至新州二百六十里，西北至瀧州界也。

陽春　州所治。漢高涼縣地〔一三一〕，屬合浦郡，至隋不改也。

羅水　天寶後置。

高州　隋高涼郡。舊治高涼縣，後改爲西平縣。貞觀二十三年，分西平、杜陵置恩州，高州移治良德縣。天寶元年，改爲高涼郡。乾元元年，復爲高州。領縣三，戶一萬二千四百。西北至竇州九十二里，北至瀧州界三百五十里，西南至潘州九十里，東至春州三百三十里。至

京師六千二百六十二里，至東都五千五百二十里。

良德　漢合浦縣地，屬合浦郡。吳置高涼郡，宋、齊不改。

電白　梁置電白郡，隋改爲縣也。

保定　舊保安縣。至德二年，改爲保定。

藤州下　隋永平郡。武德四年，置藤州，領永平、猛陵、安基、武林、隋建、陽安、普寧、戎城、寧人、淳人、大賓、賀川十二縣。貞觀七年，以武林屬龔州〔一三二〕、安普屬藁州、普寧屬容州。八年，以猛陵屬梧州。十二年，以隋建屬龔州。天寶元年，改爲感義郡。乾元元年，復爲藤州也。舊領縣六，戶九千二百三十六，口一萬三百七十二。天寶領縣三，戶三千九百八十。至京師五千五百九十六里，至東都五千二百里。南至義州二百里，西至龔州一百四十九里，北至梧州九十七里。

鐔津　漢猛陵縣，屬蒼梧郡。晉置永平郡。隋置藤州及鐔津。

感義

義昌　本安昌縣。至德二年九月，改爲義昌。

義州下　隋永熙郡之永業縣。武德五年，置南義州及四縣。貞觀元年，州廢，以所領縣入南建州〔三三〕。二年，復置義州，還以故縣來屬。五年，廢義州，縣屬南建州。六年，復置義州。又改縣來屬。天寶元年，改爲連城郡。乾元元年，復爲義州。舊領縣四，戶三千二百二十五，無口。天寶領縣三，戶一千一百一十，口七千三百三。至京師五千七百五十里，至東都四千六百九十里。東至梧州隔鄣嶺一百七十里，北至藤州二百里，西至容州九十里，東南至竇州一百七十二里，東北至瀧州二百七里。

岑溪　州所治。漢猛城縣，屬蒼梧郡。武德四年，置龍城縣，置南義州。貞觀初廢，二年復置義州，領龍城、安義、連城、義城四縣。至德中，改安義爲永業〔三四〕，龍城爲岑溪。

永業　舊安義縣，至德年改。

連城　武德五年，分瀧州之正義縣置。

竇州下　隋永熙郡懷德縣。武德四年，置南扶州及五縣。以獠反寄瀧州。貞觀元年廢，以所管縣並屬瀧州。二年，獠平，復置南扶州，自瀧州還其故縣。五年復廢，縣隸瀧州。六年復置，以故縣來屬。其年，改南扶爲竇州。天寶元年，改爲懷德郡。乾元元年，復爲竇州。舊領縣五，戶三千五百五十。天寶領縣四，戶一千一十九。至京師水陸六千一百二里，至

東都水陸五千四百里。西至容州二百里，東至瀧州一百八十里，南至潘州一百五十里，東南至高州九十二里，北至義州二百三十里，西南至禺州一百九十里。

信義　漢端溪縣地，屬蒼梧。隋爲懷德縣。武德四年，析懷德縣置信義縣，仍置南扶州。貞觀中，改爲竇州，取州界有羅竇洞爲名也。

懷德　本屬瀧州，後來屬也。

潭峨　武德四年，分信義縣置也。

特亮　武德四年，分信義置也。

勤州　隋信安郡之高梁縣地。武德四年，置勤州，隸南康州總管。九年，改隸廣州，其年廢，縣屬春州。後置勤州，以銅陵來屬。仍析置富林縣。領縣三〔三五〕，戶六百八十二，口一千九百三十三。至京師五千三百九十里，至東都五千里。東至新州一百七十里，西至瀧州二百六十里，南至廣州六百三十五里，西北至康州二百七十三里。

富林　州所治，析銅陵置。

銅陵　漢臨允縣地，屬合浦郡。宋立瀧潭縣。隋改爲銅陵，以界內有銅山也。

桂管十五州在廣州西

桂州下都督府　隋始安郡。武德四年，平蕭銑，置桂州總管府，管桂、象、靜、融、賀、樂、荔、南昆、龍九州，并定州一總管。其桂州領始安、福祿、純化、興安、臨源、永福、陽朔、歸義、宜風、象十縣。尋改定州爲南尹州。其年，又置欽州總管，隸桂府。五年，置南恭、燕、梧三州，隸桂府。九年，置晏州，隸桂府。貞觀元年，以欽、玉、南亭三州隸桂府。二年，省玉州、南亭州。五年，置賓州，隸桂府。六年，又以尹、藤、越、白、相、繡、鬱、姜、南宕〔三六〕、南方、南簡、南晉十二州隸桂府。其年，置龔州都督，亦隸桂府。其年，廢龍、鬱二州。八年，改越州爲廉州，南簡爲橫州，南方爲澄州〔三七〕，南宕爲潘州，南晉爲邕州，尹州爲貴州，靜州爲富州，樂州爲昭州，南昆爲柳州，銅州爲容州。廢福祿、歸義二縣。十年，廢姜州。十二年，廢晏州，以建陵縣來屬。廢荔州，以荔浦、崇仁二縣來屬。省宜風縣。今督桂、昭、賀、富、梧、藤、容、潘、白、廉、繡、欽、橫、邕、融、柳、貴十七州。天寶元年，改爲始安郡，依舊都督府。至德二年九月，改爲建陵郡。乾元元年，復爲桂州，刺史充經略軍使，管戍兵千人，衣糧稅本管自給也。舊領縣十，戶三萬二千七百八十一，口五萬六千五百二十六。天寶領戶一萬七千五百，口七萬一千一十八。至京師水陸路四千七百六十里，至東都水陸路四千四百四十里。

東至道州五百里，西至容州四百九十三里，南至昭州二百一十里，北至邵州六百八十五里，東南至賀州五百三十里，西南至柳州八百里，東北至永州五百五十里。

臨桂　州所治。漢始安縣地，屬零陵郡。吳分置始安郡，宋改爲始建國，南齊始安郡，梁置桂州。隋末，復爲始安郡。江源多桂，不生雜木，故秦時立爲桂林郡也。

理定　漢始安縣。隋分置興安，近改爲理定。

靈川　武德四年，分始安置。

陽朔　隋舊。貞觀元年，廢歸義縣併入。

荔浦　漢縣，屬蒼梧郡。武德四年，置荔浦、建陵、隋化、崇仁、純義。五年，以隋化屬南恭州。貞觀元年，以建陵屬晏州。十三年，廢荔州，以荔浦、崇仁屬桂州，純義屬蒙州也〔三八〕。

豐水　舊永豐縣。元和初，改爲豐水縣。

修仁　隋置建陵縣。貞觀元年，於縣置晏州，領武龍、建陵二縣。十二年，廢晏州及武龍縣，以建陵屬桂州。長慶元年，改爲修仁縣。

恭化　武德四年，分始安置純化縣。元和初，改爲恭化也。

永福　武德四年，分始安置。

臨源　武德四年，分始安置。

全義　新置(三九)。

昭州　隋始安郡之平樂縣。武德四年，平蕭銑，置樂州，領平樂、永豐、恭城、沙亭四縣。貞觀七年，省沙亭縣。八年，改爲昭州，以昭岡潭爲名。天寶元年，改爲平樂郡(四〇)。乾元元年，復爲昭州也。舊領縣三，戶四千九百一十八，口一萬二千六百九十一。天寶，戶三千五百。至京師四千四百三十六里，至東都四千二百一十九里。西至桂州二百二十里，東北至道州四百里，北至永州六百三十九里，南至富州一百六十六里也。

平樂　州所治。漢荔浦地，屬蒼梧郡。晉置平樂縣。貞觀七年(四一)，省沙亭併入也。

恭城　武德四年，析平樂置。

永平　隋縣，舊屬藤州。

富州下　隋始安郡之龍平縣。武德四年，平蕭銑，置靜州，領龍平、博勞、歸化、安樂、開江、豪靜、蒼梧七縣。尋又分蒼梧、豪靜、開江三縣置梧州(四二)。九年，省安樂縣。貞觀八年，改爲富州，以富川水爲名。天寶元年，改爲開江郡。乾元元年，復爲富州。舊領縣三，戶三

千三百四十九，口四千三百一十九。天寶，戶一千二百九十。至京師五千一百三十里，至東都四千八百五十里。西北至桂州界八十里，東南至梧州界九十里，北至昭州一百六十六里。

龍平　漢臨賀縣地，屬蒼梧郡。吳置臨賀郡，梁分臨賀置南靜郡，又改爲靜州，改南靜郡爲龍平縣。貞觀八年，改爲富州，以富川水爲名也。

思勤　新置。

馬江　隋開江縣。長慶元年，改爲馬江。皆漢臨賀縣地。

梧州下　隋蒼梧郡。武德四年，平蕭銑，置梧州，領蒼梧、豪靜、開江三縣。貞觀八年，割藤州之孟陵、賀州之綏越來屬。十三年，廢豪靜縣。天寶元年，改爲蒼梧郡。乾元元年，復爲梧州也。舊領縣四，戶三千八十四，口五千四百二十三。天寶領縣三，戶五千。至京師五千五百里，至東都五千一百里。東至封州八十里，東北至賀州四百一十里，北接富州界，正西至藤州一百九十里。

蒼梧　漢蒼梧郡，治廣信縣，卽今治。隋立蒼梧縣，於此置郡。

戎城　隋縣，舊屬藤州，今來屬。

孟陵　漢猛陵縣，屬蒼梧郡。

蒙州　隋始安郡之隋化縣。武德四年，置南恭州(四三)。割荔州之立山、東區、純義三縣分置嶺政縣。貞觀八年，改爲蒙州，取州東蒙山爲名。十二年，省嶺政入立山。天寶元年，改爲蒙山郡。乾元元年，復爲蒙州。舊領縣三，戶一千六十九。天寶，戶一千五十九。至京師五千一百里，至東都四千七百里。南至桂州二百四十九里，東至富州九十七里，西南至象州一百七十六里。

立山　州所治。漢荔浦縣，屬蒼梧郡。隋分荔浦置隋化縣。武德四年，改爲立山，於縣置荔州，尋改爲恭州。貞觀八年，改爲蒙州。州東蒙山，山下有蒙水，居人多姓蒙故也。

東區　武德五年，分立山置，屬荔州。貞觀六年，屬鷰州。十年，改爲蒙州。

正義　貞觀五年，置純義縣，屬荔州。乾元初改爲正義也。

龔州下　隋永平郡之武林縣。貞觀三年，置鷰州。七年，移鷰州於今州東。仍於鷰州之舊所置龔州都督府，督龔、潯、蒙、賓、澄、鷰七州。割藤州之武林、鷰州之泰川來屬(四四)。又立平南(四五)、西平、歸政、大同四縣。十二年，廢潯州，以桂平、陵江、大賓、皇化四縣來屬。其

年，省泰川入平南，省陵江入桂平，省歸政入西平。又割藤州之隋建來屬。天寶元年，改爲臨江郡。乾元元年，復爲龔州。舊領縣八，戶一萬三千八百二十一，口一萬一千一百二十八。天寶領縣六，戶九千，口二萬一千。至京師五千七百二十里，至東都五千三百六十一里。東至藤州一百四十九里，南至繡州九十五里，西至潯州一百三十里，北至蒙州二百四十里。

平南　州所治。漢猛陵縣地，屬蒼梧郡。晉分蒼梧置永平郡(四六)，仍置武林縣(四七)。貞觀七年，分置平南縣。後自武林移龔州治於此也。

武林　猛陵縣地。隋分置武林縣，屬藤州。貞觀七年，屬龔州。

隋建　猛陵縣地。武德年，屬藤州。貞觀年，屬龔州也。

大同　貞觀元年分置。

陽川　本陽建縣，後改爲陽川也。

潯州下　隋鬱林郡之桂平縣(四八)。貞觀七年，置潯州，領桂平、陵江、大賓、皇化四縣。十二年，廢潯州，以四縣屬龔州。後復置潯州，以桂平、大賓、皇化來屬，又省陵江入桂平。天寶元年，改爲潯江郡。乾元元年，復爲潯州也。舊領縣三(四九)，戶二千五百，口六千八百三

十六。至京師五千九百六十里，至東都五千七百里。東至龔州一百三十里，西至潘州二百五十里，西南至貴州一百五十里，西北至蒙州三百六十里。西南接鬱林州界。

桂平　漢布山縣，鬱林郡所治也。隋爲桂平縣。武德年，屬貴州。貞觀初，屬鷰州。七年，屬潯州。十二年，州廢，屬龔州。復置潯州。

皇化〔三〇〕　漢阿林縣，屬鬱林郡。隋置皇化縣，後廢。貞觀六年，復置，屬潯州。州廢，屬龔州。又復屬潯州。

鬱林州下　隋鬱林郡之石南縣。貞觀中置鬱林州，領石南、興德。天寶元年，改爲鬱林郡。乾元元年，復爲鬱林州也。領縣五，戶一千九百一十八，口九千六百九十九。至京師五千五百七里，至東都五千一百六十里。東至平琴州九十里，南至牢州一百二里，西南至昭州一百一十里，北至貴州一百五十里。

石南　州所治。漢鬱林郡之地。梁置定州，隋改尹州，煬帝爲鬱林郡，皆治於此。陳時置石南郡，隋改爲縣也。

鬱林　隋縣，屬貴州，後來屬。

興業

興德　武德四年，分鬱林置。

潭栗

平琴州下　漢鬱林郡地。唐置平琴州，無年月。領縣四。天寶元年，改爲平琴郡。乾元元年，復爲州。建中併入黨州。今存。領縣四，戶一千一百七十四。至京師六千四百八十里，至東都五千八百三十里。西至鬱林州九十里，東南至牢州一百一十里，北至貴州一百五十里，北至繡州九十二里，東至黨州二十二里。

容山　州所治。本名安仁，至德年改也。

懷義　福陽　古符　三縣與州同置。

賓州下　隋鬱林郡之嶺方縣。貞觀五年，析南方州之嶺方〔三一〕、思干、琅邪、南尹州之安城〔三二〕置賓州。十二年省思干縣。天寶元年，改爲安城郡。至德二年九月，改爲嶺方郡。乾元元年，復爲賓州。舊領縣三，戶七千四百八十五。天寶，戶一千九百七十六，口八千五百八十。至京師四千三百里，至東都四千一百里。南至淳州二百里，東南至貴州一百七十里，西至邕州二百五十七里，東南至蒙州三百二十里，西北至澄州一百二十里也。

嶺方　漢縣，屬鬱林郡。武德四年，屬南方州。貞觀五年，改爲賓州。

琅邪　武德四年，析嶺方縣置。

保城　梁置安城縣。至德二年，改爲保城也。

澄州下　隋鬱林郡之嶺方縣地。武德四年，平蕭銑，置南方州，領無虞、琅邪、思干、上林、止戈、賀水、嶺方七縣。貞觀五年，以上林、止戈、琅邪、嶺方屬賓州。八年，改南方州爲澄州。天寶元年，改爲賀水郡。乾元元年，復爲澄州。舊領縣四〔三三〕，戶一萬八百六十八。天寶後，戶一千三百六十八，口八千五百八十。至京師四千六百里，至東都四千三百里。南至邕州三百里，北至竇州四百三十里，東南至賓州一百二十里，西至古州五百七十九里。

上林　州所治。漢嶺方縣地。武德四年，析置上林縣也。

無虞　武德四年，析嶺方置。

賀水　武德四年，析柳州馬平縣置。

繡州下　隋鬱林郡之阿林縣。武德四年，置林州，領常林、阿林、皇化、歸誠、羅繡、盧越等縣。六年，改爲繡州。貞觀六年，省歸誠、盧越。七年，以皇化屬潯州。天寶元年，改爲常

林郡。乾元元年，復爲繡州，領縣三，戶九千七百七十三。至京師六千九十里，至東都五千五百里。南至黨州五十里，北至貴州一百里也。

常林　漢阿林縣地，屬鬱林郡。武德四年，析貴州之鬱平縣，置林州及常林縣。貞觀六年，省歸誠縣入常林縣，移治廢歸誠縣故城。又改林州爲繡州。

阿林　漢縣，屬鬱林郡。

羅繡　武德四年，析阿林置。

象州下　隋始安郡之桂林縣。武德四年，平蕭銑，置象州，領陽壽、西寧、桂林、武仙、武德五縣。貞觀十二年，省西寧縣，割廢晏州武化、長風來屬。天寶元年，改爲象山郡。乾元元年，復爲象州。舊領縣六，戶一萬一千八百四十五，口一萬二千五百二十一。天寶領縣三，戶五千五百，口一萬八百九十。至京師四千九百八十九里。北至桂州四百里，東至象州一百七十六里，南至費州三百里，西北至柳州二百里，東南至潯州三百六十里，西南至嚴州二百九十里也。

武化　州所治。漢潭中縣地，屬鬱林郡。隋建陵縣，屬桂州。武德四年，析建陵置武化縣，屬晏州。貞觀十二年，廢晏州來屬，仍自武德縣移象州於縣置。非秦之象郡，秦象郡

今合浦縣。

武德　漢中留縣地，屬鬱林郡。吳於縣置鬱林郡，仍分中留置桂林縣。武德四年，改爲武德，於縣界置象州。

陽壽　隋縣〔一三四〕。

武仙　武德四年，析桂林置。

柳州　隋始安郡之馬平縣。武德四年，平蕭銑，置昆州，領馬平、新平、文安、賀水、歸德五縣。其年，改歸德爲修德，改文安爲樂沙，仍加昆州爲南昆州。八年，以賀水屬澄州。貞觀七年，省樂沙入新平縣，以廢龍州之龍城來屬。八年，改南昆爲柳州。九年，置崖山縣。十二年，省新平入馬平。天寶元年，改爲龍城郡。乾元元年，復爲柳州，以州界柳嶺爲名。舊領縣四，戶六千六百七十四，口七千六百三十七。天寶領縣五，戶二千二百三十二，口一萬一千五百五十。至京師水陸相乘五千四百七十里，至東都水陸相乘五千六百里。東至桂州四百七里，至粵州二百九十里，北至融州二十里，東南至象州二百里，北至柳州三十里〔一三五〕。

馬平　州所治。漢潭中縣地，屬鬱林郡。隋置馬平縣。武德四年，於縣置昆州，又改爲柳州也。

龍城　隋縣。武德四年，置龍州，領龍城、柳嶺二縣。貞觀七年，廢龍州，省柳嶺縣。

象　貞觀中置。

洛曹　舊洛封縣，元和十三年改。

洛容　皆漢潭中地。貞觀後析置。

融州下　隋始安郡之義熙縣。武德四年，平蕭銑，置融州，復開皇舊名，領義熙、臨牂、黃水、安修四縣。六年，改義熙爲融水。貞觀十三年，省安修入臨牂。天寶元年，改爲融水郡。乾元元年，復爲融州。舊領縣三，戶一千七百九十四，口三千三百三十五。天寶，戶一千二百三十二。至京師五千二百七十里，至東都四千四百七十里。東至桂州四百九十一里，南至柳州三十里，至武零山二百里也。

融水　漢潭中地，與柳州同。隋置義熙縣。武德四年，改爲融水，州所治也。

武陽　舊黃水、臨牂二縣。析融水置，後併入，改爲武陽。

邕管十州在桂府西南

邕州下都督府　隋鬱林郡之宣化縣。武德四年，置南晉州，領宣化一縣。貞觀六年，改爲邕州都督府。天寶元年，改爲朗寧郡。乾元元年，復爲邕州。上元後，置經略使，領邕、貴、黨、橫等州。後又罷。長慶二年六月，復置經略使，以刺史領之。刺史充經略使，管戍兵一千七百人，衣糧稅本管自給。舊領縣五，戶八千二百二十五。天寶後，戶二千八百九十三，口七千三百二。至京師五千六百里，至東都五千三百二十七里。東南至欽州三百五十里，東北至賓州二百五十里，西南至羈縻左州五百里。

宣化　州所治。漢嶺方縣地，屬鬱林郡。秦爲桂林郡地。驩水在縣北，本牂柯河，俗呼鬱林江〔一三六〕，即駱越水也，亦名温水。古駱越地也。

武緣　隋廢縣。武德五年，復置也。

晉興　晉於此置晉興郡，隋廢爲縣。

朗寧　武德五年分置。

思龍　如和　封陵　三縣，開磎洞漸置也。

貴州下　隋鬱林郡。武德四年，平蕭銑，置南尹州總管府，管南尹、南晉、南簡、南方、白〔一三七〕、

藤、南容、越、繡九州。南尹州領鬱林、馬嶺、安城、鬱平、石南、桂平、嶺山、興德、潮水、懷澤十一縣。五年，以桂平屬藁州，嶺山屬南橫州。貞觀五年，以安城屬賓州。七年，罷都督府。九年，改南尹爲貴州。天寶元年，改爲懷澤郡。乾元元年，復爲貴州也。舊領縣八，戶二萬八千九百三十，口三萬一千九百九十六。天寶後，領縣四，戶三千二十六，口九千三百。至京師五千三百八十里，至東都五千一百二十里。東至繡州一百里，南至鬱林州一百五十里，西至橫州二百里，北至象州三百里，西南至賓州九十四里，東北至潯州一百五十里。

鬱平　漢廣鬱縣地，屬鬱林郡。古西甌、駱越所居。後漢谷永爲鬱林太守，降烏滸人十萬，開七縣，即此也。烏滸之俗：男女同川而浴；生首子食之，云宜弟；娶妻美讓兄；相習以鼻飲。秦平天下，始招慰之，置桂林郡。漢改爲鬱林郡。地在廣州西南安南府之地，邕州所管郡縣是也。隋分鬱平縣。鬱江，在州東也。

懷澤　宋廢縣。武德四年又置。

潮水　武德四年，分鬱林置。

義山　新置。

黨州下　古西甌所居。秦置桂林郡，漢爲鬱林郡。唐置黨州，失起置年月。與平琴州同土俗。西至平琴治所二十二里。天寶元年，以黨州爲寧仁郡。乾元元年，復爲黨州。建中二年二月，廢平琴州併入。領縣四（一五八），戶一千三百，口七千四百。至京師地理，與平琴州同。南至牢州一百里，北至繡州五十里，東南至容州一百五十里，北接繡州界百餘里也。

橫州下　隋鬱林郡之寧浦縣。武德四年，置簡州，領寧浦、樂山、蒙澤、淳風、嶺山五縣。六年，改爲南簡州。貞觀八年，改橫州。天寶元年，改爲寧浦郡。乾元元年，復爲橫州也。舊領縣四，戶一千一百二十八，口一萬七百三十四。天寶領縣三，戶一千九百七十八，口八千三百四十二。至京師五千五百三十九里，至東都四千七百五里。南至欽州三百五十里，西至巒州一百五十里，北至貴州一百六十里也。

寧浦　州所治。漢廣鬱縣地，屬鬱林郡。吳分置寧浦郡，晉、宋、齊不改。梁分置簡陽郡。隋平陳，郡並廢，置簡州，又改爲緣州。煬帝廢州，置寧浦縣，鬱林郡。武德復置，改爲橫州。

從化　漢高涼縣地，屬合浦郡。武德四年，分寧浦置淳風縣。貞觀元年，改爲從化也。

樂山　漢高涼縣地，隋置樂山縣。

田州　土地與邕州同，失廢置年月，疑是開元中置。天寶元年，改爲橫山郡。乾元元年，復爲田州。舊領縣五，戶四千一百六十八。舊圖無四至州郡及兩京道里數。

都救　惠佳　武龍　橫山　如賴　並與州同置也。

嚴州　秦桂林郡地，後爲獠所據。乾封元年，招致生獠，置嚴州及三縣。天寶元年，改爲修德郡。乾元元年，復爲嚴州。領縣三，戶一千八百五十九，口七千五十一。至京師五千三百二十七里，至東都四千八百九十三里。東北至柳州二百四十里，東南接象州界，西北接澄州界也。

來賓　州所治也。　循德　歸化　與州同置。

山州　失起置年月。天寶元年，改爲龍池郡。乾元元年，復爲山州。領縣二，戶一千三百二十。無四至及京洛里數。

龍池　州所治也。　盆山

巒州　秦桂林郡。唐置淳化，失起置年月。天寶元年，改爲永定郡。乾元元年，復爲淳州。永貞元年，改爲巒州也。領縣三，戶七百七十，口三千八百三。至京師五千三百里，至東都四千九百里。南至橫州一百四十里，西至邕州三百里，北至賓州二百五十五里。

永定　州所治也。　武羅　靈竹　二縣與州同置。

羅州　隋高涼郡之石龍縣地。武德五年，於縣置羅州，領石龍、吳川、陵羅、龍化、羅辯（一五九）、南河、石城、招義、零綠、慈廉、羅肥十一縣。六年，移羅州於石城縣，於舊所置南石州，割石龍、陵羅、龍化、羅辯、慈廉、羅肥屬南石州。天寶元年，改羅州爲招義郡。乾元元年，復爲羅州。舊領縣五（一六〇），戶五千四百六十，口八千四十一。至京師六千五百二十二里，至東都五千七百五里。東至大海一百三十九里，南至雷州二百五十里，西至廉州二百五十里，北至辯州一百五十里，西南至零綠縣大海一百二十里，西北至白州二百三十里，東北至新州五十里。

石城　州所治。漢合浦郡地。宋將檀道濟於陵羅江口築石城，因置羅州，屬高涼郡。唐復置羅州於縣。

吳川　隋縣。

招義　武德五年，析石龍縣置也。

南河　武德五年，析石龍縣置也。

潘州下　隋合浦郡之定川縣。武德四年，置南宕州，領南昌、定川、陸川（一六一）、思城、溫水、宕川六縣，治南昌縣。貞觀六年，移治定川。八年，改爲潘州，仍廢思城縣。天寶元年，改爲南潘郡。乾元元年，復爲潘州也。舊領縣五，戶一萬七百四十八。天寶後，領縣三，戶四千三百，口八千九百六十七。至西京七千一百六十一里，至東都六千三百八十九里。至高州九十里，南至大海五十六里，至辯州一百二十里，北至竇州一百五十一里。

茂名　州所治。古西甌、駱越地，秦屬桂林郡，漢爲合浦郡之地。隋置定川縣（一六二）。武德四年，平嶺表，於縣置南宕州（一六三），改爲潘州，仍改縣茂名也。

南巴　隋廢縣。武德五年置。

潘水　以縣水爲名。武德五年，分置也。

容管十州在桂管西南

容州下都督府　隋合浦郡之北流縣。武德四年，平蕭銑，置銅州，領北流、豪石、宕昌、渭龍、南流、陵城、普寧、新安八縣。貞觀元年，改爲容州，以容山爲名。十一年，省新安縣。開元中，升爲都督府。天寶元年，改爲普寧郡。乾元元年，復爲容州都督府。仍舊置防禦、經略、招討等使，以刺史領之。刺史充經略軍使，管鎮兵一千一百人，衣糧稅本管自給。舊領縣七，戶八千八百九十。天寶後，領縣五，戶四千九百七十，口一萬七千八十七。至京師五千九百一十里，至東都五千四百八十五里。東至藤州二百五十九里，南至竇州二百里，西至禺州十五里，北至龔州二百里，西至隋建縣一百九十里，西北至黨州一百五十里，東北接義州界。

北流　州所治。漢合浦縣地，隋置北流縣。縣南三十里，有兩石相對，其間闊三十步，俗號鬼門關。漢伏波將軍馬援討林邑蠻，路由於此，立碑石龜尙在。昔時趨交趾，皆由此關。其南尤多瘴癘，去者罕得生還，諺曰：「鬼門關，十人九不還。」其土少鐵，以礬石燒爲器，以烹魚鮭，北人名「五侯燋石」。一經火，久之不冷，卽今之滑石也，亦名冷石。

普寧　隋置。

陵城　武德四年，析北流置。

渭龍　武德四年，析普寧置。

欣道　新置。

辯州下　隋高涼郡之石龍縣。武德五年，置羅州，移治石城。於舊所置南石州，領石龍、陵羅、龍化、羅辯、慈廉、羅肥六縣。貞觀九年，改南石州爲辯州，省慈廉、羅肥二縣。天寶元年，改陵水郡。乾元元年，復爲辯州也。舊領縣四，戶一萬三百五十。天寶後，領縣三，戶四千八百五十八，口一萬六千二百九。至京師五千七百一十八里，至東都五千三百七十里。東至廣州一千一百四十四里，南至羅州吳川縣界五十里，南至白州博白縣二百三十里，北至禺州三百八十二里，南至潘州四十里，西南至羅州一百五十里，西北至白州三百里。

石龍　州所治。漢高涼縣地，屬合浦郡。秦象郡地。武德五年，屬羅州，六年改屬辯州。

陵羅　武德五年，置羅州。六年，改爲南石州也。

龍化　武德五年，分置也。

白州下　隋合浦郡之合浦縣地。武德四年，置南州，領博白、朗平、周羅、龍豪、淳良、建寧六縣。六年，改爲白州。貞觀十二年，省朗平、淳良二縣。天寶元年，改爲南昌郡。乾元元年，復爲白州。舊領縣四，戶八千二百六。天寶領縣五，戶二千五百七十四，口九千四百九十八。至京師六千一百七十五里，至東都五千九百一十九里。東至辯州二百里，南至羅州二百二十里，西至州界朗平山八十里，北至牢州一百里，西南至廣州二百里，東北至禺州二百里。

博白　州所治。漢合浦縣地，屬合浦郡。武德五年，析合浦縣置博白縣也。

建寧　武德四年，析合浦縣置。貞觀十二年，省淳良併入。

周羅　武德四年，析合浦置。

龍豪　武德四年，析合浦置。

南昌　隋縣。舊屬潘州，又來屬也。

牢州下　本巴、蜀徼外蠻夷地，漢牂柯郡地。武德二年，置義州。五年，改爲智州。貞觀十二年，改爲牢州，以牢石爲名。天寶元年，改爲定川郡。乾元元年，復爲牢州也。舊領縣三，戶一千六百四十一，口一萬一千七百五十六。去京師與容州道里同。東至容州一百二十五里，南至白州一百里，西至鬱林州一百一十里，北至黨州一百里。

南流　武德四年，析容州北流縣置，屬容州。貞觀十一年，改智州爲牢州，以牢石爲名。牢石高四十丈，周二十里，在州界也。

定川

宕川　貞觀十一年，分南流置也。

欽州下　隋寧越郡。武德四年，平蕭銑，改爲欽州總管府，管一州，領欽江、安京、南賓、遵化、內亭五縣。五年，置如和縣。其年，置玉州[一六四]、南亭州，並隸欽府，以內亭、遵化二縣屬亭州。貞觀元年，罷都督府。二年，廢亭州，復以內亭、遵化並來屬。十年，省海平縣。天寶元年，改爲寧越郡。乾元元年，復爲欽州也。舊領縣七，戶一萬四千七十二，口一萬八千一百二十七。天寶領縣五，戶二千七百，口一萬一百四十六。至京師五千二百五十一里。東至巖州四百里，南至大海二百五十里，西至瀼州六百三十里，至橫州三百五十里，東南至廣州七百里，西南至陸州六百里，西至容州三百五十里，東北至貴州四百里。

欽江　州所治。漢合浦縣地，宋分置宋壽郡及宋壽縣。梁置安州，隋改爲欽州，仍改宋壽縣爲欽江。煬帝改爲寧越郡。皆治欽江也。

保京　隋安京縣。至德二年，改爲保京。縣北十里安京山，下有如和山[一六五]，似循州羅浮山形勢。

邊化　隋舊置。

內亭　隋縣。武德五年，於縣置南亭州。貞觀元年，州廢，復屬欽州也。

靈山〔一六六〕　已上縣，並漢合浦縣也。

禺州　隋合浦郡之定川縣。武德四年，置南宕州，領南昌、定川、陸川、思城、温水、宕川六縣，治南昌縣。貞觀六年，移治定川。八年，改爲潘州，仍廢思城〔一六七〕。總章元年，改爲東峨州，移治峨石縣。二年，改爲禺州〔一六八〕。天寶元年，改爲温水郡。乾元元年，復爲禺州。舊領縣五，戶一萬七百四十八〔一六九〕。天寶領縣四，戶三千一百八十。至京師五千三百五里，至東都五千里。至義州一百九十里，南至辯州三百里，西至白州二百里，北至容州一百一十里。

峨石　秦象郡地。晉南昌郡之邊邑，爲禺州所治也。

温水　武德四年，析南昌置。

陸川　隋廢縣。武德四年置。

扶桑　武德四年置。

湯州下　秦象郡地。唐置湯州，失起置年月。天寶元年，改爲温泉郡。乾元元年，復爲湯州也。領縣三，無戶口及無兩京道里、四至州府。

湯泉　州所治也。　淥水　羅韶　與州同置。

瀼州下　貞觀十二年，清平公李弘節遣欽州首領寧師京，尋劉方故道，行達交趾，開拓夷獠，置瀼州。天寶元年，改爲臨潭郡。乾元元年，復爲瀼州。領縣四，戶一千六百六十六，無兩京地里。東至欽州六百三十里，北至容州二百八十二里。在安南府之東北、鬱林之西南。

臨江　州所治也。　波零　鵠山　弘遠　與州同置。

巖州下　土地與合浦郡同。唐置巖州，失起置年月。天寶元年，改爲安樂郡。至德二年，改爲常樂郡。乾元元年，復爲巖州。領縣四，戶一千一百一十，無兩京道里、四至州府也。

常樂　本安樂縣。至德二年改，州所治。

思封　高城　石巖　與州同置。

古州　土地與瀼州同年置。天寶元年，改爲樂古郡。乾元元年，復爲古州。

安南府在邕管之西

安南都督府　隋交趾郡。武德五年，改爲交州總管府，管交、峯、愛、仙、鳶、宋、慈、險、道、龍十州。其交州領交趾、懷德、南定、宋平四縣。六年，澄、慈、道、宋並加「南」字。七年，又置玉州，隸交府。貞觀元年〔一七〇〕，省南宋州以宋平縣，省隆州以陸平縣，省鳶州以朱鳶縣〔一七一〕，省龍州以龍編縣，並隸交府。仍省懷德縣及南慈州。二年，廢玉州入欽州。六年，改南道州爲仙州。十一年，廢仙州，以平道縣來屬。今督交、峯、愛、驩四州。調露元年八月，改交州都督府爲安南都護府。至德二年九月，改爲鎮南都護府，後爲安南府。大足元年四月，置武安州、南登州，並隸安南府。刺史充都護，管兵四千二百。舊領縣八，戶一萬七千五百二十三，口八萬八千七百八十八。天寶領縣七，戶二萬四千二百三十，口九萬九千六百五十二。至京師七千二百五十三里，至東都七千二百二十五里。西至愛州界小黃江口，水路四百一十六里，西南至長州界文陽縣靖江鎮一百五十里，西北至峯州嘉寧縣論江口水路一百五十里，東至朱鳶縣界小黃江口水路五百里，北至朱鳶州阿勞江口水路五百四十九里，北至武平縣界武定江二百五十二里，東北至交趾縣界福生去十里也。

宋平　漢西捲音拳縣地，屬日南郡。自漢至晉猶爲西捲縣。宋置宋平郡及宋平縣。隋平陳，置交州。煬帝改爲交趾，刺史治龍編，交州都護制諸蠻。其海南諸國，大抵在交州南及西南，居大海中洲上，相去或三五百里，三五千里，遠者二三萬里。乘船舉帆，道里不可詳知。自漢武已來朝貢，必由交趾之道。武德四年，於宋平置宋州，領宋平、弘教〔一七二〕、南定三縣。五年，又分宋平置交趾、懷德二縣。自貞觀元年，廢南宋州，以弘教、懷德、交趾三縣省入宋平縣，移交趾縣名於漢故交趾城置。以宋平、南定二縣屬交州。

交趾　漢交趾郡之羸𨻻二字並音來口反地。隋爲交趾縣，取漢郡名。武德四年，置慈廉、烏延、武立三縣。六年，改爲南慈州。貞觀初，州廢，並廢三縣，併入交趾。

朱鳶　漢縣名，交趾郡。今縣，吳軍平縣地。舊置武平郡〔一七三〕。

龍編　漢交趾郡守治羸𨻻。後漢周敞爲交趾太守，乃移治龍編。言立城之始，有蛟龍盤編津之間，因爲城名。武德四年，於縣置龍州〔一七四〕，領龍編、武寧、平樂三縣〔一七五〕。貞觀初，廢龍州，以武寧、平樂入龍編，割屬仙州。十年，廢仙州，以龍編屬交州也。

平道　漢封溪縣地，南齊置昌國縣。南越志：交趾之地，最爲膏腴。舊有君長曰雄王，其佐曰雄侯。後蜀王將兵三萬討雄王，滅之。蜀以其子爲安陽王，治交趾。其國地，在今平道縣東。其城九重，周九里，士庶蕃阜。尉佗在番禺，遣兵攻之。王有神弩，一發殺越軍萬人，趙佗乃與之和，仍以其子始爲質。安陽王以媚珠妻之，子始得弩毀之。越兵至，乃殺安陽王，兼其地。武德四年，於縣置道州，領平道、昌國、武平三縣。六年，改爲南道州，又改爲仙州。貞觀十年，廢仙州，以昌國入平道，屬交州。

武平　吳置武平郡。隋爲縣。本漢封溪縣。後漢初，麊泠縣女子徵側叛，攻陷交趾，馬援率師討之，三年方平。光武乃增置望海、封溪二縣，卽此也。隋曰隆平。武德四年，改爲武平。

太平

武峨州下　土地與交州同。置武峨州，失起置年月。天寶元年，改爲武峨郡。乾元元年，復爲武峨州。領縣五，戶一千八百五十，無口。無兩京道里及四至州府也。

武峨　州所治也。　武緣　武勞　梁山　皆與州同置也。　如馬

粵州下　土地與交州同。唐置粵州，失起置年月。天寶元年，改爲龍水郡。乾元元年，復爲粵州。領縣四，無戶口數，亦無兩京道里及四至州府也。

龍水　州所治也。

崖山　東璽　天河　皆與州同置。

芝州下　土地與交州同。唐置芝州，失起置年月。天寶元年，改爲忻城郡。乾元元年，復爲芝州。領縣一。

忻城　州所治。無戶口及兩京道里、四至州府。最遠惡處。

愛州　隋九眞郡。武德五年，置愛州，領九眞、松源、楊山、安順四縣〔一七六〕。又於州界分置積、順、安〔一七七〕、永、胥、前眞、山七州。改永州爲都州。九年，改積州爲南陵州。貞觀初，廢都州入前眞州。其年，廢前眞〔一七八〕、胥二州入南陵州。又廢安州以隆安縣，廢山州以建初縣，並屬州。又廢楊山、安順二縣入九眞縣。改南陵州復爲眞州。八年，廢建初入隆安。九年，廢松源入九眞。十年〔一七九〕，廢眞州，以胥浦、軍安、日南、移風四縣屬愛州。天寶元年，改爲九眞郡。乾元元年，復爲愛州。九眞南與日南接界，西接牂柯界，北與巴蜀接，東北與鬱林州接〔一八〇〕，山險溪洞所居。舊領縣七，戶九千八十，口三萬六千五百一十九。天寶領縣六，戶一萬四千七百。至京師八千八百里，至東都八千一百里。在交州西，不詳道里遠近。其南卽驩州界。

九眞　漢武帝開置九眞郡，治於胥浦縣。領居風、都龐、餘發、咸驩、無切、無編等七縣。今九眞縣，卽漢居風縣地〔一八一〕。吳改爲移風。隋改爲九眞，州所治。自漢至南齊爲九眞郡。梁置愛州，隋爲九眞郡。

安順　隋舊。武德三年，置順州，又分置東河、建昌、邊河，並屬順州。州廢，及三縣皆併入安順，屬愛州也。

崇平　隋隆安縣〔一八二〕。武德五年，於縣置安州及山州，又分隆安立教山、建道、都握三縣〔一八三〕，並屬安州，領四縣。又置岡山、眞潤、古安、西安、建初五縣〔一八四〕，屬山州。貞觀元年，廢安州及三縣，又廢山州及五縣，以隆安隸愛州。先天元年，改爲崇安。至德二年，改爲崇平。

軍寧　隋軍安縣。武德五年，於縣界置永州。七年，改爲都州。貞觀元年，改爲前眞州。十年，改屬愛州。至德二年，改爲軍寧。

日南　漢居風地。縣界有居風山，上有風門，常有風。其山出金牛，往往夜見，照耀十里。時鬬，則海水沸溢，有霹靂，人家牛皆怖，號曰「神牛」。隋爲日南縣。

無編　漢舊縣，屬九眞郡。又有漢西于縣，故城在今縣東所置也。

福祿州下　土俗同九眞郡之地，後爲生獠所據。龍朔三年，智州刺史謝法成招慰生獠昆明、北樓等七千餘落〔一八五〕。總章二年，置福祿州以處之。天寶元年，改爲福祿郡。至德二年，改爲唐林郡。乾元元年，復爲福祿州。領縣二，無戶口及兩京道里、四至州郡。

柔遠　州所治。與州同置。本名安遠，至德二年，改爲柔遠也。

唐林

長州　土俗與九眞同。唐置長州，失起置年月。天寶元年，改爲文陽郡。乾元元年，復爲長州。領縣四，戶六百四十八，無口及兩京道里、四至州府也。

文陽　銅蔡　長山　其常　皆與州同置。

驩州　隋日南郡。武德五年，置南德州總管府，領德、明、智、驩、林、源、景、海八州。南德州領六縣。八年，改爲德州。貞觀初，改爲驩州，以舊驩州爲演州。二年，置驩州都督府，領驩、演、明、智、林、源、景、海八州。十二年，廢明、源、海三州。天寶元年，改爲日南郡。乾元元年，復爲驩州也。舊領縣六，戶六千五百七十九，口一萬六千六百八十九。天寶領縣

四，戶九千六百一十九，口五萬八百一十八。至京師陸路一萬二千四百五十二里，水路一萬七千里；至東都一萬一千五百九十五里，水路一萬六千二百二十里。東至大海一百五十里，南至林州一百五十里，西至環王國界八百里，北至愛州界六百三里，南至盡當郡界四百里，西北到靈跋江四百七十里，東北至辯州五百二里。

九德　州所治。古越裳氏國，秦開百越，此爲象郡。漢武元鼎六年，開交趾已南，置日南郡，治於朱吾，領比景、盧容、西捲、象林五縣。吳分日南置九德郡，晉、宋、齊因之。隋改爲驩州〔一八六〕，廢九德郡爲縣，今治也。後漢遣馬援討林邑蠻，援自交趾循海隅，開側道以避海〔一八七〕，從蕩昌縣南至九眞郡，自九眞至其國，開陸路〔一八八〕，至日南郡，又行四百餘里，至林邑國。又南行二千餘里，有西屠夷國，鑄二銅柱於象林南界，與西屠夷分境，以紀漢德之盛。其時，以不能還者數十人，留於其銅柱之下。至隋乃有三百餘家，南蠻呼爲「馬留人」。其水路，自安南府南海行三千餘里至林邑，計交趾至銅柱五千里。

浦陽　晉置。

懷驩　隋爲咸驩縣，屬九眞郡。武德五年，於縣置驩州，領安人、扶演、相景、西源四縣，治安人。貞觀九年，改爲演州。十三年，省相景縣入扶演。十六年〔一八九〕，廢演州。其所管四縣，廢入咸驩。後改爲懷驩〔一九〇〕。

越裳　吳置。武德五年，於縣置明州，析置萬安、明弘、明定三縣隸之。又分日南郡文谷、金寧二縣置智州，領文谷、新鎭、闍員、金寧四縣。貞觀十三年，廢明州，越裳屬智州。後又廢智州，以越裳屬驩州。

林州　隋林邑郡。貞觀九年，綏懷林邑置林州，寄治於驩州南界，今廢無名，領縣三，無戶口。去京師一萬二千里。

林邑　州所治。漢武帝開百越，於交趾郡南三千里置日南郡，領縣四，治於朱吾。其林邑，卽日南郡之象林縣。縣在南，故曰日南，郡南界四百里。後漢時，中原喪亂，象林縣人區連殺縣令，自稱林邑王。後有范熊者，代區連，相傳累世，遂爲林邑國。其地皆開北戶以向日。晉武時，范氏入貢。東晉末，范攻陷日南郡，告交州刺史朱蕃，求以日南郡北界橫山爲界。其後，又陷九眞郡。自是，屢寇交趾南界。至貞觀中，其主修職貢，乃於驩州南僑置林邑郡以羈縻之，非正林邑國。

金龍　隋文帝時，遣大將劉方率兵萬人，自交趾南伐林邑國，敗之。其王梵志遁走，方收其廟主一十八人，皆鑄金爲之。方盡虜其人，空其地，乃班師。因方得其龍，乃爲縣名。

海界　三縣並貞觀九年置。

景州　隋比景郡。貞觀二年，置南景州，寄治驩州南界。八年，改爲景州。後亦廢，無其名。領縣三，無戶口。至京師一萬一千五百里。

北景　漢縣名，屬日南郡，在安南府南三千里。北景在南。晉將灌邃攻林邑王范佛，破其國，遂於其國五月五日立表，北景在表南，九寸一分，故自北景已南，皆北戶以向日也。「北」字或單爲「匕」。

由文　貞觀二年置也。

朱吾　漢日南郡所治之縣也。前志曰：「朱吾人不粒食，依魚資魚爲生。」記云：「朱吾，在日南郡，此僑立名也〔一九一〕。」

峰州下　隋交趾郡之嘉寧縣。武德四年，置峰州，領嘉寧、新昌、安仁、竹輅、石堤、封溪六縣。貞觀元年，廢石堤、封溪入嘉寧，竹輅入新昌。天寶元年，改爲承化郡。乾元元年，復爲峰州也。舊領縣三，戶五千四百四十四，口六千四百三十五。天寶領縣五，戶一千九百二十。州在安南府西北，至京師七千七百一十里。

嘉寧　州所治。漢麊泠縣地，屬交趾郡。古文朗夷之地。秦屬象郡。吳分交趾置新興郡。晉改爲新昌，宋、齊因之。改爲興州。隋初，改爲峰州〔一九二〕。煬帝廢，併入交趾，武德復置峰州也。

承化　新昌　嵩山　珠綠　嵩山、珠綠，新置。

陸州　隋寧越郡之玉山縣。武德五年，置玉山州〔一九三〕，領安海、海平二縣。貞觀二年，廢玉山州。上元二年，復置，改爲陸州，以州界山爲名。天寶元年，改爲玉山郡。乾元元年，復爲陸州。領縣三，戶四百九十四，口二千六百七十四。至京師七千二十六里，至東都七千里。東至廉州界三百里，南至大海，北至思州七百六十二里，東南際大海，西南至當州寧海二百四十里也。

烏雷　州所治也。

華清　舊玉山縣，天寶年改。

寧海　舊安海縣。至德二年，改爲寧海縣也。

廉州下　隋合浦郡。武德五年，置越州，領合浦〔一九四〕、安昌、高城、大廉、大都五縣。貞觀六年，置珠池。其年，改大都屬白州。八年，改越州爲廉州〔一九五〕。十年〔一九六〕，廢姜州，以封山、東羅、蔡龍三縣來屬。十二年，廢安昌、珠池二縣入合浦，廢高城入蔡龍。天寶元年，改爲合浦郡。乾元元年，復爲廉州。舊領縣五，戶一千五百二十二。天寶，戶三千三十二，口一萬三千二十九。至京師六千五百四十七里，至東都五千八百三十六里。東至白州二百里，南至羅州三百五十里，西北至安南府一千里，北至欽州七百里[一九七]。

合浦　漢縣，屬合浦郡。秦之象郡地。吳改爲珠官。宋分置臨漳郡及越州，領郡三，治於此。時西江都護陳伯紹爲刺史，始立州鎮，鑿山爲城，以威俚、獠。隋改爲祿州。及爲合州，又改爲合浦。唐置廉州。大海，在西南一百六十里，有珠母海，郡人採珠之所，云合浦也。州界有瘴江，名合浦江也。

封山　隋縣。武德五年，置姜州，領封山、東羅、蔡龍三縣。貞觀十年，廢州，以三縣入廉州。

蔡龍　武德五年，分置也。

大廉　武德五年置。四縣皆漢合浦縣地[一九八]。

雷州下　隋合浦郡之海康縣。武德四年，平蕭銑[一九九]，置南合州，領海康、隋康、鐵杷、椹川四縣。貞觀元年，改爲東合州。二年，改隋康爲徐聞縣。八年，改東合州爲雷州。天寶元

年，改爲海康郡。乾元元年，復爲雷州也。舊領縣四，戶二千四百五十八。天寶領縣三，戶四千三百二十，口二萬五百七十二。至京師六千五百一十二里，至東都五千九百三十一里。東至大海二十里，西至大海一百里，東南至大海十五里，西南至大海一百里，隔海至崖州四百三十里，東北及西北與羅州接界。

海康　漢徐聞縣地，屬合浦郡。秦象郡地。梁分置南合州，隋去「南」字，煬帝廢合州，置海康縣。

遂溪　舊齊鐵杷、椹川二縣，後廢，改爲遂溪也。

徐聞　漢縣名。隋置隋康縣。貞觀二年，改爲徐聞。漢志曰合浦郡徐聞南入海，達珠崖郡，卽此縣。

籠州　貞觀十二年，清平公李弘節遣龔州大同縣人龔固興招慰生蠻，置籠州。天寶元年，改爲扶南郡。乾元元年，復爲籠州[二〇〇]。領縣七，戶三千六百六十七。無四至州縣、兩京道里。扶南國，在日南郡之南海西大島中，去日南郡約七千里，在林邑國西三千里。其王，貞觀中遣使朝貢，故立籠州招置之。遙取其名，非正扶南國也。

武勒　州所治。　武禮　羅龍　扶南　龍額　武觀　武江　皆與州同置。

環州下　貞觀十二年，清平公李弘節開拓生蠻，置環州，以環國爲名。天寶元年，改爲正平郡[二〇一]。乾元元年，復爲環州。領縣八，無戶口及兩京道里、并四至州府。

正平　州所治。　福零　龍源　饒勉　思恩　武石　歌良　蒙都　與州同置。

德化州　永泰二年四月，於安南府西界、牂柯南界置。領縣二。

德化　歸義　與州同置。

郎茫州　永泰二年四月，於安南府西界置，領縣二。

龍然　福守　與州同置。

崖州下　隋珠崖郡。武德四年，平蕭銑，置崖州，領舍城、平昌、澄邁、顏羅、臨機五縣。貞觀元年，置都督府，督崖、儋、振三州[二〇二]。其年，改顏羅爲顏城[二〇三]，平昌爲文昌。三年，割儋州屬廣府。五年，又置瓊州。十三年，廢瓊州，以臨機、容瓊[二〇四]、萬安三縣來屬。天寶元年，改爲珠崖郡。乾元元年，復爲崖州，在廣府東南。舊領縣七，戶六千六百四十六。

天寶，戶十一鄉。至京師七千四百六十里，至東都六千三百里，廣府東南二千餘里。雷州徐聞縣南舟行，渡大海，四百三十里達崖州。漢武帝元封元年，遣使自徐聞南入海，得大洲，東西南北方一千里，略以爲珠崖、儋耳二郡。民以布如單被，穿中從頭穿之。民種禾稻、紵麻，女子蠶織。無馬與虎，有牛、羊、豕、雞、犬。兵則矛、盾、木弓、竹矢、骨鏃。郡縣吏卒，多侵淩之，故率數歲一反。昭帝省儋耳，併珠崖。元帝用賈捐之之言，乃棄之。唐武德初，復析珠崖郡置崖、儋、瓊、振、萬安五州[二〇五]，於崖州置都督府領之。後廢都督，隸廣州經略使。後又改隸安南都護府也。

舍城　州所治。隋舊縣。其崖、儋、振、瓊、萬安五州，都在海中洲之上，方千里，四面抵海。北渡海，揚帆一日一夜，至雷州也。

澄邁　隋縣。

文昌　武德五年，置平昌縣。貞觀元年，改爲文昌。

儋州下　隋儋耳郡。武德五年，置儋州，領義倫、昌化、感恩、富羅四縣。貞觀元年，分昌化置普安。天寶元年，改爲昌化郡。乾元元年，復爲儋州也。舊領縣五，戶三千九百五十六。天寶，戶三千三百九。至京師七千四百四十二里。與崖州同在海中洲上，東至振州四百

里。

義倫　本漢儋耳郡城，卽此縣。隋爲義倫縣，州所治也。

昌化　隋縣。

感恩

洛場　新置。

富羅　隋之毗善縣。武德五年，改置。

瓊州　本隋珠崖郡之瓊山縣。貞觀五年，置瓊州，領瓊山、萬安二縣。其年，又割崖州臨機來屬〔二〇六〕。十三年，廢瓊州，以屬崖州。尋復置瓊州，領瓊山、容瓊、曾口、樂會、顏羅五縣〔二〇七〕。天寶元年，改爲瓊山郡。乾元元年，復爲瓊州。貞元五年十月，嶺南節度使李復奏曰：「瓊州本隸廣府管內，乾封年，山洞草賊反叛，遂兹淪陷，至今一百餘年。臣令判官姜孟京、崖州刺史張少逸，併力討除，今已收復舊城，且令降人權立城相保，以瓊州控壓賊洞，請升爲下都督府，加瓊、崖、振、儋、萬安等五州招討遊弈使〔二〇八〕。其崖州都督請停。」從之。領縣五，戶六百四十九。兩京與崖州道里相類。西南至振州四百五十里，與崖州同在大海中也。

瓊山　州所治。貞元七年十一月，省容瓊縣併入。

臨高　本屬崖州，貞元七年，割屬瓊州。

曾口　樂會　顏羅　後漸析置。

振州　隋臨振郡。武德五年，置振州。天寶元年，改爲臨振郡。乾元元年，復爲振州也。領縣四，戶八百一十九，口二千八百二十一。至京師八千六百六里，至東都七千七百九十七里。東至萬安州陵水縣一百六十里，南至大海，西北至儋州四百二十里，北至瓊州四百五十里，東南至大海二十七里，西南至大海千里〔二〇九〕，西北至延德縣九十里，與崖州同在大海洲中。

寧遠　州所治。隋舊。

延德　隋縣。

吉陽　貞觀二年，分延德置。

臨川　隋縣。

落屯〔二一〇〕　新置。

萬安州　與崖、儋同在大海洲中。唐置萬安州，失起置年月。天寶元年，改爲萬安郡。至德二年，改爲萬全郡。乾元元年，復爲萬安州。領縣四，無戶口。西接振州界。兩京道里，與振州相類也。

萬安　州所治。至德二年，改爲萬全，後復置。

陵水　富雲　博遼　與州同置。

赤土國　州南渡海，便風十四日，至雞籠島，卽至其國。亦海中之一洲。

丹丹國　振州東南海中之一洲，舟行十日至。

校勘記

〔一〕督益綿簡嘉陵眉犍邛十州　寰宇記卷七二作「督益、綿、簡、嘉、陵、雅、眉、濛、犍、邛十州。」

〔二〕並督嶲南寧會都督府　「南寧會」，各本原作「南會寧」，據本卷上下文改。

〔三〕儀鳳二年　「年」下各本原有「縣其」二字，據下文濛陽沿革及寰宇記卷七六刪。

〔四〕垂拱三年分雒九隴等十三縣置彭蜀二州　據本卷下文及寰宇記卷七三、卷七五，「三年」當作「二年」，「彭蜀二州」當作「漢彭蜀三州」。

〔五〕孝水　各本原作「李冰」，據隋志、元和志卷三一、寰宇記卷七三改。

〔六〕置彭州之名也　寰宇記卷七三作「貞觀初省，縣屬益州。垂拱二年，於縣置彭州。」此處「置」上疑有脫誤。

〔七〕三縣置屬益州　據本卷上文及元和志卷三一、寰宇記卷七三，此文上當脫唐昌縣之記載。

〔八〕移治導江郡　按唐無導江郡，合鈔卷六一地理志作「移治今所」。

〔九〕隆山縣　各本原作「龍山縣」，據下文陵州沿革及寰宇記卷七四、新志改。

〔一〇〕齊通郡　「郡」上各本原有「義」字，據隋志、元和志卷三二、寰宇記卷七四刪。

〔一一〕廣通　「通」字各本原無，據隋志、寰宇記卷七四補。

〔一二〕漢武陽縣地　「武陽」各本原作「陽武」，據漢志、元和志卷三二、寰宇記卷七四改。

〔一三〕齊樂郡　「齊」字各本原作「二」，據元和志卷三二、寰宇記卷七四改。

〔一四〕龍安　各本原作「隴安」，據本卷下文及元和志卷三三、寰宇記卷八三改。

〔一五〕梓潼郡　「潼」字各本原無，據元和志卷三三、寰宇記卷八三補。

〔一六〕漢涪縣地　「涪縣」各本原作「涪城」，據漢志、元和志卷三三、寰宇記卷八三改。

〔一七〕西充國縣　各本原作「西國縣」，據晉志、元和志卷三三、寰宇記卷八三改。

〔一八〕魏城　各本原作「涪城」，據元和志卷三三、寰宇記卷八三改。

〔一九〕金山縣　各本原作「金水縣」，據隋志、元和志卷三三、寰宇記卷八三改。

〔二〇〕梁置南梁州　「梁置南」三字各本原無，據隋志補。

〔二一〕武德元年　「元」字各本原作「三」，據本卷上文及元和志卷三三、寰宇記卷八四改。

〔二二〕劍處　合鈔卷六一地理志作「險處」。

〔二三〕二千九十里　「十」字各本原作「百」，據通鑑卷二三七注引舊志改。

〔二四〕郡城左帶涪水　各本「郡」字原作「二」，「涪」字原作「潼」，據通典卷一七六改。

〔二五〕大寅　「寅」下各本原有「鳳蓬州」三字，係涉下文而衍，據寰宇記卷八六刪。

〔二六〕新井　各本原作「辮丹」，據下文新井沿革及寰宇記卷八六改。

〔二七〕相如　各本原作「西水」，據下文果州沿革及寰宇記卷八六改。

〔二八〕巴西郡　「西」字各本原無，據隋志、通典卷一七五補。

〔二九〕梁置金置二又爲金遷郡　此處疑有訛誤，寰宇記卷八六作「梁置金遷戍，周閔帝改爲金遷郡。」

〔三〇〕充國縣　「充」下各本原有「郡」字，據後漢志、通典卷一七五刪。

〔三一〕梁改爲南充郡　「郡」下各本原有「國」字，寰宇記卷八六、輿地紀勝卷一八五引元和志俱作梁置南部郡，輿地紀勝同卷引隋志謂「梁置南充郡」。據刪「國」字。

〔三二〕廣漢縣　「漢」字各本原無，據漢志、寰宇記卷八七補。

〔三三〕晉興縣　「晉」字各本原無，據隋志、寰宇記卷八七補。

〔三四〕安岳　「安」字各本原無，據本卷上下文及寰宇記卷八七補。

〔三五〕安居　「安」字各本原無，據本卷下文及寰宇記卷八七補。

〔三六〕墊江　各本原作「蟄江」，據漢志、寰宇記卷八七改。

〔三七〕蜀郡　「蜀」字各本原無，據寰宇記卷八五補。

〔三八〕西江陽郡　「江」字各本原無，據本卷上文及寰宇記卷八五補。

〔三九〕擁思茫水　「茫」字各本原作「范」，據寰宇記卷八五改。下文「擁思茫水」原無「茫」字，據同例補。

〔四〇〕漢武陽縣地隋開皇十年於此置始建鎮大業五年改鎮爲始建縣　各本原作「漢武置建始鎮五年改鎮爲始建縣」，據寰宇記卷八五改。

〔四一〕領盤石內江安岳普慈安居隆康資陽大牢威遠其年　各本「康」字原作「唐」，「資陽大牢威遠其年」原無，據寰宇記卷七六改補。下文「隆唐」照改爲「隆康」。

〔四二〕昌州　「州」字各本原無，據寰宇記卷七六補。

〔四三〕漢資中縣爲盤地　通典卷一七六：「漢資中縣地。」元和志卷三一：「本漢資中縣地。」讀史方輿紀要卷六七：「漢資中縣地，後周爲盤石縣地。」此處疑有訛誤。

〔四四〕後漢於中江水濱置漢安戍　「後漢」元和志卷三一、寰宇記卷七六，作「周武帝天和二年」，下文「其年」即當指此。

〔四五〕大牢縣　「大」字各本原無，據本卷下文及隋志補。

〔四六〕貞觀元年　「元」字各本原作「二」，據下文旭川沿革及寰宇記卷八五改。

〔四七〕六年　各本原作「三年」，據下文公井沿革及寰宇記卷八五改。

〔四八〕貞觀六年　「貞觀」各本原無，據下文公井沿革及寰宇記卷八五補。

〔四九〕威遠戍　「遠」字各本原無，據元和志卷三三、寰宇記卷八五補。

〔五〇〕貞觀六年　「貞觀」各本原無，據下文嘉州沿革及元和志卷三三、寰宇記卷八五補。

〔五一〕漢安縣地　「安」下各本原有「仁」字，據漢志、寰宇記卷八五刪。

〔五二〕金泉戍後魏立金泉郡　二「泉」字各本原作「水」，據元和志卷三一改。

〔五三〕金泉白牟　「泉」「牟」二字各本原作「水」「年」，據隋志、元和志卷三一改。

〔五四〕領龍遊平羌夾江峨眉玉津綏山通義洪雅丹稜青神南安五縣置眉州　據本卷上下文及寰宇記卷七四，史文「南安」下疑脫「資官十二縣二年割通義丹稜洪雅青神南安」等字。

〔五五〕三縣　寰宇記卷七四「三」字作「二」。

〔五六〕涇上　各本原作「洷上」，據寰宇記卷七四改。下同。

〔五七〕本漢都　元和志卷三一作「本漢南安縣地」。寰宇記卷七四作「本漢犍爲郡」。此處當有訛誤。

〔五八〕臨溪　各本原無，據本卷下文及寰宇記卷七五補。

〔五九〕梁置濬口鎮及邛州　各本原作「梁置邛州於蒲州領」，據寰宇記卷七五改。

〔六〇〕九折坂　「坂」字各本原作「故」，據元和志卷三二改。

〔六一〕嘉梁州　「嘉」字各本原作「壽」，據寰宇記卷七七、新志改。

〔六二〕東石孔州西石孔州　二「孔」字新志均作「乳」。

〔六三〕領富世江安綿水合江來鳳和義七縣　「富世」各本原作「富井」，據本卷下文及元和志卷三三、寰宇記卷八八改。寰宇記「七縣」作「六縣」。

〔六四〕仍置涇南縣　「涇」字各本原作「洷」，據寰宇記卷八八改。又據上文榮州沿革及寰宇記，「仍」上疑脫「二年置隆越縣入榮州八年割和義屬榮州」等字。

〔六五〕順州　「順」字各本原無，據下文順州沿革及寰宇記卷八八補。

〔六六〕思峨州　「峨」字各本原作「吳」，據本卷下文及寰宇記卷八八改。

〔六七〕清州　各本原作「清州」，據本卷下文及寰宇記卷八八改。

〔六八〕江安　各本原作「安江」，據本卷下文及元和志卷三三、寰宇記卷八八改。

〔六九〕漢江陽縣地　「江」字各本原無，據漢志、元和志卷三三、寰宇記卷八八補。
〔七〇〕漢符縣地　「符」上各本原有「江」字，據漢志、元和志卷三三、寰宇記卷八八刪。
〔七一〕涇南　各本原作「涇南」，據通典卷一七五、寰宇記卷八八、新志改。下文「涇水」原亦誤作「涇水」，同以改正。
〔七二〕天授元年　「元」字各本原作「三」，據本卷上文及寰宇記卷八八改。
〔七三〕領……翼針交川翼水九縣　「翼針」各本原作「翼斜」，據隋志、元和志卷三二、新志改，下同。「九」字按上所列縣數僅八，疑爲「八」之誤。
〔七四〕塗冉　各本原作「州」，據寰宇記卷七八改。
〔七五〕舊冉駹地　「冉駹」，殿、懼盈齋、局、廣本作「駹冉」，殘宋本、聞本作「駹舟」，俱誤。今據漢書卷九五西南夷傳、寰宇記卷七八改。
〔七六〕玉壘山　「壘」字各本原作「壘」，據元和志卷三二、寰宇記卷七八改。
〔七七〕董屈占　各本原作「芷占」，據本卷下文及寰宇記卷七八改。
〔七八〕請吏復立維州　「吏」字各本原作「夷」，據寰宇記卷七八改。
〔七九〕生羌　「生」字各本原作「六」，據寰宇記卷七八改。
〔八〇〕郁鄢　各本原作「郁鄢」，據漢志、寰宇記卷七九、新志改。下同。

〔八一〕於州置都督府　「於」字各本原作「六」，據寰宇記卷七九改。
〔八二〕徼　各本原作「徽」，據寰宇記卷七九、新志改。下同。
〔八三〕羈縻三十六州　十七史商榷卷八〇：「今案之實十六州，其下文總結亦云十六州，而此言三十六州，『三』字似衍。」
〔八四〕西宗　「宗」字各本原作「宋」，據下文宗州沿革及新志改。
〔八五〕督西寧豫西利南雲磨南籠七州　據本卷下文及寰宇記卷七九，史文疑脫西平一州。
〔八六〕附唐　各本原作「附庸」，據寰宇記卷七九、新志改。
〔八七〕鎮蜀　寰宇記卷七九「鎮」上有「自是臣附吐蕃侵寇西川貞元中韋皋」十五字。
〔八八〕領縣二　據元和志卷三二、寰宇記卷七九，此處當脫姚城一縣，「二」當作「三」。
〔八九〕邛部　各本原作「邛都」，據通典卷一七六、元和志卷三二、寰宇記卷八〇改。下同。
〔九〇〕可泉蘇祁臺登六縣　「泉」字各本原無，據隋志、元和志卷三二、寰宇記卷八〇補。下同。按上文實列縣僅五，寰宇記卷八〇「六縣」作「五縣」。
〔九一〕移於今　合鈔卷六一地理志作「移於今所」。
〔九二〕蓋南接昆明之地故也　「昆明之」三字各本原無，「地」字原作「池」，據元和志卷三二補改。
〔九三〕蛾　各本原作「峨」，據本卷下文及寰宇記卷八一改。

〔九四〕柘　各本原作「祜」，據本卷下文及寰宇記卷八一改。
〔九五〕交川郡　「川」字各本原作「州」，據寰宇記卷八一改。
〔九六〕象舒治自稱鄧至王　各本原作「象舒活自稱至之」，據元和志卷三二、寰宇記卷八一改。
〔九七〕龍州　「龍」下各本原有「門」字，據元和志卷三三、寰宇記卷八四刪。
〔九八〕江油郡　各本原作「油江郡」，據元和志卷三三、寰宇記卷八四改。下文「江油」原亦作「油江」，同改。
〔九九〕陰道　三國志卷二八魏書鄧艾傳：「艾自陰平道行無人之地七百餘里。」寰宇記卷八四：「鄧艾自陰平行無人之地七百里。」此處「陰」下疑脫「平」字。
〔一〇〇〕江油　「油」字各本原無，據元和志卷三三、寰宇記卷八四補。
〔一〇一〕江源郡　各本原作「油江郡」，據寰宇記卷八一改。
〔一〇二〕平康　各本原作「平唐」，據元和志卷三二、寰宇記卷八一改。
〔一〇三〕悉唐城　「悉」字各本原無，據新志補。
〔一〇四〕領縣二　「二」字各本原作「一」，下文實領二縣，據寰宇記卷八一、新志改。
〔一〇五〕悉唐川　「唐」字各本原作「當」，據本卷下文及元和志卷三二、寰宇記卷八一改。
〔一〇六〕領縣三　「三」字各本原作「二」，據本卷下文及寰宇記卷八〇改。

〔一〇七〕安信　各本原作「信安」，據寰宇記卷八〇、新志改。
〔一〇八〕一百四州　「四」字各本原無，據本卷上文及寰宇記卷八一補。
〔一〇九〕置西義州　各本原作「西羌」，據寰宇記卷八一、新志改。
〔一一〇〕東衡　各本原作「東衞」，據本卷下文及寰宇記卷一五七改。
〔一一一〕湞陽　各本原作「値陽」，據本卷下文及寰宇記卷一五七、新志改。
〔一一二〕洽洭　殿、懼盈齋、局、廣本作「湞匡」，殘宋本作「含匡」，據寰宇記卷一五七、新志改。
〔一一三〕藥州　各本原作「樂州」，據本卷下文及寰宇記卷一五七改。
〔一一四〕南扶州　各本原作「扶鳳州」，據下文竇州沿革及寰宇記卷一六三改。上文「八年」竇州沿革及寰宇記作「六年」。
〔一一五〕改南康州　按下文康州沿革，此句下疑脫「爲康州」三字。
〔一一六〕新藥瀧　「新」字殘宋本作「雜」，餘各本均無；「瀧」字殘宋本作「朧」，餘各本亦均無，今據本卷上下文及通鑑卷二四一注引舊志改。
〔一一七〕郡於嶺外其爲名也　元和志卷三四作「取舊郡名也」。
〔一一八〕政賓縣　「政」字各本原作「故」，據寰宇記卷一五七、新志改。
〔一一九〕眞陽　各本原作「直陽」，據寰宇記卷一六〇、新志改。

〔一二〇〕五年　據新志，此當爲武德五年。
〔一二一〕省龍川入歸善　「入」字各本原無，據本卷下文及寰宇記卷一五九、新志補。
〔一二二〕石城　各本原作「西城」，據本卷上文及新志改。
〔一二三〕南海在海豐縣南五十里　「在海」二字各本原無，據寰宇記卷一六〇補。
〔一二四〕岡州　各本原作「南州」，十七史商榷卷八〇：「南當作岡」，據上文廣州都督府沿革改。
〔一二五〕允州　各本原作「冗州」，據隋志、寰宇記卷一五七改。
〔一二六〕臨賀水　寰宇記卷一六一：「以邑內臨水、賀水爲縣名」，此處疑有脫文。
〔一二七〕新興郡　「興」字各本原作「昌」，據通典卷一八四、寰宇記卷一六三、新志改。
〔一二八〕安遂縣　各本原作「遂安縣」，據本卷下文及隋志、元和志卷三四、寰宇記卷一六四改。
〔一二九〕瀧州　各本原作「瀧水」，據寰宇記卷一六四改。
〔一三〇〕杜原縣　「原」字各本原無，據隋志、寰宇記卷一五八補。
〔一三一〕高涼縣　「涼」字各本原無，據漢志、寰宇記卷一五八補。
〔一三二〕龔州　各本原作「潯州」，據下文龔州沿革及寰宇記卷一五八改。
〔一三三〕南建州　「南」字各本原無，據本卷下文及寰宇記卷一六三、新志補。
〔一三四〕安義　各本原作「安城」，據本卷上下文及寰宇記卷一六三、新志改。

〔一三五〕領縣三　通典卷一八四、新志「三」均作「二」。
〔一三六〕南宕　各本原作「南宏」，據下文潘州沿革及寰宇記卷一六二改。下同。
〔一三七〕澄州　各本原作「登州」，據本卷下文及寰宇記卷一六二改。
〔一三八〕蒙州　各本原作「象州」，據下文蒙州沿革及通典卷一八四、新志改。
〔一三九〕全義新置　按上文臨源和全義非兩縣，此處當有訛誤。據元和志卷三七、寰宇記卷一六二、新志，唐武德四年，分始安置臨源縣。大曆三年，改爲全義縣。
〔一四〇〕平樂郡　各本原作「樂平郡」，據通典卷一八四、寰宇記卷一六三改。
〔一四一〕貞觀七年　「七」字各本原作「二」，據上文昭州沿革及新志改。
〔一四二〕梧州　各本原作「富州」，據下文梧州沿革及新志梧州沿革改。
〔一四三〕南恭州　「恭」字各本原作「蒙」，據上文桂府及荔浦沿革、寰宇記卷一六三改。下文立山沿革中所云「恭州」亦當作「南恭州」。
〔一四四〕泰川　各本原作「秦川」，據寰宇記卷一五八、新志改。下同。
〔一四五〕平南　各本原作「南平」，據本卷下文及元和志卷三七、寰宇記卷一五八改。下同。
〔一四六〕永平郡　「平」字各本原無，據寰宇記卷一五八補。
〔一四七〕仍置武林縣　「仍」、「林」二字各本原作「乃」、「城」，據本卷下文及寰宇記卷一五八改。

〔一四八〕鬱林郡　「鬱林」各本原作「永平」，據隋志、寰宇記卷一六三改。
〔一四九〕舊領縣三　十七史商榷卷八〇：「潯州屬縣三，今惟二，脫去大賓一縣。」
〔一五〇〕皇化　各本原作「宣化」，據下文潯州沿革及寰宇記卷一六三改。
〔一五一〕南方州　「州」字各本原無，據下文嶺方沿革及寰宇記卷一六五、新志補。
〔一五二〕安城　各本原作「安縣」，據下文貴州沿革及寰宇記卷一六五、新志改。
〔一五三〕舊領縣四　下文澄州實領縣僅三，據通典卷一八四、元和志卷三八，似當脫止戈一縣。
〔一五四〕陽壽隋縣　按上文言象州天寶領縣三，而領實縣四，武德與陽壽分爲兩縣，當有訛誤。據通典卷一八四、元和志卷三七、寰宇記卷一六五、新志，象州俱領陽壽、武化、武仙三縣，而無武德。寰宇記陽壽……，唐武德四年，改爲武德縣，于縣界置象州……天寶元年八月，改武德爲陽壽。新志，武德四年，析桂林置武德……天寶元年，省武德入陽壽。
〔一五五〕北至柳州三十里　「柳州」疑爲「柳嶺」之誤。
〔一五六〕鬱林江　「林」字各本原作「狀」，據寰宇記卷一六六改。
〔一五七〕白　各本原無，據寰宇記卷一六六補。
〔一五八〕領縣四　按此下有脫誤，十七史商榷卷八〇：「黨州領縣四，今一概不見，必是脫落。」通典卷一八四黨州領善勞、撫安、善文、寧仁四縣。

〔一五九〕龍化羅辯　各本原作「梁龍辯」，據本卷下文及寰宇記卷一六七、新志改。
〔一六〇〕舊領縣五　按下文羅州實領縣僅四，據本卷上下文及通典卷一八四，似當脫零綠一縣。
〔一六一〕陸川　各本原作「鄰川」，據下文禺州沿革及寰宇記卷一六一、新志改。
〔一六二〕隋置定川縣　「置」字各本原作「治」，據寰宇記卷一六一改。
〔一六三〕南宕州　「南」字各本原無，據上文潘州沿革及寰宇記卷一六一補。
〔一六四〕玉州　各本原作「五川」，據寰宇記卷一六七改。
〔一六五〕如和山　元和志卷三八、寰宇記卷一六七作「羅浮山」。
〔一六六〕鹽山　各本原作「鹽川」，據通典卷一八四、元和志卷三八、寰宇記卷一六七改。
〔一六七〕隋合浦郡之定川縣……仍廢思城　以上五十三字與上文潘州沿革同，當有訛誤。
〔一六八〕禺州　各本原作「昌州」，據本卷上下文及寰宇記卷一六七改。
〔一六九〕舊領縣五戶一萬七百四十八　以上十二字與上文潘州沿革同，疑有訛誤。
〔一七〇〕貞觀元年　「元」字各本原作「九」，據下文宋平沿革及寰宇記卷一七〇、新志改。
〔一七一〕省鳶州以朱鳶縣　各本原作「及朱鳶縣」，據寰宇記卷一七〇改。
〔一七二〕弘敎　各本原作「弘義」，據本卷下文及寰宇記卷一七〇、新志改。
〔一七三〕武平郡　「郡」字各本原作「縣」，據通典卷一八四、寰宇記卷一七〇改。

〔一七四〕龍州　各本原作「龍川」，據寰宇記卷一七〇改。下同。

〔一七五〕領龍編武寧平樂三縣　「領龍編」三字各本原無，據寰宇記卷一七〇補。

〔一七六〕安順　各本原作「安頂」，據本卷下文及隋志、元和志卷三八、通典卷一八四改。

〔一七七〕安　各本原無，據本卷下文及寰宇記卷一七一補。

〔一七八〕前眞　「前」字各本原無，據本卷上文及寰宇記卷一七一補。

〔一七九〕十年　各本原作「九年」，按上文已言九年，此不當又重，據寰宇記卷一七一、新志改。

〔一八〇〕北與巴蜀接東北與鬱林州接　各本「巴蜀」下「接」字原無，「與鬱林州」下「接」字原在「與」字上，據寰宇記卷一七一補改。

〔一八一〕漢居風縣地　「居風縣」三字各本原無，據元和志卷三八、寰宇記卷一七一補。

〔一八二〕隆安縣　「隆安」各本原作「陸安」，據本卷下文及隋志、寰宇記卷一七一改。

〔一八三〕都掘　各本原作「都掘」，據寰宇記卷一七一、新志改。

〔一八四〕建初　各本原作「建功」，據本卷上文及新志改。

〔一八五〕北樓　「樓」下各本原有「及生獠」三字，據寰宇記卷一七一、新志删。

〔一八六〕驩州　「驩」字各本原無，據隋志、寰宇記卷一七一補。

〔一八七〕開側道以避海　寰宇記卷一七一「海」下有「難」字。

〔一八八〕自九眞至其國開陸路　寰宇記卷一七一作「自九眞已南，隨山刊木，開陸路」。

〔一八九〕十六年　各本原作「二十六年」，按貞觀無二十六年，據新志改。

〔一九〇〕後改爲懷驩　「後」下各本原有「隋」字，據寰宇記卷一七一删。

〔一九一〕此僑立名也　「此」字各本原作「北」，據寰宇記卷一七一改。

〔一九二〕峰州　各本原作「華州」，據本卷下文及元和志卷三八、寰宇記卷一七〇改。

〔一九三〕置玉山州　「州」字各本原無，據寰宇記卷一七一補。下文「廢玉山州」原脫「山」字，亦據寰宇記補。

〔一九四〕領合浦　「浦」下各本原有「其年置」三字，據寰宇記卷一六九删。

〔一九五〕廉州　各本原作「姜州」，據寰宇記卷一六九、新志改。

〔一九六〕十年　「十」下各本原有「二」字，據下文封山沿革及寰宇記卷一六九、新志删。

〔一九七〕欽州　各本原作「領州」，據寰宇記卷一六七改。通典卷一八四云寧越郡至合浦郡七百里，按寧越郡卽欽州，合浦郡卽廉州。

〔一九八〕皆漢合浦縣地　「漢」字各本原無，據寰宇記卷一六九補。

〔一九九〕武德四年平蕭銑　「四年」各本原作「五年」，據上文欽州沿革及寰宇記卷一六九改。

〔二〇〇〕籠州　各本原作「扶州」，據本卷上文及寰宇記卷一七一改。

〔二〇一〕正平郡　「正」字各本原無，據通典卷一八四、寰宇記卷一七一補。

〔二〇二〕督崖儋振三州　「崖」字各本原無，據寰宇記卷一六九補。

〔二〇三〕改顏羅爲顏城　「顏羅」二字各本原無，據寰宇記卷一六九補。

〔二〇四〕容瓊　各本原無，據寰宇記卷一六九補。

〔二〇五〕置崖儋瓊振萬安五州　各本「崖」字原無，「州」字原作「郡」，據下文舍城沿革改補。

〔二〇六〕崖州臨機　各本原作「崖臨機」，據寰宇記卷一六九補。

〔二〇七〕領瓊山容瓊曾口樂會顏羅五縣　「瓊山容瓊」各本原無，據寰宇記卷一六九補。

〔二〇八〕萬安　「安」字各本原無，據寰宇記卷一六九補。

〔二〇九〕西南至大海千里　按振州近海，不當距海千里，通典卷一八四作「西南到海十里」。

〔二一〇〕落屯　各本原作「范屯」，據通典卷一八四、寰宇記卷一六九、新志改。

二十四史

後晉 劉昫 等撰

舊唐書

第六册

卷四二至卷五〇（志）

中華書局

中華書局

舊唐書卷四十二

志第二十二

職官一

高祖發迹太原，官名稱位，皆依隋舊。及登極之初，未遑改作，隨時署置，務從省便。武德七年定令：以太尉、司徒、司空爲三公；尚書、門下、中書、祕書、殿中、內侍爲六省；次御史臺；次太常、光祿、衞尉、宗正、太僕、大理、鴻臚、司農、太府爲九寺；次將作監；次國子學；次天策上將府；次左右衞、左右驍衞、左右領軍、左右武候、左右監門、左右屯、左右領爲十四衞府。東宮，置三師、三少、詹事府、門下典書兩坊；次內坊；次家令、率更、僕三寺；次左右衞率府、左右宗衞率府、左右虞候率府、左右監門率府、左右內率府爲十率府。王公以下置府佐國官。公主置邑司已下。並爲京職事官。州縣、鎭戍、岳瀆、關津爲外職事官。

又以開府儀同三司，從一品。特進，正二品。左光祿大夫，從一品。右光祿大夫，正二品。散騎常侍，從三品。太中大夫，正四品。通直散騎常侍，正四品。中大夫，從四品上。員外散騎常侍，從四品下。中散大夫，正五品上。散騎侍郎，正五品下。通直散騎侍郎，從五品上。員外散騎侍郎，從五品下。朝議郎、承議郎，正六品。通議郎、通直郎，從六品。朝請郎、宣德郎，正七品。朝散郎、宣義郎，從七品。給事郎、徵事郎，正八品。承奉郎、承務郎，從八品。儒林郎、登仕郎，正九品。文林郎、將仕郎，從九品。並爲文散官。

輔國，正二品。鎭軍從二品。二大將軍，冠軍，正三品。雲麾，從三品。忠武、壯武、宣威、明威、信遠〔一〕、游騎、游擊自正四品上至從五品下。十將軍，爲散號將軍，以加武士之無職事者。改上開府儀同三司爲上輕車都尉，開府儀同三司爲輕車都尉，儀同三司爲騎都尉，秦王、齊王下統軍爲護軍，副統軍爲副護軍，上大都督爲驍騎尉，大都督爲飛騎尉，帥都督爲雲騎尉，都督爲武騎尉，車騎將軍爲游騎將軍。親衞驃騎將軍爲親衞中郎將，其勳衞驃騎準此。親衞車騎將軍爲親衞中郎將，其勳衞、翊衞車騎並準此。監門府郎將爲監門中郎將，領左右郎將準此〔二〕。諸軍驃騎將軍爲統軍，其秦王、齊王下領三衞及庫直、驅咥直、車騎並準此。諸軍車騎將軍爲別將。其散官文騎尉爲承議郎〔三〕，屯騎尉爲通直郎，雲騎尉爲登仕郎，羽騎尉爲將仕郎。

武德九年，罷天策上將府。

貞觀元年，改國子學爲國子監，分將作爲少府監，通將作爲三監。八年七月，始以雲麾將軍爲從三品階。九月，以統軍正四品下，別將正五品上。十一年，改令置太師、太傅、太保爲三師。其三公已下，六省、一臺、九寺、三監、十二衞、東宮諸司，並從舊定。又改以光祿大夫爲從二品，金紫光祿大夫爲正三品，銀青光祿大夫爲從三品，正議大夫爲正四品上，通議大夫爲正四品下，太中大夫爲從四品上，中大夫爲從四品下，中散大夫爲正五品上，朝議大夫爲正五品下，朝請大夫爲從五品上，朝散大夫爲從五品下。其六品下，唯改通議郎爲奉議郎，自餘依舊。更置驃騎大將軍，爲從一品武散官；輔國、鎭軍二大將軍，爲從二品武散官；冠軍將軍加大字；及雲麾已下，游擊已上，改爲五品已上武散官。又置昭武、振威、致果、翊麾、宣節、禦武、仁勇、陪戎八校尉副尉，自正六品至從九品，上階爲校尉，下階爲副尉。爲六品已下武散官。

凡九品已上職事，皆帶散位，謂之本品。職事則隨才錄用，或從閑入劇，或去高就卑，遷徙出入，參差不定。散位則一切以門蔭結品，然後勞考進敍。武德令，職事高者解散官〔四〕，欠一階不至爲兼，職事卑者，不解散官。貞觀令，以職事高者爲守，職事卑者爲行，仍各帶散位。其欠一階，依舊爲兼，與當階者，皆解散官。永徽已來，欠一階者，或爲兼，或

帶散官，或爲守，參而用之。其兩職事者亦爲兼，頗相錯亂。其欠一階之兼，古念反。其兩職事之兼，古恬反。字同音異耳。咸亨二年，始一切爲守。

自高宗之後，官名品秩，屢有改易。今錄永泰二年官品。其改易品秩者，注於官品之下。若改官名及職員有加減者，則各附之於本職云。

唐初因隋號，武德三年三月，改納言爲侍中，內史令爲中書令，給事郎爲給事中，內書省爲中書省〔五〕。

貞觀二十三年六月，改民部尚書爲戶部尚書。七月，改治書侍御史爲御史中丞，改諸州治中爲司馬，別駕爲長史，治禮郎爲奉禮郎。

顯慶元年，改戶部尚書爲度支尚書，侍郎爲度支侍郎。又置驃騎大將軍員，從一品。

龍朔二年二月甲子，改百司及官名。改尚書省爲中臺，僕射爲匡政，左右丞爲肅機，左右司郎中爲丞務〔六〕，吏部爲司列，主爵爲司封，考功爲司績，禮部爲司禮，祠部爲司禋，膳部爲司膳，主客爲司蕃，戶部爲司元，度支爲司度，倉部爲司倉，金部爲司珍，兵部爲司戎，職方爲司城，駕部爲司輿，庫部爲司庫，刑部爲司刑，都官爲司僕，比部爲司計，工部爲司平，屯田爲司田，虞部爲司虞，水部爲司川，餘司依舊。尚書爲太常伯，侍郎爲少常伯，郎中爲大夫。中書門下爲東西臺。侍中爲左相，黃門侍郎爲東臺侍郎，給事中爲東臺舍人，散騎常侍爲左右侍極，諫議大夫爲正諫大夫。中書令爲右相，侍郎爲西臺侍郎，舍人爲西臺舍人。祕書省爲蘭臺，監爲太史，少監爲侍郎，丞爲大夫。著作郎爲司文郎，太史令爲祕閣郎中。御史臺爲憲臺，御史大夫爲大司憲，御史中丞爲司憲大夫。殿中省爲中御府，丞爲大夫。尚食爲奉膳，尚藥爲奉醫，尚衣爲奉冕，尚舍爲奉扆，尚乘爲奉駕，尚輦爲奉御〔七〕，並爲大夫。內侍省爲內侍監。太常爲奉常，光祿爲司宰，衞尉爲司衞，宗正爲司宗，太僕爲司馭，大理爲詳刑，正爲大夫。鴻臚爲司文，司農爲司稼，太府爲外府，卿並爲正卿。少府監爲內府監。將作監爲繕工監，大匠爲大監，少匠爲少監。國子監爲司成館〔八〕，國子祭酒爲大司成，司業爲少司成，博士爲宣業。都水爲司津監。左右衞府、左右驍衞府、左右武衞府，並除府字。左右屯衞府爲左右威衞，左右領軍衞爲左右戎衞，武候爲金吾衞，千牛爲奉宸衞，屯營爲羽林軍。詹事爲端尹府，門下、典書爲左右春坊，左右庶子爲左右中護，中允爲左贊善大夫，洗馬爲司經大夫，中舍人爲右贊善大夫。家令寺爲宮府寺，率更寺爲司更寺，僕寺爲馭僕寺，長官並爲大夫。左右衞率府爲典戎衞，左右宗衞率府爲司禦衞〔九〕，左右虞候率府爲清道衞，監門率府爲崇掖衞，內率府爲奉裕衞。

七日，又制廢尚書令，改起居郎爲左史，起居舍人爲右史，著作佐郎爲司文郎，太史丞爲祕閣郎，左右千牛爲奉宸，司議郎爲左司議郎，太子舍人爲右司議郎。典膳、藥藏、內直

監、宮門大夫，並改爲郎。太子千牛爲奉裕。

總章二年置司列、司戎少常伯各兩員。

咸亨元年十二月詔：「龍朔二年新改尚書省百司及僕射已下官名，並依舊。其東宮十率府，有異上臺諸衞，各宜依舊爲率府。其左司議郎除左字。其左右金吾、左右威衞，依新改。」

永淳元年七月，置州別駕。

光宅元年九月，改尚書省爲文昌臺，左右僕射爲文昌左右相，吏部爲天官，戶部爲地官，禮部爲春官，兵部爲夏官，刑部爲秋官，工部爲多官。門下省爲鸞臺，中書省爲鳳閣，侍中爲納言，中書令爲內史。太常爲司禮，鴻臚爲司賓，宗正爲司屬，光祿爲司膳，太府爲司府，太僕爲司僕，衞尉爲司衞，大理爲司刑，司農依舊。左右驍衞爲左右威衞，左右武衞爲左右鷹揚衞，左右威衞爲左右豹衞〔10〕，左右領軍衞爲左右玉鈐衞，左右金吾衞依舊。御史臺改爲左肅政臺，專知京百官及監諸軍旅，并承詔出使。更置右肅政臺，專知諸州案察。

垂拱元年二月，改黃門侍郎爲鸞臺侍郎，文昌都省爲都臺，主爵爲司封，祕書省爲麟臺，內侍省爲司宮臺，少府監爲尚方監。其左右尚方兩署除方字。將作監爲營繕監，國子監爲成均監，都水監爲水衡監。其詹事府爲宮尹府，詹事爲太尹，少詹事爲少尹。左右內

率府爲左右奉裕率府，千牛爲左右奉裕，左右監門率府爲左右控鶴禁率府，諸衞鎧曹改爲胄曹，司膳寺餚藏署改爲珍羞署。十月，增置天官侍郎二員。又置左右補闕、拾遺各二員。三年，加秋官侍郎一員。

永昌元年，置左右司員外郎各一員。

天授二年，增置左右補闕、拾遺各三員，通滿五員。

長壽二年，增夏官侍郎三員。

大足元年，加營繕少匠一員，左右羽林衞各增置將軍一員，洛、雍、并、荆、揚、益六州，置左右司馬各一員。

長安三年，增置司勳員外郎一員，地官依舊置侍郎一員，洛、并及三大都督府司馬宜依舊置一員。

神龍元年二月，臺閣官名，並依永淳已前故事。廢左右司員外郎，左右千牛衞各置大將軍一員。東都置太廟官吏，增置太常、大理少卿各一員。二年，又置員外官凡二千餘人〔二〕。超授閤官七品已上員外者，又千餘人。十二月，復置左右司員外郎各一員。

景雲二年，復置太子左右諭德、太子左右贊善大夫各兩員。雍、洛及大都督府長史加爲三品階，別駕致敬，依前。

太極元年，光祿、大理、鴻臚、太府、衞尉、宗正，各增置少卿一員。祕書少監、國子司業、少府少監、將作少匠、左右臺中丞，各增置一員。雍、洛二州及益、并、荆、揚四大都督府，各增置司馬一員，分爲左右司馬。

開元元年十二月，改尚書左右僕射爲左右丞相，中書省爲紫微省，門下省爲黃門省，侍中爲監。雍州爲京兆府，洛州爲河南府。長史爲尹，司馬爲少尹，錄事參軍爲司錄參軍，餘司改司爲曹。五年九月，紫微省依舊爲中書省，黃門省爲門下省，黃門監爲侍中。二十四年九月，改主爵爲司封。

天寶元年二月，侍中改爲左相，中書令改爲右相，左右丞相依舊爲僕射，黃門侍郎爲門下侍郎。改州爲郡，刺史爲太守。十一載正月，改吏部爲文部，兵部爲武部，刑部爲憲部。其行內諸司有部者並改：改駕部爲司駕，改庫部爲司庫，金部爲司金，倉部爲司儲，比部爲司計，祠部爲司禋，膳部爲司膳，虞部爲司虞，水部爲司水。將作大匠爲監，少匠爲少監。

至德二載十二月敕：「近日所改百司額及郡名并官名，一切依故事。」於是侍中、中書令、兵吏部等並仍舊。罷郡爲州，復以太守爲刺史。

正第一品

太師、太傅、太保、太尉、司徒、司空，已上職事官。王。爵。武德令有天策上將，九年省。

從第一品

開府儀同三司、文散官。開府儀同三司及特進不帶職事官者，朝參祿俸並同職事，仍隸吏部也。太子太師、太子太傅、太子太保，已上職事官。驃騎大將軍、武散官。嗣王、郡王、國公。爵。

正第二品

特進、文散官。輔國大將軍、武散官。開國郡公、爵。武德令唯有公、侯、伯、子、男，貞觀十一年加開國之稱也。上柱國。勳官。武德令有尚書令，龍朔二年省。自是正第二品無職事官。

從第二品

尚書左右僕射、太子少師、太子少傅、太子少保、京兆河南太原等七府牧、大都督、揚、幽、潞、陝、靈。大都護、單于、安西。已上職事官。光祿大夫、文散官。鎭軍大將軍、武散官。開國縣公、爵。柱國。勳官。

正第三品

侍中、中書令、吏部尚書、舊班在左相上，開元令移在下。門下侍郎、中書侍郎、舊班正四品上，大曆二年升。左右衞、左右驍衞、左右武衞、左右威衞、左右領軍衞、左右金吾衞、左右監門衞、左

右羽林軍、左右龍武、左右英武六軍大將軍、左右千牛衞大將軍、自左右衞已下，並爲武職事官。戶部禮部兵部刑部工部尚書、武德令，禮部次吏部，兵部次之，民部次之。貞觀年改以民部次禮部，兵部次之。則天初又改以戶部次吏部，禮部次之，兵部次之。太子賓客、舊兼職無品，開元前令定入官品也。太常卿、宗正卿、天寶初昇入正三品也。太子詹事、左右散騎常侍、舊班從三品，廣德年昇。內侍監、唐初舊制，內侍省無三品官，內侍四員，秩四品。天寶十三年十二月，玄宗以中官高力士、袁思藝承恩遇，特置內侍監兩員，秩三品，以授之。中都督、上都護、已上除八大將軍，並爲文職事官。金紫光祿大夫、文散官。冠軍大將軍、武散官。懷化大將軍、顯慶三年置，以授初附首領，仍隸諸衞也。上護軍。勳官。

從第三品

御史大夫、舊班在祕書監九卿下，開元令移在上。祕書監、光祿、衞尉、太僕、大理、鴻臚、司農、太府卿、國子祭酒、殿中監、少府監、將作監、諸衞羽林，入正三品〔三〕。千牛龍武將軍、下都督、上州刺史、京兆河南太原等七尹、舊雍、洛長史從四品上，景雲二年加秩爲從三品也。五大都督府長史、舊從四品上，景雲二年加秩爲從三品。大都護府副都護、舊正四品上，開元令加入從三品。親王傅、已上並職事官。諸衞羽林〔三〕、千牛龍武將軍爲武，餘並爲文。銀青光祿大夫、文散官。雲麾將軍、武散官。歸德將軍、顯慶三年置，以授初附首領，仍隸諸衞也。護軍。勳官。武德令有天策上將府長史、司馬，九年省也。

正第四品上階

門下侍郎、中書侍郎、舊正四品下階，開元令加入上階也。尚書左丞、永昌元年進爲正三品，如意元年復舊。吏部侍郎、武德七年省諸司侍郎，吏部郎中爲正四品上。貞觀三年復置侍郎，其吏部郎中復舊爲五品下[二四]。太常少卿、太子左庶子、太子少詹事、太子左右衞、左右司禦、左右清道、左右內率、左右監門率府率、中州刺史、軍器監、武德初爲正三品，七年省，八年復置，九年又省，十年復置北都軍器監[二五]。上都護府副都護、上府折衝都尉、武德令統軍正四品下，後改爲折衝都尉。垂拱令始分爲上中下府，改定官品。自此已上職事官。率及折衝爲武，餘並爲文也。正議大夫、文散官也。開國伯、爵。忠武將軍、武散官。上輕車都尉。勳官。

正第四品下階

尚書右丞、永昌元年進爲從三品，如意元年復舊。諸司侍郎、太子右庶子、左右諭德、左右千牛衞、左右監門衞中郎將、親勳翊衞羽林中郎將、下州刺史、武德令，中州刺史，正四品[二六]，下州刺史，從四品上。貞觀令，一切爲下州，加入正四品下。自此已上職事官。中郎將爲武，餘並爲文也。通議大夫、文散官。壯武將軍。武散官。

從第四品上階

祕書少監、八寺少卿、殿中少監、太子左右衞、司禦、清道、內率、監門副率、太子親勳翊

衞中郎將、太子家令、太子率更令、太子僕、內侍、大都護親王府長史、已上職事官。府率、中郎將爲武，餘並爲文。太中大夫、文散官。宣威將軍、武散官。輕車都尉。勳官。

從第四品下階

國子司業、少府少監、將作少匠、京兆河南太原府少尹、大都督府大都護府親王府司馬、上州別駕、已上職事文官。武德令，上州別駕正五品上。二十三年爲長史[二七]，前上元年，復置別駕，定入從四品也。中府折衝都尉、武職事官。中大夫、文散官。明威將軍。武散官。武德令有天策上將府從事中郎，九年省。

正第五品上階

諫議大夫、御史中丞、武德令，從五品上。貞觀令，加入正五品上，五年又加入四品。如意元年復舊也。國子博士、給事中、中書舍人、太子中允、太子左右贊善大夫、都水使者、萬年長安河南洛陽太原晉陽奉先會昌縣令、武德元年，敕萬年、長安令爲正五品上。七年定令，改爲從五品。貞觀初復舊也。親勳翊衞羽林郎將、中都督府上都護府長史、親王府諮議參軍事、武德令，正五品下也。軍器少監、太史少監、親王府典軍、已上職事官。郎將、典軍爲武，餘並爲文。永徽令，親王典軍從四品下。垂拱令改入五品也。中散大夫、文散官。開國子、爵。定遠將軍、武散官。上騎都尉。勳官。

正第五品下階

太子中舍人、尚食尚藥奉御、太子親勳翊衞郎將、內常侍、中都督上都護府司馬、中州別駕、下府折衝都尉、已上職事官。郎將、折衝爲武，餘並爲文也。朝議大夫、文散官。寧遠將軍。武散官。武德令有天策上將軍諮祭酒，九年省。

從第五品上階

尚書左右諸司郎中、武德令，吏部郎中正四品上，諸司郎中正五品上。貞觀二年，並改爲從五品上也。祕書丞、武德令，正五品上。永徽令改也。著作郎、太子洗馬、殿中丞、尚衣尚舍尚乘尚輦奉御、獻陵昭陵恭陵橋陵八陵令[二八]、武德，諸陵令從七品下，永徽二年加獻、昭二陵令，爲從五品。已後諸陵並相承依獻、昭二陵也。親王府副典軍、下都督府上州長史[二九]、下州別駕、已上職事官。典軍爲武，餘並爲文也。朝請大夫、文散官。開國男、爵。游擊將軍[三〇]、武散官。騎都尉。勳官。舊有太公廟令，武德年七品下，永徽二年加從五品上，開元二十四年省也。

從第五品下階

大理正、太常丞、太史令、內給事、太子典內、舊正六品上，開元令改。下都督府上州司馬、武德令，上州治中正五品下。貞觀初改。親王友、武德令，正五品下也。宮苑總監、上牧監、上府果毅都尉、已上職事官。果毅爲武散，餘並爲文。駙馬都尉、奉車都尉、並武散官。駙馬自近代已來，唯尚公主者授之。奉車，有唐已來無其人。朝散大夫、文散官。游擊將軍。武散官。武德令有天策上將府主簿、記室、參軍，九年省。

神龍令有庫谷、斜谷監也。

正第六品上階

太學博士、武德令，從六品上[三一]，貞觀年改。太子詹事府丞、太子司議郎、太子舍人、中郡長史、武德令，中州別駕從五品上，貞觀年改也。太子典膳藥藏郎、京兆河南太原府諸縣令、武德元年敕，雍州諸縣令階從五品上，七年定令改。親王府掾屬、武德令，從五品下也。武庫中尚署令、武德令依上署令，從七品下，太極年改武庫令階，開元年改中尚令階。諸衞左右司階、中府果毅都尉、鎭軍兵滿二萬人已上司馬、已上職事官。司階、果毅爲武，餘並爲文也。親勳翊衞校衞[三二]、衞官。朝議郎、文散官。昭武校尉、武散官。驍騎尉。勳官。

正第六品下階

千牛備身左右、衞官已上，王公已下高品子孫起家爲之。太子文學、下州長史、武德中，下州別駕，正六品，貞觀二十三年，改爲長史丞。永淳元年，諸州置別駕官。天寶八載停別駕，下郡置長史。後上元二年，諸州置別駕，不廢下府長史也。中州司馬、武德令，中州治中，從五品下，貞觀令改。內謁者監、中牧監、上牧副監、已上文職事官。上鎭將、武職事官。武德令，從四品下也。承議郎、文散官。昭武副尉。武散官。武德令有天策上將府諸曹參軍事，九年省也。

從第六品上階

起居郎、起居舍人、尚書諸司員外郎、武德令，吏部員外郎正六品上，諸司員外郎正六品下。貞觀二年改。八寺丞、大理司直、國子助教、武德令，從七品上。城門符寶郎、通事舍人、祕書郎、武德令，正七品上。著作佐郎、武德令，正七品下。侍御醫、武德、乾封令，正七品上。神龍令，從六品下。開元改。諸衞羽林長史、兩京市署令、武德四年進爲從五品上，七年定令，復舊也。下州司馬、武德令，中下州治中，正六品下。親王文學、主簿、記室、錄事參軍、武德令，親王府文學已上，並正六品下也。諸州上縣令、已上文職事官。諸率府左右司階、武職事官。鎮軍兵不滿二萬人司馬、文職事官。左右監門校尉、親勳翊衞旅帥、衞官。奉議郎、文散官。振威校尉、武散官。飛騎尉。勳官。

從第六品下階

侍御史、舊從七品上，垂拱令改。少府將作國子監丞、太子內直典設宮門郎、太公廟令、司農寺諸園苑監、沙苑監、下牧監、宮苑總監副、互市監、中牧副監、已上文職事官。下府果毅都尉、武職事官。親王府校尉、衞官。通直郎、文散官。振威副尉。武散官。

正第七品上階

四門博士、詹事司直、左右千牛衞長史、尚食尚藥直長、太子左右衞司禦清道率府長史、軍器監丞、諸州中縣令、京兆河南太原府司錄參軍事、大都督大都護府錄事參軍事、親王府諸曹參軍、已上文職事官。武德令，親王府功曹、倉曹、戶曹、兵曹參軍事，從五品下，騎曹、鎧曹、田曹、士曹、

水曹參軍事等，七品下也。中鎮將、武職事官。武德令，從五品下。太子千牛、親勳翊衞隊正、已上衞官。朝請郎、文散官。致果校尉、武散官。雲騎尉。勳官。

正第七品下階

尚衣尚舍尚乘尚輦直長、太子通事舍人、內寺伯、京兆河南太原府大都督大都護府諸曹參軍、中都督上都護府錄事參軍事、諸倉諸冶司竹溫湯監、諸衞左右中候、上府別將、武德令，別將正五品上，後改爲果毅。聖曆三年復置別將。上府長史、武德令，統軍長史正八品下也。上鎮副、武德令，從五品下。下鎮將、武德令，正六品下。下牧副監、已上職事官。中候、別將、鎮副、鎮將爲武，餘並爲文也。宣德郎、文散官。致果副尉。武散官。武德令又有天策上將府參軍事，九年省。又有鹽池鹽井監、諸王百司問事謁者。

從第七品上階

殿中侍御史、武德至乾封令，並正八品上，垂拱年改。左右補闕、太常博士、太學助教、武德令，從八品下也。門下錄事、中書主書、尚書都事、九寺主簿、太子詹事主簿、太子左右內率監門率府長史、太子侍醫、太子三寺丞、都水監丞、諸州中下縣令、親王府東西閤祭酒、武德令，正六品下。京縣丞、萬年、長安、河南、洛陽、奉先、會昌、太原、晉陽。下都督府上州錄事參軍、中都督上都護府諸曹參軍事、中府別將長史、中鎮副、武德令，正六品下。已上職事官。別將、鎮副爲武，餘並爲文。左右監

門直長、勳衞、太子親衞、已上衞官。朝散郎、文散官。翊麾校尉、武散官。武騎尉。勳官。

從第七品下階

太史丞、監局同。御史臺少府將作國子監主簿、御史臺、國子監主簿，舊正八品，垂拱令改。掖庭令、宮闈令、上署令、郊社、太樂、鼓吹、太醫、太官、左藏令、乘黃、典客、上林、太倉、平準、常平、左尚、右尚、典牧。武德令有太廟、諸陵、典農、中尚、都水、常平。其左尚、典牧本中署，右尚本下署，開元初改之也。諸州下縣令、天寶五載，一切爲中下縣。諸陵署丞、永徽二年加秩。舊有太廟署丞，武德爲九品，永徽二年加秩，從七品上，開元年省也。司農寺諸園苑副監、神龍令有諸冶副監。宮苑總監丞、下都督府諸曹參軍、太子內坊丞、舊正八品上，開元初改。親王國令、舊規，流內正九品，太極年改。公主家令、舊規，流內正八品，太極年改。上州諸參軍事、下府別將長史、下鎮副、武德令，從六品下。諸屯監、武德令有芳醞監，神龍令有漆園監。諸率府左右中候、鎮軍滿二萬人以上諸曹判司、已上職事官。別將、鎮副、中候爲武，餘並爲文也。太子左右監門直長、親王府旅帥、諸折衝府校尉、已上衞官。武德令，諸府校尉，正六品下也。宣議郎、文散官。翊麾副尉。武散官。

正第八品上階

監察御史、舊從八品上，垂拱令改。協律郎、諸衞羽林龍武軍錄事參軍事、中署令、鉤盾、右藏、織染、掌冶，武德令有衣冠署令。中州錄事參軍事、太醫博士、太子典膳藥藏丞、軍器監主簿、武庫

署丞、舊從八品下，開元初改。兩京市署丞、上牧監丞、武德令，從八品下，神龍令有康谷、斜谷、太陰伊陽監丞。鎮軍不滿二萬人以上諸曹判司、已上文職事官。翊衞、太子勳衞、親王府執仗執乘親事、已上衞官。給事郎、文散官。宣節校尉。武散官。武德令有天策上將府典籤，九年省。

正第八品下階

奚官內僕內府局令、下署令、太卜、廩犧、珍羞、良醞、掌醢、守宮、武器、車府、司儀、崇玄、導官、中右校、左校、甄官、河渠、弩坊、甲坊。神龍令又有干、檝二署令也。諸衞羽林龍武諸曹參軍事、中州諸司參軍事、親王府京兆河南太原府大都督大都護府參軍事、武德令，親王府參軍，從七品下，雍州行參軍，正八品上。尚藥局司醫、京兆河南太原府諸縣丞、太子內直宮門丞、太公廟丞、諸宮農圃監、互市監丞、司竹副監、司農寺諸園苑監丞、靈臺郎、已上文職事官。諸衞左右司戈、上戍主、已上武職事官。武德令有中鎮長史。備身、衞官。徵事郎、文散官。宣節副尉。武散官。

從第八品上階

左右拾遺、太醫署針博士、四門助教、武德令，從九品上。左右千牛衞錄事參軍、下州錄事參軍、武德令有中下州諸司參軍事。諸州上縣丞、中牧監丞、武德令，正八品上。京縣主簿、太子左右衞司禦清道率府錄事參軍、中都督府上都護府參軍、親王府行參軍、武德令，正八品上。京兆河南太原大都督府博士、武德令，雍州博士，從八品下。諸倉諸冶司竹溫湯監丞、武德令有鹽池鹽井監丞，神

龍令有太和監丞。（已上文職事官。）保章正、太子翊衞諸府旅帥、（已上衞官。武德、乾封令，諸府旅帥，正七品下。）承奉郎、（文散官。）禦侮校尉。（武散官。）

從第八品下階

大理評事、律學博士、太醫署丞〔三三〕、醫監、太子左右春坊錄事、左右千牛衞諸曹參軍、內謁者、太子左右衞司禦清道率府諸曹參軍事、太子諸署令、掖庭宮闈局丞、太史都水監主簿、（太史爲局則省主簿。）中書門下尚書都省兵吏部考功禮部主事、（舊從九品上，開元二十四年改七司入八品，其省內諸司依舊。）上署丞、（武德令有芳醖監丞。）下都督府上州參軍事、中都督府上州博士、諸州中縣丞、諸王府典籤、（武德令，正八品下。）京縣尉、親王國大司農〔三四〕、（舊規，流內正第七品，開元初改。）公主家丞、（舊規，流內正第九品，開元初改。）諸屯監丞、上關令、上府兵曹、上鎮倉曹兵曹參軍事、（武德令有下鎮長史。）挈壺正、（已上文職事官。）中戍主、上戍副、率府左右司戈、（已上武職事官。）太子備身、親王府隊正、（已上衞官。）承務郎、（文散官。）禦侮副尉。（武散官。）

正第九品上階

校書郎、（永徽令加入從八品下，垂拱令復舊。）太祝、太子左右內率監門府錄事參軍、太子內方典直〔三五〕、中署丞、典客署掌客、親勳翊衞府羽林兵曹參軍事、岳瀆令、諸津令、下牧監丞、（武德令，正八品下。神龍令有漆園丞，開元前令有沙苑丞。）諸州中下縣丞、中郡博士、（武德令，正九品下。）京兆河南太原府諸縣主簿、武庫署監事、（已上並文職事官。武德令有天策上將府錄事。其武庫監事，從九品下，太極年改也。）儒林郎、（文散官。）仁勇校尉。（武散官。）

正第九品下階

正字、（永徽令改入上階，垂拱令復舊。）太子校書、（永徽令改入上階，垂拱令復舊。）奚官內僕內府局丞、下署丞、尚食局食醫〔三六〕、尚藥局醫佐、尚乘局奉乘司庫司廩、太史局司辰、典廄署主乘、太子左右內率監門率府諸曹參軍事、太子三寺主簿、詹事府錄事、（龍朔年置桂坊錄事，咸亨年省。）太子親勳翊府兵曹參軍事、諸州下縣丞、諸州上縣中縣主簿、中州參軍事、（武德令，正九品上。）下州博士、（武德令，中下州博士，從九品上，下州博士，從九品下。）京兆河南太原府諸縣尉、上牧主簿、諸宮農圃監丞、中關令、中府兵曹、親王國尉、（舊規，流內正八品，開元初改。武德令有親王府鎮事及司閤〔三七〕。）上關丞、（武德令有上津尉。）諸衞左右執戟、中鎮兵曹參軍、下戍主、（已上職事官。執戟、戍主爲武，餘並爲文。）諸折衝府隊正、（衞官。）登仕郎、（文散官。）仁勇副尉。（武散官。）

從第九品上階

尚書諸司御史臺祕書省殿中省主事、奉禮郎、律學助教、太子正字、弘文館校書、太史司曆、太醫署醫助教、京兆河南太原府九寺少府將作監錄事、都督都護府上州錄事市令、宮苑總監主簿、（永徽令有監漕。）諸州中下縣主簿、上縣中縣尉、下府兵曹、（已上並職事官。）文官。文林郎、（文散官。）陪戎校尉。（武散官。）

從第九品下階

內侍省主事、國子監親王府錄事、太子左右春坊主事、崇文館校書、書學博士、算學博士、門下典儀、太醫署按摩呪禁博士、太卜署博士、太醫署針助教、太醫署醫正、太卜署卜正、太史局監候、親王國丞、（舊規，流內正第九品，開元初改從正流內。）掖庭局宮教博士、太子諸署丞、太子典食署丞、太子廄牧署典乘〔三八〕、諸監作諸監事計官、太官署監膳、太樂鼓吹署樂正、大理寺獄丞、下州參軍事、（武德令，中下州行參軍，正九品，下州參軍，從九品上。）中州下州醫博士、諸州中縣下縣尉、京縣錄事、下牧監主簿、下關令、中關丞、諸衞羽林長上、公主邑司錄事、諸津丞、下鎮兵曹參軍、（武德令有諸橋諸堰丞。）諸率府左右執戟、（已上職事官。長上、執戟爲武，餘並爲文。）親王府隊副、諸折衝府隊副、（已上衞官。）將仕郎、（文散官。）陪戎副尉。（武散官。）

流內九品三十階之內，又有視流內起居，五品至從九品。初以薩寶府、親王國官及三師、三公、開府、嗣郡王、上柱國已下護軍已上勳官帶職事者府官等品。開元初，一切罷之。今唯有薩寶、祆正二官而已。又有流外自勳品以至九品，以爲諸司令史、贊者、典謁、亭長、掌固等品。視流外亦自勳品至九品，開元初唯留薩寶、祆祝及府史，餘亦罷之。

職事者，諸統領曹事，供命王命，上下相攝，以持庶績。近代已來，又分爲文武二職，分曹置員，各理所掌。五品已上，舊制吏部尚書進用。自隋已後，則中書門下知政事官訪擇聞奏，然後下制授之。三品已上，德高委重者，亦有臨軒册授。自神龍之後，册禮廢而不用，朝廷命官，制敕而已。六品已上，吏部選擬錄奏，書旨授之。

有唐已來，出身入仕者，著令有秀才、明經、進士、明法、書算。其次以流外入流。若以門資入仕，則先授親勳翊衞，六番隨文武簡入選例。又有齋郎、品子、勳官及五等封爵、屯官之屬，亦有番第，許同揀選。天寶三載，又置崇玄學，習道德等經，同明經例。自餘或臨時聽敕，不可盡載。其秀才，有唐已來無其人。

職事官資，則清濁區分，以次補授。又以三品已上官〔三九〕，及門下中書侍郎、尚書左右丞、諸司侍郎、太常少卿、太子少詹事、左右庶子、祕書少監、國子司業爲清望官。太子左右諭德、左右衞左右千牛衞中郎將、太子左右率府左右內率府率及副、太子左右衞率府中郎將、（已上四品。）諫議大夫、御史中丞、給事中、中書舍人、太子中允、中舍人、左右贊善大夫、洗馬、國子博士、尚書諸司郎中、祕書丞、著作郎、太常丞、左右衞郎將、左右衞率府郎將、（已上五品。起居郎、起居舍人、太子司議郎、太子舍人、侍御史、祕書郎、著作佐郎、太學博士、詹事丞、太子文學、國子助教、已上六品。左右補闕、殿中侍御史、太常博士、四門博士、詹事司直、太學助教、已上七品。左右拾遺、監察御史、四門助教已上八品。爲清官。自外各以資次遷授。開元中，裴光庭爲吏部尚書，始用循資格以注擬六品已下選人。其後每年雖小有移改，然相承至今用之。

武散官〔四〇〕，舊謂之散位，不理職務，加官而已。後魏及梁，皆以散號將軍記其本階，自隋改用開府儀同三司已下。貞觀年，又分文武，入仕者皆帶散位，謂之本品。

以門資出身者，諸嗣王郡王出身從四品下，親王諸子封郡公者從五品上，國公正六品上，郡公正六品下，縣公從六品上，侯正七品上，伯正七品下，子從七品上，男從七品下。皇帝緦麻以上親、皇太后周親出身六品上。皇太后大功親、皇后周親從六品上。皇帝袒免親、皇太后小功緦麻親、皇后大功親正七品上。皇后小功緦麻親、皇太子妃周親從七品上。其外戚各依服屬降宗親二階敍。諸娶郡主者出身六品上。娶縣主者正七品上。郡主子出身從七品上。縣主子從八品上。一品子正七品上，二品子正七品下，三品子從七品上，從三品子從七品下，正四品子正八品上，從四品子正八品下，正五品子從八品上，從五品及國公子從八品下。三品以上蔭曾孫，五品以上蔭孫，孫降子一等，曾孫降孫一等。

諸秀才出身，上上第，正八品上；上中第，正八品下；上下第，從九品上。明經出身，上上第，從八品下；上中第，從九品上。進士明法出身，甲第，從九品上；乙第，從九品下。若通二經已外，每一經加一等。

勳官預文武選者，上柱國正六品上敍，以下遞降一階。凡入仕之後，遷代則以四考爲限。四考中中，進年勞一階敍。每一考中上，進一階；一考上下，進二階。五品已上非恩制所加，更無進之令。

自武德至乾封，未有泛階之恩。應入三品者，皆以恩舊特拜，入五品者多依選敍，計階至朝散大夫已上，奏取進止，每年量多少進敍。餘並依本品授官。若滿三計至，即一切聽入。至乾封元年，文武普加二階。永淳元年二月敕：「文武官累積勞効，計至五品。一計至者，多未甄擢。再計至者，隨例必升，賢愚一貫。自今已後，一計至已上，有在官清慎，狀迹灼然，材堪應務者，所司具狀錄奏，當與進階。若公正無聞，循默自守，及未經任州縣官者，雖頻經計至，不在加階之限。即爲恆例。」弘道元年，又普加一階。乃有九品職事及三衞階高者，並入五品。則天朝，泛階漸多，始令仕經八考，職事六品者許入。萬歲通天元年敕：「自今已後，文武官加階應入五品者，並取出身，已歷十二考已上，進階之時，見居六品官。其應入三品人，出身已二十五考以上，進階見居三品官。」無幾，入五品又加至十六考。神功元年制：「勳官、品子、流外國官出身，不得任清資要官。應入三品，不得進階。」開元已來，伎術者經二十考，三省都事及主事、錄事十八考，亦聽敍。吏部檢勘歷任階考，判成錄奏。每制之日，應入三品五品者，皆令人參趁。或是遠方牧宰、諸司閑職，齎持金帛贈遺主典，知加階令史，乃有受納萬數者。臺省要職，以加位爲榮，亦有遺主典錢帛者。

舊例，開府及特進，雖不職事，皆給俸祿，預朝會，行立在於本品之次。光祿大夫已下，朝散大夫已上，衣服依本品，無祿俸，不預朝會。朝議郎已下，黃衣執笏，於吏部分番上下承使及親驅使，甚爲猥賤。每當上之時，至有爲主事令史守局鑰執鞭帽者。兩番已上，則隨番許簡，通時務者始令參選。一登職事已後，雖官有代滿，即不復番上。

勳官者，出於周、齊交戰之際。本以酬戰士，其後漸及朝流。階爵之外，更爲節級。周置上開府儀同三司、開府儀同三司、上儀同三司、儀同三司等十一號。

隋文帝因周之舊，更增損之。有上柱國、柱國、上大將軍、大將軍、上開府儀同三司、開府儀同三司、上儀同三司、儀同三司、大都督、帥都督、都督，起正二品，至七品，總十一等，用賞勳勞。

煬帝又改爲左光祿大夫、右光祿大夫、金紫光祿大夫、銀青光祿大夫、正議大夫、朝請

大夫、朝散大夫、建節奮武尉、宣惠尉十一等，以代都督已上。又增置綏德、懷仁、守義、奉誠、立信等五尉，以至從九品。

武德初，雜用隋制，至七年頒令，定用上柱國、柱國、上大將軍、大將軍、上輕車都尉、輕車都尉、上騎都尉、騎都尉、驍騎尉、飛騎尉、雲騎尉、武騎尉，凡十二等，起正二品，至從七品。

貞觀十一年，改上大將軍爲上護軍，大將軍爲護軍，自外不改，行之至今。

永徽已後，以國初勳名與散官名同，年月既久，漸相錯亂。咸亨五年三月，更下詔申明，各以類相比。武德初光祿大夫比今日上柱國，左光祿大夫比柱國，右光祿大夫及上大將軍比上護軍，金紫光祿大夫及將軍比護軍，銀青光祿大夫及上開府比上輕車都尉，正議大夫及開府比輕車都尉，通議大夫及上儀同三司比上騎都尉，朝請大夫及儀同比騎都尉，上大都督比驍騎尉，大都督比飛騎尉，帥都督比雲騎尉，都督比武騎尉。自是已後，戰士授勳者動盈萬計。每年納課，亦分番於兵部及本郡當上省司。又分支諸曹，身應役使，有類僮僕。據令乃與公卿齊班，論實在於胥吏之下，蓋以其猥多，又出自兵卒，所以然也。

武德初，以諸道軍務事繁，分置行臺尚書省，令一人，正第二品。掌管內軍人，總判省事。僕射一人，從第二品，三品任置〔一〕。掌貳令事。左丞一人，正第四品下。右丞一人，正第四品下。掌分司糾正省內。都事一人，從第七品上。主事四人，從第九品上，諸司主事並同。並掌同京省。兵部尚書一人，正第四品，諸尚書並同。兼掌吏部事。司勳郎中一人，正第五品上，諸郎中並同。主事一人。考功郎中一人，主事一人。兵部郎中一人，主事二人。駕部郎中一人，主事二人。民部尚書一人，兼掌禮部事。禮部郎中一人，主事一人。膳部郎中一人，主事一人。度支郎中一人，主事二人。倉部郎中一人，主事二人。工部尚書一人，兼掌刑部事。刑部郎中一人，主事一人。都官郎中一人，主事一人。工部郎中一人，主事一人。屯田郎中一人，主事一人。每郎中兼京省二司。各有令史、書令史及掌固，並流外。食貨監一人，正第八品下，諸監同。掌膳羞、財物、賓客、鋪設、音樂、醫藥事。丞二人。正第九品下，諸監丞同。農圃監一人，掌倉廩、園圃、柴炭、芻藁、運漕之事。丞四人。武器監一人，掌兵仗、廐牧之事。丞二人。百工監一人，掌舟車及營造雜作之事。丞四人。各有錄事及府史、典事、掌固等，並流外。諸道行臺尚書省，益州道、襄州道、東南道、河東道、河北道。令一人，從第二品。掌同陝東道大行臺。僕射一人，正第三品，左右任置。丞一人，左右任置。左丞從四品上，右丞從四品下。都事二人，正第八品上。主事二人。兵部尚書一人，從第三品，諸尚書同。兼掌吏部、禮部事。考功郎中一人，從第五品上，諸郎中

並同。主事二人。從第九品下，諸主事同。膳部郎中一人，主事二人。兵部郎中二人，主事二人。民部尚書一人，兼掌刑部、工部。倉部郎中二人，主事二人。刑部郎中一人，主事二人。屯田郎中一人，主事二人。每郎中兼掌京省三司，各有令史、書令史、掌固，並流外也。食貨監一人，從八品上，武器監同。兼掌農圃監事，丞一人。兼掌百工監事〔二〕，丞二人。兩監各有錄事、府史、典事、掌固等，並流外。

時秦王、齊王府官之外，又各置左右六護軍府及左右親事帳內府。其左一右一護軍府護軍各一人，正第四品下。掌率統軍已下侍衞陪從。副護軍各二人，從四品下。長史各一人，從七品下。錄事參軍各一人，從八品，有錄事及府史，並流外。倉曹參軍事各一人，兵曹參軍事各一人，鎧曹參軍事各一人。並正九品下，各有府史，並流外。統軍各五人，別將各十人，分掌領親勳衞及外軍。左二右二護軍府、左三右三護軍府，各減統軍三人，別將六人。餘職員同左一右一府。其左右親事府統軍各一人，正四品下。掌率左右別將、侍衞陪從。長史一人，正八品下。錄事參軍事各一人，正九品上，有錄事及府史，並流外。兵曹參軍事各一人，鎧曹參軍事各一人。並正九品下，各有府史，並流外。左別將各一人，右別將各一人，正五品下。掌率親事以上侍衞陪從。其帳內府職員品秩，與統軍府同。又有庫直及驅咥直，庫直隸親事府，驅咥直隸帳內府。各於左右內選才堪者，量事置之。

武德四年，太宗平洛陽之後，又置天策上將府官員。天策上將一人，掌國之征討，總判府事。長史、司馬各一人，從事中郎二人，並掌通判府事。軍諮祭酒二人，謀軍事，贊相禮儀，宴接賓客。典籤四人，掌宣傳導引之事。主簿二人，掌省覆教命。錄事二人，記室參軍事二人，掌書疏表啓，宣行教命。功曹參軍事二人，掌官員假使、儀式、醫藥、選舉、考課、祿恤、鋪設等事。倉曹參軍二人，掌糧廩、公廨、田園、廚膳、過所等事。兵曹參軍事二人，掌兵士簿帳、差點等事。騎曹參軍事二人，掌馬驢雜畜簿帳及牧養支料草粟等事。鎧曹參軍事二人，掌戎仗之事。士曹參軍事二人，掌營造及罪罰之事。六曹並有令史、書令史。參軍事六人，掌出使及雜檢校之事。

其陝東道大行臺尚書令及天策上將，太宗在藩爲之。及升儲，並省之。山東道行臺，武德五年省。餘道，九年省。

校勘記

〔一〕明威信遠　新書卷四六百官志、通典卷三四、通考卷六四「明威」下有「定遠寧遠」四字，無「信遠」。

〔二〕領左右郎將準此　合鈔卷六四職官志「領」下有「軍」字。

〔三〕文騎尉　通典卷三四、通考卷六四作「武騎尉」。

〔四〕職事高者解散官　「高者」二字各本原無，據通典卷三四補。

〔五〕內書省　合鈔卷六四職官志作「內史省」。

〔六〕丞務　「丞」字各本原作「成」，據本書卷四三職官志、通典卷二二改。

〔七〕奉御　唐六典卷一一、通典卷二六、通考卷五七作「奉輦」。

〔八〕司成館　「成」字各本原作「丞」，據通典卷二七、冊府卷六二〇改。

〔九〕左右宗衞率府爲司禦衞　「左右宗衞」四字各本原無，據通典卷三〇、冊府卷七〇八補。

〔一〇〕豹衞　通典卷二八、唐會要卷七一、通考卷五八作「豹韜衞」。

〔一一〕又置員外官凡二千餘人　「官」字各本原作「郎」，「二」字原作「一」，據本書卷七中宗紀、通典卷一九改。

〔一二〕入正三品　十七史商榷卷八一云：「入正三品四字是衍文」。

〔一三〕已上並職事官諸衞羽林　「官諸」，各本原作「諸官」，據合鈔卷六四職官志改。

〔一四〕五品下　據本卷下文「尚書左右諸司郎中」注及通典卷四〇當作「從五品上」。

〔一五〕十年復置北都軍器監　通典卷二七、通考卷五七「十年」作「開元十六年」。

〔一六〕正四品　合鈔卷六四職官志作「正四品下」。

〔三七〕二十三年爲長史　合鈔卷六四職官志「二十三年」上有「貞觀」二字。

〔三八〕獻陵昭陵恭陵橋陵八陵令　唐六典卷一四、通典卷四〇作「獻陵昭陵乾陵恭陵定陵橋陵等八陵令」。

〔三九〕上州長史　「上州」二字各本原無，據通典卷四〇補。

〔四〇〕游擊將軍　通典卷四〇作「游騎將軍」。

〔四一〕從六品上　「品」下各本原衍「已」字，據合鈔卷六四職官志刪。

〔四二〕校衛　通典卷四〇作「校尉」。

〔四三〕太醫署丞　「丞」字各本原無，據通典卷四〇補。

〔四四〕大司農　通典卷四〇作「大農」。

〔四五〕太子內方典直　通典卷四〇「方」作「坊」。

〔四六〕食醫　各本原作「尙醫」，據唐六典卷一一、通典卷四〇改。

〔四七〕親王府鎧事　合鈔卷六四職官志「鎧」作「問」。

〔四八〕太子廐牧署典乘　「廐」上各本原有「典」字，據唐六典卷二七、通典卷四〇刪。

〔四九〕又以三品已上官　「上」字各本原作「下」，據唐六典卷二改。

〔五〇〕武散官　十七史商榷卷八一云：「『武』字上脫『文』字。」

〔五一〕三品任置　殘宋本「三」字作「二」，本卷下文「左右任置」之文屢見，疑「三品」係「左右」之訛。

〔五二〕兼掌百工監事　合鈔卷六四職官志「兼」上有「武器監一人」五字。

舊唐書卷四十三

志第二十三

職官二

太師、太傅、太保各一員。謂之三師，並正一品。後漢初，太傅置府僚。至周、隋，三師不置府僚，初拜於尙書省上。隋煬帝廢三師之官。武德復置，一如隋制。三師，訓導之官，天子所師法，大抵無所統職。然非道德崇重，則不居其位。無其人，則闕之。

太尉、司徒、司空各一員。謂之三公，並正一品。魏、晉至北齊，三公置府僚。隋初亦置府僚，尋省府僚，初拜於尙書省上，唐因之。武德初，太宗爲之，其後親王拜三公，皆不視事，祭祀則攝者行也。三公，論道之官也。蓋以佐天子理陰陽，平邦國，無所不統，故不以一職名其官。大祭祀，則太尉亞獻，司徒奉俎，司空掃除。

尙書都省龍朔二年，改爲中臺，光宅元年，改爲文昌臺。神龍初復。

尙書省領二十四司。六尙書，各分領四司。

尙書令一員。正二品。武德中，太宗爲之，自是闕而不置。令總領百官，儀刑端揆，其屬有六尙書：一曰吏部，二曰戶部，三曰禮部，四曰兵部，五曰刑部，六曰工部。凡庶務，皆會而決之。

左右僕射各一員，從二品。龍朔二年，改爲左右匡政，光宅元年，改爲文昌左右相，開元元年，改爲左右丞相，天寶元年，復爲左右僕射。掌統理六官，綱紀庶務，以貳令之職。自不置令，僕射總判省事。御史糾劾不當，兼得彈之。

左右丞各一員。左丞，正四品上。右丞，正四品下。龍朔改爲左右肅機，咸亨復，永昌元年，升爲從三品也，如意元年，復四品也。左丞掌管轄諸司，糾正省內，勾吏部、戶部、禮部十二司，通判都省事。若右丞闕，則併行之。右丞管兵部、刑部、工部十二司。若左丞闕，右丞兼知其事。御史有糾劾不當，兼得彈之。

左右司郎中各一員。並從五品上。隋置，武德初省。貞觀初，復置。龍朔二年，改爲左右丞務，咸亨復也。左司郎中，副左丞所管諸司事，省署鈔目，勘稽失，知省內宿直之事。若右司郎中闕，則併行之。左右司員外郎各一員。天后永昌元年，置左右司員外郎各一人。神龍初省，後復置。左右司郎中、員外郎各掌副十有二司之事，以舉正稽違，省署符目焉。

凡都省掌舉諸司之綱紀與百僚之程式，以正邦理，以宣邦教。凡上之所以逮下，其制有六，曰制、敕、册、令、教、符。天子曰制，曰敕，曰册。皇太子曰令。親王、公主曰教。尚書省下於州，州下縣，縣下鄉，皆曰符也。凡下之所以達上，其制亦有六，曰表、狀、牋、啓、辭、牒。表上於天子。其近臣亦爲狀。牋、啓上皇太子，然於其長亦爲之。非公文所施，有品已上公文，皆曰牒。庶人言曰辭也。諸司自相質問，其義有三：關、刺、移。關，謂關通其事；刺，謂刺舉之；移，謂移其事於他司。移則通判之官皆連署也。凡內外百司所受之事，皆印其發日，爲之程限。凡尚書省施行制敕，案成則給程以鈔之。若急速者，不出其日。若諸州計奏達于京師，量事之大小與多少，以爲之節。凡京師諸司，有符、移、關、牒下諸州者，必由於都省以遣之。凡文案既成，勾司行朱訖，皆書其上端，記年月日，納諸庫。凡施行公文應印者，監印之官考其事目無差，然後印之，必書於曆。每月終納諸庫。凡尚書省官，每日一人宿直。都司執直簿，轉以爲次。凡內外百僚，日出而視事，既午而退，有事則直官省之。其務繁，不在此例。凡天下制敕計奏之數，省符宣告之節，率以歲終爲斷。京師諸司，皆以四月一日納于都省。其天下諸州，則本司推校，以授勾官。勾官審之，連署封印，附計帳，使納于都省。常以六月一日，都事集諸司令史對覆。若有隱漏不同，皆附于考課焉。

主事六人，從九品上。令史十八人，書令史三十六人，亭長六人，掌固十四人。凡令史掌案文簿，亭長、掌固檢校省門戶倉庫廳事陳設之事也。

吏部尚書一員，正三品。龍朔二年，改爲司列太常伯，光宅元年，改爲天官尚書，神龍復爲吏部尚書也。侍郎二員。正四品上。隋煬帝大業三年，尚書六曹，各置侍郎一人，以貳尚書之職，並正四品。國家定令，諸曹侍郎降爲正四品下，唯吏部侍郎爲正四品上。龍朔改爲司列少常伯，咸亨復。總章元年，吏部、兵部各增置侍郎一員也。尚書、侍郎之職，掌天下官吏選授、勳封、考課之政令。其屬有四：一曰吏部，二曰司封，三曰司勳，四曰考功。總其職務，而行其制命。凡中外百司之事，由於所屬，皆質正焉。凡選授之制，每歲集於孟冬。去王城五百里之內以上旬，千里之內以中旬，千里之外以下旬。尚書、侍郎，分爲三銓。尚書爲尚書銓，侍郎二人分爲中銓、東銓也。凡擇人以四才，校功以三實。四才，謂身、言、書、判。其優長者，有可取焉。三實，謂德行、才用、勞效。德均以才，才均以勞，勞必考其實而進退之。較之優劣，而定其留放，所以正權衡，明與奪，抑貪冒，進賢能。然後據其官資，量其注擬。五品已上，以名上中書門下，聽制授其官。六品已下，量資任定。其才職頗高〔一〕，可擢爲拾遺、補闕、監察御史者，亦以名送中書門下，聽敕授。其有歷職清要，考第頗深者，得隔品授之，不然即否。凡出身非清流者，不注清資官。凡注官，若官資未相當，及以爲非便者，聽至三注。凡伎術之官，皆本司定，送吏部

附甲。凡同司聯事勾檢之官，皆不得注大功已上親。凡皇親諸親及軍功，兼注員外郎〔二〕。凡注擬，必先具官階團甲，送門下以聞。注官，階高擬卑曰行，階卑擬高曰守。三銓注擬訖，皆當銓團甲，過左右僕射。若中銓、東銓，則過尚書訖，乃上門下省。給事中讀，黃門侍郎省，侍中審，然後進甲以聞，聽旨授而施行焉。若左右僕射門下批官不當者，別改注，亦有重執而上者也。凡大選，終於季春之月，若選人有身在軍旅，則軍中試書判，封送吏部。亦有春中下解而後集，謂之春選。若優勞人，有敕則有處分及即與官者，並聽非時選，一百日內注擬之。所以定九流之品格，補萬方之闕政，官人之道備焉。

郎中二員，並從五品上。龍朔爲司列大夫，咸亨、光宅並隨曹改也。員外郎二員。並從六品上。令史三十人，書令史六十人，亭長八人，掌固十二人。郎中一人掌考天下文吏之班秩階品。凡敘階二十有九，品在都序，自一品至九品，品有上下，凡散官四品已下，九品已上，並於吏部當番上下。其應當番四十五日。若都省須人送符，諸司須人者，並兵部、吏部散官上，經兩番已上，聽簡入選。不第者，依番名不過五六也〔三〕。凡敘階之法，有以封爵，有以親戚，有以勳庸，有以資蔭，有以秀孝，有以勞考，有除免而復敘者，皆循法以申之，無或枉冒。凡應入三品五品者，皆待別制而進之，不然則否。凡文武百僚之班序，官同者先爵，爵同者先齒。凡京司有常參官，謂五品以上職事官、八品已上供奉官、員外郎、監察御史、太常博士。供奉官、兩省自侍中、中書令已下，盡名供奉官。諸司長官、清望官、四品已下八品已上清官。每日以六品已上清官兩人，待制於衙。供奉官、宿衛官不

在此例。凡授四品已下清望官，才職相當，不應進讓。凡職事官應覲省及移疾，不得過程。年七十已上，應致仕，若齒力未衰，亦聽釐務。凡官人身及同居大功已上親，自執工商，家專其業，及風疾、使酒，皆不得入仕。凡內外官有清白著聞，應以名薦，則中書門下改授，五品已上，量加升進，六品已下，有付吏部即量等第遷轉。若第二第三等人，五品已上，改日稍優之。六品已下，秩滿聽選，不在放限。其嶺南、黔中，三年一置選補使，號爲南選。凡天下官吏，各有常員。凡諸司置直，皆有定數。諸司諸色有品直官。內外官吏，則有假寧之節，行李之命。簿書景迹，功賞殿最，具員皆與員外郎分掌之。郎中一人掌小銓，亦分爲九品，通謂之行署。以其在九流之外，故謂之流外銓，亦謂之小選。其校試銓注，與流內銓略同。其吏部、兵部、禮部、考功、都省、御史臺、中書、門下，謂之前八司，其餘則曰後行。凡擇流外，取工書、計，兼頗曉時務。三事中，有一優長，則在敘限。每經三考轉選，量其才能而進之，不則從舊任。小銓，舊委郎中專知。開元二十五年，又敕銓試訖留放，皆尚書侍郎定之也。員外郎一人掌判南曹。曹在選曹之南，故謂之南曹。每歲選人，有解狀、簿書、資歷、考課，必由之以覈其實，乃上三銓。其三銓進甲則署焉。凡預太廟齋郎帖試，如貢舉之制。

司封郎中一員，從五品上。隋曰主爵郎，武德因之。龍朔二年改爲司封大夫，光宅改司封郎中也。司封員外郎一員，從六品上。主事二人，從九品上。令史四人，書令史九人，掌固四人。司封郎中、員外

郎之職，掌國之封爵，凡有九等。一曰王，正一品，食邑一萬戶。二曰郡王，從一品，食邑五千戶。三曰國公，從一品，食邑三千戶。四曰郡公，正二品，食邑二千戶。五曰縣公，從二品，食邑一千五百戶。六曰縣侯，從三品，食邑一千戶。七曰縣伯，正四品，食邑七百戶。八曰縣子，正五品，食邑五百戶。九曰縣男，從五品，食邑三百戶。凡名山大川，及畿內諸縣，皆不以封。至郡公有餘爵，聽迴授子孫。其國公皆特封。凡天下觀有定數。每觀立三綱，以道德高者充。凡三元諸齋日，修金籙、明眞等齋。凡道士、女道士簿籍，三年一造。凡外命婦之制，皇之姑，封大長公主，皇姊妹，封長公主，皇女，封公主；皆視正一品。皇太子之女，封郡主，視從一品。王之女，封縣主，視正二品。王母妻，爲妃。一品及國公母妻，爲國夫人。三品已上母妻，爲郡夫人。四品母妻，爲郡君。五品若勳官三品有封，母妻爲縣君。散官並同職事〔四〕。勳官四品有封，母妻爲鄉君。其母邑號，皆加太字，各視其夫、子之品。若兩有官爵者，從其高。若內命婦，一品之母，爲正四品郡君；二品之母，爲從四品郡君；三品四品之母，並爲正五品縣君。凡婦人，不因夫及子而別加邑號，夫人云某品夫人，郡君爲某品郡君，縣君、鄉君亦然。凡庶子，有五品已上官，皆封嫡母。無嫡母，封所生母。凡二王後夫人，職事五品已上，散官三品已上，王及國公母妻，朝參各視其夫及子之禮。凡親王，孺人二人，視正五品，媵十人，視正六品。嗣王、郡王及一品，媵十人，視從六品。二品，媵八人，視正七品。三品及國公，媵六人，視從七品。四品，媵

四人，視正八品。五品，媵三人，視從八品。降此外皆爲妾。凡皇家五等親，及諸親三等，存亡昇降，皆立簿書籍，每三年一造。除附之制，並載於宗正寺。

司勳郎中一員，從五品上。隋曰司勳郎，武德初乃加中字。龍朔改爲司勳大夫，咸亨復也。司勳員外郎二員，從六品上。主事四人，從九品上。令史三十三人，書令史六十人，掌固四人。郎中、員外郎之職，掌邦國官人之勳級。凡勳，十有二轉爲上柱國，比正二品。十一轉爲柱國，比從二品。十轉爲上護軍，比正三品。九轉爲護軍，比從三品。八轉爲上輕車都尉，比正四品。七轉爲輕車都尉，比從四品。六轉爲上騎都尉，比正五品。五轉爲騎都尉，比從五品。四轉爲驍騎尉，比正六品。三轉爲飛騎尉，比從六品。二轉爲雲騎尉，比正七品。一轉爲武騎尉，比從七品。凡有功効之人，合授勳官者，皆委之覆定，然後奏擬。

考功郎中一員，從五品上。龍朔二年改爲司績大夫，咸亨初乃復。考功員外郎一員，從六品上〔五〕。龍朔改爲司績員外郎，咸亨復。主事三人，從八品上。令史十三人，書令史二十五人，掌固四人。郎中、員外郎之職，掌內外文武官吏之考課。凡應考之官家，具錄當年功過行能，本司及本州長官對衆讀，議其優劣，定爲九等考第，各於所由司準額校定，然後送省。內外文武官，量遠近以程之有差，附朝集使送簿至省。每年別敕定京官位望高者二人，其一人校京官考，一人校外官考。又定給事中、中書舍人各一人，其一人監京官考，一人監外官考。郎中判京官考，員外判外官考。其檢覆同者，皆以功過上使。京官則集應考之人對讀注定，外官對朝集使注定。凡考課之法，有四善：一曰德義有聞，二曰清慎明著，三曰公平可稱，四曰恪勤匪懈。善狀之外，有二十七最：其一曰獻可替否，拾遺補闕，爲近侍之最。其二曰銓衡人物，擢盡才良，爲選司之最。其三曰揚清激濁，褒貶必當，爲考校之最。其四曰禮制儀式，動合經典，爲禮官之最。其五曰音律克諧，不失節奏，爲樂官之最。其六曰決斷不滯，與奪合理，爲判事之最。其七曰都統有方，警守無失，爲宿衛之最。其八曰兵士調習，戎裝充備，爲督領之最。其九曰推鞫得情，處斷平允，爲法官之最。其十曰讎校精審，明爲刊定，爲校正之最。其十一曰承旨敷奏，吐納明敏，爲宣納之最。其十二曰訓導有方，生徒充業，爲學官之最。其十三曰賞罰嚴明，攻戰必勝，爲將帥之最。其十四曰禮義興行，肅清所部，爲政教之最。其十五曰詳錄典正，辭理兼舉，爲文史之最。其十六曰訪察精審，彈舉必當，爲糾正之最。其十七曰明於勘覆，稽失無隱，爲勾檢之最。其十八曰職事修理，供承強濟，爲監掌之最。其十九曰功課皆充，丁匠無怨，爲役使之最。其二十曰耕耨以時，收穫成課，爲屯官之最。其二十一曰謹於蓋藏，明於出納，爲倉庫之最。其二十二曰推步盈虛，究理精密，爲曆官之最。其二十三曰占候醫卜，効驗居多，爲方術之最。其二十四曰譏察有方，行旅無壅，爲關津之最。其二十五曰市廛不擾，姦濫不作，爲市司之最。其二十六曰牧養

肥碩，蕃息孳多，爲牧官之最。其二十七曰邊境肅清，城隍修理，爲鎮防之最。一最以上，有四善，爲上上。一最以上，有三善，或無最而有四善，爲上中。一最以上，有二善，或無最而有三善，爲上下。一最以上，有一善，或無最而有二善，爲中上。一最以上，或無最而有一善，爲中中。職事粗理，善最不聞，爲中下。愛憎任情，處斷乖理，爲下上。背公向私，職務廢闕，爲下中。居官諂詐，貪濁有狀，爲下下。若於善最之外，別可加尚，及罪雖成殿，情狀可矜，雖不成殿，而情狀可責者，省校之日，皆聽考官臨時量定。內外官從見任改爲別官者，其年考從日申校，百司量其閒劇，諸州據其上下。進考之人，皆有定限，苟無其功，不要充數。功過於限，亦聽量進。其流外官，本司量其行能功過，立四等考第而勉進之。凡親勳翊衞，皆有考第。考第之中，略有三等。衞主帥，如三衞之考。其監門、校尉、直長，如主帥之考。凡諡議之法，古之通典，皆審其事，以爲旌別。

戶部尚書一員，正三品。隋爲民部尚書，貞觀二十三年改爲戶部。明慶元年改爲度支，龍朔二年改爲司元太常伯，光宅元年改爲地官尚書，神龍復爲戶部。侍郎二員。正四品下。因隋已來改易名位，皆隨尚書也。尚書、侍郎之職，掌天下田戶、均輸、錢穀之政令，其屬有四：一曰戶部，二曰度支，三曰金部，四曰倉部。總其職務，而行其制命。凡中外百司之事，由於所屬，皆質正焉。

郎中二員，從五品上〔六〕。員外郎二員，從六品上。郎中、員外，自隋已來，隨曹改易。主事四人，從九品上。令史十五人，書令史三十四人，亭長六人，掌固十人。

郎中、員外郎之職，掌分理戶口、井田之事。凡天下十道，任土所出，爲貢賦之差。凡天下之州府，三百一十有五，而羈縻之州，迨八百焉。四萬戶已上爲上州，二萬戶以上爲中州，不滿爲下州。凡三都之縣，在內曰京縣，城外曰畿，又望縣有八十五焉。其餘則六千戶以上爲上縣，二千戶已上爲中縣，一千戶已上爲中下縣，不滿一千戶皆爲下縣。凡天下之戶，八百一萬八千七百一十，口四千六百二十八萬五千一百六十一。百戶爲里，五里爲鄉。兩京及州縣之郭內，分爲坊，郊外爲村。里及坊村皆有正，以司督察。四家爲鄰，五鄰爲保。保有長，以相禁約。凡男女，始生爲黃，四歲爲小，十六爲中，二十有一爲丁，六十爲老。每一歲一造計帳，三年一造戶籍。縣以籍成于州，州成于省，戶部總而領焉。凡天下之戶，量其資定爲九等，每定戶以仲年，造籍以季年。州縣之籍，恆留五比，省籍留九比。凡戶之兩貫者，先從邊州爲定，次從關內，次從軍府州。若俱者，各從其先貫焉。樂住之制：居狹鄉者，聽其從寬。居遠者，聽其從近。居輕役之地者，聽其從重。辨天下之四人，使各專其業。凡習學文武者爲士，肆力耕桑者爲農，巧作器用者爲工，屠沽興販者爲商。工商之家，不得預於士。食祿之人，不得奪下人之利。凡天下之田，五尺爲步，步二百有四十爲畝，畝百爲頃。度其肥瘠寬狹，以居其

人。凡給田之制有差，園宅之地亦如之。凡給口分田，皆從便近。居城之人，本縣無田者，則隔縣給授。凡應收授之田，皆起十月，畢十二月。凡授田，先課後不課，先貧後富，先多後少。凡州縣界內所部，受田悉足者，爲寬鄉，不足者爲狹鄉。凡官人及勳，授永業田。凡天下諸州有公廨田，凡諸州及都護府官人有職分田。凡賦役之制有四：一曰租，二曰調，三曰役，四曰雜徭〔七〕。課戶每丁租粟二石。其調，隨鄉土所產綾絹絁各二丈，布加五分之一。輸綾絹絁者〔八〕，綿三兩。輸布者，麻三斤。皆書印焉。凡丁，歲役二旬。無事則收其庸，每日三尺。有事而加役者，旬有五日免調，三旬則租調俱免。凡庸調之物，仲秋斂之，季秋發於州。租則準州土收穫早晚，量事而斂之。仲冬起輸，孟春而納畢。本州納者，季冬而畢。凡諸國蕃胡內附者，亦定爲九等。凡嶺南諸州稅米，及天下諸州稅錢，各有準常。凡丁戶皆有優復蠲免之制。若孝子順孫、義夫節婦志行聞於鄉閭者，州縣申省奏聞，而表其門閭，同籍悉免課役。有精誠致應者，則加優賞焉。凡京司文武職事官，皆有防閤。凡州縣官僚，皆有白直。凡州縣官及在外監官，皆有執衣。凡諸親王府屬，並給士力，具品數如白直。凡有功之臣，賜實封者，皆以課戶充。凡食封，皆傳于子孫。凡庶人年八十及篤疾，給侍丁一人，九十，給二人，百歲，三人。凡天下朝集使，皆以十月二十五日至京師，十一月一日戶部引見訖，於尚書省與羣官禮見，然後集于考堂，應考績之事。元日，陳其貢篚

於殿廷。凡京都諸縣令，每季一朝。

度支郎中一員，從五品上。龍朔改爲司度大夫，咸亨復。員外郎一員，從六品上。主事二人，從九品上。令史十六人，書令史三十三人，計史一人，掌固四人。郎中、員外郎之職，掌判天下租賦多少之數，物產豐約之宜，水陸道途之利。每歲計其所出而度其所用，轉運徵斂送納，皆準程而節其遲速。凡和糴和市，皆量其貴賤，均天下之貨，以利於人。凡金銀寶貨綾羅之屬，皆折庸調以造。凡天下舟車水陸載運，皆具爲脚直，輕重貴賤、平易險澀而爲之制。凡天下邊軍，有支度使，以計軍資糧仗之用。每歲所費，皆申度支會計，以長行旨爲準。

金部郎中一員，從五品上。龍朔爲司珍大夫，咸亨復。員外郎一員，從六品上。主事三人，從九品上。令史八人，書令史二十一人，計史一人，掌固四人。郎中、員外郎之職，掌判天下庫藏錢帛出納之事，頒其節制，而司其簿領。凡度，以北方秬黍中者一黍之廣爲分，十分爲寸，十寸爲尺，一尺二寸爲大尺，十尺爲丈。凡量，以秬黍中者容一千二百爲龠，二龠爲合，十合爲升，十升爲斗，三斗爲大斗，十斗爲斛。凡權衡，以秬黍中者百黍之重爲銖，二十四銖爲兩，三兩爲大兩，十六兩爲斤。凡積秬黍爲度量權衡，調鐘律，測晷景，合湯藥，及冠冕之制用之。內外官私，悉用大者。凡庫藏出納，皆行文牓，季終會之。若承命出納，則於中書、門下省覆而行之。百司應請月俸，符牒到，所由皆遞覆而行之，乃置木契，與應出物之司相

合。凡官私互市，物數有制。凡縑帛之類，有長短、廣狹、端疋、屯綟之差。凡賜十段，其率絹三疋，布三端，綿三屯。若雜綵十段，則絲布二疋，紬二疋，綾二疋，縵四疋。若賜蕃客錦綵，率十段則錦一張，綾二疋，縵三疋，綿四屯。凡遣使覆囚，則給時服。若諸使經二年不還，亦如之。凡時服稱一具者，全給之。一副者，減給之。正冬之會，稱束帛有差者，皆賜絹，五品已上五疋，六品已下三疋，命婦視其夫、子。

倉部郎中一員，從五品上。龍朔爲司庾大夫，咸亨復也。員外郎一員，從六品上。主事三人，從九品上。令史九人，書令史二十人，計史一人，掌固四人。郎中、員外郎之職，掌判天下倉儲，受納租稅，出給祿廩之事。凡中外文武官，品秩有差，歲再給之。乃置木契一百枚，以與出給之司合。諸司官人及諸色人應給食者，皆給米。凡致仕之官，五品已上及解官充侍者，各給半祿。卽遷官者，通計前祿，以充後數。凡都已東租納含嘉倉，自含嘉轉運以實京太倉。自洛至陝爲陸運，自陝至京爲水運，置使，以監充之。凡王公已下，每歲田苗，皆有簿書。凡義倉所以備歲不足，常平倉所以均貴賤也。

禮部尚書一員，正三品。隋舊。龍朔改爲司禮太常伯，光宅改爲春官尚書，神龍復也。侍郎一員。正四品下。名因隨曹改易也〔九〕。尚書、侍郎之職，掌天下禮儀、祭享、貢舉之政令。其屬有四：一

曰禮部，二曰祠部，三曰膳部，四曰主客。總其職務，而行其制命。凡中外百司之事，由於所屬，皆質正焉。凡舉試之制，每歲仲冬，率與計偕。其科有六：一曰秀才，試方略策五條。此科取人稍峻，貞觀已後遂絕。二曰明經，三曰進士，四曰明法，五曰書，六曰算。凡此六科，求人之本，必取精究理實，而昇爲第。其有博綜兼學，須加甄奬，不得限以常科。其弘文、崇文館學生，雖同明經、進士，以其資蔭全高，試取粗通文義。其郊社齋郎簡試，如太廟齋郎。其國子監大成十二員，取明經及第人聰明灼然者，試日誦千言，并口試，仍策所習業，十條通七，然後補充。各授散官，依舊令於學內習業，以通四經爲限。

郎中一員，從五品上。員外郎一員，從六品上。隋曰儀曹郎，武德改禮部郎中員外。龍朔爲司禮大夫司禮員外，咸亨復。主事二人，從八品上。令史五人，書令史十一人，亭長六人，掌固八人。郎中、員外郎之職，掌貳尚書、侍郎。舉其儀制，而辨其名數。凡五禮之儀，一百五十有二：一曰吉禮，其儀五十有五；二曰賓禮，其儀有六；三曰軍禮，其儀二十有三；四曰嘉禮，其儀五十；五曰凶禮，其儀一十有八。凡元日，大陳設於含元殿，服衮冕臨軒，展宮懸之樂；陳歷代寶玉輿輅，備黃麾仗，二王後及百官朝集使、皇親，並朝服陪位。大會之日，陳設如初。凡多至，大陳設如元正之儀。其異者，無諸州表奏祥瑞貢獻。凡元正、多至大會之明日，百官、朝集使等皆詣東宮慶賀。凡千秋節，御樓設九部之樂，百官袴褶陪位。凡京司文武職事

九品已上，每朔、望朝參。五品已上及供奉官、員外郎、監察御史、太常博士，每日參。凡諸蕃國來朝，皆設宮懸之樂及黃麾仗。若蕃國使，則減黃麾之半。凡册皇后、太子、太子妃、諸王、諸王妃、公主，並臨軒册命，陳設如冬、正之儀。訖，皆拜太廟。凡祥瑞，皆辨其名物。有大瑞、上瑞、中瑞〔一〇〕，皆有等差。凡太陽虧，所司預奏，其日置五鼓五兵於太社，而不視事。百官各素服守本司，不聽事。過時乃罷。月蝕，則擊鼓於所司。若五嶽、四鎮、四瀆崩竭，皆不視事三日。凡二分之月，三公巡行山陵，則太常卿爲之副。凡百官拜禮，各有差。凡致敬之士，若非連屬，應敬之官相見，或自親戚者，各從其私禮。凡樂，有五聲、八音、六律、六呂，陳四懸之度，分二舞之節，以和人倫，以調節氣，以享鬼神，以序賓客。凡私家不得設鐘磬。三品已上，得備女樂。五品女樂不得過三人〔一一〕。居大功已上喪，受册及之官，雖有鼓樂，從而不作。凡太廟、太社及諸宮殿門，東宮及一品已下諸州，施戟有差。凡內外百官，皆給銅印，有魚符之制。並出於門下省。凡服飾尚黃，旗幟尚赤。天子、皇后、太子已下之服，事在輿服志也。凡百僚冠笏、繖幰、珂珮，各有差。常服亦如之。凡凶服，不入公門。凡授都督、刺史階未入五品者，並聽著緋珮魚，離任則停。凡文武官赴朝詣府，導從各有差。凡職事官薨卒，有賻贈、柳翣、碑碣，各有制度。

祠部郎中一員，從五品上。龍朔爲司禋大夫，咸亨復。員外郎一員，從六品上。主事二人，從九品上。

令史五人，書令史十一人，亭長六人，掌固八人。郎中、員外郎之職，掌祠祀、享祭、天文、漏刻、國忌、廟諱、卜筮、醫藥、僧尼之事。凡祭祀之名有四：一曰祀天神，二曰祭地祇，三曰享人鬼，四曰釋奠于先聖先師。其差有三：若昊天上帝、皇地祇、神州、宗廟爲大祀。祀天地皆以祖宗配享。日月星辰、社稷、先代帝王、岳鎮海瀆、帝社、先蠶、孔宣父、齊太公、諸太子廟爲中祀。司中、司命、風師、雨師、衆星、山林、川澤、五龍祠等，及州縣社稷、釋奠爲小祀。大祀，皇帝親祭，則太尉爲亞獻，光祿卿爲終獻。若有司攝事，則太尉爲初獻，太常卿爲亞獻。凡大祀，散齋四日，致齋三日。大祀，齋官皆於散齋日平明，集尚書省，受誓誡。中祀，散齋三日，致齋二日。小祀，散齋二日，致齋一日。皆祀前習禮、沐浴，並給明衣。凡官爵二品已上，祠四廟。五品已上，祠三廟。六品已下達於庶人，祭祖禰而已。凡國有封禪之禮，則依圓丘方澤之神位。凡天下寺有定數，每寺立三綱，以行業高者充。諸州寺總五千三百五十八所，三千二百三十五所僧，二千一百二十二所尼。每寺上座一人，寺主一人，都維那一人。凡僧簿籍，三年一造。凡別敕設齋，應行道並官給料。凡國忌日，兩京大寺各二，以散齋僧尼。文武五品已上，清官七品已上皆集，行香而退。天下州府亦然。凡遠忌日，雖不廢務，然非軍務急切，亦不舉事。餘如常式。

膳部郎中一員，從五品上。龍朔爲司膳大夫，咸亨復也。員外郎一員，從六品上。主事二人，從九品上。令史四人，書令史九人，掌固四人。郎中、員外郎之職，掌邦之祭器、牲豆、酒膳，辨其

品數，及藏冰食料之事。

主客郎中一員，從五品上。隋曰司蕃郎，武德改主客郎中，龍朔爲司蕃大夫，咸亨復。員外郎一員，從六品上。主事二人，從九品上。令史四人，書令史九人，掌固四人。郎中、員外郎之職，掌二王後及諸蕃朝聘之事。二王之後，酅公、介公。凡四蕃之國，經朝貢之後，自相誅絕，及有罪滅者，蓋三百餘國。今所存者，七十餘蕃。其朝貢之儀，享宴之數，高下之等，往來之命，皆載於鴻臚之職焉。

兵部尚書一員，正三品。南朝謂之五兵尚書，隋曰兵部尚書。龍朔改爲司戎太常伯，咸亨復也。侍郎二員。正四品下。龍朔爲司戎少常伯，咸亨復。尚書、侍郎之職，掌天下武官選授及地圖與甲仗之政令。其屬有四：一曰兵部，二曰職方，三曰駕部，四曰庫部。總其職務，而行其制命。凡中外百官之事，由於所屬，咸質正焉。凡選授之制，每歲集於孟冬。去王城五百里以上旬，千里之內以中旬，千里之外以下旬。尚書、侍郎分爲三銓。尚書爲中銓，侍郎分東西。凡試能有五，五謂長垜、馬步射、馬槍、步射、應對。互有優長，即可取之。較異有三。三謂驍勇、材藝及可爲統領之用也〔一二〕。審其功能，而定其留放，所以錄才藝、備軍國、辨虛冒、敍勳勞也。然後據其資勞，量爲注擬。五品已上送中書門下，六品已下量資注定。其在軍鎮要籍，不得赴選，委節度使銓試其等第申省。凡官階注擬團甲進甲，皆

如吏部之制。凡大選，終於季春之月，所以約資敍之淺深，審才略之優劣，軍國之用在焉。

郎中二員，從五品上。龍朔爲司戎大夫，咸亨復也。員外郎二人，從六品上。主事四人，從八品下。令史三十人，書令史六十人，亭長八人，掌固十二人。郎中一員掌判帳及天下武官之階品，衞府之名數。凡敍階有二十九。將軍之階。具於敍目。凡敍階之法，一如文散官之制。凡天下之府，五百九十有四，有上中下，並載於諸衞之職。凡應宿衞官，各從番第。凡千牛備身左右及太子千牛備身，皆取三品已上職事官子孫，四品清官子，儀容端正，武藝可稱者充。五考，本司隨文武簡試聽選。四品，謂諸司侍郎、左右庶子也。凡殿中省進馬，取左右衞三衞及高蔭，簡儀容可觀者補充，簡試同千牛例。僕寺進馬，亦如之。五品已下、七品已上，五年，多至八年，年滿簡送吏部。不第者，如初。無文，聽以武選。凡左右衞、親衞、勳衞、翊衞，及左右率府親勳翊衞，及諸衞之翊衞，通謂之三衞。擇其資蔭高者，爲親衞，其次者，爲勳衞及率府之親衞，又次者，爲翊衞及率府之勳衞，又次者，爲諸衞及率府之翊衞〔三〕，又次者，爲親王府之執仗執乘。量遠邇以定其番第。應補之人，周親已上有犯刑戮者，配令兵部上下。凡諸衞及率府三衞，貫京兆、河南、蒲、同、華、岐、陝、懷、汝、鄭等州，皆令番上，餘州皆納資。凡左右衞之三衞，分爲五仗。凡王公已下，皆有親事帳內，限年十八已下，舉諸州率萬人以充之。皆限十周年，則聽其簡試。文理高者送吏部，其餘留本司，全下者退還本色。凡

兵士隸衞，各有其名。左右衞曰驍騎，左右驍衞曰豹騎，左右武衞曰熊渠，左右威衞曰羽林，左右領軍衞曰射聲，左右金吾衞曰佽飛。東宮左右衞率府曰超乘，左右司禦率府曰旅賁，左右清道率府曰直蕩。總名曰衞士。皆取六品已下子孫，及白丁無職役者點充。凡三年一簡點，成丁而入，六十而免。量其遠邇，以定番第〔四〕。凡衞士，各立名簿。其三年已來征防差遣，仍定優劣爲三第。每年正月十日送本府印記，仍錄一道送本衞府。若有差行上番，折衝府據簿而發之〔五〕。凡差衞士征戍鎮防，亦有團伍。其善弓馬者，爲越騎團，餘爲步兵團，主帥已下統領之。火十人，有六馱馬。若父兄子弟，不併遣之。若祖父母老疾，家無兼丁，免征行及番上。其居常則皆習射，唱大角歌。番集之日，府官率而課試。凡左右金吾衞，有角手，諸衞有弩手，左右羽林軍有飛騎及左右萬騎、彍騎。天下諸軍，有健兒，皆定其名籍，每季上中書、門下。凡關內，有團結兵，秦、成、岷、渭、河、蘭六州，有高麗羌兵。黎、雅、邛、翼、茂五州，有鎮防團結兵。天下諸州差兵，募取戶殷丁多，人材驍勇，選前資官勳官部分強明堪統攝者，節級擢補主帥以領之。其義征者，別爲行伍，不入募人之營。凡軍行器物，皆於當州分給之。如不足，則令自備，貧富必以均焉。凡諸州軍府應行兵之名簿，器物之多少，皆申兵部。軍散之日，亦錄其存亡多少，以申而勘會之。凡諸道迴兵糧糒之物，衣資之費，皆令所在州縣分而給之。

郎中一人掌判簿，以總軍戎差遣之名數。凡

天下節度使有八，若諸州在節度內者，皆受節度焉。其福州經略使，登州平海軍，則不在節度之內。節度名與所管軍鎮名，並見地理志也。凡親王總戎，曰元帥，文武官總統者，則曰總管。以奉使言之，則曰節度使，有大使、副使、判官。若大使加旌節以統軍，置木契以行。凡將帥出行，兵滿一萬人已上，置長史、司馬、倉曹兵曹冑曹等參軍各一人。五千人已上，減司馬。諸軍各置使一人，五千人已上置副使一人，一萬人已上置營田副使一人。每軍各有倉、兵、冑三參軍。其橫海、高陽、唐興、恆陽、北平等五軍，皆本州刺史爲使。凡鎮，皆有使一人，副使一人。萬人已上，置司馬、倉兵二曹參軍。五千人已下，減司馬。凡諸軍鎮，每五百人置押官一人，千人置子總管一人，五千人置總管一人。凡諸軍鎮使、副使已上，皆四年一替；總管已下，二年一替；押官隨兵交替。凡諸軍鎮大使、副使已下，皆有傔人，別奏以從之。凡幸三京，卽東都南北衙，皆置左右屯營，別立使以統之。若在都，則京城亦如之。凡大將出征，皆告廟授鉞，辭齊太公廟訖，不宿於家。臨軍對寇，士卒不用命，並得專行其罰。既捷，及軍未散，皆會衆而書勞與其費用，乃告太廟。元帥凱旋之日，皆使郊勞。有司先獻捷於太廟，又告齊太公廟。

員外郎一人掌貢舉及雜請之事。凡貢舉，每歲孟春，亦與計偕。有二科：一曰平射，二曰武舉。凡科之優劣，勳獲之等級，皆審其實而受敍焉。

員外郎一人掌判南曹。每歲選人，有解狀、簿書、資歷、考課。必由之以覈其實，乃上三銓。進甲則

署焉。

職方郎中一員，從五品上。龍朔爲司城大夫也〔六〕。員外郎一員，正六品上。主事二人，從九品上。令史四人，書令史九人，掌固四人。郎中、員外郎之職，掌天下地圖及城隍、鎮戍、烽候之數，辨其邦國都鄙之遠近，及四夷之歸化。凡五方之區域，都邑之廢置，疆場之爭訟者，舉而正之。凡天下上鎮二十，中鎮九十，下鎮一百三十五。上戍十有一，中戍八十六，下戍二百四十五。凡烽堠所置，大率相去三十里。其逼邊境者，築城置之。每烽置帥一人，副一人。凡州縣城門及倉庫門，須有備守。

駕部郎中一員，從五品上。龍朔爲司輿大夫也。員外郎一人，從六品上。主事三人，從九品上。令史十人，書令史二十人，掌固四人。郎中、員外郎之職，掌邦國輿輦、車乘、傳驛、廐牧、官私馬牛雜畜簿籍，辨其出入，司其名數。凡三十里一驛，天下驛凡一千六百三十九，而監牧六十有五，皆分使統之。若畜養之宜，孳生之數，皆載於太僕之職。凡諸衞有承直之馬，凡諸司有備運之牛〔七〕，皆審其制，以定數焉。

庫部郎中一員，從五品上。龍朔爲司庫大夫也。員外郎一員，從六品上。主事二人，從九品上。令史七人，書令史十五人，掌固四人。郎中、員外郎之職，掌邦國軍州戎器、儀仗。凡元正、冬至陳設，并祠祭喪葬所貢之物，皆辨其出入之數，量其繕造之功，以分給焉。

刑部尚書一員，正三品。隋初改都官尚書，又改爲刑部。龍朔改爲司刑太常伯，光宅改爲秋官尚書，神龍復也。侍郎一員。正四品下。龍朔爲司刑少常伯。尚書、侍郎之職，掌天下刑法及徒隸、勾覆、關禁之政令。其屬有四：一曰刑部，二曰都官，三曰比部，四曰司門。總其職務，而行其制命。凡中外百司之事，由於所屬，咸質正焉。

郎中二員，從五品上。隋曰憲部郎，武德爲刑部郎中，龍朔改爲司刑大夫。員外郎二員，從六品上。主事四人，從九品上。令史十九人，書令史三十八人，亭長六人，掌固十人。郎中、員外郎之職，掌貳尚書、侍郎，舉其典憲，而辨其輕重。凡文法之名有四：一曰律，二曰令，三曰格，四曰式。凡律，十有二章：一名例，二禁衞，三職制，四戶婚，五廄庫，六擅興，七賊盜，八鬭訟，九詐僞，十雜律，十一捕亡，十二斷獄，而大凡五百條。令，二十有七篇，分爲三十卷。第一至第七曰官品職員，八祠，九戶，十選舉，十一考課，十二宮衞，十三軍防，十四衣服，十五儀制，十六鹵簿，十七公式，十八田，十九賦役，二十倉庫，二十一廄牧，二十二關市，二十三醫疾，二十四獄官，二十五營繕，二十六喪葬，二十七雜令，而大凡一千五百四十六條。凡格，二十四篇。式，三十三篇。以尚書、御史臺、九寺、三監、諸軍爲目。凡律，以正刑定罪。令，以設範立制。格，以禁違正邪。式，以軌物程事。乃立刑名之制五焉：一笞，二杖，三徒，四

流，五死。笞刑五，杖刑五，徒刑五，流刑三，死刑二。而斷獄之大典，有十惡、八議、五聽、六贓。贖配之典，具在刑法志。凡決死刑，皆於中書門下詳覆。凡死罪，枷而杻。婦人及流徒，枷而不杻。官品及勳散之階第七已上，鎖而不枷。在京諸司，則徒已上送大理，杖已下當司斷之。若金吾糾獲，亦送大理。凡決大辟罪，在京者，行決之司，皆五覆奏；在外者，刑部三覆奏。若犯惡逆已上，及部曲奴婢殺主者，一覆奏。凡京城決囚之日，減膳徹樂。每歲立春後至秋分，不得決死刑。大祭祀及致齋、朔望、上下弦、二十四氣、雨未晴、夜未明、斷屠月日及休假，亦如之。凡犯流罪已下，應除免官。當未奏，身死者，免其追奪。流移之人，皆不得弃放妻妾，及私遁還鄉。至六載，然後聽仕。即本犯不應流而特配流者，三載已後聽仕。其應徒則皆配居作。凡禁囚，五日一慮。凡鞫獄官與被鞫人有親屬讎嫌者，皆聽更之。凡在京諸司見禁囚，每月二十五已前，本司錄其所犯及禁時月日，以報刑部。凡國有赦宥之事，先集囚徒於闕下，命衞尉樹金雞，待宣制訖，乃釋之。

都官郎中一員，從五品上。龍朔改司僕大夫，咸亨復。員外郎一員，從六品上。主事二人，從九品上。令史九人，書令史十二人，掌固四人。郎中、員外郎之職，掌配役隸，簿錄俘囚，以給衣糧藥療，以理訴競雪冤。凡公私良賤，必周知之。凡反逆相坐，沒其家爲官奴婢。一免爲蕃戶，再免爲雜戶，三免爲良民，皆因赦宥所及則免之。年六十及廢疾，雖赦令不該，亦並免爲

蕃戶，七十則免爲良人，任所樂處而編附之。凡初被沒有伎藝者，各從其能，而配諸司。婦人工巧者，入于掖庭。其餘無能，咸隸司農。

比部郎中一員，從五品上。龍朔爲司計大夫。員外郎一員，從六品上。主事二人，從九品上。令史十四人，書令史二十七人，計史一人，掌固四人。郎中、員外郎之職，掌勾諸司百僚俸料、公廨、贓贖、調斂、徒役、課程、逋懸數物，周知內外之經費，而總勾之。凡內外官料俸，以品第高下爲差。外官以州縣府之上中下爲差。凡稅天下戶錢，以充州縣官月料，皆分公廨本錢之利。羈縻州所補漢官，給以當土之物。關監之官，以品第爲差。其給以年支輕貨。鎮軍司馬、判官俸祿，同京官。鎮戍之官，以鎮戍上中下爲差。凡京師有別借食本，每季一申省，諸州歲終而申省，比部總勾覆之。凡倉庫、出內、營造、傭市、丁匠、功程、贓贖、賦斂、勳賞、賜與、軍資、器仗、和糴、屯牧，亦勾覆之。

司門郎中一員，從五品上。龍朔曰司門大夫。員外郎一員，從六品上。主事二人，從九品上。令史六人，書令史十三人，掌固四人。郎中、員外郎之職，掌天下諸門及關出入往來之籍賦，而審其政。凡關二十有六，爲上中下之差。京城四面關有驛道者，爲上關。餘關有驛道及四面無驛道者，爲中關。他皆爲下關。關所以限中外，隔華夷，設險作固，閑邪正禁者也。凡關呵而不征，司貨賄之出入，其犯禁者，舉其貨，罰其人。凡度關者，先經本部本司請過所，在京則省給之，在外則州給之。而雖非所部，有來文者，所在亦給。

工部尚書一員，正三品。南朝謂之起部。有所營造，則置起部尚書，畢則省之。隋初改置工部尚書。龍朔爲司平太常伯，光宅改爲冬官尚書，神龍復舊也。侍郎一員。正四品下。龍朔爲司平少常伯。尚書、侍郎之職，掌天下百工、屯田、山澤之政令。其屬有四：一曰工部，二曰屯田，三曰虞部，四曰水部。總其職務，而行其制命。凡中外百司之事，由於所屬，咸質正焉。

郎中一員，從五品上。龍朔爲司平大夫也。員外郎一員，從六品上。主事二人，從九品上。令史十二人，書令史二十一人，亭長六人，掌固八人。郎中、員外郎之職，掌經營興造之衆務。凡城池之修濬，土木之繕葺，工匠之程式，咸經度之。凡京師、東都有營繕，則下少府、將作，以供其事。

屯田郎中一員，從五品上。龍朔爲司田大夫也。員外郎一員，從六品上。主事二人，從九品上。令史七人，書令史十二人，計史一人，掌固四人。郎中、員外郎之職，掌天下屯田之政令。凡邊防鎮守，轉運不給，則設屯田，以益軍儲。其水陸腴瘠，播種地宜，功庸煩省，收率等級，咸取決焉。諸屯田役力，各有程數。凡天下諸軍州管屯，總九百九十有二。大者五十頃，小者二十頃。凡當屯之中，地有良薄，歲有豐儉，各定爲三等。凡屯皆有屯官、屯副。凡京文

武職事官，有職分田。京兆、河南府及京縣官，亦準此。凡在京諸司，有公廨田，皆視其品命而審其分給。

虞部郎中一員，從五品上。龍朔爲司虞大夫。員外郎一員，從六品上。主事二人，從九品上。令史四人，書令史九人，掌固四人。郎中、員外郎之職，掌京城街巷種植，山澤苑囿，草木薪炭，供頓田獵之事。凡採捕漁獵，必以其時。凡京兆、河南二都，其近爲四郊，三百里皆不得弋獵採捕。殿中、太僕所管閑廄馬，兩都皆五百里內供其芻藁。其關內、隴右、西使、南使諸牧監馬牛駝羊，皆貯藁及茭草。其柴炭木橦進內及供百官蕃客，並於農隙納之。

水部郎中一員，從五品上。龍朔爲司川大夫。員外郎一員，從六品上。主事二人，從九品上。令史四人，書令史九人，掌固四人。郎中、員外郎之職，掌天下川瀆陂池之政令，以導達溝洫，堰決河渠。凡舟檝溉灌之利，咸總而舉之。凡天下水泉，三億二萬三千五百五十九。其在遐荒絕域，殆不可得而知矣。其江、河，自西極達于東溟，中國之大川者也。其餘百三十五水，是爲中川。其又千二百五十二水，斯爲小川也。若渭、洛、汾、濟、漳、淇、淮、漢，皆亙達方域，通濟舳艫，從有之無，利於生人者也。凡天下造舟之梁四，河則蒲津、大陽、河陽，洛則孝義也。石柱之梁四，洛則天津、永濟、中橋，灞則灞橋。木柱之梁三，皆渭川，便橋、中渭橋、東渭橋也。巨梁十有一，皆國工修之。其餘皆所管州縣隨時營葺。其大津無梁，皆給船人，量其大小難易，以定

其差。

門下省秦、漢初，置侍中，曾無臺省之名。自晉始置門下省，南、北朝皆因之。龍朔改爲東臺，光宅改爲鸞臺，神龍復。

侍中二員。隋曰納言，又名侍內。武德爲納言，又改爲侍中。龍朔改東臺左相，光宅元年改爲納言，神龍復爲侍中。開元元年改爲黃門監，五年復爲侍中。天寶二年改爲左相。至德二年復改爲侍中。武德定令，侍中正三品，大曆二年十一月九日，升爲正二品。舊制，宰相常於門下省議事，謂之政事堂。永淳二年七月，中書令裴炎以中書執政事筆，遂移政事堂於中書省。開元十一年，中書令張說改政事堂爲中書門下，其政事印，改爲中書門下之印也。侍中之職，掌出納帝命，緝熙皇極，總典吏職，贊相禮儀，以和萬邦，以弼庶務，所謂佐天子而統大政者也。凡軍國之務，與中書令參而總焉，坐而論之，舉而行之，此其大較也。凡下之通上，其制有六：一曰奏抄，二曰奏彈，三曰露布，四曰議，五曰表，六曰狀；皆審署申覆而施行焉。凡法駕行幸，則負寶而從。大朝會、大祭祀，則板奏中嚴外辦，以爲出入之節。輿駕還宮，則請解嚴，所以告禮成也。凡大祭祀，皇帝致齋，既朝，則請就齋室。將奠，則奉玉及幣以進。盥手，則取匜以沃。洗爵，則酌罍水以奉。及贊酌汎齊，進福酒以成其禮焉。若享宗廟，則進瓚而贊酌鬱酒以祼。既祼，則贊酌醴齊。其餘如饗神祇之禮。耤田，則奉耒以贊事。凡諸侯王及四夷之君長朝見，則承詔而勞問之。臨軒命使，册后及太子，則承詔以命之。凡制敕慰問外方之臣及徵召者，則監其封題。若發驛遣使，則給其傳符，以通天下之信。凡官爵廢置，刑政損益，皆授之於記事之官。既書於策，則監其記注焉。凡文武職事六品已下，所司進擬，則量其階資，校其才用，以審定之。若擬職不當，隨其優屈，退而量焉。

門下侍郎二員。隋曰黃門侍郎。龍朔爲東臺侍郎，咸亨改爲黃門侍郎，垂拱改爲鸞臺侍郎，天寶二年改爲門下侍郎，乾元元年改爲黃門侍郎，大曆二年四月復爲門下侍郎。武德定令，中書門下侍郎，同尚書侍郎，正四品上。大曆二年九月敕升爲正三品也。門下侍郎掌貳侍中之職。凡政之弛張，事之與奪，皆參議焉。若大祭祀，則從升壇以陪禮。皇帝盥手，則奉巾以進。既帨，則奠巾于篚，奉瓠爵以贊獻。凡元正、冬至天子視朝，則以天下祥瑞奏聞。

給事中四員。正五品上。隋曰給事郎，置四員，位次門下侍郎。武德定令，曰給事中。龍朔改爲東臺舍人，咸亨復。給事中掌陪侍左右，分判省事。凡百司奏抄，侍中審定，則先讀而署之，以駁正違失。凡制敕宣行，大事則稱揚德澤，褒美功業，覆奏而請施行；小事則署而頒之。凡國之大獄，三司詳決，若刑名不當，輕重或失，則援法例退而裁之。凡發驛遣使，則審其事宜，與黃門侍郎給之；其緩者給傳，卽不應給，罷之。凡文武六品已下授職官，所司奏擬，則校其

仕歷淺深，功狀殿最，訪其德行，量其才藝；若官非其人，理失其事，則白侍中而退量焉。若弘文館圖書之繕寫、讎校，亦課而察之。凡天下寃滯未申及官吏刻害者，必聽其訟，與御史、中書舍人同計其事宜，而申理之。

錄事四人，從七品上。主事四人，從八品下。令史十一人，書令史二十二人，甲庫令史七人，傳制八人，亭長六人，掌固十人，修補制敕匠五人。

左散騎常侍二人。從三品。魏、晉置散騎常侍、侍郎，與侍中、黃門侍郎共平尚書奏事。其後用人或雜，江左不重此官，或省或置。隋初省散騎侍郎，置常侍四人，從三品，掌陪從朝直。煬帝又省之。武德初，以爲加官。貞觀初，置常侍二人，隸門下省。明慶二年，又置二員，隸中書省，始有左右之號，並金蟬珥貂。左常侍與侍中左貂，右常侍與中書令右貂，謂之八貂。龍朔爲左侍極，咸亨復。廣德二年五月，昇爲正三品，加置四員。興元元年正月，左右各加一員。貞元四年正月敕，依舊四員也。常侍掌侍奉規諷，備顧問應對。寶應二年敕，左右散騎常侍各置參官兩人，令自揀擇聞奏，參與亦置兩人，後省。

諫議大夫四員。秦、漢曰諫大夫，光武加議字。隋於門下省置諫議大夫七員，從四品下。武德四年敕置四員，正五品上。龍朔改爲正諫大夫，神龍復。大曆四年敕只四員，正五品上。龍朔七年三月敕，其諫議四員，內供奉不得爲正員。至貞元四年五月十五日敕，諫議分爲左右，加置八員，四員隸門下爲左。會昌二年十一月中書奏：隋於門下省置諫議大夫七員〔一〇〕，從四品下。今正五品上。自大曆二年門下中書侍郎升爲正三品，兩省遂闕四品官。其諫議大夫望

升爲正四品下，分爲左右，以備兩省四品之闕。向後與丞郎出入迭用，以重其選。敕可之。諫議大夫掌侍從贊相，規諫諷諭。凡諫有五：一曰諷諫，二曰順諫，三曰規諫，四曰致諫，五曰直諫。

起居郎二員，從六品上。古無其名，隋始置起居舍人二員。貞觀二年省起居舍人，移其職於門下，置起居郎二員。明慶中又置起居舍人，始與起居郎分在左右。龍朔二年改爲左史，咸亨復。天授元年又改爲左史，神龍復也。楷書手三人。起居郎掌起居注，錄天子之言動法度，以修記事之史。凡記事之制，以事繫日，以日繫月，以月繫時，以時繫年。必書其朔日甲乙，以紀曆數；典禮文物，以考制度；遷拜旌賞以勸善，誅伐黜免以懲惡。季終則授之國史焉。自漢獻帝後，歷代帝王有起居注，著作編之，每季爲卷，送史館也。

左補闕二員，從七品上。左拾遺二員。從八品上。古無此官名。天后垂拱元年二月二十九日敕：「記言書事，每切於旁求；補闕拾遺，未弘於注選。諸言共理，必藉衆才，寄以登賢，期之進善。宜置左右補闕各二員，從七品上，左右拾遺各二員，從八品上，掌供奉諷諫，行立次左右史之下。仍附于令。」天授二年二月，加置三員，通前五員。大曆四年，補闕拾遺，各置內供奉兩員。七年五月十一日敕，補闕拾遺，宜各置兩員也。補闕、拾遺之職，掌供奉諷諫，扈從乘輿。凡發令舉事，有不便於時，不合于道，大則廷議，小則上封。若賢良之遺滯於下，忠孝之不聞于上，則條其事狀而薦言之。

典儀二員。從九品。南齊有典儀錄事一員，梁有典儀之官，後省。皇朝又置典儀二人，隸門下省。初用人皆

輕，貞觀末〔一九〕，李義府爲之，自是用士人爲之。贊者十二人。隋太常、鴻臚二寺，皆有贊者，皇朝因置之，隸門下省，掌贊唱，爲行事之節。分番上下，謂之番官。典儀掌殿上贊唱之節，及殿廷版位之次。凡國有大禮，侍中行事，及進中嚴外辦之版，皆贊相焉。

城門郎四員。從六品上。漢有城門校尉，掌京城諸門啓閉之節。隋改校尉爲城門郎，置四員，從六品，皇朝因之也。令史一人，書令史二人，門僕八百人。門僕，晉代有之。皇朝隸城門局，分番上下，掌送管鑰。城門郎掌京城皇城宮殿諸門啓閉之節，奉出納管鑰。開則先外而後內，闔則先內而後外，所以重中禁，尊皇居也。候其晨昏擊鼓之節而啓閉之。凡皇城宮城闔門之鑰，先酉而出，後戌而入；開門之鑰，後丑而出，夜盡而入。京城闔門之鑰，後申而出，先子而入；開門之鑰，後子而出，先卯而入。若非其時而有命啓閉，則詣閤覆奏。

符寶郎四員。從六品上。周有典瑞之職，秦有符璽令，漢曰符璽郎。兩漢得秦六璽及傳國璽，後代傳之。隋置符璽郎二員，從六品。天后惡璽字，改爲寶。其受命傳國等八璽文，並改彫寶字。神龍初，復爲符璽郎。開元初，又改爲符寶，從璽文也。令史二人，書令史三人，主寶六人，主符三十人，主節十八人。符寶郎掌天子八寶及國之符節，辨其所用。有事則請於內，既事則奉而藏之。八寶：一曰神寶，所以承百王，鎮萬國；二曰受命寶，所以修封禪，禮神祇；三曰皇帝行寶，答疏於王公則用之；四曰皇帝之寶，勞來勳賢則用之；五曰皇帝信寶，徵召臣下則用之；六曰天子行寶，答四夷書則用之；七曰天子之寶，慰撫蠻夷則用之；八曰天子信寶，發番國兵則用之。凡大朝會，則捧寶以進于御座。車駕行幸，則奉寶以從于黃鉞之內。凡國有大事，則出納符節，辨其左右之異，藏其左而班其右，以合中外之契焉。一曰銅魚符，所以起軍旅，易守長。二曰傳符，所以給郵驛，通制命。三曰隨身魚符，所以明貴賤，應徵召。四曰木契，所以重鎮守，慎出納。五曰旌節，所以委良能，假賞罰。魚符之制，王畿之內，左三右一；王畿之外，左五右一。左者在內，右者在外。行用之日，從第一爲首，後事須用，以次發之，周而復始。大事兼敕書，小事但降符，函封遣使合而行之。傳符之制，太子監國曰雙龍之符，左右各十。京都留守曰麟符，左二十，其右一十有九。東方曰青龍之符，西方曰騶虞之符，南方曰朱雀之符，北方曰玄武之符，左四右三。左者進內，右者付外。隨身魚符之制〔二〇〕，左二右一，太子以玉，親王以金，庶官以銅，佩以爲飾。刻姓名者，去官而納焉；不刻者，傳而佩之。木契之制，太子監國，則王畿之內，左右各三；王畿之外，左右各五；庶官鎮守，則左右各十。旌節之制，命大將帥及遣使於四方，則請而佩之。旌以專賞，節以專殺。周禮之制，山國用虎節，土國用人節，澤國用龍節，皆金也。又云，道路用旌節，即漢使所持者是也。

弘文館：後漢有東觀，魏有崇文館，宋有玄、史二館，南齊有總明館，梁有士林館，北齊有文林館，後周有崇文館，皆著撰文史，鳩聚學徒之所也。武德初置修文館，後改爲弘文館。後避太子諱，改曰昭文館。開元七年，復爲弘文館，隸

門下省。學士。學士無員數，自武德已來，皆妙簡賢良爲學士。故事，五品已上，稱學士，六品已下〔二一〕，爲直學士，又有文學直館學士，不定員數。館中有四部書及圖籍，自垂拱已後，皆宰相兼領，號爲館主，常令給事中一人判館事。學生三十人，校書郎二人，從九品上。令史二人，楷書手三十人，典書二人，搨書手三人，筆匠三人，熟紙裝潢匠九人，亭長二人，掌固四人。弘文館學士掌詳正圖籍，教授生徒。凡朝廷有制度沿革，禮儀輕重，得參議焉。校書郎掌校理典籍，刊正錯謬。其學生教授考試，如國子學之制焉。

中書省秦始置中書謁者，漢元帝去「謁者」二字。歷代但云中書。後周謂之內史省，隋因爲內史省，置內史監、令各一員。煬帝改爲內書省，武德復爲內史省，三年改爲中書省。龍朔改爲西臺，光宅改爲鳳閣，神龍復爲中書省。開元元年改爲紫微省，五年復舊。

中書令二員。漢、魏品卑而付重。魏置監、令各一員，歷南朝不改。隋省監，置令二人，正三品。隋文帝廢三公府僚，令中書令與侍中知政事，遂爲宰相之職。隋曰內書令，武德曰內史令，尋改爲中書令。龍朔爲西臺右相，咸亨復爲中書令。光宅爲鳳閣令，開元元年改爲紫微令，五年復爲中書令。天寶改爲右相，至德二年復爲中書令。本正三品，大曆二年十一月九日，與侍中同昇正二品，自後不改也。中書令之職，掌軍國之政令，緝熙帝載，統和

天人。入則告之，出則奉之，以釐萬邦，以度百揆，蓋佐天子而執大政也。凡王言之制有七：一曰册書，二曰制書，三曰慰勞制書，四曰發敕，五曰敕旨，六曰論事敕書，七曰敕牒，皆宣署申覆而施行之。凡大祭祀羣神，則從升壇以相禮。享宗廟，則從升阼階。親征纂嚴，戒敕百僚，册命親賢，臨軒則使讀册。若命之于朝，則宣而授之。凡册太子，則授璽。凡制詔宣傳，文章獻納，皆授之於記事之官。武德、貞觀故事，以尚書省左右僕射各一人及侍中、中書令各二人，爲知政事官。其時以他官預議國政者，云與宰相參議朝政，或云平章國計，或云專典機密，或參議政事。貞觀十七年，李勣爲太子詹事，特詔同知政事，始謂同中書門下三品。自是，僕射常帶此稱。自餘非兩省長官預知政事者，亦皆以此爲名。永淳中，始詔郭正一、郭待舉、魏玄同等，與中書門下同承受進旨平章事。自天后已後，兩省長官及同中書門下三品并平章事，爲宰相。其僕射不帶同中書門下三品者，但釐尚書省而已。總章二年，東臺侍郎張文瓘，西臺侍郎戴至德等，始以同中書門下三品著之入銜。自是相承至今。永淳二年，黃門侍郎劉齊賢知政事，稱同中書門下平章事，自後兩省長官，及他官執政未至侍中書令者〔三二〕，皆稱同中書門下平章事也。

中書侍郎二員。漢置中書，掌密詔，有令、僕、丞、郎四官。魏曰中書郎，晉加「侍」字。隋置內書省，改爲內書侍郎，正四品。武德初爲內史侍郎，三年改爲中書侍郎。龍朔、光宅、開元，隨曹易號。至德復爲中書侍郎。武德定令，與尚書侍郎俱第四品。大曆二年九月，與門下侍郎共升爲正三品也。中書侍郎掌貳令之職。凡邦國之庶務，朝廷之大政，皆參議焉。凡臨軒册命大臣，令爲之使，則持册書以授之。凡四夷來朝，臨軒則受其表疏，升于西階而奏。若獻贄幣，則受之以授於所司。

中書舍人六員。正五品上。曹魏於中書置通事一人，掌呈奏按章。高貴鄉公於通事下加「舍人」二字。晉於中書置舍人、通事各一人。自魏、晉、齊、梁，詔誥皆出於中書令、中書侍郎，中書通事舍人但掌呈奏而已。或通事有文字者，別敕知詔誥。至梁武，制誥專令舍人掌之，兼去「通事」二字，但云中書舍人。隋曰內史舍人，置八員，掌制誥，品第六。尋升五品上。煬帝改內書舍人，置四員。武德初爲內史舍人，三年，改爲中書舍人。龍朔、光宅、開元，隨曹改易。舍人掌侍奉進奏，參議表章。凡詔旨敕制，及璽書册命，皆按典故起草進畫；既下，則署而行之。其禁有四：一曰漏泄，二曰稽緩，三曰違失，四曰忘誤；所以重王命也。制敕既行，有誤則奏而正之。凡大朝會，諸方起居，則受其表狀而奏之。國有大事，若大克捷及大祥瑞，百僚表賀，亦如之。凡册命大臣于朝，則使持節讀册命之。凡將帥有功及有大賓客，皆使勞問之。凡察天下冤滯，與給事中及御史三司鞫其事。凡百司奏議，文武考課，皆預裁焉。

主書四人，從七品上。主事四人，從八品下。令史二十五人，書令史五十人，傳制十人，亭長十八人，修補敕匠五十人。

右散騎常侍二員，從三品。右補闕二員，從七品上。右拾遺二員，從八品上。起居舍人二員。從六品上。右常侍、補闕、拾遺，掌事同左省。起居舍人，掌修記言之史，錄天子之制誥德音，如記事之制，以記時政損益。季終，則授之於國史。

通事舍人十六人。從六品上。通事舍人，秦謁者之官也。掌賓贊，贊受事，隸光祿勳。晉置舍人、通事各一人，隸中書。東晉曰通事舍人。隋因晉制，置十六人，從六品上，又爲通事謁者。武德初，廢謁者臺，改通事謁者爲通事舍人，隸四方館，屬中書省也。通事舍人掌朝見引納及辭謝者，於殿廷通奏。凡近臣入侍，文武就列，引以進退，而告其拜起出入之節。凡四方通表，華夷納貢，皆受而進之。凡軍旅之出，則命受慰勞而遣之。既行，則每月存問將士之家，以視其疾苦。凱旋，則郊迓之，皆復命。凡致仕之臣，與邦之耋老，時巡問亦如之。

令史十人，亭長十八人，掌固二十四人。

集賢殿書院：開元十三年置。漢、魏已來，職在祕書。梁於文德殿內藏羣書。北齊有文林館學士，後周有麟趾殿學士，皆掌著述。隋平陳之後，寫羣書正副二本，藏于宮中，其餘以實祕書外閣。煬帝於東都觀文殿東西廂貯書。自漢延熹至隋〔三三〕，皆祕書掌國籍，而禁中之書，時或有焉。及太宗在藩府時，有秦府學士十八人。其後弘文、崇文二館皆有。玄宗即位，大校羣書。開元五年，於乾元殿東廊下寫四部書，以充內庫，置校定官四人。七年，駕在東都，於麗正殿置修書使。十二年，駕在東都，十三年與學士張說等宴於集仙殿，因改名集賢，改修書使爲集賢書院學士。其大明宮所置書院，本命婦院，屋宇宏敞。永泰元年三月〔三四〕，詔僕射裴冕等十三人，每日於集賢書院待詔。初定制以五品已上官爲學士，六品已下爲直學士。每宰相爲學士者，爲知院事，常侍一人，爲副知院事。集賢學士。學士知院事一

人，開元初，以褚无量、馬懷素、元行沖相次知乾元殿寫書，及在麗正，乃有使名。張說代元行沖，改院爲集賢，以說爲大學士，知院事，說懇讓大字，詔許之。自是，每以宰相一人知院事。副知院事一人，初宰相張說知院事，以左常侍徐堅爲副知院事，因爲故事。判院一人，初在乾元殿，刊正官一人判事，其後因之。押院中使一人。自乾元殿寫書，則置掌出入，宣進奏，兼領中官，監守院門，掌同宮禁。侍講學士，開元初，褚无量、馬懷素侍講禁中，名爲侍讀。其後康子元爲侍講學士。修撰官，校理官，並無常員，以官人兼之。待制官，古之待詔金馬門是。留院官，檢討官。皆以學士別敕留之。孔目官一人，專知御書典四人，並開元五年置。知書官八人，開元五年置，掌分四庫書。書直、寫御書一百人，搨書六人，書直八人〔三五〕，裝書直十四人，造筆直四人。並開元六年置。集賢學士之職，掌刊緝古今之經籍，以辨明邦國之大典。凡天下圖書之遺逸，賢才之隱滯，則承旨而徵求焉。其有籌策之可施於時，著述之可行於代者，較其才藝而考其學術，而申表之。凡承旨撰集文章，校理經籍，月終則進課于內，歲終則考最於外。

史館：歷代史官，隸祕書省著作局，皆著作郎掌修國史。武德因隋舊制。貞觀三年閏十二月，始移史館於禁中，在門下省北，宰相監修國史，自是著作郎始罷史職。及大明宮初成，置史館於門下省之南。館門下東西有棗樹七十四株，無雜樹。開元二十五年三月，右相李林甫以中書地切樞密，記事者官宜附近，史官尹愔奏移史館於中書省北，以舊尚藥院充館也。史官。古者天子諸侯，皆有史官，以紀言動、曆數之事。至後漢明帝，召當時名士入東觀，撰光武紀，而史官因以他官兼之。魏明帝始置著作郎，專掌國史，隸中書。晉改隸祕書省，因而不改。貞觀年修五代史，移史館於禁

中。史官無常員，如有修撰大事，則用他官兼之，事畢日停。監修國史。貞觀已後，多以宰相監修國史，遂成故事也。修撰直館。天寶已後，他官兼領史職者，謂之史館修撰，初入爲直館也。元和六年，宰相裴垍奏〔三六〕：「登朝官領史職者，並爲修撰，未登朝官入館者，並爲直館。修撰中以一人官高者判館事，其餘名目，並請不置。」從之。楷書手二十五人，典書四人，亭長二人，掌固六人，裝潢直一人，熟紙匠六人。史官掌修國史，不虛美，不隱惡，直書其事。凡天地日月之祥，山川封域之分，昭穆繼代之序，禮樂師旅之事，誅賞廢興之政，皆本於起居注、時政記，以爲實錄，然後立編年之體，爲褒貶焉。既終藏之于府。

知匭使。天后垂拱元年，置匭以達冤滯。其制，一房四面，各以方色，東曰延恩，西曰申冤，南曰招諫，北曰通玄。所以申天下之冤滯，達萬人之情狀。蓋古善旌、誹謗木之意也。天寶九年，改匭爲獻納。乾元元年，復名曰匭。垂拱已來，常以諫議大夫及補闕、拾遺一人充使，受納訴狀。每日暮進內，而晨出之也。

翰林院。天子在大明宮，其院在右銀臺門內。在興慶宮，院在金明門內。若在西內，院在顯福門。若在東都、華清宮，皆有待詔之所。其待詔者，有詞學、經術、合鍊、僧道、卜祝、術藝、書奕，各別院以廩之，日晚而退。其所重者詞學。武德、貞觀時，有溫大雅、魏徵、李百藥、岑文本、許敬宗、褚遂良。永徽後，有許敬宗、上官儀，皆召入禁中驅使，未有名目。乾封中，劉懿之劉禕之兄弟、周思茂、元萬頃、范履冰，皆以文詞召入待詔，常於北門候進止，時號北門學士。天后時，蘇味道、韋承慶，皆待詔禁中。中宗時，上官昭容獨當書詔之任。睿宗時，薛稷、賈膺福、崔湜，又代其任。玄宗即位，

張說、陸堅、張九齡、徐安貞、張垍等〔三七〕，召入禁中，謂之翰林待詔。王者尊極，一日萬機，四方進奏、中外表疏批答，或詔從中出。宸翰所揮，亦資其檢討，謂之視草，故嘗簡當代士人，以備顧問。至德已後，天下用兵，軍國多務，深謀密詔，皆從中出。尤擇名士，翰林學士得充選者，文士爲榮。亦如中書舍人例置學士六人，內擇年深德重者一人爲承旨，所以獨承密命故也。德宗好文，尤難其選。貞元已後，爲學士承旨者，多至宰相焉。

內教坊。武德已來，置於禁中，以按習雅樂，以中官人充使。則天改爲雲韶府，神龍復爲教坊。

習藝館。本名內文學館，選宮人有儒學者一人爲學士，教習宮人。則天改爲習藝館，又改爲翰林內教坊，以事在禁中故也。

秘書省。隸中書之下。漢代藏書之所，有延閣、廣內、石渠之藏。又御史中丞，在殿內，掌蘭臺秘書圖籍。後漢桓帝延熹二年，始置秘書監，屬太常寺，掌禁中圖書秘文。後併入中書。至晉惠帝，別置秘書寺，掌中外三閣圖書。梁武改寺爲省。龍朔改爲蘭臺，光宅改爲麟臺〔三八〕，神龍復爲秘書省。

秘書監一員，從三品。監之名，後漢桓帝置，魏、晉不改。後周謂之外史下大夫。隋復爲秘書監，從第三品。煬帝改爲秘書令，武德復爲監。龍朔改爲蘭臺太史，天授改爲麟臺監，神龍復爲秘書監也。少監二員，從四品上。少監，隋煬帝置，龍朔改爲蘭臺侍郎，天授爲麟臺少監，神龍復爲秘書少監。比置一員，太極初增置一員也。丞一員。從五品上。魏武帝置，丞二人。隋置一人，正第五品也。秘書監之職，掌邦國經籍圖書之事。有二局：一曰著作，二曰太史，皆率其屬而修其職。少監爲之貳，丞掌判省事。秘書郎四員。從六品上。校書郎八人，正九品上。正字四人，正九品下。主事一人，從九品上。令史四人，書令史九人，典書八人，楷書手八十人，亭長六人，掌固八人。秘書郎掌甲乙丙丁四部之圖籍，謂之四庫。經庫類十，史庫類十三，子庫類十四，集庫類三。事在經籍志。

著作局：龍朔爲司文局。著作郎二人，從五品上。龍朔爲司文郎中，咸亨復也。佐郎四人，從六品上。校書郎二人，正九品上。正字二人，正九品下。楷書手五人，掌固四人。著作郎、佐郎掌修撰碑志、祝文、祭文，與佐郎分判局事也。

司天臺：舊太史局，隸秘書監。龍朔二年改爲秘閣局，久視元年改爲渾儀監。景雲元年改爲太史監，復爲太史局，隸秘書。乾元元年三月十九日敕，改太史監爲司天臺，改置官屬。舊置於子城內秘書省西，今在永寧坊東南角也。監一人，從三品。本太史局令，從五品下。乾元元年改爲監，升從三品，一如殿中秘書品秩也。少監二人。本曰太史丞，從七品下。乾元升爲少監，與諸司少監卿同品也。太史令掌觀察天文，稽定曆數。凡日月星辰之變，風雲氣色之異，率其屬而占候之。其屬有司曆二人，掌造曆。保章正一人，掌教。曆生四十一人。監候五人，掌候天文。觀生九十人，掌晝夜司候天文氣色。靈臺郎二人，掌教習天文氣色。天文生六十人。挈壺正二人。掌知漏刻。司辰七十人〔三九〕，漏刻典事二十二人，漏刻博士九人，漏刻生三百六十人，典鐘一百一十二人，

典鼓八十八人，楷書手二人，亭長、掌固各四人。自乾元元年別置司天臺。改置官吏，不同太史局舊數，今據司天職掌書之也。凡玄象器物、天文圖書，苟非其任，不得預焉。每季錄所見災祥，送門下中書省，入起居注。歲終總錄，封送史館。每年預造來年曆，頒于天下。五官正五員，正五品。乾元元年置五官，有春、夏、秋、冬、中五官之名。丞二員，正七品。主簿二員，正七品。定額直五人，五官靈臺郎五員，正七品。舊靈臺郎，正八品下，掌觀天文之變而占候之。凡二十八宿，分爲十二次，事具天文志也。五官保章正五員，正七品。五官司曆五員，正八品。舊司曆二人，從九品上，掌國之曆法，造曆以頒四方。其曆有戊寅曆、麟德曆、神龍曆、大衍曆。天下之測量之處，分至表準，其詳可載，故參考星度，稽驗晷影，各有典章。五官監候五員，正八品。五官挈壺正五員，正九品。五官司辰十五員。正九品。舊挈壺正二員，從八品下。司辰十七人，正九品下。皆掌知漏刻。孔壺爲漏，浮箭爲刻，以告中星昏明之候也。五官禮生十五人，五官楷書手五人，令史五人，漏刻博士二十人，漏刻之法，孔壺爲漏，浮箭爲刻〔四〇〕。其箭四十有八，晝夜共百刻。冬夏之間，有長短。冬至之日，晝漏四十刻，夜漏六十刻。夏至，晝漏六十刻，夜漏四十刻。春分秋分之時，晝夜各五十刻。秋分之後，減晝益夜，凡九日加一刻。春分已後，減夜益晝，九日減一刻。二至前後，加減遲，用日多。二分之間，加減速，用日少。候夜以爲更點之節。每夜分爲五更，每更分爲五點。更以擊鼓爲節，點以擊鐘爲節也。典鐘、典鼓三百五十人，天文觀生九十人，天文生五十人，曆生五十五人，漏生四十人，視品十人。已上官吏，皆乾元元年隨監司新置也。

校勘記

〔一〕其才職頗高　唐六典卷二「職」作「識」。
〔二〕兼注員外郎　唐六典卷二「郎」作「官」。
〔三〕依番名不過五六也　據唐六典卷二「名」作「多」。
〔四〕散官並同職事　「同」字各本原作「司」，據唐六典卷二改。
〔五〕從六品上　各本原作「從五品上」，據唐六典卷二、通典卷四〇改。
〔六〕從五品上　「從」字各本原作「並」，據唐六典卷三改。
〔七〕四曰雜徭　「雜徭」二字各本原無，據唐六典卷三、唐會要卷八三補。
〔八〕輸綾絹絁者　「絁」字各本原無，據本書卷四八食貨志、唐六典卷三補。
〔九〕名因隨曹改易也　「隨」字各本原作「隋」，唐六典卷四作「隨」，本卷「隨曹改易」之文屢見，當以「隨」爲是，據改。
〔一〇〕有大瑞上瑞中瑞　唐六典卷四「中瑞」下有「下瑞」二字。
〔一一〕五品女樂不得過三人　唐六典卷四「五品」下有「已上」兩字。
〔一二〕材藝　「材」字各本原無，據唐六典卷五補。

〔一三〕諸衞　「諸」字各本原作「翊」，據唐六典卷五改。
〔一四〕以定番第　「以」字各本原作「無」，據唐六典卷五改。
〔一五〕據簿而發之　「發」字各本原作「折」，據唐六典卷五改。
〔一六〕司城大夫　唐六典卷五、唐會要卷五九、通鑑卷二〇〇均作「司城大夫」。
〔一七〕備運之牛　唐六典卷五「牛」作「車」。
〔一八〕隋於門下省置諫議大夫七員　「隋」字各本原作「隨」，據唐會要卷五五改。
〔一九〕貞觀末　唐六典卷八「末」字作「初」字。考本書卷八二李義府傳，李義府爲門下省典儀在貞觀八年。
〔二〇〕隨身魚符之制　「魚」字各本原無，據本卷上文及唐六典卷八補。
〔二一〕六品已下　「下」字各本原作「上」，據唐六典卷八、唐會要卷六四改。
〔二二〕侍中書令　疑當作「侍中中書令」。
〔二三〕延熹　各本原作「延嘉」，據唐六典卷九、通典卷二一改。
〔二四〕永泰元年　「元年」，各本原作「九年」，據本書卷一一三裴冕傳改。
〔二五〕書直八人　唐六典卷九「書」作「畫」。
〔二六〕裴垍　「垍」字各本原作「泊」，據本書卷一四憲宗紀、卷一四八裴垍傳改。
〔二七〕張垍　「垍」字各本原作「泊」，據本書卷九七張說傳改。
〔二八〕光宅改爲麟臺　唐六典卷一〇、通典卷二六、册府卷六二〇「光宅」皆作「天授」。
〔二九〕司辰七十人　據下文注：「司辰十七人，正九品下」，「七十」疑當作「十七」。
〔三〇〕浮箭爲刻　各本原作「箭爲刻」，上文注及唐六典卷一〇、新書卷四七百官志均有「孔壺爲漏、浮箭爲刻」句，則此處「箭」字上當脫「浮」字，據補。

舊唐書卷四十四

志第二十四

職官三

御史臺秦、漢曰御史府，後漢改爲憲臺，魏、晉、宋改爲蘭臺，梁、陳、北朝咸曰御史臺。武德因之。龍朔二年改名憲臺。咸亨復。光宅元年分臺爲左右，號曰左右肅政臺。左臺專知京百司，右臺按察諸州。神龍復爲左右御史臺。延和年廢右臺，先天二年復置，十月又廢也。

大夫一員，正三品。秦、漢之制，御史大夫，副丞相爲三公之官。魏、晉之後，多不置大夫，以中丞爲臺主。隋諱中，復大夫，降爲正四品。武德令改爲從三品。龍朔改爲大司憲，咸亨復爲大夫。光宅分臺爲左右，置左右臺大夫。及廢右臺，去左右字。本從三品，會昌二年十二月敕：「大夫，秦爲正卿，漢爲副相，漢末改爲大司空，與丞相俱爲三公。掌邦國刑憲，肅正朝廷。其任既重，品秩宜峻。准六尚書例，昇爲正三品，著之於令。」中丞二員。正四品下。漢御史臺有二丞，掌殿內祕書，謂之中丞。漢末改爲御史長史，後漢復爲中丞。後魏改爲中尉正，北齊復曰中丞。後周曰司憲

中大夫。隋諱中，改爲持書御史，爲從五品。武德因之。貞觀末，避高宗名，改持書御史爲中丞，置二員。龍朔改爲司憲大夫，咸亨復爲中丞。本正五品上，會昌二年十二月敕：「中丞爲大夫之貳，緣大夫秩崇，官不常置，中丞爲憲臺長。今九寺少卿及諸少監、國子司業、京兆少尹，並府寺省監之貳，皆爲四品，唯中丞官重，品秩未崇，可昇爲正四品下，與丞郎出入迭用，著之於令。」大夫、中丞之職，掌持邦國刑憲典章，以肅正朝廷。中丞爲之貳。凡天下之人，有稱寃而無告者，與三司訊之。凡中外百僚之事，應彈劾者，御史言於大夫。大事則方幅奏彈之，小事則署名而已。若有制使覆囚徒，則與刑部尚書參擇之。凡國有大禮，則乘輅車以爲之導。

侍御史四員。從六品下。御史之名，周官有之，亦名柱下史。秦改爲侍御史。後周曰司憲中士，隋爲侍御史，品第七。武德品第六也。掌糾舉百僚，推鞫獄訟。侍御史年深者一人判臺事，知公廨雜事，次一人知西推，一人知東推也。凡有別付推者，則按其實狀以奏。若尋常之獄，推訖斷于大理。凡事非大夫、中丞所劾，而合彈奏者，則具其事爲狀，大夫、中丞押奏〔一〕。大事則冠法冠，衣朱衣纁裳，白紗中單以彈之。小事常服而已。凡三司理事，則與給事中、中書舍人更直於朝堂受表。若三司所按而非其長官，則與刑部郎中員外、大理司直評事往訊之。

主簿一人，從七品下。錄事二人。從九品下。主簿掌印及受事發辰，勾檢稽失。兼知官廚及黃卷。主事二人，令史十七人，書令史二十三人。

殿中侍御史六人，從七品下。令史八人，書令史十八人。殿中侍御史掌殿廷供奉之儀式。凡多至、元正大朝會，則具服升殿。若郊祀、巡幸，則於鹵簿中糾察非違，具服從於旌門，視文物有所虧闕，則糾之。凡兩京城內，則分知左右巡，各察其所巡之內有不法之事。

監察御史十員。正八品上。貞觀初，馬周以布衣進用，太宗令於監察御史裏行。自此因置裏行之名。龍朔元年，以王本立爲監察裏行也。監察掌分察巡按郡縣、屯田、鑄錢、嶺南選補、知太府、司農出納，監決囚徒。監祭祀則閱牲牢，省器服，不敬則劾祭官。尚書省有會議，亦監其過謬。凡百官宴會、習射，亦如之。

殿中省魏初置殿中監，隋初改爲殿中局，煬帝改爲殿內省，武德改爲殿中省。龍朔改爲中御府，咸亨復爲殿中省。

監一員，從三品。魏初置，品第二。梁品第三。隋品第四。武德品第三也。少監二員，從四品上。丞二人，從五品上。主事二人，從九品上。令史四人，書令史十二人，亭長、掌固各八人。殿中監掌天子服御，總領尚食、尚藥、尚衣、尚舍、尚乘、尚輦六局之官屬，備其禮物，供其職事。少監爲之貳。凡聽朝，則率其屬執繖扇以列於左右。凡大祭祀，則進大珪、鎮珪於壝門之外。既

事，受而藏之。凡行幸，則侍奉於仗內，驂乘以從。若元正、多至大朝會，則有進爵之禮。丞掌副監事，兼勾檢稽失，省署抄目。主事掌印及知受事發辰。

尚食局：奉御二人，正五品下。隋初爲典御，又改爲奉御。直長五人，正七品上。食醫八人。正九品下。奉御掌謹其儲供，辨名數。直長爲之貳。若進御，必辨其時禁。春肝，夏心，秋肺，多腎，四季之月脾王，皆不可食。當進，必先嘗。正、至大朝會饗宴，與光祿大夫視其品秩之差。其賜王公賓客，亦如之。諸陵月享，則視膳而獻之。食醫掌率主食王膳，以供其職。

尚藥局：奉御二人，正五品下。直長四人，正七品上。書吏四人。侍御醫四人，從六品上。主藥十二人，藥童三十人。司醫四人，正八品下。醫佐八人，正八品下。按摩師四人，咒禁師四人，合口脂匠四人，掌固四人。奉御掌合和御藥及診候方脈之事。直長爲之貳。凡藥有上、中、下三品，上藥爲君，中藥爲臣，下藥爲佐。合造之法，一君三臣九佐，別人五藏，分其五味，有湯丸膏散之用。診脈有寸、關、尺之三部，醫之大經。凡合和與監視其分劑，藥成嘗而進焉。侍御醫，掌診候調和。主藥、藥童，主刮削擣篩。

尚衣局：奉御二人，從五品上。直長四人，正七品下。書令史三人，書吏四人，主衣十六人，掌固四人。奉御掌衣服，詳其制度，辨其名數。直長爲之貳。凡天子之服冕十有三：一大裘冕，二衮冕，三鷩冕，四毳冕，五絺冕，六玄冕，七通天冠，八武弁，九弁服，十介幘，十一

白紗帽，十二平巾幘〔二〕，十三翼善冠。事具輿服志。凡天子之大珪，曰珽，長三尺〔三〕。鎭珪，長尺有二寸。若有事於郊丘社稷，則出之於內。將享，至于中壝門，則奉鎭珪于監而進之。旣事，受而藏之。凡大朝會，則設案，服畢而徹之。

尙舍局：奉御二人，從五品上。直長六人，正七品下。書令史三人，書吏七人，掌固十人，幕士八十人。奉御掌殿廷張設、湯沐、燈燭、灑掃之事。直長爲之貳。凡行幸，預設三部帳幕，有古帳、大帳、次帳、小次帳、小帳，凡五等之帳爲三部。其外置排城以爲蔽扞。排城，連板爲之〔四〕，板上畫辟邪獸，表裏皆漆之。凡大祭祀，有事於郊壇，則先設行宮於壇之東南向，隨地之宜。將祀三日，則設大次於外壝東門之外道北，南向而設坐。若有事於明堂太廟，則設大次於東門，如郊壇之制。凡致齋，則設幄於正殿西序及室內，俱東向，張於楹下。凡元正、冬至大朝會，則設斧扆於正殿。施蹋席薰鑪。朔望受朝，則施幄於正殿，帳裙頂帶方闊一丈四尺也。

尙乘局：奉御二人，從五品上。直長一人，正七品下。奉乘十八人，正九品下。習馭五十人，掌閑五十人，獸醫七十人。進馬六人，七品下。司庫一人，正九品下。司廩二人，正九品下。書令史一人，書吏十四人。奉御掌內外閑廏之馬，辨其粗良，而率其習馭。直長爲之貳。一曰左右飛黃閑，二曰左右吉良閑，三曰左右龍媒閑，四曰左右騊駼閑，五曰左右駃騠閑〔五〕，六曰左右天苑閑。開元時仗內六閑，曰飛龍、祥麟、鳳苑、鵷鸞、吉良、六羣等〔六〕，號六廏馬。凡秣馬給料，以時爲差。凡外牧進良馬，印

以三花飛風之字而爲志。奉乘掌率習馭、掌閑、駕士及秣飼之法。司庫掌鞍轡乘具。司廩掌藁秸出納。獸醫掌療馬病。初尙乘局掌六閑馬，後置內外閑廏使，專掌御馬。開元初，以尙乘局隸閑廏使，乃省尙乘，其左右六閑及局官，並隸閑廏使領之也。進馬舊儀，每日尙乘以廏馬八匹，分爲左右廂，立於正殿側宮門外，候仗下即散。若大陳設，即馬在樂懸之北，與大象相次。進馬二人，戎服執鞭，侍立於馬之左，隨馬進退。雖名管殿中，其實武職，用資蔭簡擇，一如千牛備身。天寶八載，李林甫用事，罷立仗馬，亦省進馬官。十二載，楊國忠當政，復立仗馬及進馬官，乾元復省，上元復置也。

尙輦局：奉御二人，從五品上。直長四人，正七品下。尙輦二人，正九品下。書令史二人，書吏四人，掌扇六人，掌翰二十四人，主輦三十二人，奉輿十二人，掌固四人。奉御掌輿輦，分其次序而辨其名數。直長爲之貳。凡大朝會，則陳于廷。大祭祀，則陳于廟。凡大朝會，則繖二翰一，陳之于廷。孔雀扇一百五十有六，分居左右。舊翟尾扇，開元年初改爲繡孔雀。若常聽朝，皆去扇，左右各留其三，以備常儀。

內官

妃三人。正一品。周官三夫人之位也。隋依周制，立三夫人。武德立四妃：一貴妃，二淑妃，三德妃，四賢妃，

位次后之下。玄宗以爲后妃四星，其一正后，不宜更有四妃，乃改定三妃之位：惠妃一，麗妃二，華妃三。下有六儀、美人、才人四等，共二十人，以備內官之位也。三妃佐后，坐而論婦禮者也。其於內，則無所不統，故不以一務名焉。六儀六人，正二品。周官九嬪之位也。掌教九御四德，率其屬以贊導后之禮儀。美人四人，正三品。周官二十七世婦之位也。掌率女官，修祭祀賓客之事。才人七人，正四品。周官八十一御女之位。掌敍宴寢，理絲枲，以獻歲功〔七〕。

宮官 六尙，如六尙書之職掌。

尙宮二人，正五品。司記二人，正六品。典記二人，正七品。掌記二人，正八品。女史六人。司言二人，正七品。典言二人，正八品。掌言二人，正八品。女史四人。司簿二人，正六品。典簿二人，正七品。掌簿二人，正八品。女史六人。司闈六人，正六品。典闈六人，正七品。掌闈六人，正八品。女史四人。尙宮職，掌導引中宮，總司記、司言、司簿、司闈四司之官屬。凡六尙書物出納文簿〔八〕，皆印署之。司記掌印，凡宮內諸司簿書出入目錄，審而付行焉。典記佐之，女史掌執文書。司言掌宣傳啓奏。司簿掌宮人名簿廩賜。司闈掌宮闈管籥。

尙儀二人，正五品。司籍二人，正六品。典籍二人，正七品。掌籍二人，正八品。女史十人。司

樂四人，正六品。典樂四人，正七品。掌樂二人，正八品。女史二人〔九〕。司賓二人，正六品。典賓二人，正七品。掌賓二人。正八品。司贊二人，正六品。典贊二人，正六品。掌贊二人，正六品。女史二人。尙儀之職，掌禮儀起居，總司籍、司樂、司賓、司贊四司之官屬。司籍掌四部經籍、筆札几案。司樂掌率樂人習樂，陳懸、拊擊、進退。司賓掌賓客朝見、宴會賞賜。司贊掌朝見宴會贊相。

尙服二人，正五品。司寶二人，正六品。典寶二人，正七品。掌寶二人，正八品。女史四人。司衣二人，正六品。典衣二人，正七品。掌衣二人，正八品。女史四人。司飾二人，正六品。典飾二人，正七品。掌飾二人，正八品。女史四人。司仗二人，正六品。典仗二人，正七品。掌仗二人，正八品。女史二人。尙服之職，掌供內服用釆章之數，總司寶、司衣、司飾、司仗四司之官屬。司寶掌瑞寶、符契、圖籍。司衣掌衣服首飾。司飾掌膏沐巾櫛。司仗掌羽儀仗衞。

尙食二人，正五品。司膳四人，正六品。典膳四人，正七品。掌膳四人，正八品。掌醞二人，正八品。女史四人。司醞二人，正七品。典醞二人，正七品。女史二人。司藥二人，正六品。典藥二人，正七品。掌藥二人，正八品。女史四人。司饎二人，正六品。典饎二人，正七品。掌饎二人，正八品。女史四人。尙食之職，掌供膳羞品齊之數，總司膳、司醞、司藥、司饎四司之官屬。凡進食，先嘗之。司膳掌制烹煎和。司醞掌酒醴酏飲。司藥掌方藥。司饎掌給宮人廩餼飯

食、薪炭。

尙寢二人，正五品。司設二人，正六品。典設二人，正七品。掌設二人，正八品。女史四人。司輿二人，正六品。典輿二人，正七品。掌輿二人，正八品。女史一人。司苑二人，正六品。典苑二人，正七品。掌苑二人，正八品。女史二人。司燈二人，正六品。典燈二人，正七品。掌燈二人，正八品。女史二人。尙寢之職，掌燕寢進御之次序，總司設、司輿、司苑、司燈四司之官屬。司設掌幃帳茵席、掃灑張設。司輿掌輿輦繖扇羽儀。司苑掌園苑種植蔬菓。司燈掌燈燭。

尙功二人，正五品。司製二人，正六品。典製二人，正七品。掌製二人，正八品。女史二人。司珍二人，正六品。典珍二人，正七品。掌珍二人，正八品。女史六人。司綵二人，正六品。典綵二人，正七品。掌綵二人，正八品。女史二人。司計二人，正六品。典計二人，正七品。掌計二人，正八品。女史二人。尙功之職，掌女功之程課，總司製、司珍、司綵、司計四司之官屬。司製掌衣服裁縫。司珍掌寶貨。司綵掌繒錦絲枲之事。司計掌支度衣服、飲食、薪炭。

宮正一人，正五品。司正二人，正六品。典正二人，正七品。女史四人。宮正之職，掌戒令、糾禁、謫罰之事。司正、典正佐之。右唐制定宮官六尙書、二十四司職事官，以備內職之數。

內侍省星經有宦者四星，在天市垣，帝坐之西。周官有巷伯、寺人之職，皆內官也。前漢宮官，多用士人；後漢始用宦者爲宮官。晉置大長秋卿爲後宮官，以宦者爲之。隋爲內侍省，煬帝改爲長秋監，武德復爲內侍。龍朔改爲內侍監，光宅改爲司宮臺，神龍復爲內侍省也。

內侍四員〔10〕。從四品上。漢、魏曰長秋卿，梁曰大長秋，北齊曰中侍中，後周曰司內上士，隋曰內侍，置二人。煬帝曰長秋令，正四品。武德復爲中侍〔11〕。中官之貴，極于此矣。若有殊勳懋績，則有拜大將軍者，仍兼內侍之官。德宗置左右神策、威遠等禁兵，命中官掌之。每軍置中尉一人，宦者爲之。自李輔國、魚朝恩之後，京師兵柄，歸於內官，號左右軍中尉。將兵於外者，謂之觀軍容使。而天下軍鎭節度使，皆內官一人監之，事具宦者傳也。內常侍六人。正五品下。漢代謂之中常侍。內侍之職，掌在內侍奉、出入宮掖宣傳之事，總掖廷、宮闈、奚官、內僕、內府五局之官屬。內常侍爲之貳。凡皇后祭先蠶，則相儀。后出，則爲之夾引。

內給事八人，從五品下。主事二人，從九品下。令史八人，書令史十六人。內給事掌判省事。凡元正、冬至羣臣朝賀中宮，則出入宣傳。凡宮人衣服費用，則具其品秩，計其多少，春秋二時，宣送中書。

內謁者監六人，正六品下。內謁者十二人，從八品下。內寺伯二人。正七品下。內謁者監掌內宣傳。凡諸親命婦朝會，所司籍其人數，送內侍省。內謁者掌諸親命婦朝集班位。內寺伯掌糾察諸不法之事。歲大儺，則監其出入。

掖廷局：令二人，從七品下。丞三人，從八品下。宮教博士二人，從九品下。監作四人，從九品下。令史四人，計史二人，書令史八人。掖廷令掌宮禁女工之事。凡宮人名籍，司其除附，公桑養蠶，會其課業。丞掌判局事。博士掌教習宮人書算衆藝。監作掌監當雜作。

宮闈局：令二人，從七品下。丞二人，從八品下。令史三人，書吏六人，內閽人二十人，內掌扇十六人，內給使無常員。宮闈局令掌侍奉宮闈，出入管鑰。凡大享太廟，帥其屬詣于室，出皇后神主置於輿而登座焉。既事，納之。凡宮人無官品者，稱內給使。若有官及經解免應敍選者，得令長上，其小給使學生五十人，皆總其名籍，以給其糧廩。丞掌判局事。內給使掌諸門進物出納之曆〔12〕。

奚官局：令二人，正八品下。丞二人，正九品下。書令史三人，書吏六人，藥童四人。奚官令掌奚隸工役、宮官品命。丞爲之貳。凡宮人有疾病，則供其醫藥，死亡則供其衣服，各視其品命。仍於隨近寺觀，爲之修福。雖無品，亦如之。凡內命婦五品已上亡，無親戚於墓側，三年內取同姓中男一人，以時主祭。無同姓，則所司春秋以少牢祭之。

內僕局：令二人，正八品下。丞二人，正九品下。書令史二人，書吏四人，駕士二百人。內僕令掌中宮車乘出入導引。丞爲之貳。凡中宮有出入則令居左，丞居右，而夾引之。凡皇后之車有六，事在輿服也。

內府局：令二人，正八品下。丞二人，正九品下。書令史二人，書吏四人。內府令掌中藏寶貨，給納名數。丞爲之貳。凡朝會五品已上，賜絹帛金銀器於殿廷者，並供之。諸將有功，并蕃酋辭還，亦如之。

太常寺古曰秩宗，秦曰奉常，漢高改爲太常，梁加寺字，後代因之。

卿一員，正三品。梁置十二卿，太常卿爲一。周、隋品第三。龍朔二年改爲奉常，光宅改爲司禮卿，神龍復爲太常卿也。少卿二人。正四品。隋置少卿二人，從四品。武德置一人，貞觀加置一員。太常卿之職，掌邦國禮樂、郊廟、社稷之事，以八署分而理之：一曰郊社，二曰太廟，三曰諸陵，四曰太樂，五曰鼓吹，六曰太醫，七曰太卜，八曰廩犧。總其官屬，行其政令。少卿爲之貳。凡國有大禮，則贊相禮儀。有司攝事，則爲之亞獻。率太樂官屬，宿設樂懸，以供其事。讌會，亦如之。若三公行園陵，則爲之副，公服乘輅備鹵簿而奉其禮。若大祭祀，則先省牲器。凡太卜占國之大事及祭祀卜日，皆往涖之於太廟南門之外。凡仲春薦冰及四時品物甘滋新成者，皆薦焉。凡有事於宗廟，少卿帥太祝、齋郎入薦香燈，整拂神幄，出入神主。將享，則與良醞令實鐏罍。凡備大享之器服，有四院。一曰天府院，二曰御衣院，三曰樂懸院，四曰神廚院。

丞二人，從五品上。主簿二人，從七品上。錄事二人，從九品下。府十二人，史二十三人。博士四人，從七品上。謁者十人，贊引二十人。太祝六人，正九品上。祝史六人。奉禮二人，從九品上。贊者十六人。協律郎二人，正八品上。亭長八人，掌固十二人，太廟齋郎，京、都各一百三十人。太廟門僕，京、都各三十人。

丞掌判寺事。凡大饗太廟，則修七祀於太廟西門之內。若祫享，則兼修配享功臣之禮。主簿掌印，勾檢稽失，省署抄目。錄事掌受事發辰。博士掌五禮之儀式，本先王之法制，適變隨時而損益焉。凡大祭祀及有大禮，則與卿導贊其儀。凡公已下擬謚，皆迹其功行，為之褒貶。無爵稱子，養德邱園，聲實明著，則謚曰先生。大行大名，小行小名之。古有周書謚法、大戴禮謚法、漢劉熙謚法一卷，晉張靖謚法兩卷，又有廣謚法一卷，梁沈約總聚古今謚法，凡有一百六十五稱也。若大祭祀，卿省牲器，謁者為之導。若小祀及公卿大夫有嘉禮，亦命謁者以贊之。太祝掌出納神主于太廟之九室，而奉享薦禘祫之儀。凡國有大祭祀〔一三〕，凡郊廟之祝版，先進取署，乃送祠所。將事，則跪讀祝文，以信于神；禮成而焚之。凡大祭祀，卿省牲而告充。凡祭天及日月星辰之玉帛，則焚之；祭地及社稷山岳，則瘞之；海瀆，則沉之。奉禮郎掌朝會祭祀君臣之版位。凡樽卣之制，十有四，祭則陳之。祭器之位，簠簋為前，甄鉶次之，籩豆為後。大凡祭祀朝會，在位者拜跪之節，皆贊導之，贊者承傳焉。又設牲牓之位，以成省牲之儀。凡春秋二仲，公卿巡陵，則主其威儀鼓吹之節而相禮焉。協律郎掌和六呂六律，辨四時之氣，八風五音之節。凡太樂，則監試之，為之課限。若大祭祀饗宴奏于廷，則升堂執麾以為之節制，舉麾工鼓柷而後樂作，偃麾戛敔而後止。

兩京郊社署：令各一人，從七品下。丞一人，從八品上。府二人，史四人，典事三人，掌固五人，門僕八人，齋郎一百一十人。郊社令掌五郊社稷明堂之位，祠祀祈禱之禮。丞為之貳。凡大祭祀，則設神坐於壇上而別其位，立燎壇而先積柴。凡有合朔之變，則置五兵於太社，以朱絲縈之以俟變，過時而罷之。

諸陵署：令一人，從五品上。錄事一人，府二人，史四人，主衣四人，主輦四人，主藥四人，典事三人，掌固二人。陵戶，乾、橋、昭四百人，獻、定、恭三百人。陵令掌先帝山陵，率戶守衞之。丞為之貳。凡朔望、元正、冬至，皆修享於諸陵。凡功臣密戚陪葬者聽之，以文武分為左右列。諸太子陵令各一人，從八品下。丞一人。從九品下。

太樂署：令一人，從七品下。丞一人，從八品下。府三人，史六人。樂正八人，從九品下。典事八人，掌固八人，文武二舞郎一百四十人。太樂令調合鐘律，以供邦國之祭祀享宴。丞為之貳。凡天子宮懸鐘磬，凡三十六簴。鎛鐘十二，編鐘十二，編磬十二，共為三十六架。東方西方，磬簴起北，鐘簴次之。南方北方，磬簴起西，鐘簴次之。鎛鐘在編鐘之間，各依辰位〔一四〕。四隅建鼓，左柷右敔。又設巢、竽、笙、管〔一五〕、簫、塤，繫于編鐘之下。偶歌琴、瑟、箏、筑，繫于編磬之下。其在殿廷前，則加鼓吹十二案，於建鼓之外，羽葆之鼓、大鼓、金錞、歌簫、笳置於其上。又設登歌鐘、節鼓、瑟、琴、箏、笳於堂上，笙、和、簫、篪於堂下。太子之廷，陳軒懸，去其南面鎛鐘、編鐘、編磬各三〔一六〕，凡九簴，設于辰、丑、申之位。三建鼓亦如之。凡宮懸之作，則奏文武舞，事在音樂志也。凡大宴會，則設十部伎。凡大祭祀、朝會用樂，辨其曲度章服，而分始終之次。有事於太廟，每室酌獻各用舞。事具音樂志。凡祀昊天上帝及五方大明、夜明之樂，皆六成，祭皇地祇神州社稷之樂，皆八成，享宗廟之樂，皆九成。其餘祭祀，三成而已。五音有成數，觀其數而用之也。凡習樂，立師以教。每歲考其師之課業，為上中下三等，申禮部，十年大校之，量優劣而黜陟焉。凡樂人及音聲人應教習，皆著簿籍，覈其名數，分番上下。

鼓吹署：令一人，從七品下。丞三人，從八品下。府三人，史六人。樂正四人，從九品下。典事四人，掌固四人。鼓吹令掌鼓吹施用調習之節，以備鹵簿之儀。丞為之貳。凡大駕行幸，鹵簿則分前後二部以統之。法駕則三分減一，小駕則減大駕之半。皇太后、皇后出，則如小駕之例。皇太子鼓吹，亦有前後二部。親王已下各有差。凡大駕行幸〔一七〕，有夜警晨嚴之制。大駕夜警十二部，晨嚴三通。太子諸王公卿已下，警嚴有差。凡合朔之變，則率工人設五鼓於太社。大儺，則帥鼓角以助侲子唱之。

太醫署：令二人，從七品下。丞二人，從八品下。府二人，史四人，主藥八人，藥童二十四人。醫監四人，從八品下。醫正八人，從九品下。藥園師二人，藥園生八人，掌固四人。太醫令掌醫療之法。丞為之貳。其屬有四，曰：醫師、針師、按摩師、禁咒師。皆有博士以教之。其考試登用，如國子之法。凡醫師、醫工、醫正療人疾病，以其全多少而書之以為考課。藥園師，以時種蒔收采。

諸藥醫博士一人，正八品上。助教一人，從九品下。醫師二十人，醫工一百人，醫生四十人，典藥二人。博士掌以醫術教授諸生。醫術，謂習本草、甲乙脈經，分而為業，一曰體療，二曰瘡腫，三曰少小，四曰耳目口齒，五曰角法也。

針博士一人，從八品下。針助教一人，從九品下。針師十人，針工二十人，針生二十人。針博士掌教針生以經脈孔穴，使識浮沉澀滑之候，又以九針為補瀉之法。其針名有九，應病用之也。

按摩博士一人，從九品下。按摩師四人，按摩工十六人，按摩生十五人。按摩博士掌教按摩生消息導引之法。

咒禁博士一人，從九品下。咒禁師二人，咒禁工八人，咒禁生十人。咒禁博士掌教咒禁生以咒禁，除邪魅之為厲者。

太卜署：令一人，從八品下。丞一人，正九品。卜正二人，從九品下。卜博士二人。從九品下。

太卜令掌卜筮之法。丞爲之貳。其法有四：一龜，二五兆，三易，四式。皆辨其象數，通其消息，所以定吉凶焉。凡國有祭祀，則率卜正、占者，卜日於太廟南門之外。歲季冬之晦，帥侲子入宮中堂贈大儺。贈，送也，堂中舞侲子，以送不祥也。

廩犧署：令一人，正八品下。丞一人。正九品。　廩犧令掌薦犧牲及粢盛之事。丞爲之貳。凡三祀之牲牢，各有名數。大祭祀，則與太祝以牲就牓位，太常卿省牲，則北面告腯〔八〕，乃牽牲以授太官。

汾祠署：令一人，從七品下。丞一人。從八品上。　汾祠令、丞，掌神祀、享祭、灑埽之制。

兩京齊太公廟署：令各一人，從七品下。丞各一人。從八品上。　令、丞掌開闔、灑掃及春秋仲釋奠之禮。

光祿寺秦曰郎中令，漢曰光祿勳，掌宮殿門戶。梁置十二卿，加寺字，除勳字，曰光祿卿，掌膳食，後因之。品第三。龍朔改爲司膳寺正卿，光宅改爲司膳寺卿，神龍復爲光祿寺也。

卿一員，從三品。少卿二人。從四品上。　卿之職，掌邦國酒醴、膳羞之事，總太官、珍羞、良醞、掌醢之屬〔九〕，修其儲備，謹其出納。少卿爲之貳。國有大祭祀，則省牲鑊，視濯溉。若

三公攝祭，則爲之終獻。朝會宴享，則節其等差，量其豐約以供焉。

丞二人，從六品上。主簿二人，從七品上。錄事二人，從九品上。府十二人，史二十一人，亭長六人，掌固六人。　丞掌判寺事。主簿掌印，勾檢稽失。錄事掌受事發辰。

太官署：令二人，從七品下。丞四人，從八品下。府四人，史八人。監膳十人，從九品下。主膳十五人，供膳二千四百人，掌固四人。　太官令掌供膳食之事。丞爲之貳。凡祭之日，與卿詣廚省牲鑊，取明水於陰鑑，取明火於陽燧，帥宰人以鑾刀割牲，取其毛血，實之於豆，遂烹牲焉。又帥進饌者實簠簋，設於饌幕之內。凡朝會宴享，九品已上並供其膳食。凡供奉祭祀致齋之官，則視其品秩爲之差降。國子監釋奠，百官觀禮，亦如之。凡宿衞當上，及命婦朝參宴會者，亦如之。

珍羞署：令一人，正八品下。丞二人，正九品下。府三人，史六人，典書八人〔一〇〕，餳匠五人，掌固四人。　令掌庶羞之事，丞爲之貳，以實籩豆。陸產之品，曰榛栗脯修，水物之類，曰魚鹽菱芡，辨其名數，會其出入，以供祭祀朝會賓客之禮也。

良醞署：令二人，正八品下。丞二人，正九品下。府三人，史六人。監事二人，從九品下。掌醞三十人，酒匠十三人，奉觶一百二十人，掌固四人。　令掌供奉邦國祭祀五齊三酒之事。丞爲之貳。五齊三酒，義見周官。郊祀之日，帥其屬以實罇罍。若享太廟，供其鬱鬯之酒，以實六

彝。若應進者，則供春暴、秋清、酴醾、桑落等酒。

掌醢署：令一人，正八品下。丞二人，正九品下。府二人，史四人，主醢十人。　令掌供醯醢之屬，而辨其名物。丞爲之貳。凡鹿、兔、羊、魚等四醢。凡祭神祇，享宗廟，用菹醢以實豆；宴賓客，會百官，醢醬以和羹。

衞尉寺秦置衞尉，掌宮門衞屯兵，屬官有公車司馬、衞士、旅賁三令。梁置十二卿，衞尉加寺字，官加卿字。龍朔改爲司衞寺，咸亨復也。

卿一員，從三品。少卿二人。從四品上。　卿之職，掌邦國器械文物之事，總武庫、武器、守宮三署之官屬。少卿爲之貳。凡天下兵器入京師者，皆籍其名數而藏之。凡大祭祀大朝會，則供其羽儀、節鉞、金鼓、帷帟、茵席之屬。

丞二人，從六品上。主簿二人，從七品上。錄事一人，從九品上。府六人，史十一人，亭長四人，掌固六人。　丞掌判寺事，辨器械出納之數。主簿掌印，勾檢稽失。錄事掌受事發辰。

武庫：令、兩京各一人，從六品下。丞二人，從八品下。府二人，史六人，監事一人，正九品上。典事二人，掌固五人。　令掌藏邦國之兵仗、器械，辨其名數，以備國用。丞爲之貳。凡親征

及大田巡狩，以羝羊、猳猪、雄雞釁鼓。若太子親征及大將出師，則用猳豘。凡有赦，則先建金雞，兼置鼓於宮城門之右。視大理及府縣囚徒至，則撾其鼓。

武器署：令一人，正八品下。丞二人，從九品下。府二人，史六人，監事一人，從九品下。典事二人，掌固四人。　令掌在外戎器，辨其名物，會其出入。丞爲之貳。凡大祭祀大朝會及巡幸，則納於武庫，供其鹵簿。若王公百官婚葬之禮，應給鹵簿，亦供之。

守宮署：令一人，正八品下。丞二人，正九品下。府二人，史四人，監事二人，掌設六人，幕士一千六百人〔一一〕。　令掌邦國供帳之屬，辨其名物，會其出入。丞爲之貳。凡大祭祀大朝會及巡幸，則設王公百官位於正殿南門外。

宗正寺星經有宗正星，在帝座之東南。秦置宗正，掌宗屬。梁置十二卿，宗正爲一，署加寺字。隋品第二。光宅改爲司屬，神龍復之也。

卿一員，從三品上。少卿二員。從四品上。　丞二人，從六品上。主簿一人，從七品上。錄事一人，從九品上。府五人，史九人，亭長四人，掌固四人。　卿之職，掌九族六親之屬籍，以別昭穆之序，并領崇玄署。少卿爲之貳。九廟之子孫，繼統爲宗，餘曰族。凡大祭祀及册命朝會之

禮，皇親諸親應陪位預會者，則爲之簿書，以申司封。若皇親爲三公子孫應襲封者，亦如之。丞掌判寺事。主簿掌印及勾檢稽失。錄事掌受事發辰。

崇玄署：令一人，正八品下。丞一人，正九品下。府二人，史三人，典事六人，掌固二人。令掌京都諸觀之名數、道士之帳籍，與其齋醮之事。丞爲之貳。

太僕寺太僕，古官。梁置十二卿，署加寺字，後因之。龍朔改爲司馭寺，光宅爲司僕寺，神龍復也。

卿一員。從三品。古有太僕正，卽其名也。後無正字，唯名太僕。梁置爲列卿，隋品第三。龍朔爲司馭正卿，光宅曰司僕卿，神龍復也。少卿二人。從四品上。卿之職，掌邦國廐牧、車輿之政令，總乘黃、典廐、典牧、車府四署及諸監牧之官屬。少卿爲之貳。凡國有大禮及大駕行幸，則供其五輅屬車之屬。凡監牧羊馬所通籍帳，每歲則受而會之，以上尙書駕部，以議其官吏之考課。凡四仲之月，祭馬祖、馬步、先牧、馬社。

丞四人，從六品上。主簿二人，從七品上。錄事二人，從九品上。府十七人，史三十四人，獸醫六百人，獸醫博士四人，學生一百人，亭長四人，掌固六人。丞掌判寺事。主簿掌印，勾檢稽失，省署抄目。錄事掌受事發辰。

乘黃署：令一人，從七品下。丞一人，從八品下。府一人，史二人，典事八人，駕士一百四十人，羊車小吏十四人，掌固六人。令掌天子車輅，辨其名數與馴馭之法。丞爲之貳。凡乘輿五輅，事具輿服志也。皆有副車，又有十二車，曰指南車、曰記里鼓車、白鷺車、鸞旗車、辟惡車、皮軒車、耕根車、安車、四望車、羊車、黃鉞車、豹尾車，其車飾見輿服志也。屬車一十有二。古者屬車八十一乘，皇朝置十二乘也。乘輿有大駕、法駕、小駕，車服各有名數之差。若有大禮，則以所御之輅進內。旣事，則受而藏之。凡將有事，先期四十日，尙乘供馬如輅色，率駕士預調習指南等十二車。

典廐署：令二人，從七品下。丞四人，從八品下。府二人，史六人。主乘六人，正九品下。典事八人，執馭一百人，駕士八百人，掌固六人。令掌繫飼馬牛，給養雜畜之事。丞爲之貳。

典牧署：令二人，正八品下。丞四人，正九品下。府四人，史八人，監事八人，典事十六人，從九品下。主酪五十人。令掌牧雜畜，造酥酪脯腊給納之事。丞爲之貳。凡羣牧所送羊犢，皆受之，而供廩犧、尙食之用。諸司合供者，亦如之。

車府署：令一人，正八品下。丞一人，正九品下。府一人，史二人，典事四人，掌固六人。令掌王公已下車輅，辨其名數及馴馭之法。丞爲之貳。凡公已下，四軺車。一象輅，二革輅，三木輅，四軺輅。視其品秩而給之，兼給馭士也。

上牧監一人，從五品下。牧監，皆皇朝置也。副監二人，正六品下。丞二人，正八品上。主簿一人，正八品下。錄事一人，府三人，史六人，典事八人，掌固四人。

中牧監一人，正六品下。副監一人，從六品下。丞一人，從八品下。主簿一人，從九品下。錄事一人，府二人，史四人，典事四人，掌固四人。

下牧監一人，從六品下。副監一人，正七品下。丞一人，正九品上。主簿一人。從九品下。諸牧監掌羣牧孳課之事。凡馬五千匹爲上監，三千匹已上爲中監，一千匹已上爲下監。凡馬之羣，有牧長尉。凡馬，有左右監，以別其粗良，以數紀名，著之簿籍。細馬稱左，粗馬稱右。凡諸羣牧，立南北東西四使以分統之。其馬皆印，每年終，監牧使巡按孳數，以功過相除，爲之考課。

沙苑監一人，從六品下。副監一人，正七品下。丞一人，正九品下。主簿二人，從九品下。錄事一人，府三人，史六人，典事四人，掌固二人。沙苑監，掌牧養隴右諸牧牛羊，以供其宴會祭祀及尙食所用。每歲與典牧分月以供之。丞爲之貳。若百司應供者，則四時皆供。凡羊毛及雜畜毛皮角，皆具數申有司。

大理寺古謂掌刑爲士，又曰理。漢景帝加大字，取天官貴人之牢曰大理之義。後漢後，改爲廷尉，魏復

爲大理。南朝又名廷尉，梁改名秋卿，北齊、隋爲大理，加寺字。龍朔改爲詳刑寺，光宅爲司刑，神龍復改。

卿一員，從三品。古或名廷尉，北齊加寺字。隋品第三。龍朔爲詳刑正卿，光宅爲司刑卿，神龍復爲大理卿。少卿二員。從四品上。卿之職，掌邦國折獄詳刑之事。少卿爲之貳。凡犯至流死，皆詳而質之，以申刑部；仍於中書、門下詳覆。凡吏曹補署法官，則與刑部尙書、侍郎議其人可否〔三〕，然後注擬。

正二人，從五品下。丞六人，從六品上。主簿二人，從七品上。錄事二人，從九品上〔三〕。府二十八人，史五十六人。正掌參議刑辟，詳正科條之事。凡六丞斷罪不當，則以法正之。丞掌分判寺事。主簿掌印，省署抄目，勾檢稽失。錄事掌受事發辰。獄丞四人，掌率獄吏，檢校囚徒，及枷杖之事。獄史六人，亭長四人，掌固八人。問事一百四十八人，掌決罪人。司直六人，從六品上。評事十二人，從八品下。掌出使推覈。評事史十四人。其刑法科目，已載於刑部。

鴻臚寺周曰大行人，秦曰典客，漢景帝曰大行，武帝曰大鴻臚。梁置十二卿，鴻臚爲多卿，去大字，署爲寺。後周曰賓部，隋曰鴻臚寺。龍朔改爲同文寺，光宅曰司賓寺，神龍復也。

卿一員，從三品。少卿二人。從四品上。卿之職，掌賓客及凶儀之事，領典客、司儀二署，以率其官屬，供其職務。少卿爲之貳。凡四方夷狄君長朝見者，辨其等位，以賓待之。凡二王後及夷狄君長之子襲官爵者，皆辨其嫡庶，詳其可否。若諸蕃人酋渠有封禮命，則受册而往其國。凡天下寺觀三綱，及京都大德，皆取其道德高妙、爲衆所推者補充，申尚書祠部。皇帝太子爲五服之親及大臣發哀臨弔，則贊相焉。凡詔葬大臣，一品則卿護其喪事，二品則少卿，三品丞一人往。皆命司儀，以示禮制。

丞二人，從六品上。主簿一人，從七品上。錄事二人，從九品上。府五人，史十一人，亭長四人，掌固六人。丞掌判寺事。主簿掌印，勾檢稽失。錄事掌受事發辰。

典客署：令一人，從七品下。丞二人，從八品下。掌客十五人，正九品上。典客十三人，府四人，史八人，賓僕十八人，掌固二人。典客令掌二王後之版籍及四夷歸化在蕃者之名數。丞爲之貳。凡朝貢、宴享、送迎，皆預焉。辨其等位，供其職事。凡酋渠首領朝見者，皆館供之。如疾病死喪，量事給之。還蕃，則佐其辭謝之節。

司儀署：令一人，正八品下。丞一人，正九品下。司儀六人，府二人，史四人，掌設十八人，齋郎三十三人，掌固四人，幕士六十人。司儀令掌凶禮之儀式及喪葬之具。丞爲之貳。凡京官職事三品已上、散官二品已上、京官四品已上，如遭喪薨卒，量品贈祭葬，皆供給之。

司農寺漢初治粟內史，景帝改爲大農，武帝加司字。梁置十二卿，以署爲寺，以官爲卿。隋爲司農卿，龍朔二年改爲司稼卿，咸亨復也。

卿一員，從三品上。少卿二員。從四品上。卿之職，掌邦國倉儲委積之事，總上林、太倉、鉤盾、導官四署與諸監之官屬，謹其出納。少卿爲之貳。凡京百司官吏祿給及常料，皆仰給之。孟春藉田祭先農，則進耒耜，季冬藏冰，仲春頒冰，皆祭司寒。

丞六人，從六品上。主簿二人，從七品上。錄事二人，從九品上。府二十八人，史七十六人，計史三人，亭長九人，掌固七人。丞掌判寺事。凡天下租及折造轉運于京都，皆閱而納之，以供國用，以祿百官。主簿掌印，署抄目，勾檢稽失。凡置木契二十隻，應須出納，與署合之。錄事掌受事發辰。

上林署：令二人，從七品下。丞四人，從八品下。府七人，史十四人，監事十九人，典事二十四人，掌固五人。令掌苑囿園池之事。丞爲之貳。凡植果樹蔬，以供朝會祭祀。其尚食所進，及諸司常料，季冬藏冰，皆主之。

太倉署：令三人，從七品下。丞二人，從八品下。府十人，史二十人，監事十人。從九品下。

令掌九穀廩藏。丞爲之貳。凡鑿窖置屋，皆銘甎爲庾斛之數，與其年月日，受領粟官吏姓名。又立牌如其銘。

鉤盾署：令二人，正八品上。丞四人，正九品上。府七人，史十四人，監事十人，從九品下。典事十九人，掌固五人。令掌供邦國薪芻之事。丞爲之貳。凡祭祀、朝會、賓客享宴，隨差降給之。

導官署：令二人，正八品上。丞四人，正九品上。府八人，史十六人，監事十人。從九品上。令掌導擇米麥之事。丞爲之貳。凡九穀之用，隨其精粗、差其耗損而供之。

太原、永豐、龍門諸倉：每倉監一人，正七品下。丞二人，從八品上。錄事一人，典事六人，府二人，史四人，掌固四人。倉監掌倉窖儲積之事。丞爲之貳。凡出納帳紙，歲終上于寺司。

司竹監：監一人，正七品下。副監一人，正八品下。丞二人，從八品上。錄事一人，府二人，史四人，典事三十人，掌固四人。司竹監掌植養園竹。副監爲之貳。歲終，以竹功之多少爲考課。

溫泉監：泉在京兆府昭應縣之西。監一人，正七品下。丞二人，從八品上。錄事一人，府二人，史二人，掌固四人。溫泉監掌湯池宮禁之事〔三〕。丞爲之貳。凡王公已下至于庶人，湯泉

館有差，別其貴賤，而禁其踰越。凡近湯之地，潤澤所及，瓜果之屬先時而毓者，必苞匭而進之，以薦陵廟。

京、都苑總監：監各一人，從五品下。副監一人，從六品下。丞二人，從七品下。主簿一人，從九品上。錄事各三人，府八人，史十六人，亭長四人，掌固六人。苑總監掌宮苑內館園池之事。副監爲之貳。凡禽魚果木，皆總而司之。凡給總監及苑內官屬，人畜出入，皆爲差降之數。

京、都苑四面監：監各一人，從六品下。副監一人，從七品下。丞二人，正八品下。錄事一人，府三人，史三人，典事六人，掌固四人。四面監掌所管面苑內宮館園池，與其種植修葺之事。副監爲之貳。丞掌判監事。

諸屯：監一人，從七品下。丞二人。從八品下。諸屯監各掌其屯稼穡。丞爲之貳。凡每年定課有差。

九成宮總監：監一人，從五品下。副監一人，從六品下。丞一人，從七品下。主簿一人，從九品下。錄事一人，府三人，史五人。宮監掌檢校宮樹，供進鍊餌之事。副監爲之貳。

太府寺周官有太府下士，掌財賦。秦、漢已後，財賦屬司農少府。梁始置太府卿，掌帑藏。龍朔改爲外府，光宅改爲司府，神龍復爲太府寺也。

卿一員，從三品。卽後周太府中大夫。少卿二員。從四品上。卿掌邦國財貨，總京師四市、平準、左右藏、常平八署之官屬，舉其綱目，修其職務。少卿爲之貳。以二法平物。一曰度量，二曰權衡。凡四方之貢賦，百官之俸秩，謹其出納，而爲之節制焉。凡祭祀，則供其幣。

丞四人，從六品上。主簿二人，從七品上。錄事二人，從九品上。府十五人，史五十人，計史四人，亭長七人，掌固七人。丞掌判寺事。凡正、至大朝所貢方物，應陳於殿廷者，受而進之。

兩京都市署：京師有東西兩市，東都有南北兩市。令一人〔二五〕，從六品上。丞各二人，正八品上。錄事一人，府三人，史七人，典事三人，掌固一人。京、都市令掌百族交易之事。丞爲之貳。凡建標立候，陳肆辨物，以二物平市，謂秤以格，斗以槩。以三賈均市。賈有上、中、下之差。

平準署：令二人，從七品下。丞四人，從八品下。錄事一人，府六人，史十三人，監事二人，從九品下。典事二人，價人十人，掌固十人。平準令掌供官市易之事。丞爲之貳。凡百司不任用之物，則以時出貨。其沒官物，亦如之。

左藏署：左右藏令，晉始有之，後代因之。皇家左藏，有東庫、西庫、朝堂庫，又有東都庫。各木契一，與太府主

簿合也。令三人，從七品下。丞五人，從八品下。府九人，史十八人，監事九人，從九品下。典事一人，掌固八人。左藏令掌邦國庫藏。丞爲之貳。凡天下賦調，先於輸場簡其合尺度觔兩者，卿及御史監閱，然後納于庫藏，皆題以州縣年月，所以別粗良，辨新舊。凡出給，先勘木契，然後錄其名數，請人姓名，署印送監門，乃聽出。若外給者，以墨印印之。凡藏院之內，禁人燃火，及無故入院者。晝則外四面常持仗爲之防守，夜則擊柝，而分更以巡警之。

右藏署：令二人，正八品上。丞三人，正九品上。府五人，史十人，監事四人，從九品下。典事七人，掌固十人。右藏令掌國寶貨。丞爲之貳。凡四方所獻金玉、珠貝、玩好之物，皆藏之。出納禁令，如左藏。

常平署：漢宣帝時，始置常平倉，以平歲之凶穰。後漢改爲常滿倉，晉曰常平，後魏曰邸閣倉。隋於衞州置黎陽倉，洛州置河陽倉，陝州置常平倉，華州置廣運倉，轉相委輸，漕關東之粟，以給京師。國家垂拱初，兩京置常平署，天下州府亦置之。令一人，從七品下。丞二人，從八品下。府四人　史八人，監事五人，從九品下。典事五人，掌固六人。常平令掌倉儲之事。丞爲之貳也。

國子監國子之義，見周官。晉武始立國子學。北齊曰國子寺，隋初曰學，後改爲寺，大業三年改爲監。龍朔曰大司成，光宅曰成均，神龍復爲國子監也。

祭酒一員，從三品。周官曰師氏、保氏，漢始置祭酒博士，歷代因之。隋祭酒，品第三。龍朔、光宅，隨曹改易。司業二員。從四品下。隋大業三年，始置司業一人，從四品。官名隨曹改易。祭酒、司業之職，掌邦國儒學訓導之政令，有六學。一國子學，二太學，三四門，四律學，五書學，六算學也。凡春秋二分之月，上丁釋奠于孔宣父，祭以太牢，樂用登歌軒懸。祭酒爲初獻，司業爲亞獻。凡教授之經，以周易、尙書、周禮、儀禮、禮記、毛詩、春秋左氏傳、公羊傳、穀梁傳各爲一經，孝經、論語兼習之。每歲終，考其學官訓導功業之多少，爲之殿最。

丞一人，從六品下。主簿一人，從七品下。錄事一人，從九品下。府七人，史十三人，亭長六人，掌固八人。丞掌判監事。凡六學生每歲有業成上于監者，以其業與祭酒、司業試所習業，上尙書禮部。

國子博士二人，正五品上。助教二人，從六品上。學生三百人，典學四人，廟幹二人，掌固四人。博士掌教文武官三品已上、國公子孫，二品已上曾孫爲生者。生初入，置束帛一篚，酒一壺，修一案。每歲生有能通兩經已上求出仕者，則上于監。堪秀才進士者，亦如之。典學掌抄錄課業。廟幹掌灑掃學廟。

太學博士三人，正六品上。助教三人，從七品上。學生五百人。太學博士掌教文武五品

已上及郡縣公子孫，從三品曾孫之爲生者。教法並如國子。

四門博士三人，正七品上。助教三人。從八品上。四門博士掌教文武七品已上及侯伯子男子之爲生者，若庶人子爲俊士生者，教法如太學。學生五百人。直講四人，掌佐博士助教之職。大成二十人〔二六〕。通四經業成，上於尙書吏部，試登第者，加階放選也。

律學博士一人，從八品下。太宗置。助教一人，從九品上。學生五十人。博士掌教文武官八品已下及庶人子爲生者〔二七〕。以律令爲專業，格式法例亦兼習之。

書學博士二人，從九品下。學生三十人。博士掌教文武官八品已下及庶人之子爲生者。以石經、說文、字林爲專業，餘字書兼習之。

算學博士二人，從九品下。學生三十人。博士掌教文武八品已下及庶人子爲生者。二分其經，以爲之業。習九章、海島、孫子、五曹、張邱建、夏侯陽、周髀十五人，習綴術、緝古十五人。其紀遺、三等數亦兼習之〔二八〕。

五經博士各一人。五品下。舊無五經學科，自貞元五年一月敕特置三禮開元禮科，長慶二年二月，始置三傳三史科，後又置五經博士。檢年月，未獲也。

廣文館博士二人〔二九〕。正六品上。天寶九載置，試附監修進士業者。置助教一人，至德後廢也。

少府監秦置少府，掌山澤之稅。漢掌內府珍貨。梁始爲卿。歷代或置或省。隋大業五年，始分太府置少府監。龍朔改爲內府，光宅改爲尚方，神龍復爲少府監。監一員，從三品。少監二員。從四品下。秦、漢有少府，梁始爲卿，隋改爲監，從三品，少監，從四品。煬帝改爲令，武德復爲監，龍朔、光宅，隨曹改易之。監之職，掌供百工伎巧之事，總中尚、左尚、右尚、織染、掌冶五署之官屬，庀其工徒，謹其繕作。少監爲之貳。凡天子之服御，百官之儀制，展采備物，皆率其屬以供之。丞四人，從六品下。主簿二人，從七品下。錄事二人，從九品上。府二十七人，史十七人，計史三人，亭長八人，掌固四人。丞掌判監事。凡五署所修之物，則申尚書省，下所司，以供給焉。

中尚署：令一人，從六品下。丞四人，從八品下。府九人，史十八人，監作四人，典事四人，掌固四人。中尚令，掌供郊祀之圭璧、器玩之物。中宮服飾，雕文錯綵之制，皆供之。丞爲之貳。其所用金玉齒革毛羽之屬，任土以時而供送之。

左尚署：令一人，正七品下。丞五人，從七品下。監作六人，從九品下。典事十八人，掌固四人。左尚令掌供天子之五輅、五副、七輦、三輿、十有二車、大小方圓華蓋一百五十有六，

諸翟尾扇及小繖翰，辨其名數，而頒其制度。丞爲之貳。

右尚署：令一人，正七品下。丞四人，從八品下。監作六人，從九品下。典事十三人，掌固十人。右尚署令供天子十有二閑馬之鞍轡及五品三部之帳，備其材革，而修其制度。丞爲之貳。凡刀劍、斧鉞、甲胄、紙筆、茵席、履舄之物，靡不畢供。具用綾絹、金玉、毛革等，所出方土，以時支送。

織染署：令一人，正八品上。丞二人，正九品上。監作六人，從九品下。典事十一人，掌固五人。織染令掌供天子太子羣臣之冠冕，辨其制度，而供其職。丞爲之貳。

掌冶署：令一人，正八品上。丞一人，從九品上。監作四人。從九品下。掌冶令掌鎔鑄銅鐵器物。丞爲之貳。凡天下出銅鐵州府，聽人私採，官收其稅。若白鑞，則官市之。其西北諸州，禁人無置鐵冶及採鐵。若器用所須，具名移於所由官供之。

諸冶：監一人，正七品下。丞二人，從八品下。錄事一人，府一人，史二人，監作四人，從九品下。典事二人，掌固四人。諸冶監掌鑄銅鐵之事。

北都軍器監一人，正四品上。少監一人，正五品上。丞二人，正七品上。主簿一人，正八品上。錄事一人，從九品上。府十人，史十八人，典事四人，亭長二人，掌固四人。軍器監掌繕造甲弩，以時納于武庫。

甲坊署：令一人，正八品下。丞一人，正九品下。府二人，史五人，監作二人，從九品下。典事二人。

弩坊署：令一人，正八品下。丞一人，正九品下。府二人，史五人，監作二人，從九品下。典事二人。

諸鑄錢監：絳州三十鑪，揚、宣、鄂、蔚四州各十鑪，益、鄧、郴三州各五鑪，洋州三鑪，定州一鑪也。諸鑄錢監以所在州府都督刺史判之。副監一人，上佐判之。丞一人，判司判之。監事一人，或參軍或縣尉知之。錄事、府、史，士人爲之。

諸互市：監各一人，從六品下。丞一人。正八品下。諸互市監掌諸蕃交易馬駞驢牛之事〔三〇〕。

將作監秦置將作，掌營繕宮室，歷代不改。隋爲將作寺，龍朔改爲繕工監，光宅改爲營繕監，神龍復爲將作監也。大匠一員，從三品。大匠之名，漢景帝置。梁置十二卿，將作爲一卿。後周曰匠師中大夫。隋初爲將作寺，置大匠一人，又改爲監，以大匠爲監。煬帝改爲令，武德改爲大匠。龍朔、光宅，隨曹改易也。少匠二員。從四品下。

大匠掌供邦國修建土木工匠之政令，總四署三監百工之官屬，以供其職事。凡兩京宮殿宗廟城郭諸臺省監寺廨宇樓臺橋道，謂之內外作，皆委焉。丞四人，從六品下。主簿二人，從七品下。錄事二人，從九品下。府十四人，史二十八人，計史三人，亭長四人，掌固六人。

左校署：令二人，從八品下。丞四人，正九品下。府六人，史十二人，監作十人。從九品下。左校令掌供營構梓匠。凡宮室樂懸簨簴，兵仗器械，喪葬所須，皆供之。

右校署：令二人，從八品下。丞三人，正九品下。府五人，史十人，監作十人，從九品下。典事十四人。右校令掌供版築、塗泥、丹雘之事。

中校署：令一人，從八品下。丞三人，正九品下。府三人，史六人，監事四人，從九品下。典事八人，掌固二人。中校令掌供舟車兵仗、廐牧雜作器用之事。凡行幸陳設供三梁竿柱，閑廐供剉碓行槽，祭祀供葛竹壍等。

甄官署：令一人，從八品下。丞二人，正九品下。府五人，史十人，監作四人，從九品下。典事十八人。甄官令掌供琢石陶土之事。凡石磬碑碣、石人獸馬、碾磑塼瓦、瓶缶之器、喪葬明器，皆供之。

百工、就谷、庫谷、斜谷、太陰、伊陽等監：百工監在陳倉，就谷監在王屋〔三一〕，庫谷監在鄠縣，太陰監

在陸渾，伊陽監在伊陽，皆在出材之所。監各一人，從七品下。丞一人，正八品下。府各一人，史三人，典事各二十一人，錄事各一人，監事四人。從九品下。 百工等監掌採伐材木。

都水監

都水監：使者二人，正五品上。漢官有都水長，屬主爵，掌諸池沼，後改爲使者，後漢改爲河隄謁者。晉復置都水臺，立使者一人，掌舟楫之事。梁改爲太舟卿，北齊亦曰都水臺。隋改爲都水監，大業復爲使者，尋又爲監，復改監爲令，品第三。武德復爲監，貞觀改爲使者，從六品。龍朔改爲司津監，光宅爲水衡都尉，神龍復爲使者，正五品上，仍隸將作監。丞二人，從七品上。主簿二人，從八品下。錄事一人，府五人，史十人，掌固三人。 使者掌川澤津梁之政令，總舟楫、河渠二署之官屬，凡虞衡之採捕，渠堰陂池之壞決，水田斗門灌溉，皆行其政令。

舟楫署：令一人，正八品下。丞二人。正九品下。 舟楫署令掌公私舟船運漕之事。

河渠署：令一人，正八品下。丞一人，正九品上。府三人，史六人。河隄謁者六人，掌修補堤堰漁釣之事。典事三人，掌固四人，長上漁師十人，短番漁師一百二十人，明資漁師一百二十人。 河渠令掌供川澤魚醢之事。祭祀則供魚醢。諸司供給魚及冬藏者，每歲支錢二

十萬，送都水，命河渠以時價市供之。

諸津：令一人，正九品上。丞一人。從九品下。 津令各掌其津濟渡舟梁之事。

武官

左右衞周制：軍萬二千五百人。天子六軍，大國三軍，次國二軍，小國一軍。軍將皆命卿。至秦、漢，始置衞將軍，後漢、魏因之。晉武帝始置左右中三衞將軍。至隋始置左右衞、左右武衞、左右候、左右領軍、左右率府。各有大將軍一人，謂十二衞大將軍也。國家因之。

大將軍各一員，正三品。將軍各二員。從三品。 左右衞將軍之職，掌統領宮廷警衞之法，以督其屬之隊仗，而總諸曹之職務。凡親勳翊五中郎將府及折衝府所隸，皆總制之。凡宿衞，內廊閤門外，分爲五仗，一供奉仗、二親仗、三勳仗、四翊仗、五散手仗也。皆坐于東西廊下。若御坐正殿，則爲黃旗仗，分立於兩階之次，在正門之內，以挾門隊坐於東西廂。皆大將軍守之。

長史各一人，從六品上。 錄事參軍事各一人，正八品上。倉曹、兵曹參軍各二人，正八品下。騎曹、冑曹參軍各一人，正六品下。司階二人，正六品上。中候三人，正七品下。司戈五人，正八品下。執戟五人，正九品下。奉車都尉五人。從五品下。 長史掌判諸曹、親勳翊五府及武安、武成等五十府之事。諸曹參軍皆掌本曹勾檢之事。隨曹各有府史。

親府、勳一府、勳二府、翊一府、翊二府等五府〔三二〕：每府中郎一人、中郎將一人〔三三〕，皆四品下。左右郎將各一人，正五品上。錄事一人，兵曹參軍事一人，正九品上。校尉五人，旅帥十人，隊正二十人，副隊正二十人。 中郎將領本府之屬以宿衞。左右郎將貳之。若大朝會、巡幸，以鹵簿之法以領其儀仗。

左右驍衞古曰驍騎，隋改左右備身爲左右驍衞，所領名豹騎，國家去騎字曰驍衞府，龍朔去府字，改爲左右武威，神龍復爲驍衞。

大將軍各一員，正三品。將軍各二員。從三品。 驍衞將軍之職，掌如左右衞。大朝會在正殿之前，則以黃旗隊及胡祿隊坐於東西廊下。若御坐正殿，則以其隊仗次立左右衞下。長史、錄事參軍、倉兵騎冑四曹參軍、員數、品秩如左右衞。司階、中候、司戈、執戟等，四色人數、品秩如左右衞也。校尉、旅帥、隊正、副隊、人數如左右衞。翊府中郎、中郎將、左右中郎將、左右郎將。職掌如左右衞。

左右武衞魏武爲丞相，有武衞營。隋採其名，置左右武衞府，有大將軍。光宅改爲左右鷹揚衞，龍朔復也。

大將軍各一員，正三品。將軍各二員。從三品。 其職掌如左右衞。大朝會，被白鎧甲，執器楯及旗等〔三四〕，蹕稱長唱，警持鈒隊，應蹕爲左右廂儀仗。在正殿前，則以諸隊次立於驍衞之下。

長史、錄事參軍、倉兵騎冑四曹參軍、司階、中候、司戈、執戟、人數、品秩皆如左右衞也。 翊府中郎將、左右郎將、錄事、兵曹。人數、品秩如左右衞。

左右威衞隋爲左右屯衞，龍朔改爲威衞，光宅改爲左右豹韜衞，神龍復爲威衞也。

大將軍各一員，正三品。將軍各二員。從三品。 其職掌，大朝會則被黑甲鎧，弓箭刀楯旗等，分爲左右廂隊，次武衞之下。

長史、錄事參軍、倉兵騎冑四曹參軍、職掌、人數、品秩皆如左右衞也。司階、中候、司戈、執戟、人數、品秩如左右衞。 翊府中郎將、左右郎將、錄事、兵曹、校尉、旅帥、隊正、副隊正。人數、品秩皆如左右衞之親府。

左右領軍衞漢建安中，魏武爲丞相，始置中領軍，後因之。北齊置領軍府，後因之。煬帝改爲屯衞，國家改爲領軍衞。龍朔改爲戎衞，光宅改爲玉鈐衞，神龍後爲領軍衞。

大將軍各一員，正三品。將軍各二員。從三品。　其職掌，大朝會則被青甲鎧，弓箭刀楯旗等，分爲左右廂儀仗，次立威衞之下。

長史、錄事參軍、倉兵騎冑四曹參軍、司階、中候、司戈、執戟、人數、品秩如左右衞。翊府中郎將、左右郎將、錄事、兵曹、校尉、旅帥、隊正、副隊正。人數、品秩、職掌如左右衞也。

左右金吾衞秦曰中尉，掌徼巡，武帝改名執金吾，魏復爲中尉。南朝不置。隋曰候衞。龍朔二年改爲左右金吾衞，采古名也。

大將軍各一員，正三品。將軍各二員。從三品。　左右金吾衞之職，掌宮中及京城晝夜巡警之法，以執禦非違。凡翊府及同軌等五十府皆屬之。凡車駕出入，則率其屬以淸遊隊，建白澤朱雀等旗隊先驅，如鹵簿之法。從巡狩畋獵，則執其左右營衞之禁。凡翊衞、翊府、同軌、寶圖等五十府彍騎衞士應番上者，各領所職焉。

長史、錄事參軍、倉兵騎冑四曹參軍、司階、中候、司戈、執戟、人數、品秩、職掌如左右衞也。翊府中郎將、左右郎將、兵曹、校尉、旅帥、隊正、副隊正。品秩、人數、職掌如左右衞也。

左右監門衞漢、魏曰城門校尉，始置左右監門府，省將軍、郎將等官〔二五〕，國家因之。龍朔二年，去府字爲衞。

大將軍各一員，正三品。將軍各二員，從三品。中郎將四人。正四品下。　監門將軍之職，掌宮禁門籍之法。凡京司應入宮殿門者，皆有籍。左將軍判入，右將軍判出。若大駕行幸，卽依鹵簿法，率其屬於牙門之下，以爲監守。中郎將，掌監諸門，檢校出入。

長史、錄事參軍、兵曹胄曹二曹參軍。品秩如諸衞。

監門校尉，各三百二十人，立長各六百八十人，長人長上二十人，立長長上各二十人〔二六〕。

左右千牛衞宋謝綽拾遺有千牛刀，卽人主防身刀也。後魏有千牛備身，取莊子庖刀解牛之義，後代因之。隋置左右千牛備身二十人，掌供御弓箭，備身六十人，掌宿衞侍從。煬帝置備身府，皇家改爲千牛府。龍朔爲左右奉宸衞，神龍復爲千牛衞。

大將軍各一員，正三品。將軍各二員，從三品。中郎將各二人。正四品下。　千牛將軍之職，掌宮殿侍衞及供御之儀仗，而統其曹務。凡千牛備身左右，執弓箭以宿衞，主仗守戎服器物。凡受朝之日，則領備身左右昇殿，而侍列於御坐之左右。凡親射于射宮，則將軍率其屬以從。凡千牛備身之考課、賜會及祿秩之昇降，同京職事官之制。中郎將昇殿侍奉。凡侍奉，禁橫過座前者，禁對語及傾身與階下人語者，禁搖頭舉手以相招召者。若有口敕，通事舍人承受傳聲階下而不聞者，中郎將宣之。

長史、錄事參軍、兵胄二曹參軍、人數、品秩同諸衞。司階各二人，正六品上。中候各三人，司戈各五人，執戟各五人，品秩同諸衞。千牛備身十二人，備身左右各二人。

左右羽林軍漢置南北軍，掌衞京師。南軍，若今諸衞也；北軍，若今羽林軍也。漢武置羽林，名曰建章營騎，屬光祿勳，後更名羽林騎，取六郡良家子，及死事之孤爲之。後漢置左右羽林監，南朝因之，後魏、周曰羽林率，隋左右屯衞〔二七〕，所領兵名曰羽林。龍朔二年，置左右羽林軍。

大將軍各一員，正三品下。將軍各二員。從三品下〔二八〕。　羽林將軍統領北衙禁兵之法令，而督攝左右廂飛騎之儀仗，以統諸曹之職。若大朝會，率其儀仗以周衞階陛。大駕行幸，則夾道馳而爲內仗。凡飛騎每月番上者，皆據其名歷而配于所職。其飛騎仗或有敕上南衙者，則大將軍承墨敕白移於金吾引駕仗，引駕仗官與監門覆奏，又降墨敕，然後得入。

長史、錄事參軍、倉兵胄三曹參軍、品秩如諸衞。司階、中候、司戈、執戟，如千牛衞品秩、人數。翊府中郎將、左右郎將、錄事、兵曹、校尉、旅帥、隊正、副隊正。人數、品秩如諸衞。

左右龍武軍初，太宗選飛騎之尤驍健者，別署百騎，以爲翊衞之備。天后初，加置千騎，中宗加置萬騎，分爲左右營，置使以領之。自開元以來，與左右羽林軍名曰北門四軍。開元二十七年，改爲左右龍武軍，官員同羽林軍也。

大將軍一員，正三品。將軍二員。從三品。

長史一人，錄事參軍事一人，錄事一人，史二人，倉兵胄三曹參軍事各一人。隨曹有府、史、掌固人數。司階二人，中候三人，司戈、執戟各五人，長上各十人。右件官員階品、人數、職掌，如羽林軍也。

左右神武軍至德二年，肅宗在鳳翔置。初，貞觀中置北衙七營，後改爲左右羽林軍。皆選才力驍勇者充，每月一營十人爲番當上。又置左右龍武軍，皆唐元功臣子弟幷外州人。如宿衞兵，分日上下。肅宗在鳳翔，方收京城，以羽林軍減耗，寇難未息，乃別置神武軍，同羽林制度官吏，謂之北衙六軍。又置衙前射生手千餘人，謂之左右英武軍，非六軍之例也。乾元二年十月敕，左右羽林、左右龍武、左右神武官員並昇同金吾四衞，置大將軍二人、將軍二人也。

左右神策軍上元中，以北衙軍使衞伯玉爲神策軍節度使，鎭陝州，以拒東寇，以中使魚朝恩爲觀軍容使，監伯玉軍。及伯玉入爲羽林帥，出爲荆南節度使，朝恩專統神策軍，鎭陝。廣德元年，吐蕃犯京師，代宗避狄幸陝，朝恩以神策軍迎扈。及永泰元年，吐蕃犯京畿，朝恩以神策兵屯于苑中。自是，神策軍恒以中官爲帥。建中末，盜發京師，竇文場以神策軍扈蹕山南。及還京師，賞勞無比。貞元中，特置神策軍護軍中尉，以中官爲之，時號兩軍中尉。貞元已後，中尉之權傾於天下，人主廢立，皆出其可否，事見宦者傳也。

大將軍各二員，正三品。貞元二年九月，敕改神策左右廂爲左右軍，置大將軍各二人，正三品。將軍各二員。從三品。至貞元三年五月，敕左右神策將軍各加二員，左右神武將軍各加一員也。

神威軍本號殿前射生左右廂，貞元二年九月改殿前左右射生軍，三年四月改爲左右神威軍，非六軍之例也。

大將軍二員，正三品。將軍二員。從三品。職田、俸錢、手力、粮料等，同六軍諸衛。

六軍統軍興元元年正月二十九日敕，左右羽林、左右龍武、左右神武各置統軍一人，秩從二品。

十六衛上將軍舊無此官。貞元二年九月一日敕：「六軍先有敕，各置統軍一人。十六衛宜各置上將軍一員，秩從二品。其左右衛及左右金吾衛上將軍俸料、隨軍人馬等，並同六軍統軍。其諸衛上將軍，次統軍例支給。」至德二年九月十三日，六軍十二衛上將軍，並放入宿，已後爲例也。

諸府隋置驃騎、鷹揚等府，凡天下守戍兵，不成軍曰牙，府有上中下也。

折衝都尉各一人，上府，都尉正四品上，中府，從四品下，下府，正五品下。武德中，採隋折衝、果毅郎將之名，改統軍爲折衝都尉，別將爲果毅都尉。左右果毅都尉各一人，上府，果毅從五品下，中府，正六品上，下府，從六

品下。隋煬帝置果毅郎將，國家置折衝都尉。別將各一人，上府，別將正七品下，中府，從七品上，下府，從七品下。長史一人，上府，正七品下，中府，從七品上，下府，從九品下也。兵曹參軍一人，上府，從八品下，中府，正九品上，下府，從九品下也。錄事一人，校尉五人。每校尉，旅帥二人；每旅帥，隊正、副隊正各二人。

諸府折衝都尉掌領五校之屬，以備宿衛，以從師役，總其戎具、資糧、差點、教習之法令。凡衛士，三百人爲一團，以校尉領之，以便習騎射者爲越騎，餘爲步兵。其團，十人爲火，火備六馱之馬。每歲十一月，以衛士帳上尚書省天下兵馬之數以聞。凡兵馬在府，每歲季多，折衝都尉率五校之屬以教其軍陣、戰鬬之法也。具有教習簿籍。

東宮官屬

太子太師、太傅、太保各一員。並從一品。師傅，宮官，南朝不置。後魏、北齊，師傅品第二，號東宮三太。隋品亦第二。武德定令，加從一品也。

太子少師、少傅、少保各一員。並正二品。三少，亦古官，歷代或置或省。南朝並不置。後魏、北齊置之，品第三，號東宮三少。皇家定令，正二品。三師三少之職，掌教諭太子。無其人，則闕之。

太子賓客四員，正三品。古無此官，皇家顯慶元年春始置四員也。掌侍從規諫，贊相禮儀。

太子詹事一員，正三品。少詹事一員。正四品上。詹事，秦官，掌皇太子宮。龍朔二年改爲端尹，天授爲宮尹，神龍復也。詹事統東宮三寺十率府之政令。少詹爲之貳。凡天子六官之典制，皆視其事而承受之。

丞二人，正六品上。主簿一人，從七品上。錄事二人，正九品下。令史九人，書令史十八人。丞掌判府事。主簿掌印，檢勾稽。錄事掌受事發辰。

司直一人，正九品上。令史一人，書令史二人，亭長四人，掌固六人。司直掌彈劾宮僚，糾舉職事。太子朝，宮臣則分知東西班。凡諸司文武應參官，每月皆具在否以刺之。

太子左春坊：左庶子二人，正四品上。中允二人。正五品下。左庶子掌侍從贊相，駁正啓奏。中允爲之貳。

司議郎四人，正六品上。錄事二人，從八品下。主事二人，從九品下。令史七人，書令史十四人。司議郎掌啓奏記注宮內祥瑞，宮長除拜薨卒，每年終送史館。

左諭德一人，正四品下。左贊善大夫五人，正五品上。傳令四人，掌儀二人，贊者四人。左諭德掌諷諭規諫。

崇文館：貞觀中置，太子學館也。學士，直學士，員數不定。學生二十人，校書二人，從九品下。令史二人，典書二人，搨書手二人，書手十人，熟紙匠三人，裝潢匠五人，筆匠三人。學士掌東宮經籍圖書，以教授諸生。凡課試舉送，如弘文館。校書掌校理四庫書籍。

司經局：洗馬二人，從五品下。洗馬，漢官，爲太子前馬。太子文學三人，正六品。校書四人，正九品。正字二人，從九品上。書令史二人，楷書手二十五人，典書四人。洗馬掌四庫圖籍繕寫、刊緝之事。文學掌侍奉文章。校書、正字掌典校四庫書籍。

典膳局：典膳郎二人，正六品上。丞二人，正八品上。書令史二人，主食六人，典食二百人，掌固四人。典膳郎掌進膳嘗食，每夕局官於廚更直。

藥藏局：藥藏郎二人，正六品上。丞二人，正八品上。侍醫典藥九人，藥童十八人，掌固六人。藥藏郎掌和劑醫藥。

內直局：內直郎二人，從六品下。丞二人，正八品下。典服三十人，典扇十五人〔二〕，典翰十五人，掌固六人。內直郎掌符璽、繖扇、几案、衣服之事。

典設局：典設郎四人，從六品下。丞二人，正八品下。幕士六百人。典設郎掌湯沐、灑掃、鋪陳之事。凡大祭祀，太子助祭，則於正殿東設幄坐。

宮門局：宮門郎二人，從六品下。丞二人，正八品下。門僕一百三十人。宮門郎掌內外宮

門管鑰之事。其鐘鼓刻漏，一如皇居之制也。

太子右春坊：右庶子二人，正四品下。中舍人二人，正五品上。舍人四人，正六品上。錄事一人，從八品下。主事二人。從九品下。舍人掌行令書令旨及表啓之事〔四〇〕。太子通表，如諸臣之禮。諸臣及宮臣上皇太子，大事以牋，小事以啓，其封題皆曰上，右春坊通事舍人開封以進。其事可施行者皆下於坊，舍人開，庶子參詳之，然後進。不可者則否。

右諭德一人，正四品下。右贊善大夫五人，正五品上。傳令四人，諭德、贊善，掌事如左。通事舍人八人，正七品下。典謁二十人。舍人掌導引宮臣辭見及承令勞問之事。

太子內坊：皆宦者爲司局。典內二人，從五品下。錄事一人，典直四人，正九品下。導客舍人六人，閤帥六人，內閽八人，內給使，無員數。內廐二十人，典事二人，駕士三十人。典內掌東宮閤門之禁令，及宮人衣廩賜與之出入。丞爲之貳。典直主儀式。導客主儐序。閤帥主門戶。內閽主出入。給使主繖扇。內廐主車輿。典事主牛馬。典內統而監之。

太子內官：司閨二人，從六品。掌導引妃及宮人名簿，總掌正、掌書、掌筵三司。掌

正三人，從八品。掌文書出入，目錄爲記。并閤門管鑰，糾察推罰。女史，流外三品，掌典文簿而執行焉。掌書三人，從八品。掌寶、符契、經簿、宣傳、啓奏、教學、廩賜、紙筆、監印。掌筵三人，從八品。掌帷幄、牀褥、几案、繖扇、洒掃、鋪設之事。司禮二人，從六品。掌禮儀參見，以總掌嚴、掌縫、掌藏，而領其事。掌嚴三人，從八品〔四一〕。掌首飾、衣服、巾櫛、膏沐、仗衛。掌縫三人，從八品。掌裁縫、織績。掌藏三人，從八品。掌貨貝、珠玉、錦綵。司饌二人，從六品。掌膳羞。進食先嘗，總掌食、掌醫、掌園三司，而領其事。掌食三人，從八品。掌膳羞、酒醴、燈燭。掌醫三人，從八品〔四二〕。掌醫主醫藥。掌園三人，從八品。掌園苑樹藝、蔬果。

太子家令寺：令一人，從四品上。丞二人，從七品上。主簿一人，正九品下。錄事一人。家令掌太子飲膳、倉儲、庫藏之政令，總食官、典倉、司藏三署之官屬。

食官署：令一人，從八品下。丞二人，從九品下。掌膳十二人，奉觶三十人。食官令掌飲膳之事。

典倉署：令一人，從八品下。丞二人，從九品下。園丞二人，典事六人。典倉令掌九穀人藏，及醯醢、庶羞、器皿、燈燭之事。

司藏署：令一人，從八品下。丞二人。從九品下。司藏令掌庫藏財貨、出納、營繕之事。

太子率更寺：令一人，從四品上。丞二人，從七品上。主簿一人，正九品下。錄事一人，佮官師二人，漏刻博士二人，掌漏六人，漏童六十人，典鼓二十四人。率更令掌宗族次序、禮樂、刑罰及漏刻之政令。

太子僕寺：僕一人，從四品下。丞一人，從七品上。主簿一人，正九品下。錄事一人。太子僕掌車輿、乘騎、儀仗之政令及喪葬之禮物，辨其次序。

廐牧署：令一人，從八品下。丞二人，從九品下。典乘四人，牧長四人，翼馭十五人，駕士三十人，獸醫二十人。廐牧令掌車馬、閑廐、牧畜之事。

東宮武官

太子左右衞率府：秦、漢有太子衞率，主門衞。晉分左右中前四衞率，後代因置左右率。北齊爲衞率坊。隋初始分置左右衞率府、左右宗衞率、左右虞候、左右內率、左右監門率十府，以備儲闈武衞之職。煬帝改爲左右侍率，國家復爲衞率。龍朔改爲左右典戎衞，咸亨復。率各一員，正四品上。副率各一人。從四品上。左右衞率

掌東宮兵仗羽衞之政令，總諸曹之事。凡親勳翊府及廣濟等五府屬焉。凡正、至太子朝，宮臣率其屬儀仗，爲左右廂之周衞，出入如鹵簿之法。

長史各一人，正七品上。錄事參軍事各一人，從八品上。倉曹參軍一人，從八品下。兵曹參軍一人，從八品下。胄曹參軍一人，從八品下。司階一人，從六品上。中候二人，從七品下。司戈二人，從八品下。執戟三人。從九品下。長史掌判諸曹及三府五府之貳。錄事掌監印勾稽。官掌本曹簿籍〔四三〕。職事皆視上臺。

親府勳翊府中郎將各一人，從四品上。左右郎將各一人，正五品下。錄事一人，兵曹參軍一人，校尉五人，旅帥十人，隊正二十人，副隊正二十人。郎將掌其府之屬以宿衞，而總其事。職掌一視上臺親府。

太子左右司禦率府：本號左右宗衞府，龍朔改爲司禦率府。率各一人，正四品上。副率各二人。從四品上。司禦率掌同左右率。

長史、錄事參軍事、倉兵胄三曹參軍、司階、中候、司戈、執戟。人數、品秩、職掌如左右衞府也。

太子左右清道率府：隋文置左右虞候府，各開府一人，掌斥候。國初亦爲左右虞候，龍朔改爲清道率府，

神龍又爲虞候，開元復爲清道也。率各一人，正四品上。副率各二人。從四品上。清道率掌東宮內外晝夜巡警之法。

長史、錄事參軍事、倉兵冑三曹參軍、司階、中候、司戈、執戟。人數、品秩如左右衛率府。

太子左右監門率府：隋置此官，國家因之。率各一人，正四品上。副率各一人。正四品上。左右監門率掌東宮禁衛之法，應以籍入宮殿門者，二率司其出入，如上臺之法。

長史、錄事參軍事、兵冑二曹參軍。監門直長七十八人。人數、品秩同諸率府。

太子左右內率府：隋初置內率府，擬上臺千牛衛。龍朔初，爲奉裕率，咸亨復。率各一人，正四品上。副率各一人。從四品上。左右內率之職，掌東宮千牛備身侍奉之事，而立其兵仗〔四四〕，總其府事。

長史、錄事參軍事、兵冑二曹參軍，人數、品秩如諸率。千牛十六人，備身二十八人，主仗六十人。

王府官屬公主邑司。

親王府：傅一人，從三品。漢官有王傅、太傅，魏、晉後唯置師，國家因之，開元改爲傅。諮議參軍一人，正五品上。友一人，從五品下。文學二人，從六品上。東閤、西閤祭酒各一人。從七品上。傅掌傅相贊導，而匡其過失。諮議訏謀左右。友陪侍規諷。文學讎校典籍，侍從文章。祭酒接對賓客。

長史一人，從四品上。司馬一人，從四品下。掾一人，正六品上。屬一人，正六品上。主簿一人，從六品上。記室參軍事二人，從六品上。錄事參軍事一人，從六品上。錄事一人，從九品上。功倉戶兵騎法士等七曹參軍事各一人，正七品上。參軍事二人，正八品下。行參軍四人，從八品。典籤二人。從八品下。長史、司馬統領府僚，紀綱職務。掾統判七曹參軍事。主簿掌覆省王教。記室掌表啓書疏。錄事參軍事勾稽省署鈔目。錄事掌受事發辰。七曹參軍各督本曹事，出使檢校。典籤宣傳教命。

親王親事府：典軍二人，正五品上。副典軍二人，從五品上。執仗親事十六人，執乘親事十六人，親事三百三十三人，校尉、旅帥、隊正、隊副。準部內人數多少置。親事帳內府典軍二人，副典軍二人，品秩如親事府。帳內六百六十七人，校尉、旅帥、隊正、隊副。看人數置。典軍、副典軍之職，掌率校尉已下守衛陪從之事。

親王國：令一人，從七品下。大農二人，從八品下。尉二人，正九品下。丞一人，從九品下。錄事一人，典衛八人，舍人四人，學官長一人，食官長一人，丞一人，廄牧長二人，丞二人，典府長二人，丞二人。國令、大農掌通判國事。國尉、國丞掌判國司，勾稽監印事。典衛守居宅。舍人引納。學官教授內人。

公主邑司：令一人，從七品下。丞一人，從八品下。錄事一人，從九品下。主簿二人，謁者二人，舍人二人，家吏二人〔四五〕。公主邑司官各掌主家財貨出入〔四六〕、田園徵封之事。其制度，皆隸宗正寺。

州縣官員

京兆河南太原等府：自秦、漢已來爲雍、洛、并州。周、隋或置總管都督，通名爲府。開元初，乃爲京兆府、河南府、太原府。三府牧各一員，從二品。牧，古官，舜置十二牧是也。秦以京城守爲內史，漢武改爲尹。後魏、北齊、周、隋又以京守爲牧。武德初，因隋置牧，以親王爲之。或不出閤，長史知府事。尹各一員，從三品。京城守，秦曰內史，漢曰尹，後代因之。隋爲內史。武德初置牧，以長史總府事。開元初，雍、洛、并改爲府，乃昇長史爲尹，從三品，專總府事也。少尹各二員，從四品下。魏、晉已下，州府有治中，隋文改爲司馬，煬帝改爲贊理，又爲丞，武德改爲治中，永徽避高宗名，改爲司馬，開元初，改爲少尹。司錄參軍二人，正七品。錄事四人，從九品上。功倉戶兵法士等六曹參軍事各二人，正七品下。府史、隋書有之。參軍事六人，正八品下。執刀十五人，典獄十一人，問事十二人，白直二十四人。經學博士一人，從八品上。助教二人，學生八十人。醫藥博士一人，助教一人，學生二十人。

大都督府：魏黃初二年，始置都督諸州軍事之名，後代因之。至隋改爲總管府。武德四年又改爲都督，貞觀中分爲上中下都督府也。都督一員〔四七〕，從二品。長史一人，從三品。司馬二人，從四品下。錄事參軍事二人，正七品上。錄事二人，從九品上。功倉戶兵法士六曹參軍事，功士二曹各一員，餘曹各二員，並正七品下也。典獄十六人，問事十人，白直二十四人，市令一人，從九品上。丞一人，佐一人，史二人，倉督二人。經學博士一人，從八品上。助教二人，學生六十人。醫學博士一人，從八品下。助教一人，學生十五人。

中都督府：都督一員，正三品上。別駕一人，正四品下。長史一人，正五品上。司馬一人，正五品下。錄事參軍事一人，從七品下。錄事二人，從九品上。功倉戶兵法士六曹參軍事各一人，並從七品上。參軍事四人，從八品上。典獄十四人，白直二十人，市令一人，從九品上。丞一人，佐一人，史二人，帥三人，倉督二人。經學博士一人，從八品下。助教二人，學生六十人。醫藥博士一人，學生十五人。

下都督府：都督一員，從三品。別駕一人，從四品下。長史一人，從五品上。司馬一人，從五品上。錄事參軍事一人，從七品上。錄事二人，從九品下。功倉戶兵法士六曹參軍事各一人，從七品下。參軍事三人，從八品下。典獄十二人，問事六人，白直十六人，市令一人，從九品上。丞二人，佐一人，史二人，帥二人，倉督二人。經學博士一人，從八品下。助教一人，學生五十人。醫學博士一人，助教一人，學生十二人。

上州：州之名，古也。舜置十二州，禹貢九州，漢置十三州。秦并六國，置三十六郡。漢則以州統郡。其後武德改郡為州，改州為郡，事見諸卷。國家制，戶滿四萬以上為上州。刺史一員，從三品。秦分天下為三十六郡，郡置守、都尉各一人，仍以御史一人監郡。漢廢監郡御史，丞相遣掾吏分察諸郡。漢武元光五年，分天下置十三州，分統諸郡。每州遣使者一人，督察官吏清濁，謂之十三州刺史。後漢遂以名臣為刺史，專州郡之政，仍置別駕、治中、諸曹掾屬，號曰外臺。魏、晉已後，因之不改，而郡置太守、丞尉、諸曹。隋初罷郡，並為州。煬帝罷州為郡，郡置通守。武德改郡為州，州置刺史。天寶改州為郡，置太守。乾元元年，改郡為州，州置刺史。初，漢代奉使者皆持節，故刺史臨部，皆持節。至魏、

晉，刺史任重者，為使持節都督，輕者為持節。後魏、北齊，總管、刺史，則加使持節諸軍事，以此為常。隋開皇三年罷郡，以州統縣，刺史之名存而職廢。而於刺史太守官位中，不落持節之名，至今不改，有名無實也。至德之後，中原用兵，大將為刺史者，兼治軍旅，遂依天寶邊將故事，加節度使之號，連制數郡。奉辭之日，賜雙旌雙節，如後魏、北齊故事。名目雖殊，得古刺史督郡之制也。別駕一人，從四品下。長史一人，從五品上。司馬一人，從五品下。錄事參軍事一人，從七品上。錄事三人，從九品上。司功、司倉、司戶、司兵、司法、司士六曹參軍事各一人，並從七品下。參軍事四人，典獄十四人，問事八人，白直二十四人，市令一人，從九品上。丞一人，佐一人，史二人，帥三人，倉督二人。經學博士一人，從八品下。助教二人，學生六十人。醫學博士一人，正九品下。助教一人，學生十五人。

中州：戶滿二萬戶已上，為中州。刺史一員，正四品上。別駕一人，正五品下。長史一人，正六品上。司馬一人，六品上。錄事參軍事一人，正八品上。錄事一人，從九品上。司功、司倉、司戶、司法、司士六曹參軍事各一人〔四八〕，並正八品下。隨曹有佐史人數。參軍事三人，正九品上。執刀十人，典獄十二人，問事六人，白直十六人，市令一人，丞、佐各一人，史、帥、倉督各二人。經學博士一人，正九品上。助教一人，學生五十人。醫藥博士一人，從九品下。助教一人，學生十二人。

下州：戶不滿二萬，為下州也。刺史一員，正四品下。別駕一人，從五品上。司馬一人，從六品下。錄事參軍事一人，從八品上。錄事一人，從九品下。司倉、司戶、司法三曹參軍事各一人，從八品下。隨曹有佐史人數。參軍事一人，從九品下。典獄八人，問事四人，白直十六人，市令一人，佐、史各一人，帥二人，倉督一人。經學博士一人，正九品下。助教一人，學生四十人。醫學博士一人，從九品下〔四九〕。學生十人。

京兆、河南、太原牧及都督、刺史掌清肅邦畿，考覈官吏，宣布德化，撫和齊人，勸課農桑，敦敷五教。每歲一巡屬縣，觀風俗，問百年，錄囚徒，恤鰥寡，閱丁口，務知百姓之疾苦。部內有篤學異能聞於鄉閭者〔五〇〕，舉而進之。有不孝悌，悖禮亂常，不率法令者，糾而繩之。其吏在官公廉正己，清直守節者，必謹而察之。其貪穢諂諛，求名狥私者，亦謹而察之。皆附於考課，以為褒貶。若善惡殊尤者，隨即奏聞。若獄訟疑議，兵甲興造便宜，符瑞尤異，亦以上聞。其常則申於尚書省而已。若孝子順孫，義夫節婦，精誠感通，志行聞於鄉閭者，亦具以申奏，表其門閭。其孝悌力田，頗有詞學者，率與計偕。其所部有須改更，得以便宜從事。若親王典州，及邊州都督刺史不可離州局者，應巡屬縣，皆委上佐行焉。尹、少尹、別駕、長史、司馬掌貳府州之事，以綱紀衆務，通判列曹。歲終則更入奏計。司錄、錄事參軍掌勾稽，省署鈔目，監符印。功曹、司功掌官吏考課、祭祀、禎祥、道佛、學校、表疏、醫藥、陳設之事。倉曹、司倉掌公廨、度量、庖廚、倉庫、租賦、徵收、田園、市肆之事。戶曹、司戶掌戶籍、計帳、道路、逆旅、婚田之事。兵曹、司兵掌武官選舉、兵甲器仗、門戶管鑰、烽候傳驛

之事。法曹、司法掌刑法。士曹、司士掌津梁、舟車、舍宅、百工衆藝之事。市令掌市廛交易、禁斥非違之事。經學博士掌五經教授諸生〔五一〕。醫藥博士以百藥救民疾病。下至執刀、白直、典獄、佐史，各有其職。州府之任備焉。

縣令三代之制，五等諸侯，自理其人。周衰，諸侯相侵，大國分置郡邑縣鄙，以褒其人。齊、晉謂之大夫，魯、衞謂之宰，楚謂之公、尹，秦謂之令、長。秦制：萬戶已上為令，秩千石至六百石，減萬戶為長，秩五百石至三百石，皆有丞、尉，秩四百石至二百石也。

長安、萬年、河南、洛陽、太原、晉陽六縣，謂之京縣。令各一人，正五品上。丞二人，從七品。主簿二人，從八品上。錄事二人，從九品下。佐二人，史四人，尉六人，從八品下。司功、佐三人，史六人。司倉、佐四人，史八人。司戶、佐五人，史十人。司兵、佐三人，史六人。司法、佐五人，史十人。司士，佐四人，史八人。典獄十四人，問事八人，白直十八人。博士一人，助教一人，學生五十人。

京兆、河南、太原所管諸縣，謂之畿縣。令各一人，正六品下。丞一人，正八品下。主簿一人，正九品上。尉二人，正九品下。錄事二人，史三人。司功、佐三人，史五人。司倉、佐四人，史七人。司戶、佐四人，史七人，帳史一人。司法，佐四人，史八人。典獄十四人，問事四人，白直十人，市令一人。佐一人，史一人，帥二人。經學博士一人，助教一人，學生四十人。

諸州上縣：令一人，從六品上。丞一人，從八品下。主簿一人，正九品下。尉二人，從九品上。錄事二人，史三人。司戶、佐四人，史七人，帳史一人。司法，佐四人，史八人。倉督二人，典獄十人，問事四人，白直十人，市令一人。佐史各一人，帥一人。博士一人，助教一人，學生四十人。

諸州中縣：令一人，正七品上。丞一人，從八品下。主簿一人，從九品上。尉一人，從九品下。錄事一人，史四人。司戶，佐三人，史五人，帳史一人。司法，佐二人，史六人。倉督一人，典獄八人，問事四人，白直八人。博士一人，助教一人，學生二十五人。

諸州中下縣：令一人，從七品上。丞一人，正九品上。主簿一人，從九品上。尉一人，從九品下。錄事一人，司戶、佐二人，史三人，帳史一人。司法，佐二人，史四人。典獄六人，問事四人，白直八人，市令一人。佐史各一人，帥二人。博士一人，助教一人，學生二十五人。

諸州下縣：令一人，從七品下。丞一人，正九品下。主簿一人，從九品上。尉一人，從九品下。錄事一人，司戶、佐二人，史四人，帳史一人。司法，佐一人，史四人。典獄六人，問事四人，白直八人，市令一人。佐一人，史二人，帥二人也。博士一人，助教一人，學生二十人。

京畿及天下諸縣令之職，皆掌導揚風化，撫字黎甿，敦四人之業，崇五土之利，養鰥寡，恤孤窮。審察冤屈，躬親獄訟，務知百姓之疾苦。

大都護府：大都護一員，從二品(三)。副都護四人，正四品上。長史一人，正五品上。司馬一人，正五品上。錄事參軍事一人，正七品上。錄事二人，從九品上。功曹、倉曹、戶曹、兵曹、法曹五參軍事各一人，並正七品下。參軍事三人。正八品下。

上都護府：都護一員，正三品。副都護二人，從四品上。長史一人，正五品上。司馬一人，正五品上。錄事參軍事一人，正七品下。錄事二人，功曹、倉曹、戶曹、兵曹四參軍事各一人，從七品上。參軍事三人。從八品上。

都護之職，掌撫慰諸蕃，輯寧外寇，覘候姦譎，征討攜貳。長史、司馬貳焉。諸曹，如州府之職。

節度使：天寶中，緣邊禦戎之地，置八節度使。受命之日，賜之旌節，謂之節度使，得以專制軍事。行則建節符，樹六纛。外任之重，無比焉。至德已後，天下用兵，中原刺史亦循其例，受節度使之號。節度使一人，副使一人，行軍司馬一人，判官二人，掌書記一人，參謀，無員數也。隨軍四人。皆天寶後置。檢討未見品秩。

元帥、都統、招討等使

元帥。舊無其名。安、史之亂，肅宗討賊，以廣平王爲天下兵馬元帥，又以大臣郭子儀、李光弼隨其方面副之，號爲副元帥。及代宗即位，又以雍王爲之。自後不置。昭宗又以輝王爲之也。

都統。乾元中置，或總三道，或總五道。至上元末省。大中後，討徐州以康承訓，討黃巢以荆南王鐸，皆爲都統。

招討使。貞元末置。自後，隨用兵權置，兵罷則停。

防禦團練使。至德後，中原置節度使。又大郡要害之地，置防禦使，以治軍事，刺史兼之，不賜旌節。上元後，改防禦使爲團練守捉使，又與團練兼置防禦使，名前使，各有副使、判官，皆天寶後置，未見品秩。

諸鎮魏有鎮東、鎮西、鎮南、鎮北四將軍，後代因之。隋因始置鎮將、鎮副之名也。

上鎮：將一人，正六品下。鎮副一人，正七品下。錄事一人，倉曹、兵曹二參軍。從八品下。各有佐史。

中鎮：將一人，正七品上。鎮副一人，從七品上。錄事一人，兵曹參軍一人。正九品下。

下鎮：將一人，正七品下。鎮副一人，從七品下。錄事一人，兵曹參軍一人。從九品下。

諸戍春秋有戍，葵丘之義。東晉、後魏以屯兵守境處爲戍，隋因之。

上戍：主一人，正八品下。戍副一人。從八品下。佐一人，史二人。

中戍：主一人。從八品下。

下戍：主一人。正九品下。

五岳四瀆廟：令各一人。正九品上。齋郎三十人，祝史三人。

上關：令一人，從八品下。丞二人。正九品下。錄事一人，有府、史、典事。津吏八人。

中關：令一人，正九品下。丞一人。從九品下。錄事一人，津吏六人。

下關：令一人，從九品下。津吏四人。關令各有府、史。

關令掌禁末遊，伺姦慝。凡行人車馬出入往來，必據過所以勘之。

校勘記

〔一〕大夫中丞押奏 「奏」字各本原無，據唐六典卷一三、唐會要卷六一補。

〔二〕平巾幘 「巾」字各本原作「紗」，據本書卷四五輿服志、唐六典卷一一改。

〔三〕長三尺 「三」字各本原無，據唐六典卷一一補。

〔四〕連板爲之 「之」字各本原作「小」，據唐六典卷一一改。

〔五〕左右駃騠閑 「騠」字各本原作「騏」，據唐六典卷一一、通典卷二六、唐會要卷六五改。

〔六〕六纛　唐六典卷一一作「六郡」。

〔七〕以獻歲功　「獻」字各本原在「歲」下，據唐六典卷一二、新書卷四七百官志改。

〔八〕凡六尙書物出納文簿　唐六典卷一二、新書卷四七百官志「書」字作「事」。

〔九〕女史二人　「人」下各本原有注文「正八品」三字，閣本考證云：「女史二人句下刊本衍『正八品』三字，據上下文刪。」按唐六典卷一二云：「女史，流外。」則閣本考證是，據刪。

〔一〇〕內侍四員　「四」字各本原作「二」，據唐六典卷一二、通典卷二七、冊府卷六六五改。

〔一一〕武德復爲中侍　據「內侍省」注文「隋爲內侍省，煬帝改爲長秋監，武德復爲內侍」，此處「中侍」疑當作「內侍」。

〔一二〕內給使　「使」字各本原作「事」，據本卷上文及唐六典卷一二改。

〔一三〕凡國有大祭祀　唐六典卷一四「祀」下有「盟則奉匜，既盟則奉巾帨」。

〔一四〕各依辰位　「辰」字各本原無，據本書卷二九音樂志、唐六典卷一四補。

〔一五〕巢竽笛管　唐六典卷一四作「笙竽笛簫」。

〔一六〕鎛鐘編鐘編磬　「編磬」二字各本原無，據唐六典卷一四補。

〔一七〕凡大駕行幸　「大」字各本原無，據唐六典卷一四補。

〔一八〕則北面告牖　「告」字各本原作「牛」，據唐六典卷一四、新書卷四八百官志改。

〔一九〕掌醢之屬　「醢」字各本原作「醯」，據本卷下文及唐六典卷一五改。

〔二〇〕典書　唐六典卷一五作「典事」。

〔二一〕幕士　「士」字各本原無，據唐六典卷一六、新書卷四八百官志補。

〔二二〕則與刑部尙書　「與」字各本原無，據唐六典卷一八補。

〔二三〕宮禁之事　「宮」字各本原作「官」，據唐六典卷一九、新書卷四八百官志改。

〔二四〕錄事二人從九品上　以上各字各本原無，據唐六典卷一八補。

〔二五〕令一人　唐六典卷二〇「令」上有「各」字。

〔二六〕大成　各本原作「文成」，據唐六典卷二一、新書卷四八百官志改。

〔二七〕八品已下　「下」字各本原作「上」，據唐六典卷二一、新書卷四八百官志改。

〔二八〕三等數　「數」字各本原無，據唐六典卷二一、新書卷四八百官志補。

〔二九〕廣文館博士二人　通典卷二七、唐會要卷六六、冊府卷五九七「二人」作「四人」。

〔三〇〕諸互市監　「互」字各本原無，據唐六典卷二二補。

〔三一〕王屋　唐六典卷二三作「盩厔」。

〔三二〕翊二府等五府　「等」上各本原有「翊」字，據唐六典卷二四、新書卷四九上百官志刪。

〔三三〕每府中郎一人中郎將一人　唐六典卷二四、新書卷四九上百官志無「中郎一人」四字。下文「左右驍衞」之「翊府中郎將」，「府」下「中郎」二字亦無。

〔三四〕執器楯及旗等　「執」字各本原作「之」，據唐六典卷二四改。

〔三五〕始置左右監門府省將軍郎將等官　校勘記卷二六云：「通典、通考皆云隋初有左右監門府將軍各一人，各置郎將二人。此志下文云，國家因之。而列將軍、中郎將之人數、品秩於後。然則『省』字必『有』字之訛也。」

〔三六〕立長　唐六典卷二五、新書卷四九上百官志皆作「直長」。

〔三七〕隨左右屯衞　唐六典卷二五云：「隋煬帝改左右領軍爲左右屯衞」，據此則「隨」當作「隋」。

〔三八〕正三品下……從三品下　按本書卷四二職官志：正三品、從三品不分上下，唐六典卷二五無兩「下」字，是也。

〔三九〕典扇　各本原作「典局」，據唐六典卷二六、冊府卷七〇八、新書卷四九上百官志改。

〔四〇〕舍人掌行令書令旨及表啓之事　此句之上無右庶子職掌，當有脫文。唐六典卷二六有「右庶子之職，掌侍從左右、獻納、啓奏、宣傳令言」。

〔四一〕從八品　「八」字各本原作「三」，據唐六典卷二六改。

〔四二〕從八品　「八」字各本原作「三」，據唐六典卷二六改。

〔四三〕官掌本曹簿籍　校勘記卷二六云：「按以六典所記職掌考之，參以本志上文官名之次第，疑『官』字上當有『倉兵冑諸曹』等字。」

〔四四〕而立其兵仗　唐會要卷二八「立」字作「主」。

〔四五〕家吏二人　唐六典卷二九、新書卷四九下百官志「吏」作「史」。

〔四六〕邑司　各本原作「司邑」，據唐六典卷二九改。

〔四七〕都督一員　「都」字各本原無，據唐六典卷三〇、新書卷四九下百官志補。下文中都督府、下都督府「都」字均按此例補。

〔四八〕司功司倉司戶司法司士六曹參軍事各一人　唐六典卷三〇「司戶」下有「司兵」二字。

〔四九〕從九品下　各本原作「從九品上」，據唐六典卷三〇、新書卷四九下百官志改。

〔五〇〕篤學異能　各本「篤」下原有「疾才」二字，據唐六典卷三〇刪。

〔五一〕掌五經敎授諸生　「經」字各本原作「敎」，據唐六典卷三〇改。

〔五二〕從二品　各本原作「從三品」，據唐六典卷三〇改。

舊唐書卷四十五

志第二十五

輿服

昔黃帝造車服，爲之屏蔽，上古簡儉，未立等威。而三、五之君，不相沿習，乃改正朔，易服色，車有輿輅之別，服有袞冕之差，文之以染績，飾之以絺繡，華蟲象物，龍火分形，於是典章興矣。周自夷王削弱，諸侯自恣。窮孔翬之羽毛，無以供其侈；極隨和之掌握，不足慊其華。則皮弁革舃之容，非珠履鷸冠之玩也。迨秦誅戰國，斟酌舊儀，則有鹵簿、金根、大駕、法駕，備千乘萬騎，異舜典、周官。漢氏因之，號乘輿三駕，儀衞之盛，無與比隆。東京帝王，博雅好古，明帝始令儒者考曲臺之說，依周官五輅六冕之文，山龍藻火之數，創爲法服。雖有制作，竟寢不行。輿駕乘金根而已，服則袞冕，冠則通天。其後所御，多從袍服。事具前志。而袞冕之服，歷代不行。後魏、北齊，輿服奇詭，至隋氏一統，始復舊儀。

隋制，車有四等，有亘幰、通幰、軺車、輅車。初制五品以上乘偏幰車，其後嫌其不美，停不行用，以亘車代之。三品以上通幰車，則青壁。一品軺車，油幰朱網。唯輅車一等，聽敕始得乘之。馬珂，一品以下九子，四品七子，五品五子。

衣裳有常服、公服、朝服、祭服四等之制。平巾幘，牛角簞簪，紫衫，白袍，靴，起梁帶。五品已上，金玉鈿飾，用犀爲簪。是爲常服，武官盡服之。六品已下，衫以緋。至於大仗陪立，五品已上及親侍加兩襠䲢蛇，其勳侍去兩襠。

弁冠，朱衣裳，素革帶，烏皮履，是爲公服。其弁通用烏漆紗爲之，象牙爲簪導。五品已上，亦以鹿胎爲弁，犀爲簪導者。加玉琪之飾，一品九琪，二品八琪，三品七琪，四品六琪。三品兼有紛、鞶囊，佩於革帶之後，上加玉珮一。鞶囊，二品以上金縷，三品以上銀縷，五品以上綵縷，文官尋常入內及在本司常服之。

親王，遠遊三梁冠，金附蟬，犀簪導，白筆。三師三公、太子三師三少、尙書祕書二省、九寺、四監、太子三寺、諸郡縣關市、親王文學、藩王嗣王、公侯，進賢冠。三品以上三梁，五品以上兩梁，犀簪導。九品以上一梁，牛角簪導。門下、內書、殿內三省，諸衞府，長秋監，太

子左右庶子、內坊、諸率，宮門內坊，親王府都尉，府鎭防戍九品以上，散官一品已下，武弁幘。侍中、中書令，加貂蟬，珮紫綬。散官者，白筆。御史、司隸二臺，法冠。一名獬豸冠。謁者、臺大夫以下，高山冠。並絳紗單衣，白紗內單，皁領、褾、襈、裾，白練裙襦〔二〕，絳蔽膝，革帶，金飾鉤鰈，方心曲領，紳帶，玉鏢金飾劍，亦通用金鏢，山玄玉佩，綬，襪，烏皮舃。是爲朝服。玉佩，纁朱綬，施二玉環。三品以上綠綬，四品、五品青綬。二品以下去玉環，六品以下去劍、珮、綬。八品以下，冠去白筆，衣省內單及曲領、蔽膝，著烏皮履。五品加紛、鞶囊。其綬纁朱者，用四綵，赤、紅、縹、紺紅，朱質，纁文織，長一丈八尺，二百四十首，闊九寸。綠綬用四綵，綠、紫、黃、朱紅，綠質，長一丈八尺，二百四十首，闊九寸。紫綬用四綵，紫、黃、赤、紅，紫質，長一丈六尺，一百八十首，闊八寸。青綬三綵，白、青、紅，青質，長一丈四尺，一百四十首，闊七寸。

玄衣纁裳冕而旒者，是爲祭服，綬、珮、劍各依朝服之數。其章自七品以下，降二爲差，六品以下無章。

文武之官皆執笏，五品以上，用象牙爲之，六品以下，用竹木。是時，內外羣官，文物有序，僕御淸道，車服以庸。於是貴賤士庶，較然殊異。越王侗於東都嗣位，下詔停廢。自茲以後，浸以不章，以至於亡。

唐制，天子車輿有玉輅、金輅、象輅、革輅、木輅，是爲五輅，耕根車、安車、四望車，已上八等，並供服乘之用。其外有指南車、記里鼓車、白鷺車、鸞旗車、辟惡車、軒車、豹尾車、羊車、黃鉞車，豹尾、黃鉞二車，武德中無，自貞觀已後加焉。其黃鉞，天寶元年制改爲金鉞。屬車十二乘，並爲儀仗之用。大駕行幸，則分前後，施於鹵簿之內。若大陳設，則分左右，施於儀衞之內。

玉輅，青質，以玉飾諸末。重輿，左青龍，右白虎，金鳳翅，畫簴文鳥獸，黃屋左纛。金鳳一在軾前，十二鑾在衡，正縣鑾數，皆其副輅及耕根則八。二鈴在軾，龍輈前設鄣塵，青蓋黃裏，繡飾，博山鏡子，樹羽，輪皆朱班重牙。左建旂十有二旒，皆畫升龍，其長曳地。右載闟戟，長四尺，廣三尺，黻文。旂首金龍頭銜結綬及鈴綏。駕蒼龍，金鍐方釳，插翟尾五焦，鏤錫，鞶纓十有二就。錫，馬當顱，鏤金爲之。鞶纓鞍皆以五綵飾之。就，成也，一帀爲一就也。祭祀、納后則供之。

金輅，赤質，以金飾諸末，餘與玉輅同，駕赤騮，鄉射、祀還、飲至則供之。

象輅，黃質，以象飾諸末，餘與玉輅同，駕黃騮，行道則供之。

革輅，白質，鞔之以革，餘與玉輅同，駕白駱，巡狩、臨兵事則供之。

木輅，黑質，漆之，餘與玉輅同，駕黑騮，畋獵則供之。五輅之蓋，旌旗之質及鞶纓，皆從輅色，蓋之裏皆用黃。其鏤錫，五輅同。

耕根車，青質，蓋三重，餘與玉輅同，耕籍則供之。

安車，金飾，重輿，曲壁，八鑾在衡，紫油纁，朱裏通幰，朱絲絡網，朱鞶纓，朱覆髮，貝絡，駕赤騮，臨幸則供之。

四望車，制同犢車，金飾，八鑾在衡，青油纁，朱裏通幰，朱絲絡網，拜陵、臨弔則供之。

自高宗不喜乘輅，每有大禮，則御輦以來往。爰洎則天以後，遂以爲常。玄宗又以輦不中禮，又廢而不用。開元十一年冬，將有事於南郊，乘輅而往，禮畢，騎而還。自此行幸及郊祀等事，無遠近，皆騎於儀衞之內。其五輅及腰輿之屬，但陳於鹵簿而已。

皇后車則有重翟、厭翟、翟車、安車、四望車、金根車六等。

重翟車，青質，金飾諸末，輪畫朱，金根車牙，其箱飾以重翟羽，青油纁，朱裏通幰，繡紫帷，朱絲絡網，繡紫絡帶，八鑾在衡，鏤錫，鞶纓十二就，金鑁方釳，插翟尾，朱總〔二〕，總以朱爲之，如馬纓而小，著馬勒，在兩耳與兩鑣也。駕蒼龍，受册、從祀、享廟則供之。

厭翟，赤質，金飾諸末，輪畫朱牙，其箱飾以次翟羽，紫油纁，朱裏通幰，紅錦帷，朱絲絡

網，紅錦絡帶，餘如重翟車，駕赤騮，採桑則供之。

翟車，黃質，金飾諸末，輪畫朱牙，其車側飾以翟羽，黃油纁，黃裏通幰，白紅錦帷〔三〕，朱絲絡網，白紅錦絡帶，餘如重翟，駕黃騮，歸寧則供之。諸鞶纓之色，皆從車質。

安車，赤質，金飾，紫通幰朱裏，駕四馬，臨幸及弔則供之。

四望車，朱質，紫油通幰，油畫絡帶，拜陵、臨弔則供之。

金根車，朱質，紫油通幰，油畫絡帶，朱絲網，常行則供之。

皇太子車輅，有金輅、軺車、四望車。

金輅，赤質，金飾諸末，重較，箱畫簴文鳥獸，黃屋，伏鹿軾，龍輈，金鳳一在軾，前設鄣塵，朱蓋黃裏，輪畫朱牙，左建旂九旒，右載闟戟，旂首金龍頭銜結綬及鈴緌，駕赤騮四，八鑾在衡，二鈴在軾，金鑁方釳，插翟尾五焦，鏤錫，鞶纓九就，從祀享、正冬大朝、納妃則供之。

軺車，金飾諸末，紫通幰朱裏，駕一馬，五日常服及朝享宮臣、出入行道則供之。

四望車，金飾諸末，紫油纁，通幰朱裏，朱絲絡網，駕一馬，弔臨則供之。

王公已下車輅，親王及武職一品，象飾輅。自餘及二品、三品，革輅。四品，木輅。五品，軺車。

象輅，以象飾諸末，朱班輪，八鑾在衡，左建旂，旂畫龍，一升一降。右載闟戟。

革輅，以革飾諸末，左建旜，通帛爲旜。餘同象輅。

木輅，以漆飾之，餘同革輅。

軺車，曲壁，青通幰。

諸輅皆朱質朱蓋，朱旂旜。一品九旒，二品八旒，三品七旒，四品六旒，其鞶纓就數皆準此。

內命婦夫人乘厭翟車，嬪乘翟車，婕妤已下乘安車，各駕二馬。外命婦、公主、王妃乘厭翟車，駕二馬。自餘一品乘白銅飾犢車，青通幰，朱裏油纁，朱絲絡網，駕以牛。二品已下去油纁、絡網，四品青偏幰。

有唐已來，三公已下車輅，皆太僕官造貯掌。若受制行册命及二時巡陵、婚葬則給之。自此之後，皆騎馬而已。

唐制，天子衣服，有大裘之冕、衮冕、鷩冕、毳冕、繡冕、玄冕、通天冠、武弁、黑介幘、白紗帽、平巾幘、白帢，凡十二等。

大裘冕，無旒，廣八寸，長一尺六寸，玄裘纁裏，已下廣狹准此。金飾，玉簪導，以組爲纓，色如其綬。裘以黑羔皮爲之，玄領、褾、襟緣。朱裳，白紗中單，皁領，青褾、襈、裾。革帶，玉鉤艓，大帶，素帶朱裏，紕其外，上以朱，下以綠，紐用組也。蔽膝隨裳。鹿盧玉具劍，火珠鏢首。白玉雙珮，玄組雙大綬，六綵，玄、黃、赤、白、縹、綠，純玄質，長二丈四尺，五百首，廣一尺。小雙綬長二尺一寸，色同大綬而首半之，間施三玉環。朱襪，赤舄。祀天神地祇則服之。

衮冕，金飾，垂白珠十二旒，以組爲纓，色如其綬，黈纊充耳，玉簪導。玄衣，纁裳，十二章，八章在衣，日、月、星、龍、山、華蟲、火、宗彝，四章在裳，藻、粉米、黼、黻。衣褾、領爲升龍，織成爲之也。各爲六等，龍、山以下，每章一行，十二〔四〕。白紗中單，黼領，青褾、襈、裾，黻。繡龍、山、火三章，餘同上。革帶、大帶、劍、珮、綬與上同。舄加金飾。諸祭祀及廟、遣上將、征還、飲至、踐阼、加元服、納后、若元日受朝，則服之。

鷩冕，服七章，三章在衣，華蟲、火、宗彝，四章在裳，藻、粉米、黼、黻。餘同衮冕，有事遠主則服之。

毳冕，服五章，三章在衣，宗彝、藻、粉米，二章在裳，黼、黻也。餘同鷩冕，祭海岳則服之。

繡冕，服三章，一章在衣，粉米，二章在裳，黼、黻。餘同毳冕，祭社稷、帝社則服之。

玄冕服，衣無章，裳刺黻一章〔五〕。餘同絺冕　蜡祭百神、朝日夕月則服之。

通天冠，加金博山，附蟬十二首，施珠翠，黑介幘，髮纓翠緌，玉若犀簪導。絳紗裏〔六〕，白紗中單，領〔七〕，褾，飾以織成。朱襈、裾，白裙，白裙襦，亦裙衫也。絳紗蔽膝，白假帶，方心曲領。其革帶、珮、劍、綬、襪、舄與上同。若未加元服，則雙童髻，空頂黑介幘，雙玉導，加寶飾。諸祭還及冬至朔日受朝、臨軒拜王公、元會、冬會則服之。

武弁，金附蟬，平巾幘，餘同前服〔八〕。講武、出征、四時蒐狩、大射、禡、類、宜社、賞祖、罰社、纂嚴則服之。

弁服，弁以鹿皮爲也。十有二琪，琪以白玉珠爲之。玉簪導，絳紗衣，素裳，革帶，白玉雙珮，鞶囊，小綬，白襪，烏皮履，朔日受朝則服之。

黑介幘，白紗單衣，白裙襦，革帶，素襪，烏皮履，拜陵則服之。

白紗帽，亦烏紗也。白裙襦，亦裙衫也。白襪，烏皮履，視朝聽訟及宴見賓客則服之。

平巾幘，金寶飾。導簪冠文皆以玉，紫褶，亦白褶。白袴，玉具裝，真珠寶鈿帶，乘馬則服之。

白帢，臨大臣喪則服之。

太宗又制翼善冠，朔望視朝，以常服及帛練裙襦通著之。若服袴褶，又與平巾幘通用。

著於令。

其常服，赤黃袍衫，折上頭巾，九環帶，六合靴，皆起自魏、周，便於戎事。自貞觀已後，非元日冬至受朝及大祭祀，皆常服而已。

顯慶元年九月，太尉長孫無忌與修禮官等奏曰：

准武德初撰衣服令，天子祀天地，服大裘冕，無旒。臣無忌、志寧、敬宗等謹按郊特牲云：「周之始郊，日以至。」「被衮以象天，戴冕藻十有二旒，則天數也。」而此二禮，俱說周郊，衮與大裘，事乃有異。按月令：「孟冬，天子始裘。」明以禦寒，理非當暑，若啓蟄祈穀，冬至報天，行事服裘，義歸通允。至於季夏迎氣，龍見而雩，炎熾方隆，如何可服？謹尋歷代，唯服衮章，與郊特牲義旨相協。按周遷輿服志云，漢明帝永平二年，制採周官、禮記，始制祀天地服，天子備十二章。沈約宋書志云：「魏、晉郊天，亦皆服衮。」又王智深宋紀曰：「明帝制云，以大冕純玉藻、玄衣、黃裳郊祀天地。」後魏、周、齊，迄于隋氏，勘其禮令，祭服悉同。斯則百王通典，炎涼無妨，復與禮經事無乖舛。今請憲章故實，郊祀天地，皆服衮冕，其大裘請停，仍改禮令。又檢新禮，皇帝祭社稷服繡冕，四旒，三章。祭日月服玄冕，三旒，衣無章。謹按令文是四品五品之服，此則三公亞獻，皆服衮衣，孤卿助祭，服毳及鷩，斯乃乘輿章數，同於大夫，君少臣多，殊爲不可。據周禮云：「祀昊天上帝則服大裘而冕，五帝亦如之。享先王則衮冕，享先公則鷩冕，祀四望山川則毳冕，祭社稷五祀則絺冕，諸小祀則玄冕。」又云：「公侯伯子男孤卿大夫之服，衮冕以下，皆如王之服。」所以三禮義宗，遂有二釋〔九〕。一云公卿大夫助祭之日，所著之服，降王一等。又云悉與王同。求其折衷，俱未通允。但名位不同，禮亦異數。天子以十二爲節，義在法天，豈有四旒三章，翻爲御服。若諸臣助祭，冕與王同，便是貴賤無分，君臣不別。如其降王一等，則王著玄冕之時，羣臣次服爵弁，既屈天子，又貶公卿。周禮此文，久不施用。亦猶祭祀之立尸侑，君親之拜臣子，覆巢設蔟之官，去鼃置蟈氏之職，唯施周代，事不通行。是故漢、魏以來，下迄隋代，相承舊事，唯用衮冕。今新禮親祭日月，仍服五品之服，臨事施行，極不穩便。請遵歷代故實，諸祭並用衮冕。

制可之。

無忌等又奏曰：「皇帝爲諸臣及五服親舉哀，依禮著素服。今令乃云白帢，禮令乖舛，須歸一塗。且白帢出自近代，事非稽古，雖著令文，不可行用。請改從素服，以會禮文。」制從之。自是鷩冕已下，乘輿更不服之，白帢遂廢，而令文因循，竟不改削。

開元十一年冬，玄宗將有事於南郊，中書令張說又奏稱：「准令，皇帝祭昊天上帝，服大

裘之冕，事出周禮，取其質也。永徽二年，高宗親享南郊用之。明慶年修禮，改用衮冕，事出郊特牲，取其文也。自則天已來用之。若遵古制，則應用大裘，若便於時，則衮冕爲美。」令所司造二冕呈進，上以大裘樸略，冕又無旒，既不可通用於寒暑，乃廢不用之。自是元正朝會依禮令用衮冕及通天冠，大祭祀依郊特牲亦用衮冕，自餘諸服，雖在於令文，不復施用。十七年，朝拜五陵，但素服而已。朔望常朝，亦用常服，其翼善冠亦廢。

武德令，皇太子衣服，有衮冕、具服遠遊三梁冠、公服遠遊冠、烏紗帽、平巾幘五等。貞觀已後，又加弁服、進德冠之制。

衮冕，白珠九旒，以組爲纓，色如其綬，青纊充耳，犀簪導。玄衣，纁裳，九章。五章在衣，龍、山、華蟲、火、宗彝，四章在裳，藻、粉米、黼、黻，織成爲之。白紗中單，黼領，青褾、襈、裾。革帶，金鉤鰈，大帶，素帶朱裏，亦紕以朱綠，皆用組。黻。隨裳色，火、山二章也。玉具劍，金寶飾也。玉鏢首。瑜玉雙珮，朱組雙大綬，四綵，赤、白、縹、紺，純朱質，長一丈八尺，三百二十首，廣九寸。小雙綬長二尺六寸，色同大綬而首半之，施二玉環也。朱襪，赤舄。舄加金飾。侍從皇帝祭祀及謁廟、加元服、納妃則服之。

具服遠遊三梁冠，加金附蟬九首，施珠翠，黑介幘，髮纓翠緌，犀簪導。絳紗袍，白紗中

單，皁領，褾、襈，裙，白裙襦，白假帶，方心曲領，絳紗蔽膝。其革帶、劍、珮、綬、襪、舄與上同。後改用白襪、黑舄。未冠則雙童髻，空頂黑介幘，雙玉導，加寶飾。謁廟還宮、元日冬至朔日入朝、釋奠則服之。

公服遠遊冠，簪導以下並同前也。絳紗單衣，白裙襦，革帶，金鉤䚢，假帶，方心，紛，鞶囊，長六尺四寸，廣二寸四分，色同大綬。白襪，烏皮履，五日常服、元日冬至受朝則服之。

烏紗帽，白裙襦，白襪，烏皮履，視事及宴見賓客則服之。

平巾幘，紫褶，白袴，寶鈿起梁帶，乘馬則服之。

弁服，弁以鹿皮爲之。犀簪導，組纓，玉琪九，絳紗衣，素裳，革帶，鞶囊，小綬，雙珮，白襪，烏皮履，朔望及視事則兼服之。

進德冠，九琪，加金飾，其常服及白練裙襦通著之。若服袴褶，則與平巾幘通著。

自永徽已後，唯服袞冕、具服、公服而已。若乘馬袴褶，則著進德冠，自餘並廢。若讌服、常服，紫衫袍與諸王同。

開元二十六年，肅宗升爲皇太子，受册，太常所撰儀注有服絳紗袍之文。太子以爲與皇帝所稱同，上表辭不敢當，請有以易之。玄宗令百官詳議。尚書左丞相裴耀卿、太子太師蕭嵩等奏曰：「謹按衣服令，皇太子具服，有遠遊冠，三梁，加金附蟬九首，施珠翠，黑介

幘，髮纓翠緌，犀簪導，絳紗袍，白紗中單，皁領，褾、襈，白裙襦，方心曲領，絳紗蔽膝，革帶，劍，珮，綬等，謁廟還宮、元日冬至朔日入朝、釋奠則服之。其絳紗袍則是冠衣之內一物之數，與裙襦、劍、珮等無別。至於貴賤之差，尊卑之異，則冠爲首飾，名制有殊，并珠旒及裳綵章之數，多少有別，自外不可事事差異。亦有上下通服，名制是同，禮重則具服，禮輕則從省。今以至敬之情，有所未敢，衣服不可減省，稱謂須更變名。望所撰儀注，不以絳紗袍爲稱，但稱爲具服，則尊卑有差，謙光成德。」議奏上，手敕改爲朱明服，下所司行用焉。

武德令，侍臣服有袞、鷩、毳、絺、玄冕，及爵弁，遠遊、進賢冠，武弁，獬豸冠，凡十等。

袞冕，垂青珠九旒，以組爲纓，色如其綬，以下旒、纓皆如之也。青纊充耳，簪導。青衣，纁裳，服九章。五章在衣，龍、山、華蟲、火、宗彝，爲五等。四章在裳，藻、粉米、黼、黻。皆絳爲繡，徧衣而已，下皆如之。白紗中單，黼領，絺冕以下，中單青領。青褾、襈、裾。革帶，鉤䚢〔一〇〕，大帶，三品已上，素帶朱裏，皆紕其外，上以綠。五品帶，紕其垂，外以玄黃。紐皆用青組之。黻。凡黻皆隨裳色。毳冕以上，山、火二章，絺冕山一章，玄冕無章。劍，珮，綬，朱襪，赤舄，第一品服之。

鷩冕，七旒，服七章，三章在衣，華蟲、火、宗彝，四章在裳，藻、粉米、黼、黻也。餘同袞冕，第二品服之。

毳冕，五旒，服五章，三章在衣，宗彝、藻、粉米，二章在裳，黼、黻也。餘同鷩冕，第三品服之。

絺冕，四旒，服三章，一章在衣，粉米，二章在裳，黼、黻。餘並同毳冕，第四品服之。

玄冕，衣無章，裳刺黻一章，餘同絺冕，第五品服之。

爵弁，色同爵，無旒無章。玄纓，簪導，青衣，纁裳，白紗中單，青領、褾、裙，革帶，鉤䚢，大帶，練帶，紕其垂，內外以緇，紐約用青組。爵韠，襪，赤履，九品已上服之。

凡冕服，助祭及親迎若私家祭祀皆服之，爵弁亦同。凡冕，制皆以羅爲之，其服以紬。爵弁用紬爲之，其服用繒。

遠遊三梁冠，黑介幘，青緌，凡文官皆青緌，以下准此也。皆諸王服之，親王則加金附蟬。

進賢冠，三品以上三梁，五品以上兩梁，九品以上一梁。皆三公、太子三師三少、五等爵、尚書省、秘書省、諸寺監學、太子詹事府、三寺及散官，親王師友、文學、國官，若諸州縣關津岳瀆等流內九品以上服之。

武弁，平巾幘，侍中、中書令則加貂蟬，侍左者左珥，侍右者右珥。皆武官及門下、中書、殿中、內侍省、天策上將府、諸衞領軍武候監門、領左右太子諸坊諸率及鎮戍流內九品已上服之。其親王府佐九品以上，亦準此。

法冠，一名獬豸冠，以鐵爲柱，其上施珠兩枚，爲獬豸之形，左右御史臺流內九品以上

服之。

高山冠者，內侍省內謁者及親王下司閤等服之。

却非冠者，亭長、門僕服之。

諸應冠而未冠者，並雙童髻，空頂幘。五品已上雙玉導，金飾，三品以上加寶飾，六品以下無飾。

朝服，亦名具服。冠，幘，纓，簪導，絳紗單衣，白紗中單，皁領，襈，裾，白裙襦，亦裙衫也。革帶，鉤䚢，假帶，曲領方心，絳紗蔽膝，襪，舄，劍，珮，綬，一品已下，五品以上，陪祭、朝饗、拜表大事則服之。七品已上，去劍、珮、綬，餘並同。

公服，亦名從省服〔一一〕。冠，幘，纓，簪導，絳紗單衣，白裙襦，亦裙衫也。革帶，鉤䚢，假帶，方心，襪，履，紛，鞶囊，一品以下，五品以上，謁見東宮及餘公事則服之。其六品以下，去紛、鞶囊，餘並同。

諸珮綬者，皆雙綬。親王纁朱綬，四綵，赤、黃、縹、紺，純朱質，纁文織，長一丈八尺，二百四十首，廣九寸。一品綠綟綬，四綵，紫、黃、赤〔一二〕，純綠質，長一丈八尺，二百四十首，廣九寸。二品、三品紫綬，三綵，紫、黃、赤，純紫質，長一丈六尺，一百八十首，廣八寸。四品青綬，三綵，青、白、紅，純青質，長一丈四尺，一百四十首，廣七寸。五品黑綬，二綵，青、紺，

純紺質，長一丈二尺，一百首，廣六寸。自王公以下皆有小雙綬，長二尺六寸，色同大綬而首半之。正第一品佩二玉環，自外不同也。有綬者則有紛，皆長六尺四寸，廣二尺四分，各隨綬色。諸鞶囊，二品以上金鏤，三品金銀鏤，四品銀鏤，五品綵鏤。諸珮，一品珮山玄玉，二品以下、五品以上，佩水蒼玉。

諸文官七品以上朝服者，簪白筆，武官及爵則不簪。諸舄履並烏色，舄重皮底，履單皮底。別注色者，不用此色。

諸勳官及爵任職事官者，散官、散號將軍同職事。正衣本服，自外各從職事服。諸致仕及以理去官，被召謁見，皆服前官從省服。

平巾幘，簪箄導〔三〕，冠支〔四〕，五品以上紫褶，六品以下緋褶，加兩襠縢蛇，並白袴，起梁帶。五品以上，金玉雜鈿。六品以下，金飾隱起。靴，武官及衞官陪立大仗則服之。若文官乘馬，亦通服之，去兩襠縢蛇。諸視品府佐，武弁，平巾幘。國官，進賢一梁冠，黑介幘，簪導。其服各準正品，其流外官，亦依正品流外之例。參朝則服之。若謁見府公，府佐平巾黑幘，國官黑介幘，皆白紗單衣，烏皮履。

諸流外官行署，三品以上黑介幘，絳公服，用緋爲之，制同絳紗單衣。方心，革帶，鉤鰈，假帶，襪，烏皮履。九品以上絳褠衣，制同絳公服，袖狹，形直如溝，不垂。去方心、假帶，餘同絳公服。

其非行署者，太常寺謁者、卜博士、醫助教、祝史、贊引，鴻臚寺掌儀、諸典書、典學，內侍省內典引，太子門下坊典儀、內坊導客舍人、諸贊者，王公以下舍人，公主謁者等，各準行署，依品服。自外及民任雜掌無官品者，皆平巾幘，緋衫，大口袴，朝集從事則服之。諸典謁，武弁，絳公服。其齋郎，介幘，絳褠衣。自外品子任雜掌者，皆平巾幘，緋衫，大口袴，朝集從事則服之。

黑介幘，簪導，深衣，青褾、領，革帶，烏皮履。未冠則雙童髻，空頂黑介幘，去革帶。國子、太學、四門學生參見則服之。書算學生、州縣學生，則烏紗帽，白裙襦，青領。諸外官拜表受詔皆服。本品無朝服者則服之。其餘公事及初上，並公服。諸州大中正，進賢一梁冠，絳紗公服，若有本品者，依本品參朝服之。諸州縣佐史、鄉正、里正、岳瀆祝史、齋郎，並介幘，絳褠衣。

平巾幘，緋褶，大口袴，紫附褠，尙食局主食、典膳局主食、太官署食官署掌膳服之。平巾綠幘，青布袴褶，尙食局主膳、典膳局典食、太官署食官署供膳服之。平巾五辮髻，青袴褶，青耳屩，羊車小史服之。總角髻，青袴褶，漏刻生、漏童服之。

龍朔二年九月戊寅，司禮少常伯孫茂道奏稱：「諸臣九章服，君臣冕服，章數雖殊，飾龍名袞，尊卑相亂。望諸臣九章衣以雲及麟代龍，昇山爲上，仍改冕。」當時紛議不定。儀鳳年，太常博士蘇知機又上表，以公卿以下冕服，請別立節文。敕下有司詳議。崇文館學士校書郎楊炯奏議曰：

古者太昊庖犧氏，仰以觀象，俯以察法，造書契而文籍生。次有黃帝軒轅氏，長而敦敏，成而聰明，垂衣裳而天下理。其後數遷五德，君非一姓。體國經野，建邦設都，文質所以再而復，正朔所以三而改。夫改正朔者，謂夏后氏建寅，殷人建丑，周人建子。至於以日繫月，以月繫時，以時繫年，此則三王相襲之道也。夫易服色者，謂夏后氏尙黑，殷人尙白，周人尙赤。至於山、龍、華蟲、宗彝、藻、火、粉米、黼、黻，此又百代可知之道也。謹按虞書曰：「予欲觀古人之象，日、月、星辰、山、龍、華蟲作繪；宗彝、藻、火、粉米、黼、黻絺繡。」由此言之，則其所從來者尙矣。

夫日月星辰者，明光照下土也。山者，布散雲雨，象聖王澤沾下人也。龍者，變化無方，象聖王應機布教也。華蟲者，雉也，身被五采，象聖王體兼文明也。宗彝者，武蜼也，以剛猛制物，象聖王神武定亂也。藻者，逐水上下，象聖王隨代而應也。火者，陶冶烹飪，象聖王至德日新也。米者，人恃以生，象聖王物之所賴也。黼能斷割，象聖王臨事能決也。黻者，兩己相背，象君臣可否相濟也。逮有周氏，乃以日月星辰爲旌旗之飾，又登龍於山，登火於宗彝，於是乎制袞冕以祀先王也。九章者，法於陽數

也。以龍爲首章者，袞者卷也，龍德神異，應變潛見，表聖王深沈遠智，卷舒神化也。又制驚冕以祭先公也，驚者雉也，有耿介之志，表公有賢才，能守耿介之節也。又制毳冕以祭四望也，四望者，岳瀆之神也。武蜼者，山林所生也，明其象也。制絺冕以祭社稷也，社稷，土穀之神也，粉米由之成也，象其功也。又制玄冕以祭羣小祀也，百神異形，難可徧擬，但取黻之相背異名也。夫以周公之多才也，故化定制禮，功成作樂。夫以孔宣之將聖也，故行夏之時，服周之冕。先王之法服，乃此之自出矣；天下之能事，又於是乎畢矣。

今表狀「請制大明冕十二章，乘輿服之」者。謹按，日月星辰者，已施旌旗矣；龍武山火者，又不踰於古矣。而云麟鳳有四靈之名，玄龜有負圖之應，雲有紀官之號，水有感德之祥，此蓋別表休徵，終是無踰比象。然則皇王受命，天地興符，仰觀則璧合珠連，俯察則銀黃玉紫。盡南宮之粉壁，不足寫其形狀；罄東觀之鉛黃，無以紀其名實。固不可畢陳於法服也。雲也者，從龍之氣也，水也者，藻之自生也，又不假別爲章目也。此蓋不經之甚也。

又「驚冕八章，三公服之」者。驚者，太平之瑞也，非三公之德也。鷹鸇者，鷙鳥也，適可以辨祥刑之職也。熊羆者，猛獸也，適可以旌武臣之力也。又稱藻爲水草，無

所法象，引張衡賦云，「帶倒茄於藻井，披江葩之狎獵。」謂爲蓮花，取其文采者。夫茄者蓮也，若以蓮花代藻，變古從今，既不知草木之名，亦未達文章之意。此又不經之甚也。

又「毳冕六章，三品服之」者。按此王者祀四望服之名也。今三品乃得同王之毳冕，而三公不得同王之衮名。豈惟顛倒衣裳，抑亦自相矛盾。此又不經之甚也。

又「絺冕四章，五品服之」。考之於古，則無其名；驗之於今，則非章首。此又不經之甚也。

若夫禮惟從俗，則命爲制，令爲詔，乃秦皇之故事，猶可以適於今矣。若乃義取隨時，則出稱警，入稱蹕，乃漢國之舊儀，猶可以行於代矣。亦何取於變周公之軌物，改宣尼之法度者哉！

由是竟寢知機所請。

景龍二年七月，皇太子將親釋奠於國學，有司草儀注，令從臣皆乘馬著衣冠。太子左庶子劉子玄進議曰：

古者自大夫已上皆乘車，而以馬爲騑服。魏、晉已降，迄于隋代，朝士又駕牛車，歷代經史，具有其事，不可一二言也。至如李廣北征，解鞍憩息；馬援南伐，據鞍顧盻。

斯則鞍馬之設，行於軍旅，戎服所乘，貴於便習者也。案江左官至尚書郎而輒輕乘馬，則爲御史所彈。又顏延之罷官後，好騎馬出入閭里，當代稱其放誕。此則專車憑軾，可擐朝衣；單馬御鞍，宜從褻服。求之近古，灼然之明驗矣。

自皇家撫運，沿革隨時。至如陵廟巡幸，王公册命，則盛服冠履，乘彼輅車。其士庶有衣冠親迎者，亦時以服箱充馭。在於他事，無復乘車，貴賤所行〔一五〕，通鞍馬而已。臣伏見比者鑾輿出幸，法駕首途，左右侍臣皆以朝服乘馬。夫冠履而出，止可配車而行，今乘車既停，而冠履不易，可謂唯知其一而未知其二。何者？褒衣博帶，革履高冠，本非馬上所施，自是車中之服。必也襪而升鐙，跣以乘鞍，非惟不師古道，亦自取驚今俗，求諸折中，進退無可。且長裙廣袖，襜如翼如，鳴珮紆組，鏘鏘弈弈，馳驟於風塵之內，出入於旌棨之間，儻馬有驚逸，人從顛墜，遂使屬車之右，遺履不收，清道之傍，絓驂相續，固以受嗤行路，有損威儀。

今議者皆云秘閣有梁武帝南郊圖，多有衣冠乘馬者，此則近代故事，不得謂無其文。臣案此圖是後人所爲，非當時所撰。且觀當今有古今圖畫者多矣，如張僧繇畫羣公祖二疏，而兵士有著芒屩者；閻立本畫昭君入匈奴，而婦人有著帷帽者。夫芒屩出於水鄉，非京華所有；帷帽創於隋代，非漢宮所作。議者豈可徵此二畫以爲故實者

乎！由斯而言，則梁武南郊之圖，義同於此。又傳稱義惟因俗，禮貴緣情。殷輅周冕，規模不一；秦冠漢珮，用舍無恆。況我國家道軼百王，功高萬古，事有不便，資於變通。其乘馬衣冠，竊謂宜從省廢。臣此異議，其來自久，日不暇給，未及摧揚。今屬殿下親從齒胄，將臨國學，凡有衣冠乘馬，皆憚此行，所以輒進狂言，用申鄙見。

皇太子手令付外宣行，仍編入令，以爲恆式。

讌服，蓋古之褻服也，今亦謂之常服。江南則以巾褐裙襦，北朝則雜以戎夷之制。爰至北齊，有長帽短靴，合袴襖子，朱紫玄黃，各任所好。雖謁見君上，出入省寺，若非元正大會，一切通用。高氏諸帝，常服緋袍。隋代帝王貴臣，多服黃文綾袍，烏紗帽，九環帶，烏皮六合靴。百官常服，同於匹庶，皆著黃袍，出入殿省。天子朝服亦如之，惟帶加十三環以爲差異，蓋取於便事。其烏紗帽漸廢，貴賤通服折上巾，其製周武帝建德年所造也。晉公宇文護始命袍加下襴。

及大業元年，煬帝始制詔吏部尚書牛弘、工部尚書宇文愷、兼內史侍郎虞世基、給事郎許善心、儀曹郎袁朗等憲章古則，創造衣冠，自天子逮于胥吏，章服皆有等差。始令五品以上，通服朱紫。是後師旅務殷，車駕多行幸，百官行從，雖服袴褶，而軍間不便。六年，復詔

從駕涉遠者，文武官等皆戎衣，貴賤異等，雜用五色。五品已上，通著紫袍，六品已下，兼用緋綠。胥吏以青，庶人以白，屠商以皁，士卒以黃。

武德初，因隋舊制，天子讌服，亦名常服，唯以黃袍及衫，後漸用赤黃，遂禁士庶不得以赤黃爲衣服雜飾。四年八月敕：「三品已上，大科紬綾及羅，其色紫，飾用玉。五品已上，小科紬綾及羅，其色朱，飾用金。六品已上，服絲布，雜小綾，交梭，雙紃，其色黃。六品、七品飾銀。八品、九品鍮石。流外及庶人服紬、絁、布，其色通用黃，飾用銅鐵。」五品已上執象笏〔一六〕。三品已下前挫後直，五品已上前挫後屈。自有唐已來，一例上圓下方，曾不分別。六品已下，執竹木爲笏，上挫下方。其折上巾，烏皮六合靴，貴賤通用。

貞觀四年又制〔一七〕，三品已上服紫，五品已下服緋，六品、七品服綠，八品、九品服以青，帶以鍮石。婦人從夫色。雖有令，仍許通著黃。五年八月敕，七品已上，服龜甲雙巨十花綾，其色綠。九品已上，服絲布及雜小綾，其色青。十一月，賜諸衞將軍紫袍，錦爲褾袖。八年五月，太宗初服翼善冠，貴臣服進德冠。

龍朔二年，司禮少常伯孫茂道奏稱：「舊令六品、七品着綠，八品、九品着青，深青亂紫，非卑品所服。望請改八品、九品着碧，朝參之處，聽兼服黃。」從之。總章元年，始一切不許着黃。上元元年八月又制：「一品已下帶手巾、算袋，仍佩刀子、礪石，武官欲帶者聽之。文

武三品已上服紫，金玉帶。四品服深緋，五品服淺緋，並金帶。六品服深綠，七品服淺綠，並銀帶。八品服深青，九品服淺青，並鍮石帶。庶人並銅鐵帶。」

文明元年七月甲寅詔：「旗幟皆從金色，飾之以紫，畫以雜文。八品已下舊服者〔一八〕，並改以碧。京文官五品已上，六品已下，七品清官，每日入朝，常服袴褶。諸州縣長官在公衙，亦准此。」

景雲中又制，令依上元故事，一品已下帶手巾、算袋，其刀子、礪石等許不佩。武官五品已上佩鞊鞢七事，七謂佩刀、刀子、礪石、契苾眞、噦厥針筒、火石袋等也。至開元初復罷之。

則天天授二年二月，朝集使刺史賜繡袍，各於背上繡成八字銘。長壽三年四月，敕賜岳牧金字銀字銘袍。延載元年五月，則天內出緋紫單羅銘襟背衫，賜文武三品已上。左右監門衞將軍等飾以對師子，左右衞飾以麒麟，左右武威衞飾以對虎，左右豹韜衞飾以豹，左右鷹揚衞飾以鷹，左右玉鈐衞飾以對鶻，左右金吾衞飾以對豸，諸王飾以盤龍及鹿，宰相飾以鳳池，尙書飾以對鴈。

武德已來，始有巾子，文官名流，上平頭小樣者。則天朝，貴臣內賜高頭巾子，呼爲武

家諸王樣。中宗景龍四年三月，因內宴賜宰臣已下內樣巾子。開元已來，文官士伍多以紫皁官絁爲頭巾、平頭巾子，相效爲雅製。玄宗開元十九年十月，賜供奉官及諸司長官羅頭巾及官樣巾子，迄今服之也。

天寶十載五月，改諸衞旗幡隊仗，先用緋色，並用赤黃色，以符土德。

高祖武德元年九月，改銀菟符爲銀魚符。高宗永徽二年五月，開府儀同三司及京官文武職事四品、五品，並給隨身魚。咸亨三年五月，五品已上賜新魚袋，並飾以銀，三品已上各賜金裝刀子礪石一具。垂拱二年正月，諸州都督刺史，並准京官帶魚袋。天授元年九月，改內外所佩魚並作龜。久視元年十月，職事三品已上龜袋，宜用金飾，四品用銀飾，五品用銅飾，上守下行，皆從官給。神龍元年二月，內外官五品已上依舊佩魚袋。六月，郡王、嗣王特許佩金魚袋。景龍三年八月，令特進佩魚。散職佩魚，自此始也。自武德已來，皆正員帶闕官始佩魚袋，員外、判試、檢校自則天、中宗後始有之，皆不佩魚。雖正員官得佩，亦去任及致仕卽解去魚袋。至開元九年，張嘉貞爲中書令，奏諸致仕許終身佩魚，以爲榮寵，以理去任，亦聽佩魚袋。自後恩制賜賞緋紫，例兼魚袋，謂之章服〔一九〕，因之佩魚袋、服朱紫者衆矣。

梁制云，袴褶，近代服以從戎，今纘嚴則文武百官咸服之〔二〇〕。車駕親戎，則縛袴不舒散也。中官紫褶，外官絳褶，舄用皮。服冠衣朱者，紫衣用赤舄，烏衣用烏舄。唯褶服以靴，靴，胡履也，取便於事，施於戎服。

舊制，乘輿案褥、牀褥、牀帷，皆以紫爲飾。天寶六載，禮儀使太常卿韋縚奏請依御袍色，以赤黃爲飾。從之。

武德令，皇后服有褘衣、鞠衣、鈿釵禮衣三等。

褘衣，首飾花十二樹，并兩博鬢，其衣以深青織成爲之，文爲翬翟之形。素質，五色，十二等。素紗中單，黼領，羅縠褾、襈，褾、襈皆用朱色也。蔽膝，隨裳色，以緅爲領，用翟爲章，三等。大帶，隨衣色，朱裏，紕其外，上以朱錦，下以綠錦，紐約用青組。以青衣，革帶，青襪、舄，舄加金飾。白玉雙珮，玄組雙大綬。章綵尺寸與乘輿同。受册、助祭、朝會諸大事則服之。

鞠衣，黃羅爲之，其蔽膝、大帶及衣革帶、舄隨衣色。餘與褘衣同，唯無雉也。親蠶則服之。

鈿釵禮衣，十二鈿，服通用雜色，制與上同，唯無雉及珮綬，去舄，加履。宴見賓客則服之。

皇太子妃服，首飾花九樹，小花如大花之數，并兩博鬢也。褕翟，青織成爲之，文爲搖翟之形，青質，五色，九等也。素紗中單，黼領，羅縠褾、襈，褾、襈皆用朱也。蔽膝，隨裳色，用緅爲領緣，以搖翟爲章，二等也。大

帶，隨衣色，朱裏，紕其外，上以朱錦，下以綠錦，紐用青組。以青衣，革帶，青襪、舄，舄加金飾。瑜玉珮，紅朱雙大綬。章綵尺寸與皇太子同。受册、助祭、朝會諸大事則服之。鞠衣，黃羅爲之，其蔽膝、大帶及衣革帶隨衣色。餘與褕翟同，唯無雉也。從蠶則服之。鈿釵禮衣，九鈿，服通用雜色，制與上同，唯無雉及珮、綬，去舄，加履。宴見賓客則服之。

內外命婦服花釵，施兩博鬢，寶鈿飾也。翟衣青質，羅爲之，繡爲雉，編次於衣及裳，重爲九等而下。第一品花鈿九樹，寶鈿准花數，以下准此也。翟九等。第二品花鈿八樹，翟八等。第三品花鈿七樹，翟七等。第四品花鈿六樹，翟六等。第五品花鈿五樹，翟五等。並素紗中單，黼領，朱褾、襈，亦通用羅縠也。蔽膝，隨裳色，以緅爲領緣，加以文繡，重雉爲章二事，一品已下皆同也。大帶，隨衣色，緋其外，上以朱錦，下以綠錦，紐同青組。青衣，革帶，青襪、舄，珮，綬。內命婦受册、從蠶、朝會則服之；其外命婦嫁及受册、從蠶、大朝會亦準此。鈿釵禮衣，通用雜色，制與上同，唯無雉及珮綬。去舄，加履。第一品九鈿，第二品八鈿，第三品七鈿，第四品六鈿，第五品五鈿。內命婦尋常參見，外命婦朝參辭見及禮會則服之。六尙、寶林、御女、采女、女官等服〔二一〕，禮衣通用雜色，制與上同，惟無首飾。七品已上，有大事服之，尋常供奉則公服。公服去中單、蔽膝、大帶。九品已上，大事及尋常供奉，並公服。東宮準此。女史則半袖裙襦。諸公主、王妃珮

綬同，諸王縣主、內命婦準品。外命婦五品已上，皆準夫、子，即非因夫、子別加邑號者，亦準品。婦人宴服，準令各依夫色，上得兼下，下不得僭上。既不在公庭，而風俗奢靡，不依格令，綺羅錦繡，隨所好尚。上自宮掖，下至匹庶，遞相倣效，貴賤無別。

武德、貞觀之時，宮人騎馬者，依齊、隋舊制，多著羃䍦。雖發自戎夷，而全身障蔽，不欲途路窺之。王公之家，亦同此制。永徽之後，皆用帷帽，拖裙到頸，漸爲淺露。尋下敕禁斷，初雖暫息，旋又仍舊。咸亨二年又下敕曰：「百官家口，咸預士流，至於衢路之間，豈可全無障蔽。比來多著帷帽，遂弃羃䍦，曾不乘車，別坐檐子。遞相倣效，浸成風俗，過爲輕率，深失禮容。前者已令漸改，如聞猶未止息。又命婦朝謁，或將馳駕車，既入禁門，有虧肅敬。此並乖於儀式，理須禁斷，自今已後，勿使更然。」則天之後，帷帽大行，羃䍦漸息。中宗即位，宮禁寬弛，公私婦人，無復羃䍦之制。開元初，從駕宮人騎馬者，皆著胡帽，靚粧露面，無復障蔽。士庶之家，又相倣效，帷帽之制，絕不行用。俄又露髻馳騁，或有著丈夫衣服靴衫，而尊卑內外，斯一貫矣。

奚車，契丹塞外用之，開元、天寶中漸至京城。兜籠，巴蜀婦人所用，今乾元已來，蕃將多著勳於朝，兜籠易於擔負，京城奚車、兜籠，代於車輿矣。

武德來，婦人著履，規制亦重，又有線靴。開元來，婦人例著線鞋，取輕妙便於事，侍兒乃著履。臧獲賤伍者皆服襴衫。太常樂尚胡曲，貴人御饌，盡供胡食，士女皆竟衣胡服，故有范陽羯胡之亂，兆於好尚遠矣。

太極元年，左司郎中唐紹上疏曰：

臣聞王公已下，送終明器等物，具標甲令，品秩高下，各有節文。孔子曰，明器者，備物而不可用，以芻靈者善，爲俑者不仁。傳曰，俑者，謂有面目機發，似於生人也。以此而葬，殆將於殉，故曰不仁。近者王公百官，競爲厚葬，偶人像馬，雕飾如生，徒以眩耀路人，本不因心致禮。更相扇慕，破產傾資，風俗流行，遂下兼士庶。若無禁制，奢侈日增。望諸王公已下，送葬明器，皆依令式，並陳於墓所，不得衢路行。

又士庶親迎之儀，備諸六禮，所以承宗廟，事舅姑，當須昏以爲期，詰朝謁見。往者下俚庸鄙，時有障車，邀其酒食，以爲戲樂。近日此風轉盛，上及王公，乃廣奏音樂，多集徒侶，遮擁道路，留滯淹時，邀致財物，動踰萬計。遂使障車禮貺，過於聘財，歌舞喧譁，殊非助感。既虧名教，實蠹風猷，違紊禮經，須加節制。望請婚姻家障車者，並須禁斷。其有犯者，有蔭家請準犯名教例附簿，無蔭人決杖六十，仍各科本罪。

制從之。

校勘記

〔一〕白練裙襦　「裙」字各本原作「裾」，據通典卷一〇八改。

〔二〕朱總　各本原作「朱絲」，據此句下注文及通典卷六五改。

〔三〕白紅錦帷　「帷」字各本原無，據通典卷六五補。

〔四〕十二　通典卷一〇八作「重以爲等，每行十二也」。

〔五〕裳刺黼一章　「黼」下各本原有「黻」字，據通典卷一〇八、新書卷二四車服志删。

〔六〕絳紗裏　新書卷二四車服志作「絳紗袍，朱裏」。

〔七〕領　通典卷一〇八、新書卷二四車服志「領」上有「朱」字，下文「褾」上無「朱」字。

〔八〕餘同前服　「前」字各本原作「其」，據通典卷一〇八改。

〔九〕二釋　各本原作「三釋」，據通典卷六一、唐會要卷三一改。

〔一〇〕鈎艓　各本原作「劍艓」，據通典卷一〇八改。

〔一一〕亦名從省服　「服」下各本原有「之」字，據通典卷一〇八、唐會要卷三一删。

〔一二〕紫黃赤　合鈔卷七〇輿服志「紫」上有「綠」字。

〔一三〕簪箄導　通典卷一〇八無「箄」字。

〔一四〕冠支　各本原作「冠之」，通典卷一〇八作「冠支」，其下注：「令云：皆金飾，五品以上通用玉。」當以「冠支」爲是，今據改。

〔一五〕貴賤所行　「行」字各本原無，據本書卷一〇二劉子玄傳、冊府卷五八八補。

〔一六〕五品已上執象笏　唐會要卷三二此句下有「已下執竹木笏」六字；下句「三品已下前挫後直」前有「舊制」二字。

〔一七〕貞觀四年又制　「制」字各本原作「置」，據通典卷六一改。

〔一八〕舊服者　唐會要卷三一「者」上有「青」字。

〔一九〕謂之章服　「謂」字各本原無，據唐會要卷三一補。

〔二〇〕今纘嚴　「今」字各本原作「令」，據隋書卷一一禮儀志改。

〔二一〕女官　「女」字各本原無，據通典卷一〇八補。

舊唐書卷四十六

志第二十六

經籍上

夫龜文成象，肇八卦於庖犧；鳥跡分形，創六書於蒼頡。聖作明述，同源異流。墳、典起之於前，詩、書繼之於後，先王陳迹，後王準繩。易曰：「觀乎人文以化成天下〔一〕。」禮曰：「君子如欲化民成俗，其必由學乎！」學者非他 方策之謂也。琢玉成器，觀古知今，歷代哲王，莫不崇尚。自仲尼沒而微言絕，七十子喪而大義乖。嬴氏坑焚，以愚黔首。漢興學校，復創石渠。雄、向校讎於前，馬、鄭討論於後，兩京載籍，由是粲然。及漢末遷都，焚溺過半。然河北江南，未能混一，偏方購輯，卷帙未弘。而荀勗、李充、王儉、任昉、祖暅，皆達學多聞，歷世整比，羣分類聚，遞相祖述。或爲七錄，或爲四部，言其部類，多有所遺。及隋氏建邦，寰區一統，

煬皇好學，喜聚逸書，而隋世簡編，最爲博洽。及大業之季，喪失者多。貞觀中，令狐德棻、魏徵相次爲祕書監，上言經籍亡逸，請行購募，并奏引學士校定，羣書大備。

開元三年，左散騎常侍褚无量、馬懷素侍宴，言及經籍。玄宗曰：「內庫皆是太宗、高宗先代舊書，常令宮人主掌，所有殘缺，未遑補緝，篇卷錯亂，難於檢閱。卿試爲朕整比之。」至七年，詔公卿士庶之家，所有異書，官借繕寫。及四部書成，上令百官入乾元殿東廊觀之，無不駭其廣。九年十一月，殷踐猷、王愜、韋述、余欽、毋煚、劉彥眞、王灣、劉仲等重修成羣書四部錄二百卷，右散騎常侍元行沖奏上之。自後毋煚又略爲四十卷，名爲古今書錄，大凡五萬一千八百五十二卷。祿山之亂，兩都覆沒，乾元舊籍，亡散殆盡。肅宗、代宗崇重儒術，屢詔購募。文宗時，鄭覃侍講禁中，以經籍道喪，屢以爲言。詔令祕閣搜訪遺文，日令添寫。開成初，四部書至五萬六千四百七十六卷。及廣明初，黃巢干紀，再陷兩京，宮廟寺署，焚蕩殆盡，曩時遺籍，尺簡無存。及行在朝諸儒購輯，所傳無幾。昭宗卽位，志弘文雅。祕書省奏曰：「當省元掌四部御書十二庫，共七萬餘卷。廣明之亂，一時散失。後來省司購募，尚及二萬餘卷。及先朝再幸山南，尚存一萬八千卷。竊知京城制置使孫惟晟收在本軍，其御書祕閣見充教坊及諸軍人占住。伏以典籍國之大經，祕府校讎之地，其書籍並望付當省校其殘缺，漸令補輯。樂人乞移他所。」並從之。及遷都洛陽，又喪其半。平時載籍，世莫得聞。今錄開元盛時四部諸書，以表藝文之盛。

四部者，甲、乙、丙、丁之次也。

甲部爲經，其類十二：一曰易，以紀陰陽變化。二曰書，以紀帝王遺範。三曰詩，以紀興衰誦嘆。四曰禮，以紀文物體制。五曰樂，以紀聲容律度。六曰春秋，以紀行事褒貶。七曰孝經，以紀天經地義。八曰論語，以紀先聖微言。九曰圖緯，以紀六經讖候。十曰經解，以紀六經讖候。十一曰詁訓，以紀六經讖候〔二〕。十二曰小學，以紀字體聲韻。

乙部爲史，其類十有三：一曰正史，以紀紀傳表志。二曰古史，以紀編年繫事。三曰雜史，以紀異體雜紀。四曰霸史，以紀僞朝國史。五曰起居注，以紀人君言動。六曰舊事，以紀朝廷政令。七曰職官，以紀班序品秩。八曰儀注，以紀吉凶行事。九曰刑法，以紀律令格式。十曰雜傳，以紀先聖人物。十一曰地理，以紀山川郡國。十二曰譜系，以紀世族繼序。十三曰略錄，以紀史策條目。

丙部爲子，其類一十有四：一曰儒家，以紀仁義教化。二曰道家，以紀清淨無爲。三曰法家，以紀刑法典制。四曰名家，以紀循名責實。五曰墨家，以紀強本節用。六曰縱橫家，以紀辯說詭詐。七曰雜家，以紀兼敍衆說。八曰農家，以紀播植種藝。九曰小說家，以紀芻辭輿誦。十曰兵法，以紀權謀制度。十一曰天文，以紀星辰象緯。十二曰曆數，以紀推

步氣朔。十三曰五行，以紀卜筮占候。十四曰醫方，以紀藥餌針灸。

丁部爲集，其類有三：一曰楚詞，以紀騷人怨刺。二曰別集，以紀詞賦雜論。三曰總集，以紀文章事類。

煚等撰集，依班固藝文志體例，諸書隨部皆有小序，發明其指。近史官撰隋書經籍志，其例亦然。竊以紀錄簡編異題，卷部相沿，序述無出前修。今之殺靑，亦所不取，但紀部帙而已。而煚等所序四部都錄以明新修之旨，今略載之：

竊以經墳浩廣，史圖紛博，尋覽者莫之能偏，司總者常苦其多，何暇重屋複牀，更繁其說？若先王有闕典，上聖有遺事，邦政所急，儒訓是先，宜垂教以作程，當闡規而開典，則不遑啓處，何獲宴寧。曩之所修，誠惟此義，然體有未愜〔三〕，追怨良深。于時祕書省經書，實多亡闕，諸司墳籍，不暇討論。此則事有未周，一也。其後周覽人間，頗覩闕文，新集記貞觀之前，永徽已來不取；近書採長安之上，神龍已來未錄。此則理有未弘，二也。書閱不偏，事復未周，或不詳名氏，或未知部伍。此則體有未通，三也。書多闕目，空張第數，既無篇題，實乖標榜。此則例有所虧，四也。所用書序，咸取魏文貞；所分書類，皆據隋經籍志。理有未允，體有不通。此則事實未安，五也。昔馬談作史記，班彪作漢書，皆兩葉而僅成；劉歆作七略，王儉作七志，踰二紀而方就。

孰有四萬卷目，二千部書，名目首尾，三年便令終竟，欲求精悉，不其難乎？所以常有遺恨，竊思追雪。乃與類同契，積思潛心，審正舊疑，詳開新制。永徽新集，神龍近書，則釋而附也；未詳名氏，不知部伍，則論而補也。空張之目，則檢獲便增；未允之序，則詳宜別作。紕繆咸正，混雜必刊。改舊傳之失者，三百餘條；加新書之目者，六千餘卷。凡經錄十二家，五百七十五部，六千二百四十一卷。史錄十三家，八百四十部，一萬七千九百四十六卷。子錄十七家，七百五十三部，一萬五千六百三十七卷。集錄三家，八百九十二部，一萬二千二十八卷。凡四部之錄四十五家，都管三千六十部，五萬一千八百五十二卷，成書錄四十卷。其外有釋氏經律論疏，道家經戒符籙，凡二千五百餘部，九千五百餘卷。亦具翻譯名氏，序述指歸，又勒成目錄十卷，名曰開元內外經錄。若夫先王祕傳，列代奧文，自古之粹籍靈符，絕域之神經怪牒，盡載於此二書矣。

夫經籍者，開物成務，垂教作程，聖哲之能事，帝王之達典。而去聖已久，開鑿遂多，苟不剖判條源，甄明科部，則先賢遺事，有卒代而不聞，大國經書，遂終年而空泯。使學者孤舟泳海，弱羽憑天，銜石填溟，倚杖追日，莫聞名目，豈詳家代？不亦勞乎！不亦弊乎！將使書千帙於掌眸，披萬函於年祀，覽錄而知旨，觀目而悉詞，經墳之精術盡探，賢哲之睿思咸識，不見古人之面，而見古人之心，以傳後來，不其愈已！

其序如此。

煚等四部目及釋道目，並有小序及注撰人姓氏，卷軸繁多，今並略之，但紀篇部，以表我朝文物之大。其釋道錄目附本書，今亦不取，據開元經籍為之志。天寶已後，名公各著文章，儒者多有撰述，或記禮法之沿革，或裁國史之繁略，皆張部類，其徒實繁。臣以後出之書，在開元四部之外，不欲雜其本部，今據所聞，附撰人等傳。其諸公文集，亦見本傳，此並不錄。四部區分，詳之于下。

甲部經錄，十二家，五百七十五部，六千二百四十一卷。

易類一　書類二　詩類三

禮類四　樂類五　春秋類六

孝經類七　論語類八　讖緯類九

經解類十　詁訓類十一　小學類十二

歸藏十三卷殷易，司馬膺注。

周易二卷卜商傳。

又十卷孟喜章句。

又十卷京房章句。

又四卷費直章句。

又十卷馬融章句。

又九卷鄭玄注。

又十卷荀爽章句。

又五卷劉表注。

又十卷王肅注。

又十卷董遇注。

又十卷宋衷注。

又七卷王弼注。

又九卷虞翻注。

又十三卷陸績注。

又十卷荀氏九家集解。

又十卷馬、鄭、二王集解。

又十卷姚信注。

又十卷王弼、韓康伯注。

又十卷二王集注。

又十卷荀諝注。

又十卷蜀才注。

又十卷張璠集解。

又十卷王廙注。

又十卷干寶注。

又十卷黃穎注。

又十卷崔浩注。

又十三卷崔覲注。

又十卷何胤注。

又十卷盧氏注。

又十四卷傅氏注。

又十卷王玄度注。

又十卷王又玄注。

又十卷任希古注。

又十卷王凱沖注。

周易發揮五卷王勃撰。

周易繫辭二卷謝萬注。

又二卷桓玄注。

又二卷荀諺注。

又二卷宋褰注。

周易義疏二十卷宋明帝注。

宋羣臣講易疏二十卷張該等注。

周易大義二十卷梁武帝撰。

周易講疏三十五卷梁武帝撰。

周易發題義一卷

周易幾義一卷蕭偉撰。

周易大義疑問二十卷梁武帝撰。

周易義疏十四卷蕭子政撰。

周易講疏三十卷張譏注。

又十三卷何晏撰。

又十六卷褚仲都撰。

周易正義十四卷孔穎達撰。

周易新論十卷陰弘道撰。

周易文句義疏二十四卷陸德明撰。

周易文外大義二卷陸德明撰。

周易新注本義十四卷薛仁貴撰。

周易開題論序疏十卷

周易文句義疏二十卷已上並梁蕃撰。

周易大衍論三卷玄宗撰。

周易論四卷鍾會撰。

周易大衍論一卷王弼撰。

周易論一卷應吉甫撰。

周易統略論三卷鄒湛撰。

周易略論一卷張璠撰。

周易論二卷賀長成難，賀仲容答。
周易爻義一卷干寶撰。
易論一卷宋處宗撰。
周易卦序論一卷楊乂撰。
通易象論一卷宣聘撰。
周易譜一卷袁宏撰。
又一卷欒永初撰。
周易論四卷范氏撰。
周易繫辭義疏二卷劉瓛撰。
周易雜音三卷
周易乾坤義疏一卷劉瓛撰。
周易釋序義三卷梁蕃撰。
周易略譜一卷沈熊撰。

右易七十八部，凡六百七十三卷。

古文尚書十三卷孔安國傳。
又十卷王肅注。
又十卷孔安國傳，范寧注。
又十三卷謝沈注。
又十卷李顒集注。
尚書暢訓三卷伏勝注。
又十卷姜道盛集注。
尚書洪範五行傳十一卷劉向撰。
又十卷馬融注。
尚書答問三卷王肅注。
又九卷鄭玄注。
尚書釋駮五卷王肅撰。

尚書釋問四卷鄭玄注。王粲問，田瓊、韓益正。
古文尚書大義二十卷任孝恭撰。
尚書義注三卷呂文優撰。
尚書義疏三十卷蔡大寶撰。
尚書釋義四卷伊說撰。
尚書文外義三十卷顧彪撰。
尚書要略二卷李顒撰。
尚書義疏二十卷劉焯撰。
尚書新釋二卷李顒撰。
尚書述義二十卷劉炫撰。
尚書百問一卷顧歡撰。
尚書正義二十卷孔穎達撰。
尚書義疏十卷巢猗撰。
古文尚書音義五卷顧彪撰。
尚書百釋三卷巢猗撰。
尚書音義四卷王儉撰。
尚書義疏十卷費甝撰。

右尚書二十九部，凡二百七十二卷。

韓詩二十卷卜商序，韓嬰撰。
毛詩二十卷王肅注。
韓詩外傳十卷韓嬰撰。
葉詩二十卷葉遵注。
毛詩十卷毛萇撰。
集注毛詩二十四卷崔靈恩集注。
毛詩詁訓二十卷鄭玄箋。
韓詩翼要十卷卜商撰〔四〕。

毛詩譜二卷鄭玄撰。
毛詩辯三卷楊乂撰。
毛詩集序二卷卜商撰。
毛詩序義一卷劉氏撰。
毛詩義注五卷
毛詩表隱二卷
毛詩雜義駮八卷王肅撰。
毛詩義疏五卷張氏撰。
毛詩問難二卷王肅撰。
毛詩誼府三卷元延明撰。
毛詩駮五卷王伯輿撰〔五〕。
毛詩草木鳥獸魚蟲疏二卷陸璣撰〔六〕。
毛詩義問十卷劉楨撰。
毛詩述義三十卷劉炫撰。
毛詩雜答問五卷
毛詩正義四十卷孔穎達撰。
毛詩雜義難十卷
毛詩音義二卷魯世達撰。
毛詩異同評十卷孫毓撰。
毛詩諸家音十五卷鄭玄等注。
毛詩釋義十卷謝沈撰。
難孫氏毛詩評四卷陳統撰。

右詩三十部，凡三百十三卷。

周官十二卷馬融傳。
又十卷伊說撰。
周官禮十三卷鄭玄注。
又十二卷王肅注。

又十二卷干寶注。
又一卷陳銓注。
周官論評十二卷陳邵駮，傅玄評。
又二卷蔡超宗注。
周官寧朔新書八卷司馬伷序，王懋約注。
又二卷田僧紹注。
周官駮難五卷孫略問，干寶答。
喪服變除一卷戴德撰。
周禮義疏四十卷沈重撰。
喪服要紀一卷王肅注。
周禮疏五十卷賈公彥撰。
喪服要集議三卷杜預撰。
周禮義決三卷王玄度撰。
喪服要紀五卷賀循撰，謝徽注。
周官音三卷鄭玄撰。
儀禮疏五十卷賈公彥撰。
儀禮十七卷鄭玄注。
喪服變除一卷鄭玄撰。
又十七卷王肅注。
喪服要紀十卷賀循撰，庾蔚之注。
儀禮音二卷
喪服古今集記三卷王儉撰。
喪服紀一卷馬融注。
喪服五代行要記十卷王逡之志。
又一卷鄭玄注。
喪服經傳義疏四卷沈文阿撰。
又一卷袁準注。
喪服發題二卷沈文阿撰。
又一卷
喪服文句義十卷皇侃撰。

喪服天子諸侯圖二卷謝慈撰。
喪服圖一卷崔遊撰。
喪服譜一卷蔡謨撰。
喪服譜一卷賀循撰。
喪服要難一卷趙成問，仇祈答。
大戴禮記十三卷戴德撰。
小戴禮記二十卷戴聖撰，鄭玄注。
禮記二十卷盧植注。
又三十卷王肅注。
又三十卷孫炎注。
又十二卷葉遵注。
禮記寧朔新書二十卷司馬伷序，王懋約注。
次禮記二十卷魏徵撰。
月令章句十二卷戴顒撰。
禮記中庸傳二卷戴顒撰。

禮記義記四卷鄭小同撰。
禮記要鈔六卷緱氏撰。
禮記音二卷鄭玄注，曹耽解。
又二卷謝慈撰。
又二卷李軌撰。
又二卷尹毅撰。
又三卷徐邈撰。
又二卷徐爰撰。
禮記隱二十六卷
禮記略解十卷庾蔚之撰。
禮記講疏一百卷皇侃撰。
禮記義疏五十卷皇侃撰。
禮記義疏四十卷沈重撰。
禮記義疏四十卷熊安生撰。
禮記義證十卷劉芳撰。

禮記類聚十卷
禮記正義七十卷孔穎達撰。
禮記疏八十卷賈公彥撰。
禮論三百七卷何承天撰。
禮義二十卷戴聖等撰。
三禮目錄一卷鄭玄注。
問禮俗十卷董勛撰。
禮記評十卷劉雋撰。
禮儀問答十卷王儉撰。
雜禮義十一卷吳商等撰。
禮義雜記故事十一卷
禮問九卷范寧撰。
禮論答問九卷范寧撰。
禮論問答九卷徐廣撰。
雜禮儀問答四卷戚壽撰。

禮論降議三卷顏延之撰。
禮論條牒十卷任預撰。
禮論帖三卷任預撰。
禮論抄六十六卷任預撰。
禮論抄二十卷庾蔚之撰。
禮儀答問十卷王儉撰。
禮雜抄略二卷荀萬秋撰。
禮議一卷傅伯祚撰。
禮統郊祀六卷
禮論要抄十三卷
禮記區分十卷
禮論抄略十三卷
禮大義十卷梁武帝撰。
禮疑義五十卷周捨撰。
禮記義十卷何佟之撰。

禮答問十卷何佟之撰。
三禮義宗三十卷崔靈恩撰。
禮論要抄一百卷賀瑒撰。
禮統十三卷賀述撰。
三禮宗略二十卷元延明撰。

三禮圖十二卷夏侯伏朗撰。
江都集禮一百二十卷潘徽等撰。
大唐新禮一百卷房玄齡等撰。
紫宸禮要十卷大聖天后撰。

右禮一百四部，周禮十三家，儀禮、喪服二十八家〔七〕，禮論答問三十五家，凡一千九百四十五卷。

樂書九卷信都芳注。
管絃記十二卷留進錄，淩秀注。
鍾磬志二卷公孫崇撰。
樂社大義十卷梁武帝撰。
樂論三卷梁武帝撰。
鍾律五卷沈重撰。
古今樂錄十三卷釋智匠撰〔八〕。

樂府聲調六卷鄭譯撰。
樂譜集解二十卷蕭吉撰。
樂志十卷蘇夔撰。
樂經三十卷季玄楚撰。
樂書要錄十卷大聖天后撰。
樂略四卷元懿撰。
聲律指歸一卷元懿撰。

樂元起二卷桓譚撰。
琴操二卷桓譚撰。
琴操三卷孔衍撰。
琴譜四卷劉氏、周氏等撰。
琴譜二十一卷陳懷撰。
琴敍譜九卷趙耶律撰。
琴集曆頭拍簿一卷
外國伎曲三卷

論樂事二卷
外國伎曲名一卷
歷代曲名一卷
推七音一卷
十二律譜義一卷
鼓吹樂章一卷
古今樂記八卷李守眞撰。

右樂二十九部，凡一百九十五卷。

春秋三家經詁訓十二卷賈逵撰。
春秋經十一卷士燮撰。
春秋傳十卷王朗注。
春秋左氏長經章句三十卷賈逵撰。
春秋左氏傳解詁三十卷賈逵撰。

春秋左氏傳解誼三十卷服虔注。
春秋左氏經傳章句三十卷董遇注。
春秋左氏傳三十卷王肅注。
春秋左氏傳三十卷杜預注。
春秋左氏傳義注三十卷孫毓注。

春秋左氏傳音三卷高貴鄉公撰。
春秋左氏音四卷曹耽、荀訥撰。
春秋左氏音隱一卷服虔撰。
春秋左氏傳音三卷杜預注。
又三卷李弘範撰。
又三卷孫邈撰。
又三卷王元規撰。
又十二卷
春秋左氏傳條例二十卷劉歆撰。
春秋左氏傳條例章句九卷鄭衆撰。
春秋左氏傳例七卷
又十五卷杜預撰。
春秋左氏條例十卷劉寔撰。
春秋左氏經例十卷方範撰。
春秋左氏膏肓十卷何休撰，鄭玄箴。

春秋成長說七卷服虔撰。
春秋左氏膏肓釋痾五卷服虔撰。
春秋達長義一卷王玢撰。
春秋左氏傳說要十卷糜信撰。
春秋塞難三卷服虔撰。
春秋左氏傳賈服異同略五卷孫毓撰。
春秋左氏傳例苑十八卷梁簡文帝撰。
春秋義函傳十六卷干寶撰。
春秋左氏釋滯十卷殷興撰。
春秋序論一卷干寶撰。
春秋左氏區分十二卷何始眞撰。
春秋左氏義略三十卷張冲撰。
春秋左氏抄十卷
左氏杜預評二卷
春秋圖七卷嚴彭祖撰。

春秋辭苑五卷
春秋經傳詭例疑隱一卷吳略撰。
春秋雜義五卷
春秋土地名三卷
春秋旨通十卷王延之撰。
春秋大夫譜十一卷顧啓期撰。
春秋叢林十二卷李謐撰。
春秋立義十卷崔靈恩撰。
春秋申先儒傳例十卷崔靈恩撰。
春秋經解六卷沈宏撰。
春秋文苑六卷沈宏撰。
春秋嘉語六卷沈宏撰。
春秋義略二十七卷沈文阿撰。
春秋攻昧十二卷劉炫撰。
春秋規過三卷劉炫撰。

春秋述議三十七卷劉炫撰。
春秋正義三十七卷孔穎達撰。
春秋公羊傳五卷公羊高傳，嚴彭祖述。
春秋公羊經傳十三卷何休注。
春秋公羊經傳集解十四卷孔氏注。
春秋公羊十二卷王愆期撰。
春秋公羊傳記十二卷高龔注。
何氏春秋漢議十一卷何休撰，鄭玄駮，糜信注。
何氏春秋漢記十一卷服虔撰〔九〕。
春秋公羊條傳一卷何休注。
春秋公羊墨守二卷何休撰，鄭玄發。
春秋公羊答問五卷荀爽問，徐欽答。
春秋公羊音二卷王儉撰。
春秋公羊違義三卷劉寔撰，劉晏注。
春秋公羊論二卷庾翼難，王愆期答。

春秋穀梁傳十三卷段氏注。
春秋穀梁章句十五卷穀梁俶解，尹更始注。
春秋穀梁傳十二卷唐固注。
又十二卷糜信注。
又十一卷張靖集解。
春秋公羊違義三卷劉晏注〔一〇〕。
春秋穀梁經傳十六卷程闡集注。
春秋穀梁傳十三卷孔衍訓注。
又十二卷范甯集注。
又十三卷徐乾注。
春秋穀梁十二卷徐邈注。
春秋穀梁經集解十卷沈仲義注。
春秋穀梁廢疾三卷何休作，鄭玄釋，張靖箴。
穀梁傳義三卷蕭邕注。
春秋穀梁傳義十二卷徐邈注。

春秋穀梁音一卷徐邈撰。
春秋穀梁傳疏十三卷楊士勛撰。
春秋公羊穀梁左氏集解十一卷劉兆撰。
春秋三傳論十卷韓益撰。
春秋三傳經解十一卷胡訥集撰。
春秋三傳評十卷胡訥撰。
春秋公羊穀梁二傳評三卷江熙撰。
春秋繁露十七卷董仲舒撰。
春秋辯證明經論六卷
春秋二傳異同十一卷李鉉撰。
春秋合三傳通論十卷潘叔度注。
春秋成集十卷潘叔度注。
春秋外傳國語二十卷左丘明撰。
春秋外傳國語章句二十二卷王肅注。
春秋外傳國語二十一卷虞翻撰。

又二十一卷韋昭注。
又二十一卷

又二十一卷唐固注。

右春秋一百二部，一千一百八十四卷。

古文孝經一卷孔子說，曾參受，孔安國傳。
孝經一卷王肅注。
又一卷鄭玄注。
古文孝經一卷劉邵注。
孝經一卷韋昭注。
又一卷孫熙注。
又一卷蘇林注。
孝經默注二卷徐整撰。
又一卷謝萬注。
又一卷虞盤佐注。
又一卷孔光注。

又一卷殷仲文注。
又一卷殷叔道注。
又一卷魏克己注。
又一卷玄宗注。
講孝經義四卷車胤等注。
講孝經集解一卷荀勗撰。
孝經義疏三卷皇侃撰。
大明中皇太子講孝經義疏一卷何約之執經。
孝經疏十八卷梁武帝撰。
孝經發題四卷太史叔明撰。
孝經述義五卷劉炫撰。

孝經疏五卷賈公彥撰。
越王孝經新義十卷任希古撰。
孝經應瑞圖一卷
演孝經十二卷張士儒撰。
孝經疏三卷元行沖撰。
論語十卷何晏集解。
又十卷鄭玄注，虞喜贊。
又十卷王肅注。
又十卷鄭玄注。
又十卷宋明帝補衞瓘注。
又十卷李充注。
又十卷孫綽集解。
又十卷梁顗注。
論語集義十卷盈氏撰。
論語九卷孟釐注。

論語十卷袁喬注。
又十卷尹毅注。
又十卷江熙集解。
又十卷孫氏注。
次論語五卷王勃撰。
論語音二卷徐邈撰。
古論語義注譜一卷徐氏撰。
論語釋義十卷鄭玄注。
論語義注十卷暢惠明撰。
論語義注隱三卷
論語篇目弟子一卷鄭玄注。
論語釋疑二卷王弼撰。
論語釋十卷欒肇撰。
論語駮二卷欒肇撰。
論語大義解十卷崔豹撰。

論語旨序二卷繆播撰。
論語體略二卷郭象撰。
論語雜義十三卷
論語剔義十卷
論語疏十卷皇侃撰。
論語述義二十卷戴詵撰。

論語章句二十卷劉炫撰。
論語疏十五卷賈公彥撰。
論語講疏十卷褚仲都撰。
孔子家語十卷王肅注。
孔叢子七卷孔鮒撰。

右六十三部，孝經二十七家，論語三十六家，凡三百八十七卷。

易緯九卷宋均注。
書緯三卷鄭玄注。
詩緯三卷鄭玄注。
又十卷宋均注。
禮緯三卷宋均注。
樂緯三卷宋均注。
春秋緯三十八卷宋均注。

論語緯十卷宋均注。
孝經緯五卷宋均注。
白虎通六卷漢章帝撰。
五經雜義七卷劉向撰。
五經通義九卷劉向撰。
五經要義五卷劉向撰。
五經異義十卷許慎撰，鄭玄駮。

六藝論一卷鄭玄注。
鄭志九卷〔二〕
鄭記六卷〔三〕
聖證論十一卷
五經然否論五卷譙周撰。
五經鈎沈十卷楊方撰。
五經咨疑八卷楊思撰。
孔子正言二十卷梁武帝撰。
長春義記一百卷梁簡文撰。
經典大義十卷沈文阿撰。
五經宗略四十卷元延明撰。

七經義綱略論三十卷樊文深撰。
質疑五卷樊文深撰。
遊玄桂林二十卷張譏撰。
五經正名十五卷劉炫撰。
經典釋文三十卷陸德明撰。
謚法三卷荀顗演，劉熙注。
又謚例十卷沈約撰。
謚法三卷賀琛撰。
匡謬正俗八卷顏師古撰。
集天名稱三卷

右三十六部，經緯九家，七經雜解二十七家，凡四百七十四卷。

爾雅三卷李巡注。
爾雅六卷樊光注。

又六卷孫炎注。
又三卷郭璞注。

集注爾雅十卷沈璇注。
爾雅音義一卷郭璞注。
又二卷曹憲撰。
爾雅圖一卷郭璞注。
爾雅圖贊二卷江灌注。
爾雅音六卷江灌注。
續爾雅一卷劉伯莊撰〔三〕。
別國方言十三卷楊雄撰。
釋名八卷劉熙撰。
廣雅四卷張揖撰。
博雅十卷曹憲撰。
小爾雅一卷李軌撰。
纂文三卷何承天撰。
纂要六卷顏延之撰。
三蒼三卷李斯等撰，郭璞解。

蒼頡訓詁二卷杜林撰。
三蒼訓詁二卷張揖撰。
埤蒼三卷張揖撰。
廣蒼一卷樊恭撰。
說文解字十五卷許慎撰。
說文音隱四卷
字林十卷呂忱撰。
字統二十卷楊承慶撰。
玉篇三十卷顧野王撰。
字海一百卷大聖天后撰〔四〕。
文字釋訓三十卷釋寶誌撰。
括字苑十三卷馮幹撰。
字屬篇一卷賈魴撰。
古文奇字二卷郭訓撰。
字旨篇一卷郭訓撰。

中華書局

古文字詁二卷張揖撰。
詔定古文官書一卷衞宏撰。
解字文七卷周成撰。
雜文字音七卷王延撰。
文字要說一卷王氏注。
字書十卷
古今八體六文書法一卷
四體書勢一卷衞恒撰。
要用字苑一卷葛洪撰。
難要字三卷
文字集略一卷阮孝緒撰。
辯嫌音二卷楊休之撰。
文字指歸四卷曹憲撰。
證俗音略二卷顏愍楚撰。
敍同音三卷
覽字知源三卷
文字辯嫌一卷彭立撰。
聲類十卷李登撰。
韻集五卷呂靜撰。
韻略一卷楊休之撰。
四聲韻略十三卷夏侯詠撰。
四聲部三十卷張諒撰。
韻篇十二卷趙氏撰。
切韻五卷陸慈撰。
桂苑珠叢一百卷諸葛穎撰。
桂苑珠叢略要二十卷
急就章一卷史游撰，曹壽解。
急就章注一卷顏之推撰。
又一卷顏師古撰。
凡將篇一卷司馬相如撰。

飛龍篇篆草勢合三卷崔瑗撰。
在昔篇一卷班固撰。
太甲篇一卷班固撰。
聖草章一卷蔡邕撰。
勸學篇一卷蔡邕撰。
黃初章一卷
吳章一卷
初學篇一卷朱嗣卿撰。
始學篇十二卷項峻撰。
少學集十卷楊方撰。
小學篇一卷王羲之撰。
續通俗文二卷李虔撰。
啓疑三卷顧凱之撰。
詁幼文三卷顏延之撰。
辯字一卷戴規撰。
俗語難字一卷李少通撰。
文字志三卷王愔撰。
五十二體書一卷蕭子雲撰。
古來篆隸詁訓名錄一卷
書品一卷庾肩吾撰。
書後品一卷李嗣眞撰。
筆墨法一卷
鹿紙筆墨疏一卷
千字文一卷蕭子範撰。
又一卷周興嗣撰。
篆書千字文一卷
演千字文五卷
今字石經易篆三卷
今字石經尙書五卷
今字石經鄭玄尙書八卷

三字石經尙書古篆三卷
今字石經毛詩三卷
今字石經儀禮四卷
三字石經左傳古篆書十三卷
今字石經左傳經十卷
今字石經公羊傳九卷
今字石經論語二卷蔡邕注。
雜字書八卷釋正度作。

右小學一百五部，爾雅、廣雅十八家，偏傍音韻雜字八十六家，凡七百九十七卷。

乙部史錄，十三家，八百四十四部，一萬七千九百四十六卷。

正史類一　編年類二　僞史類三
雜史類四　起居注類五　故事類六
職官類七　雜傳類八　儀注類九
刑法類十　目錄類十一　譜牒類十二
地理類十三

史記一百三十卷司馬遷作。
又八十卷裴駰集解。

又一百三十卷許子儒注。
史記音義十三卷徐廣撰。
史記音義三卷鄒誕生撰。
又三十卷劉伯莊撰。
漢書一百十五卷班固作。
又一百二十卷顏師古注。
御銓定漢書八十一卷郝處俊等撰。
漢書音訓一卷服虔撰。
漢書集解音義二十四卷應劭撰。
漢書敍傳五卷項岱撰。
漢書音義九卷孟康撰。
漢書集注十四卷晉灼注。
漢書音義七卷韋昭撰。
漢書駮義二卷劉寶撰。
漢書新注一卷陸澄撰。
孔氏漢書音義抄二卷孔文祥撰。
漢書續訓二卷韋稜撰。
漢書訓纂三十卷姚察撰。
漢書音義二十六卷劉嗣等撰。
漢書音二卷夏侯泳撰。
又十二卷包愷撰。
又十二卷蕭該撰。
漢書決疑十二卷顏延年撰[一四]。
漢書古今集義二十卷顧胤撰。
漢書正義三十卷釋務靜撰。
漢書正名氏義十三卷
漢書辯惑三十卷李善撰。
漢書律曆志音義一卷陰景倫作。
漢書英華八卷
東觀漢記一百二十七卷劉珍撰。

後漢書一百三十三卷謝承撰。
後漢記一百卷薛瑩作。
後漢書八十三卷司馬彪撰。
又五十八卷劉義慶撰。
後漢書三十一卷謝沈撰。
又一百二卷華嶠作。
後漢書外傳十卷謝沈撰。
漢南紀五十八卷張瑩撰。
後漢書一百二卷袁山松作。
又九十二卷范曄撰。
後漢書論贊五卷范曄撰。
後漢書五十八卷劉昭補注。
又一百卷皇太子賢注。
後漢書音三卷蕭該作。
又三卷臧競撰。

後漢書音義二十七卷韋機撰。
魏書四十四卷王沈撰。
魏略三十八卷魚豢撰。
魏國志三十卷陳壽撰，裴松之注。
晉書八十九卷王隱撰。
又五十八卷虞預撰。
又十四卷朱鳳撰。
又三十五卷謝靈運撰。
晉中興書八十卷何法盛撰。
晉書一百一十卷臧榮緒撰。
又九卷蕭子雲撰。
又一百三十卷許敬宗等撰。
宋書四十二卷徐爰撰。
又四十六卷孫嚴撰。
又一百卷沈約撰。

後魏書一百三十卷魏收撰。
後魏書一百七卷魏澹撰〔一〇〕。
又一百卷張大素撰。
後周書五十卷令狐德棻撰。
隋書八十五卷魏徵等撰。
又三十二卷張大素撰。
齊書五十九卷蕭子顯撰。
又八卷劉陟撰。
梁書三十四卷謝吳、姚察等撰。
又五十卷姚思廉撰。

陳書三卷顧野王撰。
又三卷傅縡撰。
又三十六卷姚思廉撰。
北齊未修書二十四卷李德林撰。
北齊書五十卷李百藥撰。
又二十卷張大素撰。
通史六百二卷梁武帝撰。
南史八十卷李延壽撰。
北史一百卷李延壽撰。

右八十一部，史記六家，前漢二十五家，後漢十七家，魏三家，晉八家，宋三家，後魏三家，後周一家，隋二家，齊二家，梁二家，陳三家，北齊三家，都史三家，凡四千四百四十三卷。

紀年十四卷汲冢書。

漢紀三十卷荀悅撰。

漢紀音義三卷崔浩撰。
漢皇德紀三十卷侯瑾撰。
後漢紀三十卷張璠撰。
又三十卷袁宏撰。
漢晉春秋五十四卷習鑿齒撰。
漢靈獻二帝紀六卷劉艾撰。
漢獻帝春秋十卷袁曄撰。
山陽義紀樂資撰。
魏武本紀三卷
魏武春秋二十卷孫盛撰。
魏紀十二卷魏澹撰〔一七〕。
國紀十卷梁祚撰。
吳紀十卷環濟撰。
晉帝紀四卷陸機撰。
晉錄五卷

晉紀二十二卷干寶作。
又六十卷干寶撰，劉協注。
晉陽秋二十卷檀道鸞注。
晉紀二十卷劉謙之撰。
又十卷曹嘉之撰。
又四十五卷徐廣撰。
晉陽春秋二十二卷鄧粲撰〔一八〕。
晉史草三十卷蕭景暢撰。
晉紀十一卷鄧粲撰。
戰國春秋二十卷李槩撰。
崇安記二卷周祗撰。
又十卷王韶之撰。
晉續記五卷郭季產撰〔一九〕。
三十國春秋三十卷蕭方等撰〔二〇〕。
又一百卷武敏之撰。

晉春秋略二十卷杜延業撰。
宋紀三十卷王智深撰。
宋略二十卷裴子野撰。
宋春秋二十卷鮑衡卿撰。
齊紀二十卷沈約撰。
齊春秋三卷吳均撰〔二一〕。
乘輿龍飛記二卷鮑衡卿撰。
梁典三十卷劉璠撰。
又三十卷何元之撰。
梁太清紀十卷蕭韶撰。
皇帝紀七卷
梁撮要三十卷陰僧仁撰。
淮海亂離志四卷蕭大圜撰。
棲鳳春秋五卷臧嚴撰。
梁昭後略十卷姚最撰。

天啓記十卷守節先生撰。
梁末代記一卷
後梁春秋十卷蔡允恭撰。
北齊記二十卷
北齊志十七卷王劭撰。
鄴洛鼎峙記十卷
隋大業略記三卷趙毅撰。
隋後略十卷張大素撰。
蜀國志十五卷陳壽撰。
吳國志二十一卷陳壽撰，裴松之注。
吳書五十五卷韋昭撰。
華陽國志三卷常璩撰。
蜀李書九卷常璩撰。
漢趙記十卷和苞撰〔二二〕。
趙石記二十卷田融撰。

二石記二十卷田融撰。
二石僞事六卷王度、隋翽等撰。
燕書二十卷范亨撰。
秦記十一卷裴景仁撰，杜惠明注。
涼記十卷張諮撰。
西河記二卷段龜龍撰。
南燕錄六卷王景暉撰。
南燕書五卷張詮撰。
拓跋涼錄十卷
燕志十卷
十六國春秋一百二十卷崔鴻撰。

右七十五部，編年五十五家，雜僞國史二十家，凡一千四百十卷。

周書八卷孔晁注。
古文瑣語四卷
春秋前傳十卷何承天撰。
春秋前傳雜語十卷何承天撰。
周載三十卷孟儀注。
春秋國語十卷孔衍撰。
越絕書十六卷子貢撰。
吳越春秋十二卷趙曄撰。
吳越春秋削煩五卷楊方撰。
吳越春秋傳十卷皇甫遵撰。
吳越記六卷
春秋後傳三十卷樂資撰。
戰國策三十二卷劉向撰。
戰國策論一卷延篤撰。

戰國策三十二卷高誘注。
魯後春秋二十卷劉允濟撰。
楚漢春秋二十卷陸賈撰。
漢尚書十卷孔衍撰。
漢春秋十卷孔衍撰。
後漢尚書六卷孔衍撰。
後漢春秋六卷孔衍撰。
後漢尚書十四卷孔衍撰(二三)。
後魏春秋九卷孔衍撰(二四)。
典略五十卷魚豢撰。
三史要略三十卷張溫撰。
正史削繁十四卷阮孝緒撰。
東殿新書二百卷高宗大帝撰。
史記要傳十卷衞颯撰。
古史考二十五卷譙周撰。
史記正傳九卷張瑩撰。
史要三十八卷王延秀撰。
合史二十卷
史漢要集二卷王蔑撰。
後漢書抄三十卷葛洪撰。
後漢書略二十五卷張緬撰。
後漢書纘十三卷范曄撰。
後漢文武釋論二十卷王越客撰。
三國評三卷徐衆撰。
晉書鈔三十卷張緬撰。
代譜四百八十卷周武帝敕撰(二五)。
漢末英雄記十卷王粲等撰。
九州春秋九卷司馬彪撰。
魏陽秋異同八卷孫壽撰。
魏武本紀年曆五卷

漢表十卷袁希之撰。
刪補蜀記七卷王隱撰。
吳錄三十卷張勃撰。
魏記三十三卷盧彥卿撰。
關東風俗傳六十三卷宋孝王撰。
隋書八十卷王劭撰(二六)。
王業曆二卷趙弘禮撰。
隋開業平陳記十二卷裴矩撰。
古今注八卷伏无忌撰。
帝王本紀十卷來奧撰。
拾遺錄三卷王嘉撰。
王子年拾遺記十卷蕭綺錄。
帝王略要十二卷環濟撰。
先聖本紀十卷劉滔撰。
華夷帝王記三十七卷楊曄撰。
後漢雜事十卷
漢魏晉帝要記三卷賈匪之撰。
魏晉代語十卷郭頒撰。
吳朝人士品秩狀八卷胡沖撰。
吳士人行狀名品二卷虞尚撰。
江表傳五卷虞溥撰。
晉諸公讚二十二卷傅暢撰。
晉後略記五卷荀綽撰。
宋拾遺錄十卷謝綽撰。
宋齊語錄十卷孔思尚撰。
帝王略論五卷虞世南撰。
十世興王論十卷朱敬則撰。
洞曆記九卷周樹撰。
帝系譜二卷張愔等撰。
洞記九卷韋昭撰。

三五曆記二卷徐整撰。
通曆二卷徐整撰。
雜曆五卷徐整撰。
國志曆五卷孔衍撰。
帝王代記十卷皇甫謐撰。
年曆六卷皇甫謐撰。
續帝王代記十卷何集撰。
十五代略十卷吉文甫撰。
吳曆六卷胡沖撰。
晉曆二卷
帝王代紀十六卷
年曆帝紀二十六卷姚恭撰。
帝錄十卷諸葛忱撰。
長曆十四卷
歷代記三十卷庾和之撰。
千年曆二卷
千歲曆三卷許氏作。
十代記十卷熊襄撰。
帝王年曆五卷陶弘景撰。
分王年表八卷羊瑗撰。
曆紀十卷
通曆七卷李仁實撰。
帝王編年錄五十一卷盧元福撰。
共和已來甲乙紀年二卷盧元福撰。
帝王紀錄三卷

右雜史一百二部，凡二千五百五十九卷。

穆天子傳六卷郭璞撰。
漢獻帝起居注五卷
晉太始起居注二十卷李軌撰。
晉咸帝起居注三十卷李軌撰〔三七〕。
晉太康起居注二十二卷李軌撰。
晉永平起居注八卷李軌撰。
晉建武大興永昌起居注二十二卷
晉咸和起居注十八卷李軌撰。
晉咸康起居注二十二卷李軌撰。
晉建元起居注四卷
晉永和起居注二十四卷
晉升平起居注十卷
晉崇和興寧起居注五卷
晉太和起居注六卷
晉咸安起居注三卷
晉寧康起居注六卷
晉太元起居注五十二卷
晉崇安起居注十卷〔三八〕
晉元興起居注九卷
晉義熙起居注三十四卷
晉元熙起居注二卷
晉起居注三百二十卷劉道會撰。
宋永初起居注六卷
宋景平起居注三卷
宋元嘉起居注六十卷
宋大明起居注八卷
梁皇帝實錄三卷周興嗣撰。
又五卷
梁太清實錄八卷
後魏起居注二百七十六卷

陳起居注四十一卷
大唐創業起居注三卷溫大雅撰。
高祖實錄二十卷房玄齡撰。
太宗實錄二十卷房玄齡撰。
太宗實錄四十卷長孫無忌撰。
高宗實錄三十卷許敬宗撰。
述聖記一卷大聖天后撰。
高宗實錄一百卷大聖天后撰。
聖母神皇實錄十八卷宗秦客撰。
中宗皇帝實錄二十卷吳兢撰。
漢武故事二卷
西京雜記一卷葛洪撰。
三輔舊事一卷韋氏撰。
秦漢已來舊事八卷
漢魏吳蜀舊事八卷
晉書雜詔書一百卷
又二十八卷
晉雜詔書六十六卷
晉詔書黃素制五卷
晉定品制一卷
晉太元副詔二十一卷
晉崇安元興大亨副詔八卷〔三九〕
晉義熙詔二十二卷
晉故事四十三卷
晉諸雜故事二十二卷
尚書大事二十一卷
晉太始太康故事五卷
晉建武咸和咸康故事四卷孔愉撰。
晉建武已來故事三卷
修復山林故事五卷車灌撰。

先朝故事二十卷劉道會撰。
東宮舊事十一卷張敞撰。
交州雜故事九卷
四王起事四卷盧綝撰。
晉八王故事十二卷盧綝撰。
晉故事三卷
晉朝雜事二卷
江南故事三卷
大司馬陶公故事三卷
郗太尉爲尚書令故事二卷
桓公僞事二卷應德詹撰。
救襄陽上都督府事一卷王愆期撰。
荊江揚州遷代記四卷〔四〇〕
宋永初詔六卷
宋元嘉詔二十一卷
晉宋舊事一百三十卷
中興伐逆事二卷
東宮儀記二十二卷張鏡撰。
東宮典記七十卷宇文愷等撰。
春坊要錄四卷杜正倫撰。
春坊舊事三卷
漢官儀十卷應劭志。
公卿故事二卷王方慶撰。
漢官解故三卷〔四一〕
魏官儀一卷荀攸撰。
晉公卿禮秩九卷傅暢撰。
百官名四十卷
晉惠帝百官名三卷陸機撰。
晉官屬名四卷
晉過江人士目一卷

晉永嘉流士十三卷衞禹撰。
登城三戰簿三卷
百官階次一卷范曄撰。
宋百官階次三卷荀欽明撰。
百官春秋十三卷王道秀撰。
齊職儀五十卷范曄撰〔四二〕。

右一百四部，列代起居注四十一家，列代故事四十二家，列代職官二十一家，凡二千二百三十三卷。

三輔決錄七卷趙岐撰，摯虞注。
海內先賢傳四卷魏明帝撰。
海內先賢行狀三卷李氏撰。
海內士品錄二卷魏文帝撰。
四海耆舊傳一卷李氏撰。
廬江七賢傳一卷
職官要錄三十卷陶藻撰。
梁選簿三卷徐勉撰。
陳將軍簿一卷
職令百官古今注十卷郭演之撰。
太建十一年百官簿狀二卷
職員舊事三十卷
陳留耆舊傳三卷蘇林撰。
陳留先賢像讚一卷陳英宗撰。
陳留志十五卷江敞撰。
汝南先賢傳三卷周裴撰。
廣州先賢傳七卷陸胤撰。
諸國先賢傳一卷

豫章舊志八卷徐整撰。
濟北先賢傳一卷
廣陵列士傳一卷華隔撰。
桂陽先賢畫讚五卷張勝撰。
會稽記四卷朱育撰。
會稽典錄二十四卷虞預撰。
會稽先賢傳五卷謝承撰。
會稽後賢傳三卷鍾離岫撰。
會稽先賢像讚四卷賀氏撰。
會稽太守像讚二卷賀氏撰。
吳國先賢讚三卷
益部耆舊傳十四卷陳壽撰。
魯國先賢志十四卷白褒撰。
楚國先賢志十二卷楊方撰。
荊州先賢傳三卷高範撰。

兗州山陽先賢讚一卷仲長統撰。
交州先賢傳四卷范瑗撰。
襄陽耆舊傳五卷習鑿齒撰。
零陵先賢傳一卷
徐州先賢傳一卷
長沙舊邦傳讚三卷劉彧撰。
徐州先賢傳九卷
燉煌實錄二十卷劉延明撰。
武昌先賢傳三卷郭緣生撰。
海岱志十卷崔慰祖撰。
吳郡錢塘先賢傳五卷吳均撰。
幽州古今人物志十三卷陽休之撰。
孝子傳十五卷蕭廣濟撰。
又八卷師覺授撰。
孝子傳讚十五卷王韶之撰。

孝子傳十卷宗躬撰。
雜孝子傳二卷
孝子傳一卷虞盤佐撰。
又三卷徐廣撰。
孝子傳讚十卷鄭緝之撰。
孝德傳三十卷梁元帝撰。
孝友傳八卷梁元帝撰。
忠臣傳三十卷梁元帝撰。
顯忠錄二十卷元懌撰。
忠孝圖傳讚二十卷李襲譽撰。
英藩可錄事二卷殷系撰。
自古諸侯王善惡錄二卷魏徵撰。
列藩正論三十卷章懷太子撰。
良吏傳十卷鍾岏撰。
丹陽尹傳十卷梁元帝撰。

高士傳三卷嵇康撰。
上古以來聖賢高士傳讚三卷周續之撰。
高士傳七卷皇甫謐撰。
續高士傳八卷周弘讓撰。
逸人傳三卷張顯撰。
逸人高士傳八卷習鑿齒撰。
名士傳三卷袁宏撰。
竹林七賢論二卷戴逵撰。
眞隱傳二卷袁淑撰。
高士傳二卷虞盤佐撰。
高隱傳二卷阮孝緒撰。
七賢傳七卷孟仲暉撰。
高才不遇傳四卷劉晝撰。
列女傳二卷劉向撰。
陰德傳二卷范晏撰。

止足傳十卷王子良撰〔三三〕。
同姓名錄一卷梁元帝撰。
全德志一卷梁元帝撰。
高僧傳六卷虞孝敬撰。
悼善列傳四卷
幼童傳十卷劉昭撰。
知己傳一卷盧思道撰。
交遊傳二卷鄭世翼撰。
祕錄二百七十卷元暉等撰。
書讚五十卷漢明帝撰。
春秋列國名臣傳九卷孫敏撰。
四科傳讚四卷姚濬撰。
七國敍讚十卷
益州文翁學堂圖一卷
孔子弟子傳五卷

先儒傳五卷
雜傳六十五卷
又九卷
又四十卷
集記一百卷王孝恭撰。
東方朔傳八卷
李固別傳七卷
梁冀傳二卷
何顒傳一卷
曹瞞傳一卷吳人作。
毌丘儉記三卷
管輅傳二卷管辰撰。
諸葛亮隱沒五事一卷郭沖撰。
玄晏春秋二卷皇甫謐撰。
薛常侍傳二卷荀伯子撰。

桓玄傳二卷
文林館記十卷鄭忱撰。
文士傳五十卷張騭撰。
文館詞林文人傳一百卷許敬宗撰。
列仙傳讚二卷劉向撰。
神仙傳十卷葛洪撰。
洞仙傳十卷見素子撰。
高士老君內傳三卷尹喜、張林亭撰。
老子傳一卷
關令尹喜傳一卷鬼谷先生撰，四皓注。
王喬傳一卷
茅君內傳一卷
漢武帝傳二卷
淸虛眞人王君內傳一卷
蘇君記一卷周季通撰。

靈人辛玄子自序一卷辛玄子撰。
三天法師張君內傳一卷王褱撰。
太極左仙公葛君內傳一卷呂先生注。
紫陽眞人周君傳一卷華嶠撰。
仙人馬君陰君內傳一卷趙昇撰。
淸虛眞人裴君內傳一卷鄧子雲撰〔三四〕。
紫虛元君南岳夫人內傳一卷范邈撰。
九華眞妃內記一卷
許先生傳一卷王羲之撰。
養性傳二卷
周氏冥通記一卷陶弘景撰。
學道傳二十卷馬樞撰。
嵩高少室寇天師傳三卷宋都能撰。
華陽子自序一卷茅處玄撰。
漢別國洞冥記四卷郭憲撰。

名僧傳三十卷釋寶唱撰。
比邱尼傳四卷釋寶唱撰。
高僧傳十四卷釋惠皎撰。
續高僧傳二十卷釋道宣撰。
續高僧傳三十卷釋道宣撰。
西域求法高僧傳二卷釋義淨撰〔三五〕。
名僧錄十五卷裴子野撰。
薩婆多部傳四卷釋僧佑撰。
草堂法師傳一卷陶弘景撰。
又一卷蕭理撰。
禰禪師傳一卷
列異傳三卷張華撰。
甄異傳三卷戴祚撰。
徵應集二卷
雜傳十卷
搜神記三十卷干寶撰。
志怪四卷祖台之撰。
又四卷孔氏撰。
靈鬼志三卷荀氏撰。
鬼神列傳二卷謝氏撰。
幽明錄三十卷劉義慶撰。
齊諧記七卷東陽無疑撰。
續齊諧記一卷吳均撰。
古異傳三卷袁仁壽撰。
感應傳八卷王延秀撰〔三六〕。
述異記十卷祖沖之撰。
冥祥記十卷王琰撰。
續冥祥記十一卷王曼穎撰。
繫應驗記一卷陸果撰。
神錄五卷劉之遴撰。

妍神記十卷梁元帝撰。
因果記十卷劉泳撰。
近異錄二卷劉質撰。
寃魂志三卷顏之推撰。
集靈記十卷顏之推撰。
旌異記十五卷侯君素撰。
冥報記二卷唐臨撰。
列女傳六卷皇甫謐撰。
列女後傳十卷顏原撰。
列女傳七卷綦毋邃撰。
女記十卷杜預撰。
列女傳序讚一卷孫夫人撰。
后妃記四卷虞通之撰。
列女傳一百卷大聖天后撰。
古今內範記一百卷
內範要略十卷
保傅乳母傳一卷大聖天后撰。

右雜傳一百九十四部，褒先賢耆舊三十九家，孝友十家，忠節三家，列藩三家，良史二家〔三七〕，高逸十八家，雜傳五家，科錄一家，雜傳十一家，文士三家，仙靈二十六家，高僧十家，鬼神二十六家，列女十六家，凡一千九百七十八卷。

漢舊儀四卷衞宏撰。
輿服志一卷董巴撰。
晉尚書儀曹新定儀注四十一卷徐廣撰。
甲辰儀注五卷

車服雜注一卷徐廣撰。
司徒儀注五卷干寶撰。
大駕鹵簿一卷
冠婚儀四卷
晉儀注三十九卷
晉雜儀注二十一卷
諸王國雜儀十卷
宋儀注三十六卷
雜儀注一百八卷
雜府州郡儀十卷范汪撰。
晉尚書儀曹吉禮儀注三卷
古今輿服雜事十卷周遷撰。
梁祭地祇陰陽儀注二卷沈約撰。
宋儀注二卷
梁吉禮十八卷明山賓等撰。
梁吉禮儀注十卷
北齊吉禮七十二卷趙彥深撰〔三八〕。
陳吉禮儀注五十卷雜撰。
梁皇帝崩凶儀十一卷嚴植之撰。
隋吉禮五十四卷高熲等撰。
梁凶禮天子喪禮五卷嚴植之撰。
梁凶禮天子喪禮七卷
梁王侯巳下凶禮九卷嚴植之撰。
梁太子妃薨凶儀注九卷
北齊王太子喪禮十卷趙彥深撰。
梁諸侯世子凶儀注九卷
梁賓禮一卷賀瑒等撰。
隋書禮七卷高熲等撰。
梁嘉禮三十五卷司馬褧撰。
陳賓禮儀注六卷張彥志。

梁軍禮四卷陸璉撰。
梁嘉禮儀注二十一卷司馬褧撰。
梁尚書儀注十八卷雜撰。
梁儀注十卷沈約撰。
梁陳大行皇帝崩儀注八卷
陳尚書曹儀注二十卷雜志。
陳諸帝后崩儀注五卷
陳雜吉儀志三十卷
梁大行皇后崩儀注一卷
陳皇太子妃薨儀注五卷儀曹志。
陳雜儀注凶儀十三卷
陳皇太后崩儀注四卷儀曹撰。
陳雜儀注六卷
後魏儀注三十二卷常景撰。
理禮儀注九卷何點撰。
晉謚議八卷
魏明帝謚議二卷何晏撰。
魏氏郊丘三卷
晉簡文謚議四卷
晉明堂郊社議三卷孔朝等撰。
魏臺雜訪議三卷高堂隆撰。
雜議五卷干寶撰。
晉七廟議三卷蔡謨撰。
要典三十九卷王景之撰。
晉雜議十卷荀顗等撰。
皇典五卷丘孝仲撰。
齊典四卷王逸志。
弔答書儀十卷王儉撰。
太宗文皇帝政典三卷李延壽撰。
雜儀三十卷鮑泉撰。

書筆儀二十卷謝朓撰。
婦人書儀八卷唐瑾撰。
皇室書儀十三卷鮑行卿撰。
大唐書儀十卷裴矩撰。
童悟十三卷
封禪錄十卷孟利貞撰。
皇帝封禪儀六卷令狐德棻撰。
玉璽譜一卷僧約貞撰。
神岳封禪儀注十卷裴守貞撰。
玉璽正錄一卷徐令信撰。
傳國璽十卷姚察撰。
大享明堂儀注二卷郭山惲撰。
明堂義一卷張大瓚撰。
明堂儀注七卷姚璠等撰。
親享太廟儀三卷郭山惲撰。
皇太子方岳亞獻儀二卷

右儀注八十四部，凡一千一百四十六卷。

漢建武律令故事三卷
律略論五卷劉邵撰。
漢朝駮議三十卷應劭撰。
漢名臣奏三十卷陳壽撰。
又二十九卷
廷尉決事二十卷
廷尉駮事十一卷
廷尉雜詔書二十六卷
晉令四十卷賈充等撰。
刑法律本二十一卷賈充等撰。

南臺奏事二十二卷
晉駮事四卷
晉彈事九卷
齊永明律八卷宋躬撰。
梁律二十卷蔡法度撰。
梁令三十卷蔡法度撰。
梁科二卷蔡法度撰。
陳令三十卷范泉等撰。
陳科三十卷范泉志。
北齊律二十卷趙郡王叡撰。
北齊令八卷
周大律二十五卷趙肅等撰。
隋律十二卷高熲等撰。
隋大業律十八卷
隋開皇令三十卷裴正等撰。
法例二卷崔知悌等撰。
令律十二卷裴寂撰。
律疏三十卷長孫无忌撰。
武德令三十一卷裴寂等撰。
貞觀格十八卷房玄齡撰。
永徽散行天下格中本七卷
永徽留本司行中本十八卷源直心等撰。
永徽令三十卷
永徽留本司格後本十一卷劉仁軌撰。
永徽成式十四卷
永徽散頒天下格七卷
永徽留本司行格十八卷長孫无忌撰。
永徽中式本四卷
垂拱式二十卷
垂拱格二卷

垂拱留司格六卷裴居道撰。
律解二十一卷張斐撰。
開元前格十卷姚崇等撰。
開元後格九卷宋璟等撰。
令三十卷
式二十卷姚崇等撰。

右刑法五十一部，凡八百一十四卷。

七略別錄二十卷劉向撰。
七略七卷劉歆撰。
今書七志七十卷王儉撰，賀縱補。
七錄十二卷阮孝緒撰。
中書簿十四卷荀勗撰。
元徽元年書目四卷王儉撰。
梁天監四年書目四卷丘賓卿撰。
陳天嘉四部書目四卷
隋開皇四年書目四卷牛弘撰。
隋開皇二十年書目四卷王劭撰。
史目三卷楊松珍撰。
文章志四卷摯虞撰。
新撰文章家集五卷荀勗撰。
續文章志二卷傅亮撰。
義熙已來雜集目錄三卷丘深之撰
名手畫錄一卷
法書目錄六卷虞和撰。
羣書四錄二百卷元行沖撰。

右雜四部書目十八部，凡二百一十七卷。

世本四卷宋衷撰。
世本別錄一卷
帝譜世本七卷宋均撰。
世本譜二卷
漢氏帝王譜三卷
司馬氏世家二卷
百家集譜十卷王儉撰。
百家譜三十卷王僧孺撰。
氏族要狀十五卷賈希鏡撰。
永元中表簿六卷
姓氏英賢譜一百卷賈執撰。
百家譜五卷賈執撰。
國親皇太子親傳四卷賈冠撰。
大同四年中表簿三卷
齊梁宗簿三卷
後魏辯宗錄二卷元暉業撰。
姓苑十卷何承天撰。
後魏譜二卷
後魏方司格一卷
十八州譜七百一十二卷王僧孺撰。
冀州譜七卷
洪州譜九卷
袁州譜七卷
大唐氏族志一百卷高士廉撰。
姓氏譜二百卷許敬宗撰。
著姓略記十卷路敬淳撰。
衣冠譜六十卷路敬淳撰。
大唐姓族系錄二百卷柳沖撰。

褚氏家傳一卷褚結撰，褚陶注。
殷氏家傳三卷殷敬等撰。
桂氏世傳七卷桂顒撰。
邵氏家傳十卷
楊氏譜一卷
蘇氏譜一卷
韋氏家傳三卷皇甫謐撰。
王氏家傳二十一卷
江氏家傳七卷江統撰。
暨氏家傳一卷
虞氏家傳五卷虞覽撰。
裴氏家記三卷裴松之撰。
孫氏譜記十五卷
諸葛傳五卷
曹氏家傳一卷曹毗撰。
荀氏家傳十卷荀伯子撰。
諸王傳一卷
陸史十五卷陸煦撰。
明氏世錄五卷明粲撰。
庾氏家傳三卷庾守業撰。
韋氏譜十卷韋鼎等撰。
爾朱氏家傳二卷王邵撰。
何妥家傳二卷
令狐家傳一卷令狐德棻撰。
裴若弼家傳一卷
燉煌張氏家傳二十卷張太素撰。
裴氏家牒二十卷裴守貞撰。

右雜譜牒五十五部，凡一千六百九十一卷。

山海經十八卷郭璞撰。
山海經圖讚二卷郭璞撰。
山海經音二卷
水經二卷郭璞撰。
又四十卷酈道元注。
三輔黃圖一卷
漢宮閣簿三卷
洛陽宮殿簿三卷
關中記一卷潘岳撰。
洛陽記一卷陸機撰。
西京雜記一卷葛洪撰。
洛陽圖一卷楊佺期撰。
洛陽記一卷戴延之撰。
廟記一卷
洛陽伽藍記五卷陽衒之撰。
西京記三卷薛冥志。
東都記三十卷鄧行儼撰。
分吳會丹陽三郡記三卷
陳留風俗傳三卷圈稱撰。
風土記十卷周處撰。
吳地記一卷張勃撰。
南雍州記三卷郭仲彥撰。
南徐州記二卷山謙之撰。
東陽記一卷鄭緝之撰。
京口記二卷劉損之撰。
湘州圖記一卷
徐地錄一卷劉芳撰。
齊州記四卷李叔布撰。

中岳潁川志五卷樊文深撰。
潤州圖經二十卷孫處玄撰。
地記五卷太康三年撰。
州郡縣名五卷太康三年撰。
十三州志十四卷闞駰撰。
魏諸州記二十卷
地理書一百五十卷陸澄撰。
地記二百五十二卷任昉撰。
雜志記十二卷
雜地記五卷
國郡城記九卷周明帝撰。
輿地志三十卷顧野王撰。
周地圖九十卷
隋圖經集記一百卷郎蔚之撰〔三九〕。
區宇圖一百二十八卷虞茂撰。
括地志序略五卷魏王泰撰。
交州異物志一卷楊孚撰。
暢異物志一卷陳祈撰。
南州異物志一卷萬震撰。
扶南異物志一卷朱應撰。
臨海水土異物志一卷沈瑩撰。
江記五卷庾仲雍撰。
漢水記五卷庾仲雍撰。
尋江源記五卷庾仲雍撰。
又一卷
四海百川水記一卷釋道安撰。
西征記一卷戴祚撰。
述征記二卷郭緣生撰。
隋王入沔記十卷沈懷文撰。
輿駕東幸記一卷薛泰撰。

述行記二卷姚最撰。
魏聘使行記五卷
巡總揚州記七卷諸葛潁撰。
諸郡土俗物產記十九卷
京兆郡方物志三十卷
十洲記一卷東方朔撰。
神異經二卷東方朔撰。
蜀王本紀一卷楊雄撰。
三巴記一卷譙周撰。
外國傳一卷釋智猛撰。
歷國傳二卷釋法盛撰。
南越志五卷沈懷遠撰。
日南傳一卷
職貢圖一卷梁元帝撰。
林邑國記一卷
眞臘國事一卷
魏國已西十一國事一卷宋雲撰。
交州已來外國傳一卷
奉使高麗記一卷
西域道里記三卷
赤土國記二卷常駿等撰。
高麗風俗一卷裴矩撰。
中天竺國行記十卷王玄策撰。
西南蠻入朝首領記一卷
職方記十六卷
長安四年十道圖十三卷
開元三年十道圖十卷
劍南地圖二卷

右地理九十三部，凡一千七百八十二卷。

校勘記

〔一〕觀乎人文以化成天下　「觀乎」二字各本原無，據周易卷三賁補。

〔二〕九日圖緯以紀六經讖候十日經解以紀六經讖候十一曰詁訓以紀六經讖候　殿本考證云：「圖緯乃紀讖候之書，經解、詁訓不得亦云讖候也，應譌。」

〔三〕然禮有未愜　「禮」字全唐文卷三七三作「體」。

〔四〕韓詩翼要十卷卜商撰　「卜商撰」，聞本、殿本、懼盈齋本、局本同，廣本作「侯苞撰」。隋書經籍志（以下簡稱隋志）作「漢侯苞傳」。新書藝文志（以下簡稱新志）有「翼要十卷」，無「韓詩」二字。殿本考證云：「韓嬰漢人，安得卜商爲撰翼要乎？新書無『韓詩』字爲合。」校勘記卷二八云：「考隋志云：『韓詩翼要十卷，漢侯苞傳。』是『卜商』二字誤，而『韓詩』二字固非衍也。」

〔五〕毛詩駁五卷王伯輿撰　「輿」字各本原作「興」，校勘記卷二八云：「考三國志王基傳，基字伯輿，『輿』與『興』字形相似而誤。唐人避玄宗之諱，故稱其字耳。」此書隋志、新志均作「王基撰」，據改。

〔六〕毛詩草木鳥獸魚蟲疏二卷陸璣撰　「璣」字各本原作「機」，隋志、新志、經典釋文均作「璣」，據改。

〔七〕儀禮喪服二十八家　校勘記卷二八云：「考上文自周官至周官書，凡十二家，自儀禮至喪服要難，凡二十七家，自禮論至紫宸禮要，凡三十六家。其中尚有自大戴禮記至禮記疏，凡二十八家，疑喪服下本有『二十七家禮記』六字，今本脫去，而前後復有誤字，遂更覺不合耳。」

〔八〕古今樂錄十三卷釋智匠撰　「匠」字聞本、殿本、廣本作「丘」，懼盈齋本、局本作「邱」。隋志、新志作「匠」。玉海藝文類中興書目曰：陳僧智匠撰古今樂錄，起漢迄陳。據改。

〔九〕何氏春秋漢記十一卷服虔撰　殿本、懼盈齋本同，聞本、廣本、局本「撰」作「注」。新志「何氏」上有「駁」字，又「記」作「議」。隋志在「春秋左氏膏肓釋痾十卷」條下注云：「梁有漢議駁二卷服虔撰。」

〔一〇〕春秋公羊違義三卷劉晏注　合鈔卷七一經籍志無此條。校勘記卷二八云：「上文云春秋公羊違義三卷，劉寔撰，劉晏注，則此處不應重出。且前後諸條皆穀梁之書，不應此條忽雜以公羊之書也。」

〔一一〕鄭志九卷　聞本、殿本、懼盈齋本、廣本、新志均不著撰人，局本題「鄭玄撰」。隋志有「鄭志十一卷，魏侍中鄭小同撰。」

〔一二〕鄭記六卷　聞本、殿本、懼盈齋本、廣本、新志均不著撰人，局本題「鄭玄撰」。隋志作「鄭玄弟子撰」。

〔一三〕續爾雅一卷劉伯莊撰　一卷」，各本原作「一百卷」，新志作「一卷」。殿本考證云：「新書一卷，此『百』字疑衍文。」據刪。

〔一四〕字海一百卷大聖天后撰　「大聖天后」，各本原作「天聖太后」，據本書卷六則天紀改。

〔一五〕漢書決疑十二卷顏延年撰　「顏延年」，新志作「顏游秦」。本書卷七三顏師古傳：「叔父游秦撰漢書決疑十二卷，爲學者所稱。後師古注漢書，亦多取其義耳。」可證此書爲游秦所撰。

〔一六〕後魏書一百七卷魏澹撰　「後」字各本原無。此書係據魏收後魏書重新修撰而成，隋志、新志均有「後」字；隋志作「魏彥深撰」，彥深，澹字。據補。

〔一七〕魏紀十二卷魏澹撰　「魏澹撰」，隋志作「左將軍陰澹撰」。三國志卷一九陳思王植傳注引陰澹魏紀所載植銅雀臺賦，則此書作者當爲晉陰澹，而非隋魏澹。

〔一八〕晉陽春秋二十二卷鄧粲撰　聞本、殿本、懼盈齋本、局本同，廣本、新志無「春」字。錢大昕廿二史考異卷五八云：「春字衍」。

〔一九〕晉續記五卷郭季產撰　「郭季產」，各本原作「郭秀彥」，據隋志、新志改。

〔二〇〕三十國春秋三十卷蕭方等撰　「等」字各本原無。隋志「方」誤作「萬」。梁書卷四四世祖二子傳：「忠壯世子方等，字實相，世祖長子也。……所撰三十國春秋及靜住子行於世。」據補。

〔二一〕齊春秋三卷吳均撰　「三卷」，隋志、新志均作「三十卷」。

〔二二〕漢趙記十卷和苞撰　「和苞」，各本原作「和包」，據隋志及晉書卷一〇三劉曜傳改。

〔二三〕後漢尚書十四卷孔衍撰　「孔衍撰」，聞本、殿本、懼盈齋本、局本皆作「張溫撰」。聞本「後漢尚書」作「後魏尚書」；廣本、新志亦作「後魏尚書」，惟作「孔衍撰」；隋志作「魏尚書」，無「後」字，亦作「孔衍撰」。史通卷一六家言晉孔衍「有漢尚書、後漢尚書、漢魏尚書，凡爲二十六卷」。姚振宗隋書經籍志考證以爲當作「漢魏尚書」。校勘記卷二八以爲「後」字乃衍文，當刪去，作「魏尚書」。

〔二四〕後魏春秋九卷孔衍撰　校勘記卷二八以爲「後」字乃衍文，當刪。

〔二五〕代譜四百八十卷周武帝敕撰　「四百八十卷」，新志作四十八卷。

〔二六〕隋書八十卷王劭撰　「劭」字各本原作「邵」，據隋志、新志及隋書卷六九王劭傳改。

〔二七〕晉愍帝起居注三十卷李軌撰　「愍帝」，隋志、新志作「咸寧」。此處各書如以年代先後序列，則太始（二六五——二七四年）之後當爲咸寧（二七五——二七九年），似以隋志、新志爲是。

〔二八〕晉崇安起居注十卷　「崇安」，各本及新志均作「崇寧」，隋志作「隆安」。錢大昕廿二史考異卷五八云：「崇寧當爲崇安，卽隆安也。隆安紀元在寧康、太元之後，元興、義熙之前。此下又有晉隆安元興大亨副詔八卷，可證『崇寧』爲『隆安』之譌。」據改。

〔二九〕晉崇安元興大亨副詔八卷　「大亨」，各本原作「太亨」，新志作「大亨」。大亨爲晉安帝年號（四〇二年三月——十二月)，據改。

〔三〇〕荊江揚州遷代記四卷　殿本、懼盈齋本、廣本、局本同，聞本「州」上有「山」字。新志作「荊揚二州遷代記四卷」。校勘記卷二八云：「考江州在六朝時亦爲重鎭，與荊、揚相埒。聞本之『山州』必是『三州』之誤，惟撰人無可考耳。」

〔三一〕漢官解故三卷　「故」下各本原有「事」字，隋志、新志均作「漢官解詁」。校勘記卷二八云：「聞本無事字，考證云：『刊本故下衍事字。』」故、詁字通，據刪。

〔三二〕齊職儀五十卷范曄撰　「范曄撰」，隋志作「齊長水校尉王珪之撰」。新志「職」下有「官」字，亦作「王珪之撰」。南齊書卷五二王逡之傳：「從弟珪之，有史學，撰齊職儀。」殿本考證云：「按范曄受誅於宋元嘉二十二年，不應著齊職儀也。新書作王珪之較合。」

〔三三〕止足傳十卷王子良撰　「王子良撰」，聞本、殿本、懼盈齋本、廣本同；局本作「蕭子良撰」。新志題「齊竟陵文宣王子良」撰。

〔三四〕淸虛眞人裴君內傳一卷鄭子雲撰　「人裴」二字各本原無，據隋志、新志補。隋志不著撰人，新志作「鄭雲千」撰。雲笈七籤有淸靈眞人裴君傳，云弟子鄧雲子撰。

〔三五〕西域求法高僧傳二卷釋義淨撰　「求」字各本原作「永」，據新志改。

〔三六〕感應傳八卷王延秀撰　「延」字各本原作「廷」，隋志、新志均作「延」。慧皎高僧傳序云：「太原王延秀撰感應傳。」據改。

〔三七〕良史二家　據本卷上文，「良史」疑爲「良吏」之誤。

〔三八〕北齊吉禮七十二卷趙彥深撰　「深」字各本原作「琛」，據新志及北齊書卷三八趙彥深傳改。下「北齊王太子喪禮十卷」條同。

〔三九〕隋圖經集記一百卷郎蔚之撰　「圖」字各本原作「國」，據新志改。隋志作「隋諸州圖經集」。太平御覽及太平寰宇記常引隋圖經，省「集記」二字。

舊唐書卷四十七

志第二十七

經籍下

丙部子錄，十七家，七百五十三部，書一萬五千六百三十七卷。

儒家類一　道家類二　法家類三　名家類四

墨家類五　縱橫家類六　雜家類七　農家類八

小說類九　天文類十　曆算類十一　兵書類十二

五行類十三　雜藝術類十四　事類十五　經脈類十六

醫術類十七

曾子二卷曾參撰。

晏子春秋七卷晏嬰撰。

子思子八卷孔伋撰。

公孫尼子一卷公孫尼撰。

孟子十四卷孟軻撰，趙岐注。

又七卷劉熙注。

又七卷鄭玄注。

又七卷綦毋邃注。

孫卿子十二卷荀況撰。

董子二卷董無心撰。

魯連子五卷魯仲連撰。

新語二卷陸賈撰。

賈子九卷賈誼撰。

鹽鐵論十卷桓寬撰。

新序三十卷劉向撰。

說苑三十卷劉向撰。

楊子法言六卷楊雄撰。

又十卷宋衷注。

又十三卷李軌注。

楊子太玄經十二卷楊雄撰，陸績注。

又十四卷虞翻注。

又十二卷范望注。

又一十卷蔡文邵注。

桓子新論十七卷桓譚撰。

潛夫論十卷王符撰。

申鑒五卷荀悅撰。

魏子三卷魏朗注。

典論五卷魏文帝撰。

徐氏中論六卷徐幹撰。

去伐論集三卷王粲撰。

杜氏體論四卷杜恕撰。

顧子新語五卷顧譚撰。

通語十卷文禮撰，殷興續〔一〕。
集誡二卷諸葛亮撰。
典訓十卷陸景撰。
譙子法訓八卷譙周撰。
古今通論三卷王嬰撰。
周生烈子五卷周生烈志。
譙子五教五卷譙周撰。
袁子正論二十卷袁準撰。
袁子正書二十五卷袁準撰。
孫氏成敗志三卷孫毓撰。
新論十卷夏侯湛撰。
物理論十六卷楊泉撰。
太元經十四卷楊泉撰，劉緝注。
新論十卷華譚撰。
志林新書二十卷虞喜撰。
後林新書十卷虞喜撰。
顧子義訓十卷顧夷撰。
清化經十卷蔡洪撰。
正言十卷干寶撰。
要覽五卷呂竦撰。
立言十卷干寶撰。
正覽六卷周捨撰。
缺文十卷陸澄撰。
魯史欹器圖一卷劉徽撰。
誡林三卷綦毋氏撰。
家訓七卷顏之推撰。
典言四卷李若等撰。
墳典三十卷盧辯撰。
中說五卷王通撰。
讀書記三十二卷王邵撰。

正訓二十卷辛德源志。
太宗序志一卷太宗撰。
帝範四卷太宗撰，賈行注。
天訓四卷高宗天皇大帝撰。
紫樞要錄十卷大聖天后撰。
青宮記要三十卷天后撰。
少陽正範三十卷天后撰。
臣軌二卷天后撰。
百僚新誡四卷天后撰。
春宮要錄十卷章懷太子撰。
君臣相發起事三卷章懷太子撰。
修身要錄十卷章懷太子撰。
百里昌言二卷王涝撰。
崔子至言六卷崔靈童撰。
平臺百一寓言三卷張大素撰。
女誡一卷曹大家撰。
內訓二十卷辛德源、王邵等撰。
女則要錄十卷文德皇后撰。
鳳樓新誡二十卷張后撰〔二〕。

右儒家二十八部，凡七百七十六卷。

老子二卷老子撰。
老子二卷河上公注。
老子章句二卷安丘望之撰。
老子道德經指趣四卷安丘望之撰。
老子二卷湘注。
玄言新記道德二卷王弼注。

老子二卷鍾會注。
老子二卷羊祜注。
老子二卷程韶集注。
老子二卷王尙注。
老子二卷蜀才注。
老子二卷孫登注。
老子二卷袁眞注。
老子二卷張憑注。
老子二卷鳩摩羅什注。
老子二卷釋惠嚴注。
老子四卷陶弘景注。
老子道德經品四卷梁曠注。
老子二卷樹鍾山注。
老子二卷傅奕注。
老子二卷楊上善注。
老子集注四卷張道相集注。
老子二卷辟閭仁諝注。
老子二卷成玄英注。
老子二卷李允愿注。
老子二卷陳嗣古注。
老子二卷釋義盈注。
老子道德經集解四卷任眞子注。
老子節解二卷
老子指歸十四卷嚴遵志。
老子指歸十三卷馮廓撰。
老子道德經序訣二卷葛洪撰。
老子道德簡要義五卷玄景先生注。
太上玄元皇帝道德經二卷楊上器撰。
太上老君玄元皇帝聖紀十卷尹文操撰。
老子章門一卷

老子玄旨八卷韓莊撰。
老子玄譜一卷劉道人撰〔三〕。
老子道德論二卷何晏撰。
老子指例略二卷
老子道德經義疏四卷顧歡撰。
老子解釋四卷羊祜撰。
老子義疏理綱一卷
老子講疏六卷梁武帝撰。
老子私記十卷梁簡文帝撰。
老子講疏四卷
老子義疏四卷孟智周撰。
老子述義十卷賈大隱撰。
老子道德指略論二卷楊上善撰。
道德經三卷
略論三卷楊上善撰。
老子西昇經一卷
老子黃庭經一卷
老子探眞經一卷
老君科律一卷
老子宣時誡一卷
老子入室經一卷
老子華蓋觀天訣一卷
老子消水經一卷
老子神策百二十條經一卷
莊子十卷崔譔注。
又十卷郭象注。
又二十卷向秀注。
又二十一卷司馬彪注。
莊子集解二十卷李頤集解。
又二十卷王玄古撰。

莊子十卷楊上善撰。
莊子講疏三十卷梁簡文撰。
莊子疏七卷
南華仙人莊子論三十卷梁曠撰。
釋莊子論二卷李充撰。
南華眞人道德論三卷
莊子疏十卷王穆撰。
莊子音一卷王穆撰。
莊子文句義二十卷陸德明撰。
莊子古今正義十卷馮廓撰。
莊子疏十二卷成玄英撰。
文子十二卷
鶡冠子三卷鶡冠子撰。
列子八卷列禦寇撰，張湛注。
廣成子十二卷商洛公撰。

任子道論十卷任嘏撰。
渾輿經一卷姫威撰。
唐子十卷唐滂撰。
蘇子七卷蘇彥撰。
宣子二卷宣聘撰。
陸子十卷陸雲撰。
抱朴子內篇二十卷葛洪撰。
孫子十二卷孫綽撰。
顧道士論二卷顧谷撰。
幽求子三十卷杜夷撰。
符子三十卷符朗撰。
賀子十卷賀道養撰。
眞誥十卷陶弘景撰。
無名子一卷張太衡撰。
養生要集十卷張湛撰。

無上祕要七十二卷
玄書通義十卷張譏撰。
道要三十卷
登眞隱訣二十五卷陶弘景撰。
同光子八卷劉無待撰，侯儼注。
牟子二卷牟融撰。
淨住子二十卷蕭子良撰，王融頌。
統略淨住子二卷釋道宣撰。
法苑十五卷釋僧祐撰。
內典博要三十卷虞孝景撰。
眞言要集十卷釋賢明撰。
歷代三寶記三卷
修多羅法門二十卷郭瑜撰。
集古今佛道論衡四卷釋道宣撰。

六趣論六卷楊上善撰。
十門辯惑論二卷釋復禮志。
經論纂要十卷駱子義撰。
通惑決疑錄二卷釋道宣撰。
夷夏論二卷顧歡撰。
笑道論三卷甄鸞撰。
齊三教論七卷衛元嵩撰。
辯正論八卷釋法琳撰。
破邪論三卷釋法琳撰。
三教詮衡十卷楊上善撰。
甄正論三卷杜乂撰。
心鏡論十卷李思愼撰。
崇正論六卷釋彥琮撰。

右道家一百二十五部，老子六十一家，莊子十七家，道釋諸說四十七家，凡九百

六十卷。

管子十八卷管夷吾撰。
商子五卷商鞅撰。
愼子十卷愼到撰，滕輔注。
申子三卷申不害撰。
韓子二十卷韓非撰。
晁氏新書三卷晁錯撰。
崔氏政論五卷崔寔撰。
劉氏法言十卷劉邵撰。

劉氏正論五卷劉廙撰。
阮子正論五卷阮武撰。
桓氏代要論十卷桓範撰。
陳子要言十四卷陳融撰。
治道集十卷李文博撰。
春秋決獄十卷董仲舒撰。
五經析疑三十卷邯鄲綽撰。

右法家十五部，凡一百五十八卷。

鄧析子一卷鄧析撰。
尹文子二卷尹文子撰。
公孫龍子三卷公孫龍撰。

又一卷賈大隱注。
又一卷陳嗣古注。
人物志三卷劉邵撰。

又三卷劉邵撰，劉炳注。
士緯十卷姚信撰。
士操一卷魏文帝撰。

九州人士論一卷盧毓撰。
兼名苑十卷釋遠年撰。
辯名苑十卷范謐撰。

右名家十二部，凡五十六卷。

墨子十五卷墨翟撰。

胡非子一卷胡非子撰。

右墨家二部，凡一十六卷。

鬼谷子二卷蘇秦撰。
又三卷樂臺撰。

又三卷尹知章注。
補闕子十卷梁元帝撰。

右縱橫家四部，凡十八卷。

尸子二十卷尸佼撰。
尉繚子六卷尉繚子撰。
呂氏春秋二十六卷呂不韋撰。

淮南商詁二十一卷劉安撰。
淮南子注解二十一卷高誘撰。
淮南鴻烈音二卷高誘撰。

三將軍論一卷嚴尤撰。
論衡三十卷王充撰。
風俗通義三十卷應劭撰。
仲長子昌言十卷仲長統撰。
萬機論八卷蔣濟撰。
篤論四卷杜恕撰。
芻蕘論五卷鍾會撰。
傅子一百二十卷傅玄撰。
默記三卷張儼撰。
新言五卷裴玄撰。
新義十八卷劉歆撰。
秦子三卷秦菁撰。
晉論三十卷張儼撰。
說林五卷孔衍撰。
又二十卷張大素撰。
抱朴子外篇五十卷葛洪撰。
時務論十二卷楊偉撰。
古今善言三十卷范泰撰。
記聞三卷徐益壽撰。
何子五卷何楷撰。
劉子十卷劉勰撰。
金樓子十卷梁元帝撰。
語麗十卷朱澹遠撰。
袖中記一卷
要覽三卷陸士衡撰。
古今注五卷崔豹撰。
採璧記三卷庾肩吾撰。
新略十卷韋道孫撰。
名數十卷徐陵撰。
典墳數十卷范諡撰。

荆楚歲時記十卷宗懍撰。
又二卷杜公瞻撰。
玉燭寶典十二卷杜臺卿撰。
四時錄十二卷王氏撰。
物始十卷謝昊撰。
事始三卷劉孝孫撰。
古今辯作錄三卷
文章始一卷任昉撰，張績補。
續文章始一卷姚察撰。
戚苑纂要十卷劉揚名撰。
張掖郡玄石圖一卷孟衆撰。
瑞應圖記二卷孫柔之撰。
張掖郡玄石圖一卷高堂隆撰。
瑞應圖讚三卷熊理撰。
祥瑞圖十卷
符瑞圖十卷顧野王撰。
皇隋靈感志十卷王劭撰。
皇隋瑞文十四卷許善心撰。
諫林十卷何望之撰。
善諫二卷虞通之撰。
諫事五卷魏徵撰。
諫苑三十卷于志寧撰。
子林二十卷孟儀撰。
子鈔三十卷沈約撰。
又三十卷庾仲容撰。
子林三十卷薛克構撰。
述正論十三卷陸澄撰。
博覽十五卷
文府七卷徐陵撰，宗道寧注。
翰墨林十卷

羣書理要五十卷魏徵撰。
麟閣詞英六十卷高宗敕撰。
四部言心十卷劉守敬撰。

右雜家七十一部，凡九百八十二卷。

汜勝之書二卷汜勝之撰。
四人月令一卷崔寔撰。
齊人要術十卷賈思勰撰。
竹譜一卷戴凱之撰。
錢譜一卷顧烜撰。
禁苑實錄一卷
種植法七十七卷諸葛潁撰。
兆人本業三卷天后撰。
相鶴經一卷浮丘公撰。
鷙擊錄二十卷堯須跋撰。
鷹經一卷
蠶經一卷
相馬經一卷伯樂撰。
又二卷
又二卷徐成等撰。
相馬經六十卷諸葛潁等撰。
相牛經一卷甯戚撰。
相貝經一卷
養魚經一卷范蠡撰。

右農家二十部，凡一百九十二卷。

鬻子一卷鬻熊撰。
燕丹子三卷燕太子撰。
笑林三卷邯鄲淳撰。
博物志十卷張華撰。
郭子三卷郭澄之撰，賈泉注。
世說八卷劉義慶撰。
續世說十卷劉孝標撰。
小說十卷劉義慶撰。
小說十卷殷芸撰。
釋俗語八卷劉霽撰〔四〕。
辨林二十卷蕭賁撰。
酒孝經一卷劉炫定撰。
座右方三卷庾元威撰。
啓顏錄十卷侯白撰。

右小說家十三部，凡九十卷。

周髀一卷趙嬰注。
又一卷甄鸞注。
又二卷李淳風撰。
靈憲圖一卷張衡撰。
渾天儀一卷張衡撰。
渾天象注一卷王蕃撰。
昕天論一卷姚信撰。
石氏星經簿贊一卷石申甫撰。
安天論一卷虞喜撰。
甘氏四七法一卷甘德撰。

論二十八宿度數一卷
荊州星占二卷劉表撰。
又二十卷劉叡撰。
天文集占七卷陳卓撰。
四方星占一卷陳卓撰。
五星占二卷陳卓撰。
天文集占三卷
天文錄三十卷祖暅之撰。
右天文二十六家，凡二百六十卷。
三統曆一卷劉歆撰。
乾象曆三卷闞澤注，闞洋撰。
魏景初曆三卷楊偉撰〔五〕。
四分曆一卷
乾象曆術三卷劉洪撰。
天文橫圖一卷高文洪撰。
天文雜占一卷吳雲撰。
星占三十三卷孫僧化撰。
十二次二十八宿星占十二卷史崇撰。
乙巳占十卷李淳風撰。
靈臺祕苑一百二十卷庾季才撰。
玄機內事七卷逢行珪撰。
乾象曆三卷
宋元嘉曆二卷何承天撰。
梁大同曆一卷虞劇撰。
後魏永安曆一卷孫僧化撰。
後魏武定曆一卷

北齊天保曆一卷宋景業撰。
周天象曆二卷王琛撰。
隋開皇曆一卷劉孝孫撰。
又一卷李德林撰。
隋大業曆一卷張胄玄撰。
皇極曆一卷劉焯撰。
又一卷李淳風撰。
河西壬辰元曆一卷趙𢾺撰。
河西甲寅元曆一卷李淳風撰。
大唐麟德曆一卷
大唐光宅曆草十卷
周甲子元曆一卷
齊甲子曆一卷
大唐甲子元辰曆一卷瞿曇撰。
大唐戊寅曆一卷
陳七曜曆五卷吳伯善撰。
七曜本起曆二卷
七曜曆算二卷甄鸞撰。
七曜雜術二卷劉孝孫撰。
七曜曆疏三卷張胄玄撰。
曆疏一卷崔浩撰。
曆術一卷甄鸞撰。
玄曆術一卷張胄玄撰。
刻漏經一卷何承天撰。
又一卷朱史撰。
又一卷宋景撰。
大唐刻漏經一卷
九章算經一卷徐岳撰。
九章重差一卷劉向撰。
九章重差圖一卷劉徽撰。

九章算經九卷甄鸞撰。
九章雜算文二卷劉祐撰。
九章術疏九卷宋泉之撰。
五曹算經五卷甄鸞撰。
孫子算經三卷甄鸞撰注。
海島算經一卷劉徽撰。
張丘建算經一卷甄鸞撰。
夏侯陽算經三卷甄鸞注。
右曆算五十八部，凡一百六十七卷。
黃帝問玄女法三卷玄女撰。
太公陰謀三卷
太公金匱二卷
太公六韜六卷
司馬法三卷田穰苴撰。
數術記遺一卷徐岳撰，甄鸞注。
三等數一卷董泉撰，甄鸞注。
算經要用百法一卷徐岳撰。
綴術五卷祖沖之撰，李淳風注。
五曹算經三卷甄鸞撰〔六〕。
七經算術通義七卷陰景愉撰。
緝古算術四卷王孝通撰，李淳風注。
算經表序一卷
孫子兵法十三卷孫武撰，魏武帝注。
又二卷孟氏解。
又二卷沈友注。
黃石公三略三卷
三略訓三卷

張良經一卷張良撰。
雜兵法二十四卷
兵法捷要七卷魏武帝撰。
兵法要略十卷魏文帝撰。
兵記十二卷司馬彪撰。
兵林六卷孔衍撰。
玉韜十卷梁元帝撰。
眞人水鏡十卷陶弘景撰。
握鏡一卷陶弘景撰。
兵書要略十卷宇文憲撰。
太一兵法一卷
太公陰謀三十六用一卷
伍子胥兵法一卷
吳孫子三十二壘經一卷
玉帳經一卷
黃石公陰謀乘斗魁剛行軍祕一卷
武德圖五兵八陣法要一卷
三陰圖一卷
黃帝太公三宮法要訣一卷
張氏七篇七卷張良撰。
承神兵書八卷
兵機十五卷
兵書要略一卷
新授兵書三十卷隋高祖撰。
六軍鏡三卷李靖撰。
用兵撮要二卷
兵春秋一卷
許子新書軍勝十卷
金海四十七卷蕭吉撰。
王佐祕珠五卷樂產撰。

金韜十卷劉祐撰。
懸鏡十卷李淳風撰。

右兵書四十五部，凡二百八十九卷。

焦氏周易林十六卷焦贛撰。
京氏周易四時候二卷
京氏周易飛候六卷
京氏周易混沌四卷
京氏周易錯卦八卷京房撰。
費氏周易林二卷費直撰。
崔氏周易林十六卷
許氏周易雜占七卷許峻撰。
周易參同契二卷魏伯陽撰。
周易五相類一卷魏伯陽撰。
周易林四卷管輅撰。

龍武玄兵圖二卷解忠鯁撰。
臨戎孝經二卷員半千撰。

周易雜占八卷尚廣撰。
徐氏周易筮占二十四卷徐苗撰。
周易立成占六卷
武氏周易雜占八卷武氏撰。
周易集林十二卷伏曼容撰。
又一卷伏氏撰。
連山三十卷梁元帝撰。
易林十四卷
新易林占三卷杜氏撰。
周易雜占筮決文二卷梁運撰。
周易新林一卷

周易林七卷張滿撰。
易律曆一卷
周易服藥法一卷
周易洞林解三卷郭璞撰。
洞林三卷梁元帝撰。
易三備三卷
又一卷
易髓一卷
易腦一卷郭氏撰。
孝經元辰二卷
推元辰厄命一卷
元辰章三卷
六甲周天曆一卷孫僧化作。
風角要候一卷翼奉撰。
風角六情訣一卷王琛撰。

風角十卷
風角鳥情二卷劉孝恭撰。
鳥情占一卷
鳥情逆占一卷管輅撰。
九宮經解二卷
九宮行碁經三卷鄭玄撰。
九宮行碁立成一卷王琛撰。
逆刺三卷京房撰。
婚嫁書二卷
推產婦何時產法一卷王琛撰。
產圖一卷崔知悌撰。
登壇經一卷
太一大遊曆二卷
大遊太一曆一卷
曜靈經一卷

七政曆一卷
六壬曆一卷
靈寶登圖一卷
推二十四氣曆一卷
太一曆一卷
式經一卷宋琨撰。
九旗飛變一卷鄭玄撰，李淳風注。
太史公萬歲曆一卷司馬談撰。
萬歲曆祠二卷
千歲曆祠二卷任氏撰。
黃帝飛鳥曆一卷張衡撰。
太乙飛鳥曆一卷
堪輿曆注二卷
黃帝四序堪輿二卷殷紹撰。
遁甲經一卷

遁甲文一卷伍子胥撰。
遁甲囊中經一卷
三元遁甲圖三卷葛洪撰。
遁甲萬一訣三卷
遁甲立成圖二卷
遁甲立成法三卷
遁甲九宮八門圖一卷
遁甲開山圖一卷王琛撰。
又二卷滎氏撰。
白澤圖一卷
武王須臾二卷
師曠占書一卷
東方朔占書一卷
范子問計然十五卷范蠡問，計然答。
淮南王萬畢術一卷劉安撰。

神樞靈轄十卷樂產撰。
祿命書二十卷劉孝恭撰。
又二卷王琛撰。
五行記五卷蕭吉撰。
五姓宅經二卷
陰陽書五十卷呂才撰。
青烏子三卷
葬經八卷
又十卷
又二卷蕭吉撰。
葬書地脈經一卷
墓書五陰一卷
雜墓圖一卷
墓圖立成一卷
六甲冢名雜忌要訣二卷

五姓墓圖要訣五卷孫氏撰。
壇中伏尸一卷
玄女彈五音法相冢經一卷胡君撰。
新撰陰陽書三十卷王粲撰。
龜經三卷柳彥詢撰。
又一卷劉寶真撰。
又一卷王弘禮撰。
又一卷莊道名撰。
又一卷孫思邈撰。
百怪書一卷
祠竈經一卷
解文一卷
占夢書二卷
又三卷周宣撰。
玄悟經三卷李淳風撰。

右五行一百一十三部，凡四百八十五卷。

投壺經一卷郝沖、虞譚法撰。
大小博法二卷
皇博經一卷魏文帝撰。
大博經行碁戲法二卷
小博經一卷鮑宏撰。
博塞經一卷鮑宏撰。
二儀簿經一卷隋煬帝撰。
大博經二卷呂才撰。
碁勢六卷
碁品五卷范汪等注。
圍碁後九品序錄一卷
竹苑仙碁圖一卷
碁評一卷梁武帝撰。
象經一卷周武帝撰。
又一卷何妥撰。
又一卷王裕撰。
今古術藝十五卷

右雜藝術一十八部，凡四十四卷。

皇覽一百二十二卷何承天撰。
又八十四卷徐爰并合。
類苑一百二十卷劉孝標撰。
壽光書苑二百卷劉香撰。

華林編略六百卷徐勉撰。
修文殿御覽三百六十卷
長洲玉鏡一百三十八卷虞綽等撰。
藝文類聚一百卷歐陽詢等撰。
北堂書抄一百七十三卷虞世南撰。
要錄六十卷
書圖泉海七十卷張氏撰。
檢事書一百六十卷
帝王要覽二十卷
玉藻瓊林一百卷孟利貞撰。
玄覽一百卷天后撰。
累璧四百卷許敬宗撰。
碧玉芳林四百五十卷孟利貞撰。
策府五百八十二卷張大素撰。
玄門寶海一百二十卷諸葛穎撰。
文思博要并目一千二百一十二卷張大素撰〔七〕。
三教珠英并目一千三百一十三卷張昌宗等撰。

右類事二十二部，凡七千八百八十四卷。

黃帝三部針經十三卷皇甫謐撰。
黃帝八十一難經一卷秦越人撰。
赤烏神針經一卷張子存撰。
黃帝明堂經三卷
黃帝鍼灸經十二卷
明堂圖三卷秦承祖撰。
龍銜素針經并孔穴蝦蟇圖三卷
黃帝素問八卷

黃帝內經明堂十三卷
黃帝雜注針經一卷
黃帝十二經脈明堂五藏圖一卷
黃帝十二經明堂偃側人圖十二卷
黃帝針經十卷
黃帝明堂三卷
黃帝九靈經十二卷靈寶注。
玉匱針經十二卷
黃帝內經太素三十卷楊上善注。
三部四時五臟辨候診色脈經一卷
黃帝內經明堂類成十三卷楊上善撰。
黃帝明堂經三卷楊玄孫撰注。
灸經一卷
鈴和子十卷賈和光撰。
脈經訣三卷徐氏撰。
脈經二卷
五藏訣一卷
五藏論一卷

右明堂經脈二十六家，凡一百七十三卷。

神農本草三卷
桐君藥錄三卷桐君撰。
雷公藥對二卷
藥類二卷
本草用藥要妙二卷
本草病源合藥節度五卷
本草要術三卷
本草藥性三卷甄立言撰。

療癰疽耳眼本草要妙五卷
種芝經九卷
芝草圖一卷
吳氏本草因六卷吳普撰。
李氏本草三卷
名醫別錄三卷
藥目要用二卷
本草集經七卷陶弘景撰。
靈秀本草圖六卷原平仲撰。
諸藥異名十卷釋行智撰。
四時採取諸藥及合和四卷
本草圖經七卷蘇敬撰。
新修本草二十一卷蘇敬撰。
新修本草圖一十六卷蘇敬等撰。
本草音三卷蘇敬等撰。
本草音義二卷殷子嚴撰。
太清神丹中經三卷
太清神仙服食經五卷
又一卷抱朴子撰。
太清璿璣文七卷沖和子撰。
金匱仙藥錄三卷京里先生撰。
神仙服食經十二卷京里先生撰。
太清諸丹要錄集四卷
神仙藥食經一卷
神仙服食方十卷
神仙服食藥方十卷
服玉法并禁忌一卷
太清諸草木方集要三卷
太清玉石丹藥要集三卷陶弘景撰。
太一鐵胤神丹方三卷蘇遊撰。

養生要集十卷張湛撰。
補養方三卷孟詵撰。
諸病源候論五十卷吳景撰。
四海類聚單方十六卷隋煬帝撰。
太官食法一卷
太官食方十九卷
食經九卷崔浩撰。
又十卷
又四卷竺暄撰。
四時食法一卷趙氏撰。
淮南王食經一百二十卷諸葛穎撰。
淮南王食目十卷
淮南王食經音十三卷諸葛穎撰。
食經三卷盧仁宗撰。
張仲景藥方十五卷王叔和撰。
華氏藥方十卷華佗方，吳普集。
肘後救卒方四卷葛洪撰。
補肘後救卒備急方六卷陶弘景撰。
阮河南方十六卷阮炳撰。
雜藥方一百七十卷范汪方，尹穆撰。
胡居士方三卷胡洽撰。
劉涓子男方十卷龔慶宣撰。
療癰疽金瘡要方十四卷甘濬之撰。
雜療方二十卷徐叔和撰〔八〕。
體療雜病方六卷徐叔和撰。
脚弱方八卷徐叔向撰。
藥方十七卷秦承祖撰。
療癰疽金瘡要方十二卷甘伯齊撰。
雜藥方十二卷褚澄撰。
效驗方十卷陶弘景撰。

百病膏方十卷
雜湯方八卷
療目方五卷
雜藥方十卷陳山提撰。
又六卷
雜丸方一卷
調氣方一卷釋鸞撰。
黃素方十五卷
雜湯丸散方五十七卷孝思撰。
僧深集方三十卷釋僧深撰。
刪繁方十二卷謝士太撰。
徐王八代效驗方十卷徐之才撰。
徐氏落年方三卷徐嗣伯撰。
雜病論一卷徐嗣伯撰。
徐氏家祕方二卷徐之才撰。
集驗方十卷姚僧垣撰。
小品方十二卷陳延之撰。
經心方八卷宋俠撰。
名醫集驗方三卷
古今錄驗方五十卷甄權撰。
崔氏纂要方十卷崔知悌撰。
孟氏必效方十卷孟詵撰。
延年祕錄十二卷
玄感傳屍方一卷蘇遊撰。
骨蒸病灸方一卷崔知悌撰。
寒食散方并消息節度二卷
解寒食散方十三卷徐叔和撰。
婦人方十卷
又二十卷
少小方十卷

少小雜方二十卷
少小節療方一卷俞寶撰。
狐子雜訣三卷
狐子方金訣二卷葛仙公撰。
陵陽子祕訣一卷明月公撰。
神臨藥祕經一卷黃公撰。
黃白祕法一卷
又二十卷
玉房祕術一卷葛氏撰。
玉房祕錄訣八卷沖和子撰〔九〕。
類聚方二千六百卷

右醫術本草二十五家，養生十六家，病源單方二家，食經十家，雜經方五十八家，類聚方一家，共一百一十家，凡三千七百八十九卷。

丁部集錄，三類，共八百九十部，書一萬二千二十八卷。

楚詞類一　別集類二　總集類三

楚詞十六卷王逸注。
楚詞十卷郭璞注。
楚詞九悼一卷楊穆撰。
離騷草木蟲魚疏二卷劉杳撰。

楚詞音一卷孟奧撰。
又一卷徐邈撰。
又一卷釋道騫撰。
漢武帝集二卷
魏武帝集三十卷
魏文帝集十卷
魏明帝集十卷
魏高貴鄉公集二卷
晉宣帝集十卷
晉文帝集一卷
晉明帝集五卷
晉簡文帝集五卷
宋武帝集二十卷
宋文帝集十卷
梁文帝集十八卷
梁武帝集十卷
梁簡文帝集八十卷
梁元帝集五十卷
後魏明帝集一卷
後魏文帝集四十卷
後周明帝集十卷
陳後主集五十卷
隋煬帝集三十卷
太宗文皇帝集三十卷
高宗大帝集八十六卷
中宗皇帝集四十卷
睿宗皇帝集十卷
垂拱集一百卷
金輪集十卷天后撰。

梁昭明太子集二十卷
漢淮南王集二卷
漢東平王集二卷
魏陳思王集二十卷
又三十卷
晉齊王集二卷
晉會稽王集八卷
晉彭城王集八卷
晉譙王集三卷
宋長沙王集十卷
宋臨川王集八卷
宋衡陽王集十卷
宋江夏王集十三卷
宋南平王集五卷
宋建平王集十卷
宋建平王小集十五卷
齊竟陵王集三十卷
梁邵陵王集四卷
梁武陵王集八卷
後周趙王集十卷
後周滕王集十二卷
趙荀況集二卷
楚宋玉集二卷
前漢賈誼集二卷
枚乘集二卷
司馬遷集二卷
東方朔集二卷
董仲舒集二卷
李陵集二卷
司馬相如集二卷

孔臧集二卷
魏相集二卷
張敞集二卷
韋玄成集二卷
劉向集五卷
王褒集五卷
谷永集五卷
杜鄴集五卷
師丹集五卷
息夫躬集五卷
劉歆集五卷
揚雄集五卷
崔篆集一卷
後漢桓譚集二卷
史岑集二卷
王文山集二卷
朱勃集二卷
梁鴻集二卷
黄香集二卷
馮衍集五卷
班彪集二卷
杜篤集五卷
傅毅集五卷
班固集十卷
崔駰集十卷
賈逵集二卷
劉騊駼集二卷
崔瑗集五卷
蘇順集二卷
竇章集二卷

胡廣集二卷
高彪集二卷
王逸集二卷
桓驎集二卷
邊韶集二卷
皇甫規集五卷
張奐集二卷
朱穆集二卷
趙壹集二卷
張升集二卷
侯瑾集二卷
酈炎集二卷
盧植集二卷
劉珍集二卷
張衡集十卷
葛龔集五卷
李固集十卷
馬融集五卷
崔琦集二卷
延篤集二卷
劉陶集二卷
荀爽集二卷
劉梁集二卷
鄭玄集二卷
蔡邕集二十卷
應劭集四卷
士孫瑞集二卷
張劭集五卷
禰衡集二卷
孔融集十卷

虞翻集三卷
潘勗集二卷
阮瑀集五卷
陳琳集十卷
張紘集一卷
繁欽集十卷
楊修集二卷
王粲集十卷
魏華歆集二十卷
王朗集三十卷
邯鄲淳集二卷
袁渙集五卷
應瑒集二卷
徐幹集五卷
劉楨集二卷
路粹集二卷
丁儀集二卷
丁廙集二卷
吳質集五卷
劉廙集二卷
孟達集三卷
陳羣集三卷
王修集三卷
管寧集二卷
劉邵集二卷
糜元集五卷
李康集二卷
孫該集二卷
卞蘭集二卷
傅巽集二卷

高堂隆集十卷
繆襲集五卷
殷褒集二卷
韋誕集三卷
曹羲集五卷
傅嘏集二卷
桓範集二卷
夏侯霸集二卷
鍾毓集五卷
江奉集二卷
夏侯惠集二卷
毌丘儉集二卷
王弼集五卷
呂安集二卷
王昶集五卷

王肅集五卷
何晏集十卷
應璩集十卷
杜摯集一卷
夏侯玄集二卷
程曉集二卷
阮籍集五卷
嵇康集十五卷
鍾會集十卷
蜀許靖集二卷
諸葛亮集二十四卷
吳張溫集五卷
士燮集五卷
駱統集十卷
暨豔集二卷

謝承集四卷
姚信集十卷
楊厚集二卷
華覈集三卷
胡綜集二卷
薛綜集二卷
張儼集二卷
韋昭集二卷
紀隲集三卷
晉王沉集五卷
鄭袤集二卷
應貞集五卷
嵇喜集二卷
傅玄集五十卷
成公綏集十卷

裴秀集三卷
何禎集五卷
袁準集二卷
山濤集五卷
向秀集二卷
阮沖集二卷
阮侃集五卷
羊祜集二卷
賈充集二卷
荀勗集二十卷
杜預集二十卷
王濬集二卷
皇甫謐集二卷
程咸集二卷
劉毅集二卷

庾峻集三卷
郄正集一卷
薛瑩集二卷
楊泉集二卷
陶濬集三卷
宣聘集三卷
曹志集二卷
鄒湛集四卷
孫毓集二卷
王渾集五卷
王深集四卷
江偉集五卷
閔鴻集二卷
裴楷集二卷
何劭集二卷

劉頌集三卷
劉寔集二卷
裴頠集十卷
許孟集二卷
王祜集二卷
王濟集二卷
華嶠集一卷
庾儵集三卷
謝衡集二卷
傅咸集三十卷
棗據集二卷
劉寶集三卷
孫楚集十卷
王讚集三卷
夏侯湛集十卷

夏侯淳集十卷
張敏集二卷
劉訏集二卷
李重集二卷
樂廣集二卷
阮渾集二卷
楊乂集三卷
張華集十卷
李虔集十卷
石崇集五卷
潘岳集十卷
潘尼集十卷
歐陽建集二卷
嵇紹集二卷
衞展集四十卷〔一〇〕

盧播集二卷
欒肇集二卷
應亨集二卷
司馬彪集三卷
杜育集二卷
摯虞集二卷
繆徵集二卷
左思集五卷
夏侯靖集二卷
鄭豐集二卷
陳略集二卷
張翰集二卷
陸機集十五卷
陸雲集十卷
陸沖集二卷

孫極集二卷
張載集三卷
張協集二卷
束晳集五卷
華譚集二卷
曹攄集二卷
江統集十卷
胡濟集五卷
卞粹集二卷
閭丘沖集二卷
庾敳集二卷
阮瞻集二卷
阮脩集二卷
裴邈集二卷
郭象集五卷

嵇含集十卷
孫惠集十卷
棗洪集三卷
牽秀集五卷
蔡克集二卷
索靖集二卷
閻纂集二卷
張輔集二卷
殷巨集二卷
陶佐集五卷
仲長敖集二卷
盧溥集二卷
吳商集五卷
劉弘集三卷
山簡集二卷

宗岱集三卷
王曠集五卷
王峻集二卷
棗腆集二卷
棗嵩集二卷
劉琨集十卷
盧諶集十卷
傅暢集五卷
東晉顧榮集二卷
荀組集二卷
周顗集二卷
周嵩集三卷
王導集十卷
荀邃集二卷
王敦集五卷

謝鯤集二卷
張抗集二卷
賈霖集三卷
劉隗集三卷
應詹集三卷
陶侃集二卷
王洽集三卷
傅毅集五卷
張闓集三卷
卞壼集二卷
劉超集二卷
楊方集二卷
傅純集二卷
郗鑒集十卷
溫嶠集十卷

孔坦集五卷
王濤集五卷
王廙集五卷
甄述集五卷
戴邈集五卷
賀循集二十卷
張俊集二卷
曾瓌集五卷
熊遠集五卷
郭璞集十卷
王鑒集五卷
庾亮集二十卷
虞預集十卷
顧和集五卷
范宣集十卷

張虞集五卷
庾冰集二十卷
庾翼集二十卷
何充集五卷
諸葛恢集五卷
祖台之集十五卷
李充集十四卷
蔡謨集十卷
謝艾集八卷
范汪集八卷
范甯集十五卷
阮放集五卷
王廙集十卷
王彪之集二十卷
謝安集五卷

謝萬集十卷
王羲之集五卷
干寶集四卷
殷融集十卷
劉遐集五卷
殷浩集五卷
劉惔集二卷
王濛集五卷
謝尚集五卷
張憑集五卷
張望集三卷
韓康伯集五卷
王胡之集五卷
江彪集五卷
范宣集五卷

江淳集五卷
王述集五卷
郝默集五卷
黃整集十卷
王洽集二卷
王度集五卷
劉系之集五卷
劉恢集五卷
范起集五卷
殷康集五卷
孫嗣集三卷
王坦之集五卷
桓溫集二十卷
郗超集十五卷
謝朗集五卷

謝玄集十卷
王珣集十卷
許詢集三卷
孫統集五卷
孫綽集十五卷
孔嚴集五卷
江逌集五卷
車灌集五卷
丁纂集二卷
曹毗集十五卷
李顒集十卷
蔡系集二卷
顧夷集五卷
袁喬集五卷
謝沉集五卷
庾闡集十卷
王隱集十卷
殷允集十卷
徐邈集八卷
殷仲堪集十卷
殷叔獻集三卷
伏滔集五卷
桓嗣集五卷
習鑿齒集五卷
紐滔集五卷
邵毅集五卷
孫盛集十卷
袁質集二卷
袁宏集二十卷
袁邵集三卷

羅含集三卷
孫放集十五卷
辛昞集四卷
庾統集二卷
郭愔集五卷
滕輔集五卷
庾龢集二卷
庾軌集二卷
庾蕎集二卷
庾肅之集十卷
王修集二卷
戴逵集十卷
桓玄集二十卷
殷仲文集七卷
卞湛集五卷
蘇彥集十卷
袁豹集十卷
王謐集十卷
周祗集十卷
梅陶集十卷
湛方生集十卷
劉瑾集八卷
羊徽集一卷
卞裕集十四卷
王愆期集十卷
孔璠之集二卷
王茂略集四卷
薄肅之集十卷
滕演集一卷
宋劉義宗集十五卷

謝瞻集二卷
孔琳之集十卷
王叔之集十卷
徐廣集十五卷
孔甯子集十五卷
蔡廓集十卷
傅亮集十卷
孫康集十卷
鄭鮮之集二十卷
陶淵明集五卷
范泰集二十卷
王弘集二十卷
謝靈運集十五卷
荀昶集十四卷
孔欣集八卷
卞伯玉集五卷
王曇首集二卷
謝弘微集二卷
王韶之集二十四卷
沈林子集七卷
姚濤之集二十卷
賀道養集十卷
衞令元集八卷
褚詮之集八卷
荀欽明集六卷
殷淳集三卷
劉瑀集七卷
劉緄集五卷
雷次宗集三十卷
宗炳集十五卷

伍緝之集十一卷
荀雍集十卷
袁淑集十卷
顏延之集三十卷
王微集十卷
王僧達集十卷
張暢集十四卷
何偃集八卷
沈懷文集十三卷
江智泉集十卷
謝莊集十五卷
殷琰集八卷
顏竣集十三卷
何承天集三十卷
裴松之集三十卷
卞瓘集十卷
丘泉之集六卷
顏測集十一卷
湯惠休集三卷
沈勃集十五卷
徐爰集十卷
鮑照集十卷
庾蔚之集十一卷
虞通之集五卷
劉愔集十卷
孫緬集十卷
袁粲集十卷
袁伯文集十卷
齊褚彥回集十五卷
王儉集六十卷

周顒集二十卷
徐孝嗣集十二卷
王融集十卷
謝朓集十卷
孔稚珪集十卷
陸厥集十卷
虞羲集十一卷
宗躬集十二卷
江奐集十一卷
張融玉海集六十卷
梁范雲集十二卷
江淹前集十卷
江淹後集十卷
任昉集三十四卷
宗夬集十卷

王暕集二十卷
魏道徽集三卷
司馬褧集九卷
沈約集一百卷
沈約集略三十卷
傅昭集十卷
袁昂集二十卷
徐勉前集二十五卷
徐勉後集十六卷
陶弘景集三十卷
周捨集二十卷
何遜集八卷
謝琛集五卷
謝郁集五卷
王僧孺集三十卷

張率集三十卷
楊眺集十卷
鮑幾集八卷
周興嗣集十卷
蕭洽集二卷
裴子野集十四卷
庾景興集十卷
陸倕集二十卷
劉之遴前集十卷
劉之遴後集三十卷
虞皭集六卷
王冏集三卷
劉孝綽集十一卷
劉孝儀集二十卷
劉孝威前集十卷

劉孝威後集十卷
丘遲集十卷
王錫集七卷
蕭子範集三卷
蕭子雲集二十卷
蕭子暉集十一卷
江革集十卷
吳均集二十卷
庾肩吾集十卷
王筠洗馬集十卷
王筠中庶子集十卷
王筠左右集十卷
王筠臨海集十卷
王筠中書集十卷
王筠尚書集十一卷

鮑泉集一卷
謝瑱集十卷
任孝恭集十卷
張纘集十卷
陸雲公集四卷
張綰集十卷
甄玄成集十卷
蕭欣集十卷
沈君攸集十二卷
後魏高允集二十卷
宗欽集二卷
李諧集十卷
韓宗集五卷
袁躍集九卷
薛孝通集六卷

溫子昇集二十五卷
盧元明集六卷
陽固集三卷
魏孝景集一卷
北齊楊休之集二十卷
邢子才集三十卷
魏收集七十卷
劉逖集四十卷
後周宗懍集三十卷
王褒集三十卷
蕭撝集十卷
庾信集二十卷
王衡集三卷
陳沈炯前集六卷
沈炯後集十三卷

周弘正集二十卷
徐陵集三十卷
張正見集四卷
陸琰集五卷
陸瑜集十卷
沈不害集十卷
張式集十三卷
褚介集十卷
顧越集二卷
顧覽集五卷
姚察集二十卷
隋盧思道集二十卷
李元操集二十二卷
辛德源集三十卷
李德林集十卷

牛弘集十二卷
薛道衡集三十卷
何妥集十卷
柳顧言集十卷
江總集二十卷
殷英童集三十卷
蕭愨集九卷
魏澹集四卷
尹式集五卷
諸葛穎集十四卷
王胄集十卷
虞茂代集五卷
劉興宗集三卷
李播集三卷
唐陳叔達集五卷

褚亮集二十卷
虞世南集三十卷
蕭瑀集一卷
沈齊家集十卷
薛收集十卷
楊師道集十卷
庾抱集六卷
孔穎達集五卷
王績集五卷
郎楚之集十卷
魏徵集二十卷
許敬宗集六十卷
于志寧集四十卷
上官儀集三十卷
李義府集三十九卷

顏師古集四十卷
岑文本集六十卷
劉子翼集十卷
殷聞禮集十卷
陸士季集十卷
劉孝孫集三十卷
鄭代翼集八卷
崔君實集十卷
李百藥集三十卷
孔紹安集三卷
高季輔集二卷
溫彥博集二十卷
李玄道集十卷
謝偃集十卷
沈叔安集二十卷

陸楷集十卷
曹憲集三十卷
蕭德言集三十卷
潘求仁集三卷
殷芊集三卷
蕭鈞集三十卷
袁朗集四卷
楊續集十卷
王約集一卷
任希古集五卷
凌敬集十四卷
王德儉集十卷
徐孝德集十卷
杜之松集十卷
宋令文集十卷

陳子良集十卷
顏顗集十卷
劉穎集十卷
司馬僉集十卷
鄭秀集十二卷
耿義褒集七卷
楊元亨集五卷
劉綱集三卷
王歸一集十卷
馬周集十卷
薛元超集三十卷
高智周集五卷
褚遂良集二十卷
劉禕之集五十卷
郝處俊集十卷

崔知悌集五卷
李安期集二十卷
唐觀集五卷
張大素集十卷
鄧玄挺集十卷
劉允濟集二十卷
駱賓王集十卷
盧照鄰集二十卷
楊炯集三十卷
王勃集三十卷
狄仁傑集十卷
李懷遠集八卷
盧受采集十卷
王適集二十卷
喬知之集二十卷

蘇味道集十五卷
薛曜集二十卷
郎餘慶集十卷
盧光容集五卷
崔融集四十卷
閻鏡機集十卷
李嶠集三十卷
喬備集六卷
陳子昂集十卷
元希聲集十卷
李適集二十卷
沈佺期集十卷
徐彥伯前集十卷
後集十卷
宋之問集十卷

杜審言集十卷
谷倚集十卷
富嘉謨集十卷
吳少微集十卷
劉希夷集三卷
張柬之集十卷
桓彥範集三卷
韋承慶集六十卷
閭丘均集三十卷
郭元振集二十卷
魏知古集二十卷
閻朝隱集五卷
蘇頲集十卷
員半千集十卷
李乂集五卷

姚崇集十卷
丘悅集十卷
劉子玄集十卷
盧藏用集二十卷
道士江旻集三十卷
沙門曇諦集六卷
沙門惠遠集十五卷
沙門惠琳集五卷
沙門曇瑗集六卷
沙門亡名集十卷
沙門靈裕集二卷
沙門支遁集十卷
曹大家集二卷
鍾夫人集二卷
劉臻妻陳氏集五卷

左九嬪集一卷
臨安公主集三卷
范靖妻沈滿願集五卷
徐悱妻劉氏集六卷
文章流別集三十卷摯虞撰。
善文四十九卷杜預撰。
名文集四十卷謝沈撰。
文苑一百卷孔逭撰。
文選三十卷梁昭明太子撰。
文選六十卷李善注。
又六十卷公孫羅注。
文選音十卷蕭該撰。
又十卷公孫羅撰。
文選音義十卷釋道淹撰。
小詞林五十三卷

集古今帝王正位文章九十卷
文海集三十六卷蕭圓撰。
詞苑麗則二十卷康明貞撰。
芳林要覽三百卷許敬宗撰。
類文三百七十七卷庾自直撰。
文館詞林一千卷許敬宗撰。
賦集四十卷宋明帝撰。
皇帝瑞應頌集十卷
五都賦五卷
獻賦集十卷卞鑠撰。
上林賦一卷司馬相如撰。
幽通賦一卷班固撰，曹大家注。
又一卷項岱撰。
二京賦二卷張衡撰。
二京賦音二卷薛綜撰。

三都賦三卷
齊都賦一卷左太沖撰。
齊都賦音一卷李軌撰。
百賦音一卷褚令之撰。
賦音二卷郭微之撰。
三京賦音一卷綦毋邃撰。
木連理頌二卷
靖恭堂頌一卷李暠撰〔一一〕。
諸郡碑一百六十六卷
雜碑文集二十卷
翰林論二卷李充撰。
雜論九十五卷殷仲堪撰。
設論集三卷劉楷撰。
又五卷謝靈運撰。
連珠集五卷謝靈運撰。

制旨連珠四卷梁武帝撰。
又十一卷陸緬撰。
讚集五卷謝莊撰。
七國敍讚十卷
吳國先賢讚論三卷
會稽先賢讚四卷賀氏撰。
會稽太守像讚二卷賀氏撰。
列女傳敍讚一卷孫夫人撰。
古今箴銘集十三卷張湛撰。
衆賢誡集十五卷
雜誡箴二十四卷
詔集區別二十七卷宋幹撰。
霸朝雜集五卷李德林撰。
古今詔集三十卷溫彥博撰。
又一百卷李義府撰。

聖朝詔集三十卷薛堯撰。
書集八十卷王履撰。
書林六卷夏赤松撰。
山濤啓事三卷
范甯啓事十卷〔一二〕
梁中書表集二百五十卷
薦文集七卷
宋元嘉策五卷
策集六卷謝靈運撰。
七林集十二卷卞氏撰。
七悟集一卷顏延之撰。
俳諧文十五卷袁淑撰。
弘明集十四卷釋僧祐撰。
廣弘明集三十卷釋道宣撰。
陶神論五卷釋靈祐撰。

婦人訓誡集十卷徐湛之撰〔一三〕。
婦人詩集二卷顏竣撰。
女訓集六卷〔一四〕
文釋十卷江邃撰。
文心雕龍十卷劉勰撰。
百志詩集五卷干寶撰。
百國詩集二十九卷崔光撰。
百一詩八卷應璩撰。
百一詩集二卷李夔撰。
清溪集三十卷齊武帝命撰。
晉元氏宴會遊集四卷伏滔、袁豹、謝靈運等撰〔一五〕。
元嘉宴會遊山詩集五卷
元嘉西池宴會詩集三卷顏延之撰。
齊釋奠會詩集二十卷

文會詩集四卷徐伯陽撰。
文林詩府六卷北齊後主作。
西府新文十卷蕭淑撰。
詩集新撰三十卷宋明帝撰。
詩集二十卷宋明帝撰。
詩集抄十卷謝靈運撰。
詩集五十卷謝靈運撰。
詩集二十卷劉和撰。
又一百卷顏竣撰。
詩例錄二卷顏竣撰。
詩英十卷謝靈運撰。
古今詩苑英華集二十卷梁昭明太子撰。
續古今詩苑英華二十卷釋惠靜撰。
詩林英選十一卷
類集一百一十三卷庾自直等撰。

詩纘十二卷
又詞英八卷
六代詩集鈔四卷徐陵撰。
古今類序詩苑三十卷劉孝孫撰。
麗正文苑二十卷許敬宗撰。
古今詩類聚七十九卷郭瑜撰。
歌錄集八卷
漢魏吳晉鼓吹曲四卷
樂府歌詩十卷
太樂雜歌詞三卷荀勗撰。
太樂歌詞二卷
樂府歌詞十卷
樂府歌詩十卷
三調相和歌詞三卷
新撰錄樂府集十一卷謝靈運撰。

玉臺新詠十卷徐陵撰。
集苑六十卷謝琨撰〔一六〕。
迴文詩集一卷謝靈運撰。
集林二百卷劉義慶撰。
金門待詔集十卷劉允濟撰。
集鈔四十卷

右集錄楚詞七家；帝王二十七家，太子諸王二十一家，七國趙、楚各一家，前漢二十家，後漢五十家，魏四十六家，蜀二家，吳十四家，西晉一百一十九家，東晉一百四十四家，宋六十家，南齊十二家，梁五十九家，陳十四家，後魏十家，北齊四家，周五家，隋十八家，唐一百一十二家，沙門七家，婦人七家；總集一百二十四家。凡八百九十二部，一萬二千二十八卷。

三代之書，經秦燔煬殆盡。漢武帝、河間王始重儒術，於灰燼之餘，拓纂亡散，篇卷僅而復存。劉更生石渠典校之書，卷軸無幾，逮歆之七略，在漢藝文志者，裁三萬三千九百卷。後漢蘭臺、石室、東觀、南宮諸儒撰集，部帙漸增。董卓遷都，載舟西上，因罹寇盜，沉之於河，存者數船而已。及魏武父子，採掇遺亡，至晉總括羣書，裁二萬七千九百四十五卷。及永嘉之亂，洛都覆沒，靡有孑遺。江表所存官書，凡三千一十四卷。至宋謝靈運造四部書目錄，凡四千五百八十二卷。其後王儉復造書目，凡五千七十四卷。南齊王亮、謝朏

四部書目，凡一萬八千一十卷。齊末兵火延燒祕閣〔一七〕，書籍煨燼。梁元帝克平侯景，收公私經籍歸于江陵，凡七萬餘卷。蓋佛老之書，計於其間。及周師入郢，咸自焚煬。周武保定之中，官書裁盈萬卷。平齊所得，數止五千。及隋氏平陳，南北一統，祕書監牛弘奏請搜訪遺逸，著定書目，凡三萬餘卷。煬帝寫五十副本，分爲三品。國家平王世充，收其圖籍，泝河西上，多有沈沒，存者重復八萬卷。自武德已後，文士既有修纂，篇卷滋多。開元時，甲乙丙丁四部書各爲一庫，置知書官八人分掌之。凡四部庫書，兩京各一本，共一十二萬五千九百六十卷，皆以益州麻紙寫。其集賢院御書：經庫皆鈿白牙軸，黃縹帶，紅牙籤；史書庫鈿青牙軸，縹帶，綠牙籤；子庫皆雕紫檀軸，紫帶，碧牙籤；集庫皆綠牙軸，朱帶，白牙籤，以分別之。

校勘記

〔一〕通語十卷文禮撰殷輿續　「輿」字各本原作「奧」，據隋志、新志改。

〔二〕鳳樓新誡二十卷張后撰　本書卷六則天紀中，述及其所撰書有鳳樓新誡二十卷，而卷五二張皇后傳中，幷未述及其曾撰此書。此題「張后」，疑誤。

〔三〕老子玄譜一卷劉道人撰　聞本、殿本、懼盈齋本、局本同；廣本、隋志「道人」作「遺民」。校勘記卷二九云：「唐時避諱改『民』爲『人』，後又誤『遺』爲『道』耳。」

〔四〕釋俗語八卷劉霽撰　「霽」字各本原作「齊」，據隋志及梁書卷四七劉霽傳改。

〔五〕魏景初曆三卷楊褘撰　「褘」字隋志、新志作「偉」。

〔六〕五曹算經三卷甄鸞撰　「三卷」，新志作「五卷」。校勘記卷二九云：「按甄鸞所注五曹算經五卷，已見於上文，則此處三卷之書，必非甄鸞所撰。」

〔七〕文思博要幷目一千二百一十二卷張大素撰　殿本考證云：「新書高士廉等十六人奉詔撰，無張大素名，當從新書。」

〔八〕雜療方二十卷徐叔和撰　隋志、新志「和」作「嚮」。下體療雜病方、解寒食散方條同。

〔九〕玉房祕錄訣八卷沖和子撰　「玉房祕錄訣」，聞本原作「□房祕錄訣」。殿本、懼盈齋本作「房祕祿訣」，局本作「房祕祿訣」。廣本作「玉房秘訣」，隋志作「玉房祕決」，據補「玉」字。

〔一〇〕衛展集四十卷　「四十卷」，隋志作「十二卷」，幷云：「梁十五卷」。新志作「十四卷」。

〔一一〕靖恭堂頌一卷李暠撰　「李暠」，各本原作「李嵩」，隋志、新志作「李暠」。晉書卷八七涼武昭王李玄盛傳：「暠字玄盛，有靖恭堂。」據改。

〔一二〕范甯啓事十卷　「范」字各本原作「苑」，據隋志及晉書卷七五范汪傳改。

〔一三〕婦人訓誡集十卷徐湛之撰　「誡」字各本原作「解」，「之」字各本原無。據隋志改、補。

〔一四〕女訓集六卷　「女」字各本原作「文」，據隋志、新志改。

〔一五〕晉元氏宴會遊集四卷伏滔袁豹謝靈運等撰　「元氏」，聞本、殿本、懼盈齋本同，局本作「元王」，廣本、新志作「元正」。

〔一六〕集苑六十卷謝琨撰　隋志不著撰人，新志「琨」作「混」。校勘記卷二九云：「謝混見於晉書，而謝琨無考，當以『混』字爲是。」

〔一七〕齊末兵火延燒祕閣　「末」字各本原作「宋」，據隋志改。此處所云之齊末係指梁武帝伐齊東昏侯事。

舊唐書卷四十八

志第二十八

食貨上

先王之制，度地以居人，均其沃瘠，差其貢賦，蓋斂之必以道也。量入而爲出，節用而愛人，度財省費，蓋用之必有度也。是故既庶且富，而教化行焉。周有井田之制，秦有阡陌之法，二世發閭左而海內崩離，漢武稅舟車而國用以竭。自古有國有家，興亡盛衰，未嘗不由此也。隋文帝因周氏平齊之後，府庫充實，庶事節儉，未嘗虛費。開皇之初，議者以比漢代文、景，有粟陳貫朽之積。煬帝即位，大縱奢靡，加以東西行幸，輿駕不息，征討四夷，兵車屢動，西失律於沙徼，東喪師於遼、碣。數年之間，公私罄竭，財力既殫，國遂亡矣。高祖發跡太原，因晉陽宮留守庫物，以供軍用。既平京城，先封府庫，賞賜給用，皆有節制，徵斂賦役，務在寬簡，未及踰年，遂成帝業。其後掌財賦者，世有人焉。開元已前，事

歸尚書省，開元已後，權移他官，由是有轉運使、租庸使、鹽鐵使、度支鹽鐵轉運使、常平鑄錢鹽鐵使、租庸青苗使、水陸運鹽鐵租庸使、兩稅使，隨事立名，沿革不一。設官分職，選賢任能，得其人則有益於國家，非其才則貽患於黎庶，此又不可不知也。如裴耀卿、劉晏、李巽數君子，便時利物，富國安民，足爲世法者也。

開元中，有御史宇文融獻策，括籍外剩田、色役僞濫，及逃戶許歸首，免五年征賦。每丁量稅一千五百錢，置攝御史，分路檢括隱審。得戶八十餘萬，田亦稱是，得錢數百萬貫。玄宗以爲能，數年間拔爲御史中丞、戶部侍郎。融又晝策開河北王莽河，溉田數千頃，以營稻田。事未果而融敗。時又楊崇禮爲太府卿，清嚴善勾剝，分寸錙銖，躬親不厭。轉輸納欠，折估漬損，必令徵送。天下州縣徵財帛，四時不止。及老病致仕，以其子愼矜爲御史，專知太府出納，其弟愼名又專知京倉，皆以苛刻害人，承主恩而徵責。又有韋堅，規宇文融、楊愼矜之跡，乃請於江淮轉運租米，取州縣義倉粟，轉市輕貨，差富戶押船，若遲留損壞，皆徵船戶。關中漕渠，鑿廣運潭以挽山東之粟，歲四百萬石。帝以爲能，又至貴盛。又王鉷進計，奮身自爲戶口色役使，徵剝財貨，每歲進錢百億，寶貨稱是。云非正額租庸，便入百寶大盈庫，以供人主宴私賞賜之用。玄宗日益眷之，數年間亦爲御史大夫、京兆尹，帶二十餘使。又楊國忠藉椒房之勢，承恩幸，帶四十餘使。云經其聽覽，必數倍弘益，又見寵

貴。太平既久，天下至安，人不願亂。而此數人，設詭計以侵擾之，凡二十五人，同爲剝喪，而人無敢言之者。

及安祿山反於范陽，兩京倉庫盈溢而不可名。楊國忠設計，稱不可耗正庫之物，乃使御史崔衆於河東納錢度僧尼道士，旬日間得錢百萬。玄宗幸巴蜀，鄭昉使劍南，請於江陵稅鹽麻以資國，官置吏以督之。肅宗建號於靈武，後用雲間鄭叔清爲御史，於江淮間豪族富商率貸及賣官爵，以裨國用。

德宗朝討河朔及李希烈，物力耗竭。趙贊司國計，纖瑣刻剝，以爲國用不足，宜賦取於下，以資軍蓄。與諫官陳京等更陳計策，贊請稅京師居人屋宅，據其間架差等計入，陳京又請籍列肆商賈資產，以分數借之。宰相同爲欺罔，遂行其計。中外沸騰，人懷怨望。時又配王公已下及嘗在方鎮之家出家僮及馬以助征行，公私囂然矣。後又張滂、裴延齡、王涯等，剝下媚上，此皆足爲世戒者也。

先是興元克復京師後，府藏盡虛，諸道初有進奉，以資經費，復時有宣索。其後諸賊既平，朝廷無事，常賦之外，進奉不息。韋皐劍南有日進，李兼江西有月進，杜亞揚州、劉贊宣州、王緯李錡浙西，皆競爲進奉，以固恩澤。貢入之奏，皆曰臣於正稅外方圓，亦曰羨餘。節度使或託言密旨，乘此盜貿官物。諸道有謫罰官吏入其財者，刻祿廩，通津達道者稅之，

蒔蔬藝果者稅之，死亡者稅之。節度觀察交代，或先期稅入以爲進奉。然十獻其二三耳，其餘沒入，不可勝紀。此節度使進奉也。其後裴肅爲常州刺史，乃鬻貨薪炭案牘，百賈之上，皆規利焉。歲餘又進奉。無幾，遷浙東觀察使。天下刺史進奉，自肅始也。劉贊死於宣州，嚴綬爲判官，傾軍府資用進奉。無幾，拜刑部員外郎。天下判官進奉，自綬始也。習以爲常，流宕忘返。

大抵有唐之御天下也，有兩稅焉，有鹽鐵焉，有漕運焉，有倉廩焉，有雜稅焉。今考其本末，敍其否臧，以爲食貨志云。

武德七年，始定律令。以度田之制：五尺爲步，步二百四十爲畝，畝百爲頃。丁男、中男給一頃，篤疾、廢疾給四十畝，寡妻妾三十畝。若爲戶者加二十畝。所授之田，十分之二爲世業，八爲口分。世業之田，身死則承戶者便授之；口分，則收入官，更以給人。賦役之法：每丁歲入租粟二石。調則隨鄉土所產，綾絹絁各二丈，布加五分之一。輸綾絹絁者，兼調綿三兩；輸布者，麻三斤。凡丁，歲役二旬。若不役，則收其傭，每日三尺。有事而加役者，旬有五日免其調，三旬則租調俱免。通正役，並不過五十日。若嶺南諸州則稅米，上戶一石二斗，次戶八斗，下戶六斗。若夷獠之戶，皆從半輸。蕃胡內附者，上戶丁稅錢十文，

次戶五文，下戶免之。附經二年者，上戶丁輸羊二口，次戶一口，下三戶共一口。凡水旱蟲霜爲災，十分損四已上免租，損六已上免調，損七已上課役俱免。

凡天下人戶，量其資產，定爲九等。每三年，縣司注定，州司覆之。百戶爲里，五里爲鄉。四家爲鄰，五家爲保[一]。在邑居者爲坊，在田野者爲村。村坊鄰里，遞相督察。士農工商，四人各業。食祿之家，不得與下人爭利。工商雜類，不得預於士伍。男女始生者爲黃，四歲爲小，十六爲中，二十一爲丁，六十爲老。每歲一造計帳，三年一造戶籍。州縣留五比，尚書省留三比。神龍元年，韋庶人爲皇后，務欲求媚於人，上表請以二十二爲丁，五十八爲老，制從之。及韋氏誅，復舊。至天寶三年，又降優制，以十八爲中男，二十二爲丁。天下籍始造四本，京師及東京尚書省、戶部各貯一本，以備車駕行幸，省於載運之費焉。

凡權衡度量之制：度，以北方秬黍中者一黍之廣爲分[二]，十分爲寸，十寸爲尺，十尺爲丈。量，以秬黍中者容一千二百爲龠，二龠爲合，十合爲升，十升爲斗；三升爲大升，三斗爲大斗，十大斗爲斛[三]。權衡，以秬黍中者百黍之重爲銖，二十四銖爲兩，三兩爲大兩，十六兩爲斤。調鐘律，測晷景，合湯藥及冠冕，制用小升小兩，自餘公私用大升大兩。又山東諸州，以一尺二寸爲大尺，人間行用之。其量制，公私又不用龠，合內之分，則有抄撮之細。

天寶九載二月，敕：「車軸長七尺二寸，麪三斤四兩，鹽斗，量除陌錢每貫二十文。」

先是，開元八年正月，敕：「頃者以庸調無憑，好惡須準，故遣作樣以頒諸州，令其好不得過精，惡不得至濫，任土作貢，防源斯在。而諸州送物，作巧生端，苟欲副於斤兩，遂則加其丈尺，至有五丈爲疋者，理甚不然。闊一尺八寸，長四丈，同文共軌，其事久行，立樣之時，亦載此數。若求兩而加尺，甚暮四而朝三。宜令所司簡閱，有踰於比年常例，丈尺過多，奏聞。」

二十二年五月，敕：「定戶口之時，百姓非商戶郭外居宅及每丁一牛，不得將入貨財數。其雜匠及幕士并諸色同類，有番役合免征行者，一戶之內，四丁已上，任此色役不得過兩人，三丁已上，不得過一人。」其年七月十八日，敕：「自今已後，京兆府關內諸州，應徵庸調及資課，並限十月三十日畢。」至天寶三載二月二十五日赦文：「每載庸調八月徵，以農功未畢，恐難濟辦。自今已後，延至九月三十日爲限。」

二十五年三月，敕：「關輔庸調，所稅非少，既寡蠶桑，皆資菽粟，常賤糶貴買，損費逾深。又江淮等苦變造之勞，河路增轉輸之弊，每計其運脚，數倍加錢。今歲屬和平，庶物穰賤，南畝有十千之獲，京師同水火之饒，均其餘以減遠費，順其便使農無傷。自今已後，關內諸州庸調資課，並宜準時價變粟取米，送至京逐要支用。其路遠處不可運送者，宜所在收

貯，便充隨近軍糧。其河南、河北有不通水利，宜折租造絹，以代關中調課。所司仍明爲條件，稱朕意焉。」

天寶元年正月一日赦文：「如聞百姓之內，有戶高丁多，苟爲規避，父母見在，乃別籍異居。宜令州縣勘會。其一家之中，有十丁已上者，放兩丁征行賦役；五丁已上，放一丁。即令同籍共居，以敦風教。其侍丁孝假，免差科。」

廣德元年七月，詔：「一戶之中，三丁放一丁。庸調地稅，依舊每畝稅二升。天下男子，宜二十三成丁，五十八爲老。」

永泰元年五月，京兆麥大稔，京兆尹第五琦奏請每十畝官稅一畝，效古什一之稅。從之。

二年五月，諸道稅地錢使、殿中侍御史韋光裔等自諸道使還，得錢四百九十萬貫。乾元以來，屬天下用兵，京師百僚俸錢減耗。上即位，推恩庶僚，下議公卿。或以稅畝有苗者，公私咸濟。乃分遣憲官，稅天下地青苗錢，以充百司課料。至是，仍以御史大夫爲稅地錢物使，歲以爲常，均給百官。

大曆四年正月十八日，敕有司：「定天下百姓及王公已下每年稅錢，分爲九等：上上戶四千文，上中戶三千五百文，上下戶三千文；中上戶二千五百文，中中戶二千文，中下戶一

千五百文；下上戶一千文，下中戶七百文，下下戶五百文。其見官，一品準上上戶，九品準下下戶，餘品並準依此戶等稅。若一戶數處任官，亦每處依品納稅。其內外官，仍據正員及占額內闕者稅。其試及同正員文武官，不在稅限。其百姓有邸店行鋪及鑪冶，應準式合加本戶二等稅者，依此稅數勘責徵納。其寄莊戶，準舊例從八等戶稅，寄住戶從九等戶稅，比類百姓，事恐不均，宜各遞加一等稅。其諸色浮客及權時寄住戶[四]等，無問有官無官，各所在爲兩等收稅。稍殷有者準八等戶，餘準九等戶。如數處有莊田，亦每處稅。諸道將士莊田，既緣防禦勤勞，不可同百姓例，並一切從九等輸稅。」

其年十二月，敕：「今關輔墾田漸廣[五]，江淮轉漕常加，計一年之儲，有太半之助，其於稅地，固可從輕。其京兆來秋稅，宜分作兩等，上下各半，上等每畝稅一斗，下等每畝稅六升。其荒田如能佃者，宜準今年十月二十九日敕，一切每畝稅二升。仍委京兆尹及令長一一存撫，令知朕意。」

五年三月，優詔定京兆府百姓稅。夏稅，上田畝稅六升，下田畝稅四升。秋稅，上田畝稅五升，下田畝稅三升。荒田開佃者，畝率二升。

八年正月二十五日，敕：「青苗地頭錢，天下每畝率十五文。以京師煩劇，先加至三十文，自今已後，宜準諸州，每畝十五文。」

建中元年二月，遣黜陟使分行天下，其詔略曰：「戶無主客，以見居爲簿。人無丁中，以貧富爲差。行商者，在郡縣稅三十之一。居人之稅，秋夏兩徵之。各有不便者，三之(六)。餘征賦悉罷，而丁額不廢。其田畝之稅，率以大曆十四年墾數爲準。徵夏稅無過六月，秋稅無過十一月。違者進退長吏。令黜陟使各量風土所宜、人戶多少均之，定其賦，尙書度支總統焉。」

三年五月，淮南節度使陳少遊請於本道兩稅錢每千增二百，因詔他州悉如之。

八年四月，劍南西川觀察使韋皋奏請加稅什二，以增給官吏，從之。

元和十五年八月，中書門下奏：「伏準今年閏正月十七日敕，令百僚議錢貨輕重者。今據羣官楊於陵等議，『伏請天下兩稅榷鹽酒利等，悉以布帛絲綿，任土所產物充稅，並不徵見錢，則物漸重，錢漸輕，農人見免賤賣匹帛』者。伏以羣臣所議，事皆至當，深利公私。請商量付度支，據諸州府應徵兩稅，供上都及留州留使舊額，起元和十六年已後，並改配端匹斤兩之物爲稅額，如大曆已前租庸課調，不計錢，令其折納。使人知定制，供辦有常。仍約元和十五年徵納布帛等估價。其舊納虛估物，與依虛估物迴計，如舊納實估物并見錢，即於端匹斤兩上量加估價迴計。變法在長其物價，價長則永利公私，初雖微有加饒，法行卽當就實，比舊給用，固利而不害。仍作條件處置，編入旨符。其鹽利酒利，本以榷率計錢，

有殊兩稅之名，不可除去錢額。中有令納見錢者，亦請令折納時估匹段。上既不專以錢爲稅，人得以所產輸官，錢貨必均其重輕，隴畝自廣於蠶織，便時惠下，庶得其宜。其土乏絲麻，或地連邊塞，風俗更異，賦入不同，亦請商量委所司裁酌，隨便宜處置。」詔從之。

大和四年五月，劍南西川宣撫使、諫議大夫崔戎奏：「準詔旨制置西川事條。今與郭釗商量，兩稅錢數內三分，二分納見錢，一分折納匹段，每二貫加饒百姓五百文，計一十三萬四千二百四十三貫文。依此曉諭百姓訖。經賊州縣，準詔三分減放一分，計減錢六萬七千六百二十貫文。不經賊處，先徵見錢，今三分一分折納雜物，計優饒百姓一十三萬貫。舊有稅薑芋之類，每畝至七八百，徵斂不時，今併省稅名，盡依諸處爲四限等第，先給戶帖，餘一切名目勒停。」

高祖卽位，仍用隋之五銖錢。武德四年七月，廢五銖錢，行開元通寶錢，徑八分，重二銖四絫，積十文重一兩，一千文重六斤四兩。仍置錢監於洛、并、幽、益等州。秦王、齊王各賜三鑪鑄錢，右僕射裴寂賜一鑪。敢有盜鑄者身死，家口配沒。五年五月，又於桂州置監。議者以新錢輕重大小最爲折衷，遠近甚便之。後盜鑄漸起，而所在用錢濫惡。

顯慶五年九月，敕以惡錢轉多，令所在官私爲市取，以五惡錢酬一好錢。百姓以惡錢價賤，私自藏之，以候官禁之弛。高宗又令以好錢一文買惡錢兩文，弊仍不息。至乾封元年封嶽之後，又改造新錢，文曰乾封泉寶，徑一寸，重二銖六分。仍與舊錢並行，新錢一文當舊錢之十。周年之後，舊錢並廢。

初，開元錢之文，給事中歐陽詢制詞及書，時稱其工。其字含八分及隸體，其詞先上後下，次左後右讀之。自上及左迴環讀之，其義亦通，流俗謂之開通元寶錢。及鑄新錢，乃同流俗，「乾」字直上，「封」字在左。尋寤錢文之誤，又緣改鑄，商賈不通，米帛增價，乃議却用舊錢。

二年正月，下詔曰：「泉布之興，其來自久。實古今之要重，爲公私之寶用。年月既深，僞濫斯起，所以採乾封之號，改鑄新錢。靜而思之，將爲未可。高祖撥亂反正，爰創軌模。太宗立極承天，無所改作。今廢舊造新，恐乖先旨。其開元通寶，宜依舊施行，爲萬代之法。乾封新鑄之錢，令所司貯納，更不須鑄。仍令天下置鑪之處，並鑄開元通寶錢。」既而私鑄更多，錢復濫惡。

高宗嘗臨軒謂侍臣曰：「錢之爲用，行之已久，公私要便，莫甚於斯。比爲州縣不存檢

校，私鑄過多。如聞荊、潭、宣、衡，犯法尤甚，遂有將船栰宿於江中，所部官人，不能覺察。自今嚴加禁斷，所在追納惡錢，一二年間使盡。」當時雖有約敕，而姦濫不息。

儀鳳四年四月，令東都出遠年糙米及粟，就市給糶，斗別納惡錢百文。其惡錢令少府司農相知，卽令鑄破。其厚重徑合斤兩者，任將行用。時米粟漸貴，議者以爲鑄錢漸多，所以錢賤而物貴。於是權停少府監鑄錢，尋而復舊。

則天長安中，又令懸樣於市，令百姓依樣用錢。俄又簡擇艱難，交易留滯，又降敕非鐵錫、銅蕩、穿穴者，並許行用。其有熟銅、排斗、沙澀、厚大者，皆不許簡。自是盜鑄蜂起，濫惡益衆。江淮之南，盜鑄者或就陂湖、巨海、深山之中，波濤險峻，人跡罕到，州縣莫能禁約。以至神龍、先天之際，兩京用錢尤濫。其郴、衡私鑄小錢，纔有輪郭，及鐵錫五銖之屬，亦堪行用。乃有買錫鎔銷，以錢模夾之，斯須則盈千百，便賫用之。

開元五年，車駕往東都，宋璟知政事，奏請一切禁斷惡錢。六年正月，又切斷天下惡錢，行二銖四絫錢。不堪行用者，並銷破覆鑄。至二月又敕曰：「古者聚萬方之貨，設九府之法，以通天下，以便生人。若輕重得中，則利可知矣(七)；若眞僞相雜，則官失其守。頃者用錢，不論此道。深恐貧窶日困，姦豪歲滋。所以申明舊章，懸設諸樣，欲其人安俗阜，禁止令行。」時江淮錢尤濫惡，有官鑪、偏鑪、稜錢、時錢等數色。璟乃遣監察御史蕭隱之充

江淮使。隱之乃令率戶出錢，務加督責。百姓乃以上青錢充惡錢納之，其小惡者或沉之於江湖，以免罪戾。於是市井不通，物價騰起，流聞京師。隱之貶官，璟因之罷相，乃以張嘉貞知政事。嘉貞乃弛其禁，人乃安之。

開元二十二年，中書侍郎張九齡初知政事，奏請不禁鑄錢，玄宗令百官詳議。黄門侍郎裴耀卿李林甫、河南少尹蕭炅等皆曰：「錢者通貨，有國之權，是以歷代禁之，以絕姦濫。今若一啓此門，但恐小人棄農逐利，而濫惡更甚，於事不便。」左監門錄事參軍劉秩上議曰：

伏奉今月二十一日敕，欲不禁鑄錢，令百僚詳議可否者。夫錢之興，其來尚矣，將以平輕重而權本末，齊桓得其術而國以霸，周景失其道而人用弊。考諸載籍，國之興衰，實繫於是。陛下思變古以濟今，欲反經以合道，而不即改作，詢之芻蕘，臣雖蠢愚，敢不薦其聞見。古者以珠玉爲上幣，黄金爲中幣，刀布爲下幣。管仲曰：「夫三幣，握之則非有補於煖也，舍之則非有損於飽也。先王以守財物，以御人事，而平天下也。」是以命之曰衡。衡者，使物一高一下，不得有常。故與之在君，奪之在君，貧之在君，富之在君。是以人戴君如日月，親君如父母，用此術也，是爲人主之權。今之錢，即古之下幣也。陛下若捨之任人，則上無以御下，下無以事上，其不可一

也。夫物賤則傷農，錢輕則傷賈。故善爲國者，觀物之貴賤，錢之輕重。夫物重則錢輕，錢輕由乎物多，多則作法收之使少；少則重，重則作法布之使輕。輕重之本，必由乎是，奈何而假於人？其不可二也。夫鑄錢不雜以鉛鐵則無利，雜以鉛鐵則惡，惡不重禁之，不足以懲息。且方今塞其私鑄之路，人猶冒死以犯之，況啓其源而欲人之從令乎！是設陷穽而誘之入，其不可三也。夫許人鑄錢，無利則人不鑄，有利則人去南畝者衆。去南畝者衆，則草不墾，草不墾，又鄰於寒餒，其不可四也。夫人富溢則不可以賞勸，貧餒則不可以威禁，法令不行，人之不理，皆由貧富之不齊也。若許其鑄錢，則貧者必不能爲。臣恐貧者彌貧而服役於富室，富室乘之而益恣。昔漢文之時，吳濞，諸侯也，富埒天子；鄧通，大夫也，財侔王者。此皆鑄錢之所致也。必欲許其私鑄，是與人利權而捨其柄，其不可五也。

陛下必以錢重而傷本，工費而利寡，則臣願言其失，以效愚計。夫錢重者，猶人日滋於前，而鑪不加於舊。又公錢重，與銅之價頗等，故盜鑄者破重錢以爲輕錢。錢輕，禁寬則行，禁嚴則止，止則棄矣，此錢之所以少也。夫鑄錢用不贍者，在乎銅貴，銅貴，在採用者衆。夫銅，以爲兵則不如鐵，以爲器則不如漆，禁之無害，陛下何不禁於人？禁於人，則銅無所用，銅益賤，則錢之用給矣。夫銅不布下，則盜鑄者無因而

鑄，則公錢不破，人不犯死刑，錢又日增，末復利矣。是一舉而四美兼也，惟陛下熟察之。

時公卿羣官，皆建議以爲不便。事既不行，但敕郡縣嚴斷惡錢而已。

至天寶之初，兩京用錢稍好，米粟豐賤。數載之後，漸又濫惡，府縣不許好者加價迴博，好惡通用。富商姦人，漸收好錢，潛將往江淮之南，每錢貨得私鑄惡者五文，假託官錢，將入京私用。京城錢日加碎惡，鵝眼、鐵錫、古文、綖環之類，每貫重不過三四斤。

十一載二月，下敕曰：「錢貨之用，所以通有無；輕重之權，所以禁踰越。故周立九府之法，漢備三官之制。永言適便，必在從宜。如聞京師行用之錢，頗多濫惡，所資懲革，絕其訛謬。然安人在於存養，化俗期於變通，法若從寬，事堪持久。宜令所司即出錢三數十萬貫，分於兩市，百姓間應交易所用錢不堪久行用者，官爲換取，仍限一月日內使盡。庶單貧無患，商旅必通。其過限輒違犯者，一事已上，並作條件處分。」是時京城百姓，久用惡錢，制下之後，頗相驚擾。時又令於龍興觀南街開場，出左藏庫內排斗錢，許市人博換，貧弱者又爭次不得。俄又宣敕，除鐵錫、銅沙、穿穴、古文，餘並許依舊行用，久之乃定。

乾元元年七月，詔曰：「錢貨之興，其來久矣，代有沿革，時爲重輕。周興九府，實啓流

泉之利；漢造五銖，亦弘改鑄之法。必令小大兼適，母子相權，事有益於公私，理宜循於通變。但以干戈未息，帑藏猶虛，卜式獻助軍之誠，弘羊興富國之算，靜言立法，諒在便人。御史中丞第五琦奏請改錢，以一當十，別爲新鑄，不廢舊錢，冀實三官之資，用收十倍之利，所謂於人不擾，從古有經。宜聽於諸監別鑄一當十錢，文曰乾元重寶。其開元通寶者依舊行用。所請採鑄捉搦處置，即條件聞奏。」

二年三月，琦入爲相，又請更鑄重輪乾元錢，一當五十，二十斤成貫〔八〕。詔可之。於是新錢與乾元、開元通寶錢三品並行。尋而穀價騰貴，米斗至七千，餓死者相枕於道。乃擡舊開元錢以一當十，減乾元錢以一當三十，緣人厭錢價不定，人間擡加價錢爲虛錢。長安城中，競爲盜鑄，寺觀鐘及銅象，多壞爲錢。姦人豪族，犯禁者不絕。京兆尹鄭叔清擒捕之，少不容縱，數月間榜死者八百餘人，人益無聊矣。

上元元年六月，詔曰：「因時立制，頃議新錢，且是從權，知非經久。如聞官鑪之外，私鑄頗多，吞併小錢，踰濫成弊。抵罪雖衆，禁姦未絕。況物價益起，人心不安。事藉變通，期於折衷。其重稜五十價錢，宜減作三十文行用。其開元舊時錢，宜一當十文行用。其乾元十當錢，宜依前行用。仍令京中及畿縣內依此處分〔九〕，諸州待進止。」七月敕：「重稜五十價錢，先令畿內減至三十價行，其天下諸州，並宜準此。」

寶應元年四月，改行乾元錢，一以當二[10]，乾元重稜小錢，亦以一當二；重稜大錢，一以當三。尋又改行乾元大小錢，並以一當一。其私鑄重稜大錢，不在行用之限。

大曆四年正月，關內道鑄錢等使、戶部侍郎第五琦上言，請於絳州汾陽、銅原兩監，增置五鑪鑄錢，許之。

建中元年九月，戶部侍郎韓洄上言：「江淮錢監，歲共鑄錢四萬五千貫，輸于京師，度工用轉送之費，每貫計錢二千，是本倍利也。今商州有紅崖冶出銅益多，又有洛源監，久廢不理。請增工鑿山以取銅，興洛源錢監，置十鑪鑄之，歲計出錢七萬二千貫，度工用轉送之費，貫計錢九百，則利浮本也。其江淮七監，請皆停罷。」從之。

貞元九年正月，張滂奏：「諸州府公私諸色鑄造銅器雜物等。伏以國家錢少，損失多門。興販之徒，潛將銷鑄，錢一千爲銅六斤，造寫器物，則斤直六百餘。有利既厚，銷鑄遂多，江淮之間，錢實減耗。伏請準從前敕文，除鑄鏡外[11]，一切禁斷。」

元和三年五月，鹽鐵使李巽上言：「得湖南院申，郴州平陽、高亭兩縣界，有平陽冶及馬跡、曲木等古銅坑，約二百八十餘井，差官檢覆，實有銅錫。今請於郴州舊桂陽監置鑪兩所，採銅鑄錢，每日約二十貫，計一年鑄成七千貫，有益於人。」從之。

其年六月，詔曰：「泉貨之法，義在通流。若錢有所壅，貨當益賤。故藏錢者得乘人之急，

居貨者必損己之資。今欲著錢令以出滯藏，加鼓鑄以資流布，使商旅知禁，農桑獲安，義切救時，情非欲利。若革之無漸，恐人或相驚。應天下商賈先蓄見錢者，委所在長吏，令收市貨物，官中不得輒有程限，逼迫商人，任其貨易，以求便利。計周歲之後，此法遍行，朕當別立新規，設蓄錢之禁。所以先有告示，許有方圓，意在他時行法不貸。又天下有銀之山，必有銅鑛。銅者，可資於鼓鑄，銀者，無益於生人，權其重輕，使務專一。其天下自五嶺以北，見採銀坑，並宜禁斷。恐所在坑戶，不免失業，各委本州府長吏勸課，令其採銅，助官中鑄作。仍委鹽鐵使條流聞奏。」

四年閏三月，京城時用錢每貫頭除二十文、陌內欠錢及有鉛錫錢等，準貞元九年三月二十六日敕[12]：「陌內欠錢，法當禁斷，慮因捉搦，或亦生姦，使人易從，切於不擾。自今已後，有因交關用欠陌錢者，宜但令本行頭及居停主人牙人等檢察送官。如有容隱，兼許賣物領錢人糾告，其行頭主人牙人，重加科罪。府縣所由祗承人等，並不須干擾。若非因買賣，自將錢於街衢行者，一切勿問。」

其年六月，敕：「五嶺已北，所有銀坑，依前任百姓開採，禁見錢出嶺。」

六年二月，制：「公私交易，十貫錢已上，卽須兼用匹段。委度支鹽鐵使及京兆尹卽具作分數，條流聞奏。茶商等公私便換見錢，並須禁斷。」

其年三月，河東節度使王鍔奏請於當管蔚州界加置鑪鑄銅錢，廢管內錫錢。許之，仍令加至五鑪。

七年五月，戶部王紹、度支盧坦、鹽鐵王播等奏：「伏以京都時用多重見錢，官中支計，近日殊少。蓋緣比來不許商人便換，因茲家有滯藏，所以物價轉高[13]，錢多不出。臣等今商量，伏請許令商人於三司任便換見錢，一切依舊禁約。伏以比來諸司諸使等，或有便商人，錢多留城中，逐時收貯，積藏私室，無復通流。伏請自今已後，嚴加禁約。」從之。

八年四月，敕：「以錢重貨輕，出內庫錢五十萬貫，令兩市收市布帛，每端匹估加十之一。」

十二年正月，敕：「泉貨之設，故有常規，將使重輕得宜，是資斂散有節，必通其變，以利於人。今繒帛轉賤，公私俱弊。宜出見錢五十萬貫，令京兆府揀擇要便處開場，依市價交易，選清強官吏，切加勾當。仍各委本司，先作處置條件聞奏。必使事堪經久，法可通行。」

又敕：「近日布帛轉輕，見錢漸少，皆緣所在壅塞，不得通流。宜令京城內自文武官僚，不問品秩高下，并公郡縣主、中使等，下至士庶、商旅、寺觀、坊市，所有私貯見錢，並不得過五千貫。如有過此，許從敕出後，限一月內任將市別物收貯。如錢數較多，處置未了，任於限內於地界州縣陳狀，更請限。縱有此色，亦不得過兩箇月。若一家內別有宅舍店鋪等，所貯

錢並須計用在此數。其兄弟本來異居曾經分析者，不在此限。如限滿後有違犯者，白身人等，宜付所司，決痛杖一頓處死。其文武官及公主等，並委有司聞奏，當重科貶。戚屬中使，亦具名銜聞奏。其贓貯錢，不限多少，並勒納官。數內五分取一分充賞錢，止於五千貫。此外察獲，及有人論告，亦重科處分，并量給告者。」時京師里閭區肆所積，多方鎮錢，王鍔、韓弘、李惟簡，少者不下五十萬貫。於是競買第屋以變其錢，多者竟里巷傭僦以歸其直。而高貲大賈者，多依倚左右軍官錢爲名，府縣不得窮驗，法竟不行。

十四年六月，敕：「應屬諸軍諸使，更有犯時用錢每貫除二十文、足陌內欠錢及有鉛錫錢者，宜令京兆府枷項收禁，牒報本軍本使府司，差人就軍及看決二十。如情狀難容，復有違拒者，仍令府司聞奏。」

十五年八月，中書門下奏：「伏準羣官所議鑄錢，或請收市人間銅物，令州郡鑄錢。當開元以前，未置鹽鐵使，亦令州郡勾當鑄造。今若兩稅盡納匹段，或慮兼要通用見錢。欲令諸道公私銅器，各納所在節度、團練、防禦、經略使，便據元敕給與價直，并折兩稅。仍令本處軍人鎔鑄。其鑄本，請以留州留使年支未用物充，所鑄錢便充軍府州縣公用。當處軍人，自有糧賜，亦較省本，所資衆力，并收衆銅，天下幷功，速濟時用。待一年後鑄器物盡，則停。其州府有出銅鉛可以開鑪處，具申有司，便令同諸監冶例，每年與本充鑄。其收市

銅器期限，并禁鑄造買賣銅物等，待議定便令有司條流聞奏。其上都鑄錢及收銅器，續處分。將欲頒行，尙資周慮，請令中書門下兩省、御史臺并諸司長官商量，重議聞奏。」從之。

長慶元年九月，敕：「泉貨之義，所貴通流。如聞比來用錢，所在除陌不一。與其禁人之必犯，未若從俗之所宜，交易往來，務令可守。其內外公私給用錢，從今以後，宜每貫一例除墊八十，以九百二十文成貫，不得更有加除及陌內欠少。」

大和三年六月，中書門下奏：「準元和四年閏三月敕，應有鉛錫錢，並合納官，如有人糾得一錢，賞百錢者。當時敕條，貴在峻切，今詳事實，必不可行。只如告一錢賞百錢，則有人告一百貫錫錢，須賞一萬貫銅錢，執此而行，事無畔際。今請以鉛錫錢交易者，一貫已下，以州府常行決脊杖二十；十貫已下，決六十，徒三年；過十貫已上，所在集衆決殺。其受鉛錫錢交易者，亦準此處分。其用鉛錫錢，仍納官。其能糾告者，每一貫賞五千文，不滿貫者，準此計賞，累至三百千，仍且取當處官錢給付。其所犯人罪不死者，徵納家資，充塡賞錢。」可之。

四年十一月，敕：「應私貯見錢家，除合貯數外，一萬貫至十萬貫，限一周年內處置畢；十萬貫至二十萬貫以下者，限二周年處置畢。如有不守期限，安然蓄積，過本限，卽任人

糾告，及所由覺察。其所犯家錢，並準元和十二年敕納官，據數五分取一分充賞。糾告人賞錢，數止於五千貫。應犯錢法人色目決斷科貶，並準元和十二年敕處分。其所由覺察，亦量賞一半。」事竟不行。

五年二月，鹽鐵使奏：「湖南管內諸州百姓私鑄造到錢。伏緣衡、道數州，連接嶺南，山洞深邃，百姓依模監司錢樣，競鑄造到脆惡姦錢，轉將賤價博易，與好錢相和行用。其江西、鄂岳、桂管鑄濫錢，並請委本道觀察使條流禁絕。」敕旨宜依。

會昌六年二月，敕：「緣諸道鼓鑄佛像鐘磬等新錢，已有次第，須令舊錢流布，絹帛價稍增。文武百僚俸料，宜起三月一日，並給見錢。其一半先給虛估匹段，對估價支給。」敕：「比緣錢重幣輕，生人坐困，今加鼓鑄，必在流行，通變救時，莫切於此。宜申先甲之令，以誡居貨之徒。京城及諸道，起今年十月以後，公私行用，並取新錢，其舊錢權停三數年。如有違犯，同用鉛錫惡錢例科斷，其舊錢並納官。」事竟不行。

開元元年十一月，河中尹姜師度以安邑鹽池漸涸，師度開拓疏決水道，置爲鹽屯，公私大收其利。

其年十一月五日，左拾遺劉彤上表曰：「臣聞漢孝武爲政，廐馬三十萬，後宮數萬人，外討戎夷，內興宮室，殫費之甚，實百當今，而古費多而貨有餘，今用少而財不足，何也？豈非古取山澤，而今取貧民哉！取山澤，則公利厚而人歸於農；取貧民，則公利薄而人去其業。故先王作法也，山海有官，虞衡有職，輕重有術，禁發有時，一則專農，二則饒國，濟人盛事也。臣實爲今疑之。夫煮海爲鹽，採山鑄錢，伐木爲室，農餘之輩。寒而無衣，飢而無食，傭賃自資者，窮苦之流也。若能以山海厚利，資農之餘人，厚斂重徭，免窮苦之子，所謂損有餘而益不足，帝王之道，可不謂然乎？臣願陛下詔鹽鐵木等官收興利，貿遷於人，則不及數年，府有餘儲矣。然後下寬貸之令，蠲窮獨之徭，可以惠羣生，可以柔荒服。雖戎狄猾夏，堯湯水旱，無足虞也。奉天適變，惟在陛下行之。」上令宰臣議其可否，咸以鹽鐵之利，甚益國用，遂令將作大匠姜師度、戶部侍郎強循俱攝御史中丞，與諸道按察使檢責海內鹽鐵之課。「比令使人勾當〔一四〕，除此外更無別求。在外不細委知，如聞稱有侵刻，宜令本州刺史上佐一人檢校，依令式收稅。如有落帳欺沒，仍委按察使糾覺奏聞。其姜師度除蒲州鹽池以外〔一五〕，自餘處更不須巡檢。」

貞元十六年十二月，史牟奏：「澤、潞、鄭等州，多是末鹽，請禁斷。」從之。

元和五年正月，度支奏：「鄜州、邠州、涇原諸將士，請同當處百姓例，食烏、白兩池鹽。」

六年閏十二月，度支盧坦奏：「河中兩池顆鹽，敕文只許於京畿、鳳翔、陝、虢、河中澤

潞、河南許汝等十五州界內糶貨〔一六〕。比來因循，兼越興、鳳、文、成等六州。臣移牒勘責，得山南西道觀察使報，其果、閬兩州鹽，本土戶人及巴南諸郡市糴，又供當軍士馬，尙有懸欠，若兼數州，自然闕絕。又得興元府諸耆老狀申訴。臣今商量，河中鹽請放入六州界糶貨。」從之。

十年七月，度支使皇甫鎛奏，加峽內四監、劍南東西川、山南西道鹽估，以利供軍。從之。

十三年，鹽鐵使程异奏：「應諸州府先請置茶鹽店收稅。伏準今年正月一日赦文，其諸州府因用兵已來，或慮有權置職名，及擅加科配，事非常制，一切禁斷者。伏以榷稅茶鹽，本資財賦，贍濟軍鎭，蓋是從權。昨兵罷，自合便停，事久實爲重斂。其諸道先所置店及收諸色錢物等，雖非擅加，且異常制，伏請準赦文勒停。」從之。

十四年三月，鄆、靑、兗三州各置榷鹽院。

長慶元年三月，敕：「河朔初平，人希德澤，且務寬泰，使之獲安。其河北榷鹽法且權停。仍令度支與鎭冀、魏博等道節度審察商量，如能約計課利錢數，分付榷鹽院，亦任穩便。」自天寶末兵興以來，河北鹽法，羈縻而已。暨元和中，皇甫鎛奏置稅鹽院，同江、淮兩池榷利〔一七〕，人苦犯禁，戎鎭亦頻上訴，故有是命。

其月，鹽鐵使王播奏：「揚州、白沙兩處納榷場，請依舊爲院。」又奏：「諸道鹽院糶鹽付商人，請每斗加五十，通舊三百文價；諸處煎鹽停場，置小鋪糶鹽〔一八〕，每斗加二十文，通舊一百九十文價。」又奏：「應管煎鹽戶及鹽商，并諸鹽院停場官吏所由等，前後制敕，除兩稅外，不許差役追擾。今請更有違越者，縣令、刺史貶黜罰俸。」從之。

二年五月，詔曰：「兵革初寧，亦資榷筦，閭閻重困，則可蠲除。如聞淄青、兗、鄆三道〔一九〕，往來糶鹽價錢，近取七十萬貫，軍資給費，優贍有餘。自鹽鐵使收管已來，軍府頓絕其利。遂使經行陣者有停糧之怨，服隴畝者有加稅之嗟，犯鹽禁者困鞭撻之刑，理生業者乏醯醬之具。雖縣官受利，而郡府益空，俾人獲安寧，我因節用。其鹽鐵先於淄青、兗、鄆等道管內置小鋪糶鹽，巡院納榷，起今年五月一日已後，一切並停。仍各委本道約校比來節度使自收管充軍府逐急用度，及均減管內貧下百姓兩稅錢數。至年終，各具糶鹽所得錢，并均減兩稅，奏聞。」

安邑、解縣兩池，舊置榷鹽使，仍各別置院官。元和三年七月，復以安邑、解縣兩池留後爲榷鹽使。先是，兩池鹽務隸度支；其職視諸道巡院。貞元十六年，史牟以金部郎中主池務，恥同諸院，遂奏置使額。二十一年，鹽鐵、度支合爲一使，以杜佑兼領。佑以度支既稱使，其所管不宜更有使名，遂與東渭橋使同奏罷之。至是，裴均主池務，職轉繁劇，復有是請。

大和三年四月，敕安邑、解縣兩池榷課，以實錢一百萬貫爲定額。至大中二年正月，敕但取匹段精好，不必計舊額錢數。及大中年，度支奏納榷利一百二十一萬五千餘貫。

女鹽池在解縣，朝邑小池在同州，鹵池在京兆府奉先縣，並禁斷不榷。

烏池在鹽州，舊置榷稅使。長慶元年三月，敕烏池每年糶鹽收博榷米，以一十五萬石爲定額。

溫池，大中四年三月因收復河隴，敕令度支收管；溫池鹽仍差靈州分巡院官勾當。至六年三月，敕令割屬威州，置榷稅使。緣新制置，未立榷課定額。

胡落池在豐州界，河東供軍使收管。每年採鹽約一萬四千餘石，供振武、天德兩軍及營田水運官健。自大中四年党項叛擾，饋運不通，供軍使請榷市河東白池鹽供食。其白池屬河東節度使，不係度支。

初，玄宗已前，亦有鹽池使。景雲四年三月，蒲州刺史充關內鹽池使。先天二年九月，強循除豳州刺史〔二〇〕，充鹽池使，此卽鹽州池也。開元十五年五月，兵部尙書蕭嵩除關內鹽池使，此是朔方節度常帶鹽池使也。

校勘記

〔一〕五家爲保　本書卷四三職官志作「五鄰爲保」。

〔二〕以北方秬黍中者一黍之廣爲分　「秬」、「一」各本原作「鉅」、「八」，據本書卷四三職官志、唐六典卷三、唐會要卷六六改。

〔三〕十大斗爲斛　「大」字本書卷四三職官志、唐六典卷三、唐會要卷六六均無。

〔四〕權時寄住戶　「戶」字各本原作「田」，據唐會要卷八三、冊府卷四八七改。

〔五〕今關輔墾田漸廣　「今」字各本原作「令」，據冊府卷四八七、英華卷四三四、全唐文卷四八改。

〔六〕各有不便者三之　唐會要卷八三作「俗有不便者正之」，冊府卷四八八作「俗有不便者二之」。

〔七〕則利可知矣　「知矣」通典卷九作「和義」，冊府卷五〇一作「和善」。

〔八〕二十斤成貫　新書卷四四、通考卷八作「每緡重十二斤」。

〔九〕京中　各本原作「中京」，據唐會要卷八九、冊府卷五〇一、唐大詔令集卷一一二改。

〔一〇〕一以當二　「二」字各本原作「三」，據冊府卷五〇一、新書卷五四食貨志改。

〔一一〕除鑄鏡外　「鏡」字各本原作「錢」，據本書卷一三德宗紀、唐會要卷八九、冊府卷五〇一改。

〔一二〕準貞元九年三月二十六日敕　「準」字各本原無，據唐會要卷八九補。

〔一三〕所以物價轉高　「高」字唐會要卷八九、冊府卷五〇一作「輕」，新書卷五四食貨志作「縉帛價

輕」。張森楷校勘記云：「案錢難得則物當貶價，下文亦云『錢重貨輕』，則輕字是也。」

〔一四〕比令使人勾當　據唐會要卷八八，自此句以下文字，係開元十年八月十日敕文，「比令」上疑有脫誤。

〔一五〕除蒲州鹽池以外　「外」下各本原有「州」字，據唐會要卷八八、冊府卷四九三、通考卷一五刪。

〔一六〕糶貨　「糶」字各本原作「糴」，據殘宋本冊府卷四九三改。下文「河中鹽請放入六州界糶貨」句中「糶」字各本原亦作「糴」，據殘宋本冊府改。

〔一七〕同江淮兩池榷利　「池」字冊府卷四九三作「地」。按江淮無鹽池，似當作「地」。

〔一八〕置小鋪糶鹽　「糶」字各本原作「糴」，據唐會要卷八八、冊府卷四九三改。

〔一九〕淄青兗鄆三道　「兗」字各本原無，據本卷下文、唐會要卷八八、全唐文卷六五補。

〔二〇〕豳州刺史　「豳」字各本原作「幽」，據唐會要卷八八改。

中華書局

舊唐書卷四十九

志第二十九

食貨下

武德八年十二月，水部郎中姜行本請於隴州開五節堰，引水通運，許之。

永徽元年，薛大鼎爲滄州刺史，界內有無棣河，隋末塡廢。大鼎奏開之，引魚鹽於海。百姓歌之曰：「新河得通舟楫利，直達滄海魚鹽至。昔日徒行今騁駟，美哉薛公德滂被！」

咸亨三年，關中飢，監察御史王師順奏請運晉、絳州倉粟以贍之，上委以運職。河、渭之間，舟楫相繼，會于渭南，自師順始之也。

大足元年六月，於東都立德坊南穿新潭，安置諸州租船。

神龍三年，滄州刺史姜師度於薊州之北，漲水爲溝，以備奚、契丹之寇。又約舊渠，傍海穿漕，號爲平虜渠，以避海難運糧。

開元二年，河南尹李傑奏，汴州東有梁公堰，年久堰破，江淮漕運不通。發汴、鄭丁夫以濬之，省功速就，公私深以爲利。

十五年正月，令將作大匠范安及檢行鄭州河口斗門。先是，洛陽人劉宗器上言，請塞汜水舊汴河口，於下流滎澤界開梁公堰，置斗門，以通淮、汴，擢拜左衞率府胄曹。至是，新漕塞，行舟不通，貶宗器焉。安及遂發河南府、懷、鄭、汴、滑三萬人疏決開舊河口〔一〕，旬日而畢。

十八年，宣州刺史裴耀卿上便宜事條曰：「江南戶口稍廣，倉庫所資，惟出租庸，更無征防。緣水陸遙遠，轉運艱辛，功力雖勞，倉儲不益。竊見每州所送租及庸調等，本州正二月上道，至揚州入斗門，卽逢水淺，已有阻礙，須留一月已上。至四月已後，始渡淮入汴，多屬汴河乾淺，又般運停留，至六七月始至河口，卽逢黃河水漲，不得入河。又須停一兩月，待河水小，始得上河。入洛卽漕路乾淺，船艘隘鬧，般載停滯，備極艱辛。計從江南至東都，停滯日多，得行日少，糧食旣皆不足，欠折因此而生。又江南百姓不習河水，皆轉雇河師水手，更爲損費。伏見國家舊法，往代成規，擇制便宜，以垂長久。河口元置武牢倉，江南船不入黃河，卽於倉內便貯。鞏縣置洛口倉，從黃河不入漕洛，卽於倉內安置。爰及河陽倉、柏崖倉、太原倉、永豐倉、渭南倉，節級取便，例皆如此。水通則隨近運轉，不通卽且納在倉，不滯遠船，不憂久耗，比於曠年長運，利便一倍有餘。今若且置武牢、洛口等倉，江南船至河口，卽却還本州，更得其船充運。并取所減脚錢，更運江淮變造義倉，每年剩得一二百萬石。卽望數年之外，倉廩轉加。其江淮義倉，下濕不堪久貯，若無船可運，三兩年色變，卽給貸費散，公私無益。」疏奏不省。

至二十一年，耀卿爲京兆尹，京師雨水害稼，穀價踊貴，玄宗以問耀卿，奏稱：「昔貞觀、永徽之際，祿廩未廣，每歲轉運，不過二十萬石便足。今國用漸廣，漕運數倍，猶不能支。從都至陝，河路艱險，旣用陸運，無由廣致。若能兼河漕，變陸爲水，則所支有餘，動盈萬計。且江南租船，候水始進，吳人不便漕輓，由是所在停留，日月旣淹，遂生竊盜。臣望於河口置一倉，納江東租米，便放船歸。從河口卽分入河、洛，官自雇船載運。三門之東，置一倉。三門旣水險，卽於河岸開山，車運十數里。三門之西，又置一倉，每運至倉，卽般下貯納。水通卽運，水細便止。自太原倉泝河，更無停留，所省鉅萬。前漢都關中，年月稍久，及隋亦在京師，緣河皆有舊倉，所以國用常贍。」上深然其言。

至二十二年八月，置河陰縣及河陰倉、河西柏崖倉、三門東集津倉、三門西鹽倉。開三門山十八里，以避湍險。自江淮而泝鴻溝，悉納河陰倉。自河陰送納含嘉倉，又送納太原倉，謂之北運。自太原倉浮于渭，以實關中。上大悅。尋以耀卿爲黃門侍郎、同中書

門下平章事，充江淮、河南轉運都使；以鄭州刺史崔希逸、河南少尹蕭炅爲副。凡三年，運七百萬石，省陸運之傭四十萬貫。舊制，東都含嘉倉積江淮之米，載以大輿而西，至于陝三百里，率兩斛計傭錢千，此耀卿所省之數也。明年，耀卿拜侍中，而蕭炅代焉。二十五年，運米一百萬石。

二十九年，陝郡太守李齊物，鑿三門山以通運，闢三門巔，踰巖險之地〔二〕，俾負索引艦，升于安流，自齊物始也。

天寶三載，韋堅代蕭炅，以滻水作廣運潭於望春樓之東，而藏舟焉。是年，楊釗以殿中侍御史爲水陸運使，以代韋堅。先是，米至京師，或砂礫糠粃，雜乎其間。開元初，詔使揚擲而較其虛實，「揚擲」之名，自此始也。

十四載八月，詔水陸運宜停一年〔三〕。

天寶以來，楊國忠、王鉷皆兼重使以權天下。肅宗初，第五琦始以錢穀得見。請於江、淮分置租庸使，市輕貨以救軍食，遂拜監察御史，爲之使。乾元元年，加度支郎中，尋兼中丞，爲鹽鐵使。於是始大鹽法，就山海井竈，收榷其鹽，立監院官吏。其舊業戶洎浮人欲以鹽爲業者，免其雜役，隸鹽鐵使。常戶自租庸外無橫賦，人不益稅，而國用以饒。明年，琦以戶部侍郎同平章事，詔兵部侍郎呂諲代之。

寶應元年五月，元載以中書侍郎代呂諲。是時淮、河阻兵，飛輓路絕，鹽鐵租賦，皆泝漢而上。以侍御史穆寧爲河南道轉運租庸鹽鐵使，尋加戶部員外，遷鄂州刺史，以總東南貢賦。是時朝議以寇盜未戢，關東漕運，宜有倚辦，遂以通州刺史劉晏爲戶部侍郎、京兆尹、度支鹽鐵轉運使。鹽鐵兼漕運，自晏始也。二年，拜吏部尚書、同平章事，依前充使。晏始以鹽利爲漕傭，自江淮至渭橋，率十萬斛傭七千緡，補綱吏督之。不發丁男，不勞郡縣，蓋自古未之有也。自此歲運米數千萬石〔四〕，自淮北列置巡院，搜擇能吏以主之，廣牢盆以來商賈。凡所制置，皆自晏始。廣德二年正月，復以第五琦專判度支鑄錢鹽鐵事。而晏以檢校戶部尚書爲河南及江淮已來轉運使，及與河南副元帥計會開決汴河。永泰二年，晏爲東道轉運常平鑄錢鹽鐵使，琦爲關內、河東、劍南三川轉運常平鑄錢鹽鐵使。大曆五年，詔停關內、河東、三川轉運常平鹽鐵使，自此晏與戶部侍郎韓滉分領關內、河東、山、劍租庸青苗使。至十四年，天下財賦，皆以晏掌之。

建中初，宰相楊炎用事，尤惡劉晏，炎乃奪其權。詔曰：「朕以征稅多門，郡邑凋耗，聽于羣議，思有變更，將致時雍，宜遵古制。其江淮米準旨轉運入京者，及諸軍糧儲，宜令庫部郎中崔河圖權領之。今年夏稅以前，諸道財賦多輸京者，及鹽鐵財貨，委江州刺史包佶權領之。天下錢穀，皆歸金部、倉部，委中書門下簡兩司郎官，準格式條理。」尋貶晏爲忠州刺史。晏既罷黜，天下錢穀歸尚書省。既而出納無所統，乃復置使領之。

其年三月，以韓洄爲戶部侍郎，判度支；金部郎中杜佑權勾當江淮水陸運使。炎尋殺晏于忠州。自兵興已來，凶荒相屬，京師米斛萬錢，官廚無兼時之食，百姓在畿甸者，拔穀挼穗，以供禁軍。洎晏掌國計，復江淮轉運之制，歲入米數十萬斛以濟關中。代第五琦領鹽務，其法益密。初年入錢六十萬，季年則十倍其初。大曆末，通天下之財，而計其所入，總一千二百萬貫，而鹽利過半。李靈耀之亂，河南皆爲盜據，不奉法制，賦稅不上供，州縣益減。晏以羨餘相補，人不加賦，所入仍舊，議者稱之。其相與商榷財用之術者，必一時之選，故晏沒後二十年，韓洄、元琇、裴腆、包佶、盧貞、李衡相繼分掌財賦，出晏門下。屬吏在千里外，奉教如目前。四方水旱，及軍府纖芥，莫不先知焉。

其年詔曰：「天下山澤之利，當歸王者，宜總榷鹽鐵使。」

三年，以包佶爲左庶子、汴東水陸運鹽鐵租庸使，崔縱爲右庶子、汴西水陸運鹽鐵租庸使。

四年，度支侍郎趙贊議常平事，竹木茶漆盡稅之。茶之有稅，肇於此矣。

貞元元年，元琇以御史大夫爲鹽鐵水陸運使。其年七月，以尚書右僕射韓滉統之。滉歿，宰相竇參代之。

五年十二月，度支轉運鹽鐵奏：「比年自揚子運米，皆分配緣路觀察使差長綱發遣，運路既遠，實謂勞人。今請當使諸院，自差綱節級般運，以救邊食。」從之。

八年，詔：東南兩稅財賦，自河南、江淮、嶺南、山南東道至于渭橋〔五〕，以戶部侍郎張滂主之；河東、劍南、山南西道，以戶部尚書度支使班宏主之。今戶部所領三川鹽鐵轉運，自此始也。其後宏、滂互有短長，宰相趙憬、陸贄以其事上聞，由是遵大曆故事，如劉晏、韓滉所分焉。

九年，張滂奏立稅茶法。自後裴延齡專判度支，與鹽鐵益殊塗而理矣。

十年，潤州刺史王緯代之，理于朱方。數年而李錡代之，鹽院津堰，改張侵剝，不知紀極。私路小堰，厚斂行人，多自錡始。時鹽鐵轉運有上都留後，以副使潘孟陽主之。王叔文權傾朝野，亦以鹽鐵副使兼學士爲留後。

順宗卽位，有司重奏鹽法，以杜佑判鹽鐵轉運使，理於揚州。元和二年三月，以李巽代之。先是，李錡判使，天下榷酤漕運，由其操割，專事貢獻，牢其寵渥。中朝柄事者悉以利積於私室，而國用日耗。巽既爲鹽鐵使，大正其事。其堰埭先隸浙西觀察使者，悉歸之；因循權置者，盡罷之；增置河陰敖倉；置桂陽監，鑄平陽銅山爲錢。又奏：「江淮、河南、峽內、兗鄆、嶺南鹽法監院，去年收鹽價緡錢七百二十七萬，比舊法張其估一千七百八十餘萬，非實數也。今請以其數，除養之外，付度支收其數。」鹽鐵使煮鹽利繫度支，自此始也。又以程异爲揚子留後。四月五日，巽卒。自榷筦之興，惟劉晏得其術，而巽次之。然初年之利，類晏之季年，季年之利，則三倍於晏矣。舊制，每歲運江淮米五十萬斛，至河陰留十萬，四十萬送渭倉。晏歿，久不登其數，惟巽秉使三載，無升斗之闕焉。六月，以河東節度使李鄘代之。

五年，李鄘爲淮南節度使，以宣州觀察使盧坦代之。

六年，坦奏，每年江淮運米四十萬石到渭橋，近日欠闕太半，請旋收糴，遞年貯備。從之。坦改戶部侍郎，以京兆尹王播代之。播遂奏：「元和五年，江淮、河南、嶺南、峽中、兗鄆等鹽利錢六百九十八萬貫。比量改法已前舊鹽利，時價四倍虛估，卽此錢爲一千七百四十餘萬貫矣，請付度支收管。」從之。

其年詔曰：「兩稅之法，悉委郡國，初極便人。但緣約法之時，不定物估。今度支鹽鐵，泉貨是司，各有分巡，置於都會。爰命帖職，周視四方，簡而易從，庶叶權便。政有所弊，事有所宜，皆得舉聞，副我憂寄。以揚子鹽鐵留後爲江淮已南兩稅使，江陵留後爲荆衡漢沔東界、彭蠡已南兩稅使，度支山南西道分巡院官充三川兩稅使。峽內煎鹽五監先屬鹽鐵使，今宜割屬度支，便委山南西道兩稅使兼知糶賣。」峽內鹽屬度支，自此始也。

七年，王播奏去年鹽利除割峽內鹽，收錢六百八十五萬，從實估也。又奏，商人於戶部、度支、鹽鐵三司飛錢，謂之「便換」。

八年，以崔倰爲揚子留後、淮嶺已來兩稅使；崔祝爲江陵留後、荆南已來兩稅使。

十三年正月，播又奏，以「軍興之時，財用是切。頃者劉晏領使，皆自按置租庸，至於州縣否臧，錢穀利病之物，虛實皆得而知(六)。今臣守務在城，不得自往。請令臣副使程异出巡江淮，其州府上供錢穀，一切勘問。」從之。閏五月，异至江淮，得錢一百八十五萬貫以進。其年，以播守禮部尚書，以衞尉卿程异代之。十四年，异卒，以刑部侍郎柳公綽代之。長慶初，王播復代公綽。四年，王涯以戶部侍郎代播。敬宗初，播復以鹽鐵使爲揚州節度使。文宗即位，入覲，以宰相判使。其後，王涯復判二使，表請使茶山之人移植根本，舊有貯積，皆使焚棄。天下怨之。九年，涯以事誅，而令狐楚以戶部尚書右僕射主之，以是年茶法大壞，奏請付州縣而入其租于戶部，人人悅焉。

開成元年，李石以中書侍郎判收茶法，復貞元之制也。

三年，以戶部尚書同平章事楊嗣復主之，多革前監院之陳事。

開成三年至大中壬申，凡一十五年，多任以元臣，以集其務。崔珙自刑部尚書拜，杜悰以淮南節度領之，既而皆踐公台。薛元賞、李執方、盧弘正、馬植、敬晦五人，於九年之中，

相踵理之，植亦自是居相位。

大中五年二月，以戶部侍郎裴休爲鹽鐵轉運使。明年八月，以本官平章事，依前判使。始者，漕米歲四十萬斛，其能至渭倉者，十不三四。漕吏狡蠹，敗溺百端，官舟之沉，多者歲至七十餘隻。緣河姦犯，大紊晏法。休使僚屬按之，委河次縣令董之。自江津達渭，以四十萬斛之傭，計緡二十八萬，悉使歸諸漕吏。巡院胥吏，無得侵牟。舉之爲法，凡十事，奏之。六年五月，又立稅茶之法，凡十二條，陳奏，上大悅。詔曰：「裴休興利除害，深見奉公。」盡可其奏。由是三歲漕米至渭濱，積一百二十萬斛，無升合沉棄焉。

武德元年九月四日，置社倉。其月二十二日詔曰：「特建農圃，本督耕耘，思俾齊民，既康且富。鍾庾之量，冀同水火。宜置常平監官，以均天下之貨。市肆騰踊，則減價而出；田穡豐羨，則增糴而收。庶使公私俱濟，家給人足，抑止兼并，宣通壅滯。」至五年十二月，廢常平監官。

貞觀二年四月，尚書左丞戴胄上言曰：「水旱凶災，前聖之所不免。國無九年儲畜，禮經之所明誡。今喪亂之後，戶口凋殘，每歲納租，未實倉廩。隨時出給，纔供當年，若有凶災，將何賑卹？故隋開皇立制，天下之人，節級輸粟，多爲社倉，終於文皇，得無饑饉。及大業中年，國用不足，並貸社倉之物，以充官費，故至末塗，無以支給。今請自王公已下，爰及衆庶，計所墾田稼穡頃畝，至秋熟，準其見在苗以理勸課，盡令出粟。稻麥之鄉，亦同此稅。各納所在，爲立義倉。若年穀不登，百姓飢饉，當所州縣，隨便取給。」太宗曰：「既爲百姓預作儲貯，官爲舉掌，以備凶年，非朕所須，橫生賦斂。利人之事，深是可嘉。宜下所司，議立條制。」戶部尚書韓仲良奏：「王公已下墾田，畝納二升。其粟麥粳稻之屬，各依土地。貯之州縣，以備凶年。」可之。自是天下州縣，始置義倉，每有飢饉，則開倉賑給。以至高宗、則天，數十年間，義倉不許雜用。其後公私窘迫，漸貸義倉支用。自中宗神龍之後，天下義倉費用向盡。

高宗永徽二年六月，敕：「義倉據地收稅，實是勞煩。宜令率戶出粟，上上戶五石，餘各有差。」

六年，京東西二市置常平倉。明慶二年十二月，京常平倉置常平署官員。

開元二年九月，敕：「天下諸州，今年稍熟，穀價全賤，或慮傷農。常平之法，行之自古，宜令諸州加時價三兩錢糴，不得抑斂。仍交相付領，勿許懸欠。蠶麥時熟，穀米必貴，即令減價出糶。豆穀等堪貯者，熟亦準此。以時出入，務在利人。其常平所須錢物，宜令所司支料奏聞。」

四年五月二十一日，詔：「諸州縣義倉，本備飢年賑給。近年已來，每三年一度，以百姓義倉糙米，遠赴京納，仍勒百姓私出脚錢。自今已後，更不得義倉變造。」

七年六月，敕：「關內、隴右、河南、河北五道(七)及荆、揚、襄、夔、綿、益、彭、蜀、漢、劍、茂等州，並置常平倉。其本上州三千貫，中州二千貫，下州一千貫。」

十六年十月，敕：「自今歲普熟，穀價至賤，必恐傷農。加錢收糴，以實倉廩，縱逢水旱，不慮阻飢，公私之間，或亦爲便。宜令所在以常平本錢及當處物，各於時價上量加三錢，百姓有糶易者，爲收糴。事須兩和，不得限數。配糴訖，具所用錢物及所糴物數，申所司。仍令上佐一人專勾當。」

天寶六載三月，太府少卿張瑄奏：「準四載五月幷五載三月敕節文，至貴時賤價出糶，賤時加價收糴。若百姓未辦錢物者，任準開元二十年七月敕，量事賒糶，至粟麥熟時徵納。臣使司商量，且糶舊糴新，不同別用。其賒糶者，至納錢日若粟麥雜種等時價甚賤，恐更迴易艱辛，請加價便與折納。」

廣德二年正月，第五琦奏：「每州常平倉及庫使司，商量置本錢，隨當處米物時價，賤則加價收糴，貴則減價糶賣。」

建中元年七月，敕：「夫常平者，常使穀價如一，大豐不爲之減，大儉不爲之加，雖遇

災荒，人無菜色。自今已後，忽米價貴時，宜量出官米十萬石，麥十萬石，每日量付兩市行人下價糶貨。」

三年九月，戶部侍郎趙贊上言曰：「伏以舊制，置倉儲粟，名曰常平。軍興已來，此事闕廢，或因凶荒流散，餓死相食者，不可勝紀。古者平準之法，使萬室之邑，必有萬鍾之藏，千室之邑，必有千鍾之藏，春以奉耕，夏以奉耘，雖有大賈富家，不得豪奪吾人者，蓋謂能行輕重之法也。自陛下登極以來，許京城兩市置常平，官糴鹽米，雖經頻年少雨，米價未騰貴〔八〕，此乃卽目明驗，實要推而廣之。當軍興之時，與承平或異，事須兼儲布帛，以備時須。臣今商量，請於兩都幷江陵、成都、揚、汴、蘇、洪等州府〔九〕，各置常平，輕重本錢，上至百萬貫，下至數十萬貫，隨其所宜，量定多少。唯貯斛斗疋段絲麻等，候物貴則下價出賣，物賤則加價收糴，權其輕重，以利疲人。」從之。贊於是條奏諸道津要都會之所，皆置吏，閱商人財貨。計錢每貫稅二十，天下所出竹、木、茶、漆，皆十一稅之，以充常平本。時國用稍廣，常賦不足，所稅亦隨時而盡，終不能爲常平本。

貞元八年十月，敕：「諸軍鎮和糴貯備，共三十三萬石，價之外，更量與優饒。其粟及麻，據米數準折虛價，直委度支，以停江淮運脚錢充，並支綾絹絁綿，勿令折估。所糴粟等，委本道節度使監軍同勾當別貯，非承特敕，不得給用。」

十四年六月，詔以米價稍貴，令度支出官米十萬石，於兩街賤糶。其年九月，以歲飢，出太倉粟三十萬石出糶。是歲冬，河南府穀貴人流，令以含嘉倉粟七萬石出糶。十五年二月，以久旱歲飢，出太倉粟十八萬石，於諸縣賤糶。

元和元年正月，制：「歲時有豐歉，穀價有重輕，將備水旱之虞，在權聚斂之術〔一〇〕。應天下州府每年所稅地子數內，宜十分取二分，均充常平倉及義倉，仍各逐穩便收貯，以時出糶，務在救人，賑貸所宜，速奏。」

六年二月，制：「如聞京畿之內，舊穀已盡，宿麥未登，宜以常平、義倉粟二十四萬石貸借百姓。諸道州府有乏少糧種處，亦委所在官長，用常平、義倉米借貸。淮南、浙西、宣歙等道，元和二年四月賑貸，並且停徵，容至豐年，然後塡納。」

九年四月，詔出太倉粟七十萬石，開六場糶之，并賑貸外縣百姓。至秋熟徵納，便於外縣收貯，以防水旱。

十二年四月，詔出粟二十五萬石，分兩街降估出糶。其年九月，詔諸道應遭水州府，河中、澤潞、河東、幽州、江陵府等管內，及鄭、滑、滄、景、易、定、陳、許、晉、隰、蘇、襄、復、台、越、唐、隨、鄧等州人戶，宜令本州厚加優恤。仍各以當處義倉斛斗，據所損多少，量事賑給。

十三年正月，戶部侍郎孟簡奏：「天下州府常平、義倉等斛斗，請準舊例減估出糶，但以石數奏申，有司更不收管，州縣得專達以利百姓〔一一〕。」從之。

長慶四年二月，敕出太倉陳粟三十萬石，於兩街出糶。其年三月制曰：「義倉之制，其來日久。近歲所在盜用沒入，致使小有水旱，生人坐委溝壑。永言其弊，職此之由。宜令諸州錄事參軍，專主勾當。苟爲長吏迫制，卽許驛表上聞。考滿之日，戶部差官交割。如無欠負，與減一選。如欠少者，量加一選。欠數過多，戶部奏聞，節級科處。」大和四年八月，敕：「今年秋稼似熟，宜於關內七州府及鳳翔府和糴一百萬石。」

大中六年四月，戶部奏：「諸州府常平、義倉斛斗，本防水旱，賑貸百姓。其有災沴州府地遠，申奏往復，已至流亡。自今已後，諸道遭災旱，請委所在長吏，差淸強官審勘，如實有水旱處，便任先從貧下不支濟戶給貸。」從之。

建中四年六月，戶部侍郎趙贊請置大田：天下田計其頃畝，官收十分之一。擇其上腴，樹桑環之，曰公桑。自王公至于匹庶，差借其力，得穀絲以給國用。詔從其說。贊熟計之，自以爲非便，皆寢不下。復請行常平稅茶之法。又以軍須迫蹙，常平利不時集，乃請稅屋間架、算除陌錢〔一二〕。間架法：凡屋兩架爲一間，屋有貴賤，約價三等，上價間出錢二千，

中價一千，下價五百。所由吏秉算執籌，入人之廬舍而計其數。衣冠士族，或貧無他財，獨守故業，坐多屋出算者，動數十萬，人不勝其苦。凡沒一間者，杖六十，告者賞錢五十貫，取於其家。除陌法：天下公私給與貨易，率一貫舊算二十，益加算爲五十。給與他物或兩換者，約錢爲率算之。市牙各給印紙，人有買賣，隨自署記，翌日合算之。有自貿易不用市牙者，驗其私簿〔一三〕，無私簿者，投狀自集。其有隱錢百者沒入，二千杖六十，告者賞十千，取其家資。法既行，而主人市牙得專其柄，率多隱盜。公家所入，曾不得半，而怨讟之聲，囂然滿於天下。至興元二年正月一日赦，悉停罷。

貞元九年正月，初稅茶。先是，諸道鹽鐵使張滂奏曰：「伏以去歲水災，詔令減稅。今之國用，須有供儲。伏請於出茶州縣，及茶山外商人要路，委所由定三等時估，每十稅一，充所放兩稅。其明年以後所得稅，外貯之。若諸州遭水旱，賦稅不辦，以此代之。」詔可之，仍委滂具處置條奏。自此每歲得錢四十萬貫〔一四〕。然稅無虛歲，遭水旱處亦未嘗以錢拯贍。

大和七年〔一五〕，御史臺奏：「伏準大和三年十一月十八日赦文，天下除兩稅外，不得妄有科配，其擅加雜榷率，一切宜停，令御史臺嚴加察訪者。臣昨因嶺南道擅置竹練場，稅法至重，害人頗深。伏請起今已後，應諸道自大和三年準赦文所停兩稅外科配雜榷率等復卻置

者，仰敕至後十日內，具却置事由聞奏，仍申臺司。每有出使郎官御史，便令嚴加察訪，苟有此色，本判官重加懲責，長吏奏聽進止。」從之。

九年十二月，左僕射令狐楚奏新置榷茶使額：「伏以江淮間數年以來，水旱疾疫，凋傷頗甚，愁歎未平。今夏及秋，稍較豐稔。方須惠恤，各使安存。昨者忽奏榷茶，實為蠹政。蓋是王涯破滅將至，怨怒合歸。豈有令百姓移茶樹就官場中栽，摘茶葉於官場中造，有同兒戲，不近人情。方有恩權，無敢沮議，朝班相顧而失色，道路以目而吞聲。今宗社降靈，姦兇盡戮，聖明垂佑，黎庶各安。微臣伏蒙天恩，兼授使務，官銜之內，猶帶此名，俯仰若驚，夙宵知愧。伏乞特迴聖聽，下鑒愚誠，速委宰臣，除此使額。緣國家之用或闕，山澤之利有遺，許臣條流，續具奏聞。採造欲及，妨廢為虞。前月二十一日內殿奏對之次，鄭覃與臣同陳論訖。伏望聖慈早賜處分，一依舊法，不用新條。惟納榷之時，須節級加價，商人轉擡，必較稍貴，即是錢出萬國，利歸有司，既無害茶商，又不擾茶戶，上以彰陛下愛人之德，下以竭微臣憂國之心，遠近傳聞，必當咸悅。」詔可之。先是，鹽鐵使王涯表請使茶山之人，移植根本，舊有貯積，皆使焚棄，天下怨之。及是楚主之，故奏罷焉。

開成二年十二月，武寧軍節度使薛元賞奏：「泗口稅場，應是經過衣冠商客金銀、羊馬、斛斗、見錢、茶鹽、綾絹等，一物已上並稅。今商量，其雜稅並請停絕。」詔許之。

大中六年正月，鹽鐵轉運使裴休奏：「諸道節度、觀察使，置店停上茶商，每斤收搨地錢，并稅經過商人，頗乖法理。今請釐革橫稅，以通舟船，商旅既安，課利自厚。今又正稅茶商，多被私販茶人侵奪其利。今請強幹官吏，先於出茶山口，及廬、壽、淮南界內，布置把捉，曉諭招收，量加半稅，給陳首帖子，令其所在公行，從此通流，更無苛奪。所冀招恤窮困，下絕姦欺，使私販者免犯法之憂，正稅者無失利之歎。欲尋究根本，須舉綱條。」敕旨依奏。其年四月，淮南及天平軍節度使并浙西觀察使，皆奏軍用困竭，伏乞且賜依舊稅茶。敕旨：「裴休條流茶法，事極精詳，制置之初，理須畫一，並宜準今年正月二十六日敕處分。」

建中三年，初榷酒，天下悉令官釀。斛收直三千，米雖賤，不得減二千。委州縣綜領。醨薄私釀，罪有差。以京師王者都，特免其榷。

元和六年六月，京兆府奏：「榷酒錢除出正酒戶外，一切隨兩稅青苗據貫均率。」從之。

會昌六年九月敕：「揚州等八道州府，置榷麴，并置官店沽酒，代百姓納榷酒錢，并充資助軍用，各有榷許限〔一六〕，揚州、陳許、汴州、襄州、河東五處榷麴，浙西、浙東、鄂岳三處置官沽酒。如聞禁止私酤，過於嚴酷，一人違犯，連累數家，閭里之間，不免咨怨。宜從今以後，如有人私沽酒及置私麴者，但許罪止一身，并所由容縱，任據罪處分。鄉井之內，如不知情，並不得追擾。其所犯之人，任用重典，兼不得沒入家產。」

校勘記

〔一〕疏決開舊河口　「開」字各本原作「兼」，據唐會要卷八七改。

〔二〕闢三門巔踰巖險之地　「踰」字殘宋本、聞本、殿本、懼盈齋本、廣本作「輸」。局本作「闢三門山巔巖險之地」。今據唐會要卷八七改。

〔三〕宜停一年　「年」字各本原作「牛」，據唐會要卷八七改。

〔四〕自此歲運米數千萬石　唐會要卷八七「千」作「十」，本篇下文亦言數十萬石，疑此「千」字為「十」字之誤。

〔五〕嶺南山南東道　「山南」二字各本原無，據本書卷一三德宗紀、唐會要卷八七補。唐分嶺南為東西兩道，始於懿宗咸通三年，見本書卷一九上懿宗紀、通鑑卷二五〇，此時不應有「嶺南東道」。

〔六〕錢穀利病之物虛實皆得而知　校勘記卷三〇云：「按據文義，物字當在之字上。」則此處當標作：「錢穀利病，物之虛實，皆得而知。」

〔七〕關內隴右河南河北五道　唐會要卷八八同。冊府卷五〇二「河南」作「河東」。按下云「五道」，疑此處脫「河東」二字。

〔八〕米價未騰貴　「未」字各本原無，據唐會要卷八八補。冊府卷五〇二作「米價不復騰貴」。

〔九〕成都　各本原作「東都」，據本書卷一二德宗紀、冊府卷五〇二、通考卷二一改。

〔一〇〕在權聚斂之術　全唐文卷五五六「斂」字作「散」。

〔一一〕州縣得專達　「州」上各本原有「內」字，據唐會要卷八八、冊府卷五〇二刪。

〔一二〕算除陌錢　「算」字各本原作「等」，據本書卷一三五盧杞傳、冊府卷五一〇改。

〔一三〕驗其私簿　「驗」字各本原作「給」，據本書卷一三五盧杞傳、冊府卷五一〇改。

〔一四〕每歲得錢四十萬貫　「歲」字各本原作「稅」，據本書卷一三德宗紀、唐會要卷八四、御覽卷八六七、冊府卷四九三改。

〔一五〕大和七年　「大」字各本原作「元」，據唐會要卷八四、通考卷一四改。

〔一六〕各有榷許限　「榷」字各本原作「權」，據唐會要卷八八、冊府卷五〇四改。

舊唐書卷五十

志第三十

刑法

古之聖人，爲人父母，莫不制禮以崇敬，立刑以明威，防閑於未然，懼爭心之將作也。故有輕重三典之異，宮墨五刑之差，度時而施宜，因事以議制，大則陳之原野，小則肆諸市朝，以禦姦宄，用懲禍亂。興邦致理，罔有弗由於此者也。暨淳朴既消，澆僞斯起，刑增爲九，章積三千，雖有凝脂次骨之峻，而錐刀之末，盡爭之矣。

自漢迄隋，世有增損，而罕能折衷。隋文帝參用周、齊舊政，以定律令，除苛慘之法，務在寬平。比及晚年，漸亦滋虐。煬帝忌刻，法令尤峻，人不堪命，遂至於亡。高祖初起義師於太原，卽布寬大之令。百姓苦隋苛政，競來歸附。旬月之閒，遂成帝業。既平京城，約法爲十二條〔一〕。惟制殺人、劫盜、背軍、叛逆者死，餘並蠲除之。及受

禪，詔納言劉文靜與當朝通識之士，因開皇律令而損益之，盡削大業所用煩峻之法。又制五十三條格，務在寬簡，取便於時。尋又敕尚書左僕射裴寂、尚書右僕射蕭瑀及大理卿崔善爲、給事中王敬業、中書舍人劉林甫顏師古王孝遠、涇州別駕靖延、太常丞丁孝烏、隋大理丞房軸、上將府參軍李桐客、太常博士徐上機等，撰定律令，大略以開皇爲準。于時諸事始定，邊方尙梗，救時之弊，有所未暇，惟正五十三條格，入於新律，餘無所改。至武德七年五月奏上，乃下詔曰：

古不云乎，「萬邦之君，有典有則。」故九疇之敍，興於夏世，兩觀之法，大備隆周。所以禁暴懲姦，弘風闡化，安民立政，莫此爲先。自戰國紛擾，恃詐任力，苛制煩刑，於茲競起。秦幷天下，隳滅禮教，恣行酷烈，害虐烝民，宇內騷然，遂以顚覆。漢氏撥亂，思易前軌，雖復務從約法，蠲削嚴刑，尙行葅醢之誅，猶設錙銖之禁。字民之道，實有未弘，刑措之風，以茲莫致。爰及魏、晉，流弊相沿，寬猛乖方，綱維失序。下凌上替，政散民凋，皆由法令湮訛，條章混謬。自斯以後，宇縣瓜分，戎馬交馳，未遑典制。有隋之世，雖云釐革，然而損益不定，疏舛尙多，品式章程，罕能甄備。加以微文曲致，覽者惑其淺深，異例同科，用者殊其輕重，遂使姦吏巧詆，任情與奪，愚民妄觸，動陷羅網，屢聞釐革，卒以無成。

朕膺期受籙，寧濟區宇，永言至治，興寐爲勞。補千年之墜典，拯百王之餘弊，思所以正本澄源，式淸流末，永垂憲則，貽範後昆。爰命羣才，修定科律。但今古異務，文質不同，喪亂之後，事殊曩代，應機適變，救弊斯在。是以斟酌繁省，取合時宜，矯正差遺，務從體要。迄茲歷稔，撰次始畢，宜下四方，卽令頒用。庶使吏曹簡肅，無取懸石之多；奏讞平允，靡競錐刀之末。勝殘去殺，此焉非遠。

於是頒行天下。

及太宗卽位，又命長孫無忌、房玄齡與學士法官，更加釐改。戴胄、魏徵又言舊律令重，於是議絞刑之屬五十條，免死罪，斷其右趾。應死者多蒙全活。太宗尋又愍其受刑之苦，謂侍臣曰：「前代不行肉刑久矣，今忽斷人右趾，意甚不忍。」諫議大夫王珪對曰：「古行肉刑，以爲輕罪。今陛下矜死刑之多，設斷趾之法，格本合死，今而獲生，刑者幸得全命，豈憚去其一足？且人之見者，甚足懲誡。」上曰：「本以爲寬，故行之。然每聞惻愴，不能忘懷。」又謂蕭瑀、陳叔達等曰：「朕以死者不可再生，思有矜愍，故簡死罪五十條，從斷右趾。朕復念其受痛，極所不忍。」叔達等咸曰：「古之肉刑，乃在死刑之外。陛下於死刑之內，改從斷趾，便是以生易死，足爲寬法。」上曰：「朕意以爲如此，故欲行之。」又有上書言此非便，公可更思之。」其後蜀王法曹參軍裴弘獻又駁律令不便於時者四十餘事，太宗令參掌刪改

之。弘獻於是與玄齡等建議，以爲古者五刑，刖居其一。及肉刑廢，制爲死、流、徒、杖、笞凡五等，以備五刑。今復設刖足，是爲六刑。減死在於寬弘，加刑又加煩峻。乃與八座定議奏聞，於是又除斷趾法，改爲加役流三千里，居作二年。

又舊條疏，兄弟分後，蔭不相及，連坐俱死，祖孫配沒。會有同州人房強，弟任統軍於岷州，以謀反伏誅，強當從坐。太宗嘗錄囚徒，憫其將死，爲之動容，顧謂侍臣曰：「刑典仍用，蓋風化未洽之咎。愚人何罪，而肆重刑乎？更彰朕之不德也。用刑之道，當審事理之輕重，然後加之以刑罰。何有不察其本而一概加誅〔二〕，非所以恤刑重人命也。然則反逆有二：一爲興師動衆，一爲惡言犯法。輕重有差，而連坐皆死，豈朕情之所安哉？」更令百僚詳議。於是玄齡等復定議曰：「案禮，孫爲王父尸。案令，祖有蔭孫之義。然則祖孫親重而兄弟屬輕〔三〕，應重反流〔四〕，合輕翻死，據禮論情〔五〕，深爲未愜。今定律，祖孫與兄弟緣坐，俱配沒。其以惡言犯法不能爲害者，情狀稍輕，兄弟免死，配流爲允。」從之。自是比古死刑，殆除其半。

玄齡等遂與法司定律五百條，分爲十二卷：一曰名例，二曰衞禁，三曰職制，四曰戶婚，五曰廐庫，六曰擅興，七曰賊盜，八曰鬬訟，九曰詐僞，十曰雜律，十一曰捕亡，十二曰斷獄。有笞、杖、徒、流、死，爲五刑。笞刑五條，自笞十至五十；杖刑五條，自杖六十至杖一百；

徒刑五條，自徒一年，遞加半年，至三年；流刑三條，自流二千里，遞加五百里，至三千里；死刑二條：絞、斬。大凡二十等。又有議請減贖當免之法八：一曰議親，二曰議故，三曰議賢，四曰議能，五曰議功，六曰議貴，七曰議賓，八曰議勤。八議者，犯死罪者皆條所坐及應議之狀奏請，議定奏裁；流罪已下，減一等。若官爵五品已上，及皇太子妃大功已上親，應議者周以上親，犯死罪者上請；流罪已下，亦減一等。若七品已上官，及官爵得請者之祖父母、父母、兄弟、姊妹、妻、子孫(六)，犯流罪已下，各減一等。若應議請減及九品已上官，若官品得減者之祖父母、父母、妻、子孫，犯流罪已下，聽贖。其贖法：笞十，贖銅一斤，遞加一斤，至杖一百，則贖銅十斤。自此已上，遞加十斤，至徒三年，則贖銅六十斤。流二千里者，贖銅八十斤；流二千五百里者，贖銅九十斤；流三千里者，贖銅一百斤。絞斬者，贖銅一百二十斤(七)。又許以官當罪。以官當徒者，五品已上犯私罪者(八)，一官當徒二年；九品已上，一官當徒一年。若犯公罪者，各加一年。以官當流者，三流同比徒四年，仍各解見任。除名者，比徒三年。免官者，比徒二年。免所居官者，比徒一年。又有十惡之條：一曰謀反，二曰謀大逆，三曰謀叛，四曰謀惡逆，五曰不道，六曰大不敬，七曰不孝，八曰不睦，九曰不義，十曰內亂。其犯十惡者，不得依議請之例。年七十以上、十五以下及廢疾，犯流罪以下，亦聽贖。八十已上、十歲以下及篤疾，犯反逆殺人應死者，上請，盜及傷人，亦

收贖，餘皆勿論。九十以上、七歲以下，雖有死罪，不加刑。比隋代舊律，減大辟者九十二條(九)，減流入徒者七十一條。其當徒之法，唯奪一官，除名之人，仍同士伍。凡削煩去蠹，變重爲輕者，不可勝紀。

又定令一千五百九十條，爲三十卷。貞觀十一年正月，頒下之。又刪武德、貞觀已來敕格三千餘件，定留七百條，以爲格十八卷，留本司施行。斟酌今古，除煩去弊，甚爲寬簡，便於人者。以尚書省諸曹爲之目，初爲七卷。其曹之常務，但留本司者，別爲留司格一卷。蓋編錄當時制敕，永爲法則，以爲故事。貞觀格十八卷，房玄齡等刪定。永徽留司格十八卷，散頒格七卷，長孫無忌等刪定，永徽中，又令源直心等刪定，惟改易官號曹局之名，不易篇目。永徽留司格後本，劉仁軌等刪定。垂拱留司格六卷，散頒格三卷，裴居道刪定。太極格十卷，岑羲等刪定。開元前格十卷，姚崇等刪定。開元後格十卷，宋璟等刪定。皆以尚書省二十四司爲篇目。凡式三十有三篇，亦以尚書省列曹及祕書、太常、司農、光祿、太僕、太府、少府及監門、宿衞、計帳名其篇目，爲二十卷。永徽式十四卷，垂拱、神龍、開元式並二十卷，其刪定格令同。

太宗又制在京見禁囚，刑部每月一奏，從立春至秋分，不得奏決死刑。其大祭祀及致齋、朔望、上下弦、二十四氣、雨未晴、夜未明、斷屠日月及假日，並不得奏決死刑。其有赦

之日，武庫令設金雞及鼓於宮城門外之右，勒集囚徒於闕前，撾鼓千聲訖，宣詔而釋之。其赦書頒諸州，用絹寫行下。

又繫囚之具，有枷、杻、鉗、鎖，皆有長短廣狹之制，量罪輕重，節級用之。其杖皆削去節目，長三尺五寸。訊囚杖，大頭徑三分二釐，小頭二分二釐。常行杖，大頭二分七釐，小頭一分七釐。笞杖，大頭二分，小頭一分半。其決笞者，腿分受。決杖者，背、腿、臀分受。及須數等拷訊者，亦同。其拷囚不過三度，總數不得過二百。杖罪已下，不得過所犯之數。

諸斷罪而無正條，其應出罪者，則舉重以明輕；其應入罪者，則舉輕以明重。稱加者，就重次；稱減者，就輕次。惟二死三流，同爲一減，不得加至於死。斷獄而失於出入者，以其罪罪之。失入者，各減三等；失出者，各減五等。

初，太宗以古者斷獄，必訊於三槐九棘之官，乃詔大辟罪，中書、門下五品已上及尚書等議之。其後河內人李好德，風疾瞀亂，有妖妄之言，詔按其事。大理丞張蘊古奏，好德癲病有徵，法不當坐。治書侍御史權萬紀，劾蘊古貫相州，好德之兄厚德，爲其刺史，情在阿縱，奏事不實。太宗曰：「吾常禁囚於獄內，蘊古與之弈棋，今復阿縱好德，是亂吾法也。」遂斬於東市，既而悔之。又交州都督盧祖尚，以忤旨斬於朝堂，帝亦追悔。下制，凡決死刑，

雖令即殺，仍三覆奏。尋謂侍臣曰：「人命至重，一死不可再生。昔世充殺鄭頲，既而悔之，追止不及。今春府史取財不多，朕怒殺之，後亦尋悔，皆由思不審也。比來決囚，雖三覆奏，須臾之間，三奏便訖，都未得思，三奏何益？自今已後，宜二日中五覆奏，下諸州三覆奏。又古者行刑，君爲徹樂減膳。朕今庭無常設之樂，莫知何徹，然對食即不啖酒肉。自今已後，令與尚食相知，刑人日勿進酒肉。內教坊及太常(一〇)，並宜停教。且曹司斷獄，多據律文，雖情在可矜，而不敢違法，守文定罪，或恐有冤。自今門下覆理，有據法合死而情可宥者，宜錄狀奏。」自是全活者甚衆。其五覆奏，以決前一日、二日覆奏，決日又三覆奏。惟犯惡逆者，一覆奏而已，著之於令。

太宗既誅張蘊古之後，法官以出罪爲誡，時有失入者，又不加罪焉，由是刑網頗密。帝嘗問大理卿劉德威曰：「近來刑網稍密，何也？」德威對曰：「律文失入減三等，失出減五等。今失入則無辜，失出則便獲大罪，所由吏皆深文。」太宗然其言。由是失於出入者，令依律文，斷獄者漸爲平允。十四年，又制流罪三等，不限以里數，量配邊惡之州。其後雖存寬典，而犯者漸少。

高宗即位，遵貞觀故事，務在恤刑。嘗問大理卿唐臨在獄繫囚之數(一一)，臨對曰：「見囚五十餘人，惟二人合死。」帝以囚數全少，怡然形於顏色。永徽初，敕太尉長孫無忌、司空

李勣、左僕射于志寧、右僕射張行成、侍中高季輔、黃門侍郎宇文節柳奭、右丞段寶玄、太常少卿令狐德棻、吏部侍郎高敬言、刑部侍郎劉燕客、給事中趙文恪、中書舍人李友益、少府丞張行實、大理丞元紹、太府丞王文端、刑部郎中賈敏行等，共撰定律令格式。舊制不便者，皆隨删改。遂分格爲兩部：曹司常務爲留司格，天下所共者爲散頒格。其散頒格下州縣，留司格但留本司行用焉。三年，詔曰：「律學未有定疏，每年所舉明法，遂無憑準。宜廣召解律人條義疏奏聞，仍使中書、門下監定。」於是太尉趙國公無忌、司空英國公勣、尚書左僕射兼太子少師監修國史燕國公志寧、銀青光祿大夫刑部尚書唐臨、太中大夫守大理卿段寶玄、朝議大夫守尚書右丞劉燕客、朝議大夫守御史中丞賈敏行等，參撰律疏，成三十卷，四年十月奏之，頒于天下。自是斷獄者皆引疏分析之。

永徽五年五月，上謂侍臣曰：「獄訟繁多，皆由刑罰枉濫，故曰刑者成也，一成而不可變。末代斷獄之人，皆以苛刻爲明，是以秦氏網密秋荼，而獲罪者衆。今天下無事，四海乂安，欲與公等共行寬政。今日刑罰，得無枉濫乎？」無忌對曰：「陛下欲得刑法寬平，臣下猶不識聖意。此法弊來已久，非止今日。若情在體國，即共號癡人，意在深文，便稱好吏。所以罪雖合杖，必欲遣徒，理有可生，務入於死，非憎前人，陷於死刑〔二〕。陛下矜而令放，法司亦宜固請，但陛下喜怒不妄加於人，刑罰自然適中。」上以爲然。永徽六年七月，上謂侍臣曰：

「律通比附，條例太多。」左僕射志寧等對：「舊律多比附斷事，乃稍難解。科條極衆，數至三千。隋日再定，惟留五百。以事類相似者，比附科斷。今日所停，即是參取隋律修易。條章既少，極成省便。」

龍朔二年，改易官號，因敕司刑太常伯源直心、少常伯李敬玄、司刑大夫李文禮等重定格式，惟改曹局之名，而不易篇第。麟德二年奏上。至儀鳳中，官號復舊，又敕左僕射劉仁軌、右僕射戴至德〔三〕、侍中張文瓘、中書令李敬玄、右庶子郝處俊、黃門侍郎來恆、左庶子高智周、右庶子李義琰、吏部侍郎裴行儉馬載〔四〕、兵部侍郎蕭德昭裴炎、工部侍郎李義琛、刑部侍郎張楚、金部郎中盧律師等，删緝格式。儀鳳二年二月九日，撰定奏上。先是詳刑少卿趙仁本撰法例三卷，引以斷獄，時議亦爲折衷〔五〕。後高宗覽之，以爲煩文不便，因謂侍臣曰：「律令格式，天下通規，非朕庸虛所能創制。並是武德之際，貞觀已來，或取定宸衷，參詳衆議，條章備舉，軌躅昭然，臨事遵行，自不能盡。何爲更須作例，致使觸緒多疑。計此因循，非適今日，速宜改轍，不得更然。」自是，法例遂廢不用。

則天臨朝，初欲大收人望。垂拱初年，令鎔銅爲匭，四面置門，各依方色，共爲一室。東面名曰延恩匭，上賦頌及許求官爵者封表投之。南面曰招諫匭，有言時政得失及直言諫諍者投之。西面曰申冤匭，有得罪冤濫者投之。北面曰通玄匭，有玄象災變及軍謀秘策者

投之。每日置之於朝堂，以收天下表疏。既出之後，不逞之徒，或至攻訐陰私，謗訕朝政者。後乃令中書、門下官一人，專監其所投之狀，仍責識官，然後許進封，行之至今焉。則天又敕內史裴居道、夏官尚書岑長倩、鳳閣侍郎韋方質與删定官袁智弘等十餘人，删改格式，加計帳及勾帳式，通舊式成二十卷。又以武德已來、垂拱已前詔敕便於時者〔六〕，編爲新格二卷，則天自製序。其二卷之外，別編六卷，堪爲當司行用，爲垂拱留司格。時韋方質詳練法理，又委其事於咸陽尉王守愼〔七〕，又有經理之才，故垂拱格、式，議者稱爲詳密。其律令惟改二十四條，又有不便者，大抵依舊。

然則天嚴於用刑，屬徐敬業作亂，及豫、博兵起之後，恐人心動搖，欲以威制天下，漸引酷吏，務令深文，以案刑獄。長壽年有上封事言嶺表流人有陰謀逆者，乃遣司刑評事萬國俊攝監察御史就案之，若得反狀，斬決。國俊至廣州，遍召流人，擁之水曲，以次加戮，三百餘人，一時併命，然後鍛鍊曲成反狀。乃更誣奏云：「諸道流人，多有怨望。若不推究，爲變不遙。」則天深然其言，又命攝監察御史劉光業、王德壽、鮑思恭、王處貞、屈貞筠等〔八〕，分往劍南、黔中、安南、嶺南等六道，按鞫流人。光業所在殺戮，光業誅九百人，德壽誅七百人，其餘少者不減數百人。亦有雜犯及遠年流人，亦枉及禍焉。

時周興、來俊臣等，相次受制，推究大獄。乃於都城麗景門內，別置推事使院，時人謂

之「新開獄」。俊臣又與侍御史侯思止王弘義郭霸李敬仁、評事康暐衛遂忠等，招集告事數百人，共爲羅織，以陷良善。前後枉遭殺害者，不可勝數。又造告密羅織經一卷，其意旨皆網羅前人，織成反狀。俊臣每鞫囚，無問輕重，多以醋灌鼻。禁地牢中，或盛之于瓮，以火圜遶炙之。兼絕其糧餉，至有抽衣絮以噉之者。其所作大枷，凡有十號：一曰定百脈，二曰喘不得，三曰突地吼，四曰著即承，五曰失魂膽，六曰實同反，七曰反是實，八曰死猪愁，九曰求即死，十曰求破家。又令寢處糞穢，備諸苦毒。每有制書寬宥囚徒，俊臣必先遣獄卒，盡殺重罪，然後宣示。是時海內懾懼，道路以目。麟臺正字陳子昂上書曰：

臣聞古之御天下者，其政有三：王者化之，用仁義也；霸者威之，任權智也；強國脅之，務刑罰也。是以化之不足，然後威之，威之不足，然後刑之。故至於刑，則非王者之所貴矣。況欲光宅天下，追功上皇，專任刑殺以爲威斷，可謂策之失者也。

臣伏覩陛下聖德聰明，遊心太古，將制靜宇宙，保乂黎民，發號施令，出於誠慊。天下蒼生，莫不懸望聖風，冀見神化，道德爲政，將待於陛下矣。臣聞之，聖人出，必有驅除，蓋天人之符，應休命也。日者東南微孽，敢謀亂常。陛下順天行誅，罪惡咸伏，豈非天意欲彰陛下威武之功哉！而執事者不察天心，以爲人意，惡其首亂唱禍，法合誅屠，將息姦源，窮其黨與。遂使陛下大開詔獄，重設嚴刑，冀以懲姦，觀于天下。逆黨

親屬及其交遊，有涉嫌疑，辭相連及，莫不窮捕考校，枝葉蟠拏，大或流血〔二九〕，小禦魑魅。至有姦人熒惑，乘險相誣，糾告疑似，冀圖爵賞，叫于闕下者，日有數矣。于時朝廷徨徨，莫能自固，海內傾聽，以相驚恐。賴陛下仁慈，憫其危懼，賜以恩詔，許其大功已上，一切勿論，人時獲泰，謂生再造。愚臣竊以忻然，賀陛下聖明，得天之機也。不謂議者異見，又執前圖，比者刑獄，紛紛復起。陛下不深思天意，以順休期，尚以督察爲理，威刑爲務，使前者之詔，不信於人，愚臣昧焉，竊恐非五帝、三王伐罪弔人之意也。

臣竊觀當今天下百姓，思安久矣。曩屬北胡侵塞，西戎寇邊，兵革相屠，向歷十載。關、河自北，轉輸幽、燕；秦、蜀之西，馳騖湟、海。當時天下疲極矣！重以大兵之後，屬遭凶年，流離飢餓，死喪略半。幸賴陛下以至聖之德，撫寧兆人，邊境獲安，中國無事，陰陽大順，年穀累登，天下父子，始得相養矣。揚州構禍，殆有五旬，而海中晏然，纖塵不動，豈非天下蒸庶猒凶亂哉？臣以此卜之，百姓思安久矣。今陛下不務玄默，以救疲民，而又任威刑以失其望，欲以察察爲政，肅理寰區。愚臣暗昧，竊有大惑。且臣聞刑者，政之末節也。先王以禁暴釐亂，不得已而用之。今天下幸安，萬物思泰，陛下乃以末節之法，察理平人，愚臣以爲非適變隨時之義也。頃年以來，伏見諸方告

密，囚累百千輩。大抵所告，皆以揚州爲名，及其窮竟，百無一實。陛下仁恕，又屈法容之，傍訐他事，亦爲推劾。遂使姦臣之黨，快意相讎，睚眦之嫌，即稱有密，一人被告，百人滿獄，使者推捕，冠蓋如市。或謂陛下愛一人而害百人，天下喁喁，莫知寧所。

臣聞自非聖人，不有外患，必有內憂，物理自然也。臣不敢以古遠言之，請指隋而說。臣聞長老云：隋之末世，天下猶平。煬帝不恭，窮毒威武，猒居皇極，自總元戎，以百萬之師，觀兵遼海，天下始騷然矣。遂使楊玄感挾不臣之勢，有大盜之心，欲因人謀，以竊皇業。乃稱兵中夏，將據洛陽，哮虓之勢，傾宇宙矣。然亂未逾月，而頭足異處。何者？天下之弊，未有土崩，蒸人之心，猶望樂業。煬帝不悟，暗忽人機，自以爲元惡既誅，天下無巨猾也，皇極之任，可以刑罰理之。遂使兵部尚書樊子蓋專行屠戮，大窮黨與，海內豪士，無不罹殃。遂至殺人如麻，流血成澤，天下靡然思爲亂矣。於是蕭銑、朱粲起於荊南，李密、竇建德亂於河北。四海雲搖，遂並起而亡隋族矣。豈不哀哉！長老至今談之，委曲如是。

觀三代夏、殷興亡，已下至秦、漢、魏、晉理亂，莫不皆以毒刑而致敗壞也。夫大獄一起，不能無濫。何者？刀筆之吏，寡識大方，斷獄能者，名在急刻，文深網密，則共稱至公，爰及人主，亦謂其奉法。於是利在殺人，害在平恕，故獄吏相誡，以殺爲詞。非憎於人也，而利在己。故上以希人主之旨，以圖榮身之利。徇利既多，則不能無濫，濫及良善，則淫刑逞矣。夫人情莫不自愛其身，陛下以此察之，豈非無濫矣！冤人吁嗟，感傷和氣；和氣悖亂，羣生癘疫；水旱隨之，則有凶年。人既失業，則禍亂之心怵然而生矣。頃來亢陽愆候，雲而不雨，農夫釋耒，瞻望嗷嗷，豈不由陛下之有聖德而不降澤於人也？儻旱遂過春，廢於時種，今年稼穡，必有損矣。陛下可不敬承天意，以澤恤人？臣聞古者明王重慎刑罰，蓋懼此也。書不云乎，「與其殺不辜，寧失不經。」陛下奈何以堂堂之聖，猶務強國之威。愚臣竊爲陛下不取。

且愚人安則樂生，危則思變。故事有招禍，法有起姦。倘大獄未休，支黨日廣，天下疑惑，相恐無辜，人情之變，不可不察。昔漢武帝時巫蠱獄起，江充行詐，作亂京師，至使太子奔走，兵交宮闕，無辜被害者以萬千數。當時劉宗幾覆滅矣，賴武帝得壺關三老上書，幡然感悟，夷江充三族，餘獄不論，天下少以安耳。臣讀書至此，未嘗不爲戾太子流涕也。古人云：「前事不忘，後事之師。」伏願陛下念之。今臣不避湯鑊之罪，以螻蟻之命，輕觸宸嚴。臣非不惡死而貪生也，誠以負陛下恩遇，以微命蔽塞聰明，亦非敢欲陛下頓息嚴刑，望在恤刑耳。乞與三事大夫，圖其可否。夫往者不可諫，來者

猶可追，無以臣微而忽其奏，天下幸甚。

疏奏不省。

時司刑少卿徐有功常駁酷吏所奏，每日與之廷爭得失，以雪冤濫，因此全濟者亦不可勝數，語在有功傳。及俊臣、弘義等伏誅，刑獄稍息。前後宰相王及善、姚元崇、朱敬則等，皆言垂拱已來身死破家者，皆是枉濫。則天頗亦覺悟，於是監察御史魏靖上言曰：

臣聞國之綱紀，在乎生殺。其周興、來俊臣、丘神勣、萬國俊、王弘義、侯思止、郭弘霸、李敬仁、彭先覺、王德壽、張知默者，即堯年四凶矣。恣騁愚暴，縱虐含毒，讎嫉在位，安忍朝臣，罪逐情加，刑隨意改。當其時也，囚圄如市，朝廷以目。既而素虛不昧，冤魂有託，行惡其報，禍淫可懲，具嚴天刑，以懲亂首。竊見來俊臣身處極法者，以其羅織良善，屠陷忠賢，籍沒以勸將來，顯戮以謝天下。臣又聞之道路，上至聖主，傍洎貴臣，明明知有羅織之事矣。俊臣既死，推者獲功，胡元禮超遷，裴談顯授，中外稱慶，朝廷載安。破其黨者，既能賞不逾時；被其陷者，豈可淹之累歲。且稱反徒，須得反狀。惟據片辭〔三〇〕，即請行刑，拷楚妄加，款答何限。故徐有功以寬平而見忌，郭弘霸以妓女而受拘，中外具知，枉直斯在，借以爲喻，其餘可詳。臣又聞之，郭弘霸自刺而唱快，萬國俊被遮而遽亡。霍獻可臨終，膝拳於項；李敬仁將死，舌至於臍。

皆衆鬼滿庭，羣妖橫道，惟徵集應，若響隨聲。備在人謠，不爲虛說，伯有晝見，殆無以過。此亦羅織之一據也〔二〕。臣以至愚，不識大體，儻使平反者數人，衆共詳覆來俊臣等所推大獄，庶鄧艾獲申於今日，孝婦不濫於昔時，恩渙一流，天下幸甚。疏奏，制令錄來俊臣、丘神勣等所推鞫人身死籍沒者，令三司重推勘，有冤濫者，並皆雪免。

中宗神龍元年，制以故司僕少卿徐有功，執法平恕，追贈越州都督，特授一子官。又以丘神勣、來子珣、萬國俊、周興、來俊臣、魚承曄、王景昭、索元禮、傅遊藝、王弘義、張知默、裴籍、焦仁亶、侯思止、郭霸、李敬仁、皇甫文備、陳嘉言、劉光業、王德壽、王處貞、屈貞筠、鮑思恭二十三人，自垂拱已來，並枉濫殺人，所有官爵，並令追奪。天下稱慶。時既改易，制盡依貞觀、永徽故事。敕中書令韋安石、禮部侍郎祝欽明、尚書右丞蘇瓌、兵部郎中狄光嗣等，刪定垂拱格後至神龍元年已來制敕，爲散頒格七卷。又刪補舊式，爲二十卷，頒於天下。

景雲初，睿宗又敕戶部尚書岑羲、中書侍郎陸象先、右散騎常侍徐堅、右司郎中唐紹、刑部員外郎邵知與、刪定官大理寺丞陳義海、右衛長史張處斌、大理評事張名播、左衛率府倉曹參軍羅思貞、刑部主事閻義顓凡十人，刪定格式律令。太極元年二月奏上，名爲

太極格。

開元初，玄宗敕黃門監盧懷慎、紫微侍郎兼刑部尚書李乂、紫微侍郎蘇頲、紫微舍人呂延祚、給事中魏奉古、大理評事高智靜、同州韓城縣丞侯郢璡、瀛州司法參軍閻義顓等，刪定格式令，至三年三月奏上，名爲開元格。六年，玄宗又敕吏部侍郎兼侍中宋璟、中書侍郎蘇頲、尚書左丞盧從愿、吏部侍郎裴漼慕容珣、戶部侍郎楊滔、中書舍人劉令植、大理司直高智靜、幽州司功參軍侯郢璡等九人，刪定律令格式，至七年三月奏上，律令式仍舊名，格曰開元後格。十九年，侍中裴光庭、中書令蕭嵩，又以格後制敕行用之後，頗與格文相違，於事非便，奏令所司刪撰格後長行敕六卷，頒于天下。

二十二年，戶部尚書李林甫又受詔改修格令。林甫遷中書令，乃與侍中牛仙客、御史中丞王敬從，與明法之官前左武衛胄曹參軍崔見、衛州司戶參軍直中書陳承信、酸棗尉直刑部俞元杞等，共加刪緝舊格式律令及敕，總七千二十六條。其一千三百二十四條於事非要，並刪之。二千一百八十條隨文損益，三千五百九十四條仍舊不改，總成律十二卷〔三〕，律疏三十卷，令三十卷，式二十卷，開元新格十卷。又撰格式律令事類四十卷，以類相從，便於省覽。二十五年九月奏上，敕於尚書都省寫五十本，發使散於天下。其年刑部斷獄，天下死罪惟有五十八人。大理少卿徐嶠上言：大理獄院，由來相傳殺氣太盛，鳥雀不棲，至是有鵲巢其樹。於是百僚以幾至刑措，上表陳賀。玄宗以宰相燮理、法官平允之功，封仙客爲邠國公，林甫爲晉國公，刑部大理官共賜帛二千匹。

自明慶至先天六十年間，高宗寬仁，政歸宮閫。則天女主猜忌，果於殺戮，宗枝大臣，鍛於酷吏，至於移易宗社，幾亡李氏。神龍之後，后族干政。景雲繼立，歸妹怙權。開元之際，刑政賞罰，斷於宸極，四十餘年，可謂太平矣。及冢臣懷邪，邊將內侮，乘輿幸于巴、蜀，儲副立於朔方。曾未逾年，載收京邑，書契以來，未有克復宗社若斯之速也。而兩京衣冠，多被脅從，至是相率待罪闕下。而執事者務欲峻刑以取威，盡誅其族，以令天下。議久不定，竟置三司使，以御史大夫兼京兆尹李峴、兵部侍郎呂諲、戶部侍郎兼御史中丞崔器、刑部侍郎兼御史中丞韓擇木、大理卿嚴向等五人爲之。

初，西京文武官陸大鈞等陷賊來歸，崔器草儀，盡令免冠徒跣，撫膺號泣，以金吾府縣人吏圍之，於朝謝罪，收付大理京兆府獄繫之。及陳希烈等大臣至者數百人，又令朝堂徒跣如初，令宰相苗晉卿、崔圓、李麟等百僚同視，以爲棄辱，宣詔以責之。朝廷又以負罪者衆，獄中不容，乃賜楊國忠宅鞫之。器、諲多希旨深刻，而擇木無所是非，獨李峴力爭之，乃定所推之罪爲六等，集百僚尚書省議之。肅宗方用刑名，公卿但唯唯署名而已。於是河南尹達奚珣等三十九人，以爲罪重，與衆共棄。珣等十一人，於子城西伏誅。陳希烈、

張垍、郭納、獨孤朗等七人〔四〕，於大理寺獄賜自盡。達奚摯、張岯、李有孚、劉子英、冉大華二十一人，於京兆府門決重杖死。大理卿張均引至獨柳樹下刑人處，免死配流合浦郡。而達奚珣、韋恆乃至腰斬。

先是，慶緒至相州，史思明、高秀巖等皆送款請命，肅宗各令復位，便領所管，至是懼不自安，各率其黨叛。其後三司用刑，連年不定，流貶相繼。及王璵爲相，素聞物議，請下詔自今已後，三司推勘未畢者，一切放免，大收人望。後蕭華拔魏州歸國，嘗話於朝云：「初河北官聞國家宣詔放陳希烈等脅從官一切不問，各令復位，聞者悔歸國之晚，舉措自失。及後聞希烈等死，皆相賀得計，無敢歸者。於是河北將吏，人人益堅，大兵不解。」

後有毛若虛、敬羽之流，皆深酷割剝，驟求權柄，殺人以逞刑，厚斂以資國。六七年間，大獄相繼，州縣之內，多是貶降人。肅宗復聞三司多濫，嘗悔云：「朕爲三司所誤，深恨之。」及彌留之際，以元載爲相，乃詔天下流降人等一切放歸。

代宗寶應元年，迴紇與史朝義戰勝，擒其將士妻子老幼四百八十人。上以婦人雖爲賊家口，皆是良家子女，被賊逼略，惻然愍之，令萬年縣於勝業佛寺安置，給糧料。若有親屬認者，任還之；如無親族者，任其所適，仍給糧遞過。於是人情莫不感戴忻悅。

大曆十四年六月一日，德宗御丹鳳樓大赦。赦書節文：「律令格式條目有未折衷者，委

中書門下簡擇理識通明官共删定。自至德已來制敕，或因人奏請，或臨事頒行，差互不同，使人疑惑。中書門下與删定官詳決，取堪久長行用者，編入格條。」三司使，準式以御史中丞、中書舍人、給事中各一人爲之，每日於朝堂受詞，推勘處分。建中二年，罷删定格令使并三司使。先是，以中書門下充删定格令使，又以給事中、中書舍人、御史中丞爲三司使。至是中書門下奏請復舊，以刑部、御史臺、大理寺爲之，其格令委刑部删定。

元和四年九月敕：「刑部大理決斷繫囚，過爲淹遲，是長姦倖。自今已後，大理寺檢斷，不得過二十日，刑部覆下，不得過十日。如刑部覆有異同，寺司重加不得過十五日〔三三〕，省司量覆不得過七日。如有牒外州府節目及於京城內勘〔三四〕，本推即日以報。牒到後計日數，被勘司却報不得過五日。仍令刑部具遣牒及報牒月日，牒報都省及分察使，各準敕文勾舉糾訪。」

六年九月，富平縣人梁悅，爲父殺仇人秦果，投縣請罪。敕：「復讎殺人，固有彝典。以其申冤請罪，視死如歸，自詣公門，發於天性。志在徇節，本無求生之心，寧失不經，特從減死之法。宜決一百，配流循州。」職方員外郎韓愈獻議曰：

伏奉今月五日敕，復讎，據禮經則義不同天，徵法令則殺人者死。禮法二事，皆王敎之端，有此異同，必資論辯，宜令都省集議聞奏者。伏以子復父讎，見於春秋，見於

禮記，又見於周官，又見於諸子史，不可勝數，未有非而罪之者也。最宜詳於律，而律無其條，非闕文也。蓋以爲不許復讎，則傷孝子之心，而乖先王之訓；許復讎，則人將倚法專殺，無以禁止其端矣。夫律雖本於聖人，然執而行之者，有司也。經之所明者，制有司也。丁寧其義於經，而深沒其文於律者，其意將使法吏一斷於法，而經術之士，得引經而議也。周官曰：「凡殺人而義者，令勿讎；讎之則死。」義，宜也，明殺人而不得其宜者，子得復讎也。此百姓之相讎者也。公羊傳曰：「父不受誅，子復讎可也。」不受誅者，罪不當誅也。又周官曰：「凡報仇讎者，書於士，殺之無罪。」言將復讎，必先言於官，則無罪也。今陛下垂意典章，思立定制。惜有司之守，憐孝子之心，示不自專，訪議羣下。臣愚以爲復讎之名雖同，而其事各異。或百姓相讎，如周官所稱，可議於今者；或爲官吏所誅，如公羊所稱，不可行於今者。又周官所稱，將復讎，先告於士則無罪者，若孤稚羸弱，抱微志而伺敵人之便，恐不能自言於官，未可以爲斷於今也。然則殺之與赦，不可一例。宜定其制曰：凡有復父讎者，事發，具其事由，下尚書省集議奏聞〔三五〕。酌其宜而處之，則經律無失其指矣。

元和十三年八月，鳳翔節度使鄭餘慶等詳定格後敕三十卷，右司郎中崔郾等六人修上。其年，刑部侍郎許孟容、蔣乂等奉詔删定，復勒成三十卷。刑部侍郎劉伯芻等考定，如其舊卷。

長慶元年五月，御史中丞牛僧孺奏：「天下刑獄，苦於淹滯，請立程限。大事，大理寺限三十五日詳斷畢，申刑部，限三十日聞奏；中事，大理寺三十日，刑部二十五日；小事，大理寺二十五日，刑部二十日。一狀所犯十人以上，所斷罪二十件以上，爲大；所犯六人以上，所斷罪十件以上，爲中；所犯五人以下，所斷罪十件以下，爲小。其或所抵罪狀并所結刑名並同者，則雖人數甚多，亦同一人之例。違者，罪有差。」

二年四月，刑部員外郎孫革奏：「京兆府雲陽縣人張莅，欠羽林官騎康憲錢米。憲徵之，莅承醉拉憲，氣息將絕。憲男買得，年十四，將救其父。以莅角觝力人，不敢搗解，遂持木鍤擊莅之首見血，後三日致死者。準律，父爲人所毆，子往救，擊其人折傷，減凡鬭三等，至死者，依常律。即買得救父難是性孝，非暴；擊張莅是心切〔三六〕，非兇。以髫丱之歲，正父子之親，若非聖化所加，童子安能及此？王制稱五刑之理，必原父子之親以權之，慎測淺深之量以別之。春秋之義，原心定罪。周書所訓，諸罰有權。今買得生被皇風，幼符至孝，哀矜之宥，伏在聖慈。臣職當讞刑，合分善惡。」敕：「康買得尚在童年，能知子道，雖殺人當死，而爲父可哀。若從沉命之科，恐失原情之義，宜付法司，減死罪一等。」

大和七年十二月，刑部奏：「先奉敕詳定前大理丞謝登新編格後敕六十卷者。臣等據

謝登所進，詳諸理例，參以格式，或事非久要，恩出一時，或前後差殊，或書寫錯誤，並已落下及改正訖。去繁舉要，列司分門，都爲五十卷。伏請宣下施行。」可之。

八年四月，詔應犯輕罪人，除情狀巨蠹，法所難原者，其他過誤罪愆，及尋常公事違犯，不得鞭背，遵太宗之故事也。俄而京兆尹韋長奏：「京師浩穰，姦豪所聚。終日懲罰，抵犯猶多，小有寬容，即難禁戢。若恭守敕旨，則無以肅清；若臨事用刑，則有違詔命。伏望許依前據輕重處置。」從之。

開成四年，兩省詳定刑法格一十卷，敕令施行。

會昌元年九月，庫部郎中、知制誥紇干泉等奏：「準刑部奏，犯贓官五品已上，合抵死刑，請準獄官令賜死於家者，伏請永爲定格。」從之。

大中五年四月，刑部侍郎劉瑑等奉敕修大中刑法總要格後敕六十卷，起貞觀二年六月二十日，至大中五年四月十三日，凡二百二十四年雜敕，都計六百四十六門，二千一百六十五條。七年五月，左衞率倉曹參軍張戣進大中刑法統類一十二卷，敕刑部詳定奏行之。

校勘記

〔一〕約法爲十二條　十二」，各本原作「二十」，據通典卷一六五、唐會要卷三九、册府卷六一二、

新書卷五六刑法志改。

〔二〕何有不察其本而一概加誅　「何」下各本原有「者」字，據通典卷一七〇、冊府卷六一二刪。

〔三〕然則祖孫親重　「祖」、「親」，各本原無，據通典卷一七〇、唐會要卷三九補。

〔四〕應重反流　「應」字各本原作「蔭」，據通典卷一七〇、唐會要卷三九、冊府卷六一二改。

〔五〕據禮論情　「禮」字通典卷一七〇、唐會要卷三九、冊府卷六一二作「理」。殘宋本冊府仍作「禮」。

〔六〕及官爵得請者之祖父母父母　「及官」、「父母」，各本原無，據冊府卷六一二補。

〔七〕流三千里者贖銅一百斤絞斬者贖銅一百二十斤　「一百斤絞斬者贖銅」，各本原無，據唐律疏議卷一、冊府卷六一二補。

〔八〕五品已上犯私罪者　「私」字各本原無，據唐律疏議卷二、冊府卷六一二補。

〔九〕減大辟者九十二條　通典卷一六五、冊府卷六一二「大辟」下有「入流」二字。通鑑卷一九四同本志，惟無「者」字。

〔一〇〕內教坊及太常　「坊」字各本原無。通典卷一七〇作「教坊及太常」，通鑑卷一九三作「內教坊及太常」，據補「坊」字。

〔一一〕在獄繫囚之數　「囚」字各本原無，據通典卷一七〇、冊府卷一五一補。

〔一二〕陷於死刑　此下御覽卷六三六尚有「務取名耳」一句。

〔一三〕戴至德　「至」字各本原作「志」，據本書卷七〇戴胄傳、唐會要卷三九、冊府卷六一二改。

〔一四〕馬載　「載」字各本原作「戴」，據殘宋本冊府卷六一二、新書卷五八藝文志及卷九八馬周傳改。

〔一五〕時議亦爲折衷　「亦」下冊府卷六一二有「以」字。

〔一六〕垂拱已前　「前」字各本原作「後」，據通典卷一六五、唐會要卷三九、冊府卷六一二改。

〔一七〕又委其事於咸陽尉王守愼　「於」字各本原作「及」，據唐會要卷三九、冊府卷六一二改。

〔一八〕王德壽鮑思恭王處貞　「王德壽」、「王處貞」，各本原作「劉德壽」、「王大貞」，據本卷下文（中宗神龍元年制）、本書卷一八六上來俊臣傳、通典卷一七〇、唐會要卷四一改。

〔一九〕大或流血　「或」字各本原作「忽」，據唐會要卷四一、四部叢刊影明弘治本陳伯玉文集卷九、全唐文卷二一三改。通典卷一七〇作「大者流血」。

〔二〇〕惟據片辭　「片辭」，各本原作「臣辯」，據唐會要卷四一改。全唐文卷二〇八作「口辯」。

〔二一〕此亦羅織之一據也　「據」字各本原作「變」，據通典卷一七〇、唐會要卷四一、全唐文卷二〇八改。

〔二二〕總成律十二卷　「律」字各本原無，「二」字各本原作「一」，據通典卷一六五、唐會要卷三九、冊府卷六一二補改。

〔二三〕獨孤朗　張森楷云：「合鈔朗作明。據獨孤郁傳，朗在穆宗敬宗之時，不及此年。疑明字是。」

〔二四〕寺司重加　「加」字唐會要卷六六、冊府卷六一二作「斷」。

〔二五〕如有牒外州府節目　「州府」下唐會要卷六六有「看勘」二字，冊府卷六一二有「勘」字（「勘」上當脫「看」字）。

〔二六〕具其事由下尚書省集議奏聞　唐會要卷四〇「由下」作「申」，英華卷七六八「由」作「因」。冊府卷六一六、唐文粹卷四〇「由下」作「申」，「尚書省」下重「尚書省」。

〔二七〕擊張旌是心切　「心」字各本原無，據唐會要卷三九補。

二十四史

舊唐書

後晉 劉昫 等撰

第七册

卷五一至卷六六（傳）

中華書局

舊唐書卷五十一

列傳第一

后妃上

高祖太穆皇后竇氏　太宗文德皇后長孫氏　賢妃徐氏　高宗廢后王氏 良娣蕭氏　中宗和思皇后趙氏　中宗韋庶人　上官昭容　睿宗肅明皇后劉氏　睿宗昭成皇后竇氏　玄宗廢后王氏　玄宗貞順皇后武氏　玄宗楊貴妃

三代宮禁之職，周官最詳。自周已降，彤史沿革，各載本書，此不備述。唐因隋制，皇后之下，有貴妃、淑妃、德妃、賢妃各一人，爲夫人，正一品；昭儀、昭容、昭媛、修儀、修容、修媛、充儀、充容、充媛各一人，爲九嬪，正二品；婕妤九人，正三品；美人九人，正四品；

才人九人，正五品；寶林二十七人，正六品；御女二十七人，正七品；采女二十七人，正八品；其餘六尚諸司，分典乘輿服御。龍朔二年，官名改易，內職皆更舊號。咸亨二年復舊。開元中，玄宗以皇后之下立四妃，法帝嚳也，而后妃四星，一爲正后；今既立正后，復有四妃，非典法也。乃於皇后之下立惠妃、麗妃、華妃等三位，以代三夫人，爲正一品；又置芳儀六人，爲正二品；美人四人，爲正三品；才人七人，爲正四品；尚宮、尚儀、尚服各二人，爲正五品；自六品至九品，即諸司諸典職員品第而序之，後亦參用前號。

然而三代之政，莫不以賢妃開國，嬖寵傾邦。秦、漢已還，其流寖盛，大至移國，小則臨朝，煥車服以王宗枝，裂土壤而侯肺腑，洎末塗淪敗，赤族夷宗。高祖龍飛，宮無正寢，而婦言是用，釁起維城。大帝、孝和，仁而不武，但恣池臺之賞，寧顧衽席之嫌，武室、韋宗，幾危運祚。東京帝后，歿從夫諡，光烈、和熹之類是也。高宗自號天皇，武氏自稱天后，而韋庶人生有翊聖之名，肅宗欲后張氏，此不經之甚，皆以凶終。玄宗以惠妃之愛，擯斥椒宮，繼以太眞，幾喪天下。歷觀前古邦家喪敗之由，多基於子弟召禍；子弟之亂，必始於宮闈不正。故息隱鬩牆，秦王謀歸東洛；馬嵬塗地，太子不敢西行。若中有聖善之慈，胡能若是？易曰「家道正而天下定」，不其然歟！自後累朝，長秋虛位，或以旁宗入繼，母屬皆徵，徒有册拜之文，諒乏「關雎」之德。今錄其存於史册者，爲后妃傳云。

中華書局

高祖太穆皇后竇氏，京兆始平人，隋定州總管、神武公毅之女也。后母，周武帝姊襄陽長公主。后生而髮垂過頸，三歲與身齊。周武帝特愛重之，養於宮中。時武帝納突厥女爲后，無寵，后尚幼，竊言於帝曰：「四邊未靜，突厥尚強，願舅抑情撫慰，以蒼生爲念。但須突厥之助，則江南、關東不能爲患矣。」武帝深納之。毅聞之，謂長公主曰：「此女才貌如此，不可妄以許人，當爲求賢夫。」乃於門屏畫二孔雀，諸公子有求婚者，輒與兩箭射之，潛約中目者許之。前後數十輩莫能中，高祖後至，兩發各中一目。毅大悅，遂歸於我帝。及周武帝崩，后追思如喪所生。隋文帝受禪，后聞而流涕，自投於牀曰：「恨我不爲男，以救舅氏之難。」毅與長公主遽掩口曰：「汝勿妄言，滅吾族矣！」

后事元貞太后以孝聞。太后素有羸疾，時或危篤。諸姒以太后性嚴懼譴，皆稱疾而退，惟后晝夜扶侍，不脫衣履者動淹旬月焉。善書，學類高祖之書，人不能辨。工篇章，而好存規戒。大業中，高祖爲扶風太守，有駿馬數匹。常言於高祖曰：「上好鷹愛馬，公之所知，此堪進御，不可久留，人或言者，必爲身累，願熟思之。」高祖未決，竟以此獲譴。未幾，后崩於涿郡，時年四十五。高祖追思后言，方爲自安之計，數求鷹犬以進之，俄而擢拜將

軍，因流涕謂諸子曰：「我早從汝母之言，居此官久矣。」初葬壽安陵，後祔葬獻陵。上元元年八月，改上尊號曰太穆順聖皇后。

太宗文德順聖皇后長孫氏，長安人，隋右驍衞將軍晟之女也。晟妻，隋揚州刺史高敬德女，生后。少好讀書，造次必循禮則。年十三，嬪于太宗。隋大業中，常歸寧於永興里，后舅高士廉媵張氏，於后所宿舍外見大馬，高二丈，鞍勒皆具，以告士廉。命筮之，遇坤之泰，筮者曰：「至哉坤元，萬物資生，乃順承天。坤厚載物，德合無疆。牝馬地類，行地無疆。變而之泰，內陽而外陰，內健而外順，是天地交而萬物通也。象曰：后以輔相天地之宜而左右人也。龍，乾之象也。馬，坤之象也。變而爲泰，天地交也。繇協於歸妹，婦人之兆也。女處尊位，履中居順也。此女貴不可言。」

武德元年，冊爲秦王妃。時太宗功業既高，隱太子猜忌滋甚。后孝事高祖，恭順妃嬪，盡力彌縫，以存內助。及難作，太宗在玄武門，方引將士入宮授甲，后親慰勉之，左右莫不感激。九年，冊拜皇太子妃。太宗卽位，立爲皇后，贈后父晟司空、齊獻公。后性尤儉約，凡所服御，取給而已。太宗彌加禮待，常與后論及賞罰之事，對曰：「牝雞之晨，惟家之索。妾以婦人，豈敢豫聞政事。」太宗固與之言，竟不之答。時后兄無忌夙與太宗爲布衣之交，又以佐命元勳，委以腹心，出入臥內，將任之朝政。后固言不可，每乘間奏曰：「妾既託身紫宮，尊貴已極，實不願兄弟子姪布列朝廷。漢之呂、霍，可爲切骨之戒，特願聖朝勿以妾兄爲宰執。」太宗不聽，竟用無忌爲左武候大將軍、吏部尚書、右僕射。后又密遣無忌苦求遜職，太宗不獲已而許焉，改授開府儀同三司，后意乃懌。有異母兄安業，好酒無賴。獻公之薨也，后及無忌並幼，安業斥還舅氏，后殊不以介意，每請太宗厚加恩禮，位至監門將軍。及預劉德裕逆謀，太宗將殺之，后叩頭流涕爲請命曰：「安業之罪，萬死無赦。然不慈於妾，天下知之，今置以極刑，人必謂妾恃寵以復其兄，無乃爲聖朝累乎！」遂得減死。

后所生長樂公主，太宗特所鍾愛，及將出降，敕所司資送倍於長公主。魏徵諫曰：「昔漢明帝時，將封皇子，帝曰：『朕子安得同於先帝子乎！』然謂長主者，良以尊於公主也，情雖有差，義無等別。若令公主之禮有過長主，理恐不可，願陛下思之。」太宗以其言退而告后，后歎曰：「嘗聞陛下重魏徵，殊未知其故。今聞其諫，實乃能以義制主之情，可謂正直社稷之臣矣。妾與陛下結髮爲夫婦，曲蒙禮待，情義深重，每言必候顏色，尚不敢輕犯威嚴，況在臣下，情疏禮隔，故韓非爲之說難，東方稱其不易，良有以也。忠言逆於耳而利於行，有

國有家者急務，納之則俗寧，杜之則政亂，誠願陛下詳之，則天下幸甚。」后因請遣中使齎帛五百匹，詣徵宅以賜之。太子承乾乳母遂安夫人常白后曰：「東宮器用闕少，欲有奏請。」后不聽，曰：「爲太子，所患德不立而名不揚，何憂少於器物也。」

八年，從幸九成宮，染疾危惙，太子承乾入侍，密啓后曰：「醫藥備盡，尊體不瘳，請奏赦囚徒，并度人入道，冀蒙福助。」后曰：「死生有命，非人力所加。若修福可延，吾素非爲惡；若行善無效，何福可求。赦者國之大事，佛道者示存異方之教耳，非惟政體靡弊，又是上所不爲，豈以吾一婦人而亂天下法？」承乾不敢奏，以告左僕射房玄齡，玄齡以聞，太宗及侍臣莫不歔欷。朝臣咸請肆赦，太宗從之，后聞之固爭，乃止。將大漸，與太宗辭訣，時玄齡以譴歸第，后固言：「玄齡事陛下最久，小心謹慎，奇謀秘計，皆所預聞，竟無一言漏洩，非有大故，願勿棄之。又妾之本宗，幸緣姻戚，既非德舉，易履危機，其保全永久，愼勿處之權要，但以外戚奉朝請，則爲幸矣。妾生既無益於時，今死不可厚費。且葬者藏也，欲人之不見。自古聖賢，皆崇儉薄，惟無道之世，大起山陵，勞費天下，爲有識者笑。但請因山而葬，不須起墳，無用棺槨，所須器服，皆以木瓦，儉薄送終，則是不忘妾也。」十年六月己卯，崩于立政殿，時年三十六。其年十一月庚寅，葬於昭陵。

后嘗撰古婦人善事，勒成十卷，名曰女則，自爲之序。又著論駁漢明德馬皇后，以爲不

能抑退外戚，令其當朝貴盛，乃戒其龍馬水車，此乃開其禍源而防其末事耳。且戒主守者曰：「此吾以自防閑耳。婦人著述無條貫，不欲至尊見之，慎勿言。」崩後，宮司以聞，太宗覽而增慟，以示近臣曰：「皇后此書，足可垂於後代。我豈不達天命而不能割情乎！以其每能規諫，補朕之闕，今不復聞善言，是內失一良佐，以此令人哀耳！」

上元元年八月，改上尊號曰文德順聖皇后。

太宗賢妃徐氏，名惠，右散騎常侍堅之姑也。生五月而能言，四歲誦論語、毛詩，八歲好屬文。其父孝德試擬楚辭，云「山中不可以久留」，詞甚典美。自此偏涉經史，手不釋卷。太宗聞之，納爲才人。其所屬文，揮翰立成，詞華綺贍。俄拜婕妤，再遷充容。時軍旅亟動，宮室互興，百姓頗倦勞役，上疏諫曰：

自貞觀已來，二十有二載，風調雨順，年登歲稔，人無水旱之弊，國無饑饉之災。昔漢武守文之常主，猶登刻玉之符；齊桓小國之庸君，尚圖泥金之事。望陛下推功損己，讓德不居。億兆傾心，猶闕告成之禮；云、亭佇謁，未展升中之儀。此之功德，足以咀嚼百王，網羅千代者矣。古人有云：「雖休勿休」，良有以也。守初保末，聖哲罕兼。是知業大者易驕，願陛下難之；善始者難終，願陛下易之。

竊見頃年已來，力役兼總，東有遼海之軍，西有崑丘之役，士馬疲於甲胄，舟車倦於轉輸。且召募役戍，去留懷死生之痛；因風阻浪，人米有漂溺之危。一夫力耕，卒無數十之獲；一船致損，則傾數百之糧。是猶運有盡之農功，填無窮之巨浪，圖未獲之他衆，喪已成之我軍。雖除凶伐暴，有國常規；然黷武玩兵，先哲所戒。昔秦皇并吞六國，反速危亡之基；晉武奄有三方，翻成覆敗之業。豈非矜功恃大，棄德而輕邦；圖利忘害，肆情而縱慾。遂使悠悠六合，雖廣不救其亡；嗷嗷黎庶，因弊以成其禍。是知地廣非常安之術，人勞乃易亂之源。願陛下布澤流人，矜弊恤乏，減行役之煩，增湛露之惠。

妾又聞爲政之本，貴在無爲。竊見土木之功，不可兼遂。北闕初建，南營翠微，曾未逾時，玉華創制。雖復因山藉水，非無架築之勞；損之又損，頗有工力之費。終以茅茨示約，猶興木石之疲；假使和屋取人，不無煩擾之弊。是以卑宮菲食，聖主之所安；金屋瑤臺，驕主之爲麗。故有道之君，以逸逸人；無道之君，以樂樂身。願陛下使之以時，則力無竭矣；用而息之，則人斯悅矣。

夫珍玩伎巧，乃喪國之斧斤；珠玉錦繡，實迷心之酖毒。竊見服玩纖靡，如變化於自然；織貢珍奇，若神仙之所製。雖馳華於季俗，實敗素於淳風。是知漆器非延叛之方，桀造之而人叛；玉杯豈招亡之術，紂用之而國亡。方驗侈麗之源，不可不遏。作法於儉，猶恐其奢；作法於奢，何以制後？伏惟陛下明鑑未形，智周無際，窮奧祕於麟閣，盡探賾於儒林。千王治亂之蹤，百代安危之跡，興衰禍福之數，得失成敗之機，故亦苞吞心府之中，循環目圍之內，乃宸衷之久察，無假一二言焉。惟恐知之非難，行之不易，志驕於業泰，體逸於時安。伏願抑志裁心，慎終如始，削輕過以添重德，循今是以替前非，則令名與日月無窮，盛業與乾坤永大。

太宗善其言，優賜甚厚。

及太宗崩，追思顧遇之恩，哀慕愈甚，發疾不自醫。病甚，謂所親曰：「吾荷顧實深，志在早歿，魂其有靈，得侍園寢，吾之志也。」因爲七言詩及連珠以見其志。永徽元年卒，時年二十四，詔贈賢妃，陪葬於昭陵之石室。

高宗廢后王氏，并州祁人也。父仁祐，貞觀中羅山令。同安長公主即后之從祖母也。公主以后有美色，言於太宗，遂納爲晉王妃。高宗登儲，册爲皇太子妃，以父仁祐爲陳州刺史。永徽初，立爲皇后，以仁祐爲特進、魏國公，母柳氏爲魏國夫人。仁祐尋卒，贈司空。

初，武皇后貞觀末隨太宗嬪御居於感業寺，后及左右數爲之言，高宗由是復召入宮，立爲昭儀。俄而漸承恩寵，遂與后及良娣蕭氏遞相譖毀。帝終不納后言，而昭儀寵遇日厚。后懼不自安，密與母柳氏求巫祝厭勝。事發，帝大怒，斷柳氏不許入宮中，后舅中書令柳奭罷知政事，并將廢后，長孫無忌、褚遂良等固諫，乃止。俄又納李義府之策，永徽六年十月，廢后及蕭良娣皆爲庶人，囚之別院。武昭儀令人皆縊殺之。后母柳氏、兄尚衣奉御全信及蕭氏兄弟，並配流嶺外。遂立昭儀爲皇后。尋又追改后姓爲蟒氏，蕭良娣爲梟氏。

庶人良娣初囚，大罵曰：「願阿武爲老鼠，吾作貓兒，生生扼其喉！」武后怒，自是宮中不畜貓。初囚，高宗念之，閒行至其所，見其室封閉極密，惟開一竅通食器出入。高宗惻然，呼曰：「皇后、淑妃安在？」庶人泣而對曰：「妾等得罪，廢棄爲宮婢，何得更有尊稱，名爲皇后？」言訖悲咽。又曰：「今至尊思及疇昔，使妾等再見日月，出入院中，望改此院名爲『迴心院』，妾等再生之幸。」高宗曰：「朕即有處置。」武后知之，令人杖庶人及蕭氏各一百，截去手足，投於酒甕中，曰：「令此二嫗骨醉！」數日而卒。後則天頻見王、蕭二庶人披髮瀝血，如死時狀。武后惡之，禱以巫祝，又移居蓬萊宮，復見，故多在東都。中宗即位，復后姓爲王氏，梟氏還爲蕭氏。

中宗和思皇后趙氏，京兆長安人。祖綽，武德中以戰功至右領軍衞將軍。父瓌，尙高祖女常樂公主，歷遷左千牛將軍。中宗爲英王時，納后爲妃。旣而妃母公主得罪，妃亦坐廢，幽死於內侍省。則天臨朝，瓌爲壽州刺史，坐與越王貞連謀被誅，公主亦坐死。神龍元年，贈后謚爲恭皇后，贈瓌左衞大將軍。及中宗崩，將葬于定陵，議者以韋后得罪，不宜祔葬，於是追謚后爲和思，莫知瘞所，行招魂祔葬之禮。太常博士彭景直上言：「古無招魂葬之禮，不可備棺槨，置轀輬。宜據漢書郊祀志葬黃帝衣冠於橋山故事，以皇后禕衣於陵所寢宮招魂，置衣於魂輿，以太牢告祭，遷衣於寢宮，舒於御榻之右，覆以夷衾而祔葬焉。」從之。

中宗韋庶人，京兆萬年人也。祖弘表，貞觀中爲曹王府典軍。中宗爲太子時，納后爲妃，仍擢后父普州參軍玄貞爲豫州刺史。嗣聖元年，立爲皇后。其年，中宗見廢，后隨從房州。時中宗懼不自安，每聞制使至，惶恐欲自殺。后勸王曰：「禍福倚伏，何常之有，豈失一死，何遽如是也！」累年同艱危，情義甚篤。所生懿德太子、永泰永壽長寧安樂四公主〔一〕，安樂最幼，生於房州，帝自脫衣裹之，遂名曰裹兒，特寵異焉。及中宗復立爲太子，又

立后爲妃。時昭容上官氏常勸后行則天故事，乃上表請天下士庶爲出母服喪三年；又請百姓以年二十三爲丁，五十九免役，改易制度，以收時望。制皆許之。

帝在房州時，常謂后曰：「一朝見天日，誓不相禁忌。」及得志，受上官昭容邪說，引武三思入宮中，升御牀，與后雙陸，帝爲點籌，以爲歡笑，醜聲日聞于外。乃大出宮女，雖左右內職，亦許時出禁中。上官氏及宮人貴倖者，皆立外宅，出入不節，朝官邪佞者候之，恣爲狎遊，祈其賞秩，以至要官。時侍中敬暉謀去諸武，武三思患之，乃結上官氏以爲援，因得幸於后，潛入宮中謀議，乃諷百官上帝尊號爲應天皇帝，后爲順天皇后。帝與后親謁太廟，告謝受尊號之意。於是三思驕橫用事，敬暉、王同皎相次夷滅，天下咸歸咎於后。

后方優寵親屬，內外封拜，遍列清要。又欲寵樹安樂公主，乃制公主開府，置官屬。太平公主儀比親王。長寧、安樂二府不置長史而已。宜城公主等以非后所生，各減太平之半。安樂恃寵驕恣，賣官鬻獄，勢傾朝廷，常自草制敕，掩其文而請帝書焉，帝笑而從之，竟不省視。又請自立爲皇太女，帝雖不從，亦不加譴。所署府僚，皆猥濫非才。又廣營第宅，侈靡過甚。長寧及諸公主迭相倣效，天下咸嗟怨之。

神龍三年，節愍太子死後，宗楚客率百僚上表，加后號爲順天翊聖皇后。景龍二年春，宮中希旨，妄稱后衣箱中有五色雲出，帝使畫工圖之，出示於朝，乃大赦天下，百僚母妻各加邑號。右驍衞將軍、知太史事迦葉志忠上表曰：「昔高祖未受命時，天下歌桃李子；太宗未受命時，天下歌秦王破陣樂；高宗未受命時，天下歌側堂堂；天后未受命時，天下歌武媚娘。伏惟應天皇帝未受命時，天下歌英王石州；順天皇后未受命時，天下歌桑條韋也、女時韋也〔二〕。六合之內，齊首蹀足，應四時八節之會，歌舞同歡。豈與夫簫韶九成、百獸率舞同年而語哉！伏惟皇后降帝女之精，合爲國母，主蠶桑以安天下，后妃之德，於斯爲盛。謹進桑條歌十二篇，伏請宣布中外，進入樂府，皇后先蠶之時，以享宗廟。」帝悅而許之，特賜志忠莊一區、雜綵七百段。太常少卿鄭愔又引而申之，播於舞詠，亦受厚賞。兵部尙書宗楚客又諷補闕趙延禧表陳符命，解桑條以爲十八代之符，請頒示天下，編諸史册。帝大悅，擢延禧爲諫議大夫。時上官昭容與其母鄭氏及尙宮柴氏、賀婁氏樹用親黨，廣納貨賂，別降墨敕斜封授官，或出臧獲屠販之類，累居榮秩。又引女巫趙氏出入禁中，封爲隴西夫人，勢與上官氏爲比。

三年冬，帝將親祠南郊，國子祭酒祝欽明、司業郭山惲建議云：「皇后亦合助祭。」太常博士唐紹、蔣欽緒上疏爭之。尙書右僕射韋巨源詳定儀注，遂希旨協同欽明之議。帝納其言，以后爲亞獻，仍以宰相女爲齊娘，以執籩豆。欽明又欲請安樂公主爲終獻，迫於時議而止。

四年正月望夜，帝與后微行市里，以觀燒燈。又放宮女數千，夜遊縱觀，因與外人陰通，逃逸不還。時國子祭酒葉靜能善符禁小術，散騎常侍馬秦客頗閑醫藥，光祿少卿楊均以調膳侍奉，皆出入宮掖。均與秦客皆得幸於后，相次丁母憂，旬日悉起復舊職。時安樂公主與駙馬武延秀、侍中紀處訥、中書令宗楚客、司農卿趙履溫互相猜貳，迭爲朋黨。

六月，帝遇毒暴崩。時馬秦客侍疾，議者歸罪於秦客及安樂公主。后懼，秘不發喪，引所親入禁中，謀自安之策。以刑部尙書裴談、工部尙書張錫知政事，留守東都；又命左金吾大將軍趙承恩及宦者左監門衞大將軍薛崇簡帥兵五百人往均州〔三〕，以備譙王重福。后與兄太子少保溫定策，立溫王重茂爲皇太子，召諸府兵五萬人屯京城，分爲左右營，然後發喪。少帝卽位，尊后爲皇太后，臨朝攝政。韋溫總知內外兵馬，守援宮掖；駙馬韋捷、韋濯分掌左右屯營；武延秀及溫從子播、族弟璿、外甥高崇共典左右羽林軍及飛騎、萬騎。播、璿欲先樹威嚴，拜官日先鞭萬騎數人，衆皆怨，不爲之用。

時京城恐懼，相傳將有革命之事，往往偶語，人情不安。臨淄王率薛崇簡、鍾紹京、劉幽求領萬騎及總監丁夫入自玄武門，至左羽林軍，斬將軍韋璿、韋播及中郎將高崇於寢帳。遂斬關而入，至太極殿。后惶駭遁入殿前飛騎營，及武延秀、安樂公主皆爲亂兵所殺。分遣萬騎誅其黨與韋溫、溫從子捷及族弟嬰，宗楚客、弟晉卿，紀處訥，馬秦客，葉靜能，

楊均，趙履温，衞尉卿王哲，太常卿李瑰，將作少匠李守質及韋氏武氏宗族，無少長皆斬之。梟后及安樂公主首於東市。翌日，敕收后屍，葬以一品之禮，追貶爲庶人；安樂公主葬以三品之禮，追貶爲悖逆庶人。

中宗上官昭容名婉兒，西臺侍郎儀之孫也。父庭芝，與儀同被誅，婉兒時在襁褓，隨母配入掖庭。及長，有文詞，明習吏事。則天時，婉兒忤旨當誅，則天惜其才不殺，但黥其面而已。自聖曆已後，百司表奏，多令參決。中宗即位，又令專掌制命，深被信任。尋拜爲昭容，封其母鄭氏爲沛國夫人。婉兒既與武三思淫亂，每下制敕，多因事推尊武氏而排抑皇家。節愍太子深惡之，及舉兵，至肅章門，扣閤索婉兒。婉兒大言曰：「觀其此意，即當次索皇后以及大家。」帝與后遂激怒，并將婉兒登玄武門樓以避兵鋒，俄而事定。

婉兒常勸廣置昭文學士，盛引當朝詞學之臣，數賜遊宴，賦詩唱和。婉兒每代帝及后、長寧安樂二公主，數首並作，辭甚綺麗，時人咸諷誦之。婉兒又通於吏部侍郎崔湜，引知政事。湜嘗充使開商山新路，功未半而中宗崩，婉兒草遺制，曲敍其功而加褒賞。及韋庶人敗，婉兒亦斬於旗下。玄宗令收其詩筆，撰成文集二十卷，令張說爲之序。初，婉兒在孕時，其母夢人遺己大秤，占者曰：「當生貴子，而秉國權衡。」既生女，聞者嗤其無效，及婉兒專秉內政，果如占者之言。

睿宗肅明順聖皇后劉氏，刑部尚書德威之孫也。父延景，陝州刺史，景雲元年，追贈尚書右僕射、沛國公。儀鳳中，睿宗居藩，納后爲孺人，尋立爲妃，生寧王憲、壽昌代國二公主。文明元年睿宗即位，册爲皇后；及降爲皇嗣，后從降爲妃。長壽中，與昭成皇后同被譖，爲則天所殺。景雲元年，追謚肅明皇后，招魂葬於東都城南，陵曰惠陵。睿宗崩，遷祔橋陵。以昭成太后故，不得入太廟配饗，常別祀於儀坤廟。開元二十年，始祔太廟。

睿宗昭成順聖皇后竇氏，將作大匠抗曾孫也。祖誕，大理卿、莘國公；父孝諶，潤州刺史，景雲元年，追贈太尉、邠國公。后姿容婉順，動循禮則，睿宗爲相王時爲孺人，甚見禮異。光宅元年立爲德妃。生玄宗及金仙、玉眞二公主。長壽二年，爲戶婢團兒誣譖與肅明皇后厭蠱咒詛。正月二日，朝則天皇后於嘉豫殿，既退而同時遇害。梓宮祕密，莫知所在。睿宗即位，謚曰昭成皇后，招魂葬於都城之南，陵曰靖陵。又立廟於京師，號爲儀坤廟。睿宗崩，后以帝母之重，追尊爲皇太后，謚仍舊，祔葬橋陵，遷神主于太廟。

玄宗廢后王氏，同州下邽人，梁冀州刺史神念之後。上爲臨淄王時，納后爲妃。上將起事，頗預密謀，贊成大業。先天元年，爲皇后，以父仁皎爲太僕卿，累加開府儀同三司、邠國公。后兄守一以后無子，常懼有廢立，導以符厭之事。有左道僧明悟爲祭南北斗，刻霹靂木書天地字及上諱，合而佩之，且祝曰：「佩此有子，當與則天皇后爲比。」事發，上親究之，皆驗。開元十二年秋七月己卯，下制曰：「皇后王氏，天命不祐，華而不實。造起獄訟，朋扇朝廷，見無將之心，有可諱之惡。焉得敬承宗廟，母儀天下，可廢爲庶人，別院安置。刑于家室，有媿昔王，爲國大計，蓋非獲已。」守一賜死。其年十月，庶人卒，以一品禮葬於無相寺。寶應元年，雪免，復尊爲皇后。

玄宗貞順皇后武氏，則天從父兄子恆安王攸止女也。攸止卒後，后尚幼，隨例入宮。上即位，漸承恩寵。及王庶人廢後，特賜號爲惠妃，宮中禮秩，一同皇后。所生母楊氏，封爲鄭國夫人。同母弟忠，累遷國子祭酒；信，祕書監。惠妃開元初產夏悼王及懷哀王、上仙公主，並襁褓不育，上特垂傷悼。及生壽王瑁，不敢養於宮中，命寧王憲於外養之。又

生盛王琦、咸宜太華二公主。惠妃以開元二十五年十二月薨，年四十餘。下制曰：「存有懿範，沒有寵章，豈獨被於朝班，故乃施於亞政，可以垂裕，斯爲通典。故惠妃武氏少而婉順，長而賢明，行合禮經，言應圖史。承戚里之華胄，昇後庭之峻秩，貴而不恃，謙而益光；以道飭躬，以和逮下，四德粲其兼備，六宮咨而是則。法度在己，靡資珩珮；躬儉化人，率先絺紘。夙有奇表，將加正位，前後固讓，辭而不受，奄至淪歿，載深感悼。遂使玉衣之慶，不及於生前；象服之榮，徒增於身後。可贈貞順皇后，宜令所司擇日册命。」葬於敬陵。時慶王琮等請制齊衰之服，有司請以忌日廢務，上皆不許之。立廟於京中昊天觀南，乾元之後，祠享亦絕。

玄宗楊貴妃，高祖令本，金州刺史。父玄琰，蜀州司戶。妃早孤，養於叔父河南府士曹玄璬。開元初，武惠妃特承寵遇，故王皇后廢黜。二十四年惠妃薨，帝悼惜久之，後庭數千，無可意者。或奏玄琰女姿色冠代，宜蒙召見。時妃衣道士服，號曰太眞。既進見，玄宗大悅。不期歲，禮遇如惠妃。太眞姿質豐豔，善歌舞，通音律，智算過人。每倩盼承迎，動移上意。宮中呼爲「娘子」，禮數實同皇后。有姊三人，皆有才貌，玄宗並封國夫人之號：長曰大姨，封韓國；三姨，封虢國；八姨，封秦國。並承恩澤，出入宮掖，勢傾天下。天寶初，

進册貴妃。妃父玄琰，累贈太尉、齊國公；母封涼國夫人；叔玄珪，光祿卿。再從兄銛，鴻臚卿；錡，侍御史，尙武惠妃女太華公主，以母愛，禮遇過於諸公主，賜甲第，連於宮禁。韓、虢、秦三夫人與銛、錡等五家，每有請託，府縣承迎，峻如詔敕，四方賂遺，其門如市。

五載七月，貴妃以微譴送歸楊銛宅，比至亭午，上思之不食。高力士探知上旨，請送貴妃院供帳、器玩、廩餼等辦具百餘車，上又分御饌以送之。帝動不稱旨，暴怒笞撻左右。力士伏奏請迎貴妃歸院。是夜，開安興里門入內，妃伏地謝罪，上歡然慰撫。翌日，韓、虢進食，上作樂終日，左右暴有賜與。自是寵遇愈隆。韓、虢、秦三夫人歲給錢千貫，爲脂粉之資。銛授三品、上柱國，私第立戟。姉妹昆仲五家，甲第洞開，僭擬宮掖，車馬僕御，照耀京邑，遞相夸尙。每搆一堂，費踰千萬計，見制度宏壯於己者，卽徹而復造，土木之工，不捨晝夜。玄宗頒賜及四方獻遺，五家如一，中使不絕。開元已來，豪貴雄盛，無如楊氏之比也。玄宗凡有遊幸，貴妃無不隨侍，乘馬則高力士執轡授鞭。宮中供貴妃院織錦刺繡之工，凡七百人，其雕刻鎔造，又數百人。揚、益、嶺表刺史，必求良工造作奇器異服，以奉貴妃獻賀，因致擢居顯位。玄宗每年十月幸華淸宮，國忠姉妹五家扈從，每家爲一隊，著一色衣，五家合隊，照映如百花之煥發，而遺鈿墜舃，瑟瑟珠翠，璨瓓芳馥於路。而國忠私於虢國而不避雄狐之刺，每入朝或聯鑣方駕，不施帷幔。每三朝慶賀，五鼓待漏，靚妝盈巷，

蠟炬如晝。而十宅諸王百孫院婚嫁，皆因韓、虢爲紹介，仍先納賂千貫，而奏請罔不稱旨。

天寶九載，貴妃復忤旨，送歸外第。時吉温與中貴人善，温入奏曰：「婦人智識不遠，有忤聖情，然貴妃久承恩顧，何惜宮中一席之地，使其就戮，安忍取辱於外哉！」上卽令中使張韜光賜御饌，妃附韜光泣奏曰：「妾忤聖顏，罪當萬死。衣服之外，皆聖恩所賜，無可遺留，然髮膚是父母所有。」乃引刀翦髮一繚附獻。玄宗見之驚惋，卽使力士召還。國忠旣居宰執，兼領劍南節度，勢漸恣橫。十載正月望夜，楊家五宅夜遊，與廣平公主騎從爭西市門。楊氏奴揮鞭及公主衣，公主墮馬，駙馬程昌裔扶公主，因及數撾。公主泣奏之，上令殺楊氏奴，昌裔亦停官。國忠二男昢、暄，妃弟鑑皆尙公主，楊氏一門尙二公主、二郡主。貴妃父祖立私廟，玄宗御製家廟碑文并書。玄珪累遷至兵部尙書。

天寶中，范陽節度使安祿山大立邊功，上深寵之。祿山來朝，帝令貴妃姉妹與祿山結爲兄弟。祿山母事貴妃，每宴賜，錫賚稠沓。及祿山叛，露檄數國忠之罪。河北盜起，玄宗以皇太子爲天下兵馬元帥，監撫軍國事。國忠大懼，諸楊聚哭，貴妃銜土陳請，帝遂不行內禪。及潼關失守，從幸至馬嵬，禁軍大將陳玄禮密啓太子，誅國忠父子。旣而四軍不散，玄宗遣力士宣問，對曰「賊本尙在」，蓋指貴妃也。力士復奏，帝不獲已，與妃訣，遂縊死於佛室。時年三十八，瘞於驛西道側。

上皇自蜀還，令中使祭奠，詔令改葬。禮部侍郎李揆曰：「龍武將士誅國忠，以其負國兆亂。今改葬故妃，恐將士疑懼，葬禮未可行。」乃止。上皇密令中使改葬於他所。初瘞時以紫褥裹之，肌膚已壞，而香囊仍在。內官以獻，上皇視之悽惋，乃令圖其形於別殿，朝夕視之。

馬嵬之誅國忠也，虢國夫人聞難作，奔馬至陳倉。縣令薛景仙率人吏追之，走入竹林。先殺其男裴徽及一女。國忠妻裴柔曰：「娘子爲我盡命。」卽刺殺之。已而自刎，不死，縣吏載之，閉於獄中。猶謂吏曰：「國家乎？賊乎？」吏曰：「互有之。」血凝至喉而卒，遂瘞于郭外。韓國夫人婿祕書少監崔峋，女爲代宗妃。虢國男裴徽尙肅宗女延光公主〔四〕，女嫁讓帝男。秦國夫人婿柳澄先死，男鈞尙長淸縣主，澄弟潭尙肅宗女和政公主。

校勘記

〔一〕永泰　各本原作「永徽」，據御覽卷一四一、新書卷八三諸帝公主傳改。

〔二〕女時韋也　各本原作「女行」，據本書卷三七五行志、通鑑卷二〇九注補改。

〔三〕均州　各本原作「筠州」，據本書卷七中宗紀、卷八六庶人重福傳、通鑑卷二〇九改。

〔四〕尙肅宗女延光公主　各本原作「尙代宗女延安公主」，據唐會要卷六、新書卷八三諸帝公主傳改。

中華書局

舊唐書卷五十二

列傳第二

后妃下

玄宗元獻皇后楊氏，弘農華陰人。曾祖士達，隋納言，天授中，以則天母族，追封士達爲鄭王，贈太尉。父知慶，左千牛將軍，贈太尉、鄭國公。

后景雲元年八月，選入太子宮。時太平公主用事，尤忌東宮。宮中左右持兩端，而潛附太平者，必陰伺察，事雖纖芥，皆聞於上，太子心不自安。后時方娠，太子密謂張說曰：「用事者不欲吾多息胤，恐禍及此婦人，其如之何？」密令說懷去胎藥而入。太子於曲室躬自煮藥，醺然似寐，夢神人覆鼎。旣寤如夢，如是者三。太子異之，告說。說曰：「天命也，無宜他慮。」旣而太平誅，后果生肅宗。太子妃王氏無子，后班在下，后不敢母肅宗。王妃撫鞠，慈甚所生。開元中，肅宗爲忠王，后爲妃，又生寧親公主。張說以舊恩特承寵異，說亦奇忠王儀表，心知運曆所鍾〔一〕，故寧親公主降說子垍。

開元十七年后薨，葬細柳原，玄宗命說爲志文，其銘云：「石獸澀兮綠苔黏，宿草殘兮白露霑。園寢閉兮脂粉膩，不知何年開鏡奩。」二十四年，忠王立爲皇太子。至德元年，肅宗卽位於靈武。二載五月，玄宗在蜀，誥曰：「聖人垂範，是推顧復之恩；王者建極，抑有追尊之禮。蓋母以子貴，德以謚尊。故妃弘農楊氏特稟坤靈，久釐陰教。往以纘塗山之慶，降華渚之祥。誕發異圖，載光帝業。而册命猶闕，幽靈尙閟。夏王繼統，方軫陽城之恩〔二〕；漢后褒榮，庶協昭靈之稱。宜於彼追册爲元獻太后。」寶應二年正月，祔葬泰陵。

肅宗張皇后，本南陽西鄂人，後徙家昭應。祖母竇氏，玄宗母昭成皇太后之妹也。昭成爲天后所殺，玄宗幼失所恃，爲竇姨鞠養。景雲中，封鄧國夫人，恩渥甚隆。其子去惑、去疑、去奢、去逸，皇姨弟也，皆至大官。去盈尙玄宗女常芬公主。去逸生后，天寶中，選入太子宮爲良娣。后弟淸又尙大寧郡主。

后辯惠豐碩，巧中上旨。祿山之亂，玄宗幸蜀，太子與良娣俱從，車駕渡渭，百姓遮道請留太子收復長安。肅宗性仁孝，以上皇播越，不欲違離左右。宦者李靖忠啓太子請留，良娣贊成之，白於玄宗。太子如靈武，時賊已陷京師，從官單寡〔三〕，道路多虞。每太子次舍宿止，良娣必居其前。太子曰：「捍禦非婦人之事，何以居前？」良娣曰：「今大家跋履險難，兵衞非多，恐有倉卒，妾自當之，大家可由後而出，庶幾無患。」及至靈武，產子，三日起縫戰士衣。太子勞之曰：「產忌作勞，安可容易？」后曰：「此非妾自養之時，須辦大家事。」

肅宗卽位，册爲淑妃。贈父太僕卿去逸左僕射，母竇氏封義章縣主，姊李蕢妻封淸河郡夫人，妹師師封郕國夫人。乾元元年四月，册爲皇后。弟駙馬都尉淸加特進、太常卿同正，封范陽郡公。皇后寵遇專房，與中官李輔國持權禁中，干預政事，請謁過當，帝頗

不悅，無如之何。后於光順門受外命婦朝，親蠶苑中，內外命婦相見，儀注甚盛。先在靈武時，太子弟建寧王倓爲后誣譖而死。自是太子憂懼，常恐后之構禍，乃以恭遜取容，后以建寧之隙，常欲危之。張后生二子：興王佋、定王侗。興王早薨，侗又孩幼，故儲位獲安。

寶應元年四月，肅宗大漸，后與內官朱輝光〔四〕、馬英俊、啖廷瑤、陳仙甫等謀立越王係，矯詔召太子入侍疾。中官程元振、李輔國知其謀，及太子入，二人以難告，請太子在飛龍廐。元振率禁軍收越王，捕朱輝光等。俄而肅宗崩，太子監國，遂移后於別殿，幽崩。誅馬英俊，女道士許靈素配流，山人申大芝賜死，駙馬都尉淸貶硤州司馬，弟延和郡主婿鴻臚卿潛貶郴州司馬，舅鴻臚卿竇履信貶道州刺史。

肅宗韋妃，父元珪，兗州都督。肅宗爲忠王時，納爲孺人，及昇儲位，爲太子妃，生兗王僩、絳王佺、永和公主、永穆公主。天寶中，宰相李林甫不利於太子，妃兄堅爲刑部尙書，林甫羅織，起柳勣之獄，堅連坐得罪，兄弟並賜死。太子懼，上表自理，言與妃情義不睦，請離婚，玄宗慰撫之，聽離。妃遂削髮被尼服，居禁中佛舍。西京失守，妃亦陷賊。至德二年薨於京城。

肅宗章敬皇后吳氏，坐父事沒入掖庭。開元十三年〔五〕，玄宗幸忠王邸，見王服御蕭然，傍無媵侍，命將軍高力士選掖庭宮人以賜之，而吳后在籍中。容止端麗，性多謙抑，寵遇益隆。明年，生代宗皇帝。二十八年薨，葬於春明門外。

代宗即位之年十二月，羣臣以肅宗山陵有期，準禮以先太后祔陵廟。宰臣郭子儀等上表曰：

儷宸極者，允歸於淑德；謚徽號者，必副於鴻名。當履運而承天，則因心而追往，此先王之明訓，聖人之茂典也。伏惟先太后圓精挺質，方祇稟秀。禎符協於四星，典禮敦於萬國，得元和之正氣，韞霄漢之清英。顧史求箴，道先於壼則；撝謙率禮，教備於中闈。太陰無昃朓之徵，丙殿有祝延之慶。尊敬師傅，佩服禮經，勤於蘋藻之薦，罔貴珩璜之飾。徽音允穆，嘉慶聿彰，憲度輔佐之勞，緝熙玄默之化，足以光昭宗祀，作配紫微。豈嬀虞之風，行於江、漢之域；葛覃之詠，起自岐陽之下。爰膺曆數，作啓聖明，大拯艱難，永清夷夏。雖復文母成周王之業，慶都誕帝堯之聖，異代同符，彼多慚德。昊蒼不弔，聖善長違。當圓魄之成，玉英早落；有坤儀之美，象服未加。悲懷於先遠之辰，感慟於易名之日。伏以山陵貞兆，良吉有期，虞祔之儀，式資配享。率由故實，敬奉嘉名。謹按謚法：「敬慎高明曰章，法度明大曰章，夙興夜寐曰敬，齊莊中正曰

敬。」敢遵先典，仰圖懿德，謹上尊謚曰章敬皇后。

二年三月，祔葬建陵。啓舊塋，后容狀如生，粉黛如故，而衣皆赭黃色，見者駭異，以爲聖子符兆之先。

后父令珪，寶應初贈太尉；母李氏，贈秦國夫人。叔令瑤，拜太子家令，封馮翊郡公；令瑜，太子右諭德，封濟陰郡公。后兄漵，鴻臚少卿，封郪城縣公；澄，太子賓客，濮陽縣公；湊，太子詹事，臨濮縣公：並加開府儀同三司。漵位終金吾大將軍，湊位終京兆尹，見外戚傳。

代宗睿眞皇后沈氏，吳興人，世爲冠族。父易直，祕書監。開元末，以良家子選入東宮，賜太子男廣平王。天寶元年，生德宗皇帝。祿山之亂，玄宗幸蜀，諸王、妃、主從幸不及者，多陷於賊，后被拘於東都掖庭。及代宗破賊，收東都，見之，留於宮中，方經略北征，未暇迎歸長安。俄而史思明再陷河洛。及朝義敗，復收東都，失后所在，莫測存亡。代宗遣使求訪，十餘年寂無所聞。德宗即位，下詔曰：「王者事父孝，故事天明；事母孝，故事地察。則事天莫先於嚴父，事地莫盛於尊親。朕恭承天命以主社稷，執珪璧以事上帝，祖宗克配，園寢永終。而內朝虛位，闕問安之禮，銜悲內惻，憂戀終歲。思欲歷舟車之路，以聽求晉問，而主茲重器，莫匪深哀。是用仰稽舊儀，敬崇大號，舉茲禮命，式遵前典。宜令公卿大夫稽度前訓，上皇太后尊號。」

建中元年十一月，遙尊聖母沈氏爲皇太后，陳禮于含元殿庭，如正至之儀。上袞冕出自東序門，立於東方，朝臣班於位，册曰：「嗣皇帝臣名言：恩莫重於顧復，禮莫貴於徽號，上以展愛敬之道，下以正春秋之義，則祖宗之所稟命，臣子之所盡心，尊尊親親，此焉而在。兩漢而下，帝王嗣位，崇奉尊稱，厥有舊章。永惟丕烈，敢墜前典，臣名謹上尊號曰皇太后。」帝再拜，歔欷不自勝，左右皆泣下。仍以睦王述爲奉迎皇太后使，工部尚書喬琳副之，候太后問至，昇平公主宜備起居。於是分命使臣，周行天下。明年二月，吉問至，羣臣稱賀，既而詐妄。自是詐稱太后者數四，皆不之罪，終貞元之世無聞焉。

德宗敦崇外族，贈太后父易直太師，易直父庫部員外郎介福贈太傅，介福父德州刺史士衡贈太保〔六〕，易直第二子祕書少監震贈太尉；時沈氏封贈拜爵者百餘人。貞元七年，詔外曾祖隋陝令沈琳贈司徒，追封徐國公，與外祖贈太師易直等立五廟，以琳爲始，緣祠廟所須，官給。后無近屬，惟族子房爲近，德宗用爲金吾將軍，主沈氏之祀。憲宗即位之年九月，禮儀使奏：「太后沈氏厭代登眞，於今二十七載，大行皇帝至孝惟深，哀思罔極。建中之

初，已發明詔，舟車所至，靡不周遍，歲月滋深，迎訪理絕。按晉庾蔚之議，尋求三年之後，又俟中壽而服之。今參詳禮例，伏請以大行皇帝啓攢宮日，百官舉哀於肅章門內之正殿，先令有司造褘衣一副，發哀日令內官以褘衣置於幄。自後宮人朝夕上食，先啓告元陵，次告天地宗廟、昭德皇后廟。上太皇太后謚册〔七〕，造神主，擇日祔於代宗廟。其褘衣備法駕奉迎於元陵祠，復置於代宗皇帝袞衣之右。便以發哀日爲國忌。」詔如奏。其年十一月，册謚曰睿眞皇后，奉神主祔於代宗之室。

代宗崔妃，博陵安平人。父峋，祕書少監；母楊氏，韓國夫人。天寶中，楊貴妃寵幸，即妃之姨母也。時韓國、虢國之寵，冠於戚里。時代宗爲廣平王，故玄宗選韓國之女，嬪于廣平邸，禮儀甚盛。生召王偲。初，妃挾母氏之勢，性頗妬悍，及西京陷賊，母黨皆誅，妃從王至靈武，恩顧漸薄，達京而薨。

代宗貞懿皇后獨孤氏，父穎，左威衞錄事參軍，以后貴，贈工部尚書。后以美麗入宮，嬖幸專房，故長秋虛位，諸姬罕所進御。后始册爲貴妃，生韓王迥、華陽公主。華陽聰悟過人，能候上顏色，發言必隨喜愠。上之所賞，則因而美之，上之所惡，則曲以全之，由是鍾

愛特異。大曆九年，公主薨，上嗟悼過深，數日不視朝。宰臣等因中使吳承倩附奏，言修短常理，以社稷之重，宜節哀視事。初，公主疾，上令宗師道教，名曰瓊華眞人。及疾亟，上親自臨視，屬纊之際，囓傷上指，其愛念如此。上既未聽朝，宰臣等諫曰：「公主夙成神悟，仁眷特鍾，嘗禱必親，已承減膳，幽明遽間，倍軫慈衷。臣等微誠，無由感達。伏惟陛下守累聖之公器，御羣生之重畜，夷百戰之艱患，撫四海之傷殘。虜候爲虞，戎師近警，一言萬務，裁成聖心，得失謬於毫釐，安危存于晷刻。伏慮顧懷猶切，神志未和，衆情以之不寧，臣子以之兢悸。伏願抑周喪之私痛，均品物於至公，下慰黔黎，上安宗社。」上始聽朝。

大曆十年五月貴妃薨，追謚曰貞懿皇后，殯於內殿，累年不忍出宮。十三年十月方葬，命宰臣常袞爲哀册曰：

維大曆十年，歲在辛卯，十月辛酉朔。六日丙寅，貴妃獨孤氏薨。粵明日，追謚曰貞懿皇后，殯于內殿之西階。十三年十月癸酉，乃命門下侍郎、同平章事常袞持節册命，以其月二十五日丁酉，遷座于莊陵，禮也。素紗列位，黼帟周庭，輅升玉綴，軒翣珠櫳。皇帝悼鸞掖以追懷，感麟迹而增慟，備百禮以殷遺，命六宮而哀送。宗祝薦告，司儀降收，爰詔侍臣，紀垂鴻休。其辭曰：

祚祉悠久，寵靈誕受，元魏戚藩，周、隋帝后。五侯迭興，七貴居右，肇啓皇運，

光膺文母。纘女是因，以綱大倫，生知陰敎，育我蒸人。瑞雲呈彩，瑤星降神，聰明睿智，婉麗貞仁。惟昔天監，搜求才淑，龍德在田，葛覃于谷。周姜胥宇，漢后推轂；王業惟艱，嬪風已穆。纘文傳聖，嗣徽克令，不曜其光，乃終有慶。祗奉園寢，肅恭靈命，越在哀煢，聿追孝敬。文織絲組，朱綠玄黃，上供祭服，以祀明堂。法度有節，不待珩璜，篇訓之制，自盈縑緗。敍我邦族，風于天下，始於憂勤，協成王化。慈厚諸女，寵臨下嫁，登進賢才，勞謙日夜。服縟示儉，脫簪申誡，訪問後言，讌遊夙退。內和羣娣〔九〕，動有矜誨，外睦諸親，泣辭封拜。闕翟有日，親蠶俟時，忽歸淸漢，言復方祇。萬乘悼懷，羣臣慕思，玉衣追慶，金鈿同儀。嗚呼哀哉！

去昭陽兮窅然，乘雲駕兮何在？人代宛兮如舊，炎涼倏兮已改。翠葆森以成列，素旗儼而相待，言從玉兆之貞，永閟瑤華之彩。別長秋之西苑，過望春兮南登，招帝子于北渚，從母后於東陵。下土淸兮動金翠，外無像兮中有馮，合簫挽以攢咽，結雲雨之淒凝。吾君感於幽期，俯層亭而望思，慘嬪嬡以延竚，極容衞以盡時。搖巾袂兮遠訣，隔軒檻兮羣悲，不復見兮迴御輦，傷如何兮軫睿慈。下蘭臯兮背芷陽，旌悠悠兮野蒼蒼，帶白花兮掩淚，衣玄紛兮斷腸。當盛明兮共樂，忽幽處兮獨傷，去故廷兮日遠，卽新宮兮夜長。遂無文繡之飾，器無珠貝之藏，蓋自我之立制，刑有國之大方。

嗚呼哀哉！

見送往之空歸，歎終焉之如此，方士神兮是與非，甘泉畫兮疑復似。遺音在於玉瑱，陳迹留於金阸，獻萬壽兮無期，存二南之餘美。

帝追思不已，每事欲極哀情。常袞當代才臣，詔爲哀詞，文旨悽惋，覽之者惻然。華陽公主先葬于城東，地卑濕，至是徙葬，祔於莊陵之園，故哀詞云：「招帝子於北渚，從母后于東陵。」乃詔常參官爲挽歌，上自選其傷切者，令挽士歌之。大曆初，后寵遇無雙，以恩澤官其宗屬，叔太常少卿卓爲少府監，后兄良佐太子中允。

德宗昭德皇后王氏，父遇，官至祕書監。德宗爲魯王時，納后爲嬪。上元二年，生順宗皇帝，特承寵異。德宗卽位，册爲淑妃。貞元二年，妃病。十一月甲午，册爲皇后，是日崩於兩儀殿。臨畢，素服視事。既大殮成服，百僚服三日而釋，用晉文明后崩天下發哀三日止之義，上服凡七日而釋。謚曰昭德。初，令兵部侍郎李紓撰謚册文，既進，帝以紓文謂皇后曰「大行皇后」非禮，留中不出。詔翰林學士吳通玄爲之，通玄又云「咨后王氏」，議者亦以爲非，知禮者以貞觀中岑文本撰文德皇后謚册曰「皇后長孫氏」，斯得之矣。五月，葬于

靖陵。后母郕國夫人鄭氏請設祭，詔曰：「祭筵不可用假花果，欲祭者從之。」自是宗室諸親及李晟渾瑊、神策六軍大將皆設祭。自啓攢後，日數祭，至發引方止。宰臣韓滉爲哀册。又命宰相張延賞、柳渾撰昭德皇后廟樂章，既進，上以詞句非工，留中不下，令學士吳通玄別撰進。初，后爲淑妃，德宗贈后父遇揚州大都督，遇子果眉州司馬，甥姪拜官者二十餘人。永貞元年十一月，徙靖陵，祔葬于崇陵。

德宗韋賢妃，不知氏族所出。初爲良娣，貞元二年，册爲賢妃。性敏惠，言無苟容，動必由禮，德宗深重之，六宮師其德行。及德宗崩，請於崇陵終喪紀，因侍於寢園。元和四年薨。

順宗莊憲皇后王氏，琅邪人。曾祖思敬，試太子賓客；祖難得，贈潞州都督，封琅邪郡公；父顏，金紫光祿大夫、衞尉卿。后幼以良家子選入宮爲才人，順宗在藩時，代宗以才人賜之，時年十三。大曆十三年，生憲宗皇帝，立爲宣王孺人。順宗升儲，册爲良娣。后言容恭謹，宮中稱其德行。順宗卽位，疾恙未平，后供侍醫藥，不離左右。屬帝不能言，册

禮將行復止。及永貞內禪，冊爲太上皇后。元和元年正月，順宗晏駕，五月，尊太上皇后爲皇太后，冊禮畢，憲宗御紫宸殿宣赦。太后居興慶宮。后性仁和恭遜，深抑外戚，無絲毫假貸，訓厲內職，有母儀之風焉。

元和十一年三月，崩於南內之咸寧殿，謚曰莊憲皇后。初，太常少卿韋繇進謚議，公卿署定，欲告天地宗廟。禮院奏議曰：「謹按曾子問：『賤不誄貴，幼不誄長，禮也。』古者天子稱天以誄之，皇后之謚，則讀於廟。江都集禮引白虎通曰：『皇后何所謚之，以爲於廟。』又曰：『皇后無外事，無爲于郊。』傳曰：『故雖天子，必有尊也。』準禮，賤不得誄貴，子不得爵母。所以必謚于廟者，謚宜受成於祖宗，故天子謚成于郊，后妃謚成于廟。今請準禮，集百官連署謚狀訖，讀于太廟，然後上謚於兩儀殿。既符故事，允合禮經。」從之。初稱謚並云莊憲皇太后，禮儀使鄭絪奏議：「秦、漢已來，天子之后稱皇后，母稱皇太后，祖母稱太皇太后，崩亦如之。加『太』字者，所以別尊稱也。國朝典禮，皆依舊制。開元六年正月，太常奏昭成皇太后謚號，以牒禮部，禮部非之。太常報曰：『入廟稱后，義繫於夫；在朝稱太后，義繫於子。』此載於史冊，垂之不刊。今百司移牒及奏狀，參詳典故，恐不合除『太』字；如謚冊入陵，神主入廟，卽當去之。」其年八月，祔葬于豐陵。后生福王綰、漢陽雲安遂安三公主。后之祖、父、母、弟見外戚傳。

憲宗懿安皇后郭氏，尚父子儀之孫，贈左僕射、駙馬都尉曖之女。母代宗長女昇平公主。憲宗爲廣陵王時，納后爲妃。以母貴，父、祖有大勳於王室，順宗深寵異之。貞元十一年，生穆宗皇帝。元和元年八月，冊爲貴妃。八年十二月，百僚拜表請立貴妃爲皇后，凡三上章，上以歲暮，來年有子午之忌，且止。帝後庭多私愛，以后門族華盛，慮正位之後，不容嬖幸，以是冊拜後時。元和十五年正月，穆宗嗣位，閏正月，冊爲皇太后，陳儀宣政殿庭，冊曰：

嗣皇帝臣名再拜言：伏以正坤元，母天下，符至德以昇大號，因景運而飾鴻徽，煥乎前聞，焯彼古訓，以極尊尊親親之義，明因天事地之經，有自來矣。伏惟大行皇帝貴妃，大虹毓慶，霽月披祥，導靈派於昭回，挻殊仁於氣母，範圍百行，表飭六宮，粵在中闈，流宣陰教，輔佐先聖，勤勞庶工。願以沖眇，遭罹閔凶，荷成命於守器之時，奉寶圖於鑄鼎之日，哀纏易月，痛鉅終天。而四海無虞，萬邦有截，仰惟顧復之德，敢揚聖善之風，謹上尊號曰皇太后。

是日，百僚稱慶，外命婦奉賀光順門。詔皇太后曾祖贈太保，追封岐國公敬之贈太傅，太后父駙馬都尉曖贈太尉，母虢國大長公主贈齊國大長公主，后兄司農卿釗爲刑部尚書、鉟爲金吾大將軍。

太后居興慶宮，帝每月朔望參拜，三朝慶賀，帝自率百官詣門上壽。或遇良辰美景，六宮命婦，戚里親屬，車騎駢噎於南內，鑾珮之音，鏘如九奏。穆宗意頗奢縱，朝夕供御，尤爲華侈。太后嘗幸驪山，登石瓮寺，上命景王率禁軍侍從，帝自於昭應奉迎，遊豫行樂，數日方還。敬宗卽位，尊爲太皇太后。

及寶曆季年，凶徒竊發，昭愍暴殞，內外震駭。宦官迎絳王監國，尋又加害。太皇太后下令曰：「大行皇帝睿哲多能，對越天命，宜荷九廟之重，永享億年之祚。豈謂姦妖竊發，矯專神器，蠱惑中外，扇誘羣情，駭動神人，釁深梟獍。咨爾江王，聰哲精粹，清明在躬，智算機閑，玄謀雷發，躬率義勇，大清醜類，允膺當璧之符，爰擄枕戈之憤，既殲巨逆，當享豐福。是命爾陟于元后，宜令司空、平章事、晉國公度奉冊卽皇帝位。」

文宗孝而謙謹，奉祖母有禮，膳羞珍果，蠻夷奇貢，獻郊廟之後，及三宮而後進御。武宗卽位，以后祖母之尊，門地素貴，奉之益隆。既而宣宗繼統，卽后之諸子也，恩禮愈異於前朝。大中年崩於興慶宮，謚曰懿安皇太后，祔葬於景陵。后歷位七朝，五居太母之尊，人君行子孫之禮，福壽隆貴，四十餘年，雖漢之馬、鄧，無以加焉。識者以爲汾陽社稷之功未泯，復鍾慶於懿安焉。

憲宗孝明皇后鄭氏，宣宗之母也。蓋內職御女之列，舊史殘缺，未見族姓所出、入宮之由。宣宗爲光王時，后爲王太妃；既卽位，尊爲皇太后。會昌六年，后弟光夢車中載日月，光芒燭六合，占者曰：「必暴貴。」月餘，武宗崩，宣宗卽位，光以元舅之尊，檢校戶部尚書、諸衞將軍，出爲平盧節度使。后大中末崩，謚曰孝明。

女學士、尚宮宋氏者，名若昭，貝州清陽人。父庭芬，世爲儒學，至庭芬有詞藻。生五女，皆聰惠，庭芬始敎以經藝，既而課爲詩賦，年未及笄，皆能屬文。長曰若莘，次曰若昭、若倫、若憲、若荀。若莘、若昭文尤淡麗，性復貞素閑雅，不尚紛華之飾。嘗白父母，誓不從人，願以藝學揚名顯親。若莘敎誨四妹，有如嚴師。著女論語十篇，其言模倣論語，以韋逞母宣文君宋氏代仲尼，以曹大家等代顏、閔，其間問答，悉以婦道所尚。若昭注解，皆有理致。貞元四年，昭義節度使李抱眞表薦以聞。德宗俱召入宮，試以詩賦，兼問經史中大義，深加賞歎。德宗能詩，與侍臣唱和相屬，亦令若莘姊妹應制。每進御，無不稱善。嘉其節概不羣，不以宮妾遇之，呼爲學士先生。庭芬起家受饒州司馬，習藝館內，敕賜第一區，給倖料。

元和末，若莘卒，贈河內郡君。自貞元七年已後，宮中記注簿籍，若莘掌其事。穆宗復令若昭代司其職，拜尚宮。姊妹中，若昭尤通曉人事，自憲、穆、敬三帝，皆呼爲先生，六宮嬪媛、諸王、公主、駙馬皆師之，爲之致敬。進封梁國夫人。寶曆初卒，將葬，詔所司供鹵簿。敬宗復令若憲代司宮籍。文宗好文，以若憲善屬文，能論議奏對，尤重之。

大和中，神策中尉王守澄用事，委信翼城醫人鄭注、賊臣李訓，干竊時權。訓、注惡宰相李宗閔、李德裕，構宗閔險邪，爲吏部侍郎時，令駙馬都尉沈蟻通賂於若憲，求爲宰相。文宗怒，貶宗閔爲潮州司戶，蟻柳州司馬，幽若憲於外第，賜死。若憲弟姪女壻等連坐者十三人，皆流嶺表。李訓敗，文宗悟其誣構，深惜其才。若倫、若荀早卒。

穆宗恭僖皇后王氏，越人。父紹卿，婺州金華令。后少入太子宮，元和四年生敬宗。穆宗皇帝立爲妃。長慶四年二月尊爲皇太后。昭愍崇重母族，贈紹卿司空，后母張氏贈趙國夫人。文宗卽位之初，號寶曆太后。大和八年詔：「伏以皇太后與寶曆太后，每有司行遣，稱號未分，禮式非便。稽諸前代，詔令所施，不斥言太后，以宮名爲稱。今寶曆太后居義安殿，宜準故事稱義安太后。」

敬宗郭貴妃，父義，右威衞將軍。長慶末，以姿貌選入太子宮。敬宗卽位，爲才人，生晉王普。帝以少年有子，復以才人容德冠絕，特寵異之。贈其父禮部尚書，又以兄環爲少府少監，賜第一區。俄册爲貴妃。及昭愍遇盜，宮闈變起，文宗卽位，尤憐晉王，有若己子，故貴妃禮遇不衰。大和二年晉王薨，帝深嗟惜，贈曰悼懷太子。

穆宗貞獻皇后蕭氏，福建人。初，入十六宅爲建安王侍者，元和四年十月，生文宗皇帝。寶曆三年正月，敬宗遇弒，中尉王守澄率兵討賊，迎江王卽位。文宗踐祚之日，奉册曰：「嗣皇帝臣名言：古先哲王之有天下也，必以孝敬奉於上，慈惠浹於下，極誠意以厚人倫，思由近以及遠，故自家而刑國。以臣奉嚴慈之訓，承教撫之仁，而長樂尙鬱其鴻名，內朝未崇於正位，則率土臣子，勤勤懇懇，延頸企踵，曷以塞其心乎！是用特舉彝章，式遵舊典，稽首再拜，謹上穆宗睿文惠孝皇帝妃尊號曰皇太后。伏惟與天合德，義申錫慶，允釐陰教，祗修內則。廣六宮之教，參十亂之功，頤神保和，弘覆萬有。」

后因亂去鄉里，自入王邸，不通家問，別時父母已喪，有母弟一人。文宗以母族鮮親，惟舅獨存，詔閩、越連率於故里求訪。有戶部茶綱役人蕭洪，自言有姊流落。估人趙縝引洪見后姊徐國夫人女壻呂璋，夫人亦不能省認，俱見太后，嗚咽不自勝。上以爲復得元舅，遂拜金吾將軍、檢校戶部尙書、河陽懷節度使，遷檢校左僕射、鄜坊節度使。

先是，有自神策兩軍出爲方鎭者，軍中多資其行裝，至鎭三倍償之。時有自左軍出爲鄜坊者，資錢未償而卒于鎭，乃徵錢於洪。宰相李訓雅知洪詐稱國舅，洪懼，請訓兄仲京爲鄜坊從事以彌縫之。洪恃與訓交，不與所償；又徵於卒者之子，洪俾其子接訴於宰相，李訓判絕之。左軍中尉仇士良深銜之。時有閩人蕭本者，復稱太后弟，士良以本上聞，發洪詐假，自鄜坊追洪下獄，御史臺按鞫，具服其僞，詔長流驩州，賜死于路，趙縝、呂璋亦從坐。

洪以僞敗，謂本爲眞，乃拜贊善大夫，賜緋魚，仍追封其曾祖倰爲太保，祖聽爲太傅，父倰爲太師，賜與鉅萬計。本，福建人，太后有眞母弟，孱弱不能自達，本就之，得其家代及內外族屬名諱，復士良保任之，上亦不疑詐妄。本歷衞尉少卿、左金吾將軍。開成二年，福建觀察使唐扶奏，得泉州晉江縣人蕭弘狀〔九〕，自稱是皇太后親弟，送赴闕庭，詔送御史臺按

問，事皆僞妄，詔遞還本貫。

開成四年，昭義節度使劉從諫上章，論蕭本僞稱太后弟，云：「今自上及下，異口同音，皆言蕭弘是眞，蕭本是僞。請追蕭弘赴闕，與本證明。若含垢於一時，終取笑於千古。」遂詔御史中丞高元裕、刑部侍郎孫簡、大理卿崔郇三司按弘、本之獄，具，並僞。詔曰：

恭以皇太后族望，承齊、梁之後，僑寓流滯，久在閩中。慶靈鍾集，早歸椒掖，終鮮兄弟，常所咨嗟。朕自臨御已來，便遣尋訪，冀得諸舅，以慰慈顏。而姦濫之徒，探我情抱，因緣州里之近，附會祖先之名，覬幸我國恩，假託我外族。蕭洪之惡迹未遠，蕭本之覆轍相尋，弘之本末，尤更乖戾。三司推鞫，曾無似是之蹤；宰臣參驗，見其難容之狀。文款繼入，留中久之。朕於視膳之時，頻有咨稟，恭聞處分，惟在眞實。丐沐墮槳，旣無可驗；鑿空作僞，豈得更容。據其罪狀，合當極法，尙爲含忍，投之荒裔。蕭本除名，長流愛州；蕭弘配流儋州。

初，蕭洪詐稱國舅十數年，兩授旄鉞，寵貴崇於天下。蕭本因士良鄉導，發洪之詐，聯歷顯榮。及從諫奏論，僞迹難掩，而太后終不獲眞弟。

文宗孝義天然，大和中，太皇太后居興慶宮，寶曆太后居義安殿，皇太后居大內，時號「三宮太后」。上五日參拜，四節獻賀，皆由複道幸南內，朝臣命婦詣宮門起居，上尤執禮，造

次不失。有司嘗獻新苽、櫻桃，命獻陵寢宗廟之後，中使分送三宮、十宅。初，有司送三宮物，一例稱賜。帝曰：「物上三宮，安得名賜？」遽取筆塗籍，改「賜」爲「奉」。開成中正月望夜，帝於咸泰殿陳燈燭，奏仙韶樂，三宮太后俱集，奉觴獻壽，如家人禮，諸親王、公主、駙馬、戚屬皆侍宴。上性恭儉，延安公主衣裾寬大，卽時遣還，罰駙馬竇澣兩月賜錢。武宗卽位，供養彌謹。蕭太后徙居積慶殿，號積慶太后。會昌中崩，諡曰貞獻。

穆宗宣懿皇后韋氏，武宗昭肅皇帝之母也。事闕

武宗王賢妃。事闕

宣宗元昭皇后晁氏，懿宗皇帝之母也。事闕

懿宗惠安皇后王氏，僖宗皇帝之母也。事闕

昭宗積善皇后何氏，東蜀人。入侍壽王邸，婉麗多智，特承恩顧，生德王、輝王。昭宗卽位，立爲淑妃。乾寧中，車駕在華州，册爲皇后。國家自乾符已後，盜滿天下，妖生九重，宮廟榛蕪，奔播不暇。景福之際，姦臣內侮，后於蒙塵薄狩之中，嘗膳禦侮，不離左右。左

闕、右輔之幸，時事危迫，后消息撫御，終獲保全。自岐下還京，崔胤盡誅黃門宦官，每宣諭宰臣，但令宮嬪來往。是時國命奪於朱氏，左右前後，皆是汴人，宮中動息，雖纖芥必聞于朱全忠。宮人常懷惴慄，帝后垂泣相視。

天祐初，全忠逼遷輿駕，東幸洛陽。其年八月，昭宗遇弒。翌日，宰相柳璨、獨孤損等詐宣皇后令云：「帝爲宮人害，輝王祚宜昇帝位。」仍尊后爲皇太后。遭罹變故，迫以凶威，宮中哭泣，不敢聲聞于外。明年十二月，全忠將僭位，先行九錫，然後受禪。全忠牙將蔣玄暉在洛陽宮知樞密，與太常卿張廷範私議云：「山西、河北未平，禪代無利，請俟盪定。」欲有咨諫。宣徽副使趙殷衡素與張、蔣不協，且欲代知樞密事，因使于梁，誣告云：「玄暉私於何太后，相與盟詛，誓復唐室，不欲王受九錫。」全忠大怒，卽日遣使至洛陽，誅玄暉、廷範、柳璨等，太后亦被害於積善宮，又殺宮人阿秋、阿虔，仍廢太后爲庶人。

贊曰：坤德既軌，彤管有煒。韋、武喪邦，毒侔蛇虺。陰教斯僻，嬪風寖毀。賢哉長孫，母儀何偉。

校勘記

〔一〕心知運曆所鍾　「心」字各本原作「必」，據御覽卷一四一改。

〔二〕陽城　各本原作「陽城」，全唐文卷三八作「陽城」，史記卷二夏本紀：禹辭辟舜之子商均於陽城。全唐文是，據改。

〔三〕從官單寡　「寡」字各本原作「寮」，據御覽卷一四一、通鑑卷二一八改。

〔四〕朱輝光　本書卷一一代宗紀、通鑑卷二二二作「朱光輝」。

〔五〕開元十三年　「十」字上各本原有「二」字。按下文云「明年，生代宗皇帝」，代宗生于開元十四年，則此當作十三年，故删去「二」字。

〔六〕易直父庫部員外郎介福贈太傅介福父德州刺史士衡贈太保　兩「父」字各本原均作「子」，據册府卷三〇三、新書卷七七后妃傳下改。

〔七〕上太皇太后諡册　「上」字各本原無，據唐會要卷三、新書卷七七后妃傳補。

〔八〕內和羣娣　「和」字各本原作「加」，據唐文粹卷三二改。

〔九〕晉江縣人　「人」字各本原作「令」，校勘記卷三一云：「令」當作「人」，新書作泉州男子，則知「令」爲「人」之誤。據改。

中華書局

舊唐書卷五十三

列傳第三

李密

李密字玄邃，本遼東襄平人。魏司徒弼曾孫，後周賜弼姓徒何氏。祖曜，周太保、魏國公；父寬，隋上柱國、蒲山公，皆知名當代。徙爲京兆長安人。密以父蔭爲左親侍，嘗在仗下，煬帝顧見之，退謂許公宇文述曰：「向者左仗下黑色小兒爲誰？」許公對曰：「故蒲山公李寬子密也。」帝曰：「箇小兒視瞻異常，勿令宿衞。」他日，述謂密曰：「弟聰令如此，當以才學取官，三衞叢脞，非養賢之所。」密大喜，因謝病，專以讀書爲事，時人希見其面。嘗欲尋包愷，乘一黃牛，被以蒲韉，仍將漢書一帙掛於角上，一手捉牛靷，一手翻卷書讀之。尚書令、越國公楊素見於道，從後按轡躡之，既及，問曰：「何處書生，耽學若此？」密識越公，乃下牛再拜，自言姓名。又問所讀書，答曰：「項羽傳。」越公奇之，與語大悅，謂其子

玄感等曰：「吾觀李密識度，汝等不及。」於是玄感傾心結託。

大業九年，煬帝伐高麗，使玄感於黎陽監運。時天下騷動，玄感將謀舉兵，潛遣人入關迎密，以爲謀主。密至，謂玄感曰：「今天子出征，遠在遼外，地去幽州，懸隔千里，南有巨海之限，北有胡戎之患，中間一道，理極艱危。今公擁兵出其不意，長驅入薊，直扼其喉。前有高麗，退無歸路，不過旬朔，賫糧必盡。舉麾一召，其衆自降，不戰而擒，此計之上也。關中四塞，天府之國，有衞文昇，不足爲意。若經城勿攻，西入長安，掩其無備，天子雖還，失其襟帶。據險臨之，固當必克，萬全之勢，此計之中也。若隨近逐便，先向東都，頓堅城之下，勝負殊未可知，此計之下也。」玄感曰：「公之下計，乃上策也。今百官家口，並在東都，若不取之，安能動物？且經城不拔，何以示威？」密計遂不行。

玄感既至東都，頻戰皆捷，自謂天下響應，功在朝夕。及獲內史舍人韋福嗣，又委以腹心，是以軍旅之事，不專歸密。福嗣既非同謀，因戰被執，每設籌畫，皆持兩端。玄感後使作檄文，福嗣固辭不肯，密揣其情，因謂玄感曰：「福嗣既非同盟，實懷觀望。明公初起大事，而姦人在側，必爲所誤，請斬之以謝衆，方可安輯。」玄感曰：「何至於此！」密知言之不用，退謂所親曰：「楚公好反而不圖勝，如何？吾屬今爲虜矣！」後玄感將西入，福嗣竟亡歸東都。

尊號。隋左武衞大將軍李子雄坐事被收，繫送行在所，於路殺使者，亡投玄感，乃勸玄感速稱尊號。玄感問於密，密曰：「昔陳勝自欲稱王，張耳諫而被外；魏武將求九錫，荀彧止而見疏。今者密若正言，還恐追蹤二子；阿諛順意，又非密之本圖。何者？兵起已來，雖復頻捷，至於郡縣，未有從者。東都守禦尚彊，天下救兵益至。公當身先士衆，早定關中，乃欲急自尊崇，何示人不廣也！」玄感笑而止。

及隋將宇文述、來護兒等率軍且至，玄感謂曰：「計將安出？」密曰：「元弘嗣統彊兵於隴右，今可陽言其反，遣使迎公，因此入關，可得紿衆。」因引軍西入。至陝縣，欲圍弘農宮，密諫之曰：「公今詐衆西入，事宜在速，況乃追兵將至，安可稽留！若前不得據關，退無所守，大衆一散，何以自全？」玄感不從，遂圍之，三日不拔，方引而西。至於閿鄉，追兵遂及，玄感敗。密乃間行入關，爲捕者所獲。

時煬帝在高陽，密與其黨俱送帝所，謂其徒曰：「吾等之命，同於朝露，若至高陽，必爲葅醢。今在道中，猶可爲計，安得行就鼎鑊，不規逃避也！」衆然之。其多有金者，密令出示使者曰：「吾等死日，幸用相瘞，其餘即皆報德。」使者利其金，許之。及出關外，防禁漸弛，密請市酒食，每夜醼飲，諠譁竟夕，使者不以爲意。行至邯鄲，密等七人穿牆而遁。抵平原賊帥郝孝德，孝德不甚禮之，密又捨去。詣淮陽，隱姓名，自稱劉智遠，聚徒教授。經數月，

鬱鬱不得志，爲五言詩曰：「金風蕩初節，玉露凋晚林。此夕窮塗士，鬱陶傷寸心。野平葭葦合，村荒藜藿深。眺聽良多感，徙倚獨霑襟。霑襟何所爲，悵然懷古意。秦俗猶未平，漢道將何冀？樊噲市井徒，蕭何刀筆吏。一朝時運會，千古傳名謚。寄言世上雄，虛生眞可愧。」詩成而泣下數行。時人有怪之者，以告太守趙佗，下縣捕之，密又亡去。

會東郡賊帥翟讓聚黨萬餘人，密往歸之。或有知密是玄感亡將，潛勸讓害之，讓囚密於營外。密因王伯當以策干讓曰：「當今主昏於上，人怨於下，銳兵盡於遼東，和親絕於突厥，方乃巡遊揚、越，委棄京都，此亦劉、項奮起之會。以足下之雄才大略，士馬精勇，席卷二京，誅滅暴虐，則隋氏之不足亡也。」讓深加敬慕，遽釋之。遣說諸小賊，所至皆降。密又說讓曰：「今兵衆既多，糧無所出，若曠日持久，則人馬困弊，大敵一臨，死亡無日矣！未若直取滎陽，休兵館穀，待士勇馬肥，然後與人爭利。」讓以爲然。自是破金隄關，掠滎陽諸縣城堡，多下之。

滎陽太守楊慶及通守張須陁以兵討讓，讓曾爲須陁所敗，聞其來，大懼，將遠避之。密曰：「須陁勇而無謀，兵又驟勝，既驕且狠，可一戰而擒之。公但列陣以待，爲公破之。」讓不得已，勒兵將戰，密分兵千餘人於木林間設伏。讓與戰不利，稍却，密發伏自後掩之，須陁衆潰，與讓合擊，大破之，遂斬須陁於陣。讓於是令密別統所部。密軍陣整肅，凡號令兵

士，雖盛夏皆若背負霜雪。躬服儉素，所得金寶皆頒賜麾下，由是人爲之用。尋復說讓曰：「昏主蒙塵，播蕩吳、越，羣兵競起，海內飢荒。明公以英傑之才，而統驍雄之旅，宜當廓清天下，誅剪羣凶，豈可求食草間，常爲小盜而已。今東都士庶，中外離心，留守諸官，政令不一。明公親率大衆，直掩興洛倉，發粟以賑窮乏，遠近孰不歸附？百萬之衆，一朝可集，先發制人，此機不可失也！」讓曰：「僕起隴畝之間，望不至此，必如所圖，請君先發，僕領諸軍便爲後殿。得倉之日，當別議之。」

大業十三年春，密與讓領精兵千人出陽城北，踰方山，自羅口襲興洛倉，破之。開倉恣人所取，老弱襁負，道路不絕，衆至數十萬。隋越王侗遣虎賁郎將劉長恭率步騎二萬五千討密，密一戰破之，長恭僅以身免。讓於是推密爲主，號爲魏公。二月，於鞏南設壇場，即位，稱元年，其文書行下稱行軍元帥魏公府。以房彥藻爲左長史，邴元眞爲右長史，楊得方爲左司馬，鄭德韜爲右司馬。拜翟讓爲司徒，封東郡公。單雄信爲左武候大將軍，徐世勣爲右武候大將軍，祖君彥爲記室，其餘封拜各有差。於是城洛口周迴四十里以居之。

長白山賊孟讓率所部歸密，鞏縣長柴孝和、侍御史鄭頤以鞏縣降密。隋虎賁郎將裴仁基率其子行儼以武牢歸密，拜爲上柱國，封河東郡公。因遣仁基與孟讓率兵三萬餘人

襲迴洛倉，破之，入東都，俘掠居人，燒天津橋，東都出兵乘之，仁基等大敗，僅以身免。密復親率兵三萬逼東都，將軍段達、虎賁郎將高毗、劉長林等出兵七萬拒之，戰於故都城，隋軍敗走。密復下迴洛倉而據之，大修營塹，以逼東都，仍作書以移郡縣曰：

自元氣肇闢，厥初生人，樹之帝王，以爲司牧。是以羲、農、軒、項之后，堯、舜、禹、湯之君，靡不祗畏上玄，愛育黔首，乾乾終日，翼翼小心，馭朽索而同危，履春冰而是懼。故一物失所，若納隍而愧之；一夫有罪，遂下車而泣之。謙德軫於責躬，憂勞切於罪己。普天之下，率土之濱，蟠木距於流沙，瀚海窮於丹穴，莫不鼓腹擊壤，鑿井耕田，治致昇平，驅之仁壽。是以愛之如父母，敬之若神明，用能享國多年，祚延長世。未有暴虐臨人，克終天位者也。

隋氏往因周末，預奉綴衣，狐媚而圖聖寶，胠篋以取神器。及纘承負扆，狼虎其心，始曀明兩之暉，終干少陽之位。先皇大漸，侍疾禁中，遂爲梟獍，便行鴆毒。禍深於莒僕，釁酷於商臣，天地難容，人神嗟憤。州吁安忍，閼伯日尋，劍閣所以懷凶，晉陽所以興亂，甸人爲罄，淫刑斯逞。夫九族既睦，唐帝闡其欽明；百世本枝，文王表其光大。況復隳壞盤石，剿絕維城，脣亡齒寒，寧止虞、虢，欲其長久，其可得乎！其罪一也。

禽獸之行，在於聚麀，人倫之體，別於內外。而蘭陵公主逼幸告終，誰謂毄首之賢，翻見齊襄之恥。逮於先皇嬪御，並進銀鐶；諸王子女，咸貯金屋。牝雞鳴於詰旦，雄雉恣其羣飛，袒衣戲陳侯之朝，穹廬同冒頓之寢。爵賞之出，女謁遂成，公卿宣淫，無復綱紀。其罪二也。

平章百姓，一日萬機，未曉求衣，昃晷不食。大禹不貴於尺璧，光武不隔於支體，以是憂勤，深慮幽枉。而荒湎于酒，俾晝作夜，式號且呼，甘嗜聲伎，常居窟室，每藉糟丘。朝謁罕見其身，羣臣希覯其面，斷決自此不行，敷奏於是停擁。中山千日之飲，酩酊無名；襄陽三雅之盃，留連詎比。又廣召良家，充選宮掖，潛爲九市，親駕四驢，自比商人，見要逆旅。殷辛之譴爲小，漢靈之罪更輕，內外驚心，遐邇失望。其罪三也。

上棟下宇，著在易爻；茅茨采椽，陳諸史籍。聖人本意，惟避風雨，詎待朱玉之華，寧須綈錦之麗。故瑤室崇構，商辛以之滅亡；阿房崛起，二世是以傾覆。而不遵古典，不念前章，廣立池臺，多營宮觀，金鋪玉戶，青瑣丹墀，蔽虧日月，隔閡寒暑。窮生人之筋力，罄天下之資財，使鬼尚難爲之，勞人固其不可。其罪四也。

公田所徹，不過十畝；人力所供，纔止三日。是以輕徭薄賦，不奪農時，寧積於人，無藏於府。而科稅繁猥，不知紀極；猛火屢燒，漏巵難滿。頭會箕斂，逆折十年之

租；杼軸其空，日損千金之費。父母不保其赤子，夫妻相棄於匡牀，萬戶則城郭空虛，千里則煙火斷滅。西蜀王孫之室，翻同原憲之貧；東海糜竺之家，俄成鄧通之鬼。其罪五也。

古先哲王，卜征巡狩，唐、虞五載，周則一紀。本欲親問疾苦，觀省風謠，乃復廣積薪芻，多備饔餼。年年歷覽，處處登臨，從臣疲弊，供頓辛苦。飄風凍雨，聊竊比於先驅；車轍馬跡，遂周行於天下。秦皇之心未已，周穆之意難窮，宴西母而歌雲，浮東海而觀日。家苦納秸之勤，人阻來蘇之望。且夫天子有道，守在海外，夷不亂華，在德非險。長城之役，戰國所爲，乃是狙詐之風，非關稽古之法。而追蹤秦代，板築更興，襲其基墟，延袤萬里，屍骸蔽野，血流成河，積怨滿於山川，號哭動於天地。其罪六也。

遼水之東，朝鮮之地，禹貢以爲荒服，周王棄而不臣，示以羈縻，達其聲教，苟欲愛人，非求拓土。又強弩末矢，理無穿於魯縞；衝風餘力，詎能動於鴻毛。石田得而無堪，雞肋啖而何用。而恃衆怙力，強兵黷武，惟在并吞，不思長策。夫兵猶火也，不戢將自焚，遂令億兆夷人，隻輪莫返。夫差喪國，實爲黃池之盟；苻堅滅身，良由壽春之役。欲捕鳴蟬於前，不知挾彈在後。復矢相顧，髽而成行，義夫切齒，壯士扼腕。其罪七也。

直言啓沃，王臣匪躬，惟木從繩，若金須礪。唐堯建鼓，思聞獻替之言；夏禹懸

韜，時聽箴規之美。而愎諫違卜，蠹賢嫉能，直士正人，皆由屠害。左僕射、齊國公高熲，上柱國、宋國公賀若弼，或文昌上相，或細柳功臣，暫吐良藥之言，翻加屬鏤之賜。龍逢無罪，便遭夏癸之誅；王子何辜，濫被商辛之戮。遂令君子結舌，賢人緘口。指白日而比盛，射蒼天而敢欺，不悟國之將亡，不知死之將至。其罪八也。設官分職，貴在銓衡，察獄問刑，無聞販鬻。而錢神起論，銅臭爲公，梁冀受黃金之蛇，孟佗薦蒲萄之酒。遂使彝倫攸斁，政以賄成，君子在野，小人在位。積薪居上，同汲黯之言；囊錢不如，傷趙壹之賦。其罪九也。宣尼有言，無信不立，用命賞祖，義豈食言。自昏主嗣位，每歲行幸，南北巡狩，東西征伐。至如浩亹陪蹕，東都守固，閿鄉野戰，鴈門解圍。自外征夫，不可勝紀，既立功勳，須酬官爵。而志懷翻覆，言行浮詭，危急則勳賞懸授，克定則絲綸不行，異商鞅之頒金，同項王之刓印。芳餌之下，必有懸魚，惜其重賞，求人死力，走丸逆坂，匹此非難。凡百驍雄，誰不讎怨。至於匹夫蕞爾，宿諾不虧，既在乘輿，二三其德。其罪十也。

有一於此，未或不亡。況四維不張，三靈總瘁，無小無大，愚夫愚婦，共識殷亡，咸知夏滅。罄南山之竹，書罪未窮；決東海之波，流惡難盡。是以窮奇災於上國，猰貐

暴於中原，三河縱封豕之貪，四海被長蛇之毒，百姓殲亡，殆無遺類，十分爲計，纔一而已。蒼生懍懍，咸憂杞國之崩；赤子嗷嗷，但愁歷陽之陷。且國祚將改，必有常期，六百殷亡之年，三十姬終之世。故讖籙云：「隋氏三十六年而滅。」此則厭德之象已彰，代終之兆先見。皇天無親，惟德是輔。況乃欃槍竟天，申繻謂之除舊；歲星入井，甘公以爲義興。兼朱雀門燒，正陽日蝕，狐鳴鬼哭，川竭山崩。並是宗廟爲墟之妖，荊棘旅庭之事。夏氏則災釁非多，殷人則咎徵更少。牽牛入漢，方知大亂之期；王良策馬，始驗兵車之會。

今者順人將革，先天不違，大誓孟津，陳命景亳，三千列國，八百諸侯，不謀而同辭，不召而自至。轟轟隱隱，如霆如雷，彪虎嘯而谷風生，應龍驤而景雲起。我魏公聰明神武，齊聖廣淵，總七德而在躬，包九功而挺出。周太保、魏公之孫，上柱國、蒲山公之子。家傳盛德，武王承季歷之基；地啓元勳，世祖嗣元皇之業。篤生白水，日角之相便彰；載誕丹陵，大寶之文斯著。加以姓符圖緯，名協歌謠，六合所以歸心，三靈所以改卜。文王厄於羑里，赤雀方來；高祖隱於碭山，彤雲自起。兵誅不道，赤伏至自長安；鋒銳難當，黃星出於梁、宋。九五龍飛之始，天人豹變之初，歷試諸難，大敵彌勇。上柱國、司徒、東郡公翟讓功宣締構，翼亮經綸，伊尹之佐成湯，蕭何之輔高帝。

上柱國、總管、齊國公孟讓，柱國、歷城公孟暢，柱國、絳郡公裴行儼，大將軍、左長史邴元眞等，並運籌千里，勇冠三軍，擊劍則截蛟斷鼇，彎弧則吟猿落鴈。韓、彭、絳、灌，成沛公之基；寇、賈、吳、馮，奉蕭王之業。復有蒙輪挾輈之士，拔距投石之夫，驥馬追風，吳戈照日。

魏公屬當期運，伏茲億兆，躬擐甲冑，跋涉山川，櫛風沐雨，豈辭勞倦。遂起西伯之師，將問南巢之罪，百萬成旅，四七爲名，呼吸則河、渭絕流，叱咤則嵩、華自拔。以此攻城，何城不陷；以此擊陣，何陣不摧。譬猶瀉滄海而灌殘熒，舉崑崙而壓小卵。鼓行而進，百道俱前，以今月二十一日屆於東都。而昏朝文武、留守段達等，昆吾惡稔，飛廉姦佞，久迷天數，敢拒義兵，驅率醜徒，衆有十萬，迴洛倉北，遂來舉斧。於是熊羆角逐，貔虎爭先，因其倒戈之心，乘我破竹之勢，曾未旋踵，瓦解冰銷，坑卒則長平未多，積甲則熊耳爲小。達等助桀爲虐，嬰城自固，梯衝亂舞，徒設九拒之謀；鼓角將鳴，空憑百樓之險。燕巢衞幕，魚遊宋池，殄滅之期，匪朝伊暮。

然興洛、虎牢，國家儲積，我已先據，爲日久矣。既得迴洛，又取黎陽，天下之倉，盡非隋有。四方起義，足食足兵，無前無敵。裴光祿仁基，雄才上將，受脤專征，退遍攸憑，安危是託，乃識機知變，還殷事夏。袁謙擒自藍水，張須陁獲在滎陽，竇慶戰沒

於淮南，郭詢授首於河北，隋之亡候，聊可知也。清河公房彥藻，近秉戎律，略地東南，師之所臨，風行電擊。安陸、汝南，隨機蕩定；淮安、濟陽，俄然送款。徐圓朗已平魯郡，孟海公又破濟陽，海內英雄，咸來響應。封民瞻取平原之境，郝孝德據黎陽之倉，李士雄虎視於長平，王德仁鷹揚於上黨，滑公李景、考功郎中房山基發自臨渝，劉興祖起於白朔[一]，崔白駒在潁川起，方獻伯以譙郡來，各擁數萬之兵，俱期牧野之會。滄溟之右，函谷以東，牛酒獻於軍前，壺漿盈於道路。諸君等並衣冠世胄[二]，杞梓良才，神鼎靈繹之秋，裂地封侯之始，豹變鵲起，今也其時，鼉鳴鼈應，見機而作，宜各鳩率子弟，共建功名。耿弇之赴光武，蕭何之奉高帝，豈止金章紫綬，華蓋朱輪，富貴以重當年，忠貞以傳奕葉，豈不盛哉！

若隋代官人，同吠堯之犬，尚荷王莽之恩，仍懷蒯聵之祿。審配死於袁氏，不如張郃歸曹[三]；范增困於項王，未若陳平從漢。魏公推以赤心，當加好爵，擇木而處，令不自疑。脫猛虎猶豫，舟中敵國，夙沙之人共縛其主，彭寵之僕自殺其君，高官上賞，即以相授。如闇於成事，守迷不反，崑山縱火，玉石俱焚，爾等噬臍，悔將何及！黃河帶地，明余旦旦之言；皎日麗天，知我勤勤之意。布告海內，咸使聞知。

祖君彥之辭也。

俄而德韜、德方俱死，復以鄭頲爲左司馬，鄭虔象爲右司馬。柴孝和說密曰：「秦地阻山帶河，西楚背之而亡，漢高都之而霸。如愚意者，令仁基守迴洛，翟讓守洛口，明公親簡精銳，西襲長安，百姓孰不郊迎，必當有征無戰。既克京邑，業固兵強，方更長驅崤函，掃蕩東洛，傳檄指撝，天下可定。但今英雄競起，實恐他人我先，一朝失之，噬臍何及！」密曰：「君之所圖，僕亦思之久矣，誠乃上策。但昏主尚存，從兵猶衆，我之所部，並是山東人，既見未下洛陽，何肯相隨西入？諸將出於羣盜，留之各競雄雌。若然者，殆將敗矣！」

密恃兵鋒甚銳〔四〕，每入苑與隋軍連戰。會密爲流矢所中，臥於營內，東都復出兵乘之，密衆大潰，棄迴洛倉，歸于洛口。煬帝遣王世充率勁卒五萬擊之，密與戰不利，孝和溺死於洛水，密哭之甚慟。世充營於洛西，與密相拒百餘日，大小六十餘戰。武陽郡丞元寶藏、黎陽賊帥李文相〔五〕、洹水賊帥張昇、淸河賊帥趙君德、平原賊帥郝孝德，並歸於密，共襲破黎陽倉，據之。永安大族周法明舉江、黃之地以附密，齊郡賊帥徐圓朗、任城大俠徐師仁、淮陽太守趙佗皆歸之。

翟讓部將王儒信勸讓爲大冢宰，總統衆務，以奪密之權。讓兄寬復謂讓曰：「天子止可自作，安得與人！汝若不能作，我當爲之。」密聞其言，陰有圖讓之計。會世充列陣而至，讓出拒之，爲世充所擊，讓軍少失利，密與單雄信等率精銳赴之，世充敗走。明日，讓徑至

密所，欲爲宴樂，密具饌以待之，其所將左右各分令就食。密引讓入坐，以良弓示讓，讓方引滿，密遣壯士自後斬之，幷殺其兄寬及王儒信。讓部將徐世勣爲亂兵所斫，中重瘡，密遽止之，得免，單雄信等頓首求哀，密並釋而慰諭之。於是詣讓連營，諭其將士，無敢動者。乃命徐世勣、單雄信、王伯當分統其衆。

未幾，世充襲倉城，密復破之。世充復移營洛北，造浮橋，悉衆以擊密，密與千餘騎拒之，不利而退。世充因薄其城下，密簡銳卒數百人以邀之，世充大潰，爭趣浮橋，溺死者數萬。虎賁郎將楊威、王辯、霍舉、劉長恭、梁德、董智皆沒于陣，世充僅而獲免。其夜，大雨雪，士卒凍死者殆盡。密乘勝陷偃師，於是修金墉城居之，有衆三十餘萬。留守韋津又與密戰於上春門，津大敗，執於陣。將作大匠宇文愷叛東都，降于密。東至海、岱，南至江、淮，郡縣莫不遣使歸密。竇建德、朱粲、楊士林、孟海公、徐圓朗、盧祖尙、周法明等並隨使通表於密勸進，於是密下官屬咸勸密卽尊號，密曰：「東都未平，不可議此。」

及義旗建，密負其強盛，欲自爲盟主，乃致書呼高祖爲兄，請合從以滅隋，大略云欲與高祖爲盟津之會，殪商辛於牧野，執子嬰於咸陽，其旨以弒後主執代王爲意。高祖覽書笑曰：「李密陸梁放肆，不可以折簡致之。吾方安輯京師，未遑東討，卽相阻絕，便是更生一秦。密今適所以爲吾拒東都之兵，守成皐之扼，更求韓、彭，莫如用密。宜卑辭推獎，以驕其志，使其不虞於我。我得入關，據蒲津而屯永豐，阻崤函而臨伊、洛，吾大事濟矣。」令記室溫大雅作書報密曰：

頃者，崑山火烈，海水羣飛，赤縣丘墟，黔黎塗炭。布衣戎卒，鋤耰棘矜，爭霸圖王，狐鳴蜂起。翼翼京洛，強弩圍城，膴膴周原，僵屍滿路。主上南巡，泛膠舟而忘返；匈奴北熾，將被髮於伊川。輦上無虞，羣下結舌，大盜移國，莫之敢指。忽焉至此，自貽伊戚，七百之基，窮於二世。周、齊以往，書契以還，邦國淪胥，未有如斯之酷者也。天生蒸民，必有司牧，當今爲牧，非子而誰？老夫年餘知命，願不及此，欣戴大弟，攀鱗附翼。惟冀早應圖籙，以寧兆庶。宗盟之長，屬籍見容；復封於唐，斯榮足矣！殪商辛於牧野，所不忍言；執子嬰於咸陽，非敢聞命。汾、晉左右，尙須安輯；盟津之會，未暇卜期。今日鑾輿南幸，恐同永嘉之勢。顧此中原，鞠爲茂草，興言感歎，實疚于懷。脫知動靜，數遲貽報，未面靈襟，用增勞軫。名利之地，鋒鏑縱橫，深愼垂堂，勉茲鴻業。

密得書甚悅，示其部下曰：「唐公見推，天下不足定也！」於是不虞義師而專意於世充。

俄而宇文化及率衆自江都北指黎陽，兵十餘萬，密乃自將步騎二萬拒之。隋越王侗稱尊號，遣使授密太尉、尙書令、東南道大行臺行軍元帥、魏國公，令先平化及，然後入朝輔

政。密將與化及相抗，恐前後受敵，因卑辭以報謝焉。化及至黎陽，與密相遇，密知其軍少食，利在急戰，故不與交鋒，又遏其歸路。密遣徐世勣守倉城，化及攻之不能下。密知化及糧且盡，因僞與和，以弊其衆。化及弗之悟，大喜，恣其兵食，冀密饋之。後知其計，化及怒，與密大戰于衞州之童山下，密爲流矢所中，頓於汲縣。化及力竭糧盡，衆多叛之，掠汲縣，北趣魏縣。其將陳智略、張童仁等率所部兵歸于密者前後相繼。初，化及留輜重於東郡，遣其所署刑部尙書王軌守之，至是軌舉郡降密。

密引兵而西，遣使朝于東都，執弑煬帝人于弘達獻越王侗。侗召密入朝，至溫縣，聞世充作難而止，乃歸金墉城。時密兵少衣，世充兵乏食，乃請交易，密初難之，邴元眞好求私利，屢勸密，密遂許焉。初，東都絕糧，兵士歸密者日有數百，至此得食，而降人益少，密方悔而止。密雖據倉而無府庫，兵數戰皆不獲賞，又厚撫初附之兵，由是衆心漸怨。

武德元年九月，世充以其衆五千來決戰，密留王伯當守金墉，自引精兵就偃師，北阻邙山以待之。世充軍至，密遂敗績，裴仁基、祖君彥並爲世充所虜，密與萬餘人馳向洛口。世充圍偃師，守將鄭頲之下兵士劫叛，以城降世充。密將入洛口倉城，邴元眞已遣人潛引世充，密陰知之，不發其事，欲待世充兵半渡洛水，然後擊之。及世充軍至，密候騎不時覺，比將出戰，世充軍已濟矣。密自度不能支，引騎而遁，徑赴武牢，元眞竟以城降於世充。

密將如黎陽，或謂密曰：「殺翟讓之際，徐世勣幾至於死，今向其所，安可保乎？」時王伯當棄金墉，保河陽，密以輕騎自武牢歸之，謂伯當曰：「兵敗矣，久苦諸君！我今自刎，請以謝衆。」伯當抱密，號叫慟絕，衆皆泣，莫能仰視。密復曰：「諸軍幸不相棄，當共歸關中，密身雖愧無功，諸君必保富貴。」其府掾柳奭對曰：「昔盆子歸漢，尙食均輸。明公與唐公同族，兼有疇昔之遇，雖不陪從起義，然而阻東都斷隋歸路，使唐公不戰而據京師，此亦公之功也。」衆咸曰：「然。」密又謂王伯當曰：「將軍室家重大，豈復與孤俱行哉！」伯當曰：「昔漢高誅項，蕭何率子弟以從，伯當恨不昆季盡從，以此爲愧耳。豈以公今日失利，遂輕去就。縱身分原野，亦所甘心。」左右莫不感激，於是從入關者尙二萬人。高祖遣使迎勞，相望於道，密大喜，謂其徒曰：「我有衆百萬，一朝至此，命也。今事敗歸國，幸蒙殊遇，當思竭忠，以事所奉耳！且山東連城數百，知吾至此，遣使招之，盡當歸國。比於竇融，勳亦不細，豈不以一台司見處乎？」及至京師，禮數益薄，執政者又來求賄，意甚不平。尋拜光祿卿，封邢國公。

未幾，聞其所部將帥皆不附世充，高祖使密領本兵往黎陽，招集故時將士，經略世充。時王伯當爲左武衞將軍，亦令爲副。密行至桃林，高祖復徵之，密大懼，謀將叛。伯當頗止之，密不從，因謂密曰：「義士之立志也，不以存亡易心。伯當荷公恩禮，期以性命相報。公

必不聽，今祇可同去，死生以之，然終恐無益也。」乃簡驍勇數十人，著婦人衣，戴羃䍦，藏刀裙下，詐爲妻妾，自率之入桃林縣舍。須臾，變服突出，因據縣城，驅掠畜產，直趣南山，乘險而東，遣人馳告張善相，令以兵應接。

時右翊衞將軍史萬寶留鎭熊州，遣副將盛彥師率步騎數千追躡，至陸渾縣南七十里，與密相及。彥師伏兵山谷，密軍半度，橫出擊，敗之，遂斬密，時年三十七。王伯當亦死之，與密俱傳首京師。時李勣爲黎陽總管，高祖以勣舊經事密，遣使報其反狀。勣表請收葬，詔許之。高祖歸其屍，勣發喪行服，備君臣之禮。大具威儀，三軍皆縞素，葬于黎陽山南五里。故人哭之，多有歐血者。邴元眞之降世充也，以爲行臺僕射，鎭滑州。密故將杜才幹恨元眞背密，詐與之會，伏甲斬之，以其首祭于密冢。

單雄信者，曹州人也。翟讓與之友善。少驍健，尤能馬上用槍，密軍號爲「飛將」。密偃師失利，遂降於王世充，署爲大將軍。太宗圍逼東都，雄信出軍拒戰，援槍而至，幾及太宗，徐世勣呵止之，曰：「此秦王也。」雄信惶懼，遂退，太宗由是獲免。東都平，斬於洛陽。

史臣曰：當隋政板蕩，煬帝荒淫，搖動中原，遠征遼海，內無賢臣以匡國，外乏良吏以理民，兩京空虛，兆庶疲弊。李密因民不忍，首爲亂階，心斷機謀，身臨陣敵，據鞏、洛之口，號百萬之師，竇建德輩皆効樂推，唐公紿以欣戴，不亦偉哉！及偃師失律，猶存麾下數萬衆，苟去猜忌，疾趣黎陽，任世勣爲將臣，信魏徵爲謀主，成敗之勢，或未可知。至於天命有歸，大事已去，比陳涉有餘矣。始則稱首舉義兵，終乃甘心爲降虜，其爲計也，不亦危乎！又不能委質爲臣，竭誠事上，竟爲叛者，終是狂夫，不取伯當之言，遂及桃林之禍。或以項羽擬之，文武器度即有餘，壯勇斷果則不及。楊素既知密之才幹，合爲王之爪牙，委之擬兒，卒爲謀主，覆族之禍，其宜也哉！

贊曰：烏陽既昇，爝火不息。狂哉李密，始亂終逆。

校勘記

〔一〕白朔　英華卷六四六、全唐文卷一三二作「北朔」。

〔二〕諸君等並衣冠世胄　「君」字各本原作「軍」，據英華卷六四六改。

〔三〕不如張郃歸曹　「郃」字各本原作「洽」，據英華卷六四六改。

〔四〕密恃兵鋒甚銳　「恃」字各本原作「將」，據葉校本改。

〔五〕李文相　「相」字各本原作「柏」，據御覽卷一〇七、新書卷八四李密傳、通鑑卷一八三改。

舊唐書卷五十四

列傳第四

王世充 竇建德

王世充字行滿，本姓支，西域胡人也。寓居新豐。祖支頹耨早死。父收隨母嫁霸城王氏，因冒姓焉，仕至汴州長史。世充頗涉經史，尤好兵法及龜策、推步之術。開皇中，以軍功拜儀同，累轉兵部員外郎。善敷奏，明習法律，然舞弄文法，高下其心。或有駁難之者，世充利口飾非，辭議鋒起，衆雖知其不可而莫能屈。

大業中，累遷江都丞，兼領江都宮監。時煬帝數幸江都，世充善候人主顏色，阿諛順旨，每入言事，帝必稱善。乃雕飾池臺，陰奏遠方珍物，以媚於帝，由是益昵之。世充知隋政將亂，陰結豪俊，多收羣心，有繫獄抵罪，皆枉法出之，以樹私恩。及楊玄感作亂，吳人朱燮、晉陵人管崇起兵江南以應之，自稱將軍，擁衆十餘萬。隋遣將軍吐萬緒、魚俱羅等討

之，不克。世充爲其偏將，募江都萬餘人，頻擊破之。每有克捷，必歸功於下，所獲軍實，皆推與士卒，由此人爭爲用，功最居多。

十年，齊郡賊帥孟讓自長白山寇掠諸郡，至盱眙，有衆十餘萬。世充以兵拒之，保都梁山，爲五柵，相持不戰，乃唱言兵走，羸師示弱〔一〕。讓笑曰：「王世充文法小吏，安能領兵？吾今生縛取之，鼓行而入江都。」時百姓皆入壁，野無所掠，賊衆漸餒，又苦柵當其道，不得南侵，即分兵圍五柵。世充每日擊之，陽不利，走還入柵。如是數日，讓益輕之，乃稍分人於南方抄掠〔二〕，留兵纔足以圍柵。世充知其懈，乃於營中夷竈撤幕，設方陣，四面外向，毀柵而出，奮擊，大破之，讓以數十騎遁去，斬首萬餘級，俘虜十餘萬人。煬帝以世充有將帥才略，復遣領兵討諸小盜，所向盡平。

十一年，突厥圍煬帝於鴈門。世充盡發江都人將往赴難，在軍中蓬首垢面，悲泣無度，曉夜不解甲，藉草而臥。煬帝聞之，以爲忠，益信任之。十二年，遷江都通守。時厭次人格謙爲盜數年，兵十餘萬在豆子䴚中，爲太僕卿楊義臣所殺，世充帥師擊其餘衆，破之。又擊盧明月於南陽，虜獲數萬。後還江都，煬帝大悅，自執杯酒以賜之。及李密攻陷洛口倉，進逼東都，煬帝特詔世充大發兵，於洛口拒密，前後百餘戰，未有勝負。又遣就軍拜世充爲將軍，趣令破賊。世充引軍渡洛水與李密戰，世充軍敗績，溺死者萬餘人，乃率餘衆歸河陽。時天寒大雪，兵士在道凍死者又數萬人，比至河陽，纔以千數。世充自繫獄請罪，越王侗遣使赦之，徵還洛陽，置營於含嘉倉城，收合亡散，復得萬餘人。

俄而宇文化及作難，太府卿元文都、武衞將軍皇甫無逸、右司郎中盧楚奉越王侗嗣位於東都，拜世充爲吏部尚書，封鄭國公。文都謂楚等曰：「今化及弒逆，讎耻未報，吾雖志在枕戈，而力所不及。爲國計者，莫如以尊官寵李密，以庫物權啗之，使擊化及，令兩賊自鬬，化及既破，而密之兵固亦疲矣。又其士卒得我之賞，居我之官，內外相親，易爲反間，我師養力以乘其弊，則密亦可圖也。」楚等以爲然。即日遣使拜密爲太尉、尚書令，令討化及。

密遂稱臣奉制，以兵拒化及於黎陽，每戰勝則遣使告捷，衆皆悅。世充獨謂其麾下諸將曰：「文都之輩，刀筆吏耳，吾觀其勢，必爲李密所擒。且吾軍人每與密戰，殺其父兄子弟，前後已多，一旦爲之下，吾屬無類矣！」出言以激怒其衆。文都知而大懼，與楚等謀，因世充入內，伏甲而殺之，期有日矣。納言段達庸懦，恐事不果，遣其女婿張志以楚等謀告世充。其夜，勒兵圍宮城，將軍費曜、田闍等拒戰於東太陽門外，曜軍敗，世充遂攻門而入，無逸以單騎遁走，獲楚殺之。時宮門閉，世充遣人扣門言於侗曰：「元文都等欲執皇帝降于李密，段達知而告臣，臣非敢反，誅反者耳。」初，文都聞變，入奉侗於乾陽殿，陳兵衞之，令將帥乘

城以拒難。段達矯侗命，執文都送於世充，至則亂擊而死。達又矯侗命，開門以納世充，世充悉遣人代宿衞者，然後入謁陳謝，曰：「文都等無狀，謀相屠害，事急爲此，不敢背國。」侗與之盟。其日，進拜尚書左僕射，總督內外諸軍事。世充去含嘉城，移居尚書省，專宰朝政。以其兄世惲爲內史令，入居禁中，子弟咸擁兵馬，鎭諸城邑。

未幾，李密破化及還，其勁兵良馬多戰死，士卒疲倦。世充欲乘其弊而擊之，恐人心不一，乃假託鬼神，言夢見周公。乃立祠於洛水，遣巫宣言周公欲令僕射急討李密，當有大功，不則兵皆疫死。世充兵多楚人，俗信妖言，衆皆請戰。世充簡練精勇，得二萬餘人，馬二千餘匹，軍於洛水南。密軍偃師北山上。時密新破化及，有輕世充之心，不設壁壘。世充夜遣三百餘騎潛入北山，伏谿谷中，令軍人秣馬蓐食，遲明而薄密。密出兵應之，陣未成列而兩軍合戰。其伏兵發，乘高而下，馳壓密營，又縱火焚其廬舍，密軍潰，降其將張童仁、陳智略，進下偃師，密走保洛口。初，世充兄世偉及子玄應隨化及至東郡，密得而囚之於城中，至是盡獲之。又執密長史邴元眞妻子、司馬鄭虔象之母及諸將子弟，皆撫慰之，各令潛呼其父兄。世充進兵，次洛口，邴元眞、鄭虔象等舉倉城以應之，密以數十騎走河陽，率餘衆入朝。世充盡收其眾，振旅而還。

侗進拜世充太尉，以尚書省爲其府，備置官屬。世充立三牓於府門之外：一求文才學

識堪濟世務者，一求武藝絕人摧鋒陷陣者，一求能理冤枉擁抑不申者。於是上書陳事，日有數百，世充皆躬自省覽，殷勤慰勞。好行小惠，下至軍營騎士，皆飾辭以誘之。當時有識者見其心口相違，頗以懷貳。世充嘗於侗前賜食，還家大嘔吐，疑遇毒所致，自是不復朝請，與侗絕矣。遣雲定興、段達入奏於侗，請加九錫之禮。

二年三月，遂策授相國，總百揆，封鄭王，加九錫備物。有道士桓法嗣者，自言解圖讖，乃上孔子閉房記，畫作丈夫持一竿以驅羊，釋云：「隋，楊姓也。干一者，王字也。王居羊後，明相國代隋爲帝也。」又取莊子人間世、德充符二篇上之，法嗣釋曰：「上篇言『世』，下篇言『充』，此即相國名矣，明當德被人間，而應符命爲天子也。」世充大悅曰：「此天命也。」再拜受之，即以法嗣爲諫議大夫。世充又羅取雜鳥，書帛繫其頸，自言符命而散放之。有彈射得鳥來而獻者，亦拜官爵。段達、雲定興等入見於侗曰：「天命不常，鄭王功德甚盛，願陛下揖讓告禪，遵唐、虞之迹。」侗怒曰：「天下者高祖之天下，若隋德未衰，此言不可發，必天命有改，亦何論於禪讓？公等皆是先朝舊臣，忽有斯言，朕復當何所望！」段達等莫不流涕。世充又使人謂曰：「今海內未定，須得長君，待四方乂安，復子明辟。必若前盟，義不違負。」

四月，假爲侗詔策禪位，遣兄世惲廢侗於含涼殿，世充僭即皇帝位，建元曰開明，國號

鄭。先封同姓王隆爲淮陽王，整爲東郡王，楷爲馮翊王，素爲樂安王。次封叔瓊爲陳王；兄世衡爲秦王，世偉爲楚王，世惲爲齊王。又封瓊子辯爲杞王；衡子虔壽爲蔡王；偉子弘烈爲魏王，行本爲荊王，琬爲代王；惲子仁則爲唐王，道誠爲衞王，道詢爲趙王，道稜爲燕王；兄世師子太爲宋王，君度爲越王。立子玄應爲皇太子，封子玄恕爲漢王。世充每聽朝，必殷勤誨諭，言辭重復，千端萬緒，百司奉事，疲於聽受。或輕騎遊歷街衢，亦不清道，百姓但避路而已，按轡徐行，謂百姓曰：「昔時天子深坐九重，在下事情，無由聞徹。世充非貪寶位，本欲救時，今當如一州刺史，每事親覽，當與士庶共評朝政。恐門禁有限，慮致壅塞，今止順天門外置座聽朝。」又令西朝堂受抑屈，東朝堂受直諫。於是獻書上事，日有數百，條疏既煩，省覽難遍，數日後不復更出。

五月，世充禮部尚書裴仁基及其子左輔大將軍行儼、尚書左丞宇文儒童等數十人謀誅世充，復尊立侗。事洩，皆見害，夷其三族。六月，世惲因勸世充害侗，以絕衆望。世充遣其姪行本鴆殺侗，諡曰恭皇帝。其將軍羅士信率其衆千餘人來降。十月，世充率衆東徇地，至于滑州，仍以兵臨黎陽。十一月，竇建德入世充之殷州，殺掠居人，焚燒積聚，以報黎陽之役。

三年二月，世充殿中監豆盧達來降。世充見衆心日離，乃嚴刑峻制，家一人逃者，無少

長皆坐爲戮，父子、兄弟、夫妻許其相告而免之。又令五家相保，有全家叛去而隣人不覺者，誅及四隣。殺人相繼，其逃亡益甚。至於樵採之人，出入皆有限數，公私窘急，皆不聊生。又以宮城爲大獄，意有所忌，即收繫其人及家屬於宮中。又每使諸將出外，亦收其親屬質於宮內。囚者相次，不減萬口，既艱食，餓死者日數十人。世充屯兵不散，倉粟日盡，城中人相食。或握土置瓮中，用水淘汰，沙石沉下，取其上浮泥，投以米屑，作餅餌而食之，人皆體腫而脚弱，枕倚於道路。其尚書郎盧君業、郭子高等皆死於溝壑。

七月，秦王率兵攻之，師至新安，世充鎮堡相次來降。八月，秦王陳兵於青城宮，世充悉兵來拒，隔澗而言曰：「隋末喪亂，天下分崩，長安、洛陽，各有分地，世充唯願自守，不敢西侵。計熊、穀二州，相去非遠，若欲取之，豈非度內？既敦隣好，所以不然。王乃盛相侵軼，遠入吾地，三崤之道，千里饋糧，以此出師，未見其可。」太宗謂曰：「四海之內，皆承正朔，唯公執迷，獨阻聲教。東都士庶，亟請王師，關中義勇，感恩致力。至尊重違衆願，有斯弔伐。若轉禍來降，則富貴可保，如欲相抗，無假多言。」世充無以報。太宗分遣諸將攻其城鎮，所至輒下。九月，王君廓攻拔世充之轘轅縣，東徇地至管城而還，於是河南州縣相次降附。竇建德自侵殷州之後，與世充遂結深隙，信使斷絕。十一月，竇建德又遣人結好，并陳救援之意。世充乃遣其兄子琬及內史令長孫安世報聘，且乞師。

四年二月，世充率兵出方諸門，與王師相抗，世充軍敗，因乘勝追之，屯其城門，世充步卒不得入，驚散南走，追斬數千級，虜五千餘人。世充從此不復敢出，但嬰城自守，以待建德之援。三月，秦王擒建德并王琬、長孫安世等于武牢，迴至東都城下以示之，且遣安世入城，使言敗狀。世充惶惑，不知所爲，將潰圍而出，南走襄陽，謀於諸將，皆不答，乃率其將吏詣軍門請降。於是收其府庫，頒賜將士。世充黃門侍郎薛德音以文檄不遜，先誅之。次收世充黨與段達、楊汪、單雄信、陽公卿、郭士衡、郭什柱、董濬、張童仁、朱粲等十餘人，皆戮于洛渚之上。

秦王以世充至長安，高祖數其罪，世充對曰：「計臣之罪，誠不容誅，但陛下愛子秦王許臣不死。」高祖乃釋之。與兄芮、妻、子同徙于蜀，將行，爲讎人定州刺史獨孤修所殺。子玄應及兄世偉等在路謀叛，伏誅。世充自篡位，凡三年而滅。

竇建德，貝州漳南人也。少時，頗以然諾爲事。嘗有鄉人喪親，家貧無以葬，時建德耕於田中，聞而嘆息，遽輟耕牛，往給喪事，由是大爲鄉黨所稱。初，爲里長，犯法亡去，會赦得歸。父卒，送葬者千餘人，凡有所贈，皆讓而不受。

大業七年，募人討高麗，本郡選勇敢尤異者以充小帥，遂補建德爲二百人長。時山東大水，人多流散，同縣有孫安祖，家爲水所漂，妻子餒死。縣以安祖驍勇，亦選在行中。安祖辭貧，自言漳南令，令怒笞之。安祖刺殺令，亡投建德，建德舍之。是歲，山東大饑，建德謂安祖曰：「文皇帝時，天下殷盛，發百萬之衆以伐遼東，尚爲高麗所敗。今水潦爲災，黎庶窮困，而主上不恤，親駕臨遼，加以往歲西征，瘡痍未復，百姓疲弊，累年之役，行者不歸，今重發兵，易可搖動。丈夫不死，當立大功，豈可爲逃亡之虜也。我知高雞泊中廣大數百里，莞蒲阻深，可以逃難，承間而出虜掠，足以自資。既得聚人，且觀時變，必有大功於天下矣。」安祖然其計。建德招誘逃兵及無産業者，得數百人，令安祖率之，入泊中爲羣盜，安祖自稱將軍。鄃人張金稱亦結聚得百人，在河阻中。蓨人高士達又起兵得千餘人，在清河界中。時諸盜往來漳南者，所過皆殺掠居人，焚燒舍宅，獨不入建德之閭。由是郡縣意建德與賊徒交結，收繫家屬，無少長皆殺之。建德聞其家被屠滅，率麾下二百人亡歸士達〔三〕。士達自稱東海公，以建德爲司兵。後安祖爲張金稱所殺，其兵數千人又盡歸于建德。自此漸盛，兵至萬餘人，猶往來高雞泊中。每傾身接物，與士卒均執勤苦，由是能致人之死力。

十二年，涿郡通守郭絢率兵萬餘人來討士達。士達自以智略不及建德，乃進爲軍司馬，咸以兵授焉。建德既初董衆，欲立奇功以威羣賊，請士達守輜重，自簡精兵七千人以拒

絢，詐爲與士達有隙而叛之。士達又宣言建德背亡，而取虜獲婦人紿爲建德妻子，於軍中殺之。建德僞遣人遺絢書請降，願爲前驅，破士達以自効。絢信之，即引兵從建德至長河界，期與爲盟，共圖士達。絢兵益懈而不備，建德襲之，大破絢軍，殺略數千人，獲馬千餘匹，絢以數十騎遁走，遣將追及於平原，斬其首以獻士達。由是建德之勢益振。

隋遣太僕卿楊義臣率兵萬餘人討張金稱，破之於清河，所獲賊衆皆屠滅，餘散在草澤間者復相聚而投建德。義臣乘勝至平原，欲入高雞泊中，建德謂士達曰：「歷觀隋將，善用兵者唯義臣耳。新破金稱，遠來襲我，其鋒不可當。請引兵避之，令其欲戰不得，空延歲月，將士疲倦，乘便襲擊，可有大功。今與爭鋒，恐公不能敵也。」士達不從其言，因留建德守壁，自率精兵逆擊義臣，戰小勝，而縱酒高宴，有輕義臣之心。建德聞之曰：「東海公未能破賊而自矜大，此禍至不久矣。隋兵乘勝，必長驅至此，人心驚駭，吾恐不全。」遂留人守壁，自率精銳百餘據險，以防士達之敗。後五日，義臣果大破士達，於陣斬之，乘勢追奔，將圍建德。守兵既少，聞士達敗，衆皆潰散。建德率百餘騎亡去，行至饒陽，覩其無守備，攻陷之，撫循士衆，人多願從，又得三千餘兵。

初，義臣既殺士達，以爲建德不足憂。建德復還平原，收士達敗兵之死者，悉收葬焉。爲士達發喪，三軍皆縞素。招集亡卒，得數千人，軍復大振，始自稱將軍。初，羣盜得隋官

及山東士子皆殺之，唯建德每獲士人，必加恩遇。初得饒陽縣長宋正本，引爲上客，與參謀議。此後隋郡長吏稍以城降之，軍容益盛，勝兵十餘萬人。

十三年正月，築壇場於河間樂壽界中，自稱長樂王，年號丁丑，署置官屬。七月，隋遣右翊衞將軍薛世雄率兵三萬來討之，至河間城南，營於七里井。建德聞世雄至，選精兵數千人伏河間南界澤中，悉拔諸城僞遁，云亡入豆子䴚中。世雄以爲建德畏己，乃不設備。建德覘知之，自率敢死士一千人襲擊世雄。會雲霧晝晦，兩軍不辨，隋軍大潰，自相踏藉，死者萬餘，世雄以數百騎而遁，餘軍悉陷。於是建德進攻河間，頻戰不下。其後城中食盡，又聞煬帝被弑，郡丞王琮率士吏發喪，建德遣使弔之，琮因使者請降，建德退舍具饌以待焉。琮率官屬素服面縛詣軍門，建德親解其縛，與言隋亡之事，琮俯伏悲哀，建德亦爲之泣。諸賊帥或進言曰：「琮拒我久，殺傷甚衆，計窮方出，今請烹之。」建德曰：「此義士也。方加擢用，以勵事君者，安可殺之。往在泊中共爲小盜，容可恣意殺人，今欲安百姓以定天下，何得害忠良乎？」因令軍中曰：「先與王琮有隙者，今敢動搖，罪三族。」即日授琮瀛州刺史。始都樂壽，號曰金城宮，自是郡縣多下之。

武德元年冬至日，於金城宮設會，有五大鳥降于樂壽，羣鳥數萬從之，經日而去，因改年爲五鳳。有宗城人獻玄珪一枚，景城丞孔德紹曰：「昔夏禹膺籙，天錫玄珪。今瑞與禹同，

宜稱夏國。」建德從之。先是，有上谷賊帥王須拔自號漫天王〔四〕，擁衆數萬，入掠幽州，中流矢而死。其亞將魏刀兒代領其衆，自號歷山飛，入據深澤，有徒十萬。建德與之和，刀兒因弛守備，建德襲破之，又盡并其地。

二年，宇文化及僭號於魏縣，建德謂其納言宋正本、內史侍郎孔德紹曰：「吾爲隋之百姓數十年矣，隋爲吾君二代矣。今化及殺之，大逆無道，此吾讎矣，請與諸公討之，何如？」德紹曰：「今海內無主，英雄競逐，大王以布衣而起漳浦，隋郡縣官人莫不爭歸附者，以大王仗順而動，義安天下也。宇文化及與國連姻，父子兄弟受恩隋代，身居不疑之地，而行弑逆之禍，篡隋自代，乃天下之賊也。此而不誅，安用盟主！」建德稱善。即日引兵討化及，連戰大破之。化及保聊城，建德縱撞車拋石，機巧絕妙，四面攻城，陷之。建德入城，先謁隋蕭皇后，與語稱臣。悉收弑煬帝元謀者宇文智及、楊士覽、元武達、許弘仁、孟景，集隋文武官對而斬之，梟首轅門之外。化及并其二子同載以檻車，至大陸縣斬之。建德每平城破陣，所得資財，並散賞諸將，一無所取。又不噉肉，常食唯有菜蔬、脫粟之飯。其妻曹氏不衣紈綺，所使婢妾纔十數人。至此，得宮人以千數，並有容色，應時放散。得隋文武官及驍果尚且一萬，亦放散，聽其所去。又以隋黃門侍郎裴矩爲尚書左僕射，兵部侍郎崔君肅爲侍中，少府令何稠爲工部尚書，自餘隨才拜授，委以政事。其有欲往

關中及東都者亦恣聽之，仍給其衣糧，以兵援之，送出其境。攻陷洺州，虜刺史袁子幹。遷都于洺州，號萬春宮。遣使往灌津，祠竇青之墓〔三〕，置守冢二十家。又與王世充結好，遣使朝隋越王侗於洛陽。後世充廢侗自立，乃絕之，始自尊大，建天子旌旗，出警入蹕，下書言詔。追諡隋煬帝為閔帝，封齊王暕子政道為鄖公。然猶依倚突厥。隋義城公主先嫁突厥，及是遣使迎蕭皇后，建德勒兵千餘騎送之入蕃，又傳化及首以獻公主。既與突厥相連，兵鋒益盛。

九月，南侵相州，河北大使淮安王神通不能拒，退奔黎陽。相州陷，殺刺史呂珉。又進攻衞州，陷黎陽，左武衞大將軍李世勣、皇妹同安長公主及神通並為所虜。滑州刺史王軌為奴所殺，攜其首以奔建德，曰：「奴殺主為大逆，我何可納之。」命立斬奴，而返軌首於滑州。吏人感之，即日而降。齊、濟二州及兗州賊帥徐圓朗皆聞風而下。建德釋李世勣，使其領兵以鎮黎州。

三年正月，世勣捨其父而逃歸，執法者請誅之，建德曰：「勣本唐臣，為我所虜，不忘其主，逃還本朝，此忠臣也，其父何罪！」竟不誅。舍同安長公主及神通於別館，待以客禮。高祖遣使與之連和，建德即遣公主與使俱歸。嘗破趙州，執刺史張昂、邢州刺史陳君賓、大使張道源等，以侵軼其境，建德將戮之。其國子祭酒凌敬進曰：「夫犬各吠非其主，今鄰人堅

守，力屈就擒，此乃忠確士也。若加酷害，何以勸大王之臣乎？」建德盛怒曰：「我至城下，猶迷不降，勞我師旅，罪何可赦？」敬又曰：「今大王使大將軍高士興於易水抗禦羅藝，兵纔至，士興即降，大王之意復為可不？」建德乃悟，即命釋之。其寬厚從諫，多此類也。

又遣士興進圍幽州，攻之不克，退軍於籠火城，為藝所襲，士興大潰。先是，其大將王伏寶多勇略，功冠等倫，羣帥嫉之。或言其反，建德將殺之，伏寶曰：「我無罪也，大王何聽讒言，自斬左右手乎？」既殺之，後用兵多不利。

九月，建德自帥師圍幽州，藝出兵與戰，大破之，斬首千二百級。藝兵頻勝而驕，進襲其營，建德列陣於營中，填塹而出，擊藝敗之。建德薄其城，不克，遂歸洺州。其納言宋正本好直諫，建德又聽讒言殺之。是後人以為誡，無復進言者，由此政教益衰。

先，曹州濟陰人孟海公擁精兵三萬，據周橋城以掠河南之地。其年十一月，建德自率兵渡河以擊之。時秦王攻王世充於洛陽，建德中書舍人劉斌說建德曰：「今唐有關內，鄭有河南，夏居河北，此鼎足相持之勢也。聞唐兵悉衆攻鄭，首尾二年，鄭勢日蹙而唐兵不解。唐強鄭弱，其勢必破鄭，鄭破則夏有齒寒之憂。為大王計者，莫若救鄭，鄭拒其內，夏攻其外，破之必矣。若却唐全鄭，此常保三分之勢也。若唐軍破後而鄭可圖，則因而滅之，總二國之衆，乘唐軍之敗，長驅西入，京師可得而有，此太平之基也。」建德大悅曰：「此良策矣。」

適會世充遣使乞師于建德，即遣其職方侍郎魏處繪入朝，請解世充之圍。

四年二月，建德克周橋，虜海公，留其將范願守曹州，悉發海公及徐圓朗之衆來救世充。軍至滑州，世充行臺僕射韓洪開城納之，遂進逼元州、梁州、管州，皆陷之，屯于滎陽。三月，秦王入武牢，進薄其營，多所傷殺，并擒其將殷秋、石瓚。時世充弟世辯為徐州行臺，遣其將郭士衡領兵數千人從之，合衆十餘萬，號為三十萬，軍次成皋，築宮于板渚，以示必戰。又遣間使約世充共為表裏。經二月，迫於武牢，不得進。秦王遣將軍王君廓領輕騎千餘抄其糧運，獲其大將張青特，虜獲甚衆。

建德數不利，人情危駭，將帥已下破孟海公，皆有所獲，思歸洺州。凌敬進說曰：「宜悉兵濟河，攻取懷州河陽，使重將居守。更率衆鳴鼓建旗，踰太行，入上黨，先聲後實，傳檄而定。漸趨壺口，稍駭蒲津，收河東之地，此策之上也。行此必有三利：一則入無人之境，師有萬全；二則拓土得兵；三則鄭圍自解。」建德將從之，而世充之使長孫安世陰齎金玉啗其諸將，以亂其謀。衆咸進諫曰：「凌敬書生耳，豈可與言戰乎？」建德從之，退而謝敬曰：「今衆心甚銳，此天贊我矣。因此決戰，必將大捷。已依衆議，不得從公言也。」敬固爭，建德怒，扶出焉。其妻曹氏又言於建德曰：「祭酒之言可從，大王何不納也？請自滏口之道，乘唐國之虛，連營漸進，以取山北，又因突厥西抄關中，唐必還師以自救，此則鄭圍解矣。

今頓兵武牢之下，日月淹久，徒為自苦，事恐無功。」建德曰：「此非女子所知也。且鄭國懸命朝暮，以待吾來，既許救之，豈可見難而退，示天下以不信也？」於是悉衆進逼武牢，官軍按甲挫其銳。

及建德結陣於汜水，秦王遣騎挑之，建德進軍而戰，竇抗當之。建德少却，秦王馳騎深入，反覆四五合，然後大破之。建德中槍，竄於牛口渚，車騎將軍白士讓、楊武威生獲之。先是，軍中有童謠曰：「豆入牛口，勢不得久。」建德行至牛口渚，甚惡之，果敗於此地。

建德所領兵衆，一時奔潰，妻曹氏及其左僕射齊善行將數百騎遁于洺州。餘黨欲立建德養子為主，善行曰：「夏王平定河朔，士馬精強，一朝被擒如此，豈非天命有所歸也？不如委心請命，無為塗炭生人。」遂以府庫財物悉分士卒，各令散去。善行乃與建德右僕射裴矩、行臺曹旦及建德妻率偽官屬舉山東之地，奉傳國等八璽來降。七月，秦王俘建德至京師，斬于長安市，年四十九。自起軍至滅，凡六歲，河北悉平。其年，劉黑闥復盜據山東。

史臣曰：世充姦人，遭逢昏主，上則諛佞詭俗以取榮名，下則強辯飾非以制羣論。終行

簒逆，自恣陸梁，安忍殺人，矯情馭衆，凡所委任，多是叛亡。出降秦王，不致顯戮，其爲幸也多矣。建德義伏鄉閭，盜據河朔，撫馭士卒，招集賢良。中絶世充，終斬化及，不殺徐蓋，生還神通，沉機英斷，靡不有初。及宋正本、王伏寶被讒見害，凌敬、曹氏陳謀不行，遂至亡滅，鮮克有終矣。然天命有歸，人謀不及。

贊曰：世充簒逆，建德愎諫，二凶即誅，中原弭亂。

校勘記

〔一〕羸師示弱　「示」字各本原作「自」，據冊府卷六九四、新書卷八五王世充傳、通鑑卷一八二改。

〔二〕乃稍分人於南方抄掠　「掠」字各本原無，據通鑑卷一八二補。

〔三〕亡歸士達　「士達」二字各本原無，據新書卷八五竇建德傳、通鑑卷一八一補。

〔四〕自號漫天王　「王」字各本原無，據新書卷八五竇建德傳、通鑑卷一八二補。

〔五〕祠竇靑之墓　「竇靑」，葉校本作「竇充」。

舊唐書卷五十五

列傳第五

薛舉 子仁杲　李軌　劉武周 苑君璋附　高開道　劉黑闥 徐圓朗

薛舉，河東汾陰人也。其父汪，徙居金城。舉容貌瓌偉，凶悍善射，驍武絶倫，家產鉅萬，交結豪猾，雄於邊朔。初，爲金城府校尉。大業末，隴西羣盜蜂起，百姓飢餒，金城令郝瑗募得數千人，使舉討捕。授甲於郡中，吏人咸集，置酒以饗士。舉與其子仁杲及同謀者十三人〔一〕，於座中劫瑗，矯稱收捕反者，因發兵囚郡縣官，開倉以賑貧乏。自稱西秦霸王，建元爲秦興，封仁杲爲齊公，少子仁越爲晉公。有宗羅睺者，先聚黨爲羣盜，至是帥衆會之，封爲義興公，餘皆以次封拜。掠官收馬，招集羣盜，兵鋒甚銳，所至皆下。

隋將皇甫綰屯兵一萬在枹罕，舉選精銳二千人襲之，與綰軍遇於赤岸，陳兵未戰，俄而風雨暴至。初風逆舉陣，而綰不擊之；忽返風，正逆綰陣，氣色昏昧，軍中擾亂。舉策馬

先登，衆軍從之，隋軍大潰，遂陷枹罕。時羌酋鍾利俗擁兵二萬在岷山界，盡以衆降舉，兵遂大振。進仁杲爲齊王，授東道行軍元帥；仁越爲晉王，兼河州刺史；羅睺爲義興王，以副仁杲。總兵略地，又克鄯、廓二州，數日間，盡有隴西之地，衆至十三萬。

十三年秋七月，舉僭號於蘭州，以妻鞠氏爲皇后，母爲皇太后，起墳塋，置陵邑，立廟於城南。其月，舉陳兵數萬，出拜墓，禮畢大會。仁杲進兵圍秦州。仁越兵趣劍口，至河池郡，太守蕭瑀拒退之。舉命其將常仲興渡河擊李軌，與軌將李贇大戰于昌松，仲興敗績，全軍陷於軌。及仁杲克秦州，舉自蘭州遷都之。遣仁杲引軍寇扶風郡，汧源賊帥唐弼率衆拒之，兵不得進。初，弼起扶風，立隴西李弘芝爲天子，有徒十萬。舉遣使招弼，弼殺弘芝，引軍從舉。仁杲因弼弛備，襲破之，並有其衆，弼以數百騎遁免。舉勢益張，軍號三十萬，將圖京師。

會義兵定關中，遂留攻扶風。太宗帥師討敗之，斬首數千級，追奔至隴坻而還。舉又懼太宗踰隴追之，乃問其衆曰：「古來天子有降事否？」僞黃門侍郎褚亮曰：「昔越帝趙佗卒歸漢祖，蜀主劉禪亦仕晉朝，近代蕭琮，至今猶貴。轉禍爲福，自古有之。」其衞尉卿郝瑗趣而進曰：「皇帝失問。褚亮之言，又何悖也！昔漢祖屢經敗績，蜀先主亟亡妻子，戰之利害，何代無之，安得一戰不捷，而爲亡國之計也！」舉亦悔之，答曰：「聊發此問，試君等耳。」乃

厚賞瑗，引爲謀主。瑗又勸舉連結梁師都，共爲聲勢，厚賂突厥，餌其戎馬，合從并力，進逼京師。舉從其言，與突厥莫賀咄設謀取京師。莫賀咄設許以兵隨之，期有日矣。會都水監宇文歆使于突厥，歆說莫賀咄設止其出兵，故舉謀不行。

武德元年，豐州總管張長遜進擊宗羅睺，舉悉衆來援，軍屯高墌，縱兵虜掠，至于豳、岐之地。太宗又率衆擊之，軍次高墌城，度其糧少，意在速戰，乃命深溝堅壁，以老其師。未及與戰，會太宗不豫，行軍長史劉文靜、殷開山請觀兵於高墌西南，恃衆不設備，爲舉兵掩乘其後。太宗聞之，知其必敗，遽與書責之。未至，兩軍合戰，竟爲舉所敗，死者十五六，大將慕容羅睺、李安遠、劉弘基皆陷于陣。太宗歸于京師，舉軍取高墌，又遣仁杲進圍寧州。郝瑗言於舉曰：「今唐兵新破，將帥並擒，京師騷動，可乘勝直取長安。」舉然之。臨發而舉疾，召巫視之，巫言唐兵爲祟，舉惡之，未幾而死。舉每破陣，所獲士卒皆殺之，殺人多斷舌、割鼻，或碓擣之。其妻性又酷暴，好鞭撻其下，見人不勝痛而宛轉於地，則埋其足，纔露腹背而捶之。由是人心不附。仁杲代董其衆，僞謚舉爲武皇帝，未葬而仁杲滅。

仁杲，舉長子也，多力善騎射，軍中號爲萬人敵。然所至多殺人，納其妻妾。獲庾信子立，怒其不降，磔於猛火之上，漸割以啗軍士。初，拔秦州，悉召富人倒懸之，以醋灌鼻，或

杙其下竅，以求金寶。舉每誡之曰：「汝智略縱橫，足辦我家事，而傷於苛虐，與物無恩，終當覆我宗社。」舉死，仁杲立於折墌城，與諸將帥素多有隙，及嗣位，衆咸猜懼。郝瑗哭舉悲思，因病不起，自此兵勢日衰。

自劉文靜爲舉所敗後，高祖命太宗率諸軍以擊仁杲，師次高墌，而堅壁不動。諸將咸請戰，太宗曰：「我士卒新敗，銳氣猶少。賊以勝自驕，必輕敵好鬬，故且閉壁以折之。待其氣衰而後奮擊，可一戰而破，此萬全計也。」乃令軍中曰：「敢言戰者斬。」相持者久之。仁杲勇而無謀，兼糧餽不屬，將士稍離，其內史令翟長孫以其衆來降，仁杲妹夫僞左僕射鍾俱仇以河州歸國。太宗知其可擊，遣將軍龐玉擊賊將宗羅睺於淺水原。兩軍酣戰，太宗以勁兵出賊不意，奮擊大破之。乘勝進薄其折墌城，仁杲窮蹙，率僞百官開門降，太宗納之。王師振旅，以仁杲歸於京師，及其首帥數十人皆斬之〔三〕。舉父子相繼僞位至滅，凡五年，隴西平。

李軌字處則，武威姑臧人也。有機辯，頗窺書籍，家富於財，賑窮濟乏，人亦稱之。大業末，爲鷹揚府司馬。時薛舉作亂於金城，軌與同郡曹珍、關謹、梁碩、李贇、安修仁等謀曰：

「薛舉殘暴，必來侵擾，郡官庸怯，無以禦之。今宜同心戮力，保據河右，以觀天下之事，豈可束手於人，妻子分散！」乃謀共舉兵，皆相讓，莫肯爲主。曹珍曰：「常聞圖讖云『李氏當王』。今軌在謀中，豈非天命也。」遂拜賀之，推以爲主。軌令修仁夜率諸胡入內苑城，建旗大呼，軌於郭下聚衆應之，執縛隋虎賁郎將謝統師、郡丞韋士政。軌自稱河西大涼王，建元安樂，署置官屬，並擬開皇故事。初，突厥曷娑那可汗率衆內屬，遣弟闕達度闕設領部落在會寧川中，有二千餘騎，至是自稱可汗，來降于軌。

武德元年冬，軌僭稱尊號，以其子伯玉爲皇太子，長史曹珍爲左僕射。謹等議欲盡殺隋官，分其家產，軌曰：「諸人見逼爲主，便須稟吾處分。義兵之起，意在救焚，今殺人取物，是爲狂賊。立計如此，何以求濟乎！」乃署統師太僕卿，士政太府卿。薛舉遣兵侵軌，軌遣其將李贇擊敗于昌松，斬首二千級，盡虜其衆，復議放還之。贇言於軌曰：「今竭力戰勝，俘虜賊兵，又縱放之，還使資敵，不如盡坑之。」軌曰：「不然。若有天命，自擒其主，此輩士卒，終爲我有。若事不成，留此何益？」遂遣之。未幾，攻陷張掖、燉煌、西平、枹罕，盡有河西五郡之地。

其年，軌殺其吏部尚書梁碩。初，軌之起也，碩爲謀主，甚有智略，衆咸憚之。碩見諸胡種落繁盛，乃陰勸軌宜加防察，與其戶部尚書安修仁由是有隙。又軌子仲琰懷恨，形於

辭色，修仁因之構成碩罪，更譖毀之，云其欲反，軌令齎鴆就宅殺焉。是後，故人多疑懼之，心膂從此稍離。

時高祖方圖薛舉，遣使潛往涼州與之相結，下璽書謂之爲從弟。軌大悅，遣其弟懋入朝，獻方物。高祖授懋大將軍，遣還涼州。又令鴻臚少卿張俟德持節冊拜爲涼州總管，封涼王，給羽葆鼓吹一部。軌召羣僚廷議曰：「今吾從兄膺受圖籙，據有京邑，天命可知，一姓不宜競立，今去帝號受冊可乎？」曹珍進曰：「隋失天下，英雄競逐，稱王號帝，鼎峙瓜分。唐國自據關中，大涼自處河右，已爲天子，奈何受人官爵？若欲以小事大，宜依蕭詧故事，自稱梁帝而稱臣於周。」軌從之。

二年，遣其尚書左丞鄧曉隨使者入朝，表稱皇從弟大涼皇帝臣軌而不受官。時有胡巫惑之曰：「上帝當遣玉女從天而降。」遂徵兵築臺以候玉女，多所糜費，百姓患之。又屬年饑，人相食，軌傾家賑之，私家罄盡，不能周遍。又欲開倉給粟，召衆議之。珍等對曰：「國以人爲本，本既不立，國將傾危，安可惜此倉粟而坐觀百姓之死乎？」其故人皆云，給粟爲便。謝統師等隋舊官人，爲軌所獲，雖被任使，情猶不附。每與羣胡相結，引進朋黨，排軌舊人，因其大餒，欲離其衆。乃詬珍曰：「百姓餓者自是弱人，勇壯之士終不肯困，國家倉粟須備不虞，豈可散之以供小弱？僕射苟悅人情，殊非國計。」軌以爲然，由是士庶怨憤，多欲

叛之。

初，安修仁之兄興貴先在長安，表請詣涼州招慰軌。高祖謂曰：「李軌據河西之地，連好吐谷渾，結援於突厥，興兵討擊，尚以爲難，豈單使所能致也？」興貴對曰：「李軌凶強，誠如聖旨。今若諭之以逆順，曉之以禍福，彼則憑固負遠，必不見從。何則？臣於涼州，奕代豪望，凡厥士庶，靡不依附。臣之弟爲軌所信任，職典樞密者數十人，以此候隙圖之，易於反掌，無不濟矣。」高祖從之。

興貴至涼州，軌授以左右衞大將軍，又問以自安之術，興貴諭之曰：「涼州僻遠，人物凋殘，勝兵雖餘十萬，開地不過千里，既無險固，又接蕃戎，戎狄豺狠，非我族類，此而可久，實用爲疑。今大唐據有京邑，略定中原，攻必取，戰必勝，是天所啓，非人力焉。今若舉河西之地委質事之，卽漢家竇融，未足爲比。」軌默然不答，久之，謂興貴曰：「昔吳濞以江左之兵，猶稱己爲『東帝』；我今以河右之衆，豈得不爲『西帝』。彼雖強大，其如予何？君與唐爲計，誘引於我，酬彼恩遇耳。」興貴懼，乃僞謝曰：「竊聞富貴不在故鄉，有如衣錦夜行。今合家子弟並蒙信任，榮慶實在一門，豈敢興心，更懷他志。」

興貴知軌不可動，乃與修仁等潛謀引諸胡衆起兵圖軌，將圍其城，軌率步騎千餘出城拒戰。先時，有薛舉柱國奚道宜率羌兵三百人亡奔于軌，既許其刺史而不授之，禮遇又薄，

深懷憤怨。道宜率所部共修仁擊軌，軌敗入城，引兵登陴，冀有外救。興貴宣言曰：「大唐使我來殺李軌，不從者誅及三族！」於是諸城老幼皆出詣修仁。軌歎曰：「人心去矣，天亡我乎！」攜妻子上玉女臺，置酒爲別，修仁執之以聞。時鄧曉尚在長安，聞軌敗，舞蹈稱慶。高祖數之曰：「汝委質於人，爲使來此，聞軌淪陷，曾無慼容，苟悅朕情，妄爲慶躍。既不能留心於李軌，何能盡節於朕乎？」竟廢而不齒。軌尋伏誅，自起至滅三載，河西悉平。詔授興貴右武候大將軍、上柱國，封涼國公，食實封六百戶，賜帛萬段；修仁左武候大將軍，封申國公，并給田宅，食實封六百戶。

劉武周，河間景城人。父匡，徙家馬邑。匡嘗與妻趙氏夜坐庭中，忽見一物，狀如雄雞，流光燭地，飛入趙氏懷，振衣無所見，因而有娠，遂生武周。驍勇善射，交通豪俠。其兄山伯每誡之曰：「汝不擇交遊，終當滅吾族也。」數詈辱之。武周因去家入洛，爲太僕楊義臣帳內，募征遼東，以軍功授建節校尉。

還家，爲鷹揚府校尉。太守王仁恭以其州里之雄，甚見親遇，每令率虞候屯於閤下。因與仁恭侍兒私通，恐事泄，又見天下已亂，陰懷異計，乃宣言於郡中曰：「今百姓飢餓，死人

相枕於野，王府尹閉倉不恤，豈憂百姓之意乎！」以此激怒衆人，皆發憤怨。武周知衆心搖動，因稱疾不起，鄉閭豪傑多來候問，遂椎牛縱酒大言曰：「盜賊若此，壯士守志，並死溝壑。今倉內積粟皆爛，誰能與我取之？」諸豪傑皆許諾。與同郡張萬歲等十餘人候仁恭視事，武周上謁，萬歲自後而入，斬仁恭於郡廳，持其首出徇郡中，無敢動者。於是開廩以賑窮乏，馳檄境內，其屬城皆歸之，得兵萬餘人。

武周自稱太守，遣使附于突厥。隋鴈門郡丞陳孝意、虎賁將王智辯合兵討之，圍其桑乾鎭。會突厥大至，與武周共擊智辯，隋師敗績。孝意奔還鴈門，部人殺之，以城降于武周。於是襲破樓煩郡，進取汾陽宮，獲隋宮人以賂突厥，始畢可汗以馬報之，兵威益振。乃攻陷定襄，復歸于馬邑。突厥立武周爲定楊可汗，遺以狼頭纛。因僭稱皇帝，以妻沮氏爲皇后，建元爲天興。以衞士楊伏念爲左僕射，妹壻同縣人苑君璋爲內史令。

先是，上谷人宋金剛有衆萬餘人，在易州界爲羣盜，定州賊帥魏刀兒與相表裏。後刀兒爲竇建德所滅，金剛救之，戰敗，率餘衆四千人奔于武周。武周素聞金剛善用兵，得之甚喜，號爲宋王，委以軍事，中分家產遺之。金剛亦深自結納，遂出其妻，請聘武周之妹。又說武周入圖晉陽，南向以爭天下。武周授金剛西南道大行臺，令率兵二萬人侵幷州，軍黃蛇鎭。又引突厥之衆，兵鋒甚盛，襲破楡次縣，進陷介州。高祖遣太常少卿李仲文率衆

討之，爲賊所執，一軍全沒。仲文後得逃還。復遣右僕射裴寂拒之，戰又敗績。武周進逼，總管齊王元吉委城遁走，武周遂據太原。遣金剛進攻晉州，六日城陷，右驍衞大將軍劉弘基沒于賊。進取澮州，屬縣悉下。

夏縣人呂崇茂殺縣令，自號魏王，以應賊。河東賊帥王行本又密與金剛連和，關中大駭。高祖命太宗益兵進討，屯于柏壁，相持者久之。又命永安王孝基、陝州總管于筠、工部尚書獨孤懷恩、內史侍郎唐儉進取夏縣，不能克，軍于城南。崇茂與賊將尉遲敬德襲破孝基營，諸軍並陷，四將俱沒。敬德還澮州，太宗邀擊於美良川，大破之。敬德與賊將尋相又援王行本於蒲州，太宗復破之於蒲州。高祖親幸蒲津關，太宗自柏壁輕騎謁高祖於行在所。宋金剛遂圍絳州。及太宗還，金剛懼而引退。武周復攻李仲文于浩州，頻戰皆敗，又餽運不屬，賊衆大餒，於是金剛遂遁。太宗復追及金剛于雀鼠谷，一日八戰，皆破之，俘斬數萬人，獲輜重千餘兩。金剛走入介州，王師逼之。金剛尚有衆二萬，出其西門，背城而陣；太宗與諸將力戰破之，金剛輕騎遁走。其驍將尉遲敬德、尋相、張萬歲收其精兵，舉介州及永安來降。武周大懼，率五百騎棄幷州北走，自乾燭谷亡奔突厥。金剛復收其亡散以拒官軍，人莫之從，與百餘騎復奔突厥。太宗進平幷州，悉復故地。未幾，金剛背突厥而亡，將還上谷，爲追騎所獲，腰斬之。武周又欲謀歸馬邑，事洩，爲突厥所殺。武周自初起

至死，凡六載。

初，武周引兵南侵，苑君璋說曰：「唐主舉一州之兵，定三輔之地，郡縣影附，所向風靡，此固天命，豈曰人謀。且幷州已南，地形險阻，若懸軍深入，恐後無所繼，不如連和突厥，結援唐朝，南面稱孤，足爲上策。」武周不聽，遣君璋守朔州，遂侵汾、晉。及敗，泣謂君璋曰：「恨不用君言，乃至於此！」

武周既死，突厥又以君璋爲大行臺，統其餘衆，仍令郁射設督兵助鎭。高祖遣諭之，君璋部將高滿政謂君璋曰：「夷狄無禮，本非人類，豈可北面事之，不如盡殺突厥以歸唐朝。」君璋不從，滿政因人心夜逼君璋，君璋亡奔突厥。滿政遂以城來降，拜朔州總管，封榮國公。

明年，君璋復引突厥來攻馬邑，滿政死之，君璋盡殺其黨而去，退保恆安。君璋所部稍稍離散，勢蹙請降，高祖許之，遣使賜以金劵。會突厥頡利可汗復遣召之，君璋猶豫未決。其子孝政曰：「劉武周足爲殷鑒。今旣降唐，又歸頡利，取滅之道也。糧儲已盡，人情悉離，如更遲留，變生肘腋。」恆安人郭子威說君璋曰：「恆安之地，王者舊都，山川形勝，足爲險固。突厥方強，爲我脣齒。據此堅城，足觀天下之變，何乃欲降於人也。」君璋然其計，乃執

我行人送於突厥，與突厥合軍寇太原之北境。君璋復見頡利政亂，竟率所部來降，拜安州都督，封芮國公，賜實封五百戶。

高開道，滄州陽信人也。少以煮鹽自給，有勇力，走及奔馬。隋大業末，河間人格謙擁兵於豆子䴵，開道往從之，署爲將軍。後謙爲隋師所滅，開道與其黨百餘人亡匿海曲。復出掠滄州，招集得數百人，北掠城鎭，臨渝至于懷遠皆破之，悉有其衆。武德元年，隋將李景守北平郡，開道引兵圍之，連年不能克。景自度不能支，拔城而去。開道又取其地，進陷漁陽郡，有馬數千匹，衆且萬人，自立爲燕王，都于漁陽。先是，有懷戎沙門高曇晟者，因縣令設齋，士女大集，曇晟與其僧徒五十人擁齋衆而反，殺縣令及鎭將，自稱大乘皇帝，立尼靜宣爲耶輸皇后，建元爲法輪。至夜，遣人招誘開道，結爲兄弟，改封齊王。開道以衆五千人歸之，居數月，襲殺曇晟，悉幷其衆。

三年，復稱燕王，建元，署置百官。羅藝在幽州，爲竇建德所圍，告急於開道，乃率二千騎援之。建德懼其驍銳，於是引去。開道因藝遣使來降，詔封北平郡王，賜姓李氏，授蔚州總管。時幽州大饑，開道許給之粟，藝遣老弱就食，開道皆厚遇之。藝甚悅，不以爲虞，乃發兵三千人、車數百乘、驢馬千餘匹，請粟于開道。悉留之，北連突厥，告絕於藝，復稱燕國。

是歲，劉黑闥入寇山東，開道與之連和，引兵攻易州，不克而退。又遣其將謝稜詐降於藝，請兵援接，藝出兵應之，將至懷戎，稜襲破藝兵。開道又引突厥頻來爲寇，恆、定、幽、易等州皆罹其患。突厥頡利可汗攻馬邑，以開道兵善爲攻具，引之陷馬邑而去。時天下大定，開道欲降，自以數翻復，終恐致罪，又北恃突厥之衆。其將士多山東人，思還本土，人心頗離。

先是，劉黑闥亡將張君立奔於開道，因與其將張金樹潛相結連。時開道親兵數百人，皆勇敢士也，號爲「義兒」，常在閤內。金樹每督兵於閤下。金樹將圖開道，潛令數人入其閤內，與諸義兒陽爲遊戲，至日將夕，陰斷其弓弦，又藏其刀仗，聚其矟於床下。迨暝，金樹以其徒大呼來攻閤下，向所遣人抱義兒矟一時而出，諸義兒遽將出戰，而弓弦皆絕，刀仗已失。君立於外城舉火相應，表裏驚擾。義兒窮蹙，爭歸金樹。開道知不免，於是擐甲持兵坐堂上，與其妻妾樂酣宴。金樹之黨憚其勇，不敢逼。天將曉，開道先縊其妻妾及諸子而後自殺。金樹陳兵，執其義兒皆斬之。又殺張君立，死者五百餘人，遂歸國。開道自初起至滅，凡八歲。以其地爲嬀州。

劉黑闥，貝州漳南人。無賴，嗜酒，好博弈，不治產業，父兄患之。與竇建德少相友善，家貧無以自給，建德每資之。隋末亡命，從郝孝德爲羣盜，後歸李密爲裨將。密敗，爲王世充所虜。世充素聞其勇，以爲騎將。見世充所爲而竊笑之，乃亡歸建德(三)，建德署爲將軍，封漢東郡公，令將奇兵東西掩襲。黑闥旣遍遊諸賊，善觀時變，素驍勇，多姦詐。建德有所經略，必令專知斥候，常間入敵中覘視虛實，或出其不意，乘機奮擊，多所克獲，軍中號爲神勇。及建德敗，黑闥自匿於漳南，杜門不出。

會高祖徵建德故將范願、董康買、曹湛、高雅賢等將赴長安，願等相與謀曰：「王世充以洛陽降，其下驍將楊公卿(四)、單雄信之徒皆被夷滅，我輩若至長安，必無保全之理。且夏王往日擒獲淮安王，全其性命，遣送還之。唐家今得夏王，卽加殺害，我輩殘命，若不起兵報讎，實亦恥見天下人物。」於是相率復謀反叛。卜以劉氏爲主吉，共往漳南，見建德故將劉雅告之，且請。雅曰：「天下已平，樂在丘園爲農夫耳。起兵之事，非所願也。」衆怒，殺雅而去。范願曰：「漢東公劉黑闥果敢多奇略，寬仁容衆，恩結於士卒。吾久常聞劉氏當有王者，今舉大事，欲收夏王之衆，非其人莫可。」遂往詣黑闥，以告其意。黑闥大悅，殺牛會衆，

舉兵得百餘人，襲破漳南縣。貝州刺史戴元詳、魏州刺史權威合兵擊之，並爲黑闥所敗，元詳及威皆沒于陣。黑闥盡收其器械及餘衆千餘人，於是范願、高雅賢等宿舊左右漸來歸附，衆至二千人。

武德四年七月，設壇於漳南，祭建德，告以舉兵之意，自稱大將軍。淮安王神通、將軍秦武通、王行敏前後討之，皆爲所敗。於是移書趙、魏，其建德將士往往殺官吏以應。黑闥北連懷戎賊帥高開道，兵鋒甚銳，進至宗城，有衆數萬。黎州總管李世勣不能拒，棄城走保洺州。黑闥追擊破之，步卒五千人，皆歿于陣，世勣與武通僅以身免。黑闥又徵王琮爲中書令，劉斌爲中書侍郎，以掌文翰。遣使北連突厥，頡利可汗遣俟斤宋耶那率胡騎從之。黑闥軍大振，進陷相州，半歲悉復建德故地。兗州賊帥徐圓朗舉齊、兗之地以附于黑闥，其勢益張。

五年正月，黑闥至相州，僭稱漢東王，建元爲天造。以范願爲左僕射，董康買爲兵部尚書，高雅賢爲右領軍，又引建德時文武悉復本位，都於洺州。其設法行政，皆師建德，而攻戰勇決過之。於是太宗又自請統兵討之，師次衛州，黑闥數以兵挑戰，輒爲官軍所挫。黑闥懼，委相州，而退保于列人營。時洺水縣人請爲內應，太宗遣總管羅士信入城據守，黑闥又攻陷其城，士信死之，遂據洺州。三月，太宗阻洺水列營以逼之，分遣奇兵，斷其糧

道。黑闥又數挑戰，太宗堅壁不應，以挫其鋒。黑闥城中糧盡，太宗度其必來決戰，預擁洺水上流，謂守隄吏曰：「我擊賊之日，候賊半度而決堰。」黑闥果率步騎二萬渡洺水而陣，與官軍大戰，賊衆大潰，水又大至，黑闥衆不得渡，斬首萬餘級，溺死者數千人。黑闥與范願等以千餘人奔于突厥，山東悉定。太宗遂引軍於河南以討徐圓朗。

六月，黑闥復借兵於突厥，來寇山東。七月，至定州，其舊將曹湛、董康買先亡在鮮虞，復聚兵以應黑闥。高祖遣淮陽王道玄、原國公史萬寶討之，戰于下博，王師敗績，道玄死于陣，萬寶輕騎逃還。由是河北諸州盡叛，又降于黑闥，旬日間悉復故城，復都洺州。十一月，高祖遣齊王元吉擊之，遲留不進。又令隱太子建成督兵進討，頻戰大捷。六年二月，又大破之于館陶，黑闥引軍北走。建成與元吉合千餘騎屯於永濟渠，縱騎擊之，黑闥敗走，命騎將劉弘基追之。黑闥爲王師所蹙，不得休息，道遠兵疲，比至饒陽，從者纔百餘人，衆皆餒，入城求食。黑闥所署饒州刺史諸葛德威出門迎拜〔五〕，延之入城。黑闥初不許，德威謬爲誠敬，涕泣固請。黑闥乃進至城傍，德威勒兵執之，送于建成，斬於洺州，山東復定。

徐圓朗者，兗州人也。隋末，亡命爲羣盜，據本郡，縱兵略地，自琅邪已西，北至東平，盡有之，勝兵二萬餘人。仍附於李密，密敗，歸王世充。及洛陽平，歸國，拜兗州總管，封魯郡公。高祖令葛國公盛彥師安輯河南，行至任城。會劉黑闥作亂，潛結於圓朗，因執彥師舉兵應黑闥，自稱魯王。黑闥以圓朗爲大行臺元帥，兗、鄆、陳、杞、伊、洛、曹、戴等八州豪猾皆殺其長吏以應之。太宗平黑闥，進師曹州，遣淮安王神通及李世勣攻之。圓朗數出戰，不利，城內百姓爭踰城降。圓朗窮蹙，與數騎棄城夜遁，爲野人所殺，其地悉平。

史臣曰：薛舉父子勇悍絕倫，性皆好殺，仁杲尤甚，無恩衆叛，雖猛何爲。李軌竊據麏揚，僭號河西，安隋朝官屬，不奪其財，破李贇甲兵，放還其衆，是其興也。及殺害謀主，崇信妖巫，衆叛親離，其亡也宜哉。武周始爲鼠竊，偶恣鴟張，不用君璋之謀，竟爲突厥所殺。苑君璋及總餘衆，別生異圖，見頡利歸朝，亦是見機者也。黑闥、開道，勇而無謀，顧其行師，祇是狂賊，皆爲麾下所殺，馭衆之道謬哉。

贊曰：國無紀綱，盜興草澤。不有隋亂，焉知唐德。

校勘記

〔一〕仁杲　通鑑卷一八三據太宗實錄及醴泉昭陵石刻等作「仁果」。

〔二〕首帥數十人　「十」字各本原作「千」，據新書卷八六薛舉傳、合鈔卷一〇六薛舉傳改。

〔三〕乃亡歸建德　「亡歸」下各本原有「質其父蓋而使世勣典兵攻新鄉詐以取信遂虜黑闥獻於」二十三字。按：竇建德嘗收李世勣父爲質，見李勣傳，與劉黑闥無關，此二十三字當屬錯簡竄入，今據校勘記卷三三引殿本考證及張宗泰說刪。

〔四〕楊公卿　「楊」字各本原無，據新書卷八六劉黑闥傳補。

〔五〕諸葛德威　「諸」字各本原無，據新書卷八六劉黑闥傳、通鑑卷一九〇補。

舊唐書卷五十六

列傳第六

蕭銑　杜伏威　輔公祏 闞稜　王雄誕　**沈法興　李子通** 朱粲

林士弘　張善安　**羅藝　梁師都** 劉季真　李子和

蕭銑，後梁宣帝曾孫也。祖巖，隋開皇初叛隋降於陳，陳亡，爲文帝所誅。銑少孤貧，傭書自給，事母以孝聞。煬帝時，以外戚擢授羅川令。

大業十三年，岳州校尉董景珍、雷世猛，旅帥鄭文秀、許玄徹、萬瓚、徐德基、郭華，沔州人張繡等同謀叛隋。郡縣官屬衆欲推景珍爲主，景珍曰：「吾素寒賤，雖假名號，衆必不從。今若推主，當從衆望。羅川令蕭銑，梁氏之後，寬仁大度，有武皇之風。吾又聞帝王膺籙，必有符命，而隋氏冠帶，盡號『起梁』，斯乃蕭家中興之兆。今請以爲主，不亦應天順人乎？」衆乃遣人諭意，銑大悅，報景珍書曰：「我之本國，昔在有隋，以小事大，朝貢無闕。乃

貪我土宇，滅我宗祊，我是以痛心疾首，無忘雪恥。今天啓公等，協我心事，若合符節，豈非上玄之意也。吾當糾率士庶，敬從來請。」卽日集得數千人，揚言討賊而實欲相應。遇潁川賊帥沈柳生來寇羅川縣，銑擊之，不利，因謂其衆曰：「岳州豪傑首謀起義，請我爲主。今隋政不行，天下皆叛，吾雖欲獨守，力不自全。且吾先人昔都此地，若從其請，必復梁祚，遣召柳生，亦當從我。」衆皆大悅，卽日自稱梁公，改隋服色，建梁旗幟。柳生以衆歸之，拜爲車騎大將軍，率衆往巴陵。自起軍五日，遠近投附者數萬人。

景珍遣徐德基、郭華率州中首領數百人詣軍迎謁，未及見銑，而前造柳生。柳生謂其下曰：「我先奉梁公，勳居第一。今岳州兵衆，位多於我，我若入城，便出其下。不如殺德基，質其首領，獨挾梁公進取州城〔一〕。」遂與左右殺德基，方詣中軍白銑。銑大驚曰：「今欲撥亂，忽自相殺，我不能爲汝主矣。」乃步出軍門。柳生大懼，伏地請罪，銑責而赦之，令復舊位。銑陳兵入城，景珍進言於銑曰：「徐德基丹誠奉主，柳生凶悖擅殺之，若不加誅，何以爲政？且其爲賊，凶頑已久，今雖從義，不革此心，同處一城，必將爲變。若不預圖，後悔無及。」銑又從之。景珍遂斬柳生於城內，其下將帥皆潰散。

銑於是築壇於城南，燔燎告天，自稱梁王。以有異鳥之瑞，建元爲鳳鳴。義寧二年，僭稱皇帝，署置百官，一準梁故事。僞謚其從父琮爲孝靖帝，祖巖爲河間忠烈王，父璿爲文憲王；封董景珍爲晉王，雷世猛爲秦王，鄭文秀爲楚王，許玄徹爲燕王，萬瓚爲魯王，張繡爲齊王，楊道生爲宋王。隋將張鎮州、王仁壽擊之，不能克。及聞隋滅，鎮州因與甯長眞等率嶺表諸州盡降於銑。九江鄱陽初有林士弘僭號，俄自相誅滅，士弘逃于安成之山洞，其郡亦降於銑。遣其將楊道生攻陷南郡，張繡略定嶺表，東至三硤〔二〕，南盡交阯，北拒漢川，皆附之，勝兵四十餘萬。

武德元年，遷都江陵，修復園廟。引岑文本爲中書侍郎，令掌機密。銑又遣楊道生攻硤州，刺史許紹出兵擊破之，赴水死者大半。高祖詔夔州總管趙郡王孝恭率兵討之，拔其通、開二州，斬僞東平郡王蕭闍提。時諸將橫恣，多專殺戮，銑因令罷兵，陽言營農，實奪將帥之權也。其大司馬董景珍之弟爲僞將軍，怨銑放其兵，遂謀爲亂，事洩，爲銑所誅。時景珍出鎭長沙，銑下書赦之，召還江陵，景珍懼，遣間使詣孝恭送款。銑遣其齊王張繡攻之，景珍謂繡曰：「『前年醢彭越，往年殺韓信』，卿豈不見之乎？奈何今日相攻！」繡不答，進兵圍之。景珍潰圍而走，爲其麾下所殺。銑以繡爲尚書令，繡恃勳驕慢，專恣弄權，銑又惡而殺之。旣大臣相次誅戮，故人邊將皆疑懼，多有叛者，銑不能復制，以故兵勢益弱。

四年，高祖命趙郡王孝恭及李靖率巴蜀兵發自夔州，沿流而下；廬江王瑗從襄州道，黔州刺史田世康趣辰州道，黃州總管周法明趣夏口道以圖銑。及大軍將至，銑江州總管

蓋彥舉以五州降。又遣其將文士弘等率兵拒戰，孝恭與李靖皆擊破之，進逼其都。初，銑之放兵散也，自留宿衞兵士數千人，忽聞孝恭至而倉卒追兵，並江、嶺之南，道里遼遠，未能相及。孝恭縱兵入郭，布長圍以守之。數日，克其水城，獲其舟船數千艘。其交州總管丘和、長史高士廉、司馬杜之松等先來謁銑，聞兵敗，便詣李靖來降。銑自度救兵不至，謂其羣下曰：「天不祚梁，數歸於滅。若待力屈，必害黎元，豈以我一人致傷百姓？及城未拔，宜先出降，冀免亂兵，幸全衆庶。諸人失我，何患無君。」乃巡城號令，守陴者皆慟哭。銑以太牢告于其廟，率官屬緦縗布幘而詣軍門，曰：「當死者唯銑，百姓非有罪也，請無殺掠。」孝恭囚之，送于京師。銑降後數日，江南救兵十餘萬一時大至，知銑降，皆送款於孝恭。銑至，高祖數其罪，銑對曰：「隋失其鹿，英雄競逐，銑無天命，故至於此。亦猶田橫南面，非負漢朝。若以爲罪，甘從鼎鑊。」竟斬于都市，年三十九。銑自初起，五年而滅。

杜伏威，齊州章丘人也。少落拓，不治產業，家貧無以自給，每穿窬爲盜。與輔公祏爲刎頸之交。公祏姑家以牧羊爲業，公祏數攘羊以餽之，姑有憾焉，因發其盜事。郡縣捕之急，伏威與公祏遂俱亡命，聚衆爲羣盜，時年十六。常營護諸盜，出則居前，入則殿後，故其

黨威服之，共推爲主。

大業九年，率衆入長白山，投賊帥左君行，不被禮，因捨去，轉掠淮南，自稱將軍。時下邳有苗海潮，亦聚衆爲盜，伏威使公祏謂曰：「今同苦隋政，各興大義，力分勢弱，常恐見擒，何不合以爲強，則不患隋軍相制。若公能爲主，吾當敬從，自揆不堪，可來聽命，不則一戰以決雄雌。」海潮懼，卽以其衆歸于伏威。江都留守遣校尉宋顥率兵討之，伏威與戰，陽爲奔北，引入葭蘆中，而從上風縱火，迫其步騎陷于大澤，火至皆燒死。有海陵賊帥趙破陣，聞伏威兵少而輕之，遣使召伏威，請與幷力。伏威令公祏嚴兵居外以待變，親將十人持牛酒入謁。破陣大悅，引伏威入幕，盡集其酋帥縱酒高會。伏威於坐斬破陣而幷其衆。由此兵威稍盛，復屠安宜。

煬帝遣右禦衞將軍陳稜以精兵八千討之，稜不敢戰，伏威遺稜婦人之服以激怒之，幷致書號爲「陳姥」，稜大怒，悉兵而至。伏威逆拒，自出陣前挑戰，稜部將射中其額，伏威怒，指之曰：「不殺汝，我終不拔箭。」遂馳之。稜部將走奔其陣，伏威因入稜陣，大呼衝擊，所向披靡，獲所射者，使其拔箭，然後斬之，攜其首復入稜軍奮擊，殺數十人。稜陣大潰，僅以身免。乘勝破高郵縣，引兵據歷陽，自稱總管，分遣諸將略屬縣，所至輒下，江淮間小盜爭來附之。伏威嘗選敢死之士五千人，號爲「上募」，寵之甚厚，與同甘苦。有攻戰輒令上募擊

之，及戰罷閱視，有中在背便殺之，以其退而被擊也。所獲貲財，皆以賞軍士，有戰死者，以其妻妾殉葬，故人自爲戰，所向無敵。

宇文化及之反也，署爲歷陽太守，伏威不受。又移居丹陽，進用人士，大修器械，薄賦斂，除殉葬法，其犯姦盜及官人貪濁者，無輕重皆殺之。仍上表於越王侗，侗拜伏威爲東道大總管，封楚王。太宗之圍王世充，遣使招之，伏威請降。高祖遣使就拜東南道行臺尚書令、江淮以南安撫大使、上柱國，封吳王，賜姓李氏，預宗正屬籍，封其子德俊爲山陽公，賜帛五千段、馬三百匹。伏威遣其將軍陳正通、徐紹宗率兵來會。

武德四年，遣其將軍王雄誕討李子通於杭州，擒之以獻。又破汪華於歙州，盡有江東、淮南之地，南接於嶺，東至于海。尋聞太宗平劉黑闥，進攻徐圓朗，伏威懼而來朝，拜爲太子太保，仍兼行臺尚書令。留于京師，禮之甚厚，位在齊王元吉之上，以寵異之。初，輔公祏之反也，詐稱伏威之令以紿其衆，高祖遣趙郡王孝恭討之。時伏威在長安暴卒。及公祏平，孝恭收得公祏反辭，不曉其詐，遽以奏聞，乃除伏威名，籍沒其妻子。貞觀元年，太宗知其冤，赦之，復其官爵，葬以公禮。

輔公祏，齊州臨濟人。隋末，從杜伏威爲羣盜。初，伏威自稱總管，以公祏爲長史。李子通之敗沈法興也，伏威使公祏以精卒數千渡江討之。子通率衆數萬以拒公祏，兵鋒甚銳。公祏簡甲士千人，皆使執長刀，仍令千餘人隨後，令之曰：「有卻者斬。」公祏自領餘衆，復居其後。俄而子通方陣而前，公祏所遣千人皆殊死決戰，公祏乃縱左右翼攻之，子通大潰，降其衆數千人。公祏尋與伏威遣使歸國，拜爲淮南道行臺尚書左僕射，封舒國公。

初，伏威與公祏少相愛狎，公祏年長，伏威每兄事之，軍中咸呼爲伯，畏敬與伏威等。伏威潛忌之，爲署其養子闞稜爲左將軍，王雄誕爲右將軍，推公祏爲僕射，外示尊崇，而陰奪其兵權。公祏知其意，快快不平，乃與故人左遊仙僞學道辟穀以遠其事。武德五年，伏威將入朝，留公祏居守，復令雄誕典兵以副公祏，陰謂曰：「吾入京，若不失職，無令公祏爲變。」其後左遊仙乃說公祏令反。會雄誕屬疾於家，公祏奪其兵，詐言伏威不得還江南，貽書令其起兵。因僭卽僞位，自稱宋國，於陳故都築宮以居焉。署置百官，以左遊仙爲兵部尚書、東南道大使、越州總管。大修兵甲，轉漕糧饋。時吳興賊帥沈法興據毗陵，公祏擊破之。又遣其將馮惠亮屯於博望山，陳正通、徐紹宗屯於青林山以拒官軍。高祖命趙郡王孝恭率諸將奮擊，大破之。紹宗、正通以五騎奔於丹陽。公祏懼而遁走，欲就左遊仙於會稽，至武康，爲野人所執，送於丹陽，孝恭斬之，傳首京師。公祏與伏威同起，至滅凡十三

載，江東悉平。

初，伏威養壯士三十餘人爲假子，分領兵馬，唯闞稜、王雄誕知名。

闞稜，齊州臨濟人。善用大刀，長一丈，施兩刃，名爲拍刃，每一舉，輒斃數人，前無當者。及伏威據有江淮之地，稜數有戰功，署爲左將軍。伏威步兵皆出自羣賊，類多放縱，有相侵奪者，稜必殺之，雖親故無所捨，令行禁止，路不拾遺。後從伏威入朝，拜左領軍將軍，遷越州都督。

及公祏僭號，稜從軍討之，與陳正通相遇。陣方接，稜脫兜鍪謂賊衆曰：「汝不識我邪？何敢來戰！」其衆多稜舊之所部，由是各無鬭志，或有還拜者。公祏之破，稜功居多，頗有自矜之色。及擒公祏，誣稜與己通謀。又杜伏威、王雄誕及稜家產在賊中者，合從原放，孝恭乃皆籍沒。稜訴理之，有忤於孝恭，孝恭怒，遂以謀反誅之。

王雄誕者，曹州濟陰人。初，伏威之起也，用其計，屢有克獲，署爲驃騎將軍。伏威後率衆渡淮，與海陵賊李子通合。後子通惡伏威雄武，使騎襲之，伏威被重創墮馬，雄誕負之，逃於葭蘆中。伏威復招集餘黨，攻劫郡縣，隋將來整又擊破之，亡失餘衆。其部將

西門君儀妻王氏勇決多力，負伏威而走，雄誕率麾下壯士十餘人衛護。隋軍追至，雄誕輒還禦之，身被數槍，勇氣彌厲，竟脫伏威。時闞稜年長於雄誕，故軍中號稜爲大將軍，雄誕爲小將軍。

後伏威令輔公祏擊李子通於江都，使雄誕與稜爲副，戰于溧水，子通大敗。公祏乘勝追之，卻爲子通所破，軍士皆堅壁不敢出。雄誕謂公祏曰：「子通軍無營壘，且狃於初勝而不設備，若擊之，必克。」公祏不從。雄誕以其私屬數百人銜枚夜擊之，因順風縱火，子通大敗，走渡太湖，復破沈法興，居其地。高祖聞伏威據有吳、楚，遣使諭之。雄誕率衆討之，子通以精兵守獨松嶺，雄誕遣其部將陳當率千餘人，出其不意，乘高據險，多張旗幟，夜則縛炬火於樹上，布滿山澤間。子通大懼，燒營而走，保於杭州。雄誕追擊敗之，擒子通於陣，送于京師。

歙州首領汪華，隋末據本郡稱王十餘年，雄誕迴軍擊之。華出新安洞口以拒雄誕，甲兵甚銳。雄誕伏精兵於山谷間，率羸弱數千人當之，戰纔合，僞退歸本營。華攻之不能克，會日暮欲還，雄誕伏兵已據其洞口，華不得入，窘急面縛而降。蘇州賊帥聞人遂安據崑山縣而無所屬，伏威又命雄誕攻之。雄誕以崑山險隘，難以力勝，遂單騎詣其城下，陳國威靈，示以禍福，遂安感悅，率諸將出降。以前後功授歙州總管，封宜春郡公。

伏威之入朝也，留輔公祏鎭江南，而兵馬屬於雄誕。公祏將爲逆，奪其兵，拘之別室，遣西門君儀諭以反計，雄誕曰：「當今方太平，吳王又在京輦，國家威靈，無遠不被，公何得爲族滅事耶！雄誕有死而已，不敢聞命。」公祏知不可屈，遂縊殺之。雄誕善撫恤將士，皆得其死力，每破城鎭，約勒部下，絲毫無犯，故死之日，江南士庶莫不爲之流涕。高祖嘉其節，命其子果襲封宜春郡公。太宗卽位，追贈左衞大將軍、越州都督，謚曰忠。果，垂拱初官至廣州都督、安西大都護。

沈法興，湖州武康人也。父恪，陳特進、廣州刺史。法興，隋大業末爲吳興郡守。東陽賊帥樓世幹舉兵圍郡城，煬帝令法興與太僕丞元祐討之。俄而宇文化及弒煬帝於江都，法興自以代居南土，宗族數千家，爲遠近所服，乃與祐部將孫士漢、陳果仁執祐於坐，號令遠近，以誅化及爲名。發自東陽，行收兵，將趣江都，下餘杭郡，比至烏程，精卒六萬。

毗陵郡通守路道德率兵拒之，法興請與連和，因會盟襲殺道德，進據其城。時齊郡賊帥樂伯通據丹陽，爲化及城守，法興使果仁攻陷之，於是據有江表十餘郡，自署江南道總管。復聞越王侗立，乃上表於侗，自稱大司馬、錄尚書事、天門公。承制置百官，以陳果仁

爲司徒，孫士漢爲司空，蔣元超爲尚書左僕射，殷芊爲尚書左丞，徐令言爲尚書右丞，劉子翼爲選部侍郎，李百藥爲府掾。

法興自克毗陵後，謂江淮已南可指撝而定，專立威刑，將士有小過，便卽誅戮，而言笑自若，由是將士解體。稱梁王，建元曰延康，改易隋官，頗依陳氏故事。是時，杜伏威據歷陽，陳稜據江都，李子通據海陵，並握強兵，俱有窺覦江表之志。法興三面受敵，軍數挫衄。陳稜尋被李子通圍於江都，稜窘急，送質求救，法興使其子綸領兵數萬救之。子通率衆攻綸，大敗，乘勝渡江，陷其京口。法興使蔣元超拒之於庱亭，元超戰死。法興與左右數百人投吳郡賊帥聞人遂安，遣其將葉孝辯迎之。法興至中路而悔，欲殺孝辯，更向會稽。孝辯覺之，法興懼，乃赴江死。初，法興以義寧二年起兵，至武德三年而滅。

李子通，東海丞人也。少貧賤，以魚獵爲事。居鄉里，見班白提挈者，必代之。性好施惠，家無蓄積，睚眦之怨必報。隋大業末，有賊帥左才相，自號博山公，據齊郡之長白山，子通歸之，以武力爲才相所重。有鄉人陷於賊者，必全護之。時諸賊皆殘忍，唯子通獨行仁恕，由是人多歸之，未半歲，兵至萬人。才相稍忌之，子通自引去，因渡淮，與杜伏威合。尋

爲隋將來整所敗，子通擁其餘衆奔海陵，得衆二萬，自稱將軍。

初，宇文化及以隋將軍陳稜爲江都太守，子通率師擊之。稜南求救於沈法興，西乞師於杜伏威，二人各以兵至，伏威屯清流，法興保楊子，相去數十里間。子通納言毛文深進計，募江南人詐爲法興之兵，夜襲伏威。伏威不悟，恨法興之侵己，又遣兵襲法興。二人相疑，莫敢先動。子通遂得盡銳攻陷江都，陳稜奔于伏威。子通入據江都，盡虜其衆，因僭卽皇帝位，國稱吳，建元爲明政。

丹陽賊帥樂伯通率衆萬餘來降，子通拜尚書左僕射。更進擊法興於庱亭，斬其僕射蔣元超，法興棄城宵遁，遂有晉陵之地。獲法興府掾李百藥，引爲內史侍郎，使典文翰；以法興尚書左丞殷芊爲太常卿，使掌禮樂。由是隋郡縣及江南人士多歸之。後伏威遣輔公祏攻陷丹陽，進屯溧水，子通擊之，反爲公祏所敗。又屬糧盡，子通棄江都，保于京口，江西之地盡歸伏威。子通又東走太湖，鳩集亡散，得二萬人，襲沈法興於吳郡，破之，率其官屬都于餘杭。東至會稽，南至于嶺，西距宣城，北至太湖，盡有其地。

未幾，杜伏威遣其將王雄誕攻之，大戰於蘇州，子通敗績，退保餘杭。雄誕進逼之，戰於城下，軍復敗，子通窮蹙請降。伏威執之，并其左僕射樂伯通送于京師，盡收其地。高祖不之罪，賜宅一區、公田五頃，禮賜甚厚。及伏威來朝，子通謂伯通曰：「伏威既來，東方未

靜，我所部兵，多在江外，往彼收之，可有大功於天下矣。」遂相與亡，至藍田關，爲吏所獲，與伯通俱伏誅。時又有朱粲、林士弘、張善安，皆僭號於江、淮之間。

朱粲者，亳州城父人也。初爲縣佐史。大業末，從軍討長白山賊，遂聚結爲羣盜，號「可達寒賊」，自稱迦樓羅王，衆至十餘萬。引軍渡淮，屠竟陵、沔陽，後轉掠山南，郡縣不能守，所至殺戮，噍類無遺。義寧中，招慰使馬元規擊破之。俄而收輯餘衆，兵又大盛，僭稱楚帝於冠軍，建元爲昌達，攻陷鄧州，有衆二十萬。

粲所克州縣，皆發其藏粟以充食，遷徙無常，去輒焚餘貲，毁城郭，又不務稼穡，以劫掠爲業。於是百姓大餒，死者如積，人多相食。軍中罄竭，無所虜掠，乃取嬰兒蒸而噉之，因令軍士曰：「食之美者，寧過於人肉乎！但令他國有人，我何所慮。」卽勒所部，有略得婦人小兒皆烹之，分給軍士，乃稅諸城堡，取小弱男女以益兵糧。隋著作佐郎陸從典、通事舍人顏愍楚因譴左遷，並在南陽，粲悉引之爲賓客，後遭飢餒，合家爲賊所噉。又諸城懼稅，皆相攜逃散。

顯州首領楊士林、田瓚率兵以背粲，諸州響應，相聚而攻之，大戰于淮源，粲敗，以數千兵奔于菊潭縣，遣使請降。高祖令假散騎常侍段確迎勞之，確因醉侮粲曰：「聞卿噉人，作

何滋味？」粲曰：「若噉嗜酒之人，正似糟藏猪肉。」確怒，慢罵曰：「狂賊，入朝後一頭奴耳，更得噉人乎！」粲懼，於坐收確及從者數十人，奔于王世充，拜爲龍驤大將軍。東都平，獲之，斬于洛水之上。士庶嫉其殘忍，競投瓦礫以擊其屍，須臾封之若冢。

林士弘者，饒州鄱陽人也。大業十二年，與其鄉人操師乞起爲羣盜。師乞自號元興王，攻陷豫章郡而據之，以士弘爲大將軍。隋遣持書侍御史劉子翊率師討之，師乞中矢而死。士弘代董其衆，復與子翊大戰于彭蠡湖，隋師敗績，子翊死之。士弘大振，兵至十餘萬。

大業十三年，徙據虔州，自稱皇帝，國號楚，建元太平，以其黨王戎爲司空。攻陷臨川、廬陵、南康、宜春等諸郡，北至九江，南洎番禺，悉有其地。其黨張善安保南康郡，懷貳於士弘，以舟師循江而下，擊破豫章。士弘尙有南昌、虔、循、潮數州之地。及蕭銑破後，散兵稍往歸之，士弘復振。荆州總管趙王孝恭遣使招慰之，其循、潮二州並來降。

武德五年，士弘遣其弟鄱陽王藥師率兵二萬攻圍循州，刺史楊略與戰，大破之。士弘懼而遁走，潛保于安城之山洞。王戎亦以南昌來降，拜爲南昌州刺史。戎於是召士弘藏之于宅，招誘舊兵，更謀作亂。其年，洪州總管張善安密知其事，發兵討之，會士弘死，部兵潰散，戎爲善安所虜。

張善安者，兗州方與人也。年十七便爲劫盜，轉掠淮南，有衆百餘人。會孟讓爲王世充所破，其散卒稍歸之，得八百人。襲破廬江郡，因渡江，附林士弘於豫章。士弘不信之，營於南塘上。善安憾之，襲擊士弘，焚其郛郭。而士弘後去豫章，善安復來據之，仍以其地歸國，授洪州總管。

輔公祏之反也，善安亦舉兵相應，公祏以爲西南道大行臺。安撫使李大亮以兵擊之，兩軍隔水而陣，大亮諭以禍福。答曰：「善安無背逆之心，但爲將士所誤。今欲歸降，又恐不免於死。」大亮謂曰：「張總管既有降心，吾亦不相疑阻。」因獨身踰澗就之，入其陣，與善安握手交言，示無猜意。善安大喜，因許降，將數十騎至大亮營，大亮引之而入，因令武士執之，從者遁走。既而送善安於長安，稱不與公祏交通，高祖初善遇之，及公祏敗，搜得其書，與相往復，遂誅之。

羅藝字子延，本襄陽人也，寓居京兆之雲陽。父榮，隋監門將軍。藝性桀黠，剛愎不仁，勇於攻戰，善射，能弄矟。大業時，屢以軍功官至虎賁郎將，煬帝令受右武衞大將軍

李景節度，督軍於北平。藝少習戎旅，分部嚴肅，然任氣縱暴，每凌侮於景，頻爲景所辱，藝深銜之。

後遇天下大亂，涿郡物殷阜，加有伐遼器仗，倉粟盈積。又臨朔宮中多珍產，屯兵數萬，而諸賊競來侵掠。留守官虎賁郎將趙什住、賀蘭誼、晉文衍等皆不能拒，唯藝獨出戰，前後破賊不可勝計，威勢日重。什住等頗忌藝，藝陰知之，將圖爲亂，乃宣言於衆曰：「吾輩討賊，甚有功効，城中倉庫山積，制在留守之官，而無心濟貧，此豈存恤之意也！」以此言激怒其衆，衆人皆怨。既而旋師，郡丞出城候藝，藝因執之，陳兵而入，什住等懼，皆來聽命。於是發庫物以賜戰士，開倉以賑窮乏，境內咸悅。殺渤海太守唐禕等不同己者數人，威振邊朔，柳城、懷遠並歸附之。藝黜柳城太守楊林甫，改郡爲營州，以襄平太守鄧暠爲總管，藝自稱幽州總管。

宇文化及至山東，遣使召藝，藝曰：「我隋室舊臣，感恩累葉，大行顚覆，實所痛心。」乃斬化及使者，而爲煬帝發喪，大臨三日。竇建德、高開道亦遣使於藝，藝謂官屬曰：「建德、開道皆劇賊耳，化及弑逆，並不可從。今唐公起兵，皆符人望，入據關右，事無不成。吾率衆歸之，意已決矣，有沮衆異議者必戮之。」會我使人張道源綏輯山東，遣人諭意，藝大悅。武德三年，奉表歸國，詔封燕王，賜姓李氏，預宗正屬籍。

太宗之擊劉黑闥也，藝領本兵數萬，破黑闥弟什善於徐河，俘斬八千人。明年，黑闥引突厥俱入寇，藝復將兵與隱太子建成會於洺州，因請入朝，高祖遇之甚厚，俄拜左翊衞大將軍。藝自以功高位重，無所降下，太宗左右嘗至其營，藝無故毆擊之。高祖怒，以屬吏，久而乃釋，待之如初。時突厥屢爲寇患，以藝素有威名，爲北夷所憚，令以本官領天節軍將鎭涇州。

太宗卽位，拜開府儀同三司，而藝懼不自安，遂於涇州詐言閱武，因追兵，矯稱奉密詔勒兵入朝，率衆軍至于豳州。治中趙慈皓不知藝反，馳出謁之，藝遂入據豳州。太宗命吏部尚書長孫無忌、右武候大將軍尉遲敬德率衆討藝。王師未至，慈皓與統軍楊岌潛謀擊之，事洩，藝執慈皓繫獄。岌時在城外，覺變，遽勒兵攻之，藝大潰，棄妻子，與數百騎奔於突厥。至寧州界，過烏氏驛，從者漸散，其左右斬藝，傳首京師，梟之于市。復其本姓羅氏。藝弟壽，時爲利州都督，緣坐伏誅。

先是，曹州女子李氏爲五戒，自言通於鬼物，有病癩者，就療多愈，流聞四方，病人自遠而至，門多車騎。高祖聞之，詔赴京師。因往來藝家，謂藝妻孟氏曰：「妃骨相貴不可言，必當母儀天下。」孟篤信之，命密觀藝，又曰：「妃之貴者，由於王；王貴色發矣，十日間當昇大位。」孟氏由是遽勸反，孟及李皆坐斬。

梁師都，夏州朔方人也。代爲本郡豪族，仕隋鷹揚郎將。大業末，罷歸。屬盜賊羣起，師都陰結徒黨數十人，殺郡丞唐宗，據郡反。自稱大丞相，北連突厥。隋將張世隆擊之，反爲所敗。師都因遣兵掠定雕陰、弘化、延安等郡，於是僭卽皇帝位，稱梁國，建元爲永隆。突厥始畢可汗遺以狼頭纛，號爲大度毗伽可汗。師都乃引突厥居河南之地，攻破鹽川郡。

武德二年，高祖遣延州總管段德操督兵討之。師都與突厥之衆數千騎來寇延安，營於野猪嶺。德操以衆寡不敵，按甲以挫其銳。後伺師都稍怠，遣副總管梁禮率衆擊之，德操以輕騎出其不意。師都與禮酣戰久之，德操多張旗幟，奄至其後，師都大潰，逐北二百餘里，虜男女二百餘口。經數月，師都又以步騎五千來寇，德操擊之，俘斬略盡。

及劉武周之敗，師都大將張舉、劉旻相次來降，師都大懼，遣其尙書陸季覽說處羅可汗曰：「比者中原喪亂，分爲數國，勢均力弱，所以北附突厥。今武周既滅，唐國益大，師都甘從亡破，亦恐次及可汗。願可汗行魏孝文之事，遣兵南侵，師都請爲鄕導。」處羅從之。謀令莫賀咄設入自原州，泥步設與師都入自延州，處羅入自幷州，突利可汗與奚、霫、契丹、靺鞨入自幽州，合于竇建德，經滏口道來會于晉、絳。兵臨發，遇處羅死，乃止。

高祖又令德操悉發邊兵進擊師都，拔其東城。師都退據西城，又求救於突厥頡利可汗，頡利以勁兵萬騎救援之。時稽胡大帥劉仚成率衆降師都，師都信讒殺之，於是羣情疑懼，多叛師都來降。師都勢蹙，乃往朝頡利，爲陳入寇之計。自此頻致突厥之寇，邊州略無寧歲。頡利可汗之寇渭橋，亦師都計也。

頡利政亂，太宗知師都勢危援孤，以書諭之，不從。遣夏州長史劉旻、司馬劉蘭經略之。有得其生口者，輒縱遣令爲反間，離其君臣之計。頻選輕騎踐其禾稼，城中漸虛，歸命者相繼，皆善遇之，由是益相猜阻。有李正寶、辛獠兒者，皆其名將，謀執師都，事洩不果，正寶竟來降。貞觀二年，太宗遣右衞大將軍柴紹、殿中少監薛萬均討之，又使劉旻、劉蘭率勁卒直據朔方東城以逼之。頡利可汗遣兵來援師都，紹逆擊破之，進屯城下。師都兵勢日蹙，其從父弟洛仁斬師都，詣紹降，拜洛仁爲右驍衞將軍，封朔方郡公。師都自起至滅，凡十二歲。以其地爲夏州。時又有劉季眞、李子和，屯據北邊，與劉武周、梁師都遞爲表裏。

劉季眞者，離石胡人也。父龍兒，隋末擁兵數萬，自號劉王，以季眞爲太子。龍兒爲虎賁郎將梁德所斬，其衆漸散。及義師起，季眞與弟六兒復舉兵爲盜，引劉武周之衆攻陷

石州。季眞北連突厥，自稱突利可汗，以六兒爲拓定王，甚爲邊患。時西河公張綸、眞鄕公李仲文俱以兵臨之，季眞懼而來降，授石州總管，賜姓李氏，封彭城郡王。季眞見宋金剛與官軍相持於滄州，久而未決，遂復親武周，與之合勢。及金剛敗，季眞亡奔高滿政，尋爲所殺。

李子和者，同州蒲城人也。本姓郭氏。大業末，爲左翊衞，犯罪徙榆林，見郡內大饑，遂潛引敢死士，得十八人，攻郡門，執郡丞王才，數以不恤百姓，斬之，開倉以賑窮乏。自稱永樂王，建元爲正平，尊其父爲太公，以弟子政爲尙書令，子端、子升爲左、右僕射。有衆二千餘騎，南連梁師都，北附突厥始畢可汗，並送子爲質以自固。始畢先署劉武周爲定楊天子，梁師都爲解事天子，又以子和爲平楊天子，子和固辭不敢當，始畢乃更署子和爲屋利設。

武德元年，遣使歸款，授榆林郡守。尋就拜雲州總管，封金河郡公。二年，進封郕國公。時師都強暴，子和慮爲所攻，尋勒兵襲師都寧朔城，克之。子和既絕師都，又伺突厥間釁，遣使以聞，爲處羅可汗候騎所獲，處羅大怒，囚其弟子升。子和自以孤危，甚懼。四年，拔戶口南徙，詔以延州故城居之。五年，從太宗平劉黑闥，陷陣有功。高祖嘉其誠節，賜姓李氏，

拜右武衞將軍。貞觀元年，賜實封三百戶。十一年，除婺州刺史，改封夷國公。顯慶元年，累轉黔州都督。以年老乞骸骨，許之，加金紫光祿大夫。麟德九年卒。

史臣曰：蕭銑聚烏合之衆，當鹿走之時，放兵以奪將權，殺舊以求位定，洎大軍奄至，束手出降，宜哉！杜伏威恃勇聚徒，見機歸國，或致疑於高祖，竟見雪於太宗。輔公祏竊兵爲叛，王雄誕守節不回，訓子孫以忠貞，感士庶之流涕。子通修仁馭衆，終懷貳以伏誅；羅藝歸國立功，信妖言而爲叛。善始令終者鮮矣。沈法興狂賊，梁師都凶人，皆至覆亡，殊無改悔。自隋朝維絕，宇縣瓜分，小則鼠竊狗偷，大則鯨吞虎據。大唐舉義，兆庶歸仁，高祖運應璿圖，太宗天資神武，羣凶席卷，寰海鏡清，祚享永年，功宣後代，諡曰神堯、文武，豈不韙哉！

贊曰：失政資盜，圖王僭號。眞主勃興，風驅電掃。

校勘記

〔一〕獨挾梁公　「公」字各本原作「王」，據通鑑卷一八四改。

〔二〕東至三硤　新書卷八七蕭銑傳作「西至三峽」，通鑑卷一八五作「東自九江，西抵三峽」，本書疑有脫誤。

舊唐書卷五十七

列傳第七

裴寂 子律師　律師子承先　劉文靜 弟文起　文靜子樹義　樹藝　李孟嘗　劉世龍　趙文恪　張平高　李思行　李高遷　許世緒　劉師立　錢九隴　樊興　公孫武達　龐卿惲　張長遜　李安遠

裴寂字玄眞，蒲州桑泉人也。祖融，司木大夫。父瑜，絳州刺史。寂少孤，爲諸兄之所鞠養。年十四，補州主簿。及長，疎眉目，偉姿容。隋開皇中，爲左親衞。家貧無以自業，每徒步詣京師，經華嶽廟，祭而祝曰：「窮困至此，敢修誠謁，神之有靈，鑒其運命。若富貴可期，當降吉夢。」再拜而去。夜夢白頭翁謂寂曰：「卿年三十已後方可得志，終當位極人臣耳。」後爲齊州司戶。

大業中，歷侍御史、駕部承務郎、晉陽宮副監。高祖留守太原，與寂有舊，時加親禮，每

延之宴語，間以博奕，至於通宵連日，情忘厭倦。時太宗將舉義師而不敢發言，見寂爲高祖所厚，乃出私錢數百萬，陰結龍山令高斌廉與寂博戲，漸以輸之。寂得錢既多，大喜，每日從太宗遊。見其歡甚，遂以情告之，寂卽許諾。寂又以晉陽宮人私侍高祖，高祖從寂飲，酒酣，寂白狀曰：「二郎密纘兵馬，欲舉義旗，正爲寂以宮人奉公，恐事發及誅，急爲此耳。今天下大亂，城門之外，皆是盜賊。若守小節，旦夕死亡；若舉義兵，必得天位。衆情已協，公意如何？」高祖曰：「我兒誠有此計，旣已定矣，可從之。」

及義兵起，寂進宮女五百人，并上米九萬斛、雜綵五萬段、甲四十萬領，以供軍用。大將軍府建，以寂爲長史，賜爵聞喜縣公。從至河東，屈突通拒守，攻之不下，三輔豪傑歸義者日有千數。高祖將先定京師，議者恐通爲後患，猶豫未決。寂進說曰：「今通據蒲關，若不先平，前有京城之守，後有屈突之援，此乃腹背受敵，敗之道也。未若攻蒲州，下之而後入關。京師絕援，可不攻而定矣。」太宗曰：「不然。兵法尙權，權在於速。宜乘機早渡，以駭其心。我若遲留，彼則生計。且關中羣盜，所在屯結，未有定主，易以招懷，賊附兵強，何城不克？屈突通自守賊耳，不足爲虞。若失入關之機，則事未可知矣。」高祖兩從之，留兵圍河東，而引軍入關。及京師平，賜良田千頃、甲第一區、物四萬段，轉大丞相府長史，進封魏國公，食邑三千戶〔一〕。

及隋恭帝遜位，高祖固讓不受，寂勸進，又不答。寂請見曰：「桀、紂之亡，亦各有子，未聞湯、武臣輔之，可爲龜鏡，無所疑也。寂之茅土、大位，皆受之於唐，陛下不爲唐帝，臣當去官耳。」又陳符命十餘事，高祖乃從之。寂出，命太常具禮儀，擇吉日。高祖既受禪，謂寂曰：「使我至此，公之力也。」拜尚書右僕射，賜以服翫，不可勝紀，仍詔尚食奉御，每日賜寂御膳。高祖視朝，必引與同坐，入閤則延之臥內，言無不從，呼爲裴監而不名。當朝貴戚，親禮莫與爲比。

武德二年，劉武周將黃子英、宋金剛頻寇太原，行軍總管姜寶誼、李仲文相次陷沒，高祖患之。寂自請行，因爲晉州道行軍總管，得以便宜從事。師次介休，而金剛據城以抗寂。寂保于度索原，營中乏水，賊斷其澗路，由是危迫。欲移營就水，賊因犯之，師遂大潰，死散略盡。寂一日一夜馳至平陽[二]，晉州以東城鎮俱沒。金剛進逼絳州。寂抗表陳謝，高祖慰諭之，復令鎮撫河東之地。寂性怯，無捍禦之才，唯發使絡繹，催督虞、秦二州居人，勒入城堡，焚其積聚。百姓惶駭，復思爲亂。夏縣人呂崇茂遂殺縣令舉兵反，引金剛爲援，寂擊之，復爲崇茂所敗。被徵入朝，高祖數之曰：「義舉之始，公有翼佐之勳，官爵亦極矣。前拒武周，兵勢足以破敵，致此喪敗，不獨愧於朕乎？」以之屬吏，尋釋之，顧待彌重。

高祖有所巡幸，必令居守。麟州刺史韋雲起告寂謀反，訊之無端。高祖謂寂曰：「朕之

有天下者，本公所推，今豈有貳心？皁白須分，所以推究耳。」因令貴妃三人齎珍饌、寶器就寂第，宴樂極歡，經宿而去。又嘗從容謂寂曰：「我李氏昔在隴西，富有龜玉，降及祖禰，姻婭帝室。及舉義兵，四海雲集，纔涉數月[三]，昇爲天子。至如前代皇王，多起微賤，劬勞行陣，下不聊生。公復世胄名家，歷職清顯，豈若蕭何、曹參起自刀筆吏也！唯我與公，千載之後，無媿前修矣。」其年，改鑄錢，特賜寂令自鑄造。又爲趙王元景聘寂女爲妃。

六年，遷尚書左僕射，賜宴於含章殿，高祖極歡，寂頓首而言曰：「臣初發太原，以有慈旨，清平之後，許以退耕。今四海乂安，伏願賜臣骸骨。」高祖泣下霑襟曰：「今猶未也，要相偕老耳。公爲台司，我爲太上，逍遙一代，豈不快哉！」俄册司空，賜實封五百戶，遣尚書員外郎一人每日更直寂第，其見崇貴如此。

貞觀元年，加實封并前一千五百戶。二年，太宗祠南郊，命寂與長孫無忌同昇金輅，寂辭讓，太宗曰：「以公有佐命之勳，無忌亦宣力於朕，同載參乘，非公而誰？」遂同乘而歸。

三年，有沙門法雅，初以恩倖出入兩宮，至是禁絕之，法雅怨望，出妖言，伏法。兵部尚書杜如晦鞫其獄，法雅乃稱寂知其言，寂對曰：「法雅惟云時候方行疾疫，初不聞妖言。」法雅證之，坐是免官，削食邑之半，放歸本邑。寂請住京師，太宗數之曰：「計公勳庸，不至於此，徒以恩澤，特居第一。武德之時，政刑紕繆，官方弛紊，職公之由。但以舊情，不能極法，歸掃墳墓，何得復辭？」寂遂歸蒲州。

未幾，有狂人自稱信行，寓居汾陰，言多妖妄，常謂寂家僮曰：「裴公有天分。」于時信行已死，寂監奴恭命以其言白寂，寂惶懼不敢聞奏，陰呼恭命殺所言者。恭命縱令亡匿，寂不知之。寂遣恭命收納封邑，得錢百餘萬，因用而盡。寂怒，將遣人捕之，恭命懼而上變。太宗大怒，謂侍臣曰：「寂有死罪者四：位爲三公而與妖人法雅親密，罪一也；事發之後，乃負氣憤怒，稱國家有天下，是我所謀，罪二也；妖人言其有天分，匿而不奏，罪三也；陰行殺戮以滅口，罪四也。我殺之非無辭矣。議者多言流配，朕其從衆乎。」於是徙交州，竟流靜州。俄逢山羌爲亂，或言反獠劫寂爲主，太宗聞之曰：「我國家於寂有性命之恩，必不然矣。」未幾，果稱寂率家僮破賊。太宗思寂佐命之功，徵入朝，會卒，時年六十。贈相州刺史、工部尚書、河東郡公。

子律師嗣，尚太宗妹臨海長公主，官至汴州刺史。

律師子承先，則天時爲殿中監，爲酷吏所殺。

劉文靜字肇仁，自云彭城人，代居京兆之武功。祖懿，周石州刺史。父韶，隋時戰沒，

贈上儀同三司。少以其父身死王事，襲父儀同三司。偉姿儀，有器幹，倜儻多權略。隋末，爲晉陽令，遇裴寂爲晉陽宮監，因而結友。夜與同宿，寂見城上烽火，仰天歎曰：「卑賤之極，家道屢空，又屬亂離，當何取濟？」文靜笑曰：「世途若此，時事可知。吾二人相得，何患於卑賤。」

及高祖鎮太原，文靜察高祖有四方之志，深自結託。又竊觀太宗，謂寂曰：「非常人也。大度類於漢高，神武同於魏祖，其年雖少，乃天縱矣。」寂初未然之。後文靜坐與李密連婚，煬帝令繫於郡獄。太宗以文靜可與謀議，入禁所視之。文靜大喜曰：「天下大亂，非有湯、武、高、光之才，不能定也。」太宗曰：「卿安知無，但恐常人不能別耳。今入禁所相看，非兒女之情相憂而已。時事如此，故來與君圖舉大計，請善籌其事。」文靜曰：「今李密長圍洛邑，主上流播淮南，大賊連州郡，小盜阻山澤者萬數矣，但須眞主驅駕取之。誠能應天順人，舉旗大呼，則四海不足定也。今太原百姓避盜賊者，皆入此城。文靜爲令數年，知其豪傑，一朝嘯集，可得十萬人，尊公所領之兵復且數萬，君言出口，誰敢不從？乘虛入關，號令天下，不盈半歲，帝業可成。」太宗笑曰：「君言正合人意。」於是部署賓客，潛圖起義，候機當發，恐高祖不從，沉吟者久之。文靜見高祖厚於裴寂，欲因寂開說，於是引寂交於太宗，得通謀議。

及高君雅爲突厥所敗，高祖被拘，太宗又遣文靜共寂進說曰：「易稱『知幾其神乎』，今大亂已作，公處嫌疑之地，當不賞之功，何以圖全？其裨將敗衄，以罪見歸。事誠迫矣，當須爲計。晉陽之地，士馬精強，宮監之中，府庫盈積，以茲舉事，可立大功。關中天府，代王沖幼，權豪並起，未有適從。願公興兵西入，以圖大事。何乃受單使之囚乎？」高祖然之。時太宗潛結死士，與文靜等協議，克日舉兵，會高祖得釋而止。乃命文靜詐爲煬帝敕，發太原、西河、鴈門、馬邑人年二十已上五十已下悉爲兵，期以歲暮集涿郡，將伐遼東。由是人情大擾，思亂者益衆。文靜因謂裴寂曰：「公豈不聞『先發制人，後發制於人』乎！唐公名應圖讖，聞於天下，何乃推延，自貽禍釁。宜早勸唐公以時舉義。」又脅寂曰：「且公爲宮監，而以宮人侍客，公死可爾，何誤唐公也？」寂甚懼，乃屢促高祖起兵。會馬邑人劉武周殺太守王仁恭，自稱天子，引突厥之衆，將侵太原。太宗遣文靜及長孫順德等分部募兵，以討武周爲辭；又令文靜與裴寂僞作符敕，出宮監庫物以供留守資用，因募兵集衆。

及義兵將起，副留守王威、高君雅獨懷猜貳。後數日，將大會於晉祠，威及君雅潛謀害高祖，晉陽鄉長劉世龍以白太宗。太宗既知迫急，欲先事誅之，遣文靜與鷹揚府司馬劉政會投急變之書，詣留守告威等二人謀反。是日，高祖與威、君雅同坐視事，文靜引政會至庭中，云有密狀，知人欲反。高祖指威等取狀看之，政會不肯與，曰：「所告是副留守事，唯唐公得看之耳。」高祖陽驚曰：「豈有是乎！」覽狀訖，謂威等曰：「此人告公事，如何？」君雅大詬曰：「此是反人欲殺我也！」文靜叱左右執之，囚于別室。既拘威等，竟得舉兵。

高祖開大將軍府，以文靜爲軍司馬。文靜勸改旗幟以彰義舉，又請連突厥以益兵威，高祖並從之。因遣文靜使于始畢可汗，始畢曰：「唐公起事，今欲何爲？」文靜曰：「皇帝廢冢嫡，傳位後主，致斯禍亂。唐公國之懿戚，不忍坐觀成敗，故起義軍，欲黜不當立者。願與可汗兵馬同入京師，人衆土地入唐公，財帛金寶入突厥。」始畢大喜，即遣將康鞘利領騎二千隨文靜而至，又獻馬千匹。高祖大悅，謂文靜曰：「非公善辭，何以致此。」

尋率兵禦隋將屈突通於潼關，通遣武牙郎將桑顯和率勁兵來擊，文靜苦戰者半日，死者數千人。文靜度顯和軍稍怠，潛遣奇兵掩其後，顯和大敗，悉虜其衆。通尚擁兵數萬，將遁歸東都，文靜遣諸將追而執之，略定新安以西之地。轉大丞相府司馬，進授光祿大夫，封魯國公。

高祖踐祚，拜納言。時高祖每引重臣共食，文靜奏曰：「陛下君臨億兆，率土莫非臣，而當朝撝抑，言尚稱名；又宸極位尊，帝座嚴重，乃使太陽俯同萬物，臣下震恐，無以措身。」帝不納。時制度草創，命文靜與當朝通識之士更刊隋開皇律令而損益之，以爲通法。高祖謂曰：「本設法令，使人共解，而往代相承，多爲隱語，執法之官，緣此舞弄。宜更刊定，務使易知。」

會薛舉寇涇州，命太宗討之，以文靜爲元帥府長史。遇太宗不豫，委於文靜及司馬殷開山，誡之曰：「舉糧少兵疲，懸軍深入，意在決戰，不利持久，即欲挑戰，慎無與決。待吾差，當爲君等取之。」文靜用開山計，出軍爭利，王師敗績。文靜奔還京師，坐除名。俄又從太宗討舉，平之，以功復其爵邑，拜民部尚書，領陝東道行臺左僕射。武德二年，從太宗鎮長春宮。

文靜自以才能幹用在裴寂之右，又屢有軍功，而位居其下，意甚不平。每廷議多相違戾，寂有所是，文靜必非之，由是與寂有隙。文靜嘗與其弟通直散騎常侍文起酣宴，出言怨望，拔刀擊柱曰：「必當斬裴寂耳！」家中妖怪數見，文起憂之，遂召巫者於星下被髮銜刀，爲厭勝之法。時文靜有愛妾失寵，以狀告其兄，妾兄上變。高祖以之屬吏，遣裴寂、蕭瑀問狀。文靜曰：「起義之初，忝爲司馬，計與長史位望略同；今寂爲僕射，據甲第，臣官賞不異衆人，東西征討，家口無託，實有觖望之心。因醉或有怨言，不能自保。」高祖謂羣臣曰：「文靜此言，反明白矣。」李綱、蕭瑀皆明其非反。太宗以文靜義旗初起，先定非常之策，始告寂知，及平京城，任遇懸隔，止以文靜爲觖望，非敢謀反，極佑助之。而高祖素疏忌之，裴寂又言曰：「文靜才略，實冠時人，性復粗險，忿不思難，醜言悖逆，其狀已彰。當今天下未定，外有勍敵，今若赦之，必貽後患。」高祖竟聽其言，遂殺文靜、文起，仍籍沒其家。文靜臨刑，撫膺歎曰：「高鳥逝，良弓藏，故不虛也。」時年五十二。

貞觀三年，追復官爵，以子樹義襲封魯國公，許尚公主。後與其兄樹藝怨其父被戮，又謀反，伏誅。

文靜初爲納言時，有詔以太原元謀立功，尚書令、秦王某，尚書左僕射裴寂及文靜，特恕二死。左驍衞大將軍長孫順德、右驍衞大將軍劉弘基、右屯衞大將軍竇琮、左翊衞大將軍柴紹、內史侍郎唐儉、吏部侍郎殷開山、鴻臚卿劉世龍、衞尉少卿劉政會、都水監趙文恪、庫部郎中武士彠、驃騎將軍張平高李思行李高遷、左屯衞府長史許世緒等十四人，約免一死。

武德九年十月，太宗始定功臣實封差第，文靜已死，於是裴寂加食九百戶，通前爲一千五百戶，長孫無忌、王君廓、尉遲敬德、房玄齡、杜如晦等五人食邑一千三百戶，長孫順德、柴紹、羅藝、趙郡王孝恭等四人食邑一千二百戶，侯君集、張公謹、劉師立等三人食邑一千戶，李勣、劉弘基二人食邑九百戶，高士廉、宇文士及、秦叔寶、程知節四人食七百戶，安興貴、安修仁、唐儉、竇軌、屈突通、蕭瑀、封德彝、劉義節八人各食六百戶，錢九隴、樊興、公孫武達、李孟嘗、段志玄、龐卿惲、張亮、李衆師、杜淹、元仲文十人各食四百戶，張長遜、張平高、李安遠、李子和、秦行師、馬三寶六人各食三百戶。其王君廓事在廬江王瑗傳，安興貴、安修仁事在李軌傳，李子和事在梁師都傳，馬三寶事在柴紹傳。李孟嘗，趙州平棘人，官至右威衛大將軍、漢東郡公。元仲文，洛州人，至右監門將軍、河南縣公。秦行師，并州太原人，至左監門將軍、淸水郡公。並事微不錄。自餘無傳者，盡附於此。

劉世龍者，并州晉陽人。大業末，爲晉陽鄉長。高祖鎭太原，裴寂數薦之，由是甚見接待，亦出入王威、高君雅家，然獨歸心於高祖。義兵將起，威與君雅內懷疑貳，世龍輒探得其情，以白高祖。及誅威等，授銀靑光祿大夫。從平京城，累轉鴻臚卿，仍改名義節。

時草創之始，傾竭府藏以賜勳人，而國用不足，義節進計曰：「今義師數萬，並在京師，樵薪貴而布帛賤。若採街衢及苑中樹爲樵以易布帛，歲收數十萬匹立可致也。又藏內繒絹，匹匹軸之使申，截取剩物，以供雜費，動盈十餘萬段矣。」高祖並從之，大收其利。再遷太府卿，封葛國公。貞觀初，轉少府監，以罪配流嶺南，尋授欽州別駕，卒。

義節從子思禮，萬歲通天二年，爲箕州刺史。思禮少嘗學相術於許州張憬藏，相己必歷刺史，位至太師。及授箕州，益自喜，以爲太師之職，位極人臣，非佐命無以致之。與洛州錄事參軍綦連耀結構謀反，謂耀曰：「公體有龍氣。」耀亦謂思禮曰：「公是金刀，合爲我輔。」因相解釋圖讖，卽定君臣之契。又令思禮自衒相術，每所見人，皆謂之「合得三品」，使務進之士，聞之滿望，然始謂云：「綦連耀有天分，公因之以得富貴。」事發繫獄，乃多證引朝士，冀以自免。所誅陷者三十餘家，耀、思禮並伏誅。鳳閣侍郎李元素、夏官侍郎孫元亨、知天官侍郎事石抱忠、鳳閣舍人王勮、勮兄前涇州刺史勔、太子司議郎路敬淳等坐與耀及思禮交結，皆死。

初，則天命河內王武懿宗按思禮之獄。懿宗寬思禮於外，令廣引逆徒。而思禮以爲得計，從容自若，嘗與相忤者，必引令枉誅。臨刑猶在外，尚不之覺，及衆人就戮，乃收誅之。

趙文恪者，并州太原人也。隋末，爲鷹揚府司馬。義師之舉，授右三統軍。武德二年，拜都水監，封新興郡公。時大亂之後，中州少馬，遇突厥和親，令文恪至并州與齊王元吉誘至北蕃，市牛馬以資國用。俄而劉武周將宋金剛來寇太原，屬城皆沒。眞鄉公李仲文退守

浩州，城孤兵弱，元吉遣文恪率步騎千餘助爲聲援。及太原爲賊所陷，文恪遂棄城遁去，坐是賜死獄中。

張平高，綏州膚施人也。隋末，爲鷹揚府校尉，戍太原，爲高祖所識，因參謀議。義旗建，以爲軍頭。從平京城，累授左領軍將軍，封蕭國公。貞觀初，出爲丹州刺史，坐事免，令以右光祿大夫還第，卒。後改封羅國公。永徽中，追贈潭州都督。

李思行，趙州人也。嘗避仇太原。高祖將舉義兵，令赴京城覘覘動靜，及還，具論機變，深稱旨，授左三統軍。從破宋老生，平京城，累授嘉州刺史，封樂安郡公。永徽初卒，贈洪州都督，謚曰襄。

李高遷，岐州岐山人也。隋末，客遊太原，高祖常引之左右。及擒高君雅、王威等，高遷有功焉，授右三統軍。從平霍邑，圍京城，力戰功最，累遷左武衛大將軍，封江夏郡公，檢校西麟州刺史。武德初，突厥寇馬邑，朔州總管高滿政請救，高祖令高遷督兵助鎭。俄而賊兵甚盛，高遷乃斬關宵遁，其將士皆沒，竟坐除名徙邊。後以佐命功，拜陵州刺史。

永徽五年卒，贈梁州都督。

許世緒者，并州人也。大業末，爲鷹揚府司馬。見隋祚將亡，言於高祖曰：「天道輔德，人事與能，蹈機不發，必貽後悔。今隋政不綱，天下鼎沸，公姓當圖籙，名應歌謠，握五郡之兵〔四〕，當四戰之地。若遂無他計，當敗不旋踵。未若首建義旗，爲天下唱，此帝王業也。」高祖甚奇之，親顧日厚。義兵起，授右一府司馬。武德中，累除蔡州刺史，封眞定郡公，卒。

弟洛仁，亦以元從功臣，官至冠軍大將軍、行左監門將軍。永徽初卒，贈代州都督，謚曰勇，陪葬昭陵。

劉師立者，宋州虞城人也。初爲王世充將軍，親遇甚密。洛陽平，當誅，太宗惜其才，特免之，爲左親衞。太宗之謀建成、元吉也，嘗引師立密籌其事，或自宵達曙。其後師立與尉遲敬德、龐卿惲、李孟嘗等九人同誅建成有功，超拜左衞率。尋遷左驍衞將軍，封襄武郡公，賜絹五千匹。後人告師立自云「眼有赤光，體有非常之相，姓氏又應符讖」。太宗謂之曰：「人言卿欲反，如何？」師立大懼，俯而對曰：「臣任隋朝，不過六品，身材駑下，不敢

輒希富貴。過蒙非常之遇，常以性命許國。而陛下功成事立，臣復致位將軍，顧已循躬，實踰涯分，臣是何人，輒敢言反！」太宗笑曰：「知卿不然，此妄言耳。」賜帛六十匹，延入臥內慰諭之。

羅藝之反也，長安人情騷動，以師立檢校右武候大將軍以備非常。及藝平，憲司窮究黨與，師立坐與交通，遂除名。又以藩邸之舊，尋檢校岐州都督。師立上書請討吐谷渾，書奏未報，便遣使間其部落，諭以利害，多有降附，列其地爲開、橋二州。又有党項首領拓拔赤辭，先附吐谷渾，負險自固，師立亦遣人爲陳利害，赤辭遂率其種落內屬。太宗甚嘉之，拜赤辭爲西戎州都督〔五〕。後師立以母憂當去職，父老上表請留，詔不許赴哀，復令居任。時河西党項破丑氏常爲邊患〔六〕，又阻新附，師立總兵擊之。軍未至，破丑氏大懼，遁於山谷，師立追之，至卸于眞山而還。又戰吐谷渾於小莫門川，擊破之，多所虜獲。尋轉始州刺史。十四年卒，謚曰肅。

錢九隴，本晉陵人也，父在陳爲境上所獲，沒爲皇家隸人。九隴善騎射，高祖信愛之，常置左右。義兵起，以軍功授金紫光祿大夫。及克京城，拜左監門郎將。從平薛仁杲、劉武周，以前後戰功累授右武衞將軍。其後從太宗擒獲竇建德，平王世充；從隱太子討

劉黑闥於魏州，力戰破賊，策勳爲最。累封郇國公，仍以本官爲苑遊將軍。貞觀初，出爲眉州刺史，再遷右監門大將軍。十二年，改封巢國公，加食廬州實封六百戶。尋卒，贈左武衞大將軍、潭州都督，謚曰勇，陪葬獻陵。

樊興者，本安陸人也，父犯罪配沒爲皇家隸人。興從平京城，累除右監門將軍。又從太宗破薛舉，平王世充、竇建德，積戰功，累封榮國公〔七〕，賜物二千段、黃金三十鋌。尋坐事削爵。貞觀六年，陵州獠反，興率兵討之，拜左驍衞將軍。又從特進李靖擊吐谷渾，爲赤水道行軍總管，坐遲留不赴軍期，又士卒多死，失亡甲仗，以勳減死。久之，累拜左監門大將軍，封襄城郡公。太宗之征遼東，以興忠謹，令副司空房玄齡留守京師。俄又檢校右武候將軍。永徽初卒，贈左武候大將軍、洪州都督，陪葬獻陵。

公孫武達者，雍州櫟陽人也。少有膂力，稱爲豪俠。在隋爲驍果。武德初，至長春宮請謁太宗，從討劉武周，力戰，功居最。又從平王世充、竇建德，累遷秦王府右三軍驃騎，封清水縣公。貞觀初，檢校右監門將軍，尋除肅州刺史。歲餘，突厥數千騎、輜重萬餘入侵肅州，欲南入吐谷渾。武達領二千人與其精銳相遇，力戰，虜稍却，急攻之，遂大潰，擠之於張掖河。又命軍士於上流以栰渡兵，擊其餘衆，賊半濟，兩岸夾攻之，斬溺略盡。璽書慰勉之，拜左監門將軍。後又受詔擊靈州叛突厥，武達引兵趣靈州，追及之。賊方渡河，見武達至，據河南岸。武達引兵擊之，斬其渠帥可邏拔匱，餘黨殲盡。進封東萊郡公。永徽中，累授右武衞大將軍。及卒，高宗廢朝舉哀，贈荆州都督，給東園祕器，陪葬昭陵，謚曰壯。

龐卿惲者，并州太原人。從太宗討隱太子有功，累拜右驍衞將軍，封邾國公。尋卒，追封濮國公。

子同善，官至右金吾大將軍。同善子承宗，開元初，爲太子賓客。

張長遜，雍州櫟陽人也。隋代爲里長，平陳有功，累至五原郡通守。及天下亂，遂附于突厥，號長遜爲割利特勤。及義旗建，長遜以郡降，授五原太守，尋除豐州總管。是時梁師都、薛舉請兵於突厥，欲令渡河。長遜知之，僞爲詔書與莫賀咄設，示知其謀，突厥乃拒師都等使，高祖嘉之。武德元年，敕右武候驃騎將軍高靜致幣於始畢可汗，路經豐州，會可汗死，敕於所到處納庫。突厥聞而大怒，欲南渡。長遜乃遣高靜出塞，申國家賻贈之禮，突厥乃引還。

及征薛舉，長遜不待命而至，以功授豐州總管，進封巴國公，賜以錦袍金甲。是時言事者以長遜久居豐州，與突厥連結；長遜懼，請入朝，拜右武候將軍，徙封息國公，賜以宮人、綵物千餘段。會有疾，車駕親幸其第。及竇軌率巴蜀兵擊王世充，以長遜檢校益州行臺左僕射，歷遂、夔二州總管，所在皆有惠政。貞觀十一年卒。

李安遠者，夏州朔方人也。隋雲州刺史徹子也。家富於財，少從博徒不逞，晚始折節讀書，敬慕士友。襲父爵城陽公。與王珪友善。大業初，珪坐叔頗當配流，安遠爲之營護，免。後爲正平令。及義兵攻絳郡，安遠與通守陳叔達嬰城自守。城陷，高祖與安遠有舊，馳至其宅撫慰之，引與同食。拜右翊衞統軍，封正平縣公。武德元年，授右武衞大將軍。從太宗征伐，特蒙恩澤，累戰功，改封廣德郡公。又使於吐谷渾，與敦和好，於是吐谷渾主伏允請與中國互市，安遠之功也。後隱太子建成潛引以爲黨援，安遠固拒之，由是太宗益加親信。貞觀初，歷潞州都督、懷州刺史。歷任頗有聲績，然傷於嚴急，時論少之。七年卒，追贈涼州都督，謚曰密。十三年，追封爲遂安郡公。

史臣曰：裴寂歷任仕隋，官至爲宮監，總子女玉帛之務，據倉庾兵甲之饒，喜博戲之利苟多，啓舉義之謀爲首。謁嶽神以徼福，始彰不逞之心；留貴妃以經宿，終昧爲臣之道。居第一之位，乏在三之規。恃高祖之舊恩，致文靜之極法。終歸四罪，倘保再生，幸也。文靜奮縱橫之略，立締構之功，罔思寵辱之機，過爲輕躁之行，未及封而禍也，惜哉！凡關佐命，爰第賓封，小大不遺，賢愚自勸，太宗之行賞也明矣！

贊曰：風雲初合，共竭智力。勢利既分，遽變讎敵。

校勘記

〔一〕食邑三千戶　新書卷八八裴寂傳作「食邑三百戶」。

〔二〕寂一日一夜馳至平陽　「平陽」二字各本原無，據葉校本補。

〔三〕纔涉數月　「月」字各本原作「日」，據唐會要卷三六改。新書卷八八裴寂傳作「不三月有天下」。

〔四〕握五郡之兵　「郡」字各本原作「都」，據新書卷八八許世緒傳、通鑑卷一八三改。

〔五〕西戎州都督　「州」字各本原無，據冊府卷四二六、合鈔卷一〇八劉師立傳補。

〔六〕党項破丑氏　「丑」字各本原作「刃」，據本書卷一九八党項羌傳、新書卷八八劉師立傳改。下同。

〔七〕累封榮國公　「榮」字各本原作「營」，據唐會要卷二一及卷四五、新書卷一九一李憕傳改。

舊唐書卷五十八

列傳第八

唐儉 子觀　觀子從心　從心子晙　長孫順德　劉弘基 子仁實　殷嶠

劉政會　柴紹 平陽公主　馬三寶附　武士彠 長兄士稜　次兄士逸

唐儉字茂約，并州晉陽人，北齊尚書左僕射邕之孫也。父鑒，隋戎州刺史。儉落拓不拘規檢，然事親頗以孝聞。初，鑒與高祖有舊，同領禁衞。高祖在太原留守，儉與太宗周密，儉從容說太宗以隋室昏亂，天下可圖。太宗白高祖，乃召入，密訪時事，儉曰：「明公日角龍庭，李氏又在圖牒，天下屬望，非在今朝。若開府庫，南嘯豪傑，北招戎狄，東收燕、趙，長驅濟河，據有秦、雍，海內之權，指麾可取。願弘達節，以順羣望，則湯、武之業不遠。」高祖曰：「湯、武之事，非所庶幾。今天下已亂，言私則圖存，語公則拯溺。卿宜自愛，吾將思之。」及開大將軍府，授儉記室參軍。太宗爲渭北道行軍元帥，以儉爲司馬。平京城，加光

祿大夫、相國府記室，封晉昌郡公。武德元年，除內史舍人，尋遷中書侍郎，特加授散騎常侍。

王行本守蒲州城不降，敕工部尚書獨孤懷恩率兵屯於其東以經略之。尋又夏縣人呂崇茂以城叛，降於劉武周，高祖遣永安王孝基、工部尚書獨孤懷恩、陝州總管于筠等率兵討之。時儉使至軍所，屬武周遣兵援崇茂，儉與孝基、筠等並爲所獲。初，懷恩屯兵蒲州，與其屬元君實謀反，時君實亦陷於賊中，與儉同被拘執，乃謂儉曰：「古人有言：『當斷不斷，反受其亂。』獨孤尚書近者欲舉兵圖事，遲疑之間，遂至今日，豈不由不斷耶？」俄而懷恩脫身得還，仍令依前屯守，君實又謂儉曰：「獨孤尚書今遂拔難得還，復在蒲州屯守，可謂王者不死。」儉聞之，懼懷恩爲逆，乃密令親信劉世讓以懷恩之謀奏聞。適遇王行本以蒲州歸降，高祖將入其城，浮舟至中流，世讓謁見，高祖讀奏，大驚曰：「豈非天命也！」迴舟而歸，分捕反者按驗之，懷恩自縊，餘黨伏誅。俄而太宗擊破武周部將宋金剛，追至太原，武周懼而北走，儉乃封其府庫，收兵甲，以待太宗。高祖嘉儉身沒虜庭，心存朝闕，復舊官，仍爲并州道安撫大使，以便宜從事，并賜獨孤懷恩田宅貲財等。使還，拜禮部尚書，授天策府長史，兼檢校黃門侍郎，封莒國公，與功臣等元勳恕一死，仍除遂州都督，食綿州實封六百戶，圖形凌煙閣。

貞觀初，使于突厥，說誘之，因以隋蕭后及楊正道以歸。太宗謂儉曰：「卿觀頡利可圖否？」對曰：「銜國威恩，亦可望獲。」遂令儉馳傳至虜庭，示之威信。頡利部落歡然定歸款之計，因而兵衆弛懈。李靖率輕騎掩襲破之，頡利北走，儉脫身而還。歲餘，授民部尚書。

後從幸洛陽苑射猛獸，羣豕突出林中，太宗引弓四發，殪四豕，有雄㹠突及馬鐙，儉投馬搏之，太宗拔劍斷豕，顧笑曰：「天策長史不見上將擊賊耶！何懼之甚？」對曰：「漢祖以馬上得之，不以馬上治之；陛下以神武定四方，豈復逞雄心於一獸。」太宗納之，因爲罷獵。尋加光祿大夫，又特令其子善識尙豫章公主。

儉在官每盛修肴饌，與親賓縱酒爲樂，未嘗以職務留意。又嘗託鹽州刺史張臣合收其私羊，爲御史所劾，以舊恩免罪，貶授光祿大夫。永徽初，致仕于家，加特進。顯慶元年卒，年七十八，高宗爲之舉哀，罷朝三日，贈開府儀同三司、并州都督，賻布帛一千段、粟一千石，賜東園祕器，陪葬昭陵，諡曰襄，官爲立碑。

儉少子觀，最知名，官至河西令，有文集三卷。

儉孫從心，神龍中，以子晙娶太平公主女，官至殿中監。晙，先天中爲太常少卿，坐與太平連謀伏誅。

長孫順德，文德順聖皇后之族叔也。祖澄，周秦州刺史。父愷，隋開府。順德仕隋右勳衞，避遼東之役，逃匿於太原，深爲高祖、太宗所親委。時羣盜並起，郡縣各募兵爲備。太宗外以討賊爲名，因令順德與劉弘基等召募，旬月之間，衆至萬餘人，結營於郭下，遂誅王威、高君雅等。義兵起，拜統軍。從平霍邑，破臨汾，下絳郡，俱有戰功。尋與劉文靜擊屈突通於潼關，每戰摧鋒。及通將奔洛陽，順德追及於桃林，執通歸京師，仍略定陝縣。高祖卽位，拜左驍衞大將軍，封薛國公。

武德九年，與秦叔寶等討建成餘黨於玄武門。太宗踐祚，眞食千二百戶，特賜以宮女，每宿內省。後順德監奴受人餽絹事發，太宗謂近臣曰：「順德地居外戚，功卽元勳，位高爵厚，足稱富貴。若能勤覽古今，以自鑒誡，弘益我國家者，朕當與之同有府庫耳。何乃不遵名節，而貪冒發聞乎！」然惜其功，不忍加罪，遂於殿庭賜絹數十匹，以媿其心。大理少卿胡演進曰：「順德枉法受財，罪不可恕，奈何又賜之絹？」太宗曰：「人生性靈，得絹甚於刑戮；如不知愧，一禽獸耳，殺之何益！」尋坐與李孝常交通除名。歲餘，太宗閱功臣圖，見順德之像，閔然憐之，遣宇文士及視其所爲，見順德頹然而醉，論者以爲達命。召拜澤州刺史，復其爵邑。

順德素多放縱，不遵法度，及此折節爲政，號爲明肅。先是，長吏多受百姓餽餉，順德糾擿，一無所容，稱爲良牧。前刺史張長貴、趙士達並占境內膏腴之田數十頃，順德並劾而追奪，分給貧戶。尋又坐事免。發疾，太宗聞而鄙之，謂房玄齡曰：「順德無慷慨之節，多兒女之情，今有此疾，何足問也！」未幾而卒，太宗爲之罷朝，遣使弔祭，贈荊州都督，諡曰襄。貞觀十三年，追改封爲邳國公。永徽五年，重贈開府儀同三司。

劉弘基，雍州池陽人也。父昇，隋河州刺史。弘基少落拓，交通輕俠，不事家產，以蔭爲右勳侍。大業末，嘗從煬帝征遼東，家貧不能自致，行至汾陰，度已後期當斬，計無所出，遂與同旅屠牛，潛諷吏捕之，繫於縣獄，歲餘，竟以贖論。

事解亡命，盜馬以供衣食，因至太原。會高祖鎭太原，遂自結託，又察太宗有非常度，尤委心焉。由是大蒙親禮，出則連騎，入同臥起。義兵將舉，弘基召募得二千人。王威、高君雅欲爲變，高祖伏弘基及長孫順德於廳事之後，弘基因麾左右執威等。又從太宗攻下西河。義軍次賈胡堡，與隋將宋老生戰，破之，進攻霍邑。老生率衆陣於城外，弘基從太宗擊之，老生敗走，棄馬投塹，弘基下斬其首，拜右光祿大夫。師至河東，弘基以兵千人先濟河，

進下馮翊，爲渭北道大使，得便宜從事，以殷開山爲副。西略地扶風，有衆六萬。南渡渭水，屯於長安故城，威聲大振，耀軍金光門。衞文昇遣兵來戰，弘基逆擊走之，擒甲士千餘人、馬數百匹。時諸軍未至，弘基先至，一戰而捷，高祖大悅，賜馬二十匹。及破京城，功爲第一。

從太宗擊薛舉於扶風，破之，追奔至隴山而返。累拜右領都督，封河間郡公。又從太宗經略東都，戰于瓔珞門外，破之。師旋，弘基爲殿。隋將段達、張志陣於三王陵，弘基擊敗之。武德元年，拜右驍衞大將軍，以元謀之勳恕其一死，領行軍左一總管。又從太宗討薛舉。時太宗以疾頓於高墌城，弘基、劉文靜等與舉接戰於淺水原，王師不利，八總管咸敗；唯弘基一軍盡力苦鬭，矢盡，爲舉所獲。高祖嘉其臨難不屈，賜其家粟帛甚厚。仁杲平，得歸，復其官爵。會宋金剛陷太原，遣弘基屯晉州。裴寂爲宋金剛所敗，人情崩駭，莫有固志。金剛以兵造城下，弘基不能守，復陷於賊。俄得逃歸，高祖慰諭之，授左一總管。從太宗屯于柏壁，率兵二千自隰州趨西河，斷賊歸路。時賊鋒甚勁，弘基堅壁，不能進。及金剛遁，弘基率騎邀之，至于介休，與太宗會，追擊大破之。累封任國公。尋從擊劉黑闥於洺州，師旋，授井鉞將軍〔一〕。會突厥入寇，弘基率步騎一萬，自豳州北界東拒子午嶺，西接臨涇，修營障塞，副淮安王神通備胡寇於北鄙。九年，以佐命功，眞食九百戶。

太宗卽位，顧待益隆。李孝常、長孫安業之謀逆也，坐與交遊除名。歲餘，起爲易州刺

史，復其封爵，徵拜衞尉卿。九年，改封夔國公，世襲朗州刺史，例停不行。後以年老乞骸骨，授輔國大將軍，朝朔望，祿賜同於職事。太宗征遼東，以弘基爲前軍大總管。從擊高延壽於駐蹕山，力戰有功，太宗屢加勞勉。

永徽元年，加實封通前一千一百戶。其年卒，年六十九，高宗爲之舉哀，廢朝三日，贈開府儀同三司、并州都督，陪葬昭陵，仍爲立碑，謚曰襄。弘基遺令給諸子奴婢各十五人、良田五頃，謂所親曰：「若賢，固不藉多財；不賢，守此可以免飢凍。」餘財悉以散施。

子仁實襲，官至左典戎衞郎將。

從子仁景，神龍初，官至司農卿。

殷嶠字開山，雍州鄠縣人，陳司農卿不害孫也。其先本居陳郡，陳亡，徙關中。父僧首，隋祕書丞，有名於世。嶠少以學行見稱，尤工尺牘。仕隋太谷長，有治名。義兵起，召補大將軍府掾，參預謀略，授心腹之寄，累以軍功拜光祿大夫。從隱太子攻克西河。太宗爲渭北道元帥，引爲長史。時關中羣盜往往聚結，衆無適從，令嶠招慰之，所至皆下。又與統軍劉弘基率兵六萬屯長安故城，隋將衞孝節自金光門出戰，嶠與弘基擊破之。京城平，賜爵

陳郡公，遷丞相府掾。尋授吏部侍郎。

從擊薛舉，爲元帥府司馬。時太宗有疾，委軍於劉文靜，誡之曰：「賊衆遠來，利在急戰，難與爭鋒。且宜持久，待糧盡，然後可圖。」嶠退謂文靜曰：「王體不安，慮公不濟，故發此言。宜因機破賊，何乃以勍敵遺王也！」久之，言於文靜曰：「王不豫，恐賊輕我，請耀武以威之。」遂陳兵於折墌，爲舉所乘，軍乃大敗，嶠坐減死除名。後從平薛仁杲，復其爵位。

武德二年，兼陝東道大行臺兵部尚書，遷吏部尚書。從太宗討平王世充，以功進爵鄖國公。復從征劉黑闥，道病卒。太宗親臨喪，哭之甚慟，贈陝東道大行臺右僕射，謚曰節。貞觀十四年，詔與贈司空、淮安王神通，贈司空、河間王孝恭，贈民部尚書劉政會，俱以佐命功配饗高祖廟庭。十七年，又與長孫無忌、唐儉、長孫順德、劉弘基、劉政會、柴紹等二十四人〔二〕，俱圖其形於淩煙閣。永徽五年，追贈司空。

嶠從祖弟聞禮，有文學，武德中，爲太子中舍人，修梁史，未就而卒。

聞禮子仲容，亦知名，則天深愛其才。官至申州刺史。

劉政會，滑州胙城人也。祖環儁，北齊中書侍郎。政會，隋大業中爲太原鷹揚府司馬。高祖爲太原留守，政會率兵隸於麾下。太宗與劉文靜謀起義兵，副留守王威、高君雅獨懷猜貳。後數日，將大會於晉祠，威與君雅謀危高祖，有人以白，太宗既知迫急，欲先事誅之，因遣政會爲急變之書，詣留守告威等二人謀反。是日，高祖與威、君雅同坐視事，文靜引政會入至庭中，云有密狀，知人欲反。高祖指威等令視之，政會不肯，曰：「所告是副留守事，唯唐公得省之耳。」君雅攘袂大呼曰：「此是反人欲殺我也！」時太宗已列兵馬布於街巷，文靜因令左右引威等囚于別室。既拘威等，竟得舉兵，政會之功也。

大將軍府建，引爲戶曹參軍。從平長安，除丞相府掾。武德初，授衞尉少卿，留守太原。政會內輯軍士，外和戎狄，遠近莫不悅服。尋而劉武周進逼并州，晉陽豪右薛深等以城應賊，政會爲賊所擒，於賊中密表論武周形勢。賊平，復其官爵。歷刑部尚書、光祿卿，封邢國公。貞觀初，累轉洪州都督，賜實封三百戶。九年卒，太宗手敕曰：「舉義之日，實有殊功，所葬並宜優厚。」贈民部尚書，謚曰襄。後與殷開山同配饗高祖廟庭。

子玄意襲爵，改封渝國公，尚南平公主，授駙馬都尉。高宗時爲汝州刺史。

次子奇，長壽中爲天官侍郎，爲酷吏所陷也。

柴紹字嗣昌，晉州臨汾人也。祖烈，周驃騎大將軍，歷遂、梁二州刺史，封冠軍縣公。父愼，隋太子右內率，封鉅鹿郡公。紹幼趫捷有勇力，任俠聞於關中。少補隋元德太子千牛備身。高祖微時，妻之以女，卽平陽公主也。

義旗建，紹自京間路趣太原。時建成、元吉自河東往，會於道，建成謀於紹曰：「追書甚急，恐已起事。隋郡縣連城千有餘里，中間偷路，勢必不全，今欲且投小賊，權以自濟。」紹曰：「不可。追既急，宜速去，雖稍辛苦，終當獲全。若投小賊，知君唐公之子，執以爲功，徒然死耳。」建成從之，遂共走太原。入雀鼠谷，知已起義，於是相賀，以紹之計爲得。授右領軍大都督府長史。大軍發晉陽，兼領馬軍總管。將至霍邑，紹先至城下察宋老生形勢，白曰：「老生有匹夫之勇，我師若到，必來出戰，戰則成擒矣。」及義師至，老生果出，紹力戰有功。下臨汾，平絳郡，並先登陷陣，授右光祿大夫。隋將桑顯和來擊，孫華率精銳渡河以援之，紹引軍直掩其背，與史大奈合勢擊之，顯和大敗，因與諸將進下京城。

武德元年，累遷左翊衞大將軍。尋從太宗平薛舉，破宋金剛，攻平王世充於洛陽，擒竇建德於武牢，封霍國公，賜實封千二百戶，轉右驍衞大將軍。吐谷渾與党項俱來寇邊，命紹討之。虜據高臨下，射紹軍中，矢下如雨。紹乃遣人彈胡琵琶，二女子對舞，虜異之，駐弓矢而相與聚觀。紹見虜陣不整，密使精騎自後擊之，虜大潰，斬首五百餘級。貞觀元年，

拜右衞大將軍。二年，擊梁師都於夏州，平之，轉左衞大將軍，出爲華州刺史。七年，加鎭軍大將軍，行右驍衞大將軍，改封譙國公。十二年，寢疾，太宗親自臨問。尋卒，贈荆州都督，謚曰襄。

平陽公主，高祖第三女也，太穆皇后所生。義兵將起，公主與紹並在長安，遣使密召之。紹謂公主曰：「尊公將掃清多難，紹欲迎接義旗，同去則不可，獨行恐罹後患，爲計若何？」公主曰：「君宜速去。我一婦人，臨時易可藏隱，當別自爲計矣。」紹卽間行赴太原。公主乃歸鄠縣莊所，遂散家資，招引山中亡命，得數百人，起兵以應高祖。時有胡賊何潘仁聚衆於司竹園，自稱總管，未有所屬。公主遣家僮馬三寶說以利害，潘仁攻鄠縣，陷之。三寶又說羣盜李仲文、向善志、丘師利等，各率衆數千人來會。時京師留守頻遣軍討公主，三寶、潘仁屢挫其鋒。

公主掠地至盩厔、武功、始平，皆下之。每申明法令，禁兵士無得侵掠，故遠近奔赴者甚衆，得兵七萬人。公主令間使以聞，高祖大悅。及義軍渡河，遣紹將數百騎趨華陰，傍南山以迎公主。時公主引精兵萬餘與太宗軍會於渭北，與紹各置幕府，俱圍京城，營中號曰「娘子軍」。京城平，封爲平陽公主，以獨有軍功，每賞賜異於他主。

六年，薨。及將葬，詔加前後部羽葆鼓吹、大輅、麾幢、班劍四十人、虎賁甲卒。太常奏議，以禮，婦人無鼓吹。高祖曰：「鼓吹，軍樂也。往者公主於司竹舉兵以應義旗，親執金鼓，有克定之勳。周之文母，列於十亂，公主功參佐命，非常婦人之所匹也。何得無鼓吹！」遂特加之，以旌殊績；仍令所司按謚法「明德有功曰昭」，謚公主爲昭。

子哲威，歷右屯營將軍，襲爵譙國公。坐弟令武謀反，徙嶺南。起爲交州都督，卒官。令武尚巴陵公主，累除太僕少卿、衞州刺史，封襄陽郡公。永徽中，坐與公主及房遺愛謀反，遣使收之。行至華陰，自殺，仍戮其屍。公主賜死。

馬三寶，初以平京城功拜太子監門率。別擊叛胡劉拔眞於北山，破之。又從平薛仁杲，遷左驍衞將軍。復從柴紹擊吐谷渾於岷州，先鋒陷陣，斬其名王，前後虜男女數千口，累封新興縣公。嘗從幸司竹，高祖顧謂三寶曰：「是汝建英雄之處，衞靑大不惡！」累除左驍衞大將軍。貞觀三年卒，太宗爲之廢朝，謚曰忠。

武士彠，并州文水人也。家富於財，頗好交結。高祖初行軍於汾、晉，休止其家，因蒙

顧接，及爲太原留守，引爲行軍司鎧。時盜賊蜂起，士彠嘗陰勸高祖舉兵，自進兵書及符瑞，高祖謂曰：「幸勿多言。兵書禁物，尙能將來，深識雅意，當同富貴耳。」

及義兵將起，高祖募人，遣劉弘基、長孫順德等分統之。王威、高君雅陰謂士彠曰：「弘基等皆背征三衞，所犯當死，安得領兵？吾欲禁身推覈。」士彠曰：「此並唐公之客也，若爾，便大紛紜。」威等由是疑而不發。留守司兵田德平又欲勸威等鞫問募人之狀，士彠謂德平曰：「討捕之兵，總隸唐公；王威、高君雅等並寄坐耳，彼何能爲！」德平遂止。義旗起，以士彠爲大將軍府鎧曹。從平京城功，拜光祿大夫，封太原郡公。初，義師將起，士彠不預知，及平京師，乃自說云：「嘗夢高祖入西京，升爲天子。」高祖哂之曰：「汝王威之黨也。以汝能諫止弘基等，微心可錄，故加酬效；今見事成，乃說迂誕而取媚也？」

武德中，累遷工部尙書，進封應國公，又歷利州、荆州都督。貞觀九年卒官，贈禮部尙書，謚曰定。顯慶元年，以后父累贈司徒，改封周國公。咸亨中，又贈太尉、太原王，特詔配饗高祖廟庭，列在功臣之上。孫承嗣，事在外戚傳。

士彠長兄士稜，性恭順，勤於稼穡。從起義，官至司農少卿，封宣城縣公。常居苑中，委以農圃之事。貞觀中卒，贈潭州都督。

次兄士逸，亦有戰功，武德初，爲齊王府戶曹，賜爵安陸縣公。從齊王鎭并州，爲劉武周所獲，於賊中密令人詣京師陳武周可圖之計。及武周平，甚見慰勉，累授益州行臺左丞。數陳時政得失，高祖每嘉納之。貞觀初，爲韶州刺史，卒。

史臣曰：唐儉委質義旗之下，立功草昧之初；被拘虜庭，脫高祖蒲州之急；侍獵苑囿，諫太宗馬上之言，可謂純臣矣。順德佐命立功，理郡著明肅之政；弘基臨難不屈，陷陣多克捷之勳。殷嶠、劉政會、柴嗣昌並在太原，首預舉義，從微至著，善始令終。馬三寶出廝養之徒，處將軍之位，亦馬之善走者也。武士彠首參起義，例封功臣，無戡難之勞，有因人之跡，載窺他傳，過爲褒詞。慮當武后之朝，佞出敬宗之筆，凡涉虛美，削而不書。

贊曰：茂約忠純，順德功勳。弘基六士，義合風雲。

校勘記

〔一〕井鉞將軍 「井」字各本原作「乘」，據唐會要卷七二、新書卷九〇劉弘基傳及卷五〇兵志改。

〔二〕二十四人 各本原作「十七人」，據本書卷三太宗紀及卷六五長孫無忌傳、唐會要卷四五改。

舊唐書卷五十九

列傳第九

屈突通 子壽　少子詮　詮子仲翔　任瓌　丘和 子行恭　行恭子神勣
許紹 孫力士　力士子欽寂　欽明　紹次子智仁　少子圉師　李襲志 弟襲譽
子懷儼　姜謩 子行本　行本子簡　簡子晞　簡弟柔遠　柔遠子皎　晦　皎男慶初

屈突通，雍州長安人。父長卿，周邛州刺史。通性剛毅，志尚忠慤，檢身清正，好武略，善騎射。開皇中，爲親衞大都督，文帝遣通往隴西檢覆羣牧，得隱藏馬二萬餘匹。文帝盛怒，將斬太僕卿慕容悉達及諸監官千五百人，通諫曰：「人命至重，死不再生，陛下至仁至聖，子育羣下，豈容以畜産之故，而戮千有餘人。愚臣狂狷，輒以死請。」文帝瞋目叱之，通又頓首曰：「臣一身如死，望免千餘人命。」帝寤，曰：「朕之不明，以至於是。感卿此意，良用惻然。今從所請，以旌諫諍。」悉達等竟以減死論。由是漸見委信，擢爲右武候車騎將軍。奉公正直，雖親戚犯法，無所縱捨。時通弟蓋爲長安令，亦以嚴整知名。時人爲之語曰：「寧食三斗艾，不見屈突蓋；寧服三斗葱，不逢屈突通。」爲人所忌憚如此。

及文帝崩，煬帝遣通以詔徵漢王諒。先是，文帝與諒有密約曰：「若璽書召汝，於敕字之傍別加一點，又與玉麟符合者，當就徵。」及發書無驗，諒覺變，詰通，通占對無所屈，竟得歸長安。大業中，累轉左驍衞大將軍。時秦、隴盜賊蜂起，以通爲關內討捕大使。有安定人劉迦論舉兵反，據雕陰郡，僭號建元，署置百官，有衆十餘萬。稽胡首領劉鷂子聚衆與迦論相影響。通發關中兵擊之，師臨安定，初不與戰，軍中以通爲怯，通乃揚聲旋師而潛入上郡。迦論不之覺，遂進兵南寇，去通七十里而舍，分兵掠諸城邑。通候其無備，簡精甲夜襲之，賊衆大潰，斬迦論并首級萬餘，於上郡南山築爲京觀，虜男女數萬口而還。

煬帝幸江都，令通鎭長安。義兵起，代王遣通進屯河東。既而義師濟河，大破通將桑顯和於飲馬泉，永豐倉又爲義師所克。通大懼，留鷹揚郎將堯君素守河東，將自武關趨藍田以赴長安。軍至潼關，爲劉文靜所遏，不得進，相持月餘。通又令顯和夜襲文靜，詰朝大戰，義軍不利。顯和縱兵破二栅，惟文靜一栅獨存，顯和兵復入栅而戰者往覆數焉。文靜爲流矢所中，義軍氣奪，垂至於敗。顯和以兵疲，傳餐而食，文靜因得分兵以實二栅。又有遊軍數百騎自南山來擊其背，三栅之兵復大呼而出，表裏齊奮，顯和軍潰，僅以身免，悉虜其衆，通勢彌蹙。或說通歸降，通泣曰：「吾蒙國重恩，歷事兩主，受人厚祿，安可逃難，有死而已！」每自摩其頸曰：「要當爲國家受人一刀耳！」勞勉將士，未嘗不流涕，人亦以此懷之。高祖遣其家僮召之，通遽命斬之。

通聞京師平，家屬盡沒，乃留顯和鎭潼關，率兵東下，將趨洛陽。通適進路，而顯和降於劉文靜。遣副將竇琮、段志玄等率精騎與顯和追之，及於稠桑。通結陣以自固，竇琮縱通子壽令往諭之，通大呼曰：「昔與汝爲父子，今與汝爲仇讎。」命左右射之。顯和呼其衆曰：「京師陷矣，汝並關西人，欲何所去？」衆皆釋仗。通知不免，乃下馬東南向再拜號哭，曰：「臣力屈兵敗，不負陛下，天地神祇，實所鑒察。」遂擒通送于長安。高祖謂曰：「何相見晚耶？」通泣對曰：「通不能盡人臣之節，力屈而至，爲本朝之辱，以愧相王。」高祖曰：「隋室忠臣也。」命釋之，授兵部尚書，封蔣國公，仍爲太宗行軍元帥長史。

從平薛舉，時珍物山積，諸將皆爭取之，通獨無所犯。高祖聞而謂曰：「公清正奉國，著自終始，名下定不虛也。」特賜金銀六百兩、綵物一千段。尋以本官判陝東道行臺僕射，復從太宗討王世充。時通有二子並在洛陽，高祖謂通曰：「東征之事，今以相屬，其如兩子何？」通對曰：「臣以老朽，誠不足以當重任。但自惟疇昔，執就軍門，至尊釋其縲囚，加之恩禮，既不能死，實荷再生。當此之時，心口相誓，暗以身命奉許國家久矣。今此行也，臣願先驅，兩兒若死，自是其命，終不以私害義。」高祖歎息曰：「徇義之夫，一至於此！」及大兵圍洛陽，竇建德且至，太宗中分麾下以屬通，令與齊王元吉圍守洛陽。世充平，通功爲第一，尋拜陝東大行臺右僕射，鎭于洛陽。

數歲，徵拜刑部尚書，通自以不習文法，固辭之，轉工部尚書。隱太子之誅也，通復檢校行臺僕射，馳鎭洛陽。貞觀元年，行臺廢，授洛州都督，賜實封六百戶，加左光祿大夫。明年卒，年七十二，太宗痛惜久之，贈尚書右僕射，謚曰忠。子壽襲爵。太宗幸洛陽宮，思通忠節，拜其少子詮果毅都尉，賜束帛以卹其家焉。十七年，詔圖形於凌煙閣。二十三年，與房玄齡配饗太宗廟庭。永徽五年，重贈司空。

詮官至瀛州刺史。詮子仲翔，神龍中亦爲瀛州刺史。

任瓌字瑋，廬州合肥人，陳鎭東大將軍蠻奴弟之子也。父七寶，仕陳定遠太守。瓌早孤，蠻奴愛之，情踰己子，每稱曰：「吾子姪雖多，並傭保耳，門戶所寄，惟在於瓌。」年十九，試守靈溪令。俄遷衡州司馬，都督王勇甚敬異之，委以州府之務。屬隋師滅陳，瓌勸勇據嶺南，求陳氏子孫立以爲帝，勇不能用，以嶺外降隋，瓌乃棄官而去。仁壽中，爲韓城尉，俄又罷職。

及高祖討捕於汾、晉，瓌謁高祖於轅門，承制爲河東縣戶曹。高祖將之晉陽，留隱太子建成以託於瓌。義師起，瓌至龍門謁見，高祖謂之曰：「隋氏失馭，天下沸騰。吾忝以外戚，屬當重寄，不可坐觀時變。晉陽是用武之地，士馬精強，今率驍雄，以匡國難。卿將家子，深有智謀，觀吾此舉，將爲濟否？」瓌曰：「後主殘酷無道，征役不息，天下恟恟，思聞拯亂。公天縱神武，親舉義師，所下城邑，秋毫無犯，軍令嚴明，將士用命。關中所在蜂起，惟待義兵，仗大順，從衆欲，何憂不濟。瓌在馮翊積年，人情諳練，願爲一介之使，銜命入關，同州已東，必當款伏。於梁山船濟，直指韓城，進逼郃陽，分取朝邑。且蕭造文吏，本無武略，仰懼威靈，理當自下；孫華諸賊，未有適從，必當相率而至。然後鼓行整衆，入據永豐，雖未得京城，關中固已定矣。」高祖曰：「是吾心也。」乃授銀青光祿大夫，遣陳演壽、史大奈領步騎六千趨梁山渡河，使瓌及薛獻爲招慰大使。高祖謂演壽曰：「閫外之事，宜與任瓌籌之。」孫華、白玄度等聞兵且至，果競來降，并具舟于河，師遂利涉。瓌說下韓城縣，與諸將進擊飲馬泉，破之，拜左光祿大夫，留守永豐倉。

高祖即位，改授穀州刺史。王世充數率衆攻新安，瓌拒戰破之，以功累封管國公。太宗率師討世充，瓌從至邙山，使檢校水運以供餉饋。關東初定，持節爲河南道安撫大使。世充

弟瓚爲徐州行臺尚書令，率所部詣瓌降。瓌至宋州，屬徐圓朗據兗州反，曹、戴諸州咸應之。副使柳濬勸瓌退保汴州，瓌笑曰：「柳公何怯也！老將居邊甚久，自當有計，非公所知。」圓朗俄又攻陷楚丘，引兵將圍虞城，瓌遣崔樞、張公謹自鄢陵領諸州豪右質子百餘人守虞城以拒賊。濬又諫曰：「樞與公謹並世充之將，又諸州質子父兄皆反，此必爲變。」瓌不答。樞至，則分配質子，並與土人合隊居守。賊既稍近，質子有叛者，樞因斬其隊帥。城中人懼曰：「質子父兄悉來爲賊，賊之子弟安可守城？」樞因縱諸隊各殺質子，梟首于門外，遣使報瓌。瓌陽怒曰：「遣將去者，欲招慰耳，何罪而殺之？」退謂濬曰：「固知崔樞辦之。既遣縣人殺賊質子，冤隙已大，吾何患焉。」樞果拒却圓朗。事平，遷徐州總管，仍爲大使。

瓌選補官吏，頗私親故，或依倚其勢，多所求納，瓌知而不禁；又妻劉氏妬悍無禮，爲世所譏。及輔公祏平，拜邢州都督。隱太子之誅也，瓌弟璨時爲典膳監，瓌坐左遷通州都督。貞觀三年卒。

丘和，河南洛陽人也。父壽，魏鎮東將軍。和少便弓馬，重氣任俠。及長，始折節，與物無忤，無貴賤皆愛之。周爲開府儀同三司。入隋，累遷右武衞將軍，封平城郡公。漢王諒之反也，以和爲蒲州刺史，諒使兵士服婦人服，戴羃䍦，奄至城中，和脫身而免，由是除名。時宇文述方被任遇，和傾心附之，又以發武陵公元冑罪，拜代州刺史。屬煬帝北巡過代州，和獻食甚精，及至朔州，刺史楊廓獨無所獻，帝不悅，而宇文述又盛稱之，乃以和爲博陵太守，仍令楊廓至博陵觀和爲式。及駕至博陵，和上食又豐，帝益稱之。由是所幸處獻食者競爲華侈。和在郡善撫吏士，甚得歡心，尋遷天水郡守。

大業末，以海南僻遠，吏多侵漁，百姓咸怨，數爲亂逆，於是選淳良太守以撫之。黃門侍郎裴矩奏言：「丘和歷居二郡，皆以惠政著聞，寬而不擾。」煬帝從之，遣和爲交趾太守。既至，撫諸豪傑，甚得蠻夷之心。

會煬帝爲化及所弒，鴻臚卿甯長眞以鬱林、始安之地附於蕭銑，馮盎以蒼梧、高涼、珠崖、番禺之地附于林士弘，各遣人召之，和初未知隋亡，皆不就。林邑之西諸國，並遣遺和明珠、文犀、金寶之物，富埒王者。銑利之，遣長眞率百越之衆渡海侵和，和遣高士廉率交、愛首領擊之，長眞退走，境內獲全，郡中樹碑頌德。會舊驍果從江都還者，審知隋滅，遂以州從銑。

及銑平，和以海南之地歸國。詔使李道裕即授上柱國、譚國公、交州總管。和遣司馬高士廉奉表請入朝，詔許之。高祖遣其子師利迎之。及謁見，高祖爲之興，引入臥內，語及

平生，甚歡，奏九部樂以饗之，拜左武候大將軍。和時年已衰老，乃拜稷州刺史，以是本鄉，令自怡養。九年，除特進。貞觀十一年卒，年八十六，贈荆州總管，謚曰襄，賜東園祕器，陪葬獻陵。有子十五人，多至大官，惟行恭知名。

行恭善騎射，勇敢絕倫。大業末，與兄師利聚兵於岐、雍間，有衆一萬，保故郿城，百姓多附之，羣盜不敢入境。初，原州奴賊數萬人圍扶風郡，太守竇璡堅守，經數月，賊中食盡，野無所掠，衆多離散，投行恭者千餘騎。行恭遣其酋渠說諸奴賊共迎義軍。行恭又率五百人，皆負米麥，持牛酒，自詣賊營，奴帥長揖，行恭手斬之，謂其衆曰：「汝等並是好人，何因事奴爲主，使天下號爲奴賊。」衆皆俯伏曰：「願改事公。」行恭率其衆與師利共謁太宗于渭北，拜光祿大夫。從平京城，討薛舉、劉武周、王世充、竇建德，皆立殊勳，授左一府驃騎，賞賜甚厚。隱太子之誅也，行恭以功遷左衞將軍。貞觀中，坐與嫡兄爭葬所生母，爲法司所劾，除名。因從侯君集平高昌，封天水郡公，累除右武候將軍。高宗嗣位，歷遷右武候大將軍、冀陝二州刺史，尋請致仕，拜光祿大夫。麟德二年卒，年八十，贈荆州都督，謚曰襄，賜溫明祕器，陪葬昭陵。

行恭性嚴酷，所在僚列皆懾憚之，數坐事解免。太宗每思其功，不踰時月復其官。初，

從討王世充，會戰於邙山之上，太宗欲知其虛實强弱，乃與數十騎衝之，直出其後，衆皆披靡，莫敢當其鋒，所殺傷甚衆。既而限以長隄，與諸騎相失，惟行恭獨從。尋有勁騎數人追及太宗，矢中御馬，行恭乃迴騎射之，發無不中，餘賊不敢復前，然後下馬拔箭，以其所乘馬進太宗。行恭於御馬前步執長刀，巨躍大呼，斬數人，突陣而出，得入大軍。貞觀中，有詔刻石爲人馬以象行恭拔箭之狀，立於昭陵闕前。

子神勣，嗣聖元年，爲左金吾將軍，則天使於巴州害章懷太子，既而歸罪於神勣，左遷疊州刺史。尋復入爲左金吾衞大將軍，深見親委。嘗受詔鞫獄，與周興、來俊臣等俱號爲酷吏。尋以罪伏誅。神龍初，禁錮其子孫。

和少子行掩，高宗時爲少府監。

許紹字嗣宗，本高陽人也，梁末徙于周，因家于安陸。祖弘，父法光，俱爲楚州刺史。紹少與高祖同學。元皇帝爲安州總管，故紹兒童時得與高祖同學，特相友愛。大業末，爲夷陵郡通守。是時盜賊競起，紹保全郡境，流戶自歸者數十萬口，開倉賑給，甚得人心。及江都弒逆，紹率郡人大臨三日，仍以郡遙屬越王侗。

王世充簒位，乃率黔安、武陵、澧陽等諸郡遣使歸國，授硤州刺史〔一〕，封安陸郡公。高祖降敕書曰：「昔在子衿，同遊庠序，博士吳琰，其妻姓仇，追想此時，宛然心目，荏苒歲月，遂成累紀。且在安州之日，公家乃莅岳州，渡遼之時，伯裔又同戎旅。安危契闊，累葉同之，其間遊處，觸事可想。雖盧綰與劉邦同里，吳質共曹丕接席，以今方古，何足稱焉。而公追覩席之舊歡，存通家之曩好，明鑒去就之理，洞識成敗之機。爰自荆門，馳心絳闕，綏懷士庶，糾合賓僚，踰越江山，遠申誠款。覽此忠至，彌以慰懷。」

及蕭銑將董景珍以長沙來降，命紹率兵應之。以破銑功，拜其子智仁爲溫州刺史，委以招慰。時蕭銑遣其將楊道生圍硤州，紹縱兵擊破之。銑又遣其將陳普環乘大艦泝江入硤，與開州賊蕭闍提規取巴蜀。紹遣智仁及錄事參軍李弘節、子壻張玄靜追至西陵硤，大破之，生擒普環，收其船艦。江南岸有安蜀城，與硤州相對，次東有荆門城，皆險峻，銑並以兵鎮守。紹遣智仁及李弘節攻荆門鎮，破之。高祖大悅，下制褒美，許以便宜從事。

紹與王世充、蕭銑疆界連接，紹之士卒爲賊所虜者，輒見殺害，紹執敵人，皆資給而遣之，賊感其義，不復侵掠，闔境獲安。趙郡王孝恭之擊蕭銑也，復令紹督兵以圖荆州，會卒於軍，高祖聞而流涕。貞觀中，贈荆州都督。

嫡孫力士襲爵，官至洛州長史，卒。

子欽寂嗣，萬歲登封年爲夔州都督府長史。時契丹入寇，以欽寂兼龍山軍討擊副使，軍次崇州，戰敗被擒。其後，賊將圍安東，令欽寂說屬城之未下者。安東都督裴玄珪時在城下，欽寂謂之曰：「狂賊天殃，滅在朝夕，公但謹守勵兵，以全忠節。」賊大怒，遂害之。則天下制褒美，贈蘄州刺史，謚曰忠。又授其子輔乾左監門衞中候，仍爲海東慰勞使，令迎其喪柩，以禮改葬。輔乾，開元中官至光祿卿。

欽寂弟欽明，少以軍功歷左玉鈐衞將軍、安西大都護，封鹽山郡公。萬歲通天元年，授金紫光祿大夫、涼州都督。欽明嘗出按部，突厥默啜率衆數萬奄至城下，欽明拒戰久之，力屈被執。賊將欽明至靈州城下，令說城中早降，欽明大呼曰：「賊中都無飲食，城內有美醬乞二升，粱米乞二斗，墨乞一梃。」是時，賊營處四面阻泥河，惟有一路得入，欽明乞此物以喻城中，冀其簡兵陣將，候夜掩襲，城中無悟其旨者，尋遇害。兄弟同年皆死王事，論者稱之。

紹次子智仁，初，以父勳授溫州刺史，封孝昌縣公。尋繼其父爲硤州刺史，後歷太僕少卿、涼州都督。貞觀中卒。

紹少子圉師，有器幹，博涉藝文，舉進士。顯慶二年，累遷黃門侍郎、同中書門下三品，兼修國史。三年，以修實錄功封平恩縣公〔二〕，賜物三百段。四遷，龍朔中爲左相。俄以子自然因獵射殺人，隱而不奏，又爲李義府所擠，左遷虔州刺史。尋轉相州刺史，政存寬惠，人吏刊石以頌之。嘗有官吏犯贓事露，圉師不令推究，但賜清白詩以激之，犯者愧懼，遂改節爲廉士，其寬厚如此。上元中，再遷戶部尚書。儀鳳四年卒，贈幽州都督，陪葬恭陵，謚曰簡。

李襲志字重光，本隴西狄道人也；五葉祖景避地安康，復稱金州安康人也。周信州總管安康郡公遷哲孫也。父敬猷，隋台州刺史、安康郡公。襲志，初仕隋，歷始安郡丞。大業末，江外盜賊尤甚，襲志散家產，招募得三千人以守郡城。時蕭銑、林士弘、曹武徹等爭來攻擊，襲志固守久之。後聞宇文化及弒逆，乃集士庶舉哀三日。有郡人勸襲志曰：「公累葉冠族，久臨鄙郡，蠻夷畏威，士女悅服，雖曰隋臣，實我之君長。今江都簒逆，四海鼎沸，王號者非止一人，公宜因此時據有嶺表，則百越之人皆拱手向化，追蹤尉佗，亦千載一遇也。」襲志厲聲曰：「吾世樹忠貞，見危授命，今雖江都陷沒，而宗社猶存，當與諸君戮力中原，共雪讎恥，豈可怙亂稱兵，以圖不義！吾寧蹈忠而死，不爲逆節而求生。」尉佗愚鄙無識，何足景慕？」於是欲斬勸者，從衆議而止。襲志固守，經二年而無援，卒爲蕭銑所陷，銑署爲工部尚書、檢校桂州總管。

武德初，高祖遣其子玄嗣齎書召之，襲志乃密說嶺南首領隨永平郡守李光度與之歸國。高祖又令間使齎書論襲志曰：「卿昔久在桂州，仍屬隋室運終，四方圮絕，率衆保境，未知所統。朕撫臨天下，志在綏育，眷彼幽遐，思沾聲教。況卿朕之宗姓，情異於常，一家弟姪[三]，並立誠效公，又分遣首領，申諭諸州，情深奉國，甚副所望。卿之子弟，並據州縣，俱展誠績，每所嘉歎，不能已已。令並入屬籍，著於宗正。」及蕭銑平，江南道大使、趙郡王孝恭授襲志桂州總管。武德五年入朝，授柱國，封始安郡公，拜江州都督。及輔公祏反，又以襲志爲水軍總管討平之，轉桂州都督。襲志前後凡任桂州二十八載，政尚清簡，嶺外安之。後表請入朝，拜右光祿大夫、行汾州刺史致仕，卒於家。襲志弟襲譽。

襲譽字茂實，少通敏有識度。隋末爲冠軍府司兵。時陰世師輔代王爲京師留守，所在盜賊蜂起，襲譽說世師遣兵據永豐倉，發粟以賑窮乏，出庫物賞戰士，移檄郡縣，同心討賊。世師不能用，乃求外出募山南士馬，世師許之。既至漢中，會高祖定長安，召授太府少

卿，封安康郡公，仍令與兄襲志附籍於宗正。太宗討王世充，以襲譽爲潞州總管。時突厥與國和親，又通使於世充，襲譽掩擊，悉斬之。因委令轉運以餽大軍。

後歷光祿卿、蒲州刺史，轉揚州大都督府長史，爲江南道巡察大使，多所黜陟。江都俗好商賈，不事農桑，襲譽乃引雷陂水，又築勾城塘，溉田八百餘頃，百姓獲其利。召拜太府卿。襲譽性嚴整，所在以威肅聞。凡獲俸祿，必散之宗親，其餘資多寫書而已。及從揚州罷職，經史遂盈數車。嘗謂子孫曰：「吾近京城有賜田十頃，耕之可以充食；河內有賜桑千樹，蠶之可以充衣；江東所寫之書，讀之可以求官。吾沒之後，爾曹但能勤此三事，亦何羨於人。」尋轉涼州都督，加金紫光祿大夫，行同州刺史。坐在涼州陰憾番禾縣丞劉武，杖而殺之，至是有司議當死，制除名，流於泉州，無幾而卒。撰五經妙言四十卷、江東記三十卷、忠孝圖二十卷。

兄子懷儼，頗以文才著名。歷蘭臺侍郎，受制檢校寫四部書進內，以書有汙，左授郢州刺史。後卒于禮部侍郎。

姜謩，秦州上邽人。祖眞，後魏南秦州刺史。父景，周梁州總管、建平郡公。謩，大業末爲晉陽長，會高祖留守太原，見謩深器之。謩退謂所親曰：「隋祚將亡，必有命世大才，以應圖籙，唐公有霸王之度，以吾觀之，必爲撥亂之主。」由是深自結納。及大將軍府建，引爲司功參軍。從平霍邑，拔絳郡，監督大軍濟河。時兵士爭渡，謩部勒諸軍，自昏至曉，六軍畢濟，高祖稱歎之。平京城，除相國兵曹參軍，封長道縣公。

時薛舉寇秦、隴，以謩西州之望，詔於隴右安撫，承制以便宜從事。謩將行，奏曰：「天人之望，誠有所歸，願早膺圖籙，以寧兆庶。老夫犬馬暮齒，恐先朝露，得一覩昇紫殿，死無所恨。」高祖大悅。謩與竇軌出散關，下河池、漢陽二郡。軍次長道，與薛舉相遇，軌輕敵，爲舉所敗。徵謩還京，拜員外散騎常侍。及平薛仁杲，拜謩秦州刺史，高祖謂曰：「衣錦還鄉，古人所尚；今以本州相授，用答元功。涼州之路，近爲荒梗，宜弘方略，有以靜之。」謩至州，撫以恩信，州人相謂曰：「吾輩復見太平官府矣。」盜賊悉來歸首，士庶安之。尋轉隴州刺史。七年，以老疾去職。貞觀元年卒，贈岷州都督，謚曰安。

子行本，貞觀中爲將作大匠。太宗修九成、洛陽二宮，行本總領之，以勤濟稱旨，賞賜甚厚。有所遊幸，未嘗不從。又轉左屯衞將軍。時太宗選趫捷之士，衣五色袍，乘六閑馬，直屯營以充仗內宿衞，名爲「飛騎」，每遊幸，卽騎以從，分隸於行本。

及高昌之役，以行本爲行軍副總管，率衆先出伊州，未至柳谷百餘里，依山造攻具。其處有班超紀功碑，行本磨去其文，更刻頌陳國威德而去。遂與侯君集進平高昌，璽書勞之曰：「攻戰之重，器械爲先，將士屬心，待以制敵。卿星言就路，躬事修營，干戈纔動，梯衝暫臨，三軍勇士，因斯樹績，萬里逋寇，用是克平。方之前古，豈足相況。」及還，進封金城郡公，賜物一百五十段、奴婢七十人。十七年，太宗將征高麗，行本諫以爲師未可動，太宗不從。行本從至蓋牟城，中流矢卒，太宗賦詩以悼之，贈左衞大將軍、郕國公，謚曰襄，陪葬昭陵。

子簡嗣，永徽中，官至安北都護，卒。

子晞嗣，開元初左散騎常侍。

簡弟柔遠，美姿容，善於敷奏。則天時，至左鷹揚衞將軍、通事舍人、內供奉。

柔遠子皎，長安中，累遷尚衣奉御。時玄宗在藩，見而悅之。皎察玄宗有非常之度，尤委心焉。尋出爲潤州長史。玄宗卽位，召拜殿中少監。數召入臥內，命之捨敬，曲侍宴私，與后妃連榻，間以擊毬鬭雞，常呼之爲姜七而不名也。兼賜以宮女、名馬及諸珍物不可勝數。玄宗又嘗與皎在殿庭翫一嘉樹，皎稱其美，玄宗遽令徙植於其家，其寵遇如此。及

寶懷貞等潛謀逆亂，玄宗將討之，晈協贊謀議，以功拜殿中監，封楚國公，實封四百戶。玄宗以晈在藩之舊，晈又有先見之明，欲宣布其事，乃下敕曰：

朕聞士之生代，始於事親，中於事君，終於立身，此其本也。若乃移孝成忠，策名委質。命有太山之重，義徇則爲輕；草有疾風之力，節全則知勁。況君臣之相遇，而故舊之不遺乎！銀靑光祿大夫、殿中監、楚國公姜晈，簪紱聯華，珪璋特秀。寬厚爲量，體靜而安仁；精微用心，理和而專直。往居藩邸，潛款風雲，亦由彭祖之同書，子陵之共學。朕常遊幸于外，至長楊、鄠杜之間，晈於此時與之累宿，私謂朕曰：「太上皇卽登九五，王必爲儲副。」凡如此者數四，朕叱而後止。寧知非僕，雖翫於鄧晨；可收護軍，遂訶於朱祐。晈復言於朕兄弟及諸駙馬等，因聞徹太上皇，太上皇遽奏於中宗孝和皇帝。尋遣嗣虢王邕等鞫問，晈保護無怠，辭意轉堅。李通之讖記不言，田叔之髡鉗罔憚。仍爲宗楚客、紀處訥等密奏，請投晈炎荒。中宗特降恩私，左遷潤州長史。讒邪每構，忠懇逾深，載于朕躬，憂存王室。以爲天且有命，預覩成龍之徵；人而無禮，常懷逐鳥之志。游辭枉陷，旋罹貶斥；嚴憲將及，殆見誅夷。履危本於初心，遭險期於不貳，雖禍福之際昭然可圖，而艱難之中是所緊賴。

洎朕祗膺寶位，又共翦姦臣，拜以光寵，不忘撝挹，敬愛之極，神明所知。造膝則

曾莫詭隨，匪躬則動多規諫，補朕之闕，斯人孔臧。而悠悠之談，嗷嗷妄作，醜正惡直，竊生於謗，考言詢事，益亮其誠。昔漢昭帝之保霍光，魏太祖之明程昱，朕之不德，庶幾於此。矧夫否當其悔，則滅宗毀族，朕負之必深；泰至其亨，則如山如河，朕酬之未補。豈流言之足聽，而厚德之遂忘，謀始有之，圖終可也。宜告示中外，咸令知悉。

尋遷太常卿，監修國史。弟晦，又歷御史中丞、吏部侍郎，兄弟當朝用事。侍中宋璟以其權寵太盛，恐非久安之道，屢奏請稍抑損之。開元五年下敕曰：「西漢諸將，多以權貴不全；南陽故人，並以優閑自保。觀夫先後之迹，吉凶之數，較然可知，良有以也。太常卿、上柱國、楚國公、監修國史姜晈，衣纓奕代，忠讜立誠，精識比於橋玄，密私方於朱祐。朕昔在藩邸，早申款洽，當謂我以不遺，亦起予以自愛。及膺大位，屢錫崇班，茅土列爵，山河傳誓，備蒙光寵，時冠等夷。朕每欲戒盈，用克終吉。未若避榮公府，守靖私第，自弘高尙之風，不涉囂塵之境，沐我恩貸，庇爾子孫。宜放歸田園，以恣娛樂。」又遷晦爲宗正卿，以去其權。久之，晈復起爲祕書監。

十年，坐漏洩禁中語，爲嗣濮王嶠所奏，敕中書門下究其狀。嶠卽王守一之妹夫，中書令張嘉貞希守一意，構成其罪，仍奏請先決杖配流嶺外。下制曰：「祕書監姜晈，往屬艱難，頗效誠信，功則可錄，寵是以加。既忘滿盈之誡，又虧靜愼之道，假說休咎，妄談宮掖。據其作孽，合處極刑，念茲舊勳，免此殊死。宜決一頓，配流欽州。」晈既決杖，行至汝州而卒，年五十餘。晈之所親都水使者劉承祖，配流雷州，自餘流死者數人。時朝廷頗以晈爲冤，而咎嘉貞焉，源乾曜時爲侍中，不能有所持正，論者亦深譏之。玄宗復思晈舊勳，令遞其柩還，以禮葬之，仍遣中使存問其家。十五年，追贈澤州刺史。晦坐晈左遷春州司馬，俄遷海州刺史，卒。

天寶六載，授晈男慶初等官。七載，贈晈吏部尙書，仍贈實封二百戶以充享祀。慶初襲封楚國公。慶初生未晬，玄宗許尙公主，後淪落二十餘年。李林甫爲相，當軸用事，林甫卽晈之甥，從容奏之，故驟加恩命。天寶十載，詔慶初尙新平公主，授駙馬都尉。永泰元年，拜太常卿。

史臣曰：或問屈突通盡忠於隋而功立於唐，事兩國而名愈彰者，何也？答云，若立純誠，遇明主，一心可事百君，寧限於兩國爾！被稠桑之擒，臨難無苟免；破仁杲之衆，臨財無苟得，君子哉！任瓌、丘和、許紹、李襲志咸遇眞主，得爲故人，或敍舊立功，或率衆歸國，尋其履迹，皆有可稱。襲志爲政，襲譽訓子，庶幾弘遠矣。姜謩恩信，有能官之譽；行本勤

濟，多克敵之功。晈雖故舊，恩倖不倫，雖嘉貞致冤，亦冒寵自掇，豈非無德而祿，禍過災生之驗歟！任瓌縱妬妻無禮，任親戚求財，丘和進食邀幸，皆無取焉。

贊曰：屈突守節，求仁得仁。諸君遇主，不足擬倫。

校勘記

〔一〕硤州刺史　「硤州」，原作「陝州」，據本卷下文、十七史商榷卷八六改。

〔二〕平恩縣公　「公」字各本原作「男」，據唐會要卷七九、新書卷一九一李憕傳改。

〔三〕一家弟姪　「一」字各本原無，據全唐文卷三補。

舊唐書卷六十

列傳第十

宗室 太祖諸子 代祖諸子

永安王孝基 淮安王神通 子道彥 孝察 孝同 孝慈 孝友 孝節 孝義 孝逸
襄邑王神符 子德懋 文暕 長平王叔良 子孝協 孝斌 孝斌子思訓 思誨
叔良弟德良 幼良 襄武王琛 河間王孝恭 子晦 孝斌弟璥 瓌
廬江王瑗 王君廓附 淮陽王道玄 江夏王道宗 隴西王博乂

永安王孝基，高祖從父弟也。父璋，周梁州刺史，與趙王祐謀殺隋文帝，事洩被誅，高祖即位，追封畢王。孝基，武德元年封永安王，歷陝州總管、鴻臚卿，以罪免。二年，劉武周將宋金剛來寇汾、澮。夏縣人呂崇茂殺縣令，舉兵反，自稱魏王，請援於武周。復以

孝基爲行軍總管討之，工部尚書獨孤懷恩、內史侍郎唐儉、陝州總管于筠悉隸焉。武周遣其將尉遲敬德潛援崇茂，大戰於夏縣，王師敗績，孝基與唐儉等皆沒於賊。後謀歸國，爲武周所害，高祖爲之發哀，廢朝三日，賜其家帛千匹。賊平，購其屍不得，招魂而葬之，贈左衞大將軍，謚曰壯。

無子，以從兄韶子道立爲嗣，封高平郡王。九年，降爲縣公。永徽初，卒於陳州刺史。

淮安王神通，高祖從父弟也。父亮，隋海州刺史，武德初追封鄭王。神通，隋末在京師。義師起，隋人捕之，神通潛入鄠縣山南，與京師大俠史萬寶、河東裴勣柳崇禮等舉兵以應義師，遣使與司竹賊帥何潘仁連結。潘仁奉平陽公主而至，神通與之合勢，進下鄠縣，衆踰一萬。自稱關中道行軍總管，以史萬寶爲副，裴勣爲長史，柳崇禮爲司馬，令狐德棻爲記室。高祖聞之大悅，授光祿大夫。從平京師，拜宗正卿。

武德元年，拜右翊衞大將軍，封永康王，尋改封淮安王，爲山東道安撫大使。擊宇文化及於魏縣，化及不能抗，東走聊城。神通進兵躡之，至聊城。會化及糧盡請降，神通不受。其副使黃門侍郎崔幹勸納之，神通曰：「兵士暴露已久，賊計窮糧盡，克在旦暮，正當攻取，以示國威，散其玉帛，以爲軍賞。若受降者，吾何以藉手乎？」幹曰：「今建德方至，化及未平，兩賊之間，事必危迫。不攻而下之，此勳甚大。今貪其玉帛，敗無日矣！」神通怒，囚幹于軍中。既而士及自濟北餽之，化及軍稍振，遂拒戰。神通督兵薄而擊之，貝州刺史趙君德攀堞而上，神通心害其功，因止軍不戰，君德大詬而下，城又堅守。神通乃分兵數千人往魏州取攻具，中路復爲莘人所敗，竇建德軍且至，遂引軍而退。後二日，化及爲建德所虜，賊勢益張，山東城邑多歸建德。神通兵漸散，退保黎陽，依徐勣，俄爲建德所陷。及建德敗，復授河北道行臺尚書左僕射。從太宗平劉黑闥，遷左武衞大將軍。

貞觀元年，拜開府儀同三司，賜實封五百戶。時太宗謂諸功臣曰：「朕敍公等勳效，量定封邑，恐不能盡當，各自言。」神通曰：「義旗初起，臣率兵先至，今房玄齡、杜如晦等刀筆之人，功居第一，臣且不服。」上曰：「義旗初起，人皆有心。叔父雖率兵先至，未嘗身履行陣。山東未定，受委專征，建德南侵，全軍陷沒；及劉黑闥翻動，叔父望風而破。今計勳行賞，玄齡等有籌謀帷幄定社稷功，所以漢之蕭何，雖無汗馬，指蹤推轂，故功居第一。叔父于國至親，誠無所愛，必不可緣私濫與勳臣同賞耳。」

四年，薨，太宗爲之廢朝，贈司空，謚曰靖。十四年，詔與河間王孝恭、贈陝州大行臺右僕射鄖節公殷開山、贈民部尚書渝襄公劉政會配饗高祖廟庭。有子十一人：長子道彥，武德五年，封膠東王；次孝察，高密王；孝同，淄川王；孝慈，廣平王；孝友，河間王；孝節，

清河王；孝義，膠西王。

初，高祖受禪，以天下未定，廣封宗室以威天下，皇從弟及姪年始孩童者數十人，皆封爲郡王。太宗即位，因舉宗正屬籍問侍臣曰：「遍封宗子，於天下便乎？」尚書右僕射封德彝對曰：「歷觀往古，封王者今最爲多。兩漢已降，唯封帝子及親兄弟，若宗室疏遠者，非有大功如周之郇、滕，漢之賈、澤，並不得濫封，所以別親疏也。先朝敦睦九族，一切封王，爵命既隆，多給力役，蓋以天下爲私，殊非至公馭物之道。」太宗曰：「朕理天下，本爲百姓，非欲勞百姓以養已之親也。」於是宗室率以屬疏降爵爲郡公，唯有功者數人封王〔一〕。是時道彥等並隨例降爵。道彥與季弟孝逸最知名。

道彥幼而事親甚謹。初，義師起，神通逃難，被疾于山谷，緜歷數旬，山中食盡。道彥著故弊衣，出人間乞丐，及採野實，以供其父，身無所噉。其父分以食之，輒詐言已啗，而覆藏留之，以備闕乏。及神通應義舉，授朝請大夫。高祖受禪，封義興郡公，進封膠東王，授隴州刺史。貞觀初，轉相州都督，例降爵爲公，拜岷州都督。丁父憂，廬於墓側，負土成墳，躬植松柏，容貌哀毀，親友皆不復識之。太宗聞而嘉歎，令侍中王珪就加開喻。復授岷州都督。道彥遣使告喻党項諸部，中國威靈，多有降附。

李靖之擊吐谷渾也，詔道彥爲赤水道行軍總管。時朝廷復厚幣遣党項令爲鄉導，党項首領拓拔赤辭來詣靖軍，請諸將曰：「往者隋人來擊吐谷渾，我党項每資軍用，而隋人無信，必見侵掠。今將軍若無他心者，我當資給糧運；如或我欺，當卽固險以塞軍路。」諸將與之歃血而盟，赤辭信之。道彥既至闊水，見赤辭無備，遂襲之，虜牛羊數千頭。於是諸羌怨怒，屯兵野狐硤，道彥不能進，爲赤辭所乘，軍大敗，死者數萬人。道彥退保松州，竟坐減死徙邊。後起爲涼州都督，尋卒，贈禮部尚書。

孝逸少好學，解屬文。初封梁郡公。高宗末，歷給事中，四遷益州大都督府長史。則天臨朝，入爲左衞將軍，甚見親遇。

光宅元年，徐敬業據揚州作亂，以孝逸爲左玉鈐衞大將軍、揚州行軍大總管，督軍以討之。孝逸引軍至淮，而敬業方南攻潤州，遣其弟敬猷屯兵淮陰，僞將韋超據都梁山，以拒孝逸。裨將馬敬臣擊斬賊之別帥尉遲昭、夏侯瓚等，超乃擁衆憑山以自固。或謂孝逸曰：「超衆守險，且憑山爲阻，攻之則士無所施其力，騎無所騁其足，窮寇殊死，殺傷必衆。不若分兵守之，大軍直趣揚州，未數日，其勢必降也。」支度使、廣府司馬薛克構曰：「超雖據險，其卒非多，今逢小寇不擊，何以示武？若加兵以守，則有闕前機；捨之而前，則終爲後患，不如擊之。克超則淮陰自懾，淮陰破，則楚州諸縣必開門而候官軍。然後進兵高郵，直趣

江都，逆豎之首，可指掌而懸也。」孝逸從其言，進兵擊超，賊衆壓伏，官軍登山急擊之，殺數百人，日暮圍解，超銜枚夜遁。孝逸引兵擊淮陰，大破敬猷之衆。時敬業迴軍屯於下阿溪以拒官軍，有流星墜其營，孝逸引兵渡溪以擊之。敬業初勝後敗，孝逸乘勝追奔數十里，敬業窘迫，與其黨攜妻子逃入海曲。孝逸進據揚州，盡捕斬敬業等，振旅而還，以功進授鎭軍大將軍，轉左豹韜衞大將軍，改封吳國公。

孝逸素有名望，自是時譽益重，武承嗣等深所忌嫉，數讒毁之。垂拱二年，左遷施州刺史。其冬，承嗣等又使人誣告孝逸往任益州，嘗自解「逸」字云：「走邊兔者，常在月中。月既近天，合有天分。」則天以孝逸常有功，減死配徙儋州，尋卒。景雲初，贈益州大都督。孝銳孫齊物〔三〕，孝同曾孫國貞，別有傳。

襄邑王神符，神通弟也。幼孤，事兄以友悌聞。義寧初，授光祿大夫，封安吉郡公。武德元年，進封襄邑郡王。四年，累遷幷州總管。突厥頡利可汗率衆來寇，神符出兵與戰於汾水東，敗之，斬首五百級，虜其馬二千匹。又戰於沙河之北，獲其乙利達官幷可汗所乘馬及甲獻之，由是召拜太府卿。九年，遷揚州大都督，移州府及居人自丹陽渡江，州人賴焉。貞觀初，再遷宗正卿。後以疾辭職，太宗幸其第問疾，賜以縑帛，每給羊酒。又令乘小

輿，引入紫微殿，以神符脚疾，乃遣三衞舆之而升。尋授開府儀同三司。永徽二年薨，年七十三，贈司空、荊州都督，陪葬獻陵，謚曰恭。有子七人，武德初，並封郡王，後例降封縣公。次子德懋、少子文暕最知名。

德懋官至少府監、臨川郡公。

文暕歷幽州都督、魏郡公。垂拱中，坐事貶爲滕州別駕，尋被誅。文暕子佺，開元中爲宗正卿。

長平王叔良，高祖從父弟也。父禕，隋上儀同三司，武德初，追封郇王。叔良，義寧中授左光祿大夫，封長平郡公。武德元年，拜刑部侍郎，進爵爲王。師鎭涇州，以禦薛舉。舉乃陽言食盡，引兵南去，遣高墌人僞以降。叔良遣驃騎劉感率衆赴之，至百里細川，伏兵發，官軍敗績，劉感沒于陣。叔良大懼，出金以賜士卒，嚴爲守備，涇州僅全。四年，突厥入寇，命叔良率五軍擊之。叔良中流矢而薨，贈左翊衞大將軍、靈州總管，謚曰肅。

子孝協嗣，武德五年，封范陽郡王。貞觀初，以屬疏例降封郇國公，累遷魏州刺史。麟德中，坐受贓賜死。

孝協弟孝斌，官至原州都督府長史。

孝斌子思訓，高宗時累轉江都令。屬則天革命，宗室多見構陷，思訓遂棄官潛匿。神龍初，中宗初復宗社，以思訓舊齒，驟遷宗正卿，封隴西郡公，實封二百戶。歷益州長史。開元初，左羽林大將軍，進封彭國公，更加實封二百戶，尋轉右武衞大將軍。開元六年卒，贈秦州都督，陪葬橋陵。思訓尤善丹青，迄今繪事者推李將軍山水。

思訓弟思誨，垂拱中揚州參軍。思誨子林甫別有傳。

叔良弟德良，少有疾，不仕。武德初，封新興王。貞觀十一年薨，贈涼州都督。

德良孫晉，先天中，爲殿中監，兼雍州長史，甚有威名，紹封新興王。尋坐附會太平公主伏誅，改姓厲氏。初，晉之就誅，僚吏皆奔散，唯司功李撝步從，不失在官之禮，仍哭其屍。姚崇聞之曰：「欒、向之儔也。」擢爲尙書郎。後官至澤州刺史。

德良弟幼良，武德初，封長樂王。時有人盜其馬者，幼良獲盜而擅殺之，高祖怒曰：「昔人賜盜馬者酒，終獲其報，爾輒行戮，何無古風！盜者信有罪矣，專殺豈非枉邪？」遣禮部尙書李綱於朝堂集宗室王公而撻之。自後累遷涼州都督，嘗引不逞百餘人爲左右，多侵暴市里，行旅苦之。太宗卽位，有告幼良陰養死士，交通境外，恐謀爲反叛，詔遣中書令宇文士及代爲都督，幷按其事。士及慮其爲變，遂縊殺之。

襄武王琛，高祖從父兄子也。祖蔚，周朔州總管。父安，隋領軍大將軍。武德初，追封蔚爲蔡王，安爲西平王。琛，義寧中封襄武郡公，與太常卿鄭元璹齎女妓遺突厥始畢可汗，以結和親。始畢甚重之，贈名馬數百匹，遣骨咄祿特勤隨琛貢方物。高祖大悅，拜刑部侍郎，進爵爲王。歷蒲、絳二州總管。及宋金剛陷澮州，時稽胡多叛，轉琛爲隰州總管以鎮之。馭衆寬簡，夷夏安之。三年薨。

子儉嗣，後隨例降爵爲公。

河間王孝恭，琛之弟也。高祖克京師，拜左光祿大夫，尋爲山南道招慰大使。自金州出于巴蜀，招攜以禮，降附者三十餘州。孝恭進擊朱粲，破之，諸將曰：「此食人賊也，爲害實深，請坑之。」孝恭曰：「不可。自此已東，皆爲寇境，若聞此事，豈有來降者乎？」盡赦而不殺，由是書檄所至，相繼降款。

武德二年，授信州總管，承制拜假。蕭銑據江陵，孝恭獻平銑之策，高祖嘉納之。三年，進爵爲王。改信州爲夔州，使拜孝恭爲總管，令大造舟楫，教習水戰，以圖蕭銑。孝恭召巴蜀首領子弟，量才授用，致之左右，外示引擢而實以爲質也。尋授荆湘道行軍總管，

統水陸十二總管，發自硤州，進軍江陵，攻其水城，克之，所得船散於江中。諸將皆曰：「虜得賊船，當藉其用，何爲棄之，無乃資賊耶？」孝恭曰：「不然。蕭銑僞境，南極嶺外，東至洞庭。若攻城未拔，援兵復到，我則內外受敵，進退不可，雖有舟楫，何所用之。今銑緣江州鎮忽見船舸亂下，必知銑敗，未敢進兵，來去覘伺，動淹旬月，用緩其救，吾克之必矣。」銑救兵至巴陵，見船被江而下，果狐疑不敢輕進。既內外阻絕，銑於是出降。高祖大悅，拜孝恭荆州大總管，使畫工貌而視之。於是開置屯田，創立銅冶，百姓利焉。

六年，遷襄州道行臺尚書左僕射。時荆襄雖定，嶺表尚未悉平，孝恭分遣使人撫慰，嶺南四十九州皆來款附。及輔公祏據江東反，發兵寇壽陽，命孝恭爲行軍元帥以擊之。七年，孝恭自荆州趣九江，時李靖、李勣、黃君漢、張鎮州、盧祖尚並受孝恭節度。將發，與諸將宴集，命取水，忽變爲血，在座者皆失色，孝恭舉止自若，徐諭之曰：「禍福無門，唯人所召。自顧無負於物，諸公何見憂之深！公祏惡積禍盈，今承廟算以致討，盌中之血，乃公祏授首之後徵。」遂盡飲而罷，時人服其識度而能安衆。公祏遣其僞將馮惠亮、陳當時領水軍屯于博望山，陳正通、徐紹宗率步騎軍于青林山。孝恭至，堅壁不與鬬，使奇兵斷其糧道，賊漸餒，夜薄我營，孝恭安臥不動。明日，縱羸兵以攻賊壘，使盧祖尚率精騎列陣以待之。俄而攻壘者敗走，賊出追奔數里，遇祖尚軍，與戰，大敗之。正通棄營而走，復與馮惠亮保

梁山。孝恭乘勝攻之，破其梁山別鎮，赴水死者數千人，正通率陸軍夜遁。總管李靖又下廣陵城，拔揚子鎮。公祏窮蹙，棄丹陽東走，孝恭命騎將追之，至武康，擒公祏及其僞僕射西門君儀等數十人，致于麾下，江南悉平。璽書褒賞，賜甲第一區、女樂二部、奴婢七百人、金寶珍玩甚衆，授東南道行臺尚書左僕射。後廢行臺，拜揚州大都督。

孝恭既破公祏，江淮及嶺南皆統攝之。自大業末，羣雄競起，皆爲太宗所平，謀臣猛將並在麾下，罕有別立勳庸者，唯孝恭著方面之功，聲名甚盛。厚自崇重，欲以威名鎮遠，築宅於石頭，陳廬徼以自衞。尋徵拜宗正卿。九年，賜實封一千二百戶。貞觀初，遷禮部尚書，以功臣封河間郡王，除觀州刺史，與長孫無忌等代襲刺史。

孝恭性奢豪，重遊宴，歌姬舞女百有餘人，然而寬恕退讓，無驕矜自伐之色。太宗甚加親待，諸宗室中莫與爲比。孝恭嘗悵然謂所親曰：「吾所居宅微爲宏壯，非吾心也，當賣之，別營一所，粗令充事而已。身歿之後，諸子若才，守此足矣；如其不才，冀免他人所利也。」十四年暴薨，年五十。太宗素服舉哀，哭之甚慟，贈司空、揚州都督，陪葬獻陵，謚曰元，配享高祖廟庭。

子崇義嗣，降爵爲譙國公，歷蒲同二州刺史、益州大都督長史，甚有威名。後卒於宗正卿。

孝恭次子晦，乾封中，累除營州都督，以善政聞，璽書勞問，賜物三百段。轉右金吾將軍，兼檢校雍州長史，糾發姦豪，無所容貸，爲人吏畏服。晦私第有樓，下臨酒肆，其人嘗候晦言曰：「微賤之人，雖則禮所不及，然家有長幼，不欲外人窺之。家迫明公之樓，出入非便，請從此辭。」晦卽日毀其樓。高宗將幸洛陽，令在京居守，顧謂之曰：「關中之事，一以付卿。但令式踢人，不可以成官政，令式之外，有利於人者，隨事卽行，不須聞奏。」晦累有異績。則天臨朝，遷戶部尚書。垂拱初，拜右金吾衞大將軍，轉秋官尚書。永昌元年卒，贈幽州都督。子榮，爲酷吏所殺。

孝恭弟瑊，武德中，爲尚書右丞，封濟北郡王，卒於始州刺史。

瑊弟瓌，義師克京城，授瓌左光祿大夫。武德元年，封漢陽郡公。五年，進爵爲王。時突厥屢爲侵寇，高祖使瓌齎布帛數萬段與結和親。頡利可汗初見瓌，箕踞，瓌餌以厚利，頡利大悅，改容加敬，遣使隨瓌獻名馬。後復將命，頡利謂左右曰：「李瓌前來，恨不屈之，今者必令下拜。」瓌微知之，及見頡利，長揖不屈節。頡利大怒，乃留瓌不遣。瓌神意自若，竟不爲之屈。頡利知不可以威脅，終禮遣之。拜左武候將軍，轉衞尉卿，代兄孝恭爲荆州都督。政存清靜，深爲士庶所懷。嶺外豪帥屢相攻擊，遣使喻以威德，皆相次歸附，嶺表遂定。太宗卽位，例降爵爲公。時長史馮長命曾爲御史大夫，素矜衒，事多專決，瓌怒杖之，

坐是免。貞觀四年，拜宜州刺史，加散騎常侍，卒。

子沖玄，垂拱中官至多官尙書；沖虛，卒于尙方監。

廬江王瑗，高祖從父兄子也。父哲，隋柱國、備身將軍，追封濟南王。瑗，武德元年歷信州總管，封廬江王。九年，累遷幽州大都督。朝廷以瑗儒愞，非邊將才，遣右領軍將軍王君廓助典兵事。君廓故嘗爲盜，勇力絕人，瑗倚仗之，許結婚姻，以布心腹。

時隱太子建成將有異圖，外結於瑗。及建成誅死，遣通事舍人崔敦禮召瑗入朝，瑗有懼色。君廓素險薄，欲因事陷之以爲己功，遂紿瑗曰：「京都有變，事未可知。大王國之懿親，受委作鎭，寧得擁兵數萬而從一使召耶！且聞趙郡王先以被拘，太子、齊王又言若此，大王今去，能自保乎？」相與共泣。瑗乃囚敦禮，舉兵反。召北燕州刺史王詵〔三〕，將與計事，兵曹參軍王利涉說瑗曰：「王不奉詔而擅發兵，此爲反矣。須改易法度，以權宜應變，先定衆心。今諸州刺史或有逆命，王徵兵不集，何以保全？」瑗曰：「若之何？」利涉曰：「山東之地，先從竇建德，酋豪首領，皆是僞官，今並黜之，退居匹庶，此人思亂，若旱苗之望雨。王宜發使復其舊職，各於所在遣募本兵，諸州倘有不從，卽委隨便誅戮。此計若行，河北之地可呼吸而定也。然後分遣王詵北連突厥，道自太原，南臨蒲、絳；大王整駕親詣洛陽，西

入潼關。兩軍合勢，不盈旬月，天下定矣。」瑗從之。

瑗以內外機務悉付君廓。利涉以君廓多翻覆，又說瑗委兵於王詵而除君廓，瑗不能決。君廓知之，馳斬詵，持首告其衆曰：「李瑗與王詵共反，禁錮敕使，擅追兵集。今王詵已斬，獨李瑗在，無能爲也。汝若從之，終亦族滅；從我取之，立得富貴。禍福如是，意欲何從？」衆曰：「皆願討賊。」君廓領其麾下登城西面，瑗未之覺。君廓自領千餘人先往獄中出敦禮，瑗始知之，遽率數百人披甲，纔出至門外，與君廓相遇。君廓謂其衆曰：「李瑗作逆謨人，何忽從之，自取塗炭。」衆皆倒戈，一時潰走。瑗塊然獨存，謂君廓曰：「小人賣我以自媚，汝行當自及矣。」君廓擒瑗，縊殺之，年四十一，傳首京師，絕其屬籍。

君廓，并州石艾人也。少亡命爲羣盜，聚徒千餘人，轉掠長平，進逼夏縣，李密遣使召之，遂投於密。尋又率衆歸國，歷遷右武衛將軍，累封彭國公。從平劉黑闥，令鎭幽州。會突厥入寇，君廓邀擊破之，俘斬二千餘人，獲馬五千匹。高祖大悅，徵入朝，賜以御馬，令於殿庭乘之而出，因謂侍臣曰：「吾聞藺相如叱秦皇，目眥出血。君廓往擊竇建德，將出戰，李勣遏之〔四〕，君廓發憤大呼，目及鼻耳一時流血。此之壯氣，何謝古人，不可以常例賞之。」復賜錦袍金帶，還鎭幽州。尋以誅瑗功，拜左領軍大將軍，兼幽州都督，以瑗家口賜之，加左光祿大夫，賜物千段，食實封千三百戶。在職多縱逸，長史李玄道數以朝憲脅之，懼爲所

奏，殊不自安。後追入朝，行至渭南，殺驛吏而遁。將奔突厥，爲野人所殺，追削其封邑。

淮陽王道玄，高祖從父兄子也。祖繪，隋夏州總管，武德初，追封雍王。父贄，追封河南王。道玄，武德元年封淮陽王，授右千牛。從太宗擊宋金剛于介州，先登陷陣，時年十五，太宗壯之，賞物千段。後從討王世充，頻戰皆捷。竇建德至武牢，太宗以輕騎誘賊，令道玄率伏兵於道左，會賊至，追擊破之。又從太宗轉戰于汜水，麾戈陷陣，直出賊後，衆披靡，復衝突而歸。太宗大悅，命副乘以給道玄。又從太宗赴賊，再入再出，飛矢亂下，箭如蝟毛，猛氣益厲，射人無不應弦而倒。東都平，拜洛州總管。及府廢，改授洛州刺史。

五年，劉黑闥引突厥寇河北，復授山東道行軍總管。師次下博，與賊軍遇，道玄帥騎先登，命副將史萬寶督軍繼進。萬寶與之不協，及道玄深入，而擁兵不進，謂所親曰：「吾奉手詔，言淮陽小兒雖名爲將，而軍之進止皆委於吾。今其輕脫，越濘交戰，大軍若動，必陷泥溺，莫如結陣以待之，雖不利於王，而利於國。」道玄遂爲賊所擒，全軍盡沒，惟萬寶逃歸。道玄遇害，年十九。太宗追悼久之，嘗從容謂侍臣曰：「道玄終始從朕，見朕深入賊陣，所向必克，意嘗企慕，所以每陣先登，蓋學朕也。惜其年少，不遂遠圖。」因爲之流涕，贈左驍衞大將軍，謚曰壯。

無子，詔封其弟武都郡公道明爲淮陽王，令主道玄之祀。累遷左驍衞將軍。送弘化公主還蕃，坐洩主非太宗女，奪爵國除，後卒於鄆州刺史。

江夏王道宗，道玄從父弟也。父韶，追封東平王，贈戶部尙書。道宗，武德元年封略陽郡公，起家左千牛備身。裴寂討劉武周，戰于度索原，軍敗，賊徒進逼河東。道宗時年十七，從太宗率衆拒之。太宗登玉壁城望賊，顧謂道宗曰：「賊恃其衆來邀我戰，汝謂如何？」對曰：「羣賊乘勝，其鋒不可當，易以計屈，難與力競。今深壁高壘，以挫其鋒，烏合之徒，莫能持久，糧運致竭，自當離散，可不戰而擒。」太宗曰：「汝意闇與我合。」後賊果食盡夜遁，追及介州，一戰滅之。又從平竇建德，破王世充，屢有殊勣。

五年，授靈州總管。梁師都據夏州，遣弟洛仁引突厥兵數萬至于城下，道宗閉門拒守，伺隙而戰，賊徒大敗。高祖聞而嘉之，謂左僕射裴寂、中書令蕭瑀曰：「道宗今能守邊，以寡制衆。昔魏任城王彰臨戎却敵，道宗勇敢有同於彼。」遂封爲任城王。初，突厥連於梁師都，其郁射設入居五原舊地，道宗逐出之，振耀威武，開拓疆界，斥地千餘里，邊人悅服。

貞觀元年，徵拜鴻臚卿，歷左領軍、大理卿。時太宗將經略突厥，又拜靈州都督。三年，爲大同道行軍總管。遇李靖襲破頡利可汗，頡利以十餘騎來奔其部。道宗引兵逼之，徵其

執送頡利。頡利以數騎夜走，匿于荒谷，沙鉢羅懽〔五〕，馳追獲之，遣使送於京師。以功賜實封六百戶，召拜刑部尚書。

吐谷渾寇邊，詔右僕射李靖爲崑丘道行軍大總管，道宗與吏部尚書侯君集爲之副。賊聞兵至，走入嶂山，已行數千里。諸將議欲息兵，道宗固請追討，李靖然之，而君集不從。道宗遂率偏師幷行倍道，去大軍十日，追及之。賊據險苦戰，道宗潛遣千餘騎踰山襲其後，賊表裏受敵，一時奔潰。十二年，遷禮部尚書，改封江夏王。尋坐贓下獄。太宗謂侍臣曰：「朕富有四海，士馬如林，欲使轍跡周宇內，遊觀無休息，絕域採奇玩，海外訪珍羞，豈不得耶？勞萬姓而樂一人，朕所不取也。人心無厭，唯當以理制之。道宗俸料甚高，宴賜不少，足有餘財，而貪婪如此，使人嗟惋，豈不鄙乎！」遂免官，削封邑。

十三年，起爲茂州都督，未行，轉晉州刺史。十四年，復拜禮部尚書。時侯君集立功於高昌，自負其才，潛有異志。道宗嘗因侍宴，從容言曰：「君集智小言大，舉止不倫，以臣觀之，必爲戎首。」太宗曰：「何以知之？」對曰：「見其恃有微功，深懷矜伐，恥在房玄齡、李靖之下。雖爲吏部尚書，未滿其志，非毀時賢，常有不平之語。」太宗曰：「不可億度，浪生猜貳。其功勳才用，無所不堪，朕豈惜重位，第未到耳。」俄而君集謀反誅，太宗笑謂道宗曰：「君集之事，果如公所揣。」

及大軍討高麗，令道宗與李勣爲前鋒〔六〕，濟遼水，克蓋牟城。逢賊兵大至，軍中僉欲深溝保險，待太宗至徐進，道宗曰：「不可。賊赴急遠來，兵實疲頓，恃衆輕我，一戰必摧。昔耿弇不以賊遺君父，我既職在前軍，當須清道以待輿駕。」李勣然之。乃與壯士數十騎直衝賊陣，左右出入，勣因合擊，大破之。太宗至，深加賞勞，賜奴婢四十人。又築土山攻安市城，土山崩，道宗失於部署，爲賊所據。歸罪於果毅傅伏愛，斬之。道宗跣行詣旗下請罪，太宗曰：「漢武殺王恢，不如秦穆赦孟明，土山之失，且非其罪。」捨而不問。道宗在陣損足，太宗親爲其針，賜以御膳。

二十一年，以疾請居閑職，轉太常卿。永徽元年，加授特進，增實封幷前六百戶。四年，房遺愛伏誅，長孫無忌、褚遂良素與道宗不協，上言道宗與遺愛交結，配流象州，道病卒，年五十四。及無忌、遂良得罪，詔復其官爵。道宗晚年頗好學，敬慕賢士，不以地勢凌人，宗室中唯道宗及河間王孝恭昆季最爲當代所重。

道宗子景恆，降封盧國公，官至相州刺史。

隴西王博乂，高祖兄子也。高祖長兄曰澄，次曰湛，次曰洪，並早卒。武德初，追封澄爲梁王，湛爲蜀王，洪爲鄭王。澄、洪並無後，博乂即湛第二子也。武德元年受封。高祖時，歷宗正卿、禮部尚書，加特進。博乂有妓妾數百人，皆衣羅綺，食必粱肉，朝夕絃歌自娛，驕侈無比。與其弟渤海王奉慈俱爲高祖所鄙，帝謂曰：「我怨讎有善，猶擢以不次，況於親戚而不委任？聞汝等唯昵近小人，好爲不軌，先王墳典，不聞習學。今賜絹二百匹，可各買經史習讀，務爲善事。」咸亨二年薨，贈開府儀同三司、荊州都督，諡曰恭。

奉慈，武德初封渤海王。顯慶中，累遷原州都督，薨，諡曰敬。

史臣曰：無私於物，物亦公焉。高祖纔定中原，先封疏屬，致廬江爲叛，神通爭功，封德彝論之於前，房玄齡譏之於後。若河間機謀深沉，識度弘遠，縱虛舟而降蕭銑，飲妖血而平公祏，入朝定君臣之分，賫第爲子孫之謀，善始令終，論功行賞，即無私矣。或問曰：水變爲血，信妖矣，竟成功而無咎者，何也？答曰：河間節貫神明，志匡宗社，故妖不勝德明矣。道宗軍謀武勇，好學下賢，於羣從之中，稱一時之傑。無忌、遂良銜不協之素，致千載之冤。永徽中，無忌、遂良忠而獲罪，人皆哀之。殊不知誣陷劉洎、吳王恪於前，枉害道宗於後，天網不漏，不得其死也宜哉！

贊曰：疏屬盡封，啓亂害公。河間孝恭，獨稱軍功。

校勘記

〔一〕數人　各本原作「數十人」，據通典卷三一、通鑑卷一九二刪。

〔二〕孫齊物　各本原作「曾孫齊物」，據本書卷一一二李暠傳、新書卷七〇上宗室世系表改。

〔三〕北燕州　各本原作「北齊州」，據新書卷七八廬江王瑗傳改。

〔四〕李勣　各本原作「李靖」，據新書卷九二王君廓傳改。御覽卷二七六作「徐勣」。

〔五〕沙鉢羅　「鉢」字各本原作「鈐」，據本書卷一九四上突厥傳、冊府卷二九一、新書卷二一五上突厥傳改。

〔六〕李勣　各本原作「李靖」，據冊府卷二九一、新書卷七八江夏王道宗傳改。下同。

舊唐書卷六十一

列傳第十一

溫大雅 子無隱 大雅弟彥博 子振 挺 大雅弟大有 兄子軌 軌子奉節 軌弟琮 威從兄子抗 抗子衎 靜 靜子逵 抗第三子誕 誕子孝慈 孝慈子希玠 誕少子孝諶 抗季弟璡 陳叔達 竇威 子惲

溫大雅字彥弘，太原祁人也。父君悠，北齊文林館學士，隋泗州司馬。大業末，爲司隸從事，見隋政日亂，謝病而歸。大雅性至孝，少好學，以才辯知名。仕隋東宮學士、長安縣尉，以父憂去職。後以天下方亂，不求仕進。

高祖鎭太原，甚禮之。義兵起，引爲大將軍府記室參軍，專掌文翰。禪代之際，與司錄竇威、主簿陳叔達參定禮儀。武德元年，歷遷黃門侍郎。弟彥博爲中書侍郎，對居近密，議者榮之。高祖從容謂曰：「我起義晉陽，爲卿一門耳。」尋轉工部，進拜陝東道大行臺工部尙

書。太宗以隱太子、巢剌王之故，令大雅鎭洛陽以俟變。大雅數陳祕策，甚蒙嘉賞。太宗卽位，累轉禮部尙書，封黎國公。大雅將改葬其祖父，筮者曰：「葬於此地，害兄而福弟。」大雅曰：「若得家弟永康，我將含笑入地。」葬訖，歲餘而卒，諡曰孝。撰創業起居注三卷。永徽五年，贈尙書右僕射。

子無隱，官至工部侍郎。大雅弟彥博。

彥博幼聰悟，有口辯，涉獵書記。初，其父友薛道衡、李綱常見彥博兄弟三人，咸歎異曰：「皆卿相才也。」開皇末，爲州牧秦孝王俊所薦，授文林郞，直內史省，轉通直謁者。及隋亂，幽州總管羅藝引爲司馬。藝以幽州歸國，彥博贊成其事，授幽州總管府長史。未幾，徵爲中書舍人，俄遷中書侍郎，封西河郡公。時高麗遣使貢方物，高祖謂羣臣曰：「名實之間，理須相副。高麗稱臣於隋，終拒煬帝，此亦何臣之有？朕敬於萬物，不欲驕貴，但據土宇，務共安人，何必令其稱臣以自尊大？可卽爲詔，述朕此懷也。」彥博進曰：「遼東之地，周爲箕子之國，漢家之玄菟郡耳。魏、晉已前，近在提封之內，不可許以不臣。若與高麗抗禮，則四夷何以瞻仰？且中國之於夷狄，猶太陽之比列星，理無降尊，俯同夷貊。」高祖乃止。

其年，突厥入寇，命右衞大將軍張瑾爲幷州道行軍總管出拒之，以彥博爲行軍長史。

與虜戰於太谷，軍敗，彥博沒於虜庭。突厥以其近臣，苦問以國家虛實及兵馬多少，彥博固不肯言。頡利怒，遷於陰山苦寒之地。太宗卽位，突厥送款，始徵彥博還朝，授雍州治中，尋檢校吏部侍郎。彥博意有沙汰，多所損抑，而退者不伏，囂訟盈庭。彥博惟騁辭辯，與之相詰，終日諠擾，頗爲識者所嗤。復拜中書侍郎，兼太子右庶子。

貞觀二年，遷御史大夫，仍檢校中書侍郎事。彥博善於宣吐，每奉使入朝，詔問四方風俗，承受綸言，有若成誦，聲韻高朗，響溢殿庭，進止雍容，觀者拭目。四年，遷中書令，進爵虞國公。高祖常宴朝臣，詔太宗諭旨，旣而顧謂近臣曰：「何如溫彥博？」其見重如此。

初，突厥之降也，詔議安邊之術。朝士多言：「突厥恃強，擾亂中國，爲日久矣。今天實喪之，窮來歸我，本非慕義之心也。因其歸命，分其種落，俘之河南，散屬州縣，各使耕田，變其風俗。百萬胡虜，可得化而爲漢，則中國有加戶之利，塞北常空矣。」惟彥博議曰：「漢建武時，置降匈奴於五原塞下，全其部落，得爲捍蔽，又不離其土俗，因而撫之，一則實空虛之地，二則示無猜之心。若遣向西南，則乖物性，故非含育之道也。」太宗從之，遂處降人于朔方之地，其入居長安者近且萬家，議者尤爲不便，欲建突厥國於河外。彥博又執奏曰：「旣已納之，無故遣去，深爲可惜。」與魏徵等爭論，數年不決。

十年，遷尙書右僕射。明年薨，年六十四。彥博自掌知機務，卽杜絕賓客，國之利害，

知無不言，太宗以是嘉之。及薨，謂侍臣曰：「彥博以憂國之故，勞精竭神，我見其不逮，已二年矣。恨不縱其閑逸，致夭性靈。」彥博家無正寢，及卒之日，殯於別室，太宗命有司爲造堂焉。贈特進，諡曰恭，陪葬昭陵。

子振，少有雅望，官至太子舍人，居喪以毀卒。

振弟挺，尙高祖女千金公主，官至延州刺史。

大雅弟大有，字彥將，性端謹，少以學行稱。隋仁壽中，尙書右丞李綱表薦之，授羽騎尉。尋丁憂，去職歸鄉里。義旗初舉，高祖引爲太原令。從太宗擊西河，高祖謂曰：「士馬尙少，要資經略，以卿參謀軍事，其善建功名也！事之成敗，當以此行卜之。若克西河，帝業成矣。」及破西河而還，復以本官攝大將軍府記室，與兄大雅共掌機密。大有以昆季同在機務，意不自安，固請他職。高祖曰：「我虛心相待，不以爲疑，卿何自疑也？」大有雖應命，然每退讓，遠避機權，僚列以此多之。武德元年，累轉中書侍郎。會卒，高祖甚傷惜之，贈鴻臚卿。

初，大雅在隋與顏思魯俱在東宮，彥博與思魯弟愍楚同直內史省，彥將與愍楚弟遊秦典校祕閣。二家兄弟，各爲一時人物之選。少時學業，顏氏爲優；其後職位，溫氏爲盛。

陳叔達字子聰，陳宣帝第十六子也。善容止，頗有才學，在陳封義陽王。年十餘歲，嘗侍宴，賦詩十韻，援筆便就，僕射徐陵甚奇之。歷侍中、丹陽尹、都官尚書。入隋，久不得調。大業中，拜內史舍人，出爲絳郡通守。義師至絳郡，叔達以郡歸款，授丞相府主簿，封漢東郡公，與記室溫大雅同掌機密，軍書、赦令及禪代文誥，多叔達所爲。武德元年，授黃門侍郎。二年，兼納言。四年，拜侍中。

叔達明辯，善容止，每有敷奏，搢紳莫不屬目。江南名士薄遊長安者，多爲薦拔。五年，進封江國公。嘗賜食於御前，得蒲萄，執而不食。高祖問其故，對曰：「臣母患口乾，求之不能致，欲歸以遺母。」高祖喟然流涕曰：「卿有母可遺乎！」因賜物百段。

貞觀初，加授光祿大夫，尋坐與蕭瑀對御忿爭免官。未幾，丁母憂。叔達先有疾，太宗慮其危殆，遣使禁絕弔賓。服闋，授遂州都督，以疾不行。久之，拜禮部尚書。建成、元吉嫉害太宗，陰行譖毀，高祖惑其言，將有貶責，叔達固諫乃止。至是太宗勞之曰：「武德時，危難潛構，知公有讜言，今之此拜，有以相答。」叔達謝曰：「此不獨爲陛下，社稷計耳。」後坐閨庭不理，爲憲司所劾，朝廷惜其名臣，不欲彰其罪，聽以散秩歸第。九年卒，諡曰繆。後贈戶部尚書，改諡曰忠。有集十五卷。

竇威字文蔚，扶風平陵人[一]，太穆皇后從父兄也[二]。父熾，隋太傅。威家世勳貴，諸昆弟並尚武藝，而威躭玩文史，介然自守，諸兄哂之，謂爲「書癡」。隋內史令李德林舉秀異，射策甲科，拜祕書郎。秩滿當遷，而固守不調，在祕書十餘歲，其學業益廣。時諸兄並以軍功致仕通顯，交結豪貴，賓客盈門，而威職掌閑散。諸兄更謂威曰：「昔孔丘積學成聖，猶狼狽當時，栖遲若此，汝效此道，復欲何求？名位不達，固其宜矣。」威笑而不答。久之，蜀王秀辟爲記室，以秀行事多不法，稱疾還田里。及秀廢黜，府僚多獲罪，唯威以先見保全。大業四年，累遷內史舍人，以數陳得失忤旨，轉考功郎中，後坐事免，歸京師。

高祖入關，召補大丞相府司錄參軍。時軍旅草創，五禮曠墜，威既博物，多識舊儀，朝章國典皆其所定，禪代文翰多參預焉。高祖常謂裴寂曰：「叔孫通不能加也。」武德元年，拜內史令。威奏議雍容，多引古爲諭，高祖甚親重之，或引入臥內，常爲膝席。又嘗謂曰：「昔周朝有八柱國之貴，吾與公家咸登此職。今我已爲天子，公爲內史令，本同末異，乃不平矣。」威謝曰：「臣家昔在漢朝，再爲外戚，至於後魏，三處外家，陛下龍興，復出皇后。臣又階緣戚里，位忝鳳池，自惟叨濫，曉夕兢懼。」高祖笑曰：「比見關東人與崔、盧爲婚，猶自矜伐，公代爲帝戚，不亦貴乎！」

及寢疾，高祖自往臨問。尋卒，家無餘財，遺令薄葬。諡曰靖，贈同州刺史，追封延安郡公。葬日，詔太子及百官並出臨送。有文集十卷。

子惲嗣，官至岐州刺史。

威兄子軌，從兄子抗，並知名。

軌字士則，周雍州牧、鄧國公恭之子也。隋大業中，爲資陽郡東曹掾，後去官歸于家。義兵起，軌聚衆千餘人，迎謁於長春宮，高祖見之大悅，降席握手，語及平生，賜良馬十匹，使掠地渭南。軌先下永豐倉，收兵得五千人。從平京城，封贊皇縣公，拜大丞相諮議參軍。時稽胡賊五萬餘人掠宜君[三]，軌討之，行次黃欽山，與賊相遇，賊乘高縱火，王師稍却。軌斬其部將十四人，拔隊中小帥以代之。軌自率數百騎殿於軍後，令之曰：「聞鼓聲有不進者，自後斬之。」既聞鼓，士卒爭先赴敵，賊射之不能止，因大破之，斬首千餘級，虜男女二萬口。

武德元年，授太子詹事。會赤排羌作亂，與薛舉叛將鍾俱仇同寇漢中，拜軌秦州總管，與賊連戰皆捷，餘黨悉降。進封鄧國公。三年，遷益州道行臺左僕射，許以便宜從事。屬党項寇松州，詔軌援之，又令扶州刺史蔣善合與軌連勢。時党項引吐谷渾之衆，其鋒甚銳。軌師未至，善合先期至鉗川，遇賊力戰，走之。軌復軍於臨洮，進擊左封，破其部衆。尋令率所部兵從太宗討王世充于洛陽。

四年，還益州。時蜀土寇往往聚結，悉討平之。軌每臨戎對寇，或經旬月，身不解甲。其部衆無貴賤少長，不恭命即立斬之。每日吏士多被鞭撻，流血滿庭，見者莫不重足股慄。軌初入蜀，將其甥以爲心腹，嘗夜出，呼之不以時至，怒而斬之。每誡家僮不得出外。嘗遣奴就官廚取漿而悔之，謂奴曰：「我誠使汝，要當斬汝頭以明法耳！」遣其部將收奴斬之。其奴稱冤，監刑者猶豫未決，軌怒，俱斬之。行臺郎中趙弘安，知名士也，軌動輒榜箠，歲至數百。後徵入朝，賜坐御榻，軌容儀不肅，又坐而對詔，高祖大怒，因謂曰：「公之入蜀，車騎、驃騎從者二十人，爲公所斬略盡，我隴種車騎，未足給公。」詔下獄，俄而釋之，還鎮益州。軌與行臺尚書韋雲起、郭行方素不協，及隱太子誅，有詔下益州，軌藏諸懷中，雲起問曰：「詔書安在？」軌不之示，但曰：「卿欲反矣！」執而殺之。行方大懼，奔于京師，軌追斬不及。是歲，行臺廢，即授益州大都督，加食邑六百戶。

貞觀元年，徵授右衞大將軍。二年，出爲洛州都督。洛陽因隋末喪亂，人多浮僞。軌並遣務農，各令屬縣有遊手怠惰者皆按之。由是人吏懾憚，風化整肅。四年，卒官，贈并州都督。

子奉節嗣，尙高祖永嘉公主，歷左衞將軍、秦州都督。

軌弟琮，亦有武幹，隋左親衞。大業末，犯法，亡命奔太原，依於高祖。琮與太宗有宿憾，每自疑。太宗方搜羅英傑，降禮納之，出入臥內，其意乃解。及將義舉，琮協贊大謀。大將軍府建，爲統軍，從平西河，破霍邑，拜金紫光祿大夫、扶風郡公。尋從劉文靜擊屈突通於潼關，通遣裨將桑顯和來逼文靜，義軍不利。琮與段志玄等力戰久之，隋軍大潰，通遁走。琮率輕騎追至稠桑，獲通而返。進兵東略，下陝縣，拔太原倉。拜右領軍大將軍，賜物五百段。時隋河陽都尉獨孤武潛謀歸國，乃令琮以步騎一萬自柏崖道應接之。遲留不進，武見殺，坐是除名。

武德初，以元謀勳特恕一死，拜右屯衞大將軍，復轉右領軍大將軍。時將圖洛陽，遣琮留守陝城以督糧運。王世充遣其驍將羅士信來斷糧道，琮潛使人說以利害，士信遂帥衆降。及從平東都，賞物一千四百段。後以本官檢校晉州總管。尋從隱太子討平劉黑闥，以功封譙國公，賞黃金五十斤。未幾而卒。高祖以佐命之舊，甚悼之，贈左衞大將軍，謚曰敬。永徽五年，重贈特進。

抗字道生，太穆皇后之從兄也，母，隋文帝萬安公主。抗在隋以帝甥甚見崇寵。少入太學，略涉書史，釋褐千牛備身、儀同三司。屬其父寢疾，抗躬親扶侍，衣不解帶者五十餘日。及居喪，哀毀過禮。後襲爵陳國公，累轉梁州刺史。將之官，隋文帝幸其第，命抗及公主酣宴，如家人之禮，賞賜極厚。母卒，號慟絕而復蘇者數焉，文帝令宮人至第，節其哭泣。歲餘，起爲岐州刺史，轉幽州總管，所在並以寬惠聞。及漢王諒作亂，煬帝恐其爲變，遣李子雄馳往代之。子雄因言抗得諒書而不奏，按之無驗，以疑貳除名。

抗與高祖少相親狎，及楊玄感作亂，高祖統兵隴右，抗言於高祖曰：「玄感抑爲發蹤耳！李氏有名圖籙，可乘其便，天之所啓也。」高祖曰：「無爲禍始，何言之妄也！」大業末，抗於靈武巡長城以伺盜賊，及聞高祖定京城，抗對衆而忭曰：「此吾家妹壻也，豁達有大度，眞撥亂之主矣。」因歸長安。高祖見之大悅，握手引坐曰：「李氏竟能成事，何如？」因縱酒爲樂。尋拜將作大匠。武德元年，以本官兼納言。高祖聽朝，或升御坐，退朝之後，延入臥內，命之捨敬，縱酒談謔，敦平生之款。常侍宴移時，或留宿禁內。高祖每呼爲兄而不名也，宮內咸稱爲舅。常陪侍遊宴，不知朝務。轉左武候大將軍，領左右千牛備身大將軍。尋從太宗平薛舉，勳居第一。四年，又從征王世充。及東都平，册勳太廟者九人，抗與從弟軌俱預焉，朝廷榮之，賜女樂一部、金寶萬計。武德四年，因侍宴暴卒，贈司空，謚曰密。子衍。衍嗣，官至左武衞將軍。時抗羣從內三品七人，四品、五品十餘人，尙主三人，妃數人，冠冕之盛，當朝無比。

靜字元休，抗第二子也。武德初，累轉幷州大總管府長史。時突厥數爲邊患，師旅歲興，軍糧不屬，靜表請太原置屯田以省餽運。時議者以民物凋零，不宜動衆，書奏不省。靜頻上書，辭甚切至。於是徵靜入朝，與裴寂、蕭瑀、封德彝等爭論於殿庭，寂等不能屈，竟從靜議。歲收數千斛，高祖善之，令檢校幷州大總管。靜又以突厥頻來入寇，請斷石嶺以爲障塞，復從之。

太宗卽位，徵拜司農卿，封信都男，尋轉夏州都督。值突厥攜貳，諸將出征，多詣其所。靜知虜中虛實，潛令人間其部落，郁射設所部鬱孤尼等九俟斤並率衆歸款，太宗稱善，賜馬百匹、羊千口。及擒頡利，處其部衆於河南，以爲不便，上封曰：「臣聞夷狄者，同夫禽獸，窮則搏噬，羣則聚麀。不可以刑法威，不可以仁義教。衣食仰給，不務耕桑，徒損有爲之民，以資無知之虜，得之則無益於治，失之則無損於化。然彼首丘之情，未易忘也，誠恐一旦變生，犯我王略，愚臣之所深慮。如臣計者，莫如因其破亡之後，加其無妄之福，假以賢王之號，妻以宗室之女，分其土地，析其部落，使其權弱勢分，易爲羈制，自可永保邊塞，俾爲藩臣，此實長轡遠馭之道。」于時務在懷輯，雖未從之，太宗深嘉其志。制曰：「北方之務，悉以相委，以卿爲寧朔大使，撫鎭華戎，朕無北顧之憂矣。」再遷民部尙書。貞觀九年卒，謚曰肅。子逵。

逵尙太宗女遂安公主，襲爵信都男。

誕，抗第三子也。隋仁壽中，起家爲朝請郎。義寧初，辟丞相府祭酒，轉殿中監，封安豐郡公，尙高祖女襄陽公主。從太宗征薛舉，爲元帥府司馬，遷刑部尙書，轉太常卿。高祖諸少子荆王元景等未出宮者十餘王，所有國司家產之事，皆令誕主之。出爲梁州都督。貞觀初，召拜右領軍大將軍，轉大理卿、莘國公。修營太廟，賜物五百段。復爲殿中監，以疾解官，復拜宗正卿。太宗常與之言，昏忘不能對，乃手詔曰：「朕聞爲官擇人者治，爲人擇官者亂。竇誕比來精神衰耗，殊異常時。知不肯而任之，覩尸祿而不退，非唯傷風亂政，亦恐爲君不明。考績黜陟，古今常典，誕可光祿大夫還第。」尋卒，贈工部尙書、荆州刺史，謚曰安。

子孝慈。孝慈嗣，官至左衛將軍。孝慈子希玠。希玠少襲爵，中宗時爲禮部尚書，以恩澤賜實封二百五十戶。開元初，爲太子少傅、開府儀同三司。誕少子孝諶在外戚傳。

竇氏自武德至今，再爲外戚，一品三人，三品已上三十餘人，尚主者八人，女爲王妃六人，唐世貴盛，莫與爲比。

璡字之推，抗季弟也。大業末，爲扶風太守。高祖定京師，以郡歸國，歷禮部、民部二尚書。從太宗平薛仁杲。尋鎮益州，時蜀中尚多寇賊，璡屢討平之。時皇甫無逸在蜀，與之不協，璡屢請入朝，高祖徵之，中路詔令還鎮。璡不得志，遂於路左題山，以申鬱積。有使者至其所，璡宴之臥內，遺以綾綺。無逸奏其事，坐免官。未幾，拜祕書監，封鄧國公。貞觀初，授太子詹事。後爲將作大匠，修葺洛陽宮。璡於宮中鑿池起山，崇飾雕麗，虛費功力，太宗怒，遽令毀之。坐事免。會納其女爲酆王妃，俄而復位，加右光祿大夫。七年卒，贈禮部尚書，謚曰安。璡頗曉音律。武德中，與太常少卿祖孝孫受詔定正聲雅樂，璡討論故實，撰正聲調一卷，行於代。

史臣曰：得人者昌。如諸溫儒雅清顯，爲一時之稱，叔達才學明辯，中二國之選，皆抱廊廟之器，俱爲社稷之臣。威守道，軌臨戎，抗居喪，靜經略，璡音律，仍以懿親，俱至顯位，才能門第，輝映數朝，豈非得人歟？唐之昌也，不亦宜乎！然彥博之褊，竇軌之酷，亦非全器焉。

贊曰：溫、陳才位，文蔚典禮。諸竇戚里，榮盛無比。

校勘記

〔一〕平陵　各本原作「平陸」，據北史卷六一竇熾傳、隋書卷三九竇榮定傳改。

〔二〕太穆皇后從父兄也　各本同。殿本卷目「從子抗」、廣本作「威從兄子抗」，威、抗本不同輩。抗傳稱「抗字道生，太穆皇后之從兄也。」是威爲太穆皇后之從父，「兄」字當衍，與新書卷九五竇威傳「太穆皇后其從兄弟女也」句合。

〔三〕宜君　各本原作「宜春」，據御覽卷三〇二、冊府卷七二四改。

舊唐書卷六十二

列傳第十二

李綱 子少植　少植子安仁　鄭善果 從兄元璹　楊恭仁 子思訓　思訓孫睿交　恭仁弟續　續孫執柔　執柔子滔　執柔弟執一　恭仁少弟師道

皇甫無逸 孫忠　李大亮 族孫迥秀

李綱字文紀，觀州蓨人也。祖元則，後魏清河太守。父制，周車騎大將軍。綱少慷慨有志節，每以忠義自許。初名瑗，字子玉，讀後漢書張綱傳，慕而改之。周齊王憲引爲參軍。宣帝將害憲，召僚屬證成其罪，綱誓之以死，終無撓辭。及憲遇害，露車載屍而出，故吏皆散，唯綱撫棺號慟，躬自埋瘞，哭拜而去。

隋開皇末，爲太子洗馬。皇太子勇嘗以歲首宴宮臣，左庶子唐令則自請奏琵琶，又歌武媚娘之曲。綱白勇曰：「令則身任宮卿〔一〕，職當調護，乃於宴座自比倡優，進淫聲，穢視

聽。事若上聞，令則罪在不測，豈不累於殿下？臣請遽正其罪。」勇曰：「我欲爲樂耳，君勿多事。」綱趨而出。及勇廢黜，文帝召東宮官屬切讓之，無敢對者。綱對曰：「今日之事，乃陛下之過，非太子罪也。勇器非上品，性是常人，若得賢明之士輔導之，足堪繼嗣皇業。方今多士盈朝，當擇賢居任，奈何以絃歌鷹犬之才居其側，至令致此，乃陛下訓導不足，豈太子之罪耶！」辭氣凜然，左右皆爲之失色。文帝曰：「令汝在彼，豈非擇人？」綱曰：「臣在東宮，非得言者。」帝奇其對，擢拜尚書右丞。

時左僕射楊素、蘇威當朝用事，綱每固執所見，不與之同，由是二人深惡之。會遣大將軍劉方誅討林邑，楊素言於文帝曰：「林邑多珍寶，自非正人不可委。」因言綱可任，文帝以爲行軍司馬。劉方承素之意屈辱綱，幾至於死。及軍還，久不得調。後拜齊王府司馬。未幾，蘇威復令綱詣南海應接林邑，久而不召。綱後自來奏事，威復言綱擅離所職，以之屬吏。綱見善卜者，令筮之，遇鼎，因謂綱曰：「公易姓之後，方可得志而爲卿輔。宜早退，不然，有折足之敗也。」尋會赦免，屏居于鄠。

大業末，賊帥何潘仁以綱爲長史。義師至京城，綱來謁見，高祖大悅，授丞相府司錄，封新昌縣公，專掌選。高祖踐祚，拜禮部尚書，兼太子詹事，典選如故。

先是，巢王元吉授并州總管，於是縱其左右攘奪百姓，宇文歆頻諫不納，乃上表曰：「王

在州之日，多出微行，常共竇誕遊獵，蹂踐穀稼，放縱親昵，公行攘奪，境內獸畜，取之殆盡。當衢而射，觀人避箭，以爲笑樂。分遣左右，戲爲攻戰，至相擊刺，瘡傷致死。夜開府門，宣淫他室。百姓怨毒，各懷憤嘆。以此守城，安能自保！」元吉竟坐免。又諷父老詣闕請之，尋令復職。

時劉武周率五千騎至黃蛇嶺，元吉遣車騎將軍張達以步卒先嘗之。達以步卒少，固請不行。元吉強遣之，至則盡沒于賊。達憤怒，因引武周攻陷榆次，進逼并州。元吉大懼，紿其司馬劉德威曰：「卿以老弱守城，吾以強兵出戰。」因夜出兵，攜其妻孥，棄軍奔還京師，并州遂陷。高祖怒甚，謂綱曰：「元吉幼小，未習時事，故遣竇誕、宇文歆輔之。強兵數萬，食支十年，起義興運之資，一朝而棄。宇文歆首畫此計，我當斬之。」綱曰：「賴歆令陛下不失愛子，臣以爲有功。」高祖問其故，綱對曰：「罪由竇誕不能規諷，致令軍人怨憤。又齊王年少，肆行驕逸，放縱左右，侵漁百姓，誕曾無諫止，乃隨順掩藏，以成其釁，此誕之罪。宇文歆論情則疏，向彼又淺，王之過失，悉以聞奏。且父子之際，人所難言，歆言之，豈非忠懇。今欲誅罪，不錄其心，臣愚竊以爲過。」翌日，高祖召綱入，升御坐，謂曰：「今我有公，遂使刑罰不濫。元吉自惡，結怨於人。歆既曾以表聞，誕亦焉能制禁。」

時高祖拜舞人安叱奴爲散騎常侍，綱上疏諫曰：「謹案周禮，均工、樂胥不得預於仕伍。

雖復才如子野，妙等師襄，皆身終子繼，不易其業。故魏武使禰衡擊鼓，衡先解朝服，露體而擊之，云不敢以先王法服爲伶人之衣。雖齊高緯封曹妙達爲王，授安馬駒爲開府，既招物議，大斁彝倫，有國有家者以爲殷鑒。方今新定天下，開太平之基。起義功臣，行賞未遍；高才碩學，猶滯草萊。而先令舞胡致位五品，鳴玉曳組，趨馳廊廟，顧非創業垂統貽厥子孫之道也。」高祖不納。尋令參詳律令。

綱在東宮，隱太子建成初甚禮遇。建成常往溫湯，綱時以疾不從。有進生魚於建成者，將召饔人作鱠。時唐儉、趙元楷在座，各自贊能爲鱠，建成從之，既而謂曰：「飛刀鱠鯉，調和鼎食，公實有之；至於審諭弼諧，固屬於李綱矣。」於是遣使送絹二百匹以遺之。建成後漸狎無行之徒，有猜忌之謀，不可諫止。又思箴者之言，頻乞骸骨。高祖謾罵之曰：「卿爲潘仁長史，何乃羞爲朕尚書？且建成在東宮，遣卿輔導，何爲屢致辭乎？」綱頓首陳謝曰：「潘仁，賊也，誠在殺害，每諫便止，所活極多，爲其長史，故得無愧。陛下功成業泰，頗自矜伐，臣以凡劣，才乖元凱，所言如水投石，安敢久爲尚書。兼以愚臣事太子，所懷鄙見，復不採納，既無補益，所以請退。」高祖謝曰：「知公直士，勉弼我兒。」於是擢拜太子少保，尚書、詹事並如故。綱又上書諫太子曰：「綱耄矣，日過時流，墳樹已拱，幸未就土，許傅聖躬，無以酬恩，請効愚直，伏願殿下詳之。竊見飲酒過多，誠非養生之術。且凡爲人子者，務於孝友，以慰君父之心，不宜聽受邪言，妄生猜忌。」建成覽書不懌，而所爲如故。綱以數言事忤太子旨，道既不行，鬱鬱不得志。武德二年，以老表辭職，優詔解尚書，仍爲太子少保。高祖以綱隋代名臣，甚加優禮，每手敕未嘗稱名，其見重如此。

貞觀四年，拜太子少師。時綱有脚疾，不堪踐履，太宗特賜步輿，令綱乘至閤下，數引入禁中，問以政道。又令輿入東宮，皇太子引上殿，親拜之。綱於是陳君臣父子之道、問寢視膳之方，理順辭直，聽者忘倦。太子每親政事，太宗必令綱及左僕射房玄齡、侍中王珪侍坐。太子嘗商略古來君臣名教竭忠盡節之事，綱凜然曰：「託六尺之孤，寄百里之命，古人以爲難，綱以爲易。」每吐論發言，皆辭色慷慨，有不可奪之志。及遇疾，太宗遣尚書左僕射房玄齡詣宅存問，賜絹二百匹。五年卒，年八十五，贈開府儀同三司，謚曰貞，太子爲之立碑。初，周齊王憲女孀居孑立，綱自以齊王故吏，贍恤甚厚。及綱卒，其女被髮號哭，如喪所生焉。

子少植，隋武陽郡司功書佐，先綱卒。少植子安仁，永徽中爲太子左庶子。屬太子被廢，歸于陳邸，宮僚皆逃散，無敢辭送者，安仁獨涕泣拜辭而去，朝野義之。後卒於恆州刺史。

鄭善果，鄭州滎澤人也。祖孝穆，西魏少司空、岐州刺史。父誠，周大將軍、開封縣公，大象初，討尉遲迥，力戰遇害。善果年九歲，以父死王事，詔令襲其官爵。家人以其嬰孺，弗之告也，受冊悲慟，擗踴不能自勝，觀者莫不爲之流涕。隋開皇初，改封武德郡公，拜沂州刺史。大業中，累轉魯郡太守。

善果篤慎，事親至孝。母崔氏賢明，曉於政道，每善果理務，崔氏嘗於閤內聽之。聞其剖斷合理，歸則大悅；若處事不允，母則不與之言，善果伏於牀前，終日不敢食。崔氏謂之曰：「吾非怒汝，反愧汝家耳。汝先君在官清恪，未嘗問私，以身徇國，繼之以死。吾亦望汝繼父之心。自童子承襲茅土，今位至方伯，豈汝身能致之耶？安可不思此事而妄加嗔怒，內則墜爾家風，或亡官爵；外則虧天子之法，以取罪戾。吾寡婦也，有慈無威，使汝不知教訓，以負清忠之業，吾死之日，亦何面目以事汝先君乎！」善果由此遂勵己爲清吏，所在有政績，百姓懷之。及朝京師，煬帝以其居官儉約，莅政嚴明，與武威太守樊子蓋考爲天下第一，各賞物千段，黃金百兩，再遷大理卿。

後突厥圍煬帝於雁門，以守禦功，拜右光祿大夫。從幸江都。宇文化及弒逆，署爲民部尚書，隨化及至聊城〔一〕。淮安王神通圍化及，善果爲化及守禦督戰，爲流矢所中。及神通退還，竇建德進軍克之。建德將王琮獲善果，謂之曰：「公隋室大臣也，自尊夫人亡後而淸稱益衰，又忠臣子，奈何爲弑君之賊殉命苦戰而傷痍若此？」善果深愧赧，欲自殺，僞中書令宋正本馳往救止之。建德又不爲之禮，乃奔相州。淮安王神通送于京師，高祖遇之甚厚，拜太子左庶子，檢校內史侍郎，封滎陽郡公。

善果在東宮，數進忠言，多所匡諫。未幾，檢校大理卿，兼民部尙書，正身奉法，甚有善績。制與裴寂等十人，每奏事及侍立，並令升殿，與從兄元璹在其數，時以爲榮。尋坐事免。及山東平，持節爲招撫大使，坐選舉不平除名。後歷禮部、刑部二尙書。貞觀元年，出爲岐州刺史，復以公事免。三年，起爲江州刺史，卒。

元璹，隋岐州刺史、沛國公譯子也。少以父功拜儀同大將軍，襲爵沛國公，累轉右武候將軍，改封莘國公。大業中，出爲文城郡守。義師至河東，元璹以郡來降，徵拜太常卿。及定京城，以本官兼參旗將軍。元璹少在戎旅，尤明軍法，高祖常令巡諸軍，教其兵事。突厥始畢可汗弟乙力設代其兄爲叱羅可汗，又劉武周將宋金剛與叱羅共爲掎角，來寇汾、晉。詔元璹入蕃，諭以禍福，叱羅竟不納，乃欲總其部落入寇太原，以爲武周聲援。未幾，叱羅遇疾，療之弗愈，其下疑元璹令人毒之，乃囚執元璹不得歸，叱羅竟死。頡利嗣立，

留元璹，每隨其牙帳，經數年。頡利後聞高祖遺其財物，又許結婚，始放元璹來還。高祖勞之曰：「卿在虜庭，累載拘縶，蘇武弗之過也。」拜鴻臚卿。

尋而突厥又寇幷州，時元璹在母喪，高祖令墨絰充使招慰。突厥從介休至晉州，數百里間，精騎數十萬，塡映山谷。及見元璹，責中國違背之事，元璹隨機應對，竟無所屈，因數突厥背誕之罪，突厥大慚，不能報。元璹又謂頡利曰：「漢與突厥，風俗各異，漢得突厥，既不能臣，突厥得漢，復何所用？且抄掠資財，皆入將士，在於可汗，一無所得。不如早收兵馬，遣使和好，國家必有重賚，幣帛皆入可汗，免爲劬勞，坐受利益。大唐初有天下，即與可汗結爲兄弟，行人往來，音問不絕。今乃捨善取怨，違多就少，何也？」頡利納其言，即引還。太宗致書慰之曰：「知公已共可汗結和，遂使邊亭息警，爟火不然。和戎之功，豈唯魏絳，金石之錫，固當非遠。」

元璹自義寧已來，五入蕃充使，幾至於死者數矣。貞觀三年，又使入突厥，還奏曰：「突厥興亡，唯以羊馬爲準。今六畜疲羸，人皆菜色，又其牙內炊飯化而爲血。徵祥如此，不出三年，必當覆滅。」太宗然之。無幾，突厥果敗。

元璹後累轉左武候大將軍，坐事免。尋起爲宜州刺史，復封沛國公。元璹有幹略，所在頗著聲譽。然其父譯事繼母失溫凊之禮，隋文帝會賜以孝經，至元璹事親，又不以孝

聞，淸論鄙之。二十年卒，贈幽州刺史，謚曰簡。

弟孫杲知名，則天時爲天官侍郎。

楊恭仁本名綸，弘農華陰人，隋司空、觀王雄之長子也。隋仁壽中，累除甘州刺史。恭仁務舉大綱，不爲苛察，戎夏安之。文帝謂雄曰：「恭仁在州，甚有善政，非唯朕舉得人，亦是卿義方所致也。」大業初，轉吏部侍郎。楊玄感作亂，煬帝制恭仁率兵經略，與玄感戰于破陵，大敗之。玄感兄弟挺身遁走，恭仁與屈突通等追討獲之。軍旋，煬帝召入內殿，謂曰：「我聞破陵之陣，唯卿力戰，功最難比。雖知卿奉法清慎，都不知勇決如此也。」納言蘇威曰：「仁者必有勇，固非虛也。」

時蘇威及左衞大將軍宇文述、御史大夫裴蘊、黃門侍郎裴矩等皆受詔參掌選事，多納賄賂，士流嗟怨。恭仁獨雅正自守，不爲蘊等所容，由是出爲河南道大使，討捕盜賊。時天下大亂，行至譙郡，爲朱粲所敗，奔還江都。宇文化及弑逆，署吏部尙書，隨至河北，爲化及守魏縣。時元寶藏據有魏郡，會行人魏徵說下寶藏，執恭仁送于京師，高祖甚禮遇之，拜黃門侍郎，封觀國公。

尋爲涼州總管。恭仁素習邊事，深悉羌胡情僞，推心馭下，人吏悅服，自葱嶺已東，並入朝貢。未幾，遙授納言，總管如故。俄而突厥頡利可汗率衆數萬奄至州境，恭仁隨方備禦，多設疑兵，頡利懼而退走。屬瓜州刺史賀拔威擁兵作亂，朝廷憚遠，未遑征討。恭仁乃募驍勇，倍道兼進，賊不虞兵至之速，克其二城。恭仁悉放俘虜，賊衆感其寬惠，遂相率執威而降。久之，徵拜吏部尙書，遷左衞大將軍、鼓旗將軍。

貞觀初，拜雍州牧，加左光祿大夫，行揚州大都督府長史。五年，還洛州都督。太宗曰：「洛陽要重，古難其人。朕之子弟多矣，恐非所任，特以委公也。」恭仁性虛澹，必以禮度自居，謙恭下士，未嘗忤物，時人方之石慶。恭仁弟師道尙桂陽公主，從姪女爲巢剌王妃，弟子思敬尙安平公主〔三〕，連姻帝室，益見崇重。後以老病乞骸骨，聽以特進歸第。十三年卒，册贈開府儀同三司、潭州都督，陪葬昭陵，謚曰孝。

子思訓襲爵。顯慶中，歷右屯衞將軍。時右衞大將軍慕容寶節有愛妾，置于別宅，嘗邀思訓就之宴樂。思訓深責寶節與其妻隔絕，妾等怒，密以毒藥置酒中，思訓飲盡便死。寶節坐是配流嶺表。思訓妻又詣闕稱冤，制遣使就斬之。仍改賊盜律，以毒藥殺人之科更從重法。

思訓孫睿交，本名璥，少襲爵觀國公，尙中宗女長寧公主。預誅張易之有功，賜實封五

百戶。神龍中，爲祕書監。後被貶，卒於絳州別駕。

恭仁弟續，頗有辭學。貞觀中，爲鄆州刺史。

續孫執柔，則天時爲地官尚書，則天以外氏近屬，甚優寵之。時武承嗣、攸寧相次知政事，則天嘗曰：「我令當宗及外家，常一人爲宰相。」由是執柔同中書門下三品，尋卒。

執柔子滔，開元中官至吏部侍郎、同州刺史。

執柔弟執一，神龍初，以誅張易之功封河東郡公，累至右金吾衞大將軍。

恭仁少弟師道，隋末自洛陽歸國，授上儀同，爲備身左右。尋尚桂陽公主，超拜吏部侍郎，累轉太常卿，封安德郡公。貞觀十年〔四〕，代魏徵爲侍中。性周慎謹密，未嘗漏洩內事，親友或問禁中之言，乃更對以他語。嘗曰：「吾少窺漢史，至孔光不言溫室之樹，每欽其餘風，所庶幾也。」師道退朝後，必引當時英俊，宴集園池，而文會之盛，當時莫比。雅善篇什，又工草隸，酣賞之際，援筆直書，有如宿構。太宗每見師道所製，必吟諷嗟賞之。十三年，轉中書令。太子承乾逆謀事洩，與長孫無忌、房玄齡同按其獄。師道妻前夫之子趙節與承乾通謀，師道微諷太宗冀活之，由是獲譴，罷知機密。轉吏部尚書。師道貴家子，四海人物，未能委練，所署用多非其才，而深抑貴勢及其親黨，以避嫌疑，時論譏之。太宗嘗從容

謂侍臣曰：「楊師道性行純善，自無愆過。而情實怯懦，未甚更事，緩急不可得力。」未幾，從征高麗，攝中書令。及軍還，有毀之者，稍貶爲工部尚書，尋轉太常卿。二十一年卒，贈吏部尚書、并州都督，陪葬昭陵，賜東園祕器，并爲立碑。

子豫之，尚巢剌王女壽春縣主。居母喪，與永嘉公主淫亂，爲主壻竇奉節所擒，具五刑而殺之。

師道兄子思玄，高宗時爲吏部侍郎、國子祭酒。玄弟思敬，禮部尚書。

師道從兄子崇敬，太子詹事。

始恭仁父雄在隋，以同姓寵貴；自武德之後，恭仁兄弟名位尤盛；則天時，又以外戚崇寵。一家之內，駙馬三人，王妃五人，贈皇后一人，三品已上官二十餘人，遂爲盛族。

皇甫無逸字仁儉，安定烏氏人。父誕，隋并州總管府司馬。其先安定著姓，徙居京兆萬年。仁壽末，漢王諒於并州起兵反，誕抗節不從，爲諒所殺。無逸時在長安，聞諒反，即同居喪之禮，人問其故，泣而對曰：「大人平生徇節義，既屬亂常，必無苟免。」尋而凶問果至。在喪柴毀過禮，事母以孝聞。煬帝以誕死節，贈柱國、弘義郡公，令無逸襲爵。時五等皆廢，以其時忠義之後，特封平輿侯。拜淯陽太守，甚有能名，差品爲天下第一。再轉右武衞將軍，甚見親委。帝幸江都，以無逸留守洛陽。

及江都之變，與段達、元文都尊立越王侗爲帝。王世充作難，無逸棄老母妻子，斬關而走，追騎且至，無逸曰：「吾死而後已，終不能同爾爲逆。」因解所服金帶投之於地，曰：「以此贈卿，無爲相迫。」追騎競下馬取帶，自相爭奪，由是得免。

高祖以隋代舊臣，甚尊禮之，拜刑部尚書，封滑國公，歷陝東道行臺民部尚書。明年，遷御史大夫。時益部新開，刑政未洽，長吏橫恣，贓汙狼藉，令無逸持節巡撫之，承制除授。無逸宣揚朝化，法令嚴肅，蜀中甚賴之。有皇甫希仁者，見無逸專制方面，徼倖上變，云：「臣父在洛陽，無逸爲母之故，陰遣臣與王世充相知。」高祖審其詐，數之曰：「無逸逼於世充，棄母歸朕。今之委任，異於衆人。其在益州，極爲清正。此蓋羣小不耐，欲誣之也。此乃離間我君臣，惑亂我視聽。」於是斬希仁於順天門，遣給事中李公昌馳往慰諭之。俄而又告無逸陰與蕭銑交通者，無逸時與益州行臺僕射竇璡不協，於是上表自理，又言璡罪狀。高祖覽之曰：「無逸當官執法，無所迴避，必是邪佞之徒，惡直醜正，共相搆扇也。」因令劉世龍、溫彥博將按其事，卒無驗而止，所告者坐斬，竇璡亦以罪黜。無逸既返命，高祖勞之曰：「公立身行己，朕之所悉。比多譖訴者，但爲正直致邪佞所憎耳。」

尋拜民部尚書，累轉益州大都督府長史。閉門自守，不通賓客，左右不得出門。凡所貨易，皆往他州。每按部，樵採不犯於人。嘗夜宿人家，遇燈炷盡，主人將續之，無逸抽佩刀斷衣帶以爲炷，其廉介如此。然過於審慎，所上表奏，懼有誤失，必讀之數十遍，仍令官屬再三披省。使者就路，又追而更審，每遣一使，輒連日不得上道。議者以此少之。

母在長安疾篤，太宗令驛召之。無逸性至孝，承問惶懼，不能飲食，因道病而卒。贈禮部尚書，太常考行，謚曰「孝」。禮部尚書王珪駮之曰：「無逸入蜀之初，自當扶侍老母，與之同去，申其色養，而乃留在京師，子道未足，何得爲孝？」竟謚爲良。

孫忠，開元中爲衞尉卿。

李大亮，雍州涇陽人。後魏度支尚書琰之曾孫也。其先本居隴西狄道，代爲著姓。祖綱，後魏南岐州刺史。父充節，隋朔州總管、武陽公。大亮少有文武才幹。隋末，署韓國公龐玉行軍兵曹。在東都與李密戰，敗，同輩百餘人皆就死，賊帥張弼見而異之，獨釋與語，遂定交於幕下。

義兵入關，大亮自東都歸國，授土門令。屬百姓饑荒，盜賊侵寇，大亮賣所乘馬分給貧

弱，勸以墾田，歲因大稔。躬捕寇盜，所擊輒平。時太宗在藩，巡撫北境，聞而嗟歎，下書勞之，賜馬一匹、帛五十段。其後，胡賊寇境，大亮衆少不敵，遂單馬詣賊營，召其豪帥，諭以禍福，羣胡感悟，相率請降。大亮又殺所乘馬，以與之宴樂，徒步而歸。前後降者千餘人，縣境以清。高祖大悅，超拜金州總管府司馬。

時王世充遣其兄子弘烈據襄陽，令大亮安撫樊、鄧，以圖進取。大亮進兵擊之，所下十餘城。高祖下書勞勉，遷安州刺史。又令徇廣州以東〔三〕，行次九江，會輔公祏反，大亮以計擒公祏將張善安。公祏尋遣兵圍猷州，刺史左難當嬰城自守，大亮率兵進援，擊賊破之。以功賜奴婢百人，大亮謂曰：「汝輩多衣冠子女，破亡至此，吾亦何忍以汝爲賤隸乎！」一皆放遣。高祖聞而嗟異，復賜婢二十人，拜越州都督。

貞觀元年，轉交州都督，封武陽縣男。在越州寫書百卷，及徙職，皆委之廨宇。尋召拜太府卿，出爲涼州都督，以惠政聞。嘗有臺使到州，見有名鷹，諷大亮獻之。大亮密表曰：「陛下久絕畋獵，而使者求鷹。若是陛下之意，深乖昔旨；如其自擅，便是使非其人。」太宗下之書曰：「以卿兼資文武，志懷貞確，故委藩牧，當茲重寄。比在州鎮，聲績遠彰，念此忠勤，無忘寤寐。使遣獻鷹，遂不曲順，論今引古，遠獻直言。披露腹心，非常懇到，覽用嘉歎，不能便已。有臣若此，朕復何憂！宜守此誠，終始若一。古人稱一言之重，侔於千金，

卿之此言，深足貴矣。今賜卿胡瓶一枚，雖無千鎰之重，是朕自用之物。」又賜荀悅漢紀一部，下書曰：「卿立志方直，竭節至公，處職當官，每副所委，方大任使，以申重寄。公事之閑，宜尋典籍。然此書敘致既明，論議深博，極爲治之體，盡君臣之義，今以賜卿，宜加尋閱也。」

時頡利可汗敗亡，北荒諸部相率內屬。有大度設、拓設、泥熟特勤及七姓種落等，尚散在伊吾，以大亮爲西北道安撫大使以綏集之，多所降附。朝廷愍其部衆凍餒，遣於磧口貯糧，特加賑給。大亮以爲於事無益，上疏曰：

臣聞欲綏遠者，必先安近。中國百姓，天下本根；四夷之人，猶於枝葉。擾於根本，以厚枝附，而求久安，未之有也。自古明王，化中國以信，馭夷狄以權，故春秋云：「戎狄豺狼，不可厭也；諸夏親昵，不可棄也。」自陛下君臨區宇，深根固本，人逸兵強，九州殷盛，四夷自服。今者招致突厥，雖入提封，臣愚稍覺勞費，未悟其有益也。然河西氓庶，積禦蕃夷，州縣蕭條，戶口鮮少，加因隋亂，減耗尤多。突厥未平之前，尚不安業；匈奴微弱已來，始就農畝。若卽勞役，恐致妨損。以臣愚惑，請停招慰。

且謂之荒服者，故臣而不內。是以周室愛人攘狄，竟延七百之齡；秦王輕戰事胡，四十載而遂絕。漢文養兵靜守，天下安豐；孝武揚威遠略，海內虛耗，雖悔輪臺，

追已不及。至于隋室，早得伊吾，兼統鄯善，既得之後，勞費日甚，虛內致外，竟損無益。遠尋秦、漢，近觀隋室，動靜安危，昭然備矣。伊吾雖已臣附，遠在蕃磧，人非中夏，地多沙鹵。其自豎立稱藩附庸者，請羈縻受之，使居塞外，必畏威懷德，永爲蕃臣，蓋行虛惠，而收實福矣。近日突厥傾國入朝，既不能俘之江淮以變其俗，置於內地，去京不遠，雖則寬仁之義，亦非久安之計也。每見一人初降，賜物五匹、袍一領，酋帥悉授大官，祿厚位尊，理多糜費。以中國之幣帛，供積惡之兇虜，其衆益多，非中國之利也。

太宗納其奏。

八年，爲劍南道巡省大使。大亮激濁揚清，甚獲當時之譽。及討吐谷渾，以大亮爲河東道行軍總管，與大總管李靖等出北路，涉青海，歷河源，遇賊於蜀渾山，接戰破之，俘其名王，虜雜畜五萬計。以功進爵爲公，賜物千段、奴婢一百五十人，悉遺親戚。仍罄其家資，收葬五葉宗族無後者三十餘喪，送終之禮，一時稱盛。後拜左衞大將軍。

十七年，晉王爲皇太子，東宮僚屬皆盛選重臣，以大亮兼領太子右衞率，俄兼工部尚書，身居三職，宿衞兩宮，甚爲親信。大亮每當宿直，必通宵假寐。太宗嘗勞之曰：「至公宿直，我便通夜安臥。」其見任如此。太宗每有巡幸，多令居守。房玄齡甚重之，每稱大亮有

王陵、周勃之節，可以當大位。大亮雖位望通顯，而居處卑陋，衣服儉率。至性忠謹，雖妻子不見其惰容，事兄嫂有同於父母。每懷張弼之恩，而久不能得。弼時爲將作丞，自匿不言。大亮嘗遇諸途而識之，持弼而泣，恨相得之晚。多推家產以遺弼，弼拒而不受。大亮言於太宗曰：「臣有今日之榮，張弼力也。所有官爵請迴授。」太宗遂遷弼爲中郎將，俄遷代州都督〔六〕。時人皆賢大亮不背恩，而多弼不自伐也。

十八年，太宗幸洛陽，令大亮副司空玄齡居中。尋遇疾，太宗親爲調藥，馳驛賜之。臨終上表，請停遼東之役，又言京師宗廟所在，願深以關中爲意。表成而歎曰：「吾聞禮，男子不死婦人之手。」於是命屏婦人，言終而卒，時五十九。死之日，家無珠玉可以爲唅，唯有米五石、布三十端。親戚孤遺爲大亮所鞠養，服之如父者十五人。太宗爲舉哀於別次，哭之甚慟，廢朝三日，贈兵部尚書、秦州都督，謚曰懿，陪葬昭陵。

兄子道裕，永徽中爲大理卿。

迥秀，大亮族孫也。祖玄明，濟州刺史。父義本，宣州刺史。迥秀弱冠應英材傑出舉，拜相州參軍，累轉考功員外郎。則天雅愛其材，甚寵待之。掌舉數年，遷鳳閣舍人。迥秀母氏庶賤而色養過人，其妻崔氏嘗叱其媵婢，母聞之不悅，迥秀卽時出之。或止云：「賢室

雖不避嫌疑，然過非出狀，何遽如此？」迴秀曰：「娶妻本以承順顏色，顏色苟違，何敢留也。」竟不從。長安初，歷天官、夏官二侍郎，俄同鳳閣鸞臺平章事。則天令宮人參問其母，又嘗迎入宮中，待之甚優。

迴秀雅有文才，飲酒斗餘，廣接賓朋，當時稱為風流之士。然頗託附權倖，傾心以事張易之、昌宗兄弟，由是深為讜正之士所譏。俄坐贓出為廬州刺史。景龍中，累轉鴻臚卿、修文館學士，又持節為朔方道行軍大總管。所居宅中生芝草數莖，又有貓為犬所乳，中宗以為孝感所致，使旌其門閭。俄代姚崇為兵部尚書，病卒。

子齊損，開元十年，與權梁山等搆逆伏誅，籍沒其家也。

史臣曰：孔子云：「邦有道，危言危行。」如李綱直道事人，執心不回。始對隋文，慷慨獲免；終忤楊素，屈辱尤深。及高祖臨朝，諫舞胡鳴玉，懷不吐不茹之節，存有始有卒之規，可謂危矣。非逢有道，焉能免諸。易曰：「王臣蹇蹇，匪躬之故」，李綱有焉。善果幼事賢母，長為正人。元璹於國有功，祗練邊事，承家不孝，終為匪人。恭仁仕隋忠厚，馭衆謙恭。破賊立功，方見仁者有勇；掌選被斥，所謂獨正者危。自僞歸朝，懷才遇主，連婚帝室，列位藩宣，始終無玷者鮮矣。師道慎密純善，怯懦無更事之名；抑勢避嫌，署用致非才之誚。無逸知父守節陷難，離母避逆終吉，忠信之道著矣。絕賓客以閉府門，斷衣帶以續燈炷，廉介之志彰矣。於乎，蜀道初開，親老地梗，至孝滅性，子道可知，不得諡為「孝」也，惜哉！大亮文武兼才，貞確成性。賣馬勸農，是為政也；投身諭賊，略也；放奴婢從良者，仁也；因鷹諫獵，臨終上表，忠也；論伊吾之衆〔七〕，智也；葬五葉無後，報張弼恩，義也；侍兄嫂如父母，孝也；不死婦人之手，禮也；無珠玉為唅，廉也。房玄齡云大亮有王陵、周勃之節，名下無虛士矣！迴秀諂事權倖，爰至台司，餘不足觀，清風替矣。

贊曰：李綱守道，言行俱危。善果母訓，清貞是資。元璹父子，要道何虧。恭仁獨正，令德無違。師道慎密，抑勢見機。無逸廉介，終於孝思。大亮才德，陵、勃名隨。迴秀託附，實汚台司。

校勘記

〔一〕宮卿 各本原作「公卿」，據御覽卷二四六、冊府卷七〇九改。

〔二〕聊城 各本原作「遼城」，據本書卷五四竇建德傳、隋書卷八五宇文化及傳改。

〔三〕思敬 各本原作「思訓」，據新書卷八三諸帝公主傳、合鈔卷一一三楊恭仁傳改。

〔四〕貞觀十年 「十年」，各本原作「七年」，據本書卷三太宗紀、新書卷一〇〇楊恭仁傳改。

〔五〕以東 各本原作「巴東」，據冊府卷三八四改。

〔六〕俄遷代州都督 「遷」字各本原無，據御覽卷六三二、冊府卷八六五補。

〔七〕伊吾 各本原作「伊呂」，據本篇上文及合鈔卷一一三李綱等傳改。

舊唐書卷六十三

列傳第十三

封倫 倫子言道　兄子行高　蕭瑀 子銳　兄子鈞　鈞子瓘　鈞兄子嗣業

裴矩 矩子宣機　宇文士及

封倫字德彝，觀州蓨人。北齊太子太保隆之孫。父子繡，隋通州刺史。倫少時，其舅盧思道每言曰：「此子智識過人，必能致位卿相。」

開皇末，江南作亂，內史令楊素往征之，署爲行軍記室。船至海曲，素召之，倫墜於水中，人救免溺，乃易衣以見，竟寢不言。素後知，問其故，曰：「私事也，所以不白。」素甚嗟異之。素將營仁壽宮，引爲土木監。隋文帝至宮所，見制度奢侈，大怒曰：「楊素爲不誠矣！殫百姓之力，雕飾離宮，爲吾結怨於天下。」素惶恐，慮將獲譴。倫曰：「公當弗憂，待皇后至，必有恩詔。」明日，果召素入對，獨孤后勞之曰：「公知吾夫妻年老，無以娛心，盛飾此宮，

豈非孝順。」素退問倫曰：「卿何以知之？」對曰：「至尊性儉，故初見而怒，然雅聽后言。后婦人也，惟麗是好，后心既悅，帝慮必移，所以知耳。」素嘆伏曰：「揣摩之才，非吾所及。」素負貴恃才，多所凌侮，唯擊賞倫。每引與論宰相之務，終日忘倦，因撫其牀曰：「封郎必當據吾此座。」驟稱薦於文帝，由是擢授內史舍人。

大業中，倫見虞世基幸於煬帝而不閑吏務，每有承受，多失事機。倫又託附之，密爲指畫，宣行詔命，諂順主心；外有表疏如忤意者，皆寢而不奏；決斷刑法，多峻文深詆；策勳行賞，必抑削之。故世基之寵日隆，而隋政日壞，皆倫所爲也。

宇文化及之亂，逼帝出宮，使倫數帝之罪，帝謂曰：「卿是士人，何至於此？」倫赧然而退。化及尋署內史令，從至聊城。倫見化及勢蹙，乃潛結化及弟士及，請於濟北運糧以觀其變。遇化及敗，與士及來降。高祖以其前代舊臣，遣使迎勞，拜內史舍人。尋遷內史侍郎。

高祖嘗幸温湯，經秦始皇墓，謂倫曰：「古者帝王，竭生靈之力，殫府庫之財，營起山陵，此復何益？」倫曰：「上之化下，猶風之靡草。自秦、漢帝王盛爲厚葬，故百官衆庶競相遵仿。凡是古冢丘封，悉多藏珍寶，咸見開發。若死而無知，厚葬深爲虛費；若魂而有識，被發豈不痛哉。」高祖稱善，謂倫曰：「從今之後，宜自上導下，悉爲薄葬。」

太宗之討王世充，詔倫參謀軍事。高祖以兵久在外，意欲旋師，太宗遣倫入朝親論事勢。倫言於高祖曰：「世充得地雖多，而羈縻相屬，其所用命者，唯洛陽一城而已，計盡力窮，破在朝夕。今若還兵，賊勢必振，更相連結，後必難圖。未若乘其已衰，破之必矣。」高祖納之。及太宗凱旋，高祖謂侍臣曰：「朕初發兵東討，衆議多有不同，唯秦王請行，封倫贊成此計。昔張華協同晉武，亦復何以加也。」封平原縣公，兼天册府司馬。

會突厥寇太原，復遣使來請和親，高祖問羣臣：「和之與戰，策將安出？」多言戰則怨深，不如先和。倫曰：「突厥憑凌，有輕中國之意，必謂兵弱而不能戰。如臣計者，莫若悉衆以擊之，其勢必捷，勝而後和，恩威兼著。若今歲不戰，明年必當復來，臣以擊之爲便。」高祖從之。

六年，以本官檢校吏部尚書，曉習吏職，甚獲當時之譽。八年，進封道國公，尋徙封於密。蕭瑀嘗薦倫於高祖，高祖任倫爲中書令。太宗嗣位，瑀遷尚書左僕射，倫爲右僕射。倫素險詖，與瑀商量可奏者，至太宗前，盡變易之，由是與瑀有隙。貞觀元年，遘疾於尚書省，太宗親自臨視，即命尚輦送還第，尋薨，年六十。太宗深悼之，廢朝三日，册贈司空，謚曰明。

初，倫數從太宗征討，特蒙顧遇。以建成、元吉之故，數進忠款，太宗以爲至誠，前後

賞賜以萬計。而倫潛持兩端，陰附建成。時高祖將行廢立，猶豫未決，謀之於倫，倫固諫而止。然所爲祕隱，時人莫知，事具建成傳。卒後數年，太宗方知其事。十七年，治書侍御史唐臨追劾倫曰：「臣聞事君之義，盡命不渝；爲臣之節，歲寒無貳；苟虧其道，罪不容誅。倫位望鼎司，恩隆胙土，無心報效，乃肆姦謀，熒惑儲藩，獎成元惡，置于常典，理合誅夷。但苞藏之狀，死而後發，猥加褒贈，未正嚴科。罪惡既彰，宜加貶黜，豈可仍疇爵邑，尚列台槐，此而不懲，將何沮勸？」太宗令百官詳議，民部尚書唐儉等議：「倫罪暴身後，恩結生前，所歷衆官，不可追奪，請降贈改謚。」詔從之，於是改謚繆，黜其贈官，削所食實封。

子言道，尚高祖女淮南長公主，官至宋州刺史。

倫兄子行高，以文學知名。貞觀中，官至禮部郎中。

蕭瑀字時文。高祖梁武帝。曾祖昭明太子。祖詧，後梁宣帝。父巋，明帝。瑀年九歲，封新安郡王，幼以孝行聞。姊爲隋晉王妃，從入長安。聚學屬文，端正鯁亮。好釋氏，常修梵行，每與沙門難及苦空，必詣微旨。常觀劉孝標辯命論，惡其傷先王之教，迷性命之理，

乃作非辯命論以釋之。大旨以爲：「人稟天地以生，孰云非命，然吉凶禍福，亦因人而有，若一之於命，其蔽已甚。」時晉府學士柳顧言、諸葛穎見而稱之曰：「自孝標後數十年間，言性命之理者，莫能詆詰。今蕭君此論，足療劉子膏肓。」

煬帝爲太子也，授太子右千牛。及踐祚，遷尚衣奉御，檢校左翊衞鷹揚郎將。忽遇風疾，命家人不卽醫療，仍云：「若天假餘年，因此望爲栖遁之資耳。」蕭后聞而誨之：「以爾才智，足堪揚名顯親，豈得輕毀形骸而求隱逸？若以此致譴，則罪在不測。」病且愈，其姊勸勉之，故復有仕進志。累加銀青光祿大夫、內史侍郎。既以后弟之親，委之機務，後數以言忤旨，漸見疎斥。

煬帝至鴈門，爲突厥所圍，瑀進謀曰：「如聞始畢託校獵至此，義成公主初不知其有違背之心。且北蕃夷俗，可賀敦知兵馬事。昔漢高祖解平城之圍，乃是閼氏之力。況義成以帝女爲妻，必恃大國之援。若發一單使以告義成，假使無益，事亦無損。臣又竊聽輿人之誦，乃慮陛下平突厥後更事遼東，所以人心不一，或致挫敗。請下明詔告軍中，赦高麗而專攻突厥，則百姓心安，人自爲戰。」煬帝從之，於是發使詣可賀敦諭旨。俄而突厥解圍去，於後獲其諜人，云：義成公主遣使告急於始畢，稱北方有警，由是突厥解圍，蓋公主之助也。

煬帝又將伐遼東，謂羣臣曰：「突厥狂悖爲寇，勢何能爲。以其少時未散，蕭瑀遂相恐動，情不可恕。」因出爲河池郡守，卽日遣之。既至郡，有山賊萬餘人寇暴縱橫，瑀潛募勇敢之士，設奇而擊之，當陣而降其衆。所獲財畜，咸賞有功，由是人竭其力。薛舉遣衆數萬侵掠郡境，瑀要擊之，自後諸賊莫敢進，郡中復安。

高祖定京城，遣書招之。瑀以郡歸國，授光祿大夫，封宋國公，拜民部尚書。太宗爲右元帥，攻洛陽，以瑀爲府司馬。武德元年〔二〕，遷內史令。時軍國草創，方隅未寧，高祖乃委以心腹，凡諸政務，莫不關掌。高祖每臨軒聽政，必賜升御榻，瑀既獨孤氏之壻，與語呼之爲蕭郎。國典朝儀，亦責成於瑀，瑀孜孜自勉，繩違舉過，人皆憚之。常奏便宜數十條，多見納用，手敕曰：「得公之言，社稷所賴。運智者之策，以能成人之美；納諫者之言，以金寶酬其德。今賜金一函，以報智者，勿爲推退。」瑀固辭，優詔不許。其年，州置七職，務取才望兼美者爲之。及太宗臨雍州牧，以瑀爲州都督。

高祖常有敕而中書不時宣行，高祖責其遲，瑀曰：「臣大業之日，見內史宣敕，或前後相乖者，百司行之，不知何所承用。所謂易必在前，難必在後，臣在中書日久，備見其事。今皇基初構，事涉安危，遠方有疑，恐失機會。比每受一敕，臣必勘審，使與前敕不相乖背者，始敢宣行。遲晚之愆，實由於此。」高祖曰：「卿能用心若此，我有何憂？」初，瑀之朝也，

關內產業並先給勳人。至是特還其田宅，瑀皆分給諸宗子弟，唯留廟堂一所，以奉蒸嘗。及平王世充，瑀以預軍謀之功，加邑二千戶，拜尚書右僕射。內外考績皆委之，司會爲羣僚指南，庶務繁總。瑀見事有時偏駁，而持法稍深，頗爲時議所少。

瑀嘗薦封倫於高祖，高祖以倫爲中書令。太宗卽位，遷尚書左僕射，封倫爲右僕射。倫素懷險詖，與瑀商量將爲可奏者，至太宗前盡變易之。于時房玄齡、杜如晦既新用事，疎瑀親倫，瑀心不能平，遂上封事論之，而辭旨寥落。太宗以玄齡等功高，由是忤旨，廢于家。俄拜特進、太子少師。未幾，復爲尚書左僕射，賜實封六百戶。

太宗常謂瑀曰：「朕欲使子孫長久，社稷永安，其理如何？」瑀對曰：「臣觀前代國祚所以長久者，莫若封諸侯以爲盤石之固。秦幷六國，罷侯置守，二代而亡；漢有天下，郡國參建，亦得年餘四百；魏、晉廢之，不能永久。封建之法，實可遵行。」太宗然之，始議封建。

尋坐與侍中陳叔達於上前忿諍，聲色甚厲，以不敬免。歲餘，授晉州都督。明年，徵授左光祿大夫，兼領御史大夫。與宰臣參議朝政，瑀多辭辯，每有評議，玄齡等不能抗，然心知其是，不用其言，瑀彌快快。玄齡、魏徵、溫彥博嘗有微過，瑀劾之，而罪竟不問，因此自失。由是罷御史大夫，以爲太子少傅，不復預聞朝政。六年，授特進，行太常卿。八年，爲河南道巡省大使，人有坐當推劾苦未得其情者，遂置格置繩，以至於死，太宗特免責之。九年，拜特進，復令參預政事。

太宗嘗從容謂房玄齡曰：「蕭瑀大業之日，進諫隋主，出爲河池郡守。應遭剖心之禍，翻見太平之日，北叟失馬，事亦難常。」瑀頓首拜謝。太宗又曰：「武德六年以後，太上皇有廢立之心而不之定也，我當此日，不爲兄弟所容，實有功高不賞之懼。此人不可以厚利誘之，不可以刑戮懼之，眞社稷臣也。」因賜瑀詩曰：「疾風知勁草，版蕩識誠臣。」又謂瑀曰：「卿之守道耿介，古人無以過也。然而善惡太明，亦有時而失。」瑀再拜謝曰：「臣特蒙誡訓，又許臣以忠諒，雖死之日，猶生之年也。」魏徵進而言曰：「臣有逆衆以執法，明主恕之以忠；臣有孤特以執節，明主恕之以勁。昔聞其言　今覩其實，蕭瑀不遇明聖，必及於難！」太宗悅其言。

十七年，與長孫無忌等二十四人並圖形於凌煙閣。是歲，立晉王爲皇太子，拜瑀太子太保，仍知政事。太宗之伐遼東也，以洛邑衝要，襟帶關、河，以瑀爲洛陽宮守。車駕自遼還，請解太保，仍同中書門下。太宗以瑀好佛道，嘗賚繡佛像一軀，并繡瑀形狀於佛像側，以爲供養之容。又賜王褒所書大品般若經一部，并賜袈裟，以充講誦之服焉。

瑀嘗稱：「玄齡以下同中書門下內臣，悉皆朋黨比周，無至心奉上。」累獨奏云：「此等相與執權，有同膠漆，陛下不細諳知，但未反耳。」太宗謂瑀曰：「爲人君者，驅駕英材，推心待

士，公言不亦甚乎，何至如此！」太宗數日謂瑀曰：「知臣莫若君，夫人不可求備，自當捨其短而用其長。朕雖才謝聰明，不應頓迷臧否。」因數爲瑀信誓。瑀既不自得，而太宗積久銜之，終以瑀忠貞居多而未廢也。

會瑀請出家，太宗謂曰：「甚知公素愛桑門，今者不能違意。」瑀旋踵奏曰：「臣頃思量，不能出家。」太宗以對羣臣吐言而取捨相違，心不能平。瑀尋稱足疾，時詣朝堂，又不入見。太宗謂侍臣曰：「瑀豈不得其所乎，而自慊如此？」遂手詔曰：

朕聞物之順也，雖異質而成功；事之違也，亦同形而罕用。是以舟浮楫舉，可濟千里之川；轅引輪停，不越一毫之地。故知動靜相循易爲務，曲直相反難爲功，況乎上下之宜、君臣之際者矣。朕以無明於元首，期託德於股肱，思欲去僞歸眞，除澆反朴。至於佛教，非意所遵，雖有國之常經，固弊俗之虛術。何則？求其道者，未驗福於將來；修其教者，翻受辜於既往。至若梁武窮心於釋氏，簡文銳意於法門，傾帑藏以給僧祇，殫人力以供塔廟。及乎三淮沸浪，五嶺騰煙，假餘息於熊蹯，引殘魂於雀鷇。子孫覆亡而不暇，社稷俄頃而爲墟，報施之徵，何其繆也。

而太子太保、宋國公瑀踐覆車之餘軌，襲亡國之遺風。棄公就私，未明隱顯之際；身俗口道，莫辯邪正之心。修累葉之殃源，祈一躬之福本，上以違忤君主，下則扇

習浮華。往前朕謂張亮云：「卿既事佛，何不出家？」瑀乃端然自應，請先入道，朕卽許之，尋復不用。一迴一惑，在於瞬息之間；自可自否，變於帷扆之所。乖棟梁之大體，豈具瞻之量乎？朕猶隱忍至今，瑀尚全無悛改。宜卽去茲朝闕，出牧小藩，可商州刺史，仍除其封。

二十一年，徵授金紫光祿大夫，復封宋國公。從幸玉華宮，遘疾薨於宮所，年七十四。太宗聞而輟膳，高宗爲之舉哀，遣使弔祭。太常謚曰「肅」。太宗曰：「易名之典，必考其行。瑀性多猜貳，此謚失於不直，更宜摭實。」改謚曰貞褊公。册贈司空、荊州都督，賜東園祕器，陪葬昭陵。臨終遺書曰：「生而必死，理之常分。氣絕後可著單服一通，以充小斂。棺內施單席而已，冀其速朽，不得別加一物。無假卜日，惟在速辦。自古賢哲，非無等例，爾宜勉之。」諸子遵其遺志，斂葬儉薄。

子銳嗣，尚太宗女襄城公主，歷太常卿、汾州刺史。公主雅有禮度，太宗每令諸公主，凡厥所爲，皆視其楷則。又令所司別爲營第，公主辭曰：「婦人事舅姑如事父母，若居處不同，則定省多闕。」再三固讓，乃止，令於舊宅而改創焉。永徽初，公主薨，詔葬昭陵。

瑀兄璟，亦有學行。武德中爲黃門侍郎，累轉祕書監，封蘭陵縣公。貞觀中卒，贈禮部尚書。

瑀兄子鈞，隋遷州刺史、梁國公珣之子也。博學有才望。貞觀中，累除中書舍人，甚爲房玄齡、魏徵所重。永徽二年，歷遷諫議大夫，兼弘文館學士。

時有左武候引駕盧文操踰垣盜左藏庫物〔三〕，高宗以引駕職在糾繩，身行盜竊，命有司殺之。鈞進諫曰：「文操所犯，情實難原。然恐天下聞之，必謂陛下輕法律，賤人命，任喜怒，貴財物。臣之所職，以諫爲名，愚衷所懷，不敢不奏。」帝謂曰：「卿職在司諫，能盡忠規。」遂特免其死罪，顧謂侍臣曰：「此乃眞諫議也。」

尋而太常樂工宋四通等爲宮人通傳信物，高宗特令處死，乃遣附律，鈞上疏言：「四通等犯在未附律前，不合至死。」手詔曰：「朕聞防禍未萌，先賢所重，宮闕之禁，其可漸歟？昔如姬竊符，朕用爲永鑒，不欲今茲自彰其過，所搦憲章，想非濫也。但朕翹心紫禁，思覿引裾，側席朱楹，冀旌折檻。今乃喜得其言，特免四通等死，遠處配流。」

鈞尋爲太子率更令，兼崇賢館學士。顯慶中卒。所撰韻旨二十卷，有集三十卷行於代。

子瓘，官至渝州長史。母終，以毀卒。瓘子嵩，別有傳。

鈞兄子嗣業，少隨祖姑隋煬帝后入于突厥。貞觀九年歸朝，以深識蕃情，充使統領突厥之衆。累轉鴻臚卿，兼單于都護府長史。調露中，單于突厥反叛，嗣業率兵戰敗，配流嶺南而死。

裴矩字弘大，河東聞喜人。祖佗，後魏東荊州刺史。父訥之，北齊太子舍人。矩襁褓而孤，爲伯父讓之所鞠。及長，博學，早知名，仕齊爲高平王文學。齊亡，隋文帝爲定州總管，召補記室，甚親敬之。文帝卽位，遷給事郎，直內史省，奏舍人事。伐陳之役，領元帥記室。及陳平，晉王廣令矩與高熲收陳圖籍，歸之祕府。累遷吏部侍郎，以事免。

大業初，西域諸蕃款張掖塞與中國互市，煬帝遣矩監其事。矩知帝方勤遠略，欲吞并夷狄，乃訪西域風俗及山川險易、君長姓族、物產服章，撰西域圖記三卷，入朝奏之。帝大悅，賜物五百段。每日引至御座，顧問西方之事。矩盛言西域多珍寶及吐谷渾可并之狀，帝信之，仍委以經略。拜民部侍郎，俄遷黃門侍郎，參預朝政。令往張掖引致西蕃，至者十餘國。

三年，帝有事於恆嶽，咸來助祭。帝將巡河右，復令矩往敦煌，矩遣使說高昌王鞠伯雅及伊吾吐屯設等，啗以厚利，導使入朝。及帝西巡，次燕支山，高昌王、伊吾設等及西蕃胡

中華書局

二十七國，盛服珠玉錦罽，焚香奏樂，歌舞相趨，謁於道左。復令武威、張掖士女盛飾縱觀，騎乘塡咽〔三〕，周亙數十里，帝見之大悅。及滅吐谷渾，蠻夷納貢，諸蕃懾服，相繼來庭。雖拓地數千里，而役戍委輸之費，歲巨萬計，中國騷動焉。帝以矩有綏懷之略，加位銀青光祿大夫。

其年，帝幸東都，矩以蠻夷朝貢者多，諷帝大徵四方奇技，作魚龍曼延角觝於洛邑，以誇諸戎狄，終月而罷。又令三市店肆皆設帷帳，盛酒食，遣掌蕃率蠻夷與人貿易，所至處悉令邀延就座，醉飽而散。夷人有識者，咸私哂其矯飾焉。帝稱矩至誠，謂宇文述、牛弘曰：「裴矩大識朕意，凡所陳奏，皆朕之成算，朕未發頃，矩輒以聞。自非奉國用心，孰能若是？」尋令與將軍薛世雄城伊吾而還，賜錢四十萬。矩因進計縱反間於射匱，使潛攻處羅。後處羅爲射匱所迫，竟隨使者入朝，帝甚悅，賜矩貂裘及西域珍器。

從帝巡于塞北，幸啓民可汗帳。時高麗遣使先通于突厥，啓民不敢隱，引之見帝，矩因奏曰：「高麗之地，本孤竹國也，周代以之封箕子，漢時分爲三郡，晉氏亦統遼東。今乃不臣，列爲外域，故先帝欲征之久矣，但以楊諒不肖，師出無功。當陛下時，安得不有事於此，使冠帶之境，仍爲蠻貊之鄉乎？今其使者朝於突厥，親見啓民從化，必懼皇靈之遠暢，慮後服之先亡，脅令入朝，當可致也。請面詔其使還本國，遣語其王令速朝覲。不然者，當率

突厥即日誅之。」帝納焉。高麗不用命，始建征遼之策。王師臨遼，以本官領虎賁郎將。明年，復從至遼東。兵部侍郎斛斯政亡入高麗，帝令矩兼掌兵部事。以前後渡遼功，進位右光祿大夫。

矩後從幸江都。及義兵入關，屈突通敗問至，帝問矩方略，矩曰：「太原有變，京畿不靜，遙爲處分，恐失事機。唯鑾輿早還，方可平定。」矩見天下將亂，恐爲身禍，每遇人盡禮，雖至胥吏，皆得其歡心。時從駕驍果多逃散，矩言於帝曰：「車駕留此，已經二歲，人無匹合，則不能久安。請聽兵士於此納室。」私相奔誘者，因而配之。」帝從其計，軍中漸安，咸曰：「裴公之惠也。」是時，帝既昏侈逾甚，矩無所諫諍，但悅媚取容而已。

宇文化及弒逆，署爲尚書右僕射。化及敗，竇建德復以爲尚書右僕射，令專掌選事。時建德起自羣盜，事無節文，矩爲之創定朝儀，權設法律，憲章頗備，建德大悅，每諮訪焉。及建德敗，矩與僞將曹旦及建德之妻齎傳國八璽，舉山東之地來降，封安邑縣公。

武德五年，拜太子左庶子。俄遷太子詹事。令與虞世南撰吉凶書儀，參按故實，甚合禮度，爲學者所稱，至今行之。八年，兼檢校侍中。及太子建成被誅，其餘黨尙保宮城，欲與秦王決戰，王遣矩曉諭之，宮兵乃散。尋遷民部尙書。矩年且八十，而精爽不衰，以曉習故事，甚見推重。

太宗初即位，務止姦吏，或聞諸曹案典，多有受賂者，乃遣人以財物試之。有司門令史受餽絹一匹，太宗怒，將殺之，矩進諫曰：「此人受賂，誠合重誅。但陛下以物試之，即行極法，所謂陷人以罪，恐非導德齊禮之義。」太宗納其言，因召百僚謂曰：「裴矩遂能廷折，不肯面從，每事如此，天下何憂不治。」貞觀元年卒，贈絳州刺史，諡曰敬。撰開業平陳記十二卷，行於代。

子宣機，高宗時官至銀青光祿大夫、太子左中護。

宇文士及，雍州長安人。隋右衞大將軍述子，化及弟也。開皇末，以父勳封新城縣公。隋文帝嘗引入臥內，與語，奇之，令尙煬帝女南陽公主。大業中，歷尙輦奉御，從幸江都，以父憂去職，尋起爲鴻臚少卿。化及之潛謀逆亂也，以其主壻，深忌之而不告。既弒煬帝，署爲內史令。

初，高祖爲殿內少監，時士及爲奉御，深自結託。及隨化及至黎陽，高祖手詔召之。士及亦潛遣家僮間道詣長安申赤心，又因使密貢金環。高祖大悅，謂侍臣曰：「我與士及素經共事，今貢金環，是其來意也。」及至魏縣，兵威日蹙，士及勸之西歸長安，化及不從，士及

乃與封倫求於濟北徵督軍糧。俄而化及爲竇建德所擒，濟北豪右多勸士及發靑、齊之衆北擊建德，收河北之地，以觀形勢，士及不納，遂與封倫等來降。高祖數之曰：「汝兄弟率思歸之卒，爲入關之計，當此之時，若得我父子，豈肯相存，今欲何地自處？」士及謝曰：「臣之罪誠不容誅，但臣早奉龍顏，久存心腹，往在涿郡，嘗夜中密論時事，後於汾陰宮，復盡丹赤。自陛下龍飛九五，臣實傾心西歸，所以密申貢獻，冀此贖罪耳。」高祖笑謂裴寂曰：「此人與我言天下事，至今已六七年矣，公輩皆在其後。」時士及妹爲昭儀有寵，由是漸見親待，授上儀同。從太宗平宋金剛，以功復封新城縣公，妻以壽光縣主，仍遷秦王府驃騎將軍。又從平王世充、竇建德，以功進爵郢國公，遷中書侍郎，再轉太子詹事。

太宗即位，代封倫爲中書令，眞食益州七百戶。尋以本官檢校涼州都督。時突厥屢爲邊寇，士及欲立威以鎭邊服，每出入陳兵，盛爲容衞，又折節禮士，涼士服其威惠。徵爲殿中監，以疾出爲蒲州刺史，爲政寬簡，吏人安之。數歲，入爲右衞大將軍，甚見親顧，每延入閤中，乙夜方出，遇其歸沐，仍遣馳召，同列莫與爲比。然尤謹密，其妻每問向中使召有何樂事，士及終無所言。尋錄其功，別封一子爲新城縣公。在職七年，復爲殿中監，加金紫光祿大夫。及疾篤，太宗親問，撫之流涕。貞觀十六年卒，贈左衞大將軍、涼州都督，陪葬昭陵。士及撫幼弟及孤兄子，以友愛見稱，親戚故人貧乏者輒遺之。然厚自封植，衣食服

玩必極奢侈。謚曰「恭」，黄門侍郎劉洎駁之曰：「士及居家侈縱，不宜爲恭。」竟謚曰縱。

史臣曰：封倫多揣摩之才，有附託之巧。黨化及而數煬帝，或有赧顏；託士及以歸唐朝，殊無愧色。當建成之際，事持兩端；背蕭瑀之恩，奏多異議。太宗明主也，不見其心；玄齡賢相焉，尚容其諂。狡算醜行，死而後彰，苟非唐臨之劾，唐儉等議，則姦人得計矣。蕭瑀骨鯁亮直，儒術清明。執政隋朝，忠而獲罪；委質高祖，知無不爲。及太宗臨朝，房、杜用事，不容小過，欲居成功，既形猜貳之言，寧固或躍之位。易名而祇加「褊」字，所幸者猶多；奉佛而不失道情，非善也而何謂。裴矩方略寬簡，士及通變謹密，皆一時之稱也。

贊曰：封倫揣摩諂詐，蕭瑀骨鯁儒術。裴矩方略寬簡，士及通變謹密。

校勘記

〔一〕武德元年　「元年」，各本原作「五年」，據本書卷一高祖紀、合鈔卷一一四蕭瑀傳改。

〔二〕左武候引駕　「引」字各本原作「別」，據唐會要卷五五、冊府卷一〇一、通鑑卷一九九改。

〔三〕騎乘塡咽　「騎乘」二字各本原無，據冊府卷六五六補。

舊唐書卷六十四

列傳第十四

高祖二十二子

隱太子建成　衞王玄霸　巢王元吉　楚王智雲　荊王元景

漢王元昌　酆王元亨　周王元方　徐王元禮　韓王元嘉

彭王元則　鄭王元懿　霍王元軌　虢王鳳　道王元慶

鄧王元裕　舒王元名　魯王靈夔　江王元祥　密王元曉

滕王元嬰

高祖二十二男：太穆皇后生隱太子建成及太宗、衞王玄霸、巢王元吉，萬貴妃生楚王智雲，尹德妃生酆王元亨，莫嬪生荊王元景，孫嬪生漢王元昌，宇文昭儀生韓王元嘉、魯王

靈夔，崔嬪生鄧王元裕，楊嬪生江王元祥，小楊嬪生舒王元名，郭婕妤生徐王元禮，劉婕妤生道王元慶，楊美人生虢王鳳，張美人生霍王元軌，張寶林生鄭王元懿，柳寶林生滕王元嬰，王才人生彭王元則，魯才人生密王元曉，張氏生周王元方。

隱太子建成，高祖長子也。大業末，高祖捕賊汾、晉，建成攜家屬寄於河東。義旗初建，遣使密召之，建成與巢王元吉閒行赴太原。建成至，高祖大喜，拜左領軍大都督，封隴西郡公，引兵略西河郡，從平長安。義寧元年冬，隋恭帝拜唐國世子，開府，置僚屬。二年，授撫軍大將軍、東討元帥，將兵十萬徇洛陽。及還，恭帝授尚書令。

武德元年，立爲皇太子。二年，司竹羣盜祝山海有衆一千，自稱護鄉公，詔建成率將軍桑顯和進擊山海，平之。時涼州人安興貴殺賊帥李軌，以衆來降，令建成往原州應接之。時甚暑而馳獵無度，士卒不堪其勞，逃者過半。高祖憂其不閑政術，每令習時事，自非軍國大務，悉委決之。又遣禮部尚書李綱、民部尚書鄭善果俱爲宮官，與參謀議。

四年，稽胡酋帥劉仚成擁部落數萬人爲邊害，又詔建成率師討之。軍次鄜州，與仚成軍遇，擊大破之，斬首數百級，虜獲千餘人。建成設詐放其渠帥數十人，並授官爵，令還本所招慰羣胡，仚成與胡中大帥亦請降。建成以胡兵尚衆，恐有變，將盡殺之。乃揚言增置

州縣，須有城邑，悉課羣胡執板築之具，會築城所，陰勒兵士皆執之。建成聞有變，奔於梁師都。竟誅降胡六千餘人。

時太宗功業日盛，高祖私許立爲太子，建成密知之，乃與齊王元吉潛謀作亂。及劉黑闥重反，王珪、魏徵謂建成曰：「殿下但以地居嫡長，爰踐元良，功績既無可稱，仁聲又未遐布。而秦王勳業克隆，威震四海，人心所向，殿下何以自安？今黑闥率破亡之餘，衆不盈萬，加以糧運限絕，瘡痍未瘳，若大軍一臨，可不戰而擒也。願請討之，且以立功，深自封植，因結山東英俊。」建成從其計，遂請討劉黑闥，擒之而旋。

時高祖晚生諸王，諸母擅寵，椒房親戚並分事宮府，競求恩惠。太宗每總戎律，惟以撫接才賢爲務，至於參請妃媛，素所不行。初平洛陽，高祖遣貴妃等馳往東都選閱宮人及府庫珍物，因私有求索，兼爲親族請官。太宗以財簿先已封奏，官爵皆酬有功，並不允許，因此銜恨彌切。

時太宗爲陝東道行臺，詔於管內得專處分。淮安王神通有功，太宗乃給田數十頃。後婕妤張氏之父令婕妤私奏以乞其地，高祖手詔賜焉。神通以教給在前，遂不肯與。婕妤矯奏曰：「敕賜妾父地，秦王奪之以與神通。」高祖大怒，攘袂責太宗曰：「我詔敕不行，爾之教命州縣即受。」他日，高祖呼太宗小名謂裴寂等：「此兒典兵既久，在外專制，爲讀書漢所教，

非復我昔日子也。」

又德妃之父尹阿鼠所爲橫恣，秦王府屬杜如晦行經其門，阿鼠家僮數人牽如晦墜馬毆擊之，罵云：「汝是何人，敢經我門而不下馬！」阿鼠或慮上聞，乃令德妃奏言：「秦王左右凶暴，淩轢妾父。」高祖又怒謂太宗曰：「爾之左右欺我妃嬪之家，一至於此，況凡人百姓乎！」太宗深自辯明，卒不被納。妃嬪等因奏言：「至尊萬歲後，秦王得志，母子定無孑遺。」因悲泣哽咽。又云：「東宮慈厚，必能養育妾母子。」高祖惻愴久之。自是於太宗恩禮漸薄，廢立之心亦以此定，建成、元吉轉蒙恩寵。

自武德初，高祖令太宗居西宮之承乾殿，元吉居武德殿後院，與上臺、東宮晝夜並通，更無限隔。皇太子及二王出入上臺，皆乘馬攜弓刀雜用之物，相遇則如家人之禮。由是皇太子令及秦、齊二王教與詔敕並行，百姓惶惑，莫知準的。建成、元吉又外結小人，內連嬖幸，高祖所寵張婕妤、尹德妃皆與之淫亂。復與諸公主及六宮親戚驕恣縱橫，并兼田宅，侵奪犬馬。同惡相濟，掩蔽聰明，苟行己志，惟以甘言諛辭承候顏色。

建成乃私召四方驍勇，并募長安惡少年二千餘人，畜爲宮甲，分屯左、右長林門，號爲長林兵。及高祖幸仁智宮，留建成居守，建成先令慶州總管楊文幹募健兒送京師，欲以爲變。又遣郎將爾朱煥、校尉橋公山齎甲以賜文幹，令起兵共相應接。公山、煥等行至豳州，

懼罪馳告其事。高祖託以他事，手詔追建成詣行在所。既至，高祖大怒，建成叩頭謝罪，奮身自投於地，幾至於絕。其夜，置之幕中，令殿中監陳萬福防禦，而文幹遂舉兵反。高祖馳使召太宗以謀之，太宗曰：「文幹小豎，狂悖起兵，州府官司已應擒勦。縱其假息時刻，但須遣一將耳。」高祖曰：「文幹事連建成，恐應之者衆，汝宜自行，還，立汝爲太子。吾不能效隋文帝誅殺骨肉，廢建成封作蜀王，地既僻小易制。若不能事汝，亦易取耳。」太宗既行，元吉及四妃更爲建成內請，封倫又外爲遊說，高祖意便頓改，遂寢不行，復令建成還京居守。惟責以兄弟不能相容，歸罪於中允王珪、左衞率韋挺及天策兵曹杜淹等，並流之嶲州。

後又與元吉謀行酖毒，引太宗入宮夜宴，既而太宗心中暴痛，吐血數升，淮安王神通狼狽扶還西宮。高祖幸第問疾，因敕建成：「秦王素不能飲，更勿夜聚。」乃謂太宗曰：「發跡晉陽，本是汝計；克平宇內，是汝大功。欲升儲位，汝固讓不受，以成汝美志。建成自居東宮，多歷年所，今復不忍奪之。觀汝兄弟，終是不和〔一〕，同在京邑，必有忿競。汝還行臺，居於洛陽，自陝已東，悉宜主之。仍令汝建天子旌旗，如梁孝王故事。」太宗泣而奏曰：「今日之授，實非所願，不能遠離膝下。」言訖嗚咽，悲不自勝。高祖曰：「昔陸賈漢臣，尚有遞過之事，況吾四方之主，天下爲家。東西兩宮，塗路咫尺，憶汝即往，無勞悲也。」及將行，建成、元吉相與謀曰：「秦王今往洛陽，既得土地甲兵，必爲後患。留在京師制之，一匹夫

耳。」密令數人上封事曰：「秦王左右多是東人，聞往洛陽，非常欣躍，觀其情狀，自今一去，不作來意。」高祖於是遂停。

是後，日夜陰與元吉連結後宮，譖訴愈切，高祖惑之。太宗懼，不知所爲。李靖、李勣等數言：「大王以功高被疑，靖等請申犬馬之力。」封倫亦潛勸太宗圖之，並不許。倫反言於高祖曰：「秦王恃有大勳，不服居太子之下。若不立之，願早爲之所。」又說建成作亂曰：「夫爲四海者，不顧其親。漢高乞羹，此之謂矣。」

九年，突厥犯邊，詔元吉率師拒之，元吉因兵集，將與建成剋期舉事。長孫無忌、房玄齡、杜如晦、尉遲敬德、侯君集等日夜固爭曰：「事急矣！若不行權道，社稷必危。周公聖人，豈無情於骨肉？爲存社稷，大義滅親。今大王臨機不斷，坐受屠戮，於義何成？若不見聽，無忌等將竄身草澤，不得居王左右。」太宗然其計。六月三日，密奏建成、元吉淫亂後宮，因自陳曰：「臣於兄弟無絲毫所負，今欲殺臣，似爲世充、建德報讎。臣今枉死，永違君親，魂歸地下，實亦恥見諸賊。」高祖省之愕然，報曰：「明日當勘問，汝宜早參。」四日，太宗將左右九人至玄武門自衞。高祖已召裴寂、蕭瑀、陳叔達、封倫、宇文士及、竇誕、顏師古等，欲令窮覈其事。建成、元吉行至臨湖殿，覺變，即迴馬，將東歸宮府。太宗隨而呼之，元吉馬上張弓，再三不彀。太宗乃射之，建成應弦而斃。元吉中流矢而走，尉遲敬德殺之。俄而

東宮及齊府精兵二千人結陣馳攻玄武門，守門兵仗拒之，不得入，良久接戰，流矢及于內殿。太宗左右數百騎來赴難，建成等兵遂敗散。高祖大驚，謂裴寂等曰：「今日之事如何？」蕭瑀、陳叔達進曰：「臣聞內外無限，父子不親，當斷不斷，反受其亂。建成、元吉，義旗草創之際，並不預謀，建立已來，又無功德，常自懷憂，相濟爲惡，釁起蕭牆，遂有今日之事。秦王功蓋天下，率土歸心，若處以元良，委之國務，陛下如釋重負，蒼生自然乂安。」高祖曰：「善！此亦吾之夙志也。」乃命召太宗而撫之曰：「近日已來，幾有投杼之惑。」太宗哀號久之。

建成死時年三十八。長子太原王承宗早卒。次子安陸王承道、河東王承德、武安王承訓、汝南王承明、鉅鹿王承義並坐誅。太宗卽位，追封建成爲息王，謚曰隱，以禮改葬。葬日，太宗於宜秋門哭之甚哀，仍以皇子趙王福爲建成嗣。十六年五月，又追贈皇太子，謚仍依舊。

衞王玄霸，高祖第三子也。早薨，無子。武德元年，追贈衞王，謚曰懷。四年，封太宗子泰爲宜都王以奉其祀，以禮改葬，太子以下送于郭外。泰後徙封於越，又以宗室贈西平王瓊之子保定爲嗣。貞觀五年薨，無子國除。

巢王元吉，高祖第四子也。義師起，授太原郡守，封姑臧郡公。尋進封齊國公，授十五郡諸軍事、鎭北大將軍，留鎭太原，許以便宜行事。

武德元年，進爵爲王，授并州總管。二年，劉武周南侵汾、晉，詔遣右衞將軍宇文歆助元吉守并州。元吉性好畋獵，載網罟三十餘兩，嘗言「我寧三日不食，不能一日不獵」，又縱其左右攘奪百姓。歆頻諫不納，乃上表曰：「王在州之日，多出微行，常共竇誕遊獵，蹂踐穀稼，放縱親昵，公行攘奪，境內六畜，因之殆盡。當衢而射，觀人避箭，以爲笑樂。分遣左右，戲爲攻戰，至相擊刺，毀傷至死。夜開府門，宣淫他室。百姓怨毒，各懷憤歎。以此守城，安能自保！」元吉竟坐免。又諷父老詣闕請之，尋令復職。

時劉武周率五千騎至黃蛇嶺，元吉遣車騎將軍張達以步卒百人先嘗之。達以步卒少，固請不行。元吉強遣之，至則盡沒於賊。達憤怒，因引武周攻陷榆次，進逼并州。元吉大懼，紿其司馬劉德威曰：「卿以老弱守城，吾以強兵出戰。」因夜出兵，攜其妻妾棄軍奔還京師，并州遂陷。高祖怒甚，謂禮部尚書李綱曰：「元吉幼小，未習時事，故遣竇誕、宇文歆輔之。強兵數萬，食支十年，起義興運之基，一朝而棄。宇文歆首畫此計，我當斬之。」綱曰：「賴歆令陛下不失愛子，臣以爲有功。」高祖問其故，綱對曰：「罪由竇誕不能規諷，致令軍人怨憤。又齊王年少，肆行驕逸，放縱左右，侵漁百姓。誕曾無諫止，乃隨順掩藏，以成其釁，此誕之罪。宇文歆論情則疏，向彼又淺，王之過失，悉以聞奏。且父子之際，人所難言，而歆言之，豈非忠懇？今欲誅罪，不錄其心，臣愚竊以爲過。」翌日，高祖召綱入，升御坐，謂曰：「今我有公，遂使刑罰不濫。元吉自惡，結怨於人。歆既曾以表聞，誕亦焉能禁制，皆非其罪也。」尋加授元吉侍中、襄州道行臺尚書令、稷州刺史。

四年，太宗征竇建德，留元吉與屈突通圍王世充於東都。世充出兵拒戰，元吉設伏擊破之，斬首八百級，生擒其大將樂仁昉、甲士千餘人。世充平，拜司空，餘官如故，加賜袞冕之服、前後部鼓吹樂二部、班劍二十人、黃金二千斤，與太宗各聽三鑪鑄錢以自給。六年，加授隰州總管。

及與建成連謀，各募壯士，多匿罪人。復內結宮掖，遞加稱譽，又厚賂中書令封倫以爲黨助。由是高祖頗疏太宗而加愛元吉。太宗嘗從高祖幸其第，元吉伏其護軍宇文寶於寢內，將以刺太宗。建成恐事不果而止之，元吉慍曰：「爲兄計耳，於我何害！」九年，轉左衞大將軍，尋進位司徒、兼侍中、并州大都督、隰州都督、稷州刺史並如故。

高祖將避暑太和宮，二王當從，元吉謂建成曰：「待至宮所，當興精兵襲取之。置土窟中，唯開一孔以通飲食耳。」會突厥郁射設屯軍河南，入圍烏城〔三〕。建成乃薦元吉代太宗督

軍北討，仍令秦府驍將秦叔寶、尉遲敬德、程知節、段志玄等並與同行。又追秦府兵帳，簡閱驍勇，將奪太宗兵以益其府。又譖杜如晦、房玄齡，逐令歸第。高祖知其謀而不制。元吉因密請加害太宗，高祖曰：「是有定四海之功，罪迹未見，一旦欲殺，何以爲辭？」元吉曰：「秦王常違詔敕。初平東都之日，偃蹇顧望，不急還京，分散錢帛，以樹私惠。違戾如此，豈非反逆？但須速殺，何患無辭！」高祖不對，元吉遂退。

建成謂元吉曰：「既得秦王精兵，統數萬之衆，吾與秦王至昆明池，於彼宴別，令壯士拉之於幕下，因云暴卒，主上諒無不信。吾當使人進說，令付吾國務。正位已後，以汝爲太弟。敬德等既入汝手，一時坑之，孰敢不服？」率更丞王晊聞其謀，密告太宗。太宗召府僚以告之，皆曰：「大王若不正斷，社稷非唐所有。若使建成、元吉肆其毒心，羣小得志，元吉狠戾，終亦不事其兄。往者護軍薛寶上齊王符籙云：『元吉合成唐字。』齊王得之喜曰：『但除秦王，取東宮如反掌耳。』爲亂未成，預懷相奪。以大王之威，襲二人如拾地芥。」太宗遲疑未決，衆又曰：「大王以舜爲何如人也？」曰：「濬哲文明，温恭允塞，爲子孝，爲君聖，焉可議之乎？」府僚曰：「向使舜浚井不出，自同魚鱉之斃，焉得爲孝子乎？塗廩不下，便成煨燼之餘，焉得爲聖君乎？小杖受，大杖避，良有以也。」太宗於是定計誅建成及元吉。

元吉死時年二十四。有五子：梁郡王承業、漁陽王承鸞、普安王承奬、江夏王承裕、

義陽王承度，並坐誅。尋詔絕建成、元吉屬籍。太宗踐祚，追封元吉爲海陵郡王，謚曰剌，以禮改葬。貞觀十六年，又追封巢王，謚如故，復以曹王明爲元吉後。

楚王智雲，高祖第五子也。母曰萬貴妃，性恭順，特蒙高祖親禮。宮中之事皆諮稟之，諸王妃主，莫不推敬。後授楚國太妃，薨，陪葬獻陵。

智雲本名稚詮，大業末，從高祖於河東。及義師將起，隱太子建成潛歸太原，以智雲年小，委之而去。因爲吏所捕，送于長安，爲陰世師所害，年十四。義寧元年，贈尚書左僕射、楚國公。武德元年，追封楚王，謚曰哀。無子，三年，以太宗子寬爲嗣。寬薨，貞觀二年，復以濟南公世都子靈龜嗣焉。

靈龜，永徽中歷魏州刺史，政尚清嚴，姦盜屏跡。又開永濟渠入于新市，以控引商旅，百姓利之。卒官。

子福嗣嗣，降爵爲公。儀鳳中，卒於右威衛將軍。子承況，神龍中爲右羽林將軍，與節愍太子同舉兵，入玄武門，爲亂兵所殺。

荆王元景，高祖第六子也。武德三年，封爲趙王。八年，授安州都督。貞觀初，歷遷

雍州牧、右驍衛大將軍。十年，徙封荆王，授荆州都督。十一年，定制元景等爲代襲刺史。詔曰：

皇王受命，步驟之迹以殊；經籍所紀，質文之道匪一。雖治亂不同，損益或異，至於設官司以制海內，建藩屏以輔王室，莫不明其典章，義存於致治，崇其賢戚，志在於無疆。朕以寡昧，丕承鴻緒，寅畏三靈，憂勤百姓，考明哲之餘論，求經邦之長策。帝業之重，獨任難以成務；天下之曠，因人易以獲安。然則侯伯肇於自昔，州郡始於中代，聖賢異術，沿革隨時，復古則義難頓從，尋今則事不盡理。遂規模周、漢，斟酌曹、馬，採按部之嘉名，參建侯之舊制，共治之職重矣，分土之實存焉。已有制書，陳其至理。繼世垂範，貽厥後昆；維城作固，同符前烈。荆州都督荆王元景、梁州都督漢王元昌、徐州都督徐王元禮、潞州都督韓王元嘉、遂州都督彭王元則、鄭州刺史鄭王元懿、絳州刺史霍王元軌、虢州刺史虢王鳳、豫州刺史道王元慶、鄧州刺史鄧王元裕、壽州刺史舒王元名、幽州都督燕王靈夔、蘇州刺史許王元祥、安州都督吳王恪、相州都督魏王泰、齊州都督齊王祐〔三〕、益州都督蜀王愔、襄州刺史蔣王惲、揚州都督越王貞、并州都督晉王某、秦州都督紀王慎等，或地居旦、奭，夙聞詩、禮；或望及間、平，早稱才藝，並爵隆土宇，寵兼車服。誠孝之心，無忘於造次；風政之舉，克著於期月。宜冠

恆冊，祚以休命。其所任刺史，咸令子孫代代承襲。」

尋又罷代襲之制。元景久之轉鄜州刺史。高宗即位，進位司徒，加實封通前滿一千五百戶。永徽四年〔四〕，坐與房遺愛謀反賜死，國除。後追封沈黎王，備禮改葬，以渤海王奉慈子長沙爲嗣，降爵爲侯。神龍初，追復爵土，并封其孫逖爲嗣荆王，尋薨，國除。

漢王元昌，高祖第七子也。少好學，善隸書。武德三年，封爲魯王。貞觀五年，授華州刺史，轉梁州都督。十年，改封漢王。元昌在州，頗違憲法，太宗手敕責之。初不自咎，更懷怨望。知太子承乾嫉魏王泰之寵，乃相附託，圖爲不軌。十六年，元昌來朝京師，承乾頻召入東宮夜宿，因謂承乾曰：「願殿下早爲天子。近見御側，有一宮人，善彈琵琶，事平之後，當望垂賜。」承乾許諾。又刻臂出血，以帛拭之，燒作灰，和酒同飲，共爲信誓，潛伺間隙。

十七年，事發，太宗弗忍加誅，特敕免死。大臣高士廉、李世勣等奏言：「王者以四海爲家，以萬姓爲子，公行天下，情無獨親。元昌苞藏凶惡，圖謀逆亂，觀其指趣，察其心府，罪深燕旦，釁甚楚英。天地之所不容，人臣之所切齒，五刑不足申其罰，九死無以當其愆。而陛下情屈至公，恩加梟獍，欲開疏網，漏此鯨鯢。臣等有司，期不奉制，伏願敦師憲典，誅此

凶慝。順羣臣之願，奪鷹鸇之心，則吳、楚七君不幽歎於往漢，管、蔡二叔不沉恨於有周。」太宗事不獲已，乃賜元昌自盡於家，妻子籍沒，國除。

鄷王元亨，高祖第八子也。武德三年受封。貞觀二年，授散騎常侍，拜金州刺史。及之藩，太宗以其幼小，甚思之，中路賜以金盞，遣使爲之設宴。六年薨，無子國除。

周王元方，高祖第九子也。武德四年受封。貞觀二年，授散騎常侍。三年薨，贈左光祿大夫，無子國除。

徐王元禮，高祖第十子也。少恭謹，善騎射。武德四年，封鄭王。貞觀六年，賜實封七百戶，授鄭州刺史，徙封徐王，遷徐州都督。十七年，轉絳州刺史，以善政聞，太宗降璽書勞勉，賜以錦綵。二十三年，加實封千戶。永徽四年，加授司徒，兼潞州刺史。咸亨三年薨，贈太尉、冀州大都督，陪葬獻陵。

子淮南王茂嗣。茂險薄無行，元禮姬趙氏有美色，及元禮遇疾，茂遂逼之，元禮知而切加責讓。茂乃屏斥元禮侍衛，斷其藥膳，仍云：「既得五十年爲王，更何煩服藥。」竟以餒

終。上元中，事洩，配流振州而死。神龍初，又封茂子琟爲嗣徐王。景龍四年，加銀青光祿大夫。開元中，除宗正員外卿，卒。

子延年嗣。開元二十六年，封嗣徐王，除員外洗馬。天寶初，拔汗那王入朝，延年將嫁女與之，爲右相李林甫所奏，貶文安郡別駕、彭城長史，坐贓貶永嘉司士。至德初，餘杭郡司馬，卒。永泰元年，女婿黔中觀察使趙國珍入朝，請以延年子前施州刺史諷爲嗣，因封嗣徐王。

韓王元嘉，高祖第十一子也。母宇文昭儀，隋左武衞大將軍述之女也。早有寵於高祖，高祖初即位，便欲立爲皇后，固辭不受。元嘉少以母寵，特爲高祖所愛，自登極晚生皇子無及之者。武德四年，封宋王，徙封徐王。貞觀六年，賜實封七百戶，授潞州刺史，時年十五。在州聞太妃有疾，便涕泣不食。及京師發喪，哀毀過禮，太宗嗟其至性，屢慰勉之。九年，授右領軍大將軍。十年，改封韓王，授潞州都督。二十三年，加實封滿千戶。元嘉少好學，聚書至萬卷，又採碑文古跡，多得異本。閨門修整，有類寒素士大夫。與其弟靈夔甚相友愛，兄弟集見如布衣之禮。其修身潔己，內外如一，當代諸王莫能及者，唯霍王元軌抑其次焉。

高宗末，元嘉轉澤州刺史。及天后臨朝攝政，欲順物情，乃進授元嘉爲太尉，定州刺史、霍王元軌爲司徒，青州刺史、舒王元名爲司空，隆州刺史、魯王靈夔爲太子太師，蘇州刺史、越王貞爲太子太傅，安州都督、紀王慎爲太子太保，並外示尊崇，實無所綜理。其後漸將誅戮宗室諸王不附己者，元嘉大懼，與其子通州刺史、黃公譔及越王貞父子謀起兵，於是皇宗國戚內外相連者甚廣。遣使報貞及貞子琅邪王沖曰：「四面同來，事無不濟。」沖與諸道計料未審而先發兵，倉卒唯貞應之，諸道莫有赴者，故其事不成。元嘉坐誅。譔少以文才見知，諸王子中與琅邪王沖爲一時之秀，凡所交結皆當代名士。時天下犯罪籍沒者甚衆，唯沖與譔父子書籍最多，皆文句詳定，祕閣所不及。

神龍初，追復元嘉爵土，并封其第五子訥爲嗣韓王，官至員外祭酒。開元十七年卒。元嘉長子訓，高祖時封潁川王，早卒。次子誼，封武陵王，官至濮州刺史。開元中，封訥子叔璩爲嗣韓王、國子員外司業。

彭王元則，高祖第十二子也。武德四年，封荆王。貞觀七年，授豫州刺史。十年，改封彭王，除遂州都督，尋坐章服奢僭免官。十七年，拜澧州刺史，更折節勵行，頗著聲譽。永徽二年薨，高宗爲之廢朝三日，贈司徒、荆州都督，陪葬獻陵，謚曰思。發引之日，高宗登望春宮望其靈車，哭之甚慟。

無子，以霍王元軌子絢嗣，龍朔中封南昌王。

子志暕，神龍初封嗣彭王。景龍初，加銀青光祿大夫。開元中，宗正卿同正員，卒。

鄭王元懿，高祖第十三子也。頗好學。武德四年，封滕王。貞觀七年，授兗州刺史，賜實封六百戶。十年，改封鄭王，歷鄭、潞二州刺史。二十三年，加實封滿千戶。總章中，累授絳州刺史。數斷大獄，甚有平允之譽，高宗嘉之，降璽書褒美，賜物三百段。咸亨四年薨，贈司徒、荆州大都督，謚曰惠，陪葬獻陵。

子璥，上元初，封爲嗣鄭王，官至鄂州刺史。

神龍初，又封璥嫡子希言爲嗣鄭王。景龍四年，嗣鄭王希言等共一十四人，並加銀青光祿大夫。開元中，右金吾大將軍。天寶初，再爲太子詹事同正員，卒。

霍王元軌，高祖第十四子也。少多才藝，高祖甚奇之。武德六年，封蜀王。八年，徙封吳王。貞觀初，太宗嘗問羣臣曰：「朕子弟孰賢？」侍中魏徵對曰：「臣愚闇，不盡知其能。

唯吳王數與臣言，未嘗不自失。」上曰：「朕亦器之，卿以爲前代誰比？」徵曰：「經學文雅，亦漢之間、平也。」由是寵遇彌厚，因令娶徵女焉。從太宗遊獵，遇羣獸，命元軌射之，矢不虛發，太宗撫其背曰：「汝武藝過人，恨今無所施耳。當天下未定，我得汝豈不美乎！」

七年，拜壽州刺史，賜實封六百戶。高祖崩，去職，毀瘠過禮，自後常衣布，示有終身之戚焉。每至忌辰，輒數日不食。十年，改封霍王，授絳州刺史，尋轉徐州刺史。元軌前後爲刺史，至州，唯閉閤讀書，吏事責成於長史、司馬，謹慎自守，與物無忤，爲人不妄。在徐州，唯與處士劉玄平爲布衣之交。人或問玄平王之長，玄平答曰：「無長。」問者怪而復問之，玄平曰：「夫人有短，所以見其長。至於霍王，無所不備，吾何以稱之哉？」

二十三年，加實封滿千戶，爲定州刺史。突厥來寇，元軌令開門偃旗，虜疑有伏，懼而宵遁。州人李嘉運與賊連謀，事洩，高宗令收按其黨。元軌以強寇在境，人心不安，惟殺嘉運，餘無所及，因自劾違制。上覽表大悅，謂使曰：「朕亦悔之，向無王，則失定州矣。」有王文操遇賊，而二子鳳、賢遂以身蔽捍，文操獲全，二子皆死。縣司抑而不申，元軌察知，遣使弔祭，表上其事，詔並贈朝散大夫，令加旌表，其禮賢愛善如此。後因入朝，屢上疏陳時政得失，多所匡益，高宗甚尊重之。及在外藩，朝廷每有大事，或密制問焉。高宗崩，與侍中劉齊賢等知山陵葬事，齊賢服其識練故事，每謂人曰：「非我輩所及也。」元軌嘗使國令徵封，令白：「請依諸國賦物貿易取利。」元軌曰：「汝爲國令，當正吾失，反說吾以利耶！」拒而不納。垂拱元年，加位司徒，尋出爲襄州刺史，轉青州。四年，坐與越王貞連謀起兵，事覺，徙居黔州，仍令載以檻車，行至陳倉而死。

有子七人。長子緒最有才藝。上元中，封江都王，累除金州刺史。垂拱中，坐與裴承光交通被殺。神龍初，與元軌並追復爵位，仍封緒孫暉爲嗣霍王。景龍四年，加銀青光祿大夫。開元中，左千牛員外將軍。

虢王鳳，高祖第十五子也。武德六年，封豳王。貞觀七年，授鄧州刺史，賜實封六百戶。十年，徙封虢王，歷虢、豫二州刺史。二十三年，加實封滿千戶。麟德初，累授青州刺史。上元元年薨，年五十二，贈司徒、揚州大都督，陪葬獻陵，謚曰莊。子平陽郡王翼嗣，官至光州刺史。永隆二年卒。子寓嗣，則天時失爵。

鳳第三子定襄郡公宏，則天初爲曹州刺史。

第五子東莞郡公融，少以武勇見知。垂拱中，爲申州刺史。初，黃公譔將與越王貞通謀，深倚仗融以爲外助。時詔追諸親赴都，融私使問其所親成均助教高子貢曰：「可入朝以否？」子貢報曰：「來必取死。」融乃稱疾不朝，以俟諸藩期。及得越王貞起兵書，倉卒不能

相應，爲僚吏所逼，不獲已而奏之，於是擢授銀青光祿大夫，行太子右贊善大夫。未幾，爲支黨所引，被誅。

子徽，神龍元年襲封東莞郡公。開元五年，繼密王元曉，改爲嗣密王。十二年，改封濮陽郡王，歷宗正卿、金紫光祿大夫，卒。

神龍初，封鳳嫡孫邕爲嗣虢王。邕娶韋庶人妹爲妻，由是中宗時特承寵異，轉祕書監，俄又改封汴王，開府置僚屬。月餘而韋氏敗，邕揮刃截其妻首，以至於朝，深爲物議所鄙。貶沁州刺史，不知州事，削封邑。景雲二年，復嗣虢王，還封二百戶。累遷衞尉卿。開元十五年卒。子巨嗣，別有傳。

道王元慶，高祖第十六子也。武德六年，封漢王。八年，改封陳王。貞觀九年，拜趙州刺史，賜實封八百戶。十年，改封道王，授豫州刺史。二十三年，加實封滿千戶。永徽四年，歷滑州刺史，以政績聞，賜物二百段。後歷徐、沁、衞三州刺史。元慶事母甚謹，及母薨，又請躬修墳墓，優詔不許。麟德元年薨，贈司徒、益州都督，陪葬獻陵，謚曰孝。

子臨淮王誘嗣，官至澧州刺史。永淳中，坐贓削爵。

次子詢，壽州刺史。

詢子徽，神龍初，封爲嗣道王。景龍四年，加銀青光祿大夫。景雲元年，宗正卿，卒。

子錬，開元二十五年，襲封嗣道王。廣德中，官至宗正卿。

鄧王元裕，高祖第十七子也。貞觀五年，封鄶王。十一年，改封鄧王，賜實封八百戶，歷鄧、梁、黃三州刺史。元裕好學，善談名理，與典籤盧照鄰爲布衣之交。二十三年，加實封通前一千五百戶。高宗時，又歷壽、襄二州刺史、兗州都督。麟德二年薨，贈司徒、益州大都督，陪葬獻陵，謚曰康。無子，以弟江王元祥子廣平公炅嗣。

神龍初，封炅子孝先爲嗣鄧王。開元十三年，右監門衞大將軍、冠軍大將軍，卒。

舒王元名，高祖第十八子也。年十歲時，高祖在大安宮，太宗晨夕使尙宮起居送珍饌，元名保傅等謂元名曰：「尙宮品秩高者，見宜拜之。」元名曰：「此我二哥家婢也，何用拜爲？」太宗聞而壯之，曰：「此眞我弟也。」貞觀五年，封譙王。十一年，徙封舒王，賜實封八百戶，拜壽州刺史。後歷滑、許、鄭三州刺史。二十三年，加實封滿千戶，轉石州刺史。元名性高潔，罕問家人產業，朝夕矜莊，門庭清肅，常誡其子豫章王亶等曰：「藩王所乏

者，不慮無錢財官職，但勉行善事，忠孝持身，此吾志也。」及亶爲江州刺史，以善政聞，高宗手敕褒美元名，以賞其義方之訓。高宗每欲授元名大州刺史，固辭曰：「忝預藩戚，豈以州郡戶口爲仕進之資？」辭情懇到，故在石州二十年，賞玩林泉，有塵外之意。垂拱年，除青州刺史，又除鄭州刺史。州境鄰接都畿，諸王及帝戚莅官者，或有不檢攝家人，爲百姓所苦。及元名到，大革其弊。轉滑州刺史，政理如在鄭州。尋加授司空。永昌年，與子亶俱爲丘神勣所陷，被殺。神龍初，贈司徒，復其官爵，仍令以禮改葬。

亶子津爲嗣舒王。景龍四年，加銀青光祿大夫。開元中，左威衞將軍，卒。

子萬嗣，天寶二年卒。

子藻嗣，天寶九載，封嗣舒王。

魯王靈夔，高祖第十九子也。少有美譽，善音律，好學，工草隸，與同母兄韓王元嘉特相友愛。貞觀五年，封魏王。十年，改封燕王，賜實封八百戶，授幽州都督。十四年，改封魯王，授兗州都督。二十三年，加實封滿千戶。永徽六年，轉隆州刺史，後歷絳、滑、定等州刺史、太子太師。垂拱元年，授邢州刺史。四年，與兄元嘉子黃公譔結謀，欲起兵應接越王貞父子，事洩，配流振州，自縊而死。

有二子：長子銑，封清河王。次子藹，封范陽王，歷右散騎常侍，爲酷吏所陷。神龍初，追復靈夔官爵，仍令以禮改葬。封藹子道堅爲嗣魯王。性嚴整，雖在閨門，造次必於莊敬，少年佐郡，聲實已彰。景龍四年，加銀青光祿大夫，歷果隴吉冀洛汾滄等七州刺史、國子祭酒。開元二十二年，兼檢校魏州刺史，未行，改汴州刺史 河南道採訪使。此州都會，水陸輻湊，實曰膏腴，道堅特以清毅聞。入爲宗正卿，卒。

子宇嗣，二十九年，封嗣魯王。至德元年，從幸巴蜀，爲右金吾將軍。寶應元年，皇太子封爲魯王，改宇嗣鄒王。

道堅弟道邃，中興初，封戴國公，以恭默自守，修山東婚姻故事，頻任清列。天寶中爲右丞，大理、宗正二卿，卒。

江王元祥，高祖第二十子也。貞觀五年，封許王。十一年，徙封江王，授蘇州刺史，賜實封八百戶。二十三年，加實封滿千戶。高宗時，又歷金、鄜、鄭三州刺史。性貪鄙，多聚金寶，營求無厭，爲人吏所患。時滕王元嬰、蔣王惲、虢王鳳亦稱貪暴，有授得其府官者，以比嶺南惡處，爲之語曰：「寧向儋、崖、振、白，不事江、滕、蔣、虢。」

元祥體質洪大，腰帶十圍，飲啖亦兼數人，其時韓王元嘉、虢王鳳、魏王泰狀貌亦

偉〔五〕，不逮於元祥。又眇一目。永隆元年薨，贈司徒、并州大都督，陪葬獻陵，謚曰安。

子永嘉王晫，永隆中，爲復州刺史。以禽獸其行，賜死于家。中興初，元祥子鉅鹿郡公晃子欽嗣江王。景龍四年，加銀青光祿大夫，娶王仁皎女，至千牛將軍，卒。

密王元曉，高祖第二十一子也。貞觀五年受封。九年，授虢州刺史。十四年，賜實封八百戶。二十三年，加滿千戶，轉澤州刺史。永徽四年，除宣州刺史，後歷徐州刺史。上元三年薨，贈司徒、揚州都督，陪葬獻陵，謚曰貞。

子南安王穎嗣。神龍初，封穎弟亮子㬠爲嗣密王。

滕王元嬰，高祖第二十二子也。貞觀十三年受封。十五年，賜實封八百戶，授金州刺史。二十三年，加實封滿千戶。

永徽中，元嬰頗驕縱逸遊，動作失度，高宗與書誡之曰：

王地在宗枝，寄深磐石，幼聞詩、禮，夙承義訓。實冀孜孜無怠，漸以成德；豈謂不遵軌轍，踰越典章。且城池作固，以備不虞，關鑰閉開，須有常準。鳩合散樂，并集府僚，嚴關夜開，非復一度。遏密之悲，尙纏比屋，王以此情事，何遽紛紜？又巡省百姓，本觀風問俗，遂乃驅率老幼，借狗求罝，志從禽之娛，忽黎元之重。時方農要，屢出畋遊，以彈彈人，將爲笑樂。取適之方，亦應多緒，何必此事，方得爲娛？晉靈虐主，未可取則。趙孝文趨走小人，張四又倡優賤隸，王親與博戲，極爲輕脫，一府官僚，何所瞻望？凝寒方甚，以雪埋人，虐物既深，何以爲樂？家人奴僕，侮弄官人，至於此事，彌不可長。朕以王骨肉至親，不能致王於法，今與王下上考，以愧王心。人之有過，貴在能改，國有憲章，私恩難再。興言及此，慚歎盈懷。

三年，遷蘇州刺史，尋轉洪州都督。又數犯憲章，削邑戶及親事帳內之半，於滁州安置。後起授壽州刺史，轉隆州刺史。弘道元年，加開府儀同三司，兼梁州都督。文明元年薨，贈司徒、冀州都督，陪葬獻陵。

子長樂王循琦嗣。兄弟六人，垂拱中並陷詔獄。神龍初，以循琦弟循琯子涉嗣滕王，本名茂宗，狀貌類胡而豐碩。開元十二年，加銀青光祿大夫，左驍衞將軍。天寶初，淮安郡別駕，卒。

子湛然嗣。十一載，封滕王。十五載，從幸蜀，除左金吾將軍。

史臣曰：一人元良，萬國以貞。若明異重離，道非出震，雖居嫡長，寧固鎡錤〔六〕。況當開創之初，未見太平之兆。建成殘忍，豈主鬯之才；元吉凶狂，有覆巢之迹。若非太宗逆取順守，積德累功，何以致三百年之延洪、二十帝之纂嗣？或堅持小節，必虧大猷，欲比秦二世、隋煬帝，亦不及矣。元嘉修身，元軌無短，元裕名理，元名高潔，靈夔嚴整，皆有封册之名，而無磐石之固。武氏之亂，或連頸被刑；姦臣擅權，則束手爲制。其望本枝百世也，不亦難乎！

贊曰：有功曰祖，有德曰宗。建成、元吉，實爲二凶。中外交構，人神不容。用晦而明，殷憂啓聖。運屬文皇，功成守正。善惡既分，社稷乃定。盤維封建，本枝茂盛。元嘉、元軌，修身慎行。元裕、元名，行簡居正。犬牙不固，武氏易姓。既無兵民，若拘陷穽。敢告後人，無或失政。

校勘記

〔一〕終是不和 「終」字各本原無，據册府卷一八一補。

〔二〕烏城 各本原作「烏程」，據本書卷六八尉遲敬德傳、新書卷七九巢王元吉傳改。

〔三〕齊王祐　「祐」字各本原作「裕」，據本書卷七六庶人祐傳、通鑑卷一九六改。

〔四〕永徽四年　「四年」，各本原作「二年」，據本書卷四高宗紀、通鑑卷一九九改。

〔五〕魏王泰　「泰」字各本原作「恭」，據本書卷七六濮王泰傳、合鈔卷一一五江王元祥傳改。

〔六〕鎡錤　各本原作「錤鎡」。按廣雅釋器：「鎡錤，鉏也。」孟子公孫丑云：「雖有鎡基（按「基」即「錤」），不如待時。」據改。

舊唐書卷六十五

列傳第十五

高士廉　長孫無忌

高儉字士廉，渤海蓨人。曾祖飛雀，後魏贈太尉。祖嶽，北齊侍中、左僕射、太尉、清河王。父勱，字敬德，北齊樂安王、尚書左僕射、隋洮州刺史。

士廉少有器局，頗涉文史。隋司隸大夫薛道衡、起居舍人崔祖濬並稱先達，與士廉結忘年之好，由是公卿藉甚。大業中，爲治禮郎。士廉妹先適隋右驍衛將軍長孫晟，生子無忌及女。晟卒，士廉迎妹及甥於家，恩情甚重。見太宗潛龍時非常人，因以晟女妻焉，即文德皇后也。

隋軍伐遼，時兵部尚書斛斯政亡奔高麗，士廉坐與交遊，謫爲朱鳶主簿。事父母以孝聞，嶺南瘴癘，不可同行，留妻鮮于氏侍養，供給不足。又念妹無所庇，乃賣大宅，買小宅以

處之，分其餘貲，輕裝而去。尋屬天下大亂，王命阻絕，交趾太守丘和署爲司法書佐。士廉久在南方，不知母問，北顧彌切。嘗晝寢，夢其母與之言，宛如膝下，既覺而涕泗橫集。明日果得母訊，議者以爲孝感之應。

時欽州甯長眞率衆攻和，和欲出門迎之，士廉進說曰：「長眞兵勢雖多，懸軍遠至，內離外釁，不能持久。且城中勝兵足以當之，奈何而欲受人所制？」和從之，因命士廉爲行軍司馬，水陸俱進，逆擊破之，長眞僅以身免，餘衆盡降。及蕭銑敗，高祖使徇嶺南。武德五年，士廉與和上表歸國，累遷雍州治中。時太宗爲雍州牧，以士廉是文德皇后之舅，素有才望，甚親敬之。及將誅隱太子，士廉與其甥長孫無忌並預密謀。六月四日，士廉率吏卒釋繫囚，授以兵甲，馳至芳林門，備與太宗合勢。太宗昇春宮，拜太子右庶子。

貞觀元年，擢拜侍中，封義興郡公，賜實封九百戶。士廉明辯善容止，凡有獻納，搢紳之士莫不屬目。時黃門侍郎王珪有密表附士廉以聞，士廉寢而不言，坐是出爲安州都督，轉益州大都督府長史。蜀土俗薄，畏鬼而惡疾，父母病有危殆者，多不親扶侍，杖頭挂食，遙以哺之。士廉隨方訓誘，風俗頓改。秦時李冰守蜀，導引汶江，創浸灌之利，至今地居水側者，頃直千金，富強之家，多相侵奪。士廉乃於故渠外別更疏決，蜀中大獲其利。又因暇日汲引辭人，以爲文會，兼命儒生講論經史，勉勵後進，蜀中學校粲然復興。

蜀人朱桃椎者，澹泊爲事，隱居不仕，披裘帶索，沉浮人間。竇軌之鎮益州也，聞而召見，遺以衣服，逼爲鄉正。桃椎口竟無言，棄衣於地，逃入山中，結菴澗曲。夏則裸形，多則樹皮自覆，人有贈遺，一無所受。每爲芒履，置之於路，人見之者曰「朱居士之履也」，爲鬻米置於本處，桃椎至夕而取之，終不與人相見。議者以爲焦先之流。士廉下車，以禮致之，及至，降階與語，桃椎不答，直視而去。士廉每令存問，桃椎見使者，輒入林自匿。近代以來，多輕隱逸，士廉獨加褒禮，蜀中以爲美談。

五年，入爲吏部尚書，進封許國公，仍封一子爲縣公。獎鑒人倫，雅諳姓氏，凡所署用，莫不人地俱允。高祖崩，士廉攝司空，營山陵制度，事畢，加特進、上柱國。

是時，朝議以山東人士好自矜夸，雖復累葉陵遲，猶恃其舊地，女適他族，必多求聘財。太宗惡之，以爲甚傷教義，乃詔士廉與御史大夫韋挺、中書侍郎岑文本、禮部侍郎令狐德棻等刊正姓氏。於是普責天下譜諜，仍憑據史傳考其眞僞，忠賢者褒進，悖逆者貶黜，撰爲氏族志。士廉乃類其等第以進。太宗曰：「我與山東崔、盧、李、鄭，舊既無嫌，爲其世代衰微，全無冠蓋，猶自云士大夫，婚姻之間，則多邀錢幣。才識凡下，而偃仰自高，販鬻松檟，依託富貴。我不解人間何爲重之？祗緣齊家惟據河北，梁、陳僻在江南，當時雖有人物，偏僻小國，不足可貴，至今猶以崔、盧、王、謝爲重。我平定四海，天下一家，凡在朝士，皆功效

顯著，或忠孝可稱，或學藝通博，所以擢用。見居三品以上，欲共衰代舊門爲親，縱多輸錢帛，猶被偃仰。我今特定族姓者，欲崇重今朝冠冕，何因崔幹猶爲第一等？昔漢高祖止是山東一匹夫，以其平定天下，主尊臣貴。卿等讀書，見其行迹，至今以爲美談，心懷敬重。卿等不貴我官爵耶？不須論數世以前，止取今日官爵高下作等級。」遂以崔幹爲第三等。及書成，凡一百卷，詔頒於天下，賜士廉物千段。尋同中書門下三品。

十二年，與長孫無忌等以佐命功，並代襲刺史，授申國公。其年，拜尚書右僕射。士廉既任遇益隆，多所表奏，成輒焚稿，人莫知之。攝太子少師，特令掌選。十六年，加授開府儀同三司，尋表請致仕，聽解尚書右僕射，令以開府儀同三司依舊平章事。又正受詔與魏徵等集文學之士，撰文思博要一千二百卷奏之，賜物千段。十七年二月，詔圖形凌煙閣。十九年，太宗伐高麗，皇太子定州監國，士廉攝太子太傅，仍典朝政。皇太子下令曰：「攝太傅、申國公士廉，朝望國華，儀刑攸屬，寡人忝膺監守，實資訓導。比日聽政，常屈同榻，庶因諮白，少袪蒙滯。但據案奉對，情所未安，已約束不許更進。太傅誨諭深至，使遵常式，辭不獲免，輒復敬從。所司亦宜別以一案供太傅。」士廉固讓不敢當。

二十年，遇疾，太宗幸其第問之，因敍說生平，流涕歔欷而訣。二十一年正月壬辰，薨于京師崇仁里私第，時年七十二。太宗又命駕將臨之，司空玄齡以上餌藥石，不宜臨喪，抗

表切諫，上曰：「朕之此行，豈獨爲君臣之禮，兼以故舊情深，姻戚義重，卿勿復言也。」太宗從數百騎出興安門，至延喜門，長孫無忌馳至馬前諫曰：「餌石臨喪，經方明忌。陛下含育黎元，須爲宗社珍愛。臣亡舅士廉知將不救，顧謂臣曰：『至尊覆載恩隆，不遺簪履，亡歿之後，或致親臨。內省凡才，無益聖日，安可以死亡之餘，輒迴宸駕，魂而有靈，負譴斯及。』陛下恩深故舊，亦請察其丹誠。」其言甚切，太宗猶不許。無忌乃伏於馬前流涕，帝乃還宮。贈司徒、并州都督，陪葬昭陵，諡曰文獻。士廉祖、父泊身並爲僕射，子爲尚書，甥爲太尉，當代榮之。六子：履行、至行、純行、眞行、審行、愼行。及喪柩出自橫橋，太宗登故城西北樓望而慟。高宗卽位，追贈太尉，與房玄齡、屈突通並配享太宗廟庭。

子履行，貞觀初歷祠部郎中。丁母憂，哀悴踰禮。太宗遣使諭之曰：「孝子之道，毀不滅性。汝宜強食，不得過禮。」服闋，累遷滑州刺史。尚太宗女東陽公主，拜駙馬都尉。十九年，除戶部侍郎，加銀青光祿大夫。無幾，遭父艱，居喪復以孝聞，太宗手詔敦喩曰：「古人立孝，毀不滅身。聞卿絕粒，殊乖大體，幸抑摧裂之情，割傷生之累。」俄起爲衞尉卿，進加金紫光祿大夫，襲爵申國公。永徽元年，拜戶部尚書、檢校太子詹事、太常卿。顯慶元年，出爲益州大都督府長史。先是，士廉居此職，頗著能名，至是履行繼之，亦有善政，大爲人吏所稱。三年，坐與長孫無忌親累，左授洪州都督，轉永州刺史，卒於官。

履行弟眞行，官至右衞將軍。其子典膳丞岐坐與章懷太子陰謀事洩，詔付眞行令自懲誡。眞行遂手刃之，仍棄其屍於衢路。高宗聞而鄙之，貶眞行爲睦州刺史，卒。

長孫無忌字輔機，河南洛陽人。其先出自後魏獻文帝第三兄。初爲拓拔氏，宣力魏室，功最居多，世襲大人之號，後更跋氏，爲宗室之長，改姓長孫氏。七世祖道生，後魏司空、上黨靖王。六世祖旃，後魏特進、上黨齊王。五世祖觀，後魏司徒、上黨定王。高祖稚，西魏太保、馮翊文宣王。曾祖子裕，西魏衞尉卿、平原郡公。祖兕〔一〕，周開府儀同三司，襲平原公。父晟，隋右驍衞將軍。

無忌貴戚好學，該博文史，性通悟，有籌略。文德皇后卽其妹也。少與太宗友善，義軍渡河，無忌至長春宮謁見，授渭北道行軍典籤。常從太宗征討，累除比部郎中，封上黨縣公。武德九年，隱太子建成、齊王元吉謀將害太宗，無忌請太宗先發誅之。於是奉旨密召房玄齡、杜如晦等共爲籌略。六月四日，無忌與尉遲敬德、侯君集、張公謹、劉師立、公孫武達、獨孤彥雲、杜君綽、鄭仁泰、李孟嘗等九人，入玄武門討建成、元吉，平之。太宗昇春宮，授太子左庶子。及卽位，遷左武候大將軍。

貞觀元年，轉吏部尚書，以功第一，進封齊國公，實封千三百戶。太宗以無忌佐命元勳，地兼外戚，禮遇尤重，常令出入臥內。其年，拜尚書右僕射。時突厥頡利可汗新與中國和盟，政教紊亂，言事者多陳攻取之策。太宗召蕭瑀及無忌問曰：「北番君臣昏亂，殺戮無辜。國家不違舊好，便失攻昧之機；今欲取亂侮亡，復爽同盟之義。二途不決，孰為勝耶？」蕭瑀曰：「兼弱攻昧，擊之為善。」無忌曰：「今國家務在戢兵，待其寇邊，方可討擊。彼既已弱，必不能來。若深入虜廷，臣未見其可。且按甲存信，臣以為宜。」太宗從無忌之議。突厥尋政衰而滅。

或有密表稱無忌權寵過盛，太宗以表示無忌曰：「朕與卿君臣之間，凡事無疑。若各懷所聞而不言，則君臣之意無以獲通。」因召百僚謂之曰：「朕今有子皆幼，無忌於朕，實有大功，今者委之，猶如子也。疏間親，新間舊，謂之不順，朕所不取也。」無忌深以盈滿為誡，懇辭機密，文德皇后又為之陳請，太宗不獲已，乃拜開府儀同三司，解尚書右僕射。是歲，太宗親祠南郊，及將還，命無忌與司空裴寂同昇金輅。五年，與房玄齡、杜如晦、尉遲敬德四人，以元勳各封一子為郡公。

七年十月，册拜司空，無忌固辭，不許。又因高士廉奏曰：「臣幸居外戚，恐招聖主私親之誚，敢以死請。」太宗曰：「朕之授官，必擇才行。若才行不至，縱朕至親，亦不虛授，

襄邑王神符是也；若才有所適，雖怨讎而不棄，魏徵等是也。朕若以無忌居后兄之愛，當多遺子女金帛，何須委以重官，蓋是取其才行耳。無忌聰明鑒悟，雅有武略，公等所知，朕故委之台鼎。」無忌又上表切讓，詔報之曰：「昔黃帝得力牧而為五帝先，夏禹得咎繇而為三王祖，齊桓得管仲而為五伯長。朕自居藩邸，公為腹心，遂得廓清宇內，君臨天下。以公功績才望，允稱具瞻，故授此官，無宜多讓也。」

太宗追思王業艱難，佐命之力，又作威鳳賦以賜無忌。其辭曰：

有一威鳳，憩翮朝陽。晨遊紫霧，夕飲玄霜。資長風以舉翰，戾天衢而遠翔。西翥則煙氛閉色，東飛則日月騰光。化垂鵬於北裔，馴羣鳥於南荒。殄亂世而方降，應明時而自彰。俛翼雲路，歸功本樹。仰喬枝而見猜，俯修條而抱蠹。同林之侶俱嫉，共幹之儔並忤。無桓山之義情，有炎洲之凶度。若巢葦而居安，獨懷危而履懼。鴟鴞嚇乎側葉，燕雀喧乎下枝。慚己陋之至鄙，害他賢之獨奇。或聚咮而交擊，乍分羅而見羈。戢凌雲之逸羽，韜偉世之清儀。

遂乃蓄情宵影，結志晨暉，霜殘綺翼，露點紅衣。嗟憂患之易結，歎矰繳之難違。期畢命於一死，本無情於再飛。幸賴君子，以依以恃，引此風雲，濯斯塵滓。披蒙翳於葉下，發光華於枝裏。仙翰屈而還舒，靈音摧而復起。眄八極以遐翥，臨九天而高峙。

庶廣德於衆禽，非崇利於一己。是以徘徊感德，顧慕懷賢。憑明哲而禍散，託英才而福全。答惠之情彌結，報功之志方宜。非知難而行易，思令後而終前。俾賢德之流慶，畢萬葉而芳傳。

十一年，令與諸功臣世襲刺史。詔曰：

周武定業，胙茅土於子弟；漢高受命，誓帶礪於功臣。豈止重親賢之地，崇其典禮；抑亦固磐石之基，寄以藩翰。魏、晉已降，事不師古，建侯之制，有乖名實，非所謂作屏王室，永固無窮者也。隋氏之季，四海沸騰，朕運屬殷憂，戡翦多難。上憑明靈之祐，下賴英賢之輔，廓清宇縣，嗣膺寶曆，豈予一人，獨能致此！時迍共資其力，世安專享其利，乃睠於斯，甚所不取。但今刺史，即古之諸侯，雖立名不同，監統一也。故申命有司，斟酌前代，宜條委共理之寄，象賢存世及之典。司空、齊國公無忌等並策名運始，功參締構，義貫休戚，效彰夷險，嘉庸懿績，簡於朕心，宜委以藩鎮，改錫土宇。無忌可趙州刺史，改封趙國公；尚書左僕射、魏國公玄齡可宋州刺史，改封梁國公；故司空、蔡國公杜如晦可贈密州刺史，改封萊國公；特進、代國公靖可濮州刺史，改封衞國公；特進、吏部尚書、許國公士廉可申州刺史，改封申國公；兵部尚書、潞國公侯君集可陳州刺史，改封陳國公；刑部尚書、任城郡王道宗可鄂州刺史，改封江夏

郡王；晉州刺史、趙郡王孝恭可觀州刺史，改封河間郡王；同州刺史、吳國公尉遲敬德可宣州刺史，改封鄂國公；幷州都督府長史、曹國公李勣可蘄州刺史，改封英國公；左驍衞大將軍、楚國公段志玄可金州刺史，改封褒國公；左領軍大將軍、宿國公程知節可普州刺史，改封盧國公；太僕卿、任國公劉弘基可朗州刺史，改封夔國公；相州都督府長史、鄖國公張亮可澧州刺史，改封鄖國公。餘官食邑並如故，即令子孫奕葉承襲。

無忌等上言曰：「臣等披荊棘以事陛下，今海內寧一，不願違離，而乃世牧外州，與遷徙何異。」乃與房玄齡上表曰：

臣等聞質文迭變，皇王之迹有殊；今古相沿，致理之方乃革。緬惟三代，習俗靡常，爰制五等，隨時作教。蓋由力不能制，因而利之，禮樂節文，多非已出。逮於兩漢，用矯前違，置守頒條，蠲除曩弊。為無益之文，覃及萬方；建不易之理，有逾千載。今曲為臣等，復此奄荒，欲其優隆，錫之茅社，施于子孫，永貽長世。斯乃大鈞播物，毫釐並施其生；小人踰分，後世必嬰其禍。何者？違時易務，曲樹私恩，謀及庶僚，義非僉允。方招史册之誚，有紊聖代之綱。此其不可一也。又臣等智效罕施，器識庸陋。或情緣右戚，遂陟台階；或顧想披荊，便蒙夜拜。直當今日，猶愧非才，重裂山河，愈彰濫

賞。此其不可二也。又且孩童嗣職，義乖師儉之方，任以褰帷，寧無傷錦之弊。上干天憲，彝典既有常科，下擾生民，必致餘殃於後，一挂刑網，自取誅夷。陛下深仁，務延其世，翻令剿絕，誠有可哀。此其不可三也。當今聖曆欽明，求賢分政，古稱良守，寄在共理。此道之行〔二〕，爲日滋久，因緣臣等，或有改張。封植兒曹，失於求瘼，百姓不幸，將焉用之。此其不可四也。在茲一舉，爲損實多，曉夕深思，憂貫心髓。所以披丹上訴，指事明心，不敢浮辭，同於矯飾。伏願天澤，諒其愚款，特停渙汗之旨，賜其性命之恩。

太宗覽表謂曰：「割地以封功臣，古今通義，意欲公之後嗣，翼朕子孫，長爲藩翰，傳之永久。而公等薄山河之誓，發言怨望，朕亦安可強公以土宇耶？」於是遂止。十二年，太宗幸其第，凡是親族，班賜有差。十六年，册拜司徒。

十七年，令圖畫無忌等二十四人於凌煙閣，詔曰：

自古皇王，褒崇勳德，既勒銘於鍾鼎，又圖形於丹青。是以甘露良佐，麟閣著其美；建武功臣，雲臺紀其跡。司徒、趙國公無忌，故司空、揚州都督、河間元王孝恭，故司空、萊國成公如晦，故司空、相州都督、太子太師、鄭國文貞公徵，司空、梁國公玄齡，開府儀同三司、尚書右僕射、申國公士廉〔三〕，開府儀同三司、鄂國公敬德，特進、

衞國公靖，特進、宋國公瑀，故輔國大將軍、揚州都督、褒忠壯公志玄，輔國大將軍、夔國公弘基，故尚書左僕射、蔣忠公通，故陝東道行臺右僕射、鄖節公開山，故荊州都督、譙襄公柴紹，故荊州都督、邳襄公順德，洛州都督、鄖國公張亮，光祿大夫、吏部尚書、陳國公侯君集，故左驍衞大將軍、郯襄公張公謹，左領軍大將軍、盧國公程知節，故禮部尚書、永興文懿公虞世南，故戶部尚書、渝襄公劉政會，光祿大夫、戶部尚書、莒國公唐儉，光祿大夫、兵部尚書、英國公勣，故徐州都督、胡壯公秦叔寶等，或材推棟梁，謀猷經遠，綢繆帷帳，經綸霸圖；或學綜經籍，德範光茂，隱犯同致，忠讜日聞；或竭力義旗，委質藩邸，一心表節，百戰標奇；或受脤廟堂，闢土方面，重氛載廓，王略遐宣。並契闊屯夷，劬勞師旅，贊景業於草昧，翼淳化於隆平。茂績殊勳，冠冕列辟；昌言直道，牢籠搢紳。宜酌故實，弘茲令典，可並圖畫於凌煙閣。庶念功之懷，無謝於前載；旌賢之義，永貽於後昆。

其年，太子承乾得罪，太宗欲立晉王，而限以非次，迴惑不決。御兩儀殿，羣官盡出，獨留無忌及司空房玄齡、兵部尚書李勣，謂曰：「我三子一弟，所爲如此，我心無憀。」因自投於牀，抽佩刀欲自刺。無忌等驚懼，爭前扶抱，取佩刀以授晉王。無忌等請太宗所欲，報曰：「我欲立晉王。」無忌曰：「謹奉詔。有異議者，臣請斬之。」太宗謂晉王曰：「汝舅許汝，宜拜

謝。」晉王因下拜。太宗謂無忌等曰：「公等既符我意，未知物論何如？」無忌曰：「晉王仁孝，天下屬心久矣。伏乞召問百僚，必無異辭。若不蹈舞同音，臣負陛下萬死。」於是建立遂定，因加授無忌太子太師。尋而太宗又欲立吳王恪，無忌密爭之，其事遂輟。

太宗嘗謂無忌等曰：「朕聞主賢則臣直，人苦不自知，公宜面論，攻朕得失。」無忌奏言：「陛下武功文德，跨絕古今，發號施令，事皆利物。孝經云：『將順其美。』臣順之不暇，實不見陛下有所愆失。」太宗曰：「朕冀聞己過，公乃妄相諛悅。朕今面談公等得失，以爲鑒誡。言之者可以無過，聞之者可以自改。」因目無忌曰：「善避嫌疑，應對敏速，求之古人，亦當無比；而總兵攻戰，非所長也。高士廉涉獵古今，心術聰悟，臨難既不改節，爲官亦無朋黨；所少者骨鯁規諫耳。唐儉言辭俊利，善和解人，酒杯流行，發言啓齒；事朕三十載，遂無一言論國家得失。楊師道性行純善，自無愆過；而情實怯懦，未甚任事，緩急不可得力。岑文本性道敦厚，文章是其所長；而持論常據經遠，自當不負於物。劉洎性最堅貞，言多利益；然其意上然諾於朋友，能自補闕，亦何以尚。馬周見事敏速，性甚貞正，至於論量人物，直道而行，朕比任使，多所稱意。褚遂良學問稍長，性亦堅正，既寫忠誠，甚親附於朕，譬如飛鳥依人，自加憐愛。」

十九年，太宗征高麗，令無忌攝侍中。還，無忌固辭師傅之位，優詔聽罷太子太師。二

十一年，遙領揚州都督。二十三年，太宗疾篤，引無忌及中書令褚遂良二人受遺令輔政。太宗謂遂良曰：「無忌盡忠於我，我有天下，多是此人力。爾輔政後，勿令讒毀之徒損害無忌。若如此者，爾則非復人臣。」

高宗即位，進拜太尉，兼揚州都督，知尚書及門下二省事並如故。無忌固辭知尚書省事，許之，仍令以太尉同中書門下三品。永徽二年，監修國史。高宗嘗謂公卿：「朕開獻書之路，冀有意見可錄，將擢用之。比者上疏雖多，而遂無可採者。」無忌對曰：「陛下即位，政化流行，條式律令，固無遺闕。言事者率其鄙見，妄希僥倖，至於裨俗益教，理當無足可取。然須開此路，猶冀時有讜言，如或杜絕，便恐下情不達。」帝曰：「又聞所在官司，猶自多有顏面。」無忌曰：「顏面阿私，自古不免。然聖化所漸，人皆向公，至於肆情曲法，實謂必無此事。小小收取人情，恐陛下尚亦不免，況臣下私其親戚，豈敢頓言絕無。」時無忌位當元舅，數進謀議，高宗無不優納之。明年，以旱上疏辭職，高宗頻降手詔敦喻，不許。五年，親幸無忌第，見其三子，並擢授朝散大夫。又命圖無忌形像，親爲畫贊以賜之。

六年，帝將立昭儀武氏爲皇后，無忌屢言不可，帝乃密遣使賜無忌金銀寶器各一車、綾錦十車，以悅其意。昭儀母楊氏復自詣無忌宅，屢加祈請。時禮部尚書許敬宗又屢申勸請，無忌嘗厲色折之。帝後又召無忌、左僕射于志寧、右僕射褚遂良，謂曰：「武昭儀有令

德，朕欲立爲皇后，卿等以爲如何？」無忌曰：「自貞觀二十三年後，先朝付託遂良，望陛下問其可否。」帝竟不從無忌等言而立昭儀爲皇后。皇后以無忌先受重賞而不助己，心甚銜之。

顯慶元年，無忌與史官國子祭酒令狐德棻綴集武德、貞觀二朝史爲八十卷，表上之，無忌以監領功，賜物二千段，封其子潤爲金城縣子。

四年，中書令許敬宗遣人上封事，稱監察御史李巢與無忌交通謀反，帝令敬宗與侍中辛茂將鞫之。敬宗奏言無忌謀反有端，帝曰：「我家不幸，親戚中頻有惡事。高陽公主與朕同氣，往年遂與房遺愛謀反，今阿舅復作惡心。近親如此，使我慚見萬姓。」敬宗曰：「房遺愛乳臭兒，與女子謀反，豈得成事。且無忌與先朝謀取天下，衆人服其智，作宰相三十年，百姓畏其威，可謂威能服物，智能動衆。臣恐無忌知事露，卽爲急計，攘袂一呼，嘯命同惡，必爲宗廟深憂。誠願陛下斷之，不日卽收捕，準法破家。」帝泣曰：「我決不忍處分與罪，後代良史道我不能和其親戚，使至於此。」敬宗曰：「漢文帝漢室明主，薄昭卽是帝舅，從代來日，亦有大勳，與無忌不別。於後惟坐殺人，文帝惜國之法，令朝臣喪服就宅哭而殺之，良史不以爲失。今無忌忘先朝之大德，捨陛下之至親，聽受邪謀，遂懷悖逆，意在塗炭生靈。若比薄昭罪惡，未可同年而語，案諸刑典，合誅五族。臣聞當斷不斷，反受其亂，大機之事，間不

容髮，若少遲延，恐卽生變，惟請早決！」帝竟不親問無忌謀反所由，惟聽敬宗誣構之說，遂去其官爵，流黔州，仍遣使發次州府兵援送至流所。其子祕書監、駙馬都尉沖等並除名，流於嶺外。敬宗尋與吏部尚書李義府遣大理正袁公瑜就黔州重鞫無忌反狀，公瑜逼令自縊而死，籍沒其家。無忌既有大功，而死非其罪，天下至今哀之。上元元年，優詔追復無忌官爵，特令無忌孫延主齊獻公之祀。

無忌從父兄安世，仕王世充，署爲內史令，東都平，死於獄中。安世子祥，以文德皇后近屬，累除刑部尚書，坐與無忌通書見殺。

史臣曰：士廉才望素高，操秉無玷，保君臣終始之義，爲子孫襲繼之謀。社稷之臣，功亦隆矣；奬遇之恩，賞亦厚矣。及子眞行，手刃其子，何凶忍也，若是積慶之道，不其惑哉！無忌戚里右族，英冠人傑，定立儲闈，力安社稷，勳庸茂著，終始不渝。及黜廢中宮，竟不阿旨，報先帝之顧託，爲敬宗之誣構。嗟乎！忠信獲罪，今古不免，無名受戮，族滅何辜。主暗臣姦，足貽後代。

贊曰：嚴嚴申公，功名始終。文皇題品，信謂酌中。趙公右戚，兩朝宣力。功成不去，竟逢鬼蜮。

校勘記

〔一〕祖兕　「兕」字殿、局本作「光」，百衲本作「兇」。此據周書卷二六長孫紹遠傳、隋書卷五一長孫覽傳、新書卷七六文德長孫皇后傳改。

〔二〕此道之行　「行」字各本原作「目」，據冊府卷一一二九、英華卷六〇七改。

〔三〕開府儀同三司尙書右僕射申國公士廉　此十六字各本均無，據唐大詔令集卷六五、唐會要卷四五補；惟唐會要無「尙書」二字。

舊唐書卷六十六

列傳第十六

房玄齡 子遺直 遺愛　杜如晦 弟楚客 叔淹

房喬字玄齡[一]，齊州臨淄人。曾祖翼，後魏鎮遠將軍、宋安郡守，襲壯武伯。祖熊，字仔[二]，釋褐州主簿。父彥謙，好學，通涉五經，隋涇陽令，隋書有傳。

玄齡幼聰敏，博覽經史，工草隸，善屬文。嘗從其父至京師，時天下寧晏，論者咸以國祚方永，玄齡乃避左右告父曰：「隋帝本無功德，但誑惑黔黎，不爲後嗣長計，混諸嫡庶，使相傾奪，儲后藩枝，競崇淫侈，終當內相誅夷，不足保全家國。今雖清平，其亡可翹足而待。」彥謙驚而異之。年十八，本州舉進士，授羽騎尉。吏部侍郎高孝基素稱知人，見之深相嗟挹，謂裴矩曰：「僕閱人多矣，未見如此郎者。必成偉器，但恨不覩其聳壑凌霄耳。」父病綿歷十旬，玄齡盡心藥膳，未嘗解衣交睫。父終，酌飲不入口者五日。後補隰城尉。

會義旗入關，太宗徇地渭北，玄齡杖策謁於軍門，溫彥博又薦焉。太宗一見，便如舊識，署渭北道行軍記室參軍。玄齡既遇知己，罄竭心力，知無不爲。賊寇每平，衆人競求珍玩，玄齡獨先收人物，致之幕府。及有謀臣猛將，皆與之潛相申結，各盡其死力。

既而隱太子見太宗勳德尤盛，轉生猜間。太宗嘗至隱太子所，食，中毒而歸，府中震駭，計無所出。玄齡因謂長孫無忌曰：「今嫌隙已成，禍機將發，天下恟恟，人懷異志。變端一作，大亂必興，非直禍及府朝，正恐傾危社稷。此之際會，安可不深思也！僕有愚計，莫若遵周公之事，外寧區夏，內安宗社，申孝養之禮。古人有云，『爲國者不顧小節』，此之謂歟。孰若家國淪亡，身名俱滅乎？」無忌曰：「久懷此謀，未敢披露，公今所說，深會宿心。」無忌乃入白之。太宗召玄齡謂曰：「阽危之兆，其迹已見，將若之何？」對曰：「國家患難，今古何殊。自非睿聖欽明，不能安輯。大王功蓋天地，事鍾壓紐，神贊所在，匪藉人謀。」因與府屬杜如晦同心戮力。仍隨府遷授秦王府記室，封臨淄侯；又以本職兼陝東道大行臺考功郎中，加文學館學士。玄齡在秦府十餘年，常典管記，每軍書表奏，駐馬立成，文約理贍，初無稿草。高祖嘗謂侍臣曰：「此人深識機宜，足堪委任。每爲我兒陳事，必會人心，千里之外，猶對面語耳。」隱太子以玄齡、如晦爲太宗所親禮，甚惡之，譖之於高祖，由是與如晦並被驅斥。

隱太子將有變也，太宗令長孫無忌召玄齡及如晦，令衣道士服，潛引入閤計事。及太宗入春宮，擢拜太子右庶子，賜絹五千匹。貞觀元年，代蕭瑀爲中書令。論功行賞，以玄齡及長孫無忌、杜如晦、尉遲敬德、侯君集五人爲第一，進爵邢國公[三]，賜實封千三百戶。太宗因謂諸功臣曰：「朕敍公等勳效，量定封邑，恐不能盡當，各許自言。」皇從父淮安王神通進曰：「義旗初起，臣率兵先至。今房玄齡、杜如晦等刀筆之吏，功居第一，臣竊不服。」上曰：「義旗初起，人皆有心。叔父雖率得兵來，未嘗身履行陣。山東未定，受委專征，建德南侵，全軍陷沒。及劉黑闥翻動，叔父望風而破。今計勳行賞，玄齡等有籌謀帷幄、定社稷之功，所以漢之蕭何，雖無汗馬，指蹤推轂，故得功居第一。叔父於國至親，誠無所愛，必不可緣私，濫與功臣同賞耳。」初，將軍丘師利等咸自矜其功，或攘袂指天，以手畫地，及見神通理屈，自相謂曰：「陛下以至公行賞，不私其親，吾屬何可妄訴？」

三年，拜太子少師，固讓不受，攝太子詹事，兼禮部尚書。明年，代長孫無忌爲尚書左僕射，改封魏國公，監修國史。既任總百司，虔恭夙夜，盡心竭節，不欲一物失所。聞人有善，若己有之。明達吏事，飾以文學，審定法令，意在寬平。不以求備取人，不以己長格物，隨能收敍，無隔卑賤。論者稱爲良相焉。或時以事被譴，則累日朝堂，稽顙請罪，悚懼踧踖，若無所容。九年，護高祖山陵制度，以功加開府儀同三司。十一年，與司空長孫無忌

等十四人並代襲刺史[四]，以本官爲宋州刺史，改封梁國公，事竟不行。

十三年，加太子少師，玄齡頻表請解僕射，詔報曰：「夫選賢之義，無私爲本；奉上之道，當仁是貴。列代所以弘風，通賢所以協德。公忠肅恭懿，明允篤誠。草昧霸圖，綢繆帝道。儀刑黃閣，庶政惟和；輔翼春宮，望實斯著。而忘彼大體，徇茲小節，雖恭教諭之職，乃辭機衡之務，豈所謂弼予一人，共安四海者也？」玄齡遂以本官就職。時皇太子將行拜禮，備儀以待之，玄齡深自卑損，不敢修謁，遂歸於家。有識者莫不重其崇讓。玄齡自以居端揆十五年，女爲韓王妃，男遺愛尚高陽公主，實顯貴之極，頻表辭位，優詔不許。十六年，又與士廉等同撰文思博要成，錫賚甚優。進拜司空，仍綜朝政，依舊監修國史。玄齡抗表陳讓，太宗遣使謂之曰：「昔留侯讓位，竇融辭榮，自懼盈滿，知進能退，善鑒止足，前代美之。公亦欲齊蹤往哲，實可嘉尚。然國家久相任使，一朝忽無良相，如失兩手。公若筋力不衰，無煩此讓。」玄齡遂止。

十七年[五]，與司徒長孫無忌等圖形於凌煙閣，贊曰：「才兼藻翰，思入機神。當官勵節，奉上忘身。」高宗居春宮，加玄齡太子太傅，仍知門下省事，監修國史如故。尋以撰高祖、太宗實錄成，降璽書褒美，賜物一千五百段。其年，玄齡丁繼母憂去職，特敕賜以昭陵葬地。未幾，起復本官。太宗親征遼東，命玄齡京城留守，手詔曰：「公當蕭何之任，朕無西

顧之憂矣。」軍戎器械，戰士糧廩，並委令處分發遣。玄齡屢上言敵不可輕，尤宜誡愼。尋與中書侍郎褚遂良受詔重撰晉書，於是奏取太子左庶子許敬宗、中書舍人來濟、著作郎陸元仕劉子翼、前雍州刺史令狐德棻、太子舍人李義府薛元超、起居郎上官儀等八人，分功撰錄，以臧榮緒晉書爲主，參考諸家，甚爲詳洽。然史官多是文詠之士，好採詭謬碎事，以廣異聞；又所評論，競爲綺豔，不求篤實，由是頗爲學者所譏。唯李淳風深明星曆，善於著述，所修天文、律曆、五行三志，最可觀採。太宗自著宣、武二帝及陸機、王羲之四論，於是總題云御撰。至二十年，書成，凡一百三十卷，詔藏于祕府，頒賜加級各有差。

玄齡嘗因微譴歸第，黃門侍郎褚遂良上疏曰：「君爲元首，臣號股肱，龍躍雲興，不嘯而集，苟有時來，千年朝暮。陛下昔在布衣，心懷拯溺，手提輕劍，仗義而起。平諸寇亂，皆自神功，文經之助，頗由輔翼。爲臣之勲，玄齡爲最。昔呂望之扶周武，伊尹之佐成湯，蕭何關中，王導江外，方之於斯，可以爲匹。且武德初策名伏事，忠勤恭孝，衆所同歸。而前宮、海陵，憑凶恃亂，干時事主，人不自安，居累卵之危，有倒懸之急，命視一刻，身縻寸景，玄齡之心，終始無變。及九年之際，機臨事迫，身被斥逐，闕於謨謀，猶服道士之衣，與文德皇后同心影助，其於臣節，自無所負。及貞觀之始，萬物惟新，甄吏事君，物論推與，而勳庸無比，委質惟舊。自非罪狀無赦，搢紳同尤，不可以一犯一愆，輕示遐棄。陛下必矜玄齡

齒髮，薄其所爲，古者有諷諭大臣遣其致仕，自可在後，式遵前事，退之以禮，不失善聲。今數十年勳舊，以一事而斥逐，在外云云，以爲非是。夫天子重大臣則人盡其力，輕去就則物不自安。臣以庸薄，忝預左右，敢冒天威，以申管見。」

二十一年，太宗幸翠微宮，授司農卿李緯爲民部尚書。玄齡時在京城留守，會有自京師來者，太宗問曰：「玄齡聞李緯拜尚書如何？」對曰：「玄齡但云李緯好髭鬢，更無他語。」太宗遽改授緯洛州刺史，其爲當時準的如此。

二十二年〔六〕，駕幸玉華宮，時玄齡舊疾發，詔令臥總留臺。及漸篤，追赴宮所，乘擔輿入殿，將至御座乃下。太宗對之流涕，玄齡亦感咽不能自勝。敕遣名醫救療，尚食每日供御膳。若微得減損，太宗即喜見顏色；如聞增劇，便爲改容悽愴。玄齡因謂諸子曰：「吾自度危篤，而恩澤轉深，若孤負聖君，則死有餘責。當今天下淸謐，咸得其宜，唯東討高麗不止，方爲國患。主上含怒意決，臣下莫敢犯顏；吾知而不言，則銜恨入地。」遂抗表諫曰：

臣聞兵惡不戢，武貴止戈。當今聖化所覃，無遠不屆，洎上古所不臣者，陛下皆能臣之，所不制者，皆能制之。詳觀今古，爲中國患害者，無如突厥。遂能坐運神策，不下殿堂，大小可汗，相次束手，分典禁衞，執戟行間。其後延陀鴟張，尋就夷滅，鐵勒慕義，請置州縣，沙漠以北，萬里無塵。至如高昌叛換於流沙，吐渾首鼠於積石，偏師薄

伐，俱從平蕩。高麗歷代逋誅，莫能討擊。陛下責其逆亂，弑主虐人，親總六軍，問罪遼、碣。未經旬月，即拔遼東，前後虜獲，數十萬計，分配諸州，無處不滿。雪往代之宿恥，掩崤陵之枯骨，比功較德，萬倍前王。此聖心之所自知，微臣安敢備說。

且陛下仁風被於率土，孝德彰於配天。覩夷狄之將亡，則指期數歲；授將帥之節度，則決機萬里。屈指而候驛，視景而望書，符應若神，算無遺策。擢將於行伍之中，取士於凡庸之末。遠夷單使，一見不忘；小臣之名，未嘗再問。箭穿七札，弓貫六鈞。加以留情墳典，屬意篇什，筆邁鍾、張，辭窮班、馬。文鋒既振，則管磬自諧；輕翰暫飛，則花蘤競發。撫萬姓以慈，遇羣臣以禮。褒秋毫之善，解吞舟之網。逆耳之諫必聽，膚受之訴斯絕。好生之德，焚障塞於江湖；惡殺之仁，息鼓刀於屠肆。鳧鶴荷稻粱之惠，犬馬蒙帷蓋之恩。降乘吮思摩之瘡，登堂臨魏徵之柩。哭戰亡之卒，則哀動六軍；負塡道之薪，則精感天地。重黔黎之大命，特盡心於庶獄。臣心識昏憒，豈足論聖功之深遠，談天德之高大哉！陛下兼衆美而有之，靡不備具，微臣深爲陛下惜之重之，愛之寶之。

周易曰：「知進而不知退，知存而不知亡，知得而不知喪。」又曰：「知進退存亡，不失其正者，惟聖人乎！」由此言之，進有退之義，存有亡之機，得有喪之理，老臣所以爲

陛下惜之者，蓋此謂也。老子曰：「知足不辱，知止不殆。」謂陛下威名功德，亦可足矣；拓地開疆，亦可止矣。彼高麗者，邊夷賤類，不足待以仁義，不可責以常禮。古來以魚鱉畜之，宜從闊略。若必欲絕其種類，恐獸窮則搏。且陛下每決一死囚，必令三覆五奏，進素食、停音樂者，蓋以人命所重，感動聖慈也。況今兵士之徒，無一罪戾，無故驅之於行陣之間，委之於鋒刃之下，使肝腦塗地，魂魄無歸，令其老父孤兒、寡妻慈母，望轊車而掩泣，抱枯骨以摧心，足以變動陰陽，感傷和氣，實天下冤痛也。且兵者凶器，戰者危事，不得已而用之。向使高麗違失臣節，陛下誅之可也；侵擾百姓，而陛下滅之可也；久長能爲中國患，而陛下除之可也。有一於此，雖日殺萬夫，不足爲愧。今無此三條，坐煩中國，內爲舊王雪恥，外爲新羅報讎，豈非所存者小，所損者大？

願陛下遵皇祖老子止足之誡，以保萬代巍巍之名。發霈然之恩，降寬大之詔，順陽春以布澤，許高麗以自新，焚凌波之船，罷應募之衆，自然華夷慶賴，遠肅邇安。臣老病三公，旦夕入地，所恨竟無塵露，微增海嶽。謹罄殘魂餘息，預代結草之誠。倘蒙錄此哀鳴，即臣死且不朽。

太宗見表，謂玄齡子婦高陽公主曰：「此人危惙如此，尚能憂我國家。」

後疾增劇，遂鑿苑牆開門，累遣中使候問。上又親臨，握手敍別，悲不自勝。皇太子亦就之與之訣。即日授其子遺愛右衞中郎將，遺則中散大夫，使及目前見其通顯。尋薨，年七十。廢朝三日，册贈太尉、幷州都督，謚曰文昭，給東園祕器，陪葬昭陵。玄齡嘗誡諸子以驕奢沉溺，必不可以地望凌人，故集古今聖賢家誡，書於屏風，令各取一具，謂曰：「若能留意，足以保身成名。」又云：「袁家累葉忠節，是吾所尙，汝宜師之。」高宗嗣位，詔配享太宗廟庭。

子遺直嗣，永徽初爲禮部尙書、汴州刺史。次子遺愛，尙太宗女高陽公主，拜駙馬都尉，官至太府卿、散騎常侍。初，主有寵於太宗，故遺愛特承恩遇，與諸主壻禮秩絕異。主既驕恣，謀黜遺直而奪其封爵，永徽中誣告遺直無禮於己。高宗令長孫無忌鞫其事，因得公主與遺愛謀反之狀。遺愛伏誅，公主賜自盡，諸子配流嶺表。遺直以父功特宥之，除名爲庶人。停玄齡配享。

杜如晦字克明，京兆杜陵人也。曾祖皎，周贈開府儀同大將軍、遂州刺史。祖徽，周河內太守。祖果〔七〕，周温州刺史，入隋，工部尙書、義興公，周書有傳。父吒，隋昌州長史。

如晦少聰悟，好談文史。隋大業中以常調預選，吏部侍郎高孝基深所器重，顧謂之曰：「公有應變之才，當爲棟梁之用，願保崇令德。今欲俯就卑職，爲須少祿俸耳。」遂補滏陽尉，尋棄官而歸。

太宗平京城，引爲秦王府兵曹參軍，俄遷陝州總管府長史。時府中多英俊，被外遷者衆，太宗患之。記室房玄齡曰：「府僚去者雖多，蓋不足惜。杜如晦聰明識達，王佐才也。若大王守藩端拱，無所用之；必欲經營四方，非此人莫可。」太宗大驚曰：「爾不言，幾失此人矣！」遂奏爲府屬。後從征薛仁杲、劉武周、王世充、竇建德，常參謀帷幄。時軍國多事，剖斷如流，深爲時輩所服。累遷陝東道大行臺司勳郎中，封建平縣男，食邑三百戶。尋以本官兼文學館學士。天策府建，以爲從事中郎，畫象於丹青者十有八人，而如晦爲冠首，令文學褚亮爲之贊曰：「建平文雅，休有烈光。懷忠履義，身立名揚。」其見重如此。

隱太子深忌之，謂齊王元吉曰：「秦王府中所可憚者，唯杜如晦與房玄齡耳。」因譖之於高祖，乃與玄齡同被斥逐。後又潛入畫策，及事捷，與房玄齡功等，擢拜太子左庶子，俄遷兵部尙書，進封蔡國公，賜實封千三百戶。貞觀二年，以本官檢校侍中，攝吏部尙書，仍總監東宮兵馬事，號爲稱職。三年，代長孫無忌爲尙書右僕射，仍知選事，與房玄齡共掌朝政。至於臺閣規模及典章文物，皆二人所定，甚獲當代之譽，談良相者，至今稱房、杜焉。

如晦以高孝基有知人之鑒，爲其樹神道碑以紀其德。

其年冬，遇疾，表請解職，許之，祿賜特依舊。太宗深憂其疾，頻遣使存問，名醫上藥，相望於道。四年，疾篤，令皇太子就第臨問，上親幸其宅，撫之流涕，賜物千段；及其未終見子拜官，遂超遷其子左千牛構爲尙舍奉御。尋薨，年四十六。太宗哭之甚慟，廢朝三日，贈司空，徙封萊國公，謚曰成。太宗手詔著作郎虞世南曰：「朕與如晦，君臣義重。不幸奄從物化，追念勳舊，痛悼于懷。卿體吾此意，爲制碑文也。」太宗後因食瓜而美，愴然悼之，遂輟食之半，遣使奠於靈座。又嘗賜房玄齡黃銀帶，顧謂玄齡曰：「昔如晦與公同心輔朕，今日所賜，唯獨見公。」因泫然流涕。又曰：「朕聞黃銀多爲鬼神所畏。」命取黃金帶遣玄齡親送於靈所。其後太宗忽夢見如晦若平生，及曉，以告玄齡，言之歔欷，令送御饌以祭焉。明年如晦亡日，太宗復遣尙宮至第慰問其妻子，其國官府佐並不之罷。終始恩遇，未之有焉。

子構襲爵，官至慈州刺史，坐弟荷謀逆，徙於嶺表而卒。初，荷以功臣子尙城陽公主，賜爵襄陽郡公，授尙乘奉御。貞觀中，與太子承乾謀反，坐斬。

如晦弟楚客，少隨叔父淹沒於王世充。淹素與如晦兄弟不睦，譖如晦兄於王行滿，

王世充殺之，幷囚楚客，幾至餓死，楚客竟無怨色。洛陽平，淹當死，楚客泣涕請如晦救之。如晦初不從，楚客曰：「叔已殺大兄，今兄又結恨棄叔，一門之內，相殺而盡，豈不痛哉！」因欲自剄。如晦感其言，請於太宗，淹遂蒙恩宥。楚客因隱於嵩山。

貞觀四年，召拜給事中，上謂曰：「聞卿山居日久，志意甚高，自非宰相之任，則不能出，何有是理耶？夫涉遠者必自邇，升高者必自下，但在官爲衆所許，無慮官之不大。爾兄雖與我體異，其心猶一，於我國家非無大功。爲憶爾兄，意欲見爾。宜識朕意，繼爾兄之忠義也。」拜楚客蒲州刺史，甚有能名。後歷魏王府長史，拜工部尙書，攝魏王泰府事。楚客知太宗不悅承乾，魏王泰又潛令楚客友朝臣用事者，至有懷金以賂之，因說泰聰明，可爲嫡嗣。人或以聞，太宗隱而不言。及釁發，太宗始揚其事，以其兄有佐命功，免死，廢于家。尋授虔化令，卒。

如晦叔父淹。淹字執禮。祖業，周豫州刺史。父徵，河內太守。淹聰辯多才藝，弱冠有美名，與同郡韋福嗣爲莫逆之交，相與謀曰：「上好用嘉遁，蘇威以幽人見徵，擢居美職。」遂共入太白山，揚言隱逸，實欲邀求時譽。隋文帝聞而惡之，謫戍江表。後還鄉里，雍州司馬高孝基上表薦之，授承奉郎。大業末，官至御史中丞。王世充僭號，署爲吏部，大見親

用。及洛陽平，初不得調，淹將委質於隱太子。時封德彝典選，以告房玄齡，恐隱太子得之，長其姦計，於是遽啓太宗，引爲天策府兵曹參軍、文學館學士。武德八年，慶州總管楊文幹作亂，辭連東宮，歸罪於淹及王珪、韋挺等，並流於越巂。太宗知淹非罪，贈以黃金三百兩。及卽位，徵拜御史大夫，封安吉郡公，賜實封四百戶。以淹多識典故，特詔東宮儀式簿領，並取淹節度。尋判吏部尚書，參議朝政，前後表薦四十餘人，後多知名者。

淹嘗薦刑部員外郎邸懷道，太宗因問淹：「懷道才行何如？」淹對曰：「懷道在隋日作吏部主事，甚有清慎之名。又煬帝向江都之日，召百官問去住之計。時行計已決，公卿皆阿旨請去，懷道官位極卑，獨言不可。臣目見此事。」太宗曰：「卿爾日從何計？」對曰：「臣從行計。」太宗曰：「事君之義，有犯無隱。卿稱懷道爲是，何因自不正諫？」對曰：「臣爾日不居重任，又知諫必不從，徒死無益。」太宗曰：「孔子稱從父之命，未爲孝子。故父有爭子，國有爭臣。若以主之無道，何爲仍仕其世？既食其祿，豈得不匡其非？」因謂羣臣曰：「公等各言諫事如何？」王珪曰：「昔比干諫紂而死，孔子稱其仁；洩冶諫而被戮，孔子曰：『民之多辟，無自立辟。』是則祿重責深，理須極諫；官卑望下，許其從容。」太宗又召淹笑謂曰：「卿在隋日，可以位下不言；近仕世充，何不極諫？」對曰：「亦有諫，但不見從。」太宗曰：「世充若修德從善，當不滅亡；既無道拒諫，卿何免禍？」淹無以對。太宗又曰：「卿在今

日，可爲備任，復欲極諫否？」對曰：「臣在今日，必盡死無隱。且百里奚在虞虞亡，在秦秦霸，臣竊比之。」太宗笑。時淹兼二職，而無清潔之譽，又素與無忌不協，爲時論所譏。及有疾，太宗親自臨問，賜帛三百匹。貞觀二年卒，贈尚書右僕射，謚曰襄。

子敬同襲爵，官至鴻臚少卿。敬同子從則，中宗時爲蒲州刺史。

史臣曰：房、杜二公，皆以命世之才，遭逢明主，謀猷允協，以致昇平。議者以比漢之蕭、曹，信矣。然萊成之見用，文昭之所舉也。世傳太宗嘗與文昭圖事，則曰「非如晦莫能籌之」。及如晦至焉，竟從玄齡之策也。蓋房知杜之能斷大事，杜知房之善建嘉謀，裨諶草創，東里潤色，相須而成，俾無悔事，賢達用心，良有以也。若以往哲方之，房則管仲、子產，杜則鮑叔、罕虎矣。

贊曰：肇啓聖君，必生賢輔。猗歟二公，實開運祚。文含經緯，謀深夾輔。笙磬同音，唯房與杜。

校勘記

〔一〕房喬字玄齡　新書卷九六房玄齡傳作「房玄齡字喬」，房玄齡碑所載與新書本傳合。

〔二〕祖熊字子　「子」下疑有脫字，北史卷三九房法壽傳作「字子威」，新書卷七一下宰相世系表作「字子彪」。

〔三〕邢國公　房玄齡碑、新書卷九六房玄齡傳作「邗國公」。

〔四〕長孫無忌等十四人　「十四人」，各本原作「四人」，按本書卷六五長孫無忌傳具列十四人姓名，故補「十」字。

〔五〕十七年　各本原作「十八年」，據本書卷三太宗紀、通鑑卷一九六改。

〔六〕二十二年　各本原作「二十三年」，據本書卷三太宗紀下、冊府卷三一九及卷五四八改。

〔七〕祖果　據新書卷七二宰相世系表，「祖」字疑當作「從祖」。

舊唐書

後晉 劉昫 等撰

第八冊

卷六七至卷八四（傳）

中華書局

舊唐書卷六十七

列傳第十七

李靖 客師 令問 彥芳 李勣 孫敬業

李靖本名藥師，雍州三原人也。祖崇義，後魏殷州刺史、永康公。父詮，隋趙郡守。靖姿貌瓌偉，少有文武材略，每謂所親曰：「大丈夫若遇主逢時，必當立功立事，以取富貴。」其舅韓擒虎號爲名將，每與論兵，未嘗不稱善，撫之曰：「可與論孫、吳之術者，惟斯人矣。」初仕隋爲長安縣功曹，後歷駕部員外郎。左僕射楊素、吏部尚書牛弘皆善之。素嘗拊其牀謂靖曰：「卿終當坐此。」

大業末，累除馬邑郡丞。會高祖擊突厥於塞外，靖察高祖，知有四方之志，因自鎖上變，將詣江都，至長安，道塞不通而止。高祖克京城，執靖將斬之，靖大呼曰：「公起義兵，本爲天下除暴亂，不欲就大事，而以私怨斬壯士乎！」高祖壯其言，太宗又固請，遂捨之。

太宗尋召入幕府。

武德二年，從討王世充，以功授開府。時蕭銑據荊州，遣靖安輯之。輕騎至金州，遇蠻賊數萬，屯聚山谷，廬江王瑗討之，數爲所敗。靖與瑗設謀擊之，多所克獲。既至硤州，阻蕭銑，久不得進。高祖怒其遲留，陰敕硤州都督許紹斬之。紹惜其才，爲之請命，於是獲免。會開州蠻首冉肇則反，率衆寇夔州，趙郡王孝恭與戰，不利。靖率兵八百，襲破其營，後又要險設伏，臨陣斬肇則，俘獲五千餘人。高祖甚悅，謂公卿曰：「朕聞使功不如使過，李靖果展其效。」因降璽書勞曰：「卿竭誠盡力，功効特彰。遠覽至誠，極以嘉賞，勿憂富貴也。」又手敕靖曰：「既往不咎，舊事吾久忘之矣。」

四年，靖又陳十策以圖蕭銑。高祖從之，授靖行軍總管，兼攝孝恭行軍長史。高祖以孝恭未更戎旅，三軍之任，一以委靖。其年八月，集兵於夔州。銑以時屬秋潦，江水泛漲，三峽路險，必謂靖不能進，遂休兵不設備。九月，靖乃率師而進，將下峽，諸將皆請停兵以待水退，靖曰：「兵貴神速，機不可失。今兵始集，銑尚未知，若乘水漲之勢，倏忽至城下，所謂疾雷不及掩耳，此兵家上策。縱彼知我，倉卒徵兵，無以應敵，此必成擒也。」孝恭從之，進兵至夷陵。銑將文士弘率精兵數萬屯清江，孝恭欲擊之，靖曰：「士弘，銑之健將，士卒驍勇，今新失荊門，盡兵出戰，此是救敗之師，恐不可當也。宜且泊南岸，勿與爭鋒，待其氣衰，然後奮擊，破之必矣。」孝恭不從，留靖守營，率師與賊合戰。孝恭果敗，奔於南岸。賊委舟大掠〔一〕，人皆負重。靖見其軍亂，縱兵擊破之，獲其舟艦四百餘艘，斬首及溺死將萬人。

孝恭遣靖率輕兵五千爲先鋒，至江陵，屯營於城下。士弘既敗，銑甚懼，始徵兵於江南，果不能至。孝恭以大軍繼進，靖又破其驍將楊君茂、鄭文秀，俘甲卒四千餘人，更勒兵圍銑城。明日，銑遣使請降，靖卽入據其城，號令嚴肅，軍無私焉。時諸將咸請孝恭云：「銑之將帥與官軍拒戰死者，罪狀既重，請籍沒其家，以賞將士。」靖曰：「王者之師，義存弔伐。百姓既受驅逼，拒戰豈其所願。且犬吠非其主，無容同叛逆之科，此蒯通所以免大戮於漢祖也。今新定荆、郢，宜弘寬大，以慰遠近之心，降而籍之，恐非救焚拯溺之義。但恐自此已南城鎮，各堅守不下，非計之善。」於是遂止。江、漢之域，聞之莫不爭下。以功授上柱國，封永康縣公，賜物二千五百段。詔命檢校荆州刺史，承制拜授。乃度嶺至桂州，遣人分道招撫，其大首領馮盎、李光度、甯眞長等皆遣子弟來謁，靖承制授其官爵。凡所懷輯九十六州，戶六十餘萬。優詔勞勉，授嶺南道撫慰大使，檢校桂州總管。

六年〔二〕，輔公祏於丹陽反，詔孝恭爲元帥、靖爲副以討之，李勣、任瓌、張鎭州、黃君漢等七總管並受節度。師次舒州，公祏遣將馮惠亮率舟師三萬屯當塗，陳正通、徐紹宗領步

騎二萬屯青林山，仍於梁山連鐵鎖以斷江路，築却月城，延袤十餘里，與惠亮爲掎角之勢。孝恭集諸將會議，皆云：「惠亮、正通並握強兵，爲不戰之計，城柵既固，卒不可攻。請直指丹陽，掩其巢穴，丹陽既破，惠亮自降。」孝恭欲從其議。靖曰：「公祏精銳，雖在水陸二軍，然其自統之兵，亦皆勁勇。惠亮等城柵尚不可攻，公祏既保石頭，豈應易拔？若我師至丹陽，留停旬月，進則公祏未平，退則惠亮爲患，此便腹背受敵，恐非萬全之計。惠亮、正通皆是百戰餘賊，必不憚於野戰，止爲公祏立計，令其持重，但欲不戰以老我師。今若攻其城柵，乃是出其不意，滅賊之機，唯在此舉。」孝恭然之。靖乃率黃君漢等先擊惠亮，苦戰破之，殺傷及溺死者萬餘人，惠亮奔走。靖率輕兵先至丹陽，公祏大懼。先遣僞將左遊仙領兵守會稽以爲形援，公祏擁兵東走，以趨遊仙，至吳郡，與惠亮、正通並相次擒獲，江南悉平。於是置東南道行臺，拜靖行臺兵部尚書，賜物千段、奴婢百口、馬百匹。其年，行臺廢，又檢校揚州大都督府長史。丹陽連罹兵寇，百姓凋弊，靖鎭撫之，吳、楚以安。

八年，突厥寇太原，以靖爲行軍總管，統江淮兵一萬，與張瑾屯太谷。時諸軍不利，靖衆獨全。尋檢校安州大都督。高祖每云：「李靖是蕭銑、輔公祏膏肓，古之名將韓、白、衞、霍，豈能及也！」九年，突厥莫賀咄設寇邊，徵靖爲靈州道行軍總管。頡利可汗入涇陽，靖率兵倍道趨豳州，邀賊歸路，既而與虜和親而罷。

太宗嗣位，拜刑部尚書，并錄前後功，賜實封四百戶。貞觀二年，以本官兼檢校中書令。三年，轉兵部尚書。突厥諸部離叛，朝廷將圖進取，以靖爲代州道行軍總管，率驍騎三千，自馬邑出其不意，直趨惡陽嶺以逼之。頡利可汗不虞於靖〔三〕，見官軍奄至，於是大懼，相謂曰：「唐兵若不傾國而來，靖豈敢孤軍而至。」一日數驚。靖候知之，潛令間諜離其心腹，其所親康蘇密來降。四年，靖進擊定襄，破之，獲隋齊王暕之子楊正道及煬帝蕭后，送于京師，可汗僅以身遁。以功進封代國公，賜物六百段及名馬、寶器焉。太宗嘗謂曰：「昔李陵提步卒五千，不免身降匈奴，尙得書名竹帛。卿以三千輕騎深入虜庭，克復定襄，威振北狄，古今所未有，足報往年渭水之役。」

自破定襄後，頡利可汗大懼，退保鐵山，遣使入朝謝罪，請舉國內附。又以靖爲定襄道行軍總管，往迎頡利。頡利雖外請朝謁，而潛懷猶豫。其年二月，太宗遣鴻臚卿唐儉、將軍安修仁慰諭，靖揣知其意，謂將軍張公謹曰：「詔使到彼，虜必自寬。遂選精騎一萬，齎二十日糧，引兵自白道襲之。」公謹曰：「詔許其降，行人在彼，未宜討擊。」靖曰：「此兵機也，時不可失，韓信所以破齊也。如唐儉等輩，何足可惜。」督軍疾進，師至陰山，遇其斥候千餘帳，皆俘以隨軍。頡利見使者大悅，不虞官兵至也。靖軍將逼其牙帳十五里，虜始覺。頡利畏威先走，部衆因而潰散。靖斬萬餘級，俘男女十餘萬，殺其妻隋義成公主。頡利乘千里馬

將走投吐谷渾，西道行軍總管張寶相擒之以獻。俄而突利可汗來奔，遂復定襄、常安之地，斥土界自陰山北至於大漠。

太宗初聞靖破頡利，大悅，謂侍臣曰：「朕聞主憂臣辱，主辱臣死。往者國家草創，太上皇以百姓之故，稱臣於突厥，朕未嘗不痛心疾首，志滅匈奴，坐不安席，食不甘味。今者暫動偏師，無往不捷，單于款塞，恥其雪乎！」於是大赦天下，酺五日。御史大夫溫彥博害其功，譖靖軍無綱紀，致令虜中奇寶，散於亂兵之手。太宗大加責讓，靖頓首謝。久之，太宗謂曰：「隋將史萬歲破達頭可汗，有功不賞，以罪致戮。朕則不然，當赦公之罪，錄公之勳。」詔加左光祿大夫，賜絹千匹，眞食邑通前五百戶。未幾，太宗謂靖曰：「前有人讒公，今朕意已悟，公勿以爲懷。」賜絹二千匹，拜尙書右僕射。靖性沉厚，每與時宰參議，恂恂然似不能言。

八年，詔爲畿內道大使，伺察風俗。尋以足疾上表乞骸骨，言甚懇至。太宗遣中書侍郎岑文本謂曰：「朕觀自古已來，身居富貴，能知止足者甚少。不問愚智，莫能自知，才雖不堪，強欲居職，縱有疾病，猶自勉強。公能識達大體，深足可嘉，朕今非直成公雅志，欲以公爲一代楷模。」乃下優詔，加授特進，聽在第攝養，賜物千段、尙乘馬兩匹，祿賜、國官府佐並依舊給，患若小瘳，每三兩日至門下、中書平章政事。九年正月，賜靖靈壽杖，助

足疾也。

未幾，吐谷渾寇邊，太宗顧謂侍臣曰：「得李靖爲帥，豈非善也！」靖乃見房玄齡曰：「靖雖年老，固堪一行。」太宗大悅，即以靖爲西海道行軍大總管，統兵部尚書侯君集、刑部尚書任城王道宗、涼州都督李大亮、右衞將軍李道彥、利州刺史高甑生等五總管征之〔四〕。九年，軍次伏俟城，吐谷渾燒去野草，以餧我師，退保大非川。諸將咸言春草未生，馬已羸瘦，不可赴敵。唯靖決計而進，深入敵境，遂踰積石山。前後戰數十合，殺傷甚衆，大破其國。吐谷渾之衆遂殺其可汗來降，靖又立大寧王慕容順而還。初，利州刺史高甑生爲鹽澤道總管，以後軍期，靖薄責之，甑生因有憾於靖。及是，與廣州都督府長史唐奉義告靖謀反。太宗命法官按其事，甑生等竟以誣罔得罪。靖乃闔門自守，杜絕賓客，雖親戚不得妄進。

十一年，改封衞國公，授濮州刺史，仍令代襲，例竟不行。十四年，靖妻卒，有詔墳塋制度依漢衞、霍故事，築闕象突厥內鐵山、吐谷渾內積石山形，以旌殊績。十七年，詔圖畫靖及趙郡王孝恭等二十四人於凌煙閣。十八年，帝幸其第問疾，仍賜絹五百匹，進位衞國公、開府儀同三司。太宗將伐遼東，召靖入閤，賜坐御前，謂曰：「公南平吳會，北清沙漠，西定慕容，唯東有高麗未服，公意如何？」對曰：「臣往者憑藉天威，薄展微効，今殘年朽骨，唯擬此行。陛下若不棄，老臣病期瘳矣。」太宗愍其羸老，不許。二十三年，薨于家，年七十

九。冊贈司徒、并州都督，給班劍四十人、羽葆鼓吹，陪葬昭陵，謚曰景武。

子德謇嗣，官至將作少匠。

靖弟客師，貞觀中，官至右武衞將軍，以戰功累封丹陽郡公。永徽初，以年老致仕。性好馳獵，四時從禽，無暫止息。有別業在昆明池南，自京城之外，西際灃水，鳥獸皆識之，每出則鳥鵲隨逐而噪，野人謂之「鳥賊」。總章中卒，年九十餘。

客師孫令問，玄宗在藩時與令問狎，及即位，以協贊功累遷至殿中少監。先天中，預誅竇懷貞等功，封宋國公，實封五百戶。令問固辭實封，詔不許。開元中，轉殿中監、左散騎常侍，知尚食事。令問雖特承恩寵，未嘗干預時政，深爲物論所稱。然厚於自奉，食饌豐侈，廣畜芻豢，躬臨宰殺。時方奉佛，其篤信之士或譏之，令問曰：「此物畜生，與果菜何異，胡爲強生分別，不亦遠於道乎？」略不以恩眄自恃，閒適郊野，從禽自娛。十五年，涼州都督王君㚟奏迴紇部落叛，令問坐與連姻，左授撫州別駕，尋卒。

大和中，令問孫彥芳任鳳翔府司錄參軍，詣闕進高祖、太宗所賜衞國公靖官告、敕書、手詔等十餘卷，內四卷太宗文皇帝筆迹，文宗寶惜不能釋手。其佩筆尚堪書，金裝木匣，製作精巧。帝並留禁中，令書工模寫本還之，賜彥芳絹二百匹、衣服、靴、笏以酬之。

李勣，曹州離狐人也。隋末，徙居滑州之衞南。本姓徐氏，名世勣，永徽中，以犯太宗諱，單名勣焉。家多僮僕，積粟數千鍾，與其父蓋皆好惠施，拯濟貧乏，不問親疏。

大業末，韋城人翟讓聚衆爲盜，勣往從之，時年十七，謂讓曰：「今此土地是公及勣鄉壤，人多相識，不宜自相侵掠。且宋、鄭兩郡，地管御河，商旅往還，船乘不絕，就彼邀截，足以自相資助。」讓然之，於是劫公私船取物，兵衆大振。隋遣齊郡通守張須陁率師二萬討之，勣與頻戰，竟斬須陁於陣。

初，李密亡命在雍丘，浚儀人王伯當匿於野，伯當共勣說翟讓奉密爲主。隋令王世充討密，勣以奇計敗世充於洛水之上，密拜勣爲東海郡公。時河南、山東大水，死者將半，隋帝令飢人就食黎陽，開倉賑給。時政教已紊，倉司不時賑給，死者日數萬人。勣言於密曰：「天下大亂，本是爲飢，今若得黎陽一倉，大事濟矣。」密乃遣勣領麾下五千人自原武濟河掩襲，即日克之，開倉恣食，一旬之間，勝兵二十萬餘。經歲餘，宇文化及於江都弒逆，擁兵北上，直指東郡。時越王侗即位於東京，赦密之罪，拜爲太尉，封魏國公，授勣右武候大將軍，

命討化及。密遣勣守倉城，勣於城外掘深溝以固守；化及設攻具，四面攻倉，阻塹不得至城下，勣於塹中爲地道出兵擊之，大敗而去。

武德二年，密爲王世充所破，擁衆歸朝。其舊境東至于海，南至于江，西至汝州，北至魏郡，勣並據之，未有所屬，謂長史郭孝恪曰：「魏公既歸大唐，今此人衆土地，魏公所有也。吾若上表獻之，即是利主之敗，自爲己功，以邀富貴，吾所恥也。今宜具錄州縣名數及軍人戶口，總啓魏公，聽公自獻，此則魏公之功也。」乃遣使啓密。使人初至，高祖聞其無表，惟有啓與密，甚怪之。使者以勣意聞奏，高祖大喜曰：「徐世勣感德推功，實純臣也。」詔授黎陽總管、上柱國、萊國公。尋加右武候大將軍，改封曹國公，賜姓李氏，賜良田五十頃，甲第一區。封其父蓋爲濟陰王，蓋固辭王爵，乃封舒國公，授散騎常侍、陵州刺史。令勣總統河南、山東之兵以拒王世充。及李密反叛伏誅，高祖以勣舊經事密，遣使報其反狀。勣表請收葬，詔許之。勣服衰絰，與舊僚吏將士葬密於黎山之南，墳高七仞，釋服而散，朝野義之。

尋而竇建德擒化及於魏縣，復進軍攻勣，力屈降之。建德收其父，從軍爲質，令勣復守黎陽。三年，自拔歸京師。四年，從太宗伐王世充於東都，累戰大捷。又東略地至武牢，僞鄭州司兵沈悅請翻武牢，勣夜潛兵應接，克之，擒其僞刺史荊王行本。又從太宗平竇建德，

降王世充，振旅而還。論功行賞，太宗爲上將，勣爲下將，與太宗俱服金甲，乘戎輅，告捷于太廟。其父自洺州與裴矩入朝，高祖見之大喜，復其官爵。勣又從太宗破劉黑闥、徐圓朗，累遷左監門大將軍。圓朗重據兗州反，授勣河南大總管以討之，尋獲圓朗，斬首以獻，兗州平。

七年，詔與趙郡王孝恭討輔公祏，孝恭領舟師巡江而下，勣領步卒一萬渡淮，拔其壽陽，至硤石。公祏之將陳正通率兵十萬屯於梁山，又遣其大將馮惠亮帥水軍十萬，鎖連大艦以斷江路，仍於江西結壘，分守水陸，以禦王師。勣攻其壘，尋克之。惠亮單艓而遁。勣乘勝逼，正通大潰，以十餘騎奔於丹陽。公祏棄城夜遁，勣縱騎追斬之於武康，江南悉定。

八年，突厥寇并州，命勣爲行軍總管，擊之於太谷，走之。太宗卽位，拜并州都督，賜實封九百戶。貞觀三年，爲通漢道行軍總管〔五〕，至雲中，與突厥頡利可汗兵會，大戰於白道。突厥敗，屯營於磧口，遣使請和。詔鴻臚卿唐儉往赦之。勣時與定襄道大總管李靖軍會，相與議曰：「頡利雖敗，人衆尚多，若走渡磧，保於九姓，道遙阻深，追則難及。今詔使唐儉至彼，其必弛備，我等隨後襲之，此不戰而平賊矣。」靖扼腕喜曰：「公之此言，乃韓信滅田橫之策也。」於是定計。靖將兵逼夜而發，勣勒兵繼進。靖軍既至，賊營大潰，頡利與萬

餘人欲走渡磧。勣屯軍於磧口，頡利至，不得渡磧，其大酋長率其部落並降於勣，虜五萬餘口而還。

時高宗爲晉王，遙領并州大都督，授勣光祿大夫，行并州大都督府長史。父憂解，尋起復舊職。十一年，改封英國公，代襲蘄州刺史，時並不就國，復以本官遙領太子左衞率。勣在并州凡十六年，令行禁止，號爲稱職。太宗謂侍臣曰：「隋煬帝不能精選賢良，安撫邊境，惟解築長城以備突厥，情識之惑，一至於此。朕今委任李世勣於并州，遂使突厥畏威遁走，塞垣安靜，豈不勝遠築長城耶？」

十五年，徵拜兵部尙書，未赴京，會薛延陁遣其子大度設帥騎八萬南侵李思摩部落。命勣爲朔州行軍總管，率輕騎三千追及延陁於青山，擊大破之，斬其名王一人，俘獲首領，虜五萬餘計，以功封一子爲縣公。勣時遇暴疾，驗方云鬚灰可以療之，太宗乃自翦鬚，爲其和藥。勣頓首見血，泣以懇謝，帝曰：「吾爲社稷計耳，不煩深謝。」

十七年，高宗爲皇太子，轉勣太子詹事兼左衞率，加位特進，同中書門下三品。太宗謂曰：「我兒新登儲貳，卿舊長史，今以宮事相委，故有此授。雖屈階資，可勿怪也。」太宗又嘗閒宴，顧勣曰：「朕將屬以幼孤，思之無越卿者。公往不遺於李密，今豈負於朕哉！」勣雪涕致辭，因噬指流血。俄而沉醉，乃解御服覆之，其見委信如此。

十八年，太宗將親征高麗，授勣遼東道行軍大總管，攻破蓋牟、遼東、白崖等數城，又從太宗摧殄駐蹕陣，以功封一子爲郡公。二十年，延陁部落擾亂，詔勣將二百騎便發突厥兵討擊。至烏德鞬山，大戰，破之。其大首領梯眞達官率衆來降，其可汗咄摩支南竄於荒谷，遣通事舍人蕭嗣業招慰部領，送於京師，磧北悉定。

二十二年，轉太常卿，仍同中書門下三品；旬日，復除太子詹事。二十三年，太宗寢疾，謂高宗曰：「汝於李勣無恩，我今將責出之。我死後，汝當授以僕射，卽荷汝恩，必致其死力。」乃出爲疊州都督。高宗卽位，其月，召拜洛州刺史，尋加開府儀同三司，令同中書門下，參掌機密。是歲，册拜尙書左僕射。永徽元年，抗表求解僕射，仍令以開府儀同三司依舊知政事。四年，册拜司空。初，貞觀中，太宗以勳庸特著，嘗圖其形於凌煙閣，至是，帝又命寫形焉，仍親爲之序。顯慶三年，從幸東都，在路遇疾，帝親臨問。麟德初，東封泰山，詔勣爲封禪大使，乃從駕。次滑州，其姊早寡，居勣舊閭，皇后親自臨問，賜以衣服，仍封爲東平郡君。勣又墜馬傷足，上親降問，以所乘賜之。

乾封元年，高麗莫離支男生爲其弟男建所逐〔六〕，保於國內城，遣子獻誠詣闕乞師。總章元年，命勣爲遼東道行軍總管，率兵二萬略地至鴨綠水。賊遣其弟來拒戰，勣縱兵擊敗之，追奔二百里，至於平壤城。男建閉門不敢出，賊中諸城駭懼，多拔人衆遁走，降款者

相繼。勣又引兵圍平壤，遼東道副大總管劉仁軌、郝處俊、將軍薛仁貴並會於平壤，掎角圍之。經月餘，克其城，虜其王高藏及男建、男産，裂其諸城，並爲州縣，振旅而旋。令勣便道以高藏及男建獻於昭陵，禮畢，備軍容入京城，獻太廟。

二年，加太子太師，增食實封通前一千一百戶。其年寢疾，詔以勣弟晉州刺史弼爲司衞正卿，使得視疾。尋薨，年七十六。帝爲之舉哀，輟朝七日，贈太尉、揚州大都督，謚曰貞武，給東園秘器，陪葬昭陵，令司平太常伯楊昉攝同文正卿監護。及葬日，帝幸未央古城，登樓臨送，望柳車慟哭，并爲設祭。皇太子亦從駕臨送，哀慟悲感左右。詔百官送至故城西北，所築墳一準衞、霍故事，象陰山、鐵山及烏德鞬山，以旌破突厥、薛延陁之功。光宅元年，詔勣配享高宗廟庭。

勣前後戰勝所得金帛，皆散之於將士。初得黎陽倉，就食者數十萬人〔七〕。魏徵、高季輔、杜正倫、郭孝恪皆客遊其所，一見於衆人中，卽加禮敬，引之臥內，談謔忘倦。及平武牢，獲僞鄭州長史戴胄，知其行能，尋釋放，竟推薦，咸至顯達，當時稱其有知人之鑒。又，初平王世充，獲其故人單雄信，依例處死，勣表稱其武藝絕倫，若收之於合死之中，必大感恩，堪爲國家盡命，請以官爵贖之。高祖不許。臨將就戮，勣對之號慟，割股肉以啖之，曰：「生死永訣，此肉同歸於土矣。」仍收養其子。每行軍用師，頗任籌算，臨敵應變，動合事機。

與人圖計，識其臧否，聞其片善，扼腕而從，事捷之日，多推功於下，以是人皆爲用，所向多克捷。洎勣之死，聞者莫不悽愴。

與弟弼特存友愛，閨門之內，肅若嚴君。自遇疾，高宗及皇太子送藥，即取服之；家中召醫巫，皆不許入門。子弟固以藥進，勣謂曰：「我山東一田夫耳，攀附明主，濫居富貴，位極三台，年將八十，豈非命乎？修短必是有期，寧容浪就醫人求活！」竟拒而不進。忽謂弼曰：「我似得小差，可置酒以申宴樂。」於是堂上奏女妓，簷下列子孫。宴罷，謂弼曰：「我自量必死，欲與汝一別耳。恐汝悲哭，誑言似差可，未須啼泣，聽我約束。我見房玄齡、杜如晦、高季輔辛苦作得門戶，亦望垂裕後昆，並遭癡兒破家蕩盡。我有如許豚犬，將以付汝，汝可防察，有操行不倫、交遊非類，急即打殺，然後奏知。又見人多埋金玉，亦不須爾。惟以布裝露車，載我棺柩，棺中斂以常服，惟加朝服一副，死倘有知，望著此奉見先帝。明器惟作馬五六匹，下帳用幔皁爲頂，白紗爲裙，其中著十箇木人，示依古禮芻靈之義，此外一物不用。姬媵已下，有兒女而願住自養者聽之，餘並放出。事畢，汝即移入我堂，撫恤小弱。違我言者，同於戮屍。」此後略不復語，弼等遵行遺言。

勣少弟感，幼有志操。李密之敗也，陷於王世充，世充逼令以書召勣，感曰：「家兄立身，不虧名節，今已事主，君臣分定，決不以感造次改圖。」卒不肯，世充怒，遂害焉，時

年十五。

勣長子震，顯慶初官至梓州刺史，先勣卒。

勣孫敬業。高宗崩，則天太后臨朝，既而廢帝爲廬陵王，立相王爲皇帝，而政由天后，諸武皆當權任，人情憤怨。時給事中唐之奇貶授括蒼令，長安主簿駱賓王貶授臨海丞，詹事司直杜求仁黜縣丞，敬業坐事左授柳州司馬，其弟盩厔令敬猷亦坐累左遷，俱在揚州。敬業用前盩厔尉魏思溫謀，據揚州。嗣聖元年七月，敬業遣其黨監察御史薛璋先求使江都，又令雍州人韋超詣璋告變，云「揚州長史陳敬之與唐之奇謀逆」，璋乃收敬之繫獄。居數日，敬業矯制殺敬之，自稱揚州司馬，詐言「高州首領馮子猷叛逆，奉密詔募兵進討」。是日開府庫，令士曹參軍李宗臣解繫囚及丁役、工匠，得數百人，皆授之以甲。錄事參軍孫處行拒命，敬業斬之以徇。遂據揚州，鳩聚民衆，以匡復廬陵爲辭。乃開三府：一曰匡復府，二曰英公府，三曰揚州大都督府。敬業自稱匡復府上將，領揚州大都督，以杜求仁、唐之奇、駱賓王爲府屬，餘皆僞署職位。旬日之間，勝兵有十餘萬。仍移檄諸郡縣曰：

僞臨朝武氏者，人非溫順，地實寒微。昔充太宗下陳，嘗以更衣入侍，洎乎晚節，穢亂春宮，密隱先帝之私，陰圖後庭之嬖。入門見嫉，蛾眉不肯讓人；掩袖工讒，狐媚偏能惑主。踐元后於翬翟，陷吾君於聚麀。加以虺蜴爲心，豺狼成性，近狎邪僻，殘害忠良，殺姊屠兄，弒君鴆母。人神之所同嫉，天地之所不容。猶復包藏禍心，窺竊神器。君之愛子，幽之於別宮；賊之宗盟，委之以重任。嗚呼！霍子孟之不作，朱虛侯之已亡。鷰啄皇孫，知漢祚之將盡；龍漦帝后，識夏廷之遽衰。

敬業，皇唐舊臣，公侯冢胤，奉先君之成業，荷本朝之舊恩。宋微子之興悲，良有以也；袁君山之流涕，豈徒然哉！是用氣憤風雲，志安社稷，因天下之失望，順宇內之推心，爰舉義旗，誓清妖孽。南連百越，北盡三河，鐵騎成羣，玉軸相接。海陵紅粟，倉儲之積靡窮；江浦黃旗，匡復之功何遠。班聲動而北風起，劍氣衝而南斗平。喑嗚則山嶽崩頹，叱咤則風雲變色。以此制敵，何敵不摧？以此圖功，何功不克？

公等或家傳漢爵，或地協周親，或膺重寄於爪牙，或受顧命於宣室。言猶在耳，忠豈忘心？一抔之土未乾，六尺之孤何託？倘能轉禍爲福，送往事居，共立勤王之師，無廢舊君之命，凡諸爵賞，同裂山河（八）。請看今日之域中，竟是誰家之天下！

則天命左玉鈐衛大將軍李孝逸將兵三十萬討之，追削敬業祖、父官爵，剖墳斲棺，復本姓徐氏。

初，敬業兵集，圖其所向，薛璋曰：「金陵王氣猶在，大江設險，可以自固。且取常、潤等

州，以爲霸基，然後治兵北渡。」魏思溫曰：「兵貴神速，但宜早渡淮而北，招合山東豪傑，乘其未集，直取東都，據關決戰，此上策也。」敬業不從。十月，率衆渡江，攻拔潤州，殺刺史李思文。先是，太子賢爲天后所廢，死於巴州，敬業乃求狀貌似賢者，置於城中，奉之爲主，云賢本不死。孝逸軍渡淮，至楚州，敬業之衆狼狽還江都，屯兵高郵以拒之。頻戰大敗，孝逸乘勝追躡。敬業奔至揚州，與唐之奇、杜求仁等乘小舸，將入海投高麗。追兵及，皆捕獲之。初，敬業傳檄至京師，則天讀之微哂，至「一抔之土未乾」，遽問侍臣曰：「此語誰爲之？」或對曰：「駱賓王之辭也。」則天曰：「宰相之過，安失此人？」

中宗返正，詔曰：「故司空勣，往因敬業，毀廢墳塋。朕追想元勳，永懷佐命。昔竇憲干紀，無累安豐之祠；霍禹亂常，猶全博陸之祀。罪不相及，國之通典。宜特垂恩禮，令所司速爲起墳，所有官爵，並宜追復。」勣諸子孫坐敬業誅殺，靡有遺胤，偶脫禍者，皆竄迹胡越。貞元十七年，吐蕃陷麟州，驅掠民畜而去。至鹽州西橫槽烽，蕃將號徐舍人者，環集漢俘於呼延州，謂僧延素曰：「師勿甚懼，予本漢人，司空、英國公五代孫也（九）。屬武太后斲喪王室，吾祖建義不果，子孫流落絕域，今三代矣。雖代居職任，掌握兵要，然思本之心，無忘於國。但族屬已多，無由自拔耳。此地蕃漢交境，放師還鄉。」數千百人，解縛而遣之。

史臣曰：近代稱爲名將者，英、衞二公，誠烟閣之最。英公振彭、黥之迹，自拔草莽，常能以義藩身，與物無忤，遂得功名始終。賢哉垂命之誠！敬業不蹈貽謀，至於覆族，悲夫！衞公將家子，綽有渭陽之風。臨戎出師，凜然威斷。位重能避，功成益謙。銘之鼎鍾，何慚耿、鄧。美哉！

贊曰：功以懋賞，震主則危。辭祿避位，除猜破疑。功定華夷，志懷忠義。白首平戎，賢哉英、衞。

校勘記

〔一〕賊委舟大掠　「委」字各本原無，據通典卷一五八、冊府卷三六五補。

〔二〕六年　「六年」上各本原有「十」字，據本書卷一高祖紀、通鑑卷一九〇刪。

〔三〕頡利可汗不虞於靖　「頡利」，各本原作「突利」，據本卷下文及通鑑卷一九三改。

〔四〕統兵部尚書侯君集刑部尚書任城王道宗……五總管征之　「侯君集刑部尚書」，各本原無，又「五總管」，各本原作「三總管」，據通典卷一五五、御覽卷二八九、新書卷九三李靖傳、通鑑卷一九四補正。

〔五〕爲通漢道行軍總管　「通漢道」，各本原作「通漢道」，本書卷二太宗紀、卷一九四上突厥傳、冊府卷三五七、通鑑卷一九三均作「通漢道」，岑仲勉突厥集史認爲應作「通漢道」（因通漢鎮得名），據改。

〔六〕男生　各本原作「男產」，與後文「虜其王高藏及男建、男產」有矛盾，據本書卷一九九上高麗傳、冊府卷九八六、通鑑卷二〇一改。

〔七〕就食者數十萬人　「食」字各本原作「倉」，據冊府卷八四三改。

〔八〕同裂山河　英華卷六四六、唐文粹卷三〇上此句下尙有「若其眷戀窮城，徘徊歧路，坐昧先幾之兆，必貽後至之誅」四句。

〔九〕予本漢人司空英國公五代孫也　「人司空英國公」，各本原無，據本書卷一九六下吐蕃傳、唐會要卷九七補；惟唐會要無「國」字。

舊唐書卷六十八

列傳第十八

尉遲敬德　秦叔寶　程知節　段志玄　張公謹 子大素　大安

尉遲敬德，朔州善陽人。大業末，從軍於高陽，討捕羣賊，以武勇稱，累授朝散大夫。劉武周起，以爲偏將，與宋金剛南侵，陷晉、澮二州。敬德深入至夏縣，應接呂崇茂，襲破永安王孝基，執獨孤懷恩、唐儉等。武德三年，太宗討武周於柏壁，武周令敬德與宋金剛來拒王師於介休。金剛戰敗，奔於突厥，敬德收其餘衆，城守介休。太宗遣任城王道宗、宇文士及往諭之，敬德與尋相舉城來降。太宗大悅，賜以曲宴，引爲右一府統軍，從擊王世充於東都。

既而尋相與武周下降將皆叛，諸將疑敬德必叛，囚於軍中。行臺左僕射屈突通、尙書殷開山咸言：「敬德初歸國家，情志未附。此人勇健非常，縶之又久，既被猜貳，怨望必生。

留之恐貽後悔，請即殺之。」太宗曰：「寡人所見，有異於此。敬德若懷翻背之計，豈在尋相之後耶？」遽命釋之，引入臥內，賜以金寶，謂曰：「丈夫以意氣相期，勿以小疑介意。寡人終不聽讒言以害忠良，公宜體之。必應欲去，今以此物相資，表一時共事之情也。」是日，因從獵於榆窠，遇王世充領步騎數萬來戰。世充驍將單雄信領騎直趣太宗，敬德躍馬大呼，橫刺雄信墜馬。賊徒稍卻，敬德翼太宗以出賊圍，更率騎兵與世充交戰，數合，其衆大潰，擒僞將陳智略，獲排矟兵六千人。太宗謂敬德曰：「比衆人證公必叛，天誘我意，獨保明之，福善有徵，何相報之速也。」特賜金銀一篋，此後恩眄日隆。

敬德善解避矟，每單騎入賊陣，賊矟攢刺，終不能傷，又能奪取賊矟，還以刺之。是日，出入重圍，往返無礙。齊王元吉亦善馬矟，聞而輕之，欲親自試，命去矟刃以竿相刺。敬德曰：「縱使加刃，終不能傷，請勿除之，敬德矟謹當卻刃。」元吉竟不能中。太宗問曰：「奪矟、避矟，何者難易？」對曰：「奪矟難。」乃命敬德奪元吉矟。元吉執矟躍馬，志在刺之，敬德俄頃三奪其矟。元吉素驍勇，雖相歎異，甚以爲恥。

及竇建德營於板渚，太宗將挑戰，先伏李勣、程知節、秦叔寶等兵。太宗持弓矢，敬德執矟，造建德壘下大呼致師。賊衆大驚擾，出兵數千騎，太宗逡巡漸卻，前後射殺數人，敬德所殺亦十數人，遂引賊以入伏內。於是與勣等奮擊，大破之。王世充兄子僞代王琬使於建德軍中，乘隋煬帝所御驄馬，鎧甲甚鮮，迥出軍前以誇衆。太宗曰：「彼之所乘，眞良馬也。」敬德請往取之，乃與高甑生、梁建方三騎直入賊軍，擒琬，引其馬以歸，賊衆無敢當者。

又從討劉黑闥於臨洺，黑闥軍來襲李世勣，太宗勒兵掩賊後以救之。既而黑闥衆至，其軍四合，敬德率壯士犯圍而入，大破賊陣，太宗與江夏王道宗乘之以出。又從破徐圓朗。累有戰功，授秦王府左二副護軍。

隱太子、巢刺王元吉將謀害太宗，密致書以招敬德曰：「願迂長者之眷，敦布衣之交，幸副所望也。」仍贈以金銀器物一車。敬德辭曰：「敬德起自幽賤，逢遇隋亡，天下土崩，竄身無所，久淪逆地，罪不容誅。實荷秦王惠以生命，今又隸名藩邸，唯當以身報恩。於殿下無功，不敢謬當重賜。若私許殿下，便是二心，徇利忘忠，殿下亦何所用？」建成怒，是後遂絕。敬德尋以啓聞，太宗曰：「公之素心，鬱如山嶽，積金至斗，知公情不可移。送來但取，寧須慮也。若不然，恐公身不安。且知彼陰計，足爲良策。」元吉等深忌敬德，令壯士往刺之。敬德知其計，乃重門洞開，安臥不動，賊頻至其庭，終不敢入。元吉乃譖敬德於高祖，下詔獄訊驗，將殺之，太宗固諫得釋。

會突厥侵擾烏城，建成舉元吉爲將，密謀請太宗同送於昆明池，將加屠害。敬德聞其謀，與長孫無忌遽啓太宗曰：「今

二宮離阻骨肉，滅棄君親，危亡之機，共所知委。寡人雖深被猜忌，禍在須臾，然同氣之情，終所未忍。欲待其先起，然後以義討之，公意以爲何如？」敬德曰：「人情畏死，衆人以死奉王，此天授也。若天與不取，反受其咎。雖存仁愛之小情，忘社稷之大計，禍至而不恐，將亡而自安，失人臣臨難不避之節，乏先賢大義滅親之事，非所聞也。以臣愚誠，請先誅之。王若不從敬德言，請奔逃亡命，不能交手受戮。且因敗成功，明賢之高見；轉禍爲福，智士之先機。敬德今若逃亡，無忌亦欲同去。」太宗猶豫未決，無忌曰：「王今不從敬德之言，必知敬德等非王所有。事今敗矣，其若之何？」太宗曰：「寡人所言，未可全棄，公更圖之。」敬德曰：「王今處事有疑，非智；臨難不決，非勇。王縱不從敬德言，請自決計，其如家國何？其如身命何？且在外勇士八百餘人，今悉入宮，控弦被甲，事勢已就，王何得辭！」敬德又與侯君集日夜進勸，然後計定。

時房玄齡、杜如晦皆被高祖斥出秦府，不得復入。太宗令長孫無忌密召之，玄齡等報曰：「有敕不許更事王，今若私謁，必至誅滅，不敢奉命。」太宗大怒，謂敬德曰：「玄齡、如晦豈背我耶？」取所佩刀授敬德曰：「公且往，觀其無來心，可並斬其首持來也。」敬德又與無忌喻曰：「王已決計剋日平賊，公宜卽入籌之。我等四人不宜羣行在道。」於是玄齡、如晦著道士服，隨無忌入，敬德別道亦至。

六月四日，建成既死，敬德領七十騎躡踵繼至，元吉走馬東奔，左右射之墜馬。太宗所乘馬又逸於林下，橫被所繣，墜不能興。元吉遽來奪弓，垂欲相扼，敬德躍馬叱之，於是步走欲歸武德殿，敬德奔逐射殺之。其宮府諸將薛萬徹、謝叔方、馮立等率兵大至，屯於玄武門，殺屯營將軍。敬德持建成、元吉首以示之，宮府兵遂散。是時，高祖泛舟於海池。太宗命敬德侍衞高祖。敬德擐甲持矛，直至高祖所。高祖大驚，問曰：「今日作亂是誰？卿來此何也？」對曰：「秦王以太子、齊王作亂，舉兵誅之，恐陛下驚動，遣臣來宿衞。」高祖意乃安。南衙、北門兵馬及二宮左右猶相拒戰，敬德奏請降手敕，令諸軍兵並受秦王處分，於是內外遂定。高祖勞敬德曰：「卿於國有安社稷之功。」賜珍物甚衆。太宗升春宮，授太子左衞率。時議者以建成等左右百餘人，並合從坐籍沒，唯敬德執不聽，曰：「爲罪者二凶，今已誅訖，若更及支黨，非取安之策。」由是獲免。及論功，敬德與長孫無忌爲第一，各賜絹萬匹，齊王府財幣器物，封其全邸，盡賜敬德。

貞觀元年，拜右武候大將軍，賜爵吳國公，與長孫無忌、房玄齡、杜如晦四人並食實封千三百戶。會突厥來入寇，授涇州道行軍總管以擊之。賊至涇陽，敬德輕騎與之挑戰，殺其名將，賊遂敗。敬德好訐直，負其功，每見無忌、玄齡、如晦等短長，必面折廷辯，由是與執政不平。三年，出爲襄州都督。八年，累遷同州刺史。嘗侍宴慶善宮，時有班在其上者，

敬德怒曰：「汝有何功，合坐我上？」任城王道宗次其下，因解喻之。敬德勃然，拳毆道宗目，幾至眇。太宗不懌而罷，謂敬德曰：「朕覽漢史，見高祖功臣獲全者少，意常尤之。及居大位以來，常欲保全功臣，令子孫無絕。然卿居官輒犯憲法，方知韓、彭夷戮，非漢祖之愆。國家大事，唯賞與罰，非分之恩，不可數行，勉自修飭，無貽後悔也。」十一年，封建功臣爲代襲刺史，册拜敬德宣州刺史，改封鄂國公，後歷鄜、夏二州都督。十七年，抗表乞骸骨，授開府儀同三司，令朝朔望。尋與長孫無忌等二十四人圖形於凌煙閣。

及太宗將征高麗，敬德奏言：「車駕若自往遼左，皇太子又在定州，東西二京，府庫所在，雖有鎭守，終是空虛。遼東路遙，恐有玄感之變。且邊隅小國，不足親勞萬乘，伏請委之良將，自可應時摧滅。」太宗不納，令以本官行太常卿，爲左一馬軍總管，從破高麗於駐蹕山。軍還，依舊致仕。

敬德末年篤信仙方，飛鍊金石，服食雲母粉，穿築池臺，崇飾羅綺，嘗奏淸商樂以自奉養，不與外人交通，凡十六年。顯慶三年，高宗以敬德功，追贈其父爲幽州都督。其年薨，年七十四。高宗爲之舉哀，廢朝三日，令京官五品以上及朝集使赴宅哭，册贈司徒、幷州都督，謚曰忠武，賜東園祕器，陪葬於昭陵。

子寶琳嗣，官至衞尉卿。

秦叔寶名瓊，齊州歷城人。大業中，爲隋將來護兒帳內。叔寶喪母，護兒遣使弔之，軍吏怪曰：「士卒死亡及遭喪者多矣，將軍未嘗降問，獨弔叔寶何也？」答曰：「此人勇悍，加有志節，必當自取富貴，豈得以卑賤處之。」

隋末羣盜起，從通守張須陁擊賊帥盧明月於下邳。賊衆十餘萬，須陁所統纔萬人，力勢不敵，去賊六七里立栅，相持十餘日，糧盡將退，謂諸將士曰：「賊見兵卻，必輕來追我。其衆既出，營內卽虛，若以千人襲營，可有大利。此誠危險，誰能去者？」人皆莫對，唯叔寶與羅士信請行。於是須陁委栅遁，使二人分領千兵伏於蘆葦間。既而明月果悉兵追之，叔寶與士信馳至其栅，栅門閉不得入，二人超升其樓，拔賊旗幟，各殺數人，營中大亂。叔寶、士信又斬關以納外兵，因縱火焚其三十餘栅，煙焰漲天。明月奔還，須陁又迴軍奮擊，大破賊衆。明月以數百騎遁去，餘皆虜之。由是勇氣聞於遠近。

又擊孫宣雅於海曲，先登破之。以前後累勳授建節尉。從須陁進擊李密於滎陽，軍敗，須陁死之，叔寶以餘衆附裴仁基。會仁基以武牢降於李密，密得叔寶大喜，以爲帳內驃騎，待之甚厚。密與化及大戰於黎陽童山，爲流矢所中，墮馬悶絕。左右奔散，追兵且至，唯

叔寶獨捍衞之，密遂獲免。叔寶又收兵與之力戰，化及乃退。後密敗，又爲王世充所得，署龍驤大將軍。叔寶薄世充之多詐，因其出抗官軍，至於九曲，與程齩金、吳黑闥、牛進達等數十騎西馳百許步，下馬拜世充曰：「雖蒙殊禮，不能仰事，請從此辭。」世充不敢逼，於是來降。

高祖令事秦府，太宗素聞其勇，厚加禮遇。從鎭長春宮，拜馬軍總管。又從征於美良川，破尉遲敬德，功最居多。高祖遣使賜以金瓶，勞之曰：「卿不顧妻子，遠來投我，又立功效。朕肉可爲卿用者，當割以賜卿，況子女玉帛乎？卿當勉之。」尋授秦王右三統軍。又從破宋金剛於介休。錄前後勳，賜黃金百斤、雜綵六千段，授上柱國。從討王世充，每爲前鋒。太宗將拒竇建德於武牢，叔寶以精騎數十先陷其陣。世充平，進封翼國公，賜黃金百斤、帛七千段。從平劉黑闥，賞物千段。

叔寶每從太宗征伐，敵中有驍將銳卒，炫燿人馬，出入來去者，太宗頗怒之，輒命叔寶往取。叔寶應命，躍馬負槍而進，必刺之萬衆之中，人馬辟易，太宗以是益重之，叔寶亦以此頗自矜尙。

六月四日，從誅建成、元吉。事寧，拜左武衞大將軍，食實封七百戶。其後每多疾病，因謂人曰：「吾少長戎馬，所經二百餘陣，屢中重瘡。計吾前後出血亦數斛矣，安得不病乎？」十二年卒，贈徐州都督，陪葬昭陵。太宗特令所司就其塋內立石人馬，以旌戰陣之功焉。十三年，改封胡國公。十七年，與長孫無忌等圖形於淩煙閣。

程知節本名齩金，濟州東阿人也。少驍勇，善用馬矟。大業末，聚徒數百，共保鄉里，以備他盜。後依李密，署爲內軍驃騎。時密於軍中簡勇士尤異者八千人，隸四驃騎，分爲左右以自衞，號爲內軍。自云：「此八千人可當百萬。」知節既領其一，甚被恩遇。及王世充出城決戰，知節領內馬軍，與密同營在北邙山上，單雄信領外馬軍，營在偃師城北。世充來襲雄信營，密遣知節及裴行儼助之。行儼先馳赴敵，爲流矢所中，墜於地。知節救之，殺數人，世充軍披靡，乃抱行儼重騎而還。爲世充騎所逐，刺槊洞過，知節迴身捩折其槊，兼斬獲追者，於是與行儼俱免。

及密敗，世充得之，接遇甚厚。知節謂秦叔寶曰：「世充器度淺狹，而多妄語，好爲呪誓，乃巫師老嫗耳，豈是撥亂主乎？」及世充拒王師於九曲，知節領兵在其陣，與秦叔寶等馬上揖世充曰：「荷公接待，極欲報恩。公性猜貳，傍多扇惑，非僕託身之所，今謹奉辭。」於是躍馬與左右數十人歸國，世充懼，不敢追之。

授秦王府左三統軍。破宋金剛，擒竇建德，降王世充，並領左一馬軍總管。每陣先登，

以功封宿國公。武德七年，建成忌之，構之於高祖，除康州刺史。知節白太宗曰：「大王手臂今並翦除，身必不久。知節以死不去，願速自全。」六月四日，從太宗討建成、元吉。事定，拜太子右衞率，遷右武衞大將軍，賜實封七百戶。

貞觀中，歷瀘州都督、左領軍大將軍。與長孫無忌等代襲刺史，改封盧國公，授普州刺史。十七年，累轉左屯衞大將軍，檢校北門屯兵，加鎭軍大將軍。永徽六年，遷左衞大將軍。顯慶二年，授葱山道行軍大總管以討賀魯。師次怛篤城，有胡人數千家開門出降，知節屠城而去，賀魯遂卽遠遁。軍還，坐免官。未幾，授岐州刺史，表請乞骸骨，許之。麟德二年卒，贈驃騎大將軍、益州大都督，陪葬昭陵。

子處默，襲爵盧國公。

處亮，以功臣子尙太宗女清河長公主，授駙馬都尉、左衞中郎將。

少子處弼，官至右金吾將軍。

處弼子伯獻，開元中，左金吾大將軍。

段志玄，齊州臨淄人也。父偃師，隋末爲太原郡司法書佐，從高祖起義，官至郢州刺

史。志玄從父在太原，甚爲太宗所接待。義兵起，志玄募得千餘人，授右領大都督府軍頭。從平霍邑，下絳郡，攻永豐倉，皆爲先鋒，歷遷左光祿大夫。從劉文靜拒屈突通於潼關，文靜爲通將桑顯和所襲，軍營已潰，志玄率二十騎赴擊，殺數十人而還，爲流矢中足，慮衆心動，忍而不言，更入賊陣者再三。顯和軍亂，大軍因此復振，擊大破之。及屈突通之遁，志玄與諸將追而擒之，以功授樂遊府驃騎將軍

後從討王世充，深入陷陣，馬倒，爲賊所擒。兩騎夾持其髻，將渡洛水，志玄踊身而奮，二人俱墮馬，馳歸，追者數百騎，不敢逼。及破竇建德，平東都，功又居多，遷秦王府右二護軍，賞物二千段。

隱太子建成、巢剌王元吉競以金帛誘之，志玄拒而不納，密以白太宗，竟與尉遲敬德等同誅建成、元吉。太宗卽位，累遷左驍衞大將軍，封樊國公，食實封九百戶。文德皇后之葬也，志玄與宇文士及分統士馬出肅章門。太宗夜使宮官至二將軍所，士及開營內使者，志玄閉門不納，曰：「軍門不可夜開。」使者曰：「此有手敕。」志玄曰：「夜中不辯眞僞。」竟停使者至曉。太宗聞而歎曰：「此眞將軍也，周亞夫無以加焉。」十一年，定世封之制，授金州刺史，改封褒國公。十二年，拜右衞大將軍。十四年，加鎭軍大將軍。十六年，寢疾，太宗親自臨視，涕泣而別，顧謂曰：「當與卿子五品。」志玄頓首

固請迴授母弟志感，太宗遂授志感左衞郎將。及卒，上爲發哀，哭之甚慟，贈輔國將軍、揚州都督，陪葬昭陵，謚曰忠壯。十七年正月，詔圖形於凌煙閣。

子瓚，襲爵褒國公，武太后時官至左屯衞大將軍。

子懷簡，襲爵，開元中，官至太子詹事。

張公謹字弘愼，魏州繁水人也。初爲王世充洧州長史。武德元年，與王世充所署洧州刺史崔樞以州城歸國，授鄒州別駕，累除右武候長史。初未知名，李勣驟薦於太宗，尉遲敬德亦言之，乃引入幕府。

時太宗爲隱太子建成、巢王元吉所忌，因召公謹，問以自安之策，對甚合旨，漸見親遇。及太宗將討建成、元吉，遣卜者灼龜占之，公謹自外來見，遽投於地而進曰：「凡卜筮者，將以決嫌疑，定猶豫，今旣事在不疑，何卜之有？縱卜之不吉，勢不可已。願大王思之。」太宗深然其言。六月四日，公謹與長孫無忌等九人伏於玄武門以俟變。及斬建成、元吉，其黨來攻玄武門，兵鋒甚盛。公謹有勇力，獨閉關以拒之。以功累授左武候將軍，封定遠郡公，賜實封一千戶。

貞觀元年，拜代州都督，上表請置屯田以省轉運，又前後言時政得失十餘事，並見納用。後遣李靖經略突厥，以公謹爲副，公謹因言突厥可取之狀，曰：「頡利縱欲肆情，窮凶極暴，誅害良善，昵近小人，此主昏於上，其可取一也。又其別部同羅、僕骨、迴紇、延陁之類，並自立君長，將圖反噬，此則衆叛於下，其可取二也。突利被疑〔一〕，輕騎自免；拓設出討，匹馬不歸；欲谷喪師，立足無地；此則兵挫將敗，其可取三也。塞北霜早，糧餱乏絕，其可取四也。頡利疏其突厥，親委諸胡，胡人翻覆，是其常性，大軍一臨，內必生變，其可取五也。華人入北，其類實多，比聞自相嘯聚，保據山險，師出塞垣，自然有應，其可取六也。」太宗深納之。破定襄，敗頡利，璽書慰勞，進封鄒國公。

轉襄州都督，甚有惠政。卒官，年三十九。太宗聞而嗟悼，出次發哀，有司奏言：「準陰陽書，日子在辰，不可哭泣，又爲流俗所忌。」太宗曰：「君臣之義，同於父子，情發於衷，安避辰日。」遂哭之。贈左驍衞大將軍，謚曰襄。十三年，追思舊功，改封郯國公。十七年，圖形於凌煙閣。永徽中，又贈荆州都督。

長子大象嗣，官至戶部侍郎。

次子大素、大安，並知名。大素，龍朔中歷位東臺舍人，兼修國史，卒於懷州長史，撰後魏書一百卷、隋書三十卷。

大安，上元中歷太子庶子、同中書門下三品。時章懷太子在春宮，令大安與太子洗馬劉訥言等注范曄後漢書。宮廢，左授普州刺史。光宅中，卒於橫州司馬。

大安子涗，開元中爲國子祭酒。

史臣曰：敬德奪矟陷陣，鼓勇王師，郤路報恩，竭忠霸主。然而奮拳負氣，非自全之道，文皇告誡之言，可爲功臣藥石。叔寶善用馬矟，拔賊壘則以寡敵衆，可謂勇矣。知節志平國難，拜隼旗則致命輔君，可謂忠矣。而並曉世充之猜貳，識唐代之霸圖，可謂見幾君子矣。志玄中鏑不言，竟安師旅。公謹投龜定議，志助儲君。皆所謂猛將謀臣，知機識變。有唐之盛，斯實賴焉。

贊曰：太宗經綸，實賴虎臣。胡、鄂諸將，奮不顧身。圖形凌煙，配食嚴禋。光諸簡冊，爲報君親。

校勘記

〔一〕突利　各本原作「突厥」，據新書卷八九張公謹傳、通鑑卷一九三改。

舊唐書卷六十九

列傳第十九

侯君集　張亮　薛萬徹 兄萬均　盛彥師　盧祖尚　劉世讓　劉蘭　李君羨等附

侯君集，豳州三水人也。性矯飾，好矜誇，玩弓矢而不能成其藝，乃以武勇自稱。太宗在藩，引入幕府，數從征伐，累除左虞候、車騎將軍，封全椒縣子。漸蒙恩遇，參預謀議。建成、元吉之誅也，君集之策居多。太宗即位，遷左衞將軍，以功進封潞國公，賜邑千戶，尋拜右衞大將軍。

貞觀四年，遷兵部尚書，參議朝政。時將討吐谷渾伏允，命李靖爲西海道行軍大總管，以君集及任城王道宗並爲之副。九年三月，師次鄯州，君集言於靖曰：「大軍已至，賊虜尙未走險，宜簡精銳，長驅疾進，彼不我虞，必有大利。若此策不行，潛遁必遠，山障爲阻，討

之實難。」靖然其計，乃簡精銳，輕齎深入。道宗追及伏允之衆於庫山，破之。伏允輕兵入磧，以避官軍。靖乃中分士馬爲兩道並入，靖與薛萬均、李大亮趣北路，使侯君集、道宗趣南路。歷破邏眞谷，踰漢哭山，經途二千餘里，行空虛之地，盛夏降霜，山多積雪，轉戰過星宿川，至於柏海，頻與虜遇，皆大克獲。北望積石山，觀河源之所出焉。乃旋師，與李靖會於大非川，平吐谷渾而還。

十一年，與長孫無忌等俱受世封，授君集陳州刺史，改封陳國公。明年，拜吏部尙書，進位光祿大夫。君集出自行伍，素無學術，及被任遇，方始讀書。典選舉，定考課，出爲將領，入參朝政，並有時譽。

高昌王麴文泰時遏絕西域商賈，太宗徵文泰入朝，而稱疾不至，詔以君集爲交河道行軍大總管討之。文泰聞王師將起，謂其國人曰：「唐國去此七千里，沙磧闊二千里，地無水草，多風凍寒，夏風如焚。風之所吹，行人多死，常行百人不能得至，安能致大軍乎？若頓兵於吾城下，二十日食必盡，自然魚潰，乃接而虜之，何足憂也！」及軍至磧口，而文泰卒，其子智盛襲位。君集率兵至柳谷，候騎言文泰剋日將葬，國人咸集。諸將請襲之，君集曰：「不可，天子以高昌驕慢無禮，使吾恭行天罰，今襲人於墟墓之間，非問罪之師也。」於是鼓行而前，攻其田地。賊嬰城自守，君集諭之，不行。先是，大軍之發也，上召山東善爲攻城器械者，悉遣從軍。君集遂刊木塡隍，推撞車撞其睥睨，數丈頹穴，抛車石擊其城中，其所當者無不糜碎，或張氈被，用障抛石，城上守陴者不復得立。遂拔之，虜其男女七千餘口，仍進兵圍其都城。智盛窮蹙，致書於君集曰：「有罪於天子者，先王也。天罰所加，身已喪背。智盛襲位未幾，不知所以愆闕，冀尙書哀憐。」君集報曰：「若能悔禍，宜束手軍門。」智盛猶不出，因命士卒塡其隍塹，發抛車以攻之。又爲十丈高樓，俯視城內，有行人及飛石所中處，皆唱言之，人多入室避石。初，文泰與西突厥欲谷設約，有兵至，共爲表裏。及聞君集至，欲谷設懼而西走千餘里，智盛失援，計無所出，遂開門出降。君集分兵略地，遂平其國，俘智盛及其將吏，刻石紀功而還。

君集初破高昌，曾未奏請，輒配沒無罪人，又私取寶物。將士知之，亦競來盜竊，君集恐發其事，不敢制。及京師，有司請推其罪，詔下獄。中書侍郎岑文本以爲功臣大將不可輕加屈辱，上疏曰：

君集等或位居輔佐，或職惟爪牙，並蒙拔擢，受將帥之任，不能正身奉法以報陛下之恩，舉措肆情，罪負盈積，實宜繩之刑典，以肅朝倫。但高昌昏迷，人神共棄，在朝議者，以其地在遐荒，咸欲置之度外。唯陛下運獨見之明，授決勝之略，君集等奉行聖算，遂得指期平殄。若論事實，並是陛下之功，君集等有道路之勞，未足稱其勳力。而

陛下天德弗宰，乃推功於將帥。露布初至，便降大恩，從征之人，皆霑滌蕩。及其凱旋，特蒙曲宴，又對萬國，加之重賞。內外文武，咸欣陛下賞不踰時。而不經旬日，並付大理，雖乃君集等自挂網羅，而在朝之人未知所犯，恐海內又疑陛下唯錄其過，似遺其功。臣以下才，謬參近職，既有所見，不敢默然。

臣聞古之人君，出師命將，克敵則獲重賞，不克則受嚴刑。是以當其有功也，雖貪殘淫縱，必蒙靑紫之寵；當其有罪也，雖勤躬潔己，不免鈇鉞之誅。故周書曰：「記人之功，忘人之過，宜爲君者也。」昔漢貳師將軍李廣利捐五萬之師，糜億萬之費，經四年之勞，唯獲駿馬三十匹。雖斬宛王之首，而貪不愛卒，罪惡甚多。武帝爲萬里征伐，不錄其過，遂封廣利海西侯，食邑八千戶。又校尉陳湯矯詔興師，雖斬郅支單于，而湯素貪盜，所收康居財物，事多不法，爲司隸所繫。湯乃上疏曰：「與吏士共誅郅支，幸得擒滅。今司隸乃收繫案驗，是爲郅支報讎也。」元帝赦其罪，封湯關內侯，賜黃金百斤。又晉龍驤將軍王濬有平吳之功，而王渾等論濬違詔，不受節度，軍人得孫皓寶物，并燒皓宮及船。濬上表曰：「今年平吳，誠爲大慶，於臣之身，更爲咎累。」武帝赦而不推，拜輔國大將軍，封襄陽侯，賜絹萬匹。近隋新義郡公韓擒虎平陳之日，縱士卒暴亂叔寶宮內，文帝亦不問罪，雖不進爵，拜擒虎上柱國，賜物八千段。由斯觀之，將帥之臣，廉愼

者寡，貪求者衆。是以黃石公軍勢曰：「使智，使勇，使貪，使愚。故智者樂立其功，勇者好行其志，貪者邀趨其利，愚者不計其死。」是知前聖莫不收人之長，棄人之短，良爲此也。

臣又聞夫天地之道，以覆載爲先；帝王之德，以含弘爲美。夫以區區漢武及歷代諸帝，猶能有廣利等，況陛下天縱神武，振宏圖以定六合，豈獨正茲刑網，不行古人之事哉！伏惟聖懷，當自已有斟酌。臣今所以陳聞，非敢私君集等，庶以螢爝末光，增暉日月。儻陛下降雨露之澤，收雷電之威，錄其微勞，忘其大過，使君集重升朝列，復預驅馳，雖非清貞之臣，猶是貪愚之將。斯則陛下聖德，雖屈法而德彌顯；君集等愆過，雖蒙宥而過更彰。足使立功之士，因茲而皆勸；負罪之將，由斯而改節矣。

疏奏，乃釋。

君集自以有功於西域，而以貪冒被囚，志殊怏怏。十七年，張亮以太子詹事出爲洛州都督，君集激怒亮曰：「何爲見排？」亮曰：「是公見排，更欲誰冤！」君集曰：「我平一國來，逢屋許大嗔，何能仰排！」因攘袂曰：「鬱鬱不可活，公能反乎？當與公反耳。」亮密以聞，太宗謂亮曰：「卿與君集俱是功臣。君集獨以語卿，無人聞見，若以屬吏，君集必言無此。兩人相證，事未可知。」遂寢其事，待君集如初。尋與諸功臣同畫像於凌煙閣。

時庶人承乾在東宮，恐有廢立，又知君集怨望，遂與通謀。君集子壻賀蘭楚石時爲東宮千牛，承乾令數引君集入內，問以自安之術。君集以承乾劣弱，意欲乘釁以圖之，遂贊承乾陰圖不軌，嘗舉手謂承乾曰：「此好手，當爲用之。」君集或慮謀洩，心不自安，每中夜蹶然而起，歎咤久之。其妻怪而謂之曰：「公，國之大臣，何爲乃爾？必當有故。若有不善之事，孤負國家，宜自歸罪，首領可全。」君集不能用。

及承乾事發，君集被收，楚石又詣闕告其事。太宗親臨問曰：「我不欲令刀筆吏辱公，故自鞫驗耳。」君集辭窮。太宗謂百僚曰：「往者家國未安，君集實展其力，不忍置之於法。我將乞其性命，公卿其許我乎？」羣臣爭進曰：「君集之罪，天地所不容，請誅之以明大法。」太宗謂君集曰：「與公長訣矣，而今而後，但見公遺像耳！」因歔欷下泣。遂斬於四達之衢，籍沒其家。君集臨刑，容色不改，謂監刑將軍曰：「君集豈反者乎，蹉跌至此！然嘗爲將，破滅二國，頗有微功。爲言於陛下，乞令一子以守祭祀。」由是特原其妻及一子，徙於嶺南。

張亮，鄭州滎陽人也。素寒賤，以農爲業，倜儻有大節，外敦厚而內懷詭詐，人莫之知。大業末，李密略地滎、汴，亮杖策從之，未被任用。屬軍中有謀反者，亮告之，密以爲至誠，

署驃騎將軍，隸於徐勣。及勣以黎陽歸國，亮頗贊成其事，乃授鄭州刺史。會王世充陷鄭州，亮不得之官，孤軍無援，遂亡命於共城山澤。後房玄齡、李勣以亮倜儻有智謀，薦之於太宗，引爲秦府車騎將軍。漸蒙顧遇，委以心膂。會建成、元吉將起難，太宗以洛州形勝之地，一朝有變，將出保之。遣亮之洛陽，統左右王保等千餘人，陰引山東豪傑以俟變，多出金帛，恣其所用。元吉告亮欲圖不軌，坐是屬吏，亮卒無所言，事釋，遣還洛陽。及建成死，授懷州總管，封長平郡公。

貞觀五年，歷遷御史大夫，轉光祿卿，進封鄅國公，賜實封五百戶。後歷豳、夏、鄜三州都督。七年，魏王泰爲相州都督而不之部，進亮金紫光祿大夫，行相州大都督長史。十一年，改封鄖國公。亮所莅之職，潛遣左右伺察善惡，發擿姦隱，動若有神，抑豪強而恤貧弱，故所在見稱。初，亮之在州也，棄其本妻，更娶李氏。李素有淫行，驕妬特甚，亮寵憚之。後至相州，有鄴縣小兒，以賣筆爲業，善歌舞，李見而悅之，遂與私通，假言亮先與其母野合所生，收爲亮子，名曰慎幾。亮前婦子慎微每以養慎幾致諫，亮不從。李尤好左道，所至巫覡盈門，又干預政事，由是亮之聲稱漸損。

十四年，入爲工部尚書。明年，遷太子詹事，出爲洛州都督。及侯君集誅，以亮先奏其將反，優詔褒美，遷刑部尚書，參預朝政。太宗將伐高麗，亮頻諫不納，因自請行。以亮爲

滄海道行軍大總管，管率舟師。自東萊渡海，襲沙卑城，破之，俘男女數千口。進兵頓於建安城下，營壘未固，士卒多樵牧。賊衆奄至，軍中惶駭。亮素怯懦，無計策，但踞胡床，直視而無所言，將士見之，翻以亮爲有膽氣。其副總管張金樹等乃鳴鼓令士衆擊賊，破之。太宗知其無將帥材而不之責。

有方術人程公穎者，亮親信之。初在相州，陰召公穎，謂曰：「相州形勝之地，人言不出數年有王者起，公以爲何如？」公穎知其有異志，因言亮臥似龍形，必當大貴。又有公孫常者，頗擅文辭，自言有黃白之術，尤與亮善。亮謂曰：「吾嘗聞圖讖『有弓長之君當別都』，雖有此言，實不願聞之。」常又言亮名應圖籙，亮大悅。二十年，有陝人常德玄告其事，并言亮有義兒五百人。太宗遣法官按之，公穎及常證其罪。亮曰：「此二人畏死見誣耳。」又自陳佐命之舊，冀有寬貸。太宗謂侍臣曰：「亮有義兒五百，畜養此輩，將何爲也？正欲反耳。」命百僚議其獄，多言亮當誅，唯將作少匠李道裕言亮反形未具，明其無罪。太宗既盛怒，竟斬於市，籍沒其家。歲餘，刑部侍郎有闕，令執政者妙擇其人，累奏皆不可。太宗曰：「朕得其人也。往者李道裕議張亮云『反形未具』，此言當矣。雖不即從，至今追悔。」遂授道裕刑部侍郎。

薛萬徹，雍州咸陽人，自燉煌徙焉，隋左禦衞大將軍世雄子也。世雄，大業末卒於涿郡太守。萬徹少與兄萬均隨父在幽州〔一〕，俱以武略爲羅藝所親待。尋與藝歸附高祖，授萬均上柱國、永安郡公，萬徹車騎將軍、武安縣公。

會竇建德率衆十萬來寇范陽，藝逆拒之。萬均謂藝曰：「衆寡不敵，今若出鬬，百戰百敗，當以計取之。可令羸兵弱馬阻水背城爲陣以誘之，觀賊之勢，必渡水交兵。萬均請精騎百人伏於城側，待其半渡擊之，破賊必矣。」藝從其言。建德果引軍渡水，萬均邀擊，大破之。明年，建德率衆二十萬復攻幽州，賊已攀堞，萬均與萬徹率敢死士百人從地道而出，直掩賊背擊之，賊遂潰走。

及太宗平劉黑闥，引萬均爲右二護軍，恩顧甚至。隱太子建成又引萬徹置於左右。建成被誅，萬徹率宮兵戰於玄武門，鼓譟欲入秦府，將士大懼。及梟建成首示之，萬徹與數十騎亡於終南山。太宗累遣使諭意，萬徹釋仗而來，太宗以其忠於所事，不之罪也。萬均，貞觀初歷遷殿中少監。柴紹之擊梁師都，以萬徹爲副。未至朔方數十里，突厥四面而至，官軍稍却。萬均與萬徹橫出擊之，斬其驍將，虜陣亂，因而乘之，殺傷被野。鼓行而進，遂圍師都。俄而師都見殺，城降，突厥不敢來援。萬徹後從李靖擊突厥頡利可汗於塞北，以功授統軍，進爵郡公。及靖將擊吐谷渾，請萬徹同行。及至賊境，與諸將各率百餘騎先行，卒與虜數千騎相遇。萬徹單騎馳擊之，虜無敢當者。還謂諸將曰：「賊易與耳！」躍馬復進，諸將隨之，斬數千級，人馬流血，勇冠三軍。又與萬均破吐谷渾天柱王於赤水源，獲其雜畜二十萬計，追至河源。

萬均此後官至左屯衞大將軍，累封潞國公而卒。萬徹尋丁母憂解職，俄起爲右衞將軍，出爲蒲州刺史。會薛延陁率迴紇、同羅之衆渡磧，南擊李思摩，萬徹副李勣援之。與虜相遇，率數百騎爲先鋒，擊其陣後，騎皆散，賊顧見，遂大潰。追奔數十里，斬首三千餘級，獲馬萬五千匹。以功別封一子爲縣侯。十八年，授左衞將軍，尚丹陽公主，拜駙馬都尉。尋遷右衞大將軍，轉杭州刺史，遷代州都督，復召拜右武衞大將軍。太宗從容謂從臣曰：「當今名將，唯李勣、道宗、萬徹三人而已。李勣、道宗不能大勝，亦不大敗；萬徹非大勝，即大敗。」太宗嘗召司徒長孫無忌等十餘人宴於丹霄殿，各賜以貘皮，萬徹預焉。太宗意在賜萬徹，而誤呼萬均，因愴然曰：「萬均朕之勳舊，不幸早亡，不覺呼名，豈其魂靈欲朕之賜也。」因令取貘皮，呼萬均以同賜而焚之於前，侍坐者無不感歎。

二十二年，萬徹又爲青丘道行軍大總管，率甲士三萬自萊州泛海伐高麗，入鴨綠水，百餘里至泊汋城，高麗震懼，多棄城而遁。泊汋城主所夫孫率步騎萬餘人拒戰，萬徹遣右衞將軍裴行方領步卒爲支軍繼進，萬徹及諸軍乘之，賊大潰。追奔百餘里，於陣斬所夫孫，進兵圍泊汋城。其城因山設險，阻鴨綠水以爲固，攻之未拔。高麗遣將高文率烏骨、安地諸城兵三萬餘人來援，分置兩陣。萬徹分軍以當之，鋒刃纔接而賊大潰。萬徹在軍，仗氣凌物，人或奏之。及謁見，太宗謂曰：「上書者論卿與諸將不協，朕錄功棄過，不罪卿也。」因取書焚之。尋爲副將、右衞將軍裴行方言其怨望，於是廷驗之，萬徹辭屈。英國公李勣進曰：「萬徹職乃將軍，親惟主壻，發言怨望，罪不容誅。」因除名徙邊，會赦得還。

永徽二年，授寧州刺史。入朝與房遺愛款昵，因謂遺愛曰：「今雖患脚，坐置京師，漢輩猶不敢動。」遺愛謂萬徹曰：「公若國家有變，我當與公立荆王元景爲主。」及謀洩，吏逮之，萬徹不之伏，遺愛證之，遂伏誅。臨刑大言曰：「薛萬徹大健兒，留爲國家效死力固好，豈得坐房遺愛殺之乎！」遂解衣謂監刑者疾斫。執刀者斬之不殊，萬徹叱之曰：「何不加力！」三斫乃絕。

萬徹長兄萬淑，亦有戰功。貞觀初，至營州都督，檢校東夷校尉，封梁郡公。季弟萬備，有孝行，母終，廬於墓側。太宗降璽書弔慰，仍旌表其門。後官至左衞將軍。並先萬徹卒。

初，武德、貞觀之際，有盛彥師、盧祖尚、劉世讓、劉蘭、李君羨等，並有功名而不終其位。

盛彥師者，宋州虞城人。大業中，爲澄城長。義師至汾陰，率賓客千餘人濟河上謁，拜銀青光祿大夫、行軍總管，從平京城。俄與史萬寶鎮宜陽以拒東寇。

及李密之叛，將出山南，史萬寶懼密威名，不敢拒，謂彥師曰：「李密，驍賊也，又輔以王伯當，決策而叛，其下兵士思欲東歸，若非計出萬全，則不爲也。兵在死地，殆不可當。」彥師笑曰：「請以數千之衆邀之，必梟其首。」萬寶曰：「計將安出？」對曰：「軍法尚詐，不可爲公說之。」便領衆踰熊耳山南，傍道而止，令弓弩者夾路乘高，刀楯者伏於溪谷。令曰：「待賊半渡，一時齊發，弓弩據高縱射，刀楯卽亂出薄之。」或問之曰：「聞李密欲向洛州，而公入山，何也？」彥師曰：「密聲言往洛，實走襄城就張善相耳，必當出人不意。若賊入谷口，我自後追之，山路險隘，無所展力，一夫殿後，必不能制。今吾先得入谷，擒之必矣。」李密既度陝州，以爲餘不足慮，遂擁衆徐行，果踰山南渡。彥師擊之，密衆首尾斷絕，不得相救，遂斬李密，追擒伯當。以功封葛國公，拜武衞將軍，仍鎮熊州。

太宗討王世充，遣彥師與萬寶軍於伊闕，絕其山南之路。賊平，除宋州總管。初，彥師之入關也，王世充以其將陳寶遇爲宋州刺史，處其家不以禮，及此，彥師因事殺之。平生所惡數十家亦皆殺之。州中震駭，重足而立。

會徐圓朗反，彥師為安撫大使，因戰，遂沒於賊。圓朗禮厚之，令彥師作書報其弟，令舉城降己。彥師為書曰：「吾奉使無狀，被賊所擒，為臣不忠，誓之以死。汝宜善侍老母，勿以吾為念。」圓朗初色動，而彥師自若，圓朗乃笑曰：「盛將軍乃有壯節，不可殺也。」待之如舊。賊平，彥師竟以罪賜死。

盧祖尚者，字季良，光州樂安人也。父禧，隋虎賁郎將。累葉豪富，傾財散施，甚得人心。大業末，召募壯士，逐捕羣盜，時年甚少，而武力過人，又御衆嚴整，所向有功，羣盜畏憚，不敢入境。及宇文化及作亂，州人請祖尚為刺史。祖尚時年十九，升壇歃血，以誓其衆，泣涕歔欷，悲不自勝，衆皆感激。

王世充立越王侗，祖尚遣使從之，侗授祖尚光州總管。及世充自立，遂舉州歸款，高祖嘉之，賜璽書勞勉，拜光州刺史，封弋陽郡公。武德六年，從趙郡王孝恭討輔公祏，為前軍總管，攻其宣、歙二州，克之。進擊賊帥馮惠亮、陳正通，並破之。賊平，以功授蔣州刺史。又歷壽州都督、瀛州刺史，並有能名。

貞觀初，交州都督、遂安公壽以貪冒得罪，太宗思求良牧，朝臣咸言祖尚才兼文武，廉

平正直。徵至京師，臨朝謂之曰：「交州大藩，去京甚遠，須賢牧撫之。前後都督皆不稱職，卿有安邊之略，為我鎮之，勿以道遠為辭也。」祖尚拜謝而出，既而悔之，以舊疾為辭。太宗遣杜如晦諭旨，祖尚固辭。又遣其妻兄周範往諭之曰：「匹夫相許，猶須存信。卿面許朕，豈得後方悔之？宜可早行，三年必自相召，卿勿推拒，朕不食言。」對曰：「嶺南瘴癘，皆日飲酒，臣不便酒，去無還理。」太宗大怒曰：「我使人不從，何以為天下！」命斬之於朝，時年三十餘。尋悔之，使復其官蔭。

劉世讓字元欽，雍州醴泉人也。仕隋徵仕郎。高祖入長安，世讓以渭川歸國，拜通議大夫。時唐弼餘黨寇扶風，世讓自請安輯，許之，俄得數千人。復為安定道行軍總管，率兵以拒薛舉，戰敗，世讓及弟寶俱為舉軍所獲。舉將至城下，令紿說城中曰：「大軍五道已趣長安，宜開門早降。」世讓偽許之，因告城中曰：「賊兵多少，極於此矣。宜善自固，以圖安全。」舉重其執節，竟不之害。太宗時屯兵高墌，世讓潛遣寶逃歸，言賊中虛實，高祖嘉之，賜其家帛千匹。及賊平，得歸，授彭州刺史。

尋領陝東道行軍總管，與永安王孝基擊呂崇茂於夏縣，諸軍敗績，世讓與唐儉俱為賊所獲。獄中聞獨孤懷恩有逆謀，逃還以告高祖。時高祖方濟河，將幸懷恩之營，聞難驚曰：

「劉世讓之至，豈非天命哉！」因勞之曰：「卿往陷薛舉，遣弟潛效款誠，今復冒危告難，是皆憂國忘身也。」尋封弘農郡公，賜莊一區、錢百萬。

累轉并州總管，統兵屯於鴈門。突厥處羅可汗與高開道、苑君璋合衆攻之，甚急。鴻臚卿鄭元璹先使在蕃，可汗令元璹來說之，世讓厲聲曰：「大丈夫奈何為夷狄作說客耶！」經月餘〔二〕，虜乃退。及元璹還，述世讓忠貞勇幹，高祖下制褒美之，錫以良馬。未幾，召拜廣州總管。將之任，高祖問以備邊之策，世讓答曰：「突厥南寇，徒以馬邑為其中路耳。如臣所計，請於崞城置一智勇之將，多儲金帛，有來降者厚賞賜之，數出奇兵略其城下，芟踐禾稼，敗其生業。不出歲餘，彼當無食，馬邑不足圖也。」高祖曰：「非公無可任者〔三〕。」乃使馳驛往經略之。突厥懼其威名，乃縱反間，言世讓與可汗通謀，將為亂。高祖不之察，遂誅世讓，籍沒其家。貞觀初，突厥來降者言世讓初無逆謀，始原其妻子。

劉蘭字文郁，青州北海人也。仕隋鄱陽郡書佐。頗涉經史，善言成敗。然性多兇狡，見隋末將亂，交通不逞。于時北海完富，蘭利其子女玉帛，與羣盜相應，破其本鄉城邑。武德中，淮安王神通為山東道安撫大使，蘭率宗黨往歸之。以功累遷尚書員外郎。

貞觀初，梁師都尚據朔方，蘭上言攻取之計，太宗善之，命為夏州都督府司馬。時

梁師都以突厥之師頓於城下，蘭偃旗臥鼓，不與之爭鋒，賊徒宵遁，蘭追擊破之，遂進軍夏州。及師都平，以功遷豐州刺史，徵為右領軍將軍。

十一年，幸洛陽，以蜀王愔為夏州都督，愔不之藩，以蘭為長史，總其府事。時突厥攜離，有郁射設阿史那摸末率其部落入居河南。蘭縱反間以離其部落，頡利果疑摸末，摸末懼，而頡利又遣兵追之，蘭率衆逆擊，敗之〔四〕。太宗以為能，超拜豐州刺史，再轉夏州都督，封平原郡公。

貞觀末，以謀反腰斬。右驍衞大將軍丘行恭探其心肝而食之，太宗聞而召行恭讓之曰：「刑典自有常科，何至於此！必若食逆者心肝而為忠孝，則劉蘭之心為太子諸王所食，豈至卿邪？」行恭無以答。

李君羨者，洺州武安人也。初為王世充驃騎，惡世充之為人，乃與其黨叛而來歸，太宗引為左右。從討劉武周及王世充等，每戰必單騎先鋒陷陣，前後賜以宮女、馬牛、黃金、雜綵，不可勝數。太宗即位，累遷華州刺史，封武連郡公。

貞觀初，太白頻晝見，太史占曰：「女主昌。」又有謠言：「當有女武王者。」太宗惡之。時君羨為左武衞將軍，在玄武門。太宗因武官內宴，作酒令，各言小名。君羨自稱小名「五娘

子」，太宗愕然，因大笑曰：「何物女子，如此勇猛！」又以君羨封邑及屬縣皆有「武」字，深惡之。會御史奏君羨與妖人員道信潛相謀結，將爲不軌，遂下詔誅之。天授二年，其家屬詣闕稱冤，則天乃追復其官爵，以禮改葬。

史臣曰：侯君集摧凶克敵，效用居多，恃寵矜功，粗率無檢，棄前功而罹後患，貪愚之將明矣。張亮聽公穎之妖言，恃弓長之邪識，養兒斯畜，惡跡遂彰，雖道裕云反狀未形，而詭詐之性，於斯驗矣。萬徹籌深行陣，勇冠戎夷，不能保其首領，以至誅戮。夫二三子，非愼始而保終也。

贊曰：君子立功，守以謙沖。小人得位，足爲身害。侯、張凶險，望窺聖代。雄若韓、彭，難逃葅醢。

校勘記

〔一〕隨父在幽州　「幽」字各本原作「豳」，新書卷九四薛萬均傳作「幽」。據上文父爲隋涿郡太守，隋涿郡卽唐幽州，下文「以武略爲羅藝所親待」，羅藝於隋唐之際割據幽州，作「幽」是，據改。

〔二〕經月餘　「月」字各本原作「日」，據御覽卷四三六、冊府卷三七三改。

〔三〕高祖曰非公無可任者　「曰非公」三字各本原無，據冊府卷三六五、新書卷九四劉世讓傳補。

〔四〕突厥頡利可汗已於貞觀四年被俘，八年死於長安，此段所敍應爲貞觀初蘭爲夏州都督府司馬時事，誤置於此。

舊唐書卷七十

列傳第二十

王珪　戴胄兄子至德　岑文本兄子長倩　長倩子羲　格輔元附　杜正倫

王珪字叔玠，太原祁人也。在魏爲烏丸氏，曾祖神念，自魏奔梁，復姓王氏。祖僧辯，梁太尉、尙書令。父顗，北齊樂陵太守。珪幼孤，性雅澹，少嗜慾，志量沈深，能安於貧賤，體道履正，交不苟合。季叔頍當時通儒，有人倫之鑒，嘗謂所親曰：「門戶所寄，唯在此兒耳。」開皇末，爲奉禮郎。及頍坐漢王諒反事被誅，珪當從坐，遂亡命於南山，積十餘歲。高祖入關，丞相府司錄李綱薦珪貞諒有器識，引爲世子府諮議參軍。及東宮建，除太子中舍人，尋轉中允，甚爲太子所禮。後以連其陰謀事，流于嶲州。建成誅後，太宗素知其才，召拜諫議大夫。

貞觀元年，太宗嘗謂侍臣曰：「正主御邪臣，不能致理；正臣事邪主，亦不能致理。唯君臣相遇，有同魚水，則海內可安也。昔漢高祖，田舍翁耳，提三尺劍定天下，既而規模弘遠，慶流子孫者，此蓋任得賢臣所致也。朕雖不明，幸諸公數相匡救，冀憑嘉謀，致天下於太平耳。」珪對曰：「臣聞木從繩則正，后從諫則聖。故古者聖主，必有諍臣七人，言而不用，則相繼以死。陛下開聖慮，納芻蕘，臣處不諱之朝，實願罄其狂瞽。」太宗稱善，敕自今後中書門下及三品以上入閤，必遣諫官隨之。珪每推誠納忠，多所獻替，太宗顧待益厚，賜爵永寧縣男，遷黃門侍郎，兼太子右庶子。

二年，代高士廉爲侍中。太宗嘗閒居與珪宴語，時有美人侍側，本廬江王瑗之姬，瑗敗，籍沒入宮，太宗指示之曰：「廬江不道，賊殺其夫而納其室。暴虐之甚，何有不亡者乎！」珪避席曰：「陛下以廬江取此婦人爲是耶，爲非耶？」太宗曰：「殺人而取其妻，卿乃問朕是非，何也？」對曰：「臣聞於管子曰：『齊桓公之郭，問其父老曰：「郭何故亡？」父老曰：「以其善善而惡惡也。」桓公曰：「若子之言，乃賢君也，何至於亡？」父老曰：「不然，郭君善善而不能用，惡惡而不能去，所以亡也。」』今此婦人尙在左右，竊以聖心爲是之，陛下若以爲非，此謂知惡而不去也。」太宗雖不出此美人，而甚重其言。

時太常少卿祖孝孫以教宮人聲樂不稱旨，爲太宗所讓。珪及溫彥博諫曰：「孝孫妙解晉律，非不用心，但恐陛下顧問不得其人，以惑陛下視聽。且孝孫雅士，陛下忽爲教女樂而怪之，臣恐天下怪愕。」太宗怒曰：「卿皆我之腹心，當進忠獻直，何乃附下罔上，反爲孝孫言也！」彥博拜謝，珪獨不拜曰：「臣本事前宮，罪已當死。陛下矜恕性命，不以不肖，置之樞近，責以忠直。今臣所言，豈是爲私？不意陛下忽以疑事誚臣，是陛下負臣，臣不負陛下。」帝默然而罷。翌日，帝謂房玄齡曰：「自古帝王，能納諫者固難矣。昔周武王尚不用伯夷、叔齊，宣王賢主，杜伯猶以無罪見殺。吾夙夜庶幾前聖，恨不能仰及古人。昨責彥博、王珪，朕甚悔之。公等勿以此而不進直言也。」

時房玄齡、李靖、溫彥博、戴胄、魏徵與珪同知國政。後嘗侍宴，太宗謂珪曰：「卿識鑒清通，尤善談論，自房玄齡等，咸宜品藻，又可自量，孰與諸子賢？」對曰：「孜孜奉國，知無不爲，臣不如玄齡。才兼文武，出將入相，臣不如李靖。敷奏詳明，出納惟允，臣不如溫彥博。處繁理劇，衆務必舉，臣不如戴胄。以諫諍爲心，恥君不及於堯、舜，臣不如魏徵。至如激濁揚清，嫉惡好善，臣於數子，亦有一日之長。」太宗深然其言，羣公亦各以爲盡己所懷，謂之確論。後進爵爲郡公。七年，坐漏泄禁中語，左遷同州刺史。明年，召拜禮部尚書。十一年，與諸儒正定五禮書成，賜帛三百段，封一子爲縣男。

是歲，兼魏王師。既而上問黃門侍郎韋挺曰：「王珪爲魏王泰師，與其相見，若爲禮

節？」挺對曰：「見師之禮，拜答如禮。」王問珪以忠孝，珪答曰：「陛下，王之君也，事君思盡忠；陛下，王之父也，事父思盡孝。忠孝之道，可以立身，可以成名，當年可以享天祜，餘芳可以垂後葉。」王曰：「忠孝之道，已聞教矣，願聞所習。」珪答曰：「漢東平王蒼云：『爲善最樂。』」上謂侍臣曰：「古來帝子，生於宮闈，及其成人，無不驕逸，是以傾覆相踵，少能自濟。我今嚴敎子弟，欲令皆得安全。王珪我久驅使，是所諳悉，以其意存忠孝，選爲子師。爾宜語泰：『汝之待珪，如事我也，可以無過。』」泰每爲之先拜，珪亦以師道自居，物議善之。時珪子敬直尚南平公主。禮有婦見舅姑之儀，自近代公主出降，此禮皆廢。珪曰：「今主上欽明，動循法制。吾受公主謁見，豈爲身榮，所以成國家之美耳。」遂與其妻就席而坐，令公主親執笄行盥饋之道，禮成而退。是後公主下降有舅姑者，皆備婦禮，自珪始也。

珪少時貧寒，人或遺之，初不辭謝；及貴，皆厚報之，雖其人已亡，必賑贍其妻子。事寡嫂盡禮，撫孤姪恩義極隆，宗姻困匱者，亦多所周卹。珪通貴漸久，而不營私廟，四時蒸嘗，猶祭於寢。坐爲法司所劾，太宗優容，弗之譴也，因爲立廟，以媿其心。珪既儉不中禮，時論以是少之。十三年，遇疾，敕公主就第省視，又遣民部尚書唐儉增損藥膳。尋卒，年六十九，太宗素服舉哀於別次，悼惜久之，詔魏王泰率百官親往臨哭，贈吏部尚書，謚曰懿。

長子崇基，襲爵，官至主爵郎中。

少子敬直，以尚主拜駙馬都尉，坐與太子承乾交結，徙于嶺外。崇基孫旭，開元初，爲左司郎中，兼侍御史。時光祿少卿盧崇道犯罪配流嶺南，逃歸匿於東都，爲讎家所發。玄宗令旭究其獄，旭欲擅其威權，因捕繫崇道親黨數十人，皆極其楚毒，然後結成其罪，崇道及其三子並坐死，親友皆決杖流貶。時得罪多是知名之士，四海冤之。旭又與御史大夫李傑不協，遞相糾訐，傑竟坐左遷衢州刺史。旭既得志，擅行威福，由是朝廷畏而鄙之。俄以贓罪黜爲龍川尉，憤恚而死，甚爲時之所快。

戴胄字玄胤，相州安陽人也。性貞正，有幹局，明習律令，尤曉文簿。隋大業末，爲門下錄事，納言蘇威、黃門侍郎裴矩甚禮之。越王侗以爲給事郎。王世充將篡侗位，胄言於世充曰：「君臣之分，情均父子，理須同其休戚，勗以終始。明公以文武之才，當社稷之寄，與存與亡，在於今日。所願推誠王室，擬跡伊、周，使國有泰山之安，家傳代祿之盛，則率土之濱，莫不幸甚。」世充詭辭稱善，勞而遣之。世充後逼越王加其九錫，胄又抗言切諫，世充不納，由是出爲鄭州長史，令與兄子行本鎮武牢。太宗克武牢而得之，引爲秦府士曹參軍。及即位，除兵部郎中，封武昌縣男。

貞觀元年，遷大理少卿。時吏部尚書長孫無忌嘗被召，不解佩刀入東上閤。尚書右僕射封德彝議以監門校尉不覺，罪當死；無忌誤帶入，罰銅二十斤。上從之。胄駁曰：「校尉不覺與無忌帶入，同爲誤耳。臣子之於尊極，不得稱誤，準律云：『供御湯藥、飲食、舟船，誤不如法者〔一〕，皆死。』陛下若錄其功，非憲司所決；若當據法，罰銅未爲得衷。」太宗曰：「法者，非朕一人之法，乃天下之法也，何得以無忌國之親戚，便欲阿之？」更令定議。德彝執議如初，太宗將從其議，胄又曰：「校尉緣無忌以致罪，於法當輕。若論其誤，則爲情一也，而生死頓殊，敢以固請。」上嘉之，竟免校尉之死。

于時朝廷盛開選舉，或有詐僞資蔭者，帝令其自首，不首者罪至于死。俄有詐僞者事洩，胄據法斷流以奏之。帝曰：「朕下敕不首者死，今斷從流，是示天下以不信。卿欲賣獄乎？」胄曰：「陛下當即殺之，非臣所及。既付所司，臣不敢虧法。」帝曰：「卿自守法，而令我失信邪？」胄曰：「法者，國家所以布大信於天下；言者，當時喜怒之所發耳。陛下發一朝之忿而許殺之，既知不可而置之於法，此乃忍小忿而存大信也。若順忿違信，臣竊爲陛下惜之。」帝曰：「法有所失，公能正之，朕何憂也。」胄前後犯顏執法多此類。所論刑獄，皆事無冤濫，隨方指擿，言如泉涌。

其年，轉尚書右丞，尋遷左丞。先是，每歲水旱，皆以正倉出給，無倉之處，就食他州，

中華書局

百姓多致饑乏。二年,胄上言:「水旱凶災,前聖之所不免。國無九年儲蓄,禮經之所明誡。今喪亂已後,戶口凋殘,每歲納租,未實倉廩。隨即出給,纔供當年,若有凶災,將何賑卹?故隋開皇立制,天下之人,節級輸粟,名爲社倉,終文皇代,得無饑饉。及大業中年,國用不足,並取社倉之物以充官費,故至末塗,無以支給。今請自王公已下[二],爰及衆庶,計所墾田稼穡頃畝,每至秋熟,準其見苗以理勸課[三],盡令出粟。稻麥之鄉,亦同此稅,各納所在,立爲義倉。」太宗從其議。以其家貧,賚錢十萬。

時尚書左僕射蕭瑀免官,僕射封德彝又卒,太宗謂胄曰:「尚書省天下綱維,百司所稟,若一事有失,天下必有受其弊者。今以令、僕繫之於卿,當稱朕所望也。」胄性明敏,達於從政,處斷明速,議者以爲左右丞稱職,武德已來,一人而已。又領諫議大夫,令與魏徵更日供奉。

三年,進拜民部尚書,兼檢校太子左庶子。先是,右僕射杜如晦專掌選舉,臨終請以選事委胄,由是詔令兼攝吏部尚書,其民部、庶子、諫議並如故。胄雖有幹局,而無學術,居吏部,抑文雅而獎法吏,甚爲時論所譏。四年,罷吏部尚書,以本官參預朝政,尋進爵爲郡公。

五年,太宗將修復洛陽宮,胄上表諫曰:

陛下當百王之弊,屬暴隋之後,拯餘燼於塗炭,救遺黎於倒懸。遠至邇安,率土清謐,大功大德,豈臣之所稱贊。臣誠小人,才識非遠,唯知耳目之近,不達長久之策,敢竭區區之誠,論臣職司之事。比見關中、河外,盡置軍團,富室強丁,並從戎旅。重以九成作役,餘丁向盡,去京二千里內,先配司農將作。假有遺餘,勢何足紀?亂離甫爾,戶口單弱,一人就役,舉家便廢。入軍者督其戎仗,從役者責其糇糧,盡室經營,多不能濟。以臣愚慮,恐致怨嗟。七月已來,霖潦過度,河南、河北,厥田洿下,時豐歲稔,猶未可量。加以軍國所須,皆資府庫,絹布所出,歲過百萬。丁既役盡,賦調不減,費用不止,帑藏其虛。且洛陽宮殿,足蔽風雨,數年功畢,亦謂非晚。若頓修營,恐傷勞擾。

太宗甚嘉之,因謂侍臣曰:「戴胄於我無骨肉之親,但以忠直勵行,情深體國,事有機要,無不以聞。所進官爵,以酬厥誠耳。」七年,卒,太宗爲之舉哀,廢朝三日,贈尚書右僕射,追封道國公,謚曰忠,詔虞世南爲撰碑文。又以胄宅宇弊陋,祭享無所,令有司特爲造廟。房玄齡、魏徵並美胄才用,俱與之親善,及胄卒後,嘗見其遊處之地,歔爲之流涕。胄無子,以兄子至德爲後。

至德,乾封中累遷西臺侍郎、同東西臺三品。尋轉戶部尚書,依舊知政事。父子十數年間相繼爲尚書,預知國政,時以爲榮。咸亨中,高宗爲飛白書以賜侍臣,賜至德曰「泛洪源,俟舟楫」;賜郝處俊曰「飛九霄,假六翮」;賜李敬玄曰「資啓沃,罄丹誠」;又賜中書侍郎崔知悌曰「竭忠節,贊皇猷」,其辭皆有興比。

俄遷尚書右僕射。時劉仁軌爲左僕射,每遇申訴冤滯者,輒美言許之,而至德先據理難詰,未嘗與奪,若有理者,密爲奏之,終不顯己之斷決,由是時譽歸於仁軌。或以問至德,答曰:「夫慶賞刑罰,人主之權柄,凡爲人臣,豈得與人主爭權柄哉!」其愼密如此。後高宗知而深歎美之。儀鳳四年薨,輟朝三日,使百官以次赴宅哭之,贈開府儀同三司、并州大都督,謚曰恭。

岑文本字景仁,南陽棘陽人。祖善方,仕蕭詧吏部尚書。父之象,隋末爲邯鄲令,嘗被人所訟,理不得申。文本性沈敏,有姿儀,博考經史,多所貫綜,美談論,善屬文。時年十四,詣司隸稱冤,辭情慨切,召對明辯,衆頗異之。試令作蓮花賦,下筆便成,屬意甚佳,合臺莫不歎賞。其父冤雪,由是知名。

其後,郡舉秀才,以時亂不應。蕭銑僭號於荊州,召署中書侍郎,專典文翰。及河間王孝恭定荊州,軍中將士咸欲大掠,文本進說孝恭曰:「自隋室無道,羣雄鼎沸,四海延頸以望眞主。今蕭氏君臣、江陵父老,決計歸降者,實望去危就安耳。王必欲縱兵虜掠,誠非鄙州來蘇之意,亦恐江、嶺以南,向化之心沮矣。」孝恭稱善,遂止之。署文本荊州別駕。孝恭進擊輔公祏,召典軍書,復署行臺考功郎中。

貞觀元年,除秘書郎,兼直中書省。遇太宗行藉田之禮,文本上藉田頌。及元日臨軒宴百僚,文本復上三元頌,其辭甚美。文本才名既著,李靖復稱薦之,擢拜中書舍人,漸蒙親顧。初,武德中詔誥及軍國大事,文皆出於顏師古。至是,文本所草詔誥,或衆務繁湊,即命書僮六七人隨口並寫,須臾悉成,亦殆盡其妙。時中書侍郎顏師古以譴免職,頃之,溫彥博奏曰:「師古諳練時事,長於文法,時無及者,冀蒙復用。」太宗曰:「我自舉一人,公勿憂也。」於是以文本爲中書侍郎,專典機密。又先與令狐德棻撰周史,其史論多出於文本。至十年史成,封江陵縣子。

十一年,從至洛陽宮,會穀、洛泛溢,文本上封事曰:

臣聞創撥亂之業,其功既難;守已成之基,其道不易。故居安思危,所以定其業也;有始有卒,所以隆其基也。今雖億兆乂安,方隅寧謐,既承喪亂之後,又接凋弊之餘，戶口減損尚多，田疇墾闢猶少。覆燾之恩著矣，而瘡痍未復；德教之風被矣，而資產屢空。是以古人譬之種樹，年祀綿遠，則枝葉扶疏；若種之日淺，根本未固，雖壅之以黑墳，暖之以春日，一人搖之，必致枯槁。今之百姓，頗類於此。常加含養，則日就滋息；暫有征役，則隨而凋耗。凋耗既甚，則人不聊生；人不聊生，則怨氣充塞；怨氣充塞，則離叛之心生矣。故帝舜曰：「可愛非君，可畏非人。」孔安國曰：「人以君爲命，故可愛；君失道，人叛之，故可畏。」仲尼曰：「君猶舟也，人猶水也，水所以載舟，亦所以覆舟。」是以古之哲王，雖休勿休，日愼一日者，良爲此也。

伏惟陛下覽古今之事，察安危之機，上以社稷爲重，下以億兆爲念。明選舉，愼賞罰，進賢才，退不肖。聞過即改，從諫如流，爲善在於不疑，出令期於必信。頤神養性，省畋遊之娛；去奢從儉，減工役之費。務靜方內，而不求闢土；載櫜弓矢，而無忘武備。凡此數者，雖爲國之常道，陛下之所常行，臣之愚心，唯願陛下思之而不倦，行之而不怠。則至道之美，與三、五比隆；億載之祚，隨天地長久。雖使桑穀爲妖，龍蛇作孽，雉雊於鼎耳，石言於晉地，猶當轉禍爲福，變咎爲祥。況水雨之患，陰陽常理，豈可謂之天譴而繫聖心哉？

臣聞古人有言：「農夫勞而君子養焉，愚者言而智者擇焉。」輒陳狂瞽，伏待斧鉞。

是時魏王泰寵冠諸王，盛修第宅，文本以爲侈不可長，上疏盛陳節儉之義，言泰宜有抑損。太宗並嘉之，賜帛三百段。十七年，加銀青光祿大夫。

文本自以出自書生，每懷撝挹。平生故人，雖微賤必與之抗禮。居處卑陋，室無茵褥帷帳之飾。事母以孝聞，撫弟姪恩義甚篤。太宗每言其「弘厚忠謹，吾親之信之」。是時，新立晉王爲皇太子，名士多兼領宮官，太宗欲令文本兼攝。文本再拜曰：「臣以庸才，久踰涯分，守此一職，猶懼滿盈，豈宜更忝春坊，以速時謗。臣請一心以事陛下，不願更希東宮恩澤。」太宗乃止，仍令五日一參東宮，皇太子執賓友之禮，與之答拜，其見待如此。俄拜中書令，歸家有憂色，其母怪而問之，文本曰：「非勳非舊，濫荷寵榮，責重位高，所以憂懼。」親賓有來慶賀，輒曰：「今受弔，不受賀也。」又有勸其營產業者，文本歎曰：「南方一布衣，徒步入關，疇昔之望，不過祕書郎、一縣令耳。而無汗馬之勞，徒以文墨致位中書令，斯亦極矣。荷俸祿之重，爲懼已多，何得更言產業乎？」言者歎息而退。

文本既久在樞揆，當塗任事，賞錫稠疊，凡有財物出入，皆委季弟文昭，一無所問。文昭時任校書郎，多與時人遊款，太宗聞而不悅，嘗從容謂文本曰：「卿弟過多交結，恐累卿，朕將出之爲外官，如何？」文本泣曰：「臣弟少孤，老母特所鍾念，不欲信宿離于左右。若今外出，母必憂悴，儻無此弟，亦無老母也。」歔欷嗚咽，太宗愍其意而止。唯召見文昭，嚴加誡約，亦卒無愆過。

及將伐遼，凡所籌度，一皆委之。文本受委既深，神情頓竭，言辭舉措，頗異平常。太宗見而憂之，謂左右曰：「文本今與我同行，恐不與我同返。」及至幽州，遇暴疾，太宗親自臨視，撫之流涕。尋卒，年五十一。其夕，太宗聞嚴鼓之聲，曰：「文本殞逝，情深惻怛。今宵夜警，所不忍聞。」命停之。贈侍中、廣州都督，謚曰憲，賜東園祕器，陪葬昭陵。有集六十卷行於代。

文本兄文叔。文叔子長倩，少爲文本所鞠，同於己子。永淳中，累轉兵部侍郎、同中書門下平章事。垂拱初，自夏官尚書遷內史，知夏官事。俄拜文昌右相，封鄧國公。則天初革命，尤好符瑞，長倩懼罪，頗有陳奏。又上疏請改皇嗣姓爲武氏，以爲周室儲貳，則天許之，實封五百戶。天授二年，加特進、輔國大將軍。其年，鳳閣舍人張嘉福與洛州人王慶之等列名上表，請立武承嗣爲皇太子。長倩以皇嗣在東宮，不可更立承嗣，與地官尚書格輔元竟不署名，仍奏請切責上書者。由是大忤諸武意，乃斥令西征吐蕃，充武威道行軍大總管；中路召還，下制獄，被誅，仍發掘其父祖墳墓。來俊臣又脅迫長倩子靈源，令誣納言歐陽通及格輔元

等數十人，皆陷以同反之罪，並誅死。

長倩子羲〔四〕，長安中爲廣武令，有能名。則天嘗令宰相各舉堪爲員外郎者，鳳閣侍郎韋嗣立薦羲，且奏曰：「但恨其從父長倩犯逆爲累。」則天曰：「苟有材幹，何恨徽累。」遂拜天官員外郎。由是緣坐近親，相次入省，登封令劉守悌爲司門員外郎，渭南令裴惓爲地官員外郎。先是，羲爲金壇令，守悌及惓稱爲清德，羲以文吏著名，俱爲巡察使所薦，皆授畿縣令，又同爲尚書郎，悉有美譽。守悌後至陝州刺史，惓至杭州刺史。羲，神龍初爲中書舍人。時武三思用事，侍中敬暉欲上表請削諸武之爲王者，募爲疏者。衆畏三思，皆辭託不敢爲之，羲便操筆，辭甚切直。由是忤三思意，轉祕書少監，再遷吏部侍郎。時吏部侍郎崔湜、太常少卿鄭愔、大理少卿李允恭分掌選事，皆以贓貨聞，羲最守正，時議美之。尋加銀青光祿大夫、右散騎常侍、同中書門下三品。

睿宗即位，出爲陝州刺史。復歷刑部、戶部二尚書，門下三品，監修國史，刪定格令；仍修氏族錄。初，中宗時，侍御史冉祖雍誣奏睿宗及太平公主與節愍太子連謀，請加推究，羲與中書侍郎蕭至忠密申保護。及羲監修中宗實錄，自書其事，睿宗覽而大加賞歎，賜物三百段、細馬一匹，仍下制書褒美之。

時羲兄獻爲國子司業，弟翔爲陝州刺史，休爲商州刺史，從族兄弟子姪因羲引用登清要者數十人。羲歎曰：「物極則返，可以懼矣！」然竟不能有所抑退。尋還侍中。先天元年，坐預太平公主謀逆伏誅，籍沒其家。

格輔元者，汴州浚儀人也。伯父德仁，隋剡縣丞，與同郡人齊王文學王孝逸、文林郎繁師玄、羅川郡戶曹靖君亮、司隸從事鄭祖咸、宣城縣長鄭師善、王世充中書舍人李行簡、處士盧協等八人，以辭學擅名，當時號爲「陳留八俊」。輔元弱冠舉明經，歷遷御史大夫、地官尚書、同鳳閣鸞臺平章事。初，張嘉福等請立武承嗣也，則天以問輔元，固稱不可，遂爲承嗣所譖而死，海內冤之。

輔元兄希元，高宗時洛州司法參軍，章懷太子召令與洗馬劉訥言等注解范曄後漢書，行於代。先輔元卒。

杜正倫，相州洹水人也。隋仁壽中，與兄正玄、正藏俱以秀才擢第。隋代舉秀才止十餘人，正倫一家有三秀才，甚爲當時稱美。正倫善屬文，深明釋典。仕隋爲羽騎尉。武德

中，歷遷齊州總管府錄事參軍。太宗聞其名，令直秦府文學館。

貞觀元年，尚書右丞魏徵表薦正倫，以爲古今難匹，遂擢授兵部員外郎。太宗謂曰：「朕今令舉行能之人，非朕獨私於行能者，以其能益於百姓也。朕於宗親以及勳舊無行能者，終不任之。以卿忠直，朕今舉卿，卿宜勉稱所舉。」

二年，拜給事中，兼知起居注。太宗嘗謂侍臣曰：「朕每日坐朝，欲出一言，卽思此言於百姓有利益否，所以不能多言。」正倫進曰：「君舉必書，言存左史〔五〕。臣職當修起居注，不敢不盡愚直。陛下若一言乖於道理，則千載累於聖德，非直當今損於百姓，願陛下愼之。」太宗大悅，賜絹二百段。

四年，累遷中書侍郎。六年，正倫與御史大夫韋挺、秘書少監虞世南、著作郎姚思廉等咸上封事稱旨，太宗爲之設宴，因謂曰：「朕歷觀自古人臣立忠之事，若値明王，便得盡誠規諫，至如龍逄、比干，竟不免孥戮。爲君不易，爲臣極難。我又聞龍可擾而馴，然喉下有逆鱗，觸之則殺人。人主亦有逆鱗，卿等遂不避犯觸，各進封事。常能如此，朕豈慮有危亡哉！我思卿等此意，豈能暫忘，故聊設宴樂也。」仍並賜帛有差。

尋加散騎常侍，行太子右庶子，兼崇賢館學士。太宗謂曰：「國之儲副，自古所重，必擇善人爲之輔佐。今太子年在幼沖，志意未定，朕若朝夕見之，可得隨事誡約。今旣委以監國，不在目前，知卿志懷貞慤，能敦直道，故輟輟卿於朕，以匡太子，宜知委任輕重也。」十年，復授中書侍郎，賜爵南陽縣侯，仍兼太子左庶子。

正倫出入兩宮，參典機密，甚以幹理稱。時太子承乾有足疾，不能朝謁，好昵近羣小。太宗謂正倫曰：「我兒疾病，乃可事也。但全無令譽，不聞愛賢好善，私所引接，多是小人，卿可察之。若教示不得，須來告我。」正倫數諫不納，乃以太宗語告之，承乾抗表聞奏。太宗謂正倫曰：「何故漏洩我語？」對曰：「開導不入，故以陛下語嚇之，冀其有懼，或當反善。」帝怒，出爲穀州刺史，又左授交州都督。後承乾搆逆，事與侯君集相連，稱遺君集將金帶遺正倫，由是配流驩州。

顯慶元年，累授黃門侍郎，兼崇賢館學士，尋同中書門下三品。二年，兼度支尙書，仍依舊知政事。俄拜中書令，兼太子賓客、弘文館學士，進封襄陽縣公。三年，坐與中書令李義府不協，出爲橫州刺史，仍削其封邑。尋卒。有集十卷行於代。

史臣曰：王珪履正不回，忠讜無比，君臣時命，胥會于茲。易曰：「自天祐之，吉，無不利。」叔玠有焉。戴胄兩朝仕官，一乃心力，刑無僭濫，事有箴規。雖學術不能求備，而匡益

自可濟時，亦所謂巧於任大矣。文本文傾江海，忠貫雪霜，申慈父之冤，匡明主之業。及委繁劇，俄致暴終。書曰：「小心翼翼，昭事上帝。」所謂憂能傷人，不復永年矣。洎羲而下，登清要者數十人，積善之道，焉可忽諸！正倫以能文被舉，以直道見委，參典機密，出入兩宮，斯謂得時。然被承乾金帶之譏，孰與夫薏苡之謗，士大夫愼之。

贊曰：五靈嘉瑞，出繫汙隆。人中麟鳳，王、戴諸公。動必由禮，言皆匡躬。獻規納諫，貞觀之風。

校勘記

〔一〕䫻不如法者　各本原作「䫻不知者」，據通典卷一六九、唐會要卷三九改。

〔二〕今請自王公已下　「今請」二字各本原無，據唐會要卷八八補。

〔三〕準其見苗　「見」字各本原無，據唐會要卷八八、冊府卷五〇二補。

〔四〕長倩子羲　按據下文韋嗣立奏稱羲「從父長倩」語，羲當爲長倩從子。

〔五〕言存左史　各本「左」下有「右」字，據冊府卷五五四、新書卷一〇六杜正倫傳刪。

舊唐書卷七十一

列傳第二十一

魏徵

魏徵字玄成，鉅鹿曲城人也。父長賢，北齊屯留令。徵少孤貧，落拓有大志，不事生業，出家爲道士。好讀書，多所通涉，見天下漸亂，尤屬意縱横之說。大業末，武陽郡丞元寶藏舉兵以應李密，召徵使典書記。密每見寶藏之疏，未嘗不稱善，既聞徵所爲，遽使召之。徵進十策以干密，雖奇之而不能用。及王世充攻密於洛口，徵說密長史鄭頲曰：「魏公雖驟勝，而驍將銳卒死傷多矣；又軍無府庫，有功不賞，戰士心惰，此二者難以應敵。未若深溝高壘，曠日持久，不過旬月，敵人糧盡，可不戰而退，追而擊之，取勝之道。且東都食盡，世充計窮，意欲死戰，可謂窮寇難與爭鋒，請愼無與戰。」頲曰：「此老生之常談耳！」徵曰：「此乃奇謀深策，何謂常談？」因拂衣而去。

及密敗，徵隨密來降，至京師，久不見知，自請安輯山東，乃授秘書丞，驅傳至黎陽。時徐世勣尚爲李密擁衆，徵與世勣書曰：

自隋末亂離，羣雄競逐，跨州連郡，不可勝數。魏公起自叛徒，奮臂大呼，四方響應，萬里風馳，雲合霧聚，衆數十萬。威之所被，將半天下，破世充于洛口，摧化及於黎山。方欲西蹈咸陽，北淩玄闕，揚旌瀚海，飲馬渭川，翻以百勝之威，敗於奔亡之虜。固知神器之重，自有所歸，不可以力爭，是以魏公思皇天之乃睠，入函谷而不疑。公生于擾攘之時，感知己之遇，根本已拔，確乎不動，鳩合遺散，據守一隅。世充以乘勝餘勇，息其東略；建德因侮亡之勢，不敢南謀。公之英聲，足以振于今古。然誰無善始，終之慮難，去就之機，安危大節。若策名得地，則九族蔭其餘輝；委質非人，則一身不能自保。殷鑒不遠，公所聞見。孟賁猶豫，童子先之，知幾其神，不俟終日。今公處必爭之地，乘宜速之機，更事遲疑，坐觀成敗，恐凶狡之輩，先人生心，則公之事去矣。

世勣得書，遂定計遣使歸國，開倉運糧，以餽淮安王神通之軍。

俄而建德悉衆南下，攻陷黎陽，獲徵，署爲起居舍人。及建德就擒，與裴矩西入關。隱太子聞其名，引直洗馬，甚禮之。徵見太宗勳業日隆，每勸建成早爲之所。及敗，太宗使召之，謂曰：「汝離間我兄弟，何也？」徵曰：「皇太子若從徵言，必無今日之禍。」太宗素器

之，引爲詹事主簿。及踐祚，擢拜諫議大夫，封鉅鹿縣男，使安輯河北，許以便宜從事。徵至磁州，遇前宮千牛李志安、齊王護軍李思行錮送詣京師。徵謂副使李桐客曰：「吾等受命之日，前宮、齊府左右，皆令赦原不問。今復送思行，此外誰不自疑？徒遣使往，彼必不信，此乃差之毫釐，失之千里。且公家之利，知無不爲，寧可慮身，不可廢國家大計。今若釋遣思行，不問其罪，則信義所感，無遠不臻。古者，大夫出疆，苟利社稷，專之可也。況今日之行，許以便宜從事，主上既以國士見待，安可不以國士報之乎？」卽釋遣思行等，仍以啓聞，太宗甚悅。

太宗新卽位，勵精政道，數引徵入臥內，訪以得失。徵雅有經國之才，性又抗直，無所屈撓，太宗與之言，未嘗不欣然納受。徵亦喜逢知己之主，思竭其用，知無不言。太宗嘗勞之曰：「卿所陳諫，前後二百餘事，非卿至誠奉國，何能若是？」其年，遷尚書左丞。或有言徵阿黨親戚者，帝使御史大夫温彥博案驗無狀，彥博奏曰：「徵爲人臣，須存形迹[一]，不能遠避嫌疑，遂招此謗。雖情在無私，亦有可責。」帝令彥博讓徵，且曰：「自今後不得不存形迹。」他日，徵入奏曰：「臣聞君臣協契，義同一體。不存公道，唯事形迹，若君臣上下，同遵此路，則邦之興喪，或未可知。」帝瞿然改容曰：「吾已悔之。」徵再拜曰：「願陛下使臣爲良臣，勿使臣爲忠臣。」帝曰：「忠、良有異乎？」徵曰：「良臣，稷、契、咎陶是也。忠臣，龍逢、

比干是也。良臣使身獲美名，君受顯號，子孫傳世，福祿無疆。忠臣身受誅夷，君陷大惡，家國並喪，空有其名。以此而言，相去遠矣。」帝深納其言，賜絹五百匹。

貞觀二年，遷秘書監，參預朝政。徵以喪亂之後，典章紛雜，奏引學者校定四部書。數年之間，秘府圖籍，粲然畢備。

時高昌王麴文泰將入朝，西域諸國咸欲因文泰遣使貢獻，太宗令文泰使人厭怛紇干往迎接之。徵諫曰：「中國始平，瘡痍未復，若微有勞役，則不自安。往年文泰入朝，所經州縣，猶不能供，況加於此輩。若任其商賈來往，邊人則獲其利；若爲賓客，中國卽受其弊矣。漢建武二十二年，天下已寧，西域請置都護、送侍子，光武不許，蓋不以蠻夷勞弊中國也。今若許十國入貢，其使不下千人，欲使緣邊諸州何以取濟？人心萬端，後雖悔之，恐無所及。」上善其議。時厭怛紇干已發，遽追止之。

後太宗幸九成宮，因有宮人還京，憩於湋川縣之官舍。俄又右僕射李靖、侍中王珪繼至，官屬移宮人於別所而舍靖等。太宗聞之，怒曰：「威福之柄，豈由靖等？何爲禮靖而輕我宮人！」卽令案驗湋川官屬及靖等。徵諫曰：「靖等，陛下心膂大臣；宮人，皇后掃除之隸。論其委付，事理不同。又靖等出外，官吏訪朝廷法式，歸來，陛下問人間疾苦。靖等自當與官吏相見，官吏亦不可不謁也。至於宮人，供食之外，不合參承。若以此罪責縣吏，恐不

益德音，徒駭天下耳目。」帝曰：「公言是也。」乃釋官吏之罪，李靖等亦寢而不問。

尋宴於丹霄樓，酒酣，太宗謂長孫無忌曰：「魏徵、王珪，昔在東宮，盡心所事，當時誠亦可惡。我能拔擢用之，以至今日，足爲無愧古人。然徵每諫我不從，發言輒即不應，何也？」對曰：「臣以事有不可，所以陳論，若不從輒應，便恐此事即行。」帝曰：「但當時且應，更別陳論，豈不得耶？」徵曰：「昔舜誡羣臣：『爾無面從，退有後言。』若臣面從陛下方始諫，此即『退有後言』，豈是稷、契事堯、舜之意耶？」帝大笑曰：「人言魏徵舉動疏慢，我但覺嫵媚，適爲此耳。」徵拜謝曰：「陛下導之使言，臣所以敢諫，若陛下不受臣諫，豈敢數犯龍鱗？」

是月，長樂公主將出降，帝以皇后所生，敕有司資送倍於永嘉長公主。徵曰：「不可。昔漢明欲封其子，云『我子豈與先帝子等？可半楚、淮陽。』前史以爲美談。天子姊妹爲長公主，子爲公主，既加『長』字，即是有所尊崇。或可情有淺深，無容禮相踰越。」上然其言，入告長孫皇后，后遣使齎錢四十萬、絹四百匹，詣徵宅以賜之。尋進爵郡公。

七年，代王珪爲侍中，尚書省滯訟有不決者，詔徵評理之。徵性非習法，但存大體，以情處斷，無不悅服。

初，有詔遣令狐德棻、岑文本撰周史，孔穎達、許敬宗撰隋史，姚思廉撰梁、陳史，

李百藥撰齊史。徵受詔總加撰定，多所損益，務存簡正。隋史序論，皆徵所作，梁、陳、齊各爲總論，時稱良史。史成，加左光祿大夫，進封鄭國公，賜物二千段。

徵自以無功於國，徒以辯說，遂參帷幄，深懼滿盈，後以目疾頻表遜位。太宗曰：「朕拔卿於讎虜之中，任公以樞要之職，見朕之非，未嘗不諫。公獨不見金之在鑛也，何足貴哉？良冶鍛而爲器，便爲人所寶，朕方自比於金，以卿爲良匠。卿雖有疾，未爲衰老，豈得便爾？」其年，徵又面請遜位，太宗難違之，乃拜徵特進，仍知門下事。其後又頻上四疏，以陳得失。其一曰：

臣觀自古受圖膺運，繼體守文，控御英傑，南面臨下，皆欲配厚德於天地，齊高明於日月，本枝百代，傳祚無窮。然而克終者鮮，敗亡相繼，其故何哉？所以求之失其道也。殷鑒不遠，可得而言。

昔在有隋，統一寰宇，甲兵強盛，三十餘年〔三〕，風行萬里，威動殊俗，一旦舉而棄之，盡爲他人之有。彼煬帝豈惡天下之治安，不欲社稷之長久，故行桀虐，以就滅亡哉！恃其富強，不虞後患。驅天下以從欲，罄萬物以自奉，採域中之子女，求遠方之奇異。宮宇是飾，臺榭是崇，徭役無時，干戈不戢。外示威重，內多險忌，讒邪者必受其福，忠正者莫保其生。上下相蒙，君臣道隔，人不堪命，率土分崩。遂以四海之尊，殞於匹夫之手，子孫殄滅，爲天下笑，深可痛哉！

聖哲乘機，拯其危溺，八柱傾而復正，四維絕而更張。遠肅邇安，不踰於期月；勝殘去殺，無待於百年。今宮觀臺榭，盡居之矣；奇珍異物，盡收之矣；姬姜淑媛，盡侍於側矣；四海九州，盡爲臣妾矣。若能鑒彼之所以亡，念我之所以得，日慎一日，雖休勿休。焚鹿臺之寶衣，毀阿房之廣殿，懼危亡於峻宇，思安處於卑宮，則神化潛通，無爲而理。德之上也。若成功不毀，即仍其舊，除其不急，損之又損。雜茅茨於桂棟，參玉砌以土階，悅以使人，不竭其力。常念居之者逸，作之者勞，億兆悅以子來，羣生仰而遂性。德之次也。若惟聖罔念，不慎厥終，忘締構之艱難，謂天命之可恃。忽采椽之恭儉，追雕牆之侈靡，因其基以廣之，增其舊而飾之。觸類而長，不思止足，人不見德，而勞役是聞，斯爲下矣。譬之負薪救火，揚湯止沸，以亂易亂，與亂同道，莫可則也，後嗣何觀，則人怨神怒；人怨神怒，則災害必下，而禍亂必作。禍亂既作，而能以身名令終者鮮矣。順天革命之后，隆七百之祚，貽厥孫謀，傳之萬世，難得易失，可不念哉。

其二曰：

臣聞求木之長者，必固其根本；欲流之遠者，必浚其泉源；思國之安者，必積其德義。源不深而豈望流之遠，根不固而何求木之長。德不厚而思國之治，雖在下愚，知其

不可，而況於明哲乎！人君當神器之重，居域中之大，將崇極天之峻，永保無疆之休。不念於居安思危，戒貪以儉，德不處其厚，情不勝其欲，斯亦伐根以求木茂，塞源而欲流長者也。

凡百元首，承天景命，莫不殷憂而道著，功成而德衰。有善始者實繁，能克終者蓋寡，豈其取之易而守之難乎？昔取之而有餘，今守之而不足，何也？夫在殷憂必竭誠以待下，既得志則縱情以傲物。竭誠則胡越爲一體，傲物則骨肉爲行路。雖董之以嚴刑，振之以威怒，終苟免而不懷仁，貌恭而不心服。怨不在大，可畏惟人。載舟覆舟，所宜深慎，奔車朽索，其可忽乎？

君人者，誠能見可欲則思知足以自戒，將有所作則思知止以安人，念高危則思謙沖而自牧，懼滿溢則思江海而下百川，樂盤遊則思三驅以爲度，恐懈怠則思慎始而敬終，慮壅蔽則思虛心以納下，想讒邪則思正身以黜惡，恩所加則思無因喜以謬賞，罰所及則思無因怒而濫刑。總此十思，弘茲九德，簡能而任之，擇善而從之。則智者盡其謀，勇者竭其力，仁者播其惠，信者效其忠。文武爭馳，君臣無事，可以盡豫遊之樂，可以養松喬之壽，鳴琴垂拱，不言而化。何必勞神苦思，代下司職，役聰明之耳目，虧無爲之大道哉！

其三曰：

臣聞書曰：「明德慎罰，惟刑恤哉！」禮云：「爲上易事，爲下易知，則刑不煩矣。上多疑則百姓惑，下難知則君長勞矣。」夫上易事，下易知，君長不勞，百姓不惑。故君有一德，臣無二心，上播忠厚之誠，下竭股肱之力，然後太平之基不墜，「康哉」之詠斯起。當今道被華夷，功高宇宙，無思不服，無遠不臻。然言尚於簡大，志在於明察，刑賞之本，在乎勸善而懲惡，帝王之所以與天下爲畫一，不以親疏貴賤而輕重者也。今之刑賞，未必盡然。或申屈在乎好惡，輕重由乎喜怒。遇喜則矜其刑於法中，逢怒則求其罪於事外，所好則鑽皮出其毛羽，所惡則洗垢求其瘢痕。瘢痕可求，則刑斯濫矣；毛羽可出，則賞典謬矣。刑濫則小人道長，賞謬則君子道消。小人之惡不懲，君子之善不勸，而望治安刑措，非所聞也。

且夫暇豫清談，皆敦尙於孔、老；威怒所至，則取法於申、韓。直道而行，非無三黜，危人自安，蓋亦多矣。故道德之旨未弘，刻薄之風已扇。夫上風既扇，則下生百端，人競趣時，則憲章不一，稽之王度，實虧君道。昔州黎上下其手，楚國之法遂差；張湯輕重其心，漢朝之刑以弊。人臣之頗僻，猶莫能申其欺罔，況人君之高下，將何以措其手足乎！以睿聖之聰明，無幽微而不燭，豈神有所不達，智有所不通哉？安其

所安，不以卹刑爲念；樂其所樂，遂忘先笑之變。禍福相倚，吉凶同域，唯人所召，安可不思。頃者責罰稍多，威怒微厲，或以供給不贍，或以人不從欲，皆非致治之所急，實乃驕奢之攸漸。是知貴不與驕期而驕自來，富不與奢期而奢自至，非徒語也。

且我之所代，實在有隋，隋氏亂亡之源，聖明之所臨照。以隋氏之甲兵，況當今之士馬；以隋氏之府藏，譬今日之資儲；以隋氏之戶口，校今時之百姓。度長計大，曾何等級？然隋氏以富強而喪敗，動之也；我以貧寡而安寧，靜之也。靜之則安，動之則亂，人皆知之，非隱而難見也，微而難察也。鮮蹈平易之塗，多遵覆車之轍，何哉？在於安不思危，治不念亂，存不慮亡之所致也。昔隋氏之未亂，自謂必無亂；隋氏之未亡，自謂必不亡。所以甲兵屢動，徭役不息，至于身將戮辱，竟未悟其滅亡之所由也，可不哀哉！

夫鑒形之美惡，必就於止水；鑒國之安危，必取於亡國。詩曰：「殷鑒不遠，在夏后之世。」又曰：「伐柯伐柯，其則不遠。」臣願當今之動靜，思隋氏以爲鑒，則存亡治亂，可得而知。若能思其所以危，則安矣；思其所以亂，則治矣；思其所以亡，則存矣。存亡之所在，節嗜欲以從人，省畋遊之娛，息靡麗之作，罷不急之務，愼偏聽之怒。近忠厚，遠便佞，杜悅耳之邪說，聽苦口之忠言。去易進之人，賤難得之貨，採堯、舜之

誹謗，追禹、湯之罪己，惜十家之產，順百姓之心。近取諸身，恕以待物，思勞謙以受益，不自滿以招損。有動則庶類以和，出言而千里斯應，超上德於前載，樹風聲於後昆。此聖哲之宏規，帝王之盛業，能事斯畢，在乎愼守而已。

夫守之則易，取之實難，旣得其所以難，豈不能保其所以易。其或保之不固，則驕奢淫泆動之也，愼終如始，可不勉歟！易云：「君子安不忘危，存不忘亡，治不忘亂，是以身安而國家可保。」誠哉斯言，不可以不深察也。伏惟陛下欲善之志，不減於昔時；聞過必改，少虧於曩日。若能以當今之無事，行疇昔之恭儉，則盡善盡美，固無得而稱焉。

其四曰：

臣聞爲國之基，必資於德禮；君子所保，惟在於誠信。誠信立則下無二心，德禮形則遠人斯格。然則德禮誠信，國之大綱，在於父子君臣，不可斯須而廢也。故孔子曰：「君使臣以禮，臣事君以忠。」又曰：「自古皆有死，人無信不立。」文子曰：「同言而信，信在言前；同令而行，誠在令外。」然則言而不行，言不信也；令而不從，令無誠也。不信之言，無誠之令，爲上則敗國，爲下則危身，雖在顚沛之中，君子所不爲也。

自王道休明，十有餘載，威加海外，萬國來庭，倉廩日積，土地日廣。然而道德未益

厚，仁義未益博者，何哉？由乎待下之情未盡於誠信，雖有善始之勤，未覩克終之美故也。其所由來者漸，非一朝一夕之故。昔貞觀之始，聞善若驚，暨五六年間，猶悅以從諫。自茲厥後，漸惡直言，雖或勉強，時有所容，非復曩時之豁如也。謇諤之士，稍避龍鱗；便佞之徒，肆其巧辯。謂同心者爲朋黨，謂告訐者爲至公，謂強直者爲擅權，謂忠讜者爲誹謗。謂之朋黨，雖忠信而可疑；謂之至公，雖矯僞而無咎。強直者畏擅權之議，忠讜者慮誹謗之尤。至於竊斧生疑，投杼致惑，正人不得盡其言，大臣莫能與之諍。熒惑視聽，鬱於大道，妨化損德，其在茲乎？故孔子惡利口之覆邦家，蓋爲此也。

且君子小人，貌同心異。君子掩人之惡，揚人之善，臨難無苟免，殺身以成仁。小人不恥不仁，不畏不義，唯利之所在，危人以自安。夫苟在危人，則何所不至。今將求致治，必委之於君子；事有得失，或訪之於小人。其待君子也則敬而疏，遇小人也必輕而狎，狎則言無不盡，疏則情或不通。是譽毀在於小人，刑罰加於君子，實興喪所在，亦安危所繫，可不愼哉！夫中智之人，豈無小慧，然才非經國，慮不及遠，雖竭力盡誠，猶未免於傾敗；況內懷姦利，承顏順旨，其爲患禍，不亦深乎？故孔子曰：「君子或有不仁者焉，未見小人而仁者。」然則君子不能無小惡，惡不積無妨於正道；小人或時有小善，善不積不足以立忠。今謂之善人矣，復慮其有不信，何異夫立直木而疑其影之

不直乎？雖竭精神，勞思慮，其不可亦已明矣。

夫君能盡禮，臣得竭忠，必在於內外無私，上下相信。上不信則無以使下，下不信則無以事上，信之爲義大矣哉！故自天祐之，吉無不利。昔齊桓公問於管仲曰：「吾欲酒腐於爵，肉腐於俎，得無害於霸乎？」管仲曰：「此極非其善者，然亦無害霸也。」公曰：「何如而害霸乎？」曰：「不能知人，害霸也；知而不能用，害霸也；用而不能信，害霸也；既信而又使小人參之，害霸也。」晉中行穆伯攻鼓，經年而不能下，餽間倫曰：「鼓之嗇夫，間倫知之，請無疲士大夫而鼓可得。」穆伯不應。左右曰：「不折一戟，不傷一卒，而鼓可得，君奚爲不取？」穆伯曰：「間倫之爲人也，佞而不仁。若間倫下之，吾不可以不賞。賞之，是賞佞人也。佞人得志，是使晉國之士捨仁而爲佞，雖得鼓，將何用之？」夫穆伯列國大夫，管仲霸者之佐，猶愼於信任，遠避佞人也如此，況乎爲四海之大君，應千齡之上聖，而可使巍巍之盛德，復將有所間然乎？

若欲令君子小人是非不雜，必懷之以德，待之以信，厲之以義，節之以禮，然後善善而惡惡，審罰而明賞，則小人絕其佞邪，君子自強不息，無爲之化，何遠之有？善善而不能進，惡惡而不能去，罰不及於有罪，賞不加於有功，則危亡之期，或未可保，永錫祚胤，將何望哉！

太宗手詔嘉美，優納之。嘗謂長孫無忌曰：「朕即位之初，上書者或言『人主必須威權獨運，不得委任羣下』；或欲耀兵振武，懾服四夷。唯有魏徵勸朕『偃革興文，布德施惠，中國既安，遠人自服』。朕從其語，天下大寧。絕域君長，皆來朝貢，九夷重譯，相望於道。此皆魏徵之力也。」

太宗嘗嫌上封者衆，不近事實，欲加黜責。徵奏曰：「古者立誹謗之木，欲聞己過，今之封事，謗木之流也。陛下思聞得失，祇可恣其陳道。若所言衷，則有益於陛下；若不衷，無損於國家。」太宗曰：「此言是也。」並勞而遣之。

後太宗在洛陽宮，幸積翠池，宴羣臣，酒酣各賦一事。太宗賦尚書曰：「日昃玩百篇，臨燈披五典。夏康既逸豫，商辛亦流湎。恣情昏主多，克己明君鮮。滅身資累惡，成名由積善。」徵賦西漢曰：「受降臨軹道，爭長趣鴻門。驅傳渭橋上，觀兵細柳屯。夜宴經柏谷，朝遊出杜原。終藉叔孫禮，方知皇帝尊。」太宗曰：「魏徵每言，必約我以禮也。」尋以修定五禮，當封一子爲縣男，請讓孤兄子叔慈。太宗愴然曰：「卿之此心，可以勵俗。」遂許之。

十二年，禮部尚書王珪奏言：「三品以上遇親王於塗，皆降乘，違法申敬，有乖儀準。」太宗曰：「卿輩皆自崇貴，卑我兒子乎？」徵進曰：「自古迄茲，親王班次三公之下。今三品皆日天子列卿及八座之長，爲王降乘，非王所宜當也。求諸故事，則無可憑；行之於今，又乖國憲。」太宗曰：「國家所以立太子者，擬以爲君也。然則人之修短，不在老少，設無太子，則母弟次立。以此而言，安得輕我子耶？」徵曰：「殷家尚質，有兄終弟及之義；自周以降，立嫡必長，所以絕庶孽之窺覦，塞禍亂之源本，有國者之所深慎。」於是遂可珪奏。會皇孫誕育，召公卿賜宴，太宗謂侍臣曰：「貞觀以前，從我平定天下，周旋艱險，玄齡之功，無所與讓。貞觀之後，盡心於我，獻納忠讜，安國利民，犯顏正諫，匡朕之違者，唯魏徵而已。古之名臣，何以加也。」於是親解佩刀以賜二人。

徵以戴聖禮記編次不倫，遂爲類禮二十卷，以類相從，削其重復，採先儒訓注，擇善從之，研精覃思，數年而畢。太宗覽而善之，賜物一千段，錄數本以賜太子及諸王，仍藏之祕府。

先是，遣使詣西域立葉護可汗，未還，又遣使多齎金銀帛歷諸國市馬。徵諫曰：「今以立可汗爲名，可汗未定，即詣諸國市馬，彼必以爲意在市馬，不爲專意立可汗。可汗得立，則不甚懷恩。諸蕃聞之，以爲中國薄義重利，未必得馬而失義矣。昔漢文有獻千里馬者，曰：『吾凶行日三十里，吉行五十里，鑾輿在前，屬車在後，吾獨乘千里馬將安之？』乃賞其道里所費而返之。漢光武有獻千里馬及寶劍者，馬以駕鼓車，劍以賜騎士。陛下凡所施爲，皆邈踰三王之上，奈何至於此事，欲爲孝文、光武之下乎？又魏文帝欲求市西域大珠，蘇則曰：『若

陛下惠及四海，則不求自至，求而得之，不足爲貴也。』陛下縱不能慕漢文之高行，可不畏蘇則之言乎？」太宗納其言而止。

時公卿大臣並請封禪，唯徵以爲不可。太宗曰：「朕欲卿極言之。豈功不高耶？德不厚耶？諸夏未治安耶？遠夷不慕義耶？嘉瑞不至耶？年穀不登耶？何爲而不可？」對曰：「陛下功則高矣，而民未懷惠；德雖厚矣，而澤未滂流；諸夏雖安，未足以供事；遠夷慕義，無以供其求；符瑞雖臻，罻羅猶密；積歲豐稔，倉廩尚虛，此臣所以竊謂未可。臣未能遠譬，且借喻於人。今有人十年長患瘵〔三〕，治且愈，此人應皮骨僅存，便欲使負米一石，日行百里，必不可得。隋氏之亂，非止十年，陛下爲之良醫，疾苦雖已乂安，未甚充實，告成天地，臣竊有疑。且陛下東封，萬國咸萃，要荒之外，莫不奔走。今自伊、洛以東，暨乎海岱，灌莽巨澤，蒼茫千里，人煙斷絕，雞犬不聞，道路蕭條，進退艱阻，豈可引彼夷狄，示以虛弱？竭財以賞，未厭遠人之望；重加給復，不償百姓之勞。或遇水旱之災，風雨之變，庸夫橫議，悔不可追。豈獨臣之懇誠，亦有輿人之誦。」太宗不能奪。是後，右僕射缺，欲拜之，徵固讓乃止。

及皇太子承乾不修德業，魏王泰寵愛日隆，內外庶僚，並有疑議。太宗聞而惡之，謂侍臣曰：「當今朝臣忠謇，無踰魏徵，我遣傅皇太子，用絕天下之望。」十六年，拜太子太師，知

門下省事如故。徵自陳有疾，詔答曰：「漢之太子，四皓爲助，我之賴公，卽其義也。知公疾病，可臥護之。」

其年，稱綿惙，中使相望。徵宅先無正寢，太宗欲爲小殿，輟其材爲徵營構，五日而成，遣中使齎素褥布被而賜之，遂其所尚也。及病篤，輿駕再幸其第，撫之流涕，問所欲言，徵曰：「嫠不恤緯，而憂宗周之亡。」後數日，太宗夜夢徵若平生，及旦而奏徵薨，時年六十四。太宗親臨慟哭，廢朝五日，贈司空、相州都督，謚曰文貞，給羽葆鼓吹、班劍四十人，賻絹布千段、米粟千石，陪葬昭陵。及將祖載，徵妻裴氏曰：「徵平生儉素，今以一品禮葬，羽儀甚盛，非亡者之志。」悉辭不受，竟以布車載柩，無文彩之飾。太宗登苑西樓，望喪而哭，詔百官送出郊外。帝親製碑文，并爲書石。其後追思不已，賜其實封九百戶。嘗臨朝謂侍臣曰：「夫以銅爲鏡，可以正衣冠；以古爲鏡，可以知興替；以人爲鏡，可以明得失。朕常保此三鏡，以防己過。今魏徵殂逝，遂亡一鏡矣！徵亡後，朕遣人至宅，就其書函得表一紙，始立表草，字皆難識，唯前有數行，稍可分辯，云：『天下之事，有善有惡，任善人則國安，用惡人則國亂。公卿之內，情有愛憎，憎者唯見其惡，愛者唯見其善。愛憎之間，所宜詳愼，若愛而知其惡，憎而知其善，去邪勿疑，任賢勿貳，可以興矣。』其遺表如此，然在朕思之，恐不免斯事。公卿侍臣，可書之於笏，知而必諫也。」

徵狀貌不逾中人，而素有膽智，每犯顏進諫，雖逢王赫斯怒，神色不移。嘗密薦中書侍郎杜正倫及吏部尚書侯君集有宰相之材。徵卒後，正倫以罪黜，君集犯逆伏誅，太宗始疑徵阿黨。徵又自錄前後諫諍言辭往復以示史官起居郎褚遂良，太宗知之，愈不悅。先許以衡山公主降其長子叔玉，於是手詔停婚，顧其家漸衰矣。

徵四子，叔琬、叔璘、叔瑜。叔玉襲爵國公，官至光祿少卿；叔瑜至潞州刺史；叔璘禮部侍郎，則天時爲酷吏所殺。

神龍初，繼封叔玉子膺爲鄭國公。

叔瑜子華，開元初太子右庶子。

史臣曰：臣嘗讀漢史劉更生傳，見其上書論王氏擅權，恐移運祚，漢成不悟，更生徘徊伊鬱，極言而不顧禍患，何匡益忠盡也如此！當更生時，諫者甚多。如谷永、楊興之上言，圖爲姦利，與賊臣爲鄉導；梅福、王吉之言，雖近古道，未切事情。則納諫任賢，詎宜容易！臣嘗閱魏公故事，與文皇討論政術，往復應對，凡數十萬言。其匡過弼違，能近取譬，博約連類，皆前代諍臣之不至者。其實根於道義，發爲律度，身正而心勁，上不負時主，下不阿權幸，中不侈親族，外不爲朋黨，不以逢時改節，不以圖位賣忠。所載章疏四篇，可爲萬代王者法。雖漢之劉向、魏之徐邈、晉之山濤、宋之謝朏，才則才矣，比文貞之雅道，不有遺行乎！前代諍臣，一人而已。

贊曰：智者不諫，諫或不智。智者盡言，國家之利。鄭公達節，才周經濟。太宗用之，子孫長世。

校勘記

〔一〕須存形迹　「須」字各本原作「雖」，據唐會要卷五八、御覽卷六二一、冊府卷四六〇改。

〔二〕三十餘年　「三」字各本原作「四」，據冊府卷三二七、英華卷六九五改。

〔三〕十年長患瘵　「瘵」字各本原作「療」，據唐會要卷七改。

舊唐書卷七十二

列傳第二十二

虞世南 李百藥 子安期 褚亮 劉孝孫 李玄道 李守素附

虞世南字伯施，越州餘姚人，隋內史侍郎世基弟也。祖檢，梁始興王諮議。父荔，陳太子中庶子，俱有重名。叔父寄，陳中書侍郎，無子，以世南繼後，故字曰伯施。世南性沈靜寡欲，篤志勤學，少與兄世基受學於吳郡顧野王，經十餘年，精思不倦，或累旬不盥櫛。善屬文，常祖述徐陵，陵亦言世南得己之意。又同郡沙門智永善王羲之書，世南師焉，妙得其體，由是聲名籍甚。

天嘉中，荔卒，世南尚幼，哀毀殆不勝喪。陳文帝知其二子博學，每遣中使至其家將護之。及服闋，召爲建安王法曹參軍。寄陷於陳寶應，在閩、越中，世南雖除喪，猶布衣蔬食。至太建末，寶應破，寄還，方令世南釋布食肉。至德初，除西陽王友。陳滅，與世基同入

長安，俱有重名，時人方之二陸。時煬帝在藩，聞其名，與秦王俊辟書交至，以母老固辭，晉王令使者追之。大業初，累授秘書郎，遷起居舍人。時世基當朝貴盛，妻子被服擬於王者，世南雖同居，而躬履勤儉，不失素業。及至隋滅，宇文化及弒逆之際，世基爲內史侍郎，將被誅，世南抱持號泣，請以身代，化及不納，因哀毀骨立，時人稱焉。從化及至聊城，又陷于竇建德，僞授黃門侍郎。

太宗滅建德，引爲秦府參軍。尋轉記室，仍授弘文館學士，與房玄齡對掌文翰。太宗嘗命寫列女傳以裝屏風，于時無本，世南暗疏之，不失一字。太宗昇春宮，遷太子中舍人。及卽位，轉著作郎，兼弘文館學士。時世南年已衰老，抗表乞骸骨，詔不許，遷太子右庶子，固辭不拜，除秘書少監。上聖德論，辭多不載。七年，轉秘書監，賜爵永興縣子。太宗重其博識，每機務之隙，引之談論，共觀經史。世南雖容貌懦愞，若不勝衣，而志性抗烈，每論及古先帝王爲政得失，必存規諷，多所補益。太宗嘗謂侍臣曰：「朕因暇日與虞世南商略古今，有一言之失，未嘗不悵恨，其懇誠若此，朕用嘉焉。羣臣皆若世南，天下何憂不理。」

八年，隴右山崩，大蛇屢見，山東及江淮多大水。太宗以問世南，對曰：「春秋時梁山崩〔一〕，晉侯召伯宗而問焉，對曰：『國主山川，故山川崩竭，君爲之不舉，降服、乘縵、徹樂、出次、祝幣以禮焉。』梁山，晉所主也，晉侯從之，故得無害。漢文帝元年，齊、楚地二十九山

同日崩，水大出，令郡國無來貢獻，施惠於天下，遠近歡洽，亦不爲災。後漢靈帝時，青蛇見御座。晉惠帝時，大蛇長三百步，見齊地，經市入朝。案蛇宜在草野，而入市朝，所以可爲怪耳。今蛇見山澤，蓋深山大澤必有龍蛇，亦不足怪也。又山東足雨，雖則其常，然陰淫過久，恐有冤獄，宜省繫囚，庶幾或當天意。且妖不勝德，唯修德可以銷變。」太宗以爲然，因遣使者賑恤饑餒，申理獄訟，多所原宥。

後有星孛于虛、危，歷于氐，百餘日乃滅。太宗謂羣臣曰：「天見彗星，是何妖也？」世南曰：「昔齊景公時有彗星見，公問晏嬰，對曰：『穿池沼畏不深，起臺榭畏不高，行刑罰畏不重，是以天見彗爲公誡耳。』景公懼而修德，後十六日而星沒。臣聞『天時不如地利，地利不如人和』，若德義不修，雖獲麟鳳，終是無補，但政事無闕，雖有災星，何損於時。然願陛下勿以功高古人而自矜伐，勿以太平漸久而自驕怠，愼終如始，彗星雖見，未足爲憂。」太宗斂容謂曰：「吾之撫國，良無景公之過。但吾纔弱冠舉義兵，年二十四平天下，未三十而居大位，自謂三代以降，撥亂之主，莫臻於此。重以薛舉之驍雄，宋金剛之鷙猛，竇建德跨河北，王世充據洛陽，當此之時，足爲勍敵，皆爲我所擒。及逢家難，復決意安社稷，遂登九五，降服北夷，吾頗有自矜之意，以輕天下之士，此吾之罪也。上天見變，良爲是乎？秦始皇平六國，隋煬帝富四海，旣驕且逸，一朝而敗，吾亦何得自驕也。言念於此，不覺惕

焉震懼。」四月，康國獻獅子，詔世南爲之賦，命編之東觀，辭多不載。

後高祖崩，有詔山陵制度準漢長陵故事，務從隆厚，程限旣促，功役勞弊。世南上封事諫曰：

臣聞古之聖帝明王所以薄葬者，非不欲崇高光顯，珍寶具物，以厚其親。然審而言之，高墳厚壠，珍物畢備，此適所以爲親之累，非曰孝也。是以深思遠慮，安於菲薄，以爲長久萬代之計，割其常情以定耳。昔漢成帝造延、昌二陵，制度甚厚，功費甚多。諫議大夫劉向上書，其言深切，皆合事理，其略曰：「孝文居霸陵，悽愴悲懷，顧謂羣臣曰：『嗟乎！以北山石爲椁，用紵絮斮陳漆其間，豈可動哉？』張釋之進曰：『使其中有可欲，雖錮南山猶有隙；使其中無可欲，雖無石椁，又何戚焉！』夫死者無終極，而國家有廢興，釋之所言，爲無窮計也。孝文寤焉，遂以薄葬。」又漢氏之法，人君在位，三分天下貢賦，以一分入山陵。武帝歷年長久，比葬，陵中不復容物，霍光暗於大體，奢侈過度。其後至更始之敗，赤眉賊入長安，破茂陵取物，猶不能盡。無故聚斂百姓，爲盜之用，甚無謂也。魏文帝於首陽東爲壽陵，作終制，其略曰：「昔堯葬壽陵，因山爲體，無封樹，無立寢殿園邑，爲棺椁足以藏骨，爲衣衾足以朽肉。吾營此不食之地，欲使易代之後，不知其處，無藏金銀銅鐵，一以瓦器。自古及今，未有不亡之國，無有不

發之墓，至乃燒取玉匣金縷，骸骨並盡，乃不重痛哉！若違詔妄有變改，吾爲戮屍於地下，死而重死，不忠不孝，使魂而有知，將不福汝。以爲永制，藏之宗廟。」魏文帝此制，可謂達於事矣。

向使陛下德止如秦、漢之君，臣則緘口而已，不敢有言。伏見聖德高遠，堯、舜猶所不逮，而俯與秦、漢之君同爲奢泰，捨堯、舜、殷、周之節儉，此臣所以尤戚也。今爲丘壠如此，其內雖不藏珍寶，亦無益也。萬代之後，但見高墳大墓，豈謂無金玉耶？臣之愚計，以爲漢文霸陵，既因山勢，雖不起墳，自然高顯。今之所卜，地勢卽平，不可不起，宜依白虎通所陳周制，爲三仞之墳，其方中制度，事事減少。事竟之日，刻石於陵側，明丘封大小高下之式。明器所須，皆以瓦木，合於禮文，一不得用金銀銅鐵。使萬代子孫，並皆遵奉，一通藏之宗廟，豈不美乎！且臣下除服用三十六日，已依霸陵，今爲墳壠，又以長陵爲法，恐非所宜。伏願深覽古今，爲長久之慮。臣之赤心，唯願萬歲之後，神道常安，陛下孝名，揚於無窮耳。

書奏不報。世南又上疏曰：「漢家卽位之初，便營陵墓，近者十餘歲，遠者五十年，方始成就。今以數月之間而造數十年之事，其於人力，亦已勞矣。又漢家大郡五十萬戶，卽目人衆未及往時，而功役與之一等，此臣所以致疑也。」時公卿又上奏請遵遺詔，務從節儉，因下其事

付所司詳議，於是制度頗有減省焉。

太宗後頗好獵，世南上疏諫曰：「臣聞秋獮冬狩，蓋惟恆典；射隼從禽，備乎前誥。伏惟陛下因聽覽之餘辰，順天道以殺伐，將欲躬摧班掌，親御皮軒，窮猛獸之窟穴，盡逸材于林藪。夷兇翦暴，以衞黎元，收革擢羽，用充軍器，舉旗效獲，式遵前古。然黃屋之尊，金輿之貴，八方之所仰德，萬國之所係心，清道而行，猶戒銜橛，斯蓋重愼防微，爲社稷也。是以馬卿直諫於前，張昭變色於後，臣誠微淺，敢忘斯義？且天弧星罼，所殪已多，頒禽賜獲，皇恩亦溥。伏願時息獵車，且韜長戟，不拒芻蕘之請，降納涓澮之流，袒裼徒搏，任之羣下，則貽範百王，永光萬代。」其有犯無隱，多此類也。太宗以是益親禮之。嘗稱世南有五絕：一曰德行，二曰忠直，三曰博學，四曰文辭，五曰書翰。

十二年，又表請致仕，優制許之，仍授銀青光祿大夫、弘文館學士，祿賜、防閤並同京官職事。尋卒，年八十一。太宗舉哀於別次，哭之甚慟。賜東園秘器，陪葬昭陵，贈禮部尚書，謚曰文懿。手敕魏王泰曰：「虞世南於我，猶一體也。拾遺補闕，無日暫忘，實當代名臣，人倫準的。吾有小失，必犯顏而諫之。今其云亡，石渠、東觀之中，無復人矣，痛惜豈可言耶！」未幾，太宗爲詩一篇，追述往古興亡之道，既而歎曰：「鍾子期死，伯牙不復鼓琴。朕之此詩，將何以示？」令起居郎褚遂良詣其靈帳讀訖焚之，冀世南神識感悟。後數歲，太宗

夜夢見之，有若平生。翌日，下制曰：「禮部尚書、永興文懿公虞世南，德行淳備，文爲辭宗，夙夜盡心，志在忠益。奄從物化，倏移歲序。昨因夜夢，忽覩其人，兼進讜言，有如平生之日。追懷遺美，良增悲歎。宜資冥助，申朕思舊之情，可於其家爲設五百僧齋，并爲造天尊像一區。」又敕圖其形於凌煙閣。有集三十卷，令褚亮爲之序。

世南子昶，官至工部侍郎。

李百藥字重規，定州安平人，隋內史令、安平公德林子也。爲童兒時多疾病，祖母趙氏故以百藥爲名。七歲解屬文。父友齊中書舍人陸乂、馬元熙嘗造德林讌集，有讀徐陵文者，云「既取成周之禾，將刈琅邪之稻」，並不知其事。百藥時侍立，進曰：「傳稱『鄅人藉稻』。杜預注云『鄅國在琅邪開陽』。」乂等大驚異之。

開皇初，授東宮通事舍人，遷太子舍人，兼東宮學士。或嫉其才而毀之者，乃謝病免去。十九年，追赴仁壽宮，令襲父爵。左僕射楊素、吏部尚書牛弘雅愛其才，奏授禮部員外郎，皇太子勇又召爲東宮學士。詔令修五禮，定律令，撰陰陽書。臺內奏議文表，多百藥所撰。時煬帝出鎮揚州，嘗召之，百藥辭疾不赴，煬帝大怒，及卽位，出爲桂州司馬。其後，

罷州置郡，因解職還鄉里。

大業五年，授魯郡臨泗府步兵校尉。九年，充戍會稽。尋授建安郡丞，行達烏程，屬江都難作，復爲沈法興所得，署爲掾〔二〕。會沈法興爲李子通所破，子通又命爲中書侍郎、國子祭酒。及杜伏威攻滅子通，又以百藥爲行臺考功郎中。或有譖之者，伏威囚之，百藥著省躬賦以致其情，伏威亦知其無罪，乃令復職。

伏威既據有江南，高祖遣使招撫，百藥勸伏威入朝，伏威從之，遣其行臺僕射輔公祏與百藥留守，遂詣京師。及渡江至歷陽，狐疑中悔，將害百藥，乃飲以石灰酒，因大洩痢，而宿病皆除。伏威知百藥不死，乃作書與公祏令殺百藥，賴伏威養子王雄誕保護獲免。公祏反，又授百藥吏部侍郎。有譖百藥於高祖，云百藥初說杜伏威入朝，又與輔公祏同反。高祖大怒。及公祏平，得伏威與公祏令殺百藥書，高祖意稍解，遂配流涇州。

太宗重其才名，貞觀元年，召拜中書舍人，賜爵安平縣男。受詔修定五禮及律令，撰齊書。二年，除禮部侍郎。朝廷議將封建諸侯，百藥上封建論曰：

臣聞經國庇民，王者之常制；尊主安上，人情之本方。思闡治定之規，以弘長世之業者，萬古不易，百慮同歸。然命曆有賒促之殊，邦家有理亂之異，遐觀載籍，論之詳矣。咸云周過其數，秦不及期，存亡之理，在於郡國。周氏以監夏、殷之長久〔三〕，遵

黃、唐之並建，維城盤石，深根固本，雖王綱弛廢，枝幹相持，故使逆節不生，宗祀不絕。秦氏背師古之訓，棄先王之道，踐華恃險，罷侯置守，子弟無尺土之邑，兆庶罕共治之憂，故一夫號澤，七廟隳祀。

臣以爲自古皇王，君臨宇內，莫不受命上玄，飛名帝籙，締構遇興王之運，殷憂屬啓聖之期。雖魏武攜養之資，漢高徒役之賤，非止意有覬覦，推之亦不能去也。若其獄訟不歸，菁華已竭，雖帝堯之光被四表，大舜之上齊七政，非止情存揖讓，守之亦不可固焉。以放勛、重華之德，尚不能克昌厥後。是知祚之長短，必在天時，政或盛衰，有關人事。隆周卜代三十，卜年七百，雖淪胥之道斯極，而文、武之器猶存，斯則龜鼎之祚，已懸定於杳冥也。至使南征不返，東遷避逼，禋祀如綫，郊畿不守，此乃淩夷之漸，有累於封建焉。暴秦運短閏餘，數鍾百六。受命之主，德異禹、湯；繼世之君，才非啓、誦。借使李斯、王綰之輩盛開四履，將閭、子嬰之徒俱啓千乘，豈能逆帝子之勃興，抗龍顏之基命者也！

然則得失成敗，各有由焉。而著述之家，多守常轍，莫不情亡今古，理蔽澆淳，欲以百王之季，行三代之法。天下五服之內，盡封諸侯；王畿千乘之間，俱爲采地。是以結繩之化行虞、夏之朝，用象刑之典治劉、曹之末，紀綱既紊，斷可知焉。鍥船求劍，未

見其可；膠柱成文，彌所多惑。徒知問鼎請隧，有懼霸王之師；白馬素車，無復藩籬之援。不悟望夷之釁，未甚羿、浞之災；高貴之殃，寧異申、繒之酷。乃欽明昏亂，自革安危，固非守宰公侯，以成興廢。且數世之後，王室浸微，始自藩屏，化爲仇敵。家殊俗，國異政，強陵弱，衆暴寡，疆埸彼此，干戈日尋。狐駘之役，女子盡髽；崤陵之師，隻輪不返。斯蓋略舉一隅，其餘不可勝數。陸士衡方規規然云：「嗣王委其九鼎，凶族據其大邑，天下晏然，以治待亂。」何斯言之謬也！而設官分職，任賢使能，以循吏之才，膺共治之寄，刺郡分竹，何代無人。至使地或呈祥，天不愛寶，民稱父母，政比神明。曹元首方區區然稱：「與人共其樂者，人必憂其憂；與人同其安者，人必拯其危。」豈容委以侯伯，則同其安危；任之牧宰，則殊其憂樂。何斯言之妄也！

封君列國，藉慶門資，忘其先業之艱難，輕其自然之崇貴，莫不世增淫虐，代益驕侈。自離宮別館，切漢淩雲，或刑人力而將盡，或召諸侯而共樂。陳靈則君臣悖禮，共侮徵舒；衞宣則父子聚麀，終誅壽、朔。乃云爲己思治，豈若是乎？內外羣官，選自朝廷，擢士庶以任之，澄水鏡以鑒之，年勞優其階品，考績明其黜陟。進取事切，砥礪情深，或俸祿不入私門，妻子不之官舍。頒條之貴，食不舉火；剖符之重，衣唯補葛。南陽太守〔四〕，敝布裹身；萊蕪縣長，凝塵生甑。專云爲利圖物，何其爽歟！總而言之，爵非世及，用賢之路斯廣；民無定主，附下之情不固。此乃愚智所辨，安可惑哉！至如滅國弒君，亂常干紀，春秋二百年間，略無寧歲。次睢咸秩，遂用玉帛之君；魯道有蕩，每等衣裳之會。縱使西漢哀、平之際，東洛桓、靈之時，下吏淫暴，必不至此。爲政之理，可一言以蔽之。

伏惟陛下握紀御天，膺期啓聖，救億兆之焚溺，掃氛祲於寰區。創業垂統，配二儀以立德；發號施令，妙萬物而爲言。獨照宸衷，永懷前古，將復五等而修舊制，建萬國以親諸侯。竊以漢、魏以還，餘風之弊未盡；勛、華既往，至公之道斯革。況晉氏失馭，宇縣崩離；後魏乘時〔三〕，華夷雜處。重以關河分阻，吳、楚懸隔，習文者學長短縱橫之術，習武者盡干戈戰爭之心，畢爲狙詐之階，彌長澆浮之俗。開皇在運，因藉外家。驅御羣英，任雄猜之數；坐移時運，非克定之功。年踰二紀，民不見德。及大業嗣文，世道交喪，一時人物，掃地將盡。雖天縱神武，削平寇虐，兵威不息，勞止未康。

自陛下仰順聖慈，嗣膺寶曆，情深致治，綜覈前王。雖至道無名，言象所紀，略陳梗概，實所庶幾。愛敬蒸蒸，勞而不倦，大舜之孝也。訪安內豎，親嘗御膳，文王之德也。每憲司讞罪，尚書奏獄，大小必察，枉直咸申，舉斷趾之法，易大辟之刑，仁心隱惻，貫徹幽顯，大禹之泣辜也。正色直言，虛心受納，不簡鄙訥，無棄芻蕘，帝堯之求諫

也。弘獎名教，勸勵學徒，既擢明經於青紫，將升碩儒於卿相，聖人之善誘也。羣臣以宮中暑濕，寢膳或乖，請徙御高明，營一小閣。遂惜家人之產，竟抑子來之願，不吝陰陽所感，以安卑陋之居。去歲荒儉，普天饑饉，喪亂甫爾，倉廩空虛。聖情矜愍，勤加惠卹，竟無一人流離道路，猶且食啗藜藿，樂撤簨簴，言必悽動，貌成癯瘠。公旦喜於重譯，文命矜其即序。陛下每四夷款附，萬里歸仁，必退思進省，凝神動慮，恐妄勞中國，以事遠方，不藉萬古之英聲，以存一時之茂實。心切憂勞，跡絕遊幸，每旦視朝，聽受無倦，智周於萬物，道濟於天下。罷朝之後，引進名臣，討論是非，備盡肝膈，唯及政事，更無異辭。纔及日昃，命才學之士，賜以清閑，高談典籍，雜以文詠，間以玄言，乙夜忘疲，中宵不寐。此之四道，獨邁往初，斯實生民以來，一人而已。弘茲風化，昭示四方，信可以期月之間，彌綸天壤。而淳粹尚阻，浮詭未移，此由習之永久，難以卒變。請待斲雕成朴，以質代文，刑措之教一行，登封之禮云畢，然後定疆理之制，議山河之賞，未爲晚焉。易稱：「天地盈虛，與時消息，況於人乎？」美哉斯言也。

太宗竟從其議。

四年，授太子右庶子。五年，與左庶子于志寧、中允孔穎達、舍人陸敦信侍講于弘教殿。時太子頗留意典墳，然閑燕之後，嬉戲過度，百藥作贊道賦以諷焉，辭多不載。太宗見而

遣使謂百藥曰：「朕於皇太子處見卿所獻賦，悉述古來儲貳事以誡太子，甚是典要。朕選卿以輔弼太子，正爲此事，大稱所委，但須善始令終耳。」因賜綵物五百段。然太子卒不悟而廢。十年，以撰齊史成，加散騎常侍，行太子左庶子，賜物四百段。俄除宗正卿。十一年，以撰五禮及律令成，進爵爲子。後數歲，以年老固請致仕，許之。太宗嘗制帝京篇，命百藥並作，上歎其工，手詔曰：「卿何身之老而才之壯，何齒之宿而意之新乎！」二十二年卒，年八十四，謚曰康。

百藥以名臣之子，才行相繼，四海名流，莫不宗仰。藻思沈鬱，尤長於五言詩，雖樵童牧豎，並皆吟諷。性好引進後生，提獎不倦。所得俸祿，多散之親黨。又至性過人，初侍父母喪還鄉，徒跣單衣，行數千里，服闋數年，容貌毁悴，爲當時所稱。及懸車告老，怡然自得，穿池築山，文酒談賞，以舒平生之志。有集三十卷。子安期。

安期幼聰辯，七歲解屬文。初，百藥大業末出爲桂州司馬，行至太湖，遇逆賊，將加白刃，安期跪泣請代父命，賊哀而釋之。貞觀初，累轉符璽郎，預修晉書成，除主客員外郎。永徽中，遷中書舍人。又與李義府等於武德殿內修書，再轉黃門侍郎。龍朔中，爲司列少常伯，參知軍國。有事太山，詔安期爲朝覲壇碑文。

安期前後三爲選部，頗爲當時所稱。時高宗屢引侍臣，責以不進賢良，衆皆莫對，獨安期進曰：「臣聞聖帝明王，莫不勞於求賢，逸於任使。設使堯、舜苦已癯瘠，不能用賢，終亦王化不行。自夏、殷已來，歷國數十，皆委賢良，以共致理。且十室之邑，必有忠信，況今天下至廣，非無英彥。但比來公卿有所薦引，卽遭囂謗，以爲朋黨，沉屈者未申，而在位者已損，所以人思苟免，競爲緘默。若陛下虛己招納，務於搜訪，不忌親讎，唯能是用，讒毁亦既不入，誰敢不竭忠誠？此皆事由陛下，非臣等所能致也。」高宗深然其言。俄檢校東臺侍郎、同東西臺三品，出爲荊州大都督府長史。咸亨初卒。自德林至安期三世，皆掌制誥。安期孫羲仲，又爲中書舍人。

褚亮字希明，杭州錢塘人。曾祖湮，梁御史中丞；祖蒙，太子中舍人；父玠，陳秘書監，並著名前史。其先自陽翟徙居焉。亮幼聰敏，好學善屬文，博覽無所不至，經目必記於心。喜遊名賢，尤善談論。年十八，詣陳僕射徐陵，陵與商搉文章，深異之。陳後主聞而召見，使賦詩，江總及諸辭人在坐，莫不推善。禎明初，爲尚書殿中侍郎。陳亡，入隋爲東宮學士。大業中，授太常博士。時煬帝將改置宗廟，亮奏議曰：

謹按禮記：「天子七廟，三昭三穆，與太祖之廟而七。」鄭玄注曰：「此周制也。七者，太祖及文王、武王之祧，與親廟四也。殷則六廟，契及湯與二昭二穆也。夏則五廟，無太祖，禹與二昭二穆而已。」玄又據禮：「王者禘其祖之所自出而立四廟。」案鄭玄義，天子唯立四親廟，并始祖而爲五。周以文、武爲受命之祖，特立二祧，是爲七廟。王肅註禮記曰：「尊者尊統上，卑者尊統下。故天子七廟，諸侯五廟。其有殊功異德，非太祖而不毁，不在七廟之數。」案肅以爲天子七廟，是百代之言。又據王制，天子七廟，諸侯五廟，大夫三廟，降二爲差。是則天子立四親廟，又立高祖之父、高祖之祖父、太祖而爲七。周有文、武、姜嫄合爲十廟。漢世諸帝之廟各立，無迭毁之義。至元帝時，貢禹、匡衡之徒始議其禮，以高帝爲太祖，而立四親，是爲五廟。唯劉歆以爲天子七廟，諸侯五廟，降殺以兩之義，七者其正法，可常數也。宗不在此數內，有功德則宗之，不可豫設爲數也。是以班固稱「考論諸儒之議，劉歆博而篤矣」。光武卽位，建高廟於洛陽，乃立南頓君以上四廟，就祖宗而爲七。至魏初，高堂隆爲鄭學，議立親廟四，太祖武帝猶在四親之內，乃虛置太祖及二祧以待後世。至景初間，乃依王肅更立六廟，二世祖就四親而爲六廟。晉武受禪，博議宗祀，自文帝以上至

六世祖征西府君(六)，而宣帝亦序於昭穆，未升太祖，故祭止六世。江左中興，賀循知禮，至於寢廟之議，皆依魏、晉舊事。宋武初受命爲王，依諸侯立親廟四，卽位之後，增祠五世祖相國掾府君、六世祖右北平府君，止於六廟，逮身沒主升，亦從昭穆，猶虛太祖之位也。降及齊、梁，守而勿革，加宗迭毁，禮無違舊。

臣又按姬周自太祖已下，皆別立廟，至於禘祫，俱合食於太祖。是以炎漢之初，諸廟各立，歲時常享，亦隨處而祭，所用廟樂，皆像功德而歌舞焉。至光武乃總立一堂，而羣主異室，斯則新承寇亂，欲從約省，自此已來，因循不變。皇隋太祖武元皇帝仁風潛暢，至澤傍通，以昆、彭之勳，開稷、契之緒。高祖文皇帝睿哲玄覽，神武應期，撥亂返正，遠肅邇安，受命開基，垂統聖嗣，鴻名冠於三代，寶祚傳於七百。當文明之運，定祖宗之禮。且損益不同，沿襲異趣，時王所制，可以垂法。自歷代已來，雜用王、鄭二義(七)。若尋其旨歸，校以優劣，康成止論周代，非謂經通；子雍總貫皇王，事兼長遠。今請依據古典，崇建七廟，受命之祖(八)，宜別立廟祧，百世之後爲不毁之法(九)。至於鑾駕親奉，申孝享於高廟；有司行事，竭誠敬於羣主。俾夫規模可則，嚴祀易遵，表有功而彰明德，大復古而貴能變。

臣又按周人立廟，亦無處置之文。據冢人職而言之，先王居中，以昭穆爲左右。

阮忱所撰禮圖，亦從此義。漢京諸廟既遠，又不序禘祫。今若依周制，理有未安，雜用漢儀，事難全採，謹詳立別圖附之。」議未行，尋坐與楊玄感有舊，左遷西海郡司戶。時京兆郡博士潘徽亦以筆札爲玄感所禮，降威定縣主簿。當時寇盜縱橫，六親不能相保。亮與同行，至隴山，徽遇病終，亮親加棺斂，瘞之路側，慨然傷懷，遂題詩於隴樹，好事者皆傳寫諷誦，信宿遍於京邑焉。薛舉僭號隴西，以亮爲黃門侍郎，委之機務。及舉滅，太宗聞亮名，深加禮接，因從容自陳，太宗大悅，賜物二百段、馬四匹。從還京師，授秦王文學。

時高祖以寇亂漸平，每冬畋狩。亮上疏諫曰：「臣聞堯鼓納諫，舜木求箴，茂克昌之風，致昇平之道。伏惟陛下應千祀之期，拯百王之弊，平壹天下，劬勞帝業，旰食思政，廢寢憂人。用農隙之餘，遵冬狩之禮，獲車之所遊踐，虞旗之所涉歷，網唯一面，禽止三驅，縱廣成之獵士，觀上林之手搏，斯固畋弋之常規，而皇王之壯觀。至於親逼猛獸，臣竊惑之。何者？筋力驍悍，爪牙輕捷。連弩一發，未必挫其凶心；長戟纔揮，不能當其憤氣。雖孟賁抗左，夏育居前，卒然驚軼，事生慮表。如或近起林叢，未填坑谷，駭屬車之後乘，犯官騎之清塵，小臣怯懦，私懷戰慄。陛下以至聖之資，垂將來之教，降情納下，無隔直言。臣叨逢明時，遊宦藩邸，身漸榮渥，日用不知，敢緣天造，冒陳丹懇。」高祖甚納之。

太宗每有征伐，亮常侍從，軍中宴筵，必預歡賞，從容諷議，多所裨益。又與杜如晦等十八人爲文學館學士。太宗入居春宮，除太子舍人，遷太子中允。貞觀元年，爲弘文館學士。九年，進授員外散騎常侍，封陽翟縣男，拜通直散騎常侍，學士如故。十六年，進爵爲侯，食邑七百戶。後致仕歸于家。

太宗幸遼東，亮子遂良爲黃門侍郎，詔遂良謂亮曰：「昔年師旅，卿常入幕；今茲遐伐，君已懸車。倏忽之間，移三十載，眷言疇昔，我勞如何！今將遂良東行，想公於朕，不惜一兒於膝下耳。故遣陳離意，善居加食。」亮奉表陳謝。及寢疾，詔遣醫藥救療，中使候問不絕。卒時年八十八。太宗甚悼惜之，不視朝一日，贈太常卿，陪葬昭陵，謚曰康。

長子遂賢，守雍王友。次子遂良，自有傳。

始太宗既平寇亂，留意儒學，乃於宮城西起文學館，以待四方文士。於是，以屬大行臺司勳郎中杜如晦，記室考功郎中房玄齡及于志寧，軍諮祭酒蘇世長，天策府記室薛收，文學褚亮、姚思廉，太學博士陸德明、孔穎達，主簿李玄道，天策倉曹李守素，記室參軍虞世南，參軍事蔡允恭、顏相時，著作佐郎攝記室許敬宗、薛元敬，太學助教蓋文達，軍諮典籤蘇勗，並以本官兼文學館學士。及薛收卒，復徵東虞州錄事參軍劉孝孫入館。尋遣圖其狀貌，題其名字、爵里，乃命亮爲之像贊，號十八學士寫眞圖，藏之書府，以彰禮賢之重也。諸學士

並給珍膳，分爲三番，更直宿于閣下，每軍國務靜，參謁歸休，卽便引見，討論墳籍，商略前載。預入館者，時所傾慕，謂之「登瀛洲」。顏相時兄師古，蘇勗兄子幹。

劉孝孫者，荊州人也。祖貞，周石臺太守。孝孫弱冠知名，與當時辭人虞世南、蔡君和、孔德紹、庾抱、庾自直、劉斌等登臨山水，結爲文會。大業末，沒于王世充，世充弟僞杞王辯引爲行臺郎中。洛陽平，辯面縛歸國，衆皆離散，孝孫猶攀援號慟，追送遠郊，時人義之。武德初，歷虞州錄事參軍，太宗召爲秦府學士。貞觀六年，遷著作佐郎、吳王友。嘗採歷代文集，爲王撰古今類序詩苑四十卷。十五年，遷本府諮議參軍。尋遷太子洗馬，未拜卒。

李玄道者，本隴西人也，世居鄭州，爲山東冠族。祖瑾，魏著作佐郎。父行之，隋都水使者。玄道仕隋爲齊王府屬。李密據洛口，引爲記室。及密破，爲王世充所執。是時，同遇囚俘者並懼死，達曙不寐，唯玄道顏色自若，曰：「死生有命，非憂能了。」同拘者雅推其識量。及見世充，舉措不改其常。世充素知其名，益重之，釋縛以爲著作佐郎。時東都平，太宗召爲秦王府主簿、文學館學士。貞觀元年，累遷給事中，封姑臧縣男。時王君廓爲幽州都督，朝廷以其武將不習時事，拜玄道爲幽州長史，以維持府事。君廓在州

屢爲非法，玄道數正議裁之。嘗又遺玄道一婢，玄道問婢所由，云本良家子，爲君廓所掠，玄道因放遣之，君廓甚不悅。後遇君廓入朝，房玄齡卽玄道之從甥也，玄道附書，君廓私發，不識草字，疑其謀己，懼而奔叛，玄道坐流巂州。未幾徵還，爲常州刺史，在職清簡，百姓安之，太宗下詔褒美，賜以綾綵。三年，表請致仕，加銀青光祿大夫，以祿歸第，尋卒。

子雲將，知名，官至尚書左丞。

李守素者，趙州人，代爲山東名族。太宗平王世充，徵爲文學館學士，署天策府倉曹參軍。守素尤工譜學，自晉宋已降，四海士流及諸勳貴，華戎閥閱，莫不詳究，當時號爲「行譜」。嘗與虞世南共談人物，言江左、山東，世南猶相酬對；及言北地諸侯，次第如流，顯其世業，皆有援證，世南但撫掌而笑，不復能答，歎曰：「行譜定可畏。」許敬宗因謂世南曰：「李倉曹以善談人物，乃得此名，雖爲美事，然非雅目。公既言成準的，宜當有以改之。」世南曰：「昔任彥昇美談經籍，梁代稱爲『五經笥』；今目倉曹爲『人物志』可矣。」貞觀初卒。

史臣曰：劉幷州有言：「和氏之璧，不獨耀於郢握；夜光之珠，何專玩於隋掌。天下之

實，固當與天下共之。」虞永興之從建德，李安平之佐公祏，褚陽翟之依薛舉，蓋大渴不能擇泉而飲，大暑不能擇蔭而息耳，非不識其飲憩之所。及文皇帝揭三辰而燭天下，羣賢霧集，人知所奉，方得躍鱗天池，擅價春山，爲一代之至實，則所託之勢異也。隋掌郢握，曷有常哉！二虞昆仲，文章炳蔚於隋、唐之際；褚河南父子，箴規獻替，洋溢於貞觀、永徽之間。所謂代有人焉，而三家尤盛。

贊曰：文皇盪滌，刷淸蒼昊。十八文星，連輝炳燿。虞、褚之筆，動若有神。安平之什，老而彌新。

校勘記

〔一〕梁山崩　「梁」字各本原無，據本書卷三七五行志、新書卷一〇二虞世南傳補。梁山崩事見左傳成公五年。

〔二〕復爲沈法興所得署爲掾　「爲沈法興所得署爲掾」九字原在上文「出爲桂州司馬」句下，校勘記卷三六說：「按據文義，『爲沈法興所得署爲掾』九字當在『屬江都難作』下。法興爲吳興郡丞，百藥行至烏程，屬江都難作，故百藥爲法興所留。此傳在前，疑錯簡也。」據改。

〔三〕周氏以監夏殷之長久　「周氏」，各本原作「可」，據貞觀政要卷三、全唐文卷一四三改。

〔四〕南陽　各本原作「南郡」，據貞觀政要卷三改。

〔五〕乘時　各本原作「時乘」，據貞觀政要卷三、全唐文卷一四三改。

〔六〕六世祖　各本「祖」上有「親」字，據隋書卷七禮儀志改。

〔七〕雜用王鄭二義　「雜」字各本原作「親」，據隋書卷七禮儀志改。

〔八〕受命之祖　「祖」字各本原作「廟」，據隋書卷七禮儀志改。

〔九〕爲不毀之法　「爲」字各本原無，據隋書卷七禮儀志補。

舊唐書卷七十三

列傳第二十三

薛收 兄子元敬　收子元超　元超從子稷　**姚思廉**　**顏師古** 弟相時

令狐德棻 鄧世隆　顧胤　李延壽　李仁實等附　**孔穎達** 司馬才章

王恭　馬嘉運等附

薛收字伯褒，蒲州汾陰人，隋內史侍郎道衡子也。事繼從父孺以孝聞。年十二，解屬文。以父在隋非命，乃潔志不仕。大業末，郡舉秀才，固辭不應。義旗起，遁於首陽山，將協義舉。蒲州通守堯君素潛知收謀，乃遣人迎收所生母王氏置城內，收乃還城。後君素將應王世充，收逡踰城歸國。秦府記室房玄齡薦之於太宗，卽日召見，問以經略，收辯對縱橫，皆合旨要。授秦府主簿，判陝東道大行臺金部郎中。時太宗專任征伐，檄書露布，多出於收，言辭敏速，還同宿構，馬上卽成，曾無點竄。

太宗討王世充也，竇建德率兵來拒，諸將皆以爲宜且退軍，以觀賊形勢。收獨建策曰：「世充據有東都，府庫塡積，其兵皆是江淮精銳，所患者在於乏食，是以爲我所持，求戰不可。建德親總軍旅，來拒我師，亦當盡彼驍雄，期於奮決。若縱其至此，兩寇相連，轉河北之糧以相資給，則伊、洛之間戰鬬不已。今宜分兵守營，深其溝防，卽世充欲戰，愼勿出兵。大王親率猛銳，先據成皋之險，訓兵坐甲，以待其至。彼以疲弊之師，當我堂堂之勢，一戰必克。建德卽破，世充自下矣。不過兩旬，二國之君，可面縛麾下。若退兵自守，計之下也。」太宗納之，卒擒建德。

東都平，太宗入觀隋氏宮室，嗟後主罄人力以逞奢侈。收進曰：「竊聞峻宇雕牆，殷辛以滅；土階茅棟，唐堯以昌。秦帝增阿房之飾，漢后罷露臺之費，故漢祚延而秦禍速，自古如此。後主曾不能察，以萬乘之尊，困一夫之手，使土崩瓦解，取譏後代，以奢虐所致也。」太宗悅其對。及軍還，授天策府記室參軍。

太宗初授天策上將、尙書令，命收與世南並作第一讓表，竟用收者。太宗嘗侍高祖遊後園中，獲白魚，命收爲獻表，收援筆立就，不復停思，時人推其二表贍而速。從平劉黑闥，封汾陰縣男。武德六年，以本官兼文學館學士，與房玄齡、杜如晦特蒙殊禮，受心腹之寄。又嘗上書諫獵，太宗手詔曰：「覽讀所陳，實悟心膽，今日成我，卿之力也。明珠兼乘，豈比來言，當以誠心，書何能盡。今賜卿黃金四十鋌，以酬雅意。」

七年，寢疾，太宗遣使臨問，相望於道。尋命輿疾詣府，太宗親以衣袂撫收，論敍生平，潸然流涕。尋卒，年三十三。太宗親自臨哭，哀慟左右。與收從父兄子元敬書曰：「吾與卿叔共事，或軍旅多務，或文詠從容，何嘗不驅馳經略，款曲襟抱。比雖疾苦，日冀痊除，何期一朝，忽成萬古！追尋痛惋，彌用傷懷。且聞其兒子幼小，家徒壁立，未知何處安置？宜加安撫，以慰吾懷。」因使人弔祭，贈物三百段。及後，遍圖學士等形像，太宗歎曰：「薛收遂成故人，恨不早圖其像。」及登極，顧謂房玄齡曰：「薛收若在，朕當以中書令處之。」又嘗夢收如平生，又敕有司特賜其家粟帛。貞觀七年，贈定州刺史。永徽六年，又贈太常卿，陪葬昭陵。文集十卷。

元敬，隋選部侍郎邁子也。有文學，少與收及收族兄德音齊名，時人謂之「河東三鳳」。收爲長雛，德音爲鸑鷟，元敬以年最小爲鵷鶵。武德中，元敬爲祕書郎，太宗召爲天策府參軍，兼直記室。收與元敬俱爲文學館學士。時房、杜等處心腹之寄，深相友託，元敬畏於權勢，竟不之狎，如晦常云：「小記室不可得而親，不可得而疏。」太宗入東宮，除太子舍人。時軍國之務，總於東宮，元敬專掌文翰，號爲稱職。尋卒。

收子元超。元超早孤，九歲襲爵汾陰男。及長，好學善屬文。太宗甚重之，令尚巢剌王女和靜縣主，累授太子舍人，預撰晉書。高宗卽位，擢拜給事中，時年二十六。數上書陳君臣政體及時事得失，高宗皆嘉納之。俄轉中書舍人，加弘文館學士，兼修國史。中書省有一盤石，初，道衡爲內史侍郎，嘗踞而草制，元超每見此石，未嘗不泫然流涕。

永徽五年，丁母憂解。明年，起授黃門侍郎，兼檢校太子左庶子。元超旣擅文辭，兼好引寒俊，嘗表薦任希古、高智周、郭正一、王義方、孟利貞等十餘人，由是時論稱美。後以疾出爲饒州刺史。

三年，拜東臺侍郎。右相李義府以罪配流嶲州，舊制流人禁乘馬，元超奏請給之，坐貶爲簡州刺史。歲餘，西臺侍郎上官儀伏誅，又坐與文章款密，配流嶲州。上元初，遇赦還，拜正諫大夫。三年，遷中書侍郎，尋同中書門下三品。時高宗幸溫泉校獵，諸蕃酋長亦持弓矢而從。元超以爲旣非族類，深可爲虞，上疏切諫，帝納焉。時元超特承恩遇，常召入與諸王同預私讌。又重其文學政理之才，嘗謂元超曰：「長得卿在中書，固不藉多人也。」

永隆二年，拜中書令，兼太子左庶子。高宗幸東都，太子於京師監國，因留元超以侍太子。帝臨行謂元超曰：「朕之留卿，如去一臂。但吾子未閑庶務，關西之事，悉以委卿。所寄旣深，不得默爾。」於是元超表薦鄭祖玄、鄧玄挺、崔融爲崇文館學士。又數上疏諫太子，高宗知而稱善，遣使慰諭，賜物百段。弘道元年，以疾乞骸，加金紫光祿大夫，聽致仕。其年多卒，年六十二，贈光祿大夫、秦州都督，陪葬乾陵。文集四十卷。

子曜，亦以文學知名，聖曆中，修三教珠英，官至正諫大夫。元超從子稷。

稷舉進士，累轉中書舍人。時從祖兄曜爲正諫大夫，與稷俱以辭學知名，同在兩省，爲時所稱。景龍末，爲諫議大夫、昭文館學士。好古博雅，尤工隸書。自貞觀、永徽之際，虞世南、褚遂良時人宗其書跡，自後罕能繼者。稷外祖魏徵家富圖籍，多有虞、褚舊跡，稷銳精模倣，筆態遒麗，當時無及之者。又善畫，博探古跡。睿宗在藩，留意於小學，稷於是特見招引，俄又令其子伯陽尚仙源公主。及踐祚，累拜中書侍郎，與蘇頲等對掌制誥，俄與中書侍郎崔日用參知政事。睿宗以鍾紹京爲中書令，稷勸令禮讓，因入言於帝曰：「紹京素無才望，出自胥吏，雖有功勳，未聞令德。一朝超居元宰，師長百僚，臣恐清濁同貫，失於聖朝具瞻之美。」帝然其言，因紹京表讓，遂轉爲戶部尙書。稷又於帝前面折崔日用，遞相短長，由是罷知政事，遷左散騎常侍，歷工部、禮部二尙書。以翊贊睿宗功封晉國公，賜實封三百戶，除太子少保。睿宗常召稷入宮中參決庶政，恩遇莫與爲比。及竇懷貞伏誅，稷以知其謀，賜死於萬年縣獄中。

子伯陽，以尙公主拜右千牛衞將軍、駙馬都尉，亦以功封安邑郡公，別食實封四百戶。及父死，特免坐，左遷晉州員外別駕，尋而配徙嶺表，在道自殺。

伯陽子談，開元十六年，尙常山公主，拜駙馬都尉、光祿員外卿，旬日暴卒。

姚思廉字簡之，雍州萬年人。父察，陳吏部尙書，入隋歷太子內舍人、祕書丞、北絳公，學兼儒史，見重於三代。陳亡，察自吳興始遷關中。思廉少受漢史於其父，能盡傳家業，勤學寡欲，未嘗言及家人產業。在陳爲揚州主簿，入隋爲漢王府參軍，丁父憂解職。初，察在陳嘗修梁、陳二史，未就，臨終令思廉續成其志。丁繼母憂，廬於墓側，毀瘠加人。服闋，補河間郡司法書佐。思廉上表陳父遺言，有詔許其續成梁、陳史。煬帝又令與起居舍人崔祖濬修區宇圖志。

後爲代王侑侍讀，會義師克京城，侑府僚奔駭，唯思廉侍王，不離其側。兵將昇殿，思廉厲聲謂曰：「唐公舉義，本匡王室，卿等不宜無禮於王。」衆服其言，於是布列階下。高祖聞而義之，許其扶侑至順陽閤下，泣拜而去。觀者咸歎曰：「忠烈之士也。仁者有勇，此之謂乎！」

高祖受禪，授秦王文學。後太宗征徐圓朗，思廉時在洛陽，太宗嘗從容言及隋亡之事，慨然歎曰：「姚思廉不懼兵刃，以明大節，求諸古人，亦何以加也！」因寄物三百段以遺之，書曰：「想節義之風，故有斯贈。」尋引爲文學館學士。太宗入春宮，遷太子洗馬。貞觀初，遷著作郎、弘文館學士。寫其形像列於十八學士圖，令文學褚亮爲之讚，曰：「志苦精勤，紀言實錄。臨危殉義，餘風勵俗。」三年，又受詔與祕書監魏徵同撰梁、陳二史，思廉又採謝炅等諸家梁史續成父書，并推究陳事，刪益傅縡、顧野王所修舊史，撰成梁書五十卷、陳書三十卷。魏徵雖裁其總論，其編次筆削，皆思廉之功也，賜綵絹五百段，加通直散騎常侍。

思廉以藩邸之舊，深被禮遇，政有得失，常遣密奏之，思廉亦直言無隱。太宗將幸九成宮，思廉諫曰：「離宮遊幸，秦皇、漢武之事，固非堯、舜、禹、湯之所爲也。」言甚切至。太宗諭曰：「朕有氣疾，熱便頓劇，固非情好遊賞也。」因賜帛五十四。九年，拜散騎常侍，賜爵豐城縣男。十一年卒，太宗深悼惜之，廢朝一日，贈太常卿，謚曰康，賜葬地於昭陵。

子處平，官至通事舍人。處平子璹、珽，別有傳。

顏籀字師古，雍州萬年人，齊黃門侍郎之推孫也。其先本居琅邪，世仕江左；及之推歷事周、齊，齊滅，始居關中。父思魯，以學藝稱，武德初爲秦王府記室參軍。師古少傳家業，博覽羣書，尤精詁訓，善屬文。隋仁壽中，爲尚書左丞李綱所薦，授安養尉。尚書左僕射楊素見師古年弱貌羸，因謂曰：「安養劇縣，何以克當？」師古曰：「割鷄焉用牛刀。」素奇其對。到官果以幹理聞。時薛道衡爲襄州總管，與高祖有舊〔一〕，又悅其才，有所綴文，嘗使其掎摭利病，甚親昵之。尋坐事免歸長安，十年不得調，家貧，以教授爲業。

及起義，師古至長春宮謁見，授朝散大夫。從平京城，拜燉煌公府文學，轉起居舍人，再遷中書舍人，專掌機密。于時軍國多務，凡有制誥，皆成其手。師古達於政理，冊奏之工，時無及者。太宗踐祚，擢拜中書侍郎，封琅邪縣男。以母憂去職。服闋，復爲中書侍郎。歲餘，坐事免。

太宗以經籍去聖久遠，文字訛謬，令師古於祕書省考定五經，師古多所釐正，既成，奏之。太宗復遣諸儒重加詳議，于時諸儒傳習已久，皆共非之。師古輒引晉、宋已來古今本，隨言曉答，援據詳明，皆出其意表，諸儒莫不歎服。於是兼通直郎、散騎常侍，頒其所定之書於天下，令學者習焉。

貞觀七年，拜祕書少監，專典刊正，所有奇書難字，衆所共惑者，隨疑剖析，曲盡其源。是時多引後進之士爲讎校，師古抑素流，先貴勢，雖富商大賈亦引進之，物論稱其納賄，由是出爲郴州刺史。未行，太宗惜其才，謂之曰：「卿之學識，良有可稱，但事親居官，未爲清論所許。今之此授，卿自取之。朕以卿曩日任使，不忍遐棄，宜深自誡勵也。」於是復以爲祕書少監。師古既負其才，又早見驅策，累被任用，及頻有罪譴，意甚喪沮。自是闔門守靜，杜絕賓客，放志園亭，葛巾野服，然搜求古跡及古器，躭好不已。俄又奉詔與博士等撰定五禮，十一年，禮成，進爵爲子。時承乾在東宮，命師古注班固漢書，解釋詳明，深爲學者所重。承乾表上之，太宗令編之祕閣，賜師古物二百段、良馬一匹。

十五年，太宗下詔，將有事於泰山，所司與公卿并諸儒博士詳定儀注。太常卿韋挺、禮部侍郎令狐德棻爲封禪使，參考其儀，時論者競起異端。師古奏曰：「臣撰定封禪儀注書在十一年春，于時諸儒參詳，以爲適中。」於是詔公卿定其可否，多從師古之說，然而事竟不行。師古俄遷祕書監、弘文館學士。十九年，從駕東巡，道病卒，年六十五，謚曰戴。有集六十卷。其所注漢書及急就章，大行於世。永徽三年，師古子揚庭爲符璽郎，又表上師古所撰匡謬正俗八卷。高宗下詔付祕書閣，仍賜揚庭帛五十匹。

師古弟相時，亦有學業。武德中，與房玄齡等爲秦府學士。貞觀中，累遷諫議大夫，拾

遺補闕，有諍臣之風。尋轉禮部侍郎。相時羸瘠多疾病，太宗常使賜以醫藥。性仁友，及師古卒，不勝哀慕而卒。

師古叔父遊秦，武德初累遷廉州刺史，封臨沂縣男。時劉黑闥初平，人多以強暴寡禮，風俗未安，遊秦撫恤境內，敬讓大行。邑里歌曰：「廉州顏有道，性行同莊、老。愛人如赤子，不殺非時草。」高祖璽書勞勉之。俄拜鄆州刺史，卒官。撰漢書決疑十二卷，爲學者所稱，後師古注漢書，亦多取其義耳。

令狐德棻，宜州華原人，隋鴻臚少卿熙之子也。先居燉煌，代爲河西右族。德棻博涉文史，早知名。大業末爲藥城長，以世亂不就職。及義旗建，淮安王神通據太平宮，自稱總管，以德棻爲記室參軍。高祖入關，引直大丞相府記室。武德元年，轉起居舍人，甚見親待。五年，遷祕書丞，與侍中陳叔達等受詔撰藝文類聚。高祖問德棻曰：「比者，丈夫冠、婦人髻競爲高大，何也？」對曰：「在人之身，冠爲上飾，所以古人方諸君上。昔東晉之末，君弱臣強，江左士女，皆衣小而裳大。及宋武正位之後，君德尊嚴，衣服之製，俄亦變改。此卽近事之徵。」高祖然之。

時承喪亂之餘，經籍亡逸，德棻奏請購募遺書，重加錢帛，增置楷書，令繕寫。數年間，羣書略備。德棻嘗從容言於高祖曰：「竊見近代已來，多無正史，梁、陳及齊，猶有文籍。至周、隋遭大業離亂，多有遺闕。當今耳目猶接，尚有可憑，如更十數年後，恐事跡湮沒。陛下既受禪於隋，復承周氏歷數，國家二祖功業，並在周時。如文史不存，何以貽鑑今古？如臣愚見，並請修之。」高祖然其奏，下詔曰：

司典序言，史官記事，考論得失，究盡變通，所以裁成義類，懲惡勸善，多識前古，貽鑑將來。伏犧以降，周、秦斯及，兩漢傳緒，三國受命，迄于晉、宋，載籍備焉。自有魏南徙，乘機撫運，周、隋禪代，歷世相仍，梁氏稱邦，跨據淮海，齊遷龜鼎，陳建皇宗，莫不自命正朔，綿歷歲祀，各殊徽號，刪定禮儀。至於發跡開基，受終告代，嘉謀善政，名臣奇士，立言著績，無乏於時。然而簡牘未編，紀傳咸闕，炎涼已積，謠俗遷訛，餘烈遺風，倏焉將墜。朕握圖馭宇，長世字人，方立典謨，永垂憲則。顧彼湮落，用深軫悼，有懷撰次，實資良直。中書令蕭瑀、給事中王敬業、著作郎殷聞禮可修魏史，侍中陳叔達、祕書丞令狐德棻、太史令庾儉可修周史，兼中書令封德彝、中書舍人顏師古可修隋史，大理卿崔善爲、中書舍人孔紹安、太子洗馬蕭德言可修梁史，太子詹事裴矩、兼吏部郎中祖孝孫、前祕書丞魏徵可修齊史，祕書監竇璡、給事中歐陽詢、秦王文學姚思廉可修陳史。務加詳覈，博採舊聞，義在不刊，書法無隱。

瑀等受詔，歷數年，竟不能就而罷。

貞觀三年，太宗復敕修撰，乃令德棻與祕書郎岑文本修周史，中書舍人李百藥修齊史，著作郎姚思廉修梁、陳史，祕書監魏徵修隋史，與尚書左僕射房玄齡總監諸代史。衆議以魏史既有魏收、魏澹二家，已爲詳備，遂不復修。德棻又奏引殿中侍御史崔仁師佐修周史，德棻仍總知類會梁、陳、齊、隋諸史。武德已來創修撰之源，自德棻始也。六年，累遷禮部侍郎，兼修國史，賜爵彭陽男。十年，以修周史賜絹四百匹。十一年，修新禮成，進爵爲子。又以撰氏族志成，賜帛二百匹。十五年，轉太子右庶子，承乾敗，隨例除名。十八年，起爲雅州刺史，以公事免。尋有詔改撰晉書，房玄齡奏德棻令預修撰，當時同修一十八人，並推德棻爲首，其體制多取決焉。書成，除祕書少監。

永徽元年，又受詔撰定律令，復爲禮部侍郎，兼弘文館學士，監修國史及五代史志。尋遷太常卿，兼弘文館學士。

時高宗初嗣位，留心政道，嘗召宰臣及弘文館學士於中華殿而問曰：「何者爲王道、霸道？又孰爲先後？」德棻對曰：「王道任德，霸道任刑。自三王已上，皆行王道；唯秦任霸術，漢則雜而行之；魏、晉已下，王、霸俱失。如欲用之，王道爲最，而行之爲難。」高宗曰：「今之所行，何政爲要？」德棻對曰：「古者爲政，清其心，簡其事，以此爲本。當今天下無虞，年穀豐稔，薄賦斂，少征役，此乃合於古道。爲政之要道，莫過於此。」高宗曰：「政道莫尚於無爲也。」又問曰：「禹、湯何以興？桀、紂何以亡？」德棻對曰：「傳稱：『禹、湯罪己，其興也勃焉；桀、紂罪人，其亡也忽焉。』二主惑於妹喜、妲己，誅戮諫者，造炮烙之刑，是其所以亡也。」高宗甚悅，既罷，各賜以繒綵。

四年，遷國子祭酒，以修貞觀十三年以後實錄功，賜物四百段，兼授崇賢館學士。尋又撰高宗實錄三十卷，進爵爲公。龍朔二年，表請致仕，許之，仍加金紫光祿大夫。乾封元年，卒于家，年八十四，諡曰憲。德棻暮年尤勤於著述，國家凡有修撰，無不參預。

自武德已後，有鄧世隆、顧胤、李延壽、李仁實前後修撰國史，頗爲當時所稱。

鄧世隆者，相州人也。大業末，王世充兄子太守河陽，引世隆爲賓客，大見親遇。及太宗攻洛陽，遺書諭太，世隆爲復書，言辭不遜。洛陽平後，世隆懼罪，變姓名，自號隱玄先生，竄於白鹿山。貞觀初，徵授國子主簿，與崔仁師、慕容善行、劉顗、庾安禮、敬播等俱爲修史學士。世隆負宿罪，猶不自安。太宗聞之，遣房玄齡諭之曰：「爾爲王太作書，誠合重罪，但各爲其主，於朕豈有惡哉？朕今爲天子，何能追責匹夫之過，爾宜坦然，勿懷危懼也。」擢授著作佐郎，歷衞尉丞。

初，太宗以武功定海內，櫛風沐雨，不暇於詩書。暨于嗣業，進引忠良，銳精思政。數年之後，道致隆平，遂於聽覽之暇，留情文史。敍事言懷，時有構屬，天才宏麗，興託玄遠。貞觀十三年，世隆上疏請編錄御集，太宗竟不許之。世隆又採隋代舊事，撰爲東都記三十卷，遷著作郎。尋卒。

顧胤者，蘇州吳人也。祖越，陳給事黃門侍郎。父覽，隋祕書學士。胤，永徽中歷遷起居郎，兼修國史。撰太宗實錄二十卷成，以功加朝散大夫，授弘文館學士。以撰武德、貞觀兩朝國史八十卷成，加朝請大夫，封餘杭縣男，賜帛五百段。龍朔三年，遷司文郎中。尋卒。胤又撰漢書古今集二十卷，行於代。子琮，長安中爲天官侍郎、同鳳閣鸞臺平章事。

李延壽者，本隴西著姓，世居相州。貞觀中，累補太子典膳丞、崇賢館學士。嘗受詔與著作佐郎敬播同修五代史志，又預撰晉書，尋轉御史臺主簿，兼直國史。延壽嘗撰太宗政典三十卷表上之，歷遷符璽郎，兼修國史。尋卒。調露中，高宗嘗觀其所撰政典，歎美久之，令藏于祕閣，賜其家帛五十段。延壽又嘗刪補宋、齊、梁、陳及魏、齊、周、隋等八代史，謂之南、北史，凡一百八十卷，頗行於代。

李仁實，魏州頓丘人。官至左史。嘗著格論三卷、通曆八卷、戎州記，並行於時。

孔穎達字沖遠〔三〕，冀州衡水人也。祖碩，後魏南臺丞。父安，齊青州法曹參軍。穎達八歲就學，日誦千餘言。及長，尤明左氏傳、鄭氏尚書、王氏易、毛詩、禮記，兼善算曆，解屬文。同郡劉焯名重海內，穎達造其門，焯初不之禮，穎達請質疑滯，多出其意表，焯改容敬之。穎達固辭歸，焯固留，不可。還家，以教授爲務。隋大業初，舉明經高第，授河內郡博士。時煬帝徵諸郡儒官集于東都，令國子祕書學士與之論難，穎達爲最。時穎達少年，而先輩宿儒恥爲之屈，潛遣刺客圖之，禮部尚書楊玄感舍之於家，由是獲免。補太學助教。屬隋亂，避地於武牢。太宗平王世充，引爲秦府文學館學士。武德九年，擢授國子博士。貞觀初，封曲阜縣男，轉給事中。

時太宗初即位，留心庶政，穎達數進忠言，益見親待。太宗嘗問曰：「論語云：『以能問

於不能，以多問於寡，有若無，實若虛。』何謂也？」穎達對曰：「聖人設教，欲人謙光。己雖有能，不自矜大，仍就不能之人求訪能事。己之才藝雖多，猶以爲少，仍就寡少之人更求所益。己之雖有，其狀若無。己之雖實，其容若虛。非唯匹庶，帝王之德，亦當如此。夫帝王內蘊神明，外須玄默，使深不可測，度不可知。易稱『以蒙養正，以明夷莅衆』，若其位居尊極，炫燿聰明，以才凌人，飾非拒諫，則上下情隔，君臣道乖，自古滅亡，莫不由此也。」太宗深善其對。

六年，累除國子司業。歲餘，遷太子右庶子，仍兼國子司業。與諸儒議曆及明堂，皆從穎達之說。又與魏徵撰成隋史，加位散騎常侍。十一年，又與朝賢修定五禮，所有疑滯，咸諮決之。書成，進爵爲子，賜物三百段。庶人承乾令撰孝經義疏，穎達因文見意，更廣規諷之道，學者稱之。太宗以穎達在東宮數有匡諫，與左庶子于志寧各賜黃金一斤、絹百匹。十二年，拜國子祭酒，仍侍講東宮。十四年，太宗幸國學觀釋奠，命穎達講孝經，既畢，穎達上釋奠頌，手詔褒美。後承乾不循法度，穎達每犯顏進諫。承乾乳母遂安夫人謂曰：「太子成長，何宜屢致面折？」穎達對曰：「蒙國厚恩，死無所恨。」諫諍逾切，承乾不能納。

先是，與顏師古、司馬才章、王恭、王琰等諸儒受詔撰定五經義訓，凡一百八十卷，名曰五經正義。太宗下詔曰：「卿等博綜古今，義理該洽，考前儒之異說，符聖人之幽旨，實爲不

朽。」付國子監施行，賜穎達物三百段。時又有太學博士馬嘉運駮穎達所撰正義，詔更令詳定，功竟未就。十七年，以年老致仕。十八年，圖形於凌煙閣，贊曰：「道光列第，風傳闕里。精義霞開，掞辭飈起。」二十二年卒，陪葬昭陵，贈太常卿，諡曰憲。

司馬才章者，魏州貴鄉人也。父烜，博涉五經，善緯候。才章少傳其業。隋末爲郡博士。貞觀六年，左僕射房玄齡薦之，屢蒙召問，擢授國子助教，論議該洽，學者稱之。

王恭者，滑州白馬人也。少篤學，博涉六經。每於鄉閭教授，弟子自遠方至數百人。貞觀初，徵拜太學博士，其所講三禮，皆別立義證，甚爲精博。蓋文懿、文達等皆當時大儒，罕所推借，每講三禮，皆遍舉先達義，而亦暢恭所說。

馬嘉運者，魏州繁水人也。少出家爲沙門，明於三論。後更還俗，專精儒業，尤善論難。貞觀初，累除越王東閤祭酒；頃之，罷歸，隱居白鹿山。十一年，召拜太學博士，兼弘文館學士，預修文思博要。嘉運以穎達所撰正義頗多繁雜，每掎摭之，諸儒亦稱爲允當。高宗居春宮，引爲崇賢館學士，數與洗馬秦暐侍講殿中，甚蒙禮異。十九年，遷國子博

士卒。

史臣曰：唐德勃興，英儒間出，佐命協力，實有其人。薛收左右厥猷，經謀雅道，不幸短命，殲我良士。上言「恨不圖形，若在，當以中書令處之」，才可知矣。元敬藻翰明敏，而畏權勢，竟不狎房、杜，深沉至慎，不亦優哉！元超藉父風望，弼亮宏略，諒非其罪，而再遷流。及登大任，益有嘉謀，汲引多才，以隆弘納，其感恩之重，時共聞諸。有始有卒，其殆庶幾乎！稷出自名家，涉于大用，及自貽謀釁，如貞亮何？姚思廉篤學寡欲，受漢史於家尊，果執明義，臨大節而不可奪。及筆削成書，箴規翊聖，言其命世，亦當仁乎！師古家籍儒風，該博經義，至于詳注史策，探測典禮，清明在躬，天有才格。然而三黜之負，竟在時譏，孔子曰「才難」，不其然乎？令狐德棻貞度應時，待問平直。徵舊史，修新禮，以暢國風；辨治亂，談王霸，以資帝業。「元首明哉，股肱良哉」，其斯之謂歟！鄧世隆國史時譽，固有諒直。其復書不遜，何不知之甚也！上疏請編御集，其弼直乎！顧胤清芬，可觀彝範，積善餘慶，其有子哉！李延壽研考史學，修撰刪補，克成大典，方之班、馬，何代無人。仁實捃摭，抑又次焉。孔穎達風格高爽，幼而有聞，探賾明敏，辨析應對，天有通才。人道惡盈，必有毀訐，及

正義炳煥，乃異人也，雖其掎摭，亦何損於明。司馬才章藉時崇儒，明畟致業；王恭弘闡聲教，禮學研詳；馬嘉運達識自通，克成典雅：並符才用，潤色丹青，其掎摭繁雜，蓋求備者也。

贊曰：河東三鳳，俱瑞黃圖。棻爲良史，穎實名儒。解經不窮，希顏之徒。登瀛入館，不其盛乎！

校勘記

〔一〕與高祖有舊　「高」字合鈔卷一二四顏師古傳作「其」。

〔二〕沖遠　各本原作「仲達」，據于志寧曲阜憲公孔公碑銘改。

舊唐書卷七十四

列傳第二十四

劉洎　馬周　崔仁師 孫湜　湜弟液　液子論　液弟滌

劉洎字思道，荊州江陵人也。隋末，仕蕭銑爲黃門侍郎。銑令略地嶺表，得五十餘城，未還而銑敗，遂以所得城歸國，授南康州都督府長史。

貞觀七年，累拜給事中，封清苑縣男。十五年，轉治書侍御史，上疏曰：

尚書萬機，實爲政本，伏尋此選，受授誠難。是以八座比於文昌，二丞方於管轄，爰至曹郎，上應列宿，苟非稱職，竊位興譏。伏見比來尚書省詔敕稽停，文案壅滯，臣誠雖庸劣，請述其源。貞觀之初，未有令僕，于時省務繁雜，倍多於今。左丞戴胄、右丞魏徵，並曉達吏方，質性平直，事應彈舉，無所迴避。陛下又假以恩慈，自然肅物，百司匪懈，抑此之由。及杜正倫續任右丞，頗亦厲下。比者綱維不舉，並爲勳親在位，品

非其任，功勢相傾。凡在官僚，未循公道，雖欲自強，先懼囂謗。所以郎中抑奪，唯事諮稟；尚書依違，不得斷決。或憚聞奏，故事稽延，案雖理窮，仍更盤下。去無程限，來不責遲，一經出手，便涉年載。或希旨失情，或避嫌抑理。勾司以案成爲事了，不究是非；尚書用便僻爲奉公，莫論當否。遞相姑息，唯務彌縫。且選賢授能，非材莫舉，天工人代，焉可妄加。至於懿戚元勳，但優其禮秩，或年高耄及，或積病智昏，既無益於時宜，當致之以閑逸。久妨賢路，殊爲不可。將救茲弊，且宜精簡四員，左右丞、左右司郎中如並得人，自然綱維略舉，亦當矯正趨競，豈唯息其稽滯哉！

書奏未幾，拜尚書右丞。十三年，遷黃門侍郎。十七年，加授銀青光祿大夫，尋除散騎常侍。

洎性疏峻敢言。太宗工王羲之書，尤善飛白，嘗宴三品已上於玄武門，帝操筆作飛白字賜群臣，或乘酒爭取於帝手，洎登御牀引手得之。皆奏曰：「洎登御牀，罪當死，請付法。」帝笑而言曰：「昔聞婕妤辭輦，今見常侍登牀。」尋攝黃門侍郎，加上護軍。

太宗善持論，每與公卿言及古道，必詰難往復。洎上書諫曰：「帝王之與凡庶，聖哲之與庸愚，上下相懸，擬倫斯絕。是知以至愚而對至聖，以極卑而對至尊，徒思自強，不可得也。陛下降恩旨，假慈顏，凝旒以聽其言，虛襟以納其說，猶恐群下未敢對敭。況動神機，

縱天辯，飾辭以折其理，援古以排其議，欲令凡庶何階應答？臣聞皇天以無言爲貴，聖人以不言爲德，老君稱大辯若訥，莊生稱至道無文，此皆不欲煩也。齊侯讀書，輪扁竊笑；漢皇慕古，長儒陳譏，此亦不欲勞也。且多記則損心，多語則損氣，心氣內損，形神外勞，初雖不覺，後必爲累。須爲社稷自愛，豈爲性好自傷乎。竊以今日昇平，皆陛下力行所至，欲其長久，匪由辯博。但當忘彼愛憎，愼茲取捨，每事敦朴，無非至公，若貞觀之初則可矣。至如秦政強辯，失人心於自矜；魏文宏才，虧衆望於虛說。此才辯之累，較然可知矣。伏願略茲雄辯，浩然養氣，簡彼緗圖，淡焉自怡，固萬壽於南岳，齊百姓於東戶，則天下幸甚，皇恩斯畢。」手詔答曰：「非慮無以臨下，非言無以述慮。比有談論，遂致煩多。輕物驕人，恐由茲道。形神心氣，非此爲勞。今聞讜言，虛懷以改。」

時皇太子初立，洎以爲宜尊賢重道，上書曰：

臣聞郊迎四方，孟侯所以成德；齒學三讓，元良由是作貞。斯皆屈主祀之尊，申下交之義。故得芻言咸薦，睿問旁通，不出軒庭，坐知天壤，率由茲道，永固鴻基者焉。原夫太子，宗祧是繫，善惡之際，興亡斯在，不勤於始，將悔於終。是以晁錯上書，令先通政術；賈誼獻策，務前知禮敎。竊惟皇太子孝友仁義，明允篤誠，皆挺自天姿，非勞審諭，固以華夷仰德，翔泳希風矣。然則寢門視膳，已表於三朝；藝宮論道，宜弘於四

術。雖春秋鼎盛，飭躬有漸，實恐歲月易往，墮業興譏，取適宴安，方從此始。臣以愚短，幸參侍從，思廣離明，願聞徑術，不敢曲陳故事，請以聖德言之。

伏惟陛下誕叡膺圖，登庸歷試。多才多藝，道著於匡時；允武允文，功成於纂祀。乙夜萬方卽序，九圍清宴。倘且雖休勿休，日愼一日，求異聞於振古，勞睿思於當年。乙夜觀書，事高漢帝；馬上披卷，勤過魏后。陛下自勵如此，而令太子優游棄日，不習圖書，臣所未諭一也。加以暫屏機務，卽寓雕蟲。綜寶思於天文，則長河韜映；摛玉字於仙札，則流霞成彩。固以錙銖萬代，冠冕百王，屈、宋不足以升堂，鍾、張何階於入室。陛下自好如此，而太子悠然靜處，不尋篇翰，臣所未諭二也。陛下歷該衆妙，獨秀寰中，猶晦天聰，俯詢凡識。聽朝之隙，引見羣官，降以溫顏，訪以今古。故得朝廷是非，里閭好惡，凡有巨細，必關聽覽。陛下自好如此，而令太子久入趨侍，不接正人，臣所未諭三也。陛下若謂無益，則何事勞神；若謂有成，則宜申貽厥。蔑而不急，未見其可。伏願俯推睿範，訓及儲君，授以良書，娛之嘉客。晨披經史，觀成敗於前蹤；晚接賓遊，訪得失於當代。間以書札，繼以篇章，則日聞所未聞，日見所未見。副德逾光，羣生之福也。

古之太子，問安而退，所以廣敬於君父；異宮而處，所以分別於嫌疑。今太子一

侍天閽，動移旬朔，師傅以下，無由接見。假令供奉有隙，暫還東宮，拜謁既疏，且事欣仰，規諫之道，固所未暇。陛下不可以親敎，宮宋無由以進言，雖有具僚，竟將何補？伏願俯循前躅，稍抑下流，弘遠大之規，展師友之義。則儲徽克茂，帝圖斯廣，凡在黎元，孰不慶賴。

自此敕洎令與岑文本同馬周遞日往東宮，與皇太子談論。太宗嘗怒苑西守監穆裕，命於朝堂斬之，皇太子遽進諫。太宗謂司徒長孫無忌曰：「夫人久相與處，自然染習。自朕臨御天下，虛心正直，卽有魏徵朝夕進諫。自徵云亡，劉洎、岑文本、馬周、褚遂良等繼之。皇太子幼在朕膝前，每見朕心悅諫，昔者因染以成性，固有今日之諫耳。」

十八年，遷侍中。太宗嘗謂侍臣曰：「夫人臣之對帝王，多順旨而不逆，甘言以取容。朕今發問，欲聞己過，卿等須言朕愆失。」長孫無忌、李勣、楊師道等咸云：「陛下聖化致太平，臣等不見其失。」洎對曰：「陛下化高萬古，誠如無忌等言。然頃上書人不稱旨者，或面加窮詰，無不慚退，恐非奬進言者之路。」太宗曰：「卿言是也，當爲卿改之。」

太宗征遼，令洎與高士廉、馬周留輔皇太子定州監國，仍兼左庶子、檢校民部尚書。太宗謂洎曰：「我今遠征，使卿輔翼太子，社稷安危之機，所寄尤重，卿宜深識我意。」洎進曰：「願陛下無憂，大臣有愆失者，臣謹卽行誅。」太宗以其妄發，頗怪之，謂曰：「君不密則失臣，

臣不密則失身。卿性疏而太健，恐以此取敗，深宜誡愼，以保終吉。」十九年，太宗遼東還，發定州，在道不康。洎與中書令馬周入謁。洎、周出，遂良傳問起居，洎泣曰：「聖體患癰，極可憂懼。」遂良誣奏之曰：「洎云：『國家之事不足慮，正當傅少主行伊、霍故事，大臣有異志者誅之，自然定矣。』」太宗疾愈，詔問其故，洎以實對，又引馬周以自明。太宗問周，周對與洎所陳不異。遂良又執證不已，乃賜洎自盡。洎臨引決，請紙筆欲有所奏，憲司不與。洎死，太宗知憲司不與紙筆，怒之，並令屬吏。洎文集十卷，行於時。則天臨朝，其子弘業上言洎被遂良譖而死，詔令復其官爵。

馬周字賓王，清河茌平人也。少孤貧好學，尤精詩、傳，落拓不爲州里所敬。武德中，補博州助教，日飲醇酎，不以講授爲事。刺史達奚恕屢加咎責，周乃拂衣遊於曹、汴，又爲浚儀令崔賢首所辱，遂感激西遊長安。宿於新豐逆旅，主人唯供諸商販而不顧待周，遂命酒一斗八升，悠然獨酌，主人深異之。至京師，舍於中郎將常何之家。貞觀三年(一)，太宗令百僚上書言得失，何以武吏不涉經學，周乃爲何陳便宜二十餘事，令奏之，事皆合旨。太宗怪其能，問何，何答曰：「此非臣所能，家客馬周具草也。每與臣言，未嘗不以忠孝爲意。」

中華書局

太宗即日召之，未至間，遣使催促者數四。及謁見，與語甚悅，令直門下省。六年，授監察御史，奉使稱旨。帝以常何舉得其人，賜帛三百匹。是歲，周上疏曰：

微臣每讀經史，見前賢忠孝之事，臣雖小人，竊希大道，未嘗不廢卷長想，思履其迹。臣以不幸，早失父母，犬馬之養，已無所施；顧來事可爲者，唯忠義而已。是以徒步二千里而自歸於陛下，陛下不以臣愚瞽，過垂齒錄。竊自顧瞻，無階答謝，輒以微軀丹款，惟陛下所擇。

臣伏見大安宮在宮城之西，其牆宇宮闕之制，方之紫極，尚爲卑小。臣伏以東宮皇太子之宅，猶處城中，大安乃至尊所居，更在城外。雖太上皇游心道素，志存清儉，陛下重違慈旨，愛惜人力；而蕃夷朝見及四方觀聽，有不足焉。臣願營築雉堞，修起門樓，務從高顯，以稱萬方之望，則大孝昭乎天下矣。

臣又伏見明敕，以二月二日幸九成宮。臣竊惟太上皇春秋已高，陛下宜朝夕視膳而晨昏起居。今所幸宮去京三百餘里，鑾輿動軔，嚴蹕經旬，非可以旦暮至也。太上皇情或思感，而欲即見陛下者，將何以赴之？且車駕今行，本爲避暑。然則太上皇尚留熱所，而陛下自逐涼處，溫凊之道，臣竊未安。然敕書既出，業已成就，願示速返之期，以開衆惑。

臣又見詔書，令宗室勳賢作鎮藩部，貽厥子孫，嗣守其政，非有大故，無或黜免。臣竊惟陛下封植之者，誠愛之重之，欲其胤裔承守而與國無疆也。臣以爲如詔旨者，陛下宜思所以安存之，富貴之，然則何用代官也。何則？以堯、舜之父，猶有朱、均之子。倘有孩童嗣職，萬一驕愚，兆庶被其殃而國家受其敗。正欲絕之也，則子文之治猶在；正欲留之也，而欒黶之惡已彰。與其毒害於見存之百姓，則寧使割恩於已亡之一臣，明矣。然則向所謂愛之者，乃適所以傷之也。臣謂宜賦以茅土，疇其戶邑，必有材行，隨器方授，則雖其翰翮非強，亦可以獲免尤累。昔漢光武不任功臣以吏事，所以終全其代者，良得其術也。願陛下深思其事，使夫得奉大恩，而子孫終其福祿也。

臣又聞聖人之化天下，莫不以孝爲基。故曰：「孝莫大於嚴父，嚴父莫大於配天。」又曰：「國之大事，在祀與戎。」孔子亦云：「吾不預祭如不祭。」是聖人之重祭祀也如此。伏惟陛下踐祚以來，宗廟之享，未曾親事。伏緣聖情，獨以鑾輿一出，勞費稍多，所以忍其孝思，以便百姓。遂使一代之史，不書皇帝入廟之事，將何以貽厥孫謀，垂則來葉？臣知大孝誠不在俎豆之間，然聖人之訓人，固有屈己以從時，願聖慈顧省愚款。

臣又聞致化之道，在於求賢審官；爲政之基，在於揚清激濁。孔子曰：「唯名與器，不以假人。」是言慎舉之爲重也。臣伏見王長通、白明達本自樂工，輿皁雜類，韋槃提、斛斯正則更無他材，獨解調馬。縱使術踰儕輩，伎能有取，乍可厚賜錢帛，以富其家；豈得列預士流，超授高爵。遂使朝會之位，萬國來庭，騶子倡人，鳴玉曳履，與夫朝賢君子，比肩而立，同坐而食，臣竊恥之。然朝命既往，縱不可追，謂宜不使在朝班，預於士伍。

太宗深納之。尋除侍御史，加朝散大夫。十一年，周又上疏曰：

臣歷觀前代，自夏、殷及漢氏之有天下，傳祚相繼，多者八百餘年，少者猶四五百年，皆爲積德累業，恩結於人心。豈無僻王，賴前哲以免。自魏、晉以還，降及周、隋，多者不過六十年，少者纔二三十年而亡。良由創業之君，不務廣恩化，當時僅能自守，後無遺德可思，故傳嗣之主政教少衰，一夫大呼而天下土崩矣。今陛下雖以大功定天下，而積德日淺，固當思隆禹、湯、文、武之道，廣施德化，使恩有餘地，爲子孫立萬代之基，豈欲但令政教無失，以持當年而已。然自古明王聖主，雖因人設教，寬猛隨時，而大要唯以節儉於身、恩加於人二者是務。故其下愛之如日月，畏之如雷霆，此其所以卜祚遐長而禍亂不作也。

今百姓承喪亂之後，比於隋時纔十分之一。而供官徭役，道路相繼，兄去弟還，首尾不絕，遠者往來五六千里，春秋冬夏，略無休時。陛下雖每有恩詔令其減省，而有

司作既不廢，自然須人，徒行文書，役之如故。臣每訪問，四五年來，百姓頗有嗟怨之言，以爲陛下不存養之。昔唐堯茅茨土階，夏禹惡衣菲食，如此之事，臣知不可復行於今。漢文帝惜百金之費，輟露臺之役，集上書囊以爲殿帷，所幸慎夫人衣不曳地。至景帝以錦繡纂組妨害女功，特詔除之，所以百姓安樂。至孝武帝雖窮奢極侈，而承文、景遺德，故人心不動。向使高祖之後，即有武帝，天下必不能全。此於時代差近，事迹可見。今京師及益州諸處，營造供奉器物，并諸王妃主服飾，議者皆不以爲儉。臣聞昧旦丕顯，後世猶怠；作法於理，其弊猶亂。陛下少處人間，知百姓辛苦，前代成敗，目所親見，尚猶如此。而皇太子生長深宮，不更外事，即萬歲之後，固聖慮所當憂也。

臣尋往代以來之事，但有黎庶怨叛，聚爲盜賊，其國無不即滅，人主雖改悔，未有重能安全者。凡修政教，當修於可修之時，若事變一起而後悔之，則無益者也。故人主每見前代之亡，則知其政教之所由喪，而皆不知其身之失。是以殷紂笑夏桀之亡，而幽、厲亦笑殷紂之滅；隋煬帝大業之初又笑齊、魏之失國。今之視煬帝，亦猶煬帝之視齊、魏也。故京房謂漢元帝云：「臣恐後之視今，亦猶今之視古。」此言不可不誡也。

往者貞觀之初，率土霜儉，一匹絹纔得一斗米，而天下帖然。百姓知陛下甚愛憐

之，故人人自安，曾無謗讟。自五六年來，頻歲豐稔，一匹絹得粟十餘石，而百姓皆以爲陛下不憂憐之，咸有怨言。又今所營爲者，頗多不急之務故也。自古以來，國之興亡，不由積畜多少，唯在百姓苦樂。且以近事驗之，隋家貯洛口倉，而李密因之；東都積布帛，而世充據之；西京府庫，亦爲國家之用，至今未盡。向使洛口、東都無粟帛，則世充、李密未能必聚大衆。但貯積者固是有國之常事，要當人有餘力而後收之，豈人勞而強斂之，更以資寇，積之無益也。然儉以息人，貞觀之初，陛下已躬爲之，故今行之不難也。爲之一日，則天下知之，式歌且舞矣。若人既勞矣而用之不息，倘中國被水旱之災，邊方有風塵之患，狂狡因之以竊發，則有不可測之事，非徒聖躬旰食晏寢而已。古語云：「動人以行不以言，應天以實不以文。」以陛下之明，誠欲勵精爲政，不煩遠采上古之術，但及貞觀之初，則天下幸甚。

昔賈誼爲漢文帝云可慟哭及長歎息者，言當韓信王楚、彭越王梁、英布王淮南之時，使文帝卽天子位，必不能安。又言賴諸王年少，傅相制之，長大之後，必生禍亂。歷代以來，皆以誼言爲是。臣竊觀今諸將功臣，陛下所與定天下者，皆仰稟成規，備鷹犬之用，無威略振主如韓、彭之難駕馭者。而諸王年並幼少，縱其長大，當陛下之日，必無他心。然卽萬代之後，不可不慮。自漢、晉以來，亂天下者，何嘗不是諸王？皆爲

樹置失宜，不預爲節制，以至於滅亡。人主熟知其然，但溺於私愛，故使前車既覆而後車不改轍也。今天下百姓極少，諸王甚多，寵遇之恩，有過厚者，臣之愚慮，不唯慮其恃恩驕矜也。昔魏武帝寵陳思，及文帝卽位，防守禁閉，有同獄囚。以先帝加恩太多，故嗣王疑而畏之也。此則武帝寵陳思，適所以苦之也。且帝子何患不富貴，身食大國，封戶不少，好衣美食之外，更何所須，而每年加別優賜，曾無紀極。俚語曰，「貧不學儉，富不學奢」，言自然也。今大聖創業，豈唯處置見在子弟而已，當制長久之法，使萬代遵行。

又言：

臨天下者，以人爲本。欲令百姓安樂，唯在刺史、縣令。縣令既衆，不能皆賢，若每州得良刺史，則合境蘇息。天下刺史悉稱聖意，則陛下端拱巖廊之上，百姓不慮不安。自古郡守、縣令，皆妙選賢德，欲有擢昇宰相，必先試以臨人，或從二千石入爲丞相。今朝廷獨重內官，縣令、刺史，頗輕其選。刺史多是武夫勳人，或京官不稱職，方始外出。而折衝果毅之內，身材強者，先入爲中郎將，其次始補州任。邊遠之處，用人更輕，其材堪宰莅，以德行見稱擢者，十不能一。所以百姓未安，殆由於此。

疏奏，太宗稱善久之。

先是，京城諸街，每至晨暮，遣人傳呼以警衆。周遂奏諸街置鼓，每擊以警衆，令罷傳呼，時人便之，太宗益加賞勞。俄拜給事中，十二年，轉中書舍人。周有機辯，能敷奏，深識事端，動無不中。太宗嘗曰：「我於馬周，暫不見則便思之。」中書侍郎岑文本謂所親曰：「吾見馬君論事多矣，援引事類，揚搉古今，舉要删蕪，會文切理，一字不可加，一言不可減，聽之靡靡，令人亡倦。昔蘇、張、終、賈，正應此耳。然鳶肩火色，騰上必速，恐不能久耳。」十五年，遷治書侍御史，兼知諫議大夫，又兼檢校晉王府長史。王爲皇太子，拜中書侍郎，兼太子右庶子。十八年，遷中書令，依舊兼太子右庶子。周既職兼兩宮，處事精密，甚獲當時之譽。

太宗伐遼東，皇太子定州監守，令周與高士廉、劉洎留輔皇太子。太宗還，以本官攝吏部尚書。二十一年，加銀青光祿大夫。太宗嘗以神筆賜周飛白書曰：「鸞鳳凌雲，必資羽翼。股肱之寄，誠在忠良。」周病消渴，彌年不瘳。時駕幸翠微宮，敕求勝地，爲周起宅。名醫中使，相望不絕，每令尚食以膳供之，太宗躬爲調藥，皇太子親臨問疾。周臨終，索所陳事表草一帙，手自焚之，慨然曰：「管、晏彰君之過，求身後名，吾弗爲也。」二十二年卒，年四十八。太宗爲之舉哀，贈幽州都督，陪葬昭陵。高宗卽位，追贈尚書右僕射、高唐縣公。垂拱中，配享高宗廟庭。

子載，咸亨年累遷吏部侍郎，善選補，於今稱之。卒於雍州長史。

崔仁師，定州安喜人。武德初，應制舉，授管州錄事參軍。五年，侍中陳叔達薦仁師才堪史職，進拜右武衞錄事參軍，預修梁、魏等史。貞觀初，再遷殿中侍御史。時青州有逆謀事發，州縣追捕支黨，俘囚滿獄，詔仁師按覆其事。仁師至州，悉去杻械，仍與飲食湯沐以寬慰之，唯坐其魁首十餘人，餘皆原免。及奏報，詔使將往決之，大理少卿孫伏伽謂仁師曰：「此獄徒侶極衆，而足下雪免者多，人皆好生，誰肯讓死？今既臨命，恐未甘心，深爲足下憂也。」仁師曰：「嘗聞理獄之體，必務仁恕，故稱殺人刖足，亦皆有禮。豈有求身之安，知枉不爲申理。若以一介暗短，但易得十四之命，亦所願也。」伏伽慚而退。及敕使至青州更訊，諸囚咸曰：「崔公仁恕，事無枉濫，請伏罪。」皆無異辭。

仁師後爲度支郎中，嘗奏支度財物數千言，手不執本，太宗怪之，令黃門侍郎杜正倫齎本，仁師對唱，一無差殊，太宗大奇之。時校書郎王玄度注尚書、毛詩，毀孔、鄭舊義，上表請廢舊注，行己所注者，詔禮部集諸儒詳議。玄度口辯，諸博士皆不能詰之。郎中許敬宗請付祕閣藏其書，河間王孝恭特請與孔、鄭並行。仁師以玄度穿鑿不經，乃條其不合大義，駮奏請罷之。詔竟依仁師議，玄度遂廢。

十六年，遷給事中。時刑部以賊盜律反逆緣坐兄弟沒官爲輕，請改從死，奏請八座詳議。右僕射高士廉、吏部尚書侯君集、兵部尚書李勣等議請從重，民部尚書唐儉、禮部尚書江夏王道宗、工部尚書杜楚客等議請依舊不改。時議者以漢及魏、晉謀反皆夷三族，咸欲依士廉等議。仁師獨駁曰：「自羲、農以降，爰及唐、虞，或設言而人不犯，或畫象而下知禁。三代之盛，泣辜解網，父子兄弟，罪不相及，咸臻至理，俱爲稱首。及其世亂，獄訟滋煩，周之季年，不勝其弊，烈火原於子產，峭澗起於安于，韓、李、申、商〔三〕，爭持急刻，參夷相坐，始於此也。秦用其法，遂至土崩。漢高之務寬大，未爲盡善；文帝之存仁厚，仍多涼德。遂使新垣族滅，信、越菹醢，見譏良史，謂之過刑。魏、晉至隋，有損有益，凝脂猶密，秋荼尚煩。皇上爰發至仁，念茲刑憲，酌前王之令典，探往代之嘉猷，革弊蠲苛，可大可久，仍降綸綍，頒之九區。故得斷獄數簡，手足有措，刑淸化洽，未有不安。忽以暴秦酷法，爲隆周中典，乖惻隱之情，反惟行之令。進退參詳，未見其可。且父子天屬，昆季同氣，誅其父子，足累其心，此而不顧，何愛兄弟。既欲改法，請更審量。」竟從仁師駁議。

後仁師密奏請立魏王爲太子，忤旨，轉爲鴻臚少卿，遷民部侍郎。征遼之役，詔太常卿韋挺知海運，仁師爲副，仁師又別知河南水運。仁師以水路險遠，恐遠州所輸不時至海，遂便宜從事，遞發近海租賦以充轉輸。及韋挺以壅滯失期，除名爲民，仁師以運夫逃走不奏，

坐免官。既不得志，遂作體命賦以暢其情，辭多不載。太宗還至中山，起爲中書舍人，尋兼檢校刑部侍郎。太宗幸翠微宮，仁師上清暑賦以諷，太宗稱善，賜帛五十段。二十二年，遷中書侍郎，參知機務。時仁師甚承恩遇，中書令褚遂良頗忌嫉之。會有伏閤上訴者，仁師不奏，太宗以仁師罔上，遂配龔州。會赦還。永徽初，起授簡州刺史，尋卒，年六十餘。

神龍初，以子挹爲國子祭酒，恩例贈同州刺史。挹子湜。

湜少以文辭知名，舉進士，累轉左補闕，預修三教珠英，遷殿中侍御史。神龍初，轉考功員外郎。時桓彥範、敬暉等既知國政，懼武三思讒間，引湜爲耳目，使伺其動靜。俄而中宗疏忌功臣，於三思恩寵漸厚，湜乃反以桓、敬等計議潛告三思。尋遷中書舍人。及桓、敬等徙于嶺外，湜又說三思盡宜殺之，以絕其歸望。三思問誰可使者，湜表兄周利貞先爲桓、敬等所惡，自侍御史出嘉州司馬，湜乃舉充此行。桓、敬等聞利貞至，多自殺，三思引利貞爲御史中丞。

湜，景龍二年遷兵部侍郎，挹爲禮部，父子同爲南省副貳，有唐已來未有也。時昭容上官氏屢出外宅，湜託附之。由是中宗遇湜甚厚，俄拜吏部侍郎，尋轉中書侍郎、同中書門下平章事。與鄭愔同知選事，銓綜失序，爲御史李尚隱所劾，愔坐配流嶺表，湜左轉爲江州

司馬。上官昭容密與安樂公主曲爲申理，中宗乃以愔爲江州司馬，授湜襄州刺史。未幾，入爲尚書左丞。韋庶人臨朝，復爲中書侍郎、同中書門下三品。睿宗卽位，出爲華州刺史，俄又拜太子詹事。

初，湜景龍中獻策開南山新路，以通商州水陸之運，役徒數萬，死者十三四。仍嚴錮舊道，禁行旅，所開新路以通，竟爲夏潦衝突，崩壓不通。至是追論湜開山路功，加銀青光祿大夫。俄爲太平公主所引，復遷中書門下三品。先天元年，拜中書令，與劉幽求爭權不協，陷幽求徙于嶺表，仍促廣州都督周利貞以逗留殺之，不果而止。時挹以年老，累除戶部尚書致仕。挹性貪冒，受人請託，數以公事干湜，湜多違拒不從，大爲時論所嗤。

玄宗在東宮，數幸其第，恩意甚密。湜既私附太平公主，時人咸爲之懼，門客陳振鷺獻海鷗賦以諷之，湜雖稱善而心實不悅。及帝將誅蕭至忠等，召將託爲腹心，湜弟滌謂湜曰：「主上若有所問，不得有所隱也。」湜不從，及見帝，對問失旨。至忠等既誅，湜坐徙嶺外。時新興王晉亦連坐伏誅，臨刑歎曰：「本謀此事，出自崔湜，今我就死而湜得生，何冤濫也！」俄而所司奏宮人元氏款稱與湜曾密謀進酖，乃追湜賜死。初，湜與張說有隙，說時爲中書令，議者以爲說構陷之。時湜與尚書右丞盧藏用同配流俱行，湜謂藏用曰：「家弟承恩，或冀寬宥。」因遲留不速進。行至荊州，夢於講堂照鏡，曰：「鏡者明象，吾當爲人主所明

也。」以告占夢人張由，對曰：「講堂者受法之所，鏡者於文爲『立見金』，此非吉徵。」其日追使至，縊於驛中，時年四十三。

湜美姿儀，早有才名，弟液、滌及從兄涖並有文翰，居淸要，每宴私之際，自比東晉王導、謝安之家。謂人曰：「吾之一門及出身歷官，未嘗不爲第一。丈夫當先據要路以制人，豈能默默受制於人也。」是故進趣不已，而不以令終。

液尤工五言之作，湜常歎伏之曰：「海子，我家之龜也。」海子卽液小名，官至殿中侍御史，坐兄配流，逃匿於郢州人胡履虛之家。作幽征賦以見意，辭甚典麗。遇赦還，道病卒。友人裴耀卿纂其遺文爲集十卷。

液子論，以吏幹稱。天寶中自櫟陽令遷司勳員外郎、濠陽太守。乾元後，歷典名郡，皆以理行稱。大曆末，元載以罪誅，朝廷方振起淹滯，遷同州刺史。未幾，爲黜陟使庾何所按，廢免。議者以何舉奏涉於深刻，復用論爲衢州刺史。秩滿，寓於揚、楚間，德宗以舊族耆年，授大理卿致仕卒。

液弟滌，多辯智，善諧謔，素與玄宗款密。兄湜坐太平黨誅，玄宗常思之，故待滌踰厚，用爲祕書監，出入禁中，與諸王侍宴不讓席，而坐或在寧王之上。後賜名澄。從東封還，加金紫光祿大夫，封安喜縣子。開元十四年卒，贈兗州刺史。

史臣曰：劉洎始以章疏切直，以至位望隆顯。至于提綱整帶，咨聖嘉猷，籍國士之談，體廊廟之器。噫，樞機之發，榮辱之主，一言不慎，竟陷誣奏。雖君親甚悔，而駟不及舌，良足悲矣！馬周道承際會，天性深沉，悟主談微，置忠本孝，沖識廣度，宛涉穹崇。詩曰：「嘉樂君子，顯顯令德。」惜其中壽，不憖遺乎！崔仁師以史材獲進，其刊正褒貶，雅得詳明。至于本仁恕，申枉濫，其事可觀。沮穿鑿之注，止從重之刑，其言甚直。書曰「疑謀勿成」，而以魏王爲請，不亦惑乎！及參機務，竟致忌嫉，罔上之名，抑有由也。崔湜之德，去祖逾遠，謂勢可恃，謂進無傷，及位極人臣，而心無止足。覽海鷗賦，知而不誡，及荊州之夢，人知不免。易曰：「不節之嗟，又誰咎也！」

贊曰：驥逢造父，一日千里。英主取賢，不拘階陛。賓王徒步，洎爲賊吏。一見文皇，皆登相位。

校勘記

〔一〕貞觀三年　「三年」，各本原作「五年」，據本書卷二太宗紀、通鑑卷一九三改。

〔二〕韓李申商　「李」字各本原作「季」，羅道耕舊唐書補校云：「『季』疑『李』誤。」案先秦法家有李悝無姓季者，今改。

舊唐書卷七十五

列傳第二十五

蘇世長 子良嗣　韋雲起 孫方質　孫伏伽　張玄素

蘇世長，雍州武功人也。祖彤，後魏通直散騎常侍〔一〕。父振，周宕州刺史、建威縣侯。周武帝時，世長年十餘歲，上書言事。武帝以其年小，召問讀何書，對曰：「讀孝經、論語。」武帝曰：「孝經、論語何所言？」對曰：「孝經云：『爲國者不敢侮於鰥寡。』論語云：『爲政以德。』」武帝善其對，令於獸門館讀書。以其父歿王事，因令襲爵，世長於武帝前擗踴號泣，武帝爲之改容。隋文帝受禪，世長又屢上便宜，頗有補益，超遷長安令。大業中，爲都水少監，使於上江督運。會江都難作，世長爲煬帝發喪慟哭，哀感路人。王世充僭號，署爲太子太保、行臺右僕射，與世充兄子弘烈及將豆盧褒俱鎮襄陽。時弘烈娶褒女爲妻，深相結託。高祖與褒有舊，璽書諭之，不從，頻斬使者。

武德四年，洛陽平，世長首勸弘烈歸降。既至京師，高祖誅褒而責世長來晚之故，世長頓顙曰：「自古帝王受命，爲逐鹿之喻，一人得之，萬夫斂手。豈有獲鹿之後，忿同獵之徒，問爭肉之罪也？陛下應天順人，布德施惠，又安得忘管仲、雍齒之事乎！且臣武功之士，經涉亂離，死亡略盡，惟臣殘命，得見聖朝，陛下若復殺之，是絕其類也。實望天恩，使有遺種。」高祖與之有故，笑而釋之。尋授玉山屯監。

後於玄武門引見，語及平生，恩意甚厚。高祖曰：「卿自謂諂佞耶，正直耶？」對曰：「臣實愚直。」高祖曰：「卿若直，何爲背世充而歸我？」對曰：「洛陽既平，天下爲一，臣智窮力屈，始歸陛下。向使世充尚在，臣據漢南，天意雖有所歸，人事足爲勍敵。」高祖大笑。嘗嘲之曰：「名長意短，口正心邪，棄忠貞於鄭國，忘信義於吾家。」世長對曰：「名長意短，實如聖旨；口正心邪，未敢奉詔。昔竇融以河西降漢，十世封侯；臣以山南歸國，惟蒙屯監。」即日擢拜諫議大夫。

從幸涇陽校獵，大獲禽獸於旌門。高祖入御營，顧謂朝臣曰：「今日畋樂乎？」世長進曰：「陛下遊獵，薄廢萬機，不滿十旬，未爲大樂。」高祖色變，既而笑曰：「狂態發耶？」世長曰：「爲臣私計則狂，爲陛下國計則忠矣。」及突厥入寇武功，郡縣多失戶口，是後下詔將幸武功校獵。世長又諫曰：「突厥初入，大爲民害，陛下救恤之道猶未發言，乃於其地又縱畋獵，非但仁育之心有所不足，百姓供頓，將何以堪？」高祖不納。

又嘗引之於披香殿，世長酒酣，奏曰：「此殿隋煬帝所作耶，是何雕麗之若此也？」高祖曰：「卿好諫似直，其心實詐。豈不知此殿是吾所造，何須設詭疑而言煬帝乎？」對曰：「臣實不知。但見傾宮、鹿臺琉璃之瓦，並非受命帝王愛民節用之所為也。若是陛下作此，誠非所宜。臣昔在武功，幸常陪侍，見陛下宅宇，纔蔽風霜，當此之時，亦以為足。今因隋之侈，民不堪命，數歸有道，而陛下得之，實謂懲其奢淫，不忘儉約。今初有天下，而於隋宮之內，又加雕飾，欲撥其亂，寧可得乎？」高祖深然之。

後歷陝州長史、天策府軍諮祭酒。秦府初開文學館，引為學士，與房玄齡等一十八人皆蒙圖畫，令文學褚亮為之贊，曰：「軍諮諧噱，超然辯悟。正色于庭，匪躬之故。」貞觀初，聘于突厥，與頡利爭禮，不受賂遺，朝廷稱之。出為巴州刺史，覆舟溺水而卒。

世長機辯有學，博涉而簡率，嗜酒無威儀。初在陝州，部內多犯法，世長莫能禁，乃責躬引咎，自撻於都街。伍伯嫉其詭，鞭之見血，世長不勝痛，大呼而走，觀者咸以為笑，議者方稱其詐。

子良嗣，高宗時遷周王府司馬。王時年少，舉事不法，良嗣正色匡諫，甚見敬憚。王府

官屬多非其人，良嗣守文檢括，莫敢有犯，深為高宗所稱。遷荊州大都督府長史。高宗使宦者緣江採異竹，將於苑中植之。宦者科舟載竹，所在縱暴。還過荊州，良嗣囚之，因上疏切諫，稱：「遠方求珍異以疲道路，非聖人抑己愛人之道。又小人竊弄威福，以虧皇明。」言甚切直。疏奏，高宗下制慰勉，遽令棄竹於江中。

永淳中，為雍州長史。時關中大飢，人相食，盜賊縱橫。良嗣為政嚴明，盜發三日內無不擒擿。則天臨朝，遷工部尚書，尋代王德眞為納言，累封溫國公。為西京留守，則天賦詩餞送，賞遇甚渥。時尚方監裴匪躬檢校京苑，將鬻苑中果菜以收其利。良嗣駁之曰：「昔公儀相魯，猶能拔葵去織，未聞萬乘之主，鬻其果菜以與下人爭利也。」匪躬遂止。

無幾，追入都，遷文昌左相，同鳳閣鸞臺三品。載初元年春，罷文昌左相，加位特進，仍依舊知政事。與地官尚書韋方質不協，及方質坐事當誅，辭引良嗣，則天特保明之。良嗣謝恩拜伏，便不能復起，輿歸其家，詔御醫張文仲、韋慈藏往視疾。其日薨，年八十五。則天輟朝三日，舉哀於觀風門，敕百官就宅赴弔。贈開府儀同三司、益州都督，賻絹布八百段、米粟八百石，兼降璽書弔祭。

其子踐言，太常丞，尋為酷吏所陷，配流嶺南而死。追削良嗣官爵，籍沒其家。景龍元年，追贈良嗣司空。

踐言子務玄，襲爵溫國公，開元中，為邠王府長史。

韋雲起，雍州萬年人。伯父澄，武德初國子祭酒、綿州刺史。雲起，隋開皇中明經舉，授符璽直長。嘗因奏事，文帝問曰：「外間有不便事，汝可言之。」時兵部侍郎柳述在帝側，雲起應聲奏曰：「柳述驕豪，未嘗經事，兵機要重，非其所堪，徒以公主之壻，遂居要職。臣恐物議以陛下官不擇賢，濫以天秩加於私愛，斯亦不便之大者。」帝甚然其言，顧謂述曰：「雲起之言，汝藥石也，可師友之。」仁壽初，詔在朝文武舉人，述乃舉雲起，進授通事舍人。大業初，改為通事謁者，又上疏奏曰：「今朝廷之內多山東人，而自作門戶，更相剡薦，附下罔上，共為朋黨。不抑其端，必傾朝政，臣所以痛心扼腕，不能默已。謹件朋黨人姓名及姦狀如左。」煬帝令大理推究，於是左丞郎蔚之、司隸別駕郎楚之並坐朋黨，配流漫頭赤水，餘免官者九人。

會契丹入抄營州，詔雲起護突厥兵往討契丹部落。啓民可汗發騎二萬，受其處分。雲起分為二十營，四道俱引，營相去各一里，不得交雜。聞鼓聲而行，聞角聲而止，自非公使，勿得走馬。三令五申之後，擊鼓而發，軍中有犯約者，斬紇干一人，持首以徇。於是

突厥將帥來入謁之，皆膝行股戰，莫敢仰視。契丹本事突厥，情無猜忌，雲起既入其界，使突厥詐云向柳城郡，欲共高麗交易，勿言營中有隋使，敢漏泄者斬之。契丹不備。去賊營百里，詐引南度，夜復退還，去營五十里，結陣而宿，契丹弗之知也。既明俱發，馳騎襲之，盡獲其男女四萬口，女子及畜產以半賜突厥，餘將入朝，男子皆殺之。煬帝大喜，集百官曰：「雲起用突厥而平契丹，行師奇譎，才兼文武，又立朝謇諤，朕今親自舉之。」擢為治書御史。雲起乃奏劾曰：「內史侍郎虞世基職典樞要，寄任隆重；御史大夫裴蘊特蒙殊寵，維持內外。今四方告變，不為奏聞，賊數實多，或減言少。陛下既聞賊少，發兵不多，衆寡懸殊，往皆莫克，故使官軍失利，賊黨日滋。此而不繩，為害將大，請付有司，詰正其罪。」大理卿鄭善果奏曰：「雲起詆訾名臣，所言不實，非毀朝政，妄作威權。」由是左遷大理司直。

煬帝幸揚州，雲起告歸長安，屬義旗入關，於長樂宮謁見。義寧元年，授司農卿，封陽城縣公。武德元年，加授上開府儀同三司，判農圃監事。是歲，欲大發兵討王世充，雲起上表諫曰：「國家承喪亂之後，百姓流離，未蒙安養，頻年不熟，關內阻飢。京邑初平，物情未附，鼠竊狗盜，猶為國憂。盩厔、司竹，餘氛未殄；藍田、谷口，羣盜實多。朝夕伺間，極為國害。雖京城之內，每夜賊發。北有師都，連結胡寇，斯乃國家腹心之疾也。捨此不圖，而窺兵函、洛，若師出之後，內盜乘虛，一旦有變，禍將不小。臣謂王世充遠隔千里，山川懸

絕，無能為害，待有餘力，方可討之。今內難未弭，且宜弘於度外。如臣愚見，請暫戢兵，務穡勸農，安人和衆，關中小盜，自然寧息。秦川將卒，賈勇有餘，三年之後，一舉便定。今雖欲速，臣恐未可。」乃從之。

會突厥入寇，詔雲起總領豳、寧已北九州兵馬，便宜從事。四年，授西麟州刺史，司農卿如故。尋代趙郡王孝恭為夔州刺史，轉遂州都督，懷柔夷獠，咸得衆心。遷益州行臺民部尚書，尋轉行臺兵部尚書。行臺僕射竇軌多行殺戮，又妄奏獠反，冀得集兵，因此作威，肆其凶暴，雲起多執不從。雲起又營私產，交通生獠，以規其利，軌亦對衆言之，由是構隙，情相猜貳。隱太子之死也，敕遣軌息馳驛詣益州報軌，軌乃疑雲起弟慶儉、堂弟慶嗣及親族並事東宮，慮其聞狀或將為變，先設備而後告之。雲起果不信，問曰：「詔書何在？」軌曰：「公，建成黨也，今不奉詔，同反明矣。」遂執殺之。初，雲起年少時師事太學博士王頗，頗每與之言及時事，甚嘉歎之，乃謂之曰：「韋生識悟如是，必能自取富貴；然剛腸嫉惡，終當以此害身。」竟如頗言。

子師實，垂拱初，官至華州刺史、太子少詹事，封扶陽郡公。

師實子方質，則天初鸞臺侍郎、地官尚書、同鳳閣鸞臺平章事。時改修垂拱格式，方質多所損益，甚為時人所稱。俄而武承嗣、三思當朝用事，諸宰相咸傾附之。方質疾假，承嗣

等詣宅問疾，方質據牀不為之禮，左右云：「踞見權貴，恐招危禍。」方質曰：「吉凶命也。大丈夫豈能折節曲事近戚以求苟免也。」尋為酷吏周興、來子珣所構，配流儋州，仍籍沒其家。尋卒。神龍初雪免。

孫伏伽，貝州武城人。大業末，自大理寺史累補萬年縣法曹。武德元年，初以三事上諫。其一曰：

臣聞天子有諍臣，雖無道不失其天下；父有諍子，雖無道不陷於不義。故云子不可不諍於父，臣不可不諍於君。以此言之，臣之事君，猶子之事父故也。隋後主所以失天下者何也？止為不聞其過。當時非無直言之士，由君不受諫，自謂德盛唐堯，功過夏禹，窮侈極慾，以恣其心。天下之士，肝腦塗地，戶口減耗，盜賊日滋，而不覺知者，皆由朝臣不敢告之也。向使修嚴父之法，開直言之路，選賢任能，賞罰得中，人人樂業，誰能搖動者乎？所以前朝好為變更，不師古訓者，止為天誘其咎，將以開今聖唐也。陛下龍舉晉陽，天下響應，計不旋踵，大位遂隆。陛下勿以唐得天下之易，不知隋失之不難也。陛下貴為天子，富有天下，動則左史書之，言則右史書之。既為竹帛所拘，何可恣情不慎。凡有蒐狩，須順四時，既代天理，安得非時妄動？陛下二十日龍飛，二十一日有獻鷂鶵者，此乃前朝之弊風，少年之事務，何忽今日行之！又聞相國參軍事盧牟子獻琵琶，長安縣丞張安道獻弓箭，頻蒙賞勞。但「普天之下，莫非王土；率土之濱，莫非王臣」，陛下必有所欲，何求而不得？陛下所少者，豈此物哉！願陛下察臣愚忠，則天下幸甚。

其二曰：

百戲散樂，本非正聲，有隋之末，大見崇用，此謂淫風，不可不改。近者，太常官司於人間借婦女裙襦五百餘具，以充散妓之服，云擬五月五日於玄武門遊戲。臣竊思審，實損皇猷，亦非貽厥子孫謀，為後代法也。故書云：「無以小惡為無傷而弗去。」恐從小至於大故也。論語云：「放鄭聲，遠佞人。」又云：「樂則韶舞。」以此言之，散妓定非功成之樂也。如臣愚見，請並廢之，則天下不勝幸甚。

其三曰：

臣聞性相近而習相遠，以其所好相染也。故書云：「與治同道罔弗興，與亂同事罔弗亡。」以此言之，興亂其在斯與！皇太子及諸王等左右羣僚，不可不擇而任之也。如臣愚見，但是無義之人，及先來無賴，家門不能邕睦，及好奢華馳獵馭射，專作慢遊狗

馬聲色歌舞之人，不得使親而近之也。此等止可悅耳目，備驅馳，至於拾遺補闕，決不能為也。臣歷窺往古，下觀近代，至於子孫不孝，兄弟離間，莫不為左右亂之也。願陛下妙選賢才，以為皇太子僚友，如此即克隆盤石，永固維城矣。

高祖覽之大悅，下詔曰：「秦以不聞其過而亡，典籍豈無先誡，臣僕諂諛，故弗之覺也。漢高祖反正，從諫如流。洎乎文、景繼業，宣、元承緒，不由斯道，孰隆景祚？周、隋之季，忠臣結舌，一言喪邦，諒足深誡。永言於此，常深歎息。朕每惟寡薄，恭膺寶命，雖不能性與天道，庶思勉力，常冀弼諧，以匡不逮。而羣公卿士，罕進直言，將申虛受之懷，物所未諭。萬年縣法曹孫伏伽，至誠慷慨，詞義懇切，指陳得失，無所迴避。非有不次之舉，曷貽利行之益。伏伽既懷諒直，宜處憲司，可治書侍御史。仍頒示遠近，知朕意焉。」兼賜帛三百匹。時軍國多事，賦斂繁重，伏伽屢奏請改革，高祖並納焉。

二年，高祖謂裴寂曰：「隋末無道，上下相蒙，主則驕矜，臣惟諂佞。上不聞過，下不盡忠，至使社稷傾危，身死匹夫之手。朕撥亂反正，志在安人，平亂任武臣，守成委文吏，庶得各展器能，以匡不逮。比每虛心接待，冀聞讜言。然惟李綱善盡忠款，孫伏伽可謂誠直，餘人猶踵弊風，俛首而已，豈朕所望哉！」

及平王世充、竇建德，大赦天下，既而責其黨與，並令配遷。伏伽上表諫曰：

臣聞王言無戲，自古格言；去食存信，聞諸舊典。故書云：「爾無不信，朕不食言。」又論語云：「一言出口，駟不及舌。」以此而論，言之出口，不可不慎。伏惟陛下光臨區宇，覆育羣生，率土之濱，誰非臣妾。絲綸一發，取信萬方，使聞之者不疑，見之者不惑。陛下今月二日發雲雨之制，光被黔黎，無所間然，公私蒙賴。既云常赦不免皆赦除之，此非直赦其有罪，亦是與天下斷當，許其更新。以此言之，但是赦後，卽便無事。因何王世充及建德部下赦後乃欲遷之？此是陛下自違本心，欲遣下人若爲取則？

若欲子細推尋，逆城之內，人誰無罪。故書云：「殲厥渠魁，脅從罔治。」若論渠魁，世充等爲首，渠魁尙免，脅從何辜？且古人云：「蹠狗吠堯，蓋非其主。」在東都城內及建德部下，乃有與陛下積小故舊，編髮友朋，猶尙有人敗後始至者。此等豈忘陛下，皆云被壅故也。以此言之，自外疏者，竊謂無罪。

又書云：「非知之艱，行之惟艱。」上古以來，何代無君，所以祇稱堯、舜之善者何也？直由爲天子者實難，善名難得故也。往者天下未平，威權須應機而作；今四方既定，設法須與人共之。但法者，陛下自作之，還須守之，使天下百姓信而畏之。今自爲無信，欲遣兆人若爲信畏？故書云：「無偏無黨，王道蕩蕩；無黨無偏，王道平平。」賞罰之行，達乎貴賤，聖人制法，無限親疏。如臣愚見，世充、建德下僞官，經赦合免責

情，欲遷配者，請並放之，則天下幸甚。

又上表請置諫官，高祖皆納焉。

太宗卽位，賜爵樂安縣男。貞觀元年，轉大理少卿。太宗嘗馬射，伏伽上書諫曰：「臣聞千金之子，坐不垂堂；百金之子，立不倚衡。以此言之，天下之主，不可履險乘危明矣。臣又聞天子之居也，則禁衞九重；其動也，則出警入蹕。此非直尊其居處，乃爲社稷生靈之大計耳。故古人云：『一人有慶，兆人賴之。』臣竊聞陛下猶自走馬射帖，娛悅近臣，此乃無禁乘危，竊爲陛下有所不取也。何者？一則非光史册，二則未足顯揚，又非所以導養聖躬，亦不可以垂範後代。此祇是少年諸王之所務，豈得既爲天子，今日猶行之乎？陛下雖欲自輕，其奈社稷天下何！如臣愚見，竊謂不可。」太宗覽之大悅。

五年，坐奏囚誤失免官。尋起爲刑部郎中，累遷大理少卿，轉民部侍郎。十四年，拜大理卿，後出爲陝州刺史。永徽五年，以年老致仕。顯慶三年卒。

張玄素，蒲州虞鄉人。隋末，爲景城縣戶曹。竇建德攻陷景城，玄素被執，將就戮，縣民千餘人號泣請代其命，曰：「此人淸愼若是，今倘殺之，乃無天也。大王將定天下，當深加禮接，以招四方，如何殺之，使善人解體。」建德遽命釋之，署爲治書侍御史，固辭不受。及江都不守，又召拜黃門侍郎，始應命。

建德平，授景城都督府錄事參軍。太宗聞其名，及卽位，召見，訪以政道。對曰：「臣觀自古以來，未有如隋室喪亂之甚，豈非其君自專，其法日亂。向使君虛受於上，臣弼違於下，豈至於此。且萬乘之重，又欲自專庶務，日斷十事而五條不中，中者信善，其如不中者何？況一日萬機，已多虧失，以日繼月，乃至累年，乖謬既多，不亡何待！如其廣任賢良，高居深視，百司奉職，誰敢犯之。臣又觀隋末沸騰，被於宇縣，所爭天下者不過十數人，餘皆保邑全身，思歸有道。是知人欲背主爲亂者鮮矣，但人君不能安之，遂致於亂。陛下若近覽危亡，日愼一日，堯、舜之道，何以能加。」太宗善其對，擢拜侍御史，尋遷給事中。

貞觀四年，詔發卒修洛陽宮乾陽殿以備巡幸，玄素上書諫曰：

微臣竊思秦始皇之爲君也，藉周室之餘、六國之盛，將貽之萬葉，及其子而亡，良由逞嗜奔欲，逆天害人者也。是知天下不可以力勝，神祇不可以親恃，惟當弘儉約，薄賦斂，愼終如始，可以永固。

方今承百王之末，屬凋弊之餘，必欲節之以禮制，陛下宜以身爲先。東都未有幸期，卽何須補葺。諸王今並出藩，又須營構，興發漸多，豈疲人之所望。其不可一也。

陛下初平東都之始，層樓廣殿，皆令撤毀，天下翕然，同心欣仰。豈有初則惡其侈靡，今乃襲其雕麗。其不可二也。每承音旨，未卽巡幸，此則事不急之務，成虛費之勞。國無兼年之積，何用兩都之好，勞役過度，怨讟將起。其不可三也。百姓承亂離之後，財力凋盡，天恩含育，粗見存立，飢寒猶切，生計未安，三五年間，恐未平復。奈何營未幸之都，奪疲人之力。其不可四也。昔漢高祖將都洛陽，婁敬一言，卽日西駕，豈不知地惟土中，貢賦所均，但以形勝不如關內也。伏惟陛下化凋弊之人，革澆漓之俗，爲日尙淺，未甚淳和，斟酌事宜，詎可東幸。其不可五也。

臣又嘗見隋室造殿，楹棟宏壯，大木非隨近所有，多從豫章採來。二千人曳一柱，其下施轂，皆以生鐵爲之，若用木輪，便卽火出。鐵轂既生，行一二里卽有破壞，仍數百人別齎鐵轂以隨之，終日不過進三二十里。略計一柱，已用數十萬功，則餘費又過於此。臣聞阿房成，秦人散；章華就，楚衆離；及乾陽畢功，隋人解體。且以陛下今時功力，何如隋日？役瘡痍之人，襲亡隋之弊，以此言之，恐甚於煬帝。深願陛下思之，無爲由余所笑，則天下幸甚。

太宗曰：「卿謂我不如煬帝，何如桀、紂？」對曰：「若此殿卒興，所謂同歸於亂。」且陛下初平東都，太上皇敕大殿高門並宜焚毀，陛下以瓦木可用，不宜焚灼，請賜與貧人。事雖不行，

然天下翕然，謳歌至德。今若遵舊制，卽是隋役復興。五六年間，趨捨頓異，何以昭示子孫，光敷四海。」太宗歎曰：「我不思量，遂至於此。」顧謂房玄齡曰：「洛陽土中，朝貢道均，朕故修營，意在便於百姓。今玄素上表，實亦可依，後必事理須行，露坐亦復何苦，所有作役，宜卽停之。然以卑干尊，古來不易，非其忠直，安能若此。可賜綵二百匹。」侍中魏徵歎曰：「張公論事，遂有迴天之力，可謂仁人之言，其利博哉！」

時承乾居春宮，頗以遊畋廢學，玄素上書諫曰：「臣聞皇天無親，惟德是輔，苟違天道，人神同棄。然古三驅之禮，非欲教殺，將爲百姓除害，故湯羅一面，天下歸仁。今苑中娛獵，雖名異遊畋，若行之無常，終虧雅度。且傅說曰：『學不師古，匪說攸聞。』然則弘道在於學古，學古必資師訓。既奉恩詔，令孔穎達侍講，望數存問，以補萬一。仍博遺有名行學士，兼朝夕侍奉。覽聖人之遺教，察既行之往事，日知其所不足，月無忘其所能。此則盡善盡美，夏啓、周誦，焉足言哉！夫爲人上者，未有不求其善，但以性不勝情，耽惑成亂。耽惑既甚，忠言遂塞，所以臣下苟順，君道漸虧。古人有言：『勿以小惡而不去，小善而不爲。』故知禍福之來，皆起於漸。殿下地居儲貳，當須廣樹嘉猷，既有好畋之淫，何以主斯匕鬯？慎終如始，猶懼漸衰，始尚不慎，終將安保！」尋又兼太子少詹事。

十三年，又上書諫曰：「臣聞周公以大聖之材，猶握髮吐飧，引納白屋，而況後之聖賢，

敢輕斯道？是以禮制皇太子入學而行齒胄，欲使太子知君臣、父子、長幼之道。然君臣之義、父子之親、尊卑之序、長幼之節，用之方寸之內，弘之四海之外，皆因行以遠聞，假言以光被。伏惟殿下睿質已隆，尚須學文以飾其表。至如孔穎達、趙弘智等，非惟宿德鴻儒，亦兼達政要，望令數得侍講，開釋物理，覽古諭今，增暉睿德。而雕蟲小伎之流，祇可時命追隨，以代博弈耳。若其騎射畋遊，酣歌戲玩，苟悅耳目，終穢心神，漸染既久，必移情性。古人有言：『心爲萬事主，動而無節卽亂。』臣恐殿下敗德之源，在於此矣。」承乾竝不能納。

太宗知玄素在東宮頻有進諫，十四年，擢授銀青光祿大夫，行太子左庶子。時承乾久不坐朝，玄素諫曰：「宮內止有婦人耳，不知如樊姬之徒，可與弘益聖德者有幾？若遂無賢哲，便是親褻倖，遠忠良。人不見德，何以光敷三善。且宮儲之寄，於國爲重，所以廣置羣僚，以輔睿德。今乃動經時月，不見宮臣，納誨既疏，將何補闕？」承乾嫉其數諫，遣戶奴夜以馬撾擊之，殆至於死。承乾又嘗於宮中擊鼓，聲聞于外，玄素叩閤請見，極言切諫，承乾乃出宮內鼓，對玄素毀之。

是歲，太宗嘗對朝問玄素歷官所由，玄素既出自刑部令史，甚以慚恥。諫議大夫褚遂良上疏曰：「臣聞君子不失言於人，聖主不戲言於臣。言則史書之，禮成之，樂歌之。居上能禮其臣，臣始能盡力以奉其上。近代宋孝武輕言肆口，侮弄朝臣，攻其門戶，乃至狼狽。良史書之，以爲非是。陛下昨見問張玄素云：『隋任何官？』奏云：『縣尉。』又問：『未爲縣尉已前？』奏云：『流外。』又問：『在何曹司？』玄素將出閤門，殆不能移步，精爽頓盡，色類死灰。朝臣見之，多所驚怪。大唐創曆，任官以才，卜祝庸保，量能使用。陛下禮重玄素，頻年任使，擢授三品，翼贊皇儲，自不可更對羣臣，窮其門戶，棄昔日之殊恩，成一朝之愧恥。人君之御臣下也，禮義以導之，惠澤以驅之，使其負戴玄天，罄輸臣節，猶恐德禮不加，人不自勵。若無故忽略，使其羞慚，鬱結於懷，衷心靡樂，責其伏節死義，其可得乎？」書奏，太宗謂遂良曰：「朕亦悔此問，今得卿疏，深會我心。」

承乾既敗德日增，玄素又上書諫曰：

臣聞孔子云：「能近取譬，可謂仁之方也已。」然書、傳所載，言之或遠，尋覽近事，得失斯存。至如周武帝平定山東，卑宮菲食，以安海內。太子贇擧措無端，穢德日著。烏丸軌知其不可，具言於武帝，武帝慈仁，望其漸改。及至踐祚，狂暴肆情，區宇崩離，宗祀覆滅，卽隋文帝所代是也。文帝因周衰弱，憑藉女資，雖無大功於天下，然布德行仁，足爲萬姓所賴。勇爲太子，不能近遵君父之節儉，而務驕侈，今之山池遺跡，卽殿下所親覩是也。此時亦恃君親之恩，自謂太山之固，詎知邪臣敢進其說。向使動靜有常，進退合度，親君子，疏小人，捨浮華，尚恭儉，雖有邪臣間之，何能致慈父之隙？豈

不由積德未弘，令聞不著，讒言一至，遂成其禍。

竊惟皇儲之寄，荷戴殊重，如其積德不弘，何以嗣守成業？聖上以殿下親則父子，事兼家國，所應用物，不爲節限。恩旨未踰六旬，用物已過七萬，驕奢之極，孰云過此。龍樓之下，惟聚工匠；望苑之內，不覩賢良。今言孝敬則闕視膳問安之禮，語恭順則違君父慈訓之方，求風聲則無愛學好道之實，觀擧措則有因緣誅戮之罪。宮臣正士，未嘗在側；羣邪淫巧，昵近深宮。愛好者皆遊手雜色，施與者竝圖畫雕鏤。在外瞻仰，已有此失；居中隱密，寧可勝計哉！宜猷禁門，不異闤闠，朝入暮出，穢聲已遠。右庶子趙弘智經明行修，當今善士，臣每奏請，望數召進，與之談論，庶廣徽猷。令旨反有猜嫌，謂臣妄相推引。從善如流，尚恐不逮；飾非拒諫，必招敗損。方崇閉塞之源，不慕欽明之術，雖抱睿哲之資，終罹罔念之咎。古人云：「苦藥利病，苦言利行。」伏惟居安思危，日慎一日。

書入，承乾不納，乃遣刺客將加屠害。俄屬宮廢，玄素隨例除名。十八年，起授潮州刺史，轉鄧州刺史。永徽中，以年老致仕。龍朔三年，加授銀青光祿大夫。麟德元年卒。

史臣曰：伏伽上疏於高祖，玄素進言於太宗，從疏賤以干至尊，懷切直以明正理，可謂至難矣。既而並見抽奬，咸蒙顧遇。自非下情忠到，効匪躬之節；上聽聰明，致如流之美，孰能至於此乎？書曰：「木從繩則正，后從諫則聖。」斯之謂矣。世長幼而聰悟，長能規諫；雲起屏絕朋黨，罔避驕豪。歷覽言行，咸有可觀。而雲起吐茹無方，世長終成詭詐，其不令也宜哉！方諸孫、張二子，知不逮矣。

贊曰：言爲身文，感義忘身。不有忠膽，安輕逆鱗。蘇、韋果俊，伽、素忠純。悟主匡失，猗歟諍臣。

校勘記

〔一〕通直散騎常侍 「通」字各本原無，據新書卷一〇三蘇世長傳補。

舊唐書卷七十六

列傳第二十六

太宗諸子

恆山王承乾 楚王寬 吳王恪 子成王千里 孫信安王褘 濮王泰

庶人祐 蜀王愔 蔣王惲 越王貞 子琅邪王沖 紀王慎

江王囂 代王簡 趙王福 曹王明

太宗十四子：文德皇后生高宗大帝、恆山王承乾、濮王泰，楊妃生吳王恪、蜀王愔，陰妃生庶人祐，燕妃生越王貞、江王囂，韋妃生紀王慎，楊妃生趙王福，楊氏生曹王明，王氏生蔣王惲，後宮生楚王寬、代王簡。

恆山王承乾，太宗長子也，生於承乾殿，因以名焉。武德三年，封恆山王。七年，徙封中山。太宗即位，爲皇太子，時年八歲，性聰敏，太宗甚愛之。太宗居諒闇，庶政皆令聽斷，頗識大體。自此太宗每行幸，常令居守監國。及長，好聲色，慢遊無度，然懼太宗知之，不敢見其迹。每臨朝視事，必言忠孝之道，退朝後，便與羣小褻狎。宮臣或欲進諫者，承乾必先揣其情，便危坐斂容，引咎自責。樞機辨給，智足飾非，羣臣拜答不暇，故在位者初皆以爲明而莫之察也。

承乾先患足，行甚艱難，而魏王泰有當時美譽，太宗漸愛重之。承乾恐有廢立，甚忌之，泰亦負其材能，潛懷奪嫡之計。於是各樹朋黨，遂成釁隙。有太常樂人年十餘歲，美姿容，善歌舞，承乾特加寵幸，號曰稱心。太宗知而大怒，收稱心殺之，坐稱心死者又數人。承乾意泰告訐其事，怨心逾甚。痛悼稱心不已，於宮中構室，立其形像，列偶人車馬於前，令宮人朝暮奠祭。承乾數至其處，徘徊流涕。仍於宮中起冢而葬之，并贈官樹碑，以申哀悼。承乾自此託疾不朝參者輒逾數月。常命戶奴數十百人專習伎樂，學胡人椎髻，翦綵爲舞衣，尋橦跳劍，晝夜不絕，鼓角之聲，日聞於外。

時左庶子于志寧、右庶子孔穎達受詔輔導，志寧撰諫苑二十卷諷之，穎達又多所規奏。太宗並嘉之，二人各賜帛百匹、黃金十斤，以勵承乾之意；仍遷志寧爲詹事。未幾，志寧以

中華書局

母憂去職，承乾侈縱日甚。太宗復起志寧爲詹事，志寧與左庶子張玄素數上書切諫，承乾並不納。又嘗召壯士左衞副率封師進及刺客張師政、紇干承基，深禮賜之，令殺魏王泰，不克而止。尋與漢王元昌、兵部尚書侯君集、左屯衞中郎將李安儼、洋州刺史趙節、駙馬都尉杜荷等謀反，將縱兵入西宮。

貞觀十七年，齊王祐反於齊州。承乾謂紇干承基曰：「我西畔宮牆，去大內正可二十步來耳，此間大親近，豈可並齊王乎？」會承基亦外連齊王，繫獄當死，遂告其事。太宗召承乾幽之別室，命司徒長孫無忌、司空房玄齡、特進蕭瑀、兵部尚書李勣、大理卿孫伏伽、中書侍郎岑文本、御史大夫馬周、諫議大夫褚遂良等參鞫之，事皆明驗。廢承乾爲庶人，徙黔州，元昌賜令自盡，侯君集等咸伏誅。其宮僚左庶子張玄素、右庶子趙弘智令狐德棻、中舍人蕭鈞，並以材選用，承乾既敗，太宗引大義以讓之，咸坐免。十九年，承乾卒於徙所，太宗爲之廢朝，葬以國公之禮。

二子象、厥。象官至懷州別駕，厥至鄂州別駕。象子適之，別有傳。

楚王寬，太宗第二子也。出繼叔父楚哀王智雲。早薨。貞觀初追封，無後，國除。

吳王恪，太宗第三子也。武德三年，封蜀王〔一〕，授益州大都督，以年幼不之官。十年，又徙封吳王。十二年，累授安州都督。及將赴職，太宗書誡之曰：「吾以君臨兆庶，表正萬邦。汝地居茂親，寄惟藩屏，勉思橋梓之道，善侔間、平之德。以義制事，以禮制心，三風十愆，不可不慎。如此則克固盤石，永保維城。外爲君臣之忠，內有父子之孝，宜自勵志，以勗日新。汝方違膝下，悽戀何已，欲遺汝珍玩，恐益驕奢。故誡此一言，以爲庭訓。」高宗即位，拜司空、梁州都督。

恪母，隋煬帝女也。恪又有文武才，太宗常稱其類己。既名望素高，甚爲物情所向。長孫無忌既輔立高宗，深所忌嫉。永徽中，會房遺愛謀反，遂因事誅恪，以絕衆望，海內冤之。

有子四人：仁、瑋、琨、璄，並流于嶺表。尋追封恪爲鬱林王，并爲立廟。又封仁爲鬱林縣侯。永昌元年，授襄州刺史，不知州事。後改名千里。天授後，歷唐、廬、許、衞、蒲五州刺史。時皇室諸王有德望者，必見誅戮，惟千里褊躁無才，復數進獻符瑞事，故則天朝竟免禍。長安三年，充嶺南安撫討擊使，歷遷右金吾將軍。中興初，進封成王，拜左金吾大將軍，兼領益州大都督，又追贈其父爲司空。三年，又領廣州大都督、五府經略安撫大使。節愍太子誅武三思，千里與其子天水王禧率左右數十人斫右延明門，將殺三思黨與宗楚客、紀處訥等。及太子兵敗，千里與禧等坐誅，仍籍沒其家，改姓蝮氏。睿宗即位，詔曰：「故左金吾衞大將軍成王千里，保國安人，克成忠義，願除凶醜，翻陷誅夷。永言淪沒，良深痛悼。宜復舊班，用加新寵，可還舊官。」又令復姓。

瑋早卒。中興初，追封朗陵王。

子祗，本名褕，出繼蜀王愔。景龍四年，加銀青光祿大夫、祕書少監。開元十三年，改封廣漢郡王、太僕卿同正員，薨。

琨，則天朝歷淄、衞、宋、鄭、梁、幽六州刺史，有能名。聖曆中，嶺南獠反，敕琨爲招慰使，安輯荒徼，甚得其宜。長安二年卒官，贈司衞卿。神龍初，贈張掖郡王。開元十七年，以子禕貴，贈工部尚書，追封吳王。

璄，中興初封歸政郡王，歷宗正卿，坐千里事貶南州司馬，卒。

琨子禕。禕少有志尚，事母甚謹，撫弟祗等以友愛稱。景龍四年，爲太子僕，兼徐州別駕，加銀青光祿大夫。少繼江王囂後，封爲嗣江王。景雲元年，復爲德、蔡、衢等州刺史。開元後，累轉蜀、濮等州刺史。政號清嚴，人吏畏而服之。漸見委任，入爲光祿卿，遷將作大匠。丁母憂去官，起復授瀛州刺史，又上表固請終制，許之。十二年，改封信安郡王。十五年，服除，拜左金吾衞大將軍、朔方節度副大使、知節度事，兼攝御史大夫。尋遷禮部尚

書，仍充朔方軍節度使。

先是，石堡城爲吐蕃所據，侵擾河右，敕禕與河西、隴右議取之。禕到軍，總率士伍，尅期攻之。或曰：「此城據險，又爲吐蕃所惜，今總軍深入，賊必併力拒守。事若不捷，退則狼狽，不如按軍持重，以觀形勢。」禕曰：「人臣之節，豈憚艱險，必期衆寡不敵，吾則以死繼之。苟利國家，此身何惜？」於是督率諸將，倍道兼進，併力攻之，遂拔石堡城，斬獲首級，并獲糧儲器械，其數甚衆。仍分兵據守，以遏賊路。上聞之大悅，始改石堡城爲振武軍，自是河、隴諸軍遊弈拓地千餘里。

十九年，契丹衙官可突干殺其王邵固，率部落降于突厥。玄宗遣忠王爲河北道行軍元帥以討奚及契丹兩蕃，以禕爲副。王既不行，禕率戶部侍郎裴燿卿等諸副將分道統兵出於范陽之北，大破兩蕃之衆，擒其酋長，餘黨竄入山谷。軍還，禕以功加開府儀同三司，兼關內支度、營田等使，兼採訪處置使，仍與二子官。禕既有勳績，執政頗害其功，故其賞不厚，甚爲當時所歎。

二十二年，遷兵部尚書，入爲朔方節度大使。久之，坐事出爲衢州刺史。俄歷滑、懷二州刺史。天寶初，拜太子少師，以年老仍聽致仕。二年，遷太子太師，制出，病薨，年八十餘，上聞而痛惜者久之。禕居家嚴毅，善訓諸子，皆有令名。三子：峘、嶧、峴，皆至達官，別有傳。

祗，神龍中封爲嗣吳王。景雲元年，加銀青光祿大夫。天寶十四載，爲東平太守。安祿山反，率衆渡河，凶威甚盛，河南陳留、滎陽、靈昌等郡皆陷於賊，祗起兵勤王，玄宗壯之。十五載二月，授祗靈昌太守，又左金吾大將軍、河南都知兵馬使。其月，又加兼御史中丞、陳留太守，持節充河南道節度採訪使，本官如故。五月，詔以爲太僕卿，遣御史大夫虢王巨代之。

濮王泰，字惠褒，太宗第四子也。少善屬文。武德三年，封宜都王。四年，進封衞王，以繼衞懷王霸後。貞觀二年，改封越王，授揚州大都督。五年，兼領左武候、大都督，並不之官。八年，除雍州牧、左武候大將軍。七年，轉鄜州大都督。十年，徙封魏王，遙領相州都督，餘官如故。太宗以泰好士愛文學，特令就府別置文學館，任自引召學士。又以泰腰腹洪大，趨拜稍難，復令乘小輿至於朝所。其寵異如此。

十二年，司馬蘇勗以自古名王多引賓客，以著述爲美，勸泰奏請撰括地志。泰遂奏引著作郎蕭德言、祕書郎顧胤、記室參軍蔣亞卿、功曹參軍謝偃等就府修撰。十四年，太宗幸泰延康坊宅，因曲赦雍州及長安大辟罪已下，免延康坊百姓無出今年租賦，又賜泰府官僚帛有差。十五年〔二〕，泰撰括地志功畢，表上之，詔令付祕閣，賜泰物萬段，蕭德言等咸加給

賜物。俄又每月給泰料物，有踰於皇太子。諫議大夫褚遂良上疏諫曰：

昔聖人制禮，尊嫡卑庶。謂之儲君，道亞睿極，其爲崇重，用物不計，泉貨財帛，與王者共之。庶子體卑，不得爲例。所以塞嫌疑之漸，除禍亂之源。而先王必本人情，然後制法，知有國家，必有嫡庶。然庶子雖愛，不得超越，嫡子正體，特須尊崇。如當親者疏，當尊者卑，則佞巧之姦，乘機而動，私恩害公，惑志亂國。

伏惟陛下功超邃古，道冠百王，發號施令，爲世作法。一日萬機，或未盡美〔三〕，臣職在諫諍，無容靜默。伏見儲君料物，翻少魏王，朝野見聞，不以爲是。傳曰：「臣聞愛子教之以義方。」忠孝恭儉，義方之謂。昔漢竇太后及景帝遂驕恣梁孝王〔四〕，封四十餘城，苑方三百里，大營宮室，複道彌望，積財鉅萬計，出入警蹕，小不得意，發病而死。宣帝亦驕恣淮陽憲王，幾至於敗，輔以退讓之臣，僅乃獲免。且魏王既新出閤，伏願常存禮則，言提其耳，且示儉節，自可在後月加歲增。妙擇師傅，示其成敗，既敦之以謙儉，又勸之以文學。惟忠惟孝，因而獎之，道德齊禮，乃爲良器。此所謂聖人之教，不肅而成者也。

太宗又令泰入居武德殿，侍中魏徵上奏曰：「伏見敕旨，令魏王泰移居武德殿。此殿在內，處所寬閑，參奉往來，極爲便近。但魏王既是愛子，陛下常欲其安全，每事抑其驕奢，不

處嫌疑之地。今移此殿，便在東宮之西，海陵昔居，時人以爲不可。雖時與事異，猶恐人之多言。又王之本心，亦不安息，既能以寵爲懼，伏願成人之美。明早是朔日，或恐未得面陳，愚慮有疑，不敢寧寢，輕干聽覽，追深戰慄。」太宗並納其言。

時皇太子承乾有足疾，泰潛有奪嫡之意，招駙馬都尉柴令武、房遺愛等二十餘人，厚加贈遺，寄以腹心。黃門侍郎韋挺、工部尚書杜楚客相繼攝泰府事，二人俱爲泰要結朝臣，津通賂遺。文武羣官，各有附託，自爲朋黨。承乾懼其凌奪，陰遣人詐稱泰府典籤，詣玄武門爲泰進封事。太宗省之，其書皆言泰之罪狀，太宗知其詐，而捕之不獲。十七年，承乾敗，太宗面加譴讓。承乾曰：「臣貴爲太子，更何所求？但爲泰所圖，特與朝臣謀自安之道。不逞之人，遂教臣爲不軌之事。今若以泰爲太子，所謂落其度內。」太宗因謂侍臣曰：「承乾言亦是。我若立泰，便是儲君之位可經求而得耳。泰立，承乾、晉王皆不存；晉王立，泰共承乾可無恙也。」乃幽泰於將作監，下詔曰：

朕聞生育品物，莫大乎天地；愛敬罔極，莫重乎君親。是故爲臣貴於盡忠，虧之者有罰；爲子在於行孝，違之者必誅。大則肆諸市朝，小則終貽黜辱。雍州牧、相州都督、左武候大將軍魏王泰，朕之愛子，實所鍾心。幼而聰令，頗好文學，恩遇極於崇重，爵位逾於寵章。不思聖哲之誡，自搆驕僭之咎，惑讒諛之言，信離間之說。以承乾

雖居長嫡，久纏痾恙，潛有代宗之望，靡思孝義之則。承乾懼其凌奪，泰亦日增猜阻，爭結朝士，競引凶人。遂使文武之官，各有託附；親戚之內，分爲朋黨。朕志存公道，義在無偏，彰厥巨釁，兩從廢黜。非惟作則四海，亦乃貽範百代。可解泰雍州牧、相州都督、左武候大將軍，降封東萊郡王。

太宗因謂侍臣曰：「自今太子不道，藩王窺嗣者，兩棄之。傳之子孫，以爲永制。」尋改封泰爲順陽王，徙居均州之鄖鄉縣。

太宗後嘗持泰所上表謂近臣曰：「泰文辭美麗，豈非才士。我中心念泰，卿等所知。但社稷之計，斷割恩寵，責其居外者，亦是兩相全也。」二十一年，進封濮王。高宗即位，爲泰開府置僚屬，車服羞膳，特加優異。永徽三年，薨于鄖鄉，年三十有五，贈太尉、雍州牧，諡曰恭。文集二十卷。

二子欣、徽。

欣封嗣濮王，徽封新安郡王。欣，則天初陷酷吏獄，貶昭州別駕，卒。

子嶠，本名餘慶，中興初封嗣濮王。景雲元年，加銀青光祿大夫。開元十二年，爲國子祭酒同正員。以王守一妹壻貶邵州別駕，移鄧州別駕，後復其爵。

庶人祐，太宗第五子也。武德八年，封宜陽王，其年改封楚王。貞觀二年，徙封燕王，累轉幽州都督。十年，改封齊王，授齊州都督。其舅尚乘直長陰弘智謂祐曰：「王兄弟既多，即上百年之後，須得武士自助。」乃引其妻兄燕弘信謁祐，祐接之甚厚，多賜金帛，令潛募劍士。

初，太宗以子弟成長，慮乖法度，長史、司馬，必取正人，王有虧違，皆遣聞奏。而祐溺情羣小，尤好弋獵，長史薛大鼎屢諫不聽，太宗以大鼎輔導無方，竟坐免。權萬紀前爲吳王恪長史，有正直節，以萬紀爲祐長史，以匡正之。萬紀見祐非法，常犯顏切諫。有昝君謩、梁猛彪者，並以善騎射得幸於祐，萬紀驟諫不納，遂斥逐之，而祐潛遣招延，狎暱逾甚。太宗慮其不能悔過，數以書責讓祐。萬紀恐并獲罪，謂祐曰：「王，帝之愛子，陛下欲王改悔，故加教訓。若能飭躬引過，萬紀請入朝言之。」祐因附表謝罪。萬紀既至，言祐必能改過。太宗意稍解，賜萬紀而諭之，仍以祐前過，敕書誥誡之。祐聞萬紀勞勉而獨被責，以爲賣己，意甚不平。萬紀性又褊隘，專以嚴急維持之，城門外不許祐出，所有鷹犬並令解放，又斥出君謩、猛彪，不許與祐相見。祐及君謩以此銜怒，謀殺萬紀。會事洩，萬紀悉收繫獄，而發驛奏聞。十七年，詔刑部尚書劉德威往按之，并追祐及萬紀入京。祐大懼。俄而萬紀奉詔先行，祐遣燕弘信兄弘亮追于路射殺之。

既殺萬紀，君謩等勸祐起兵，乃召城中男子年十五以上，僞署上柱國、開府儀同三司，開官庫物以行賞。驅百姓入城，繕甲兵。署官司，其官有拓東王、拓西王之號。詔遣兵部尚書李勣與劉威便道發兵討之。祐每夜引弘亮等五人對妃宴樂，以爲得志。戲笑之際，語及官軍，弘亮曰：「不須憂也！右手持酒啗，左手刀拂之。」祐愛信弘亮，聞之甚樂。太宗手詔祐曰：「吾常誡汝勿近小人，正爲此也。汝素乖誠德，重惑邪言，自延伊禍，以取覆滅。痛哉，何愚之甚也！遂乃爲梟爲獍，忘孝忘忠，擾亂齊郊，誅夷無罪。去維城之固，就積薪之危；壞盤石之親，爲尋戈之釁。且夫背禮違義，天地所不容；棄父逃君，人神所共怒。往是吾子，今爲國讎。萬紀存爲忠烈，死不妨義；汝生爲賊臣，死爲逆鬼。彼則嘉聲不隤，爾則惡跡無窮。吾聞鄭叔、漢戾，並爲猖獗，豈期生子，乃自爲之。吾所以上慚皇天，下愧后土，歎惋之甚，知復何云。」太宗題書畢，爲之灑泣。

時李勣等兵未至齊境，而青、淄等數州兵並不從祐之命，祐又傳檄諸縣，亦不從。或勸祐虜城中子女走入豆子䴚爲盜，計未決而兵曹杜行敏謀將執祐，兵士多願從。是夜，乃鑿垣而入，祐與弘亮等五人披甲控弦，入室以自固。行敏列兵圍之，謂祐曰：「昔爲帝子，今乃國賊。行敏爲國討賊，更無所顧，王不速降，當爲煨燼。」命薪草欲積而焚之，祐遂出就擒，餘黨悉伏誅。行敏送祐至京師，賜死於內省，貶爲庶人，國除。尋以國公禮葬之。

蜀王愔，太宗第六子也。貞觀五年，封梁王。七年，授襄州刺史。十年，改封蜀王，轉益州都督。十三年，賜實封八百戶，除岐州刺史。愔常非理毆擊所部縣令，又畋獵無度，數爲非法。太宗怒曰：「禽獸調伏，可以馴擾於人；鐵石鑄鍊，可爲方圓之器。至如愔者，曾不如禽獸鐵石乎！」乃削封邑及國官之半，貶爲虢州刺史。二十三年，加實封滿千戶。

愔在州數遊獵，不避禾稼，深爲百姓所怨。典軍楊道整叩馬諫，愔曳而捶之。永徽元年，爲御史大夫李乾祐所劾。高宗謂荆王元景等曰：「先朝櫛風沐雨，平定四方，遠近肅清，車書混一，上天降禍，奄棄萬邦。朕纂承洪業，懼均馭朽，與王共感同憂，爲家爲國。蜀王畋獵無度，侵擾黎庶，縣令、典軍，無罪被罰。阿諛即喜，忤意便嗔，如此居官，何以共理百姓？歷觀古來諸王，若能動遵禮度，則慶流子孫；違越條章，則誅不旋踵。愔爲法司所劾，朕實恥之。」帝又引楊道整勞勉之，拜爲匡道府折衝都尉，賜絹五十匹。貶愔爲黃州刺史。四年，坐與恪謀逆，黜爲庶人，徙居巴州。尋改爲涪陵王。乾封二年薨。咸亨初，復其爵土，贈益州大都督，陪葬昭陵，謚曰悼。封子璠爲嗣蜀王，永昌年配流歸誠州而死。

神龍初，以吳王恪孫朗陵王瑋子褕爲嗣蜀王。

蔣王惲，太宗第七子也。貞觀五年，封郯王。八年，授洛州刺史。十年，改封蔣王、安州都督，賜實封八百戶。二十三年，加實封滿千戶。永徽三年，除梁州都督。惲在安州，多造器用服玩，及將行，有遞車四百兩，州縣不堪其勞，爲有司所劾，帝特宥之。後歷遂、相二州刺史。上元年，有人詣闕誣告惲謀反，惶懼自殺，贈司空、荆州大都督，陪葬昭陵。

子煒嗣，歷沂州刺史，垂拱中爲則天所害。

子銑早卒。神龍初，封銑子紹宗爲嗣蔣王。景龍二年，加銀青光祿大夫。開元初，爲太子家令同正員卒。

子欽福嗣，爲率更令同正員。天寶初削官，於錦州安置。十二載，爲南郡長史同正。

惲子煌，蔡國公。煌孫之芳，幼有令譽，頗善五言詩，宗室推之。開元末爲駕部員外郎。天寶十三載，安祿山奏爲范陽司馬。及祿山起逆，自拔歸西京，授右司郎中，歷工部侍郎、太子右庶子。廣德元年，兵革未清，吐蕃又犯邊，侵軼原、會，乃遣之芳兼御史大夫，使吐蕃，被留境上二年而歸。除禮部尚書，尋改太子賓客。

惲子休道。道子琚，本名思順。中興封嗣趙王，加銀青光祿大夫。開元十二年改封中山郡王、右領軍將軍。

越王貞，太宗第八子也。貞觀五年，封漢王。七年，授徐州都督。十年，改封原王，尋徙封越王，拜揚州都督，賜實封八百戶。十七年，轉相州刺史。二十三年，加實封滿千戶。永徽四年，授安州都督。咸亨中，復轉相州刺史。貞少善騎射，頗涉文史，兼有吏幹。所在或偏受讒言，官僚有正直者多被貶退，又縱諸僮豎侵暴部人，由是人伏其才而鄙其行。

則天臨朝，加太子太傅，除蔡州刺史。自則天稱制，貞與韓王元嘉、魯王靈夔、霍王元軌及元嘉子黃國公譔、靈夔子范陽王藹、元軌子江都王緒并貞長子博州刺史、琅邪王沖等，密有匡復之志。垂拱四年七月〔五〕，譔作謬書與貞云：「內人病漸重，恐須早療；若至今冬，恐成痼疾，宜早下手，仍速相報。」是歲，則天以明堂成，將行大享之禮，追皇宗赴集。元嘉因遞相語云：「大享之際，神皇必遣人告諸王密，因大行誅戮，皇家子弟無遺種矣。」譔遂詐爲皇帝璽書與沖云：「朕被幽縶，王等宜各救拔我也。」沖在博州，又僞爲皇帝璽書云：「神皇欲傾李家之社稷，移國祚於武氏。」遂命長史蕭德琮等召募士卒，分報韓、魯、霍、越、紀等五王，各令起兵應接，以赴神都。

初，沖與諸王連謀，及沖先發而莫有應者，惟貞以父子之故，獨舉兵以應之。尋遣兵破上蔡縣，聞沖敗，恐懼，索鎖欲自拘馳驛詣闕謝罪。會其所署新蔡令傅延慶得勇士二千餘人，貞遂有拒敵之意。乃宣言於其衆曰：「琅邪王已破魏、相數州，聚兵至二十萬，朝夕即

到，爾宜勉之。」徵屬縣兵至七千人，分爲五營，貞自爲中營，署其所親汝陽縣丞裴守德爲大將軍、內營總管；趙成美爲左中郎將，押左營；閭弘道爲右中郎將，押右營；安摩訶爲郎將、後軍總管；王孝志爲右將軍、前軍總管。又以蔡州長史韋慶禮爲銀青光祿大夫，行其府司馬。凡署九品已上官五百餘人。令道士及僧轉讀諸經，以祈事集，家僮、戰士咸帶符以辟兵。其所署官皆迫脅見從，本無鬭志，惟裴守德實與之同。守德驍勇，善騎射，貞將起事，便以女良鄉縣主妻之，而委以爪牙心腹之任。

則天命左豹韜衞大將軍麴崇裕爲中軍大總管，夏官尚書岑長倩爲後軍大總管，率兵十萬討之，仍令鳳閣侍郎張光輔爲諸軍節度。於是制削貞及沖屬籍，改姓虺氏。崇裕等軍至蔡州城東四十里，貞命少子規及裴守德拒戰。規等兵潰而歸，貞大懼，閉門自守。裴守德排閤入，問王安在，意欲殺貞以自購也。官軍進逼州城，貞家僮悉力衞貞，曰：「事既如此，豈得受戮辱，當須自爲計。」貞乃飲藥而死。家僮方始一時散，捨仗就擒。規亦縊其母自殺，守德攜良鄉縣主亦同縊于別所。麴崇裕斬貞父子及裴守德等，傳首東都，梟於闕下。貞起兵凡二十日而敗。

貞之在蔡州，數奏免所部租賦以結人心，家僮千人，馬數千匹，外託以畋獵，內實習武備。嘗遊于城西水門橋，臨水自鑒，不見其首，心甚惡之，未幾而及禍。神龍初，追復爵土，與子沖俱復舊姓。

初，貞將起兵，作書與壽州刺史、駙馬都尉趙瓌曰：「佇總義兵，來入貴境。」瓌甚喜，復許率兵相應。瓌妻常樂長公主，高祖第七女，和思皇后之母也，謂其使曰：「爲我報越王，與其進不與其退。爾諸王若是男兒，不應至許時尚未舉動。我常見耆老云，隋文帝將篡奪周室，尉遲迥是周家外甥，猶能起兵相州，連結突厥，天下嚮風，莫不響應。況爾諸王，並國家懿親，宗社是託，豈不學尉遲迥感恩効節，捨生取義耶？夫爲臣子，若救國家則爲忠，不救則爲逆。諸王必須以匡救爲急，不可虛生浪死，取笑於後代。」及貞等敗，瓌與公主亦伏誅。

沖，貞長子也。好文學，善騎射。歷密、濟、博三州刺史，皆有能名。初，沖自博州募得五千餘人，欲渡河攻濟州，先取武水縣。縣令郭務悌赴魏州請援，魏州莘縣令馬玄素領兵千七百人邀之于路，恐力不敵，先入武水城，閉門拒守。沖乃令積草車上，放火燒南門，擬乘火突入。火之未起，南風甚急，及火已燃，遽迴爲北風，未至城門，燒草已甚，沖軍由是沮氣。有堂邑丞董玄寂爲沖統帥兵仗，及沖擊武水，玄寂曰：「琅邪王與國家交戰，此乃反也。」沖聞之，斬玄寂以徇。兵衆懼而散入草澤，不可禁止，惟有家僮左右不過數十而已。乃卻走入博州城，爲守門者所殺。則天命左金吾將軍丘神勣爲清平道行軍大總管以討沖，

兵未至，沖已死，傳首東都，梟於闕下。沖起兵凡七日而敗。

沖三弟。蒨，封常山公，歷常州別駕，坐與父兄連謀伏誅。溫，以告其朋黨得實，減死流嶺南，尋卒。

神龍初，侍中敬暉等以沖父子翼戴皇家，義存社稷，請復其官爵，武三思令昭容上官氏代中宗手詔不許。開元四年，詔追復爵土，令備禮改葬。太常奏謚議曰：「故越王貞，往者願匡宗社，夙懷誅呂之謀；乃心王國，用擊非劉之議。以茲獲戾，上悼聖心。謹按謚法『死不忘君曰敬』，請謚曰敬。」從之。五年，下詔曰：「九族以親，克敦其教；百代必祀，允竟厥德。故蔡州刺史、越王貞，執心不回，臨事能斷。粵自藩國，勤于王家。弘道之後，寶圖將缺，懷劉章之輔漢，追鄭武之翊周。遂能奮不顧身，率先唱義，雖英謀未克，而忠節居多。嗣絕國除，年踰二紀，奠享淪廢，甚爲惻焉。永言興繼，式備典册。其封貞姪孫故許王男左監門衞將軍、夔國公琳爲嗣越王，以奉其祀。仍官爲立碑。」琳尋卒，國除。

紀王慎，太宗第十子也。貞觀五年，封申王。七年，授秦州都督。十年，改封紀王，賜實封八百戶。十七年，遷襄州刺史，以善政聞，璽書勞勉，百姓爲之立碑。二十三年，加實封滿千戶。永徽元年，拜左衞大將軍。二年，授荊州都督，累除邢州刺史。文明元年，加授

太子太師，轉貝州刺史。

慎少好學，長於文史，皇族中與越王貞齊名，時人號爲紀、越。初，貞將起事，慎不肯同謀，及貞敗，慎亦下獄。臨刑放免，改姓虺氏，仍載以檻車，配流嶺表，道至蒲州而卒。慎長子和州刺史東平王續最知名，早卒。次子沂州刺史義陽王琮、楚國公叡、遂州別駕襄郡公秀、廣化郡公獻、建平郡公欽等五人，垂拱中並遇害，家屬徙嶺南。中興初，追復官爵，令以禮改葬。封慎少子鐵誠爲嗣紀王，後改名澄。景雲元年，加銀青光祿大夫。開元初，歷德、瀛、冀三州刺史、左驍衞將軍，薨。子行同嗣，天寶中爲右贊善大夫同正員。

江王囂，太宗第十一子也。貞觀五年受封，六年薨，謚曰殤。

代王簡，太宗第十二子也。貞觀五年受封，其年薨，無後國除。

趙王福，太宗第十三子也。貞觀十三年受封，出後隱太子建成。十八年，授秦州都督，賜實封八百戶。二十三年，加右衞大將軍，累授梁州都督。咸亨元年薨，贈司空、并州都督，陪葬昭陵。中興初，封蔣王惲孫思順爲嗣趙王。

曹王明，太宗第十四子。貞觀二十一年受封。二十三年，賜實封八百戶，尋加滿千戶。顯慶中，授梁州都督，後歷虢、蔡、蘇三州刺史。詔令繼巢刺王元吉後。永崇中，坐與庶人賢通謀，降封零陵王，徙於黔州。都督謝祐希旨逼脅令自殺，帝深悼之，黔府官僚咸坐免職。景雲元年，明喪柩歸于京師，陪葬昭陵。

有二子，南州別駕零陵王俊、黎國公傑，垂拱中並遇害。

中興初，封傑子胤爲嗣曹王。胤叔父備自南州還，又封備爲嗣曹王、衞尉少卿同正員，胤遂停封。後備招慰忠州叛獠，沒于賊，又封胤爲王、銀青光祿大夫、右武衞將軍。卒，子戢嗣，左衞率府中郎將。卒，子臯嗣。臯自有傳。

史臣曰：太宗諸子，吳王恪、濮王泰最賢，皆以才高辯悟，爲長孫無忌忌嫉，離間父子，遽爲豺狼，而無忌破家，非陰禍之報歟？武后斲喪王室，潛移龜鼎，越王貞父子痛憤，義不圖全。毀室之悲，鴟鴞之詩，傷矣！比齊祐之妄作，豈同年而語哉！

贊曰：子弟作藩，磐石維城。驕侈取敗，身無令名。沖、譔憤發，視死如生。承乾、齊祐，愚弟庸兄。

校勘記

〔一〕武德三年封蜀王 「武德三年」下有脫文，據本書卷一高祖紀、卷二太宗紀，新書卷八〇鬱林王恪傳，當作「武德三年，封長沙王。九年，進封漢王。貞觀二年，徙封蜀王。」

〔二〕十五年 「五」字各本原無，據唐會要卷三六補。

〔三〕或未盡美 「或」字各本原作「武」，據貞觀政要卷四、冊府卷五四三改。

〔四〕昔漢竇太后及景帝遂驕恣梁孝王 貞觀政要卷四「景帝」下有「並不識義方之理」七字。

〔五〕垂拱四年 「四」字各本原作「三」，據本書卷六則天紀、新書卷八〇越王貞傳、通鑑卷二〇四改。

舊唐書卷七十七

列傳第二十七

韋挺 子待價 弟萬石 　楊纂 族子弘禮 弘武 武子元亨 元禧 元禕

劉德威 子審禮 孫易從 審禮從弟延嗣　閻立德 弟立本　柳亨 族子範

兄子奭 亨孫渙 澤　崔義玄 子神慶

韋挺，雍州萬年人，隋民部尚書沖子也。少與隱太子相善，及高祖平京城，引爲隴西公府祭酒。武德中，累遷太子左衞驃騎、檢校左率，太子遇之甚厚，宮臣罕與爲比。七年，高祖避暑仁智宮，會有上書言事者，稱太子與宮臣潛搆異端。時慶州刺史楊文幹搆逆伏誅，辭涉東宮，挺與杜淹、王珪等並坐流於越巂。

及太宗在東宮，徵拜主爵郎中。貞觀初，王珪數舉之，由是遷尚書右丞。俄授吏部侍郎，轉黃門侍郎，進拜御史大夫，封扶陽縣男。太宗以挺女爲齊王祐妃。常與房玄齡、王珪、

魏徵、戴胄等俱承顧問，議以政事。又與高士廉、令狐德棻等同修氏族志，累承賞賚。太宗嘗謂挺曰：「卿之任御史大夫，獨朕意耳，左右大臣無爲卿地者，卿勉之哉！」挺陳謝曰：「臣駑下，不足以辱陛下高位。且臣非勳非舊，而超處藩邸故僚之上，臣願後之，以勸立功者。」太宗不許。尋改授銀青光祿大夫，行黃門侍郎，兼魏王泰府事。時泰有寵，太子承乾多過失，太宗微有廢立之意。中書侍郎杜正倫以漏泄禁中語左遷，時挺亦預泰事，太宗謂曰：「朕已罪正倫，不忍更置卿於法。」特原之。尋遷太常卿。

初，挺爲大夫時，馬周爲監察御史，挺以周寒士，殊不禮之。至是，周爲中書令，太宗嘗復欲用挺在門下，周密陳挺傲狠非宰相器，遂寢。十九年，將有事於遼東，擇人運糧，周又奏挺才堪粗使，太宗從之。挺以父在隋爲營州總管，有經略高麗遺文，因此奏之。太宗甚悅，謂挺曰：「幽州以北，遼水二千餘里〔一〕，無州縣，軍行資糧無所取給，卿宜爲此使。但得軍用不乏，功不細矣。」以人部侍郎崔仁師爲副使，任自擇文武官四品十人爲子使，以幽、易、平三州驍勇二百人，官馬二百匹爲從。詔河北諸州皆取挺節度，許以便宜行事。太宗親解貂裘及中廐馬二匹賜之。

挺至幽州，令燕州司馬王安德巡渠通塞。先出幽州庫物，市木造船，運米而進。自桑乾河下至盧思臺，去幽州八百里，逢安德還曰：「自此之外，漕渠壅塞。」挺以北方寒雪，不可更

進，遂下米於臺側權貯之，待開歲發春，方事轉運，度大兵至，軍糧必足，仍馳以聞。太宗不悅，詔挺曰：「兵尚拙速，不貴工遲。朕欲十九年春大舉，今言二十年運漕，甚無謂也。」乃遣繁時令韋懷質往挺所支度軍糧，檢覆渠水。懷質還奏曰：「挺不先視漕渠，輒集工匠造船，運米即下。至盧思臺，方知渠閉，欲進不得，還復水涸，乃便貯之，無達平夷之日。又挺在幽州，日致飲會，實乖至公。陛下明年出師，以臣度之，恐未符聖策。」太宗大怒，令將作少監李道裕代之，仍令治書侍御史唐臨馳傳械挺赴洛陽，依議除名，仍令白衣散從。及前軍破蓋牟城，詔挺統兵士鎮蓋牟，示漸用之也。挺城守去大軍懸遠，與高麗新城鄰接，日夜戰鬭，鼓譟之聲不絕。挺不堪其憂，且不平於失職，素與術士公孫常善，乃與常書以敍所懷。會常以他事被拘，自縊而死，索其囊中，得挺書，論城中危蹙，兼有歎悵之辭。太宗以挺怨望，謫爲象州刺史。歲餘卒，年五十八。

子待價，初爲左千牛備身。永徽中，江夏王道宗得罪，待價即道宗之壻也，緣坐左遷盧龍府果毅。時將軍辛文陵率兵招慰高麗，行至吐護眞水，高麗掩其不備，襲擊敗之。待價與中郎將薛仁貴受詔經略東蕃，因率所部救之。文陵苦戰，賊漸退，軍始獲全。待價被重瘡，流矢中其左足，竟不言其功，以足疾免官而歸。

後累授蘭州刺史。時吐蕃屢爲邊患，高宗以沛王賢爲涼州大都督，以待價爲司馬。俄又遷肅州刺史，頻有守禦之功，徵拜右武衞將軍，兼檢校右羽林軍事。儀鳳三年，吐蕃又犯塞，待價復以本官檢校涼州都督，兼知鎮守兵馬事。俄又徵還舊職，復封扶陽侯。則天臨朝，拜吏部尚書，攝司空，營高宗山陵，功畢，加金紫光祿大夫，改爲天官尚書、同鳳閣鸞臺三品，賜物一千段，仍與一子五品。待價素無藻鑑之才，自武職而起，居選部，旣銓綜無敍，甚爲當時所嗤。

垂拱元年十月，復爲燕然道行軍大總管，以禦突厥。明年春還。六月，拜文昌右相，依舊同鳳閣鸞臺三品。旣累登非據，頗不自安，頻上表辭職，則天每降優制不許之。又表請削官秩，迴恩贈父，於是贈挺潤州刺史。明年，上疏請自効戎旅之用，於是拜安息道行軍大總管，督三十六總管以討吐蕃，進封扶陽郡公。軍至寅識迦河，與吐蕃合戰，初勝後敗。又屬天寒凍雪，師人多死，糧饋又不支給，乃旋師弓月，頓於高昌。則天大怒，副將閻温古以逗留伏法，待價坐除名，配流繡州，尋卒。

弟萬石，頗有學業，而特善音律。上元中，自吏部郎中遷太常少卿。當時郊廟樂調及讌會雜樂，皆萬石與太史令姚玄辯增損之，時人以爲稱職。尋又兼知吏部選事，卒官。挺

從祖兄子安石，別有傳。

楊纂，華州華陰人也。祖儉，周東雍州刺史。父文偉，隋温州刺史。纂略涉經史，尤明時務。少與琅邪顏師古、燉煌令狐德棻友善。大業中，進士舉，授朔方郡司法書佐，坐楊玄感近屬除名，乃家于蒲城。

義軍渡河，于長春宮謁見。累授侍御史。數上書言事，因被召問，擢爲考功郎中。貞觀初，長安令，賜爵長安縣男。有婦人袁氏妖逆，爲人所告，纂究問之，不得其狀。袁氏後又事發伏誅，太宗以纂爲不忠，將殺之，中書令温彥博以纂過誤，罪不至死，固諫，乃赦之。三遷吏部侍郎。八年，副特進蕭瑀爲河南道巡察大使，與瑀情有不協，屢相表奏，瑀因以獲罪。纂尋拜尚書左丞。纂既長於吏道，所在皆有聲績。俄又除吏部侍郎，前後典選十餘載，銓敍人倫，稱爲允當。然而抑文雅，進酷吏，觀時任數，頗爲時論所譏。後歷太常少卿、雍州別駕，加銀青光祿大夫，復爲尚書左丞，遷太僕卿，檢校雍州別駕，遷戶部尚書。永徽初卒，贈幽州都督，謚曰敬。

子守愚，則天時官至雍州長史；守挹，岐州刺史。族子弘禮。

弘禮，隋尚書令素弟之子也。父岳，大業中爲萬年令，與素子玄感不協，嘗密上表稱玄感必爲亂。及玄感被誅，岳在長安繫獄，帝遽使赦之。比使至，岳已爲留守所殺，弘禮等遂免從坐。

高祖受禪，以楊素隋代有勳業，詔弘禮襲封清河郡公，拜太子通事舍人。貞觀中，歷兵部員外郎，仍爲西河道行軍大總管府長史，三遷中書舍人。太宗有事遼東，以弘禮有文武材，擢拜兵部侍郎，專典兵機之務。弘禮每入參謀議，出則統衆攻戰。駐蹕之陣，領馬步二十四軍，出其不意以擊之，所向摧破。太宗自山下見弘禮所統之衆，人皆盡力，殺獲居多，甚壯之，謂許敬宗等曰：「越公兒郎，故有家風矣。」時諸宰相並在定州留輔皇太子，唯有褚遂良、許敬宗及弘禮在行在所，掌知機務。

二十年，拜中書侍郎。明年，加銀青光祿大夫，尋遷司農卿，兼充崑丘道副大總管，諸道軍將咸受節度。於是破處月，降處密，殺焉耆王，降駮支部，獲龜兹、于闐王。凱旋，未及行賞，太宗晏駕。弘禮頗忤大臣之旨，由是出爲涇州刺史。永徽初，論崑丘之功，改授勝州都督。尋遷太府卿。四年卒，贈蘭州都督，謚曰質。弟弘武。

弘武少修謹，武德初，拜左千牛備身。永徽中，爲吏部郎中。孝敬初爲皇太子，精擇僚寀，以弘武爲中舍人。麟德中，將有事於東岳，弘武自荆州司馬擢拜司戎少常伯。從駕還，高宗特令弘武補授吏部選人五品已上官，由是漸見親委。后母榮國夫人楊氏以與弘武同宗，又稱薦之，俄遷西臺侍郎。乾封二年，與戴至德、李安期等同東西臺三品。及在政事，頗以清簡見稱。總章元年，卒于官，贈汴州刺史，謚曰恭。

子元亨，則天時爲司府少卿。元禧，尙食奉御。元禧頗有醫術，爲則天所任。嘗忤張易之之意，易之密奏元禧是楊素兄弟之後，素父子在隋有逆節，子孫不合供奉。則天乃下制曰：「隋尚書令楊素，昔在本朝，早荷殊遇。稟凶邪之德，懷諂佞之才，惑亂君上，離間骨肉。搖動冢嫡，寧唯掘蠱之禍；誘扇後主，卒成請蹯之釁。隋室喪亡，蓋惟多僻，究其萌兆，實此之由。生爲不忠之人，死爲不義之鬼，身雖幸免，子竟族誅。斯則姦逆之謀，是其庭訓；險薄之行，遂成門風。刑戮雖加，枝胤仍在，豈可復肩隨近侍，齒迹朝行？朕接統百王，恭臨四海，上嘉賢佐，下捍賊臣，常欲從容於萬機之餘，褒貶於千載之外，況年代未遠，耳目所存者乎？其楊素及兄弟子孫，並不得令任京官及侍衞。」於是左貶元亨爲睦州刺史，元禧爲資州長史，元禧弟縱氏令元禕爲梓州司馬。張易之誅後，元亨等皆復任京職，元亨

至齊州刺史，元禧台州刺史，元禕宣州刺史。

劉德威，徐州彭城人也。父子將，隋毗陵郡通守。德威姿貌魁偉，頗以幹略見稱。大業末，從左光祿大夫裴仁基討賊淮左，手斬賊帥李青蛙，傳首於行在所。後與仁基同歸李密，密素聞其名，與麾下兵，令於懷州鎮守。

武德元年，密與王世充戰敗入朝，德威亦率所部隨密歸款。高祖嘉之，授左武候將軍，封滕縣公。及劉武周南侵，詔德威統兵擊之，又判幷州總管府司馬。俄而裴寂失律於介州，齊王元吉棄幷州還朝，德威總知留府事。元吉纔出，武周已至城下，百姓相率投賊。武周獲德威，令率其本兵往浩州招慰。德威自拔歸朝，高祖親勞問之，兼陳賊中虛實及晉、絳諸部利害，高祖皆嘉納之。改封彭城縣公。未幾，檢校大理少卿。從擒建德，平世充，皆有功，轉刑部侍郎，加散騎常侍，妻以平壽縣主。

貞觀初，歷大理、太僕二卿，加金紫光祿大夫。俄出爲綿州刺史，以廉平著稱，百姓爲之立碑。尋檢校益州大都督府長史。十一年，復授大理卿。太宗嘗問之曰：「近來刑網稍密，其過安在？」德威奏言：「誠在主上，不由臣下。人主好寬則寬，好急則急。律文失入減

中華書局

三等，失出減五等。今則反是，失入則無辜，失出便獲大罪。所以吏各自愛，競執深文；非有教使之然，畏罪之所致耳。陛下但捨所急，則『寧失不經』復行於今日矣。」太宗深然之。數歲，遷刑部尚書，兼檢校雍州別駕。十七年，馳驛往齊州推齊王祐〔二〕。還至濮州，聞祐殺長史權萬紀，德威入據濟州，遣使以聞。詔德威便發河南兵馬，以申經略，會遭母憂而罷。十八年，起爲遂州刺史，三遷同州刺史。永徽三年卒，年七十一，贈禮部尚書、幽州都督，謚曰襄，陪葬獻陵。德威閨門友穆，接物寬平，所得財貨，多以分贍宗親。子審禮襲爵。

審禮，少喪母，爲祖母元氏所養。隋末，德威從裴仁基討擊，道路不通。審禮年未弱冠，自鄉里負載元氏渡江避亂，及天下定，始西入長安。元氏若有疾，審禮必親嘗湯藥，元氏顧謂孫曰：「我兒孝順，貫徹幽微，吾一顧念，宿疾頓輕。」貞觀中，歷左驍衛郎將。丁父憂去職。及葬，跣足隨車，流血灑地，行路稱之。服闋當襲爵，累表讓弟，朝議不許。永徽中，累遷將作大匠，兼檢校燕然都護，襲封彭城郡公。審禮父歿雖久，猶悲慕不已，每見父時僚舊，必嗚咽流涕。母鄭氏早亡，事繼母平壽縣主，稍疾輒憂懼形于容色，終夕不寐。撫繼母男延景，友愛甚篤，所得祿俸，皆送母處，以資

延景之費；而審禮妻子處飢寒，晏然未嘗介意。再從同居，家無異爨，合門二百餘口，人無間言。稍遷工部尚書，兼檢校左衛大將軍。

儀鳳二年，吐蕃寇涼州，命審禮爲行軍總管，與中書令李敬玄合勢討擊。遇賊於青海，敬玄後期不至，審禮軍敗，爲賊所執。永隆二年，卒于蕃中，贈工部尚書，謚曰僖。

延景，官至陝州刺史，睿宗初，以后父追贈尚書右僕射。

審禮子易從，歷位岐州司兵參軍。審禮之沒吐蕃，詔許易從入蕃省之。及審禮卒，易從號哭，晝夜不止，毀瘠過禮。吐蕃哀其志行，還其父屍柩，易從徒跣萬里，扶護歸彭城，爲朝野之所嗟賞。後歷彭州長史〔三〕、任城男。永昌中，坐爲徐敬貞所誣搆遇害。易從在官仁恕，及將刑，人吏無遠近奔走，競解衣相率造功德〔四〕，以爲長史祈福，州人從之者十餘萬。其爲人所愛如此。

易從子昇，開元中，爲中書舍人、太子右庶子。

審禮從父弟延嗣，文明年爲潤州司馬，屬徐敬業作亂，率衆攻潤州，延嗣與刺史李思文固守不降。俄而城陷，敬業執延嗣，邀之令降，辭曰：「延嗣世蒙國恩，當思效命，州城不守，多負朝廷。終不能苟免偷生，以累宗族，豈以一身之故，爲千載之辱。今日之事，得死爲幸。」敬業大怒，將斬之，其黨魏思溫救之獲免，乃囚之于江都獄。俄而賊敗，竟以裴炎近親，不得敘功，遷爲梓州長史，再轉汾州刺史卒。宗族至刺史者二十餘人。

閻立德，雍州萬年人，隋殿內少監毗之子也。其先自馬邑徙關中。毗初以工藝知名，立德與弟立本早傳家業。武德中，累除尚衣奉御，立德所造袞冕大裘等六服并腰輿傘扇，咸依典式，時人稱之。貞觀初，歷遷將作少匠，封太安縣男。高祖崩，立德以營山陵功，擢爲將作大匠。貞觀十年，文德皇后崩，又令攝司空，營昭陵。坐怠慢解職，俄起爲博州刺史。十三年，復爲將作大匠。十八年，從征高麗，及師旅至遼澤，東西二百餘里泥淖，人馬不通，立德填道造橋，兵無留礙，太宗甚悅。尋受詔造翠微宮及玉華宮，咸稱旨，賞賜甚厚。俄遷工部尚書。二十三年，攝司空，營護太宗山陵，事畢，進封爲公。顯慶元年卒，贈吏部尚書、并州都督。

子玄邃，官至司農少卿。

玄邃子知微，聖曆初，歷位右豹韜衛將軍。時突厥默啜有女請和親，則天令淮陽王武延秀往納其女，命知微攝春官尚書送赴虜廷。默啜以延秀非皇室諸王，大怒，遂拘之別

所，與知微率衆自恆岳道攻陷趙、定二州。知微經歲餘自突厥所還，則天以其隨賊入寇，令百官臠割，然後斬之，并夷其三族。

立本，顯慶中累遷將作大匠，後代立德爲工部尚書，兄弟相代爲八座，時論榮之。總章元年，遷右相，賜爵博陵縣男。立本雖有應務之才，而尤善圖畫，工於寫真，秦府十八學士圖及貞觀中凌煙閣功臣圖，並立本之跡也，時人咸稱其妙。太宗嘗與侍臣學士泛舟於春苑，池中有異鳥隨波容與，太宗擊賞數四，詔座者爲詠，召立本令寫焉。時閣外傳呼云：「畫師閻立本。」時已爲主爵郎中，奔走流汗，俛伏池側，手揮丹粉，瞻望座賓，不勝愧赧。退誡其子曰：「吾少好讀書，幸免牆面，緣情染翰，頗及儕流。唯以丹青見知，躬廝役之務，辱莫大焉！汝宜深誡，勿習此末伎。」立本爲性所好，欲罷不能也。及爲右相，與左相姜恪對掌樞密。恪既歷任將軍，立功塞外；立本唯善於圖畫，非宰輔之器。故時人以千字文爲語曰：「左相宣威沙漠，右相馳譽丹青。」咸亨元年，百司復舊名，改爲中書令。四年卒。

柳亨，蒲州解人，魏尚書左僕射慶之孫也。父旦，隋太常少卿、新城縣公。亨，隋末歷

熊耳、王屋二縣長，陷於李密。密敗歸國，累授駕部郎中。亨容貌魁偉，高祖甚愛重之，特以殿中監竇誕之女妻焉，卽帝之外孫也。三遷左衞中郎將，封壽陵縣男。未幾，以譴出爲邛州刺史，加散騎常侍，被代還，數年不調。因兄葬，遇太宗遊於南山，召見與語，頗哀矜之。數日，北門引見，深加誨獎，拜銀青光祿大夫，行光祿少卿。太宗每誡之曰：「與卿舊親，情素兼宿，卿爲人交遊過多，今授此職，宜存簡靜。」亨性好射獵，有饕湎之名，此後頗自勗勵，杜絕賓客，約身節儉，勤於職事，太宗亦以此稱之。二十三年，以修太廟功，加金紫光祿大夫。久之，拜太常卿，從幸萬年宮，檢校岐州刺史。永徽六年卒，贈禮部尚書、幽州都督，謚曰敬。

亨族子範，貞觀中爲侍御史。時吳王恪好畋獵，損居人，範奏彈之。太宗因謂侍臣：「權萬紀事我兒，不能匡正，其罪合死。」範進曰：「房玄齡事陛下，猶不能諫止畋獵，豈可獨罪萬紀？」太宗大怒，拂衣而入。久之，獨引範謂曰：「何得逆折我？」範曰：「臣聞主聖臣直，陛下仁明，臣敢不盡愚直。」太宗意乃解。範，高宗時歷位尚書右丞、揚州大都督府長史。

亨兄子奭。奭父則，隋左衞騎曹，因使卒於高麗。奭入蕃迎喪柩，哀號逾禮，深爲夷人

所慕。貞觀中，累遷中書舍人。後以外生女爲皇太子妃，擢拜兵部侍郎。妃爲皇后，奭又遷中書侍郎。永徽三年，代褚遂良爲中書令，仍監修國史。俄而后漸見疏忌，奭憂懼，頻上疏請辭樞密之任，轉爲吏部尚書。及后廢，累貶愛州刺史。尋爲許敬宗、李義府所構，云奭潛通宮掖，謀行鴆毒，又與褚遂良等朋黨構扇，罪當大逆。高宗遣使就愛州殺之，籍沒其家。奭既死非其罪，甚爲當時之所傷痛。神龍初，則天遺制，與褚遂良、韓瑗等並還官爵，子孫親屬當時緣坐者，咸從曠蕩。

開元初，亨孫渙爲中書舍人，表曰：「臣堂伯祖奭，去明慶三年，與褚遂良等五家同被讒戮。雖蒙遺制盪雪，而子孫亡沒並盡。唯有曾孫無忝，見貫龔州，蒙雪多年，猶同遠竄。陛下自臨宇縣，優政必被，鴻恩及於泉壤，大造加於亡絕。先天已後，頻降絲綸，曾任宰相之家，並許收其淪滯。況臣伯祖往叨執政，無犯受誅，藁窆尚隔故鄉，後嗣遂編蠻服。臣不申號訴，義所難安。伏乞許臣伯祖還葬鄉里，其曾孫無忝放歸本貫。」疏奏，敕令奭歸葬，官造靈輿遞還。無忝後歷位潭州都督。

渙弟澤，景雲中爲右率府鎧曹參軍。先是，姚元之、宋璟知政事，奏請停中宗朝斜封官數千員。及元之等出爲刺史，太平公主又特爲之言，有敕總令復舊職。澤上疏諫曰：

臣聞藥不毒不可以蠲疾，詞不切不可以補過。是以習甘旨者，非攝養之方；邇諛佞者，積危殆之本。臣實愚樸，志懷剛厲，或聞政之不當，事之不直，常慷慨關心，夢寐懷憤。每願殉身以諫，伏死而爭，但利於社稷，有便於君上，雖蒙禍被難，殺身不悔也。竊見神龍以來，羣邪作孽，法網不振，綱維大紊，實由內寵專命，外嬖擅權，因貴憑寵，賣官鬻爵。朱紫之榮，出於僕妾之口；賞罰之命，乖於章程之典。妃主之門，有同商賈；舉選之署，實均闤闠。屠販之子，悉由邪而忝官；黜斥之人，咸因姦而冒進。天下爲亂，社稷幾危，賴陛下聰明神武，拯其將墜。此陛下耳目之所親擊，固可永爲炯誡者也。

臣聞作法於理，猶恐其亂；作法於亂，誰能救之？祇如斜封授官，皆是僕妾汲引，迷謬先帝，昧自前朝，豈是孝和情之所憐，心之所愛？陛下初卽位時，納姚元之、宋璟之計，所以咸令黜之。頃日已來，又令敍之。將謂爲斜封之人不忍棄也，以爲先帝之意不可違也？若斜封之人不忍棄也，是韋月將、燕欽融之流亦不可褒贈也，李多祚、鄭克乂之徒亦不可淸雪也。陛下何不能忍於此而獨能忍於彼？使善惡不定，反覆相攻，使君子道消，小人道長，爲邪者獲利，爲正者銜冤。奈何導人以爲非，勸人以爲僻，將何以懲風俗，將何以止姦邪？今海內咸稱太平公主令胡僧慧範曲引此輩，將有誤於

陛下矣。謗議盈耳，咨嗟滿衢，故語曰：「姚、宋爲相，邪不如正；太平用事，正不如邪。」書曰：「無偏無陂，遵王之義；無反無側，王道正直。」臣恐因循，流近致遠，積小爲大，累微起高。勿謂何傷，其禍將長；勿謂何害，其禍將大。

又賞罰之典，紀綱不謬，天秩有禮，君爵有功，不可因怒以妄罰，不可因喜以妄賞。伏見尙醫奉御彭君慶，以邪巫小道，超授三品，奈何輕用名器，加非其才。昔公主爲子求郎，明帝不許；今聖朝私愛，賞及儉人。董狐不亡，豈有所隱？臣聞賞一人而千萬人悅者賞之，罰一人而千萬人勸者罰之。臣雖未覩聖朝之妄罰，已覩聖朝之妄賞矣。書曰：「官不及私昵，惟其能；爵罔及惡德，惟其賢。」臣恐近習之人爲其先容，有謬於陛下也。惟陛下熟思而察之。雖往者不可諫，而來者猶可追。願杜請謁之路，塞恩倖之門，鑒誡前非，無累後悔。申晝一之法，明不二之刑，不詢之謀勿庸，無稽之言勿聽，則天下之化，人無間焉，日新之德，天鑒不遠。

澤後參選，會有敕令選人上書陳事，將加收擢，澤又上書曰：

頃者韋氏險詖，姦臣同惡，賞罰紊弛，綱紀紛綸。政以賄成，官因寵進，言正者獲戾，行殊者見疑，海內寒心，實將莫救。賴神明佑德，宗廟降靈，天討有罪，人用丕保[三]。陛下睿謀神聖，勇智聰明，安宗廟於已危，拯黎庶於將溺。今尨眉鮐背，歡欣踴躍，

望聖朝之撫輯，聽聖朝之德音。今陛下躅煩省徭，法明德舉，萬邦愷樂，室家胥慶。

臣又聞危者保其存也，亂者有其理也。伏惟陛下安不忘危，理不忘亂，存不忘亡，則克享天心，國家長保矣。詩曰：「罔不有初，鮮克有終。」伏惟陛下愼厥終，修其初，非禮勿視，非禮勿動。書曰：「惟德罔小，萬邦惟慶；惟不德罔大，墜厥宗。」甚可畏也；甚可懼也，伏惟陛下愼之哉！

夫驕奢起於親貴，綱紀亂於寵倖。願陛下禁之於親貴，則天下隨風矣；制之於寵倖，則天下法明矣。詩曰：「刑于寡妻，至于兄弟，以御于家邦。」若親貴爲之而不禁，寵倖撓之而見從，是政之不常，令之不一，則姦詐斯起，暴亂生焉。雖嚴刑峻制，朝施暮戮，而法不行矣。縱陛下親之愛之，莫若安之福之。寵祿之過，罪之漸也，非安之也；驕奢之淫，危之本也，非福之也。

前事不忘，後之師也，伏願陛下精求俊哲，朝夕納誨。縱有逆于耳、謬于心者，無速之罰，姑籌之以道，省于厥躬。雖木樸忌忤，願恕之以直，開諫諍之路也。或有順於耳、便於身者，無急之賞，當求諸非道，稽之典訓。其不協於德，必置之以法，用杜側媚之行也。有羞淫巧於陛下者，遽黜之，則淫巧息矣；有進忠讜於陛下者，遽賞之，則忠讜進矣。

臣又聞生於富者驕，生於貴者傲。石碏曰：「臣聞愛子，教之以義方，不納於邪，驕奢淫逸，所自邪也。」書曰：「罔淫於逸，罔遊於樂。」穆王有命，「實賴前後左右有位之士，繩愆糾謬，格其非心」。今儲宮肇建，王府初啓，至於僚友，必惟妙擇。今驕奢之後，流波未變；慢遊之樂，餘風或存。夫小人倖臣，易合於意；奇伎淫巧，多適於心。臣恐狎於非德，茲爲愈怠。書曰：「愼簡乃僚，無以巧言令色，其惟吉士。僕臣正，厥后克正；僕臣諛，厥后自聖。」伏願採温良博聞之士，恭儉忠鯁之人，任以東宮及諸王府官，仍請東宮量署拾遺、補闕之職。令朝夕講論，出入侍從，授以訓誥，交修不逮。

臣又聞馳騁畋獵，令人發狂。名教之中，自有樂地。承前貴戚，鮮克由禮。或打毬擊鼓，比周伎術；或飛鷹奔犬，盤遊藪澤。此甚爲不道，非進德修業之本也。書曰：「內作色荒，外作禽荒。」又曰：「無若丹朱傲，惟慢遊是好。朋淫于家，用殄厥世。」伏惟陛下誕降謀訓，敦勸學業，示之以好惡，陳之以成敗，以義制事，以禮制心，圖之於未萌，慮之於未有，則福祿長享，與國並休矣。

臣又聞富不與驕期而驕自至，驕不與罪期而罪自至，罪不與死期而死自至。信矣斯語，明哉至誠。頃韋庶人、安樂公主、武延秀等可謂貴矣，可謂寵矣！權侔人主，威震天下。然怙侈滅德，神怒人棄。豈不謂愛之太極，富之太多，不節之以禮，不防之以法，

終轉吉爲凶，變福爲禍。諺曰：「千人所指，無病自死。」不其然歟？書曰：「殷鑒不遠，在彼夏王。」今陛下何勸，豈非皇祖謀訓之則也；今陛下何懲，豈非孝和寵任之甚也。禮曰：「愛而知其惡，憎而知其善。」可不愼哉！夫寵愛之心則不免，去其太甚，閑之禮節，適則可矣。今諸王、公主、駙馬，亦陛下之所親愛也。矯枉之道，在於厥初；鑒誡之義，其取不遠。使觀過務善，居寵思危，庶夙夜惟寅，聿修厥德。經曰：「在上不驕，高而不危，所以長守貴也；制節謹度，滿而不溢，所以長守富也。富貴不離其身，然後能保其社稷。」書曰：「制于官刑，儆于有位。敢有常舞于宮，酣歌于室，時謂巫風；敢有徇于貨色，常于遊畋，時謂淫風；敢有侮聖言，逆忠直，遠耆德，比頑童，時謂亂風。惟茲三風十愆，卿士有一于身，家必喪；邦君有一于身，國必亡。」甚可畏也，甚可懼也！伏惟陛下必察而明之，必信而勸之。有奢僭驕怠者削其祿封，樸素修業者錫以紳服，以勗其非心，使其奉命，無使久而忽之，無使遠而墜之。

臣聞非知之艱，行之惟艱。又曰：「常厥德，保厥位，厥德匪常，九有以亡。」伏惟陛下愼之哉！前車之覆，實惟明證；先王之誡，可以終吉。若陛下奉伊尹之訓，崇傅說之命，不作無益，不啓私門，刑不差，賞不濫，則惟德是輔，惟人之懷，天祿永終，景福是集。儻陛下忘精一之德，開恩倖之門，爵賞有差，刑罰不當，則忠臣正士，亦不復談

矣。

睿宗覽而善之，令中書省重詳議，擢拜監察御史。開元中，累遷太子右庶子。出爲鄭州刺史，未行病卒，贈兵部侍郎。

崔義玄，貝州武城人也。大業末，往依李密，初不見用。義玄見羣鼠渡洛，又猾刃有花文，謂所親曰：「此王敦敗亡之兆也。」時黃君漢守據柏崖，義玄往說之曰：「見機而作，不俟終日。今羣盜蜂起，九州幅裂，神器所歸，必在有德。唐公據有秦京，名應符籙，此眞主也。足下孤城獨立，宜遵寇恂、竇融之策，及時歸誠，以取封侯也。」君漢然之，即與義玄歸國。拜懷州總管府司馬。世充遣將高毘侵掠河內，義玄擊敗之，多下城堡。君漢將分子女金帛與之，義玄皆拒而不受，以功封清丘縣公。後從太宗討世充，屢獻籌策，太宗頗納用之。東都平，轉隰州都督府長史。貞觀初，歷左司郎中，兼韓王府長史，行州府事。與友人孟神慶雖志好不同，各以介直匡正府幕，王並委任之。

永徽初，累遷婺州刺史。屬睦州女子陳碩眞舉兵反，遣其黨童文寶領徒四千人掩襲婺州，義玄將督軍拒戰。時百姓訛言碩眞嘗升天，犯其兵馬者無不滅門，衆皆凶懼。司功

參軍崔玄籍言於義玄曰：「起兵仗順，猶且不成，此乃妖詐，豈能得久。」義玄以爲然，因命玄籍爲先鋒，義玄率兵繼進。至下淮戍，擒其間諜二十餘人。夜有流星墜賊營，義玄曰：「此賊滅之徵也。」詰朝進擊，身先士卒，左右以楯蔽箭，義玄曰：「刺史尙欲避箭，誰肯致死？」由是士卒勠力，斬首數百級，餘悉許其歸首。進兵至睦州界，歸降萬計。及碩眞平，義玄以功拜御史大夫。

義玄少愛章句之學，五經大義，先儒所疑及音韻不明者，兼採衆家，皆爲解釋，傍引證據，各有條疏。至是，高宗令義玄討論五經正義，與諸博士等詳定是非，事竟不就。高宗之立皇后武氏，義玄協贊其謀，及長孫無忌等得罪，皆義玄承中旨繩之。顯慶元年，出爲蒲州刺史。尋卒，年七十一，贈幽州都督，諡曰貞。則天時思其功，重贈揚州大都督，賜其家實封二百戶。

子神基襲爵。長壽中，爲司賓卿，同鳳閣鸞臺平章事。爲相月餘，爲酷吏所陷，減死配流。後漸錄用，中宗初，爲大理卿。神基弟神慶。

神慶，明經舉，則天時，累遷萊州刺史。因入朝，待制於億歲殿，奏事稱旨。則天以神慶歷職皆有美政，又其父嘗有翊贊之勳，甚賞慰之，擢拜幷州長史。因謂曰：「幷州，朕之

枌榆，又有軍馬，比日簡擇，無如卿者。前後長史，皆從尙書爲之，以其委重，所以授卿也。」因自爲按行圖，擇日而遣之。神慶到州，有豪富僞作改錢文敕，文書下州，穀麥踊貴，百姓驚擾。神慶執奏以爲不便，則天下制褒賞之。先是，幷州有東西二城，隔汾水，神慶始築城相接，每歲省防禦兵數千人，邊州甚以爲便。尋而兄神基下獄當死，神慶馳赴都告事，得召見。則天出神基推狀以示之，神慶據狀申理，神基竟得減死，神慶亦緣坐貶授歙州司馬。長安中，累轉禮部侍郎，數上疏陳時政利害，則天每嘉納之。轉太子右庶子，賜爵魏縣子。

時有突厥使入朝，準儀注，太子合預朝參，先降敕書。神慶上疏曰：「伏以五品已上所以佩龜者，比爲別敕徵召，恐有詐妄，內出龜合，然後應命。況太子元良國本，萬方所瞻，古來徵召皆用玉契，此誠重愼之極，防萌之慮。昨緣突厥使見，太子合預朝參，直有文符下宮，曾不降敕處分。今人稟淳化，內外同心，然古人慮事於未萌之前，所以長無悔吝之咎。況太子至重，不可不深爲誡愼。以臣愚見，太子既與陛下異宮，伏望每召太子，預報來日，非朔望朝參，應須別喚，望降墨敕及玉契。」則天甚然之。尋令神慶與詹事祝欽明更日於東宮侍讀。俄歷司刑、司禮二卿。神慶嘗受詔推張昌宗，而竟寬其罪，神龍初，昌宗等伏誅，神慶坐流於欽州。尋卒，年七十餘。明年，敬暉等得罪，緣昌宗被流貶者例皆雪免，贈神慶幽州都督。

開元中，神慶子琳等皆至大官，羣從數十人，趨奏省闥。每歲時家宴，組珮輝映，以一榻置笏，重疊於其上。開元、天寶間，中外族屬無緦麻之喪，其福履昌盛如此。東都私第門，琳與弟太子詹事珪、光祿卿瑤俱列棨戟，時號「三戟崔家」。琳位終太子少保。

史臣曰：周、隋已來，韋氏世有令人，鬱爲冠族，而安石嗣立，竟大其門。挺特才傲物，固蔚長者之風，賓王報之以不仁，難與議乎君子矣！議者以堯、舜有溢美，桀、紂有溢惡，蓋以一爲凶德，則羣惡所歸。楊素父子，傾覆隋祚，醜聲流聞，雖弘禮、弘武之正士，而元亨兄弟竟以凶族竄逐。古人守死善道，不無爲也。德威奏議，練刑名之要，俾長秋卿，美哉！審禮仁孝，治行可爲世範，卒與禍會，悲夫！二閻曲學甚工，措思精巧，藝成而下，垂誡宜然。柳氏世稱謇諤，奭、澤有正人風彩，忠規獻納，抑有人焉。義玄附麗武后，神慶寬縱臣，奕世纖邪，以至傾敗，宜哉！

贊曰：韋子驕矜，終損功名。楊家積惡，宗門擯落。閻以藝辱，劉以孝愆。二崔能吏，行無取焉。

校勘記

〔一〕遼水二千餘里 校勘記卷三七云：「據文義，『遼』上當有『至』字。」

〔二〕齊州 各本原作「濟州」，據本書卷七六庶人祐傳、冊府卷八六二、新書卷一〇六劉德威傳改。

〔三〕彭州長史 「彭州」，各本原作「彭城」，據新書卷四二地理志、通鑑卷二〇四改。

〔四〕競解衣相率造功德 「競」字各本原作「竟」，據葉校本、通鑑卷二〇四改。

〔五〕人用丕保 「丕」字各本原作「不」，據冊府卷五四五、全唐文卷二七七改。

中華書局

舊唐書卷七十八

列傳第二十八

于志寧 高季輔 張行成 族孫易之 昌宗

于志寧，雍州高陵人，周太師燕文公謹之曾孫也。父宣道，隋內史舍人。志寧，大業末爲冠氏縣長，時山東羣盜起，乃棄官歸鄉里。高祖將入關，率羣從於長春宮迎接，高祖以其有名於時，甚加禮遇，授銀青光祿大夫。太宗爲渭北道行軍元帥，召補記室，與殷開山等參贊軍謀。及太宗爲秦王、天策上將，志寧累授天策府從事中郎，每侍從征伐，兼文學館學士。貞觀三年，累遷中書侍郎。太宗命貴臣內殿宴，怪不見志寧，或奏曰：「敕召三品已上，志寧非三品，所以不來。」太宗特令預宴，即加授散騎常侍，行太子左庶子。累封黎陽縣公。

時議者欲立七廟，以涼武昭王爲始祖，房玄齡等皆以爲然，志寧獨建議以爲武昭遠祖，

非王業所因，不可爲始祖。太宗又以功臣爲代襲刺史，志寧以今古事殊，恐非久安之道，上疏爭之。皆從志寧所議。太宗因謂志寧曰：「古者太子既生，士負之，即置輔弼。昔成王幼小，周、召爲師傅，日聞正道，習以成性。今皇太子既幼少，卿當輔之以正道，無使邪僻開其心。勉之無怠，當稱所委，官賞可不次而得也。」志寧以承乾數虧禮度，志在匡救，撰諫苑二十卷諷之，太宗大悅，賜黃金十斤、絹三百匹。十四年，兼太子詹事。明年，以母憂解。尋起復本官，屢表請終喪禮，太宗遣中書侍郎岑文本就宅敦諭之曰：「忠孝不並，我兒須人輔弼，卿宜抑割，不可徇以私情。」志寧遂起就職。

時皇太子承乾嘗以盛農之時，營造曲室，累月不止，所爲多不法。志寧上書諫曰：

臣聞克儉節用，實弘道之源；崇侈恣情，乃敗德之本。是以凌雲概日，戎人於是致譏；峻宇雕牆，夏書以之作誡。昔趙盾匡晉，呂望師周，或勸之以節財，或諫之以厚斂。莫不盡忠以佐國，竭誠以奉君，欲茂實播於無窮，英聲被乎物聽。咸著簡策，以爲美談。今所居東宮，隋日營建，覩之者尚譏其侈，見之者猶歎其華。何容此中更有修造，財帛日費，土木不停，窮斤斧之工，極磨礱之妙？且丁匠官奴入內，比者曾無伏監。此等或兄犯國章，或弟罹王法，往來御苑，出入禁闈，鉗鑿緣其身，槌杵在其手。監門本防非慮，宿衛以備不虞，直長既自不知，千牛又復不見。爪牙在外，厮役在內，所司何以

自安，臣下豈容無懼？

又鄭、衞之樂，古謂淫聲。昔朝歌之鄉，迴車者墨翟；夾谷之會，揮劍者孔丘。先聖既以爲非，通賢將以爲失。頃聞宮內，屢有鼓聲，大樂伎兒，入便不出。聞之者股慄，言之者心戰。往年口敕，伏請重尋，聖旨殷勤，明誠懇切。在於殿下，不可不思；至於微臣，不得無懼。

臣自驅馳宮闕，已積歲年，犬馬尙解識恩，木石猶能知感，所有管見，敢不盡言。如鑒以丹誠，則臣有生路；若責其忤旨〔一〕，則臣是罪人。但悅意取容，臧孫方之疾疢；犯顏逆耳，春秋比之藥石。伏望停工匠之作，罷久役之人，絕鄭、衞之音，斥羣小之輩，則三善允備，萬國作貞矣。

承乾不納。

承乾又令閹官多在左右，志寧上書諫曰：

臣聞堯稱稽古，功著於搜揚；舜曰聰明，績彰於去惡。然開元立極，布政辨方，莫不旌賁英賢，驅除不肖。理亂之本，咸在於茲。況閹宦之徒，體非全氣，便蕃階闥，左右宮闈，託親近以立威權，假出納以爲禍福。昔易牙被任，變起齊邦；張讓執鈞，亂生漢室。伊戾爲詐，宋國受其殃；趙高作姦，秦氏鍾其弊。加以弘、石用事，京、賈則連

首受誅；王、曹掌權，何、竇則踵武被戮。遂使縉紳重足，宰司屛氣。然順其情者，則榮逮幼沖；迕其意者，則災及襁褓。爰曁高齊都鄴，亦弊閹官，鄧長顒位至侍中，陳德信爵隆開府，外干朝政，內預宴私，宗枝藉其吹噓，重臣仰其鼻息。罪積山岳，靡挂於刑書；功無涓塵，已勒於鍾鼎。富踰金穴，財甚銅山。是以家起怨嗟，人懷憤歎。骨鯁之士，語不見聽；謇諤之臣，言必被斥。齊都顚覆，職此之由。向使任諒直之臣，退佞給之士，據趙、魏之地，擁漳、滏之兵，修德行仁，養政施化，何區區周室而敢窺覦者焉！

然杜漸防萌，古人所以遠禍；以大喻小，先哲於焉取則。伏惟殿下道茂重離，德光守器，憲章古始，祖述前修，欲使休譽遠聞，英聲遐暢。臣竊見寺人一色，未識上心，或輕忽高班，凌轢貴仕，便是品命失序，綱紀不立，取笑通方之人，見譏有識之士。然典內職掌，唯在門外通傳；給使主司，但緣階闥供奉。今乃往來閤內，出入宮中，行路之人，咸以爲怪。伏望狎近君子，屛黜小人，上副聖心，下允衆望。

承乾覽書甚不悅。

承乾嘗驅使司馭等不許分番，又私引突厥達哥支入宮內。志寧上書諫曰：

臣聞上天蓋高，日月以光其德；明君至聖，輔佐以贊其功。是以周誦升儲，見匡

毛、畢；漢盈居震，取資黃、綺。姬旦抗法於伯禽，賈生陳事於文帝。莫不殷勤於端士，懇切於正人。昔鄧禹名臣，方居審諭之任；疏受宿望，始除輔導之官。歷代賢君，莫不丁寧於太子者，良以地膺上嗣，位處副君，善則率土霑其恩，惡則海內罹其禍。近聞僕寺、司馭、爰及獵士、獸醫，始自春初，迄茲夏晚，常居內役，不放分番。或家有尊親，闕於溫凊；或室有幼弱，絕於撫養。春則廢其耕墾，夏又妨其播殖。事乖存愛，恐致怨嗟。且突厥達哥支等，人面獸心，豈得以禮教期，不可以仁信待。心則未識於忠孝，言則莫辯其是非，近之有損於英聲，暱之無益於盛德。引之入閤，人皆驚駭，豈臣愚識，獨用不安？臣下爲殿下之股肱，殿下爲臣下之君父，君父以存撫爲務，股肱以匡救爲心。是以苦口之藥以奉身，逆耳之言以安位。古人樹誹謗之木，以求己愆；懸敢諫之鼓，以思身過。由是從諫之主，鼎祚克昌；愎諫之君，洪業隳墜。

承乾大怒，陰遣刺客張師政、紇干承基就殺之。二人潛入其第，見志寧寢處苫廬，竟不忍而止。

及承乾敗後，推鞫具知其事。太宗謂志寧曰：「知公數有規諫，事無所隱。」深加勉勞。右庶子令狐德棻等以無諫書，皆從貶責。及高宗爲皇太子，復授志寧太子左庶子，未幾遷侍中。永徽元年，加光祿大夫，進封燕國公。二年，監修國史。時洛陽人李弘泰坐誣告太

尉長孫無忌，詔令不待時而斬決。志寧上疏諫曰：

伏惟陛下情篤功臣，恩隆右戚，以無忌橫遭誣告，事並是虛，欲戮告人，以明賞罰，一以絕誣告之路，二以慰勳戚之心。又以所犯是眞，無忌便有破家之罪；今告爲妄，弘泰宜戮不待時。且眞犯之人，事當罪逆；誣謀之類，罪唯及身。以罪較量，明非惡逆，若欲依律，合待秋分。今時屬陽和，萬物生育，而特行刑罰，此謂傷春。竊案左傳聲子曰：「賞以春夏，刑以秋冬。」順天時也。又禮記月令曰：「孟春之月，無殺孩蟲。省囹圄，去桎梏，無肆掠，止獄訟。」又漢書董仲舒曰：「王者欲有所爲，宜求其端於天道。天道之大者在陰陽。陽爲德，陰爲刑，刑主殺而德主生。陽常居大夏，而以生育養長爲事；陰常居大冬，而積於空虛不用之處。以此見天之任德不任刑也。」伏惟陛下纂聖升祚，繼明御極，追蹤、胥之絕軌，蹈軒、頊之良規。欲使舉動順於天時，刑罰依於律令，陰陽爲之式序，景宿於是靡差，風雨不愆，雩禜輟祀。方今太蔟統律，青陽應期，當生長之辰，施肅殺之令。伏願暫迴聖慮，察古人言，倘蒙垂納，則生靈幸甚。

疏奏，帝從之。

是時，衡山公主欲出降長孫氏，議者以時既公除，合行吉禮。志寧上疏曰：

臣聞明君馭曆，當俟獻替之臣；聖主握圖，必資鹽梅之佐。所以堯詢四岳，景化洽於區中；舜任五臣，懿德被於無外。左有記言之史，右立記事之官，大小咸書，善惡俱載。著懲勸於簡牘，垂褒貶於人倫，爲萬古之範圍，作千齡之龜鏡。伏見衡山公主出降，欲就今秋成禮。竊按禮記云：「女十五而笄，二十而嫁；有故，二十三而嫁。」鄭玄云：「有故，謂遭喪也。」固知須終三年。春秋云：「魯莊公如齊納幣。」杜預云：「母喪未再期而圖婚，二傳不譏，失禮明故也。」此即史策具載，是非歷然，斷在聖情，不待問於臣下。其有議者云：「準制，公除之後，須並從吉。」此漢文創制其儀，爲天下百姓。至於公主，服是斬縗，縱使服隨例除，無宜情隨例改。心喪之內，方復成婚，非唯違於禮經，亦是人情不可。伏惟陛下嗣膺寶位，臨統萬方，理宜繼美羲、軒，齊芳湯、禹，弘獎仁孝之日，敦崇名教之秋。此事行之苦難，猶須抑而守禮，況行之甚易，何容廢而受譏？此理有識之所共知，非假愚臣之說也。伏願遵高宗之令軌，略孝文之權制，國家於法無虧，公主情禮得畢。

於是詔公主待三年服闋，然後成禮。其年，拜尚書左僕射、同中書門下三品。三年，以本官兼太子少師。

顯慶元年，遷太子太傅。嘗與右僕射張行成、中書令高季輔俱蒙賜地，志寧奏曰：「臣居關右，代襲箕裘，周魏以來，基址不墜。行成等新營莊宅，尚少田園，於臣有餘，乞申私

讓。」帝嘉其意，乃分賜行成及季輔。四年，表請致仕，聽解尚書左僕射，拜太子太師，仍同中書門下三品。

高宗之將廢王庶人也，長孫無忌、褚遂良執正不從，而李勣、許敬宗密申勸請，志寧獨無言以持兩端。及許敬宗推鞫長孫無忌詔獄，因誣構志寧黨附無忌，坐是免職，尋降授榮州刺史。麟德元年，累轉華州刺史，年老請致仕，許之。二年，卒于家，年七十八，贈幽州都督，謚曰定。上元三年，追復其左光祿大夫、太子太師。志寧雅愛賓客，接引忘倦，後進文筆之士，無不影附，然亦不能有所薦達，議者以此少之。前後預撰格式律令、五經義疏及修禮、修史等功，賞賜不可勝計。有集二十卷。

子立政，太僕少卿。志寧玄孫休烈，休烈子益，自有傳。

高季輔，德州蓨人也。祖表，魏安德太守。父衡，隋萬年令。季輔少好學，兼習武藝。居母喪以孝聞。兄元道，仕隋爲汲令。武德初，縣人翻城從賊，元道被害，季輔率其黨出鬭，竟擒殺其兄者斬之，持首以祭墓，甚爲士友所稱。由是羣盜多歸附之，衆至數千。尋與武陟人李厚德率衆來降，授陟州總管府戶曹參軍。貞觀初，擢拜監察御史，多所彈糾，不避

權要。累轉中書舍人。

時太宗數召近臣，令指陳時政損益。季輔上封事五條，其略曰：

陛下平定九州，富有四海，德超邃古，道高前烈。時已平矣，功已成矣，然而刑典未措者，何哉？良由謀猷之臣，不弘簡易之政；臺閣之吏，昧於經遠之道。執憲者以深刻爲奉公，當官者以侵下爲益國，未有坦平恕之懷，副聖明之旨。至如設官分職，各有司存，尚書八座，責成斯在，王者司契，義屬於兹。伏願隨方訓誘，使各揚其職。仍須擢温厚之人，升清潔之吏，敦朴素，革澆浮，先之以敬讓，示之以好惡，使家識孝慈，人知廉恥。醜言過行，見嗤於鄉閭；忘義私昵，取擯於親族。杜其利欲之心，載以清淨之化。自然家肥國富，氣和物阜，禮節於是競興，禍亂何由而作？

又曰：

竊見聖躬，每存節儉，而凡諸營繕，工徒未息。正丁正匠，不供驅使；和雇和市，非無勞費。人主所欲，何事不成，猶願愛其財而勿殫，惜其力而勿竭。今畿內數州，實惟邦本，地狹人稠，耕植不博，菽粟雖賤，儲蓄未多，特宜優矜，令得休息。强本弱枝，自古常事。關、河之外，徭役全少；帝京、三輔，差科非一；江南、河北，彌復優閑。須爲差等，均其勞逸。

又曰：

今公主之室，封邑足以給資用；勳貴之家，俸祿足以供器服。乃戚戚於儉約，汲汲於華侈，放息出舉，追求什一。公侯尚且求利，黎庶豈覺其非。錐刀必競，實由於此，有黷朝風，謂宜懲革。

又曰：

仕以應務代耕，外官卑品，猶未得祿，既離鄉家，理必貧匱。但妻子之戀，賢達猶累其懷；飢寒之切，夷、惠罕全其行。爲政之道，期於易從。若不恤其匱乏，唯欲責其清勤，凡在末品，中庸者多，止恐巡察歲去，輶軒繼軌，不能肅其侵漁，何以求其政術？今戶口漸殷，倉廩已實，斟量給祿，使得養親。然後督以嚴科，責其報効，則庶官畢力，物議斯允。

又曰：

竊見密王元曉等，俱是懿親，陛下友愛之懷，義高古昔，分以車服，委以藩維，須依禮儀，以副瞻望。比見帝子拜諸叔，諸叔亦答拜，王爵既同，家人有禮，豈合如此顛倒昭穆。伏願一垂訓誡，永循彝則。

書奏，太宗稱善。

十七年，授太子右庶子，又上疏切諫時政得失，特賜鍾乳一劑，曰：「進藥石之言，故以藥石相報。」十八年，加銀青光祿大夫，兼吏部侍郎，凡所銓敍，時稱允當。太宗嘗賜金背鏡一面，以表其清鑒焉。二十二年，遷中書令，兼檢校吏部尚書、監修國史，賜爵蓨縣公。永徽二年，授光祿大夫，行侍中，兼太子少保。以風疾廢於家，乃召其兄虢州刺史季通爲宗正少卿視其疾，又屢降中使觀其進食，問其增損。尋卒，年五十八，帝爲之舉哀，廢朝三日，贈開府儀同三司、荊州都督，謚曰憲。

子正業，仕至中書舍人，坐與上官儀善，配流嶺外。

張行成，定州義豐人也。少師事河間劉炫，勤學不倦，炫謂門人曰：「張子體局方正，廊廟才也。」大業末，察孝廉，爲謁者臺散從員外郎。王世充僭號，以爲度支尚書。世充平，以隋資補宋州穀熟尉。又應制舉乙科，授雍州富平縣主簿，理有能名。秩滿，補殿中侍御史，糾劾不避權戚，太宗以爲能，謂房玄齡曰：「觀古今用人，必因媒介，若行成者，朕自舉之，無先容也。」太宗嘗言及山東、關中人，意有同異，行成正侍宴，跪而奏曰：「臣聞天子以四海爲家，不當以東西爲限；若如是，則示人以隘陋。」太宗善其言，賜名馬一匹、錢十萬、衣一襲。自是每有大政，常預議焉。累遷給事中。

太宗嘗臨軒謂侍臣曰：「朕所以不能恣情欲，取樂當年，而勵節苦心，卑宮菲食者，正爲蒼生耳。我爲人主，兼行將相之事，豈不是奪公等名？昔漢高祖得蕭、曹、韓、彭，天下寧宴；舜、禹、湯、武有稷、契、伊、呂，四海乂安。此事朕並兼之。」行成退而上書諫曰：「有隋失道，天下沸騰，陛下撥亂反正，拯生人於塗炭，何周、漢君臣之所能擬？陛下聖德含光，規模弘遠，雖文武之烈實兼將相，何用臨朝對衆與其較量，以萬乘至尊，共臣下爭功哉？臣聞『天何言哉，四時行焉』；又聞『汝惟不矜，天下莫與汝爭能』。臣備員樞近，非敢知獻替之事，輒陳狂直，伏待葅醢。」太宗深納之。轉刑部侍郎、太子少詹事。

太宗東征，皇太子於定州監國，即行成本邑也。太子謂行成曰：「今者送公衣錦還鄉。」於是令有司祀其先人墓。行成因薦鄉人魏唐卿、崔寶權、馬龍駒、張君劼等，皆以學行著聞，太子召見，以其老不任職，皆厚賜而遣之。太子又使行成詣行在所，太宗見之甚悅，賜馬二匹、縑三百匹。駕還京，爲河南巡察大使。還稱旨，以本官兼檢校尚書左丞。

是歲，太宗幸靈州，太子當從，行成上疏曰：「伏承皇太子從幸靈州。臣愚以爲皇太子養德春宮，日月未幾，華夷遠邇，佇聽嘉音。如因以監國，接對百僚，決斷庶務，明習政理，既爲京師重鎮，且示四方盛德。與其出陪私愛，曷若俯從公道？」太宗以爲忠，進位銀青光祿大夫。二十三年，遷侍中，兼刑部尚書。

太宗崩，與高季輔侍高宗卽位於太極殿梓宮前。尋封北平縣公，監修國史。時晉州地連震，有聲如雷，高宗以問行成。行成對曰：「天，陽也；地，陰也。陽，君象；陰，臣象。君宜轉動，臣宜安靜。今晉州地動，彌旬不休。雖天道玄邈，窺算不測；而人事較量，昭然作戒。恐女謁用事，大臣陰謀，修德禳災，在於陛下。且陛下本封晉也，今地震晉州，下有徵應，豈徒然耳。伏願深思遠慮，以杜未萌。」二年八月，拜尚書左僕射，尋加授太子少傅。四年，自三月不雨至于五月，復抗表請致仕。高宗手制答曰：「密雲不雨，遂淹旬月，此朕之寡德，非宰臣咎。實甘萬方之責，用陳六事之過。策免之科，義乖罪己。今敕斷表，勿復爲辭。」賜宮女黃金器物。固請乞骸骨，高宗曰：「公，我之故舊腹心，奈何舍我而去？」因愴然流涕。行成不得已，復起視事。九月，卒於尚書省，時年六十七。高宗哭之甚哀，輟朝三日，令九品已上就第哭。比斂，中使三至，賜內衣服，令尚宮宿於家，以視殯斂。贈開府儀同三司、并州都督，所司備禮册命，祭以少牢，賻絹布八百段、米粟八百石，賜東園祕器，謚曰定。弘道元年，詔以行成配享高宗廟庭。

子洛客嗣，官至雍州渭南令。

行成族孫易之、昌宗。易之父希臧，雍州司戶。易之初以門蔭，累遷爲尚乘奉御，年二十餘，白晳美姿容，善音律歌詞。則天臨朝，通天二年，太平公主薦易之弟昌宗入侍禁中，既而昌宗啓天后曰：「臣兄易之器用過臣，兼工合鍊。」卽令召見，甚悅。由是兄弟俱侍宮中，皆傅粉施朱，衣錦繡服，俱承辟陽之寵。俄以昌宗爲雲麾將軍，行左千牛中郎將；易之爲司衞少卿。賜第一區、物五百段、奴婢駝馬等。信宿，加昌宗銀青光祿大夫，賜防閤，同京官朔望朝參。仍贈希臧襄州刺史，母韋氏阿臧封太夫人，使尚宮至宅問訊，仍詔尚書李迥秀私侍阿臧。武承嗣、三思、懿宗、宗楚客、宗晉卿候其門庭，爭執鞭轡，呼易之爲五郎，昌宗爲六郎。俄加昌宗左散騎常侍。

聖曆二年，置控鶴府官員，以易之爲控鶴監內供奉，餘官如故。久視元年，改控鶴府爲奉宸府，又以易之爲奉宸令，引辭人閻朝隱、薛稷、員半千並爲奉宸供奉。每因宴集，則令嘲戲公卿以爲笑樂。若內殿曲宴，則二張、諸武侍坐，樗蒱笑謔，賜與無算。時諛佞者奏云，昌宗是王子晉後身。乃令被羽衣，吹簫，乘木鶴，奏樂於庭，如子晉乘空。辭人皆賦詩以美之，崔融爲其絕唱，其句有「昔遇浮丘伯，今同丁令威。中郎才貌是，藏史姓名非」。

天后令選美少年爲左右奉宸供奉，右補闕朱敬則諫曰：「臣聞志不可滿，樂不可極。嗜慾之情，愚智皆同，賢者能節之不使過度，則前聖格言也。陛下內寵，已有薛懷義、張易之、昌宗，固應足矣。近聞尚舍奉御柳模自言子良賓潔白美鬚眉，左監門衞長史侯祥云陽道壯偉，過於薛懷義，專欲自進堪奉宸內供奉。無禮無儀，溢於朝聽。臣愚職在諫諍，不敢不奏。」則天勞之曰：「非卿直言，朕不知此。」賜綵百段。

以昌宗醜聲聞于外，欲以美事掩其迹，乃詔昌宗撰三教珠英於內。乃引文學之士李嶠、閻朝隱、徐彥伯、張說、宋之問、崔湜、富嘉謨等二十六人，分門撰集，成一千三百卷，上之。加昌宗司僕卿，封鄴國公，易之爲麟臺監，封恆國公，各實封三百戶。俄改昌宗爲春官侍郎。易之、昌宗皆粗能屬文，如應詔和詩，則宋之問、閻朝隱爲之代作。

則天春秋高，政事多委易之兄弟。中宗爲皇太子，太子男邵王重潤及女弟永泰郡主竊言二張專政。易之訴於則天，付太子自鞫問處置，太子並自縊殺之。又御史大夫魏元忠嘗奏二張之罪，易之懼不自安，乃誣奏元忠與司禮丞高戩云：「天子老矣，當挾太子爲耐久朋。」則天曰：「汝何以知之？」易之曰：「鳳閣舍人張說爲證。」翌日，則天召元忠及說廷詰之，皆妄。則天尚以二張之故，逐元忠爲高要尉，張說長流欽州。

長安二年，易之贓賂事發，爲御史臺所劾下獄，兄司府少卿昌儀、司禮少卿同休皆貶黜。及則天臥疾長生院，宰臣希得進見，唯易之兄弟侍側，恐禍變及己，乃引用朋黨，陰爲之備。人有牓其事于路，左臺御史中丞宋璟請按之。則天陽許，尋敕宋璟使幽州按都督

屈突仲翔，令司禮卿崔神慶鞫之。神慶希旨，雪昌宗兄弟。

神龍元年正月，則天病甚。是月二十日，宰臣崔玄暐、張柬之等起羽林兵迎太子，至玄武門，斬關而入，誅易之、昌宗於迎仙院，並梟首於天津橋南。則天遜居上陽宮。易之兄昌期，歷岐、汝二州刺史，所在苛猛暴橫，是日亦同梟首。朝官房融、崔神慶、崔融、李嶠、宋之問、杜審言、沈佺期、閻朝隱等皆坐二張竄逐，凡數十人。

史臣曰：于燕公輔導儲皇，高侍中敷陳理行，張北平斥言陰沴，皆人所難言者。苟非金玉貞度，松筠挺操，安能咈人主之意，獻苦口之忠。宜其論道巖廊，克終顯盛。古所謂能以義匡主之失，三君有焉。

贊曰：猗歟于公，獻替兩宮。前修克繼，嗣德彌隆。高酬藥劑，張感宸衷。君臣之義，斯爲始終。

校勘記

〔一〕忤旨　「忤」字各本原作「悞」，據貞觀政要卷四、全唐文卷一四四改。

舊唐書卷七十九

列傳第二十九

祖孝孫　傅仁均　傅奕　李淳風　呂才

祖孝孫，幽州范陽人也。父崇儒，以學業知名，仕至齊州長史。孝孫博學，曉曆算，早以達識見稱。初，開皇中，鍾律多缺，雖何妥、鄭譯、蘇夔、萬寶常等亟共討詳，紛然不定。及平江左，得陳樂官蔡子元、于普明等，因置清商署。時牛弘爲太常卿，引孝孫爲協律郎，與子元、普明參定雅樂。時又得陳陽山太守毛爽，妙知京房律法，布琯飛灰，順月皆驗。爽時年老，弘恐失其法，於是奏孝孫從其受律。孝孫得爽之法，一律而生五音，十二律而爲六十音，因而六之，故有三百六十音，以當一歲之日。又祖述沈重〔一〕，依淮南本數，用京房舊術求之，得三百六十律，各因其月律而爲一部。以律數爲母，以一中氣所有日爲子，以母命子，隨所多少，分直一歲，以配七音，起于冬至。以黃鍾爲宮，太蔟爲商，林鍾爲徵，南呂爲

羽，姑洗爲角，應鍾爲變宮，蕤賓爲變徵。其餘日建律皆依運行，每日各以本律爲宮。旋宮之義，由斯著矣。然牛弘既初定樂，難復改張。至大業時，又採晉、宋舊樂，唯奏皇夏等十有四曲，旋宮之法，亦不施用。

高祖受禪，擢孝孫爲著作郎，歷吏部郎、太常少卿，漸見親委，孝孫由是奏請作樂。時軍國多務，未遑改創，樂府尚用隋氏舊文。武德七年，始命孝孫及祕書監竇璡修定雅樂。孝孫又以陳、梁舊樂雜用吳、楚之音，周、齊舊樂多涉胡戎之伎，於是斟酌南北，考以古音，作大唐雅樂。以十二月各順其律，旋相爲宮，制十二樂，合三十二曲、八十四調。事具樂志。旋宮之義，亡絕已久，世莫能知，一朝復古，自孝孫始也。孝孫尋卒。其後，協律郎張文收復採三禮增損樂章，然因孝孫之本音。

傅仁均，滑州白馬人也。善曆算、推步之術。武德初，太史令庾儉、太史丞傅奕表薦之，高祖因召令改修舊曆。仁均因上表陳七事：

其一曰：「昔洛下閎以漢武太初元年歲在丁丑，創曆起元，元在丁丑。今大唐以戊寅年受命，甲子日登極，所造之曆，即上元之歲，歲在戊寅，命日又起甲子，以三元之法，一百八

十去其積歲，武德元年戊寅爲上元之首，則合璧連珠，懸合於今日。」

其二曰：「堯典爲『日短星昴，以正仲冬』，前代造曆，莫能允合。臣今創法，五十餘年冬至輒差一度，則却檢周、漢，千載無違。」

其三曰：「經書日蝕，毛詩爲先，『十月之交，朔日辛卯』。臣今立法，却推得周幽王六年辛卯朔蝕，即能明其中間，並皆符合。」

其四曰：「春秋命曆序云：『魯僖公五年壬子朔旦冬至。』諸曆莫能符合。臣今造曆，却推僖公五年正月壬子朔旦冬至則同，自斯以降，並無差爽。」

其五曰：「古曆日蝕或在於晦，或在二日；月蝕或在望前，或在望後。臣今立法，月有三大三小，則日蝕常在於朔，月蝕在望前。却驗魯史，並無違爽。」

其六曰：「前代造曆，命辰不從子半，命度不起虛中。臣今造曆，命辰起子半，度起於虛六度，命合辰，得中於子，符陰陽之始，會曆術之宜。」

其七曰：「前代諸曆，月行或有晦猶東見、朔已西朓。臣今以遲疾定朔，永無此病。」

經數月，曆成奏上，號曰戊寅元曆，高祖善之。武德元年七月，詔頒新曆，授仁均員外散騎常侍，賜物二百段。

後中書令封德彝奏曆術差謬，敕吏部郎中祖孝孫考其得失。又太史丞王孝通執甲辰曆法以駁之曰：

案堯典云：「日短星昴，以正仲冬。」孔氏云七宿畢見，舉中者言耳。是知中星無定，故互舉一分兩至之星以爲成驗也。昴西方處中之宿，虛爲北方居中之星，一分各舉中者，即餘六星可知。若乃仲春舉鳥，仲夏舉火，此一至一分又舉七星之體，則餘二方可見。今仁均專守昴中而爲定朔，執文害意，不亦謬乎！又案月令：仲冬「昏在東壁」。明知昴中則非常準。若言陶唐之代，定是昴中，後代漸差，遂至東壁。然則堯前七千餘載，冬至之日，即便合翼中，逾遠彌却，尤成不隱。且今驗東壁昏中，日體在斗十有三度；若昏於翼中，日應在井十有三度。夫井極北，去人最近，而斗極南，去人最遠，在井則大熱，在斗乃大寒。然堯前冬至，即應翻熱，及於夏至，便應反寒。四時倒錯，寒暑易位，以理推尋，必不然矣。又，鄭康成博達之士也，對弟子孫皓云：日永星火，只是大火之次三十度有其中者，非謂心之火星也，實正中也。又平朔、定朔，舊有二家；平望、定望，由來兩術。然三大三小，是定朔、定望之法；一大一小，是平朔、平望之義。且日月之行，有遲有疾，每月一相及，謂之合會，故晦朔無定，由人消息。若定大小合朔者，合會雖定，而蔀元紀首，三端並失。若上合履端之始，下得歸餘於終，合會時有進退，履端又皆允協，則甲辰元曆爲通術矣。

仁均對曰：

宋代祖沖之久立差術，至於隋代張胄玄等，因而修之，雖差度不同，各明其意。今孝通不達宿度之差移，未曉黃道之遷改，乃執南斗爲冬至之恆星，東井爲夏至之常宿，率意生難，豈爲通理？夫太陽行於宿度，如郵傳之過逆旅；宿度每歲既差，黃道隨而變易，豈得以膠柱之說而爲斡運之難乎！

又案易云：「治曆明時。」禮云：「天子玄端，聽朔於南門之外。」尙書云：「正月上日，受終于文祖。」孔氏云：「上日，朔日也。」又云：「季秋月朔，辰不集于房。」孔氏云：「集，合也。不合，則日蝕隨可知矣。」又云：「先時、不及時，皆殺無赦。」先時，謂朔日不及時也。若有先後之差，是不知定朔之道矣。詩云：「十月之交，朔日辛卯。」又，春秋日蝕三十有五，左丘明云：「不書朔，官失之也。」明聖人之教，不論於晦，唯取朔耳。自春秋以後，去聖久遠，曆術差違，莫能詳正。故秦、漢以來，多非朔蝕，而宋代御史中丞何承天微欲見意，不能詳究，乃爲太史令錢樂之、散騎侍郎皮延宗所抑止。孝通今語，乃是延宗舊辭。承天既非甄明，故有當時之屈。今略陳梗概，申以明之。

夫理曆之本，必推上元之歲，日月如合璧，五星如連珠，夜半甲子朔旦冬至。自此以後，既行度不同，七曜分散，不知何年更得餘分普盡，還復總會之時也？唯日分氣

分，得有可盡之理，因其得盡，卽有三端之元。故造經立法者，小餘盡卽爲元首，此乃紀其日數之元，不關合璧之事矣。時人相傳，皆云大小餘俱盡，卽定夜半甲子朔旦冬至者，此不達其意故也。何者？冬至自有常數，朔名由於月起，既月行遲疾無常，三端豈得卽合？故必須日月相合，與冬至同日者，始可得名爲合朔冬至耳。故前代諸曆，不明其意，乃於大餘正盡之年而立其元法，將以爲常，而不知七曜散行，氣朔不合。今法唯取上元連珠合璧，夜半甲子朔旦冬至，合朔之始以定，一九相因，行至於今日，常取定朔之宜，不論三端之事。皮延宗本來不知，何承天亦自未悟，何得引而相難耶？

孝孫以仁均之言爲然。

貞觀初，有益州人陰弘道又執孝通舊說以駁之，終不能屈。李淳風復駁仁均曆十有八事，敕大理卿崔善爲考二家得失，七條改從淳風，餘一十一條並依舊定。仁均後除太史令，卒官。

傅奕，相州鄴人也。尤曉天文曆數。隋開皇中，以儀曹事漢王諒。及諒舉兵，謂奕曰：「今茲熒惑入井，是何祥也？」奕對曰：「天上東井，黃道經其中，正是熒惑行路所涉，不爲怪異；若熒惑入地上井，是爲災也。」諒不悅。及諒敗，由是免誅，徙扶風。高祖爲扶風太守，深禮之。及踐祚，召拜太史丞。太史令庾儉以其父質在隋言占候忤煬帝意，竟死獄中，遂懲其事，又恥以數術進，乃薦奕自代，遂遷太史令。奕既與儉同列，數排毀儉，而儉不之恨，時人多儉仁厚而稱奕之率直。奕所奏天文密狀，屢會上旨，置參旗、井鉞等十二軍之號，奕所定也。武德三年，進漏刻新法，遂行於時。

七年，奕上疏請除去釋教，曰：

佛在西域，言妖路遠，漢譯胡書，恣其假託。故使不忠不孝，削髮而揖君親；遊手遊食，易服以逃租賦。演其妖書，述其邪法，僞啓三塗，謬張六道，恐嚇愚夫，詐欺庸品。凡百黎庶，通識者稀，不察根源，信其矯詐。乃追既往之罪，虛規將來之福。布施一錢，希萬倍之報；持齋一日，冀百日之糧。遂使愚迷，妄求功德，不憚科禁，輕犯憲章。其有造作惡逆，身墜刑網，方乃獄中禮佛，口誦佛經，晝夜忘疲，規免其罪。且生死壽夭，由於自然；刑德威福，關之人主。乃謂貧富貴賤，功業所招，而愚僧矯詐，皆云由佛。竊人主之權，擅造化之力，其爲害政，良可悲矣！

案書云：「惟辟作福威，惟辟玉食。臣有作福、作威、玉食，害于而家，凶于而國，人用側頗僻。」降自羲、農，至于漢、魏，皆無佛法，君明臣忠，祚長年久。漢明帝假託夢

想，始立胡神，西域桑門，自傳其法。西晉以上，國有嚴科，不許中國之人，輒行髡髮之事。洎于苻、石，羌胡亂華，主庸臣佞，政虐祚短，皆由佛教致災也。梁武、齊襄，足爲明鏡。昔褒姒一女，妖惑幽王，尙致亡國；況天下僧尼，數盈十萬，翦刻繒綵，裝束泥人，而爲厭魅，迷惑萬姓者乎！今之僧尼，請令匹配，卽成十萬餘戶，產育男女，十年長養，一紀教訓，自然益國，可以足兵。四海免蠶食之殃，百姓知威福所在，則妖惑之風自革，淳朴之化還興。

且古今忠諫，鮮不及禍。竊見齊朝章仇子他上表言：「僧尼徒衆，糜損國家，寺塔奢侈，虛費金帛。」爲諸僧附會宰相，對朝讒毀；諸尼依託妃主，潛行謗讟。子他竟被囚執，刑於都市。及周武平齊，制封其墓。臣雖不敏，竊慕其蹤。

又上疏十一首，詞甚切直。高祖付羣官詳議，唯太僕卿張道源稱奕奏合理。中書令蕭瑀與之爭論曰：「佛，聖人也。奕爲此議，非聖人者無法，請置嚴刑。」奕曰：「禮本於事親，終於奉上，此則忠孝之理著，臣子之行成。而佛踰城出家，逃背其父，以匹夫而抗天子，以繼體而悖所親。蕭瑀非出於空桑，乃遵無父之教。臣聞非孝者無親，其瑀之謂矣！」瑀不能答，但合掌曰：「地獄所設，正爲是人。」高祖將從奕言，會傳位而止。

奕武德九年五月密奏太白見秦分，秦王當有天下，高祖以狀授太宗。及太宗嗣位，召

奕賜之食，謂曰：「汝前所奏，幾累於我，然今後但須盡言，無以前事爲慮也。」太宗常臨朝謂奕曰：「佛道玄妙，聖迹可師，且報應顯然，屢有徵驗，卿獨不悟其理，何也？」奕對曰：「佛是胡中桀黠，欺誑夷狄，初止西域，漸流中國。遵尚其教，皆是邪僻小人，模寫莊、老玄言，文飾妖幻之教耳。於百姓無補，於國家有害。」太宗頗然之。

貞觀十三年卒，年八十五。臨終誡其子曰：「老、莊玄一之篇，周、孔六經之說，是爲名教，汝宜習之。妖胡亂華，舉時皆惑，唯獨竊歎，衆不我從，悲夫！汝等勿學也。古人裸葬，汝宜行之。」奕生平遇患，未嘗請醫服藥，雖究陰陽數術之書，而並不之信。又嘗醉臥，蹶然起曰：「吾其死矣！」因自爲墓誌曰：「傅奕，青山白雲人也。因酒醉死，嗚呼哀哉！」其縱達皆此類。注老子，并撰音義，又集魏、晉已來駁佛教者爲高識傳十卷，行於世。

李淳風，岐州雍人也。其先自太原徙焉。父播，隋高唐尉，以秩卑不得志，棄官而爲道士，頗有文學，自號黃冠子。注老子，撰方志圖，文集十卷，並行於代。淳風幼俊爽，博涉羣書，尤明天文、曆算、陰陽之學。貞觀初，以駁傅仁均曆議，多所折衷，授將仕郎，直太史局。尋又上言曰：「今靈臺候儀，是魏代遺範，觀其制度，疏漏實多。臣案虞書稱，舜在璿璣玉

衡，以齊七政。則是古以混天儀考七曜之盈縮也。周官大司徒職，以土圭正日景，以定地中。此亦據混天儀日行黃道之明證也。暨于周末，此器乃亡。漢孝武時，洛下閎復造混天儀，事多疏闕。故賈逵、張衡各有營鑄，陸績、王蕃遞加修補，或綴附經星，機應漏水，或孤張規郭，不依日行，推驗七曜，並循赤道。今驗冬至極南，夏至極北，而赤道當定於中，全無南北之異，以測七曜，豈得其眞？黃道渾儀之闕，至今千餘載矣。」

太宗異其說，因令造之，至貞觀七年造成。其制以銅爲之，表裏三重，下據準基，狀如十字，末樹鼇足，以張四表焉。第一儀名曰六合儀，有天經雙規、渾緯規、金常規，相結於四極之內，備二十八宿、十干、十二辰，經緯三百六十五度。第二名三辰儀，圓徑八尺，有璿璣規、黃道規、月遊規〔三〕，天宿矩度，七曜所行，並備于此，轉於六合之內。第三名四遊儀，玄樞爲軸，以連結玉衡遊筩而貫約規矩；又玄樞北樹北辰，南距地軸，傍轉於內；又玉衡在玄樞之間而南北遊，仰以觀天之辰宿，下以識器之晷度。時稱其妙。又論前代渾儀得失之差，著書七卷，名爲法象志以奏之。太宗稱善，置其儀於凝暉閣，加授承務郎。十五年，除太常博士。尋轉太史丞，預撰晉書及五代史，其天文、律曆、五行志皆淳風所作也。又預撰文思博要。二十二年，遷太史令。

初，太宗之世有祕記云：「唐三世之後，則女主武王代有天下。」太宗嘗密召淳風以訪其事，淳風曰：「臣據象推算，其兆已成。然其人已生，在陛下宮內，從今不踰三十年，當有天下，誅殺唐氏子孫殲盡。」帝曰：「疑似者盡殺之，如何？」淳風曰：「天之所命，必無禳避之理。王者不死，多恐枉及無辜。且據上象，今已成，復在宮內，已是陛下眷屬。更三十年，又當衰老，老則仁慈，雖受終易姓，其於陛下子孫，或不甚損。今若殺之，卽當復生，少壯嚴毒，殺之立讎。若如此，卽殺戮陛下子孫，必無遺類。」太宗善其言而止。

淳風每占候吉凶，合若符契，當時術者疑其別有役使，不因學習所致，然竟不能測也。顯慶元年，復以修國史功封昌樂縣男。先是，太史監候王思辯表稱五曹、孫子十部算經理多踳駁。淳風復與國子監算學博士梁述、太學助教王眞儒等受詔注五曹、孫子十部算經。書成，高宗令國學行用。龍朔二年，改授祕閣郎中。時戊寅曆法漸差，淳風又增損劉焯皇極曆，改撰麟德曆奏之，術者稱其精密。咸亨初，官名復舊，還爲太史令。年六十九卒。所撰典章文物志、乙巳占、祕閣錄，并演齊民要術等凡十餘部，多傳於代。

子諺、孫仙宗，並爲太史令。

呂才，博州清平人也。少好學，善陰陽方伎之書。貞觀三年，太宗令祖孝孫增損樂章，

孝孫乃與明音律人王長通、白明達遞相長短。太宗令侍臣更訪能者，中書令溫彥博奏才聰明多能，眼所未見，耳所未聞，一聞一見，皆達其妙，尤長於聲樂，請令考之。侍中王珪、魏徵又盛稱才學術之妙，徵曰：「才能爲尺十二枚，尺八長短不同，各應律管，無不諧韻。」太宗卽徵才，令直弘文館。太宗嘗覽周武帝所撰三局象經，不曉其旨。太子洗馬蔡允恭年少時嘗爲此戲，太宗召問，亦廢而不通，乃召才使問焉。才尋繹一宿，便能作圖解釋，允恭覽之，依然記其舊法，與才正同，由是才遂知名。累遷太常博士。

太宗以陰陽書近代以來漸致訛僞，穿鑿旣甚，拘忌亦多，遂命才與學者十餘人共加刊正，削其淺俗，存其可用者。勒成五十三卷，并舊書四十七卷，十五年書成，詔頒行之。才多以典故質正其理，雖爲術者所短，然頗合經義，今略載其數篇。

其敍宅經曰：

易曰：「上古穴居而野處，後世聖人易以宮室，蓋取諸大壯。」迨于殷、周之際，乃有卜宅之文，故詩稱「相其陰陽」，書云「卜惟洛食」，此則卜宅吉凶，其來尚矣。至於近代師巫，更加五姓之說。言五姓者，謂宮、商、角、徵、羽等，天下萬物，悉配屬之，行事吉凶，依此爲法。至如張、王等爲商，武、庾等爲羽，欲似同韻相求；及其以柳姓爲宮，以趙姓爲角，又非四聲相管。其間亦有同是一姓，分屬宮商，後有復姓數字，徵羽不別。

驗於經典，本無斯說，諸陰陽書，亦無此語，直是野俗口傳，竟無所出之處。唯堪輿經，黃帝對於天老，乃有五姓之言。且黃帝之時，不過姬、姜數姓，曁於後代，賜族者多。至如管、蔡、郕、霍、魯、衞、毛、聃、郜、雍、曹、滕、畢、原、酆、郇，並是姬姓子孫；孔、殷、宋、華、向、蕭、亳、皇甫，並是子姓苗裔。自餘諸國，準例皆然。因邑因官，分枝布葉，未知此等諸姓，是誰配屬？又檢春秋，以陳、衞及秦並同水姓，齊、鄭及宋皆爲火姓，或承所出之祖，或繫所屬之星，或取所居之地，亦非宮、商、角、徵，共相管攝。此則事不稽古，義理乖僻者也。

敍祿命曰：

謹案史記，宋忠、賈誼譏司馬季主云：「夫卜筮者，高人祿命以悅人心，矯言禍福以盡人財。」又案王充論衡云：「見骨體而知命祿，覩命祿而知骨體。」此卽祿命之書，行之久矣。多言或中，人乃信之。今更研尋，本非實錄。但以積善餘慶，不假建祿之吉；積惡餘殃，豈由劫殺之災。皇天無親，常與善人，禍福之應，其猶影響。故有夏多罪，天命剿絕；宋景修德，妖孛夜移。學也祿在，豈待生當建學，文王勤憂損壽，不關月値空亡。長平坑卒，未聞共犯三刑；南陽貴士，何必俱當六合。歷陽成湖，非獨河魁之上；蜀郡炎燎，豈出災厄之下。今時亦有同年同祿，而貴賤懸殊；共命共胎，而夭壽更異。

案春秋，魯桓公六年七月，魯莊公生。今檢長曆，莊公生當乙亥之歲，建申之月。以此推之，莊公乃當祿之空亡。依祿命書，法合貧賤，又犯勾絞六害，背驛馬三刑，當此生者，並無官爵。火命七月，生當病鄉，爲人尫弱，身合矬陋。今案齊詩譏莊公「猗嗟昌兮，頎若長兮。美目揚兮，巧趨蹌兮」。唯有向命一條，法當長命。依檢春秋，莊公薨時計年四十五矣。此則祿命不驗一也。

又案史記，秦莊襄王四十八年，始皇帝生，宋忠注云：「因正月生，乃名政。」依檢襄王四十八年，歲在壬寅。此年正月生者，命當背祿，法無官爵，假得祿合，奴婢尙少。始皇又當破驛馬三刑，身剋驛馬，法當望官不到；金命正月，生當絕下，爲人無始有終，老而彌吉。今檢史記，始皇乃是有始無終，老更彌凶。唯建命生，法合長壽，計其崩時，不過五十。祿命不驗二也。

又漢武故事，武帝以乙酉之歲七月七日平旦時生。亦當祿空亡下，法無官爵，雖向驛馬，尙隔四辰。依祿命法，少無官榮，老而方盛。今檢漢書，武帝卽位，年始十六，末年已後，戶口減半。祿命不驗三也。

又按後魏書云：孝文皇帝皇興元年八月生。今按長曆，其年歲在丁未。以此推

之，孝文皇帝背祿命，并驛馬三刑，身剋驛馬。依祿命書，法無官爵，命當父死中生，法當生不見父。今檢魏書，孝文皇帝身受其父顯祖之禪。禮云：嗣子位定於初喪，踰年之後，方始正號。是以天子無父，事三老也。孝文受禪，異於常禮，躬率天下，以事其親，而祿命云不合識父。祿命不驗四也。

又按沈約宋書云：宋高祖癸亥歲三月生。依此而推，祿之與命，並當空亡。依祿命書，法無官爵，又當子墓中生，唯宜嫡子，假有次子，法當早卒。今檢宋書，高祖長子先被篡弒，次子義隆，享國多年。高祖又當祖祿下生，法得嫡孫財祿。今檢宋書，其孫劉劭、劉濬並爲篡逆，幾失宗祧。祿命不驗五也。

敍葬書曰：

易曰：「古之葬者，衣之以薪，不封不樹，喪期無數。後世聖人易之以棺槨，蓋取諸大過。」禮云：「葬者，藏也，欲使人不得見之。」然孝經云：「卜其宅兆而安厝之。」以其顧復事畢，長爲感慕之所；窀穸禮終，永作魂神之宅。朝市遷變，不得豫測於將來；泉石交侵，不可先知於地下。是以謀及龜筮，庶無後艱，斯乃備於愼終之禮，曾無吉凶之義。曁乎近代以來，加之陰陽葬法；或選年月便利，或量墓田遠近，一事失所，禍及死生，巫者利其貨賄，莫不擅加妨害。遂使葬書一術，乃有百二十家，各說吉凶，拘而多

忌。且天覆地載，乾坤之理備焉；一剛一柔，消息之義詳矣。或成於晝夜之道，感於男女之化，三光運於上，四氣通於下，斯乃陰陽之大經，不可失之於斯須也。至於喪葬之吉凶，乃附此爲妖妄。

傳云：王者七日而殯，七月而葬；諸侯五日而殯，五月而葬；大夫經時而葬；士及庶人逾月而已。此則貴賤不同，禮亦異數。欲使同盟同軌，赴弔有期，量事制宜，遂爲常式。法既一定，不得違之。故先期而葬，謂之不懷；後期而不葬，譏之殆禮。此則葬有定期，不擇年月，一也。

春秋又云：丁巳，葬定公，雨，不克葬，至於戊午襄事。禮經善之。禮記云「卜葬先遠日」者，蓋選月終之日[三]，所以避不懷也。今檢葬書，以己亥之日用葬最凶。謹按春秋之際，此日葬者凡有二十餘件。此則葬不擇日，二也。

禮記又云：「周尙赤，大事用平旦；殷尙白，大事用日中；夏尙黑，大事用昏時。」鄭玄注云：「大事者何？謂喪葬也。」此則直取當代所尙，不擇時之早晚。春秋云，鄭卿子產及子太叔葬鄭簡公，於時司墓大夫室當葬路。若壞其室，卽平旦而窆；不壞其室，卽日中而窆。子產不欲壞室，欲待日中。子太叔云：「若至日中而窆，恐久勞諸侯大夫來會葬者。」然子產既云博物君子，太叔乃爲諸侯之選，國之大事，無過喪葬，必是義

有吉凶，斯等豈得不用。今乃不問時之得失，唯論人事可否。曾子問云：「葬逢日蝕，捨於路左，待明而行，所以備非常也。」若依葬書，多用乾、艮二時，並是近半夜，此卽文與禮違。今檢禮傳，葬不擇時，三也。

葬書云，富貴官品，皆由安葬所致；年命延促，亦曰墳壠所招。然今按孝經云：「立身行道，則揚名於後世，以顯父母。」易曰：「聖人之大寶曰位，何以守位曰仁。」是以日愼一日，則澤及於無疆，苟德不建，則而人無後，此則非由安葬吉凶而論福祚延促。臧孫有後於魯，不關葬得吉日；若敖絕祀於荆，不由遷厝失所。此則安葬吉凶不可信用，其義四也。

今之喪葬吉凶，皆依五姓便利。古之葬者，並在國都之北，域兆既有常所，何取姓墓之義？趙氏之葬，並在九原；漢之山陵，散在諸處。上利下利，蔑爾不論；大墓小墓，其義安在？及其子孫富貴不絕，或與三代同風，或分六國而王。此則五姓之義，大無稽古；吉凶之理，何從而生？其義五也。

且人臣名位，進退何常，亦有初賤而後貴，亦有始泰而終否。是以子文三已令尹，展禽三黜士師。卜葬一定，更不迴改，冢墓既成，曾不革易，則何因名位無時暫安。故知官爵弘之在人，不由安葬所致，其義六也。

野俗無識，皆信葬書，巫者詐其吉凶，愚人因而徼幸。遂使擗踊之際，擇葬地而希官品；荼毒之秋，選葬時以規財祿。或云辰日不宜哭泣，遂莞爾而對賓客受弔；或云同屬忌於臨壙，乃吉服不送其親。聖人設教，豈其然也？葬書敗俗，一至於斯，其義七也。

太宗又令才造方域圖及教飛騎戰陣圖，皆稱旨，擢授太常丞。永徽初，預修文思博要及姓氏錄。顯慶中，高宗以琴曲古有白雪，近代頓絕，使太常增修舊曲。才上言曰：「臣按禮記及家語云，舜彈五弦之琴，歌南風之詩。是知琴操曲弄，皆合於歌。又張華博物志云：白雪是天帝使素女鼓五十弦瑟曲名。又楚大夫宋玉對襄王云，有客於郢中歌陽春白雪，國中和者數十人。是知白雪琴曲，本宜合歌，以其調高，人和遂寡。自宋玉已來，迄今千祀，未有能歌白雪曲者。臣今準敕，依琴中舊曲，定其宮商，然後教習，並合於歌，輒以御製雪詩爲白雪歌詞。又案古今樂府，奏正曲之後，皆別有送聲，君唱臣和，事彰前史。今取太尉長孫無忌、僕射于志寧、侍中許敬宗等奉和雪詩以爲送聲，合十六節，今悉教訖，並皆合韻。」高宗大悅，更作白雪歌詞十六首，付太常編於樂府。

時右監門長史蘇敬上言，陶弘景所撰本草，事多舛謬。詔中書令許敬宗與才及李淳風、禮部郎中孔志約，并諸名醫，增損舊本，仍令司空李勣總監定之，并圖合成五十四卷，大行於代。

才龍朔中爲太子司更大夫。麟德二年卒。著隋記二十卷，行於時。子方毅，七歲能誦周易、毛詩，太宗聞其幼敏，召見，甚奇之，賜以綵帛。後爲右衞鎧曹參軍。母終，哀慟過禮，竟以毀卒。布車載喪，隨母轜車而葬。友人郎餘令以白粥玄酒，生芻一束，於路隅奠祭，甚爲時人之所哀惜。

史臣曰：孝孫定晉律，仁均正曆數，淳風候象緯，呂才推陰陽，訂於其倫，咸以爲裨、梓、京、管之流也。然旋宮三代之法，秦火籍煬，歷代缺其正音，而云孝孫復始，大可歎也。淳風精於術數，能知女主革命，而不知其人，則所未喻矣。呂才覈拘忌之曲學，皆有經據，不亦賢乎！古人所以存而不議，蓋有意焉。

贊曰：祖、傅、淳、才，彰往考來。裁筠嶰谷，運籌淸臺。推迎斡運，圖寫昭回。重黎之後，諸子賢哉！

校勘記

〔一〕沈重　「沈」字各本原作「洗」，據御覽卷五六四改。沈重，見周書卷四五儒林傳，本書卷四六經籍志有沈重撰鍾律五卷。

〔二〕黃道規月遊規　各本原作「道月遊」，據唐會要卷四二補。

〔三〕蓋選月終之日　「蓋」字各本原作「晝」，據通典卷一〇五、唐會要卷三六改。

舊唐書卷八十

列傳第三十

褚遂良　韓瑗　來濟　上官儀

褚遂良，散騎常侍亮之子也。大業末，隨父在隴右，薛舉僭號，署爲通事舍人。舉敗歸國，授秦州都督府鎧曹參軍。貞觀十年，自祕書郎遷起居郎。遂良博涉文史，尤工隸書，父友歐陽詢甚重之。太宗嘗謂侍中魏徵曰：「虞世南死後，無人可以論書。」徵曰：「褚遂良下筆遒勁，甚得王逸少體。」太宗卽日召令侍書。太宗嘗出御府金帛購求王羲之書迹，天下爭齎古書詣闕以獻，當時莫能辯其眞僞，遂良備論所出，一無舛誤。

十五年，詔有事太山，先幸洛陽，有星孛于太微，犯郎位。遂良言於太宗曰：「陛下撥亂反正，功超前烈，將告成東嶽，天下幸甚。而行至洛陽，彗星輒見，此或有所未允合者也。且漢武優柔數年，始行岱禮，臣愚伏願詳擇。」太宗深然之，下詔罷封禪之事。其年，遷諫議

大夫，兼知起居事。太宗嘗問曰：「卿知起居，記錄何事，大抵人君得觀之否？」遂良對曰：「今之起居，古左右史，書人君言事，且記善惡，以爲鑒誡，庶幾人主不爲非法。不聞帝王躬自觀史。」太宗曰：「朕有不善，卿必記之耶？」遂良曰：「守道不如守官，臣職當載筆，君舉必記。」黃門侍郎劉洎曰：「設令遂良不記，天下亦記之矣。」太宗以爲然。

時魏王爲太宗所愛，禮秩如嫡。其年，太宗問侍臣曰：「當今國家何事最急？」中書侍郎岑文本曰：「傳稱『導之以德，齊之以禮』，由斯而言，禮義爲急。」遂良進曰：「當今四方仰德，誰敢爲非？但太子、諸王，須有定分，陛下宜爲萬代法以遺子孫。」太宗曰：「此言是也。但朕年將五十，已覺衰怠。既以長子守器東宮，弟及庶子數將五十，心常憂慮，頗在此耳。但自古嫡庶無良佐〔一〕，何嘗不傾敗國家。公等爲朕搜訪賢德，以傳儲宮，爰及諸王，咸求正士。且事人歲久，卽分義情深，非意窺窬，多由此作。」於是限王府官僚不得過四考。

十七年〔二〕，太宗問遂良曰：「舜造漆器，禹雕其俎，當時諫舜、禹者十餘人。食器之間，苦諫何也？」遂良對曰：「雕琢害農事，纂組傷女工。首創奢淫，危亡之漸。漆器不已，必金爲之，金器不已，必玉爲之。所以諍臣必諫其漸，及其滿盈，無所復諫。」太宗以爲然，因曰：「夫爲人君，不憂萬姓而事奢淫，危亡之機可反掌而待也。」

時皇子年幼者多任都督、刺史，遂良上疏曰：「昔兩漢以郡國理人，除郡以外，分立諸

子，割土分疆，雜用周制。皇唐州縣，粗依秦法。皇子幼年，或授刺史，陛下豈不以王之骨肉，鎮扞四方？此之造制，道高前烈。如臣愚見，有小未盡。何者？刺史郡帥，民仰以安。得一善人，部內蘇息；遇一不善，合州勞弊。是以人君愛恤百姓，常爲擇賢。或稱河潤九里，京師蒙福；或人興歌詠，生爲立祠。漢宣帝云：『與我共理者，惟良二千石。』如臣愚見，陛下兒子內年齒尚幼未堪臨人者，且留京師，敎以經學。一則畏天之威，不敢犯禁；二則觀見朝儀，自然成立。因此積習，自知爲人。審堪臨州，然後遣出。臣謹按漢明、章、和三帝，能友愛子弟，自茲已降，取爲準的。封立諸王，雖各有國土，年尚幼小者，召留京師，訓以禮法，垂以恩惠。訖三帝世，諸王數十百人，唯二王稍惡，自餘餐和染敎，皆爲善人。則前事已驗，惟陛下詳察。」太宗深納之。

其年，太子承乾以罪廢，魏王泰入侍，太宗面許立爲太子，因謂侍臣曰：「昨青雀自投我懷云：『臣今日始得與陛下爲子，更生之日也。臣唯有一子，臣百年之後，當爲陛下殺之，傳國晉王。』父子之道，故當天性，我見其如此，甚憐之。」遂良進曰：「陛下失言。伏願審思，無令錯誤也。安有陛下百年之後，魏王執權爲天下之主，而能殺其愛子，傳國於晉王者乎？陛下昔立承乾爲太子，而復寵愛魏王，禮數或有踰於承乾者，良由嫡庶不分，所以至此。殷鑒不遠，足爲龜鏡。陛下今日既立魏王，伏願陛下別安置晉王，始得安全耳。」太宗涕泗交

下曰：「我不能。」卽日召長孫無忌、房玄齡、李勣與遂良等定策，立晉王爲皇太子。

時頻有飛雉集於宮殿之內，太宗問羣臣曰：「是何祥也？」對曰：「昔秦文公時，有童子化爲雉，雌者鳴於陳倉，雄者鳴於南陽。童子曰：『得雄者王，得雌者霸。』文公遂以爲寶雞。後漢光武得雄，遂起南陽而有四海。陛下舊封秦王，故雄雉見於秦地，此所以彰表明德也。」太宗悅曰：「立身之道，不可無學，遂良博識，深可重也。」尋授太子賓客。

時薛延陀遣使請婚，太宗許以女妻之，納其財聘，既而不與。遂良上疏曰：

臣聞信爲國本，百姓所歸，是以文王許枯骨而不違，仲尼寧去食而存信。延陀蠡歲乃一俟斤耳，値神兵北指，盪平沙塞，狼山、瀚海，萬里蕭條，陛下兵加諸外而恩起於內，以爲餘寇奔波，須立酋長，璽書鼓纛，立爲可汗。其懷恩光，仰天無極，而餘方戎狄，莫不聞知，以共沐和風，同飡恩信。頃者頻年遣使，請婚大國，陛下復降鴻私，許其姻媾。於是報吐蕃，告思摩，示中國，五尺童子人皆知之。於是御幸北門，受其獻食，于時百僚端笏，戎夷左衽，虔奉歡宴，皆承德音，口歌手舞，樂以終日。百官會畢，亦各有言，咸以爲陛下欲得百姓安寧，不欲邊境交戰，遂不惜一女而妻可汗，預在含生，所以感德。今一朝生進退之意，有改悔之心，臣為國家惜茲聲聽。

君子不失色於物，不失口於人。晉文公圍原，命三日糧，原不降，命去之。諜出曰：

「原將降矣。」軍吏請待之，公曰：「信，國之寶也，民之庇也。得原失信，何以庇之？」陛下慮生意表，信在言前，今者臨事，忽然乖殊，所惜尤少，所失滋多。情既不通，方生嫌隙，一方所以相畏忌，邊境不得無風塵，西州、朔方，能無勞擾？彼胡以主被欺而心怨，此士以此無信而懷慚，不可以訓戎兵，不可以勵軍事。伏惟陛下以聖德神功，廓清四表，自君臨天下，十有七載，以仁恩而結庶類，以信義而撫戎夷，莫不欣然，負之無力。其見在之人，皆思報厚德；其所生胤嗣，亦望報陛下子孫。今者得一公主配之，以成陛下之信，有始有卒，其唯聖人乎！

且又龍沙以北，部落無算，中國擊之，終不能盡，亦由可比敗，芮芮興，突厥亡，延陀盛。時以古人虛外實內，懷之以德，爲惡在夷不在華，失信在彼不在此。伏惟陛下聖德無涯，威靈遠震，遂平高昌，破吐渾，立延陀，滅頡利。輕刑薄賦，庶事無壅，菽粟豐賤，祥符累臻。此則堯、舜、禹、湯不及陛下遠矣。伏願旁垂愷悌，廣茲含育，而常嗔絕域，有意遠藩，非偃伯興文之道，非止戈爲武之義。臣以庸暗，忝居左右，敢獻瞽言，不勝戰懼。

時太宗欲親征高麗，顧謂侍臣曰：「高麗莫離支賊殺其王，虐用其人。夫出師弔伐，當乘機便，今因其弒虐，誅之甚易。」遂良對曰：「陛下兵機神算，人莫能知。昔隋末亂離，手平

寇亂。及北狄侵邊，西蕃失禮，陛下欲命將擊之，羣臣莫不苦諫，陛下獨斷進討，卒並誅夷。海內之人，徼外之國，畏威懾伏，爲此舉也。今陛下將興師遼東，臣意熒惑。何者？陛下神武，不比前代人君，兵既渡遼，指期克捷，萬一差跌，無以威示遠方，若再發忿兵，則安危難測。」太宗深然之。兵部尚書李勣曰：「近者延陀犯邊，陛下必欲追擊，此時陛下取魏徵之言，遂失機會。若如聖策，延陀無一人生還，可五十年間疆場無事。」帝曰：「誠如卿言，由魏徵誤計耳。朕不欲以一計不當而尤之，後有良算，安肯矢謀。」由是從勣之言，經畫渡遼之師。遂良以太宗銳意三韓，懼其遺悔，翌日上疏諫曰：

臣聞有國家者譬諸身，兩京等於心腹，四境方乎手足，他方絕域若在身外。臣近於坐下，伏奉口敕，布語臣下，云自欲伐遼。臣數夜思量，不達其理。高麗王爲陛下之所立，莫離支輒殺其主，陛下討逆收地，斯實乘機。關東賴陛下德澤，久無征戰，但命二、三勇將發兵四、五萬，飛石輕梯，取如迴掌。夫聖人有作，必履常規，貴能克平兇亂，駕馭才傑。惟陛下弘兩儀之道，扇三五之風，提厲人物，皆思効命。昔侯君集、李靖，所謂庸夫，猶能掃萬里之高昌，平千載之突厥，皆是陛下發蹤指示，聲歸聖明。臣旁求史籍，訖乎近代，爲人之主，無自伐遼，人臣往征，則有之矣。漢朝則荀彘、楊僕，魏代則毋丘儉、王頎；司馬懿猶爲人臣，慕容眞僭號之子，皆爲其主長驅高麗，

虜其人民，削平城壘。陛下立功同於天地，美化包於古昔，自當超邁於百王，豈止俯同於六子。陛下昔翦平寇逆，大有爪牙，年齒未衰，猶堪任用，匪唯陛下之所使，亦何行而不克。

方今太子新立，年實幼少，自餘藩屏，陛下所知。今一旦棄金湯之全，渡遼海之外，臣忽三思，煩愁並集。大魚依於巨海，神龍據於川泉，此謂人君不可輕而遠也。且以長遼之左，或遇霖淫，水潦騰波，平地數尺。夫帶方、玄菟，海途深渺，非萬乘所宜行踐。東京、太原，謂之中地，東攜可以爲聲勢，西指足以摧延陀，其於西京，逕路非遠。爲其節度，以設軍謀，繫莫離支頸，獻皇家之廟。此實處安全之上計，社稷之根本，特乞天慈，一垂省察。

太宗不納。十八年，拜黃門侍郎，參綜朝政。

高麗莫離支遣使貢白金，遂良言於太宗曰：「莫離支虐弒其主，九夷所不容，陛下以之興兵，將事弔伐，爲遼山之人報主辱之恥。古者，討弒君之賊，不受其賂。昔宋督遺魯君以郜鼎，桓公受之於太廟，臧哀伯諫曰：『君人者昭德塞違，今滅德立違，而置其賂器於太廟，百官象之，其又何誅焉？武王克商，遷九鼎於洛邑，義士猶或非之，而況將昭違亂之賂器，置諸太廟，其若之何？』夫春秋之書，百王取法，若受不臣之筐篚，納弒逆之朝貢，不以爲

愆，何所致伐？臣謂莫離支所獻，自不得受。」太宗納焉，以其使屬吏。

太宗既滅高昌，每歲調發千餘人防遏其地，遂良上疏曰：

臣聞古者哲后，必先事華夏而後夷狄，務廣德化，不事遐荒。是以周宣薄伐，至境而止；始皇遠塞，中國分離。漢武負文、景之聚財，玩士馬之餘力，始通西域，初置校尉。軍旅連出，將三十年。復得天馬於宛城，採蒲萄於安息。而海內虛竭，生人失所，租及六畜，算至舟車，因之凶年，盜賊並起。搜粟都尉桑弘羊復希主意，遣士卒遠田輪臺，築城以威西域。帝翻然追悔，情發於中，棄輪臺之野，下哀痛之詔，人神感悅，海內乃康。向使武帝復用弘羊之言，天下生靈皆盡之矣。是以光武中興，不踰葱嶺；孝章即位，都護來歸。

陛下誅滅高昌，威加西域，收其鯨鯢，以爲州縣。然則王師初發之歲，河西供役之年，飛芻輓粟，十室九空，數郡蕭然，五年不復。陛下歲遣千餘人遠事屯戍，終年離別，萬里思歸。去者資裝，自須營辦，既賣菽粟，傾其機杼。經途死亡，復在其外，兼遣罪人，增其防遏。彼罪人者，生於販肆，終朝惰業，犯禁違公，止能擾於邊城，實無益於行陣。所遺之內，復有逃亡，官司捕捉，爲國生事。高昌途路，沙磧千里，冬風冰冽，夏風如焚，行人去來，遇之多死。易云：「安不忘危，理不忘亂。」設令張掖塵飛，酒泉烽舉，

陛下豈能得高昌一人菽粟而及事乎？終須發隴右諸州，星馳電擊。由斯而言，此河西者方於心腹，彼高昌者他人手足，豈得糜費中華，以事無用？書曰：「不作無益害有益。」其此之謂乎！

陛下道映先天，威行無外，平頡利於沙塞，滅吐渾於西海。突厥餘落，爲立可汗；吐渾遺甿，更樹君長。復立高昌，非無前例，此所謂有罪而誅之，既伏而立之。四海百蠻，誰不聞見，蠕動懷生，畏威慕德。宜擇高昌可立者立之，徵給首領，遣還本國，負戴洪恩，長爲藩翰。中國不擾，既富且寧，傳之子孫，以貽永世。

二十年，太宗於寢殿側別置一院，令太子居，絕不令往東宮。遂良復上疏諫曰：

臣聞周世問安，三至必退；漢儲視膳，五日乃來。前賢作法，規模弘遠。禮曰：男子十年出就外傳，出宿於外，學書計也。然則古之達者，豈無慈心，減茲私愛，欲使成立。凡人尙猶如此，況君之世子乎。自當春誦夏絃，親近師傅，體人間之庶事，適君臣之大道，使翹足延首，皆聆善聲。若獻歲之有陽春，玄天之有日月，弘此懿德，乃作元良。伏惟陛下道育三才，功包九有，親樹太子，莫不欣欣。既云廢昏立明，須稱天下瞻望〔三〕，而教成之道，實深乖闕。不離膝下，常居宮內，保傅之說無暢，經籍之談蔑如。且朋友不可以深交，深交必有怨；父子不可以滯愛，滯愛或生愆。伏願遠覽殷、周，近

遵漢、魏，不可頓革，事須階漸。嘗計旬日，半遣還宮，專學藝以潤身，布芳聲於天下，則微臣雖死，猶曰生年。

太宗從之。

遂良前後諫奏及陳便宜書數十上，多見採納。其年，加銀青光祿大夫。二十一年，以本官檢校大理卿，尋丁父憂解。明年，起復舊職，俄拜中書令。

二十三年，太宗寢疾，召遂良及長孫無忌入臥內，謂之曰：「卿等忠烈，簡在朕心。昔漢武寄霍光，劉備託葛亮，朕之後事，一以委卿。太子仁孝，卿之所悉，必須盡誠輔佐，永保宗社。」又顧謂太子曰：「無忌、遂良在，國家之事，汝無憂矣。」仍命遂良草詔。高宗即位，賜爵河南縣公。永徽元年，進封郡公。尋坐事出爲同州刺史。三年，徵拜吏部尙書、同中書門下三品，監修國史，加光祿大夫。其月，又兼太子賓客。四年，代張行成爲尙書右僕射，依舊知政事。

六年，高宗將廢皇后王氏，立昭儀武氏爲皇后，召太尉長孫無忌、司空李勣、尙書左僕射于志寧及遂良以籌其事。將入，遂良謂無忌等曰：「上意欲廢中宮，必議其事，遂良今欲陳諫，衆意如何？」無忌曰：「明公必須極言，無忌請繼焉。」及入，高宗難於發言，再三顧謂無忌曰：「莫大之罪，絕嗣爲甚。皇后無胤息，昭儀有子，今欲立爲皇后，公等以爲何如？」

遂良曰：「皇后出自名家，先朝所娶，伏事先帝，無愆婦德。先帝不豫，執陛下手以語臣曰：『我好兒好婦，今將付卿。』陛下親承德音，言猶在耳。皇后自此未聞有愆，恐不可廢。臣今不敢曲從，上違先帝之命，特願再三思審。愚臣上忤聖顏，罪合萬死，但願不負先朝厚恩，何顧性命。」遂良致笏於殿陛，曰：「還陛下此笏。」仍解巾叩頭流血。帝大怒，令引出。長孫無忌曰：「遂良受先朝顧命，有罪不加刑。」翌日，帝謂李勣曰：「冊立武昭儀之事，遂良固執不從。遂良既是受顧命大臣，事若不可，當且止也。」勣對曰：「此乃陛下家事，不合問外人。」帝乃立昭儀爲皇后，左遷遂良潭州都督。顯慶二年，轉桂州都督。未幾，又貶爲愛州刺史。明年，卒官，年六十三。

遂良卒後二歲餘，許敬宗、李義府奏言長孫無忌所構逆謀，並遂良扇動，乃追削官爵，子孫配流愛州。弘道元年二月，高宗遺詔放還本郡。神龍元年，則天遺制復遂良及韓瑗爵位。

韓瑗，雍州三原人也。祖紹，隋太僕少卿。父仲良，武德初爲大理少卿，受詔與郎楚之等掌定律令。仲良言於高祖曰：「周代之律，其屬三千，秦法已來，約爲五百。若遠依周制，

繁紊更多。且官吏至公，自當奉法，苟若徇己，豈顧刑名？請崇寬簡，以允惟新之望。」高祖然之。於是採定開皇律行之，時以爲便。貞觀中，位至刑部尙書、秦州都督府長史、潁川縣公。

瑗少有節操，博學有吏才。貞觀中，累至兵部侍郎，襲父潁川公。永徽三年，拜黃門侍郎。四年，與中書侍郎來濟皆同中書門下三品，監修國史。五年，加銀青光祿大夫。六年，遷侍中，其年兼太子賓客。

時高宗欲廢王皇后，瑗涕泣諫曰：「皇后是陛下在藩府時先帝所娶，今無愆過，欲行廢黜，四海之士，誰不惕然。且國家屢有廢立，非長久之術。願陛下爲社稷大計，無以臣愚不垂採察。」帝不納。明日，瑗又諫，悲泣不能自勝，帝大怒，促令引出。尋而尙書左僕射褚遂良以忤旨左授潭州都督，瑗復上疏理之曰：

古之聖王，立諫鼓，設謗木，冀欲聞逆耳之言，甘苦口之議，發揚大化，裨益洪猷；垂令譽於將來，播休聲於不朽者也。伏見詔書以褚遂良爲潭州都督，臣夙夜思之，用增感激。臣識慚知遠，業謝通經，載撫愚情，誠爲未可。

遂良運偶昇平，道昭前烈，束髮從宦，方淹累稔。趨侍陛下，俄歷歲年，不聞涓滴之愆，常覩勤勞之効。竭忠誠於早歲，罄直道於茲年，體國忘家，捐身徇物，風霜其操，

鐵石其心。誠可重於皇明，詎事方於曩昔。且先帝納之於帷幄，寄之以心膂，德逾水石，義冠舟車，公家之利，言無不可。及纏悲四海，遏密八音，竭忠國家，親承顧託，一德無二，千古懍然。此不待臣言，陛下備知之矣。臣嘗有此心，未敢聞奏。且萬姓失業，旰食忘勞，一物不安，納隍軫慮。在於微細，寧得過差。況社稷之舊臣，陛下之賢佐，無聞罪狀，斥去朝廷，內外甿黎，咸嗟舉措。觀其近日言事，披誠懇切，詎肯後陛下之德異於堯、舜，懼陛下之過塵於史册。而乃深遭厚謗，重負醜言，可以痛志士之心，損陛下之明也。

臣聞晉武弘裕，不貽劉毅之誅；漢祖深仁，無恚周昌之直。而遂良被遷，已經寒暑，違忤陛下，其罰塞焉。伏願緬鑒無辜，稍寬非罪，俯矜微款，以順人情。

疏奏，帝謂瑗曰：「遂良之情，朕亦知之矣。然其悖戾犯上，以此責之，朕豈有過，卿言何若是之深也！」瑗對曰：「遂良可謂社稷忠臣，臣恐以諛佞之輩，蒼蠅點白，損陷忠貞。昔微子去之而殷國以亡，張華不死而綱紀不亂，國之欲謝，善人其衰。今陛下富有四海，八紘清泰，忽驅逐舊臣，而不垂省察乎！伏願違彼覆車，以收往過，垂勸誠於事君，則羣生幸甚。」帝竟不納。

瑗以言不見用，憂憤上表，請歸田里，詔不許。顯慶二年，許敬宗、李義府希皇后之旨，

誣奏瑗與褚遂良潛謀不軌，以桂州用武之地，故授遂良桂州刺史，實以爲外援。於是更貶遂良爲愛州刺史，左授瑗振州刺史。四年，卒官，年五十四。明年，長孫無忌死，敬宗等又奏瑗與無忌通謀，遣使殺之。及使至，瑗已死，更發棺驗屍而還，籍沒其家，子孫配徙嶺表。神龍元年，則天遺制令復其官爵。

來濟，揚州江都人，隋左翊衛大將軍榮國公護子也。宇文化及之難，闔門遇害。濟幼逢家難，流離艱險，而篤志好學，有文詞，善談論，尤曉時務。舉進士。貞觀中，累轉通事舍人。太子承乾之敗，太宗謂侍臣曰：「欲何以處承乾？」羣臣莫敢對，濟進曰：「陛下上不失作慈父，下得盡天年，卽爲善矣。」帝納其言。俄除考功員外郎。十八年，初置太子司議郎，妙選人望，遂以濟爲之，仍兼崇賢館直學士。尋遷中書舍人，與令狐德棻等撰晉書。

永徽二年，拜中書侍郎，兼弘文館學士，監修國史。四年，同中書門下三品。五年，加銀青光祿大夫，以修國史功封南陽縣男，賜物七百段。六年，遷中書令、檢校吏部尚書。

時高宗欲立昭儀武氏爲宸妃，濟密表諫曰：「宸妃古無此號，事將不可。」武皇后既立，濟等懼不自安，后乃抗表稱濟忠公，請加賞慰，而心實惡之。顯慶元年，兼太子賓客，進爵爲侯，中書令如故。二年，又兼太子詹事。尋而許敬宗等奏濟與褚遂良朋黨構扇，左授台州刺史。五年，徙庭州刺史。龍朔二年，突厥入寇，濟總兵拒之，謂其衆曰：「吾嘗挂刑網，蒙赦性命，當以身塞責，特報國恩。」遂不釋甲冑赴賊，沒於陣。時年五十三。贈楚州刺史，給靈輿遞還鄉。有文集三十卷，行於代。

濟兄恆，有學行，與濟齊名。上元中，官至黃門侍郎、同中書門下三品。

上官儀，本陝州陝人也。父弘，隋江都宮副監，因家于江都。大業末，弘爲將軍陳稜所殺，儀時幼，藏匿獲免。因私度爲沙門，遊情釋典，尤精三論，兼涉獵經史，善屬文。貞觀初，楊仁恭爲都督，深禮待之。舉進士。太宗聞其名，召授弘文館直學士，累遷祕書郎。時太宗雅好屬文，每遣儀視草，又多令繼和，凡有宴集，儀嘗預焉。俄又預撰晉書成，轉起居郎，加級賜帛。高宗嗣位，遷祕書少監。龍朔二年，加銀青光祿大夫、西臺侍郎、同東西臺三品，兼弘文館學士如故。本以詞彩自達，工於五言詩，好以綺錯婉媚爲本。儀既貴顯，故當時多有效其體者，時人謂爲上官體。儀頗恃才任勢，故爲當代所嫉。麟德元年，宦者

王伏勝與梁王忠抵罪，許敬宗乃構儀與忠通謀，遂下獄而死，家口籍沒。子庭芝，歷位周王府屬，與儀俱被殺。庭芝有女，中宗時爲昭容，每侍帝草制誥，以故追贈儀爲中書令、秦州都督、楚國公，庭芝黃門侍郎、岐州刺史、天水郡公，仍令以禮改葬。

史臣曰：褚河南上書言事，亹亹有經世遠略。魏徵、王珪之後，骨鯁風彩，落落負王佐器者，殆難其人，名臣事業，河南有焉。昔齊人饋樂而仲尼去，戎王溺妓而由余奔，婦人之言，聖哲懼罹其禍，況二佞據衡軸之地，爲正人之魑魅乎！古之志士仁人，一言相期，死不之悔，況於君臣之間，受託孤之寄，而以利害禍福，忘平生之言哉！而韓、來諸公，可謂守死善道，求福不回者焉。

贊曰：褚公之言，和樂愔愔。鍾石在簴，動成雅音。二猘雙吠，三賢一心。人皆觀望，我不浮沉。

校勘記

〔一〕但自古嫡庶無良佐 「自」「佐」二字各本原無，據唐會要卷四補。

〔二〕十七年 「十」字各本原無，據通鑑卷一九六補。

〔三〕須稱天下瞻望 「下」字各本原作「地」，據册府卷三二七、英華卷六九五改。

舊唐書卷八十一

列傳第三十一

崔敦禮 盧承慶 劉祥道 李敬玄 李義琰 孫處約
樂彥瑋 趙仁本

崔敦禮，雍州咸陽人，隋禮部尚書仲方孫也。其先本居博陵，世爲山東著姓，魏末徙關中。敦禮本名元禮，高祖改名焉。頗涉文史，重節義，嘗慕蘇子卿之爲人。武德中，拜通事舍人。九年，太宗使敦禮往幽州召廬江王瑗。瑗舉兵反，執敦禮，問京師之事，敦禮竟無異詞。太宗聞而壯之，遷左衞郎將，賜以良馬及黃金雜物。貞觀元年，擢拜中書舍人，遷兵部侍郎，頻使突厥。累轉靈州都督。二十年，徵爲兵部尚書。又奉詔安撫迴紇、鐵勒部落。時延陀寇邊，敦禮與英國公李勣擊破之。又有瀚海都督迴紇吐迷度爲其下所殺，詔敦禮往就部落綏輯之，因立其嗣子而還。敦禮深識蕃情，凡

所奏請，事多允會。永徽四年，代高季輔爲侍中，累封固安縣公，仍修國史。六年，加光祿大夫，代柳奭爲中書令，尋又兼檢校太子詹事。敦禮以老疾屢陳乞請退。顯慶元年，拜太子少師，仍同中書門下三品。敕召其子定襄都督府司馬餘慶使侍其疾。尋卒，年六十餘。高宗舉哀於東雲龍門，賜東園祕器，贈開府儀同三司、并州大都督，陪葬昭陵，賻絹布八百段、米粟八百石，謚曰昭。

子餘慶，官至兵部尚書。敦禮孫貞愼，神龍初爲兵部侍郎。

盧承慶，幽州范陽人。隋武陽太守思道孫也。父赤松，大業末爲河東令，與高祖有舊，聞義師至霍邑，棄縣迎接，拜行臺兵部郎中。武德中，累轉率更令，封范陽郡公，尋卒。

承慶美風儀，博學有才幹，少襲父爵。貞觀初，爲秦州都督府戶曹參軍，因奏河西軍事，太宗奇其明辯，擢拜考功員外郎。累遷民部侍郎。太宗嘗問歷代戶口多少之數，承慶敍夏、殷以後迄于周、隋，皆有依據，太宗嗟賞久之。尋令兼檢校兵部侍郎，仍知五品選事。承慶辭曰：「選事職在尚書，臣今掌之，便是越局。」太宗不許，曰：「朕今信卿，卿何不自信

也？」俄歷雍州別駕、尚書左丞。

永徽初，爲褚遂良所構，出爲益州大都督府長史。遂良俄又求索承慶在雍州舊事奏之，由是左遷簡州司馬。歲餘，轉洪州長史。會高宗將幸汝州之溫湯，擢承慶爲汝州刺史，入爲光祿卿。顯慶四年，代杜正倫爲度支尚書，仍同中書門下三品。尋坐度支失所，出爲潤州刺史，再遷雍州長史，加銀青光祿大夫。

總章二年，代李乾祐爲刑部尚書，以年老請致仕，許之，仍加金紫光祿大夫。三年，病卒，年七十六。臨終誡其子曰：「死生至理，亦猶朝之有暮。吾終，斂以常服；晦朔常饌，不用牲牢；墳高可認，不須廣大；事辦即葬，不須卜擇；墓中器物，甆漆而已；有棺無槨，務在簡要；碑誌但記官號、年代，不須廣事文飾。」贈幽州都督，謚曰定。

弟承業，亦有學識。貞觀末，官至雍州長史、檢校尚書左丞。兄弟相次居此任，時人榮之。俄坐承慶事左遷忠州刺史。顯慶初，復爲雍州長史。前後皆有能名。三遷左肅機，兼掌司列選事，賜爵魏縣子。總章中，卒於揚州大都督府長史，贈洛州刺史，謚曰簡。

承業弟承泰，齊州長史。承泰子齊卿，長安初，爲雍州錄事參軍。時則天令雍州長史薛季昶擇僚吏堪爲御史者〔一〕，季昶以聞齊卿，薦長安尉盧懷慎李休光、萬年尉李乂崔湜、咸陽丞倪若水、盩厔尉田崇辟、新豐尉崔日用，後皆至大官。齊卿，開元初爲豳州刺史，時

張守珪爲果毅，齊卿禮接之，謂曰：「十年內當知節度。」果如其言，時人謂齊卿有人倫之鑒。齊卿好酒，飲至斗餘不亂，寬厚可親，士友以此善之。累遷太子詹事，封廣陽縣公，尋卒。

承慶弟孫藏用，別有傳。

劉祥道，魏州觀城人也。父林甫，武德初爲內史舍人，時兵機繁速，庶事草創，高祖委林甫專典其事，以才幹見稱。尋詔與中書令蕭瑀等撰定律令，林甫因著律議萬餘言。久之，擢拜中書侍郎，賜爵樂平男。貞觀初，再遷吏部侍郎。初，隋代赴選者，以十一月爲始，至春即停，選限既促，選司多不究悉。時選人漸衆，林甫奏請四時聽選，隨到注擬，當時甚以爲便。時天下初定，州府及詔使多有赤牒授官，至是停省，盡來赴集，將萬餘人，林甫隨才銓擢，咸得其宜。時人以林甫典選，比隋之高孝基。三年，病卒，臨終上表薦賢，太宗甚嘉悼之，賜絹二百五十匹。

祥道少襲父爵。永徽初，歷中書舍人、御史中丞、吏部侍郎。顯慶二年，遷黃門侍郎，仍知吏部選事。祥道以銓綜之術猶有所闕，乃上疏陳其得失。其一曰：

今之選司取士，傷多且濫：每年入流數過一千四百，傷多也；雜色入流，不加銓簡，是傷濫也。經明行修之士，猶或罕有正人，多取胥徒之流，豈能皆有德行。即知共釐務者，善人少而惡人多。有國以來，已四十載，尚未刑措，豈不由此乎！但服膺先王之道者，奏第然始付選；趨走几案之間者，不簡便加祿秩。稽古之業，雖則難知，斗筲之材，何其易進？其雜色應入流人，望令曹司試判訖，簡爲四等奏聞。第一等付吏部，第二等付兵部，次付主爵，次付司勳。其行署等私犯公坐情狀可責者，雖經赦降，亦量配三司；不經赦降者，放還本貫。冀入流不濫，官無冗雜，且令胥徒之輩，漸知勸勉。

其二曰：

古之選者，爲官擇人，不聞取人多而官員少。今官員有數，入流無限，以有數供無限，遂令九流繁總，人隨歲積。謹約準所須人，量支年別入流者。今內外文武官一品以下，九品已上，一萬三千四百六十五員，略舉大數，當一萬四千人。壯室而仕，耳順而退，取其中數，不過支三十年。此則一萬四千人，三十年而略盡。若年別入流者五百人，經三十年便得一萬五千人，定須者一萬三千四百六十五人，足充所須之數。況三十年之外，在官者猶多，此便有餘，不慮其少。今年常入流者，遂逾一千四百，計應

須數外，其餘兩倍。又常選放還者，仍停六七千人，更復年別新加，實非處置之法。

其三曰：

儒爲教化之本，學者之宗，儒教不興，風俗將替。今庠序遍於四海，儒生溢於三學，誘掖之方，理實爲備，而獎進之道，事或未周。但永徽已來，于今八載，在官者以善政粗聞，論事者以一言可採，莫不光被綸音，超升不次。而儒生未聞恩及，臣故以爲獎進之道未周。

其四曰：

國家富有四海，已四十年，百姓官僚，未有秀才之舉。豈今人之不如昔人，將薦賢之道未至？寧可方稱多士，遂間斯人。望六品已下，爰及山谷，特降綸言，更審搜訪，仍量爲條例，稍加優獎。不然，赫赫之辰，斯舉遂絕，一代盛事，實爲朝廷惜之。

其五曰：

唐、虞三載考績，黜陟幽明。兩漢用人，亦久居其職。所以因官命氏，有倉、庾之姓。魏、晉以來，事無可紀。今之在任，四考即遷。官人知將秩滿，必懷去就；百姓見有遷代，能無苟且。以去就之人，臨苟且之輩，責以移風易俗，其可得乎！望經四考，就任加階，至八考滿，然後聽選。還淳反樸，雖未敢必期；送故迎新，實稍減勞弊。

其六曰：

尚書省二十四司及門下中書都事、主書、主事等〔三〕，比來選補，皆取舊任流外有刀筆之人。縱欲參用士流，皆以儔類爲恥，前後相承，遂成故事。但掖省崇峻，王言祕密，尚書政本，人物攸歸，而多用胥徒，恐未盡銓衡之理。望有釐革，稍清其選。

明年，中書令杜正倫亦言入流人多，爲政之弊。高宗遣祥道與正倫詳議其事。時公卿已下憚於改作，事竟不行。

祥道尋以修禮功，進封陽城縣侯。四年，遷刑部尚書，每覆大獄，必歔欷累歎，奏決之日，爲之再不食。龍朔元年，權檢校蒲州刺史。三年，兼檢校雍州長史，俄遷右相。祥道性謹慎，既居宰相，深懷憂懼，數自陳老疾，請退就閑職。俄轉司禮太常伯，罷知政事。麟德二年，將有事於泰山，有司議依舊禮，皆以太常卿爲亞獻，光祿卿爲終獻。祥道駁曰：「昔在三代，六卿位重，故得佐祠。漢、魏以來，權歸臺省，九卿皆爲常伯屬官。今登封大禮，不以八座行事，而用九卿，無乃徇虛名而忘實事乎！」高宗從其議，竟以司徒徐王元禮爲亞獻，祥道爲終獻。事畢，進爵廣平郡公。乾封元年，又上表乞骸骨，優制加金紫光祿大夫，聽致仕。其年卒，年七十一，贈幽州都督，謚曰宣。子齊賢襲爵。

齊賢，初自侍御史出爲晉州司馬，高宗聞其方正，甚禮之。時將軍史興宗嘗從帝於苑

中弋獵，因言晉州出好鷂，劉齊賢見爲司馬，請使捕之。帝曰：「劉齊賢豈是覓鷂人耶！卿何以此待之？」遂止。齊賢後避章懷太子名，改名景先。永淳中，累遷黃門侍郎、同中書門下平章事。則天臨朝，代裴炎爲侍中。及裴炎下獄，景先與鳳閣侍郎胡元範抗詞明其不反，則天甚怒之。炎既誅死，景先左遷普州刺史，未到，又貶授吉州長史。永昌年，爲酷吏所陷，繫於獄，自縊死，仍籍沒其家。景先自祖、父三代皆爲兩省侍郎及典選，又叔父吏部郎中應道、從父弟禮部侍郎令植等八人，前後爲吏部郎中員外，有唐已來，無有其比云。

李敬玄，亳州譙人也。父孝節，穀州長史。敬玄博覽羣書，特善五禮。貞觀末，高宗在東宮，馬周啓薦之，召入崇賢館，兼預侍讀，仍借御書讀之。敬玄雖風格高峻，有不可犯之色，然勤於造請，不避寒暑，馬周及許敬宗等皆推薦延譽之。乾封初，歷遷西臺舍人、弘文館學士。

總章二年，累轉西臺侍郎，兼太子右中護、同東西臺三品，兼檢校司列少常伯。時員外郎張仁禕有時務才，敬玄以曹事委之。仁禕始造姓曆，改修狀樣、銓曆等程式，處事勤勞，遂以心疾而卒。敬玄因仁禕之法，典選累年，銓綜有序。自永徽以後，選人轉多，當其任

者，罕聞稱職，及敬玄掌選，天下稱其能。預選者歲有萬餘人，每於街衢見之，莫不知其姓名。其被放有訴者，即口陳其書判失錯及身負殿累，略無差殊。時人咸服其強記，莫之敢欺。選人有杭州參軍徐太玄者，初在任時，同僚有張惠犯贓至死，太玄哀其母老，乃詣獄自陳與惠同受。惠贓數既少，遂得減死，太玄亦坐免官，不調十餘年。敬玄知而大嗟賞之，擢授鄭州司功參軍，太玄由是知名，後官至祕書少監、申王師，以德行爲時所重。敬玄賞鑒多此類也。咸亨二年，授中書侍郎，餘並如故。三年，加銀青光祿大夫，行吏部侍郎，依舊兼太子右庶子、同中書門下三品。四年，監修國史。上元二年，拜吏部尚書，仍依舊兼太子左庶子，監修國史、同中書門下三品。

敬玄久居選部，人多附之。前後三娶，皆山東士族，又與趙郡李氏合譜，故臺省要職，多是其同族婚媾之家。高宗知而不悅，然猶不彰其過。儀鳳元年，代劉仁軌爲中書令。調露二年，吐蕃入寇，仁軌先與敬玄不協，遂奏請敬玄鎮守西邊。敬玄自以素非邊將之才，固辭。高宗謂曰：「仁軌若須朕，朕即自往，卿不得辭也。」竟以敬玄爲洮河道大總管，兼安撫大使，仍檢校鄯州都督，率兵以禦吐蕃。及將戰，副將工部尚書劉審禮先鋒擊之。敬玄聞賊至，狼狽却走。審禮既無繼援，遂沒于陣。俄有詔留敬玄於鄯州防禦，敬玄累表稱疾，乞還醫療，許之。既入見，驗疾不重，高宗責其詐妄，又積其前後愆失，貶授衡州刺史。稍遷

揚州大都督府長史。永淳元年卒，年六十八，贈兗州都督。撰禮論六十卷、正論三卷、文集三十卷。

子思沖，神龍初，歷工部侍郎、左羽林軍將軍，從節愍太子誅武三思，事敗見殺，籍沒其家。

敬玄弟元素，亦有吏才，初爲武德令。時懷州刺史李文暕將調率金銀造常滿樽以獻，百姓甚弊之，官吏無敢異議者。元素抗詞固執，文暕乃損其制度，以家財營之。延載元年，自文昌左丞遷鳳閣侍郎、鳳閣鸞臺平章事，加銀青光祿大夫。萬歲通天二年，坐與洛州錄事參軍綦連耀交結，爲武懿宗所陷，被殺。神龍初雪免。

李義琰，魏州昌樂人，常州刺史玄道族孫也。其先自隴西徙山東，世爲著姓。父玄德，瓌陶令。義琰少舉進士，累補太原尉。時李勣爲并州都督，僚吏皆望風懾懼，義琰獨廷折曲直，勣甚禮之。義琰，麟德中爲白水令，有能名，拜司刑員外郎。上元中，累遷中書侍郎，又授太子右庶子、同中書門下三品。時天后預知國政，高宗嘗欲下詔令后攝知國事，義琰與中書令郝處俊固爭，以爲不可，事竟寢。義琰身長八尺，博學多識，高宗每有顧問，言皆

切直。章懷太子之廢也，高宗慰勉官僚，盡捨罪，令復其位，庶子薛元超等皆舞蹈謝恩，義琰獨引罪涕泣，時論美之。

義琰宅無正寢，弟義璡爲岐州司功參軍，乃市堂材送焉。及義璡來觀，義琰謂曰：「以吾爲國相，豈不懷愧，更營美室，是速吾禍，此豈愛我意哉！」義璡曰：「凡人仕爲丞尉，即營第宅，兄官高祿重，豈宜卑陋以逼下也？」義琰曰：「事難全遂，物不兩興。既有貴仕，又廣其宇，若無令德，必受其殃。吾非不欲之，懼獲戾也。」竟不營構，其木爲霖雨所腐而棄之。

義琰後改葬父母，使舅氏移其舊塋，高宗知而怒曰：「豈以身在樞要，凌蔑外家，此人不可更知政事。」義琰聞而不自安，以足疾上疏乞骸骨，乃授銀青光祿大夫，聽致仕。乃將歸東都田里，公卿已下祖餞於通化門外，時人以比漢之二疏。垂拱初，起爲懷州刺史。義琰自以失則天意，恐禍及，固辭不拜。四年，卒於家。

義琰從祖弟義琛，永淳初，爲雍州長史。時關輔大飢，高宗令貧人散於商、鄧逐食。義琛恐黎人流轉，因此不還，固爭之。由是忤旨，出爲梁州都督，轉岐州刺史，稱爲良吏。卒官。

高宗時宰相，又有孫處約、樂彥瑋、趙仁本，並有名跡。

孫處約者，汝州郟城人也。貞觀中，爲齊王祐記室。祐既失德，處約數上書諫之。祐既誅，太宗親檢其家文疏，得處約諫書，甚嗟賞之。累轉中書舍人。其年，中書令杜正倫奏請更授一舍人，與處約同知制誥，高宗曰：「處約一人足辦我事，何須多也。」處約以預修太宗實錄成，賜物七百段。三遷中書侍郎，與李勣、許敬宗同知國政。尋避中宮諱，改名茂道。坐事左轉司禮少常伯。顯慶中，拜少司成，以老疾請致仕，許之，尋卒。

子佺，睿宗時爲左羽林大將軍，征契丹戰歿。

樂彥瑋者，雍州長安人。顯慶中，爲給事中。時故侍中劉洎之子詣闕上言洎貞觀末爲褚遂良所譖枉死，稱冤請雪，中書侍郎李義府又左右之。高宗以問近臣，衆希義府之旨，皆言其枉。彥瑋獨進曰：「劉洎大臣，舉措須合軌度，人主暫有不豫，豈得即擬負國。先朝所責，未是不愜。且國君無過舉，若雪洎之罪，豈可謂先帝用刑不當乎？」然其言，遂寢其事。彥瑋尋丁憂，起爲唐州刺史。及入辭，高宗記其言直，復拜東臺舍人。累遷西臺侍郎、同東西臺三品。乾封元年，代劉仁軌爲大司憲，官名復舊，改爲御史大夫。上元三年卒，贈秦州都督。永昌年，以子思晦貴，重贈揚州大都督。

思晦，則天時官至鸞臺侍郎，兼檢校天官尚書、同鳳閣鸞臺三品，爲酷吏所殺。

趙仁本者，陝州河北人也。貞觀中，累轉殿中侍御史。自義寧已來，詔敕皆手自纂錄，臨事皆暗記之，甚爲當時所伏。會有敕差一御史遠使，同列遞相辭託，仁本越次請行，晉於治書侍御史馬周曰：「食君之祿，死君之事，雖復跋涉艱險，所不敢辭也。」及迴，事又稱旨，擢吏部員外郎。乾封中，歷遷東臺侍郎、同東西臺三品，尋轉司列少常伯，知政事如故。時許敬宗爲右相，頗任權勢，仁本拒其請託，遂爲敬宗所搆，俄授尚書左丞，罷知政事。咸亨初卒官。

史臣曰：崔、盧數公，皆以忠清文行，致位樞要，恪恭匪懈，以保名位，誠所謂持盈守成，太平之君子。然敬玄之擢太玄，可謂能舉善者矣。義琰腐材而不營第舍，可謂有儉德矣。彥瑋獨遏姦臣，仁本請當遠使，終昇輔相，不亦宜乎！

贊曰：盧、劉兩族，奕世名卿。二李、二樂，俱號公清。權臣獨抗，美第不營。以茲輔弼，無愧德聲。

校勘記

〔一〕薛季昶　「昶」字各本原作「旭」，據本書卷一八五上薛季昶傳、新書卷一〇六盧承慶傳改。

〔二〕尚書省二十四司及門下中書都事主書主事等　「門下」下各本原有「省」字，據冊府卷四七三刪。

舊唐書卷八十二

列傳第三十二

許敬宗 李義府 少子湛

許敬宗，杭州新城人，隋禮部侍郎善心子也。其先自高陽南渡，世仕江左。敬宗幼善屬文，舉秀才，授淮陽郡司法書佐，俄直謁者臺，奏通事舍人事。江都之難，善心爲宇文化及所害，敬宗流轉投於李密，密以爲元帥府記室，與魏徵同爲管記。武德初，赤牒擬漣州別駕。太宗聞其名，召補秦府學士。貞觀八年，累除著作郎，兼修國史，遷中書舍人。十年，文德皇后崩，百官縗絰。率更令歐陽詢狀貌醜異，衆或指之，敬宗見而大笑，爲御史所劾，左授洪州都督府司馬。累遷給事中，兼修國史。十七年，以修武德、貞觀實錄成，封高陽縣男，賜物八百段，權檢校黃門侍郎。高宗在春宮，遷太子右庶子。十九年，太宗親伐高麗，皇太子定州監國，敬宗與高士廉等共知機要。中書令岑文本卒於行所，令敬宗以本官檢校中書

侍郎。太宗大破遼賊於駐蹕山，敬宗立於馬前受旨草詔書，詞彩甚麗，深見嗟賞。

先是，庶人承乾廢黜，宮僚多被除削，久未收敍。敬宗上表曰：「臣聞先王慎罰，務在於恤刑；往哲寬仁，義在於宥過。聖人之道，莫尚于茲。竊見廢宮官僚〔一〕，五品以上，除名棄斥，頗歷歲時。但庶人疇昔之年，身處不疑之地，苞藏悖逆，陰結宰臣，所預姦謀，多連宗戚。禍生慮表〔二〕，非可防萌，宮內官僚，迥無關預。今乃投鼠及器，孰謂無冤？焚山毀玉，稍同遷怒。伏尋先典，例有可原。昔吳國陪臣，則爰絲不坐於劉濞；昌邑中尉，則王吉免緣於海昏。譬諸欒布，乃策名於彭越；比乎田叔，亦委質於張敖。主以凶逆，陷其誅夷；臣以賢良，荷彼收擢。歷觀往代，此類尤多；近者有隋，又遵斯義。楊勇之廢，罪止加於佞人，李綱之徒，皆不預於刑網。古今裁其折衷，史籍稱爲美談。而今張玄素、令狐德棻、趙弘智、裴宣機、蕭鈞等，並砥節勵操，有雅望於當朝；經明行修，播令名於天下。或以直言而遭簍扑，或以忤意而見猜嫌，一概雷同，並罹天憲，恐於王道，傷在未弘。」由是玄素等稍得敍用。

二十一年，加銀青光祿大夫。

高宗嗣位，代于志寧爲禮部尚書。敬宗嫁女與蠻酋馮盎之子，多納金寶，爲有司所劾，左授鄭州刺史。永徽三年，入爲衛尉卿，加弘文館學士，兼修國史。六年，復拜禮部尚書。

高宗將廢皇后王氏而立武昭儀，敬宗特贊成其計。長孫無忌、褚遂良、韓瑗等並直言忤旨，敬宗與李義府潛加誣構，並流死於嶺外。

顯慶元年，加太子賓客，尋册拜侍中，監修國史。三年，進封郡公，尋贈其父善心爲冀州刺史。高宗因於古長安城遊覽，問侍臣曰：「朕觀故城舊基，宮室似與百姓雜居，自秦、漢已來，幾代都此？」敬宗對曰：「秦都咸陽，郭邑連跨渭水，故云『渭水貫都，以象天河』。至漢惠帝始築此城，其後苻堅、姚萇、後周並都之。」帝又問：「昆明池是漢武帝何年中開鑿？」敬宗對曰：「武帝遣使通西南夷，而爲昆明滇池所閉〔三〕，欲伐昆明國，故因鎬之舊澤，以穿此池，用習水戰，元狩三年事也。」帝因令敬宗與弘文館學士具檢秦、漢已來歷代宮室處所以奏。其年，代李義府爲中書令，任遇之重，當朝莫比。

龍朔二年，從新令改爲右相，加光祿大夫。三年，册拜太子少師、同東西臺三品，並依舊監修國史。乾封初，以敬宗年老，不能行步，特令與司空李勣每朝日各乘小馬入禁門至內省。

敬宗自掌知國史，記事阿曲。初，虞世基與敬宗父善心同爲宇文化及所害，封德彝時爲內史舍人，備見其事，因謂人曰：「世基被誅，世南匍匐而請代；善心之死，敬宗舞蹈以求生。」人以爲口實，敬宗深銜之，及爲德彝立傳，盛加其罪惡。敬宗嫁女與左監門大將軍

錢九隴，本皇家隸人，敬宗貪財與婚，乃爲九隴曲敍門閥，妄加功績，并升與劉文靜、長孫順德同卷。敬宗爲子娶尉遲寶琳孫女爲妻，多得賂遺，及作寶琳父敬德傳，悉爲隱諸過咎。太宗作威鳳賦以賜長孫無忌，敬宗改云賜敬德。白州人龐孝泰，蠻酋凡品，率兵從征高麗，賊知其懦，襲破之。敬宗又納其寶貨，稱孝泰頻破賊徒，斬獲數萬，漢將驍健者，唯蘇定方與龐孝泰耳，曹繼叔、劉伯英皆出其下。虛美隱惡如此。初，高祖、太宗兩朝實錄，其敬播所修者，頗多詳直，敬宗又輒以己愛憎曲事刪改，論者尤之。然自貞觀已來，朝廷所修五代史及晉書、東殿新書、西域圖志、文思博要、文館詞林、累壁、瑤山玉彩、姓氏錄、新禮，皆總知其事，前後賞賚，不可勝紀。

敬宗好色無度。其長子昂頗有才藻，歷位太子舍人，母裴氏早卒。裴侍婢有姿色，敬宗嬖之，以爲繼室，假姓虞氏。昂素與通，烝之不絕。敬宗怒黜虞氏，加昂以不孝，奏請流于嶺外。顯慶中，表乞昂還，除虔化令，尋卒。咸亨元年，抗表乞骸骨，詔聽致仕，仍加特進，俸祿如舊。三年薨，年八十一。高宗爲之舉哀，廢朝三日，詔文武百官就第赴哭，册贈開府儀同三司、揚州大都督，陪葬昭陵。文集八十卷。

太常將定謚，博士袁思古議曰：「敬宗位以才升，歷居清級，然棄長子於荒徼，嫁少女於夷落。聞詩學禮，事絕於趨庭；納采問名，唯聞於黷貨。白圭斯玷，有累清塵，易名之典，

中華書局

須憑實行。按謚法『名與實爽曰繆』，請謚爲『繆』。」敬宗孫太子舍人彥伯不勝其恥，與思古大相忿競，又稱思古與許氏先有嫌隙，請改謚官。太常博士王福畤議曰：「謚者，飾終之稱也，得失一朝，榮辱千載。若使嫌隙是實，即合據法推繩；如其不虧直道，義不可奪，官不可侵，二三其德，何以言禮？福畤忝當官守，匪躬之故。若順風阿意，背直從曲，更是甲令虛設，將謂禮院無人，何以激揚雅道，顧視同列！請依思古謚議爲定。」戶部尚書戴至德謂福畤曰：「高陽公任遇如此，何以定謚爲『繆』？」答曰：「昔晉司空何曾薨，太常博士秦秀謚爲繆醜公。何曾既忠且孝，徒以日食萬錢，所以貶爲繆醜。況敬宗忠孝不逮於曾，飲食男女之累，有逾於何氏，而謚之爲『繆』，無負於許氏矣。」時有詔令尚書省五品已上重議〔四〕，禮部尚書楊思敬議稱〔五〕：「按謚法『既過能改曰恭』，請謚曰『恭』。」詔從其議。

彥伯，昂之子，起家著作郎。敬宗末年文筆，多令彥伯代作。又納婢妾讒言，奏流於嶺表，後遇赦得還，除太子舍人。早卒，有集十卷。

李義府，瀛州饒陽人也。其祖爲梓州射洪縣丞，因家於永泰。貞觀八年，劍南道巡察大使李大亮以義府善屬文，表薦之。對策擢第，補門下省典儀。黃門侍郎劉洎、持書御史

馬周皆稱薦之，尋除監察御史。又敕義府以本官兼侍晉王。及昇春宮，除太子舍人，加崇賢館直學士，與太子司議郎來濟俱以文翰見知，時稱來、李。義府嘗獻承華箴，其辭曰：

邃初冥昧，元氣氤氳。二儀始闢，三才既分。司乾立宰，出震爲君。化昭淳朴，道映典墳。功成揖讓，事極華、勛。肇興夏啓，降及姬文。咸資繼德，永樹高芬。百代沿襲，千齡奉聖。粵若我后，丕承寶命。允穆三階，爰齊七政。時雍化洽，風移俗盛。載崇國本，式延家慶。震維標德，離言體正。寄切宗祧，事隆監撫。思皇茂則，敬詢端輔。業光啓、誦，藝優干羽。九載崇儒，三朝問豎。歷選儲儀，遺文在斯。望試登俎，高諭喬枝。俯容思順，非禮無施。前修盛業，來哲通規。飭躬是蹈，則叡問風馳；立志或爽，則玄猷日虧。無恃尊極，修途難測；無恃親賢，失德靡全。勿輕小善，積小而名自闢；勿輕微行，累微而身自正。佞諛有類，邪巧多方。其萌不絕，其害必彰。監言斯屏，儲業攸昌。竊惟令嗣，有殊前事。雖以貴以賢，而非長非次。皇明睠德，超倫作貳。匪懋聲華，莫酬恩異。匪崇徽烈，莫符天志。勉之又勉，光茲守器。下臣司箴，敢告近侍。

太子表上其文，優詔賜帛四十匹，又令預撰晉書。

高宗嗣位，遷中書舍人。永徽二年，兼修國史，加弘文館學士。高宗將立武昭儀爲皇后，義府嘗密申協贊，尋擢拜中書侍郎、同中書門下三品，監修國史，賜爵廣平縣男。義府

貌狀溫恭，與人語必嬉怡微笑，而褊忌陰賊。既處權要，欲人附己，微忤意者，輒加傾陷。故時人言義府笑中有刀，又以其柔而害物，亦謂之「李貓」。

顯慶元年，以本官兼太子右庶子，進爵爲侯。有洛州婦人淳于氏，坐姦繫於大理，義府聞其姿色，囑大理丞畢正義求爲別宅婦，特爲雪其罪。卿段寶玄疑其故，遽以狀聞，詔令按其事，正義惶懼自縊而死。侍御史王義方廷奏義府犯狀，因言其初容貌爲劉洎、馬周所幸，由此得進，言詞猥褻。帝怒，出義方爲萊州司戶，而不問義府姦濫之罪。義府云：「王御史妄相彈奏，得無愧乎？」義方對云：「仲尼爲魯司寇七日，誅少正卯於兩觀之下；義方任御史旬有六日，不能去姦邪於雙闕之前，實以爲愧。」尋兼太子左庶子。

二年，代崔敦禮爲中書令，兼檢校御史大夫，監修國史、學士並如故。尋加太子賓客，進封河間郡公。三年，又追贈其父德晟爲魏州刺史，諸子孩抱者並列清官，詔爲造甲第，榮寵莫之能比。而義府貪冒無厭，與母、妻及諸子、女婿賣官鬻獄，其門如市。多引腹心，廣樹朋黨，傾動朝野。初，杜正倫爲中書侍郎，義府時任典儀，至是乃與正倫同爲中書令。正倫每以先進自處，不下義府，而中書侍郎李友益密與正倫共圖議義府，更相伺察。義府知而密令人封奏其事。正倫與義府訟於上前，各有曲直。上以大臣不和，兩責之，左貶義府爲普州刺史，正倫爲橫州刺史，友益配流峯州。四年，復召義府兼吏部尚書、同中書門下三品，自

餘官封如故。

龍朔元年，丁母憂去職。二年，起復爲司列太常伯、同東西臺三品。義府尋請改葬其祖父，營墓於永康陵側。三原令李孝節私課丁夫車牛，爲其載土築墳，晝夜不息。於是高陵、櫟陽、富平、雲陽、華原、同官、涇陽等七縣以孝節之故，懼不得已，悉課丁車赴役。高陵令張敬業恭勤怯懦，不堪其勞，死於作所。王公已下，爭致贈遺，其羽儀、導從、轜輴、器服，並窮極奢侈。又會葬車馬、祖奠供帳，自灞橋屬於三原，七十里間，相繼不絕。武德已來，王公葬送之盛，未始有也。

義府本無藻鑑才，怙武后之勢，專以賣官爲事，銓序失次，人多怨讟。時殷王初出閤，又以義府兼王府長史。三年，遷右相，殷王府長史仍知選事並如故。義府入則諂言自媚，出則肆其姦宄，百僚畏之，無敢言其過者。帝頗知其罪失，從容誡義府云：「聞卿兒子、女婿皆不謹慎，多作罪過，我亦爲卿掩覆，未即公言，卿可誡勗，勿令如此。」義府勃然變色，腮頸俱起，徐曰：「誰向陛下道此？」上曰：「但我言如是，何須問我所從得耶！」義府睕然，殊不引咎，緩步而去，上亦優容之。

初，五禮儀注自前代相沿，吉凶畢舉，太常博士蕭楚材、孔志約以皇室凶禮爲預備凶事，非臣子所宜言之，義府深然之，於是悉刪而焚焉。義府既貴之後，又自言本出趙郡，始

與諸李敍昭穆，而無賴之徒苟合，藉其權勢，拜伏爲兄叔者甚衆。給事中李崇德初亦與同譜敍昭穆，及義府出爲普州刺史，遂即除削。義府聞而銜之，及重爲宰相，乃令人誣構其罪，竟下獄自殺。初，貞觀中，太宗命吏部尚書高士廉、御史大夫韋挺、中書侍郎岑文本、禮部侍郎令狐德棻等及四方士大夫諳練門閥者修氏族志，勒成百卷，升降去取，時稱允當，頒下諸州，藏爲永式。義府恥其家代無名，乃奏改此書，專委禮部郎中孔志約、著作郎楊仁卿、太子洗馬史玄道、太常丞呂才重修。志約等遂立格云：「皇朝得五品官者，皆升士流。」於是兵卒以軍功致五品者，盡入書限，更名爲姓氏錄。由是搢紳士大夫多恥被甄敍，皆號此書爲「勳格」。義府仍奏收天下氏族志本焚之。關東魏、齊舊姓，雖皆淪替，猶相矜尙，自爲婚姻。義府爲子求婚不得，乃奏隴西李等七家，不得相與爲婚。

陰陽占候人杜元紀爲義府望氣，云「所居宅有獄氣，發積錢二千萬乃可厭勝」。義府信之，聚斂更急切。義府居母服，有制朔望給哭假，義府輒微服與元紀凌晨共出城東，登古塚候望，哀禮都廢。由是人皆言其窺覘災眚，陰懷異圖。義府又遣其子右司議郎津召長孫無忌之孫延，謂曰：「相爲得一官，數日詔書當出。」居五日，果授延司津監，乃取延錢七百貫。於是右金吾倉曹參軍楊行穎表言義府罪狀，制下司刑太常伯劉祥道與侍御詳刑對推其事，仍令司空李勣監焉。按皆有實，乃下制曰：「右相、行殷王府長史、河間郡公李義府

洩禁中之語，鬻寵授之朝恩；交占候之人，輕朔望之哀禮。蓄邪黷貨，實玷衣冠；稔惡嫉賢，載虧政道。特以任使多年，未忍便加重罰，宜從遐棄，以肅朝倫。可除名長流嶲州。其子太子右司議郎津，專恃權門，罕懷忌憚，姦淫是務，賄賂無厭，交遊非所，潛報機密，亦宜明罰，屏跡荒裔。可除名長流振州。」義府次子率府長史洽、千牛備身洋、子婿少府主簿柳元貞等，皆憑恃受贓，並除名長流廷州。朝野莫不稱慶，時人爲之語曰：「今日巨唐年，還誅四凶族。」四凶者，謂洽及柳元貞等四人也。或作河間道行軍元帥劉祥道破銅山大賊李義府露布，牓之通衢。義府先多取人奴婢，及敗，一時奔散，各歸其家，露布稱「混奴婢而亂放，各識家而競入」者，謂此也。

乾封元年，大赦，長流人不許還，義府憂憤發疾卒，年五十餘。文集三十卷，傳於代，又著宦遊記二十卷，尋亡失。自義府流放後，朝士常憂懼，恐其復來，及聞其死，於是始安。

上元元年，大赦，義府妻子得還洛陽。如意元年，則天以義府與許敬宗、御史大夫崔義玄、中書舍人王德儉、大理正侯善業、大理丞袁公瑜等六人，在永徽中有翊贊之功，追贈義府揚州大都督，義玄益州大都督，德儉魏州刺史，公瑜江州刺史。長安元年，又賜義府子左千牛衞將軍湛及敬宗諸子實封各三百戶，義玄子司賓卿基、德儉子殿中監璿實封各二百五十戶，善業子太子右庶子知一、公瑜子殿中丞忠臣實封各二百戶。睿宗即位，景雲元

年，並停義府等六家實封。

義府少子湛，年六歲時，以父貴授周王文學。神龍初，累遷右散騎常侍，襲封河間郡公。時鳳閣侍郎張柬之將誅張易之兄弟，遂引湛爲左羽林將軍，令與敬暉等啓請皇太子，備陳將誅易之兄弟意，太子許之。及兵發，湛與右羽林大將軍李多祚等詣東宮迎皇太子，拒而不時出，湛進啓曰：「逆豎反道亂常，將圖不軌，宗社危敗，實在須臾。湛等諸將與南衙執事克期誅翦，伏願殿下暫至玄武門，以副衆望。」太子曰：「凶豎悖亂，誠合誅夷，然聖躬不豫，慮有驚動。公等且止，以俟後圖。」湛曰：「諸將棄家族，共宰相同心戮力，匡輔社稷，殿下奈何不哀其懇誠而欲陷之鼎鑊？湛等徼命，雖不足惜，殿下速出自止遏。」太子乃馳馬就路。湛從至玄武門，斬關而入，率所部兵直至則天所寢長生殿，環繞侍衞。因奏：「臣等奉令誅逆賊易之、昌宗，恐有漏洩，遂不獲預奏。輒陳兵禁掖，是臣等死罪。」則天謂湛曰：「卿亦是誅易之軍將耶？我於汝父子恩不少，何至是也！」則天移就上陽宮，因留湛宿衞。中宗即位，拜右羽林大將軍，進封趙國公，加實封通前滿五百戶。頃之，復授左散騎常侍，累轉左領軍衞大將軍。開元初卒。崔義玄別有傳。

史臣曰：許高陽武德之際，已爲文皇入館之賓，垂三十年，位不過列曹尹，而馬周、劉洎起羈旅徒步，六七年間，皆登宰執。考其行實，則高陽之文學宏奧，周、洎無以過之，然而太宗任遇相殊者，良以高陽才優而行薄故也。及屬嗣君沖暗，嬖妾姦邪，阿附豺狼，窺圖權軸，人之兇險，一至於斯。仲尼所謂「雖有周公之才，不足觀也」。義府才思精密，所謂「猩猩能言」，鄙哉！

贊曰：貞觀文士，高陽、河間。圖形學館，染翰書山。進身以筆，得位由姦。爲虎傅翼，即又胡顏。

校勘記

〔一〕竊見廢宮官僚　「宮」、「僚」二字各本原無，據英華卷六一七、全唐文卷一五一補。

〔二〕禍生慮表　「慮」字各本原作「膚」，據唐會要卷五四、英華卷六一七、全唐文卷一五一改。

〔三〕爲昆明滇池所閉　「閉」字各本原作「開」，據冊府卷一〇四改。

〔四〕五品已上重議　「已上」各本原作「已下」，據唐會要卷七九、冊府卷五九五改。

〔五〕楊思敬　各本原作「袁思敬」，據本書卷六二楊恭仁傳、唐會要卷七九、冊府卷五九五改。

舊唐書卷八十三

列傳第三十三

郭孝恪　張儉　蘇定方　薛仁貴　程務挺　張士貴
趙道興

郭孝恪，許州陽翟人也。少有志節。隋末，率鄉曲數百人附於李密，密大悅之，謂曰：「昔稱汝、潁多奇士，故非謬也。」令與徐勣守黎陽。後密敗，勣令孝恪入朝送款，封陽翟郡公，拜宋州刺史。令與徐勣經營武牢已東，所得州縣，委以選補。其後，竇建德率衆來援王世充，孝恪於青城宮進策於太宗曰：「世充日踧月迫，力盡計窮，懸首面縛，翹足可待。建德遠來助虐，糧運阻絕，此是天喪之時。請固武牢，屯軍汜水，隨機應變，則易爲克殄。」太宗然其計。及破建德，平世充，太宗於洛陽置酒高會諸將曰：「郭孝恪謀擒建德之策，王長先龍門下米之功，皆出諸人之右也。」歷遷貝、趙、江、涇四州刺史，所在有能名，入爲太府少卿，轉

左驍衞將軍。

貞觀十六年，累授金紫光祿大夫，行安西都護、西州刺史。其地高昌舊都，士流與流配及鎮兵雜處，又限以沙磧，與中國隔絕，孝恪推誠撫御，大獲其歡心。初，王師之滅高昌也，制以高昌所虜焉耆生口七百盡還之。焉耆王尋叛歸欲谷可汗，朝貢稀至。令孝恪伺其機便，因表請擊之。以孝恪爲安西道行軍總管〔一〕，率步騎三千出銀山道以伐焉耆。孝恪夜襲其城，虜其王龍突騎支。太宗大悅，璽書勞之曰：「卿破焉耆，虜其僞王，功立威行，深副所委。但焉耆絕域，地阻天山，恃遠憑深，敢懷叛逆。卿望崇位重，報効情深，遠涉沙場，襲行罰罪。取其堅壁，曾不崇朝；再廓遊魂，遂無遺寇。緬思竭力，必大艱辛，超險成功，深足嘉尚。」

俄又以孝恪爲崑丘道副大總管以討龜茲，破其都城，孝恪自留守之，餘軍分道別進，龜茲國相那利率衆遁逃。孝恪以城外未賓，乃出營於外，有龜茲人來謂孝恪曰：「那利爲相，人心素歸，今亡在野，必思爲變。城中之人，頗有異志，公宜備之。」孝恪不以爲虞。那利等果率衆萬餘，陰與城內降胡表裏爲應。孝恪失於警候，賊將入城鼓譟，孝恪始覺之，乃率部下千餘人入城，與賊合戰。城中人復應那利，攻孝恪。孝恪力戰而入，至其王所居，旋復出，戰於城門，中流矢而死，孝恪子待詔亦同死於陣。賊竟退走，將軍曹繼叔復拔其城。

太宗聞之，初責孝恪不加警備，以致顛覆；後又憐之，爲其家舉哀。高宗即位，追贈安西都護、陽翟郡公，待詔贈遊擊將軍，仍賻物三百段。孝恪性奢侈，僕妾器玩，務極鮮華，雖在軍中，牀帳完具。嘗以遺行軍大總管阿史那社爾，社爾一無所受。太宗聞之曰：「二將優劣之不同也。郭孝恪今爲寇虜所屠，可謂自貽伊咎耳。」

次子待封，高宗時，官至左豹韜衞將軍。咸亨中，與薛仁貴率兵討吐蕃於大非川，戰敗，減死除名。

少子待聘，長安中官至宋州刺史。

張儉，雍州新豐人，隋相州刺史、皖城公威之孫也。父植，車騎將軍、連城縣公。儉即高祖之從甥也。貞觀初，以軍功累遷朔州刺史。時頡利可汗自恃強盛，每有所求，輒遣書稱敕，緣邊諸州，遞相承稟。及儉至，遂拒不受，太宗聞而嘉之。儉又廣營屯田，歲致穀十萬斛，邊糧益饒。及遭霜旱，勸百姓相贍，遂免飢餒，州境獨安。

後檢校勝州都督，以母憂去職。儉前在朔州，屬李靖平突厥之後，有思結部落，貧窮離散，儉招慰安集之。其不來者，或居磧北，既親屬分住，私相往還，儉並不拘責，但存綱紀，

羈縻而已。及儉移任，州司謂其將叛，遽以奏聞。朝廷議發兵進討，仍起儉爲使，就觀動靜。儉單馬推誠，入其部落，召諸首領，布以腹心，咸匍匐啓顙而至，便移就代州。即令檢校代州都督。儉遂勸其營田，每年豐熟。慮其私蓄富實，易生驕侈，表請和糴，擬充貯備，蕃人喜悅，邊軍大收其利。遷營州都督，兼護東夷校尉。

太宗將征遼東，遣儉率蕃兵先行抄掠。儉軍至遼西，爲遼水汎漲，久而未渡，太宗以爲畏懦，召還。儉詣洛陽謁見，面陳利害，因說水草好惡，山川險易，太宗甚悅，仍拜行軍總管，兼領諸蕃騎卒，爲六軍前鋒。時有獲高麗候者，稱莫離支將至遼東，詔儉率兵自新城路邀擊之，莫離支竟不敢出。儉因進兵渡遼，趨建安城，賊徒大潰，斬首數千級。以功累封皖城郡公，賞賜甚厚。其後，改東夷校尉爲東夷都護，仍以儉爲之。永徽初，加金紫光祿大夫。四年，卒於官，年六十，謚曰密。

儉兄大師，累以軍功仕至太僕卿、華州刺史、武功縣男。

儉弟延師，永徽初，累授左衞大將軍，封范陽郡公。延師廉謹周慎，典羽林屯兵前後三十餘年，未嘗有過，朝廷以此稱之。龍朔三年，卒官，贈荊州都督，謚曰敬，陪葬昭陵。

唐制三品已上，門列棨戟，儉兄弟三院門皆立戟，時人榮之，號爲「三戟張家」。

蘇定方，冀州武邑人也。父邕，大業末，率鄉閭數千人爲本郡討賊。定方驍悍多力，膽氣絕倫，年十餘歲，隨父討捕，先登陷陣。父卒，郡守又令定方領兵，破賊首張金稱于郡南，手斬金稱，又破楊公卿于郡西，追奔二十餘里，殺獲甚衆，鄉黨賴之。後仕竇建德，建德將高雅賢甚愛之，養以爲子。雅賢俄又爲劉黑闥攻陷城邑，定方每有戰功。及黑闥、雅賢死，定方歸鄉里。

貞觀初，爲匡道府折衝，隨李靖襲突厥頡利于磧口。靖使定方率二百騎爲前鋒，乘霧而行，去賊一里許，忽然霧歇，望見其牙帳，馳掩殺數十百人。頡利及隋公主狼狽散走，餘衆俯伏，靖軍既至，遂悉降之。軍還，授左武候中郎將。

永徽中，轉左衞勳一府中郎將，從左衞大將軍程知節征賀魯，爲前軍總管。至鷹娑川，突厥有二萬騎來拒，總管蘇海政與戰，互有前卻。既而突厥別部鼠尼施等又領二萬餘騎續至。定方正歇馬，隔一小嶺，去知節十許里，望見塵起，率五百騎馳往擊之，賊衆大潰，追奔二十里，殺千五百餘人，獲馬二千匹，死馬及所棄甲仗，緜亙山野，不可勝計。副大總管王文度害其功，謂知節曰：「雖云破賊，官軍亦有死傷，蓋決成敗法耳〔二〕，何爲此事？自今正可結爲方陣，輜重並納腹中，四面布隊，人馬被甲，賊來卽戰，自保萬全。無爲輕脫，致有

傷損。」又矯稱別奉聖旨，以知節恃勇輕敵，使文度爲其節制，遂收軍不許深入。終日跨馬，被甲結陣，由是馬多瘦死，士卒疲勞，無有戰志。定方謂知節曰：「本來討賊，今乃自守，馬餓兵疲，逢賊卽敗。怯懦如此，何功可立！又公爲大將，閫外之事不許自專，別遣軍副專其號令，理必不然。須囚繫文度，飛表奏之。」知節不從。至恆篤城〔三〕，有胡降附，文度又曰：「比我兵迴，彼還作賊，不如盡殺，取其資財。」定方曰：「如此自作賊耳，何成伐叛？」文度不從。及分財，唯定方一無所取。師還，文度坐處死，後得除名。

明年，擢定方爲行軍大總管，又征賀魯，以任雅相、迴紇婆潤爲副。自金山之北，指處木昆部落，大破之。其俟斤嬾獨祿以衆萬餘帳來降，定方撫之，發其千騎進至突騎施部。賀魯率胡祿屋闕啜、懾舍提暾啜、鼠尼施處半啜、處木昆屈律啜、五弩失畢兵馬，衆且十萬，來拒官軍，定方率迴紇及漢兵萬餘人擊之。賊輕定方兵少，四面圍之，定方令步卒據原，攢矟外向，親領漢騎陣於北原。賊先擊步軍，三衝不入，定方乘勢擊之，賊遂大潰，追奔三十里，殺人馬數萬。明日，整兵復進。於是胡祿屋等、五弩失畢悉衆來降，賀魯獨與處木昆屈律啜數百騎西走。餘五咄六闕賀魯敗，各向南道降于步眞，於是西蕃悉定。唯賀魯及咥運率其牙內餘衆而奔，定方追之，復大戰於伊麗水上，殺獲略盡。賀魯及咥運十餘騎逼夜亡走，定方遣副將蕭嗣業追捕之，至於石國，擒之而還。高宗臨軒，定方戎服操賀魯以獻，列其地爲州縣，極於西海。定方以功遷左驍衞大將軍，封邢國公，又封子慶節爲武邑縣公。

俄有思結闕俟斤都曼先鎮諸胡，擁其所部及疏勒、朱俱般、葱嶺三國復叛，詔定方爲安撫大使，率兵討之。至葉葉水，而賊保馬頭川。於是選精卒一萬人、馬三千匹馳掩襲之，一日一夜行三百里，詰朝至城西十里。都曼大驚，率兵拒戰於城門之外，賊師敗績，退保馬保城，王師進屯其門。入夜，諸軍漸至，四面圍之，伐木爲攻具，布列城下。都曼自知不免，面縛開門出降。俘還至東都，高宗御乾陽殿，定方操都曼特勤獻之，葱嶺以西悉定。以功加食邢州鉅鹿眞邑五百戶。

顯慶五年，從幸太原，制授熊津道大總管，率師討百濟。定方自城山濟海，至熊津江口，賊屯兵據江。定方升東岸，乘山而陣，與之大戰，揚帆蓋海，相續而至。賊師敗績，死者數千人，自餘奔散。遇潮且上，連舳入江，定方於岸上擁陣，水陸齊進，飛楫鼓譟，直趣眞都。去城二十許里，賊傾國來拒，大戰破之，殺虜萬餘人，追奔入郭。其王義慈及太子隆奔于北境，定方進圍其城。義慈次子泰自立爲王，嫡孫文思曰：「王與太子雖並出城，而身見在；叔總兵馬，卽擅爲王，假令漢兵退，我父子當不全矣。」遂率其左右投城而下，百姓從之，泰不能止。定方命卒登城建幟，於是泰開門頓顙。其大將禰植又將義慈來降，太子隆幷與諸城主皆同送款。百濟悉平，分其地爲六州。俘義慈及隆、泰等獻于東都。

定方前後滅三國，皆生擒其主，賞賜珍寶，不可勝計，仍拜其子慶節爲尚輦奉御。定方俄遷左武衞大將軍。乾封二年卒，年七十六。高宗聞而傷惜，謂侍臣曰：「蘇定方於國有功，例合褒贈，卿等不言，遂使哀榮未及。興言及此，不覺嗟悼。」遽下詔贈幽州都督，謚曰莊。

薛仁貴，絳州龍門人。貞觀末，太宗親征遼東，仁貴謁將軍張士貴應募，請從行。至安地，有郎將劉君昂爲賊所圍甚急，仁貴往救之，躍馬徑前，手斬賊將，懸其頭於馬鞍，賊皆懾伏，仁貴遂知名。及大軍攻安地城，高麗莫離支遣將高延壽、高惠眞率兵二十五萬來拒戰，依山結營，太宗分命諸將四面擊之。仁貴自恃驍勇，欲立奇功，乃異其服色，著白衣，握戟，腰鞬張弓，大呼先入，所向無前，賊盡披靡卻走。大軍乘之，賊乃大潰。太宗遙望見之，遣馳問先鋒白衣者爲誰，特引見，賜馬兩匹、絹四十匹，擢授游擊將軍、雲泉府果毅，仍令北門長上，幷賜生口十人。及軍還，太宗謂曰：「朕舊將並老，不堪受閫外之寄，每欲抽擢驍雄，莫如卿者。朕不喜得遼東，喜得卿也。」尋遷右領軍郎將，依舊北門長上。

永徽五年，高宗幸萬年宮，甲夜，山水猥至，衝突玄武門，宿衞者散走。仁貴曰：「安有

天子有急，輒敢懼死？」遂登門桄叫呼以驚宮內。高宗遽出乘高，俄而水入寢殿，上使謂仁貴曰：「頼得卿呼，方免淪溺，始知有忠臣也。」於是賜御馬一匹。

蘇定方之討賀魯也，於是仁貴上疏曰：「臣聞兵出無名，事故不成，明其爲賊，敵乃可伏。今泥熟仗素幹，不伏賀魯，爲賊所破，虜其妻子。漢兵有於賀魯諸部落得泥熟等家口，將充賤者，宜括取送還，仍加賜賚。即是矜其枉破，使百姓知賀魯是賊，知陛下德澤廣及也。」高宗然其言，使括泥熟家口送還之，於是泥熟等請隨軍効其死節。

顯慶二年，詔仁貴副程名振於遼東經略，破高麗於貴端城，斬首三千級。明年，又與梁建方、契苾何力於遼東共高麗大將溫沙門戰於橫山，仁貴匹馬先入，莫不應弦而倒。高麗有善射者，於石城下射殺十餘人，仁貴單騎直往衝之，其賊弓矢俱失，手不能舉，便生擒之。俄又與辛文陵破契丹於黑山，擒契丹王阿卜固及諸首領赴東都，以功封河東縣男。

尋又領兵擊九姓突厥於天山，將行，高宗內出甲，令仁貴試之。上曰：「古之善射有穿七札者，卿且射五重。」仁貴射而洞之，高宗大驚，更取堅甲以賜之。時九姓有衆十餘萬，令驍健數十人逆來挑戰，仁貴發三矢，射殺三人，自餘一時下馬請降。仁貴恐爲後患，並坑殺之。更就磧北安撫餘衆，擒其僞葉護兄弟三人而還。軍中歌曰：「將軍三箭定天山，戰士長歌入漢關。」九姓自此衰弱，不復更爲邊患。

乾封初，高麗大將泉男生率衆內附，高宗遣將軍龐同善、高侃等迎接之〔四〕。男生弟男建率國人逆擊同善等，詔仁貴統兵爲後援。同善等至新城，夜爲賊所襲。仁貴領驍勇赴救，斬首數百級。同善等又進至金山，爲賊所敗，高麗乘勝而進。仁貴橫擊之，賊衆大敗，斬首五萬餘級，遂拔其南蘇、木底、蒼巖等三城，始與男生相會。高宗手敕勞之曰：「金山大陣，凶黨實繁。卿身先士卒，奮不顧命，左衝右擊，所向無前，諸軍賈勇，致斯克捷。宜善建功業，全此令名也。」仁貴乘勝領二千人進攻扶餘城，諸將咸言兵少，仁貴曰：「在主將善用耳，不在多也。」遂先鋒而行，賊衆來拒，逆擊大破之，殺獲萬餘人，遂拔扶餘城。扶餘川四十餘城，乘風震慴，一時送款。仁貴便並海略地，與李勣大會軍于平壤城。高麗既降，詔仁貴率兵二萬人與劉仁軌於平壤留守，仍授右威衞大將軍，封平陽郡公，兼檢校安東都護。移理新城，撫恤孤老，有幹能者，隨才任使，忠孝節義，咸加旌表，高麗士衆莫不欣然慕化。

咸亨元年，吐蕃入寇，又以仁貴爲邏娑道行軍大總管，率將軍阿史那道眞、郭待封等以擊之。待封嘗爲鄯城鎮守，耻在仁貴之下，多違節度。軍至大非川，將發赴烏海，仁貴謂待封曰：「烏海險遠，車行艱澀，若引輜重，將失事機，破賊即迴，又煩轉運。彼多瘴氣，無宜久留。大非嶺上足堪置栅，可留二萬人作兩栅，輜重等並留栅內。吾等輕銳倍道，掩其未整，即撲滅之矣。」仁貴遂率先行至河口，遇賊擊破之，斬獲略盡，收其牛羊萬餘頭，迴至烏海城，以待後援。待封遂不從仁貴之命，領輜重繼進。比至烏海，吐蕃二十餘萬悉衆來救，邀擊，待封敗走趨山，軍糧及輜重並爲賊所掠。仁貴遂退軍屯於大非川。吐蕃又益衆四十餘萬來拒戰，官軍大敗，仁貴遂與吐蕃大將論欽陵約和。仁貴歎曰〔五〕：「今年歲在庚午，軍行逆歲，鄧艾所以死於蜀，吾知所以敗也。」仁貴坐除名。

尋而高麗衆相率復叛，詔起仁貴爲雞林道總管以經略之。上元中，坐事徙象州，會赦歸。高宗思其功，開耀元年，復召見，謂曰：「往九成宮遭水，無卿已爲魚矣。卿又北伐九姓，東擊高麗，漠北〔六〕、遼東咸遵聲教者，並卿之力也。卿雖有過，豈可相忘？有人云卿烏海城下自不擊賊，致使失利，朕所恨者，唯此事耳。今西邊不靜，瓜、沙路絕，卿豈可高枕鄉邑，不爲朕指揮耶？」於是起授瓜州長史，尋拜右領軍衞將軍、檢校代州都督。又率兵擊突厥元珍等於雲州，斬首萬餘級，獲生口二萬餘人、駝馬牛羊三萬餘頭。賊聞仁貴復起爲將，素憚其名，皆奔散，不敢當之。其年，仁貴病卒，年七十，贈左驍衞將軍，官造靈輿，并家口給傳還鄉。子訥，別有傳。

程務挺，洺州平恩人也。父名振，大業末，仕竇建德爲普樂令，甚有能名，諸賊不敢犯其境。尋棄建德歸國，高祖遙授永年令，仍令率兵經略河北。名振夜襲鄴縣，俘其男女千餘人以歸。去鄴八十里，閱婦人有乳汁者九十餘人，悉放遣之。鄴人感其仁恕，爲之設齋，以報其恩。及建德敗，始之任。俄而劉黑闥陷洺州，名振復與刺史陳君賓自拔歸朝。母潘、妻李，在路爲賊所掠，沒於黑闥。名振又從太宗討黑闥，時黑闥於冀、貝、滄、瀛等州水陸運糧，以拒官軍，名振率千餘人邀擊之，盡毀其舟車。黑闥聞之大怒，遂殺名振母、妻。及黑闥平，名振請手斬黑闥，以其首祭母。名振以功拜營州都督府長史，封東平郡公〔七〕，賜物二千段、黃金三百兩。累轉洺州刺史。

太宗將征遼東，召名振問以經略之事，名振初對失旨，太宗動色詰之，名振酬對逾辯。太宗意解，謂左右曰：「房玄齡常在我前，每見別嗔餘人，猶顏色無主。名振生平不見我，向來責讓，而詞理縱橫，亦奇士也。」即日拜右驍衞將軍，授平壤道行軍總管。前後攻沙卑城，破獨山陣，皆以少擊衆，稱爲名將。永徽六年，累除營州都督，兼東夷都護。又率兵破高麗於貴端水，焚其新城，殺獲甚衆。後歷晉、蒲二州刺史。龍朔二年卒，贈右衞大將軍，謚曰烈。

務挺少隨父征討，以勇力聞，遷右領軍衞中郎將。永隆中，突厥史伏念反叛，定襄道行軍總管李文暕、曹懷舜、竇義昭等相次戰敗。又詔禮部尚書裴行儉率兵討之，務挺爲副將，仍檢校豐州都督。時伏念屯於金牙山，務挺與副總管唐玄表引兵先逼之。伏念懼不能支，遂間道降於行儉，許伏念以不死。中書令裴炎以伏念懼務挺等兵勢而降，非行儉之功，伏念遂伏誅。務挺以功遷右衞將軍，封平原郡公。

永淳二年，綏州城平縣人白鐵余率部落稽之黨據縣城反，僞稱尊號，署百官，又進寇綏德〔八〕，殺掠人吏，焚燒村落，詔務挺與夏州都督王方翼討之。務挺進攻其城，拔之，生擒白鐵余，盡平其餘黨。又以功拜左驍衞大將軍、檢校左羽林軍。

嗣聖初，與右領軍大將軍、檢校右羽林軍張虔勗同受則天密旨，帥兵入殿庭，廢中宗爲廬陵王，立豫王爲皇帝。則天臨朝，累受賞賜，特拜其子齊之爲尚乘奉御。務挺泣請迴授其弟，則天嘉之，下制褒美，乃拜其弟原州司馬務忠爲太子洗馬。

文明年，以務挺爲左武衞大將軍、單于道安撫大使，督軍以禦突厥。務挺善於綏禦，威信大行，偏裨已下，無不盡力，突厥甚憚之，相率遁走，不敢近邊。及裴炎下獄，務挺密表申理之，由是忤旨。務挺素與唐之奇、杜求仁友善，或構言務挺與裴炎、徐敬業皆潛相應接。則天遣左鷹揚將軍裴紹業就軍斬之，籍沒其家。突厥聞務挺死，所在宴樂相慶，仍爲務挺立祠，每出師攻戰，即祈禱焉。

貞觀、永徽間軍將，又有張士貴、趙道興，狀跡可錄。

張士貴者，虢州盧氏人也。本名忽峍，善騎射，膂力過人。大業末，聚衆爲盜，攻剽城邑，遠近患之，號爲「忽峍賊」。高祖降書招懷之，士貴以所統送款，拜右光祿大夫。累有戰功，賜爵新野縣公。從平東都，授虢州刺史。高祖謂之曰：「欲卿衣錦晝遊耳。」尋入爲右武候將軍。貞觀七年，破反獠而還，太宗勞之曰：「聞公親當矢石，爲士卒先，雖古名將，何以加也。朕嘗聞以身報國者，不顧性命，但聞其語，未聞其實，於公見之矣。」後累遷左領軍大將軍，改封虢國公。顯慶初卒，贈荆州都督，陪葬昭陵。

趙道興者，甘州酒泉人，隋右武候大將軍才之子也。道興，貞觀初歷遷左武候中郎將，明閑宿衞，號爲稱職。太宗嘗謂之曰：「卿父爲隋武候將軍，甚有當官之譽。卿今克傳弓冶，可謂不墜家聲。」因授右武候將軍，賜爵天水縣子。其父時廨宇，仍舊不改，時人以爲榮。道興嘗自指其廳事曰：「此是趙才將軍廳，還使趙才將軍兒坐。」爲朝野所笑，傳爲口實。儀鳳中，累遷左金吾衞大將軍。文明年，以老病致仕於家。

子皎，亦爲金吾將軍，凡三代執金吾，爲時所稱。

史臣曰：孝恪機鈐果毅，協草昧之際；樹勳建策，有傑世之風。然而務奢爲恆，既未盡善，舉衆失律，不其惑與！張公經略，有天然才度，務穡勸分，董和成績，惜哉中壽，其才未盡。邢國公神略翕張，雄謀戡定，輔平屯難，始終成業。疏封眇位，未暢茂典，蓋闕如也。仁貴驍悍壯勇，爲一時之傑，至忠大略，勃然有立。噫，待封不協，以敗全略。孔子曰：「可與立，未可與權。」上加明命，竟致立功，知臣者君，信哉。務挺勇力驍果，固有父風，英概輔時，克繼洪烈。然而苟預廢立，竟陷讒構。古之言曰：「惡之來也，如火之燎于原，不可嚮邇。」其是之謂乎！士貴、道興，逢時立効，得盡義勇，以觀厥成；而繼父風概，三代執金，不亦美乎！

贊曰：五將雄雄，俱立邊功。張、薛二族，功名始終。郭、薛、務挺，徼功奮命。垂則窮邊，兵無常勝。

校勘記

〔一〕安西道　「安」字各本原無，據冊府卷九八五補。新書卷一一一郭孝恪傳、通鑑卷一九七作「西州道」。

〔二〕蓋決成敗法耳　冊府卷四五六「決」上有「未」字。

〔三〕恆篤城　本書卷六八程知節傳、冊府卷四五六、新書卷三高宗紀等均作「怛篤城」。

〔四〕高侃　「侃」字各本原無，據新書卷一一一薛仁貴傳、通鑑卷二〇一補。

〔五〕仁貴歎曰　「歎」字各本原作「欵」，據新書卷一一一薛仁貴傳、合鈔卷一三四薛仁貴傳改。

〔六〕漠北　各本原作「漢北」，冊府卷七八作「漠北」，舊唐書補校云：「『漢』當作『漠』。」據改。

〔七〕東平郡公　「平」字各本原無，據新書卷一一一程務挺傳、合鈔卷一三四程務挺傳補。

〔八〕綏德　各本原作「綏息」，據冊府卷三五八、通鑑卷二〇三改。

舊唐書卷八十四

列傳第三十四

劉仁軌　郝處俊　裴行儉 子光庭

劉仁軌，汴州尉氏人也。少恭謹好學，遇隋末喪亂，不遑專習，每行坐所在，輒書空畫地〔一〕，由是博涉文史。武德初，河南道大使、管國公任瓌將上表論事，仁軌見其起草，因爲改定數字，瓌甚異之，遂赤牒補息州參軍，稍除陳倉尉。部人有折衝都尉魯寧者，恃其高班，豪縱無禮，歷政莫能禁止。仁軌特加誡喩，期不可再犯，寧又暴橫尤甚，竟杖殺之。州司以聞，太宗怒曰：「是何縣尉，輒殺吾折衝！」遽追入，與語，奇其剛正，擢授櫟陽丞。

貞觀十四年，太宗將幸同州校獵，屬收穫未畢，仁軌上表諫曰：「臣聞屋漏在上，知之者在下；愚夫之計，擇之者聖人。是以周王詢于芻蕘，殷后謀于板築，故得享國彌久，傳祚無疆，功宣淸廟，慶流後葉。伏惟陛下天性仁愛，躬親節儉，朝夕克念，百姓爲心，一物失所，納

隍軫慮。臣伏聞大駕欲幸同州教習。臣伏知四時蒐狩，前王恆典，事有沿革，未必因循。今年甘雨應時，秋稼極盛，玄黃亙野，十分纔收一二，盡力刈穫，月半猶未訖功，貧家無力，禾下始擬種麥。直據尋常科喚，田家已有所妨。今既供承獵事，兼之修理橋道，縱大簡略，動費一二萬工，百姓收斂，實爲狼狽。臣願陛下少留萬乘之尊〔二〕，垂聽一介之言，退近旬日，收刈總了，則人盡暇豫，家得康寧。輿輪徐動，公私交泰。」太宗特降璽書勞曰：「卿職任雖卑，竭誠奉國，所陳之事，朕甚嘉之。」尋拜新安令，累遷給事中。

顯慶四年，出爲青州刺史。五年，高宗征遼，令仁軌監統水軍，以後期坐免，特令以白衣隨軍自効。時蘇定方既平百濟，留郎將劉仁願於百濟府城鎭守，又以左衞中郎將王文度爲熊津都督，安撫其餘衆。文度濟海病卒。百濟爲僧道琛、舊將福信率衆復叛，立故王子扶餘豐爲王，引兵圍仁願於府城。詔仁軌檢校帶方州刺史，代文度統衆，便道發新羅兵合勢以救仁願。轉鬬而前，仁軌軍容整肅，所向皆下。道琛等乃釋仁願之圍，退保任存城。

尋而福信殺道琛，併其兵馬，招誘亡叛，其勢益張。仁軌乃與仁願合軍休息。時蘇定方奉詔伐高麗，進圍平壤，不克而還。高宗敕書與仁軌曰：「平壤軍迴，一城不可獨固，宜拔就新羅，共其屯守。若金法敏藉卿等留鎭，宜且停彼；若其不須，即宜泛海還也。」將士咸欲西歸，仁軌曰：「春秋之義，大夫出疆，有可以安社稷、便國家，專之可也。況在滄海之外，密

邇豺狼者哉！且人臣進思盡忠，有死無貳，公家之利，知無不爲。主上欲吞滅高麗，先誅百濟，留兵鎭守，制其心腹。雖妖孽充斥，而備預甚嚴，宜礪戈秣馬，擊其不意，彼既無備，何攻不克？戰而有勝，士卒自安。然後分兵據險，開張形勢，飛表聞上，更請兵船。朝廷知其有成，必當出師命將，聲援纔接，凶逆自殲。非直不弃成功，實亦永淸海外。今平壤之軍既迴，熊津又拔，則百濟餘燼，不日更興，高麗逋藪，何時可滅？且今以一城之地，居賊中心，如其失脚，即爲亡虜。拔入新羅，又是坐客，脫不如意，悔不可追。況福信兇暴，殘虐過甚，餘豐猜惑，外合內離，鴟張共處，勢必相害。唯宜堅守觀變，乘便取之，不可動也。」衆從之。時扶餘豐及福信等以眞峴城臨江高險，又當衝要，加兵守之。仁軌引新羅之兵，乘夜薄城，四面攀草而上，比明而入據其城，遂通新羅運糧之路。

俄而餘豐襲殺福信，又遣使往高麗及倭國請兵，以拒官軍。詔右威衞將軍孫仁師率兵浮海以爲之援。仁師既與仁軌等相合，兵士大振。於是諸將會議，或曰：「加林城水陸之衝，請先擊之。」仁軌曰：「加林險固，急攻則傷損戰士，固守則用日持久，不如先攻周留城。周留，賊之巢穴，羣兇所聚，除惡務本，須拔其源。若克周留，則諸城自下。」於是仁師、仁願及新羅王金法敏帥陸軍以進。仁軌乃別率杜爽、扶餘隆率水軍及糧船，自熊津江往白江，會陸軍同趣周留城。仁軌遇倭兵於白江之口，四戰捷，焚其舟四百艘，煙焰漲天，海水皆

赤，賊衆大潰。餘豐脫身而走，獲其寶劍。僞王子扶餘忠勝、忠志等率士女及倭衆并耽羅國使，一時並降。百濟諸城，皆復歸順。賊帥遲受信據任存城不降。

先是，百濟首領沙吒相如、黑齒常之自蘇定方軍迴後，鳩集亡散，各據險以應福信，至是率其衆降。仁軌諭以恩信，令自領子弟以取任存城，又欲分兵助之。孫仁師曰：「相如等獸心難信，若授以甲仗，是資寇兵也。」仁軌曰：「吾觀相如、常之皆忠勇有謀，感恩之士。從我則成，背我必滅，因機立効，在於茲日，不須疑也。」於是給其糧仗，分兵隨之，遂拔任存城，遲受信棄其妻子走投高麗。於是百濟之餘燼悉平，孫仁師與劉仁願振旅而還，詔留仁軌勒兵鎭守。

初，百濟經福信之亂，合境凋殘，殭屍相屬。仁軌始令收斂骸骨，瘞埋弔祭之。修錄戶口，署置官長，開通塗路，整理村落，建立橋梁，補葺堤堰，修復陂塘，勸課耕種，賑貸貧乏，存問孤老。頒宗廟忌諱，立皇家社稷。百濟餘衆，各安其業。於是漸營屯田，積糧撫士，以經略高麗。仁願既至京師，上謂曰：「卿在海東，前後奏請，皆合事宜，而雅有文理。卿本武將，何得然也？」對曰：「劉仁軌之詞，非臣所及也。」上深歎賞之，因超加仁軌六階，正授帶方州刺史，并賜京城宅一區，厚賚其妻子，遣使降璽書勞勉之。仁軌又上表曰：

臣蒙陛下曲垂天奬，棄瑕錄用，授之刺舉，又加連率。材輕職重，憂責更深，常思

報効，冀酬萬一，智力淺短，淹滯無成。久在海外，每從征役，軍旅之事，實有所聞。具狀封奏，伏願詳察。

臣看見在兵募，手脚沉重者多，勇健奮發者少，兼有老弱，衣服單寒，唯望西歸，無心展効。臣問：「往在海西，見百姓人人投募，爭欲征行，乃有不用官物，請自辦衣糧，投名義征。何因今日募兵，如此儜弱？」皆報臣云：「今日官府，與往日不同，人心又別。貞觀、永徽年中，東西征役，身死王事者，並蒙敕使弔祭，追贈官職，亦有迴亡者官爵與其子弟。從顯慶五年以後，征役身死，更不借問。往前渡遼海者，即得一轉勳官；從顯慶五年以後，頻經渡海，不被記錄。州縣發遣兵募，人身少壯，家有錢財，參逐官府者，東西藏避，並即得脫。無錢參逐者，雖是老弱，推背即來。顯慶五年，破百濟勳，及向平壤苦戰勳，當時軍將號令，並言與高官重賞，百方購募，無種不道。洎到西岸，唯聞枷鎖推禁，奪賜破勳，州縣追呼，求住不得，公私困弊，不可言盡。發海西之日，已有自害逃走，非獨海外始逃。又爲征役，蒙授勳級，將爲榮寵；頻年征役，唯取勳官，牽挽辛苦，與白丁無別。百姓不願征行，特由於此。」陛下再興兵馬，平定百濟，留兵鎮守，經略高麗。百姓有如此議論，若爲成就功業？臣聞琴瑟不調，改而更張，布政施化，隨時取適。自非重賞明罰，何以成功？

臣又問：「見在兵募，舊留鎮五年，尙得支濟；爾等始經一年，何因如此單露？」並報臣道：「發家來日，唯遣作一年裝束，自從離家，已經二年。在朝陽甕津，又遣來去運糧，涉海遭風，多有漂失。」臣勘責見在兵募，衣裳單露，不堪度冬者，給大軍還日所留衣裳，且得一冬充事。來年秋後，更無準擬。陛下若欲殄滅高麗，不可棄百濟土地。餘豐在北，餘勇在南，百濟、高麗，舊相黨援，倭人雖遠，亦相影響，若無兵馬，還成一國。既須鎭壓，又置屯田，事藉兵士，同心同德。兵士既有此議，不可膠柱因循，須還其渡海官勳及平百濟向平壤功効。除此之外，更相褒賞，明敕慰勞，以起兵募之心。若依今日以前布置，臣恐師老且疲，無所成就。

臣又見晉代平吳，史籍具載。內有武帝、張華，外有羊祜、杜預，籌謀策畫，經緯諮詢，王濬之徒，折衝萬里。樓船戰艦，已到石頭，賈充、王渾之輩，猶欲斬張華以謝天下。武帝報云：「平吳之計，出自朕意，張華同朕見耳，非其本心。」是非不同，乖亂如此。平吳之後，猶欲苦繩王濬，賴武帝擁護，始得保全。不逢武帝聖明，王濬不存首領。臣每讀其書，未嘗不撫心長歎。伏惟陛下既得百濟，欲取高麗，須外內同心，上下齊奮，舉無遺策，始可成功。百姓既有此議，更宜改調。臣恐是逆耳之事，無人爲陛下盡言。自顧老病日侵，殘生詎幾？奄忽長逝，銜恨九泉，所以披露肝膽，昧死聞奏。

上深納其言。又遣劉仁願率兵渡海，與舊鎮兵交代，仍授扶餘隆熊津都督，遣以招輯其餘衆。扶餘勇者，扶餘隆之弟也，是時走在倭國，以爲扶餘豐之應，故仁軌表言之。於是仁軌浮海西還。

初，仁軌將發帶方州，謂人曰：「天將富貴此翁耳！」於州司請曆日一卷，并七廟諱，人怪其故，答曰：「擬削平遼海，頒示國家正朔，使夷俗遵奉焉。」至是皆如其言。

麟德二年，封泰山，仁軌領新羅及百濟、耽羅、倭四國酋長赴會，高宗甚悅，擢拜大司憲。乾封元年，遷右相，兼檢校太子左中護，累前後戰功，封樂城縣男。三年，爲熊津道安撫大使，兼浿江道總管，副司空李勣討平高麗。總章二年，軍迴，以疾辭職，加金紫光祿大夫，聽致仕。咸亨元年，復授隴州刺史。三年，徵拜太子左庶子、同中書門下三品，監修國史。五年，爲雞林道大總管，東伐新羅。仁軌率兵徑度瓠盧河，破其北方大鎮七重城。以功進爵爲公，并子姪三人並授上柱國，州黨榮之，號其所居爲樂城鄉三柱里。上元二年，拜尙書左僕射、同中書門下三品，兼太子賓客，依舊監修國史。

儀鳳二年，以吐蕃入寇，命仁軌爲洮河道行軍鎭守大使。仁軌每有奏請，多被中書令李敬玄抑之，由是與敬玄不協。仁軌知敬玄素非邊將才，冀欲中傷之，上言西蕃鎮守事非敬玄莫可。高宗遽命敬玄代之。敬玄至洮河軍，尋爲吐蕃所敗。永隆二年，兼太子太傅。

未幾，以老乞骸骨，聽解尙書左僕射，以太子太傅依舊知政事。永淳元年，高宗幸東都，皇太子京師監國，遣仁軌與侍中裴炎、中書令薛元超留輔太子。二年，太子赴東都，又令太孫重照京師留守，仍令仁軌爲副。

則天臨朝，加授特進，復拜尙書左僕射、同中書門下三品，專知留守事。仁軌復上疏辭以衰老，請罷居守之任，因陳呂后禍敗之事，以申規諫。則天使武承嗣齎璽書往京慰喻之曰：「今日以皇帝諒闇不言，眇身且代親政。遠勞勸誡，復表辭衰疾，怪望既多，徊徨失據。又云『呂后見嗤於後代，祿、產貽禍於漢朝』，引喻良深，愧慰交集。公忠貞之操，終始不渝；勁直之風，古今罕比。初聞此語，能不罔然；靜而思之，是爲龜鏡。且端揆之任，儀刑百辟，況公先朝舊德，遐邇具瞻。願以匡救爲懷，無以暮年致請。」尋進封郡公。垂拱元年，從新令改爲文昌左相、同鳳閣鸞臺三品。尋薨，年八十四。則天廢朝三日，令在京百官以次赴弔，册贈開府儀同三司、并州大都督，陪葬乾陵，賜其家實封三百戶。

仁軌雖位居端揆，不自矜倨，每見貧賤時故人，不改布衣之舊。初爲陳倉尉，相工袁天綱謂曰：「君終當位鄰台輔，年將九十。」後果如其言。仁軌身經隋末之亂，輯其見聞，著行年記行於代。

子濬，官至太子中舍人。垂拱二年，爲酷吏所陷，被殺，妻子籍沒。中宗即位，以仁軌春宮舊僚，追贈太尉。

濬子晃，開元中，爲祕書省少監，表請爲仁軌立碑，謚曰文獻。

史臣韋述曰：世稱劉樂城與戴至德同爲端揆，劉則甘言接人，以收物譽；戴則正色拒下，推美於君。故樂城之善於今未弭，而戴氏之勣無所聞焉。嗚呼！高名美稱，或因邀飾而致遠；深仁至行，或以韜晦而莫傳。豈唯劉、戴而然，蓋自古有之矣。故孔子曰：「衆好之，必察焉；衆惡之，必察焉。」非夫聖智，鮮不惑也。且劉公逞其私忿，陷人之所不能，覆徒貽國之恥，忠恕之道，豈其然乎？

郝處俊，安州安陸人也。父相貴，隋末，與妻父許紹據硤州，歸國，以功授滁州刺史，封甑山縣公。處俊年十歲餘，其父卒於滁州，父之故吏賻送甚厚，僅滿千餘匹，悉辭不受。及長，好讀漢書，略能暗誦。貞觀中，本州進士舉，吏部尚書高士廉甚奇之，解褐授著作佐郎，襲爵甑山縣公。兄弟篤睦，事諸舅甚謹。再轉滕王友，恥爲王官，遂棄官歸耕。久之，召拜太子司議郎，五遷吏部侍郎。乾封二年，改爲司列少常伯。屬高麗反叛，詔司空李勣爲浿江道大總管，以處俊爲副。嘗次賊城，未遑置陣，賊徒奄至，軍中大駭。處俊

獨據胡床，方餐乾糒，乃潛簡精銳擊敗之，將士多服其膽略。總章二年，拜東臺侍郎，尋同東西臺三品。

咸亨初，高宗幸東都，皇太子於京師監國，盡留侍臣戴至德、張文瓘等以輔太子，獨以處俊從。時東州道總管高侃破高麗餘衆於安市城，奏稱有高麗僧言中國災異，請誅之。上謂處俊曰：「朕聞爲君上者，以天下之目而視，以天下之耳而聽，蓋欲廣聞見也。且天降災異，所以警悟人君。其變苟實，言之者何罪？其事必虛，聞之者足以自戒。舜立謗木，良有以也。欲箝天下之口，其可得乎？此不足以加罪。」特令赦之。因謂處俊曰：「王者無外，何藉於守禦。雖然，重門擊柝，蓋備不虞，方知禁衞在於謹肅。朕嘗以秦法猶爲太寬，荆軻匹夫耳，而匕首竊發，始皇駭懼，莫有拒者，豈不由積習寬慢使其然乎？」處俊對曰：「此由法急所致，非寬慢也。」上曰：「何以知之？」對曰：「秦法：輒升殿者，夷三族。人皆懼族，安有敢拒者？遠乎魏武，法尚峻。臣見魏令云：『京城有變，九卿各居其府。』其後嚴才作亂，與其徒屬數十人攻左掖門，魏武登銅雀臺遠望，無敢救者。時王脩爲奉常，聞變召車馬，未至，便將官屬步至宮門。魏武望見之，曰：『彼來者必王脩乎！』此由王脩察變知機，違法赴難。向各守法，遂成其禍。故王者設法敷化，不可以太急。夫政寬則人慢，政急則人無所措手足。聖王之道，寬猛相濟。詩曰『不懈于位，人之攸塈』，謂仁政也。又曰『式遏寇虐，無俾作慝』，謂威刑也。洪範曰『高明柔克，沉潛剛克』，謂中道也。」上曰：「善。」

又有胡僧盧伽阿逸多受詔合長年藥，高宗將餌之。處俊諫曰：「修短有命，未聞萬乘之主，輕服蕃夷之藥。昔貞觀末年，先帝令婆羅門僧那羅邇娑寐依其本國舊方合長生藥。胡人有異術，徵求靈草祕石，歷年而成。先帝服之，竟無異效，大漸之際，名醫莫知所爲。時議者歸罪於胡人，將申顯戮，又恐取笑夷狄，法遂不行。龜鏡若是，惟陛下深察。」高宗納之，但加盧伽爲懷化大將軍，不服其藥。

尋而官名復舊，處俊授黃門侍郎。三年，加銀青光祿大夫，轉中書侍郎。四年，監修國史。上元元年，高宗御含元殿東翔鸞閣觀大酺。時京城四縣及太常音樂分爲東西兩朋，帝令雍王賢爲東朋，周王諱爲西朋，務以角勝爲樂。處俊諫曰：「臣聞禮所以示童子無誑者，恐其欺詐之心生也。伏以二王春秋尚少，意趣未定，當須推多讓美，相敬如一。今忽分爲二朋，遞相誇競。且俳優小人，言辭無度，酣樂之後，難爲禁止，恐其交爭勝負，譏誚失禮。非所以導仁義，示和睦也。」高宗矍然曰：「卿之遠識，非衆人所及也。」遽令止之。尋代閻立本爲中書令。歲餘，兼太子賓客、檢校兵部尚書。

三年，高宗以風疹欲遜位，令天后攝知國事，與宰相議之。處俊對曰：「嘗聞禮經云：『天子理陽道，后理陰德。』則帝之與后，猶日之與月，陽之與陰，各有所主守也。陛下今欲

違反此道，臣恐上則謫見于天，下則取怪于人。昔魏文帝著令，身崩後尚不許皇后臨朝，今陛下奈何遂欲躬自傳位於天后。況天下者，高祖、太宗二聖之天下，非陛下之天下也。陛下正合謹守宗廟，傳之子孫，誠不可持國與人，有私於后族。伏乞特垂詳納。」中書侍郎李義琰進曰：「處俊所引經旨，足可依憑，惟聖慮無疑，則蒼生幸甚。」帝曰：「是。」遂止。儀鳳二年，加金紫光祿大夫，行太子左庶子，並依舊知政事，監修國史。四年，代張文瓘爲侍中。

處俊性儉素，土木形骸，自參綜朝政，每與上言議，必引經籍以應對，多有匡益，甚得大臣之體。侍中、平恩公許圉師，即處俊之舅，早同州里，俱宦達於時。又其鄉人田氏、彭氏，以殖貨見稱。有彭志筠，顯慶中，上表請以家絹布二萬段助軍，詔受其絹萬匹，特授奉議郎〔三〕，仍布告天下。故江、淮間語曰：「貴如許、郝，富若田、彭。」

處俊遷太子少保。開耀元年薨，年七十五，贈開府儀同三司、荆州大都督。高宗甚傷悼之，顧謂侍臣曰：「處俊志存忠正，兼有學識。至於雕飾服玩，雖極知無益，然常人不能抑情棄捨，皆好尚奢侈，處俊嘗保其質素，終始不渝。雖非元勳佐命，固亦多時驅使。又見遺表，憂國忘家，今既云亡，深可傷惜。」即於光順門舉哀一日，不視事，終祭以少牢，贈絹布八百段、米粟八百石。令百官赴哭，給靈輿，并家口遞還鄉，官供葬事。其子祕書郎北叟上表辭

所贈賜及葬遞之事，高宗不許。侍中裴炎曰：「處俊臨亡，臣往見之，屬臣曰：『生既無益明時，死後何宜煩費。瞑目之後，儻有恩賜贈物，及歸鄉遞送，葬日營造，不欲勞官司供給。』」高宗深嘉歎之，從其遺意，唯加贈物而已。

處俊孫象賢，垂拱中爲太子通事舍人，坐事伏誅，臨刑言多不順。則天大怒，令斬訖仍支解其體，發其父母墳墓，焚爇屍體，處俊亦坐斲棺毀柩。自此法司每將殺人，必先以木丸塞其口，然後加刑，訖於則天之代。

裴行儉，絳州聞喜人。曾祖伯鳳，周驃騎大將軍、汾州刺史、琅邪郡公。祖定〔四〕，馮翊郡守，襲封琅邪公。父仁基，隋左光祿大夫，陷於王世充，後謀歸國，事洩遇害，武德中，贈原州都督，謚曰忠。

行儉幼以門蔭補弘文生。貞觀中，舉明經，拜左屯衞倉曹參軍。時蘇定方爲大將軍，甚奇之，盡以用兵奇術授行儉。顯慶二年，六遷長安令。時高宗將廢皇后王氏而立武昭儀，行儉以爲國家憂患必從此始，與太尉長孫無忌、尚書左僕射褚遂良私議其事，大理袁公瑜於昭儀母榮國夫人譖之，由是左授西州都督府長史。

麟德二年，累拜安西大都護，西域諸國多慕義歸降，徵拜司文少卿。總章中，遷司列少常伯。咸亨初，官名復舊，改爲吏部侍郎，與李敬玄爲貳，同時典選十餘年，甚有能名，時人稱爲裴、李。行儉始設長名姓歷牓，引銓注等法，又定州縣升降、官資高下，以爲故事。上元二年，加銀青光祿大夫。高宗以行儉工於草書，嘗以絹素百卷，令行儉草書文選一部，帝覽之稱善，賜帛五百段。行儉嘗謂人曰：「褚遂良非精筆佳墨，未嘗輒書，不擇筆墨而妍捷者，唯余及虞世南耳。」

三年，吐蕃背叛，詔行儉爲洮州道左二軍總管，尋又爲秦州鎮撫右軍總管，並受元帥周王節度。儀鳳四年〔五〕，十姓可汗阿史那匐延都支及李遮匐扇動蕃落，侵逼安西，連和吐蕃，議者欲發兵討之。行儉建議曰：「吐蕃叛換，干戈未息，敬玄、審禮，失律喪元，安可更爲西方生事？今波斯王身沒，其子泥涅師師充質在京，望差使往波斯冊立，即路由二蕃部落，便宜從事，必可有功。」高宗從之，因命行儉冊送波斯王，仍爲安撫大食使。途經莫賀延磧，屬風沙晦暝，導者益迷。行儉命下營，虔誠致祭，令告將吏，泉井非遙。俄而雲收風靜，行數百步，水草甚豐，後來之人，莫知其處。衆皆悅服，比之貳師將軍。

至西州，人吏郊迎，行儉召其豪傑子弟千餘人隨己而西。乃揚言給其下曰：「今正炎蒸，熱坂難冒；涼秋之後，方可漸行。」都支覘知之，遂不設備。行儉仍召四鎮諸蕃酋長豪

傑謂曰：「憶昔此遊，未嘗厭倦，雖還京輦，無時暫忘。今因是行，欲尋舊賞，誰能從吾獵也？」是時蕃酋子弟投募者僅萬人。行儉假爲畋遊，教試部伍，數日，遂倍道而進。去都支部落十餘里，先遣都支所親問其安否，外示閑暇，似非討襲，續又使人趣召相見。都支先與遮匐通謀，秋中擬拒漢使，卒聞軍到，計無所出，自率兒姪首領等五百餘騎就營來謁，遂擒之。是日，傳其契箭，諸部酋長悉來請命，並執送碎葉城。簡其精騎，輕齎曉夜前進，將虜遮匐。途中果獲都支還使，與遮匐使同來。行儉釋遮匐行人，令先往曉喻其主，兼述都支已擒，遮匐尋復來降。於是將吏已下立碑於碎葉城以紀其功，擒都支、遮匐而還。高宗廷勞之曰：「比以西服未寧，遣卿總兵討逐，孤軍深入，經途萬里。卿權略有聞，誠節夙著，兵不血刃，而兇黨殄滅。伐叛柔服，深副朕委。」尋又賜宴，謂行儉曰：「卿文武兼資，今故授卿二職。」即日拜禮部尚書，兼檢校右衞大將軍。

調露元年，突厥阿史德温傅反，單于管內二十四州並叛應之，衆數十萬。單于都護蕭嗣業率兵討之，反爲所敗。於是以行儉爲定襄道行軍大總管，率太僕少卿李思文、營州都督周道務等部兵十八萬，幷西軍程務挺、東軍李文暕等總三十餘萬，連亙數千里，並受行儉節度。唐世出師之盛，未之有也。

行儉行至朔州，知蕭嗣業以運糧被掠，兵多餒死，遂詐爲糧車三百乘，每車伏壯士五

人，各齎陌刀、勁弩，以羸兵數百人援車，兼伏精兵，令居險以待之。賊果大下，羸兵棄車散走。賊驅車就泉水，解鞍牧馬，方擬取糧，車中壯士齊發，伏兵亦至，殺獲殆盡，餘衆奔潰。自是續遣糧車，無敢近之者。及軍至單于之北，際晚下營，壕塹方周，遽令移就崇岡。將士皆以士衆方就安堵，不可勞擾，行儉不從，更令促之。比夜，風雨暴至，前設營所水深丈餘，將士莫不歎伏。賊衆於黑山拒戰，行儉頻戰皆捷，前後殺虜不可勝數。僞可汗泥熟匐爲其下所殺，以其首來降；又擒其大首領奉職而還。餘黨走依狼山。

行儉既迴，阿史那伏念又僞稱可汗，與温傅合勢鳩集餘衆。明年，行儉復總諸軍討之，頓軍於代州之陘口，縱反間說伏念與温傅，令相猜貳。伏念恐懼，密送降款，仍請自效。行儉不泄其事，而密表以聞。數日，有煙塵漲天而至，斥候惶惑來白，行儉召三軍謂曰：「此是伏念執温傅來降，非他。然受降如受敵，但須嚴備。」更遣單使迎前勞之。少間，伏念果率其屬縛温傅詣軍門請罪，盡平突厥餘黨。高宗大悅，遣戶部尚書崔知悌赴軍勞之。侍中裴炎害行儉之功，上言：「伏念爲總管程務挺、張虔勗子營逼逐〔六〕，又磧北迴紇等同向南逼之，窘急而降。」由是行儉之功不錄，斬伏念及温傅於都市。行儉歎曰：「渾、濬前事，古今恥之。但恐殺降之後，無復來者。」因稱疾不出，以勳封聞喜縣公。

永淳元年，十姓僞可汗車薄反叛，詔復以行儉爲金牙道大總管，率十將軍以討之。師未

行。其年四月，行儉病卒，年六十四，贈幽州都督，謚曰獻。特詔令皇太子差六品京官一人檢校家事，五六年間，待兒孫稍成長日停。中宗即位，追贈揚州大都督。有集二十卷，撰草字雜體數萬言，並傳於代。又撰選譜十卷，安置軍營、行陣部統、克料勝負、甄別器能等四十六訣，則天令祕書監武承嗣詣宅，並密收入內。

行儉尤曉陰陽、算術，兼有人倫之鑒，自掌選及爲大總管，凡遇賢俊，無不甄採，每制敵摧兇，必先期捷日。時有後進楊炯、王勃、盧照鄰、駱賓王並以文章見稱，吏部侍郎李敬玄盛爲延譽，引以示行儉，行儉曰：「才名有之，爵祿蓋寡。楊應至令長，餘並鮮能令終。」是時，蘇味道、王勮未知名，因調選，行儉一見，深禮異之，仍謂曰：「有晚年子息，恨不見其成長。二公十數年當居衡石，願記識此輩。」其後相繼爲吏部，皆如其言。行儉嘗所引偏裨，有程務挺、張虔勗、崔智辯、王方翼、党金毗、劉敬同、郭待封、李多祚、黑齒常之，盡爲名將，至刺史、將軍者數十人。其所知賞，多此類也。

行儉嘗令醫人合藥，請犀角、麝香，送者誤遺失，已而惶懼潛竄。又有敕賜馬及新鞍，令史輒馳驟，馬倒鞍破，令史亦逃。行儉並委所親招到，謂曰：「爾曹豈相輕耶？皆錯誤耳。」待之如故。初，平都支、遮匐，大獲瓌寶，蕃酋將士願觀之，行儉因宴設，遍出歷示。有馬腦盤，廣二尺餘，文彩殊絕。軍吏王休烈捧盤，歷階趨進，誤躡衣，足跌便倒，盤亦隨碎。

休烈驚惶，叩頭流血，行儉笑而謂曰：「爾非故也，何至於是。」更不形顏色。詔賜都支等資產金器皿三千餘事，駝馬稱是，並分給親故并副使已下，數日便盡。少子光庭，開元中爲侍中，以恩例贈行儉爲太尉。

光庭早孤。母庫狄氏，則天時召入宮，甚見親待，光庭由是累遷太常丞。後以武三思之壻緣坐，左遷郢州司馬。開元初，六遷右率府中郎將，擢授司門郎中。歲餘，轉兵部郎中。光庭沉靜少言，寡於交遊，既歷清要，時人初未許之。及在職，公務修整，衆方歎伏焉。

十三年，將有事于岱岳，中書令張說以大駕東巡，京師空虛，恐夷狄乘間竊發，議欲加兵守邊，以備不虞，召光庭謀兵事。光庭曰：「封禪者，所以告成功也。夫成功者，恩德無不及，百姓無不安，萬國無不懷。今將告成而懼夷狄，何以昭德也？大興力役，用備不虞，且非安人也。方謀會同而阻戎心，又非懷遠也。有此三者，則名實乖矣。且諸蕃之國，突厥爲大，贄幣往來，願修恩好有年矣。今茲遣一使徵其大臣赴會，必欣然應命。突厥受詔，則諸蕃君長必相率而來。雖偃旗息鼓，高枕有餘矣。」說曰：「善。吾所不及矣。」因奏而行之，尋轉鴻臚少卿。東封還，遷兵部侍郎。

十七年，拜中書侍郎、同中書門下平章事，尋兼御史大夫。無幾，遷黃門侍郎，依舊知政事。從巡五陵迴，拜侍中，兼吏部尚書，又加弘文館學士。光庭乃撰瑤山往則及維城前軌各壹卷，上表獻之，手制褒美，賜絹五百匹，上令皇太子已下於光順門與光庭相見，以重其諷誡之意。光庭又引壽安丞李融、拾遺張琪、著作佐郎司馬利賓等（七），令直弘文館，撰續春秋傳。上表請以經爲御撰，而光庭等依左氏之體爲之作傳，上又手制褒賞之。光庭委筆削於李融，書竟不就。時有上書請以皇室爲金德者，中書令蕭嵩奏請集百僚詳議。光庭以國家符命久著史策，若有改易，恐貽後學之誚，密奏請依舊爲定，乃下詔停百僚集議之事。二十年，扈從祠后土，加光祿大夫，封正平男。尋卒，年五十八，優制贈太師，輟朝三日。

初，光庭與蕭嵩爭權不協。及爲吏部，奏用循資格，并促選限至正月三十日令畢，其流外行署，亦令門下省之。光庭卒後，嵩又奏請一切罷之，光庭所引進者盡出爲外職。時有門下主事閻麟之，爲光庭腹心，專知吏部選官，每麟之裁定，光庭隨而下筆，時人語曰：「麟之口，光庭手。」

太常博士孫琬將議光庭謚，以其用循資格，非獎勸之道，建議謚爲「克」，時人以爲希嵩意旨。上聞而特下詔，賜謚曰忠獻，仍令中書令張九齡爲其碑文。史官韋述以改謚爲非，

論之曰：春秋之義，諸侯死王事者，葬之加一等，嘉其有功而不及其賞也。爰至漢、魏，則綬之印綬，寵被窀穸，唯德是褒，豈虛授也！近代已來，寵贈無紀，或以職位崇顯，一切優錫，或以子孫榮貴，恩例所加，賢愚虛實，爲一貫矣。裴光庭以守法之吏，驟登相位，踐歷機衡，豈不多愧，贈以師範，何其濫歟！張燕公有扶翊之勳，居講諷之舊，秩踰九命，官歷二端：議者猶謂贈之過當；況光庭去斯猶遠，何妄竊之甚哉！蓋名器假人，昔賢之所惋也。

史臣曰：昔晉侯選任將帥，取其說禮樂而敦詩書，良有以也。夫權謀方略，兵家之大經，邦國繫之以存亡，政令因之而強弱，則馮衆怙力，豨勇虎暴者，安可輕言推轂授任哉！故王猛、諸葛亮振起窮巷，驅駕豪傑，左指右顧，廓定霸圖，非他道也，蓋智力權變，適當其用耳。劉樂城、裴聞喜，文雅方略，無謝昔賢，治戎安邊，綽有心術，儒將之雄者也。天后預政之時，刑峻如壑，多以諛佞希恩；而樂城、甑山，昌言規正，若時無君子，安及此言？正平銓藻吏能，文學政事，頗有深識。而前史譏其謬謚，有涉陳壽短武侯應變之論乎！非通論也。

贊曰：殷禮阿衡，周師呂尚。王者之兵，儒者之將。樂城、聞喜，當仁不讓。管、葛之

譚，是吾心匠。

校勘記

〔一〕書空晝地　「晝」字各本原無，據冊府卷三八八、新書卷一〇八劉仁軌傳補。

〔二〕萬乘之尊　「尊」字各本原作「恩」，據御覽卷八三一、冊府卷五四二改。

〔三〕奉議郎　「議」字各本原作「義」，據本書卷四二職官志、御覽卷四七一改。

〔四〕祖定　各本原作「祖定高」，「高」字衍，據隋書卷七〇裴仁基傳、張九齡裴光庭神道碑刪。

〔五〕儀鳳四年　「四」字各本原作「二」，據本書卷五高宗紀、通鑑卷二〇二改。

〔六〕上言伏念爲　以上五字各本原在「總管程務挺、張虔勗」之後，據本書卷八三程務挺傳、卷八七裴炎傳、通鑑卷二〇二改。

〔七〕著作佐郎　「佐」字各本原作「左」，據新書卷一〇八裴光庭傳、合鈔卷一三五裴光庭傳改。

舊唐書

後晉　劉　昫　等撰

第　九　冊

卷八五至卷一〇〇（傳）

中　華　書　局

舊唐書卷八十五

列傳第三十五

唐臨 孫紹 張文瓘 兄文琮 從弟文收 徐有功

唐臨，京兆長安人，周內史瑾孫也。其先自北海徙關中。伯父令則，開皇末爲左庶子，坐諂事太子勇誅死。臨少與兄皎俱有令名。武德初，隱太子總兵東征，臨詣軍獻平王世充之策，太子引直典書坊，尋授右衞率府鎧曹參軍。宮殿廢，出爲萬泉丞。縣有輕囚十數人，會春暮時雨，臨白令請出之，令不許。臨曰：「明公若有所疑，臨請自當其罪。」令因請假，臨召囚悉令歸家耕種，與之約，令歸繫所。囚等皆感恩貸，至時畢集詣獄，臨因是知名。

再遷侍御史，奉使嶺外，按交州刺史李道彥等申叩冤繫三千餘人。累轉黃門侍郎，加銀青光祿大夫。儉薄寡欲，不治第宅，服用簡素，寬於待物。嘗欲弔喪，令家童自歸家取白衫，家僮誤將餘衣，懼未敢進。臨察知之，使召謂曰：「今日氣逆，不宜哀泣，向取白衫，且止

之也。」又嘗令人煑藥失制，潛知其故，謂曰：「陰晴不宜服藥，宜卽棄之。」竟不揚言其過，其寬恕如此。

高宗卽位，檢校吏部侍郎。其年，遷大理卿。高宗嘗問臨在獄繫囚之數，臨對詔稱旨，帝喜曰：「朕昔在東宮，卿已事朕，朕承大位，卿又居近職，以疇昔相委，故授卿此任。然爲國之要，在於刑法，法急則人殘，法寬則失罪，務令折中，稱朕意焉。」高宗又嘗親錄死囚，前卿所斷者號叫稱冤，臨所入者獨無言。帝怪問狀，囚曰：「罪實自犯，唐卿所斷，既非冤濫，所以絕意耳。」帝歎息良久曰：「爲獄者不當如此耶！」

永徽元年，爲御史大夫。明年，華州刺史蕭齡之以前任廣州都督贓事發，制付羣官集議。及議奏，帝怒，令於朝堂處置。臨奏曰：

臣聞國家大典，在於賞刑，古先聖王，惟刑是卹。虞書曰：「罪疑惟輕，功疑惟重，與其殺弗辜，寧失弗經。」周禮：「刑平國用中典，刑亂國用重典。」天下太平，應用堯、舜之典。比來有司多行重法，敍勳必須刻削，論罪務從重科，非是憎惡前人，止欲自爲身計。今議蕭齡之事，有輕有重，重者流死，輕者請除名。以齡之受委大藩，贓罪狼籍，原情取事，死有餘辜。然既遣詳議，終須近法。竊惟議事羣官，未盡識議刑本意。律有八議，並依周禮舊文，矜其異於衆臣，所以特制議法。禮：王族刑於隱者，所以議親；

刑不上大夫，所以議貴。知重其親貴，議欲緩刑，非爲嫉其賢能，謀致深法。今既許議，而加重刑，是與堯、舜相反，不可爲萬代法。

高宗從其奏，齡之竟得流於嶺外。

尋遷刑部尚書，加金紫光祿大夫，復歷兵部、度支、吏部三尚書。顯慶四年，坐事貶爲潮州刺史，卒官，年六十。所撰冥報記二卷，大行於世。

兄皎，武德初爲秦府記室，從太宗征討，專掌書檄，深見親待。貞觀中，累轉吏部侍郎。先是，選集無限，隨到補職，時漸太平，選人稍衆，皎始請以冬初一時大集，終季春而畢，至今行之。歷遷益州長史。卒，贈太常卿。

子之奇，調露中爲給事中，坐嘗爲章懷太子僚屬徙邊。文明元年，起爲括蒼令，與徐敬業作亂伏誅。

臨孫紹，博學，善三禮。神龍中，爲太常博士。景龍二年，韋庶人上言：「自妃、主及命婦、宮官，葬日請給鼓吹。」中宗特制許之。紹上疏諫曰：「竊聞鼓吹之樂，本爲軍容。昔黃帝涿鹿有功，以爲警衞。故棡鼓曲有靈夔吼、鵰鶚爭、石墜崖、壯士怒之類，自昔功臣備禮，適得用之。丈夫有四方之功，以恩加寵錫。假如郊天祀地，誠是重儀，惟有宮懸，本無

案據。故知軍樂所備，尙不洽於神祇；鉦鼓之音，豈能接於閨閫。準式，公主、王妃已下葬禮，惟有團扇、方扇、綵帷、錦鄣之色。加之鼓吹，歷代未聞。又準令，五品官婚葬，元無鼓吹，惟京官五品，得借四品鼓吹爲儀。令特給五品以上母妻，五品官則不當給限(二)，便是班秩本因夫子(三)，儀飾乃復過之。事非倫次，難爲定制，參詳義理，不可常行。請停前敕，各依常典。」疏奏不納。

紹尋遷左臺侍御史，兼太常博士。中宗將親拜南郊，國子祭酒祝欽明等希旨皇后爲亞獻，紹與博士蔣欽緒固爭以爲不可。又則天父母二陵各置守戶五百人，武三思及子崇訓墓各置守戶六十人。以武氏外戚乃與昭陵禮同，三思等復踰親王之制，又上疏切諫。當時雖皆不從，深爲議者所美。睿宗卽位，又數陳時政損益，累轉給事中，仍知禮儀事。

先天二年冬，今上講武於驪山，紹以修儀注不合旨，坐斬。時今上既怒講武失儀，坐紹於纛下，右金吾將軍李邈遽請宣敕，遂斬之。時人既痛惜紹，而深咎於邈，尋有敕罷邈官，遂擯廢終其身。

張文瓘，貝州武城人。大業末，徙家魏州之昌樂。瓘幼孤，事母兄以孝友聞。貞觀初，

二十四史
中華書局

舉明經，補幷州參軍。時英國公李勣爲長史，深禮之。累遷水部員外郎。時兄文琮爲戶部侍郎，舊制兄弟不許並居臺閣，遂出爲雲陽令。龍朔年，累授東西臺舍人、參知政事。尋遷東臺侍郎、同東西臺三品，兼知左史事。

時初造蓬萊、上陽、合璧等宮，又征討四夷，廐馬有萬匹，倉庫漸虛。文瓘因進諫曰：「人力不可不惜，百姓不可不養，養之逸則富以康，使之勞則怨以叛。秦皇、漢武，廣事四夷，多造宮室，使土崩瓦解，戶口減半。臣聞制化於未亂，保邦於未危，人罔常懷，懷於有仁。陛下不制於未亂之前，安能救於既危之後？百姓不堪其弊，必構禍難，殷鑒不遠，近在隋朝。臣願稍安撫之，無使生怨。」上深納其言，於是節減廐馬數千匹，賜文瓘繒錦百段。咸亨三年，官名復舊，改授黃門侍郎，兼太子左庶子。俄遷大理卿，依舊知政事。文瓘至官旬日，決遺疑事四百餘條，無不允當，自是人有抵罪者，皆無怨言。文瓘嘗有疾，繫囚相與齋禱，願其視事。當時咸稱其執法平恕，以比戴冑。上元二年，拜侍中，兼太子賓客。大理諸囚聞文瓘改官，一時慟哭，其感人心如此。

文瓘性嚴正，諸司奏議，多所糾駮，高宗甚委之。或時臥疾在家，朝廷每有大事，上必問諸宰臣曰：「與文瓘議未？」奏云未者，則遣共籌之；奏云已議者，皆報可從之。其後新羅外叛，高宗將發兵討除。時文瓘疾病在家，乃輿疾請見，奏曰：「比爲吐蕃犯邊，兵屯寇

境，新羅雖未卽順，師不內侵。若東西俱事征討，臣恐百姓不堪其弊。請息兵修德以安百姓。」高宗從之。儀鳳二年卒，年七十三，贈幽州都督，謚曰懿。以其經事孝敬皇帝，特敕陪葬恭陵。

四子：潛、沛、洽、涉。中宗時，潛官至魏州刺史，沛同州刺史，洽衞尉卿，涉殿中監。父子兄弟五人皆至三品官，時人謂之「萬石張家」。及韋溫等被誅之際，涉爲亂兵所殺。

兄文琮，貞觀中爲持書侍御史。三遷亳州刺史，爲政清簡，百姓安之。永徽初，表獻太宗文皇帝頌，優制褒美，賜絹百匹，徵拜戶部侍郎。從母弟房遺愛以罪貶授房州刺史，文琮作詩祖餞；及遺愛誅，坐是出爲建州刺史。州境素尚淫祀，不修社稷，文琮下教書曰：「春秋二社，蓋本爲農，惟獨此州，廢而不立。禮典既闕，風俗何觀？近年已來，田多不熟，抑不祭先農所致乎！神在於敬，何以邀福？」於是示其節限條制，百姓欣而行之。尋卒。文集二十卷。

子戩，官至江州刺史，撰喪儀纂要七卷，行於時。戩弟錫，則天時爲鳳閣侍郎、同鳳閣鸞臺平章事。先是，姊子李嶠知政事，錫拜官，而嶠罷相出爲國子祭酒，舅甥相代爲相，時人榮之。錫與鄭杲俱知天官選事，坐贓，則天將斬

之以徇，臨刑而特赦之。中宗時，累遷工部尚書，兼修國史，尋令於東都留守。中宗崩，韋庶人臨朝，詔錫與刑部尚書裴談並同中書門下三品。旬日，出爲絳州刺史。累封平原郡公，以年老致仕而卒。

文琮從父弟文收，隋內史舍人虔威子也。尤善音律，嘗覽蕭吉樂譜，以爲未甚詳悉，更博採羣言及歷代沿革，裁竹爲十二律吹之，備盡旋宮之義。時太宗將創制禮樂，召文收於太常，令與少卿祖孝孫參定雅樂。太樂有古鍾十二，近代惟用其七，餘有五，俗號啞鍾，莫能通者。文收吹律調之，聲皆響徹，時人咸服其妙。尋授協律郎。十一年，文收表請釐正太樂，上謂侍臣曰：「樂本緣人，人和則樂和。至如隋煬帝末年，天下喪亂，縱令改張音律，知其終不和諧。若使四海無事，百姓安樂，音律自然調和，不藉更改。」竟不依其請。十四年，景雲見，河水清，文收採朱雁天馬之義，制景雲河清樂，名曰「燕樂」，奏之管絃，爲樂之首，今元會第一奏者是也。咸亨元年，遷太子率更令，卒官。撰新樂書十二卷。

徐有功，國子博士文遠孫也。舉明經，累轉蒲州司法參軍，紹封東莞男。爲政寬仁，不

行杖罰，吏人感其恩信，遞相約曰：「若犯徐司法杖者，衆必斥罰之。」由是人爭用命，終於代滿，不戮一人。載初元年，累遷司刑丞。時酷吏周興、來俊臣、丘神勣、王弘義等構陷無辜，皆抵極法，公卿震恐，莫敢正言。有功獨存平恕，詔下大理者，有功皆議出之，前後濟活數十百家。常於殿庭論奏曲直，則天厲色詰之，左右莫不悚慄，有功神色不撓，爭之彌切。尋轉秋官員外郎，轉郎中。

俄而鳳閣侍郎任知古、冬官尚書裴行本等七人被構陷當死，則天謂公卿曰：「古人以殺止殺，我今以恩止殺，就羣公乞知古等，錫以再生，各授以官，佇申來效。」俊臣、張知默等又抗表請申大法，則天不許之。俊臣乃獨引行本，重驗前罪，奏曰：「行本潛行悖逆，告張知謇與廬陵王反不實〔三〕，罪當處斬。」有功駮奏曰：「俊臣乖明主再生之賜，虧聖人恩信之道。爲臣雖當嫉惡，然事君必將順其美。」行本竟以免死。

道州刺史李仁褒及弟榆次令長沙，又爲唐奉一所構，高宗末私議吉凶，謀復李氏，將誅之。有功又固爭之，不能得。秋官侍郎周興奏有功曰：「臣聞兩漢故事，附下罔上者腰斬，面欺者亦斬。又禮云：析言破律者殺。有功故出反囚，罪當不赦，請推按其罪。」則天雖不許繫問，然竟坐免官。久之，起爲左臺侍御史，則天特褒異之。時遠近聞有功授職，皆欣然相賀。

有功嘗上疏論天官、秋官及朝堂三司理匭使愆失，其略曰：「陛下卽位已來，海內職員一定，而天下選人漸多。掌選之曹用捨不平，補擬乖次，囑請公行，顏面罔懼。遂使嚚謗滿路，怨讟盈朝，浸以爲常，殊無愧憚。又往屬唐朝季年，時多逆節，鞫訊結斷，刑獄至嚴。革命以來，載祀遽積，餘風未殄，用法猶深。今推鞫者猶行酷法，妄劾斷，臣卽按驗，奏而劾之，獲其枉狀，請卽付法斷罪，亦奪祿貶考，以懲其德。其三司受表及理匭申冤使，不速與奪，致令擁塞，有理不爲申者，亦望準前彈奏，貶考奪祿。臣昔處法司〔四〕，緣蒙擢用，臣無以上答至造，願以執法酬恩。無縱詭隨，不避彊禦，猛噬鷙擊，是臣之分。如蒙允納，請降敕施行，庶不越旬時，亦可以除殘革弊，刑措不用，天下幸甚。」

後潤州刺史竇孝諶妻龐氏爲奴誣告，云夜解祈福，則天令給事中薛季昶鞫之。季昶鍛鍊成其罪，龐氏當坐斬；有功獨明其無罪。而季昶等返陷有功黨援惡逆，奏付法，法司結刑當棄市。有功方視事，令史垂泣以告，有功曰：「豈吾獨死，而諸人長不死耶？」乃徐起而歸。則天覽奏，召有功詰之曰：「卿比斷獄，失出何多？」對曰：「失出，臣下之小過；好生，聖人之大德。願陛下弘大德，則天下幸甚。」則天默然。於是龐氏減死，流於嶺表，有功除名爲庶人。尋起爲左司郎中，累遷司刑少卿。有功謂所親曰：「今身爲大理，人命所懸，必不能順旨詭辭以求茍免。」故前後爲獄官，以諫奏枉誅者，三經斷死，而執志不渝，酷吏由是少

衰，時人比漢之于、張焉。或曰：「若獄官皆然，刑措何遠。」久之，轉司僕少卿。長安二年卒，年六十二，贈司刑卿。

中宗卽位，制曰：「忠正之臣，自昔攸尚；褒贈之典，舊章所重。故贈大理卿徐有功，節操貞勁，器懷亮直，徇古人之志業，實一代之賢良，司彼刑書，深存敬慎。周興、來俊臣等性惟殘酷，務在誅夷，不順其情，立加誣害。有功卓然守法，雖死不移，無屈撓之心，有忠烈之議。當其執斷，並遇平反，定國、釋之，何以加此。追往贈終，慰茲泉壤。可贈越州刺史，仍遣使就家弔祭，賜物百段，授一子官。」今上踐祚，竇孝諶之子希瑊等請以身之官爵讓有功子惀，以報舊恩，惀由是自太子司議郎、恭陵令累遷申王府司馬，卒。

史臣曰：文法，理具之大者，故舜命皐陶爲士，昌言誡敕，勤亦至焉。蓋人命所懸，一失其平，冤不可復，聖王所以疚心也。如臨之守法，文瓘之議刑，時屬哲王，可以理奪。當賊后遷鼎之際，酷吏羅織之辰，徐有功獨抗羣邪，持平不撓，此所以爲難也。比釋之、定國，徐又過之。希瑊讓爵酬恩，可知遺愛。

贊曰：聽訟惟明，持法惟平。二者或爽，人何以生？猗歟徐公，獬豸之精。世皆紛濁，不改吾清。

校勘記

〔一〕得借四品鼓吹爲儀令特給五品以上母妻五品官則不當給限　「鼓吹爲儀令特給五品以上母妻五品」十五字各本原無，據本書卷二八音樂志補。

〔二〕夫子　各本原作「天子」，據本書卷二八音樂志、冊府卷五四五改。

〔三〕張知謇　「謇」字各本原作「蹇」，據本書卷一八五下張知謇傳改。

〔四〕法司　「司」字各本原無，據英華卷六二四、全唐文卷一六三補。

舊唐書卷八十六

列傳第三十六

高宗中宗諸子

燕王忠　原王孝　澤王上金　許王素節　孝敬皇帝弘 裴居道附

章懷太子賢 賢子邠王守禮　懿德太子重潤　庶人重福

節愍太子重俊　殤帝重茂

高宗八男：則天順聖皇后生中宗、睿宗及孝敬皇帝弘、章懷太子賢，後宮劉氏生燕王忠，鄭氏生原王孝，楊氏生澤王上金，蕭淑妃生許王素節。

燕王忠，字正本，高宗長子也。高宗初入東宮而生忠，宴宮僚於弘教殿。太宗幸宮，顧

謂宮臣曰：「頃來王業稍可，非無酒食，而唐突卿等宴會者，朕初有此孫，故相就爲樂耳。」太宗酒酣起舞，以屬羣臣，在位於是遍舞，盡日而罷，賜物有差。貞觀二十年，封爲陳王。永徽元年，拜雍州牧。時王皇后無子，其舅中書令柳奭說后謀立忠爲皇太子，以忠母賤，冀其親己，后然之。奭與尚書右僕射褚遂良、侍中韓瑗諷太尉長孫無忌、左僕射于志寧等〔一〕，固請立忠爲儲后，高宗許之。三年，立忠爲皇太子，大赦天下，五品已上子爲父後者賜勳一級。六年，加元服，制大辟罪已下並降一等，大酺三日。

其年王皇后被廢，武昭儀所生皇子弘年三歲，禮部尚書許敬宗希旨上疏曰：「伏惟陛下憲章千古，含育萬邦，爰立聖慈，母儀天下。既而皇后生子，合處少陽。出自塗山，是謂吾君之胤；夙聞胎教，宜展問豎之心。乃復爲孽奪宗，降居藩邸，是使前星匿彩，瑤巘韜峯。臣以愚誠，竊所未喻。且今之守器，素非皇嫡，永徽爰始，國本未生，權引彗星，越升明兩。近者元妃載誕，正胤降神，重光日融，爝暉宜息。安可以茲傍統，叨據溫文？國有諍臣，孰逃其責！竊惟息姑克讓，可以思齊；劉彊守藩，宜遵往軌。追蹤太伯，不亦休哉；踵武延陵，故常安矣。寧可反植枝幹，久易位於天庭；倒襲裳衣，使違方於震位？蠢爾黎庶，云誰係心，垂裕後昆，將何播美？」高宗從之。顯慶元年，廢忠爲梁王，授梁州都督，賜實封二千戶，物二萬段，甲第一區。其年，轉房州刺史。

忠年漸長大，常恐不自安，或私衣婦人之服，以備刺客。又數有妖夢，常自占卜。事發，五年，廢爲庶人，徙居黔州，囚於承乾之故宅。麟德元年，又誣忠與西臺侍郎上官儀〔二〕、宦者王伏勝謀反，賜死於流所，年二十二，無子。儀等伏誅。明年，皇太子弘表請收葬，許之。神龍初，追封燕王，贈太尉、揚州大都督。

原王孝，高宗第二子也。永徽元年，封許王。三年，拜并州都督。顯慶三年，累除遂州刺史。麟德元年薨，贈益州大都督，謚曰悼。神龍初，追贈原王、司徒、益州大都督。

澤王上金，高宗第三子也。永徽元年，封杞王。三年，遙授益州大都督。乾封元年，累轉壽州刺史，有罪免官，削封邑，仍於澧州安置。上金既爲則天所惡，所司希旨，求索罪失以奏之，故有此黜。永隆二年二月，則天矯抗表杞王上金、鄱陽王素節許同朝集之例，義陽、宣城二公主緣母蕭氏獲譴，從夫外官，請授官職。以上金爲沔州刺史，素節爲岳州刺史，仍不預朝集。嗣聖元年，上金、素節、義陽、宣城二公主聽赴哀。文明元年，上金封畢王，素節封爲葛王；又改上金封爲澤王、蘇州刺史，素節許王、隆州刺史。垂拱元年，改陳州刺史。永昌元年，授太子左衞率，出爲隨州刺史。

載初元年，武承嗣使酷吏周興誣告上金、素節謀反，召至都，繫於御史臺。舒州刺史、許王素節見殺於都城南驛，因害其支黨。上金恐懼，自縊死。子義珍、義玫、義璋、義環、義瑾、義璲七人並配流顯州而死。神龍初，追復上金官爵，封庶子義珣爲嗣澤王。

先是，義珣竄在嶺外，匿於傭保之間。及紹封無幾，有人告義珣非上金子，假冒襲爵，義珣不能自明，復流於嶺外。開元初，封素節子璆爲嗣澤王，繼上金後。十二年，玉眞公主表稱義珣實上金遺胤，被嗣許王瓘兄弟利其封爵，謀構廢之。今上由是削璆王爵，復召義珣爲嗣澤王，拜率更令。因是，諸宗室非本宗襲爵，自中興已後繼爲嗣王者，皆令歸宗，削其爵邑也。

許王素節，高宗第四子也。年六歲，永徽二年，封雍王，尋授雍州牧。素節能日誦古詩賦五百餘言，受業於學士徐齊聃，精勤不倦，高宗甚愛之。又轉岐州刺史。年十二，改封郇王。

初，則天未爲皇后也，與素節母蕭淑妃爭寵，遞相譖毀。六年，則天立爲皇后後，淑妃竟爲則天所譖毀，幽辱而殺之。素節尤被讒嫉，出爲申州刺史。乾封初，下敕曰：「素節既舊疾患，宜不須入朝。」而素節實無疾。素節自以久乖朝覲，遂著忠孝論以見意，詞多不載。

時王府倉曹參軍張柬之因使潛封此論以進，則天見之，逾不悅，誣以贓賄，降封鄱陽郡王，仍於袁州安置。儀鳳二年，禁錮終身，又改於岳州安置。永隆元年，轉岳州刺史，後改封葛王。則天稱制，又進封許王，累除舒州刺史。天授中，與上金同被誣告，追赴都。臨發州，聞有遭喪哭者，謂左右曰：「病死何由可得，更何須哭！」行至都城南龍門驛，被縊死，年四十三，則天令以庶人禮葬之。中宗即位，追封許王，贈開府儀同三司、許州刺史，仍以禮改葬，陪於乾陵。

素節被殺之時，子瑛、琬、璣、瑒等九人並爲則天所殺；惟少子琳、瓘、璆、欽古以年小，特令長禁雷州。神龍初，封瓘爲嗣許王。開元初，封琳爲嗣越王，以紹越王貞之後；璆爲嗣澤王，以繼伯父澤王上金之後。

琳，官至右監門將軍，卒。

瓘，開元十一年爲衞尉卿，以抑伯上金男不得承襲，以弟璆繼之，遽讁瓘爲鄂州別駕。於是下詔絕其外繼，乃以故澤王上金男義珣爲嗣澤王，江王禕爲信安郡王，嗣蜀王褕爲廣漢郡王，嗣密王徹爲濮陽郡王，嗣曹王臻爲濟國公，嗣趙王琚爲中山郡王，武陽郡王繼宗爲澧國公。瓘累遷邠州刺史、祕書監、守太子詹事。璆性仁厚謹愿，居家邕睦，朝廷重之[三]。天寶六載卒，贈蜀郡大都督。瓘晚有子，命璆子益爲嗣。及卒，有解、需二子，皆幼

孺。十一載，益襲封許王。十四載，解娶楊銛女，乃襲許王。

璆初爲嗣澤王，降爲郢國公、宗正卿同正員，特封褒信郡王。進龍池皇德頌，遷宗正卿、光祿卿、殿中監。天寶初，重拜宗正卿，加金紫光祿大夫。璆友弟聰敏，聞善若驚，宗子中有一善，無不薦拔，故宗枝居省闥者，多是璆之所舉。九載卒，贈江陵大都督。

孝敬皇帝弘，高宗第五子也。永徽四年，封代王。顯慶元年，立爲皇太子，大赦改元。弘嘗受春秋左氏傳於率更令郭瑜，至楚子商臣之事，廢卷而歎曰：「此事臣子所不忍聞，經籍聖人垂訓，何故書此？」瑜對曰：「孔子修春秋，義存褒貶，故善惡必書。褒善以示代，貶惡以誡後，故使商臣之惡，顯於千載。」太子曰：「非唯口不可道，故亦耳不忍聞，請改讀餘書。」瑜再拜賀曰：「里名勝母，曾子不入；邑號朝歌，墨子迴車。殿下誠孝冥資，睿情天發，凶悖之迹，黜於視聽。循奉德音，實深慶躍。臣聞安上理人，莫善於禮，非禮無以事天地之神，非禮無以辨君臣之位，故先王重焉。孔子曰：『不學禮，無以立。』請停春秋而讀禮記。」太子從之。

龍朔元年，命中書令、太子賓客許敬宗，侍中兼太子右庶子許圉師，中書侍郎上官儀，太子中舍人楊思儉等於文思殿博採古今文集，摘其英詞麗句，以類相從，勒成五百卷，名曰

瑤山玉彩，表上之。制賜物三萬段，敬宗已下加級、賜帛有差。總章元年二月，親釋菜司成館，因請贈顏回太子少師，曾參太子少保，高宗並從之。

時有敕，征邊遼軍人逃亡限內不首及更有逃亡者，身並處斬，家口沒官。太子上表諫曰：「竊聞所司以背軍之人，身久不出，家口皆擬沒官。亦有限外出首，未經斷罪，諸州囚禁，人數至多。或臨時遇病，不及軍伍，緣茲怖懼，遂即逃亡；或因樵採，被賊抄掠；或渡海來去，漂沒滄波；或深入賊庭，有被傷殺。軍法嚴重，皆須相傔。若不給傔，及不因戰亡，即同隊之人，兼合有罪。遂有無故死失，多注爲逃。軍旅之中，不暇勘當，直據隊司通狀，將作眞逃，家口令總沒官[四]，論情實可哀愍。書曰：『與其殺不辜，寧失不經。』伏願逃亡之家，免其配沒。」制從之。

咸亨二年，駕幸東都，留太子於京師監國。時屬大旱，關中饑乏，令取廊下兵士糧視之，見有食榆皮蓬實者，乃令家令等各給米使足。是時戴至德、張文瓘兼左庶子，與右庶子蕭德昭同爲輔弼，太子多疾病，庶政皆決於至德等。時義陽、宣城二公主以母得罪，幽于掖庭，太子見之驚惻，遽奏請令出降。又請以同州沙苑地分借貧人。詔並許之。又召詣東都，納右衞將軍裴居道女爲妃。所司奏以白雁爲贄，適會苑中獲白雁，高宗喜曰：「漢獲朱雁，遂爲樂府；今獲白雁，得爲婚贄。彼禮但成謠頌，此禮便首人倫，異代相望，我無慚德也。」

裴氏甚有婦禮，高宗嘗謂侍臣曰：「東宮內政，吾無憂矣。」

上元二年，太子從幸合璧宮，尋薨，年二十四。制曰：「皇太子弘，生知誕質，惟幾毓性。直城趨駕，肅敬著於三朝；中寢問安，仁孝聞於四海。自琰圭在手，沉瘵嬰身，顧惟耀掌之珍，特切鍾心之念，庶其痊復，以禪鴻名。及腠理微和，將遜于位，而弘天資仁厚，孝心純確，既承朕命，掩欻不言，因茲感結，舊疾增甚。億兆攸繫，方崇下武之基；五福無徵，俄遷上賓之駕。昔周文至愛，遂延慶於九齡；朕之不慈，遽永訣於千古。天性之重，追懷哽咽，宜申往命，加以尊名。夫諡者，行之跡也；號者，事之表也。慈惠愛親曰『孝』，死不忘君曰『敬』，諡爲孝敬皇帝。」其年，葬於緱氏縣景山之恭陵，制度一準天子之禮，百官從權制三十六日降服。高宗親爲製叡德紀，并自書之於石，樹於陵側。初，將營築恭陵，功費鉅億，萬姓厭役，呼嗟滿道，遂亂投磚瓦而散。

太子無子，長壽中，制令楚王諱繼其後[五]。中宗踐祚，制祔于太廟，號曰義宗，又追贈妃裴氏爲哀皇后。景雲元年，中書令姚元之、吏部尚書宋璟奏言：「準禮，大行皇帝山陵事終，即合祔廟。其太廟第七室，先祔皇昆義宗孝敬皇帝、哀皇后裴氏神主。伏以義宗未登大位，崩後追尊，至神龍之初，乃特令升祔。春秋之義，國君即位未踰年者，不合列昭穆。又古者祖宗各別立廟，孝敬皇帝恭陵既在洛州，望於東都別立義宗之廟，遷祔孝敬皇帝、

哀皇后神主，命有司以時享祭，則不違先旨，又協古訓，人神允穆，進退得宜。在此神主，望入夾室安置，伏願陛下以禮斷恩。」詔從之。開元六年，有司上言：「孝敬皇帝今別廟將建，享祔有期，準禮，不合更以義宗爲廟號，請以本諡孝敬爲廟稱。」於是始停義宗之號。

裴居道，絳州聞喜人，隋兵部侍郎鏡民孫也。父熙載，貞觀中爲尚書左丞。居道以女爲太子妃，則天時，歷位納言、內史、太子少保，封翼國公。載初元年春，爲酷吏所陷，下獄死。

章懷太子賢，字明允，高宗第六子也。永徽六年，封潞王。顯慶元年，遷授岐州刺史。其年，加雍州牧、幽州都督。時始出閣，容止端雅，深爲高宗所嗟賞。高宗嘗謂司空李勣曰：「此兒已讀得尚書、禮記、論語，誦古詩賦復十餘篇，暫經領覽，遂即不忘。我曾遣讀論語，至『賢賢易色』，遂再三覆誦。我問何爲如此，乃言性愛此言，方知夙成聰敏，出自天性。」龍朔元年，徙封沛王，加揚州都督，兼左武衞大將軍，雍州牧如故。二年，加揚州大都督。麟德二年，加右衞大將軍。咸亨三年，改名德，徙封雍王，授涼州大都督，雍州牧、右衞大將軍如故，食實封一千戶。上元元年，又依舊名賢。上元二年，孝敬皇帝薨。其年六月，立爲皇太子，大赦天下，尋令監國。賢處事明審，

爲時論所稱。儀鳳元年，手敕褒之曰：「皇太子賢自頃監國，留心政要。撫字之道，既盡於哀矜；刑網所施，務存於審察。加以聽覽餘暇，專精墳典。往聖遺編，咸窺壼奧；先王策府，備討菁華。好善載彰，作貞斯在，家國之寄，深副所懷。可賜物五百段。」賢又招集當時學者太子左庶子張大安、洗馬劉訥言、洛州司戶格希元、學士許叔牙成玄一史藏諸周寶寧等，注范曄後漢書，表上之，賜物三萬段，仍以其書付祕閣。

時正議大夫明崇儼以符劾之術爲則天所任使，密稱「英王狀類太宗」。又宮人潛議云，「賢是后姊韓國夫人所生」，賢亦自疑懼。則天又嘗爲賢撰少陽政範及孝子傳以賜之，仍數作書以責讓賢，賢逾不自安。調露二年，崇儼爲盜所殺，則天疑賢所爲。俄使人發其陰謀事，詔令中書侍郎薛元超、黃門侍郎裴炎、御史大夫高智周與法官推鞫之，於東宮馬坊搜得皁甲數百領，乃廢賢爲庶人，幽于別所。永淳二年，遷於巴州。文明元年，則天臨朝，令左金吾將軍丘神勣往巴州檢校賢宅，以備外虞。神勣遂閉於別室，逼令自殺，年三十二。則天舉哀於顯福門，貶神勣爲疊州刺史，追封賢爲雍王。神龍初，追贈司徒，仍遣使迎其喪柩，陪葬於乾陵。睿宗踐祚，又追贈皇太子，諡曰章懷。有三子：光順、守禮、守義。

光順，天授中封安樂郡王，尋被誅。

守義，文明年封犍爲郡王。垂拱四年，徙封永安郡王，病卒。

守禮本名光仁，垂拱初改名守禮，授太子洗馬，封嗣雍王。時中宗遷於房陵，睿宗雖居帝位，絕人朝謁，諸武贊成革命之計，深嫉宗枝。守禮以父得罪，與睿宗諸子同處於宮中，凡十餘年不出庭院。至聖曆元年，睿宗自皇嗣封爲相王，許出外邸；睿宗諸子五人皆封郡王，與守禮始居於外。

神龍元年，中宗纂位，授守禮光祿卿同正員。神龍中，遺詔進封邠王，賜實封五百戶。景雲二年，帶光祿卿，兼幽州刺史，轉左金吾衞大將軍，遙領單于大都護。先天二年，遷司空。開元初，歷虢、隴、襄、晉、滑六州刺史，非奏事及大事，並上佐知州。時寧、申、岐、薛、邠同爲刺史，皆擇首僚以持綱紀。源乾曜、袁嘉祚、潘好禮皆爲邠府長史兼州佐，守禮唯弋獵、伎樂、飲謔而已。九年已後，諸王並徵還京師。

守禮以外枝爲王，才識猥下，尤不逮岐、薛。多寵嬖，不修風教，男女六十餘人，男無中才，女負貞稱，守禮居之自若，高歌擊鼓。常帶數千貫錢債，或有諫之者曰：「王年漸高，家累甚衆，須有愛惜。」守禮曰：「豈有天子兄沒人葬？」諸王因內讌言之，以爲歡笑。雖積陰累日，守禮白於諸王曰：「欲晴。」果晴。愆陽涉旬，守禮曰：「即雨。」果連澍。岐王等奏之，云：「邠哥有術。」守禮曰：「臣無術也。則天時以章懷遷謫，臣幽閉宮中十餘年，每歲被敕杖數頓，見瘢痕甚厚。欲雨臣脊上即沉悶，欲晴即輕健，臣以此知之，非有術也。」涕泗霑襟，

玄宗亦憫然。二十九年薨，年七十餘，贈太尉。

子承宏，開元初封廣武郡王，歷祕書員外監，又爲宗正卿同正員。廣德元年，吐蕃凌犯上都，乘輿幸陝。蕃、渾之衆入城，吐蕃宰相馬重英立承宏爲帝，以于可封、霍瓌等爲宰相，補署百餘人。旬餘日，賊退，郭子儀率衆入城，送承宏於行在，上不之責，止於虢州。尋死。

承寧，天寶初，授率更令同正員、嗣邠王。

承寀，至德二載封爲燉煌郡王，加開府儀同三司。與僕固懷恩使迴紇和親，因納其女爲妃，册爲毗伽公主〔六〕。迴紇著勳，承寀甚遇恩寵。乾元元年六月卒，贈司空。

唐法，嗣郡王但加四品階，親王子例著緋。開元中，張九齡爲中書令，奏請寧、薛王男並賜紫，邠王三男衣紫，餘二十人衣緋，官亦不越六局郎，王府掾屬仍員外置。十五載，扈從至巴蜀，依例著紫。

中宗四男：韋庶人生懿德太子重潤，後宮生庶人重福、節愍太子重俊、殤帝重茂。

懿德太子重潤，中宗長子也。本名重照，以避則天諱，故改焉。開耀二年，中宗爲皇太

子，生重潤於東宮內殿，高宗甚悅。及月滿，大赦天下，改元爲永淳。是歲，立爲皇太孫，開府置官屬。及中宗遷於房州，其府坐廢。聖曆初，中宗爲皇太子，封爲邵王。大足元年，爲人所構，與其妹永泰郡主、壻魏王武延基等竊議張易之兄弟何得恣入宮中，則天令杖殺，時年十九。重潤風神俊朗，早以孝友知名，既死非其罪，大爲當時所悼惜。中宗卽位，追贈皇太子，謚曰懿德，陪葬乾陵。仍爲聘國子監丞裴粹亡女爲冥婚，與之合葬。又贈永泰郡主爲公主，令備禮改葬，仍號其墓爲陵焉。

庶人重福，中宗第二子也。初封唐昌王。聖曆三年，徙封平恩王。長安四年，進封譙王，歷遷國子祭酒、左散騎常侍。神龍初，爲韋庶人所譖，云與張易之兄弟潛構成重潤之罪，由是左授濮州員外刺史，轉均州，司防守，不許視事。景龍三年，中宗親祀南郊，大赦天下，流人並放還。重福不得歸京師，尤深鬱快，上表自陳曰：「臣聞功同賞異，則勞臣疑；罪均刑殊，則百姓惑。伏惟陛下德侔造化，明齊日月，恩及飛鳥，惠加走獸。近者焚柴展禮，郊祀上玄，萬物霑愷悌之仁，六合承曠蕩之澤。事無輕重，咸赦除之。蒼生並得赦除，赤子偏加擯棄，皇天平分之道，固若此乎？天下之人，聞者爲臣流涕；況陛下慈念，豈不愍臣恓惶？伏望捨臣罪愆，許臣朝謁。儻得一仰雲陛，再覲聖顏，雖沒九泉，實爲萬足。重投荒徼，亦所甘心。」表奏不報。

及韋庶人臨朝，遽令左屯衛大將軍趙承恩以兵五百人就均州守衛重福。俄而韋氏伏誅，睿宗卽位，又轉集州刺史。未及行，洛陽人張靈均進計於重福曰：「大王地居嫡長，自合繼爲天子。相王雖有討平韋氏功，安可越次而居大位。昔漢誅諸呂，猶迎代王；今東都百官士庶，皆願王來。王若潛行直詣洛陽，亦是從天上落，遣人襲殺留守，卽擁兵西據陝州，東下河北，此天下可圖也。」初，景龍三年，鄭愔自吏部侍郎出爲江州司馬，便道詣重福，陰相結託。至是又與靈均通傳動靜，亦密遣使勸重福構逆，預推尊重福爲天子，溫王重茂爲皇太弟，自署爲左丞相。重福乃遣家臣王道先赴東都，潛募勇敢之士，重福遽自均州詐乘驛與靈均繼進。

王道始至東都，俄有洩其謀者，洛州司馬崔日知捕獲其黨數十人。頃聞重福至，王道等率衆隨重福徑取左右屯營兵作亂，將至天津橋，願從者已數百人，皆執持器仗，助其威勢。侍御史李邕先詣左掖門，令閉關拒守。又至右屯營號令云：「重福雖先帝之子，已得罪於先帝，今者無故入城，必是作亂。君等皆委質聖朝，宜盡誠節，立功立事，以取富貴。」有頃，重福果來奪右屯營，堅壁不動，營中矢射如雨。便趣左掖門，擬取留守，遇門閉，遂縱火以燒城門。左屯營兵又來逼之，重福度數窮，出自上東門而遁，匿於山谷間。明日，東都

留守裴談等大出兵搜索，重福窘迫，自投漕河而死，磔屍三日，時年三十一。

詔曰：「集州刺史譙王重福，幼則兇頑，長而險詖。幸託體於先聖，嘗通交於巨逆。子而不子，自絕於天；有國有家，莫容於代。往者頗不含忍，長令幽縶。自大行晏駕，韋氏臨朝，將肆屠滅，尤加防衛。洎天有成命，集于朕躬，永懷猶子之情，庶協先親之義。所以開置僚屬，任隆刺舉，冀其悛改，以怙恩榮。而詿誤有徒，狂狡未息。便卽私出均州，詐乘驛騎，至于都下，遂逞其謀。先犯屯兵，次燒左掖，計窮力屈，投河而斃。雖人所共棄，邦有常刑，我非不慈，爾自招咎。且聞其故，有惻于懷。昔劉長既歿，楚英遂殞，以禮收葬，抑惟舊章，屈法申恩，宜仍舊寵。可以三品禮葬。」

節愍太子重俊，中宗第三子也。聖曆元年，封義興郡王。長安中，累授衛尉員外少卿。神龍初，封衛王，拜洛州牧，賜實封千戶，尋遷左衛大將軍，兼遙授揚州大都督。二年秋，立爲皇太子。重俊性雖明果，未有賢師傅，舉事多不法。俄以祕書監楊璬、太常卿武崇訓並爲太子賓客，璬等皆主壻年少，唯以蹴鞠猥戲取狎於重俊，竟無調護之意。左庶子姚珽數上疏諫諍，右庶子平貞慎又獻孝經議、養德傳以諷，重俊皆優納焉。時武三思得幸中宮，深忌重俊。三思子崇訓尙安樂公主，常教公主凌忽重俊，以其非

韋氏所生，常呼之爲奴。或勸公主請廢重俊爲王，自立爲皇太女，重俊不勝忿恨。三年七月，率左羽林大將軍李多祚、右羽林將軍李思沖、李承況、獨孤禕之、沙吒忠義等，矯制發左右羽林兵及千騎三百餘人，殺三思及崇訓于其第，並殺黨與十餘人。又令左金吾大將軍成王千里分兵守宮城諸門，自率兵趨肅章門，斬關而入，求韋庶人及安樂公主所在。又以昭容上官氏素與三思姦通，扣閤索之。韋庶人及公主遽擁帝馳赴玄武門樓，召左羽林將軍劉仁景等，令率留軍飛騎及百餘人於樓下列守。俄而多祚等兵至，欲突玄武門樓，宿衛者拒之，不得進。帝據檻呼多祚等所將千騎，謂曰：「汝並是我爪牙，何故作逆？若能歸順，斬多祚等，與汝富貴。」於是千騎王歡喜等倒戈，斬多祚及李承況、獨孤禕之、沙吒忠義等於樓下，餘黨遂潰散。重俊既敗，率其屬百餘騎趨肅章門，奔終南山，帝令長上果毅趙思慎率輕騎追之。重俊至鄠縣西十餘里，騎不能屬，唯從奴數人，會日暮憩林下，爲左右所殺。制令梟首于朝，又獻之於太廟，并以祭三思、崇訓屍柩。

睿宗卽位，下制曰：「朕聞曾氏之孝也，慈親惑於疑聽；趙虜之族也，明主哀而望思。歷考前聞，率由舊典。重俊，大行之子，元良守器。往罹構間，困於讒嫉。莫顧鈇鉞，輒盜甲兵，有此誅夷，無不悲惋。今四凶咸服，十起何追，方申赤暈之冤[七]，以紓黃泉之痛。可贈皇太子。」謚曰節愍，陪葬定陵。一子宗暉，開元初封湖陽郡王。

初，重俊被害，宮府僚吏莫敢近者，永和丞甯嘉勗解衣裹重俊首號哭，時人義之。宗楚客聞而大怒，收付制獄，貶爲平興丞，尋卒。睿宗踐祚，下制曰：「甯嘉勗能重名節，事高欒、向，幽塗已往，生氣凛然。靜言忠義，追存褒寵。可贈永和縣令〔八〕。」

宗暉，天寶中爲衞尉員外卿。十一載，王鉷反，宗暉以賣宅與鉷，貶涪川郡長史，量移盧陽長史。至德元年，追赴行在所，授特進、鴻臚卿。宗暉無他才，以外族之親，受恩顧轉隆。太常員外卿卒。

殤皇帝重茂，中宗第四子也。聖曆三年，封北海王。神龍初，進封温王，授右衞大將軍，兼遥領幷州大都督，未出閤。景龍四年，中宗崩，韋庶人立重茂爲帝，而自臨朝稱制。及韋氏敗，重茂遜遜位，讓叔父相王，退居別所。景雲二年，改封襄王，遷於集州，令中郎將率兵五百人守衞。開元二年，轉房州刺史。尋薨，時年十七，謚曰殤皇帝，葬於武功西原。

史臣曰：前代以嬖婦孽子破國亡家者多矣，然未如大帝、孝和之甚也。高宗八子，二王早世，爲武后所斃者四人，章懷以母子之愛，穎悟之賢，猶不免於虎口，况燕、澤、素節異腹

之胤乎！覆載胡心，產茲鴞毒，悲夫！孝和母嚚婦傲女暴，如置身羣魅之中，安有保其終吉哉！天將滌盪昏氛，非重茂所能支也。

贊曰：父子天性，嬖能害正。宜臼、申生，翻爲不令。唐年鈞德，章懷最仁。兇母畏明，取樂於身。

校勘記

〔一〕左僕射于志寧　「左僕射」各本原作「右僕射」，據本書卷七八于志寧傳、册府卷二五七改。

〔二〕西臺侍郎　「西臺」各本原作「東臺」，據本書卷八〇上官儀傳、新書卷一〇五上官儀傳、通鑑卷二〇一改。

〔三〕璆性仁厚謹愿居家爲睦朝廷重之　此十四字上文所敍皆璀事。下文云：「天寶六載卒，贈蜀郡大都督。」核以新書，卒後贈蜀郡大都督者係璀；且本傳下文又敍璆卒於天寶九載，贈江陵大都督，故此處「璆」字當爲「璀」之誤。

〔四〕令總沒官　「令」字各本原作「今」，據册府卷二六一改。

〔五〕楚王諱　「諱」字各本原作「瑋」，按新書卷八一孝敬皇帝弘傳，作「楚王隆基」。史文避其名諱，故稱「楚王諱」，而誤「諱」爲「瑋」，今改正。

〔六〕毗伽公主　「伽」字各本原作「佐」，據新書卷八一章懷太子傳改。册府卷九七九「迦」作「加」字。

〔七〕赤暈　「暈」字各本原作「軍」，據册府卷二六一、唐大詔令集卷三一改。

〔八〕永和縣令　「令」字各本原作「丞」，據新書卷八一節愍太子重俊傳改。

舊唐書卷八十七

列傳第三十七

裴炎　劉禕之　魏玄同　李昭德

裴炎，絳州聞喜人也。少補弘文生，每遇休假，諸生多出遊，炎獨不廢業。歲餘，有司將薦舉，辭以學未篤而止。在館垂十載，尤曉春秋左氏傳及漢書。擢明經第，尋爲濮州司倉參軍。累歷兵部侍郎、中書門下平章事、侍中、中書令。

永淳元年，高宗幸東都，留太子哲守京師，命炎與劉仁軌、薛元超爲輔。明年，高宗不豫，炎從太子赴東都侍疾。十一月，高宗疾篤，命太子監國，炎奉詔與黃門侍郎劉齊賢、中書侍郎郭正一並於東宮平章事。十二月丁巳，高宗崩，太子即位，未聽政，宰臣奏議，天后降令於門下施行。中宗既立，欲以后父韋玄貞爲侍中，又欲與乳母子五品，炎固爭以爲不可。中宗不悅，謂左右曰：「我讓國與玄貞豈不得，何爲惜侍中耶？」炎懼，乃與則天定策廢

立。炎與中書侍郎劉禕之、羽林將軍程務挺張虔勗等勒兵入內，宣太后令，扶帝下殿。帝曰：「我有何罪？」太后報曰：「汝欲將天下與韋玄貞，何得無罪。」乃廢中宗爲廬陵王，立豫王且爲帝。炎以定策功，封河東縣侯。

太后臨朝，天授初，又降豫王爲皇嗣。時太后姪武承嗣請立武氏七廟及追王父祖，太后將許之。炎進諫曰：「皇太后天下之母，聖德臨朝，當存至公，不宜追王祖禰，以示自私。且獨不見呂氏之敗乎？臣恐後之視今，亦猶今之視昔。」太后曰：「呂氏之王，權在生人；今者追尊，事歸前代。存歿殊迹，豈可同日而言？」炎曰：「蔓草難圖，漸不可長，殷鑒未遠，當絕其源。」太后不悅而止。時韓王元嘉、魯王靈夔等皆皇屬之近，承嗣與從父弟三思屢勸太后因事誅之，以絕宗室之望。劉禕之、韋仁約並懷畏懼，唯唯無言，炎獨固爭，以爲不可，承嗣深憾之。

文明元年，官名改易，炎爲內史。秋，徐敬業構逆，太后召炎議事。炎奏曰：「皇帝年長，未俾親政，乃致猾豎有詞。若太后返政，則此賊不討而解矣。」御史崔察聞而上言，曰：「裴炎伏事先朝，二十餘載，受遺顧託，大權在己，若無異圖，何故請太后歸政？」乃命御史大夫騫味道〔一〕、御史魚承曄鞫之。鳳閣侍郎胡元範奏曰：「炎社稷忠臣，有功於國，悉心奉上，天下所知，臣明其不反。」右衞大將軍程務挺密表申理之，文武之間證炎不反者甚衆，太后皆不納。光宅元年十月，斬炎于都亭驛之前街。炎初被擒，左右勸炎遜詞於使者，炎歎曰：「宰相下獄，焉有更全之理！」竟無折節。及籍沒其家，乃無儋石之蓄。胡元範，申州義陽人，坐救炎流死瓊州。程務挺伏法，納言劉齊賢貶吉州長史，吏部侍郎郭待舉貶岳州刺史，皆坐救炎之罪也。

先是，開耀元年十月，定襄道行軍大總管裴行儉獻定襄所獲俘囚，除曲赦外，斬阿史那伏念、溫傅等五十四人於都市。初，行儉討伐之時，許伏念以不死，伏念乃降。時炎害行儉之功，奏云：「伏念是程務挺、張虔勗逼逐于營，又磧北迴紇南向逼之，窘急而降。」乃殺之。行儉歎曰：「渾、濬之事，古今恥之。但恐殺降之後，無復來者。」行儉因此稱疾不出。炎致國家負義而殺降，妬能害功，構成陰禍，其敗也宜哉！

睿宗踐祚，下制曰：「飾終追遠，斯乃舊章；表德旌賢，有光恆策。故中書令裴炎，含弘稟粹，履信居貞，望重國華，才稱人秀。唯幾成務，績宣于代工；偶居無猜，義深於奉上。文明之際，王室多虞，保乂朕躬，實著誠節。而危疑起釁，倉卒罹災，歲月屢遷，丘封莫樹。永言先正，感悼良多。宜追賁於九原，俾增榮於萬古。可贈益州大都督。」

炎長子彥先，後爲太子舍人；從子伷先，後爲工部尚書。

劉禕之，常州晉陵人也。祖興宗，陳鄱陽王諮議參軍。父子翼，善吟諷，有學行。隋大業初，歷祕書監，河東柳顧言甚重之。性不容非，朋僚有短，常面折之。友人李伯藥常稱曰：「劉四雖復罵人，人都不恨。」貞觀元年，詔追入京，以母老固辭，太宗許其終養。江南大使李襲譽嘉其至孝，恆以米帛賚之，因上表旌其門閭，改所居爲孝慈里。母卒，服竟，徵拜吳王府功曹，再遷著作郎、弘文館直學士，預修晉書，加朝散大夫。永徽初卒，高宗遣使弔贈，給靈輿還鄉。有集二十卷。

禕之少與孟利貞、高智周、郭正一俱以文藻知名，時人號爲劉、孟、高、郭。尋與利貞等同直昭文館。上元中，遷左史、弘文館直學士，與著作郎元萬頃，左史范履冰、苗楚客，右史周思茂、韓楚賓等，皆召入禁中，共撰列女傳、臣軌、百僚新誡、樂書，凡千餘卷。時又密令參決，以分宰相之權，時人謂之「北門學士」。禕之兄懿之，時爲給事中，兄弟並居兩省，論者美之。

儀鳳二年，轉朝議大夫、中書侍郎，兼豫王府司馬，尋加中大夫。禕之有姊在宮中爲內職，天后令省榮國夫人之疾，禕之潛伺見之，坐是配流嶲州。歷數載，天后表請高宗召還，拜中書舍人。轉相王府司馬，復遷檢校中書侍郎。高宗謂曰：「相王朕之愛子，以卿忠孝之

門，藉卿師範，所冀蓬生麻中，不扶自直耳。」禕之居家孝友，甚爲士族所稱，每得俸祿，散於親屬，高宗以此重之。則天臨朝，甚見親委。及豫王立，禕之參預其謀，擢拜中書侍郎、同中書門下三品，賜爵臨淮男。時軍國多事，所有詔敕，獨出禕之，構思敏速，皆可立待。及官名改易，禕之爲鳳閣侍郎、同鳳閣鸞臺三品。

時有司門員外郎房先敏得罪，左授衞州司馬，詣宰相陳訴。內史騫味道謂曰：「此乃皇太后處分也。」禕之謂先敏曰：「緣坐改官，例從臣下奏請。」則天聞之，以味道善則歸己，過則推君，貶青州刺史；以禕之推善於君，引過在己，加授太中大夫，賜物百段、細馬一匹。因謂侍臣曰：「夫爲臣之體，在揚君之德，君德發揚，豈非臣下之美事？且君爲元首，臣作股肱，情同休戚，義均一體。未聞以手足之疾移於腹背，而得一體安者。味道不存忠赤，已從屏退；禕之竭忠奉上，情甚可嘉。」納言王德眞對曰：「昔戴至德每有善事，必推於君。」太后曰：「先朝每稱至德能有此事，逮其終歿，有制褒崇。爲臣之道，豈過斯行，傳名萬代，可不善歟！」

儀鳳中，吐蕃爲邊患，高宗謂侍臣曰：「吐蕃小醜，屢犯邊境，我比務在安輯，未卽誅夷。而戎狄豺狼，不識恩造，置之則疆場日駭，圖之則未聞上策，宜論得失，各盡所懷。」時劉景先〔二〕、郭正一、皇甫文亮、楊思徵、薛元超各有所奏。禕之時爲中書舍人，對曰：「臣觀

自古明王聖主，皆患夷狄。吐蕃時擾邊隅，有同禽獸，得其土地，不可攸居，被其憑陵，未足爲恥。願戢萬乘之威，且寬百姓之役。」高宗嘉其言。

後禕之嘗竊謂鳳閣舍人賈大隱曰：「太后既能廢昏立明，何用臨朝稱制？不如返政，以安天下之心。」大隱密奏其言，則天不悅，謂左右曰：「禕之我所引用，乃有背我之心，豈復顧我恩也！」垂拱三年，或誣告禕之受歸誠州都督孫萬榮金〔三〕，兼與許敬宗妾有私，則天特令肅州刺史王本立推鞫其事。本立宣敕示禕之，禕之曰：「不經鳳閣鸞臺，何名爲敕？」則天大怒，以爲拒捍制使，乃賜死於家，時年五十七。

初，禕之既下獄，睿宗爲之抗疏申理，禕之親友咸以爲必見原宥，竊賀之。禕之曰：「吾必死矣。太后臨朝獨斷，威福任己，皇帝上表，徒使速吾禍也。」禕之在獄時，嘗上疏自陳。及臨終，既洗沐，而神色自若，命其子執筆草謝表，其子將絕，殆不能書。監刑者促之，禕之乃自操數紙，援筆立成，詞理懇至，見者無不傷痛。時麟臺郎郭翰、太子文學周思鈞共稱歎其文，則天聞而惡之，左遷翰爲巫州司法，思鈞爲播州司倉。睿宗卽位，以禕之宮府舊僚，追贈中書令。有集七十卷，傳於時。

魏玄同，定州鼓城人也。舉進士。累轉司列大夫，坐與上官儀文章屬和，配流嶺外。上元初赦還，工部尚書劉審禮薦玄同有時務之才，拜岐州長史。累遷至吏部侍郎。玄同以既委選舉，恐未盡得人之術，乃上疏曰：

臣聞製器者必擇匠以簡材，爲國者必求賢以莅官。匠之不良，無以成其工；官之非賢，無以致於理。君者，所以牧人也；臣者，所以佐君也。君不養人，失君道矣；臣不輔君，失臣任矣。任人者，誠國家之基本，百姓之安危也。方今人不加富，盜賊不衰，獄訟未清，禮義猶闕者，何也？下吏不稱職，庶官非其才也。官之不得其才者，取人之道，有所未盡也。

臣又聞傳說曰：「明王奉若天道，建邦設都，樹后王君公，承以大夫師長，不惟逸豫，惟以理人。」昔之邦國，今之州縣，士有常君，人有定主，自求臣佐，各選英賢，其大臣乃命於王朝耳。秦并天下，罷侯置守，漢氏因之，有沿有革。諸侯得自置吏四百石以下，其傅相大官，則漢爲置之。州郡掾吏、督郵、從事，悉任之於牧守。爰自魏、晉，始歸吏部，遞相祖襲，以迄于今。用刀筆以量才，案簿書而察行，法令之弊，其來自久。

蓋君子重因循而憚改作，有不得已者，亦當運獨見之明，定卓然之議。如今選司

所行者，非上皇之令典，乃近代之權道，所宜遷革，實爲至要。何以言之？夫尺丈之量，所及者蓋短；鍾庾之器，所積者寧多。非其所及，焉能度之；非其所受，何以容之？況天下之大，士人之衆，而可委之數人之手乎？假使平如權衡，明如水鏡，力有所極，照有所窮，銓綜既多，紊失斯廣。又以比居此任，時有非人。豈直愧彼清通，昧於甄察；亦將竭其庸妄，糅彼棼絲。情故既行，何所不至，贓私一啓，以及萬端。至乃爲人擇官，爲身擇利，顧親疏而下筆，看勢要而措情。悠悠風塵，此焉奔競；擾擾遊宦，同乎市井。加以厚貌深衷，險如溪壑，擇言觀行，猶懼不周。今使百行九能，折之於一面，具僚庶品，專斷於一司，不亦難矣！

且魏人應運，所據者乃三分；晉氏播遷，所臨者非一統。逮乎齊、宋，以及周、隋，戰爭之日多，安泰之時少，瓜分瓦裂，各在一方。隋氏平陳，十餘年耳，接以兵禍，繼以饑饉，既德業之不逮，或時事所未遑，非謂是今而非古也。武德、貞觀，與今亦異，皇運之初，庶事草創，豈唯日不暇給，亦乃人物常稀。天祚大聖，享國永年，比屋可封，異人間出。咸以爲有道恥賤，得時無怠，諸色入流，歲以千計。羣司列位，無復新加，官有常員，人無定限。選集之始，霧積雲屯，擢敍於終，十不收一。淄澠雜混，玉石難分，用捨去留，得失相半。撫卽事之爲弊，知及後之滋失。

中華書局

夏、殷已前，制度多闕，周監二代，煥乎可覩。蓋諸侯之臣〔四〕，不皆命於天子，王朝庶官，亦不專於一職。故周穆王以伯冏爲太僕正，命之曰：「愼簡乃僚，無以巧言令色便僻側媚，唯吉士。」此則令其自擇下吏之文也。太僕正，中大夫耳，尙以僚屬委之，則三公九卿〔五〕，亦必然矣。周禮：太宰、內史，並掌爵祿廢置；司徒、司馬，別掌興賢詔事。當是分任於羣司，而統之以數職，各自求其小者，而王命其大者焉。夫委任責成，君之體也，所委者當，所用者精，故能得濟濟之多士，盛芃芃之棫樸。裴子野有言曰：「官人之難，先王言之尙矣。居家視其孝友，鄉黨服其誠信，出入觀其志義，憂難取其智謀〔六〕。煩之以事，以觀其能；臨之以利，以察其廉。周禮始於學校，論之州里，告諸六事，而後貢之王庭。其在漢家，尙猶然矣。州郡積其功能，然後爲五府所辟，五府舉其掾屬而昇于朝，三公參得除署，尙書奏之天子。一人之身，所關者衆；一士之進，其謀也詳。故官得其人，鮮有敗事。魏、晉反是，所失弘多。」子野所論，蓋區區之宋朝耳，猶謂不勝其弊，而況于當今乎！

又夫從政莅官，不可以無學。故書曰：「學古入官，議事以制。」傳曰：「我聞學以從政，不聞以政入學。」今貴戚子弟，例早求官，髫齔之年，已腰銀艾，或童丱之歲，已襲朱紫。弘文崇賢之生，千牛輦脚之類，課試旣淺，藝能亦薄，而門閥有素，資望自高。夫

象賢繼父，古之道也。所謂冑子，必裁諸學，修六禮以節其性，明七教以興其德，齊八政以防其淫，舉上賢以崇德，簡不肖以黜惡。少則受業，長而出仕，並由德進，必以才昇，然後可以利用賓王，移家事國。少仕則廢學，輕試則無才，於此一流，良足惜也。又勳官三衞流外之徒，不待州縣之舉，直取之於書判，恐非先德而後言才之義也。

臣又以爲國之用人，有似人之用財。貧者厭糟糠，思短褐；富者餘糧肉，衣輕裘。然則當衰弊乏賢之時，則可磨策朽鈍而乘馭之；在太平多士之日，亦宜妙選髦俊而任使之。詩云：「翹翹錯薪，言刈其楚。」楚，荆也，在薪之翹翹者。方之用才，理亦當爾，選人幸多，尤宜簡練。臣竊見制書，每令三品、五品薦士，下至九品，亦令舉人，此聖朝側席旁求之意也。但以褒貶不甚明，得失無大隔，故人上不憂黜責，下不盡搜揚，苟以應命，莫愼所舉。且惟賢知賢，聖人篤論，伊、皐既舉，不仁咸遠。復患階秩雖同，人才異等，身且濫進，鑒豈知人？今欲務得實才，兼宜擇其舉主。流清以源潔，影端由表正，不詳舉主之行能，而責舉人之庸濫，不可得已。

漢書云：「張耳、陳餘之賓客、厮役，皆天下俊傑。」彼之蕞爾，猶能若斯，況以神皇之聖明，國家之德業，而不建久長之策，爲無窮之基，盡得賢取士之術，而但顧望魏、晉之遺風，留意周、隋之末事，臣竊惑之。伏願稍迴聖慮，時採芻言，略依周、漢之規，以分吏部之選。卽望所用精詳，鮮於差失。

疏奏不納。

弘道初，轉文昌左丞，兼地官尙書、同中書門下三品。則天臨朝，遷太中大夫、鸞臺侍郎，依前知政事。垂拱三年，加銀青光祿大夫，檢校納言，封鉅鹿男。玄同素與裴炎結交，能保終始，時人呼爲「耐久朋」；而與酷吏周興不協。永昌初，爲周興所構，云玄同言：「太后老矣，須復皇嗣。」太后聞之，怒，乃賜死於家。監刑御史房濟謂玄同曰：「何不告事，冀得召見，當自陳訴。」玄同歎曰：「人殺鬼殺，有何殊也，豈能爲告人事乎！」乃就刑，年七十三。

子恬，開元中爲潁王傅。

李昭德，京兆長安人也。父乾祐，貞觀初爲殿中侍御史。時有鄃令裴仁軌私役門夫，太宗欲斬之，乾祐奏曰：「法令者，陛下制之於上，率土尊之於下，與天下共之，非陛下獨有也。仁軌犯輕罪而致極刑，是乖畫一之理。刑罰不中，則人無所措手足。臣忝憲司，不敢奉制。」太宗意解，仁軌竟免。乾祐尋遷侍御史。母卒，廬於墓側，負土成墳，太宗遣使就墓

弔之，仍旌表其門。後歷長安令、治書御史，皆有能名，擢拜御史大夫。乾祐與中書令褚遂良不協，竟爲遂良所構。永徽初，繼爲邢、魏等州刺史。乾祐雖強直有器幹，而昵於小人，旣典外郡，與令史結友，書疏往返，令伺朝廷之事。俄爲友人所發，坐流愛州。乾封中，起爲桂州都督，歷拜司刑太常伯。舉京兆功曹參軍崔擢爲尙書郎，事旣不果，私以告擢；後擢有犯，乃告乾祐泄禁中語以贖罪，乾祐復坐免官。尋卒。

昭德，卽乾祐之孽子也。強幹有父風，少舉明經，累遷至鳳閣侍郎。長壽二年，增置夏官侍郎三員，時選昭德與婁師德、侯知一爲之。是歲，又遷鳳閣鸞臺平章事，尋加檢校內史。長壽中，神都改作文昌臺及定鼎、上東諸門，又城外郭，皆昭德創其制度，時人以爲能。初，都城洛水天津之東，立德坊西南隅，有中橋及利涉橋，以通行李。上元中，司農卿韋機始移中橋置于安衆坊之左街，當長夏門，都人甚以爲便，因廢利涉橋，所省萬計。然歲爲洛水衝注，常勞治葺。昭德創意積石爲脚，銳其前以分水勢，自是竟無漂損。

時則天以武承嗣爲文昌左相，昭德密奏曰：「承嗣陛下之姪，又是親王，不宜更在機權，以惑衆庶。且自古帝王，父子之間，猶相簒奪，況在姑姪，豈得委權與之？脫若乘便，寶位寧可安乎？」則天矍然曰：「我未之思也。」承嗣亦嘗返譖昭德，則天曰：「自我任昭德，每獲高臥，是代我勞苦，非汝所及也。」承嗣俄轉太子少保，罷知政事。延載初，鳳閣舍人張嘉福

令洛陽人王慶之率輕薄惡少數百人詣闕上表，請立武承嗣爲皇太子。則天不許，慶之固請不已，則天令昭德詰責之，令散。昭德便杖殺慶之，餘衆乃息。昭德因奏曰：「臣聞文武之道，布在方策，豈有姪爲天子而爲姑立廟乎！以親親言之，則天皇是陛下夫也，皇嗣是陛下子也，陛下正合傳之子孫，爲萬代計。況陛下承天皇顧託而有天下，若立承嗣，臣恐天皇不血食矣。」則天寤之，乃止。

時朝廷諛佞者多獲進用，故幸恩者，事無大小，但近諂諛，皆獲進見。有人於洛水中獲白石數點赤，詣闕輒進。諸宰相詰之，對云：「此石赤心，所以來進。」昭德叱之曰：「此石赤心，洛水中餘石豈能盡反耶？」左右皆笑。是時，來俊臣、侯思止等枉撓刑法，誣陷忠良，人皆慴懼，昭德每廷奏其狀，由是俊臣黨與少自摧屈。來俊臣又嘗棄故妻而娶太原王慶詵女，侯思止亦奏娶趙郡李自挹女，敕政事堂共商量。昭德撫掌謂諸宰相曰：「大可笑。往年俊臣賊劫王慶詵女，已大辱國。今日此奴又請索李自挹女，無乃復辱國耶！」尋奏寢之。侯思止後竟爲昭德所繩，榜殺之。

既而昭德專權用事，頗爲朝野所惡，前魯王府功曹參軍丘愔上疏言其罪狀曰：

臣聞百王之失，皆由權歸於下；宰臣持政，常以勢盛爲殃。魏冉誅庶族以安秦，非不忠也；弱諸侯以強國，亦有功也。然以出入自專，擊斷無忌，威震人主，不聞有

王，張祿一進深言，卒用憂死。向使昭王不卽覺悟，魏冉果以專權，則秦之霸業，或不傳其子孫。陛下創業興王，撥亂英主，總權收柄，司契握圖。天授已前，萬機獨斷，發命皆中，舉事無遺，公卿百僚，具職而已。自長壽已來，厭怠細政，委任昭德，使掌機權。然其雖幹濟小才，不堪軍國大用，直以性好凌轢，氣負剛強，盲聾下人，芻狗同列，刻薄慶賞，矯枉憲章，國家所賴者微，所妨者大。天下杜口，莫敢一言，聲威翕赫，日已熾盛。臣近於南臺見敕目，諸處奏事，陛下已依，昭德請不依，陛下便不依。如此改張，不可勝數。昭德參奉機密，獻可替否，事有便利，不預諮謀，要待畫旨將行，方始別生駁異。揚露專擅，顯示於人，歸美引愆，義不如此。州縣列位，臺寺庶官，入謁出辭，望塵慴氣。一切奏讞，與奪事宜，皆承旨意，附會上言。今有秩之吏，多爲昭德之人。陛下勿謂昭德小心，是我手臂。臣觀其膽，乃大於身，鼻息所衝，上拂雲漢。近者新陷來、張兩族，兼挫侯、王二仇，鋒銳更不可當，方寸良難窺測。

書曰，知人亦未易，人亦未易知。漢光武將寵龐萌，可以託孤，卒爲戎首；魏明帝期司馬懿以安國，竟肆姦回。夫小家治生，有千百之資，將以託人，尙憂失授；況兼天下之重，而可輕忽委任者乎！今昭德作福專威，橫絕朝野，愛憎與奪，旁若無人。陛下恩遇至深，蔽過甚厚。臣聞蟻穴壞堤，針芒寫氣，涓涓不絕，必成江河。履霜堅冰，須

防其漸，權重一去，收之極難。臣又聞輕議近臣，犯顏深諫，明君聖主，亦有不容。臣熟知今日言之於前，明日伏誅於後，但使國安身死，臣實不悔。陛下深覽臣言，爲萬姓自愛。

時長上果毅鄧注又著碩論數千言，備述昭德專權之狀，鳳閣舍人逄弘敏遽奏其論。則天乃惡昭德，謂納言姚璹曰：「昭德身爲內史，備荷殊榮，誠如所言，實負於國。」延載初，左遷欽州南賓尉，數日，又命免死配流。尋又召拜監察御史。時太僕少卿來俊臣與昭德素不協，乃誣構昭德有逆謀，因被下獄，與來俊臣同日而誅。是日大雨，士庶莫不痛昭德而慶俊臣也。相謂曰：「今日天雨，可謂一悲一喜矣。」神龍中，降制曰：「故李昭德勤恪在公，強直自達。立朝正色，不吐剛以茹柔；當軸勵詞，必抗情以歷詆。墉隍府寺，樹勣良多，變更規模，歿而不朽。道淪福善，業虧嫉惡，名級不追，風流將沫。式旌壤樹，光被幽明，可贈左御史大夫。」德宗建中三年，加贈司空。

史臣曰：裴炎位居相輔，時屬艱難，歷覽前蹤，非無忠節。但見遲而慮淺，又遭命以會時。何者，當是時，高宗晏駕尙新，武氏革命未見，炎也唯慮中宗之過失，是其淺也；不見

太后之苞藏，是其遲也。及乎承嗣請封祖禰，三思勸殺宗親，然後徒有諫章，何嘗濟事，是辜遺託，豈痛伏誅。時論則然，遲淺須信。況聞覩構逆則示其閒暇，俾殺降則彰彼猜嫌，小數有餘，大度何足，又其驗也。

禕之名父之子，諒知其才，著述頗精，履歷無愧。師範王府，秉執相權，咸有能名，固愜羣議。何乃失言於大隱，取金於萬榮，潛見內人，私通嬖妾，使濁跡玷其清譽，淫行汙於貞名。若言俗因濫刑，公行誣告，卽又自昧周防之道，人非盡戮之冤。賜死於家，猶爲多幸，臨終不撓，抑又徒勞。

玄同富於詞學，公任權衡，當爲典選之時，備疏擇才之理。但以高宗棄代之後，則天居位之間，革命是懷，附己爲愛，苟一言之不順，則赤族以難逃。是以唐之名臣，難忘中興之計；周之酷吏，常謀並進之讒。玄同欲復皇儲，固宜難免，死而無過，人殺何妨。

昭德強幹爲臣，機巧莅事，凡所制置，動有規模。武承嗣方持左相權，將立爲皇太子，尋更所任，復寢其謀，咸由昭德之言，能拒則天之旨。又觀其誅侯思止，法王慶之，挫來俊臣，致朋黨漸衰，諛佞稍退。又則天謂承嗣曰：「我任昭德，每獲高臥，代我勞苦，非汝所及也。」此則強幹機巧之驗焉。公忠之道，亦在其中矣。不然，則何以致是哉！若使昭德用謙御下，以柔守剛，不恃專權，常能寡過，則復皇嗣而非晚，保臣節而必終。蓋由道乏弘

持，器雖苞貯，純剛是失，卷智不全。所以丘愔抗陳，鄧注深論，瓦解而固難收拾，風摧而豈易扶持。自取誅夷，人誰怨懟？

贊曰：政無刑法，時屬艱危。裴炎之智，慮淺見遲。禕之履行，貨色自欺。昭德強猛，何由不虧？死無令譽，孰謂非宜。玄同不幸，顚殞亦隨。

校勘記

〔一〕禦昧道　「禦」字各本原作「卷」，據通鑑卷二〇三、合鈔卷一三八裴炎傳改。

〔二〕劉景先　「先」字各本原作「仙」，據本書卷八一劉祥道傳、合鈔卷一三八劉禕之傳改。

〔三〕歸誠州　「誠」字各本原無，據通典卷二〇〇、新書卷一一七劉禕之傳、通鑑卷二〇四補。

〔四〕蓋諸侯之臣　「蓋」字各本原作「豈」，據英華卷六九六、全唐文卷一六八改。

〔五〕三公九卿　「九」字各本原無，據唐會要卷七四、冊府卷五三二、英華卷六九六補。

〔六〕憂難　「難」字各本原作「歎」，據唐會要卷七四、冊府卷五三二、英華卷六九六改。

舊唐書卷八十八

列傳第三十八

韋思謙 子承慶 嗣立　陸元方 子象先　蘇瓌 子頲

韋思謙，鄭州陽武人也。本名仁約，字思謙，以音類則天父諱，故稱字焉。其先自京兆南徙，家于襄陽。舉進士，累補應城令，歲餘調選。思謙在官，坐公事微殿，舊制多未敍進。吏部尚書高季輔曰：「自居選部，今始得此一人，豈以小疵而棄大德。」擢授監察御史，由是知名。嘗謂人曰：「御史出都，若不動搖山岳，震慴州縣，誠曠職耳。」時中書令褚遂良賤市中書譯語人地，思謙奏劾其事，遂良左授同州刺史。及遂良復用，思謙不得進，出爲淸水令。謂人曰：「吾狂鄙之性，假以雄權，觸機便發，固宜爲身災也。大丈夫當正色之地，必明目張膽以報國恩，終不能爲碌碌之臣保妻子耳。」

左肅機皇甫公義檢校沛王府長史，引思謙爲同府倉曹，謂思謙曰：「公豈池中之物，屈

公爲數旬之客，以望此府耳。」累遷右司郎中。

永淳初，歷尙書左丞、御史大夫。時武候將軍田仁會與侍御史張仁禕不協而誣奏之，高宗臨軒問仁禕，仁禕惶懼，應對失次。思謙歷階而進曰：「臣與仁禕連曹，頗知事由，仁禕懦而不能自理。若仁會眩惑聖聽，致仁禕非常之罪，卽臣亦事君不盡矣。請專對其狀。」辭辯縱橫，音旨明暢，高宗深納之。思謙在憲司，每見王公，未嘗行拜禮。或勸之，答曰：「鵰鶚鷹鸇，豈衆禽之偶，奈何設拜以狎之？且耳目之官，固當獨立也。」初拜左丞，奏曰：「陛下爲官擇人，非其人則闕。今不惜美錦，令臣製之，此陛下知臣之深，亦微臣盡命之秋。」振舉綱目，朝廷肅然。

則天臨朝，轉宗正卿，會官名改易，改爲司屬卿。光宅元年，分置左、右肅政臺，復以思謙爲右肅政大夫。大夫舊與御史抗禮，思謙獨坐受其拜。或以爲辭，思謙曰：「國家班列，自有差等，奈何以姑息爲事耶？」垂拱初，賜爵博昌縣男，遷鳳閣鸞臺三品。二年，代蘇良嗣爲納言。三年，上表告老請致仕，許之，仍加太中大夫。永昌元年九月，卒於家，贈幽州都督。二子：承慶、嗣立。

承慶字延休。少恭謹，事繼母以孝聞。弱冠舉進士，補雍王府參軍。府中文翰，皆出

於承慶，辭藻之美，擅於一時。累遷太子司議郎。儀鳳四年五月，詔皇太子賢監國。時太子頗近聲色，與戶奴等款狎，承慶上書諫曰：

臣聞太子者君之貳，國之本也。所以承宗廟之重，繫億兆之心，萬國以貞，四海屬望。殿下以仁孝之德，明叡之姿，岳峙泉渟，金貞玉裕。天皇升殿下以儲副，寄殿下以監撫，欲使照無不及，恩無不覃，百僚仰重曜之暉，萬姓聞洊雷之響。

夫君無民，無以保其位；人非食，無以全其生。故孔子曰：「百姓足，君孰與不足；百姓不足，君孰與足？」自頃年已來，頻有水旱，菽粟不能豐稔，黎庶自致煎窮。今夏亢陽，米價騰踊，貧窶之室，無以自資，朝夕遑遑，唯憂餒饉。下人之瘼，實可哀矜，稼穡艱難，所宜詳悉。天皇所以垂衣北極，殿下所以守器東宮，爲天下之所尊，得天下之所利者，豈唯上玄之幽贊，亦百姓之力也。百姓危，則社稷不得獨安，百姓亂，則帝王不能獨理。故古之明君，飽而知人飢，溫而知人寒，每以天下爲憂，不以四海爲樂。今關、隴之外，兇寇憑凌，西土編甿，凋喪將盡，干戈日用，烽柝荐興，千里有勞於饋糧，三農不遑於稼穡。殿下爲臣爲子，乃國乃家，爲臣在於竭忠，爲子期於盡孝，在家不可以自逸，在國不可以自康。一物有虧，聖上每留神念；三邊或梗，殿下豈不兢懷。況當養德之秋，非是任情之日！

伏承北門之內，造作不常，翫好所營，或有煩費。倡優雜伎，不息於前，鼓吹繁聲，亟聞於外，既喧聽覽，且黷宮闈。兼之僕隸小人，緣此得親左右，亦旣奉承顏色，能不恃託恩光。作福作威，莫不由此，不加防慎，必有愆非。儻使微累德音，於後悔之何及？書云：「不作無益害有益。」此皆無益之事，固不可耽而悅之。

臣又聞「高而不危，所以長守貴；滿而不溢，所以長守富」。是知高危不可不慎，滿溢不可不持。易曰：「君子終日乾乾，夕惕若厲，無咎。」敬慎之謂也。在於凡庶，能守而行之，猶可以高振聲華，坐致榮祿。況殿下有少陽之位，有天挺之姿，片善而天下必聞，小能而天下咸服，豈可不爲盡善盡美之道，以取可大可久之名哉！

伏願博覽經書以廣其德，屏退聲色以抑其情。靜默無爲，恬虛寡欲，非禮勿動，非法不言。居處服玩，必循節儉；畋獵遊娛，不爲縱逸。正人端士，必引而親之；便僻側媚，必斥而遠之。使惠聲溢於遠近，仁風翔於內外，則可以克享終吉，長保利貞，爲上嗣之稱首，奉聖人之鴻業者矣。

又嘗爲諭善箴以獻太子，太子善之，賜物甚厚。承慶又以人之用心，多擾濁浮躁，罕詣沖和之境，乃著靈臺賦以廣其志，辭多不載。

調露初，東宮廢，出爲烏程令，風化大行。長壽中，累遷鳳閣舍人，兼掌天官選事。承慶屬文迅捷，雖軍國大事，下筆輒成，未嘗起草。尋坐忤大臣旨，出爲沂州刺史。未幾，詔復舊職，依前掌天官選事。久之，以病免，改授太子諭德。後歷豫、虢等州刺史，頗著聲績，制書褒美。長安初，入爲司僕少卿，轉天官侍郎，兼修國史。承慶自天授以來，三掌天官選事，銓授平允，海內稱之。尋拜鳳閣侍郎、同鳳閣鸞臺平章事，仍依舊兼修國史。

神龍初，坐附推張易之弟昌宗失實，配流嶺表。時易之等既伏誅，承慶去巾解帶而待罪。時欲草赦書，衆議以爲無如承慶者，乃召承慶爲之。承慶神色不撓，援筆而成，辭甚典美，當時咸歎服之。歲餘，起授辰州刺史，未之任，入爲秘書員外少監，兼修國史。尋以修則天實錄之功，賜爵扶陽縣子，賚物五百段。又制撰則天皇后紀聖文，中宗稱善，特加銀青光祿大夫。俄授黃門侍郎，仍依舊兼修國史，未拜而卒。中宗傷悼久之，乃召其弟相州刺史嗣立令赴葬事，仍拜黃門侍郎，令繼兄位，其見用如此。贈祕書監，謚曰溫。

子長裕，膳部員外郎。

嗣立，承慶異母弟也。母王氏，遇承慶甚嚴，每有杖罰，嗣立必解衣請代，母不聽，輒私自杖，母察知之，漸加恩貸，議者比晉人王祥、王覽。少舉進士，累補雙流令，政有殊績，爲蜀中之最。三遷萊蕪令。會承慶自鳳閣舍人以疾去職，則天召嗣立謂曰：「卿父往日嘗謂朕曰：『臣有兩男忠孝，堪事陛下。』自卿兄弟効職，如卿父言。今授卿鳳閣舍人，令卿兄弟自相替代。」即日遷鳳閣舍人。

時學校頹廢，刑法濫酷，嗣立上疏諫曰：

臣聞古先哲王立學官，掌教國子以六德、六行、六藝，三教備而人道畢矣。禮記曰：「化人成俗，必由學乎。」學之於人，其用蓋博。故立太學以教於國，設庠序以化於邑，王之諸子、卿大夫士之子及國之俊選皆造焉。八歲入小學，十五入太學，春秋教以禮樂，冬夏教以詩書。是以教洽而化流，行成而不悖。自天子以至於庶人，未有不須學而成者也。

國家自永淳已來，二十餘載，國學廢散，胄子衰缺，時輕儒學之官，莫存章句之選。貴門後進，競以僥倖昇班；寒族常流，復因凌替弛業。考試之際，秀茂罕登，驅之臨人，何以從政？又垂拱之後，文明在辰，盛典鴻休，日書月至，因藉際會，入仕尤多。加以讒邪兇黨來俊臣之屬，妄執威權，恣行枉陷，正直之伍，死亡爲憂，道路以目，人無固志，罕有執不撓之懷，殉至公之節，偷安苟免，聊以卒歲。遂使綱領不振，請託公行，選舉之曹，彌長渝濫。隨班少經術之士，攝職多庸瑣之才，徒以猛暴相誇，罕能清惠自勗。使海內黔首，騷然不安，州縣官僚，貪鄙未息，而望事必循理，俗致康寧，不可得也。

陛下誠能下明制，發德音，廣開庠序，大敦學校，三館生徒，即令追集。王公已下子弟，不容別求仕進，皆入國學，服膺訓典。崇飾館廟，尊尚儒師，盛陳奠菜之儀，宏敷講說之會，使士庶觀聽，有所發揚，弘奬道德，於是乎在。則四海之內，靡然向風，延頸舉足，咸知所向。然後審持衡鏡，妙擇良能，以之臨人，寄之調俗；則官無侵暴之政，人有安樂之心，居人則相與樂業，百姓則皆戀桑梓，豈復憂其逃散而貧窶哉！今天下戶口，亡逃過半，租調既減，國用不足。理人之急，尤切於茲。故知務學之源，豈唯潤身進德而已，將以誨人利國，可不務之哉！

臣聞堯、舜之日，畫其衣冠；文、景之時，幾致刑措。歷茲千載，以爲美談。臣伏惟陛下叡哲欽明，窮神知化，自軒、昊已降，莫之與京。獨有往之論法，或未盡善，皆由主司姦宄，惑亂視聽。尋而陛下聖察，具詳之矣，然竟未能顯其本源，明其前事，令天下萬姓識陛下本心，倘使四海多銜冤之人，九泉有抱痛之鬼。臣誠愚暗，不識大綱，請爲陛下始末而言其事。

揚、豫之後，刑獄漸興，用法之伍，務於窮竟，連坐相牽，數年不絕。遂使巨姦大猾，伺隙乘間，內苞豺狼之心，外示鷹鸇之跡，陰圖潛結，共相影會，構似是之言，成不赦之

罪。皆深爲巧詆，恣行楚毒，人不勝痛，便乞自誣，公卿士庶，連頸受戮。道路籍籍，雖知非辜，而鍛鍊已成，辯占皆合。縱皐陶爲理，于公定刑，則謂汙宮毀柩，猶未塞責。雖陛下仁慈哀念，恤獄緩死，及覽辭狀，便已周密，皆謂勘鞫得情，是其實犯，雖欲寬捨，其如法何？於是小乃身誅，大則族滅，相緣共坐者，不可勝言。此豈宿構讎嫌，將申報復，皆圖苟成功効，自求官賞。當時稱傳，謂爲羅織。其中陷刑得罪者，雖有敏識通材，被告言者便遭枉抑，心徒痛其冤酷，口莫能以自明。或受誅夷，或遭竄殛，並甘心引分，赴之如歸。故知弄法徒文，傷人實甚。賴陛下特迴聖察，昭然詳究。周興、丘勣之類，弘義、俊臣之徒，皆相次伏誅，事暴遐邇，而朝野慶泰，若再覩陽和。

且如仁傑、元忠，俱罹枉陷，被勘鞫之際，亦皆已自誣。向非陛下至明，垂以省察，則葅醢之戮，已及其身，欲望輸忠聖代，安可復得！陛下擢而升之，各爲良輔，國之棟幹，稱此二人。何乃前非而後是哉？誠由枉陷與甄明爾。但恐往之得罪者多並此流，則向時之冤者其數甚衆。昔殺一孝婦，尚或降災，而濫者蓋多，寧無怨氣！怨氣上達，則水旱所興，欲望歲登，不可得也。

倘陛下弘天地之大德，施雷雨之深仁，歸罪於削刻之徒，降恩於枉濫之伍。自垂拱已來，大辟罪已下，常赦所不原者，罪無輕重，一皆原洗，被以昭蘇。伏法之輩，追還官爵，緣累之徒，普霑恩造。如此則天下知比所陷罪，元非陛下之意，咸是虐吏之辜。幽明歡欣，則感通和氣；和氣下降，則風雨以時；風雨以時，則五穀豐稔；歲既稔矣，人亦安矣，太平之美，亦何遠哉！伏願陛下深察。

尋遷秋官侍郎，三遷鳳閣侍郎、同鳳閣鸞臺平章事。長安中，則天嘗與宰臣議及州縣官吏。納言李嶠、夏官尚書唐休璟等奏曰：「臣等謬膺大任，不能使兵革止息，倉府殷盈，戶口尚有逋逃，官人未免貪濁，使陛下臨朝軫歎，屢以爲言，夙夜慚惶，不知啓處。伏思當今要務，莫過富國安人，富國安人之方，在擇刺史。竊見朝廷物議，莫不重內官，輕外職，每除授牧伯，皆再三披訴。比來所遣外任，多是貶累之人，風俗不澄，實由於此。今望於臺閣寺監，妙簡賢良，分典大州，共康庶績。臣等請輟近侍，率先具僚，務在憂國濟人，庶當有所裨益。」則天曰：「卿等處鸞臺鳳閣，誰爲此行？」嗣立率先對曰：「臣以庸愚，謬膺奬擢，內掌機密，非臣所堪。承乏外臺，庶當盡節，倘垂採錄，臣願此行。」於是嗣立帶本官檢校汴州刺史。

無幾，嗣立兄承慶入知政事，嗣立轉成均祭酒，兼檢校魏州刺史。又徙洛州刺史。尋坐承慶左授饒州長史。歲餘，徵爲太僕少卿，兼掌吏部選事。神龍二年，爲相州刺史。及承慶卒，代爲黃門侍郎，轉太府卿，加修文館學士。

景龍三年，轉兵部尚書、同中書門下三品。時中宗崇飾寺觀，又濫食封邑者衆，國用虛竭。嗣立上疏諫曰：

臣聞國無九年之儲，家無三年之蓄，家非其家，國非其國。故知立國立家，皆資於儲蓄矣。夫水旱之災，關之陰陽運數，非人智力所能及也。堯遭大水，湯遭大旱，則知仁聖之君所不能免，當此時不至於困弊者，積也。今陛下倉庫之內，比稍空竭，尋常用度，不支一年。倘有水旱，人須賑給，徵發時動，兵要資裝，則將何以備之？其緣倉庫不實，妨於政化者，觸類而是。

臣竊見比者營造寺觀，其數極多，皆務取宏博，競崇瓌麗。大則費耗百十萬，小則尚用三五萬餘，略計都用資財，動至千萬已上。轉運木石，人牛不停，廢人功，害農務，事既非急，時多怨咨。故書曰：「不作無益害有益，功乃成；不貴異物賤用物，民乃足。」誠哉此言，非虛談也。且玄旨秘妙，歸於空寂，苟非修心定慧，諸法皆涉有爲。至如土木雕刻等功，唯是殫竭人力，但學相誇壯麗，豈關降伏身心。且凡所興功，皆須掘鑿，蟄蟲在土，種類實多。每日殺傷，動盈萬計，連年如此，損害可知。聖人慈悲爲心，豈有須行此事，不然之理，皎在目前。世俗衆僧，未通其旨，不慮府庫空竭，不思聖人憂勞，謂廣樹福田，即是增修法教。倘水旱爲災，人至飢餒，夷狄作梗，兵無資糧，陛

下雖有龍象如雲，伽藍概日，豈能裨萬分之一，救元元之苦哉！於道法既有乖，在生人極爲損，陛下豈可不深思之！

臣竊見食封之家，其數甚衆，昨略問戶部，云用六十餘萬丁，一丁兩匹，卽是一百二十萬已上。臣頃在太府，知每年庸調絹數，多不過百萬，少則七八十萬已來，比諸封家，所入全少。倘有蟲霜旱澇，曾不半在，國家支供，何以取給？臣聞自封茅土，裂山河，皆須業著經綸，功申草昧，然後配宗廟之享，承帶礪之恩。皇運之初，功臣共定天下，當時食封才上三二十家，今以尋常特恩，遂至百家已上。國家租賦，太半私門，私門則資用有餘，國家則支計不足。有餘則或致奢僭，不足則坐致憂危，制國之方，豈謂爲得？封戶之物，諸家自徵，或是官典，或是奴僕，多挾勢騁威，凌突州縣。凡是封戶，不勝侵擾，或輸物多索裹頭，或相知要取中物，百姓怨歎，遠近共知。復有因將貨易，轉更生釁，徵打紛紛，曾不寧息，貧乏百姓，何以克堪！若必限丁物送太府，封家但於左藏請受，不得輒自徵催，則必免侵擾，人冀蘇息。

臣又聞設官分職，量事置吏，此本於理人而務安之也。故書曰「在官人，在安人。官人則哲，安人則惠。能哲而惠，何憂乎驩兜，何畏乎有苗」者也！是明官得其人，而天下自理矣。古者取人，必先採鄉曲之譽，然後辟於州郡；州郡有聲，然後辟於五府；

才著五府，然後昇之天朝。此則用一人所擇者甚悉，擢一士所歷者甚深。孔子曰：「譬有美錦，不可使人學製。」此明用人不可不審擇也。用得其才則理，非其才則亂，理亂所繫，焉可不深擇之哉！

今之取人，有異此道，多未甚試効，卽頓至遷擢。夫趨競者人之常情，僥倖者人之所趣。而今務進不避僥倖者，接踵比肩，布於文武之列。有文者用理內外，則有回邪贓汙上下敗亂之憂；有武者用將軍戎，則有庸懦怯弱師旅喪亡之患。補授無限，員闕不供，遂至員外置官，數倍正闕。曹署典吏，困於祇承，府庫倉儲，竭於資奉。國家大事，豈甚於此！古者懸爵待士，唯有才者得之，若任用無才，則有才之路塞，賢人君子所以遁迹銷聲，常懷歎恨者也。且賢人君子，守於正直之道，遠於僥倖之門，若僥倖開，則賢者不可復出矣。賢者遂退，若欲求人安化洽，復不可得也。人若不安，國將危矣，陛下安可不深慮之！

又刺史、縣令，理人之首，近年已來，不存簡擇。京官有犯及聲望下者，方遣牧州；吏部選人，暮年無手筆者，方擬縣令。此風久扇，上下同知，將此理人，何以率化？今歲非豐稔，戶口流亡，國用空虛，租調減削。陛下不以此留念，將何以理國乎？臣望下明制，具論前事，使有司改換簡擇，天下刺史、縣令，皆取才能有稱望者充。自今已往，應有遷除諸曹侍郎、兩省、兩臺及五品已上清望官，先於刺史、縣令中選用。牧宰得人，天下大理，萬姓欣欣然，豈非太平樂事哉！唯陛下詳擇。

疏奏不納。

嗣立與韋庶人宗屬疏遠，中宗特令編入屬籍，由是顧賞尤重。嘗於驪山構營別業，中宗親往幸焉，自製詩序，令從官賦詩，賜絹二千匹。因封嗣立爲逍遙公，名其所居爲清虛原幽棲谷。韋氏敗，幾爲亂兵所害，寧王憲以嗣立是從母之夫，救護免之。睿宗踐祚，拜中書令，旬日，出爲許州刺史。以定冊尊立睿宗之功，賜實封一百戶。開元初，入爲國子祭酒。先是，中宗遺制睿宗輔政，宗楚客、韋温等改削藁草，嗣立時在政事府，不能正之。至是爲憲司所劾，左遷岳州別駕。久之，遷陳州刺史。時河南道巡察使、工部尚書劉知柔奏嗣立清白可陟之狀，詔命未下，開元七年卒，贈兵部尚書，謚曰孝。中書門下又奏：「嗣立衣冠之內，夙表才名；兄弟之間，特稱和睦。承恩歷事，位列宰臣。中年以不能正身，頗近兇戚，爲憲司糾劾，因茲出貶。若循其始，終是吉人，宜棄其瑕，以從衆望。請贈物一百段。」從之。

嗣立、承慶俱以學行齊名。長壽中，嗣立代承慶爲鳳閣舍人；長安三年，承慶代嗣立爲天官侍郎，頃之又代嗣立知政事；及承慶卒，嗣立又代爲黃門侍郎，前後四職相代。又父

子三人，皆至宰相。有唐已來，莫與爲比。嗣立三子：孚、恆、濟，皆知名。

孚，累遷至左司員外郎。

恆，開元初爲碭山令，爲政寬惠，人吏愛之。會車駕東巡，縣當供帳，時山東州縣皆懼不辦，務於鞭扑，恆獨不杖罰而事皆濟理，遠近稱焉。御史中丞宇文融，卽恆之姑子也，嘗密薦恆有經濟之才，請以己之官秩迴授，乃擢拜殿中侍御史。歷度支左司等員外、太常少卿、給事中。二十九年，爲隴右道河西黜陟使。恆至河西時，節度使蓋嘉運恃託中貴，公爲非法，兼僞敍功勞，恆抗表請劾之，人代其懼。因出爲陳留太守，未行而卒，時人甚傷惜之。

濟，早以辭翰聞。開元初，調補鄄城令。時有人密奏玄宗曰：「今歲吏部選敍太濫，縣令非材，全不簡擇。」及縣令謝官日，引入殿庭，問安人策一道，試者二百餘人，獨濟策第一，或有不書紙者。擢濟爲醴泉令，二十餘人還舊官，四五十人放歸習讀，侍郎盧從愿、李朝隱貶爲刺史。濟至醴泉，以簡易爲政，人用稱之。三遷爲庫部員外郎。二十四年，爲尚書戶部侍郎。累歲轉太原尹。製先德詩四章，述祖、父之行，辭致高雅。天寶七載，又爲河南尹，遷尚書左丞。三代爲省轄，衣冠榮之。濟從容雅度，所莅人推善政，後出爲馮翊太守。

陸元方，蘇州吳縣人。世爲著姓。曾祖琛，陳給事黃門侍郎〔一〕。伯父柬之，以工書知名，官至太子司議郎。元方舉明經，又應八科舉，累轉監察御史。則天革命，使元方安輯嶺外，將涉海，時風濤甚壯，舟人莫敢舉帆。元方曰：「我受命無私，神豈害我？」遽命之濟，既而風濤果息。使還稱旨，除殿中侍御史。卽以其月擢拜鳳閣舍人，仍判侍郎事。俄爲來俊臣所陷，則天手敕特赦之。長壽二年，再遷鸞臺侍郎、同鳳閣鸞臺平章事。尋復爲春官侍郎，加鳳閣侍郎。證聖初，內史李昭德得罪，以元方附會昭德，貶綏州刺史。延載初，又轉天官侍郎、尚書左丞，尋拜鸞臺侍郎、平章事。則天嘗問以外事，對曰：「臣備位宰臣，有大事卽奏，人間碎務，不敢以煩聖覽。」由是忤旨，責授太子右庶子，罷知政事。尋轉文昌左丞，病卒。

元方在官清謹，再爲宰相，則天將有遷除，每先以訪之，必密封以進，未嘗露其私恩。臨終，取前後草奏悉命焚之，且曰：「吾陰德於人多矣，其後庶幾福不衰矣。」又有書一匣，常自緘封，家人莫有見者，及卒視之，乃前後敕書，其愼密如此。贈越州都督，開元十八年，又贈揚州大都督。子象先。

象先，本名景初。少有器量，應制舉，拜揚州參軍。秩滿調選，時吉頊爲吏部侍郎，擢授洛陽尉，元方時亦爲吏部，固辭不敢當。頊曰：「爲官擇人，至公之道。陸景初才望高雅，非常流所及，實不以吏部之子妄推薦也。」竟奏授之。遷左臺監察御史，轉殿中，歷授中書侍郎。

景雲二年冬〔二〕，同中書門下平章事，監修國史。初，太平公主將引中書侍郎崔湜知政事，密以告之，湜固讓象先，主不許之，湜因亦請辭。主遽言於睿宗，乃並拜焉。象先清淨寡欲，不以細務介意，言論高遠，雅爲時賢所服。湜每謂人曰：「陸公加於人一等。」太平公主時既用事，同時宰相蕭至忠、岑羲及湜等咸傾附之，唯象先孤立，未嘗造謁。

先天二年，至忠等伏誅，象先獨免其難。以保護功封兗國公，賜實封二百戶，加銀青光祿大夫。時窮討至忠等枝黨，連累稍衆，象先密有申理，全濟甚多，然未嘗言及，當時無知之者。其年，出爲益州大都督府長史，仍爲劍南道按察使。在官務以寬仁爲政，司馬韋抱眞言曰：「望明公稍行杖罰，以立威名。不然，恐下人怠墮，無所懼也。」象先曰：「爲政者理則可矣，何必嚴刑樹威。損人益己，恐非仁恕之道。」竟不從抱眞之言。歷遷河中尹。六年，廢河中府，依舊爲蒲州，象先爲刺史，仍爲河東道按察使。嘗有小吏犯罪，但示語而遣之。錄事白曰：「此例當合與杖。」象先曰：「人情相去不遠，此豈不解吾言？若必須行杖，卽當自汝

爲始。」錄事慚懼而退。象先嘗謂人曰：「天下本自無事，祇是庸人擾之，始爲繁耳。但當靜之於源，則亦何憂不簡。」前後爲刺史，其政如一，人吏咸懷思之。

按察使停，入爲太子詹事，歷工部尚書。十年冬，知吏部選事，又加刑部尚書，以繼母憂免官。十三年，起復同州刺史，尋遷太子少保。二十四年卒，年七十二，贈尚書左丞相，諡曰文貞。

象先弟景倩，歷監察御史。景融，歷大理正、滎陽郡太守、河南尹、兵吏部侍郎、左右丞、工部尚書、東都留守、襄陽郡太守、陳留郡太守，並兼採訪使。景獻，歷殿中侍御史、屯田員外郎。景裔，河南令、庫部郎中。皆有美譽。僧一行少時，嘗與象先昆弟相善，常謂人曰：「陸氏兄弟皆有才行，古之荀、陳，無以加也。」其爲當時所稱如此。

元方從叔餘慶，陳右軍將軍珣孫也。少與知名之士陳子昂、宋之問、盧藏用、道士司馬承禎、道人法成等交遊，雖才學不逮子昂等，而風流強辯過之。累遷中書舍人。則天嘗引入草詔，餘慶惶惑，至晚竟不能措一辭，責授左司郎中。累除大理卿、散騎常侍、太子詹事。以老疾致仕，壽卒。象先四代孫〔三〕。

蘇瓌字昌容，京兆武功人，隋尚書右僕射威曾孫也。祖夔，隋鴻臚卿。父亶〔四〕，貞觀中台州刺史。瓌，弱冠本州舉進士，累授豫王府錄事參軍。長史王德眞、司馬劉禕之皆器重之。長安中，累遷揚州大都督府長史。揚州地當衝要，多富商大賈，珠翠珍怪之產，前長史張潛、于辯機皆致之數萬，唯瓌挺身而去。神龍初，入爲尚書右丞，以明習法律，多識臺閣故事，特命刪定律、令、格、式。尋加銀青光祿大夫。是歲，再遷戶部尚書，奏計帳，所管戶時有六百一十五萬六千一百四十一。

尋加侍中，封淮陽縣子，充西京留守。時祕書員外監鄭普思謀爲妖逆，雍、岐二州妖黨大發，瓌收普思繫獄考訊之。普思妻第五氏以鬼道爲韋庶人所寵，居止禁中，由是中宗特敕慰諭瓌，令釋普思之罪。瓌上言普思幻惑，罪當不赦。中宗至京，瓌又面陳其狀。尚書左僕射魏元忠奏曰：「蘇瓌長者，其忠懇如此，願陛下察之。」帝乃配流普思於儋州，其黨並誅。瓌遷吏部尚書，進封淮陽縣侯。

景龍三年，轉尚書右僕射、同中書門下三品，進封許國公。是歲，將拜南郊，國子祭酒祝欽明希庶人旨，建議請皇后爲亞獻，安樂公主爲終獻。瓌深非其議，嘗於御前面折欽明，帝雖悟，竟從欽明所奏。公卿大臣初拜官者，例許獻食，名爲「燒尾」。瓌拜僕射無所獻。後因侍宴，將作大匠宗晉卿曰：「拜僕射竟不燒尾，豈不喜耶？」帝默然。瓌奏曰：「臣聞宰相

者，主調陰陽，代天理物。今粒食踊貴，百姓不足，臣見宿衞兵至有三日不得食者。臣愚不稱職，所以不敢燒尾。」是歲六月，與唐休璟並加監修國史。

四年，中宗崩，秘不發喪，韋庶人召諸宰相韋安石、韋巨源、蕭至忠、宗楚客、紀處訥、韋溫、李嶠、韋嗣立、唐休璟、趙彥昭及瓌等十九人入禁中會議〔五〕。初，遺制遣韋庶人輔少主知政事，授安國相王太尉，參謀輔政。中書令宗楚客謂溫曰：「今須請皇太后臨朝，宜停相王輔政。且皇太后於相王居嫂叔不通問之地，甚難爲儀注，理全不可。」瓌獨正色拒之，謂楚客等曰：「遺制是先帝意，安可更改！」楚客及韋溫大怒，遂削相王輔政而宣行焉。是月，韋氏敗，相王卽帝位，下詔曰：「尙書右僕射、同中書門下三品、監修國史、許國公蘇瓌，自周旋近密，損益樞機，謀猷有成，匡贊無忌。頃者遺恩顧託，先意昭明，姦回動搖，內外危逼，獨申讜議，實挫邪謀。況藩邸僚屬，念殷惟舊，無德不報，抑惟令典。可尙書左僕射，餘如故。」

景雲元年，以老疾轉太子少傅。是歲十一月薨，贈司空、荆州大都督，謚曰文貞。瓌臨終遺令薄葬，及祖載之日，官給儀仗外，唯有布車一乘，論者稱焉。開元二年，下詔曰：「疇庸賞善，百王攸先；追遠飾終，千載同德。故尙書左丞相、太子少傅、贈司空、荆州大都督、許國文貞公瓌，履正體道，外方內直，悉心奉上，卑身率禮。協贊帷幄，三朝有鹽梅之任；燮諧台衮，九命爲社稷之臣。先朝晏駕，釁起宮掖，國擅稱制之姦，人懷綴旒之懼。兇威孔

熾，宗祀幾傾。顧命遺恩，太皇輔政，逆臣刋削，韋氏臨朝。遂能首發昌言，侃然正色，列諸視聽，暴於朝野。松檟已遠，風烈猶存，緬懷誠節，良深耿歎。可賜實封一百戶。」四年，詔與徐國公劉幽求配享睿宗廟庭。十七年，加贈司徒。

瓌子頲，少有俊才，一覽千言。弱冠舉進士，授烏程尉，累遷左臺監察御史。長安中，詔頲按覆來俊臣等舊獄，頲皆申明其枉，由此雪冤者甚衆。神龍中，累遷給事中，加修文館學士，俄拜中書舍人。尋而頲父同中書門下三品，父子同掌樞密，時以爲榮。機事填委，文誥皆出頲手，中書令李嶠歎曰：「舍人思如湧泉，嶠所不及也。」俄遷太常少卿。

景雲中，瓌薨，詔頲起復爲工部侍郎，加銀青光祿大夫。頲抗表固辭，辭理懇切，詔許其終制。服闋就職，襲父爵許國公。玄宗謂宰臣曰：「有從工部侍郎得中書侍郎否？」對曰：「任賢用能，非臣等所及。」玄宗曰：「蘇頲可中書侍郎，仍供政事食。」明日，加知制誥。有政事食，自頲始也。頲入謝，玄宗曰：「常欲用卿，每有好官闕，卽望宰相論及。宰相皆卿之故人，卒無言者，朕爲卿歎息。中書侍郎，朕極重惜，自陸象先歿後〔六〕，朕每思之，無出卿者。」時李乂爲紫微侍郎，與頲對掌文誥。他日，上謂頲曰：「前朝有李嶠、蘇味道，謂之蘇、李；今有卿及李乂，亦不讓之。卿所製文誥，可錄一本封進，題云『臣某撰』，朕要留中披覽。」其禮

遇如此。玄宗欲於靖陵建碑，頲諫曰：「帝王及后，無神道碑，且事不師古，動皆不法。若靖陵獨建，陛下祖宗之陵皆須追造。」玄宗從其言而止。

開元四年，遷紫微侍郎、同紫微黃門平章事，與侍中宋璟同知政事。璟剛正，多所裁斷，頲皆順從其美；若上前承旨、敷奏及應對，則頲爲之助，相得甚悅。璟嘗謂人曰：「吾與蘇家父子，前後同時爲宰相。僕射長厚，誠爲國器；若獻可替否，罄盡臣節，斷割吏事，至公無私，卽頲過其父也。」

八年，除禮部尙書，罷政事，俄知益州大都督府長史事。前司馬皇甫恂破庫物織新樣錦以進，頲一切罷之。或謂頲曰：「公今在遠，豈得忤聖意？」頲曰：「明主不以私愛奪至公，豈以遠近間易忠臣節也！」竟奏罷之。嶲州蠻酋苴院私與吐蕃連謀，將爲內寇。頲獲其間諜，將士咸請出兵討之，頲不從，乃作書幷間諜以送苴院，苴院慚悔，竟不敢入寇。

十三年，從駕東封，玄宗令頲撰朝覲碑文。俄又知吏部選事。頲性廉儉，所得俸祿，盡推與諸弟，或散之親族，家無餘資。十五年卒，年五十八。初，優贈之制未出，起居舍人韋述上疏曰：「臣伏見貞觀、永徽之時，每有公卿大臣薨卒，皆輟朝舉哀，所以成終始之恩，厚君臣之義。上有旌賢錄舊之德，下有生榮死哀之美，列於史册，以示將來。昔智悼子卒，平公宴樂，杜蕢一言，方始感悟。春秋載其盛烈，禮經以爲美談，今古舊事，昭然可觀。臣

伏見故禮部尙書蘇頲，累葉輔弼，代傳忠淸。頲又伏事軒陛，二十餘載，入參謀猷，出總藩牧。誠績斯著，操履無虧，天不憖遺，奄違聖代。伏願陛下思帷蓋之舊，念股肱之親，修先朝之盛典，鑒晉平之遠跡，爲之輟朝舉哀，以明同體之義。使歿者荷德於泉壤，存者盡節於周行，凡百卿士，孰不幸甚。臣官忝記事，君舉必書，敢申舊典，上黷宸扆，希降恩貸，俯垂詳擇。」卽日於洛城南門舉哀，輟朝兩日，贈尙書右丞相，謚曰文憲。及葬日，玄宗遊咸宜宮，將出獵，聞頲喪出，愴然曰：「蘇頲今日葬，吾寧忍娛遊。」中路還宮。頲弟詵、冰、乂。

詵，歷授右司郎中、給事中、徐州刺史。先是，拜給事中時，頲爲中書侍郎，上表讓詵所授。玄宗曰：「古來有內舉不避親乎？」頲曰：「晉祁奚是也。」玄宗曰：「若然，則朕用蘇詵，何得屢言？近日卿父子猶同在中書，兄弟有何不得？卿言非至公也。」冰，爲虞部郎中。乂，爲職方郎中。

幹，瓌從父兄也。父勗，武德中爲秦王府文學館學士。貞觀中，尙南康公主，拜駙馬都尉，累遷魏王泰府司馬。勗既博學有美名，甚爲泰所重，因勸泰請開文學館，引才名之士，撰括地志。後歷吏部郎、太子左庶子，卒。

幹少以明經累授徐王府記室參軍，徐王好畋獵，幹每諫止之。垂拱中，歷遷魏州刺史。

時河北饑饉，舊吏苛酷，百姓多有逃散。幹乃督察姦吏，務勸農桑，由是逃散者皆來復業，稱爲良牧。召拜右羽林將軍，尋遷多官尚書。酷吏來俊臣素忌嫉之，遂誣奏幹在魏州與琅邪王沖私書往復，因繫獄鞫訊，幹發憤而卒。

瓌四代孫翔，文宗大和四年，釋褐文學參軍。

史臣曰：韋思謙始以州縣，奮於煙霄，持綱不避於權豪，報國能忘於妻子。自強不息，剛毅近仁，信有之矣！高季輔、皇甫公義，可謂知人矣！且福善餘慶，不謂無徵，二子構堂，俱列相輔，文皆經濟，政盡明能。加以承慶方危，染翰而曾非恐悚；嗣立見用，襲封而罔墜遒遙。無忝父風，寧慚祖德，謚溫謚孝，何愧易名？陸元方博學大度，再踐鈞衡，當則天時，非有忠貞，應無黜責，綏州之任，抑又何慚！觀其濟海無私，狂風自止，臨終焚藁，溫樹始彰。故知正可以動神明，德可以延家代。象先益高人品，尤著相才，全濟有名，孤立無禍。景倩、景融、景獻、景裔等咸居清列，得非有後於魯乎？蘇瓌，孔子云：「居其室，出其言善，則千里之外應之，況其邇者乎！」又「言行君子之樞機，樞機之發，榮辱之主也」。當中宗棄代，韋氏奪權，預謀者十有九人，咸生異議，瓌志存大節，獨發讜言。其後善惡顯彰，黜陟明著，

聖人之言，驗於斯矣。頲唯公是相，以儉承家，李嶠許之湧泉，宋璟稱其過父。艱難之際，節操不回，善始令終，先後無愧。

贊曰：善人君子，懷忠秉正。盡富文章，咸推諫諍。豈愧明廷，無慚重柄。子子孫孫，演承餘慶。

校勘記

〔一〕給事黃門侍郎　各本原作「給事中黃門侍郎」，據陳書卷三四陸琰傳、新書卷一一六陸元方傳刪「中」字。

〔二〕景雲二年冬　「二年」各本原作「元年」，據本書卷七睿宗紀、通鑑卷二一〇改。

〔三〕象先四代孫　局本「孫」字下注「闕」，合鈔卷一三九陸元方傳亦注曰：「缺文」。又此句下各本原有「文宗大和四年除釋褐參軍文學」十三字，乃誤錄本卷蘇瓌傳末一語而來，今刪。

〔四〕父亶　各本原作「父勗」。據本傳所載，瓌之從父兄名勗，則瓌父不當更名勗。今據新書卷七四上宰相世系表、全唐文卷二三八改。

〔五〕十九人　各本原作「十人」，本卷「史臣曰」明言「預謀者十有九人」，補「九」字。

〔六〕陸象先歿後　按本卷陸象先傳，象先歿於開元二十四年，此時爲開元初，尚未死。唐會要卷五四作「陸象先改官後」。

舊唐書卷八十九

列傳第三十九

狄仁傑 族曾孫兼謨　王方慶　姚璹 弟珽

狄仁傑字懷英，并州太原人也。祖孝緒，貞觀中尚書左丞。父知遜，夔州長史。仁傑兒童時，門人有被害者，縣吏就詰之，衆皆接對，唯仁傑堅坐讀書。吏責之，仁傑曰：「黃卷之中，聖賢備在，猶不能接對，何暇偶俗吏，而見責耶！」後以明經舉，授汴州判佐。時工部尚書閻立本爲河南道黜陟使，仁傑爲吏人誣告，立本見而謝曰：「仲尼云：『觀過知仁矣。』足下可謂海曲之明珠，東南之遺寶。」薦授并州都督府法曹。其親在河陽別業，仁傑赴并州，登太行山，南望見白雲孤飛，謂左右曰：「吾親所居，在此雲下。」瞻望佇立久之，雲移乃行。仁傑孝友絕人，在并州，有同府法曹鄭崇質，母老且病，當充使絕域。仁傑謂曰：「太夫人有危疾，而公遠使，豈可貽親萬里之憂！」乃詣長史藺仁基，請代崇質而行。時仁基與司馬

李孝廉不協，因謂曰：「吾等豈獨無愧耶？」由是相待如初。

仁傑，儀鳳中爲大理丞，周歲斷滯獄一萬七千人，無冤訴者。時武衞大將軍權善才坐誤斫昭陵柏樹，仁傑奏罪當免職。高宗令卽誅之，仁傑又奏罪不當死。帝作色曰：「善才斫陵上樹，是使我不孝，必須殺之。」左右矚仁傑令出，仁傑曰：「臣聞逆龍鱗，忤人主，自古以爲難，臣愚以爲不然。居桀、紂時則難，堯、舜時則易。臣今幸逢堯、舜，不懼比干之誅。昔漢文時有盜高廟玉環，張釋之廷諍，罪止棄市。魏文將徙其人，辛毗引裾而諫，亦見納用。且明主可以理奪，忠臣不可以威懼。今陛下不納臣言，瞑目之後，羞見釋之、辛毗於地下。陛下作法，懸之象魏，徒流死罪，俱有等差。豈有犯非極刑，卽令賜死？法既無常，則萬姓何所措其手足！陛下必欲變法，請從今日爲始。古人云：『假使盜長陵一抔土，陛下何以加之？』今陛下以昭陵一株柏殺一將軍，千載之後，謂陛下爲何主？此臣所以不敢奉制殺善才，陷陛下於不道。」帝意稍解，善才因而免死。居數日，授仁傑侍御史。

時司農卿韋機兼領將作、少府二司，高宗以恭陵玄宮狹小，不容送終之具，遣機續成其功。機於埏之左右爲便房四所，又造宿羽、高山、上陽等宮，莫不壯麗。仁傑奏其太過，機竟坐免官。左司郎中王本立恃寵用事，朝廷懾懼，仁傑奏之，請付法寺，高宗特原之。仁傑奏曰：「國家雖乏英才，豈少本立之類，陛下何惜罪人而虧王法？必欲曲赦本立，請棄臣於

無人之境，爲忠貞將來之誡。」本立竟得罪，繇是朝廷肅然。

尋加朝散大夫，累遷度支郎中。高宗將幸汾陽宮，以仁傑爲知頓使。并州長史李沖玄以道出妬女祠，俗云盛服過者必致風雷之災，乃發數萬人別開御道。仁傑曰：「天子之行，千乘萬騎，風伯清塵，雨師灑道，何妬女之害耶？」遽令罷之。高宗聞之，歎曰：「眞大丈夫也！」

俄轉寧州刺史，撫和戎夏，人得歡心，郡人勒碑頌德。御史郭翰巡察隴右，所至多所按劾，及入寧州境內，耆老歌刺史德美者盈路。翰既授館，召州吏謂之曰：「入其境，其政可知也。願成使君之美，無爲久留。」州人方散。翰薦名於朝，徵爲冬官侍郎，充江南巡撫使。吳、楚之俗多淫祠，仁傑奏毀一千七百所，唯留夏禹、吳太伯、季札、伍員四祠。

轉文昌右丞，出爲豫州刺史。時越王貞稱兵汝南事敗，緣坐者六七百人，籍沒者五千口，司刑使逼促行刑。仁傑哀其詿誤，緩其獄，密表奏曰：「臣欲顯奏，似爲逆人申理；知而不言，恐乖陛下存恤之旨。表成復毀，意不能定。此輩咸非本心，伏望哀其詿誤。」特敕原之，配流豐州。豫囚次於寧州，父老迎而勞之曰：「我狄使君活汝輩耶！」相攜哭於碑下，齋三日而後行。豫囚至流所，復相與立碑頌狄君之德。

初，越王之亂，宰相張光輔率師討平之。將士恃功，多所求取，仁傑不之應。光輔怒曰：

「州將輕元帥耶？」仁傑曰：「亂河南者，一越王貞耳。今一貞死而萬貞生。」光輔質其辭，仁傑曰：「明公董戎三十萬，平一亂臣，不戢兵鋒，縱其暴橫，無罪之人，肝腦塗地，此非萬貞何耶？且兇威脅從，勢難自固，及天兵暫臨，乘城歸順者萬計，縋墜四面成蹊。公奈何縱邀功之人，殺歸降之衆？但恐冤聲騰沸，上徹于天。如得尚方斬馬劍加於君頸，雖死如歸。」光輔不能詰，心甚銜之。還都，奏仁傑不遜，左授復州刺史。入爲洛州司馬。

天授二年九月丁酉，轉地官侍郎、判尚書、同鳳閣鸞臺平章事。則天謂曰：「卿在汝南時，甚有善政，欲知譖卿者乎？」仁傑謝曰：「陛下以臣爲過，臣當改之；陛下明臣無過，臣之幸也。臣不知譖者，並爲善友，臣請不知。」則天深加歎異。

未幾，爲來俊臣誣構下獄。時一問即承者例得減死，來俊臣逼脅仁傑，令一問承反。仁傑歎曰：「大周革命，萬物唯新，唐朝舊臣，甘從誅戮。反是實！」俊臣乃少寬之。判官王德壽謂仁傑曰：「尚書必得減死。德壽意欲求少階級，憑尚書牽楊執柔，可乎？」仁傑曰：「若何牽之？」德壽曰：「尚書爲春官時，執柔任其司員外，引之可也。」仁傑曰：「皇天后土，遣仁傑行此事！」以頭觸柱，流血被面，德壽懼而謝焉。既承反，所司但待日行刑，不復嚴備。仁傑求守者得筆硯，拆被頭帛書冤，置綿衣中，謂德壽曰：「時方熱，請付家人去其綿。」德壽不之察。仁傑子光遠得書，持以告變。則天召見，覽之而問俊臣，俊臣曰：「仁傑不免

冠帶，寢處甚安，何由伏罪？」則天使人視之，俊臣遽命仁傑巾帶而見使者。乃令德壽代仁傑作謝死表，附使者進之。則天召仁傑，謂曰：「承反何也？」對曰：「向若不承反，已死於鞭笞矣。」「何爲作謝死表？」曰：「臣無此表。」示之，乃知代署也。故得免死，貶彭澤令。武承嗣屢奏請誅之，則天曰：「朕好生惡殺，志在恤刑。渙汗已行，不可更返。」

萬歲通天年，契丹寇陷冀州，河北震動，徵仁傑爲魏州刺史。前刺史獨孤思莊懼賊至，盡驅百姓入城，繕修守具。仁傑既至，悉放歸農畝，謂曰：「賊猶在遠，何必如是。萬一賊來，吾自當之，必不關百姓也。」賊聞之自退，百姓咸歌誦之，相與立碑以紀恩惠。俄轉幽州都督。神功元年，入爲鸞臺侍郎、同鳳閣鸞臺平章事，加銀青光祿大夫，兼納言。仁傑以百姓西戍疏勒等四鎮，極爲凋弊，乃上疏曰：

臣聞天生四夷，皆在先王封疆之外，故東拒滄海，西隔流沙，北橫大漠，南阻五嶺，此天所以限夷狄而隔中外也。自典籍所紀，聲教所及，三代不能至者，國家盡兼之矣。此則今日之四境，已逾於夏、殷者也。詩人矜薄伐於太原，美化行於江、漢，則是前代之遠裔，而國家之域中。至前漢時，匈奴無歲不陷邊，殺掠吏人。後漢則西羌侵軼漢中，東寇三輔，入河東上黨，幾至洛陽。由此言之，則陛下今日之土宇，過於漢朝遠矣。若其用武荒外，邀功絕域，竭府庫之實，以爭磽确不毛之地，得其人不足以增賦，

獲其土不可以耕織。苟求冠帶遠夷之稱，不務固本安人之術，此秦皇、漢武之所行，非五帝、三皇之事業也。若使越荒外以爲限，竭資財以騁欲，非但不愛人力，亦所以失天心也。昔始皇窮兵極武，以求廣地，男子不得耕於野，女子不得蠶於室，長城之下，死者如亂麻，於是天下潰叛。漢武追高、文之宿憤，藉四帝之儲實，於是定朝鮮，討西域，平南越，擊匈奴，府庫空虛，盜賊蜂起，百姓嫁妻賣子，流離於道路者萬計。末年覺悟，息兵罷役，封丞相爲富民侯，故能爲天所祐也。昔人有言：「與覆車同軌者未嘗安。」此言雖小，可以喻大。

近者國家頻歲出師，所費滋廣，西戍四鎮，東戍安東，調發日加，百姓虛弊。開守西域，事等石田，費用不支，有損無益，轉輸靡絕，杼軸殆空。越磧踰海，分兵防守，行役既久，怨曠亦多。昔詩人云：「王事靡盬，不能藝稷黍。」「豈不懷歸，畏此罪罟。」念彼恭人，涕零如雨。」此則前代怨思之辭也。上不是恤，則政不行而邪氣作；邪氣作，則蟲螟生而水旱起。若此，雖禱祀百神，不能調陰陽矣。方今關東饑饉，蜀、漢逃亡，江、淮以南，徵求不息。人不復業，則相率爲盜，本根一搖，憂患不淺。其所以然者，皆爲遠戍方外，以竭中國，爭蠻貊不毛之地，乖子養蒼生之道也。

昔漢元納賈捐之之謀而罷珠崖郡，宣帝用魏相之策而棄車師之田，豈不欲慕尚虛

名，蓋憚勞人力也。近貞觀年中，克平九姓，册李思摩爲可汗，使統諸部者，蓋以夷狄叛則伐之，降則撫之，得推亡固存之義，無遠戍勞人之役。此則近日之令典，經邊之故事。竊見阿史那斛瑟羅，陰山貴種，代雄沙漠，若委之四鎮，使統諸蕃，封爲可汗，遣禦寇患，則國家有繼絶之美，荒外無轉輸之役。如臣所見，請捐四鎮以肥中國，罷安東以實遼西，省軍費於遠方，并甲兵於塞上，則恆、代之鎮重，而邊州之備實矣。況綏撫夷狄，蓋防其越逸，無侵侮之患則可矣，何必窮其窟穴，與螻蟻計校長短哉！

且王者外寧必有內憂，蓋爲不勤修政故也。伏惟陛下棄之度外，無以絶域未平爲念。但當敕邊兵謹守備，蓄銳以待敵，待其自至，然後擊之，此李牧所以制匈奴也。當今所要者，莫若令邊城警守備，遠斥候，聚軍實，蓄威武。以逸待勞，則戰士力倍；以主禦客，則我得其便；堅壁清野，則寇無所得。自然賊深入必有顛躓之慮，淺入必無虜獲之益。如此數年，可使二虜不擊而服矣。

仁傑又請廢安東，復高氏爲君長，停江南之轉輸，慰河北之勞弊，數年之後，可以安人富國。事雖不行，識者是之。尋檢校納言，兼右肅政臺御史大夫。

聖曆初，突厥侵掠趙、定等州，命仁傑爲河北道元帥，以便宜從事。突厥盡殺所掠男女萬餘人，從五迴道而去。仁傑總兵十萬追之不及。便制仁傑河北道安撫大使。時河朔人

庶，多爲突厥逼脅，賊退後懼誅，又多逃匿。仁傑上疏曰：

臣聞朝廷議者，以爲契丹作梗，始明人之逆順，或因迫脅，或有願從，或受僞官，或爲招慰，或兼外賊，或是士人，跡雖不同，心則無別。誠以山東雄猛，由來重氣，一顧之勢，至死不回。近緣軍機，調發傷重，家道悉破，或至逃亡，剔屋賣田，人不爲售，內顧生計，四壁皆空。重以官典侵漁，因事而起，取其髓腦，曾無心媿。修築池城，繕造兵甲，州縣役使，十倍軍機。官司不矜，期之必取，枷杖之下，痛切肌膚。事迫情危，不循禮義，愁苦之地，不樂其生。有利則歸，且圖賒死，此乃君子之愧辱，小人之常行。人猶水也，壅之則爲泉，疏之則爲川，通塞隨流，豈有常性。昔董卓之亂，神器播遷，及卓被誅，部曲無赦，事窮變起，毒害生人，京室丘墟，化爲禾黍。此由恩不普洽，失在機先。臣一讀此書，未嘗不廢卷歎息。今以負罪之伍，必不在家，露宿草行，潛竄山澤。赦之則出，不赦則狂，山東羣盜，緣茲聚結。臣以邊塵暫起，不足爲憂，中土不安，以此爲事。臣聞持大國者不可以小道，理事廣者不可以細分。人主恢弘，不拘常法，罪之則衆情恐懼，恕之則反側自安。伏願曲赦河北諸州，一無所問。自然人神道暢，率土歡心，諸軍凱旋，得無侵擾。

制從之。軍還，授內史。

聖曆三年，則天幸三陽宮，王公百僚咸經侍從，唯仁傑特賜宅一區，當時恩寵無比。是歲六月，左玉鈐衛大將軍李楷固、右武威衛將軍駱務整討契丹餘衆，擒之，獻俘於含樞殿。則天大悅，特賜楷固姓武氏。楷固、務整，並契丹李盡忠之別帥也。初，盡忠之作亂，楷固等屢率兵以陷官軍，後兵敗來降，有司斷以極法。仁傑議以爲楷固等並有驍將之才，若恕其死，必能感恩效節。又奏請授其官爵，委以專征。制並從之。及楷固等凱旋，則天召仁傑預宴，因舉觴親勸，歸賞於仁傑。授楷固左玉鈐衛大將軍，賜爵燕國公。

則天又將造大像，用功數百萬，令天下僧尼每日人出一錢，以助成之。仁傑上疏諫曰：

臣聞爲政之本，必先人事。陛下矜羣生迷謬，溺喪無歸，欲令像教兼行，覩相生善。非爲塔廟必欲崇奢，豈令僧尼皆須檀施？得栰尙捨，而況其餘。今之伽藍，制過宮闕，窮奢極壯，畫繢盡工，寶珠殫於綴飾，瓌材竭於輪奐。工不使鬼，止在役人，物不天來，終須地出，不損百姓，將何以求？生之有時，用之無度，編戶所奉，常若不充，痛切肌膚，不辭箠楚。遊僧一說，矯陳禍福，翦髮解衣，仍慚其少。亦有離間骨肉，事均路人，身自納妻，謂無彼我。皆託佛法，詿誤生人。里陌動有經坊，闤闠亦立精舍。化誘倍急，切於官徵；法事所須，嚴於制敕。膏腴美業，倍取其多；水碾莊園，數亦非少。逃丁避罪，併集法門，無名之僧，凡有幾萬，都下檢括，已得數千。且一夫不耕，猶受其

弊，浮食者衆，又劫人財。臣每思惟，實所悲痛。

往在江表，像法盛興，梁武、簡文，捨施無限。及其三淮沸浪，五嶺騰煙，列剎盈衢，無救危亡之禍；緇衣蔽路，豈有勤王之師！比年已來，風塵屢擾，水旱不節，征役稍繁。家業先空，瘡痍未復，此時興役，力所未堪。伏惟聖朝，功德無量，何必要營大像，而以勞費爲名。雖斂僧錢，百未支一。尊容既廣，不可露居，覆以百層，尙憂未徧，自餘廊廡，不得全無。又云不損國財，不傷百姓，以此事主，可謂盡忠？臣今思惟，兼採衆議，咸以爲如來設教，以慈悲爲主，下濟羣品，應是本心，豈欲勞人，以存虛飾。當今有事，邊境未寧，宜寬征鎮之徭，省不急之費。設令雇作，皆以利趨，既失田時，自然棄本。今不樹稼，來歲必饑，役在其中，難以取給。況無官助，義無得成，若費官財，又盡人力，一隅有難，將何救之！

則天乃罷其役。是歲九月，病卒，則天爲之舉哀，廢朝三日，贈文昌右相，謚曰文惠。

仁傑常以舉賢爲意，其所引拔桓彥範、敬暉、竇懷貞、姚崇等，至公卿者數十人。初，則天嘗問仁傑曰：「朕要一好漢任使，有乎？」仁傑曰：「陛下作何任使？」則天曰：「朕欲待以將相。」對曰：「臣料陛下若求文章資歷，則今之宰臣李嶠、蘇味道亦足爲文吏矣。豈非文士齷齪，思得奇才用之，以成天下之務者乎？」則天悅曰：「此朕心也。」仁傑曰：「荊州長史

張東之，其人雖老，眞宰相才也。且久不遇，若用之，必盡節於國家矣。」則天乃召拜洛州司馬。他日，又求賢，仁傑曰：「臣前言張東之，猶未用也。」則天曰：「已遷之矣。」對曰：「臣薦之爲相，今爲洛州司馬，非用之也。」又遷爲秋官侍郎，後竟召爲相。東之果能興復中宗，蓋仁傑之推薦也。

仁傑嘗爲魏州刺史，人吏爲立生祠。及去職，其子景暉爲魏州司功參軍，頗貪暴，爲人所惡，乃毀仁傑之祠。長子光嗣，聖曆初爲司府丞，則天令宰相各舉尚書郎一人，仁傑乃薦光嗣。拜地官員外郎，莅事稱職，則天喜而言曰：「祁奚內舉，果得其人。」開元七年，自汴州刺史轉揚州大都督府長史，坐贓貶歙州別駕卒。

初，中宗在房陵，而吉頊、李昭德皆有匡復讜言，則天無復辟意。唯仁傑每從容奏對，無不以子母恩情爲言，則天亦漸省悟，竟召還中宗，復爲儲貳。初，中宗自房陵還宮，則天匿之帳中，召仁傑以廬陵爲言。仁傑慷慨敷奏，言發涕流，遽出中宗謂仁傑曰：「還卿儲君。」仁傑降階泣賀，既已，奏曰：「太子還宮，人無知者，物議安審是非？」則天以爲然，乃復置中宗於龍門，具禮迎歸，人情感悅。仁傑前後匡復奏對，凡數萬言，開元中，北海太守李邕撰爲梁公別傳，備載其辭。中宗返正，追贈司空；睿宗追封梁國公。仁傑族曾孫兼謨。

兼謨，登進士第。祖郊、父遹，仕宦皆微。兼謨，元和末，解褐襄陽推官，試校書郎，言行剛正，使府知名。憲宗召爲左拾遺，累上書言事，歷尚書郎。長慶、大和中，歷鄭州刺史，以治行稱，入爲給事中。開成初，度支左藏庫妄破潰污縑帛等贓罪，文宗以事在赦前不理。兼謨封還敕書，文宗召而諭之曰：「嘉卿舉職，然朕已赦其長官，典吏亦宜在宥。然事或不可，卿勿以封敕爲艱。」遷御史中丞。謝日，文宗顧謂之曰：「御史臺朝廷綱紀，臺綱正則朝廷理，朝廷正則天下理。凡執法者，大抵以畏忌顧望爲心，職業由茲不舉。卿梁公之後，自有家法，豈復爲常常之心哉！」兼謨謝曰：「朝法或未得中，臣固悉心彈奏。」會江西觀察使吳士矩違額加給軍士，破官錢數十萬計，兼謨奏曰：「觀察使守陛下土地，宜陛下詔條，臨戎賞軍，州有定數。而士矩與奪由己，盈縮自專，不唯貽弊一方，必致諸軍援例。請下法司，正行朝典。」士矩坐貶蔡州別駕。兼謨尋轉兵部侍郎。明年，檢校工部尚書、太原尹，充河東節度使。會昌中，累歷方鎭，卒。

王方慶，雍州咸陽人也，周少司空石泉公褒之曾孫也。其先自琅邪南度，居於丹陽，爲江左冠族。褒北徙入關，始家咸陽焉。祖鼒，隋衞尉丞。伯父弘讓，有美名，貞觀中爲中書舍人。父弘直，爲漢王元昌友，畋獵無度，乃上書切諫，其略曰：「夫宗子維城之託者，所以固邦家之業也。大王功無任城戰克之效，行無河間樂善之譽，爵高五等，邑富千室，當思答極施之洪慈，保無疆之永祚。其爲計者，在乎修德，冠履詩禮，畋獵史傳。覽古人成敗之所由，鑒既往存亡之異軌，覆前戒後，居安慮危。奈何列騎齊驅，交橫壟畝，野有遊客，巷無居人。貽衆庶之憂，逞一情之樂，從禽不息，實用寒心。」元昌覽書而遽止。漸見疏斥，轉荊王友。龍朔中卒。

方慶年十六，起家越王府參軍。嘗就記室任希古受史記、漢書，希古遷爲太子舍人，方慶隨之卒業。永淳中，累遷太僕少卿。則天臨朝，拜廣州都督。廣州地際南海，每歲有崑崙乘舶以珍物與中國交市。舊都督路元叡冒求其貨，崑崙懷刃殺之。方慶在任數載，秋毫不犯。又管內諸州首領，舊多貪縱，百姓有詣府稱冤者，府官以先受首領參餉，未嘗鞫問。方慶乃集止府僚，絕其交往，首領縱暴者悉繩之，由是境內淸肅。當時議者以爲有唐以來，治廣州者無出方慶之右。有制褒之曰：「朕以卿歷職著稱，故授此官，既美化遠聞，實副朝寄。今賜卿雜綵六十段幷瑞錦等物，以彰善政也。」證聖元年，召拜洛州長史，尋加銀青光祿大夫，封石泉縣男。萬歲登封元年，轉幷州長

史，封琅邪縣男。未行，遷鸞臺侍郎、同鳳閣鸞臺平章事。俄轉鳳閣侍郎，依舊知政事。

神功元年七月，淸邊道大總管建安王攸宜破契丹凱還，欲以是月詣闕獻俘。內史王及善以爲將軍入城，例有軍樂，既今上孝明高皇帝忌月，請備而不奏。方慶奏曰：「臣按禮經，但有忌日，而無忌月。晉穆帝納后，用九月九日，是康帝忌月，于時持疑不定，下太常，禮官荀訥議稱：『禮祇有忌日，無忌月。若有忌月，卽有忌時、忌歲，益無理據。』當時從訥所議。軍樂是軍容，與常不等，臣謂振作於事無嫌。」則天從之。則天嘗幸萬安山玉泉寺，以山逕危懸，欲御腰輿而上。方慶諫曰：「昔漢元帝嘗祭廟，出便門，御樓船，光祿勳張猛奏曰：『乘船危，就橋安。』元帝乃從橋，卽前代舊事。今山徑危險，石路曲狹，上瞻駭目，下視寒心，比於樓船，安危不等。陛下蒸人父母，奈何踐此畏塗？伏望停輿駐蹕。」則天納其言而止。是歲，改封石泉子。

時有制，每月一日於明堂行告朔之禮，司禮博士辟閭仁諝奏議，其略曰：「經史正文，無天子每月告朔之事，唯禮記玉藻云：『天子聽朔於南門之外。』其每月告朔者，諸侯之禮也。臣謹按禮論及三禮義宗、江都集禮、貞觀禮、顯慶禮及祠令，無天子每月告朔之事。若以爲無明堂故無告朔之禮，有明堂卽合告朔，則周、秦有明堂而無天子每月告朔之事。臣等參求，既無其禮，不可習非，以天子之尊而用諸侯之禮。」方慶又奏議，其略曰：「明堂，天子布

政之宮也。謹按穀梁傳云：『閏者，附月之餘日，天子不以告朔。』『非禮也。閏以正時，時以作事，事以厚生，生人之道，於是乎在矣。不告閏朔，棄時政也〔一〕。』臣據此文，則天子閏月亦告朔矣。寧有他月而廢其禮乎？先儒舊說，天子行事，一年十八度入明堂矣。大享不問卜，一入也；每月告朔，十二入也；四時迎氣，四入也；巡狩之年，一入也。今禮官議唯歲首一入耳，與先儒既異，在臣不敢同。宋朝何承天纂集其文，以爲禮論，雖加編次，事則闕如。梁代崔靈恩撰三禮義宗，但捃摭前儒，因循故事而已。隋煬帝命學士撰江都集禮，祇抄撮舊禮，更無異文。貞觀、顯慶禮及祠令不言告朔者，蓋爲歷代不傳，所以其文乃闕。各有緣由，不足依據。今禮官引爲明證，在臣誠實有疑。」則天又令春官廣集衆儒，取方慶、仁諝所奏議，以定得失。時成均博士吳揚善、太學博士郭山惲等奏：「按周禮及三傳，皆有天子告朔之禮，秦滅詩、書，由是告朔禮廢。望依方慶議。」有制從之。

則天以方慶家多書籍，嘗訪求右軍遺跡。方慶奏曰：「臣十代從伯祖羲之書，先有四十餘紙，貞觀十二年，太宗購求，先臣並已進之。唯有一卷見今在。又進臣十一代祖導、十代祖洽、九代祖珣、八代祖曇首、七代祖僧綽、六代祖仲寶、五代祖騫、高祖規、曾祖褒，并九代三從伯祖晉中書令獻之已下二十八人書，共十卷。」則天御武成殿示羣臣，仍令中書舍人崔融爲寶章集，以敍其事，復賜方慶，當時甚以爲榮。

方慶又舉：「令文『期喪、大功未葬，不預朝賀；未終喪，不預宴會。』比來朝官不遵禮法，身有哀容，陪預朝會，手舞足蹈，公違憲章，名教既虧，實玷皇化。伏望申明令式，更禁斷。」從之。方慶漸以老疾，乞從閑逸，乃授麟臺監修國史。及中宗立爲東宮，方慶兼檢校太子左庶子。

聖曆二年壹月，則天欲季冬講武，有司稽緩，延入孟春。方慶上疏曰：「謹按禮記月令：『孟冬之月，天子命將帥講武，習射御角力。』此乃三時務農，一時講武，以習射御，角校才力，蓋王者常事，安不忘危之道也。『孟春之月，不可以稱兵。』兵者，甲胄干戈之總名。兵金性，剋木，春盛德在木，而舉金以害盛德，逆生氣。『孟春行冬令，則水潦爲敗，雪霜大摯，首種不入。』蔡邕月令章句云：『太陰新休，少陽尚微，而行冬令以導水氣，故水潦至而敗生物也。雪霜大摯，折陽者也。太陰干時，雨雪而霜，故大傷首種。首種，謂宿麥也，麥以秋種，故謂之首種。入，收也，春爲沍寒所傷，故至夏麥不成長也。』今孟春講武，是行冬令，以陰政犯陽氣，害發生之德。臣恐水潦敗物，霜雪損稼，夏麥不登，無所收入也。伏望天恩不違時令，至孟冬教習，以順天道。」手制答曰：「比爲久屬太平，多歷年載，人皆廢戰，並悉學文。今者用整兵威，故令教習。卿以春行冬令，則水潦爲敗，舉金傷木，則便害發生。循覽所陳，深合典禮，若違此請，乃月令虛行。佇啓直言，用依來表。」

是歲，正授太子左庶子，封石泉公，餘並如故，俸料同職事三品，兼侍皇太子讀書。方慶又上言：「謹按史籍所載，人臣與人主言及上表，未有稱皇太子名者。當爲太子皇儲，其名尊重，不敢指斥，所以不言。晉尚書僕射山濤啓事，稱皇太子而不言名。濤中朝名士，必詳典故，其不稱名，應有憑准。朝官尚猶如此，宮臣諱則不疑。今東宮殿及門名，皆有觸犯，臨事論啓，迴避甚難。孝敬皇帝爲太子時，改弘教門爲崇教門；沛王爲皇太子，改崇賢館爲崇文館。皆避名諱，以遵典禮。此即成例，足爲軌模。伏望天恩因循舊式，付司改換。」制從之。

長安二年五月卒，贈兗州都督，謚曰貞。中宗即位，以宮僚之舊，追贈吏部尚書。方慶博學好著述，所撰雜書凡二百餘卷。尤精三禮，好事者多詢訪之。每所酬答，咸有典據，故時人編次，名曰禮雜答問。聚書甚多，不減祕閣，至於圖畫，亦多異本。諸子莫能守其業，卒後尋亦散亡。

長子光輔，開元中官至潞州刺史。少子晙，工書知名，尤善琴棋，而性多嚴整，官至殿中侍御史。

姚璹字令璋，散騎常侍思廉之孫也。少孤，撫弟妹以友愛稱。博涉經史，有才辯。永徽中明經擢第。累補太子宮門郎，與司議郎孟利貞等奉令撰瑤山玉彩書，書成，遷祕書郎。調露中，累遷至中書舍人，封吳興縣男。則天臨朝，遷夏官侍郎。坐從父弟敬節同徐敬業之亂，貶桂州都督府長史。時則天雅好符瑞，璹至嶺南，訪諸山川草樹，其名號有「武」字者，皆以爲上膺國姓，列奏其事。則天大悅，召拜天官侍郎。善於選補，時人稱之。

長壽二年，遷文昌左丞、同鳳閣鸞臺平章事。自永徽以後，左、右史雖得對仗承旨，仗下後謀議，皆不預聞。璹以爲帝王謨訓，不可暫無紀述，若不宣自宰相，史官無從得書。乃表請仗下所言軍國政要，宰相一人專知撰錄，號爲時政記，每月封送史館。宰相之撰時政記，自璹始也。是歲九月，坐事轉司賓少卿，罷知政事。延載初，擢拜納言。有司以璹從父弟犯法，奏言不合更爲侍臣。璹上言：「昔王敦稱兵犯順，王導仍典樞機；嵇康戮於晉朝，嵇紹忠於晉室。竊惟前古，尚不爲疑；今奉聖恩，豈由臣下。必以體例有乖，伏請甘從屏退。」則天曰：「此乃我意，卿復何言！但當盡忠，無聽浮說。」

時武三思率蕃夷酋長，請造天樞於端門外，刻字紀功，以頌周德，璹爲督作使。證聖初，璹加秋官尚書、同平章事。是歲，明堂災，則天欲責躬避正殿，璹奏曰：「此實人火，非曰天災。至如成周宣榭，卜代愈隆；漢武建章，盛德彌永。臣又見彌勒下生經云，當彌勒成佛之時，七寶臺須臾散壞。覩此無常之相，便成正覺之因。故知聖人之道，隨緣示化，方便之利，博濟良多。可使由之，義存於此。況今明堂，乃是布政之所，非宗廟之地，陛下若避正殿，於禮未爲得也。」左拾遺劉承慶廷奏云：「明堂宗祀之所，今既被焚，陛下宜輟朝思過。」璹又持前議以爭之，則天乃依璹奏。先令璹監造天樞，至是以功當賜爵一等。璹表請迴贈父一官，乃追贈其父豫州司戶參軍處平爲博州刺史。天后將封嵩岳，命璹總知撰儀注，并充封禪副使。及重造明堂，又令璹充使督作，以功加銀青光祿大夫。

時有大石國使請獻獅子，璹上疏諫曰：「獅子猛獸，唯止食肉，遠從碎葉，以至神都，肉既難得，極爲勞費。陛下以百姓爲心，慮一物有失，鷹犬不蓄，漁獵總停。運不殺以闡大慈，垂好生以敷至德，凡在翾飛蠢動，莫不感荷仁恩。豈容自菲薄於身，而厚資給於獸，求之至理，必不然乎。」疏奏，遽停來使。又九鼎初成，制令黃金千兩塗之。璹進諫曰：「夫鼎者神器，貴在賓朴自然，無假別爲浮飾。臣觀其狀，先有五彩輝煥，錯雜其間，豈待金色，方爲炫燿？」則天又從之。

璹屬契丹犯塞，命梁王武三思爲榆關道安撫大使，璹爲副使以備之。及還，坐事，神功初左授益州大都督府長史。蜀中官吏多貪暴，璹屢有發擿，姦無所容。則天嘉之，降璽書勞之曰：「夫嚴霜之下，識貞松之擅奇；疾風之前，知勁草之爲貴。物既有此，人亦宜哉。

卿早荷朝恩，委任斯重。居中作相，弘益已多；防邊訓兵，心力俱盡。歲寒無改，終始不渝。乃眷蜀中，叱俗殷雜，久缺良守，弊於侵漁，政以賄成，人無措足。是用命卿出鎮，寄茲存養。果能攬轡澄清，下車整肅。吏不敢犯，姦無所容，前後糾擿，蓋非一緒。貪殘之伍，屛跡於列城；剽奪之儔，遁形於外境。詎勞期月，康此黎元，言念德聲，良深嘉尚。宜布琅邪之化，當以豫州爲法。」則天又嘗謂侍臣曰：「凡爲長官，能清自身者甚易，清得僚吏者甚難。至於姚璹，可謂兼之矣。」

時新都丞朱待辟坐贓至死，逮捕繫獄。待辟素善沙門理中，陰結諸不逞，因待辟以殺璹爲名，擬據巴蜀爲亂。人密表告之者，制令璹按其獄。璹深持之，事涉疑似引而誅死者，僅以千數。則天又令洛州長史宋元爽、御史中丞霍獻可等重加詳覆，亦無所發明。逮繫獄數百人，不勝酷毒，遞相附會，以就反狀。因此籍沒者復五十餘家，其餘稱知反配流者亦十八九，道路冤之。監察御史袁恕己劾奏其事，則天初令璹與恕己對定，又尋令罷推。俄拜地官尙書。歲餘，轉多官尙書，仍西京留守。長安中，累表乞骸骨，制聽致仕，進爵爲伯。遇官名復舊，爲工部尙書。神龍元年卒，遺令薄葬，贈越州都督，諡曰成。弟珽。

珽，少好學，以勤苦自立，舉明經，累除定、汴、滄、虢、幽等五州刺史，加銀青光祿大夫，轉秦州刺史。以善政有聞，璽書褒美，賜絹百匹。神龍元年，累封宣城郡公，三遷太子詹事，仍兼左庶子。時節愍太子舉事不法，珽前後上書進諫。今載四事。其一曰：

臣聞賈誼曰：「選天下之端士，孝悌博聞有道術者，使與太子居處出入。故太子見正事，聞正言，行正道，左右前後皆正人也。夫習與正人居之，不能無正；習與不正人居之，不能無不正。太子既冠成人，免於保傅之嚴，則有記過之史，徹膳之宰，進善之旌，誹謗之木，敢諫之鼓，瞽史誦箴，大夫進謀，故習與智長，化與心成。夫教得而左右正，則太子正矣，太子正而天下定矣。」臣又聞之，木從繩則正，后從諫則聖。善言古者，所以驗於今。伏惟殿下睿德洪深，天姿聰敏，近代成敗，前古安危，莫不懸鑒在心，動合典禮。臣以庸朽，濫居輔弼，虛備耳目，叨預股肱，輒薦塵露，庶裨山海。伏以內置作坊，工巧得入宮闈之內、禁衞之所，或言語內出，或事狀外通，小人無知，不識輕重，因爲詐僞，有玷徽猷。臣望並付所司，以停宮內造作；如或要須役造，猶望宮外安置，庶得工匠不於宮禁出入。

其二曰：

臣聞漢文帝身衣弋綈，足履革舄；齊高帝欄檻用銅者，皆易以鐵。經侯帶玉具劍環珮以過魏，太子不視，經侯曰：「魏國亦有寶乎？」太子曰：「主信臣忠，魏之寶也。」經

侯委劍珮而去，太子使追還之，謂曰：「珠玉珍玩，寒不可衣，飢不可食，無遺我賊。」經侯杜門不出。臣觀聖賢經籍，務以簡素爲貴；皇王政化，皆以菲薄爲德。伏惟殿下留心恭儉，靡尙浮奢。臣愚猶望損之又損之，居簡以行簡，減省造作，節量用度。

其三曰：

臣聞銀牓銅樓，宮闈嚴秘，門閤來往，皆有簿曆。殿下時有所須，唯門司宣令，或恐姦僞之輩，因此妄爲增減，脫有文狀舛錯，事理便卽差違。且近日呂昇之便乃代署宣敕，伏賴殿下睿敏，當卽覺其姦僞，自餘臣下庸淺，豈能深辨眞虛？望墨令及覆事行下，並用內印印晝署之後，冀得免有詐假，乃是長久規模。臣又聞之，忠臣事君，有犯而無隱；明主馭下，納諫以進德。故書云：「有言逆於志，必求諸道；有言順於心，必求諸非道。」伏惟殿下仁明昭著，聖敬日躋，探幽洞微，窮神索隱。事之善惡，毫釐靡差；理有危疑，錙銖無爽。臣以庸謏，叨侍春闈，職居獻替，豈敢緘默！

其四曰：

臣聞聖人不專其德，賢智必有所師。故曰，與善人言，如入芝蘭之室，久自芬芳；與不善人言，如火銷膏，不覺而盡。今司經見無學士，供奉未有侍讀，伏望時因視膳，奏請置人。所冀講席談筵，務盡忠規之道；披文擿句，方資審諭之勤。臣又聞臣之事

主，必盡乃誠；君之進賢，務求忠讜。伏惟殿下養德儲闈，以端靜爲務；恭膺守器，以學業爲先。經所以立行修身，史所以諳識成敗。雅誥既習，忠孝乃成；傳記方通，安危斯辨。知父子君臣之道，識古今鑒戒之規，經史爲先，斯乃急務。至於工巧造作，僚吏直司，實爲末事，無足勞慮。臣以庸淺，猷替是司，臣而不言，負譴聖日，言而獲罪，是所甘心。伏願留意經書，簡略細事，一蒙採納，萬殞無辭。乞降儲明〔二〕，俯矜狂瞽。時宮臣疏奏，太子雖稱善，竟不悛革。太子敗，詔遣索其宮中，得珽諫書，中宗嘉其切直。時宮臣皆貶黜，唯珽擢拜右散騎常侍。歲餘，遷秘書監。

睿宗即位，累授戶部尚書，轉太子賓客。先天二年，加金紫光祿大夫，復拜戶部尚書。珽與兄璹，數年間俱爲定州刺史、戶部尚書，時人榮之。開元二年卒，年七十四。珽嘗以其曾祖察所撰漢書訓纂，多爲後之注漢書者隱沒名氏，將爲己說；珽乃撰漢書紹訓四十卷，以發明舊義，行於代。

史臣曰：天子有諍臣七人，雖無道不失其天下。致廬陵復位，唐祚中興，諍由狄公，一人以蔽。或曰：許之太甚。答曰：當革命之時，朋邪甚衆，非推誠竭力，致身忘家者，孰能

與於此乎！仁傑流死不避，骨鯁有彰，雖逢好殺無辜，能使終畏大義。竟存天下，豈不然乎！王方慶干城南海，羽翼東宮，臺閣樞機，無不功濟，所謂君子不器者也。苟非文學，斯焉取斯。璹成都布政，始卒不倖；相國上章，或否或中。且焚明堂而避正殿，固諍何多；黜唐頌而立天樞，一言非措。矧乃妄求符瑞，已失忠貞；精擇楚茅，難裨過咎。不常其德，罔畏承羞。珽規諫有才，牧守多善，儲幄之任，可謂得人。

贊曰：犯顏忤旨，返政扶危。是人難事，狄能有之。終替武氏，克復唐基。功之莫大，人無以師。方慶之才，周旋特立。璹也無常，珽能操執。

校勘記

〔一〕非禮也……棄時政也　本書卷二二禮儀志、冊府卷五八七「非禮也」上有「左氏傳云：『閏月不告朔』」九字。

〔二〕乞降儲明　「乞」字各本原作「尤」，據合鈔卷一四〇姚璹傳改。

舊唐書卷九十

列傳第四十

王及善　杜景儉　朱敬則　楊再思　李懷遠 子景伯 景伯子彭年附　豆盧欽望 張光輔　史務滋　崔元綜　周允元附

王及善，洺州邯鄲人也。父君愕。隋大業末，并州人王君廓掠邯鄲，君愕往說君廓曰：「方今萬乘失御，英雄競起，誠宜撫納遺甿，保全形勝，按甲以觀時變，擁衆而歸眞主，此富貴可圖也。今足下居無尺土之地，守無兼旬之糧，恣行殘忍，所過擄奪，竊爲足下寒心矣。」君廓曰：「計將安出？」君愕爲陳井陘之險，可先往據之。君廓從其言，乃屯井陘山。歲餘，會義師入定關中，乃與君廓率所部萬餘人來降，拜大將軍。頻以戰功封新興縣公，累遷左武衛將軍。從太宗征遼東，兼領左屯營兵馬，與高麗戰於駐蹕山，君愕先鋒陷陣，力戰而死。太宗深痛悼之，贈左衛大將軍、幽州都督、邢國公，賜東園秘器，陪葬昭陵。

及善年十四，以父死王事，授朝散大夫，襲爵邢國公。高宗時，累遷左奉裕率。孝敬之居春宮，因宴集命宮官擲倒，次至及善，辭曰：「殿下自有樂官，臣止當守職，此非臣任也。臣將奉令，恐非殿下羽翼之備。」太子謝而遣之。高宗聞而特加賞慰，賜絹百匹。尋除右千牛衛將軍，高宗謂曰：「朕以卿忠謹，故與卿三品要職。他人非搜辟不得至朕所，卿佩大橫刀在朕側，知此官貴否？」俄以病免，尋起爲衛尉卿。

垂拱中，歷司屬卿。時山東饑，及善爲巡撫賑給使。尋拜春官尚書、秦州都督，轉益州大都督府長史。以老病請乞致仕，加授光祿大夫。後契丹作亂，山東不安，起授滑州刺史。則天謂曰：「邊賊反叛，卿雖疾病，可將妻子日行三十里，緩步至彼，與朕臥理此州，以斷河路也。」因問朝廷得失，及善備陳理亂之宜十餘道，則天曰：「彼末事也，此爲本也，卿不可行。」乃留拜內史。

時御史中丞來俊臣常以飛禍陷良善，自侯王將相被其羅織受戮者不可勝計。後俊臣坐事繫獄，有司斷以極刑，則天欲赦之。及善執奏曰：「俊臣兇狡不軌，所信任者皆屠販小人，所誅戮者多名德君子。臣愚以爲若不剿絕元惡，恐搖動朝廷，禍從此始。」則天納之。俄而則天將追廬陵王立爲太子，及善贊成其計。及太子立，又請太子外朝以慰人心，則天從之。

及善雖無學術，在官每以清正見知，臨事難奪，有大臣之節。時張易之兄弟恃寵，每內宴，皆無人臣之禮。及善數奏抑之，則天不悅，謂及善曰：「卿既高年，不宜更侍遊讌，但檢校閤中可也。」及善因病請假月餘，則天都不問之，及善歎曰：「豈有中書令而天子得一日不見乎？事可知矣。」乃上疏乞骸骨，三上不許。聖曆二年，拜文昌左相，旬日而薨，年八十二。廢朝三日，贈益州大都督，諡曰貞，陪葬乾陵。

杜景儉，冀州武邑人也。少舉明經，累除殿中侍御史。出爲益州錄事參軍。時隆州司馬房嗣業除益州司馬，除書未到，即欲視事，又鞭笞僚吏，將以示威。景儉謂曰：「公雖受命爲此州司馬，而州司未受命也。何藉數日之祿，而不待九重之旨，即欲視事，不亦急耶？」嗣業益怒。景儉又曰：「公今持咫尺之制，眞僞未知，即欲攬一州之權，誰敢相保？揚州之禍，非此類耶。」乃叱左右各令罷散，嗣業慚赧而止。俄有制除嗣業荆州司馬，竟不如志，人吏爲之語曰：「錄事意，與天通，益州司馬折威風。」景儉由是稍知名。入爲司賓主簿，轉司刑丞。

天授中，與徐有功、來俊臣、侯思止專理制獄，時人稱云：「遇徐、杜者必生，遇來、侯者

必死。」累遷洛州司馬，尋轉鳳閣侍郎、同鳳閣鸞臺平章事。則天嘗以季秋內出梨花一枝示宰臣曰：「是何祥也？」諸宰臣曰：「陛下德及草木，故能秋木再花，雖周文德及行葦，無以過也。」景儉獨曰：「謹按洪範五行傳：『陰陽不相奪倫，瀆之即爲災。』又春秋云：『冬無愆陽，夏無伏陰，春無淒風，秋無苦雨。』今已秋矣，草木黃落，而忽生此花，瀆陰陽也。臣慮陛下布教施令，有虧禮典。又臣等忝爲宰臣，助天理物，理而不和，臣之罪也。」於是再拜謝罪，則天曰：「卿眞宰相也！」

延載初，爲鳳閣侍郎周允元奏景儉黨於李昭德，左遷秦州刺史。後累除司刑卿。聖曆二年，復拜鳳閣侍郎、同鳳閣鸞臺平章事。時契丹入寇，河北諸州多陷賊中。及事定，河內王武懿宗將盡論其罪。景儉以爲皆是驅逼，非其本心，請悉原之。則天竟從景儉議。歲餘，轉秋官尚書。坐漏洩禁中語，左授司刑少卿，出爲并州長史。道病卒，贈相州刺史。

子澄，頗以文藻著名，官至鞏縣尉。

朱敬則，字少連，亳州永城人也。代以孝義稱，自周至唐，三代旌表，門標六闕，州黨美之。敬則倜儻重節義，早以辭學知名。與三從兄同居，財產無異。又與左史江融、左僕射

魏元忠特相友善。咸亨中，高宗聞而召見，與語甚奇之，將加擢用，爲中書舍人李敬玄所毀，乃授洹水尉。長壽中，累除右補闕。敬則以則天初臨朝稱制，天下頗多流言異議，至是既漸寧晏，宜絕告密羅織之徒，上疏曰：

臣聞李斯之相秦也，行申、商之法，重刑名之家，杜私門，張公室，棄無用之費，損不急之官，惜日愛功，疾耕急戰，人繁國富，乃屠諸侯。此救弊之術也。故曰：刻薄可施於進趣，變詐可陳於攻戰。兵猶火也，不戢將自焚。況鋒鏑已銷，石城又毀，諒可易之以寬泰，潤之以淳和，八風之樂以柔之，三代之禮以導之。秦既不然，淫虐滋甚，往而不返，卒至土崩，此不知變之禍也。

陸賈、叔孫通之事漢王也，當滎陽、成皐之間，糧饋已窮，智勇俱困，不敢開一說，效一奇，唯進豪猾之材，薦貪暴之客。及區宇適平，干戈向戢，金鼓之聲未歇，傷痍之痛尙聞，二子顧眄，綽有餘態，乃陳詩書，說禮樂，開王道，謀帝圖。高皇帝忿然曰：「吾以馬上得之，安事詩書乎！」對曰：「馬上得之，可馬上理之乎？」高皇默然。於是陸賈著新語，叔孫通定禮儀，始知天子之尊，此知變之善也。向使高皇排二子而不用，置詩書而不顧，重攻戰之吏，尊首級之材，複道爭功，張良已知其變，拔劍擊柱，吾屬不得無

誅。即晷漏難逾，何十二帝乎？亡秦之續，何二百年乎？故曰：仁義者，聖人之蘧廬；禮經者，先王之陳迹。然則祝祠向畢，芻狗須投；淳精已流，糟粕可棄。仁義尙捨，況輕此者乎？

自文明草昧，天地屯蒙，二叔流言〔一〕，四凶構難。不設鉤距，無以應天順人；不切刑名，不可摧姦息暴。故置神器，開告端，曲直之影必呈，包藏之心盡露。神道助直，無罪不除；人心保能，無妖不戮。以茲妙算，窮造化之幽深；用此神謀，入天人之秘術。故能計不下席，聽不出闈，蒼生晏然，紫宸易主。大哉偉哉，無得而稱也！豈比造攻鳴條，大戰牧野，血變草木，頭折不周，可同年而語乎？然而急趣無善迹，促柱少和聲，拯溺不規行，療飢非鼎食。即向時之妙策，乃當今之芻狗也。伏願覽秦、漢之得失，考時事之合宜，審糟粕之可遺，覺蘧廬之須毀。見機而作，豈勞終日乎？陛下必不可偃蹇太平，徘徊中路。伏願改法制，立章程，下恬愉之辭，流曠蕩之澤，去萋菲之牙角，頓姦險之鋒芒，窒羅織之源，掃朋黨之迹，使天下蒼生坦然大悅，豈不樂哉！

則天甚善之。

長安三年，累遷正諫大夫，尋同鳳閣鸞臺平章事。時御史大夫魏元忠、鳳閣舍人張說爲張易之兄弟所誣構，將陷重辟，諸宰相無敢言者，敬則獨抗疏申理曰：「元忠、張說素稱忠

正，而所坐無名。若令得罪，豈不失天下之望也？」乃得減死。四年，以老疾請罷知政事，許之，累轉冬官侍郎，仍依舊兼修國史。張易之、昌宗嘗命畫工圖寫武三思及納言李嶠、鳳閣侍郎蘇味道、夏官侍郎李迥秀、麟臺少監王紹宗等十八人形像，號爲高士圖，每引敬則預其事，固辭不就，其高潔守正如此。

神龍元年，出爲鄭州刺史，尋以老致仕。二年，侍御史冉祖雍素與敬則不協，乃誣奏云與王同晈親善，貶授廬州刺史。經數月，洎代到，還鄉里，無淮南一物，唯有所乘馬一匹，諸子姪步從而歸。敬則重然諾，善與人交，每拯人急難，不求其報。又嘗與三從兄同居四十餘年，財產無異。雅有知人之鑒，凡在品論者，後皆如其言。景龍三年五月，卒于家，年七十五。

敬則嘗採魏、晉已來君臣成敗之事，著十代興亡論。又以前代文士論廢五等者，以秦爲失，事未折衷，乃著五等論曰：

昔秦廢五等，崔寔、仲長統、王朗、曹冏等皆以爲秦之失，予竊異之，試通其志云。

蓋明王之理天下也，先之以博愛，本之以仁義，張四維，尊五美，懸禮樂於庭宇，置軌範於中衢。然後決玄波使橫流，揚薰風以高扇，流愷悌之甘澤，浸曠蕩之膏腴，正理革其淫邪，淳風柔其骨髓。使天下之人，心醉而神足。其於忠義也，立則見其參於前；

其於進趨也，若章程之在目。禮經所及，等日月之難踰；聲教所行，雖風雨之不輟。聖人知俗之漸化也，王道之已行也，於是體國經野，庸功勳親。分山裂河，設磐石之固；內守外禦，有維城之基。連絡徧於域中〔二〕，膠葛盡於封內。雖道昏時喪，澤竭政塞，鄭伯逐王，申侯弒主，魯不供物，宋不城周，吳徵百牢，楚問九鼎，小白之一匡天下，重耳之一戰諸侯，無君之迹顯然，篡奪之謀中寢者，直以周禮尚存，簡書不隕。故曰：「不敢失墜，天威在顏。」

自春秋之後，禮義漸頹，風俗塵昏，愧恥心盡，疾走先得者爲上，奪攘投會者爲能。加以八世專齊，三家分晉，子貢之亂五國，蘇秦之關七雄，苛刻繁興，經籍道息，莫不長詐術，貴攻戰，萬姓皆戴爪牙，無人不屬觜距。所以商鞅欺故友，李斯囚舊交，孫臏喪足於龐涓，張儀得志于陳軫。一旅之衆，便欲稱王；再戰之雄，爭來奉帝。先王會盟之禮，昔時樽俎之容，三代玄風，掃地至盡。況始皇削平區宇，殊非至公，李斯之作股肱，罕循大道，人無見德，唯虐是聞。當此時也，主猜於上，人駭於下，父不能保之於子，君不能得之於臣。欲使始皇分土姦雄，建侯薄俗，若喻晉、鄭之可依，便借賊兵而賚盜糧，寄龍魚而助風雨，不可行也。是以秦鑒周德之綿深，懼己圖之不遠，罷侯置守，高下在心，天下制在一人，百姓不聞二主。直是不得行其世封，非薄功臣而賤骨肉也。

高皇帝揭日月之明，懷天地之量，算財不足以分賞，論地不足以受封。邑皆百城，土有千里，人殷國富，地廣兵強。五十年間，七國同反，賈誼憂失其國，鼂錯請削其地。若言由大而反也，不若召陵之師、踐土之衆也；若言有材而起也，劉濞非王霸之材，田祿無先、管之略也。直是齊、晉以逆禮爲惑，吳、楚以犯上非愧，釁由教起，其所由來遠矣。自此之後，雜霸又衰，中興不能改物創圖，黃初不能深謀遠慮。緬觀漢、魏之際，尋其經緯之初，未有積德重光，澤及萬物。觀其教，偷薄於秦風；察其人，豺狠於漢日。故魏太祖曰：「若使無孤，天下幾人稱帝，幾人稱王！」明竊號議者，觸目皆是。欲以此時開四履之祚，垂萬代之封，必有通車三川以窺周室，介馬汾、隰而逐翼侯。而王司徒屢請於當時，曹元首又勸於宗室，皆不知時也。

當時賢者是之。

敬則知政事時，每以用人爲先。桂州蠻叛，薦裴懷古；鳳閣舍人缺，薦魏知古；右史缺，薦張思敬。則天以爲知人。

睿宗即位，嘗謂侍臣曰：「神龍已來，李多祚、王同晈並復舊官，韋月將、燕欽融咸有褒贈，不知更有何人，尚抱冤抑？」吏部尚書劉幽求對曰：「故鄭州刺史朱敬則，往在則天朝任

正諫大夫、知政事，忠貞義烈，爲天下所推。神龍時，被宗楚客、冉祖雍等誣構，左授廬州刺史。長安年中，嘗謂臣云：『相王必膺期受命，當須盡節事之。』及韋氏篡逆干紀，臣遂見危赴難，翼戴興曆，雖則天誘其事，亦是敬則先啓之心。今陛下龍興寶位，兇黨就戮，敬則尚銜冤泉壤，未蒙昭雪。況復事符先覺，誠即可嘉。」睿宗然之，贈敬則秘書監，謚曰元。

楊再思，鄭州原武人也。少舉明經，授玄武尉。充使詣京師，止於客舍。會盜竊其囊裝，再思邂逅遇之，盜者伏罪，再思謂曰：「足下當苦貧匱，至此無行。速去勿作聲，恐爲他人所擒。幸留公文，餘財盡以相遺。」盜者齎去，再思初不言其事，假貸以歸。累遷天官員外郎，歷左右肅政臺御史大夫。延載初，守鸞臺侍郎、同鳳閣鸞臺平章事。證聖初，轉鳳閣侍郎，依前同平章事，兼太子右庶子。尋遷內史，自弘農縣男累封至鄭國公。

再思自歷事三主，知政十餘年，未嘗有所薦達。爲人巧佞邪媚，能得人主微旨，主意所不欲，必因而毀之，主意所欲，必因而譽之。然恭慎畏忌，未嘗忤物。或謂再思曰：「公名高位重，何爲屈折如此？」再思曰：「世路艱難，直者受禍。苟不如此，何以全其身哉！」長安末，昌宗既爲法司所鞫，司刑少卿桓彥範斷解其職。昌宗俄又抗表稱冤，則天意將申理

昌宗，廷問宰臣曰：「昌宗於國有功否？」再思對曰：「昌宗往因合鍊神丹，聖躬服之有效，此實莫大之功。」則天甚悅，昌宗竟以復職。時人貴彥範而賤再思也。時左補闕戴令言作兩脚野狐賦以譏刺之，再思聞之甚怒，出令言爲長社令，朝士尤加嗤笑。再思爲御史大夫時，張易之兄司禮少卿同休嘗奏請公卿大臣宴于司禮寺，預其會者皆盡醉極歡。同休戲曰：「楊內史面似高麗。」再思欣然，請剪紙自帖於巾，卻披紫袍，爲高麗舞，縈頭舒手，舉動合節，滿座嗤笑。又易之弟昌宗以姿貌見寵倖，再思又諛之曰：「人言六郎面似蓮花；再思以爲蓮花似六郎，非六郎似蓮花也。」其傾巧取媚也如此。

長安四年，以本官檢校京兆府長史，又遷檢校揚州大都督府長史。中宗即位，拜戶部尚書，兼中書令，轉侍中，以宮僚封鄭國公，賜實封三百戶。又爲冊順天皇后使，賜物五百段，鞍馬稱是。時武三思將誣殺王同皎，再思與吏部尚書李嶠、刑部尚書韋巨源並受制考按其獄，竟不能發明其枉，致同皎至死，衆冤之。再思俄復爲中書令、吏部尚書。景龍三年，遷尚書右僕射，加光祿大夫。其年薨，贈特進、幷州大都督，陪葬乾陵，謚曰恭。子植、植子獻，並爲司勳員外郎。再思弟季昭爲考功郎中，溫玉爲戶部侍郎。

李懷遠，邢州柏仁人也。早孤貧好學，善屬文。有宗人欲以高蔭相假者，懷遠竟拒之，退而歎曰：「因人之勢，高士不爲；假蔭求官，豈吾本志？」未幾，應四科舉擢第，累除司禮少卿。出爲邢州刺史，以其本鄉，固辭不就，改授冀州刺史。俄歷揚、益等州大都督府長史，未行，又授同州刺史。在職以清簡稱。入爲太子左庶子，兼太子賓客，歷遷右散騎常侍、春官侍郎。大足年，遷鸞臺侍郎，尋同鳳閣鸞臺平章事。歲餘，加銀青光祿大夫，拜秋官尚書，兼檢校太子左庶子，賜爵平鄉縣男。長安四年，以老辭職，聽解秋官尚書，正除太子左庶子，尋授太子賓客。神龍初，除左散騎常侍、兵部尚書、同中書門下三品，加金紫光祿大夫，進封趙郡公，特賜實封三百戶。俄以疾請致仕，許之。中宗將幸京師，又令以本官知東都留守。

懷遠雖久居榮位，而彌尚簡率，園林宅室，無所改作。常乘款段馬，左僕射豆盧欽望謂曰：「公榮貴如此，何不買駿馬乘之？」答曰：「此馬幸免驚蹶，無假別求。」聞者莫不歎美。神龍二年八月卒，中宗特賜錦被以充斂，輟朝一日，親爲文以祭之，贈侍中，謚曰成。子景伯。

景伯，景龍中爲給事中，又遷諫議大夫。中宗嘗宴侍臣及朝集使，酒酣，令各爲迴波辭。衆皆爲諂佞之辭，及自要榮位。次至景伯，曰：「迴波爾時酒巵，微臣職在箴規。侍宴既過三爵，諠譁竊恐非儀。」中宗不悅，中書令蕭至忠稱之曰：「此眞諫官也。」景雲中，累遷右散騎常侍，尋以老疾致仕。開元中卒。子彭年。

彭年有吏才，工於剖析，當時稱之。開元中，歷考功員外郎、知舉，又遷中書舍人、給事中、兵部侍郎。天寶初，又爲吏部侍郎，與右相李林甫善。慕山東著姓爲婚姻，引就清列，以大其門。典銓管七年，後以贓汚爲御史中丞宋渾所劾，長流嶺南臨賀郡。累月，渾及弟恕又以贓下獄，詔渾流嶺南高要郡，恕流南康郡。天寶十二載，起彭年爲濟陰太守，又遷馮翊太守，入爲中書舍人、給事中、吏部侍郎。十五載，玄宗幸蜀，賊陷西京，彭年沒於賊，脅授僞官，憂憤怨怒不得志，與韋斌相次而卒。及克復兩京，優制贈彭年爲禮部尚書。

豆盧欽望，京兆萬年人也。曾祖通，隋相州刺史、南陳郡公。祖寬，即隋文帝之甥也。大業末，爲梁泉令。及高祖定關中，寬與郡守蕭瑀率豪右赴京師，由是累授殿中監，仍詔其子懷讓尚萬春公主。高祖以寬曾祖萇魏太和中例稱單姓，至是改寬爲盧氏。貞觀中，歷遷禮部尚書、左衞大將軍，封芮國公。永徽元年卒，贈特進、幷州都督，陪葬昭陵，謚曰定。又

復其姓爲豆盧氏。父仁業，高宗時爲左衞將軍。

欽望，則天時累遷司賓卿。長壽二年，代宗秦客爲內史。時李昭德亦爲內史，執權用事，欽望與同時宰相韋巨源、陸元方、蘇味道、杜景儉等並委曲從之。證聖元年，昭德坐事左遷涪陵尉，則天以欽望等不能執正，又爲司刑少卿皇甫文備奏欽望附會昭德，罔上附下，乃左遷欽望爲趙州刺史，韋巨源自右丞爲鄜州刺史，陸元方自秋官侍郎爲綏州刺史，蘇味道自鳳閣侍郎爲集州刺史。其年，欽望入爲司禮卿，遷秋官尚書，封芮國公。出爲河北道宣勞使。俄而廬陵王復爲皇太子，以欽望爲皇太子宮尹。聖曆二年，拜文昌右相、同鳳閣鸞臺三品，尋授太子賓客，停知政事。

中宗即位，以欽望宮僚舊臣，拜尚書左僕射、知軍國重事，兼檢校安國相王府長史，兼中書令、知兵部事、監修國史。欽望作相兩朝，前後十餘年，張易之兄弟及武三思父子皆專權驕縱，圖爲逆亂，欽望獨謹其身，不能有所匡正，以此獲譏於代。神龍二年，拜開府儀同三司。景龍三年五月，表請乞骸，不許。十一月卒，年八十餘。贈司空、幷州大都督，謚曰元，賜東園秘器，陪葬乾陵。則天時，宰相又有張光輔、史務滋、崔元綜、周允元等，並有名績。

張光輔者，京兆人也。少明辯，有吏幹。累遷司農少卿、文昌右丞。以討平越王貞之

功，拜鳳閣侍郎、知政事。永昌元年，遷納言。旬日，又拜內史。皆有能名。其年，洛州司馬房嗣業、洛陽令張嗣明坐與徐敬業弟敬眞陰相交結。敬眞自流所繡州逃歸，將北投突厥，引虜入寇。途經洛下，嗣業、嗣明二人給其衣糧而遣之。行至定州，爲人所覺。嗣業於獄中自縊死。嗣明與敬眞多引海內相識，冀緩其死。嗣明稱光輔征豫州日，私說圖讖天文，陰懷兩端，顧望以觀成敗。光輔由是被誅，家口籍沒。

史務滋者，宣州溧陽人。累至內史。天授中，雅州刺史劉行實及弟渠州刺史行瑜、尙衣奉御行感，并兄子左鷹揚將軍虔通，並爲侍御史來子珣誣以謀反誅。又於盱眙毀其父左監門大將軍伯英棺柩。初，務滋素與行感周密，意欲寢其反狀。則天怒，令俊臣鞫之，務滋恐被陷刑，乃自殺。

崔元綜者，鄭州新鄭人也。祖君肅，武德中黃門侍郎、鴻臚卿。元綜，天授中累轉秋官侍郎。長壽元年，遷鸞臺侍郎、同鳳閣鸞臺平章事。元綜勤於政事，每在中書，必束帶至晚，未嘗休假。好潔細行，薰辛不歷口者二十餘年。雖外示謹厚，而情深刻薄，每受制鞫獄，必披毛求疵，陷於重辟。以此故人多畏而鄙之。明年，犯罪配流振州，朝野莫不稱慶。

尋赦還，復拜監察御史。中宗時，累遷尙書左丞、蒲州刺史，以老疾致仕。晚年好攝養導引之術，年九十餘卒。

周允元者，豫州人也。弱冠舉進士。延載初，累轉左肅政御史中丞，俄除鳳閣鸞臺平章事。嘗與諸宰臣侍宴，則天令各述書傳中善言。允元曰：「恥其君不如堯、舜。」武三思以爲語有指斥，糾而駁之。則天曰：「聞此言足以爲誡，豈特將爲過耶？」證聖元年卒，贈貝州刺史。則天爲七言詩以傷之，又自繕寫，時以爲榮。

史官曰：王及善在孝敬東宮，誠能奉職。當俊臣下獄，力諫除兇，是憂濫及賢良，而欲明彰羽翼，興復之志，不謂無心。杜景儉五刑有濫，濟活爲心，四氣不和，歸罪在己，則天謂曰「眞宰相」。然奈柔順李昭德，不無吐剛之過也。朱敬則文學有稱，節行無愧，諫諍果決，推擇精眞，苟非洞鑒古今，深識王霸，何由立其高論哉，惜乎相不得時矣。楊再思佞而取貴，苟以全身，掩不善而自欺，謂無十目十手也。李懷遠名不苟於假蔭，貴不衒於故鄉，無改陋居，常乘劣馹，亦一時之善矣。然匪躬之道，未之聞也。豆盧欽望、張光輔、史務滋、崔元綜、周允元等，或有片言，非無小善，登于大用，可謂具臣。

贊曰：及善奉職，非無智力。景儉當權，不謂不賢。雄文高節，少連爲絕。守道安貧，懷遠當仁。欽望之屬，片善何足。諂媚再思，祇宜遄速。

校勘記

〔一〕二叔流言 「二」字各本原作「三」，據冊府卷五三二改。

〔二〕連絡徧於城中 「城」字各本原作「域」，據四部叢刊本唐文粹卷三四改。

舊唐書卷九十一

列傳第四十一

桓彥範　敬暉　崔玄暐　張柬之　袁恕己

桓彥範，潤州曲阿人也。祖法嗣，雍王府諮議參軍、弘文館學士。彥範慷慨俊爽，少以門蔭調補右翊衞。聖曆初，累除司衞寺主簿。納言狄仁傑特相禮異，嘗謂曰：「足下才識如是，必能自致遠大。」尋擢授監察御史。長安三年，歷遷御史中丞。四年，轉司刑少卿。時司僕卿張昌宗坐遣術人李弘泰占己有天分，御史中丞宋璟請收付制獄，窮理其罪，則天不許。彥範上疏曰：

昌宗無德無才，謬承恩寵，自宜粉骨碎肌，以答殊造，豈得苞藏禍心，有此占相？陛下以簪履恩久，不忍先刑；昌宗以逆亂罪多，自招其咎。此是皇天降怒，非唯陛下故誅。違天不祥，乞陛下裁擇。原其本奏，以防事敗，事敗即言奏訖，不敗則候時爲逆。此

乃姦臣詭計，疑惑聖心，今果遂其所謀，陛下何忍不察？若昌宗措此占相，奏後不合更與弘泰往還，倘令修福，復擬禳厄，此則期於必遂，元無悔心。縱雖奏聞，情實難恕，此而可捨，誰其可刑？況經兩度事彰，天恩並垂捨宥，昌宗自爲得計，人亦以爲應運，即不勞兵甲，天下皆從，萬方譏之，以爲陛下縱成其亂也。君在，臣圖天分，是爲逆臣，不誅，社稷亡矣。伏請付鸞臺鳳閣三司考竟其罪。

疏奏不報。時又內史李嶠等奏稱：「往屬革命之時，人多逆節，鞫訊決斷，刑獄至嚴，刻薄之吏，恣行酷法。其周興、丘勣、來俊臣所劾破家者，並請雪免。」彥範又奏請自文明元年以後得罪人，除揚、豫、博三州及諸謀逆魁首，一切赦之。表疏前後十奏，辭旨激切，至是方見允納。彥範凡所奏議，若逢人主詰責，則辭色無懼，爭之愈厲。又嘗謂所親曰：「今既躬爲大理，人命所懸，必不能順旨詭辭，以求苟免。」

是歲多，則天不豫，張易之與弟昌宗入閣侍疾，潛圖逆亂。鳳閣侍郎張柬之與桓彥範及中臺右丞敬暉等建策將誅之。柬之遽引彥範及暉並爲左右羽林將軍，委以禁兵，共圖其事。時皇太子每於北門起居，彥範與暉因得謁見，密陳其計，太子從之。

神龍元年正月，彥範與敬暉及左羽林將軍李湛李多祚、右羽林將軍楊元琰、左威衞將軍薛思行等，率左右羽林兵及千騎五百餘人討易之、昌宗於宮中，令李湛、李多祚就東宮迎皇太子。兵至玄武門，彥範等奉太子斬關而入，兵士大譟。時則天在迎仙宮之集仙殿。斬易之、昌宗於廊下，并就第斬其兄汴州刺史昌期、司禮少卿同休，並梟首於天津橋南。士庶見者，莫不歡叫相賀，或臠割其肉，一夕都盡。明日，太子即位，彥範以功加銀青光祿大夫，拜納言，賜勳上柱國，封譙郡公，賜實封五百戶。又改爲侍中，從新令也。

彥範嘗表論時政數條，其大略曰：「昔孔子論詩，以關雎爲始，言后妃者人倫之本，理亂之端也。故皇、英降而虞道興，任、姒歸而姬宗盛。桀奔南巢，禍階妺喜，魯桓滅國，惑以齊媛。伏見陛下每臨朝聽政，皇后必施帷幔坐於殿上，預聞政事。臣愚歷選列辟，詳求往代，帝王有與婦人謀及政者，莫不破國亡身，傾輈繼路。且以陰乘陽，違天也；以婦凌夫，違人也。違天不祥，違人不義。由是古人譬以『牝雞之晨，惟家之索』。易曰『無攸遂，在中饋』，言婦人不得預於國政也。伏願陛下覽古人之言，察古人之意，上以社稷爲重，下以蒼生在念。宜令皇后無往正殿，干預外朝，專在中宮，聿修陰教，則坤儀式固，鼎命惟永。」

又曰：「臣聞京師喧喧，道路籍籍，皆云胡僧慧範矯託佛教，詭惑后妃，故得出入禁闈，撓亂時政。陛下又輕騎微行，數幸其室，上下媟黷，有虧尊嚴。臣抑嘗聞興化致理，必由進善；康國寧人，莫大棄惡。故孔子曰：『執左道以亂政者殺，假鬼神以危人者殺。』今慧範之罪，不殊於此也，若不急誅，必生變亂。除惡務本，去邪勿疑，實願天聽，早加裁貶。」疏奏不

納。時有墨敕授方術人鄭普思祕書監，葉淨能國子祭酒，彥範苦言其不可。帝曰：「既要用之，無容便止。」彥範又對曰：「陛下自龍飛寶位，遽下制云：『軍國政化，皆依貞觀故事。』昔貞觀中嘗以魏徵、虞世南、顏師古爲祕書監，孔穎達爲國子祭酒。至如普思等是方伎庸流，豈足以比蹤前烈？臣恐物議謂陛下官不擇才，濫以天秩加於私愛。惟陛下少加慎擇。」帝竟不納。

時韋皇后既干朝政，德靜郡王武三思又居中用事，以則天爲彥範等所廢，常深憤怨，又慮彥範等漸除武氏，乃先事圖之。皇后韋氏既雅爲帝所信寵，言無不從，三思又私通於韋氏，乃日夕譖毀彥範等。帝竟用三思計，進封彥範爲扶陽郡王、敬暉爲平陽郡王、張柬之爲漢陽郡王、崔玄暐爲博陵郡王、袁恕己爲南陽郡王，並加特進，令罷知政事。彥範仍賜姓韋氏，令與皇后同屬籍，仍賜雜綵、錦繡、金銀、鞍馬等。雖外示優崇，而實奪其權也。易州刺史趙履溫者，即彥範之妻兄也，彥範誅易之後，奏言先與履溫共謀其事，於是召拜司農少卿。履溫德之，乃以二婢遺彥範。及彥範罷知政事，履溫又奪其婢，大爲時論所譏。尋出爲洺州刺史，轉濠州刺史。

二年，光祿卿、駙馬都尉王同皎以武三思與韋氏姦通，潛謀誅之。事洩，爲三思誣構，言同皎將廢皇后韋氏，彥範等通知其情。乃貶彥範爲瀧州司馬、敬暉崖州司馬、袁恕己

竇州司馬、崔玄暐白州司馬、張柬之新州司馬，並仍令長任，勳封並削。彥範仍復其本姓桓氏。

是歲秋，武三思又陰令人疏皇后穢行，牓於天津橋，請加廢黜。中宗聞之怒，命御史大夫李承嘉推求其人。承嘉希三思旨，奏書：「彥範與敬暉、張柬之、袁恕己、崔玄暐等教人密爲此牓。雖託廢后爲名，實有危君之計，請加族滅。」制依承嘉所奏。大理丞李朝隱執奏云：「敬暉等既未經鞫問，不可即肆誅夷，請差御史按罪，待至，準法處分。」大理卿裴談奏云：「敬暉等祇合據敕斷罪，不可別俟推鞫，請並處斬籍沒。」中宗納其議，仍以彥範等五人嘗賜鐵券，許以不死，乃長流彥範於瀼州，敬暉於崖州，張柬之於瀧州，袁恕己於環州，崔玄暐於古州，並終身禁錮，子弟年十六已上者亦配流嶺外。擢授承嘉金紫光祿大夫，進封襄武郡公。韋氏又特賜承嘉綵物五百段、瑞錦被一張。擢拜裴談爲刑部尚書，左貶李朝隱爲聞喜令。三思俄又諷節愍太子抗表請夷彥範等三族。中宗以既有前命，不依其請。三思猶慮彥範等重被進用，又納中書舍人崔湜之計，特令湜姨兄嘉州司馬周利貞攝右臺侍御史，就嶺外並矯制殺之。彥範赴流所，行至貴州，利貞遇之於途，乃令左右執縛，曳於竹槎之上，肉盡至骨，然後杖殺，時年五十四。

睿宗即位，延和元年，並追復其官爵，仍特還其子孫實封二百戶。玄宗即位，開元六年，

詔曰：「皇輿肇建，必有輔佐之臣；天步多艱，爰仗經綸之業。故侍中、譙國公桓彥範，侍中、平陽郡公敬暉，中書令兼吏部尚書、漢陽郡公張柬之，特進、博陵郡公崔玄暐，中書令、南陽郡公袁恕己等，並德惟神降，材與運生，道協台嶽，名書讖緯。寅亮帝載，勤勞王家，參復禹之元謀，奉升唐之景命。雖殂謝既久，而勳烈益彰，撫彝鼎以念功，想旂常而增感。緬遵故實，用表徽懿，俾列在淸廟，登于明堂，克申從祀之儀，式茂疇庸之典。並可配享中宗孝和皇帝廟庭，其子弟咸加收擢。」建中元年，重贈司徒。

敬暉，絳州太平人也。弱冠舉明經。聖曆初，累除衞州刺史。時河北新有突厥之寇，方秋而修城不輟，暉下車謂曰：「金湯非粟而不守，豈有棄收穫而繕城郭哉？」悉令罷散，由是人吏咸歌詠之。再遷夏官侍郎，出爲泰州刺史。大足元年，遷洛州長史。天后幸長安，令暉知副留守事。在職以淸幹著聞，璽書勞勉，賜物百段。長安三年，拜中臺右丞，加銀青光祿大夫。

神龍元年，轉右羽林將軍。以誅張易之、昌宗功，加金紫光祿大夫，擢拜侍中，賜爵平陽郡公，食實封五百戶。尋進封齊國公。天后崩，遺制加實封通前滿七百戶。暉等以

唐室中興，武氏諸王咸宜降爵，上章論奏，於是諸武降爲公。武三思益怒，乃諷帝賜暉等爲郡王，罷知政事。仍賜鐵券，恕十死，朔望趨朝。

初，暉與彥範等誅張易之兄弟也，洛州長史薛季昶謂暉曰：「二凶雖除，產、祿猶在，請因兵勢誅武三思之屬，匡正王室，以安天下。」暉與張柬之屢陳不可，乃止。季昶歎曰：「吾不知死所矣。」翌日，三思因韋后之助，潛入宮中，內行相事，反易國政，爲天下所患，時議以此歸咎於暉。暉等既失政柄，受制於三思，暉每推牀嗟惋，或彈指出血。柬之歎曰：「主上疇昔爲英王時，素稱勇烈，吾留諸武，冀自誅鋤耳。今事勢已去，知復何道。」

三思既深憤惋，以許州司功參軍鄭愔素被暉等廢黜，因令上表陳其罪狀。中宗詔曰：「則天大聖皇后，往以憂勞不豫，凶豎弄權。暉等因興甲兵，剗除妖孽，朕錄其勞效，備極寵勞。自謂勳高一時，遂欲權傾四海，擅作威福，輕侮國章，悖道棄義，莫斯之甚。然收其薄效，猶爲隱忍，錫其郡王之重，優以特進之榮。不謂谿壑之志，殊難盈滿，既失大權，多懷怨望。乃與王同皎窺覘內禁，潛相謀結，更欲權兵絳闕，圖廢椒宮，險迹醜辭，驚視駭聽。屬以帝圖伊始，務靜獄牢，所以久爲含容，未能暴諸遐邇。自同皎伏法，釁跡彌彰，倘若無其發明，何以懲茲悖亂？迹其巨逆，合置嚴誅。緣其昔立微功，所以特從寬宥，咸宜貶降，出佐遐藩。暉可崖州司馬，柬之可新州司馬，恕己可竇州司馬，玄暐可白州司馬，並員外置。」

暉到崖州，竟爲周利貞所殺。睿宗即位，追復五王官爵，贈暉秦州都督，謚曰肅愍。建中初，重贈太尉。

曾孫元膺，開成三年，自試太子通事舍人爲河南縣丞。

崔玄暐，博陵安平人也。父行謹，爲胡蘇令。本名曅，以字下體有則天祖諱，乃改爲玄暐。少有學行，深爲叔父祕書監行功所器重。龍朔中，舉明經，累補庫部員外郎。其母盧氏嘗誡之曰：「吾見姨兄屯田郎中辛玄馭云：『兒子從宦者，有人來云貧乏不能存，此是好消息。若聞貲貨充足，衣馬輕肥，此惡消息。』吾常重此言，以爲確論。比見親表中仕宦者，多將錢物上其父母，父母但知喜悅，竟不問此物從何而來。必是祿俸餘資，誠亦善事。如其非理所得，此與盜賊何別？縱無大咎，獨不內愧於心？孟母不受魚鮓之饋，蓋爲此也。汝今坐食祿俸，榮幸已多，若其不能忠淸，何以戴天履地？孔子云：『雖日殺三牲之養，猶爲不孝。』又曰：『父母惟其疾之憂。』特宜修身潔己，勿累吾此意也。」玄暐遵奉母氏教誡，以淸謹見稱。尋授天官郎中，遷鳳閣舍人。

長安元年，超拜天官侍郎，每介然自守，都絕請謁，頗爲執政者所忌。轉文昌左丞。經

月餘，則天謂曰：「自卿改職以來，選司大有罪過。或聞令史乃設齋自慶，此欲盛爲貪惡耳。今要卿復舊任。」又除天官侍郎，賜雜綵七十段。三年，拜鸞臺侍郎、同鳳閣鸞臺平章事，兼太子左庶子。四年，遷鳳閣侍郎，加銀青光祿大夫，仍依舊知政事。先是，來俊臣、周興等誣陷良善，冀圖爵賞，因緣籍沒者數百家。玄暐固陳其枉狀，則天乃感悟，咸從雪免。

則天季年，宋璟劾奏張昌宗謀爲不軌，玄暐亦屢有讜言，則天乃令法司正斷其罪。玄暐弟昪時爲司刑少卿，又請置以大辟。其兄弟守正如此。是時，則天不豫，宰相不得召見者累月。及疾少間，玄暐奏言：「皇太子、相王仁明孝友，足可親侍湯藥。宮禁事重，伏願不令異姓出入。」則天曰：「深領卿厚意。」尋以預誅張易之功，擢拜中書令，封博陵郡公。中宗將授方術人鄭普思爲祕書監，玄暐切諫，竟不納。尋進爵爲王，賜實封四百戶，檢校益州大都督府長史，兼知都督事。其後累被貶，授白州司馬，在道病卒。建中初，贈太子太師。

玄暐與弟昪甚相友愛，諸子弟孤貧者，多躬自撫養教授，頗爲當時所稱。昪，官至尚書左丞。玄暐少時頗屬詩賦，晚年以爲非己所長，乃不復構思，唯篤志經籍，述作爲事。所撰行己要範十卷、友義傳十卷、義士傳十五卷、訓注文館辭林策二十卷，並行於代。子璩，頗以文學知名，官歷中書舍人、禮部侍郎。璩子渙，自有傳。曾孫郢，開成三年，自商州防禦判官兼殿中侍御史，入爲監察御史。

張柬之字孟將，襄州襄陽人也。少補太學生，涉獵經史，尤好三禮，國子祭酒令狐德棻甚重之。進士擢第，累補青城丞。永昌元年，以賢良徵試，同時策者千餘人，柬之獨爲當時第一，擢拜監察御史。

聖曆初，累遷鳳閣舍人。時弘文館直學士王元感著論云：「三年之喪，合三十六月。」柬之著論駁之曰：

三年之喪，二十五月，不刊之典也。謹案春秋：「魯僖公三十三年十二月乙巳，公薨。」「文公二年冬，公子遂如齊納幣」。左傳曰「禮也」。杜預注云：「僖公喪終此年十一月，納幣在十二月。士婚禮，納采納徵，皆有玄纁束帛，諸侯則謂之納幣。蓋公爲太子，已行婚禮。」故傳稱禮也。公羊傳曰：「納幣不書，此何以書？譏喪娶。在三年之外何以譏？三年之內不圖婚。」何休注云：「僖公以十二月薨，至此多未滿二十五月，納采、問名、納吉，皆在三年之內，故譏。」何休以公十二月薨，至此冬十二月纔二十四月，非二十五月，是未三年而圖婚也。按經書「十二月乙巳公薨」，杜預以長曆推乙巳是十一月十二日，非十二月，書十二月，是經誤。「文公元年四月，葬我君僖公」，傳曰，緩也。

諸侯五月而葬，若是十二月薨，即是五月，不得言緩。明知是十一月薨，故注僖公喪終此年，至十二月而滿二十五月，故丘明傳曰，禮也。據此推步，杜之考校，豈公羊之所能逮，況丘明親受經於仲尼乎？且二傳何、杜所爭，唯爭一月，不爭一年。其二十五月除喪，由來無別。此則春秋三年之喪，二十五月之明驗也。

尚書伊訓云：「成湯既沒，太甲元年，惟元祀十有二月，伊尹祀于先王，奉嗣王祗見厥祖。」孔安國注云：「湯以元年十一月崩。」據此，則二年十一月小祥，三年十一月大祥。故太甲中篇云：「惟三祀十有二月朔，伊尹以冕服奉嗣王歸于亳。」是十一月大祥，訖十二月朔日，加王冕服吉而歸亳也。是孔言「湯元年十一月」之明驗。顧命云：「四月哉生魄，王不懌」，是十九日也。「越七日癸酉，伯相命士須材」，是四月二十五日也。則成王崩至康王麻冕黼裳，中間有十日，康王方始見廟。則知湯崩在十一月，淹停至殯訖，方始十二月，祗見其祖。顧命見廟訖，諸侯出廟門俟，伊訓言「祗見厥祖，侯甸羣后咸在」，則崩及見廟，殷、周之禮並同。此周因於殷禮，損益可知也。不得元年以前，別有一年，此尚書三年之喪，二十五月之明驗也。

禮記三年問云：「三年之喪，二十五月而畢，哀痛未盡，思慕未忘，然而服以是斷之

者，豈不送死有已，復生有節？」又喪服四制云：「變而從宜，故大祥鼓素琴，告人以終。」又間傳云：「期而小祥，食菜果。又期而大祥，有醯醬。中月而禫，食酒肉。」又喪服小記云：「再期之喪，三年也。期之喪，二年也。九月七月之喪，三時也。五月之喪，二時也。三月之喪，一時也。」此禮記三年之喪，二十五月之明驗也。

儀禮士虞禮云：「期而小祥。又期而大祥。中月而禫，是月也吉祭。」此禮周公所制，則儀禮三年之喪，二十五月之明驗也。

此四驗者，並禮經正文，或周公所制，或仲尼所述，吾子豈得以禮記戴聖所修，輒欲排毀？漢初高堂生傳禮，既未周備，宣帝時少傅后蒼因淹中孔壁所得五十六篇著曲臺記，以授弟子戴德、戴聖、慶溥三人，合以正經及孫卿所述，並相符會。列于學官，年代已久。今無端構造異論，既無依據，深可歎息。其二十五月，先儒考校，唯鄭康成注儀禮「中月而禫」，以「中月間一月，自死至禫凡二十七月」。又解禫云：「言澹澹然平安之意也。」今皆二十七月復常，從鄭議也。踰月入禫，禫既復常，則二十五月爲免喪矣。二十五月、二十七月，其議本同。

竊以子之於父母喪也，有終身之痛，創巨者日久，痛深者愈遲，豈徒歲月而已乎？故練而慨然者，蓋悲慕之懷未盡，而踊擗之情已歇；祥而廓然者，蓋哀傷之痛已除，而

孤遊之念更起。此皆情之所致，豈外飾哉。故記曰：「三年之喪，義同過隙，先王立其中制，以成文理。」是以祥則縞帶素紕，禫則無所不佩。今吾子將徇情棄禮，實爲乖僻。夫棄縗麻之服，襲錦縠之衣，行道之人，皆不忍也，直爲節之以禮，無可奈何。故由也不能過制爲姊服，鯉也不能過期哭其母。夫豈不懷，懼名教逼己也。若孔、鄭、何、杜之徒，並命代挺生，範模來裔，宮牆積仞，未易可窺。但鑽仰不休，當漸入勝境，詎勞終年矻矻，虛肆莠言？請所有揞擿先儒，願且以時消息。」

時人以柬之所駁，頗合於禮典。

是歲，突厥默啜表言有女請和親，則天盛意許之，欲令淮陽郡王延秀娶之。柬之奏曰：「自古無天子求娶夷狄女以配中國王者。」表入，頗忤其旨。神功初，出爲合州刺史，尋轉蜀州刺史。舊例，每歲差兵募五百人往姚州鎮守，路越山險，死者甚多。柬之表論其弊曰：

臣竊按姚州者，古哀牢之舊國。絕域荒外，山高水深，自生人以來，洎於後漢，不與中國交通。前漢唐蒙開夜郎滇筰，而哀牢不附。至光武季年，始請內屬，漢置永昌郡以統理之，乃收其鹽布氈罽之稅，以利中土。其國西通大秦，南通交趾，奇珍異寶，進貢歲時不闕。劉備據有巴蜀，常以甲兵不充。及備死，諸葛亮五月渡瀘，收其金銀鹽布以益軍儲，使張伯岐選其勁卒搜兵以增武備。故蜀志稱自亮南征之後，國以富饒，甲

兵充足。由此言之，則前代置郡，其利頗深。今鹽布之稅不供，珍奇之貢不入，戈戟之用不實於戎行，寶貨之資不輸於大國，而空竭府庫，驅率平人，受役蠻夷，肝腦塗地，臣竊爲國家惜之。

昔漢以得利既多，歷博南山，涉蘭倉水，更置博南、哀牢二縣。蜀人愁怨，行者作歌曰：「歷博南，越蘭津，渡蘭倉，爲他人。」蓋譏漢貪珍奇鹽布之利，而爲蠻夷之所驅役也。漢獲其利，人且怨歌。今減耗國儲，費用日廣，而使陛下之赤子身膏野草，骸骨不歸，老母幼子，哀號望祭於千里之外。於國家無絲髮之利，在百姓受終身之酷。臣竊爲國家痛之。

往者，諸葛亮破南中，使其渠率自相統領，不置漢官，亦不留兵鎮守。人問其故，亮言置官留兵有三不易。大意以置官夷漢雜居，猜嫌必起；留兵運糧，爲患更重；忽若反叛，勞費更多。但粗設紀綱，自然安定。臣竊以亮之此策，妙得羈縻蠻夷之術。

今姚府所置之官，既無安邊靜寇之心，又無葛亮且縱且擒之伎。唯知詭謀狡算，恣情割剝，貪叨劫掠，積以爲常。扇動酋渠，遣成朋黨，折支諂笑，取媚蠻夷，拜跪趨伏，無復慚恥。提挈子弟，嘯引凶愚，聚會蒱博，一擲累萬。劍南逋逃，中原亡命，有二千餘戶，見散在彼州，專以掠奪爲業。姚州本龍朔中武陵縣主簿石子仁奏置之，後長史

李孝讓、辛文協並爲羣蠻所殺。前朝遣郎將趙武貴討擊，貴及蜀兵應時破敗，噍類無遺。又使將軍李義總等往征，郎將劉惠基在陣戰死，其州乃廢。臣竊以諸葛亮稱置官留兵有三不易，其言乃驗。至垂拱四年，蠻郎將王善寶、昆州刺史爨乾福又請置州，奏言所有課稅，自出姚府管內，更不勞擾蜀中。及置州後，錄事參軍李稜爲蠻所殺。延載中，司馬成琛奏請於瀘南置鎮七所，遣蜀兵防守，自此蜀中騷擾，于今不息。

且姚府總管五十七州，巨猾遊客，不可勝數。國家設官分職，本以化俗防姦，無恥無厭，狼籍至此。今不問夷夏，負罪並深，見道路劫殺，不能禁止，恐一旦驚擾，爲禍轉大。伏乞省罷姚州，使隸嶲府，歲時朝覲，同之蕃國。瀘南諸鎮，亦皆悉廢，於瀘北置關，百姓自非奉使入蕃，不許交通往來。增嶲府兵選，擇清良宰牧以統理之。臣愚將爲穩便。

疏奏，則天不納。

後累拜荊州大都督府長史。長安中，召爲司刑少卿，遷秋官侍郎。時夏官尚書姚崇爲靈武軍使，將行，則天令舉外司堪爲宰相者。崇對曰：「張柬之沉厚有謀，能斷大事，且其人年老，惟陛下急用之。」則天登時召見，尋同鳳閣鸞臺平章事。未幾，遷鳳閣侍郎，仍知政事。及誅張易之兄弟，柬之首謀其事。中宗即位，以功擢拜天官尚書、鳳閣鸞臺三品，封

漢陽郡公，食實封五百戶。未幾，遷中書令，監修國史。月餘，進封漢陽郡王，加授特進，令罷知政事。

其年秋，柬之表請歸襄州養疾，許之，仍特授襄州刺史，又拜其子漪爲著作郎，令隨父之任。上親賦詩祖道，又令羣公餞送於定鼎門外。柬之至襄州，有鄉親舊交抵罪者，必深文致法，無所縱捨。其子漪恃以立功，每見諸少長，不以禮接，時議以爲不能易荊楚之剽性焉。尋爲武三思所構，貶授新州司馬。柬之至新州，憤恚而卒，年八十餘。景雲元年，制曰：「褒德紀功，事華典册；飾終追遠，理光名教。故吏部尚書張柬之翼戴興運，謨明帝道，經綸謇諤，風範猶存。往屬回邪，構成釁咎，無辜放逐，淪沒荒遐。言念勳賢，良深軫悼，宜加寵贈，式賁幽泉。可贈中書令，封漢陽郡公。」建中初，又贈司徒。

玄孫璟，開成三年，自宜城尉遷壽安尉。

袁恕己，滄州東光人也。長安中，歷遷司刑少卿，兼知相王府司馬事。敬暉等將誅張易之兄弟，恕己預其謀議，又從相王統率南衙兵仗，以備非常。及事定，加銀青光祿大夫，行中書侍郎，同中書門下三品，封南陽郡公，食實封五百戶。將作少匠楊務廉素以工巧

中華書局

見用，中興初，恕己恐其更啓遊娛侈靡之端，言於中宗曰：「務廉致位九卿，積有歲年，苦言嘉謀，無足可紀。每宮室營構，必務其侈，若不斥之，何以廣昭聖德？」由是左授務廉陵州刺史。恕己俄擢拜中書令，仍加特進，封南陽郡王，罷知政事。則天崩，遺制加實封滿七百戶。後與敬暉等累遭貶黜，流于環州。尋爲周利貞所逼，飲野葛汁數升，恕己常服黃金，飲毒發，憤悶，以手掘地，取土而食，爪甲殆盡，竟不死，乃擊殺之。建中初，贈太子太傅。

曾孫德文，舉進士，開成三年，授祕書省校書郎。

史臣曰：昔夫差入越，勾踐保於會稽，不聽子胥之言，而有甬東之歎。此五王除凶返正，得計成功。當是時，彥範、敬暉握兵全勢，三思、攸暨其黨芈殲，若從季昶之言，寧有利貞之禍？蓋以心懷不忍，遽失後圖，黜削流移，理固然也。且芟蔓而不能拔本，建謀而尚欠防徼，死卽無辜，禍由自掇。失斷召亂也，不亦宜哉！

贊曰：嗟彼五王，忠于有唐。知火在木，謂其無傷。禍發旣克，勢摧靡當。何事不敏，周身之防。

舊唐書卷九十二

列傳第四十二

魏元忠　韋安石 子陟 斌　從父兄子抗　從祖兄子巨源　趙彥昭附

蕭至忠 宗楚客　紀處訥附

魏元忠，宋州宋城人也。本名眞宰，以避則天母號改焉。初，爲太學生，志氣倜儻，不以舉薦爲意，累年不調。時有左史盩厔人江融，撰九州設險圖，備載古今用兵成敗之事，元忠就傳其術。儀鳳中，吐蕃頻犯塞，元忠赴洛陽上封事，言命將用兵之工拙，曰：

臣聞理天下之柄，二事焉，文與武也。然則文武之道，雖有二門，至於制勝御人，其歸一揆。方今王略遐宣，皇威遠振，建禮樂而陶士庶，訓軍旅而懾生靈。然論武者以弓馬爲先，而不稽之以權略；談文者以篇章爲首，而不問之以經綸。而奔競相因，遂成浮俗。臣嘗讀魏、晉史，每鄙何晏、王衍終日談空；近觀齊、梁書，才士亦復不少，並

何益於理亂哉？從此而言，則陸士衡著辯亡論，而不救河橋之敗；養由基射能穿札，而不止鄢陵之奔，斷可知矣。昔趙岐撰禦寇之論，山濤陳用兵之本，皆坐運帷幄，暗合孫、吳。宣尼稱「有德者必有言，仁者必有勇」，則何平叔、王夷甫豈得同日而言哉！

臣聞才生於代，代實須才，何代而不生才，何才而不生代。故物有不求，未有無物之歲；士有不用，未有無士之時。夫有志之士，在富貴之與貧賤，皆思立於功名，冀傳芳於竹帛。故班超投筆而歎，祖逖擊楫而誓，此皆有其才而申其用矣。且知己難逢，英哲罕遇，士之懷琬琰以就埃塵，抱棟梁而困溝壑者，則悠悠之流，直覩此士之貧賤，安知此士之方略哉。故漢拜韓信，舉軍驚笑；蜀用魏延，羣臣觖望。嗟乎，富貴者易爲善，貧賤者難爲功，至於此也！

亦有位處立功之際，而不展其志略，身爲時主所知，竟不能盡其才用，則貧賤之士焉足道哉！漢文帝時，魏尙、李廣並身任邊將，位爲郡守。文帝不知魏尙之賢而囚之，不知李廣之才而不能用之，常歎李廣恨生不逢時，令當高祖日，萬戶侯豈足道哉。夫以李廣才氣，天下無雙，匈奴畏之，號爲「飛將」，爾時胡騎憑陵，足伸其用。文帝不能大任，反歎其生不逢時。近不知魏尙、李廣之賢，而乃遠想廉頗、李牧。故馮唐曰，雖有頗、牧而不能用，近之矣。從此言之，疏斥賈誼，復何怪哉。此則身爲時主所知，竟不能

盡其才用。昔羊祜獻計平吳，賈充、荀勗沮其策，祜歎曰：「天下不如意恆十居七八。」緣荀、賈不同，竟不大舉。此則位處立功之際，而不得展其志略。而布衣韋帶之人，懷一奇，抱一策，上書闕下，朝進而望夕召，何可得哉。

臣請歷訪內外文武職事五品已上，得不有智計如羊祜、武藝如李廣，在用與不用之間，不得騁其才略。伏願降寬大之詔，使各言其志，無令汲黯直氣，臥死於淮陽；仲舒大才，位屈於諸侯相。

又曰：

臣聞帝王之道，務崇經略，經略之術，必仗英奇。自國家良將，可得言矣。李靖破突厥，侯君集滅高昌，蘇定方開西域，李勣平遼東，雖奉國威靈，亦其才力所致。古語有之，「人無常俗，政有理亂；兵無強弱，將有能否」。由此觀之，安邊境，立功名，在於良將也。故趙充國征先零，馮子明討南羌，皆計不空施，機不虛發，則良將立功之驗也。然兵革之用，王者大事，存亡所繫。若任得其才，則摧兇而扼暴；苟非其任，則敗國而殄人。北齊段孝玄云：「持大兵者，如擊盤水，傾在俯仰間，一致蹉跌，求止豈得哉！」從此而言，周亞夫堅壁以挫吳、楚，司馬懿閉營而困葛亮，俱爲上策。此皆不戰而卻敵，全軍以制勝。是知大將臨戎，以智爲本。漢高之英雄大度，尚曰「吾寧鬭智」；

魏武之機神冠絕，猶依法孫、吳。假有項籍之氣，袁紹之基，而皆泯智任情，終以破滅，何況復出其下哉！

且上智下愚，明暗異等，多算少謀，衆寡殊科。故魏用柏直以拒漢，韓信輕爲豎子；燕任慕容評以抗秦，王猛謂之奴才，即柏直、慕容評智勇俱亡者也。夫中材之人，素無智略，一旦居元帥之任，而意氣軒昂，自謂當其鋒者無不摧碎，豈知戎昭果毅、敦詩說禮之事乎！故李信求以二十萬衆獨舉鄢郢，其後果辱秦軍；樊噲願得十萬衆橫行匈奴，登時見折季布，皆其事也。

當今朝廷用人，類取將門子弟，亦有死事之家而蒙抽擢者。此等本非幹略見知，雖竭力盡誠，亦不免於傾敗，若之何使當閫外之任哉？後漢馬賢討西羌，皇甫規陳其必敗；宋文帝使王玄謨收復河南，沈慶之懸知不克。謝玄以書生之姿，拒苻堅天下之衆，郗超明其必勝；桓溫提數萬之兵，萬里而襲成都，劉眞長期於決取。雖時有今古，人事皆可推之，取驗大體，觀其銳志與識略耳。明者隨分而察，成敗之形，昭然自露。京房有言，「後之視今，亦猶今之視古」。則昔賢之與今哲，意況何殊。當事機之際也，皆隨時而立功，豈復取賢於往代，待才於未來也？即論知與不知，用與不用。夫建功者，言其所濟，不言所起；言其所能，不言所藉。若陳湯、呂蒙、馬隆、孟觀，並出自貧賤，勳濟甚高，未聞其家代爲將帥。董仲舒曰：「爲政之用，譬之琴瑟，不調甚者，必解絃而更張之，乃可鼓也。」故陰陽不和，擢士爲相；蠻夷不龔，拔卒爲將，即更張之義也。以四海之廣，億兆之衆，其中豈無卓越奇絕之士？臣恐未之思也，夫何遠之有。

又曰：

臣聞賞者禮之基，罰者刑之本。故禮崇謀夫竭其能，賞厚義士輕其死，刑正君子勗其心，罰重小人懲其過。然則賞罰者，軍國之綱紀，政教之藥石，綱紀舉而衆務自理，藥石行而文武用命。彼吐蕃蟻結蜂聚，本非勍敵，薛仁貴、郭待封受閫外之寄，奉命專征，不能激勵熊羆，乘機掃撲。敗軍之後，又不能轉禍爲福，因事立功，遂乃棄甲喪師，脫身而走。幸逢寬政，罪止削除，國家網漏吞舟，何以過此。天皇遲念舊恩，收其後效，當今朝廷所少，豈此一二人乎？且賞不勸謂之止善，罰不懲謂之縱惡。仁貴自宣力海東，功無尺寸，坐玩金帛，瀆貨無厭，今又不誅，縱惡更甚。臣以疏賤，干非其事，豈欲間天皇之君臣，生厚薄於仁貴，直以刑賞一虧，百年不復，區區所懷，實在於此。

古人云：「國無賞罰，雖堯、舜不能爲化」。今罰不能行，賞亦難信，故人間議者皆言，「近日征行，虛有賞格而無其事」。良由中才之人不識大體，恐賞賜勳庸，傾竭倉

庫，留意錐刀，將此益國。徇目前之近利，忘經久之遠圖，所謂錯之毫釐，失之千里者也。且黔首雖微，不可欺以得志，瞻望恩澤，必因事而生心。既有所因，須應之以實，豈得懸不信之令，設虛賞之科？比者師出無功，未必不由於此。文子曰：「同言而信，信在言前；同令而行，誠在令外。」故商君移木以表信，曹公割髮以明法，豈禮也哉，有由然也。自蘇定方定遼東，李勣破平壤，賞絕不行，勳仍淹滯，數年紛紜，眞僞相雜，縱加沙汰，未至澄清。臣以吏不奉法，慢自京師，僞勳所由，主司之過。其則不遠，近在尚書省中，不聞斬一臺郎，戮一令史，使天下知聞，天皇何能照遠而不照近哉！神州化首，萬國共尊，文昌政本，四方是則，軌物宣風，理亂攸在。臣是以披露不已，冒死盡言。

且明鏡所以照形，往事所以知今，臣識不稽古，請以近事言之。貞觀年中，萬年縣尉司馬玄景舞文飾智，以邀乾沒，太宗審其姦詐，棄之都市。及征高麗也，總管張君乂擊賊不進，斬之旗下。臣以僞勳之罪，多於玄景；仁貴等敗，重於君乂。向使早誅薛仁貴、郭待封，則自餘諸將，豈敢失利於後哉？韓子云：「慈父多敗子，嚴家無格虜。」此言雖小，可以喻大。公孫弘有言：「人主病不廣大，人臣病不節儉。」臣恐天皇病之於不廣大，過在於慈父，斯亦日月之一蝕也。又今之將吏，率多貪暴，所求

唯財物，無趦著、吳起散金養士之風，縱使行軍，悉是此屬。臣恐吐蕃之平，未可旦夕望也。

帝甚歎異之，授祕書省正字，令直中書省，仗內供奉。尋除監察御史。文明年，遷殿中侍御史。其年，徐敬業據揚州作亂，左玉鈐衞大將軍李孝逸督軍討之，則天詔元忠監其軍事。孝逸至臨淮，而偏將雷仁智爲敬業先鋒所敗，敬業又攻陷潤州，迴兵以拒孝逸。孝逸懼其鋒，按甲不敢進。元忠謂孝逸曰：「朝廷以公王室懿親，故委以閫外之事，天下安危，實資一決。且海內承平日久，忽聞狂狡，莫不注心傾耳，以俟其誅。今大軍留而不進，則解遠近之望，萬一朝廷更命他將代公，其將何辭以逃逗撓之罪？幸速進兵，以立大效，不然，則禍難至矣。」孝逸然其言，乃部勒士卒以圖進討。

時敬業屯於下阿谿，敬業弟敬猷率偏師以逼淮陰。元忠請先擊敬猷，諸將咸曰：「不如先攻敬業，敬業敗，則敬猷不戰而擒矣。若擊敬猷，則敬業引兵救之，是腹背受敵也。」元忠曰：「不然。賊之勁兵精卒，盡在下阿，蟻聚而來，利在一決，萬一失捷，則大事去矣。敬猷本出博徒，不習戰鬬，其衆寡弱，人情易搖，大軍臨之，其勢必克。既克敬猷，我軍乘勝而進，彼若引救淮陰，計程則不及，又恐我之進掩江都，必邀我於中路。彼則勞倦，我則以逸待之，破之必矣。譬之逐獸，弱者先擒，豈可捨必擒之弱獸，趨難敵之強兵？恐未可也。」孝逸

從之，乃引兵擊敬猷，一戰而破之，敬猷脫身而遁。孝逸乃進軍，與敬業隔溪相拒，前軍總管蘇孝祥爲賊所破，孝逸又懼，欲引退。初，敬業至下阿，有流星墜其營，及是，有羣鳥飛噪於陣上，元忠曰：「驗此，即賊敗之兆也。風順荻乾，火攻之利。」固請決戰，乃平敬業。元忠以功擢司刑正，稍遷洛陽令。

尋陷周興獄，詣市將刑，則天以元忠有討平敬業功，特免死配流貴州。時承敕者將至市，先令傳呼，監刑者遽釋元忠令起，元忠曰：「未知敕虛實，豈可造次。」徐待宣敕，然始起謝，觀者咸歎其臨刑而神色不撓。聖曆元年，召授侍御史，擢拜御史中丞。又爲來俊臣、侯思止所陷，再被流于嶺表。復還，授御史中丞。元忠前後三被流，於時人多稱其無罪。則天嘗謂曰：「卿累負謗鑠，何也？」對曰：「臣猶鹿也，羅織之徒，有如獵者，苟須臣肉作羹耳。此輩殺臣以求達，臣復何辜。」

聖曆二年，擢拜鳳閣侍郎、同鳳閣鸞臺平章事，檢校并州長史。未幾，加銀青光祿大夫，遷左肅政臺御史大夫，兼檢校洛州長史，政號清嚴。長安中，相王爲并州元帥，元忠爲副。時奉宸令張易之嘗縱其家奴凌暴百姓，元忠笞殺之，權豪莫不敬憚。時突厥與吐蕃數犯塞，元忠皆爲大總管拒之。元忠在軍，唯持重自守，竟無所克獲，然亦未嘗敗失。

中宗在春宮時，元忠檢校太子左庶子。時張易之、昌宗權寵日盛，傾朝附之，元忠嘗奏

則天曰：「臣承先帝顧眄，受陛下厚恩，不徇忠死節，使小人得在君側，臣之罪也。」則天不悅，易之、昌宗由是含怒。因則天不豫，乃譖元忠與司禮丞高戩潛謀曰：「主上老矣，吾屬當挾太子而令天下。」則天惑其言，乃下元忠詔獄，召太子、相王及諸宰相，令昌宗與元忠等殿前參對，反復不決。昌宗又引鳳閣舍人張說令執證元忠。說初僞許之，及則天召說驗問，說確稱元忠實無此語。則天乃悟元忠被誣，然以昌宗之故，特貶授端州高要尉。

中宗即位，其日驛召元忠，授衞尉卿、同中書門下三品。旬日，又遷兵部尚書，知政事如故。尋進拜侍中，兼檢校兵部尚書。時則天崩，中宗居諒闇，多不視事，軍國大政，獨委元忠者數日。未幾，遷中書令，加授光祿大夫，累封齊國公，監修國史。神龍二年，元忠與武三思、祝欽明、徐彥伯、柳沖、韋承慶、崔融、岑羲、徐堅等撰則天皇后實錄二十卷，編次文集一百二十卷奏之。中宗稱善，賜元忠物千段，仍封其子衞王府諮議參軍昇爲任城縣男。時元忠特承寵榮，當朝用事。初，元忠作相於則天朝，議者以爲公清。至是再居政事，天下莫不延首傾屬，冀有所弘益；元忠乃親附權豪，抑棄寒俊，竟不能賞善罰惡，勉修時政，議者以此少之。四年秋〔一〕，代唐璟爲尚書右僕射，兼中書令，仍知兵部尚書事，監修國史。未幾，元忠請歸鄉拜掃，特賜錦袍一領、銀千兩，并給千騎四人，充其左右，手敕曰：「衣錦晝遊，在乎茲日；散金敷惠，諒屬斯辰。」元忠至鄉里，竟自藏其銀，無所賑施。及還，帝又幸

白馬寺以迎勞之，其恩遇如此。

是時，安樂公主嘗私請廢節愍太子，立己爲皇太女，中宗以問元忠，元忠固稱不可，乃止。尋遷左僕射，餘並如故。元忠又嫉武三思專權用事，心常憤歎，思欲誅之。三年秋，節愍太子起兵誅三思，元忠及左羽林大將軍李多祚等皆潛預其事。太子既斬三思，又率兵詣闕，將請廢韋后爲庶人，遇元忠子太僕少卿昇於永安門，脅令從己。太子兵至玄武樓下，多祚等猶豫不戰，元忠又持兩端，由是不克，昇爲亂兵所殺。中宗以元忠有平寇之功，又素爲高宗、天后所禮遇，竟不以昇爲累，委任如初。

是時，三思之黨兵部尚書宗楚客與侍中紀處訥等又執證元忠及昇，云素與節愍太子同謀構逆，請夷其三族，中宗不許。元忠懼不自安，上表固請致仕，手制聽解左僕射，以特進、齊國公致仕于家，仍朝朔望。楚客等又引右衞郎將姚庭筠爲御史中丞，令劾奏元忠，由是貶渠州員外司馬。侍中楊再思、中書令李嶠皆依楚客之旨，以致元忠之罪，唯中書侍郎蕭至忠正議云當從寬宥。楚客大怒，又遣給事中冉祖雍與楊再思奏言：「元忠既緣犯逆，不合更授內地官。」遂左遷思州務川尉。頃之，楚客又令御史袁守一奏言：「則天昔在三陽宮不豫，內史狄仁傑奏請陛下監國，元忠密進狀云不可。據此，則知元忠懷逆日久，伏請加以嚴誅。」中宗謂楊再思等曰：「以朕思之，此是守一大錯。人臣事主，必在一心，豈有主上少

中華書局

有不安，即請太子知事？乃是狄仁傑樹私惠，未見元忠有失。守一假借前事羅織元忠，豈是道理。」楚客等遂止。元忠行至涪陵而卒，年七十餘。

景龍四年，追贈尙書左僕射、齊國公、本州刺史，仍令所司給靈輿遞至鄉里。睿宗即位，制令陪葬定陵。景雲三年，又降制曰：「故左僕射、齊國公魏元忠，代洽人望，時稱國良。歷事三朝，俱展誠效，晚年遷謫，頗非其罪。宜特還其子著作郎晃實封一百戶。」開元六年，謚曰貞。二子昇、晃。

韋安石，京兆萬年人，周大司空、鄖國公孝寬曾孫也。祖津，大業末爲民部侍郎。煬帝之幸江都，敕津與段達、元文都等於洛陽留守，仍檢校民部尙書事。李密逼東都，津拒戰於上東門外，兵敗，爲密所囚，及王世充殺文都等，津獨免其難。密敗，歸東都〔三〕，世充僭號，深被委遇。及洛陽平，高祖與津有舊，徵授諫議大夫，檢校黃門侍郎。出爲陵州刺史，卒。父琬，成州刺史。叔琨，戶部侍郎。琨弟璲，倉部員外。

安石應明經舉，累授乾封尉，蘇良嗣甚禮之。永昌元年，三遷雍州司兵，良嗣時爲文昌左相，謂安石曰：「大材須大用，何爲徒勞於州縣也。」特薦於則天，擢拜膳部員外郎、永昌

令、并州司馬。則天手制勞之曰：「聞卿在彼，庶事存心，善政表於能官，仁明彰於鎮撫。如此稱職，深慰朕懷。」俄拜并州刺史，又歷德、鄭二州刺史。安石性持重，少言笑，爲政清嚴，所在人吏咸畏憚之。久視年，遷文昌右丞，尋拜鸞臺侍郎、同鳳閣鸞臺平章事，兼太子左庶子。長安三年，爲神都留守，兼判天官、秋官二尙書事，後與崔神慶等同爲侍讀，尋知納言事。是歲，又加檢校中臺左丞，兼太子左庶子、鳳閣鸞臺三品如故。

時張易之兄弟及武三思皆恃寵用權，安石數折辱之，甚爲易之等所忌。嘗於內殿賜宴，易之引蜀商宋霸子等數人於前博戲，安石跪奏曰：「蜀商等賤類，不合預登此筵。」因顧左右令逐出之，座者皆爲失色，則天以安石辭直，深慰勉之。時鳳閣侍郎陸元方在座，退而告人曰：「此眞宰相，非吾等所及也。」則天嘗幸興泰宮，欲就捷路，安石奏曰：「千金之子，且有垂堂之誡；萬乘之尊，不宜輕乘危險。此路板築初成，無自然之固，鑾駕經之，臣等敢不請罪。」則天登時爲之迴鑾。安石俄又舉奏易之等罪狀，初有敕付安石及夏官尙書唐休璟推問，未竟而事變。四年，出爲揚州大都督府長史。

神龍初，徵拜刑部尙書。是歲，又遷吏部尙書，復知政事。俄代張柬之爲中書令，封鄖國公，以嘗爲宮僚，賜實封三百戶，又兼相王府長史。俄轉戶部尙書，復爲侍中，監修國史。中宗與庶人嘗因正月十五日夜幸其第，賜賚不可勝數。又中宗嘗幸安樂公主城西池館，公

主具舟楫，請御樓船，安石諫曰：「御輕舟，乘不測，臣恐非帝王之事。」乃止。

睿宗踐祚，拜太子少保，改封郇國公。俄又歷侍中、中書令。景雲二年，加開府儀同三司。時太平公主與竇懷貞等潛有異圖，將引安石預其事，公主屢使子壻唐晙邀安石至宅，安石竟拒而不往。睿宗嘗密召安石，謂曰：「聞朝廷傾心東宮，卿何不察也？」安石對曰：「陛下何得亡國之言，此必太平之計。太子有大功於社稷，仁明孝友，天下所稱，願陛下無信讒言以致惑也。」睿宗矍然曰：「朕知之矣，卿勿言也。」太平於簾中竊聽之，乃搆飛語，欲令鞫之，賴郭元振保護獲免。俄而遷尙書左僕射，兼太子賓客，依舊同中書門下三品，雖假以崇寵，實去其權。其冬，罷知政事，拜特進，充東都留守。太常主簿李元澄，即安石之子壻，其妻病死，安石夫人薛氏疑元澄先所幸婢厭殺之。其婢久已轉嫁，薛氏使人捕而捶之致死。由是爲御史中丞楊茂謙所劾，出爲蒲州刺史。無幾，轉青州刺史。

安石初在蒲州時，太常卿姜皎有所請託，安石拒之，皎大怒。開元二年，皎弟晦爲御史中丞，以安石等作相時，同受中宗遺制，宗楚客、韋溫削除相王輔政之辭，安石不能正其事，令侍御史洪子輿舉劾之。子輿以事經赦令，固稱不可。監察御史郭震希皎等意，越次奏之，於是下詔曰：「青州刺史韋安石、太子賓客韋嗣立、刑部尙書趙彥昭等，往在先朝，曲蒙厚賞，因緣幸會，久在廟堂，朋黨比周，聞於行路。景龍之末，長蛇縱禍，倉卒之間，人神憤

怨，未聞捨生取義，直道昌言，遂削太上皇輔政之辭，用韋氏臨朝之策。比常隱忍，復以崇班，將期愧畏，稍懲前惡，而尙款回邪，苟安榮寵。宜從謫官之典，以勵事君之節。安石可沔州別駕，嗣立可岳州別駕，彥昭可袁州別駕，並員外置。」安石既至沔州，晦又奏云：「安石嘗檢校定陵造作，隱官物入己。」敕符下州徵贓，安石歎曰：「此祇應須我死耳！」憤激而卒，年六十四。開元十七年，贈蒲州刺史。天寶初，以子貴，追贈開府儀同三司、尙書左僕射、郇國公，謚曰文貞。二子陟、斌，並早知名。

陟字殷卿，代爲關中著姓，人物衣冠，弈世榮盛。安石晚有子，及爲并州司馬，始生陟及斌，俱少聰敏，頗異常童。陟自幼風標整峻，獨立不羣，安石尤愛之。神龍二年，安石爲中書令，陟始十歲，拜溫王府東閤祭酒，加朝散大夫，累遷祕書太常丞，有文彩，善隸書，辭人、秀士已遊其門矣。開元初，丁父憂，居喪過禮。自此杜門不出八年，與弟斌相勸勵，探討典墳，不捨晝夜，文華當代，俱有盛名。于時才名之士王維、崔顥、盧象等，常與陟唱和遊處。廣平宋公見陟歎曰：「盛德遺範，盡在是矣。」歷洛陽令，轉吏部郎中。張九齡一代辭宗，爲中書令，引陟爲中書舍人，與孫逖、梁涉對掌文誥，時人以爲美談。

後爲禮部侍郎，陟好接後輩，尤鑒于文，雖辭人後生，靡不諳練。曩者主司取與，皆以

一場之善，登其科目，不盡其才。陟先責舊文[三]，仍令舉人自通所工詩筆，先試一日，知其所長，然後依常式考覈，片善無遺，美聲盈路。後爲吏部侍郎，常病選人冒名接脚，闕員既少，取士良難，正調者被擠，僞集者冒進。陟剛腸嫉惡，風彩嚴正，選人疑其有瑕，案聲盤詰，無不首伏。每歲皆曠得數百員闕，以待淹滯，常謂所親曰：「使陟知銓衡一二年，則無人可選矣。」

陟門地豪華，早踐清列，侍兒閹閽，列侍左右者十數，衣書藥食，咸有典掌，而輿馬僮奴，勢侔於王家主第。自以才地人物，坐取三公，頗以簡貴自處，善誘納後進，其同列朝要，視之蔑如也。如道義相知，靡隔貴賤，而布衣韋帶之士，恆虛席倒屣以迎之，時人以此稱重。

李林甫忌之，出爲襄陽太守，兼本道採訪使，又改陳留採訪使，復加銀青光祿大夫。天寶中，襲封郇國公，以親累貶鍾離太守，重貶義陽太守。尋移河東太守，充本道採訪使。

十二年入考，在華清宮。右相楊國忠惡其才望，恐踐台衡，乃引河東人吳象之謂曰：「子能使人告陟乎？吾以子爲御史。」象之曰：「能。」乃告陟與御史中丞吉溫結託，欲謀陷朝廷，又誘陟姪韋元志證之。陟坐貶爲桂州桂嶺尉，未之任，再貶昭州平樂尉。

會祿山反，陷洛陽，陟愛弟斌爲賊所得，國忠欲構陟與賊通應，潛令吏卒伺其所居，欲

脅之令陟憂死。其土豪人勸陟曰：「昔張燕公竄逐，藏於陳氏，以免危亡。詔命儻來，誰敢申覆？未若輕舟千里，且泛谿洞，候事清徐出，豈不美也！」陟慨然應之曰：「我積信於國朝，非一代也。況素所秉心，無負神理，命之合爾，其敢逃刑？燕公之謀，誠媿厚意，不能從也。」因謝遣之，乃堅臥不動。

經歲餘，潼關失守，肅宗卽位於靈武，起爲吳郡太守，兼江南東道採訪使。未到郡，肅宗使中官賈遊巖手詔追之。未至鳳翔，會江東永王擅起兵，令陟招諭，除御史大夫，兼江東節度使。陟以季廣琛從永王下江，非其本意，懼罪出奔，未有所適，乃有表請拜廣琛爲丹陽太守、兼御史中丞、緣江防禦使，以安反側。因與淮南節度使高適、淮西節度使來瑱等同至安州，陟謂適、瑱曰：「今中原未復，江淮動搖，人心安危，實在茲日。若不齊盟質信，以示四方，令知三帥協心，萬里同力，則難以集事矣。」陟推瑱爲地主，乃爲載書，登壇誓衆曰：「淮西節度使、兼御史大夫瑱，江東節度使、御史大夫陟，淮南節度使、御史大夫適等，銜國威命，各鎭方隅，糾合三垂，翦除兇慝，好惡同之，無有異志。有渝此盟，墜命亡族。皇天后土，祖宗神明，實鑒斯言。」陟等辭旨慷慨，血淚俱下，三軍感激，莫不隕泣。其後江表樹碑以紀忠烈。

無何，有詔令陟赴行在。陟以廣琛雖承恩命，猶且遲迴，恐後變生，禍貽於陟，欲往招

慰，然後赴徵，乃發使上表，懇言其急。陟馳至歷陽，見廣琛，且宣恩旨，勞徠行賞，陟自以私馬數匹賜之，安其疑懼。卽日便赴行在，謁見肅宗，肅宗深器之，拜御史大夫。拾遺杜甫上表論房琯有大臣度，眞宰相器，聖朝不容，辭旨迂誕，肅宗令崔光遠與陟及憲部尚書顏眞卿同訊之。陟因入奏曰：「杜甫所論房琯事，雖被貶黜，不失諫臣大體。」上由此疏之。自時朝臣立班多不整肅，至有班頭相弔哭者，乃罷陟御史大夫，顏眞卿代，授吏部尚書。自後任事寵臣，皆後來初用，望風畏忌，道竟不行。因宗人伐墓柏，坐不能禁，出爲絳州刺史。乾元二年，入爲太常卿。呂諲再入相，薦爲禮部尚書、東京留守，判尚書省事，兼東京畿觀察處置等使。逆賊史思明寇逼河洛，副元帥李光弼議守河陽，令陟率東京官屬入關迴避，乃領兵守陝州。有詔還吏部尚書，留守如故，令止於永樂，不許至京，候光弼收復河洛，令陟依前居守。

陟早有台輔之望，間被李林甫、楊國忠所擠。及中原兵起，天下事殷，陟常自謂負經緯之器，遭後生騰謗，明主見疑，常鬱鬱不得志，乃歎曰：「吾道窮於此乎，有志不伸，得非天命乎！」因遘疾，上元元年八月，卒於虢州，時年六十五，贈荊州大都督。永泰元年，詔曰：「竭忠之臣，歿不廢命，奉上之節，行固無私，言念飾終，抑惟恆典。故金紫光祿大夫、吏部尚書、兼御史大夫、充東京留守、兼判留司尚書省事、東京畿觀察處置使、上柱國、郇國公

韋陟，敦敏直方，端嚴峻整，弘敷典禮，表正人倫，學冠通儒，文含大雅。頃者詢謨舊德，保釐成周，眷彼郊圻，資其愼固。而兇胡殘醜，密邇河洛，命居陝、虢，時俟翦除。纔加喉舌之榮，遽嬰霜露之疾。方期克享眉壽，冀其有瘳，奄此殂歿，良深震悼。昇車而復，以申三襚之恩；在牖加紳，宜崇八座之寵。可贈尚書左僕射。」太常博士程皓議諡爲「忠孝」。刑部尚書顏眞卿以爲忠則以身許國，見危致命，孝則晨昏色養，取樂庭闈，不合二行殊高，以成「忠孝」。主客員外郎歸崇敬又駁之，紛議不已。右僕射郭英乂不達其體，請從太常之狀而奏。陟子允。

斌，景雲初安石爲宰輔時，授太子通事舍人。早修整，尚文藝，容止嚴厲，有大臣體，與兄陟齊名。開元十七年，司徒薛王業爲女平恩縣主求婚，以斌才地奏配焉。遷祕書丞。天寶初，轉國子司業，徐安貞、王維、崔顥，當代辭人，特爲推挹。兄陟先爲中書舍人，未幾遷禮部侍郎，陟在南省，斌又掌文誥。改太常少卿。天寶五載，右相李林甫構陷刑部尚書韋堅，斌以親累貶巴陵太守，移臨安太守，加銀青光祿大夫。斌授五品時，兄陟爲河東太守，堂兄由爲右金吾將軍，縉爲太子少師，四人同時列戟，衣冠之盛，罕有其比。

十四載，安祿山反，陷洛陽，斌爲賊所得，僞授黃門侍郎，憂憤而卒。及克復兩京，肅宗乾元元年，贈祕書監。安石兄叔夏別有傳。從父兄子抗，從祖兄子巨源。

抗，弱冠舉明經，累轉吏部郎中，以清謹著稱。景雲初，爲永昌令，不務威刑而政令肅一。都輦繁劇，前後爲政，寬猛得中，無如抗者。無幾，遷右臺御史中丞，人吏詣闕請留，不許，因立碑於通衢，紀其遺惠。開元三年，自左庶子出爲益州長史。四年，入爲黃門侍郎。

八年，河曲叛胡康待賓擁徒作亂，詔抗持節慰撫。抗素無武略，不爲寇所憚。在路遲留不敢進，因墜馬稱疾，竟不至賊所而還。俄以本官檢校鴻臚卿，代王晙爲御史大夫，兼按察京畿。時抗弟拯爲萬年令，兄弟同領本部，時人榮之。尋以薦御史非其人，出爲安州都督，轉蒲州刺史。十一年，入爲大理卿，其年代陸象先爲刑部尚書，尋又分掌吏部選事。十四年卒。抗歷職以清儉自守，不務產業，及終，喪事殆不能給。玄宗聞其貧，特令給靈轝，遞送還鄉。贈太子少傅，謚曰貞。抗爲京畿按察使時，舉奉天尉梁昇卿、新豐尉王倕、金城尉王冰、華原尉王燾爲判官及支使，其後昇卿等皆名位通顯，時人以抗有知人之鑒。

巨源，周京兆尹總會孫也。祖匡伯，襲祖爵鄖國公，入隋改封舒國公，官至尚衣奉御。

巨源則天時累遷司賓少卿，轉司府卿、文昌右丞、同鳳閣鸞臺平章事。三年，轉夏官侍郎，依前平章事。有吏才，勾覆省內文案，下符剝徵，雖爲下所怨苦，然亦頗收其利。證聖初，出爲鄜州刺史，尋拜地官尚書、神都留守。長安二年，詔入轉刑部尚書，又加太子賓客，再爲神都留守。

神龍初，入拜工部尚書，封同安縣子。又遷吏部尚書、同中書門下三品，進封鄖縣伯。時安石爲中書令，以是巨源近屬，罷知政事。巨源尋遷侍中、中書令，進封舒國公，附入韋后三等親，敍爲兄弟，編在屬籍。是歲，巨源奉制與唐休璟、李懷遠、祝欽明、蘇瓌等定垂拱格及格後敕，前後計二十卷，頒下施行。時武三思先有實封數千戶在貝州，時屬大水，刺史宋璟議稱租庸及封丁並合捐免；巨源以爲穀稼雖被湮沉，其蠶桑見在，可勒輸庸調，由是河朔戶口頗多流散。

景龍二年，順天翊聖皇后衣箱中裙上有五色雲起，久而方歇，巨源以爲非常佳瑞，請布告天下，許之。中宗又令畫工圖其狀以示百僚，仍大赦天下，內外五品已上官母妻各加封邑。時中宗既雅信符瑞，巨源又贊成其妖妄。是歲星墜如雷，野雉皆雊，咎徵若此，不聞巨源有言。蓋與韋皇后繼敍源流，佞媚官爵，疑其開導，以踵則天。時有驍衛將軍迦葉志忠、太常少卿鄭愔、兵部尚書宗楚客、右補闕趙延禧等，或相諷諭，或上表章，謬說符祥，朋黨取媚，識者嗟憤。

景龍三年，拜尚書左僕射，依舊知政事。未幾，又拜尚書令、同中書門下三品，仍舊監修國史。時國家將有事於南郊，而巨源希韋后之旨，協同祝欽明之議，言皇后合助郊祀，竟以皇后爲亞獻，巨源爲終獻，又以大臣女爲齋娘。及韋庶人之難，家人令巨源逃匿，巨源曰：「吾國之大臣，豈得聞難不赴？」乃出，至都街，爲亂兵所殺，時年八十。

睿宗即位，贈特進、荊州大都督。太常博士李處直議巨源謚曰「昭」。戶部員外郎李邕駮之曰：「三思引之爲相，阿韋託之爲親，無功而封，無德而祿，同族則醜正安石，他人則附邪楚客，謚之曰『昭』，良恐不當。」初，巨源與安石迭爲宰相，時人以爲情不相協，故邕以此稱之。處直仍固請依前謚爲定。邕又駮曰：

夫古之謚，在乎勸沮，將杜小人之業，冀長君子之風。故爲善者雖存不貴仕，而沒有餘名，此賢達所以砥節也；爲惡者雖生有所幸，死懷所懲，此回邪所以易心也。嗚呼！巨源嘗未斯察，而乃聞義不從，與惡相濟，蓄罔上之志，協羣兇之謀，苟容聖朝，貪昧厚祿。自以宰臣之貴，不崇朝而賈害者，固鬼得而誅之也。彼則匹夫之微，未受命而行刑者，固人得而誅之也。幽明之憤，斷焉可知，天地之心，自此而見矣。

頃者皇運中興，功臣翼政。時序未幾，邪逆執權，姦慝者拜爵於私門，忠正者降黜於藩郡。巨源此際，用事方殷。且於阿韋何親，而結爲昆季；於國家何力，而累忝大官。此則闇通中人，附會武氏，託城社之固，亂皇家之基。其罪一也。

又國之大事，在祀與戎，酌於禮經，陳於郊祭。將以對越天地，光揚祖宗，既告成功，以觀海內。惟昔亞獻，不聞婦人，阿韋蓄無君之誡，懷自達之意，潛圖帝位，議啄皇孫，昇壇擬儀，拜賜明命，將預家事，無守國章。巨源創跡於前，悖逆演成於後。時有禮部侍郎徐堅、太常博士唐紹、蔣欽緒、彭景直並言之莫從。其罪二也。

又上天不弔，先帝遇毒，悔禍無徵，阿韋將簒。畫計未果，逆心尚搖，周章夷猶，倉卒迷謬。於是太平公主矯爲陳謨，上官昭容紿草遺詔，故得今上輔政，阿韋參謀。將大業垂成，而休命中輟者，職由巨源躡韋温之足，楚客附巨源之耳，梟聲遠發，狼顧相驚，以阿韋臨朝，以韋温當國。其罪三也。

又人爲邦本，財實聚人，奪其財則人心自離，無其人則國本何恃。巨源屢踐台輔，專行勾徵，廢越條章，崇尚侵刻，樹怨天下，剝害生靈，兆庶流離，戶口減耗。況以三思食邑，往在貝州，時屬久陰，災逢多雨。租庸捐免，中令昭明，匪今獨然，自古不易。三思慮其封物，巨源啓此異端，以爲稼穡湮沉，雖無菽粟，蠶桑織紝，可輸庸調。致使河朔黎人，海隅士女，去其鄉井，鬻其子孫，飢寒切身，朝夕奔命。其罪四也。

但巨源長於華宗，仕於累代，作萬國之相，處具瞻之地，蔽日月之層輝，負丘山之重責，今乃妄加褒述，安能分謗者哉！當時雖不從邕議，而論者是之。巨源與安石及則天時文昌右相待價，並是五服之親，自餘近屬至大官者數十人。

趙彥昭者，甘州張掖人也。父武孟，初以馳騁佃獵爲事。嘗獲肥鮮以遺母，母泣曰：「汝不讀書而佃獵如是，吾無望矣。」竟不食其饍。武孟感激勤學，遂博通經史。舉進士，官至右臺侍御史，撰河西人物志十卷。

彥昭少以文辭知名。中宗時，累遷中書侍郎、同中書門下三品，兼修國史，充修文館學士。景龍四年，金城公主出降吐蕃贊普，中宗命彥昭爲使，彥昭以既充外使，恐失其寵，殊不悅。司農卿趙履溫私謂曰：「公國之宰輔，而爲一介之使，不亦鄙乎？」彥昭曰：「計將安出？」履溫因爲陰託安樂公主密奏留之，中宗乃遣左驍衞大將軍楊矩代彥昭而往。睿宗時，出爲涼州都督，爲政清嚴，將士已下皆動足股慄。又爲宋州刺史，入爲吏部侍郎，又爲刑部尙書、關內道持節巡邊使、檢校左御史臺大夫。

彥昭素與郭元振、張說友善，及蕭至忠等伏誅，元振、說等稱彥昭先嘗密圖其事，乃以功遷刑部尙書，封耿國公，賜實封一百戶。殿中侍御史郭震奏：「彥昭以女巫趙五娘左道亂常，託爲諸姑，潛相影援。既因提挈，乃踐台階。驅車造門，著婦人之服；攜妻就謁，申猶子之情。于時南憲直臣，劾以霜憲，暫加微貶，旋登寵秩。同惡相濟，一至於此。乾坤交泰，宇宙再清，不加貶削，法將安措？請付紫微黃門，準法處分。」俄而姚崇入相，甚惡彥昭之爲人，由是累貶江州別駕，卒。

蕭至忠，祕書少監德言曾孫也。少仕爲畿尉，以清謹稱。嘗與友人期於路隅，會風雪凍冽，諸人皆奔避就宇下，至忠曰：「寧有與人期而求安失信乎？」獨不去，衆咸歎服。神龍初，武三思擅權，至忠附之，自吏部員外擢拜御史中丞。遷吏部侍郎，仍兼御史中丞。恃武三思勢，掌選無所忌憚，請謁杜絕，威風大行。尋遷中書侍郎，兼中書令。

節愍太子誅武三思後，有三思黨與宗楚客、紀處訥令侍御史冉祖雍奏言：「安國相王及鎭國太平公主亦與太子連謀舉兵，請收付制獄。」中宗召至忠令按其事，至忠泣而奏曰：「陛下富有四海，貴爲天子，豈不能保一弟一妹，受人羅織？宗社存亡，實在於此。臣雖愚昧，竊爲陛下不取。漢書云：『一尺布，尙可縫，一斗粟，尙可舂，兄弟二人不相容。』願陛下詳察此言。且往者則天皇后欲令相王爲太子，王累日不食，請迎陛下。固讓之誠，天下傳說，足明冉祖雍等所奏，咸是構虛。」帝深納其言而止。

尋轉黃門侍郎、同中書門下平章事。至忠上疏陳時政，曰：

臣聞王者列職分司，爲人求理，求理之道，必在用賢。得其人則公務克修，非其才則厥官如曠；官曠則事廢，事廢則人殘，漸至凌遲，率由於此。頃者選曹授職，政事官人，或異才昇，多非德進。皆因依貴要，互爲粉飾，苟得即是，曾無遠圖，上下相蒙，誰肯言及？臣聞官爵者公器也，恩倖者私惠也，祇可金帛富之，粱肉食之，以存私澤也。若以公器爲私用，則公議不行，而勞人解體；以小私而妨至公，則私謁門開，而正言路絕。憸人遞進，君子道消，日削月朘，卒見凋弊者，爲官非其人也。昔漢館陶公主爲子求郎，明帝謂曰：「郎官上應列宿，出宰百里，苟非其人，則人受其殃。」賜錢十萬而已。此卽至公之道不虧，恩私之情無替，良史直筆，將爲美談，于今稱之，不輟其口者也。當今列位已廣，冗員倍多，祈求未厭，日月增數。陛下降不貲之澤，近戚有無涯之請，賣官利己，鬻法徇私。臺寺之內，朱紫盈滿，官秩益輕，恩賞彌數。憸利之輩，冒進而莫識廉隅；方雅之流，知難而斂分丘隴。才者莫用，用者不才，二事相形，十有其五。

故人不效力，而官匪其人，欲求其理，實亦難成。

臣竊見宰相及近侍要官子弟，多居美爵，此並勢要親戚，罕有才藝，遞相囑託，虛踐官榮。詩云：「東人之子，職勞不賚。西人之子，粲粲衣服。私人之子，百僚是試。或以其酒，不以其漿。鞙鞙佩璲，不以其長。」此言王政不平，衆官廢職，私家之子，列試於榮班，非任之人，徒長其飾佩。臣愚伏願陛下想居安思危之義，行改絃易張之道，愛惜爵賞，審量材識，官無虛授，人必爲官，進大雅於樞近，退小子於閑僻，政令惟一，威恩以信，私不害公，情不撓法，則天下幸甚。臣伏見永徽故事，宰相子弟多居外職者，非直抑強宗、分大族，亦以退不肖、擇賢才。伏願陛下遠稽舊典，近遵先聖，特降明敕，令宰相已下及諸司長官子弟，並改授外官，庶望分職四方，共寧百姓，表裏相統，遐邇乂安〔四〕。

疏奏不納。

明年，代韋巨源爲侍中，仍依舊修史。尋遷中書令。時宗楚客、紀處訥潛懷姦計，自樹朋黨，韋巨源、楊再思、李嶠皆唯諾自全，無所匡正。至忠處於其間，頗存正道，時議翕然重之。中宗亦曰：「諸宰相中，至忠最憐我。」韋庶人又爲亡弟贈汝南王洵與至忠亡女爲冥婚合葬，及韋氏敗，至忠發墓，持其女柩歸，人以此譏之。至忠又以女適庶人舅崔從禮之子，成禮曰，中宗爲蕭氏婚主，韋庶人爲崔氏婚主，時人謂之「天子嫁女，皇后娶婦」。

睿宗卽位，景雲初，出爲晉州刺史，甚有能名。時太平公主用事，至忠潛遣間使申意，求入爲京職。誅韋氏之際，至忠一子任千牛，爲亂兵所殺，公主冀至忠以此怨望，可與謀事，卽納其請。召拜刑部尚書、右御史大夫，再遷吏部尚書。先天二年，復爲中書令。是歲，至忠與竇懷貞、魏知古、崔湜、陸象先、柳沖、徐堅、劉子玄等撰成姓族系錄二百卷，有制加爵賜物各有差。

未幾，左僕射竇懷貞、侍中岑羲及至忠并戶部尚書李晉、太子少保薛稷、左散騎常侍賈膺福、左羽林大將軍常元楷、右羽林將軍李慈等與太平公主謀逆事洩，至忠遽遁入山寺，數日，捕而伏誅，籍沒其家。至忠雖清儉刻己，然簡約自高，未嘗接待賓客，所得俸祿，亦無所賑施。及籍沒，財帛甚豐，由是頓絕聲望矣。

弟元嘉，工部侍郎；廣徵，工部員外。

宗楚客者，蒲州河東人，則天從父姊之子也。兄秦客，垂拱中潛勸則天革命稱帝，由是累遷內史。後與楚客及弟晉卿並以姦贓事發，配流嶺外。秦客死，楚客等尋復追還。楚客累遷夏官侍郎、同鳳閣鸞臺平章事。神龍初，爲太僕卿。武三思用事，引楚客爲兵部尚書、同

中書門下三品，晉卿累遷將作大匠。節愍太子既殺武三思，兵敗，逃於鄠縣，楚客遣使追斬之，仍令以其首祭三思及崇訓喪柩。韋庶人及安樂公主尤加親信，未幾，遷中書令。楚客雖跡附韋氏，而嘗別有異圖，與侍中紀處訥共爲朋黨，故時人呼爲宗、紀。

景龍中，西突厥娑葛與阿史那忠節不和，屢相侵擾，西陲不安。安西都護郭元振奏請徙忠節於內地，楚客與晉卿、處訥等各納忠節重賂，奏請發兵以討娑葛，不納元振所奏。娑葛知而大怒，舉兵入寇，甚爲邊患。於是監察御史崔琬劾奏楚客等曰：

臣聞四牡項領，良御不乘；二心事君，明罰無捨。謹案宗楚客、紀處訥等，性惟險詖，志越溪壑，幸以遭逢聖主，累忝殊榮，承愷悌之恩，居弼諧之地。不能刻意砥操，憂國如家，徼效涓塵，以裨川嶽。遂乃專作威福，敢樹朋黨，有無君之心，闕大臣之節。潛通獫狁，納賄不貲；公引頑兇，受賂無限。醜問充斥，穢行昭彰。且境外之交，情狀難測，今娑葛反叛，邊鄙不寧，由此賊臣，取怨中國。論之者懼禍以結舌，語之者避罪以鉗口。但晉卿昔居榮職，素闕忠誠，屢抵嚴刑，皆由黷貨。今又叨忝，頻沐殊恩，厚祿重權，當朝莫比。曾無悛改，仍徇贓私，此而可容，孰不可恕？臣謬參直指，義在觸邪，請除巨蠹，用答天造。楚客、處訥、晉卿等驕恣跋扈，人神同疾，不加天誅，詎清王度。並請收禁，差三司推鞫。

舊制，大臣有被御史對仗劾彈者，卽俯僂趨出，立于朝堂待罪。楚客更咤鰓作色而進，自言以執性忠鯁，被琬誣奏。中宗竟不能窮覈其事，遽令琬與楚客等結爲義兄弟以和解之。韋氏敗，楚客與晉卿等皆伏誅。

紀處訥者，秦州上邽人也。娶武三思妻之姊，由是累遷太府卿。神龍中，嘗因穀貴，中宗召處訥親問其故。武三思諷知太史事右驍衞將軍迦葉志忠、太史令傅孝忠奏言，「其夜有攝提星入太微，至帝座。此則王者與大臣私相接，大臣能納忠，故有斯應」。帝以爲然，降敕褒述處訥，賜衣一副、綵六十段。無幾，進拜侍中，與楚客等同時伏誅。

史官曰：大帝、孝和之朝，政不由己，則天在位，已絕綴旒，韋后司晨，前蹤覆轍。當是時，姦邪有黨，宰執求容，順之則惡其名彰，逆之則憂其禍及，欲存身致理者，非中智常才之所能也。況元忠、安石、巨源、至忠、彥昭等行非純一，識昧存亡，徇利貪榮，有始無卒，不得其死，宜哉！楚客、晉卿、處訥等讒諂並進，威虐貫盈，不使逃刑，可謂政正。

贊曰：爲唐重臣，食唐重祿。顚危不持，富貴何足。二宗、一紀，讒邪酷毒。與前數公，

死不知辱。

校勘記

〔一〕四年秋　按神龍無四年，據本卷上下文及本書卷七中宗紀，魏元忠爲尚書右僕射當在神龍二年秋，校勘記卷三九云：「『四年』爲『是年』之譌。」

〔二〕東都　各本原作「東郡」，校勘記卷三九：「按依世充所據地，則郡當作都。」據改。

〔三〕陟先責舊文　「文」字各本原無，據冊府卷六五一補。

〔四〕退邇乂安　「乂」，殘宋本、殿本、懼盈齋本作「人」，局本作「久」，此據冊府卷三二八、英華卷六九六改。

舊唐書卷九十三

列傳第四十三

婁師德　王孝傑　唐休璟　張仁愿　薛訥　王晙

婁師德，鄭州原武人也。弱冠，進士擢第，授江都尉。揚州長史盧承業奇其才，嘗謂之曰：「吾子台輔之器，當以子孫相託，豈可以官屬常禮待也？」上元初，累補監察御史。屬吐蕃犯塞，募猛士以討之，師德抗表請爲猛士。高宗大悅，特假朝散大夫，從軍西討，頻有戰功，遷殿中侍御史，兼河源軍司馬，并知營田事。天授初，累授左金吾將軍，兼檢校豐州都督，仍依舊知營田事。則天降書勞曰：「卿素積忠勤，兼懷武略，朕所以寄之襟要，授以甲兵。自卿受委北陲，總司軍任，往還靈、夏，檢校屯田，收率既多，京坻遽積。不煩和糴之費，無復轉輸之艱，兩軍及北鎮兵數年咸得支給。勤勞之誠，久而彌著，覽以嘉尚，欣悅良深。」

長壽元年，召拜夏官侍郎、判尚書事。明年，同鳳閣鸞臺平章事。則天謂師德曰：「王師外鎮，必藉邊境營田，卿須不憚劬勞，更充使檢校。」又以爲河源、積石、懷遠等軍及河、蘭、鄯、廓等州檢校營田大使。稍遷秋官尚書。萬歲登封元年，轉左肅政御史大夫，仍並依舊知政事。證聖元年，吐蕃寇洮州，令師德與夏官尚書王孝傑討之，與吐蕃大將論欽陵、贊婆戰於素羅汗山，官軍敗績，師德貶授原州員外司馬。萬歲通天二年，入爲鳳閣侍郎、同鳳閣鸞臺平章事。是歲，兼檢校右肅政御史大夫，仍知左肅政臺事。又與王懿宗、狄仁傑分道安撫河北諸州。神功元年，拜納言，累封譙縣子。尋詔師德充隴右諸軍大使，仍檢校河西營田事。聖曆二年，突厥入寇，復令檢校并州長史，仍充天兵軍大總管。是歲九月卒，贈涼州都督，謚曰貞。

初，狄仁傑未入相時，師德嘗薦之，及爲宰相，不知師德薦己，數排師德，令充外使。則天嘗出師德舊表示之，仁傑大慚，謂人曰：「吾爲婁公所含如此，方知不逮婁公遠矣。」師德頗有學涉，器量寬厚，喜怒不形於色。自專綜邊任，前後三十餘年，恭勤接下，孜孜不怠。雖參知政事，深懷畏避，竟能以功名始終，甚爲識者所重。

王孝傑，京兆新豐人也。高宗末，爲副總管，從工部尚書劉審禮西討吐蕃，戰於大非川，爲賊所獲。吐蕃贊普見孝傑，垂泣曰：「貌類吾父。」厚加敬禮，由是免死，尋得歸。則天時，累遷右鷹揚衞將軍。孝傑久在吐蕃中，悉其虛實。長壽元年，爲武威軍總管，與左武衞大將軍阿史那忠節率衆以討吐蕃，乃克復龜茲、于闐、疏勒、碎葉四鎮而還。則天大悅，謂侍臣曰：「昔貞觀中具綾得此蕃城，其後西陲不守，並陷吐蕃。今既盡復於舊，邊境自然無事。孝傑建斯功效，竭此款誠，遂能褰足徒行，身與士卒齊力。如此忠懇，深是可嘉。」乃拜孝傑爲左衞大將軍。明年，遷夏官尚書、同鳳閣鸞臺三品，封清源男。延載初，出爲瀚海道行軍總管，餘如故。證聖初，又爲朔方道總管，尋坐與吐蕃戰敗免官。

萬歲通天年，契丹李盡忠、孫萬榮反叛，復詔孝傑白衣起爲清邊道總管，統兵十八萬以討之。孝傑軍至東峽石谷遇賊，道隘，虜甚衆，孝傑率精銳之士爲先鋒，且戰且前，及出谷，布方陣以捍賊。後軍總管蘇宏暉畏賊衆，棄甲而遁，孝傑既無後繼，爲賊所乘，營中潰亂，孝傑墮谷而死，兵士爲賊所殺及奔踐而死殆盡。時張說爲節度管記，馳奏其事。則天問孝傑敗亡之狀，說曰：「孝傑忠勇敢死，乃誠奉國，深入寇境，以少禦衆，但爲後援不至，所以致敗。」於是追贈孝傑夏官尚書，封耿國公，拜其子無擇爲朝散大夫。遣使斬宏暉以徇。使未至幽州，而宏暉已立功贖罪，竟免誅。

開元中，無擇官至左驍衞將軍，以恩例贈孝傑特進。

唐休璟，京兆始平人也。曾祖規，周驃騎大將軍、安邑縣公。祖宗，隋大業末爲朔方郡丞。時爲梁師都舉兵，將據城，宗抗節不從，乃爲所害。

休璟少以明經擢第。永徽中，解褐吳王府典籤，無異材，調授營府戶曹。調露中，單于突厥背叛，誘扇奚、契丹侵掠州縣，其後奚、羯胡又與桑乾突厥同反。都督周道務遣休璟將兵擊破之於獨護山，斬獲甚衆，超拜豐州司馬。永淳中，突厥圍豐州，都督崔智辯戰歿。朝議欲罷豐州，徙百姓于靈、夏，休璟以爲不可，上書曰：「豐州控河遏賊，實爲襟帶，自秦、漢已來，列爲郡縣，田疇良美，尤宜耕牧。隋季喪亂，不能堅守，乃遷徙百姓就寧、慶二州，致使戎羯交侵，乃以靈、夏爲邊界。貞觀之末，始募人以實之，西北一隅，方得寧謐。今若廢棄，則河傍之地復爲賊有，靈、夏等州人不安業，非國家之利也。」朝廷從其言，豐州復存。

垂拱中，遷安西副都護。會吐蕃攻破焉耆，安息道大總管、文昌右相韋待價及副使閻溫古失利，休璟收其餘衆，以安西土。遷西州都督，上表請復取四鎮。則天遣王孝傑破吐蕃，拔四鎮，亦休璟之謀也。聖曆中，爲司衞卿，兼涼州都督、右肅政御史大夫，持節隴右諸軍州大使。

久視元年秋，吐蕃大將麴莽布支率騎數萬寇涼州，入自洪源谷，將圍昌松縣。休璟以數千人往擊之，臨陣登高，望見賊衣甲鮮盛，謂麾下曰：「自欽陵死，贊婆降，麴莽布支新知賊兵，欲曜威武，故其國中貴臣酋豪子弟皆從之。人馬雖精，不習軍事，吾爲諸君取之。」乃被甲先登，與賊六戰六克，大破之，斬其副將二人，獲首二千五百級，築京觀而還。是後休璟入朝，吐蕃亦遣使來請和，因宴屢覘休璟。則天問其故，對曰：「往歲洪源戰時，此將軍雄猛無比，殺臣將士甚衆，故欲識之。」則天大加歎異，擢拜右武威、右金吾二衞大將軍。休璟尤諳練邊事，自碣石西踰四鎮，綿亙萬里，山川要害，皆能記之。長安中，西突厥烏質勒與諸蕃不和，舉兵相持，安西道絕，表奏相繼。則天令休璟與宰相商度事勢，俄頃間草奏，便遣施行。後十餘日，安西諸州表請兵馬應接，程期一如休璟所畫。則天謂休璟曰：「恨用卿晚。」因遷夏官尚書、同鳳閣鸞臺三品。又謂魏元忠及楊再思、李嶠、姚元崇、李迥秀等曰：「休璟諳練邊事，卿等十不當一也。」

尋轉太子右庶子，依舊知政事。以契丹入寇，復拜夏官尚書，兼檢校幽、營等州都督，兼安東都護。時中宗在春宮，將行，進啓於皇太子曰：「張易之兄弟幸蒙寵遇，數侍宴禁中，

縱情失禮，非人臣之道，惟加防察。」中宗即位，召拜輔國大將軍、同中書門下三品，封酒泉郡公，顧謂曰：「卿曩日直言，朕今不忘。初欲召卿計事，但以遐遠，兼懷北狄之憂耳。」未幾，加特進，拜尚書右僕射。是歲秋大水，休璟兩上表自咎，請免官甚切，辭多不載。中宗竟不允，手制答曰：「陰陽乖爽，事屬在予，待罪私門，難依來表。」尋遷中書令，充京師留守，俄加檢校吏部尚書。又以宮僚之舊，賜實封三百戶，累封宋國公。休璟在任，無所弘益。景龍二年，致仕于家，年力雖衰，進取彌銳。時尚宮賀婁氏頗關預國政，憑附者皆得寵榮，休璟乃爲其子娶賀婁氏養女爲妻，因以自達。由是起爲太子少師、同中書門下三品，監修國史，仍封宋國公。休璟年踰八十，而不知止足，依託求進，爲時所譏。景雲元年，又拜特進，充朔方道行軍大總管，以備突厥，停其舊封，別賜實封一百戶。二年，表請致仕，許之，祿及一品子課並令全給。休璟初得封時，以絹數千匹分散親族，又以家財數十萬大開塋域，備禮葬其五服之親，時人稱之。延和元年七月薨，年八十六，贈荆州大都督，謚曰忠。

子先慎襲爵，官至陳州刺史。次子先擇，開元中爲右金吾衞將軍。

張仁愿，華州下邽人也。本名仁亶，以音類睿宗諱改焉。少有文武材幹，累遷殿中侍御史。時有御史郭霸上表稱則天是彌勒佛身，鳳閣舍人張嘉福與洛州人王慶之等請立武承嗣爲皇太子，皆請仁愿連名署表，仁愿正色拒之，甚爲有識所重。尋而夏官尚書王孝傑爲吐刺軍總管，統衆以禦吐蕃，詔仁愿往監之。仁愿與孝傑不協，因入奏事，稱孝傑軍敗誣罔之狀。孝傑由是免爲庶人，仁愿遽遷侍御史。

萬歲通天二年，監察御史孫承景監清邊軍，戰還，畫戰圖以奏。每陣必畫承景躬當矢石、先鋒禦賊之狀，則天歎曰：「御史乃能盡誠如此！」擢拜右肅政臺中丞，令仁愿敍錄承景下立功人。仁愿未發都，先問承景對陣勝負之狀。承景身實不行，問之皆不能對，又虛增功狀。仁愿廷奏承景罔上之罪，於是左遷崇仁令，擢仁愿爲肅政臺中丞、檢校幽州都督。會突厥默啜入寇，攻陷趙、定，擁衆迴至幽州，仁愿勒兵出城邀擊之，流矢中手，賊亦引退。則天遣使勞問，賜以醫藥。累遷并州大都督府長史。

神龍二年，中宗還京，以仁愿爲左屯衞大將軍，兼檢校洛州長史。時都城穀貴，盜竊甚衆，仁愿一切皆捕獲杖殺之，積屍府門，遠近震懾，無敢犯者。初，高宗時賈敦頤爲洛州刺史，亦有政績，與仁愿皆爲一時之最。故時人爲之語曰：「洛州有前賈後張，可敵京兆三王。」其見稱如此。

三年，突厥入寇，朔方軍總管沙吒忠義爲賊所敗，詔仁愿攝御史大夫，代忠義統衆。仁愿至軍而賊衆已退，乃躡其後，夜掩大破之。先，朔方軍北與突厥以河爲界，河北岸有拂雲神祠，突厥將入寇，必先詣祠祭酹求福，因牧馬料兵而後渡河。時突厥默啜盡衆西擊突騎施娑葛，仁愿請乘虛奪取漠南之地，於河北築三受降城，首尾相應，以絕其南寇之路。太子少師唐休璟以爲兩漢已來，皆北守黃河，今於寇境築城，恐勞人費功，終爲賊虜所有，建議以爲不便。仁愿固請不已，中宗竟從之。仁愿表留年滿鎮兵以助其功。時咸陽兵二百餘人逃歸，仁愿盡擒之，一時斬於城下，軍中股慄，役者盡力，六旬而三城俱就。以拂雲祠爲中城，與東、西兩城相去各四百餘里，皆據津濟，遙相應接，北拓地三百餘里，於牛頭朝那山北置烽候一千八百所。自是突厥不得度山放牧，朔方無復寇掠，減鎮兵數萬人。

仁愿初建三城，不置壅門及曲敵、戰格之具。或問曰：「此邊城禦賊之所，不爲守備，何也？」仁愿曰：「兵貴在攻取，不宜退守。寇若至此，卽當併力出戰，迴顧望城，猶須斬之，何用守備，生其退恧之心也？」其後常元楷爲朔方軍總管，始築壅門以備寇，議者以此重仁愿而輕元楷焉。仁愿在朔方，奏用監察御史張敬忠何鸞、長安尉寇泚、鄠縣尉王易從、始平主簿劉體微分判軍事，太子文學柳彥昭爲管記，義烏尉晃良貞爲隨機。敬忠等皆以文吏著稱，多至大官，時稱仁愿有知人之鑒。

景龍二年，拜左衛大將軍、同中書門下三品，累封韓國公。春還朝，秋復督軍備邊。中宗賦詩祖餞，賞賜不可勝紀。尋加鎮軍大將軍。睿宗即位，以老致仕，特全給祿俸，又拜兵部尚書，加光祿大夫，依舊致仕。開元二年卒，贈太子少傅，賻物二百段，命五品官一人為監護使。

子之輔，開元初為趙州刺史。

薛訥，絳州萬泉人也，左武衞大將軍仁貴子也。為藍田令，有富商倪氏於御史臺理其私債，中丞來俊臣受其貨財，斷出義倉米數千石以給之。訥曰：「義倉本備水旱，以為儲蓄，安敢絕衆人之命，以資一家之產？」竟報上不與。會俊臣得罪，其事乃不行。其後突厥入寇河北，則天以訥將門，使攝左武威衞將軍、安東道經略。臨行，於同明殿召見與語，訥因奏曰：「醜虜憑凌，以廬陵為辭。今雖有制升儲，外議猶恐未定。若此命不易，則狂賊自然款伏。」則天深然其言。尋拜幽州都督，兼安東都護，轉幷州大都督府長史，兼檢校左衞大將軍。久當邊鎮之任，累有戰功。

玄宗即位，於新豐講武，訥為左軍節度。時元帥與禮官得罪，諸部頗亦失序，唯訥及

解琬之軍不動。玄宗令輕騎召訥等，至軍門，皆不得入。禮畢，上甚加慰勞。

時契丹及奚與突厥連和，屢為邊患，訥建議請出師討之。開元二年夏，詔與左監門將軍杜賓客、定州刺史崔宣道等率衆二萬，出檀州道以討契丹等。杜賓客以為時屬炎暑，將士負戈甲，齎資糧，深入寇境，恐難為制勝。中書令姚元崇亦以為然。訥獨曰：「夏月草茂，羔犢生息之際，不費糧儲，亦可漸進。一舉振國威靈，不可失也。」時議咸以為不便。玄宗方欲威服四夷，特令訥同紫微黃門三品，總兵擊奚、契丹，議者乃息。六月，師至灤河，遇賊，時既蒸暑，諸將失計會，盡為契丹等所覆。訥脫身走免，歸罪於崔宣道及蕃將李思敬等八人，詔盡令斬之，特免杜賓客之罪。下制曰：「幷州大都督府長史兼檢校左衞大將軍、和戎大武等諸軍州節度大使、同紫微黃門三品薛訥，總戎禦邊，建議為首。暗於料敵，輕於接戰，張我王師，衂之虜境。觀其疇昔，頗常輸罄，每欲資忠報主，見義忘身。特緩嚴刑，俾期來效，宜赦其罪，所有官爵等並從除削。」

其年八月，吐蕃大將坌達延、乞力徐等率衆十萬寇臨洮軍，又進寇蘭州及渭州之渭源縣，掠羣牧而去。詔訥白衣攝左羽林將軍，為隴右防禦使，與太僕少卿王晙等率兵邀擊之。十月，訥領衆至渭源，遇賊戰於武階驛，與王晙掎角夾攻之，大破賊衆。追奔至洮水，又戰于長城堡，豐安軍使王海賓先鋒力戰死之。將士乘勢進擊，又敗之，殺獲萬人，擒其將

六指鄉彌洪，盡收其所掠羊馬，幷獲其器械，不可勝數。時有詔將以十二月親征吐蕃，及聞訥等克捷，玄宗大悅，乃停親征。追贈王海賓左金吾衞大將軍，賻物三百段、粟三百石，名其稚子為忠嗣，拜朝散大夫。命紫微舍人倪若水往，即便敍錄功狀，拜訥為左羽林軍大將軍，復封平陽郡公，仍拜子暢朝散大夫。俄又充涼州鎮軍大總管。尋以年老，特聽致仕。八年卒，年七十餘，贈太常卿，謚曰昭定。訥沉勇寡言，臨大敵而益壯。

訥弟楚玉，開元中，為幽州大都督府長史，以不稱職見代而卒。

王晙，滄州景城人，徙家于洛陽。祖有方，岷州刺史。晙弱冠明經擢第，歷遷殿中侍御史，加朝散大夫。時朔方軍元帥魏元忠討賊失利，歸罪於副將韓思忠，奏請誅之。晙以思忠既是偏裨，制不由己，又有勇智可惜，不可獨殺非辜，乃廷議爭之。思忠竟得釋，而晙亦由是出為渭南令。

景龍末，累轉為桂州都督。桂州舊有屯兵，常運衡、永等州糧以饋之，晙始改築羅郭，奏罷屯兵及轉運。又堰江水，開屯田數千頃，百姓賴之。尋上疏請歸鄉拜墓，州人詣闕請留晙，乃下敕曰：「彼州往緣寇盜，戶口凋殘，委任失材，乃令至此。卿處事強濟，遠邇寧靜，

築城務農，利益已廣，隱括綏緝，復業者多。宜須政成，安此黎庶，百姓又有表請，不須來也。」晙在州又一年，州人立碑以頌其政。再轉鴻臚大卿，充朔方軍副大總管，兼安北大都護〔一〕，豐安、定遠、三城及側近軍並受晙節度。後轉太僕少卿、隴右羣牧使。

開元二年，吐蕃精甲十萬寇臨洮軍，晙率所部二千人卷甲倍程，與臨洮兩軍合勢以拒之。賊營於大來谷口，吐蕃將坌達延又率兵繼至。晙乃出奇兵七百人，衣之蕃服，夜襲之。相去五里，置鼓角，令前者遇寇大呼，後者擊鼓以應之。賊衆大懼，疑有伏兵，自相殺傷，死者萬計。俄而攝右羽林將軍薛訥率衆邀擊吐蕃，至武階谷，去大來谷二十里，為賊所隔。晙率兵迎訥之軍，賊置兵於兩軍之間，連亙數十里，晙夜出壯士銜枚擊之，賊又大潰。乃與訥合軍，掩其餘衆，追奔至洮水，殺獲不可勝數，盡收所掠牧馬而還。以功加銀青光祿大夫，封清源縣男，兼原州都督，仍拜其子珽為朝散大夫。尋除幷州大都督府長史。

明年，突厥默啜為九姓所殺，其下酋長多款塞投降，置之河曲之內。俄而小殺繼立，降者漸叛。晙上疏曰：

突厥時屬亂離，所以款塞降附，其與部落，非有讎嫌，情異北風，理固明矣，養成其釁，雖悔可追。今者，河曲之中，安置降虜，此輩生梗，實難處置。日月漸久，姦詐逾深，窺邊間隙，必為患難。今有降者部落，不受軍州進止，輒動兵馬，屢有傷殺。詢問勝州

左側，被損五百餘人。私置烽鋪，潛爲抗拒，公私行李，頗實危懼。北虜如或南牧，降戶必與連衡。臣問沒蕃歸人云，却逃者甚衆，南北信使，委曲通傳，此輩降人，翻成細作。倘收合餘燼，來逼軍州，虜騎憑凌，胡兵應接，表裏有敵，進退無援。雖復韓、彭之勇，孫、吳之策，令其制勝，其可必乎！

望至秋冬之際，令朔方軍盛陳兵馬，告其禍福，啗以繒帛之利，示以麋鹿之饒，說其魚米之鄉，陳其畜牧之地。並分配淮南、河南寬鄉安置，仍給程糧，送至配所。雖復一時勞弊，必得久長安穩。二十年外，漸染淳風，持以充兵，皆爲勁卒。若以北狄降者不可南中安置，則高麗俘虜置之沙漠之曲，西域編甿散在青、徐之右，唯利是視，務安疆埸，何獨降胡，不可移徙。

近者，在邊將士，爰及安蕃使人，多作諛辭，不爲實對。或言北虜破滅，或言降戶安靜，志欲自言功效，非有以徇邦家。伏願察斯利口，行茲遠慮，邊荒清晏，黎元幸甚。

臣料留住之議，謀者云邊故事，必言降戶之輩，舊置河曲之中，昔年既得康寧，今日還應穩便。但同時異事，先典攸傳。往者頡利破亡，邊境寧謐，降戶之輩，無復他心，所以多歷歲年，此類皆無動靜。今虜見未破滅，降戶私使往來，或畏北虜之威，或懷北虜之惠，又是北虜戚屬，夫豈不識親疏，將比昔年，安可同日！

臣料其中頗有三策。若盛陳兵馬，散令分配，內獲精兵之實，外袪黠虜之謀，暫勞永安，此上策也。若多屯士卒，廣爲備擬，亭障之地，蕃、漢相參，費甚人勞，此下策也。若置之朔塞，任之來往，通傳信息，結成禍胎，此無策也。伏願察斯三者，詳其善惡，利害之狀，長短可尋。縱因遷移，或致逃叛，但有移得之者，卽是今日良圖，留待河冰，恐卽有變。臣蒙天澤，叨居重鎮，逆耳利行，敢不盡言。

疏奏未報，降虜果叛，敕晙帥幷州兵西濟河以討之。晙乃間行倍道，以夜繼晝，卷甲捨幕而趨之。夜於山中忽遇風雪甚盛，晙恐失期，仰天誓曰：「晙若事君不忠，不討有罪，明靈所殛，固自當之，而士衆何辜，令其艱苦！若誠心忠烈，天監孔明，當止雪迴風，以濟戎事。」言訖，風迴而雪止。時叛者分爲兩道，其在東者，晙追及之，殺一千五百餘人，生獲一千四百餘人，駝馬牛羊甚衆。晙以功遷左散騎常侍、持節朔方道行軍大總管，尋遷御史大夫。

時突厥跌跌部落及僕固都督勺磨等散在受降城左右居止，且謀引突厥共爲表裏，陷軍城而叛。晙因入奏，密請誅之。八年秋，晙誘跌跌等黨與八百餘人於中受降城誅之，由是乃授晙兵部尙書，復充朔方軍大總管。

九年，蘭池州胡苦於賦役，誘降虜餘燼，攻夏州反叛，詔隴右節度使、羽林將軍郭知運與晙相知討之。晙奏：「朔方軍兵自有餘力，其郭知運請還本軍。」未報，而知運兵至，與晙頗不相協。晙所招撫降者，知運縱兵擊之，賊以爲晙所賣，皆相率叛走。晙進封清源縣公，仍兼御史大夫。俄而賊衆復相結聚，晙坐左遷梓州刺史。

十年，拜太子詹事，累封中山郡公。屬車駕北巡，以晙爲吏部尙書，兼太原尹。十一年夏，代張說爲兵部尙書、同中書門下三品，追錄破胡之功，加金紫光祿大夫，仍充朔方軍節度大使。其年冬，上親郊祀，追晙赴京，以會大禮。晙以時屬冰壯，恐虜騎乘隙入寇，表辭不赴，手敕慰勉，仍賜衣一副。會許州刺史王喬家奴告喬與晙潛謀構逆，敕侍中源乾曜、中書令張說鞫其狀。晙既無反狀，乃以違詔追不到，左遷蘄州刺史。十四年，累遷戶部尙書，復爲朔方軍節度使。二十年卒，年七十餘，贈尙書左丞相，諡曰忠烈。

往歲，魏元忠爲張易之、昌宗所構，左授高要尉，晙密狀申明之。宋璟時爲鳳閣舍人，謂晙曰：「魏公且全矣，子冒威嚴而理〔二〕，坐恐子之狼狽也。」晙曰：「魏公忠而獲罪，晙爲義所激，顚沛無恨。」璟歎曰：「璟不能申魏公之枉，深負朝廷矣。」晙氣貌雄壯，時人謂之有熊虎之狀。然慕義激勵，有古人之風，御下整肅，人吏畏而愛之。晙卒後，信安王禕於幽州討奚告捷，奏稱軍士咸見晙與蕃將高昭領兵馬先軍討賊，上聞而嗟異久之。戶部郎中陽伯城上疏，請晙等墳特乞增修封域，量加表異，降使饗祭，優其子孫。玄宗乃遣使就其家廟祭，仍加其子官秩。

史臣曰：婁師德應召而慷慨，勇也；薦仁傑而入用，忠也；不使仁傑知之，公也；營田贍軍，智也；恭勤接下，和也；參知政事，功名有卒，是人之難也，又何愧於將相乎！王孝傑、唐休璟、張仁愿、薛訥、王晙等，皆韜武幹，亟立邊功。然孝傑失於再擒，休璟虧於餘行。先敗後勝，薛訥何慚；止雪迴風，王晙難掩；仁愿操履，中否相兼。

贊曰：拯物之心，不形於色。將相之材，人何以測。臣有始終，功無爽忒。多忌梁公，自招慚德。唐、張、訥、晙，善陣能師。共服戎虜，不憂邊陲。

校勘記

〔一〕安北大都護　「北」字各本原作「西」，據新書卷一一一王晙傳、唐大詔令集卷五九、通鑑卷二一一改。

〔二〕子冒威嚴而理　「冒」字殘宋本作「胥」，聞本、殿本作「須」，局本作「觸」，此據冊府卷八〇四改。

舊唐書卷九十四

列傳第四十四

蘇味道　李嶠　崔融　盧藏用　徐彥伯

蘇味道，趙州欒城人也。少與鄉人李嶠俱以文辭知名，時人謂之蘇、李。弱冠，本州舉進士。累轉咸陽尉。吏部侍郎裴行儉先知其貴，甚加禮遇，及征突厥阿史那都支，引爲管記。孝敬皇帝妃父裴居道再登左金吾將軍，訪當時才子爲謝表，託於味道，援筆而成，辭理精密，盛傳於代。

延載初，歷遷鳳閣舍人、檢校鳳閣侍郎、同鳳閣鸞臺平章事，尋加正授。證聖元年，坐事出爲集州刺史，俄召拜天官侍郎。聖曆初，遷鳳閣侍郎、同鳳閣鸞臺三品。味道善敷奏，多識臺閣故事，然而前後居相位數載，竟不能有所發明，但脂韋其間，苟度取容而已。嘗謂人曰：「處事不欲決斷明白，若有錯誤，必貽咎譴，但模稜以持兩端可矣。」時人由是號爲「蘇模稜」。

長安中，請還鄉改葬其父，優制令州縣供其葬事。味道因此侵毀鄉人墓田，役使過度，爲憲司所劾，左授坊州刺史。未幾，除益州大都督府長史。神龍初，以親附張易之、昌宗，貶授郿州刺史。俄而復爲益州大都督府長史，未行而卒，年五十八，贈冀州刺史。味道與其弟太子洗馬味玄甚相友愛，味玄若請託不諧，輒面加凌折，味道對之怡然，不以爲忤，論者稱焉。有文集行於代。

李嶠，趙州贊皇人，隋內史侍郎元操從曾孫也。代爲著姓，父鎮惡，襄城令。嶠早孤，事母以孝聞。爲兒童時，夢有神人遺之雙筆，自是漸有學業。弱冠舉進士，累轉監察御史。時嶺南邕、巖二州首領反叛，發兵討擊，高宗令嶠往監軍事。嶠乃宜朝旨，特赦其罪，親入獠洞以招諭之，叛者盡降，因罷兵而還，高宗甚嘉之。累遷給事中。時酷吏來俊臣構陷狄仁傑、李嗣眞、裴宣禮等三家，奏請誅之，則天使嶠與大理少卿張德裕、侍御史劉憲覆其獄。德裕等雖知其枉，懼罪，並從俊臣所奏。嶠曰：「豈有知其枉濫而不爲申明哉！孔子曰：『見義不爲，無勇也。』」乃與德裕等列其枉狀，由是忤旨，出爲潤州司馬。詔入，轉鳳閣舍人。

則天深加接待，朝廷每有大手筆，皆特令嶠爲之。

時初置右御史臺，巡按天下，嶠上疏陳其得失曰：

陛下創置右臺，分巡天下，察吏人善惡，觀風俗得失，斯政途之綱紀，禮法之準繩，無以加也。然猶有未折衷者，臣請試論之。夫禁網尙疏，法令宜簡，簡則法易行而不煩雜，疏則所羅廣而無苛碎。竊見垂拱二年諸道巡察使所奏科目，凡有四十四件，至於別準格敕令察訪者，又有三十餘條。而巡察使率是三月已後出都，十一月終奏事，時限迫促，簿書塡委，晝夜奔逐，以赴限期。而每道所察文武官，多至二千餘人，少者一千已下，皆須品量才行，褒貶得失，欲令曲盡行能，則皆不暇。此非敢墮於職而慢於官也，實才有限而力不及耳。臣望量其功程，與其節制，使器周於用，力濟於時，然後進退可以責成，得失可以精覈矣。

又曰：

今之所察，但準漢之六條，推而廣之，則無不包矣，無爲多張科目，空費簿書。且朝廷萬機，非無事也，機事之動，恆在四方，是故冠蓋相望，郵驛繼踵。今巡使既出，其外州之事，悉當委之，則傳驛大減矣。然則御史之職，故不可得閑，自非分州統理，無由濟其繁務。請大小相兼，率十州置御史一人，以周年爲限，使其親至屬縣，或入閭里，督察姦訛，觀採風俗，然後可以求其實效，課其成功。若此法果行，必大裨政化。且御史出持霜簡，入奏天闕，其於勵己自修，奉職存憲，比於他吏，可相百也。若其按劾姦邪，糾擿欺隱，比於他吏，可相十也。陛下試用臣言，妙擇賢能，委之心膂，假溫言以樹之，陳賞罰以勸之，則莫不盡力而效死矣。何政事之不理，何禁令之不行，何妖孽之敢興？

則天善之，乃下制分天下爲二十道，簡擇堪爲使者。會有沮議者，竟不行。尋知天官侍郎事，遷麟臺少監。

聖曆初，與姚崇偕遷同鳳閣鸞臺平章事，俄轉鸞臺侍郎，依舊平章事，兼修國史。久視元年，嶠舅天官侍郎張錫入知政事，嶠轉成均祭酒，罷知政事及修史，舅甥相繼在相位，時人榮之。嶠尋檢校文昌左丞、東都留守。長安三年，嶠復以本官平章事，尋知納言事。明年，遷內史，嶠後固辭煩劇，復拜成均祭酒，平章事如故。

長安末，則天將建大像於白司馬坂，嶠上疏諫之，其略曰：「臣以法王慈敏，菩薩護持，唯擬饒益衆生，非要營修土木。伏聞造像，稅非戶口，錢出僧尼，不得州縣祇承，必是不能濟辦，終須科率，豈免勞擾！天下編戶，貧弱者衆，亦有傭力客作以濟餱糧，亦有賣舍貼田以供王役。造像錢見有一十七萬餘貫，若將散施，廣濟貧窮，人與一千，濟得一十七萬餘戶。拯飢寒之弊，省勞役之勤，順諸佛慈悲之心，霑聖君亭育之意，人神胥悅，功德無窮。」疏奏不納。

中宗卽位，嶠以附會張易之兄弟，出爲豫州刺史，未行，又貶爲通州刺史。數月，徵拜吏部侍郎，封贊皇縣男。無幾，遷吏部尚書，進封縣公。神龍二年，代韋安石爲中書令。初，嶠在吏部時，志欲曲行私惠，冀得復居相位，奏置員外官數千人。至是官僚倍多，府庫減耗，乃抗表引咎辭職，幷陳利害十餘事。中宗以嶠昌言時政之失，輒請罷免，手制慰諭而不允，尋令復居舊職。三年，又加修文館大學士，監修國史，封趙國公。景龍三年，罷中書令，以特進守兵部尚書、同中書門下三品。

睿宗卽位，出爲懷州刺史，尋以年老致仕。初，中宗崩，嶠密表請處置相王諸子，勿令在京。及玄宗踐祚，宮內獲其表，以示侍臣。或請誅之，中書令張說曰：「嶠雖不辯逆順，然亦爲當時之謀，吠非其主，不可追討其罪。」上從其言，乃下制曰：「事君之節，危而不變，爲臣則忠，貳乃無赦。特進、趙國公李嶠，往緣宗、韋弒逆，脫恭行戡定，揖讓之際，天命有歸，嶠有窺覦，不知逆順，狀陳詭計，朕親覽焉。以其早負辭學，累居台輔，忍而莫言，特掩其惡。今忠邪既辨，具物惟新，賞罰倘乖，下人安勸？雖經赦令，猶宜放斥，矜其老疾，俾遂餘生，宜聽隨子虔州刺史暢赴任。」尋起爲廬州別駕而卒。有文集五十卷。

崔融，齊州全節人。初，應八科舉擢第，累補宮門丞，兼直崇文館學士。中宗在春宮，制融爲侍讀，兼侍屬文，東朝表疏，多成其手。聖曆中，則天幸嵩嶽，見融所撰啓母廟碑，深加歎美，及封禪畢，乃命融撰朝覲碑文。自魏州司功參軍擢授著作佐郎，尋轉右史。聖曆二年，除著作郎，仍兼右史內供奉。四年，遷鳳閣舍人。久視元年，坐忤張昌宗意，左授婺州長史。頃之，昌宗怒解，又請召爲春官郎中，知制誥事。長安二年，再遷鳳閣舍人。三年，兼修國史。

時有司表稅關市，融深以爲不可，上疏諫曰：

伏見有司稅關市事條，不限工商，但是行人盡稅者。臣謹按周禮九賦，其七曰「關市之賦」。竊惟市縱繁巧，關通末遊，欲令此徒止抑，所以咸增賦稅。臣謹商度今古，料量家國，竊將爲不可稅。謹件事跡如左，伏惟聖旨擇焉。

往古之時，淳樸未散，公田籍而不稅，關防譏而不征。中代已來，澆風驟進，桑麻疲弊，稼穡辛勤。於是各徇通財，爭趨作巧，求徑捷之欲速，忘歲計之無餘。遂使田萊日荒，倉廩不積，蠶織休廢，弊縕闕如，飢寒猥臻，亂離斯起。先王懲其若此，所以變古

隨時，依本者恆科，占末者增稅。夫關市之稅者，謂市及國門、關門者也，唯斂出入之商賈，不稅來往之行人。今若不論商人，通取諸色，事不師古，法乃任情。悠悠末代，於何瞻仰；濟濟盛朝，自取嗤笑。雖欲憲章姬典，乃是違背周官。臣知其不可者一也。

臣謹案易繫辭稱：「庖羲氏沒，神農氏作，日中爲市，致天下之人，聚天下之貨，交易而退，各得其所。」班志亦云：「財者，帝王聚人守位，養成羣生，奉順天德，理國安人之本也。仕農工商，四人有業。學以居位曰仕，闢土殖穀曰農，作巧成器曰工，通財鬻貨曰商。聖王量能授事，四人陳力受職。」然則四人各業久矣，今復安得動而搖之！蕭何云：「人情一定，不可復動。」班固又云：曹參相齊，齊國安集，大稱賢相。參去，屬其後相曰：「以齊獄市爲寄，愼勿擾也。」後相曰：「理無大於此者乎？」參曰：「不然。夫獄市者，所以幷容也，今若擾之，姦人安所容乎？吾是以先之。」夫獄市，兼受善惡。若窮極，姦人無所容竄；姦人無所容竄，久且爲亂。秦人極刑而天下叛，孝武峻法而刑獄繁，此其效也。老子曰：「我無爲而人自化，我好靜而人自正。」參欲以道化其本，不欲擾其末。臣知其不可者二也。

四海之廣，九州之雜，關必據險路，市必憑要津。若乃富商大賈，豪宗惡少，輕死重義，結黨連羣，喑嗚則彎弓，睚眦則挺劍。小有失意，且猶如此，一旦變法，定是相驚。

乘茲困窮，或致騷動，便恐南走越，北走胡，非唯流逆齊人，亦自擾亂殊俗。又如邊徼之地，寇賊爲鄰，興胡之旅，歲月相繼，倘因科賦，致有猜疑，一從散亡，何以制禁？求利雖切，爲害方深。而有司上言，不識大體，徒欲益帑藏，助軍國，殊不知軍國益擾，帑藏逾空。臣知其不可者三也。

孟軻又云：「古之爲關也，將以禦暴；今之爲關也，將以爲暴。」今行者皆稅，本末同流。且如天下諸津，舟航所聚，旁通巴、漢，前指閩、越，七澤十藪，三江五湖，控引河洛，兼包淮海。弘舸巨艦，千軸萬艘，交貿往還，昧旦永日。今若江津河口，置鋪納稅，納稅則檢覆，檢覆則遲留。此津纔過，彼鋪復止，非唯國家稅錢，更遭主司僦路。船有大小，載有少多，量物而稅，觸途淹久。統論一日之中，未過十分之一，因此壅滯，必致吁嗟。一朝失利，則萬商廢業，萬商廢業，則人不聊生。其間或有輕訬任俠之徒，斬龍刺蛟之黨，鄱陽暴謔之客，富平悍壯之夫，居則藏鏹，出便竦劍。加之以重稅，因之以威脅，一旦獸窮則搏，鳥窮則攫，執事者復何以安之哉？臣知其不可者四也。

五帝之初，不可詳已；三王之後，厥有著云；秦、漢相承，典章大備。至如關市之稅，史籍有文。秦政以雄圖武力，捨之而不用也；漢武以霸略英才，去之而勿取也。何則？關爲禦暴之所，市爲聚人之地，稅市則人散，稅關則暴興，暴興則起異圖，人散則

懷不軌。夫人心莫不背善而樂禍，易動而難安。一市不安，則天下之市心搖矣；一關不安，則天下之關心動矣。況澆風久扇，變法爲難，徒欲禁末遊、規小利，豈知失玄默、亂大倫。魏、晉眇小，齊、隋齷齪，亦所不行斯道者也。臣知其不可者五也。

今之所以稅關市者，何也？豈不以國用不足，邊寇爲虞，一行斯術，冀有殷贍然也！徵臣敢借前箸以籌之。伏惟陛下當聖期，御玄籙，沉璧于洛，刻石于嵩，鑄寶鼎以窮姦，坐明堂而布政，神化廣洽，至德潛通。東夷暫驚，應時平殄；南蠻纔動，計日歸降。西域五十餘國，廣輪一萬餘里，城堡清夷，亭堠靜謐。比爲患者，唯苦二蕃。今吐蕃請命，邊事不起，卽目雖尙屯兵，久後終成弛柝。獨有默啜，假息孤恩，惡貫禍盈，覆亡不暇。征役日已省矣，繁費日已稀矣，然猶下明制，遵太樸，愛人力，惜人財，王侯舊封，妃主新禮，所有支料，咸令減削。此陛下以躬率先，堯、舜之用心也。且關中、河北，水旱數年，諸處逃亡，今始安輯，倘加重稅，或慮相驚。況承平歲積，薄賦日久，俗荷深恩，人知自樂。卒有變法，必多生怨，生怨則驚擾，驚擾則不安，中既不安，外何能禦？文王曰：「帝王富其人，霸王富其地，理國若不足，亂國若有餘。」古人有言：「帝王藏於天下，諸侯藏於百姓，農夫藏於庾，商賈藏於篋。」惟陛下詳之。必若師興有費，國儲多窘，卽請倍算商客，加斂平人。如此則國保富強，人免憂懼，天下幸甚。臣知其不可者

六也。

陛下留神繫表，屬想政源，冒茲炎熾，早朝晏坐。一日二日，機務不遺，先天後天，虛心密應。時政得失，小子何知，率陳瞽辭，伏紙惶懼。

疏奏，則天納之，乃寢其事。

四年，除司禮少卿，仍知制誥。時張易之兄弟頗招集文學之士，融與納言李嶠、鳳閣侍郎蘇味道、麟臺少監王紹宗等俱以文才降節事之。及易之伏誅，融左授袁州刺史。尋召拜國子司業，兼修國史。神龍二年，以預修則天實錄成，封清河縣子，賜物五百段，璽書褒美。融爲文典麗，當時罕有其比，朝廷所須洛出寶圖頌、則天哀册文及諸大手筆，並手敕付融。撰哀册文，用思精苦，遂發病卒，時年五十四。以侍讀之恩，追贈衞州刺史，謚曰文。有集六十卷。

二子禹錫、翹，開元中，相次爲中書舍人。

盧藏用字子潛，度支尙書承慶之姪孫也。父璥，有名於時，官至魏州司馬。藏用少以辭學著稱。初舉進士選，不調，乃著芳草賦以見意。尋隱居終南山，學辟穀、練氣之術。長安中，徵拜左拾遺。時則天將營興泰宮於萬安山，藏用上疏諫曰：

臣愚雖不達時變，竊嘗讀書，見自古帝王之迹衆矣。臣聞土階三尺，茅茨不翦，采椽不斲者，唐堯之德也；卑宮室，非飲食，盡力於溝洫者，大禹之行也；惜中人十家之產，而罷露臺之制者，漢文之明也。並能垂名無窮，爲帝皇之烈。豈不以克念徇物，博施濟衆，以臻於仁恕哉！今陛下崇臺邃宇，離宮別館，亦已多矣。更窮人之力以事土木，臣恐議者以陛下爲不愛人、務奉己也。

且頃歲已來，雖年穀頗登，而百姓未有儲蓄。陛下西幸東巡，人未休息，土木之役，歲月不空。陛下不因此時施德布化，復廣造宮苑，臣恐人未易堪。今左右近臣，多以順意爲忠；朝廷具僚，皆以犯忤爲患。至令陛下不知百姓失業，亦不知左右傷陛下之仁也。臣聞忠臣不避死亡之患，以納君於仁；明主不惡切直之言，以垂名千載。陛下誠能發明恕之制，以勞人爲辭，則天下必以陛下爲惜人力而苦己也。小臣固陋，不識忌諱，敢冒死上聞。乞下臣此章，與執事者議其可否，則天下幸甚。

神龍中，累轉起居舍人，兼知制誥，俄遷中書舍人。藏用常以俗多拘忌，有乖至理，乃著析滯論以暢其事，辭曰：

客曰：天道玄微，神理幽化，聖人所以法象，衆庶由其運行。故大撓造甲子，容成著律曆，黃公裁變，玄女啓謨，八門御時，六神直事。從之者則兵強國富，違之者則將弱朝危，有同影響，若合符契。先生亦嘗聞之乎？

主人曰：何爲其然也？子所謂曲學所習，曙昧所守，徒識偏方之詭說，未究亨衢之通論。蓋易曰「先天不違」，傳稱「人神之主」。范圍不過，三才所以虛中；進退非邪，百王所以無外。故曰：「國之將興聽於人，將亡聽於神。」又曰：「禍福無門，唯人所召。人無釁焉，妖不自作。」由是言之，得喪興亡，並關人事；吉凶悔吝，無涉天時。且皇天無親，唯德是輔，爲不善者，天降之殃。高宗修德，桑穀以變；宋君引過，法星退舍，此天道所以從人者也。古之爲政者，刑獄不濫則人壽，賦斂蠲省則人富，法令有常則國靜，賞罰得中則兵強。所以禮者士之所歸，賞者士之所死，禮賞不倦，則士爭先。苟違此途，雖卜時行刑，擇日出令，必無成功矣。自叔世還訛，俗多徼倖，競稱怪力，爭誦詭言，屈政教而就孤虛，棄信賞而從推步。附會前史，變易舊經，依託空文，以爲徵據。覆軍敗將者，則隱祕無聞；偶同幸中者，則共相文飾。豈唯德之增惑，亦乃學人自是。嗚呼，習俗訛謬，一至此焉！

昔者，甲子興師，非成功之日；往亡用事，異制勝之辰。人事苟修，何往不濟？至若環城自守，接陣重圍，無闕地形，不乖天道。若兵強將智，粟積城堅，雖復屢轉魁剛，頻

移太歲，坐推白虎，行計貪狼，自符雞鬬之祥，多貽蟻附之困。故曰，任賢使能，則不時日而事利；明法審令，則不卜筮而事吉；養勞賞功，則不禱祠而得福。此所謂天時不如地利，地利不如人和。太公犯雨，逆天時也，韓信背水，乖地利也，並存人事，俱成大業。削樹而斬龐涓，舉火而屠張郃，未必晤同歲德，冥會日遊，俱運三門，並占四殺。杜郵齒劍，抑唯計沮；垓下悲歌，實階刓印。若以並資猒勝，不事良圖，則長平盡坑，固須恆濟，襄城無噍，亦可常保。是知拘而多忌，終喪大功；百姓與能，必遺小數。金雞玉鶴，方爲楚國之殃；萬畢、枕中，適構淮南之禍。刻符指盜，反更亡身；被髮邀神，翻招夷族。嗟乎，威斗赭鞭，不禳赤伏之運；築城斷岡，何救素靈之哭！火災不驗，裨竈無力以窺天；超乘階凶，王孫取監於觀德。九徵九變，是曰長途；人謀鬼謀，良歸有道。此並經史陳迹，賢聖通規，仁遠乎哉，詎宜滯執？

客乃蹙然避席曰：鄙人困蒙，不階至道，請事斯語，歸于正途。而今而後，焚蓍龜，毀律曆，廢六合，斥五行，浩然清慮，則將奚若？答曰：此所謂過猶不及也。夫甲子所以配日月，律曆所以通歲時，金木所以備法象，蓍龜所以筮吉凶。聖人以此神明德行，輔助謀猷，存之則協贊成功，執之則凝滯於物。消息之義，其在茲乎！客於是循牆匍匐，帖然無氣，口欬心醉，不知所以答矣。

景龍中，爲吏部侍郎。藏用性無挺特，多爲權要所逼，頗隳公道。又遷黃門侍郎，兼昭文館學士，轉工部侍郎、尚書右丞。先天中，坐託附太平公主，配流嶺表。開元初，起爲黔州都督府長史，兼判都督事，未行而卒，年五十餘。有集二十卷。

藏用工篆隸，好琴棊，當時稱爲多能之士。少與陳子昂、趙貞固友善，二人並早卒，藏用厚撫其子，爲時所稱。然初隱居之時，有貞儉之操，往來于少室、終南二山，時人稱爲「隨駕隱士」；及登朝，趑趄詭佞，專事權貴，奢靡淫縱，以此獲譏于世。

徐彥伯，兗州瑕丘人也。少以文章擅名，河北道安撫大使薛元超表薦之，對策擢第，累轉蒲州司兵參軍。時司戶韋暠善判事，司士李亘工於翰札，而彥伯以文辭雅美，時人謂之「河中三絕」。

彥伯聖曆中累除給事中。時王公卿士多以言語不慎密爲酷吏周興、來俊臣等所陷，彥伯乃著樞機論以誡于代，其辭曰：

書曰：「唯口起羞，惟甲胄起戎。」又云：「齊乃位，度乃口。」易曰：「慎言語，節飲食。」又云：「出其言善，千里應之；出其言不善，千里違之。」禮亦云：「可言也，不可行

也，君子不言也；可行也，不可言也，君子不行也。」嗚呼！先聖知言之爲大也，知言之爲急也，精微以勸之，典謨以告之，禮經以防之。守名教者，何可不修其詁訓而服其糟粕乎？故曰，言語者，君子之樞機，動則物應，物應則得失之兆見也〔一〕。得之者江海比鄰，失之者肝膽楚、越，然後知否泰榮辱，繫於言乎！

夫言者，德之柄也，行之主也，志之端也，身之文也，既可以濟身，亦可以覆身。故中庸鏤其心，右階銘其背〔二〕，南容復於白圭，箕子疇於洪範，良有以也。是以掎摭瑕玷，參詳躁競，審無常以階亂，將不密以致危。利生於口，森然覆邦之說；道不由衷，變彼如簧之刺。可不懼之哉！其有識暗邪正，慮微形朕，破金湯之篇，封禍亂之根，用詰辭爲全計，以號謼爲令德。至若梧宮問答，荆、齊所以奔命；韓、魏加肘，智伯所以危殘。蔡侯繩息媯也，亟招甲兵之罰；鄭曼圖宗卿也，而受鼎鑊之誅。史遷輕議，終下蠶室；張紘詭說，更齒龍淵。凡此過言，其流匪一，或穢猶糞土，或動成刀劍，或苟且其心，或脂膏其吻。挾邪作蠱，守之而不懈；往輒破的，去之而彌遠。亦何異韓皐聚音，厖也羣吠，得死爲幸，何循名之立乎？雖復伯玉沮顏，追謝於元凱，蔣濟貽恨，失譽於王陵，犀首沒齒於季章，曹瞞齚舌於劉主，當何及哉！孔子曰：「予欲無言。」又云：「終身爲善，一言敗之，惜也。」老子亦云：「多言數窮。」又云：「聰明深察而近於死者，議人者也。」何聖人之深思偉慮，杜漸防萌之至乎！

夫不可言而言者曰狂，可言而不言者曰隱。鉗舌拱默，曷通彼此之懷；括囊而處，孰啓謨明之訓？則上言者，下聽也；下言者，上用也。睿哲之言，猶天地也，人覆燾而生焉；大雅之言，猶鐘鼓也，人考擊而樂焉。作以龜鏡，姬公之言也；出爲金石，曾子之言也；存其家邦，國僑之言也；立而不朽，臧孫之言也。是謂德音，詒我宗極，滿于天下，貽厥後昆。殷宗甘之於酒醴，孫卿諭之以琴瑟，闕里重於四時，郢都輕其千乘。豈不韙哉，豈不休哉！但楙探世猷，克念丕訓，審思而應，精慮而動。謀其心以後發，擇其交以後談，不蹙趣於非黨，不屏營於詭遇。非先王之至德不敢行，非先王之法言不敢道，翦其諜諜之緒，撲其炎炎之勢。自然介爾景福，錫茲純嘏，則悔吝何由而生，怨惡何由而至哉？孔子曰：「終日行，不遺己患；終日言，不遺己憂。」如此乃可以言也。戒之哉，戒之哉！

神龍元年，遷太常少卿，兼修國史，以預修則天實錄成，封高平縣子，賜物五百段。未幾，出爲衞州刺史，以善政聞，璽書勞勉。俄轉蒲州刺史，入爲工部侍郎，尋除衞尉卿，兼昭文館學士。景龍三年，中宗親拜南郊，彥伯作南郊賦以獻，辭甚典美。景雲初，加銀青光祿大夫，遷右散騎常侍、太子賓客，仍兼昭文館學士。先天元年，以疾乞骸骨，許之。開元二

年卒。

彥伯事寡嫂甚謹，撫諸姪同於己子。自晚年屬文，好爲強澀之體，頗爲後進所效焉。有文集二十卷，行於時。

史臣曰：才出於智，行出於性。故文章巧拙，由智之深淺也；行義詭實，由性之善惡也。然則智性稟之於氣，不可使之彊也。蘇味道、李嶠等，俱爲輔相，各處穹崇。觀其章疏之能，非無奧贍；驗以弼諧之道，罔有貞純。故狄仁傑有言曰：「蘇、李足爲文吏矣。」得非齷齪者乎！摸稜之病，尤足可譏。崔融、盧藏用、徐彥伯等，文學之功，不讓蘇、李，止有守常之道，而無應變之機。規諫之深，崔比盧、徐，稍爲優矣。

贊曰：房、杜、姚、宋，俱立大功。咸以二族，譚爲美風。蘇、李文學，一代之雄。有慚輔弼，稱之豈同。凡人有言，未必有德。崔與盧、徐，皆攻翰墨。文雖堪尚，義無可則。備位守常，斯言罔忒。

校勘記

〔一〕得失之兆　「兆」字各本原無，據英華卷七四五補。

〔二〕右階銘其背　「右」字各本原作「左」，據英華卷七四五改。

舊唐書卷九十五

列傳第四十五

睿宗諸子

讓皇帝憲　惠莊太子撝　惠文太子範　惠宣太子業　隋王隆悌

睿宗六子：昭成順聖皇后竇氏生玄宗，肅明順聖皇后劉氏生讓皇帝，宮人柳氏生惠莊太子，崔孺人生惠文太子，王德妃生惠宣太子，後宮生隋王隆悌。

讓皇帝憲，本名成器，睿宗長子也。初封永平郡王。文明元年，立爲皇太子，時年六歲。及睿宗降爲皇嗣，則天冊授成器爲皇孫，與諸弟同日出閤，開府置官屬。長壽二年，改封壽春郡王，仍卻入閤。長安中，累轉左贊善大夫，加銀青光祿大夫。中宗即位，改封

蔡王，遷宗正員外卿，加賜實封四百戶，通舊爲七百戶。成器固辭不敢當大國，依舊爲壽春郡王。

唐隆元年，進封宋王。其月，睿宗踐祚，拜左衞大將軍。時將建儲貳，以成器嫡長，而玄宗有討平韋氏之功，意久不定。成器辭曰：「儲副者，天下之公器，時平則先嫡長，國難則歸有功。若失其宜，海內失望，非社稷之福。臣今敢以死請。」累日涕泣固讓，言甚切至。時諸王、公卿亦言平王有社稷大功，合居儲位。睿宗嘉成器之意，乃許之。玄宗又以成器嫡長，再抗表固讓，睿宗不許。乃下制曰：「左衞大將軍、宋王成器，朕之元子，當踐副君。以隆基有社稷大功，人神僉屬，由是朕前懇讓，言在必行。天下至公，誠不可奪。爰符立季之典，庶協從人之願。成器可雍州牧、揚州大都督、太子太師，別加實封二千戶。賜物五千段、細馬二十匹、奴婢十房、甲第一區、良田三十頃。」其年十一月，拜尚書左僕射，尋遷司徒，其太師、都督並如故。明年，表讓司徒，拜太子賓客，兼揚州大都督如故。

時太平公主陰有異圖，姚元之、宋璟等請出成器及申王成義爲刺史，以絕謀者之心，由是成器以司徒兼蒲州刺史。玄宗嘗製一大被長枕，將與成器等共申友悌之好，睿宗知而大悅，累加賞歎。

先天元年八月，進封司空。及玄宗討平蕭至忠、岑義等，成器又進位太尉，依舊兼揚州

大都督，加實封一千戶。月餘，加授開府儀同三司，其太尉、揚州大都督並停。開元初，歷岐州刺史，開府如故。四年，避昭成皇后尊號，改名憲，封爲寧王，實封累至五千五百戶。又歷澤、涇等州刺史。

初，玄宗兄弟聖曆初出閤，列第於東都積善坊，五人分院同居，號「五王宅」。大足元年，從幸西京，賜宅於興慶坊，亦號「五王宅」。及先天之後，興慶是龍潛舊邸，因以爲宮。憲於勝業東南角賜宅，申王撝、岐王範於安興坊東南賜宅，薛王業於勝業西北角賜宅，邸第相望，環於宮側。玄宗於興慶宮西南置樓，西面題曰花蕚相輝之樓，南面題曰勤政務本之樓。玄宗時登樓，聞諸王音樂之聲，咸召登樓同榻宴謔，或便幸其第，賜金分帛，厚其歡賞。諸王每日於側門朝見，歸宅之後，即奏樂縱飲，擊毬鬭雞，或近郊從禽，或別墅追賞，不絕於歲月矣。遊踐之所，中使相望，以爲天子友悌，近古無比，故人無間然。

玄宗既篤於昆季，雖有讒言交搆其間，而友愛如初。憲尤恭謹畏慎，未曾干議時政及與人交結，玄宗尤加信重之。嘗與憲及岐王範等書曰：「昔魏文帝詩云：『西山一何高，高處殊無極。上有兩仙童，不飲亦不食。賜我一丸藥，光耀有五色。服藥四五日，身輕生羽翼。』朕每思服藥而求羽翼，何如骨肉兄弟天生之羽翼乎！陳思有超代之才，堪佐經綸之務，絕其朝謁，卒令憂死。魏祚未終，遭司馬宣王之奪，豈神丸之效也！虞舜至聖，捨象傲

之愆以親九族，九族既睦，平章百姓。此爲帝王之軌則，于今數千歲，天下歸善焉，朕未嘗不廢寢忘食欽歎者也。頃因餘暇，妙選仙經，得此神方，古老云『服之必驗』。今分此藥，願與兄弟等同保長齡，永無限極。」

憲，開元九年兼太常卿。十四年，停太常卿，依舊爲開府儀同三司。二十一年，復拜太尉。二十八年冬，憲寢疾，上令中使送醫藥及珍膳，相望於路。僧崇一療憲稍瘳，上大悅，特賜緋袍魚袋，以賞異崇一。時申王等皆先薨，唯憲獨在，上尤加恩貸。每年至憲生日，必幸其宅，移時宴樂。居常無日不賜酒酪及異饌等，尚食總監及四方有所進獻，食之稍甘，即皆分以賜之。憲嘗奏請年終錄付史館，每年至數百紙。

二十九年冬，京城寒甚，凝霜封樹，時學者以爲春秋「雨木冰」即此是，亦名樹介，言其象介胄也。憲見而歎曰：「此俗謂樹稼者也。諺曰：『樹稼，達官怕。』必有大臣當之，吾其死矣。」十一月薨，時年六十三。上聞之，號叫失聲，左右皆掩涕。翌日，下制曰：

能以位讓，爲吳太伯，存則用成其節，歿則當表其賢，非常之稱，旌德斯在。故太尉、寧王憲，誕含粹靈，允膺大雅。孝悌之至，本乎中誠；仁和之深，非因外奬。率由禮度，雅尚文儒。謙以自牧，樂以爲善。比兩獻而有光，與二南而合德。自出臨方鎮，入配台階，逾勵忠勤，益闡周慎。實謂永爲藩屏，以輔邦家。曾不慭遺，奄焉殂沒，友于之痛，震慟良深。惟王，朕之元昆，合昇上嗣，以朕奉先朝之睿略，定宗社之阽危，推而不居，請予主鬯，又承慈旨，焉敢固違。不然者，則宸極之尊，豈歸於薄德。茂行若此，易名是憑，自非大號，孰副休烈。按謚法推功尚善曰「讓」，德性寬柔曰「讓」，敬追謚曰讓皇帝，宜令所司擇日備禮册命。

憲長子汝陽郡王璡又上表懇辭，盛陳先意，謙退不敢當帝號，手制不許。及册斂之日，內出御衣一副，仍令右監門大將軍高力士賫手書置于靈座之前，其書曰：

隆基白：一代兄弟，一朝存歿，家人之禮，是用申情，興言感思，悲涕交集。大哥孝友，近古莫儔，嘗號五王，同開邸第。遠自童幼，洎乎長成，出則同遊，學則同業，事均形影，無不相隨。頃以國步艱危，義資克定，先帝御極，日月照臨。大哥嫡長，合當儲貳，以功見讓，爰在薄躬。既嗣守紫宸，萬機事總，聽朝之暇，得展于懷。十數年間，棣華凋落，謂之手足，唯有大哥。今復淪亡，眇然無對，以茲感慕，何恨如之。然以厥初生人，孰不殂謝？所貴光昭德行，以示崇高，立德立名，斯爲不朽。大哥事跡，身歿讓存，故册曰讓皇帝，神之昭格，當茲寵榮。況庭訓傳家，璡等申讓，善述先志，實有遺風，成其美也。恭惟緒言，恍焉如在，寄之翰墨，悲不自勝。

又制追贈憲妃元氏爲恭皇后，祔葬于橋陵之側。及將葬，上遣中使敕璡等務令儉約，送終

之物，皆令衆見。所司請依諸陵舊例，壙內置千味食，監護使、左僕射裴耀卿奏曰：「尚食所料水陸等味一千餘種，每色瓶盛，安於藏內，皆是非時瓜菓及馬牛驢犢麞鹿等肉，並諸藥酒三十餘色。儀注禮料，皆無所憑。臣據禮司所料，奠祭相次，事無不備，典制分明。天恩每中讓帝之志，務令儉約，禮外加數，竊恐不安。又非時之物，馬犢驢等並野味魚雁鵝鴨之屬，所用銖兩，動皆宰殺，盛夏胎養，聖情所禁。又須造作什物，動逾千計，求徵市井，實謂煩勞。千味不供，禮無所闕。伏望依禮減省，以取折衷。」制從之。及發引，時屬大雨，上令慶王潭已下泥中步送十數里(一)，制號其墓爲惠陵。

憲凡十子：璡、嗣莊、琳、璹、珣、瑀、玢、珽、琯、璀等十人，歷官封襲。

璡封汝陽郡王，歷太僕卿，與賀知章、褚庭誨爲詩酒之交。天寶初，終父喪，加特進。九載卒，贈太子太師。

嗣莊封濟陰郡王，早卒。

琳封嗣寧王，歷秘書員外監。從玄宗幸蜀郡，至德二載卒。

璹，封嗣申王。

珣，封同安郡王。珣修身淳謹，不自矜貴，閨門之內，常默如也。開元二十五年薨，玄宗甚悼之，輟朝三日。制曰：「猶子之恩，特深於情禮；睦親之義，必備於哀榮。同安郡王

琦稟氣淳和，執心忠順，邦國垣翰，宗枝羽儀。磐石疏封，將期永固；逝川不捨，俄歎促齡。悼往之懷，因心所切，宜增寵命，用飾幽泉。可贈太子少保。葬事官給，陪葬橋陵。」

瑀，封漢中王，歷都水使者、恆王府司馬、衞尉員外卿。瑀早有才望，偉儀表。初爲隴西郡公。天寶十五載，從玄宗幸蜀，至漢中，因封漢中王，仍加銀青光祿大夫、漢中郡太守。乾元二年，以特進試太常卿，送寧國公主至迴紇，充册立使。

玢，蒼梧郡開國公，歷銀青光祿大夫、祕書監員外置同正員。卒，贈江陵大都督。

珽，封晉昌郡開國公。琯，魏郡開國公。璀，文安郡開國公。天寶十一載，珽、琯、璀並食邑三千戶。

惠莊太子撝，睿宗第二子也。本名成義。母柳氏，掖庭宮人。撝之初生，則天嘗以示僧萬迴。萬迴曰：「此兒是西域大樹之精，養之宜兄弟。」則天甚悅，始令列於兄弟之次。垂拱三年，封恆王。尋卻入閤，改封衡陽郡王，累授尚衣奉御。神龍元年，加賜實封二百戶，通前五百戶，遷司農少卿，加銀青光祿大夫。睿宗踐祚，進封申王，遷右衞大將軍。景雲元年七月，遷殿中監，兼檢校右衞大將軍。二年，轉光祿卿、右金吾衞大將軍。先天元年七月，加實封一千戶。八月，行司徒，兼益州大都督。開元二年，帶司徒兼幽州刺史。俄避昭成太后

之稱，改名撝。歷鄧、虢、絳三州刺史。八年，因入朝，停刺史，依舊爲司徒。性弘裕，儀形瓌偉，善於飲啖。十二年，病薨，册贈惠莊太子，陪葬橋陵。無子。初養讓帝子琳，封同安郡王，先卒。天寶三載，又以讓帝子璹爲嗣申王，授鴻臚員外卿。

惠文太子範，睿宗第四子也。本名隆範，後避玄宗連名，改單稱範。初封鄭王，尋改封衞王。長壽二年，隨例卻入閤，徙封巴陵郡王，累授尚食奉御。神龍元年，遷太府員外少卿，加賜實封二百戶，通前五百戶。景龍年，兼隴州別駕，加銀青光祿大夫。睿宗踐祚，進封岐王，又加實封五百戶，拜太常卿，兼左羽林大將軍。先天二年，從上討竇懷貞、蕭至忠等，以功加賜實封滿五千戶，下制褒美。開元初，拜太子少師，帶本官，歷絳、鄭、岐三州刺史。八年，遷太子太傅。

範好學工書，雅愛文章之士，士無貴賤，皆盡禮接待，與閻朝隱、劉庭琦、張諤、鄭繇篇題唱和，又多聚書畫古跡，爲時所稱。時上禁約王公，不令與外人交結。駙馬都尉裴虛己坐與範遊讌，兼私挾讖緯之書，配徙嶺外。萬年尉劉庭琦、太祝張諤皆坐與範飲酒賦詩，黜庭琦爲雅州司戶，諤爲山茌丞。然上未嘗間範，恩情如初，謂左右曰：「我兄弟友愛天至，必無異意，祇是趨競之輩，強相託附耳。我終不以纖芥之故責及兄弟也。」時王毛仲等本起

微賤，皆崇貴傾於朝廷，諸王每相見，假立引待，獨範見之色莊。十四年，病薨。上哭之甚慟，輟朝三日，爲之追福，手寫老子經，徹膳累旬，百僚上表勸喻，然後復常。開元十四年，命工部尚書、攝太尉盧從愿册贈王爲惠文太子，陪葬橋陵。

一子瑾，封河東郡王，官至太僕卿。冒于酒色，竟暴卒，贈太子少師。

天寶三載，又以惠宣太子男略陽公珍爲嗣岐王、銀青光祿大夫、宗正員外卿。上元二年，珍與朱融善。珍儀表偉如，頗類玄宗，融乃誘崔昌、趙非熊等并中官六軍人同謀逆。融謂金吾將軍邢濟曰：「今城中草草，關外近更憑凌，若何？」濟曰：「我金吾，天子押衙，死生隨之，安能自脫？」融曰：「有一人，足下見之自當知，縱不出城亦無慮。」乃引以見珍。濟奏之，乃令御史中丞敬羽訊之。珍賜死。其同謀右武衞將軍竇如玢、試都水使者崔昌、右羽林軍大將軍劉從諫、蔚州長塞鎮將朱融〔二〕、右衞將軍胡例、直司天臺通玄院高抱素、右司禦率府率魏兆、內侍省內謁者監王道成等九人，特宜斬決。試太子洗馬兼知司天臺冬官正事趙非熊、陳王府長史陳閎、楚州司馬張昂、右武衞兵曹焦自榮、前鳳翔府郿縣主簿李岵、國子監廣文進士張奐等六人，特宜決殺。駙馬都尉薛履謙預逆謀，宜賜自盡。乃以濟兼桂州都督、侍御史，充桂管防禦都使。左散騎常侍張鎬坐與交通，貶辰州司戶。

鄭繇者，鄭州滎陽人，北齊吏部尚書述五代孫也。工五言詩。開元初，範爲岐州刺史，

繇爲長史，範失白鷹，繇爲失白鷹詩，當時以爲絕唱。後爲湖州刺史。子審亦善詩詠，乾元中任袁州刺史。

惠宣太子業，睿宗第五子也。本名隆業，後單名業。垂拱三年，封趙王，開府置官屬。長壽二年，隨例卻入閤，改封中山郡王，累授都水使者，尋又改封彭城郡王。神龍元年，加賜實封二百戶，通前五百戶。景龍二年，兼陳州別駕。銀青光祿大夫、太僕少卿，別駕如故。睿宗卽位，進封薛王，加封滿一千戶，拜祕書監，兼右羽林大將軍。俄轉宗正卿。睿宗以業好學而授祕書監。及玄宗誅蕭至忠、岑羲等，業以翊從之功，加實封通舊爲五千戶。開元初，歷太子少保、同涇豳衞虢等州刺史。八年，遷太子太保。

初，業母早終，從母賢妃親鞠養之，至是，迎賢妃出就外宅，事之甚謹。業同母妹淮陽、涼國二公主亦早卒，業撫愛其子，逾於己子。上以業孝友，特加親愛。業嘗疾病，上親爲祈禱，及愈，車駕幸其第，置酒讌樂，更爲初生之歡。玄宗賦詩曰：「昔見漳濱臥，言將人事違。今逢誕慶日，猶謂學仙歸。棠棣花重滿，鴒原鳥再飛。」其恩意如此。

十三年，上嘗不豫，業妃弟內直郎韋賓與殿中監皇甫恂私議休咎。事發，玄宗令杖殺韋賓，左遷皇甫恂爲錦州刺史。妃惶懼，降服待罪，業亦不敢入謁。上遽令召之，業至階

下，遂巡請罪。上降階就執其手曰：「吾若有心猜阻兄弟者，天地神明，所共咎罪。」乃歡讌久之。仍慰諭妃，令復其位。二十一年，業進拜司徒。二十二年正月，薨，册贈惠宣太子，陪葬橋陵。有子十一人。

瑗樂安郡王，瑒宗正卿、滎陽郡王，琄封嗣薛王，珍嗣岐王。琄爲金紫光祿大夫、鴻臚卿同正員。天寶五載，坐舅刑部尚書韋堅爲右相李林甫所構，貶夷陵郡別駕長任。母隨琄，竟以憂死。七載，琄於夜郎安置，後移南浦郡。十四載，安祿山反，赴于西京。

隋王隆悌，睿宗第六子也。初封汝南郡王。長安初，拜尚乘直長。早薨。睿宗踐極，追封隋王，贈荊州大都督。無子。

史臣曰：夫得天下而治者，其道舒而有變；讓天下而退者，其道卷而常存。何者？飛龍在天，舒也；亢龍有悔，變也。讓皇帝守無咎於或躍，利終吉於勞謙，其用有光，其闇莫朽。惠莊、惠文、惠宣、隋王等，或守常而獲免，終保皇枝；或過望而包羞，竟塵青史。略陽公

信魁偉之狀，起圖謀之心，福善禍淫，宜哉不令。

贊曰：謙而受益，讓以成賢。唐屬之美，憲得其先。長不居震，剛不乘乾。讓之大者，胡可比焉。撝、範已降，同氣連枝。性習何遠，非革即睽。有善有惡，禍福不欺。

校勘記

〔一〕慶王潭　「潭」字各本原作「澤」，據本書卷一〇七靖德太子琮傳、新書卷八二奉天皇帝琮傳改。

〔二〕長塞鎮將　「塞」字各本原無，據通鑑卷二一二補。

舊唐書卷九十六

列傳第四十六

姚崇　宋璟

姚崇，本名元崇，陝州硤石人也。父善意，貞觀中，任巂州都督。元崇爲孝敬挽郎，應下筆成章舉，授濮州司倉，五遷夏官郎中。時契丹寇陷河北數州，兵機塡委，元崇剖析若流，皆有條貫。則天甚奇之，超遷夏官侍郎，又尋同鳳閣鸞臺平章事。

聖曆初，則天謂侍臣曰：「往者周興、來俊臣等推勘詔獄，朝臣遞相牽引，咸承反逆，國家有法，朕豈能違。中間疑有枉濫，更使近臣就獄親問，皆得手狀，承引不虛，朕不以爲疑，即可其奏。近日周興、來俊臣死後，更無聞有反逆者，然則以前就戮者，不有冤濫耶？」元崇對曰：「自垂拱已後，被告身死破家者，皆是枉酷自誣而死。告者特以爲功，天下號爲羅織，甚於漢之黨錮。陛下令近臣就獄問者，近臣亦不自保，何敢輒有動搖？被問者若翻，

又懼遭其毒手，將軍張虔勗、李安靜等皆是也。賴上天降靈，聖情發寤，誅鋤兇豎，朝廷乂安。今日已後，臣以微軀及一門百口保見在內外官更無反逆者。乞陛下得告狀，但收掌，不須推問。若後有徵驗，反逆有實，臣請受知而不告之罪。」則天大悅曰：「以前宰相皆順成其事，陷朕爲淫刑之主。聞卿所說，甚合朕心。」其日，遣中使送銀千兩以賜元崇。

時突厥叱利元崇構逆，則天不欲元崇與之同名，乃改爲元之。俄遷鳳閣侍郎，依舊知政事。

長安四年，元之以母老，表請解職侍養，言甚哀切，則天難違其意，拜相王府長史，罷知政事，俾獲其養。其月，又令元之兼知夏官尚書事、同鳳閣鸞臺三品。元之上言：「臣事相王，知兵馬不便。臣非惜死，恐不益相王。」則天深然其言，改爲春官尚書。是時，張易之請移京城大德僧十人配定州私置寺，僧等苦訴，元之斷停，易之屢以爲言，元之終不納。由是爲易之所譖，改爲司僕卿，知政事如故，使充靈武道大總管。

神龍元年，張柬之、桓彥範等謀誅易之兄弟，適會元之自軍還都，遂預謀，以功封梁縣侯，賜實封二百戶。則天移居上陽宮，中宗率百官就閣起居，王公已下皆欣躍稱慶，元之獨嗚咽流涕。彥範、柬之謂元之曰：「今日豈是啼泣時！恐公禍從此始。」元之曰：「事則天歲久，乍此辭違，情發於衷，非忍所得。昨預公誅兇逆者，是臣子之常道，豈敢言功；

今辭違舊主悲泣者，亦臣子之終節，緣此獲罪，實所甘心。」無幾，出爲亳州刺史，轉常州刺史。

睿宗卽位，召拜兵部尚書、同中書門下三品，尋遷中書令。時玄宗在東宮，太平公主干預朝政，宋王成器爲閑廐使，岐王範、薛王業皆掌禁兵，外議以爲不便。元之同侍中宋璟密奏請令公主往就東都，出成器等諸王爲刺史，以息人心。睿宗以告公主，公主大怒。玄宗乃上疏以元之、璟等離間兄弟，請加罪，乃貶元之爲申州刺史。再轉揚州長史、淮南按察使，爲政簡肅，人吏立碑紀德。俄除同州刺史。先天二年，玄宗講武在新豐驛，召元之代郭元振爲兵部尚書、同中書門下三品，復遷紫微令。避開元尊號，又改名崇，進封梁國公。固辭實封，乃停其舊封，特賜新封一百戶。

先是，中宗時，公主外戚皆奏請度人爲僧尼，亦有出私財造寺者，富戶強丁，皆經營避役，遠近充滿。至是，崇奏曰：「佛不在外，求之於心。佛圖澄最賢，無益於全趙；羅什多藝，不救於亡秦。何充、苻融，皆遭敗滅；齊襄、梁武，未免災殃。但發心慈悲，行事利益，使蒼生安樂，卽是佛身。何用妄度姦人，令壞正法？」上納其言，令有司隱括僧徒，以僞濫還俗者萬二千餘人。

開元四年，山東蝗蟲大起，崇奏曰：「毛詩云：『秉彼蟊賊，以付炎火。』又漢光武詔曰：

『勉順時政，勸督農桑，去彼螟蜮，以及蟊賊。』此並除蝗之義也。蟲既解畏人，易爲驅逐。又苗稼皆有地主，救護必不辭勞。蝗既解飛，夜必赴火，夜中設火，火邊掘坑，且焚且瘞，除之可盡。時山東百姓皆燒香禮拜，設祭祈恩，眼看食苗，手不敢近。自古有討除不得者，祇是人不用命，但使齊心戮力，必是可除。」乃遣御史分道殺蝗。汴州刺史倪若水執奏曰：「蝗是天災，自宜修德。劉聰時除既不得，爲害更深。」仍拒御史，不肯應命。崇大怒，牒報若水曰：「劉聰僞主，德不勝妖；今日聖朝，妖不勝德。古之良守，蝗蟲避境，若其修德可免，彼豈無德致然！今坐看食苗，何忍不救，因以饑饉，將何自安？幸勿遲迴，自招悔吝。」若水乃行焚瘞之法，獲蝗一十四萬石，投汴渠流下者不可勝紀。

時朝廷喧議，皆以驅蝗爲不便，上聞之，復以問崇。崇曰：「庸儒執文，不識通變。凡事有違經而合道者，亦有反道而適權者。昔魏時山東有蝗傷稼，緣小忍不除，致使苗稼總盡，人至相食；後秦時有蝗，禾稼及草木俱盡，牛馬至相噉毛。今山東蝗蟲所在流滿，仍極繁息，實所稀聞。河北、河南，無多貯積，倘不收穫，豈免流離，事繫安危，不可膠柱。縱使除之不盡，猶勝養以成災。陛下好生惡殺，此事請不煩出敕，乞容臣出牒處分。若除不得，臣在身官爵，並請削除。」上許之。

黃門監盧懷愼謂崇曰：「蝗是天災，豈可制以人事？外議咸以爲非。又殺蟲太多，有傷

和氣。今猶可復，請公思之。」崇曰：「楚王吞蛭，厥疾用瘳；叔敖殺蛇，其福乃降。趙宣至賢也，恨用其犬；孔丘將聖也，不愛其羊。皆志在安人，思不失禮。今蝗蟲極盛，驅除可得，若其縱食，所在皆空。山東百姓，豈宜餓殺！此事崇已面經奏定訖，請公勿復爲言。若救人殺蟲，因緣致禍，崇請獨受，義不仰關。」懷愼既庶事曲從，竟亦不敢逆崇之意，蝗因此亦漸止息。

是時，上初卽位，務修德政，軍國庶務，多訪於崇，同時宰相盧懷愼、源乾曜等，但唯諾而已。崇獨當重任，明於吏道，斷割不滯。然縱其子光祿少卿彝、宗正少卿异廣引賓客，受納饋遺，由是爲時所譏。時有中書主書趙誨爲崇所親信，受蕃人珍遺，事發，上親加鞫問，下獄處死。崇結奏其罪，復營救之，上由是不悅。其冬，曲赦京城，敕文特標誨名，令決杖一百，配流嶺南。崇自是憂懼，頻面陳避相位，薦宋璟自代。俄授開府儀同三司，罷知政事。

居月餘，玄宗將幸東都，而太廟屋壞，上召宋璟、蘇頲問其故，璟等奏言：「陛下三年之制未畢，誠不可行幸。凡災變之發，皆所以明敎誡。陛下宜增崇大道，以答天意，且停幸東都。」上又召崇問曰：「朕臨發京邑，太廟無故崩壞，恐神靈誡以東行不便耶？」崇對曰：「太廟殿本是苻堅時所造，隋文帝創立新都，移宇文朝故殿造此廟，國家又因隋氏舊制，歲

月滋深，朽蠹而毀。山有朽壤，尙不免崩，既久來枯木，合將摧折，偶與行期相會，不是緣行乃崩。且四海爲家，兩京相接，陛下以關中不甚豐熟，轉運又有勞費，所以爲人行幸，豈是無事煩勞？東都百司已作供擬，不可失信於天下。以臣愚見，舊廟既朽爛，不堪修理，望移神主於太極殿安置，更改造新廟，以申誠敬。車駕依前徑發。」上曰：「卿言正合朕意。」賜絹二百匹，令所司奉七廟神主於太極殿，改新廟，車駕乃幸東都。因令崇五日一參，仍入閤供奉，甚承恩遇。後又除太子少保，以疾不拜。九年薨，年七十二，贈揚州大都督，諡曰文獻。

崇先分其田園，令諸子姪各守其分，仍爲遺令以誡子孫，其略曰：

古人云：富貴者，人之怨也。貴則神忌其滿，人惡其上；富則鬼瞰其室，虜利其財。自開闢已來，書籍所載，德薄任重而能壽考無咎者，未之有也。故范蠡、疏廣之輩，知止足之分，前史多之。況吾才不逮古人，而久竊榮寵，位逾高而益懼，恩彌厚而增憂。往在中書，遘疾虛憊，雖終匪懈，而諸務多闕。薦賢自代，屢有誠祈，人欲天從，竟蒙哀允。優游園沼，放浪形骸，人生一代，斯亦足矣。田巴云：「百年之期，未有能至。」王逸少云：「俛仰之間，已爲陳迹。」誠哉此言。

比見諸達官身亡以後，子孫既失覆蔭，多至貧寒，斗尺之間，參商是競。豈唯自

玷，仍更辱先，無論曲直，俱受嗤毀。莊田水碾，既衆有之，遞相推倚，或致荒廢。陸賈、石苞，皆古之賢達也，所以預爲定分，將以絕其後爭，吾靜思之，深所歎服。

昔孔丘亞聖，母墓毀而不修；梁鴻至賢，父亡席卷而葬。昔楊震、趙咨、盧植、張奐，皆當代英達，通識今古，咸有遺言，屬以薄葬。或濯衣時服，或單帛幅巾，知真魂去身，貴於速朽，子孫皆遵成命，迄今以爲美談。凡厚葬之家，例非明哲，或溺於流俗，不察幽明，咸以奢厚爲忠孝，以儉薄爲慳惜，至令亡者致戮屍暴骸之酷，存者陷不忠不孝之誚。可爲痛哉，可爲痛哉！死者無知，自同糞土，何煩厚葬，使傷素業。若也有知，神不在柩，復何用違君父之令，破衣食之資。吾身亡後，可殮以常服，四時之衣，各一副而已。吾性甚不愛冠衣，必不得將入棺墓，紫衣玉帶，足便於身，念爾等勿復違之。且神道惡奢，冥塗尚質，若違吾處分，使吾受戮於地下，於汝心安乎？念而思之。

今之佛經，羅什所譯，姚興執本，與什對翻。姚興造浮屠於永貴里，傾竭府庫，廣事莊嚴，而興命不得延，國亦隨滅。又齊跨山東，周據關右，周則多除佛法而修繕兵威，齊則廣置僧徒而依憑佛力。及至交戰，齊氏滅亡，國既不存，寺復何有？修福之報，何其蔑如！梁武帝以萬乘爲奴，胡太后以六宮入道，豈特身戮名辱，皆以亡國破

家。近日孝和皇帝發使贖生，傾國造寺，太平公主、武三思、悖逆庶人、張夫人等皆度人造寺，竟術彌街，咸不免受戮破家，爲天下所笑。經云：「求長命得長命，求富貴得富貴」，「刀尋段段壞，火坑變成池」。比來緣精進得富貴長命者爲誰？生前易知，尚覺無應，身後難究，誰見有徵。且五帝之時，父不葬子，兄不哭弟，言其致仁壽、無夭橫也。三王之代，國祚延長，人用休息，其人臣則彭祖、老聃之類，皆享遐齡。當此之時，未有佛教，豈抄經鑄像之力，設齋施物之功耶？宋書西域傳，有名僧爲白黑論，理證明白，足解沈疑，宜觀而行之。

且佛者覺也，在乎方寸，假有萬像之廣，不出五蘊之中，但平等慈悲，行善不行惡，則佛道備矣。何必溺於小說，惑於凡僧，仍將喻品，用爲實錄，抄經寫像，破業傾家，乃至施身亦無所吝，可謂大惑也。亦有緣亡人造像，名爲追福，方便之教，雖則多端，功德須自發心，旁助寧應獲報？遞相欺誑，浸成風俗，損耗生人，無益亡者。假有通才達識，亦爲時俗所拘。如來普慈，意存利物，損衆生之不足，厚豪僧之有餘，必不然矣。且死者是常，古來不免，所造經像，何所施爲？

夫釋迦之本法，爲蒼生之大弊，汝等各宜警策，正法在心，勿效兒女子曹，終身不悟也。吾亡後必不得爲此弊法。若未能全依正道，須順俗情，從初七至終七，任設七僧

齋。若隨齋須布施，宜以吾緣身衣物充，不得輒用餘財，爲無益之枉事，亦不得妄出私物，徇追福之虛談。

道士者，本以玄牝爲宗，初無趣競之教，而無識者慕僧家之有利，約佛教而爲業。敬尋老君之說，亦無過齋之文，抑同僧例，失之彌遠。汝等勿拘鄙俗，輒屈於家。汝等身沒之後，亦教子孫依吾此法云。

十七年，重贈崇太子太保。

崇長子彝，開元初光祿少卿。次子异，坊州刺史。少子弈，少而修謹，開元末，爲禮部侍郎、尚書右丞。天寶元年，右相牛仙客薨，彝男閎爲侍御史、仙客判官，見仙客疾亟，逼爲仙客表，請以弈及兵部侍郎盧奐爲宰相代己。其妻因中使奏之，玄宗聞而怒之，閎決死，弈出爲永陽太守，奐爲臨淄太守。玄孫合，登進士第，授武功尉，遷監察御史，位終給事中。

宋璟，邢州南和人，其先自廣平徙焉，後魏吏部尚書弁七代孫也。父玄撫，以璟貴，贈邢州刺史。璟少耿介有大節，博學，工於文翰。弱冠舉進士，累轉鳳閣舍人，當官正色，

則天甚重之。長安中，倖臣張易之誣構御史大夫魏元忠有不順之言，引鳳閣舍人張說令證之。說將入於御前對覆，惶惑迫懼，璟謂曰：「名義至重，神道難欺，必不可黨邪陷正，以求苟免。若緣犯顏流貶，芬芳多矣。或至不測，吾必叩閤救子，將與子同死。努力，萬代瞻仰，在此舉也。」說感其言。及入，乃保明元忠，竟得免死。

璟尋遷左御史臺中丞。張易之與弟昌宗縱恣益橫，傾朝附之。昌宗私引相工李弘泰觀占吉凶，言涉不順，爲飛書所告。璟廷奏請窮究其狀，則天曰：「易之等已自奏聞，不可加罪。」璟曰：「易之等事露自陳，情在難恕，且謀反大逆，無容首免。請勒就御史臺勘當，以明國法。易之等久蒙驅使，分外承恩，臣必知言出禍從，然義激於心，雖死不恨。」則天不悅。內史楊再思恐忤旨，遽宣敕令璟出。璟曰：「天顏咫尺，親奉德音，不煩宰臣擅宣王命。」則天意稍解，乃收易之等就臺，將加鞫問。俄有特敕原之，仍令易之等詣璟辭謝，璟拒而不見，曰：「公事當公言之，若私見，則法無私也。」

璟嘗侍宴朝堂，時易之兄弟皆爲列卿，位三品，璟本階六品，在下座。易之素畏璟，妄悅其意，虛位揖璟曰：「公第一人，何乃下座？」璟曰：「才劣品卑，張卿以爲第一人，何也？」當時朝列，皆以二張內寵，不名官，呼易之爲五郎，昌宗爲六郎。天官侍郎鄭善果謂璟曰〔二〕：「中丞奈何呼五郎爲卿？」璟曰：「以官言之，正當爲卿；若以親故，當爲張五。足下

非易之家奴，何郎之有？鄭善果一何懦哉！」其剛正皆此類也。自是易之等常欲因事傷之，則天察其情，竟以獲免。

神龍元年，遷吏部侍郎。中宗嘉璟正直，仍令兼諫議大夫、內供奉，仗下後言朝廷得失。尋拜黃門侍郎。時武三思恃寵執權，嘗請託於璟，璟正色謂之曰：「當今復子明辟，王宜以侯就第，何得尚干朝政？王獨不見產、祿之事乎？」俄有京兆人韋月將上書訟三思潛通宮掖，將爲禍患之漸，三思諷有司奏月將大逆不道，中宗特令誅之。璟執奏請按其罪狀，然後申明典憲，月將竟免極刑，配流嶺南而死。

中宗幸西京，令璟權檢校并州長史，未行，又帶本官檢校貝州刺史。時河北頻遭水潦，百姓飢餒，三思封邑在貝州，專使徵其租賦，璟又拒而不與，由是爲三思所擠。又歷杭、相二州刺史，在官清嚴，人吏莫有犯者。

中宗晏駕，拜洛州長史。睿宗踐祚，遷吏部尚書、同中書門下三品。玄宗在春宮，又兼右庶子，加銀青光祿大夫。先是，外戚及諸公主干預朝政，請託滋甚。崔湜、鄭愔相次典選，爲權門所制，九流失敍，預用兩年員闕注擬，不足，更置比多選人，大爲士庶所歎。至是，璟與侍郎李乂、盧從愿等大革前弊，取捨平允，銓綜有敍。

時太平公主謀不利於玄宗，嘗於光範門內乘輦伺執政以諷之，衆皆失色。璟昌言曰：

「東宮有大功於天下，眞宗廟社稷之主，安得有異議！」乃與姚崇同奏請令公主就東都。玄宗懼，抗表請加罪於璟等，乃貶璟爲楚州刺史。無幾，歷魏、兗、冀三州刺史、河北按察使。遷幽州都督、兼御史大夫。尋拜國子祭酒，兼東都留守。歲餘，轉京兆尹，復拜御史大夫，坐事出爲睦州刺史，轉廣州都督，仍爲五府經略使。廣州舊俗，皆以竹茅爲屋，屢有火災。璟敎人燒瓦，改造店肆，自是無復延燒之患，人皆懷惠，立頌以紀其政。

開元初，徵拜刑部尚書。四年，遷吏部尚書，兼黃門監。明年，官名改易，爲侍中，累封廣平郡公。其秋，駕幸東都，次永寧之崤谷，馳道隘狹，車騎停擁，河南尹李朝隱、知頓使王怡並失於部伍，上令黜其官爵。璟入奏曰：「陛下富有春秋，方事巡狩，一以埶隘，致罪二臣，竊恐將來人受艱弊。」於是遽令捨之。璟曰：「陛下責之，以臣言免之，是過歸於上而恩由於下。請且使待罪於朝，然後詔復其職，則進退得其度矣。」上深善之。

俄又令璟與中書侍郎蘇頲爲皇子制名及封邑，并公主等邑號。璟等奏曰：「王子將封，三十餘國，周之麟趾，漢之犬牙，彼何足云，於斯爲盛。竊以郯、鄎王等傍有古邑字，臣等以類推擇，謹件三十國名。又王子先有名者，皆上有『嗣』字，又公主邑號，亦選擇三十美名，皆文不害意，言足定體。又令臣等別撰一佳名及一美邑號者。七子均養，百王至仁，今若同等別封，或緣母寵子愛，骨肉之際，人所難言，天地之中，典有常度。昔袁盎降愼夫人之席，

文帝竟納之，愼夫人亦不以爲嫌，美其得久長之計。臣等故同進，更不別封，上彰覆載無偏之德。」上稱歎之。

七年，開府儀同三司王皎卒，及將築墳，皎子駙馬都尉守一請同昭成皇后父竇孝諶故事，其墳高五丈一尺。璟及蘇頲請一依禮式，上初從之。翌日，又令準孝諶舊例。璟等上言曰：

夫儉，德之恭；侈，惡之大。高墳乃昔賢所誡，厚葬實君子所非。古者墓而不墳，蓋此道也。凡人子於哀送之際，則不以禮制爲思。故周、孔設齊斬緦免之差，衣衾棺槨之度，賢者俯就，私懷不果。且蒼梧之野，驪山之徒，善惡分區，圖史所載。衆人皆務奢靡而獨能革之，斯所謂至孝要道也。中宮若以爲言，則此理固可敦諭。

在外或云竇太尉墳甚高，取則不遠者。縱令往日無極言，其事偶行，令出一時，故非常式。又貞觀中文德皇后嫁所生女長樂公主，奏請儀注加於長公主，魏徵諫云：「皇帝之姑姊爲長公主，皇帝之女爲公主，既有『長』字，合高於公主。若加於長公主，事甚不可。」引漢明故事云：「羣臣欲封皇子爲王，帝曰：『朕子豈敢與先帝子等。』」時太宗嘉納之，文德皇后奏降中使致謝於徵。此則乾坤輔佐之間，綽有餘裕。豈若韋庶人父追加王位，擅作酆陵，禍不旋踵，爲天下笑。則犯顏逆耳，阿意順旨，不可同日而言

也。

況令之所載，預作紀綱，情既無窮，故爲之制度，不因人以搖動，不變法以愛憎。頃謂金科玉條，蓋以此也。比來蕃夷等輩及城市閑人，遞以奢靡相高，不將禮儀爲意。今以后父之寵，開府之榮，金穴玉衣之資，不憂少物；高墳大寢之役，不畏無人。百事皆出於官，一朝亦可以就。而臣等區區不已以聞，諒欲成朝廷之政，崇國母之德，化浹寰區，聲光竹素。倘中宮情不可奪，陛下不能苦違，即準一品合陪陵葬者，墳高三丈已上，四丈已下，降敕將同陪陵之例，即極是高下得宜。

上謂璟等曰：「朕每事常欲正身以成綱紀，至於妻子，情豈有私？然人所難言，亦在於此。卿等乃能再三堅執，成朕美事，足使萬代之後，光揚我史策。」乃遣使賚綵絹四百匹分賜之。

先是，朝集使每至春將還，多有改轉，率以爲常，璟奏請一切勒還，絕其僥求之路。又禁斷惡錢，發使分道檢括銷毀之，頗招士庶所怨。俄授璟開府儀同三司，罷知政事。明年，京兆人權梁山構逆伏誅，制河南尹王怡馳傳往長安窮其枝黨。怡禁繫極衆，久之未能決斷，乃詔璟兼京兆留守，并按覆其獄。璟至，惟罪元謀數人，其餘緣梁山詐稱婚禮因假借得罪及脅從者，盡奏原之。十二年，駕又東巡，璟復爲留守。上臨發，謂璟曰：「卿國之元老，爲

朕股肱耳目。今將巡洛邑，爲別歷時，所有嘉謨嘉猷，宜相告也。」璟因極言得失，特賜綵絹等，仍手制曰：「所進之言，書之座右，出入觀省，以誡終身。」其見重如此。俄又兼吏部尚書。

十七年，遷尚書右丞相，與張說、源乾曜同日拜官。敕太官設饌，太常奏樂，於尚書都省大會百僚。玄宗賦詩褒述，自寫與之。二十年，以年老上表曰：

臣聞力不足者，老則更衰；心無主者，疾而尤廢。臣昔聞其語，今驗諸身，況且兼之，何能爲也。臣自拔跡幽介，欽屬盛明，才不逮人，藝非經國。復以久承驅策，歷參試用，命偶時來，榮因歲積。遂使再升台座，三入冢司，進階開府，增封本郡。所更中外，已紊彝章，遽居端揆，左叨名職。何者？丞相官師之長，任重昔時；愚臣衰朽之餘，用慚他日。位則愈盛，人則寖微，盡知其然，何居而可？頃僶俛從政，蒼黃不言，實懷覆載之德，冀竭涓塵之効。今積羸成憊，沈錮莫瘳，耳目更昏，手足多廢。顧惟殞越，寧遂宿心？安可以苟徇大名，仍尸重祿，且留章綬，不上闕庭。儀刑此乖，禮法何設？伏惟陛下審能以授，爲官而擇，察臣之懇詞，矜臣之不逮，使罷歸私第，養疾衡門，上弭官謗，下知死所。則歸全之望，獲在愚臣；養老之恩，成於聖代。日暮途遠，天高聽卑，瞻望軒墀，伏深感戀。謹奉表陳乞以聞。

手敕許之，仍令全給祿俸。璟乃退歸東都私第，屏絕人事，以就醫藥。二十二年，駕幸東都，璟於路左迎謁，上遣榮王親勞問之，自是頻遣使送藥餌。二十五年薨，年七十五，贈太尉，謚曰文貞。

子昇，天寶初太僕少卿。次尙，漢東太守。次渾，與右相李林甫善，引爲諫議大夫、平原太守、御史中丞、東京採訪使。次恕，都官郎中、劍南採訪判官，依倚權勢，頗爲貪暴。渾在平原，重徵一年庸調。作東畿採訪使，又使河南尉楊朝宗影娶妻鄭氏。鄭氏即薛稷外孫，姊爲宗婦，孀居有色，渾有妻，使朝宗聘而渾納之，奏朝宗爲赤尉。恕在劍南，有雒縣令崔珪，恕之表兄，妻美，恕誘而私之，而貶珪官。又養刺客李晏。至九載，並爲人所發，贓私各數萬貫。林甫奏稱璟子渾就東京臺推，恕就本使劍南推，皆有實狀，渾流嶺南高要郡，恕流海康郡。尙，其載又爲人訟其贓，貶臨海長史。其子華、衡，居官皆坐贓，相次流貶。其後渾會赦，量移至東陽郡下，請託過求，及役使人吏，求其資課，人不堪其弊，訟之，配流潯江郡〔二〕。然兄弟盡善飮謔，俳優雜戲，衡最粗險，廣平之風教，無復存矣。廣德後，渾除太子諭德，爲物議薄之，乃留寓於江嶺卒。

史臣曰：履艱危則易見良臣，處平定則難彰賢相。故房、杜預創業之功，不可儔匹。而姚、宋經武、韋二后，政亂刑淫，頗涉履於中，克全聲跡，抑無愧焉。

贊曰：姚、宋入用，刑政多端。爲政匪易，防刑益難。諫諍以猛，施張用寬。不有其道，將何以安？

校勘記

〔一〕鄭善果　通鑑卷二〇七作「鄭杲」。考異曰：「按善果乃是高祖時人，新、舊傳皆誤，當從御史臺記。」

〔二〕潯江郡　張森楷說：「案江字當作陽。地理志：江州改潯陽郡，無潯江郡也。」

舊唐書卷九十七

列傳第四十七

劉幽求 鍾紹京 郭元振 張說 子均 垍 陳希烈附

劉幽求，冀州武強人也。聖曆年，應制舉，拜閬中尉，刺史不禮焉，乃棄官而歸。久之，授朝邑尉。初，桓彥範、敬暉等雖誅張易之兄弟，竟不殺武三思。幽求謂桓、敬曰：「三思尚存，公輩終無葬地。若不早圖，恐噬臍無及。」桓、敬等不從其言，後果爲三思誣構，死於嶺外。

及韋庶人將行纂逆，幽求與玄宗潛謀誅之，乃與苑總監鍾紹京、長上果毅麻嗣宗及太平公主之子薛崇暕等夜從入禁中討平之。是夜所下制敕百餘道，皆出於幽求。以功擢拜中書舍人，令參知機務，賜爵中山縣男，食實封二百戶。翌日，又授其二子五品官，祖、父俱追贈刺史。

睿宗即位，加銀青光祿大夫，行尚書右丞，仍舊知政事，進封徐國公，加實封通前五百戶，賜物千段、奴婢二十人、宅一區、地十頃、馬四匹，加以金銀雜器。景雲二年，遷戶部尚書，罷知政事。月餘，轉吏部尚書，擢拜侍中，降璽書曰：「頃者，王室不造，中宗厭代，外戚專政，姦臣擅國，將傾社稷，幾遷龜鼎，朕躬與王公，皆將及於禍難。卿見危思奮，在變能通，翊贊儲君，協和義士，殄殲元惡，放殛凶徒。我國家之復存，繄茲是賴，厥庸甚茂，朕用嘉焉。故委卿以衡軸，胙卿以茅土，然征賦未廣，寵錫猶輕。昔西漢行封，更擇多戶；東京定賞，復增大邑。故加賜卿實封二百戶，兼舊七百戶。使夫高岸爲谷，長河如帶，子子孫孫，傳國無絕。又以卿忘軀徇難，宜有恩榮，故特免卿十死罪，並書諸金鐵，俾傳于後。卿其保茲功業，永作國楨，可不美歟！」

先天元年，拜尚書右僕射、同中書門下三品，監修國史。幽求初自謂功在朝臣之右，而志求左僕射，兼領中書令。俄而竇懷貞爲左僕射，崔湜爲中書令，幽求心甚不平，形於言色。湜又託附太平公主，將謀逆亂。幽求乃與右羽林將軍張暐請以羽林兵誅之，乃令暐密奏玄宗曰：「宰相中有崔湜、岑羲，俱是太平公主進用，見作方計，其事不輕。殿下若不早謀，必成大患。一朝事出意外，太上皇何以得安？古人云：『當斷不斷，反受其亂。』唯請急殺此賊。劉幽求已共臣作定謀計訖，願以身正此事，赴死如歸。臣既職典禁兵，若奉殿下命，當即除翦。」上深以爲然。暐又洩其謀於侍御史鄧光賓，玄宗大懼，遽列上其狀，睿宗下幽求等詔獄，令法官推鞫之。法官奏幽求等以疏間親，罪當死。玄宗屢救獲免，乃流幽求于封州，暐于峯州。

歲餘，太平公主等伏誅，其日下詔曰：「劉幽求風雲玄感，川嶽粹靈，學綜九流，文窮三變。義以臨事，精能貫日；忠以成謀，用若投水。茂勳立艱難之際，嘉話盈啓沃之初，存讜直以不顧，爲姦邪之所忌。釁萌頗露，譖端潛發，元宰見逐，讒人孔多。既殄羣兇，方宜大化，期問政於經始，載登賢於夢卜。可依舊金紫光祿大夫，守尚書左僕射，知軍國事，監修國史，上柱國、徐國公，仍依舊還封七百戶，并賜錦衣一襲。」

開元初，改尚書左右僕射爲左右丞相，乃授幽求尚書左丞相，兼黃門監。未幾，除太子少保，罷知政事。姚崇素嫉忌之，乃奏言幽求鬱怏於散職，兼有怨言，貶授睦州刺史，削其實封六百戶。歲餘，稍遷杭州刺史。三年，轉桂陽郡刺史，在道憤恚而卒，年六十一，贈禮部尚書，謚曰文獻，配享睿宗廟庭。建中三年，重贈司徒。

鍾紹京，虔州贛人也。初爲司農錄事，以工書直鳳閣，則天時明堂門額、九鼎之銘，及

諸宮殿門榜，皆紹京所題。景龍中，爲苑總監。玄宗之誅韋氏，紹京夜中帥戶奴及丁夫以從。及事成，其夜拜紹京銀青光祿大夫、中書侍郎，參知機務。翌日，進拜中書令，加光祿大夫，封越國公，賜實封五百戶，賜物二千段、馬十匹。紹京既當朝用事，恣情賞罰，甚爲時人所惡。俄又抗疏讓官，睿宗納薛稷之言，乃轉爲戶部尚書，出爲蜀州刺史。

玄宗即位，復召拜戶部尚書，遷太子詹事。時姚崇素惡紹京之爲人，因奏紹京發言怨望，左遷綿州刺史。及坐事，累貶琰川尉，盡削其階爵及實封。俄又歷遷溫州別駕。開元十五年，入朝，因垂泣奏曰：「陛下豈不記疇昔之事耶？何忍棄臣荒外，永不見闕庭。且當時立功之人，今並亡歿，唯臣衰老獨在，陛下豈不垂愍耶？」玄宗爲之惘然，即日拜銀青光祿大夫、右諭德。久之，轉少詹事。年八十餘卒。紹京雅好書畫古跡，聚二王及褚遂良書至數十百卷。建中元年，重贈太子太傅。

郭元振，魏州貴鄉人。舉進士，授通泉尉。任俠使氣，不以細務介意，前後掠賣所部千餘人，以遺賓客，百姓苦之。則天聞其名，召見與語，甚奇之。時吐蕃請和，乃授元振右武衞鎧曹，充使聘於吐蕃。吐蕃大將論欽陵請去四鎮兵，分十姓之地，朝廷使元振因察其事

宜。元振還，上疏曰：

臣聞利或生害，害亦生利。國家難消息者，唯吐蕃與默啜耳。今吐蕃請和，默啜受命，是將大利於中國也。若圖之不審，則害必隨之。今欽陵欲分裂十姓，去四鎮兵，此誠動靜之機，不可輕舉措也。今若直塞其善意，恐邊患之起，必甚於前。若以鎮不可拔，兵不可抽，則宜爲計以緩之，藉事以誘之，使彼和望未絕，則其惡意亦不得頓生。

且四鎮之患遠，甘、涼之患近，取捨之計，實宜深圖。今國之外患者，十姓、四鎮是也；內患者，甘、涼、瓜、肅是也。關、隴之人，久事屯戍，向三十年，力用竭矣。脫甘、涼有不虞，豈堪廣調發耶？夫善爲國者，當先料內以敵外，不貪外以害內。然後夷夏晏安，昇平可保。如欽陵云「四鎮諸部接界，懼漢侵竊，故有是請」，此則吐蕃所要者。然青海、吐渾密邇蘭、鄯，比爲漢患，實在茲輩，斯亦國家之要者。

今宜報欽陵云：「國家非吝四鎮，本置此以扼蕃國之要，分蕃國之力，使不得併兵東侵。今委之於蕃，力強易爲東擾。必實無東侵意，則還漢吐渾諸部及青海故地，即俟斤部落亦還吐蕃。」如此，則足塞欽陵之口，而事未全絕也。如欽陵小有乖，則曲在彼矣。又西邊諸國，款附歲久，論其情義，豈可與吐蕃同日而言。今未知其利害，未審

其情實，遙有分裂，亦恐傷彼諸國之意，非制馭之長算也。

則天從之。

又上言曰：「臣揣吐蕃百姓倦徭戍久矣，咸願早和。其大將論欽陵欲分四鎮境，統兵專制，故不欲歸款。若國家每歲發和親使，而欽陵常不從命，則彼蕃之人怨欽陵日深，望國恩日甚，設欲廣舉醜徒，固亦難矣。斯亦離間之漸，必可使其上下俱懷猜阻。」則天甚然之。自是數年間，吐蕃君臣果相猜貳，因誅大將論欽陵。其弟贊婆及兄子莽布支並來降，則天仍令元振與河源軍大使夫蒙令卿率騎以接之。後吐蕃將麴莽布支率兵入寇，涼州都督唐休璟勒兵破之。元振參預其謀，以功拜主客郎中。

大足元年，遷涼州都督、隴右諸軍州大使。先是，涼州封界南北不過四百餘里，既逼突厥、吐蕃，二寇頻歲奄至城下，百姓苦之。元振始於南境硤口置和戎城，北界磧中置白亭軍，控其要路，乃拓州境一千五百里〔二〕，自是寇虜不復更至城下。元振又令甘州刺史李漢通開置屯田，盡其水陸之利。舊涼州粟麥斛至數千，及漢通收率之後，數年豐稔，乃至一匹絹糴數十斛，積軍糧支數十年。元振風神偉壯，而善於撫御，在涼州五年，夷夏畏慕，令行禁止，牛羊被野，路不拾遺。

神龍中，遷左驍衛將軍，兼檢校安西大都護。時西突厥首領烏質勒部落強盛，款塞通和，元振就其牙帳計會軍事。時天大雪，元振立於帳前，與烏質勒言議，須臾，雪深風凍，元振未嘗移足，烏質勒年老，不勝寒苦，會罷而死。其子娑葛以元振故殺其父，謀勒兵攻之。副使御史中丞解琬知其謀，勸元振夜遁，元振曰：「吾以誠信待人，何所疑懼，且深在寇庭，遁將安適？」乃安臥帳中。明日，親入虜帳，哭之甚哀，行弔贈之禮。娑葛乃感其義，復與元振通好，因遣使進馬五千匹及方物。制以元振爲金山道行軍大總管。

先是，娑葛與阿史那闕啜忠節不和，屢相侵掠，闕啜兵衆寡弱，漸不能支。元振奏請追闕啜入朝宿衛，移其部落入於瓜、沙等州安置，制從之。闕啜行至播仙城，與經略使、右威衛將軍周以悌相遇，以悌謂之曰：「國家以高班厚秩待君者，以君統攝部落，下有兵衆故也。今輕身入朝，是一老胡耳，在朝之人，誰復喜見？非唯官資難得，亦恐性命在人。今宰相有宗楚客、紀處訥，並專權用事，何不厚貺二公，請留不行。仍發安西兵并引吐蕃以擊娑葛，求阿史那獻爲可汗以招十姓，使郭虔瓘往拔汗那徵甲馬以助軍用。既得報讎，又得存其部落。如此，與入朝受制於人，豈復同也！」闕啜然其言，便勒兵攻陷于闐坎城，獲金寶及生口，遣人間道納賂於宗、紀。元振聞其謀，遽上疏曰：

往者吐蕃所爭，唯論十姓、四鎮，國家不能捨與，所以不得通和。今吐蕃不相侵擾者，不是顧國家和信不來，直是其國中諸豪及泥婆羅門等屬國自有攜貳。故贊普躬往

南征，身殞寇庭，國中大亂，嫡庶競立，將相爭權，自相屠滅。兼以人畜疲癘，財力困窮，人事天時，俱未稱愜。所以屈志，且共漢和，非是本心能忘情於十姓、四鎮也。如國力殷足之後，則必爭小事，方便絕和，縱其醜徒，來相吞擾，此必然之計也。

今忠節乃不論國家大計，直欲爲吐蕃作鄉導主人，四鎮危機，恐從此啟。頃緣默啜憑陵，所應處兼四鎮兵士，歲久貧羸，其勢未能得爲忠節經略，非是憐突騎施也。忠節不體國家中外之意，而別求吐蕃，吐蕃得志，忠節則在其掌握，若爲復得事漢？往年吐蕃於國非有恩有力，猶欲爭十姓、四鎮；今若效力樹恩之後，或請分于闐、疏勒，不知欲以何理抑之？又其國中諸蠻及婆羅門等國見今攜背，忽請漢兵助其除討，亦不知欲以何詞拒之？是以古之賢人，皆不願夷狄妄惠，非是不欲其力，懼後求請無厭，益生中國之事。故臣愚以爲用吐蕃之力，實爲非便。

又請阿史那獻者，豈不以獻等並可汗子孫，來即可以招脅十姓？但獻父元慶、叔僕羅、兄俀子并斛瑟羅及懷道，豈不俱是可汗子孫？往四鎮以他匐十姓不安，請冊元慶爲可汗，竟不能招脅得十姓，却令元慶沒賊，四鎮盡淪。頃年，忠節請斛瑟羅及懷道俱爲可汗，亦不能招脅得十姓，却遣碎葉數年被圍，兵士飢餒。又，吐蕃頃年亦冊俀子及僕羅并拔布相次爲可汗，亦不能招得十姓，皆自磨滅。何則？此等子孫非有惠下之

才，恩義素絕，故人心不歸，來者既不能招攜，唯與四鎮却生瘡痏，則知册可汗子孫，亦未獲招脅十姓之算也。今料獻之恩義，又隔遠於其父兄，向來既未樹立得威恩，亦何由卽遣人心懸附。若自舉兵，力勢能取，則可招脅十姓，不必要須得可汗子孫也。

又，欲令郭虔瓘入拔汗那稅甲稅馬，臣在疏勒具訪，不聞得一甲入軍。拔汗那胡不勝侵擾，南勾吐蕃，卽將俀子重擾四鎮。又虔瓘往入之際，拔汗那四面無賊可勾，恣意侵吞，如獨行無人之境，猶引俀子爲蔽。今北有娑葛強寇，知虔瓘等西行，必請相救，胡人則內堅城壘，突厥則外伺邀遮。必知虔瓘等不能更如往年得恣其吞噬，內外受敵，自陷危道，徒與賊結隙，令四鎮不安。臣愚揣之，亦非爲計。

疏奏不省。

楚客等既受闕啜之賂，乃建議遣攝御史中丞馮嘉賓持節安撫闕啜，御史呂守素處置四鎮，持璽書便報元振。除牛師奬爲安西副都護，便領甘、涼已西兵募，兼徵吐蕃，以討娑葛。娑葛進馬使娑臘知楚客計，馳還報娑葛。娑葛是日發兵五千騎出安西，五千騎出撥換，五千騎出焉耆，五千騎出疏勒。時元振在疏勒，於河口栅不敢動。闕啜在計舒河口候見嘉賓，娑葛兵掩至，生擒闕啜，殺嘉賓等。呂守素至僻城，亦見害。又殺牛師奬於火燒城，

乃陷安西，四鎮路絕。

楚客又奏請周以悌代元振統衆，徵元振，將陷之。使阿史那獻爲十姓可汗，置軍焉耆以取娑葛。娑葛遺元振書曰：「與漢本來無惡，只讎於闕啜。而宗尚書取闕啜金，枉擬破奴部落，馮中丞、牛都護相次而來，奴等豈坐受死！又聞史獻欲來，徒擾亂軍州，恐未有寧日，乞大使商量處置。」元振奏娑葛狀。楚客怒，奏言元振有異圖。元振使其子鴻間道奏其狀，以悌竟得罪，流于白州。復以元振代以悌，赦娑葛罪，册爲十四姓可汗〔三〕。元振奏稱西土未寧，事資安撫，逗遛不敢歸京師。

會楚客等被誅，睿宗卽位，徵拜太僕卿，加銀青光祿大夫。景雲二年，同中書門下三品，代宋璟爲吏部尚書。無幾，轉兵部尚書，封館陶縣男。時元振父愛年老在鄉，就拜濟州刺史，仍聽致仕。其冬，與韋安石、張說等俱罷知政事。先天元年，爲朔方軍大總管，始築定遠城，以爲行軍計集之所，至今賴之。明年，復同中書門下三品。

及蕭至忠、竇懷貞等附太平公主潛謀不順，玄宗發羽林兵誅之，睿宗登承天門，元振躬率兵侍衞之。事定論功，進封代國公，食實封四百戶，賜物一千段。又令兼御史大夫，持節爲朔方道大總管，以備突厥，未行。玄宗於驪山講武，坐軍容不整，坐于纛下，將斬以徇，劉幽求、張說於馬前諫曰：「元振有翊贊大功，雖有罪，當從原宥。」乃赦之，流於新州。尋又

思其舊功，起爲饒州司馬。元振自恃功勳，怏怏不得志，道病卒。開元十年，追贈太子少保。有文集二十卷。

張說字道濟，其先范陽人，代居河東，近又徙家河南之洛陽。弱冠應詔舉，對策乙第，授太子校書，累轉右補闕，預修三教珠英。

久視年，則天幸三陽宮，自夏涉秋，不時還都，說上疏諫曰：

陛下屯萬乘，幸離宮，暑退涼歸，未降還旨。愚臣固陋，恐非良策，請爲陛下陳其不可。

三陽宮去洛城一百六十里，有伊水之隔，崿坂之峻，過夏涉秋，水潦方積，道壞山險，不通轉運，河廣無梁，咫尺千里。扈從兵馬，日費資給，連雨彌旬，卽難周濟。陛下太倉、武庫，並在都邑，紅粟利器，蘊若山丘。奈何去宗廟之上都，安山谷之僻處？是猶倒持劍戟，示人鐏柄，臣竊爲陛下不取。夫禍變之生，在人所忽，故曰：「安樂必誡，無行所悔。」此不可止之理一也。

告成褊小，萬方輻湊，填城溢郭，併鋪無所。排斥居人，蓬宿草次，風雨暴至，不知

庇託，孤惸老病，流轉衢巷。陛下作人父母，將若之何？此不可止之理二也。

池亭奇巧，誘掖上心，削巒起觀，竭流漲海，俯貫地脈，仰出雲路，易山川之氣，奪農桑之土，延木石，運斧斤，山谷連聲，春夏不輟。勸陛下作此者，豈正人耶？詩云：「人亦勞止，汔可小康。」此不可止之理三也。

御苑東西二十里，所出入來往，雜人甚多，外無牆垣扃禁，內有榛叢谿谷，猛獸所伏，暴慝是憑。陛下往往輕行，警蹕不肅，歷蒙密，乘嶮巇，卒然有逸獸狂夫，驚犯左右，豈不殆哉！雖萬全無疑，然人主之動，不宜易也。易曰：「思患預防。」願陛下爲萬姓持重。此不可止之理四也。

今國家北有胡寇覷邊，南有夷獠騷徼。關西小旱，耕稼是憂；安東近平，輸漕方始。臣願陛下及時旋軫，深居上京，息人以展農，修德以來遠，罷不急之役，省無用之費。澄心澹懷，惟億萬年，蒼蒼羣生，莫不幸甚。臣自度芻議，十不一從。何者？沮盤遊之娛，間林泚之玩，規遠圖而替近適，要後利而棄前歡，未沃明主之心，已戾貴臣之意。然臣血誠密奏而不愛死者，不願負陛下言責之職耳。輕觸天威，伏地待罪。

疏奏不省。

長安初，修三教珠英畢，遷右史、內供奉，兼知考功貢舉事，擢拜鳳閣舍人。時麟臺監

張易之與其弟昌宗構陷御史大夫魏元忠，稱其謀反，引說令證其事。說至御前，揚言元忠實不反，此是易之誣構耳。元忠由是免誅，說坐忤旨配流欽州。在嶺外歲餘。中宗卽位，召拜兵部員外郎，累轉工部侍郎。景龍中，丁母憂去職，起復授黃門侍郎，累表固辭，言甚切至，優詔方許之。是時風教頹紊，多以起復爲榮，而說固節懇辭，竟終其喪制，大爲識者所稱。服終，復爲工部侍郎，俄拜兵部侍郎，加弘文館學士。

睿宗卽位，遷中書侍郎，兼雍州長史。景雲元年秋，譙王重福於東都構逆而死，留守捕繫枝黨數百人，考訊結構之狀，經時不決。睿宗令說往按其獄，一宿捕獲重福謀主張靈均、鄭愔等，盡得其情狀，自餘枉被繫禁者，一切釋放。睿宗勞之曰：「知卿按此獄，不枉良善，又不漏罪人。非卿忠正，豈能如此？」

玄宗在東宮，說與國子司業褚无量俱爲侍讀，深見親敬。明年，同中書門下平章事，監修國史。是歲二月，睿宗謂侍臣曰：「有術者上言，五日內有急兵入宮，卿等爲朕備之。」左右相顧莫能對，說進曰：「此是讒人設計，擬搖動東宮耳。陛下若使太子監國，則君臣分定，自然窺覦路絕，災難不生。」睿宗大悅，卽日下制皇太子監國。明年，又制皇太子卽帝位。俄而太平公主引蕭至忠、崔湜等爲宰相，以說爲不附己，轉爲尙書左丞，罷知政事，仍令往東都留司。說旣知太平等陰懷異計，乃因使獻佩刀於玄宗，請先事討之，玄宗深嘉納焉。

及至忠等伏誅，徵拜中書令，封燕國公，賜實封二百戶。其多，改易官名，拜紫微令。

自則天末年，季冬爲潑寒胡戲，中宗嘗御樓以觀之。至是，因蕃夷入朝，又作此戲。說上疏諫曰：「臣聞韓宣適魯，見周禮而歎；孔子會齊，數倡優之罪。列國如此，況天朝乎。今外蕃請和，選使朝謁，所望接以禮樂，示以兵威。雖曰戎夷，不可輕易，焉知無駒支之辯，由余之賢哉？且潑寒胡未聞典故，裸體跳足，盛德何觀；揮水投泥，失容斯甚。法殊魯禮，褻比齊優，恐非干羽柔遠之義，樽俎折衝之禮。」自是此戲乃絕。

俄而爲姚崇所構，出爲相州刺史，仍充河北道按察使。俄又坐事左轉岳州刺史，仍停所食實封三百戶，遷右羽林將軍，兼檢校幽州都督。開元七年，檢校并州大都督府長史，兼天兵軍大使，攝御史大夫，兼修國史，仍齎史本隨軍修撰。八年秋，朔方大使王晙誅河曲降虜阿布思等千餘人。時并州大同、橫野等軍有九姓同羅、拔曳固等部落，皆懷震懼。說率輕騎二十人，持旌節直詣其部落，宿于帳下，召酋帥以慰撫之。副使李憲以爲夷虜難信，不宜輕涉不測，馳狀以諫，說報書曰：「吾肉非黃羊，必不畏喫；血非野馬，必不畏刺。士見危致命，是吾効死之秋也。」於是九姓感義，其心乃安。

九年四月，胡賊康待賓率衆反，據長泉縣，自稱葉護，攻陷蘭池等六州。詔王晙率兵討之，仍令說相知經略。時叛胡與党項連結，攻銀城、連谷，以據倉糧，說統馬步萬人出合河關掩擊，大破之。追至駱駝堰，胡及党項自相殺，阻夜，胡乃西遁入鐵建山，餘黨潰散。說招集党項，復其居業。副使史獻請因此誅党項，絕其翻動之計，說曰：「先王之道，推亡固存，如盡誅之，是逆天道也。」因奏置麟州，以安置党項餘燼。其年，拜兵部尙書、同中書門下三品，仍依舊修國史。

明年，又敕說爲朔方軍節度大使，往巡五城，處置兵馬。時有康待賓餘黨慶州方渠降胡康願子自立爲可汗，舉兵反，謀掠監牧馬，西涉河出塞。說進兵討擒之，并獲其家屬於木盤山，送都斬之，其黨悉平，獲男女三千餘人。於是移河曲六州殘胡五萬餘口配許、汝、唐、鄧、仙、豫等州，始空河南朔方千里之地。說以討賊功，復賜實封二百戶。先是，緣邊鎮兵常六十餘萬，說以時無強寇，不假師衆，奏罷二十餘萬，勒還營農。玄宗頗以爲疑，說奏曰：「臣久在疆埸，具悉邊事，軍將但欲自衞及雜使營私。若禦敵制勝，不在多擁閑冗，以妨農務。陛下若以爲疑，臣請以闔門百口爲保。以陛下之明，四夷畏伏，必不慮減兵而招寇也。」上乃從之。

時當番衞士，浸以貧弱，逃亡略盡。說又建策，請一切罷之，別召募強壯，令其宿衞，不簡色役，優爲條例，逋逃者必爭來應募。上從之。旬日，得精兵一十三萬人，分繫諸衞，更番上下，以實京師，其後彍騎是也。

是歲，玄宗將還京，而便幸并州，說進言曰：「太原是國家王業所起，陛下行幸，振威耀武，并建碑紀德，以申永思之意。若便入京，路由河東，有漢武脽上后土之祀，此禮久闕，歷代莫能行之。願陛下紹斯墜典，以爲三農祈穀，此誠萬姓之福也。」上從其言。及祀后土禮畢，說代張嘉貞爲中書令。夏四月，玄宗親爲詔曰：「動惟直道，累聞獻替之誠；言則不諛，自得謀猷之體。政令必俟其增損，圖書又藉其刊削，才望兼著，理合褒升。考中上。」

說又首建封禪之議。十三年，受詔與右散騎常侍徐堅、太常少卿韋縚等撰東封儀注。舊儀不便者，說多所裁正，語在禮志。玄宗尋召說及禮官學士等賜宴於集仙殿，謂說曰：「今與卿等賢才同宴於此，宜改名爲集賢殿。」因下制改麗正書院爲集賢殿書院，授說集賢院學士，知院事。

及將東封，授說爲右丞相兼中書令，源乾曜爲左丞相兼侍中，蓋勒成岱宗，以明宰相佐成王化也。說又撰封禪壇頌以紀聖德。初，源乾曜本意不欲封禪，而說固贊其事，由是頗不相平。及登山，說引所親攝供奉官及主事等從升，加階超入五品，其餘官多不得上。又行從兵士，惟加勳，不得賜物，由是頗爲內外所怨。先是，御史中丞宇文融獻策，請括天下逃戶及籍外剩田，置十道勸農使，分往檢察；說嫌其擾人不便，數建議違之。及東封還，融又密奏分吏部置十銓，融與禮部尙書蘇頲等分掌選事。融等每有奏請，皆爲說所抑，由是銓綜失敍。融乃與御史大夫崔隱甫、中丞李林甫奏彈說引術士夜解及受贓等狀，敕宰臣源乾曜、刑部尚書韋抗、大理少卿胡珪、御史大夫崔隱甫就尚書省鞫問。說兄左庶子光詣朝堂割耳稱冤。時中書主事張觀、左衞長史范堯臣並依倚說勢，詐假納賂，又私度僧王慶則往來與說占卜吉凶，爲隱甫等所鞫伏罪。說經兩宿，玄宗使中官高力士視之，迴奏：「說坐於草上，於瓦器中食，蓬首垢面，自罰憂懼之甚。」玄宗憫之。力士奏曰：「說曾爲侍讀，又於國有功。」玄宗然其奏，由是停兼中書令，觀及慶則決杖而死，連坐遷貶者十餘人。隱甫及融等恐說復用爲己患，又密奏毀之。明年，詔說致仕，仍令在家修史。

初，說爲相時，玄宗意欲討吐蕃，說密奏許其通和，以息邊境，玄宗不從。及瓜州失守，王君㚟死，說因獲嶲州鬭羊，上表獻之，以申諷諭。其表：「臣聞勇士冠雞，武夫戴鶡，推情舉類，獲此鬭羊。遠生越嶲，蓄性剛決，敵不避強，戰不顧死，雖爲微物，志不可挫。伏惟陛下選良家於六郡，求猛士於四方，鳥不遁才，獸不藏伎。如蒙効奇靈囿，角力天場，却鼓怒以作氣，前躑躅以奮擊。趹若奔雲之交觸，碎如轉石之相叩，裂骨賭勝，濺血爭雄，敢毅見而衝冠，鷙狠聞而擊節。冀將少助明主市駿骨、揖怒蛙之意也。若使羊能言，必將曰『若鬭不解，立有死者』。所賴至仁無殘，量力取勸焉。臣緣損足，未堪履地，謹遣男詣金明門奉進。」玄宗深悟其意，賜絹及雜綵一千匹。

十七年，復拜尚書左丞相、集賢院學士，尋代源乾曜爲尚書左丞相。視事之日，上敕所司供帳，設音樂，內出酒食，御製詩一篇以敍其事。尋以修謁陵儀注功，加開府儀同三司。時長子均爲中書舍人，次子垍尚寧親公主，拜駙馬都尉，又特授說兄慶王傅光爲銀青光祿大夫。當時榮寵，莫與爲比。

十八年，遇疾，玄宗每日令中使問疾，并手寫藥方賜之。十二月薨，時年六十四。上悽惻久之，遽於光順門舉哀，因罷十九年元正朝會，詔曰：

弘濟艱難，參其功者時傑；經緯禮樂，贊其道者人師。式瞻而百度允釐，既往而千載貽範。台衡軒鼎，垂黼藻於當今；徽策寵章，播芳蕤於後葉。故開府儀同三司、尚書左丞相、集賢院學士知院事、上柱國、燕國公張說，辰象降靈，雲龍合契。元和體其冲粹，妙有釋其至賾。挹而莫測，仰之彌高。精義探繫表之微，英辭鼓天下之動。昔侍春誦，綢繆歲華。含春容之聲，叩而盡應；蘊泉源之智，啓而斯沃。授命興國，則天衢以通；濟用和民，則朝政惟允。司鈞總六官之紀，端揆爲萬邦之式。方弘風緯俗，返本於上古之初；而邁德振仁，不臻於中壽之福。于嗟不憖，既喪斯文。宣室餘談，洽然在耳；玉殿遺草，宛留其蹟。言念忠賢，良深震悼。是使當宁撫几，臨樂徹懸，罷稱觴之儀，遵往襚之禮。可贈太師，賜物五百段。

始玄宗在東宮，說已蒙禮遇，及太平用事，儲位頗危，說獨排其黨，請太子監國，深謀密畫，竟清內難，遂爲開元宗臣。前後三秉大政，掌文學之任凡三十年。爲文俊麗，用思精密，朝廷大手筆，皆特承中旨撰述，天下詞人，咸諷誦之。尤長於碑文、墓誌，當代無能及者。喜延納後進，善用己長，引文儒之士，佐佑王化，當承平歲久，志在粉飾盛時。其封泰山，祠脽上，謁五陵，開集賢，修太宗之政，皆說爲倡首。而又敦氣義，重然諾，於君臣朋友之際，大義甚篤。時中書舍人徐堅自負文學，常以集賢院學士多非其人，所司供膳太厚，嘗謂朝列曰：「此輩於國家何益，如此虛費。」將建議罷之。說曰：「自古帝王功成，則有奢縱之失，或興池臺，或玩聲色。今聖上崇儒重道，親自講論，刊正圖書，詳延學者。今麗正書院，天子禮樂之司，永代規模，不易之道也。所費者細，所益者大。徐子之言，何其隘哉！」玄宗知之，由是薄堅。說既遭訕黜，罷知政事，專集賢文史之任，每軍國大事，帝遣中使先訪其可否。說嘗自製其父贈丹州刺史騭碑文，玄宗聞之而御書其碑額賜之，曰「嗚呼，積善之墓」。有文集三十卷。太常諡議曰「文貞」，左司郎中陽伯成駁議〔三〕，以爲不稱，工部侍郎張九齡立議，請依太常爲定，紛綸未決。玄宗爲說自製神道碑文，御筆賜諡曰文貞，由是方定。

均、垍俱能文，說在中書，兄弟已掌綸翰之任。居父憂服闋，均除戶部侍郎，轉兵部。

二十六年，坐累貶饒州刺史，以太子左庶子徵，復爲戶部侍郎。九載，遷刑部尚書。自以才名當爲宰輔，常爲李林甫所抑。及林甫卒，依附權臣陳希烈，期於必取。既而楊國忠用事，心頗惡之，罷希烈知政事，引文部侍郎韋見素代之，仍以均爲大理卿。均大失望，意常鬱鬱。祿山之亂，受僞命爲中書令，掌賊樞衡。李峴、呂諲條流陷賊官，均當大辟；肅宗於說有舊恩，特免死，長流合浦郡。

垍，以主壻，玄宗特深恩寵，許於禁中置內宅，侍爲文章，嘗賜珍玩，不可勝數。時兄均亦供奉翰林院，常以所賜示均，均戲謂垍曰：「此婦翁與女壻，非天子賜學士也。」天寶中，玄宗嘗幸垍內宅，謂垍曰：「希烈累辭機務，朕擇其代者，孰可？」垍錯愕未對，帝卽曰：「無踰吾愛壻矣。」垍降階陳謝。楊國忠聞而惡之，及希烈罷相，舉韋見素代，垍深觖望。天寶十三年正月，范陽節度使安祿山入朝。時祿山立破奚、契丹功，尤加寵異。祿山求帶平章事，下中書擬議，國忠進言曰：「祿山誠立軍功，然眼不識字，制命若行，臣恐四夷輕國。」玄宗乃止，加左僕射而已。及祿山還鎮，命中官高力士餞於滻坡，既還，帝曰：「祿山慰意否？」力士曰：「觀其深心鬱鬱，必伺知宰相之命不行故也。」帝告國忠，國忠曰：「此議他人不知，必張垍所告。」帝怒，盡逐張垍兄弟，出均爲建安太守，垍爲盧溪郡司馬，埱爲宜春郡司馬。歲中召還，再遷爲太常卿。

祿山之亂，玄宗幸蜀，宰相韋見素、楊國忠、御史大夫魏方進等從，朝臣多不至。次咸陽，帝謂高力士曰：「昨日蒼黃離京，朝官不知所詣，今日誰當至者？」力士曰：「張垍兄弟世受國恩，又連戚屬，必當先至。房琯素有宰相望，深爲祿山所器，必不此來。」帝曰：「事未可料。」是日，琯至，帝大悅，因問均、垍，琯曰：「臣離京時，亦過其舍，比約同行，均報云『已於城南取馬』，觀其趣向，來意不切。」既而均弟兄果受祿山僞命，垍與陳希烈爲賊宰相，垍死於賊中。

陳希烈者，宋州人也。精玄學，書無不覽。開元中，玄宗留意經義，自褚无量、元行沖卒後，得希烈與鳳翔人馮朝隱，常於禁中講老、易。累遷至祕書少監，代張九齡專判集賢院事。玄宗凡有撰述，必經希烈之手。李林甫知上睠待深異，又以和裕易制，乃引爲宰相，同知政事，相得甚歡。而林甫居位日久，雖陰謀姦畫足以自固，亦希烈佐佑唱和之力也。累遷兼兵部尚書、左相，封穎川郡開國公，寵遇侔於林甫。及林甫死，楊國忠用事，素忌嫉之，乃引韋見素同列，罷希烈知政事，守太子太師。希烈失恩，心頗怏怏。祿山之亂，與張垍、達奚珣同掌賊之機衡。六等定罪，希烈當斬，肅宗以上皇素遇，賜死于家。

史臣曰：劉徐公負不羈之材，逢抵巇之運，遂能奮命決策，扶力中興，朝爲徒步之人，夕據公侯之位，苟非輕死重利，不恥不義之富，安及此哉！郭代公、張燕公解逢掖而登將壇，驅貔虎之師，斷獫戎之臂，暨居衡軸，克致隆平，可謂武緯文經，惟申與甫而已。惜乎均、垍務速，失節賊廷。自武德已來，稱賢相者，房、杜、姚、宋四公，皆遺無賴子弟汙圮先業，非獨燕國之不幸也。希烈柔而多智，長於名理，竟死於名。所謂離婁不見其眉睫，與夫平叔、太初，同膏肓耳。

贊曰：眞、徽去紂，閎、散扶昌。謀不近義，旋踵而亡。幽求不令，道濟允臧。偉哉郭侯，勳德煌煌。

校勘記

〔一〕一千五百里　「里」字各本原無，據新書卷一二二郭震傳補。

〔二〕十四姓可汗　「十四姓」冊府卷三六六作「十姓」，通鑑隋唐紀比事質疑「十四姓可汗」條謂「偏考西突厥史，前後都無十四姓之稱」，此處「四」字疑是衍文。

〔三〕陽伯成　「成」字殘宋本作「城」，餘各本作「誠」，廿二史考異卷五九云：「今西安府學有大智禪師碑陰記，河南少尹陽伯成撰，當據碑爲正。」據改。

舊唐書卷九十八

列傳第四十八

魏知古　盧懷愼子奐　源乾曜從孫光裕　光裕子洧　李元紘　杜暹　韓休　裴耀卿孫佶

魏知古，深州陸澤人也。性方直，早有才名。弱冠舉進士，累授著作郎，兼修國史。長安中，歷遷鳳閣舍人、衞尉少卿。時睿宗居藩，兼檢校相王府司馬。神龍初，擢拜吏部侍郎，仍並依舊兼修國史，尋進位銀青光祿大夫。明年，丁母憂去職，服闋授晉州刺史。睿宗即位，以故吏召拜黃門侍郎，兼修國史。

景雲二年，遷右散騎常侍。睿宗女金仙、玉眞二公主入道，有制各造一觀，雖屬季夏盛暑，尙營作不止。知古上疏諫曰：

臣聞穀梁傳曰：「古之君人者，必時視人之所勤，人勤於力則功築罕，人勤於財則

貢賦少，人勤於食則百事廢。」書曰：「不作無益害有益。」又曰：「罔咈百姓以從己之欲。」禮曰：「季夏之月，樹木方盛，無有斬伐，不可興土功以妨農。」又曰：「季夏行冬令，則風寒不時。」語曰：「修己以安百姓。」此皆興化立理之教，爲政養人之本。今陛下爲公主造觀，將樹功德以祈福祐。但兩觀之地，皆百姓之宅，卒然迫逼，令其轉移，扶老攜幼，投竄無所，發剔椽瓦，呼嗟道路。乖人事，違天時，起無用之作，崇不急之務，羣心搖搖，衆口籍籍。陛下爲人父母，欲何以安之？且國有簡册，君舉必記，動則左史書之，言則右史書之。是以非禮勿言，非禮勿動。夫如是，則君之所舉，可不愼歟！微臣備位諫諍，兼秉史筆，書而不法，後嗣何觀？臣愚必以爲不可。伏願俯順人欲，仰稽天意，降德音，下明敕〔一〕，速罷功役，收之桑榆。

疏奏不納。

頃之，又進諫曰：「臣聞人以君爲天，君以人爲本，人安則政理，本固則邦寧。自陛下翦除凶逆，君臨寶位，蒼生顒顒，以爲朝有新政。今風教頹替，日甚一日，府庫空虛，人力凋弊，造作不息，官員日增。今諸司試及員外、檢校等官，僅至二千餘人，太府之布帛以殫，太倉之米粟難給。又金仙、玉眞等觀造作，咸非急務，臣先奏請停，竟仍未止。今歲前水後旱，五穀不熟，若至來春，必甚饑饉。陛下爲人父母，欲何方以賑恤？療饑拯溺，須及其時。

又突厥爲患，其來自久，本無禮儀，焉有誠信。今雖遣使，來請結婚，豺狼之心，首鼠何定。弱則卑順，強則驕逆。屬草衰月滿，弓勁馬肥，乘中國飢虛，在和親際會，倘或窺犯亭障，國家何以防之？臣所論者，事甚急切，伏願特垂詳察。」睿宗嘉其切直，尋令同中書門下平章事。玄宗在春宮，又令兼左庶子。未幾，遷戶部尚書，餘如故。明年，擢拜侍中。

先天元年冬，從上畋獵于渭川，因獻詩諷曰：「嘗聞夏太康，五弟訓禽荒。我后來多狩，三驅盛禮張。順時鷹隼擊，講事武功揚。奔走未及去，翾飛豈暇翔。非熊從渭水，瑞雀想陳倉。此欲誠難縱，茲遊不可常。子雲陳羽獵，僖伯諫漁棠。得失鑒齊、楚，仁恩念禹、湯。邕熙諒在宥，亭毒匪多傷。辛甲今爲史，虞箴遂孔彰。」手制褒之曰：「夫詩者，志之所以；寫其心懷，實可諷諭君主。是故揚雄陳羽獵，馬卿賦上林，爰自風雅，率由茲道。予頃向温泉，觀省風俗，時因暇景，掩渭而畋，方開一面之羅，式展三驅之禮，躬親校獵，聊以從禽。豈意卿有箴規，輔予不逮，自非款誠夙著，其孰能繼於此耶？今賜卿物五十段，用申勸獎。」

二年，累封梁國公。竇懷貞等將謀逆也，知古獨密奏其事。及懷貞誅，賜實封二百戶、物五百段。仍以前賞猶薄，又手敕曰：「魏知古去年七月已前〔三〕，屢申啓沃，每竭忠誠，姦臣有謀，預奏其兆。事君之節，良有可嘉，可更賜實封一百戶。」其年冬，令往東都知吏部尚

書事，深以爲稱職，手制曰：「卿以宰臣，往知大選，官人之委，情寄尤切。遂能端本革弊，忘私徇公，正色而行，厝心不撓。鏡已澈則姸媸必鑒，衡已舉則輕重罔違。朕遠聞之，益用嘉歎。今賜卿衣裳一副，以示所懷。」

開元元年，官名改易，改爲黃門監。二年，還京，上屢有顧問，恩意甚厚，尋改紫微令。姚崇深忌憚之，陰加讒毁，乃除工部尚書，罷知政事。三年卒，時年六十九。御史大夫宋璟聞而歎曰：「叔向古之遺直，子產古之遺愛，能兼之者，其在魏公。」贈幽州都督，謚曰忠。

知古初爲黃門侍郎，表薦洹水令呂太一、蒲州司功參軍齊澣、前右內率府騎曹參軍柳澤；及知吏部尚書事，又擢用密縣尉宋遙、左補闕袁暉、右補闕封希顏、伊闕尉陳希烈，後咸累居清要，時論以爲有知人之鑒。文集七卷。

盧懷愼，滑州靈昌人。其先家于范陽，爲山東著姓。祖悊，爲靈昌令，因徙焉。懷愼少清謹，舉進士，歷監察御史、吏部員外郎。景龍中，遷右御史臺中丞，上疏以陳時政得失。今略載其三篇。其一曰：

臣聞孔子曰：「爲邦百年，可以勝殘去殺。」又曰：「苟有用我者，期月而已，三年有成。」故書云「三載考績」，校其功也。昔子產相鄭，更法令，布刑書，一年而人歌之曰：「取我田疇而伍之，取我衣冠而褚之，孰殺子產，吾其與之！」三年而人又歌之曰：「我有子弟，子產教之，我有田疇，子產殖之，子產而死，誰其嗣之？」終有遺愛，流芳史策。子產，賢者也，其爲政尚累年而化成，況其常材乎。

臣竊見比來州牧、上佐及兩畿縣令，下車布政，罕終四考。在任多者一二年，少者三五月，遽卽遷除，不論課最。或有歷時未改，便傾耳而聽，企踵而望，爭求冒進，不顧廉恥，亦何暇爲陛下宣風布化，求瘼恤人哉！禮義未能興行，風俗未能齊一，戶口所以流散，倉庫所以空虛，百姓凋弊，日更滋甚，職爲此也。何則？人知吏之不久，則不從其教；吏知遷之不遙，又不盡其力，偷安爵祿，但養資望。陛下雖勤勞之懷，宵衣旰食，然僥倖路啓，上下相蒙，共爲苟且而已，寧盡至公乎？此國之病也。昔賈誼所謂蹠盭之病，乃小小者耳。此弊久而不革，臣恐爲膏肓，雖和、緩不能療，豈蹠盭而已哉！

漢宣帝綜覈名實，興理致化。黃霸，良二千石也，就增秩賜金，以旌其能，而不遷於潁川，前代之美政也。又古之爲吏者長子孫，倉氏、庾氏，卽其後也。書云：「事不師古，以克永代，匪說攸聞。」臣望請諸州都督、刺史、上佐及兩畿縣令等，在任未經四考已上，不許遷除。察其課効尤異者，或錫以車裘，或就加祿秩，或降使臨問，幷璽書慰

勉。若公卿有闕，則擢以勸能。其政績無聞及犯貪暴者，免歸田里。以明聖朝賞罰之信，則萬方之人，一變于道矣。致此之美，革彼之弊，易于反掌，陛下何惜而不行哉！

其二曰：

臣聞尚書云：「唐、虞稽古，建官惟百；夏、商官倍，亦克用乂。」又云：「官不必備，惟其才。」又云：「無曠庶官，天工人其代之。」此省官之義也。臣竊見京諸司員外官，所在委積，多者數餘十倍，近古以來未之有也。官不必備，此則有餘，人代天工，多不釐務。廣有除拜，無所裨益，俸祿之費，歲巨億萬，空竭府藏而已，豈致理之基哉！方今倉庫空虛，百姓凋弊，河、渭漕輓，西給京師，公私損耗，不可勝紀。況邊隅未靜，兵革猶興，節用愛人，正在今日，增官廣費，豈曰其時？倘水旱成災，租稅減入，水衡無貫朽之蓄，京庾闕流衍之儲；或疆埸外守，兵車遠出，或收藏無歲，賑救在辰，此軍國之急務也，陛下將何以濟之乎？書云：「無輕人事，惟艱；無安厥位，惟危。」又云：「不見是圖。」此皆愼微之深旨也。

臣竊見員外官中，或簪裾雅望，或臺閣舊人，或明習憲章，或諳閑政要，皆一時之良幹也。多不司案牘，空尸祿俸，滯其才而不申其用，尊其位而不盡其力。周稱多士，漢曰得人，豈其然歟？必有異於此矣。臣望請諸司員外官有才能器識，衆共聞知，堪

爲州牧縣宰及上佐者，并請遷擢，使宣力四方，申其智効。有老病及不堪理務者，咸從廢省，使賢不肖較然殊貫。此濟時之切務也，安可謂行之艱哉？

其三曰：

臣聞天吏逸德，烈於猛火；貪人敗類，取興大風。則知冒于寵賂，侮於鰥寡，爲政之蠹，莫先于茲。臣竊見內外官人，有不率憲章，公犯贓汙，侵牟萬姓，剝割蒸人，鞫按非虛，刑憲已及者，或俄復舊資，雖負殘削之名，還膺牧宰之任，或江、淮、嶺、磧，徵示懲貶，而徇財黷貨，罕能悛革，委以共理，俟河之清。臣聞明主之於萬姓也，必暢以平分，而無偏施，若犯罪之吏，作牧遐方，便是屈法惠姦，恤近遺遠矣。凡左降之人，鮮能省過，必懷自棄，長惡滋深。則小州遠郡，蠻陬夷落，何負於聖化，獨受其弊政乎！昔孟嘗廉明，方臨合浦；隱之清絜，乃莅番禺。郅都之鎮靜朔方，耿恭之輯寧疏勒。誠則遐僻，必擇賢良，務以寧濟爲懷，豈以遐荒見隔？況邊徼之地，夷夏雜處，負險恃遠，易擾難安，彌藉循良，以寄綏撫。若委失其任，官非其才，凌虐黎庶，侵剝蕃部，小則坐致流亡，大則起爲盜賊。由此言之，不可用凡材，而況於猾吏乎！其內外官人有犯贓賄推勘得實者，臣望請削迹簪裾，十數年間不許齒錄。書云：「旌別淑慝，黜陟幽明。」即其義也。若不循此道，去邪有疑，善政能官，甄奬或未之徧，擔贓負賄，僥倖或即蒙

升，則賞罰無章，沮勸安寄？浮競之風轉扇，廉恥之行漸隤，其源不塞，爲蠹斯甚。

疏奏不納。累遷黃門侍郎，賜爵漁陽伯。

先天二年，與侍中魏知古於東都分掌選事，尋徵還同中書門下三品。開元三年，遷黃門監。懷慎與紫微令姚崇對掌樞密，懷慎自以爲吏道不及崇，每事皆推讓之，時人謂之「伴食宰相」。四年，兼吏部尚書。其秋，以疾篤，累表乞骸骨，許之。旬日而卒，贈荊州大都督，謚曰文成。懷慎臨終遺表曰：

臣素無才識，叨沐恩榮，待罪樞密，頗積年序。報國之心，空知自竭；推賢之志，終未克申。孤負明恩，夙夜惶懼。臣染疾已久，形神欲離，鳧鴈之飛，未爲之少，而犬馬之志，終祈上聞，其鳴也哀，乞求聖察。

宋璟立性公直，執心貞固，文學足以經務，識略期於佐時，動惟直道，行不苟合，聞諸朝野之說，實爲社稷之臣。李傑勤苦絕倫，貞介獨立，公家之事，知無不爲，幹時之材，衆議推許。李朝隱操履堅貞，才識通贍，守文奉法，頗懷鐵石之心，事上竭誠，實盡人臣之節。盧從愿清貞謹慎，理識周密，始終若一，朝野共知，簡要之才，不可多得。並明時重器，聖代良臣。比經任使，微有愆失，所坐者小，所棄者大，所累者輕，所貶者遠。日月雖近，譴責傷深，望垂矜錄，漸加進用。

臣竊聞黃帝所以垂衣裳而天下理者，任風、力也；帝堯所以光宅天下者，任稷、契也。且朝廷者天下之本，賢良者風化之源，得人則庶績其凝，失士則彝倫攸斁。臣每見陛下憂勞庶政，勤求理道，慎擧羣司，必期稱職，使鵷鷺成列，草澤無遺。故得歲稔時和，政平訟理，此陛下用賢之明効也。臣非木石，早識天心，瞑目不遙，厚恩未報。黜殯之義，敢不庶幾，城郢之言，思布愚懇。

上深嘉納之。

懷慎清儉，不營產業，器用服飾，無金玉綺文之麗。所得祿俸，皆隨時分散，而家無餘蓄，妻子匱乏。及車駕將幸東都，四門博士張星上言：「懷慎忠清直道，終始不虧，不加寵贈，無以勸善。」乃下制賜其家物壹伯段、米粟貳伯石。明年，上還京師，因校獵於城南，經懷慎別業，見家人方設祥齋，憫其貧匱，賜絹百匹。仍遣中書侍郎蘇頲爲其碑文，上自書焉。

子奐，早修整，歷任皆以清白聞。開元中，爲中書舍人、御史中丞、陝州刺史。二十四年，玄宗幸京師，次陝城頓，審其能政，於廳事題贊而去，曰：「專城之重，分陝之雄。人多惠愛，性實謙冲。亦既利物，在乎匪躬。斯爲國寶，不墜家風。」尋除兵部侍郎。天寶初，爲

晉陵太守。時南海郡利兼水陸，瓌寶山積，劉巨鱗、彭杲相替爲太守、五府節度，皆坐贓鉅萬而死。乃特授奐爲南海太守，遐方之地，貪吏斂迹，人用安之。以爲自開元已來四十年，廣府節度清白者有四：謂宋璟、裴伷先、李朝隱及奐。中使市舶，亦不干法。加銀青光祿大夫。經三年，入爲尚書右丞，卒。弟弈，亦傳清白，歷御史中丞而死王事，見忠義傳。弈子杞，德宗朝位至宰輔，別有傳。

源乾曜，相州臨漳人。隋比部侍郎師之孫也。父直心，高宗時爲司刑太常伯，坐事配流嶺南而卒。乾曜擧進士，景雲中，累遷諫議大夫。時久廢公卿百官三九射禮，乾曜上疏曰：「夫聖王之敎天下也，必制禮以正人情，人情正則孝於家，忠於國。此道不替，所以理也。所以君子三年不爲禮，禮必壞；三年不爲樂，樂必崩。竊以古之擇士，先觀射禮，以明和容之義，非取一時之樂。夫射者，別正邪，觀德行，中祭祀，辟寇戎。古先哲王，莫不遞襲。臣竊見數年已來，射禮便廢，或緣所司惜費，遂令大射有虧。臣愚以爲所費者財，所全者禮。故孔子云：『爾愛其羊，我愛其禮。』今乾坤再闢，日月貞明，臣望大射之儀，春秋不廢，聖人之敎，今古常行，則天下幸甚。」乾曜尋出爲梁州都督。

開元初，邠王府掾吏有犯法者，上令左右求堪爲王府長史者，太常卿姜皎薦乾曜公清有吏幹，因召見與語。乾曜神氣清爽，對答皆有倫序，上甚悅之，乃拜少府少監，兼邠王府長史。尋遷戶部侍郎、兼御史中丞。無幾，轉尚書左丞。四年冬，擢拜黃門侍郎、同紫微黃門平章事。旬日，與姚元之俱罷知政事。

時行幸東都，以乾曜爲京兆尹，仍京師留守。乾曜政存寬簡，不嚴而理。嘗有仗內白鷹，因縱遂失所在，上令京兆切捕之。俄於野外獲之，其鷹掛於叢棘而死，官吏懼得罪，相顧失色。乾曜徐曰：「事有邂逅，死亦常理，主上仁明，當不以此置罪。必其獲戾，吾自當之，不須懼也。」遂入自請失旨之罪，上一切不問之，衆咸伏乾曜臨事不懾，而能引過在己也。在京兆三年，政令如一。

八年春，復爲黃門侍郎、同中書門下三品，尋加銀青光祿大夫，遷侍中。久之，上疏曰：「臣竊見形要之家併求京職，俊乂之士多任外官，王道平分，不合如此。臣三男俱是京任，望出二人與外官，以叶均平之道。」上從之，於是改其子河南府參軍弼爲絳州司功，太祝絜爲鄭尉。因下制曰：「源弼等父在樞近，深惟謙挹，恐代官之咸列，慮時才之未序，率先庶僚，崇是讓德，既請外其職，復降資以授。傳不云乎：『晉范宣子讓，其下皆讓。』『晉國之人，於是大和。』道之或行，仁豈云遠！」因令文武百僚父子兄弟三人併任京司者，任自通容，依

資次處分，由是公卿子弟京官出外者百餘人。俄又有上書者，以爲「國之執政，同其休戚，若不稍加崇寵，何以責其盡心？」十年十一月，敕中書門下共食實封三百戶，自乾曜及張嘉貞始也。

乾曜後扈從東封，拜尚書左丞相，仍兼侍中。乾曜在政事十年，時張嘉貞、張說相次爲中書令，乾曜不敢與之爭權，每事皆推讓之。及李元紘、杜暹知政事，乾曜遂無所參議，但唯諾署名而已。初，乾曜因姜皎所薦，遂擢用；及皎得罪，爲張嘉貞所擠，乾曜竟不救之，議者以此譏焉。十七年夏，停兼侍中事。其秋，遷太子少師，以祖名師，固辭，乃拜太子少傅，封安陽郡公。十九年，駕幸東都，乾曜以年老辭疾，不堪扈從，因留京養疾。是年冬卒，詔贈幽州大都督，上於洛城南門舉哀，輟朝二日。

乾曜從孫光裕，亦有令譽，歷職清謹，撫諸弟以友義聞。初爲中書舍人，與楊滔、劉令植等同刪定開元新格。歷刑部戶部二侍郎、尚書左丞，累遷鄭州刺史，稱爲良吏。尋卒。

光裕子洧，亦早有美稱，閨門雍睦，士友推之，歷踐清要。天寶中，爲給事中、鄭州刺史、襄州刺史、本道採訪使。及安祿山反，既犯東京，乃以洧爲江陵郡大都督府長史、本道採訪防禦使、攝御史中丞，以兵部郎中徐浩爲襄州刺史、本州防禦守捉使以禦之。洧至鎮卒。

李元紘，其先滑州人，世居京兆之萬年。本姓丙氏。曾祖粲，隋大業中屯衞大將軍。屬關中賊起，煬帝令粲往京城以西二十四郡逐捕盜賊，粲撫循士衆，甚得其心。及義旗入關，粲率其衆歸附，拜宗正卿，封應國公，賜姓李氏。高祖與之有舊，特蒙恩禮，遷爲左監門大將軍，以年老特令乘馬於宮中檢校。年八十餘卒，謚曰明。祖寬，高宗時爲太常卿，別封隴西郡公。父道廣，則天時爲汴州刺史。時屬突厥及契丹寇陷河北，兼發河南諸州兵募，百姓騷擾，道廣寬猛折衷，稱爲善政，存心慰撫，汴州獨不逃散。尋入爲殿中監、同鳳閣鸞臺平章事，累封金城縣侯。卒，贈秦州都督，謚曰成。

元紘少謹厚。初爲涇州司兵，累遷雍州司戶。時太平公主與僧寺爭碾磑，公主方承恩用事，百司皆希其旨意，元紘遂斷還僧寺。竇懷貞爲雍州長史，大懼太平勢，促令元紘改斷，元紘大署判後曰：「南山或可改移，此判終無搖動。」竟執正不撓，懷貞不能奪之。俄轉好時令，遷潤州司馬，所歷咸有聲績。開元初，三遷萬年縣令，賦役平允，不嚴而理。俄擢爲京兆尹，尋有詔令元紘疏決三輔。諸王公權要之家，皆緣渠立磑，以害水田，元紘令吏

人一切毀之，百姓大獲其利。

又歷工部、兵部、吏部三侍郎。十三年，戶部侍郎楊瑒、白知愼坐支度失所，皆出爲刺史。上令宰臣及公卿已下精擇堪爲戶部者，多有薦元紘者，將授以戶部尚書，時執政以其資淺，未宜超授，加中大夫，拜戶部侍郎。元紘因條奏人間利害及時政得失以奏之，上大悅，因賜衣一副、絹二百匹。明年，擢拜中書侍郎、同中書門下平章事。頃之，加銀青光祿大夫，賜爵清水男。

元紘性清儉，既知政事，稍抑奔競之路，務進者頗憚之。時初廢京司職田，議者請於關輔置屯，以實倉廩。元紘建議曰：「軍國不同，中外異制。若人閑無役，地棄不墾，發閑人以耕棄地，省餽運以實軍糧，於是乎有屯田，其爲益多矣。今百官所退職田，散在諸縣，不可聚也；百姓所有私田，皆力自耕墾，不可取也。若置屯田，卽須公私相換，徵發丁夫，徵役則業廢於家，免庸則賦闕於國。內地置屯，古所未有，得不補失，或恐未可。」其議遂止。

先是，左庶子吳兢舊任史官，撰唐書一百卷、唐春秋三十卷，其書未成，以丁憂罷職。至是，上疏請終其功，有詔特令就集賢院修成其書。及張說致仕，又令在家修史。元紘奏曰：「國史者，記人君善惡，國政損益，一字襃貶，千載稱之，前賢所難，事匪容易。今張說在家修史，吳兢又在集賢撰錄，遂令國之大典，散在數處。且太宗別置史館，在於禁中，所以

重其職而祕其事也。望勤說等就史館參詳撰錄，則典冊有憑，舊章不墜矣。」從之，乃詔說及吳兢並就史館修撰。

元紘在政事累年，不改第宅，僕馬弊劣，未曾改飾，所得封物，皆散之親族。右丞相宋璟嘗嘉歎之，每謂人曰：「李侍郎引宋遙之美才，黜劉晃之貪冒，貴爲國相，家無儲積。雖季文子之德，何以加也！」後與杜暹多所異同，情遂不叶，至有相執奏者，上不悅，由是罷知政事，出爲曹州刺史，以疾去官。久之，拜戶部尚書，仍聽致仕。二十一年疾瘳，起爲太子詹事，旬日而卒，贈太子少傅，謚曰文忠。

杜暹，濮州濮陽人也。父承志，則天初爲監察御史。時懷州刺史李文暕以皇枝近屬，爲讎人所告，承志推出之。俄而文暕得罪，承志坐貶，授方義令。累轉天官員外郎。既羅織事起，承志恐懼，遂稱疾去官而歸，卒于家。

自暹高祖至暹，五代同居，暹尤恭謹，事繼母以孝聞。初舉明經，補婺州參軍，秩滿將歸，州吏以紙萬餘張以贈之，暹惟受一百，餘悉還之。時州僚別者，見而歎曰：「昔清吏受一大錢，復何異也！」俄授鄭尉，復以清節見知。華州司馬楊孚，公直士也，深賞重之。尋而

孚遷大理正，暹坐公事下法司結罪，孚謂人曰：「若此尉得罪，則公清之士何以勸矣？」特薦之於執政，由是擢拜大理評事。

開元四年，遷監察御史，仍往磧西覆屯。會安西副都護郭虔瓘與西突厥可汗史獻、鎮守使劉遐慶等不叶，更相執奏，詔暹按其事實。時暹已迴至涼州，承詔復往磧西，因入突騎施〔三〕，以究虔瓘等犯狀。蕃人齎金以遺，暹固辭不受，左右曰：「公遠使絕域，不可失蕃人情。」暹不得已受之，埋幕下，既去出境，乃移牒令收取之。蕃人大驚，度磧追之，不及而止。暹累遷給事中，丁繼母憂去職。十二年，安西都護張孝嵩遷爲太原尹，或薦暹往使安西，蕃人伏其清慎，深思慕之，乃奪情擢拜黃門侍郎，兼安西副大都護。暹單騎赴職。明年，于闐王尉遲眺陰結突厥及諸蕃國圖爲叛亂，暹密知其謀，發兵捕而斬之，并誅其黨與五十餘人，更立君長，于闐遂安。暹以功特加光祿大夫。暹在安西四年，綏撫將士，不憚勤苦，甚得夷夏之心。

十四年，詔暹同中書門下平章事，仍遣中使往迎之。及謁見，又賜絹二百匹、馬一匹、宅一區。後與李元紘不叶，罷知政事，出爲荊州大都督府長史。又歷魏州刺史、太原尹。二十年，上幸北都，拜暹爲戶部尚書，便令扈從入京。行幸東都，詔暹爲京留守。暹因抽當番衞士，繕修三宮，增峻城隍，躬自巡檢，未嘗休懈。上聞而嘉之，賜敕書曰：「卿素以清直，

兼之勤幹。自委居守，每事多能，政肅官僚，惠及黎庶。城隍宮室，隨事修營，且有成功，不疲人力。甚善甚善，慰朕懷也。」俄代李林甫爲禮部尚書，累封魏縣侯。二十八年，病卒，年六十餘，詔贈尚書右丞相。

暹在家孝友，愛撫異母弟昱甚厚，然素無學術，每當朝談議，涉於淺近。常以公清勤儉爲己任，時亦矯情爲之。弱冠便自誓不受親友贈遺，以終其身。及卒，上甚悼惜之，遣中使就家視其喪事，內出絹三百匹以賜之。尚書省及故吏賻贈者，其子孝友遵其素約，皆拒而不受。太常謚曰「貞肅」。右司員外郎劉同升、都官員外郎韋廉以暹有忠孝之美，所謚不盡其行，建議駁之。太常博士裴總執曰：「杜尚書往以墨縗受職事，雖云奉國，不得爲孝。請依舊爲定。」孝友又詣闕陳訴上聞，而更令所司詳定，竟謚曰貞孝。

韓休，京兆長安人。伯父大敏，則天初爲鳳閣舍人。時梁州都督李行褒爲部人誣告，云有逆謀，則天令大敏就州推究。或謂大敏曰：「行褒諸李近屬，太后意欲除之，忽若失旨，禍將不細，不可不爲身謀也。」大敏曰：「豈有求身之安而陷人非罪！」竟奏雪之。則天俄又命御史重覆，遂構成其罪，大敏坐推反失情，與知反不告同罪，賜死于家。父大智，官至

洛州司功。

休早有詞學，初應制舉，累授桃林丞。又舉賢良，玄宗時在春宮，親問國政，休對策與校書郎趙冬曦並爲乙第，擢授左補闕。尋判主爵員外郎，歷遷中書舍人、禮部侍郎，兼知制誥，出爲虢州刺史。時虢州以地在兩京之間，駕在京及東都，並爲近州，常被支稅草以納閑廄。休奏請均配餘州，中書令張說駁之曰：「若獨免虢州，即當移向他郡，牧守欲爲私惠，國體固不可依。」又下符不許之。休復將執奏，僚吏曰：「更奏必忤執政之意。」休曰：「爲刺史不能救百姓之弊，何以爲政！必以忤上得罪，所甘心也。」竟執奏獲免。歲餘，以母艱去職，固陳誠乞終禮，制許之。服闋，除工部侍郎，仍知制誥，遷尚書右丞。

開元二十一年，侍中裴光庭卒，上令蕭嵩舉朝賢以代光庭者，嵩盛稱休志行，遂拜黃門侍郎、同中書門下平章事。休性方直，不務進趨，及拜，甚允當時之望。俄有萬年尉李美玉得罪，上特令流之嶺外，休進曰：「美玉卑位，所犯又非巨害，今朝廷有大姦，尚不能去，豈得捨大而取小也！臣竊見金吾大將軍程伯獻，依恃恩寵，所在貪冒，第宅輿馬，僭擬過縱。臣請先出伯獻而後罪美玉。」上初不許之，休固爭曰：「美玉微細猶不容，伯獻巨猾豈得不問！陛下若不出伯獻，臣即不敢奉詔流美玉。」上以其切直，從之。初，蕭嵩以休柔和易制，故薦引之。休既知政事，多折正嵩，遂與休不叶。宋璟聞之曰：「不謂韓休乃能如是，仁者之勇

也。」

其年夏，加銀青光祿大夫。十二月，轉工部尚書，罷知政事。二十四年，遷太子少師，封宜陽子。二十七年病卒，年六十八，贈揚州大都督，諡曰文忠。寶應元年，重贈太子太師。

子洽、洪、汯、渙，皆有學尚，風韻高雅。洽，天寶初為殿中侍御史卒。洪，為司庫員外郎。洽弟澤，除大理司直。御史大夫王鉷犯法，籍沒其家，洽兄浩為萬年主簿，捕其資財，有所容隱，為京兆尹鮮于仲通所發，配流循州。洪、汯並坐貶職。後遇赦，量移洪為華州長史。屬安祿山反，西京失守，洪陷於賊，賊授官，將見委任，洪與浩及汯、渙、澤同奔山谷，以投行在。至谷口，洪、浩、澤及洪子四人並為賊所擒，併命於通衢。洪重交友，籍甚於時，見者掩涕，肅宗聞其重臣子，能以忠而死，贈太常卿。浩贈吏部郎中，澤贈太常少卿。汯，上元中為諫議大夫。渙、洄，別有傳。

裴耀卿，贈戶部尚書守眞子也。少聰敏，數歲解屬文，童子舉。弱冠拜祕書正字，俄補

相王府典籤。時睿宗在藩，甚重之，令與掾丘悅、文學韋利器更直府中，以備顧問，府中稱為學直。及睿宗升極，拜國子主簿。開元初，累遷長安令。長安舊有配戶和市之法，百姓苦之。耀卿到官，一切令出儲蓄之家，預給其直，遂無姦僦之弊，公私甚以為便。在職二年，寬猛得中，及去官，縣人甚思詠之。十三年，為濟州刺史。其年，車駕東巡，州當大路，道里綿長，而戶口寡弱，耀卿躬自條理，科配得所。時大駕所歷凡十餘州，耀卿稱為知頓之最。又歷宣、冀二州刺史，皆有善政，入為戶部侍郎。

二十年，禮部尚書、信安王禕受詔討契丹，詔以耀卿為副。俄又令耀卿賫絹二十萬匹分賜立功奚官，就部落以給之。耀卿謂人曰：「夷虜貪殘，見利忘義，今賫持財帛，深入寇境，不可不為備也。」乃令先期而往，分道互進，一朝而給付並畢。時突厥及室韋果勒兵邀險，謀劫襲之，比至而耀卿已還。

其冬，遷京兆尹。明年秋，霖雨害稼，京城穀貴。上將幸東都，獨召耀卿問救人之術，耀卿對曰：

臣聞前代聖王，亦時有憂害，更施惠澤，活國濟人，由是蒼生仰德，史冊書美。伏以陛下仁聖至深，憂勤庶政，小有飢乏，降情哀矜，躬親支計，救其危急。上玄降鑒，當更延福祚，是因有小災而增輝聖德也。今既大駕東巡，百司扈從，太倉及三輔先所積

貯，且隨見在發重臣分道賑給，計可支一二年。從東都更廣漕運，以實關輔。待稍充實，車駕西還，即事無不濟。

臣以國家帝業，本在京師，萬國朝宗，百代不易之所。但為秦中地狹，收粟不多，倘遇水旱，便即匱乏。往者貞觀、永徽之際，祿廩數少，每年轉運不過一二十萬石，所用便足，以此車駕久得安居。今國用漸廣，漕運數倍於前，支猶不給。陛下數幸東都，以就貯積，為國大計，不憚劬勞，祇為憂人而行，豈是故欲來往[四]。若能更廣陝運，支粟入京，倉廩常有三二年糧，即無憂水旱。

今天下輸丁約有四百萬人，每丁支出錢百文，五十文充營窖等用，貯納司農及河南府、陝州以充其費。租米則各隨遠近，任自出腳送納東都。從都至陝，河路艱險，既用陸腳，無由廣致。若能開通河漕，變陸為水，則所支有餘，動盈萬計。且江南租船候水始進[五]，吳人不便河漕，由是所在停留，日月既淹，遂生隱盜。臣望沿流相次置倉。

上深然其言。尋拜黃門侍郎、同中書門下平章事，充轉運使，語在食貨志。凡三年，運七百萬石，省腳錢三十萬貫。或說耀卿請進所省腳錢，以明功利。耀卿曰：「此蓋公卿盈縮之利耳，不可以之求寵也。」乃奏充所司和市、和糴等錢。

明年，遷侍中。二十四年，拜尚書左丞相，罷知政事，累封趙城侯。時夷州刺史楊濬犯贓處死，詔令杖六十，配流古州。耀卿上疏諫曰：

伏以聖恩天覆，仁育庶類，凡死罪之屬，不欲尸諸市朝，全其性命，流竄而已。所以政致刑措，獄無冤人，曠古以來，未有斯美。臣愚以為全生免死，誠為至化，有恥且格，為訓將來。苟有未安，不敢緘默。

臣以為刺史、縣令，與諸吏稍別，人之父母，風化所瞻，一為本部長官，即合終身致敬。決杖者，五刑之末，只施於扶扑徒隸之間，官蔭稍高，即免鞭撻。令決杖贖死，誠則已優，解體受笞，事頗為辱。法至於死，天下共之，刑至於辱，或有所恥。況本州刺史，百姓所崇，一朝對其人吏，背脊加杖，屈挫拘執，人或哀憐，忘其免死之恩，且有傷心之痛，恐非敬官長勸風俗之意。

又雜犯死罪，無杖刑，奏報三覆，然後行決。今非時不覆，決杖便發，倘獄或未盡，又暑熱不耐，因杖或死，即是促期處分，不得順時。將欲生之，却夭其命，又恐非聖明寬宥之意。臣前後頻在州縣，或緣雜犯決人[六]，每大暑盛夏之時，決杖多死，秋冬已後，至有全者。伏望凡刺史、縣令於本部決杖及夏暑生長之時，所定杖刑，並乞停減。即聞陛下好生之德，於死者皆有再生之恩。

俄而特進蓋嘉運破突騎施立功還，詔加河西、隴右兩節度使，仍令經略吐蕃。嘉運既承恩寵，日夕酣宴，不時赴軍。耀卿密上疏曰：「伏見蓋嘉運立功破賊，更委兩軍，以勇果之才，承戰勝之勢，吐蕃小醜，不足殲夷。然臣近日與其同班，觀其舉措，精勁勇烈，誠則有餘，言氣矜誇，恐難成事。莫敖狃於蒲騷之役〔七〕，舉趾稍高，春秋書之爲懲誡。恐其有驕敵之色，臣竊憂之。入秋防邊，日月稍逼，接對人吏，須識其宜。今將撫邊軍，未言發日，若臨事始去，人吏未識，雖決在一時，恐將非制勝萬全之道。況兵未訓練，不知禮法，人未懷惠，士未同心，求其忘性命於一時，憚嚴刑於少選，縱威逼而進，因而立功，恐非師出以律，久長之義。又萬人性命，決在將軍，不得已而行之，鑿凶門而郎路。今酣宴朝夕，優渥有餘，亦恐非愛人憂國之意，不可不察。若不可迴換，即望速遣進途，仍乞聖恩，勗以嚴命。」疏奏，上乃促嘉運赴軍，竟以無功而還。

天寶元年，改爲尙書右僕射，尋轉左僕射。一歲薨，年六十三，贈太子太傅，諡曰文獻。子綜，吏部郎中。綜子佶。

佶，字弘正，幼能屬文。弱冠舉進士，補校書郎，判入高等，授藍田尉。時有詔命畿內諸縣城奉天，時嚴郢爲京兆，政尙峻暴，加以朝旨甚迫，尹正之命，急如風霆。本曹尉韋重規

其室方娠而疾，畏郢之暴，不敢以事故免。佶因請代，役無愆程，當時義之。

德宗南狩，佶詣行在，拜拾遺，轉補闕。李懷光以河中叛，朝廷欲以含垢爲意，佶抗議請討，上深器之，前席慰勉〔八〕。三遷吏部員外，歷駕部兵部郎中，遷諫議大夫。會黔中觀察使韋士宗慘酷馭下〔九〕，爲夷獠所逐，俾佶代之，曾渠自化。其後爲瘴毒所侵，堅請入覲，拜同州刺史。徵入爲中書舍人，遷尙書右丞。時兵部尙書李巽兼鹽鐵使，將以使局置於本行，經構已半，會佶拜命，堅執以爲不可，遂令徹之。巽恃恩而強，時重佶之有守，就拜吏部侍郎。以疾除國子祭酒，尋遷工部尙書致仕。元和八年卒，年六十二，贈吏部尙書。佶清勁溫敏，凡所定交，時稱爲第一流。與鄭餘慶特相友善，佶歿後，餘慶行朋友之服，搢紳美之。

史臣曰：魏知古、盧懷愼、源乾曜、李元紘、杜暹、韓休、裴耀卿，悉蘊器能，咸居宰輔。或心存啓沃，或志在薦賢，或出愛子爲外官，或止屯田於關輔，或不受蕃人之路，或堅劾伯獻之姦，或廣漕渠以充國用：此皆立事立功，有足嘉尙者也。盧、李、杜三君子，又以淸白垂美簡書，公孫弘之流也。乾曜職當機密，無所是非，持祿保身，焉用彼相？

贊曰：盧、魏、乾曜，弼違進賢。裴、韓、李、杜，遠財劾姦。汗簡書事，淸風肅然。萬歲之後，其名不刊。

校勘記

〔一〕下明敕　「敕」字各本原作「策」，據唐會要卷五〇改。

〔二〕七月　各本原作「十月」，據冊府卷一三三改。

〔三〕突騎施　「突」字下各本原有「厥」字，據新書卷一二六杜暹傳刪。

〔四〕豈是故欲來往　「來」字各本原作「不」，據冊府卷四九八改。

〔五〕江南　各本原作「河南」，據唐會要卷八七、冊府卷四九八改。

〔六〕臣前後頻在州縣或緣雜犯決人　「臣」「雜」二字各本原無，據英華卷六一九、全唐文卷二九七補。

〔七〕莫敖狃於蒲騷之役　「狃」字各本原作「敗」，據左傳桓公十三年、冊府卷五四六改。

〔八〕前席慰勉　「勉」字各本原作「免」，據合鈔卷一四九裴耀卿傳改。

〔九〕韋士宗　「宗」字各本原作「文」，據本書卷一三德宗紀下、通鑑卷二三五改。

舊唐書卷九十九

列傳第四十九

崔日用 從兄日知 張嘉貞 弟嘉祐 蕭嵩 子華 張九齡 仲方
李適之 子季卿 嚴挺之

崔日用，滑州靈昌人，其先自博陵徙家焉。進士舉，初爲芮城尉。大足元年，則天幸長安，路次陝州。宗楚客時爲刺史，日用支供頓事，廣求珍味，稱楚客之命，徧饋從官。楚客知而大加賞歎，盛稱薦之，由是擢爲新豐尉。無幾，拜監察御史。

神龍中，祕書監鄭普思納女後宮，潛謀左道，日用遽奏劾之。普思方承恩，中宗不之省，日用廷爭懇至，詞甚抗直，普思竟伏其罪。時宗楚客、武三思、武延秀等遞爲朋黨，日用潛皆附之，驟遷兵部侍郎兼修文館學士。中宗暴崩，韋庶人稱制，日用恐禍及己。知玄宗將圖義舉，乃因沙門普潤、道士王曄密詣藩邸，深自結納，潛謀翼戴。玄宗嘗謂曰：「今謀此

舉，直爲親，不爲身。」日用曰：「此乃孝感動天，事必克捷。望速發，出其不意，若少遲延，或恐生變。」及討平韋氏，其夜，令權知雍州長史事。以功授銀青光祿大夫、黃門侍郎，參知機務，封齊國公，食實封二百戶。

爲相月餘，與中書侍郎薛稷不協，於中書忿競，由是轉雍州長史，停知政事。尋出爲揚州長史，歷婺、汴二州刺史、兗州都督、荊州長史。因入奏事，言：「太平公主謀逆有期，陛下往在宮府，欲有討捕，猶是子道臣道，須用謀用力。今既光臨大寶，但須下一制，誰敢不從？忽姦宄得志，則禍亂不小。」上曰：「誠如此，直恐驚動太上皇，卿宜更思之。」日用曰：「臣聞天子孝與庶人孝全別。庶人孝，謹身節用，承順顏色；天子孝，安國家，定社稷。今若逆黨竊發，卽大業都棄，豈得成天子之孝乎！伏請先定北軍，次收逆黨，卽不驚動太上皇。」玄宗從其議。及討蕭至忠、竇懷貞之際，又令權檢校雍州長史，加實封通前滿四百戶。尋拜吏部尚書。

日用嘗採毛詩大雅、小雅二十篇及司馬相如封禪書，因上生日表上之，以申規諷，并述告成之事。手詔答曰：「夫詩者，動天地，感鬼神，厚於人，美於教矣。朕志之所尚，思與之齊，庶乎採詩之官，補朕之闕。且古者封禪，升中告成，朕以菲德，未明於至道。竦然以聽，頗壯相如之詞；惕然載懷，復慚夷吾之語。卿洽聞彊見，溫故知新，逮此發揮，益彰忠懇。

豈非討蓬山之籍，心不忘於起予；因蘭殿之祥，言固深於啓沃。朕循環覽諷，用慰于懷。今賜卿衣裳一副、物五十段，以示無言不酬之信也。」

尋出爲常州刺史，削實封三百戶，轉汝州刺史。開元七年，差降口賦，特下敕曰：「唐元之際，逆黨構凶，崔日用當時潛論其事，及于戡翦，實預元謀，而所食之封，後以例減。功既居多，特宜準初食之封，與二百戶。」十年，轉并州大都督長史。尋卒，時年五十，贈吏部尚書，諡曰昭。後又贈荊州大都督，子宗之襲。

日用才辯過人，見事敏速，每朝廷有事，轉禍爲福，以取富貴。及先天已後，復求入相，竟亦不遂。常謂人曰：「吾一生行事，皆臨時制變，不必重專守始謀。每一念之，不覺芒刺在於背也。」

日用從父兄日知，亦有吏幹。景雲中，爲洛州司馬。會譙王重福入東都作亂，羣臣皆避難逃匿，日知獨督率人吏赴留守，與屯營合勢討賊。重福既死，以功加銀青光祿大夫，累遷京兆尹。坐贓爲御史李如璧所劾，左遷歙縣丞，俄又歷遷殿中監。日知素與張說友善，說薦之，奏請授御史大夫。上不許，遂以爲左羽林衞大將軍，而以河南尹崔隱甫爲御史大夫，隱甫由是與說不叶。日知俄遷太常卿。自以歷任年久，每朝士參集，常與尙書同列，時

人號爲「尙書裏行」，遂爲口實。開元十六年，出爲潞州大都督府長史。尋以年老致仕，卒，諡曰襄。

張嘉貞，蒲州猗氏人也。弱冠應五經舉，拜平鄉尉，坐事免歸鄉里。長安中，侍御史張循憲爲河東採訪使，薦嘉貞材堪憲官，請以己之官秩授之。則天召見，垂簾與之言，嘉貞奏曰：「以臣草萊而得入謁九重，是千載一遇也。咫尺之間，如隔雲霧，竟不覩日月，恐君臣之道有所未盡。」則天遽令卷簾，與語大悅，擢拜監察御史。累遷中書舍人，歷秦州都督、并州長史，爲政嚴肅，甚爲人吏所畏。

開元初，因奏事至京師，上聞其善政，數加賞慰。嘉貞因奏曰：「臣少孤，兄弟相依以至今。臣弟嘉祐，今授鄯州別駕，與臣各在一方，同心離居，魂絕萬里。乞移就臣側近，臣兄弟盡力報國，死無所恨。」上嘉其友愛，特改嘉祐爲忻州刺史。

時突厥九姓新來內附，散居太原以北，嘉貞奏請置軍以鎭之，於是始於并州置天兵軍，以嘉貞爲使。六年春，嘉貞又入朝。俄有告其在軍奢僭及贓賄者，御史大夫王晙因而劾奏之，按驗無狀，上將加告者反坐之罪。嘉貞奏曰：「昔者天子聽政於上，瞍賦矇誦，百工諫，

庶人謗，而後天子斟酌焉。今反坐此輩，是塞言者之路，則天下之事無由上達。特望免此罪，以廣謗誦之道。」從之，遂令減死，自是帝以嘉貞爲忠。嘉貞又嘗奏曰：「今志力方壯，是効命之秋，更三數年，即衰老無能爲也。惟陛下早垂任使，死且不憚。」上以其明辯，尤重之。八年春，宋璟、蘇頲罷知政事，擢嘉貞爲中書侍郎、同中書門下平章事。數月，加銀青光祿大夫，遷中書令。

嘉貞斷決敏速，善於敷奏，然性強躁自用，頗爲時論所譏。時中書舍人苗延嗣、呂太一、考功員外郎員嘉靜、殿中侍御史崔訓，皆嘉貞所引，位列清要，常在嘉貞門下共議朝政，時人爲之語曰：「令公四俊，苗、呂、崔、員。」

開元十年，車駕幸東都。有洛陽主簿王鈞爲嘉貞修宅，將以求御史，因受贓事發，上特令朝堂集衆決殺之。嘉貞促所由速其刑以滅口，乃歸罪於御史大夫韋抗、中丞韋虛心，皆貶黜之。其冬，祕書監姜皎犯罪，嘉貞又附會王守一奏請杖之，皎遂死于路。俄而廣州都督裴伷先下獄，上召侍臣問當何罪，嘉貞又請杖之。兵部尚書張說進曰：「臣聞刑不上大夫，以其近於君也。故曰：『士可殺，不可辱。』臣今秋受詔巡邊，中途聞姜皎以罪於朝堂決杖，配流而死。皎官是三品，亦有微功。若其有犯，應死即殺，應流即流，不宜決杖廷辱，以卒伍待之。且律有八議，勳貴在焉。皎事已往，不可追悔。伷先祇宜據狀流貶，不可輕又

決罰。」上然其言。嘉貞不悅，退謂說曰：「何言事之深也？」說曰：「宰相者，時來即爲，豈能長據？若貴臣盡當可杖，但恐吾等行當及之。此言非爲伷先，乃爲天下士君子也。」初，嘉貞爲兵部員外郎，時張說爲侍郎。及是，說位在嘉貞下，既無所推讓，說頗不平，因以此言激怒嘉貞，由是與說不叶。上又以嘉貞弟嘉祐爲金吾將軍，兄弟並居將相之位，甚爲時人之所畏憚。十一年，上幸太原行在所，嘉祐贓汙事發，張說勸嘉貞素服待罪，不得入謁，因出爲幽州刺史，說遂代爲中書令。嘉貞惋恨，謂人曰：「中書令幸有二員，何相迫之甚也！」明年，復拜戶部尚書，兼益州長史，判都督事。敕嘉貞就中書省與宰相會宴，嘉貞既恨張說擠己，因攘袂勃罵，源乾曜、王晙共和解之。

明年，坐與王守一交往，左轉台州刺史。復代盧從愿爲工部尚書、定州刺史，知北平軍事，累封河東侯。將行，上自賦詩，詔百僚於上東門外餞之。至州，於恆嶽廟中立頌，嘉貞自爲其文，乃書於石，其碑用白石爲之，素質黑文，甚爲奇麗。先是，嶽祠爲遠近祈賽，有錢數百萬，嘉貞自以爲頌文之功，納其數萬。十七年，嘉貞以疾請就醫東都，制從之。至都，目瞑無所見，上令醫人內直郎田休裕、郎將呂弘泰馳傳往省療之。其秋卒，年六十四，贈益州大都督，謚曰恭肅。

嘉貞雖久歷清要，然不立田園。及在定州，所親有勸植田業者，嘉貞曰：「吾忝歷官榮，

曾任國相，未死之際，豈憂飢餒？若負譴責，雖富田莊，亦無用也。比見朝士廣占良田，及身沒後，皆爲無賴子弟作酒色之資，甚無謂也。」聞者皆歎伏。

初，嘉貞作相，薦萬年縣主簿韓朝宗，擢爲監察御史。及嘉貞卒後十數歲，朝宗爲京兆尹，因奏曰：「自陛下臨御已來，所用宰相，皆進退以禮，善始令終，身雖已沒，子孫咸在朝廷。唯張嘉貞晚年一子，今猶未登官序。」上亦惘然，遽令召之，賜名延賞，特拜左內率府兵曹參軍。德宗朝，位至宰輔，自有傳。

嘉祐，有幹略，自右金吾將軍貶浦陽府折衝，至二十五年，爲相州刺史。相州自開元已來，刺史死貶者十數人，嘉祐訪知尉遲迥周末爲相州總管，身死國難，乃立其神祠以邀福。經三考，改左金吾將軍。後吳兢爲鄴郡守，又加尉遲神冕服。自後郡守無患。

蕭嵩，貞觀初左僕射、宋國公瑀之曾姪孫。祖鈞，中書舍人，有名於時。嵩美鬚髯，儀形偉麗。初，娶會稽賀晦女，與吳郡陸象先爲僚壻。象先時爲洛陽尉，宰相子，門望甚高；嵩尚未入仕。宣州人夏榮稱有相術，謂象先曰：「陸郎十年內位極人臣，然不及蕭郎一門盡貴，官位高而有壽。」時人未之許。

神龍元年，嵩調補洺州參軍。尋而侍中、扶陽王桓彥範出爲洺州刺史，見之推重，待以殊禮。景雲元年，爲醴泉尉。時陸象先已爲中書侍郎，引爲監察御史。及象先知政事，嵩又驟遷殿中侍御史。開元初，爲中書舍人，與崔琳、王丘、齊澣同列，皆以嵩寡學術，未異之，而紫微令姚崇許其致遠，眷之特深。歷宋州刺史，三遷爲尚書左丞、兵部侍郎。

十五年，涼州刺史、河西節度王君㚟侍衆每歲攻擊吐蕃。吐蕃大將悉諾邏恭祿及燭龍莽布支攻陷瓜州城，執刺史田元獻及君㚟父壽，盡取城中軍資及倉糧，仍毀其城而去。又攻玉門軍及常樂縣，縣令賈師順嬰城固守，賊遂引退。無何，君㚟又爲迴紇諸部殺之於鞏筆驛，河、隴震駭。玄宗以君㚟勇將無謀，果及於難，擇堪邊任者，乃以嵩爲兵部尚書、河西節度使，判涼州事。嵩乃請以裴寬、郭虛己、牛仙客在其幕下，又請以建康軍使、左金吾將軍張守珪爲瓜州刺史，修築州城，招輯百姓，令其復業。又加嵩銀青光祿大夫。時悉諾邏恭祿威名甚振，嵩乃縱反間於吐蕃，言其與中國潛通，贊普遂召而誅之。明年秋，吐蕃大下，悉末朗復率衆攻瓜州〔一〕，守珪出兵擊走之。隴右節度使、鄯州都督張志亮引兵至青海西南渴波谷〔二〕，與吐蕃接戰，大破之。八月，嵩又遣副將杜賓客率弩手四千人，與吐蕃戰于祁連城下，自晨至暮，散而復合，賊徒大潰，臨陣斬其副將一人，散走山谷，哭聲四合。露布至，玄宗大悅，乃加嵩同中書門下三品，恩顧莫比。

十七年，授宇文融、裴光庭宰相，又加嵩兼中書令。自十四年燕國公張說罷中書令後，缺此位四年，而嵩居之。常帶河西節度，遙領之。加集賢殿學士、知院事，兼修國史，進位金紫光祿大夫。子衡，尚新昌公主，嵩夫人賀氏入覲拜席，玄宗呼爲親家母，禮儀甚盛。尋又進封徐國公。二十一年二月，侍中裴光庭卒。光庭與嵩同位數年，情頗不協，及是，玄宗遣嵩擇相，嵩以右丞韓休長者，舉之。及休入相，嵩舉事，休峭直，輒不相假，互於玄宗前論曲直，因讓位。玄宗眷嵩厚，乃許嵩授尚書右丞相，令罷相，以休爲工部尚書。尋又以嵩子華爲給事中。

二十四年，拜太子太師。及幽州節度使張守珪坐賂遺中官牛仙童，貶爲括州刺史，嵩嘗賄仙童，李林甫發之，貶青州刺史。尋又追拜太子太師，嵩又請老。嵩性好服餌，及罷相，於林園植藥，合鍊自適。華時爲工部侍郎，衡以主婿三品，嵩皤然就養十餘年，家財豐贍，衣冠榮之。天寶八年薨，年八十餘，贈開府儀同三司。

子華，天寶末轉兵部侍郎。祿山之亂，從駕不及，陷賊，僞署魏州刺史。乾元元年，郭子儀與九節度之師渡河攻安慶緒於相州，華潛通表疏，俟官軍至爲內應。賊伺知之，禁錮華於獄。崔光遠收魏州，破械出華。魏人美華之惠政，詣光遠請留，朝廷正授魏州刺史。

既而史思明率衆南下，子儀懼華復陷，乃表崔光遠代華，召至軍中。及相州兵潰，華歸京，仍以僞命所汙，降授試祕書少監。華謹重方雅，綽有家法，人士稱之。尋遷尙書右丞。乾元二年，出爲河中尹、河中晉絳節度使。

上元元年十二月，制曰：「弼予之選，審象是求，天步未平，廟謨尤切。必資明表，佇以佐時，晝一之才，取則不遠。正議大夫、前河中尹、兼御史中丞、充本府晉絳等州節度觀察等使、上柱國、嗣徐國公、賜紫金魚袋蕭華，公輔成名，承家繼業，詞標麗則，德蘊謨明。再履宮坊，尤知至行，致君望美，閱相求能。且推伊陟之賢，更啓漢臣之閤，還依日月，佐理陰陽。俾參政於紫宸，用建中於皇極。可中書侍郎、同中書門下平章事、集賢殿崇文館大學士，監修國史。」

時中官李輔國專典禁兵，怙寵用事，求爲宰相，諷宰臣裴冕等薦己，華頗拒之，輔國怒。肅宗方寢疾，輔國矯命罷華相位，守禮部尙書，仍引元載代華。肅宗崩，代宗在諒闇，元載希輔國旨，貶華爲硤州員外司馬，卒於貶所。

衡子復，德宗朝位亦至宰輔。

華子恆、悟。恆子俛，大和中宰輔；悟子倣，咸通中宰輔，皆自有傳。

張九齡字子壽，一名博物。曾祖君政，韶州別駕，因家于始興，今爲曲江人。父弘愈，以九齡貴，贈廣州刺史。九齡幼聰敏，善屬文。年十三，以書干廣州刺史王方慶，大嗟賞之，曰：「此子必能致遠。」登進士第，應舉登乙第，拜校書郎。玄宗在東宮，舉天下文藻之士，親加策問，九齡對策高第，遷右拾遺。

時帝未行親郊之禮，九齡上疏曰：

伏以天者，百神之君，而王者之所由受命也。自古繼統之主，必有郊配之義，蓋以敬天命以報所受。故於郊之義，則不以德澤未洽，年穀不登，凡事之故，而闕其禮。孝經云：「昔者周公郊祀后稷以配天。」斯謂成王幼沖，周公居攝，猶用其禮，明不暫廢。漢丞相匡衡亦云：「帝王之事，莫重乎郊祀。」董仲舒又云：「不郊而祭山川，失祭之序，逆於禮正，故春秋非之。」臣愚以爲匡衡、仲舒，古之知禮者，皆謂郊之爲祭所宜先也。伏惟陛下紹休聖緒，其命惟新，御極已來，於今五載，既光太平之業，未行大報之禮，竊考經傳，義或未通。今百穀嘉生，鳥獸咸若，夷狄內附，兵革用寧。將欲鑄劍爲農，泥金封禪，用彰功德之美，允答神祇之心。能事畢行，光耀帝載。況郊祀常典，猶闕其儀，有若怠於事天，臣恐不可以訓。伏望以迎日之至，展焚柴之禮，升紫壇，陳采席，定

天位，明天道，則聖朝典則，可謂無遺矣。

九齡以才鑒見推，當時吏部試拔萃選人及應舉者，咸令九齡與右拾遺趙冬曦考其等第，前後數四，每稱平允。開元十年，三遷司勳員外郎。時張說爲中書令，與九齡同姓，敍爲昭穆，尤親重之，常謂人曰：「後來詞人稱首也。」九齡既欣知己，亦依附焉。十一年，拜中書舍人。

十三年，車駕東巡，行封禪之禮。說自定侍從升中之官，多引兩省錄事主書及己之所親攝官而上，遂加特進階，超授五品。初，令九齡草詔，九齡言於說曰：「官爵者，天下之公器，德望爲先，勞舊次焉。若顚倒衣裳，則譏謗起矣。今登封霈澤，千載一遇，清流高品，不沐殊恩；胥吏末班，先加章紱。但恐制出之後，四方失望。今進草之際，事猶可改，唯令公審籌之，無貽後悔也。」說曰：「事已決矣，悠悠之談，何足慮也！」竟不從。及制出，內外甚咎於說。

時御史中丞宇文融方知田戶之事，每有所奏，說多建議違之，融亦以此不平於說。九齡復勸說爲備，說又不從其言。無幾，說果爲融所劾，罷知政事，九齡亦改太常少卿，尋出爲冀州刺史。九齡以母老在鄉，而河北道里遼遠，上疏固請換江南一州，望得數承母音耗，優制許之，改爲洪州都督。俄轉桂州都督，仍充嶺南道按察使。上又以其弟九章、九皐爲

嶺南道刺史，令歲時伏臘，皆得寧覲。

初，張說知集賢院事，常薦九齡堪爲學士，以備顧問。說卒後，上思其言，召拜九齡爲祕書少監、集賢院學士，副知院事。再遷中書侍郎。常密有陳奏，多見納用。尋丁母喪歸鄉里。二十一年十二月，起復拜中書侍郎、同中書門下平章事。明年，遷中書令，兼修國史。

時范陽節度使張守珪以裨將安祿山討奚、契丹敗衄，執送京師，請行朝典。九齡奏劾曰：「穰苴出軍，必誅莊賈；孫武教戰，亦斬宮嬪。守珪軍令必行，祿山不宜免死。」上特捨之。九齡奏曰：「祿山狼子野心，面有逆相，臣請因罪戮之，冀絕後患。」上曰：「卿勿以王夷甫知石勒故事，誤害忠良。」遂放歸藩。

二十三年，加金紫光祿大夫，累封始興縣伯。李林甫自無學術，以九齡文行爲上所知，心頗忌之。乃引牛仙客知政事，九齡屢言不可，帝不悅。二十四年，遷尚書右丞相，罷知政事。後宰執每薦引公卿，上必問：「風度得如九齡否？」故事皆搢笏於帶，而後乘馬，九齡體羸，常使人持之，因設笏囊。笏囊之設，自九齡始也。

初，九齡爲相，薦長安尉周子諒爲監察御史。至是，子諒以妄陳休咎，上親加詰問，令於朝堂決殺之。九齡坐引非其人，左遷荊州大都督府長史。俄請歸拜墓，因遇疾卒，年六十八，贈荊州大都督，謚曰文獻(三)。九齡在相位時，建議復置十道採訪使，又教河南數州

水種稻，以廣屯田。議置屯田，費功無利，竟不能就，罷之。性頗躁急，動輒忿詈，議者以此少之。

子拯(四)，伊闕令。祿山之亂陷賊，不受僞命；兩京克復，詔加太子右贊善。弟九皐，自尚書郎歷唐、徐、宋、襄、廣五州刺史。九章，歷吉、明、曹三州刺史，鴻臚卿。

九齡爲中書令時，天長節百僚上壽，多獻珍異，唯九齡進金鏡錄五卷，言前古興廢之道，上賞異之。又與中書侍郎嚴挺之、尚書左丞袁仁敬、右庶子梁升卿、御史中丞盧怡結交友善。挺之等有才幹，而交道終始不渝，甚爲當時之所稱。至德初，上皇在蜀，思九齡之先覺，下詔褒贈，曰：「正大廈者柱石之力，昌帝業者輔相之臣。生則保其榮名，歿乃稱其盛德，飾終未允於人望，加贈實存乎國章。故中書令張九齡，維嶽降神，濟川作相，開元之際，寅亮成功。讜言定其社稷，先覺合於蓍策，永懷賢弼，可謂大臣。竹帛猶存，樵蘇必禁，爰從八命之秩，更進三台之位。可贈司徒，仍遣使就韶州致祭。」有集二十卷。

九皐曾孫仲方，少朗秀。爲兒童時，父友高郢見而奇之，曰：「此子非常，必爲國器，吾獲高位，必振發之。」後郢爲御史大夫，首請仲方爲御史。歷金州刺史，郡人有田產爲中人所奪，仲方三疏奏聞，竟理其冤。入爲度支郎中，駁李吉甫謚，吉甫之黨惡之，出爲遂州司馬。

稍遷復、曹、鄭三郡守。爲諫議大夫。時鄠縣令崔發因辱小黃門，敬宗赫怒，付臺推鞫。及元日大赦，獨發不得宥。仲方上疏，其略曰：「鴻恩將布於天下，而不行御前；霈澤始被於昆蟲，而獨遺崔發。」由是發得不死，時論美之。大和九年，爲京兆尹，將相從累者皆大戮，仲方密令識之。旋詔下許令收葬，得認遺骸，實仲方之力也。是時軍人橫恣，仲方脂韋，坐不稱職，出爲華州刺史，改祕書監。開成二年卒，年七十二，贈禮部尚書，謚曰成。

李適之，一名昌，恆山王承乾之孫也。父象，官至懷州別駕。適之，神龍初起家拜左衞郎將。開元中，累遷通州刺史，以強幹見稱。時給事中韓朝宗爲按察使，特表薦之，擢拜秦州都督。俄轉陝州刺史，入爲河南尹。適之性簡率，不務苛細，人吏便之。歲餘，拜御史大夫。開元二十七年，兼幽州大都督府長史，知節度事。適之以祖得罪見廢，父又遭則天所黜，葬禮有闕，上疏請歸葬昭陵之闕內。於是下詔追贈承乾爲恆山愍王，象爲越州都督、郇國公，伯父厥及亡兄數人並有褒贈。數喪同至京師，葬禮甚盛，仍刊石於墳所。俄拜刑部尚書。適之雅好賓友，飲酒一斗不亂，夜則宴賞，晝決公務，庭無留事。

天寶元年，代牛仙客爲左相，累封淸和縣公。與李林甫爭權不叶，適之性疏，爲其陰

中。林甫嘗謂適之曰：「華山有金鑛，採之可以富國，上未之知。」適之心善其言，他日從容奏之。玄宗大悅，顧問林甫，對曰：「臣知之久矣。然華山陛下本命，王氣所在，不可穿鑿，臣故不敢上言。」帝以爲愛己，薄適之言疏。隴右節度皇甫惟明、刑部尚書韋堅、戶部尚書裴寬、京兆尹韓朝宗，悉與適之善，林甫皆中傷之，構成其罪，相繼放逐。適之懼不自安，求爲散職。五載，罷知政事，守太子少保。遽命親故歡會，賦詩曰：「避賢初罷相，樂聖且銜盃。爲問門前客，今朝幾箇來？」竟坐與韋堅等相善，貶宜春太守。後御史羅希奭奉使殺韋堅、盧幼臨、裴敦復、李邕等於貶所，州縣且聞希奭到，無不惶駭。希奭過宜春郡，適之聞其來，仰藥而死。

子季卿，弱冠舉明經，頗工文詞。應制舉，登博學宏詞科，再遷京兆府鄠縣尉。肅宗朝，累遷中書舍人，以公事坐貶通州別駕。代宗即位，大舉淹抑，自通州徵爲京兆少尹。尋復中書舍人，拜吏部侍郎。俄兼御史大夫，奉使河南、江淮宣慰，振拔幽滯，進用忠廉，時人稱之。在銓衡數年，轉右散騎常侍。季卿有宇量，性識博達，善與人交，襟懷豁如。其在朝以進賢爲務，士以此多之。大曆二年卒，贈禮部尚書。

孫融，立性嚴整，善吏事。貞元十年，歷官至潤州節度使卒。

嚴挺之，華州華陰人。叔父方嶷，景雲中戶部郎中。挺之少好學，舉進士。神龍元年，制舉擢第，授義興尉。遇姚崇爲常州刺史，見其體質昂藏，雅有吏幹，深器異之。及崇再入爲中書令，引挺之爲右拾遺。

睿宗好樂，聽之忘倦，玄宗又善音律。先天二年正月望，胡僧婆陀請夜開門燃百千燈，睿宗御延喜門觀樂，凡經四日。又追作先天元年大酺，睿宗御安福門樓觀百司酺宴，以夜繼晝，經月餘日。挺之上疏諫曰：

微臣竊惟陛下應天順人，發號施令，躬親大禮，昭布鴻澤，孜孜庶政，業業萬幾。蓋以天下心爲心，深戒安危之理，此誠堯、舜、禹、湯之德敎也。奈何親御城門，以觀大酺，累日兼夜，臣愚竊所未諭。

夫酺者，因人所利，合醵爲歡，無相奪倫，不至糜弊。且臣卜其晝，史册攸存，君舉必書，帝王重愼。今乃暴衣冠於上路，羅妓樂於中宵。雜鄭、衞之音，縱倡優之樂。陛下還淳復古，宵衣旰食，不矜細行，恐非聖德所宜。臣以爲一不可也。

誰何警夜，伐鼓通晨，以備非常，存之善敎。今陛下不深惟戒愼，輕違動息，重門弛禁，巨猾多徒。倘有躍馬奔車，流言駭叫，一塵聽覽，有累宸衷。臣以爲二不可也。

且一人向隅，滿堂不樂；一物失所，納隍增慮。陛下北宮多暇，西墉暫臨。青春日長，已積埃塵之弊；紫微漏永，重窮歌舞之樂。倘令有司跛倚，下人飢倦，以陛下近猶不恤，而況於遠乎！聖情攸鬧，豈不懍然祗畏。臣以爲三不可也(五)。

且元正首祚，大禮頻光，百姓顒顒，咸謂業盛配天，功垂曠代。今陛下恩似薄於桒望，酺即過於往年。王公貴人，各承徽旨；州縣坊曲，競爲課稅。吁嗟道路，貿易家產，損萬人之力，營百戲之資。適欲同其歡，而乃遺其患，復令兼夜，人何以堪？臣以爲四不可也(六)。

書曰：「罔咈百姓，以從己之欲。」況自去夏霪霖，經今亢旱，農乏收成，市有騰貴。損其實，崇其虛，馳不急之務，擾方春之業。前代聖主明王，忽於細微而成過患多矣，陛下可效之哉？伏望晝則歡娛，暮令休息，要令兼夜，恐無益於聖朝。

上納其言而止。

時侍御史任知古恃憲威，於朝行詬詈衣冠，挺之深讓之，以爲不敬，乃爲臺司所劾，左遷萬州員外參軍。開元中，爲考功員外郎。典舉二年，大稱平允，登科者頓減二分之一。遷考功郎中，特敕又令知考功貢舉事，稍遷給事中。時黃門侍郎杜暹、中書侍郎李元紘同

列爲相，不叶。暹與挺之善，元紘素重宋遙，引爲中書舍人。及與起居舍人張烜等同考吏部等第判，遙復與挺之好尙不同，遙言於元紘。元紘詰譙挺之，挺之曰：「明公位尊國相，情溺小人，乃有憎惡，甚爲不取也。」詞色俱厲。元紘曰：「小人爲誰？」挺之曰：「卽宋遙也。」因出爲登州刺史、太原少尹。殿中監王毛仲使太原、朔方、幽州，計會兵馬，事隔數年，乃牒太原索器仗。挺之以不挾敕，毛仲寵幸久，恐有變故，密奏之。尋遷濮、汴二州刺史。挺之所歷皆嚴整，吏不敢犯，及莅大郡，人乃重足側息。

二十年，毛仲得罪賜死，玄宗思曩日之奏，擢爲刑部侍郎，深見恩遇，改太府卿。與張九齡相善，九齡入相，用挺之爲尙書左丞，知吏部選，陸景融知兵部選，皆爲一時精選。時侍中裴耀卿、禮部尙書李林甫與九齡同在相位，九齡以詞學進，入視草翰林，又爲中書令，甚承恩顧。耀卿與九齡素善，林甫巧密，知九齡方承恩遇，善事之，意未相與。林甫引蕭炅爲戶部侍郎，嘗與挺之同行慶弔，客次有禮記，蕭炅讀之曰：「蒸嘗伏獵。」炅早從官，無學術，不識「伏臘」之意，誤讀之。挺之戲問，炅對如初。挺之白九齡曰：「省中豈有『伏獵侍郎』？」由是出爲岐州刺史，林甫深恨之。九齡嘗欲引挺之同居相位，謂之曰：「李尙書深承聖恩，足下宜一造門款狎。」挺之素負氣，薄其爲人，三年，非公事竟不私造其門，以此彌爲林甫所嫉。及挺之囑蔚州刺史王元琰，林甫使人詰於禁中，以此九齡罷相，挺之出爲洛州刺史，二十九年，移絳郡太守。

天寶元年，玄宗嘗謂林甫曰：「嚴挺之何在？此人亦堪進用。」林甫乃召其弟損之至門敍故，云「當授子員外郎」，因謂之曰：「聖人視賢兄極深，要須作一計，入城對見，當有大用。」令損之取絳郡一狀，云：「有少風氣，請入京就醫。」林甫將狀奏云：「挺之年高，近患風，且須授閑官就醫。」玄宗歎吒久之。林甫奏授員外詹事，便令東京養疾。

挺之素歸心釋典，事僧惠義。及至東都，鬱鬱不得志，成疾。自爲墓誌曰：「天寶元年，嚴挺之自絳郡太守抗疏陳乞，天恩允請，許養疾歸閑，兼授太子詹事。前後歷任二十五官，每承聖恩，嘗忝獎擢，不盡驅策，駑蹇何階，仰答鴻造？春秋七十，無所展用，爲人士所悲。其年九月，寢疾，終於洛陽某里之私第。十一月，葬於大照和尙塔次西原，禮也。盡忠事君，叨載國史，勉拙從仕，或布人謠。陵谷可以自紀，文章焉用爲飾。遺文薄葬，斂以時服。」挺之與裴寬皆奉佛。開元末，惠義卒，挺之服縗麻送於龕所。寬爲河南尹，僧普寂卒，寬與妻子皆服縗絰，設次哭臨，妻子送喪至嵩山。故挺之誌文云「葬於大照塔側」，祈其靈祐也。挺之素重交結，有許與，凡舊交先歿者，厚撫其妻子，凡嫁孤女數十人，時人重之。

子武，廣德中黃門侍郎、成都尹、劍南節度使。

史臣曰：崔日用附會三思，以取高位，預討韋氏，遂握重權。自言「吾一生行事，皆臨時制變，不必專守始謀」，信矣。與夫守死善道者，不可同年而語也。張嘉貞雖不立田園，奈急於勢利，朋比近習，杖姜皎、仙先，非中立之士也。蕭嵩位極中令，異政無聞，樹破虜之勳，眞致遠之器。九齡文學政事，咸有所稱，一時之選也。適之臨下雖簡，在公克勤，惜乎不得其死也！挺之才略器識，不下諸公，恥近權門，爲人所惡，不登台輔，養疾宮僚。雖富貴在天，窮達有命，彼林甫者，誠可投畀豺虎也。

贊曰：開元之代，多士盈庭。日用無守，嘉貞近名。嵩、齡、適、挺，各有度程。大位俱極，半慚德馨。

校勘記

〔一〕悉末朗　各本原作「悉末明」，據本書卷一九六上吐蕃傳、通鑑卷二一三改。

〔二〕渴波谷　各本原作「渴波谷」，據本書卷一九六上吐蕃傳、通鑑卷二一三改。

〔三〕文獻　「獻」字各本原作「憲」，據唐會要卷八〇改。

〔四〕子拯　「拯」字各本原作「極」，據新書卷七二下宰相世系表、卷一二六張九齡傳改。

〔五〕三不可也　「三」字各本原作「四」，據唐會要卷五六、冊府卷五四五改。

〔六〕四不可也　「四」字各本原作「五」，據唐會要卷五六、冊府卷五四五改。

舊唐書卷一百

列傳第五十

尹思貞　李傑　解琬　畢構　蘇珦子晉　鄭惟忠　王志愔

盧從愿　李朝隱　裴漼從祖弟寬　王丘

尹思貞，京兆長安人也。弱冠明經舉，補隆州參軍。時晉安縣有豪族蒲氏，縱橫不法，前後官吏莫能制。州司令思貞推按，發其姦贓萬計，竟論殺之，遠近稱慶，刻石以紀其事，由是知名。累轉明堂令，以善政聞。三遷殿中少監，檢校洺州刺史。會契丹孫萬榮作亂，河朔不安，思貞善於綏撫，境內獨無驚擾，則天降璽書褒美之。

長安中，七遷秋官侍郎，以忤張昌宗被構，出爲定州刺史，轉晉州刺史。尋復入爲司府少卿。時卿侯知一亦厲威嚴，吏人爲之語曰：「不畏侯卿杖，惟畏尹卿筆。」其爲人所伏若此。尋加銀青光祿大夫。於宅中掘得古戟十二，俄而門加棨戟，時人異焉。

神龍初，爲大理卿，時武三思擅權，御史大夫李承嘉附會之。雍州人韋月將上變，告三思謀逆，中宗大怒，命斬之。思貞以發生之月，固執奏以爲不可行刑，竟有敕決杖配流嶺南。三思令所司因此非法害之，思貞又固爭之。承嘉希三思旨，託以他事，不許思貞入朝廷。謂承嘉曰：「公擅作威福，不顧憲章，附託姦臣，以圖不軌，將先除忠良以自恣耶？」承嘉大怒，遂劾奏思貞，出爲青州刺史。境內有蠶一年四熟者，黜陟使、衞州司馬路敬潛八月至州，見繭歎曰：「非善政所致，孰能至於此乎！」特表薦之。思貞前後爲十三州刺史，皆以清簡爲政，奏課連最。

睿宗即位，徵爲將作大匠，累封天水郡公。時左僕射竇懷貞興造金仙、玉眞兩觀，調發夫匠，思貞常節減之。懷貞怒，頻詰責思貞，思貞曰：「公職居端揆，任重弼諧，不能翼贊聖明，光宣大化，而乃盛興土木，害及黎元，豈不愧也！又受小人之譖，輕辱朝臣。今日之事，不能苟免，請從此辭。」拂衣而去，闔門累日，上聞而特令視事。其年，懷貞伏誅，乃下制曰：「國之副相，位亞中台，自匪邦直，孰司天憲？將作大匠尹思貞，賢良方正，碩儒耆德，剛不護缺，清而畏知，簡言易從，莊色難犯。徽先王之體要，敷祚必陳；折佞臣之怙權，拂衣而謝。故以事聞海內，名動京師，鷹隼是擊，豺狼自遠。必能條理前弊，發揮舊章，宜承弄印之榮，式允登車之志。可御史大夫。」俄兼申王府長史，遷戶部尚書，轉工部尚書。以老疾累表請致仕，許之。開元四年卒，年七十七，贈黃門監，謚曰簡。

李傑，本名務光，相州滏陽人。後魏并州刺史寶之後也，其先自隴西徙焉。傑少以孝友著稱，舉明經，累遷天官員外郎，明敏有吏才，甚得當時之譽。神龍初，累遷衞尉少卿，爲河東道巡察黜陟使，奏課爲諸使之最。開元初，爲河南尹。傑既勤於聽理，每有訴列，雖衢路當食，無廢處斷，由是官無留事，人吏愛之。先是，河、汴之間有梁公堰，年久堰破，江、淮漕運不通。傑奏調發汴、鄭丁夫以濬之，省功速就，公私深以爲利，刊石水濱，以紀其績。

尋代宋璟爲御史大夫。時皇后妹婿尙衣奉御長孫昕與其妹婿楊仙玉因於里巷遇傑，遂毆擊之，上大怒，令斬昕等。散騎常侍馬懷素以爲陽和之月，不可行刑，累表陳請。乃下敕曰：「夫爲令者自近而及遠，行罰者先親而後疏。長孫昕、楊仙玉等憑恃姻戚，恣行凶險，輕侮常憲，損辱大臣，情特難容，故令斬決。今羣官等累陳表疏，固有誠請，以陽和之節，非肅殺之時，援引古今，詞義懇切。朕志從深諫，情亦惜法，宜寬異門之罰，聽從枯木之斃。卽宜決殺，以謝百僚。」

傑明年以護橋陵作，賜爵武威子。初，傑護作時，引侍御史王旭爲判官。旭貪冒受

贓，傑將繩之而不得其實，反爲旭所構，出爲衢州刺史。俄轉揚州大都督府長史，又爲御史所劾，免官歸第。尋卒，贈戶部尙書。

解琬，魏州元城人也。少應幽素舉，拜新政尉，累轉成都丞。因奏事稱旨，超遷監察御史，丁憂離職。則天以琬識練邊事，起復舊官，令往西域安撫夷虜，抗疏固辭。則天嘉之，下敕曰：「解琬孝性淳至，哀情懇切，固辭權奪之榮，乞就終憂之典。足可以激揚風俗，敦獎名教，宜遂雅懷，允其所請。仍令服闋後赴上。」

聖曆初，遷侍御史，充使安撫烏質勒及十姓部落，咸得其便宜，蕃人大悅，以功擢拜御史中丞，兼北庭都護、持節西域安撫使。琬素與郭元振同官相善，遂爲宗楚客所毀，由是左遷滄州刺史。爲政務存大體，甚得人和。景龍中，遷右臺御史大夫，兼持節朔方行軍大總管。琬前後在軍二十餘載，務農習戰，多所利益，邊境安之。

景雲二年，復爲朔方軍大總管。琬分遣隨軍要籍官河陽丞張冠宗、肥鄉令韋景駿、普安令于處忠等校料三城兵募，於是減十萬人，奏罷之。尋授右武衞大將軍，兼檢校晉州刺史，賜爵濟南縣男。以年老乞骸骨，拜表訖，不待報而去。優詔加金紫光祿大夫，聽致

仕，其祿準品全給。尋降璽書勞之曰：「卿器局堅正，才識高遠，公忠彰其立身，貞固足以幹事。類張騫之出使，同魏絳之和戎。職綰文武，功申方面，勤于王家，是爲國老。頃者，顧斯側景，願言勇退，深惜馬援之能，未遂祁奚之請。然章疏頻上，雅懷難奪。今知脫屣歸閑，拂衣高謝，固可以激勵頹俗，儀刑庶僚。永言終始，良可嘉尙。宜善攝養，以介期頤。」

未幾，吐蕃寇邊，復召拜左散騎常侍，令與吐蕃分定地界，兼處置十姓降戶。琬言吐蕃必潛懷叛計，請預支兵十萬於秦、渭等州嚴加防遏。其年冬，吐蕃果入寇，竟爲支兵所擊走之。俄又表請致仕，不許，還太子賓客。開元五年，出爲同州刺史。明年卒，年八十餘。

畢構，河南偃師人也。父憬，則天時爲司衞少卿。構少舉進士。神龍初，累遷中書舍人。時敬暉等奏請降削武氏諸王，構次當讀表，既聲韻朗暢，兼分析其文句，左右聽者皆歷然可曉。由是武三思惡之，出爲潤州刺史。累除益州大都督府長史。

景雲初，召拜左御史大夫，轉陝州刺史，加銀青光祿大夫，封魏縣男。頃之，復授益州大都督府長史，兼充劍南道按察使。所歷州府，咸著聲績，在蜀中尤革舊弊，政號清嚴。睿宗聞而善之，璽書勞曰：

我國家創開天地，再造黎元，四夷來王，萬邦會至，置州立郡，分職設官。貞觀、永徽之前，皇猷惟穆；咸亨、垂拱之後，淳風漸替。征賦將急，調役頗繁，選吏舉人，涉於浮濫。省閣臺寺，罕有公直，苟貪祿秩，以度歲時。中外因循，紀綱弛紊，且無懲革，弊乃滋深。爲官既不擇人，非親卽賄；爲法又不按罪，作孽寧逃？貪殘放手者相仍，清白潔己者斯絕。蓋由賞罰不舉，生殺莫行。更以水旱時乖，邊隅未謐，日損一日，徵斂不休，大東小東，杼軸爲怨，就更割剝，何以克堪！

昔聞當官，以留犢還珠爲上；今之從職，以充車聯駟爲能。或交結富豪，抑棄貧弱；或矜假典正，樹立腹心。邑屋之間，囊篋俱委，或地有椿幹梓漆，或家有畜產資財，卽被暗通，並從取奪。若有固吝，卽因事以繩，粗杖大枷，動傾性命，懷冤抱痛，無所告陳。比差御史委令巡察，或有貴要所囑，未能不避權豪；或有親故在官，又罕絕於顏面。載馳原隰，徒煩出使之名；安問狐狸，未見埋車之節。揚清激濁，涇、渭不分；嫉惡好善，蕭、蘭莫別。官守既其若此，下人豈以聊生。數年已來，凋殘更甚。

卿孤潔獨行，有古人之風，自臨蜀川，弊化頓易。覽卿前後執奏，何異破柱求姦？諸使之中，在卿爲最。並能盡節似卿如此，百郡何憂乎不理、萬人何慮乎不安？卿當

益堅，勿爲後顧。朕嘉卿直道，今賜袍帶並衣一副。」尋拜戶部尚書，轉吏部尚書，並遙領益州大都督府長史。

玄宗卽位，累拜河南尹，遷戶部尚書。開元四年，遇疾，上手疏醫方以賜之。時議戶部尚書爲凶官，遽改授太子詹事，冀其有瘳。尋卒，贈黃門監，謚曰景。

構初喪繼母時，有二妹在襁褓，親加鞠養，咸得成立。及構卒，二妹號絕久之，以撫育恩，遂制三年之服。其弟栩亦甚哀毀，並爲當時所稱。栩官至荆州司馬。

蘇珦，雍州藍田人。明經舉，累授鄠縣尉。雍州長史李義琰召而謂曰：「鄠縣本多訴訟，近日遂絕，訪問果由明公爲其疏理。」因顧指廳事曰：「此座卽明公座也，但恨非遲暮所見耳。」

垂拱初，拜右臺監察御史。時則天將誅韓、魯等諸王，使珦按其密狀，珦訊問皆無徵驗。或誣告珦與韓、魯等同情，則天召見詰問，珦抗議不回。則天不悅，曰：「卿大雅之士，朕當別有驅使，此獄不假卿也。」遂令珦於河西監軍。五遷右司郎中。時御史王弘義託附來俊臣，構陷無罪，朝廷疾之。嘗受詔於虢州採木，役使不節，丁夫多死，珦按奏其事，弘義

竟以坐黜。珦尋遷給事中，累授左肅政臺御史大夫。時有詔白司馬坂營大像，糜費巨億，珦以妨農，上疏切諫，則天納焉。

神龍初，武三思擅權，韋月將告三思將有逆謀，返爲三思所構，中宗令斬之。珦奏非時不可行刑，由是忤三思旨，轉爲右御史大夫。尋出爲岐州刺史，復爲右臺大夫。會節愍太子敗，詔珦窮其黨與。時睿宗在藩，爲得罪者所引，珦因辯析事狀，密奏以保持之。中宗意解，因是多所原免。擢珦爲戶部尚書，賜爵河內郡公。尋授太子賓客、檢校詹事，以年老致仕。開元三年卒，年八十一，贈兗州都督，謚曰文。子晉，亦知名。

晉數歲能屬文，作八卦論，吏部侍郎房穎叔、祕書少監王紹宗見而賞歎曰：「此後來王粲也。」弱冠舉進士，又應大禮舉，皆居上第。先天中，累遷中書舍人，兼崇文館學士。玄宗監國，每有制命，皆令晉及賈曾爲之。晉亦數進讜言，深見嘉納。俄出爲泗州刺史，以父老乞辭職歸侍，許之。父卒後，歷戶部侍郎，襲爵河內郡公。

開元十四年，遷吏部侍郎。時開府宋璟兼尚書事，晉及齊澣遞於京都知選事，既糊名考判，晉獨多賞拔，甚得當時之譽。俄而侍中裴光庭知尚書事，每過官應批退者，但對衆披簿，以朱筆點頭而已。晉遂榜選院云：「門下點頭者，更引注擬。」光庭以爲侮己，甚不悅，遂

出爲汝州刺史。三遷魏州刺史，加銀青光祿大夫，入爲太子左庶子。二十二年卒，年五十九。

初，晉與洛陽人張循之、仲之兄弟友善，循之等並以學業著名。循之，則天時上書忤旨被誅。仲之，神龍中謀殺武三思，爲友人宋之遜所發，下獄死。晉厚撫仲之子漸，有如己子，教之書記，爲營婚宦。及晉卒，漸制猶子之服，時人甚以此稱之。

鄭惟忠，宋州宋城人也。儀鳳中，進士舉，授井陘尉，轉湯陰尉。天授中，應舉召見，則天臨軒問諸舉人：「何者爲忠？」諸人對不稱旨。惟忠對曰：「臣聞忠者，外揚君之美，內匡君之惡。」則天曰：「善。」授左司禦率府胄曹參軍，累遷水部員外郎。則天幸長安，惟忠待制引見，則天謂曰：「朕識卿，前於東都言『忠臣外揚君之美，內匡君之惡』，至今不忘。」尋加朝散大夫，再遷鳳閣舍人。

中宗卽位，甚敬重之，擢拜黃門侍郎。時議請禁嶺南首領家畜兵器，惟忠曰：「夫爲政不可革以習俗，且吳都賦云：『家有鶴膝，戶有犀渠。』如或禁之，豈無驚擾耶？」遂寢。無何，守大理卿。節愍太子與將軍李多祚等舉兵誅武三思，事變伏誅。其詿誤守門者並配

流，將行，有韋氏黨與密奏請盡誅之。中宗令推斷，惟忠奏曰：「今大獄始決，人心未寧，若更改推，必遞相驚恐，則反側之子，無由自安。」敕令百司議，遂依舊斷，所全者甚多。俄拜御史大夫，持節賑給河北道，仍黜陟牧宰。還，敷奏稱旨，加銀青光祿大夫，封滎陽縣男。開元初，爲禮部尚書，轉太子賓客。十年卒，贈太子少保。

王志愔，博州聊城人也。少以進士擢第。神龍年，累除左臺御史，加朝散大夫。執法剛正，百僚畏憚，時人呼爲「皁鵰」，言其顧瞻人吏，如鵰鶚之視燕雀也。尋遷大理正，嘗奏言：「法令者，人之隄防，隄防不立，則人無所禁。竊見大理官僚，多不奉法，以縱罪爲寬恕，以守文爲苛刻。臣濫執刑典，實恐爲衆所謗。」遂表上所著應正論以見志，其詞曰：

嘗讀易至「萃，利見大人，亨，聚以正也。六二，引吉无咎。」注曰：「居萃之時，體柔當位。處坤之中，己獨處正。異操而聚，獨正者危，未能變體，以遠於害。故必見引，然後乃吉而无咎。」王肅曰：「六二與九五相應，俱履貞正。引由迎也，爲吉所迎，何咎之有？」未嘗不輟書而歎曰：居中履正，事之常體，見引无咎，道亦宜然。

有客聞而惑之，因謂僕曰：今主上文明，域中理定，君累司典憲，不務和同。處正

之志雖存，見引之吉誰應？行之不已，余竊懼焉。

僕斂襟降階揖而謝曰：補遺闕於袞職，用忠讜爲己任，以蒙養正，見引獲吉，應此道也，仁何遠哉！昔咎繇謨虞，登朝作士，設教理物，開訓成務。是以五流有宅，五宅三居，怙終賊刑，刑故無小。於是舜美其事曰：「汝明於五刑，以弼五教，期于予理，刑期于無刑，人協于中，時乃功，懋哉！」故孔子歎其政曰：「舜舉咎繇，不仁者遠。」此非明辟執法，大人見引之應乎？季孫行父之事君也，舉竊寶之慼，黜授邑之賞，明善惡而糾慝，議僭賞以塞違。在虞舜之功，居二十之一，主司得行其道，時君不以爲嫌，此非已獨處正，應正而无咎。矢魚於棠，臧伯正色；賂鼎在廟，哀伯抗詞。言者得盡其忠，聞之不加其罪。故春秋稱臧氏之正，曰：「積善之家，必有餘慶。」此非異操而聚，引吉之所致乎？魏絳理直，晉侯乃復其位；郗人辭順，趙盾不伐其國。此非正體未變，爲吉所迎者乎？

夫在上垂拱，臣下守制，若正應乎上，乃引吉於下。而中士聞道，若存若亡，交戰於矯正之門，懷疑乎語默之境，懼獨正之莫引，忘此正之必亨。吁嗟乎！行己立身，居正踐義，其動也直，其正也方。維正直而是與，何往而非攸利。何以明之？坤六二：「直方大，不習無不利。」文言曰：「直其正也，方其義也，君子敬以直內，義以方外。敬義立

而德不孤，直方大則不疑其所行也。」嵇康撰釋私論，曹羲著至公篇，皆以崇公激俗，抑私事主，一言可以蔽之，歸於體正而已矣。禮記曰：「刑者侀也，侀者成也，一成而不可變，故君子盡心焉。」若以喜怒制刑，輕重設比，是則矯前驚馬，用希旨論人，苑中獵兎，以從欲廢法。理有違而合道，物貴和而不同，不同之和，正在其中矣。

昔任延爲武威太守，漢帝誡之曰：「善事上官，無失名譽。」延對曰：「臣聞忠臣不私，私臣不忠，上下雷同，非國家之福。善事上官，臣不敢奉詔。」任延雅奏，漢主是其言。此則歸正不回，乖旨順義，不以忤懷見忌，斯亦違而合道。晏子春秋：景公見梁丘據曰：「據與我和。」晏子曰：「此同也。和者，君甘則臣酸，君淡則臣鹹。今據也，君甘亦甘，所謂同也，安得爲和？」是以濟鹽梅以調羹，乃適平心之味；獻可否而論道，方恢政體之節。俟引正而遵度，故曰物貴和而不同。劉曼山辯和同之義，有旨哉！若以不同見譏，未敢聞誨。

客曰：和同乖訓，則已聞之。援法成而不變者，豈恤獄之寬憲耶？書曰：「御衆以寬。」傳曰：「寬則得衆。」若以嚴統物，異乎寬政矣。

對曰：刑賞二柄，唯人主操之，崇厚任寬，是謂帝王之德。愼子曰：「以力役法者，百姓也；以死守法者，有司也；以道變法者，君上也。」然則匪人臣所操。後魏游肇之爲廷尉也，魏帝嘗私敕肇有所降恕，肇執而不從曰：「陛下自能恕之，豈足令臣曲筆也？」是知寬恕是君道，曲從非臣節。人或未達斯旨，不料其務，以平刑爲峻，將曲法爲寬，謹守憲章，號爲深密。內律：「釋種虧戒，一誅五百人，如來不救其罪。」豈謂佛法爲殘刻耶？老子道德經云：「天網恢恢，疏而不漏。」豈謂道教爲凝峻耶？家語曰：「王者之誅有五，而竊盜不預焉。」卽心辯言僞之流；禮記亦陳四殺，破律亂名之謂。豈是儒家執禁，孔子之深文哉？此三教之用法者，所以明眞諦，重玄猷，存天綱，立人極也。

然則乾象震曜，天道明威。齊衆惟刑，百王所以垂範；折人以法，三后於是成功。所務掌憲決平，斯廷尉之職耳。易曰：「家人嗃嗃，无咎；婦子嘻嘻，終吝。」嚴於其家，可移於國。昔崔寔達於理而作政論，仲長統曰：「凡爲人主，宜寫政論一通，置諸坐側。」其大抵云爲國者以嚴致平，非以寬致平者也。然則稱嚴者不必踰條越制，凝網重罰，在於施隱括以矯枉，用平典以禁非。刑故有常，罰輕無捨，人不易犯，防之難越故也。但人慢吏濁，僞積贓深，而曰以寬理之，可以無過。何異乎命王良御騂，捨銜策於奔蹕；請俞跗攻疾，停藥石於膚腠！適見秋駕轉逸，膏肓更深，醫人僕夫，何功之有？

又謂僕曰：成法而變，唯帝王之命歟？

對曰：何爲其然也？昔漢武帝甥昭平君殺人，以公主子，廷尉上請論。左右爲言，武帝垂涕歎曰：「法令者，先帝之所造也，用親故誣先帝之法，吾何面目入高廟乎？又下負萬人！」乃可其奏。近代隋文帝子秦王俊爲并州總管，以奢縱免官。僕射楊素奏言：「王，陛下愛子，請捨其過。」文帝曰：「法不可違。若如公意，我是五兒之父，非兆人之父，何不別制天子兒律乎？我安能虧法！」卒不許。此是帝王操法，協於禮經不變之義。況於秋官典職，司寇肅事，而可變動者乎！我皇睿哲登宸，高視巖廊之上；宰衡明允就列，輯穆廟堂之下。乾坤交泰，日月光華，庶績其凝，衆工咸理。聚以正也，僕幸利見大人，引其吉焉，期養正於下位。中正是託，子何懼乎？

夫君子百行之基，出處二途而已。出則策名委質，行直道以事人，進善納忠，仰太階而緝政。諤諤其節，思爲社稷之臣；謇謇匪躬，願參柱石之任。處則高謝公卿，孝友揚名，是亦爲政。烟霞尚志，其用永貞，行藏事業，心迹斯在。至如水中泛泛，天下悠悠，執馭爲榮，掃門自媚，拜塵邀勢，括囊守祿，從來長息，以爲深恥。

客乃逡巡不對，遂無以間僕也。

中宗覽而嘉之。稍遷駕部郎中。景雲元年，累轉左御史中丞，尋遷大理少卿。二年，制依漢置刺史監郡，於天下衝要大

州置都督二十人，妙選有威重者爲之，遂拜志愔齊州都督，事竟不行。又授齊州刺史，充河南道按察使。未幾，遷汴州刺史，仍舊充河南道按察使。太極元年，又令以本官兼御史中丞、內供奉，特賜實封一百戶。尋加銀青光祿大夫，拜戶部侍郎。出爲魏州刺史，轉揚州大都督府長史，俱充本道按察使。所在令行禁止，姦猾屛迹，境內肅然。久之，召拜刑部尚書。

開元九年，上幸東都，令充京師留守。十年，有京兆人權梁山僞稱襄王男，自號光帝，與其黨及左右屯營押官謀反。夜半時擁左屯營兵百餘人自景風、長樂等門斬關入宮城，將殺志愔，志愔踰牆避賊。俄而屯營兵潰散，翻殺梁山等五人，傳首東都，志愔遂以駭卒。

盧從愿，相州臨漳人，後魏度支尚書昶六代孫也。自范陽徙家焉，世爲山東著姓。弱冠明經舉，授絳州夏縣尉，又應制舉，拜右拾遺。俄遷右肅政監察御史，充山南道黜陟巡撫使，奉使稱旨，拜殿中侍御史。累遷中書舍人。

睿宗踐祚，拜吏部侍郎。中宗之後，選司頗失綱紀，從愿精心條理，大稱平允。其有冒名僞選及虛增功狀之類，皆能擿發其事，典選六年，前後無及之者。上嘉之，特與一子太子

通事舍人。從愿上疏乞迴恩贈父，乃贈其父吉陽丞敬一爲鄭州長史。初，高宗時裴行儉、馬載爲吏部，最爲稱職，及是，從愿與李朝隱同時典選，亦有美譽。時人稱曰：吏部前有馬、裴，後有盧、李。

開元四年，上盡召新授縣令，一時於殿庭策試，考入下第者，一切放歸學問。從愿以注擬非才，左遷豫州刺史。爲政嚴簡，按察使奏課爲天下第一，降璽書勞問，賜絹百匹。無幾，入爲工部侍郎，轉尚書左丞。又與楊滔及吏部侍郎裴漼、禮部侍郎王丘、中書舍人劉令植刪定開元後格，遷中書侍郎。十一年，拜工部尚書，加銀青光祿大夫，仍令東都留守。十三年，從升泰山，又加金紫光祿大夫，代韋抗爲刑部尚書。頻年充校京外官考使，前後咸稱允當。

御史中丞宇文融承恩用事，以括獲田戶之功，本司校考爲上下，從愿抑不與之。融頗以爲恨，密奏從愿廣占良田，至有百餘頃。其後，上嘗擇堪爲宰相者，或薦從愿，上曰：「從愿廣占田園，是不廉也。」遂止不用。從愿又因早朝，途中爲人所射，中其從者，捕賊竟不獲。時議從愿久在選司，爲被抑者所讎。

十六年，東都留守。時坐子起居郎論糴米入官有剩利，爲憲司所糾，出爲絳州刺史，再遷太子賓客。二十年，河北穀貴，敕從愿爲宣撫處置使，開倉以救饑餒。使迴，以年老抗表

乞骸骨，乃拜吏部尚書，聽致仕，給全祿。二十五年卒，年七十餘，贈益州大都督，謚曰文。

李朝隱，京兆三原人也。少以明法舉，拜臨汾尉，累授大理丞。神龍年，功臣敬暉、桓彥範爲武三思所構，諷侍御史鄭愔奏請誅之，敕大理結其罪。朝隱以暉等所犯，不經推窮，未可即正刑名。時裴談爲大理卿，異筆斷斬，仍籍沒其家，朝隱由是忤旨。中宗令貶嶺南惡處，侍中韋巨源、中書令李嶠奏曰：「朝隱素稱清正，斷獄亦甚當事，一朝遠徙嶺表，恐天下疑其罪。」中宗意解，出爲聞喜令。

尋遷侍御史，三遷長安令，有宦官閭興貴詣縣請託，朝隱命拽出之，睿宗聞而嘉歎，廷召朝隱，勞曰：「卿爲京縣令能如此，朕復何憂。」乃下制曰：「夫不吐剛而諂上、不茹柔而黷下者，君子之事也。踐霜必繩、登車無屈者，正人之務也。長安縣令李朝隱，德義不回，清強自遂，亟聞嘉政，累著能名。近者品官入縣，有乖儀式，遂能責之以禮，繩之以愆。但閹豎之流，多有憑恃，柔寬之代，必弄威權。歷觀載籍，常所歎息。朕規誡前古，勤求典憲，能副朕意，實賴斯人。昔虞延持皇后之客，梅陶鞭太子之傅，古稱遺直，復見於今。思欲旌其

美行，遷以重職，爲時屬閑戶，政在養人，宜加一階，用表剛烈。可太中大夫。特賜中上考，兼絹百匹。」七遷絳州刺史，兼知吏部選事。

開元二年，遷吏部侍郎，銓敍平允，甚爲當時所稱，降璽書褒美，授一子太子通事舍人。四年春，以授縣令非其人，出爲滑州刺史，轉同州刺史。駕幸東都，路由同州，朝隱蒙旨召見賞慰，賜衣一副、絹百匹。尋遷河南尹，政甚清嚴，豪右屛跡。時太子舅趙常奴恃勢侵害平人，朝隱曰：「此而不繩，何以爲政？」執而杖之。上聞，又降敕書慰勉之。

十年，遷大理卿。時武強令裴景仙犯乞取贓積五千匹，事發逃走。上大怒，令集衆殺之。朝隱執奏曰：「裴景仙緣是乞贓，犯不至死。又景仙曾祖故司空寂，往屬締構，首預元勳。載初年中，家陷非罪，凡有兄弟皆被誅夷，唯景仙獨存，今見承嫡。據贓未當死坐〔一〕，準犯猶入請條。十代宥賢，功實宜錄；一門絕祀，情或可哀。願寬暴市之刑，俾就投荒之役，則舊勳斯允。」手詔不許。朝隱又奏曰：

有斷自天，處之極法。生殺之柄，人主合專；輕重有條，臣下當守。枉法者，枉理而取，十五匹便抵死刑；乞取者，因乞爲贓，數千匹止當流坐。今若乞取得罪，便處斬刑，後有枉法當科，欲加何辟？所以爲國惜法，期守律文，非敢以法隨人，曲矜仙命。射兔魏苑，驚馬漢橋，初震皇赫，竟從廷議，豈威不能制，而法貴有常。又景仙曾祖寂，

草昧忠節，定爲元勳，位至台司，恩倍常數。載初之際，枉被破家，諸子各犯非辜，唯仙今見承嫡。若寂勳都棄，仙罪特加，則叔向之賢何足稱者，若敖之鬼不其餒而？捨罪念功，乞垂天聽。應敕決杖及有犯配流，近發德音，普標殊澤，杖者既聽減數，流者仍許給程。天下顒顒，孰不幸甚！瞻彼四海，已被深恩，豈於一人，獨峻常典？伏乞採臣之議，致仙於法。

乃下制曰：「罪不在大，本乎情；罰在必行，不在重。朕垂範作訓，庶動植咸若，豈嚴刑逞戮，使手足無措者哉？裴景仙幸藉緒餘，超升令宰，輕我憲法，蠹我風猷，不慎畏知之金，詎識無貪之寶，家盈黷貨，身乃逃亡。殊不知天孽可違，自愆難逭，所以不從本法，加以殊刑，冀懲貪暴之流，以塞侵漁之路。然以其祖父昔預經綸，佐命有功，締構斯重，緬懷賞延之義，俾協政寬之典，宜捨其極法，以竄遐荒。仍決杖一百，流嶺南惡處。」

朝隱俄轉岐州刺史，母憂去官。起爲揚州大都督府長史，抗疏固辭，制許之。朝隱性孝友，時年已衰暮，在喪尤加毀瘠。明年，制又起爲揚州長史，不獲已而就職，復入爲大理卿，累封金城伯，代崔隱甫爲御史大夫。朝隱素有公直之譽，每御史大夫缺，時議咸許之。及居其職，竟無所糾劾，唯煩於細務，時望由是稍減。俄轉太常卿。二十一年，兼判廣州事，仍攝御史大夫，充嶺南採訪處置使。明年，卒於嶺外，年七十，贈吏部尚書，官給靈輿，

兼家口給遞還鄉，謚曰貞。

裴漼，絳州聞喜人也。世爲著姓。父琰之，永徽中，爲同州司戶參軍，時年少，美容儀，刺史李崇義初甚輕之。先是，州中有積年舊案數百道，崇義促琰之使斷之，琰之命書吏數人，連紙進筆，斯須剖斷並畢，文翰俱美，且盡與奪之理。崇義大驚，謝曰：「公何忍藏鋒以成鄙夫之過！」由是大知名，號爲「霹靂手」。後爲永年令，有惠政，人吏刊石頌之。歷任倉部郎中，以老疾廢於家。

漼色養劬勞，十數年不求仕進。父卒後，應大禮舉，拜陳留主簿，累遷監察御史。時吏部侍郎崔湜、鄭愔坐贓爲御史李尚隱所劾，漼同鞫其獄。安樂公主及上官昭容阿黨湜等，漼竟執正奏其罪，甚爲當時所稱。三遷中書舍人。

太極元年，睿宗爲金仙、玉眞公主造觀及寺等，時屬春旱，興役不止。漼上疏諫曰：

臣謹案禮記春、夏令曰：無聚大衆，無起大役，不可興土功，恐妨農事。若號令乖度，役使不時，則人加疾疫之危〔二〕，國有水旱之災，此五行之必應也。今自春至夏，時雨愆期，下人憂心，莫知所出。陛下雖降哀矜之旨，兩都仍有寺觀之作，時旱之應，實

此之由。且春令告期，東作方始，正是丁壯就功之日，而土木方興，臣恐所妨尤多，所益尤少，耕夫蠶妾，飢寒之源。故春秋「莊公三十一年多，不雨」，五行傳以爲「歲三築臺」；「僖公二十一年夏，大旱」，五行傳以「時作南門，勞人興役」。陛下每以萬方爲念，睿旨殷勤，安國濟人，防微慮遠。伏願下明制，發德音，順天時，副人望，兩京公私營造及諸和市木石等並請且停，則蒼生幸甚。農桑失時，戶口流散，縱寺觀營構，豈救黎元飢寒之弊哉！

疏奏不報。尋轉兵部侍郎，以銓敍平允，特授一子爲太子通事舍人。開元五年，遷吏部侍郎，典選數年，多所特拔。再轉黃門侍郎，代韋抗爲御史大夫。漼早與張說特相友善，時說在相位，數稱薦之。漼又善於敷奏，上亦嘉重焉。由是擢拜吏部尚書，尋轉太子賓客。漼家世儉約，旣久居淸要，頗飾妓妾，後庭有綺羅之賞，由是爲時論所譏。二十四年卒，年七十餘，贈禮部尚書，謚曰懿。

漼從祖弟寬。寬父無晦，袁州刺史。寬通略，以文詞進，騎射、彈棊、投壺特妙。景雲中，爲潤州參軍，刺史韋銑爲按察使，引爲判官，清幹善於剖斷，銑重其才，以女妻之。後應拔萃，舉河南丞。再轉爲長安尉，時宇文融爲侍御史，括天下田戶，使奏差爲江南東道勾

當租庸地稅兼覆田判官。轉太常博士。禮部擬國忌之辰享廟用樂，下太常，寬深達禮節，特建新意，以爲廟尊忌卑則登歌，廟卑忌尊則去樂。中書令張說謂寬明識，舉而行之。再遷爲刑部員外郎。有萬騎將軍馬崇正晝殺人，時開府、霍國公王毛仲恩幸用事，將鬻其獄，寬執之不回。兵部尚書蕭嵩爲河西節度使，奏寬及郭虛己爲判官，累年專見委任，嵩加中書令，寬歷中書舍人、御史中丞、兵部侍郎。開元二十一年冬，裴耀卿以黃門侍郎知政事，扈從出關，知江、淮轉運，於河陰置倉，奏寬爲戶部侍郎，爲其副。

寬性友愛，弟兄多宦達，子姪亦有名稱，於東京立第同居，八院相對，甥姪皆有休憩所，擊鼓而食，當世榮之。遷吏部侍郎，及玄宗還京，又改蒲州刺史。州境久旱，入境，雨乃大浹。遷河南尹，不附權貴，務於恤隱，政乃大理。改左金吾衛大將軍，一年，除太原尹，賜紫金魚袋。玄宗賦詩而餞之，曰：「德比岱雲布，心如晉水清。」

天寶初，除陳留太守，兼採訪使。尋而范陽節度李適之入爲御史大夫，除寬范陽節度兼河北採訪使替之〔三〕。其年，又加御史大夫，時北平軍使烏承恩恃以蕃酋與中貴通，恣求貨賄，寬以法按之。檀州刺史何僧獻生口數十人，寬悉命歸之，故夷夏感悅。

三載，以安祿山爲范陽節度，寬爲戶部尚書、兼御史大夫。玄宗素重寬，日加恩顧。刑部尚書裴敦復討海賊迴，頗張賊勢，又廣敍功以開請託之路，寬嘗幾微奏之。居數日，有

河北將士入奏，盛言寬在范陽能政，塞上思之，玄宗嗟賞久之。李林甫懼其入相，又惡寬與李適之善，乃呼裴敦復，且以寬之語告之。敦復使氣性疏，與寬素不相下，以爲林甫推誠於己，因願結之，且訴其冤。先是，寬以親故名囑敦復，求請軍功。至是敦復氣憤發其事，林甫曰：「公宜速奏，無後於人。」尋而敦復扈從幸温泉宮，寬在京城未發。遇有敦復下軍將程藏曜、郎將曹鑒。鑒，郴州富人；藏曜，嶺南首領之子。皆有他事，與人詣臺告訴，寬受其狀，捕鑒等鞫之。敦復判官太常博士王悅聞之，謂寬求其過，連夜詣湯所以告。敦復大懼，促裴待罪，因令子婿以五百金賂於貴妃姊楊三娘。楊氏遽爲言之，明日貶寬爲睢陽太守。

寬以清簡爲政，故所莅人皆愛之。當時望爲宰輔。及韋堅構禍，寬又以親累貶爲安陸別駕員外置。林甫使羅希奭南殺李適之，紆路至安陸過，擬怖死之。寬叩頭祈請，希奭不宿而過。寬又懼死，上表請爲僧，詔不許。然崇信釋典，常與僧徒往來，焚香禮懺，老而彌篤。累遷東海太守、襄州採訪使、銀青光祿大夫，轉馮翊太守，入拜禮部尚書。十四載卒，年七十五。詔贈太子少傅，賻帛一百五十段、粟一百五十石。兄弟八人，皆明經及第，入臺省、典郡者五人。

寬歿之後，弟珣爲河內郡太守〔四〕，安祿山反，以執父喪，將投闕庭，恐累其母，乃詣河東節度訴誠而退。後在母憂，又陷史思明，授其僞官委任，使弟朗密奉表疏至上京。代宗時，爲左司郎中、兼侍御史、河東道租庸判官。

王丘，光祿卿同晈從兄子也。父同晊，左庶子。丘年十一，童子舉擢第，時類皆以誦經爲課，丘獨以屬文見擢，由是知名。弱冠，又應制舉，拜奉禮郎。丘神氣清古，而志行修潔，尤善詞賦，族人左庶子方慶及御史大夫魏元忠皆稱薦之。長安中，自偃師主簿擢第，拜監察御史。

開元初，累遷考功員外郎。先是，考功舉人，請託大行，取士頗濫，每年至數百人，丘一切覈其實材，登科者僅滿百人。議者以爲自則天已後凡數十年，無如丘者，其後席豫、嚴挺之爲其次焉　三遷紫微舍人，以知制誥之勤，加朝散大夫，再轉吏部侍郎。典選累年，甚稱平允，擢用山陰尉孫逖、桃林尉張鏡微、湖城尉張晉明、進士王洽然，皆稱一時之秀。俄換尚書左丞。

十一年，拜黃門侍郎。其年，山東旱儉，朝議選朝臣爲刺史以撫貧民，制曰：「昔咎繇與禹言曰：『在知人，在安人。』此皆念存邦本，光于帝載，乾乾夕惕，無忘一日。而長吏或不稱，蒼生或未寧，深思循良，以矯過弊，仍重諸侯之選，故自朝廷始之。」於是以丘爲懷州刺史，又以中書侍郎崔沔等數人皆爲山東諸州刺史。至任，皆無可稱，唯丘在職清嚴，人吏甚畏慕之。俄又分知吏部選事，入爲尚書左丞，丁父憂去職，服闋，拜右散騎常侍，仍知制誥。

二十一年，侍中裴光庭病卒，中書令蕭嵩與丘有舊，將薦丘知政事，丘知而固辭，且盛推尚書右丞韓休，嵩因而奏之。及休作相，遂薦丘代崔琳爲御史大夫。丘既訥於言詞，數奏多不稱旨。俄轉太子賓客，襲父爵宿預男，尋以疾拜禮部尚書，仍聽致仕。

丘雖歷要職，固守清儉，未嘗受人饋遺，第宅輿馬，稱爲鄙陋。致仕之後，藥餌殆將不給。上聞而嘉歎，下制曰：「王丘夙負良材，累升茂秩，比緣疾疹，假以優閑。聞其家道屢空，醫藥靡給，久此從宦，遂無餘資。持操若斯，古人何遠！且優賢之義，方册所先，周急之宜，沮勸攸在。其俸祿一事已上，並宜全給，式表殊常之澤，用旌貞白之吏。」天寶二年卒，贈荆州大都督。

史臣曰：有唐之興，綿歷年所，骨鯁清廉之士，懷忠抱義之臣，臺省之間，駕肩接武。但時有夷險，道有汙隆，用與不用而已。睿、玄之世　若李傑、畢構、蘇珣、鄭惟忠、王志愔、

盧從愿、裴漼、王丘並位歷亞台，名德兼著。如尹思貞、李朝隱折李承嘉、竇懷貞，辱閭興貴、趙常奴，詩人所謂不畏強禦者也。解琬總兵朔野，料敵如神，功遂身退，深知止足，玆亦有足多也。

贊曰：尚書亞台，京尹方伯。我朝重官，云誰稱職？傑、構、珣、忠，能竭其力。愔、愿、漼、丘，聿修厥德。貞蔑大僚，隱繩貴戚。琬馳令名，燕、蜀之北。

校勘記

〔一〕據贓未嘗死坐　「未」字各本原作「表」，據唐會要卷四〇、御覽卷六四一、册府卷六一七改。

〔二〕則人加疾疫之危　「人」字各本原無，據册府卷五五二、英華卷六二一改。

〔三〕除寬范陽節度兼河北採訪使替之　「河北」二字各本原在「採訪使」下，據合鈔卷一五一裴漼傳改。

〔四〕弟珣　校勘記卷四一：「張氏宗泰云：弟當作子。按寬卒於天寶十四載，祿山之反卽在其年，下云安祿山反，將投父喪，將投闕庭，與上正合，是寬爲珣父，非其兄也。」

後晉　劉昫　等撰

舊唐書

第一〇冊

卷一〇一至卷一一九(傳)

中華書局

中華書局

舊唐書卷一百一

列傳第五十一

李乂　薛登　韋湊 從子虛心　虛舟　韓思復 曾孫佽　張廷珪

王求禮　辛替否

李乂，本名尚眞，趙州房子人也。少與兄尚一、尚貞俱以文章見稱，舉進士。景龍中，累遷中書舍人。時中宗遣使江南分道贖生，以所在官物充直。乂上疏曰：「江南水鄉，採捕爲業，魚鱉之利，黎元所資，土地使然，有自來矣。伏以聖慈含育，恩周動植，布天地之大德，及鱗介之微品。雖雲雨之私，有霑於末類；而生成之惠，未洽於平人。何則？江湖之饒，生育無限；府庫之用，支供易殫。費之若少，則所濟何成；用之倘多，則常支有闕。在於拯物，豈若憂人。且鬻生之徒，唯利斯視，錢刀日至，網罟年滋，施之一朝，營之百倍，未若迴救贖之錢物，減困貧之徭賦，活國愛人，其福勝彼。」

乂知制誥凡數載。景雲元年，遷吏部侍郎，與宋璟、盧從愿同時典選，銓敍平允，甚爲當時所稱。尋轉黃門侍郎。時睿宗令造金仙、玉眞二觀，乂頻上疏諫，帝每優容之。開元初，特令乂與中書侍郎蘇頲纂集起居注，錄其嘉謨昌言可體國經遠者，別編奏之。乂在門下，多所駁正。開元初，姚崇爲紫微令，薦乂爲紫微侍郎，外託薦賢，其實引在己下，去其糾駁之權也。俄拜刑部尚書。乂方雅有學識，朝廷稱其有宰相之望，會病卒。兄尚一，清源尉，早卒；尚貞，官至博州刺史。兄弟同爲一集，號曰李氏花萼集，總二十卷。

薛登本名謙光，常州義興人也。父士通，大業中爲鷹揚郎將。江都之亂，士通與鄉人聞人嗣安等同據本郡，以禦寇賊。武德二年，遣使歸國，高祖嘉之，降璽書勞勉，拜東武州刺史。俄而輔公祏於江都構逆，遣其將西門君儀等寇常州，士通率兵拒戰，大破之，君儀等僅以身免。及公祏平，累功封臨汾侯。貞觀初，歷遷泉州刺史，卒。

謙光博涉文史，每與人談論前代故事，必廣引證驗，有如目擊。少與徐堅、劉子玄齊名友善。文明中，解褐閬中主簿。天授中，爲左補闕，時選舉頗濫，謙光上疏曰：

臣聞國以得賢爲寶，臣以舉士爲忠。是以子皮之讓國僑，鮑叔之推管仲，燕昭委兵於樂毅，苻堅託政於王猛。子產受國人之謗，夷吾貪共賈之財，昭王錫輅馬以止讒，永固戮樊世以除譖。處猜嫌而益信，行間毀而無疑，此由默而識之，委而察之深也。至若宰我見愚於宣尼，逢萌被知於文叔，韓信無聞於項氏，毛遂不齒於平原，此失士之故也。是以人主受不肖之士則政乖，得賢良之佐則時泰，故堯資八元而庶績其理，周任十亂而天下和平。由是言之，則士不可不察，而官不可妄授也。何者？比來舉薦，多不以才，假譽馳聲，互相推獎，希潤身之小計，忘臣子之大猷，非所以報國求賢，副陛下翹翹之望者也。

臣竊窺古之取士，實異於今。先觀名行之源，考其鄉邑之譽，崇禮讓以勵己，明節義以標信，以敦朴為先最，以雕蟲為後科。故人崇勸讓之風，士去輕浮之行。希仕者必修貞確不拔之操，行難進易退之規。衆議以定其高下，郡將難誣於曲直。故計貢之賢愚，卽州將之榮辱；穢行之彰露，亦鄉人之厚顏。是以李陵降而隴西慚，干木隱而西河美。故名勝於利，則小人之道消；利勝於名，則貪暴之風扇。是以化俗之本，須擯輕浮。昔冀缺以禮讓升朝，則晉人知禮；文翁以儒林獎俗，則蜀士多儒。燕昭好馬，則駿馬來庭；葉公好龍，則眞龍入室。由是言之，未有上之所好而下不從其化者也。

自七國之季，雖雜縱橫，而漢代求才，猶徵百行。是以禮節之士，敏德自修，閭里推高，然後為府寺所辟。魏氏取人，尤愛放達；晉、宋之後，祇重門資。獎為人求官之風，乖授職惟賢之義。有梁薦士，雅愛屬詞；陳氏簡賢，特珍賦詠。故其俗以詩酒為重，不以修身為務。逮至隋室，餘風尚在，開皇中李諤論之於文帝曰：「魏之三祖，更好文詞，忽君人之大道，好雕蟲之小藝。連篇累牘，不出月露之形；積案盈箱，唯是風雲之狀。代俗以此相高，朝廷以茲擢士，故文筆日煩，其政日亂。」帝納李諤之策，由是下制禁斷文筆浮詞。其年，泗州刺史司馬幼之以表不典實得罪。於是風俗改勵，政化大行。煬帝嗣興，又變前法，置進士等科。於是後生之徒，復相放效，因陋就寡，赴速邀時，緝綴小文，名之策學，不以指實為本，而以浮虛為貴。

有唐纂曆，雖漸革於故非；陛下君臨，思察才於共理。樹本崇化，惟在旌賢。今之舉人，有乖事實。鄉議決小人之筆，行修無長者之論。策第喧競於州府，祈恩不勝於拜伏。或明制纔出，試遣搜敭，驅馳府寺之門，出入王公之第。上啓陳詩，唯希欬唾之澤；摩頂至足，冀荷提攜之恩。故俗號舉人，皆稱覓舉。覓為自求之稱，未是人知之辭。察其行而度其材，則人品於茲見矣。徇己之心切，則至公之理乖；貪仕之性彰，則廉潔之風薄。是知府命雖高，異叔度勤勤之讓；黃門已貴，無秦嘉耿耿之辭。縱不能抑己推賢，亦不肯待於三命。豈與夫白駒皎皎，不雜風塵，束帛戔戔，榮高物表，校量其廣狹也！是以耿介之士，羞自拔而致其辭；循常之人，捨其疏而取其附。故選司補署，諠然於禮闈；州貢賓王，爭訟於階闥。謗議紛合，浸以成風。夫競榮者必有競利之心，謙遜者亦無貪賄之累。自非上智，焉能不移；在於中人，理由習俗。若重謹厚之士，則懷祿者必崇德以修名；若開趨競之門，邀仕者皆戚施而附會。附會則百姓罹其弊，潔己則兆庶蒙其福。故風化之漸，靡不由茲。今訪鄉閭之談，唯祇歸於里正。縱使名虧禮則，罪挂刑章，或冒籍以偷資，或邀勳而竊級，假其不義之賂，則是無犯鄉閭。豈得比郭有道之銓量，茅容望重，裴逸人之賞拔，夏少名高〔一〕，語其優劣也！

祇如才應經邦之流，唯令試策；武能制敵之例，只驗彎弧。若其文擅清奇，便充甲第，藻思微減，便卽告歸。以此收人，恐乖事實。何者？樂廣假筆於潘岳，靈運詞高於穆之，平津文劣於長卿，子建筆麗於荀彧。若以射策為最，則潘、謝、曹、馬必居孫、樂之右；若使協贊機猷，則安仁、靈運亦無裨附之益。由此言之，不可一概而取也。至如武藝，則趙雲雖勇，資諸葛之指撝；周勃雖雄，乏陳平之計略。若使樊噲居蕭何之任，必失指縱之機；使蕭何入戲下之軍，亦無免主之効。鬭將長於摧鋒，謀將審於料事。是以文泉聚米，知隗囂之可圖；陳湯屈指，識烏孫之自解。八難之謀設，高祖追

慚於酈生；九拒之計窮，公輸息心於伐宋。謀將不長於弓馬，良相寧資於射策。豈與夫元長自表，妄飾詞鋒，曹植題章，虛飛麗藻，校量其可否也！

伏願陛下降明制，頒峻科。千里一賢，尚不為少，僥倖冒進，須立隄防。斷浮虛之飾詞，收實用之良策，不取無稽之說，必求忠告之言。文則試以効官，武則令其守禦，始既察言觀行，終亦循名責實，自然僥倖濫吹之伍，無所藏其妄庸。故晏嬰云：「舉之以語，考之以事；寡其言而多其行，拙於文而工於事。」此取人得賢之道也。其有武藝超絕，文鋒挺秀，有効伎之偏用，無經國之大才，為軍鋒之爪牙，作詞賦之標準。自可試凌雲之策，練穿札之工，承上命而賦甘泉，稟中軍而令赴敵，既有隨才之任，必無負乘之憂。臣謹案吳起臨戰，左右進劍，吳子曰：「夫提鼓揮桴，臨難決疑，此將事也。一劍之任，非將事也。」謹案諸葛亮臨戎，不親戎服，頓蜀兵於渭南，宣王持劍，卒不敢當。此豈弓矢之用也！謹案楊得意誦長卿之文，武帝曰：「恨不得與此人同時。」及相如至，終於文園令，不以公卿之位處之者，蓋非其所任故也。

謹案漢法，所舉之主，終身保任。楊雄之坐田儀，責其冒薦；成子之居魏相，酬於得賢。賞罰之令行，則請謁之心絕；退讓之義著，則貪競之路消。自然朝廷無爭祿之人，選司有謙撝之士。仍請寬立年限，容其採訪簡汰，堪用者令其試守，以觀能否，

參驗行事，以別是非。不實免王丹之官，得人加翟璜之賞，自然見賢不隱，食祿自專。荀彧進鍾繇、郭嘉，劉陶薦李膺、朱穆〔二〕，勢不云遠。有稱職者受薦賢之賞，濫舉者抵欺罔之罪，自然舉得賢行，則君子之道長矣。

尋轉水部員外郎，累遷給事中、檢校常州刺史。屬宣州狂寇朱大目作亂，百姓奔走，謙光嚴備安輯，闔境肅然。轉刑部侍郎，加銀青光祿大夫，再遷尚書左丞。景雲中，擢拜御史大夫。時僧惠範恃太平公主權勢，逼奪百姓店肆，州縣不能理。謙光將加彈奏，或請寢之，謙光曰：「憲臺理冤滯，何所迴避，朝彈暮黜，亦可矣。」遂與殿中慕容珣奏彈之，反爲太平公主所構，出爲岐州刺史。惠範既誅，遷太子賓客，轉刑部尚書，加金紫光祿大夫、昭文館學士。開元初，爲東都留守，又轉太子賓客。以與太子同名，表請行字，特敕賜名登。尋以孽子悅千牛爲憲司所劾，放歸田里。朝廷以其家貧，又特給致仕祿。七年卒，年七十三，贈晉州刺史。撰四時記二十卷。

韋湊，京兆萬年人。曾祖瓚，隋尚書右丞。祖叔諧，蒲州刺史。父玄，桂州都督府長史。湊，永淳二年，解褐授婺州參軍，累轉揚府法曹參軍。州人前仁壽令孟神爽豪縱，數犯

法，交通貴戚，前後官吏莫敢繩按，湊白長史張潛，請因事除之。會神爽坐事推問，湊無所假借，神爽妄稱有密旨〔三〕，究問引虛，遂杖殺之，遠近稱伏。湊，景龍中歷遷將作少匠、司農少卿。嘗以公事忤宗楚客，出爲貝州刺史。

睿宗卽位，拜鴻臚少卿，加銀青光祿大夫。景龍二年，轉太府少卿，又兼通事舍人。時改葬節愍太子，優詔加謚；又雪李多祚等罪，還其官爵，仍議更加贈官。湊上書曰：

臣聞王者發號施令，必法乎天道，使三綱攸敍〔四〕，十等咸若者，善善明，惡惡著也。善善者，懸爵賞以勸之也；惡惡者，設刑罰以懲之也。其賞罰所不加者，則考行立謚以褒貶之，所以勸誡將來也。斯並至公之大猷，非私情之可徇。故箕、微獲用，管、蔡爲戮。謚者，臣議其君，子議其父，而曰「靈」曰「厲」者，不敢以私而亂大猷也，則其餘安可失衷哉！

臣竊見節愍太子與李多祚等擁北軍禁旅，上犯宸居，破扉斬關，突禁而入，兵指黃屋，騎騰紫微。孝和皇帝移御玄武門，親降德音，諭以逆順，而太子據鞍自若，督衆不停。俄而其黨悔非，轉逆爲順，或迴兵討賊，或投狀自拘。多祚等伏誅，太子方事逃竄。向使同惡相濟，天道無徵，賊徒闕倒戈之人，侍臣虧陛戟之衞，其爲禍也，胡可忍言！于時臣任將作少匠，賜通事舍人內供奉。其明日，孝和皇帝引見供奉官等，雨淚謂曰：「幾不與卿等相見！」其爲危懼，不亦甚乎！而今聖朝雪罪禮葬，謚爲節愍，以臣愚識，竊所惑焉。

夫臣子之禮，嚴敬斯極，故過位必趨，蹵路馬芻有誅。昔漢成之爲太子也，行不敢絕馳道。當周室之衰微也，秦師過周北門，左右免冑而下，王孫滿猶以其不卷甲束兵，譏其無禮，知其必敗。由是言之，則太子稱兵宮內，跨馬御前，悖禮已甚矣，況將更甚乎。而可褒謚，此臣所未諭也。以其斬武三思父子而嘉之乎？然弄兵討逆以安君父，則可嘉也，而乃因欲自取之，是競爲逆，可褒謚乎？此又臣所未諭也。將廢韋氏而嘉之乎？然韋氏逆彰義絕，雖誅之亦可也。當此時也，韋氏未有逆彰，未有義絕，於太子爲母，豈有廢母之理乎！且既非中宗之命而廢之，是劫父廢母，亦悖逆也，可褒謚乎？此又臣所未諭也。夫君或不君，臣安可不臣；父或不父，子安可不子。借如君父有桀、紂之行，臣子無廢殺之理。況先帝功格宇宙，德被生靈，廟號中宗，謚曰孝和皇帝，而逆命之子，可褒謚乎？此又臣所未諭也。

昔獻公惑驪姬之譖，將殺其太子申生，公子重耳謂之曰：「子盍言子之志於公乎？」太子曰：「不可，君安驪姬，是我傷君之心也。」曰：「然則盍行乎？」曰：「不可，君謂我欲弒君也，天下豈有無父之國哉！吾何行之！」使人辭於狐突曰：「申生不敢愛其

死。雖然，吾君老矣，子少，國家多難。伯氏苟出而圖吾君，申生受賜而死。」再拜稽首，乃自縊。其行如是，其謚僅可爲恭。今太子之行反是，可謚爲節愍乎？此又臣所未諭也。

昔漢武帝末年，江充與太子有隙，恐帝晏駕後爲太子所誅。會巫蠱事起，充典理其事，因此爲姦，遂至太子宮掘蠱，得桐木以誣太子。時武帝避暑甘泉宮，獨皇后、太子在，太子不能自明，納其少傅石德謀，遂矯節斬充，因敗逃匿。非稱兵詣闕，無逆謀於父，然身死於湖，不葬無謚。至昭帝時，有男子詣北闕自稱衞太子，制使公卿識視，至者莫敢發言。京兆尹雋不疑後至，叱從吏收縛之。或曰：「是非未可知，且安之。」不疑曰：「諸君何患於衞太子。昔蒯聵出奔，輒拒而不納，春秋是之。衞太子得罪先帝，亡不卽死，今來自詣，此罪人也。」遂送制獄。天子聞而嘉之曰：「公卿大臣，當用經術明於大義者。」及後太子孫立爲天子，是曰孝宣皇帝，太子方獲禮葬，而謚曰戾。今節愍太子之行比之，豈可同年而語。其於陛下，又猶子也，而謚爲節愍乎？此又臣所未諭也。

昔項羽之臣丁公，常將危漢高祖，高祖謂之曰：「二賢豈相厄哉！」丁公乃止。及高祖滅項氏，遂戮丁公以徇，曰：「使項王失天下者，丁公也。」夫戮之，大義至公也，不私

德之，所以誡其後之事君者。今節愍太子之爲逆，復非欲保護陛下，其可褒謚乎？此又臣之所未諭也。

陛下天縱聖哲，所任賢明，以臣至愚，寧可干議？然臣又惟堯、舜，聖君也，八凱、五臣，良佐也，猶廣聽芻蕘之言者，蓋爲智者千慮，或有一失，愚者千慮，或有一得也。故曰：「狂夫之言，聖人擇焉。」臣輒緣斯義，敢以陳聞，願得與議謚者對議於御前。若臣言非也，甘受謗聖政之罪，赴鼎鑊之誅。仍請申明義以示天下，使臣輩愚惑者咸蒙冰釋，則無復異議矣。若所謚未當，奈何施之聖朝，垂之史册，使後代逆臣賊子因而引譬，資以爲辭，是開悖亂之門，豈示將來之法！伏望改定其謚，務合禮經。其李多祚等罪，請從宥免，不謂爲雪，以順天下之心，則盡善盡美矣。

書奏，睿宗引湊謂曰：「誠如卿言。事已如此，如何改動？」湊曰：「太子實行悖逆，不可褒美，請稱其行，改謚以一字。多祚等以兵犯君，非曰無罪，祇可云放，不可稱雪。」帝然其言。當時執政以制令已行，難於改易，唯多祚等停贈官而已。

明年春，起金仙、玉眞兩觀，用工巨億。湊進諫曰：「陛下去夏，以妨農停兩觀作，今正農月，翻欲興功。雖知用公主錢，不出庫物，但土木作起，高價雇人，三輔農人，趨目前之利，捨農受雇，棄本逐末。臣聞一夫不耕，天下有受其飢者，臣竊恐不可。」帝不應。湊又奏

曰：「且陽和布氣，萬物生育，土木之間，昆蟲無數。此時興造，傷殺甚多，臣亦恐非仁聖本旨。」睿宗方納其言，令在外詳議。中書令崔湜、侍中岑羲謂湊曰：「公敢言此，大是難事。」湊曰：「叨食厚祿，死且不辭，況在明時，必知不死。」尋出爲陝州刺史；無幾，轉汝州刺史。開元二年夏，敕靖陵建碑，徵料夫匠。湊以自古園陵無建碑之禮，又時正旱儉，不可興功，飛表極諫，工役乃止。尋遷岐州刺史。

四年，入爲將作大匠。時有敕復孝敬廟爲義宗，湊上書曰：

臣聞王者制禮，是曰規模，規模之興，實由師古。師古之道，必也正名，名之與實，故當相副。其在宗廟，禮之大者，豈可失哉！禮，祖有功而宗有德，祖宗之廟，百代不毁。故殷太甲爲太宗，太戊曰中宗，武丁曰高宗；周宗文王、武王；漢則文帝爲太宗，武帝爲世宗。其後代有稱宗者，皆以方制海內，德澤可宗，列於昭穆，期於不毁。稱宗之義，不亦大乎！伏惟孝敬皇帝位止東宮，未嘗南面，聖道誠冠於儲副，德教不被於寰瀛，立廟稱宗，恐非合禮。況別起寢廟，不入昭穆，稽諸祀典，何義稱宗？而廟號義宗，稱之萬代，以臣庸識，竊謂不可。陛下率循典禮，以闢大猷，有司所議，以致此失，或虧盡善，豈不惜哉！望更詳議，務合於禮。

於是敕太常議，遂停義宗之號。

湊前後上書論時政得失，多見採納。再遷河南尹，累封彭城郡公。以公事左授杭州刺史，轉汾州刺史。十年，拜太原尹兼節度支度營田大使。其年卒官，年六十五。贈幽州都督，謚曰文。子見素，自有傳。湊從子虛心。

虛心父維，少習儒業，博涉文史，舉進士。自大理丞累至戶部郎中，善於剖判，時員外郎宋之問工於詩，時人以爲戶部有二妙。終於左庶子。虛心舉孝廉，爲官嚴整，累至大理丞、侍御史。神龍年，推按大獄，時僕射竇懷貞、侍中劉幽求意欲寬假，虛心堅執法令，有不可奪之志。景龍中，西域羌胡背叛，時並擒獲，有敕盡欲誅之。虛心論奏，但罪元首，其所全者千餘人。虛心有孝行，及丁父憂，哀毁過禮，鬚鬢盡白，朝廷深所嗟尙。後遷御史中丞、左右丞、兵部侍郎、荊揚潞長史兼採訪使，所在官吏振肅，威令甚舉，中外以爲標準。歷戶部尙書、東京留守，卒，年六十七。

季弟虛舟，亦以舉孝廉，自御史累至戶部、司勳、左司郎中，歷荊州長史，洪、魏州刺史兼採訪使，多著能政。入爲刑部侍郎，終大理卿。家有禮則，父子兄弟更踐郎署，時稱「郎官家」。

韓思復，京兆長安人也。祖倫，貞觀中爲左衛率，賜爵長山縣男。思復少襲祖爵。初爲汴州司戶參軍，爲政寬恕，不行杖罰。在任丁憂，家貧，鬻薪終喪制。時姚崇爲夏官侍郎，知政事，深嘉歎之，擢授司禮博士。

景龍中，累遷給事中。時左散騎常侍嚴善思坐譙王重福事下制獄，有司言：「善思昔嘗任汝州刺史，素與重福交遊，召至京師，竟不言其謀逆，唯奏云『東都有兵氣』。據狀正當匿反，請從絞刑。」思復駁奏曰：「議獄緩死，列聖明規；刑疑從輕，有國常典。嚴善思往在先朝，屬韋氏擅內，恃寵宮掖，謀危宗社。善思此時遂能先覺，因詣相府有所發明，進論聖躬必登宸極。雖交遊重福，蓋謀陷韋氏。及其謁見，猶不奏聞，將此行藏，即從極法。且敕追善思，書至便發，向懷逆節，寧卽奔命？一面疏網，誠合順生；三驅取禽，來而可宥。惟刑是恤，事合昭詳。請付刑部集羣官議定奏裁，以符慎獄。」是時議者多云善思合從原宥，有司仍執前議請誅之。思復又駁曰：「臣聞刑人於市，爵人於朝，必僉謀攸同，始行之無惑。謹按諸司所議，嚴善思十纔一入，抵罪惟輕。夫帝閽九重，塗遠千里。故借天下之耳以聽，聽無不聰；借天下之目以視，視無不接。今羣言上聞，採擇宜審，『若棄多就少，臣實懼焉。輿誦一乖，下情不達，雖欲從衆，其可及乎！凡百京司，逢時之泰，列官分職，有賢有親。親則列藩

諸王，陛下愛子；賢則胙茅開國，陛下名臣。見無禮於君，寧肯雷同不異？今措詞多出，法合從輕。」上納其奏，竟免善思死，配流靜州。思復尋轉中書舍人，數上疏陳得失，多見納用。

開元初，爲諫議大夫。時山東蝗蟲大起，姚崇爲中書令，奏遣使分往河南、河北諸道殺蝗蟲而埋之。思復以爲蝗蟲是天災，當修德以禳之，恐非人力所能翦滅。上疏曰：「臣聞河南、河北蝗蟲，頃日更益繁熾，經歷之處，苗稼都損。今漸翾飛向西，游食至洛，使命來往，不敢昌言，山東數州，甚爲惶懼。且天災流行，埋瘞難盡。望陛下悔過責躬，發使宣慰，損不急之務，召至公之人，上下同心，君臣一德，持此誠實，以答休咎。前後驅蝗使等，伏望總停。書云：『皇天無親，惟德是輔；人心無親，惟惠是懷。』不可不收攬人心也。」上深然之，出思復疏以付崇。崇乃請遣思復往山東檢蝗蟲所損之處，及還，具以實奏。崇又請令監察御史劉沼重加詳覆，沼希崇旨意，遂箠撻百姓，迴改舊狀以奏之。由是河南數州，竟不得免。思復遂爲崇所擠，出爲德州刺史，轉絳州刺史。入爲黃門侍郎，加銀青光祿大夫，代裴漼爲御史大夫。思復性恬澹，好玄言，安仁體道，非紀綱之任。無幾，轉太子賓客。十三年卒，年七十餘。

子朝宗，天寶初爲京兆尹。

會孫佽，字相之，少有文學，性尚簡澹。舉進士，累辟藩方。自襄州從事徵拜殿中侍御史，遷刑部員外。求爲澧州刺史。歲滿受代，宰相牛僧孺鎮鄂渚，辟爲從事，徵拜刑部郎中，轉京兆少尹，遷給事中。出爲桂州觀察使。桂管二十餘郡，州掾而下至邑長三百員，由吏部而補者什一，他皆廉吏量其才而補之。佽既至桂，吏以常所爲官者數百人引謁，一吏執籍而前曰：「具員請補其闕。」佽戒曰：「在任有政者，不奪所理；有過者，必繩以法。缺者當俟稽諸故籍，取其可者，然後補之。」會春衣使內官至，求賄於郵吏，二豪家因厚其資以求邑宰，佽悉諾之。使去，坐以撓法，各笞其背。自是豪猾斂跡，皆得清廉吏以蘇活其人。未幾，詔置五管都監，計所費盡一境地征，不足飽其意，佽特用儉約處之，遂爲定制，君子以爲難。開成二年，卒於官，贈工部侍郎。

張廷珪，河南濟源人，其先自常州徙焉。廷珪少以文學知名，性慷慨，有志尚。弱冠應制舉。長安中，累遷監察御史。則天稅天下僧尼出錢，欲於白司馬坂營建大像。廷珪上疏諫曰：

夫佛者，以覺知爲義，因心而成，不可以諸相見也。經云：「若以色見我，以音聲求我，是人行邪道，不能見如來。」此眞如之果不外求也。陛下信心歸依，發宏誓願，壯其塔廟，廣其尊容，已偏於天下久矣。蓋有住於相而行布施，非最上第一希有之法。何以言之？經云：「若人滿三千大千世界七寶以用布施，及恆河沙等身命布施，其福甚多。若人於此經中受持及四句偈等爲人演說，其福勝彼。」如佛所言，則陛下傾四海之財，殫萬人之力，窮山之木以爲塔，極冶之金以爲像，雖勞則甚矣，費則多矣，而所獲福不愈於一禪房之匹夫。

菩薩作福德，不應貪著，蓋有爲之法不足高也。況此營建，事殷木土，或開發盤礴，峻築基階，或塞穴洞，通轉採斫，輾壓蟲蟻，動盈巨億。豈佛標坐夏之義，愍蠢動而不忍害其生哉！又役鬼不可，唯人是營，通計工匠，率多貧窶，朝驅暮役，勞筋苦骨，簞食瓢飲，晨炊星飯，飢渴所致，疾疹交集。豈佛標徒行之義，愍畜獸而不忍殘其力哉！又營築之資，僧尼是稅，雖乞丐所致，而貧闕猶多。州縣徵輸，星火逼迫，或謀計靡所，或鬻賣以充，怨聲載路，和氣未洽。豈佛標隨喜之義，愍愚蒙而不忍奪其產哉！且邊朔未寧，軍裝日給，天下虛竭，海內勞弊。伏惟陛下愼之重之，思菩薩之行爲利益一切衆生，應如是布施，則其福德若南西北方四維上下虛空不可思量矣。何必勤於住

相，凋蒼生之業，崇不急之務乎！臣以時政論之，則宜先邊境，蓄府庫，養人力；臣以釋教論之，則宜救苦厄，滅諸相，崇無爲。伏願陛下察臣之愚，行佛之意，務以理爲上，不以人廢言，幸甚幸甚。

則天從其言，卽停所作，仍於長生殿召見，深賞慰之。景龍末，爲中書舍人，再轉洪州都督，仍爲江南西道按察使。開元初，入爲禮部侍郎。時久旱，關中饑儉，下制求直諫昌言、弘益政理者。廷珪上疏曰：

臣聞古有多難興王、殷憂啓聖者，皆以事危則志銳，情迫則思深，故能自下登高，轉禍爲福者也。伏見景龍之末，中宗遇禍，先天之際，兇黨構謀，社稷有危於綴旒，國朝將均於絕綖。陛下神武超代，精誠動天，再掃氛沴，六合清朗。而後上順皇旨，俯念黔黎，高運璿衡，光膺寶籙。日月所燭之地，書軌未通之鄉，無不霑濡渥恩，被服淳化。十堯、九舜，未足稱也。明明上帝，照臨下土，宜錫介祉，以答鴻休。

然屬頃歲已來，陰陽愆候，九穀失稔，萬姓阻飢，關輔之間，更爲尤劇。至有樵蘇莫爨，糧粒靡資，不復聊生，方憂轉死。偶會昌運，遘茲難否者，臣竊思之，皇天之意，將恐陛下春秋鼎盛，神聖在躬，不崇朝而建大功，自藩邸而陟元后，或簡下濟之道，獨

滿雄圖之志，輕虞舜而不法，思漢武以自高。是故昭見咎徵，載加善誘，將欲大君日愼一日，雖休勿休，永保太和，以固邦本也。斯皇天於陛下睠顧深矣，陛下焉可不奉若休旨而寅畏哉！

臣愚誠願陛下約心削志，澄思勵精，考羲、農之書，敦素朴之道。登庸端士，放黜佞人，屏退後宮，減徹外廄，場無蹴踘之翫，野絕從禽之賞。休石田之遠境，罷金甲之縣軍，矜恤惸嫠，蠲薄徭賦。去奇伎淫巧，捐和璧隋珠，不見可欲，使心不亂。自然波清四海，塵銷九域，農夫樂其業，餘糧棲於畝。則和氣上通於天，雖五星連珠，兩曜合璧，未足多也；珍祥下降於地，雖鳳皇巢閣，麒麟在郊，未足奇也。或謂天之炯戒不足畏者，則將上帝憑怒，風雨迷錯，荒饉日甚，無以濟下矣。或謂人之窮乏不足恤者，則將齊甿沮志，億兆攜離，愁苦勢極，無以奉上矣。斯蓋安危所繫，禍福之源，奈何朝廷曾不是察！況今陛下受命伊始，敷政惟新，卿士百僚，華夷萬族，莫不清耳以聽，刮目而視，延頸企踵，冀有所聞見，顒顒如也。何可怠棄典則，坐辜其望哉！

再遷黃門侍郎。時監察御史蔣挺以監決杖刑稍輕，敕朝堂杖之，廷珪奏曰：「御史憲司，清望耳目之官，有犯當殺即殺，當流即流，不可決杖。士可殺，不可辱也。」時制命已行，然議者以廷珪之言爲是。俄坐泄禁中語，出爲沔州刺史，又歷蘇、宋、魏三州刺史。入爲少

府監，加金紫光祿大夫，封范陽男。四遷太子詹事，以老疾致仕。二十二年卒，年七十餘，贈工部尚書，謚曰貞穆。廷珪素與陳州刺史李邕親善，屢上表薦之，邕所撰碑碣之文，必請廷珪八分書之。廷珪既善楷隸，甚爲時人所重。

王求禮，許州長社人。則天朝爲左拾遺，遷監察御史。性忠謇敢言，每上封彈事，無所畏避。時契丹李盡忠反叛，其將孫萬榮寇陷河北數州，河內王武懿宗擁兵討之，畏懦不敢進。既而賊大掠而去，懿宗倮奏滄、瀛百姓爲賊詿誤者數百家，請誅之。求禮執而劾之曰：「此詿誤之人，比無良吏教習，城池又不完固，爲賊驅逼，苟徇圖全，豈素有背叛之心哉！懿宗擁強兵數十萬，聞賊將至，走保城邑，罪當誅戮。今乃移禍於詿誤之人，豈是爲臣之道？請斬懿宗以謝河北百姓。」懿宗大懼，則天竟降制赦之。

契丹陷幽州，饋輓不給，左相豆盧欽望請輟京官兩月俸料以助軍，求禮謂欽望曰：「公祿厚俸優，輟之可也。國家富有四海，足以儲軍國之用，何藉貧官薄俸。公此舉豈宰相法邪？」欽望作色拒之，乃奏曰：「秦、漢皆有稅算以贍軍，求禮不識大體，妄有訟辭。」求禮對曰：「秦皇、漢武稅天下，虛中以事邊，奈何使聖朝則效？不知欽望此言是大體耶！」事遂不行。

時三月雪，鳳閣侍郎蘇味道等以爲瑞，草表將賀，求禮止之曰：「宰相調燮陰陽，而致雪降暮春，災也，安得爲瑞？如三月雪爲瑞雪，則臘月雷亦瑞雷也。」舉朝嗤笑，以爲口實。求禮竟以剛正，名位不達而卒。

辛替否，京兆人也。景龍年爲左拾遺。時中宗置公主府官屬，安樂公主府所補尤多猥濫。又駙馬武崇訓死後，棄舊宅別造一宅，侈麗過甚。時又盛興佛寺，百姓勞弊，帑藏爲之空竭。替否上疏諫曰：

臣聞古之建官，員不必備，九卿以下，皆有其位而闕其選。賞一人謀乎三事，職一人訪乎羣司，負寵者畏權勢之在躬，知榮者避權門而不入。故稱賞不僭，官不濫，士皆完行，家有廉節，朝廷有餘俸，百姓有餘食。下忠於上，上禮於下，委裘而無倉卒之危，垂拱而無顚沛之患。夫事有惕耳目，動心慮，作不師古，以行於今者，蓋有之矣。伏惟陛下百倍行賞，十倍增官，金銀不供其印，束帛無充於錫，何愧於無用之臣，何慚於無力之士！至於公府補授，罕存推擇，遂使富商豪賈，盡居纓冕之流，鬻伎行巫，咸涉膏

腴之地。

臣聞古人曰：「福生有基，禍生有胎。」伏惟公主陛下之愛女，選賢良以嫁之，設官職以輔之，傾府庫以賜之，壯第觀以居之，廣池籞以嬉之，可謂之至重也，可謂之至憐也。然而用不合於古義，行不根於人心，將恐變愛成憎，轉福爲禍。何者？竭人之力，人怨也；費人之財，人怨也；奪人之家，人怨也。愛數子而取三怨於天下，使邊疆之士不盡力，朝廷之士不盡忠，人之散矣，獨持所愛，何所恃乎？向者魯王賞同諸壻，禮等朝臣，則亦有今日之福，無曩時之禍。人徒見其禍，不知禍之所來。所以禍者，寵愛過於臣子也。去年七月五日，已見其徵矣。而今事無改，更尚因循，棄一宅而造一宅，忘前禍而忽後禍。臣竊謂陛下憎之矣，非愛之也。

臣聞君以人爲本，本固則邦寧。邦寧則陛下夫婦、母子長相保也。伏惟外謀宰臣，爲久安之計以存之，不使姦臣賊子以伺之。臣聞微不可不防，遠不可不慮。當今疆場危駭，倉廩空虛，揭竿守禦之士賞不及，肝腦塗地之卒輸不充。而方大起寺舍，廣造第宅，伐木空山，不足充梁棟，運土塞路，不足充牆壁。誇古耀今，踰章越制，百僚鉗口，四海傷心。夫釋教者，以清淨爲基，慈悲爲主，故當體道以濟物，不欲利己以損人，故常去己以全眞，不爲榮身以害教。三時之月，掘山穿池，損命也；殫府虛帑，損人也；

廣殿長廊，榮身也。損命則不慈悲，損人則不濟物，榮身則不清淨，豈大聖大神之心乎！臣以爲非眞教，非佛意，違時行，違人欲。自像王西下，佛教東傳，青螺不入於周前，白馬方行於漢後。風流雨散，千帝百王，飾彌盛而國彌空，役彌重而禍彌大。覆車繼軌，曾不改途，晉臣以佞佛取譏，梁主以捨身構隙。若以造寺必爲其理體，養人不足以經邦，則殷、周已往皆暗亂，漢、魏已降皆聖明；殷、周已往爲不長，漢、魏已降爲不短。臣聞夏爲天子二十餘代而殷受之，殷爲天子二十餘代而周受之，周爲天子三十餘代而秦受之，自漢已後歷代可知也。何者？有道之長，無道之短，豈因其窮金玉、修塔廟，方得久長之祚乎！

臣聞於經曰：「菩薩心住於法而行布施，如人入暗，卽無所見。」又曰：「一切有爲法，如夢幻泡影，如露亦如電。」臣以減雕琢之費以賑貧下，是有如來之德；息穿掘之苦以全昆蟲，是有如來之仁；罷營構之直以給邊陲，是有湯、武之功；迴不急之祿以購廉清，是有唐、虞之理。陛下緩其所急，急其所緩，親未來而疏見在，失眞實而冀虛無，重俗人之所爲而輕天子之功業，臣竊痛之矣。當今出財依勢者盡度爲沙門，避役姦訛者盡度爲沙門；其所未度，唯貧窮與善人。將何以作範乎？將何以役力乎？臣以爲出家者，捨塵俗，離朋黨，無私愛。今殖貨營生，非捨塵俗；拔親樹知，非離朋黨；畜

妻養孥，非無私愛。是致人以毀道，非廣道以求人。伏見今之宮觀臺榭，京師之與洛陽，不增修飾，猶恐奢麗。陛下尙欲塡池壍，捐苑囿，以賑貧人無產業者。今天下之寺蓋無其數，一寺當陛下一宮，壯麗之甚矣！用度過之矣！是十分天下之財而佛有七八，陛下何有之矣！百姓何食之矣！雖以陰陽爲炭，萬物爲銅，役不食之人，使不衣之士，猶尙不給。況資於天生地養，風動雨潤，而後得之乎！臣聞國無九年之儲，國非其國。伏計倉廩，度府庫，百僚供給，百事用度，臣恐卒歲不充，況九年之積乎！一旦風塵再擾，霜雹薦臻，沙門不可擐干戈，寺塔不足攘饑饉，臣竊痛之矣！

疏奏不納。歲餘，安樂公主被誅。

睿宗卽位，又爲金仙、玉眞公主廣營二觀。先是，中宗時斜封受官人一切停任，凡數百千人，又有敕放令却上。替否時爲左補闕，又上疏陳時政曰：

臣嘗以爲古之用度不時，爵賞不當，破家亡國者，口說不如身逢，耳聞不如眼見。臣請以有唐已來理國之得失，陛下之所眼見者以言之。惟陛下審之聽之，擇善而從之，則萬歲之業，自可致矣，何憂乎黎庶之不康，福祚之不永！

伏以太宗文武聖皇帝，陛下之祖，撥亂反正，開階立極，得至理之體，設簡要之方。省其官，清其吏，舉天下職司無一虛授，用天下財帛無一枉費。賞必俟功，官必得俊，

所爲無不成，所征無不伏。不多造寺觀而福德自至，不多度僧尼而殃咎自滅。道合乎天地，德通乎神明。故天地憐之，神明祐之，使陰陽不愆，風雨合度。四人樂其業，五穀遂其成，腐粟爛帛，塡街委巷。千里萬里，貢賦於郊；九夷百蠻，歸款於闕。自有帝皇已來，未有若斯之神聖者也，故得享國久長，多歷年所，陛下何不取而則之？

中宗孝和皇帝，陛下之兄，居先人之業，忽先人之化，不取賢良之言，而恣子女之意。官爵非擇，虛食祿者數千人；封建無功，妄食土者百餘戶。造寺不止，枉費財者數百億；度人不休，免租庸者數十萬。是使國家所出加數倍，所入減數倍。倉不停卒歲之儲，庫不貯一時之帛。所惡者逐，逐多忠良；所愛者賞，賞多讒慝。朋佞喋喋，交相傾動。容身不爲於朝廷，保位皆由於黨附。奪百姓之食，以養殘兇；剝萬人之衣，以塗土木。於是人怨神怒，親忿衆離，水旱不調，疾疫屢起。遠近殊論，公私嚻然。五六年間，再三禍變，享國不永，受終於兇婦人。寺舍不能保其身，僧尼不能護妻子，取譏萬代，見笑四夷。此陛下之所眼見也，何不除而改之？

依太宗之理國，則百官以理，百姓無憂，故太山之安立可致矣；依中宗之理國，則萬人以怨，百事不寧，故累卵之危立可致矣。頃自夏已來，霪雨不解，穀荒於壟，麥爛於場。入秋已來，亢旱成災，苗而不實，霜損蟲暴，草葉枯黃。下人咨嗟，未知賙賑；

而營寺造觀，日繼於時，檢校試官，充臺溢署。伏惟陛下愛兩女，爲造兩觀，燒瓦運木，載土塡坑，道路流言，皆云計用錢百餘萬貫。惟陛下，聖人也，無所不知；陛下，明君也，無所不見。既知且見，知倉有幾年之儲，庫有幾年之帛？知百姓之間可存活乎？三邊之上可轉輸乎？當今發一卒以禦邊陲，遣一兵以衞社稷，多無衣食，皆帶飢寒。賞賜之間，迴無所出，軍旅驟敗，莫不由斯。而乃以百萬貫錢造無用之觀，以受六合之怨乎！以違萬人之心乎！伏惟陛下續阿韋之醜跡，而不改阿韋之亂政。忍棄太宗之理本，不忍棄中宗之亂階；忍棄太宗久長之謀，不忍棄中宗短促之計。陛下又何以繼祖宗、觀萬國？

昔陛下爲皇太子，在阿韋之時，危亡是懼，常切齒於羣兇。今貴爲天子，富有海內，而不改羣兇之事，臣恐復有切齒於陛下者也。陛下又何以非羣兇而誅之？臣往見明敕，自今已後，一依貞觀故事。且貞觀之時，豈有今日之造寺營觀，加僧尼道士，益無用之官，行不急之務，而亂政者也！臣以爲棄其言而不行其信，慕其善而不遷其惡，陛下又何以刑於四海？往者，和帝之憐悖逆也，爲姦人之所誤，宗晉卿勸爲第宅，趙履溫勸爲園亭，損數百家之居，侵數百家之地。工徒斷而未息，義兵紛以交馳，卒使亭不得遊，宅不得坐。信邪佞之說，成骨肉之刑，此陛下之所眼見也。今茲造觀，臣必

知非陛下、公主之本意，得無趙履温之徒將勸爲之，冀誤其骨肉，不可不明察也。臣聞出家修道者，不預人事，專淸其身心，以虛泊爲高，以無爲爲妙，依兩卷老子，視一軀天尊，無欲無營，不損不害。何必璇臺玉樹，寶像珍龕，使人困窮，然後爲道哉！且舊觀足可歸依，無造無營，以取窮竭。若此行之三年，國不富，人不安，朝廷不淸，陛下不樂，則臣請殺身於朝，以令天下言事者。伏惟陛下行非常之惠，權停兩觀，以俟豐年。以兩觀之財，爲公主施貧窮，塡府庫，則公主福德無窮矣。不然，臣恐下人怨望，不減於前朝之時。前朝之時，賢愚知敗，人雖有口而不敢言，言未發聲，禍將及矣。韋月將受誅於丹徼，燕欽融見殺於紫庭，此人皆不惜其身而納忠於主，身既死矣，朝亦危矣。故先朝誅之，陛下賞之，是陛下知直言之士有裨於國。臣今直言，亦先代之直，惟陛下察之。

疏奏，睿宗嘉其公直。稍遷爲右臺殿中侍御史。開元中，累轉潁王府長史。天寶初卒，年八十餘。

史臣曰：夫好聞其善，惡聞其過，君人者之常情也；寧諂媚以取容，不逆耳以招禍，臣

人者之常情也。能反此者，不亦善乎！李、薛等六君，吐忠讜之言，補朝廷之失，有犯無隱，不愧古人，有唐之良臣也。

贊曰：臣之事君，有邪有正。君之使臣，從諫則聖。李、薛輸忠，救人之命。韋、韓讜言，醫國之病。辛、王章疏，犯顏竦聽。張子法言，實裨時政。

校勘記

〔一〕夏少　英華卷六九六作「夏統」。

〔二〕劉陶　各本原作「劉隱」。按薦李膺、朱穆者當爲劉陶，事見後漢書卷五七劉陶傳。英華卷六九六正作「劉陶」，據改。

〔三〕密旨　「旨」字各本原無，據葉校本補。

〔四〕使三綱攸敍　「攸」字各本原無，據唐會要卷八〇補。

舊唐書卷一百二

列傳第五十二

馬懷素　褚无量　劉子玄 兄知柔　子貺　餗　彙　秩　迅　迴　徐堅

元行沖　吳兢　韋述 弟逌　迪　蕭直　蕭穎士　毋煚　殷踐猷附

馬懷素，潤州丹徒人也。寓居江都，少師事李善。家貧無燈燭，晝採薪蘇，夜燃讀書，遂博覽經史，善屬文。舉進士，又應制舉，登文學優贍科，拜郿尉，四遷左臺監察御史。

長安中，御史大夫魏元忠爲張易之所構，配徙嶺表，太子僕崔貞愼、東宮率獨孤禕之餞于郊外。易之怒，使人誣告貞愼等與元忠同謀，則天令懷素按鞫，遣中使促迫，諷令構成其事，懷素執正不受命。則天怒，召懷素親加詰問，懷素奏曰：「元忠犯罪配流，貞愼等以親故相送，誠爲可責，若以爲謀反，臣豈誣罔神明？昔彭越以反伏誅，欒布奏事於其屍下，漢朝不坐，況元忠罪非彭越，陛下豈加追送之罪。陛下當生殺之柄，欲加之罪，取決聖衷可矣。若

付臣推鞫，臣敢不守陛下之法？」則天意解，貞愼等由是獲免。時夏官侍郎李迥秀恃張易之之勢，受納貨賄，懷素奏劾之，迥秀遂罷知政事。懷素累轉禮部員外郎，與源乾曜、盧懷愼、李傑等充十道黜陟使。懷素處事平恕，當時稱之。使還，遷考功員外郎。時貴戚縱恣，請託公行，懷素無所阿順，典舉平允，擢拜中書舍人。開元初，爲戶部侍郎，加銀青光祿大夫，累封常山縣公，三遷祕書監，兼昭文館學士。

懷素雖居吏職，而篤學，手不釋卷，謙恭謹愼，深爲玄宗所禮，令與左散騎常侍褚无量同爲侍讀。每次閤門，則令乘肩輿以進。上居別館，以路遠，則命宮中乘馬，或親自送迎，以申師資之禮。是時祕書省典籍散落，條流無敍，懷素上疏曰：「南齊已前墳籍，舊編王儉七志。已後著述，其數盈多，隋志所書，亦未詳悉。或古書近出，前志闕而未編；或近人相傳，浮詞鄙而猶記。若無編錄，難辯淄、澠。望括檢近書篇目，并前志所遺者，續王儉七志，藏之祕府。」上於是召學涉之士國子博士尹知章等，分部撰錄，并刊正經史，粗創首尾。會懷素病卒，年六十，上特爲之舉哀，廢朝一日，贈潤州刺史，諡曰文。

褚无量，字弘度，杭州鹽官人也。幼孤貧，勵志好學。家近臨平湖，時湖中有龍鬭，傾里

門就觀之，无量時年十二，讀書晏然不動。及長，尤精三禮及史記，舉明經，累除國子博士。景龍三年，遷國子司業，兼修文館學士。是歲，中宗將親祀南郊，詔禮官學士修定儀注。國子祭酒祝欽明、司業郭山惲皆希旨，請以皇后爲亞獻，无量獨與太常博士唐紹、蔣欽緒固爭，以爲不可。无量建議曰：

夫郊祀者，明王之盛事，國家之大禮。行其禮者，不可以臆斷，不可以情求，皆上順天心，下符人事，欽若稽古，率由舊章，然後可以交神明，可以膺福祐。然禮文雖衆，莫如周禮。周禮者，周公致太平之書，先聖極由衷之典，法天地而行敎化，辯方位而敍人倫。其義可以幽贊神明，其文可以經緯邦國，備物致用，其可忽乎！至如冬至圜丘，祭中最大，皇后內主，禮位甚尊。若合郊天助祭，則當具著禮典。今徧檢周官，無此儀制。蓋由祭天南郊，不以地配，唯將始祖爲主，不以祖妣配天，故唯皇帝親行其禮，皇后不合預也。

謹按大宗伯職云：「若王不與祭祀〔一〕，則攝位。」注云：「王有故，代行其祭事。」下文云：「凡大祭祀，王后不與，則攝而薦豆籩，徹。」若皇后合助祭，承此下文，卽當云「若不祭祀，則攝而薦豆籩」。今於文上更起凡，則是別生餘事。夫事與上異，則別起凡。凡者，生上起下之名，不專繫於本職。周禮一部之內，此例極多，備在文中，不可具錄。

又王后助祭，親薦豆籩而不徹。案九嬪職云：「凡祭，贊后薦，徹豆籩。」注云：「后進之而不徹。」則知中徹者，爲宗伯生文。若宗伯攝祭，則宗伯親徹，不別使人。又案「外宗掌宗廟之祀，王后不與，則贊宗伯」。此之一文，與上相證。何以明之？案外宗唯掌宗廟祭祀，不掌郊天，足明此文是宗廟祭也。案王后行事，總在內宰職中。檢其職文，唯云「大祭祀，后祼獻則贊，瑤爵亦如之」。鄭注云：「謂祭宗廟也。」注所以知者，以文云「祼獻」，祭天無祼，以此得知。又祭天之器，則用陶匏，亦無瑤爵，注以此得知是宗廟也。又內司服掌王后六服，無祭天之服；而巾車職掌王后之五輅，亦無后祭天之輅；祭天七獻，無后亞獻。以此諸文參之，故知后不合助祭天也。

唯漢書郊祀志則有天地合祭，皇后預享之事，此則西漢末代，強臣擅朝，悖亂彝倫，黷神諂祭，不經之典，事涉誣神。故易傳曰：「誣神者，殃及三代。」太誓曰：「正稽古立功立事，可以永年，承天之大律。」斯史策之良誡，豈可不知。今南郊禮儀，事不稽古，忝守經術，不敢默然。請旁詢碩儒，俯摭舊典，採曲臺之故事，行圜丘之正儀，使聖朝叶昭曠之塗，天下知文物之盛，豈不幸甚。

時左僕射韋巨源等阿旨，叶同欽明之議，竟不從无量所奏。

尋以母老請停官歸侍。景雲初，玄宗在春宮，召拜國子司業，兼皇太子侍讀，嘗撰翼善

記以進之，皇太子降書嘉勞，賚絹四十匹。太極元年，皇太子國學親釋奠，令无量講孝經、禮記，各隨端立義，博而且辯，觀者歎服焉。既畢，進授銀青光祿大夫，兼賜以章服，并綵絹百段。玄宗卽位，遷郯王傅，兼國子祭酒。尋以師傅恩遷左散騎常侍，仍兼國子祭酒，封舒國公，實封二百戶。未幾，丁憂解職，廬於墓側。其所植松柏，時有鹿犯之，无量泣而言曰：「山中衆草不少，何忍犯吾先塋樹哉！」因通夕守護。俄有羣鹿馴狎，不復侵害，无量因此終身不食鹿肉。服闋，召拜左散騎常侍，復爲侍讀。以其年老，每隨仗出入，特許緩行，又爲造腰輿，令內給使輿於內殿。无量頻上書陳時政得失，多見納用。又嘗手敕褒美，賜物二百段。

无量以內庫舊書，自高宗代卽藏在宮中，漸致遺逸，奏請繕寫刊校，以弘經籍之道。玄宗令於東都乾元殿前施架排次，大加搜寫，廣采天下異本。數年間，四部充備，仍引公卿已下入殿前，令縱觀焉。開元六年駕還，又敕无量於麗正殿以續前功。皇太子及郯王嗣直等五人，年近十歲，尚未就學，无量繕寫論語、孝經各五本以獻。上覽之曰：「吾知无量意无量。」遂令選經明篤行之士國子博士郄恆通、郭謙光、左拾遺潘元祚等，爲太子及郯王已下侍讀。七年，詔太子就國子監行齒胄之禮，无量登座說經，百僚集觀，禮畢，賞賜甚厚。明年，无量病卒，年七十五。臨終遺言以麗正寫書未畢爲恨。上爲舉哀，廢朝兩日，贈禮部尚書，

謚曰文。

初，无量與馬懷素俱爲侍讀，顧待甚厚；及无量等卒後，祕書少監康子元、國子博士侯行果等又入侍講，雖屢加賞賜，而禮遇不逮褚焉。

劉子玄，本名知幾，楚州刺史胤之族孫也。少與兄知柔俱以詞學知名，弱冠舉進士，授獲嘉主簿。證聖年，有制文武九品已上各言時政得失，知幾上表陳四事，詞甚切直。是時官爵僭濫而法網嚴密，士類競爲趨進而多陷刑戮，知幾乃著思愼賦以刺時，且以見意。鳳閣侍郎蘇味道、李嶠見而歎曰：「陸機豪士所不及也。」

知幾長安中累遷左史，兼修國史。擢拜鳳閣舍人，修史如故。景龍初，再轉太子中允，依舊修國史。時侍中韋巨源紀處訥、中書令楊再思、兵部尚書宗楚客、中書侍郎蕭至忠並監修國史，知幾以監修者多，甚爲國史之弊。蕭至忠又嘗責知幾著述無課，知幾於是求罷史任，奏記於至忠曰：

僕自策名士伍，待罪朝列，三爲史臣，再入東觀，竟不能勒成國典，貽彼後來者，何哉？靜言思之，其不可者五也。何者？古之國史，皆出自一家，如魯、漢之丘明、子長，

晉、齊之董狐、南史，咸能立言不朽，藏諸名山，未聞藉以衆功，方云絕筆。唯後漢東觀，大集羣儒，而著述無主，條章靡立。由是伯度譏其不實，公理以爲可焚，張、蔡二子糾之於當代，傅、范兩家嗤之於後葉。今史司取士，有倍東京，人自以爲荀、袁，家自稱爲政、駿。每欲記一事，載一言，皆閣筆相視，含毫不斷。故首白可期，而汗青無日。其不可一也。

前漢郡國計書，先上太史，副上丞相；後漢公卿所撰，始集公府，乃上蘭臺。由是史官所修，載事爲博。原自近古，此道不行，史臣編錄，唯自詢採。而左右二史，闕注起居；衣冠百家，罕通行狀。求風俗於州郡，視聽不該；討沿革於臺閣，簿籍難見。雖使尼父再出，猶且成其管窺；況限以中才，安能遂其博物。其不可二也。

昔董狐之書法也，以示於朝；南史之書弑也，執簡以往。而近代史局，皆通籍禁門，幽居九重，欲人不見。尋其義者，由杜彼顏面，防諸請謁故也。然今館中作者，多士如林，皆願長喙，無聞齰舌。倘有五始初成，一字加貶，言未絕口而朝野具知，筆未棲毫而搢紳咸誦。夫孫盛實錄，取嫉權門；王韶直書，見讎貴族。人之情也，能無畏乎！其不可三也。

古者刊定一史，纂成一家，體統各殊，指歸咸別。夫尚書之敎也，以疏通知遠爲

主；春秋之義也，以懲惡勸善爲先。史記則退處士而進姦雄，漢書則抑忠臣而飾主闕。斯並曩賢得失之例，良史是非之準，作者言之詳矣。頃史官注記，多取稟監修，楊令公則云「必須直詞」，宗尚書則云「宜多隱惡」。十羊九牧，其事難行；一國三公，適從焉在？其不可四也。

竊以史置監修，雖無古式，尋其名號，可得而言。夫言監者，蓋總領之義耳。如創紀編年，則年有斷限；草傳敍事，則事有豐約。或可略而不略，或應書而不書，此失刊削之例也。屬詞比事，勞逸宜均；揮鉛奮墨，勤惰須等。某帙某篇，付之此職；某紀某傳，歸之此官。此銓配之理也。斯並宜明立科條，審定區域，倘人思自勉，則書可立成。今監之者既不指授，修之者又無遵奉。用使爭學苟且，務相推避，坐變炎涼，徒延歲月。其不可五也。

凡此不可，其流實多，一言以蔽，三隅自反。而時談物議，焉得笑僕編次無聞者哉！比者伏見明公每汲汲於勸誘，勤勤於課責。或云墳籍事重，努力用心；或云歲序已淹，何時輟手？竊以綱維不舉，而督課徒勤，雖威以次骨之刑，勗以懸金之賞，終不可得也。語曰：「陳力就列，不能則止。」僕所以比者布懷知己，歷抵羣公[三]，屢辭載筆之官，願罷記言之職者，正爲此耳。當今朝號得人，國稱多士。蓬山之下，良直差肩；芸閣之中，英奇接武。僕既功虧刻鵠，筆未獲麟，徒殫太官之膳，虛索長安之米。乞以本職，還其舊居，多謝簡書，請避賢路。惟明公足下哀而許之。

至忠惜其才，不許解史任。宗楚客嫉其正直，謂諸史官曰：「此人作書如是，欲置我何地！」

時知幾又著史通子二十卷，備論史策之體。太子右庶子徐堅深重其書，嘗云：「居史職者，宜置此書於座右。」知幾自負史才，常慨時無知己，乃委國史於著作郎吳兢，別撰劉氏家史十五卷、譜考三卷。推漢氏爲陸終苗裔，非堯之後。彭城叢亭里諸劉，出自宣帝子楚孝王囂曾孫司徒居巢侯劉愷之後，不承楚元王交。皆按據明白，正前代所誤，雖爲流俗所譏，學者服其該博。初，知幾每云若得受封，必以居巢爲名，以紹司徒舊邑；後以修則天實錄功，果封居巢縣子。又鄉人以知幾兄弟六人進士及第，文學知名，改其鄉里爲高陽鄉居巢里。

景雲中，累遷太子左庶子，兼崇文館學士，仍依舊修國史，加銀青光祿大夫。時玄宗在東宮，知幾以名音類上名，乃改子玄。二年，皇太子將親釋奠於國學，有司草儀注，令從臣皆乘馬著衣冠。子玄進議曰：

古者自大夫已上，皆乘車而以馬爲騑服。魏、晉已降，迄乎隋代，朝士又駕牛車。歷代經史，具有其事，不可一二言也。至如李廣北征，解鞍憩息；馬援南伐，據鞍顧

眄。斯則鞍馬之設，行於軍旅；戎服所乘，貴於便習者也。按江左官至尚書郎而輒輕乘馬，則爲御史所彈。又顏延之罷官後，好騎馬出入閭里，當代稱其放誕。此則專車憑軾，可擐朝衣；單馬御鞍，宜從褻服。求之近古，灼然之明驗也。

自皇家撫運，沿革隨時。至如陵廟巡謁，王公冊命，則盛服冠履，乘彼輅車。其士庶有衣冠親迎者，亦時以服箱充馭。在於他事，無復乘車，貴賤所行，通用鞍馬而已。臣伏見比者鑾輿出幸，法駕首途，左右侍臣，皆以朝服乘馬。夫冠履而出，只可配車而行，今乘車既停，而冠履不易，可謂唯知其一而未知其二也。何者？褒衣博帶，革履高冠，本非馬上所施，自是車中之服。必也韈而升鐙，跣以乘鞍，非唯不師古道，亦自取驚今俗。求諸折中，進退無可。且長裾廣袖，襜如翼如，鳴珮行組，鏘鏘奕奕，馳驟於風塵之內，出入於旌棨之間，倘馬有驚逸，人從顚墜，遂使屬車之右，遺履不收，清道之傍，絓驂相續，固以受嗤行路，有損威儀。

今議者皆云祕閣有梁武帝南郊圖，多有危冠乘馬者，此則近代故事，不得謂無其文。臣案此圖是後人所爲，非當時所撰。且觀代間有古今圖畫者多矣，如張僧繇畫羣公祖二疏，而兵士有著芒屩者；閻立本畫明君入匈奴，而婦人有著帷帽者。夫芒屩出於水鄉，非京華所有；帷帽創於隋代，非漢宮所作。議者豈可徵此二畫，以爲故實者

乎？由斯而言，則梁氏南郊之圖，義同於此。又傳稱因俗，禮貴緣情。殷輅周冕，規模不一；秦冠漢佩，用捨無常。況我國家道軼百王，功高萬古，事有不便，理資變通，其乘馬衣冠，竊謂宜從省廢。臣懷此異議，其來自久，日不暇給，未及推揚。今屬殿下親從齒胄，將臨國學，凡有衣冠乘馬，皆憚此行，所以輒進狂言，用申鄙見。

皇太子手令付外宣行，仍編入令，以爲常式。

開元初，遷左散騎常侍，修史如故。九年，長子貺爲太樂令，犯事配流。子玄詣執政訴理，上聞而怒之，由是貶授安州都督府別駕。子玄掌知國史，首尾二十餘年，多所撰述，甚爲當時所稱。禮部尚書鄭惟忠嘗問子玄曰：「自古已來，文士多而史才少，何也？」對曰：「史才須有三長，世無其人，故史才少也。三長：謂才也，學也，識也。夫有學而無才，亦猶有良田百頃，黃金滿籯，而使愚者營生，終不能致於貨殖者矣。如有才而無學，亦猶思兼匠石，巧若公輸，而家無楩柟斧斤，終不果成其宮室者矣。猶須好是正直，善惡必書，使驕主賊臣，所以知懼，此則爲虎傅翼，善無可加，所向無敵者矣。脫苟非其才，不可叨居史任。自夐古已來，能應斯目者，罕見其人。」時人以爲知言。子玄至安州，無幾而卒，年六十一。自幼及長，述作不倦，朝有論著，必居其職。預修三教珠英、文館詞林、姓族系錄，論孝經非鄭玄注、老子無河上公注，修唐書實錄，皆行於代，有集三十卷。後數年，玄宗敕河南府就家

寫史通以進，讀而善之，追贈汲郡太守；尋又贈工部尚書，謚曰文。

兄知柔，少以文學政事，歷荊揚曹益宋海唐等州長史刺史、戶部侍郎、國子司業、鴻臚卿、尚書右丞、工部尚書、東都留守。卒，贈太子少保，謚曰文。代傳儒學之業，時人以述作名其家。

子玄子貺、餗、彙、秩、迅、迥，皆知名於時。

貺，博通經史，明天文、律曆、音樂、醫算之術，終於起居郎、修國史。撰六經外傳三十七卷、續說苑十卷、太樂令壁記三卷、眞人肘後方三卷、天官舊事一卷。

餗，右補闕、集賢殿學士、修國史。著史例三卷、傳記三卷、樂府古題解一卷。

彙，給事中、尚書右丞、左散騎常侍、荊南長沙節度，有集三卷。

秩，給事中、尚書右丞、國子祭酒。撰政典三十五卷、止戈記七卷、至德新議十二卷、指要三卷。論喪紀制度加籩豆，許私鑄錢，改制國學，事各在本志。

迅，右補闕，撰六說五卷。

迥，諫議大夫、給事中，有集五卷。

貺子浹，滋，彙子贊。滋，貞元中位至宰輔。贊，觀察使，自有傳。

徐堅，西臺舍人齊聃子也。少好學，徧覽經史，性寬厚長者。進士舉，累授太子文學〔三〕。聖曆中，車駕在三陽宮，御史大夫楊再思、太子左庶子王方慶爲東都留守，引堅爲判官，表奏專以委之。方慶善三禮之學，每有疑滯，常就堅質問，堅必能徵舊說，訓釋詳明，方慶深善之。又賞其文章典實，常稱曰：「掌綸誥之選也。」再思亦曰：「此鳳閣舍人樣，如此才識，走避不得。」堅又與給事中徐彥伯、定王府倉曹劉知幾、右補闕張說同修三教珠英。時麟臺監張昌宗及成均祭酒李嶠總領其事，廣引文詞之士，日夕談論，賦詩聚會，歷年未能下筆。堅獨與說構意撰錄，以文思博要爲本，更加姓氏、親族二部，漸有條流。諸人依堅等規制，俄而書成，遷司封員外郎。則天又令堅刪改唐史，會則天遜位而止。

神龍初，再遷給事中。時雍州人韋月將上書告武三思不臣之跡，反爲三思所陷，中宗即令殺之。時方盛夏，堅上表曰：「月將誣構良善，故違制命，準其情狀，誠合嚴誅。但今朱夏在辰，天道生長，即從明戮，有乖時令。謹按月令：『夏行秋令，則丘隰水潦，禾稼不熟。』陛下誕膺靈命，中興聖圖，將弘羲、軒之風，以光史策之美，豈可非時行戮，致傷和氣哉！君舉必書，將何以訓？伏願詳依國典，許至秋分，則知恤刑之規，冠於千載；哀矜之惠，洽乎四海。」中宗納堅所奏，遂令決杖，配流嶺表。

睿宗即位，堅自刑部侍郎加銀青光祿大夫，拜左散騎常侍，俄轉黃門侍郎。時監察御史李知古請兵以擊姚州西貳河蠻，既降附，又請築城，重征稅之。堅以蠻夷生梗，可以羈縻屬之，未得同華夏之制，勞師涉遠，所損不補所獲，獨建議以爲不便。睿宗不從，令知古發劍南兵往築城，將以列置州縣。知古因是欲誅其豪傑，沒子女以爲奴婢。蠻衆恐懼，乃殺知古，相率反叛，役徒奔潰，姚、巂路由是歷年不通。

堅妻即侍中岑羲之妹，堅以與羲近親，固辭機密，乃轉太子詹事，謂人曰：「非敢求高，蓋避難也。」及羲誅，堅竟免深累。出爲絳州刺史，五轉復入爲祕書監。開元十三年，再遷左散騎常侍。其年，玄宗改麗正書院爲集賢院，以堅爲學士，副張說知院事，累封東海郡公。以修東封儀注及從升太山之功，特加光祿大夫。堅多識典故，前後修撰格式、氏族及國史等，凡七入書府，時論美之。十七年卒，年七十餘。上深悼惜之，遣中使就家弔，內出絹布以賵之，贈太子少保，謚曰文。堅長姑爲太宗充容，次姑爲高宗婕妤，並有文藻。堅父子以詞學著聞，議者方之漢世班氏。

元行沖，河南人，後魏常山王素連之後也。少孤，爲外祖司農卿韋機所養。博學多通，

尤善音律及詁訓之書。舉進士，累轉通事舍人，納言狄仁傑甚重之。行沖性不阿順，多進規誡，嘗謂仁傑曰：「下之事上，亦猶蓄聚以自資也。譬貴家儲積，則脯腊膎膴以供滋膳，參朮芝桂以防痾疾。伏想門下賓客，堪充旨味者多，願以小人備一藥物。」仁傑笑而謂人曰：「此吾藥籠中物，何可一日無也！」九遷至陝州刺史，兼隴右、關內兩道按察使，未行，拜太常少卿。

行沖以本族出於後魏，而未有編年之史，乃撰魏典三十卷，事詳文簡，為學者所稱。初魏明帝時，河西柳谷瑞石有牛繼馬後之象，魏收舊史以為晉元帝是牛氏之子，冒姓司馬，以應石文。行沖推尋事跡，以後魏昭成帝名犍，繼晉受命，考校謠讖，特著論以明之。

開元初，自太子詹事出為岐州刺史，又充關內道按察使。行沖自以書生不堪搏擊之任，固辭按察，乃以寧州刺史崔琬代焉。俄復入為右散騎常侍、東都副留守。時嗣彭王志暕庶兄志謙被人誣告謀反，考訊自誣，繫獄待報，連坐十數人，行沖察其冤濫，並奏原之。四遷大理卿。時揚州長史李傑為侍御史王旭所陷，詔下大理結罪，行沖以傑歷政清貞，不宜枉為讒邪所構，又奏請從輕條出之。當時雖不見從，深為時論所美。俄又固辭刑獄之官，求為散職。七年，復轉左散騎常侍。九遷國子祭酒，月餘，拜太子賓客、弘文館學士。累封常山郡公。

先是，祕書監馬懷素集學者續王儉今書七志，左散騎常侍褚无量於麗正殿校寫四部書，事未就而懷素、无量卒，詔行沖總代其職。於是行沖表請通撰古今書目，名為羣書四錄，命學士鄠縣尉毋煚、櫟陽尉韋述、曹州司法參軍殷踐猷、太學助教余欽等分部修檢，歲餘書成，奏上之。上又特令行沖撰御所注孝經疏義，列於學官。尋以衰老罷知麗正殿校寫書事。

初，有左衞率府長史魏光乘奏請行用魏徵所注類禮，上遽令行沖集學者撰義疏，將立學官。行沖於是引國子博士范行恭、四門助教施敬本檢討刊削，勒成五十卷，十四年八月奏上之。尚書左丞相張說駁奏曰：「今之禮記，是前漢戴德、戴聖所編錄，歷代傳習，已向千年，著為經教，不可刊削。至魏孫炎始改舊本，以類相比，有同抄書，先儒所非，竟不行用。貞觀中，魏徵因孫炎所修，更加整比，兼為之注，先朝雖厚加賞錫，其書竟亦不行。今行沖等解徵所注，勒成一家，然與先儒第乖，章句隔絕，若欲行用，竊恐未可。」上然其奏，於是賜行沖等絹二百匹，留其書貯於內府，竟不得立於學官。行沖恚諸儒排己，退而著論以自釋，名曰釋疑。其詞曰：

客問主人曰：「小戴之學，行之已久；康成銓注，見列學官。傳聞魏公，乃有刊易；又承制旨，造疏將頒。未悉二經，孰為優劣？」主人答曰：「小戴之禮，行於漢末，馬融

注之，時所未覩。盧植分合二十九篇而為說解，代不傳習。鄭因子幹，師於季長。屬黨錮獄起，師門道喪，康成於竄伏之中，理紛拏之典，志存探究，靡所咨謀。而猶緝述忘疲，聞義能徙，具於鄭志，向有百科。章句之徒，曾不窺覽，猶遵覆轍，頗類刻舟。王肅因之，重茲開釋，或多改駁，仍按本篇。又鄭學之徒，有孫炎者，雖扶玄義，乃易前編。自後條例支分，箴石間起。馬伷增革，向踰百篇；葉遵刪修，僅全十二。魏公病羣言之錯雜，紬衆說之精深。經文不同，未敢刊正；注理睽誤，寧不芟礱。成畢上聞，太宗嘉賞，賚縑千匹，錄賜儲藩。將期頒宣，未有疏義。聖皇纂業，耽古崇儒，高曾規矩，宜所修襲，乃制昏愚，甄分舊義。其有注移往說，理變新文，務加搜窮，積稔方畢。具錄呈進，敕付羣儒，庶能斟詳，以課疏密。豈悟章句之士，堅持昔言，特嫌知新，欲仍舊貫，沉疑多月，擯壓不申。優劣短長，定於通識，手成口答，安敢銓量。」

客曰：「當局稱迷，傍觀見審，累朝銓定，故是周詳，何所為疑，不為申列？」答曰：「是何言歟？談豈容易！昔孔安國注壁中書，會巫蠱事，經籍道息。族兄臧與之書曰：『相如常忿俗儒淫詞冒義，欲撥亂反正而未能果。然雅達通博，不代而生，浮學守株，比肩皆是。衆非難正，自古而然。誠恐此道未申，而以獨智為議也。』則知變易章句，其難一矣。

「漢有孔季產者，專於古學；有孔扶者，隨俗浮沉。扶謂產云：『今朝廷皆為章句內學，而君獨修古義，修古義則非章句內學，非章句內學則危身之道也。獨善不容於代，必將貽患禍乎！』則知變易章句，其難二矣。

「劉歆以通書屬文，待詔官署，見左氏傳而大好之，後蒙親近，欲建斯業。哀帝欣納，令其討論，各遷延推辭，不肯置對。劉歆移書責讓，其言甚切，諸博士等皆忿恨之。名儒龔勝，時為光祿，見歆此議，乃乞骸骨；司空師丹，因大發怒，奏歆改亂前志，非毀先朝所立。帝曰：『此廣道術，何為毀耶？』由是犯忤大臣，懼誅，求出為河南太守，宗室不典三河，又徙五原太守。以君賓之著名好學，仲公之深博守道[三]，猶迫同門朋黨之議，卒令子駿負謗於時。則知變易章句，其難三矣。

「子雍規玄數十百件，守鄭學者，時有中郎馬昭，上書以為肅繆。詔王學之輩，占答以聞。又遣博士張融案經論詰，融登召集，分別推處，理之是非，具聖證論。王肅酬對，疲於歲時。則知變易章句，其難四矣。

「卜商疑聖，納誚於曾輿；木賜近賢，貽嗤於武叔。自此之後，唯推鄭公。王粲稱伊、洛已東，淮、漢之北，一人而已，莫不宗焉。咸云先儒多闕，鄭氏道備，粲竊嗟怪，因求其學。得尚書注，退而思之，以盡其意，意皆盡矣。所疑之者，猶未喻焉。凡有兩卷，

列於其集。又王肅改鄭六十八條，張融覈之，將定臧否。融稱玄注泉深廣博，兩漢四百餘年，未有偉於玄者。然二郊之祭，殊天之祀，此玄誤也。其如皇天祖所自出之帝，亦玄慮之失也。及服虔釋傳，未免差違，後代言之，思弘聖意，非謂揚己之善，掩人之名也。何者？君子用心，願聞其過，故仲尼曰『過也人皆見之，更也人皆仰之』是也。而專門之徒，恕己及物，或攻先師之誤，如聞父母之名，將謂亡者之德言而見壓於重壤也。故王劭史論曰：『魏、晉浮華，古道夷替，洎王肅、杜預，更開門戶。歷載三百，士大夫恥爲章句。唯草野生以專經自許，不能究覽異義，擇從其善。徒欲父康成，兄子慎，寧道孔聖誤，諱聞鄭、服非。然於鄭、服甚憒憒，鄭、服之外皆讎也。』則知變易章句，其難五也。

「伏以安國尚書、劉歆左傳，悉遭擯於曩葉，咸見重於來今。故知二人之鑒，高於漢廷遠矣。孔季産云：『物極則變。比及百年外，當有明直君子，恨不與吾同代者。』於戲！道之行廢，必有其時者歟！僕非專經，罕習章句，高名不著，易受輕誣。頃者修撰，殆淹年月，賴諸賢輩能左右之，免致愆尤，仍叨賞賚，內省昏朽，其榮已多。何遽持一己之區區，抗羣情之噂喈，捨勿矜之美，成自我之私，觸近名之誡，興犯衆之禍？一舉四失，中材不爲，是用韜聲，甘此沉默也。」

行沖俄又累表請致仕，制許之。十七年卒，年七十七，贈禮部尚書，諡曰獻。

吳兢，汴州浚儀人也。勵志勤學，博通經史。宋州人魏元忠、亳州人朱敬則深器重之，及居相輔，薦兢有史才，堪居近侍，因令直史館，修國史。累月，拜右拾遺內供奉。神龍中，遷右補闕，與韋承慶、崔融、劉子玄撰則天實錄成，轉起居郎。俄遷水部郎中，丁憂還鄉里。開元三年服闋，抗疏言曰：「臣修史已成數十卷，自停職還家，匪忘紙札，乞終餘功。」乃拜諫議大夫，依前修史。俄兼修文館學士，歷衞尉少卿、左庶子。居職殆三十年，敍事簡要，人用稱之。末年傷於太簡。國史未成，十七年，出爲荊州司馬，制許以史稿自隨。中書令蕭嵩監修國史，奏取兢所撰國史，得六十五卷。累遷台、洪、饒、蘄四州刺史，加銀青光祿大夫，遷相州長史，封襄垣縣子。天寶初改官名，爲鄴郡太守，入爲恆王傅。

兢嘗以梁、陳、齊、周、隋五代史繁雜，乃別撰梁、齊、周史各十卷，陳史五卷，隋史二十卷，又傷疏略。兢雖衰耗，猶希史職，而行步傴僂，李林甫以其年老不用。天寶八年，卒於家，時年八十餘。兢卒後，其子進兢所撰唐史八十餘卷，事多紕繆，不逮於壯年。兢家聚書頗多，嘗目錄其卷第，號吳氏西齋書目。

韋述，司農卿弘機曾孫也。父景駿，房州刺史。述少聰敏，篤志文學。家有書二千卷，述爲兒童時，記覽皆徧，人駭異之。景龍中，景駿爲肥鄉令，述從父至任。洺州刺史元行沖，景駿之姑子，爲時大儒，常載書數車自隨。述入其書齋，忘寢與食。行沖異之，引與之談，貫穿經史，事如指掌，探賾奧旨，如遇師資。又試以綴文，操牘便就。行沖大悅，引之同榻曰：「此吾外家之寶也。」舉進士，西入關，時述甚少，儀形眇小。考功員外郎宋之問曰：「韋學士童年有何事業？」述對曰：「性好著書。述有所撰唐春秋三十卷，恨未終篇。至如詞策，仰待明試。」之問曰：「本求異才，果得遷、固。」是歲登科。

開元五年，爲櫟陽尉。祕書監馬懷素受詔編次圖書，乃奏用左散騎常侍元行沖、左庶子齊澣、祕書少監王珣、衞尉少卿吳兢并述等二十六人，同於祕閣詳錄四部書。懷素尋卒，行沖代掌其事，五年而成，其總目二百卷。述好譜學，祕閣中見常侍柳沖先撰姓族系錄二百卷，述於分課之外手自抄錄，暮則懷歸。如是周歲，寫錄皆畢，百氏源流，轉益詳悉。乃於柳錄之中，別撰成開元譜二十卷。其篤志忘倦，皆此類也。

轉右補闕，中書令張說專集賢院事，引述爲直學士，遷起居舍人。說重詞學之士，述與

張九齡、許景先、袁暉、趙冬曦、孫逖、王翰常遊其門。趙冬曦兄多日，弟和壓、居貞、安貞、頤貞等六人，述弟迪、逌、迥、迅、巡亦六人，並詞學登科。說曰：「趙、韋昆季，今之杞梓也。」十八年，兼知史官事，轉屯田員外郎、職方吏部二郎中，學士、知史官事如故。及張九齡爲中書令，卽集賢之同職，裴耀卿爲侍中，卽述之舅，皆相推重，語必移晷。二十七年，轉國子司業，停知史事。俄而復兼史職，充集賢學士。天寶初，歷左右庶子，加銀青光祿大夫。九載，兼充禮儀使。其載遷尙書工部侍郎，封方城縣侯。

述在書府四十年，居史職二十年，嗜學著書，手不釋卷。國史自令狐德棻至於吳兢，雖累有修撰，竟未成一家之言。至述始定類例，補遺續闕，勒成國史一百一十三卷，并史例一卷，事簡而記詳，雅有良史之才，蘭陵蕭穎士以爲譙周、陳壽之流。述早以儒術進，當代宗仰，而純厚長者，澹於勢利，道之同者，無間貴賤，皆禮接之。家聚書二萬卷，皆自校定鉛槧，雖御府不逮也。兼古今朝臣圖，歷代知名人畫，魏、晉已來草隸眞跡數百卷，古碑、古器、藥方、格式、錢譜、璽譜之類，當代名公尺題，無不畢備。及祿山之亂，兩京陷賊，玄宗幸蜀，述抱國史藏於南山，經籍資產，焚剽殆盡。述亦陷於賊庭，授僞官。至德二年，收兩京，三司議罪，流於渝州，爲刺史薛舒困辱，不食而卒。其甥蕭直爲太尉李光弼判官，廣德二年，直因入奏言事稱旨，乃上疏理述於蒼黃之際，能存國史，致聖朝大典，得無遺逸，以功補

過，合霑恩宥。乃贈右散騎常侍。

議者云自唐已來，氏族之盛，無踰於韋氏。其孝友詞學，承慶、嗣立爲最；明於音律，則萬石爲最；達於禮儀，則叔夏爲最；史才博識，以述爲最。所撰唐職儀三十卷、高宗實錄三十卷、御史臺記十卷、兩京新記五卷，凡著書二百餘卷，皆行於代。

逌，學業亦亞於述，尤精三禮，與述對爲學士，迪同爲禮官，時人榮之。累遷考功員外郎、國子司業，以風疾卒。

蕭穎士者，聰儁過人，富詞學，有名於時，賈曾、席豫、張垍及述皆引爲談客。開元二十三年登進士第，考功員外郎孫逖稱之於朝。褊躁無威儀，與時不偶，前後五授官，旋卽駁落。乾元初，終於揚府功曹。

述在祕閣時，與鄠縣尉毋煚、曹州司法殷踐猷並友善，二人相次卒。踐猷，申州刺史仲容從子，明班史，通於族姓。子寅，有至性，早孤，事母以孝聞。應宏詞舉，爲永寧尉。

史臣曰：前代文學之士，氣壹矣，然以道義偶乖，遭遇斯難。馬懷素、褚无量好古嗜學，博識多聞，遇好文之君，隆師資之禮，儒者之榮，可謂際會矣。劉、徐等五公，學際天人，才

兼文史，俾西垣、東觀，一代粲然，蓋諸公之用心也。然而子玄鬱結於當年，行沖彷徨於極筆，官不過俗吏，寵不逮常才，非過使然，蓋此道非趨時之具也，其窮也宜哉！

贊曰：學者如市，博通甚難；文士措翰，典麗惟艱。馬、褚、兢、述，徐、元、子玄，文學之書，胡寧比焉！

校勘記

〔一〕若王不與祭祀　「與」字各本原無，據英華卷七六一、周禮卷一八大宗伯補。

〔二〕歷抵羣公　「抵」，各本原作「詆」，據史通通釋卷二〇忤時篇改。

〔三〕太子文學　各本原作「太學」，據冊府卷七二八補「子文」二字。

〔四〕仲公　各本原作「公仲」。按師丹字仲公，作公仲誤，今據漢書卷八六師丹傳改。

舊唐書卷一百三

列傳第五十三

郭虔瓘 張嵩　郭知運 子英傑　王君㚟 賈師順附　張守珪

牛仙客　王忠嗣

郭虔瓘，齊州歷城人也。開元初，累遷右驍衞將軍，兼北庭都護。二年春，突厥默啜遣其子移涅可汗及同俄特勤率精騎圍逼北庭〔一〕，虔瓘率衆固守。同俄特勤單騎親逼城下，虔瓘使勇士伏於路左，突起斬之。賊衆既至，失同俄，相率於城下乞降，請盡軍中衣資器仗以贖同俄。及聞其死，三軍慟哭，便引退。默啜女壻火拔頡利發石阿失畢時與同俄特勤同領兵，以同俄之死，懼不敢歸，遂將其妻歸降。虔瓘以破賊之功，拜冠軍大將軍，行右驍衞大將軍。又下制曰：

朕聞賞有功、報有德者，政之急也。若功不賞，德不報，則人何謂哉。雲麾將軍、檢

校右驍衞將軍，兼北庭都護、瀚海軍經略使、金山道副大總管、招慰營田等使、上柱國、太原縣開國子郭虔瓘，宣威將軍、守右驍衞翊府中郎將、檢校伊州刺史兼伊吾軍使、借紫金魚袋、上柱國郭知運等，早負名節，見稱義勇。頃者柳中、金滿，偏師禦敵，蕭條窮漠之外，奔迫孤城之下。強寇益侵，援兵不至，既守而戰，自秋涉冬，櫪馬長嘶，戍人遠望。謀以十勝，成其九拒。遂能摧日逐之遺種，斬天驕之愛息。豈耿恭、班超，獨高前史；將廉頗、李牧，與朕同時。眷言茂勳，是所嘉歎。信可以疇其井邑，昭示遐邇，俾勞臣勸而懦夫立焉。虔瓘可進封太原郡開國公，知運可封介休縣開國公。

虔瓘俄轉安西副大都護、攝御史大夫、四鎭經略安撫使，進封潞國公，賜實封一百戶虔瓘乃奏請募關中兵一萬人往安西討擊，皆給公乘，兼供熟食，敕許之。將作大匠韋湊上疏曰：

臣聞兵者凶器，不獲已而用之。今西域諸蕃，莫不順軌。縱鼠竊狗盜，有戍卒鎭兵，足宣式遏之威，非降赫斯之怒。此師之出，未見其名。臣又聞安不忘危，理必資備。自近及遠，強幹弱枝，是以漢實關中，徙諸豪族。今關輔戶口，積久逋逃，承前先虛，見猶未實。屬北虜犯塞，西戎駭邊，凡在丁壯，征行略盡。豈宜更募驍勇，遠資荒服。又一萬行人，詣六千餘里，咸給遞馱，並供熟食，道次州縣，將何以供？秦、隴之

西，人戶漸少，涼州已去，沙磧悠然。遣彼居人，如何得濟？又萬人賞賜，費用極多；萬里資糧，破損尤廣。縱令必克，其獲幾何？儻稽天誅，無乃甚損！請令計議所用所得，校其多少，卽知利害。況用者必賞，獲者未量，何要此行，頓空畿甸。且上古之時，大同之化，不獨子子，不獨親親，何隔華戎，務均安靖。洎皇道謝古，帝德慚皇，猶尙綏懷，不崇征伐，有占風覘雨之客，無越海踰山之師。其後漢武膺圖，志恢土宇，西通絕域，北擊匈奴。雖廣獲珍奇，多斬首級，而中國疲耗，殆至危亡。是以俗號昇平、君稱盛德者，咸指唐堯之代，不歸漢武之年。其要功不成者，復焉足比議？惟陛下圖之。」

虔瓘竟無克獲之功。尋遷右威衛大將軍，以疾卒。

其後，又以張嵩爲安西都護以代虔瓘。嵩身長七尺，偉姿儀。初進士舉，常以邊任自許。及在安西，務農重戰，安西府庫，遂爲充實。十年，轉太原尹，卒官。俄又以黃門侍郎杜暹代嵩爲安西都護。

郭知運字逢時，瓜州常樂人。壯勇善射，頗有膽略。初爲秦州三度府果毅，以戰功累

除左驍衛中郎將、瀚海軍經略使，又轉檢校伊州刺史，兼伊吾軍使。開元二年春，副郭虔瓘破突厥於北庭，以功封介休縣公，加雲麾將軍，擢拜右武衛將軍。其秋，吐蕃入寇隴右，掠監牧馬而去，詔知運率衆擊之。知運與薛訥、王晙等掎角擊敗之〔二〕，拜知運鄯州都督、隴右諸軍節度大使。四年冬，突厥降戶阿悉爛、跌跌思太等率衆反叛，單于副都護張知運爲賊所執，詔薛訥領兵討之。叛賊至綏州界，詔知運領朔方兵募橫擊之，大破賊衆於黑山呼延谷，賊捨甲仗并棄張知運走。六年，知運又率兵入討吐蕃，賊徒無備，遂掩至九曲，獲鎖甲及馬犛牛等數萬計〔三〕。知運獻捷，遂分賜京文武五品已上清官及朝集使，拜知運爲兼鴻臚卿、攝御史中丞，加封太原郡公。八年，六州胡康待賓等反，詔知運與王晙討平之，拜左武衛大將軍，授一子官，賜金銀器百事、雜綵千段。九年，卒於軍，贈涼州都督，錫米粟五百斛、絹帛五百段，仍令中書令張說爲其碑文。知運自居西陲，甚爲蕃夷所憚，其後王君㚟亦號勇將，時人稱王、郭焉。子英傑、英乂。

英傑官至左衛將軍。開元二十一年，幽州長史薛楚玉遣英傑及裨將吳克勤、烏知義、羅守忠等率精騎萬人及降奚之衆以討契丹，屯兵於榆關之外；契丹首領可突干引突厥之衆拒戰於都山之下〔四〕。官軍不利，知義、守忠率麾下便道遁歸。英傑與克勤逢賊力戰，皆沒于陣。其下精銳六千餘人仍與賊苦戰，賊以英傑之首示之，竟不降，盡爲賊所殺。英乂，劍南西川節度使，自有傳。

王君㚟，瓜州常樂人也。初，爲郭知運別奏，驍勇善騎射，以戰功累除右衛副率。及知運卒，遂代知運爲河西、隴右節度使，遷右羽林軍將軍，判涼州都督事。開元十六年冬，吐蕃大將悉諾邏率衆入寇大斗谷，又移攻甘州，焚燒市里而去。君㚟以其兵疲，整士馬以掩其後。會大雪，賊徒凍死者甚衆，賊遂取積石軍西路而還。君㚟令副使馬元慶、裨將車蒙追之，不及。君㚟先令人潛入賊境，於歸路燒草。悉諾邏還至大非川，將息甲牧馬，而野草皆盡，馬死過半。君㚟襲其後，入至青海之西，時海水冰合，君㚟與秦州都督張景順等率將士並乘冰而渡。會悉諾邏已度大非山，輜重及疲兵尚在青海之側，君㚟縱兵盡俘獲之，及羊馬萬數。君㚟以功遷右羽林軍大將軍，攝御史中丞，依舊判涼州都督，封晉昌伯。拜其父壽爲少府監，仍聽致仕。上又嘗於廣達樓引君㚟及妻夏氏設宴，賜以金帛。夏氏亦有戰功，故特賞之，封爲武威郡夫人。其冬，吐蕃寇陷瓜州，執刺史田仁獻及君㚟父壽，殺掠人戶，并取軍資及倉糧。又進攻玉門軍及常樂縣。仍縱僧徒使歸涼州，謂君㚟曰：「將軍常欲以忠勇報國，今日何不一戰？」君㚟聞父被執，登陴西向而哭，竟不敢出兵。

初，涼州界有迴紇、契苾、思結、渾四部落，代爲酋長；君㚟微時往來涼府，爲迴紇等所輕。及君㚟爲河西節度使，迴紇等怏怏，恥在其麾下。君㚟以法繩之，迴紇等積怨，密使人詣東都自陳枉狀。君㚟遽發驛奏「迴紇部落難制，潛有叛謀」。上使中使往按問之，迴紇等竟不得理。由是瀚海大都督迴紇承宗長流瀼州，渾大德長流吉州，賀蘭都督契苾承明長流藤州，盧山都督思結歸國長流瓊州。右散騎常侍李令問、特進契苾嵩以與迴紇等結婚，貶令問爲撫州別駕，嵩爲連州別駕。於是承宗之黨瀚海州司馬護輸糾合黨與，謀殺君㚟，以復其怨。會吐蕃使間道往突厥，君㚟率精騎往肅州掩之，還至甘州南鞏筆驛，護輸伏兵突起，奪君㚟旌節，先殺其左右宋貞，剖其心，云是其始謀也。君㚟從數十人與賊力戰，自朝至晡，左右盡死。遂殺君㚟，馱其屍以奔吐蕃。追及之，護輸遂棄君㚟屍而走。上甚痛惜之，制贈特進、荊州大都督，給靈輿遞歸京師，葬於京城之東，官供喪事。仍令張說爲其碑文，上自書石以寵異之。

吐蕃之寇瓜州也，分遣副將莽布支攻常樂縣，縣令賈師順嬰城固守。及瓜州城陷，大將悉諾邏又盡引其衆乘勢以攻之，數日不陷。賊中有分得漢口爲妻者，其妻弟在常樂城中，悉諾邏使夜就城下詐爲私見，謂師順曰：「瓜州已破，吐蕃盡衆來此，豈有拒守之理？小人妻弟在城，情有所念，明府何不早降，以全城中之衆。」師順答曰：「漢法，降賊者九族爲

戮，吾受國官爵，祇可以死拒寇，豈得背恩降賊！」悉諾邏知師順不降，又攻城八日，復令前使謂師順曰：「明府既不肯降，吾衆欲還，城中豈無財物以相贈耶？」師順請脫士卒衣裳以爲賂。悉諾邏知城中無財帛，夜燒死人，收營而去，引衆毀瓜州城。師順遽開門收器械，更修守備。吐蕃果使精騎迴覆，而巡城知有備，始去。

賈師順者，岐州人也。以守城之功，累遷鄯州都督、隴右節度使。入爲左領軍將軍，病卒。

張守珪，陝州河北人也。初以戰功授平樂府別將，從郭虔瓘於北庭鎮〔五〕，遣守珪率衆救援，在路逢賊甚衆，守珪身先士卒，與之苦戰，斬首千餘級，生擒賊率頡斤一人。開元初，突厥又寇北庭，虔瓘令守珪間道入京奏事，守珪因上書陳利害，請引兵自蒲昌、輪臺翼而擊之。及賊敗，守珪以功特加游擊將軍，再轉幽州良社府果毅。守珪儀形瓌壯，善騎射，性慷慨，有節義。時盧齊卿爲幽州刺史，深禮遇之，常共榻而坐，謂曰：「足下數年外必節度幽、涼，爲國之良將，方以子孫相託，豈得以僚屬常禮相期耶！」守珪後累轉左金吾員外將軍，爲建康軍使。

十五年，吐蕃寇陷瓜州，王君㚟死，河西恟懼。以守珪爲瓜州刺史、墨離軍使，領餘衆修築州城。板堞纔立，賊又暴至城下，城中人相顧失色，雖相率登陴，略無守禦之意。守珪曰：「彼衆我寡，又創痍之後，不可以矢石相持，須以權道制之也。」乃於城上置酒作樂，以會將士。賊疑城中有備，竟不敢攻城而退。守珪縱兵擊敗之。於是修復廨宇，收合流亡，皆復舊業。守珪以戰功加銀青光祿大夫，仍以瓜州爲都督府，以守珪爲都督。瓜州地多沙磧，不宜稼穡，每年少雨，以雪水溉田。至是渠堰盡爲賊所毀，既地少林木，難爲修葺。守珪設祭祈禱，經宿而山水暴至，大漂材木，塞澗而流，直至城下。守珪使取充堰，於是水道復舊，州人刻石以紀其事。明年，遷鄯州都督，仍充隴右節度。

二十一年，轉幽州長史、兼御史中丞、營州都督、河北節度副大使，俄又加河北採訪處置使。先是，契丹及奚連年爲邊患，契丹衙官可突干驍勇有謀略，頗爲夷人所伏。趙含章、薛楚玉等前後爲幽州長史，竟不能拒。及守珪到官，頻出擊之，每戰皆捷。契丹首領屈刺與可突干恐懼，遣使詐降。守珪察知其僞，遣管記右衞騎曹王悔詣其部落就謀之。悔至屈刺帳，賊徒初無降意，乃移其營帳漸向西北，密遣使引突厥，將殺悔以叛。會契丹別帥李過折與可突干爭權不叶，悔潛誘之，夜斬屈刺及可突干，盡誅其黨，率餘燼以降。守珪因出師次于紫蒙川，大閱軍實，讌賞將士，傳屈刺、可突干等首于東都，梟於天津橋之南。詔封李過折爲北平王，使統其衆，尋爲可突干餘黨所殺。二十三年春，守珪詣東都獻捷，會籍田禮畢酺宴，便爲守珪飲至之禮，上賦詩以褒美之。廷拜守珪爲輔國大將軍、右羽林大將軍，兼御史大夫，餘官並如故。仍賜雜綵一千匹及金銀器物等，與二子官，仍詔於幽州立碑以紀功賞。

二十六年，守珪裨將趙堪、白眞陀羅等假以守珪之命，逼平盧軍使烏知義令率騎邀叛奚餘燼於潢水之北，將踐其禾稼。知義初猶固辭，眞陀羅又詐稱詔命以迫之，知義不得已而行。及逢賊，初勝後敗，守珪隱其敗狀而妄奏克獲之功。事頗泄，上令謁者牛仙童往按之。守珪厚賂仙童，遂附會其事，但歸罪於白眞陀羅，逼令自縊而死。二十七年，仙童事露伏法，守珪以舊功減罪，左遷括州刺史，到官無幾，疽發背而卒。

弟守琦，左驍衞將軍；守瑜，金吾將軍。守珪子獻誠、守瑜子獻恭、守琦子獻甫，三人皆爲興元節度使，各自有傳。

牛仙客，涇州鶉觚人也。初爲縣小吏，縣令傅文靜甚重之。文靜後爲隴右營田使，引仙客參預其事，遂以軍功累轉洮州司馬。開元初，王君㚟爲河西節度使，以仙客爲判官，甚

委信之。時又有判官宋貞，與仙客俱爲腹心之任。及君㚟死，宋貞亦爲迴紇所殺，仙客以不從獲免。俄而蕭嵩代君㚟爲河西節度，又以軍政委於仙客。仙客清勤不倦，接待上下，必以誠信。及嵩入知政事，數稱薦之。稍遷太僕少卿，判涼州別駕事，仍知節度留後事。竟代嵩爲河西節度使，判涼州事。歷太僕卿、殿中監，軍使如故。

開元二十四年秋，代信安王禕爲朔方行軍大總管，右散騎常侍崔希逸代仙客知河西節度事。初，仙客在河西節度時，省用所積鉅萬，希逸以其事奏聞，上令刑部員外郎張利貞馳傳往覆視之。仙客所積倉庫盈滿，器械精勁，皆如希逸之狀。上大悅，以仙客爲尚書。中書令張九齡執奏以爲不可，乃加實封二百戶。其年十一月，九齡等罷知政事，遂以仙客爲工部尚書、同中書門下三品，仍知門下事。時有監察御史周子諒竊言于御史大夫李適之曰：「牛仙客不才，濫登相位，大夫國之懿親，豈得坐觀其事？」適之遽奏子諒之言，上大怒，廷詰之，子諒辭窮，於朝堂決配流瀼州，行至藍田而死。

仙客既居相位，獨善其身，唯諾而已。所有錫賚，皆緘封不啓。百司有所諮決，仙客曰：「但依令式可也」，不敢措手裁決。明年，特封豳國公，贈其父意爲禮部尚書，祖會爲涇州刺史。俄又進拜侍中，兼兵部尚書。天寶年，改易官名，拜左相，尚書如故。其年七月卒，年六十八。內出絹一千匹、布五百端，遣中使送至宅以賻之，贈尚書左丞，謚曰貞簡。

初，仙客爲朔方軍使，以姚崇孫閎爲判官。及知政事，閎累遷侍御史，自云能通鬼道，預知休咎。仙客頗信惑之。及疾甚，閎請爲仙客祈禱，在其門下，遂逼仙客令作遺表薦閎叔尚書右丞弈及兵部侍郎盧奐堪代己，閎爲起草。仙客時既危殆，署字不成，其妻因中使來弔，以其表上。玄宗覺而怒之，左遷弈爲永陽太守，盧奐爲臨淄太守，賜閎死。

王忠嗣，太原祁人也，家于華州之鄭縣。父海賓，太子右衞率、豐安軍使、太谷男，以驍勇聞隴上。開元二年七月，吐蕃入寇，朝廷起薛訥攝左羽林將軍，爲隴右防禦使，率杜賓客、郭知運、王晙、安思順以禦之，以海賓爲先鋒。及賊于渭州西界武階驛，苦戰勝之，殺獲甚衆。諸將嫉其功，按兵不救，海賓以衆寡不敵，歿于陣。大軍乘其勢擊之，斬首一萬七千級，獲馬七萬五千匹、羊牛十四萬頭。玄宗聞而憐之，詔贈左金吾大將軍。

忠嗣初名訓，年九歲，以父死王事，起復拜朝散大夫、尚輦奉御，賜名忠嗣，養於禁中累年。肅宗在忠邸，與之游處。及長，雄毅寡言，嚴重有武略。玄宗謂之曰：「爾後必爲良將。」十八年，又贈其父安西大都護。

其後，遂從河西節度、兵部尚書蕭嵩，河東副元帥、信安王禕，並引爲兵馬使。二十一

年再轉左領軍衞郎將、河西討擊副使、左威衞將軍、賜紫金魚袋、清源男，兼檢校代州都督。嘗短皇甫惟明義弟王昱，憾焉，遂爲所陷，貶東陽府左果毅。屬河西節度使杜希望謀拔新城，或言忠嗣之材足以輯事，必欲取勝，非其人不可。希望卽奏聞，詔追忠嗣赴河西。既下新城，忠嗣之功居多，因授左威衞郎將，專知行軍兵馬。是秋，吐蕃大下，報新城之役，晨壓官軍，衆寡不敵，師人皆懼焉。忠嗣乃以所部策馬而前，左右馳突，當者無不辟易，出而復合，殺數百人，賊衆遂亂。三軍翼而擊之，吐蕃大敗。以功最，詔拜左金吾衞將軍同正員，尋又兼左羽林軍上將軍、河東節度副使，兼大同軍使。二十八年，以本官兼代州都督，攝御史大夫，兼充河東節度，又加雲麾將軍。二十九年，代韋光乘爲朔方節度使，仍加權知河東節度事。其月，以田仁琬充河東節度使，忠嗣依舊朔方節度。

天寶元年，兼靈州都督。是歲北伐，與奚怒皆戰于桑乾河，三敗之，大虜其衆，耀武漠北，高會而旋。時突厥葉護新有內難，忠嗣盛兵磧口以威振之。烏蘇米施可汗懼而請降，竟遷延不至。忠嗣乃縱反間於拔悉密與葛邏祿、迴紇三部落，攻米施可汗走之。忠嗣因出兵伐之，取其右廂而歸，其西葉護及毗伽可敦、男西殺葛臘哆率其部落千餘帳入朝〔六〕，因加左武衞大將軍。明年，又再破怒皆及突厥之衆。自是塞外晏然，虜不敢入。天寶三載，突厥九姓拔悉密葉護等竟攻殺烏蘇米施可汗〔七〕，傳首京師。四載，加攝御史大夫，充河東節度採訪使。五月，進封清源縣公。

忠嗣少以勇敢自負，及居節將，以持重安邊爲務。嘗謂人云：「國家昇平之時，爲將者在撫其衆而已。吾不欲疲中國之力，以徼功名耳。」但訓練士馬，缺則補之。有漆弓百五十斤，嘗貯之袋中，示無所用。軍中皆日夜思戰，因多縱間諜以伺虜之隙，時以奇兵襲之，故士樂爲用，師出必勝。每軍出，卽各召本將付其兵器，令給士卒，雖一弓一箭，必書其名姓於上以記之，軍罷却納。若遺失，卽驗其名罪之。故人人自勸，甲仗充牣矣。

四載，又兼河東節度採訪使。自朔方至雲中，緣邊數千里，當要害地開拓舊城，或自創制，斥地各數百里。自張仁亶之後四十餘年，忠嗣繼之，北塞之人，復罷戰矣。五年正月，河、隴以皇甫惟明敗衄之後，因忠嗣以持節充西平郡太守，判武威郡事，充河西、隴右節度使。其月，又權知朔方、河東節度使事。忠嗣佩四將印，控制萬里，勁兵重鎭，皆歸掌握，自國初已來，未之有也。尋遷鴻臚卿，餘如故，又加金紫光祿大夫，仍授一子五品官。後頻戰青海、積石，皆大克捷。尋又伐吐谷渾於墨離，虜其全國而歸。初，忠嗣在河東、朔方日久，備諳邊事，得士卒心。及至河、隴，頗不習其物情，又以功名富貴自處，望減於往日矣。其載四月，固讓朔方、河東節度，許之。

玄宗方事石堡城，詔問以攻取之略，忠嗣奏云：「石堡險固，吐蕃舉國而守之。若頓兵

堅城之下，必死者數萬，然後事可圖也。臣恐所得不如所失，請休兵秣馬，觀釁而取之，計之上者。」玄宗因不快。李林甫尤忌忠嗣，日求其過。六載，會董延光獻策請下石堡城，詔忠嗣分兵應接之。忠嗣僶俛而從，延光不悅。河西兵馬使李光弼危之，遽而入告。將及於庭，忠嗣曰：「李將軍有何事乎？」光弼進而言曰：「請議軍。」忠嗣曰：「何也？」對曰：「向者大夫以士卒爲心，有拒董延光之色，雖曰受詔，實奪其謀。何者？大夫以數萬衆付之，而不懸重賞，則何以賈三軍之勇乎？大夫財帛盈庫，何惜數萬段之賞以杜其讒口乎！彼如不捷，歸罪於大夫矣。」忠嗣曰：「李將軍，忠嗣計已決矣。平生始望，豈及貴乎？今爭一城，得之未制於敵，不得之未害於國，忠嗣豈以數萬人之命易一官哉？假如明主見責，豈失一金吾羽林將軍，歸朝宿衞乎！其次，豈失一黔中上佐乎？此所甘心也。雖然，公實愛我。」光弼謝曰：「向者恐累大夫，敢以衷告。大夫能行古人之事，非光弼所及也。」遂趨而出。及延光過期不克，訴忠嗣緩師，故師出無功。李林甫又令濟陽別駕魏林告忠嗣，稱往任朔州刺史，忠嗣爲河東節度，云「早與忠王同養宮中，我欲奪奉太子」。玄宗大怒，因徵入朝，令三司推訊之，幾陷極刑。會哥舒翰代忠嗣爲隴右節度，特承恩顧，因奏忠嗣之枉，詞甚懇切，請以己官爵贖罪。玄宗怒稍解。十一月，貶漢陽太守。七載，量移漢東郡太守。明年，暴卒，年四十五。子震，天寶中秘書丞。

中華書局

其後哥舒翰大舉兵伐石堡城，拔之，死者大半，竟如忠嗣之言，當代稱爲名將。先是，忠嗣之在朔方也，每至互市時，卽高估馬價以誘之，諸蕃聞之，競來求市，來輒買之。故蕃馬益少，而漢軍益壯。及至河、隴，又奏請徙朔方、河東戎馬九千匹以實之，其軍又壯。迄于天寶末，戰馬蕃息。寶應元年，追贈兵部尚書。

史臣曰：郭虔瓘、郭知運、王君㚟、張守珪、牛仙客、王忠嗣，立功邊域，爲世虎臣，班超、傅介子之流也。然虔瓘以萬人征西，請給公乘，熟食，可謂謀之不臧矣。君㚟以父執登陣，兵竟不出，此則不知門外之事，義斷恩也。守珪以至誠感神，取材成堰，與夫耿恭拜井，有何異焉？仙客爰自方隅，驟登廊廟，頗招物議，獨善其身，蓋才有不周，昧於陳力就列。忠嗣因青蠅之點，幾危其身，讒人之言，誠可畏也！

贊曰：隴山之西，幽陵之北，爰有戎夷，世爲殘賊。二郭、二王，守珪、仙客，禦寇之功，存乎方策。

校勘記

〔一〕移涅可汗　「涅」字各本原作「江」，據新書卷二一五上突厥傳改。

〔二〕王晙　各本原作「王畯」，據本卷王忠嗣傳、本書卷九三王晙傳、冊府卷三五八改。下同。

〔三〕獲鎖甲及馬犛牛等數萬計　「甲」字各本原在「及」字下，據冊府卷三五八改。

〔四〕可突干　「干」字各本原作「于」，據本書卷八玄宗紀、通鑑卷二一三改。

〔五〕從郭虔瓘於北庭鎮　此句下疑有脫文。新書卷一三三張守珪傳作：「從郭虔瓘守北庭，突厥侵輪臺，遣守珪往援。」

〔六〕西殺　「西」字各本原無，據冊府卷四一一補。

〔七〕九姓拔悉密葉護　「九」字各本原作「十」，「護」字各本原無，據本書卷九玄宗紀改補。

舊唐書卷一百四

列傳第五十四

高仙芝　封常清　哥舒翰

高仙芝，本高麗人也。父舍雞，初從河西軍，累勞至四鎭十將、諸衞將軍。仙芝美姿容，善騎射，勇決驍果。少隨父至安西，以父有功授游擊將軍。年二十餘卽拜將軍，與父同班秩。事節度使田仁琬、蓋嘉運，未甚任用，後夫蒙靈詧累拔擢之。開元末，爲安西副都護、四鎭都知兵馬使。

小勃律國王爲吐蕃所招，妻以公主，西北二十餘國皆爲吐蕃所制，貢獻不通。後節度使田仁琬、蓋嘉運并靈詧累討之，不捷，玄宗特敕仙芝以馬步萬人爲行營節度使往討之。時步軍皆有私馬，自安西行十五日至撥換城，又十餘日至握瑟德，又十餘日至疏勒，又二十餘日至葱嶺守捉，又行二十餘日至播密川，又二十餘日至特勒滿川，卽五識匿國也。仙芝乃

分爲三軍：使疏勒守捉使趙崇玼統三千騎趣吐蕃連雲堡，自北谷入；使撥換守捉使賈崇瓘自赤佛堂路入；仙芝與中使邊令誠自護密國入，約七月十三日辰時會于吐蕃連雲堡。堡中有兵千人，又城南十五里因山爲柵，有兵八九千人。城下有婆勒川，水漲不可渡。仙芝以三牲祭河，命諸將選兵馬，人齎三日乾糧，早集河次。水旣難渡，將士皆以爲狂。旣至，人不濕旗，馬不濕韉，已濟而成列矣。仙芝喜謂令誠曰：「向吾半渡賊來，吾屬敗矣，今旣濟成列，是天以此賊賜我也。」遂登山挑戰，從辰至巳，大破之。至夜奔逐，殺五千人，生擒千人，餘並走散。得馬千餘匹，軍資器械不可勝數。

玄宗使術士韓履冰往視日，懼不欲行，邊令誠亦懼。仙芝留令誠等以羸病尫弱三千餘人守其城，仙芝遂進。三日，至坦駒嶺，直下峭峻四十餘里，仙芝料之曰：「阿弩越胡若速迎，卽是好心。」又恐兵士不下，乃先令二十餘騎詐作阿弩越城胡服上嶺來迎。旣至坦駒嶺，兵士果不肯下，云：「大使將我欲何處去？」言未畢，其先使二十人來迎，云：「阿弩越城胡並好心奉迎，娑夷河藤橋已斫訖。」仙芝陽喜以號令，兵士盡下。娑夷河，卽古之弱水也，不勝草芥毛髮。下嶺三日，越胡果來迎。明日，至阿弩越城，當日令將軍席元慶、賀婁餘潤先修橋路。仙芝明日進軍，又令元慶以一千騎先謂小勃律王曰：「不取汝城〔一〕，亦不斫汝橋，但借汝路過，向大勃律去。」城中有首領五六人，皆赤心爲吐蕃。仙芝先約元慶云：「軍到，

首領百姓必走入山谷，招呼取以敕命賜綵物等，首領至，齊縛之以待我。」元慶既至，一如仙芝之所教，縛諸首領。王及公主走入石窟，取不可得。仙芝至，斬其爲吐蕃者五六人。急令元慶斫藤橋，去勃律猶六十里，及暮，纔斫了，吐蕃兵馬大至，已無及矣。藤橋闊一箭道，修之一年方成。勃律先爲吐蕃所詐借路，遂成此橋。至是，仙芝徐自招諭勃律及公主出降，并平其國。

天寶六載八月，仙芝虜勃律王及公主趣赤佛堂路班師。九月，復至婆勒川連雲堡，與邊令誠等相見。其月末，還播密川，令劉單草告捷書，遣中使判官王廷芳告捷。仙芝軍還至河西，夫蒙靈詧都不使人迎勞，罵仙芝曰：「噉狗腸高麗奴！噉狗屎高麗奴！于闐使誰與汝奏得？」仙芝曰：「中丞。」「焉耆鎮守使誰邊得？」曰：「中丞。」「安西副都護使誰邊得？」曰：「中丞。」「安西都知兵馬使誰邊得？」曰：「中丞。」靈詧曰：「此既皆我所奏，安得不待我處分懸奏捷書！據高麗奴此罪，合當斬，但緣新立大功，不欲處置。」又謂劉單曰：「聞爾能作捷書。」單恐懼請罪。令誠具奏其狀曰：「仙芝立奇功，今將憂死。」其年六月〔三〕，制授仙芝鴻臚卿、攝御史中丞，代夫蒙靈詧爲四鎮節度使，徵靈詧入朝。靈詧大懼，仙芝每日見之，趨走如故，靈詧益不自安。將軍程千里時爲副都護，大將軍畢思琛爲靈詧押衙，并行官王滔、康懷順、陳奉忠等，嘗構譖仙芝於靈詧。仙芝既領節度事，謂程千里曰：「公面似男

兒，心如婦人，何也？」又謂思琛曰：「此胡敢來！我城東一千石種子莊被汝將去，憶之乎？」對曰：「此是中丞知思琛辛苦見乞。」仙芝曰：「吾此時懼汝作威福，豈是憐汝與之！我欲不言，恐汝懷憂，言了無事矣。」又呼王滔等至，捽下將笞，良久皆釋之，由是軍情不懼。

八載，入朝，加特進，兼左金吾衞大將軍同正員，仍與一子五品官。九載，將兵討石國，平之，獲其國王以歸。仙芝性貪，獲石國大塊瑟瑟十餘石、眞金五六馲駝、名馬寶玉稱是。初，舍鷄以仙芝爲懦緩，恐其不能自存，至是立功。家財鉅萬，頗能散施，人有所求，言無不應。其載，入朝，拜開府儀同三司，尋除武威太守、河西節度使，代安思順。思順諷羣胡割耳剺面請留，監察御史裴周南奏之，制復留思順，以仙芝爲右羽林大將軍。十四載，進封密雲郡公。

十一月，安祿山據范陽叛。是日，以京兆牧、榮王琬爲討賊元帥，仙芝爲副。命仙芝領飛騎、彍騎及朔方、河西、隴右應赴京兵馬，并召募關輔五萬人，繼封常清出潼關進討，仍以仙芝兼御史大夫。十二月，師發，玄宗御望春亭慰勞遣之，仍令監門將軍邊令誠監其軍，屯於陝州。是月十一日，封常清兵敗於汜水。十三日，祿山陷東京，常清以餘衆奔陝州，謂仙芝曰：「累日血戰，賊鋒不可當。且潼關無兵，若狂寇奔突，則京師危矣。宜棄此守，急保潼關。」常清、仙芝乃率見兵取太原倉錢絹，分給將士，餘皆焚之。俄而賊騎繼至，諸軍惶駭，

棄甲而走，無復隊伍。仙芝至關，繕修守具，又令索承光守善和戍。賊騎至關，已有備矣，不能攻而去，仙芝之力也。

封常清，蒲州猗氏人也。外祖犯罪流安西効力，守胡城南門，頗讀書，每坐常清於城門樓上，教其讀書，多所歷覽。外祖死，常清孤貧，年三十餘，屬夫蒙靈詧爲四鎮節度使，將軍高仙芝爲都知兵馬使，頗有材能，每出軍，奏傔從三十餘人，衣服鮮明。常清慨然發憤，投牒請預一傔。常清細瘦目纇，脚短而跛，仙芝見其貌寢，不納。明日又投牒，仙芝謂曰：「吾奏傔已足，何煩復來！」常清怒，倨謂仙芝曰：「常清慕公高義，願事鞭轡，所以無媒而前，何見拒之深乎？公若方圓取人，則士大夫所望；若以貌取人，恐失之子羽矣！」仙芝猶未納。常清自爾候仙芝出入，晨夕不離其門，凡數十日，仙芝不得已，補爲傔。

開元末，會達奚部落背叛，自黑山北向，西趣碎葉，玄宗敕靈詧邀擊之。靈詧使仙芝以二千騎自副城向北至綾嶺下，遇賊擊之。達奚行遠，人馬皆疲，斬殺略盡。常清於幕中潛作捷書，具言次舍井泉，遇賊形勢，克獲謀略，事頗精審。仙芝所欲言，無不周悉，仙芝大駭異之。仙芝軍迴，靈詧賞勞，仙芝去奴袜帶刀見。判官劉眺、獨孤峻等逆問之曰：「前者捷

書，誰之所作？副大使幕下何得有如此人？」仙芝曰：「即仙芝傔人封常清也。」眺等揖仙芝，命常清進坐，與語如舊相識，衆人方異之。以破達奚功，授疊州地下戍主，便以爲判官。累以軍功授鎮將、果毅、折衝。

天寶六年，從仙芝破小勃律。十二月，仙芝代夫蒙靈詧爲安西節度使，便奏常清爲慶王府錄事參軍，充節度判官，賜紫金魚袋。尋加朝散大夫，專知四鎮倉庫、屯田、甲仗、支度、營田事。仙芝每出征討，常令常清知留後事。常清有才學，果決。知留後時，仙芝乳母子鄭德詮已爲郎將，德詮母在宅內，仙芝視之如兄弟，家事皆令知之，威望動三軍。常清出迴，諸將皆引前，德詮見常清出其門，素易之，自後走馬突常清而去。常清至使院，命左右密引至，廳連節度使宅院，凡經數重門，德詮既過，命隨後閉之。德詮至，常清離席謂之曰：「常清起自細微，預中丞兵馬使傔，中丞再不納，郎將豈不知乎？今中丞過聽，以常清爲留後使，郎將何得無禮，對中使相凌！」因叱之曰：「郎將須暫死以肅軍容。」因令勒迴，杖六十，面仆地，曳出。仙芝妻及乳母於門外號哭救之，不得，因以其狀上仙芝。仙芝覽之，驚曰：「已死矣！」及見常清，遂無一言，常清亦不之謝。諸大將有罪者，擊殺二人，於是軍中股慄。

十載，仙芝改河西節度使，奏常清爲判官。王正見爲安西節度，奏常清爲四鎮支度營田副使、行軍司馬。十一載，正見死，乃以常清爲安西副大都護，攝御史中丞，持節充安西

四鎮節度、經略、支度、營田副大使，知節度事。十三載入朝，攝御史大夫，仍與一子五品官，賜第一區，亡父母皆贈封爵。俄而北庭都護程千里入為右金吾大將軍，仍令常清權知北庭都護，持節充伊西節度等使。常清性勤儉，每出征或乘騾，私馬不過一兩匹，賞罰嚴明。

十四載，入朝，十一月，謁玄宗於華清宮。時祿山已叛，玄宗言兇胡負恩之狀，何方誅討？常清奏曰：「祿山領兇徒十萬，徑犯中原，太平斯久，人不知戰。然事有逆順，勢有奇變，臣請走馬赴東京，開府庫，募驍勇，挑馬箠渡河，計日取逆胡之首懸於闕下。」玄宗方憂，壯其言。翌日，以常清為范陽節度，俾募兵東討。其日，常清乘驛赴東京召募，旬日得兵六萬，皆傭保市井之流。乃斫斷河陽橋，於東京為固守之備。十二月，祿山渡河，陷陳留，入甖子谷，兇威轉熾，先鋒至葵園。常清使驍騎與柘羯逆戰，殺賊數十百人。賊大軍繼至，常清退入上東門，又戰不利，賊鼓譟於四城門入，殺掠人吏。常清又戰於都亭驛，不勝。退守宣仁門，又敗。乃從提象門入，倒樹以礙之。至穀水，西奔至陝郡，遇高仙芝，具以賊勢告之，恐賊難與爭鋒，仙芝遂退守潼關。

玄宗聞常清敗，削其官爵，令白衣於仙芝軍效力。仙芝令常清監巡左右廂諸軍，常清衣皂衣以從事。監軍邊令誠每事干之，仙芝多不從。令誠入奏事，具言仙芝、常清逗撓奔敗之狀。玄宗怒，遣令誠齎敕至軍並誅之。

令誠至潼關，引常清於驛南西街，宣敕示之。常清曰：「常清所以不死者，不忍汚國家旌麾，受戮賊手，討逆無效，死乃甘心。」初，常清兵敗入關，欲馳赴闕庭，至渭南，有敕令却赴潼關，自草表待罪。是日臨刑，託令誠上之。其表曰：

中使駱奉仙至，奉宣口敕，恕臣萬死之罪，收臣一朝之効，令臣却赴陝州，隨高仙芝行營。負斧縲囚，忽焉解縛，敗軍之將，更許增修。臣常清誠懽誠喜，頓首頓首。臣自城陷已來，前後三度遣使奉表，具述赤心，竟不蒙引對。臣之此來，非求苟活，實欲陳社稷之計，破虎狼之謀。冀拜首闕庭，吐心陛下，論逆胡之兵勢，陳討捍之別謀。將酬萬死之恩，以報一生之寵。豈料長安日遠，謁見無由，函谷關遙，陳情不暇！臣讀春秋，見狼瞫稱未獲死所，臣今獲矣。

昨者與羯胡接戰，自今月七日交兵，至于十三日不已。臣所將之兵，皆是烏合之徒，素未訓習。率周南市人之衆，當漁陽突騎之師，尚猶殺敵塞路，血流滿野。臣欲挺身刃下，死節軍前，恐長逆胡之威，以挫王師之勢。是以馳御就日，將命歸天。一期陛下斬臣於都市之下，以誡諸將；二期陛下問臣以逆賊之勢，將誡諸軍；三期陛下知臣非惜死之徒，許臣竭露。臣今將死抗表，陛下或以臣失律之後，誑妄為辭；陛下或以臣欲盡所忠，肝膽見察。臣死之後，望陛下不輕此賊，無忘臣言，則冀社稷復安，逆胡敗覆，臣之所願畢矣。仰天飲鴆，向日封章，即為屍諫之臣，死作聖朝之鬼。若使歿而有知，必結草軍前，迴風陣上，引王師之旗鼓，平寇賊之戈鋋。生死酬恩，不任感激，臣常清無任永辭聖代悲戀之至。

常清既刑，陳其尸於蘧蒢上。仙芝歸至聽，令誠索陌刀手百餘人隨而從之，曰：「大夫亦有恩命。」仙芝遽下，遂至常清所刑處。仙芝曰：「我退，罪也，死不辭；然以我為減截兵糧及賜物等，則誣我也。」謂令誠曰：「上是天，下是地，兵士皆在，足下豈不知乎！」其召募兵排列在外，素愛仙芝，仙芝呼謂之曰：「我於京中召兒郎輩，雖得少許物，裝束亦未能足，方與君輩破賊，然後取高官重賞。不謂賊勢憑陵，引軍至此，亦欲固守潼關故也。我若實有此，君輩即言實；我若實無之，君輩當言枉。」兵齊呼曰「枉」，其聲殷地。仙芝又目常清之尸，謂之曰：「封二，子從微至著，我則引拔子為我判官，俄又代我為節度使，今日又與子同死於此，豈命也夫！」遂斬之。

哥舒翰，突騎施首領哥舒部落之裔也。蕃人多以部落稱姓，因以為氏。祖沮，左清道率。父道元，安西副都護，世居安西。翰家富於財，倜儻任俠，好然諾，縱蒱酒。年四十，遭

父喪，三年客居京師，為長安尉不禮，慨然發憤折節，仗劍之河西。初事節度使王倕，倕攻新城，使翰經略，三軍無不震慴。後節度使王忠嗣補為衙將。翰好讀左氏春秋傳及漢書，疏財重氣，士多歸之。忠嗣以為大斗軍副使，嘗使翰討吐蕃于新城，有同列為副者，見翰禮倨，不為用，翰怒，搵殺之，軍中股慄。遷左衞郎將。後吐蕃寇邊，翰拒之于苦拔海，其衆三行，從山差池而下，翰持半段槍當其鋒擊之，三行皆敗，無不摧靡，由是知名。

天寶六載，擢授右武衞員外將軍，充隴右節度副使、都知關西兵馬使、河源軍使。先是，吐蕃每至麥熟時，即率部衆至積石軍獲取之，共呼為「吐蕃麥莊」，前後無敢拒之者。至是，翰使王難得、楊景暉等潛引兵至積石軍，設伏以待之。吐蕃以五千騎至，翰於城中率驍勇馳擊，殺之略盡，餘或挺走，伏兵邀擊，匹馬不還。翰有家奴曰左車，年十五六，亦有膂力。翰善使槍，追賊及之，以槍搭其肩而喝之，賊驚顧，翰從而刺其喉，皆剔高三五尺而墮，無不死者。左車輒下馬斬首，率以為常。

其冬，玄宗在華清宮，王忠嗣被劾。敕召翰至，與語悅之，遂以為鴻臚卿，兼西平郡太守，攝御史中丞，代忠嗣為隴右節度支度營田副大使，知節度事。仍極言救忠嗣，上起入禁中，翰叩頭隨之而前，言詞慷慨，聲淚俱下，帝感而寬之，貶忠嗣為漢陽太守，朝廷義而壯之。明年，築神威軍於青海上，吐蕃至，攻破之；又築城於青海中龍駒島，有白龍見，遂名

爲應龍城，吐蕃屏跡不敢近青海。吐蕃保石堡城，路遠而險，久不拔。八載，以朔方、河東羣牧十萬衆委翰總統攻石堡城。翰使麾下將高秀巖、張守瑜進攻，不旬日而拔之，上錄其功，拜特進、鴻臚員外卿，與一子五品官，賜物千匹、莊宅各一所，加攝御史大夫。十一載，加開府儀同三司。

翰素與祿山、思順不協，上每和解之爲兄弟。其多，祿山、思順、翰並來朝，上使內侍高力士及中貴人於京城東駙馬崔惠童池亭宴會。翰母尉遲氏，于闐之族也。祿山以思順惡翰，嘗銜之，至是忽謂翰曰：「我父是胡，母是突厥；公父是突厥，母是胡。與公族類同，何不相親乎？」翰應之曰：「古人云，野狐向窟嗥，不祥，以其忘本也。敢不盡心焉！」祿山以爲譏其胡也，大怒，罵翰曰：「突厥敢如此耶！」翰欲應之，高力士目翰，翰遂止。

十二載，進封涼國公，食實封三百戶，加河西節度使，尋封西平郡王。時楊國忠有隙於祿山，頻奏其反狀，故厚賞翰以親結之。十三載，拜太子太保，更加實封三百戶，又兼御史大夫。翰好飲酒，頗恣聲色。至土門軍，入浴室，遘風疾，絕倒良久乃蘇。因入京，廢疾于家。

及安祿山反，上以封常淸、高仙芝喪敗，召翰入，拜爲皇太子先鋒兵馬元帥，以田良丘爲御史中丞，充行軍司馬，以王思禮、鉗耳大福、李承光、蘇法鼎、管崇嗣及蕃將火拔歸仁、李武定、渾蕚、契苾寧等爲裨將，河隴、朔方兵及蕃兵與高仙芝舊卒共二十萬，拒賊於潼

關。上御勤政樓勞遣之，百僚出餞于郊。十五載，加翰尚書左僕射、同中書門下平章事。

翰至潼關，或勸翰曰：「祿山阻兵，以誅楊國忠爲名，公若留兵三萬守關，悉以精銳迴誅國忠，此漢挫七國之計也，公以爲何如？」翰心許之，未發。有客泄其謀於國忠，國忠大懼，乃奏曰：「兵法『安不忘危』，今潼關兵衆雖盛，而無後殿，萬一不利，京師得無恐乎！請選監牧小兒三千人訓練於苑中。」詔從之，遂遣劍南軍將李福、劉光庭分統焉。又奏召募一萬人，屯於灞上，令其腹心杜乾運將之。翰慮爲所圖，乃上表請乾運兵隸於潼關，遂召乾運赴潼關計事，因斬之。自是，翰心不自安。又素有風疾，至是頗甚，軍中之務，不復躬親，委政於行軍司馬田良丘。良丘復不敢專斷，敎令不一，頗無部伍。其將王思禮、李承光又爭長不叶，人無鬭志。

先是，翰數奏祿山雖竊河朔，而不得人心，請持重以弊之，彼自離心，因而翦滅之，可不傷兵擒茲寇矣。賊將崔乾祐於陝郡潛鋒蓄銳，而覘者奏云「賊殊無備」，上然之，命悉衆速討之。翰奏曰：「賊旣始爲兇逆，祿山久習用兵，必不肯無備，是陰計也。且賊兵遠來，利在速戰。今王師自戰其地，利在堅守，不利輕出；若輕出關，是入其算。乞更觀事勢。」楊國忠恐其謀己，屢奏使出兵。上久處太平，不練軍事，旣爲國忠眩惑，中使相繼督責。翰不得已，引師出關。

六月四日，次于靈寶縣之西原。八日，與賊交戰，官軍南迫險峭，北臨黃河；崔乾祐以數千人先據險要。翰及良丘等浮船中流以觀進退，謂乾祐兵少，輕之，遂促將士令進，爭路擁塞，無復隊伍。午後，東風急，乾祐以草車數十乘縱火焚之，煙焰亙天。將士掩面，開目不得，因爲兇徒所乘，王師自相排擠，墜于河。其後者見前軍陷敗，悉潰，塡委于河，死者數萬人，號叫之聲振天地，縛器械，以槍爲楫，投北岸，十不存一二。軍旣敗，翰與數百騎馳而西歸，爲火拔歸仁執降於賊。祿山謂之曰：「汝常輕我，今日如何？」翰懼，俯伏稱：「肉眼不識陛下，遂至於此。陛下爲撥亂主，今天下未平，李光弼在土門，來瑱在河南，魯炅在南陽，但留臣，臣以尺書招之，不日平矣。」祿山大喜，遂僞署翰司空。作書招光弼等，諸將報書皆讓翰不死節。祿山知事不諧，遂閉翰於苑中，潛殺之。

翰之守潼關也，主天下兵權，肆志報怨，誣奏戶部尚書安思順與祿山潛通，僞令人爲祿山遺思順書，於關門擒之以獻。其年三月，思順及弟太僕卿元貞並坐誅，徙其家屬于嶺外，天下冤之。

史臣曰：大盜作梗，祿山亂常，詞雖欲誅國忠，志則謀危社稷。于時承平日久，金革道

消，封常淸、高仙芝相次率不敎之兵，募市人之衆，以抗兇寇，失律喪師。哥舒翰廢疾于家，起專兵柄，二十萬衆拒賊關門，軍中之務不親，委任又非其所。及遇羯賊，旋致敗亡，天子以之播遷，自身以之拘執，此皆命帥而不得其人也。禮曰：「大夫死衆。」又曰：「謀人之軍師敗則死之。」翰受署賊庭，苟延視息，忠義之道，卽可知也，豈不愧於顏杲卿乎！抑又聞之，古之命將者，推轂而謂之曰：「閫外之事，將軍裁之。」觀楊國忠之奏事，邊令誠之護戎，又掣肘於軍政者也，未可偏責三帥，不尤伊人。後之君子，得不深鑑！

贊曰：羯賊犯順，戎車啓行。委任失所，封、高敗亡。虔劉圻甸，僭竊衣裳。醜哉舒翰，不能死王。

校勘記

〔一〕不取汝城　「不」字各本原作「吾」。校勘記卷四一引閣本考證云：「刊本『不』訛『吾』。」新書卷一三五高仙芝傳作「不闕若城」。據改。

〔二〕其年六月　按本卷下文封常淸傳載仙芝於天寶六載十二月代夫蒙靈詧爲安西節度使，通鑑卷二一六亦作十二月。

舊唐書卷一百五

列傳第五十五

宇文融　韋堅　楊愼矜　王鉷

宇文融，京兆萬年人，隋禮部尚書平昌公㢸之玄孫也。祖節，貞觀中爲尙書右丞，明習法令，以幹局見稱。時江夏王道宗嘗以私事託於節，節遂奏之，太宗大悅，賜絹二百匹，仍勞之曰：「朕所以不置左右僕射者，正以卿在省耳。」永徽初，累遷黃門侍郎、同中書門下三品，代于志寧爲侍中。坐房遺愛事配流桂州而卒。父嶠，萊州長史。

融，開元初累轉富平主簿，明辯有吏幹，源乾曜、孟溫相次爲京兆尹，皆厚禮之。俄拜監察御史。時天下戶口逃亡，免役多僞濫，朝廷深以爲患。融乃陳便宜，奏請檢察僞濫，搜括逃戶。玄宗納其言，因令融充使推勾。無幾，獲僞濫及諸免役甚衆，特加朝散大夫，再遷兵部員外郎，兼侍御史。融於是奏置勸農判官十人，並攝御史，分往天下，所在檢括田疇，招攜

戶口。其新附客戶，則免其六年賦調，但輕稅入官。議者頗以爲擾人不便，陽翟尉皇甫憬上疏曰：

臣聞智者千慮，或有一失；愚夫千計，亦有一得。且無益之事繁，則不急之務衆；不急之務衆，則數役；數役，則人疲；人疲，則無聊生矣。是以太上務德，以靜爲本；其次化之，以安爲上。但責其疆界，嚴之隄防，山水之餘，卽爲見地。何必聚人阡陌，親遺括量，故奪農時，遂令受弊。又應出使之輩，未識大體，所由殊不知陛下愛人至深，務以勾剝爲計。州縣懼罪，據牒卽徵。逃亡之家，鄰保代出；鄰保不濟，又便更輸。急之則都不謀生，緩之則慮法交及。臣恐逃逸從此更深。至如澄流在源，止沸由火，不可不愼。今之具僚，向逾萬數，蠶食府庫，侵害黎人。國絕數載之儲，家無經月之畜，雖其厚稅，亦不可供。戶口逃亡，莫不由此。縱使伊、皐申術，管、晏陳謀，豈息茲弊？若以此給，將何以堪！雖東海、南山盡爲粟帛，亦恐不足，豈括田稅客能周給也！

左拾遺楊相如上書，咸陳括客爲不便。上方委任融，侍中源乾曜及中書舍人陸堅皆贊成其事，乃貶憬爲盈川尉。於是諸道括得客戶凡八十餘萬，田亦稱是。州縣希融旨意，務於獲多，皆虛張其數，亦有以實戶爲客者。歲終徵得客戶錢數百萬，融由是擢拜御史中丞。

言事者猶稱括客損居人，上令集百僚於尚書省議。公卿已下懼融恩勢，皆雷同不敢有異詞，唯戶部侍郎楊瑒獨建議以括客不利居人，徵籍外田稅，使百姓困弊，所得不補所失。無幾，瑒出爲外職。

融乃馳傳巡歷天下，事無大小，先牒上勸農使而後申中書，省司亦待融指撝而後決斷。融之所至，必招集老幼宣上恩命，百姓感其心，至有流淚稱父母者。融使還具奏，乃下制曰：

人惟邦本，本固邦寧，必在安人，方能固本。永言理道，實獲朕心。思所以康濟黎庶，寵綏華夏，上副宗廟乾坤之寄，下答宇縣貢獻之勤，何嘗不夜分輟寢，日旰忘食。然後以眇眇之身，當四海之責。雖則長想遐邇，不可家至日見。至于宣布政教，安輯逋亡，言念再三，其勤至矣。莫副朕命，實用惡焉，當扆永懷，靜言厥緒。豈人流自久，招諭不還，上情靡通于下，衆心罔達於上。求之明發，想見其人。當屬括地使宇文融謁見于延英殿，朕以人必土著，因議逃亡，嘉其忠讜，堪任以事，乃授其田戶紀綱，兼委之郡縣釐革，便令充使，奉以安人。遂能恤我黎元，克將朕命，發自夏首，來於歲終，巡按所及，歸首百萬。仍聞宣制之日，老幼欣躍，惟令是從，多流淚以感朕心，咸吐誠以荷王命。猶恐朕之薄德，未孚于人，撫字安存，更冀良算。遂命百司長吏、方州岳牧，僉議

都堂，廣徵異見。羣詞盈於札翰，環省彌于旬日，庶廣朕意，豈以爲勞，稽衆考言，謂斯折衷。欲人必信，期於令行，凡爾司存，勉以遵守。

夫食爲人天，富而後敎，經敎彝體，前哲至言。故平糴行於昔王，義倉加於近代，所以存九年之蓄，收上中之斂。穰賤則農不傷財，災饉則時無菜色，救人活國，其利博哉！今流戶大來，王田載理，斂庾之務，痌瘝所懷。其客戶所稅錢，宜均充所在常平倉用，仍許預付價直，任粟麥兼貯。并舊常平錢粟，並委本道判官勾當處置，使斂散及時，務以矜恤。且分災恤患，州黨之常情；損餘濟闕，親鄰之善貸。故木鐸云徇，里胥均功，夜績相從，齊俗以贍。今陽和布澤，丁壯就田，言念餱糧，事資拯助。宜委使司與州縣商量，勸作農社，貧富相恤，耕耘以時。仍每至雨澤之後，種穫忙月，州縣常務，一切停減。使趨時急於備寇，尺璧賤於寸陰，是則天無虛施，人無遺力。

又政在經遠，功惟久著，今逃亡初復，居業未康，循逃戶及籍外剩田，猶宜勞徠，理資存撫。其十道分判官，三五年內，使就厥功，令有終始。當道覆屯，及須推勠，並以委之，不須廣差餘使，示專其事，不擾于人。政術有能，必行賞罰。其已奏復業歸首，勾當州縣，每季一申，不須挾名，致有勞擾。其歸首戶，各令新首處與本貫計會年戶色役，勿欺隱及其兩處徵科。宣布天下，使明知朕意。

中書令張說素惡融之爲人，又患其權重，融之所奏，多建議爭之。融揣其意，先事圖之。中書舍人張九齡言於說曰：「宇文融承恩用事，辯給多詞，不可不備也。」說曰：「此狗鼠輩，焉能爲事！」融尋兼戶部侍郎。從東封還，又密陳意見，分吏部爲十銓典選事，所奏又爲說所抑。融乃與御史大夫崔隱甫連名劾說，廷奏其狀，說由是罷知政事。融恐說復用爲己患，數譖毀之。上惡其朋黨，尋出融爲魏州刺史。俄轉汴州刺史，又上表請用禹貢九河舊道，開稻田以利人，并迴易陸運本錢，官收其利。雖興役不息，而事多不就。

十六年，復入爲鴻臚卿，兼戶部侍郎。明年，拜黃門侍郎，與裴光庭並兼同中書門下平章事。融既居相位，欲以天下爲己任，謂人曰：「使吾居此數月，庶令海內無事矣。」於是薦宋璟爲右丞相，裴耀卿爲戶部侍郎，許景先爲工部侍郎，甚允朝廷之望。然性躁急多言，又引賓客故人，晨夕飲謔，由是爲時論所譏。時禮部尚書、信安王禕爲朔方節度使，殿中侍御史李宙劾之[一]，驛召將下獄。禕既申訴得理，融坐阿黨李宙，出爲汝州刺史，在相凡百日而罷。

裴光庭時兼御史大夫，又彈融交遊朋黨及男受贓等事，貶昭州平樂尉。在嶺外歲餘，司農少卿蔣岑舉奏融在汴州迴造船脚，隱沒鉅萬，給事中馮紹烈又深文案其事實，融於是配流巖州。地既瘴毒，憂恚發疾，遂詣廣府，將停留未還。都督耿仁忠謂融曰：「明公負朝

廷深譴，以至於此，更欲故犯嚴命，淹留他境，仁忠見累，誠所甘心，亦恐朝廷知明公在此，必不相容也。」融遽還，卒于路。上聞之，思其舊功，贈台州刺史。

韋堅，京兆萬年人。父元珪，先天中，銀青光祿大夫，開元初，兗州刺史。堅姊爲贈惠宣太子妃，堅妻又楚國公姜皎女，堅妹又爲皇太子妃，中外榮盛，故早從官敍。二十五年，爲長安令，以幹濟聞。與中貴人善，探候主意。見宇文融、楊慎矜父子以勾剝財物爭行進奉而致恩顧，堅乃以轉運江淮租賦，所在置吏督察，以裨國之倉廩，歲益鉅萬。玄宗以爲能。

天寶元年三月，擢爲陝郡太守、水陸轉運使。自西漢及隋，有運渠自關門西抵長安，以通山東租賦。奏請於咸陽擁渭水作興成堰，截灞、滻水傍渭東注，至關西永豐倉下與渭合。於長安城東九里長樂坡下、滻水之上架苑牆，東面有望春樓，樓下穿廣運潭以通舟楫，二年而成。堅預於東京、汴、宋取小斛底船三二百隻置於潭側，其船皆署牌表之。若廣陵郡船，即於栿背上堆積廣陵所出錦、鏡、銅器、海味；丹陽郡船，即京口綾衫段；晉陵郡船，即折造官端綾繡；會稽郡船，即銅器、羅、吳綾、絳紗；南海郡船，即瑇瑁、真珠、象牙、沉香；豫章郡船，即名瓷、酒器、茶釜、茶鐺、茶椀；宣城郡船，即空青石[二]、紙筆、黃連；始安郡船，即蕉葛、蚺蛇膽、翡翠。船中皆有米，吳郡即三破糯米、方文綾。凡數十郡。駕船人皆大笠子、寬袖衫、芒屨，如吳、楚之制。先是，人間戲唱歌詞云：「得丁紇反体都董反紇那也，紇囊得体耶？潭裏船車鬧，揚州銅器多。三郎當殿坐，看唱得体歌。」至開元二十九年，田同秀上言「見玄元皇帝，云有寶符在陝州桃林縣古關令尹喜宅」，發中使求而得之，以爲殊祥，改桃林爲靈寶縣。及此潭成，陝縣尉崔成甫以堅爲陝郡太守鑿成新潭，又致揚州銅器，翻出此詞，廣集兩縣官，使婦人唱之，言：「得寶弘農野，弘農得寶耶！潭裏船車鬧，揚州銅器多。三郎當殿坐，看唱得寶歌。」成甫又作歌詞十首，自衣缺胯綠衫，錦半臂，偏袒膊，紅羅抹額，於第一船作號頭唱之。和者婦人一百人，皆鮮服靚妝，齊聲接影，鼓笛胡部以應之。餘船洽進，至樓下，連檣彌亙數里，觀者山積。京城百姓多不識驛馬船檣竿，人人駭視。

堅跪上諸郡輕貨，又上百牙盤食，府縣進奏，教坊出樂迭奏。玄宗歡悅，下詔敕曰：

古之善政者，貴於足食，欲求富國者，必先利人。朕關輔之間，尤資殷贍，比來轉輸，未免艱辛，故置此潭，以通漕運。萬代之利，一朝而成，將允叶於永圖，豈苟求於縱觀。其陝郡太守韋堅，始終檢校，夙夜勤勞，賞以懋功，則惟常典。宜特與三品，仍改授一三品京官兼太守[三]，判官等並即量與改轉。其專知檢校始末不離潭所者并孔

目官，及至典選日，優與處分，仍委韋堅具名錄奏。應役人夫等，雖各酬傭直，終使役日多，並放今年地稅。且啓鑿功畢，舟楫已通，既涉遠途，又能先至，永言勸勵，稍宜甄獎。其押運綱各賜一中上考，準前錄奏。船夫等宜共賜錢二千貫，以充宴樂。外郡進士物，賜貴戚朝官。

賜名廣運潭。時堅姊故惠宣太子妃亦出寶物供樓上鋪設，進食竟日而罷。

李林甫以堅姜氏壻，甚狎之。至是懼其詭計求進，承恩日深，堅又與李適之善，益怒之，恐入爲相，乃與腹心構成其罪。四月，進銀青光祿大夫、左散騎常侍、陝郡太守、水陸轉運使，勾當緣河及江淮南租庸轉運處置使並如故；又以判官元撝、豆盧友除監察御史。三年正月，堅又加兼御史中丞，封韋城男。九月，拜守刑部尚書，奪諸使，以楊慎矜代之。

五載正月望夜，堅與河西節度、鴻臚卿皇甫惟明夜遊，同過景龍觀道士房，爲林甫所發，以堅戚里，不合與節將狎暱，是構謀規立太子。玄宗惑其言，遽貶堅爲縉雲太守，惟明爲播川太守。尋發使殺惟明於黔中，籍其資財。六月，又貶堅爲江夏員外別駕。又構堅與李適之善，貶適之爲宜春太守。七月，堅又長流嶺南臨封郡，堅弟將作少匠蘭、鄠縣令冰、兵部員外郎芝、堅男河南府戶曹諒並遠貶。至十月，使監察御史羅希奭逐而殺之，諸弟及男諒並死。堅妻姜氏，林甫以其久遭輕賤，特放還本宗。倉部員外郎鄭章貶南豐丞，殿中

侍御史鄭欽說貶夜郎尉，監察御史豆盧友貶富水尉，監察御史楊惠貶巴東尉，連累者數十人。又敕嗣薛王瑱夷陵郡員外別駕長任，其母隨男任；女婿新貶巴陵太守盧幼林長流合浦郡。肅宗時爲皇太子，恐懼上表，稱與新婦離絕。七載，嗣薛王瑱停，仍於夜郎郡安置，其母亦勒隨男。堅貶黜後，林甫諷所司發使於江淮、東京緣河轉運使，恣求堅之罪以聞，因之綱典船夫溢於牢獄，郡縣徵剝不止，隣伍盡成裸形，死於公府，林甫死乃停。

楊慎矜，隋煬帝玄孫也。曾祖隋齊王暕。祖正道，大業末，隨宇文化及至河北，爲竇建德所破，因與其祖母蕭皇后入于建德軍，建德送于突厥處羅可汗牙。貞觀初，李靖擊破頡利可汗，胡酋康蘇密以蕭后及正道歸，授尚衣奉御。父隆禮，長安中天官郎中，神龍後，歷洛、梁、滑、汾、懷五州刺史，皆以清嚴能檢察人吏絕於欺隱聞。景雲中，以名犯玄宗上字，改爲崇禮。開元初，擢爲太府少卿，雖錢帛充牣，丈尺間皆躬自省閱，時議以爲前後爲太府者無異爲比。擢拜太府卿，加銀青光祿大夫，進封弘農郡公。在職二十年，公清如一。年九十餘，授戶部尚書致仕。時太平且久，御府財物山積，以爲經楊卿者無不精好，每歲勾剝省便出錢數百萬貫。

慎矜沈毅有材幹，任氣尚朋執。初，爲汝陽令，有能名。崇禮罷太府，玄宗訪其子堪委其父任者。宰臣以慎餘、慎矜、慎名三人皆勤恪清白有父風，而慎矜爲其最，因拜監察御史，知太府出納。慎餘先爲司農丞，除太子舍人，監京倉。尋丁父憂。二十六年服闋，累遷侍御史，仍知太府出納。慎名授大理評事，攝監察御史，充都含嘉倉出納使，甚承恩顧。慎矜於諸州納物者有水漬傷破及色下者，皆令本州徵折估錢，轉市輕貨，州縣徵調，不絕於歲月矣。在臺數年，又專知雜事，風格甚高。

天寶二年，遷權判御史中丞，充京畿採訪使，知太府出納使並如故。時右相李林甫擅權，慎矜以遷拜不由其門，懼不敢居其任，固讓之，因除諫議大夫，兼侍御史，仍依舊知太府出納。以鴻臚少卿蕭諒爲御史中丞，諒至臺，無所攝讓，頗不相能，竟出爲陝郡太守。林甫以慎矜屈於己，復擢爲御史中丞，仍充諸道鑄錢使，餘如故。

時散騎常侍、陝郡太守韋堅兼御史中丞，爲水陸漕運使，權傾宰相。侍御史王鉷推堅獄，慎矜引身中立以候望，鉷恨之，林甫亦憾焉。慎矜與鉷父瑨中外兄弟，鉷即表姪，少相狎，鉷入臺，慎矜爲臺端，亦有推引。及鉷遷中丞，雖與鉷同列，每呼爲王鉷，鉷恃與林甫善，漸不平之。五載，慎矜遷戶部侍郎，中丞、使如故。林甫見慎矜受主恩，心嫉之，又知王鉷於慎矜有間，又誘而啗之，鉷乃伺其隙以陷之。慎矜奪鉷職田，背詈鉷，詆其母氏，鉷不堪其辱。慎矜性疏快，素昵於鉷，嘗話讖書於鉷，又與還俗僧史敬忠游處，敬忠有學業。鉷於林甫構成其罪，云慎矜是隋家子孫，心規克復隋室，故蓄異書，與凶人來往，而說國家休咎。

時天寶六載十一月，玄宗在華清宮，林甫令人發之。玄宗震怒，繫之於尚書省，詔刑部尚書蕭隱之、大理卿李道邃、少卿楊璹、侍御史楊釗、殿中侍御史盧鉉同鞫之；又使京兆士曹吉溫往東京收慎矜兄少府少監慎餘、弟洛陽令慎名等雜訊之；又令溫於汝州捕史敬忠獲之，便赴行在所。先令盧鉉收太府少卿張瑄於會昌驛，繫而推之，瑄不肯答辯。鉉百端拷訊不得，乃令不良枷瑄，以手力絆其足，以木按其足間，橛其枷柄向前，挽其身長校數尺，腰細欲絕，眼鼻皆血出，謂之「驢駒拔撅」，瑄竟不肯答。又使鉉與御史崔器入城搜慎矜宅，無所得，拷其小妻韓珠團，乃在暨櫃上作一闢函盛讖書等，鉉於袖中出而納之，詬以示慎矜。慎矜曰：「他日不見，今乃來，是命也。吾死矣。」及溫以敬忠至戲水驛東十餘里，使典說之：「若至溫湯，即求首陳不可得矣。」去溫湯十餘里，敬忠乞紙筆於桑樹下具吐之。比見慎矜，敬忠證之，慎矜皆引實。二十五日，詔楊慎矜、慎餘、慎名並賜自盡；史敬忠決重杖一百；鮮于賁、范滔並決重杖，配流遠郡；慎矜外甥前通事舍人辛景湊決杖配流。義陽郡司馬、嗣虢王巨與敬忠相識，解官於南賓郡安置；太府少卿張瑄決六十，長流嶺南臨封郡，亦

死於流所。慎矜兄弟幷史敬忠莊宅官收，以男女配流嶺南諸郡，其張瑄、万俟承暉、鮮于賁等準此配流。乃使監察御史顏眞卿送敕至東京，殿中侍御史崔寓引慎名，令河南法曹張萬頃宣敕示之。慎名見慎矜賜自盡，初尙撫膺，及聞慎餘及身皆爾，遂止。及宣敕了，慎名曰：「今奉聖恩，不敢稽留晷刻，但以寡姊老年，請作數行書以別之。」寓揖眞卿，眞卿許之。慎名神色不變，入房中作書曰：「拙於謀運，不能靜退。兄弟幷命，唯姊尙存，老年孤煢，何以堪此！」書後又數條事。又宅中作一板池，池中魚一皆放之，遂縊而死。監察御史平冽齎敕至大理寺，慎餘聞死，合掌指天而縊。

初，慎矜至溫湯，正食，忽見一鬼物長丈餘，朱衣冠幘，立於門扇後，慎矜叱之，良久不滅，以熱羹投之乃滅。無何，下獄死。兄弟甚友愛，事寡姊如母，皆偉儀形，風韻高朗，愛客喜飲，籍甚於時。慎名嘗覽鏡，見其鬚面神彩，有過於人，覆鏡歎惋曰：「吾兄弟三人，盡長六尺餘，有如此貌，如此材而見容當代以期全，難矣！何不使我少體弱耶？」竟如其言。

王鉷，太原祁人也。祖方翼，夏州都督，爲時名將，生瑨、珣、珦。瑨、珣，開元初並歷中

書舍人。珣，兵部侍郎、秘書監。鉷，卽瑨之孽子。開元十年，爲鄠縣尉、京兆尹稻田判官。二十四年，再遷監察御史。二十九年，累除戶部員外郎，常兼侍御史。天寶二年，充京和市和糴使，遷戶部郎中。三載，長安令柳升以賄敗。初，韓朝宗爲京兆尹，引升爲京令。朝宗又于終南山下爲苟家觜買山居，欲以避世亂。玄宗怒，敕鉷推之，朝宗自高平太守貶爲吳興別駕。又加鉷長春宮使。四載，加勾戶口色役使，又遷御史中丞，兼充京畿採訪使。五載，又爲京畿、關內道黜陟使，又兼充關內採訪使。

時右相李林甫怙權用事，志謀不利於東儲，以除不附己者，而鉷有吏幹，倚之轉深，以爲己用。既爲戶口色役使，時有敕給百姓一年復。鉷卽奏徵其脚錢，廣張其數，又市輕貨，乃甚於不放。輸納物者有浸漬，折估皆下本郡徵納。又敕本郡高戶爲租庸脚士，皆破其家產，彌年不了。恣行割剝，以媚於時，人用嗟怨。古制，天子六宮，皆有品秩高下，其俸物因有等差。唐法沿於周、隋，妃嬪宮官，位有尊卑，亦隨其品而給授，以供衣服鉛粉之費，以奉於宸極。玄宗在位多載，妃御承恩多賞賜，不欲頻於左右藏取之。鉷探旨意，歲進錢寶百億萬，便貯於內庫，以恣主恩錫賚。鉷云：「此是常年額外物，非征稅物。」玄宗以爲鉷有富國之術，利於王用，益厚待之。丁嫡母憂，起復舊職，使如故。

七載，又加檢察內作事，遷戶部侍郎，仍兼御史中丞，賜紫金魚袋。八載，兼充閑廄使

及苑內營田五坊宮苑等使、隴右羣牧都使支度營田使，餘並如故。太白山人李渾言于金星洞見老人，云有玉版石記符，聖上長生久視。玄宗令鉷入山洞求而得之，因上尊號，加鉷銀青光祿大夫、都知總監及栽接等使。九載五月，兼京兆尹，使並如故。

鉷威權轉盛，兼二十餘使，近宅爲使院，文案堆積，胥吏求押一字，卽累日不遂。中使賜遺，不絕於門，雖晉公林甫亦畏避之。林甫子岫爲將作監，供奉禁中；鉷子準衞尉少卿，亦鬬鷄供奉，每謔岫，岫常下之。萬年尉韋黃裳、長安尉賈季鄰常於廳事貯錢數百繩，名倡珍饌，常有備擬，以候準所適。又於宅側自有追歡之所。鉷與弟戶部郎中銲，召術士任海川遊其門，問其相命，言有王否。海川震懼，潛匿不出。鉷懼洩其事，令逐之，至馮翊郡，得，誣以他事杖殺之。定安公主男韋會任王府司馬，聞之，話於私庭，乃被侍兒說於傭保者。或有憾於會，告於鉷，鉷遣賈季鄰收於長安獄，入夜縊之，明辰載屍還其家。會皇堂外甥，同產兄王繇尙永穆公主，而惕息不敢言。

十載，封太原縣公，又兼殿中監。十一載四月，銲與故鴻臚少卿邢璹子縡情密累年，縡潛構逆謀，引右龍武軍萬騎剡取十一月殺龍武將軍，因燒諸城門及市，分數百人殺楊國忠及右相李林甫、左相陳希烈等。先期二日事發，玄宗臨朝，召鉷，上於玉案前過狀與鉷。鉷好弈棋，縡善棋，鉷因銲與之交故，至是意銲在縡處金城坊，密召之，日晏，始令捕賊官捕

之。萬年尉薛榮先、長安尉賈季鄰等捕之，逢銲於化度寺門。季鄰爲鉷所引用，爲赤尉，銲謂之曰：「我與邢縡故舊，縡今反，恐事急妄相引，請足下勿受其言。」榮先等至縡門，縡等十餘人持弓刃突出，榮先等遂與格戰。季鄰以銲語白鉷，鉷謂之曰：「我弟何得與之有謀乎！」鉷與國忠共討逐縡，縡下人曰：「勿損大夫下人。」國忠爲劍南節度使，有隨身官以白國忠曰：「賊有號，不可戰。」須臾，驃騎大將軍、內侍高力士領飛龍小兒甲騎四百人討之，縡爲亂兵所斬，擒其黨善射人韋瑤等以獻。國忠以白玄宗，玄宗以鉷委任深，必不與之知情，鉷與銲別生，嫉其富貴，故欲陷鉷耳，遂特原銲不問，然意欲鉷請罪之。上密令國忠諷之，國忠不敢洩上意，諷鉷曰：「且主上眷大夫深，今日大夫須割慈存門戶，但抗疏請罪郎中。郎中亦未必至極刑，大夫必存，何如併命！」鉷俯首久曰：「小弟先人餘愛，平昔頻有處分，義不欲捨之而謀存。」乃進狀。十二日，鉷入朝，左相陳希烈言語侵之，鉷恨之，憤訴言氣頗高。鉷朝迴，於中書侍郎廳修表，令人進狀，門司已不納矣。須臾，敕希烈推之。鉷以表示宰相，林甫曰：「大夫後之矣。」遂不許。俄銲至，國忠問：「大夫知否？」銲未及應。侍御史裴冕恐銲引之，冕叱詈之曰：「足下爲臣不忠，爲弟不義。聖上以大夫之故，以足下爲戶部郎中，又加五品，恩亦厚矣。大夫豈知縡事乎？」國忠愕然，謂銲曰：「實知，卽不可隱；不知，亦不可妄引。」銲方曰：「七兄不知。」季鄰證其罪。及日暮，奏之。銲決杖死於朝堂，賜

鉷自盡於三衞廚。明日，移於賫聖寺廊下，裴冕言於國忠，令歸宅權斂之，又請令妻、女送墓所，國忠義而許之，令鉷判官齊奇營護之。男準除名，長流嶺南承化郡，偁長流珠崖郡，至故驛殺之；妻薛氏及在室女並流。初，鉷與御史中丞、戶部侍郎楊愼矜親，且情厚，頗爲汲引，及貴盛爭權，鉷附於李林甫，爲所誘，陷愼矜家。經五年而鉷至赤族，豈天道歟！

史臣曰：夫奸佞之輩，惟事悅人；聚斂之臣，無非害物。賈禍招怨，敗國喪身，罕不由斯道也。君人者，中智已降，亦心緣利動，言爲甘聞，志雖慕於聖明，情不勝於嗜欲，徒有賢佐，無如之何，所以禮經戒其勿畜。宇文融、韋堅、楊愼矜、王鉷，皆開元之倖人也，或以括戶取媚，或以漕運承恩，或以聚貨得權，或以剝下獲寵，負勢自用，人莫敢違。張說、李林甫手握大權，承主恩顧，尙遭凌擯，以身下之，他人卽可知也。然天道惡盈，器滿則覆，終雖不令，其弊已多，良可痛也。宋璟、裴耀卿、許景先獲居重任，因融薦之，此亦有鳳之一毛也。玄宗以聖哲之姿，處高明之位，未免此累，或承之羞，後之帝王，得不深鑑！

贊曰：財能域人，聚則民散。如何帝王，志求餘羨。融、堅、矜、鉷，因利乘便。以徼寵榮，宜招後患。

校勘記

〔一〕李宙劾之　「劾之」二字各本原無，據冊府卷三三七補。

〔二〕空青石　殘宋本「石」字作「綠」，餘各本均作「石」字。新書卷一三四韋堅傳作「空青石綠」。

〔三〕仍改授一三品京官兼太守　「一」下各本原有「子」字，據冊府卷四八三刪。

舊唐書卷一百六

列傳第五十六

李林甫　楊國忠　張暐　王琚　王毛仲 陳玄禮附

李林甫，高祖從父弟長平王叔良之曾孫。叔良生孝斌，官至原州長史。孝斌生思誨，官至揚府參軍，思誨即林甫之父也。林甫善音律，初爲千牛直長，其舅楚國公姜皎深愛之。開元初，遷太子中允。時源乾曜爲侍中，乾曜姪孫光乘，姜皎妹壻，乾曜與之親。乾曜之男潔白其父曰：「李林甫求爲司門郎中。」乾曜曰：「郎官須有素行才望高者，哥奴豈是郎官耶？」數日，除諭德。哥奴，林甫小字。累遷國子司業。

十四年，宇文融爲御史中丞，引之同列，因拜御史中丞，歷刑、吏二侍郎。時武惠妃愛傾後宮，二子壽王、盛王以母愛特見寵異，太子瑛益疏薄。林甫多與中貴人善，乃因中官干惠妃云：「願保護壽王。」惠妃德之。初，侍中裴光庭妻武三思女，詭譎有材略，與林甫私。中官高力士本出三思家，及光庭卒，武氏銜哀祈於力士，請林甫代其夫位，力士未敢言。玄宗使中書令蕭嵩擇相，嵩久之以右丞韓休對，玄宗然之，乃令草詔。力士遽漏於武氏，乃令林甫白休。休既入相，甚德林甫，與嵩不和，乃薦林甫堪爲宰相，惠妃陰助之，因拜黃門侍郎，玄宗眷遇益深。

二十三年，以黃門侍郎平章事裴耀卿爲侍中，中書侍郎平章事張九齡爲中書令，林甫爲禮部尚書、同中書門下三品，並加銀青光祿大夫。林甫面柔而有狡計，能伺候人主意，故驟歷清列，爲時委任。而中官妃家，皆厚結託，伺上動靜，皆預知之，故出言進奏，動必稱旨。而猜忌陰中人，不見於詞色，朝廷受主恩顧，不由其門，則構成其罪；與之善者，雖廝養下士，盡至榮寵。尋歷戶、兵二尚書，知政事如故。

尋又以太子瑛、鄂王瑤、光王琚皆以母失愛而有怨言，駙馬都尉楊洄白惠妃。玄宗怒，謀於宰臣，將罪之。九齡曰：「陛下三箇成人兒不可得。太子國本，長在宮中，受陛下義方，人未見過，陛下奈何以喜怒間忍欲廢之？臣不敢奉詔。」玄宗不悅。林甫惘然而退，初無言，既而謂中貴人曰：「家事何須謀及於人。」時朔方節度使牛仙客在鎮，有政能，玄宗加實封，九齡又奏曰：「邊將訓兵秣馬，儲蓄軍實，常務耳，陛下賞之可也；欲賜實賦，恐未得宜。惟聖慮思之。」帝默然。林甫以其言告仙客，仙客翌日見上，泣讓官爵。玄宗欲行實封之命，兼爲尚書，九齡執奏如初。帝變色曰：「事總由卿？」九齡頓首曰：「陛下使臣待罪宰相，事有未允，臣合盡言。違忤聖情，合當萬死。」玄宗曰：「卿以仙客無門籍耶？卿有何門閥？」九齡對曰：「臣荒徼微賤，仙客中華之士。然陛下擢臣踐臺閣，掌綸誥；仙客本河湟一使典，目不識文字，若大任之，臣恐非宜。」林甫退而言曰：「但有材識，何必辭學，天子用人，何有不可？」玄宗滋不悅。

九齡與中書侍郎嚴挺之善。挺之初娶妻出之，妻乃嫁蔚州刺史王元琰。時元琰坐贓，詔三司使推之，挺之救免其罪。玄宗察之，謂九齡曰：「王元琰不無贓罪，嚴挺之囑託所由輩有顏面。」九齡曰：「此挺之前妻，今已婚崔氏，不合有情。」玄宗曰：「卿不知，雖離之，亦却有私。」玄宗籍前事，以九齡有黨，與裴耀卿俱罷知政事，拜左、右丞相，出挺之爲洺州刺史，元琰流于嶺外。即日林甫代九齡爲中書、集賢殿大學士、修國史；拜牛仙客工部尚書、同中書門下平章事，知門下省事。監察御史周子諒言仙客非宰相器，玄宗怒而殺之。林甫言子諒本九齡引用，乃貶九齡爲荊州長史。

玄宗終用林甫之言，廢太子瑛、鄂王瑤、光王琚爲庶人，太子妃兄駙馬都尉薛鏽長流瀼州，死於故驛，人謂之「三庶」，聞者冤之。其月，佞媚者言有烏鵲巢於大理獄戶，天下幾致刑措。玄宗推功元輔，封林甫晉國公，仙客豳國公。其冬，惠妃病，三庶人爲祟而薨。儲宮

虛位，玄宗未定所立。林甫曰：「壽王年已成長，儲位攸宜。」玄宗曰：「忠王仁孝，年又居長，當守器東宮。」乃立爲皇太子。自是林甫懼，巧求陰事以傾太子。

林甫既秉樞衡，兼領隴右、河西節度，又加吏部尚書。天寶改易官名，爲右相，停知節度事，加光祿大夫，遷尚書左僕射。六載，加開府儀同三司，賜實封三百戶，而恩渥彌深。凡御府膳羞，遠方珍味，中人宣賜，道路相望。與宰相李適之雖同宗屬，而適之輕率，嘗與林甫同論時政，多失大體，由是主恩益疏，以至罷免。黃門侍郎陳希烈性便佞，嘗曲事林甫，適之既罷，乃引希烈同知政事。林甫久典樞衡，天下威權，並歸於己，台司機務，希烈不敢參議，但唯諾而已。每有奏請，必先賂遺左右，伺察上旨，以固恩寵。上在位多載，倦於萬機，恆以大臣接對拘檢，難徇私欲，自得林甫，一以委成。故杜絕逆耳之言，恣行宴樂，衽席無別，不以爲恥，由林甫之贊成也。

林甫京城邸第，田園水磑，利盡上腴。城東有薛王別墅，林亭幽邃，甲於都邑，特以賜之，及女樂二部，天下珍玩，前後賜與，不可勝紀。宰相用事之盛，開元已來，未有其比。然每事過慎，條理衆務，增修綱紀，中外遷除，皆有恆度。而耽寵固權，己自封植，朝望稍著，必陰計中傷之。初，韋堅登朝，以堅皇太子妃兄，引居要職，示結恩信，實圖傾之，乃潛令御史中丞楊慎矜陰伺堅隙。會正月望夜，皇太子出遊，與堅相見，慎矜知之，奏上。上大怒，以爲不軌，黜堅，免太子妃韋氏。林甫因是奏李適之與堅昵狎，及裴寬、韓朝宗並曲附適之，上以爲然，賜堅自盡，裴、韓皆坐之斥逐。後楊慎矜權位漸盛，林甫又忌之，乃引王鉷爲御史中丞，託以心腹。鉷希林甫意，遂誣罔密奏慎矜左道不法，遂族其家。楊國忠以椒房之親，出入中禁，奏請多允，乃擢在臺省，令按刑獄。會皇太子良娣杜氏父有鄰與子婿柳勣不叶，勣飛書告有鄰不法，引李邕爲證，詔王鉷與國忠按問。鉷與國忠附會林甫奏之，於是賜有鄰自盡，出良娣爲庶人，李邕、裴敦復枝黨數人並坐極法。林甫之苞藏安忍，皆此類也。

林甫自以始謀不佐皇太子，慮爲後患，故屢起大獄以危之，賴太子重慎無過，流言不入。林甫嘗令濟陽別駕魏林告隴右、河西節度使王忠嗣，林往任朔州刺史，忠嗣時爲河東節度，自云與忠王同養宮中，情意相得，欲擁兵以佐太子。玄宗聞之曰：「我兒在內，何路與外人交通？此妄也。」然忠嗣亦左授漢陽太守。八載，咸寧太府趙奉章告林甫罪狀二十餘條〔一〕。告未上，林甫知之，諷御史臺逮捕，以爲妖言，重杖決殺。

十載，林甫兼領安西大都護、朔方節度，俄兼單于副大都護。十一載，以朔方副使李獻忠叛，讓節度，舉安思順自代。國家武德、貞觀已來，蕃將如阿史那社爾、契苾何力，忠孝有才略，亦不專委大將之任，多以重臣領使以制之。開元中，張嘉貞、王晙、張說、蕭嵩、杜暹

皆以節度使入知政事，林甫固位，志欲杜出將入相之源，嘗奏曰：「文士爲將，怯當矢石，不如用寒族、蕃人，蕃人善戰有勇，寒族即無黨援。」帝以爲然，乃用思順代林甫領使。自是高仙芝、哥舒翰皆專任大將，林甫利其不識文字，無入相由，然而祿山竟爲亂階，由專得大將之任故也。

林甫恃其早達，輿馬被服，頗極鮮華。自無學術，僅能秉筆，有才名於時者尤忌之。而郭慎微、苑咸文士之闒茸者，代爲題尺。林甫典選部時，選人嚴迥判語有用「杕杜」二字者，林甫不識「杕」字，謂吏部侍郎韋陟曰：「此云『杖杜』，何也？」陟俯首不敢言。太常少卿姜度，林甫舅子，度妻誕子，林甫手書慶之曰：「聞有弄麞之慶。」客視之掩口。

初，楊國忠登朝，林甫以微才不之忌；及位至中司，權傾朝列，林甫始惡之。時國忠兼領劍南節度，會南蠻寇邊，林甫請國忠赴鎮。帝雖依奏，然待國忠方渥，有詩送行，句末言入相之意。又曰：「卿止到蜀郡處置軍事，屈指待卿。」林甫心尤不悅。林甫時已寢疾。其年十月，扶疾從幸華清宮，數日增劇，巫言一見聖人差減，帝欲視之，左右諫止。乃敕林甫出於庭中，上登降聖閣遙視，舉紅巾招慰之，林甫不能興，使人代拜於席。翌日，國忠自蜀還，謁林甫，拜於牀下，林甫垂涕託以後事。尋卒，贈太尉、揚州大都督，給班劍、西園秘器。諸子以吉儀護柩還京師，發喪於平康坊之第。

林甫晚年溺於聲妓，姬侍盈房。自以結怨於人，常憂刺客竊發，重扃複壁，絡板甃石，一夕屢徙，雖家人不之知。有子二十五人、女二十五人：岫爲將作監，崿爲司儲郎中，嶼爲太常少卿；子壻張博濟爲鴻臚少卿，鄭平爲戶部員外郎，杜位爲右補闕，楊齊宣爲諫議大夫〔三〕，元擠爲京兆府戶曹。

初，林甫嘗夢一白皙多鬚長丈夫逼己，接之不能去。既寤，言曰：「此形狀類裴寬，寬謀代我故也。」時寬爲戶部尚書、兼御史大夫，故因李適之黨斥逐之。是時楊國忠始爲金吾胄曹參軍，至是不十年，林甫卒，國忠竟代其任，其形狀亦類寬焉。國忠素憾林甫，既得志，誣奏林甫與蕃將阿布思同構逆謀，誘林甫親族間素不悅者爲之證。詔奪林甫官爵，廢爲庶人，岫、崿諸子並謫於嶺表。林甫性沉密，城府深阻，未嘗以愛憎見於容色。自處台衡，動循格令，衣冠士子，非常調無仕進之門。所以秉鈞二十年，朝野側目，憚其威權。及國忠誣構，天下以爲冤。

楊國忠本名釗，蒲州永樂人也。父珣，以國忠貴，贈兵部尚書。則天朝幸臣張易之，卽國忠之舅也。國忠無學術拘檢，能飲酒，蒱博無行，爲宗黨所鄙。乃發憤從軍，事蜀帥，

以屯優當遷，益州長史張寬惡其爲人，因事笞之，竟以屯優授新都尉。稍遷金吾衞兵曹參軍。太眞妃，卽國忠從祖妹也。天寶初，太眞有寵，劍南節度使章仇兼瓊引國忠爲賓佐，既而擢授監察御史。去就輕率，驟履淸貫，朝士指目嗤之。

時李林甫將不利於皇太子，掎摭陰事以傾之。侍御史楊愼矜承望風旨，誣太子妃兄韋堅與皇甫惟明私謁太子，以國忠怙寵敢言，援之爲黨，以按其事。京兆府法曹吉溫舞文巧詆，爲國忠爪牙之用，因深竟堅獄，堅及太子良娣杜氏、親屬柳勣、杜昆吾等，痛繩其罪，以樹威權。於京城別置推院，自是連歲大獄，追捕擠陷，誅夷者數百家，皆國忠發之。林甫方深阻保位，國忠凡所奏劾，涉疑似於太子者，林甫雖不明言以指導之，皆林甫所使，國忠乘而爲邪，得以肆意。上春秋高，意有所愛惡，國忠探知其情，動契所欲。驟遷檢校度支員外郎，兼侍御史，監水陸運及司農、出納錢物、內中市買、召募劍南健兒等使。以稱職遷度支郎中，不期年，兼領十五餘使，轉給事中、兼御史中丞，專判度支事。是歲，貴妃姊虢國、韓國、秦國三夫人同日拜命，兄銛拜鴻臚卿。八載，玄宗召公卿百僚觀左藏庫，喜其貨幣山積，面賜國忠金紫，兼權太府卿事。國忠既專錢穀之任，出入禁中，日加親幸。

初，楊愼矜希林甫旨，引王鉷爲御史中丞，同構大獄，以傾東宮。既帝意不迴，愼矜稍避事防患，因與鉷有隙。鉷乃附國忠，奏誣愼矜，誅其昆仲，由是權傾內外，公卿惕息。吉溫爲國忠陳移奪執政之策，國忠用其謀，尋兼兵部侍郎。京兆尹蕭炅、御史中丞宋渾皆林甫所親善，國忠皆誣奏譴逐，林甫不能救。王鉷爲御史大夫，兼京兆尹，恩寵侔於國忠，而位望居其右。國忠忌其與己分權，會邢縡事泄，乃陷鉷兄弟誅之，因代鉷爲御史大夫，權京兆尹，賜名國忠。乃窮竟邢縡獄，令引林甫交私鉷、銲與阿布思事狀，而陳希烈、哥舒翰附會國忠，證成其狀，上由是疏薄林甫。

南蠻質子閤羅鳳亡歸不獲，帝怒甚，欲討之。國忠薦閬州人鮮于仲通爲益州長史，令率精兵八萬討南蠻，與羅鳳戰于瀘南，全軍陷沒。國忠掩其敗狀，仍敍其戰功，仍令仲通上表請國忠兼領益部。十載，國忠權知蜀郡都督府長史，充劍南節度副大使，知節度事，仍薦仲通代己爲京兆尹。國忠又使司馬李宓率師七萬再討南蠻。宓渡瀘水，爲蠻所誘，至和城〔三〕，不戰而敗，李宓死於陣。國忠又隱其敗，以捷書上聞。自仲通、李宓再舉討蠻之軍，其徵發皆中國利兵，然於土風不便，沮洳之所陷，瘴疫之所傷，饋餉之所乏，物故者十八九。凡舉二十萬衆，棄之死地，隻輪不還，人銜冤毒，無敢言者。國忠尋兼山南西道採訪使。十一載，南蠻侵蜀，蜀人請國忠赴鎭，林甫亦奏遣之。將辭，雨泣懇陳必爲林甫所排，帝憐之，不數月召還。會林甫卒，遂代爲右相，兼吏部尚書、集賢殿大學士、太淸太微宮使，判度支、劍南節度、山南西道採訪、兩京出納租庸鑄錢等使並如故。

國忠本性疏躁，強力有口辯，既以便佞得宰相，剖決機務，居之不疑。立朝之際，或攘袂扼腕，自公卿已下，皆頤指氣使，無不讋憚。故事，宰相居台輔之地，以元功盛德居之，不務威權，出入騎從簡易。自林甫承恩顧年深，每出車騎滿街，節將、侍郎有所關白，皆趨走辟易，有同案吏。舊例，宰相午後六刻始出歸第，林甫奏太平無事，以巳時還第，機務塡委，皆決於私家。主書吳珣持籍就左相陳希烈之第，希烈引籍署名，都無可否。國忠代之，亦如前政。國忠自侍御史以至宰相，凡領四十餘使，又專判度支、吏部三銓，事務鞅掌，但署一字，猶不能盡，皆責成胥吏，賄賂公行。

國忠既以宰臣典選，奏請銓日便定留放，不用長名。先天已前，諸司官知政事，午後歸本司決事，兵部尚書、侍郎亦分銓注擬。開元已後，宰臣數少，始崇其任，不歸本司。故事，吏部三銓，三注三唱，自春及夏，才終其事。國忠使胥吏於私第暗定官員，集百僚於尚書省對注唱，一日令畢，以誇神速，資格差謬，無復倫序。明年注擬，又於私第大集選人，令諸女弟垂簾觀之，笑語之聲，朗聞於外。故事，注官訖，過門下侍中、給事中。國忠注官時，呼左相陳希烈於座隅，給事中在列，曰：「既對注擬，過門下了矣。」吏部侍郎韋見素、張倚皆衣紫，是日與本曹郎官同咨事，趨走於屏樹之間。既退，國忠謂諸妹曰：「兩員紫袍主事何如人？」相對大噱。其所昵京兆尹鮮于仲通、中書舍人竇華、侍御史鄭昂諷選人於省門立碑，以頌

國忠銓綜之能。

貴妃姊虢國夫人，國忠與之私，於宣義里構連甲第，土木被綈繡，棟宇之盛，兩都莫比，晝會夜集，無復禮度。有時與虢國並轡入朝，揮鞭走馬，以爲諧謔，衢路觀之，無不駭歎。玄宗每年冬十月幸華淸宮，常經冬還宮。國忠山第在宮東門之南，與虢國相對，韓國、秦國甍棟相接，天子幸其第，必過五家，賞賜宴樂。每扈從驪山，五家合隊，國忠以劍南幢節引於前，出有餞路，還有軟脚，遠近餉遺，珍玩狗馬，閹侍歌兒，相望於道。進封衞國公，食實封三百戶，俄拜司空。

時安祿山恩寵特深，總握兵柄，國忠知其跋扈，終不出其下，將圖之，屢於上前言其悖逆之狀，上不之信。是時，祿山已專制河北，聚幽、幷勁騎，陰圖逆節，動未有名，伺上千秋萬歲之後，方圖叛換。及見國忠用事，慮不利於己，祿山遙領內外閑廐使，遂以兵部侍郎吉温知留後，兼御史中丞、京畿採訪使，內伺朝廷動靜。國忠使門客蹇昂、何盈求祿山陰事，圍捕其宅，得李超、安岱等，使侍御史鄭昂縊殺於御史臺。又奏貶吉温於合浦，以激怒祿山，幸其搖動，內以取信於上，上竟不之悟。由是祿山惶懼，遂舉兵以誅國忠爲名。玄宗聞河朔變起，欲以皇太子監國，自欲親征，謀於國忠。國忠大懼，歸謂姊妹曰：「我等死在旦夕。今東宮監國，當與娘子等併命矣。」姊妹哭訴於貴妃，貴妃銜土請命，其事乃止。及哥舒翰守

潼關，諸將以函關距京師三百里，利在守險，不利出攻。國忠以翰持兵未決，慮反圖己，欲其速戰，自中督促之。翰不獲已出關，及接戰桃林，王師奔敗，哥舒受擒，敗國喪師，皆國忠之誤惑也。

自祿山兵起，國忠以身領劍南節制，乃布置腹心於梁、益間，以圖自全之計。六月九日，潼關不守。十二日凌晨，上率龍武將軍陳玄禮、左相韋見素、京兆尹魏方進，國忠與貴妃及親屬，擁上出延秋門，諸王妃主從之不及，慮賊奄至，令內侍曹大仙擊鼓于春明門外，又焚芻藁之積，煙火燭天。既渡渭，卽令斷便橋。辰時，至咸陽望賢驛，官吏駭竄，無復貴賤，坐宮門大樹下。亭午，上猶未食，有老父獻麨，帝令具飯，始得食。翌日，至馬嵬，軍士飢而憤怒，龍武將軍陳玄禮懼亂，先謂軍士曰：「今天下崩離，萬乘震蕩，豈不由楊國忠割剝甿庶，朝野怨咨，以至此耶？若不誅之以謝天下，何以塞四海之怨憤！」衆曰：「念之久矣。事行，身死固所願也。」會吐蕃和好使在驛門遮國忠訴事，軍士呼曰：「楊國忠與蕃人謀叛。」諸軍乃圍驛擒國忠，斬首以徇。是日，貴妃既縊，韓國、虢國二夫人亦爲亂兵所殺，御史大夫魏方進死，左相韋見素傷。良久兵解，陳玄禮等見上謝罪曰：「國忠撓敗國經，構興禍亂，使黎元塗炭，乘輿播越，此而不誅，患難未已。臣等爲社稷大計，請矯制之罪。」帝曰：「朕識之不明，任寄失所。近亦覺悟，審其詐佞，意欲到蜀，肆諸市朝。今神明啓卿，諧朕夙志，將疇爵賞，何至言焉。」

是時，祿山雖據河洛，其兵鋒東止於梁、宋，南不過許、鄧。李光弼、郭子儀統河朔勁卒，連收恆、定，若崤、函固守，兵不妄動，則兇逆之勢，不討自弊。及哥舒翰出師，凡不數日，乘輿遷幸，朝廷陷沒，百僚繫頸，妃主被戮，兵滿天下，毒流四海，皆國忠之召禍也。

國忠子：暄、昢、曉、晞。暄爲太常卿兼戶部侍郎，尙延和郡主；昢爲鴻臚卿，尙萬春公主。兄弟各立第於親仁里，窮極奢侈。國忠娶蜀倡裴氏女曰裴柔，國忠既死，柔與虢國夫人皆自剄死。暄死於馬嵬；昢陷賊被殺；曉走漢中郡，漢中王瑀榜殺之；晞走至陳倉，爲追兵所殺。

國忠之黨翰林學士張漸竇華、中書舍人宋昱、吏部郎中鄭昂等，憑國忠之勢，招來賂遺，車馬盈門，財貨山積；及國忠敗，皆坐誅滅，其斲喪王室，俱一時之沴氣焉。

張暐，汝州襄城人也。祖德政，武德中鄆州刺史。暐，景龍初爲銅鞮令，家本豪富，好賓客，以弋獵自娛。會臨淄王爲潞州別駕，暐潛識英姿，傾身事之，日奉遊處。及樂人趙元禮自山東來，有女美麗，善歌舞，王幸之，止於暐第，生廢太子瑛。唐隆元年六月，王淸內

難，升爲皇太子，召暐拜宮門大夫，每與諸王、姜皎、崔滌、李令問、王守一、薛伯陽在太子左右以接歡。其年，擢拜左臺侍御史[三]，數月遷左御史臺中丞。

先天元年，太子卽位，帝居武德殿。太平公主有異謀，廣樹朋黨，暐與僕射劉幽求請先爲備。太平聞之，白於睿宗，乃流暐於嶺南峯州，幽求謫於嶺外。及太平之敗，幽求追拜尙書左僕射、兼侍中；暐爲大理卿，封鄧國公，實封三百戶，逾月又加權兼雍州長史。其年十二月，改元開元，以雍州爲京兆府，長史爲尹。暐首遷京兆尹，入侍宴私，出主都政，以爲榮寵之極。暐亦有應務才幹，遷太子詹事，判尙書左右丞，再除左羽林大將軍，三爲左金吾大將軍，又爲殿中監、太僕卿。

二十年，以暐年高，加特進。子履冰、季良、弟晤皆居淸列。天寶初，暐還鄉拜掃，特賜錦袍繒綵，御賜詩以寵異之，乘傳來往，敕郡縣供擬。暐鬢髮華皓，在輿中，子弟車馬連接數里，衣冠榮之。中使中路追賜藥物。至襄城月餘，詔還京。五載薨，年九十餘，贈開府儀同三司。其後，履冰爲金吾將軍，季良殿中監，俱列棨戟，時人美之。暐壽考，善保終始。

王琚，懷州河內人也。叔父隱客，則天朝爲鳳閣侍郎。琚少孤而聰敏，有才略，好玄象

合鍊之學。神龍初，年二十餘，嘗謁駙馬王同皎，同皎甚器之，益歡洽。言及刺武三思事，琚義而許之，與周璟、張仲之爲忘年之友。及同皎敗，琚恐爲吏所捕，變姓名詣於江都，傭書於富商家，主人後悟其非傭者，以女嫁之，資給其財。經四五年，睿宗登極，琚具白主人，厚資其行裝，乃至長安。遇玄宗爲太子監國，爲太平公主所忌，思立孱弱，以竊威權，太子憂危。沙門普潤先與玄宗篮，克淸內難，加三品，食實封，常入太子宮。琚見之，說以天時人事，歷然可觀。普潤白玄宗，玄宗異之。及琚於吏部選補諸曁主簿，於東宮過謝，及殿，而行徐視高，中官曰：「殿下在簾下。」琚曰：「在外只聞有太平公主，不聞有太子。太子有大功於社稷，大孝於君親，何得有此聲？」玄宗遽召見之，琚曰：「頃韋庶人智識淺短，親行弑逆，人心盡搖，思立李氏，殿下誅之爲易。今社稷已安，太平則天之女，凶狡無比，專思立功，朝之大臣，多爲其用。主上以元妹之愛，能忍其過。賤臣淺識，爲殿下深憂。」玄宗命之同榻而坐。玄宗泣曰：「四哥仁孝，同氣唯有太平，言之恐有違犯，不言憂患轉深，爲臣爲子，計無所出。」琚曰：「天子之孝，貴於安宗廟，定萬人。徵之於昔，蓋主，漢帝之長姊，帝幼，蓋主共養帝於宮中，後與上官桀、燕王謀害大司馬霍光，不議及君上，漢主恐危劉氏，以大義去之。況殿下功格天地，位尊儲貳。太平雖姑，臣妾也，何敢議之！今劉幽求、張說、郭元振一二大臣，心輔殿下。太平之黨，必有移奪安危之計，不可立談。」玄宗又曰：「公有何小藝，可隱跡與寡人遊處？」琚曰：「飛丹鍊藥，談諧嘲詠，堪與優人比肩。」玄宗益喜，與之爲友，恨相知晚，呼爲王十一。翌日，奏授詹事府司直、內供奉兼崇文學士，日與諸王及姜皎等侍奉焉，獨琚常預秘計。踰月，又拜太子舍人，尋又兼諫議大夫、內供奉，又贈其父故下邽丞仲友楚州刺史。

先天元年七月，玄宗居尊位，在武德殿。八月，擢拜中書侍郎。時劉幽求、張暐並流於嶺外，琚見事迫，請早爲之計。二年七月三日，琚與岐王範、薛王業、姜皎、李令問、王毛仲、王守一並預誅逆，以鐵騎至承天門。時睿宗聞鼓譟聲，召郭元振升承天樓，宣詔下關，侍御史任知古召募數百人於朝堂，不得入。頃間，琚等從玄宗至樓上，誅蕭至忠、岑羲、竇懷貞、常元楷、李慈、李猷等。睿宗遜居百福殿。十日，拜琚銀青光祿大夫、戶部尙書，封趙國公，食實封五百戶；皎銀青光祿大夫、工部尙書，封楚國公，實封五百戶；令問銀青光祿大夫、殿中監、宋國公，實封三百戶；毛仲輔國大將軍、左武衞大將軍、檢校閑廐兼知監牧使、霍國公，實封五百戶；守一銀青光祿大夫、太常卿員外置同正員，進封晉國公，實封五百戶。琚、皎、令問並固讓尙書、殿中監，不上。十八日，琚、皎依舊官各加實封二百戶，通前七百戶。累日，玄宗讌於內殿，賜功臣金銀器皿各一床、雜綵各一千匹、絹一千匹，列於庭，讌慰終夕，載之而歸。

琚轉見恩顧，每延入閤中，迄夜方出。歸休之日，中官至第召之。中宮亦使尙宮就琚宅問訊琚母，時果珍味賫之，助其甘旨。琚在帷幄之側，常參聞大政，時人謂之「內宰相」，無有比者。又贈其父魏州刺史。或有上說於玄宗曰：「彼王琚、麻嗣宗譎詭縱橫之士，可與履危，不可得志。天下已定，宜益求純樸經術之士。」玄宗乃疏之。

十一月，令御史大夫持節巡天兵以北諸軍。十二月，改年號爲開元，又改官名，與蘇頲同爲紫微侍郎。二年二月迴，未及京，便除澤州刺史，削封。歷衡、郴、滑、虢、沔、夔、許、潤九州刺史，又復其封。二十年，丁母憂。二十二年，起復右庶子，兼蔚州刺史，又改同、蒲、通、鄧、蔡五州刺史。天寶後，又爲廣平、鄴郡二太守。性豪侈，著勳中朝，又食實封，典十五州，常受饋遺，下檐帳設，皆數千貫。玄宗念舊，常優容之。侍兒二十人，皆居寶帳。家累三百餘口，作造不遵於法式。雖居州伯，與佐官、胥吏、酋豪連榻飲謔，或樗蒱、藏鉤以爲樂。每移一州，車馬塡路，數里不絕。攜妓從禽，恣爲歡賞，垂四十年矣。

時李邕、王琊與琚皆年齒尊高，久在外郡，書疏尺題來往，有「讒謫留落」之句。右相林甫以琚等負材使氣，陰議除之。五載正月，琚果爲林甫構成其罪，貶琚江華郡員外司馬，削階封。至任未幾，林甫使羅希奭重按之。希奭排馬牒至，琚懼，仰藥，竟不能死；及希奭至，遂自縊而卒。死非其罪，人用憐之。寶應元年，贈太子少保。

王毛仲，本高麗人也。父游擊將軍職事求婁，犯事沒官，生毛仲，因隸于玄宗。性識明悟，玄宗爲臨淄王，常伏事左右。及出兼潞州別駕，又見李宜德趫捷善騎射，爲人蒼頭，以錢五萬買之。景龍三年冬，玄宗還長安，以二人挾弓矢爲翼。

初，太宗貞觀中，擇官戶蕃口中少年驍勇者百人，每出遊獵，令持弓矢於御馬前射生，令騎豹文韉，著畫獸文衫，謂之「百騎」。至則天時，漸加其人，謂之「千騎」，分隸左右羽林營。孝和謂之「萬騎」，亦置使以領之。玄宗在藩邸時，常接其豪俊者，或賜飲食財帛，以此盡歸心焉。毛仲亦悟玄宗旨，待之甚謹，玄宗益憐其敏惠。

及四年六月，中宗遇弑，韋后稱制，令韋播、高嵩爲羽林將軍，令押千騎營，榜棰以取威。其營長葛福順、陳玄禮等相與見玄宗訴冤，會玄宗已與劉幽求、麻嗣宗、薛崇簡等謀舉大計，相顧益歡，令幽求諷之，皆願決死從命。及二十日夜，玄宗入苑中，宜德從焉，毛仲避之不入。乙夜，福順等至，玄宗曰：「與公等除大逆，安社稷，各取富貴，在於俄頃，何以取信？」福順等請號而行，斯須斬韋播、韋璿、高嵩等頭來，玄宗舉火視之。又召鍾紹京領總監丁匠刀鋸百人至，因斬關而入，后及安樂公主等皆爲亂兵所殺。其夜，少帝以玄宗著大勳，進封平王。以紹京、幽求知政事，署詔敕。崇簡、嗣宗及福順、宜德，功大者爲將軍，次者爲中郎將。其時，梓宮在殯，舉城縞素。及明，玄宗引新立功者皆衣紫衣緋，持滿鐵騎而出，傾城聚觀歡慰。其犯逆者，盡曝屍於城外。毛仲數日而歸，玄宗不責，又超授將軍。

及玄宗爲皇太子監國，因奏改左右萬騎左右營爲龍武軍，與左右羽林爲北門四軍〔五〕，以福順等爲將軍以押之。龍武官盡功臣，受錫賚，號爲「唐元功臣」。長安良家子避征徭，納資以求隸於其中，遂每軍至數千人。毛仲專知東宮駝馬鷹狗等坊，未逾年，已至大將軍，階三品矣。及先天二年七月，毛仲預誅蕭、岑等功，授輔國大將軍、左武衛大將軍、檢校內外閑廐兼知監牧使，進封霍國公，實封五百戶。毛仲奉公正直，不避權貴，兩營萬騎功臣、閑廐官吏皆懼其威，人不敢犯。苑中營田草萊常收，率皆豐溢，玄宗以爲能。開元十四年，贈其父秦州刺史。

毛仲雖有賜莊宅，奴婢、駝馬、錢帛不可勝紀，常於閑廐側內宅住。每入侍讌賞，與諸王、姜皎等御幄前連榻而坐。玄宗或時不見，則悄然如有所失；見之則歡洽連宵，有至日晏。其妻已邑號國夫人；賜妻李氏又爲國夫人。每入內朝謁，二夫人同承賜賚，生男，孩稚已授五品，與皇太子同遊，故中官楊思勗、高力士等常避畏之。七年，進位特進，行太僕卿，餘並如故。九年，持節充朔方道防禦討擊大使，仍以左領軍大總管王晙與天兵軍節度

張說，東與幽州節度裴伷先等計會。

毛仲部統嚴整，羣牧孳息，遂數倍其初。芻粟之類，不敢盜竊，每歲迴殘，常致數萬斛。不三年，扈從東封，以諸牧馬數萬匹從，每色爲一隊，望如雲錦，玄宗益喜。於岳下以宰相源乾曜、張說加左右丞相，毛仲加開府儀同三司。自玄宗先天正位後，以后父王同皎及姚崇、宋璟及毛仲十五年間四人至開府。又敕張說爲監牧頌以美之。十七年，從朝五陵，又贈毛仲父益州大都督。毛仲益驕，嘗求爲兵部尚書，玄宗不悅，毛仲怏怏，見於詞色。又福順子娶毛仲女，宜德、唐地文等數十人皆與毛仲善，倚之多爲不法。中官等妬其全盛逾己，專發其罪，尤倨慢之。中官高品者，毛仲視之蔑如也；如卑品者，小忤意則挫辱如己之僮僕。力士輩恨入骨髓。毛仲承恩遇，妻產，嘗借苑中亭子納涼，玄宗借之。中官構之彌甚，曰：「北門奴官太盛，豪者皆一心，不除之，必起大患。」

後毛仲索甲仗於太原軍器監，時嚴挺之爲少尹，奏之。玄宗恐其黨震懼爲亂，乃隱其實狀，詔曰：「開府儀同三司、兼殿中監、霍國公、內外閑廐監牧都使王毛仲，是惟微細，非有功績，擢自家臣，升于朝位。恩寵莫二，委任斯崇。無涓塵之益，肆驕盈之志。往屬艱難，遽茲逃匿，念深惟舊，義在優容，仍荷殊榮，蔑聞悛悔。在公無竭盡之效，居常多怨望之詞。迹其深愆，合從誅殛；恕其庸昧，宜從遠貶。可瀼州別駕員外置長任，差使馳驛領送至任，勿許東西及判事。」左領軍大將軍耿國公葛福順，貶壁州員外別駕；左監門將軍盧龍子唐地文，貶振州員外別駕；右武衛將軍成紀侯李守德，貶嚴州員外別駕；守德本宜德也，立功後改名；右威衛將軍王景耀，貶黨州員外別駕；右威衛將軍高廣濟，貶道州員外別駕。毛仲男太子僕守貞，貶施州司戶；太子家令守廉，貶溪州司戶；率更令守慶，貶鶴州司倉；左監門長史守道，貶涪州參軍。連累者數十人。又詔殺毛仲，及永州而縊之。

其後，中官益盛，而陳玄禮以淳樸自檢，宿衛宮禁，志節不衰。天寶中，玄宗在華清宮，乘馬出宮門，欲幸虢國夫人宅，玄禮曰：「未宣敕報臣，天子不可輕去就。」玄宗爲之迴轡。他年在華清宮，逼正月半，欲夜遊，玄禮奏曰：「宮外卽是曠野，須有備預，若欲夜遊，願歸城闕。」玄宗又不能違。及安祿山反，玄禮欲於城中誅楊國忠，事不果，竟於馬嵬斬之。從玄宗入巴蜀，迴，封蔡國公，實封三百戶。上元元年八月致仕。

史臣曰：李林甫以諂佞進身，位極台輔，不懼盈滿，蔽主聰明，生既唯務陷人，死亦爲人所陷，得非彼蒼假手，以示禍淫者乎！楊國忠稟性奸回，才薄行穢，領四十餘使，恣弄威權，天子莫見其非，羣臣由之杜口，致祿山叛逆，鑾輅播遷，梟首覆宗，莫救艱步。以玄宗之睿

哲，而惑於二人者，蓋巧言令色，先意承旨，財利誘之，迷而不悟也。開元任姚崇、宋璟而治，幸林甫、國忠而亂，與夫齊桓任管仲、隰朋，幸豎刁、易牙，亦何異哉！書曰：「臣有作福作威，害于而家，凶于而國。」孔子曰：「佞人殆。」誠哉是言也。張暐、王琚、王毛仲，皆鄧通、閎孺之流也。琚有締構之功，過多僭侈，死於非罪，亦何惜之！

贊曰：天啓亂階，甫、忠當國。蔽主聰明，秉心讒慝。暐同二王，亦承恩德。吁哉僭踰，不知紀極。

校勘記

〔一〕太府　新書卷二二三上李林甫傳、通鑑卷二一六作「太守」。

〔二〕楊齊宣　「楊」字各本原無，據新書卷二二三上李林甫傳補。

〔三〕和城　本書卷一九七南詔蠻傳作「大和城」。

〔四〕其年　「其」字上各本原有「令問」二字，據合鈔卷一五七張暐傳刪。

〔五〕北門四軍　各本原作「北四門軍」，據合鈔卷一五七王毛仲傳改。

舊唐書卷一百七

列傳第五十七

玄宗諸子

靖德太子琮　庶人瑛　棣王琰　庶人琚　靖恭太子琬　庶人琚
夏悼王一　儀王璲　潁王璬　懷哀王敏　永王璘　壽王瑁
延王玢　盛王琦　濟王環　信王瑝　義王玼　陳王珪　豐王珙
恆王瑱　涼王璿　汴哀王璥

玄宗三十子：元獻楊皇后生肅宗，劉華妃生奉天皇帝琮、靖恭太子琬、儀王璲，趙麗妃生廢太子瑛，錢妃生棣王琰，皇甫德儀生鄂王瑤，劉才人生光王琚，貞順武皇后生夏悼王一、懷哀王敏、壽王瑁、盛王琦，高婕妤生潁王璬，郭順儀生永王璘，柳婕妤生延王玢，鍾美

人生濟王環，盧美人生信王瑝，閻才人生義王玼，王美人生陳王珪，陳美人生豐王珙，鄭才人生恆王瑱，武賢儀生涼王璿、汴哀王璥，餘七王早夭。

奉天皇帝琮，玄宗長子也，本名嗣直。景雲元年九月，封許昌郡王。先天元年八月，進封郯王。開元四年正月，遙領安西大都護，仍充安撫河東、關內、隴右諸蕃大使。十三年[一]，改封慶王，仍改名潭。十五年，遙領涼州都督，兼河西諸軍節度大使。二十一年，加太子太師，改名琮。二十四年，拜司徒。天寶元年，兼太原牧。十一載薨[二]，贈靖德太子，葬於渭水之南細柳原，仍於啓夏門內置廟祔享焉。肅宗元年建寅月九日，詔追册爲奉天皇帝，妃竇氏爲恭應皇后，備禮改葬於華淸宮北齊陵，以尙書右僕射、冀國公裴冕爲其使。初，開元二十五年，太子瑛得罪廢，令琮養其子，及天寶十一載琮薨，以瑛子俅爲嗣慶王，除秘書監同正員。

廢太子瑛，玄宗第二子也，本名嗣謙。景雲元年九月，封眞定郡王。先天元年八月，進封郢王。開元三年正月，立爲皇太子。七年正月，加元服。其年，玄宗又令太子詣國子學行齒胄之禮，仍敕右散騎常侍褚无量升筵講論，學官及文武百官節級加賜。十三年，改名鴻，納妃薛氏，禮畢，曲赦京城之內，侍講潘肅等並加級改職，中書令蕭嵩親迎，特封徐國公。二十五年七月，改名瑛。

瑛母趙麗妃，本伎人，有才貌，善歌舞，玄宗在潞州得幸。及景雲升儲之後，其父元禮、兄常奴擢爲京職，開元初皆至大官。及武惠妃寵幸，麗妃恩乃漸弛。時鄂王瑤母皇甫德儀、光王琚母劉才人，皆玄宗在臨淄邸以容色見顧，出子朗秀而母加愛焉。及惠妃承恩，鄂、光之母亦漸疏薄[三]，惠妃之子壽王瑁，鍾愛非諸子所比。瑛於內第與鄂、光王等自謂母氏失職，嘗有怨望。惠妃女咸宜公主出降於楊洄，洄希惠妃之旨，規利於己，日求其短，譖於惠妃。妃泣訴於玄宗，以太子結黨，將害於妾母子，亦指斥於至尊。玄宗惑其言，震怒，謀於宰相，意將廢黜。中書張九齡奏曰：「陛下纂嗣鴻業，將三十年，太子已下，常不離深宮，日受聖訓。今天下之人，皆慶陛下享國日久，子孫蕃育，不聞有過，陛下奈何以一日之間廢棄三子？伏惟陛下思之。且太子國本，難於動搖。昔晉獻公惑寵嬖之言，太子申生憂死，國乃大亂。漢武威加六合，受江充巫蠱之事，將禍及太子，遂至城中流血。晉惠帝有賢子爲太子，容賈后之譖，以至喪亡。隋文帝取寵婦之言，廢太子勇而立晉王廣，遂失天下。由此而論之，不可不愼。今太子既長無過，二王又賢，臣待罪左右，敢不詳悉。」玄宗默然，事且寢。

其年，駕幸西京，以李林甫代張九齡爲中書令，希惠妃之旨，託意於中貴人，揚壽王瑁之美，惠妃深德之。二十五年四月，楊洄又構於惠妃，言瑛兄弟三人與太子妃兄駙馬薛鏽常構異謀。玄宗遽召宰相籌之，林甫曰：「此蓋陛下家事，臣不合參知。」玄宗意乃決矣。使中官宣詔於宮中，並廢爲庶人，鏽配流，俄賜死於城東驛。天下之人不見其過，咸惜之。其年，武惠妃數見三庶人爲祟，怖而成疾，巫者祈請彌月，不痊而殞。

瑛有六男：儼、伸、倩、俅、備、僜。慶王琮先無子，瑛得罪後，玄宗遣鞠之。天寶中，儼爲新平郡王、光祿卿同正員，伸爲平原郡王、宗正卿同正員，俅爲嗣慶王。寶應元年，詔雪瑤、瑛、琚之罪，贈瑛爲皇太子，瑤、琚復贈爲王。

棣王琰，玄宗第四子也，初名嗣眞。開元二年十二月，封爲鄫王。十二年三月，改封棣王，仍改名洽。十五年，遙領太原牧、太原已北諸軍節度大使。二十二年，加太子太傅，餘如故。二十四年，改名琰。天寶元年六月，遙領兼武威郡都督、河西隴右經略節度大使。

先是，琰妃韋氏有過，琰怒之，不敢奏聞，乃斥於別室。寵二孺人，孺人又不相協。至十一載，孺人乃密求巫者，書符置於琰履中以求媚。琰與監院中官有隙，中官聞其事，密奏於玄宗，云琰厭魅聖躬；玄宗使人掩其履而獲之。玄宗大怒，引琰詰責之。琰頓首謝曰：

「臣之罪合死矣，請一言以就鼎鑊。然臣與新婦，情義絕者，二年于茲，臣有二孺人，又皆爭長。臣實不知有符，恐此三人所爲也。惟三哥辯其罪人。」及推問之，竟孺人也。玄宗猶疑琰知情，怒未解，太子已下皆爲請，命囚於鷹狗坊中，絕朝請，憂懼而死。琰妃即少師韋滔女，無子，琰死後，妃得還其父。

琰男女繁衍，至五十五人。天寶中封爲王者三人：僎爲汝南郡王、祕書監同正員，儹爲宜都王、衞尉卿同正員，偡爲濟南王、光祿卿同正員。寶應元年五月，代宗即位，捨琰罪，贈其王位。

鄂王瑤，玄宗第五子也，初名嗣初。開元二年五月，封爲鄂王。十二年，改名涓，遙領幽州都督、河北道節度大使。二十一年四月，加太子太保，兼幽州都督，餘如故。二十三年，改名瑤。二十五年，得罪廢。寶應元年五月追復。

靖恭太子琬，玄宗第六子也，初名嗣玄。開元二年三月，封爲甄王。十二年三月，改名滉，封爲榮王。十五年，授京兆牧，又遙領隴右節度大使。二十三年，加開府儀同三司，餘如故。二十五年，改名琬。天寶元年六月，授單于大都護。十四年十一月，安祿山反於范

陽，其月制以琬爲征討元帥，高仙芝爲副，令仙芝徵河、隴兵募屯於陝郡以禦之。數日，琬薨。琬素有雅稱，風格秀整，時士庶冀琬有所成功，忽然殂謝，遠近咸失望焉。贈靖恭太子，葬于見子西原。

琬諸子尤繁衍，男女五十八人。天寶中封爲郡王者二：俯爲濟陰王、太僕卿同正員，倩爲北平王、國子祭酒同正員。

光王琚，玄宗第八子也。開元十二年，封爲光王。十五年，遙領廣州都督、五府經略大使。二十三年七月，光王琚、儀王濰、潁王澐、壽王清、延王泅、盛王沐、信王沔、義王漼等十王，並授開府儀同三司；皇子珪封爲陳王，澄封爲豐王，潓封爲恆王，滔封爲汴王。陳王已下第四王，幼未授官，並置府官僚屬。其日，光、儀等十人同於東宮尚書省上，詔宰臣及文武百僚送，儀注甚盛。俄除十五王府元僚，並未有府幕，同於禮院上，亦無精選。其時，琚兼廣州都督，餘如故。琚與鄂王瑤，皇子中有學尚才識，同居內宅，最相愛狎。琚有才力，善騎射。初封甚善，玄宗愛之。以母見疏薄，嘗有怨言，爲人所構得罪，人用憐之。寶應元年五月，追復官爵。無子。

夏悼王一，玄宗第九子也。母貞順皇后爲惠妃，見寵。一生而美秀，上鍾愛無比，名之爲一。開元五年，孩孺而薨，玄宗追封謚。時車駕在東都，葬於城南龍門東岑，欲宮中舉目見之。

儀王璲，玄宗第十二子也，初名濰。開元十三年五月，封爲儀王。十五年，授河南牧。二十三年，加開府儀同三司，兼河南牧，其年改名璲。永泰元年二月薨，廢朝三日，贈太傅。天寶中有子封王者二人：侁爲鍾陵郡王、光祿卿同正員，健爲廣陵王、國子祭酒同正員。

潁王璬，玄宗第十三子也。讀書有文詞。初名澐。開元十三年，封潁王。十五年，遙領安東都護、平盧軍節度大使。二十三年，加開府儀同三司，改名璬。安祿山反，除蜀郡大都督、劍南節度大使，楊國忠爲之副。玄宗幸蜀，令御史大夫魏方進充置頓使。先移牒至蜀，託以潁王之藩，令設儲供。玄宗至馬嵬，方進被殺，乃令璬先赴本郡，以蜀郡長史崔圓爲副。璬性儉率，將渡綿州江，登舟見綵纈席爲藉者，顧曰：「此可以爲寢處，奈何踐之？」命撤去。璬初奉命之藩，卒遽不遑受節，綿州司馬史賁進說曰：「王，帝子也，且爲節度大使。今之藩而不持節，單騎徑進，人何所瞻？請建大槊，蒙之油囊，爲旌節狀，先驅道路，足

以威衆。」璬笑曰：「但爲眞王，何用假旌節乎？」將至成都，崔圓迓之，拜於馬前，璬不止之，圓頗怒。玄宗至，璬視事兩月，人甚安之。爲圓所奏，罷居內宅。後令宣慰肅宗於彭原，遂從歸京師。建中四年薨，年六十六，輟朝三日。

子仲，天寶中封榮陽郡王，授衞尉卿同正員。

懷哀王敏，玄宗第十五子也。幼而豐秀，以母惠妃之寵，玄宗特加顧念。纔晬，開元八年二月薨，追封謚，權窆於景龍觀。天寶十三載，改葬京城南，以祔其母敬陵也。

永王璘，玄宗第十六子也。母曰郭順儀，劍南節度尚書虛已之妹。璘數歲失母，肅宗收養，夜自抱眠之。少聰敏好學，貌陋，視物不正。開元十三年三月，封爲永王。十五年五月，遙領荊州大都督。二十年七月，加開府儀同三司，改名璘。

天寶十四載十一月，安祿山反范陽。十五載六月，玄宗幸蜀，至漢中郡，下詔以璘爲山南東路及嶺南黔中江南西路四道節度採訪等使(五)、江陵郡大都督，餘如故。璘七月至襄陽，九月至江陵，召募士將數萬人，恣情補署，江淮租賦，山積於江陵，破用鉅億。以薛鏐、李臺卿、蔡坰爲謀主，因有異志。肅宗聞之，詔令歸覲于蜀，璘不從命。十二月，擅領舟師

東下，甲仗五千人趣廣陵，以季廣琛、渾惟明、高仙琦爲將。璘生於宮中，不更人事，其子襄城王偒又勇而有力，馭兵權，爲左右眩惑，遂謀狂悖。

璘雖有窺江左之心，而未露其事。吳郡採訪使李希言乃平牒璘，大署其名，璘遂激怒，牒報曰：「寡人上皇天屬，皇帝友于，地尊侯王，禮絕僚品，簡書來往，應有常儀，今乃平牒抗威，落筆署字，漢儀隳紊，一至於斯！」乃使渾惟明取希言，季廣琛趣廣陵攻採訪李成式。璘進至當塗，希言在丹陽，令元景曜、閻敬之等以兵拒之，身走吳郡，李成式使將李承慶拒之。先是，肅宗以璘不受命，先使中官啖廷瑤、段喬福招討之。中官至廣陵，成式括得馬數百匹。時河北招討判官、司虞郎中李銑在廣陵，瑤等結銑爲兄弟，求之將兵。銑麾下有騎一百八十人，遂率所領屯于揚子，成式使判官評事裴茂以廣陵步卒三千同拒于瓜步洲伊婁埭。希言將元景曜及成式將李神慶並以其衆迎降于璘，璘又殺丹徒太守閻敬之以徇，江左大駭。

裴茂至瓜步洲，廣張旗幟，耀于江津。璘與偒登陴望之竟日，始有懼色。季廣琛召諸將割臂而盟，以貳於璘。是日，渾惟明走于江寧，馮季康、康謙投于廣陵之白沙。廣琛以步卒六千趣廣陵，璘使騎追之，廣琛曰：「我感王恩，是以不能決戰，逃而歸國。若逼我，我則不擇地而迴戰矣。」使者返報。其夕，銑等多燃火，人執兩炬以疑之，隔江望者，兼水中之影，

一皆爲二矣。璘軍又以火應之。璘懼，以官軍悉濟矣，遂以兒女及麾下宵遁。遲明，不見濟者，遂入城具舟檝，使襄城王驅其衆以奔晉陵。宵諜曰：「王走矣。」於是江北之軍齊進，募敢死士趙侃、庫狄岫、趙連城等共二十人，先鋒遊弈于新豐，皆因醉而寐。璘聞官軍之至，乃使襄城王、高仙琦逆擊之。驛騎奔告，侃等介馬而出，襄城王已隨而至，銑等奔救，張左右翼擊之，射中襄城王首，偒軍遂敗。高仙琦等四騎與璘南奔，至鄱陽郡，司馬陶備閉城拒之。璘怒，命焚其城。至餘干，及大庾嶺，將南投嶺外，爲江西採訪使皇甫侁下防禦兵所擒，因中矢而薨。子偒等爲亂兵所害。肅宗以璘愛弟，隱而不言。

壽王瑁，玄宗第十八子也，初名清。初，瑁母武惠妃，開元元年見幸，寵傾後宮，頻產夏悼王、懷哀王、上僊公主，皆端麗，襁褓不育。及瑁之初生，讓帝妃元氏請瑁在於邸中收養，妃自乳之，名爲己子。十餘年在寧邸，故封建之事晚於諸王。宮中常呼爲十八郎。十三年三月，封爲壽王，始入宮中。十五年，遙領益州大都督、劍南節度大使。二十三年，加開府儀同三司，改名瑁。二十五年，惠妃薨，葬以后禮。二十九年，讓帝薨，瑁請制服，以報乳養之恩，玄宗從之。

瑁，天寶中有子封爲王者二人：伓爲濟陽郡王，僙爲廣陽郡王，鴻臚卿同正員。

唐法，親王食封八百戶，有至一千戶；公主三百戶，長公主加三百戶，有至六百戶。高宗朝以沛、英、豫王、太平公主武后所生，食逾於制。垂拱中，太平至一千二百戶。聖曆初，皇嗣封爲相王，食封與太平同三千戶。長安中，壽春王兄弟五人，並賜實封三百戶。神龍初，相府與太平同至五千戶〔五〕，衞王三千戶，溫王二千戶，成王七百戶。壽春王加四百戶，通前七百戶；嗣雍、衡陽、臨淄、巴陵、中山各加二百戶，通前五百戶。安樂初封二千戶，長寧一千五百戶，宣城、宜城、宣安各一千戶，相王女爲縣主者各三百戶。衞王尋升儲位，相府增至七千戶，太平至五千戶，安樂三千戶，長寧二千五百戶，宜城已下各二千戶。相府、太平、長寧、安樂皆以七千爲限，雖水旱亦不破損免，以正租庸充數。唐隆元年，遺制以嗣雍王守禮、壽春王成器封爲親王，各賜實封一千戶。開元之後，朝恩睦親，以寧府最長，封至五千五百戶；岐、薛愛弟著勳，五千戶；申府以外家微，至四千戶；邠府以外枝，至一千八百戶。皇妹爲公主者，食封一千戶，中宗女亦同。其後，皇子封王者賜封二千戶，皇女爲公主者賜封五百戶。咸宜賜湯沐，以母惠妃封至一千戶，諸皇女爲公主者，例加至一千戶。其封自開元已來，皆約以三千爲限。

延王玢，玄宗第二十子也，初名洄〔六〕。玢母卽尚書右丞柳範孫也，最爲名家，玄宗深重之。玢亦仁愛，有學問。開元十三年，封爲延王。十五年，遙領安西大都護、磧西節度大使。二十三年七月，加開府儀同三司，餘如故，改名玢。天寶十五載，玄宗幸蜀，玢男女三十六人，不忍棄於道路，數日不及行在所，玄宗怒之；賴漢中王瑀抗疏救之，聽歸於靈武。興元元年薨。

天寶末，封子倬彭城郡王、秘書監同正員，侹平陽郡王、殿中監同正員。

盛王琦，玄宗第二十一子也。壽王母弟，初名沐。十三年三月，封爲盛王。十五年，領揚州大都督。二十年，加開府儀同三司，餘如故，改名琦。天寶十五年六月，玄宗幸蜀，在路除琦爲廣陵大都督，仍領江南東路及淮南河南等路節度支度採訪等使，以前江陵大都督府長史劉彙爲之副，以廣陵長史李成式爲副大使、兼御史中丞。琦竟不行。廣德二年四月薨，贈太傅。

天寶末有子封王者二人：債眞定郡王、太常卿同正員，佩封武都郡王、殿中監同正員。

濟王環，玄宗第二十二子也，初名溢。開元十三年三月，封濟王。二十三年七月，授開府儀同三司，其月改名環。

正員。

天寶末有子封爲王者二人：俅爲永嘉郡王、衞尉卿同正員，俔爲平樂郡王、光祿卿同正員。

信王瑝，玄宗第二十三子也，初名沔。開元十三年三月，封爲信王。二十三年七月，授開府儀同三司，仍改名瑝。

天寶末有子封爲王者二人：佟爲新安郡王、太常卿同正員，侗爲晉陵郡王、光祿卿同正員。

義王玼，玄宗第二十四子也，初名漼。開元十三年三月，封爲義王。二十三年七月，授開府儀同三司，仍改名玼。

天寶末有子封爲王者二人：儀爲舞陽郡王、太僕卿同正員，僇爲高密郡王、宗正卿同正員。

陳王珪，玄宗第二十五子也，初名澳。開元二十三年七月，封爲陳王。二十四年三月改名珪。

天寶末男女二十一人，封爲王者二人：佗爲臨淮郡王、太常卿同正員，佼爲安陽王、殿中監同正員。

豐王珙，玄宗第二十六子也，初名澄。開元二十三年七月，封爲豐王。二十四年二月改名珙。天寶十五年六月，玄宗幸蜀，至扶風郡，授珙武威郡都督，仍領河西隴右安西北庭等路節度支度採訪使；以隴右太守鄧景山爲之副，兼武威長史、御史中丞，充都副大使。珙竟不行。

廣德元年十月，吐蕃凌逼上都，上將幸陝州，自苑中而出，騎從𨌺渡滻水。將軍王懷忠遂閉苑門，橫截五百餘騎，擁十宅諸王西投吐蕃。至城西，適遇元帥郭子儀，懷忠謂子儀曰：「主上東遷，社稷無主，萬國顒顒，何所瞻仰！今僕奉諸王等西奔，以副天下之望。令公身爲元帥，廢置在手，何不行册立之事乎？」子儀未及對，珙遂越次而言曰：「令公作何語，何不言也？」行軍司馬王延昌責之曰：「主上雖蒙塵于外，聖德欽明，王身爲藩翰，何乃發狂悖之詞也？延昌當奏聞于上。」子儀又數讓之，命軍士領之盡赴行在。潼關謁見，上不之責。珙歸幕次，詞又不順，羣臣恐遂爲亂，請除之，遂賜死。

天寶中有子二人爲王：佻齊安郡王、宗正卿同正員，伷宜春郡王、鴻臚卿同正員。

恆王瑱，玄宗第二十七子也，初名漎。開元二十三年七月，封爲恆王。性好道，常服道士衣。授右衞大將軍，加開府儀同三司。二十四年二月改名瑱。天寶十五載，從幸巴蜀，不復衣道士衣矣。

涼王璿，玄宗第二十九子也，初名漎。母武賢儀，則天時高平王重規女也，開元中入宮中，號爲「小武妃」。二十三年七月，封爲涼王。二十四年二月，改名璿。

初，貞觀中，高宗爲晉王，以文德皇后最少子，后崩後累年，太宗憐之，不令出閤，至立爲太子。高宗朝，睿宗爲豫王，雖成長，亦以則天最小子，不令出閤。及至聖曆初，封爲相王，始出閤。中宗時，以譙王重福失愛，出還外藩，衞王重俊爲太子，入與成王千里等起兵，將誅韋后，故温王重茂雖年十六七，竟亦居中。先天之後，皇子幼則居內，東封年，以漸成長，乃於安國寺東附苑城同爲大宅，分院居，爲十王宅。令中官押之，於夾城中起居，每日家令進膳。又引詞學工書之人入教，謂之侍讀。十王，謂慶、忠、棣、鄂、榮、光、儀、潁、永、延、濟，蓋舉全數。其後，盛、儀、壽、陳、豐、恆、涼六王又就封〔七〕，入內宅。二十五年，鄂、光得罪，忠繼大統，天寶中，慶、棣又歿，唯榮、儀等十四王居院，而府幕列於外坊，時通名起

居而已。外諸孫成長，又於十宅外置百孫院。每歲幸華清宮，宮側亦有十王院、百孫院。宮人每院四百，百孫院三四十人。又於宮中置維城庫，諸王月俸物，約之而給用。諸孫納妃嫁女，亦就十宅中。太子不居於東宮，但居於乘輿所幸之別院。太子亦分院而居，婚嫁則同親王、公主，在於崇仁之禮院。

天寶十五載六月，玄宗幸蜀，儀王已下十三王從。至漢中郡，遣永王璘出鎮荆州。至德二年十月，從還京。廣德元年十二月五日，上都失守，有儀、潁、壽、延、盛、濟、信、義、陳、恆、涼十一王扈從，幸陝州。十二月，從還上都。

璿之子，天寶中封爲王者一人：伆，瀘陽郡王、殿中監同正員。

汴哀王璥，玄宗第三十子也，初名滔。開元二十五年七月，封爲汴王。二十四年二月，改名璥，以其月薨。

史臣曰：前史有云：「母愛者子抱」，太子瑛之廢，有由然矣。琬爲元帥，不幸遽薨，豈天啓亂階，何失衆望之速也！永王璘，父在蜀城，兄居靈武，不能立忠孝之節，爲社稷之謀，而

乃聚兵江上，規爲己利，不義不昵，以災其身，書所謂「自作孽，不可逭」也。豐王珙因緣厄運，竊有覬覦，不愼樞機，自貽伊咎，悲矣！

贊曰：螽斯之詠，樂有子孫。用建藩屏，以崇本根。讒勝瑛廢，恩移至尊。盜熾琬卒，情乖萬民。口禍豐珙，自災永璘。惜乎二胤，不如仁人。

校勘記

〔一〕十三年　各本原作「三年」，據册府卷二六五、新書卷八二奉天皇帝琮傳改。

〔二〕十一載　各本原作「十載」，據本卷下文及册府卷二八四改。

〔三〕鄂光之母　「鄂光」，各本原作「鄂王」，唐會要卷四作「鄂光」。按據上下文意，唐會要是，據改。

〔四〕山南東路　各本原作「山東南路」，據唐會要卷五、册府卷二八一改。

〔五〕五千戶　「五」字各本原無，據唐會要卷五、合鈔卷一五八壽王瑁傳補。

〔六〕初名洄　「洄」，各本原作「涸」，新書卷八二光王琚傳作「洄」。按本書卷八玄宗紀開元十三年亦作「洄」，「涸」字誤，故改。

〔七〕盛儀壽陳豐恆涼六王　數之有七王，此言「六王」，疑有訛誤。唐會要卷五、新書卷八二十一宗諸子傳作「壽信義陳豐恆涼七王」。

舊唐書卷一百八

列傳第五十八

韋見素 子諤 益 益子顗　崔圓　崔渙 子縱　杜鴻漸

韋見素，字會微，京兆萬年人。父湊，開元中太原尹。見素學科登第。景龍中，解褐相王府參軍，歷衞佐、河南府倉曹。丁父憂，服闋，起爲大理寺丞，襲爵彭城郡公。坐事出爲坊州司馬。入爲庫部員外郎，加朝散大夫，歷右司兵部二員外、左司兵部二郎中，遷諫議大夫。天寶五年，充江西、山南、黔中、嶺南等黜陟使，觀省風俗，彈糾長吏，所至肅然。使還，拜給事中，駁正繩違，頗振臺閣舊典。尋檢校尙書工部侍郎，改右丞。九載，遷吏部侍郎，加銀青光祿大夫。見素仁恕長者，意不忤物，及典選累年，銓敍平允，人士稱之。

時右相楊國忠用事，左相陳希烈畏其權寵，凡事唯諾，無敢發明，玄宗頗知之，聖情不悅。天寶十三年秋，霖雨六十餘日，京師廬舍垣墉頹毀殆盡，凡一十九坊汙潦。天子以宰

輔或未稱職，見此咎徵，命楊國忠精求端士。時兵部侍郎吉溫方承寵遇，上意用之。國忠以溫祿山賓佐，懼其威權，奏寢其事。國忠訪於中書舍人竇華、宋昱等，華、昱言見素方雅，柔而易制。上亦以經事相王府，有舊恩，可之。其年八月，拜武部尙書、同中書門下平章事，充集賢院學士，知門下省事，代陳希烈。見素既爲國忠引用，心德之。時祿山與國忠爭寵，兩相猜嫌，見素亦無所是非，署字而已，遂至兇胡犯順，不措一言。

十五年六月，哥舒翰兵敗桃林，潼關不守。是月，玄宗蒼黃出幸，莫知所詣。楊國忠以身領劍南旄鉞，請幸成都。見素與國忠、御史大夫魏方進遇上於延秋門，便扈從之咸陽。翌日，次馬嵬驛，軍士不得食，流言不遜。龍武將軍陳玄禮懼其亂，乃與飛龍馬家李護國謀於皇太子，請誅國忠，以慰士心。是日，玄禮等禁軍圍行宮，盡誅楊氏。見素遁走，爲亂兵所傷，衆呼曰：「勿傷韋相！」識者救之，獲免。上聞之，令壽王瑁宣慰，賜藥傅瘡。魏方進爲亂兵所殺。是日，朝士獨見素一人。是夜宿馬嵬，上命見素子京兆府司錄參軍諤爲御史中丞，充置頓使。凌晨將發，六軍將士曰：「國忠反叛，不可更往蜀川，請之河、隴。」或言靈武、太原，或云還京，議者不一。上意在劍南，慮違士心，無所言。諤曰：「還京須有捍賊之備。今兵馬數少，恐非萬全，不如且至扶風，徐圖去就。」上詢于衆，衆以爲然，乃令皇太子後殿。

上至扶風郡，從駕諸軍各圖去就，頗出醜言。陳玄禮不能制，上聞之憂懼。會益州貢春綵十萬疋，乃以其綱使瀛陽尉劉景温爲監察御史，其綵悉陳於廷，召六軍將士等入，上謂之曰：「卿等皆國之功臣，勳勞素著，朕之優賞，常亦不輕。逆胡負恩，事須迴避，甚知卿等不得別父母妻子，朕亦不及辭九廟。」言發涕流。又曰：「朕今須幸蜀，蜀路險狹，人若多往，恐難祗供。今有此綵，卿等卽宜分取，各自圖去就。朕自有子弟、中官等相隨，便與卿等訣別。」衆咸俯伏號泣，曰：「死生從陛下。」上良久曰：「去住聽卿自便。」自是醜言方息。七月，至巴西郡，以見素兼左相、武部尚書。數日，至蜀郡，加金紫光祿大夫，進封豳國公，與一子五品官。

是月，皇太子卽位於靈武，道路艱澀，音驛未通。八月，肅宗使至，始知靈武卽位。尋命見素與宰臣房琯齎傳國寶玉册奉使靈武，宣傳詔命，便行册禮。將行，上皇謂見素等曰：「皇帝自幼仁孝，與諸子有異，朕豈不知。往十三年，已有傳位之意，屬其歲水旱，左右勸朕且俟豐年。爾來便屬祿山構逆，方隅震擾，未遂此心。昨發馬嵬，亦有處分。今皇帝受命，朕心頓如釋負。勞卿等遠去，勉輔佐之。多難興王，自古皆有，卿等乃心王室，以宗社爲念，早定中原，吾之望也。」見素等悲泣不自勝。仍以見素子諤及中書舍人賈至充册禮使判官。時肅宗已迴幸順化郡。九月，見素等至，册禮畢，從幸彭原郡。肅宗在東宮，素聞房琯

名重，故虛懷以待；以見素常附國忠，禮遇稍薄。明年，至鳳翔。三月，除左僕射，罷知政事，以憲部尚書致仕苗晉卿代爲左相。

初，肅宗在鳳翔，喪亂之後，綱紀未立，兵吏三銓，簿籍煨燼，南曹選人，文符悉多僞濫。上以兇醜未滅，且示招懷，據到注擬，一無檢括。見素曰：「臣典選歲久，周知此弊。今寰區未復，員闕不多。若總無條綱，恐難持久。」上然之，未暇釐革。及還京，選人數千，補授無所，喧訴于朝，由是行見素之言。及房琯以敗軍左降，崔圓、崔渙等皆罷知政事，上皇所命宰臣，無知政事者。五月，遷見素太子太師。十一月，肅宗自右輔還京，詔見素入蜀奉迎太上皇。十二月，上皇至京師，肅宗御樓大赦。見素以奉上皇幸蜀功，加開府儀同三司，食實封三百戶。上元中，以足疾上表請致仕，許之。寶應元年十二月卒，年七十六，贈司空，謚曰忠貞，喪事官給。

子倜、諤、益、哲。倜、諤皆位至給事中，益終刑部員外郎，哲終祕書丞。倜子頙。

益子顗，字周仁，生一歲而孤，事姊稱爲恭孝。性嗜學，尤精陰陽、象緯、經略、風俗之書。善持論，有清譽。少以門蔭補千牛備身，自鄠縣尉判入等，授萬年尉，歷御史、補闕、尚書郎，累遷給事中、尚書左丞、戶部侍郎、中丞、吏部侍郎。其在諫垣，與李約、李正辭迭申裨諷，頗迴大政。宰相裴垍、李絳、崔羣輩多與友善，而後進之有浮名者，亦遊其門，以是稱有時望。及李逢吉駕朋黨以專政柄，而顗附麗之跡尤密，頗爲時人所譏。然處身儉約，有足多者。著易蘊解，推演潛亢終始之義，甚有奧旨。寶曆元年七月卒，贈禮部尚書。

崔圓，清河東武城人也。後魏左僕射亮之後。父景晊，官至大理評事。圓少孤貧，志尚閎博，好讀兵書，有經濟宇宙之心。開元中，詔搜訪遺逸，圓以鈐謀射策甲科，授執戟。自負文藝，獲武職，頗不得意。蕭炅爲京兆尹，薦爲會昌丞，累遷司勳員外郎。宰臣楊國忠遙制劍南節度使，引圓佐理，乃奏授尚書郎，兼蜀郡大都督府左司馬，知節度留後。天寶末，玄宗幸蜀郡，特遷蜀郡大都督府長史、劍南節度。圓素懷功名，初聞國難，潛使人探國忠深旨，知有行幸之計，乃增修城池，建置館宇，儲備什器。及乘輿至，殿宇牙帳咸如宿設，玄宗甚嗟賞之，卽日拜中書侍郎、同中書門下平章事、劍南節度，餘如故。肅宗卽位，玄宗命圓同房琯、韋見素並赴肅宗行在所，玄宗親製遺愛碑于蜀以寵之。從肅宗還京，以功拜中書令，封趙國公，賜實封五百戶。明年，罷知政事，遷太子少師，留守東都。會官軍不利於相州，軍迴過洛陽，所在剽掠。圓棄城南奔襄陽，詔削除階封。尋起爲濟王傅。李光弼用爲懷州刺史，除太子詹事，改汾州刺史，皆以理行稱。拜揚州大都督府

長史、淮南節度觀察使，加檢校右僕射、兼御史大夫，轉檢校左僕射知省事。大曆三年六月薨，年六十四，輟朝三日，贈太子太師，謚曰昭襄。

崔渙，祖玄暐，神龍功臣，封博陵郡王。父璩，文學知名，位至禮部侍郎。渙少以士行聞，博綜經籍，尤善談論，累遷尚書司門員外郎。天寶末，楊國忠出不附己者，渙出爲劍州刺史。天寶十五載七月，玄宗幸蜀，渙迎謁於路，抗詞忠懇，皆究理體，玄宗嘉之，以爲得渙晚。宰臣房琯又薦之，卽日拜黃門侍郎、同中書門下平章事，扈從成都府。肅宗靈武卽位。八月，與左相韋見素、同平章事房琯、崔圓同齎册赴行在。時未復京師，舉選路絕，詔渙充江淮宣諭選補使，以收遺逸。惑於聽受，爲下吏所鬻，濫進者非一，以不稱職聞。乃罷知政事，除左散騎常侍，兼餘杭太守、江東採訪防禦使。旋授正議大夫、太子賓客。乾元三年正月，轉大理卿。再遷吏部侍郎、檢校工部尚書、集賢院待詔。性尚簡澹，不交世務，頗爲時望所歸。遷御史大夫，加稅地青苗錢物使。時以此錢充給京百官料，渙爲屬吏希中，以下估爲使料，上估爲百官料。其時爲皇城副留守張清發之，詔下有司訊鞫，渙無詞以對，坐是貶道州刺史。大曆三年十二月壬寅，以疾終。

子縱，初以蔭補協律郎，三遷爲監察御史。詔擇令長於臺省，除藍田令，寬明勤幹，德化大行，縣人爲之立碑頌德。轉京兆府司錄，累遷金部員外郎。以父貶道州刺史，棄官就養。丁父憂，終制，六遷大理卿、兼御史中丞、汴西水陸運兩稅鹽鐵等使。田悅連敗，走魏州，嬰城自守，諸道兵圍之，屢乏食，詔縱兼魏州四節度糧料使，軍儲稍給。

德宗幸奉天，四方握兵，未有至者。縱先知之，潛告李懷光勸令奔命，懷光從之。縱乃悉斂軍財與懷光俱來，調給具備。懷光兵士久戰河外，及次河中，將遷延。縱之貨幣先已渡河，縱謂衆曰：「若濟，悉以分賜。」衆利之，乃西。至奉天，加右庶子，充使。無幾拜京兆尹、兼御史大夫。數奏懷光剛愎反覆，宜陰備之。及行幸梁州，左右或短之曰：「縱素善懷光，今不來矣。」上曰：「他人不知縱，吾可保其心。」不數日，縱至，拜御史大夫。嘗議其大體，不親細事，獄訴儀制，皆付之僚吏。

貞元元年，親祠南郊，爲大禮使。屬兵旱之後，賦入尚少，縱裁定文物，儉而中禮。無何，萬年丞源邃爲京兆尹李齊運所抑捽至死，縱劾奏不行。數月，除吏部侍郎，尋檢校禮部尚書、東畿唐汝鄧都觀察使、河南尹。是時兵革甫定，民耗六七，縱悉心求瘼，爲理簡易。先是，戍邊之師由洛陽者，儲餼取辦於編戶。縱始官備，不徵於人，令五家相保，俾自占告發

斂，以絕胥吏之私。又引伊、洛水以通里閈，都中灌溉濟不逮爲十一二，人甚安之。徵拜太常卿。貞元七年六月卒官，年六十二，謚曰忠，贈吏部尚書。

縱孝悌，修飭自立。以父爲元載排抑，居退十餘年，左官外府，訖載得罪，不求聞達。初，渙有寵妾鄭氏，縱以母事之。鄭氏性剛戾，待縱不以理，雖爲大僚，每加笞詬。縱率妻子候顏，敬順不懈，時以爲難。

杜鴻漸，故相暹之族子。祖愼行，益州長史。父鵬舉，官至王友。鴻漸敏悟好學，舉進士，解褐王府參軍。天寶末，累遷大理司直，朔方留後、支度副使。

肅宗北幸，至平涼，未知所適。鴻漸與六城水運使魏少遊、節度判官崔漪、支度判官盧簡金、關內鹽池判官李涵謀曰：「今胡羯亂常，二京陷沒，主上南幸於巴蜀，皇太子理兵於平涼。然平涼散地，非聚兵之處，必欲制勝，非朔方不可。若奉殿下，旬日之間，西收河、隴，迴紇方強，與國通好，北徵勁騎，南集諸城，大兵一舉，可復二京。雪社稷之恥，上報明主，下安蒼生，亦臣子之用心，國家之大計也。」鴻漸卽日草牋具陳兵馬招集之勢，錄軍資、器械、倉儲、庫物之數，令李涵齎赴平涼，肅宗大悅。鴻漸知肅宗發平涼，於北界白草頓迎謁，

因勞諸使及兵士，進言曰：「朔方天下勁兵，靈州用武之處。今迴紇請和，吐蕃內附，天下郡邑，人皆堅守，以待制命。其中雖爲賊所據，亦望不日收復。殿下整理軍戎，長驅一舉，則逆胡不足滅也。」肅宗然之。

及至靈武，鴻漸與裴冕等勸卽皇帝位，以歸中外之望，五上表，乃從。鴻漸素習帝王陳布之儀，君臣朝見之禮，遂採摭舊儀，綿蕝其事。城南設壇壝，先一日具儀注草奏。肅宗曰：「聖君在遠，寇逆未平，宜罷壇場。」餘可其奏。肅宗卽位，授兵部郎中，知中書舍人事，尋轉武部侍郎。至德二年，兼御史大夫，爲河西節度使、涼州都督。兩京平，遷荊州大都督府長史、荊南節度使。

襄州大將康楚元、張嘉延盜所管兵，據襄州城叛，刺史王政遁走。嘉延南襲荊州，鴻漸聞之，棄城而遁。澧、朗、硤、歸等州聞鴻漸出奔，皆惶駭，潛竄山谷。歲餘，徵拜尚書右丞、吏部侍郎、太常卿，充禮儀使。二聖晏駕，鴻漸監護儀制，山陵畢，加光祿大夫，封衞國公。廣德二年，代宗將享郊廟，拜鴻漸兵部侍郎、同中書門下平章事，尋轉中書侍郎。

永泰元年十月，劍南西川兵馬使崔旰殺節度使郭英乂，據成都，自稱留後。邛州衙將柏貞節、瀘州衙將楊子琳、劍州衙將李昌巙等興兵討旰，西蜀大亂。明年二月，命鴻漸以宰相兼充山、劍副元帥、劍南西川節度使，以平蜀亂。鴻漸心無遠圖，志氣怯懦，又酷好浮圖

道，不喜軍戎。既至成都，懼旰雄武，不復問罪，乃以劍南節制表讓於旰。時西戎寇邊，關中多事，鴻漸孤軍陷險，兵威不振，代宗不獲已，從之。仍以旰爲劍南西川行軍司馬，柏貞節爲邛州刺史，楊子琳爲瀘州刺史，各罷兵。尋請入覲，仍表崔旰爲西川兵馬留後。

大曆二年，詔以旰爲成都尹、劍南西川節度使，召鴻漸還京。鴻漸仍率旰同入覲，代宗嘉之。後知政事，轉門下侍郎，讓山南副元帥。三年八月，代王縉爲東都留守〔一〕，充河南、淮西、山南東道副元帥，平章事如故。以疾上表乞骸骨，從之，竟不之任。四年十一月卒，贈太尉，謚曰文憲。輟朝三日，賜物五百疋、粟五百石。

鴻漸晚年樂於退靜，私第在長興里，館宇華靡，賓僚宴集。鴻漸悠然賦詩曰：「常願追禪理，安能挹化源。」朝士多屬和之。及休致後病，令僧剃頂髮，及卒，遺命其子依胡法塔葬，不爲封樹，冀類緇流，物議哂之。

史臣曰：祿山狂悖已顯，玄宗寵任無疑，見素知國危，陳廟算，直言極諫，而君不從，獨正犯難，而人不咎，出生入死，善始令終者鮮矣。時論以見素取容於國忠，無言匡大政。且國忠恃內戚，弄重權，沮林甫姦豪，取其大位，若見素之孤直，豈許取容。蓋禍胎已成，政柄

久紊，見素入相餘年，言不從而難作，雖有周、孔之才，其能匡救者乎！諤才辯，顥儉約，雅符積善之慶矣。圓守文之士，非禦侮之才。渙才兼行閭，命與時會。發言上沃主意，遽致顯榮；當官屢爲吏欺，終及竄逐。所謂可與適道，未可與權。縱忠於國，能於官，孝於家，三者備矣，孰能繼之！鴻漸有衞社之功，非干城之責，時以任崔旰爲非，則不然矣。且旰南拒貞節，北敗獻誠，宜以懷來，未可力制。終致歸國，豈非臧謀，向討之，卽爲劇賊矣。然事佛徼福，朋勢取容，非君子之道焉。

贊曰：玄宗失德，祿山肆逆。見素竭節，諸公協力。

校勘記

〔一〕王縉　各本原作「王縉」，本書卷一一八王縉傳云縉于大曆三年讓東都留守。「縉」係「縉」之誤，今據合鈔卷一五九杜鴻漸傳改。

舊唐書卷一百九

列傳第五十九

馮盎　阿史那社尒 子道眞　叔祖蘇尼失　蘇尼失子忠附　契苾何力　黑齒常之　李多祚　李嗣業　白孝德

馮盎，高州良德人也。累代爲本部大首領。盎少有武略，隋開皇中爲宋康令。仁壽初，潮、成等五州獠叛，盎馳至京，請討之。文帝敕左僕射楊素與盎論賊形勢，素曰：「不意蠻夷中有此人，大可奇也。」卽令盎發江、嶺兵擊之。賊平，授金紫光祿大夫，仍除漢陽太守。武德三年，廣、新二州賊帥高法澄、洗寶徹等並受林士弘節度，殺害隋官吏，盎率兵擊破之。既而寶徹兄子智臣又聚兵於新州，自爲渠帥，盎趣往擊之。兵交，盎却兜鍪大呼曰：「爾等頗識我否？」賊多棄戈肉袒而拜，其徒遂潰，擒寶徹、智臣等，嶺外遂定。或有說盎曰：「自隋季崩離，海內騷動。今唐雖應運，而風教未浹，南越一隅，未有所定。公克平五嶺二

十餘州，豈與趙佗九郡相比？今請上南越王之號。」盎曰：「吾居南越，于茲五代，本州牧伯，唯我一門，子女玉帛，吾之有也。人生富貴，如我殆難，常恐弗克負荷，以墜先業。本州衣錦便足，餘復何求？越王之號，非所聞也。」

四年，盎以南越之衆降，高祖以其地爲羅、春、白、崖、儋、林等八州，仍授盎上柱國、高羅總管，封吳國公，尋改封越國公。拜其子智戴爲春州刺史，智彧東合州刺史，徙封盎耿國公。貞觀五年，盎來朝，太宗宴賜甚厚。俄而羅竇諸洞獠叛，詔令盎率部落二萬爲諸軍先鋒。時有賊數萬屯據險要，不可攻逼。盎持弩語左右曰：「盡吾此箭，可知勝負。」連發七矢，而中七人，賊退走，因縱兵乘之，斬首千餘級。太宗令智戴還慰省之，自後賞賜不可勝數。盎奴婢萬餘人，所居地方二千里，勤於簿領，詰擿姦狀，甚得其情。二十年卒，贈左騎衞大將軍、荊州都督。

阿史那社尒，突厥處羅可汗子也。年十一，以智勇稱於本蕃，拜爲拓設，建牙于磧北，與欲谷設分統鐵勒、紇骨、同羅等諸部。在位十年，無所課斂。諸首領或鄙其不能富貴，社尒曰：「部落既豐，於我便足。」諸首領咸畏而愛之。

武德九年，延陁、迴紇等諸部皆叛，攻破欲谷設，社尒擊之，復爲延陁所敗。貞觀二年，遂率其餘衆保于西偏，依可汗浮圖。後遇頡利滅，而西蕃葉護又死，奚利邲咄陸可汗兄弟爭國，社尒揚言降之，引兵西上，因襲破西蕃，半有其國，得衆十餘萬，自稱都布可汗。謂其諸部曰：「首爲背叛破我國者，延陁之罪也。今我據有西方，大得兵馬，不平延陁而取安樂，是忘先可汗，爲不孝也。若天令不捷，死亦無恨。」其酋長咸諫曰：「今新得西方，須留鎭壓。若卽棄去，遠擊延陁，只恐葉護子孫必來復國。」社尒不從，親率五萬餘騎討延陁於磧北，連兵百餘日。遇我行人劉善因立同娥設爲咥利始可汗，社尒部兵又苦久役，多委之逃。延陁因縱擊敗之，復保高昌國。其舊兵在者纔萬餘人，又與西蕃結隙。

九年，率衆內屬，拜左騎衞大將軍。歲餘，令尙衡陽長公主，授駙馬都尉，典屯兵於苑內。十四年，授行軍總管，以平高昌。諸人咸卽受賞，社尒以未奉詔旨，秋毫無所取。及降別敕，然後受之。及所取，唯老弱故弊而已。軍還，太宗美其廉愼，以高昌所得寶刀幷雜綵千段賜之，仍令檢校北門左屯營，封畢國公。

十九年，從太宗征遼，至駐蹕陣，頻遭流矢，拔而又進。其所部兵士，人百其勇，盡獲殊勳。師旋，兼授鴻臚卿。二十一年，爲崑丘道行軍大總管，征龜茲。明年，軍次西突厥，擊處密，大破之，餘衆悉降。又下龜茲大撥換城，虜龜茲王白訶黎布失畢及大臣那利等百餘人

而還。屬太宗崩，請以身殉葬，高宗遣使喩以先旨，不許。遷右衞大將軍。永徽四年，加位鎭軍大將軍。六年卒，贈輔國大將軍、幷州都督，陪葬昭陵，起冢以象葱山，仍爲立碑，謚曰元。子道眞，位至左屯衞大將軍。

貞觀初，阿史那蘇尼失者，啓民可汗之母弟，社尒叔祖也。其父始畢可汗以爲沙鉢羅設，督部落五萬家，牙直靈州之西北，驍雄有恩惠，甚得種落之心。及頡利政亂，而蘇尼失所部獨不攜離。突利之來奔也，頡利乃立蘇尼失爲小可汗。及頡利爲李靖所破，獨騎而投之，蘇尼失遂舉其衆歸國，因令子忠擒頡利以獻。太宗賞賜優厚，拜北寧州都督、右衞大將軍，封懷德郡王。貞觀八年卒。

忠以擒頡利功，拜左屯衞將軍，妻以宗女定襄縣主，賜名爲忠，單稱史氏。貞觀九年，遷右衞大將軍。永徽初，封薛國公，累遷右驍衞大將軍。所歷皆以清謹見稱，時人比之金日磾。上元初卒，贈鎭軍大將軍，陪葬昭陵。

子暕，襲封薛國公，垂拱中，歷位司僕卿。

契苾何力，其先鐵勒別部之酋長也。父葛，隋大業中繼爲莫賀咄特勤，以地逼吐谷渾，所居隘狹，又多瘴癘，遂入龜茲，居于熱海之上。特勤死，何力時年九歲，降號大俟利發。貞觀六年，隨其母率衆千餘家詣沙州，奉表內附，太宗置其部落於甘、涼二州。何力至京，授左領軍將軍。

七年，與涼州都督李大亮、將軍薛萬均同征吐谷渾。軍次赤水川，萬均率騎先行，爲賊所攻，兄弟皆中槍墮馬，徒步而鬬，兵士死者十六七。何力聞之，將數百騎馳往，突圍而前，縱橫奮擊，賊兵披靡，萬均兄弟由是獲免。時吐谷渾主在突淪川，何力復欲襲之，萬均懲其前敗，固言不可。何力曰：「賊非有城郭，逐水草以爲生，若不襲其不虞，便恐鳥驚魚散。一失機會，安可傾其巢穴耶！」乃自選驍兵千餘騎，直入突淪川，襲破吐谷渾牙帳，斬首數千級，獲駝馬牛羊二十餘萬頭，渾主脫身以免，俘其妻子而還。有詔勞於大斗拔谷。萬均乃排毀何力，自稱己功。何力不勝憤怒，拔刀而起，欲殺萬均，諸將勸止之。太宗聞而責問其故，何力言萬均敗恧之事，太宗怒，將解其官迴授，何力固讓曰：「以臣之故而解萬均，恐諸蕃聞之，以爲陛下厚蕃輕漢，轉相誣告，馳競必多。又夷狄無知，或謂漢臣皆如此輩，固非安寧之術也。」太宗乃止。尋令北門宿衞，檢校屯營事，敕尙臨洮縣主。

十四年，爲葱山道副大總管，討平高昌。時何力母姑臧夫人、母弟賀蘭州都督沙門並

在涼府。十六年，詔許何力覲省其母，兼撫巡部落。時薛延陁強盛，契苾部落皆願從之。何力至，聞而大驚曰：「主上於汝有厚恩，任我又重，何忍而圖叛逆！」諸首領皆曰：「可敦及都督已去，何故不行？」何力曰：「我弟沙門孝而能養，我以身許國，終不能去也。」於是衆共執何力至延陁所，置於可汗牙前。何力箕踞而坐，拔佩刀東向大呼曰：「豈有大唐烈士，受辱蕃庭，天地日月，願知我心！」又割左耳以明志不奪也。可汗怒，欲殺之，爲其妻所抑而止。初，太宗聞何力之延陁，明非其本意。或曰：「人心各樂其土，何力今入延陁，猶魚之得水也。」太宗曰：「不然，此人心如鐵石，必不背我。」會有使自延陁至，具言其狀，太宗泣謂羣臣曰：「契苾何力竟如何？」遽遣兵部侍郎崔敦禮持節入延陁，許降公主，求何力。由是還，拜右驍衞大將軍。

太宗既許公主於延陁，行有日矣，何力抗表固言不可。太宗曰：「吾聞天子無戲言，既已許之，安可廢？」何力曰：「然。臣本請延緩其事，不謂總停。臣聞六禮之內，婿合親迎，宜告延陁親來迎婦，縱不敢至京邑，卽當使詣靈州。畏漢必不敢來，論親未可有成日。既憂悶，臣又攜離，不盈一年，自相猜忌。延陁志性狠戾，若死，必兩子相爭，坐而制之，必然之理。」太宗從之。延陁恐有詐，竟不至靈州，自後常悒悒不得志，一年而死，兩子果爭權，各立爲主。

太宗征遼東，以何力為前軍總管，軍次白崖城，為賊所圍，被矟中腰，瘡重疾甚，太宗自為傅藥。及拔賊城，敕求傷之者高突勃，付何力自殺之。何力奏言：「犬馬猶為其主，況於人乎？彼為其主，況致命冒白刃而刺臣，是其義勇士也。本不相識，豈是冤讎？」遂捨之。二十二年，為崑丘道總管，擊龜茲，獲其王訶梨布失畢及諸首領等。太宗崩，何力欲殺身以殉，高宗諭而止之。

永徽二年，處月、處密叛，以何力為弓月道大總管，討平之，擒其渠帥處密時健俟斤、合支賀等以歸。顯慶二年，遷左驍衛大將軍，累封郕國公，兼檢校鴻臚卿。

龍朔元年，又為遼東道行軍大總管。九月，次于鴨綠水，其地即高麗之險阻，莫離支男生以精兵數萬守之〔一〕，衆莫能濟。何力始至，會層冰大合，趣即渡兵，鼓譟而進，賊遂大潰，追奔數十里，斬首三萬級，餘衆盡降，男生僅以身免。會有詔班師，乃還。其年，九姓叛，以何力為鐵勒道安撫大使。乃簡精騎五百馳入九姓中，賊大驚，何力乃謂曰：「國家知汝被詿誤，遂有翻動，使我捨汝等過，皆可自新。罪在酋渠，得之則已。」諸姓大喜，共擒偽葉護及設、特勤等同惡二百餘人以歸，何力數其罪而誅之。

乾封元年，又為遼東道行軍大總管，兼安撫大使。高麗有衆十五萬，屯於遼水，又引靺鞨數萬據南蘇城。何力奮擊，皆大破之，斬首萬餘級，乘勝而進，凡拔七城。乃迴軍會英

國公李勣於鴨綠水，共攻辱夷、大行二城，破之。勣頓軍於鴨綠柵，何力引蕃漢兵五十萬先臨平壤。勣仍繼至，共拔平壤城，執男建〔二〕，虜其王還。授鎮軍大將軍，行左衛大將軍，徙封涼國公，仍檢校右羽林軍。儀鳳二年卒，贈輔國大將軍、并州都督，陪葬昭陵，諡曰烈。

有三子：明、光、貞。明，左鷹揚衛大將軍，兼賀蘭都督，襲爵涼國公。光，則天時右豹韜衛將軍，為酷吏所殺。貞，司膳少卿。

黑齒常之，百濟西部人。長七尺餘，驍勇有謀略。初在本蕃，仕為達率兼郡將，猶中國之刺史也。顯慶五年，蘇定方討平百濟，常之率所部隨例送降款。時定方縶左王及太子隆等，仍縱兵劫掠，丁壯者多被戮。常之恐懼，遂與左右十餘人遁歸本部，鳩集亡逸，共保任存山，築柵以自固，旬日而歸附者三萬餘人。定方遣兵攻之，常之領敢死之士拒戰，官軍敗績，遂復本國二百餘城，定方不能討而還。龍朔三年，高宗遣使招諭之，常之盡率其衆降。累轉左領軍員外將軍。

儀鳳中，吐蕃犯邊，常之從李敬玄擊之。劉審禮之沒賊，敬玄欲抽軍，却阻泥溝，而計無所出。常之夜率敢死之兵五百人進掩賊營，吐蕃首領跋地設棄軍宵遁，敬玄因此得還。高宗歎其才略，擢授左武衛將軍，兼檢校左羽林軍，賜金五百兩、絹五百匹，仍充河源軍副使。時吐蕃贊婆及素和貴等賊徒三萬餘屯於良非川。常之率精騎三千夜襲賊營，殺獲二千級，獲羊馬數萬，贊婆等單騎而遁。擢常之為大使，又賞物四百匹。常之以河源軍正當賊衝，欲加兵鎮守，恐有運轉之費，遂遠置烽戍七十餘所，度開營田五千餘頃，歲收百餘萬石。開耀中，贊婆等屯於青海，常之率精兵一萬騎襲破之，燒其糧貯而還。常之在軍七年，吐蕃深畏憚之，不敢復為邊患。嗣聖元年，遷左武衛大將軍，仍檢校左羽林軍。

垂拱二年，突厥犯邊，命常之率兵拒之。蹤至兩井，忽逢賊三千餘衆，常之見賊徒爭下馬著甲，遂領二百餘騎，身當先鋒直衝，賊遂棄甲而散。俄頃，賊衆大至。及日將暮，常之令伐木，營中燃火如烽燧，時東南忽有大風起，賊疑有救兵相應，遂狼狽夜遁。以功進封燕國公。三年，突厥入寇朔州，常之又充大總管，以李多祚、王九言為副。追蹤至黃花堆，大破之，追奔四十餘里，賊散走磧北。時有中郎將爨寶璧表請窮追餘賊，制常之與寶璧會，遙為聲援。寶璧以為破賊在朝夕，貪功先行，竟不與常之謀議，遂全軍而沒。尋為周興等誣構，云與右鷹揚將軍趙懷節等謀反，繫獄，遂自縊而死。

常之嘗有所乘馬為兵士所損，副使牛師獎等請鞭之。常之曰：「豈可以損私馬而決官兵乎！」竟赦之。前後所得賞賜金帛等，皆分給將士；及死，時甚惜之。

李多祚，代為靺鞨酋長。多祚驍勇善射，意氣感激。少以軍功歷位右羽林軍大將軍，前後掌禁兵，北門宿衛二十餘年。

神龍初，張柬之將誅張易之兄弟，引多祚將籌其事，謂曰：「將軍在北門幾年？」曰：「三十年矣。」柬之曰：「將軍擊鐘鼎食，金章紫綬，貴寵當代，位極武臣，豈非大帝之恩乎？」曰：「然。」又曰：「將軍既感大帝殊澤，能有報乎？大帝之子見在東宮，逆豎張易之兄弟擅權，朝夕危逼。宗社之重，於將軍，誠能報恩，正屬今日。」多祚曰：「苟緣王室，惟相公所使，終不顧妻子性命。」因即引天地神祇為要誓，詞氣感動，義形於色。遂與柬之等定謀誅易之兄弟，以功進封遼陽郡王，食實封八百戶，仍拜其子承訓為衛尉少卿。

其年，將有事於太廟，特令多祚與安國相王登輦夾侍。監察御史王覿上疏諫曰：「竊惟祔廟之禮，在於尊祖奉先；肅事之儀，豈厭惟親與德。伏見恩敕令安國相王與李多祚參乘，且多祚夷人，有功於國，適可加之寵爵，豈宜逼奉至尊，侍帝弟而連衡，與吾君而共輦？誠恐萬方之人，不允所望。昔文帝引趙談參乘，盎伏車前曰：『臣聞天子所共六尺輿者，皆天下豪英。今漢雖乏人，陛下獨奈何與刀鋸之餘共載！』於是斥而下之。多祚雖無趙談之

累，亦非卿相之重，不自循省，無聞固讓，豈國乏良輔，更無其人。史官所書，將示於後。何袁盎之強諫，獨微臣之不及。惟陛下詳擇焉。」上謂覿曰：「多祚雖是夷人，緣其有功，委以心腹，特令侍輦，卿勿復言也。」

節愍太子之殺武三思也，多祚與羽林大將軍李千里等率兵以從。太子令多祚先至玄武樓下，冀上問以殺三思之意，遂按兵不戰。時有宮闈令楊思勗於樓上侍帝，請拒其先鋒。多祚子壻羽林中郎將野呼利爲先軍總管，思勗挺刃斬之，兵衆大沮。多祚俄爲左右所殺，并殺其二子，籍沒其家。

睿宗即位，下制曰：「以忠報國，典册所稱；感義捐軀，名節斯在。故右羽林大將軍、上柱國、遼陽郡王李多祚，三韓貴種，百戰餘雄。席寵禁營，乃心王室，仗茲誠信，翻陷誅夷。頓彼神明，重清姦慝，永言徽烈，深合褒崇。宜追歿後之榮，以復生前之命。可還舊官，仍宥其妻子。」

李嗣業，京兆高陵人也。身長七尺，壯勇絕倫。天寶初，隨募至安西，頻經戰鬬。于時諸軍初用陌刀，咸推嗣業爲能。每爲隊頭，所向必陷。節度使馬靈詧知其勇健，每出師，令

嗣業與焉。累遷至中郎將。

天寶七載，安西都知兵馬使高仙芝奉詔總軍，專征勃律，選嗣業與郎將田珍爲左右陌刀將。于時吐蕃聚十萬衆於娑勒城，據山因水，塹斷崖谷，編木爲城。仙芝夜引軍渡信圖河，奄至城下。仙芝謂嗣業與田珍曰：「不午時須破此賊。」嗣業引步軍持長刀上，山頭拋檑蔽空而下，嗣業獨引一旗於絕險處先登，諸將因之齊上。賊不虞漢軍暴至，遂大潰，塡溪谷，投水溺死，僅十八九。遂長驅至勃律城擒勃律王、吐蕃公主，斬藤橋，以兵三千人戍。於是拂林、大食諸胡七十二國皆歸國家，款塞朝獻，嗣業之功也。由此拜右威衞將軍。

十載，又從平石國，及破九國胡幷背叛突騎施，以跳盪加特進，兼本官。初，仙芝紿石國王約爲和好，乃將兵襲破之，殺其老弱，虜其丁壯，取金寶瑟瑟駝馬等，國人號哭，因掠石國王東獻之于闕下。其子逃難奔走，告於諸胡國。羣胡忿之，與大食連謀，將欲攻四鎭。仙芝懼，領兵二萬深入胡地，與大食戰，仙芝大敗。會夜，兩軍解，仙芝衆爲大食所殺，存者不過數千。事窘，嗣業白仙芝曰：「將軍深入胡地，後絕救兵。今大食戰勝，諸胡知，必乘勝而併力事漢。若全軍沒，嗣業與將軍俱爲賊所虜，則何人歸報主？不如馳守白石嶺，早圖奔逸之計。」仙芝曰：「爾，戰將也。吾欲收合餘燼，明日復戰，期一勝耳。」嗣業曰：「愚者千慮，或有一得，勢危若此，不可膠柱。」固請行，乃從之。路隘，人馬魚貫而奔。會跋汗那兵衆先

奔，人及駝馬塞路，不克過。嗣業持大棒前驅擊之，人馬應手俱斃。胡等遁，路開，仙芝獲免。仙芝表其功，加驃騎左金吾大將軍。

及祿山反，兩京陷，上在靈武，詔嗣業赴行在。嗣業自安西統衆萬里，威令肅然，所過郡縣，秋毫不犯。至鳳翔謁見，上曰：「今日得卿，勝數萬衆，事之濟否，實在卿也。」遂與郭子儀、僕固懷恩等常犄角爲先鋒將。嗣業每持大棒衝擊，賊衆披靡，所向無敵。

祿山之亂，兩京未復，肅宗在鳳翔。至德二年九月〔三〕，嗣業從廣平王收復京城，與賊大戰于香積寺北，西拒灃水，東臨大川，十里間軍容不斷。嗣業時爲鎭西、北庭支度行營節度使，爲前軍，朔方右行營節度使郭子儀爲中軍，關內行營節度王思禮爲後軍。戈鋋鼓鞞，震曜山野，距賊軍數里，列長陣而待之。賊將李歸仁初以銳師數來挑戰，我師攢矢而逐之，賊軍大至，逼我追騎，突入我營，我師囂亂。嗣業謂郭子儀曰：「今日之事，若不以身啖寇，決戰於陣，萬死而冀其一生。不然，則我軍無孑遺矣。」嗣業乃脫衣徒搏，執長刀立於陣前大呼，當嗣業刀者，人馬俱碎，殺十數人，陣容方駐。前軍之士盡執長刀而出，如牆而進。嗣業先登奮命，所向摧靡。是時，賊先伏兵於營東，偵者知之，元帥廣平王分迴紇銳卒，令擊其伏兵，賊將大敗。嗣業出賊營之背，與迴紇合勢，表裏夾攻，自午及酉，斬首六萬級，塡溝壑而死者十二三。賊帥張通儒、安守忠、李歸仁等收合殘卒，東走保陝郡。慶緖又命嚴

莊率衆數萬，赴陝助通儒輩以拒官軍。廣平王、郭子儀、王思禮等大軍營於陝西。嗣業與子儀遇賊於新店，與之力戰，數合，我師初勝而後敗，嗣業遂急應接。迴紇從南山望見官軍敗，曳白旗而下，徑抵賊背，穿賊陣，賊陣西北角先陷。嗣業又率精騎前擊，表裏齊進，賊衆大敗，走河北。子儀遂收東都。嗣業以功加開府儀同三司、衞尉卿，封虢國公，食實封二百戶。

乾元二年，諸將同圍相州。是時築堤引漳水灌城，經月餘，城不拔。是時，軍無統帥，諸將自圖全，人無鬬志。賊每出戰，嗣業被堅衝突，履鋒冒刃，爲流矢所中。數日，瘡欲愈，臥於帳中，忽聞金鼓之聲，因而大叫，瘡中血出數升注地而卒。上聞之震悼，嗟惜久之，詔曰：「臨難忘身，爲臣之大節；念功加贈，經國之常典。故衞尉卿、兼懷州刺史、充北庭行營節度使、虢國公李嗣業，植操沉厚，秉心忠烈，懷幹時之勇略，有戡難之遠謀。久仕邊陲，備經任使。自兇渠構亂，中夏不寧，持感激之誠，總驍果之衆，親當矢石，頻立勳庸。壯節可嘉，將謀於百勝；忠誠未遂，空恨於九原。言念其功，良深憫悼。死於王事，禮有可加，宜贈裂土之封，用廣飾終之義。可贈武威郡王。其賻贈及緣葬事，所司倍於常式，仍令官給靈輿，遞還所在。以其子佐國襲其官爵，食實封二百戶。」

白孝德，安西胡人也，驍悍有膽力。乾元中，事李光弼爲偏裨。史思明攻河陽，使驍將劉龍仙率鐵騎五千臨城挑戰〔四〕。龍仙捷勇自恃，舉右足加馬鬣上，嫚罵光弼。光弼登城望，顧諸將曰：「孰可取者？」僕固懷恩請行，光弼曰：「此非大將所爲。」歷選其次，左右曰：「白孝德可。」光弼乃招孝德前，問曰：「可乎？」曰：「可。」光弼問：「所要幾何兵？」孝德曰：「可獨往耳。」光弼壯之。終問所欲，對曰：「願選五十騎於軍門爲繼，兼請大軍鼓譟以增氣勢，他無所用。」光弼撫其背以遣之。孝德挾二矛，策馬截流而渡。半濟，懷恩賀曰：「克矣。」光弼曰：「未及，何知其克？」懷恩曰：「觀其攬轡便辟，可萬全者。」龍仙見其獨來，甚易之，足不降鬣。稍近，將動，孝德搖手示之，若使其不動，龍仙不之測，乃止。孝德呼曰：「侍中使余致辭，非他也。」龍仙去十步與之言，褻罵如初。孝德息馬伺便，因瞋目曰：「賊識我乎？」龍仙曰：「誰耶？」曰：「我，國之大將白孝德也。」龍仙曰：「是何猪狗！」孝德發聲虓㘚，持矛躍馬而搏之。城上鼓譟，五十騎繼進。龍仙矢不暇發，環走堤上。孝德追及，斬首，攜之而歸，賊徒大駭。其後，累戰功至安西北庭行營節度、鄜坊邠寧節度使，歷檢校刑部尙書，封昌化郡王。以家難去職，服闋復舊官。大曆十四年九月，轉太子少傅，尋卒，時年六十六，贈太子太保。

史臣曰：歷代武臣，壯勇出衆者有諸，節行勵俗者鮮矣，矧蠻夷之人乎！如馮盎智勇守節，社尒康愼知足，蘇尼失恩惠，史忠清謹。凡用兵破吐蕃、谷渾，勇也；心如鐵石，忠也；不解萬均官，恕也；阻延陁之親，智也；捨高突勃之死，識也。立大功，居顯位，夙夜匪懈者，何力有焉。常之以私馬恕官兵，與將士均賞賜，古之名將，無以加焉。多祚忘身許國，孝德壯勇立功，皆三軍之傑也，豈九夷之陋哉！嗣業力贊中興，終歿王事，未可倫而擬也。

贊曰：君子之居，九夷無陋。壯哉嗣業，孰出其右！

校勘記

〔一〕莫離支男生 「離」字各本原無，據冊府卷四二〇補。

〔二〕男建 殘宋本作「勇建」，殿、局、廣本作「勇健」，據冊府卷三五八、通鑑卷二〇一改。

〔三〕至德二年 「二年」，各本原作「六年」，冊府卷三八五作「二年」，通鑑卷二二〇亦以此事繫於至德二載。按至德僅二年，次年二月即改元爲乾元，據改。

〔四〕五千 各本原作「五十」，據影宋本及冊府卷三九六改。

舊唐書卷一百一十

列傳第六十

李光弼 王思禮 鄧景山 辛雲京

李光弼，營州柳城人。其先，契丹之酋長。父楷洛，開元初，左羽林將軍同正、朔方節度副使，封薊國公，以驍果聞。光弼幼持節行，善騎射，能讀班氏漢書。少從戎，嚴毅有大略，起家左衞郎。丁父憂，終喪不入妻室。

天寶初，累遷左清道率兼安北都護府、朔方都虞候。五載，河西節度王忠嗣補爲兵馬使，充赤水軍使。忠嗣遇之甚厚，常云：「光弼必居我位。」邊上稱爲名將。八載，充節度副使，封薊郡公。十一載，拜單于副使都護〔一〕。十三載，朔方節度安思順奏爲副使、知留後事。思順愛其材，欲妻之，光弼稱疾辭官。隴右節度哥舒翰聞而奏之，得還京師。祿山之亂，封常清、高仙芝戰敗，斬於潼關。又以哥舒翰率師拒賊。尋命郭子儀爲朔方節度，收兵

河西。玄宗眷求良將，委以河北、河東之事，以問子儀，子儀薦光弼堪當閫寄。

十五載正月，以光弼爲雲中太守，攝御史大夫，充河東節度副使、知節度事。二月，轉魏郡太守、河北道採訪使，以朔方兵五千會郭子儀軍，東下井陘，收常山郡。賊將史思明以卒數萬來援常山，追擊破之，進收藁城等十餘縣，南攻趙郡。三月八日，光弼兼范陽長史、河北節度使，拔趙郡。自祿山反，常山爲戰場，死人蔽野，光弼酹其屍而哭之，爲賊幽閉者出之，誓平寇難，以慰其心。六月，與賊將蔡希德、史思明、尹子奇戰于常山郡之嘉山，大破賊黨，斬首萬計，生擒四千。思明露髮跣足，奔于博陵，河北歸順者十餘郡。

光弼以范陽祿山之巢穴，將先斷之，使絕根本。會哥舒翰潼關失守，玄宗幸蜀，人心驚駭。肅宗理兵於靈武，遣中使劉智達追光弼、子儀赴行在，授光弼戶部尙書，兼太原尹、北京留守、同中書門下平章事，以景城、河間之卒五千赴太原。時節度王承業軍政不修，詔御史崔衆交兵於河東。衆侮易承業，或裹甲持槍突入承業廳事玩謔之。光弼聞之素不平。至是，交衆兵於光弼。衆以麾下來，光弼出迎，旌旗相接而不避。光弼怒其無禮，又不卽交兵，令收繫之。頃中使至，除衆御史中丞，懷其敕問衆所在。光弼曰：「衆有罪，繫之矣！」中使以敕示光弼，光弼曰：「今只斬侍御史；若宣制命，卽斬中丞；若拜宰相，亦斬宰相。」中使懼，遂寢之而還。翌日，以兵仗圍衆，至碑堂下斬之，威震三軍。命其親屬弔之。

二年，賊將史思明、蔡希德、高秀巖、牛廷玠等四偽帥率衆十餘萬來攻太原。光弼經河北苦戰，精兵盡赴朔方，麾下皆烏合之衆，不滿萬人。思明謂諸將曰：「光弼之兵寡弱，可屈指而取太原，鼓行而西，圖河隴、朔方，無後顧矣！」光弼所部將士聞之皆懼，議欲修城以待之，光弼曰：「城周四十里，賊垂至，今興功役，是未見敵而自疲矣。」乃躬率士卒百姓外城掘壕以自固。作塹數十萬，衆莫知所用。及賊攻城於外，光弼即令增壘於內，壞輒補之。賊城外詬詈戲侮者，光弼令穿地道，一夕而擒之，自此賊將行皆視地，不敢逼城。強弩發石以擊之，賊驍將勁卒死者十二三。城中長幼咸伏其勤智，懦兵增氣而皆欲出戰。史思明揣知之，先歸，留蔡希德等攻之。月餘，我怒而寇怠，光弼率敢死之士出擊，大破之，斬首七萬餘級，軍資器械一皆委棄。賊始至及遁，五十餘日，光弼設小幕，宿於城東南隅，有急即應，行過府門，未嘗迴顧。賊退三日，決軍事畢，始歸府第。轉檢校司徒，收清夷、橫野等軍，擒賊將李弘義以歸。詔曰：「銀青光祿大夫、檢校司徒、兼戶部尚書、同中書門下平章事、兼御史大夫、鴻臚卿、太原尹、北京留守、河東節度副大使、薊國公光弼，全德挺生，英才間出，干城禦侮，坐甲安邊。可守司空、兼兵部尚書、中書門下平章事，進封魏國公，食實封八百戶。」

乾元元年，與關內節度使王思禮入朝，敕朝官四品已上出城迎謁。遷侍中，改封鄭國

公。二年七月，制曰：「元帥之任，實屬於師貞；左軍之選，諒資於邦傑。自非道申啓沃，學富韜鈐，則何以翊分閫而專征，膺鑿門而受律。求諸將相，允得其人。司空、兼侍中、鄭國公光弼，器識弘遠，志懷沉毅，蘊孫、吳之略，有文武之材。往屬艱難，備彰忠勇，協風雲而經始，保宗社於阽危。由是出備長城，入扶大廈，茂功懸於日月，嘉績被於巖廊。屬殘寇猶虞，總戎有命，用擇惟賢之佐，式弘建親之典。必能緝寧邦國，協贊天人，誓于丹浦之師，勦彼綠林之盜。載明朝獎，爰籍舊勳。宜副出車之命，仍踐分麾之寵。為天下兵馬元帥趙王係之副，知節度行營事。」

八月，兼幽州大都督府長史、河北節度支度營田經略等使，餘如故。與九節度兵圍安慶緒於相州，拔有日矣。史思明自范陽來救，屢絕糧道，光弼身先士卒，苦戰勝之。屬大風晦冥，諸將引衆而退，所在剽掠，唯光弼所部不散。東京留守崔圓、河南尹蘇震南奔襄陽，郭子儀率衆屯于穀水。史思明因殺安慶緒，即偽位，縱兵河南。加光弼太尉、兼中書令，代郭子儀為朔方節度、兵馬副元帥，以東師委之。左廂兵馬使張用濟承子儀之寬，懼光弼之令，與諸將頗有異議，欲逗留其衆。光弼以數千騎出次汜水縣，用濟單騎迎謁，即斬於轅門。諸將懾伏，都兵馬使僕固懷恩先期而至。

初，光弼次汴州，聞思明悉衆且至，謂許叔冀曰：「大夫能守此城浹旬，我必將兵來救。」

叔冀曰：「諾。」光弼還東京，思明至汴，叔冀與戰不利，遂與董秦、梁浦、劉從諫率衆降思明。賊勢甚熾，遣梁浦、劉從諫、田神功等將兵徇江淮，謂之曰：「收得其地，每人貢兩船玉帛。」思明乘勝而西。光弼整衆徐行，至洛，謂留守韋陟曰：「賊乘鄴下之勝，再犯王畿，宜按甲以挫其鋒，不利速戰。洛城非禦備之所，公計若何？」陟曰：「加兵陝州，退守潼關，據險以待之，足挫其銳矣！」光弼曰：「此蓋兵家常勢，非用奇之策也。夫兩軍相寇，貴進尺寸之間耳。今委五百里而不顧，是張賊勢也。若移軍河陽，北阻澤潞，三城以抗，勝則擒之，敗則自守，表裏相應，使賊不敢西侵，此則猿臂之勢也。夫辨朝廷之禮，光弼不如公；論軍旅之事，公不如光弼。」陟無以應。判官韋損曰：「東京帝宅，侍中何不守之？」光弼曰：「若守洛城，汜水、崿嶺皆須人守，子為兵馬判官，能守之乎？」遂移牒留守及河南尹并留司官、坊市居人，出城避寇，空其城，率軍士運油鐵諸物，以為戰守之備。

時史思明已至偃師，光弼悉軍赴河陽。賊已至洛城，光弼軍方至石橋。日暮，令秉炬徐行，與賊相隨，而不敢來犯。乙夜，入河陽三城。排閱守備，號令嚴明，與士卒同甘苦，咸誓力戰。賊憚光弼威略，頓兵白馬寺，南不出百里，西不敢犯宮闕，於河陽南築月城，掘壕以拒光弼。十月，賊攻城。於中潬城西大破逆黨五千餘衆，斬首千餘級，生擒五百餘人，溺死者大半。

初，光弼謂李抱玉曰：「將軍能為我守南城二日乎？」抱玉曰：「過期若何？」光弼曰：「過期而救不至，任棄也。」抱玉稟命，勒兵守南城。將陷，抱玉紿賊曰：「吾糧盡，明日當降。」賊衆大喜，斂軍以俟之。抱玉復得繕完設備，明日，堅壁請戰。賊怒見欺，急攻之。抱玉出奇兵，表裏夾擊，殺傷甚衆，賊帥周摯領軍而退。光弼自將於中潬城，城外置柵，柵外大掘塹，濶二丈，深亦如之。周摯捨南城，併力攻中潬。光弼命荔非元禮出勁卒於羊馬城以拒賊。光弼於城東北角樹小紅旗，下望賊軍。賊恃衆直逼其城，以車二乘載木鵝、蒙衝、鬭樓、檣車隨其後，督兵填城下塹，三面各八道過其兵，又當塹開柵，各置一門。光弼遙望賊逼城，使人語荔非元禮曰：「中丞看賊填塹開柵過兵，居然不顧，何也？」元禮報曰：「太尉擬守乎，擬戰乎？」光弼曰：「戰。」元禮曰：「若戰，賊為我填塹，復何嫌也！」光弼曰：「吾智不及公，公其勉之！」元禮俟柵開，率其勇敢出戰，一逼賊軍，退走數百步。元禮料敵陣堅，雖出入馳突，不足破賊，收軍稍退，以怠其寇而攻之。光弼望見收軍，大怒，使人喚元禮，欲按軍令。元禮曰：「戰正忙，喚作何物？」良久，令軍中鼓譟出柵門，徒搏齊進，賊大潰。

周摯復整軍押北城而下，將攻之。光弼遽率衆入北城，登城望曰：「彼雖衆，亂而囂，不足懼也。當為公等日午而破之。」命出將戰。及期，不決，謂諸將曰：「向來戰，何處最堅而難犯？」或曰：「西北角。」遽命郝玉曰：「爾往擊之。」玉曰：「玉，步卒也，請騎軍五百翼之。」

光弼與之三百。又問：「何處最堅？」曰：「東南隅。」卽命論惟貞以所部往擊之。對曰：「貞，蕃將也，不知步戰，請鐵騎三百。」與之百。光弼又出賜馬四十四分給，且令之曰：「爾等望吾旗而戰，若麾旗緩，任爾觀望便宜；吾旗連麾三至地，則萬衆齊入，生死以之，少退者斬無捨。」玉策馬赴賊，有一人將授槍刺賊，洞馬腹，連刺數人；一人逢賊，不戰而退。光弼召不戰者斬，賞授槍者絹五百疋。須臾，郝玉奔歸。光弼望之，驚曰：「郝玉退，吾事危矣。」命左右取玉頭來。玉見使者曰：「馬中箭，非敢敗也。」使者馳報，光弼令換馬遣之。玉換馬復入，決死而前。光弼連麾，三軍望旗俱進，聲動天地，一鼓而賊大潰，斬萬餘級，生擒八千餘人，軍資器械糧儲數萬計，臨陣擒其大將徐璜玉、李秦授、周摯〔二〕。其大將安太清走保懷州。思明不知摯等敗，尙攻南城。光弼悉驅俘囚臨河以示之，殺數十人以威之，餘衆懼，投河赴南岸，光弼皆斬之。初，光弼將戰，謂左右曰：「戰，危事，勝負繫之。光弼位爲三公，不可死於賊手，苟事之不捷，繼之以死。」及是擊賊，常納短刀於靴中，有決死之志，城上面西拜舞，三軍感動。

賊既敗走，光弼收懷州，思明來救，迎擊於沁水之上，又敗之。城將安太清極力拒守，月餘不下。光弼令僕固懷恩、郝玉由地道而入，得其軍號，乃登陴大呼，我師同登，城遂拔。生擒安太清、周摯、楊希文等，送於闕下，卽日懷州平。以功進爵臨淮郡王，累加實封至一

千五百戶。

觀軍容使魚朝恩屢言賊可滅之狀，朝旨令光弼速收東都。光弼屢表：「賊鋒尙銳，請候時而動，不可輕進。」僕固懷恩又害光弼之功，潛附朝恩，言賊可滅。由是中使督戰，光弼不獲已，進軍列陣於北邙山下。賊悉精銳來戰，光弼敗績，軍資器械並爲賊所有。時李抱玉亦棄河陽，光弼渡河保聞喜。朝旨以懷恩異同致敗，優詔徵之。光弼自河中入朝，抗表請罪，詔釋之。光弼懇讓太尉，遂加開府儀同三司、侍中、河南尹、行營節度使；俄復拜太尉，充河南、淮南、山南東道、荊南等副元帥，侍中如故，出鎭臨淮。史朝義乘邙山之勝，寇申、光等十三州，自領精騎圍李岑於宋州。將士皆懼，請南保揚州，光弼徑赴徐州以鎭之，遣田神功擊敗之。浙東賊首袁晁攻剽郡縣，浙東大亂，光弼分兵除討，克定江左，人心乃安。

初，光弼將赴臨淮，在道昇疾而行。監軍使以袁晁方擾江淮，光弼兵少，請保潤州以避其鋒。光弼曰：「朝廷寄安危於我，今賊雖強，未測吾衆寡，若出其不意，當自退矣。」遂徑往泗州。光弼未至河南也，田神功平劉展後，逗留於揚府，尙衡、殷仲卿相攻於兗、鄆，來瑱旅拒於襄陽，朝廷患之。及光弼輕騎至徐州，史朝義退走，田神功遽歸河南，尙衡、殷仲卿、來瑱皆懼其威名，相繼赴闕。寶應元年，進封臨淮王，賜鐵券，圖形凌煙閣。

廣德初，吐蕃入寇京畿，代宗詔徵天下兵。光弼與程元振不協，遷延不至。十月，西戎

犯京師，代宗幸陝。朝廷方倚光弼爲援，恐成嫌疑，數詔問其母。吐蕃退，乃除光弼東都留守，以察其去就。光弼伺知之，辭以久待敕不至，且歸徐州，欲收江淮租賦以自給。代宗還京，二年正月，遣中使往宣慰。光弼母在河中，密詔子儀輿歸京師。其弟光進，與李輔國同掌禁兵，委以心膂。至是，以光進爲太子太保、兼御史大夫、涼國公、渭北節度使，上遇之益厚。

光弼御軍嚴肅，天下服其威名，每申號令，諸將不敢仰視。及懼朝恩之害，不敢入朝，田神功等皆不稟命，因愧恥成疾，遣衙將孫珍奉遺表自陳。廣德二年七月，薨於徐州，時年五十七。輟朝三日，贈太保，諡曰武穆。光弼既疾亟，將吏問以後事，曰：「吾久在軍中，不得就養，既爲不孝子，夫復何言！」因取已封絹布各三千疋、錢三千貫文分給將士。部下護喪柩還京師。代宗遣中官開府魚朝恩弔問其母於私第，又命京兆尹第五琦監護喪事。十一月，葬於三原，詔宰臣百官祖送於延平門外。母李氏，有鬚數十莖，長五六寸，以子貴，封韓國太夫人，二子皆節制一品。光弼十年間三入朝，與弟光進在京師，雖與光弼異母，性亦孝悌，雙旌在門，鼎味就養，甲第並開，往來追歡，極一時之榮。

王思禮，營州城傍高麗人也。父虔威，爲朔方軍將，以習戰聞。思禮少習戎旅，隨節度使王忠嗣至河西，與哥舒翰對爲押衙。及翰爲隴右節度使，思禮與中郎周泌爲翰押衙，以拔石堡城功，除右金吾衞將軍，充關西兵馬使，兼河源軍使。十一載，加雲麾將軍。十二載，翰征九曲，思禮後期，欲引斬之，續使命釋之。思禮徐言曰：「斬則斬，却喚何物？」諸將皆壯之。十三年，吐蕃蘇毗王款塞〔三〕，詔翰至磨環川應接之。思禮墜馬損脚，翰謂中使李大宜曰：「思禮既損脚，更欲何之？」

十四載六月，加金城太守。祿山反，哥舒翰爲元帥，奏思禮加開府儀同三司，兼太常卿同正員，充元帥府馬軍都將，每事獨與思禮決之。十五載二月，思禮白翰謀殺安思順父元貞，於紙隔上密語翰，請抗表誅楊國忠，翰不應。復請以三十騎劫之，橫馱來潼關殺之，翰曰：「此乃翰反，何預祿山事。」六月，潼關失守，思禮西赴行在，至安化郡。思禮與呂崇賁、李承光並引於纛下，責以不能堅守，並從軍令。或救之可收後効，遂斬承光而釋思禮、崇賁，與房琯爲副使。便橋之戰又不利，除爲關內節度使。尋遣守武功。賊將安守忠及李歸仁、安泰清來戰，思禮以其衆退守扶風。賊兵分至大和關，去鳳翔五十里。王師大駭，鳳翔戒嚴，中官及朝官皆出其孥，上使左右巡御史虞候書其名，乃止。遂命司徒郭子儀以朔方之衆擊之而退。

至德二年九月，思禮從元帥廣平王收西京，既破賊，思禮領兵先入景清宮〔四〕。又從子儀戰陝城、曲沃、新店，賊軍繼敗，收東京。思禮又於絳郡破賊六千餘衆，器械山積，牛馬萬計。遷戶部尚書，霍國公，食實封三百戶。乾元二年，與子儀等九節度圍安慶緒於相州。思禮領關內及潞府行營步卒三萬、馬軍八千，大軍潰，唯思禮與李光弼兩軍獨全。及光弼鎮河陽，制以思禮爲太原尹、北京留守、河東節度使、兼御史大夫，貯軍糧百萬，器械精銳。尋加守司空。自武德已來，三公不居宰輔，唯思禮而已。上元二年四月，以疾薨，輟朝一日，贈太尉，諡曰武烈，命鴻臚卿監護喪事。思禮長於支計，短於用兵，然立法嚴整，士卒不敢犯，時議稱之。

鄧景山，曹州人也。文吏見稱。天寶中，自大理評事至監察御史。至德初，擢拜青齊節度使，遷揚州長史、淮南節度。爲政簡肅，聞於朝廷。居職四年，會劉展作亂，引平盧副大使田神功兵馬討賊。神功至揚州，大掠居人資產，鞭笞發掘略盡，商胡大食、波斯等商旅死者數千人。上元二年十月，追入朝，拜尚書左丞。太原尹、北京留守王思禮軍儲豐實，其外又別積

米萬石，奏請割其半送京師。屬思禮薨，以管崇嗣代之，委任左右，失於寬緩，數月之間，費散殆盡，唯存陳爛萬餘石。上聞之，即日召景山代崇嗣。及至太原，以鎮撫紀綱爲己任，檢覆軍吏隱沒者，衆懼。有一偏將抵罪當死，諸將各請贖其罪，景山不許；其弟請以身代其兄，又不許；弟請納馬一匹以贖兄罪，景山許其減死。衆咸怒，謂景山曰：「我等人命輕如一馬乎？」軍衆憤怒，遂殺景山。上以景山統馭失所，不復驗其罪，遣使諭之。軍中因請以都知兵馬使、代州刺史辛雲京爲節度使，從之。

辛雲京者，河西之大族也。代掌戎旅，兄弟數人，並以將帥知名。雲京有膽略，志氣剛決，不畏強禦，每在戎行，以擒生斬馘爲務。累建勳勞，官至北京都知兵馬使、代州刺史。鄧景山統馭失所，爲軍士所殺，請雲京爲節度使，因授兼太原尹，以北門委之。雲京質性沉毅，部下有犯令者，不貸絲毫，其賞功效亦如之，故三軍整肅。迴紇恃舊勳，每入漢界，必肆狼貪。至太原，雲京以戎狄之道待之，虜畏雲京，不敢惕息。數年間，太原大理，無烽警之虞。累加檢校左僕射、同中書門下平章事。大曆三年八月庚午薨，上追悼發哀，爲之流涕，冊贈太尉，輟朝三日，諡曰忠獻。後宰臣子儀、元載等見上，言及雲京，泫然久之。十一月葬，命中使弔祭。時宰相及諸道節度使祭者凡七十餘幄。

史臣曰：凡言將者，以孫、吳、韓、白爲首。如光弼至性居喪，人子之情顯矣；雄才出將，軍旅之政肅然。以奇用兵，以少敗衆，將今比古，詢事考言，彼四子者，或有慚德。邙山之敗，閫外之權不專；徐州之留，君側之人伺隙。失律之尤雖免，匪躬之義或虧，令名不全，良可惜也。然閫外之事，君側之人，得不慎諸！思禮法令嚴整，儲廩豐盈，節制之才，固不易得。景山始以文吏，或有虛名。仗鉞揚州，召匪人而劫掠士庶；分茅并部，持小法而全昧機權。貴馬賤人，衆怒身死，宜哉！雲京賞善懲惡，靜亂安邊，功著軍中，寵加身後，不亦美歟！

贊曰：光弼雄名，思禮刑清。始致亂者鄧景山，何以救之辛雲京。

校勘記

〔一〕拜單于副使都護　張森楷云：「使疑當作大，職官志大都護府有大都護一員，副大都護二員，副都護四人，無所謂副使都護也。」

〔二〕臨陣擒其大將徐璜玉李秦授周摯　校勘記卷四二云：「據此似摯已被擒，而下文又云『生擒安太清、周摯、楊希文等』，前後不相應。」按冊府卷三五八此處無「周摯」，作「臨陣擒其大將徐璜玉、李秦」。新書卷一三六李光弼傳此處與舊傳同，唯下文亦無「周摯」，作「禽太清、楊希仲」。通鑑卷二二一考異謂周摯於上元二年三月爲史朝義所殺。

〔三〕吐蕃蘇毗王款塞　「吐蕃」，殘宋本作「吐蕃渾」，餘各本均作「吐谷渾」。按蘇毗爲吐蕃滅後，即附屬于吐蕃。通鑑卷二一七云：「蘇毗王子悉諾邏去吐蕃來降。」此據殘宋本，並刪「渾」字。

〔四〕先入景清宮　冊府卷三八五作「先入宮」，新書卷一四七王思禮傳作「先入清宮」。

舊唐書卷一百一十一

列傳第六十一

崔光遠 房琯 子孺復 從子式 張鎬 高適 暢璀

崔光遠，滑州靈昌人也。本博陵舊族。祖敬嗣，好樗蒱飲酒。則天初，為房州刺史。中宗為廬陵王，安置在州，官吏多無禮度，敬嗣獨以親賢待之，供給豐贍，中宗深德之。及登位，有益州長史崔敬嗣，既同姓名，每進擬官，皆御筆超拜之者數四。後引與語，始知誤寵。訪敬嗣已卒，乃遣中書令韋安石授其子汪官。汪嗜酒不堪職任，且授洛州司功，又改五品。

光遠即汪之子，雖無學術，頗有祖風，勇決任氣，身長六尺餘，目睛白黑分明。少歷仕州縣。開元末為蜀州唐安令，與楊國忠以博徒相得，累遷至左贊善大夫。天寶十一載，京兆尹鮮于仲通舉光遠為長安令。十四載，遷京兆少尹。其載，使吐蕃弔祭。十五載五月，

使迴。十餘日，潼關失守，玄宗幸蜀，詔留光遠為京兆尹、兼御史中丞，充西京留守採訪使。駕發，百姓亂入宮禁，取左藏大盈庫物，既而焚之，自旦及午，火勢漸盛，亦有乘驢上紫宸、興慶殿者。光遠與中官將軍邊令誠號令百姓救火，又募人攝府縣官分守之，殺十數人方定。使其息東見祿山，祿山大悅，偽敕復本官。先是祿山已令張休攝京兆尹十餘日，既得光遠歸款，召休歸洛。

八月，同羅背祿山，以廄馬二千出至滻水。孫孝哲、安神威從而召之，不得，神威懼而憂死，府縣官吏驚走，獄囚皆空。光遠以為賊且逃矣，命所由守神威孝哲宅〔一〕。孝哲以光遠之狀報祿山。光遠閉府門，斬為盜曳落河二人，遂與長安令蘇震等同出。至開遠門，使人前謂門官曰：「尹巡諸門。」門官具器仗以迎，至則皆斬之。領府縣官十餘人〔二〕，於京西號令百姓，赴召者百餘人，夜過咸陽，遂達靈武。上喜之，擢拜御史大夫，兼京兆尹，仍使光遠於渭北召集人吏之歸順者。嘗有賊剽掠涇陽縣界，於僧寺中椎牛釃酒，連夜酣飲，去光遠營四十里。光遠偵知之，率馬步二千乙夜趨其所。賊徒多醉，光遠領百餘騎持滿扼其要，分命驍勇持陌刀呼而斬之，殺賊徒二千餘人，虜馬千疋，俘其渠酋一人。賊中以光遠勇勁，常避其鋒。及扈從還京，論功行賞，制曰：「持節京畿採訪、計會、招召、宣慰、處置等使崔光遠，毀家成國，致命前茅。可特進，行禮部尚書，封鄴國公，食實封三百戶。」

乾元元年，兼御史大夫。五月，為河南節度使。八月，代張鎬為汴州刺史，兼本州防禦使。十二月，代蕭華為魏州刺史，充魏州節度使。初，司徒郭子儀與賊戰於汲郡，光遠率汴師千人渡河援之。及代蕭華入魏州，使將軍李處崟拒賊，賊大至，連戰不利，子儀怒不救，處崟遂敗，奔還。賊逐處崟至城下，反間之曰：「處崟召我來，何為不出？」光遠乃腰斬處崟。處崟善戰有勇，衆皆倚之，及死，人用危懼。魏州城自祿山反，袁知泰、能元皓等皆繕完之，甚為堅峻。光遠不能守，遂夜潰圍而出，度河而還。肅宗不之罪，除太子少保。

襄州將士康楚元、張嘉延率衆為亂，陷荆、襄、澧、朗等州，以光遠兼御史大夫，持節荆襄招討，仍充山南東道處置兵馬都使。三年，除鳳翔尹，充本府及秦隴觀察使。先是，岐、隴吏人郭愔等為土賊，掠州縣，為五堡，光遠使判官、監察御史嚴侁召而降之。光遠在官好蒱酒，晚年不親戎事。上元元年冬，愔等潛連党項及奴剌、突厥敗韋倫於秦、隴，殺監軍使，擊黃戍。肅宗追還，以李鼎代之。二年，兼成都尹，充劍南節度營田觀察處置使，仍兼御史大夫。及段子璋反，東川節度使李奐敗走，投光遠，率將花驚定等討平之。將士肆其剽劫，婦女有金銀臂釧，兵士皆斷其腕以取之，亂殺數千人，光遠不能禁。肅宗遣監軍官使按其罪，光遠憂恚成疾，上元二年十月卒。

房琯，河南人，天后朝正議大夫、平章事融之子也。琯少好學，風儀沉整，以門廕補弘文生。性好隱遁，與東平呂向於陸渾伊陽山中讀書為事，凡十餘歲。開元十二年，玄宗將封岱岳，琯撰封禪書一篇及牋啓以獻。中書令張說奇其才，奏授秘書省校書郎，調補同州馮翊尉。無幾去官，應堪任縣令舉，授虢州盧氏令，政多惠愛，人稱美之。二十二年，拜監察御史。其年坐鞫獄不當，貶睦州司戶。歷慈溪、宋城、濟源縣令，所在為政，多興利除害，繕理廨宇，頗著能名。天寶元年，拜主客員外郎。三年，遷試主客郎中。五年正月，擢試給事中，賜爵漳南縣男。時玄宗企慕古道，數遊幸近甸，乃分新豐縣置會昌縣於驪山下，尋改會昌為昭應縣。又改溫泉宮為華清宮，於宮所立百司廨舍，以琯雅有巧思，令充使繕理。事未畢，坐與李適之、韋堅等善，貶宜春太守。歷琅邪、鄴郡、扶風三太守，所至多有遺愛。十四年，徵拜左庶子，遷憲部侍郎。

十五年六月，玄宗蒼黃幸蜀，大臣陳希烈、張倚等銜於失恩，不時赴難。琯結張均、張垍兄弟與韋述等行至城南十數里山寺，均、垍同行，皆以家在城中，逗留不進，琯獨馳蜀路。七月，至普安郡謁見，玄宗大悅，即日拜文部尚書、同中書門下平章事，賜紫金魚袋。從幸成都，加銀青光祿大夫，仍與一子官。

其年八月，與左相韋見素、門下侍郎崔渙等奉使靈武，册立肅宗。至順化郡謁見，陳上皇傳付之旨，因言時事，詞情慷慨，肅宗爲之改容。時潼關敗將王思禮、呂崇賁、李承光等引於纛下，將斬之，琯從容救諫，獨斬承光而已。肅宗以琯素有重名，傾意待之，琯亦自負其才，以天下爲己任。時行在機務，多決之於琯，凡有大事，諸將無敢預言。

尋抗疏自請將兵以誅寇孽，收復京都，肅宗望其成功，許之。詔加持節、招討西京兼防禦蒲潼兩關兵馬節度等使，乃與子儀、光弼等計會進兵。琯請自選參佐，乃以御史中丞鄧景山爲副，戶部侍郎李揖爲行軍司馬，中丞宋若思、起居郎知制誥賈至、右司郎中魏少遊爲判官，給事中劉秩爲參謀〔三〕。既行，又令兵部尙書王思禮副之。琯分爲三軍：遣楊希文將南軍，自宜壽入；劉悊將中軍，自武功入；李光進將北軍，自奉天入。琯自將中軍，爲前鋒，十月庚子，師次便橋。辛丑，二軍先遇賊於咸陽縣之陳濤斜，接戰，官軍敗績。時琯用春秋車戰之法，以車二千乘，馬步夾之。既戰，賊順風揚塵鼓譟，牛皆震駭，因縛芻縱火焚之，人畜撓敗，爲所傷殺者四萬餘人，存者數千而已。癸卯，琯又率南軍即戰，復敗，希文、劉悊並降於賊。琯等奔赴行在，肉袒請罪，上並宥之。

琯好賓客，喜談論，用兵素非所長，而天子採其虛聲，冀成實効。琯既自無廟勝，又以虛名擇將吏，以至於敗。琯之出師，戎務一委於李揖、劉秩，秩等亦儒家子，未嘗習軍旅之

事。琯臨戎謂人曰：「逆黨曳落河雖多，豈能當我劉秩等。」及與賊對壘，琯欲持重以伺之，爲中使邢延恩等督戰，蒼黃失據，遂及於敗。上猶待之如初，仍令收合散卒，更圖進取。

會北海太守賀蘭進明自河南至，詔授南海太守，攝御史大夫，充嶺南節度使。中謝，肅宗謂之曰：「朕處分房琯與卿正大夫，何爲攝也？」進明對曰：「琯與臣有隙。」上以爲然。進明因奏曰：「陛下知晉朝何以至亂？」上曰：「卿有說乎？」進明曰：「晉朝以好尙虛名，任王夷甫爲宰相，祖習浮華，故至於敗。今陛下方興復社稷，當委用實才，而琯性疏闊，徒大言耳，非宰相器也。陛下待琯至厚，以臣觀之，琯終不爲陛下用。」上問其故，進明曰：「琯昨於南朝爲聖皇制置天下，乃以永王爲江南節度，潁王爲劍南節度，盛王爲淮南節度，制云『命元子北略朔方，命諸王分守重鎭』。且太子出爲撫軍，入曰監國，琯乃以枝庶悉領大藩，皇儲反居邊鄙，此雖於聖皇似忠，於陛下非忠也。琯立此意，以爲聖皇諸子，但一人得天下，卽不失恩寵。又各樹其私黨劉秩、李揖、劉彙、鄧景山、竇紹之徒，以副戎權。推此而言，琯豈肯盡誠於陛下乎？臣欲正衙彈劾，不敢不先聞奏。」上由是惡琯，詔以進明爲河南節度、兼御史大夫。

崔圓本蜀中拜相，肅宗幸扶風，始來朝謁。琯意以爲圓纔到，當卽免相，故待圓禮薄。圓厚結李輔國，到後數日，頗承恩渥，亦憾於琯。琯又多稱病，不時朝謁，於政事簡惰。時議

以兩京陷賊，車駕出次外郊，天下人心惴恐，當主憂臣辱之際，此時琯爲宰相，略無匪懈之意。但與庶子劉秩、諫議李揖、何忌等高談虛論，說釋氏因果、老子虛無而已。此外，則聽董庭蘭彈琴，大招集琴客筵宴，朝官往往因庭蘭以見琯，自是亦大招納貨賄，姦贓頗甚。顏眞卿時爲大夫，彈何忌不孝，琯既黨何忌，遽託以酒醉入朝，貶爲西平郡司馬。憲司又奏彈董庭蘭招納貨賄，琯入朝自訴，上叱出之，因歸私第，不敢關預人事。諫議大夫張鎬上疏，言琯大臣，門客受贓，不宜見累。二年五月，貶爲太子少師，仍以鎬代琯爲宰相。

其年十一月，從肅宗還京師。十二月，大赦，策勳行賞，加琯金紫光祿大夫，進封淸河郡公。琯既在散位，朝臣多以爲言，琯亦常自言有文武之用，合當國家驅策，冀蒙任遇。又招納賓客，朝夕盈門，遊其門者，又將琯言議暴揚於朝。琯又多稱疾，上頗不悅。乾元元年六月，詔曰：

崇黨近名，實爲害政之本；黜華去薄，方啓至公之路。房琯素表文學，夙推名器，由是累階淸貴，致位台衡。而率情自任，怙氣恃權。虛浮簡傲者進爲同人，溫讓謹令者捐於異路。所以輔佐之際，謀猷匪弘。頃者時屬艱難，擢居將相，朕永懷仄席，冀有成功。而喪我師徒，既虧制勝之任；升其親友，悉彰浮誕之迹。曾未踰時，遽從敗績。自合首明軍令，以謝師旅，猶尙矜其萬死，擢以三孤。

或云緣其切直，遂見斥退。朕示以堂案，令觀所以，咸知乖舛，曠於政事。誠宜効茲忠懇，以奉國家，而乃多稱疾疹，莫申朝謁。郤犨爲政，曾不疾其迂迴；亞夫事君，翻有懷於鬱怏。又與前國子祭酒劉秩、前京兆少尹嚴武等潛爲交結，輕肆言談，有朋黨不公之名，違臣子奉上之體。何以儀刑王國，訓導儲闈？但以嘗踐台司，未忍致之于理。況秩、武遽更相尙，同務虛求，不議典章，何成沮勸？宜從貶秩，俾守外藩。琯可邠州刺史，秩可閬州刺史，武可巴州刺史，散官、封如故；並卽馳驛赴任，庶各增修。朕自臨御寰區，薦延多士，常思聿求賢哲，共致雍熙。深嫉比周之徒，虛僞成俗。今茲所譴，實屬其辜。猶以琯等妄自標持，假延浮稱，雖周行具悉，恐流俗多疑，所以事必縷言，蓋欲人知不濫。凡百卿士，宜悉朕懷。

時邠州久屯軍旅，多以武將兼領刺史，法度隳廢，州縣廨宇，並爲軍營，官吏侵奪百室屋以居，人甚弊之。琯到任，舉陳令式，令州縣恭守，又緝理公館，僚吏各歸官曹，頗著政聲。二年六月，詔褒美之，徵拜太子賓客。上元元年四月，改禮部尙書，尋出爲晉州刺史。八月，改漢州刺史。琯長子乘，自少兩目盲。琯到漢州，乃厚結司馬李銳以財貨，乘聘銳外甥女盧氏，時議薄其無士行。寶應二年四月，拜特進、刑部尙書。在路遇疾，廣德元年八月四日，卒於閬州僧舍，時年六十七，贈太尉。

孺復，琯之孽子也。少黠慧，年七八歲，即粗解綴文，親黨奇之。稍長，狂疏傲慢，任情縱欲。年二十，淮南節度陳少遊辟爲從事，多招陰陽巫覡，令揚言己過三十必爲宰相。德宗幸奉天，包佶掌賦於揚州，少遊將抑奪之。佶聞而奔出，少遊方遣人劫佶令迴，孺復請行，會佶已過江南，乃還。及少遊卒，浙西節度韓滉又辟入幕。其長兄宗偃先貶官嶺下而卒，及喪柩到揚州，孺復未嘗弔。初娶鄭氏，惡賤其妻，多畜婢僕，妻之保母累言之，孺復乃先具棺櫬而集家人生斂保母，遠近驚異。及妻在產蓐三四日，遽令上船即路，數日，妻遇風而卒。孺復以宰相子，年少有浮名，而奸惡未甚露，累拜杭州刺史。又娶台州刺史崔昭女，崔妬悍甚，一夕杖殺孺復侍兒二人，埋之雪中。觀察使聞之，詔發使鞫案有實，孺復坐貶連州司馬〔三〕，仍令與崔氏離異。孺復久之遷辰州刺史，改容州刺史、本管經略使。乃潛與妻往來，久而上疏請合，詔從之。二歲餘，又奏與崔氏離異，其爲取捨恣逸，不顧禮法也如此。貞元十三年九月卒，時年四十二。

式，琯之姪。舉進士。李泌觀察陝州，辟爲從事。泌入爲相，累遷起居郎，出入泌門，爲其耳目。及泌卒，再除忠州刺史，韋皐表爲雲南安撫使，兼御史中丞。皐卒，詔除兵部郎中。

屬劉闢反，式留不得行。性便佞，又懼闢，每於座中數贊闢之德美，比之劉備，同陷於賊者皆惡之。高崇文既至成都，式與王良士、崔從、盧士玖等白衣麻屩銜土請罪，崇文寬禮之，乃表其狀，尋除吏部郎中。

時河朔節度劉濟、王士真、張茂昭皆以兵壯氣豪，相持短長，屢以表聞，迭請加罪。上欲止其兵，李吉甫薦式爲給事中，將命于河朔。式歷使諸鎮諷諭之，還奏愜旨，除陝虢觀察使、兼御史中丞，轉河南尹。時討王承宗於鎮州，配河南府饋運車四千兩，式表以凶旱，人貧力微，難以徵發，憲宗可其奏，既免力役，人懷而安之。明年，移授宣歙池觀察使。元和七年七月卒，贈左散騎常侍。

張鎬，博州人也。風儀魁岸，廓落有大志，涉獵經史，好談王霸大略。少時師事吳兢，兢甚重之。後遊京師，端居一室，不交世務。性嗜酒，好琴，常置座右。公卿或有邀之者，鎬杖策徑往，求醉而已。

天寶末，楊國忠以聲名自高，搜天下奇傑。聞鎬名，召見薦之，自褐衣拜左拾遺。及祿山阻兵，國忠屢以軍國事咨於鎬，鎬舉贊善大夫來瑱可當方面之寄。數月，玄宗幸蜀，鎬自

山谷徒步扈從。肅宗即位，玄宗遣鎬赴行在所。鎬至鳳翔，奏議多有弘益，拜諫議大夫，尋遷中書侍郎、同中書門下平章事。時供奉僧在內道場晨夜念佛，動數百人，聲聞禁外，鎬奏曰：「臣聞天子修福，要在安養含生，靖一風化，未聞區區僧教，以致太平。伏願陛下以無爲爲心，不以小乘而撓聖慮。」肅宗甚然之。

時方興軍戎，帝注意將帥，以鎬有文武才，尋命兼河南節度使，持節都統淮南等道諸軍事。鎬既發，會張巡宋州圍急，倍道兼進，傳檄濠州刺史閭丘曉引兵出救。曉素愎戾，馭下少恩，好獨任己。及鎬信至，略無稟命，又慮兵敗，禍及於己，遂逗留不進。鎬至淮口，宋州已陷，鎬怒曉，即杖殺之。及收復兩京，加鎬銀青光祿大夫，封南陽郡公，詔以本軍鎮汴州，招討殘孽。時賊帥史思明表請以范陽歸順，鎬揣知其僞，恐朝廷許之，手書密表奏曰：「思明兇竪，因逆竊位，兵強則衆附，勢奪則人離。包藏不測，禽獸無異，可以計取，難以義招。伏望不以威權假之。」又曰：「滑州防禦使許叔冀，性狡多謀，臨難必變，望追入宿衞。」肅宗計意已定，表入不省。鎬爲人簡澹，不事中要。會有宦官自范陽及滑州使還者，皆言思明、叔冀之誠懇。肅宗以鎬不切事機，遂罷相位，授荊州大都督府長史。後思明、叔冀之僞皆符鎬言。尋徵爲太子賓客，改左散騎常侍。屬嗣岐王珍被誣告構逆伏法，鎬買珍宅坐累，貶辰州司戶。

代宗即位，推恩海內，拜撫州刺史。遷洪州刺史、饒吉等七州都團練觀察等使，尋正授江南西道都團練觀察等使。廣德二年九月卒。

鎬自入仕凡三年〔四〕，致位宰相。居身清廉，不營資產，謙恭下士，善談論，多識大體，故天下具瞻，雖考秩至淺，推爲舊德云。

高適者，渤海蓨人也。父從文，位終韶州長史。適少濩落，不事生業，家貧，客於梁、宋，以求丐取給。天寶中，海內事干進者注意文詞。適年過五十，始留意詩什，數年之間，體格漸變，以氣質自高，每吟一篇，已爲好事者稱誦。宋州刺史張九皐深奇之，薦舉有道科。時右相李林甫擅權，薄於文雅，唯以舉子待之。解褐汴州封丘尉，非其好也，乃去位，客遊河右。河西節度哥舒翰見而異之，表爲左驍衞兵曹，充翰府掌書記，從翰入朝，盛稱之於上前。

祿山之亂，徵翰討賊，拜適左拾遺，轉監察御史，仍佐翰守潼關。及翰兵敗，適自駱谷西馳，奔赴行在，及河池郡，謁見玄宗，因陳潼關敗亡之勢曰：「僕射哥舒翰忠義感激，臣頗知之，然疾病沉頓，智力將竭。監軍李大宜與將士約爲香火，使倡婦彈箜篌琵琶以相娛樂，

檸捕飲酒，不恤軍務。蕃渾及秦、隴武士，盛夏五六月於赤日之中，食倉米飯且猶不足，欲其勇戰，安可得乎？故有望敵散亡，臨陣翻動，萬全之地，一朝而失。南陽之軍，魯炅、何履光、趙國珍各皆持節，監軍等數人更相用事，寧有是，戰而能必勝哉？臣與楊國忠爭，終不見納。陛下因此履巴山、劍閣之險，西幸蜀中，避其蠆毒，未足爲恥也。」玄宗嘉之，尋遷侍御史。至成都，八月，制曰：「侍御史高適，立節貞峻，植躬高朗，感激懷經濟之略，紛綸贍文雅之才。長策遠圖，可云大體；讜言義色，實謂忠臣。宜迴糾逖之任，俾超諷諭之職。可諫議大夫，賜緋魚袋。」適負氣敢言，權幸憚之。

二年，永王璘起兵於江東，欲據揚州。初，上皇以諸王分鎮，適切諫不可。及是永王叛，肅宗聞其論諫有素，召而謀之。適因陳江東利害，永王必敗。上奇其對，以適兼御史大夫、揚州大都督府長史、淮南節度使。詔與江東節度來瑱率本部兵平江淮之亂，會于安州。師將渡而永王敗，乃招季廣琛于歷陽。兵罷，李輔國惡適敢言，短於上前，乃左授太子少詹事。

未幾，蜀中亂，出爲蜀州刺史，遷彭州。劍南自玄宗還京後，於梓、益二州各置一節度〔五〕，百姓勞敝，適因出西山三城置戍，論之曰：

劍南雖名東西兩川，其實一道。自邛關、黎、雅，界於南蠻也；茂州而西，經羌中至

平戎數城，界於吐蕃也。臨邊小郡，各舉軍戎，並取給於劍南。其運糧戍，以全蜀之力，兼山南佐之，而猶不舉。今梓、遂、果、閬等八州分爲東川節度，歲月之計，西川不可得而參也。而嘉、陵比爲夷獠所陷，今雖小定，瘡痍未平。又一年已來，耕織都廢，而衣食之業，皆貿易於成都，則其人不可得而役明矣。今可稅賦者，成都、彭、蜀、漢州。又以四州殘敝，當他十州之重役，其於終久，不亦至艱？又言利者穿鑿萬端，皆取之百姓；應差科者，自朝至暮，案牘千重。官吏相承，懼於罪譴，或責之於鄰保，或威之以杖罰。督促不已，逋逃益滋，欲無流亡，理不可得。比日關中米貴，而衣冠士庶，頗亦出城，山南、劍南，道路相望，村坊市肆，與蜀人雜居，其升合斗儲，皆求於蜀人矣。且田土疆界，蓋亦有涯；賦稅差科，乃無涯矣。爲蜀人之計，不亦難哉！

今所界吐蕃城堡而疲於蜀人，不過平戎以西數城矣。邈在窮山之巔，垂於險絕之末，運糧於束馬之路，坐甲於無人之鄉。以戎狄言之，不足以利戎狄；以國家言之，不足以廣土宇。奈何以險阻彈丸之地，而困於全蜀太平之人哉？恐非今日之急務也。國家若將已戍之地不可廢，已鎮之兵不可收，當宜却停東川，併力從事，猶恐狼狽，安可仰於成都、彭、漢、蜀四州哉！慮乖聖朝洗盪關東掃清逆亂之意也。倘蜀人復擾，豈不貽陛下之憂？昔公孫弘願罷西南夷、臨海〔六〕，專事朔方，賈捐之請棄珠崖以寧中土，

讜言政本，匪一朝一夕。臣愚望罷東川節度，以一劍南，西山不急之城，稍以減削，則事無窮頓，庶免倒懸。陛下若以微臣所陳有裨萬一，下宰相廷議，降公忠大臣定其損益，與劍南節度終始處置。

疏奏不納。

後梓州副使段子璋反，以兵攻東川節度使李奐，適率州兵從西川節度使崔光遠攻子璋，斬之。西川牙將花驚定者，恃勇，既誅子璋，大掠東蜀。天子怒光遠不能戢軍，乃罷之，以適代光遠爲成都尹、劍南西川節度使。代宗即位，吐蕃陷隴右，漸逼京畿。適練兵於蜀，臨吐蕃南境以牽制之，師出無功，而松、維等州尋爲蕃兵所陷。代宗以黃門侍郎嚴武代還，用爲刑部侍郎，轉散騎常侍，加銀青光祿大夫，進封渤海縣侯，食邑七百戶。永泰元年正月卒，贈禮部尚書，謚曰忠。

適喜言王霸大略，務功名，尚節義。逢時多難，以安危爲己任，然言過其術，爲大臣所輕。累爲藩牧，政存寬簡，吏民便之。有文集二十卷。其與賀蘭進明書，令疾救梁、宋，以親諸軍；與許叔冀書，綢繆繼好，使釋他憾，同援梁、宋；未過淮先與將校書，使絕永王，各求自白。君子以爲義而知變。而有唐已來，詩人之達者，唯適而已。

暢璀，河東人也。鄉舉進士。天寶末，安祿山奏爲河北海運判官。三遷大理評事，副元帥郭子儀辟爲從事。至德初，肅宗即位，大收俊傑，或薦璀，召見悅之，拜諫議大夫。累轉吏部侍郎。廣德二年十二月，爲散騎常侍、河中尹，兼御史大夫。永泰元年，復爲左常侍，與裴冕並集賢院待制。大曆五年，兼判太常卿，遷戶部尚書。十年七月卒，贈太子太師。

璀廓落有口才，好談王霸之略，居職責成屬吏，齷齪無過而已。

史臣曰：祿山寇陷兩京，儒生士子，被脅從、懷苟且者多矣；去逆効順，毀家爲國者少焉。如光遠勇決任氣，會權變以立功；房琯文學致身，全節義以避寇。阽危之時，顚沛之際，有足稱者。然光遠居重藩，掌軍政，琯登相位，奪將權，聚浮薄之徒，敗軍旅之事，不知機而固位，竟無德以自危。孺復兇狂，式之便佞，獲令終者幸焉。鎬直躬居位，重德鎭時，其爲人也鮮矣。適以詩人爲戎帥，險難之際，名節不虧，君子哉！璀擢第居官，守分無過，又何咎焉。

贊曰：光遠、房琯，有始有終。張鎬國器，適、璀儒風。

校勘記

〔一〕命所由守神感孝哲宅 「宅」字各本原無，據葉校本、通鑑卷二一八補。

〔二〕十餘人 「十」字各本原作「千」，據册府卷六八六、通鑑卷二一八改。

〔三〕給事中劉秩 「中」下各本原有「丞」字，據新書卷一三九房琯傳、合鈔卷一六二房琯傳刪。

〔四〕凡三年 各本原作「凡三十年」，據册府卷三一〇改。

〔五〕梓益二州 「梓」字各本原作「綿」，廿二史考異卷五九云：「案至德二載，置東川節度，治梓州，綿當爲梓字之譌。」今據本書卷四一地理志改。

〔六〕臨海 漢書卷五八公孫弘傳作「蒼海」。

舊唐書卷一百一十二

列傳第六十二

李暠 族弟齊物 齊物子復 暠族弟若水 李麟 李國貞 子錡 李峘 弟嶧 峴 李巨 子則之

李暠，淮安王神通玄孫，清河王孝節孫也。暠少孤，事母甚謹。睿宗時，累轉衞尉少卿。丁憂去職，在喪柴毀，家人密親未嘗窺其言笑。開元初，授汝州刺史，爲政嚴簡，州境肅然。與兄昇弟暈，尤相篤睦，昇等每月自東都省暠，往來微行，州人不之覺，其淸慎如此。俄入授太常少卿，三遷黃門侍郎，兼太原尹，仍充太原已北諸軍節度使。太原舊俗，有僧徒以習禪爲業，及死不殮，但以屍送近郊以飼鳥獸。如是積年，土人號其地爲「黃坑」，側有餓狗千數，食死人肉，因侵害幼弱，遠近患之，前後官吏不能禁止。暠到官，申明禮憲，期不再犯，發兵捕殺羣狗，其風遂革。久之，轉太常卿，旬日，拜工部尚書、東都留守。

開元二十一年正月，制曰：「繼好之義，雖屬邊鄙；受命以出，必在親賢。事欲重於當時，禮故崇於殊俗，選衆之舉，無出宗英。工部尚書李暠，體含柔嘉，識致明允，爲公族之領袖，是朝廷之羽儀。金城公主旣在蕃中，漢庭公卿非無專對，有懷於遠，夫豈能忘。宜持節充入吐蕃使，准式發遣。」以國信物一萬匹、私覿物二千匹，皆雜以五綵遣之。及還，金城公主上言，請以今年九月一日樹碑於赤嶺，定蕃、漢界。樹碑之日，詔張守珪、李行禕與吐蕃使莽布支同往觀焉。既而吐蕃遣其臣隨漢使分往劍南及河西、磧西，歷告邊州曰：「兩國和好，無相侵掠。」漢使告亦如之。以暠奉使稱職，轉吏部尚書〔一〕。時吏部告身印與曹印文同，行用參雜，難以區分，暠奏請准司勳兵部印文例，加「官告」兩字，至今行之。

暠風儀秀整，所歷皆以威重見稱，朝廷稱其有宰相之望。累封武都縣伯，俄爲太子少傅。病卒，年六十餘，贈益州大都督。

齊物，淮安王神通子鹽州刺史銳孫也。齊物無學術，在官嚴整。開元二十四年後，歷懷、陝二州刺史。齊物，天寶初開砥柱之險，以通流運，於石中得古鐵犂鏵，有「平陸」字，因改河北縣爲平陸縣，加齊物銀青光祿大夫，爲鴻臚卿、河南尹。齊物與右相李適之善，適之爲林甫所構貶官，齊物坐謫竟陵太守。入爲司農、鴻臚卿。至德初，拜太子賓客，遷刑部尚書、鳳翔尹、太常卿、京兆尹。爲政發官吏陰事，以察爲能，於物少恩，而清廉自飭，人吏莫敢抵犯。晚年除太子太傅、兼宗正卿。

上元二年五月卒，輟朝一日。詔曰：「故金紫光祿大夫、太子太傅、兼宗正卿齊物，宗室珪璋，士林楨幹，清廉獨斷，剛毅不羣。歷踐周行，備經中外，威名益振，忠效彌彰。三尹神州，一登會府，擒姦掩鉤距之術，恤獄正喉舌之官。遂令調護儲闈，再登師傅，從容賓友，師長官僚。桑榆之時，壯志逾勵；松柏之性，晚歲常堅。天不慭遺，奄然殂謝，念親感舊，深軫于懷。宜錫寵章，載光營魄。可贈太子太師。」

子復，字初陽，以父蔭累官至江陵府司錄。精曉吏道，衛伯玉厚遇之，府中之事，多以咨委。性苛刻，爲伯玉所信，奏爲江陵縣令，遷少尹，歷饒州、蘇州刺史，皆著政聲。李希烈背叛，荆南節度張伯儀數出兵，爲希烈所敗，朝廷憂之。以復久在江陵，得軍民心，復方在母喪，起爲江陵少尹、兼御史中丞，充節度行軍司馬。伯儀既受代，以復爲容州刺史、兼御史中丞，充本管招討使，加檢校常侍。先時西原叛亂〔二〕，前後經略使征討反者，獲其人皆沒爲官奴婢，配作坊重役，復乃令訪其親屬，悉歸還之。在容州三歲，南人安悅。遷廣州刺史、兼御史大夫、嶺南節度觀察使。會安南經略使高正平、張應相次卒官，其下參佐偏裨李元度、胡懷義等阻兵，黷亂州縣，姦贓狠藉。復誘懷義杖殺之，奏元度流於荒裔。又勸導百姓，

令變茅屋爲瓦舍。瓊州久陷於蠻獠中，復累遣使喻之，因奏置瓊州都督府以綏撫之。復曉於政道，所在稱理，徵拜宗正卿，加檢校工部尚書。未一歲，會華州節度李元諒卒，以復爲華州刺史、潼關防禦鎮國軍使〔三〕，仍檢校戶部尚書，兼御史大夫。

貞元十年，鄭滑節度使李融卒，軍中潰亂，以復檢校兵部尚書，兼滑州刺史、義成軍節度、鄭滑觀察營田等使、兼御史大夫。復到任，置營田數百頃，以資軍食，不率於民，衆皆悅之。十二年，加檢校左僕射。十三年四月卒官，年五十九，廢朝三日，贈司空，賻布帛米粟有差。復久典方面，積財頗甚，爲時所譏。

若水，齊物族弟，累官至左金吾大將軍，兼通事舍人。容貌甚偉，在館三十年，多識舊儀，每宣勞贊導，周旋俯仰，有可觀者。建中元年八月卒。

李麟，皇室之疏屬，太宗之從孫也。父濬，開元初置十道按察使，精選吏才，以濬爲潤州刺史、江南東道按察使。轉虢潞二州刺史，益州大都督府長史、攝御史大夫、劍南節度按察使。所歷以誠信待物，稱爲良吏。八年卒，贈戶部尚書，諡曰誠。

麟以父任補職，累授京兆府戶曹。開元二十二年，舉宗室異能，轉殿中侍御史，歷戶部、考功、吏部三員外郎。天寶元年，遷郎中，尋改諫議大夫。五載，充河西、隴右、磧西等道黜陟使，稱旨，遷給事中。七載，遷兵部侍郎。同列楊國忠專權，不悅麟同職，宰臣奏麟以本官權知禮部貢舉。俄而國忠爲御史大夫，麟復本官。十一載，遷銀青光祿大夫、國子祭酒。十四年七月，以本官出爲河東太守、河東道採訪使，爲政清簡，民吏稱之。其年冬，祿山構逆，朝廷以麟儒者，恐非禦侮之用，乃以將軍呂崇賁代還，復以祭酒歸朝，賜爵渭源縣男。

六月，玄宗幸蜀，麟奔赴行在。既至成都，拜戶部侍郎，兼左丞。遷憲部尚書。至德二年正月，拜同中書門下平章事。時扈從宰相韋見素、房琯、崔渙已赴鳳翔，俄而崔圓繼去，玄宗以麟宗室子，獨留之，行在百司，麟總攝其事。其年十一月，從上皇還京，策勳行賞，加金紫光祿大夫、刑部尚書、同中書門下三品，進封褒國公。

時張皇后干預朝政，殿中監李輔國以翊衛肅宗之勞，判天下兵馬事，充元帥府行軍司馬，勢傾同朝。宰相苗晉卿、崔圓已下懼其威權，傾心事之，唯麟正身謹事，無所依附，輔國不悅。乾元元年，罷麟知政事，守太子少傅。二年八月卒，時年六十六，贈太子太傅，賻絹二百匹。葬日，詔京兆府差官護送，官給所須。麟好學能文，嘗編聚皇朝已來制集五十卷，行於時。

李國貞，淮安王神通子淄川王孝同之曾孫。父廣業，劍州長史。國貞本名若幽，性剛正，有吏才，歷安定、扶風錄事參軍，皆稱職。乾元中累遷長安令，尋拜河南尹。會史思明逼城，元帥李光弼東保河陽，國貞領官吏寓于陝。數月，徵爲京兆尹。上元初，改成都尹、兼御史大夫，充劍南節度使。入爲殿中監。二年八月，遷戶部尚書、兼御史大夫，持節充朔方、鎮西、北庭、興平、陳鄭等節度行營兵馬及河中節度都統處置使，鎮于絳，賜名國貞。既至，又加充管內河中晉絳慈隰沁等州觀察處置等使，餘並如故。

國貞既至絳，屬軍中素無儲積，百姓飢饉，難爲聚斂，將士等糧賜多闕。國貞頻以狀聞，未報。軍中讙諠怨讟，左右以告國貞，國貞喻之曰：「軍將何苦如是，已爲奏聞，終有所給。」信宿軍亂，攻國貞，夜燒衙城門。國貞莫知所圖，左右勸國貞棄城遁去，國貞曰：「吾銜命爲將，不能靖難，安可棄城乎！」左右固勸迴避，乃隱於州獄，詐負縲紲。會國貞麾下爲賊所擒，因指所在，遂於獄中執國貞，將害之，國貞曰：「軍中乏糧，已有陳請，人不堪賦，予無負於將士耳。」衆引退。突將王元振獨曰：「今日之事，豈須問焉！」抽刀害國貞及二男、三大將。

國貞有風采，清白守法，爲政急於操下，時論以辨吏稱之。追贈揚州大都督。

子錡，以父蔭貞元中累至湖、杭二州刺史。多以寶貨賂李齊運，由是遷潤州刺史兼鹽鐵使，持積財進奉，以結恩澤，德宗甚寵之。錡恃恩驕恣，有浙西人布衣崔善貞詣闕上封，論錡罪狀，而德宗械送賜錡，錡遂坑殺善貞，天下切齒。乃增置兵額，選善弓矢者聚之一營，名曰「挽硬隨身」；以胡、奚雜類虬鬚者爲一將，名曰「蕃落健兒」。德宗復於潤州置鎮海軍，以錡爲節度使，罷其鹽鐵使務。錡雖罷其利權，且得節度，反狀未發。

憲宗卽位已二年，諸道倔強者入朝，而錡不自安，亦請入朝，乃拜錡左僕射。錡乃署判官王澹爲留後。既而還延發期，澹與中使頻喻之，不悅，遂諷將士以給冬衣日殺澹而食之。監軍使聞亂，遣衙將趙琦慰喻，又臠食之。復以兵注中使之頸，錡佯驚救解之，囚於別館。遂稱兵，室五劍，分授管內鎮將，令殺刺史。於是常州刺史顏防用客李雲謀，矯制傳檄于蘇、杭、湖、睦等州，遂殺其鎮將李深；湖州辛秘亦殺其鎮將趙惟忠；而蘇州刺史李素爲鎮將姚志安所繫，釘於船舷，生致於錡，未至而錡敗，得免。

初，錡以宣州富饒，有幷吞之意，遣兵馬使張子良、李奉仙、田少卿領兵三千分略宣、池等州。三將夙有向順志，而錡甥裴行立亦思向順，其密謀多決於行立，乃迴戈趣城，執錡於

幕，縋而出之，斬於闕下，年六十七。其「挽硬」、「蕃落」將士，或投井自縊，紛紛枕藉而死者，不可勝紀。

宰相鄭絪等議錡所坐，親疏未定，乃召兵部郎中蔣武問曰：「詔罪李錡一房，當是大功內耶？」武曰：「大功是錡堂兄弟，卽淮安王神通之下，淮安有大功於國，不可以孽孫而上累。」又問：「錡親兄弟從坐否？」武曰：「錡親兄弟是若幽之子，若幽有死王事之功，如令錡兄弟從坐，若幽卽宜削籍，亦所未安。」宰相頗以爲然，故誅錡詔下，唯止元惡一房而已。

李峘，太宗第三子吳王恪之孫。恪第三子琨生信安王禕，禕生三子，峘、嶧、峴。峘志行修立，天寶中爲南宮郎，歷典諸曹十餘年。居父喪，哀毀得禮，服闋，以郡王子例封趙國公。楊國忠秉政，郎官不附己者悉出於外，峘自考功郎中出爲睢陽太守。尋而弟峴出爲魏郡太守，兄弟夾河典郡，皆以理行稱。

十四載，入計京師。屬祿山之亂，玄宗幸蜀，峘奔赴行在，除武部侍郎，兼御史大夫。俄拜蜀郡太守、劍南節度採訪使。上皇在成都，健兒郭千仞夜謀亂，上皇御玄英樓招諭，不從；峘與六軍兵馬使陳玄禮等平之，以功加金紫光祿大夫。時峴爲鳳翔太守，匡翊肅宗，兄弟俱

効勳力。從上皇還京，爲戶部尙書，峴爲御史大夫，兼京兆尹，封梁國公，兄弟同制封公。

乾元初，兼御史大夫，持節都統淮南、江南、江西節度、宣慰、觀察處置等使。二年，以宋州刺史劉展握兵河南，有異志，乃陽拜展淮南節度使，而密詔揚州長史鄧景山與峘圖之。時展徒黨方強，旣受詔，卽以兵渡淮。景山、峘拒之壽春，爲展所敗。峘走渡江，保丹陽，坐貶袁州司馬。寶應二年，病卒於貶所，追贈揚州大都督，官給遞乘，護柩還京。

初，峘爲戶部尙書，峴爲吏部尙書、知政事，嶧爲戶部侍郎、銀青光祿大夫，兄弟同居長興里第，門列三戟，兩國公門十六戟，一三品門十二戟，榮耀冠時。嶧位終蜀州刺史。

峴，樂善下士，少有吏幹。以門蔭入仕，累遷高陵令，政術知名，特遷萬年令、河南少尹、魏郡太守；入爲金吾將軍，遷將作監，改京兆府尹，所在皆著聲績。天寶十三載，連雨六十餘日，宰臣楊國忠惡其不附己，以雨災歸咎京兆尹，乃出爲長沙郡太守。時京師米麥踊貴，百姓謠曰：「欲得米粟賤，無過追李峴。」其爲政得人心如此。

至德初，朝廷務收才傑，以清寇難，峴召至行在，拜扶風太守、兼御史大夫。至德二年十二月，制曰：「銀青光祿大夫、守禮部尙書李峴，饋軍周給，開物成務。可光祿大夫，行御史大夫，兼京兆尹，封梁國公。」乾元二年，制曰：「李峴朝廷碩德，宗室藎臣。可中書侍郎、同中

書門下平章事。」與呂諲、李揆、第五琦同拜相。峴位望稍高，軍國大事，諸公莫敢言，皆獨決於峴，由是諲等銜之。

初，李輔國判行軍司馬，潛令官軍於人間聽察是非，謂之察事。忠良被誣構者繼有之，須有追呼，諸司莫敢抗。御史臺、大理寺重囚在獄，推斷未了，牒追就銀臺，不問輕重，一時釋放，莫敢違者。每日於銀臺門決天下事，須處分，便稱制敕，禁中符印，悉佩之出入。縱有敕，輔國押署，然後施行。及峴爲相，叩頭論輔國專權亂國，上悟，賞峴正直，事並變革。輔國以此讓行軍司馬，請歸本官，察事等並停，由是深怨峴。

鳳翔七馬坊押官，先頗爲盜，劫掠平人，州縣不能制，天興縣令知捕賊謝夷甫擒獲決殺之。其妻進狀訴夫冤。輔國先爲飛龍使，黨其人，爲之上訴，詔監察御史孫鎣推之。鎣初直其事。其妻又訴，詔令御史中丞崔伯陽、刑部侍郎李曄、大理卿權獻三司訊之[一]，三司與鎣同。妻論訴不已，詔令侍御史毛若虛覆之，若虛歸罪於夷甫，又言伯陽等有情，不能質定刑獄。伯陽怒，使人召若虛，詞氣不順。伯陽欲上言之，若虛先馳謁，告急於肅宗，云：「已知，卿出去。」若虛奏曰：「臣出卽死。」上因留在簾內。有頃，伯陽至，上問之，伯陽頗言若虛順旨，附會中人。上怒，叱出之。伯陽貶端州高要尉，權獻郴州桂陽尉，鳳翔尹嚴向及李曄皆貶嶺下一尉，鎣除名長流播州。峴以數人咸非其罪，所責太重，欲理之，遂奏：「若虛

中華書局

希旨用刑，不守國法，陛下若信之重輕，是無御史臺。」上怒峴言，出峴爲蜀州刺史。時右散騎常侍韓擇木入對，上謂之曰：「峴欲專權耶？何乃云任毛若虛是無御史臺也？令貶蜀州刺史，朕自覺用法太寬。」擇木對曰：「峴言直，非專權。陛下寬之，祇益聖德爾。」

代宗即位，徵峴爲荆南節度、江陵尹、知江淮選補使。入爲禮部尚書，兼宗正卿。屬鑾輿幸陝，峴由商山路赴行在。既還京師，拜峴爲黃門侍郎、同中書門下平章事。故事，宰臣不于政事堂邀客，時海內多務，宰相元載等見中官傳詔命至中書者，引之升政事堂，仍置榻待之；峴爲宰相，令去其榻。奏請常參官各舉堪任諫官、憲官者，不限人數。初收東京，受僞官陳希烈已下數百人，崔器希旨深刻，奏皆處死；上意亦欲懲勸天下，欲從器議。時峴爲三司使，執之曰：「夫事有首從，情有輕重，若一概處死，恐非陛下含弘之義，又失國家惟新之典。且羯胡亂常，無不凌據，二京全陷，萬乘南巡，各顧其生，衣冠蕩覆。或陛下親戚，或勳舊子孫，皆置極法，恐乖仁恕之旨。昔者明王用刑，殲厥渠魁，脅從罔理。況河北殘寇未平，官吏多陷，苟容漏網，適開自新之路，若盡行誅，是堅叛逆之黨，誰人更圖効順？困獸猶鬬，況數萬人乎！」崔器、呂諲，皆守文之吏，不識大體，殊無變通。廷議數日，方從峴奏，全活甚衆。其料敵決事皆此類。竟爲中官所擠，罷知政事，爲太子詹事，尋遷吏部尚書，知江淮舉選，置銓洪州。明年，改檢校兵部尚書，兼衢州刺史。永泰二

年七月以疾終〔五〕，時年五十八。

李巨，曾祖父虢王鳳，高祖之第十四子也。鳳孫邕，嗣虢王，巨即邕之第二子也。剛銳果決，頗涉獵書史，好屬文。開元中爲嗣虢王。天寶五載，出爲西河太守。皇太子杜良娣之妹婿柳勣陷詔獄，巨母扶餘氏，吉溫嫡母之妹也，溫爲京兆士曹，推勣之黨，以徐徵等往來巨家，資給之，由是坐貶義陽郡司馬。六載，御史中丞楊慎矜爲李林甫、王鉷構陷得罪，其黨史敬忠亦伏法。以巨與敬忠相識，坐解官，於南賓郡安置。又起爲夷陵郡太守。

及祿山陷東京，玄宗方擇將帥，張垍言巨善騎射，有謀略，玄宗追至京師。楊國忠素與巨相識，忌之，謂人曰：「如此小兒，豈得令見人主。」經月餘日不得見。玄宗使中官召入奏事，玄宗大悅，遂令中官劉奉庭宣敕令宰相與巨語，幾亭午，方出。國忠頗怠，對奉庭謂巨曰：「比來人多口打賊，公不爾乎？」巨曰：「不知若箇軍將能與相公手打賊乎？」尋授陳留譙郡太守，攝御史大夫、河南節度使。翌日，巨稱官銜奉謝，玄宗驚曰：「何得令攝？」即日詔兼御史大夫。巨奏曰：「方今艱難，恐爲賊所詐，如忽召臣，不知何以取信？」玄宗劈木契分授之，遂以巨兼統嶺南節度使何履光、黔中節度使趙國珍、南陽節度使魯炅，先領三節度事。有詔貶炅爲果毅，以潁川太守來瑱兼御史中丞代之。巨奏曰：「若炅能存孤城，其功足以補過，則何以處之？」玄宗曰：「卿隨宜處置之。」巨至內鄉，趣南陽，賊將畢思琛聞之，解圍走。巨趣何履光、趙國珍同至南陽，宣敕貶炅，削其章服，令隨軍効力。至日晚，以恩命令炅復位。

至德二年，爲太子少傅。十月，收西京，爲留守、兼御史大夫。三年夏四月，加太子少師、兼河南尹，充東京留守，判尚書省事，充東畿採訪等使。於城市橋梁稅出入車牛等錢以供國用，頗有乾沒，士庶怨讟。後與妃張氏不睦，張氏即皇后從父妹也。宗正卿李遵構之，發其所犯贓賄，貶爲遂州刺史。屬劍南東川節度兵馬使、梓州刺史段子璋反，以衆襲節度使李奐於綿州，路經遂州，巨蒼黃修屬郡禮迎之，爲子璋所殺。

子則之，以宗室歷官，好學，年五十餘，每執經詣太學聽受。嗣曹王皐自荆南來朝，稱薦之。貞元二年，自睦王府長史遷左金吾衞大將軍，以從父舅竇申追遊無間親累，貶昭州司馬。

史臣曰：峴孝友清慎，居官有稱；齊物貞廉鑒肅，復節制權謀；國貞清白守法，皆神通

之曾玄，宗室之翹楚。錡之爲逆，不累其親，前人之積德彰矣，當朝之用法明矣。然峴發人陰私，齊物積財興議，國貞急於操下，皆尺之短也。峘修整，峘循良，匪躬立事，始終無玷者，皆宗室之英也。峴之剛正才略，有足可稱。初爲國忠所憎，終沮朝恩之勢〔六〕。處羣邪之內，堅獨正之心，是不吐也，活東都之命，是不茹也。庶幾乎仲山甫之道焉！巨以剛銳果決，亦可嘉焉，終以贓賄貪殘，良可痛也。

贊曰：宗室賢良，枝葉茂盛。最尤者誰？峴獨守正。

校勘記

〔一〕吏部尚書 「吏部」，各本原作「兵部」，新書卷七八淮安王神通傳作「吏部」。按下文云「吏部告身」，則當以吏部爲是，據改。

〔二〕西原 各本原作「西京」，據新書卷七八淮安王神通傳改。

〔三〕潼關防禦鎮國軍使 「防」字各本原無，據合鈔卷一六三李暠傳補。

〔四〕三司訊之 各本原無此四字，據冊府卷三三一七補。

〔五〕永泰 各本原作「永康」，據合鈔卷一六三李峘傳改。

〔六〕終沮朝恩之勢 殿本考證云：「按李峴傳中，乃爲李輔國掎摭，非魚朝恩也，應誤。」

舊唐書卷一百一十三

列傳第六十三

苗晉卿　裴冕　裴遵慶 子向　向子寅　寅子樞

苗晉卿，上黨壺關人。世以儒素稱。祖夔，高道不仕，追贈禮部尚書。父殆庶，官至絳州龍門縣丞，早卒，以晉卿贈太子少保。晉卿幼好學，善屬文，進士擢第。初授懷州修武縣尉，歷奉先縣尉，坐累貶徐州司戶參軍。秩滿隨調，判入高等，授萬年縣尉。遷侍御史，歷度支、兵、吏部三員外郎。開元二十三年，遷吏部郎中。二十四年，與吏部郎中孫逖並拜中書舍人。二十七年，以本官權知吏部選事。晉卿性謙柔，選人有訴訟索好官者，雖至數千言，或聲色甚厲者，晉卿必含容之，略無愠色。二十九年，拜吏部侍郎。前後典選五年，政既寬弛，胥吏多因緣爲姦，賄路大行。

時天下承平，每年赴選常萬餘人。李林甫爲尚書，專任廟堂，銓事唯委晉卿及同列侍郎宋遙主之。選人既多，每年兼命他官有識者同考定書判，務求其實。天寶二年春〔二〕，御史中丞張倚男奭參選，晉卿與遙以倚初承恩，欲悅附之，考選人判等凡六十四人，分甲乙丙科，奭在其首。衆知奭不讀書，論議紛然。有蘇孝愠者，嘗爲范陽薊令，事安祿山，具其事告之。祿山恩寵特異，謁見不常，因而奏之。玄宗大集登科人，御花蕚樓親試，登第者十無一二；而奭手持試紙，竟日不下一字，時謂之「曳白」。上怒，晉卿貶爲安康郡太守，遙爲武當郡太守，張倚爲淮陽太守。敕曰：「門庭之間，不能訓子；選調之際，仍以託人。」時士子皆以爲戲笑。

天寶三載閏二月，轉魏郡太守，充河北採訪處置使，居職三年，政化洽聞。會入計，因上表請歸鄉里。既至壺關，望縣門而步。小吏進曰：「太守位高德重，不宜自輕。」晉卿曰：「禮：『下公門，式路馬。』況父母之邦，所宜尊敬。汝何言哉！」大會鄉黨，歡飲累日而去。又出俸錢三萬爲鄉學本，以敎授子弟。尋改河東太守、河東採訪使，入爲尚書、東京留守，徵爲憲部尚書。屬祿山叛逆，楊國忠以晉卿有時望，將抑之，乃奏云：「宜以大臣鎭遏東道。」遂出爲陝州刺史、陝虢兩州防禦使。及入對，固辭老病，由是忤旨，改憲部尚書致仕。

及朝廷失守，衣冠流離道路，多爲逆黨所脅，自陳希烈、張均已下數十人盡赴洛陽，晉卿潛遁山谷，南投金州。會肅宗至鳳翔，手詔追晉卿赴行在，卽日拜爲左相，軍國大務悉以咨之。既收兩京，以功封韓國公，食實封五百戶，改爲侍中。後以賊寇漸除，屢乞骸骨，優詔許之，罷知政事，爲太子太傅。明年，帝思舊臣，復拜爲侍中。

晉卿寬厚廉謹，爲政舉大綱，不問小過，所到有惠化。魏人思之，爲立碑頌德。及秉鈞衡，小心畏愼，未嘗忤人意。性聰敏，達練事體，百司文簿，經目必曉，而修身守位，以智自全，議者比漢之胡廣。

玄宗崩，肅宗詔晉卿攝冢宰。上表固辭曰：「臣聞古者殷高宗在諒闇之中，百官聽於冢宰，更無事跡，但存文字。且一時之事，禮不相沿。今殘寇猶虞，日殷萬務，皆緣兵馬屯守討襲，善算良謀，立勝擒敵。陛下若行古之道，居喪不言，蒼生何依，百事皆廢。伏讀國家起居注，亦於禮部檢見舊敕，恭惟太宗、高宗、大行皇帝在位之日，皆有國哀，視事不輟，以爲君臨天下，難徇常情。今遺詔有處分，皇帝宜三日而聽政。陛下遵太宗故事，則無冢宰；遵大行皇帝遺詔，便合聽朝。萬姓顒顒，不勝大願。伏惟陛下知理國之重，順人心之切，以義斷恩，從宜無改。今朝臣一命已上，皆言臣心昏貌朽，加以疾病，事有急速，斷在須臾，凡聖不同，豈合受詔。陛下發哀已五日矣，願准遺詔聽政，則四夷萬國，無任悲幸。」肅宗時疾彌留，覽表殞絕，乃許。

數日，肅宗晏駕，代宗踐祚，又詔晉卿攝冢宰。晉卿上表懇辭曰：「臣以昔者天子居喪之時百官聽於冢宰者，蓋君幼小，御極事殷，情理當然。沿革不一，今古異同，而周武、漢文，合於通變，垂範作則，可舉而行。又士或壘縗，時遇金革，豈非徇恤，謂義在斷恩。且百善之至，無加於孝也，其有容瘁心絕，指景悼生，此匹夫守節之常情，殊王者嗣續之大計。昨二十日，陛下於大行皇帝柩前卽位，是承先帝遺顧之言，亦前代不易之典。則知所略不爲害，所存是適權，防威滅端，所利者大。陛下因心純至，天地明察。伏以報劬勞之恩，申罔極之思，終身之痛，豈計朝夕！但以一日之內，萬務在中，須達宸聽，始成國政。百僚萬姓及僧道耆壽等，相顧聚言，以臣老且無能，愚豈測聖，況久無居攝，臣不敢奉詔。特乞陛下遵遺命，『三日而聽政』。臣博聽衆情，不勝懇願，伏望割痛抑哀，則天下悲幸。」上號泣從之。時晉卿年已衰暮，又患兩足，上特許肩輿至中書，入閤不趨，累日一視事。歷三朝，皆以謹密見稱。

廣德初，吐蕃寇長安。晉卿時病臥於私第，蕃聞之，輿入逼脅，晉卿閉口不言，賊不敢害。及上自陝至，册爲太保，罷知政事，又詔以太保致仕。永泰元年四月薨，輟朝三日，令京兆少尹一員護喪事，緣葬諸物並官給，賻絹布五百段、米粟五百石。太常議謚曰「懿獻」。初，晉卿東都留守，引用大理評事元載爲推官。至是載爲中書侍郎、平章事，懷舊恩，諷有司改謚曰文貞。大曆七年，令配享肅宗廟庭。

裴冕，河東人也，爲河東冠族。天寶初，以門蔭再遷渭南縣尉，以吏道聞。御史中丞王鉷充京畿採訪使，表爲判官。遷監察御史，歷殿中侍御史。冕雖無學術，守職通明，果於臨事，鉷甚委之。及鉷得罪伏法，時宰臣李林甫方竊權柄，人咸懼之，鉷賓佐數百，不敢窺鉷門。冕獨收鉷屍，親自護喪，瘞于近郊，冕自是知名。河西節度使哥舒翰表爲行軍司馬，累遷員外郎中。

玄宗幸蜀，至益昌郡，遙詔太子充天下兵馬元帥，以冕爲御史中丞兼左庶子，爲之副。是時，冕爲河西行軍司馬，授御史中丞，詔赴朝廷。遇太子於平涼，具陳事勢，勸之朔方，亟入靈武。冕與杜鴻漸、崔漪等勸進曰：「主上厭勤大位，南幸蜀川，宗社神器，須有所歸，天意人事，不可固違。若逡巡退讓，失億兆心，則大事去矣！臣等猶知之，況賢智乎！」太子曰：「南平寇逆，奉迎鑾輿，退居儲貳，侍膳左右，豈不樂哉！公等何言之過也？」冕與杜鴻漸又進曰：「殿下藉累聖之資，有天下之表。元貞萬國，二十餘年，殷憂啓聖，正在今日。所從殿下六軍將士，皆關輔百姓，日夜思歸。大軍一散，不可復集，不如因而撫之以從衆，臣

等敢以死請。」凡勸進五上，乃依。肅宗卽位，以定策功，遷中書侍郎、同中書門下平章事，倚以爲政。

冕性忠勤，悉心奉公，稍得人心。然不識大體，以聚人曰財，乃下令賣官鬻爵，度尼僧道士，以儲積爲務。人不願者，科令就之，其價益賤，事轉爲弊。肅宗移幸鳳翔，罷冕知政事，遷右僕射。兩京平，以功封冀國公，食實封五百戶。尋加御史大夫、成都尹，充劍南西川節度使。又入爲右僕射。永泰元年，與裴遵慶等並集賢待制〔三〕。

代宗求舊，拜冕兼御史大夫，充護山陵使。冕以倖臣李輔國權盛，將附之，乃表輔國親昵術士中書舍人劉烜充山陵使判官。烜坐法，冕坐貶施州刺史。數月，移澧州刺史，復徵爲左僕射。元載秉政。載爲新平縣尉，王鉷辟在巡內，冕常引之，載頗德冕。會宰臣杜鴻漸卒，載遂舉冕代之。冕時已衰瘵，載以其順己，引爲同列。受命之際，蹈舞絕倒，載趨而扶起，代爲謝詞。冕兼掌兵權留守之任，俸錢每月二千餘貫。性本侈靡，好尚車服及營珍饌，名馬在櫪，直數百金者常十數。每會賓友，滋味品數，坐客有昧於名者。自創巾子，其狀新奇，市肆因而効之，呼爲「僕射樣」。初代鴻漸，小吏以俸錢文簿白之，冕顧子弟，喜見於色，其嗜利若此。拜職未盈月，卒，大曆四年十二月也。上悼之，輟朝三日，贈太尉，賻帛五百匹、粟五百石。

裴遵慶，絳州聞喜人也。代襲冠冕，爲河東著族。遵慶志氣深厚，機鑑敏達，自幼強學，博涉載籍，謹身晦跡，不干當世之務。以門蔭累授潞府司法參軍，時年已老，未爲人所知。隨調吏部，授大理寺丞，剖斷刑獄，舉正綱條，理行始著。遷司門員外、吏部員外郎，專判南曹。天寶中，海內無事，九流輻輳會府，每歲吏部選人，動盈萬數。遵慶敏識強記，精覈文簿，詳而不滯，時稱吏事第一，由是大知名。

天寶末，楊國忠當國，出不附己者例爲外官，遵慶亦出爲郡守。肅宗卽位，徵拜給事中、尚書右丞、吏部侍郎，恭儉克己，遲重謹密，頗有時望。上元中，蕭華輔政，素知遵慶，每奏見，累稱之，遷黃門侍郎、同中書門下平章事。廣德初，僕固懷恩阻兵汾上，指中官爲詞，上以遵慶忠純，特遣往汾州宣慰懷恩。遵慶既見懷恩，具陳朝旨，懷恩引過聽命，將隨遵慶朝謁，爲副將范志誠以邪說惑之，懷恩遂以懼死爲詞。會蕃寇陷京師，乘輿幸陝，遵慶自汾州奔赴行在。及乘輿還京，以遵慶爲太子少傅。

永泰元年，與裴冕等並於集賢院待制，罷知政事。尋改吏部尚書、右僕射，復知選事。時有選人天興縣尉陳琯於銓庭言詞不遜，凌突無禮，代宗詔付遵慶於省門鞭三十，貶爲吉

州員外司戶參軍。遵慶敦守儒行，老而彌謹。嘗爲風狂族姪撾登聞鼓告以不順，上知其謬，不省，其見信如此。大曆十年十月薨於位，年九十餘。

遵慶初登省郎，嘗著王政記，述今古禮體，識者覽之，知有公輔之量。

子向，字傃仁，少以門蔭歷官至太子司議郎。建中初，李紓爲同州刺史，奏向爲從事。朱泚反，李懷光又叛河中，使其將趙貴先築壘于同州，紓來奔奉天，向領州務。貴先因脅縣尉林寶役徒板築，不及期，將斬之，吏人百姓奔竄。向卽詣貴先軍壘，以逆順之理責之，貴先感悟，遂來降，故同州不陷，向由是知名。累爲京兆府戶曹，轉櫟陽、渭南縣令，奏課皆第一，朝廷亟聞其理行，擢爲戶部員外郎。

德宗季年，天下方鎮副倅多自選于朝，防一日有變，遂就而授之節制。向已選爲太原少尹，德宗召見喩旨，尋用爲行軍司馬、兼御史中丞，改汾州刺史，轉鄭州。又復爲太原少尹，兼河東節度副使。改晉州刺史，充本州防禦使，遷虢州刺史。入爲京兆少尹，拜同州刺史，充本州防禦使。入爲大理寺卿，出還陝虢都防禦、觀察使。三歲，拜左散騎常侍，自常侍復爲大理。

向本以名相子，以學行自飭，謹守其門風。歷官仁智推愛，利及於人。至是，以年過致

政，朝廷優異，乃以吏部尚書致仕于新昌里第。內外支屬百餘人，向所得俸祿，必同其費，及領外任，亦挈而隨之。有孤惸疾苦不能自恤，向尤周給，至今稱其孝睦焉。大和四年九月卒，年八十，贈太子少保。

子寅，登進士第，累官至御史大夫卒。子樞，字紀聖，咸通十二年登進士第。宰相杜審權出鎮河中，辟爲從事，得祕書省校書郎，再遷藍田尉。直弘文館。大學士王鐸深知之，鐸罷相失職，樞亦久之不調。從僖宗幸蜀，中丞李煥奏爲殿中侍御史，遷起居郎。中和初，王鐸復見用，以舊恩徙爲鄭滑掌書記、檢校司封郎中，賜金紫，入朝歷兵、吏二員外郎。龍紀初，擢拜給事中，改京兆尹。宰相孔緯尤深獎遇。大順中，緯以用兵無功貶官，樞坐累爲右庶子，尋出爲歙州刺史。乾寧初，入爲右散騎常侍，從昭宗幸華州，爲汴州宣諭使。

初，樞自歙州罷郡歸朝，路經大梁，時朱全忠兵威已振，樞以兄事之，全忠由是重之。及樞傳詔，全忠皆稟朝旨，獻奉相繼，昭宗甚悅，乃遷兵部侍郎。時崔胤專政，亦倚全忠，二人因是相結，改樞吏部侍郎。未幾，換戶部侍郎、同平章事。其年冬，昭宗幸華州，崔胤貶官，樞亦爲工部尚書。天子自岐下還宮，以樞檢校右僕射、同平章事，出爲廣南節度使。制出，朱全忠保薦之，言樞有經世才，不可棄之嶺表，尋復拜門下侍郎，監修國史，累兼吏部尚書，

判度支。崔胤誅，以全忠素厚，相位如故。從昭宗還洛陽，駐蹕陝州，進右僕射、弘文館大學士、太清宮使，充諸道鹽鐵轉運使。

哀帝初嗣位，柳璨用事，全忠嘗奏用牙將張廷範爲太常卿，諸相議，樞曰：「廷範勳臣，幸有方鎭節鉞之命，何藉樂卿？恐非元帥梁王之旨。」乃持之不下。俄而全忠聞樞言，謂賓佐曰：「吾常以裴十四器識眞純，不入浮薄之伍，觀此議論，本態露矣。」切齒含怒。柳璨聞全忠言，尋希旨罷樞相位。和陵祔享，拜尚書左僕射。五月，責授朝散大夫、登州刺史，尋再貶瀧州司戶。六月十一日，行及滑州，全忠遣人殺之於白馬驛，投屍於河，時年六十五。

史臣曰：晉卿謹身莅事，足爲純臣，避寇全忠，固彰大節。然博達精審，豈不知寬猛之道哉！奉林甫之旨，順胥吏之意，悅附張倚，欺罔時君。生爲重臣，諂林甫之勢也；歿玷美謚，引元載之恩焉。或言晉卿不爲巧宦者，誠不信也。冕力贊中興，名居大位，奉公抱義，可以致身；賣官度僧，是何爲政？及其老也，貪冒尤深。遵慶學術貞明，爲國忠所出；恭儉謹密，遇蕭華素知。位重行純，老而彌篤，彼二公固有慚德。向克荷堂構，不墜門風。樞因盜而振，盜憎而亡，宜哉！君子守道遠刑，蓋慮此也。

贊曰：奧矣晉卿，貪哉裴冕。遵慶父子，及之者鮮。

校勘記

〔一〕二年　各本原作「一載」，據新書卷一四〇苗晉卿傳、通鑑卷二一五改。

〔二〕裴遵慶　「慶」字各本原作「度」，據本卷下文裴遵慶傳改。

舊唐書卷一百一十四

列傳第六十四

魯炅 裴茙 來瑱 周智光

魯炅，范陽人也。身長七尺餘，涉獵書史。天寶六年，隴右節度使哥舒翰引爲別奏。顏眞卿爲監察御史，使至隴右，翰嘗設宴，眞卿謂翰曰：「中丞自郎將授將軍，便登節制，後生可畏，得無人乎？」炅時立在階下，翰指炅曰：「此人後當爲節度使矣。」後以隴右破吐蕃跳盪功，累授右領軍大將軍同正員，賜紫金魚袋。

祿山之亂，選任將帥。十五載正月，拜炅上洛太守，未行，遷南陽太守、本郡守捉，仍充防禦使。尋兼御史大夫，充南陽節度使，以嶺南、黔中、山南東道子弟五萬人屯葉縣北，滍水之南，築柵，四面掘壕以自固。至五月，賊將武令珣、畢思琛等來擊之，衆欲出戰，炅不許。賊於營西順風燒煙，營內坐立不得，橫門扇及木爭出，賊矢集如雨，炅與中使薛道等挺身遁

走，餘衆盡沒。嶺南節度使何履光、黔中節度使趙國珍、襄陽太守徐浩未至，裨將嶺南、黔中、荊襄子弟半在軍，多懷金銀爲資糧，軍資器械盡棄於路如山積。至是賊徒不勝其富。

炅收合殘卒，保南陽郡，爲賊所圍。尋而潼關失守，賊使哥舒翰招之，不從。又使僞將豫州刺史武令珣等攻之，累月不能克。武令珣死〔一〕，又令田承嗣攻之。潁川太守來瑱、襄陽太守魏仲犀合勢救之。犀使弟孟馴爲將，領兵至明府橋，望賊而走，衆遂大敗。炅城中食盡，煑牛皮筋角而食之，米斗至四五十千，有價無米，鼠一頭至四百文，餓死者相枕藉。肅宗使中官將軍曹日昇來宣慰，路絕不得入。日昇請單騎入致命，仲犀曰：「不可，賊若擒吾敕使，我亦何安！」顏眞卿適自河北次于襄陽，謂仲犀曰：「曹使既果決，不顧萬死之地，何得沮之！縱爲賊所獲，是亡一使者；苟得入城，則萬人之心固矣。公何愛焉？」中官馮廷瓌曰：「將軍必能入，我請以兩騎助之。」日昇又自有傔騎數人，仲犀又以數騎共十人同行。賊徒望見，知其驍銳，不敢逼。日昇既入城，炅衆初以爲望絕，忽有使來宣命，皆踴躍一心。日昇以其十人至襄陽取糧，賊雖追之，不敢擊，遂以一千人取音聲路運糧而入，賊亦不能遏，又得相持數月。

炅在圍中一年，救兵不至，晝夜苦戰，人相食。至德二年五月十五日，率衆持滿傅矢突圍而出南陽，投襄陽。田承嗣來追，苦戰二日，殺賊甚衆。賊又知其決死，遂不敢逼。朝廷因除御史大夫、襄陽節度使。時賊志欲南侵江、漢，賴炅奮命扼其衝要，南夏所以保全。十月，王師收兩京，承嗣、令珣等奔於河北。南陽遭大亂之後，距鄧州二百里，人煙斷絕，遺骸委積於牆塹間。十二月，策勳行賞，詔曰：「特進、太僕卿、南陽郡守〔二〕、兼御史大夫、權知襄陽節度事、上柱國、金鄉縣公魯炅，蘊是韜略，副茲節制，竭節保邦，悉心陷敵。表之旗幟，分以土田。可開府儀同三司、兼御史大夫，封岐國公，食實封二百戶，兼京兆尹。」

乾元元年，兼鄭州刺史，充鄭、陳、潁、亳等州節度使。上元二年，爲淮西襄陽節度使、鄧州刺史。十月，與朔方節度使司徒郭子儀、河東節度使太尉李光弼等九節度同圍安慶緒於相州。炅領淮西、襄陽節度行營步卒萬人、馬軍三百，以李抱玉爲兵馬使，炅分界知東面之北。二年六月六日，賊將史思明自范陽來救，戰於安陽河北，王師不利，炅中流矢奔退。時諸節度以迴紇戰敗，因而退散，盡棄軍糧器械，所過虜掠，炅兵士剽奪尤甚，人因驚怨。五日，至新鄭縣，聞郭子儀已整衆屯穀水，李光弼還太原，炅憂懼，仰藥而卒。

裴茙，以門蔭入仕，累遷京兆府司錄參軍。來瑱鎭陝州，引爲判官；瑱移襄州，又爲瑱行軍司馬，瑱遇之甚厚。及瑱淮西之敗，逗留不行，茙密表聞奏。朝廷以瑱掌重兵，惡之，密

詔以茙代瑱爲襄州刺史，充防禦使。茙本鎭穀城，及受密命，乃率麾下二千人赴襄陽。時瑱亦奉詔依舊任，瑱遂設具於江津以俟之。茙初擊言假道入朝，及見瑱，卽云奉代，且欲覘事。瑱報曰：「瑱已奉恩命復任此。」茙惶惑，喻其麾下曰：「此言必妄。」遂引射瑱軍，因與瑱兵交戰，茙大敗，士卒死傷殆盡。茙走還穀城舊營，瑱追擒之。朝旨務安漢南，乃歸咎於茙。寶應元年七月，敕曰：「前襄州刺史裴茙，性本頑疏，行惟狂悖。頃因試用，爰委軍戎，守在要衝，無聞方略。所以申命來瑱，重撫漢南，卽宜奔赴闕廷，謝其曠職。而乃顧惜名位，輕圖異端，誣構忠良，妄興兵甲。遽令追召，敢欲逗留，是有無君之心，不唯罔上之罪。又轉輸之物，軍國所資，擅爲費用，其數甚廣。據其抵犯，合置嚴誅。但自朕登極已來，屢施恩宥，肆諸朝市，所未忍爲。宜寬殊死之刑，俾就投荒之謫，宜除名，長流費州。」茙器局輕褊，初興師徒，給用無節。及敗撓，遲迴赴召，將至京師，會有是命。既行，至藍田驛，賜自盡。

來瑱，邠州永壽人也。父曜，起於卒伍。開元十八年，爲鴻臚卿同正員、安西副都護、持節磧西副大使、四鎭節度使，後爲右領軍大將軍、仗內五坊等使，名著西陲。寶應元年，

以子貴，贈太子太保。

瑱少尙名節，慷慨有大志，頗涉書傳。天寶初，四鎭從職。十一載，爲左贊善大夫、殿中侍御史，充伊西、北庭行軍司馬。玄宗詔朝臣舉智謀果決、才堪統衆者各一人。拾遺張鎬薦瑱有縱橫之略，臨事能斷，堪當禦侮之任。丁母憂，以孝聞。

安祿山反，張垍復薦之，起復兼汝南郡太守，未行，改潁川太守。賊攻之。城中積粟素多，瑱繕修有備。賊繼至城下，瑱親射之，無不應弦而斃。賊使降將畢思琛招瑱，琛卽瑱父曜故將，城下拜泣弔瑱，瑱不應。前後殺賊頗衆，咸呼瑱爲「來嚼鐵」。以功加銀青光祿大夫，擢御史中丞、本郡防禦使及河南淮南遊奕逐要招討等使。魯炅敗於葉縣，退守南陽，乃以瑱爲南陽太守、兼御史中丞，充山南東道節度防禦處置等使以代炅。尋以嗣虢王巨爲御史大夫、河南節度使，因奏炅能守南陽，詔各復本位。賊攻圍南陽累月，瑱分兵與襄陽節度使魏仲犀救之。犀遣弟孟馴將兵至明府橋，望風敗走，賊追躡，大敗而還。兵素少，遇敗，人情恟懼，瑱綏撫訓練，賊不能侵。詔爲淮南西道節度使。收復兩京，與魯炅同制加開府儀同三司、兼御史大夫，封潁國公，食實封二百戶，餘如故。

乾元元年，召爲殿中監。二年，初除涼州刺史、河南節度經略副大使〔三〕。未行，屬相州官軍爲史思明所敗，東京震駭。元帥司徒郭子儀鎭穀水，乃以瑱爲陝州刺史，充陝、虢等州節度，并潼關防禦、團練、鎭守使。乾元三年四月十三日，襄州軍將張維瑾、曹玠率衆謀亂，殺刺史史翽〔四〕。以瑱爲襄州刺史、兼御史大夫，充山南東道襄、鄧、均、房、金、商、隨、郢、復十州節度觀察處置使。

上元三年，肅宗召瑱入京。瑱樂襄州，將士亦慕瑱之政，因諷將吏、州牧、縣宰上表請留之，身赴詔命，行及鄧州，復詔歸鎭。肅宗聞其計而惡之。後呂諲、王仲昇及中官皆言瑱布恩惠，懼其得士心，以瑱爲鄧州刺史，充山南東道襄、鄧、唐、復、郢、隨等六州節度，餘並如故。俄而淮西節度王仲昇與賊將謝欽讓戰於申州城下，爲賊所虜。初，仲昇被圍累月，呂諲病於江陵，瑱在襄州，又恐仲昇構己，遂顧望不救。及師出，仲昇已沒。裴茙頻表陳瑱之狀，謀奪其位，稱「瑱善謀而勇，崛強難制，宜早除之，可一戰而擒也」。肅宗然之，遂以瑱檢校戶部尙書、兼御史大夫、安州刺史，充淮西申、安、蘄、黃、光、沔節度觀察，兼河南陳、豫、許、鄭、汴、曹、宋、潁、泗十五州節度觀察使，外示尊崇，實奪其權也。加裴茙兼御史中丞、襄鄧等七州防禦使以代之。瑱懼不自安，上表稱「淮西無糧饋軍，臣去秋種得麥，請待收麥畢赴上」，復諷屬吏請留之。裴茙於商州召募，以窺去就。

寶應元年五月，代宗卽位，因復授瑱襄州節度、奉義軍渭北兵馬等使，官如故，潛令裴茙圖之。其月十九日，裴茙率衆浮漢江而下。日暮，候者白瑱，謀於帳下，副使薛南陽曰：

「尙書奉詔留鎭，裴茙以兵代，是無名也。且茙之智勇，非尙書敵也，衆心歸尙書，不歸於茙。彼若乘我之不虞，今夕而至，直燒城市，我衆必懼而亂，彼乘亂而擊，則可憂也。若及明而至，尙書破之必矣。」翌日平明，茙督軍士五千列于穀水北，瑱以兵逆之，登高而陣，呼茙將士告之曰：「爾何事來？」曰：「尙書不受命，謹奉中丞伐罪人。若尙書受替，謹當釋兵。」瑱曰：「恩制復除瑱此州。」乃取告身敕書以示，茙軍皆曰：「僞也。承命討君，豈千里空歸，富貴在於今日。」遂爭射之。瑱奔歸旗下，薛南陽曰：「事急矣，請以三百騎爲奇兵，尙書勿與之戰。」兩軍相見，遂以麾下旁萬山而出其背，表裏夾擊，茙軍大敗，投水而死，殺獲殆盡。茙及弟鷹脫身北走，妻子並爲瑱所擒，瑱甚厚撫之。因抗表謝罪。擒茙於申口，送至京師，長流費州，賜死於藍田故驛。

八月，瑱入朝謝罪，代宗特寵異之，遷兵部尙書、同中書門下平章事，依前山南東道節度、觀察等使，代左僕射裴冕充山陵使。時中官驃騎大將軍程元振居中用事，發瑱言涉不順，王仲昇賊平來歸，證瑱與賊合，故令仲昇陷賊三年〔五〕。代宗含怒久之，因是下詔曰：

春秋之義，貴在於必書；君臣之間，法存於無赦。沮勸式遵於前典，進退莫匪於至公，惡稔既彰，明罰難貸。開府儀同三司、行兵部尙書、中書門下平章事、充山南東道節度觀察處置等使、上柱國、潁國公來瑱，謬當任用，素乏器能，亟歷班榮，累經節制。莅職蔑聞於成績，登朝虛美於崇名。頃者分閫頒條，久淹江、漢。或頻徵不至，或移鎭遲留，實乖堂陛之儀，爰及干戈之忿。朕以舊臣宿將，道在含弘，會其來庭，用甄後效。超登宰輔，光拜夏卿，列在三台，掩其一眚。山陵先遠，事委近臣，謀謨素闕於大猷，卜祝頗聞於私議。實虧周愼，且聞樞言，何以輔弼鼎司，儀刑簪紱？據其所犯，合置殊科。以嘗侍軒闈，用存寬宥之幸；緬範舊章，兼膺黜削之譴。其身官爵，一切削除。

寶應二年正月，貶播州縣尉員外置。翌日，賜死於鄠縣，籍沒其家。瑱之被刑也，門客四散，掩于坎中。校書郎殷亮後至，獨哭於屍側，貨所乘驢以備棺衾，夜詣縣令長孫演以情告之，演義而從之。亮夜葬而祭，走歸京師。代宗既悟元振之誣構，積其過而配流溱州。

先是，瑱行軍司馬龐充統兵二千人赴河南，至汝州，聞瑱死，將士魚目等迴兵襲襄州，左兵馬使李昭禦之，奔房州。昭及薛南陽與右兵馬使梁崇義不叶相圖，爲崇義所殺。朝廷授崇義節度使、兼御史中丞以代瑱。崇義爲瑱立祠，四時拜饗，不居瑱廳及正堂視事，於東廂下搆一小室而寢止，抗疏哀請收葬，優詔許之。廣德元年，追復官爵。

周智光，本以騎射從軍，常有戎捷，自行間登偏裨。宦官魚朝恩爲觀軍容使，鎭陝州，與之昵狎。朝恩以扈從功，恩渥崇厚，奏請多允，屢於上前賞拔智光，累遷華州刺史、同華二州節度使及潼關防禦使，加檢校工部尚書、兼御史大夫。

永泰元年，吐蕃、迴紇、党項羌、渾、奴剌十餘萬衆寇奉天、醴泉等縣，智光邀戰，破於澄城，收駝馬軍資萬計，因逐賊至鄜州。智光與杜冕不協，遂殺鄜州刺史張麟，坑杜冕家屬八十一人，焚坊州廬舍三千餘家。懼罪，召不赴命。朝廷外示優容，俾杜冕使梁州，實避讎也。

永泰二年十二月，智光專殺前虢州刺史、兼御史中丞龐充。充方居縗絰，潛行，智光追而斬之。又劫諸節度使進奉貨物及轉運米二萬石，據州反。智光自鄜坊專殺，朝廷患之，遂縱亡命不逞之徒，衆至數萬，縱其剽掠，以結其心。初，與陝州節度使皇甫溫不協，監軍張志斌自陝入奏，智光館給禮慢，志斌責其不肅。智光大怒曰：「僕固懷恩豈有反狀！皆由爾鼠輩作福作威，懼死不敢入朝。我本不反，今爲爾作之。」因叱下斬之，臠其肉以飼從者。時淮南節度使、檢校右僕射崔圓入覲，方物百萬，智光強留其半。舉選之士竦駭，或竊同州路以過，智光使部將邀斬於乾坑店，橫死者衆。優詔以智光爲尚書左僕射，遣中使余元仙持告身以授之。智光受詔慢罵曰：「智光有數子，皆彎弓二百斤，有萬人敵，堪出將入相。只如挾天子令諸侯，天下只有周智光合作。」因歷數大臣之過。元仙股慄，智光贈絹百匹遣

之。於州郭置生祠，俾將吏百姓祈禱。

大曆二年正月，密詔關內河東副元帥、中書令郭子儀率兵討智光，許以便宜從事。時同、華路絕，上召子儀女婿工部侍郎趙縱受口詔付子儀，縱裂帛寫詔置蠟丸中，遣家童間道達焉。子儀奉詔將出師，華州將士相顧攜貳。智光大將李漢惠自同州以其所管降子儀。貶智光爲澧州刺史，散官勳封如故。乃聽將一百人隨身，便路赴任，其所部將士官吏，一無所問。乃以兵部侍郎張仲光爲華州刺史、兼御史大夫、潼關防禦使；又以大理卿敬括爲同州刺史、兼御史大夫、長春宮等使。是日，智光爲帳下將斬首，并子元耀、元幹等二人來獻。丁卯，梟智光首于皇城之南街，二子腰斬以示衆。判官監察御史邵賁、都虞候蔣羅漢並伏誅，餘黨各以親疏准法定罪。命有司具儀奏告太淸宮、太廟、七陵。

時淮西節度使李忠臣入覲，次潼關，聞智光阻兵，駐所部將往禦之。及智光死，忠臣進兵入華州大掠，自赤水至潼關二百里間，畜產財物殆盡，官吏至有著紙衣或數日不食者。

史臣曰：嘗讀李陵傳，戰敗不能死，屈節降虜庭，君不得爲忠臣，母不得爲孝子，每長歎久之。炅收湍水敗衆，守南陽孤城，每蹈危機，竟効死節，料敵雖非其良將，事君不失爲忠

臣。茙浮躁無行，狂悖用兵，宜其死矣。瑱善軍政，得士心，庶幾干城禦侮者哉！始固名位，爲裴茙巧言；終歸朝廷，遭元振誣構。賜死之辜匪辨，用刑之道不明。致舊將立祠，門吏偷葬，出將入相，一至於斯，惜哉！智光狂悖，不足與論。

贊曰：魯炅竭節，來瑱枉死。裴茙兇人，智光逆子。

校勘記

〔一〕武令珣死　新書卷一四七魯炅傳同。按通鑑卷二二〇考異云：「舊魯炅傳云：『炅保南陽，賊使武令珣攻之。令珣死，又令田承嗣攻之。』下又云：『王師收兩京，承嗣、令珣奔河北。』唐曆：『慶緒據鄴，武令珣自唐、鄧至。』炅傳云武令珣死，誤也。」

〔二〕南陽郡守　「郡守」，各本原作「郡公」，據合鈔卷一六五魯炅傳改。按魯炅爲南陽太守見上文，下文又稱其爲「金鄉縣公」，則作「郡公」非。

〔三〕河南節度　合鈔卷一六五來瑱傳「河南」作「河西」。

〔四〕殺刺史史翽　「刺史」下各本原脫「史」字，據新書卷一四四來瑱傳、合鈔卷一六五來瑱傳補。

〔五〕故令仲昇陷賊三年　按上文仲昇於上元三年被虜，至此似未足一年。合鈔卷一六五來瑱傳「上元三年」作「上元二年」，此處作「陷賊二年」。校勘記卷四三引張宗泰說，疑「三年」二字衍文。

舊唐書卷一百一十五

列傳第六十五

崔器　趙國珍　崔瓘　敬括　韋元甫　魏少遊　衞伯玉　李承

崔器，深州安平人也。曾祖恭禮，狀貌豐碩，飲酒過斗。貞觀中，拜駙馬都尉，尙神堯館陶公主。父肅然，平陰丞。器有吏才，性介而少通，舉明經，歷官淸謹。天寶六載，爲萬年尉，踰月拜監察御史。中丞宋渾爲東畿採訪使，引器爲判官；渾坐贓流貶嶺南，器亦隨貶。十三年，量移京兆府司錄，轉都官員外郞，出爲奉先令。逆胡陷西京，器沒於賊，仍守奉先。居無何，屬賊黨同羅叛賊，長安守將安守忠、張通儒並亡匿。又渭上義兵起，一朝聚徒數萬。器懼，所受賊文牒符敕，一時焚之，牓召義師，欲應渭上軍。及渭上軍破，賊將崔乾祐先鎭蒲、同，使麾下騎三

十人捉器，器遂北走靈武。器素與呂諲善，諲引爲御史中丞、兼戶部侍郞。從肅宗至鳳翔，加禮儀使。克復二京，爲三司使。器草儀注，駕入城，令陷賊官立於含元殿前，露頭跣足，撫膺頓首請罪，以刀杖環衞，令扈從羣官宰臣已下視之。及收東京，令陳希烈已下數百人如西京之儀。器性陰刻樂禍，殘忍寡恩，希旨奏陷賊官準律並合處死。肅宗將從其議，三司使、梁國公李峴執奏，固言不可，乃六等定罪，多所原宥，唯陳希烈、達奚珣斬於獨柳樹下。後蕭華自相州賊中仕賊官歸闕，奏云：「賊中仕官等重爲安慶緖所驅，脅至相州，初聞廣平王奉宣恩命，釋放陳希烈已下，皆相顧曰：『我等國家見待如此，悔恨何及。』及聞崔器議刑太重，衆心復搖。」肅宗曰：「朕幾爲崔器所誤。」呂諲驟薦器爲吏部侍郞、御史大夫。上元元年七月，器病脚腫，月餘疾亟，瞑目則見達奚珣，叩頭曰：「大尹不自由。」左右問之，器答曰：「達奚大尹嘗訴冤於我，我不之許。」如是三日而器卒。

趙國珍，牂柯之苗裔也。天寶中，以軍功累遷黔府都督，兼本管經略等使。時南蠻閤羅鳳叛，宰臣楊國忠兼劍南節度，遙制其務，屢喪師徒。中書舍人張漸薦國珍有武略，習知南方地形，國忠遂奏用之。在五溪凡十餘年，中原興師，唯黔中封境無虞。代宗踐祚，特嘉之，召拜工部尙書。大曆三年九月，以疾終，贈太子太傅。

崔瓘，博陵人也。以士行聞，莅職淸謹。累遷至澧州刺史，下車削去煩苛，以安人爲務。居二年，風化大行，流亡襁負而至，增戶數萬。有司以聞，優詔特加五階，至銀靑光祿大夫，以甄能政。遷潭州刺史、兼御史中丞，充湖南都團練觀察處置使。瓘到官，政在簡肅，恭守禮法。將吏自經時艱，久不奉法，多不便之。大曆五年四月，會月給糧儲，兵馬使臧玠與判官達奚觀忿爭，觀曰：「今幸無事。」玠曰：「有事何逃？」厲色而去。是夜，玠遂搆亂，犯州城，以殺達奚觀爲名。瓘惶遽走，逢玠兵至，遂遇害。代宗聞其事，悼惜久之。

敬括，河東人也。少以文詞稱。鄉舉進士，又應制登科，再遷右拾遺、內供奉、殿中侍御史。天寶末，宰臣楊國忠出不附已者，括以例爲果州刺史。累遷給事中、兵部侍郞、大理

卿。性深厚，志尙簡淡，在職不務求名，因循而已。大曆初，叛臣周智光伏誅，詔選循良爲近輔，以括爲同州刺史。歲餘，入爲御史大夫。遲重推誠於下，未嘗以私害公，士頗稱焉；而從容養望，不舉綱紀，士亦以此少之。大曆六年三月卒。

韋元甫，少修謹，敏於學行。初任滑州白馬尉，以吏術知名。本道採訪使韋涉深器之，奏充支使，與同幕判官員錫齊名。元甫精於簡牘，錫詳於訊覆，涉推誠待之，時謂「員推韋狀」。元甫有器局，所莅有聲，累遷蘇州刺史、浙江西道都團練觀察等使。大曆初，宰臣杜鴻漸首薦之，徵爲尙書右丞。會淮南節度使缺，鴻漸又薦堪當重寄，遂授揚州長史、兼御史大夫〔一〕、淮南節度觀察等使。在揚州三年，政尙不擾，事亦粗理。大曆六年八月，以疾卒於位。

魏少遊，鉅鹿人也。早以吏幹知名，歷職至朔方水陸轉運副使。肅宗幸靈武，杜鴻漸等奉迎，留少遊知留後，備宮室掃除之事。少遊以肅宗遠離宮闕，初至邊藩，故豐供具以悅

之。將至靈武，少遊整騎卒千餘，干戈耀日，於靈武南界鳴沙縣奉迎，備威儀振旅而入。肅宗至靈武，殿宇御幄，皆象宮闈，諸王、公主各設本院，飲食進御，窮其水陸。肅宗曰：「我至此本欲成大事，安用此爲！」命有司稍去之。累遷衞尉卿。乾元二年十月，議率朝臣馬以助軍，少遊與漢中郡王瑀沮其議，上知之，貶渠州長史。後爲京兆尹，請中書門下及兩省五品已上、尚書省四品已上、諸司正員三品已上、諸王、駙馬中期周已上親及女婿外甥，不得任京兆府判官、畿令、赤縣丞簿尉，敕從之。遷刑部侍郎。

大曆二年四月，出爲洪州刺史、兼御史大夫，充江南西道都團練觀察等使。四年六月，封趙國公。賈明觀者，本萬年縣捕賊小胥，事劉希暹〔二〕，恃魚朝恩之勢，恣行兇忍，毒甚豺虺。朝恩、希暹既誅，元載當權，納明觀姦謀，容之，特令江西効力。明觀未出城，百姓萬衆聚於城外，皆懷塼石候之，期投擊以快意。載聞之，特令所由吏擁百姓入城內，由是獲免。在洪州二年，少遊爲觀察使，承元載意苟容之。及路嗣恭代少遊，到州，即日杖殺，議者以是減魏之名，多路之政。大曆六年三月己未卒於官，贈太師〔三〕。

少遊居職，緣飾成務，有規檢，善任人，果於集事。前後四領京尹，雖無赫赫之名，而觖廉謹，有足稱者。

衞伯玉，有膂力，幼習藝。天寶中杖劍之安西，以邊功累遷至員外諸衞將軍。肅宗即位，興師靖難，伯玉激憤，思立功名，自安西歸長安。初爲神策軍兵馬使出鎮。乾元二年十月，逆賊史思明遣僞將李歸仁鐵騎三千來犯，伯玉以數百騎於疆子坂擊破之，積尸滿野，虜馬六百匹，歸仁與其黨東走。以功遷右羽林軍大將軍，知軍事。轉四鎮、北庭行營節度使。獻俘百餘人至闕下，詔解縛而赦之，遷伯玉神策軍節度。上元二年二月，史思明領衆西下圖長安，史朝義率其黨夜襲陝州。伯玉以兵逆擊，大破賊於永寧。賊退，進位特進，封河東郡公。

廣德元年冬，吐蕃寇京師，乘輿幸陝。以伯玉有幹略，可當重寄，乃拜江陵尹、兼御史大夫，充荆南節度觀察等使。尋加檢校工部尚書，封城陽郡王。大曆初，丁母憂，朝廷以王昂代其任，伯玉潛諷將吏不受詔，遂起復以本官爲荆南節度等使，時議醜之。大曆十一年二月入覲，以疾卒於京師。

李承，趙郡高邑人，吏部侍郎至遠之孫，國子司業畬之第二子也。承幼孤，兄曄鞠養之。既長，事兄以孝聞。舉明經高第，累至大理評事，充河南採訪使郭納判官。尹子奇圍汴州，陷賊，拘承送洛陽。承在賊庭，密疏姦謀，多獲聞達。兩京克復，例貶撫州臨川尉。數月除德清令，旬日拜監察御史。淮南節度使崔圓請留充判官，累遷檢校刑部員外郎、兼侍御史。圓卒，歷撫州、江州二刺史，課績連最。遷檢校考功郎中兼江州刺史，徵拜吏部郎中。尋爲淮南西道黜陟使，奏於楚州置常豐堰以禦海潮，屯田瘠鹵，歲收十倍，至今受其利。

時梁崇義縱恣倨慢，朝廷將加討伐。李希烈揣知之，上表數崇義過惡，請率先誅討。上悅之，每對朝臣多稱希烈忠誠。承自黜陟迴，因奏之曰：「希烈將兵討伐，必有微勳，但恐立功之後，縱恣跋扈，不稟朝憲，必勞王師問罪。」上初未之信。無幾，希烈既平崇義，果有不順之跡，上思承言，故驟加擢用。建中二年七月，拜同州刺史、河中尹、晉絳都防禦觀察使。九月，轉襄州刺史、山南東道節度觀察鹽鐵等使。希烈既破崇義，擁兵襄州，遂有其地。朝廷慮不受命，欲以禁兵送承，承請單騎徑行。既至，希烈處承於外館，迫脅萬態，承恬然自安，誓死王事。希烈不能屈，遂剽虜闔境所有而去，襄、漢爲之空。承治之一年，頗得完復。

初，希烈雖歸蔡州，留將校等於襄州守當時所掠得財帛什物等，後使襄、漢，往來不絕。承亦使腹心臧叔雅往來許、蔡，厚結希烈腹心周曾、王玢、姚憺等。及曾等謀殺希烈，以衆

歸朝，多承首建謀也。累賜密詔褒美之。承尋改檢校工部尚書，兼潭州刺史、湖南都團練觀察使。建中四年七月，卒於位，年六十二，贈吏部尚書。承少有雅望，至其從官，頗以貞廉才術見稱於時。

史臣曰：自古酷吏濫刑，幸免者多矣，苟無強魂爲祟，沮議者惑焉。器深文樂禍，居官令終，非達奚訴冤，無以顯其陰責矣。國珍守黔溪，璀修禮法，括推誠馭下，元甫爲政寬簡，少遊規檢集事，皆可稱者。伯玉破敵立功，足爲猛士，丁憂冒寵，終是武夫。承忠懇謀議，勤勞盡瘁，方之者鮮矣。

贊曰：崔器深文，達奚作祟。七子伊何？李承爲最。

校勘記

〔一〕兼御史大夫　「大夫」二字各本原無，據冊府卷三二四補。

〔二〕事劉希暹　「事」字各本原無，據葉校本補。

〔三〕太師　新書卷一四一魏少游傳作「太子太師」。

舊唐書卷一百一十六

列傳第六十六

肅宗代宗諸子 肅宗十三子 代宗二十子

越王係　承天皇帝倓　衞王佖　彭王僅　兗王僴　涇王侹
鄆王榮　襄王僙　杞王倕　召王偲　恭懿太子佋　定王侗
淮陽王僖　昭靖太子邈　均王遐　睦王述　丹王逾
恩王連　韓王迥　簡王遘　益王迺　隋王迅　荊王選
蜀王遡　忻王造　韶王暹　嘉王運　端王遇　循王遹
恭王通　原王逵　雅王逸

肅宗皇帝十四子：章敬皇后生代宗皇帝，宮人孫氏生越王係，張氏生承天皇帝，王氏生衞王佖，陳婕妤生彭王僅，韋妃生兗王僴，張美人生涇王侹，裴昭儀生襄王僙，段婕妤生杞王倕，崔妃生召王偲，張皇后生恭懿太子佋、定王侗，宮人生鄆王榮、宋王僖。

越王係，本名儋，肅宗第二子也。天寶中，封南陽郡王，授特進。至德二年十二月，進封趙王。乾元二年三月，九節度之兵潰於河北，史思明僭號於相州，王師未集，朝廷震駭。詔以李光弼握兵關東以代子儀。光弼請以親賢統師，七月，詔曰：

握兵之要，古先為重；命帥之道，心膂攸憑。是知靖難夷兇，必資於金革；總戎授律，實仗於親賢。蓋將底寧邦家，保息黎獻者矣。朕以薄德，纘承鴻緒，往屬元兇暴亂，中夏不寧。上憑宗社之靈，下藉熊羆之力，由是廓清咸、洛，拯此生人。頃以河朔殘妖，尙稽天討，蛇豕竊依於城堡，塗炭久被於齊甿，朕為人父母，寧忘閔念。雖好生息戰，每冀其歸降；而餘孽昧恩，靡聞于悔禍。所以軒后親征於獯鬻，周文致役於昆夷，古之用兵，蓋非獲已。

趙王係幼稟異操〔一〕，夙懷韜略，負東平之文學，蘊任城之智勇。性惟忠孝，持愛敬以立身；志尙權謀，有經通之遠智。知子者父，方有屬於維城；擇能而授，俾克申於戎律。且兇徒嘯聚，頗歷歲時，惡既貫盈，理當撲滅。君親有命，可不敬乎！俾展龍

豹之韜，永清梟獍之類。可充天下兵馬元帥，仍令司空、兼侍中、薊國公光弼副知節度行營事。應緣軍司署置，所司準式。

九月，史思明陷洛陽，光弼以副元帥董兵守河陽，王不出京師。十月，下詔車駕親征，諫官論奏乃止；王請行，不許。三年四月，改封越王。

寶應元年四月，肅宗寢疾彌留。皇后張氏與中官李輔國有隙，因皇太子監國，謀誅輔國，使人以肅宗命召太子入宮。皇后謂太子曰：「賊臣輔國，久典禁軍，四方詔令，皆出其口。頃矯制命，逼徙聖皇。今聖體彌留，心懷怏怏，常忌吾與汝。又聞射生內侍程元振結託黃門，將圖不軌，若不誅之，禍在頃刻。」太子泣而對曰：「此二人是陛下勳舊內臣，今聖躬不康，重以此事驚撓聖慮，情所難任。若決行此命，當出外徐圖之。」后知太子難與共事，乃召係謂之曰：「皇太子仁惠，不足以圖平禍難。」復以除輔國謀告之，曰：「汝能行此事乎？」係曰：「能。」后令內謁者監段恆俊與越王謀，召中官有武勇者二百餘人，授甲於長生殿。是月乙丑，皇后矯詔召太子，程元振伺知之，告輔國。元振握兵於凌霄門候之，太子既至，以難告。太子曰：「必無此事。聖恙危篤，吾豈懼死不赴召乎？」元振曰：「為社稷計，行則禍及矣。」遂以兵護太子匿於飛龍廐。丙寅夜，元振、輔國勒兵於三殿前，收捕越王及同謀內侍朱光輝、段恆俊等百餘人禁繫，幽皇后於別殿，侍者十數人隨之。是日，皇后、越王俱為輔國所害。

係子：建、遹、邎。建，建中元年十一月，封武威郡王，授殿中監同正員；遹封興道郡王，授殿中監同正員；邎封齊國公，光祿卿同正員。

承天皇帝倓，肅宗第三子也。天寶中，封建寧郡王，授太常卿同正員。英毅有才略，善騎射。祿山之亂，玄宗幸蜀，倓兄弟典親兵扈從。車駕渡渭，百姓遮道乞留太子，太子諭之曰：「至尊奔播，吾不忍違離左右，俟吾見上奏聞。」倓於行宮謂太子曰：「逆胡犯順，四海分崩，不因人情，何以興復？夫有國家者，大孝莫若存社稷。今從至尊入蜀，則散關已東，非皇家所有，何以維屬人情？殿下宜購募豪傑，暫往河西，收拾戎馬，點集防邊將卒，不下十萬人，光弼、子儀，全軍河朔，謀為興復，計之上也。」廣平王亦贊成之，於是令李輔國奏聞。玄宗欣然聽納，乃分從官、士卒以遣之。

時敗卒膽破，兵仗不完，太子既北上，渡渭，一日百戰。倓自選驍騎數百衞從，每蒼黃顛沛之際，血戰在前。太子或過時不得食，倓涕泗不自勝，上尤憐之〔二〕，軍士屬目歸於倓。至靈武，太子卽帝位。廣平既為元子，欲以倓為天下兵馬元帥。侍臣曰：「廣平王冢嗣，有君人之量。」上曰：「廣平地當儲貳，何假更為元帥？」左右曰：「廣平今未册立，艱難時人尤屬望於元帥。況太子從曰撫軍，守曰監國。今之元帥，撫軍也，廣平為宜。」遂以廣平為元帥，

倓典親軍，李輔國爲元帥府司馬。

時張良娣有寵，倓性忠謇，因侍上屢言良娣頗自恣，輔國連結內外，欲傾動皇嗣。自是，日爲良娣、輔國所構，云：「建寧恨不得兵權，頗畜異志。」肅宗怒，賜倓死。既而省悟，悔之。

明年冬，廣平王收復兩京，遣判官李泌入朝獻捷。泌與上有東宮之舊，從容語及建寧事，肅宗改容謂泌曰：「倓於艱難時實得氣力，無故爲下人之所間，欲圖害其兄，朕以社稷大計，割愛而爲之所也。」泌對曰：「爾時臣在河西，豈不知其故。廣平兄弟，天倫篤睦，至今廣平言及建寧，則嗚咽不已。陛下之言，出於讒口也。」帝因泣下曰：「事已及此，無如之何！」泌因奏曰：「臣幼稚時念黃臺瓜辭，陛下嘗聞其說乎？高宗大帝有八子，睿宗最幼。天后所生四子〔三〕，自爲行第，故睿宗第四。長曰孝敬皇帝，爲太子監國，而仁明孝悌。天后方圖臨朝，乃鴆殺孝敬，立雍王賢爲太子。賢每日憂惕，知必不保全，與二弟同侍於父母之側，無由敢言。乃作黃臺瓜辭，令樂工歌之，冀天后聞之省悟，即生哀愍。辭云：『種瓜黃臺下，瓜熟子離離。一摘使瓜好，再摘令瓜稀，三摘猶尚可，四摘抱蔓歸。』而太子賢終爲天后所逐，死于黔中。陛下有今日運祚，已一摘矣，愼無再摘。」上愕然曰：「公安得有是言！」時廣平王立大功，亦爲張皇后所忌，潛構流言，泌因事諷勸之。

及代宗即位，深思建寧之冤，追贈齊王。大曆三年五月，詔曰：「故齊王倓，承天祚之慶，保鴻名之光。降志尊賢，高才好學，藝文博洽，智略宏通。斷必知來，謀皆先事，識無不達，理至逾精。乃者寇盜橫流，鑾輿南幸。先聖以宸扆之戀，將侍君親；惟王以宗廟之重，誓寧家國。克協朕志，載符天時，立辨羣議之非，同獻五原之計。中興之盛，實藉奇功。景命不融，早從厚夕，天倫之愛，震惕良深。流涕追封，胙于東海，頃加表飾，未極哀榮。夫以參舊邦再造之勳，成天下一家之業，而存未峻其等，歿未尊其稱，非所以旌徽烈，明至公也。朕以眇身，纘膺大寶，不及讓王之禮，莫申太弟之嗣，所懷靡殫，邈想逾切，非常之命，寵錫攸宜。敬用追謚曰承天皇帝，與興信公主第十四女張氏冥婚，謚曰恭順皇后。有司準式，擇日册命，改葬于順陵，仍祔于奉天皇帝廟，同殿異室焉。」

衞王佖，肅宗第四子。天寶中，封西平郡王，授殿中監同正員。早薨。寶應元年五月，追贈衞王。

彭王僅，肅宗第五子。天寶中，封新城郡王，授鴻臚卿同正員。至德二年十二月，進封彭王。乾元二年冬，史思明再陷河洛，關東用兵，人情震懼，羣臣請以親王遙統兵柄。三年四月詔曰：

古之哲王，宅中御宇，莫不內封子弟，外建藩維。故周稱百代，抑聞麟趾之美；漢命六官，亦樹犬牙之制。歷考前載，率由舊章。朕以薄德，纘承鴻緒，屬豺狼未殄，金革猶虞。賴文武藎臣，協心同德，庶克淸於玄祲，期永保於皇圖。且授鉞分符，義已先於用武；又維城作翰，道方弘於建親。咨爾分閫之崇，成予磐石之固。彭王僅等，銀潢毓慶，璿萼分輝，忠孝稟於天成，文武稱其備用。今三秦之地，萬國來庭，誠宜列皇子以建封，崇懿藩而制勝，是資固本，委以臨戎。彭王僅可充河西節度大使，兗王僩可充北庭節度大使，涇王侹可充隴右節度大使，杞王倕可充陝西節度大使，興王佋可充鳳翔節度大使。

僅，是歲薨。

子鎭，授太僕卿同正員，封常山郡王。

兗王僩，肅宗第六子。母韋妃，刑部尙書堅之妹。肅宗在東宮，選爲太子妃，生僩及永和公主。堅後爲李林甫誣構被誅，太子懼，奏請與妃離異，於別宮安置。僩，天寶中封潁川郡王，授太子詹事同正員。至德二年十二月，進封兗王。乾元三年，領北庭節度大使。寶應元年薨。

涇王侹，肅宗第七子。天寶中，封東陽郡王，授光祿卿同正員。至德二載十二月，進封涇王。乾元三年，領隴右節度大使。興元元年薨。

鄆王榮，肅宗第八子。天寶中，封靈昌郡王。早世。寶應元年五月，追贈鄆王。

襄王僙，肅宗第九子。至德二載十二月，封襄王。貞元七年正月薨。

杞王倕，肅宗第十子。母段婕妤，貞元六年六月贈爲昭儀。倕，至德二載封，貞元十四年薨。

召王偲，肅宗第十一子。至德二載十二月封，元和元年薨。

恭懿太子佋，肅宗第十二子。至德二載封興王。上元元年六月薨。佋，皇后張氏所生，上尤鍾愛。后屢危太子，欲以興王爲儲貳，會薨而止。七月丁亥，詔曰：

厚禮所以飾終，易名所以表行。況情鍾天屬，寵及褒封，載疇加等之美，式備元儲之贈，永懷軫念，有惻彝章。第十二子故興王佋，毓慶璿源，分華若木，天資純孝，神假聰明。河間聚書，幼聞樂善之旨；延陵聽樂，早得知音之妙。頃以暫嬰沉瘵，殆積旬時，而資敬益彰，穎晤逾爽。愛親之戀，言不間於斯須；告訣之辭，事先符於夢寐。顧惟至性，實切深哀。將胙土析珪，載崇藩翰，聞詩對揚，爰就琢磨。方冀成立，豈期夭喪。瑤英始茂，遽摧於當春；隙駟俄遷，忽沉於厚夜。興言痛悼，閔惜良深。宜賁寵於青宮，俾哀榮於玄夕。可贈太子，諡曰恭懿。應緣喪葬，所司準式，仍令京兆尹劉晏充監護使。

詔宰臣李揆持節册命。十一月，葬于高陽原。其哀册曰：

維上元元年，太歲庚子，六月己未朔，二十六日甲申，皇第十二子持節鳳翔等四州節度觀察大使興王佋，薨于中京內邸，殯于寢之西階。粤八月丁亥，册贈皇太子，廟號恭懿。冬十一月庚寅，詔葬于長安之高陽原，禮也。燕隧開封，龍輴遊輴，陳祖載而就位，儼塗芻以成列。皇帝哀玉林之閟景，憫璿萼之罹霜〔四〕，瞻龍紼而增思，懷雁池而永傷。考諡惟古，褒崇有式。爰詔史司，恭宣懿德。其辭曰：

惟天祚唐，累葉重光，中興宸景，再紐乾綱。本枝建國，磐石疏疆，克開龍胤，實曰賢王。驪源孕彩，日幹騰芳，深仁廣孝，蘊藝含章。秀發童年，惠彰齔齒，蹈禮知方，承會叶旨。對日流辯，占鳳擅美，魯、衞後塵，間、平絕軌。胡尊初構，王師未班，爰從襁褓，載歷險艱。愛備中掖，名崇懿藩，居常稟訓，動不違顏。禮及佩觿，朝加分器，胙土延渥，登壇受帥。玉質金聲，文經武緯，樂善爲寶，崇儒是貴。濬哲外朗，温文內深，閱書成誦，觀樂表音。五經在口，六律諧心，才優藝洽，絕古超今。蛇豕猶梗，寰區未乂。滌慮祈眞，

焚香演偈。食去葷血，心依定惠。庶福邦家，俾淸兇穢。霧露嬰疾，聰明害神，沉痾始遘，彌曠盈旬。止慮無擾，發言有倫，在膏方亟，問膳逾勤。雲物告徵，星辰變象，楚藥無救，秦醫莫仗。靈儀窅而上賓，徽音邈其長往。違舊邸於靑社，卽幽陵於黃壤。嗚呼哀哉！

魂氣奄兮去何之，精靈存兮孝有思。念君親之永隔，託夢寐而來辭。延桂宮而震悼，貫椒壼而纏悲。旌遺芳於碣館，賁新命於儲闈。嗚呼哀哉！先遠戒候，占龜獻吉。指鶉野而西臨，背鳳城而右出。天慘慘而苦霧，山蒼蒼而曀日。望馳道而長辭，赴幽塗而永畢。嗚呼哀哉！生爲寵王兮宸愛所鍾，歿追上嗣兮朝典斯崇。升玉笙於洞府，閟銀棨於泉宮〔五〕。金石誰固，人生有終，簡册攸記兮德音無窮。敢直詞於篆美，庶永代而成風。嗚呼哀哉！

佋薨時年八歲。既薨之夕，肅宗、張后俱夢佋有如平昔，拜辭流涕而去。帝方寢疾，追念過深，故特以儲闈之贈寵之。上疾累月方平。

定王侗，肅宗第十三子。亦張后所生，佋之母弟。至德二載，封定王。寶應初薨，時年甚幼。

宋王僖，肅宗第十四子。初封淮陽王，早夭，追封宋王。

代宗皇帝二十子：睿眞皇后沈氏生德宗皇帝，崔妃生昭靖太子，獨孤皇后生韓王迥；餘十七王，舊史不載母氏所出。

昭靖太子邈，代宗第二子。寶應元年〔六〕，封鄭王。大曆初，代皇太子爲天下兵馬元帥。王好讀書，以儒行聞。大曆九年薨，廢朝三日，由是罷元帥之職。上惜其才早夭，册贈昭靖太子，葬於萬年縣界。

均王遐，代宗第三子。早夭，貞元八年追封。

睦王述，代宗第四子。大曆九年冬，田承嗣謀亂河朔，時鄭王居長，典兵師，不幸薨落，諸王皆幼，多未封建。大臣奏議請封親王，分領戎師，以威天下。十年二月，詔曰：虞、夏之制，諸子疏封；漢、魏以還，十連授律。是用錫珪班瑞，盤石開疆，信通邑之紀綱，爲中都之屏翰。然則旌鉞之寄，推擇攸難，因親之任，各膺其命。第四子述、第五子逾、第六子連、第七子迥、第八子遘、第十三子造、第十四子暹、第十五子運、第

十六子遇、第十七子遹、第十八子通、第十九子逵、第二十子逸等，並敏茂純懿，稟於衷誠，温良孝恭，形於進對，動皆合義，居必有常。可以理衆靖人，撫封宣化，而總列城之賦，繕分閫之謀，克勤公家，允輔王室。今則均茅社之寵，盛槐庭之儀，授鉞登車，嗣茲朝典，維城之固，爾其懋哉。述可封睦王，充嶺南節度支度營田、五府經略觀察處置等大使；逾可封郴王，充渭北鄜、坊等州節度大使；連可封恩王；韓王迥可汴、宋等節度觀察處置等大使；遘可封鄜王；造可封忻王，充昭義軍節度觀察處置等大使；暹可封韶王，運可封嘉王，遇可封端王，遹可封循王，通可封恭王，逵可封原王，逸可封雅王：仍並可封開府儀同三司。

是時，皇子勝衣者盡加王爵，不出閤。德宗朝，述爲諸王之長。時分命中使周行天下，求訪沈太后，詔以睦王爲奉迎太后使，以工部尚書喬琳副之。貞元七年薨。

丹王逾，代宗第五子。大曆十年，封郴王，領渭北鄜坊節度大使。建中四年，改丹王。元和十五年薨。

恩王連，代宗第六子。大曆十年封，元和十二年薨。

韓王迥，代宗第七子。以母寵，既生而受封，雖沖幼，恩在鄭王之亞。寶應元年，封韓

王。貞元十二年薨，時年四十七。

簡王遘，代宗第八子。大曆十年，封鄜王，建中四年，改封簡王。元和四年薨。

益王迺，代宗第九子。大曆四年封。

隋王迅，代宗第十子。大曆十年封，興元元年薨。

荆王選，代宗第十一子，早世。建中二年正月，追封荆王，贈開府儀同三司。

蜀王遡，代宗第十二子。大曆十四年封。本名遂，建中二年改今名。

忻王造，代宗第十三子。大曆十年封，仍領昭義軍節度觀察大使。元和六年薨。

韶王暹，代宗十四子。大曆十年封，貞元十二年薨。

嘉王運，代宗十五子。大曆十年封，貞元十七年薨。

端王遇，代宗十六子。大曆十年封，貞元七年薨。

循王遹，代宗第十七子。大曆十年封。

恭王通，代宗第十八子。大曆十年封。

原王逵，代宗第十九子。大曆十年封，大和六年薨。

雅王逸，代宗第二十子。大曆十年封，貞元十五年薨。

史臣曰：豔妻破國，孽子敗宗。前代英傑之君，率不免於斯累者，何也？良以愛惡不由於義斷，毀譽遽逐於情移。雖申生孝己之仁，卒不能迴君父之愛，悲哉！孝宣皇帝當屯剝之運，收忠義之心，忍行愛子之刑，終宥姦閹之罪，大雅君子，爲之痛心。張后卒以凶終，固其宜矣。

贊曰：牀簀之愛，人情易惑。以義制情，哲王令德。李侯悟主，韻諧金石。褒謚建寧，良堪太息。

校勘記

〔一〕趙王係　「趙」字各本原作「越」，按彼時係猶未封越王，而爲趙王，今據唐大詔令集卷三六改。

〔二〕上尤憐之　「上」字冊府卷二九一作「太子」，是時肅宗未卽位，當以「太子」於意較洽。

〔三〕天后所生四子　「四子」，各本原作「三子」，據御覽卷一四九、通鑑卷二二〇改。

〔四〕惘瑠萼之羅𦋺　「𦋺」字局本作「摧」，餘各本均作「惟」，據英華卷八三九、唐大詔令集卷三二改。

〔五〕閟銀槃於泉宮　「閟」字各本原作「閱」，據英華卷八三九改。

〔六〕寶應元年　「寶應」，各本原作「寶曆」，據新書卷八二十一宗諸子傳改。

舊唐書卷一百一十七

列傳第六十七

嚴武　郭英乂　崔寧 弟寬 從孫蠡 蠡子蕘 從孫翳　嚴震　嚴礪

嚴武，中書侍郎挺之子也。神氣儁爽，敏於聞見。幼有成人之風，讀書不究精義，涉獵而已。弱冠以門蔭策名，隴右節度使哥舒翰奏充判官，遷侍御史。至德初，肅宗興師靖難，大收才傑，武杖節赴行在。宰相房琯以武名臣之子，素重之，及是，首薦才略可稱，累遷給事中。既收長安，以武爲京兆少尹、兼御史中丞，時年三十二。以史思明阻兵不之官，優游京師，頗自矜大。出爲綿州刺史，遷劍南東川節度使；入爲太子賓客、兼御史中丞。

上皇誥以劍兩川合爲一道，拜武成都尹、兼御史大夫，充劍南節度使；入爲太子賓客，遷京兆尹、兼御史大夫。二聖山陵，以武爲橋道使。無何，罷兼御史大夫，改吏部侍郎，尋遷黄門侍郎。與宰臣元載深相結託，冀其引在同列。事未行，求爲方面，復拜成都尹，充

劍南節度等使。廣德二年，破吐蕃七萬餘衆，拔當狗城。十月，取鹽川城，加檢校吏部尚書，封鄭國公。

前後在蜀累年，肆志逞欲，恣行猛政。梓州刺史章彝初爲武判官，及是小不副意，赴成都杖殺之〔一〕，由是威震一方。蜀土頗饒珍產，武窮極奢靡，賞賜無度，或由一言賞至百萬。蜀方閭里以徵斂殆至匱竭，然蕃虜亦不敢犯境。而性本狂蕩，視事多率胸臆，雖慈母言不之顧。初爲劍南節度使，舊相房琯出爲管內刺史，琯於武有薦導之恩，武驕倨，見琯略無朝禮，甚爲時議所貶。永泰元年四月，以疾終，時年四十。

郭英乂，先朝隴右節度使、左羽林軍將軍知運之季子也。少以父業，習知武藝，策名河、隴間，以軍功累遷諸衞員外將軍。至德初，肅宗興師朔野，英乂以將門子特見任用，遷隴右節度使、兼御史中丞。既收二京，徵還闕下，掌禁兵。遷羽林軍大將軍，加特進。以家艱去職。

朝廷方討史思明，選任將帥，乃起英乂爲陝州刺史，充陝西節度、潼關防禦等使，尋加御史大夫，兼神策軍節度。代宗卽位，加檢校戶部尚書、兼御史大夫。元帥雍王自陝統諸

軍討賊洛陽，留英乂在陝爲後殿。東都平，以英乂權爲東都留守。既至東都，不能禁暴，縱麾下兵與朔方、迴紇之衆大掠都城，延及鄭、汝等州，比屋蕩盡。廣德元年，策勳加實封二百戶，徵拜尚書右僕射，封定襄郡王。恃富而驕，於京城創起甲第，窮極奢靡。與宰臣元載交結，以久其權。

會劍南節度使嚴武卒，載以英乂代之，兼成都尹，充劍南節度使。既至成都，肆行不軌，無所忌憚。玄宗幸蜀時舊宮，置爲道士觀，內有玄宗鑄金眞容及乘輿侍衞圖畫。先是，節度使每至，皆先拜而後視事。英乂以觀地形勝，乃入居之，其眞容圖畫，悉遭毀壞。見者無不憤怒，以軍政苛酷，無敢發言。又頗恣狂蕩，聚女人騎驢擊毬，製鈿驢鞍及諸服用，皆侈靡裝飾，日費數萬，以爲笑樂。未嘗問百姓間事，人頗怨之。又以西山兵馬使崔旰得衆心，屢抑之。旰因蜀人之怨，自西山率麾下五千餘衆襲成都，英乂出軍拒之，其衆皆叛，反攻英乂。英乂奔於簡州，普州刺史韓澄斬英乂首以送旰，并屠其妻子焉。

崔寧，衞州人，本名旰。雖儒家子，喜縱橫之術。衞州刺史茹璋授旰符離令，既罷，久不調，遂客遊劍南，從軍爲步卒，事鮮于仲通。又隨李宓討雲南，宓戰敗，旰歸成都。行軍司

馬崔論見旰，悅其狀貌，又以其宗姓厚遇，薦爲衙將。歷事崔圓、裴冕。冕遭流謗，朝廷將遣使推按，旰部下截耳稱冤，中使奏之。旰亦赴京師，授司戈，歷司階、折衝郎將軍等官。

寶應初，蜀中亂，山賊擁絕縣道，代宗憂之。嚴武薦旰爲利州刺史，既至，山賊遁散，由是知名。嚴武爲劍南節度，赴鎭過利州，心欲辟旰爲部將，以利非屬部，旰難輒去，俾旰籌之。旰曰：「節度使張獻誠見忌，且又好利，誠能重賂之，旰可以從大夫矣。」武至劍南，遺獻誠奇錦珍貝，價兼百金，獻誠大悅。武乃遺獻誠書求旰，獻誠然之，令旰移疾去郡。旰乃之劍南，武奏爲漢州刺史。

久之，吐蕃與諸雜羌戎寇陷西山柘、靜等州，詔嚴武收復。武遣旰統兵西山，旰善撫士卒，皆願致死命。始攻賊城，周圍皆石磧，攻具無所設。唯東南隅環丈之地，壤土可穴，諜知之以告。旰晝夜穿地道攻之，再宿而拔其城。因拓地數百里，下城寨數四。番衆相語曰：「崔旰，神兵也。」將更前進，以糧盡還師。武大悅，裝七寶輿迎旰入成都，以誇士衆，賞賚過厚。

永泰元年五月，嚴武卒，杜濟爲西川行軍司馬，權知軍府事。時郭英幹爲都知兵馬使，郭嘉琳爲都虞候，皆請英幹兄英乂爲節度使。旰時爲西山都知兵馬使，與軍衆共請大將王崇俊爲節度使。二奏俱至京師，會朝廷已除英乂，旰使因見英乂陳其事。英乂至成都，數日，誣殺王崇俊，又召旰還成都。英乂減將健糧賜，人心怨怒。旰在西山聞之，大恐，乃託備吐蕃，未赴成都。英乂怒，出兵聲言助旰討吐蕃，其實襲之也。旰知之，轉入深山。旰家在漢州，英乂遷之成都，通其妾媵。英乂自率師攻旰，值天大寒，雪深數尺，英乂士馬凍死者數百人，衆心離叛。旰遂出兵拒敵，英乂與之接戰，英乂軍大敗而還，收餘兵纔千人，歸成都，將卒因多逃散。

初，天寶中，劍南節度使鮮于仲通嘗建一使院，院宇甚華麗。及玄宗幸蜀，嘗居之，因爲道觀，兼寫玄宗眞容，置之正室。英乂因入觀行香，悅其竹樹，遂奏請以仲通舊院爲軍營，乃移去眞容自居之。旰聞之，謂將士曰：「英乂反矣！不然，何得除毀玄宗眞容而自居之？」乃率兵攻成都。英乂出兵於城西門，令柏茂琳爲前軍，郭英幹爲左軍，郭嘉琳爲後軍，與旰戰。茂琳等軍累敗，軍人多投旰。旰令降將統兵與英乂轉戰，大敗之。兵至子城，英乂單騎奔簡州，爲普州刺史韓澄所殺。時邛、劍所在起兵相攻，劍南大亂。

永泰二年二月，乃以黃門侍郎平章事杜鴻漸兼成都尹、山南西道劍南東川西川邛南等道副元帥〔三〕、劍南西川節度使。鴻漸出駱谷，有謀者曰：「相公駐車閬州，遙制劍南，數移牒述英乂過失，晉旰有方略；旰腹心攝諸州刺史者皆奏正之，令旰及將校不疑怨。然後與

東川節度使張獻誠及諸賊帥合議，數出兵攻旰。既數道連兵，未經一年，兵勢減耗，旰窮，必束身歸朝。此上策也。」鴻漸畏懦，計疑未決。會旰使至，卑辭厚禮，送繒錦數千匹。鴻漸貪其利，遂至成都，日與判官杜亞、楊炎將吏等高會縱觀，軍州政事悉委旰，仍連表聞薦。

先時，張獻誠數與旰戰，獻誠屢敗，旌節皆爲旰所奪。朝廷因鴻漸之請，加成都尹，兼西山防禦使、西川節度行軍司馬，仍賜名曰寧。大曆二年，鴻漸歸朝，遂授寧西川節度使。恃地險人富，乃厚斂財貨，結權貴，令弟寬留京師。元載及諸子有所欲，寬恣與之，故寬驟歷御史知雜事、御史中丞。寬兄審亦任郎中、諫議大夫、給事中。寧在蜀十餘年，地險兵強，肆侈窮欲，將吏妻妾，多爲所淫汚，朝廷患之而不能詰。累加尚書左僕射。

大曆十四年入朝，遷司空、平章事，兼山陵使，尋代喬琳爲御史大夫、平章事。寧以爲選擇御史當出大夫，不謀及宰相，乃奏請以李衡、于結等數人爲御史。楊炎大怒，其狀遂寢。炎又數讒毀劉晏，寧又救解之。寧既厚結元載已久，楊炎又出自載門，寧初附炎，炎因此大怒。

其年十月，南蠻大下，與吐蕃三道合進：一出茂州，過文川及灌口；一出扶、文，過方維、白垻；一出黎垻、雅，過邛、郲。戎酋誡其衆曰：「吾要蜀川爲東府，凡伎巧之工皆送邏

婆，平歲賦一縑而已。」是蠻之入，連陷郡邑，士庶奔亡山谷。屬寧在朝，軍中無帥，德宗促寧還鎮。炎懼寧怨己，入蜀難制，謂德宗曰：「蜀川天下奧壤，自寧擅置其中，朝廷失其外府十四年矣。今寧來朝，尚有全師守蜀。貨利之厚，適中奉給，貢賦所入，與無地同。始寧與諸將等夷，獨因叛亂得位，不敢自有，以恩柔煦育，威令不行。今雖歸之，必無功，是徒遣也；若有功，義不可奪。則西川之奧，敗固失之，勝亦非國家所有。陛下熟察。」帝曰：「卿策何從？」炎曰：「請無歸寧。今朱泚所部范陽勁兵，戍在近甸，促令與禁兵雜往，舉無不捷。因是役得置親兵內其腹中，蜀將必不敢動。然後換授他帥，以收其權，得千里肥饒之地，是因小禍受大福也。」帝曰「善」，即止寧不行。乃發禁兵四千、范陽兵五千，赴援東川。出軍自江油趣白垻，與山南兵合擊，蠻兵敗走。范陽軍又擊破於七盤，遂拔新城，戎、蠻大敗。凡斬馘六千，生擒六百，傷者殆半，饑寒隕於崖谷者八九萬。

寧遂罷西川節度使，制授檢校司空、同中書門下平章事、御史大夫、京畿觀察使，兼靈州大都督、單于鎮北大都護、朔方節度等使，兼鄜坊丹延都團練觀察使。託以重臣綏靖北邊，但令居鄜州。雖以寧爲節度，每道皆置留後，自得奏事，炎悉諷令伺寧過犯。杜希全爲靈州，王翃爲振武，李建徽爲鄜州，及戴休顏、杜從政、呂希倩等，皆炎署置也。寧巡邊至夏州，刺史呂希倩與寧同力招撫党項，歸降者甚多。炎惡之，因奏希倩撫綏之功，才堪委

任。召歸朝，除右僕射知省事，以神武將軍時常春代之。

朱泚之亂，上卒迫行幸，百僚諸王鮮有知者。寧後數日自賊中來，上初喜甚。寧私謂所親曰：「聖上聰明英邁，從善如轉規，但爲盧杞所惑至此爾。」杞聞之，潛與王翃圖議陷之。初，涇原兵作亂之夕，寧與翃及御史大夫于頎俱出延平門而西，數下馬便液，每下輒良久。翃等促之，不敢前。又懼賊兵追及，翃乃大聲而言曰：「已至此，不必顧望。」至奉天，翃具以事聞。會朱泚行反間，僞除柳渾宰相，署寧中書令。寧朔方掌書記康湛時爲盩厔尉，翃逼湛作寧遺朱泚書，使寧無以自辯，翃遂獻之。杞因誣奏曰：「崔寧初無葵藿向日之心，聞於城中與朱泚堅爲盟約，所以後於百辟。今事果驗。使兇渠外逼，姦臣內謀，則大事去矣。」因俯伏歔欷曰：「臣備位宰相，危不能持，顛不能扶，宜當萬死，伏待斧鉞。」上命左右扶起之。既還，俄有中人引寧於幕後，二力士自後縊殺之，時年六十一。初，將誅寧，召至朝堂，云令江淮宣慰。尋命翰林學士陸贄草誅寧制；贄求寧與泚書，將以狀生之。復亂言云，其書已失。寧既得罪，籍沒其家。中外稱其冤，乃赦其家，歸其資產。貞元十二年六月，寧故將夏綏銀節度使韓潭奏請以新加禮部尚書恩制以雪寧之罪。詔從之，任其家收葬。

初，寧入朝，留弟寬守成都。瀘州楊子琳乘間以精騎數千突入成都，據城守之。寬屢戰力屈，子琳威聲頗盛。寧妾任氏魁偉果幹，乃出其家財十萬募勇士，信宿間得千人，設除

伍將校，手自麾兵，以逼子琳。子琳懼，城內糧盡，乃拔城自潰。子琳素有妖術，其夕致大雨，引舟至庭除，登之而遁。

寧季弟密，密子繪，父子皆以文雅稱，歷使府從事。繪生四子：蠡、黯、確、顏，皆以進士擢第。

蠡字越卿，元和五年擢第，累辟使府。寶曆中，入朝監察御史。大和初，爲侍御史，三遷戶部郎中，出爲汝州刺史。開成初，以司勳郎中徵，尋以本官知制誥。明年，正拜舍人。三年，權知禮部貢舉。四年，拜禮部侍郎，轉戶部。上疏論國忌日設僧齋，百官行香，事無經據。詔曰：「朕以郊廟之禮，嚴奉祖宗，備物盡誠，庶幾昭格。恭惟忌日之感，所謂終身之憂。而近代以來，歸依釋、老，徵二教以設食，會百辟以行香。將以有助聖靈，冥資福祚。有異皇王之術，頗乖教義之宗。昨得崔蠡奏論，遂遣討尋本末，禮文令式，曾不該明，習俗因循，雅當整革。其兩京、天下州府，以國忌日爲寺觀設齋焚香，從今已後，並宜停罷。」

蠡尋爲華州刺史、鎮國軍等使，再歷方鎮。子蕘。

蕘字野夫。大中二年，擢進士第，累官至尚書郎、知制誥。正拜中書舍人、戶部侍郎。

乾符中，自尚書右丞遷吏部侍郎。蕘美文詞，善談論，而馭事簡率，銓管非所長。出爲陝州觀察使，以器韻自高，不屑細故，權移僕下。時河南寇盜蜂起，王仙芝亂漢南，朝綱不振，而蕘自恃清貴，不恤人之疾苦。百姓訴旱，蕘指庭樹曰：「此尚有葉，何旱之有？」乃笞之，吏民結怨。既而爲軍人所逐，飢渴甚，投民舍求水，民以溺飲之。初爲軍人所俘，翦其髭髮，幷而獲免。以失守貶端州司馬，復入爲左散騎常侍，卒。

子居敬、居儉。居敬終尚書郎，居儉中興終戶部尚書。

黯字直卿，大和二年，進士擢第。開成初，爲青州從事。入爲監察御史，奏郊廟祭器不虔，請敕有司。文宗謂宰臣曰：「宗廟之事，朕合親奉其禮，但以千乘萬騎，動費國用，每有司行事之日，被衣冠坐以俟旦。比聞主者不虔，祭器勞敝，非事神蠲潔之義。卿宜嚴敕有司，道吾此意。」黯具條奏以聞。尋遷員外郎。會昌中，爲諫議大夫。

確字岳卿，顏字希卿，位皆至尚書郎。

嚴震，字遐聞，梓州鹽亭人。世爲田家，以財雄於鄉里。至德、乾元已後，震屢出家財

以助邊軍，授州長史、王府諮議參軍。東川節度判官韋收薦震才用於節度使嚴武，遂授合州長史。及嚴武移西川，署為押衙，改恆王府司馬。嚴武以宗姓之故，軍府之事多以委之。又歷試衞尉、太常少卿。嚴武卒，乃罷歸。東川節度使又奏為渝州刺史，以疾免。山南西道節度使又奏為鳳州刺史，加侍御史，丁母憂罷。起復本官，仍充興、鳳兩州團練使，累加開府儀同三司、兼御史中丞。為政清嚴，興利除害，遠近稱美。建中初，司勳郎中韋楨為山、劍黜陟使，薦震理行為山南第一，特賜上下考，封鄖國公。在鳳州十四年，能政不渝。

建中三年，代賈耽為梁州刺史、兼御史大夫、山南西道節度觀察等使。及朱泚竊據京城，李懷光頓軍咸陽，又與之連結。泚令腹心穆庭光、宋瑗等齎白書誘震同叛，震集衆斬庭光等。時李懷光連賊，德宗欲移幸山南。震既聞順動，遣吏馳表往奉天迎駕，仍令大將張用誠領兵五千至盩厔已東迎護，上聞之喜。既而用誠為賊所誘，欲謀背逆，朝廷憂之。會震又遣牙將馬勛奉表迎候，上臨軒召勛與之語，勛對曰：「臣請計日至山南取節度使符召用誠，即不受召，臣當斬其首以復。」上喜曰：「卿何日當至？」勛剋日時而奏，帝勉勞之。勛既得震符，乃請壯丁五人偕行。既出駱谷，用誠以勛未知其謀，乃以數百騎迎勛，勛與俱之傳舍，用誠左右森然。勛先聚草發火於驛外，軍士爭附火。勛乃從容出懷中符示之曰：「大夫召君。」用誠惶懼起走，壯士自背束手而擒之。不虞用誠子居後，引刀斫勛，勛左右遽承其

臂，刀下不甚，微傷勛首。遂格殺其子，而仆用誠於地。壯士跨其腹，以刃擬其喉曰：「出聲即死！」勛即其營，軍士已被甲執兵矣。勛大言曰：「汝等父母妻子皆在梁州，一朝棄之，欲從用誠反逆，有何利也？但滅汝族耳！大夫使我取張用誠，不問汝輩，欲何為乎？」衆皆讋服。於是縛用誠送州，震杖殺之，拔其副將，使率其衆迎駕。勛以槀封首馳赴行在，愆約半日，上頗憂之，及勛至，上喜動顏色。翌日，車駕發奉天，及入駱谷，李懷光遣數百騎來襲，賴山南兵擊之而退，輿駕無警急之患。尋加震檢校戶部尚書，賜實封二百戶。

三月，德宗至梁州。山南地貧，糧食難給，宰臣議請幸成都府。震奏曰：「山南地接京畿，李晟方圖收復，藉六軍聲援。如幸西川，則晟未見收復之期也。幸陛下徐思其宜。」議未決，李晟表至，請車駕駐蹕梁、洋，以圖收復，羣議乃止。梁、漢之間，刀耕火耨，民以採梠為事，雖節察十五郡，而賦額不敵中原三數縣。自安、史之後，多為山賊剽掠，戶口流散大半。洎六師駐蹕，震設法勸課，鳩聚財賦，以給行在，民不至煩，供億無闕。其年六月，收復京城，車駕將還京師，進位檢校尚書左僕射。詔曰：「朕遭罹寇難，播越梁、岷，蒸庶煩於供億，武旅勤於扞衞。凡百執事，各奉厥司，眷于是邦，復我興運，宜加崇大，以示將來。宜改梁州為興元府，官名品制，同京兆、河南府；鄭縣升為赤，諸縣升為畿。見任州縣官，考滿日放選，百姓給復一年。洋州宜升為望，見任州縣官，考滿減兩選。山南西道將士，並與甄敍。」以震為興元尹，賜實封二百戶。

貞元元年十一月，德宗親祀昊天上帝于南郊，震入朝陪祭。十一年二月，加同平章事。貞元十五年六月卒，時年七十六，廢朝三日，册贈太保，賻布帛米粟有差。及喪將至，令百官以次赴宅弔哭。

嚴礪，震之宗人也。性輕躁，多姦謀，以便佞在軍，歷職至山南東道節度都虞候、興州刺史、兼監察御史。貞元十五年，嚴震卒，以礪權留府事，兼遺表薦礪才堪委任。七月，超授興元尹，兼御史大夫，山南西道節度、支度營田、觀察使。詔下，諫官御史以為除拜不當。是日，諫議、給事、補闕、拾遺並歸門下省共議：礪資歷甚淺，人望素輕，遽領節旄，恐非允當。既兼雜話，發論喧然。拾遺李繁獨奏云：「昨除拜嚴礪，衆以為不當。諫議大夫苗拯云：『已三度表論，未見聽允。』給事中許孟容曰：『誠如此，不曠職矣。』」又云：「李元素、陳京、王舒並見拯及孟容言議。」上遣三司使詰之。拯狀云：「實於衆中言曾論奏，不言三度。」繁證之不已。孟容等又云：「拯實言兩度。」拯請依衆狀。翌日，貶拯萬州刺史，李繁播州參軍，並同正。礪在位貪殘，士民不堪其苦。素惡鳳州刺史馬勛，誣奏貶賀州司戶。縱情肆志，皆此

類也。元和四年三月卒。卒後，御史元稹奉使兩川按察，糾劾礪在任日贓罪數十萬。詔徵其贓，以死恕其罪。

史臣曰：爵人於朝，與衆共之；刑人於市，與衆棄之。縱崔寧，除嚴礪，時君之政可知矣，輔相之才可見矣！武不稟父風，有違母誨，凡為人子者，得不戒哉！雖有周、孔之才，不足稱也，況狂夫乎！英乂失政，其死也宜哉。嚴震立功，其道也顯矣。

贊曰：英乂失政，崔寧發身。武為士子，震作純臣。

校勘記

〔一〕赴成都杖殺之　冊府卷四四八「赴」上有「召」字。

〔二〕邛南等道　「邛南」，各本原作「南邛」，據新書卷六七方鎮表及卷一四四崔寧傳、通鑑卷二二四改。

二十四史

舊唐書卷一百一十八

列傳第六十八

元載 王昂 李少良 郇謨附　王縉　楊炎　黎幹 劉忠翼附　庾準

元載，鳳翔岐山人也，家本寒微。父景昪，任員外官，不理產業，常居岐州。載母攜載適景昪，冒姓元氏。載自幼嗜學，好屬文，性敏惠，博覽子史，尤學道書。家貧，徒步隨鄉賦，累上不升第。天寶初，玄宗崇奉道教，下詔求明莊、老、文、列四子之學者。載策入高科，授邠州新平尉。監察御史韋鎰充使監選黔中，引載爲判官，載名稍著，遷大理評事。東都留守苗晉卿又引爲判官，遷大理司直。

肅宗即位，急於軍務，諸道廉使隨才擢用。時載避地江左，蘇州刺史、江東採訪使李希言表載爲副，拜祠部員外郎，遷洪州刺史。兩京平，入爲度支郎中。載智性敏悟，善奏對，肅宗嘉之，委以國計，俾充使江、淮，都領漕輓之任，尋加御史中丞。數月徵入，遷戶部侍

郎、度支使并諸道轉運使。既至朝廷，會肅宗寢疾。載與倖臣李輔國善，輔國妻元氏，載之諸宗，因是相昵狎。時輔國權傾海內，舉無違者，會選京尹，輔國乃以載兼京兆尹。載意屬國柄，詣輔國懇辭京尹，輔國識其意，然之。翌日拜載同中書門下平章事，度支轉運使如故。

旬日，肅宗晏駕，代宗即位，輔國勢愈重，稱載於上前。載能伺上意，頗承恩遇，遷中書侍郎、同中書門下平章事，加集賢殿大學士，修國史。又加銀青光祿大夫，封許昌縣子。載以度支轉運使職務繁碎，負荷且重，慮傷名，阻大位，素與劉晏相友善，乃悉以錢穀之務委之，薦晏自代，載自加營田使。李輔國罷職，又加判天下元帥行軍司馬。廣德元年，與宰臣劉晏、裴遵慶同扈從至陝。及輿駕還宮，遵慶皆罷所任，載恩寵彌盛。輔國死，載復結內侍董秀，多與之金帛，委主書卓英倩潛通密旨。以是上有所屬，載必先知之，承意探微，言必玄合，上益信任之。妻王氏狠戾自專，載出朝謁，縱子伯和等遊于外，上封人顧繇奏之，上方任載以政，反罪繇而已。

內侍魚朝恩負恃權寵，不與載協，載常憚之。大曆四年冬，乘間密奏朝恩專權不軌，請除之。朝恩驕橫，天下咸怒，上亦知之，及聞載奏，適會於心。載遂結北軍大將同謀，以防萬慮。五年三月，朝恩伏法，度支使第五琦以朝恩黨坐累，載兼判度支，志氣自若，謂己有

除惡之功，是非前賢，以爲文武才略，莫己之若。外委胥吏，內聽婦言。城中開南北二甲第，室宇宏麗，冠絕當時。又於近郊起亭榭，所至之處，帷帳什器，皆於宿設，儲不改供。城南膏腴別墅，連疆接畛，凡數十所，婢僕曳羅綺一百餘人，恣爲不法，侈僭無度。江、淮方面，京輦要司，皆排去忠良，引用貪猥。士有求進者，不結子弟，則謁主書，貨賄公行，近年以來，未有其比。

與王縉同列，縉方務聚財，遂睦於載，二人相得甚歡，日益縱橫。代宗盡察其跡，以載任寄多年，欲全君臣之分，載嘗獨見，上誡之，不悛。

初，扈駕自陝還，與縉上表，請以河中府爲中都，秋杪行幸，春首還京，以避蕃戎侵軼之患。帝初納之，遣條奏以聞。自魚朝恩就誅，志頗盈滿，遂抗表請建中都，文多不載。大略以關輔、河東等十州戶稅入奉京師，創置精兵五萬，管在中都，以威四方，辭多開闔。自以爲表入事行，潛遣所由吏於河中經營。

節度寄理於涇州〔一〕。大曆八年，蕃戎入邠寧之後，朝議以爲三輔已西，無襟帶之固，而涇州散地，不足爲守。載嘗爲西州刺史，知河西、隴右之要害，指畫於上前曰：「今國家西境極于潘源，吐蕃防戍在摧沙堡，而原州界其間。原州當西塞之口，接隴山之固，草肥水甘，舊壘存焉。吐蕃比毀其垣墉，棄之不居。其西則監牧故地，皆有長濠巨塹，重複深固。

原州雖早霜，黍稷不藝，而有平涼附其東，獨耕一縣，可以足食。請移京西軍戍原州，乘間築之，貯粟一年。戎人夏牧多在青海，羽書覆至，已逾月矣。今運築並作，不二旬可畢。移子儀大軍居涇，以爲根本，分兵守石門、木峽、隴山之關。北抵于河，皆連山峻嶺，寇不可越。稍置鳴沙縣、豐安軍爲之羽翼，北帶靈武五城爲之形勢。然後舉隴右之地以至安西，是謂斷西戎之脛，朝廷可高枕矣。」兼圖其地形以獻。載密使人踰隴山，入原州，量井泉，計徒庸，車乘畚鍤之器皆具。檢校左僕射田神功沮之曰：「夫興師料敵，老將所難。陛下信一書生言，舉國從之，聽誤矣。」上遲疑不決，會載得罪乃止。

初，六年，載條奏應緣別敕授文武六品以下，敕出後望令吏部、兵部便附甲團奏，不得檢勘，從之。時功狀奏擬，結銜多謬，載欲權歸於己，慮有司駁正。會有上封人李少良密以載醜跡聞，載知之，奏於上前，少良等數人悉斃於公府。由是道路以目，不敢議載之短。門庭之內，非其黨與不接，平素交友，涉於道義者悉疏棄之。

代宗寬仁明恕，審其所由，凡累年，載長惡不悛，衆怒上聞。大曆十二年三月庚辰，仗下後，上御延英殿，命左金吾大將軍吳湊收載、縉于政事堂，各留繫本所，并中書主事卓英倩〔二〕、李待榮及載男仲武、季能並收禁，命吏部尚書劉晏訊鞫。晏以載受任樹黨，布于天下，不敢專斷，請他官共事。敕御史大夫李涵、右散騎常侍蕭昕、兵部侍郎袁傪、禮部侍郎常

中華書局

裒、諫議大夫杜亞同推究其狀。辯罪問端，皆出自禁中，仍遣中使詰以陰事，載、縉皆伏罪。是日，宦官左衞將軍、知內侍省事董秀與載同惡，先載於禁中杖殺之。敕曰：「任直去邪，懸於帝典；奬善懲惡，急於時政。和鼎之寄，匪易其人。中書侍郎、同中書門下平章事元載，性頗姦回，跡非正直。寵待踰分，早踐鈞衡。亮弼之功，未能經邦成務；挾邪之志，常以罔上面欺。陰託妖巫，夜行解禱，用圖非望，庶逭典章。納受贓私，貿鬻官秩。凶妻忍害，暴子侵牟，曾不隄防，恣其凌虐。行僻辭矯，心狠貌恭，使沈抑之流，無因自達，賞罰差謬，罔不由茲。頃以君臣之間，重於去就，冀其遷善，掩而不言。曾無悔非，彌益凶戾，年序滋遠，釁惡貫盈。將肅政於朝班，俾申明於憲網，宜賜自盡。朕涉道猶淺，知人不明，理績未彰，遺闕斯衆，致茲刑辟，憫愧良深。僶俛行之，務申沮勸，凡在中外，悉朕懷焉。」

又制曰：「門下侍郎、同中書門下平章事王縉，附會姦邪，阿諛讒佞。據茲犯狀，罪至難容，矜以耋及，未忍加刑。俾申屈法之恩，貸以岳牧之秩。可使持節括州諸軍事、守括州刺史，宜即赴任。於戲！朕恭己南面，推誠股肱，敷求哲人，將弼予理。昧於任使，過在朕躬，無曠厥官，各愼厥職。」初，晏等承旨，縉亦處極法，晏謂涵曰：「重刑再覆，國之常典，況誅大臣，豈得不覆奏！又法有首從，二人同刑，亦宜重取進止。」涵等咸聽命。及晏等覆奏，上乃減縉罪從輕。

載長子伯和，先是貶在揚州兵曹參軍，載得罪，命中使馳傳於揚州賜死。次子仲武，祠部員外郎，次子季能，祕書省校書郎，并載妻王氏並賜死。女資敬寺尼眞一，收入掖庭。王氏，開元中河西節度使忠嗣之女也，素以兇戾聞，恣其子伯和等爲虐。伯和恃父威勢，唯以聚斂財貨，徵求音樂爲事。

載在相位多年，權傾四海，外方珍異，皆集其門〔三〕，資貨不可勝計，故伯和、仲武等得肆其志。輕浮之士，奔其門者，如恐不及。名姝、異樂，禁中無者有之。兄弟各貯妓妾于室，倡優偎褻之戲，天倫同觀，略無愧恥。及得罪，行路無嗟惜者。中使董秀、主書卓英倩、李待榮及陰陽人李季連，以載之故，皆處極法。遣中官於萬年縣界黃臺鄉毀載祖及父母墳墓，斲棺棄柩，及私廟木主；并載大寧里、安仁里二宅，充修百司廨宇。以載籍沒鍾乳五百兩分賜中書門下御史臺五品已上、尚書省四品已上。

王昂者，出自戎旅，以軍功累遷河中尹，充河中節度使。貪縱不法，務於聚斂，以貨藩身。永泰元年正月，檢校刑部尚書知省事，改殿中少監。元載秉政，與載深相結託。大曆五年六月，爲江陵尹、兼御史大夫，充荊南節度觀察使，代衞伯玉。昂既行，伯玉諷大將楊鉥等拒昂，乞留伯玉，詔許之。昂復檢校刑部尚書，知省事。專事奢靡，廣修第宅，多畜妓妾，以逞其志。在刑部，雖公務有程，昂耽徇私宴，連日不視曹事。性貪吝，無愧苟得，乃爲公廨園菜，收其錢以潤屋，甚爲時論所醜。元載誅，貶連州刺史，遣中使監至萬州，過硤江，墜江而卒。

李少良者，以吏用，早從使幕，因職遷殿中侍御史。罷，遊京師，干謁權貴。時元載專政，所居第宅崇侈，子弟縱橫，貨賄公行，士庶咸嫉之。少良怨不見用，乘衆怒以抗疏上聞。留少良於禁內客省，少良友人韋頌因至禁門訪少良，少良漏其言；頌不愼密，遂爲載備知之，乃奏少良狂妄，詔下御史臺訊鞫。是時御史大夫缺，載以張延賞爲之，屬意焉。少良以泄禁中奏議，制使陸珽同伏罪。初，韋頌及珽俱與少良友善，與載子弟親黨款狎。頌得少良徽旨，漏於載所親，遂達於載。載密召珽問之，珽具白其狀及禁中語。載得之，奏于上前，上大怒，並付京兆府決殺。珽，國子司業善經之子也，少傳父業，頗通經史，性浮躁而疏，故及于累。

大曆中，元載弄權自恣，人皆惡之。八年七月，晉州男子郇謨以麻辮髮，持竹筐及葦席哭於東市。人問其故，對曰：「有三十字請獻於上。若無堪，便以竹筐貯屍，棄之于野。」京兆府以聞。上卽召見，賜衣，館於禁內客省。其獻三十字，各論一事。其要者：「團」字、

「監」字。團者，請罷諸州團練使；監者，請罷諸道監軍使。殿中御史楊護職居左巡，郇謨哭市，護不聞奏，上以爲蔽匿，貶連州桂陽縣丞員外置。元載當承寵得志，每改張朝政，出於載手，中外共怒，當時歸咎於載，故少良封事於前，郇謨哭市於後。凡百有位，宜爲明誡。

王縉字夏卿，河中人也。少好學，與兄維早以文翰著名。縉連應草澤及文辭淸麗舉，累授侍御史、武部員外。祿山之亂，選爲太原少尹，與李光弼同守太原，功效謀略，衆所推先，加憲部侍郎，兼本官。時兄維陷賊，受僞署，賊平，維付吏議，縉請以已官贖維之罪，特爲減等。

縉尋入拜國子祭酒，改鳳翔尹、秦隴州防禦使，歷工部侍郎、左散騎常侍。撰玄宗哀册文，時稱爲工。改兵部侍郎。屬平殄史朝義，河朔未安，詔縉以本官河北宣慰，奉使稱旨。廣德二年，拜黃門侍郎、同平章事、太微宮使、弘文崇賢館大學士。其年，河南副元帥李光弼薨於徐州，以縉爲侍中、持節都統河南、淮西、山南東道諸節度行營事。縉懇讓侍中，從之，加上柱國，兼東都留守。歲餘，遷河南副元帥，請減軍資錢四十萬貫修東都殿宇。大曆三年，幽州節度使李懷仙死，以縉領幽州、盧龍節度。縉赴鎭而還，委政於燕將朱希彩。又

屬河東節度辛雲京卒，遂兼太原尹、北都留守、河東節度營田觀察等使。縉又讓河南副元帥、東都留守，從之。太原舊將王無縱、張奉璋等恃功，且以縉儒者易之，每事多違約束。縉一朝悉召斬之，將校股慄。

二歲，罷河東歸朝，授門下侍郎、中書門下平章事。時元載用事，縉卑附之，不敢與忤，然恃才與老，多所傲忽。載所不悅，心雖希載旨，然以言辭凌詬，無所忌憚。時京兆尹黎幹者，戎州人也，數論事，載甚病之，而力不能去也。幹嘗白事於縉，縉曰：「尹，南方君子也，安知朝禮！」其慢而侮人，率如此類。

縉弟兄奉佛，不茹葷血，縉晚年尤甚。與杜鴻漸捨財造寺無限極。妻李氏卒，捨道政里第爲寺，爲之追福，奏其額曰寶應，度僧三十人住持。每節度觀察使入朝，必延至寶應寺，諷令施財，助己修繕。初，代宗喜祠祀，未甚重佛，而元載、杜鴻漸與縉喜飯僧徒。代宗嘗問以福業報應事，載等因而啓奏，代宗由是奉之過當，嘗令僧百餘人於宮中陳設佛像，經行念誦，謂之內道場。其飲膳之厚，窮極珍異，出入乘廄馬，度支具廩給。每西蕃入寇，必令羣僧講誦仁王經，以攘虜寇。苟幸其退，則橫加錫賜。胡僧不空，官至卿監，封國公，通籍禁中，勢移公卿，爭權擅威，日相凌奪。凡京畿之豐田美利，多歸於寺觀，吏不能制。僧之徒侶，雖有贓姦畜亂，敗戮相繼，而代宗信心不易，乃詔天下官吏不得箠曳僧尼。又見縉

等施財立寺，窮極瓌麗，每對揚啓沃，必以業果爲證。以爲國家慶祚靈長，皆福報所資，業力已定，雖小有患難，不足道也。故祿山、思明毒亂方熾，而皆有子禍；僕固懷恩將亂而死；西戎犯闕，未擊而退。此皆非人事之明徵也。帝信之愈甚。公卿大臣既挂以業報，則人事棄而不修，故大曆刑政，日以陵遲，有由然也。

五臺山有金閣寺，鑄銅爲瓦，塗金於上，照耀山谷，計錢巨億萬。縉爲宰相，給中書符牒，令臺山僧數十人分行郡縣，聚徒講說，以求貨利。代宗七月望日於內道場造盂蘭盆，飾以金翠，所費百萬。又設高祖已下七聖神座，備幡節、龍傘、衣裳之制，各書尊號于幡上以識之，舁出內，陳於寺觀。是日，排儀仗，百僚序立於光順門以俟之，幡花鼓舞，迎呼道路。歲以爲常，而識者嗤其不典，其傷教之源始於縉也。

李氏，初爲左丞韋濟妻，濟卒，奔縉。縉嬖之，冒稱爲妻，實妾也。又縱弟妹女尼等廣納財賄，貪猥之跡如市賈焉。元載得罪，縉連坐貶括州刺史，移處州刺史。大曆十四年，除太子賓客，留司東都。建中二年十二月卒，年八十二。

楊炎字公南，鳳翔人。曾祖大寶，武德初爲龍門令，劉武周陷晉、絳，攻之不降，城破被害，褒贈全節侯。祖哲，以孝行有異，旌其門閭。父播，登進士第，隱居不仕，玄宗徵爲諫議大夫，棄官就養，亦以孝行禎祥，表其門閭。肅宗就加散騎常侍，賜號玄靖先生，名在逸人傳。

炎美鬚眉，風骨峻峙，文藻雄麗，汧、隴之間，號爲小楊山人。釋褐，辟河西節度掌書記。神烏令李大簡嘗因醉辱炎，至是與炎同幕，率左右反接之，鐵棒撾之二百，流血被地，幾死。節度使呂崇賁愛其才，不之責。後副元帥李光弼奏爲判官，不應，徵拜起居舍人，辭祿就養岐下。丁憂，廬於墓前，號泣不絕聲，有紫芝白雀之祥，又表其門閭。孝著三代，門樹六闕，古未有也。服闋久之，起爲司勳員外郎，改兵部，轉禮部郎中、知制誥。遷中書舍人，與常袞並掌綸誥，袞長於除書，炎善爲德音，自開元已來，言詔制之美者，時稱常、楊焉。

炎樂賢下士，以汲引爲己任，人士歸之。嘗爲李楷洛碑，辭甚工，文士莫不成誦之。遷吏部侍郎，修國史。元載自作相，常選擢朝士有文學才望者一人厚遇之，將以代己。初，引禮部郎中劉單；單卒，引吏部侍郎薛邕；邕貶，又引炎。載親重炎，無與爲比。載敗，坐貶道州司馬。德宗卽位，議用宰相，崔祐甫薦炎有文學器用，上亦自聞其名，拜銀青光祿大夫、門下侍郎、同平章事。炎有風儀，博以文學，早負時稱，天下翕然，望爲賢相。

初，國家舊制，天下財賦皆納於左藏庫，而太府四時以數聞，尚書比部覆其出入，上下相轄，無失遺。及第五琦爲度支、鹽鐵使，京師多豪將，求取無節，琦不能禁，乃悉以租賦進入大盈內庫，以中人主之意，天子以取給爲便，故不復出。是以天下公賦，爲人君私藏，有司不得窺其多少，國用不能計其贏縮，殆二十年矣。中官以冗名持簿書，領其事者三百人，皆奉給其間，連結根固不可動。及炎作相，頓首於上前，論之曰：「夫財賦，邦國之大本，生人之喉命，天下理亂輕重皆由焉。是以前代歷選重臣主之，猶懼不集，往往覆敗，大計一失，則天下動搖。先朝權制，中人領其職，以五尺宦豎操邦之本，豐儉盈虛，雖大臣不得知，則無以計天下利害。臣愚待罪宰輔，陛下至德，惟人是恤，參校蠹弊，無斯之甚。請出之以歸有司，度宮中經費一歲幾何，量數奉入，不敢虧用。如此，然後可以議政。惟陛下察焉。」詔曰：「凡財賦皆歸左藏庫，一用舊式，每歲於數中量進三五十萬入大盈，而度支先以其全數聞。」炎以片言移人主意，議者以爲難，中外稱之。

初定令式，國家有租賦庸調之法。開元中，玄宗修道德，以寬仁爲理本，故不爲版籍之書，人戶寖溢，隄防不禁。丁口轉死，非舊名矣；田畝移換，非舊額矣；貧富升降，非舊第矣。戶部徒以空文總其故書，蓋得非當時之實。舊制，人丁戍邊者，蠲其租庸，六歲免歸。玄宗方事夷狄，戍者多死不返，邊將怙寵而諱，不以死申，故其貫籍之名不除。至天寶中，

王鉷為戶口使，方務聚斂，以丁籍且存，則丁身焉往，是隱課而不出耳。遂案舊籍，計除六年之外，積徵其家三十年租庸。天下之人苦而無告，則租庸之法弊久矣。迨至德之後，天下兵起，始以兵役，因之饑癘，徵求運輸，百役並作，人戶凋耗，版圖空虛。軍國之用，仰給於度支、轉運二使；四方征鎮，又自給於節度、都團練使。賦斂之司數四，而莫相統攝，於是綱目大壞，朝廷不能覆諸使，諸使不能覆諸州，四方貢獻，悉入內庫。權臣猾吏，因緣為姦，或公託進獻，私為贓盜者動萬萬計。河南、山東、荊襄、劍南有重兵處，皆厚自奉養，王賦所入無幾。吏職之名，隨人署置；俸給厚薄，由其增損。故科斂之名凡數百，廢者不削，重者不去，新舊仍積，不知其涯。百姓受命而供之，瀝膏血，鬻親愛，旬輸月送無休息。吏因其苛，蠶食于人。凡富人多丁者，率為官為僧，以色役免；貧人無所入則丁存。故課免於上，而賦增於下。是以天下殘瘁，蕩為浮人，鄉居地著者百不四五，如是者殆三十年。

炎因奏對，懇言其弊，乃請作兩稅法，以一其名，曰：「凡百役之費，一錢之斂，先度其數而賦於人，量出以制入。戶無主客，以見居為簿；人無丁中，以貧富為差。不居處而行商者，在所郡縣稅三十之一，度所與居者均〔四〕，使無僥利。居人之稅，秋夏兩徵之，俗有不便者正之。其租庸雜傜悉省，而丁額不廢，申報出入如舊式。其田畝之稅，率以大曆十四年墾田之數為準而均徵之。夏稅無過六月，秋稅無過十一月。逾歲之後，有戶增而稅減輕，

及人散而失均者，進退長吏，而以尚書度支總統焉。」德宗善而行之，詔諭中外。而掌賦者沮其非利，言租庸之令四百餘年，舊制不可輕改。上行之不疑，天下便之。人不土斷而地著，賦不加斂而增入，版籍不造而得其虛實，貪吏不誡而姦無所取。自是輕重之權，始歸於朝廷。

炎救時之弊，頗有嘉聲。莅事數月，屬崔祐甫疾病，多不視事，喬琳罷免，炎遂獨當國政。祐甫之所制作，炎隳之。初減薄護作元陵功優，人心始不悅。又專意報恩復讎。道州錄事參軍王沼有徵恩於炎，舉沼為監察御史。感元載恩，專務行載舊事以報之。初，載得罪，左僕射劉晏訊劾之，元載誅，炎亦坐貶，故深怨晏。晏領東都、河南、江淮、山南東道轉運、租庸、青苗、鹽鐵使，炎作相數月，欲貶晏，先罷其使，天下錢穀皆歸金部、倉部。又獻議開豐州陵陽渠，發京畿人夫於西城就役，閭里騷擾，事竟無成。

初，大曆末，元載議請城原州，以遏西番入寇之衝要，事未行而載誅。及炎得政，建中二年二月，奏請城原州。先牒涇原節度使段秀實，令為之具。秀實報曰：「凡安邊卻敵之長策，宜緩以計圖之，無宜草草興功也。又春事方作，請待農隙而緝其事。」炎怒，徵秀實為司農卿。以邠寧別駕李懷光居前督作，以檢校司空平章事朱泚、御史大夫平章事崔寧各統兵萬人以翼後。三月，詔下涇州為具。涇軍怒而言曰：「吾曹為國西門之屏，十餘年矣！始治于邠，纔置農桑，地著之安；而徙于此，置榛莽之中，手披足踐，纔立城壘；又投之塞外，吾何罪而置此乎！」李懷光監朔方軍，法令嚴峻，頻殺大將。涇州裨將劉文喜因人怨怒，拒不受詔，上疏復求段秀實為帥，否則朱泚。於是以朱泚代懷光，文喜又不奉詔。涇有勁兵二萬，閉城拒守，令其子入質吐蕃以求援。時方炎旱，人情騷動，羣臣皆請赦文喜，上皆不省。德宗減服御以給軍人，城中軍士當受春服，賜與如故。命朱泚、李懷光等軍攻之，乃築壘環之。涇州別將劉海賓斬文喜首，傳之闕下。苟非海賓效順，必生邊患，皆因炎以喜怒易帥，涇帥結怨故也〔五〕。原州竟不能城。

炎既構劉晏之罪貶官，司農卿庾準與晏有隙，乃用準為荊南節度使，諷令誣晏以忠州叛，殺之，妻子徙嶺表，朝野為之側目。李正己上表請殺晏之罪，指斥朝廷。炎懼，乃遣腹心分往諸道：裴冀，東都、河陽、魏博；孫成，澤潞、磁邢、幽州；盧東美，河南、淄青；李舟，山南、湖南；王定，淮西。聲言宣慰，而意實說謗。且言「晏之得罪，以昔年附會姦邪，謀立獨孤妃為皇后，上自惡之，非他過也」。或有密奏「炎遣五使往諸鎮者，恐天下以殺劉晏之罪歸己，推過於上耳」。乃使中人復炎辭於正己，還報信然。自此德宗有意誅炎矣，待事而發。乃擢用盧杞為門下侍郎、平章事，炎轉中書侍郎，仍平章事。二人同事秉政，杞無文學，儀貌寢陋，炎惡而忽之，每託疾息於他閤，多不會食，杞亦銜恨之。舊制，中書舍人分押尚書

六曹，以平奏報，開元初廢其職，杞請復之，炎固以為不可。杞益怒，又密啓中書主書過，逐之。炎怒曰：「主書，吾局吏也，有過吾自治之，奈何而相侵？」

屬梁崇義叛換，德宗欲以淮西節度使李希烈統諸軍討之。炎諫曰：「希烈始與李忠臣為子，親任無雙，竟逐忠臣而取其位，背本若此，豈可信也！居常無尺寸功，猶強不奉法，異日平賊後，恃功邀上，陛下何以馭之？」初，炎之南來，途經襄、漢，固勸崇義入朝，崇義不能從，已懷反側。尋又使其黨李舟使馳說，崇義固而拒命，遂圖叛逆，皆炎迫而成之。至是，德宗欲假希烈兵勢以討崇義，然後別圖希烈。炎又固言不可，上不能平，乃曰：「朕業許之矣，不能食言。」遂以希烈統諸軍。

會德宗嘗訪宰相羣臣中可以大任者，盧杞薦張鎰、嚴郢，而炎舉崔昭、趙惠伯。上以炎論議疏闊，遂罷炎相，為左僕射。後數日中謝，對於延英，及出，馳歸，不至中書，盧杞自是益怒焉。杞尋引嚴郢為御史大夫。初，郢為京兆尹，不附炎，炎怒之，諷御史張著彈郢，郢罷兼御史中丞。炎又夙聞源休與郢有隙，乃拔休自流人為京兆尹，令伺郢過。休莅官後，與郢友善，炎大怒。張光晟方謀議殺迴紇會帥，炎乃以休為入迴紇使，休幾為虜所殺。郢尋坐以度田不實，改為大理卿，時人惜之。至是，杞因羣情所欲，又知郢與炎有隙，故引薦之。

炎子弘業不肖，多犯禁，受賂請託，郢按之，兼得其他過。初，炎將立家廟，先有私第在東都，令河南尹趙惠伯貨之，惠伯爲炎市爲官廨。時惠伯自河中尹、都團練觀察等使初受代，郢奏追捕惠伯詰案。御史以炎爲宰相，抑吏貨市私第，貴估其宅，賤入其幣，計以爲贓。杞召大理正田晉評罪，晉曰：「宰臣於庶官，比之監臨，官市買有羨利，計其利以乞取論罪，當奪官。」杞怒，謫晉衡州司馬。更召他吏繩之，曰：「監主自盜，罪絞。」開元中，蕭嵩將於曲江南立私廟，尋以玄宗臨幸之所，恐置廟非便，乃罷之。至是，炎以其地爲廟，有飛語者云：「此地有王氣，炎故取之，必有異圖。」語聞，上愈怒。及臺司上具獄，詔三司使同覆之。建中二年十月，詔曰：「尚書左僕射楊炎，託以文藝，累登清貫，雖謫居荒服，而虛稱猶存。朕初臨萬邦，思弘大化，務擢非次，招納時髦。拔自郡佐，登于鼎司，獨委心膂，信任無疑。而乃不思竭誠，敢爲奸蠹，進邪醜正，既僞且堅，黨援因依，動涉情故。隳法敗度，罔上行私，苟利其身，不顧於國。加以內無訓誡，外有交通，縱恣詐欺，以成贓賄。詢其事跡，本末乖謬，蔑恩棄德，負我何深！考狀議刑，罪在難宥。但以朕於將相，義切始終，顧全大體，特有弘貸，俾從遠謫，以肅具僚。可崖州司馬同正，仍馳驛發遣。」去崖州百里賜死，年五十五。

炎早有文章，亦勵志節，及爲中書舍人，附會元載，時議已薄之。後坐載貶官，憤恚益甚，歸而得政，睚眦必讎，險害之性附於心，唯其愛憎，不顧公道，以至於敗。惠伯亦坐炎貶費州多田尉，尋亦殺之。

黎幹者，戎州人。始以善星緯數術進，待詔翰林，累官至諫議大夫。尋遷京兆尹，以嚴肅爲理，人頗便之，而因緣附會，與時上下。大曆二年，改刑部侍郎。魚朝恩伏誅，坐交通出爲桂州刺史、本管觀察使。至江陵，丁母憂。久之，會京兆尹缺，人頗思幹。八年，復拜京兆尹、兼御史大夫。幹自以得志，無心爲理，貪暴益甚，徇於財色。十三年，除兵部侍郎。性險，挾左道，結中貴，以希主恩，代宗甚惑之。時中官劉忠翼寵任方盛，幹結之素厚，嘗通其姦謀。及德宗初即位，幹猶以詭道求進，密居輿中詣忠翼第。事發，詔曰：「兵部侍郎黎幹，害若豺狼，特進劉忠翼，掩義隱賊，並除名長流。」既行，市里兒童數千人譟聚，懷瓦礫投擊之，捕賊尉不能止，遂皆賜死於藍田驛。

忠翼，宦官也，本名清潭，與董秀皆有寵於代宗。天憲在口，勢迴日月，貪饕納賄，貨產巨萬。大曆中，德宗居東宮，幹及清潭嘗有姦謀動搖。及是，積前罪以誅之。

庾準，常州人。父光先，天寶中文部侍郎。準以門蔭入仕，昵於宰相王縉，縉驟引至職方郎中、知制誥，遷中書舍人。準素寡文學，以柔媚自進，既非儒流，甚爲時論所薄。尋改御史中丞，遷尚書左丞。縉得罪，出爲汝州刺史。復入爲司農卿，與楊炎厚善。炎欲殺劉晏，知準與晏有隙，乃用爲荆南節度。準乃上言得晏與朱泚書，且有怨望，又召補州兵以拒命。於是先殺晏，然後下詔賜自盡，海內寃之。炎以殺晏徵準爲尚書左丞。建中三年六月丁巳卒，時年五十一。贈工部尚書。

史臣曰：仲尼云，富與貴是人之欲，不以道得之不處。反乎是道者小人。載諂輔國以進身，弄時權而固位，衆怒難犯，長惡不悛，家亡而誅及妻兒，身死而殃及祖禰。縉附會姦邪，以至顛覆。炎隳崔祐甫之規，怒段秀實之直，酬恩報怨，以私害公。三子者咸著文章，殊乖德行。「不常其德，或承之羞」，大易之義也。富貴不以其道，小人之事哉！觀庾準之憸，遭王縉之復；徇楊炎之意，曲致劉晏之冤。積惡而獲令終者，其在餘殃乎！

贊曰：載、縉、炎、準，交相附會。左傳有言，貪人敗類。

校勘記

〔一〕節度寄理於涇州　新書卷一四五元載傳作「初，四鎮北庭行營節度使寄治涇州」。

〔二〕中書主事　本卷上下文、合鈔卷一六九元載傳均作「中書主書」。

〔三〕皆集其門　「門」下各本原有「如恐不及名姝異樂」八字，校勘記卷四三云：「如恐不及八字又見下，此必衍文。」據删。

〔四〕度所與居者均　新書卷一四五楊炎傳「所」下有「取」字。

〔五〕涇帥　合鈔卷一六九楊炎傳作「涇師」。

舊唐書卷一百一十九

列傳第六十九

楊綰 崔祐甫 子植 植再從兄儆 常袞

楊綰字公權，華州華陰人也。祖溫玉，則天朝爲戶部侍郎、國子祭酒。父侃，開元中醴泉令，皆以儒行稱。綰生聰惠，年四歲，處羣從之中，敏識過人。嘗夜宴親賓，各舉坐中物以四聲呼之，諸賓未言，綰應聲指鐵燈樹曰：「燈盞柄曲。」衆咸異之。及長，好學不倦，博通經史，九流七略，無不該覽，尤工文辭，藻思清贍。而宗尙玄理，沉靜寡欲，常獨處一室，左右經書，凝塵滿席，澹如也。含光晦用，不欲名彰，每屬文，恥於自白，非知己不可得而見。早孤家貧，養母以孝聞，甘旨或闕，憂見于色。親友諷令干祿，舉進士，調補太子正字。天寶十三年，玄宗御勤政樓，試博通墳典、洞曉玄經、辭藻宏麗、軍謀出衆等舉人，命有司供食，既暮而罷。取辭藻宏麗外，別試詩賦各一首。制舉試詩賦，自此始也。時登科者三人，綰

爲之首，超授右拾遺。

天寶末，安祿山反，肅宗即位於靈武。綰自賊中冒難，披榛求食，以赴行在。時朝廷方急賢，及綰至，衆心咸悅，拜起居舍人、知制誥。歷司勳員外郎、職方郎中，掌誥如故。遷中書舍人，兼修國史。故事，舍人年深者謂之「閣老」，公廨雜料，歸閣老者五之四。綰以爲品秩同列，給受宜均，悉平分之，甚爲時論歸美。

再遷禮部侍郎，上疏條奏貢舉之弊曰：

國之選士，必藉賢良。蓋取孝友純備，言行敦實，居常育德，動不違仁。體忠信之資，履謙恭之操，藏器則未嘗自伐，虛心而所應必誠。夫如是，故能率已從政，化人鎮俗者也。自叔葉澆詐，茲道浸微，爭尙文辭，互相矜衒。馬卿浮薄，竟不周於任用；趙壹虛誕，終取擯於鄉閭。自時厥後，其道彌盛，不思實行，皆徇空名，敗俗傷教，備載前史，古人比文章於鄭、衞，蓋有由也。

近煬帝始置進士之科，當時猶試策而已。至高宗朝〔一〕，劉思立爲考功員外郎，又奏進士加雜文，明經塡帖，從此積弊，浸轉成俗。幼能就學，皆誦當代之詩；長而博文，不越諸家之集。遞相黨與，用致虛聲，六經則未嘗開卷，三史則皆同挂壁。況復徵以孔門之道，責其君子之儒者哉！祖習既深，奔競爲務。矜能者曾無愧色，勇進者但欲凌人，以毁讟爲常談，以向背爲己任。投刺干謁，驅馳於要津；露才揚己，喧騰於當代。古之賢良方正，豈有如此者乎！朝之公卿，以此待士，家之長老，以此垂訓。欲其返淳朴，懷禮讓，守忠信，識廉隅，何可得也！譬之於水，其流已濁，若不澄本，何當復清。方今聖德御天，再寧寰宇，四海之內，顒顒向化，皆延頸舉踵，思聖朝之理也。不以此時而理之，則太平之政又乖矣。

凡國之大柄，莫先擇士。自古哲后，皆側席待賢；今之取人，令投牒自舉，非經國之體也。望請依古制，縣令察孝廉，審知其鄉閭有孝友信義廉恥之行，加以經業，才堪策試者，以孝廉爲名，薦之於州。刺史當以禮待之，試其所通之學，其通者送名於省。自縣至省，不得令舉人輒自陳牒。比來有到狀保辯識牒等，一切並停。其所習經，取左傳、公羊、穀梁、禮記、周禮、儀禮、尙書、毛詩、周易，任通一經，務取深義奧旨，通諸家之義。試日，差諸司有儒學者對問，每經問義十條，問畢對策三道。其策皆問古今理體及當時要務，取堪行用者。其經義并策全通爲上第，望付吏部便與官；其經義通八、策通二爲中第，與出身；下第罷歸。其明經比試帖經，殊非古義，皆誦帖括，冀圖僥倖。幷近有道舉，亦非理國之體，望請與明經、進士並停。其國子監舉人，亦請準此。如有行業不著，所由妄相推薦，請量加貶黜。所冀數年之間，人倫一變，既歸實

學，當識大猷。居家者必修德業，從政者皆知廉恥，浮競自止，敦龐自勸，教人之本，實在茲焉。事若施行，即別立條例。

詔左右丞、諸司侍郎、御史大夫、中丞、給、舍同議奏聞。給事中李廙、給事中李栖筠、尙書左丞賈至、京兆尹兼御史大夫嚴武所奏議狀與綰同。尙書左丞至議曰：

謹按夏之政尙忠，殷之政尙敬，周之政尙文，然則文與忠敬，皆統人之行也。且夫謚號述行，美極人文，人文興則忠敬存焉。是故前代以文取士，本文行也，由辭以觀行，則及辭也。宣父稱顏子不遷怒，不貳過，謂之好學。至乎修春秋，則游、夏之徒不能措一辭，不亦明乎！間者禮部取人，有乖斯義。易曰：「觀乎人文以化成天下。」關雎之義曰：「先王以是經夫婦，成孝敬，厚人倫，美教化，移風俗，蓋王政之所由廢興也。」故延陵聽詩，知諸侯之存亡。今試學者以帖字爲精通，不窮旨義，豈能知遷怒貳過之道乎？考文者以聲病爲是非，唯擇浮豔，豈能知移風易俗化天下之事乎？是以上失其源而下襲其流，波蕩不知所止，先王之道，莫能行也。夫先王之道消，則小人之道長；小人之道長，則亂臣賊子生焉。臣弑其君，子弑其父，非一朝一夕之故，其所由來者漸矣。漸者何？謂忠信之凌頹，恥尙之失所，末學之馳騁，儒道之不舉，四者皆取士之失也。

夫一國之事，繫一人之本謂之風。贊揚其風，繫卿大夫也，卿大夫何嘗不出於士乎？今取士試之小道，而不以遠者大者，使千祿之徒，趨馳末術，是誘導之差也。夫以蝸蚓之餌雜垂滄海，而望吞舟之魚，不亦難乎！所以食垂餌者皆小魚，就科目者皆小藝。四人之業，士最關於風化。近代趨仕，靡然向風，致使祿山一呼而四海震蕩，思明再亂而十年不復。向使禮讓之道弘，仁義之道著，則忠臣孝子比屋可封，逆節不得而萌也，人心不得而搖也。

且夏有天下四百載，禹之道喪而殷始興焉；殷有天下六百祀，湯之法棄而周始興焉；周有天下八百年，文、武之政廢而秦始并焉。觀三代之選士任賢，皆考實行，故能風化淳一，運祚長遠。秦坑儒士，二代而亡。漢興，雜三代之政，弘四科之舉，西京始振經術之學，東都終持名節之行。至有近戚竊位，強臣擅權，弱主孤立，母后專政，而社稷不隕，終彼四百，豈非興學行道、扇化於鄉里哉？厥後文章道弊，尚於浮侈，取士術異，苟濟一時。自魏至隋，僅四百載，三光分景，九州阻域，竊號僭位，德義不修，是以子孫速顚，享國咸促。國家革魏、晉、梁、隋之弊，承夏、殷、周、漢之業，四隩既宅，九州攸同，覆燾亭育，合德天地。安有捨皇王舉士之道，縱亂代取人之術？此公卿大夫之辱也。楊綰所奏，實爲正論。

然自典午覆敗，中原版蕩，戎狄亂華，衣冠遷徙，南北分裂，人多僑處。聖朝一平區宇，尚復因循，版圖則張，閭井未設，士居鄉土，百無一二，因緣官族，所在耕築，地望繫之數百年之外，而身皆東西南北之人焉。今欲依古制鄉舉里選，猶恐取士之未盡也，請兼廣學校，以弘訓誘。今京有太學，州縣有小學，兵革一動，生徒流離，儒臣師氏，祿廩無向。貢士不稱行實，胄子何嘗講習，獨禮部每歲擢甲乙之第，謂弘奬擢，不其謬歟？祇足長浮薄之風，啓僥倖之路矣。其國子博士等，望加員數，厚其祿秩，選通儒碩生，間居其職。十道大郡，量置太學館，令博士出外，兼領郡官，召置生徒。依乎故事，保桑梓者鄉里舉焉，在流寓者庠序推焉。朝而行之，夕見其利。如此則青青不復興刺，擾擾由其歸本矣。人倫之始，王化之先，不是過也。

李廙等議與綰協，文多不載。宰臣等奏以舉人舊業已成，難於速改，其今歲舉人，望且許應舊舉，來歲奉詔，仍敕禮部即具條例奏聞。代宗以廢進士科問翰林學士，對曰：「進士行來已久，遽廢之，恐失人業。」乃詔孝廉與舊舉兼行。綰又奏歲貢孝悌力田及童子科等，其孝悌力田，宜有實狀，童子越衆，不在常科，同之歲貢，恐長僥倖之路。詔停之。再遷吏部侍郎，歷典舉選，精覈人物，以公平稱。

時元載秉政，公卿多附之，綰孤立中道，清貞自守，未嘗私謁。載以綰雅望素高，外示尊重，心實疏忌。會魚朝恩死，載以朝恩嘗判國子監事，塵污太學，宜得名儒，以清其秩，乃奏爲國子祭酒，實欲以散地處之。載貪冒日甚，天下清議，亦歸於綰，上深知之，以載久在樞衡，未即罷遣。仍遷綰爲太常卿，充禮儀使，以郊廟禮久廢，藉綰振起之也，亦以觀其效用。是年三月，載伏誅，上乃拜綰中書侍郎、同中書門下平章事、集賢殿崇文館大學士，兼修國史。綰久積公輔之望，及詔出，朝野相賀。綰累表懇讓，上屬意稍重，綰不敢辭。

綰素以德行著聞，質性貞廉，車服儉朴，居廟堂未數月，人心自化。御史中丞崔寬，劍南西川節度使寧之弟，家富於財，有別墅在皇城之南，池館臺榭，當時第一，寬即日潛遣毀拆。中書令郭子儀在邠州行營，聞綰拜相，座內音樂減散五分之四。京兆尹黎幹以承恩，每出入騶馭百餘，亦即日減損車騎，唯留十騎而已。其餘望風變奢從儉者，不可勝數，其鎮俗移風若此。

綰有宿痼疾，居職旬日，中風，優詔令就中書省攝養，每引見延英殿，特許扶入。時蓋革舊弊，唯綰是瞻，恩遇莫二。綰累抗疏辭位，頻詔敦勉不許。及綰疾亟，上日發中使就第存問，尚藥御醫，旦夕在側，上聞其有間，喜見容色。數日而薨，中使在門，馳奏於上，代宗震悼久之，輟朝三日。詔曰：

王者之於大臣也，存則寄其腹心，均於肢體，參於軍國之重，敘以陰陽之和；歿

則誄其事功，加之命數，告於宗廟之祭，襚以紱冕之章，則九原可歸，百辟知勸。故朝議大夫、守中書侍郎、同中書門下平章事、集賢殿崇文館大學士、監修國史、上柱國、賜紫金魚袋楊綰，性合元和，身齊律度，道匡雅俗，器重宗彝。寬柔敬恭，協於九德；文行忠信，弘於四教。內無耳目之役，以孝悌傳於家；外無車服之容，以貞實形於代。西掖專宥密之地，南宮領選舉之源。以儒術首於國庠，以禮度掌於高廟，簡廉其質，條職同休。頃以任非其才，毒流于政，爰登清淨之輔，庶諧至理之期。道風既穆於朝班，儉德已行於海內。雖賢人之業，冀於可久；而夫子之命，末如之何。方有憑依，遽此淪謝，屏予之歎，震悼良深。所懷莫從，長想何及。況歷官有素絲之節，居家無匹帛之餘，故飾以華衮，增其法賻，備膺典策，載賁朝經。可贈司徒。

又詔文武百僚臨於其第，遣內常侍吳承倩會弔，贈絹千匹、布三百端。上深惜之，顧謂朝臣曰：「天不使朕致太平，何奪我楊綰之速也！俯及大斂，與卿等悲悼同之。」宰輔賻贈恩遇哀榮之盛，近年未有其比。太常初謚曰「文貞」。詔曰：「褒德勸善，春秋之舊章；考行易名，禮經之通典。垂範作則，存乎格言。朝議大夫、中書侍郎、同中書門下平章事、集賢殿崇文館大學士、修國史、上柱國、賜紫金魚袋、贈司徒楊綰，履道居貞，含和毓德，行爲人紀，文合典謨。清而晦名，無自伐之善；約以師儉，有不矜之謙。方册直書，秩宗相禮，辭稱良史，

學茂醇儒。委在樞衡，掌茲密命，彌契沃心之道，累陳造膝之誠。將以布天下五行之和，同君臣一德之運，遽軫藏舟之歎，未展濟川之才。素業久而彌彰，清風歿而可尙。自古飾終之義，皆錫以美名。謚法曰：『忠信愛人曰文，平易不懈曰簡。』宜謚曰文簡。」比部郎中蘇端，性疏狂，嫉其賢，乃肆毀黷，異同其議。上怒，貶端爲廣州員外司馬。

綰儉薄自樂，未嘗留意家產，口不問生計，累任清要，無宅一區，所得俸祿，隨月分給親故。清議過人，至如往哲微言，五經奧義，先儒未悟者，綰一覽究其精理。雅尙玄言，宗釋道二教，嘗著王開先生傳以見意，文多不載。凡所知友，皆一時名流。或造之者，清談終日，未嘗及名利。或有客欲以世務干者，見綰言必玄遠，不敢發辭，內愧而退。大曆中，德望日崇，天下雅正之士爭趨其門，至有數千里來者。以清德坐鎭雅俗，時比之楊震、邴吉、山濤、謝安之儔也。

崔祐甫字貽孫。祖晊，懷州長史。父沔，黃門侍郎，謚曰孝公。家以清儉禮法，爲士流之則。祐甫舉進士，歷壽安尉。安祿山陷洛陽，士庶奔迸，祐甫獨崎危於矢石之間，潛入私廟，負木主以竄。歷起居舍人、司勳吏部員外郎，累拜兼御史中丞、永平軍行軍司馬，尋知

本軍京師留後。性剛直，無所容受，遇事不回。累遷中書舍人。時中書侍郎闕，祐甫省事〔二〕，數爲宰相常袞所侵，祐甫不從；袞怒之，奏令分知吏部選，每有擬官，袞多駁下，言數相侵。

時朱泚上言，隴州將趙貴家貓鼠同乳，不相爲害，以爲禎祥。詔遣中使以示於朝，袞率百僚慶賀，祐甫獨否。中官詰其故，答曰：「此物之失常也，可弔不可賀。」中使徵其狀，祐甫上奏言：

臣聞天生萬物，剛柔有性，聖人因之，垂訓作則。禮記郊特牲曰：「迎貓，爲其食田鼠也。」然則貓之食鼠，載在禮典，以其除害利人，雖微必錄。今此貓對鼠不食，仁則仁矣，無乃失於性乎！鼠之爲物，晝伏夜動，詩人賦之曰：「相鼠有體，人而無禮。」又曰：「碩鼠碩鼠，無食我黍。」其序曰：「貪而畏人，若大鼠也。」臣旋觀之，雖云動物，異於麋鹿麏兔，彼皆以時殺獲，爲國之用。貓受人養育，職既不修，亦何異於法吏不勤觸邪，疆吏不勤扞敵。又按禮部式具列三瑞，無貓不食鼠之目，以茲稱慶，臣所未詳。伏以國家化洽理平，天符洊至，紛綸雜沓，史不絕書。今茲貓鼠，不可濫廁。若以劉向五行傳論之，恐須申命憲司，察聽貪吏，誡諸邊候，無失徼巡。貓能致功，鼠不爲害。

代宗深嘉之。袞益惡祐甫。

代宗初崩，發哀於西宮，袞以獨受任遇，哀踰等禮。例，晨夕臨者，皆十五舉音，而袞輒哀慟涕泗，或中埠返哭，顧慕若不能去，同列者皆不悅。及袞與禮司議羣臣喪服，曰：「案禮，爲君斬衰三年。漢文權制，猶三十六日。國家太宗崩，遺詔亦三十六日，而羣臣延之，既葬而除，約四月也。高宗崩，服絕輕重〔三〕，如漢故事，武太后崩亦然。及玄宗、肅宗崩，始變天子喪爲二十七日。且當時遺詔雖曰『天下吏人三日釋服』，在朝羣臣實服二十七日而除，則朝臣宜如皇帝之制。」祐甫執曰：「伏準遺詔，無朝臣庶人之別，但言『天下人吏，敕到後出臨，三日皆釋服』，則朝野中外，何非天下？凡百執事，誰非吏職？則皇帝宜二十七日而羣臣當三日也。」袞曰：「案賀循注義，吏者，謂官長所署，則今胥吏耳，非公卿百僚之例。」祐甫曰：「左傳云：『委之三吏。』則三公也。史稱循吏、良吏者，豈胥徒歟？」袞曰：「禮，非天降地出，人情而已。且公卿大臣，榮受殊寵，故宜異數。今與黔首同制，信宿而除之，於爾安乎？」祐甫曰：「若遺詔何？詔旨可改，孰不可？」袞堅諍不服，而聲色甚厲，不爲禮節。又袞方哭於鉤陳之前，而袞從吏或扶之，祐甫指示於衆曰：「臣哭於君前，有扶禮乎？」袞聞之，不堪其怒。乃上言祐甫率情變禮，輕議國典，請謫爲潮州刺史。內議太重，改爲河南少尹。

初，肅宗時天下事殷，而宰相不減三四員，更直掌事。若休沐各在第，有詔旨出入，非

大事不欲歷抵諸第，許令直事者一人假署同列之名以進，遂爲故事。是時，中書令郭子儀、檢校司空平章事朱泚，名是宰臣，當署制敕，至於密勿之議，則莫得聞。時德宗踐祚未旬日，居不言之際，袞循舊事，代署二人之名進。貶祐甫敕出，子儀及泚皆表明祐甫不當貶謫，上曰：「向言可謫，今言非罪，何也？」二人皆奏實未嘗有可謫之言，德宗大駭，謂袞誣罔。是日，百僚苴絰序立於月華門，立貶袞爲河南少尹，以祐甫爲門下侍郎、平章事，兩換其職。祐甫出至昭應縣，徵還。尋轉中書侍郎，修國史，仍平章事。

上初卽位，庶務皆委宰司。自至德、乾元中，天下多戰伐，啓奏塡委，故官賞紊雜。及永泰之後，四方既定，而元載秉政，公道隘塞，官由賄成。中書主書卓英倩、李待榮輩用事，勢傾朝列，天下官爵，大者出元載，小者自倩、榮。四方齎貨賄求官者，道路相屬，靡不稱遂而去，於是綱紀大壞。及元載敗，楊綰尋卒，常袞當國，杜絕其門，四方奏請，莫有過者，雖權勢與匹夫等。非以辭賦登科者，莫得進用。雖賄賂稍絕，然無所甄異，故賢愚同滯。及祐甫代袞，薦延推舉，無復疑滯，日除十數人，作相未逾年，凡除吏幾八百員，多稱允當。上嘗謂曰：「有人謗卿所除擬官，多涉親故，何也？」祐甫奏曰：「臣頻奉聖旨，令臣進擬庶官，進擬必須諳其才行。臣若與其相識，方可粗諳，若素不知聞，何由知其言行？獲謗之由，實在於此。」上以爲然。

神策軍使王駕鶴掌禁兵十餘年，權傾中外，德宗初登極，將令白琇珪代之，懼其生變。祐甫召駕鶴與語，留連之，琇珪已赴軍視事矣。時李正己畏懼德宗威德，乃表獻錢三十萬貫。上欲納其奏，慮正己未可誠信，以計逗留止之，未有其辭，延問宰相。祐甫對曰：「正己姦詐，誠如聖慮。臣請因使往淄青，便令宣慰將士，因以正己所獻錢錫賚諸軍人，且使深荷聖德，又令外藩知朝廷不重財貨。」上悅從之，正己大慚，而心畏服焉。祐甫謀猷啓沃，多所弘益，天下以爲可復貞觀、開元之太平也。

至冬被疾，肩輿入中書，臥而承旨，或休假在第，大事必令中使咨決。薨時年六十，上甚悼惜之，廢朝三日，册贈太傅，賻布帛米粟有差，謚曰文貞。無子，遺命猶子植爲嗣。有文集三十卷。故事，門下侍郎未嘗有贈三師者，德宗以祐甫謇謇有大臣節，故特寵異之。朱泚之亂，祐甫妻王氏陷於賊中，泚以嘗與祐甫同列，雅重其爲人，乃遺王氏繒帛菽粟，王氏受而緘封之，及德宗還京，具陳其狀以獻。士君子益重祐甫家法，宜其享令名也。

植字公修，祐甫弟廬江令嬰甫子。植既爲相，上言出繼伯父胤，推恩不及於父，詔贈嬰甫吏部侍郎。植潛心經史，尤精易象。累歷清要，爲給事中，時稱舉職。時皇甫鎛以宰相判度支，請減內外官俸祿，植封還敕書，極諫而止。鎛復奏諸州府鹽院兩稅、榷酒、鹽利、匹

段等加估定數，及近年天下所納鹽酒利擡估者一切徵收，詔皆可之。植抗疏論奏，令宰臣召植宣旨嘉諭之，物議罪鎛而美植。尋除御史中丞，入閣彈事，頗振綱紀。

長慶初，拜中書侍郎、同中書門下平章事。穆宗嘗謂侍臣曰：「國家貞觀中，文皇帝躬行帝道，治致昇平。及神龍、景龍之間，繼有內難，玄宗平定，興復不易，而聲明最盛，歷年長久，何道而然？」植對曰：「前代創業之君，多起自人間，知百姓疾苦。初承丕業，皆能厲精思理。太宗文皇帝特稟上聖之資，同符堯、舜之道，是以貞觀一朝，四海寧晏。有房玄齡、杜如晦、魏徵、王珪之屬爲輔佐股肱，君明臣忠，事無不理，聖賢相遇，固宜如此。玄宗守文繼體，嘗經天后朝艱危，開元初得姚崇、宋璟，委之爲政。此二人者，天生俊傑，動必推公，夙夜孜孜，致君於道。璟嘗手寫尚書無逸一篇，爲圖以獻。玄宗置之內殿，出入觀省，咸記在心，每歎古人至言，後代莫及，故任賢戒慾，心歸沖漠。開元之末，因無逸圖朽壞，始以山水圖代之。自後既無座右箴規，又信姦臣用事，天寶之世，稍倦于勤，王道于斯缺矣。建中初，德宗皇帝嘗問先臣祐甫開元、天寶治亂之殊，先臣具陳本末。臣在童丱，即聞其說，信知古人以韋、弦作戒，其益弘多。陛下既虛心理道，亦望以無逸爲元龜，則天下幸甚。」穆宗善其對。

他日，復謂宰臣曰：「前史稱漢文帝惜十家之產而罷露臺。又云身衣弋綈，履革舄，集上書囊以爲殿帷，何太儉也！信有此乎？」植對曰：「良史所記，必非妄言。漢興，承亡秦殘酷之後，項氏戰爭之餘，海內凋弊，生人力竭。漢文仁明之主，起自代邸，知稼穡之艱難，是以即位之後，躬行儉約。繼以景帝，猶遵此風。由是海內黔首，咸樂其生，家給戶足。迨至武帝，公私殷富，用能出師征伐，威行四方，錢至貫朽，穀至紅腐。上務侈靡，資用復竭，末年稅及舟車六畜，人不聊生，戶口減半，乃下哀痛之詔，封丞相爲富人侯。皆漢史明徵，用爲事實。且耕蠶之勤，出自人力，用既無度，何由以至富強！據武帝嗣位之初，物力阜殷，前代無比，固當因文帝儉約之致也。」上曰：「卿言甚善，患行之爲難耳。」

憲宗皇帝削平羣盜，河朔三鎮復入提封。長慶初，幽州節度使劉總表以幽、薊七州上獻，請朝廷命帥。總仍懼部將構亂，乃籍其豪銳者先送京師。時朱克融在籍中。植與同列杜元穎素不知兵，且無遠慮。克融等在京羈旅窮餓，日詣中書乞官，殊不介意。及張弘靖赴鎮，令克融等從還。不數月，克融囚弘靖，害賓佐，結王廷湊，國家復失河朔，職植兄弟之由。乃罷知政事，守刑部尚書，出爲華州刺史。大和三年正月卒，年五十八。植雖器量謹厚，而無開物成務之才，及喪師異方〔四〕，天下尤其失策。

倰字德長。祖濤，大理卿孝公沔之弟也。濤生儀甫，終大理丞，即倰之父。以門蔭由

太廟齋郎調授太平、東陽二主簿。李衡廉察湖南、江西，辟爲賓佐，坐事沈廢。久之，復以選授宣州錄事參軍。觀察使崔衍奇其才，奏加章服，倰辭而不受。李巽鎮江西，奏爲副使，得監察裏行，又從巽領使，爲河陰院鹽鐵留後。入爲侍御史，尋改膳部員外，充轉運判官。入爲膳部郎中，充荆襄十道兩稅使，賜金紫。遷蘇州刺史，理行爲第一。轉潭州刺史、湖南都團練觀察使。湖南舊法，豐年貿易不出境，隣部災荒不相恤。倰至，謂屬吏曰：「此非人情也，無宜閉糶，重困於民也。」自是商賈通流。入爲戶部侍郎、判度支。

時倰再從弟植爲宰相，倰性剛褊，恃其權寵，與奪任情。時朝廷以王承元歸國，命田弘正移帥鎮州。弘正之行，以魏卒二千爲帳下，又以常山之人久隔朝化，人情易爲變擾，累表請留魏卒爲綱紀，其糧賜請度支歲給。穆宗下宰臣議，倰固言魏、鎮各有鎮兵，朝廷無例支給，恐爲事例，不可聽從。弘正不獲已，遣魏卒還藩，不數日而鎮州亂，弘正遇害。穆宗失德，倰黨方盛，人不敢糾其罪。罷領度支，檢校禮部尚書，出爲鳳翔節度等使。不期歲，召爲河南尹，時年七十，抗疏致仕，詔以戶部尚書歸第。明年暴卒，輟朝一日，贈太子少保，謚曰肅。倰居官清嚴，所至必理，然性介急，待僚屬不以禮節，恃己之廉，見贓汙者如讎焉。

子嚴，登進士第，辟襄陽掌書記、監察御史，方雅有父風。

常袞，京兆人也。父無爲，三原縣丞，以袞累贈僕射。袞，天寶末舉進士，歷太子正字，累授補闕、起居郎。寶應二年，選爲翰林學士、考功員外郎中、知制誥，依前翰林學士。永泰元年，遷中書舍人。袞文章俊拔，當時推重，與楊炎同爲舍人，時稱爲常楊。性清直孤潔，不妄交遊。內侍魚朝恩恃權寵，兼領國子監事，袞上疏以爲不可。時朝廷多事，西北邊虜，連爲寇盜，袞累上章陳其利害，代宗甚顧遇之，加集賢院學士。大曆元年，遷禮部侍郎，仍爲學士。時中官劉忠翼權傾內外，涇原節度馬璘又累著功勳，恩寵莫二，各有親戚干貢部及求爲兩館生，袞皆執理，人皆畏之。

元載之得罪，命袞與劉晏、李涵等鞫之，獄竟，拜袞門下侍郎、同平章事，太清、太微宮使，崇文、弘文館大學士，與楊綰同掌樞務。代宗尤信重綰。綰弘通多可，袞頗務苛細，求清儉之稱，與綰之道不同。先是，百官俸料寡薄，綰與袞奏請加之。時韓滉判度支，袞與滉各騁私懷，所加俸料，厚薄由己。時少列各定月俸爲三十五千，滉怒司業張參，唯止給三十千；袞惡少詹事趙悉，遂給二十五千。太子洗馬，實司經局長官，文學爲之貳，袞有親戚任文學者給十二千，而給洗馬十千。其輕重任情，不通時政，多如此類。

無幾，楊綰卒，袞獨當政。故事，每日出內廚食以賜宰相，饌可食十數人，袞特請罷之，

迄今便爲故事。又將故讓堂廚(五)，同列以爲不可而止。議者以爲厚祿重賜，所以優賢崇國政也，不能，當辭位，不宜辭祿食。政事堂有後門，蓋宰相時到中書舍人院，咨訪政事，以自廣也，袞又塞絕其門，以示尊大，不相往來。既懲元載爲政時公道梗澁，賄賂朋黨大行，不以財勢者無因入仕。袞一切杜絕之，中外百司奏請，皆執不與，權與匹夫等，尤排擯非文辭登科第者。雖窒賣官之路，政事大致壅滯。

代宗既素重楊綰，欲以政事委之。綰尋卒，袞與綰志尚素異，嫉而怒之。有司議謚綰爲文貞，袞微諷比部郎中蘇端令駁之，貶綰過甚，端坐黜官。時既無中書侍郎，舍人崔祐甫領省事，袞以爲同中書門下平章事兼得總中書省，遂管綜中書胥吏，省事去就及其案牘，祐甫不能平之，累至忿競。遂令祐甫分知吏部選事，所擬官又多駁下。時袞散官尚朝議，又無封爵，郭子儀因入朝奏之，遂特加銀青光祿大夫，封河內郡公。及代宗崩，與祐甫爭論喪服輕重，代相署奏。初換祐甫河南少尹，再貶爲潮州刺史。楊炎入相，素與袞善，建中元年，遷福建觀察使。四年正月卒，時年五十五。久之，贈左僕射。有文集六十卷。

史臣曰：善人爲邦百年，卽可勝殘去殺，楊綰入相數日，遽致移風易俗。周、召、伊、傅，

蕭、張、房、杜，歷代爲相之顯者，蔑聞斯道也。嘗讀諸集，賞善多溢美，書罪多溢惡；如楊綰拜相之廟，贈官之制，改謚之詔，則當時秉筆者無媿色矣。昔趙文子薦士七十，古爲美談；崔祐甫除吏八百，人無間言。開物成務之才，滅私徇公之道可知也。噫！公權餘旬日而薨，貽孫未期年而逝，邃古已來，理世少而亂世多，其義在茲矣。常袞之輩，不足云爾。

贊曰：公權儒道，貽孫相才。命乎不永，時哉可哀。

校勘記

(一) 高宗　各本原作「高祖」，據本書卷一九〇中劉憲傳、冊府卷六四〇改。

(二) 祐甫省事　本卷常袞傳「省」上有「領」字。

(三) 服絕輕重　合鈔卷一七〇崔祐甫傳「絕」字作「紀」。

(四) 異方　合鈔卷一七〇崔祐甫傳作「翼方」。

(五) 堂廚　各本原作「堂封」，據唐會要卷五三、御覽卷八四八改。

中華書局

後晉 劉昫 等撰

舊唐書

第一一册

卷一二〇至卷一三七（傳）

中華書局

舊唐書卷一百二十

列傳第七十

郭子儀 子曜 晞 曖 曙 晤 映 晞子鋼 曖子釗 鏦 釗子仲文 弟幼明 子昕

郭子儀，華州鄭縣人。父敬之，歷綏、渭、桂、壽、泗五州刺史，以子儀貴，贈太保，追封祁國公。子儀長六尺餘，體貌秀傑，始以武舉高等補左衞長史，累歷諸軍使。天寶八載，於木剌山置橫塞軍及安北都護府，命子儀領其使，拜左衞大將軍。十三載，移橫塞軍及安北都護府於永清栅北築城，仍改橫塞爲天德軍，子儀爲之使，兼九原太守、朔方節度右兵馬使。

十四載，安祿山反。十一月，以子儀爲衞尉卿，兼靈武郡太守，充朔方節度使，詔子儀以本軍東討。遂舉兵出單于府，收靜邊軍，斬賊將周萬頃，傳首闕下。祿山遣大同軍使高秀巖寇河曲，子儀擊敗之，進收雲中馬邑，開東陘，以功加御史大夫。

十五載正月，賊將蔡希德陷常山郡，執顏杲卿，河北郡縣皆爲賊守。二月，子儀與河東節度使李光弼率師下井陘，拔常山郡，破賊於九門，南攻趙郡，生擒賊四千，皆捨之，斬僞太守郭獻璆，獲兵仗數萬。師還常山，賊將史思明以數萬人踵其後，我行亦行，我止亦止。子儀選驍騎五百更挑之，三日至行唐，賊疲乃退，我軍乘之，又敗於沙河。祿山聞思明敗，乃以精兵益之。我軍至恆陽，賊亦隨至。子儀堅壁自固，賊來則守，賊去則追，晝揚其兵，夕襲其幕，賊人不及息。數日，光弼議曰：「賊怠矣，可以戰。」六月，子儀、光弼率僕固懷恩、渾釋之、陳迴光等陣於嘉山，賊將史思明、蔡希德、尹子奇等亦結陣而至，一戰敗之，斬馘四萬級，生擒五千人，獲馬五千匹，思明露髮跣足奔于博陵。於是河北十餘郡皆斬賊守者以迎王師。子儀將北圖范陽，軍聲大振。

是月，哥舒翰爲賊所敗，潼關不守，玄宗幸蜀，肅宗幸靈武，子儀副使杜鴻漸爲朔方留後，奏迎車駕。七月，肅宗卽位，以賊據兩京，方謀收復，詔子儀班師。八月，子儀與李光弼率步騎五萬至自河北。時朝廷初立，兵衆寡弱，雖得牧馬，軍容缺然。及子儀、光弼全師赴行在，軍聲遂振，興復之勢，民有望焉。詔以子儀爲兵部尚書、同中書門下平章事，依前靈州大都督府長史、朔方軍節度使。肅宗大閱六軍，南趨關輔，至彭原郡，宰相房琯請兵萬人，自爲統帥以討賊，帝素重琯，許之。兵及陳濤，爲賊所敗，喪師殆盡。方事討除，而軍半殪，唯倚朔方軍爲根本。十一月，賊將阿史那從禮以同羅、僕骨五千騎出塞，誘河曲九府、六胡州部落數萬，欲迫行在。子儀與迴紇首領葛邏支往擊敗之，斬獲數萬，河曲平定。

賊將崔乾祐守潼關。二年三月，子儀大破賊於潼關，崔乾祐退保蒲津。時永樂尉趙復、河東司戶韓旻、司士徐炅、宗子李藏鋒等，陷賊在蒲州，四人密謀俟王師至則爲內應。及子儀攻蒲州，趙復等斬賊守陴者，開門納子儀。乾祐與麾下數千人北走安邑，安邑百姓僞降，乾祐兵入將半，下懸門擊之，乾祐未入，遂得脫身東走。子儀遂收陝郡永豐倉。自是潼、陝之間無復寇鈔。

是月，安祿山死，朝廷欲圖大舉，詔子儀還鳳翔。四月，進位司空，充關內、河東副元帥。五月，詔子儀帥師趨京城。師於潏水之西，與賊將安太清、安守忠戰，王師不利，其衆大潰，盡委兵仗於清渠之上。子儀收合餘衆，保武功，詣闕請罪，乞降官資，乃降爲左僕射，餘如故。九月，從元帥廣平王率蕃漢之師十五萬進收長安。迴紇遣葉護太子領四千騎助國討賊，子儀與葉護宴狎修好，相與誓平國難，相得甚好。子儀奉元帥爲中軍，與賊將安守忠、李歸仁戰於京西香積寺之北，王師結陣橫亙三十里，賊衆十萬陳於北。歸仁先薄我軍，我軍亂，李嗣業奮命馳突，擒賊十餘騎乃定。迴紇以奇兵出賊陣之後夾攻之，賊軍大潰，自午至酉，斬首六萬級。賊將張通儒守長安，聞歸仁等敗，是夜奔陝郡。翌日，廣平王入京

師，老幼百萬，夾道歡叫，涕泣而言曰：「不圖今日復見官軍。」廣平王休士三日，率師東趨。肅宗在鳳翔聞捷，羣臣稱賀，帝以宗廟被焚，悲咽不自勝，臣僚無不感泣。

十月，安慶緒遣嚴莊悉其衆十萬來赴陝州，與張通儒同抗官軍。賊聞官軍至，悉其衆屯於陝西，負山爲陣。子儀以大軍擊其前，迴紇登山乘其背，遇賊潛師於山中，與鬬過期，大軍稍卻。賊分兵三千人，絕我歸路，衆心大搖，子儀麾迴紇令進，盡殺之。師馳至其後，於黃埃中發十餘箭，賊驚顧曰：「迴紇來！」即時大敗，僵屍遍山澤。嚴莊、張通儒走歸洛陽，遂與安慶緒渡河保相州。子儀奉廣平王入東都，陳兵於天津橋南，士庶歡呼於路。僞侍中陳希烈、僞中書令張垍等三百餘人素服請罪，王慰撫遣之。是時，河東、河西、河南賊所盜郡邑皆平〔一〕，以功加司徒，封代國公，食邑千戶。尋入朝，天子遣兵仗戎容迎於灞上，肅宗勞之曰：「雖吾之家國，實由卿再造。」子儀頓首感謝。十二月，還東都，命子儀經營北討。

乾元元年七月，破賊河上，擒僞將安守忠以獻，遂朝京師，敕百僚班迎於長樂驛，帝御望春樓待之，進位中書令。九月，奉詔大舉，子儀與河東節度使李光弼、關內節度使王思禮、北庭行營節度李嗣業、襄鄧節度使魯炅、荊南節度季廣琛〔二〕、河南節度使崔光遠、滑濮節度許叔冀、平盧兵馬使董秦等九節度之師討安慶緒。帝以子儀、光弼俱是元勳，難相統屬，故不立元帥，唯以中官魚朝恩爲觀軍容宣慰使。十月，子儀自杏園渡河，圍衛州。安慶緒與其驍將安雄俊、崔乾祐、薛嵩、田承嗣悉其衆來援，分爲三軍。子儀陣以待之，預選射者三千人伏於壁內，誡之曰：「俟吾小卻，賊必爭進，則登城鼓譟，弓弩齊發以迫之。」既戰，子儀僞遁，賊果乘之，及壘門，遽聞鼓譟，俄而弓弩齊發，矢注如雨，賊徒震駭，子儀整衆追之，賊衆大敗。是役也，獲僞鄭王安慶和以獻，遂收衛州。進軍趨鄴，與賊再戰於愁思岡，賊軍又敗，乃連營圍之。慶緒遣薛嵩以所乘馬十匹求救於史思明，且言禪代。十二月，思明遣將李歸仁率衆赴之，營于滏陽。

二年正月，史思明自率范陽精卒復陷魏州，乃僞稱燕王。王師雖衆，軍無統帥，進退無所承稟，自冬徂春，竟未破賊，但引漳水以灌其城，城中食盡，易子而食。二月，思明率衆自魏州來。李光弼、王思禮、許叔冀、魯炅前軍遇賊于鄴南，與之接戰，夷傷相半，魯炅中流矢。子儀爲後陣，未及合戰，大風遽起，吹沙拔木，天地晦暝，跬步不辨物色。我師潰而南，賊軍潰而北，委棄兵仗輜重，累積於路。諸軍各還本鎮。子儀以朔方軍保河陽，斷浮橋，有詔令留守東都。三月，以子儀爲東都畿、山南東道、河南諸道行營元帥。

中官魚朝恩素害子儀之功，因其不振，媒孽之，尋召還京師。天子以趙王係爲天下兵馬元帥，李光弼副之，委以陝東軍事，代子儀之任。子儀雖失兵柄，乃心王室，以禍難未平，不遑寢息。俄而史思明再陷河洛，朝廷旰食，復慮蕃寇逼迫京畿，三年正月，授子儀邠寧、

鄜坊兩鎮節度使，仍留京師。言事者以子儀有社稷大功，今殘孽未除，不宜置之散地，肅宗深然之。上元元年九月，以子儀爲諸道兵馬都統，管崇嗣副之，令率英武、威遠等禁軍及河西、河東諸鎮之師，取邠寧、朔方、大同、橫野，徑抵范陽。詔下旬日，復爲朝恩所間，事竟不行。

上元二年二月，李光弼兵敗於邙山，河陽失守，魚朝恩退保陝州。三年二月，河中軍亂，殺其帥李國貞。時太原節度鄧景山亦爲部下所殺，恐其合從連賊，朝廷憂之。後輩帥臣未能彈壓，勢不獲已，遂用子儀爲朔方、河中、北庭、潞、儀、澤、沁等州節度行營兼興平、定國副元帥，充本管觀察處置使，進封汾陽郡王，出鎮絳州。三月，子儀辭赴鎮，肅宗不豫，羣臣莫有見者。子儀請曰：「老臣受命，將死於外，不見陛下，目不瞑矣。」帝乃引至臥內，謂子儀曰：「河東之事，一以委卿。」子儀嗚咽流涕。賜御馬、銀器、雜綵，別賜絹四萬疋、布五萬端以賞軍。子儀至絳，擒其殺國貞賊首王元振數十人誅之。太原辛雲京聞子儀誅元振，亦誅害景山者，由是河東諸鎮率皆奉法。

四月，代宗即位，內官程元振用事，自矜定策之功，忌嫉宿將，以子儀功高難制，巧行離間，請罷副元帥，加實封七百戶，充肅宗山陵使。子儀既謝恩，上表進肅宗所賜前後詔敕〔三〕，因自陳訴曰：

臣德薄蟬翼，命輕鴻毛，累蒙國恩，猥廁朝列。會天地震盪，中原血戰，臣北自靈武，册先皇帝，乃舉兵而南，大蒐於岐陽。先帝憂勤宗社，託臣以家國，俾副陛下掃兩京之妖祲。陛下雄圖丕斷，再造區宇，自後不以臣寡劣，委文武之二柄，外敷邦教，內調鼎飪，是以常許國家之死，實荷日月之明。臣本愚淺，言多訐直，慮此招謗，上瀆冕旒。陛下居高聽卑，察臣不貳，皇天后土，察臣無私。伏以器忌滿盈，日增兢惕，焉敢偷全，久妨賢路。自受恩塞下，制敵行間，東西十年，前後百戰。天寒劍折，濺血霑衣；野宿魂驚，飲冰傷骨。跋涉難阻，出沒死生，所仗唯天，以至今日。陛下曲垂惠獎，念及勤勞，貽臣詔書一千餘首，聖旨徽婉，慰諭綢繆，彰微臣一時之功，成子孫萬代之寶。自靈武、河北、河南、彭原、鄜坊、河東、鳳翔、兩京、絳州，臣所經行，賜手詔敕書凡二十卷，昧死上進，庶煩聽覽。

詔答曰：「朕不德不明，俾大臣憂疑，朕之過也。朕甚自愧，公勿以爲慮。」代宗以子儀頃同患難，收復兩京，禮之逾厚。時史朝義尚據洛陽，元帥雍王率師進討，代宗欲以子儀副之，而魚朝恩、程元振亂政，殺裴茙、來瑱，子儀既爲所間，其事遂寢，乃留京師。

俄而梁崇義據襄陽叛，僕固懷恩阻兵於汾州，引迴紇、吐蕃之衆入寇河西。明年十月，吐蕃陷涇州，虜刺史高暉，暉遂與蕃軍爲鄉導，引賊深入京畿，掠奉天、武功，濟渭而南，緣

山而東。渭北行營兵馬使呂日將逆戰于盩厔，自辰至酉，殺蕃軍數千，然其徒多殞。賊將逼京師，君上計無所出，遽詔子儀爲關內副元帥，出鎮咸陽。子儀自相州不利，李光弼代掌兵柄，及徵還朝廷，部曲散去。及是承詔，部下唯二十騎，強取民家畜產以助軍。至咸陽，蕃軍已過渭水。其日，天子避狄幸陝州。子儀聞上避狄，雪涕還京，至則車駕已發。射生將王獻忠從駕，沿路遂以四百騎叛，仍逼豐王已下十王欲投於賊。子儀入開遠門，遇之，詰豐王等所向，遂護送行在。子儀以三千騎傍南山，至商州，得武關防兵及六軍散卒四千人，招輯亡逸，其軍漸振。蕃寇犯京城，得故邠王守禮子廣武王承宏[四]，立帝號，假署百官。子儀遣六軍兵馬使張知節、烏崇福、羽林軍使長孫全緒等將兵萬人爲前鋒，營於韓公堆，盛張旗幟，鼓鞞震山谷。全緒遣禁軍舊將王甫入長安，陰結少年豪俠以爲內應，一日，齊擊鼓於朱雀街，蕃軍惶駭而去。大將李忠義先屯兵苑中，渭北節度使王仲升守朝堂。子儀以大軍續進，至滻西。射生將王撫自署爲京兆尹，聚兵二千人，擾亂京城，子儀召撫殺之。詔子儀權京城留守。

自西蕃入寇，車駕東幸，天下皆咎程元振，諫官屢論之[五]。元振懼，又以子儀復立功，不欲天子還京，勸帝且都洛陽以避蕃寇，代宗然之，下詔有日。子儀聞之，因兵部侍郎張重光宣慰迴，附章論奏曰：

臣聞雍州之地，古稱天府，右控隴、蜀，左扼崤、函，前有終南、太華之險，後有清渭、濁河之固，神明之奧，王者所都。地方數千里，帶甲十餘萬，兵強士勇，雄視八方，有利則出攻，無利則入守。此用武之國，非諸夏所同，秦、漢因之，卒成帝業。其後或處之而泰，去之而亡，前史所書，不唯一姓。及隋氏季末，煬帝南遷，河、洛丘墟，兵戈亂起。高祖唱義，亦先入關，惟能翦滅姦雄，底定區宇。以至于太宗、高宗之盛，中宗、玄宗之明，多在秦川，鮮居東洛。間者羯胡構亂，九服分崩，河北、河南，盡從逆命。然而先帝仗朔方之衆，慶緒奔亡；陛下藉西土之師，朝義就戮。豈唯天道助順，抑亦地形使然，此陛下所知，非臣飾說。

近因吐蕃凌逼，鑾駕東巡。蓋以六軍之兵，素非精練，皆市肆屠沽之人，務挂虛名，苟避征賦，及驅以就戰，百無一堪。亦有潛輸貨財，因以求免。又中官掩蔽，庶政多荒。遂令陛下振蕩不安，退居陝服。斯蓋關於委任失所，豈可謂秦地非良者哉！今道路云云，不知信否，咸謂陛下已有成命，將幸洛都。臣熟思其端，未見其利。夫以東周之地，久陷賊中，宮室焚燒，十不存一。百曹荒廢，曾無尺椽，中間畿內，不滿千戶。井邑榛棘，豺狼所嘷，既乏軍儲，又鮮人力。東至鄭、汴，達于徐方，北自覃懷，經于相土，人烟斷絕，千里蕭條。將何以奉萬乘之牲餼，供百官之次舍？矧其土地狹阨，纔數百

里間，東有成皋，南有二室，險不足恃，適爲戰場。陛下奈何棄久安之勢，從至危之策，忽社稷之計，生天下之心。臣雖至愚，竊爲陛下不取。

且聖旨所慮，豈不以京畿新遭剽掠，田野空虛，恐糧食不充，國用有闕，以臣所見，深謂不然。昔衞文公小國之君，諸侯之主耳，遭懿公爲狄所滅，始廬于曹，衣大布之衣，冠大帛之冠，元年革車三十乘，季年三百乘，卒能恢復舊業，享無疆之休。況明明天子，躬儉節用，苟能黜素餐之吏，去冗食之官，抑豎刁、易牙之權，任蘧瑗、史鰌之直，薄征弛力，卹隱逭鰥，委諸相以簡賢任能，付老臣以練兵禦侮，則黎元自理，寇盜自平，中興之功，旬月可冀，卜年之期，永永無極矣。願時邁順動，迴鑾上都，再造邦家，唯新庶政，奉宗廟以修薦享，謁陵寢以崇孝思，臣雖隕越，死無所恨。

代宗省表，垂泣謂左右曰：「子儀用心，眞社稷臣也。可亟還京師。」十一月，車駕自陝還宮，子儀伏地請罪，帝駐車勞之曰：「朕用卿不早，故及於此。」乃賜鐵券，圖形凌煙閣。

是時，河北副元帥僕固懷恩方頓軍汾州，掠幷、汾諸縣以爲己邑。乃以子儀兼關內河東副元帥、河中節度觀察使，出鎮河中。蕃戎既退，僕固懷恩部下離散。是月，懷恩子瑒主兵榆次，爲帳下將張惟岳所殺，傳首京師。惟岳以瑒之衆歸於子儀，懷恩懼，棄其母而走靈州。明年九月，以子儀守太尉，充北道邠寧、涇原、河西已東通和蕃及朔方招撫觀察使，其

關內河東副元帥、中書令如故。子儀以懷恩未誅，不宜讓使，堅辭太尉，曰：「太尉職雄任重，竊憂非據，輒敢上聞。伏奉詔書，未允誠懇。臣疇昔之分，早知止足，今茲累請，竊懼滿盈。義實由衷，事非矯飾，志之所至，敢不盡言。自兵亂已來，紀綱寖壞，時多躁競，俗少廉隅。德薄而位尊，功微而賞厚，實繁有衆，不可殫論。臣每見之，深以爲念。昔范宣子讓，其下皆讓，欒黶爲汰，不敢違也。臣誠薄劣，竊慕古人，務欲以身率先，大變浮俗，是用勤勤懇懇，願罷此官，庶禮讓興行，由臣而致也。臣位爲上相，爵爲眞王，參啓沃之謀，受腹心之寄，恩榮已極，功業已成，尋合乞骸，保全餘齒。但以寇讎在近，家國未安，臣子之心，不敢寧處。苟西戎卽敍，懷恩就擒，疇昔官爵，誓無所受，必當追蹤范蠡，繼迹留侯。臣之鄙懷，切在於此。」優詔不許。子儀見上，感泣懇讓，乃止。

十月，僕固懷恩引吐蕃、迴紇、党項數十萬南下，京師大恐，子儀出鎮奉天。帝召子儀問禦戎之計，子儀曰：「以臣所見，懷恩無能爲也。」帝問其故，對曰：「懷恩雖稱驍勇，素失士心，今所以能爲亂者，引思歸之人耳。懷恩本臣偏將，其下皆臣之部曲，臣恩信嘗及之，今臣爲大將，必不忍以鋒刃相向，以此知其無能爲也。」虜寇邠州，子儀在涇陽，子儀令長男朔方兵馬使曜率師援之，與邠寧節度使白孝德閉城拒守。懷恩前鋒至奉天，近城挑戰，諸將請擊之，子儀止之曰：「夫客兵深入，利在速戰，不可爭鋒。彼皆吾之部曲，緩之自當攜貳；

若迫之，是速其戰，戰則勝負未可知。敢言戰者斬！」堅壁待之，果不戰而退。子儀自涇陽入朝，帝御安福門待之，命子儀樓上行朝見之禮，宴賜隆厚。

十一月，以子儀爲尙書令，上表懇辭曰：「臣以薄劣，素乏行能，逢時擾攘，猥蒙驅策，內參朝政，外總兵權。上不能翼戴三光，下不能糾逖羣慝，功微賞厚，任重恩深，覆餗之憂，實盈寤寐。臣昨所以固辭太尉，乞保餘年，殊私曲臨，遂見矜許。竊謂陛下已知其願，深察其心，豈意未歷旬時，復延寵命。以臣褊淺，又寡智謀，安可謬職南宮，當茲大任。況太宗昔居藩邸，嘗踐此官，累聖相承，曠而不置。皇太子爲雍王之日，陛下以其總兵薄伐，平定關東，飲至策勳，再有斯授。豈臣末職，敢亂大倫。德薄位尊，難逃天子之責〔六〕；負乘致寇，復速神明之誅。伏乞天慈，俯停新命。」答詔不允。翌日，敕所司令子儀於尙書省視事。詔宰相百僚送上，遣射生五百騎執戟翼從，自朝堂至省，賜敎坊樂。子儀不受，復上表曰：

臣伏以尙書令，武德之際，太宗爲之，昨瀝懇上陳，請罷斯職；而陛下未垂亮察，務欲褒崇，區區微誠，益用惶懼。何則？太宗立極之主，聖德在人，自後因廢此官，永代作則。陛下守文繼體，固當奉而行之，豈可猥私老臣，隳厥成式，上掩陛下之德，下貽萬方之非。臣雖至愚，安敢輕受。況久經兵亂，僭賞者多，一人之身，兼官數四，朱紫同色，清濁不分，「爛羊」之謡，復聞聖代。臣頃觀其弊，思革其源，以逆寇猶存，未敢輕

議。今元兇沮敗，計日成擒，中外無虞，妖氛漸息。此陛下作法之際，審官之時，固合始於老臣，化及班列。豈可輕爲此舉，以亂國章。國章亂於上，則庶政隳於下，海內之政皆亂，則國家又安得永代而無患哉！陛下苟能從臣之言，俯察誠請，彼貪榮冒進者，亦將各讓其所兼之官，自然天下文明，百工式敘，太平之業，可得而復也。臣誠蒙鄙，識昧古今，志之所切，實在於此。

手詔答曰：「優崇之命，所以報功；總領之司，期於賦政。卿入居台鉉，出統戎旃，爰自先朝，累匡多難，靖羣氛於海表，凝庶績於天階。斂事而寡言，居敬而行簡，人難其易，爾易其難。所以命掌六聯，首茲百辟，顧循時議，僉謂允諧。而屢拜封章，懇懷讓挹，守淳素之道，語政理之源，無待禮成，曲從德讓。宜宣示於外，編之史册。」遣內侍魚朝恩傳詔，賜美人盧氏等六人，從者八人，并車服、帷帳、牀蓐、珍玩之具。

時蕃虜屢寇京畿，倚蒲、陝爲內地，常以重兵鎮之。永泰元年五月，以子儀都統河南道節度行營，出鎮河中。八月，僕固懷恩誘吐蕃、迴紇、党項、羌、渾、奴剌，山賊任敷、鄭庭、郝德、劉開元等三十餘萬南下，先發數萬人掠同州，期自華陰趨藍田，以扼南路，懷恩率重兵繼其後。迴紇、吐蕃自涇、邠、鳳翔數道寇京畿，掠奉天、醴泉。京師震恐，天子下詔親征，命李忠臣屯東渭橋，李光進屯雲陽，馬璘、郝廷玉屯便橋，駱奉先、李日越屯盩厔，李抱玉屯鳳

翔，周智光屯同州，杜冕屯坊州，天子以禁軍屯苑內。京城壯丁，并令團結。城二門塞其一。魚朝恩括士庶私馬，重兵捉城門，市民由竇穴而遁去，人情危迫。

是時，急召子儀自河中至，屯於涇陽，而虜騎已合。子儀一軍萬餘人，而雜虜圍之數重。子儀使李國臣、高昇拒其東，魏楚玉當其南，陳迴光當其西，朱元琮當其北。子儀率甲騎二千出沒於左右前後，虜見而問曰：「此誰也？」報曰：「郭令公也。」迴紇曰：「令公存乎？僕固懷恩言天可汗已棄四海，令公亦謝世，中國無主，故從其來。今令公存，天可汗存乎？」報之曰：「皇帝萬歲無疆。」迴紇皆曰：「懷恩欺我。」子儀又使諭之曰：「公等頃年遠涉萬里，翦除兇逆，恢復二京。是時子儀與公等周旋艱難，何日忘之。今忽棄舊好，助一叛臣，何其愚也！且懷恩背主棄親，於公等何有？」迴紇曰：「謂令公亡矣，不然，何以至此。令公誠存，安得而見之？」子儀將出，諸將諫曰：「戎狄之心，不可信也，請無往。」子儀曰：「虜有數十倍之衆，今力固不敵，且至誠感神，況虜輩乎！」諸將曰：「請選鐵騎五百衞從。」子儀曰：「適足以爲害也。」乃傳呼曰：「令公來！」虜初疑，持滿注矢以待之。子儀以數十騎徐出，免冑而勞之曰：「安乎？久同忠義，何至於是？」迴紇皆捨兵下馬齊拜曰：「果吾父也。」子儀召其首領，各飲之酒，與之羅錦，歡言如初。

子儀說迴紇曰：「吐蕃本吾舅甥之國，無負而至，是無親也。若倒戈乘之，如拾地芥耳。

其羊馬滿野，長數百里，是謂天賜，不可失也。今能逐戎以利舉，與我繼好而凱旋，不亦善乎！」會懷恩暴死于鳴沙，羣虜無所統攝，遂許諾，乃遣首領石野那等入朝。子儀遣朔方兵馬使白元光與迴紇會軍。吐蕃知其謀，是夜奔退。迴紇與元光追之，子儀大軍繼其後，大破吐蕃十餘萬於靈武臺西原〔七〕，斬首五萬，生擒萬人，收其所掠士女四千人，獲牛羊駝馬，三百里內不絕。子儀自涇陽入朝，加實封二百戶，還鎮河中。

大曆元年十二月，華州節度使周智光殺監軍張志斌謀叛，帝以同、華路阻，召子儀女壻工部侍郎趙縱受口詔往河中，令子儀起軍討之。縱請爲蠟書，令家僮間道賜子儀。奉詔大閱軍戎，將發，同華將吏聞軍起，乃斬智光父子，傳首京師。二年二月，子儀入朝，宰相元載、王縉，僕射裴冕，京兆尹黎幹，內侍魚朝恩共出錢三十萬，置宴於子儀第，恩出羅錦二百匹，爲子儀纏頭之費，極歡而罷。九月，吐蕃寇涇州，詔子儀以步騎三萬自河中移屯涇陽。十月，蕃軍退至靈州，邀擊敗之，斬馘二萬。十二月，盜發子儀父墓，捕盜未獲。人以魚朝恩素惡子儀，疑其使之。子儀心知其故，及自涇陽將入，議者慮其構變，公卿憂之。及子儀入見，帝言之，子儀號泣奏曰：「臣久主兵，不能禁暴，軍士殘人之墓，固亦多矣。此臣不忠不孝，上獲天譴，非人患也。」朝廷乃安。三年三月，還河中。八月，吐蕃寇靈武。九月，詔子儀率師五萬自河中移鎮奉天。是月，白元光大破吐蕃於靈武。十月，子儀入朝，還鎮河中。

時議以西蕃侵寇，京師不安，馬璘雖在邠州，力不能拒，乃以子儀兼邠寧慶節度，自河中移鎮邠州，徙馬璘爲涇原節度使。八年十月，吐蕃寇涇州，子儀遣先鋒兵馬使渾瑊逆戰于宜祿，不利。會馬璘設伏於潘源，與瑊合擊，大破蕃軍，俘斬數萬計。迴紇赤心賣馬一萬匹，有司以國計不充，請市千匹。子儀以迴紇前後立功，不宜阻意，請自納一年俸物，充迴紇馬價，雖詔旨不允，內外稱之。九年，入朝，代宗召對延英。語及西蕃充斥，苦戰不暇，言發涕零。既退，復上封論備吐蕃利害，曰：

朔方，國之北門，西禦犬戎，北虞獫狁，五城相去三千餘里。開元、天寶中，戰士十萬，戰馬三萬，纔敵一隅。自先皇帝龍飛靈武，戰士從陛下收復兩京，東西南北，曾無寧歲。中年以僕固之役，又經耗散，人亡三分之二，比於天寶中有十分之一。今吐蕃充斥，勢強十倍，兼河、隴之地，雜羌、渾之衆，每歲來闚近郊。以朔方減十倍之軍，當吐蕃加十倍之騎，欲求制勝，豈易爲力！近入內地，稱四節度，每將盈萬，每賊兼乘數四。臣所統將士，不當賊四分之一，所有征馬，不當賊百分之二，誠合固守，不宜與戰。又得馬璘牒，賊擬涉渭而南。臣若堅壁，恐犯畿甸；若過畿內，則國人大恐，諸道易搖。外有吐蕃之強，中有易搖之衆，外畏內懼，將何以安？

臣伏以陛下橫制勝之術，力非不足，但慮簡練未精，進退未一，時淹師老，地闊勢分。願陛下更詢讜議，慎擇名將，俾之統軍，於諸道各抽精卒，成四五萬，則制勝之道必矣，未可失時。臣又料河南、河北、山南、江淮小鎮數千，大鎮數萬，空耗月餼，曾不習戰。臣請抽赴關中，教之戰陣，則軍聲益振，攻守必全，亦長久之計也。臣猥蒙任遇，垂二十年，今齒髮已衰，願避賢路，止足之誡，神明所鑒。

詔曰：「卿憂深慮遠，殊沃朕心，始終倚賴，未可執辭也。」

德宗即位，詔還朝，攝冢宰，充山陵使，賜號「尚父」，進位太尉、中書令，增實封通計二千戶，給一千五百人糧，二百匹馬草料，所領諸使副元帥並罷。諸子弟女壻拜官者十餘人。建中二年夏，子儀病甚，德宗令舒王誼傳詔省問。及門，郭氏子弟迎拜於外，王不答拜；子儀臥不能興，以手叩頭謝恩而已。六月十四日薨，時年八十五。德宗聞之震悼，廢朝五日，詔曰：

天地以四時成物，元首以股肱作輔，公合之任，鼎足相承，上以調三光，下以蒙五岳。允釐庶績，鎮撫四夷，體元和之氣，根貞一之德，功至大而不伐，身處高而更安。尚父比呂望之名，爲師增周公之位，盛業可久，歿而彌光。故太尉、兼中書令、上柱國〔八〕、汾陽郡王、尚父子儀，天降人傑，生知王佐，訓師如子，料敵若神。昔天寶多難，羯胡作禍，咸秦失險，河洛爲戎。公能扶翼肅宗，載造區夏。於國有患，勞其戡定；於邊有寇，藉其驅除。安社稷必在於絳侯〔九〕，定羌戎無踰於充國。絳臺綏四散之衆，涇陽降十萬之虜。勳高今古，名讋夷狄，而勞乎征鎮，二紀于茲。

頃以春秋既高，疆場多事，罷彼旌鉞，寵在台衡。以公柱石四朝，藩翰萬里，忠貞懸於日月，寵遇冠於人臣，尊其元老，加以崇號，期壽考之永，養勳賢之德。膏肓生疾，藥石靡攻，人之云亡，梁木斯壞。雖賻禮加等，輟朝增日，悼之流涕，曷可弭忘。更議追崇，名位斯極，而尊爲尚父，官協太師，雖爵秩則同，而體望尤重。斂以袞冕，旌我元臣。聖祖園陵，所宜陪葬，式墓表文終之德，象山追去病之勳。千載如存，九原可作，册命之禮，有司備焉。可贈太師，陪葬建陵。仍令所司備禮册命，賻絹三千匹、布三千端、米麥三千石。

舊令一品墳高丈八，而詔特加十尺。羣臣以次赴宅弔哭。凶喪所須，并令官給。及葬，上御安福門臨哭送之，百僚陪位隕泣，賜謚曰忠武，配饗代宗廟庭。

子曜、旰、晞、朏、晤、曖、曙、映等八人，壻七人，皆朝廷重官。諸孫數十人，每羣孫問安，不盡辨，頷之而已。參佐官吏六十餘人，後位至將相，升朝秩貴位，勒其姓名於石，今在河中府。人士榮之。

史臣裴垍〔一〇〕曰：汾陽事上誠藎，臨下寬厚，每降城下邑，所至之處，必得士心。前後遭罹倖臣程元振、魚朝恩譖毀百端，時方握強兵，或方臨戎敵，詔命徵之，未嘗不即日應召，故讒謗不能行。代宗幸陝時，令以數十騎覘賊，及在涇陽，又陷於胡虜重圍之中，皆以身許國，未嘗以危亡易慮，亦遇天幸，竟免患難。田承嗣方跋扈魏州，傲狠無禮，子儀嘗遣使至，承嗣西望拜之，指其膝謂使者曰：「茲膝不屈於人若干歲矣，今爲公拜。」李靈曜據汴州，公私財賦一皆遏絕，獨子儀封幣經其境，莫敢留之，必持兵衛送。其爲豺虎所服如此。麾下老將若李懷光輩數十人，皆王侯重貴，子儀頤指進退，如僕隸焉。幕府之盛，近代無比。始與李光弼齊名，雖威略不逮，而寬厚得人過之。歲入官俸二十四萬貫，私利不在焉。其宅在親仁里，居其里四分之一，中通永巷，家人三千，相出入者不知其居。前後賜良田美器，名園甲館，聲色珍玩，堆積羨溢，不可勝紀。代宗不名，呼爲大臣。天下以其身爲安危者殆二十年。校中書令考二十有四。權傾天下而朝不忌，功蓋一代而主不疑，侈窮人欲而君子不之罪。富貴壽考，繁衍安泰，哀榮終始，人道之盛，此無缺焉。唯以讒怒誣奏判官戶部郎中張譚杖殺之，物議爲薄。

曜，子儀長子。性孝友廉謹。子儀出征於外，留曜治家，少長千人，皆得其所。諸弟爭飾池館，盛其車服，曜以儉朴自處。累遷至太子賓客。建中初，子儀罷兵柄，乃遍加諸子

官，以曜爲太子少保。子儀薨，曜遵遺命，四朝所賜名馬珍玩，悉皆上獻，德宗復賜之，曜乃散諸昆弟。子儀薨後，楊炎、盧杞相次秉政，姦諂用事，尤忌勳族。子儀之壻太僕卿趙縱、少府少監李洞清、光祿卿王宰，皆以家人告訐細過，相次貶黜。曜家大恐，賴宰相張鎰力爲庇護。姦人幸其危懼，多論奪田宅奴婢，曜不敢訴。德宗微知之，詔曰：「尚父子儀，有大勳力，保乂皇家，嘗誓以山河，琢之金石，十世之宥，其可忘也！其家前時與人爲市，以子儀身歿，或被誣構，欲論奪之，有司無得爲理。」詔下方已。曜居喪得禮，若儒家子，服未闋寢疾，或勸其茹葱薤，曜竟不屬口。建中四年三月卒，贈太子太傅。

晞，子儀第三子。少善騎射，常從父征伐。初以戰功授左贊善大夫，從廣平王收復兩京，晞力戰於香積寺、陝西，皆出奇兵克捷，以功加銀青光祿大夫、鴻臚卿。後河中軍亂，殺節度使李國貞、茘非元禮於絳，詔以子儀爲河東關內副元帥，鎮絳州。時四方擾叛，多逐戎帥，子儀至絳，誅其元惡，其黨頗不自安，欲謀翻變。晞知其謀，選親兵四千，伏甲以防之，常持弓警夜，不寐者凡七十日，叛將竟不敢發，以功拜殿中監。廣德二年，僕固懷恩誘吐蕃、迴紇入寇，加晞御史中丞，領朔方軍以援邠州，與馬璘合勢，大破蕃軍。其年冬，懷恩誘虜再寇邠州，陣于涇北，子儀令晞率步卒五千、騎軍五百，出西南掩擊之。晞以兵寡不敵，持

而不戰，及至晡晚，乘其半濟而擊之，大破羶虜，斬首五千級。是時連戰皆捷，詔加御史大夫，子儀固讓不受。永泰二年，檢校左散騎常侍。大曆七年，加開府儀同三司。十二年，丁母憂；服除，加檢校工部尚書，判祕書省事。建中二年，丁父喪，持服京城。朱泚構逆，遣人就第問訊，欲令掌兵，晞佯瘖噤口不言，泚以兵脅之，晞終不語，賊知其不可用，乃止。晞潛奔奉天，僅而獲免。

初，晞兄曜襲父代國公，實封二千戶，及曜卒，詔曰：「故尚父、太尉、中書令、汾陽王，功格上玄，道光下土，積其善慶，垂裕無窮。雖嫡長云殂，支宗斯盛，汾陽舊邑，盍有丕承。其男前左散騎常侍、駙馬都尉、食實封五百戶曖，夙稟義方，居忠履孝，儷崇銀牓，據美金章，纘撫先封，允宜聽復。曖兄檢校工部尚書、守太子賓客、趙國公晞，并弟右金吾將軍、祁國公、食實封二百五十戶曙，太子左諭德映等，並休有令名，保其先業，宜允推恩之典，以明延嗣之誠。其實封二千戶，宜準式減半，餘可分襲。曖可襲代國公，仍通前襲三百戶；晞可二百五十戶；曙可五十戶，通前三百七十戶；映可二百三十五戶。」尋又詔尚父子儀男晞、曖、映、曙四人所襲實封，各減五十戶，以賜郭曜男鉼、郭晤男鐇，各襲一百戶。

晞至行在，復檢校工部尚書、太子詹事；從駕還京，改太子賓客。晞子鋼爲朔方節度使杜希全賓佐，希全以鋼攝豐州刺史。晞以鋼幼弱，恐不任邊職，貞元七年，晞上章請罷鋼

官。德宗遣中使召之，鋼疑以他事見攝，乃單騎走入吐蕃。蕃將見鋼獨叛，不納，置之伐上，流入黃河令歸，杜希全得之，送赴京師，賜鋼自盡，晞亦坐子免官。明年，復授太子賓客。貞元十年卒，贈兵部尚書。晞次子鈞。鈞子承嘏別有傳。

曖，子儀第六子。年十餘歲，尚代宗第四女昇平公主，時昇平年亦與曖相類。大曆中，恩寵冠於戚里，歲時錫賚珍玩，不可勝紀。大曆十三年，有詔毀除白渠水支流碾磑，以妨民溉田。昇平有脂粉磑兩輪，郭子儀私磑兩輪，所司未敢毀徹。公主見代宗訴之，帝謂公主曰：「吾行此詔，蓋爲蒼生，爾豈不識我意耶？可爲衆率先。」公主即日命毀。由是勢門碾磑八十餘所，皆毀之。曖檢校左散騎常侍。建中末，公主坐事，留之禁中，曖亦不令出入〔三〕。既而朱泚之亂，不知車駕幸奉天，爲賊所逼，欲授僞官，曖辭以居喪被疾。既而與兄晞、弟曙及昇平公主皆奔奉天，德宗喜，並釋前咎，待之如初，復銀青光祿大夫、檢校左散騎常侍。從駕至山南，改太常卿同正員。

貞元中，帝爲皇孫廣陵郡王納曖女爲妃。曖，貞元十六年七月卒，贈尚書左僕射。昇平公主，元和五年十月薨，贈虢國大長公主，謚曰懿。廣陵王卽位，爲憲宗皇帝，妃生穆宗皇帝。元和十五年，穆宗卽位，尊郭妃爲皇太后，詔曰：「追遠飾終，先王令典。況積仁累義，

事已顯於身前；祥會慶傳，福遂流於天下。式光盛德，爰舉徽章，尊尊親親，於是乎在。皇太后父贈尚書左僕射曖，克荷崇構，有勞王家，孝友本於生知，英華發於事任，實修一德，歷仕三朝。建中末年，屬有大難，畢力扈駕，忘軀即戎，忠貞之節，國史明備。才高望洽，是膺沁水之祥；德厚流光，乃啓塗山之祚。肆予小子，獲纘大業，未展定申之命，敢緣褒紀之恩，俾繼維師，用光縟禮。可贈太傅。」曖子釗、鏦、銛。

曙，代宗朝累歷司農卿，居父憂。建中三年冬，舒王誼爲淮西、山南諸道大元帥，以曙檢校左庶子，爲元帥府都押牙。京城亂，從幸山南，轉太府卿。隨駕還京，拜左金吾衛大將軍。貞元末卒。

釗，偉姿儀，身長七尺，方口豐下，沉默寡言。母昇平長公主。代宗朝，釗爲外孫，恩寵踰等，起家爲太常寺奉禮郎。德宗朝，累官至太子右庶子。元和初，爲左金吾衛大將軍，充左街使。九年十一月，檢校工部尚書，兼邠州刺史，充邠寧節度使。數歲，檢校戶部尚書，入爲司農卿。釗，大勳之後，姻聯戚里，而謙和接物，恭慎自持，居家臨民，無驕怠之色，無奢侈之失，士君子重之。十五年正月，憲宗寢疾彌旬，諸中貴人秉權者欲議廢立，紛紛未定。

穆宗在東宮，心甚憂之，遣人問計於釗，釗曰：「殿下身爲皇太子，但旦夕視膳，謹守以俟，又何慮乎！」迄今稱釗得元舅之體。

穆宗即位，册皇太后南內，推崇外氏，以釗兼司農卿〔一〕。未幾，檢校戶部尚書，充河陽三城懷節度使。歲中，換河中尹、河中晉絳慈隰節度使。釗歷踐藩鎮，以汾陽胄胤，材能選用，不獨憑椒房之勢，所莅簡約不撓，其俗自理。敬宗即位，尊郭太后爲太皇太后，徵釗爲兵部尚書，兼檢校尚書左僕射。明年，出爲梓州刺史、劍南東川節度使。文宗即位，加司空。大和三年冬，南蠻陷巂州，遂寇西川，杜元穎失於控禦，蠻軍陷成都府外城。朝廷未暇除帥，乃以釗兼領西川節度。蠻軍已寇梓州，諸道援軍未至，川軍寡弱，不可令戰。釗致書於蠻首領嵯巔，責以侵寇之意，嵯巔曰：「杜元穎不守疆埸，屢侵吾圉，以是修報也。」與釗修好而退。朝廷嘉之，授成都尹、劍南西川節度使。與南詔立約，疆陲不擾。以疾求代。四年入爲太常卿、檢校司徒。十二月，在道卒，詔贈司徒。子仲文、仲辭。

鏦，母昇平長公主，大曆、貞元之間，恩禮冠諸主。順宗在東宮，以女德陽郡主尚鏦，時鏦與公主年未及冠，郡主尤爲德宗之所鍾愛，故鏦之貴寵，焜燿一時。順宗即位，改封德陽爲漢陽公主。鏦累官至衞尉卿、駙馬都尉，改殿中監。穆宗即位，鏦爲叔舅，改右金吾衞大

將軍、兼御史大夫，充左街使。城南有汾陽王別墅，林泉之致，莫之與比，穆宗常遊幸之，置酒極歡而罷，賜鏦甚厚。俄加檢校工部尚書，兼太子詹事，充閑廄宮苑使。從容貴位三十餘年，而椒房之寵，國舅之恩，近代已來，無有其比。而鏦恭遜虔恪，不以富貴驕人，士無賢不肖，接之以禮，由是中外稱之。長慶二年十月卒，贈尚書左僕射，仍以其弟銛代鏦爲太子詹事，充閑廄宮苑使。

仲文，大和末爲殿中少監。開成初，詔仲文襲父太原郡公，制下，給事中封敕奏曰：「伏準制書，贈司徒郭釗嫡男仲文襲封太原郡公者，臣近訪知郭釗妻沈氏，公主之女，代宗皇帝外孫，有男仲辭，已選尚主。仲文不合假冒，自稱嫡子。若仲文承嫡，即沈氏須黜居別室，仲辭不合配尚貴主。伏以郭仲文，尚父子儀之孫，太皇太后之姪，戚里勳門，無與儔比，婚姻嫡庶，朝野具知，奪宗之配，實玷風敎。且仲文、仲辭既非同出，襲封尚主，不可並行。伏請付臺勘當。」詔曰：「以萬年縣尉仲辭襲封。」仲文落下，以太皇太后姪，不之罪。尋以仲辭爲銀青光祿大夫、檢校殿中少監、駙馬都尉，襲封太原郡公，尚饒陽公主。又仲辭兄詹事府丞仲恭，爲銀青光祿大夫，尚金堂公主。

幼明，尚父子儀之母弟也。性謹愿無過，不工武藝，喜賓客飲讌，居家御衆，皆得其歡心。以子儀勳業，累歷大卿監。大曆八年卒，贈太子太傅。

子昕，肅宗末爲四鎮留後。自關、隴陷蕃，爲虜所隔，其四鎮、北庭使額，李嗣業、荔非元禮皆遙領之。昕阻隔十五年，建中二年，與伊西北庭節度使李元忠俱遣使于朝，德宗嘉之。詔曰：「四鎮、二庭，統任西夏五十七蕃十姓部落，國朝以來，相次率職。自關、隴失守，東西阻絕，忠義之徒，泣血相守，慎固封略，奉尊朝法，皆侯伯守將交修共理之所致也。伊西北庭節度使李元忠，可北庭大都護；四鎮節度留後郭昕，可安西大都護、四鎮節度使。其將吏已下敍官，可超七資。」

李元忠，本姓曹，名令忠，以功賜姓名。時昕使自迴紇歷諸蕃部，方達於朝。又有袁光庭者，爲伊州刺史，隴右諸郡皆陷，光庭堅守伊州，吐蕃攻之累年，兵盡食竭，光庭先刃其妻子，自焚而死。因昕使知之，贈工部尚書。

史臣曰：天寶之季，盜起幽陵，萬乘播遷，兩都覆沒。天祚土德，實生汾陽。自河朔班師，關西殄寇，身扞豺虎，手披荆榛。七八年間，其勳至矣，再造王室，勳高一代。及國威復

振，羣小肆讒，位重懇辭，失寵無怨。不幸危而遨君父，不挾憾以報仇讎，晏然効忠，有死無二，誠大雅君子，社稷純臣。自秦、漢已還，勳力之盛，無與倫比。而晞、曖於縗粗之中，拔身虎口，赴難奉天，可謂忠孝之門有嗣矣。

贊曰：猗歟汾陽，功扶昊蒼。秉仁蹈義，鐵心石腸。四朝靜亂，五福其昌。爲臣之節，敢告忠良。

校勘記

[一] 河南　「河」字各本原無，據御覽卷一九八補。

[二] 季廣琛　「季」字各本原作「李」，據本書卷一〇肅宗紀、通鑑卷二二〇改。

[三] 肅宗　二十二史劄記卷一八據子儀表文有「陛下貽臣詔書一千餘篇」「賜手詔敕書凡二十卷」云云，謂「肅」是「代」之誤。

[四] 邠王守禮子　「子」字各本原作「孫」，據本書卷八六章懷太子賢傳改。

[五] 諫官屢論之　「諫官」，各本原作「東宮」，冊府卷六七〇作「諫官」，按代宗「東幸」在廣德元年，德宗立爲皇太子在廣德二年，故「東幸」時不得有「東宮」之稱，今據冊府改。

[六] 難逃天子之責　冊府卷四〇九「天子」作「天下」。

[七] 靈武臺　本書卷一九六上吐蕃傳、冊府卷三六六作「靈臺」。

[八] 上柱國　「上」字各本原無，據唐大詔令集卷六三補。

[九] 必在於絳侯　「在」字各本原作「有」，據冊府卷三一九、唐大詔令集卷六三改。

[一〇] 裴垍　各本原作「裴洎」，據本書卷一四八裴垍傳改。

[一一] 曖亦不令出入　「不」字各本原無，據冊府卷一四九補。

[一二] 以釗兼司農卿　冊府卷三〇一「兼」上有「爲刑部尙書」五字。

舊唐書卷一百二十一

列傳第七十一

僕固懷恩　梁崇義　李懷光

僕固懷恩，鐵勒部落僕骨歌濫拔延之曾孫[一]，語訛謂之僕固。貞觀二十年，鐵勒九姓大首領率其部落來降，分置瀚海、燕然、金徽、幽陵等九都督府於夏州，別爲蕃州以禦邊，授歌濫拔延爲右武衞大將軍、金徽都督。拔延生乙李啜拔，乙李啜拔生懷恩，世襲都督。天寶中，加左領軍大將軍同正員、特進。歷事節度王忠嗣、安思順，皆以善格鬭，達諸蕃情，有統禦材，委之心腹。及安祿山反，從郭子儀討高秀巖于雲中，破之，又敗薛忠義于背度山下，抗賊七千騎，生擒忠義男，襲下馬邑郡。十五載，進軍與李光弼合勢，及史思明戰于常山、趙郡、沙河、嘉山，皆大破之，懷恩功居多。

肅宗卽位於靈武，懷恩從郭子儀赴行在所。時同羅部落自西京叛賊，北寇朔方，子儀

與懷恩擊之。懷恩子玢領徒擊賊，兵敗而降，尋又自拔而歸，懷恩叱而斬之。將士慴骸，無不一當百，遂破同羅千餘騎於河上，盡收其器械、駝馬。肅宗雖仗朔方之衆，將假蕃兵以張形勢，乃遣懷恩與燉煌王承宷使于迴紇，請兵結好。迴紇可汗遂以女妻承宷，兼請公主，遣首領隨懷恩入朝。

二年正月，又從子儀下馮翊、河東二郡，走僞將崔乾祐，又襲破潼關。賊將安守忠、李歸仁自京率衆來援，苦戰二日，官軍敗績。懷恩退至渭水，無舟楫，抱馬以渡，存者僅半，乃奔歸子儀於河東，整其餘衆。四月，子儀赴鳳翔，李歸仁以勁卒五千邀之於三原北。子儀窘急，使懷恩及王昇、陳迴光、渾釋之、李國貞等五將伏兵於白渠留運橋以待之，賊至伏發，歸仁大敗而走。又從子儀戰于清渠，不利，歸于鳳翔。及迴紇使葉護帝得數千騎來赴國難，南蠻、大食之卒相繼而至。肅宗乃遣廣平王爲元帥，以子儀爲副，而懷恩領迴紇兵從之灃水[二]。賊伏兵於營東，懷恩引迴紇馳殺之，匹馬不歸，賊乃大潰。日暮，懷恩謂王曰：「賊必棄城走矣，請以二百騎馬追之，縛取李歸仁、田乾眞、安守忠、張通儒。」王曰：「將軍戰亦疲矣，且休息，迨明而後圖之。」懷恩曰：「歸仁、守忠，天下驍賊也，驟勝而敗，此天與我也，奈何縱之不取？若使得衆，復爲我患，雖悔無及。夫戰尙速，何明日爲？」王固止之，令還營。懷恩又固請，往而復反，一夕四五起。遲明諜至，守忠等果逃。又從王大破賊於陝西

之新店，收兩京，皆立殊功。以前後功加開府儀同三司、鴻臚卿同正員、同節度副使。十二月，封豐國公，食實封二百戶。

乾元元年九月，遣九節度擊安慶緒於相州。從郭子儀領朔方行營，破安太清，下懷、衞二州，圍相州，戰愁思崗。凡經五月，常爲先鋒，堅敵大陣，必經其戰，勇冠三軍。尋充都知兵馬使。及李光弼代子儀，懷恩又副之。乾元二年，進封大寧郡王，遷御史大夫、朔方行營節度。又從李光弼守河陽，破周乂，擒徐璜玉、安太清，拔懷州，皆摧鋒陷敵，功冠諸將。其男瑒又以開府儀同三司從將兵於其軍，每深入虜陣，以勇敢聞，軍中號爲「鬬將」。

懷恩爲人雄毅寡言，應對舒緩，而剛決犯上，始居偏裨之中，意有不合，雖主將必詬怒之。郭子儀爲帥，以寬厚容衆，素重懷恩，其麾下皆朔方蕃漢勁卒，恃功怙將，多爲不法，子儀每事優容之，行師用兵，倚以輯事。而光弼持法嚴肅，法不貸下，懷恩心憚而頗不叶。上元二年，從李光弼與史思明戰于邙山，不利。肅宗以懷恩功高，恩顧特異諸將，至冬，加工部尚書，敕李輔國及常參官送上，太官造食以寵之。

代宗即位，拜隴右節度，未行，改朔方行營節度，以副郭子儀。其秋，上使中官劉清潭請兵於迴紇登里可汗，登里已爲史朝義誘之傾國入塞，衆號十萬，關中騷擾，上使殿中監藥子昂馳於塞上勞之，遇於忻州。先是，肅宗以寧國公主下嫁於毗伽闕可汗，毗伽闕可汗又以少子請婚，肅宗以懷恩女妻之。毗伽可汗死，少子代立，即登里可汗。登里立，以懷恩女爲可敦。至是，可汗請與懷恩及懷恩之母相見，詔從之。懷恩嫌疑不敢，上因賜鐵券，手詔以遣之，即令其母便發。懷恩與迴紇可汗相見於太原，可汗大悅，遂許助討朝義，於是進兵，歷太原、汾、晉，營于陝州以俟期。十月，詔天下兵馬元帥雍王爲中軍先鋒，以懷恩爲副，加同中書門下平章事，領河東、朔方節度行營及鎮西、迴紇兵馬赴陝州，并令諸道節度一時齊進。懷恩與迴紇左殺爲先鋒，觀軍容使魚朝恩、陝州節度郭英乂爲後殿，自澠池入；陳鄭節度李抱玉自河陽入；河南副元帥、雍王留陝州〔三〕。懷恩等師至黃水，賊徒數萬，堅栅自固。懷恩陣于西原上，廣張旗幟以當之，命驍騎及迴紇之衆傍南山出於東北，兩軍舉旗內應，表裏擊之，一鼓而拔，賊死者數萬。朝義領鐵騎十萬來救，陣於昭覺寺，賊皆殊死決戰，短兵既接，相殺甚衆。官軍驟擊之，賊陣而不動。魚朝恩令射生五百人下馬，弓弩亂發，多中賊而死，陣亦如初。鎮西節度使馬璘曰：「事急矣！」遂援旗而進，單騎奔擊，奪賊兩牌，突入萬衆之中，左右披靡，大軍乘之而入，朝義大敗，斬首一萬六千級，生擒四千六百人，降者三萬二千人。轉戰於石榴園、老君廟，賊黨又敗，人馬蹂踐，塡於尚書谷，朝義輕騎而走。懷恩乃進收東京及河陽城，封其府庫，僞中書令許叔冀、王伷等，承制釋之，悉皆安堵。

懷恩留迴紇可汗營於河陽，乃使其子右廂兵馬使瑒、北庭朔方兵馬使高輔成以步軍萬餘衆乘勝逐北。懷恩常壓賊而行，至于鄭州，再戰皆捷；進至汴州，僞節度張獻誠開門出降；又拔滑州，追破朝義于衞州。僞睢陽節度田承嗣、李進超、李達盧等兵馬四萬餘衆，又與朝義合，據河來拒。瑒連盤濟師，登岸薄之，賊黨悉奔，長驅至昌樂縣東。朝義率魏州兵馬來戰，又敗走，達盧來降，賊徒震駭。於是相州僞節度薛嵩以相、衞、洺、邢、趙降于李抱玉、高輔成、尚文恝；僞恆陽節度李寶臣以深、恆、定、易四州降于河東節度辛雲京。朝義至貝州，又與僞大將薛忠義兩節度合。瑒至臨清縣，懼賊氣盛，駐軍以俟變。朝義領衆三萬并攻具來攻，瑒令高彥崇、渾日進、李光逸等設三伏以待之，賊半渡，伏發，合擊而走之。其時迴紇又至，官軍益振，瑒卷甲馳之，大戰于下博縣東南。賊背水而陣，大軍衝擊而崩之，積屍擁流而下。朝義又走莫州。于是河南副元帥都知兵馬使薛兼訓、兵馬使郝廷玉、兗鄆節度使辛雲京會師於下博，進軍莫州城下。朝義與田承嗣頻出挑戰，大敗而旋，臨陣殺其僞尚書敬榮。朝義懼，自分萬餘衆投歸義縣，留承嗣守城。於是淄青節度侯希逸繼諸將同爲攻守，凡月餘日。瑒與高彥崇、侯希逸、薛兼訓等以衆三萬追及朝義於歸義縣，交鋒而賊潰。屬幽州節度使李懷仙送降款，瑒頓兵於其境，遣懷仙分兵追躡。二年三月，朝義至平州石城縣溫泉栅，窮蹙，走入長林自縊，懷仙使妻弟徐有濟傳其首以獻。又降田承嗣之軍，河北悉平，懷恩乃與諸將班師。

先是，去冬郭子儀以懷恩有平定河朔之功，讓位於懷恩，遂授河北副元帥、尚書左僕射、兼中書令、靈州大都督府長史、單于鎮北大都護、朔方節度使，仍加實封四百戶，通前一千戶。春，又加太子少師，充朔方都知兵馬使、同節度副大使，食實封五百戶，莊宅各一所，仍與一子五品官。高輔成太子少傅、兼御史中丞，充河北副元帥都知兵馬使，加實封三百戶，仍與一子五品官。高彥崇太子賓客，依舊朔方右廂兵馬使，實封二百戶，莊宅各賜一所，與一子五品官。

遂詔懷恩統可汗還蕃，遂自相州西郭口趣潞州，與迴紇可汗會，出太原之北。懷恩初至太原，辛雲京以可汗是其子壻，疑其召戎，閉關不報，且懼可汗相襲，不敢犒軍；及還，亦如之。懷恩父子宣力王室，攻城野戰，無役不從，一舉滅史朝義，復燕、趙、韓、魏之地，自以爲功無以讓。至是，又爲雲京所拒，懷恩怒，上表列其狀，頓軍汾州。會中官駱奉先使于雲京，雲京言懷恩與可汗爲約，逆狀已露，乃與奉先厚結歡。奉先迴至懷恩所，其母數讓奉先曰：「爾等與我兒約爲兄弟，今又親雲京，何兩面乎？雖然，前事勿論，自今母子兄弟如初。」酒酣，懷恩起舞，奉先贈纏頭綵。懷恩將酬其貺，奉先遽告發，懷恩曰：「明日端午，請宿爲令節。」奉先固辭，懷恩苦邀之，命藏其馬。中夕謂其從者曰：「向者責吾，又收吾馬，是將害我也。」奉先懼，遂踰垣而走。懷恩驚，遽令追還其馬。奉先使迴，奏其反狀。懷恩累奏請誅雲京、奉先，上以雲京有功，手詔和解之，懷恩遂有貳於我。至七月，改元廣德，册勳拜太保，仍與一子三品、一子四品官并階，仍加實封五百戶。僕固瑒一子五品官，加實封一百戶。仍賜鐵券，以名藏太廟，畫像於凌煙閣。尋以瑒為御史大夫、朔方行營節度。

懷恩以寇難已來，一門之內死王事者四十六人，女嫁絕域，再收兩京，皆導引迴紇，摧滅強敵，而為人媒孽，蕃性獷戾，怏怏不已。乃上書自敍功伐，曰：

廣德元年八月二十三日，開府儀同三司、尚書左僕射、兼中書令、朔方節度副大使、河北副元帥、上柱國、大寧郡王臣懷恩，刺肝瀝血，謹頓首頓首上書寶應聖文神武皇帝陛下。臣家本蕃夷，代居邊塞，爰自祖父，早沐國恩。臣年未弱冠，即蒙上皇驅策，出入死生，竭力疆埸，叨承先帝報功，時年已授特進。洎乎祿山作亂，大振王師，臣累任偏裨，決死靖難，上以安社稷，下以拯生靈，仗皇天之威神，滅狂胡之醜類。無何，思明繼逆，又據東周，宸極不安，海內騰沸。臣謬承大行皇帝委任，授以兵權，誓雪國讎，以臣時難。闔門忠烈，咸願殺身，野戰攻城，皆先士卒。兄弟死於陣敵，子姪沒於軍前，九族之親，十不存一，縱有在者，瘡痍徧身。況陛下潛龍之時，親統師旅，臣忝事麾下，陛下悉臣愚誠。大行皇帝未捐宮館之時，臣頻立微效，累霑官賞，遂被輔國等讒

害，幾至破家，便奪兵權，逾年宿衛。臣雖內省無疚，終懼讒佞傾危，以日繼時，命懸秋葉，至將歸骨泉壤，永謝明時。幸遇陛下龍躍天衢，纘續鴻業，知臣負謗，察臣丹心，遂開獨見之明，杜絕衆多之口，特拔臣於汧、隴，再任臣於朔方。誠謂遊魂返骸，枯骨再肉，使臣得竭駑蹇之力，効錐刀之功，上答陛下再造之恩，下展微臣犬馬之志。

去年秋末，迴紇仗義而來，士庶不知，悉皆驚駭。陛下以臣與其姻婭，令至太原祗迎，一切事宜，許臣逐便處置。遂與可汗計議，分道用兵，克復洛陽，平蕩幽、薊，惟有神策兵馬，頓軍獨住陳留。可汗時在洛陽，即被朝恩猜阻，要為流議，已失蕃情。臣自平賊卻迴，天恩又令餞送，臣遂罄竭家產，為國周旋，發遣外蕃，貴圖上道。行至山北，被奉先、雲京共生異見，妄作加諸，閉城不出祗迎，仍令潛行竊盜。蕃夷怨怒，早欲相讎，臣遂彌縫，方得出界。及其祖餞事了，迴至太原，臣忝跡鼎司，又承重寄，奉先、雲京曾無禮數，閉關不出相看。臣遂過汾州，休息士馬，凡經數日，不遣一介知聞。自以行事乖疏，恐臣先有論奏，遂乃構其謗黷，妄起異端，扇動軍城，以為設備。又臣從潞府過日，見抱玉祗迎迴紇，庶事用心，懇稱家資罄於公用，又與臣馬兼銀器四事，臣於迴紇處得絹，便與抱玉二千匹以充答贈。今被抱玉共相組織，將此往來之貺，便為結託之私，貴在厚誣，務相傾奪。陛下不垂明察，採聽流言，欲令忠直之臣，枉陷讒邪

之黨。臣實不欺天地，不負神明，夙夜三思，臣罪有六：

往年同羅背叛，河曲騷然，經略數軍，兵圍不解。臣不顧老母，走投靈州，先帝嘉臣忠誠，遂遣徵兵討叛，使得河曲清泰，賊徒奔亡。是臣不忠於國，其罪一也。

臣男玢嘗被同羅虜將，蓋亦制不由己，旋即棄逆歸順，卻來投臣，臣斬之以令士衆。且臣不愛骨肉之重，而徇忠義之誠，是臣不忠於國，其罪二也。

臣有二女，俱聘遠蕃，為國和親，合從討難，致使賊徒殄滅，寰宇清平。是臣不忠於國，其罪三也。

臣及男瑒，不顧危亡，身先行陣，父子効命，志寧邦家。是臣不忠於國，其罪四也。

陛下委臣副元帥之權，令臣指麾河北。其新附節度使，皆握強兵，臣之撫綏，悉安反側，州縣既定，賦稅以時。是臣不忠於國，其罪五也。

臣叶和迴紇，戡定兇徒，天下削平，蕃夷歸國，使其永為鄰好。義著急難，萬姓安寧，干戈止息，二聖山陵事畢，陛下忠孝兩全。是臣不忠於國，其罪六也。

臣既負六罪，誠合萬誅，延頸轅門，以待斧鑕。過此以往，更無他違。陛下若以此誅臣，何異伍子胥存吳，卒浮屍於江上，大夫種霸越，終賜劍於稽山。唯當吞恨九泉，銜冤千古，復何訴哉！復何訴哉！

且葵藿尚解仰陽，犬馬猶能戀主，臣忝恩至重，委任非輕，夙夜思奉天顏，豈暫心離魏闕，誠恐以忠獲罪，龜鏡不遙。頃者來瑱受誅，朝廷不示其罪，天下忠義，從此生疑。況來瑱功業素高，人多所忌，不審聖衷獨斷，復為姦臣弄權？臣欲入朝，恐罹斯禍，諸道節度使皆懼，非臣獨敢如此。近聞追詔數人，並皆不至，實畏中官讒口，又懼陛下損傷，豈唯是臣不忠，只為回邪在側。且臣前後所奏駱奉先詞情，非不摭實，陛下竟無處置，寵用彌深。皆由同類相從，致蒙蔽聖聰，人皆懼死，誰復敢言！臣義切君臣，志憂社稷，若無極諫，有負聖朝，敢肆愚忠，以干鼎鑊。況今西有犬戎背亂，東有吳、越不庭，均、房羣盜縱橫，鄜、坊稽胡草擾。陛下不思外禦，而乃內忌忠良，何以混一車書，而使梯航納賮？天下至大，豈可暫輕。

伏承四方數奏之人，引對之時，陛下皆云與驃騎商量，曾不委宰臣可否。或有稽留數月，不放歸還，遠近之心，轉加疑阻。且臣朔方將士，功効最高，為先帝中興主人，是陛下蒙塵故吏，曾不別加優奬，卻信嫉妬謗詞，子儀先已被猜，臣今又遭毀黷。弓藏鳥盡，兔死犬烹，臣昔謂非，今方知實。且臣息軍汾上，關鍵大開，收馬放羊，曾無守備，分兵數郡，貴免般糧，勸課農桑，務安黎庶，有何狀跡，而涉異端。陛下必信矯詞，何殊指鹿為馬？陛下倘斥逐邪佞，親附忠良，黜削狐疑，敷陳政化，使君臣無二，天下

歸心，則窺邊之戎，不足爲患，梗命之寇，將復何憂，偃武修文，其則不遠。陛下若不納愚懇，且貴因循，臣實不敢保家，陛下豈能安國！忠言利行，良藥愈病，伏惟陛下圖之。

臣今戎事已安，糧儲且繼，深願一至闕下，披露心肝，再覲聖顏，萬死無恨。臣欲公然進發，慮恐將士留連。臣今便託巡晉、絳等州，於彼遷延且住，謹遣押衙開府儀同三司、試太常卿張休臧先進書兼口奏事。伏惟陛下覽臣此書，知臣誠懇，特垂聖斷，勿議近臣，待臣如初，浮謗不入，臣當死節王命，誓酬國恩。仍請遣一介專使至絳州問臣，臣卽便與同行，冀獲蹈舞軒陛。鄙臣愚慮，不顧死亡，輕觸天威，戰汗無地。

九月，上以迴紇近塞，懷恩又與辛雲京有隙，上欲其悔過，推心以待之。恐其不信，詔黃門侍郎裴遵慶使汾州喩旨，且察其去就。遵慶既至，懷恩抱其足號泣而訴，遵慶因宣聖恩優厚，諷令入朝，懷恩許諾。副將范志誠說之曰：「公以讒言交構，有功高不賞之懼，嫌隙已成，奈何入不測之朝？公不見來瑱、李光弼之事乎！功成而不見容，二臣以走、誅。」懷恩然之。明日，又以懼死爲辭，許令一子入朝，志誠又不可。遵慶復命。御史大夫王翊自迴紇使還，懷恩與可汗往來，恐洩其事，乃止之。遂令子瑒率衆攻雲京，雲京出戰，瑒大敗而旋，進圍榆次，朝廷患之。先是，尚書右丞顏眞卿請奉詔召懷恩，上因以眞卿爲刑部尚書、兼御

史大夫往宣慰之。眞卿曰：「臣往請行者，時也；今方受命，事無益矣。」上問其故，對曰：「懷恩阻兵，是其反側明矣。頃陛下避狄于陝郊，臣方責以春秋之義，云寡君蒙塵於郊，敢不恭問官守。當是時也，懷恩來朝，以助討賊，則其辭順。今陛下攘去犬戎，卽宮京邑，懷恩進不勤王，退不釋衆，其辭曲，必不來矣。且明懷恩反者，獨辛雲京、李抱玉、駱奉先、魚朝恩四人耳，自外朝臣，咸言其枉。然懷恩將士，皆子儀部曲，恩信結其心，陛下何不以子儀代之，喩以逆順禍福，必相率而歸耳。」上從之。子儀至河中，僕固瑒已爲朔方兵馬使張惟岳等四人斬其首獻於闕下。懷恩聞之，率麾下數百騎，棄其母，渡河北走靈武。餘衆聞子儀到，束甲來奔，歸者數萬。懷恩至靈武，嘯聚亡命，其衆復振。上念其勳舊，不欲罪功臣，厚撫其家，懷恩終不從。其母月餘日竟以壽終。又遙授太師、兼中書令、大寧王，餘並停。

是秋爲鄉導，誘吐蕃十萬入寇涇、邠州，祭來瑱之墓，自序云「俱遭放逐」。寇奉天、醴泉，郭子儀拒之而退。永泰元年，上徵天下兵以防之。懷恩又糾合諸蕃，衆號二十萬，南犯京師：遣吐蕃之衆自北道先寇醴泉、奉天，任敷、鄭庭、郝德自東道寇奉先、同州，羌、渾、奴剌之衆自西道寇盩厔、鳳翔。朝廷大駭，詔遣郭子儀屯涇陽，渾日進、白元光屯奉天，李光進屯雲陽，馬璘、郝廷玉屯中渭橋，董秦屯東渭橋，駱奉先、李日越屯盩厔，李抱玉屯鳳翔，

周智光、杜冕屯同州。上親率六軍，令魚朝恩屯苑中，下詔親征。

懷恩領迴紇及朔方之衆繼進，行至鳴沙縣，遇疾舁歸。九月九日，死於靈武，部曲以鄉法焚而葬之。張韶代領其衆，爲徐璜玉所殺；璜玉領其衆，又爲范志誠所殺，志誠領其衆。迴紇進寇涇陽，諸軍堅壁不戰。吐蕃相持二十餘日，又聞懷恩死，與迴紇爭長，自相疑貳，莫敢先進，遂大掠居人，焚燒舍宇，驅男女數萬而去，所過踐禾穀殆盡。迴紇乃詣子儀降，請擊吐蕃以自效。子儀分兵隨之，大破吐蕃於涇州界。任敷又敗走，羌、渾又多降於李抱玉。

懷恩逆命三年，再犯順，連諸蕃之衆，爲國大患，士不解甲，糧盡餽軍，適幸天亡，而上爲之隱惡，前後下制，未嘗言其反。及懷恩死，羣臣以聞，上爲之憫默曰：「懷恩不反，爲左右所誤。」其寬仁如此。閏十月，懷恩姪名臣領千餘騎來降。

梁崇義，長安人。以升斗給役於市，有膂力，能卷金舒鉤。後爲羽林射生，從來瑱於襄陽。沉默寡言，衆悅之，累遷爲偏裨。瑱朝京師，分使諸將戍福昌、南陽。來瑱被誅，戍者皆潰歸。崇義時在南陽，統歸師徑入襄州，與同列李昭、薛南陽相讓爲長，不決。諸將請曰：

「兵非梁卿主之不可。」遂推崇義爲帥。寶應二年三月，崇義殺昭與南陽，以脅衆心，朝廷因授其節度焉。以襄州薦履兵禍，屈法含容，姑務息人也。歷御史中丞、大夫、尚書。遂與田承嗣、李正己、薛嵩、李寶臣爲輔車之勢，奄有襄、漢七州之地，帶甲二萬，連結根固，未嘗朝覲，然於羣兇，地最褊，兵最少，法令最理，禮貌最恭。其地跨東南之衝，數有王命之所宣洽，故其人知化。所親嘗勸其來朝，崇義曰：「吾本帥來公有大勳庸，當上元中以閹豎讒譖，遂巡稽召，及代宗嗣位，不俟駕行，旋見誅族。今吾釁盈而事久，若之何見上？」

建中元年，淮西節度使李希烈數請興師討崇義，崇義懼，軍旅之事加嚴焉。流人郭昔告其爲變，崇義聞之，請罪昔，坐決杖配流，命金部員外郎李舟諭旨以安之。初，劉文喜作難，舟嘗入其城說利害，文喜拘之，會帳下殺文喜而降。四方反側者聞之，謂舟必能覆軍殺將，是以皆惡。及舟至，又勸其入覲，言頗切直，崇義益不悅。二年春，發五使宣諭諸道，而舟復如荆、襄，崇義慮有變，拒境不納，上言「軍中疑懼，請換他使」。由是益不安，兇謀日深，賓僚或有忠言沮勸，多遭傷害。

時羣兇方自疑阻，朝廷將仗大信，欲來而安之，以示天下。乃加崇義同平章事，其妻子悉加封賞，且賜鐵劵誓之，兼授其裨將藺杲爲鄧州刺史，遣御史張著齎手詔徵之。崇義益恐怖，使持滿而受命。藺杲奉詔書，又不敢發，馳詣崇義請命，崇義益疑懼，對著號哭，不受

詔。由是徵四方兵，使希烈統擊之。崇義乃發兵攻江陵，以通黔、嶺，及四望，大敗而歸，遂屯襄、鄧。希烈先發千餘人守臨漢，崇義屠之，無遺噍。既而希烈統大軍緣漢而上〔四〕，崇義使將翟暉、杜少誠迎戰於蠻水，希烈大破之；復合於涑口，又破之。二將求降，希烈受之，使統本兵入襄陽號令，以安百姓。崇義領親兵老小閉壁，將守者斬關爭出，不可止。其年八月，崇義與其妻投井而死，傳首闕下。其親戚希烈皆戮之，選其嘗從臨漢之役者三千人，悉斬之。

李懷光，渤海靺鞨人也〔五〕。本姓茹，其先徙于幽州，父常爲朔方列將〔六〕，以戰功賜姓氏，更名嘉慶。懷光少從軍，以武藝壯勇稱，朔方節度使郭子儀禮之益厚。上元中，累遷試太僕、太常卿，主右衙兵將，積功勞至開府儀同三司，爲朔方軍都虞候。永泰初，實封三百戶。大曆六年，兼御史中丞，間一年，兼御史大夫，加爲軍都虞候。性淸勤嚴猛，而敢誅殺，雖親戚犯法，皆不撓避。子儀性寬厚，不親軍事，紀綱任懷光，軍中尤畏之，亦稱爲理。十二年，以母憂罷職。明年，起復本官，仍兼邠、寧、慶三州都將。德宗卽位，罷子儀節度副元帥，以其所部分隸諸將，遂以懷光起復檢校刑部尙書，兼河

中尹、邠州刺史、邠寧慶晉絳慈隰節度支度營田觀察押諸蕃部落等使。先是，懷光頻歲率師城長武以處軍士，城據原首，臨涇水，俯瞰通道，吐蕃自是不敢南侵，爲西邊要防矣。建中初，涇原四鎭節度使段秀實爲宰相楊炎所惡，徵爲司農卿。上將復城原州，乃以懷光兼涇州刺史、涇原四鎭北庭節度使。時懷光挾私怨，新誅殺朔方舊將温儒雅等數人，涇州軍士咸畏之。劉文喜因衆不欲，遂以城叛。詔朱泚與懷光將兵討平之，加檢校太子少師。二年，遷檢校左僕射，兼靈州大都督、單于鎭北大都護、朔方節度支度營田觀察鹽池押諸蕃部落六城水運使，實封四百戶。邠寧節度等使如故。

時馬燧、李抱眞諸軍同討魏城未拔，朱滔、王武俊皆反，連兵救悅。三年，詔遣懷光統朔方兵步騎一萬五千同討田悅。懷光勇而無謀，至魏城之日，營壘未設，因與滔等大戰于愜山，爲滔等所敗。復爲悅決水以灌之，諸軍不利，因與燧等退軍于魏縣。尋加同平章事，益實封二百戶。自是與滔等相持不戰。明年十月，涇原之卒叛，上居奉天。朱泚既僭大號，遣中使馳告河北諸帥，懷光率軍奔命。時屬泥淖，懷光奮厲軍士，道自蒲津渡河，敗泚騎兵於醴泉，直赴奉天。前數日，先遣裨將張韶持表封蠟丸隨賊攻城，乘間逾塹，呼城上人曰：「朔方軍使也。」乃以繩引上城而入，比登堞，身中數十矢。時上在重圍中，守拒益急，既知懷光軍至，令張韶號令於城上，人心乃安。懷光又敗泚兵於魯店，泚乃解兵還走入城。

懷光性粗厲疏愎，緣道數言盧杞、趙贊、白志貞等姦佞，且曰：「天下之亂，皆此輩也，吾見上，當請誅之。」杞等微知之，懼甚，因說上令懷光乘勝逐泚，收復京師，不可許至奉天，德宗從之。懷光屯軍咸陽，數上表暴揚杞等罪惡，上不得已爲貶杞、趙贊、白志貞以慰安之。又疏中使翟文秀，上之信任也，又殺之。懷光既不敢進軍，遷延自疑，因謀爲亂。初，詔遣崔漢衡使於吐蕃，出兵佐收京城，蕃相尙結贊曰：「蕃法，進軍以統兵大臣爲信。今奉制書，無懷光名署，故不敢前。」上聞之，遣翰林學士陸贄詣懷光議用蕃軍，懷光堅執言不可者三，不肯署制，詞慢，且謂贄曰：「爾何所能？」興元元年二月，詔加太尉，兼賜鐵券，遣李昇及中使鄧鳴鶴齎券喩旨。懷光怒甚，投券於地曰：「凡人臣反，則賜鐵券，今授懷光，是使反也。」詞氣益悖，衆爲之懼。

時懷光部將韓遊瓌掌兵在奉天，懷光乃與遊瓌書，約令爲變，遊瓌密奏之。翌日，懷光又使趣之，遊瓌復奏聞。數日，懷光又使趣遊瓌，爲門者所捕。懷光且宣言曰：「吾今與朱泚連和，車駕當須引避。」由是上遽幸梁州。時李晟已移軍東渭橋，懷光復劫李建徽、楊惠元等軍，移於好畤，其下頗多攜貳。先是朱泚甚畏之，至是因欲臣之。懷光虜劫無所得，益窘懼不自安，居二旬，乃驅兵分爲部隊，掠涇陽、三原、富平，自同州往河中。神策將孟涉、段威勇自三原擁兵三千餘人奔歸李晟，懷光不能遏。韓遊瓌殺懷光留後張昕，以邠州從

順。戴休顏自奉天令於軍曰：「懷光已反。」乃令城守馳表以聞。上於是授遊瓌、休顏節度使。乃除懷光太子太保，罷其餘官，其所管委本軍擇一人功高望崇者統之，皆不奉詔。四月，懷光至河中，遂偷有同、絳等州，按兵觀望。

李晟既收復京師，上遣給事中孔巢父、中使啖守盈持詔徵之，懷光素服受命。巢父乃宣言於衆：「太尉軍中誰可領軍事者？」懷光左右皆胡虜，因發怒，亂持兵殺巢父及守盈，自是繕兵益修守拒。上還京師，以侍中渾瑊爲河中節度副元帥，將兵討懷光。瑊復破同州，屯軍不進，數爲懷光所敗。時仍歲旱蝗，京師初復，經費不給，言事者多請赦懷光。時河東節度使馬燧威名素著，乃加燧副元帥，與瑊及鎭國軍節度駱元光、邠寧節度韓遊瓌、鄜坊節度唐朝臣會兵同討懷光。燧率軍拔絳州，至寶鼎，慮懷光西走，唐突京邑，乃捨軍朝京師。既還，與瑊先自河東而降其驍將尉珪、徐庭光，統諸軍以圍河中。貞元元年秋，朔方部將牛名俊斬懷光首以降燧，其子璀刃其弟數人，乃自殺。懷光死時年五十七。尋詔以男一人爲嗣，賜莊宅各一所，仍還懷光屍首，任其收葬，妻子並徙澧州。五年，又詔曰：

懷舊念功，仁之大也；興滅繼絕，義之弘也。昔蔡叔圮族，周公封其子於東土；韓信干紀，漢后爵其孥以弓高。侯君集之不率景化，我太宗存其胤以主祀。詳考先王之道，洎乎烈祖之訓，皆以刑佐德，俾人嚮方，則斧鉞之誅，甲兵之伐，蓋不得已而用

也。蠡歲盜臣竊發，國步多虞，朕狩于近郊，指期薄伐，將振昆陽之旅，以興涿鹿之功，徵師未達于諸侯，衞士且疲于七萃。而李懷光三軍夙駕，千里勤王，上假雷霆之威，下逐虎狼之衆。議功方始，守節靡終，潛構禍胎，拒違朝命，棄同即異，捨順効逆。爲臣至此，在法必誅，猶示綏懷，庶其率復。而梟音益厲，狶突莫遷，大戮所加，曾無噍類。雖自貽伊戚，與衆棄之，而言念爾勞，何嗟及矣！以其前効猶在，孤魂無歸，懷之悅然，是用悽軫。予欲布陳大惠，冀以化成，保合太和，期於刑措。宜以懷光外孫燕八八賜姓李氏，名承緒，授左衞率府胄曹參軍，承懷光之後。仍賜錢一千貫，任於懷光墓側置立莊園，侍養懷光妻王氏，并備四時享奠之禮。嗚呼！朕實不德，臨於兆人，泣辜宥罪，素誠所志。爾其保姓受氏，宜力承家，勉紹乃考之建國庸，無若爾父之違王命。初，懷光授首，其子璀、璦等皆死，唯妻王氏在，故上特捨其死。及是又思懷光舊勳，哀其絕後，乃命承緒繼之。

史臣曰：僕固懷恩、李懷光，咸以勇力，有勞王家，爲臣不終，遂行反噬，其罪大矣。然辛雲京、駱奉先、盧杞、白志貞輩，致彼二逆，貽憂時君，亦可謂國之讒賊矣。梁崇義旣無令

始，又無善終，與妻投泉，何塞其咎。

贊曰：臣之事君，有死無二。懷恩、懷光，凶終一致。崇義多姦，國家所棄。迷而亡歸，自速其斃。

校勘記

〔一〕僕骨歌濫拔延之曾孫　按下文云，「拔延生乙李啜拔，乙李啜拔生懷恩」，則懷恩是拔延之孫，此句「曾」字疑衍。

〔二〕灃水　各本原作「汶水」，按西京一帶無汶水，今據本書卷一九五迴紇傳改。

〔三〕河南副元帥雍王留陝州　據通鑑卷二二二，當作「河南等道副元帥李光弼自陳留入，雍王留陝州」。本卷上文卽云雍王爲天下兵馬元帥，此處「河南副元帥」，當是李光弼，史文誤脫。

〔四〕緣漢而上　「上」字各本原無，據新書卷二二四上梁崇義傳、通鑑卷二二七補。

〔五〕韎鞨　各本原作「韎鞨」，據本書卷一九九下韎鞨傳、新書卷二二四上李懷光傳改。

〔六〕父常爲朔方列將　「父」字各本原無，據新書卷二二四上李懷光傳補。

舊唐書卷一百二十二

列傳第七十二

張獻誠 弟獻恭 獻甫 獻恭子煦　路嗣恭 子恕　曲環　崔漢衡
楊朝晟　樊澤　李叔明　裴胄

張獻誠，陝州平陸人，幽州節度使、幽州大都督府長史守珪之子也。天寶末，陷逆賊安祿山，受僞官；連陷史思明，爲思明守汴州，統逆兵數萬。寶應元年冬，東都平，史朝義逃歸汴州，獻誠不納，舉州及所統兵歸國，詔拜汴州刺史，充汴州節度使。踰年來朝，代宗寵賜甚厚。三遷檢校工部尚書，兼梁州刺史，充山南西道觀察使。廣德二年十月，擒南山賊帥高玉以獻。永泰二年正月，獻名馬二、絲絹雜貨共十萬匹。是月，兼充劍南東川節度觀察使，封鄧國公。西川崔旰殺郭英乂，獻誠率衆戰於梓州，爲旰所敗，獻誠僅以身免。大曆二年四月，獻誠以疾上表乞歸私第，仍薦堂弟試太常卿兼右羽林將軍獻恭以自代。詔許之，

以獻誠檢校戶部尚書，知省事。八月，獻誠以疾抗疏辭官，無幾，卒於私第。

獻恭，守珪之弟守瑜子。累以軍功官至試太常卿，兼右羽林將軍，代獻誠爲梁州刺史、兼御史中丞，充山南西道節度觀察使。大曆十二年七月，獻恭破吐蕃萬餘衆於岷州。建中二年正月，加檢校兵部尚書，爲東都留守。三年正月，爲太府卿、容州刺史、本管經略招討使。四年七月，與渾瑊、盧杞、司農卿段秀實與吐蕃尙結贊築壇於京城之西會盟，如淸水之儀。興元元年六月，轉檢校吏部尚書，仍與一子正員官。

盧杞移饒州刺史，給事中袁高論其不可。獻恭因入對紫宸殿，上言：「高所奏至當，臣恐煩聖聽，不敢縷陳其事。」德宗不悟，獻恭復奏曰：「袁高是陛下一良臣，望特優異。」德宗顧謂宰臣李勉等曰：「朕欲授杞一小州刺史可乎？」對曰：「陛下授大州亦可，其奈士庶失望何！」獻恭守正不撓也如此。

獻甫，守珪弟左武衞將軍、贈戶部尚書守琦之子。獻甫少隨諸兄從軍，初爲偏裨，以軍功累授試光祿卿、殿中監、河中節度副元帥都知兵馬使，檢校兵部尚書、兼御史大夫。建中初，從節度使賈耽征梁崇義於襄、漢，以功加太子詹事。及幸奉天、興元，獻甫首至，從渾瑊

征討有功，及復京邑，入爲金吾將軍。時李懷光未平，吐蕃侵擾西邊，獻甫領禁軍出鎮咸陽，凡累年，軍民悅之。貞元四年，遷檢校刑部尚書，兼邠州刺史、邠寧慶節度觀察使。乃於彭原置義倉，方渠、馬嶺等縣選險要之地以爲烽堡。又上疏請復鹽州及洪門、洛原等鎮，各置兵防以備蕃寇，朝廷從之。貞元四年九月，吐蕃將尚志董星、論莽羅等寇寧州，獻甫率衆禦之，斬首百餘級，吐蕃遁邊城。貞元十二年，加檢校左僕射。五月丙申卒，年六十一，廢朝三日，贈司空，賻物有差。

獻恭子煦，嘗隨獻甫征討，積戰功累遷至夏州節度使。元和八年十二月，振武軍逐出節度使李進賢而屠其家，殺判官嚴澈。憲宗怒，遣煦以夏州兵二千人赴振武，仍許以便宜擊斷。九年正月，賜絹三萬匹以助軍資。河東節度使王鍔遣兵五千會煦於善羊柵，詔煦入振武，誅作亂蘇國珍等二百五十三人乃定。是歲十二月卒，贈太子太保。

路嗣恭，京兆三原人。始名劍客，歷仕郡縣，有能名，累至神烏令，考績上上，爲天下最，以其能，賜名嗣恭。歷工部尚書、兼御史大夫、靈州大都督府長史，充關內副元帥郭子

儀副使，知朔方節度營田押諸蕃部落等使，嗣恭披荊棘以守之。大將御史中丞孫守亮擁重兵，倔強不受制，嗣恭稱疾召至，因殺之，威信大行。永泰三年〔一〕，檢校刑部尚書，知省事。大曆六年七月，爲江南西道都團練觀察使，在官恭恪，善理財賦。賈明觀者，事北軍都虞候劉希暹，魚朝恩誅，希暹從坐，明觀積惡犯衆怒。時宰相元載受賂，遣江南効力，魏少遊承載意苟容之。及嗣恭代少遊，即日杖殺，識者稱之。

大曆八年，嶺南將哥舒晃殺節度使呂崇賁反，五嶺騷擾，詔加嗣恭兼嶺南節度觀察使。嗣恭擢流人孟瑤、敬冕，使分其務：瑤主大軍，當其衝；冕自間道輕入，招集義勇，得八千人〔二〕，以擣其心腹。二人皆有全策詭計，出其不意，遂斬晃及誅其同惡萬餘人，築爲京觀，俚洞之宿惡者皆族誅之，五嶺削平。拜檢校兵部尚書，知省事。

嗣恭起於郡縣吏，以至大官，皆以恭恪為理著稱。及平廣州，商舶之徒，多因晃事誅之，嗣恭前後沒其家財寶數百萬貫，盡入私室，不以貢獻。代宗心甚銜之，故嗣恭雖有平方面功，止轉檢校兵部尚書，無所酬勞。及德宗即位，楊炎受其貨，始敍前功，除兵部尚書、東都留守。尋加懷鄭汝陝四州、河陽三城節度及東都畿觀察使。徵至京師卒，時年七十一，廢朝一日，贈左僕射。

子恕，字體仁。初，嶺南衙將哥舒晃反，詔嗣恭自江西致討，授檢校工部員外郎，得以軍前便宜從事。俄而降者繼路，於是擢降將伊慎，推心用之。賊平，恕功居多，年纔三十，爲懷州刺史。久之，轉京兆少尹、監門衛大將軍、兼御史中丞、教練招討等使。其後爲鄜坊觀察使、太子詹事。坐事貶吉州刺史，遷太子賓客。以右散騎常侍致仕卒，年七十三，贈洪州都督。恕私第有佳林園，自貞元初李紓、包佶輩迄于元和末，僅四十年，朝之名卿，咸從之遊，高歌縱酒，不屑外慮，未嘗問家事，人亦以和易稱之。

曲環，陝州安邑人也。父彬，爲南使正監，因家於隴右，以環故累贈兵部尚書。環少讀兵書，尤以勇敢騎射聞。天寶中，從哥舒翰攻拔石堡城，收黃河九曲、洪濟等城，累授果毅別將。安祿山反，從襄陽節度魯炅守鄧州，拒賊將武令珣，戰數十合，環功居多；超授左清道率。又從李抱玉守河陽南城，尋將兵守澤州，破賊驍將安曉，敕特拜羽林將軍。又將別部兵合諸軍同討史朝義，平河北，累轉金吾大將軍，並同正員，隨李抱玉移軍京西。大曆中，領兵隴州，頻破吐蕃，加特進、太常卿。

上初嗣位，吐蕃大寇劍南，詔環以邠、隴兵五千馳往，大破戎虜，收七盤城、威武軍及

維、茂二州，西戎奔遁。環大振功名而還，加太子賓客，賜以名馬。與諸將討涇州叛將劉文喜，平之，加開府儀同三司、兼御史中丞，充邠、隴兩軍都知兵馬使。時李納擁兵侵逼徐州，令環與劉玄佐同救援，累破李納叛黨，環以功最，加御史大夫。建中三年十月，加檢校左常侍，充邠、隴行營節度使。

李希烈侵略汴州，環與諸軍守固寧陵、陳州，大破希烈軍於陳州城下，殺逆黨三萬五千人，擒其驍將翟暉以獻，希烈因遁歸蔡州。環以功加檢校工部尚書，兼陳州刺史。希烈平，加環兼許州刺史、陳許等州節度觀察，加實封三百戶。陳、蔡二州以希烈擾亂，遭剽劫頗甚，人多逃竄他邑以避禍。環勤身恭儉，賦稅均平，政令寬簡，不三二歲，襁負而歸者相屬，訓農理戎，兵食皆豐羨。十二年，加檢校左僕射。卒時年七十四，廢朝一日，贈司空，賻布帛米粟有差。

崔漢衡，博陵人也。性沉厚寬博，善與人交。釋褐，授沂州費令。滑州節度使令狐彰奏署掌記，累遷殿中侍御史。大曆六年，拜檢校禮部員外郎，爲和吐蕃副使；還，遷右司郎中，改萬年令。建中三年，爲殿中少監、兼御史大夫，充和蕃使，與吐蕃使區頰贊至自蕃中。

時吐蕃大相尚結息忍而好殺，以常覆敗於劍南，思刷其恥，不肯約和。其次相尚結贊有材略，因言於贊普，請定界明約以息邊人，贊普然之，竟以結贊代結息爲大相，約和好，期以十月十五日會盟於境上。戊申，以漢衡爲鴻臚卿。四年，吐蕃朝貢，加檢校工部尚書，復使吐蕃。興元初，上居奉天，吐蕃遣帥佐渾瑊敗朱泚兵於武功，以功轉檢校兵部尚書、兼祕書監、西京留守。無幾，眞拜兵部尚書，爲東都、淄青、魏博賑給宣慰使。明年，爲幽州宣慰使，所至皆稱職。貞元三年，副侍中渾瑊與吐蕃會盟於平涼，吐蕃背約，瑊僅免，時無備預，在會免者什無一二，士卒死者以千數。漢衡與同陷者並至河州，結贊令召之，以頻使於蕃，結贊素信重，與孟日華、中官劉延邕俱至石門，而遣五騎送至境上。四年七月，加檢校吏部尚書、晉慈隰觀察使，尋加都防禦使。十一年四月卒。

楊朝晟字叔明，夏州朔方人也。初在朔方爲步軍先鋒，嘗有功，授甘泉府果毅。建中初，從李懷光討劉文喜于涇州，斬獲生擒居多，授驃騎大將軍，稍爲右先鋒兵馬使。後李納寇徐州，從唐朝臣征討，嘗冠軍鋒，以功授開府儀同三司、檢校太子賓客。上在奉天，李懷光自山東赴難，以朝晟爲左廂兵馬使，將千餘人下咸陽以挫朱泚，加御

史中丞，實封一百五十戶。及懷光反於河中，朝晟被脅在軍。上幸梁、洋，韓遊瓌退於邠、寧。懷光以嘗在邠、寧，迫制如屬城，以賊黨張昕在邠州總後務。昕懼難作，乃大索軍資，徵卒乘，約明潛發，歸于懷光。朝晟父懷賓爲遊瓌將，因夜以數十騎斬昕及同謀，遊瓌卽日使懷賓奉表聞奏，上召勞問，授兼御史中丞，正除遊瓌邠寧節度使。間諜至河中，朝晟聞其事，泣告懷光曰：「父立功於國，子合誅戮，不可主兵矣。」懷光遂縶之。及諸軍進圍河中，韓遊瓌營于長春宮，懷賓身當戰伐。及懷光平，上念其忠，俾副元帥渾瑊特原朝晟，遂爲遊瓌都虞候。時父子同軍，皆爲開府賓客、御史中丞，榮於軍中(三)。

後詔徵遊瓌宿衞，以左金吾將軍張獻甫爲檢校刑部尚書、兼御史大夫、邠寧慶節度觀察使，代韓遊瓌。初，遊瓌以吐蕃犯塞，自將兵戍寧州，及受代，以是月壬子夜輕騎潛遁歸闕。其將卒素驕怠，畏張獻甫之嚴，因遊瓌夜出，衙內千餘人遂叛掠，且因監軍楊明義邀奏出奔將范希朝爲節度。朝晟時爲都虞候，初逃於郊，翌日乃來，紿其衆曰：「所請甚愜，我來賀也。」由是稍安。朝晟及諸將謀誅首惡者，乙卯，朝晟率諸將經數日以告曰：「前請者不獲，張尚書昨日已入邠州，汝等皆當死，吾不能盡殺，各言戎首以歸罪焉，餘無所問。」於是衆中唱二百餘人，斬之乃定。上擢希朝爲寧州刺史，以副獻甫。獻甫入奏朝晟功，加御史大夫。

九年，城鹽州，徵兵以護外境，朝晟分統士馬鎭木波。獻甫卒，詔以朝晟代之。其年，丁母憂，起復左金吾大將軍同正、邠州刺史，大夫如故。十年春，朝晟奏：「方渠、合道、木波，皆賊路也，請城其地以備之。」詔問：「所須幾何？」朝晟奏曰：「臣部下兵自可集事，不煩外助。」復問：「前築鹽州，凡興師七萬，今何其易也？」朝晟曰：「鹽州之役，諸軍蕃戎盡知之。今臣境迫虜，若大興兵，卽蕃戎來寇，寇則戰，戰則無暇城矣。今請密發軍士，不十日至塞下，未三旬而功畢。」蕃人始乘障，數日而退。初，軍次方渠，無水，師徒囂然，遽有青蛇乘高而下，視其跡，水隨而流。朝晟令築防環之，遂爲停泉，軍人仰飲以足，圖其事上聞，詔置祠焉。十五年二月，免喪，加檢校工部尚書。是夏，以防秋移軍寧州，遘疾，來年正月卒。

樊澤字安時，河中人也。父詠，開元中舉草澤，授試大理評事，累贈兵部尚書。澤長於河朔，相衞節度薛嵩奏爲磁州司倉、堯山縣令。建中元年，舉賢良對策，禮部侍郎于邵厚遇之。與楊炎善，薦爲補闕，歷都官員外郎。澤好讀兵書，朝廷以其有將帥材，尋兼御史中丞，充通和蕃使，蕃中用事宰相尚結贊深禮之。尋從鳳翔節度張鎰與吐蕃會盟於淸水，遷金部郎中、御史中丞、山南節度行軍司馬。時李希烈背叛，詔以普王爲行軍元帥，徵澤爲諫

議大夫、元帥行軍右司馬。屬駕幸奉天，普王不行，澤改右庶子、兼中丞，復爲山南東道行軍司馬。尋代賈耽爲襄州刺史、兼御史大夫、山南東道節度觀察等使。

澤有武藝，每與諸將射獵，常出其右，人心服之，賊衆畏焉。頻與李希烈兇黨接戰，前後擒降其驍將張嘉瑜、杜文朝、梁俊之、李克誠、薛翼等，收唐、隨二州。希烈既平，澤丁母憂，起復右衞大將軍同正，餘如故。三年，代張伯儀爲荆南節度觀察等使、江陵尹、兼御史大夫。三歲，加檢校禮部尚書，會襄州節度曹王皐卒於鎭，軍中剽劫擾亂，以澤威惠素著於襄、漢，復代曹王皐爲襄州刺史、山南東道節度使。十二年，加檢校右僕射。卒年五十，贈司空，賻布帛米粟有差。其日將宴百官，廢朝改取他日。

李叔明字晉卿，閬州新政人。本姓鮮于氏，代爲豪族。兄仲通，天寶末爲京兆尹、劍南節度使。兄弟並涉學，輕財好施。叔明，初爲劍南節度使楊國忠判官。乾元後爲司勳員外郎，副漢中王瑀使迴紇，迴紇接禮稍倨，叔明離位責之曰：「大國通好，賢王奉使，可汗於大唐子壻，豈可恃微功而傲乎！唐法不然。」可汗改容加敬。復命，遷司門郎中。後爲京兆少尹，無幾，以疾辭，除右庶子，出爲邛州刺史。尋拜東川節度、遂州刺史，後移鎭梓州，檢校

戶部尚書。時東川兵荒之後，凋殘頗甚，叔明理之近二十年，招撫甿庶，夷落獲安。

大曆末，有閬州嚴氏子上疏稱「叔明少孤，養子於外族〔四〕，遂冒姓焉，請復之」，詔從焉。叔明初不知其從外氏姓，意醜其事，遂抗表乞賜宗姓。代宗以戎鎮寄重，許之，仍置嚴氏子於法。及駕幸奉天，其子昇翊從。叔明每私疏誡勵，見危臨難，當誓以死。昇奉父嚴訓，果著勳效，識者嘉之。叔明既朝京師，以本官兼右僕射，乞骸骨，改太子太傅致仕，卒，諡曰襄。叔明總戎年深，積聚財貨，子孫驕淫，歿纔數年，遺業蕩盡。

裴冑字胤叔，其先河東聞喜人，今代葬河南。伯父寬，戶部尚書，有名於開元、天寶間。冑明經及第，解褐補太僕寺主簿。屬二京陷覆，淪避他州。賊平，授祕書省正字，累轉祕書郎。陳少遊陳鄭節度留後，奏冑試大理司直。少遊罷，隴右節度李抱玉奏授監察御史，不得意，歸免。陳少遊爲宣歙觀察，復辟在幕府，抱玉怒，奏貶桐廬尉。浙西觀察使李栖筠有重望，虛心下士，幕府盛選才彥。觀察判官許鴻謙有學識，栖筠常異席，事多咨之；崔造輩皆所薦引，一見冑，深重之，薦於栖筠，奏授大理評事、觀察支度使。代宗以元載隳紊朝綱，徵栖筠入朝，內制授御史大夫，方將大用，載怙權，栖筠居顧問

刺舉之職，與不平。及栖筠卒，冑護栖筠喪歸洛陽，衆論危之，冑坦然行心，無所顧望。淮南節度陳少遊奏檢校主客員外、兼侍御史、觀察判官。尋爲行軍司馬，遷宣州刺史。

楊炎初作相，銳意爲元載報讎，凡其枝黨無漏。適會冑部人積冑官時服雜俸錢爲贓者，炎命酷吏員寓深按其事，貶汀州司馬。尋徵爲少府少監，除京兆少尹，以父名不拜，換國子司業。遷湖南觀察都團練使，移江南西道。前江西觀察使李兼罷省南昌軍千餘人，收其資糧，分爲月進，冑至，奏其本末，罷之。會荆南節度樊澤移鎮襄陽〔五〕，宰相方議其人，上首命冑代澤，仍兼御史大夫。

冑簡儉恆一，時諸道節度觀察使競剝下厚斂，製奇錦異綾，以進奉爲名。又貴人宣命，必竭公藏以買其歡。冑待之有節，皆不盈數金，常賦之外無橫斂，宴勞禮止三爵，未嘗酣樂。時武臣多厮養畜賓介，微失則奏流死，冑以書生始，奏貶書記梁易從，君子薄其進退賓客不以禮，物議薄之。貞元十九年十月卒，時年七十五，贈右僕射，諡曰成。

史臣曰：三獻軍謀臣節，克紹家風。路嗣恭從微至著，執法簡廉。環理兵勸農，獨彰善政。漢衡誠愨奉職。朝晟忠孝權謀。澤威惠荆、襄。叔明見危誓死，立政惠民。冑抱義危行，守政奉公。皆賢帥矣。然嗣恭聚財，爲功名之瑕玷；叔明聚財，致子孫之驕淫。財之汚人，誠可誡也。

贊曰：張、路、曲、崔，樊、楊、李、裴，守忠臣之道，皆賢帥之才。

校勘記

〔一〕永泰三年 新書卷一三八路嗣恭傳同，而永泰無三年，合鈔卷一七三路嗣恭傳作「大曆三年」。

〔二〕得八千人 「千」字各本原作「十」，據冊府卷四二二、新書卷一三八路嗣恭傳改。

〔三〕榮於軍中 「榮」字各本原作「營」，據本書卷一四四楊朝晟傳改。

〔四〕養子於外族 新書卷一四七李叔明傳作「養外家」，校勘記卷四四謂「子」字係衍文。

〔五〕荆南節度 「荆」字各本原作「京」，據本書同卷樊澤傳改。

中華書局

舊唐書卷一百二十三

列傳第七十三

劉晏　第五琦　班宏　王紹　李巽

劉晏字士安，曹州南華人。年七歲，舉神童，授祕書省正字。累授夏縣令，有能名。歷殿中侍御史，遷度支郎中、杭隴華三州刺史，尋遷河南尹。時史朝義盜據東都，寄理長水。入爲京兆尹，頃之，加戶部侍郎，兼御史中丞，判度支，委府事於司錄張羣、杜亞，綜大體，議論號爲稱職。無何，爲酷吏敬羽所構，貶通州刺史。復入爲京兆尹、戶部侍郎，判度支。時顏眞卿以文學正直出爲利州刺史，晏舉眞卿自代爲戶部，乃加國子祭酒。寶應二年，遷吏部尚書、平章事，領度支鹽鐵轉運租庸使。坐與中官程元振交通，元振得罪，晏罷相，爲太子賓客。尋授御史大夫，領東都、河南、江淮、山南等道轉運租庸鹽鐵使如故。

時新承兵戈之後，中外艱食，京師米價斗至一千，官廚無兼時之積，禁軍乏食，畿縣百

姓乃挼穗以供之。晏受命後，以轉運爲己任，凡所經歷，必究利病之由。至江淮，以書遺元載曰：

浮于淮、泗，達于汴，入于河，西循底柱、硤石、少華，楚帆越客，直抵建章、長樂，此安社稷之奇策也。晏賓于東朝，猶有官謗，相公終始故舊，不信流言，賈誼復召宣室，弘羊重興功利，敢不悉力以答所知。驅馬陝郊，見三門渠津遺迹。到河陰、鞏、洛，見宇文愷置梁公堰，分黃河水入通濟渠；大夫李傑新堤故事，飾像河廟，凜然如生。涉滎郊、浚澤，遙瞻淮甸，步步探討，知昔人用心，則潭、衡、桂陽必多積穀，關輔汲汲，只緣兵糧。漕引瀟、湘、洞庭，萬里幾日，淪波掛席，西指長安。三秦之人，待此而飽；六軍之衆，待此而強。天子無側席之憂，都人見泛舟之役；四方旅拒者可以破膽，三河流離者於茲請命。相公匡戴明主，爲富人侯，此今之切務，不可失也。使僕湔洗瑕穢，率罄愚懦，當憑經義，請護河隄，冥勤在官〔一〕，不辭水死。

然運之利病，各有四五焉。晏自尹京入爲計相，共五年矣。京師三輔百姓，唯苦稅畝傷多，若使江、湖米來每年三二十萬，卽頓減徭賦，歌舞皇澤，其利一也。東都殘毀，百無一存。若米運流通，則飢人皆附，村落邑廛，從此滋多。受命之日〔二〕，引海陵之倉以食鞏、洛，是計之得者，其利二也。諸將有在邊者，諸戎有侵敗王略者，或聞三江、五湖，貢輸紅粒，雲帆桂楫，輸納帝鄉，軍志曰：「先聲後實，可以震耀夷夏。」其利三也。自古帝王之盛，皆云書同文，車同軌，日月所照，莫不率俾。今舟車旣通，商賈往來，百貨雜集，航海梯山，聖神輝光，漸近貞觀、永徽之盛，其利四也。所可疑者，函、陝凋殘，東周尤甚。過宜陽、熊耳，至武牢、成皋，五百里中，編戶千餘而已。居無尺椽，人無烟爨，蕭條悽慘，獸遊鬼哭。牛必羸角，輿必說輹，棧車輓漕，亦不易求。今於無人之境，興此勞人之運，固難就矣，其病一也。河、汴有初，不修則毀澱，故每年正月發近縣丁男，塞長茭，決沮淤，淸明桃花已後，遠水自然安流，陽侯、宓妃，不復太息。頃因寇難，總不掏拓，澤滅水，岸石崩，役夫需於沙，津吏旋於濘，千里洄上，罔水舟行，其病二也。東垣、底柱，澠池、二陵，北河運處五六百里，戍卒久絕，縣吏空拳。奪攘姦宄，窟穴囊橐。夾河爲藪，豺狼猖猖，舟行所經，寇亦能往，其病三也。東自淮陰，西臨蒲坂，亙三千里，屯戍相望。中軍皆鼎司元侯，賤卒儀同靑紫，每云食半菽，又云無挾纊，輓漕所至，船到便留，卽非單車使折簡書所能制矣，其病四也。惟小子畢其慮奔走之，惟中書詳其利病裁成之。

晏累年已來，事缺名毀，聖慈含育，特賜生全。月餘家居，遽卽臨遣，恩榮感切，思殞百身。見一水不通，願荷鍤而先往；見一粒不運，願負米而先趨。焦心苦形，期報

明主，丹誠未克，漕引多虞，屏營中流，掩泣獻狀。

自此每歲運米數十萬石以濟關中。

又至德初，爲國用不足，令第五琦於諸道榷鹽以助軍用，及晏代其任，法益精密，官無遺利。初，歲入錢六十萬貫，季年所入逾十倍，而人無厭苦。大曆末，通計一歲征賦所入總一千二百萬貫，而鹽利且過半。累遷吏部尚書。大曆四年六月，與右僕射裴遵慶同赴本曹視事，敕尙食增置儲供，許內侍魚朝恩及宰臣已下常朝官咸詣省送上。八年，知三銓選事。

十二年三月，誅宰臣元載，晏奉詔訊鞫。晏以載居任樹黨，布于天下，不敢專斷，請他官共事。敕御史大夫李涵、右散騎常侍蕭昕、兵部侍郎袁傪、禮部侍郎常衮、諫議大夫杜亞同推，載皆款伏。初，晏承旨，門下侍郎、同平章事王縉亦處極法，晏謂涵等曰：「重刑再覆，國之常典，況誅大臣，得不覆奏？又法有首從，二人同刑，亦宜重取進止。」涵等從命。及晏等覆奏，代宗乃減縉罪從輕。縉之生，晏平反之力也。

十三年十二月，爲尙書左僕射。時宰臣常衮專政，以晏久掌銓衡，時議平允，兼司儲蓄，職舉功深，慮公望日崇，上心有屬，竊忌之，乃奏晏朝廷舊德，宜爲百吏師長，外示崇重，內實去其權。及奏上，以晏使務方理，代其任者難其人，使務、知三銓並如故。李靈曜之亂

也，河南節帥所據，多不奉法令，征賦亦隨之；州縣雖益減，晏以羨餘相補，人不加賦，所入仍舊，議者稱其能。自諸道巡院距京師，重價募疾足，置遞相望，四方物價之上下，雖極遠不四五日知，故食貨之重輕，盡權在掌握，朝廷獲美利而天下無甚貴甚賤之憂，得其術矣。凡所任使，多收後進有幹能者。其所總領，務乎急促，趣利者化之，遂以成風。當時權勢，或以親戚爲託，晏亦應之，俸給之多少，命官之遲速，必如其志，然未嘗得親職事。其所領要務，必一時之選，故晏沒後二十餘年，韓洄、元琇、裴腆、包佶、盧徵、李衡繼掌財賦，皆晏故吏。其部吏居數千里之外，奉敎令如在目前，雖寢興宴語，而無欺紿，四方動靜，莫不先知，事有可賀者，必先上章奏。江淮茶、橘，晏與本道觀察使各歲貢之，皆欲其先至。有土之官，或封山斷道，禁前發者，晏厚以財力致之，常先他司，由是甚不爲藩鎭所便。

晏理家以儉約稱，而重交敦舊，頗以財貨遺天下名士，故人多稱之。善訓諸子，咸有學藝。任事十餘年，權勢之重，鄰於宰相，要官重職，頗出其門。既有材力，視事敏速，乘機無滯，然多任數，挾權貴，固恩澤，有口者必利啗之。當大曆時，事貴因循，軍國之用，皆仰於晏，未嘗檢轄。德宗嗣位，言事者稱轉運可罷多矣。初，楊炎爲吏部侍郎，晏爲尚書，各恃權使氣，兩不相得。炎坐元載貶，晏快之，昌言於朝。及炎入相，追怒前事，且以晏與元載隙憾，時人言

載之得罪，晏有力焉。炎將爲載復讎，又時人風言代宗寵獨孤妃而又愛其子韓王迥，晏密啓請立獨孤爲皇后。炎因對歔流涕奏言：「賴祖宗福祐，先皇與陛下不爲賊臣所間。不然，劉晏、黎幹之輩，搖動社稷，凶謀果矣。今幹以伏罪，晏猶領權，臣爲宰相，不能正持此事，罪當萬死。」崔祐甫奏言：「此事曖昧，陛下以廓然大赦，不當究尋虛語。」朱泚、崔寧又從傍與祐甫救解之，寧言頗切，炎大怒，故斥寧令出鎭鄜坊以摧挫之。遂罷晏轉運等使，尋貶爲忠州刺史。炎欲誣構其罪，知庾準與晏素有隙，舉爲荊南節度，以伺晏動靜。準乃奏晏與朱泚書祈救解，言多怨望，炎又證成其事，上以爲然。是月庚午，晏已受誅，使迴奏報，誣晏以忠州謀叛，下詔暴言其罪，時年六十六，天下冤之。家屬徙嶺表，連累者數十人。貞元五年，上悟，方錄晏子執經，授太常博士；少子宗經，祕書郎。執經上請削官贈父，特追贈鄭州刺史。

第五琦，京兆長安人。少孤，事兄華，敬順過人。及長，有吏才，以富國強兵之術自任。天寶初，事韋堅，堅敗貶官。累至須江丞，時太守賀蘭進明甚重之。會安祿山反，進明遷北海郡太守，奏琦爲錄事參軍。祿山已陷河間、信都等五郡，進明未有戰功，玄宗大怒，遣中

使封刀促之，曰：「收地不得，卽斬進明之首。」進明惶懼，莫知所出，琦乃勸令厚以財帛募勇敢士，出奇力戰，遂收所陷之郡。令琦奏事，至蜀中，琦得謁見，奏言：「方今之急在兵，兵之強弱在賦，賦之所出，江淮居多。若假臣職任，使濟軍須，臣能使賞給之資，不勞聖慮。」玄宗大喜，卽日拜監察御史，勾當江淮租庸使。尋拜殿中侍御史。尋加山南等五道度支使，促辦應卒，事無違闕。遷司金郎中、兼御史中丞，使如故。於是創立鹽法，就山海井竈收榷其鹽，官置吏出糶。其舊業戶幷浮人願爲業者〔三〕，免其雜徭，隸鹽鐵使，盜煮私市罪有差。百姓除租庸外，無得橫賦，人不益稅而上用以饒。遷戶部侍郎、兼御史中丞，專判度支，領河南等道支度都勾當轉運租庸鹽鐵鑄錢、司農太府出納、山南東西江西淮南館驛等使〔四〕。

乾元二年，以本官加同中書門下平章事。初，琦以國用未足，幣重貨輕，乃請鑄乾元重寶錢，以一當十行用之。及作相，又請更鑄重輪乾元錢，一當五十，與乾元錢及開元通寶錢三品並行。既而穀價騰貴，餓殣死亡，枕藉道路，又盜鑄爭起，中外皆以琦變法之弊，封奏日聞。乾元二年十月，貶忠州長史，既在道，有告琦受人黃金二百兩者，遣御史劉期光追按之。琦對曰：「二百兩金十三斤重，忝爲宰相，不可自持。若其付受有憑，卽請準法科罪。」期光以爲此是琦伏罪也，遽奏之，請除名，配流夷州，馳驛發遣，仍差綱領送至彼。

寶應初，起爲朗州刺史，甚有能政，入遷太子賓客。屬吐蕃寇陷京師，代宗幸陝，關內副元帥郭子儀請琦爲糧料使、兼御史大夫，充關內元帥副使。未幾，改京兆尹。車駕克復，專判度支，兼諸道鑄錢鹽鐵轉運常平等使。累封扶風郡公。又加京兆尹，改戶部侍郎，判度支。前後領財賦十餘年。魚朝恩伏誅，琦坐與款狎，出爲處州刺史，歷饒、湖二州。入爲太子賓客、東都留司。上以其材，將復任用，召還京師，信宿而卒，年七十，贈太子少保。子峯，峯婦鄭氏女，皆以孝著，旌表其門。

班宏，衞州汲人也。祖思簡，春官員外郎。父景倩，祕書監。宏少舉進士，授右司禦胄曹，後爲薛景先鳳翔掌書記，又爲高適劍南觀察判官，累拜大理司直，攝監察御史。時靑城山有妖賊張安居以左道惑衆，事覺，多誣引大將，冀以緩死，宏驗理而速殺之，人心乃安。既而郭英乂代適，以厭人望，奏署祕書郎，兼雒令，以疾免。

大曆三年，遷起居舍人，尋兼理匭使，四遷至給事中。時李寶臣卒於其位，子惟岳匿喪求位，上遣宏使成德問疾，且喩之。惟岳厚賂宏，皆不受，還報合旨，遷刑部侍郎，兼京官考使。時右僕射崔寧考兵部侍郎劉迺上下，宏駮曰：「夷荒靖難，專在節制，尺籍伍符，不校省

司。夫上行宣美之名，則下開趨競之路；上行阿容，下必朋黨。」因削去之。迺知而謝曰：「迺雖不敏，敢掠一美以徵二罪乎？」尋除吏部侍郎，爲吐蕃會盟使李揆之副。

貞元初，仍歲旱蝗，上以賦調爲急，改戶部侍郎，爲度支使韓滉之副。遷尚書，復副竇參。參初爲大理司直，宏已爲刑部侍郎，及參爲相，領度支，上以宏久司國計，因令副之。且曰：「朕藉參宰相以臨遠，衆務悉委於卿，勿以辭也。」參以宏先貴，常私解悅之曰：「參後來，一朝居尚書之上，甚不自安，一年之後，當歸此使。」宏心喜。歲餘，參絕不復言。宏性剛愎，爲人間之，且怒食言，公事多異。揚子院，鹽鐵轉運委藏也，宏以御史中丞徐粲主之，既不理，且以賄聞，參欲代之，宏執不可。參又選諸院吏，未嘗訪宏，乃疏參所用者過惡以聞，事輒留中。無何，參以使勞加吏部尚書，而宏進封蕭國公，怨參以虛號寵之，間惡愈甚。每奉詔營建，宏必極壯麗，親程課役，又厚結權倖以傾參。

張滂先善於宏，宏薦爲司農少卿，及參欲以滂分掌江淮鹽鐵，詢之於宏，宏以滂嫉惡，慮以法繩徐粲，因曰：「滂強戾難制，不可用。」滂知之。八年三月，參遂爲上所疏，乃讓度支使，遂以宏專判，而參不欲使務悉歸於宏，問計京兆尹薛珏，珏曰：「二子交惡，而滂剛決，若分鹽鐵轉運於滂，必能制宏。」參乃薦滂爲戶部侍郎、鹽鐵使、判轉運，尚隸於宏以悅之。江淮兩稅，悉宏主之，置巡院，然令宏、滂共擇其官。滂請鹽鐵舊簿書於宏，宏不與之。每署

院官，宏、滂更相是非，莫有用者。滂乃奏曰：「班宏與臣相戾，巡院多闕官。臣掌財賦，國家大計，職不修，無所逃罪。今宏若此，何以輯事？」遂令分掌之。無幾，宏言於宰相趙憬、陸贄曰：「宏職轉運，年運江淮米五十萬斛，前年增七十萬斛，以實太倉，幸無過。今職移於人，不知何謂？」滂時在側，忿然曰：「尚書失言甚矣！若運務畢舉，朝廷固不奪之，蓋由喪公錢、縱姦吏故也。且凡爲度支胥吏，不一歲，資累鉅萬，僮馬第宅，僭於王公，非盜官財，何以致是？道路喧喧，無不知之，聖上故令滂分掌。公向所言，無乃歸怨於上乎？」宏默然不對。是日，宏稱疾於第，滂往問之，宏不見。憬、贄乃以宏、滂之言上聞。由是遵大曆故事，如劉晏、韓滉所分。滂至揚州按徐粲，逮僕妾子姪，得贓鉅萬，乃徙嶺表。故參得罪，宏頗有力焉。勤恪官署，晨入夕歸，下吏勞而未嘗厭苦，清白勤幹，稱之於時。貞元八年七月卒，年七十三，廢朝，加贈，謚曰敬。

王紹，本家于太原，今爲京兆萬年人。舊名與憲宗同，永貞年改焉。少時，顏眞卿器重之，因紹舊名，字之曰德素，奏授武康尉。蕭復爲常州刺史，辟爲從事；包佶領租庸鹽鐵，亦以紹爲判官。時李希烈阻兵，江淮租輸，所在艱阻，特移運路自潁入汴。紹奉佶表詣闕，屬德宗西幸，紹乃督緣路輕貨，趣金、商路，倍程出洋州以赴行在。德宗親勞之，謂紹曰：「六軍未有春服，我猶衣裘。」紹俯伏流涕，奏曰：「包佶令臣間道進奉數約五十萬。」上曰：「道路回遠，經費懸急，卿之所奏，豈可望耶？」後五日而所督繼至，上深賴焉。

貞元中，爲倉部員外郎。時屬兵革旱蝗之後，令戶部收闕官俸，兼稅茶及諸色無名之錢，以爲水旱之備。紹自拜倉部，便準詔主判，及遷戶部、兵部郎中，皆獨司其務。擢拜戶部侍郎，尋判度支。後二年，遷戶部尚書。德宗臨馭歲久，機務不由台司，自竇參、陸贄已後，宰臣備位而已。德宗以紹謹密，恩遇特異，凡主重務八年，政之大小，多所訪決。紹未嘗洩漏，亦不矜衒。順宗卽位，王叔文始奪其權，拜兵部尚書，尋除檢校吏部尚書、東都留守。元和初，遷檢校尚書右僕射、徐州刺史、武寧軍節度，復以濠、泗二州隸焉。時承張愔之後，兵驕難治，紹修輯軍政，人甚安之。六年，徵拜兵部尚書，兼判戶部事。九年卒，年七十二，贈左僕射，謚曰敬。

李巽字令叔，趙郡人。少苦心爲學，以明經調補華州參軍，拔萃登科，授鄠縣尉。周歷臺省，由左司郎中出爲常州刺史。踰年，召爲給事中，出爲湖南觀察使，銳於爲理。五年，

改江西觀察使，加檢校散騎常侍、兼御史大夫。巽持下以法，吏不敢欺，而動必察之。順宗卽位，入爲兵部侍郎。司徒杜佑判度支鹽鐵轉運使，以巽幹治，奏爲副使。佑辭重位，巽遂專領度支鹽鐵使。榷筦之法，號爲難重，唯大曆中僕射劉晏雅得其術，賦入豐羨。巽掌使一年，征課所入，類晏之多歲，明年過之，又一年加一百八十萬貫。舊制，每歲運江淮米五十萬斛抵河陰，久不盈其數，唯巽三年登焉。遷兵部尚書，明年改吏部尚書，使任如故。

巽精於吏職，蓋性使然也。雖在私家，亦置案牘簿書，勾檢如公署焉。人吏有過，絲毫無所貸，雖在千里外，其恐慄如在巽前。初，程异附王叔文貶竄，巽知其吏才明辨，奏而用之，憲宗不違其請。异勾檢簿籍，又精於巽，故課最加衍，亦异之助焉。巽爲吏部尚書，臥疾，郎官相率省問，巽初不言其病，與之考校程課，商略功利，至其夕而卒。然性強很狡惡，忌刻頗甚，乘德宗之怒，謀殺竇參，物論冤之。初，參爲宰相，不悅於巽，自左司郎中出爲常州刺史，仍促其行。不數月，參貶郴州司馬。久之，巽自給事中爲湖南觀察使，郴卽屬郡也。宣武軍節度使劉士寧以擅襲父任，物議不可，朝廷不得已而授之。及參之貶，士寧嘗以絹數千匹賂參，巽在湖南具奏其事，言參與藩鎭交通，德宗怒，遂賜參死，議者冤之。巽廉察江西，徇喜怒之情，而無罪被戮者多矣。元和四年四月卒，時年七十一，贈尚書左

僕射。

史臣曰：歷代操利柄爲國計者，莫不損下益上，危人自安，變法以弄權，斂怨以構禍，皆有之矣。如劉晏通擁滯，任才能，富其國而不勞於民，儉於家而利於衆。或問曰：鄭子產吏不能欺，宓子賤吏不忍欺，西門豹吏不敢欺。三子者，古之賢人也，吏皆懷其欺而不能、不忍、不敢也。晏之吏，遠近自不欺者何也？答曰：蓋任其才而得其人也。晏歿，故吏二十餘年繼掌財賦，不其是哉！史記貨殖云：「平糶齊物，關市不乏，治國之道也。」晏治天下，無甚貴甚賤之物，泛言治國者，其可及乎！擧眞卿才，忠也，減王縉罪，正也，忠正之道，復出於人。嗚呼！木秀於林，風必摧之，常袞見忌於前，楊炎致冤於後，可爲長歎息矣！時譏有口者以利啖之，苟不塞讒口，何以持重權？卽無以展其才，濟其國矣。是其術也，又何譏焉。第五琦促辦應卒，民不加賦，而國豐饒，亦庶幾矣。然鑄錢變法，物貴身危，其何陋哉！凡利國者，農商之外，不可爲也。宏、滂爭權樹黨，皆非令人。紹之謹密幹事，巽之敏察精辦，亦是可稱。

贊曰：豐財忠良，晏道爲長。琦、宏、滂、巽，咸以利彰。

校勘記

〔一〕冥勤在官 「冥」字各本原作「宜」，據禮記祭法、唐會要卷八七改。

〔二〕受命之日 「受」字各本原無，據唐會要卷八七補。

〔三〕浮人 各本原作「浮入」，據唐會要卷八七、冊府卷四九三改。

〔四〕江西 「西」字各本原無，據新書卷一四九第五琦傳、合鈔卷一七四第五琦傳補。

舊唐書卷一百二十四

列傳第七十四

薛嵩 弟崿 嵩子平 嵩族子雄 令狐彰 子建 運 通 田神功 弟神玉

侯希逸 李正己 子納 納子師古 師道 宗人洧附

薛嵩，絳州萬泉人。祖仁貴，高宗朝名將，封平陽郡公。父楚玉，爲范陽、平盧節度使。嵩少以門蔭，落拓不事家產，有膂力，善騎射，不知書。自天下兵起，束身戎伍，委質逆徒。廣德元年，東都平，時皇太子爲天下兵馬元帥，遣僕固懷恩東收河朔。嵩爲賊守相州，聞賊朝義兵潰，王師至，嵩惶惑迎拜于懷恩馬前，懷恩釋之，令守舊職。時懷恩二心已萌，懷恩平河朔旋，乃奏嵩及田承嗣、張忠志〔一〕、李懷仙分理河北道，詔遂以嵩爲相州刺史，充相、衞、洺、邢等州節度觀察使，承嗣鎭魏州，忠志鎭恆州，懷仙鎭幽州，各據數州之地。時多事之後，姑欲安人，遂以重寄委嵩。嵩感恩奉職，數年間，管內粗理，累遷檢校右僕射。大

曆八年正月卒。詔遣弟崿知留後，累加崿太子少師。大曆十年正月丁酉，昭義軍兵馬使裴志清盜所將兵逐崿，舉衆歸田承嗣以叛。崿奔于洺州，上表乞入朝，許之。至京，素服於銀臺門待罪，詔釋之。

嵩子平，年十二，爲磁州刺史。嵩卒，軍吏欲用河北故事，脅平知留後務，平僞許之，讓於叔父崿，一夕以喪歸。及免喪，累授右衞將軍，在南衙凡三十年。宰相杜黃裳深器之，薦爲汝州刺史，兼御史中丞，理有能名。元和七年，淮西用兵，自左龍武大將軍授兼御史大夫、滑州刺史、鄭滑節度觀察等使，累有戰功。滑州城西距黃河二里，每歲常爲水患。平詢訪得古河道，接衞州黎陽縣界。平率魏博節度使田弘正同上聞，開古河南北長十四里，決舊河以分水勢，滑人遂無水患。居鎭六年，入爲左金吾大將軍。未幾，復爲鄭滑節度觀察使。及平李師道，朝廷以東平十二州析爲三道，以淄、青、齊、登、萊五州爲平盧軍，以平爲節度、觀察等使，仍押新羅、渤海兩蕃使。

長慶元年，幽鎭叛，杜叔良統橫海全軍討伐不勝，王庭湊圍牛元翼於深州。棣州爲賊所窘，朝廷乃委平以偏師援棣州，平卽遣將李叔佐以兵五百救之。居數月，刺史王稷餽給稍薄，兵士怨怒，叔佐不能戢，宵潰而歸。仍推突將馬狠兒爲帥，行及青城鎭，劫鎭將李自

勸，并其衆；次至博昌鎮，復劫其鎮兵，共得七千餘人，徑逼青州城。城中兵士不敵，平悉府庫并家財募二千精卒，逆擊之，仍先以騎兵掩其家屬輜重，賊衆惶惑反顧，因大敗。猥兒與其同惡十數輩脫身竄匿，餘黨降，稍後者斬於鞠場。明日，猥兒亦就擒戮，脅從者放歸田里。詔加右僕射，進封魏國公，由是遠近畏伏平之威略。

在鎮六周歲，兵甲完利，井賦均一。至是入覲，百姓遮道乞留，數日乃得出。時人以爲近日節制，罕有其比。寶曆元年，歸朝，進加檢校左僕射、兼戶部尚書。踰月，復檢校司空，兼河中絳隰節度觀察等使。大和二年，復以晉州、慈州隸河中，益兵三千人，加平檢校司徒。在河中凡六年，召拜太子太保。明年，上疏乞老，以司徒致仕，居一年卒，册贈太傅。

嵩族子雄，初爲嵩屬吏，知衞州事，嵩歿，特詔授衞州刺史。魏博節度田承嗣誘爲亂，雄不從，承嗣遣刺客盜殺之。

令狐彰，京兆富平人也。遠祖自燉煌徙家焉，代有冠冕。父濞，天寶中任鄚州錄事參軍，以清白聞，本道採訪使宋鼎引爲判官。初任范陽縣尉，通幽州人女，生彰，及秩滿，留彰于母氏，彰遂少長范陽。倜儻有膽氣，涉獵書傳，粗知文義，善弓矢，乃策名從軍，事安祿山。天寶中，以軍功累遷至左衞員外郎將。

安祿山叛逆，以本官隨賊黨張通儒赴京師，通儒僞署爲城內左街使。王師收復二京，隨通儒等遁走河朔，又陷逆賊史思明，僞署爲博州刺史及滑州刺史，令統數千兵戍滑臺。彰感激忠義，思立名節，乃潛謀歸順。會中官楊萬定監滑州軍，彰遂募勇士善於水者，俾乘夜涉河，達表奏于萬定，請以所管賊一將兵馬及州縣歸順，萬定以聞。自祿山構逆，爲賊守者，未有舉州向化，肅宗得彰表，大悅，賜書慰勞。時彰移鎮杏園渡，遂爲思明所疑，思明乃遣所親薛岌統精卒圍杏園攻之。彰乃明示三軍，曉以逆順，衆心感附，咸悉力爲用。與賊兵戰，大破之，潰圍而出，遂以麾下將士數百人隨萬定入朝。肅宗深獎之，禮甚優厚，賜甲第一區、名馬數匹，并帷帳什器頗盛，拜御史中丞，兼滑州刺史、滑亳魏博等六州節度，仍加銀青光祿大夫，鎮滑州，委平殘寇。及史朝義滅，遷御史大夫，封霍國公，尋加檢校工部尚書。未幾，檢校右僕射，餘並如故。

彰在職，風化大行。滑州瘡痍未復，城邑爲墟，彰以身勵下，一志農戰，內檢軍戎，外牧黎庶，法令嚴酷，人不敢犯。數年間，田疇大闢，庫藏充積，歲奉王稅及修貢獻，未嘗暫闕。時犬戎犯邊，徵兵防秋〔三〕。彰遣屬吏部統營伍，自滑至京之西郊，向二千餘里，甲士三千人，率自齎糧，所過州縣，路次供擬，皆讓而不受，經閭里不犯秋毫，識者稱之。然性識猜阻，人有忤意，不加省察，輒至斃踣，此其短也。臨終，手疏辭表，誡子以忠孝守節，又舉能自代。表曰：

臣自事陛下，得備藩守，受恩則重，効節未終，長辭聖朝，痛入心骨，臣誠哀懇，頓首頓首。臣受性剛拙，亦能包含。頃因魚朝恩將掠亳州，遂與臣結怨，當其縱暴，臣不敢入朝，專聽天誅，卽欲奔謁。及魚朝恩死，卽臣屬疾苦，又遭家艱，力微眼暗，行動須人，拜舞不能，數月有闕。欲請替辭退，卽日望稍瘳，冀得康強，榮歸朝覲。自冬末舊疾益重，瘡腫又生，氣息奄奄，遂期殞歿。不遂一朝天闕，一拜龍顏，臣禮不終，忠誠莫展，臣之大罪，下慚先代，仰媿聖朝。臣竭誠事上，誓立大節，天地神明，實知臣心。心不遂行，言發自痛。當使倉糧錢絹羊馬牛畜一切已上，並先有部署；三軍兵士，州縣官吏等，各恭舊職，祗待聖恩。臣伏見吏部尚書劉晏及工部尚書李勉，知識忠貞，堪委大事，伏願陛下速令檢校，上副聖心。臣男建等，性不爲非，行亦近道，今勒歸東都私第，使他年爲臣報國，下慰幽魂。臨歿昏亂，伏表哀咽。

上覽表，嗟悼久之。特下詔褒美曰：

中衞社稷，外修疆事，合於一體，以靖庶邦，其在有終，謂之不朽。覩前代文武通賢，有匡時戡難，迫於大化，不忘時君，未嘗不嘉尚而流歎也。今有忠烈之臣彰，剛直

形外，純和積中，本於孝敬，輔以才略，統制藩閫，服勞王家。往以母老，躬於就養，豈不戀闕，以茲曠年。及苴麻在艱，優諭權奪，踴絕傷足，淚盡喪明，入覲之期，良願莫遂。想其風彩，久軫顧懷，遽見淪沒，用深追悼。嗟乎！方疾之時，以情自疏，無所有隱，見之於詞。復節守常，條上軍簿，請擇良帥，命于中朝。乃令遺胤，爰歸東洛，教忠以報國，約禮以居喪。古人所謂生不交利，死不屬其子，夫豈遠哉！節概誠亮，高絕無鄰，喟然感傷，鑒寐增慟。有以見東州士大夫勤王尊主之志，用嘉其休，可以垂範，宜付史館，式昭名臣。

子建、運、通。

建，大曆四年十二月，彰遣入朝，特加兼御史中丞，歸滑州。及彰卒，滑三軍逼奪情禮，建守死不從，舉家歸京師。服闋，累轉至右龍虎軍使。德宗以涇原兵亂，出幸奉天，建方教射於軍中，遂以四百人隨駕爲後殿。至奉天，以建爲行在中軍鼓角使。幸梁州，轉行在右廂兵馬使、右羽林大將軍、兼御史大夫。興元元年六月，加檢校左散騎常侍、行在都知兵馬使、左神武大將軍。建妻李氏，恆帥寶臣女也，建惡，將棄之，乃誣與傭教生邢士倫姦通。建召士倫榜殺之，因逐其妻。士倫母聞，不勝其痛，卒。李氏奏請按劾，詔令三司詰之。李

氏及奴婢款證，被誣顯明白，建方自首伏。建會赦免坐。德宗詔曰：「子育黎元，未能禁暴，在予之責，用軫于懷。宜輟常膳五百千文，充葬士倫母子。其父旣衰耄，至無所歸，良深矜念，委京兆尹厚加存恤。」貞元四年七月，以前官爲右領軍大將軍。五年三月，以專殺不辜，德宗念舊勳，特容貸之；復陳訴，詞甚虛罔，遂貶施州別駕同正，卒於貶所。貞元六年九月，贈右領軍大將軍。十年，贈揚州大都督。

運爲東都留守將，逐賊出郊，其日有劫轉運絹於道者，杜亞以運豪家子，意其爲之，乃令判官穆員及從事張弘靖同鞫其事。員與弘靖皆以運職在牙門，必不爲盜，抗請不按。亞不聽，而怒斥逐員等，令親事將武金鞫之。金笞箠運從者十餘人，一人笞死，九人不勝考掠自誣，竟無贓狀。亞具以聞，請流運於嶺表。德宗令侍御史李元素、刑部員外崔從質、大理司直盧士瞻三司覆按運獄，旣竟，明運迹非行盜，以曾捕掠人於家，配流歸州。武金肆虐作威，教人通款，配流建州。後歲餘，齊抗捕得劫轉運絹賊郭鵠、朱瞿曇等七人及贓絹，詔令杜亞與留臺同劾之，皆首伏。然終不原運，運死於歸州，衆冤之。

通，元和中，宰相李吉甫奏曰：「臣伏見代宗朝滑州節度使令狐彰臨終上表，悉以土地

兵甲籍上朝廷，遣諸子隨表歸闕。代宗以彰遺表宣示百僚，當時在位者聞之，無不感歎。今有次子通在。臣每感彰同時河朔諸鎭，付子傳孫，無不燻灼數代；唯彰忠義感激，奉國忘家，遣子入朝，以土地歸於先帝。貞元中，長子建坐事死於施州，幼子運亦無罪流於歸州，欲使忠義之人，何所激勸？今通幸存，得遇明聖，伏乞陛下召之與語，如堪用，望垂獎錄。」憲宗念彰之忠，卽授通贊善大夫，出爲宿州刺史。時討淮、蔡，用爲泗州刺史。歲中改壽州團練使、檢校御史中丞。每與賊戰，必虛張虜獲，得賊數人，卽爲露布上之，宰相武元衡笑而不奏；如有敗衂，卽不敢上聞。後爲賊所攻，境上城柵並陷，通走固州城，閉壁不出。憲宗遣李文通往宣慰，度其將至，遂令代通，貶爲昭州司戶，移撫州司馬。十四年，徵爲右衞將軍，制下，給事中崔植封還制書，言通前刺壽州失律，不宜遽加獎任。憲宗令宰相宣喻門下，言通父有功於國，不宜逐棄其子，制命方行。歲餘，出爲淄州刺史。長慶初，入爲左衞大將軍，卒。

田神功，冀州人也。家本微賤。天寶末，爲縣里胥，會河朔兵興，從事幽、薊。上元元年，爲平盧節度都知兵馬使，兼鴻臚卿，於鄭州破賊四千餘衆，生擒逆賊大將四人，牛馬器械不可勝數。尋爲鄧景山所引，至揚州，大掠百姓商人資產，郡內比屋發掘略徧，商胡波斯被殺者數千人。二年二月，生擒逆賊劉展，送于闕下。以擒展功，累遷檢校工部尙書、兼御史大夫、汴宋等八州節度使。大曆三年三月，朝京師，獻馬十四、金銀器五十件、繒綵一萬匹。時郭子儀入朝，請宴宰臣等於私第，神功効其請，亦以許之。尋加檢校右僕射，赴尙書省視事，特詔宰臣已下百官送上，仍加知省事以寵之。

神功忠朴幹勇，當時所稱。八年冬，復覲闕廷，遘疾，信宿而終。上悼惜，爲之徹樂，廢朝三日；贈司徒，賻絹一千匹、布五百端；特許百官弔喪，賜屛風茵褥於靈座，并賜千僧齋以追福，至德已來，將帥不兼三事者，哀榮無比。

弟神玉，自曹州刺史權汴州留後。大曆十年正月，加檢校兵部郎中、兼御史中丞，爲汴州刺史，知汴州節度觀察留後事并河陽、澤潞等兵馬，直擣淇門，會李承昭討魏博田承嗣。十一年卒，詔滑州李勉代之。

侯希逸，平盧人也。少習武藝。天寶末，安祿山反，署其腹心徐歸道爲平盧節度。希逸時爲平盧裨將，率兵與安東都護王玄志襲殺歸道，使以聞，詔以玄志爲平盧節度使。乾

元元年冬，玄志病卒，軍人共推立希逸爲平盧軍使，朝廷因授節度使。旣數爲賊所迫，希逸率勵將士，累破賊徒向潤客、李懷仙等。旣淹歲月，且無救援，又爲奚虜所侵，希逸拔其軍二萬餘人，且行且戰，遂達于青州。會田神功、能元皓於兗州，青州遂陷於希逸[三]，詔就加希逸爲平盧、淄青節度使。自是迄今，淄青節度皆帶平盧之名也。

希逸初領淄青，甚著聲稱，理兵務農，遠近美之。寶應元年，與諸節度同討襲史朝義，平之，加檢校工部尙書，賜實封，圖形凌煙閣。以私艱去職。大曆十一年九月，起復檢校尙書右僕射、上柱國，封淮陽郡王[四]。後漸縱恣，政事怠惰，尤崇奉釋教，且好畋遊，興功創寺宇，軍州苦之。永泰元年，因與巫者夜宿於城外，軍士乃閉之不納。希逸奔歸朝廷，拜檢校右僕射，久之，加知省事，還司空。詔出而卒，廢朝三日，贈太保。

李正己，高麗人也。本名懷玉，生於平盧。乾元元年，平盧節度使王玄志卒，會有敕遣使來存問，懷玉恐玄志子爲節度，遂殺之，與軍人共推立侯希逸爲軍帥。希逸母卽懷玉姑也。後與希逸同至青州，累至折衝將軍，驍健有勇力。寶應中，衆軍討史朝義，至鄭州。迴紇方強暴恣橫，諸節度皆下之，正己時爲軍候，獨欲以氣吞之。因與其角逐，衆軍聚觀，約

曰：「後者批之。」既逐而先，正己擒其領而批其背，迴紇尿液俱下，衆軍呼笑，虜慚，繇是不敢爲暴。

節度使侯希逸卽其外兄也，用爲兵馬使。正己沉毅得衆心，希逸因事解其職，軍中皆言其非罪，不當廢。會軍人逐希逸，希逸奔走，遂立正己爲帥，朝廷因授平盧淄青節度觀察使、海運押新羅渤海兩蕃使、檢校工部尚書、兼御史大夫、青州刺史，賜今名。尋加檢校尚書右僕射，封饒陽郡王。大曆十一年十月，檢校司空、同中書門下平章事。十三年，請入屬籍，從之。爲政嚴酷，所在不敢偶語。初有淄、青、齊、海、登、萊、沂、密、德、棣等州之地，與田承嗣、令狐彰、薛嵩、李寶臣、梁崇義更相影響。大曆中，薛嵩死，及李靈曜之亂，諸道共攻其地，得者爲己邑，正己復得曹、濮、徐、兗、鄆，共十有五州，內視同列，貨市渤海名馬，歲歲不絕。法令齊一，賦稅均輕，最稱強大。嘗攻田承嗣，威震鄰敵。歷檢校司空、左僕射、兼御史大夫，加平章事、太子太保、司徒。

後自青州徙居鄆州，使子納及腹心之將分理其地。建中後，畏懼朝廷，多不自安。聞將築汴州，乃移兵屯濟陰，晝夜教習爲備。河南騷然，天下爲憂，羽檄馳走，徵兵以益備。又於徐州增兵，以扼江淮，於是運輸爲之改道。未幾，發疽卒，時年四十九。子納擅總兵政，祕之數月，乃發喪。納阻兵，興元元年四月，歸順，方贈正己太尉。

納少時，正己遣將兵備秋，代宗召見嘉之，自奉禮郎超拜殿中丞、兼侍御史，賜紫金魚袋。歷檢校倉部郎中，兼總父兵，奏署淄州刺史。正己將兵擊田承嗣，奏署節度觀察留後。尋遷青州刺史，又奏署行軍司馬，兼曹州刺史、曹濮徐兗沂海留後，又加御史大夫。

建中初，正己、田悅、梁崇義、張惟岳皆反。二年，正己卒，納祕喪，統父衆，仍復爲亂。比會悅於濮陽，遣大將衞俊將兵一千救悅，爲河東節度使馬燧敗於洹水，殺傷殆盡。詔諸軍誅之，納從叔父洧以徐州，李士眞以德州，及棣州李長卿，皆以州歸順。納以彭城險阨，又怒洧背宗，乃悉兵圍之。詔宣武軍節度劉洽與諸軍救之，大敗納兵於城下。後將兵於濮陽，洽攻破其城外。納自城上見洽，涕泣悔罪；遣判官房說以其弟經、男成務朝京師，請因洽從順。會中使宋鳳朝見之，謂納計蹙，欲誅破之以爲己功，奏請無捨，上乃械說等繫禁中。納遂歸鄆州，復與李希烈、朱滔、王武俊、田悅合謀皆反，僞稱齊王，建置百官。及興元之降罪己詔，納乃効順，詔加檢校工部尚書、平盧軍節度、淄青等州觀察使。無幾，檢校右僕射、同中書門下平章事。時希烈圍陳州，納遣兵與諸軍奮擊，大破之，因解圍。加檢校司空，封五百戶。貞元初，升鄆州爲大都督府，改授長史。年三十四，薨於位，廢朝三日，贈賻有差。

子師古，累奏至青州刺史。貞元八年，納死，軍中以師古代其位而上請，朝廷因而授之。起復右金吾大將軍同正、平盧及青淄齊節度營田觀察、海運陸運押新羅渤海兩蕃使。成德軍節度王武俊率師次于德、棣二州，將取蛤蟆及三汊城。棣州之鹽池與蛤蟆歲出鹽數十萬斛，棣州之隸淄青也，其刺史李長卿以城入朱滔，而蛤蟆爲納所據，因城而戍之，以專鹽利。其後武俊以敗朱滔功，以德、棣二州隸之，蛤蟆猶爲納戍。納初於德州南跨河而城以守之，謂之三汊，交田緒以通魏博路，而侵掠德州，爲武俊患。及納卒，師古繼之。武俊以其年弱初立，舊將多死，心頗易之，乃率衆兵以取蛤蟆、三汊爲名，其實欲窺納之境。師古令棣州降將趙鎬拒之。武俊令其子士清將兵先濟於滴河，會士清營中火起，軍驚，惡之，未進。德宗遣使諭旨，武俊卽罷還。師古毀三汊口城，從詔旨。師古雖外奉朝命，而嘗畜侵軼之謀，招集亡命，必厚養之，其得罪於朝而逃詣師古者，因卽用之。其有任使于外者，皆留其妻子，或謀歸款於朝，事洩，族其家，衆畏死而不敢異圖。

貞元十年五月，師古服闋，加檢校禮部尚書。十二年正月，檢校尚書右僕射。十一月，師古丁母憂，起復左金吾上將軍同正。十五年正月，師古、杜佑、李欒妾媵並爲國夫人。十六年六月，與淮南節度使杜佑同制加中書門下平章事。及德宗遺詔下，告哀使未至，義成

軍節度使李元素以與師古鄰道，錄遺詔報師古，以示無外。師古遂集將士，引元素使者謂曰：「師古近得邸吏狀，具承聖躬萬福。李元素豈欲反，乃忽僞錄遺詔以寄。師古三代受國恩，位兼將相，見賊不可以不討。」遂杖元素使者，遽出兵以討元素爲名，冀因國喪以侵州縣。俄聞順宗卽位，師古乃罷兵。後累官至檢校司徒、兼侍中。卒，贈太傅。

師道，師古異母弟。其母張忠志女。師道時知密州事，師古死，其奴不發喪，潛使迎師道於密而奉之。朝命久未至，師道謀於將吏，或欲加兵於四境，其判官高沐固止之。乃請進兩稅，守鹽法，申官員，遣判官崔承寵、孔目官林英相繼奏事。時杜黃裳作相，欲乘其未定也，以計分削之，憲宗以蜀川方擾，不能加兵於師道。元和元年七月，遂命建王審遙領節度，授師道檢校左散騎常侍、兼御史大夫，權知鄆州事，充淄青節度留後。十月，加檢校工部尚書，兼鄆州大都督府長史，充平盧軍及淄青節度副大使，知節度事、管內支度營田觀察處置、陸運海運押新羅渤海兩蕃等使。自正己至師道，竊有鄆、曹等十二州，六十年矣。懼衆不附己，皆用嚴法制之。大將持兵鎭于外者，皆質其妻子；或謀歸款於朝，事洩，其家無少長皆殺之。以故能劫其衆，父子兄弟相傳焉。五年七月，檢校尚書右僕射。

十年，王師討蔡州，師道使賊燒河陰倉，斷建陵橋。初，師道置留邸於河南府，兵諜雜

以往來，吏不敢辨。因吳元濟北犯汝、鄭，郊畿多警，防禦兵盡戍伊闕，師道潛以兵數十百人內其邸，謀焚宮闕而肆殺掠。既烹牛饗衆矣，明日將出，會有小將楊進、李再興者詣留守呂元膺告變，元膺追伊闕兵圍之，半日不敢進攻。防禦判官王茂元殺一人而後進，或有毀其墉而入者。賊衆突出殺人，圍兵奔駭，賊得結伍中衢，內其妻子於囊橐中，以甲冑殿而行，防禦兵不敢追。賊出長夏門，轉掠郊墅，東濟伊水，入嵩山。元膺誡境上兵重購以捕之。數月，有山棚鬻鹿於市，賊遇而奪之，山棚走而徵其黨，或引官軍共圍之谷中，盡獲之。窮理得其魁首，乃中岳寺僧圓靜，年八十餘，嘗爲史思明將，偉悍過人。初執之，使巨力者奮鎚，不能折脛。圓靜罵曰：「鼠子，折人脚猶不能，敢稱健兒乎！」乃自置其足教折之。臨刑，乃曰：「誤我事，不得使洛城流血。」死者凡數十人。留守禦將二人、都亭驛卒五人、甘水驛卒三人，皆潛受其職署，而爲之耳目，自始謀及將敗，無知者。

初，師道多買田於伊闕、陸渾之間，凡十所處，欲以舍山棚而衣食之。有訾嘉珍、門察者，潛部分之，以屬圓靜，以師道錢千萬僞理嵩山之佛光寺，期以嘉珍竊發時舉火於山中，集二縣山棚人作亂。及窮按之，嘉珍、門察，乃賊武元衡者，元膺具狀以聞。及誅吳元濟，師道恐懼，上表乞聽朝旨，請割三州幷遣長子入侍宿衞，詔許之。

師道識暗，政事皆決於羣婢。婢有號蒲大姊、袁七娘者，爲謀主，乃言曰：「自先司徒以

來，有此十二州，奈何一日無苦而割之耶！今境內兵士數十萬人，不獻三州，不過發兵相加，可以力戰，戰不勝，乃議割地，未晚也。」師道從之而止，表言軍情不叶，乃詔諸軍討伐。十年十二月，武寧軍節度使李愿遣將王智興擊破師道之衆九千，斬首二千餘級，獲牛馬四千，遂至平陰。十一年十一月，加師道司空，仍遣給事中柳公綽往宣慰，且觀所爲，欲寬容之。師道苟以遜順爲辭，長惡不悛。十三年七月，滄州節度使鄭權破淄青賊於齊州福城縣，斬首五百餘級。十月，徐州節度使李愬、兵馬使李祐於兗州魚臺縣破賊三千餘人。魏博節度使田弘正率本軍自陽劉渡河，距鄆州九十里下營，再接戰，破賊三萬餘衆，生擒三千人，收器械不可勝紀。陳許節度使李光顏於濮陽縣界破賊，收斗門城、杜莊柵。田弘正復於故東阿縣界破賊五萬。諸軍四合，累下城柵。

師道使劉悟將兵當魏博軍，既敗，數令促戰。師未進，乃使奴召悟計事。悟知其來殺己，乃稱病不出，召將吏謀曰：「魏博兵強，乘勝出戰，必敗吾師，不出則死。今天子所誅，司空一人而已。悟與公等皆被驅逐就死地，何如轉禍爲福，殺其來使，以兵趣鄆州，立大功以求富貴。」衆皆曰：「善。」乃迎其使而斬之，遂齎師道追牒，以兵趣鄆州。及夜，至門，示以師道追牒，乃得入。兵士繼進，至毬場，因圍其內城，以火攻之，擒師道而斬其首，送于魏博軍，元和十四年二月也。是月，弘正獻於京師，天子命左右軍如受馘儀，先獻于太廟郊社，憲宗御興

安門受之，百僚稱賀。

初，東軍諸道行營節度擒逆賊將夏侯澄等共四十七人，詔曰：「附麗兇黨，拒抗王師，國有常刑，悉合誅戮。朕以久居汚俗，皆被脅從，況討伐已來，時日未幾，縱懷轉禍之計，未有効款之由，情似可矜，朕不忍殺。況三軍百姓，孰非吾人，詔令頒行，罪止師道。方欲拯於塗炭，是用活其性命，誠爲屈法，庶使知恩。並宜特從釋放，仍令却遞送至魏博及義成行營，各委節度收管驅使。如父母血屬猶在賊中，或羸老疾病情切歸還者，仍量事優當放去，務相全貸，何所疑留。」及澄等至行營，賊覘知傳告，叛徒皆感朝恩，由是劉悟得行其謀焉。

師道妻魏氏及小男並配掖庭。堂弟師賢、師智配流春州，姪弘巽配流雷州。詔分其十二州爲三節度，俾馬總、薛平、王遂分鎮焉。仍命宰臣崔羣撰碑以紀其績。國家自天寶末安祿山首亂兩河，至寶應元年王師平史朝義，其將薛嵩、李懷仙、田承嗣、李寶臣等受僞命分領州郡，朝廷厭兵，因僕固懷恩請，就加官爵。及侯希逸爲軍人逐出，正已又據齊、魯之地，既而遞相膠固，聯結姻好，職貢不入，法令不加，率以爲常。仍皆署其子爲副大使，父死子立，則以三軍之請聞，亦有爲大將所殺而自立者。自安、史以後，迄至于貞元，朝廷多務優容，每聞擅襲，因而授之，以故六十餘年，兩河號爲反側之俗。憲宗知人善任，剷平亂迹，兩河復爲王土焉。師道妻魏氏，元和十五年出家爲尼。

洧，正已從父兄也。正已用爲徐州刺史。正已死，子納犯宋州，洧以其州歸順，加御史大夫，封潮陽郡王，食實封二百戶，充招諭使。初，洧遣攝巡官崔程奉表至京師，令口奏幷白宰相：「徐州恐不能獨當賊，若得徐、海、沂三州節度都團練使，卽必立功。況海、沂兩州亦並爲賊納所據，非國家州縣。其刺史王涉、馬萬通等，洧並素與之約，若有詔命，冀必成功。」程乍自外到闕，以爲宰相一也，乃先以其言白張鎰，鎰言於盧杞。杞怒程不先白己，故洧所請不行，杞妨公害私，皆此類也。及李納遣兵攻徐州，劉洽與諸將擊退之，賊勢未衰，始加洧徐、海、沂都團練觀察使，尋加密州。時海、密州皆爲賊所據，不受洧命。旋加洧檢校戶部尚書。未幾，疽發背，稍平，乃大具糜餅，飯僧於市，洧乘平肩輿自臨其場，市人歡呼，洧驚，疽潰於背而卒，贈左僕射。

史臣曰：自安、史亂離，河朔割據，雖外尊朝旨，而內蓄姦謀。薛嵩祖父，國之名將，及身濡足賊廷，既沐國恩，尚存家法，守土奉職，終身一心，果有令人，克全餘慶。彰居喪循禮，有士子之風；馭衆權謀，著將軍之業。中外善政，終始令名，成功不居，告老致仕，方之者

鮮矣。背逆歸國，治兵牧民，上表推誠，舉賢代己，時稱能善始善終者也。建志稟遺訓，克全令名，不能終保功業，惜哉！神功忠勇，竟著勳名；希逸荒狂，自失茅土。師道祖父弟兄，盜據青、鄆，得計則潛圖兇逆，失勢則僞奉朝旨，向背任情，數十年矣。或問曰：師古之前，三帥而不滅；師道繼立，數年而亡者，何哉？答曰：納與師古，自運姦謀，躬臨戎事；朝廷任盧杞，以私妨公，致懷光變忠爲逆，李納父子，宜其苟延。洎憲宗當朝，裴度爲相，君臣道合，中外情通；師道外任諸奴，內聽羣婢，軍民攜貳，家族滅亡，不亦宜乎！假息數年，猶爲多矣，何所疑焉？

贊曰：田神功勇能立勳，令狐彰死不失節。薛平振家世以顯揚，師道任臧獲而亡滅。

校勘記

〔一〕張忠志　各本作「張志忠」。據本書同卷李正己傳及卷一四二李寶臣傳、卷一四三李懷仙傳、通鑑卷二二二改。

〔二〕徵兵防秋　「秋」字各本原作「狄」，據新書卷一四八令狐彰傳、合鈔卷一七五令狐彰傳改。

〔三〕青州遂陷於希逸　此句文字有訛誤。唐書合鈔補正卷五云：「朝廷以希逸攻守之功，詔爲青州節度，仍帶平盧名，所以寵異之也，謂之陷可乎？」按冊府卷四五〇此處作「平盧始陷於賊」。

〔四〕以私艱去職……封淮陽郡王　以上二十九字合鈔卷一七五侯希逸傳移在「拜檢校右僕射」下。

舊唐書卷一百二十五

列傳第七十五

張鎰 馮河清附　劉從一　蕭復　柳渾

張鎰，蘇州人，朔方節度使齊丘之子也。以門蔭授左衞兵曹參軍。郭子儀爲關內副元帥，以嘗伏事齊丘，辟鎰爲判官。授大理評事，遷殿中侍御史。乾元初，華原令盧樅以公事呵責邑人內侍齊令詵，令詵銜之，構誣。外發鎰按驗，樅當降官，及下有司，樅當杖死。鎰具公服白其母曰：「上疏理樅，樅必免死，鎰必坐貶。若以私則鎰負於當官，貶則以太夫人爲憂，敢問所安？」母曰：「爾無累於道，吾所安也。」遂執奏正罪，樅獲配流，鎰貶撫州司戶。量移晉陵令，未之官，洪吉觀察張鎬辟爲判官，奏授殿中侍御史。遷屯田員外郎，轉祠部、右司二員外。母憂居喪有聞，免喪，除司勳員外。交遊不雜，與楊綰、崔祐甫相善。大曆五年，除濠州刺史，爲政清淨，州事大理。乃招經術之士，講訓生徒，比去郡，升明

經者四十餘人。撰三禮圖九卷、五經微旨十四卷、孟子音義三卷。李靈曜反于汴州，鎰訓練鄉兵，嚴守禦之備，詔書褒異，加侍御史、沿淮鎮守使。尋遷壽州刺史，使如故。德宗卽位，除江南西道都團練觀察使、洪州刺史、兼御史中丞，徵拜吏部侍郎，尋除河中晉絳都防禦觀察使。到官數日，改汴滑節度觀察使、汴州刺史、兼御史大夫，以疾辭，逗留於中路，徵入，養疾私第。未幾，拜中書侍郎、平章事、集賢殿學士，修國史。

建中三年正月，太僕卿趙縱爲奴當千發其陰事，縱下御史臺，貶循州司馬，留當千於內侍省。鎰上疏論之曰：

伏見趙縱爲奴所告下獄，人皆震懼，未測聖情。貞觀二年，太宗謂侍臣曰：「比有奴告其主謀逆，此極弊法，特須禁斷。假令有謀反者，必不獨成，自有他人論之，豈藉其奴告也。自今已後，奴告主者皆不受，盡令斬決。」由是賤不得干貴，下不得陵上，教化之本既正，悖亂之漸不生。爲國之經，百代難改，欲全其事體，實在防微。頃者長安令李濟得罪因奴，萬年令霍晏得罪因婢，愚賤之輩，悖慢成風，主反畏之，動遭誣告，充溢府縣，莫能斷決。建中元年五月二十八日，詔曰：「準鬬競律，諸奴婢告主，非謀叛已上者，同自首法，並準律處分。」自此奴婢復順，獄訴稍息。今趙縱非叛逆，奴實姦兇，奴在禁中，縱獨下獄，考之於法，或恐未正。將帥之功，莫大於子儀；人臣之位，莫大

於尙父。歿身未幾，墳土僅乾，兩壻先已當辜，趙縱今又下獄。設令縱實抵法，所告非奴，纔經數月，連罪三壻。錄勳念舊，猶或可容，況在章程，本宜宥免〔一〕。陛下方誅羣賊，大用武臣，雖見寵於當時，恐息望於他日。太宗之令典尙在，陛下之明詔始行，一朝偕違，不與衆守，於敎化恐失，於刑法恐煩，所益悉無，所傷至廣。臣非私趙縱，非惡此奴，叨居股肱，職在匡弼，斯是大體，敢不極言。伏乞聖慈，納臣愚懇。

上深納之，縱於是左貶而已，當千杖殺之。鎰乃令召子儀家僮數百人，以死奴示之。

盧杞忌鎰名重道直，無以陷之，以方用兵西邊，杞乃僞請行，上固以不可，因薦鎰以中書侍郎爲鳳翔隴右節度使代朱泚，與吐蕃相尙結贊等盟於淸水。將盟，鎰與結贊約各以二千人赴壇所，執兵者半之，列於壇外二百步；散從者半之，分立壇下。鎰與賓佐齊映、齊抗及盟官崔漢衡、樊澤、常魯、于頔等七人，皆朝服；結贊與其本國將相論悉頰藏、論臧熱〔二〕、論利陁、斯官者、論力徐等亦七人，俱升壇爲盟。初，約漢以牛，蕃以馬爲牲，鎰恥與之盟，將殺其禮，乃請結贊曰：「漢非牛不田，蕃非馬不行，今請以羊豕犬三物代之。」結贊許諾。時塞外無豕，結贊請以羝羊，鎰出犬、白羊，乃坎於壇北刑之，雜血一器而歃，盟文曰：

唐有天下，恢奄禹跡，舟車所至，莫不率俾。以累聖重光，卜年惟永，恢王者之丕

業，被四海以聲敎。與吐蕃贊普，代爲婚姻，因結鄰好，安危同體，甥舅之國，將二百年。其間或因小忿，棄惠爲讎，封疆騷然，靡有寧歲。皇帝踐阼，愍茲黎元，乃釋俘囚，悉歸蕃落。二國展禮，同茲協和，行人往復，累布成命，是必詐謀不起，兵革不用矣。彼猶以兩國之要，求之永久，古有結盟，今請用之。國家務息邊人，外其故地，棄利蹈義，堅盟從約。今國家所守界：涇州西至彈箏峽西口，隴州西至淸水縣，鳳州西至同谷縣〔三〕，暨劍南西山、大渡河東，爲漢界。蕃國守鎭在蘭、渭、原、會，西至臨洮〔四〕，又東至成州，抵劍南西界磨些諸蠻〔五〕、大渡水西南，爲蕃界。其兵馬鎭守之處州縣見有居人，彼此兩邊見屬漢諸蠻，以今所分見住處依前爲定。其黃河以北，從故新泉軍直北至大磧，南至賀蘭山駱駝嶺爲界，中間悉爲閑田。盟文所有不載者，蕃有兵馬處蕃守，漢有兵馬處漢守，不得侵越。其先未有兵馬處，不得雜置幷築城堡耕種。今二國將相受辭而會，齋戒將事，告天地山川之神，惟神照臨〔六〕，無得愆墜。其盟文藏於郊廟，副在有司，二國之誠，其永保之。

結贊亦出盟文，不加於坎，但埋牲而已。盟畢，結贊請鎰就壇之西南隅佛幄中焚香爲誓〔七〕，誓畢，復升壇飲酒。獻酬之禮，各用其物，以將厚意而歸。

德宗將幸奉天，鎰竊知之，將迎鑾駕，具財貨服用獻行在。李楚琳者，嘗事朱泚，得其心。軍司馬齊映等密謀曰：「楚琳不去，必爲亂。」乃遣楚琳屯於隴州。楚琳知其謀，乃託故不時發。鎰始以迎駕心憂惑，以楚琳承命去矣，殊不促其行。鎰修飾邊幅，不爲軍士所悅。是夜，楚琳遂與其黨王汾、李卓、牛僧伽等作亂。鎰夜縋而走，判官齊映自水竇出，齊抗爲傭保負荷而逃，皆獲免。鎰出鳳翔三十里，及二子皆爲候騎所得，楚琳俱殺之；判官王沼、張元度、柳遇、李溆被殺。尋贈太子太傅，葬事官給。

馮河淸者，京兆人也。初以武藝從軍，隸朔方節度郭子儀，以戰功授左衞大將軍同正；隸涇原節度馬璘，頻以偏師禦吐蕃，甚有殺獲之功。歷試太子詹事、兼御史中丞，充兵馬使。建中四年，節度使姚令言率詔率兵赴關東，以河淸知兵馬留後，判官、殿中侍御史姚況知州事。及令言至京師，所統兵叛，上幸奉天，河淸與況聞之，乃集三軍大哭，因共激勵將吏，誓敦誠節，衆頗義之。卽時發甲仗、器械、車百餘輛，連夜送行在所。時駕初遷幸，六軍雖集，蒼黃之際，都無戎器，及涇州甲仗至，軍士大振。特詔褒其誠効，拜四鎭北庭行軍涇原節度使、兼御史大夫；姚況兼御史中丞、行軍司馬。俄加河淸檢校工部尙書。賊泚及姚令言累遣間諜招誘，河淸輒拘而戮焉。及駕幸梁州，其將田希鑒潛通泚，使結兇黨害河淸。尋贈尙書左僕射，葬事官給。興元元年，贈太子少傅。

劉從一，中書侍郎林甫之玄孫也。祖令植，禮部侍郎。父𤀹之，京兆府少尹。從一少舉進士，大曆中宏詞，授祕書省校書郎，以調中第，補渭南尉，雅爲常衮所推重。及衮爲相，遷監察御史。居無何，丁母憂。服除，宰相盧杞薦之，超遷侍御史。居數月，以親避除刑部員外郎。建中末，普王之爲元帥也，遷吏部郎中、兼御史中丞，爲元帥判官。德宗居奉天，拜刑部侍郎、平章事，從幸梁州。明年六月，改中書侍郎、平章事。歲中，加集賢殿大學士、修史。上遇之甚厚，以容身遠罪而已，不能有所匡輔。無幾，以疾請告，至是，病甚辭位，章疏六上，乃許，除戶部尙書。尋卒，年四十四，輟朝三日，贈太子太傅。初，林甫生祥道，麟德初爲右相，祥道卽從一曾伯祖也。令植從父兄齊賢，弘道初爲侍中。自祥道至從一，劉氏凡三相。

蕭復字履初，太子太師嵩之孫，新昌公主之子。父衡，太僕卿、駙馬都尉。少秉淸操，其羣從兄弟，競飾輿馬，以侈靡相尙，復衣澣濯之衣，獨居一室，習學不倦，非詞人儒士不

與之遊。伯華每歎異之。以主蔭，初爲宮門郎，累至太子僕。

廣德中，連歲不稔，穀價翔貴，家貧，將鬻昭應別業。時宰相王縉聞其林泉之美，心欲之，乃使弟紘諷焉，曰：「足下之才，固宜居右職，如以別業奉家兄，當以要地處矣。」復對曰：「僕以家貧而鬻舊業，將以拯濟孀幼耳，倘以易美職於身，令門內凍餒，非鄙夫之心也。」縉憾之，乃罷復官。沉廢數年，復處之自若。後累至尚書郎。大曆十四年，自常州刺史爲潭州刺史、湖南觀察使。及爲同州刺史，州人阻饑，有京畿觀察使儲廩在境內，復輒以賑貸，爲有司所劾削階。朋友唁之，復怡然曰：「苟利於人，敢憚薄罰。」尋爲兵部侍郎。

建中末，普王爲襄漢元帥，以復爲戶部尚書、統軍長史，以復父名衡，特詔避之，未行。扈駕奉天，拜吏部尚書、平章事。復嘗奏曰：「宦者自艱難已來，初爲監軍，自爾恩倖過重。此輩只合委宮掖之寄，不可參兵機政事之權。」上不悅，又請別對，奏云：「陛下臨御之初，聖德光被，自用楊炎、盧杞秉政，惛瀆皇猷，以致今日。今雖危急，伏願陛下深革睿思，微臣敢當此任。若令臣依阿偷免，臣不敢曠職。」盧杞奏對於上前，阿諛順旨，復正色曰：「盧杞之詞不正。」德宗愕然，退謂左右曰：「蕭復頗輕朕。」遂令往江南宣撫。

先時，淮南節度陳少遊首稱臣於李希烈，鳳翔將李楚琳殺節度使張鎰以應朱泚，鎰判官韋皋先知隴州留後，首殺豳叛卒數百人，不應楚琳。復江南使迴，與宰相同對訖，復獨留，

奏曰：「陛下自返宮闕，勳臣已蒙官爵，唯旌善懲惡，未有區分。陳少遊將相之寄最崇，首敗臣節；韋皋名宦最卑，特建忠義。請令韋皋代少遊，則天下明然知逆順之理。」上許之。復出，宰相李勉、盧翰、劉從一方同歸中書，中使馬欽緒至，揖從一，附耳語而退，諸相各歸閤。從一詣復曰：「適欽緒宣旨，令與公商量朝來所奏便進，勿令李勉、盧翰知。」復曰：「適來奏對，亦聞斯旨，然未諭聖心，已面陳述，上意尚爾，復未敢言其事。」復又曰：「唐、虞有僉曰之論，朝廷有事，尚合與公卿同議。今勉、翰不可在相位，即去之；既在相位，合同商量，何故獨避此之一節？且與公行之無爽，但恐寖以成俗，此政之大弊也。」竟不言於從一。從一奏之，上寖不悅。復累表辭疾，請罷知政事，從之，守太子左庶子。三年，坐郜國公主親累，檢校左庶子，於饒州安置。四年，終于饒州，時年五十七。

復門望高華，志礪名節，與流俗不甚通狎。及登台輔，臨事不苟，頗爲同列所嫉，以故居位不久。性孝友，居家甚睦，爲族子所累，晏然屏退，口未嘗言。

郜國公主者，肅宗之女也，出降駙馬蕭升，升於復爲從兄弟，升早卒。貞元中，蜀州別駕蕭鼎、商州豐陽令韋恪、前彭州司馬李萬、太子詹事李昇等出入主第，穢聲流聞。德宗怒，幽主於別第，李萬決殺，昇貶嶺南，蕭鼎、韋恪決四十，長流嶺表。又言公主行厭禱，其子位爲禱文，位弟佩、儒、偲及異父兄駙馬都尉裴液，並長流端州。公主女爲皇太子妃，即順宗

也。太子懽，亦請與妃離婚。六年，郜國薨，位兄弟及液詔還京師。液父徽，初尚郜國；徽卒，降蕭升〔八〕。

柳渾字夷曠，襄州人，其先自河東徙焉。六代祖惔，梁僕射。渾少孤，父慶休，官至渤海丞，而志學棲貧。天寶初，舉進士，補單父尉。至德中，爲江西採訪使皇甫侁判官，累除衢州司馬。未至，召拜監察御史。臺中執法之地，動限儀矩，渾性放曠，不甚檢束，僚長拘局，忿其疏縱。渾不樂，乞外任，執政惜其才，奏爲左補闕。明年，除殿中侍御史，知江西租庸院事。

大曆初，魏少遊鎮江西，奏署判官，累授檢校司封郎中。州理有開元寺僧與徒夜飲，醉而延火，歸罪於守門瘖奴，軍候亦受財，同上其狀，少遊信焉。人知奴冤，莫肯言。渾與崔祐甫遽入白，少遊驚問，醉僧首伏。既而謝曰：「微二君子，幾成老夫暗劣矣。」自此以公正聞。及路嗣恭領鎮，復以爲都團練副使。十二年，拜袁州刺史。

居二年，崔祐甫入相，薦爲諫議大夫、浙江東西黜陟使，累遷尚書左丞。及駕在奉天，微服徒行，遁終南山谷，踰旬方達行在。扈從至梁州，改左散騎常侍。初，渾之歸行在，賊

泚籍其名甚，願以致之，猶疑匿在閭里，乃加宰相。及克復，渾尚名載，乃上言：「頃爲狂賊點穢，臣實恥稱舊名，矧字或帶戈，時當偃武，請改名渾。」

貞元二年，拜兵部侍郎，封宜城縣伯。三年正月，加同平章事，仍判門下省。時上命玉工爲帶，墜壞一銙，乃私市以補；及獻，上指曰：「此何不相類？」工人伏罪，上命決死。詔至中書，渾執曰：「陛下若便殺則已，若下有司，即須議讞。且方春行刑，容臣條奏定罪。」以誤傷乘輿器服，杖六十，餘工釋放，詔從之。復奏：「故尚書左丞田季羔，公忠正直，先朝名臣。其祖、父皆以孝行旌表門閭，京城隋朝舊第，季羔一家而已。今被堂姪伯強進狀，請貨宅召市人馬，以討吐蕃。一開此門，恐滋不逞。討賊自有國計，豈資僥倖之徒？且毀棄義門，虧損風教，望少責罰，亦可懲勸。」上可其奏。

先時，韓滉自浙西入覲，朝廷委政待之，至於調兵食，籠鹽鐵，勾官吏贓罰，鋤豪強兼并，上悉仗焉。每奏事，或日旰，他相充位而已，公卿救過不能暇，無敢枝梧者。渾雖滉所引，心惡其專政，正色讓之曰：「先相公以狷察爲相，不滿歲而罷；今相公搒吏於省中至死，且非刑人之地，奈何蹈前非而又甚焉？專立威福，豈尊主卑臣之禮！」滉感悟愧悔，爲霽威焉。及白志貞除浙西觀察使，渾奏曰：「志貞一末吏憸人，縱稱廉謹，不當頓居重職。」適遇渾以疾稱告，即日詔下。疾間，因乞骸骨，優詔不許。其判門下，主吏白當過官，渾愀然曰：

「列官分職，復更撓之，非禮法也。千里辭家，以干徼祿，邑主辭辦，豈慮無能，矧旌善進賢，事不在此。」故其年注擬，無退量者。

及渾瑊與吐蕃會盟之日，上御便殿謂宰相曰：「和戎息師，國之大計，今日將士與卿同歡。」馬燧前賀曰：「今之一盟，百年內更無蕃寇。」渾曰：「五帝無誥誓之盟，皆在季末。今盛明之代，豈又行於夷狄！人面獸心，難以信結〔九〕，今日盟約，臣竊憂之。」李晟繼言曰：「臣生長邊城，知蕃戎心，今日之事，誠如渾言。」上變色曰：「柳渾書生，未達邊事；大臣智略，果亦有斯言乎！」皆頓首俯伏，遽令歸中書。其夜三更，邠寧節度韓遊瓌飛驛叩苑門，奏盟會不成，將校覆沒，兵臨近鎮，上驚歎，即遽其表以示渾。詰旦，臨軒慰勉渾曰：「卿文儒之士，而萬里知軍戎之情。」自此驟加禮異。時張延賞與渾同列，延賞怙權矜己，而嫉渾守正，俾其所厚謂渾曰：「相公舊德，但節言於廟堂，則重位可久。」渾曰：「爲吾謝張相公，柳渾頭可斷，而舌不可禁也。」自是爲其所擠，尋除常侍，罷知政事。貞元五年二月，以疾終，年七十五。有文集十卷。

渾母兄識，篤意文章，有重名於開元、天寶間，與蕭穎士、元德秀、劉迅相亞。其練理創端，往往詣極，當時作者，咸伏其簡拔，而趣尙辨博。渾亦善爲文，然趣時向功，非沉思之所及。渾警辯，好諧謔放達，與人交，豁然無隱。性節儉，不治產業，官至丞相，假宅而居。罷

相數日，則命親族尋勝，讌醉方歸，陶陶然忘其黜免。時李勉、盧翰皆退罷居第，相謂曰：「吾輩方柳宜城，悉爲拘俗之人也。」

史臣曰：張鎰、蕭復、柳渾，節行才能，訏謨亮直，皆足相明主，平泰階，而盧杞忌之於前，延賞排之於後，管仲有言：「任君子，使小人間之，害霸也。」德宗黜賢相，位姦臣，致朱泚、懷光之亂，是失其人也，豈尤其時哉！河清殁於王事，乃顯忠貞；從一舉自姦人，固宜循默。

贊曰：得人則興，失人則亡。鎰、復、渾去，宗社其殃。

校勘記

〔一〕本宜宥免　「宥」字各本原作「看」，據唐會要卷五一、冊府卷三二八改。

〔二〕論臧藏　「臧」字各本原無，據本書卷一九六下吐蕃傳、殘宋本冊府卷九八一補。

〔三〕同谷縣　「谷」字各本原作「父」，據本書卷一九六下吐蕃傳、冊府卷九八一改。

〔四〕西至臨洮　「至」字各本原作「使」，據本書卷一九六下吐蕃傳、冊府卷九八一改。

〔五〕磨些諸蠻　「磨」下各本原有「在」字，據本書卷一九六下吐蕃傳、冊府卷九八一刪。

〔六〕惟神照臨　「惟神」二字各本原無，據本書卷一九六下吐蕃傳、冊府卷九八一補。

〔七〕就壇之西南隅　「壇」字各本原作「疆」，據本書卷一九六下吐蕃傳、冊府卷九八一改。

〔八〕降蕭升　「降」字各本原作「侚」，據合鈔卷一七六蕭復傳改。

〔九〕五帝無誥誓之盟……難以信結　此處疑有脫誤。唐書合鈔補正卷五引影宋本舊唐書作：「五帝無誓誥，三王無詛盟，詛盟之興，皆在季末。今盛明之代，豈可以季末之事，行於夷狄！夫夷狄人面獸心，難於結信。」

舊唐書卷一百二十六

列傳第七十六

李揆　李涵　陳少遊　盧𢡟　裴諝

李揆字端卿，隴西成紀人，而家于鄭州，代爲冠族。秦府學士、給事中玄道玄孫，祕書監、贈吏部尚書成裕之子。少聰敏好學，善屬文。開元末，舉進士，補陳留尉，獻書闕下，詔中書試文章，擢拜右拾遺。改右補闕、起居郎，知宗子表疏。遷司勳員外郎、考功郎中，並知制誥。扈從劍南，拜中書舍人。

乾元初，兼禮部侍郎。揆嘗以主司取士，多不考實，徒峻其隄防，索其書策，殊未知藝不至者，文史之囿亦不能擒詞，深昧求賢之意也。其試進士文章，請於庭中設五經、諸史及切韻本於床，而引貢士謂之曰：「大國選士，但務得才，經籍在此，請恣尋檢。」由是數月之間，美聲上聞，未及畢事，遷中書侍郎、平章事、集賢殿崇文館大學士、修國史。

揆美風儀，善奏對，每有敷陳，皆符獻替。肅宗賞歎之，嘗謂揆曰：「卿門地、人物、文章，皆當代所推。」故時人稱爲三絕。其爲舍人也，宗室請加張皇后「翊聖」之號，肅宗召揆問之，對曰：「臣觀往古后妃，終則有謚。生加尊號，未之前聞。景龍失政，韋氏專恣，加號翊聖，今若加皇后之號，與韋氏同。陛下明聖，動遵典禮，豈可蹤景龍故事哉！」肅宗驚曰：「凡才幾誤我家事。」遂止。時代宗自廣平王改封成王，張皇后有子數歲，陰有奪宗之議。揆因對見，肅宗從容曰：「成王嫡長有功，今當命嗣，卿意何如？」揆拜賀曰：「陛下言及於此，社稷之福，天下幸甚，臣不勝大慶。」肅宗喜曰：「朕計決矣。」自此頗承恩遇，遂蒙大用。

時京師多盜賊，有通衢殺人置溝中者，李輔國方恣橫，上請選羽林騎士五百人以備巡檢。揆上疏曰：「昔西漢以南北軍相統攝，故周勃因南軍入北軍，遂安劉氏。皇朝置南北衙，文武區分，以相伺察。今以羽林代金吾警夜，忽有非常之變，將何以制之？」遂制罷羽林之請。

揆在相位，決事獻替，雖甚博辨，性銳於名利，深爲物議所非。又其兄皆自有時名[一]，滯於冗官，竟不引進。同列呂諲，地望雖懸，政事在揆之右，罷相，自賓客爲荆南節度，聲問甚美。懼其重入，遂密令直省至諲管內構求諲過失。諲密疏自陳，乃貶揆萊州長史同正員，其制旨曰：「扇湖南之八州，沮江陵之節制。」揆既黜官，數日，其兄皆改授爲司門員外郎。後累年，揆量移歙州刺史。

初，揆秉政，侍中苗晉卿累薦元載爲重官。揆自恃門望，以載地寒，意甚輕易，不納，而謂晉卿曰：「龍章鳳姿之士不見用，麞頭鼠目之子乃求官。」載銜恨頗深。及載登相位，因揆當徙職，遂奏爲試祕書監，江淮養疾。既無祿俸，家復貧乏，孀孤百口，丐食取給。萍寄諸州，凡十五六年，其牧守稍薄，則又移居，故其遷徙者，蓋十餘州焉。元載以罪誅，除揆睦州刺史，入拜國子祭酒、禮部尚書，爲盧杞所惡。德宗在山南，令充入蕃會盟使，加左僕射。行至鳳州，以疾卒，興元元年四月也，年七十四。贈司空，喪事官給。

李涵，高平王道立曾孫[二]。父少康，宋州刺史。涵簡素恭慎，有名宗室，累授贊善大夫、兼侍御史。朔方節度郭子儀奏爲關內鹽池判官。肅宗北幸平涼，未有所適。涵與朔方留後杜鴻漸，草牋具朔方兵馬招集之勢，軍資倉儲庫物之數，咸推涵宗枝之英，純厚忠信，乃令涵奉牋至平涼謁見。涵敷奏明辯，動合事機，肅宗大悅，除右司員外郎，累至司封郎中、宗正少卿。

寶應元年，初平河朔，代宗以涵忠謹洽聞，遷左庶子、兼御史中丞、河北宣慰使。會丁

母憂，起復本官而行，每州縣郵驛，公事之外，未嘗啓口，疏飯飲水，席地而息。使還，請罷官終喪制，代宗以其毀瘠，許之。服闋，除給事中，遷尚書左丞。以幽州之亂，充河朔宣慰使。大曆六年正月，爲蘇州刺史、兼御史大夫，充浙江西道都團練觀察等使。十一年，來朝，拜御史大夫。京畿觀察使李栖筠歿，代之。

德宗卽位，以涵和易，無剸割之才，除太子少傅，充山陵副使。涵判官殿中侍御史呂渭上言：「涵父名少康，今官名犯諱，恐乖禮典。」宰相崔祐甫奏曰：「若朝廷事有乖舛，羣臣悉能如此，實太平之道。」除渭司門員外郎。尋有人言：「涵昔爲宗正少卿，此時無言，今爲少傅，妄有奏議。」詔曰：「呂渭僭陳章奏，爲其本使薄訴官名。朕以宋有司城之嫌，晉有詞曹之諱，歎其忠於所事，亦謂確以上聞。乃加殊恩，俾膺厚賞。近聞所陳『少』字，往歲已任少卿，昔是今非，罔我何甚！豈得謬當朝典，更廁周行，宜佐遐藩，用誡薄俗。可歙州司馬同正。」由是改涵爲檢校工部尚書、兼光祿卿，仍充山陵副使。無幾，以右僕射致仕。興元元年九月卒，追贈太子太保。

陳少遊，博州人也。祖儼，安西副都護。父慶，右武衛兵曹參軍，以少遊累贈工部尚

書。少遊幼聰辯，初習莊、列、老子，爲崇玄館學生，衆推引講經。時同列有私習經義者，期升坐日相問難。及會，少遊攝齊升坐，音韻淸辯，觀者屬目。所引文句，悉兼他義，諸生不能對，甚爲大學士陳希烈所歎賞，又以同宗，遇之甚厚。

既擢第，補渝州南平令，理甚有聲。至德中，河東節度王思禮奏爲參謀，累授大理司直、監察殿中侍御史、節度判官。寶應元年，入爲金部員外郎。尋授侍御史、迴紇糧料使，改檢校職方員外郎。充使檢校郎官，自少遊始也。明年，僕固懷恩奏爲河北副元帥判官、兵部郎中、兼侍御史。遷晉州刺史，改同州刺史，未視事，又歷晉、鄭二州刺史。少遊爲理，長於權變，時推幹濟，然厚斂財貨，交結權倖，以是頻獲遷擢。無幾，澤潞節度使李抱玉表爲副使、御史中丞、陳鄭二州留後。

永泰二年，抱玉又奏爲隴右行軍司馬，拜檢校左庶子，依前兼中丞。其年，除桂州刺史、桂管觀察使。少遊以嶺徼遐遠，欲規求近郡。時中官董秀掌樞密用事，少遊乃宿於其里，候其下直，際晚謁之，從容曰：「七郎家中人數幾何？每月所費復幾何？」秀曰：「久忝近職，家累甚重，又屬時物騰貴，一月過千餘貫。」少遊曰：「據此之費，俸錢不足支數日，其餘常須數求外人，方可取濟。倘有輸誠供億者，但留心庇覆之，固易爲力耳。少遊雖不才，請以一身獨供七郎之費，每歲請獻錢五萬貫。今見有大半，請即受納，餘到官續送。免貴人

勞慮，不亦可乎？」秀既踰於始望，欣愜頗甚，因與之厚相結。少遊言訖，泣曰：「南方炎瘴，深愴違辭，但恐不生還再覩顏色矣。」秀遽曰：「中丞美才，不當遠官，請從容旬日，冀竭蹇分。」時少遊又已納賄於元載子仲武矣。秀、載內外引薦，數日，拜宣州刺史、宣歙池都團練觀察使。

大曆五年，改越州刺史、兼御史大夫、浙東觀察使。八年，遷揚州大都督府長史、淮南節度觀察使，仍加銀青光祿大夫，封潁川縣開國子。所在悉心綏輯，而多以任數爲政，好行小惠，胥吏得職，人亦獲安。及朝廷多事，奏請本道兩稅錢千增二百。因詔諸道悉如淮南，鹽每一斗更加一百文。少遊十餘年間，三總大藩，皆天下殷厚處也。以故徵求貿易，且無虛日，斂積財寶，累巨億萬，多賂遺權貴，視文雅淸流之士，蔑如也。初結元載，每年饋金帛約十萬貫，又多納賂於用事中官駱奉先、劉淸潭、吳承倩等，由是美聲達於中禁。後見元載在相位年深，以過犯漸見疑忌，少遊亦稍疏之。無何，載子伯和貶官揚州，少遊外與之交結，而陰使人伺其過失，密以上聞。代宗以爲忠，待之益厚。

上即位，累加檢校禮部、兵部尚書。建中三年，李納反叛，少遊以師收徐、海等州，尋棄之，退軍盱眙。又加檢校左僕射，賜實封三百戶。其年，就加同平章事。關播嘗爲少遊賓僚，盧杞早年與之同在僕固懷恩使府，故驟加其官秩。

四年十月，鑾幸奉天，度支汴東兩稅使包佶在揚州，尚未知也。佶判官崔沅遽報少遊，佶時所總賦稅錢帛約八百萬貫在焉，少遊意以爲賊據京師，未即收復，遂脅取其財物。先使判官崔頩就佶強索其納給文曆，并請供二百萬貫錢物以助軍費，佶答曰：「所用財帛，須承敕命。」未與之。頩勃然曰：「中丞若得，爲劉長卿；不爾，爲崔衆矣。」長卿嘗任租庸使，爲吳仲孺所困，崔衆供軍吝財，爲光弼所殺，故頩言及之。佶大懼，不敢固護，財帛將轉輸入京師者，悉爲少遊奪之。佶自謁，少遊止焉，長揖而遣，既懼禍，奔往白沙。少遊又遣判官房孺復召之，佶愈懼，託以巡檢，因急棹過江，妻子伏案牘中。至上元，復爲韓滉所拘留。佶先有兵三千，守禦財貨，令高越、元甫將焉，少遊盡奪之。隨佶渡江者，又爲韓滉所留，佶但領胥吏往江、鄂等州。佶於彈丸中置表，以少遊脅取財帛事。會少遊使繼至，上問曰：「少遊取包佶財帛，有之乎？」對曰：「臣發揚州後，非所知也。」上曰：「少遊國之守臣，或防他盜，供費軍旅，收亦何傷。」時方隅阻絕，國命未振，遠近聞之大驚，咸以聖情達於變通，明見萬里。少遊後聞之，乃安。

及李希烈陷汴州，聲言欲襲江淮。少遊懼，乃使參謀溫述由壽州送款於希烈曰：「濠、壽、舒、廬，尋令罷壘，韜戈卷甲，佇候指揮。」少遊又遣巡官趙詵於鄆州結李納。其年，希烈僭號，遣其將楊豐齎僞赦書赴揚州，至壽州，爲刺史張建封候騎所得，建封對中使二人及少

遊判官許子瑞廷責豐而斬之。希烈聞之大怒，即署其大將杜少誠爲僞僕射、淮南節度，令先平壽州，後取廣陵。建封於霍丘堅柵，嚴加守禁，少誠竟不能進。後包佶入朝，具奏少遊奪財賦事狀，少遊大懼，乃上表，以所取包佶財貨，皆是供軍急用，今請據數卻納。既而州府殘破，無以上塡，乃與腹心孔目官等設法重稅管內百姓以供之。無何，劉洽收汴州，得希烈僞起居注「某月日陳少遊上表歸順」。少遊聞之，慚惶發疾，數日而卒，年六十一，贈太尉，賻布帛，葬祭如常儀。

盧惎，幽州范陽人也，貞觀中工部侍郎義恭玄孫也。父子騫，潁王府諸議參軍，以惎贈祕書少監。惎少以門蔭入仕，在職以幹局稱。累授閬州錄事參軍、監察殿中御史、侍御史、金州刺史。宰相楊炎遇之頗厚，召入左司郎中、京兆少尹，遷大尹。惎無術學，善事權要，爲政苛躁。盧杞甚惡之，諷有司彈奏，坐貶撫州司馬同正，改饒州刺史，遷福州刺史、福建觀察使。貞元二年七月，以疾終。

裴諝字士明，河南洛陽人。父寬，禮部尙書，有重名於開元、天寶間。諝少舉明經，補河南府參軍，通達簡率，不好苛細。積官至京兆倉曹，丁父喪，居東都。是時，安祿山盜陷二京，東都收復，遷太子司議郎。無幾，虢王巨奏署侍御史、襄鄧營田判官，丁母憂。東都復爲史思明所陷，諝藏匿山谷。思明嘗爲諝父將校，懷舊恩，又素慕諝名，欲必得之，因令捕騎數十跡逐得諝。思明見之，甚喜，呼爲郎君，不名，僞授御史中丞，主擊斷。時思明殘殺宗室，諝陰緩之，全活者數百人。又嘗疏賊短長以聞，事泄，思明大怒詬罵，僅而免死。賊平，除太子中允，遷考功郎中，數召見言事。

代宗居陝，諝步懷考功及南曹二印赴行在，上見而謂之曰：「疾風知勁草，果信矣。」將以爲御史中丞，爲元載所排，爲河東道租庸鹽鐵等使。時關輔大旱，諝入計，代宗召見便殿，問諝：「榷酤之利，一歲出入幾何？」諝久之不對。上復問之，對曰：「臣有所思。」上曰：「何思？」對曰：「臣自河東來，其間所歷三百里，見農人愁歎，穀菽未種。誠謂陛下軫念，先問人之疾苦，而乃責臣以利。孟子曰：理國者，仁義而已，何以利爲？由是未敢即對也。」上前坐曰：「微公言，吾不聞此。」拜左司郎中。上時訪以事，執政者忌之，出爲虔州刺史，歷饒、廬、亳三州刺史。入爲右金吾將軍。

建中初，上以刑名理天下，百吏震悚。時十月禁屠殺，以甫近山陵，禁益嚴。尙父、汾陽

王郭子儀隸人殺羊以入，門者覺之，諝列奏狀，上以爲不畏強禦，累遣宣諭。或謂諝曰：「郭公有社稷功，豈不爲蓋之？」諝笑曰：「非爾所解。且郭公威權太盛，上新卽位，必謂黨附者衆。今發其細過，以明不弄權耳。吾上以盡事君之道，下以安大臣，不亦可乎？」時於朝堂別置三司以決庶獄，辯爭者輒擊登聞鼓，諝上疏曰：「夫諫鼓謗木之設，所以達幽枉，延直言。今輕猾之人，援桴鳴鼓，始動天聽，竟因纖微。若然者，安用吏理乎！」上然之，悉歸有司。諝以法吏舞文，多挾宿怨，因獻獄官箴以諷。無何，坐所善僧抵法，貶閬州司馬。徵爲右庶子，改千牛上將軍。會吐蕃入寇，尋拜吏部侍郎，兼御史大夫，爲吐蕃使，不行。無幾，轉太子賓客、兵部侍郎、河南尹、東都副留守。

諝自河南凡五代爲官，入視事，未嘗當正處，不鞫人於贓罪，以寬厚和易爲理。貞元九年十一月，以疾終，年七十五，贈禮部尙書。

史臣曰：李揆發言沃心，幸遇明主；蔽賢固位，終非令人。少遊逐勢利隨時，盧惎事權要巧宦，察言觀行，皆無可稱。涵節行著聞，諝和易爲理，庶幾近仁也。

贊曰：李、陳、盧惎，言行非眞。涵、諝和易，庶乎近仁。

校勘記

〔一〕皆　新書卷一五〇李揆傳作「楷」。

〔二〕道立　各本原作「道之」，據冊府卷八九九、新書卷七八永安王孝基傳改。

舊唐書卷一百二十七

列傳第七十七

姚令言　張光晟　源休　喬琳　張涉　蔣鎭　洪經綸
彭偃

姚令言，河中人也。少應募，起於卒伍，隸涇原節度馬璘。以戰功累授金吾大將軍同正，爲衙前兵馬使，改試太常卿、兼御史中丞。建中元年，孟暤爲涇原節度留後，自以文吏進身，不樂軍旅，頻表薦令言謹肅，堪任將帥。暤尋歸朝廷，遂拜令言爲四鎭北庭行營涇原節度使、涇州刺史、兼御史大夫。

建中四年，李希烈叛，寇陷汝州，詔哥舒曜率師攻之，營于襄城。希烈兵數萬圍襄城，勢甚危急。十月，詔令言率本鎭兵五萬赴援。涇師離鎭，多攜子弟而來，望至京師以獲厚賞，及師上路，一無所賜。時詔京兆尹王翃犒軍士，唯糲食菜啖而已，軍士覆而不顧，皆憤

怒，揚言曰：「吾輩棄父母妻子，將死於難，而食不得飽，安能以草命捍白刃耶！國家瓊林、大盈，寶貨堆積，不取此以自活，何往耶？」行次滻水，乃返戈，大呼鼓譟而還。令言曰：「比約東都有厚賞，兒郎勿草草，此非求活之良圖也。」衆不聽，以戈環令言請退，令言急奏之。上恐，令內庫出繒綵二十車馳賜之，軍聲浩浩，令言不能戢。街市居人狼狽走竄，亂兵呼曰：「勿走，不稅汝間架矣！」德宗令普王與學士姜公輔往撫勞之，纔出內門，賊已斬關，陣于丹鳳樓下。是日，德宗倉卒出幸，賊縱入府庫輦運，極力而止。

時太尉朱泚罷鎭居晉昌里第，是夜，叛卒謀曰：「朱太尉久囚於宅，若迎爲主，大事濟矣。」泚嘗節制涇州，衆知其失權，廢居怏怏，又幸泚寬和，乃請令言率騎迎泚於晉昌里。泚初遲疑，以食飼之，徐觀衆意，既而諸校齊至，乃自第張炬火入居含元殿。既僭號，乃以令言爲侍中，與源休同知賊政事。

既以身先逆亂，頗盡心於賊，害宗室，圍奉天，皆令言爲首帥也。羣兇宴樂，既醉，令言與源休論功，令言自比蕭何，源休曰：「帷幄之謀，成秦之業，無出予之右者。吾比蕭何無讓，子當曹參可矣。」時朝士在賊廷者，聞之皆笑，謂源休爲火迫酇侯。朱泚敗，令言與張廷芝尙有衆萬人，從泚將入吐蕃。至涇州，欲投田希鑒，希鑒僞致禮誘之，與泚俱斬首來獻。

張光晟，京兆盩厔人，起於行間。天寶末，哥舒翰兵敗潼關，大將王思禮所乘馬中流矢而斃，光晟時在騎卒之中，因下，以馬授思禮。思禮問其姓名，不告而退，思禮陰記其形貌，常使人密求之。無何，思禮爲河東節度使，其偏將辛雲京爲代州刺史，屢爲將校譖毀，思禮怒焉。雲京惶懼，不知所出。光晟時隸雲京麾下，因間進曰：「光晟素有德於王司空，比不言者，恥以舊恩受賞。今使君憂迫，光晟請奉命一見司空，則使君之難可解。」雲京然其計，即令之太原。乃謁思禮，未及言舊，思禮識之，遽曰：「爾豈非吾故人乎？何相見之晚也！」光晟遂陳潼關之事，思禮大喜，因執其手感泣曰：「吾有今日，子之力也。求子頗久，竟此相遇，何慰如之？」命同榻而坐，結爲兄弟。光晟遂述雲京之屈，思禮曰：「雲京比涉謗言，過亦不細，今爲故人，特捨之矣。」即日擢光晟爲兵馬使，賚田宅、縑帛甚厚，累奏特進，試太常少卿，委以心腹。及雲京爲河東節度使，又奏光晟爲代州刺史。

大曆末，遷單于都護、兼御史中丞、振武軍使。代宗密謂之曰：「北蕃縱橫日久，當思所禦之計。」光晟既受命，至鎭，威令甚行。建中元年，迴紇突董梅錄領衆幷雜種胡等自京師還國，輿載金帛，相屬於道。光晟訝其裝橐頗多，潛令驛吏以長錐刺之，則皆輦歸所誘致京

師婦人也。遂給突董及所領徒悉令赴宴，酒酣，光晟伏甲盡拘而殺之，死者千餘人，唯留二胡歸國復命。遂部其婦人，給糧還京，收其金帛，賞賚軍士。後迴紇遣使來訴，上不欲甚阻蕃情，徵拜右金吾將軍。迴紇猶怨懟不已，又降爲睦王傅，尋改太僕卿，負才怏怏不得志。

賊泚僭逆，署光晟僞節度使兼宰相。及泚衆頻敗，遂擇精兵五千配光晟，營於九曲，去東渭橋凡十餘里。光晟潛使於李晟，有歸順之意。晟進兵入苑，光晟勸賊泚宜速西奔，光晟以數千人送泚出城，因率衆迴降於晟。晟以其誠款，又愛其材，欲奏用之，俾令歸私第，表請特減其罪。每大宴會，皆令就坐，華州節度使駱元光詬之曰：「吾不能與反虜同席！」拂衣還營。晟不得已，拘之私第，後有詔言其狀跡不可原，乃斬之。

源休，相州臨漳人，京兆尹光輿之子也。休以幹局，累授監察御史、殿中侍御史、青苗使判官，遷虞部員外郎。出潭州刺史，入爲主客郎中，遷給事中、御史中丞、左庶子。其妻，即吏部侍郎王翃女也。因小忿而離，妻族上訴，下御史臺驗理，休遲留不答款狀，除名，配流溱州。久之，移岳州。

建中初，楊炎執政，以京兆尹嚴郢威名稍著，心欲傾之。郢，即王翃甥婿也。休與王氏離絕之時，炎風聞休、郢有隙，遂擢休自流人爲京兆少尹，俾令伺郢過失。休既職久，與郢親善，炎怒之，奏令以本官兼御史中丞，奉使迴紇。休至振武，軍使張光晟已殺迴紇突董等，上初欲遂絕其使，令休還，待命于太原。久之方遣，仍令休歸其突董、翳密施大小梅錄等四屍。突董者，即武義可汗之叔父也[二]。屍既至，可汗令宰臣已下具綵服車馬來迎。其宰相頡于思迦坐大帳，立休等於帳外雪中，詰殺突董等故。休曰：「突董等自與張光晟忿鬬而死，非天子命也[三]。」又問：「使者背唐國，負罪當死，不能自戮耶？不然，何假手於我殺之也？」凡將殺者數矣，言頗悖慢，乃引去，供餼甚薄，留之五十餘日，乃得還。可汗使謂休曰：「我國人皆欲殺汝，唯我不然。汝國已殺突董等，吾又殺汝，猶以血洗血，汙益甚爾。吾今以水洗血，不亦善乎！所欠吾馬直絹一百八十萬疋，當速歸之。」遣散支將軍康赤心等隨休來朝，休竟不得見其可汗。尋遣赤心等歸，與之帛十萬疋、金銀十萬兩，償其馬直。休履危而還，宰相盧杞又恐復命之日以口辯結恩，將至太原，遽奏爲光祿卿。休以其遠使賞薄，居常怨望。

會涇原兵叛，立朱泚爲主。初但稱太尉，朝官謁泚者，悉勸奉迎鑾駕，既不合泚意而退。及休至，遂屏人移時，言多悖逆，盛陳成敗，稱泚符命，勸令僭號。泚悅其言，以休爲宰

相，判度支。休遂爲謀主，至於兵食軍資，遷除補擬，內外咨謀，一稟休畫。故時人云：「源休之逆，甚於朱泚。」朝廷大臣之奔竄不獲者，多爲休所誘致，以至戮辱，職休而爲，蓋非一焉。又勸泚鋤翦宗室，以絕人望，命萬年縣賊曹尉楊偡專其斷決，諸王子孫遇害不可勝數。泚敗走，休隨至寧州。泚死，休走鳳翔，爲其部曲所殺，傳首來獻。休三子並斬于東市，籍沒其家。

喬琳，太原人。少孤貧志學，以文詞稱。天寶初，舉進士，補成武尉，累授興平尉。朔方節度郭子儀辟爲掌書記，尋拜監察御史。琳倜儻疏誕，好談諧，侮諠僚列，頗無禮檢。同院御史畢耀初與琳嘲誚往復，因成釁隙，遂以公事互相告訴，坐貶巴州員外司戶。遂起爲南郭令，改殿中侍御史，充山南節度張獻誠行軍司馬。使罷，爲劍南東川節度鮮于叔明判官。改檢校駕部郎中[四]、果綿遂三州刺史、兼御史中丞。入爲大理少卿、國子祭酒。出爲懷州刺史。琳素與張涉友善，上在春宮，涉嘗爲侍讀。及嗣位，多以政事詢訪於涉，盛稱琳識度材略，堪備大用，因拜御史大夫、平章事。琳本粗材，又年高有耳疾，上每顧問，對答失次，論奏不合時。倖居相位，凡八十餘日，除工部尚書，罷知政事，尋加迎皇太后副使。

朱泚之亂，扈從至奉天，轉吏部尚書，遷太子少師。再幸梁、洋，琳從至盩厔，託以馬乏遲留，上以琳舊老，心敬重之，慰諭頗至，以御馬一匹給焉。又懇辭以老疾不堪山阻登頓，上悵然，賜之所執策曰：「勉爲良圖，與卿決矣。」後數日，乃削髮爲僧，止仙遊寺。賊泚聞之，遂令數十騎追至京城，俾爲僞吏部尚書。令源休被公服，饋肉食，琳雖辭讓，而僧言求施。琳掌賊中吏部，選人前請曰：「所注某官不穩便。」琳謂之曰：「足下謂此選竟穩便乎？」及官軍收京師，當處極刑，時琳已七十餘，李晟憫其衰老，表請減死。上以其累經重任，頓虧臣節，自受逆命，頗聞譏諧悖慢之言，背義負恩，固不可捨，命斬之。臨刑歎曰：「喬琳以七月七日生，亦以此日死，豈非命歟！」

張涉者，蒲州人，家世儒者。涉依國學爲諸生講說，稍遷國子博士，亦能爲文，嘗請有司日試萬言，時呼張萬言。德宗在春宮，受經于涉。及即位之夕，召涉入宮，訪以庶政，大小之事皆咨之。翌日，詔居翰林，恩禮甚厚，親重莫比，自博士遷散騎常侍。上方屬意宰輔，唯賢是擇，故求人於不次之地。涉舉懷州刺史喬琳爲相，上授之不疑，天下聞之者皆愕然。數月，琳以不稱職罷，上由是疏涉。俄受前湖南都團練使辛京杲賕事發，詔曰：「尊師之道，

禮有所加；議故之法，恩有所掩。張涉賄賂交通，頗駭時聽，常所親重，良深歎惜。宜放歸田里。」

蔣鎮，常州義興人，尚書左丞洌之子也。與兄鍊並以文學進。天寶末舉賢良，累授左拾遺、司封員外郎，轉諫議大夫。時戶部侍郎、判度支韓滉上言：「河中鹽池生瑞鹽，實土德之上瑞。」上以秋霖稍多，水潦爲患，不宜生瑞，命鎮馳驛檢行之。鎮奏與滉同，仍上表賀，請宣付史館，幷請置神祠，錫其嘉號寶應靈慶池。時霖潦彌月，壞居人廬舍非一，鹽池爲潦水所入，其味多苦。韓滉慮鹽戶減稅，詐奏雨不壞池，池生瑞鹽，鎮庇之飾詐，識者醜之。轉給事中、工部侍郎，以簡儉稱於時。

其妹壻源溥，即休之弟也，以姻媾之故，與休交好。涇師之叛，鎮潛竄，夜至鄠縣西，馬蹶墮溝澗中，傷足不能進。時兄鍊已與源休相率受賊僞官。鎮僕人有逃歸投鍊，云鎮病足在鄠。鍊與源休聞之大喜，遂言於賊泚。泚素慕鎮清名，即令騎二百求之鄠縣西。明日，擁鎮而至，署爲僞宰相。既知不免，每憂沮，常懷刃將自裁，多爲兄鍊所救而罷。數日後，復謀竄匿，竟以性懦畏怯，計終不果。然源休與泚頻議，欲逼脅潛藏衣冠，大加殺戮，鎮輒力

爭救，獲全者甚衆。至是，與兄鍊等並授僞職，斬於東市西北街。

初，鎮父洌，叔渙，當祿山、思明之亂，並授僞職，然以家風修整，爲士大夫所稱。鎮兄弟亦以教義禮法爲己任，而貪祿愛死，節隳身戮，爲天下笑。

洪經綸，建中初爲黜陟使。至東都，訪聞魏州田悅食糧兵凡七萬人，經綸素昧時機，先以符停其兵四萬人，令歸農畝。田悅僞順命，即依符罷之；而大集所罷兵士，激怒之曰：「爾等在軍旅，各有父母妻子，既爲黜陟使所罷，如何得衣食？」遂大哭。悅乃盡出家財衣服厚給之，各令還其部伍，自此人堅叛心，由是罷職。及朱泚反，僞授太常少卿。

彭偃，少負俊才，銳於進取，爲當塗者所抑，形於言色。大曆末，爲都官員外郎。時劍南東川觀察使李叔明上言，以「佛、道二教，無益于時，請粗加澄汰。其東川寺觀，請定爲二等：上寺留僧二十一人〔四〕；上觀留道士十四人，降殺以七，皆精選有道行者，餘悉令返初。蘭若、道場無名者皆廢」。德宗曰：「叔明此奏，可爲天下通制，不唯劍南一道。」下尚書集議。

偃獻議曰：

王者之政，變人心爲上，因人心次之，不變不因，循常守固者爲下。故非有獨見之明，不能行非常之事。今陛下以惟新之政，爲萬代法，若不革舊風，令歸正道者，非也。

當今道士，有名無實，時俗鮮重，亂政猶輕。唯有僧尼，頗爲穢雜。自西方之教，被于中國，去聖日遠，空門不行五濁，比丘但行粗法。爰自後漢，至于陳、隋，僧之廢滅，其亦數乎！或至坑殺，殆無遺餘。前代帝王，豈惡僧道之善如此之深耶？蓋其亂人亦已甚矣。且佛之立教，清淨無爲，若以色見，即是邪法，開示悟入，唯有一門，所以三乘之人，比之外道。況今出家者皆是無識下劣之流，縱其戒行高潔，在于王者，已無用矣，況是苟避征徭，於殺盜淫穢，無所不犯者乎！今叔明之心甚善，然臣恐其姦吏詆欺，而去者未必非，留者不必是，無益於國，不能息姦。既不變人心，亦不因人心，強制力持，難致遠耳。

臣聞天生烝人，必將有職，遊行浮食，王制所禁。故有才者受爵祿，不肖者出租征，此古之常道也。今天下僧道，不耕而食，不織而衣，廣作危言險語，以惑愚者。一僧衣食，歲計約三萬有餘，五丁所出，不能致此。舉一僧以計天下，其費可知。陛下日旰

憂勤，將去人害，此而不救，奚其爲政？臣伏請僧道未滿五十者，每年輸絹四疋；尼及女道士未滿五十者，每年輸絹二疋；其雜色役與百姓同。有才智者令入仕，請還俗爲平人者聽。但令就役輸課，爲僧何傷。臣竊料其所出，不下今之租賦三分之一，然則陛下之國富矣，蒼生之害除矣。其年過五十者，請皆免之。夫子曰：「五十而知天命。」列子曰：「不班白，不知道。」人年五十，嗜慾已衰，縱不出家，心已近道，況戒律檢其情性哉！臣以爲此令既行，僧道規避還俗者固已太半。其年老精修者，必盡爲人師，則道、釋二教益重明矣。

議者是之，上頗善其言。大臣以二教行之已久，列聖奉之，不宜頓擾，宜去其太甚，其議不行。

偃以才地當掌文誥，以躁求爲時論所抑，鬱鬱不得志。涇師之亂，從駕不及，匿於田家，爲賊所得。朱泚素知之，得偃甚喜，僞署中書舍人，僭號辭令，皆偃爲之。賊敗，與僞中丞崔宣、賊將杜如江、與希光等十三人，李晟收之，俱斬於安國寺前。

史臣曰：肇分陰陽，爰有生死，修短二事，賢愚一途。故君子遇夷險之機，不易其節；

小人昧逆順之道，而陷於刑。鴻毛泰山，斯爲至論。令言遠總師徒，首爲叛逆；光晟初當委任，危輸款誠；源休雖曰士流，甚於元惡；喬琳巧辭眞主，俯就僞官；蔣鎮貪祿隳節，皆曰小人。經綸之徒，不足言爾。

贊曰：時爭逆順，命繫死生。君子守節，小人正刑。

校勘記

〔一〕武義可汗 「武」字各本原無，據冊府卷六六三補。

〔二〕非天子命也 「命」字各本原無，據冊府卷六六三補。

〔三〕改檢校駕部郎中 「改」字各本原作「故」，據葉校本、合鈔卷一七八喬琳傳改。

〔四〕上寺 各本原作「上等」，據合鈔卷一七八彭偃傳改。

舊唐書卷一百二十八

列傳第七十八

段秀實 子伯倫 顏眞卿 子頵 碩 曾孫弘式

段秀實字成公，隴州汧陽人也。祖達，左衞中郎。父行琛，洮州司馬，以秀實贈揚州大都督。秀實性至孝，六歲，母疾，水漿不入口七日，疾有閒，然後飲食。及長，沉厚有斷。天寶四載，安西節度馬靈詧署爲別將，從討護蜜有功，授安西府別將。七載，高仙芝代靈詧，舉兵圍怛邏斯，黑衣救至，仙芝大衂（一），軍士相失。夜中聞都將李嗣業之聲，因大呼責之曰：「軍敗而求免，非丈夫也。」嗣業甚慚，遂與秀實收合散卒，復得成軍。師還，嗣業請于仙芝，以秀實爲判官，授斥候府果毅。十二載，封常清代仙芝，討大勃律，師次賀薩勞城，一戰而勝。常清逐之，秀實進曰：「賊兵羸，餌我也，請備左右，搜其山林。」遂殲其伏，改綏德府折衝。

肅宗卽位於靈武，徵安西兵節度使梁宰，宰潛懷異圖。秀實謂嗣業曰：「豈有天子告急，臣下晏然，信浮妄之說，豈明公之意耶？」嗣業遂見宰，請發兵，從之。乃出步騎五千，令嗣業統赴朔方，以秀實爲援，累有戰功。而秀實父歿，哀毀過禮。嗣業既授節制，思秀實如失左右手，表請起復，爲義王友，充節度判官。

安慶緒奔鄴，嗣業與諸軍圍之，安西輜重委於河內。乃奏秀實爲懷州長史，知軍州，加節度留後。諸軍進戰于愁思岡，嗣業爲流矢所中，卒于軍，衆推安西兵馬使荔非元禮代之。秀實聞嗣業之喪，乃遣先鋒將白孝德書，令發卒護嗣業喪送河內。秀實率將吏哭待于境，傾私財以奉葬事。元禮多其義，奏試光祿少卿，依前節度判官。

邙山之敗，軍徙翼城，元禮爲麾下所殺，將佐亦多遇害，而秀實獨以智全。衆推白孝德爲節度使，人心稍定。又遷試光祿卿，爲孝德判官。孝德改鎭邠寧，奏秀實試太常卿、支度營田二副使。大軍西遷，所過掠奪。又以邠寧之食，難於饋運，乃請軍於奉天。是時公廩亦竭，縣吏憂恐多逃匿，羣行剽盜，孝德不能禁。秀實私曰：「使我爲軍候，當不如此。」軍司馬言之，遂以秀實爲都虞候，權知奉天行營事，號令嚴一，軍府安泰。代宗聞而嗟賞久之。兵還于邠寧，復爲都虞候，尋拜涇州刺史。

大曆元年，馬璘奏加開府儀同三司。軍中有能引二十四弓而犯盜者，璘欲免之，秀實曰：「將有私愛，則法令不一，雖韓、白復生，亦不能爲理。」璘善其議，竟使殺之。璘決事有不合理者，必固爭之，得璘引過乃已。璘城涇州，秀實掌留後，歸還，加御史中丞。璘既奉詔徙鎭涇州，其士衆嘗自四鎭、北庭赴難中原，僑居驟移，頗積勞怨。刀斧將王童之因人心動搖，導以爲亂。或告其事，且曰：「候嚴，警鼓爲約矣。」秀實乃召鼓人，陽怒失節，且戒之曰：「每更籌盡，必來報。」每白之，輒延數刻，四更畢而曙。既差互，童之亂不能作。明日，告者復曰：「今夜將焚草場，期救火者同作亂。」秀實使嚴加警備。夜半火發，乃使令於軍中曰：「救火者斬。」童之居外營，請入救火，不許。明日斬之，捕殺其黨凡十餘人以徇，曰：「敢後徙者族（二）！」於是遷涇州。既至其理所，人烟負絕，兵無廩食。朝廷憂之，遂詔璘遙管鄭、潁二州，以贍涇原軍，俾秀實爲留後，二州甚理。璘思其績用，又奏行軍司馬，兼都知兵馬使。

八年，吐蕃來寇，戰于鹽倉，我軍不利。璘爲寇戎所隔，逮暮未還，敗將潰兵爭道而入。時都將焦令諶與諸將四五輩狼狽而至，秀實召讓之曰：「兵法：失將，麾下當斬。公等忘其死而欲安其家耶！」令諶等恐懼，下拜數十。秀實乃悉驅城中士卒未出戰者，使驍將統之，東依古原，列奇兵示賊將戰，且以收合敗亡。蕃衆望之，不敢逼。及夜，璘方獲歸。

十一年，璘疾甚，不能視事，請秀實攝節度副使兼左廂兵馬使。秀實乃以十將張羽飛

爲招召將，分兵按甲，以備非常。璘卒，而軍中行哭赴喪事於內，李漢惠接賓客於外，非其親不得居喪側，族談離立者捕而囚之。都虞候史廷幹、裨將崔珍張景華謀作亂，秀實乃送廷幹於京師，徙珍及景華外鎭，軍中遂定，不戮一人。尋拜秀實涇州刺史、兼御史大夫，四鎭北庭行軍涇原鄭潁節度使。三四年間，吐蕃不敢犯塞，清約率易，遠近稱之。非公會，不聽樂飲酒，私室無妓媵，無贏財，退公之後，端居靜慮而已。德宗嗣位，就加檢校禮部尚書、張掖郡王。

建中元年，宰相楊炎欲行元載舊志，築原州城，開陵陽渠，詔中使上聞，仍問秀實可否之狀。秀實以爲方春不可興土功，請俟農隙。炎以其沮己之謀，遂除司農卿，以邠寧節度李懷光兼涇原節度使，以事西拓。無何，劉文喜叛，亦不果城。

四年，朱泚盜據宮闕，源休敎泚僞迎鑾駕，陰濟逆志。泚乃遣其將韓旻領馬步三千疾趨奉天。時蒼黃之中，未有武備。泚以秀實嘗爲涇原節度，頗得士心，後罷兵權，以爲蓄憤且久，必肯同惡，乃召與謀議。秀實初詐從之，陰說大將劉海賓、何明禮、姚令言判官岐靈岳同謀殺泚，以兵迎乘輿。三人者，皆秀實夙所獎遇，遂皆許諾。及韓旻追鑾駕，秀實以爲宗社之危，期於頃刻，乃使人走諭靈岳，竊令言印。不遂，乃倒用司農印印符以追兵。旻至駱驛得符，軍人亦莫辯其印文，惶遽而迴。秀實謂海賓等曰（三）：「旻之來，吾黨無遺類矣！我

當直搏殺泚，不得則死，終不能向此賊稱臣。」乃與海賓約，事急爲繼，而令明禮應於外。明日，泚召秀實議事，源休、姚令言、李忠臣、李子平皆在坐。秀實戎服，與泚並膝，語至僭位，秀實勃然而起，執休腕奪其象笏，奮躍而前，唾泚面大罵曰：「狂賊，吾恨不斬汝萬段，我豈逐汝反耶！」遂擊之。泚舉臂自捍，纔中其顙，流血匍匐而走。兇徒愕然，初不敢動；而海賓等不至，秀實乃曰：「我不同汝反，何不殺我！」兇黨羣至，遂遇害焉。海賓、明禮、靈岳相次被殺。德宗在奉天聞其事，惜其委用不至，垂涕久之。

初，秀實見禁兵寡少，不足以備非常，乃上疏曰：「臣聞天子曰萬乘，諸侯曰千乘，大夫曰百乘，此蓋以大制小，以十制一也。尊君卑臣，強幹弱枝之義，在於此矣。今外有不庭之虜，內有梗命之臣，竊觀禁兵不精，其數全少，卒有患難，將何待之！且猛虎所以百獸畏者，爲爪牙也。若去其爪牙，則犬彘馬牛悉能爲敵。伏願少留聖慮，冀裨萬一。」及涇原兵作亂，召神策六軍，遂無一人至者。秀實守節不二，竟歿於賊，其明略義烈如此。

興元元年二月，詔曰：「見危致命之謂忠，臨義有勇之謂烈。惟爾克勵臣節，不憚殺身；惟予式嘉乃勳，懋昭大典。曰台不德，罔克若天，薦茲殷憂，變起都邑。惟爾卿士，噭然靡依，逼畏所加，淄澠共混。故開府儀同三司、檢校禮部尙書、兼司農卿、上柱國、張掖郡王段秀實，操行岳立，忠厚精至，義形於色，勇必有仁。頃者嘗鎭涇原，克著威惠，叛卒知訓，咨

爾以誠。賊泚藏姦，欺爾以詐。守人臣之大節，見元惡之深情，端委國門，挺身白刃。奮碎兇渠之首，以敵君父之讎，視死如歸，履虎致咥。噫，天未悔禍，事乖垂成，雄風壯圖，振駭羣盜。昔王蠋守死以全節，周顗正色而抗詞，惟我信臣，無愧前哲。聲震寰宇，義冠古今，足以激勵人倫，光昭史冊。不有殊等之賞，孰表非常之功。爰議疇庸，特超檢限，著之甲令，樹此風聲。可贈太尉，謚曰忠烈，宜付史官，仍賜實封五百戶、莊宅各一區。長子與三品正員官，諸子並與五品正員官。仍廢朝三日，收京城之後，以禮葬祭，旌表門閭。朕承天子人，臨馭億兆，一夫不獲，時予之辜。況誠信不達，屢致寇戎，使抱義之臣，陷于凶逆。有臨危致命，歿而逾彰；有因事成功，權以合道。苟利社稷，存亡一致，酬報之典，豈限常倫。並委所司訪其事蹟，續具條奏，當加褒異，錫其井賦。圖形雲閣，書功鼎彝，以彰我有服節死義之臣，傳于不朽。」

德宗還京，又詔曰：「贈太尉秀實，授乎貞烈，激其頹風，蒼黃之中，密蘊雄斷。將紓國難，詭收寇兵，撓其兇謀，果集吾事。挺身徑進，奮擊渠魁，英名凜然，振邁千古。宜差官致祭，并旌表門閭，緣葬所須，一切官給。仍於墓所官爲立碑，以揚徽烈。」自貞元後累朝凡赦書節文褒獎忠烈，必以秀實爲首。

其子伯倫，累官至太子詹事。大和二年正月奏：「亡父贈太尉秀實，準前後制敕令所司置廟立碑，今營造已畢，取今月二十五日行升祔禮。」詔曰：「秀實忠衞宗社，功配廟食，義風所激，千載凜然。間代勳力，須異等夷，宜賜綾絹五百疋，以度支物充。仍令所司供少牢，并給鹵簿人夫，兼太常博士一人檢校。」尋加伯倫檢校左散騎常侍，兼殿中監。大和四年十一月，遷右金吾衞大將軍、兼御史大夫，充街使。八年七月，檢校工部尙書，充福建等州都團練觀察使，入爲太僕卿，卒。宰臣李石奏曰：「伯倫，秀實之子。自古歿身以衞社稷者，無如秀實之賢。」文宗憫然曰：「伯倫宜加賻贈。」仍輟朝一日，以禮忠臣之嗣。

顏眞卿字淸臣，琅邪臨沂人也。五代祖之推，北齊黃門侍郎。眞卿少勤學業，有詞藻，尤工書。開元中，舉進士，登甲科。事親以孝聞。四命爲監察御史，充河西隴右軍試覆屯交兵使。五原有冤獄，久不決，眞卿至，立辯之。天方旱，獄決乃雨，郡人呼之爲「御史雨」。又充河東朔方試覆屯交兵使。有鄭延祚者，母卒二十九年，殯僧舍垣地，眞卿劾奏之，兄弟三十年不齒，天下聳動。遷殿中侍御史、東都畿採訪判官，轉侍御史、武部員外郎。楊國忠怒其不附己，出爲平原太守。

安祿山逆節頗著，眞卿以霖雨爲託，修城浚池，陰料丁壯，儲廩實；乃陽會文士，泛舟

外池，飲酒賦詩。或讒於祿山，祿山亦密偵之，以爲書生不足虞也。無幾，祿山果反，河朔盡陷；獨平原城守具備，乃使司兵參軍李平馳奏之。玄宗初聞祿山之變，歎曰：「河北二十四郡，豈無一忠臣乎！」得平來，大喜，顧左右曰：「朕不識顏眞卿形狀何如，所爲得如此！」祿山初尙移牒眞卿，令以平原、博平軍屯七千人防河津，以博平太守張獻直爲副。眞卿乃募勇士，旬日得萬人，遣錄事參軍李擇交統之簡閱，以刁萬歲、和琳、徐浩、馬相如、高抗朗等爲將。

祿山既陷洛陽，殺留守李憕、御史中丞盧奕、判官蔣淸，以三首遣段子光來徇河北。眞卿恐搖人心，乃詐謂諸將曰：「我識此三人，首皆非也。」遂腰斬子光，密藏三首。異日，乃取三首冠飾，草續支體，棺斂祭殯，爲位慟哭，人心益附。祿山遣其將李欽湊、高邈、何千年等守土門。眞卿從父兄常山太守杲卿與長史袁履謙謀殺湊、邈，擒千年送京師。土門既開，十七郡同日歸順，共推眞卿爲帥，得兵二十餘萬，橫絕燕、趙。詔加眞卿戶部侍郎，依前平原太守。

淸河客李萼，年二十餘，與郡人來乞師，謂眞卿曰：「聞公義烈，首唱大順，河朔諸郡恃公爲長城。今淸河，實公之西鄰也，僕幸寓家，得其虛實，知可爲長者用。今計其蓄積，足以三平原之富，士卒可以二平原之強。公因而撫之，腹心輔車之郡，其他小城，運之如臂使

指耳。唯公所意，誰敢不從。」眞卿借兵千人。蕚將去，眞卿謂之曰：「兵出也，吾子何以教我？」蕚曰：「今聞朝廷使程千里統衆十萬自太行東下，將出崞口，爲賊所扼，兵不得前。今若先伐魏郡，斬袁知泰，太守司馬垂使爲西南主；分兵開崞口之路，出千里之兵使討鄴、幽陵；平原、淸河合同志十萬之衆徇洛陽，分兵而制其衝。計王師亦不下十萬，公當堅壁，無與挑戰，不數十日，賊必潰而相圖矣。」眞卿然之，乃移牒淸河等郡，遣其大將李擇交、副將平原縣令范東馥、裨將和琳、徐浩等進兵，與淸河四千人合勢，而博平以千人來，三郡之師屯於博平，去堂邑縣西南十里。袁知泰遣其將白嗣深、乙舒蒙等以二萬人來拒戰，賊大敗，斬首萬餘級。肅宗幸靈武，授工部尙書，兼御史大夫、河北採訪招討使。祿山乘虛遣史思明、尹子奇急攻河北諸郡，饒陽、河間、景城、樂安相次陷沒，獨平原、博平、淸河三郡城守，然人心危蹙，不可復振。

至德元年十月，棄郡渡河，歷江淮、荊襄。二年四月，朝於鳳翔，授憲部尙書，尋加御史大夫。中書舍人兼吏部侍郎崔漪帶酒容入朝，諫議大夫李何忌在班不肅，眞卿劾之；貶漪爲右庶子，何忌西平郡司馬。元帥廣平王領朔方蕃漢兵號二十萬來收長安，出辭之日，百僚致謁於朝堂。百僚拜，答拜，辭亦如之。王當闕不乘馬，步出木馬門而後乘。管崇嗣爲王都虞候，先王上馬，眞卿進狀彈之。肅宗曰：「朕兒子每出，諄諄教誡之，故不敢失禮。崇

嗣老將，有足疾，姑欲優容之，卿勿復言。」乃以奏狀還眞卿。雖天子蒙塵，典法不廢。洎鑾輿將復宮闕，遣左司郎中李巽先行，陳告宗廟之禮，有司署祝文，稱「嗣皇帝」。眞卿謂禮儀使崔器曰：「上皇在蜀，可乎？」器遽奏改之。中旨宣勞，以爲名儒深達禮體。時太廟爲賊所毀，眞卿奏曰：「春秋時，新宮災，魯成公三日哭。今太廟既爲盜毀，請築壇於野，皇帝東向哭，然後遣使。」竟不能從。軍國之事，知無不言。爲宰相所忌，出爲同州刺史，轉蒲州刺史。爲御史唐旻所構，貶饒州刺史。旋拜昇州刺史、浙江西道節度使，徵爲刑部尙書。李輔國矯詔遷玄宗居西宮，眞卿乃首率百僚上表請問起居，輔國惡之，奏貶蓬州長史。

代宗嗣位，拜利州刺史，還戶部侍郎，除荊南節度使，未行而罷，除尙書左丞。車駕自陝將還，眞卿請皇帝先謁五陵、九廟而後還宮。宰相元載謂眞卿曰：「公所見雖美，其如不合事宜何？」眞卿怒，前曰：「用捨在相公耳，言者何罪？然朝廷之事，豈堪相公再破除耶！」載深銜之。旋改檢校刑部尙書知省事，累進封魯郡公。

時元載引用私黨，懼朝臣論奏其短，乃請：百官凡欲論事，皆先白長官，長官白宰相，然後上聞。眞卿上疏曰：

御史中丞李進等傳宰相語，稱奉進止：「緣諸司官奏事頗多，朕不憚省覽，但所奏多挾讒毀；自今論事者，諸司官皆須先白長官，長官白宰相，宰相定可否，然後奏聞者。」臣自聞此語已來，朝野囂然，人心亦多衰退。何則？諸司長官皆達官也，言皆專達於天子也。郎官、御史者，陛下腹心耳目之臣也。故其出使天下，事無巨細得失，皆令訪察，迴日奏聞，所以明四目、達四聰也。今陛下欲自屛耳目，使不聰明，則天下何述焉。詩云：「營營靑蠅，止于棘。讒言罔極，交亂四國。」以其能變白爲黑，變黑爲白也。詩人深惡之，故曰：「取彼讒人，投畀豺虎。豺虎不食，投畀有北。」則夏之伯明、楚之無極、漢之江充，皆讒人也，孰不惡之？陛下惡之，深得君人之體矣。陛下何不深迴聽察，其言虛誣者，則讒人也，因誅殛之；其言不虛者，則正人也，因獎勵之。陛下捨此不爲，使衆人皆謂陛下不能明察，倦於聽覽，以此爲辭，拒其諫諍，臣竊爲陛下痛惜之。

臣聞太宗勤於聽覽，庶政以理，故著司門式云：「其有無門籍人，有急奏者，皆令監門司與仗家引奏，不許關礙。」所以防壅蔽也。幷置立仗馬二匹，須有乘騎便往，所以平治天下，正用此道也。天寶已後，李林甫威權日盛，羣臣不先諮宰相輒奏事者，仍託以他故中傷，猶不敢明約百司，令先白宰相。又閹官袁思藝日宣詔至中書，玄宗動靜，必告林甫，先意奏請，玄宗驚喜若神。以此權柄恩寵日甚，道路以目。上意不下宣，下情不上達，所以漸致潼關之禍，皆權臣誤主，不遵太宗之法故也。陵夷至于今日，天

下之蔽，盡萃于聖躬，豈陛下招致之乎？蓋其所從來者漸矣。自艱難之初，百姓尙未凋獘，太平之理，立可便致。屬李輔國用權，宰相專政，遞相姑息，莫肯直言。大開三司，不安反側，逆賊散落，將士北走党項，合集土賊，至今爲患。僞將更相驚恐，因思明危懼，扇動却反。又今相州敗散，東都陷沒，先帝由此憂勤，至於損壽，臣每思之，痛切心骨。

今天下兵戈未戢，瘡痍未平，陛下豈得不日聞讜言以廣視聽，而欲頓隔忠讜之路乎！臣竊聞陛下在陝州時，奏事者不限貴賤，務廣聞見，乃堯、舜之事也。凡百臣庶以爲太宗之理，可翹足而待也。臣又聞君子難進易退，由此言之，朝廷開不諱之路，猶恐不言，況懷厭怠，令宰相宣進止，使御史臺作條目，不令直進。從此人人不敢奏事，則陛下聞見，只在三數人耳。天下之士，方鉗口結舌，陛下後見無人奏事，必謂朝廷無事可論，豈知懼不敢進，卽林甫、國忠復起矣。凡百臣庶，以爲危殆之期，又翹足而至也。如今日之事，曠古未有，雖李林甫、楊國忠猶不敢公然如此。今陛下不早覺悟，漸成孤立，後縱悔之無及矣！臣實知忤大臣者，罪在不測，不忍孤負陛下，無任懇迫之至。

其激切如此。於是中人爭寫內本布於外。

後攝祭太廟，以祭器不修言於朝，載坐以誹謗，貶硤州別駕、撫州湖州刺史。元載伏誅，拜刑部尚書。代宗崩，爲禮儀使。又以高祖已下七聖諡號繁多，乃上議請取初諡爲定。袁傪以諂言排之，遂罷。楊炎爲相，惡之，改太子少傅，禮儀使如舊，外示崇寵，實去其權也。

盧杞專權，忌之，改太子太師，罷禮儀使，諭於眞卿曰：「方面之任，何處爲便？」眞卿候杞於中書曰：「眞卿以褊性爲小人所憎，竄逐非一。今已羸老，幸相公庇之。相公先中丞傳首至平原，面上血眞卿不敢衣拭，以舌舐之，相公忍不相容乎？」杞矍然下拜，而含怒心。會李希烈陷汝州，杞乃奏曰：「顏眞卿四方所信，使諭之，可不勞師旅。」上從之，朝廷失色。李勉聞之，以爲失一元老，貽朝廷羞，乃密表請留。又遣逆於路，不及。

初見希烈，欲宣詔旨，希烈養子千餘人露刃爭前迫眞卿，將食其肉。諸將叢遶慢罵，舉刃以擬之，眞卿不動。希烈遽以身蔽之，而麾其衆，衆退，乃揖眞卿就館舍。因逼爲章表，令雪己，願罷兵馬。累遣眞卿兄子峴與從吏凡數輩繼來京師。上皆不報。每於諸子書，令嚴奉家廟，恤諸孤而已。希烈大宴逆黨，召眞卿坐，使觀倡優斥黷朝政爲戲，眞卿怒曰：「相公，人臣也，奈何使此曹如是乎？」拂衣而起，希烈慚，亦呵止。時朱滔、王武俊、田悅、李納使在坐，目眞卿謂希烈曰：「聞太師名德久矣，相公欲建大號，而太師至，非天命正位？欲求

宰相，孰先太師乎？」眞卿正色叱之曰：「是何宰相耶！君等聞顏杲卿無？是吾兄也。祿山反，首舉義兵，及被害，詬罵不絕於口。吾今年向八十，官至太師，守吾兄之節，死而後已，豈受汝輩誘脅耶！」諸賊不敢復出口。

希烈乃拘眞卿，令甲士十人守，掘方丈坎於庭，曰「坑顏」，眞卿怡然不介意。後張伯儀敗績於安州，希烈令齎伯儀旌節首級誇示眞卿，眞卿慟哭投地。後其大將周曾等謀襲汝州，因迴兵殺希烈，奉眞卿爲節度。事洩，希烈殺曾等，遂送眞卿於龍興寺。眞卿度必死，乃作遺表，自爲墓誌、祭文，常指寢室西壁下云：「吾殯所也。」希烈既陷汴州，僭僞號，使人問儀於眞卿，眞卿曰：「老夫耄矣，曾掌國禮，所記者諸侯朝覲禮耳。」

興元元年，王師復振，逆賊慮變起蔡州，乃遣其將辛景臻、安華至眞卿所，積柴庭中，沃之以油，且傳逆詞曰：「不能屈節，當自燒。」眞卿乃投身赴火，景臻等遽止之，復告希烈。德宗復宮闕，希烈弟希倩在朱泚黨中，例伏誅。希烈聞之怒，興元元年八月三日，乃使閹奴與景臻等殺眞卿。先曰：「有敕。」眞卿拜，奴曰：「宜賜卿死。」眞卿曰：「老臣無狀，罪當死，然不知使人何日從長安來？」奴曰：「從大梁來。」眞卿罵曰：「乃逆賊耳，何敕耶！」遂縊殺之，年七十七。

及淮、泗平，貞元元年，陳仙奇使護送眞卿喪歸京師。德宗痛悼異常，廢朝五日，諡曰文忠。復下詔曰：「君臣之義，生錄其功，歿厚其禮，況才優匡國，忠至滅身。朕自興歎，勞於寤寐。故光祿大夫、守太子太師、上柱國、魯郡公顏眞卿，器質天資，公忠傑出，出入四朝，堅貞一志。屬賊臣擾亂，委以存諭，拘脅累歲，死而不撓，稽其盛節，實謂猶生。朕致貽斯禍，慚悼靡及，式崇嘉命，兼延爾嗣。可贈司徒，仍賜布帛五百端。男頵、碩等喪制終，所司奏超授官秩。」貞元六年十一月南郊，赦書節文授眞卿一子五品正員官，故顒得錄用。文宗詔曰〔四〕：「朕每覽國史，見忠烈之臣，未嘗不嗟歎久之，思有以報。如聞從覽、弘式，實杲卿、眞卿之孫〔五〕。永惟九原，既不可作，旌其嗣續，諒協典彝。考績已深於宦途者，命列於中臺；官次未齒於搢紳者，俾佐於左輔。庶使天下再新義風。」以眞卿曾孫弘式爲同州參軍。

史臣曰：每思先軫免冑，子路結纓，雖云其忠，未聞於道。如咸公孝於家，能於軍，忠於國，是武之英也；苟無楊炎弄權，若任之爲將，遂展其才，豈有朱泚之禍焉！如清臣富於學，守其正，全其節，是文之傑也；苟無盧杞惡直，若任之爲相，遂行其道，豈有希烈之叛焉！夫國得賢則安，失賢則危。德宗內信姦邪，外斥良善，幾致危亡，宜哉。噫，「仁以爲己任，不亦重乎；死而後已，不亦遠乎！」二君守道歿身，爲時垂訓，希代之士也，光文武之道焉。

贊曰：自古皆死，得正爲順。二公云亡，萬代垂訓。

校勘記

〔一〕仙芝大衂　「仙芝」，各本原作「靈察」，據新書卷一五三段秀實傳改。

〔二〕敢後徒者族　各本原作「敢後者徒族」，據冊府卷三六七、新書卷一五三段秀實傳、合鈔卷一七九段秀實傳改。

〔三〕秀實謂海賓等曰　「謂」字各本原無，據葉校本、新唐書卷一五三段秀實傳補。

〔四〕文宗詔曰　此句上疑有脫文。據冊府卷一四〇，文宗下詔事在開成元年二月，新書卷一五三顏眞卿傳作「開成初」。

〔五〕如聞從覽弘式實杲卿眞卿之孫　「杲卿」，各本原無，冊府卷一四〇「眞卿」上有「杲卿」。按從覽爲杲卿曾孫，弘式爲眞卿曾孫，據補。

舊唐書卷一百二十九

列傳第七十九

韓滉 子皐 弟洄 張延賞 子弘靖 弘靖子文規 次宗

韓滉字太沖，太子少師休之子也。少貞介好學，以蔭解褐左威衞騎曹參軍，出爲同官主簿。至德初，青齊節度鄧景山辟爲判官，授監察御史、兼北海郡司馬，以道路阻絕，因避地山南。採訪使李承昭奏充判官，授通州長史、彭王府諮議參軍。鄧景山移鎮淮南，又表爲賓佐，未行，除殿中侍御史，追赴京師。先是，滉兄法知制誥〔一〕，草王璵拜官之詞，不加虛美，璵頗銜之。及其秉政，諸使奏滉兄弟者，必以冗官授之。璵免相，羣議稱其屈；累遷至祠部、考功、吏部三員外郎。

滉公潔強直，明於吏道，判南曹凡五年，詳究簿書，無遺纖隱。大曆中，改吏部郎中、給事中。時盜殺富平令韋當，縣吏捕獲賊黨，而名隸北軍，監軍魚朝恩以有武材，請詔原其

罪，滉密疏駁奏，賊遂伏辜。遷尚書右丞。五年，知兵部選。六年，改戶部侍郎、判度支。自至德、乾元已後，所在軍興，賦稅無度，帑藏給納，多務因循。滉既掌司計，清勤檢轄，不容姦妄，下吏及四方行綱過犯者，必痛繩之。又屬大曆五年已後，蕃戎罕侵，連歲豐稔，故滉能儲積穀帛，帑藏稍實。然苛剋頗甚，覆治案牘，勾剝深文，人多咨怨。

大曆十二年秋，霖雨害稼，京兆尹黎幹奏畿縣損田，滉執云幹奏不實。乃命御史巡覆，迴奏諸縣凡損三萬一千一百九十五頃。時渭南令劉藻曲附滉，言所部無損，白于府及戶部〔二〕。分巡御史趙計復檢行，奏與藻合。代宗覽奏，以爲水旱咸均，不宜渭南獨免，申命御史朱敖再檢，渭南損田三千餘頃。上謂敖曰：「縣令職在字人，不損猶宜稱損，損而不問，豈有恤隱之意耶！卿之此行，可謂稱職。」下有司訊鞫，藻、計皆伏罪，藻貶萬州南浦員外尉，計貶豐州員外司戶。滉弄權樹黨，皆此類也。俄改太常卿，議未息，又出爲晉州刺史。數月，拜蘇州刺史、浙江東西都團練觀察使。尋加檢校禮部尚書、兼御史大夫、潤州刺史、鎮海軍節度使。

滉既移鎮，安輯百姓，均其租稅，未及踰年，境內稱理。及建中年多，涇師之亂，德宗出幸，河、汴騷然，滉訓練士卒，鍛礪戈甲，稱爲精勁。李希烈既陷汴州，滉乃擇其銳卒，令裨將李長榮、王栖曜與宣武軍節度劉玄佐犄角討襲，解寧陵之圍，復宋、汴之路，滉功居多。

然自關中多難，滉卽於所部閉關梁，築石頭五城，自京口至玉山，禁馬牛出境；造樓船戰艦三十餘艘，以舟師五千人由海門揚威武，至申浦而還；毀撤上元縣佛寺道觀四十餘所，修塢壁，建業抵京峴，樓雉相屬，以佛殿材於石頭城繕置館第數十。時滉以國家多難，恐有永嘉渡江之事，以爲備預，以迎鑾駕，亦申儆自守也。城中穿深井十丈近百所，下與江平，俾偏將丘涔督其役。涔酷虐士卒，日役千人，朝令夕辦，去城數十里內先賢丘墓，多令毀廢。明年正月，追李長榮等戍軍還〔三〕，以其所親吏盧復爲宣州刺史、采石軍使，增營壘，教習長兵。以佛寺銅鐘鑄弩牙兵器。陳少遊時鎮揚州，以甲士三千人臨江大閱，滉亦以兵三千人臨金山，與少遊相應，樓船於江中，以金銀繒綵互相聘賚。而自德宗出居，及歸京師，軍用既繁，道路又阻，關中饑饉，加之以災蝗，江南、兩浙轉輸粟帛，府無虛月，朝廷賴焉。

興元元年，就加檢校吏部尚書。數月，又加檢校右僕射。貞元元年七月，拜檢校左僕射、同平章事，使並如故。二年春，特封晉國公。其年十一月，來朝京師。時右丞元琇判度支，以關輔旱儉，請運江淮租米以給京師。上以滉浙江東西節度〔四〕，素著威名，加江淮轉運使，欲令專督運務。琇以滉性剛愎，難與集事，乃條奏滉督運江南米至揚子，凡一十八里，揚子以北，皆元琇主之。滉深怒於琇。琇以京師錢重貨輕，切疾之，乃於江東監院收獲見

錢四十餘萬貫，令轉送入關。滉不許，乃誣奏云：「運千錢至京師，費錢至萬，於國有害。」請罷之。上以問琇，琇奏曰：「一千之重，約與一斗米均。自江南水路至京，一千之所運，費三百耳，豈至萬乎？」上然之，遣中使齎手詔令運錢。滉堅執以爲不可。其年十二月，加滉度支諸道轉運鹽鐵等使，遂逞宿怒，累誣奏琇，貶雷州司戶。其責既重，舉朝以爲非罪，多竊議者。尚書左丞董晉謂宰臣劉滋、齊映曰：「元左丞忽有貶責〔五〕，未知罪名，用刑一濫，誰不危懼？假有權臣騁志，相公何不奏請三司詳斷之。去年關輔用兵，時方蝗旱，琇總國計，夙夜憂勤，以贍給師旅，不增一賦，軍國皆濟，斯可謂之勞臣也。今見播逐，恐失人心，人心一搖，則有聞雞起舞者矣。竊爲相公痛惜之。」滋、映但引過而已。給事袁高又抗疏申理之，滉誣以朋黨，寢而不行。

時兩河罷兵，中土寧乂，滉上言：「吐蕃盜有河湟，爲日已久。大曆已前，中國多難，所以肆其侵軼。臣聞其近歲已來，兵衆寖弱，西迫大食之強，北病迴紇之衆，東有南詔之防，計其分鎮之外，戰兵在河、隴五六萬而已。國家第令三數良將，長驅十萬衆，於涼、鄯、洮、渭並修堅城，各置二萬人，足當守禦之要。臣請以當道所貯蓄財賦爲饋運之資，以充三年之費。然後營田積粟，且耕且戰，收復河、隴二十餘州，可翹足而待也。」上甚納其言。滉之入朝也，路由汴州，厚結劉玄佐，將薦其可任邊事，玄佐納其賂，因許之。及來覲，上訪問

焉，初頗稟命，及滉以疾歸第，玄佐意怠，遂辭邊任，盛陳犬戎未衰，不可輕進。滉貞元三年二月，以疾薨，遂寢其事，年六十五。上震悼久之，廢朝三日，贈太傅，賻布帛米粟有差。

滉，宰相子，幼有美名，其所結交，皆時之儁彥，非公直者不與之親密。性持節儉，志在奉公，衣裘茵衽，十年一易，居處陋薄，纔蔽風雨。弟洄常於里宅增修廊宇，滉自江南至，即命撤去之，曰：「先公容焉，吾輩奉之，常恐失墜，所有摧圮，葺之則已，豈敢改作，以傷儉德。」自居重位，愈清儉嫉惡，彌縫闕漏，知無不爲，家人資產，未嘗在意。入仕之初，以至卿相，凡四十年，相繼乘馬五匹，皆及敝帷。尤工書，兼善丹青，以繪事非急務，自晦其能，未嘗傳之。好易象及春秋，著春秋通例及天文事序議各一卷。然以前輩早達，稍薄後進。晚歲至京師，丞郎卿佐，接之頗倨，衆不能平。其在浙右也，政令明察，末年傷於嚴急，巡內婺州傍縣有犯其令者，誅及鄰伍，死者數十百人。又俾推覆官分察境內，情涉疑似，必置極法，誅殺殘忍，一判即剿數十人，且無虛日。雖令行禁止，而冤濫相尋。議者以滉統制一方，頗著勤績，自幼立名貞廉，晚途政甚苛慘，身未達則飾情以進，得其志則本質遂彰。子羣、皐。羣，官至考功員外郎。

皐字仲聞，夙負令名，而器質重厚，有大臣之度。由雲陽尉擢賢良科，拜右拾遺，轉左

補闕，累遷起居郎、考功員外郎。俄丁父艱，德宗遣中人就第慰問，仍宣令論譔滉之事業，皐號泣承命，立草數千言，德宗嘉之。及免喪，執政者擬考功郎中，御筆加知制誥。遷中書舍人、御史中丞、尚書右丞、兵部侍郎，皆稱職。改京兆尹，奏鄭鋒爲倉曹，專掌錢穀。鋒苛刻剝下爲事，人皆咨怨。又勸皐搜索府中雜錢，折糴百姓粟麥等三十萬石進奉，以圖恩寵。皐納其計，尋奏鋒爲興平縣令。及貞元十四年，春夏大旱，粟麥枯槁，畿內百姓，累經皐陳訴，以府中倉庫虛竭，憂迫惶惑，不敢實奏。會唐安公主女出適右庶子李愬，內官中使於愬家往來，百姓遮道投狀，內官繼以事上聞。德宗下詔曰：「京邑爲四方之則，長吏受親人之寄，實繄邦本，以分朕憂，苟非其才，是紊於理。正議大夫、守京兆尹、賜紫金魚袋韓皐，比踐清貫，頗聞謹恪，委之尹正，冀効公忠。乃者邦畿之間，粟麥不稔，朕念茲黎庶，方議蠲除，自宜悉心，以副勤恤。皐奏報失實，處理無方，致令閭井不安，囂然上訴。及令覆視，皆涉虛詞，壅蔽頗深，罔惑斯甚。宜加懲誡，以勗守官。可撫州司馬，員外置同正員，馳驛發遣。」鋒亦尋出爲汀州司馬。皐無幾移杭州刺史，復拜尚書右丞。

皐恃前輩，頗以簡倨自處。順宗時，王叔文黨盛，皐嫉之，謂人曰：「吾不能事新貴。」皐從弟曄，幸於叔文，以告之，因出爲鄂州刺史、岳鄂蘄沔等州觀察使。入爲東都留守。元和八年六月，加檢校吏部尚書，兼許州刺史，充忠武軍節度等使。以陳、許二州水潦之後，賜皐綾絹布葛十萬端疋，以助軍資宴賞。所理以簡儉稱。入爲吏部尚書，兼太子少傅，判太常卿事。元和十一年三月，皇太后王氏崩，以皐充大明宮使。十五年閏正月，充憲宗山陵禮儀使。三月，穆宗以師保之舊，加檢校右僕射。十二月，以銓司考科目人失實，與刑部侍郎知選事李建罰一月俸料。長慶元年正月，正拜尚書右僕射。二年四月，轉左僕射，赴尚書省上事，命中使宣賜酒饌，及宰臣百僚送上，皆如近式。其年，以本官東都留守，行及戲源驛暴卒，年七十九。贈太子太保。大和元年，謚曰貞。

皐生知音律，嘗觀彈琴，至止息，歎曰：「妙哉！嵇生之爲是曲也，其當晉、魏之際乎！其音主商，商爲秋聲。秋也者，天將搖落肅殺，其歲之晏乎！又晉乘金運，商，金聲，此所以知魏之季而晉將代也。慢其商絃，與宮同音，是臣奪君之義也，所以知司馬氏之將篡也。司馬懿受魏明帝顧託後嗣，反有篡奪之心，自誅曹爽，逆節彌露。王陵都督揚州，謀立荆王彪；毌丘儉、文欽、諸葛誕前後相繼爲揚州都督，咸有匡復魏室之謀，皆爲懿父子所殺。叔夜以揚州故廣陵之地，彼四人者，皆魏室文武大臣，咸敗散於廣陵，散言魏氏散亡自廣陵始也〔六〕。止息者，晉雖暴興，終止息於此也。其哀憤躁蹙，憯痛迫脅之旨，盡在於是矣。永嘉之亂，其應乎！叔夜撰此，將貽後代之知音者，且避晉、魏之禍，所以託之神鬼也。」

洄以蔭緒受任，劉晏判鹽鐵度支，辟爲屬吏，累官至諫議大夫、知制誥。與元載善，載誅，以累貶邵州司戶同正員。建中元年二月，復諫議大夫。先以劉晏兼領度支，晏既罷黜，令天下錢穀各歸尚書省。本司廢職罷事，久無綱紀，徒收其名而莫綜其任，國用出入，未有所統，故轉洄戶部侍郎、判度支。洄上言：「江淮七監，歲鑄錢四萬五千貫，輸于京師，度工用轉送之費，每貫計錢二千，是本倍利也。今商州有紅崖冶，出銅益多，又有洛源監，久廢不理。請增工鑿山以取銅，興洛源故監，置十鑪鑄之。歲計出錢七萬二千貫，度工用轉送之費，貫計錢九百，則利浮本矣。其江淮七監，請皆罷之。」復以「天下銅鐵之冶，是曰山澤之利，當歸於王者，非諸侯方岳所有。今諸道節度都團練使皆占之，非宜也，請總隸鹽鐵使」。皆從之。

洄與楊炎善，炎得罪，常不自安。無何，兄子皐抗疏理炎罪，德宗意洄令爲之，尋貶蜀州刺史。興元元年三月，入爲兵部侍郎。六月，爲京兆尹。七月，加御史大夫。貞元二年正月，刑部侍郎劉太眞黨於宰相盧杞得罪，以洄代太眞爲刑部侍郎，尋復兵部侍郎。貞元七年十一月，爲國子祭酒。

張延賞，中書令嘉貞之子。幼孤，本名寶符，開元末，玄宗召見，賜名延賞，取「賞延於世」之義，特授左司禦率府兵曹參軍。博涉經史，達於政事，侍中、韓國公苗晉卿見而奇之，以女妻焉。肅宗在鳳翔，擢拜監察御史，賜緋魚袋，轉殿中侍御史。關內節度使王思禮請爲從事，思禮領河東，又爲太原少尹，兼行軍司馬、北都副留守。

代宗幸陝，除給事中，轉御史中丞、中書舍人。大曆二年，拜河南尹，充諸道營田副使。河洛久當兵衝，閭井丘墟，延賞勤身率下，政尚簡約，疏導河渠，修築宮廟，數年間流庸歸附，邦畿復完，詔書褒美焉。時罷河南、淮西、山南副元帥〔七〕，以其兵鎭東都，延賞權知東都留守以領之，理行第一，入朝拜御史大夫。初，上封人李少良潛以元載陰事聞，載黨知之，奏少良狂妄，下御史臺訊鞫，欲有所屬。延賞不承其意，尋出爲揚州刺史、淮南節度觀察等使。屬歲旱歉，人有亡去他境者，吏或拘之。延賞曰：「夫食，人之所恃而生也，此居而坐斃，適彼而可生，得存吾人，又何限於彼也。」乃具舟楫而遣之，俾吏修其廬室，已其逋債，而歸者增於其舊。邊江之瓜洲，舟航湊會，而懸屬江南，延賞奏請以江爲界，人甚爲便。尋以母憂去職，終制授檢校禮部尚書、江陵尹、兼御史大夫、荆南節度觀察使。

數年，改檢校兵部尚書、成都尹、劍南西川節度觀察使，依前兼御史大夫，尋就加吏部尚書。建中四年十一月，部將西山兵馬使張朏以兵入成都爲亂，延賞奔漢州鹿頭，戍將叱

干遂等討之。其月，斬朏及同惡者，復歸成都。先是兵革屢擾，自天寶末楊國忠用事南蠻，三蜀疲弊，屬車駕遷幸，其後郭英乂淫崔寧之室，遂縱崔寧、楊琳交亂；及崔寧得志，復極修靡，故蜀土殘弊，蕩然無制度。延賞薄賦約事，動遵法度，僅至庶富焉。建中末，駕在山南，延賞貢奉供億，頗竭忠力焉。駕在梁州，倚劍南蜀川爲根本。

貞元元年，以宰相劉從一有疾，詔徵延賞爲中書侍郎、同中書門下平章事。與鳳翔節度使李晟不協，晟表論延賞過惡，德宗重違晟意，延賞至興元，改授左僕射。初，大曆末，吐蕃寇劍南，李晟領神策軍戍之，及旋師，以成都官妓高氏歸。延賞聞而大怒，即使將吏令追還焉。晟頗銜之，形於詞色。三年正月，晟入朝，詔晟與延賞釋憾，德宗注意於延賞，將用之。會浙西觀察使韓滉來朝，嘗有德於晟，因會讌說晟使釋憾，遂同飲極歡，且請晟表薦爲相，晟然之，於是復加同中書門下平章事。及延賞當國用事，晟請一子聘其女，固情好焉，延賞拒而不許。晟謂人曰：「武人性快，若釋舊惡於盃酒之間，終歡可解。文士難犯，雖修睦於外，而蓄怒于內，今不許婚，釁未忘也，得無懼焉！」無幾，延賞果謀罷晟兵權。初，吐蕃尚結贊興兵入隴州，抵鳳翔，無所虜掠，且曰：「召我來，何不持牛酒勞軍？」徐乃引去，持是以間晟。晟令牙將王佖選銳兵三千設伏汧陽，大敗吐蕃，結贊僅免，自是數遣使乞和。晟朝於京師，奏曰：「戎狄無信，不可許。」宰相韓滉又扶晟議，請調軍食以繼之，上意將帥生

事邀功。會滉卒，延賞揣上意，遂行其志，奏令給事中鄭雲逵代之。上不許，且曰：「晟有社稷之功，令自舉代己者。」於是始用邢君牙焉。拜晟太尉、兼中書令，奉朝請而已。是年五月，吐蕃果背約以劫渾瑊。及册晟太尉，故事，臨軒册拜三公，中書令讀册，侍中奉禮，如闕，即以宰相攝之。延賞欲輕其禮，始令兵部尚書崔漢衡攝中書令讀册，時議非之。

延賞奏議請省官員，曰：「爲政之本，必先命官。舊制官員繁而且費，州縣殘破，職此之由。臣在荆南、劍南，所管州縣闕官員者，少不下十數年，吏部未嘗補授，但令一官假攝，公事亦理。以此言之，員可減無疑也。請減官員，收其祿俸，資幕職戰士，俾劉玄佐復河湟，軍用不乏矣。」上然之。初，韓滉入朝，至汴州，厚結劉玄佐，將薦其可委邊任，玄佐亦欲自效，初稟命，及滉卒，玄佐以疾辭，上遣中官勞問，臥以受命。延賞知不可用，奏用李抱眞，抱眞亦辭不行。時抱眞判官陳曇奏事京師，延賞俾曇勸抱眞，竟拒絕之。蓋以延賞挾怨罷李晟兵柄，由是武臣不附。自建議減員之後，物議不平。延賞懼，量留其官，下詔曰：「諸州府停減及所留官，並合釐務。其中有先考滿及充職掌，遇停減或恐公務有闕，宜委長吏於合停官中取考淺人清白幹舉者，留塡闕官，差攝訖聞奏。但取才堪，不限資序。如當州官少，任以鄰州官充。其州縣諸色部送，準舊例以當州官及本土寄客有資産幹了者差遣。」及減員人衆，道路怨歎，日聞於上。侍中馬燧奏減員太甚，恐不可行；太子少保韋倫及常參官等

各抗疏以減員招怨，並請復之；浙西觀察使白志貞亦以疏論。時延賞疾甚，在私第；李泌初爲相，採於羣情，由是官員悉復。貞元三年七月薨，年六十一，廢朝三日，贈太保，賻禮加等，謚曰成肅。

子弘靖，字元理，雅厚信直。少以門蔭授河南府參軍，調補藍田尉。東都留守杜亞辟爲從事，奏改監察御史裏行，轉殿中侍御史、內供奉。留守將令狐運逐賊出郊，其日有劫轉運絹於道者，亞以運豪家子，意其爲之，乃令判官穆員及弘靖同鞫其事。員與弘靖皆以運職在牙門，必不爲盜，堅請不按。亞不聽，遂以獄聞，仍斥員及弘靖出幕府，有詔令三司使雜治之，後果於河南界得賊。無何，德陽公主下嫁，治第將侵弘靖家廟。弘靖拜表陳情，具述祖考之德，德宗慰撫之，不令毀廟。又獻賦美二京之制，德宗嘉其文，擢授監察御史。轉殿中侍御史、禮部員外郎；遷兵部郎中、知制誥、中書舍人、知東都選事；拜工部侍郎，轉戶部侍郎、陝州觀察、河中節度使；拜刑部尚書、同中書門下平章事。

吳少陽死，其子元濟擅主留務，憲宗怒，欲下詔誅之。弘靖請先命弔贈使，待其不恭，然後加兵，憲宗從其議。尋加中書侍郎平章事。盜殺宰相武元衡，京師索賊未得。時王承宗邸中有鎭卒張晏輩數人，行止無狀，人多意之，詔錄付御史陳中師按之，皆附致其罪，如

京中所說。弘靖疑其不直，驟於上前言之，憲宗不聽，竟殺張晏輩。及田弘正入鄆，按簿書，亦有殺元衡者，但事曖昧，互有所說，卒未得其實。又殺張晏後，憲宗欲遂伐承宗。弘靖以爲戎事並興，鮮有濟者，不若併攻元濟，待淮西平，然後悉師河朔。憲宗業已北討，不爲之止，然亦重違其言。弘靖知終不聽用，遂自陳乞罷政事。俄檢校吏部尚書、同中書門下平章事，充太原節度使。行未及鎮，果下詔誅承宗。弘靖以驟諫不行，宜用自効，大閱軍實，請躬討承宗。詔許出軍，不許自往。俄而魏博、澤潞悉爲承宗所敗，有詔賞其前言。弘靖即間道發使懇喻承宗，承宗因亦款附。旋徵拜吏部尚書，遷檢校右僕射、宣武軍節度使，時韓弘入覲之後也。弘靖用政寬緩，代弘之理。俄以劉總累求歸闕，且請弘靖代己，制加檢校司空平章事，充幽州、盧龍等軍節度使。

弘靖之入幽州也，薊人無老幼男女，皆夾道而觀焉。河朔軍帥冒寒暑，多與士卒同，無張蓋安輿之別。弘靖久富貴，又不知風土，入燕之時，肩輿於三軍之中，薊人頗駭之。弘靖以祿山、思明之亂，始自幽州，欲於事初盡革其俗，乃發祿山墓，毀其棺柩，人尤失望。從事有韋雍、張宗厚數輩，復輕肆嗜酒，常夜飲醉歸，燭火滿街，前後呵叱，薊人所不習之事。又雍等詬責吏卒，多以反虜名之，謂軍士曰：「今天下無事，汝輩挽得兩石力弓，不如識一丁字。」軍中以意氣自負，深恨之。劉總歸朝，以錢一百萬貫賜軍士，弘靖留二十萬貫充軍府

雜用。薊人不勝其憤，遂相率以叛，囚弘靖於薊門館，執韋雍、張宗厚輩數人，皆殺之。續有張徹者，自遠使迴，軍人以其無過，不欲加害，將引置館中。徹不知其心，遂索弘靖所在，大罵軍人，亦爲亂兵所殺。明日，吏卒稍稍自悔，悉詣館，請弘靖爲帥，願改心事之。凡三請，弘靖卒不對。軍人乃相謂曰：「相公無言，是不赦吾曹必矣，軍中豈可一日無帥！」遂取朱洄爲兵馬留後。朝廷既除洄子克融爲幽州節度使，乃貶弘靖爲撫州刺史。未幾，遷太子賓客、少保、少師。長慶四年六月卒，年六十五。

元和初，王承宗阻兵，劉總父濟備陳征討之術，請身先之。及出軍，累拔城邑。總既繼父，願述先志，且欲盡更河朔舊風。長慶初，累表求入朝，兼請分割所理之地，然後歸朝。其意欲以幽、涿、營州爲一道，請弘靖理之；瀛州爲一道，盧士玫理之；平、薊、嬀、檀爲一道，請薛平理之。仍籍軍中宿將，盡薦於闕下，因望朝廷升奬，使幽、薊之人，皆有希美爵祿之意。及疏上，穆宗且欲速得范陽，宰臣崔植、杜元穎又不爲遠大經略，但欲重弘靖所授而省其事局。唯瀛、莫兩州許置觀察使，其他郡縣悉命弘靖統之。時總所薦將校俱在京師旅舍中〔六〕，久而不問，朱克融輩僅至假衣丐食，日詣中書求官，不勝其困。及除弘靖，命悉還本軍。克融輩雖得復歸，皆深懷觖望，其後因爲叛亂。初，總以平、薊、嬀、檀請薛平，於分裂之中尤爲上策，而朝廷不能行之，竟致後患，人到于今惜之。

子文規、景初、嗣慶、汶宗。

文規，歷拾遺、補闕、吏部員外郎。開成三年十一月，右丞韋温彈劾文規：「長慶中父弘靖陷在幽州，文規徘徊京師，不尋赴難，不宜塵汙南宮，乃出爲安州刺史。累遷右散騎常侍、兼御史中丞、桂管都防禦觀察使。

景初，歷職使府，官止殿中侍御史。

嗣慶，位終河南少尹。

汶宗最有文學，稽古履行。開成中，爲起居舍人。文宗復故事，每入閤，左右史執筆立于螭頭之下，宰相奏事，得以備錄。宰臣既退，上召左右史更質證所奏是非，故開成政事，詳於史氏，汶宗尤稱奉職。改禮部員外郎，以兄文規爲韋温不放入省出官，汶宗堅辭省秩，改國子博士兼史館修撰。出爲舒州刺史，卒。

文規子彥遠，大中初由左補闕爲尚書祠部員外郎。景初子天保，嗣慶子彥修，汶宗子曼容。延賞東都舊第在思順里，亭館之麗，甲於都城，子孫五代，無所加工，時號「三相張氏」云。

史臣曰：君民足則國富，將相和則國安，反是道焉，非得人者。滉殺元琇，奏瑞鹽，逞幹運之能，非貞純之士，剗下罔上，以爲己功。幸逢多事之朝，例在姑息之地，幸而獲免，餘無可稱。延賞以私害公，罷李晟兵柄，使武臣不陳其力矣；惡直醜正，擠柳渾相位，致賢者不進其才矣。象恭僝功，皆四凶之跡也，雖以蔭繼世，以才進身，蹈非道者，實小人哉！延賞歷典名藩，皆稱善政，及登大位，乃彰飾情。皐迭處大僚，徒稱舊德；弘靖輕傲邊事，欺減軍資；洄附元載、楊炎，繼及累貶，俱非守正中立者也。書云：「世祿之家，鮮克由禮。」不其是歟！

贊曰：韓滉剗下，延賞害公。皐、洄繼世，弘靖興戎。

校勘記

〔一〕滉兄法　「法」字新書卷一二六韓滉傳作「浤」。

〔二〕白于府及戶部　「白于府及」四字各本原無，據冊府卷一五二補。

〔三〕戍軍還　「軍」字各本原作「鄆」，據冊府卷四四六改。

〔四〕浙江東西節度　「西」字各本原無，據新書卷五三食貨志補。

〔五〕元左丞　據本卷上文，此處「左丞」疑當作「右丞」。新書卷一二六韓滉傳、通鑑卷二三二均作「右丞」。

〔六〕散言魏氏散亡自廣陵　以上九字各本原無，據冊府卷八五七補。

〔七〕淮西　各本原作「西山」，據冊府卷六八四改。

〔八〕時總所薦將校　「薦將」二字各本原無，據本書卷一四三劉怦傳補。

舊唐書卷一百三十

列傳第八十

王璵 道士李國禎附　李泌 子繁 顧況附　崔造　關播 李元平附

王璵，少習禮學，博求祠祭儀注以干時。開元末，玄宗方尊道術，靡神不宗。璵抗疏引古今祀典，請置春壇，祀青帝於國東郊，玄宗甚然之，因遷太常博士、侍御史，充祠祭使。璵專以祀事希倖，每行祠禱，或焚紙錢，禱祈福祐，近於巫覡，由是過承恩遇。

肅宗即位，累遷太常卿，以祠禱每多賜賚。乾元三年七月，兼蒲州刺史，充蒲、同、絳等州節度使。中書令崔圓罷相，乃以璵爲中書侍郎、同中書門下平章事。人物時望，素不爲衆所稱，及當樞務，聲問頓減。璵又奏置太一神壇於南郊之東，請上躬行祀事。肅宗嘗不豫，太卜云：「祟在山川。」璵乃遣女巫分行天下，祈祭名山大川。巫皆盛服乘傳而行，上令中使監之，因緣爲姦，所至干託長吏，以邀賂遺。一巫盛年而美，以惡少年數十自隨，

尤爲蠹弊，與其徒宿於黃州傳舍。刺史左震晨至，驛門扃鐍，不可啓，震破鎖而入，曳女巫階下斬之，所從惡少年皆斃。閱其贓賂數十萬，震籍以上聞，仍請贓錢代貧民租稅，其中使發遣歸京，肅宗不能詰。肅宗親謁九宮神，慇懃於祠禱，皆璵所啓也。歲餘，罷知政事，爲刑部尚書。上元二年，兼揚州長史、御史大夫，充淮南節度使。肅宗南郊禮畢，以璵使持節都督越州諸軍事、越州刺史，充浙江東道節度觀察處置使，本官兼御史大夫，祠祭使如故。入爲太子少保，轉少師。大曆三年六月卒。

璵以祭祀妖妄致位將相，時以左道進者，往往有之。廣德二年八月，道士李國禎以道術見，因奏皇室仙系，宜修崇靈跡，請於昭應縣南三十里山頂置天華上宮露臺、大地婆父、三皇、道君、太古天皇、中古伏羲媧皇等祠堂，并置掃灑宮戶一百戶。又於縣之東義扶谷故湫置龍堂，並許之。時歲饑荒，人甚不安，昭應縣令梁鎮上表曰：

臣聞國以人爲本，害其本則非國；神以人爲主，虐其主則非神。故昔之聖王，所以極陳理道，明著祀典，將愛其人而慎用其財力，敬其神而虔恭於祠祭。故神享其明德而降之福，人受其大賚而盡其力〔一〕，然後神人以和，而國家可保也。一昨蠹賊作孽，水旱爲災，雖王畿皆遍，而臣縣最苦。此則神之不能禦大災明矣，又何力於陛下而得列祀典哉！且以殘弊之餘，當凶荒之歲，丁壯素出家入仕，羸老方飛芻輓粟，令但供

中華書局

億王事，已不堪命，更奔走鬼道，何以聊生？

臣又聞天地之神，尊之極者，掃地可祭，精意可饗。陛下亦何必廢先王之典，崇俗巫之説，走南畝之客，殺東鄰之牛，而後冀非妄之福。陛下雖欲爲人祈福，福未至而人已困矣！其不可一也。陛下不覩昔者有道之君，至德之后，曷不卑宮室，惡飲食，恭己以遂萬物之性哉！陛下今違神亭育之心，竭人疲困之力，如是又何從而致其福哉？此又不可二也。又陛下宗廟之敬極矣，尙無一月三祭之禮；今此獨爲，則宗廟之靈，將等以親疏，校以厚薄，陛下又何以言哉？此又不可三也。又大地婆父，祀典無文，言甚不經，義無可取。若陛下特與大地建祖宗之廟，必上天貽向背之責，陛下又何以爲詞哉？此又不可四也。夫湫者，龍之所居也。龍得水則神，無水則螻蟻之匹也。故知水存則龍在，水竭則龍亡，此愚智之所同知矣。今湫竭已久，龍安所存？陛下又崇飾祠宇，豐潔薦奠，爲去龍之穴，破生人之產，人且怨矣，神何歆哉！此又不可五也。其道君、三皇、五帝，則兩京及所都之處，皆建宮觀祠廟，時設齋醮饗祀，國有彝典，官有常禮，蓋無闕失，何勞神役靈？此又不可六也。臣稽先王之典禮，覩前聖之軌躅，休咎豐凶，災祥禍福，必主帝王五事，不在山川百神。此又不可七也。

臣伏察此弊，頗知其由。蓋以道士李國禎等動衆則得人，興工則獲利，祭祀則受

胙，主執則弄權。是以鼓動禁中，熒惑天聽，踰越險阻，負荷粢盛，以日繫年，無時而息。曾不謂神功力，空止竭人膏血，以使人神胥怨，災孽並生。罔上害人，左道亂政，原情定罪，非殺而何！

臣昨受命之時，親承聖旨，務存安緝，許逐權宜。誠願沉鄴縣之巫，安流弊之俗，其所興兩祠土木之功、丹青之役、三六之祭、灑掃之戶，謹明宣旨，並以權宜停訖。人吏百姓等，知陛下以從善爲心，嫉惡爲務，蠲除不急，剗革煩苛，皆喧呼於庭，抃躍於路，所徵糧糗，無不樂輸。臣伏以國禎等並交結中貴，狡蠹成性，臣雖忘身許國，不懼讒構，終恐賄及豪右，復爲姦惡。其國禎等見據狀推勘，如獲贓狀，伏望許臣徵收，便充當縣郵館本用。其湫既竭，不可更置祠堂，又不當爲大地建立祖廟，臣並請停。其三皇、道君、天皇、伏羲、女媧等，既先各有宮廟，望請並於本所依禮齋祭。

上從之。

李泌字長源，其先遼東襄平人，西魏太保、八柱國司徒徒何弼之六代孫〔二〕。今居京兆，吳房令承休之子。少聰敏，博涉經史，精究易象，善屬文，尤工於詩，以王佐自負。張九齡、

韋虛心、張廷珪皆器重之。泌操尙不羈，恥隨常格仕進。天寶中，自嵩山上書論當世務，玄宗召見，令待詔翰林，仍東宮供奉。楊國忠忌其才辯，奏泌嘗爲感遇詩，諷刺時政，詔於蘄春郡安置，乃潛遁名山，以習隱自適。

天寶末，祿山構難，肅宗北巡，至靈武即位，遣使訪召。會泌自嵩、潁間冒難奔赴行在，至彭原郡謁見，陳古今成敗之機，甚稱旨，延致臥內，動皆顧問。泌稱山人，固辭官秩，特以散官寵之，解褐拜銀青光祿大夫，俾掌樞務。至於四方文狀、將相遷除，皆與泌參議，權逾宰相，仍判元帥廣平王軍司馬事。肅宗每謂曰：「卿當上皇天寶中，爲朕師友，下判廣平王行軍，朕父子三人，資卿道義。」其見重如此。尋爲中書令崔圓、倖臣李輔國害其能，將有不利於泌。泌懼，乞遊衡山，優詔許之，給以三品祿俸，遂隱衡岳，絕粒棲神。

數年，代宗即位，召爲翰林學士，頗承恩遇。及元載輔政，惡其異己，因江南道觀察都團練使魏少遊奏求參佐，稱泌有才，拜檢校秘書少監，充江南西道判官，幸其出也。尋改爲檢校郎中，依前判官。元載誅，乃馳傳入謁，上見悅之。又爲宰相常袞所忌，出爲楚州刺史。及謝恩，具陳戀闕，上素重之，留京數月。會灃州刺史闕，袞盛陳泌理行，以荆南凋瘵，遂輟泌理之。詔曰：「荆南都會，粵在灃陽〔三〕，俾人歸厚，惟賢是牧。以泌文可以化成風俗，政可以全活惸嫠。爰命頒條，期乎共理，無薄淮陽之守，勉思渤海之功。可檢校御史中丞，充灃朗

硤團練使。」重其禮而遣之。無幾，改杭州刺史，以理稱。

興元初，徵赴行在，遷左散騎常侍。貞元元年，除陝州長史，充陝虢都防禦觀察使。二年六月，泌奏：「虢州盧氏山冶，近出瑟瑟，請充獻，禁人開採。」詔曰：「瑟瑟之寶，中土所無，今產於近甸，實爲靈貺。朕不飾器玩，不尙珍奇，常思返朴之風，用明躬儉之節。其出瑟瑟之處，任百姓求採，不宜禁止。」就加泌檢校禮部尙書。時陳、許戍邊卒三千自京西逃歸，至州境，泌潛師險隘，左右攻擊，盡誅之。

尋拜中書侍郎、平章事、集賢崇文館學士、修國史。初，張延賞大減官員，人情咨怨，泌請復之，以從人欲，因是奏罷兼試額內占闕等官，加百官俸料，隨閑劇加置手力課，上從之，人人以爲便。而竇參旁奏，遂改易，使同品之內，月俸多少累等。泌又奏請罷拾遺、補闕，上雖不從，亦不授人，故諫司惟韓皐、歸登而已。泌仍命收其署凐錢，令登等寓食於中書舍人，故時戲云：「韓諫議雖分左右，歸拾遺莫辨存亡。」如是者三年。至貞元五年，以前東都防禦判官、殿中侍御史、內供奉韋綬爲左補闕，監察御史梁肅右補闕。既復置，人心忻然。順宗在春宮，妃蕭氏母郜國公主交通外人，上疑其有他，連坐貶黜者數人，皇儲亦危。泌百端奏說，上意方解。

泌頗有讜直之風，而談神仙詭道，或云嘗與赤松子、王喬、安期、羨門遊處，故爲代所

輕，雖詭道求容，不爲時君所重。德宗初即位，尤惡巫祝怪誕之士。初，肅宗重陰陽祠祝之說，用妖人王璵爲宰相，或命巫媪乘驛行郡縣以爲厭勝。凡有所興造功役，動牽禁忌。而黎幹用左道位至尹京，嘗內集衆工，編刺珠繡爲御衣，既成而焚之，以爲禳禬，且無虛月。德宗在東宮，頗知其事，即位之後，罷集僧於內道場，除巫祝之祀。有司言宣政內廊壞，請修繕，而太卜云：「孟冬爲魁罡，不利穿築，請卜他月。」帝曰：「春秋之義，啓塞從時，何魁罡之有？」卒命修之。又代宗山陵靈駕發引，上號送于承天門，見轀輬不當道，稍指午未間。問其故，有司對曰：「陛下本命在午，故不敢當道。」上號泣曰：「安有枉靈駕而謀身利。」卒命直午而行。及建中末，寇戎內梗，桑道茂有城奉天之說，上稍以時日禁忌爲意，而雅聞泌長於鬼道，故自外徵還，以至大用，時論不以爲愜。及在相位，隨時俯仰，無足可稱。復引顧況輩輕薄之流，動爲朝士戲侮，頗貽譏誚。年六十八薨，贈太子太傅，賻禮有加。泌放曠敏辯，好大言，自出入中禁，累爲權倖忌嫉，恆由智免；終以言論縱橫，上悟聖主，以躋相位。有文集二十卷。

子繁，少聰警，有才名，無行義。泌爲相，嘗引薦夏縣處士北平陽城爲諫議大夫。城道直，既遇知己，深德之。及泌歿，戶部尚書裴延齡巧佞奉上，德宗信任，竊弄威權，舉朝側

目。城中正之士，尤忿嫉之。一日盡疏其過惡，欲密論奏，以繁故人子，爲可親信，遂示其疏草，兼請繁繕寫。繁既寫，悉能記之，其夕乃徑詣延齡，具述其事。延齡聞之，即時請對，盡以城章中欲論事件，一一先自解。及城疏入，德宗以爲妄，不之省。泌與右補闕、翰林學士梁肅友善，嘗命繁持所著文請肅潤色。繁亦自有學術，肅待之甚厚，因許師事，日執其門。及肅卒，繁亂其配，士君子無不歎駭，積年委棄。後起爲太常博士，太常卿權德輿奏斥之，除河南府士曹掾。以其警悟異常，泌之故人爲宰相，左右援拯，後得累居郡守，而力學不倦。罷隨州刺史，歸京師，久不承恩。

韋處厚入相，厚待之。寶曆二年六月，敬宗降誕日，御三殿，特詔兵部侍郎丁公著、太常少卿陸亘與繁等三人抗浮圖道士講論。九月，除大理少卿，復加弘文館學士。時諫官御史章疏相繼，宰臣不得已，出爲亳州刺史。州境嘗有羣賊，剽人廬舍，劫取貨財，累政擒捕不獲。繁潛設機謀，悉知賊之巢穴，出兵盡加誅斬。時議責繁以不先啓聞廉使，涉於擅興之罪，朝廷遣監察御史舒元輿按問。元輿素與繁有隙，復以初官，銳於生事，乃盡反其獄辭，以爲繁濫殺無辜，狀奏，敕於京兆府賜死，時人冤之。其後元輿被禍，人以爲有報應焉。

初，泌流放江南，與柳渾、顧況爲人外之交，吟詠自適。而渾先達，故泌復得入官於朝。

顧況者，蘇州人。能爲歌詩，性詼諧，雖王公之貴與之交者，必戲侮之，然以嘲誚能文，人多狎之。柳渾輔政，以校書郎徵。復遇李泌繼入，自謂己知秉樞要，當得達官，久之方遷著作郎，況心不樂，求歸於吳。而班列羣官，咸有侮玩之目，皆惡嫉之。及泌卒，不哭，而有調笑之言，爲憲司所劾，貶饒州司戶。有文集二十卷。其贈柳宜城辭句，率多戲劇，文體皆此類也。

子非熊，登進士第，累佐使府，亦有詩名于時。

崔造字玄宰，博陵安平人。少涉學，永泰中，與韓會、盧東美、張正則爲友，皆僑居上元，好談經濟之略，嘗以王佐自許，時人號爲「四夔」。浙西觀察使李栖筠引爲賓僚，累至左司員外郎。與劉晏善，及晏遭楊炎、庾準誣奏伏誅，造累貶信州長史。

朱泚之逆，造爲建州刺史，聞難作，馳檄鄰州，請齊舉義兵，遂調發所部，得二千人，德宗聞而嘉之。及收京師，詔徵造至藍田，以舅源休明逆伏誅，上疏請罪，不敢即赴闕。上以爲知禮，優詔慰勉，拜吏部郎中、給事中。貞元二年正月，與中書舍人齊映各守本

官、同平章事。時京畿兵亂之後，仍歲蝗旱，府無儲積。德宗以造敢言，爲能立事，故不次登用。

造久從事江外，嫉錢穀諸使罔上之弊，乃奏天下兩稅錢物，委本道觀察使、本州刺史選官典部送上都；諸道水陸運使及度支、巡院、江淮轉運使等並停；其度支、鹽鐵，委尚書省本司判；其尚書省六職，令宰臣分判。乃以戶部侍郎元琇判諸道鹽鐵、榷酒等事；戶部侍郎吉中孚判度支及諸道兩稅事；宰臣齊映判兵部承旨及雜事；宰臣李勉判刑部；宰臣劉滋判吏部、禮部；造判戶部、工部。又以歲飢，浙江東西道入運米每年七十五萬石，今更令兩稅折納米一百萬石，委兩浙節度使韓滉運送一百萬石至東渭橋；其淮南濠壽旨米〔四〕、洪潭屯米，委淮南節度使杜亞運送二十萬石至東渭橋。諸道有鹽鐵處，依舊置巡院勾當；河陰見在米及諸道先付度支、巡院般運在路錢物，委度支依前勾當，其未離本道者，分付觀察使發遣，仍委中書門下年終類例諸道課最聞奏。造與元琇素厚，罷使之後，以鹽鐵之任委之。而韓滉方司轉運，朝廷仰給其漕發。滉以司務久行，不可遽改。德宗復以滉爲江淮轉運使，餘如造所條奏。元琇以滉性剛難制，乃復奏江淮轉運，其江南米自江至揚子凡十八里，請滉主之；揚子已北，琇主之。滉聞之怒，掎摭琇鹽鐵司事論奏。德宗不獲已，罷琇判使，轉尚書右丞。其年秋初，江淮漕米大至京師，德宗嘉其功，以滉專領度支、諸道鹽

鐵轉運等使，造所條奏皆改。物議亦以造所奏雖舉舊典，然凶荒之歲，難爲集事，乃罷造知政事，守太子右庶子，貶璓雷州司戶。造初奏太銳，及璓改官，憂懼成疾，數月不能視事。明年九月卒，年五十一。

關播字務元，衞州汲人也。天寶末，舉進士。鄧景山爲淮南節度使，辟爲從事，累授衞佐評事，遷右補闕。善言物理，尤精釋氏之學。大曆中，神策軍使王駕鶴妻闞氏以播與同宗，深遇之。元載惡其交往，出爲河南府兵曹，攝職數縣，皆有政能。陳少遊領浙東、淮南，又辟爲判官，歷檢校金部員外，攝滁州刺史。李靈曜阻兵，跋扈於梁汴。少遊自總兵鎮淮上〔五〕，所在盜賊蜂起。播調閱州兵，令其守備。又爲政清淨簡惠，既無盜賊，人甚安之。楊綰、常袞知政事，薦播爲都官員外郎。

德宗登極，湖南山洞中有王國良者，聚衆爲盜，令播往宣撫之。臨行，召對於別殿，上問政理之要，播奏云：「爲政之本，須求有道賢人，乃可得理。」上謂播云：「朕下詔求賢良，當躬親閱試，亦遣使臣黜陟，廣加搜訪聞薦，擢其能者用之，冀以傳理。」播奏曰：「下詔求賢，黜陟舉薦，唯得求名文詞之士，安有有道賢人肯隨牒舉選乎？」上悅其言，謂播曰：「卿且

使去，迴日當與卿論政事。」播又奏曰：「臣今奉詔招撫，國良不受命，臣請便宜恩命，語鄰境速出兵翦除。」上曰：「卿言深合朕意。」使迴，改兵部員外，遷河中少尹。

建中初，張鎰爲河中少尹。鎰尋入相，二年七月，遷播給事中。舊例，諸司甲庫，皆是胥吏掌知，爲弊頗久，播始建議並以士人知之，至今稱當。轉刑部侍郎、奉迎皇太后副使。盧杞以播柔緩，冀其易制，驟稱薦之。尋遷吏部侍郎，轉刑部尚書、知刪定。奏上元中，詔擇古今名將十人於武成王廟配享，如文宣王廟之儀。播以「太公古稱大賢，今其下稱亞聖，於義不安。又孔子十哲，皆是當時弟子，今所擇名將，年代不同，於義既乖，於事又失。臣請刪去名將配享之儀及十哲之稱」。從之。

建中三年十月，拜銀青光祿大夫、中書侍郎、同中書門下平章事、集賢殿崇文館大學士、修國史。時政事決在盧杞，播但斂衽取容而已。乏於知人之鑒，好大言虛誕者，播必悅而親信之。有李元平、陶公達、張愻、劉承誡，皆言談詭妄，誇大可立功名，亦有微材薄藝。播累奏云元平等皆可將相也，請閱試用之，上以爲然，以元平爲補闕。會淮西節度李希烈叛亂，上以汝州要鎮，令選擇刺史。播薦元平爲汝州刺史，尋加檢校吏部郎中、汝州別駕，知州事。元平至州旬日，爲希烈所擒，汝州陷賊，中外哂之。由是公達等未克任用。播與盧杞等從駕幸奉天，既而盧杞、白志貞等並貶黜，播尚知政事，中外囂然，以爲不可，遂罷

相，改刑部尚書。大臣韋倫等泣於朝曰：「宰相不能謀猷翊贊，以至今日，而尚爲尚書，可痛心也！」

貞元四年，迴紇請和親，以咸安公主出降可汗，令播以本官加檢校右僕射、兼御史大夫，持節充送咸安公主及冊可汗使〔六〕，奉使往來，皆清儉謹慎，蕃人悅之。使迴，遷兵部尚書，固辭疾，請罷官，改太子少師致仕。播致仕之後，減去僮僕車騎，閉關守靜，不縈外事，士君子重之。貞元十三年正月卒，時年七十九，廢朝一日，贈太子太保。

李元平者，宗室子。始爲湖南觀察使蕭復判官，試大理評事。性疏傲，敢大言，好論兵，天下賢士大夫無可其意者，以是人多銜怒。關播奇重之，許以將帥。時希烈反叛，朝廷以汝州與賊接壤，刺史韋光裔懦弱不任職，播乃盛稱元平，特召見，超左補闕，不數日，擢爲檢校吏部郎中，兼汝州別駕，知州事。既至部，募工徒繕理郛郭，希烈乃使勇士應募，執役板築，凡入數百人，元平不之覺。希烈遣僞將李克誠以數百騎突至其城，先應募執役者應於內，縛元平馳去。既見希烈，遺下汚地。希烈見其無鬚眇小，戲謂克誠曰：「使汝取李元平，何得將元平兒來？」因嫚罵曰：「盲宰相使汝當我，何待我淺耶！」僞署爲御史中丞。播聞元平得用，仍欺於人曰：「李生功業濟矣。」言必能覆希烈而建功也。居無何，希烈用爲宰

相，或告其有二者，乃斷一指以自誓。希烈既死，或有人言在賊中微有謀慮，貸死流於珍州。會赦得歸剡中，浙東觀察使皇甫政表聞其到，以發上怒，復流賀州而死。

史臣曰：蒸嘗礿祀，前王制以奉先；怪力亂神，宣聖鄙而不語。凡云左道，固有舊章。璵假於鬼神，乃至將相，既處代天之位，爰滋亂政之源。國禎妖人疑衆，妄恢其祀典；梁鎮正士抗疏，方悟其上心。泌見可進而知難退，足爲高率智辯之士；居相位而談鬼神，乃見狂妄浮薄之蹤。王制云：「執左道以亂政，殺。」寧無畏乎！縈之醜行，棄於當時，竟陷非辜，諒由素履。造爲臣得禮，莅事非能；播居位取容，舉人敗事。皆非國器，咸歷台司，失人者亡，國其危矣。

贊曰：璵、泌、造、播，俱非相材。國禎左道，梁生直哉！

校勘記

〔一〕受其大賚　「賚」字各本原作「類」，據冊府卷五四六改。

〔二〕司徒徒何弼　各本原作「司徒何弼」，據北史卷六〇李弼傳補「徒」字。

〔三〕粤在澧陽　「粤」字各本原作「奥」，據冊府卷六七一改。
〔四〕旨米　冊府卷四九八作「先支米」。
〔五〕總兵鎮淮上　「淮」字各本原作「汴」，據冊府卷六九六改。
〔六〕冊可汗使　「使」字各本原無，據冊府卷六五四補。

舊唐書卷一百三十一

列傳第八十一

李勉　李皐 子象古 道古

李勉字玄卿，鄭王元懿曾孫也。父擇言，爲漢褒相岐四州刺史、安德郡公，所歷皆以嚴幹聞。在漢州，張嘉貞爲益州長史、判都督事，性簡貴，待管內刺史禮隔，而引擇言同榻，坐談政理，時人榮之。勉幼勤經史，長而沉雅清峻，宗於虛玄，以近屬陪位，累授開封尉。時昇平日久，且汴州水陸所湊，邑居龐雜，號爲難理，勉與聯尉盧成軌等，並有擒姦擿伏之名。

至德初，從至靈武，拜監察御史。屬朝廷右武，勳臣恃寵，多不知禮。大將管崇嗣於行在朝堂背闕而坐，言笑自若，勉劾之，拘於有司，肅宗特原之，歎曰：「吾有李勉，始知朝廷尊也。」遷司膳員外郎。時關東獻俘百餘，詔並處斬，囚有仰天歎者，勉過問之，對曰：「某被脅

制守官，非逆者。」勉乃哀之，上言曰：「元惡未殄，遭點汚者半天下，皆欲澡心歸化。若盡殺之，是驅天下以資兇逆也。」肅宗遽令奔騎宥釋，由是歸化日至。

克復西京，累歷清要，四遷至河南少尹。累爲河東節度王思禮、朔方河東都統李國貞行軍司馬，尋遷梁州都督、山南西道觀察使。勉以故吏前密縣尉王晬勤幹，俾攝南鄭令，俄有詔處死，勉問其故，乃爲權倖所誣。勉詢將吏曰：「上方藉牧宰爲人父母，豈以譖言而殺不辜乎！」即停詔拘晬，飛表上聞，晬遂獲宥，而勉竟爲執政所非，追入爲大理少卿。謁見，面陳王晬無罪，政事條舉，盡力吏也。肅宗嘉其守正，乃除太常少卿。王晬後以推擇拜大理評事、龍門令，終有能名，時稱知人。

肅宗將大用勉，會李輔國寵任，意欲勉降禮於己。勉不爲之屈，竟爲所抑，出歷汾州、虢州刺史，改京兆尹、檢校右庶子、兼御史中丞、都畿觀察使。尋兼河南尹，明年罷尹，以中丞歸西臺，又除江西觀察使。賊帥陳莊連陷江西州縣，偏將呂太一、武日昇相繼背叛，勉與諸道力戰，悉攻平之。部人有父病，以蠱道爲木偶人，署勉名位，瘞于其隴，或以告，曰：「爲父禳災，亦可矜也。」捨之。

大曆二年，來朝，拜京兆尹、兼御史大夫，政尚簡肅。宦官魚朝恩爲觀軍容使，仍知國子監事，恃寵含威，天憲在舌。前尹黎幹寫心候事，動必求媚，每朝恩入監，傾府人吏具數

百人之饌以待之。及勉莅職旬月，朝恩入監，府吏先期有請，勉曰：「軍容使判國子監事，勉候太學，軍容宜厚具主禮。勉忝京尹，軍容倘惠顧府廷，豈敢不具蔬饌。」朝恩聞而銜之，因不復至太學，勉亦尋受代。

四年，除廣州刺史，兼嶺南節度觀察使。番禺賊帥馮崇道、桂州叛將朱濟時等阻洞爲亂，前後累歲，陷沒十餘州。勉至，遣將李觀與容州刺史王翃併力招討，悉斬之，五嶺平。前後西域舶泛海至者歲纔四五，勉性廉潔，舶來都不檢閱，故末年至者四十餘。在官累年，器用車服無增飾。及代歸，至石門停舟，悉搜家人所貯南貨犀象諸物，投之江中，耆老以爲可繼前朝宋璟、盧奐、李朝隱之徒。人吏詣闕請立碑，代宗許之。十年，拜工部尚書。及滑亳永平軍節度令狐彰卒，遺表舉勉自代，因除之。在鎮八年，以舊德清重，不嚴而理，東諸侯雖暴驁者，亦宗敬之。

十一年，汴宋留後田神玉卒，詔加勉汴州刺史(二)、汴宋節度使。未行，汴州將李靈曜阻兵，北結田承嗣，承嗣使姪悅將銳兵戍之。詔勉與李忠臣、馬燧等攻討，大破之，悅僅以身免。靈曜北走，勉騎將杜如江擒之以獻，代宗褒賞甚厚。既而李忠臣代鎮汴州，而勉仍舊鎮。忠臣遇下貪虐，明年爲麾下所逐，詔復加勉汴宋節度使，移理汴州，餘並如故。德宗嗣位，加檢校吏部尚書，尋加平章事。建中元年，檢校左僕射，充河南汴宋滑亳河陽等道都

統，餘如故。四年，李希烈反，以他盜爲名，悉衆來寇汴州。勉城守累月，救援莫至，謂其將曰：「希烈兇逆殘酷，若與較力，必多殺無辜，吾不忍也。」遂潛師潰圍，南奔宋州。詔以司徒平章事徵。既至朝廷，素服請罪，優詔復其位，勉引過備位而已。

無何，盧杞自新州員外司馬除澧州刺史，給事中袁高以杞邪佞蠹政，貶未塞責，停詔執表，遂授澧州別駕。他日，上謂勉曰：「衆人皆言盧杞姦邪，朕何不知！卿知其狀乎？」對曰：「天下皆知其姦邪，獨陛下不知，所以爲姦邪也。」時人多其正直，然自是見疏。累表辭位，遂罷知政事，加太子太保。貞元四年卒，年七十二，上頗慼悼之，册贈太傅，賻物有差，喪葬官給。

勉坦率素淡，好古尚奇，清廉簡易，爲宗臣之表。善鼓琴，好屬詩，妙知音律，能自製琴，又有巧思。及在相位，向二十年，祿俸皆遺親黨，身沒而無私積。其在大官，禮賢下士，終始盡心。以名士李巡、張參爲判官，卒於幕，三歲之內，每遇宴飲，必設虛位於筵次，陳膳執爵，辭色悽惻，論者美之。或曰：「勉失守梁城，亦可貶也。」議者曰：「不然。當賊烈之始亂，其慓悍陰禍，兇焰不可當，天方厚其毒而降之罰。況勉應變非長，援軍莫至，又其時關輔已俶擾矣，人心已動搖矣。以文吏之才，當虎狼之隊，其全師奔宋，非量力之恥也。與其坐受喪敗，不猶愈乎！」

李皋字子蘭，曹王明玄孫，嗣王戢之子。少補左司禦率府兵曹參軍。天寶十一載嗣封，授都水使者，三遷至祕書少監，皆同正。多智數，善因事以自便。奉太妃鄭氏以孝聞。上元初，京師旱，米斗直數千，死者甚多。皋度俸不足養，亟請外官，不允，乃故抵微法，貶溫州長史。無幾，攝行州事。歲儉，州有官粟數十萬斛，皋欲行賑救，掾吏叩頭乞候上旨，皋曰：「夫人日不再食，當死，安暇稟命！若殺我一身，活數千人命，利莫大焉。」於是開倉盡散之。以擅貸之罪，飛章自劾。天子聞而嘉之，答以優詔，就加少府監。皋行縣，見一媼垂白而泣，哀而問之，對曰：「李氏之婦，有二子：鈞、鍔，宦遊二十年不歸，貧無以自給。」時鈞爲殿中侍御史，鍔爲京兆府法曹，俱以文藝登科，名重於時。皋曰：「『入則孝，出則悌，行有餘力，然後可以學文。』若二子者，豈可備於列位！」由是舉奏，並除名勿齒。改處州別駕，行州事，以良政聞。徵至京，未召見，因上書言理道，拜衡州刺史。坐小法，貶潮州刺史。時楊炎謫官道州，知皋直，及爲相，復拜衡州。初，皋爲御史覆訊，懼貽太妃憂，竟出則素服，入則公服，言貌如平常，太妃竟不知。及爲潮州，詭詞謂遷，至是復位，方泣以白，且言非疾不敢有聞。

建中元年，遷湖南觀察使。前使辛京杲貪殘，有將王國良鎮邵州武岡縣，豪富，京杲以死罪加之。國良危懼，因人所苦，遂散財聚衆，據縣以叛，諸道同討，聯歲不能下。皋授命日，乃曰：「驅疲甿，誅反側，非所以奉聖朝事。」遣使遺國良書曰：「觀將軍非敢大逆，蓋遭讒嫉，救誤死而已。將軍遇我，何不速降？我與將軍同爲辛京杲所構，我已蒙聖朝昭雪，使我何心持刃殺將軍耶！將軍以爲不然，我以陣術破將軍陣，以攻法屠將軍城，非將軍所度也。」國良捧書，且憂且喜，遣使請降，亦未必決。皋即日赴縣受降，中道有候騎馳告曰：「國良軍中有變，言降是詐也。」皋曰：「非爾輩所知。」遂留麾下兵，單騎假稱使者，徑入國良壘中。國良召使者入，皋遂大叫軍中曰：「有人識曹王否？只我是。國良何不速降？」一軍愕眙不敢動。適有識者走至，傳呼曰：「是。」國良匍匐叩頭請罪。皋執手約爲兄弟，盡焚攻守之備，散倉庫，給兵士，令復農桑。有詔赦國良罪，賜名惟新。

建中二年，丁母艱，奉喪至江陵。會梁崇義反，乃授起復左衞大將軍，復還湖南，尋加散騎常侍。李希烈反，遷江西道節度使、洪州刺史、兼御史大夫。至州，集將吏而令曰：「當有功未申者，別爲行；有策謀及器能堪佐軍者，別爲行。」有神將伊愼、李伯潛、劉旻皆自占，皋察其詞氣，驗其有功，悉補大將。擢王鍔委之中軍，以馬彝、許孟容爲賓佐。繕甲兵，具戰艦，將軍二萬餘。初，伊愼將江西兵從李希烈平襄州，及反，懼皋任之，乃陰遣遺之鎖

中華書局

甲，又詐爲愼書往復，置遺于境。上聞，卽遣中使斬愼，皐表請捨令自効。會與賊夾江爲陣，中使又至，皐乃勉令以功自贖，賜之以所乘馬及器甲，令將鋒而先，皐率軍繼之，責其有功，果大破賊，斬首數百級，愼方得免罪。賊樹堡栅於蔡山，皐度峻險不可攻，乃聲言西取蘄州，理戰艦，分兵傍南涯，與舟師泝江而上。賊以老弱守栅，引軍循江隨戰艦，南北與皐兵相直。去蔡山三百餘里，皐令步兵登舟，順流東下，不日拔蔡山。賊還救，閒一日方至，大破之，因進拔蘄州，降其將李良，又取黃州，斬首千餘，兵益振。舒王爲元帥，加皐前軍兵馬使。

德宗居奉天，淮南節度陳少遊強取鹽鐵錢，其使包佶以財幣泝江，次于蘄口。時希烈已屠汴州，又遣驍將杜少誠將步騎萬餘來寇蘄、黃，將絕江道。皐遣伊愼將七千衆禦之，遇于永安戍。愼列三栅，相去纔四里，列鼓角中栅。少誠至，分兵圍之，部隊未嚴，鼙鼓而三栅齊出奮擊，不爲行陣，賊亂，少誠敗走，斬首萬級，封尸爲京觀。以功加銀青光祿大夫，進封五百戶。上至梁州，進獻繼至。皐以上蒙塵于外，不敢居城府，乃於西塞山上游大洲屯軍，從近縣爲軍市，商貨畢至。加工部尚書。駕還京師，又遣伊愼、王鍔將兵圍安州，州城阻溳水爲固，攻之累日不下。希烈遣甥劉戒虛將步騎八千來援。皐命李伯潛分師迎擊於應山，獲戒虛及大將二、裨將二十，斬首千餘。面縛戒虛等之城下，乃使人說之，賊曰：「得大

將及賓佐一二人爲信，當降。」皐乃使王鍔、馬彝縋城而入，城中大呼，乃出降。希烈又遣兵援隨州，皐令伊愼擊於厲鄉，大破之，復平靜、白雁等關。希烈懼，乃戢兵。

貞元初，拜江陵尹、荆南節度等使，江漢倚皐爲固。未幾，李思登以隨州降。凡下州四、縣十七，大小十餘陣，未嘗敗衄。淮西既平，請護喪祔東都，上遣中使弔，贈父右僕射，母曹國太妃。葬畢來朝，詔還鎭，出東都以拜墓，觀者榮之。

先，江陵東北有廢田傍漢古隄二處，每夏則溢，皐始命塞之，廣田五千頃，畝得一鍾。規江南廢洲爲廬舍，架江爲二橋，流人自占二千餘戶。自荆至樂鄉凡二百里，旅舍鄉聚凡十數，大者皆數百家。楚俗佻薄，不穿井，飲陂澤，皐始命合錢開井以便人。

初平希烈，與少誠殺陳仙奇，上以襄、鄧要阨，三年，除襄州刺史、山南東道節度等使，割汝、隨隸焉。練兵積糧，市迴鶻馬益騎兵，嘗大畋以教士，少誠憚之。性勤儉，知人疾苦，設監司，能參聽下(二)，持將吏短長，賞罰必信。所至常平物價，貴則出賣之，給將吏廩俸，豪家不得擅其利。常運心巧思爲戰艦，挾二輪蹈之，翔風鼓浪(三)，疾若挂帆席，所造省易而久固。又造欹器，進入內中。每遣人物，常自秤量。署之官匹帛皆印之，絕吏之私。

初，扶風馬彝未知名，皐始辟之，卒以正直稱。漢陽王張柬之有林園在州西，公府多假之游宴，皐將買之，彝斂袵而言曰：「張漢陽有中興功，今遺業當百代保之，王縱欲之，奈何

令其子孫自鬻焉！」皐謝曰：「主吏失詞，爲足下羞；微足下，安得聞此言！」以改過遷善、知人任下爲己任，故賓從將佐多至大官。貞元八年三月，暴卒于位，年六十，廢朝三日，贈右僕射，賻弔有差，謚曰成。子象古、道古、復古。

象古自衡州刺史爲安南都護。元和十四年，爲楊清所殺，妻子支黨無噍類焉。楊清者，代爲南方酋豪，屬象古貪縱，人心不附，又惡清之強，自驩州刺史召爲牙門將，鬱鬱不快。無何，邕管黃家賊叛，詔象古發兵數道共討之，象古命清領兵三千赴焉。清與其子志烈及所親杜士交潛謀迴戈，夜襲安南，數日城陷，象古故及於害。朝廷命唐州刺史桂仲武爲都護，且招諭之，赦清，以爲瓊州刺史。仲武至境，清不納，復約束部署，刑戮慘虐，人無聊生。仲武使人諭其酋豪，數月閒，歸附繼至，約兵七千餘人，收其城，斬清及其子志貞，籍沒其家。志烈與士交敗，保于長州之鑿溪，尋以所部兵來降。

道古登進士第，遷司門員外郎。便佞巧宦，早升朝籍，常以酒肴棋博游公卿門，角賭之際，每僞爲不勝而厚償之，故當時有虛名，而嗜利者悉與之狎。歷利、隨、唐、睦四州刺史，由黔中觀察爲鄂岳沔蘄安黃團練觀察使，時元和十一年也。初，以柳公綽在鎭無功，議將

代之，裴度言：「道古嗣曹王皐之子，皐嘗以江漢兵遏希烈之亂，威惠至今在人，復用其子，必能繼美。」憲宗然之，故有此授。及赴鎭，倍道而行，以數騎徑入安州城。時公綽殊未意道古至，惶駭而出，家財多爲所奪。十二年，道古攻申州，克其羅城，乃進圍逼其中城。城中守卒夜帥婦人登城而呼，懸門竊發，分出其衆，道古之衆驚亂，爲虜所殺。初，李聽守安州，未嘗退衄。及道古至，誣奏聽，移去之，乃自帥兵出穆陵。士卒驕惰，賜給多闕，其度支供軍錢，道古半以奉權倖，半以沒己，人皆怨怒，不肯力戰。賊亦易道古，以羸兵抵之，故道古前後再攻破申州外城而不能拔。至李愬入蔡州，乃降。

元和十三年，入爲宗正卿。道古在鄂州日，以貪暴聞，懼終得罪，乃薦山人柳泌以媚於上。後又爲左金吾衞將軍。憲宗季年頗信方士，銳於服食，詔天下搜訪奇士。宰相皇甫鎛方諛媚固寵，道古言柳泌有道術，鎛得而進之，待詔翰林。憲宗服餌過當，暴成狂躁之疾，以至棄代。穆宗在東宮，扼腕於其事，及居喪，皆竄逐誅之。鎛既貶責，授道古循州司馬，終以服丹藥，歐血而卒。

史臣曰：李勉、李皐，稟性端莊，處身廉潔，臨民莅事，動有美聲，可謂宗臣之英也。若

夫治軍旅，禦寇戎，謀必滅，戰必勝，則又勉不及皐遠矣。道古便佞，姦以事君，何父子之不相類也。

贊曰：我宗之英，曰皐與勉，才雖不同，道豈相遠。

校勘記

〔一〕汴州刺史 「汴」字各本原作「沛」，合鈔卷一八二李勉傳作「汴」。按李勉旣加汴宋節度使，則作「汴」是，今據合鈔改。

〔二〕能參聽下 冊府卷六九〇「聽」下有「於」字。

〔三〕翔風鼓浪 「浪」字各本原無，據御覽卷三三四補。

舊唐書卷一百三十二

列傳第八十二

李抱玉 李抱眞 王虔休 盧從史 李芃 李澄 族弟元素

李抱玉，武德功臣安興貴之裔。代居河西，善養名馬，爲時所稱。羣從兄弟，或徙居京華，習文儒，與士人通婚者，稍染士風。抱玉少長西州，好騎射，常從軍幕，沉毅有謀，小心忠謹。

乾元初，太尉李光弼引爲偏裨，屢建勳績，由是知名。二年，自特進、右羽林軍大將軍、知軍事，遷鴻臚卿員外置同正員，持節鄭州諸軍事兼鄭州刺史、攝御史中丞、鄭陳潁亳四州節度。時史思明陷洛陽，光弼守河陽，賊兵鋒方盛，光弼謂抱玉曰：「將軍能爲我守南城二日乎？」抱玉曰：「過期若何？」光弼曰：「過期而救不至，任棄城也。」賊帥周摯領安太清、徐黃玉等先攻南城，將陷之，抱玉乃紿之曰：「吾糧盡，明日當降。」賊衆大喜，斂軍以俟之。抱

玉因得繕完設備，明日，堅壁請戰。賊怒欺紿，急攻之。抱玉出奇兵，表裏夾攻，殺傷甚衆，摯軍退。光弼自將于中潬城，摯捨南城攻中潬，不勝，乃整軍將攻北城。光弼以兵出戰，大敗之。固河陽，復懷州，皆功居第一，遷澤州刺史，兼御史中丞。代宗卽位，擢爲澤潞節度使、潞州大都督府長史、兼御史大夫，加領陳、鄭二州，遷兵部尚書。抱玉上言：「臣貫屬涼州，本姓安氏，以祿山構禍，恥與同姓，去至德二年五月，蒙恩賜姓李氏，今請割貫屬京兆府長安縣。」許之，因是舉宗並賜國姓。

廣德元年冬，吐蕃寇京師，乘輿幸陝，諸軍潰卒及村閭亡命相聚爲盜，京城南面子午等五谷羣盜頗害居人，朝廷遣薛景仙領兵爲五谷使招討，連月不捷，乃詔抱玉兼鳳翔節度使討之。抱玉探知賊帥行止之處，先分屯諸谷，乃設奇潛使輕銳數百南自洋州入攻之。賊帥高玉方與諸偷會，遽爲銳卒數十人掩擒之，因大搜獲偷黨，悉斬之，餘黨不討自潰，旬日內五谷平。以功遷司空，餘並如故。

時吐蕃每歲犯境，上以岐陽國之西門，寄在抱玉，恩寵無比，遷同中書門下平章事，又兼山南西道節度使、河西隴右山南西道副元帥、判梁州事，連統三道節制，兼領鳳翔、潞、梁三大府，秩處三公。抱玉以任位崇重，抗疏懇讓司空及山南西道節度、判梁州事，乞退授兵部尚書。上嘉其謙讓，許之。抱玉凡鎮鳳翔十餘年，雖無破虜之功，而禁暴安人，頗爲當時

所稱。大曆十二年卒，上甚悼之，輟朝三日，贈太保。

李抱眞，抱玉從父弟也。抱玉爲澤潞節度使，甚器抱眞，任以軍事，累授汾州別駕。當是時，僕固懷恩反于汾州，抱眞陷焉，乃脫身歸京師。代宗以懷恩倚迴紇，所將朔方兵又勁，憂甚，召見抱眞問狀，因奏曰：「郭子儀領朔方之衆，人多思之。懷恩欺其衆，曰『子儀爲朝恩所殺』，詐而用之。今復子儀之位，可不戰而克。」其後懷恩子瑒爲其下所殺，懷恩奔遁，多如抱眞策，因是遷殿中少監。居頃之，爲陳鄭、澤潞節度留後，抱眞因中謝言曰：「臣雖無可取，當今百姓勞逸，繫在牧守，願得一郡以自試。」上許之，改授澤州刺史，兼爲澤潞節度副使。居二年，轉懷州刺史，復爲懷澤潞觀察使留後，凡八年。

抱玉卒，抱眞仍領留後。抱眞密揣山東當有變，上黨且當兵衝，是時乘戰餘之地，土瘠賦重，人益困，無以養軍士。籍戶丁男，三選其一，有材力者免其租徭，給弓矢，令之曰：「農之隙，則分曹角射；歲終，吾當會試。」及期，按簿而徵之，都試以示賞罰，復命之如初。比三年，則皆善射，抱眞曰：「軍可用矣。」於是舉部內鄉兵[二]，得成卒二萬，前既不廩費，府庫益實，乃繕甲兵，爲戰具，遂雄視山東。是時，天下稱昭義軍步兵冠諸軍。無幾，復代李承

昭爲昭義軍及磁邢節度觀察留後，加散騎常侍。

德宗即位，拜檢校工部尙書，兼潞州長史、昭義軍節度支度營田、澤潞磁邢觀察使。建中二年[三]，田悅以魏博反，乃悉兵圍邢州及臨洺益急，詔河東節度使馬燧及神策兵救之。抱眞與燧敗悅兵於雙岡，斬悅將楊朝光，又擊破悅于臨洺，遂解臨洺及邢州之圍，以功加檢校兵部尙書。復與燧大破悅於洹水，悅以數百騎走歸魏州。復與燧圍魏州，又敗悅於城下，以功加檢校右僕射。時悅窘蹙，朱滔、王武俊皆反，聯兵救悅，抱眞與燧等退次魏縣。上幸奉天，中使告問至，諸將皆仰天慟哭。李懷光席卷奔命，馬燧、李艽各引兵歸鎭。朱泚既汙宮闕，時李希烈陷大梁，李納亦反鄆州。無何，上幸梁州，李懷光又竊據河中。抱眞獨於擾攘傾潰之中，以山東三州外抗羣賊，內輯軍士，羣賊深憚之。

興元初，遷檢校左僕射、平章事。時朱滔悉幽薊軍，借兵迴紇，擁衆五萬，南向以應泚，攻圍貝州。初，羣賊附於希烈，希烈僭僞，有臣屬羣賊意，羣心稍離。上自奉天下罪己之詔，悉赦羣賊，抱眞乃遣門客賈林以大義說武俊，合從擊朱滔，武俊許之。時兩軍尙相疑，抱眞乃以數騎徑入武俊營。其將去也，賓客皆止之，抱眞遣軍司馬盧玄卿勒軍部分曰：「僕今日此舉，繫天下安危。僕死不還，領軍事以聽朝命，亦唯子；奮勵士馬，東向雪僕之恥，亦唯子。」言訖而去。武俊設備甚嚴，抱眞曰：「朱泚、希烈僭竊大位，朱滔攻圍貝州，此輩皆

欲陵駕吾屬。足下既不能自振數賊之上，捨九葉天子而北面臣反虜乎？乃者聖上奉天下罪己之詔，可謂禹、湯之主也。」因言及播越，持武俊哭，涕泗交下，武俊亦哭，感動左右。因退臥武俊帳中，酣寢久之。武俊感其不疑，待之益恭，指心仰天曰：「此身已許公死敵矣。」遂與結爲兄弟而別，約明日合戰，遂擊破朱滔于經城，以功加檢校司空，實封五百戶。貞元初，朝于京師，居頃之，還鎭。

抱眞沉斷多智計，嘗欲招致天下賢儁，聞人之善，必令持貨幣數千里邀致之；至與語無可採者，漸退之。時天下無事，乃大起臺榭，穿池沼以自娛。晚節又好方士，以冀長生。有孫季長者，爲抱眞鍊金丹，紿抱眞曰：「服之當昇僊。」遂署爲賓僚。數謂參佐曰：「此丹秦皇、漢武皆不能得，唯我遇之，他年朝上淸，不復偶公輩矣。」復夢駕鶴沖天，寤而刻木鶴，衣道士衣以習乘之。凡服丹二萬丸，腹堅不食，將死，不知人者數日矣。道士牛洞玄以猪肪穀漆下之，殆盡。病少間，季長復曰：「垂上僊，何自棄也！」益服三千丸，頃之卒。初，抱眞久疾，好禨祥，或令厭勝，爲巫祝所惑，請降官爵以禳除之。是年，凡七上章讓司空，復爲檢校左僕射。貞元十年卒，時年六十二，廢朝三日，贈太保，賻以布帛米粟有差。

抱眞薨之日，其子殿中侍御史緘匿喪不發。營田副使盧會昌令抱眞從甥元仲經潛與緘謀，其明日，將吏會集，仲經詐爲抱眞令曰：「吾疾甚，不能莅職，今令緘掌軍事，諸軍善佐

之。」節度副使李說及諸將吏俛首，皆曰：「諾。」須臾，緘盛服而出，衆皆拜之，緘乃悉府藏頒賞軍士。盧會昌仍詐爲抱眞表，請以職事付緘。翌日，又令諸將連奏請緘領軍。上已聞抱眞卒，乃遣中使第五守進馳傳觀變，且令以軍事屬於大將王延貴。守進至潞州，緘詐言抱眞疾病，請見明日。如此者凡三日，緘乃出造中使，左右皆陳兵，甚嚴備。中使謂緘曰：「朝廷已知相公薨歿，令以兵務屬延貴，侍御宜歸發喪行服也。」緘愕然，出謂諸將曰：「有詔不許緘掌事，諸公意若何？」將吏莫有對者。緘懼而退，遽以使印及管鑰歸監軍。是日，乃發喪，畢一哭。中使召延貴，以口詔令視事，趣遣緘赴東都。元仲經逃于外，延貴捕得殺之。旣歸罪仲經，盧會昌得不坐。緘初謀亂，遣裨將陳榮詐以文書告成德節度使王武俊求假財帛，武俊大怒曰：「吾與汝府公善者，冀恭王命，非同惡也。今聞已亡，孰詐令其子而不俟朝旨耶？何敢告我，況有求也！」乃囚陳榮而遣使讓緘焉[三]。

王虔休字君佐，汝州梁人也。本名延貴。少涉獵書籍，鄉里間以信義畏慕之，尤好武藝。大曆中，汝州刺史李深用之爲將。久之，澤潞節度李抱眞聞名，厚以財帛招之，累授兵馬使押衙。建中初，抱眞統兵馬與諸將征討河北，其雙岡、水寨營等陣，虔休攻戰居多，

擢爲步軍都虞候，累加兼御史中丞、大夫，賜實封百戶。洎抱眞卒，裨將元仲經等議立抱眞子緘，軍中擾亂，虔休正色言於衆曰：「軍州是天子軍州，將帥闕，合待朝命，何乃云云，妄生異意！」軍中服從其言，由是竟免潰亂。朝廷知而嘉之，以邕王爲昭義節度觀察大使，授虔休潞州左司馬，依前兼御史大夫，掌留後，仍賜名虔休。號令安撫，軍州大理。二歲，遷潞州長史、昭義軍節度、澤潞磁邢洺觀察使，尋加檢校工部尚書。貞元十五年卒，年六十二，廢朝三日，贈左僕射，賻以布帛米粟。

虔休性恭勤，儉省節用，管內州倉庾皆積糧儲，可支軍人數歲。又嘗撰誕聖樂曲以進，其表曰：

臣聞於師，夫君子爲能知樂，是故審音以知聲，審樂以知政，則理道備矣。清明廣大，終始周旋，與天地同其和，與四時合其序，豈止於鐘鼓管磬云乎哉！臣伏見開元中天長節著于甲令，每於是日海縣歡娛，稱萬壽之無疆，樂一人之有慶，故能追堯接舜，邁禹踰湯，自周已後，不能議矣。臣竊以陛下降誕之辰，未有惟新之曲。雖太和已布於六氣，而大樂未宜於八音，無乃臣子之分，或有所闕。愚臣不揆頑昧，敢思祖述，每思歌竊抃，忘寢與食久矣。適遇有知音者，與臣論及樂章，探微賾奧，窮理盡性，臣乃遣造繼天誕聖樂一曲。大抵以宮爲調，表五音之奉君也；以土爲德，知五運之居中也。凡

二十五遍，法二十四氣而足成一歲也。每遍一十六拍，象八元、八凱登庸於朝也。所冀雲門、咸池，永傳於律呂，空桑、孤竹，合薦於宮懸，不聞惉懘之聲，長作中和之樂。可使九域之人，頓忘於肉味；四夷之俗，皆播於薰風。與唐惟休，終古盡善。臣不勝懇款屛營之至，謹昧死陳獻以聞。其所造譜，謹同封進。

先時，有太常樂工劉玠流落至潞州，虔休因令造此曲以進，今中和樂起此也。

盧從史，其先自元魏已來，冠冕頗盛。父虔，少孤，好學，舉進士，歷御史府三院、刑部郎中、江汝二州刺史、祕書監。從史少矜力，習騎射，遊澤、潞間，節度使李長榮用爲大將。德宗中歲，每命節制，必令採訪本軍爲其所歸者。長榮卒，從史因軍情，且善迎奉中使，得授昭義軍節度使。漸狂恣不道，至奪部將妻妾，而辯給矯妄，從事孔戡等以言直不從引去。前年丁父憂，朝旨未議起復，屬王士眞卒，從史竊獻誅承宗計以希上意，用是起授，委其成功。及詔下討賊，兵出，逗留不進，陰與承宗通謀，令軍士潛懷賊號；又高其芻粟之價，售於度支，諷朝廷求宰相；且誣奏諸軍與賊通，兵不可進。上深患之。

護軍中尉吐突承璀將神策兵與之對壘，從史往往過其營博戲。從史沓貪好得，承璀出寶帶、奇玩以炫燿之，時其愛悅而遺焉，從史喜甚，日益狎。上知其事，取裴垍之謀，因戒承璀伺其來博，揖語，幕下伏壯士，突起，持捽出帳後縛之，內車中，馳以赴闕。從者驚亂，斬十數人，餘號令乃定，且宣諭密詔，追赴闕庭。都將烏重胤素懷忠順，乃嚴戒其軍，衆不敢動。會夜，使疾驅，未明出境，道路人莫知。元和五年四月，制曰：

邪以蓄衆，自致覆車；姦以事君，所宜用鉞。故楚人告變，韓信患釋於事先；蜀士徵災，鍾會禍生於部下。況害深楚、蜀，功匪鍾、韓，構此厲階，布於公議。懷私負德，合置於嚴科；屈法申恩，尚從於寬典。前昭義軍節度副大使、知節度事盧從史，擢自裨將，居于大藩，不思報國之誠，每設徇身之計。比丁家禍，曾無戚容，行棄人倫，孝虧天性。屬常山稱亂，朝制未行，固願興師，苟求復位。剋期効用，請以身先；指日投誠，誓云獨致。示於懷撫，推以信誠。排衆論以釋其苴麻，決中心而授之鈇鉞，委以重任，命之專征。章奏所陳，事無違者；恩光是貸，予何愛焉。而乃冒利蓄姦，㬥政敗度，成師既出，保敵而交通；邪計以行，臨戎而向背。諸侯盡力而不應，遺寇遊魂而是託。臣節既喪，恩豈念於生成；台位干求，禮頓虧於忠敬。肆其醜行，熾以兇威，至於逼脅軍中，潛施賊號；陵汙麾下，實玷皇風。貨以藩身，虐而用衆，士庶怨而罔恤，將校勞而不圖。稟於陶鈞，行事至此，視於天地，負我何多，且辜覆載之仁，寧逭神鬼之

責。況頃年上請，就食山東，及遣旋師，不時恭命，致動其衆，覬生其心，賴劉濟抗忠正之辭，使邪豎絕遲迴之計。加以偏毀鄰境，密疏事情，反覆百端，高下萬變，心無恥愧，事至滿盈。朕念以始終，務於含貸，所期悔過，豈謂踰兇。而昭義軍忠節夙彰，義聲昭著，發其衆怒，叶以一心，顧大惡而不容，幸全軀而自免；宜從大戮，以正彝章。尚以曾列方隅，嘗經任使，惜君臣之體，抑中外之情，俾投魑魅之鄉，以解人神之憤。可貶驩州司馬。嗚呼！姦由事驗，自開棄絕之門；禍實已招，豈漏恢疏之網。凡百多士，宜諒朕懷。

子繼宗等四人並貶嶺外。

李芃字茂初，趙郡人也。解褐上邽主簿，三遷試大理評事，攝監察御史、山南東道觀察支使。嚴武爲京兆尹，舉爲長安尉。李勉爲江西觀察使，署奏祕書郎、兼監察御史，爲判官。永泰初，轉兼殿中侍御史。

時宣、饒二州人方淸、陳莊聚衆據山洞，西絕江路，劫商旅以爲亂。芃乃請於秋浦置州，守其要地，以破其謀。李勉然其計，以聞，代宗嘉之，以宣州之秋浦、青陽、饒州之至德置池

州焉。芃攝行州事，無幾，乃兼侍御史。居無何，魏少遊代勉爲使，復署奏檢校虞部員外郎，賜金紫，爲都團練副使。頃之，攝江州刺史，州人便之。丁母憂，免喪，永平軍節度李勉署奏檢校工部郎中、兼侍御史，爲判官，尋攝陳州刺史。歲中，卽值李靈曜反於汴州，勉署芃兼亳州防禦使，練達軍事，兵備甚肅；又開陳、潁運路，以通漕輓。

德宗嗣位，授檢校太常少卿、兼御史中丞、河陽三城鎮遏使。撫勞備至，資稟善者，必先軍士。間一年，爲節度使路嗣恭之副，加檢校左庶子、河陽三城懷州節度觀察使，以東畿汜水等五縣隸焉。時河南北連大兵，詔益以神策、汝、陝之師。芃進收新鄉、共城，遂圍衞州。明年，詔與河東節度馬燧等諸軍破田悅於洹水，以功加檢校兵部尚書，累封開郡王〔四〕，實封一百戶。進圍悅於魏州，將符璘以精騎五百夜降，芃開營以納之。明日，歸璘於招討使。上居奉天，斂軍還。

興元初，檢校右僕射，無何，以疾固讓罷歸。芃將請告，謂所親曰：「今年夏被蝗旱，人主厭兵革，然則天下城壘堅厚矣，戈鋋銛利矣，以力勝之，則有得失，其可盡乎！除弊之急，莫先德化，循而理之，斯易致耳。方鎮之戴翼時主，宜先退讓，貪權持祿，吾所不取也。吾既疾病，豈能言而不踐乎！」乃手疏乞罷。貞元元年卒，年六十四，廢朝一日，贈太子太保。

李澄，遼東襄平人，隋蒲山公寬之後也，居京兆。父鎬，清江太守，以澄贈工部尚書。澄以武藝爲偏將，累除試將作監，隸於江淮都統李峘。建中初，以檢校太子賓客、兼御史中丞，隸於永平軍節度使李勉。及勉移理汴州，乃奏澄爲滑州刺史。四年冬，李希烈陷汴州，勉奔歸行在，澄遂以城降希烈，僞署尚書令，兼滑州永平軍節度使。

興元元年春，澄密令親信人盧融間道齎表達於奉天，上嘉之，乃以帛詔藏於蠟丸中，加澄刑部尚書，兼汴州刺史、汴滑節度觀察使。澄祕而未宣，乃集州兵嚴加訓習。希烈頗疑之，乃令養子六百人戍之，以虞其變。希烈苦攻寧陵，邀澄率其衆至石柱。澄令縱火焚營而僞遁，誘六百人因驚行剽而加其罪，果大俘掠，悉令斬之以告。希烈不能窮詰焉。無幾，希烈遣其將翟暉等寇陳州，久之未復。

是歲十月，澄以汴州兵寡，度希烈不能制己，又會中官薛盈珍持節且至，加檢校兵部尚書，封武威郡王，賜實封五百戶。澄乃乘勢力焚賊旗節，誓衆歸國。及十一月，希烈既失澄，又聞翟暉大敗，由是奔歸蔡州。澄遽率衆將復汴州，屯於城北門，恇怯不敢進。及宣武軍節度使劉洽師至城東門，賊將田懷珍開關以納之。翌日，澄方自北入，洽已據子城。澄乃舍於浚儀縣，兩軍將士，日有忿競，不自安。會鄭州賊將孫液通款於澄，澄遣其子清赴之。先是，河陽軍節度使李芃遣其將雍顒攻鄭州，顒所過縱掠，液拒之尤固；及清至，遂納之。顒怒攻液，清以衆助之，殺登城者數十人，顒方引退，又焚陽武而歸。澄乃出赴鄭州，朝廷特授清檢校太子賓客、兼御史中丞，更名克寧。

貞元元年三月，就加澄檢校左僕射、義成軍鄭滑許等州節度使。二年卒，年五十四，廢朝一日，贈司空，賵布帛粟有差，仍令左散騎常侍歸崇敬充弔祭使，所緣喪葬，並勒官給。

澄實以八月癸未終，克寧祕之，以九月庚寅，欲自起視事。其行軍司馬馬鉉不許，克寧陰遣殺之，乃墨絰而出，加卒於城門，將爲不順。劉洽出師屯於境上以制之，且使告諭切至，由是克寧不敢妄發，然道路絕商旅者凡十四五日。及賈耽代澄，克寧護喪將歸，乃悉索府中財貨，以夜出城，軍人從而剽奪，及明殆盡。澄柩至京師，又賜克寧莊一所、錢千貫、粟麥二千石。澄初封隴西郡公，進武威郡王，每上疏連稱二封，頗爲時人所哂。

李元素字大朴，蒲山公密之孫〔五〕。任侍御史，時杜亞爲東都留守，惡大將令狐運，會盜發洛城之北，運適與其部下畋于北郊，亞意其爲盜，遂執訊之，逮繫者四十餘人。監察御史楊寧按其事，亞以爲不直，密表陳之，寧遂得罪。亞將逞其宿怒，且以得賊爲功，上表指

明運爲盜之狀，上信而不疑。宰臣以獄大宜審，奏請覆之，命元素就決，亞迎路以獄成告。元素驗之五日，盡釋其囚以還。亞大驚，且怒，親追送，馬上責之，元素不答。亞遂上疏，又誣元素。元素還奏，言未畢，上怒曰：「出俟命。」元素曰：「臣未盡詞。」上又曰：「且去。」元素復奏曰：「一出不得復見陛下，乞容盡詞。」上意稍緩，元素盡言運冤狀明白，上乃寤曰：「非卿，孰能辨之！」後數月，竟得其眞賊，元素由是爲時器重，遷給事中。時美官缺，必指元素。遷尚書右丞。數月，鄭滑節度盧羣卒，遂命元素兼御史大夫，鎭鄭滑，就加檢校工部尚書，在鎭稱理。

元和初，徵拜御史大夫。自貞元中位缺，久難其人，至是元素以名望召拜，中外聳聽。及居位，一無修舉，但規求作相。久之，寖不得志，見客必曰：「無以某官散相疏也。」見屬官必先拜，脂韋在列，大失人情。李錡爲亂江南，遂授元素浙西道節度觀察處置等使。數月受代，入拜國子祭酒，尋遷太常卿，轉戶部尚書、判度支。

元素少孤，奉長姊友敬加於人，及其姊歿，沉悲遘疾，上疏懇辭職，從之。數月，以出妻免官。初，元素再娶妻王氏，石泉公方慶之孫，性柔弱，元素爲郎官時娶之，甚禮重，及貴，溺情僕妾，遂薄之。且又無子，而前妻之子已長，無良，元素寢疾昏惑，聽譖遂出之，給與非厚。妻族上訴，乃詔曰：「李元素病中上表，懇切披陳，云『妻王氏，禮義殊乖，願與離絕』。初

謂素有醜行，不能顯言，以其大官之家，所以令自處置。訪聞不曾告報妻族，亦無明過可書，蓋是中情不和，遂至於此。裔以王命，當日遣歸，給送之間，又至單薄。不唯王氏受辱，實亦朝情悉驚。如此理家，合當懲責。宜停官，仍令與王氏錢物，通所奏數滿五千貫。」元和五年卒，贈陝州大都督。

史臣曰：李抱玉、李抱眞，以武勇之材，兼忠義之行，有唐之良將也。且如農隙教潞人之射，數騎入武俊之營，非有奇謀，孰能如是。惜乎服食求仙，爲藥所誤。王虔休不黨僭命，有足可嘉；盧從史動多懷姦，自貽伊戚。芃則老也知足，澄則過而改圖。元素爲御史時，執德不回；居大夫日，其心甚短。因緣七出，益露醜聲，善少惡多，又何足算。

贊曰：抱玉、抱眞，我朝良將。虔休之心，亦多可尙。史懷姦謀，芃將祿讓。澄迷卻行，素貪一嚮。吾誰與欺，豈如忠諒。

校勘記

〔一〕於是擧部內鄉兵　「兵」字各本原無，據冊府卷四一三補。

〔二〕建中二年　「二年」，各本原作「三年」，據冊府卷三五九、通鑑卷二二六改。

〔三〕乃因陳榮　「因」字各本原作「因」，據新書卷一三八李抱眞傳、合鈔卷一八三李抱眞傳改。

〔四〕開郡王　本書卷一二德宗紀、合鈔卷一八三李芃傳作「開陽郡王」。

〔五〕蒲山公密之孫　新書卷一四七李元素傳作「邢國公密裔孫」。按蒲山公乃李寬，密爲邢國公。

舊唐書卷一百三十三

列傳第八十三

李晟 子愿 愬 聽 憲 憑 恕 慈　王佖附

李晟字良器，隴右臨洮人。祖思恭，父欽，代居隴右爲裨將。晟生數歲而孤，事母孝謹，性雄烈，有才，善騎射。年十八從軍，身長六尺，勇敢絕倫。時河西節度使王忠嗣擊吐蕃，有驍將乘城拒鬬，頗傷士卒，忠嗣募軍中能射者射之。晟引弓一發而斃，三軍皆大呼，忠嗣厚賞之，因撫其背曰：「此萬人敵也。」鳳翔節度使高昇雅聞其名，召補列將。嘗擊疊州叛羌於高當川，又擊宕州連狂羌於罕山，皆破之，累遷左羽林大將軍同正。廣德初，鳳翔節度使孫志直署晟總遊兵，擊破党項羌高玉等，以功授特進、試光祿卿，轉試太常卿。

大曆初，李抱玉鎭鳳翔，署晟爲右軍都將。四年，吐蕃圍靈州，抱玉遣晟將兵五千以擊吐蕃，晟辭曰：「以衆則不足，以謀則太多。」乃請將兵千人疾出大震關，至臨洮，屠定秦堡，

焚其積聚，虜堡帥慕容谷鍾而還，吐蕃因解靈州之圍而去。拜開府儀同三司。無幾，兼左金吾衞大將軍、涇原四鎭北庭都知兵馬使，并總遊兵。無何，節度使馬璘與吐蕃戰於鹽倉，兵敗，晟率所部橫擊之，拔璘出亂兵之中，以功封合川郡王。璘忌晟威名，又遇之不以禮，令朝京師，代宗留居宿衞，爲右神策都將。德宗卽位，吐蕃寇劍南，時節度使崔寧朝京師，三川震恐，乃詔晟將神策兵救之，授太子賓客。晟乃踰漏天，拔飛越，廓清肅寧三城，絕大渡河，獲首虜千餘級，虜乃引退，因留成都數月而還。

建中二年，魏博田悅反，將兵圍臨洺、邢州，詔以晟爲神策先鋒都知兵馬使，與河東節度使馬燧、昭義節度使李抱眞合兵救臨洺。尋加兼御史中丞。河東、昭義軍攻楊朝光於臨洺南，晟與河東騎將李自良、李奉國擊悅於雙岡，悅兵卻，遂斬朝光。戰於臨洺，諸軍皆卻。晟引兵渡洺水，乘冰而濟，橫擊悅軍，王師復振，擊悅，大破之。三年正月，復以諸道軍擊敗悅軍於洹水，遂進攻魏州，以功加檢校左散騎常侍，實封百戶。無幾，兼魏府左司馬。時朱滔、王武俊聯兵在深、趙，怒朝廷賞功薄，田悅知其可間，遣使求援，滔與武俊應之，遂以兵圍康日知于趙州。李抱眞分兵二千人守邢州，馬燧大怒，欲班師。晟謂燧曰：「初奉詔進討，三帥齊進。李尙書以邢州與趙州接壤，分兵守之，誠未爲害，其精卒銳將皆在於此，令公遽自引去，奈王事何？」燧釋然謝晟，燧乃自造抱眞壘，與之交歡如初。

王武俊攻趙州，晟乃獻狀請解趙州之圍，欲引兵赴定州與張孝忠合勢，欲圖范陽。德宗壯之，加晟御史大夫，俾禁軍將軍莫仁擢、趙光銑、杜季泚皆隸焉。晟自魏州引軍而北，徑趨趙州，武俊聞之，解圍而去。晟留趙州三日，與孝忠兵合，北略恆州，圍朱滔將鄭景濟於清苑，決水以灌之。田悅、王武俊皆遣兵來救，戰於白樓。賊犯義武軍，稍却，晟引步騎擊破之，晟所乘馬連中流矢。踰月，城中益急，滔、武俊大懼，乃悉收魏博之衆而來，復圍晟軍。晟內圍景濟，外與滔等拒戰，日數合，自正月至於五月。會晟病甚，不知人者數焉，軍吏合謀，乃以馬輿還定州，賊不敢逼。

晟疾間，復將進師，會京城變起，德宗在奉天，詔晟赴難。晟承詔泣下，即日欲赴關輔。義武軍間於朱滔、王武俊，倚晟爲輕重，不欲晟去，數謀沮止晟軍。晟謂將吏曰：「天子播越於外，人臣當百舍一息，死而後已。張義武欲沮吾行，吾當以愛子爲質，選良馬以啗其意。」乃留子憑以爲婚。義武軍有大將爲孝忠委信者謁晟，晟乃解玉帶以遺之，因曰：「吾欲西行，願以爲別。」陳赴難之意，受帶者果德晟，乃諫孝忠勿止晟。晟得引軍踰飛狐，師次代州，詔加晟檢校工部尚書、神策行營節度使，實封二百戶。晟軍令嚴肅，所過樵採無犯。自河中由蒲津而軍渭北，壁東渭橋以逼泚。時劉德信將子弟軍救襄城，敗於扈澗，聞難，率餘軍先次渭南，與晟合軍。軍無統一，晟不能制，因德信入晟軍，乃數其罪斬之。晟以數騎馳

入德信軍，撫勞其衆，無敢動者。既併德信軍，軍益振。

時朔方節度使李懷光亦自河北赴難，軍於咸陽，不欲晟獨當一面以分己功，乃奏請與晟兵合，乃詔晟移軍合懷光軍。晟奉詔引軍至陳濤斜，軍壘未成，賊兵遽至，晟乃出陣，且言於懷光曰：「賊堅保宮苑，攻之未必克；今離其窟穴，敢出索戰，此殆天以賊賜明公也！」懷光恐晟立功，乃曰：「吾軍適至，馬未秣，士未飯，詎可戰耶？不如蓄銳養威，俟時而舉。」晟知其意，遂收軍入壘，時興元元年正月也。每將合戰，必自異，衣錦裘、繡帽前行，親自指導。懷光望見惡之，乃謂晟曰：「將帥當持重，豈宜自表飾以啗賊也！」晟曰：「晟久在涇原，軍士頗相畏服，故欲令其先識以奪其心耳。」懷光益不悅，陰有異志，遷延不進。晟因人說懷光曰：「寇賊竊據京邑，天子出居近甸，兵柄廟略，屬在明公。公宜觀兵速進，晟願以所部得奉嚴令，爲公前驅，雖死不悔。」懷光益拒之。晟兵軍於朔方軍北，每晟與懷光同至城下，懷光軍輒虜驅牛馬，百姓苦之；晟軍無所犯。懷光軍惡其獨善，乃分所獲與之，晟軍不敢受。

久之，懷光將謀沮晟軍，計未有所出。時神策軍以舊例給賜厚於諸軍，懷光奏曰：「賊寇未平，軍中給賜，咸宜均一。今神策獨厚，諸軍皆以爲言，臣無以止之，惟陛下裁處。」懷光計欲因是令晟自署侵削己軍，以撓破之。德宗憂之，欲以諸軍同神策，則財賦不給，無可

奈何，乃遣翰林學士陸贄往懷光軍宣諭，仍令懷光與晟參議所宜以聞。贄、晟俱會於懷光軍，懷光言曰：「軍士稟賜不均，何以令戰？」贄未有言，數顧晟。晟曰：「公爲元帥，弛張號令，皆得專之。晟當將一軍，唯公所指，以効死命。至於增損衣食，公當裁之。」懷光默然，無以難晟，又不欲侵刻神策軍發於自己，乃止。

懷光屯咸陽，堅壁八十餘日，不肯出軍，德宗憂之，屢降中使，促以收復之期。懷光託以卒疲，更請休息，以伺其便，然陰與朱泚交通，其迹漸露。晟懼爲所併，乃密疏請移軍東渭橋，以分賊勢。上初未之許。晟以懷光反狀已明，緩急宜有所備，蜀、漢之路，不可壅也，請以裨將趙光銑爲洋州刺史，唐良臣爲利州刺史，晟子壻張彧爲劍州刺史，各將兵五百以防未然。上初納之，未果行。無何，吐蕃請以兵佐誅泚，上欲親總六師，移幸咸陽，以促諸軍進討。懷光聞之大駭，疑上奪其軍，謀亂益急。時鄜坊節度李建徽、神策將楊惠元及晟，並與懷光聯營，晟以事迫，會有中使過晟軍，晟乃宣令云：「奉詔徙屯渭橋。」乃結陣而行，至渭橋。不數日，懷光果劫建徽、惠元而併其兵，建徽遁免，惠元爲懷光所害。

是日，車駕幸梁州。時變生倉卒，百官扈從者十二三，駱谷道路險阻，儲供無素，從官乏食，上歎曰：「早從李晟之言，三蜀可坐致也。」晟大將張少弘自行在傳口詔授晟尚書左僕射、同中書門下平章事，以安衆心。晟拜哭受命，且曰：「長安宗廟所在，爲天下本，若皆

執覊靮，誰復京師？」乃浚城隍，繕兵甲，以圖收復。晟以孤軍獨當強寇，恐爲二賊之所併，乃卑詞厚幣，僞致誠於懷光，外示推崇，內爲之備。時芻粟未集，乃令檢校戶部郎中張彧假京兆少尹，擇官吏以賦渭北畿縣。不旬日，芻糧皆足，晟乃大陳三軍，令之曰：「國家多難，亂逆繼興，屬車駕西幸，關中無主。予代受國恩，見危死節，臣子之分，況當此時，不能誅滅兇渠，以取富貴，非人豪也。渭橋橫跨大川，斷賊首尾，吾與公等戮力勤王，擇利而進，興復大業，建不世之功，能從我乎？」三軍無不泣下，曰：「唯公所使。」晟亦歔欷流涕。

是時，朱泚盜據京城，懷光圖爲反噬，河朔僭僞者三，李納虎視於河南，希烈鴟張於汴、鄭。晟內無貨財，外無轉輸，以孤軍而抗劇賊，而銳氣不衰；徒以忠義感於人心，故英豪歸向。戴休顏率奉天之衆，韓遊瓌治邠寧之師，駱元光以華州之兵守潼關，尚可孤以神策之旅屯七盤，皆稟晟節度，晟軍大振。懷光以休顏、遊瓌從晟，益懼。晟又致書於懷光，諭以禍福，令破賊迎鑾，以掩前過。懷光卒不悟，軍衆漸多離散，糗糧且竭，虜剽無所得，懼爲晟所襲。三月，懷光自三原、富平東抵奉天，所至焚掠，乃自馮翊入據河中。懷光將孟涉、段威勇者，本神策將，惡懷光之不臣，既至富平，結陣於軍中，外向大呼而去，懷光不能制。涉、威勇以數千人歸晟，乃陳兵受涉等降卒，乃奏授涉檢校工部尚書，威勇兼御史大夫。

德宗之幸山南，既入駱谷，謂渾瑊曰：「渭橋在賊腹內，兵勢懸隔，李晟可辦事乎？」瑊

對曰：「李晟秉義執志，臨事不可奪，以臣計之，破賊必矣。」帝意始安。是月，渾瑊步將上官望自間道懷詔書加晟檢校右僕射，兼河中尹、河中晉絳慈隰節度使，益實封三百戶，又兼京畿、渭北、鄜坊丹延節度招討使。晟承詔流涕。時帝欲移幸西川，晟上表：「請駐蹕梁漢，繫億兆之心，圖翦滅之勢。若規小捨大，作都岷峨，即人心失望，武士謀臣無所施矣。」四月，有詔加晟京畿、渭北、鄜坊、商華兵馬副元帥。時京兆府司錄李敬仲自京城來，諫議大夫鄭雲逵自奉天至，晟以京兆少尹張彧爲副使，鄭雲逵爲行軍司馬，李敬仲爲節度判官，俾同主軍畫。又請以懷光舊將唐良臣保潼關，以河中節度授之；戴休顏守奉天，請以鄜坊節度授之，上皆從之。渭橋舊有粟十餘萬斛，度支先饋懷光軍欲盡，晟又奏曰：「近畿雖乘兵亂，猶可賦斂，儻寇賊未滅，宿兵曠時，人廢耕桑，又無儲蓄，非防微制勝之術也。」上納之。晟乃於畿甸率聚征賦，吏民樂輸，守禦益固，由是軍不乏食。

神策軍家族多陷於泚，晟家亦百口在賊中，左右或有言及家者，晟因泣下曰：「乘輿何在，而敢恤家乎！」泚又使晟小吏王無忌之壻詣晟軍，且曰：「公家無恙，城中有書問。」晟曰：「爾敢與賊爲間！」遽命斬之。時轉輸不至，盛夏軍士或衣裘褐，晟亦同勞苦，每以大義奮激士心，卒無離叛者。會將吏數輩自賊中逃來，言泚衆攜離可滅之狀，士心益奮。先是，賊將姚令言及僞中丞崔宣咸使諜覘我軍，爲邏騎所得，拘送於晟，晟解縛，食而遣之，誡之

曰：「爾報崔宣，善爲賊守，諸人勉力自固，勿不忠於賊也！」

五月三日，晟引軍抵通化門，耀武而還，賊不敢出。晨集將佐，圖兵所向，諸將曰：「先拔外城，既有市里，然後北清宮闕。」晟曰：「若先收坊市，巷陌隘狹，間以居人，若賊設伏格鬬，百姓囂潰，非計也。且賊重兵堅甲，皆在苑中，若自苑擊其心腹，彼將圖走不暇，如此則宮闕保安，市不易肆，計之上也。」諸將曰：「善。」乃移書渾瑊、駱元光、尚可孤，剋期進軍於城下。

其月二十五日夜，晟自東渭橋移軍於光泰門外米倉村，以薄京城。晟臨高指麾，令設壕柵以候賊軍。俄而賊衆大至，賊驍將張庭芝、李希倩逼柵求戰，晟謂諸將曰：「吾恐賊不出，今冒死而來，天贊我也！」勒吳詵、康英俊、史萬頃、孟涉等縱兵擊之。時華州營在北，兵少，賊併力攻之，晟遣李演、孟華以精卒救之。中軍鼓譟，演力戰，大破之，乘勝入光泰門；再戰，又敗之，僵屍蔽地，餘衆走入白華，夜聞慟哭之聲。

翌日，將復出師，諸將請待西軍至，則左右夾攻。晟曰：「賊既傷敗，須乘勝撲滅，若俟其有備，豈王師之利耶！如待西軍，恐失機便。」二十八日，晟大集諸將駱元光、尚可孤，兵馬使吳詵、王佖，都虞候邢君牙、李演、史萬頃，神策將孟涉、康英俊，華州將郭審金、權文成，商州將彭元俊等，號令誓師畢，陳兵於光泰門外。乃使王佖、李演率騎軍，史萬頃領步

卒，直抵苑牆神麢村。晟先是夜使人開苑牆二百餘步，至是賊已樹木柵之，賊倚柵拒戰。晟叱軍士曰：「安得縱賊如此，當先斬公等！」萬頃懼，先登，拔柵而入，王佖騎軍繼進，賊卽奔潰，獲賊將段誠諫。大軍分道並入，鼓譟雷動。姚令言、張庭芝、李希倩猶力捍官軍，晟令決勝軍使唐良臣、兵馬使趙光銑、楊萬榮、孟日華等步騎齊進，賊軍陣成而屢北。戰十餘合，乘勝驅蹙，至于白華。忽有賊騎千餘出於官軍之背，晟以麾下百餘騎馳之，左右呼曰：「相公來！」賊聞之驚潰，官軍追斬，不可勝計。朱泚、姚令言、張庭芝尚有衆萬人，相率遁走，晟遣田子奇追之，其餘兇黨相率來降。

是日，晟軍入京城，勒兵屯於含元殿前，晟舍於右金吾仗，仍號令諸軍曰：「晟實不武，上憑睿算，下賴士心，幸得殲厥兇渠，肅清宮禁，皆三軍之力也。長安士庶，久陷賊庭，若小有震驚，則非伐罪弔人之義也。晟與公等各有家室，離別數年，今已成功，相見非晚，五日內不得輒通家信，違命者斬。」乃遣京兆尹李齊運、攝長安令陳元衆、攝萬年令韋上俀告喩百姓，居人安堵，秋毫無所犯。尚可孤軍人有擅取賊馬者，晟大將高明曜取賊女妓一人，司馬伷取賊馬二匹，晟皆立斬之，莫敢忤視。士庶無不感悅，咸歔欷流涕，遠坊居人，亦有經宿方知者。二十九日，令孟涉屯於白華，尚可孤屯望仙門，駱元光屯章敬寺，晟自屯於安國寺。是日，斬賊將李希倩等八人，徇于市。

六月四日，晟破賊露布至梁州，上覽之感泣，羣臣無不隕涕，因上壽稱萬歲，奏曰：「李晟虔奉聖謨，盪滌兇醜。然古之樹勳，力復都邑者，往往有之；至於不驚宗廟，不易市肆，長安人不識旗鼓，安堵如初，自三代以來，未之有也。」上曰：「天生李晟，爲社稷萬人，不爲朕也。」百官拜賀而退。是日，晟斬僞相李忠臣、張光晟、蔣鎭、喬琳、洪經綸、崔宣等，又表守臣節不屈于賊者程鎭之、劉迺、蔣沇、趙曄、薛岌等。

晟初屯渭橋時，熒惑守歲，久之方退，賓介或勸曰：「今熒惑已退，皇家之利也，可速用兵。」晟曰：「天子外次，人臣但當死節，垂象玄遠，吾安知天道耶！」至是，謂參佐曰：「前者士大夫勸晟出兵，非敢拒也，且軍可用之，不可使知之。嘗聞五緯盈縮無準，晟懼復來守歲，則我軍不戰而自潰。」參佐歎服，皆曰：「非所及也。」

尋拜晟司徒，兼中書令，實封一千戶。

晟綜理以備百司，令大將吳詵將兵三千至寶雞清道，晟又請至鳳翔迎扈，不許。七月十三日，德宗至自興元，渾瑊、韓遊瓌、戴休顏以其兵扈從，晟與駱元光、尚可孤以其兵奉迎。時元從禁軍及山南、隴州、鳳翔之衆，步騎凡十餘萬，旌旗連亙數十里，傾城士庶，夾道歡呼。晟以戎服謁見於三橋，上駐馬勞之。晟再拜稽首，初賀元惡殄滅，宗廟再清，宮闈咸肅，抃舞感涕，跪而言曰：「臣忝備爪牙之任，不能早誅妖逆，至鑾輿再遷。及師於城隅，果

月方殄賊寇，皆臣庸懦不任職之責，敢請死罪。」伏於路左。上爲之掩涕，命給事中齊映宣旨，令左右起晟於馬前。是月，御殿大赦，贈晟父欽太子太保，母王氏贈代國夫人，賜永崇里第及涇陽上田、延平門之林園、女樂八人。入第之日，京兆府供帳酒饌，賜教坊樂具，鼓吹迎導，宰臣節將送之，京師以爲榮觀。上思晟勳力，製紀功碑，俾皇太子書之，刊石立於東渭橋，與天地悠久，又令太子書碑詞以賜晟。

晟以涇州倚邊，屢害戎帥，數爲亂階，乃上書請理不用命者，兼備耕以積粟，攘却西蕃，上皆從之。詔以晟兼鳳翔尹、鳳翔隴右節度使，仍充隴右涇原節度，兼管內諸軍及四鎭、北庭行營兵馬副元帥，改封西平郡王。初，帝在奉天，鳳翔軍亂，殺其帥張鎰，立小將李楚琳。至是楚琳在朝，晟請以楚琳俱往鳳翔，將誅之，上以初復京師，方安反側，不許。八月，晟至鳳翔，理殺張鎰之罪，斬王斌等十餘人。初，朱泚亂時，涇州亦殺其帥馮河清，立別將田希鑒，方屬播遷，不遑討伐，以涇帥授之。至是，晟奏曰：「近者中原兵禍，皆起涇州，且其地逼西戎，易爲反覆。希鑒兇徒，將校驕逆，若不懲革，終爲後患。」從之。晟至鳳翔，託以巡邊，至涇州，希鑒迎謁，於坐執而誅之，幷誅害河清者石奇等三十餘人，具事以聞。上曰：「涇州亂逆泉藪，非晟莫能理之。」還鎭，表右龍武將軍李觀爲涇原節度使，吐蕃深畏之。晟常曰：「河、隴之陷也，豈吐蕃力取之，皆因將帥貪暴，種落攜貳，人不得耕稼，展轉東徙，自棄之耳。

且士無絲絮，人苦征役，思唐之心，豈有已乎！」乃傾家財以賞降者，以懷來之。降虜浪息曩，晟奏封王，每蕃使至，晟必置息曩於坐，衣以錦袍、金帶以寵異之。蕃人皆相指目，榮羨息曩。

蕃相尙結贊頗多詐謀，尤惡晟，乃相與議云：「唐之名將，李晟與馬燧、渾瑊耳。不去三人，必爲我憂。」乃行反間，遣使因馬燧以請和，旣和，卽請盟，復因盟以虜瑊，因以賣燧。貞元二年九月，吐蕃用尙結贊之計，乃大興兵入隴州，抵鳳翔，無所虜掠，且曰：「召我來，何不以牛酒犒勞？」徐乃引去，持是間晟也。是役也，晟先令衙將王佖選銳兵三千，設伏於汧陽，誡之曰：「蕃軍過城下，勿擊首尾，首尾縱敗，中軍力全，若合勢攻汝，必受其弊。但俟其前軍已過，見五方旗、武豹衣，則其中軍也，突其不意，可建奇功。」佖如晟節度，果遇結贊。及出奮擊，賊皆披靡，佖軍不識結贊，故結贊僅而獲免。十月，晟出師襲吐蕃摧沙堡，拔之，斬其堡使扈屈律悉蒙等，自是結贊數遣使乞和。十二月，晟朝京師，奏曰：「戎狄無信，不可許。」宰相韓滉又扶晟議，請調軍食以給晟，命將擊之。上方厭兵，疑將帥生事邀功。會滉卒，張延賞秉政，與晟有隙，屢於上前間晟，言不可久令典兵。延賞欲用劉玄佐、李抱眞，委以西北邊事，俾立功以壓晟，德宗竟納延賞之言，罷晟兵柄。三年三月，册拜晟爲太尉、中書令，奉朝請而已。其年閏五月，渾瑊與尙結贊同盟於平涼，果爲蕃兵所劫，瑊單馬僅免，

將吏皆陷。六月，罷河東節度使馬燧爲司徒，盡中尙結贊之謀。

晟既罷兵權，朝謁之外，罕所過從。有通王府長史丁瓊者，亦爲張延賞所排，心懷怨望，乃求見晟言事，且曰：「太尉功業至大，猶罷兵權，自古功高，無有保全者。國家倘有變故，瓊願備左右，狡兔三穴，盍早圖之。」晟怒曰：「爾安得不祥之言！」遽執瓊以聞。四年三月，詔爲晟立五廟，以晟高祖芝贈隴州刺史，曾祖嵩贈澤州刺史，祖思恭贈幽州大都督。廟成，官給牲牢、祭器、牀帳，禮官相儀以祔焉。

五年九月，晟與侍中馬燧見於延英殿，上嘉其勳力，詔曰：「昔我列祖，乘乾坤之蕩滌，掃隋季之荒屯，體元御極，作人父母；則亦有熊羆之士，不二心之臣，左右經綸，參翊締構，昭文德，恢武功，威不若，康不乂，用端命于上帝，付畀四方。宇宙既清，日月既貞，王業既成，太階既平；乃圖厥容，列于斯閣，懋昭績効，式表儀形，一以不忘于朝夕，一以永垂乎來裔，君臣之義，厚莫重焉。貞元己巳歲秋九月，我行西宮，瞻宏閣崇構，見老臣遺像，顒然肅然，和敬在色，想雲龍之叶應，感致業之艱難。覩往思今，取類非遠。且功與時並，才爲代生，苟蘊其才，遇其時，尊主庇人，何代不有？在中宗，則桓彥範等著其輔戴之績；在玄宗，則劉幽求等申翼奉之勳；在肅宗，則郭子儀掃殄氛祲；今則李晟等保寧朕躬。咸宜力肆勤，光復宗社。訂之前烈，夫豈多謝，闕而未錄，孰謂旌賢。況念功紀德，文祖所爲也，在予

曷其敢怠！有司宜敍年代先後，各圖其像於舊臣之次，仍令皇太子書朕是命，紀于壁焉。庶播嘉庸，式昭于下，俾後來者尙揖清顏，知元勳之不朽。」復命皇太子書其文以賜晟，晟刻石於門左。

初，晟在鳳翔，謂賓介曰：「魏徵能直言極諫，致太宗於堯、舜之上，眞忠臣也，僕所慕之。」行軍司馬李叔度對曰：「此搢紳儒者之事，非勳德所宜。」晟斂容曰：「行軍失言。傳稱『邦有道，危言危行』。今休明之期，晟幸得備位將相，心有不可〔一〕，忍而不言，豈可謂有犯無隱，知無不爲者耶！是非在人主所擇耳。」叔度慙而退。故晟爲相，每當上所顧問，必極言匪躬，盡大臣之節。性沉默，未嘗泄於所親。臨下明察，每理軍，必曰某有勞，某能其事，雖廝養小善，必記姓名。尤惡下爲朋黨相構，好善嫉惡，出於天性。嘗有恩者，厚報之。初，譚元澄爲嵐州刺史，嘗有恩於晟，後坐貶於岳州；比晟貴，上疏理之，詔贈元澄寧州刺史。元澄三子，晟撫待勤至，皆爲成就宦學，人皆義之。理家以嚴稱，諸子姪非晨昏不得謁見；言不及公事，視王氏甥如己子。嘗正歲，崔氏女歸省，未及階，晟却之曰：「爾有家，況姑在堂，婦當奉酒醴供饋，以待賓客。」遂不視而遣還家，其達禮敦教如此。貞元九年八月薨，時年六十七。上震悼出涕，廢朝五日，令百官就第臨弔，命京兆尹李充監護喪事，官給葬具，賵賻加等。比大斂，上手書致意，送柩前，曰：

皇帝遣宮闈令第五守進致旨於故太尉、中書令、西平郡王、贈太師之靈曰：天祚我邦，是生才傑，稟陰陽之粹氣，實山岳之降靈。弘濟患難，保佑王室；掃盪氛祲，廓清上京。忠誠感於人神，功業施於社稷，匡時定亂，實賴元勳。洎領上台，克諧中外，訏謨帝道，叶贊皇猷。常竭嘉言，以匡不逮，情所親重，義無間然。方期與國同休，永爲邦翰。比嬰疾恙，雖歷旬時，日冀痊除，重期相見，弼予在位，終致和平。豈圖藥餌無徵，奄至薨逝，喪我賢哲，虧我股肱，天不慭遺，痛惜何極！嗚呼！大廈方構，旋失棟樑；巨川未濟，遂亡舟楫。君臣之義，追慟益深，循省遺章，倍增感切。卿一門胤嗣，朕必終始保持。況愿等弟兄，承卿教訓，朕之志義，豈忘平生？縱卿不言，朕亦存信。比者卿在之日，却未見朕深心，今卿與朕長乖，方冀知朕誠志。無以爲念，發言涕零，是用躬述數行，貴寫所懷得盡。臨紙遣使，不能飾詞，魂而有知，當體朕意。晟薨後，城鹽州，復鹽池，上賜宰臣新鹽，惻然思晟，乃令致鹽於靈座。又時遣中使至晟第存撫諸子，教戒備至，聞愿等有一善，上喜形於色，眷遇終始，無與晟比。

元和四年，詔曰：「夫能定社稷，濟生人，存不朽之名，垂可久之業者，必報以殊常之寵，待以親比之恩，與國無窮，時惟茂典。故奉天定難功臣、太尉、兼中書令、上柱國、西平郡王、

食實封一千五百戶、贈太師李晟，間代英賢，自天忠義，邁濟時之宏算，抱經武之長材，貫以至誠，協于一德，嘗遭屯難之際，實著戡定之功。鯨鯢既殲，宮廟斯復，眷茲勳伐，則既褒崇。永言天步之夷，載懷邦傑之力，思加崇於往烈，爰協比於後昆，睦以宗親，將予厚意。其家宜令編附屬籍。晟配饗德宗廟庭。」

晟十五子：侗、伷、偕，無祿早世；次愿、聰、總、愻、憑、恕、憲、愬、懿、聽、惎、慇，聰、總官卑而卒，而愿、愬、聽最知名。

愿，幼謙謹寡過，晟立大勳，諸子猶無官，宰相奏陳，德宗即日召愿拜銀青光祿大夫、太子賓客、上柱國。舊制，勳至上柱國，賜門戟，即令賜愿，乃與父並列棨戟於門。九年，丁父憂。十二年，服闋，德宗召見愿等於延英，憫然久之曰：「朕在宮中，常念卿等，追懷勳德，何日忘之。又聞卿等居喪得禮，朕甚嘉之。」各賜衣一襲、絹三千匹。愿依前授太子賓客，兄弟同日拜官者九人。尋轉左衞大將軍。

元和元年八月，檢校禮部尚書，兼夏州刺史、夏綏銀宥等州節度使，威令簡肅，甚得綏懷之術。客有亡馬者，以狀告愿，愿以狀牓於路，懸金以購之。不三日，所亡馬縶之牓下，仍置書一緘曰：「馬逸及羣，不時告，罪當死，敢以良馬一匹贖罪，并亡馬謹納於路。」愿付客亡馬而縱其良馬。境內嚴肅，多如此類。轉徐州刺史、武寧軍節度使。到鎮，以靑、鄆不恭，奉命討伐，屠城下邑，捷奏屢聞。無何，有疾，以其弟愬代爲徐帥，入爲刑部尚書。疾愈，檢校尚書左僕射，兼鳳翔尹、鳳翔隴右節度使。然自是頗怠於爲理，無復素志，聲色之外，全不介懷。

長慶二年二月，檢校司空，兼汴州刺史、宣武軍節度使。先是，張弘靖爲汴帥，以厚賞安士心。及愿至，帑藏已竭，而愿恣其奢侈，門內數百口，仰給官司，不恤軍政，賞賚不及弘靖時，而以威刑馭下。又令妻弟竇緩將親兵，緩亦驕傲黷貨，以是羣情聚怨。是歲七月四日夜，牙將李臣則、薛志忠、秦鄰等三人宿直，突入竇緩帳中，斬緩首以徇。愿聞有變，與左右數人露髮而走，登子城北樓，懸緪而下，由水竇而出。比曉，行十數里，遇野人驪驢，奪而乘之，得至鄭州。愿妻竇氏死於亂兵之手，子三人匿而獲免，僕妾爲軍士所俘。城中大掠三日，乃立其牙將李㝏爲留後，以邀旄鉞，月餘，方誅之。愿坐貶隨州刺史。朝廷念晟之勳，終不加罪，入爲左金吾衞大將軍。長慶四年六月，復檢校司空，兼河中尹，充河中晉絳慈隰節度使。河中之政，亦如岐、梁。加以愿結託權幸，厚行賂遺，賦入隨盡，軍府蕭然，頓遘疾終，不爾，蒲人必有更變。寶應元年六月卒〔二〕，贈司徒。

愬以父蔭起家，授太常寺協律郎，遷衞尉少卿。愬早喪所出，保養於晉國夫人王氏，及卒，晟以本非正室，令服緦，愬號哭不忍，晟感之，因許服縗。既練，丁父憂，愬與仲弟憲廬于墓側，德宗不許，詔令歸第。居一宿，徒跣復往，上知不可奪，遂許終制。服闋，授右庶子，轉少府監、左庶子。出爲坊、晉二州刺史。以理行殊異，加金紫光祿大夫。復爲庶子，累遷至太子詹事、宮苑閑廐使。

愬有籌略，善騎射。元和十一年，用兵討蔡州吳元濟。七月，唐鄧節度使高霞寓戰敗，又命袁滋爲帥，滋亦無功。愬抗表自陳，願於軍前自効。宰相李逢吉亦以愬才可用，遂檢校左散騎常侍，兼鄧州刺史、御史大夫，充隨唐鄧節度使。兵士摧敗之餘，氣勢傷沮，愬揣知其情，乃不肅軍陣，不齊部伍。或以不肅爲言，愬曰：「賊方安袁尚書之寬易，吾不欲使其改備。」乃給告三軍曰：「天子知愬柔而忍恥，故令撫養爾輩。戰者，非吾事也。」軍衆信而樂之。愬又散其優樂，未嘗宴樂，士卒傷痍者，親自撫之。賊以嘗敗高、袁二帥，又以愬名位非所畏憚者，不甚增其備。

愬沉勇長算，推誠待士，故能用其卑弱之勢，出賊不意。居半歲，知人可用，乃謀襲蔡，表請濟師。詔河中、鄜坊騎兵二千人益之，由是完緝器械，陰計戎事。嘗獲賊將丁士良，召入與語，辭氣不撓，愬異之，因釋其縛，署爲捉生將。士良感之，乃曰：「賊將吳秀琳總衆數

千，不可遽破者，用陳光洽之謀也。士良能擒光洽以降秀琳。」愬從之，果擒光洽。十二月，吳秀琳以文成柵兵三千降。愬乃徑徙之新興柵，遂以秀琳之衆攻吳房縣，收其外城。初，將攻吳房，軍吏曰：「往亡日，請避之。」愬曰：「賊以往亡謂吾不來，正可擊也。」及戰，勝捷而歸。賊以驍騎五百追愬，愬下馬據胡床，令衆悉力赴戰，射殺賊將孫忠憲，乃退。或勸愬遂拔吳房，愬曰：「取之則合勢而固其穴，不如留之以分其力。」

初，吳秀琳之降，愬單騎至柵下與之語，親釋其縛，署爲衙將。秀琳感恩，期於効報，謂愬曰：「若欲破賊，須得李祐，某無能爲也。」祐者，賊之騎將，有膽略，守興橋柵，常侮易官軍，去來不可備。愬召其將史用誠誡之曰：「今祐以衆穫麥於張柴，爾可以三百騎伏旁林中，又使搖旆於前，示將焚麥者。祐素易我軍，必輕而來逐，爾以輕騎搏之，必獲祐。」用誠等如其料，果擒祐而還。官軍常苦祐，皆請殺之，愬不聽，解縛而客禮之。愬乘間常召祐及李忠義，屏人而語，或至夜分。忠義，亦降將也，本名憲，愬致之。軍中多諫愬，愬益寵祐。始募敢死者三千人以爲突將，愬自教習之。愬將襲元濟，會雨水，自五月至七月不止，溝塍潰溢，不可出師。軍吏咸以不殺祐爲言，簡牘日至，且言得賊諜者具言其事。愬無以止之，乃持祐泣曰：「豈天意不欲平此賊，何爾一身見奪於衆口！」愬又慮諸軍先以謗聞，則不能全祐，乃械送京師，先表請釋，且言：「必殺祐，則無以成功者。」比祐至京，詔釋以還愬，乃

署爲散兵馬使，令佩刀巡警，出入帳中，略無猜間。又改爲六院兵馬使。舊軍令，有舍賊諜者屠其家，愬除其令，因使厚之，諜反以情告愬，愬益知賊中虛實。

陳許節度使李光顏勇冠諸軍，賊悉以精卒抗光顏。由是愬乘其無備，十月，將襲蔡州。其月七日，使判官鄭澥告師期於裴度。十日夜，以李祐率突將三千爲先鋒，李忠義副之，愬自帥中軍三千，田進誠以後軍三千殿而行。初出文成柵，衆請所向，愬曰：「東六十里止。」至賊境，曰張柴砦，盡殺其戍卒，令軍士少息，繕羈靮甲冑，發刃彀弓，復建旆而出。是日，陰晦雨雪，大風裂旗旆，馬慄而不能躍，士卒苦寒，抱戈僵仆者道路相望。其川澤梁逕險夷，張柴已東，師人未嘗蹈其境，皆謂投身不測。初至張柴，諸將請所止，愬曰：「入蔡州取吳元濟也。」諸將失色。監軍使哭而言曰：「果落李祐計中！」愬不聽，促令進軍，皆謂必不生還；然已從愬之令，無敢爲身計者。愬道分五百人斷洄曲路橋，其夜凍死者十二三。又分五百人斷朗山路。自張柴行七十里，比至懸瓠城，夜半，雪愈甚。近城有鵝鴨池，愬令驚擊之，以雜其聲。賊恃吳房、朗山之固，晏然無一人知者。李祐、李忠義坎墉而先登，敢銳者從之，盡殺守門卒而登其門，留擊柝者。黎明，雪亦止，愬入，止元濟外宅。蔡吏告元濟曰：「城已陷矣。」元濟曰：「是洄曲子弟歸求寒衣耳。」俄聞愬軍號令將士云：「常侍傳語。」乃曰：「何常侍得至於此？」遂驅率左右乘子城拒捍。田進誠以兵環而攻之。愬計元濟猶望董重質來救，乃令訪重質家安卹之，使其家人持書召重質。重質單騎而歸愬，白衣泥首，愬以客禮待之。田進誠焚子城南門，元濟城上請罪，進誠梯而下之，乃檻送京師。其申、光二州及諸鎮兵尚二萬餘人，相次來降。

自元濟就擒，愬不戮一人，其爲元濟執事帳下廚廄之間者，皆復其職，使之不疑。乃屯兵鞠場以待裴度。翌日，度至，愬具櫜鞬候度馬首。度將避之，愬曰：「此方不識上下等威之分久矣，請公因以示之。」度以宰相禮受愬迎謁，衆皆聳觀。明日，愬軍還於文成柵。十一月，詔以愬檢校尚書左僕射，兼襄州刺史、山南東道節度、襄鄧隨唐復郢均房等州觀察等使、上柱國，封涼國公，食邑三千戶，食實封五百戶，一子五品正員。

憲宗有意復隴右故地，元和十三年五月，授愬鳳翔隴右節度使，仍詔路由闕下。愬未發，屬李師道再叛，詔田弘正、義成、宣武等軍討之，乃移愬爲徐州刺史、武寧軍節度使，代其兄愿。兄弟交換岐、徐二鎮，旬日間再踐父兄之任。愬至徐方，理兵有方略。時蔡將董重質貶春州司戶，愬上表請恕重質賜之，堪於軍前驅使，即詔徵還送武寧軍，愬乃署爲牙將。愬破賊金鄉，凡十一戰，擒賊將五十，俘斬萬計。

淄青平，將有事燕、趙。元和十五年九月，以愬檢校左僕射、同中書門下平章事、潞州大都督府長史、昭義節度使，仍賜興寧里第。十月，王承宗卒，魏博田弘正移任鎮州。愬至

潞州，四月，遷魏州大都督府長史、魏博節度使。長慶元年，幽、鎮復亂，愬聞之，素服以令三軍曰：「魏人所以富庶而能通知聖化者，由田公故也。天子以其仁而愛人，使理鎮冀。且田公出於魏，撫師七年，一旦鎮人不道，敢茲殘害，以魏爲無人也。若父兄子弟食田公恩者，其何以報？」衆皆慟哭。又以玉帶、寶劍與牛元翼，遣使謂之曰：「吾先人常以此劍立大勳，吾又以此劍平蔡寇，今鎮人叛逆，公以此翦之。」元翼承命感激，乃以劍及帶令於軍中，報之曰：「願以衆從，竭其死力。」方有制置，會疾作，不能治軍，人違紀律，功遂無成。朝廷以田布代之，除太子少保，歸東都。是年十月，卒於洛陽，時年四十九。穆宗聞之震悼，賵賻加等，贈太尉。

始，晟克復京城，市不改肆；及愬平淮蔡，復踵其美。父子仍建大勳，雖昆仲皆領兵符，而功業不侔於愬，近代無以比倫。加以行己有常，儉不違禮，弟兄席父勳寵，率以僕馬第宅相矜，唯愬六遷大鎮，所處先人舊宅一院而已。晚歲忽於取士，辟請不得其人，至使吏緣爲奸，軍政不肅，物論稍減，惜哉！

聽七歲，以蔭授太常寺協律郎，常入公署，吏胥小之，不爲致敬，聽令鞭之見血，父晟奇之。後隨吐突承璀討王承宗，爲神策行營兵馬使。時昭義盧從史持兩端，無心討賊，承璀

用聽計，擒從史以獻。轉左驍衞將軍、兼御史中丞。出爲安州刺史，隨鄂岳觀察使柳公綽討吳元濟，軍中動靜，悉用聽謀，軍聲遂振。元和中，討李師道，聽爲楚州刺史，統淮南之師。鄆人素易淮軍，聽潛訓練，出其不意，趨海州，據險要，破沭陽兵，降朐山戍，懷仁、東海兩城望風乞降，山東平。元和十四年五月，以功授檢校左散騎常侍、夏州刺史、夏綏銀宥節度使。十五年六月，改靈州大都督府長史、靈鹽節度使。境內有光祿渠，廢塞歲久，欲起屯田以代轉輸，聽復開決舊渠，溉田千餘頃，至今賴之。就加檢校工部尙書。

初，聽爲羽林將軍，有名馬，穆宗在東宮，令近侍諷聽獻之，聽以職總親軍，不敢從。及卽位之始，幽、冀不廷，太原與二鎭接境，方議易帥，宰臣進擬，上皆不允，謂宰臣曰：「李聽爲羽林將軍，不與朕馬，是必可任。」長慶二年二月，授檢校兵部尙書、太原尹、北京留守、河東節度使，代裴度。四年七月，轉滑州刺史、義成軍節度使。大和二年，討李同捷，時魏博行營將亓志沼潛結滄、鎭，擅迴戈攻其帥史憲誠。詔聽帥師援之，大破其叛卒，志沼奔鎭州，爲王庭湊所殺，聽遂凱旋，以功封涼國公，授一子五品官。王庭湊再違朝旨，詔聽以全師屯貝州。路由魏州，史憲誠懼聽見襲，袁甲郊迎，候吏密白聽，乃令兵士匣刃櫜弓，休於野外，魏人遂安。後憲誠欲入覲，竭其府庫，魏人怨之，殺憲誠，衙軍立其大將何進滔。詔聽兼領魏博節度使，將兵北渡，魏人不納聽，乘城拒守，乃屯兵館陶。魏兵遽襲，聽不爲備，

其軍大敗，無復部伍，晝夜奔走，僅而獲免，喪師過半，輜車兵仗並皆委棄。御史中丞温造、殿中侍御史崔蠡彈之曰：

臣聞賞罰不立，無以示天下；是非一貫，莫能建大中。竊見義成軍節度使李聽，昨者資其承藉，委以統戎，俾代憲誠，付之雄鎭。總二萬虎貔之旅，位極寵榮；兼兩藩節制之權，心無報効。況陛下授以神算，假以天威，入魏之期，剋日先定。而聽擁旄觀望，按甲遷延，熒惑人心，逗撓軍政。遂使憲誠陷於屠戮，亂衆肆其奸兇，失六郡於垂成，固危巢於已覆。委貝州而不守，燒劫無遺；望淺口而疾驅，狼狽就道。自圖苟免，不吝苞羞，蔑棄朝章，有同兒戲。魏州之亂，職聽之由，論其負恩，萬死猶幸。伏以封常清河南失律，斬於闕門；高霞寓唐鄧破傷，投諸遐裔；渾鎬節制易定〔三〕，將戰而兵力不支；袁滋逗留西川，欲進而兇渠尙在。或親當矢石，或躬歷艱危，勢屈賊鋒，竟申朝典，未曾貸法，必震皇威。今李聽罪狀夙聞，中外憤惋，比之常清等輩，萬萬過之。若陛下猶示含弘，不寘極法，臣等恐憲章墜地，天下寒心。伏請付法。

上不之罪，罷兵柄，爲太子少師。

聽頗賂遺權幸以爲援，居無何，復檢校司徒，起爲邠寧節度使。邠州衙廳，相傳不利葺修，以至隳壞。聽曰：「帥臣鑿凶門而出，豈有拘于巫祝而隳公署耶！」遂命葺之，卒無變異。

大和六年，轉武寧軍節度使。時聽有蒼頭爲徐州將，不欲聽至，聽先使親吏慰勞徐人，爲蒼頭所殺。聽不敢進，固以疾辭，用爲太子太保。七年，出守鳳翔，時人榮之。九年，改陳許節度，未至鎭，復除太子太保分司。開成元年，出爲河中尹、河中晉慈隰節度使。四年，以疾求代，除太子太保。是歲十月卒，時年六十一，贈司徒。

聽十領節旌，所不至者三鎭。莅官苛細，好將迎遺路，故急於聚斂，窮極侈欲。位至一品，竟終牖下，非西平之遺德，焉能及此乎！

憲，晟第五子。晟十子，憲、愬最仁孝。及長，好儒術，以禮法修整，起家太原府參軍、醴泉縣尉。于頔鎭襄陽，辟爲從事。時吳少誠據淮西，獨憚頔之威，當時咸以憲謀畫致之。元和八年，田弘正以魏博奉朝旨，辟憲爲從事，授衞州刺史，遷絳州，所至以理行稱。入爲宗正少卿，遷光祿卿。穆宗卽位，以太和公主降迴鶻，命金吾大將軍胡証充送公主使，命憲副之。使還，獻入蕃道里記，遷檢校左散騎常侍，兼太府卿。出爲洪州刺史、江西觀察使。大和二年，轉嶺南節度使。憲雖勳伐之家，然累歷事任，皆以吏能擢用，所履官秩，政績流聞。性本明恕，尤精律學，屢詳決冤獄，活無罪者數百人。以能入官，官無敗事，士君子多之。大和三年八月卒，時年五十六。

憑累歷諸衞大將軍，恕太子洗馬，並以蔭授官，累遷至少卿監。恭累官至右龍武大將軍，沉湎酒色，恣爲豪侈，積債至數千萬。其子貸迴鶻錢一萬餘貫不償，爲迴鶻所訴，文宗怒，貶恭爲定州司法參軍。

王佖，晟之甥。雄武善騎射，自晟河西、河北出師，佖無役不從。朱泚之亂，晟攻賊於光泰門，賊鋒尙勁，佖與兵馬使李演踰苑牆血戰，敗賊前鋒，諸軍方振，論功爲神策將。吐蕃之寇涇原，佖伏卒擊尙結贊，幾獲，由是深爲吐蕃所畏。晟視佖恩寵與愿、愬不殊，給與過之。晟既爲張延賞媒孽罷兵權，亦不用佖爲將帥，入爲左衞上將軍。元和中，愿、愬兄弟在方鎭，佖檢校工部尙書、靈州大都督府長史、朔方靈鹽節度使。先是，吐蕃欲成烏蘭橋於河壖，先貯材木，朔方節度使每遣人潛載之，委於河流，終莫能成。至是，蕃人知佖貪而無謀，先厚遺之，然後併役成橋，仍築月城置守之。自是朔方禦寇不暇，邊上至今爲恨。長慶三年四月卒。

中華書局

史臣曰：西平器偉材雄，人望而畏，出身事主，落落有將帥之風，見義能勇，聽受不疑，忠於事君，長於應變，誠一代之賢將也。觀恆山之役，立談釋二帥之憾；涇師之亂，號哭赴奉天之危，可不爲忠義乎！對白華之進軍，知平涼之必詐，沮星變之議，移渭橋之軍，可不爲應變乎！解帶結孝忠之心，請婚釋延賞之怨，嫉惡有楚琳之請，懲亂行希霽之誅，可不爲明於決斷乎！而德宗皇帝聽斷不明，無人君之量，俾功臣困讒慝之口，奸人秉衡石之權，汀瓊之言，誠堪太息。雖齪齪刻渭橋之石，區區賜煙閣之銘，亦何心哉！作善遺慶，諸子俱才，元和平賊之功，聽、愬居其半。父子昆弟，皆以功名始終，道家所忌之談，李氏以善勝矣。

贊曰：桓桓太師，義勇天資。運鍾禍亂，力拯顚危。愬事章武，誅蔡平齊。凌煙畫圖，父子爲宜。

校勘記

〔一〕心有不可　「心」字各本原作「必」，據御覽卷二〇五、冊府卷三七四改。

〔二〕寶應　「寶應」爲代宗年號，李愿卒於穆宗長慶之後，當爲「寶曆」之誤。合鈔卷一八四李愿傳作「寶曆」。

〔三〕渾鎬　各本原作「渾縞」，據本書卷一三四渾鎬傳改。

舊唐書卷一百三十四

列傳第八十四

馬燧 子暢 燧兄炫　渾瑊 子鎬 鐬

馬燧字洵美，汝州郟城人，其先自右扶風徙焉。祖珉，官至左玉鈐衞倉曹。父季龍，嘗舉明孫吳，倜儻善兵法，官至嵐州刺史、幽州經略軍使。燧少時，嘗與諸兄讀書，乃輟卷歎曰：「天下將有事矣，丈夫當建功於代，以濟四海，安能矻矻爲一儒哉！」燧姿度魁異，長六尺二寸，沉勇多智略，該涉羣書，尤善兵法。

安祿山反，俾光祿卿賈循守范陽。燧說循曰：「祿山負恩首亂，雖陷洛城，必當夷滅。公盍建不代之功，誅其逆將向潤客、牛廷玠，拔其根柢，祿山西不能入關，則坐而受擒，天下可定也。」循雖善之，計不時決，事洩，祿山果遣韓朝陽來召循。朝陽至范陽，與循語，陰伏壯士以弓弦縊殺之。燧脫身走西山，隱者徐遇匿之。踰月，間行歸平原。平原不守，復走

魏郡。

寶應中，澤潞節度使李抱玉署奏趙城尉。是時迴紇大軍還國，恃復東都之功，倔強恣睢，所過或虜掠廩粟，供饋小不如意，恣行殺害。抱玉具供辦，賓介皆憚不敢行，燧自贊請主郵驛。比迴紇至，則先賂其渠帥，與明要約，迴紇乃授燧旗幟爲識，犯令者命燧戮之。燧取死囚給左右廝役，小違令，輒殺之。迴紇相顧失色，虜涉其境，無敢暴掠。抱玉益奇之。燧因說抱玉曰：「屬者與迴紇言，燧得其情。今僕固懷恩恃功樹黨，李懷仙、張忠志、薛嵩、田承嗣分授疆土，皆出於懷恩，其子瑒佻勇不義。以燧度之，將必窺太原西山以爲亂，公宜深備之。」無何，懷恩果與太原都將李竭誠通謀，將取太原，其帥辛雲京覺之，斬竭誠，固城自守，懷恩遣其子瑒率兵圍之。初，迴紇北歸，遣其將安恪、石常庭將兵數百及誘募附麗者復數千人以守河陽，東都所虜掠重貨，悉積河陽。是時，懷恩遣薛嵩自相、衞餽糧以絕河津。抱玉令燧詣薛嵩說之，嵩乃絕懷恩從順。署奏左武衞兵曹。

歷太子通事舍人，遷著作郎、營田判官，承務郎，遷鄭州刺史。無幾，遷祕書少監、兼殿中侍御史，爲節度判官、承務郎，遷鄭州刺史。燧乃勸課農畝，總其戶籍，歲一稅之，州人以爲便。大曆四年，改懷州刺史。乘亂兵之後，其夏大旱，人失耕稼；燧乃務修教化，將吏有父母者，燧輒造之施敬，收葬暴骨，去其煩苛。至秋，界中生穭穀，人頗賴之。

抱玉移鎮鳳翔，以汧陽被邊，署奏隴州刺史、兼御史中丞。州西有通道，廣二百餘步，上連峻山，山與吐蕃相直，虜每入寇，皆出於此。燧乃按行險易，立石種樹以塞之，下置二門，設籬櫓，八日而功畢。會抱玉入覲，與燧俱行。久之，代宗知其能，召見，拜商州刺史、兼御史中丞、防禦水陸運使。

大曆十年，河陽三城兵亂，逐鎮將常休明，以燧檢校左散騎常侍、御史大夫、河陽三城使。十一年五月，汴州大將李靈耀反，因據州城，絕運路，以邀節制。代宗務姑息人，因授靈耀汴、宋等八州節度留後。靈耀不受命，乃潛結魏博；田承嗣乃遣兄子悅將兵援靈耀，破永平軍將劉洽。詔燧與淮西節度使李忠臣合軍討靈耀。忠臣懼䘏，焚廬舍西走。燧勸其還兵，請爲前鋒，擊破田悅，進逼汴州。忠臣行汴南，燧引軍行汴北，又敗靈耀將張清於西梁固。靈耀選銳兵八千，號爲「餓狼軍」；燧獨引軍擊破之，進至浚儀。是時，河陽兵冠諸軍。承嗣又遣悅將兵二萬救靈耀，破永平軍將杜如江，略曹州，又敗李正己遊軍，擊走劉洽、長孫全緒等軍，乘勝去汴州一舍，方陣而進。忠臣會宋州、淮南、浙西兵，與戰不利，請救於燧，燧引四千人爲奇兵擊破之，田悅匹馬遁去。靈耀知悅敗，明日以百騎夜走，汴州悉降，燧讓功於忠臣。忠臣素暴戾，燧不欲入汴城，乃引軍退舍於板橋。忠臣入城，果專其功，因會擊殺宋州刺史李僧惠。燧還河陽。

大曆十四年六月，檢校工部尚書、太原尹、北都留守、河東節度留後，尋爲節度使。太原承前政鮑防百井敗軍之後，兵甲寡弱，燧乃悉召將吏牧馬厮役，得數千人，悉補騎卒，教之數月，爲精騎。造甲者必令長短三等，稱其所衣，以便進趨。又造戰車，蒙以狻猊象，列戟於後，行則載兵甲，止則爲營陣，或塞險以遏奔衝，器械無不犀利。居一年，陳兵三萬，開廣場以習戰陣，教其進退坐作之勢。

建中二年六月，朝於京師，加檢校兵部尚書，令還太原。初，田悅新代承嗣統兵，恐人不附己，詐効誠款，燧上疏明其必反，宜先備之。其年，悅果與淄青、恆冀通謀，自將兵三萬圍邢州，次臨洺，築重城，絕其內外，以拒救兵。邢州將李洪、臨洺將張伾，皆堅守不拔。昭義軍告急，乃詔燧將步騎二萬與昭義節度使李抱眞、神策行營兵馬使李晟合軍救臨洺。燧軍出鄴口，兵未過險，乃遣持書喩悅，且示之好，悅謂燧畏之。十一月，師次邯鄲，悅遣使至，燧皆斬之以徇；遣兵擊破其支軍，射殺其將成炫之。悅自攻臨洺，遣大將楊朝光將兵萬人，於臨洺南雙岡東西列二柵以禦燧。燧乃率李抱眞、李晟進軍，營於二柵之中。其夜，東柵走歸悅。明日，燧進軍營明山，取其棄柵以置輜重。悅謂將吏曰：「朝光堅柵不下萬人，假令燧等盡銳攻之，比數日，計不能下，殺傷必甚。吾此必拔臨洺，賞勞軍士而與之戰，必勝之術也。」悅乃分恆州李惟岳救兵五千以助朝光，燧率軍攻朝光，田悅將萬餘人救之。

燧乃令大將李自良、李奉國將騎兵合神策軍於雙岡禦之，令曰：「令悅得過，當斬爾！」自良等擊却悅。燧乃令推火車以焚其柵，斬朝光及大將盧子昌，斬首五千餘級，生虜八百餘人。居五日，進軍至臨洺，田悅悉軍復戰。燧自將銳兵扼其衝口，凡百餘合，士皆決死，悅兵大敗，斬首萬餘級，生虜九百人，得穀三十萬斛，器甲稱是。悅收敗兵夜遁，邢州圍亦解。以功加右僕射。先戰，燧誓軍中，戰勝請以家財行賞，既勝，盡出其私財以頒將士。德宗嘉之，詔度支出錢五萬貫行賞，還燧家財。尋加魏博招討使。

三年正月，田悅求救於淄青、恆冀，李納遣大將衞俊將兵萬人救悅，李惟岳亦遣兵三千赴援。悅收合散卒二萬餘人，壁于洹水，淄青軍其東，恆冀軍其西，首尾相應。燧率諸軍進屯於鄴，奏請益河陽兵，詔河陽節度使李艽將兵會之。軍次于漳，悅遣將王光進以兵守長橋，築月城以爲固，軍不得渡。燧乃於下流以車數百乘，維以鐵鎖，鎖絕中流，實以土囊以遏水，水稍淺，諸軍畢渡。是時軍糧少，悅深壁不戰，欲老燧軍。燧令諸軍持十日糧，進次倉口，與悅夾洹水而軍。抱眞與李艽問曰：「糧少而深入，何也？」燧曰：「糧少利速戰，兵法善於致人，不致於人。今田悅與淄青、恆三軍爲首尾，計欲不戰，以老我師；若分軍擊其左右，兵少未可必破，悅且來救，是前後受敵也。兵法所謂攻其必救，彼固當戰也，燧爲諸軍合而破之。」燧乃造三橋道逾洹水，日挑戰，悅不敢出。恆州兵以軍少，懼爲燧所并，引軍合於悅。

悅謂燧明日復挑戰，乃伏兵萬人，欲邀燧。燧乃令諸軍半夜皆食，先雞鳴時擊鼓吹角，潛師傍洹水徑趨魏州，令曰：「聞賊至，則止爲陣。」又令百騎吹鼓角，皆留於後，仍抱薪持火，待軍畢發，止鼓角匿其旁，伺悅軍畢渡，焚其橋。軍行十數里，悅乃率淄青、恆州步騎四萬餘人踰橋掩其後，乘風縱火，鼓譟而進。燧乃坐，申令無動，命前除草斬榛棘廣百步以爲陣；燧出陣，募勇力得五千餘人，分爲前列，以俟賊至。比悅軍至，則火止氣乏，力少衰，乃縱兵擊之，悅軍大敗。時神策、昭義、河陽軍小却，河東軍既勝，諸軍還鬭，合擊又大破之。迫洹水，悅軍走橋，橋已焚矣。悅軍亂，赴水，斬首二萬餘級，殺大將孫晉卿、安墨啜，生獲三千餘人，溺死者不可勝紀。淄青軍殆盡，死者相枕藉三十餘里。

悅收敗卒千餘人走魏州，至門，州將李長春閉門不納。久之，追兵不至，比明，乃納悅。悅既入，殺長春，嬰城自守。數日，李再春以博州降，悅兄昂以洺州降，王光進以長橋降。悅遣符璘、李瑤將五百騎送淄青兵還鎮，璘、瑤因來降燧。魏州先引御河入城南流〔一〕，燧令塞其領口，河流絕，城中益恐。悅乃遣許士則、侯臧徒步間行說朱滔、王武俊，借兵求救。時王武俊已殺李惟岳，傳首京師，授武俊恆冀觀察都防禦使；時武俊同列張孝忠已爲易定節度使，武俊獨爲防禦使，又割趙、深二州爲一鎮，以康日知爲觀察使，甚爲怨望，且素輕孝忠，恥名在下。時朱滔討李惟岳，拔深州，求隸幽州不得，亦怨望。由是滔、武俊同謀救悅。

悅恃燕、趙之援，又出兵二萬背城而陣，燧復與諸軍擊破之。五月，加燧同中書門下平章事。

六月，朱滔、王武俊聯兵五萬來救悅，至于城下。諸帥議退兵，燧固不可，德宗遣朔方節度使李懷光將朔方軍步騎萬五千人赴燧。是月晦，懷光亦至。懷光勇而無謀，軍至之日，未休息，堅請與滔等戰，王師不利。悅等決水灌燧等軍，燧兵屈糧少，七月[二]，燧與諸軍退次魏縣。是月，詔加燧魏州大都督府長史，兼魏博貝四州節度、觀察、招討等使。田悅、朱滔、王武俊軍亦至魏縣，與官軍隔河對壘。十一月，三盜於魏縣軍中遞相推奬王號：朱滔稱冀王，田悅稱魏王，王武俊稱趙王；又遣使於李納，納稱齊王。四道共推淮西李希烈爲天下兵馬元帥、太尉、建興王，皆僞署官號，如國初行臺之制，而名目頗有妖僻者，然未敢僞稱年號。而五盜合從圖傾社稷，兩河鼎沸，寇盜橫行；燧等雖志在勤王，竟莫能驅攘患難。

四年十月，涇師犯闕，帝幸奉天，燧引軍還太原。議者云：「燧若乘田悅洹水之敗，併力攻之，時城中敗卒無三二千人，皆夷傷未起，日夕俟降；燧與抱眞不和，遷延於擊賊，乃致三盜連結，至今爲梗，職燧之由。」燧至太原，遣行軍司馬王權將兵五千赴奉天，又遣男彙及大將之子與俱來，壁於中渭橋。及帝幸梁州，權、彙領兵還鎭。燧以晉陽王業所起，度都城東面平易受敵，時天下騷動，北邊數有警急，乃引晉水架汾而注城之東，潴以爲池，寇至計

省守陴者萬人；又決汾水環城，多爲池沼，樹柳以固隄。尋兼保寧軍節度使。

興元元年正月，加檢校司徒，封北平郡王。七月，德宗還京，加燧奉誠軍及晉絳慈隰節度并管內諸軍行營副元帥，令與侍中渾瑊、鎭國軍節度使駱元光同討河中。初，李懷光據河中，燧遣使招諭之，懷光妹壻要廷珍守晉州，衙將毛朝敭守隰州，鄭抗守慈州，皆相次降燧。初，王武俊自魏縣還鎭，雖去僞號，而攻圍趙州不解，康日知窘蹙，欲棄趙州，燧奏曰：「可詔武俊與抱眞同擊朱滔，以深、趙隸武俊，請改日知爲晉慈隰節度使。」日知未至而三州降燧，故又加燧晉慈隰節度使。燧乃表讓三州於日知，且言因降而授之，恐後有功者踵以爲常。上嘉而許之。燧乃遣使迎日知，既至，籍府庫而歸之，日知喜且過望。

九月十五日，燧帥步騎三萬次于絳，分兵收夏縣，略稷山，攻龍門，降其將馮萬興、任象玉。燧以兵攻絳州，十月，拔其外城，其夜僞刺史王克同與大將達奚小進棄城走，降其衆四千人。又遣大將李自良、谷秀分兵略定聞喜、夏縣、萬泉、虞鄉、永樂、猗氏六縣，降其將辛兟及兵五千人。谷秀以犯令虜士女，斬之以徇。

貞元元年，軍次寶鼎，敗賊騎兵於陶城，前鋒將李顥追擊之，射殺賊將徐伯文，斬首萬餘級，獲馬五百匹。是歲，天下蝗旱，物價騰踊，軍乏糧餉，而京師言事多請捨懷光，上意未決。燧以懷光逆節尤甚，河中密邇京邑，反覆不可保信，捨之無以示天下，慮上爲左右所惑，且兵事尙密。六月，燧乃捨軍以數百騎朝于京師。比召見，燧曰：「臣雖不武，得芻糧支一月，足以平河中。」上許之。

七月，燧因朝京師，乃與渾瑊、駱元光、韓遊瓌合軍，次于長春宮。懷光將徐廷光以兵六千守宮城，禦備甚嚴。燧度長春不下，則懷光自固，攻之曠日持久，所傷必甚，乃挺身至城下呼廷光。廷光素憚燧威名，則拜於城上。燧度廷光心已屈，乃徐謂之曰：「我來自朝廷，可西面受命。」廷光復拜。燧乃喩之曰：「公等皆朔方將士，祿山以來，首建大勳，四十餘年，功伐最高，奈何棄祖父之勳力，背君上，爲族滅之計耶！從吾，非止免禍，富貴可圖也。」賊徒皆不對。燧又曰：「爾以吾言不誠，今相去不遠數步，爾當射我！」乃披襟示之。廷光感泣俯伏，軍士亦泣下。先一日，賊焦籬堡守將尉珪以兵二千因堡降燧；廷光東道既絕，乃率衆出降。燧以數騎徑入城，處之不疑，莫不畏服，衆大呼曰：「吾輩復得爲王人矣！」渾瑊由是服燧，私謂參佐曰：「予嘗謂馬公用兵與予不相遠，但驚怪累敗田悅；今觀其行兵料敵，吾不逮遠矣！」八月，燧移軍於焦籬堡。其夜，賊太原堡守將吳冏棄堡而遁，其下皆降。燧率諸軍濟河，兵凡八萬，陣於城下。是日，賊將牛名俊斬懷光首以城降。其守兵猶一萬六千人，斬賊將閻晏、孟寶、張淸、吳冏等七人以徇，爲懷光脅虜者皆捨之。

燧自朝京師還行營，凡二十七日而河中平。詔書褒美，遷光祿大夫，兼侍中，仍與一子

五品正員官。宴賜畢，還太原。是行也，德宗賜燧宸扆、台衡二銘。序曰：

朕每覽上古之書，及唐、虞之際，君臣相得，聖賢同時，日夕孜孜，講論至道，或陳其鑒誡，或諷以詠歌，煥乎典謨，百代是式，有以見啓沃之道，理化之端，意甚慕之，而未能迨也。頃鹽鹽節度使杜希全著書上獻，多所規諫，聊爲君臣箴，用答其意。河東等道副元帥、司徒燧固請勒石，貽厥後人。朕以文既非工，義又非備，垂諸來裔，良所恧焉。起予者商，因之有作，庶乎朝夕自儆，且俾後代知我文武股肱邦之臣歟。

宸扆銘曰：

天生蒸人，性命元淳[三]，嗜欲交馳，利害糾紛。無主乃亂，樹之以君，九域茫茫，萬情云云。目不備覩，耳難偏聞，覩之聞之，劂又非眞。事失其源，道遠莫親，理得其要，化行如神。失源維何，不自正身，正身之方，先誠其意。罔從爾欲，罔載爾僞，體道崇德，本仁率義。必信若寒暑，無私象天地，感而遂通，百慮一致。任人之術，各當其器，捨短從長，理無求備。事多總集，衆才咸遂，知而必任，任而勿貳。以天下之目爲鑒，我鑒斯明；以天下之心爲謀，我謀則智。求賢惟廣，辯理惟精，逆耳咈心，必嘉乃誠。順旨苟容，亦察其情，斥去姦諛，全度忠貞。先人立言，爲代作程，諤諤者昌，唯唯者傾，繫以興亡，曷云其輕。承天子人，夫豈不貴，伊昔哲王，夙夜祗畏。馭朽爲戒，納

中華書局

隍爲志，神將害盈，天匪假易。四海爲家，夫豈不富，伊昔哲王，勤儉固陋。土階冐飾，露臺罷構，遠奇伎淫巧，放珍禽怪獸。敬之慎之，天命可祜。欲令必行，順人之情，欲誠必著，清己之慮，心無億詐，事必忠恕。凡將有爲，靡不三思，喜怒以節，動靜以時。毫釐或差，禍害亦隨，慢易厥初，悔其曷追。刑不可長，武不可恃，作威遑力，厲階斯起。垂旒蔽聰，黈纊塞耳，含弘光大，是亦爲美。覆之如天，愛之如子，仁心感人，率土自理。嗟予寡昧，嗣守丕圖，寇戎薦興，德化未孚。大業兢兢，其敢以渝，俯察物情，仰稽典謨，作誡斯言，置于坐隅。

合衡銘曰：

天列合星，垂象于人，聖人則天，亦建輔臣。以翼以弼，爲衡爲鈞，如耳目應心，如股肱運身，是則同體，孰云非親。陰陽相推，四序成歲，君臣相得，萬邦作乂。感同風雲，合若符契，以道匡救，盡規獻替，木必從繩，金其用礪。帝者之盛，時惟陶唐，乃聞疇咨，仄陋明敭。洎乎有虞，二八騰芳。爰迨伊尹，相于成湯。載生姜牙，諒彼武王。道無不行，謀無不臧，君聖臣賢，運泰時康。漢高既興，蕭、曹亦彰。烈烈我祖，膺期而昌，剗滅羣兇，砥平四方。惟衛及英，啓闢封疆；曰房與杜，振理維綱；亦有魏徵，忠謇昂昂。偉茲衆材，爲棟爲梁，蕩蕩巍巍，邦家有光。是知道之廢興，繫于時主，主之

得失，賚于合輔。經之以文，緯之以武，出爲方、召〔四〕，入作申、甫，紹維載張，闕衮斯補。惟德是倚，惟才是求，人不易知，德亦難周。傅說板築，夷吾射鉤，任之不疑，千載垂休，體於至公，何鄙何讎。追惟哲主，必賴良弼，矧予不德，暗於理術。師旅繁起，政刑多失，遘茲艱屯，夙夜祗慄。翊我戴我，實惟勳賢，內熙庶績，外總十連，威武載揚，謀猷日宣。長城壓境，巨艦濟川，同德同心，扶危持顚。予嘉爾誠，爾相予理，惟后失道，亦臣之恥。自昔格言，愼終如始，功藏鼎彝，道冠圖史。無俾伊、傅，克專厥美，作鑒勒銘，永世是紀。

燧至太原，乃勒二銘於起義堂西偏，帝爲題額，其崇寵如此。

二年冬，吐蕃大將尙結贊陷鹽、夏二州，各留兵守之，結贊大軍屯於鳴沙，自冬及春，羊馬多死，糧餉不繼。德宗以燧爲綏銀麟勝招討使，令與華帥駱元光、邠帥韓遊瓌及鳳翔諸鎭之師會於河西進討。燧出師，次石州。結贊聞之懼，遣使請和，仍約盟會，上皆不許。又遣其大將論頰熱厚禮卑辭申情於燧請和，燧頻表論奏，上堅不許。三年正月，燧軍還太原。四月，燧與論頰熱俱入朝，燧盛言蕃情可保，請許其盟，上然之。燧既入朝，結贊遽自鳴沙還蕃。是歲閏五月十五日，侍中渾瑊與蕃相尙結贊盟于平涼，爲蕃軍所劫，狼狽僅免，陷將吏六十餘員，由燧之謬謀也，坐是奪兵權。六月，以燧守司徒，兼侍中、北平王如故，仍賜鼓樂，奉朝請而已。

五年九月，燧與太尉李晟召見于延英殿，上嘉其有大勳力，皆圖形凌煙閣，列於元臣之次。九年七月，燧對於延英。初，上以燧足疾，不令朝謁；是日，燧以多首入朝，敕許不拜而坐。時太尉晟初薨，帝謂燧曰：「常時卿與太尉晟同來，今獨見卿，不覺悲慟。」上歔欷久之。燧既退，足疾，仆於地，上親掖起之，送及於陛，燧頓首泣謝。累上表乞骸，陳讓侍中，優詔不許。貞元十一年八月薨，時年七十。先是，司天頻奏熒惑太白犯太微上將，間一月而燧薨。廢朝四日，詔京兆尹韓皐監護喪事，嗣吳王獻爲弔祭贈賵使，册贈太尉，謚曰莊武。子彙、暢。

暢以父蔭累遷至鴻臚少卿，留京師。建中三年，燧討田悅於山東，時歲旱，京師括率商戶，人心甚搖。鳳翔留鎭幽州兵，多離散入南山爲盜。殿中丞李雲端與其黨袁封、單超俊、李誠信、冀信等與暢善，因飲食聚會，言時事將危；暢乃遣家人温靖與父書，具陳利害，可班師還鎭。燧怒，執靖具奏其狀，令兄炫執暢請罪。德宗以燧方討賊，不竟其事，誅雲端等十一人，敕炫就第杖暢三十，上於是罷括率之令。燧貲貨甲天下，燧既卒，暢承舊業，屢爲豪幸邀取。貞元末，中尉楊志廉〔五〕諷暢令獻田園第宅，順宗復賜暢。初爲彙妻所訴，析其產，中貴又逼取，仍指使施於佛寺，暢不敢吝；晚年財產並盡，身歿之後，諸子無室可

居，以至凍餒。今奉誠園亭館，即暢舊第也。暢終少府監，贈工部尙書。

子繼祖，以祖蔭，四歲爲太子舍人，累遷至殿中少監，年三十七卒。

炫字弱翁，燧之仲兄，少以儒學聞於時，隱居蘇門山，不應辟召。至德中，李光弼鎭太原，辟爲掌書記、試大理評事、監察御史，歷侍御史。常參謀議，光弼甚重之，奏授比部、刑部郎中。田神功鎭汴州，奏授節度判官、檢校兵部郎中。轉連州刺史，徵拜吏部郎中，又出爲閬州刺史，入爲大理少卿。建中初，爲潤州刺史，黜陟使柳載以清白聞，徵拜太子右庶子，遷左散騎常侍。弟燧爲司徒，以親比拜刑部侍郎，以疾辭，改兵部尙書致仕。貞元七年卒，時年七十九。

史臣曰：燧雄勇強力，常先計後戰，又善誓師，將戰，親自號令，士無不慷慨感動，戰皆決死，未嘗折北，謀得兵勝，冠於一時。然力能擒田悅而不取，納蕃帥之僞款而保其必盟，平涼之會，大臣幾陷，關畿搖動，此謂才有餘而心不至，議者惜而恨之。

中華書局

渾瑊，皋蘭州人也，本鐵勒九姓部落之渾部也。高祖大俟利發渾阿貪支，貞觀中爲皋蘭州刺史。曾祖元慶、祖大壽、父釋之，皆代爲皋蘭都督。大壽，開元初歷左領衞中郎將、太子僕同正。釋之，少有武藝，從朔方軍，積戰功於邊上，累遷至開府儀同三司、試太常卿、寧朔郡王。廣德中，與吐蕃戰，沒於靈武，年四十九。

瑊本名曰進，年十餘歲即善騎射，隨父戰伐，破賀魯部，下石堡城，收龍駒島，勇冠諸軍，累授折衝果毅。後節度使安思順遣瑊提偏師深入葛祿部，經狐媚磧，略特羅斯山，大破阿布思部；又與諸軍城永清柵、天安軍，遷中郎將。

安祿山構逆，瑊從李光弼出師河北，定諸郡邑。賊將有李立節者，素稱驍勇，與瑊格鬬，臨陣斬之，遷右驍衞將軍。既而肅宗即位於靈武，瑊統兵赴行在，至天德，遇蕃軍入寇，瑊擊敗之。從郭子儀收兩京，討安慶緒，破賊於新鄉。改檢校太僕卿，充武鋒軍使。又從僕固懷恩討史朝義，前後數十戰。朝義平，加開府儀同三司、太常卿，賜實封二百戶。

及懷恩謀亂，令子瑒與瑊率軍圍榆次，朔方將殺瑒，瑊率所部歸郭子儀。會瑊父釋之戰死，又起復本官，爲朔方行營左廂兵馬使。從子儀討吐蕃於邠州，以功加御史中丞。軍還，盛秋於邠。會吐蕃大入寇，至奉天，瑊拒戰於漠谷，大破蕃軍，以功加太子賓客，復屯於奉天。華州周智光反，子儀奉詔討之，令瑊領馬步萬人攻下同州。智光平，詔以邠、寧、慶三州隸朔方軍，子儀領之；子儀令瑊先率兵至邠州，便於宜祿縣防秋。歲餘，加兼御史大夫。

大曆七年，吐蕃大寇邊，瑊與涇原節度使馬璘會兵，大破蕃賊於黃菩原。自是，每年常戍於長武城，臨盛秋。十一年，領邠州刺史。其年，吐蕃入寇慶州方渠、懷安等鎮，瑊擊却之。十二年，子儀入朝，令瑊知邠寧慶三州兵馬留後。十三年，迴紇侵太原，破鮑防軍，北歸，頗爲邊患。以瑊爲石嶺關已南諸軍都知兵馬使，率兵掎角逐之，虜騎引退。其年八月，加檢校工部尚書、單于副都護、振武軍使。十四年，郭子儀拜太尉，號尚父，分所管內別置三節度，以瑊兼單于大都護，充振武軍、東受降城、鎮北大都護府、綏銀麟勝等軍州節度副大使知節度使事、管內支度營田等使。其年，復以崔寧爲朔方節度使，領子儀舊管，徵瑊爲左金吾衞大將軍，兼左街使。

建中四年，李希烈遣間諜詐爲瑊書與希烈交通，瑊奏其狀，上特保證之，仍賜瑊馬一匹并鞍轡，錦綵二百匹。時以普王爲荆襄等道兵馬元帥討李希烈，大開府幕，以瑊檢校戶部尚書、御史大夫，充中軍都虞候。會涇師亂，德宗幸奉天，後三日，瑊率家人子弟自京城至，乃署爲行在都虞候、檢校兵部尚書、京畿渭北節度觀察使。居數日，邠寧節度使韓遊瓌與慶州刺史論惟明統兵三千，自乾陵北過，赴醴泉以拒朱泚。會諜報泚已出兵，帝遽令追遊瓌兵，纔至奉天，賊軍果至。遊瓌等戰于城東，王師不利，遂乘勝奔突，將入，官軍與賊隔門相持，自卯至午，殺傷頗甚。門內有草車數乘，瑊令推車塞門，焚之以外禦，乘火力戰，賊方解去，然重圍已合。賊大修攻具，以僧法堅爲匠師，毀佛寺房宇以爲梯櫓。是月，賊自丁未至辛未，四面攻城，晝夜矢石不絕，瑊隨機應敵，僅能自固。

十一月，靈武節度使杜希全、鹽州刺史戴休顏、夏州刺史時常春合兵六千人赴難〔六〕。將至，上議其所向，宰相盧杞、白志貞以漠谷路爲便。瑊曰：「漠谷險隘，必爲賊所邀，不若取乾陵北過，附柏城而行，便取城東北雞子堆下營，與城中掎角相應，且分賊勢。朱泚必不更於陵寢往來。」杞曰：「漠谷路近，若慮逆賊邀擊，即出兵應接，若取乾陵路，恐驚陵寢。」瑊曰：「今朱泚圍城，斬伐柏城，以夜繼晝，驚動已多。今城中危急，佇望救軍，唯希全等先赴難，安危是賴，所繫非輕，制置不宜差跌。但令希全等於雞子堆下營，固守善地，賊泚可以計破也。」盧杞等曰：「陛下以順討逆，不可自驚陵寢。」白志貞從而贊之，上從杞議。希全等進至漠谷，果爲賊軍邀擊，奪據水口，乘高以大弩、巨石左右夾擊，殺傷頗甚；城中出兵應援，亦爲賊挫銳而退。希全等各歸還本鎮，賊攻城逾急，壕塹圍之。旬日，復偏攻東北角，矢石亂入，晝夜如雨，城中死傷者甚衆。重圍救絕，芻粟俱盡，城中伺賊休息，輒遣人城外捃拾樵採以進御。人心危蹙，上與瑊對泣。賊泚北據乾陵，下瞰城內，身衣黃衣，蔽以翟扇，前後左右，皆朱紫閹官，宴賜拜舞，紛紜旁午。城中動息，賊俯窺之，慢辭戲侮，以爲破在漏刻之頃，時令騎將環城招公卿、士庶，責以不識天命。

十五日，賊造雲橋成，闊數十丈，以巨輪爲脚，推之使前，施濕氈生牛革，多懸水囊以爲障，直指城東北隅，兩旁構木爲廬，冒以牛革，迴環相屬，負土運薪於其下，以塡壕塹，矢石不能傷。城中恟懼，相顧失色。上召瑊勉諭之，令齎空名告身自御史大夫、實封五百戶已下者千餘軸，募諸軍突將敢死之士以當之；兼賜瑊御筆一管，當戰勝，量其功伐，即署其名授之，不足者，筆書其身，因命以位。仍謂瑊曰：「朕便與卿別，更不用對來，縱有急切，令馬承倩在卿處，但令附奏。」瑊俯伏嗚咽，上亦悲慟不自勝，撫瑊背而遣之。前一日，瑊與防城使侯仲莊揣雲橋來路，先鑿地道，下可深丈餘，上積馬糞，深五六尺。次二日，即令爇火，次一日復下柴薪夜燒之，平明，火焰高於城壘。是時，北風正急，賊乃隨風推橋以薄城下，賊三千餘人相繼而登。城上士卒皆久寒餒，又少甲冑，瑊但感激誡厲之。以飢弱之衆，當劇賊之鋒，雖力戰應敵，人憂不濟，公卿已下，仰首祝天。賊徒至地道所，橋脚偏陷，不能進。須臾，風迴焰轉，雲橋焚爲灰燼，賊焚死者數千，城中歡譟振地。時瑊中流矢，遽自拔之，血流霑沫，格鬬不已，初不言瘡痛，以激士心。是日，上先授瑊二子官，餘授將校有差。賊又別造雲橋，周以重鐵，方就，而朔方節度使李懷光自魏縣行營赴難，先遣兵馬使張韶入奏。

詔至奉天，與賊塡塹者相雜，臨城忽大呼，謂城上曰：「我李懷光使也，懷光自河北領大軍至矣。」卽繩引而登。城中得懷光表，歡聲振動，賊衆不之測，乃令舁詔巡於城上。翌日，懷光大軍次醴泉，是夜，賊解圍而去。

興元元年正月，以瑊爲行在都知兵馬使。二月，賜實封五百戶。是月，德宗移幸山南。時懷光叛逆，二賊連結，寇盜縱橫，瑊分布諸軍，以爲翼衞，纔入谷口，而懷光追騎遽至，瑊令侯仲莊以後軍擊敗之。三月，加檢校左僕射、同中書門下平章事，兼靈州都督、靈鹽豐夏等州、定遠西城天德軍節度等使，仍充朔方邠寧振武等道兼永平軍奉天行營兵馬副元帥，上臨軒授鉞，用漢拜韓信故事。是月，瑊將諸軍赴京畿，賊將韓旻、張廷芝、宋歸朝等拒我師於武功，瑊與吐蕃將論莽羅之衆大破賊於武亭川，斬首萬餘級。瑊便赴奉天應接李晟，抗京城西面。五月，李晟自東渭橋抵京城攻賊，瑊亦與韓遊瓌、戴休顏西面諸軍會合。晟破賊之日，瑊亦進收咸陽。尋聞朱泚、姚令言奔敗，命諸軍分道邀擊，其衆離潰，相率來降。選勁騎三千急追泚至涇州，賊將誅泚，傳首來獻。

六月，加瑊侍中。論收京城之功，加實封李晟一千戶，瑊八百戶，韓遊瓌、戴休顏四百戶，駱元光、尙可孤五百戶。七月，德宗還宮，以瑊守本官，兼河中尹、河中絳慈隰節度使，仍充河中同陝虢節度及管內諸軍行營兵馬副元帥，改封咸寧郡王。九月，賜瑊大寧里甲

第、女樂五人，入第之日，宰臣、節將送之，一如李晟入第之儀。以李懷光未平，又加朔方行營兵馬副元帥，與河東節度使馬燧會兵進討。貞元元年八月，河中平，以功加檢校司空，與一子五品正員官。是多望，皇帝親郊昊天上帝，瑊入朝陪祀畢，還鎭河中。

三年，吐蕃入寇，至鳳翔，爲李晟邀擊之，又襲破其摧沙堡，吐蕃深恨之。尙結贊入寇，陷我鹽、夏二州，以兵守之。欲長驅犯京師，而畏瑊與李晟、馬燧，欲陰計圖之。乃卑詞遜禮告馬燧，請重立盟誓，則蕃軍引去，德宗不許。馬燧自入朝言之，上乃令崔翰入蕃報結贊，言還我鹽、夏，則許同盟。結贊謂翰曰：「清水之會，同盟人少，是以和好輕慢不成；今蕃相及元帥已下凡二十一人赴盟，靈州節度使杜希全、涇原節度使李觀皆和善守信，境外重之，此時須請預盟。」翰約盟于清水，且先歸我鹽、夏二州，結贊曰：「清水非吉地，請會盟於原州土梨樹。」又請盟畢歸二州。翰歸，備奏其事，神策將馬有麟奏曰：「土梨樹地多險，恐蕃軍隱伏不利，不如於平涼，其地坦平，且近涇州，就之爲便。」乃定盟於平涼川。

初，結贊請李觀、杜希全預盟，欲執之，徑犯京師。詔報之曰：「杜希全職在靈州，不可出境，李觀又已改官；今遣侍中渾瑊充盟會使。」五月，瑊自咸陽入朝，詔授平涼盟會使，兵部尚書崔漢衡副之，司勳郎中鄭叔矩爲判官。瑊統兵二萬，又詔華州節度使駱元光以本鎭兵從瑊。

閏月十五日，瑊與結贊會平涼。初，約以兵三千列於壇之東西，散手四百人至壇下，各遣遊軍相覘伺。是時，蕃軍精騎數萬列於壇西，蕃之遊軍貫穿我軍之中。瑊將梁奉貞率六十騎爲遊軍，纔至壇所，爲蕃軍所執。結贊又謂瑊曰：「請侍中已下具衣冠劍珮。」瑊與監軍宋鳳朝、崔漢衡等入幕次，坦無他慮。結贊命伐鼓三通，其衆呼譟而至。瑊遽出自幕後，偶得他馬，跨而奔馳，追騎雲合，流矢雨集而不傷。會瑊將辛榮以數百人據北阜，與賊血戰，追騎方止，瑊僅得免，辛榮兵盡矢窮，力屈而降。宋鳳朝、瑊判官鄭弇，爲追兵所殺；崔漢衡、中官俱文珍劉延李清朝、漢衡判官鄭叔矩、瑊判官路泌袁同直、大將軍扶餘準馬寧、神策將孟日華李至言樂演明范澄馬弇等六十餘人，皆陷于賊。尙結贊至原州，列坐帳中，召陷蕃將吏讓之，因怒瑊曰：「武功之捷，吐蕃之力，許以涇州、靈州相報，竟食其言，負我深矣，舉國同怨。本劫是盟，志在擒瑊。吾已爲金枷待瑊，將獻贊普；既已失之，虛致君等何爲？」乃放俱文珍、馬寧、馬弇歸朝。

七月，瑊自奉天入朝，素服待罪，詔釋之而後見。俄而吐蕃入寇京畿，瑊鎭奉天。十月，還河中。四年七月，加邠、寧、慶副元帥。十二年二月，加檢校司徒，兼中書令，諸使、副元帥如故。十五年十二月二日，薨於鎭。廢朝五日，羣臣於延英奉慰。詔贈太師，謚曰忠武，賻絹布四千匹、米粟三千石。及喪車將至，又爲廢朝。應緣喪事，所司準式支給，命京兆尹

監護。葬日，賜絹五百匹。

瑊忠勤謹愼，功高不伐，在藩方歲時貢奉，必躬親閱視；每有頒錫，雖居遠地，如在帝前。位極將相，無忘謙抑，物論方之金日磾，故深爲德宗委信，猜間不能入，君子多之。子鍊、鎬、鐬。

鎬，瑊第二子。性謙謹，多與士大夫遊。歷延、唐二州刺史，軍政吏職，有可稱者。及元和中，諸道出師討王承宗，屬義武軍節度使任迪簡病不能軍，以鎬藉父威名，足以鎭定，乃以鎬檢校右散騎常侍，充義武軍節度副使。九月六日，加檢校工部尚書，代迪簡爲節度使。鎬治兵練卒，頗有威望，然不能覘釁養銳，以期必勝。鎭、定相去九十里，元和十一年冬，鎬率全師壓賊境而軍，距賊壘三十里。鎬謀慮不周，但耀兵鋒，無所控制，賊乃分兵潛入定州界焚燒驅掠。鎬怒，進攻賊壘，交鋒而敗，師徒殆喪其半，餘衆還定州，亂不可遏，朝廷乃除陳楚代之。楚聞亂，馳入定州。鎬爲亂兵所劫，以至裸露。楚旣整戢，於亂兵處率斂衣服還鎬，方得歸朝，坐貶韶州刺史。後代州刺史韓重華奏收得鎬供軍錢絹十餘萬貫匹，再貶循州刺史。歲餘卒。

鐬，瑊第三子。以父蔭起家爲諸衞參軍，歷諸衞將軍。元和初，出爲豐州刺史、天德軍使，坐贓貶袁州司戶，憲宗思咸寧之勳，比例從輕。五年，徵爲袁王傅，復賜金紫，遷殿中監。開成初，宰相擬壽州刺史，文宗曰：「鐬，勳臣子弟，豈可委以牧民。仲尼有言，『不如多與之邑』，今我念其先人之功，與之致富可也。」宰臣曰：「鐬常歷名郡，有政能。」乃從之。三年，入爲右金吾衞大將軍、知街事，歷諸衞大將軍，卒。

史臣曰：馬司徒之方略，渾咸寧之忠藎，各奮節義，爲時名臣。然元城之師，失策於田悅；平涼之會，幾陷於吐蕃，此亦術有所不至也。緬思建中之亂，四海波騰，賊泚竊發之辰，宗祀不絕如綫，苟非忠臣致命，化危爲安，則李氏之宗社傾矣。

贊曰：北平之勳，排難解紛。咸寧蹈義，感慨匡君。再隆基構，克殄昏氛。迴天捧日，實賴將軍。

校勘記

〔一〕先引御河入城南流　「城」字各本原無，據冊府卷三五九補。

〔二〕七月　各本原作「七日」，本書卷一二德宗紀作「七月」。上文已作六月晦，此處作「七月」是。據改。

〔三〕性命元淳　「命」字御覽卷五九二作「本」。

〔四〕出爲方召　「召」字各本原作「伯」，據全唐文卷五五改。

〔五〕楊志廉　「楊」字各本原作「申」，據冊府卷八一二、新書卷一五五馬燧傳、通鑑卷二三六改。

〔六〕時常春　「時」字各本原無，據冊府卷四〇五、通鑑卷二二九補。

舊唐書卷一百三十五

列傳第八十五

盧杞 子元輔　白志貞　裴延齡　韋渠牟　李齊運　李實

韋執誼　王叔文 王伾附　程异　皇甫鎛 弟鏞

盧杞字子良，故相懷慎之孫。父奕，天寶末爲東臺御史中丞；洛城爲安祿山所陷，奕守司而遇害。杞以門蔭，解褐清道率府兵曹。朔方節度使僕固懷恩辟爲掌書記、試大理評事、監察御史，以病免。入補鴻臚丞，遷殿中侍御史、膳部員外郎，出爲忠州刺史。至荆南，謁節度使衞伯玉，伯玉不悅。杞移病歸京師，歷刑部員外郎、金部吏部二郎中。

杞貌陋而色如藍，人皆鬼視之。不恥惡衣糲食，人以爲能嗣懷慎之清節，亦未識其心。頗有口辯。出爲虢州刺史。建中初，徵爲御史中丞。時尚父子儀病，百官造問，皆不屏姬侍；及聞杞至，子儀悉令屏去，獨隱几以待之。杞去，家人問其故，子儀曰：「杞形陋而心

險，左右見之必笑。若此人得權，卽吾族無類矣。」

及居糾彈顧問之地，論奏稱旨，遷御史大夫。旬日，爲門下侍郎、同中書門下平章事。旣居相位，忌能妬賢，迎吠陰害，小不附者，必致之於死，將起勢立威，以久其權。楊炎以杞陋貌無識，同處台司，心甚不悅，爲杞所譖，逐於崖州。德宗幸奉天，崔寧流涕論時事，杞聞惡之，譖於德宗，言寧與朱泚盟誓，故至遲迴，寧遂見殺。惡顏眞卿之直言，令奉使李希烈，竟歿於賊。初，京兆尹嚴郢與楊炎有隙，杞乃擢郢爲御史大夫以傾炎；炎旣貶死，心又惡郢，圖欲去之。宰相張鎰忠正有才，上所委信，杞頗惡之。會朱滔、朱泚弟兄不睦，有泚判官蔡廷玉者離間滔，滔論奏，請殺之。廷玉旣貶，殿中侍御史鄭詹遣吏監送，廷玉投水而卒。杞因奏曰：「恐朱泚疑爲詔旨，請三司按鞫詹；又御史所爲，禀大夫命，幷令按郢。」詹與張鎰善，每伺杞晝眠，輒詣鎰，杞知之。他日，杞假寢佯熟，伺詹果來，方與鎰語，杞遽至鎰閤中，詹趨避杞，杞遽言密事，鎰曰：「殿中鄭侍御在此。」杞佯愕曰：「向者所言，非他人所宜聞。」時三司使方按詹、郢，獄未具而奏殺詹，貶郢爲驩州刺史。鎰尋罷相，出鎭鳳翔。其陰禍賊物如此。李揆舊德，慮德宗復用，乃遣使西蕃，天下無不扼腕痛憤，然無敢言者。戶部侍郎、判度支杜佑，甚承恩顧，爲杞媒孽，貶饒州刺史。

初，上卽位，擢崔祐甫爲相，頗用道德寬大，以弘上意，故建中初政聲藹然，海內想望貞

觀之理；及杞爲相，諷上以刑名整齊天下。初，李希烈請討梁崇義，崇義誅而希烈叛，盡據淮右、襄、鄧之郡邑。恆州李寶臣死，其子惟岳邀節鉞，遂與田悅締結以抗王師，由是河北、河南連兵不息。度支使杜佑計諸道用軍月費一百餘萬貫，京師帑廩不支數月；且得五百萬貫，可支半歲，則用兵濟矣。杞乃以戶部侍郎趙贊判度支，贊亦計無所施，乃與其黨太常博士韋都賓等謀行括率，以爲泉貨所聚，在於富商，錢出萬貫者，留萬貫爲業，有餘，官借以給軍，冀得五百萬貫。上許之，約以罷兵後以公錢還。敕既下，京兆少尹韋禎督責頗峻，長安尉薛萃荷校乘車，搜人財貨，意其不實，即行搒箠，人不勝冤痛，或有自縊而死者，京師囂然如被賊盜。都計富戶田宅奴婢等估，纔及八十八萬貫。又以僦櫃納質積錢貨貯粟麥等，一切借四分之一，封其櫃窖，長安爲之罷市，百姓相率千萬衆遮宰相於道訴之。杞初雖慰諭，後無以遏，即疾驅而歸。計僦質與借商，纔二百萬貫。德宗知下民流怨，詔皆罷之，然宿師在野，日須供饋。

明年六月，趙贊又請稅間架、算除陌。凡屋兩架爲一間，分爲三等：上等每間二千，中等一千，下等五百。所由吏秉筆執籌，入人第舍而計之。凡沒一間，杖六十，告者賞錢五十貫文。除陌法，天下公私給與貿易，率一貫舊算二十，益加算爲五十，給與物或兩換者，約錢爲率算之。市主人牙子各給印紙，人有買賣，隨自署記，翌日合算之。有自貿易不用市

牙子者，驗其私簿，投狀自其有私簿投狀〔一〕。其有隱錢百，沒入，二千杖六十，告者賞錢十千，出於其家。法既行，主人市牙得專其柄，率多隱盜，公家所入，百不得半，怨讟之聲〔二〕，囂然滿於天下。及十月，涇師犯闕，亂兵呼於市曰：「不奪汝商戶僦質矣！不稅汝間架除陌矣！」是時人心愁怨，涇師乘間謀亂，奉天之奔播，職杞之由。故天下無賢不肖，視杞如讎。

德宗在奉天，爲朱泚攻圍，李懷光自魏縣赴難。或謂王翃、趙贊曰：「懷光累歎憤，以爲宰相謀議乖方，度支賦斂煩重，京尹刻薄軍糧，乘輿播遷，三臣之罪也。今懷光勳業崇重，聖上必開襟布誠，詢問得失，使其言入，豈不殆哉！」翃、贊白於杞，杞大駭懼，從容奏曰：「懷光勳業，宗社是賴。臣聞賊徒破膽，皆無守心。若因其兵威，可以一舉破賊；今若許其朝覲，則必賜宴，賜宴則留連，使賊得京城，則從容完備，恐難圖之。不如使懷光乘勝進收京城，破竹之勢，不可失也。」帝然之，乃詔懷光率衆屯便橋，克期齊進。懷光大怒，遂謀異志，德宗方悟爲杞所構。物議喧騰，歸咎於杞，乃貶爲新州司馬，白志貞恩州司馬，趙贊爲播州司馬。

遇赦，移吉州長史。在貶所謂人曰：「吾必再入用。」是日，上果用杞爲饒州刺史。給事中袁高宿直，當草杞制，遂執以謁宰相盧翰、劉從一曰：「杞作相三年，矯誣陰賊，排斥忠良，朋附者欬唾立至青雲，睚眦者顧盼已擠溝壑。傲很背德，反亂天常，播越鑾輿，瘡痍天下，皆杞之爲也。幸免誅戮，唯示貶黜，尋已稍遷近地，更授大郡，恐失天下望，惟相公執奏之，事尚可救。」翰、從一不悅，遂改命舍人草制。明日詔下，袁高執奏曰：「盧杞爲政，極恣兇惡。三軍將校，願食其肉，百辟卿士，嫉之若讎。」諫官趙需、裴佶、宇文炫、盧景亮、張薦等上疏曰：「伏以吉州長史盧杞，外矯儉簡，內藏奸邪，三年擅權，百揆失序，惡直醜正，亂國殄人，天地神祇所知，蠻夷華夏同棄。伏惟故事，皆得上聞，自杞爲相，要官大臣，動踰月不敢奏聞，百僚惴惴，常懼顚危。及京邑傾淪，皇輿播越，陛下炳然覺悟，出棄遐荒，制曰：『忠讜壅於上聞，朝野爲之側目。』由是忠良激勸，內外歡欣；今復用爲饒州刺史，衆情失望，皆謂非宜。臣聞君之所以臨萬姓者，政也；萬姓之所以載君者，心也。倘加巨奸之寵，必失萬姓之心，乞迴聖慈，遽輟新命。」疏奏不答。諫官又論曰：「盧杞蒙蔽天聽，隳紊朝典，致亂危國，職杞之由，可謂公私巨蠹，中外棄物。自聞再加擢用，忠良痛骨，士庶寒心。臣昨者瀝肝上聞，冒死不恐，冀迴宸睠，用快羣情；至今拳拳，未奉聖旨，物議騰沸，行路驚嗟。人之無良，一至於此。伏乞俯從衆望，永棄奸臣。幸免誅夷，足明恩貸；特加榮寵，恐造禍階。臣等忝列諫司，今陳狂瞽。」給事中袁高堅執不下，乃改授澧州別駕。翌日延英，上謂宰臣曰：「朕欲授杞一小州刺史，可乎？」李勉對曰：「陛下授杞大郡亦可，其如兆庶失望何？」上

曰：「衆人論杞奸邪，朕何不知？」勉曰：「盧杞奸邪，天下人皆知；唯陛下不知，此所以爲奸邪也！」德宗默然良久。散騎常侍李泌復對，上曰：「盧杞之事，朕已可袁高所奏，如何？」泌拜而言曰：「累日外人竊議，以陛下同漢之桓、靈；臣今親承聖旨，乃知堯、舜之不逮也！」德宗大悅，慰勉之。杞尋卒於澧州。

子元輔，字子望，少以清行聞於時。進士擢第，授崇文館校書郎。德宗思杞不已，乃求其後，特恩拜左拾遺，再遷左司員外郎，歷杭、常、絳三州刺史。以課最高，徵爲吏部郎中，遷給事中，改刑部侍郎。自兵部侍郎出爲華州刺史、潼關防禦、鎭國軍等使，復爲兵部侍郎。元輔自祖至曾，以名節著於史册。元輔簡絜貞方，綽繼門風，歷踐清貫，人亦不以父之醜行爲累，人士歸美。大和三年八月卒，時年五十六。

白志貞者，太原人，本名琇珪。出於胥吏，事節度使李光弼，小心勤恪，動多計數，光弼深委信之，帳中之事，與琇珪參決。代宗素知之，光弼薨後，用爲司農少卿，遷太卿，在寺十餘年。德宗嘗召見與語，引爲腹心，遂用爲神策軍使、檢校左散騎常侍、兼御史大夫，賜名

中華書局

志貞。善伺候上意，言無不從。

建中四年，李希烈陷汝州，命志貞爲京城召募使。時尙父子儀壻端王傅吳仲孺家財巨萬，以國家召募有急，懼不自安，乃上表請以子弟率奴客從軍，德宗嘉之，超授五品官。由是志貞請令節度、觀察、團練等使幷嘗爲是官者，令家出子弟甲馬從軍，亦與其男官。是時豪家不肖子幸之，貧而有知者苦之。自是京師人心搖震，不保家室。時禁軍募致，悉委志貞，兩軍應赴京師，殺傷殆盡，都不奏聞，皆以京師沽販之徒以塡其闕。其人皆在市廛，及涇師犯闕，詔志貞以神策軍拒賊，無人至者，上無以禦寇，乃圖出幸。時令狐建以龍武軍四百人從駕至奉天，仍以志貞爲行在都知兵馬使。聞李懷光至，恐暴揚其罪，乃與盧杞同沮懷光入朝，衆議喧沸，言致播遷，盧杞、志貞之罪也。故與杞同貶，遇赦量移閬州別駕。貞元二年，遷果州刺史，宰臣李勉及諫官表疏論列，言志貞與盧杞罪均，未宜敍用，固執不許，凡旬日，方下其詔。貞元三年，遷潤州刺史、兼御史大夫、浙西觀察使。是年六月卒。

裴延齡，河東人。父旭，和州刺史。延齡，乾元末爲汜水縣尉，遇東都陷賊，因寓居鄂

州，緝綴裴駰所注史記之闕遺，自號小裴。後華州刺史董晉辟爲防禦判官，黜陟使薦其能，調授太常博士。盧杞爲相，擢爲膳部員外郎、集賢院直學士，改祠部郎中。崔造作相，改易度支之務，令延齡知東都度支院。及韓滉領度支，召赴京，守本官，延齡不待詔命，遽入集賢院視事。宰相延賞惡其輕率，出爲昭應令，與京兆尹鄭叔則論辨是非，攻訐叔則之短。時李泌爲相，厚於叔則；中丞竇參恃恩寵，惡泌而佑延齡。叔則坐貶爲永州刺史，延齡改著作郎。竇參尋作相，用爲太府少卿，轉司農少卿。

貞元八年，班宏卒，以延齡守本官，權領度支。自揣不通殖貨之務，乃多設鉤距，召度支老吏與謀，以求恩顧，乃奏云：「天下每年出入錢物，新陳相因，常不減六七千萬貫，唯有一庫，差舛散失，莫可知之。請於左藏庫中分置別庫：欠、負、耗、賸等庫及季庫、月庫，納諸色錢物。」上皆從之。且欲多張名目以惑上聽，其實於錢物更無增加，唯虛費簿書、人吏耳。

其年，遷戶部侍郎、判度支，奏請令京兆府以兩稅靑苗錢市草百萬圍送苑中。宰相陸贄、趙憬議，以爲：「若市送百萬圍草，卽一府百姓，自冬歷夏，般載不了，百役供應，須悉停罷，又妨奪農務。請令府縣量市三二萬圍，各貯側近處，他時要卽支用。」京西有汙池卑濕處，時有蘆葦生焉，亦不過數畝，延齡乃奏曰：「廄馬冬月合在槽櫪秣飼，夏中卽須牧放。臣近尋訪知長安、咸陽兩縣界有陂池數百頃，請以爲內廄牧馬之地；且去京城十數里，與苑廄中無別。」上初信之，言於宰相，對曰：「恐必無此。」上乃差官閱視，事皆虛妄，延齡旣慚且怒。又誣奏李充爲百姓妄請積年和市物價，特敕令折塡，謂之「底折錢」。嘗因奏對請積年錢帛以實帑藏，上曰：「若爲可得錢物？」延齡奏曰：「開元、天寶中，天下戶僅千萬，百司公務殷繁，官員尙或有闕；自兵興已來，戶口減耗大半，今一官可兼領數司。伏請自今已後，內外百司官闕，未須補置，收其闕官祿俸，以實帑藏。」

後因對事，上謂延齡曰：「朕所居浴堂院殿一栿，以年多之故，似有損蠹，欲換之未能。」對曰：「宗廟事至重，殿栿事至輕。況陛下自有本分錢物，用之不竭。」上驚曰：「本分錢何也？」對曰：「此是經義證據，愚儒常材不能知，陛下正合問臣，唯臣知之。準禮經，天下賦稅當爲三分：一分充乾豆，一分充賓客，一分充君之庖廚。乾豆者，供宗廟也。今陛下奉宗廟，雖至敬至嚴，至豐至厚，亦不能一分財物也。只如鴻臚禮賓、諸國蕃客，至於迴紇馬價，用一分錢物，尙有贏羨甚多。況陛下御膳宮廚皆極簡儉，所用外分賜百官充俸料、飧錢等，猶未能盡。據此而言，庖廚者之餘，其數尙多，皆陛下本分也。用修數十殿亦不合疑慮，何況一栿。」上曰：「經義如此，人總不會言之。」頷之而已。又因計料造神龍寺，須長五十尺松木，延齡奏曰：「臣近於同州檢得一谷木，可數千條，皆長八十尺。」上曰：「人言開元、

天寶中側近求覓長五六十尺木，尙未易，須於嵐、勝州採市，如今何爲近處便有此木？」延齡奏曰：「臣聞賢材、珍寶、異物，皆在處常有，但遇聖君卽出見。今此木生關輔，蓋爲聖君，豈開元、天寶合得有也！」

時陸贄秉政，上素所禮重，每於延英極論其誕妄，不可令掌財賦。德宗以爲排擯，待延齡益厚。贄上書疏其失曰：

前歲秋首，班宏喪亡，特詔延齡繼司邦賦。數日之內，遽衒功能，奏稱：「勾獲隱欺，計錢二十萬貫，請貯別庫以爲羨餘，供御所須，永無匱乏。」陛下欣然信納，因謂委任得人。旣賴盈餘之財，稍弘心意之欲，興作浸廣，宣索漸多。延齡務實前言，且希睿旨，不敢告闕，不敢辭難。勾獲旣是虛言，無以應命；供辦皆承嚴約，苟在及期。遂乃搜求市廛，豪奪入獻；追捕夫匠，迫脅就功。以敕索爲名，而不酬其直；以和雇爲稱，而不償其傭。都城之中，列肆爲之晝閉；興役之所，百工比於幽囚。聚詛連郡，遮訴盈路，持綱者莫敢致詰，巡察者莫敢爲言。時有訐而言之，翻謂黨邪醜直。天子轂下，囂聲沸騰，四方觀瞻，何所取則。蕩心于上，斂怨于人，欺天陷君，遠近危懼，此其罪之大者也。

總制邦用，度支是司；出納貨財，太府攸職。凡是太府出納，皆稟度支文符，太府

依符以奉行，度支憑案以勘覆，互相關鍵，用絕姦欺。其出納之數，則每旬申聞；見在之數，則每月計奏。皆經度支勾覆，又有御史監臨，旬旬相承，月月相繼。明若指掌，端如貫珠，財貨多少，無容隱漏。延齡務行邪諂，公肆誣欺，遂奏云「左藏庫司多有失落，近因檢閱使置薄書，乃於糞土之中收得十三萬兩，其匹段雜貨又百萬有餘，皆是文帳脫遺，並同已棄之物。今所收獲，即是羨餘，悉合移入雜庫，以供別敕支用者」。其時特宣進止，並依所奏施行。太府卿韋少華抗疏上陳，殊不引伏，確稱「每月申奏，皆是見在數中，請令推尋，足驗奸詐」。兩司既有論執，理須詳辨是非，陛下縱其妄欺，不加按問。以在庫之物爲收獲之功，以常賦之財爲羨餘之費〔三〕，罔上無畏，示人不慚，此又罪之大者也。

國家府庫，出納有常，延齡險猾售奸，詭譎求媚，遂於左藏之內，分建六庫之名，意在別貯贏餘，以奉人主私欲。曾不知王者之體，天下爲家，國不足則取之於人，人不足則資之於國，在國爲官物，在人爲私財，何謂贏餘，須別收貯？是必巧詐以變移官物，暴法以刻削私財，捨此二途，其將安取？陛下方務崇信，不加檢裁，姑務保持，曾無詰責。延齡謂能蔽惑，不復懼思，奸威既沮於四方，憸態復行於內府。由是蹂躪官屬，傾倒貨財，移東就西，便爲課績，取此適彼，遂號羨餘，愚弄朝廷，有同兒戲。

夫理天下者，以義爲本，以利爲末，以人爲本，以財爲末，本盛則其末自舉，末大則其本必傾。自古及今，德義立而利用不豐，人庶安而財貨不給，因以喪邦失位者，未之有也。故曰：「不患寡而患不均，不患貧而患不安。」「有德必有人，有人必有土，有土必有財。」「百姓足，君孰與不足？」蓋謂此也。自古及今，德義不立而利用克宣，人庶不安而財貨可保，因以興邦固位者，未之有也。故曰：「財散則人聚，財聚則人散。」「與其有聚斂之臣，寧有盜臣。」無令侵削兆人，爲天子取怨于下也。

且陛下初膺寶曆，志翦羣兇，師旅繁興，徵求寖廣，榷算侵剝，下無聊生。是以涇原叛徒，乘人怨咨，白晝犯闕，都邑甿庶，恬然不驚，反與賊衆相從，比肩而入宮殿。雖蚩蚩之性，靡所不爲，然亦由德澤未浹，而暴令驅之，以至於是也。于時內府之積，尚如丘山，竟資兇渠，以餌貪卒，此則陛下躬覩之矣。是乃失人而聚貨，夫何利之有焉！

車駕既幸奉天，逆泚旋肆圍逼，一壘之內，萬乘所屯，窘如涸流，庶物空匱。嘗欲發一健步出覘賊軍，其人懇以苦寒爲辭，跪奏乞一襦袴，陛下爲之求覓不致，竟閔默而遣之。又嘗宮壼之中，服用有闕，聖旨方以戎事爲急，不忍重煩於人，乃剝親王飾帶之金，賣以給直。是時行從將吏，赴難師徒，蒼黃奔馳，咸未多服，漸屬凝沍，且無薪蒸，

饑凍內攻，矢石外迫。晝則荷戈奮迅，夜則映堞呻吟，淩風颷，冒霜雪，踰四旬而衆無攜貳，卒能走強賊全危城者，陛下豈有嚴刑重賞使之然耶？唯以不厚其身，不藏其貨，與衆庶同其憂患，與士伍共其有無，乃能使人捐軀命而扞寇讎，餒之不離，凍之不憾，臨危而不易其守，見死而不去其君，所謂「聖人感人心而天下和平」，此其効也。

及乎重圍既解，諸路稍通，賦稅漸臻，貢獻繼至，乃於行宮外廡之下，別置瓊林、大盈之司。未賞功勞，遽私賄玩，甚沮惟新之望，頗攜死義之心，於是輿誦興譏，而軍士始怨矣。財聚人散，不其然乎！旋屬盜賊內興，翠華南狩，奉天所積財貨，悉復殲於亂軍。既還岷、梁，日不暇給，獨憑大順，遂復皇都。是知天子者，以得人爲資，以蓄義爲富，人苟歸附，何患蔑資，義苟修崇，何憂不富，豈在貯之內府，方爲己有哉！故藏於天下者，天子之富也；藏於境內者，諸侯之富也；藏於囷倉篋櫝者，農夫、商賈之富也。奈何以天子之貴，海內之富，而猥行諸侯之棄德，守農商之鄙業哉！

陛下若謂厚取可以恢武功，則建中之取既無成矣；若謂多積可以爲己有，則建中之積又不在矣；若謂斂怨不足致危亡，則建中之亂危亦至矣！然而遽能靖滔天之禍，成中興之功者，良以陛下有側身修勵之志，有罪己悔懼之辭，罷息誅求，敦尚節儉，渙發大號，與人更新；故靈祇感陛下之誠，

臣庶感陛下之意，釋憾迴慮，化危爲安。陛下亦當爲宗廟社稷建不拔之永圖，爲子孫黎元立可久之休業，懲前事徇欲之失，復日新盛德之言；豈宜更縱憸邪，復行剋暴，事之追悔，其可再乎！

臣又竊慮陛下納彼盜言，墮其奸計，以爲搏噬拏攫，怨集有司，積聚豐盈，利歸君上，是又大謬，所宜慎思。夫人主昏明，繫於所任，咎繇、夔、契之道長，而虞舜享濬哲之名；皇甫、棸、楀之孌行，而周厲嬰顛覆之禍。自古何嘗有小人柄用，而災患不及邦國者乎！譬猶操兵以刃人，天下不委罪於兵而委罪於所操之主；畜蠱以殃物，天下不歸咎於蠱而歸咎於所畜之家：理有必然，不可不察。

臣伏慮陛下以延齡之進，獨出宸衷，延齡之言，多順聖旨，今若以罪置辟，則似爲衆所擠，故欲保持，用彰堅斷。若然，陛下與人終始之意則美矣，其於改過勿吝、去邪勿疑之道，或未盡善。今希旨自默，寖以成風，獎之使言，猶懼不既，若又阻抑，誰當貢誠。或恐未亮斯言，請以一事爲證。只如延齡兇妄，流布寰區，上自公卿近臣，下逮輿臺賤品，喧喧談議，億萬爲徒，能以上言，其人有幾？陛下誠令親信博採輿詞，參較比來所聞，足鑒人間情僞。

臣以卑鄙，位當台衡，既極崇高，又承渥澤。豈不知觀時附會，足保舊恩，隨衆沉

浮，免貽厚責。謝病黜退，獲知幾之名；黨奸苟容，無見嫉之患。何急自苦，獨當豺狽，上違歡情，下餌讒口。良以內顧庸昧，一無所堪；夙蒙眷知，唯以誠直。綢繆帷扆，一紀于茲，聖慈既以此見容，愚臣亦以此自負。從陛下歷播遷之危，覩陛下致興復之難，至今追思，猶爲心悸；所以畏覆車而駭慮，懼燬室而悲鳴，蓋情激於衷，雖欲罷而不能自默也！因事陳請，雖已頻煩，天聽尚高，未垂諒察，輒申悃款，以極愚誠。憂深故語煩，意懇故詞切，以徼臣自固之謀則過，於陛下慮患之計則忠。糜軀奉君，所不敢避；沽名衒直，亦不忍爲。願迴睿聽，爲國熟慮，社稷是賴，豈唯徼臣。

書奏，德宗不悅，待延齡益厚。時鹽鐵轉運使張滂、京兆尹李充、司農卿李銛，以事相關，皆證延齡矯妄。德宗罷陸贄知政事，爲太子賓客；滂、充、銛悉罷職左遷。

十一年春暮，上數畋于苑中，時久旱，人情憂惴，延齡遽上疏曰：「陸贄、李充等失權，心懷怨望，今專大言於衆曰：『天下炎旱，人庶流亡，度支多欠闕諸軍糧草。』以激怒羣情。」後數日，上又幸苑中，適會神策軍人訴度支欠廄馬芻草。上思延齡言，即時迴駕，下詔斥逐贄、充、滂、銛等，朝廷中外惴恐。延齡方謀害在朝正直之士，會諫議大夫陽城等伏閤切諫，事遂且止。贄、充等雖已貶黜，延齡憾之未已，乃掩捕李充腹心吏張忠，捶掠楚痛，令爲之詞，云「前後隱沒官錢五十餘萬貫，米麥稱是，其錢物多結託權勢，充妻常於犢車中將金寶

繒帛遺陸贄妻」。忠不勝楚毒，並依延齡教抑之辭，具於款占。忠妻、母於光順門投匭訴冤，詔御史臺推問，一宿得其實狀，事皆虛，乃釋忠。延齡又奏京兆府妄破用錢穀，請令比部勾覆，以比部郎中崔元嘗爲陸贄所黜故也。及崔元勾覆錢穀，又無交涉。

延齡既銳意以苛刻剝下附上爲功，每奏對際，皆恣騁詭怪虛妄，他人莫敢言者，延齡言之不疑，亦人之所未嘗聞。德宗頗知其誕妄，但以其敢言無隱，且欲訪聞外事，故斷意用之。延齡恃之，謂必得宰相，尤好慢罵，毀詆朝臣，班行爲之側目。及臥病，載度支官物置於私家，亦無敢言者。貞元十二年卒，時年六十九。延齡死，中外相賀，唯德宗悼惜不已，冊贈太子少保。

韋渠牟，京兆萬年人。六代祖範，魏西陽太守，後周封鄖城公。渠牟少慧悟，涉覽經史。初爲道士，後爲僧。興元中，韓滉鎮浙西，奏授試秘書郎，累轉四門博士。

貞元十二年四月，德宗誕日，御麟德殿，召給事中徐岱、兵部郎中趙需、禮部郎中許孟容與渠牟及道士萬參成、沙門譚延等十二人，講論儒、道、釋三教。渠牟枝詞游說，捷口水注；上謂其講耨有素，聽之意動。數日，轉秘書郎，奏詩七十韻；旬日，遷右補闕、內供奉，僚列初不有之。在延英既對宰相，多使中貴人召渠牟於官次，同輩始注目矣。歲終，遷右諫議大夫。時延英對秉政賦之臣，晝漏率下二三刻爲常，渠牟奏事，率漏下五六刻，上笑語款狎，往往外聞。渠牟形神佻躁，無士君子器，志向不根道德，衆雅知不能以正道開悟上意。

陸贄免相後，上躬親庶政，不復委成宰相，廟堂備員，行文書而已。除守宰、御史，皆帝自選擇。然居深宮，所狎而取信者裴延齡、李齊運、王紹、李實、韋執誼洎渠牟，皆權傾相府。延齡、李實，奸欺多端，甚傷國體；紹無所發明；而渠牟名素輕，頗張恩勢以招趣嚮者，門庭填委。茅山處士崔芊徵至闕下，鄭隨自山人再至補闕，馮伉自醴泉令爲給事中、皇太子侍讀，皆渠牟延薦之。上既偏有所聽，浮薄率背本衒進，不復藏器蘊德，皆奔馳請謁，刓蹄甘辭以附渠牟。居無何，遷太府卿，賜金紫，又轉太常卿。貞元十七年卒，時年五十三，贈刑部尚書，仍謚曰忠。

李齊運者，蔣王惲之孫也。解褐寧王府東閣祭酒，七遷至監察御史。江淮都統李峘辟爲幕府，累轉工部郎中，爲長安縣令，職事修理。歷京兆少尹、陝府長史。

建中末，改河中尹、晉絳慈隰觀察使。時李懷光自山東卷甲奔難，晝夜倍道，比至河中，力疲，休兵三日，齊運傾力犒設，軍人皆悅。懷光既反，驅兵還保河中，齊運不能敵，棄城而走，除爲京兆尹，兼御史大夫。時賊據京城，李晟軍東渭橋，齊運擾攘之中，徵募工役，版築城壘，飛芻輓粟以應晟。收復之際，頗有力焉。

貞元中，蝗旱方熾，齊運無政術，乃以韓洄代之，改宗正卿，兼御史大夫、閑廄宮苑使。改檢校禮部尚書，兼殿中監。尋正拜禮部尚書，兼殿中監使如故。其後十餘歲，宰臣內殿對後，齊運常次進，貢其計慮，以決羣議。齊運無學術，不知大體，但甘言取信而已。薦李錡爲浙西觀察使，受賂數十萬計。舉李詞爲湖州刺史，既而邑人告其贓犯，上以齊運故，不問而遣之。齊運被疾，歲餘不能朝請，朝廷除授，往往降中人就宅咨決。末以妾衞氏爲正室，身爲禮部尚書，冕服以行其禮，人士嗤誚。貞元十二年卒，時年七十二，贈尚書左僕射。

李實者，道王元慶玄孫。以蔭入仕，六轉至潭州司馬。洪州節度使、嗣曹王皐辟爲判官，遷蘄州刺史。皐爲山南東道節度使，復用爲節度判官、檢校太子賓客、員外郎。皐卒，

新帥未至，實知留後，刻薄軍士衣食，軍士怨叛，謀殺之，實夜縋城而出。歸詣京師，用爲司農少卿，加檢校工部尚書、司農卿。

貞元十九年，爲京兆尹，卿及兼官如故。尋封嗣道王。自爲京尹，恃寵強愎，不顧文法，人皆側目。二十年春夏旱，關中大歉，實爲政猛暴，方務聚斂進奉，以固恩顧，百姓所訴，一不介意。因入對，德宗問人疾苦，實奏曰：「今年雖旱，穀田甚好。」由是租稅皆不免，人窮無告，乃徹屋瓦木，賣麥苗以供賦斂。優人成輔端因戲作語，爲秦民艱苦之狀云：「秦地城池二百年，何期如此賤田園，一頃麥苗伍石米，三間堂屋二千錢。」凡如此語有數十篇。實聞之怒，言輔端誹謗國政，德宗遽令決殺。當時言者曰：「瞽誦箴諫，取其詼諧以託諷諫，優伶舊事也。設謗木，採芻蕘，本欲達下情，存諷議，輔端不可加罪。」德宗亦深悔，京師無不切齒以怒實。

故事，府官避臺官。實常遇侍御史王播于道，實不肯避，導從如常。播詰其從者，實怒，奏播爲三原令，謝之日，庭詬之。陵轢公卿百執事，隨其喜怒，誣奏遷逐者相繼，朝士畏而惡之。又誣奏萬年令李衆，貶虔州司馬，奏虞部員外郎房啓代衆，升黜如其意，怙勢之色，暳然在眉睫間。故事，吏部將奏科目，奧密，朝官不通書問，而實身詣選曹迫趙宗儒，且以勢恐之。前歲，權德輿爲禮部侍郎，實託私薦士，不能如意，後遂大錄二十人迫德輿曰：「可

依此第之；不爾，必出外官，悔無及也。」德輿雖不從，然頗懼其誣奏。

二十一年，有詔蠲畿內逋租，實違詔徵之，百姓大困，官吏多遭笞罰，剝割掊斂，聚錢三十萬貫，胥吏或犯者，即按之。有乞丐絲髮固死；無者，且曰「死亦不屈」，亦杖殺之。京師貴賤同苦其暴虐。順宗在諒闇逾月，實斃人於府者十數，遂議逐之，乃貶通州長史。制出，市人皆袖瓦石投其首；實知之，由月營門自苑西出，人人相賀。後遇赦量移虢州，在道卒。

韋執誼者，京兆人。父浼，官卑。執誼幼聰俊有才，進士擢第，應制策高等，拜右拾遺，召入翰林爲學士，年纔二十餘。德宗尤寵異，相與唱和歌詩，與裴延齡、韋渠牟等出入禁中，略備顧問。德宗載誕日，皇太子獻佛像，德宗命執誼爲畫像贊，上令太子賜執誼縑帛以酬之。執誼至東宮謝太子，卒然無以藉言，太子因曰：「學士知王叔文乎？彼偉才也。」執誼因是與叔文交甚密。俄丁母憂，服闋，起爲南宮郎。德宗時，召入禁中。

初，貞元十九年，補闕張正一因上書言事得召見，王仲舒、韋成季、劉伯芻、裴茝、常仲孺、呂洞等以嘗同官相善，以正一得召見，偕往賀之。或告執誼曰：「正一等上疏論君與王叔文朋黨事。」執誼信然之，因召對，奏曰：「韋成季等朋聚覬望。」德宗令金吾伺之，得其相過從飲食數度，於是盡逐成季等六七人，當時莫測其由。

及順宗即位，久疾不任朝政，王叔文用事，乃用執誼爲宰相，乃自朝議郎、吏部郎中、騎都尉賜緋魚袋，授尚書左丞、同平章事，仍賜金紫。叔文欲專國政，故令執誼爲宰相於外，己自專於內。執誼既爲叔文引用，不敢負情，然迫於公議，時時立異，密令人謝叔文曰：「不敢負約爲異，欲共成國家之事故也。」叔文詬怒，遂成仇怨；執誼既因之得位，亦欲矛盾掩其迹。

及憲宗受內禪，王伾、王叔文徒黨並逐，尚以執誼是宰相杜黃裳之壻，故數月後貶崖州司戶。初，執誼自卑官，常忌諱不欲人言嶺南州縣名。爲郎官時，嘗與同舍詣職方觀圖，每至嶺南州，執誼遽命去之，閉目不視。及拜相，還所坐堂，見北壁有圖，不就省，七八日，試觀之，乃崖州圖也，以爲不祥，甚惡之，不敢出口。及坐叔文之貶，果往崖州，卒於貶所。

王叔文者，越州山陰人也。以棋待詔，粗知書，好言理道。德宗令直東宮。太子嘗與侍讀論政道，因言宮市之弊，太子曰：「寡人見上，當極言之。」諸生稱贊其美，叔文獨無言。

罷坐，太子謂叔文曰：「向論宮市，君獨無言何也？」叔文曰：「皇太子之事上也，視膳問安之外，不合輒預外事。陛下在位歲久，如小人離間，謂殿下收取人情，則安能自解？」太子謝之曰：「苟無先生，安得聞此言！」由是重之，宮中之事，倚之裁決。每對太子言，則曰：「某可爲相，某可爲將，幸異日用之。」密結當代知名之士而欲僥倖速進者，與韋執誼、陸質、呂溫、李景儉、韓曄、韓泰、陳諫、柳宗元、劉禹錫等十數人，定爲死交；而凌準、程异，又因其黨以進；藩鎮侯伯，亦有陰行賂遺請交者。

德宗崩，已宣遺詔，時上寢疾久，不復關庶政，深居施簾帷，閹官李忠言、美人牛昭容侍左右，百官上議，自帷中可其奏。王伾常諭上屬意叔文，宮中諸黃門稍稍知之。其日，召自右銀臺門，居于翰林，爲學士。叔文與吏部郎中韋執誼相善，請用爲宰相。叔文因王伾，伾因李忠言，忠言因牛昭容，轉相結搆。事下翰林，叔文定可否，宣于中書，俾執誼承奏於外。與韓泰、柳宗元、劉禹錫、陳諫、凌準、韓曄唱和，曰管，曰葛，曰伊，曰周，凡其黨僴然自得，謂天下無人。

叔文賤時[四]，每言錢穀爲國大本，將可以盈縮兵賦，可操柄市士。叔文初入翰林，自蘇州司功爲起居郎，俄兼充度支、鹽鐵副使，以杜佑領使，其實成於叔文。數月，轉尚書戶部侍郎，領使、學士如故。內官俱文珍惡其弄權，乃削去學士之職。制出，叔文大駭，謂人

曰：「叔文須時至此商量公事，若不帶此職，無由入內。」王伾爲之論請，乃許三、五日一入翰林，竟削內職。叔文始入內廷，陰構密命，機形不見，因騰口善惡進退之。人未窺其本，信爲奇才。及司兩使利柄，齒于外朝，愚智同曰：「城狐山鬼，必夜號窟居以禍福人，亦神而畏之；一旦晝出路馳，無能必矣。」

叔文在省署，不復舉其職事，引其黨與竊語，謀奪內官兵柄，乃以故將范希朝統京西北諸鎭行營兵馬使，韓泰副之。初，中人尚未悟，會邊上諸將各以狀辭中尉，且言方屬希朝，中人始悟兵柄爲叔文所奪，中尉乃止諸鎭無以兵馬入。希朝、韓泰已至奉天，諸將不至，乃還。無幾，叔文母死。前一日，叔文置酒饌於翰林院，宴諸學士及內官李忠言、俱文珍、劉光奇等。中飲，叔文白諸人曰：「叔文母疾病，比來盡心戮力爲國家事，不避好惡難易者，欲以報聖人之重知也。若一去此職，百謗斯至，誰肯助叔文一言者，望諸君開懷見察。」又曰：「羊士諤非毀叔文，欲杖殺之，而韋執誼懦而不遂。叔文生平不識劉闢，乃以韋皋意求領三川，闢排門相干，欲執叔文手，豈非凶人耶！叔文已令掃木場，將斬之，韋執誼苦執不可。每念失此兩賊，令人不快。」又自陳判度支已來，興利除害，以爲己功。俱文珍隨語折之，叔文無以對。

叔文未欲立皇太子。順宗既久疾未平，羣臣中外請立太子，既而詔下立廣陵王爲太子，天下皆悅；叔文獨有憂色，而不敢言其事，但吟杜甫題諸葛亮祠堂詩末句云：「出師未捷身先死，長使英雄淚滿襟。」因歔欷泣下，人皆竊笑之。皇太子監國，貶爲渝州司戶，明年誅之。

王伾，杭州人。始爲翰林侍書待詔，累遷至正議大夫、殿中丞、皇太子侍書。順宗即位，遷左散騎常侍，依前翰林待詔。

伾闒茸，不如叔文，唯招賄賂，無大志，貌寢陋，吳語，素爲太子之所褻狎；而叔文頗任氣自許，粗知書，好言事，順宗稍敬之，不得如伾出入無間。叔文入止翰林，而伾入至柿林院，見李忠言、牛昭容等。然各有所主：伾主往來傳授，王叔文主決斷，韋執誼爲文誥，劉禹錫、陳諫、韓曄、韓泰、柳宗元、房啓、凌準等謀議唱和，採聽外事。而伾與叔文及諸朋黨之門，車馬填湊，而伾門尤盛，珍玩賂遺，歲時不絕。室中爲無門大櫃，唯開一竅，足以受物，以藏金寶，其妻或寢臥於上。與叔文同貶開州司馬。

王叔文最所重者，李景儉、呂溫。叔文用事時，景儉居喪於東都；呂溫使吐蕃，留半歲，叔文敗方歸。陸質爲皇太子侍讀，尋卒。

伾、叔文既逐，詔貶其黨韓曄饒州司馬，韓泰虔州司馬，陳諫台州司馬，柳宗元永州司馬，劉禹錫朗州司馬，凌準連州司馬，程异郴州司馬，韋執誼崖州司馬。

韓曄，宰相滉之族子，有俊才，依附韋執誼，累遷尚書司封郎中。叔文敗，貶池州刺史，尋改饒州司馬，量移汀州刺史，又轉永州卒。

陳諫至叔文敗，已出爲河中少尹，自台州司馬量移封州刺史，轉通州卒。

凌準，貞元二十年自浙東觀察判官、侍御史召入，王叔文與準有舊，引用爲翰林學士，轉員外郎。坐叔文貶連州。準有史學，尚古文，撰邠志二卷。

韓泰，貞元中累遷至戶部郎中，王叔文用爲范希朝神策行營節度行軍司馬。泰最有籌畫，能決陰事，深爲伾、叔文之所重，坐貶，自虔州司馬量移漳州刺史，遷郴州。

柳宗元、劉禹錫自有傳。

程异，京兆長安人。嘗侍父疾，鄉里以孝悌稱。明經及第，釋褐揚州海陵主簿。登開元禮科，授華州鄭縣尉。精於吏職，剖判無滯。杜確刺同州，帥河中，皆從爲賓佐。貞元末，擢授監察御史，遷虞部員外郎，充鹽鐵轉運、揚子院留後。時王叔文用事，由逕放利者皆附之，异亦被引用。叔文敗，坐貶岳州刺史，改郴州司馬。元和初，鹽鐵使李巽薦异曉達錢穀，請棄瑕錄用，擢爲侍御史，復爲揚子留後，累檢校兵部郎中、淮南等五道兩稅使。异自悔前非，厲己竭節，江淮錢穀之弊，多所鏟革。入爲太府少卿、太卿，轉衞尉卿，兼御史中丞，充鹽鐵轉運副使。

時淮西用兵，國用不足，异使江表以調征賦，且諷有土者以饒羨入貢，至則不剝下，不浚財，經費以贏，人頗便之。由是專領鹽鐵轉運使、兼御史大夫。十三年九月〔五〕，轉工部侍郎、同中書門下平章事，領使如故。議者以异起錢穀吏，一旦位冠百僚，人情大爲不可。异自知叨據，以謙遜自牧，月餘日，不敢知印秉筆。异知西北邊軍政不理，建議置巡邊使，上問誰可使者，异請自行。議未決，無疾而卒，元和十四年四月也。贈左僕射，謚曰恭。异性廉約，歿官第，家無餘財，人士多之。

皇甫鎛，安定朝那人。祖鄰幾，汝州刺史。父愉，常州刺史。鎛貞元初登進士第，登賢良文學制科，授監察御史。丁母憂，免喪，坐居喪時薄游，除詹事府司直。轉吏部員外郎、判南曹，凡三年，頗鈐制奸吏。改吏部郎中，三遷司農卿、兼御史中丞，賜金紫，判度支，俄拜戶部侍郎。時方討淮西，切於饋運，鎛勾剝嚴急，儲供辦集，益承寵遇，加兼御史大夫。

十三年，與鹽鐵使程异同日以本官同平章事，領使如故。鎛雖有吏才，素無公望，特以聚斂媚上，刻削希恩。詔書既下，物情駭異，至於賈販無識，亦相嗤誚。宰相崔羣、裴度以物議上聞，憲宗怒而不聽。度上疏乞罷知政事，因論之曰：

臣日昨於延英陳乞，伏奉聖旨，未遂愚衷。竊以上古明王聖帝，致理興化，雖由元首，亦在股肱。所以述堯、舜之道，則言稷、契、皐、夔；紀太宗、玄宗之德，則言房、杜、姚、宋。自古至今，未有不任輔弼而能獨理天下者。況今天下，異於十年已前，方驅駕文武，廓清寇亂，建昇平之業，十已得八九。然華夏安否，繫於朝廷，朝廷輕重，在於宰相。如臣駑鈍，夙夜戰兢，常以為上有聖君，下無賢臣，不能增日月之明，廣天地之德，途使每事皆勞聖心，所以平昵安人，費力如此，實由臣臺不稱所職。方期陛下博採物議，旁求人望，致之輔弼，責之化成；而乃忽取徵人，列於重地，始則殿庭班列，相與驚駭，次則街衢市肆，相與笑呼。伏計遠近流聞，與京師無異。何者？天子如堂，宰臣如陛；陛高則堂高，陛卑則堂不得高矣，宰臣失人，則天子不得尊矣。

伏以陛下叡哲文明，唯天所授，凡所閱視，洞達無遺。所以比來選任宰相，縱道不

周物，才不濟時，公望所歸，皆有可取。況皇甫鎛自掌財賦，唯事割剝，以苛為察，以刻為明。自京北、京西城鎮及百司并遠近州府，應是仰給度支之處，無不苦口切齒，願食其肉；猶賴臣等每加勸誡，或為奏論，庶事之中，抑令通濟。比者淮西諸軍糧料，所破五成錢，其實只與一成、兩成，士卒怨怒，皆欲離叛。臣到行營，方且慰喻，直其遷延不進，供軍漸難，俱能前行〔六〕，必有優賞，以此約定，然後切勒供軍官，且支九月一日兩成已上錢，俱容努力，方將小安，不然必有潰散。今舊兵悉向淄青討伐，忽聞此人入相，則必相與驚擾，以為更有前時之事，則無告訴之憂。雖侵刻不少，然漏落亦多，所以罷兵之後，經費錢數一千三十萬貫，此事猶可。直以性惟狡詐，言不誠實，朝三暮四，天下共知，惟能上惑聖聽，足見奸邪之極。程异雖人品凡俗，然心事和平，處之煩劇，或亦得力，但升之相位，便在公卿之上，實亦非宜。如皇甫鎛，天下之人，怨入骨髓，陛下今日收為股肱，列在台鼎，切恐不可，伏惟圖之。倘陛下納臣懇款，速賜移易，以副天下之望，則天下幸甚。伏聞李鄘疾病，亦求入來，如浙西觀察使，且與亦得。

臣知一言出口，必犯天威，但使言行，甘心獲戾。今者臣若不退，天下之人謂臣有負恩寵；今退既未許，言又不聽，如火燒心，若箭攢體。臣自無足惜，惜陛下今日事勢。何者？淮西盪定，河北咸寧，承宗斂手削地，程權束身赴闕，韓弘輿疾討賊，此豈

京師氣力能制其命，祇是朝廷處置能服其心。今既開中興，再造區夏，陛下何忍却自破除，使億萬之衆離心，四方諸侯解體？凡百君子，皆欲慟哭。況陛下任臣之意，豈比常人；臣事陛下之心，敢同衆士？所以昧死重封以聞，如不足觀，臣當引領受責。陛下引一市肆商徒，與臣同列，在臣亦有何損，陛下實有所傷，不勝憤懣惶恐之至。

時憲宗以世道漸平，欲肆意娛樂，池臺館宇，稍增崇飾，而异、鎛探知上旨，數貢羨餘，以備經構，故帝獨排物議相之；見裴度疏，以為朋黨，竟不省覽。

鎛知公議不可，益以巧媚自固，奏減內外官俸錢以贍國用；敕下，給事中崔祐封還詔書，其事方罷。時內出積年庫物付度支估價，例皆陳朽，鎛盡以善價買之，以給邊軍。羅縠繒綵，觸風斷裂，隨手散壞，軍士怨怒，皆聚而焚之。裴度奏事，因言邊軍焚賜之意，鎛因引其足奏曰：「此靴乃內庫出者，臣以俸錢二千買之，堅韌可以久服，所言不可用，皆詐也。」帝以為然，由是鎛益無忌憚。裴度有用兵伐叛之功，鎛心嫉之，與宰相李逢吉、令狐楚合勢擠度出鎮太原。崔羣有公望，為搢紳所重，屢言時政之弊，鎛惡之，因議憲宗尊號，乃奏曰：「昨羣臣議上徽號，崔羣於陛下惜『孝德』兩字。」憲宗怒，黜羣為湖南觀察使。又與金吾將軍李道古叶為奸謀，薦引方士柳泌、僧大通，言可致長生。中尉吐突承璀恩寵莫二，鎛厚賂結其歡心，故及相位。

穆宗在東宮，備聞鎛之奸邪，及居諒闇，聽政之日，詔：「皇甫鎛器本凡近，性惟險狹，行靡所顧，文無可觀，雖早踐朝倫，而素乖公望。自掌邦計，屬當軍興，以剝下為徇公，既鼓衆怒；以矯迹為孤立，用塞人言。洎塵台司，益蠹時政，不知經國之大體，不慮安邊之遠圖，三軍多凍餒之憂，百姓深凋瘵之弊。事皆罔蔽，言悉虛誣，遠近咸知，朝野同怨。而又恣求方士，上惑先朝，潛通奸人，罪在難捨。合加竄殛，以正刑章，俾黜退荒，尚存寬典。」又詔曰：「山人柳泌輒懷左道，上惑先朝，固求牧人，貴欲疑衆，自知虛誕，仍便奔逃。僧大通醫方不精，藥術皆妄。既延禍釁，俱是奸邪，邦國固有常刑，人神所宜共棄，宜付京兆府決重杖一頓處死。」

柳泌本曰楊仁力，少習醫術，言多誕妄。李道古奸回巧宦，與泌密謀求進，言之於皇甫鎛，因徵入禁中。自云能致靈藥，言：「天台山多靈草，羣仙所會，臣嘗知之，而力不能致。願為天台長吏，因以求之。」起徒步為台州刺史，仍賜金紫。諫官論奏曰：「列聖亦有好方士者，亦與官號，未嘗令賦政臨民。」憲宗曰：「煩一郡之力而致神仙長年，臣子於君父何愛焉！」由是莫敢有言者。裴潾以極言被黜。泌到天台，驅役吏民於山谷間，聲言採藥，鞭笞躁急。歲餘一無所得，懼詐發獲罪，舉家入山谷。浙東觀察使追捕，送於京師，鎛與李道古懇保證之，必能可致靈藥，乃待詔翰林院。憲宗服泌藥，日益煩躁，喜怒不常，內官懼非罪

見戮，遂爲弑逆。大通自云壽一百五十歲，久得藥力。又有田佐元者，鳳翔虢人，自言有奇術，能變瓦礫爲金，白衣授虢縣令。初，柳泌繫京兆府，獄吏叱之曰：「何苦作此虛矯？」泌曰：「吾本無此心，是李道古敎我，且云壽四百歲。」府吏防虞周密，恐其隱化；及解衣就誅，一無變異，但灸灼之瘢痕浹身而已。鎛卒於貶所。

鎛弟鏞，端士也。亦進士擢第，累歷宣歙、鳳翔使府從事，入爲殿中侍御史，轉比部員外郎、河南縣令、都官郎中、河南少尹。時鎛爲宰相，領度支，恩寵殊異。鏞惡其太盛，每弟兄讌語，卽極言之，鎛頗不悅。乃求爲分司，除右庶子。及鎛獲罪，朝廷素知鏞有先見之明，不之罪，徵爲國子祭酒，改太子賓客、秘書監。開成初，除太子少保分司，卒年四十九。鏞能文，尤工詩什，樂道自怡，不屑世務，當時名士皆與之交。有集十八卷，著性言十四篇。

史臣曰：奸邪害正，自古有之；而矯誕無忌，妬賢傷善，未有如延齡、皇甫之甚也。臣每讀陸丞相論延齡疏，未嘗不泣下霑衿，其守正効忠，爲宗社大計，非端士益友，安能感激犯難如此！異哉德宗之爲人主也，忠良不用，讒慝是崇，乃至身播國屯，幾將覆滅，倘獨保

延齡之是，不悟盧杞之非，悲夫！執誼、叔文，乘時多僻，而欲斡運六合，斟酌萬幾；劉、柳諸生，逐臭市利，何狂妄之甚也！章武雄材睿斷，翦削厲階，洎逐羣、度而相异、鎛，蓋季年之妖惑也，夫何言哉！

贊曰：貞元之風，好佞惡忠。齡、鎛害善，爲國蠹蟲。裴、陸獻替，嫉惡如風。天聽匪諶，吾道斯窮。

校勘記

〔一〕投狀自其有私簿投狀　此處文字疑有舛誤。本書卷四九食貨志作「無私簿者投狀自集」。新書卷一四八下盧杞傳作「其自相市爲私籍自言」。冊府卷五一〇作「投狀自道」。

〔二〕怨讟之聲　「讟」字各本原作「黷」，據本書卷四九食貨志改。

〔三〕爲羨餘之費　「費」字各本原作「廢」，據陸宣公翰苑集卷二一改。

〔四〕叔文賤時　「賤」字各本原作「賦」，據葉校本改。

〔五〕十三年　各本原作「三年」，據本卷皇甫鎛傳、新書卷一六八程异傳、通鑑卷二四〇改。

〔六〕倶能前行　全唐文卷五三七「倶」字作「但」。

舊唐書卷一百三十六

列傳第八十六

竇參 從子申附　齊映　劉滋 從兄贊附　盧邁　崔損　齊抗

竇參字時中，工部尚書誕之玄孫。父審言，聞喜尉，以參貴贈吏部尚書。參習法令，通政術，性矜嚴，強直而果斷。少以門蔭，累官至萬年尉。時同僚有直官曹者，將夕，聞親疾，請參代之。會獄囚亡走，京兆尹按直簿，將奏，參遽請曰：「彼以不及狀謁，參實代之，宜當罪。」坐貶江夏尉，人多義之。

累遷奉先尉。縣人曹芬，名隸北軍，芬素兇暴，因醉毆其女弟，其父救之不得，遂投井死。參捕理芬兄弟當死，衆官皆請俟免喪，參曰：「子因父生，父由子死，若以喪延罪，是殺父不坐也。」皆正其罪而杖殺之，一縣畏伏。轉大理司直。按獄江淮，次揚州，節度使陳少游驕蹇，不郊迎，令軍吏傳問，參正辭讓之，少游悔懼，促詣參，參不俟濟江。還奏合旨。時

黎州刺史鄧珽坐贓八千貫，珽與執政有舊，以會赦，欲免贓。詔百僚於尚書省雜議，多希執政意，參獨堅執正之於法，竟徵贓。明年，除監察御史，奉使按湖南判官馬彝獄。時彝舉屬令贓罪至千貫，爲得罪者之子因權幸誣奏彝，參竟白彝無罪。彝實能吏，後累佐曹王皐，以正直強幹聞。

參轉殿中侍御史，改金部員外郎、刑部郎中、侍御史、知雜事。無幾，遷御史中丞，不避權貴，理獄以嚴稱。數蒙召見，論天下事，又與執政多異同，上深器之，或參決大政。時宰頗忌之，多所排抑，亦無以傷參。然多率情壞法。初定百官俸料，以嘗爲司直，黨其官，故給俸多於本寺丞；又定百官班秩，初令太常少卿在左右庶子之上；又惡詹事李昪，遂移詹事班退居諸府尹之下，甚爲有識所嗤。尋兼戶部侍郎。時京師人家豕生兩首四足，有司欲奏，參曰：「此爲豕禍，安可上聞！」命棄之。是時，郊牛生犢有六足者，太僕卿周皓白宰相請奏，李泌亦戲答以遣之。

故淮南節度使陳少游子正儀請襲封，參大署尚書省門曰：「陳少游位兼將相之崇，節變艱危之際，君上含垢，未能發明，愚子何心，輒求傳襲。」正儀懼，不敢求封而去。時神策將軍孟華有戰功，爲大將軍所誣奏，稱華謀反；有右龍武將軍李建玉，前陷吐蕃，久之自拔，爲部曲誣告潛通吐蕃，皆當死，無以自白，參悉理出之，由是人皆屬望。

明年，拜中書侍郎、同平章事，領度支、鹽鐵轉運使。每宰相間日於延英召對，諸相皆出，參必居後久之，以度支爲辭，實專大政。參無學術，但多引用親黨，使居要職，以爲耳目，四方藩帥，皆畏懼之。李納既憚參，饋遺畢至，外示敬參，實陰間之。上所親信，多非毀參。竇申又與吳通玄通犯事覺，參任情好惡，恃權貪利，不知紀極，終以此敗。貶參郴州別駕，貞元八年四月也。

參至郴州，汴州節度使劉士寧遺參絹五千匹。湖南觀察使李巽與參有隙，遂具以聞；又中使逢士寧使於路，亦奏其事。德宗大怒，欲殺參。宰相陸贄曰：「竇參與臣無分，因事報怨，人之常情。然臣參宰衡，合存公體，以參罪犯，置之於死，恐用刑太過。」於是且止。尋又遣中使謂贄等曰：「卿等所奏，於大體雖好，然此人交結中外，其意難測，朕尋情狀，其事灼然。又竇參在彼，與諸戎帥交通，社稷事重，卿等速進文書處分。」贄奏曰：「臣面承德音，幸奉密旨，皆以社稷爲言，又知根尋已審，敢不上同憂憤，內絕狐疑；豈顧遲迴，更貽念慮。但以參常經重任，斯謂大臣，進退之間，猶宜有禮，誅戮之際，不可無名。劉晏久掌貨財，當時亦招怨讟，及加罪責，事不分明，叛者既得以爲辭，衆人亦爲之懷慼。用刑曖昧，損累不輕，事例未遙，所宜重慎。竇參頃司鈞軸，頗怙恩私，貪受貨財，引縱親黨，此則朝廷同議，天下共傳。至於潛懷異圖，將起大惡，迹既未露，人皆莫知。臣等親奉天顏，議加刑辟，

但聞兇險之意，尚昧結構之由。況在衆流，何由備悉，忽行峻罰，必謂寃誣，羣情震驚，事亦非細。若不付外推鞫，則恐難定罪名，乞留睿聽，更少詳度。竇參於臣，素亦無分，陛下固已明知，有何顧懷，輒欲營救，良以事關國體，義絕私嫌，所冀典刑不濫於淸時，君道免虧於聖德。」乃再貶爲驩州司馬。男景伯，配泉州；女尼眞如，隸郴州；其財物婢妾，傳送京師。參時爲左右中官深怒，謗沮不已，未至驩州，賜死於邕州武經鎭，時年六十。

竇申者，參之族子。累遷至京兆少尹，轉給事中。參特愛之，每議除授，多訪於申，申或泄之，以招權受賂。申所至，人目之爲喜鵲。德宗頗聞其事，數誡參曰：「卿他日必爲申所累，不如出之以掩物議。」參曰：「臣無強子姪，申雖疏屬，臣素親之，不忍遠出，請保無他犯。」帝曰：「卿雖自保，如衆人何？」參固如前對。申亦不悛。

兵部侍郎陸贄與參有隙。吳通微弟兄與贄同在翰林，俱承德宗顧遇，亦爭寵不協。金吾大將軍、嗣虢王則之與申及通微、通玄善，遂相與傾。贄考貢舉，言贄考貢不實。吳通玄取宗室女爲外婦，德宗知其毀贄，且令察視，具得其奸狀，乃貶則之爲昭州司馬，吳通玄爲泉州司馬，竇申爲道州司馬。不旬日，貶參郴州別駕，即日以陸贄爲宰相。明年，竇參再貶驩州。德宗謂陸贄曰：「竇申、竇榮、李則之首末同惡，無所不至，又並細微，不比竇參，便宜商量處置，所有親密，並發遣於遠惡處。」贄奏曰：

竇參罪犯，誠合誅夷，聖德含弘，務全事體，特寬嚴憲，俯貸餘生。始終之恩，實足感於庶品；仁煦之惠，不獨幸於斯人。所議貶官，謹具別狀。其竇申、竇榮、李則之等，既皆同惡，固亦難容；然以得罪相因，法有首從，首當居重，從合從輕。參既蒙恩矜全，申等亦宜減降。又於黨與之內，亦有淑慝之殊，稍示區分，足彰沮勸。竇榮與參雖非近屬，亦甚相親，然於款密之中，都無邪僻之事。仍聞激憤，屢有直言，因此漸搆猜嫌，晚年頗見疏忌。若論今者陰事，則尙未究端由，如據比來所行，應不至兇險，恐須差異，以表詳明。臣等商量，竇榮更貶遠官，竇申、則之並除名配流，庶允從輕之典，以洽好生之恩。夫趨勢附權，時俗常態，苟無高節出衆，何能特立不羣。竇參久塵鈞衡，特承寵渥，君之所任，孰敢不從。或游於門庭，或序以中表，或偏被接引，或驟與薦延，如此之徒，十常八九。若聽流議，皆謂黨私，自非甚與交親，安可悉從貶累。況竇參罷黜，殆欲周星，應是私黨近親，當時並已連坐，人心久定，不可復搖。臣等商量，除與竇參陰謀邪事外，一切不問。

詔從之，由是申等得配流嶺南。既賜參死，乃杖殺申，諸竇皆貶，榮得免死。

齊映，瀛州高陽人。父圮，試太常少卿，兼檢校工部郎中。映登進士第，應博學宏辭，授河南府參軍。滑亳節度使令狐彰辟爲掌書記，累授監察御史。彰疾甚，映草遺表，因與謀後事，映說彰令上表請代，令子建歸京師，彰皆從之，因妻以女。彰卒後兵亂，映脫身歸東都，河陽三城使馬燧辟爲判官，奏殿中侍御史。

建中初，盧杞爲宰相，薦之，遷刑部員外郎，會張鎰出鎭鳳翔，奏爲判官。映口辯，頗更軍事，數以論奏合旨，尋轉行軍司馬、兼御史中丞。德宗在奉天，鳳翔逼於賊泚。鎰懦緩不曉兵家事，部將有李楚琳者，慓悍兇暴，軍中畏之，乘間將謀亂。先數日，映與同列齊抗覺其謀，乃言於鎰，請早圖之。鎰不從映言，乃示其寬大，召楚琳語之曰：「欲令公使於外。」楚琳恐，是夜作亂，乃殺鎰以應泚；軍中多爲映指道，故得免。因赴奉天行在，除御史中丞。

興元初，從幸梁州，每過險，映常執轡。會御馬遽駭，奔跳頗甚，帝懼傷映，令捨轡；映堅執久之，乃止。帝問其故，曰：「馬奔蹶，不過傷臣；如捨之，或犯淸塵，雖臣萬死，何以塞責？」上嘉獎無已。在梁州，拜給事中。映白晳長大，言音高朗。上自山南還京，常令映侍左右，或令前馬，至城邑州鎭，俾映宣詔令，帝益親信之。其年冬，轉中書舍人。

貞元二年，以本官與左散騎常侍劉滋、給事中崔造同拜平章事。滋以端默雅重寡言，映謙和美言悅下，無所是非，政事多決於造。無幾，造疾病，映當國政，乘間亦敢言事。時吐蕃數入寇，人情搖動，且言帝欲行幸避狄。映奏曰：「戎狄亂華，臣之罪也。今人情恟懼，謂陛下理裝具糗糧，臣聞大福不再，奈何不與臣等熟計之？」因俯伏流涕，上亦爲之感動。時給事中袁高忤旨，映連請爲左丞、御史大夫。

映於東都舉進士及宏詞時，張延賞爲河南尹、東都留守，厚映。及映爲相，延賞罷相爲左僕射，數畫時事令映行之，及爲所親求官，映多不應。延賞怒，言映非宰相器。三年正月，貶映夔州刺史，又轉衡州。七年，授御史中丞、桂管觀察使，又改洪州刺史、江西觀察使。映常以頃爲相輔，無大過而罷，冀其復入用，乃掊斂貢奉，及大爲金銀器以希旨。先是，銀瓶高者五尺餘，李兼爲江西觀察使，乃進六尺者。至是，因帝誕日端午，映爲瓶高八尺者以獻。貞元十一年七月卒，時年四十八，贈禮部尙書。

劉滋字公茂，左散騎常侍子玄之孫。父貺，開元初爲左拾遺，父子仍代爲史官。貺依劉向說苑撰續說苑一十卷以獻，玄宗嘉之。滋少以門蔭，調授太子正字，歷滻水令。吏部

侍郎楊綰薦滋堪爲諫官，拜左補闕，改太常卿，復爲左補闕。辭官侍親還東都，河南尹李廙署奏功曹參軍。無幾，丁母喪，服除，遷屯田員外郎，轉司勳員外郎，判南曹，勤於吏職，孜孜奉法。遷司勳郎中，累拜給事中。從幸奉天，轉太常少卿，掌禮儀。興元元年，改吏部侍郎，往洪州知選事。時京師寇盜之後，天下蝗旱，穀價翔貴，選人不能赴調，乃命滋江南典選，以便江、嶺之人，時稱舉職。

貞元二年，遷左散騎常侍、同中書門下平章事，在相位無所啓奏，但多謙退，廉謹畏慎而已。三年正月，守本官，罷知政事。四年，復爲吏部侍郎。六年，遷吏部尙書。竇參以宰相爲吏部尙書，換刑部尙書。無何，御史臺劾奏滋前在吏部選人渝濫，詔奪金紫階。滋有經學，善持論，性廉潔刻苦，嫉惡，掌選多所發擿更代，詐僞者尤畏之。十年十月卒，時年六十六，贈陝州大都督。

滋從兄贊，大曆中左散騎常侍彙之子。少以資蔭補吏，累授鄠縣丞。宰相杜鴻漸自劍南還朝，途出於鄠，贊儲供精辦。鴻漸判官楊炎以贊名儒之子，薦之，累授侍御史、浙江觀察判官〔一〕。楊炎作相，擢爲歙州刺史，以勤幹聞。有老婦人捃拾榛藂間，猛獸將噬之，幼女號呼搏獸而救之，母子俱免。宣歙觀察使韓滉表其異行，加金紫之服，再遷常州刺史。韓滉入相，分舊所統爲三道，以贊爲宣州刺史、兼御史中丞、宣歙池都團練觀察使。贊在宣州十餘年。

贊祖子玄開元朝一代名儒，父彙博涉經史，唯贊不知書，但以強猛立威，官吏畏之，重足一迹。宣爲天下沃饒，贊久爲廉察，厚斂殖貨，務貢奉以希恩。子弟皆虧庭訓，雖童年稚齒，便能侮易驕人，人士鄙之。貞元十二年卒，時年七十，贈吏部尙書。

盧邁字子玄，范陽人。少以孝友謹厚稱，深爲叔舅崔祐甫所親重。兩經及第，歷太子正字、藍田尉。以書判拔萃，授河南主簿，充集賢校理。朝臣薦其文行，遷右補闕、侍御史、刑部吏部員外郎。邁以叔父兄弟姊妹悉在江介，屬蝗蟲歲饑，懇求江南上佐，由是授滁州刺史。入爲司門郎中，遷右諫議大夫，累上表言時政得失。轉給事中，屬校定考課，邁固讓，以授官日近，未有政績，不敢當上考，時人重之。遷尙書右丞。

將作監元亘當攝太尉享昭德皇后廟，以私忌日不受誓誡，爲御史劾奏，詔尙書省與禮官、法官集議。邁奏狀曰：「臣按禮記，大夫士將祭於公，旣視濯而父母死，猶奉祭。又按唐禮，散齋有大功之喪，致齋有周親喪，齋中疾病，卽還家不奉祭事，皆無忌日不受誓誡之文。

雖假寧令忌日給假一日，春秋之義，不以家事辭王事。今亘以假寧常式〔二〕，而違攝祭新命，酌其輕重，誓誡則祀事之嚴，校其禮式，忌日乃尋常之制，詳求典據，事緣薦獻，不宜以忌日爲辭。」由是亘坐罰俸。

邁九年以本官同中書門下平章事；歲餘，遷中書侍郎。時大政決在陸贄、趙憬，邁謹身中立，守文奉法而已。而友愛恭儉。邁從父弟迉，爲劍南西川判官，卒於成都，歸葬於洛陽，路由京師，邁奏請至城東哭於其柩，許之。近代宰臣多自以爲崇重，三服之親，或不過從而弔臨；而邁獨振薄俗，請臨弟喪，士君子是之。

十二年九月，邁於政事堂中風，肩輿而歸，上表請罷官，不許，詔宰臣就第問疾。自是凡五上表，堅乞骸骨，詔曰：「卿操履貞方，器識淹茂，自居台輔，益見忠清。方藉謀猷，遽嬰疾疹，歲月滋久，章表屢聞，陳請再三，撝謙難奪。且備養賢之禮，宜遂優閑之秩，告免之誠，雖爲懇至，俯從來奏，良用憮然。」乃除太子賓客。貞元十四年卒，時年六十，贈太子太傅，賻以布帛。邁再娶無子，以從父弟子紀爲嗣。

崔損字至無，博陵人。高祖行功已後，名位卑替。損大曆末進士擢第，登博學宏詞科，

授秘書省校書郎，再授咸陽尉。外舅王翃爲京兆尹，改大理評事，累遷兵部郎中。貞元十一年，遷右諫議大夫。會門下侍郎平章事趙憬卒，中書侍郎平章事盧邁風病請告，戶部尚書裴延齡素與損善，乃薦之於德宗。十二年，以本官同中書門下平章事，與給事中趙宗儒同日知政事，並賜金紫。初，二相有故旬日，中外顒望名德，損比無聲實，及制下之日，中外失望。性齷齪謹慎，每延英論事，未嘗有言。

十四年秋，轉門下侍郎平章事。是歲，以昭陵舊宮爲野火所焚，所司請修奉。「昭陵舊宮在山上〔三〕，置來歲久，曾經野火燒爇，摧毀略盡，其宮尋移在瑤臺寺左側。今屬通年，欲議修置，緣供水稍遠，百姓勞弊，今欲於見住行宮處修創，冀久遠便人。又爲移改舊制，恐禮意未周，宜令宰臣百僚集議。」議者多云：「舊宮既焚，宜移就山下。」上意不欲遷移，只於山上重造，命損爲八陵修奉使。於是獻、昭、乾、定、泰五陵造屋五百七十間，橋陵一百四十間，元陵三十間，唯建陵仍舊，但修葺而已。所緣陵寢中牀蓐帷幄一事以上，帝親自閱視，然後授損送於陵所。

損以久疾在家，賜絹二百匹以爲醫藥。南北兩省清要，損皆歷踐之，在位無稱於人者。身居宰相，母野殯，不言展墓，不議遷祔；姊爲尼，歿於近寺，終喪不臨，士君子罪之。加以過爲恭遜，接見便僻，不止於容身而已。自建中以後，宰相罕有久在位者，數歲罪黜；損用

此中上意，竊大任者八年。上亦知物議鄙其持祿取容，然憐而厚之。貞元十九年卒，贈太子太傅，賻布帛五百端、米粟四百石。

齊抗字遐舉，天寶中平陽太守澣之孫。父翺，一命卑官卒，以抗貴，累贈國子祭酒。抗少隱會稽剡中讀書，爲文長於牋奏。大曆中，壽州刺史張鎰辟爲判官，明閑吏事，鎰於文學，鎰甚重之。建中初，鎰爲江西觀察使，抗亦隨在幕府。三年，鎰自中書侍郎平章事出鎮鳳翔，奏抗爲監察御史，仍爲賓佐，幕中籌畫，多出於抗。

德宗在奉天，鎰爲李楚琳所害。抗奔赴行在，拜侍御史，旬日改戶部員外郎。宰相蕭復爲江淮宣慰使，以抗爲判官。德宗還京，大盜之後，天下旱蝗，國用盡竭。鹽鐵轉運使元琇以抗有才用，奏授倉部郎中，條理江淮鹽務。貞元初，爲水陸運副使，督江淮漕運以給京師。遷諫議大夫。歷處州刺史，轉潭州刺史、湖南都團練觀察使。入爲給事中，又爲河南尹，歷秘書監、太常卿，代鄭餘慶爲中書侍郎、同中書門下平章事。

先時每年吏部選人試判，別奏官考覆，第其上下；既考，中書門下復奏擇官覆定，寖以爲例。抗乃奏曰：「吏部尚書、侍郎，已是朝廷精選，不宜別差考官重覆。」其年他官考判訖，俾吏部侍郎自覆，一歲遂除考判官，蓋抗所論奏也。故事，禮部侍郎掌貢舉，其親故即試於考功，謂之「別頭舉人」，抗亦奏罷之。尋奏省諸州府別駕、田曹、司田官及判司之雙曹者，復省中書省驅使官及諸胥吏。

尋加修國史。抗雖讀書，無遠智大略，凡爲官，必求至精，末乃滋彰，物論薄其隘刻。遇疾，上表請罷，改太子賓客，竟不任朝謝。貞元二十年卒，時年六十五，贈戶部尚書，又賜其家絹二百匹。

史臣曰：竇參朋黨，不顧君上之誠，斯爲悖矣。齊映曲貢希用甚謬，而愛君葢事，往往有長者之言。滋、邁家行修謹，臨事可稱，器雖齷齪，無廢爲君子矣。而損、抗之比，夫何足云，遽汙台槐，葢時主之容易耳。

贊曰：物之同器，貴於弘通。竇阿齊佞，偏詖斯同。滋、邁之行，可以飾躬。康濟蒸民，胡爲厥中。

校勘記

〔一〕浙江 新書卷一三二劉子玄傳作「浙西」。

〔二〕今亘以假寧常式 「亘」字各本原作「直」，據唐會要卷二三、冊府卷五九〇改。

〔三〕昭陵舊宮在山上 冊府卷三〇「昭陵」作「八陵」，前有「三月詔曰」四字。

舊唐書卷一百三十七

列傳第八十七

徐浩 趙涓 子博宣 盧南史附 劉太眞 李紓 邵說 于邵
崔元翰 于公異 呂渭 子溫 恭 儉 讓 鄭雲逵 李益 李賀

徐浩字季海，越州人。父嶠，官至洛州刺史。浩少舉明經，工草隸，以文學爲張說所器重，調授魯山主簿。說薦爲麗正殿校理，三遷右拾遺，仍爲校理。幽州節度使張守珪奏在幕府，改監察御史。丁父憂，服除，授京兆司錄，以母憂去職。數年，調授河南司錄，歷河陽令，以善政稱。拜太子司議郎，遷金部員外郎，歷憲部郎中。安祿山反，出爲襄陽太守、本郡防禦使，賜以金紫之服。

肅宗卽位，召拜中書舍人，時天下事殷，詔令多出於浩。浩屬詞贍給，又工楷隸，肅宗悅其能，加兼尚書右丞。玄宗傳位誥册，皆浩爲之，參兩宮文翰，寵遇罕與爲比。除國子祭

酒，坐事貶廬州長史。代宗徵拜中書舍人、集賢殿學士，尋遷工部侍郎、嶺南節度觀察使、兼御史大夫，又爲吏部侍郎、集賢殿學士。坐以妾弟冒選，託侍郎薛邕注授京尉，爲御史大夫李栖筠所彈，坐貶明州別駕。

德宗卽位，徵拜彭王傅。建中三年，以疾卒，年八十，贈太子少師。初，浩以文雅稱；及授廣州，典選部，多積貨財，又嬖其妾侯莫陳氏，頗干政事，爲時論所貶。

趙涓，冀州人也。幼有文學。天寶初，舉進士，補鄠城尉，累授監察御史、右司員外郎。河南副元帥王縉奏充判官〔一〕，授檢校兵部郎中、兼侍御史，遷給事中、太常少卿，出爲衢州刺史。

永泰初，涓爲監察御史。時禁中失火，燒屋室數十間，火發處與東宮稍近，代宗深疑之，涓爲巡使，俾令卽訊。涓周歷壖囿，按據迹狀，乃上直中官遺火所致也，推鞫明審，頗盡事情。旣奏，代宗稱賞焉。德宗時在東宮，常感涓之究理詳細，及刺衢州，年考旣深，又與觀察使韓滉不相得，滉奏免涓官，德宗見其名，謂宰臣曰：「豈非永泰初御史趙涓乎？」對曰：「然。」卽拜尚書左丞。無何，知吏部選，扈從梁州。興元元年卒，贈戶部尚書。

子博宣，登進士第，文章俊拔，性率多酒。陳許節度使曲環辟爲從事，賓筵之間，多所忽略，環不能容。朝廷方討淮、蔡，環誣奏博宣受吳少誠賂爲反間，又妄說國家休咎，扇惑軍情。時博宣權知舞陽縣事，詔令環決杖四十，流於康州，人皆以爲枉。

先是，侍御史盧南史坐事貶信州員外司馬，至郡，準例得廳吏一人，每月請紙筆錢，前後五年，計錢一千貫。南史以官閑冗，放吏歸，納其紙筆錢六十餘千。刺史姚驥劾奏南史，以爲贓，又劾南史買鉛燒黃丹。德宗遣監察御史鄭楚相、刑部員外郎裴澥、大理評事陳正儀充三司使，同往按鞫。將行，並召於延英，謂之曰：「卿等必須詳審，無令漏罪銜冤。」三人將退，裴澥獨留，奏曰：「臣按姚驥奏狀，稱南史取廳吏紙筆錢計贓六十餘貫，雖於公法有違，量事且非巨蠹。」上曰：「此事亦未爲甚，未知燒鉛何如？」澥曰：「燒鉛爲丹，格令不禁。準天寶十三載敕，鉛、銅、錫不許私家買賣貨易，蓋防私鑄錢，本亦不言燒鉛爲丹。南史違勑買鉛，不得無罪。伏以陛下自登寶位，及天寶、大曆以來，未曾降三司使至江南；今忽錄此小事，令三司使往，非唯損耗州縣，亦恐遠處聞之，各懷憂懼。臣聞開元中張九齡爲五嶺按察使，有錄事參軍告齡非法，朝廷止令大理評事往按。大曆中，鄂岳觀察使吳仲孺與轉運使判官劉長卿紛競，仲孺奏長卿犯贓二十萬貫，時止差監察御史苗伾就推。今姚驥所奏事

狀無多，臣堪任此行，卽請獨往，恐不須三司並行爲使。」德宗忻然曰：「卿言是矣。」乃復召楚相、正儀與澥俱坐，謂之曰：「朕懵於理道，處事未精，適見裴澥所奏，深協事宜，亦不用三人總去，但行首一人行可也，卿等便宜付宰臣改勅。」德宗不務大體，以察爲明，皆此類也。而博宣、南史坐誣枉擯逐，賴裴澥悟主，南史不至深罪，後得召還。

劉太眞，宣州人。涉學，善屬文，少師事詞人蕭穎士。天寶末，舉進士。大曆中，爲淮南節度使陳少遊掌書記，徵拜起居郎。累歷臺閣，自中書舍人轉工部、刑部二侍郎。性怯懦詭隨。及轉禮部侍郎，掌貢舉，宰執姻族，方鎮子弟，先收擢之。又常敍少遊勳績，擬之桓、文，大招物論。貞元五年，貶信州刺史，到州尋卒。

太眞尤長於詩句，每出一篇，人皆諷誦。德宗文思俊拔，每有御製，卽命朝臣畢和。貞元四年九月，賜宴曲江亭，帝爲詩，序曰：

朕在位僅將十載，實賴忠賢左右，克致小康。是以擇三令節，錫茲宴賞，俾大夫、卿士得同歡洽也。夫共其戚者同其休，有其初者貴其終，咨爾羣僚，頒朕不暇，樂而能節，職思其憂，咸若時則，庶乎理矣。因重陽之會，聊示所懷。

早衣對庭燎，躬化勤意誠。時此萬樞暇，適與佳節幷。曲池潔寒流，芳菊舒金英。
乾坤爽氣澄，臺殿秋光清。朝野慶年豐，高會多歡聲。永懷無荒誡，良士同斯情。

因詔曰：「卿等重陽會宴，朕想歡洽，欣慰良多，情發于中，因製詩序。今賜卿等一本，可中書門下簡定文詞士三五十人應制，同用『清』字，明日內於延英門進來。」宰臣李泌等雖奉詔簡擇，難於取捨，由是百僚皆和。上自考其詩，以太眞及李紓等四人爲上等，鮑防、于邵等四人爲次等，張濛、殷亮等二十三人爲下等；而李晟、馬燧、李泌三宰相之詩，不加考第。

初，朱泚、懷光之亂，關輔薦饑，貞元三年以後，仍歲豐稔，人始復生人之樂。德宗詔曰：「比者卿士內外，朝夕公務，今方隅無事，蒸民小康，其正月晦日、三月三日、九月九日三節日，宜任文武百僚擇勝地追賞。每節宰相、常參官共賜錢五百貫文，翰林學士一百貫文，左右神威、神策等十軍各賜五百貫，金吾、英武、威遠及諸衞將軍共賜二百貫，客省奏事共賜一百貫，委度支每節前五日支付，永爲常制。」

李紓字仲舒，禮部侍郎希言之子。少有文學。天寶末，拜秘書省校書郎。大曆初，吏部侍郎李季卿薦爲左補闕，累遷司封員外郎、知制誥，改中書舍人。尋自虢州刺史徵拜禮

部侍郎。德宗居奉天，擇爲同州刺史，尋棄州詣梁州行在，拜兵部侍郎。反正，兼知選事。李懷光誅，河東節度及諸軍會河中，詔往宣勞節度，使還，敷奏合旨，拜禮部侍郎。

紓通達，善詼諧，好接後進，厚自奉養，鮮華輿馬，以放達蘊藉稱。雖爲大官，而佚遊佐宴，不嘗自忘。嘗議享武成王不當視文宣廟，奏云：「準開元十九年敕，置齊太公廟，以張良配，太常卿及少卿、丞充三獻官。又按開元禮祝文云『皇帝遣某官昭告于齊太公、漢留侯』。至上元年，敕追贈太公爲武成王，享祭之典，一同文宣王，有司因差太尉充獻官，兼御署祝板。伏以太公卽周之太師，張良卽漢之少傅，聖朝列於祀典，已極褒崇；今屈禮於至尊，施敬於臣佐，理或過當，神何敢歆。伏以文宣垂教，百代宗師，五常三綱，非其訓不明，有國有家，非其制不立，故孟軻稱『生人已來，一人而已』。由是正素王之位，加先聖之名，樂用宮懸，獻差太尉，尊師崇道，雅合政經。且太公述作止於六韜，勳業形於一代，豈宜擬諸盛德，均其殊禮！其祝文請不進署，『敢昭告』請改爲『敬祭于』，『其昭告』請改爲『致祭于留侯』，其獻官請準舊式，差太常卿已下充。」詔百僚進議。文武官上言，互有異同。詔曰：「帝德廣運，乃武乃文，文化武功，皇王之二柄，祀禮教敬，國章孔明。自今宜上將軍以下充獻官，餘依紓所奏。」紓又奉詔爲興元紀功述及郊廟樂章，諸所論著甚衆。卒於官，年六十二。貞元八年，贈禮部尚書。

邵說，相州安陽人。舉進士，爲史思明判官，歷事思明、朝義，常掌兵事。朝義之敗，說降於軍前，郭子儀愛其才，留於幕下。累授長安令、秘書少監，遷吏部侍郎、太子詹事，以才幹稱。談者或以宰相許之，金吾將軍裴儆謂諫議大夫柳載曰：「以鄙夫所度，說得禍不久矣。且說與史思明父子定君臣之分，居劇官，掌兵柄，亡軀犯順，前後百戰，於賊庭掠名家子女以爲婢僕者數十人，剽盜寶貨，不知紀極。力屈然後降，朝廷宥以不死，獲齒班序，無厚顏，而又遑遑求財，崇飾第宅，附託貴倖，以求大用，不知愧懼，而有得色，其能久乎！」建中三年，嚴郢得罪，說與郢厚善，勸朱泚抗疏申其冤，說爲草其奏，上知之，貶說歸州刺史，竟卒于貶所。

于邵字相門，其先家于代，今爲京兆萬年人。曾祖筠，戶部尚書。邵天寶末進士登科，書判超絕，授崇文館校書郎。累歷使府，入爲起居郎，再遷比部郎中，尚二十考第於吏部，以當稱。無何，出爲道州刺史，未就道，轉巴州。時歲儉，夷獠數千相聚山澤，圍州掠

衆，邵勵州兵以拒之。旬有二日，遣使說喩，盜邀邵面降，邵儒服出城，盜羅拜而降，圍解。節度使李抱玉以聞，超遷梓州，以疾不至，遷兵部郎中。西川節度使崔寧請留爲支度副使。尋拜諫議大夫、知制誥，再遷禮部侍郎、史館修撰，爲三司使。以撰上尊號册，賜階三品，當時大詔令，皆出於邵。頃之，與御史中丞袁高、給事中蔣鎭雜理左丞薛邕詔獄。邵以爲邕犯在赦前，奏出之，失旨，貶桂州長史。貞元初，除原王傅，後爲太子賓客，與宰相陸贄不睦。八年，出爲杭州刺史，以疾請告，坐貶衢州別駕，移江州別駕，卒年八十一。

邵性孝悌，內行修潔，老而彌篤。初，樊澤常舉賢良方正，邵一見之於京師，曰：「將相之材也。」不十五年，澤爲節將。崔元翰年近五十，始舉進士，邵異其文，擢第甲科，且曰：「不十五年，當掌詔令。」竟如其言。獨孤授舉博學宏詞，吏部考爲乙第，在中書覆升甲科，人稱其當。有集四十卷。

崔元翰者，博陵人。進士擢第，登博學宏詞制科，又應賢良方正、直言極諫科，三舉皆升甲第，年已五十餘。李汧公鎭滑臺，辟爲從事。後北平王馬燧在太原，聞其名，致禮命之，又爲燧府掌書記。入朝爲太常博士、禮部員外郎。竇參輔政，用爲知制誥，詔令溫雅，

合於典謨。然性太剛褊簡傲，不能取容於時，每發言論，略無阿徇，忤執政旨，故掌誥二年，而官不遷。竟罷知制誥，守比部郎中。

元翰苦心文章，時年七十餘，好學不倦。既介獨耿直，故少交遊，唯秉一操，伏膺翰墨。其對策及奏記、碑誌，師法班固、蔡伯喈，而致思精密。爲時所擯，終于散位。

于公異者，吳人。登進士第，文章精拔，爲時所稱。建中末，爲李晟招討府掌書記。興元元年，收京城，公異爲露布上行在云：「臣已肅清宮禁，祗奉寢園，鍾簴不移，廟貌如故。」德宗覽之，泣下不自勝，左右爲之嗚咽。既而曰：「不知誰爲之？」或對曰：「于公異之詞也。」上稱善久之。

公異初應進士時，與舉人陸贄不協；至是贄爲翰林學士，聞上稱與，尤不悅。時議者書之，公異少時不爲後母所容，自遊宦成名，不歸鄉里；及貞元中陸贄爲宰相，奏公異無素行，黜之。詔曰：「祠部員外郎于公異，頃以才名，升於省闥。其少也，爲父母之所不容，宜其引慝在躬，孝行不匱，匿名跡於畎畝，候安否於門閭，俾其親之過不彰，庶其誠之至必感。安於棄斥，遊學遠方，忘其溫凊之戀，竟至存亡之隔，爲人子者，忍至是乎！宜放歸田里，俾

自循省。其舉公異官尚書左丞盧邁，宜奪俸兩月。」時中書舍人高郢薦監察御史元敦義，及覩公異讒逐，懼爲所累，乃上疏首陳敦義虧於禮敎，詔嘉郢之知過，俾敦義罷歸。公異竟名位不振，轗軻而卒，人士惜其才，惡贄之褊急焉。

呂渭字君載，河中人。父延之，越州刺史、浙江東道節度使。渭舉進士，累授婺州永康令、大理評事。浙西觀察使李涵辟爲支使，再遷殿中侍御史。涵自御史大夫改太子少傅，渭上言：「涵父名少康，今涵爲少傅，恐乖朝典。」由是特授渭司門員外郎。尋爲御史臺劾奏：「涵再任少卿，此時都不言；今爲少傅，疑以散慢，乃爲不可。」由是貶渭歙州司馬，改涵檢校工部尚書、兼光祿卿。

渭累授舒州刺史、吏部員外、駕部郎中、知制詔、中書舍人，母憂罷。服闋，授太子右庶子、禮部侍郎。中書省有柳樹，建中末枯死，興元元年車駕還京後，其樹再榮，人謂之瑞柳。渭試進士，取瑞柳爲賦題，上聞而嘉之〔二〕。渭又結附裴延齡之子操，舉進士，文詞非工，渭擢之登第，爲正人嗤鄙。因入閤遺失請託文記，遂出爲潭州刺史、兼御史中丞、湖南都團練觀察使，在任三歲，政甚煩碎。貞元十六年卒，年六十六，贈陝州大都督。子溫、恭、儉、讓。

溫字化光，貞元末登進士第，與翰林學士韋執誼善。順宗在東宮，侍書王叔文勸太子招納時之英俊以自輔，溫與執誼尤爲叔文所睠，起家再命拜左拾遺。二十年冬，副工部侍郎張薦爲入吐蕃使，行至鳳翔，轉侍御史，賜緋袍牙笏。明年，德宗晏駕，順宗即位，張薦卒於青海，吐蕃以中國喪禍，留溫經年。時王叔文用事，故與溫同遊東宮者，皆不次任用，溫在蕃中，悲歎久之。元和元年，使還，轉戶部員外郎。時柳宗元等九人坐叔文貶逐，唯溫以奉使免。

溫天才俊拔，文彩贍逸，爲時流柳宗元、劉禹錫所稱。然性多險詐，好奇近利，與竇羣、羊士諤趣尚相狎。羣爲韋夏卿所薦，自處士不數年至御史中丞，李吉甫尤奇待之。三年，吉甫爲中官所惡，將出鎮揚州，溫欲乘其有間傾之。溫自司封員外郎轉刑部郎中，竇羣請爲知雜。吉甫以疾在第，召醫人陳登診視，夜宿于安邑里第。溫伺知之，詰旦，令吏捕登鞫問之，又奏劾吉甫交通術士。憲宗異之，召登面訊，其事皆虛，乃貶羣爲湖南觀察使，羊士諤資州刺史，溫均州刺史。朝議以所責太輕，羣再貶黔南，溫貶道州刺史。五年，轉衡州，秩滿歸京，不得意，發疾卒。

溫文體富豔，有丘明、班固之風，所著凌煙閣功臣銘、張始興畫贊、移博士書，頗爲文士

所賞，有文集十卷。

恭、儉皆至侍御史，讓至太子右庶子，皆有美才。自後吉甫再入中書，長慶以後，李德裕黨盛，呂氏諸子無至達官者。

鄭雲逵，滎陽人。大曆初，舉進士。性果誕敢言。客遊兩河，以畫干于朱泚，泚悅，乃表爲節度掌書記、檢校祠部員外郎，仍以弟滔女妻之。泚將入覲，先令雲逵入奏；及泚至京，以事怒雲逵，奏貶莫州參軍。滔代泚後，請爲判官。滔助田悅爲逆，雲逵諭之不從，遂棄妻子馳歸長安，帝嘉其來，留於客省，超拜諫議大夫。奉天之難，雲逵奔赴行在，李晟以爲行軍司馬，戎略多以咨之。歷秘書少監、給事中，尋拜大理卿，遷刑部、兵部二侍郎，遷御史中丞，充順宗山陵橋道置頓使。

雲逵初爲朱泚判官，常忤同幕蔡庭玉；庭玉白泚，黜爲莫州錄事參軍。滔復奏爲判官；因深搆庭玉於滔；滔爲泚留後事，有請於泚，庭玉又輒隳之。又有判官朱體微，亦蒙泚親信，與庭玉常從容言於泚曰：「滔非長者，不可付以兵權。」滔竊知之。後滔南討有功，雲

遼數激怒之，滔乃抗表論庭玉等離間骨肉；及滔叛，帝乃召泚以表示之，故歸罪於庭玉等以悅滔，滔亦終叛。

三年，雲遼奏：其弟前太僕丞方遼，「受性兇悖，不知君親，衆惡備身，訓教莫及，結聚兇黨，江中劫人。臣亡父先臣晊杖至一百，終不能斃。張延賞任揚州日，亦曾犯延賞法，決殺復蘇。至於常言，皆呼臣亡父先臣名，親戚所知，無可教語。昨聞於邠、寧、慶等州干謁節度及州縣乞丐，今見在武功縣南，西戎俯近，恐有異謀；若不冒死奏聞，必恐覆臣家族。」詔令京兆府錮身遞送黔州，付李模於僻遠州驅使，勿許東西。

雲遼元和元年拜右金吾衞大將軍，歲中改京兆尹。五年五月卒。

李益，肅宗朝宰相揆之族子。登進士第，長爲歌詩。貞元末，與宗人李賀齊名。每作一篇，爲教坊樂人以賂求取，唱爲供奉歌詞。其征人歌、早行篇，好事者畫爲屏障；「迴樂峯前沙似雪，受降城外月如霜」之句，天下以爲歌詞。然少有癡病，而多猜忌，防閑妻妾，過爲苛酷，而有散灰扃戶之譚聞於時，故時謂妬癡爲「李益疾」，以是久之不調，而流輩皆居顯位。益不得意，北遊河朔，幽州劉濟辟爲從事，常與濟詩而有「不上望京樓」之句。

憲宗雅聞其名，自河北召還，用爲秘書少監、集賢殿學士。自負才地，多所凌忽，爲衆不容，諫官舉其幽州詩句，降居散秩。俄復用爲秘書監，遷太子賓客、集賢學士判院事，轉右散騎常侍。大和初，以禮部尚書致仕，卒。

李賀字長吉，宗室鄭王之後。父名晉肅，以是不應進士，韓愈爲之作諱辨，賀竟不就試。手筆敏捷，尤長於歌篇。其文思體勢，如崇巖峭壁，萬仞崛起，當時文士從而效之，無能髣髴者。其樂府詞數十篇，至於雲韶樂工，無不諷誦。補太常寺協律郎，卒時年二十四。

史臣曰：文學之士，代不乏才。永泰、貞元之間，如徐浩、趙涓諸公，可謂一時之秀也。然太眞以畏懦聞，邵說以僭侈失，于公異、呂渭、李益皆有徽累，故知全其德者罕矣。

贊曰：名以才顯，才兼德尊。徐、趙、劉、李，厥聲遠聞。邵、于、呂、鄭，其名久存。牟乏全德，愧于後人。

校勘記

〔一〕河南副元帥王縉　「王縉」，各本原作「王緒」，新書卷一六一趙涓傳作「王縉」，本書卷一一八王縉傳云：「歲餘，遷河南副元帥，請減軍資四十萬貫修東都殿宇。」當以「王縉」爲是，據改。

〔二〕上聞而嘉之　「嘉」字御覽卷九五七作「惡」。新書卷一六〇呂渭傳此處作「帝聞不以爲善」。

二十四史

後晉 劉昫 等撰

舊唐書

第一二冊

卷一三八至卷一五三(傳)

中華書局

中華書局

舊唐書卷一百三十八

列傳第八十八

趙憬 韋倫 賈耽 姜公輔

趙憬字退翁，天水隴西人也。總章中吏部侍郎、同東西臺三品仁本之曾孫。祖誼，歷左司郎中。父道先，洪州錄事參軍。憬少好學，志行修潔，不求聞達。寶應中，玄宗、肅宗梓宮未祔，有司議山陵制度，時西蕃入寇，天下饑饉，憬以褐衣上疏，宜遵儉制，時人稱之。後連爲州從事，試江夏尉。累遷監察御史，隨牒藩府，歷殿中侍御史、太子舍人。居母憂，哀毀幾絕。服除，建中初，擢授水部員外郎，未拜，會湖南觀察使李承請爲副使、檢校工部郎中充職。歲餘，承卒，遂知留後事。尋授潭州刺史、兼御史中丞、湖南觀察使，仍賜金紫。居二歲，受代歸京師，闔門靜居，不與人交。久之，特召對於別殿。憬多學問，有辭辯，敷奏稱旨，上悅，拜給事中。

貞元四年，迴紇請結和親，詔以咸安公主降迴紇，命檢校右僕射關播充使，憬以本官兼御史中丞爲副。前後使迴紇者，多私齎繒絮，蕃中市馬迴以規利，憬一無所市，人歎美之。使還，遷尚書左丞，綱轄省務，清勤奉職。竇參爲宰相，惡其能，請出爲同州刺史，上不從。

八年四月，竇參能黜，憬與陸贄並拜中書侍郎、同中書門下平章事。憬深於理道，常言：「爲政之本，在於選賢能，務節儉，薄賦斂，寬刑罰。」對揚之際，必以此爲言，乃獻審官六議曰：

臣謬登宰府，四年于茲，恭承德音，未嘗不以求賢爲切。至於延薦，職在愚臣，雖當代天之工，且乏知人之鑒，漸積歲月，負於聖明，無補王猷，有妨賢路。況多疾恙，兼慮闕遺，頃奉表章，備陳肝膈。陛下以臣性拙直，身病可矜，不棄孱微，尚加委任。自此思省，報効尤難，莫副堯、舜之心，空懷尸素之懼。伏惟陛下法象應期，聖神廣運，雲行雨施，皆發自然，訓誥典謨，悉經睿覽。臣所以不敢援引古昔，上煩天聽，且以用人之要，願伸鄙見。復念稽顙丹陛，仰對宸嚴，審訥易窮，遽數難辯〔一〕，理詳則塵瀆頗甚，言略則利害未宣。若默以求容，苟而竊位，縱天地之仁幸免，而中外之責何逃，非陛下用臣之意也。其所欲言者，皆陛下聖慮之內，臣以頂戴恩造，不知所爲，身被風毒，漸覺沉痼，是以勤勤懇懇，切於愚誠也。臣聞貞觀、開元之際，宰輔論事，或多上書，所冀獲盡情理。今臣酌前代之損益，體當時之通變，謹獻審官六議，伏惟閒宴時賜省覽。

其大指，議相，則曰：「宜博採衆賢，用爲輔弼。今中外知其賢者，伏願陛下用之，識其能者任之，求其全材，恐不可得。」

議進用庶官，則曰：「異同之論，是非難辨。由考課難於實効，好惡雜於衆聲，所以訪之彌多，得之彌少。選士古今爲難，拔十得五，賢愚猶半。陛下謂臣曰：『何必五也？十得二三斯可矣。』聖主思賢至是，而宰臣不能進之，臣之罪也。進賢在於廣任用，明殿最，舉大節，棄其小瑕，隨其所能，試之以事，用人之大綱也。」

議京諸司闕官，則曰：「當今要官多闕，閑官十無一二。文武任用，資序遞遷，要官本以材行，閒官多由恩澤。朝廷或將任，多擬要官則人少闕多，閒官則人多闕少；明當選拔者轉少，在優容者轉多，宜補闕員，務育材用。大廈永固，是棟梁榱桷之全也；聖朝致理，亦庶官羣吏之能也。」

議中外考課官，則曰：「漢以數易長吏，謂之弊政。其有能理者，輒增秩賜金，或八九年、十餘年，乃入爲九卿，或遷三輔，功績茂異，遂至丞相，其間不隔數官。今陛下內選庶

僚，外委州府，課績高者，不次超升，致理之法，無踰於此。臣愚以爲黜陟且立年限，若所居要重，未當遷移，就加爵秩。其餘進退，令知褒貶之必應，遲速之有常。如課績在中，年考及限，與之平轉，中外迭處，歷試其能，使無苟且之心，又無滯淹之慮。」

議舉遺滯，則曰：「官司既廣，必委宰輔以舉之；宰輔不能遍知，又詢于庶官；庶官不能遍知，又訪於衆人。衆聲囂然，互有臧否，十人舉之未信，一人毀之可疑，迨至于今，茲弊未改。其所以然者，非盡爲愛憎也，苦於不審實而承聲言之。大凡常人之心，以稱人之善爲清，以攻人之過爲直，苟有除授，多生橫議。由是宰臣每將薦用，亦自重難，日往月來，未副聖意。宜須採聽時論，以所舉多者先用，必非大故，皆不棄之。」

議擢用諸使府僚屬，則曰：「諸使辟吏，各自精求，務於得人，將重府望。既經試効，能否可知，擢其賢能，置之朝列。或曰外使須才，固不可奪。臣知必不然也。屬者使府賓介，每有登朝，本使殊以爲榮，自喜知人，且明公選。大凡才能之士，名位未達，多在方鎮，日月在上，誰不知之，思登闕庭，如望霄漢，宜須博採，無宜久滯。」上優詔答之。

時吏部侍郎杜黃裳爲中貴讒譖及他過犯，御史中丞穆贊、京兆少尹韋武、萬年縣令李宣、長安令盧雲皆爲裴延齡搆陷，將加斥逐，憬保護救解之，故多從輕貶。初，憬廉察湖南，令狐峘、崔儆並爲巡屬刺史。峘嘗歷中書舍人、禮部侍郎，儆久在朝列，所爲或虧法令，憬每以正道制之。峘、儆密遣人數憬罪狀，毀之於朝。及憬爲相，拔儆自大理卿爲尚書右丞，峘先貶官爲別駕，又擢爲吉州刺史，時人多之。

憬與陸贄同知政事，贄恃久在禁庭，特承恩顧，以國政爲己任，纔周歲，轉憬爲門下侍郎，憬由是深銜之，數以目疾請告，不甚當政事，因是不相協。裴延齡姦詐恣睢，滿朝側目，憬初與贄約於上前論之；及延英奏對，贄極言延齡姦邪誑誕之狀，不可任用，德宗不悅，形於顏色，憬默然無言，由是罷贄平章事，而憬當國矣。

時宰相賈耽、盧邁與憬三人。十二年春正月，耽、邁皆有假，故憬獨對於延英。上問曰：「近日起居注記何事？」憬對曰：「古者左史記言，人君動止，有實言隨即記錄，起居注是也。國朝永徽中，起居唯得對仗承旨，仗下後謀議皆不得聞，其記注唯編制敕，更無他事。所以長壽中姚璹知政事，以爲親承德音謨訓，若不宜旨宰相，史官無以得書，璹請宰相一人記錄所論軍國政事，謂之時政記，每月送史館。既而時政記又廢。」上曰：「君舉必書，義存勸誡。既嘗有時政記，宰臣宜依故事爲之。」無何，憬卒，時政記亦不行。

憬特承恩顧，性清儉，雖爲宰輔，居第僕使，類貧士大夫之家，所得俸入，先置私廟，而竟不立第舍田產。其年八月，遇暴疾，信宿而卒，時年六十一。子元亮進憬遺表草曰：「臣叨荷聖慈，竊塵台鼎，年序頗久，績用無聞，負乘之敗已彰，覆餗之咎俄及。而天與之疾，福

過生災，自今日卯時以來，稍加困重，針灸不及，藥餌奚施。奄然遊魂，終當就木，冥冥殘喘，豈忍辭天。號呼涕零，側息心斷，反風結草，誓報深恩，雖死猶生，豈孤素願。無任感恩嗚咽痛恨之至。」德宗尤悼惜之，廢朝三日，冊贈太子太傅，賻帛五百端、米粟四百石，令鴻臚卿王權充冊弔使。

元亮官至左司郎中、侍御史知雜事卒。次子全亮，官至侍御史、桂管防禦判官。元亮兄宣亮、弟承亮，皆以門蔭授官。

韋倫，開元、天寶中朔方節度使光乘之子。少以蔭累授藍田縣尉。以吏事勤恪，楊國忠署爲鑄錢內作使判官。國忠恃權寵，又邀名稱，多徵諸州縣農人令鑄錢；農夫既非本色工匠，被所由抑令就役，多遭箠罰，人不聊生。倫白國忠曰：「鑄錢須得本色人，今抑百姓農人爲之，尤費力無功，人且興謗。請厚懸市估價，募工曉者爲之。」由是役使減少，而益鑄錢之數。天寶末，宮內土木之功無虛日，內作人吏因緣爲姦，倫乃躬親閱視，省費減倍。改大理評事。

會安祿山反，車駕幸蜀，拜倫監察御史、劍南節度行軍司馬，兼充置頓使判官，尋改屯

田員外、兼侍御史。時內官禁軍相次到蜀，所在侵暴，號爲難理；倫清儉率身以化之，蜀川咸賴其理。竟遭中官毀譖，貶衡州司戶。屬東都、河南並陷賊，漕運路絕，度支使第五琦薦倫有理能，拜商州刺史，充荆襄等道租庸使。會襄州裨將康楚元、張嘉延聚衆爲叛，兇黨萬餘人，自稱東楚義王，襄州刺史王政棄城遁走。嘉延又南襲破江陵，漢、沔饋運阻絕，朝廷旰食。倫乃調發兵甲駐鄧州界，兇黨有來降者，必厚加接待。數日後，楚元衆頗怠，倫進軍擊之，生擒楚元以獻，餘衆悉走散，收租庸錢物僅二百萬貫，並不失墜。荆、襄二州平，詔除崔光遠爲襄州節度使，徵倫爲衞尉卿。旬日，又以本官兼寧州刺史、招討處置等使，尋又兼隴州刺史。

乾元三年，襄州大將張瑾殺節度使史翽作亂，乃以倫爲襄州刺史、兼御史大夫、山南東道襄鄧等十州節度使。時李輔國秉權用事，節將除拜，皆出其門。倫既爲朝廷公用，又不私謁輔國，倫受命未行，改秦州刺史、兼御史中丞、本州防禦使。時吐蕃、党項歲歲入寇，邊將奔命不暇。倫至秦州，屢與虜戰，兵寡無援，頻致敗衂，連貶巴州長史、思州務川縣尉。

代宗即位，起爲忠州刺史，歷台、饒二州。以中官呂太一於嶺南矯詔募兵爲亂，乃以倫爲韶州刺史、兼御史中丞、韶連郴三州都團練使。竟遭太一用賂反間，貶信州司馬、虔州司

戶、隨州司戶、隨州司馬。遇赦，旅寓於洪州十數年。

德宗即位，選堪使絕域者，徵倫拜太常少卿、兼御史中丞，持節充通和吐蕃使。倫至蕃中，初宣諭皇恩，次述國威德遠振，蕃人大悅，贊普入獻方物。使還，遷太常卿、兼御史大夫，加銀青光祿大夫。再入吐蕃，奉使稱旨，西蕃敬服。朝廷得失，數上疏言之。又爲宰相盧杞所惡，改太子少保，累加開府儀同三司。涇師之亂，駕幸奉天。及盧杞、白志貞、趙贊等貶官，關播罷相爲刑部尚書，倫於朝堂嗚咽而言曰：「宰相不能弼諧啓沃，使天下一至於此！仍爲尚書，天下何由致理？」聞者敬憚之。從駕梁州，還京，又欲擢用盧杞爲饒州刺史〔二〕，倫又上表切言不可，深爲忠正之士所稱歎。以年踰七十，表請休官，改太子少師致仕，封郢國公。時李楚琳以僕射兼衞尉卿，李忠誠以尙書兼少府監，倫上言曰：「楚琳兇逆，忠誠蕃戎醜類，不合廁列淸班。」又表請置義倉以防水旱，擇賢良任之左右。又言吐蕃必無信約，專須防備，不可輕易。上每善遇之。倫居家孝友，撫弟姪以慈愛稱。貞元十四年十二月卒，時年八十三，贈揚州都督。

賈耽字敦詩，滄州南皮人。以兩經登第，調授貝州臨淸縣尉。上疏論時政，授絳州正

平尉。從事河東，檢校膳部員外郎、太原少尹、北都副留守。又檢校禮部郎中、節度副使。改汾州刺史，在郡七年，政績茂異。入爲鴻臚卿，時左右威遠營隸鴻臚，耽仍領其使。大曆十四年十一月，檢校左散騎常侍、兼梁州刺史、御史大夫、山南西道節度使。

建中三年十一月，檢校工部尙書、兼御史大夫、山南東道節度使。德宗移幸梁州，興元元年二月，耽使行軍司馬樊澤奏事於行在，澤既復命，方大宴諸將，有急牒至，言澤代耽爲節度使，而召耽爲工部尙書。耽得牒內懷中，宴飲不改容，及散，召樊澤，以詔授之曰：「詔以行軍爲節度使，耽今即上路。」因告將吏使謁澤。牙將張獻甫曰：「天子巡幸山南，尙書使行軍奉表起居，而行軍敢自圖節鉞，潛奪尙書土地，此可謂事人不忠。軍中皆不伏，請殺樊澤。」耽曰：「公是何言歟！天子有命，即爲節度使矣。耽今赴行在，便與公偕行。」即日離鎭，以獻甫自隨，軍中乃安。尋以本官爲東都留守、東畿汝南防禦使〔三〕。貞元二年，改檢校右僕射、兼滑州刺史、義成軍節度使。是時淄靑節度使李納雖去僞王號，外奉朝旨，而心常蓄併吞之謀。納兵士數千人自行營歸，路由滑州，大將請城外館之，耽曰：「與人鄰道，柰何野處其兵？」命館之城內，淄靑將士皆心服之。耽善射好獵，每出畋不過百騎，往往獵於李納之境。納聞之，大喜，心畏其度量，不敢異圖。九年，徵爲右僕射、同中書門下平章事。

耽好地理學，凡四夷之使及使四夷還者，必與之從容，訊其山川土地之終始。是以九州之夷險，百蠻之土俗，區分指畫，備究源流。自吐蕃陷隴右積年，國家守於內地，舊時鎭戍，不可復知。耽乃畫隴右、山南圖，兼黃河經界遠近，聚其說爲書十卷，表獻曰：

臣聞楚左史倚相能讀九丘，晉司空裴秀創爲六體。九丘乃成賦之古經，六體則爲圖之新意。臣雖愚昧，夙嘗師範，累蒙拔擢，遂忝台司。雖曆踐職任，誠多曠闕，而率土山川，不忘寤寐。其大圖外薄四海，內別九州，必藉精詳，乃可摹寫，見更纘集，續冀畢功。然而隴右一隅，久淪蕃寇，職方失其圖記，境土難以區分。輒扣課虛微，採掇輿議，畫關中隴右及山南九州等圖一軸。伏以洮、湟舊墟，連接監牧；甘、涼右地，控帶朔陲。岐路之偵候交通，軍鎭之備禦衝要，莫不匠意就實，依稀像眞。如聖恩遣將護邊，新書授律，則靈、慶之設險在目，原、會之封略可知。諸州諸軍，須論里數人額；諸山諸水，須言首尾源流。圖上不可備書，憑據必資記注，謹撰別錄六卷。又黃河爲四瀆之宗，西戎乃羣羌之帥，臣並研尋史牒，翦棄浮詞，罄所聞知，編爲四卷，通錄都成十卷。文義鄙朴，伏增慚悚。

德宗覽之稱善，賜廐馬一匹、銀綵百匹〔四〕、銀瓶盤各一。

至十七年，又譔成海內華夷圖及古今郡國縣道四夷述四十卷，表獻之曰：

臣聞地以博厚載物，萬國棋布；海以委輸環外，百蠻繡錯。中夏則五服、九州，殊俗則七戎、六狄，普天之下，莫非王臣。昔毌丘出師，東銘不耐；甘英奉使，西抵條支；奄蔡乃大澤無涯，罽賓則懸度作險。或道理回遠，或名號改移，古來通儒，罕遍詳究。臣弱冠之歲，好聞方言，筮仕之辰，注意地理，究觀研考，垂三十年。絕域之比鄰，異蕃之習俗，梯山獻琛之路，乘舶來朝之人，咸究竟其源流，訪求其居處。闤闠之行賈，戎貊之遺老，莫不聽其言而掇其要；闔閭之瑣語，風謠之小說，亦收其是而芟其僞。

然殷、周以降，封略益明，承曆數者八家，渾區宇者五姓，聲教所及，惟唐爲大。秦皇罷侯置守，長城起於臨洮；孝武却地開邊，障塞限於雞鹿；東漢則哀牢請吏；西晉則裨離結轍；隋室列四郡於鄯和海西，創三州於扶南江北，遼陽失律，因而棄之。高祖神堯皇帝誕膺天命，奄有四方。太宗繼明重熙，柔遠能邇，踰大磧通道，北至仙娥，於骨利幹置玄闕州。高宗嗣守丕績，克廣前烈，遣單車齎詔，西越葱山，於波剌斯立疾陵府。中宗復配天之業，不失舊物。睿宗含先天之量，惟新永圖。玄宗以大孝清內，以無爲理外，大宛驥騄，歲充內廐，與貳師之窮兵黷武，豈同年哉！肅宗掃平氛祲，潤澤生人。代宗剗除殘孽，彝倫攸敍。伏惟皇帝陛下，以上聖之姿，當太平之運，敦信明義，履信包元，惠養黎蒸，懷柔遐裔。故瀘南貢麗水之金，漠北獻余吾之馬，玄化洋溢，

率土霑濡。

臣幼切磋於師友，長趨侍於軒墀，自揣孱愚，叨榮非據，鴻私莫答，夙夜兢惶。去興元元年，伏奉進止，令臣修撰國圖，旋卽充使魏州、汴州，出鎮東洛、東郡〔五〕，間以衆務，不遂專門，績用尙虧，憂愧彌切。近乃力竭衰病，思殫所聞見，叢於丹青。謹令工人畫海內華夷圖一軸，廣三丈，從三丈三尺，率以一寸折成百里。別章甫左衽，奠高山大川；縮四極於纖縞，分百郡於作繪。宇宙雖廣，舒之不盈庭；舟車所通，覽之咸在目。幷撰古今郡國縣道四夷述四十卷，中國以禹貢爲首，外夷以班史發源，郡縣紀其增減，蕃落敍其衰盛。前地理書以黔州屬酉陽，今則改入巴郡；前西戎志以安國爲安息，今則改入康居。凡諸疏舛，悉從釐正。隴西、北地〔六〕，播棄於永初之中；遼東、樂浪，陷屈於建安之際。曹公棄陘北，晉氏遷江南，緣邊累經侵盜，故墟日致堙毀。舊史撰錄，十得二三，今書搜補，所獲太半。周禮職方，以淄、時爲幽州之浸，以華山爲荆河之鎭，既有乖於禹貢，又不出於淹中，多聞闕疑，詎敢編次。其古郡國題以墨，今州縣題以朱，今古殊文，執習簡易。臣學謝小成，才非博物。伏波之聚米，開示衆軍；鄭侯之圖書，方知阨塞。企慕前哲，嘗所寄心，輒罄庸陋，多慙紕繆。

優詔答之，賜錦綵二百匹、袍段六、錦帳二、銀瓶盤各一、銀榼二、馬一匹，進封魏國公。

順宗卽位，檢校司空，守左僕射，知政事如故。時王叔文用事，政出羣小，耽惡其亂政，屢移病乞骸，不許。耽性長者，不喜臧否人物。自居相位，凡十三年，雖不能以安危大計啓沃於人主，而常以檢身厲行以律人。每自朝歸第，接對賓客，終日無倦，至於家人近習，未嘗見其喜愠之色，古之淳德君子，何以加焉！永貞元年十月卒，時年七十六，廢朝四日，册贈太傅，諡曰元靖。

姜公輔，不知何許人。登進士第，爲校書郎。應制策科高等，授左拾遺，召入翰林爲學士。歲滿當改官，公輔上書自陳，以母老家貧，以府掾俸給稍優，乃求兼京兆尹戶曹參軍，特承恩顧。才高有器識，每對見言事，德宗多從之。

建中四年十月，涇師犯闕，德宗蒼黃自苑北便門出幸，公輔馬前諫曰：「朱泚嘗爲涇原帥，得士心。昨以朱滔叛，坐奪兵權，泚常憂憤不得志。不如使人捕之，使陪鑾駕，忽羣兇立之，必貽國患。臣頃曾陳奏，陛下苟不能坦懷待之，則殺之，養獸自貽其患，悔且無益。」德宗曰：「已無及矣！」從幸至奉天，拜諫議大夫，俄以本官同中書門下平章事。

從幸山南，車駕至城固縣，唐安公主薨。上之長女，昭德皇后所生，性聰敏仁孝，上所

鍾愛。初，詔尙韋宥，未克禮會而遇播遷；及薨，上悲悼尤甚，詔所司厚其葬禮。公輔諫曰：「非久克復京城，公主必須歸葬，今於行路，且宜儉薄，以濟軍士。」德宗怒，謂翰林學士陸贄曰：「唐安夭亡，不欲於此爲塋壠，宜令造一磚塔安置，功費甚微，不合關宰相論列。姜公輔忽進表章，都無道理，但欲指朕過失，擬自取名。朕比擢拔爲腹心，乃負朕如此！」贄對曰：「公輔官是諫議，職居宰衡，獻替固其職分。本立輔臣，置之左右，朝夕納誨，意在防微而弼之，乃其所也。陛下以造塔役費微小，非宰相所論之事。但問理之是非，豈論事之大小。若造塔爲是，役雖大而作之何傷；若造塔爲非，費雖小而言者何罪。」帝又曰：「卿未會朕意。朕以公輔才行，共宰相都不相當，在奉天時已欲罷免，後因公輔辭退，朕已面許。尋屬懷光背叛，遂且因循，容至山南。公輔知朕擬改官，所以固論造塔，賣直取名。據此用心，豈是良善！朕所惆悵者，只緣如此。」贄再三救護，帝怒不已，乃罷爲左庶子。尋丁母憂，服闋，授右庶子，久之不遷。

洎陸贄知政事，以有翰林之舊，數告贄求官。贄密謂公輔曰：「予嘗見郴州竇相，言爲公奏擬數矣，上旨不允，有怒公之言。」公輔恐懼，上疏乞罷官爲道士，久之未報。後又延奏，德宗問其故，公輔不敢洩贄，便以參言爲對。帝怒，貶公輔爲泉州別駕，又遣中使齎詔責竇參。順宗卽位，起爲吉州刺史，尋卒。憲宗朝贈禮部尙書。

史臣曰：賈魏公以温克長者，致位丞相，拒獻甫之請，畋李納之郊，則器略可知矣。韋鄆公慷慨節義，困於讒邪，命矣夫！趙丞相區分檢裁，求爲雅士，以爭權而陷陸贄，則前時以德報怨，其可信乎！公輔一言悟主，驟及台司，一言不合，禮遽疏薄，則加膝墜泉之間，君道可知矣！

贊曰：元靖訏謨，眞謂純儒。手調鼎飪，心運地圖。姜躁趙險，並躍天衢。哀哉韋公，終困讒夫。

校勘記

〔一〕遽數難辯　「遽」字各本原作「處」，據冊府卷三一三、全唐文卷四五五改。

〔二〕饒州刺史　「饒州」，各本原作「荊州」，據本書卷一三五盧杞傳及卷一五三袁高傳、通鑑卷二三一改。

〔三〕東畿汝南防禦使　廿二史考異卷六〇謂「南」字爲衍文。

〔四〕銀綵百匹　合鈔卷一八九賈耽傳「銀」字作「錦」。

〔五〕東郡　各本原作「東都」，據冊府卷五六〇、全唐文卷三九四改。

〔六〕北地　各本原作「十地」，據冊府卷五六〇、全唐文卷三九四改。

舊唐書卷一百三十九

列傳第八十九

陸贄

陸贄字敬輿，蘇州嘉興人。父侃，溧陽令，以贄貴，贈禮部尚書。贄少孤，特立不羣，頗勤儒學。年十八登進士第，以博學宏詞登科，授華州鄭縣尉。罷秩，東歸省母，路由壽州，刺史張鎰有時名，贄往謁之。鎰初不甚知，留三日，再見與語，遂大稱賞，請結忘年之契。及辭，遺贄錢百萬，曰：「願備太夫人一日之膳。」贄不納，唯受新茶一串而已，曰：「敢不承君厚意。」又以書判拔萃，選授渭南縣主簿，遷監察御史。德宗在東宮時，素知贄名，乃召爲翰林學士，轉祠部員外郎。贄性忠藎，既居近密，感人主重知，思有以効報，故政或有缺，巨細必陳，由是顧待益厚。

建中四年，朱泚謀逆，從駕幸奉天。時天下叛亂，機務塡委，徵發指蹤，千端萬緒，一日之內，詔書數百。贄揮翰起草，思如泉注，初若不經思慮，既成之後，莫不曲盡事情，中於機會，胥吏簡札不暇，同舍皆伏其能。轉考功郎中，依前充職。嘗啓德宗曰：「今盜遍天下，輿駕播遷，陛下宜痛自引過，以感動人心。昔成湯以罪己勃興，楚昭以善言復國。陛下誠能不吝改過，以言謝天下，使書詔無忌，臣雖愚陋，可以仰副聖情，庶令反側之徒，革心向化。」德宗然之。故奉天所下書詔，雖武夫悍卒，無不揮涕感激，多贄所爲也。

其年多，議欲以新歲改元，而卜祝之流，皆以國家數鍾百六，凡事宜有變革，以應時數。上謂贄曰：「往年羣臣請上尊號『聖神文武』四字；今緣寇難，諸事並宜改更，衆欲朕舊號之中更加一兩字，其事何如？」贄奏曰：「尊號之興，本非古制。行於安泰之日，已累謙沖；襲乎喪亂之時，尤傷事體。今者鑾輿播越，未復宮闈，宗社震驚，尙愆禋祀，中區多梗，大憝猶存。此乃人情向背之秋，天意去就之際，陛下宜深自懲勵，收攬羣心，痛自貶損，以謝靈譴，不可近從末議，重益美名。」帝曰：「卿所奏陳，雖理體甚切，然時運必須小有改變，亦不可執滯，卿更思量。」贄曰：「古之人君稱號，或稱皇、稱帝，或稱王，但一字而已；至暴秦，乃兼皇帝二字，後代因之，及昏僻之君，乃有聖劉、天元之號。是知人主輕重〔一〕，不在自稱，崇其號無補於徽猷，損其名不傷其德美。然而損之有謙光稽古之善，崇之獲矜能納諂之譏，得失不侔，居然可辨。況今時遭迍否，事屬傾危，尤宜懼思，以自貶抑。必也俯稽術數，須有變更，與其增美稱而失人心，不若黜舊號以祗天戒。天時人事，理必相符，人既好謙，天亦助順。陛下誠能斷自宸鑒，煥發德音，引咎降名，深示刻責，惟謙與順，一舉而二美從之。」

德宗從之，但改興元年號而已。

初，德宗倉皇出幸，府藏委棄，凝冽之際，士衆多寒，服御之外，無尺縑丈帛；及賊泚解圍，諸藩貢奉繼至，乃於奉天行在貯貢物於廊下，仍題曰瓊林、大盈二庫名。贄諫曰：

瓊林、大盈，自古悉無其制，傳諸耆舊之說，皆云創自開元。貴臣貪權，飾巧求媚，乃言：「郡邑貢賦所用，盍各區分：賦稅當委於有司，以給經用；貢獻宜歸於天子，以奉私求。」玄宗悅之，新是二庫，蕩心侈欲，萌柢於茲，迨乎失邦，終以餌寇。記曰：「貨悖而入，必悖而出。」豈其効歟！

陛下嗣位之初，務遵理道，敦行儉約，斥遠貪饕。雖內庫舊藏，未歸太府，而諸方曲獻，不入禁闈，清風肅然，海內丕變。近以寇逆亂常，鑾輿外幸，既屬憂危之運，宜增儆勵之誠。臣昨奉使軍營，出經行殿，忽覩右廊之下，牓列二庫之名，懼然若驚，不識所以。何者？天衢尚梗，師旅方殷，痛心呻吟之聲，噢咻未息；忠勤戰守之効，賞賚未行。諸道貢珍，遽私別庫，萬目所視，孰能忍情？竊揣軍情，或生觖望，或忿形謗讟，或醜肆謳謠，頗含思亂之情，亦有悔忠之意。是知甿俗昬鄙，識昧高卑，不可以尊極臨，

而可以誠義感。

頃者六師初降，百物無儲，外扞兇徒，內防危堞，晝夜不息，殆將五旬，凍餒交侵，死傷相枕，畢命同力，竟夷大艱。良以陛下不厚其身，不私其欲，絕甘以同卒伍，輟食以啗功勞。無猛制人而不攜，懷所感也；無厚賞士而不怨，悉所無也。今者攻圍已解，衣食已豐，而謗讟方興，軍情稍沮，豈不以勇夫常性，嗜貨矜功，其患難既與之同憂，而好樂不與之同利，苟異恬默，能無怨咨！此理之常，故不足怪。記曰：「財散則民聚。」豈其效歟！陛下天資英聖，見善必遷，是將化蓄怨爲銜恩，反過差爲至當，促殄遺寇，永垂鴻名，大聖應機，固當不俟終日。

上嘉納之，令去其題署。

興元元年，李懷光異志已萌，欲激怒諸軍，上表論諸軍衣糧薄，神策衣糧厚，厚薄不均，難以驅戰，意在撓沮進軍。李晟密奏，恐其有變，上憂之，遣贄使懷光軍宣諭。使還，贄奏事曰：

賊泚稽誅，保聚宮苑，勢窮援絕，引日偷生。懷光總仗順之軍，乘制勝之氣，鼓行芟翦，易若摧枯，而乃寇奔不追，師老不用，諸帥每欲進取，懷光輒沮其謀。據茲事情，殊不可解。陛下意在全護，委曲聽從，觀其所爲，亦未知感。若不別爲規略，漸相制

持，唯以姑息求安，終恐變故難測。此誠事機危迫之秋也，故不可以尋常容易處之。

今李晟奏請移軍，適遇臣銜命宣慰，懷光偶論此事，臣遂泛問所宜，懷光乃云：「李晟既欲別行，某亦都不要藉。」臣猶慮有翻覆，因美其軍強盛，懷光大自矜夸，轉有輕晟之意。臣又從容問云：「昨發離行在之日，未知有此商量；今日從此却迴，或恐聖旨顧問，事之可否，決定何如？」懷光已肆輕言，不可中變，遂云：「恩命許去，事亦無妨。」要約再三，非不詳審，雖欲追悔，固難爲詞。伏望即以李晟表出付中書，敕下依奏，別賜懷光手詔，示以移軍事由。其手詔大意云：「昨得李晟奏，請移軍城東以分賊勢。朕緣未知利害，本欲委卿商量，適會陸贄從彼宣慰迴，云見卿論敍軍情，語及於此，仍言許去，事亦無妨，遂敕本軍允其所請。卿宜授以謀略，分路夾攻，務使叶齊，克平寇孽。」如此詞婉而直，理當而明，雖蓄異端，何由起怨？

臣初奉使諭旨，本緣糧料不均，偶屬移軍，事相諧會。又幸懷光詭對，且無阻絕之言，機宜合并，若有幽贊，一失其便，後何可追，幸垂裁察！

德宗初望懷光迴意破賊，故晟屢奏移軍不許；及贄縷陳懷光反狀，乃可晟之奏，遂移軍東渭橋。而鄜坊節度李建徽、神策行營陽惠元猶在咸陽，贄慮懷光併建徽等軍，又奏曰：

懷光當管師徒，足以獨制兇寇，逗留未進，抑有他由。所患太強，不資傍助。比者又遣李晟、李建徽、陽惠元三節度之衆附麗其營，無益成功，祇憂生事。何則？四軍懸壘，羣帥異心，論勢力則懸絕高卑，據職名則不相統屬。懷光輕晟等兵微位下，而忿其制不從心，晟等疑懷光養寇蓄姦，而怨其事多陵己，端居則互防飛謗，欲戰則遞恐分功，齟齬不和，嫌釁遂構，俾之同處，必不兩全。強者惡積而後亡，弱者勢危而先覆，覆亡之禍，翹足可期。舊寇未平，新患方起，憂歎所切，實堪疚心。太上消慝於未萌，其次救失於始兆，況乎事情已露，禍難垂成，委而不謀，何以制亂？李晟見機慮變，先請移軍就東，建徽、惠元，勢轉孤弱，爲其吞噬，理在必然。他日雖有良圖，亦恐不能自拔，拯其危急，唯在此時。今因李晟願行，便遣合軍同往，託言晟兵素少，慮爲賊泚所邀，藉此兩軍迭爲掎角，仍先諭旨，密使促裝，詔書至營，即日進路，懷光意雖不欲，然亦計無所施。是謂先人有奪人之心，疾雷不及掩耳者也。

夫制軍馭將，所貴見情，離合疾徐，各有宜適。當離者合之則召亂，當合者離之則寡功，當疾而徐則失機，當徐而疾則漏策。得其要，契其時，然後舉無敗謀，措無危勢。而今者屯兵而不肯爲用，聚將而罔能叶心，自爲鯨鯢，變在朝夕。留之不足以相制，徒長厲階；析之各競於擅能，或成勳績。事有必應，斷無可疑。

德宗曰：「卿之所料極善。然李晟移軍，懷光心已惆悵，若更遣建徵、惠元就東，則使得爲詞。且俟旬時。」晟至東渭橋，不旬日，懷光果奪兩節度兵，建徵單騎遁而獲免，惠元中路被執，害之。報至行在，人情大恐。翌日，移幸山南。贄練達兵機，率如此類。

二月，從幸梁州，轉諫議大夫，依前充學士。先是，鳳翔衙將李楚琳乘涇師之亂，殺節度使張鎰，歸款朱泚；及奉天解圍，楚琳遣使貢奉，時方艱阻，不獲已，命爲鳳翔節度使。然德宗忿其弒逆，心不能容，纔至漢中，欲令渾瑊代爲節度。贄諫曰：「楚琳之罪，固不容誅，但以乘輿未復，大憝猶存，勤王之師，悉在畿內，急宜速告，晷刻是爭。商嶺則道迂且遙，駱谷復爲賊所扼，僅通王命，唯在褒斜，此路若又阻艱，南北便成隔絕。以諸鎮危疑之勢，居二逆誘脅之中，恂恂羣情，各懷向背。賊勝則往，我勝則來，其間事機，不容差跌。儻楚琳發憾，公肆猖狂，南塞要衝，東延巨猾，則我咽喉梗而心膂分矣，其勢豈不病哉！」上釋然開悟，乃善待楚琳使，優詔安慰其心。德宗至梁，欲以谷口已北從臣賜號曰「奉天定難功臣」，谷口已南隨扈者曰「元從功臣」，不選朝官內官〔二〕，一例俱賜。贄奏曰：「破賊扞難，武臣之效。至如宮闈近侍，班列員僚，但馳走從行而已，忽與介胄奮命之士，俱號功臣，伏恐武臣憤惋。」乃止。

李晟既收京城，遣中使宣付翰林院具錄先散失宮人名字，令草詔賜渾瑊，遣於奉天尋

訪，以得爲限，仍量與資糧送赴行在。贄不時奉詔，進狀論之曰：

頃以理道乖錯，禍亂薦鍾，陛下思咎懼災，裕人罪己，屢降大號，誓將更新。天下之人，垂涕相賀，懲忿釋怨，煦仁戴明，畢力同心，共平多難。止土崩於絕岸，收版蕩於橫流，殄寇清都，不失舊物。實由陛下至誠動於天地，深悔感於神人，故得百靈降康，兆庶歸德。苟不如此，自古何嘗有捐棄宮闕，失守宗祧，繼逆於赴難之師，再遷於蒙塵之日，不踰半歲，而復興大業者乎！

今渠魁始平，法駕將返，近自郊甸，遠周寰瀛，百役疲瘵之甿，重戰傷殘之卒，皆忍死扶病，傾耳聳肩，想聞德聲，翹望聖澤。陛下固當感上天悔禍之眷，荷列祖垂裕之休，念將士鋒刃之殃，愍黎元塗炭之酷。以致寇爲戒，以居上爲危，以務理爲憂，以復宮爲急。損之又損，尙懼汰侈之易滋；艱之惟艱，猶患戒慎之難久。謀始盡善，克終已稀，始而不謀，終則何有！夫以內人爲號，蓋是中壼末流，天子之尊，富有宮掖，如此等輩，固繁有徒，但恐傷多，豈憂乏使。翦除元惡，曾未浹辰，奔賀往來，道途如織，何必自虧君德，首訪婦人，又令資裝速赴行在。萬目闚覦，衆口流傳，恐非所以答慶賴之心，副惟新之望也。

夫事有先後，義有重輕，重者宜先，輕者宜後。武王克殷，有未及下車而爲之者，

有下車而爲之者，蓋美其不失先後之宜也。自翠華播越，萬姓靡依，清廟震驚，三時乏祀，當今所務，莫大於斯。誠宜速遣大臣，馳傳先往，迎復神主，修整郊壇，展禋享之儀，申告謝之意。然後弔恤死義，慰犒有功，綏輯黎蒸，優問耆耋，安定反側，寬宥脅從，宣暢鬱堙，褒獎忠直，官失職之士，復廢業之人，是皆宜先，不可後也。至如崇飾服器，繕緝殿臺，備耳目之娛，選巾櫛之侍，是皆宜後，不可先也。

散失內人，已經累月，既當離亂之際，必爲將士所私。其人若稍有知，不求當自陳獻；其人若甚無識，求之適使憂虞。自因寇亂喪亡，頗有大於此者，一聞搜索，懷懼必多，餘孽尙繁，羣情未一，因而善撫，猶恐危疑，若又懼之，於何不有。昔人所以掩絕纓而飲盜馬者，豈必忘其情愛，蓋知爲君之體然也。以小妨大，明者不爲，天下固多婁人，何必獨在於此。所令撰賜渾瑊詔書，未敢順旨。

帝遂不降詔，但遣使而已。

德宗還京，轉中書舍人，學士如故。初，贄受張鎰知，得居內職；及鎰爲盧杞所排，贄常憂惴；及杞貶黜，始敢上書言事，德宗好文，益深顧遇。奉天解圍後，德宗言及違離宗廟，嗚咽流涕曰：「致寇之由，實朕之過。」贄亦流涕而對曰：「臣思致今日之患者，羣臣之罪也。」贄意蓋爲盧杞、趙贊等也。上欲掩杞之失，則曰：「雖朕德薄，致茲禍亂，亦運數前定，

事不由人。」贄又極言杞等罪狀，上雖貌從，心頗不說。吳通微兄弟俱在翰林，亦承德宗寵遇，文章才器不迨贄，而能交結權倖，共短贄於上前。故劉從一、姜公輔自卑品蒼黃之中，皆登輔相；而贄爲朋黨所擠，同職害其能，加以言事激切，動失上之歡心，故久之不爲輔相。其於議論應對，明練理體，敷陳剖判，下筆如神，當時名流，無不推挹。貞元初，李抱眞入朝，從容奏曰：「陛下幸奉天、山南時，赦書至山東，宣諭之時，士卒無不感泣，臣即時見人情如此，知賊不足平也。」

時贄母韋氏在江東，上遣中使迎至京師，搢紳榮之。俄丁母憂，東歸洛陽，寓居嵩山豐樂寺。藩鎮賻贈及別陳餉遺，一無所取；與韋皐布衣時相善，唯西川致遺，奏而受之。贄父初葬蘇州，至是欲合葬，上遣中使護其柩車至洛，其禮遇如此。免喪，權知兵部侍郎，依前充學士。中謝日，贄伏地而泣，德宗爲之改容敍慰。恩遇既隆，中外屬意爲輔弼，而宰相竇參素忌贄，贄亦短參之所爲，言參黷貨，由是與參不平。七年，罷學士，正拜兵部侍郎，知貢舉。時崔元翰、梁肅文藝冠時，贄輸心於肅，肅與元翰推薦藝實之士，升第之日，雖衆望不愜，然一歲選士，纔十四五，數年之內，居臺省清近者十餘人。

八年四月，竇參得罪，以贄爲中書侍郎、門下同平章事。贄久爲邪黨所擠，困而得位，意在不負恩獎，悉心報國，以天下事爲己任。上即位之初，用楊炎、盧杞秉政，樹立朋黨，排

擴良善，卒致天下沸騰，釁興奔播。懲是之失，貞元已後，雖立輔臣，至於小官除擬，上必再三詳問，久之方下。及贄知政事，請許臺省長官自薦屬官，仍保任之，事有曠敗，兼坐舉主。上許之，俄又宣旨曰：「外議云：『諸司所舉，多引用親黨，兼通賂遺，不得實才。』此法行之非便，今後卿等宜自選擇，勿用諸司延薦。」贄論奏曰：

臣實頑鄙，一無所堪，猥蒙任使，待罪宰相。雖懷竊位之懼，且乏知人之明，自揣庸虛，終難上報。唯知廣求才之路，使賢者各以彙征；啓至公之門，令職司皆得自達。既蒙允許，卽宜宣行。南宮舉人，纔至十數，或非臺省舊吏，則是使府佐僚，累經薦延，多歷事任。論其資望，既不愧於班行；考其行能，又未聞于闕敗。遽以騰口，上煩聖聽，道之難行，亦可知矣。

陛下勤求理道，務徇物情，因謂舉薦非宜，復委宰臣揀擇。其爲崇任輔弼，博採輿詞，可謂聖德之盛者。然於委任責成之道，聽言考實之方，閑邪存誠，猶恐有闕。陛下既納臣言而用之，旋聞橫議而止之，於臣謀不責成，於橫議不考實，此乃謀失者得以辭其罪，議曲者得以肆其誣。率是而行，觸類而長，固無必定之計，亦無必實之言。計不定則理道難成，言不實則小人得志，國家之病，常必由之。昔齊桓公問管仲害霸之事，對曰：「得賢不能任，害霸也；用而不能終，害霸也；與賢人謀事而與小人議之，害霸

也。」爲小人者，不必悉懷險詖，故覆邦家。蓋以其意性回邪，趣向狹促，以沮議爲出衆，以自異爲不羣，趨近利而昧遠圖，效小信而傷大道，況又言行難保，恣其非心者乎！

伏以宰輔，常制不過數人，人之所知，固有限極，不能遍諳諸士，備閱羣才。若令悉命羣官，理須展轉詢訪，是則變公舉爲私薦，易明敭爲暗投。儻如議者之言，所舉多有情故，舉于君上，且未絕私，薦於宰臣，安肯無詐，失人之弊，必又甚焉。所以承前命官，罕有不涉私謗，雖則秉鈞不一，或自行情，亦由私訪所親，轉爲所賣。其弊非遠，聖鑒明知。今又將徇浮言，專任宰臣除吏，宰臣不徧諳識，踵前須訪於人。若訪親朋，則是悔其覆車，不易故轍；若訪於朝列，則是求其私薦，不如公舉之愈也。二者利害，惟陛下更詳擇焉。恐不如委任長官，愼揀僚屬，所揀既少，所求亦精，得賢有鑑識之名，失實當暗謬之責。人之常性，莫不愛身，況於臺省長官，皆是當朝華選，孰肯徇私妄舉，以傷名取責者耶！所謂臺省長官，卽僕射、尚書、左右丞、侍郎及御史大夫、中丞是也。陛下比擇輔相，多亦出於其中。今之宰臣，則往日臺省長官也，今之臺省長官，乃將來之宰臣也，但是職名暫異，固非行業頓殊。豈有爲長官之時不能舉一二屬吏，居宰臣之位則可擇千百具僚，物議悠悠，其惑斯甚。

夫求才貴廣，考課貴精。求廣在於各舉所知，長吏之薦擇是也；貴精在於按名責實，宰臣之序進是也。往者則天太后踐祚臨朝，欲收人心，尤務拔擢，弘委任之意，開汲引之門，進用不疑，求訪無倦，非但人得薦士，亦許自舉其才。所薦必行，所舉輒試，其於選士之道，豈不傷於容易哉！而課責既嚴，進退皆速，不肖者旋黜，才能者驟升，是以當代謂知人之明，累朝賴多士之用。此乃近於求才貴廣，考課貴精之効也。

陛下誕膺寶曆，思致理平，雖好賢之心，有踰於前哲，而得人之盛，未迨於往時。蓋由賞鑒獨任於聖聰，搜擇頗難於公舉，仍啓登延之路，罕施練覈之方。遂使先進者漸益凋訛，後來者不相接續，施一令則謗沮互起，用一人則瘡痏立成。此乃失於選才太精，制法不一之患也。則天舉用之法，傷易而得人；陛下愼揀之規，太精而失士。陛下選任宰相，必異於庶官；精擇長官，必愈於末品。及至宰相獻規，長吏薦士，陛下卽但納橫議，不稽始謀。是乃任以重者輕其言，待以輕者重其事，且又不辨所毀之虛實，不校所試之短長。人之多言，何所不至，是將使人無所措其手足，豈獨選任之道失其端而已乎！

上雖嘉其所陳，長官薦士之詔，竟追寢之。

國朝舊制，吏部選人，每年調集，自乾元已後，屬宿兵于野，歲或凶荒，遂三年一置選。

由是選人停擁，其數猥多，文書不接，眞僞難辨，吏緣爲姦，注授乖濫，而有十年不得調者。贄奏吏部分內外官員爲三分，計闕集人，每年置選，故選司之弊，十去七八，天下稱之。

贄與賈耽、盧邁、趙憬同知政事，百司有所申覆，皆更讓不言可否。舊例，宰臣當旬秉筆決事，每十日一易，贄請準故事，令秉筆者以應之。又以河隴陷蕃已來，西北邊常以重兵守備，謂之防秋，皆河南、江淮諸鎭之軍也，更番往來，疲於戍役。贄以中原之兵，不習邊事，及扞虜戰賊，多有敗衄，又苦邊將名目太多，諸軍統制不一，緩急無以應敵，乃上疏論其事曰：

臣歷觀前代書史，皆謂鎭撫四夷，宰相之任，不揆闇劣，屢敢上言。誠以備邊禦戎，國家之重事；理兵足食，備禦之大經。兵不治則無可用之師，食不足則無可固之地；理兵在制置得所，足食在斂導有方。陛下幸聽愚言，先務積穀，人無加賦，官不費財，坐致邊儲，數逾百萬。諸鎭收糴，今已向終，分貯軍城，用防艱急，縱有寇戎之患，必無乏絕之憂。守此成規，以爲永制，常收冗費，益贍邊農，則更經二年，可積十萬人三歲之糧矣。足食之原粗立，理兵之術未精，敢議籌量，庶備採擇。

伏以戎狄爲患，自古有之，其於制禦之方，得失之論，備存史籍，可得而言。大抵尊卽序者，則曰非德無以化要荒，曾莫知威不立，則德不能馴也。樂武威者，則曰非兵

無以服凶獷，曾莫知德不修，則兵不可恃也。務和親者，則曰要結可以睦鄰好，曾莫知我結之而彼復解也。美長城者，則曰設險可以固邦國而扞寇讎，曾莫知力不足，兵不堪，則險之不能有也。尙薄伐者，則曰驅遏可以禁侵暴而省征徭，曾莫知兵不銳，壘不完，則遏之不能勝，驅之不能去也。議邊之要，略盡於斯，雖互相譏評，然各有偏駮。是由執常理以御其不常之勢，徇所見而昧於所遇之時。

夫中夏有盛衰，夷狄有強弱，事機有利害，措置有安危，故無必定之規，亦無長勝之法。夏后以序戎而聖化茂，古公以避狄而王業興；周城朔方而獫狁攘，秦築臨洮而宗社覆；漢武討匈奴而貽悔，太宗征突厥而致安；文、景約和親而不能弭患於當年，宣、元弘撫納而足以保寧於累葉。蓋以中夏之盛衰異勢，夷狄之強弱異時，事機之利害異情，措置之安危異便。知其事而不度其時則敗，附其時而不失其稱則成，形變不同，胡可專一。

夫以中國強盛，夷狄衰微，而能屈膝稱臣，歸心受制，拒之則阻其嚮化，威之則類於殺降，安得不存而撫之，卽而序之也？又如中國強盛，夷狄衰微，而尙棄信姦盟，蔑恩肆毒，諭之不變，責之不懲，安得不取亂推亡，息人固境也？其有遇中國喪亡之弊，

當夷狄強盛之時，圖之則彼釁未萌，禦之則我力不足，安得不卑詞降禮，約好通和，啗之以親，紓其交禍？縱不必信，且無大侵，雖非禦戎之善經，蓋時事亦有不得已也。儻或夷夏之勢，強弱適同，撫之不寧，威之不靖，力足以自保，不足以出攻，得不設險以固軍，訓師以待寇，來則薄伐以遏其深入，去則攘斥而戒於遠追？雖非安邊之令圖〔三〕，蓋勢力亦有不得不然也。故夏之卽序，周之于攘，太宗之翦亂，皆乘其時而善用其勢也；古公之避狄，文、景之和親，神堯之降禮，皆順其時而不失其稱也；秦皇之長城，漢武之窮討，皆知其事而不度其時者也。向若遇孔熾之勢，行卽序之方，則見侮而不從矣；乘可取之資，懷畏避之志，則失機而養寇矣；有攘却之力，用和親之謀，則示弱而勞費矣；當降屈之時，務翦伐之略，則召禍而危殆矣。故曰：知其事而不度其時則敗，附其時而不失其稱則成。是無必定之規，亦無長勝之法，得失著効，不其然歟！至於察安危之大情，計成敗之大數，百代之不變易者，蓋有之矣。其要在於失人肆欲則必蹶，任人從衆則必全，此乃古今所同，而物理之所壹也。

國家自祿山構亂，河隴用兵以來，肅宗中興，撤邊備以靖中邦，借外威以寧內難，於是吐蕃乘釁，吞噬無厭，迴紇矜功，憑陵亦甚。中國不遑振旅，四十餘年。使傷耗遺甿，竭力蠶織，西輸賄幣，北償馬貲，尙不足塞其煩言，滿其驕志；復乃遠徵士馬，列戍

疆陲，猶不能遏其奔衝，止其侵侮。小入則驅略黎庶，深入則震驚邦畿。時有議安邊策者，多務於所難而忽於所易，勉於所短而略於所長。遂使所易所長者，行之而其要不精；所難所短者，圖之而其功靡就。憂患未弭，職斯之由。

夫制敵行師，必量事勢，勢有難易，事有先後。力大而敵脆，則先其所難，是謂奪人之心，暫勞而永逸者也；力寡而敵堅，則先其所易，是謂固國之本，觀釁而後動者也。頃屬多故，人勞未瘳，而欲廣發師徒，深踐寇境，復其侵地，攻其堅城，前有勝負未必之虞，後有餽運不繼之患。儻或撓敗，適所以啓戎心而挫國威，以此爲安邊之謀，可謂不量事勢而務於所難矣！

天之授者，有分事，無全功；地之產者，有物宜，無兼利。是以五方之俗，長短各殊。長者不可踰，短者不可企，勉所短而敵其所長必殆，用所長而乘其所短必安。強者乃以水草爲邑居，以射獵供飲茹，多馬而尤便馳突，輕生而不恥敗亡，此戎狄之所長也。戎狄之所長，乃中國之所短；而欲益兵蒐乘，角力爭驅，交鋒原野之間，決命尋常之內，以此爲禦寇之術，可謂勉所短而校其所長矣！務所難，勉所短，勞費百倍，終於無成。雖果成之，不挫則廢，豈不以越天授而違地產，虧時勢以反物宜者哉！將欲去危就安，息費從省，在慎守所易，精用所長而已。若乃擇將吏以撫寧衆庶，

修紀律以訓齊師徒，耀德以佐威，能邇以柔遠，禁侵抄之暴以彰吾信，抑攻取之議以安戎心，彼求和則善待而勿與結盟，彼爲寇則嚴備而不務報復，此當今之所易也。賤力而貴智，惡殺而好生，輕利而重人，忍小以全大，安其居而後動，俟其時而後行。是以修封疆，守要害，塹蹊隧，壘軍營，謹禁防，明斥候，務農以足食，練卒以蓄威，非萬全不謀，非百克不鬬。寇小至則張聲勢以遏其入，寇大至則謀其人以邀其歸，據險以乘之，多方以誤之。使其勇無所加，衆無所用，掠則靡獲，攻則不能，進有腹背受敵之虞，退有首尾難救之患。所謂乘其弊，不戰而屈人之兵，此中國之所長也。我之所長，乃戎狄之所短；我之所易，乃戎狄之所難。以長制短，則用力寡而見功多；以易敵難，則財不匱而事速就。捨此不務，而反爲所乘，斯謂倒持戈矛，以鐏授寇者也！今則皆務之矣，猶且守封未固，寇戎未懲者，其病在於謀無定用，衆無適從。所任不必才，才者不必任；所聞不必實，實者不必聞；所信不必誠，誠者不必信；所行不必當，當者未必行。故令措置乖方，課責虧度，財匱於兵衆，力分於將多，怨生於不均，機失於遙制。臣請爲陛下粗陳六者之失，惟明主愼聽而熟察之。

臣聞工欲善其事，必先利其器；武欲勝其敵，必先練其兵。練兵之中，所用復異。用之於救急，則權以紓難；用之於暫敵，則緩以應機。故事有便宜，而不拘常制；謀

有奇詭，而不徇來情。進退死生，唯將所命，此所謂攻討之兵也。用之於屯戍，則事資可久，勢異從權，非物理所愜不寧，非人情所欲不固。夫人情者，利焉則勸，習焉則安，保親戚則樂生，顧家業則忘死，故可以理術馭，不可以法制驅，此所謂鎮守之兵也。夫欲備封疆，禦戎狄，非一朝一夕之事，固當選鎮守之兵以置焉。古之善選置者，必量其性習，辨其土宜，察其伎能，知其欲惡。用其力而不違其性，齊其俗而不易其宜，引其善而不責其所不能，禁其非而不處其所不欲。而又類其部伍〔四〕，安其室家，然後能使之樂其居，定其志，奮其氣勢，結其恩情。撫之以惠，則感而不驕；臨之以威，則肅而不怨。靡督課而人自為用，弛禁防而衆自不攜。故出則足兵，居則足食，守則固，戰則強，其術無他，便於人情而已矣。今者散徵士卒，分戍邊陲，更代往來，以為守備。是則不量性習，不辨土宜，邀其所不能，強其所不欲。求廣其數而不考其用，將致其力而不察其情，斯可以為羽衞之儀，而無益於備禦之實也。何者？窮邊之地，千里蕭條，寒風裂膚，驚沙慘目。與豺狼為鄰伍，以戰鬬為嬉遊，晝則荷戈而耕，夜則倚烽而覘。日有剽害之慮，永無休暇之娛，地惡人勤，於斯為甚。自非生於其域，習於其風，幼而覩焉，長而安焉，不見樂土而遷焉，則罕能寧其居而狎其敵也。關東之地，百物阜殷，從軍之徒，尤被優養。慣於溫飽，狎於歡康，比諸邊隅，若異天地。聞絕塞荒陬之苦，

則辛酸動容；聆強蕃勁虜之名，則懾駭奪氣。而乃使之去親族，捨園廬，甘其所辛酸，抗其所懾駭，將冀為用，不亦疏乎！矧又有休代之期，無統帥之馭，資奉若驕子，姑息如倩人，進不邀之以成功，退不處之以嚴憲。其來也咸負得色，其止也莫有固心，屈指計歸，張頤待飼。徼倖者猶患還期之賒緩，常念戎醜之充斥，王師挫傷，則將乘其亂離，布路東潰，情志且爾，得之奚為？平居則殫耗資儲以奉浮冗之衆，臨難則拔棄城鎮以搖遠近之心，其弊豈惟無益哉！固亦將有所撓也。復有抵犯刑禁，謫徙軍城，意欲增戶實邊，兼令展効自贖。既是無良之類，且加懷土之情，思亂幸災，又甚戍卒。適足煩於防衞，諒無望於功庸，雖前代時或行之，固非良算之可遵者也。復有擁旄之帥，身不臨邊，但分偏師，俾守疆場。大抵軍中壯銳，元戎例選自隨，委其疲羸，乃配諸鎮。節將既居內地，精兵祇備紀綱，遂令守要禦衝，常在寡弱之輩。寇戎每至，乃勢不支，入壘者纔足閉關，在野者悉遭劫執，恣其芟蹂，盡其搜驅。比及都府聞知，虜已克獲旋返。且安邊之本，所切在兵，理兵若斯，可謂措置乖方矣。

夫賞以存勸，罰以示懲，勸以懋有庸，懲以威不恪。故賞罰之於馭衆也，猶繩墨之於曲直，權衡之揣重輕，輗軏之所以行車，銜勒之所以服馬也。馭衆而不用賞罰，則善惡相混而能否莫殊；用之而不當功過，則姦妄寵榮而忠實擯抑。夫如是，若聽明可

銜，律度無章，則用與不用，其弊一也。自頃權移於下，柄失於朝，將之號令既鮮克行之於軍，國之典章又不能施之於將，務相遵養，苟度歲時。欲賞一有功，翻慮無功者反側；欲罰一有罪，復慮同惡者憂虞。罪以隱忍而不彰，功以嫌疑而不賞，姑息之道，乃至於斯。故使忘身効節者獲誚於等夷，率衆先登者取怨於士卒，僨軍蹙國者不懷於愧畏，緩救失期者自以為智能。褒貶既闕而不行，稱毀復紛然相亂，人雖欲善，誰為言之？況又公忠者直己而不求於人，反罹困厄；敗撓者行私而苟媚於衆，例獲優崇。此義士所以痛心，勇夫所以解體也。又有遇敵而所守不固，陳謀而其効靡成，將帥則以資糧不足為詞，有司復以供給無闕為解。既相執證，理合辨明，朝廷每為含糊，未嘗窮究曲直。措理者吞聲而靡訴，誣善者罔上而不慚，馭衆若斯，可謂課責虧度矣。

課責虧度，措置乖方，將不得竭其材，卒不得盡其力，屯集雖衆，戰陣莫前。虜每越境橫行，若涉無人之地，遞相推倚，無敢誰何，虛張賊勢上聞，則曰兵少不敵。朝廷莫之省察，惟務徵發益師，無裨備禦之功，重增供億之弊。閭井日耗，徵求日繁，以編戶傾家破產之資，兼有司榷鹽稅酒之利，總其所入，半以事邊，制用若斯，可謂財匱於兵衆矣。

今四夷之最強盛為中國甚患者，莫大於吐蕃，舉國勝兵之徒，纔當中國十數大郡

而已。其於內虞外備，亦與中國不殊，所能寇邊，數則蓋寡。且又器非犀利，甲不堅完，識迷韜鈐，藝乏趫敏。動則中國畏其衆而不敢抗，靜則中國憚其強而不敢侵，厥理何哉？良以中國之節制多門，蕃醜之統帥專一故也。夫統帥專則人心不分，人心不分則號令不貳，號令不貳則進退可齊，進退可齊則疾徐如意，疾徐如意則機會靡愆，機會靡愆則氣勢自壯。斯乃以少為衆，以弱為強，變化翕闢，在於反掌之內。是猶臂之使指，心之制形，若所任得人，則何敵之有！夫節制多門則人心不一，人心不一則號令不行，號令不行則進退難必，進退難必則疾徐失宜，疾徐失宜則機會不及，機會不及則氣勢自衰。斯乃勇廢為尪，衆散為弱，逗撓離析，兆乎戰陣之前。是猶一國三公，十羊九牧，欲令齊肅，其可得乎？開元、天寶之間，控禦西北兩蕃，唯朔方、河西、隴右三節度而已，猶慮權分勢散，或使兼而領之。中興已來，未遑外討，僑隸四鎮於安定，權附隴右於扶風，所當西北兩蕃，亦朔方、涇原、隴右、河東節度而已，關東戍卒，至則屬焉。雖委任未盡得人，而措置尚存典制。自頃逆泚誘涇、隴之衆叛，懷光汙朔方之軍，割裂誅鋤，所餘無幾；而又分朔方之地，建牙擁節者，凡三使焉。其餘鎮軍，數且四十，皆承特詔委寄，各降中貴監臨，人得抗衡，莫相稟屬。每俟邊書告急，方令計會用兵，既無軍法下臨，唯以客禮相待。是乃從容拯溺，揖讓救焚，冀無阽危，固亦難矣！夫兵，

以氣勢爲用者也，氣聚則盛，散則消；勢合則威，析則弱。今之邊備，勢弱氣消，建軍若斯，可謂力分於將多矣。

理戎之要，最在均齊，故軍法無貴賤之差，軍實無多少之異，是將所以同其志而盡其力也。如或誘其志意，勉其藝能，則當閱其材，程其勇，校其勞逸，度其安危，明申練覈優劣之科，以爲衣食等級之制。使能者企及，否者息心，雖有薄厚之殊，而無觖望之釁。蓋所謂日省月試，餼稟均事，如權量之無情於物，萬人莫不安其分而服其平也。今者窮邊之地，長鎮之兵，皆百戰傷夷之餘，終年勤苦之劇，角其所能則練習，度其所處則孤危，考其服役則勞，察其臨敵則勇；然衣糧所給，唯止當身，例爲妻子所分，常有凍餒之色。而關東戍卒，歲月踐更，不安危城，不習戎備，怯於應敵，懈於服勞；然衣糧所頒，厚踰數等，繼以茶藥之饋，益以蔬醬之資。豐約相形，懸絕斯甚。又有素非禁旅，本是邊軍，將校詭爲媚詞，因請遙隸神策，不離舊所，唯改虛名，其於稟賜之饒，遂有三倍之益。此儔類所以忿恨，忠良所以憂嗟，疲人所以流亡，經費所以褊匱。夫事業未異，而給養有殊，人情之所不能甘也，況乎矯佞行而稟賜厚，績藝劣而衣食優，苟未忘懷，能無慍怒。不爲戎首，則已可嘉，而欲使其叶力同心，以攘寇難，雖有韓、白、孫、吳之將，臣知其必不能焉。養士若斯，可謂怨生於不均矣。

凡欲選任將帥，必先考察行能，然後指以所授之方，語以所委之事，令其自揣可否，自陳規模。須某色甲兵，藉某人參佐，要若干士馬，用若干資糧，某處置軍，某時成績，始終要領，悉俾經綸，於是觀其計謀，校其聲實。若謂材無足取，言不可行，則當退之於初，不宜貽慮於其後也；若謂志氣足任，方略可施，則當要之於終，不宜掣肘於其間也。夫如是，則疑者不使，使者不疑，勞神於選才，端拱於委任。既委其事，既足其求，然後可以覈其否臧，行其賞罰。受賞者不以爲濫，當罰者無得而辭，付授之柄既專，苟且之心自息。是以古之遣將帥者，君親推轂而命之曰：「自閫以外，將軍裁之。」又賜鈇鉞，示令專斷。故軍容不入國，國容不入軍，將在軍，君命有所不受。誠謂機宜不可以遠決，號令不可以兩從，未有委任不專，而望其克敵成功者也。自頃邊軍去就，裁斷多出宸衷，選置戎臣，先求易制，多其部以分其力，輕其任以弱其心，雖有所懲，亦有所失。遂令分閫責成之義廢，死綏任咎之志衰，一則聽命，二亦聽命，爽於軍情亦聽命，乖於事宜亦聽命。若所置將帥，必取於承順無違，則如斯可矣；若有意平凶靖難，則不可。夫兩境相接，兩軍相持，事機之來，間不容息，蓄謀而俟，猶恐失之，臨時始謀，固已疏矣。況乎千里之遠，九重之深，陳述之難明，聽覽之不一，欲其事無遺策，雖聖者亦有所不能焉。設使謀慮能周，其如權變無及！戎虜馳突，迅如風飈，驛書上聞，旬月方報。守土者以兵寡不敢抗敵，分鎮者以無詔不肯出師，逗留之間，寇已奔逼，託於救援未至，各且閉壘自全。牧馬屯牛，鞠爲椎剽；穡夫樵婦，罄作俘囚。雖詔諸鎮發兵，唯以虛聲應援，互相瞻顧，莫敢遮邀，賊既縱掠退歸，此乃陳功告捷。其敗喪則減百而爲一，其捃獲則張百而成千。將帥既幸於總制在朝，不憂於罪累；陛下又以爲大權由己，不究事情。用師若斯，可謂機失於遙制矣。

理兵而措置乖方，馭將而賞罰虧度，制用而財匱，建兵而力分，養士而怨生，用師而機失，此六者，疆場之蟊賊，軍旅之膏肓也。蟊賊不除，而但滋之以糞溉，膏肓不療，而唯啗之以滑甘，適足以養其害，速其災，欲求稼穡豐登，膚革充美，固不可得也。

臣愚謂宜罷諸道將士番替防秋之制，率因舊數而三分之：其一分委本道節度使募少壯願住邊城者以徙焉；其一分則本道但供衣糧，委關內、河東諸軍州募蕃、漢子弟願傅邊軍者以給焉；又一分亦令本道但出衣糧，加給應募之人，以資新徙之業。又令度支散於諸道和市耕牛，兼雇召工人，就諸軍城繕造器具。募人至者，每家給耕牛一頭，又給田農水火之器，皆令充備。初到之歲，與家口二人糧，并賜種子，勸之播植，待經一稔，俾自給家。若有餘糧，官爲收糴，各酬倍價，務奬營田。既息踐更徵發之煩，且無幸災苟免之弊。寇至則人自爲戰，時至則家自力農。是乃兵不得不強，食不得不足，與夫倏來忽往，豈可同等而論哉！

臣又謂宜擇文武能臣一人爲隴右元帥，應涇、隴、鳳翔、長武城、山南西道等節度管內兵馬，悉以屬焉；又擇一人爲朔方元帥，應鄜坊、邠寧、靈夏等節度管內兵馬，悉以屬焉；又擇一人爲河東元帥，河東、振武等節度管內兵馬，悉以屬焉。三帥各選臨邊要會之州以爲理所，見置節度有非要者，隨所便近而併之。唯元帥得置統軍，餘並停罷。其三帥部內太原、鳳翔等府及諸郡戶口稍多者，慎揀良吏以爲尹守，外奉師律，內課農桑，俾爲軍糧，以壯戎府。理兵之宜既得，選帥之授既明，然後減姦濫虛浮之費以豐財，定衣糧等級之制以和衆，弘委任之道以宣其用，懸賞罰之典以考其成。而又慎守中國之所長，謹行當今之所易，則八利可致，六失可除，如是而戎狄不威懷，疆場不寧謐者，未之有也；諸侯軌道，庶類服從，如是而教令不行，天下不理者，亦未之有也。以陛下之英鑒，民心之思安，四方之小休，兩寇之方靜，加以頻年豐稔，所在積糧，此皆天贊國家，可以立制垂統之時也。時不久居，事不常兼，已過而追，雖悔無及。明主者，不以言爲罪，不以人廢言，罄陳狂愚，惟所省擇。

德宗極深嘉納，優詔褒奬之。

贄在中書，政不便於時者，多所條奏，德宗雖不能皆可，而心頗重之。初，竇參既貶郴州，節度使劉士寧餉參絹數千匹，湖南觀察使李巽與參有隙，具事奏聞，德宗不悅。會右庶子姜公輔於上前聞奏，稱「竇參嘗語臣云陛下怒臣未已」，德宗怒，再貶參，竟殺之。時議云公輔奏竇參語得之於贄，云參之死，贄有力焉。又素惡于公異、于邵，既輔政而逐之，談者亦以爲阨。

戶部侍郎、判度支裴延齡，姦宄用事，天下嫉之如讎，以得幸於天子，無敢言者，贄獨以身當之，屢於延英面陳其不可，累上疏極言其弊。延齡日加譖毀。十年十二月，除太子賓客，罷知政事。贄性畏慎，及策免私居，朝謁之外，不通賓客，無所過從。十一年春，旱，邊軍芻粟不給，具事論訴；延齡言贄與張滂、李充等搖動軍情，語在延齡傳。德宗怒，將誅贄等四人，會諫議大夫陽城等極言論奏，乃貶贄爲忠州別駕。

贄初入翰林，特承德宗異顧，歌詩戲狎，朝夕陪遊。及出居艱阻之中，雖有宰臣，而謀猷參決，多出於贄，故當時目爲「內相」。從幸山南，道途艱險，扈從不及，與帝相失，一夕不至，上喻軍士曰：「得贄者賞千金。」翌日贄謁見，上喜形顏色，其寵待如此。既與二吳不協，漸加浸潤，恩禮稍薄；及通玄敗，上知誣枉，遂復見用。贄以受人主殊遇，不敢愛身，事有不可，極言無隱。朋友規之，以爲太峻，贄曰：「吾上不負天子，下不負吾所學，不恤其他。」精於吏事，斟酌決斷，不失錙銖。嘗以「詞詔所出，中書舍人之職，軍興之際，促迫應務，權

令學士代之；朝野乂寧，合歸職分，其命將相制詔，却付中書行遣」。又言「學士私臣，玄宗初令待詔，止於唱和文章而已」。物議是之。德宗以贄指斥通徵、通玄，故不可其奏。

贄在忠州十年，常閉關靜處，人不識其面，復避謗不著書。家居瘴鄉，人多癘疫，乃抄撮方書，爲陸氏集驗方五十卷行於代。初，贄秉政，貶駕部員外郎李吉甫爲明州長史，量移忠州刺史。贄在忠州，與吉甫相遇，昆弟、門人咸爲贄憂，而吉甫忻然厚禮，都不銜前事，以宰相禮事之，猶恐其未信不安，日與贄相狎，若平生交契者。贄初猶慚懼，後乃深交。時論以吉甫爲長者。後有薛延者，代吉甫爲刺史，延朝辭日，德宗令宣旨慰安。而韋皋累上表請以贄代己。順宗即位，與陽城、鄭餘慶同詔徵還。詔未至而贄卒，時年五十二，贈兵部尚書，謚曰宣。

子簡禮，登進士第，累辟使府。

史臣曰：近代論陸宣公，比漢之賈誼，而高邁之行，剛正之節，經國成務之要，激切仗義之心，初蒙天子重知，末塗淪躓，皆相類也；而誼止中大夫，贄及台鉉，不爲不遇矣。昔公孫鞅挾三策說秦王，淳于髡以隱語見齊君，從古以還，正言不易，昔周昭戒急論議，正爲此

也。贄居珥筆之列，調飪之地，欲以片心除衆弊，獨手遏羣邪，君上不亮其誠，羣小共攻其短，欲無放逐，其可得乎！詩稱「其維哲人，告之話言」，又有「誨爾」、「聽我」之恨，此皆賢人君子歎言不見用也。故堯咨禹拜，千載一時，攜手提耳，豈容易哉！

贊曰：良臣悟主，我有嘉猷。多僻之君，爲善不周。忠言救失，啓沃曰讎。勿貽天問，蒼昊悠悠。

校勘記

〔一〕人主輕重 「主」字各本原無，據冊府卷五五二、陸宣公翰苑集（四部叢刊影印宋刊本，以下簡稱陸集）卷一三補。

〔二〕不選朝官內官 「內官」二字各本原無，據冊府卷五五二補。

〔三〕雖非安邊之令圖 「非」字各本原作「爲」，據陸集卷一九、全唐文卷四七四改。

〔四〕類其部伍 「部」字各本原作「紀」，據冊府卷九九三、陸集卷一九、全唐文卷四七四改。

舊唐書卷一百四十

列傳第九十

韋皋 劉闢附 張建封 盧羣

韋皋字城武，京兆人。大曆初，以建陵挽郎調補華州參軍，累授使府監察御史。宰相張鎰出爲鳳翔隴右節度使，奏皋爲營田判官，得殿中侍御史，權知隴州行營留後事。建中四年，涇師犯闕，德宗幸奉天，鳳翔兵馬使李楚琳殺張鎰，以府城叛歸於朱泚，隴州刺史郝通奔于楚琳。先是，朱泚自范陽入朝，以甲士自隨；後泚爲鳳翔節度使，既罷，留范陽五百人戍隴州，而泚舊將牛雲光督之。時泚既以逆徒圍奉天，雲光因稱疾，請皋爲帥，將謀亂，擒皋以赴泚。皋將翟曄伺知之，白皋爲備，雲光知事洩，遂率其兵以奔泚。行及汧陽，遇泚家僮蘇玉將使于皋所，蘇玉謂雲光曰：「太尉已登寶位，使我持詔以韋皋爲御史中丞，君可以兵歸隴州。皋若承命，卽爲吾人；如不受詔，彼書生，可以圖之，事無不濟矣。」乃反旆疾趣隴州。皋迎勞之，先納蘇玉，受其僞命，乃問雲光曰：「始不告而去，今又來，何也？」雲光曰：「前未知公心，故潛去；知公有新命，今乃復還。願與公戮力定功，同其生死。」皋曰：「善。」又謂雲光曰：「大使苟不懷詐，請納器甲，使城中無所危疑，乃可入。」雲光以書生待皋，且以爲信然，乃盡付弓矢戈甲，皋旣受之，乃內其兵。明日，皋犒宴蘇玉、雲光之卒於郡舍，伏甲於兩廊，酒既行，伏發，盡誅之，斬雲光、蘇玉首以徇。泚又使家僮劉海廣以皋爲鳳翔節度使，皋斬海廣及從者三人，生一人使報泚。於是詔以皋爲御史大夫、隴州刺史，置奉義軍節度以旌之。皋遣從兄平及弇繼入奉天城，城中聞皋有備，士氣增倍。

皋乃築壇于廷，血牲，與將士等盟曰：「上天不弔，國家多難，逆臣乘間，盜據宮闈。而李楚琳亦扇凶徒，傾陷城邑，酷虐所加，爰及本使，既不事上，安能卹下。皋是用激心憤氣，不遑底寧，誓與羣公，竭誠王室。凡我同盟，一心協力，仗順除凶，先祖之靈，必當幽贊。言誠則志合，義感則心齊，粉骨糜軀，決無所顧。有渝此志，明神殛之，追於子孫，亦罔遺類。皇天后土，當兆斯言。」又遣使入吐蕃求援。十一月，加檢校禮部尚書。興元元年，德宗還京，徵爲左金吾衞將軍，尋遷大將軍。

貞元元年，拜檢校戶部尚書，兼成都尹、御史大夫、劍南西川節度使，代張延賞。皋以雲南蠻衆數十萬與吐蕃和好，蕃人入寇，必以蠻爲前鋒。四年，皋遣判官崔佐時入南詔蠻，

說令向化，以離吐蕃之助。佐時至蠻國羊咀咩城，其王異牟尋忻然接遇，請絕吐蕃，遣使朝貢。其年，遣東蠻鬼主驃傍、苴夢衝、苴烏等相率入朝。南蠻自巂州陷沒，臣屬吐蕃，絕朝貢者二十餘年，至是復通。

五年，皋遣大將王有道簡習精卒以入蕃界，與東蠻於故巂州臺登北谷大破吐蕃青海、臘城二節度，斬首二千級，生擒籠官四十五人，其投崖谷而死者不可勝計。蕃將乞藏遮遮者，蕃之驍將也，久爲邊患，自擒遮遮，城柵無不降，數年之內，終復巂州，以功加吏部尚書。九年，朝廷築鹽州城，慮爲吐蕃掩襲，詔皋出兵牽維之。乃命大將董勔、張芬出西山及南道，破峨和城、通鶴軍。吐蕃南道元帥論莽熱率衆來援，又破之，殺傷數千人，焚定廉城。凡平堡柵五十餘所，以功進位檢校右僕射。皋又招撫西山羌女、訶陵、白狗、逋租、弱水、南水等八國酋長〔一〕，入貢闕廷。十一年九月，加統押近界諸蠻、西山八國兼雲南安撫等使。十二年二月，就加同中書門下平章事。十三年，收復巂州城。十六年，皋命將出軍，累破吐蕃於黎、巂二州。吐蕃怒，遂大搜閱，築壘造舟，欲謀入寇，皋悉挫之。於是吐蕃酋帥兼監統曩貢、臘城等九節度嬰、籠官馬定德與其大將八十七人舉部落來降。定德有計略，習知兵法及山川地形，吐蕃每用兵，定德常乘驛計事，蕃中諸將稟其成算；至是，自以扞邊失律，懼得罪而歸心焉。

十七年，吐蕃昆明城管磨些蠻千餘戶又降〔二〕。贊普以其衆外潰，遂北寇靈、朔，陷麟州。德宗遣使至成都府，令皋出兵深入蕃界。皋乃令鎮靜軍使陳洎等統兵萬人出三奇路，威戎軍使崔堯臣兵千人出龍溪石門路南，維保二州兵馬使仇冕、保霸二州刺史董振等兵二千趨吐蕃維州城中，北路兵馬使邢玼等四千趨吐蕃棲鷄、老翁城，都將高倜、王英俊兵二千趨故松州，隴東兵馬使元膺兵八千人出南道雅、邛、黎、巂路。又令鎮南軍使韋良金兵一千三百續進，雅州經略使路惟明等兵三千趨吐蕃租、松等城，黎州經略使王有道兵二千人過大渡河，深入蕃界，巂州經略使陳孝陽、兵馬使何大海、韋義等及磨些蠻、東蠻二部落主苴那時等兵四千進攻昆明城、諾濟城。自八月出軍齊入，至十月破蕃兵十六萬，拔城七、軍鎮五、戶三千，擒生六千，斬首萬餘級，遂進攻維州。救軍再至，轉戰千里，蕃軍連敗。於是寇靈、朔之衆引而南下，贊普遣論莽熱以內大相兼東境五道節度兵馬都羣牧大使，率雜虜十萬而來解維州之圍。蜀師萬人據險設伏以待之，先出千人挑戰。莽熱見我師之少，悉衆追之。發伏掩擊，鼓譟雷駭，蕃兵自潰，生擒論莽熱，虜衆十萬，殲夷者半。是歲十月，遣使獻論莽熱于朝，德宗數而釋之，賜第於崇仁里。皋以功加檢校司徒，兼中書令，封南康郡王。

順宗卽位，加檢校太尉。順宗久疾，不能臨朝聽政，宦者李忠言、侍棋待詔王叔文、侍

書待詔王伾等三人頗干國政，高下在心。皐乃遣支度副使劉闢使於京師，闢私謁王叔文曰：「太尉使致誠於足下，若能致某都領劍南三川，必有以相酬；如不留意，亦有以奉報。」叔文大怒，將斬闢以徇，韋執誼固止之，闢乃私去。皐知王叔文人情不附，又知與韋執誼有隙，自以大臣可議社稷大計，乃上表請皇太子監國，曰：「臣聞上承宗廟，下鎮黎元，永固無疆，莫先儲兩。伏聞聖明以山陵未祔，哀毀踰制，心勞萬機，伏計旬月之間，未甚痊復。皇太子睿質已長，淑問日彰，四海之心，實所倚賴。伏望權令皇太子監撫庶政，以俟聖躬痊平，一日萬機，免令壅滯。」又上皇太子牋曰：

殿下體重離之德，當儲貳之重，所以克昌九廟，式固萬方，天下安危，繫於殿下。皐位居將相，志切匡扶，先朝獎知，早承恩顧。人臣之分，知無不爲，願上答眷私，罄輸肝鬲。伏以聖上嗣膺鴻業，睿哲英明，攀感先朝，志存孝理。諒闇之際，方委大臣，但付託偶失於善人，而參決多虧於公政。今羣小得志，隳紊紀綱，官以勢遷，政由情改，朋黨交構，熒惑宸聽。樹置腹心，遍於貴位；潛結左右，難在蕭牆。國賦散於權門，王稅不入天府，褻慢無忌，高下在心。貨賄流聞，遷轉失敍，先聖屏黜贓犯之類，咸擢居省寺之間。至令忠臣隕涕，正人結舌，遐邇痛心，人知不可。伏恐姦雄乘便，因此謀動干戈，危殿下之家邦，傾太宗之王業。伏惟太宗櫛沐風雨，經營廟朝，將垂二百年，欲

及千萬祀，而一朝使叔文姦佞之徒，侮弄朝政，恣其胸臆，坐致傾危。臣每思之，痛心疾首。伏望殿下斥逐羣小，委任賢良，悽悽血誠，輸寫於此。

太子優令答之。而裴均、嚴綬牋表繼至，由是政歸太子，盡逐伾、文之黨。是歲，暴疾卒，時年六十一，贈太師，廢朝五日。

皐在蜀二十一年，重賦斂以事月進，卒致蜀土虛竭，時論非之。其從事累官稍崇者，則奏爲屬郡刺史，或又署在府幕，多不令還朝，蓋不欲洩所爲於闕下故也。故劉闢因皐故態，圖不軌以求三川，厲階之作，蓋有由然。皐兄聿時爲國子司業，劉闢與盧文若據西川叛，皐姪行式，先娶文若妹，而聿不奏。既收行式，以其妻沒官，詔御史臺按聿，聿下獄。有司以行式妻在遠，不與兄同情，不當連坐，詔歸行式妻而釋聿。

劉闢者，貞元中進士擢第，宏詞登科，韋皐辟爲從事，累遷至御史中丞、支度副使。永貞元年八月，韋皐卒，闢自爲西川節度留後，率成都將校上表請降節鉞，朝廷不許，除給事中，便令赴闕，闢不奉詔。時憲宗初即位，以無事息人爲務，遂授闢檢校工部尙書，充劍南西川節度使。闢益凶悖，出不臣之言，而求都統三川，與同幕盧文若相善，欲以文若爲東川

節度使，遂舉兵圍梓州。憲宗難於用兵，宰相杜黃裳奏：「劉闢一狂蹶書生耳，王師鼓行而俘之，兵不血刃。臣知神策軍使高崇文驍果可任，舉必成功。」帝數日方從之，於是令高崇文、李元奕將神策京西行營兵相續進發，令與嚴礪、李康掎角相應以討之，仍許其自新。

元和元年正月，崇文出師。三月，收復東川。乃下詔曰：「朕聞皇祖玄元之誡曰：『兵者凶器也，不得已而用之。』恭惟聖謨，常所祗服。故惟文誥有所不至，誠信有所未孚，始務安人，必能忍恥，朕之此志，亦可明徵。近者德宗皇帝舉柔服之規，授宰衡之傑，弘我廟勝，遂康巴、庸，故得南詔入貢，西戎寢患。成績始究，元臣喪亡，劉闢乘此變故，坐邀符節。朕以成狂命者雖乖於理體，從權便者所冀於輯寧，竟乖卿士之謀，遂允倖求之志，朕之於闢，恩亦弘矣。曾不知恩，負牛羊之力，飽則逾凶；畜梟獍之心，馴之益悖。誑惑士伍，圍逼梓州；誘陷戎臣，塞絕劍路。師徒所至，燒劫無遺，干紀之辜，擢髮難數。朕爲人司牧，字彼黎元，如闢之罪，非朕敢捨，可削奪在身官爵。」

六月，崇文破鹿頭關，進收漢州。九月，崇文收成都府。劉闢以數十騎遁走，投水不死，騎將酈定進入水擒闢於成都府西洋灌田。盧文若先自刃其妻子，然後縋石投江，失其屍。闢檻送京師，在路飲食自若，以爲不當死。及至京西臨皐驛，左右神策兵士迎之，以帛繫首及手足，曳而入，乃驚曰：「何至於是！」或紿之曰：「國法當爾，無憂也。」是日，詔曰：

「劉闢生於士族，敢蓄梟心，驅劫蜀人，拒扞王命。肆其狂逆，詿誤一州，俾我黎元，肝腦塗地。賊將崔綱等同惡相扇，至死不迴，咸宜伏辜，以正刑典。劉闢男超郎等九人，並處斬。」闢入京城，上御興安樓受俘馘，令中使於樓下詰闢反狀，闢曰：「臣不敢反，五院子弟爲惡，臣不能制。」又遣詰之曰：「朕遣中使送旌節官告，何故不受？」闢乃伏罪。令獻太廟、郊社，徇于市，即日戮於子城西南隅。

初，闢嘗病，見諸問疾者來，皆以手據地，倒行入闢口，闢因磔裂食之；惟盧文若至，則如平常。故尤與文若厚，竟以同惡俱赤族，不其怪歟！

張建封字本立，兗州人。祖仁範，洪州南昌縣令，貞元初贈鄭州刺史。父玠，少豪俠，輕財重士。安祿山反，令僞將李庭偉率蕃兵脅下城邑，至魯郡，太守韓擇木具禮郊迎，置於郵館，玠率鄉豪張貴、孫邑、段絳等集兵將殺之。擇木怯懦，大懼；唯員外司兵張孚然其計，遂殺庭偉并其黨數十人，擇木方遣使奏聞。擇木、張孚俱受官賞，玠因遊蕩江南，不言其功。以建封貴，贈秘書監。

建封少頗屬文，好談論，慷慨負氣，以功名爲己任。寶應中，李光弼鎮河南，時蘇、常等

州草賊寇掠郡邑，代宗遣中使馬日新與光弼將兵馬同征討之。建封乃見日新，自請說喻賊徒，日新從之，遂入虎窟、蒸里等賊營，以利害禍福喻之。一夕，賊黨數千人並詣日新請降，遂悉放歸田里。大曆初，道州刺史裴虯薦建封於觀察使韋之晉，辟爲參謀，奏授左清道兵曹，不樂吏役而去。滑亳節度使令狐彰聞其名，辟之；彰既未曾朝覲，建封心不悅之，遂投刺於轉運使劉晏，自述其志，不願仕於彰也。晏奏試大理評事，勾當軍務；歲餘，復罷歸。

建封素與馬燧友善，大曆十年，燧爲河陽三城鎭遏使，辟爲判官，奏授監察御史，賜緋魚袋。李靈曜反於梁、宋間，與田悅掎角，同爲叛逆，燧與李忠臣同討平之，軍務多咨於建封。及燧爲河東節度使，復奏建封爲判官，特拜侍御史。建中初，燧薦之於朝，楊炎將用爲度支郎中，盧杞惡之，出爲岳州刺史。

時淮西節度使李希烈乘破滅梁崇義之勢，漸縱恣跋扈，壽州刺史崔昭數書疏往來，淮南節度使陳少遊奏之，上遽召宰相令選壽州刺史。盧杞本惡建封，是日蒼黃，遂薦建封以代崔昭牧壽陽。李希烈稱兵，寇陷汝州，擒李元平，擊走劉德信〔三〕、唐漢臣等，又摧破哥舒曜於襄城，連陷鄭、汴等州，李勉棄城而遁。涇師內逆，駕幸奉天，賊鋒益盛，淮南陳少遊潛通希烈。尋稱僞號，改元，遣將楊豐齎僞赦書二道，令送少遊及建封。至壽州，建封縛楊豐

徇於軍中，適會中使自行在及使江南迴者同至，建封集衆對中使斬豐於通衢，封僞赦書送行在，遠近震駭。陳少遊聞之，既怒且懼。建封乃具奏少遊與希烈往來事狀。希烈又僞署其黨杜少誠爲淮南節度使，令先平壽州，趣江都，建封令其將賀蘭元均、邵怡等守霍丘秋柵。少誠竟不能侵軼，乃南掠蘄、黃等州，又爲伊愼所挫衄。尋加建封兼御史中丞、本州團練使。車駕還京，陳少遊憂憤而卒。興元元年十二月，乃加兼御史大夫，充濠壽廬三州都團練觀察使，於是大修緝城池，悉心綏撫，遠近悅附，自是威望益重。李希烈選兇黨精悍者率勁卒以攻建封，曠日持久，無所克獲而去。及希烈平，進階封，賜一子正員官。

初，建中年李洧以徐州歸附，洧尋卒，其後高承宗父子、獨孤華相繼爲刺史，爲賊侵削，貧困不能自存；又咽喉要地，據江淮運路，朝廷思擇重臣以鎭者久之。貞元四年，以建封爲徐州刺史，兼御史大夫、徐泗濠節度、支度營田觀察使。既創置軍伍，建封觸事躬親，性寬厚，容納人過誤，而按據綱紀，不妄曲法貸人，每言事，忠義感激，人皆畏悅。七年，進位檢校禮部尚書。十二年，加檢校右僕射。十三年冬，入覲京師，德宗禮遇加等，特以雙日開延英召對，又令朝參入大夫班，以示殊寵。建封賦朝天行一章上獻，賜名馬珍玩頗厚。

時宦者主宮中市買，謂之宮市，抑買人物，稍不如本估。末年不復行文書，置白望數十百人於兩市及要鬧坊曲，閱人所賣物，但稱宮市，則斂手付與，眞僞不復可辨，無敢問所從來及論價之高下者，率用直百錢物買人直數千物，仍索進奉門戶及脚價銀。人將物詣市，至有空手而歸者，名爲宮市，其實奪之。嘗有農夫以驢馱柴，宦者市之，與絹數尺，又就索門戶，仍邀驢送柴至內。農夫啼泣，以所得絹與之，不肯受，曰：「須得爾驢。」農夫曰：「我有父母妻子，待此而後食；今與汝柴，而不取直而歸，汝尚不肯，我有死而已。」遂毆宦者。街使擒之以聞，乃黜宦者，賜農夫絹十匹。然宮市不爲之改，諫官御史表疏論列，皆不聽。吳湊以戚里爲京兆尹，深言其弊。建封入覲，具奏之，德宗頗深嘉納；而戶部侍郎、判度支蘇弁希宦者之旨，因入奏事，上問之，弁對曰：「京師游手墮業者數千萬家，無土著生業，仰宮市取給。」上信之，凡言宮市者皆不聽用。詔書矜免百姓諸色逋賦，上問建封，對曰：「凡逋賦殘欠，皆是累積年月，無可徵收，雖蒙陛下憂恤，百姓亦無所裨益。」時河東節度使李說、華州刺史盧徵皆中風疾〔四〕，口不能言，足不能行，但信任左右胥吏決遣之。建封皆悉聞奏，上深嘉納。又金吾大將軍李翰好伺察城中細事，加諸聞奏，冀求恩寵，人畏而惡之。建封亦奏之，乃下詔曰：「比來朝官或諸處過從，金吾皆有上聞。其間如素是親故，或曾同僚友，伏臘歲序，時有還往，亦是常禮，人情所通。自今以後，金吾不須聞。」

十四年春上巳，賜宰臣百僚宴於曲江亭，特令建封與宰相同座而食。貞元已後，藩帥

入朝及還鎭，如馬燧、渾瑊、劉玄佐、李抱眞、曲環之崇秩鴻勳，未有獲御製詩以送者。建封將還鎭，特賜詩曰：「牧守寄所重，才賢生爲時。宣風自淮甸，授鉞膺藩維。入覲展遐戀，臨軒慰來思。忠誠在方寸，感激陳清詞。報國爾所尚，恤人予是資。歡宴不盡懷，車馬當還期。穀雨將應候，行春猶未遲。勿以千里遙，而云無己知。」又令高品中使齎常所執鞭以賜之，曰：「以卿忠貞節義，歲寒不移，此鞭朕久執用，故以賜卿，表卿忠節也。」建封又獻詩一篇，以自警勵。

建封在彭城十年，軍州稱理。復又禮賢下士，無賢不肖，遊其門者，皆禮遇之，天下名士嚮風延頸，其往如歸。貞元時，文人如許孟容、韓愈諸公，皆爲之從事。十六年，遇疾，連上表請速除代，方用韋夏卿爲徐泗行軍司馬，未至而建封卒，時年六十六，册贈司徒。子愔。

愔以蔭授虢州參軍。初，建封卒，判官鄭通誠權知留後事，通誠懼軍士謀亂，適遇浙西兵遷鎭，通誠欲引入州城爲援。事洩，三軍怒，五六千人斫甲仗庫取戈甲，執帶環繞衙城，請愔爲留後，乃殺通誠、楊德宗、大將段伯熊、吉遂、曲澄、張秀等。軍衆請於朝廷，乞授愔旄節，初不之許，乃割濠、泗二州隸淮南，加杜佑同平章事以討徐州。既而泗州刺史張伾以

兵攻埇橋，與徐軍接戰，伾大敗而還。朝廷不獲已，乃授愔起復右驍衛將軍同正，兼徐州刺史、御史中丞，充本州團練使，知徐州留後；仍以泗州刺史張伾爲泗州留後，濠州刺史杜兼爲濠州留後。正授武寧軍節度、檢校工部尚書。元和元年，被疾，上表請代，徵爲兵部尚書，以東都留守王紹爲武寧軍節度代愔，復隸濠、泗二州於徐。徐軍喜復得二州，不敢爲亂，而愔逡赴京師，未出界卒。愔在徐州七年，百姓稱理，詔贈右僕射。

盧羣字載初，范陽人。少好讀書。初學於太安山，淮南節度使陳少遊聞其名，辟爲從事。建中末，薦於朝廷，會李希烈反叛，詔諸將討之，以羣爲監察御史、江西行營糧料使。興元元年，江西節度、嗣曹王皐奏爲判官。曹王移鎭江陵、襄陽，羣皆從之，幕府之事，委以咨決，以正直聞。

貞元六年，入拜侍御史。有人誣告故尚父子儀嬖人張氏宅中有寶玉者，張氏兄弟又與尚父家子孫相告訴，詔促按其獄。羣奏曰：「張氏以子儀在時分財，子弟不合爭奪。然張氏宅與子儀親仁宅，皆子儀家事。子儀有大勳，伏望陛下特赦而勿問，俾私自引退。」德宗從其言，時人嘉其識大體。累轉左司、職方、兵部三員外郎中。

淮西節度使吳少誠擅開決司、洧等水漕輓溉田，遣中使止之，少誠不奉詔。令羣使蔡州詰之，少誠曰：「開大渠，大利於人。」羣曰：「爲臣之道，不合自專，雖便於人，須俟君命。且人臣須以恭恪爲事，若事君不盡恭恪，卽責下吏恭恪，固亦難矣。」凡數百千言，諭以君臣之分，忠順之義，少誠乃從命，卽停工役。羣博涉，有口辨，好談論，與少誠言古今成敗之事，無不聳聽。又與唱和賦詩，自言以反側，常蒙隔在恩外，羣於筵中醉而歌曰：「祥瑞不在鳳凰、麒麟，太平須得邊將、忠臣。衞、霍眞誠奉主，貔虎十萬一身。江、河潛注息浪，蠻貊款塞無塵。但得百僚師長肝膽，不用三軍羅綺金銀。」少誠大感悅。羣以奉使稱旨，俄遷檢校秘書監，兼御史中丞、義成軍節度行軍司馬。

貞元十六年四月，節度姚南仲歸朝，拜羣義成軍節度〔五〕、鄭滑觀察等使。先寓居鄭州，典質良田數頃，及爲節度使至鎭，各與本地契書，分付所管令長，令召還本主，時論稱美。尋遇疾，其年十月卒，時年五十九，廢朝一日，贈工部尚書，賵賻布帛、米粟有差。

史臣曰：韋南康、張徐州，慷慨下位之中，橫身喪亂之際，力扶衰運，氣激壯圖，義風凜凜，聳動羣醜，舂盜之喉，折賊之角，可謂忠矣！而韋公季年，惑賊闢之姦說，欲兼巴、益，則志未可量。徐州請覲，頗有規諫之言，所謂以道匡君，能以功名始終者。盧載初喻少誠，還地券，君子哉！三子之賢，不可多得。

贊曰：南康英壯，力匡交喪。張侯義烈，志平亂象。見危能振，蹈利無謗。韋德不周，張心可亮。

校勘記

〔一〕南水　「水」字各本原作「王」，據本書卷一三德宗紀、通鑑卷二三四改。

〔二〕磨些蠻　「磨」字各本原無，據本書卷一九六下吐蕃傳及本卷下文補。

〔三〕劉德信　各本原作「胡德信」，據本書卷一二德宗紀、卷一四五李希烈傳、冊府卷六八六、通鑑卷二二八改。

〔四〕盧徵　各本原作「盧徴」，據新書卷一五八張建封傳、冊府卷四〇六改。

〔五〕義成軍　「義」字各本原作「天」，據御覽卷八二一、通鑑卷二三五改。